U0649093

谨以此书献给

为中国高速公路发展事业作出贡献的决策者、建设者、管理者

“十三五”国家重点图书出版规划项目

Record of Expressway Construction in China

中国高速公路建设实录

中华人民共和国交通运输部

人民交通出版社股份有限公司
China Communications Press Co.,Ltd.

内 容 提 要

本书是《中国高速公路建设实录》系列丛书之综合卷，分为发展篇、管理篇、技术篇、成就篇、文化篇，内容包括中国高速公路的跨越式发展、中国高速公路发展规划、高速公路建设管理法律法规、高速公路建设管理制度、高速公路建设与管理、公路建设技术标准、高速公路建设科技创新与应用、国家高速公路7条首都放射线、国家高速公路11条南北纵线、国家高速公路18条东西横线、国家高速公路6条地区环线、高速公路文明创建与文化建设，以及中国高速公路发展纪年图表、高速公路发展大事记等附录。

本书全面系统总结了我国国家高速公路建设发展成就，详细记述了高速公路建设过程中的管理经验、科技创新、文化传承以及项目建设实情，具有很强的史料价值，可供交通运输建设行业相关人员阅读、学习与查询参考。

图书在版编目(CIP)数据

中国高速公路建设实录 / 中华人民共和国交通运输部组织编写. — 北京 : 人民交通出版社股份有限公司，2017.9

ISBN 978-7-114-14162-1

Ⅰ. ①中… Ⅱ. ①中… Ⅲ. ①高速公路—道路建设—中国 Ⅳ. ①U412.36

中国版本图书馆CIP数据核字(2017)第222931号

"十三五"国家重点图书出版规划项目

书　　名：中国高速公路建设实录
著 作 者：中华人民共和国交通运输部
责任编辑：吴有铭　刘永超　周　宇　黎小东　等
出版发行：人民交通出版社股份有限公司
地　　址：(100011)北京市朝阳区安定门外外馆斜街3号
网　　址：http://www.ccpress.com.cn
销售电话：(010)59757973
总 经 销：人民交通出版社股份有限公司发行部
经　　销：各地新华书店
印　　刷：北京雅昌艺术印刷有限公司
开　　本：787×1092　1/16
印　　张：78
字　　数：1550千
版　　次：2017年9月　第1版
印　　次：2018年1月　第2次印刷
书　　号：ISBN 978-7-114-14162-1
定　　价：400.00元
(有印刷、装订质量问题的图书，由本公司负责调换)

《中国高速公路建设实录》
编审委员会

《中国高速公路建设实录》编纂工作委员会

主　任：黄镇东（兼）

副主任：李彦武　刘　鹏

委　员：赵　乐　李鹏飞　王　婷　聂记良

参加本书编写的有关单位

主　编　单　位：中国公路建设行业协会

参编单位与部门：（按编写章节先后排序）

交通运输部规划研究院

交通运输部公路局

交通运输部安全与质量监督管理司

交通运输部公路科学研究院

交通运输部科学研究院

中国公路学会

资　料　提　供：各省（自治区、直辖市）交通运输厅（委）

支　持　单　位：中国路桥工程有限责任公司

中交第三公路工程局有限公司

本书编写分工

第一章、第二章

编写人员:关昌余　吕　非　宋琬如　赵儒玉
徐华军　肖春阳　石良清

编写单位:交通运输部规划研究院

第三章

编写人员:付国民　刘　鹏　赵　乐　李鹏飞
王　婷　聂记良

编写单位:中国公路建设行业协会

第四章

编写人员:周荣峰　郭　胜　王恒斌　翁优灵

编写单位:交通运输部公路局
交通运输部安全与质量监督管理司

第五章

编写人员:周荣峰　郭　胜　张竹彬　王松波
陶汉祥　王恒斌
丁彦昕　陈　萍　李洪斌　翁优灵

编写单位:交通运输部公路局
交通运输部安全与质量监督管理司

第六章

编写人员:张劲泉　刘清泉　牛开民　李春风
徐　剑　邵社刚　王旭东　王玉倩
李鹏飞　田　波　刘怡林　宋健永
苏天明　郝中海　李　湛　赵尚传
汪成兵　唐琤琤　刘会学　杨　昀
孟书涛　王克海　杨　飞

编写单位:交通运输部公路科学研究院

第七章

编写人员:王先进　樊东方　蒋树屏　李爱民
王松波　张喜刚　牛开民　张晓利
陈继园　尚文豪

编写单位:交通运输部科学研究院

第八章、第九章、第十章、第十一章

编写人员:刘　鹏　赵　乐　李鹏飞　王　婷
聂记良

编写单位:中国公路建设行业协会

资料提供:各省(自治区、直辖市)交通运输厅(委)

第十二章

编写人员:刘文杰　徐德谦　付国民

编写单位:中国公路学会

附录一

编写人员:刘　鹏　赵　乐　李鹏飞　王　婷
聂记良

编写单位:中国公路建设行业协会

附录二

编写人员:刘文杰　徐德谦　付国民

编写单位:中国公路学会

序

Preface

交通运输是国民经济重要的基础性、先导性、战略性行业。这些年来,在党中央、国务院的坚强领导下,交通运输战线干部职工艰苦奋斗,我国交通运输事业取得举世瞩目的发展成就,实现了由“瓶颈制约”向“基本适应”的重大跃升,为我国由“交通大国”向“交通强国”迈进奠定了坚实基础。

高速公路是经济社会发展的必然产物,最早出现于20世纪30年代的德国。与西方发达国家相比,我国高速公路起步相对较晚。1988年我国大陆实现高速公路零的突破,自此以后,用了近30年时间,实现了高速公路覆盖97.6%的城镇人口、连通20万人以上城市,工程建设水平位居世界前列。截至2016年底,我国高速公路通车里程已突破13万公里,稳居世界首位。

回顾30多年来中国高速公路的发展历程,大体经历了五个发展阶段。

从改革开放伊始的1978年至1988年为中国高速公路的探索阶段。这一时期,社会各界对要不要修建高速公路的认识并不完全统一。1985年修订的《公路工程技术标准》将高速公路称为“汽车专用公路”,开始了建设尝试。1984年沈大、沪嘉高速公路相继开工建设,1988年沪嘉高速公路建成通车,实现了高速公路零的突破,彻底结束了我国大陆没有高速公路的历史。

1989年至1997年为中国高速公路的起步发展阶段。这一时期确定了我国公路建设将以高等级公路为重点的战略转变,相继建成了沈大、京津塘、成渝、济青、西三等一批具有重要意义的高速公路,突破了多项重大技术瓶颈。这期间,《中华人民共和国公路法》颁布实施,收费公路政策出台并不断完善,“国家投资、地方筹资、社会融资、利用外资”的投融资体制逐步形成。

1998年亚洲金融危机至2007年为高速公路加快发展阶段。1998年,党中央、国务院作出“实施积极财政政策,加快基础设施建设,扩大内需”的重大决策,高速公路建设步伐大大加快。10年间年均建成高速公路里程超过5000公里,到2007

年底高速公路里程达到5.39万公里，居世界第二，国家高速公路骨架初步成网。

2008年至2015年这一时期为跨越式发展阶段。2008年由美国次贷危机而引发的全球金融危机爆发。为应对金融危机带来的不利影响，交通运输行业贯彻落实国家"促内需、保增长"战略部署，进一步加快了高速公路建设步伐并取得历史性突破。短短8年时间新增高速公路6.96万公里，通车里程超越美国位居世界第一。2010年，交通运输部提出以普通公路为主的非收费公路体系和以高速公路为主的收费公路体系等"两个公路体系"总体发展思路，高速公路新的发展格局初步形成。

2015年以来步入全面深化改革和规范发展新阶段。2015年中央经济工作会议作出引领经济发展新常态推进供给侧结构性改革的重大决策。同年新的《中华人民共和国预算法》出台实施，公路行业事权和财税体制改革有序推进。经过一系列政策调整，我国高速公路迈入更加科学合理的可持续发展之路。

30多年来，中国交通人不辱使命，艰苦奋斗，取得了举世瞩目的高速公路发展成就。高速公路建设突飞猛进，通车里程在短短30多年的时间里跃居世界第一。工程建设水平大幅提高，一个个技术难关被攻克，一批批"超级工程"陆续问世，使中国高速公路成为一张亮丽的国家名片，让世界为之惊叹。30多年来，高速公路的飞速发展深刻地改变了我国基础设施发展面貌，带动了城乡经济社会快速发展。四通八达的高速路网把中国的东中西部地区紧密联系在一起，为推进区域协调发展、发挥各地潜力提供了广阔舞台。30多年来，高速公路在促进国家工业化、城镇化、现代化进程中以及加强国防等方面发挥了巨大作用，并在支撑国家"三大战略"，推动供给侧结构性改革、构建陆海双向对外开放走廊等方面，发挥着越来越重要的作用。

中国高速公路建设发展的成果，凝聚了一代又一代交通建设者的汗水与智慧，值得我们永远铭记。系统总结过去30多年来高速公路发展过程的经验教训，特别是发展模式、建设管理和技术政策等方面的经验教训，将为今后一段时期更好地建设高速公路提供借鉴并发挥指导作用。

令人欣慰的是，今天，记录这段历史的这部《中国高速公路建设实录》终于与大家见面了。从2014年3月正式启动编纂工作到如今这部丛书面世，三年有余。这三年多的时间里，编写组及各成员单位通力合作，克服了编纂工作涉及面广、头绪繁多、资料散失等重重困难，共同完成了这部书稿。可以说，这是一部凝聚了交通人智慧与心血，全方位展示我国高速公路建设发展成就、技术研发集成成果、理念制度变迁和建设文化传承的优秀丛书。

丛书由综合卷、地方卷、全舆图和电子读物U阅通四部分组成。综合卷全面反映了国家高速公路网各线路的总体建设情况。地方卷以省份为单位，记录各省辖区内国家高速公路和地方高速公路建设情况，突出省域高速公路建设的特点特色。全舆图以图表为主，主要包括引言、历次高速公路网规划图和全国高速公路网全图。电子读物U阅通包括文字出版物的电子资料，以及展现高速公路建设成就的视频文件、影像资料等。

这部书定名为《实录》，既有"修史"性质，亦有"写实"风格。通览全书，可以看出这是一部力求客观真实反映30多年来我国高速公路发展历程的作品。全书体例齐整、资料翔实、记录全面。其较强的专业性、史料性和实用性，使它既具备了"史书"的真实，又兼具"工具书"的实用。

这些年来，有关我国高速公路上长大桥梁、隧道的著作、文章、图册比较多，但至今还没有一部全面研究中国高速公路发展历程的著作。这部《实录》在填补国内研究高速公路发展历史这一空白的同时，也为我们进一步思考和探索中国高速公路的发展方向、发展路径提供了镜鉴。

以人为鉴可以知得失，以史为鉴可以知兴替。今日中国，前所未有地接近实现中华民族伟大复兴这一梦想。勠力同心，构筑通向这一梦想的坦途大道，为中华民族的伟大复兴贡献出智慧和力量，是交通人的神圣职责所在。习近平总书记指出，"十三五"时期是交通运输基础设施发展、服务水平提高和转型发展的黄金时期。高速公路作为国家交通运输重要基础设施，必将在国家发展的宏伟图卷中书写出浓墨重彩的崭新篇章。

杨传堂 李小鹏

2017年9月12日

2016年底我国高速公路通车里程突破13万公里，是继2012年首次超越美国后连续四年位居世界第一位。我国高速公路建设起步于改革开放后20世纪的80年代，比发达国家晚了整整半个世纪。1988年上海沪嘉高速公路和辽宁沈大高速公路（部分路段）建成通车，这一年成为中国高速公路的"元年"。我们用不到30年（1988—2012年）的时间追上了发达国家高速公路发展水平。公路特别是高速公路是国民经济发展中不可或缺的基础设施，是国家综合实力的体现，更是中华民族伟大复兴的重要标志。回答中国高速公路为什么能实现跨越式发展，是怎样实现跨越式发展的，是编纂《中国高速公路建设实录》（以下简称《实录》）的初衷。结论就是：没有改革开放，就没有中国的高速公路；没有社会主义制度的优越性，就没有中国高速公路的跨越式发展；没有人民群众的殷切期盼，就没有高速公路发展的巨大动力。人民群众朴实的话语最能表达他们内心的想法，"要想富，先修路"，"小路小富，大路大富，高速公路快富"，这就是中国高速公路发展的底气和基础。因应人民群众的殷切期盼，在党中央、国务院的坚强领导下，全体交通人艰苦奋斗，我国高速公路的建设取得令世界瞩目的巨大成就，实现了跨越式发展，成为国民经济发展名副其实的"先行官"。

《实录》在谋篇布局上紧扣编写本书的初衷，用了五篇十二章及附录回答了国际、国内社会特别是交通运输行业人士十分关注的问题。《实录》整体可分为三个板块。

第一个板块就是第一章"中国高速公路的跨越式发展"。本章从介绍世界高速公路特别是一些发达国家，如美国、日本、德国、法国、西班牙等国高速公路发展历程入手，着重论述了改革开放以后中国高速公路发展的阶段性特征和助推中国高速公路发展的基本动力;从社会主义制度、交通发展战略研究与规划、公路建设的管理体制、公路法规建设、市场经济的机制与活力、重大建设项目前期工作、科技创新与应用、公路建设的组织模式与投融资体制等八个方面,阐述了中国高速公路跨越式发展辉煌历程。这些经验是中国高速公路决策者、建设者、管理者从实践中创造出来的,具有鲜明的中国特色,回答了中国高速公路为什么能够实现跨越式发展。

第二个板块是从第二章到第十一章,这十个章节构成了中国高速公路建设的全过程,集中回答了中国高速公路怎样实现了跨越式发展。第二章"中国高速公路发展规划",规划在中国高速公路发展中起到了引领和指导作用。改革开放以来,经国家审定批准的规划有三个:一是1992年审定的"国道主干线系统规划"("五纵七横"),总里程约3.44万公里,其中高速公路2.58万公里,2007年规划目标实现。二是2004年审定的"国家高速公路网规划"("7918"),总里程8.5万公里,到2015年已实现规划目标的92.43%。三是2013年审定的"国家公路网规划"("71118+6")13.6万公里,到2016年已实现规划目标的72.94%。不难看出,中国高速公路发展规划是与时俱进的,是从中国国情实际出发,服从服务于国民经济发展的全局。深入研究交通发展战略,以建设中国综合运输体系为目标,逐步形成高速公路网络化,不断提高运输效率。第三章"高速公路建设管理法律法规",体现依法治国的执政理念,在高速公路发展过程中必须坚持"依法建路,依法管路,依法养路,走可持续发展"的路子。第四章"高速公路建设管理制度",这是消化吸取了世界银行贷款项目和发达国家高速公路建设的基本经验,形成了有中国特色的高速公路项目管理制度,分别是项目法人责任制、工程监理制、招标投标制、合同管理制以及根据中国国情建立起与现代工程管理相适应的公路建设管理制度体系。第五章"高速公路建设与管理",中国是社会主义制度的国家,走有中国特色社会主义市场经济的发展道路。因此,改革开放以来,我们不断探索和总结高速公路建设与管理的经验,这不仅有政府的监管,还有项目法人管理、设计、施工、监理的管理,紧紧抓住高速公路工程质量、安全生产这些主题,贯穿于建设、管理、养护的全过程。第六章"公路建设技术标准",公路建设特别是高速公路建设的技术标准是技术法规,必须坚持,必须统一,在高速公路建设过程中不断探索,不断完善。从国外经验的消化吸收,到建立我国高速公路自身的标准规范体系,这是我国软实力增强的过程,是高速公路建设在技术领域取得的丰硕成果。

第七章"高速公路建设科技创新与应用"，邓小平同志在改革开放初期就指出，科学技术是第一生产力，中国高速公路发展实践是最好的诠释。不仅是我国高速公路的通车里程处于世界第一位，还有世界最长的港珠澳跨海湾大桥、跨越长江的苏通大桥、跨越峡谷的矮寨大桥、跨越戈壁沙漠的京新高速公路（G7）2540 公里、有秦岭终南山隧道、世界海拔最高的京藏高速青海段雪山 1 号隧道（海拔 4400 米），连云港到霍尔果斯高速公路（G30）4019.1 公里全线贯通，是"一带一路"公路大陆桥。这些路、桥、隧、特大立交桥，充分体现了科技进步的伟大成果，可以毫不夸张地说，中国已具备了世界领先的高速公路建设技术。第八章到第十一章是"成就篇"，以 2013 年国务院批准的"国家公路网规划"中高速公路的规划，7 条从北京为起点的射线、11 条南北纵线、18 条东西横线、6 条地区环线等，简称"71118+6"网为章节。改革开放以来，中国高速公路取得的巨大成就，是由一个一个工程建设项目累积起来的，每个建设项目都凝聚着交通人的聪明才智和心血汗水。高速公路覆盖了全国各省区市，时间跨度几十年，为此我们开发了《中国高速公路建设项目信息管理系统》应用软件，综合汇总了 2016 年来国家高速公路通车里程 99159 公里的 1346 个工程项目建设信息，可以说搭建了国家高速公路网的建设状况的新台账。由于受本书篇幅规模的限制，检索查阅具体工程信息，可以此书相关内容为线索，进一步查询各省（自治区、直辖市）编撰的《实录》，项目信息可以一目了然。"成就篇"的四章，表面看是 42 条高速公路建设成就介绍，实际加上了并行线、延长线，重要城市的绕城线是 161 条高速公路的建设项目信息汇集整理，占了本书编撰工作量的 60% 以上。

第三个板块是第十二章"高速公路文明创建与文化建设"，即"文化篇"。伴随着中国高速公路的物质文明建设的同时，精神文明建设也取得了丰硕的成果，精神文明的创建和文化建设又支撑和推动了高速公路建设。习近平总书记倡导的"两路"精神，激励了广大高速公路建设者，涌现出"解放思想，敢为人先"的沈大精神；"勇争第一，创新示范"的京津塘精神；"自力更生，艰苦奋斗"的太旧精神；"遵章守法，廉洁自律"的开阳精神；"勇于创新，追求卓越"的润扬精神；"自主创新，勇担风险"秦岭终南山隧道精神……，一代一代高速公路建设者传承发扬光大，港珠澳大桥岛隧工程，如果没有以林鸣同志为代表的科技精英团队的勇挑重担，攻坚克难，突破极限，追求极致的时代精神，怎么能够打造出世界的超级工程。所以，我们在回答中国高速公路为什么能够实现跨越式发展时，就必须包括中国高速公路的文化建设，这是中国高速公路实现跨越式发展的精神力量。《实录》除由以上三大板块组成外，为了便于读者和专业研究者方便，还将"中国高速公路发展纪年图表"和"高速公路发展大事记"作为附录，一并呈现给大家。中国公路建设行业协会承担了《实录》部分内容的编纂与编审组织工作，中国路桥工程有限责任公司、中交第三公路工程局有限公司对《实录》的编纂工作予以大力支持，人民交通出版社精心组织编辑力量出版该书。谨向他们为《实录》编纂、出版付出的努力表示感谢！《实录》还编录了对中国路桥工程有限责任公司等的介绍，我们从中国路桥工程有限责任公司的介绍中还可以看到中国公路建设"走出去"，开展国际合作交流的工程项目，是对本书内容的有益补充和延伸。在出版发行《实录》的同时，为适应不同层面读者的需求，还制作了《中国高速公路建设实录U阅通》和《中国高速公路发展全舆图》。

《中国高速公路建设实录》实际上是一套丛书，交通运输部和中国公路建设行业协会在编纂《实录》的同时，各省区市的交通运输主管部门同时编纂本省区市的《××高速公路建设实录》。编纂范围不仅有通过本省区市的国家高速公路，还有各省区市根据自身发展需求建设的地方高速公路。西藏自治区从西藏实际出发编纂《西藏高等级公路建设实录》。所以《实录》的全书是"1+31"的概念，初步统计全书2500余万字，可以说是鸿篇巨著。《实录》的编纂如同中国高速公路建设一样，气势恢宏，是盛世修史的一次尝试。作为编者，我们为生活在这样一个伟大时代而庆幸，为自己是一个高速公路的建设者管理者而自豪，为能参与编纂《中国高速公路建设实录》而荣耀。

《中国高速公路建设实录》编纂工作委员会

2017年7月

Contents

发 展 篇

管 理 篇

技　术　篇

成　就　篇

文　化　篇

Record of Expressway Construction in

China

中国高速公路建设实录

发展篇

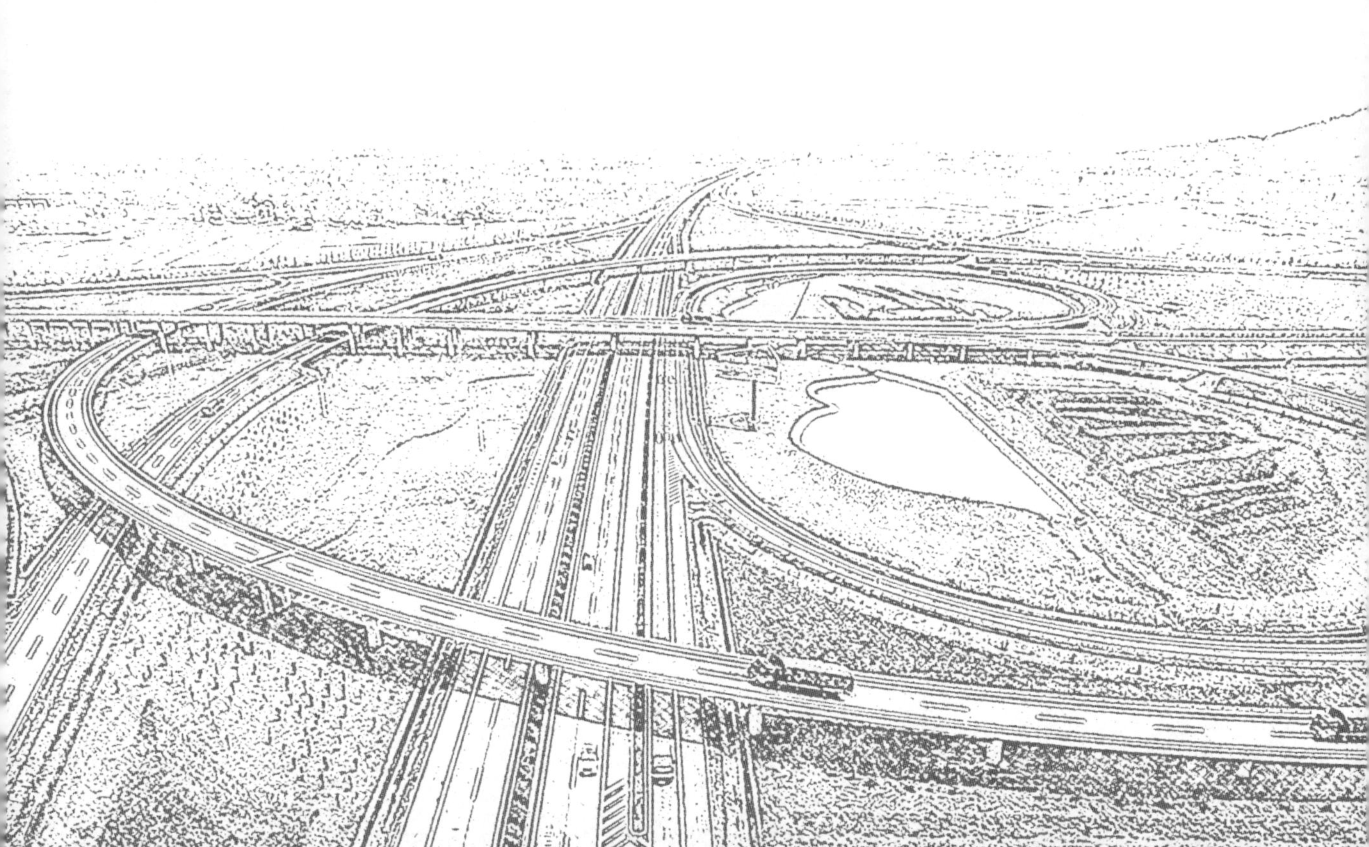

第一章
中国高速公路的跨越式发展

第一节　世界高速公路的发展

一、世界高速公路发展的背景与历程

高速公路于20世纪20～30年代，在德国等西方发达国家首先出现。德国于1932年建成了波恩至科隆高速公路。随后发展高速公路的是荷兰、美国等国家。

高速公路有计划、大规模地建设是在20世纪50年代以后。此时美国、德国、英国、法国、日本等西方主要发达国家开始从战时经济状态中恢复过来，着力推进经济增长和社会现代化的进程。交通运输需求总量不断增长，结构逐渐变化。工业化生产的多品种、少批量以及高、精、尖产品大量增加，对运输的便捷性、时效性要求明显提高。同时期汽车工业也得到迅速发展，汽车运输逐渐成为综合运输体系中的基础运输方式。在这种形势下，各国都面临公路通行能力落后于交通量增长的问题。建造普通公路无法大幅度提高汽车运输的能力、时效性和可靠性。而高速公路全立交、全部控制出入、双向隔离行驶等特点，可以使通行能力和运输速度得到大幅度提高，且安全可靠性好。建设高速公路是交通运输适应经济社会发展需要和提高公路运输能力的必然选择。

鉴于高速公路对国民经济和社会发展具有重要作用，许多国家已经把修建高速公路作为实现其现代化的一项重要措施。从20世纪60、70年代开始，澳大利亚、日本、西班牙、墨西哥、加拿大、捷克斯洛伐克、南斯拉夫，以及包括我国在内的一些发展中国家也陆续加入了修筑高速公路的行列。在进入工业化发展阶段，大规模建设高速公路并产生巨大的运输效率和社会经济效益，已成为各国交通运输发展的共同规律。

今天高速公路已经发展到了一个比较成熟的阶段，无论主体工程还是配套设施的发展都已相当完善。一些发达国家越来越重视高速公路的环境保护、景观文化等问题。同时，高速公路正向以计算机技术、现代通信技术和现代控制技术为基础的智能交通系统方向发展。

纵观世界高速公路产生的背景与发展历程可以发现，高速公路的产生和发展是经济、国防、政治等各方面需求综合作用的结果，工业化是高速公路在世界各地迅速普及与发展

的根本动力。可以说，高速公路的普及与发展是工业社会发展的客观要求，是世界各国经济腾飞的必要条件。第二次世界大战后的美国、20世纪60年代的欧洲和70年代的日本都证明了这一点。当代社会，更加注重速度、效率、服务质量、服务范围，高速公路具有现代运输服务特点，符合现代社会经济发展的要求，必然成为推动社会经济发展不可或缺的基础设施。

二、主要发达国家高速公路发展概况

据不完全统计，目前全世界有80多个国家和地区拥有高速公路，主要发达国家中，美国、加拿大、德国、法国、西班牙、日本等国家的高速公路规模位于前列。

（一）美国高速公路的发展

美国是当今世界上公路交通最发达、高速公路网络最完善的国家。2014年，美国高速公路里程达到10.4万km，包括州际公路7.7万km、其他高速公路2.7万km。美国高速公路的主体为州际公路（全称为艾森豪威尔州际与国防公路系统）。该公路系统从20世纪30年代后期开始筹备、规划，中间经过几次里程上的增减调整，50年代中期开始大规模建设，至90年代初期基本建设完成，前后经历了半个多世纪。

美国州际公路的筹备与20世纪30年代美国遭遇经济危机密切相关。为克服经济萧条带来的社会矛盾，时任美国总统罗斯福推行新政，其中一项重要内容是大力兴建公共工程，以增加就业、刺激消费和生产，为此启动了州际公路规划与建设。但是由于建设州际公路的资金不足，后期又受到第二次世界大战的影响，州际公路的建设进展非常缓慢。

第二次世界大战以后，时任美国总统艾森豪威尔非常重视高速公路建设，认为高速公路是一个国家的战备资源和保障，因此极力推动建设州际公路（高速公路）系统。从1956年通过“联邦资助公路法案”和“公路税收法案”开始，美国州际公路进入了快速发展阶段。1960—1980年的20年间，美国平均每年新建成高速公路约3000km，1966年的一年间新增高速公路里程就达16000km，州际高速公路里程平均每年新增近2500km。持续20多年的集中大规模建设使美国的州际公路系统基本形成。从20世纪80年代初开始，美国高速公路建设开始进入完善期，建设速度降至每年300km左右，至90年代州际公路系统建设完成。

美国发展高速公路的模式是以政府财政投入为主，州际公路建设和发展资金来源主要为“公路信托基金”。该基金由燃油税和重要汽车配件消费税等税收收入构成，按照联邦政府出资约90%、州政府配套10%的比例投入建设。“公路信托基金”支撑了大规模集中建设时期的资金需求，有力保障了州际公路建设和发展。

美国的州际公路对美国经济的高速发展、国土开发、人民生活水平的改善，以及国防建设发挥了显著作用。美国联邦运输部的研究结果表明，州际公路系统在其建设和投入使用的40年间(1956—1996年)，建设和养护经费总投入为3290亿美元(1996年价格，下同)，为美国创造总经济效益近2万亿美元，相当于每1美元的建设和养护投入带来超过6美元的经济收益。州际公路被认为是美国有史以来做出的最佳投资，在促进经济发展、提升国家安全、改善生活品质等方面起到了变革性的作用，使美国成为名副其实的“车轮上的国家”。

(二)日本高速公路的发展

日本是当今世界上拥有最先进综合交通系统、高速公路密度最大的国家。2013年，日本高速公路总里程达到9796km。日本高速公路从20世纪40年代开始筹备和规划，在50年代经济实力较弱、财政困难的背景下起步，经过60～80年代的快速发展，之后进入稳步发展与完善期。

日本发展高速公路的模式不同于美国。由于起步建设阶段政府财力不足，日本借助收费公路制度筹集高速公路建设资金，由道路公团借款投资建设，并以建成后的通行费偿还。期间，政府给予贷款补贴。2004年，日本将原有的道路公团民营化，重新组建了高速公路管理公司和债务偿还机构。

收费公路制度为日本高速公路的发展提供了坚实的资金保障，至今仍在日本高速公路建设和养护运营中发挥着重要作用。

日本高速公路的发展对于其经济社会发展的促进作用巨大。高速公路与新干线高速铁路、港口、航空等共同构成发达的综合交通体系，有力支撑了日本工业化进程中快速增长的运输需求，极大地推动了日本经济腾飞，成为了第二次世界大战后日本崛起成为世界第二大经济强国、创造经济奇迹的重要基础条件。

(三)欧洲高速公路的发展

作为世界上经济发展平均水平最高的地区，为了与高速发展的经济相适应，欧洲各国都在大力改善交通条件，普遍重视高速公路的发展，在高速公路建设与发展方面积累了丰富的经验。近年来，在全球经济一体化的形势下，为了发展区域性经济，更好地发挥高速公路的优势，加强国际联系，欧盟各国已把高速公路连接起来，并统一编号、统一道路标识，构成了覆盖欧洲大陆的欧洲高速公路网。

1.德国高速公路的发展

德国是世界上较早修建高速公路的国家之一。第二次世界大战以后，为恢复经济，联邦德国致力于重建高速公路。20世纪50年代，随着经济复苏、运输需求迅速增长，联邦德国开始有计划地大规模修建高速公路。1955—1970年间，联邦德国共修建高速公路2245km，高速公路初步连接成网。德国统一后，进一步制订高速公路发展计划，推动高速公路发展。到1999年，德国高速公路总里程达到1.15万km，形成了欧洲最庞大的高速公路网，并有9条高速公路与邻国相通，极大地促进了整个欧洲经济开发以及国家之间的交流。2014年，德国高速公路总里程达1.29万km。

德国高速公路发展的前期，以政府投资为主，主要资金来源为汽车燃油税。进入21世纪以来，随着过境交通量加大、养护任务日益艰巨，德国政府开始通过向货车征收通行费、向小客车征收基础设施建设费等方式弥补政府资金的不足。

2. 法国高速公路的发展

法国高速公路建设始于1942年，但初期建设进展比较缓慢，到1960年年底只建成120km。20世纪60年代，随着国内经济复苏，公路交通量迅速增长，法国政府开始有计划地加快建设高速公路。1960—1970年法国共建成高速公路1125km，平均每年建成102km。1970年法国政府提出1971—1985年高速公路建设构想，并推动加快实施。到1992年法国高速公路通车里程达7700km。20世纪90年代之后，法国高速公路进入稳定发展阶段。经过一些网络完善与道路改造，截至2010年，法国高速公路里程达到1.1万km。

法国高速公路建设的快速发展，主要得益于1955年后全面推行的高速公路收费和特许经营制度。在这一制度下，法国先后建立了两类特许经营企业：一类是半官方的企业集团，即法国收费高速公路特许企业联合会；另一类是私营企业。前者经营管理法国现有高速公路总里程的80%，后者经营管理20%。

3. 西班牙高速公路的发展

西班牙也是欧洲发展高速公路比较快的国家之一。20世纪60年代，随着西班牙经济的快速发展及其与欧洲各国外贸额的增长，西班牙公路网现代化发展与欧洲各国联网的需求日益突出。西班牙高速公路在这样的背景下起步发展，1970年建成高速公路386km。经过20多年快速发展，至1996年已达到7747km。西班牙解决高速公路资金的手段是建立享受国家补贴的收费高速公路特许经营企业，为大量利用国内外资金修建高速公路提供了条件。这种修建高速公路的体制，于1960年以法律的形式加以明确，并于1972年后得到全面推广和完善。直至今日，这种制度仍发挥着重要作用。2010年，西班牙高速公路里程达到9800km。

三、经验总结

总结世界高速公路的发展历程及主要发达国家高速公路建设的经验，可以看到：

(1)主要发达国家高速公路的发展大体上经历了建设起步期、大规模建设期、稳定发展与完善期,其中大规模集中建设的快速发展时期一般持续二三十年。

(2)高速公路与经济社会发展的相互促进作用十分显著。主要发达国家的高速公路都是由经济社会发展需求催生,在公路交通不能满足运输需求增长的背景下起步建设。反过来,经过较长时间的发展,高速公路网络在综合运输中发挥重要作用,又能有效地促进国民经济的增长,推动国土资源均衡开发,加快城市化进程,提高人民生活质量和水平,进而有力推动各国经济与社会发展。

(3)主要发达国家高速公路发展往往由政府主导规划,在统一规划的引领下有序推进。同时,大多数国家制定了相应的法律法规,为高速公路规划得以有效实施提供了保障。

(4)主要发达国家发展高速公路的模式主要有两种:一种是以美国、德国等为代表的以公共财政为主,政府统一投资、建设,建成后交由地方养护、运营和管理;另一种是以日本、法国等为代表的依托收费公路政策筹集发展资金,由特许经营企业(或"实体")投资、建设,建成后继续负责养护、运营和管理。无论采用何种模式,都为高速公路发展建立了长期、稳定的资金渠道。

第二节 中国高速公路的发展

一、中国高速公路诞生的背景

我国内地高速公路的起步比发达国家整整晚了半个世纪,到20世纪80年代中期才开始高速公路前身——汽车专用公路的探索。截至20世纪80年代,世界上已建成的高速公路达16万多公里,而我国内地却还没有高速公路。

改革开放初期,随着我国国民经济的快速发展,公路客货运输量急剧增加,公路建设长期滞后所产生的后果暴露出来,主要干线公路交通拥挤、行车缓慢、事故频发,严重制约了经济社会发展。为改善主要干线公路交通紧张状况,缓解公路交通对经济社会发展的瓶颈制约,从"六五"时期(1981—1985年)开始,我国重点对干线公路进行加宽改造,但收效甚微。为了寻求缓解我国公路交通瓶颈制约的有效途径,20世纪80年代初,交通部[1]开始着手收集和研究发达国家解决干线公路交通拥堵问题的经验,并对我国主要干线公路交通存在的问题进行研究。

研究结果显示,我国公路交通存在着3个突出问题:一是由于运输工具种类繁多,汽

[1] 现已更名为"交通运输部",后同。

车、拖拉机、自行车、畜力车、行人混行，车辆行驶纵向干扰大，汽车的平均速度只有约30km/h，仅达到设计经济速度的一半，运输速度慢、成本高、油耗大；二是由于人口稠密，公路沿线穿越城镇较多，横向穿越的车辆和行人严重阻碍了交通的正常通行；三是公路平交道口多，车辆走走停停，通行能力低下，交通事故居高不下。以上3个问题严重影响了公路交通功能的发挥。根据发达国家的实践经验，建设全封闭、全立交的高速公路是解决混合交通问题、增强运输能力、提高公路运输效率、缓解主要干线公路交通紧张状况的有效途径。我国高速公路正是在这样的背景下酝酿产生的。

二、中国高速公路发展历程与成就

回顾我国高速公路发展历程，大致经历了5个发展阶段：1978年（改革开放）至1988年的起步阶段，1989年至1997年的稳步发展阶段，1998年至2007年的加快发展阶段，2008年至2015年的跨越式发展阶段，以及2016年以来的全面深化改革和规范发展阶段。

1. 起步阶段（1978—1988年）

在这一时期，社会各界对修建高速公路问题非常关注，对于"中国要不要修建高速公路"的问题认识并不统一，甚至可以说争论激烈。1982年党的十二大以后，交通运输方面专家以及社会上的部分有识之士建议修建高速公路的呼声日益高涨。1983年召开的"交通运输技术政策论证会""公路运输发展座谈会"等一系列会议上，与会代表就我国高速公路建设问题进行了热烈讨论。一些专家提出，建设由北京经天津至塘沽的高速公路，是解决京津间交通拥堵和塘沽新港疏港问题的最好办法。1984年5～12月，《人民日报》《经济日报》相继发表文章，认为高速公路能带来良好的社会和经济效益，我国需要修建高速公路。但仍有反对建设高速公路的声音，认为高速公路属于专为小汽车服务的"高消费"产品，我国小汽车少，用不着花费巨资、占用大量土地建设高速公路。甚至有人为高速公路罗织了五大罪状：投资大、占地多、能耗高、污染严重、事故惨重，并谬称修建高速公路是"高消费""自由化"的表现。这一时期，社会各界及有关部门对修建高速公路的关注和争鸣，客观反映了在当时经济社会发展水平下社会对高速公路的认识，也说明高速公路在我国的起步发展并非一帆风顺。

基于当时的社会环境，1984年沈（阳）大（连）公路按照一级汽车专用公路的标准（学习借鉴日本高速公路设计要领）开工建设，建成后即已具备高速公路技术标准。沪（上海）嘉（定）、西（安）临（潼）、广（州）佛（山）3条高速公路长度均不足20km。按当时的规定，长度在20km以内的高等级公路可不按高速公路审批程序，只需经省级、部级主管部门审批立项。1984年4月，国务院在研究天津港的体制改革问题的会议上，采纳了天津市提出的要加快修建京津塘（北京—天津—塘沽）高速公路的意见。随后在5月7日印发的《中共中央、国务院关于天津港实行体制改革试点的批复》中,明确要加快修建京津塘高速公路。此前,京津塘高速公路是按照汽车专用公路名义开展前期工作。据此,交通部决定将此前上报的《修建京津塘汽车专用公路报告》改为《修建京津塘高速公路报告》。随后,交通部组织当时全国部属三大设计院(交通部公路规划设计院、交通部第一公路勘察设计院和交通部第二公路勘察设计院),组成强大的测设队伍,赴现场踏勘、测量和设计。京津塘高速公路是中国内地经国务院批准的第一条高速公路,于1984年12月至1986年分段陆续开工建设。这一工程利用了世界银行贷款,引进了世界银行贷款管理高速公路项目的四项基本制度。

京津塘高速公路的正名,并没有扭转全社会对高速公路认识不统一的局面。到1987年年底,除京津塘高速公路(利用世界银行贷款)和广深高速公路(香港商人投资)两条高速公路获准利用外资,明确按照高速公路标准建设外,北京—石家庄、武汉—黄石、合肥—南京、济南—青岛、成都—重庆等一批交通量大的干线公路,都是先按一级汽车专用路、二级汽车专用路开展前期工作,后逐渐正名为高速公路的。这些工程的建设,虽然都带有学习、探索和试验的性质,但客观上为以后高速公路的大规模建设积累了丰富的经验,打下了坚实的技术基础,同时培养了技术人才。

1988年当之无愧地成为了我国内地高速公路的"元年"。1988年10月31日,全长20.5km(其中达到高速公路标准的路段长15.9km)的沪嘉高速公路一期工程通车;11月4日,辽宁沈大高速公路沈阳至鞍山和大连至三十里堡两段共131km建成通车。到1988年年底,我国内地高速公路总里程达到147km,实现了零的突破,彻底结束了中国内地没有高速公路的历史。

这一时期,交通部在高速公路建设资金方面进行了积极的研究和探索,并向国家提出对公路建设给予政策支持。1984年,国务院召开第54次常务会议,决定实施加快公路建设的三项政策,即:提高养路费征收标准;开征车辆购置附加费;允许对贷款或集资修建的高等级公路和大型公路、桥梁、隧道收取车辆通行费,用于偿还贷款等。这些政策对我国高速公路发展起到了至关重要的作用。

2. 稳步发展阶段(1989—1997年)

1988年以后,沪嘉和沈大两条高速公路通车运营,获得了良好的经济效益,社会反响巨大,使人们对高速公路的优点有了感性认识,社会舆论和各界的观点开始向有利于高速公路发展的方向转变。交通部适时抓住这一机遇,于1989年7月18~20日在辽宁沈阳召开了我国高速公路发展历史上具有里程碑意义的"高等级公路建设经验交流现场会"。

在这次会议上,时任国务委员邹家华明确指出:"高速公路不是要不要发展的问题,而是必须发展”“这样的结论是明确的,这已经不是理论问题”。大家的共识是:在交通量大的地区修建高速公路十分必要。会议提出了规划和建设分层负责、长远规划可分阶段实施、多渠道筹资、采取优惠的土地政策、动员社会力量、合理选线、建好一条管好一条、征好规费积累资金、对前期准备工作做得好的项目优先补助、加强规划和前期工作等10条建设高等级公路的政策措施。认识的统一,为我国高速公路的发展奠定了基础,拉开了高速公路快速发展的序幕。

“沈阳会议”为高速公路建设扫清了思想和理论上的障碍,使我国高速公路建设开始走上了正轨。同时,会议提出的政策措施,对我国后来形成“统筹规划、条块结合、分级负责、联合建设”公路建设的基本方针,以及“国家投资、地方筹资、社会融资、利用外资”的高速公路建设投融资政策等,具有深远影响。

1990年,全长371km,被誉为“神州第一路”的沈大高速公路全线建成通车,标志着我国高速公路发展进入了一个新的时代。1993年,我国第一条利用世界银行贷款建设的跨省的高速公路——京津塘高速公路建成通车。为了集中力量,突出重点,加快我国高速公路的发展,1992年交通部制定了“五纵七横”国道主干线规划并付诸实施,从而为我国高速公路持续、快速、健康发展奠定了基础。

1993年6月18~23日,我国高速公路发展历史上具有划时代意义的会议——“全国公路建设工作会议”在山东济南召开。这是我国高速公路发展史上迄今为止规模最大、规格最高、效果最佳、影响最深远的一次会议。会议主题是部署2000年跨世纪公路建设上新台阶的任务,并研究加快公路建设的政策措施。会上,时任国务院副总理邹家华讲话指出:“要处理好高等级公路和一般公路的关系,先通后畅,目标是要提高公路运输的速度、效率和效益。”会议确定了我国公路建设将以高等级公路为重点实施战略转变,同时明确了2000年前我国公路建设的主要目标是:集中力量抓好高等级公路建设,“两纵两横”(两纵为北京至珠海、同江至三亚,两横为连云港至霍尔果斯、上海至成都)国道主干线应基本以高等级公路贯通,“三个重要路段”(北京至沈阳、北京至上海和重庆至北海)力争建成通车,形成几条对国民经济和社会发展具有重要战略意义的大通道。会议强调,今后8年,要大力抓好高等级公路建设,要用好国家对公路建设的现有扶持政策,进一步完善对交通发展的优惠政策,采取更多改革开放的措施筹集建设资金,同时要加强现有公路的养护和管理。

“济南会议”后,全国掀起了高速公路建设新高潮。这一时期,公路行业努力克服在高速公路建设上缺乏经验、缺乏技术标准、缺乏人才和缺乏设计施工技术等诸多困难,突破高速公路建设的多项重大技术“瓶颈”,积累了设计、施工、监理和运营等全过程建设和管理的经验。到1997年年底,我国高速公路通车里程达到4771km,10年间年均增长477km(图1-1),相继建成了沈大、京津塘、成渝、广深、济青等一批具有重要意义的高速公路。

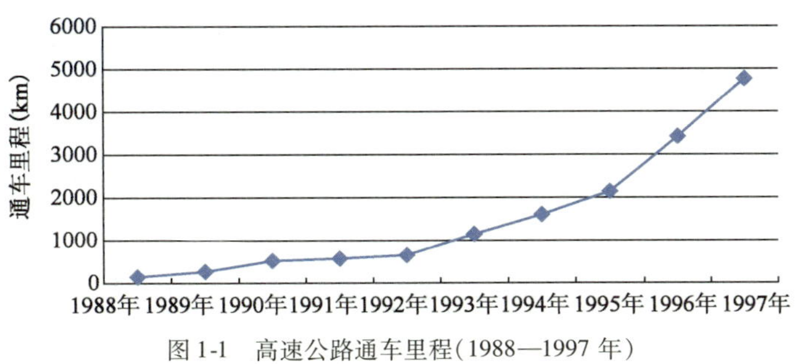

图 1-1　高速公路通车里程(1988—1997 年)

这一时期,我国高速公路建设在法规制度、战略规划、科技应用、投融资、工程项目管理等方面也取得了长足发展,通过了第一部规范公路建设和管理的法律——《中华人民共和国公路法》,提出并推进了国道主干线规划,加大了对公路科研、前期工作和人才技术等方面的投入,制定并完善了收费公路政策,明确了"贷款修路、收费还贷",积极运用市场机制,采取多渠道、多层次、多形式、多元化筹集建设资金,逐步形成了"国家投资、地方筹资、社会融资、利用外资"的投融资体制,建立起交通基础设施重点项目前期工作制度和公路项目管理的法人制、招投标制、工程监理制、合同管理制等四项基本制度。总之,这一阶段形成的政策、措施和制度一直延续至今,对我国高速公路跨越式发展起到了重要作用。

3. 加快发展阶段(1998—2007 年)

1998 年,为应对东南亚金融危机对我国的不利影响,党中央、国务院做出了"实施积极财政政策和较为宽松的货币政策,加快各项基础设施建设",扩大内需,稳定经济增长的决策,决定重点实施公路、铁路、通信、环保、农林及水利等基础设施建设,公路建设是重中之重。

为落实党中央、国务院的部署,1998 年 6 月 20 ~ 23 日交通部在福建省福州市召开了我国高速公路发展历史上又一次具有标志性意义的会议——"全国加快公路建设工作会议"。会议明确将 1998 年公路建设投资规模由原计划的 1200 亿元调增至 1600 亿元,银行贷款也开始大规模进入公路建设领域。时任中共中央政治局委员、国务院副总理吴邦国在讲话中坚定地指出:要从国家整个经济发展的全局看待这次会议。保持全年 8% 的增长目标关系到国家的政治信誉。这不仅是经济问题,也是政治问题。公路部门肩上扛着促进公路建设发展和带动国民经济发展的双重责任。时任交通部部长黄镇东在讲话中强调:"加快公路建设是党中央、国务院做出的重大决策,是确保今年经济增长目标的重要措施之一,对于维护改革、发展、稳定的大局具有战略意义,也为改变我国公路交通滞后局面带来了极好的机遇。交通系统各级领导要充分认识肩负的崇高使命,以高度的政治责任感,积极行动起来,采取有力措施,确保完成今年和未来几年的建设任务。"

此次会议,对以加快高速公路建设为主的公路基础设施建设做出三方面的部署:

一是“九五”时期(1996—2000年)后3年高速公路主要目标为:加快7条干线公路建设,建设主骨架,改善公路网,扩大覆盖面,力争全国公路在总量、质量和管理水平上实现新的突破;到2000年,国道主干线“两纵两横三个重要路段”中的京沈、京沪和西南出海通道3个重要路段基本贯通,高速公路总里程超过8000km;到2002年,“两纵两横三个重要路段”基本建成。

二是1998年的公路建设任务是:重点加快在建项目建设,力争开工建设一批新项目。重点公路建设投资达到900亿元,路网改造和主枢纽建设投资达到500亿元。从原计划安排的135个重点项目中,优选有条件加快的101个项目,增加贷款353亿元;选择“两纵两横三个重要路段”中基本具备开工条件的14个和“五纵七横”国道主干线中的14个重要项目路段作为新开工项目,增加投资90亿元,其中贷款47亿元。

三是明确筹集建设资金的主要措施,包括加大财政拨款、争取地方政府支持、抓好银行贷款落实到位、为公路建设征地拆迁营造宽松环境等。

1998年成为我国高速公路建设史上的另一个重要年份,全年新增高速公路里程3962km,总里程达到8733km,居世界第六位。这一年不仅创下了我国年度建设高速公路的新纪录,而且将高速公路建设计划目标的实施提前了一大步;全年实际完成公路建设投资2168亿元,比1997年增长72.6%;“五纵七横”规划中的大部分高速公路项目开工建设,全国在建高速公路里程超过1.26万km,为“十五”时期(2001—2005年)我国建成近2万km高速公路奠定了坚实的基础。

“福州会议”以后,随着亚洲金融危机影响的加剧,1998年下半年交通部又将当年公路投资追加到1800亿元。此后,针对加快公路建设中出现的质量不平衡、投资进度不够快等新问题,交通部多次召开座谈会、电视电话会议和现场会,研究部署解决高速公路建设中的问题,很快扭转了质量隐患上升的苗头,加速了投资进度,确保了高速公路里程在质量稳步提高的前提下实现大幅度增长。

亚洲金融危机给我国经济带来了严重的挑战,但同时也给我国公路建设提供了难得的机遇。“福州会议”把我国高速公路建设推上了快速发展的轨道,自此我国高速公路里程开始以举世震惊的速度飞速增长。

1999年,党中央、国务院做出了另一项重大战略部署——西部大开发,强调“必须加强基础设施建设,近期要以公路建设为重点”。交通部认真落实中央精神,于2000年7月在四川成都召开了“西部开发交通基础设施建设工作会议”,提出了加快建设8条西部开发省际通道的任务。8条西部省际通道作为“五纵七横”国道主干线在西部地区的重要补充和延伸,是整个西部地区省会(自治区首府)城市、重要工业城市、矿产基地、边境贸易口岸之间的高等级公路通道,同时也是西部地区与中部地区的重要联络线。8条通道包括:甘肃省兰州市—云南省磨憨口岸、内蒙古自治区阿荣旗—广西壮族自治区北海市、新疆维吾尔自治区阿勒泰市—红其拉甫口岸、宁夏回族自治区银川市—湖北省武汉市、陕西省西安市—安徽省合肥市、重庆市—湖南省长沙市、青海省西宁市—新疆维吾尔自治区库尔勒市、四川省成都市—西藏自治区樟木口岸等，总里程近1.5万km。8条省际通道的规划建设，对加快西部地区交通基础设施建设进程具有重要意义。

1998年至2000年公路建设步伐的加快，使"九五"期间(1996—2000年)我国高速公路建设突飞猛进，5年新增通车里程1.3万km，其中后3年增加里程1.15万km。"两纵两横三个重要路段"中的京沈、京沪高速公路全线贯通，公路基础设施取得突破性进展。1999年10月，我国高速公路里程突破1万km，达到11605km，跃居世界第四位。到2000年年底，我国高速公路里程达到16285km，跃居世界第三位。

进入"十五"时期(2001—2005年)以后，我国高速公路迎来了"丰收的季节"。在积极财政政策的推动下，在全行业的艰苦努力下，5年共建成高速公路2.47万km，是"八五"时期(1991—1995年)、"九五"时间(1996—2000年)10年间建成高速公路总和的1.5倍，走完了西方发达国家几十年才走完的发展历程。2001年年底，高速公路总里程达到19437km；2002年11月1日，高速公路里程突破2万km；2004年10月27日，高速公路总里程突破3万km；2005年底，高速公路里程突破4万km，达到4.1万km，仅次于美国，居世界第二位。

"十五"期间(2001—2005年)，国道主干线中的"两纵两横三个重要路段"全部建成，全国有19个省(区)高速公路突破1000km。高速公路建设的跨越式发展，对改善投资环境、促进资源开发利用、便于人民群众出行、优化产业布局、拉动经济增长、增强国家竞争力以及保障国家安全等，发挥着越来越重要的作用。需要特别指出的是，为了适应我国未来经济社会发展对交通运输提出的新要求、新挑战，参照发达国家的经验，交通部组织力量编制了《国家高速公路网规划》("7918"网)，并由国务院于2004年12月下发。

在"十一五"时期(2006—2010年)开局之年的2006年，高速公路建设翻开了新的一页。交通部明确重点组织实施《国家高速公路网规划》，确定了"十一五"时期(2006—2010年)交通工作的主要目标，要求高速公路建设"基本形成国家高速公路网骨架，'五纵七横'国道主干线和西部开发省际通道全部建成"。

到2007年年底，高速公路里程迈上了5万km的台阶，达到5.39万km。到2008年年底，高速公路里程突破6万km，达到6.03万km。其中，河南、山东两省突破4000km，广东、江苏、河北、浙江四省突破3000km。到2007年年底，经过15年的艰苦努力，总里程3.5万km的"五纵七横"国道主干线系统比原计划提前13年基本贯通，国家高速公路骨架初步成网，高速公路网对经济社会发展的推动作用更加显著。

从1998年加快公路建设至2008年的10年里，我国高速公路建设实现了飞速发展，年均建成高速公路里程达到5100余公里，是1988—1997年年均建成477km的10.7倍，这个速度在其他任何国家都是不可想象的。从起步到高速公路通车1万km,我国用了12年时间;从1万km到突破2万km,我国只用了3年时间;之后高速公路里程每突破1万km,时间不过1~2年(图1-2)。

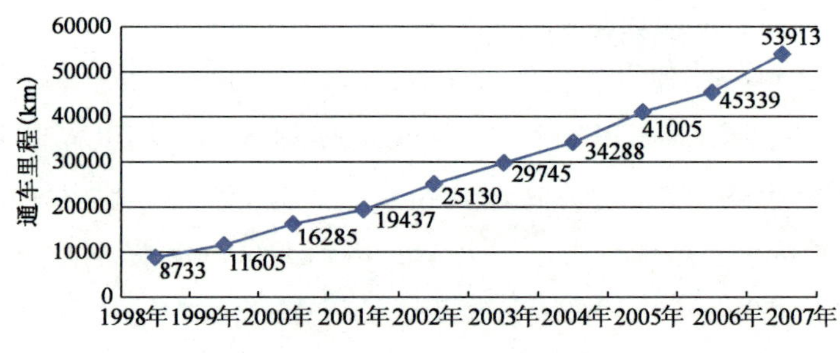

图1-2　高速公路通车里程(1998—2007年)

4.跨越式发展阶段(2008—2015年)

为应对美国次贷危机对我国的不利影响,2008年11月5日国务院常务会议决定"进一步扩大内需、促进经济增长",其中把加快交通基础设施和民生工程建设作为扩大内需的重要举措,在资金投入、项目审批等方面予以倾斜。这又一次为交通运输业实现新的发展提供了机遇。为此公路行业以国家高速公路建设为重点,进一步加快了高速公路的建设步伐。

2009年,我国全年完成公路建设投资超过9668亿元,同比增长40%以上,是"十一五"时期(2006—2010年)投资同比增长最快的一年。同年年底,我国高速公路里程达到6.51万km。2010年,我国公路建设投资历史性地突破了万亿元大关,高速公路里程突破7万km,达到74113km。截至2010年年底,全国公路总里程突破400万km,达到400.82万km。

"十一五"时期(2006—2010年)的5年间,完成公路建设投资4万亿元,是"十五"时期(2001—2005年)的2倍多。其中,2009年和2010年两年投资占50%,投资增速明显加快。5年新增高速公路里程3.31万km,年均增长超过6600km。8.5万km的国家高速公路网规划完成了67.9%,达到5.8万km;西部开发8条省际通道基本贯通。从2001年高速公路通车里程跃居世界第二位,到"十一五"末的2010年年底,我国高速公路里程增加了5.47万km,基本建成了全国性的高速公路运输主通道。这一成就的取得仅用了9年时间,路网整体的社会和经济效益得以充分发挥。据统计,"十一五"时期(2006—2010年)全社会高速公路建设累计投资达2万亿元,直接拉动GDP增长约3万亿元,拉动相关行业的产出累计约7万亿元。为促进沿线产业布局和外向型经济发展,有效应对金融危机、拉动经济增长做出了重要贡献。

"十二五"时期(2011—2015年),在调整后的《国家高速公路网规划》("71118"网)的指引下,全国高速公路建设取得历史性新突破。5年的时间,公路累计完成投资7.1万亿元,是“十一五”时期(2006—2010 年)完成投资的 1.74 倍。全国高速公路建设实现跨越式发展,年均新通车里程 9900km,是“十一五”时期(2006—2010 年)的 1.5 倍。2012 年,我国高速公路通车里程达 9.6 万 km,首次超越美国,居世界第一。到 2015 年年底,全国高速公路通车里程达 12.4 万 km,其中国家高速公路 9.3 万 km、“7918”国高网 8 万 km,高速公路覆盖了全国 97.6% 的城镇人口 20 万以上的城市(图 1-3)。

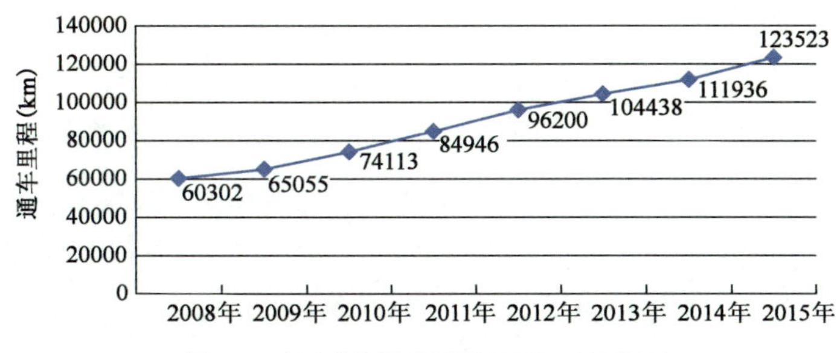

图 1-3　高速公路通车里程(2008—2015 年)

随着京哈、京沪、青银、沪渝等一批长距离、跨省的高速公路大通道相继贯通,拥挤路段相继扩容改造完成,我国主要公路运输通道交通运输紧张状况得到明显缓解,长期存在的运输能力紧张状况得到明显改善。高速公路的快速发展,大大缩短了省份之间、重要城市之间的时空距离,加快了区域间人员、商品、技术、信息的交流速度,有效降低了生产运输成本,在更大空间上实现了资源有效配置,拓展了市场,对提高企业竞争力、促进国民经济发展和社会进步都起到了重要的作用。高速公路也日益改变着人们的时空观念和生活方式。

5. 全面深化改革和规范发展阶段(2016 年以来)

经过改革开放(1978 年)以来近 40 年的发展,我国公路交通运输历经了从“瓶颈制约”到“总体缓解”,再到“基本适应”的发展历程,公路规模总量已位居世界前列,其中高速公路里程已稳居世界第一位。胡鞍钢等专家学者曾高度评价以高速公路为代表的公路交通基础设施建设的巨大成就,认为“中国在过去的 20 多年里创造了人类历史上最大规模的交通革命,在交通基础设施建设方面取得了显著成就,从世界‘交通小国’发展成为世界‘交通大国’,有力地支撑了世界现代史上最大经济奇迹的创造”。世界银行在题为《中国的高速公路:连接公众与市场,实现公平发展》的报告中高度评价中国高速公路建设的成就,“世界上还没有任何其他国家,能够在如此短的时间内,大规模提高其公路资产基数”。

过去 40 年的时间里,公路行业始终把加快交通基础设施建设、扩大基础设施供给能力、提高交通运输服务的质量和水平作为主要任务,使包括高速公路在内的交通基础设施在“量”的积累上具备了一定的规模,交通运输紧张状况已实现总体缓解。但与此同时,随着经济社会的快速发展、国家公路网的逐步连线成网以及国家财税体制改革的推进,高速公路网在加快完善的同时，近40年来快速发展积累下来的一些深层次问题也逐步显现，如收费公路管理、建养资金不足，公路建设债务等涉及交通法规、体制机制和管理体系的问题，以及环境、土地约束等外部环境制约等。高速公路建设与发展的深化改革的问题已经引起行业内外的广泛关注。

党的十八大尤其是十八届三中全会以来，国家全面深化改革的战略部署对包括高速公路在内的公路交通发展提出了更高要求。2015年中央经济工作会议作出引领经济新常态、推进供给侧结构性改革的重大决策。同年，新的《中华人民共和国预算法》出台实施，《收费公路管理条例》修订稿正式面向社会公开征求意见，公路行业事权和财税体制改革有序推进，对《收费公路管理条例》“贷款修路、收费还贷、统贷统还”等政策产生了深刻影响。交通运输部提出了以普通公路为主的非收费公路体系和以高速公路为主的收费公路体系“两个公路体系”总体思路。这一系列政策调整，使高速公路建设和发展步入了新的阶段。“十三五”时期，高速公路发展将步入全面深化改革与规范发展的关键时期，从注重里程规模和速度转向更注重科学合理可持续发展。

三、中国高速公路发展的动因

1. 中国高速公路发展顺应了经济社会快速发展的迫切需要

改革开放以来，我国经济社会快速发展，区域协调发展战略稳步推进，区域间经济加快融合。在20世纪80、90年代，经济社会发展带来的运输需求急剧增长，严重滞后的交通运输能力与不断增长的交通运输需求之间的矛盾成为制约我国经济社会发展的“瓶颈”。解决“瓶颈”制约是当时交通工作的中心任务。而人员、资源的跨区域流动，货物流通半径的扩大，都对高速公路的建设提出了迫切需求。我国高速公路的持续快速发展，正是顺应了经济社会快速发展的需要。

高速公路作为国家重要的基础性、先导性、服务性的基础设施，对国民经济发展具有重要的支撑作用。高速公路大量的固定资产投资，对国家经济直接的带动和促进作用十分明显。1996—2015年，全国高速公路建设对国内生产总值的贡献值从1088亿元增加到25122亿元，占当年国内生产总值的比重由1.5%提高到4%～5%，最高达到5.6%（图1-4）。高速公路经济效益的外溢性特点十分突出，对生产力布局、产业结构和产品供给、吸引投资产生深刻影响，促进资源在更大范围内的合理配置，促进区域经济向市场化、社会化、专业化发展，并对高速公路沿线的产业拓展、商业繁荣和旅游业开发起到了直接的促进作用。高速公路沿线逐步演变为产业带，高速公路互通立交常常也是产业园区和商品集散地。高速公路进一步加强了城市、工业中心、商贸中心、机场港口以及对外口岸等交通枢纽的联系，对改善投资环境、扩大沿线对外开放、促进外向型经济发展和加快城市群形成作用显著。实践证明，长江三角洲、珠江三角洲和环渤海三大城市群的渐次成形和经济快速发展,都与该地区高速公路网络的快速发展密切相关。图1-5为高速公路建设与三次产业增加值的关系。

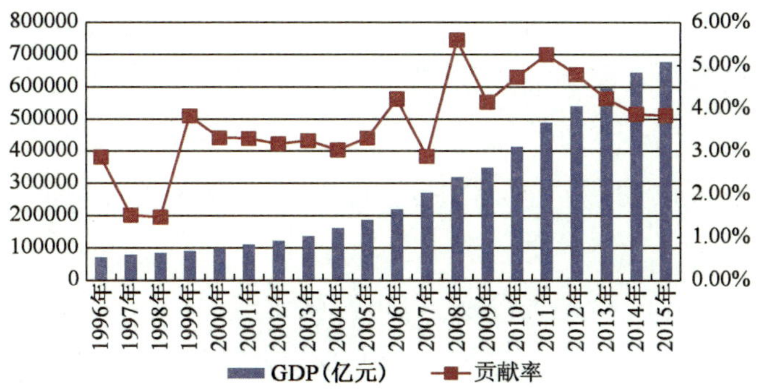

图1-4 高速公路建设对我国经济增长的贡献

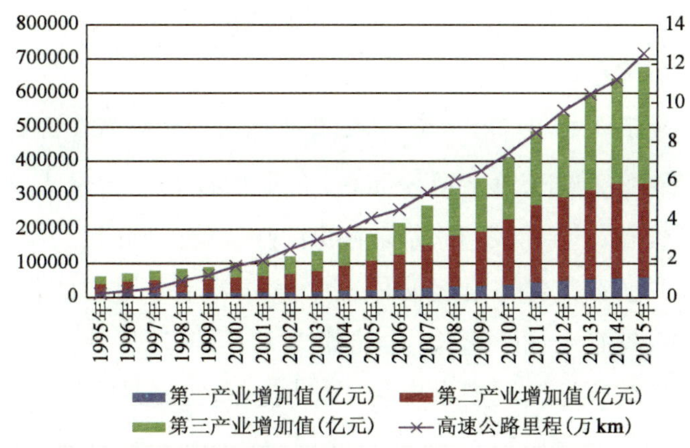

图1-5 高速公路建设与三次产业增加值的关系

可以说,经济发展的旺盛需求,为高速公路建设发展提供了强劲动力;反过来,高速公路的快速发展也成为经济腾飞的助推器。

2. 中国高速公路发展适应了社会进步和民生改善的强烈需要

从20世纪80年代初到2000年的20年间,以温饱为主导的消费结构成为中国经济增长的引擎。进入21世纪后,我国百姓开始由"吃、穿"为主导的消费结构,向注重"住、行"和提高生活品质为导向的消费结构转变,这成为推动中国经济增长的新生力量。人民群众的出行需求呈现快速增长,出行的品质要求越来越高。消费结构升级、人民生活品质的快速提高对公路交通的发展,特别是对以安全、舒适、便捷、高效为特征的高速公路的发展提出了更高要求。

我国高速公路的跨越式发展与汽车保有量的快速增长密切相关。研究表明,高速公路里程规模的增长与汽车保有量的增长具有很强的正相关性。20世纪80年代,汽车开始进入中国家庭。经过30年的时间,中国的汽车消费已经完全由高端消费转变为大众消费。据统计,2016 年年底我国民用汽车保有量达到 1.94 亿辆,约为高速公路诞生之前(1987 年)的 45 倍;私人汽车保有量 1.66 亿辆,为 1987 年的 380 倍,平均每百户家庭拥有私人汽车近 40 辆;其中,私人轿车拥有量 1.12 亿辆,近 10 年扩大了 10 倍。高速公路的建设发展加快了小汽车进入家庭的步伐,汽车保有量的快速增加也进一步刺激了高速公路的建设需求。随着小汽车走进千家万户,公路出行几乎成为每一位中国人的日常行为,越来越多的普通家庭可以使用汽车,并通过高速公路网络实现空间移动的机动性和灵活性。

高速公路作为现代化公路基础设施,封闭性强,建设标准较高,在平均行车速度大幅度提高的同时,安全性、舒适性均比普通公路大为提高。人们对于安全舒适出行,拓展出行范围及距离,提升空间机动性,以及个性化、多样化、灵活性出行的追求,都需要高速公路的发展作为支撑。百姓对改善生活,追求更高品质的迫切需要,成为高速公路跨越式发展的重要动因。

3. 中国高速公路发展是完善综合运输体系、优化运输结构的内在需要

在综合运输体系中,公路运输是覆盖面最广、承担社会运量最大、与百姓生活联系最为密切的运输方式,具有“门到门”、机动灵活的特殊优势。同时,公路运输还具有有效连接其他运输方式的功能,在完善综合运输体系中发挥着十分重要的作用。高速公路作为现代化公路基础设施,具有运输距离长、运输能力大、运输速度快、运输机动性强等特点,是公路网的主骨架,在综合运输网中发挥骨干作用。高速公路网的形成,有效提升了我国公路网整体技术等级,使公路网的结构更加合理,从而更好地发挥了公路运输的技术优势,完善了综合运输体系。

截至 2015 年年底,我国高速公路里程达到 12.4 万 km,占公路总里程的 2.7%,却承担了公路交通 20% 以上的行驶量。由于具有高效便捷的特点,一条四车道高速公路的日通行能力,至少是两车道普通二级公路的 7 ~ 8 倍;六至八车道高速公路的日通行能力更高,这显著提升了公路交通通道的通行能力。同时,随着高速公路连接成网,以及路网覆盖范围的整体扩大,公路运输的平均运距得到提高,相邻两城市之间距离在 400km 以内的可以当日往返,1000km 以内的可以当日到达,跨区域、跨省运输的优势得到发挥。综合考虑油耗、汽车磨损、时间节约等多种因素,高速公路的运输成本比普通公路约降低 30%。高速公路的发展增强了综合运输通道的运力和运量,优化了运输结构,使公路交通与其他运输方式形成互补和良性竞争,全面提升了综合运输体系的效率和服务质量。

高速公路发展还可有效促进各种运输方式的衔接,为港口、铁路、民航等其他运输方式以及城际快速轨道交通提供快速接驳转运的基础保障,对发挥各种运输方式的比较优势和整体效率,实现集约高效和可持续发展具有重要意义。

第三节　中国高速公路实现跨越式发展的主要经验

一、中国高速公路的跨越式发展体现了中国特色社会主义制度的优越性

交通运输是国民经济的基础产业之一，对促进经济和社会发展、加强国家安全、提高综合国力和改善人民生活都具有重要的基础性作用。我国地域辽阔，人口众多，地区经济基础和地理环境差异很大，历史上交通基础设施薄弱，欠账过多，因此，交通运输历来是国家扶持和发展的重点。

改革开放以来，随着我国综合国力的不断增强，社会主义制度集中力量办大事的优势得到了充分发挥。我国高速公路比美国、德国等主要发达国家起步晚了几十年，但发展迅速，仅用十几年时间就走完了发达国家几十年的发展道路。以沈大高速公路为例，作为国家"七五"时期(1986—1990年)的重点建设项目，是当时我国公路建设项目中规模最大、技术含量高、质量要求严的艰巨工程。在当时的条件下，建设中遇到的最突出的矛盾是资金问题。作为股份制商业银行的招商银行率先给予沈大高速公路建设贷款，使我国高速公路建设迈出了"贷款修路、收费还贷"的第一步，解了燃眉之急。为建成这条路，辽宁省政府提出了"政治动员，行政干预，经济补偿，各方支援"的建设方针，举全省之力建设沈大高速公路，并带动了全国范围内的高速公路建设。集中力量办大事，这充分体现了社会主义制度的优越性。

20世纪90年代是我国国民经济实现第二步发展战略目标的10年，是形成全方位、多层次、宽领域的对外开放格局的10年，是社会主义市场经济体制初步建立的10年，也是人民生活水平由温饱向总体实现小康转变的10年。这一时期，经济和社会发展对交通运输的需求进一步增强，地方各级政府和广大人民群众改变交通落后状况的呼声日益高涨。面对这一形势，国家把交通发展放在重要位置，特别是为高速公路发展创造了良好的社会氛围和外部条件。1992年，随着邓小平同志南方讲话的发表和党的十四大的召开，我国经济发展和对外开放进入了一个新的发展阶段。交通部及时研究国家新的发展形势，及时提出交通运输上新台阶的目标和深化改革、扩大开放、加快发展的政策措施，有力地调动了社会各界齐心协力办交通的积极性，"要想富、先修路，要快富、修高速"成为各级政府和广大人民群众的共识。在征地拆迁、工程用地等方面，地方党委政府和广大人民群众给予高速公路建设极大的支持并做出了巨大的贡献，因此，高速公路的发展驶入"快车道"，建设步伐明显加快。

1998年，党中央、国务院审时度势，为应对亚洲金融危机对我国经济的巨大影响，提

出并实施积极财政政策和较为宽松的货币政策，以保持国民经济的持续健康发展。而积极财政政策的实施则对我国公路，尤其是高速公路的发展提供了一次难得的机遇。为贯彻落实党中央、国务院扩大内需、确保国民经济持续健康发展的重大决策，各级政府把加快公路建设摆在突出的位置，人民群众积极支持，形成了集中力量加快公路建设的良好态势。交通系统广大职工齐心协力、艰苦奋斗，1998 年当年完成公路建设投资 2168 亿元，比上一年增长了 72.6%，提前两年实现了“九五”时期（1996—2000 年）的规划目标。“九五”时期（1996—2000 年）公路行业完成投资更是远远超出原计划，达到 8975 亿元，比原计划提高了 70% 以上。高速公路完成投资超出原计划 116%，对扩大内需、拉动国民经济增长起到了积极的作用。

2008 年，我国为应对美国次贷危机带来的不利影响，实施新一轮积极财政政策，这为基础设施建设尤其是高速公路建设带来了又一次发展机遇。各级交通部门抓住机遇，加大了公路建设投资力度，显著加快了高速公路建设步伐。2009 年，我国完成公路建设投资超过 9668 亿元，同比增长 40% 以上；2010 年，公路建设投资历史性地突破万亿元大关。“十二五”时期（2011—2015 年），公路建设投资规模进一步扩大，高速公路年均新通车里程接近 1 万 km，2012 年我国高速公路里程跃居世界第一位。在这一轮“促内需、保增长”的战略实施中，我国高速公路迎来了历史上发展最快的时期，实现了跨越式发展。

为应对 1998 年和 2008 年两次国际金融危机，我国实施积极的财政政策和稳健的金融政策，将基础设施建设作为重点投资方向，都为我国高速公路的发展提供了难得的历史机遇。这集中体现了决策迅速、集中力量、全国一盘棋的社会主义制度优势，是我国高速公路发展速度远远快于发达国家的重要原因之一。

二、统一领导、分级管理的公路建设管理体制调动了中央和地方政府积极性

高速公路建设资金需求量大、涉及面广、建设周期长。要使高速公路建设保持较快的发展速度，必须紧紧依靠各级党委、政府和人民群众，形成推进发展交通事业的强大合力。我国高速公路建设在起步阶段就确立了“统筹规划、条块结合、分层负责、联合建设”的方针，极大地调动了中央、地方和社会各方面办交通的积极性。地方各级政府把发展交通纳入重要议事日程，作为工作重点倾力推进，人民群众迫切要求改变交通落后面貌，在“要想富、先修路”的共识下，积极配合、大力支持公路建设，有力地促进了高速公路的发展。

1984 年，国家出台了开征车辆购置附加费、提高养路费征收标准，允许贷款修路、收费还贷，以工代赈，鼓励引进外资等重大政策，地方政府也采取了一系列扶持和优惠政策措施。20 世纪 90 年代，党中央、国务院高度重视发展交通事业。国务院领导同志先后出席“全国公路建设工作会议”“全国加快公路建设工作会议”和“西部开发交通建设工作会议”，对筹措建设资金、出台优惠政策、加快建设步伐和保证建设质量等关键问题都做出

了重要指示。这些具有重要历史意义的会议,对当时的高速公路发展起到了积极有力的推动作用。地方各级政府同样高度重视发展交通事业,管交通、抓交通、促交通,一个高速公路建设项目,从决策到实施,始终被列为当地党委和政府抓的大事之一,有力地保证了高速公路建设的顺利进行。同时,在交通建设中,广大人民群众以实际行动表达了改变交通落后面貌的迫切愿望和高涨的积极性,主动搬迁、身体力行、甘于奉献。

"统筹规划、条块结合、分层负责、联合建设"的方针,逐步发展成我国公路建设统一领导、分级管理的体制。在中央层面,交通运输部门主要负责制定公路发展战略、规划、政策,技术标准和提供业务指导,对高速公路建设项目实行投资支持和引导。在地方层面,各级政府负责高速公路建设资金的筹集,调动各方面力量推动高速公路发展,交通运输部门具体负责高速公路的建设、改造、养护等。这种管理体制既发挥了中央政府在宏观调控、政策引导等方面的优势,又赋予地方政府更多的自主权,能够更好地发挥地方政府在信息和资源等方面的优势,从而调动了中央和地方两个积极性。

在高速公路发展历程中,交通运输系统坚持"统筹规划、条块结合、分层负责、联合建设"的方针,充分发挥中央、地方和人民群众的积极性,形成了加快交通基础设施建设的联动机制;坚持与发展改革、国土、环保、公安等部门的紧密合作,建立和完善了各种机制形成合力推进公路交通发展;高度重视舆论宣传,营造了交通发展的良好氛围。实践证明,高速公路发展离不开中央与地方的密切配合,离不开各级党委、政府和人民群众的关心支持,也离不开舆论的正确引导。只有凝聚各方面力量,形成共同推进交通事业的强大合力,才能克服前进道路上的艰难险阻,不断把高速公路建设事业推向前进。

三、发展战略和发展规划引领和支撑了高速公路跨越式发展

保持高速公路持续快速健康发展,必须要有明确的发展目标和科学的长远发展规划,以及可行的战略步骤作指导,并坚持不懈地组织实施。在我国高速公路跨越式发展的进程中,高速公路发展战略及重大发展规划的引领作用十分突出。公路行业历来重视公路发展战略和行业政策的制定,对行业发展方向进行指导和规范;加强行业发展战略研究,科学制定公路特别是高速公路发展目标、重点任务和实施步骤,指导制定各类中长期发展规划,保证公路交通事业持续健康发展。

20 世纪 90 年代末,交通部对公路发展的总体战略和长远规划不断深化和充实。在充分论证和听取各方面意见的基础上,于 1998 年提出了我国实现交通运输现代化"三步走"的目标,即第一阶段从"瓶颈"制约、全面紧张到"两个明显",第二阶段从"两个明显"到基本适应国民经济和社会发展的需要,第三阶段从"基本适应"到基本实现交通运输现代化。同时,正式提出了"公路、水路交通发展的三阶段战略目标",即 2010 年交通紧张和制约状况实现全面改善、2020 年达到基本适应、2040 年基本实现现代化。这使交通发

展的蓝图更加清晰,高速公路发展的方向更加明确。

20 世纪 90 年代,针对当时我国交通发展的实际,交通部提出了公路主骨架、水运主通道、港站主枢纽及交通运输支持系统,即"三主一支持"发展战略。在"三主一支持"发展战略的指导下,交通部编制了《国道主干线系统规划》,用 30 年(到 2020 年)时间在我国建成"五纵七横",约 3.5 万 km 的国道主干线,并明确到 2000 年,基本建成"两纵两横三个重要路段"。《国道主干线系统规划》是我国高速公路网的雏形,它的出台大大加快了我国高速公路发展,为我国高速公路跨越式发展发挥了关键指导和推动作用,具有里程碑意义。21 世纪初期,"五纵七横"国道主干线快速形成,提前建成已是不争的事实。为明确下一步公路交通发展重点,着眼我国公路交通现代化,2001 年,交通部及时启动了《国家高速公路网规划》研究工作。经过 3 年多的研究,《国家高速公路网规划》("7918"网)于 2004 年通过国务院常务会议审议。该规划成为中国第一部国家级高速公路的长远发展规划,描绘了我国交通运输现代化的宏伟蓝图(预测国家级高速公路网总里程约 8.5 万 km),标志着中国高速公路发展进入了新的发展阶段。《国家高速公路网规划》的出台,对于指导、协调全国高速公路的建设,合理布局高速公路网络,集约节约利用资源、促进国土均衡开发具有重要意义。

此后,交通运输部门进一步加强了行业发展改革的顶层设计,逐步完善了交通运输规划体系,充分发挥科学规划的引领作用。随后的《国家公路网规划(2013—2030 年)》《集中连片特困地区交通建设扶贫规划纲要(2011—2020 年)》等一大批国家重大交通发展规划陆续出台,为全国公路交通健康有序发展奠定了良好的基础。《国家公路网规划》的主要目的是设计我国公路网的顶层架构,着眼未来,提出国家级干线公路的布局,即未来我国公路发展到相对稳定时期的公路网总里程约 580 万 km。其中,国家高速公路网(简称 71118+6 网)总里程 13.8 万 km(含 1.8 万 km 的展望线);省级公路网总里程 45 万 ~60 万 km,其余近 500 万 km 为农村公路。《国家公路网规划》于 2013 年发布,成为指导未来我国公路建设和发展的纲领性文件。

实践证明,把公路发展的长远规划和阶段性目标相结合,落实好各阶段的每一项工作,朝着总目标前进,就能使高速公路发展的蓝图逐步变成现实,使高速公路从图纸上的线条变为大地上的彩带。

四、发挥市场机制的作用,激发了高速公路跨越式发展的活力

在高速公路建设和发展过程中,交通运输部门充分利用市场机制,积极改革创新投融资体制,利用市场解决资金问题,为高速公路发展带来了巨大活力;同时,积极推进公路建设市场化,加快了高速公路建设速度,提升了建设质量。

作为世界上最大的发展中国家,资金不足的问题一直困扰着我国高速公路的发展。

如何筹集巨大资金，是摆在国家和政府面前的重要课题。为解决资金问题，国家先后出台了多项政策，改变了单纯依靠政府财政投资发展交通的做法，制定贷款修路、收费还贷和转让公路收费权以及允许公路经营企业上市发行股票等多项改革措施，进一步开辟了资金渠道，逐步建立了“国家投资、地方筹资、社会融资、利用外资”和“贷款修路、收费还贷、滚动发展”等多渠道投融资机制，不同程度解决了交通建设资金不足的问题。

收费公路政策对于高速公路的跨越式发展功不可没。可以说，没有收费公路政策，就没有中国高速公路的今天。20 世纪 80 年代，加快公路交通基础设施建设成为公路行业当时迫切需要推进的艰巨任务。但是公路作为大型的基础设施，资金需求巨大，收回投资时间长，而我国当时面临的是经济发展任务重、百业待举，政府财政投资能力非常有限，国家对高速公路的投资比例很小，建设资金的严重匮乏成为高速公路加快发展的最大障碍。面对建设资金严重短缺的长期困扰，交通部及各级地方交通主管部门进行了多方努力和尝试。以广东省为代表的一批公路基础设施建设项目，突破了公路建设的传统投资建设体制，率先进行了贷款修路建桥、收费偿还贷款的改革尝试并获得成功。交通部及时肯定并总结广东省交通部门的实践探索和经验，经过深入研究，向国务院正式提出收费还贷建设公路的设想。国务院于 1984 年 12 月在国务院第 54 次常务会议上充分肯定了公路建设的这一改革探索，并确定对公路建设实行“贷款修路、收费还贷”等三项优惠政策。从此，收费公路在我国各地开始实施，公路建设进入了一个前所未有的快速发展时期。

收费公路政策实施 30 多年来，极大地调动和发挥了中央和地方，政府、企业以及社会各界的积极性，改变了公路建设资金短缺的局面。在收费公路政策实施之前，公路建设完全依靠政府财政拨款，投资主体单一，每年投入公路建设的资金仅有几亿元。收费公路政策实施之后，公路建设尤其是高速公路建设开始积极利用市场融资渠道筹集建设资金，从 20 世纪 80 年代的银行贷款、集资、发行交通建设债券、利用外资等市场融资模式，到 90 年代的股票、国债、利用外资、转让经营权等方式，创新了高速公路建设投融资体制机制，实现了建设筹资的多渠道、多元化，逐步形成了“国家投资、社会集资、企业融资、利用外资”的机制。高速公路建设资金来源不断拓展，改变了以前公路基础设施长期依靠国家单一投资的局面，形成了国家预算内资金、车辆购置税、国内贷款、地方自筹、利用外资、企事业单位投资等多种资金来源并存的投融资渠道。

公路建设投资的快速增长以及资金来源的多元化，为实现高速公路跨越式发展提供了有力支撑，走出了符合中国国情、具有中国特色的发展道路。据统计，截至 2015 年年底，我国已建成的高速公路有 95% 以上是依靠收费公路政策建成的。实践证明，高速公路的跨越式发展，与具有中国特色的公路投融资体制机制的建立密不可分。在政府投资的带动和国家政策的鼓励下，社会资本、银行贷款和外资大量进入高速公路建设领域，巨量资金流不断注入，创造了高速公路迅速腾飞的辉煌业绩。

改革开放(1978 年)以后,各级交通运输部门解放思想,坚持改革开放,公路建设在我国建筑业市场中最早打破部门和地区界限,逐步形成了具有较高开放度的市场,各行各业的建筑施工企业,无论是中央的还是地方的,只要具备相应的公路施工资质,均可进入公路施工市场。这是 20 世纪 90 年代以来,高速公路建设能够提前完成建设任务、实现跨越式发展的关键。20 世纪 80 年代中期,各地交通部门在公路建设中,开始推行招标投标制和各种形式的承包责任制,公路工程设计和施工单位逐步向专业化、企业化、社会化发展。此后,通过利用世界银行贷款建设高速公路,借鉴国外先进的建设管理经验,交通部开始在全国全面推行工程招投标、工程监理和合同管理三项制度,公路建设管理开始逐步迈入市场化的轨道,公路建设投资效益明显提高。1989 年"沈阳会议"之后,以高速公路为代表的高等级公路建设开始提速,交通部进一步完善公路建设市场的各项制度,提升市场管理水平。90 年代,国家陆续出台了《公路工程招标文件(国际)范本》《关于建设项目实行业主责任制的暂行规定》等办法,标志着包括项目法人责任制、招标投标制、合同管理制和工程监理制等规范公路建设市场的"四项制度"已经全面纳入公路建设管理中。

进入 21 世纪以来,交通部门努力构建统一、开放、竞争、有序的公路建设市场体系,加快了公路建设市场管理的步伐,陆续发布了《公路建设市场准入规定》《公路建设四项制度实施办法》《公路建设监督管理办法》《公路工程施工招标投标管理办法》《公路建设市场管理办法》《公路工程质量监督规定》等一系列规章制度,同时积极构建公路建设市场信用体系,使我国公路建设管理水平和建设市场的规范化程度迈上一个新台阶。公路建设市场体系的不断完善和市场监管的不断加强,为高速公路快速发展提供了重要条件。

五、公路法规建设和完善提供了高速公路跨越式发展的法律保障

加强法制建设,坚持有法可依、有法必依、执法必严、违法必究,是社会主义市场经济条件下交通运输顺利发展的必然要求。交通部按照立法与执法并重、执法与监督并举的方针,以《中华人民共和国公路法》(以下简称《公路法》)为龙头,相继出台了一批交通行政法规和部门规章,制定了一系列公路建设制度及规范,初步建立起高速公路的法律法规制度体系框架,为高速公路跨越式发展提供了坚实的法制保障。

《公路法》于 1997 年 7 月 3 日经过第八届全国人民代表大会常务委员会第二十六次会议审议通过,这是新中国公路行业发展史上的一件具有划时代意义的大事,是公路法制建设的里程碑,为依法建路、依法用路、依法养路、依法管路奠定了法律基础。《公路法》在公路规划、建设、养护、经营、使用和管理等方面确立了一系列重要的法律制度,从国家法律层面上确立了发展公路事业的基本方针和重要原则,既为加强公路建设和管理提供了法律依据,又为公民、法人和其他组织投资、经营和使用公路提供了法律保障。《公路法》进一步明确了各级人民政府在公路建设和管理中的职责,明确了交通主管部门和公

路管理机构建设、养护、管理公路的职责，完善了公路建设和养护制度，强化了公路管理力度，规范了公路监督检查行为。这些法律制度为高速公路的发展提供了明确的法律依据。1999年、2004年，适应国家“费改税”改革等要求，《公路法》进行了两次修正。《公路法》实施后，公路事业在国民经济发展中的重要地位得到了进一步加强，公路行业在公路的规划、建设、养护和管理，收费公路的建设、经营、管理以及公路建设的监督检查等方面都取得了长足的进步，社会各界特别是公路系统依法治路的意识大大增强，为高速公路事业持续、健康、快速发展奠定了坚实的法律基础。

2004年，我国第一部规范收费公路的专门法规——《收费公路管理条例》颁布实施，收费政策体系不断完善，规范运营规定不断丰富。在投融资政策方面，将车辆购置附加费改为车辆购置税，明确了车购税的收入和使用方向、监管规定，以及各级交通主管部门及财政部门的权责。在管理方面，完善了经营性公路建设项目招投标管理的规定，进一步规范了收费站点的设置与管理。在税费方面，将公路经营企业收取的高速公路车辆通行费收入所缴纳的营业税由5%下调到3%。在监管方面，省级交通主管部门负责监督经营者养护质量和服务水平，要求定期公开车辆通行费收支使用情况，提高透明度。《收费公路管理条例》是我国规范收费公路管理的重要法规，总结和肯定了近20年来中国收费公路发展的成功经验，借鉴了世界各国的立法经验，既规范了经营者的经营管理行为，又兼顾了社会公众的合理诉求；既强化了政府的行业管理，又维护了经营者的合法利益。《收费公路管理条例》为我国高速公路的投融资、运营管理、监督管理等确立了一系列重要制度，为各级政府及交通主管部门加强高速公路管理提供了法律依据。

2011年颁布实施的《公路安全保护条例》是加强公路保护、保障公路安全和畅通而制定的专门行政法规，进一步完善了公路法规体系，对高速公路的安全保护与健康发展起到了规范和指导作用。此外，1987年颁布实施的《公路管理条例》在《公路法》《公路安全保护条例》出台之前发挥了重要的历史作用，对公路的建设、养护、管理等提出了全过程的规范，为90年代高速公路的发展提供了重要指导。

在公路建设、养护管理、收费公路管理、交通运输行政执法等方面，交通运输部门还推动出台了一系列部门规章制度，如《公路建设市场管理办法》《公路经营权有偿转让管理办法》《公路工程质量管理办法》《公路建设市场准入规定》《公路建设四项制度实施办法》《公路建设监督管理办法》《经营性公路建设项目投资人招标投标管理规定》《公路养护工程管理办法》《路政管理规定》等，使公路法律法规更具专业性和规范性。一些省份也出台了有关公路行业管理的地方性法规或规章，为省级公路管理提供了法制基础。

此外，公路行业注重技术政策及技术标准的制定，为高速公路健康发展起到了规范技术的作用。《公路工程技术标准》、《公路沥青路面设计规范》、《公路工程质量检验评定标准》、《公路养护质量检验评定标准》等技术标准的制定和实行，规范了高速公路的建设、养护和管理,促进了高速公路科学发展。

六、前期工作扎实推进奠定了高速公路跨越式发展的坚实基础

自高速公路起步建设以来,特别是从“八五”时期(1991—1995 年)开始,交通部积极推动、严格规范各级交通运输部门开展公路重点建设项目前期工作,对每个五年计划的中期,先后在山东青岛、福建福州、湖南长沙、贵州贵阳、黑龙江哈尔滨等地召开前期工作会议,并定期组织培训班,就前期工作的政策和技术要求等对各省(自治区、直辖市)交通厅有关管理人员进行培训,提高高速公路建设项目前期工作质量,做好项目储备工作。

1991 年,交通部在宁夏、广州等地分片区召开多次公路项目前期工作会议,对公路项目前期工作提出明确要求,从而在严格规范的前提下,储备了大批建设项目。1998 年“福州会议”后,全国公路建设之所以能在大幅度提高投资规模、加快建设速度的前提下保证质量,实现速度、质量双丰收,与 90 年代初开始,在国道主干线系统规划指导下,全行业做了大量细致的前期工作、始终保持有充足的项目储备密不可分。

世纪之交,党中央做出实施西部大开发的战略决策后,交通部制定了西部大开发交通建设规划,将加快公路建设的步伐从东中部迅速推向广袤的西部地区。西部地区公路建设步伐的加快,同样与大量细致规范的前期工作和大量项目储备密不可分。

2008 年以来,国家加大基础设施投资力度,交通系统又一次抢抓机遇,加快推进了一批高速公路建设项目,使高速公路网络进一步完善,里程规模再上新台阶。能够抓住这一重大政策机遇的一个重要条件,也是交通系统重视和加强项目前期研究工作,储备了大量高速公路建设项目,这些储备项目大都在政策机遇到来时迅速启动,并快速付诸实施。

经过多年努力,公路建设在前期工作方面形成了良好的积累和经验,规范了交通建设项目管理制度,完善了投资计划编制和资金拨付流程,以及根据前期工作进度和资金能力科学编制建设项目滚动计划和年度投资计划。加大前期工作中资金、科技和人才投入,提高前期工作质量。做深做细重大建设项目的技术方案,加强技术方案比选和经济可行性论证。按照“建设一批、争取一批、储备一批”的思路,统筹部署项目前期工作,建立和完善建设项目数据库,提前做好项目储备,以抢抓政策机遇,确保推进重大基础设施建设项目。

七、公路建设技术进步创造了高速公路跨越式发展的重要条件

科学技术是第一生产力,是经济和社会发展的首要推动力,是一个行业乃至一个国家强盛的决定性因素。把充分发挥社会主义制度的优越性,同运用和发展先进科学技术结合起来,既要集中力量办大事,又要通过科技创新提升传统产业,用更快的速度和更短的时间追赶世界先进水平,缩短同发达国家的差距,这是我国高速公路加快发展的重要

经验。

改革开放(1978年)以来,交通部贯彻落实"科学技术是第一生产力"的思想,坚持教育为本,把科技和教育摆在交通发展的重要位置,确立了"科教兴交"发展战略,提出要树立知识创新和科技创新的意识,紧紧抓住工程建设中的重大关键性技术问题,通过科学研究、科技攻关、工程试验、重大装备开发、行业联合科技攻关、引进消化吸收等多种形式,研制和推广了一大批先进适用的成套技术和装备,推动了我国交通运输技术水平的提高。例如,公路桥梁CAD技术以及航测遥感技术的开发和应用,改变了我国公路工程设计长期沿用人工测量、手工绘图的落后局面。经过系统研究和工程实践提出的半刚性基层沥青路面结构、重载交通沥青路面设计施工技术、各种形式的水泥混凝土路面结构等,为高等级公路具有优良使用功能的路面提供了技术保证。高等级公路的安全设施和监控、收费、通信系统,在设计和施工技术方面迈上了一个新的台阶。沥青路面与桥梁评价养护管理系统的推广应用,使传统的养护决策管理方法已从经验型向科学型转变。此外,我国自行开发并批量生产的施工装备和运输装备,部分解决了公路建设的急需。

20世纪90年代,交通部把推进交通科技进步摆在更加突出的位置,不断加大实施"科教兴交"战略的力度。交通科技工作更注重面向交通发展的主战场,紧密结合基础设施建设、运输生产中的关键技术问题,通过软科学研究、重大装备开发、行业联合科技攻关、科技成果推广应用等多种形式,开发应用了一批先进的成套技术和装备,较好地满足了90年代交通基础设施大规模、高质量建设的要求。如高速公路建设成套技术、深水基础大跨度桥梁和长大隧道建设技术、水泥混凝土路面滑模施工技术、数字摄影测量技术、全球卫星定位遥感技术及计算机辅助设计技术等。这些先进技术的推广应用,推进了交通行业的技术进步,使高速公路的技术水平发生显著变化。同时,大力实施"交通人才工程",通过院校培养、定期培训、岗位练兵、出国考察等形式,培养了一大批懂技术、会管理的高素质人才,在大规模的交通基础设施建设中,锻炼和造就了一大批专家型技术人才,为提高全行业的技术和管理水平提供了智力支持和知识贡献,为交通事业的发展提供了人才保障。

进入21世纪以后,在高速公路快速发展与运营管理不断完善中,通过引进先进技术与自主科研攻关相结合,公路基础设施建设、施工关键技术的科研与实际应用相结合,重大装备开发和先进施工工艺相结合,收费公路管理系列科研成果与收费运营实践相结合等,在公路基础设施建设施工关键技术、联网不停车收费技术、高速公路监控与管理服务等方面取得了一系列关键技术突破,科技成果转化率和科技进步贡献率明显提高,培养造就了一大批高速公路、桥隧建设、管理运营的高技术人才队伍。当年武汉长江大桥和南京长江大桥建设时,依靠的是国外专家和少数国内专家,而现在不仅是国家级公路设计单位,就是沿长江任何一个省级设计院都能组建几个类似大桥的设计组,而且人才队伍年富力强、富有朝气。

高速公路施工技术水平发展40年来，高速公路建设成套技术、深水大跨径桥梁和长大隧道的修筑技术接近或达到世界先进水平，先后在大江大河和一些跨海峡位置建设了一批深水基础、大跨径、施工难度很高的桥梁，如江阴长江大桥、苏通长江大桥、虎门大桥、厦门海沧大桥、舟山连岛工程和正在建设的港珠澳大桥等，以及秦岭终南山隧道、厦门翔安海底隧道等世界级桥隧工程；相继建成了新疆沙漠公路、高原冻土地区高速公路等一批具有特殊意义的高速公路，攻克了多项高速公路建设重大技术"难关"，积累了设计、施工、监理等全过程的宝贵经验。在收费公路尤其是高速公路运营管理方面，在引进世界银行、亚洲开发银行等国际金融组织资金的同时，积极引进国外先进的建设管理模式、高速公路服务理念和现代运营管理技术，逐步提升"人本化、专业化、标准化、信息化、精细化"的管理技术，公路尤其是高速公路的管理水平、管理效率不断提高。高速公路建设技术水平和管理服务水平的显著提升，公路基础设施建设施工技术和运营管理水平的全面提高，为我国由交通大国迈向交通强国夯实了基础，为实施"走出去"和"一带一路"战略创造了良好的科技和人才条件。

八、公路建设组织模式创新提供了高速公路跨越式发展的组织保障

公路建设组织模式为高速公路的投融资、建设和运营管理提供了组织机制保障，对确保高速公路建设项目顺利实施、实现项目经济社会效益发挥了重要作用。公路建设组织模式的创新，主要体现在投融资模式和项目管理模式两方面。

随着高速公路的建设和发展，高速公路投融资和运营模式不断探索创新，为高速公路建设的推进提供了有效的组织机制。以建设—运营—移交（BOT）、建设—移交（BT）、移交—经营—移交（TOT）等为代表的投融资模式，最早是在高速公路建设领域得以尝试并应用推广的。20世纪90年代，我国第一轮私营资本参与公共基础设施建设热潮中大多使用了BOT模式，由政府与国有或民营企业签订特许经营协议。特许经营公司投资建设高速公路，拥有一定时期的收费运营权，收费期满后移交给政府。BOT模式通过规范政府和投资人双方行为，保障政府和投资人双方权益，既能够吸引社会资本投资高速公路建设，发挥社会资金的积极作用，又有利于提高高速公路运营管理的效率。这一模式至今仍为我国高速公路建设普遍采用。

近年来，在国家深化投融资体制改革、鼓励发展混合所有制经济的背景下，政府与社会资金合作模式（Public Private Partnership，以下简称"PPP模式"）正逐渐成为缓解政府财政压力、破解融资难题、有效改善公共服务的一种新兴的项目融资模式。党的十八届三中全会以来，国务院相继出台了一系列文件，明确了在公共服务、基础设施等领域鼓励发展政府与社会资本合作模式的政策导向。如2014年出台的《加强地方政府性债务管理意

见》(国发〔2014〕43 号)、《关于深化预算管理制度改革的决定》(国发〔2014〕45 号)明确提出“地方政府举债采取政府债券方式”“推广使用政府与社会资本合作模式”“对地方政府债务实行规模控制”。同年,国务院《关于创新重点领域投融资机制、鼓励社会投资的指导意见》(国发〔2014〕60 号),提出了鼓励社会资本参与基础设施建设的政策要求。2015 年,国务院办公厅转发财政部、发展改革委、人民银行《关于在公共服务领域推广政府和社会资本合作模式指导意见的通知》(国办发〔2015〕42 号),明确了政府与社会资本合作的总体思路、基本原则和制度体系,对公共基础设施建设项目采用 PPP 模式做出了具体要求。2016 年 7 月,中共中央、国务院印发了《关于深化投融资体制改革的意见(中发〔2016〕18 号)》,进一步明确鼓励政府和社会资本合作(PPP)模式,并首次提出政府和社会资本合作涵盖特许经营和政府购买服务两种方式。同年,国家发展改革委发布《关于切实做好传统基础设施领域政府和社会资本合作有关工作的通知》(发改投资〔2016〕1744 号),财政部发布《关于在公共服务领域深入推进政府和社会资本合作工作的通知》,进一步细化了 PPP 项目的要求。

高速公路建设项目作为公共服务和基础设施建设的重要领域,政府与社会资本合作的 PPP 模式将是今后的主要发展方向。国家深化改革的战略部署以及一系列鼓励发展 PPP 模式的政策措施,为高速公路建设推行 PPP 模式、积极引导和利用社会资本提供了良好的外部环境。自 2014 年以来,新建高速公路项目已开始探索采用 PPP 模式推进,并取得了较好的效果。各地普遍根据项目实际特点和需求,分别设计相应的运作模式,并在具体设计中不断探索创新,如收益分配、风险分担、绩效评价、合同解除、社会资本退出等机制,积累了可贵的实践经验。在近年来高速公路向中西部地区尤其是山区推进,项目财务效益明显下降的形势下,采用 PPP 模式、由政府与企业共担风险的机制显然加强了对社会资本的吸引力,为高速公路建设注入了新的活力,对于保障高速公路建设发展、加快促进高速公路网络完善具有十分重要的作用。

我国高速公路建设初期很多项目利用了世界银行贷款。按照世行的要求,必须实行菲迪克(FIDIC)条款模式管理项目,使我国高速公路建设项目管理深受 FIDIC 影响,大多数项目采用“项目法人 + 社会监理”的项目管理模式。对于投资规模大、周期长、施工难度大的高速公路建设项目,“工程指挥部”作为项目法人的管理形式发挥了重要作用,保障了工期和质量,为高速公路的快速发展提供了有力的组织保障。

随着市场经济迅速发展、投融资主体日趋多元化、建设规模不断扩大,一种新的项目管理模式——代建制应运而生。代建制强调建设单位具有专业管理能力,对于提升高速公路建设的专业化水平、保证工程质量具有重要意义。公路行业从 2003 年开始在北京、深圳、贵州、云南、海南、福建、四川等地进行代建制试点和探索。2010 年底,针对新疆大规模公路建设需要,交通运输部采取“政治任务动员,市场规律运作”的模式,协调全国 21

个省(自治区、直辖市)交通运输主管部门及高速公路建设管理单位,以代建模式参与新疆公路建设,并结合代建开展了监理模式的改革探索,取得了重大成效。代建制为项目建设管理提供了极大的灵活性,从而增加了公路建设市场的活力,为投融资多元化创造了更好的条件。通过选择高水平、能力强的代建单位,减少管理层次、提高管理效率,为高速公路的建设发展,尤其是建设管理人才队伍和技术能力不足的西部地区发展高速公路提供了有利条件。

设计施工总承包模式是高速公路建设项目管理模式创新的一种实施方式。2003 年,建设部发布《关于培育发展工程总承包和工程项目管理企业的指导意见》(建市〔2003〕30 号),公路建设随即开展了设计施工总承包的项目试点,如武汉阳逻长江公路大桥南锚碇工程、湖北沪蓉西高速公路项目等。2006 年,为推动公路工程设计施工总承包的发展,交通部在总结试点项目经验的基础上,出台了《关于开展公路工程设计施工总承包试点工作的通知》(交公路发〔2006〕702 号),在广东、河北、福建、陕西、北京、重庆、四川等地开展更大范围的试点。2015 年,在总结试点经验的基础上,发布了《公路工程设计施工总承包管理办法》。相对于传统的设计、施工分别承包而言,设计施工总承包是一种新的工程发承包方式,能够实现设计和施工一体化,有利于提高工程质量、控制投资和工期,并可减少项目管理单位的工作量,是值得积极推行的项目管理方式。

实践证明,项目管理专业化、社会化、市场化是高速公路建设管理的必然发展方向,适应了我国高速公路建设投融资多元化的管理要求,为高速公路建设经验的积累、人才队伍的培养和技术水平的进步奠定了基础,成为推动高速公路快速发展的重要保障。

第四节　结语:改革开放的缩影　大国崛起的见证

改革开放以来,中国高速公路从无到有,规模从零到世界第一,实现了跨越式发展,为我国经济社会发展和人民群众安全便捷出行做出了重要贡献。

中国是高速公路建设的“后来者”,也是“赶超者”。与发达国家相比,中国高速公路起步晚、基础差,但发展时间短、速度快,呈现出跨越式飞速发展的特点。主要发达国家实现高速公路网络的基本完善,前后往往需要用半个多世纪的时间,而中国在远低于发达国家的起点上启程,却仅用不到 30 年时间就完成了超越。毫无疑问,中国高速公路发展的 30 年,是中国现代史上交通发展最快的时期,创造了人类历史上交通发展的奇迹。在 960 万 km^2 的国土上,仅一代人的时间,中国交通面貌发生了翻天覆地的变化,其中作为重要标志的高速公路,其发展速度之快、规模之大、范围之广,在世界现代交通发展史上绝无仅有,堪称一场革命。

中国高速公路建设发展的历程既艰苦卓绝,又辉煌灿烂。高速公路的开拓者与建设者们创造性地探索出一条符合中国国情、具有中国特色的高速公路发展道路。相较以公共财政、政府投资建设为主的美国模式,以及贷款建设、收费还贷、特许经营的日本及欧洲模式,中国作为社会主义国家,在高速公路起步建设时面临经济基础薄弱、政府财力不足等特殊国情,既不能照搬他国经验,又缺乏历史经验可循,通过不断地创新和摸索,在借鉴中发展、在学习中改造、在继承中创新,逐步形成了自己特有的发展模式。这种模式既充分发挥了社会主义制度集中统一、政府主导的优势,又充分运用市场机制灵活多样、激发调动全社会的力量,可以说是集成了发达国家两种主要模式的优势,闯出了自己的路子,从而推动了中国高速公路又好又快的发展。高速公路的发展见证了中华民族的崛起,是中国特色社会主义市场经济体制的成功典范,是中国人民引以为傲的杰作。

著名经济学家史密斯和米勒指出:如果把经济和社会发展比作一架飞机,那么高速公路就像是让这架飞机得以腾空而起的跑道。高速公路的突飞猛进,是中国改革开放的缩影,见证了中国经济的腾飞。它大大拓宽了中国发展的空间、释放了中国发展的潜力,为经济社会进步和国家富强做出了突出贡献。毫无疑问,高速公路是有史以来中国做出的最佳投资,是推动中国30年来大国崛起、创造世界经济奇迹并在21世纪保持大国地位的重要引擎。

高速公路是中华大地上的动脉,贯通南北、畅行东西、蜿蜒纵横、连接四海!

高速公路是展现在中华大地上的视窗,让人们能够领悟悠久古国历史的深邃厚重,感受祖国山河的波澜壮阔!

高速公路是飞扬在华夏天地间的旋律,讲述着改革开放年代中国建设者们开拓性的勇气与智慧!

高速公路更是深入一代人心中的符号,见证了中国的变革、经济社会的发展与人民的福祉!

展望未来,到2020年,中国将全面建成小康社会,实现第一个百年目标;到21世纪中叶,建成富强民主文明和谐的社会主义现代化国家。交通现代化是经济社会现代化的重要组成部分,是人类社会追求更高机动性的动态发展过程。现代化的综合交通运输,是适应同时期经济社会发展需要、整体发展水平高度发达完善并达到世界先进水平的交通服务体系。实现"两个百年"奋斗目标,实现中华民族伟大复兴的中国梦,对交通运输发展提出了新的更高要求,即构建安全可靠、机动灵活、智慧高效、生态文明的现代化综合交通运输体系,提供安全、便捷、高效、优质的运输服务,实现出行无忧、运输无阻、人便于行、货畅其流。改革要深化、开放要持续,交通运输现代化任重道远。根据国务院发布的《"十三五"现代综合交通运输体系发展规划》,到2020年,我国高速公路通车里程将达到15万km,相信到21世纪中叶,中国高速公路通车里程还会有一定的发展空间。届时,高速公路如同一条条彩带,连接公众与市场,助力实现现代化。

交通推动发展,交流促进合作,通达实现共赢。中国高速公路的跨越式发展,一定能为实现“两个百年”的中国梦、实现中华民族伟大复兴,做出更加卓越的贡献。

本章编写人员:关昌余　吕　非　宋琬如　赵儒玉　徐华军　肖春阳　石良清

本章编写单位:交通运输部规划研究院

第二章 中国高速公路发展规划

高速公路具有行车速度快、通行能力大、安全可靠和运输效率高等鲜明特征，是交通运输领域高端供给的重要代表，也是交通现代化和国家现代化的重要标志之一。

改革开放（1978 年）以来，我国高速公路发展从无到有，取得了举世瞩目的成就。截至2015 年年底，高速公路网络格局已基本形成，覆盖了全国97.6% 的城镇人口超过20 万的城市，总规模达到12.4 万km，2016 年突破13 万km，居世界第一位。预计到2020 年，我国高速公路总规模将达到15 万km。高速公路的快速发展，极大增强了我国交通基础设施整体供给能力，有效缓解了交通运输的供需矛盾和瓶颈制约，有力支撑了我国综合国力和国际竞争力的快速提升。

我国高速公路的快速发展与规划的指导引领密不可分。1981 年，国务院授权国家计委、国家经委和交通部联合发布《国家干线公路（试行方案）》，确定了由12 射、28 纵、30 横组成的，总规模10.92 万km 的国道网。作为我国第一个国家级干线公路网规划，虽未明确公路等级标准，但解决了国道网的布局问题，意义重大。

随着改革开放进程的逐步深入，公路运输需求持续增加，交通行业对建设高等级公路（汽车专用公路、高速公路）的呼声日益提高。20 世纪80 年代末，交通部提出建设国道主干线、水运主通道、港站主枢纽及支持保障系统（即“三主一支持”）发展设想，组织编制了《国道主干线系统规划》，将3.5 万km 的国道主干线中除少数交通量小的路段外，建设成汽车专用公路（实际上大部分为高速公路）。这是我国第一个涉及高速公路建设的公路网建设规划。尽管国道主干线系统中绝大部分是高速公路，但是在当时历史条件下，社会对高速公路的认识不统一，国道主干线系统还是没有明确为高速公路干线网。

随着国道主干线建设的快速推进，到21 世纪初，国道主干线系统大部分已经建成，公路交通发展的重点是什么，要不要构建国家级高速公路网的问题再一次提上议事日程。在交通运输现代化“三步走”的发展战略指导下，研究建设“区域经济干线”、提出《八条西部省际通道建设方案》、研究出台《国家重点公路建设规划》，交通行业不断探索，认识不断提高和统一。最终，交通部为彻底改变我国公路交通的落后面貌，顺应行业发展的要求，实现交通现代化，果断提出研究编制《国家高速公路网规划》。2004 年，《国家高速公路网规划》得到国务院的批复,大大推进了我国高速公路的快速发展。

2010年,当《国家干线公路(试行方案)》发布近30年之际,当《国家高速公路网规划》的任务接近完成时,针对《国家干线公路(试行方案)》尚有900多个县没有连接、规模明显不足的问题,面对国家高速公路网中主要通道能力不足,新的城镇人口在20万以上的城市没有连接的问题,交通运输部及时研究编制《国家公路网规划(2013年—2030年)》,并于2013年经国务院批复印发。《国家公路网规划(2013年—2030年)》的颁布,对指导新时期国家公路网建设发挥着十分重要的作用。

我国高速公路规划从《国道主干线系统规划》到《国家高速公路网规划》,再到《国家公路网规划(2013年—2030年)》,期间对高速公路的认识不断深化提高,高速公路网规划的理论方法不断探索创新,规划理论不断成熟,规划方案不断完善,无论是规划的成果,还是规划所起的作用,无疑都会在中国高速公路发展史上留下浓墨重彩的一笔。

——1992年出台的《国道主干线系统规划》,即"五纵七横"高等级公路,规划总规模约3.5万km,其中2.6万km为高速公路,是我国公路发展史上第一个经缜密研究、科学论证的国家主干线公路网规划,也是我国第一个有高速公路建设的规划,拉开了我国高速公路网建设的序幕。

——2004年颁布的《国家高速公路网规划》,在国道主干线系统的基础上,对国家高速公路网进行了更为科学系统的规划,形成了由7条首都放射线、9条南北纵线、18条东西横线组成的总规模8.5万km的高速公路网络,即"7918"网。此外,允许各省(自治区、直辖市)根据自身发展的需要,编制本省(自治区、直辖市)的高速公路网规划。而《国家高速公路网规划》的理论方法对各省(自治区、直辖市)编制省级高速公路网规划起到了重要的借鉴引导作用。

——2013年经国务院批复的《国家公路网规划(2013年—2030年)》,除重点对普通国道网规划方案进行调整补充外,同时对国家高速公路网布局进行了补充完善,国家高速公路网由"7918"调整为"7、11、18"和6条地区环线,总规模调整为13.6万km(包括1.8万km远期展望线)。规划明确了我国公路网由国道、省道和乡村公路三个层次组成,国家级公路网则由国家高速公路网和普通国道组成,使公路网的功能更完善、层次更清晰、体系更完整。规划发布后,为保障国家公路名称和编号的延续、完整和协调,对国家公路命名编号规则做了进一步明确。

《国道主干线系统规划》《国家高速公路网规划》和《国家公路网规划(2013年—2030年)》三个国家级重大规划,有效指导了改革开放40年来我国高速公路建设,保障了公路交通的持续健康发展,对我国公路交通现代化建设功不可没。

第一节　国道主干线系统规划

1992年交通部制定了《国道主干线系统规划》(简称“五纵七横”),描绘了我国主干线公路的建设发展蓝图,开启了我国公路网科学规划的先河。国道主干线系统是国家高速公路网的雏形,对后来国家高速公路网规划的形成具有深刻影响。

一、规划背景

从20世纪70年代后期开始,随着改革开放政策的逐步实施,我国国民经济呈现持续10多年的强劲增长。1990年与1980年相比,国民生产总值从4470亿元猛增至10549亿元,工业生产总值由7077亿元增长到20557亿元(均为1980年不变价),外贸进出口总额由381.4亿美元增长至1159亿美元。经济的快速发展彰显交通运输在国民经济中的地位和作用日益重要,同时也促进了交通运输需求的迅猛增长(表2-1)。

1980年与1990年交通运输量完成情况　　表2-1

交通运输	1980年	1990年	年均增长(%)
综合运输客运量(亿人)	34.2	88.7	10.0
其中公路	22.3	66	11.5
综合运输旅客周转量(亿人公里)	2281	5612	9.4
其中公路	730	2600	13.5
综合运输货运量(亿吨)	54.7	96.8	5.9
其中公路	38.2	71.9	6.5
综合运输货物周转量(亿吨公里)	12026	26322	8.1
其中公路	764	3441	16.2

1980年至1990年,全社会综合运输客运量、旅客周转量、货运量和货物周转量分别增长了159%、146%、77%和119%,其中公路运输量分别增长了196%、256%、88%和350%,远高于综合运输量的增长速度。公路运输客运量、旅客周转量、货运量、货物周转量在综合运输中的比重由1980年的65%、32%、70%和6%分别提高到1990年的87%、46%、74%和13%,公路交通在综合运输中的地位明显提高,在国民经济发展中的作用日益突出。

与之不相称的是,交通基础设施建设远落后于经济发展和客货运输需求的增长速度,交通运输全面紧张,运输供给能力严重不足,制约着国民经济的稳健发展。对公路交通而言,由于交通基础设施建设历史欠账过多,到20世纪80年代末,公路交通的瓶颈制约状况进一步加剧,公路“纵向干扰”(由于运输工具种类繁多,汽车、拖拉机、自行车、畜力车、行人混行导致的汽车行驶速度慢、成本高、油耗大）和"横向干扰"（由于公路干线多半是经济干线，人口稠密，公路沿线穿越城镇较多，横向穿越的车辆和行人严重阻碍了车辆的正常通行）严重。公路平交道口多，车辆走走停停，通过能力低，交通事故居高不下，由此带来的"行路难"问题成为当时国民经济发展中的突出矛盾之一，特别是交通干线和城市出入口路段严重阻塞，全国汽车平均速度仅为30km/h，干线公路汽车平均速度也仅为37km/h，混合交通问题严重。加之汽车车型结构不合理，公路运输效率低、事故多、燃油消耗大、成本高、经济效益差，公路运输的优势不能充分发挥。要改变这种状况，应适应市场经济规律，充分发挥各种公路运输方式的技术经济优势，公路交通运输行业已经到了必须提出解决交通运输紧张状况的新思路、新举措的重要关头。

经济社会的发展，客观上要求必须尽快构筑一个更高水平的快速公路系统，大幅提升国家级干线公路的通行能力和运输效率，建设符合"快速运输、汽车专用"要求的公路主干线成为当时国家级干线公路网发展的迫切需要。为此，交通部开始探索建立一个能够提供高效、快速运输服务的国家级干线公路系统。

20世纪80年代后期，交通部根据我国社会主义现代化建设"三步走"战略目标和经济发展战略部署，针对当时公路交通存在的突出问题和主要矛盾，借鉴国外发达国家交通发展经验，为从根本上改变我国公路交通长期滞后的局面，着眼适应未来我国经济社会快速发展的需要，提出了编制以快速公路系统为特点的《国道主干线系统规划》。

二、编制过程

——1987年2月，交通部在《2000年水运、公路交通科技、经济和社会发展规划大纲》中提出了"研究和建立快速公路系统，解决主要干线混合交通"问题。

——1988年8月，交通部"水运、公路交通规划专家座谈会"提出，除原来的国道网以外，还需要规划一个更高层次的公路网，即"快速公路系统"，后定名为"国道主干线公路系统"。

——1989年，交通部提出建设公路主骨架、水运主通道、港站主枢纽和交通支持保障系统（简称"三主一支持"）的长远规划设想，公路主骨架的内涵就是"快速公路系统"，正式定名为"国道主干线系统"。

——1991年6月，交通部向国务院报送了《关于国道主干线系统规划布局方案的报告》。

——1992年，国道主干线系统规划得到国务院认可。

三、规划方法

国道主干线系统规划借鉴发达国家的公路网规划方法，结合中国国情实际，以连接首都、各省省会(自治区首府)、直辖市为基本目标,通过节点重要度法和动态聚类法对路网连接范围进行扩展,在此基础上对路网合理规模区间进行测算。围绕规划目标与路网合理规模,采用单目标规划法、多目标规划法和路网总规模优化法对节点间的路线选择进行多方案比选,经听取多方意见和专家咨询、反复论证后,综合确定布局方案。

四、规划目标

国道主干线系统连接了当时(1990 年)全国 467 个城市中的 203 个,占 43%;覆盖人口约 6 亿,占全国总人口的 55%,覆盖全国城市总人口的 70%;连接了全国所有人口在 100 万人以上的特大城市和 93% 的人口在 50 万人以上的大城市。贯通了首都、各省省会(自治区首府)、直辖市、经济特区、主要交通枢纽和重要对外开放口岸。

综合考虑当时我国公路建设资金投入力度、建设水平等因素,规划提出用 30 年的时间,即 2020 年前后建成该系统。

五、规划方案

从技术角度看,国道主干线系统规划布局方案由“五纵七横”共 12 条路线组成,总里程 3.44 万 km,其中高速公路 2.58 万 km,占 74.85%,一级公路 1479km,占 4.3%,二级公路 7178km,占 20.85%。国道主干线系统规划方案见表 2-2。

国道主干线系统规划方案 表 2-2

名称		路线及走向
五纵	同三线	同江—哈尔滨—(含珲春至长春支线)—长春—沈阳—大连—烟台—青岛—连云港—上海—宁波—福州—深圳—广州—湛江—海安—海口—三亚
	京福线	北京—天津(含天津至塘沽支线)—济南—徐州(含泰安至淮阴支线)—合肥—南昌—福州
	京珠线	北京—石家庄—郑州—武汉—长沙—广州—珠海
	二河线	二连浩特—集宁—大同—太原—西安—成都—昆明—河口
	渝湛线	重庆—贵阳—南宁—湛江
七横	绥满线	绥芬河—哈尔滨—满洲里
	丹拉线	丹东—沈阳—唐山(含唐山至天津支线)—北京—集宁—呼和浩特—银川—兰州—西宁—拉萨
	青银线	青岛—济南—石家庄—太原—银川
	连霍线	连云港—徐州—郑州—西安—兰州—乌鲁木齐—霍尔果斯
	沪蓉线	上海—南京—合肥—武汉—重庆—成都(含万县经南充至成都支线)
	沪瑞线	上海—杭州(含宁波经杭州至南京支线)—南昌—长沙—贵阳—昆明—瑞丽
	衡昆线	衡阳—南宁(含南宁至友谊关支线)—昆明

六、实施设想

规划提出从“八五”(1991—1995 年)起步,重点建设北京、上海、广州、武汉、西安、重庆等大区域中心城市和部分省会城市重要出入口以及通向周围发达地区的路段;“九五”(1996—2000 年)重点建设沿海发达地区以及部分内陆省区的路段,使部分国道主干线初具规模;2001—2010 年使 12 条国道主干线中部分全线贯通;2011—2020 年,最终形成国道主干线系统。

七、建设进展

规划提出,到 2020 年,即大约用 30 年的时间建成国道主干线。

实际情况是,国道主干线系统的部分路段早在 20 世纪 80 年代中后期就已经开始陆续建设,到 1992 年底,已经建成了沈大、广佛、哈大、沪宁、宁合等一批重要城市间的高速公路。1992 年规划正式出台后,国道主干线系统建设进入稳步、有序的轨道,1992—1997 年年均建成 820km。到 1997 年底,全国高速公路达到 4771km,其中近 70% 是国道主干线的路段。1998 年,为应对亚洲金融危机,国家实施积极财政政策,加快了国道主干线系统的建设步伐。1998 年以来,每年国道主干线建成通车里程增加到 2500km 以上,到 2001 年,我国高速公路通车里程超过 1.9 万 km。2007 年底,国道主干线系统提前 13 年全面建成,标志着我国高速公路网主骨架基本形成。

目前,国道主干线系统的 12 条路线均已纳入国家高速公路网(局部路段有所调整),原有路线的名称和编号已不再使用,国道主干线系统规划已经圆满完成了历史使命。

八、实施效果

虽然《国道主干线系统规划》的规划期限为 30 年(1990—2020 年),但是实际上到 2007 年,即仅仅用了 15 年的时间就全面建成,我国只用了十几年的时间就走过了许多发达国家 30—40 年才能走完的路程;形成了一批重要的省际运输大通道和城际高速公路,显著提高了主要干线公路的通行能力和服务水平。同时在国道主干线建设和带动示范作用下,国省道、农村公路和港口、内河航道等基础设施建设也得到了全面发展,彻底扭转了我国公路水路交通长期滞后的局面,并为后期的发展奠定了坚实基础。

(1)国道主干线有效支撑了国民经济的快速发展。国道主干线建设是当时我国公路建设史上做出的一项最大也是最佳的投资选择,累计总投资 8010 亿元。尤其在 1998 年亚洲金融危机期间,国道主干线作为积极财政政策实施的重要领域,为保证国民经济的持续平稳快速增长创造了条件。同时,国道主干线的建设、运营为社会提供了大量的就业机会。

（2）国道主干线系统促进了产业结构优化升级和经济发展方式的转变。国道主干线系统建立了地区之间联系的快速通道，成为引导产业空间布局优化的主轴线，不仅推动了以分工和专业化为基础的相关产业的空间集聚，加速了技术进步，而且也促进了产业链条的延伸和生产资料在更大范围、跨区域的优化配置，为产业结构升级和经济发展方式的转变提供了基础条件。

（3）国道主干线系统加强了城乡统筹和区域协调发展。国道主干线系统的实施，打通了城乡交流和生产要素跨区域配置的通道，加速了产业转移和技术扩散，促进了区域公平和基本公共服务的均等化，为消除贫困、缩小城乡差距和带动欠发达地区发展奠定了基础。

（4）国道主干线系统显著改善了旅客出行条件，提高了人民群众的生产水平和生活质量，使人们拥有了更加快捷、安全的交通系统，显著改善了人们的出行条件，在节省通行时间、降低出行成本的同时，增强了公民出行的机动性，提高了出行的安全性。国道主干线的建设，加速了小汽车进入家庭的步伐，使人们能够获得更多的闲暇时间和更大的生活空间，对生活方式的转变和人民生活质量的提高起到了重要推动作用。

（5）国道主干线的建设优化了综合运输结构，吸引了大量客货流转向公路运输，在铁路、民航运输能力还不充分的形势下，分流了部分铁路、民航的运输量，疏解了当时的运输压力，使各种运输方式的承运距离、承运货类更符合其技术经济特性，优化了运输资源配置，提高了组合效率，密切了运输方式之间的衔接，提高了综合运输服务水平。

（6）国道主干线的建设提升了公路设计理念和技术手段，提高了公路交通自身发展能力，使公路的勘察、设计、施工、管理等技术水平逐步接近甚至达到世界先进水平；促进了公路建设管理制度的完善，加快了与国际惯例接轨，为开辟国际市场奠定了基础；推动了公路建设市场化进程，民营资本、外资、商业银行贷款等大量进入公路投资领域，为基础设施建设形成开放的市场积累了经验；培养了大批专业技术人才和管理人才，为公路交通快速发展奠定了技术基础和人才基础。

（7）国道主干线系统优化了投资和发展环境，为参与国际竞争奠定了基础。运输条件显著改善，道路运输变得更快速、更安全、更便捷、更经济，使我国的投资和发展环境得到了优化。而且，国道主干线系统连通了主要的港口和出海通道，不仅直接便利了对外贸易，而且使产品的生产和配送成本大幅下降，在很大程度上提高了我国产品在国际市场上的竞争力，为我国深入参与国际竞争和合作奠定了物质基础。

（8）国道主干线系统保障了国家的经济运行安全和国防安全。在全国范围内建立了一个稳定性强、通行能力大、安全可靠性高、快速反应能力强、抵御自然灾害能力强的运输网络，提高了我国重要战略物资投送的可靠性，增强了政府应对突发事件的能力，有力保障了国家的经济运行安全和社会稳定。同时，国道主干线具有良好的行驶质量和全封闭、全立交的运输条件，有利于提高我国军事交通的机动性，保障国防安全。

(9)国道主干线系统促进了先进文化的传播,加强了民族团结。民族团结是实现国家稳定、和谐发展的前提。国道主干线的建设,加强了民族落后地区与外界的经济、文化交流,打破了相对封闭的思维和发展模式,促进了社会主义先进文化的传播,使落后地区的人们有机会接触并逐步享受到现代文明,更广泛地认识社会的发展和进步,提高了社会的文明化程度,对增进民族团结、维护社会安定、推进社会主义民主等都有重要的意义。

第二节　国家高速公路网规划

21 世纪之初,高速公路呈加快发展的态势,交通部在实现交通运输现代化“三步走”战略目标的指引下,及时研究提出以国道主干线系统为框架,在吸收和整合 8 条西部开发省际公路通道的基础上❶,编制《国家高速公路网规划》,并于 2004 年底经国务院批准审议通过。国家高速公路网着眼于适应未来国家经济社会发展的需要,以全新的视角对国道主干线等骨架公路进行了整合、加密和完善,重新谋划了我国高速公路的发展,进一步提升了国家公路网的功能和效率。

一、规划背景

截至 2003 年底,全国高速公路通车里程达到 2.5 万 km。除西藏自治区外,各省、自治区和直辖市都拥有高速公路,有 10 个省区的高速公路里程超过 1000km。高速公路的快速发展,提高了我国公路网的整体技术水平,优化了交通运输结构,对缓解交通运输的“瓶颈”制约发挥了重要作用,有力地促进了我国经济发展和社会进步。由于我国地域辽阔,人口众多,经济总量和民用汽车保有量都处于高速增长时期,运输需求不断增加。进入 21 世纪以来,虽然交通紧张状况有所缓解,但相对于较低的社会经济发展水平和运输水平而言,公路交通总体供给能力仍然是低水平的、不全面的、不稳定的、区域发展不平衡的。

从经济社会发展看,国民经济保持较高增长速度,经济总量再上新台阶;城镇化进程明显加快,城市规模结构和地域分布不断发生新变化;工业化发展进入新阶段,产业结构进一步优化升级;人民生活水平普遍提高,消费结构发生较大变化,小汽车快速进入家庭;

❶ 2001 年,为落实国家西部大开发战略、进一步促进东中西部的协调发展,交通部正式出台《八条西部省际通道建设方案》,作为“五纵七横”国道主干线在西部地区的重要补充和延伸。“西部省际通道”是整个西部地区省会(自治区首府)城市、重要工业城市、矿产基地、边境贸易口岸之间的高等级公路通道,同时也是西部地区与中部地区的重要联络线。8 条通道包括:甘肃省兰州市—云南省磨憨口岸、内蒙古自治区阿荣旗—广西壮族自治区北海市、新疆维吾尔自治区阿勒泰市—红其拉甫口岸、宁夏回族自治区银川市—湖北省武汉市、陕西省西安市—安徽省合肥市、重庆市—湖南省长沙市、青海省西宁市—新疆维吾尔自治区库尔勒市、四川省成都市—西藏自治区樟木口岸等,总里程近 1.5 万 km,计划 2020 年左右建成。

对外开放达到新水平，我国在世界制造业中的优势地位更加突出。

从发展战略方面看，强化国土均衡开发、促进区域协调发展，继续推进西部大开发战略、振兴东北老工业基地、中部崛起、加快东部现代化建设，我国已进入全面建设小康社会的新阶段，并将逐步迈进现代化的历史时期。高速公路是重要的国家资源，是我国现代化建设的标志之一。必须站在国家发展战略的高度，从全局出发，研究如何在新时期使高速公路保持持续、快速、健康发展，更好地为西部大开发、振兴东北老工业基地等创造条件，更好地促进区域协调发展，更好地服务于全面建设小康社会和现代化建设。

从规划上看，发达国家的发展经验表明，高速公路的发展必须以科学规划为指导。2003 年，我国高速公路虽然已发展到 2.5 万 km，但是，各地区的发展形势和任务差异很大。东部和部分中部省份境内的高速公路通道基本建成，高速公路建设的重点开始转向以连接地级市为目标；而西部地区高速公路建设正在推进之中，主通道尚未形成。面对高速公路快速发展的形势，虽然我国制定了《国道主干线系统规划》，明确了一定时期的建设重点，但还没有一个严格意义上的国家级高速公路网规划。国道主干线的建设进展非常迅速，使《国道主干线系统规划》中的绝大部分项目已经开工或即将开工建设。为确保高速公路在快速发展的同时更加健康有序，正确处理全局与局部、近期与长远、行业与社会经济等关系，迫切需要制定国家级高速公路规划，明确我国高速公路网的远景发展目标和布局框架，以指导今后高速公路发展。

从建设上看，我国公路建设管理体制以地方为主，在全国高速公路网发展目标和布局框架尚不明确、中央投资比例不高和宏观调控有待加强的情况下，适时制定国家级高速公路网规划，有利于指导、协调各省（自治区、直辖市）高速公路建设，避免出现高速公路省际“断头路”，尽快形成布局合理、衔接顺畅的全国性高速公路网络。

从管理上看，随着高速公路通车里程的不断增加，大量已投入使用的高速公路没有明确的“身份”和统一的命名编号，与国道网的关系等不明确，给使用者造成不便，给高速公路的管理等带来困难。随着高速公路规模的进一步扩大，如不抓紧研究解决，这些问题将更加突出。

从经济社会发展的根本要求出发，立足于建立完善的综合运输系统，在国家层面构筑完善的国家高速公路网，是全面建设小康社会和实现现代化建设目标的客观需要和迫切要求；对于促进国家经济增长、提高人民生活质量、维护国家安全等都具有重要价值；不仅对交通发展具有划时代意义，而且对整个社会经济发展都将产生深远积极的影响。

二、编制过程

——2001 年，交通部规划研究院组建课题组，开展国家高速公路网规划的预研究工作。重点对国家高速公路网规划的必要性、可行性、规划应包含的内容等问题进行了初步研究。

——2002年,交通部正式启动国家高速公路网规划研究编制工作。同年6月,交通部在北京主持召开了由国务院研究室、国家计委综合运输研究所、交通部有关司局,以及5个省区交通厅的专家和学者参加的国家高速公路网规划研讨会。9月,交通部分华东、华南、西部三个片区,组织由15个省(自治区、直辖市)参加的国家高速公路网规划工作调研,广泛征询地方政府、行业主管部门、高速公路使用者的意见。2002年底,课题组完成了阶段性研究报告。

——2003年3月,交通部在向国务院领导所做的“关于国道主干线建设问题”专题汇报中着重说明了编制国家高速公路网规划的设想,国务院领导对这一设想给予了充分肯定,就编制国家高速公路网规划问题做出了重要批示,明确要求交通部抓紧编制国家高速公路网规划,报国务院审批。

——2003年10月,交通部部务会议对《国家高速公路网规划》初步成果进行了审议。会议在充分肯定规划的主要成果的同时,就一些重大问题提出了明确的意见和要求,为规划的完善指明了方向。同月,交通部在西安召开会议,专门听取各省(自治区、直辖市)地方交通主管部门对规划的意见和建议。

——2004年12月17日,国务院常务会议原则审议通过了《国家高速公路网规划》。这是国务院正式批准的第一部高速公路网规划。

——2005年1月13日,国务院新闻办召开新闻发布会,正式公布了我国的《国家高速公路网规划》。

《国家高速公路网规划》不仅指导一定时期内我国高速公路的建设,而且明确了我国未来国家级高速公路网的布局走向和编号规则,便于指导高速公路的运营管理。

三、规划目标

国家高速公路网的规划目标是:连接所有当时城镇人口超过20万的城市,形成高效运输网络。

1. 连接省会城市,形成国家安全保障网络

满足国家稳定、国防安全和抢险救灾需要,形成首都便捷连接省会、沟通各大区域的国家安全保障网络。

2. 连接各大经济区,形成省际高速公路网络

支撑经济增长,适应产业布局,协调区域发展,形成各大经济区之间、相邻省会城市之间的省际高速公路网络,强化西部地区、东北老工业基地等对外联系通道。实现800~1000km以内相邻省会城市之间当日到达。

3. 连接大中城市，形成城际高速公路网络

促进区域经济发展，推动城镇化进程，满足旅游需要，形成省会连接地市、覆盖重要县市和重要旅游城市，以及环渤海、长江三角洲、珠江三角洲三大区域内城际高速公路网络。基本实现省会到地市东中部地区当日往返，西部地区当日到达。

4. 连接周边国家，形成国际高速公路通道

适应经济全球化和对外开放需要，形成连接周边国家、与亚洲公路网相配合的国际高速公路通道。

5. 连接交通枢纽，形成高速集疏运公路网络

满足现代物流发展，提高运输效率，保障有效衔接，形成连接主要公路枢纽、港口、机场、铁路枢纽的高速集疏运公路系统。

四、布局原则

(1)规划路线总体上采用放射加方格网状布局，形成由中心城市向外放射以及横贯东西、纵贯南北的大通道。

(2)以城市为节点，连接所有当时城镇人口在20万以上的城市；依据经济和人口分布情况，总体上按照“东部加密、中部成网、西部连通”的原则布局。

(3)强化首都与省会之间、各大经济区之间以及距离在800～1000km以内相邻省会城市(直辖市、自治区首府)之间的便捷连接；突出环渤海、长江三角洲、珠江三角洲三大经济区之间以及三大经济区与其他经济区之间的便捷连接；完善省会城市与地市之间、城市群内部主要城市之间的相互连接；注重西部地区、东北老工业基地内部保持合理密度和对外的连接。

(4)加强对国家主要港口、枢纽及干线机场、铁路枢纽、公路枢纽、著名旅游城市和主要公路口岸的连接。

(5)注重避让环境敏感区，减少对环境的影响，加强与景观的协调。

五、布局方法

国家高速公路网路线走向和线位的选择方法：先依据经济社会和交通发展需求进行空间布局，同时考虑土地、环境和建设条件等约束性条件，经过反复比选优化形成。

具体来说，国家高速公路网在布局规划中采用定性与定量分析相结合的方法。由于城市节点是政治、经济、社会等驱动性因素的综合体，考虑如何对城市节点进行有效连接以实现国家高速公路网规划目标，是国家高速公路网布局规划的基本出发点。

由于不同的城市节点在政治、经济、社会等方面的功能作用不同，决定了这些节点的重要性不同，因而，由不同重要性节点形成的路网层次功能也不同。在进行路网布局时，

首先考虑重要度大的节点之间的便捷连接，构建基本路网；其次考虑重要度次之的节点与基本路网的便捷连接；再次考虑重要度相对较小的节点的连接，分层布局，逐层展开，逐步形成初步网络方案。

一些城市节点除具有政治、经济等功能以外，还具有其他功能，比如交通枢纽功能、对外贸易功能、旅游功能等。这些功能在局部城市甚至处于主导地位，考虑路网布局时还需考虑具备特殊功能城市的连接需要，完善路网布局。对特殊功能节点的连接是通过单因素分析的方式来增加路线，完善布局。

综上，国家高速公路网布局规划的主要思路和方法归纳为：以规划目标为指向、以布局原则为依据、以逐层展开为主线、以单因素分析为补充，结合经济和城镇布局、交通区位、地形条件、环境条件、路段重要度分析、主要通道交通需求分析等对路线进行优化，在此基础上征求专家意见，综合确定路线方案。

逐层展开布局的主要步骤：首先，依据布局原则进行节点选择，依据城镇体系现状及发展规划进行节点分类；其次，依据不同层次节点对路网连接的不同要求，逐层展开路线布局；再次，依据单因素分析，完善路网布局；最后，依据地形条件、环境条件、路段重要度、主要通道交通需求分析等对路线方案进行优化选择。

1. 节点选择及分类

依据规划目标和布局的基本原则，国家高速公路网需连通的节点为首都、省会城市、计划单列市以及当时城镇人口在20万以上的城市，重要公路枢纽城市、主要港口、枢纽及干线机场、铁路枢纽城市、主要国家边贸口岸以及著名旅游城市。

依据城镇体系现状及规划情况，将需要连通的城市节点划分为三个层次：重要节点、较重要节点和一般节点。重要节点包括首都、直辖市、省会城市、自治区首府、计划单列市以及香港、澳门和台北；较重要节点包括当时城镇人口在50万以上的大城市；一般节点包括当时城镇人口在20万以上中等城市。重要的交通枢纽、边贸口岸、旅游城市等在布局时作为单因素考虑。城市节点的层次划分情况见表2-3。

2. 逐层展开路线布局

依据节点的层次划分及节点对路线连接的不同要求，国家高速公路初步路网的构建按照以下步骤展开：

(1)首都便捷连接省会的路网

首都便捷连接省会是国家行政、国防安全等国家意志的最基本要求，其连接方式要与行政管理、国防安全结构同构。其布局特点：以首都为中心，以放射线(行政树)路线布局实现首都便捷连接省会布局要求。该网共计1.8万km，实现了首都北京与所有省会城市的连接。

节点层次划分情况 表 2-3

重要节点（39 个）	较重要节点（67 个）	一般节点（217 个）
北京，天津，石家庄，太原，呼和浩特，沈阳，大连，长春，哈尔滨，上海，南京，杭州，宁波，合肥，福州，厦门，南昌，济南，青岛，郑州，武汉，长沙，广州，深圳，南宁，海口，重庆，成都，贵阳，昆明，拉萨，西安，兰州，西宁，银川，乌鲁木齐，香港，澳门，台北	唐山，秦皇岛，邯郸，保定，张家口，大同，包头，鞍山，抚顺，本溪，丹东，锦州，营口，阜新，辽阳，吉林，齐齐哈尔，鸡西，鹤岗，大庆，伊春，佳木斯，牡丹江，无锡，徐州，常州，苏州，南通，连云港，淮安，扬州，镇江，温州，芜湖，蚌埠，淮南，淮北，淄博，枣庄，东营，烟台，潍坊，济宁，泰安，临沂，开封，洛阳，平顶山，安阳，新乡，焦作，南阳，商丘，黄石，宜昌，襄阳，荆州，株洲，湘潭，衡阳，岳阳，珠海，汕头，湛江，柳州，桂林，攀枝花	邢台，承德，沧州，廊坊，衡水，阳泉，长治，晋中，临汾，乌海，赤峰，通辽，呼伦贝尔，牙克石，乌兰浩特，集宁，临河，瓦房店，海城，盘锦，铁岭，朝阳，北票，葫芦岛，舒兰，四平，公主岭，辽源，通化，梅河口，白山，松原，白城，延吉，敦化，阿城，尚志，五常，双鸭山，铁力，七台河，海林，北安，绥化，肇东，江阴，宜兴，新沂，邳州，溧阳，武进，常熟，张家港，昆山，吴江，启东，如皋，通州，海门，盐城，东台，江都，丹阳，泰州，兴化，靖江，泰兴，宿迁，嘉兴，湖州，绍兴，金华，舟山，台州，马鞍山，铜陵，安庆，滁州，阜阳，宿州，巢湖，六安，亳州，三明，泉州，漳州，南平，景德镇，萍乡，九江，新余，赣州，吉安，宜春，丰城，抚州，章丘，胶州，即墨，平度，胶南，滕州，龙口，莱州，寿光，兖州，邹城，新泰，肥城，威海，文登，荣成，日照，莱芜，德州，聊城，滨州，菏泽，鹤壁，濮阳，许昌，漯河，三门峡，信阳，周口，驻马店，十堰，枣阳，鄂州，荆门，钟祥，孝感，黄冈，咸宁，随州，仙桃，潜江，天门，邵阳，常德，益阳，郴州，永州，怀化，娄底，增城，韶关，潮阳，佛山，顺德，南海，江门，台山，新会，廉江，雷州，吴川，茂名，肇庆，惠州，惠阳，梅州，兴宁，陆丰，河源，阳江，阳春，清远，英德，东莞，中山，潮州，揭阳，普宁，罗定，梧州，北海，贵港，玉林，儋州，江津，合川，永川，自贡，泸州，德阳，绵阳，江油，广元，遂宁，内江，乐山，南充，阆中，宜宾，达州，六盘水，遵义，安顺，曲靖，个旧，铜川，宝鸡，咸阳，渭南，汉中，白银，天水，石嘴山，克拉玛依，哈密，昌吉，库尔勒，阿克苏，喀什，伊宁，石河子

（2）基本网构建

在首都便捷连接省会的路网基础上，通过强化各大经济区、各大都市圈之间的便捷连接以及相邻省会城市（包括计划单列市）之间连接，构建省际国家高速公路基本路网，既是适应国家经济发展的客观要求，也是强化国土均衡开发，促进区域协调发展的有效手段。

基本路网布局按照以下原则进行：

一是便捷连接相邻的及间距 800～1000km 以内的省会城市；

二是从各大经济区之间有可替代路线考虑，各大经济区之间应保证 2 条以上的高速公路通道；

三是对于距离较远的省会城市和计划单列市之间应注重便捷连接，它们之间的连接应首先考虑“借道”于各大经济区之间的公路通道，有利于形成横贯东西、纵贯南北的公路大通道；对于“借道”绕行较远的省会城市和计划单列市之间应考虑加边连通。

基本路网共计 5.2 万 km，连接了所有省会城市、计划单列市、83% 的城镇人口 50 万以上的大城市和 74% 的城镇人口 20 万以上的中等城市。

(3)单因素分析补充完善布局

国家高速公路基本路网充分体现了我国政治、经济和国家安全 3 个主要方面的交通需求，但尚未全面实现规划目标要求和国家高速公路网的功能，还需要根据规划目标要求在基本路网基础上，考虑大中城市、重要交通枢纽、重要公路口岸、重要旅游城市、西部开发、东北老工业基地振兴等多种重要影响因素，分别进行单因素分析和专题布局研究，补充和完善国家高速公路基本路网，构建比较完善的国家高速公路网初步方案。这些单因素有：①连接大中城市；②构筑综合运输体系布局研究；③集装箱内陆运输通道布局研究；④连接主要对外公路口岸布局研究；⑤连接著名旅游城市布局研究；⑥特殊地区路线布局研究，包括：西部大开发，振兴东北老工业基地，长江三角洲、珠江三角洲和环渤海地区开发等。

以上形成国家高速公路网初步方案。

3. 布局方案优化

以国家高速公路初步路网为基础，综合考虑路段重要度与交通需求、地形条件限制、环境敏感区分布等情况，对初步方案进行局部路线比选优化，形成国家高速公路网布局方案。对路线的优化比选按照以下原则进行：

一是对于某些节点之间存在多种路线方案，依照重要度最大原则同时参照路线交通需求分析确定入选路线；

二是考虑地形地质条件，舍去地形、地质条件复杂、工程技术尚不可行的路段；

三是在局部路线布设时，对通过环境敏感区的路线考虑替代路线，注重对环境敏感区的避让；

四是考虑路网的合理衔接，适当增加对完善路网具有重要作用的联络线。

六、规划方案

国家高速公路网由 7 条首都放射线、9 条纵向路线和 18 条横向路线组成，并首次规划了地区高速公路环线，总规模约 8.5 万 km，见表 2-4。

国家高速公路网建成后，将连接全国所有的省会城市和当时城镇人口超过 20 万的城市，形成“首都连接省会、省会彼此相通、连接主要地市、覆盖重要县市”的高速公路网络，并连接全国主要的公路、水路、铁路和航空枢纽；在我国构筑起安全、高效、可靠、智能、可持续的快速运输系统，使全国近 80% 的人口直接感受到高速公路运输系统给人们生产、生活带来的便利，大大提高全社会机动性和国家竞争力，为实现全面小康社会和现代化目标奠定坚实基础。

国家高速公路网规划方案　　表 2-4

北京放射线		南北纵线		东西横线	
序号	起终点	序号	起终点	序号	起终点
1	北京—上海	1	鹤岗—大连	1	绥芬河—满洲里
2	北京—台北	2	沈阳—海口	2	珲春—乌兰浩特
3	北京—港澳	3	长春—深圳	3	丹东—锡林浩特
4	北京—昆明	4	济南—广州	4	荣成—乌海
5	北京—拉萨	5	大庆—广州	5	青岛—银川
6	北京—乌鲁木齐	6	二连浩特—广州	6	青岛—临汾
7	北京—哈尔滨	7	包头—茂名	7	连云港—霍尔果斯
		8	兰州—海口	8	南京—洛阳
		9	重庆—昆明	9	上海—西安
				10	上海—成都
				11	上海—重庆
				12	杭州—瑞丽
				13	上海—昆明
				14	福州—银川
				15	南昌—南宁
				16	厦门—成都
				17	汕头—河池
				18	广州—昆明

七、实施设想

规划提出国家高速公路网建设实施安排：

——到“十五”末(2005 年)，国家高速公路网建成 3.5 万 km，占总里程的 40% 以上。

——到 2007 年，建成 4.2 万 km，占总里程的一半以上；全面完成“五纵七横”国道主干线系统中的高速公路。

——到“十一五”末(2010 年)，建成 5.5 万 km，占总里程的 2/3，力争贯通“五射两纵八横”15 条路。五射：北京—上海、北京—福州、北京—港澳、北京—昆明、北京—哈尔滨。两纵：沈阳—海口、包头—茂名。八横：青岛—银川、青岛—临汾、南京—洛阳、上海—西安、上海—重庆、上海—昆明、福州—银川、广州—昆明。

到 2010 年，国家高速公路网总体上实现“东网、中联、西通”的目标。东部地区基本形成高速公路网，长江三角洲、珠江三角洲、环渤海地区形成较完善的城际高速公路网络；中部地区实现承东启西、连南接北，并大力改善东北与华北、东北地区内部的连接；西部地区实现内引外联、通江达海，建成西部开发 8 条省际公路通道中的高速公路。

八、建设进展

规划提出，到2020年，全面建成“7918”国家高速公路网。

实际上，到2010年，国家高速公路建成5.8万km，完成规划的67.4%；到2015年底，“7918”国家高速公路网已建成8万km。预计到2020年，“7918”国家高速公路网将全面建成。

九、实施效果

国家高速公路网规划是对国道主干线等国家级主干线公路网规划的整合、加密和优化，大幅拓展了主干线公路网的覆盖范围，完善了路网布局，实现了我国主干线公路网规划的历史性跨越。国家高速公路网规划使我国国家级干线公路拥有了覆盖全国的大容量主干线公路网，高效快速运输功能大幅提升，国家级干线公路网的功能和布局进一步完善。

(1)国家高速公路网构建了以首都北京为中心的放射线与横线和纵线相叠加的路网格局，在全国范围内形成“首都连接省会、省会彼此相通、连接主要地市、覆盖重要县市”的高速公路网络，体现了国家维护政治稳定及国家安全的坚强意志，为实现全面建设小康社会和现代化建设目标奠定坚实基础。

(2)国家高速公路网形成后，将在全国范围内形成横贯东西、纵贯南北、覆盖全国、连接周边国家的高速公路网络，路网密度达0.8km/100km^2，基本达到当时美国等发达国家的水平，可实现东部地区平均30min上高速；中部地区平均1h上高速；西部地区平均2h上高速。从而大大提高全社会的机动性，增强国家的国际竞争力，成为未来我国国民经济持续、快速、健康发展的助推器。

(3)国家高速公路网强化了长江三角洲、珠江三角洲、环渤海地区等经济发达地区之间的沟通与联系，并形成了以上述地区为中心，向东北、华北、华东、华中、华南、西南、西北等各大经济区辐射的数条高速公路通道，从而大大强化了各大经济区之间、省际的公路交通联系，促进了区域经济协调发展和国土均衡开发，为西部大开发、中部崛起和东北老工业基地振兴提供了有力支撑。

(4)国家高速公路网连接了全国所有的省会城市及港、澳、台地区和当时城镇人口超过20万的中等以上城市，覆盖10亿人口，使全国80%的人口直接感受到高速公路运输系统给人们生产、生活带来的便利，为贫困地区脱贫致富创造了条件。

(5)在长江三角洲、珠江三角洲、环渤海地区等经济发达、人口和城镇稠密地区，将形成省会到地市、地市之间以及对外辐射的完善的城际高速公路网络，从而进一步加快区域经济一体化和大都市圈的形成，为东部地区率先实现现代化奠定基础。

(6)国家高速公路网将连接全国所有重要的公路、水路、铁路和航空枢纽,进一步强化各种运输方式间的有机衔接和紧密协作,促进各种运输方式优势互补、协调发展,从而大大提高综合运输效率和质量,为建立与完善现代综合运输体系,发展现代物流产业做出重要贡献。

(7)国家高速公路网的建设有力地促进了国土资源的集约开发与利用,有效地支撑了社会经济的可持续发展。据测算,每公里高速公路的土地占用面积为一般二级公路的2~3倍,但通过能力为其5~7倍,即单位土地占用和资金投入形成的通过能力高速公路是二级公路的2.5倍以上。我国可利用土地面积有限,线位资源十分宝贵,发展高速公路有助于缓解交通基础设施建设对土地资源的压力。在提供相同路网通行能力条件下,建设国家高速公路网可比修建普通公路节省土地1000万亩(约67万hm^2)左右。

(8)国家高速公路网的建设将对促进国民的经济增长、带动相关产业发展、扩大就业等做出重要贡献。据测算,公路建设每投资1亿元,可以最终创造大约3亿元的国内生产总值,直接创造的公路建筑业就业岗位可达2000个。按静态投资匡算,完成国家高速公路网的建设任务需要投资2.1万亿元,可累计创造国内生产总值6万亿元以上,创造就业岗位4200万个,将对我国经济与社会发展做出重要贡献。

第三节　国家公路网规划(2013年—2030年)

2013年,国务院批准了《国家公路网规划(2013年—2030年)》,该规划除重点对1981年《国家干线公路网(试行方案)》进行较大规模的调整补充外,还对2004年《国家高速公路网规划》("7918"网)进行了适当补充完善。

一、规划背景

在《国家干线公路网(试行方案)》《国道主干线系统规划》和《国家高速公路网规划》的指导下,我国国家级公路网已经由单一的普通国道网发展成为由国家高速公路与普通国道两个层次共同构成的基本格局。特别是国家高速公路网规划的出台,保障了我国高速公路的持续、快速和有序发展。但是,经济社会的持续快速发展使普通国道发展面临着新形势和新要求。

"十二五"时期(2011—2015年),我国经济持续平稳较快发展,经济总量、人均水平以及现代化程度不断提升,以"住""行"为主导的消费结构不断升级。2011年我国GDP已达到7.5万亿美元(按当时6.25:1的汇率计算),人均达到5800美元,远高于《国家高速公路网规划研究》时提出的2020年经济总量4万亿美元、人均3000美元的预测值。社会生活中变化最大的是小客车进入家庭的速度始料不及,2011 年全国民用汽车保有量达到 1.1 亿辆,"十一五"以来年均增长 20%,成为世界最大汽车市场,预测到 2020 年将超过 2 亿辆,远高于《国家高速公路网规划研究》1 亿辆的预期,其中增长最快的是家庭小客车。区域经济融合趋势日益显著,区域交通一体化发展持续增强,跨区域交通需求将显著增长,并向主要运输通道加快聚集;资源富集区、革命老区、民族地区、边疆地区和贫困地区得到重点支持,交通发展需求和运输总量明显增长。主体功能区战略开始实施,高效、协调、可持续的国土空间开发格局逐步形成。城镇化进程显著加快,城市群加速发展促使城市群间以及城市群内部城际间交通需求显著增长,中小城市和小城镇的发展促使城乡交通需求快速增长。全方位对外开放战略全面实施,促进了区域经济一体化发展,对外开放的空间增大,我国与周边国家的贸易将显著提升,国际公路运输需求将较快增长。

虽然国道主干线系统规划已提前实现,国家高速公路网规划 2015 年左右也将基本建成,比原规划预期目标提前 10 年以上。但是,从长远发展需求看,我国国家公路网仍不能适应经济社会发展的新变化、新要求,主要表现为:一是与其他运输方式的衔接协调有待进一步提升。1981 年国道网划定以来,我国综合运输体系布局已经发生了巨大变化,尤其在 2004 年《国家高速公路网规划》出台之后,国务院又先后审议通过了全国沿海港口、内河航运和民航的长远发展布局规划,2004 年中长期铁路网规划也于 2008 年做了较大调整,需要根据其他运输方式新规划的变化,从构建现代综合运输体系的角度对国家级干线公路网进行调整和完善。二是普通国道和国家高速公路的功能定位需要进一步明确。国道网划定以来只进行过局部调整,尤其是《国家高速公路网规划》出台以后,国道网(试行方案)一直没有进行过正式调整,其与国家高速公路之间的关系也缺乏明确的界定,相对于高速公路的大规模建设,普通国道的建设相对滞后,已经成为国家级干线公路网发展中的薄弱环节。特别是在一些通道内,随着平行高速公路的建设,普通国道的功能有所下降。三是路网通达深度需要进一步拓展。从我国经济社会发展现状和趋势来看,以当时人口在 20 万以上的节点城市作为国家高速公路网的通达目标基本合理,但对近年来新增的中等城市和西部地市级行政中心的连通度不够,而普通国道网的通达深度则明显不足,全国还有 39 个地市级行政中心和 903 个县城未能实现普通国道网的有效连接。四是路网布局有待进一步完善。1981 年国道网划定以来,我国区域经济发展格局和城镇体系布局发生了巨大变化,国道网布局已明显不适应经济社会发展要求。国家高速公路网总体上能够适应我国人口、城镇和产业分布格局的要求,而在促进区域协调发展、支撑城市群加速崛起、提高应急保障能力等方面还存在较大的完善空间。五是部分通道能力需要进一步提升。国道网(试行方案)和国家高速公路网规划在路网能力方面都没有明确规定,从近期交通需求增长情况和未来发展趋势看,部分通道的能力将无法满足未来发展需求。

适应经济社会发展的新变化、新要求，解决当时规划中已经呈现的不适应问题，迫切需要统筹考虑、系统研究，尽快优化调整、补充完善国家级干线公路网，构建我国完善的国家级公路网。

二、编制过程

——2004年初，交通部规划研究院组建课题组，开始着手国道网调整的预研究工作。同年底，向交通部提交了《国道网布局调整可行性研究》报告。

——2006年底，课题组编制完成《国道网调整研究》报告，并建议交通部进一步开展《国道网建设规划》研究。

——2007年底，课题组编制完成《国道网建设规划》报告，提出了国道网局部调整的初步方案。

——2008年，我国南方地区发生低温雨雪冰冻灾害、四川汶川发生大地震以后，针对主要运输通道能力不够，突发事件发生时交通分流能力不足、抗灾能力较弱等情况，交通运输部开始酝酿研究国家高速公路网的调整问题。组织开展了"省际公路通道建设问题研究"和"高速公路主要通道扩容方案研究"两个课题的研究，作为国家高速公路网调整的预研究。

——2009年1月，全国交通运输工作会议提出"启动《国家高速公路网规划》修编工作"的要求，部规划研究院组建课题组，正式开展研究工作。3月，交通运输部在北京召开专家研讨会。7月底，课题组形成了国家高速公路网调整的初步方案，并提出需要统筹考虑国家高速公路和普通国道两个网络的规划研究问题。10月，国道网调整研究和国家高速公路网调整研究两个课题组进行整合，成立国家公路网规划课题组。11月，交通运输部在北京召开《国家公路网规划研究》立项申请评审会。

——2010年2月，课题组向交通运输部领导进行专题汇报，"全国公路网络的层次划分，国家公路网的内涵、功能定位，国家公路网以连接全国所有县级行政中心为目标"等一系列重大问题基本达成一致。3月，交通运输部在西安市主持召开国家公路网规划研究工作会议。4月，课题组向国家发展改革委基础产业司进行专题汇报，国家发展改革委对交通运输部开展国家公路网规划研究表示支持，并建议编制完成后联合上报国务院审批。8月，交通运输部两次召开专家咨询会，同月国务院领导做出了"着手研究进一步完善路网规划建设"的重要批示。9月，课题组完成研究报告初稿。10月，交通运输部与国家发展改革委进行磋商，就规划的思路、原则、目标、初步方案以及下一步工作安排交换了意见，并向部领导做了专题汇报。同月，交通运输部召开专题会议，审议通过了《国家公路网规划》。

——2011年1月和3月，交通运输部与国家发展改革委分别进行第二轮和第三轮磋商。3 月,第十一届全国人民代表大会第四次会议通过的《中华人民共和国国民经济和社会发展第十二个五年规划纲要》中明确提出"完善国家公路网规划"的要求。7 月,交通运输部与国家发展改革委进行第四轮磋商,交通运输部综合规划司、国家发展改革委基础产业司和课题组共同组成国家公路网规划工作组,研究确定了《国家公路网规划(草案)》。8 月,国家发展改革委、交通运输部在太原(北片区)和成都(南片区)两地共同主持召开了国家公路网规划的论证会议。10 月,国家发展改革委、交通运输部在北京主持召开了国家公路网规划专家咨询会。11 月,国家发展改革委、交通运输部在北京主持召开了国家公路网规划第二次专家咨询会。2012 年 4 月 10 日,国家发展改革委、交通运输部在北京召开了《国家公路网规划》意见沟通会。6 月,国家发展改革委在北京主持召开了国家公路网规划第三次专家咨询会。11 月,国家发展改革委在北京主持召开了国家公路网规划院士论证会。同月,交通运输部领导听取了规划专题汇报。12 月,国家发展改革委召开委主任会议,原则同意规划方案,确定适当修改完善后报国务院审批。同月,环境保护部在北京组织召开了《国家公路网规划环境影响报告书》审查会,国家公路网规划环评报告顺利通过环境保护部审查。

——2013 年 2 月,交通运输部在北京主持召开了《国家公路网系统规划研究》课题的结题评审会。4 月,《国家公路网规划(2013 年—2030 年)》由国家发展改革委正式报送国务院。同月,国家发展改革委、交通运输部三次组织有关人员答复国务院办公厅关于规划的有关问题。2013 年 5 月,国务院正式批准同意了《国家公路网规划(2013 年—2030 年)》,并委托国家发展改革委将规划印发全国发改、交通运输相关部门和单位。

三、规划方法

国家公路网规划将国家高速公路与普通国道统筹考虑,总体思路:立足国情,着眼于国家长远发展,贯彻落实国家区域发展总体战略、主体功能区战略、城镇化战略等国家发展战略,以原国道网(试行方案)和国家高速公路网布局方案为基础,分层次展开路网布局;优先布设普通国道网,以连接所有县级及以上行政区为基本目标,扩大路网覆盖范围,重点提高国家公路的基本公共服务能力;同时,围绕连接所有地市级行政中心和中等及以上城市的规划目标,补充完善国家高速公路布局,重点提高国家公路的高效服务能力。

国家高速公路布局的完善,是在原规划方案的基础上通过单因素分析补充路线,形成国家高速公路网初步方案。同时,结合路段重要度、交通需求、地理环境和路网效率分析等对初步方案进行优化比选,并广泛征询专家及各省(自治区、直辖市)交通主管部门意见,综合确定规划布局方案。

四、规划目标

国家公路网规划的期限为2013年至2030年，规划目标是：形成布局合理、功能完善、覆盖广泛、安全可靠的国家干线公路网络，实现首都辐射省会、省际多路连通、地市高速通达、县县国道覆盖。1000km以内的省会间可当日到达，东中部地区省会到地市可当日往返、西部地区省会到地市可当日到达；区域中心城市、重要经济区、城市群内外交通联系紧密，形成多中心放射的路网格局；沿边沿海公路连续贯通，国边防建设能力显著增强；有效连接国家陆路门户城市和重要边境口岸，形成重要国际运输通道，与东北亚、中亚、南亚、东南亚的联系更加便捷。其中，国家高速公路全面连接地市级行政中心、城镇人口超过20万的中等及以上城市、重要交通枢纽和重要边境口岸。与2004年《国家高速公路网规划》的规划目标相比，国家公路网规划在保证连接当时城镇人口在20万以上的节点城市的基础上，增加了连接地市级行政中心这一新的规划目标，使得西部地区增加了较多的高速公路。

五、规划方案

国家高速公路在保留原国家高速公路规划路线的前提下，按照“实现有效连接、提升通道能力、强化区域联系、优化路网衔接”的思路，补充路线、完善路网。其中实现有效连接（连接当时城镇人口在20万以上的节点城市、地市级行政中心）补充路线约1.5万km、提升通道能力补充路线约1.0万km、强化区域联系补充路线约1.5万km、优化路网衔接补充路线约1.0万km，其中包括在川藏、新藏、滇藏等运输通道上布设的展望线1.8万km。

综合原国家高速公路规划方案和新增规划路线，国家高速公路将形成7条北京放射线、11条南北纵线、18条东西横线，以及6条地区环线、并行线、联络线、展望线等组成的布局方案，规划总规模约为13.6万km（含远期展望线1.8万km）。

从上述规划成果看，7条放射线和18条东西横线没有变化，北南纵线由原来的9条增加到11条，增加了2条，主要位于西安以西，这是根据原来“7918”网规划中西部地区北南纵线布局不足的情况而增加的。从而使国家高速公路由“7918”网改称为“71118 + 6”网。

关于规划展望线，是考虑这些路线近期交通量不大，部分可以推迟到2030年以后建设。具体规划路线如下：

（1）首都放射线（7条）

北京—哈尔滨（G1）、北京—上海（G2）、北京—台北（G3）、北京—港澳（G4）、北京—昆明（G5）、北京—拉萨（G6）、北京—乌鲁木齐（G7）。

（2）北南纵线（11 条）

鹤岗—大连（G11）、沈阳—海口（G15）、长春—深圳（G25）、济南—广州（G35）、大庆—广州（G45）、二连浩特—广州（G55）、呼和浩特—北海（G59）、包头—茂名（G65）、银川—百色（G69）、兰州—海口（G75）、银川—昆明（G85）。

（3）东西横线（18 条）

绥芬河—满洲里（G10）、珲春—乌兰浩特（G12）、丹东—锡林浩特（G16）、荣成—乌海（G18）、青岛—银川（G20）、青岛—兰州（G22）、连云港—霍尔果斯（G30）、南京—洛阳（G36）、上海—西安（G40）、上海—成都（G42）、上海—重庆（G50）、杭州—瑞丽（G56）、上海—昆明（G60）、福州—银川（G70）、泉州—南宁（G72）、厦门—成都（G76）、汕头—昆明（G78）、广州—昆明（G80）。

（4）地区环线（6 条）

辽中地区环线（G91）、杭州湾地区环线（G92）、成渝地区环线（G93）、珠江三角洲地区环线（G94）、首都地区环线（G95）、海南地区环线（G98）。

此外还有若干条并行线、联络线、重要城市的绕城线等。

六、实施设想

预计普通国道基本建成二级及以上公路、国家高速公路基本建成，大约需要 20 年时间。

“十二五”时期（2011—2015 年），以 15 条国道重点路线和普通国道瓶颈路段改造为重点，国省干线建设改造步伐显著加快。到 2015 年，普通国道二级及以上公路比重达到 70%。东中部地区重点改造交通拥挤的 G103、G104、G105、G107 等 4 条射线和 G204、G205 两条纵线；西部地区重点加强 G108、G212、G213、G214、G219、G317、G322、G323、G326 等 9 条建设相对滞后国道的升级改造；此外，进一步加强制约普通国道综合效益发挥的瓶颈路段建设。

“十二五”时期（2011—2015 年），加强原国家高速公路网剩余路段、瓶颈路段的建设；优先建设连接地市级行政中心和中等及以上城市的新增国家高速公路；积极推进加强省际、区域和城际联系、显著提高主要通道通行能力的新增国家高速公路建设。

到 2015 年，建成 2004 年国务院审议通过的国家高速公路网规划，建成比例超过 95%，通车里程达到 8.3 万 km。国家高速公路建成路段达到 10 万 km 以上，约占规划总里程的 85%。

七、建设进展

到 2015 年底，国家高速公路 9.3 万 km（实线 9.05 万 km、展望线 0.25 万 km），高速公路覆盖全国 97.6% 的城镇人口 20 万以上城市。

“十三五”时期(2016—2020年),为适应国家经济版图和城镇空间结构重塑的需要,将加快国家高速公路待贯通路段建设,积极推进繁忙通道扩容改造,适时推进远景展望线建设,着力构建“多中心辐射、省际多路连通、地市全面覆盖、运行通畅高效”的高速公路网。适应新型城镇化建设的需要,夯实经济发展基础,加快构建全面覆盖县城的高等级普通公路网,全面提升普通干线公路的保障能力和服务品质。到2020年,国家高速公路建成11.1万km,基本实现城镇人口20万以上城市及地市级行政中心通高速公路。普通国道二级及以上比重达75%以上。

《国家公路网规划》中的高速公路和普通国道的建设任务预计将提前顺利完成。2016年是“十三五”规划开局之年,中国高速公路通车里程已达到13.1万km,其中国家高速公路9.9万km。

八、实施效果

国家公路网建成后,我国将拥有一个覆盖广泛、功能完善、能力充分、衔接顺畅、运行可靠的全国干线公路网络,突出体现了新时期国家意志,为全面建设小康社会和现代化建设奠定坚实基础。

(1)服务范围明显扩大。国家高速公路连接所有地市级行政中心及城镇人口超过20万的中等及以上城市,覆盖90%的城镇人口为15万~20万的小城市以及80%的县市。

(2)全社会的车辆机动性大大提高。基本实现大中城市和地市级行政中心平均30min上国家高速公路;东中部地区基本实现省会到地市当日往返、地市到县半日往返,西部地区省会到地市当日到达,大大提高全社会车辆机动性。

(3)区域间联系更加便捷。增加了长三角、珠三角、京津冀等经济区的辐射通道,完善了新兴经济区、城市群内部及对外交通布局,形成了板块间密切联系、多中心放射的路网格局,基本实现800~1000km以内相邻省会城市和计划单列市之间当日到达。

(4)引导国土均衡开发和扩大对外开放。加强了对革命老区、民族地区、边疆地区、贫困地区以及资源富集区的连接,新疆、西藏、内蒙古等地区形成多条通往内地的公路通道。连接21个国家陆路门户城市(镇)和37个对第三国开放的边境口岸,与东北亚、中亚、南亚、东盟的联系更加便捷,服务于“一带一路”倡议和长江经济带的建设。

(5)完善综合运输体系建设和发展现代物流。连接了重要的交通枢纽和物流节点城市,加强了枢纽城市与周边城镇之间的交通联系,集疏运网络更加完善,为发展甩挂运输、多式联运等先进运输组织模式和推进综合运输体系建设提供支撑。

(6)有效保障国家安全。国家公路网络化程度大幅提高,实现重要节点之间多通道连接、重要通道多线路,显著提高了国家的应急保障能力,连接了边境地区、濒海地区,显著增强了国家的国土安全保障能力。

第四节　回顾与展望

一、回顾与总结

《国道主干线系统规划》《国家高速公路网规划》和《国家公路网规划(2013 年—2030 年)》明确了我国高速公路发展的阶段性目标和布局框架,科学指导了近 40 年来我国高速公路的跨越式发展。回顾与总结改革开放以来我国高速公路网的发展规划,主要有以下经验和特点。

1. 规划的完善适应了经济社会发展的需要与国家综合实力的增强

交通运输作为基础性、先导性和服务性行业,是服务经济、服务社会、服务公众的重要载体。高速公路作为交通运输领域高端供给的重要代表,是交通现代化和国家现代化的重要标志。世界银行在题为《中国的高速公路:连接公众与市场,实现公平发展》的报告中指出:"中国过去十五年来在经济增长和减贫上取得了举世瞩目的成就,其重要原因之一是交通基础设施的发展。中国政府优先以基础设施发展(尤其是高速公路发展)作为推动和刺激经济增长、实现公平发展的动力,世界银行对此表示认同。"我国出台的与高速公路网有关的 3 个国家级路网规划,与经济社会发展密切相关。既是交通运输主动适应经济社会发展阶段性新要求的客观需要,也是国家综合实力不断增强的直接体现。

20 世纪 80 年代,随着改革开放的逐步推进,我国经济社会快速发展,特别是东部沿海地区经济快速发展,生产要素加速集聚,区域经济发展格局调整加快,东、中、西部之间跨区域要素流动加快。随着大进大出外向型经济的建立和工业化进程的快速发展,运输需求急剧增长,公路运输的需求结构和质量要求也发生了深刻变化,中长途运输需求在运输总量中的比重逐步提高,经济社会对公路运输在快速、高效、安全、舒适等方面的要求不断提升。与此同时,公路交通的发展却处于很低的水平,交通的瓶颈制约状况逐步显现,突出表现为运输能力低下、运输效率极差。20 世纪 80 年代末,我国综合经济实力相对较弱,GDP 约 1.7 万亿元、人均仅 1500 元,导致公路交通发展极度落后,全国民用汽车保有量仅 408 万辆、高速公路只有 200 多 km、全国公路年投资只有 80 多亿元。

在这样的历史背景下,交通部提出国道主干线系统规划具有很强的前瞻性,着眼于从交通运输与经济社会的适应关系出发,抓住了我国公路交通发展中汽车行驶速度低下这一主要矛盾,认清了必须构建快速路网这一发展思路,明确了大力建设全封闭、全立交汽车专用公路(高速公路)的方向,促使我国公路建设步入高效、协调、有序发展的轨道,有效缓解了交通运输紧张状况,及时扭转了公路交通不能适应经济社会发展需求的局面。

事实证明,国道主干线系统规划对交通行业产生了积极而深远的影响,对经济社会发展至关重要。同时,也用实践证明了高速公路不是西方发达国家的特有产物,社会主义中国同样可以建设高水平的高速公路。

随着公路建设的持续快速推进,公路交通走过了改革开放前的长期滞后、改革开放初期的严重制约阶段,到21世纪之初已发生翻天覆地的变化,开始步入明显缓解阶段。国家综合实力明显增强,2003年我国GDP达到13.7万亿元、人均超过1万元,已进入全面建设小康社会的新阶段。民用汽车保有量也处于高速增长时期,达到2380万辆,特别是小客车开始进入中国寻常百姓家庭,运输需求有很大的增长空间。当时交通紧张状况的缓解是相对于较低的经济社会发展水平和运输能力而言的,与适应全面建设小康社会、实现交通运输现代化的要求仍有较大差距。为了更好地服务于全面建设小康社会和现代化建设,交通部提出了从经济社会的实际发展需要出发,研究制定国家高速公路网规划。国家综合实力的增强,也为我国构筑完善的国家高速公路网提供了可能。

2004年《国家高速公路网规划》是在国道主干线规划的基础上,第一次用全新的视角审视中国高速公路未来发展,第一次用创新的规划方法布局我国高速公路网,使国家级公路拥有了覆盖全国的,高效、安全的主干线(快速)公路网。随着《国家高速公路网规划》颁布实施,我国高速公路发展步入了历史上最快的时期,为我国经济社会发展提供了强有力的支撑和引领作用。特别是在1998年应对亚洲金融危机和2008年应对国际金融危机时,高速公路网规划确保了我国公路建设有足够的项目储备,而高速公路建设在落实国家较大内需经济的战略部署时发挥了突出重要作用。

21世纪前10年,是中国经济社会高速发展的10年,是世界经济发展的奇迹;我国经济社会发展的速度,远远超过当初《国家高速公路网规划》的预期。到2011年我国GDP已达到48.9万亿元,人均达到3.6万元,全国民用汽车保有量达到1.1亿辆。同时,国家区域发展战略的深入实施、主体功能区战略的快速推进、城镇化进程的加快、全方位对外开放战略的实施,实现中华民族伟大复兴的中国梦等都对交通运输发展提出了新的更高要求。为了积极适应经济社会发展的新变化、新要求,深入贯彻落实国家发展战略,保障和改善民生,交通运输部利用编制《国家公路网规划》的时机,对国家高速公路网进行了再一次的补充、完善,“7918”网拓展为总规模13.6万km的“71118+6”网。

2. 规划的发展体现了规划方法的提高与规划理论的创新

在国家级路网规划编制的过程中,引入了国际先进的路网规划理念,结合我国国情对规划理论方法进行了创新,使我国公路网规划水平与技术方法得以不断提高与完善。

国道主干线系统规划是我国公路发展史上第一个经缜密研究、科学论证的全国骨架公路网长远发展规划。在国道主干线系统规划出台之前,由于没有一个全国性的骨架公路网规划作为依据,我国公路建设存在着一定的随机性。新中国成立后一直到改革开放初期,为适应当时经济发展和开发边疆的需要,建设了一批通往边疆、山区的公路和国防公路。1981 年国家干线公路网(即国道网)的划定,使我国干线公路网有了明确的布局框架;此后国家级干线公路建设主要围绕国道展开,但建设重点、实施步骤并不十分明确,等级结构不尽合理,受当时认识水平的局限,没有提出快速公路(高速公路)的概念。

国道主干线系统规划是第一次采用科学方法、系统论证国家公路主骨架布局规划,明确提出了建设汽车专用公路(高速公路)的理念。规划描绘了我国干线公路发展蓝图,提出了实施原则和实施部署,明确了建设重点,使干线公路建设有章可循、有序发展,提高了公路建设实施决策的科学性。国道主干线系统规划引进了国际先进的公路网规划方法并加以改进,节点重要度、路网总规模优化、多目标规划等规划理论方法在我国公路网规划中得到推广和普及应用,提高了我国大区域公路网规划的技术水平,带动了省级行政区公路网规划工作的开展。国道主干线系统规划开创了我国公路网科学规划之先河,是与国际先进公路规划技术接轨的经典之作。

国家高速公路网规划使我国公路网规划的理论方法达到了新的更高水平,是公路网规划方法的一次创新,突出表现在以下方面:

——提出全新的规划理念。国家公路网规划第一次跳出了行业规划的传统束缚,从满足经济社会发展的长远需求以及人们对“行”的内在要求出发,结合高速公路快速、便捷、安全、高效的特征,清晰阐述国家高速公路网的功能定位、规划目标、合理规模、布局方案、命名编号等,第一次将行业规划上升为国家规划。

——提出了新的路网结构层次。国家公路网规划明确了国家高速公路网层次结构关系,即全国公路网由国省县乡道组成,其中国道网由国家高速公路网和一般国道共同构成。国家高速公路网定位为主骨架公路,是中长距离交通运输的组成部分,是我国公路网的最高层次;一般国道和省道定位为干线公路。这是对路网层次结构认识的一次创新和升华。

——提出了新的布局方法。国家公路网规划在总结传统布局方法如“四阶段法”“总量控制法”“交通区位法”优缺点的基础上,充分融合各种规划方法的优点,创新性地提出了以功能规划为主、结合定量分析的独特的规划方法——“逐层展开,单因素补充”的布局方法。这是对规划理论的创新和贡献。

——首次进行了全国主要公路通道鉴别和主要公路通道交通量预测。高速公路具有运输能力大、高效便捷的特点,规划高速公路网必须掌握未来交通量发展态势,如果不能掌握交通量的空间分布和数量,高速公路网规划就无从开展。2001 年开始研究《国家高速公路网规划》,在无法做全国交通调查的情况下,只能利用数百份公路建设项目可行性研究报告的交通量调查基础数据,采用多种方法回归拟合,对总规模约 8.5 万 km 的主要公路通道进行了鉴别和交通量分析预测，呈现数据量空前、方法新颖，为我国大区域交通量分析预测提供了经验，并明确提出了国家高速公路网线位规划。

国家公路网规划涉及领域广、影响因素复杂、技术难度大，从经济社会、综合运输、国家安全、国土开发、环境保护、公共服务均等化、公路交通自身发展等方面，进行了全面、深入、细致的研究，在规划理念、规划方法、规划手段、规划组织上进行了多项创新，具体表现在以下方面：

——在规划理念上，国家公路网规划既注重骨架公路网的高效性，也兼顾普通国道服务的普遍性，首次提出了“国家公路”“乡村公路”“远景展望线”等概念，并首次提出将国家公路服务到县，乡村公路涵盖村道以及构建具有国防意义的国家公路沿边环线等。

——在规划方法上，国家公路网规划首次对全国公路网进行了顶层设计，回答了未来我国公路网发展到相对稳定时期的路网结构和规模，开创性地将普通国道和国家高速公路作为有机整体，纳入国家公路网进行统筹规划，在布局研究中首次提出普通干线布局优先的规划思路以体现普通国道网的基本公共服务能力，并创造性地在规划中落实了“两个体系”战略思想，即国家高速公路发挥主干线功能，体现服务的高效性，普通国道发挥干线功能，体现服务的普遍性，构建了相对独立免费的普通国道网，充分保障了公共服务优先的发展理念。

——在规划手段上，首次在规划之初开拓性地构建了国家公路系统地理信息数据库，涵盖了国家公路的路线走向、技术等级、里程等属性数据，不仅为国家公路布局提供了数据基础，大大提高了规划研究中修改的效率以及出图的质量，也为未来国家公路网系统的建设与管理创建了信息平台。

——在规划组织上，进行大胆创新，采取了开放式研究，邀请专家和利益主体参加讨论，反复征求意见和建议。召开了20余次专家研讨会，4轮次征求全国各省(自治区、直辖市)交通主管部门意见，4轮次征求国家发展改革委意见，还专门征求了国土资源部、环境保护部等部门的意见，在规划组织上进行了多方面的尝试。

3. 规划的进步反映了社会认知的改变与行业认识水平的提高

改革开放初期，主要干线公路交通拥挤、混合交通严重、行车缓慢、事故频发，交通供需矛盾日益突出。通过学习借鉴发达国家的先进经验，联系我国公路交通的实际，公路交通部门认为建设快速公路(高速公路)是解决主要干线公路交通紧张状况的有效途径。而这一时期，社会各界对于“中国要不要修建高速公路”问题的认识并不统一，有时争论非常激烈。

1982年党的十二大以后，公路界专家以及部分社会上的有识之士建议修建高速公路的呼声日益高涨。1984年，《人民日报》《经济日报》相继发表文章，认为高速公路社会和经济效益良好，我国需要修建高速公路。与此同时，一些部门和专家依然对建设高速公路持有异议，认为高速公路属于专为小汽车服务的“高消费”产品，我国小汽车少，用不着花费巨资、占用大量土地建设高速公路。甚至有人为高速公路罗列了五大罪状：投资大、占地多、能耗高、污染严重、事故惨重，并指修建高速是“高消费”“自由化”的表现。面对这种社会认识尚未统一的情况，交通部为了发展我国公路事业，采纳有关专家建议，把“高速公路”改称为“汽车专用公路”，并纳入1985年修订的《公路工程技术标准》之中。

1984年，国务院明确要加快修建京津塘高速公路，我国高速公路建设得到党中央认可。1984年12月至1986年，沪嘉、沈大、西临、广佛等高速公路陆续开工，高速公路开始正式登上了公路建设的舞台。尽管如此，高速公路的建设环境并未得到根本改善，一批重点路段的高速公路项目仍不能顺利列入建设计划。直到1989年沈大高速公路通车使用以后，获得了良好的经济和社会效果，人们对高速公路的特点有了感性认识，社会舆论和各界的观点开始向有利于高速公路发展的方向转变。

1989年7月，在沈阳召开的高等级公路建设现场会上，时任国务委员的邹家华指出：“高速公路不是要不要发展的问题，而是必须发展”“这样的结论是明确的，这已经不是理论问题”。从此扫清了思想和理论上的障碍，统一了思想认识，我国高速公路建设开始走上加快发展的轨道。

1992年，交通部制定“五纵七横”国道主干线规划，为我国高速公路持续、快速、健康发展奠定了基础。1993年，交通部确定了2000年前完成国道主干线“两纵两横和三个重要路段”的建设目标，掀起了高速公路建设的热潮。在之后的几年内，京津塘、济青、成渝、沪宁等一大批有重要意义的高速公路相继通车，对我国高速公路发展产生了深远的影响。

1998年，为应对亚洲金融危机，交通行业加大了高速公路建设力度，高速公路开始进入快速发展阶段，其在改善投资环境、促进资源开发利用、优化产业布局、拉动经济增长、增强国家竞争力以及保障国防安全等方面发挥的重要作用，获得了社会公众的广泛认可与大力支持。

伴随着高速公路的快速发展，交通行业对高速公路的认识不断提高。在2004年进行国家高速公路网规划研究时，高度关注高速公路建设与土地资源、环境保护之间的关系，从路网效率、土地资源利用等角度出发对我国高速公路合理规模进行了测算，并在规划布局时考虑土地、地理、环境等约束性条件，对路线进行了优化。在2011年国家公路网规划编制过程中，对土地、环境等问题又进行了更加系统和深入的研究，专题测算了国家公路网建设用地需求量与土地供给能力。同时，更加注重对通道线位资源的充分利用和有效控制，组织开展了《国家公路网线位规划》研究工作。

在高速公路发展过程中，高速公路的建设规模、发展速度等问题也开始引起关注。2013年国家高速公路网规划完成前后，各省(自治区、直辖市)相继编制完成了省级高速公路网规划，或者在干线公路网规划中涵盖了高速公路网规划的内容。据2009年统计，我国省级高速公路规划总规模接近9万km，全国高速公路网规划总规模达到了17.5万km以上。此时，行业内外对建设标准、建设速度、债务风险等问题开始出现质疑和争议。如何科学把握高速公路规模，有序推进高速公路建设，避免过度超前，规避债务风险，确保高速公路健康发展是摆在国家、社会和交通部门面前的重要课题。尽管质疑声不断，面临的问题依然存在，但是我们有理由相信，有智慧的中国交通人能够克服困难，使我国高速公路的发展健康有序，在国家经济建设中继续发挥基础性作用，并为百姓提供更加便捷的出行服务。

二、未来展望

改革开放近40年来，指导我国高速公路发展的《国道主干线系统规划》《国家高速公路网规划》和《国家公路网规划》在建设高速公路过程中发挥了十分重要的作用。随着我国高速公路规模的逐步扩大，高速公路规划也将顺应时代要求，遵循发展规律，主动转变发展理念及发展方式：

提质增效。由增量扩张为主转向做优增量、调整存量并举，不片面追求新增设施规模和建设速度，着重提高运输供给质量效益。

协调发展。由高速公路基础设施建设为主，向建设、管理、养护、运输协调发展转变，切实增强高速公路的服务属性。

衔接畅通。由相对独立、自成体系发展向综合交通、一体化发展转变，注重高速公路与其他运输方式、与普通公路间的高效衔接。

安全可靠。不断完善安全设施和应急保障体系，提高高速公路网络可靠性、运营安全性与应急保障能力。

绿色环保。处理好高速公路建设与生态环境的关系，节约集约利用通道资源，促进交通绿色低碳循环发展。

科技创新。由主要依靠增加要素投入拉动，向依靠技术进步、改革创新、提高资源利用效率驱动转变。

中国高速公路的跨越式发展，彻底改变了公路交通落后的面貌，完善了综合运输体系，为交通运输从“瓶颈制约”“初步缓解”到“基本适应”经济社会发展发挥了关键作用，为交通运输现代化奠定了基础。未来，中国高速公路的跨越式发展，将为实现“两个百年”奋斗目标、实现中国梦，做出更卓越的贡献。

第五节　国家高速公路的路线编号规则

(1)国家高速公路的主线编号,由国道标识符“G”和1~2位数字编号组配表示;城市绕城环线、联络线和并行线编号,由国道标识符“G”和4位数字编号组配表示。

(2)国家高速公路的首都放射线的数字编号为1位数,总体上由正北开始按顺时针方向升序编排。

(3)国家高速公路的北南纵线的数字编号为2位奇数,总体上由东向西按升序编排。

(4)国家高速公路的东西横线的数字编号为2位偶数,总体上由北向南按升序编排。

(5)国家高速公路的地区环线的数字编号为2位数,其中第一位为“9”,在全国范围总体上按照由北向南的顺序编排。

(6)纳入国家高速公路的城市绕城环线的数字编号为4位数,由主线编号加数字“0”再加一位城市绕城环线顺序号组成,即G××0×,在全国范围内统一编排。主线编号和顺序号的选取应符合下列规定:

——主线编号应优先选取该城市绕城环线所连接的北南纵线、东西横线和地区环线中编号最小者,如该主线所连接的城市绕城环线编号空间已全部使用,则选用主线编号次小者,依此类推;

——若该环线仅有放射线连接,主线编号前应以“0”补位,即G0×0×;

——同一条国家高速公路穿越多个省(自治区、直辖市)时,所连接城市绕城环线的顺序号在主线起讫方向上顺序排列。

(7)国家高速公路的联络线数字编号为4位数,由主线编号加数字“1”再加一位联络线顺序号组成,即G××1×,在全国范围内统一编排。联络线数量突破容量时,在主线编号后将“1”扩容至“3”,即G××3×。主线编号和顺序号的选取应符合下列规定:

——主线编号应优先选取联络线所连接的北南纵线、东西横线和地区环线中编号最小者,如该主线所连接的联络线编号空间已全部使用,则选用主线编号次小者,依此类推;

——联络线仅连接首都放射线时,主线编号前以“0”补位,即G0×1×;

——同一条国家高速公路主线穿越多个省(自治区、直辖市)时,所连接的联络线的顺序号宜沿主线起讫方向增序排列。

(8)国家高速公路的并行线数字编号为4位数,由主线编号加数字“2”再加一位并行线顺序号组成,即G××2×,在全国范围内统一编排。并行线数量突破容量时,可将“2”扩容至“4”,即G××4×。主线编号和顺序号的选取应符合下列规定:

——主线编号应优先选取并行线所连接的北南纵线和东西横线中编号最小者,如该主线所连接的并行线编号空间已全部使用，则选用主线编号次小者，依此类推；

——并行线仅连接首都放射线时，主线编号前以“0”补位，即 G0×2×；

——同一条国家高速公路主线穿越多个省（自治区、直辖市）时，所连接的并行线的顺序号宜沿主线起讫方向增序排列。

（9）当新增国家高速公路路线时，原国家高速公路路线编号维持不变，新增的路线按其走向及所在位置，分别在原路线编号序列中的预留区间内顺序编号；预留区间不足时，在下一预留区间内顺序编号；新增路线在原基础上延长的，仍采用原路线的编号。

本章编写人员：关昌余　吕　非　宋琬如　赵儒玉　徐华军　肖春阳　石良清

本章编写单位：交通运输部规划研究院

Record of Expressway Construction in

China

中国高速公路建设实录

管理篇

第三章 高速公路建设管理法律法规

第一节　概　　述

中共十八届四中全会通过了《中共中央关于全面推进依法治国若干重大问题的决定》。《决定》指出:“我们党高度重视法治建设。长期以来,特别是党的十一届三中全会以来,我们党深刻总结我国社会主义法治建设的成功经验和深刻教训,提出为了保障人民民主,必须加强法治,必须使民主制度化、法律化,把依法治国确定为党领导人民治理国家的基本方略,把依法执政确定为党治国理政的基本方式,积极建设社会主义法治,取得历史性成就。”公路交通行业法治建设是国家法治建设的重要组成部分。改革开放以来,公路交通行业加强法治建设走过的道路,完全符合十八届四中全会精神。

在实施依法治国方略的实践中,公路交通行业首先坚持立法先行,坚持立改废释并举,加快建立完善公路法律、行政法规、交通部(交通运输部)规章和地方性公路法规、政府规章的法规体系,为全面推进“依法治路”提供基本遵循。交通部(交通运输部)先后组织起草了《公路法》《公路管理条例》《收费公路管理条例》《公路安全保护条例》等公路法律、法规草案,上报国务院。后经国务院、全国人大常委会审议通过,颁布实施。与此同时,交通部(交通运输部)也发布了一大批与公路法律、行政法规衔接配套的行业规章。

公路法律、行政法规和部门规章出台后,全国高速公路行业在抓好自身学习、贯彻的同时,向全社会进行了广泛宣传,使尊法、守法、依法行政形成了良好的社会氛围。公路法规在我国高速公路的建设、管理、养护中,发挥了极其重要的作用;公路法治为祖国大地上条条高速公路高效运行保驾护航。

我国高速公路从起步建设至今仅有30多年历史,通车里程已位居世界第一,有力地推进了经济社会的发展。这与高速公路全行业在依法治国的理念指引下,依法建设高速公路、依法管理高速公路、依法养护高速公路,息息相关,密不可分。加强公路法治建设与加快高速公路建设,已成为高速公路实现跨越式发展不可或缺的两个轮子。

第二节　交通法律

法律是我国最高权力机关全国人民代表大会和全国人民代表大会常务委员会行使国家立法权，立法通过后，由国家主席签署主席令予以公布。《中华人民共和国公路法》是我国公路法规体系中的龙头法，是公路法规体系的根本。1997 年 7 月 3 日第八届全国人民代表大会常务委员会第二十六次会议通过；根据 1999 年 10 月 31 日第九届全国人民代表大会常务委员会第十二次会议《关于修改〈中华人民共和国公路法〉的决定》第一次修正；根据 2004 年 8 月 28 日第十届全国人民代表大会常务委员会第十一次会议《关于修改〈中华人民共和国公路法〉的决定》第二次修正；根据 2009 年 08 月 27 日第十一届全国人民代表大会常务委员会第十次会议《全国人民代表大会常务委员会关于修改部分法律的决定》第三次修正；根据 2016 年 11 月 7 日第十二届全国人民代表大会常务委员会第二十四次会议《关于修改〈中华人民共和国对外贸易法〉等十二部法律的决定》第四次修正。

一、《中华人民共和国公路法》(2016 年 11 月 7 日)

第一章　总　　则

第一条　为了加强公路的建设和管理，促进公路事业的发展，适应社会主义现代化建设和人民生活的需要，制定本法。

第二条　在中华人民共和国境内从事公路的规划、建设、养护、经营、使用和管理，适用本法。本法所称公路，包括公路桥梁、公路隧道和公路渡口。

第三条　公路的发展应当遵循全面规划、合理布局、确保质量、保障畅通、保护环境、建设改造与养护并重的原则。

第四条　各级人民政府应当采取有力措施，扶持、促进公路建设。公路建设应当纳入国民经济和社会发展计划。国家鼓励、引导国内外经济组织依法投资建设、经营公路。

第五条　国家帮助和扶持少数民族地区、边远地区和贫困地区发展公路建设。

第六条　公路按其在公路路网中的地位分为国道、省道、县道和乡道，并按技术等级分为高速公路、一级公路、二级公路、三级公路和四级公路。具体划分标准由国务院交通主管部门规定。新建公路应当符合技术等级的要求。原有不符合最低技术等级要求的等外公路，应当采取措施，逐步改造为符合技术等级要求的公路。

第七条　公路受国家保护，任何单位和个人不得破坏、损坏或者非法占用公路、公路用地及公路附属设施。任何单位和个人都有爱护公路、公路用地及公路附属设施的义务，有权检举和控告破坏、损坏公路、公路用地、公路附属设施和影响公路安全的行为。

第八条 国务院交通主管部门主管全国公路工作。县级以上地方人民政府交通主管部门主管本行政区域内的公路工作；但是，县级以上地方人民政府交通主管部门对国道、省道的管理、监督职责，由省、自治区、直辖市人民政府确定。乡、民族乡、镇人民政府负责本行政区域内的乡道的建设和养护工作。县级以上地方人民政府交通主管部门可以决定由公路管理机构依照本法规定行使公路行政管理职责。

第九条 禁止任何单位和个人在公路上非法设卡、收费、罚款和拦截车辆。

第十条 国家鼓励公路工作方面的科学技术研究，对在公路科学技术研究和应用方面作出显著成绩的单位和个人给予奖励。

第十一条 本法对专用公路有规定的，适用于专用公路。专用公路是指由企业或者其他单位建设、养护、管理，专为或者主要为本企业或者本单位提供运输服务的道路。

第二章 公路规划

第十二条 公路规划应当根据国民经济和社会发展以及国防建设的需要编制，与城市建设发展规划和其他方式的交通运输发展规划相协调。

第十三条 公路建设用地规划应当符合土地利用总体规划，当年建设用地应当纳入年度建设用地计划。

第十四条 国道规划由国务院交通主管部门会同国务院有关部门并商国道沿线省、自治区、直辖市人民政府编制，报国务院批准。省道规划由省、自治区、直辖市人民政府交通主管部门会同同级有关部门并商省道沿线下一级人民政府编制，报省、自治区、直辖市人民政府批准，并报国务院交通主管部门备案。县道规划由县级人民政府交通主管部门会同同级有关部门编制，经本级人民政府审定后，报上一级人民政府批准。乡道规划由县级人民政府交通主管部门协助乡、民族乡、镇人民政府编制，报县级人民政府批准。依照第三款、第四款规定批准的县道、乡道规划，应当报批准机关的上一级人民政府交通主管部门备案。省道规划应当与国道规划相协调。县道规划应当与省道规划相协调。乡道规划应当与县道规划相协调。

第十五条 专用公路规划由专用公路的主管单位编制，经其上级主管部门审定后，报县级以上人民政府交通主管部门审核。专用公路规划应当与公路规划相协调。县级以上人民政府交通主管部门发现专用公路规划与国道、省道、县道、乡道规划有不协调的地方，应当提出修改意见，专用公路主管部门和单位应当作出相应的修改。

第十六条 国道规划的局部调整由原编制机关决定。国道规划需要作重大修改的，由原编制机关提出修改方案，报国务院批准。经批准的省道、县道、乡道公路规划需要修改的，由原编制机关提出修改方案，报原批准机关批准。

第十七条 国道的命名和编号，由国务院交通主管部门确定；省道、县道、乡道的命名和编号，由省、自治区、直辖市人民政府交通主管部门按照国务院交通主管部门的有关规定确定。

第十八条 规划和新建村镇、开发区，应当与公路保持规定的距离并避免在公路两侧对应进行，防止造成公路街道化，影响公路的运行安全与畅通。

第十九条 国家鼓励专用公路用于社会公共运输。专用公路主要用于社会公共运输时，由专用公路的主管单位申请，或者由有关方面申请，专用公路的主管单位同意，并经省、自治区、直辖市人民政府交通主管部门批准，可以改划为省道、县道或者乡道。

第三章 公路建设

第二十条 县级以上人民政府交通主管部门应当依据职责维护公路建设秩序，加强对公路建设的监督管理。

第二十一条 筹集公路建设资金，除各级人民政府的财政拨款，包括依法征税筹集的公路建设专项资金转为的财政拨款外，可以依法向国内外金融机构或者外国政府贷款。国家鼓励国内外经济组织对公路建设进行投资。开发、经营公路的公司可以依照法律、行政法规的规定发行股票、公司债券筹集资金。依照本法规定出让公路收费权的收入必须用于公路建设。向企业和个人集资建设公路，必须根据需要与可能，坚持自愿原则，不得强行摊派，并符合国务院的有关规定。公路建设资金还可以采取符合法律或者国务院规定的其他方式筹集。

第二十二条 公路建设应当按照国家规定的基本建设程序和有关规定进行。

第二十三条 公路建设项目应当按照国家有关规定实行法人负责制度、招标投标制度和工程监理制度。

第二十四条 公路建设单位应当根据公路建设工程的特点和技术要求，选择具有相应资格的勘查设计单位、施工单位和工程监理单位，并依照有关法律、法规、规章的规定和公路工程技术标准的要求，分别签订合同，明确双方的权利义务。承担公路建设项目的可行性研究单位、勘查设计单位、施工单位和工程监理单位，必须持有国家规定的资质证书。

第二十五条 公路建设项目的施工，须按国务院交通主管部门的规定报请县级以上地方人民政府交通主管部门批准。

第二十六条 公路建设必须符合公路工程技术标准。承担公路建设项目的设计单位、施工单位和工程监理单位，应当按照国家有关规定建立健全质量保证体系，落实岗位责任制，并依照有关法律、法规、规章以及公路工程技术标准的要求和合同约定进行设计、施工和监理，保证公路工程质量。

第二十七条 公路建设使用土地依照有关法律、行政法规的规定办理。公路建设应当贯彻切实保护耕地、节约用地的原则。

第二十八条 公路建设需要使用国有荒山、荒地或者需要在国有荒山、荒地、河滩、滩涂上挖砂、采石、取土的，依照有关法律、行政法规的规定办理后，任何单位和个人不得阻挠或者非法收取费用。

第二十九条 地方各级人民政府对公路建设依法使用土地和搬迁居民，应当给予支持和协助。

第三十条 公路建设项目的设计和施工，应当符合依法保护环境、保护文物古迹和防止水土流失的要求。公路规划中贯彻国防要求的公路建设项目，应当严格按照规划进行建设，以保证国防交通的需要。

第三十一条 因建设公路影响铁路、水利、电力、邮电设施和其他设施正常使用时，公路建设单位应当事先征得有关部门的同意；因公路建设对有关设施造成损坏的，公路建设单位应当按照不低于该设施原有的技术标准予以修复，或者给予相应的经济补偿。

第三十二条 改建公路时，施工单位应当在施工路段两端设置明显的施工标志、安全标志。需要车辆绕行的，应当在绕行路口设置标志；不能绕行的，必须修建临时道路，保证车辆和行人通行。

第三十三条 公路建设项目和公路修复项目竣工后，应当按照国家有关规定进行验收；未经验收或者验收不合格的，不得交付使用。建成的公路，应当按照国务院交通主管部门的规定设置明显的标志、标线。

第三十四条 县级以上地方人民政府应当确定公路两侧边沟（截水沟、坡脚护坡道，下同）外缘起不少于一米的公路用地。

第四章 公 路 养 护

第三十五条 公路管理机构应当按照国务院交通主管部门规定的技术规范和操作规程对公路进行养护，保证公路经常处于良好的技术状态。

第三十六条 国家采用依法征税的办法筹集公路养护资金，具体实施办法和步骤由国务院规定。依法征税筹集的公路养护资金，必须专项用于公路的养护和改建。

第三十七条 县、乡级人民政府对公路养护需要的挖砂、采石、取土以及取水，应当给予支持和协助。

第三十八条 县、乡级人民政府应当在农村义务工的范围内，按照国家有关规定组织公路两侧的农村居民履行为公路建设和养护提供劳务的义务。

第三十九条 为保障公路养护人员的人身安全，公路养护人员进行养护作业时，应当穿着统一的安全标志服；利用车辆进行养护作业时，应当在公路作业车辆上设置明显的作业标志。公路养护车辆进行作业时，在不影响过往车辆通行的前提下，其行驶路线和方向不受公路标志、标线限制；过往车辆对公路养护车辆和人员应当注意避让。公路养护工程施工影响车辆、行人通行时，施工单位应当依照本法第三十二条的规定办理。

第四十条 因严重自然灾害致使国道、省道交通中断，公路管理机构应当及时修复；公路管理机构难以及时修复时，县级以上地方人民政府应当及时组织当地机关、团体、企业事业单位、城乡居民进行抢修，并可以请求当地驻军支援，尽快恢复交通。

第四十一条 公路用地范围内的山坡、荒地，由公路管理机构负责水土保持。

第四十二条 公路绿化工作，由公路管理机构按照公路工程技术标准组织实施。公路用地上的树木，不得任意砍伐；需要更新砍伐的，应当经县级以上地方人民政府交通主管部门同意后，依照《中华人民共和国森林法》的规定办理审批手续，并完成更新补种任务。

第五章 路 政 管 理

第四十三条 各级地方人民政府应当采取措施，加强对公路的保护。县级以上地方人民政府交通主管部门应当认真履行职责，依法做好公路保护工作，并努力采用科学的管理方法和先进的技术手段，提高公路管理水平，逐步完善公路服务设施，保障公路的完好、安全和畅通。

第四十四条 任何单位和个人不得擅自占用、挖掘公路。因修建铁路、机场、电站、通信设施、水利工程和进行其他建设工程需要占用、挖掘公路或者使公路改线的，建设单位应当事先征得有关交通主管部门的同意；影响交通安全的，还须征得有关公安机关的同意。占用、挖掘公路或者使公路改线的，建设单位应当按照不低于该段公路原有的技术标准予以修复、改建或者给予相应的经济补偿。

第四十五条 跨越、穿越公路修建桥梁、渡槽或者架设、埋设管线等设施的，以及在公路用地范围内架设、埋设管线、电缆等设施的，应当事先经有关交通主管部门同意，影响交通安全的，还须征得有关公安机关的同意；所修建、架设或者埋设的设施应当符合公路工程技术标准的要求。对公路造成损坏的，应当按照损坏程度给予补偿。

第四十六条 任何单位和个人不得在公路上及公路用地范围内摆摊设点、堆放物品、倾倒垃圾、设置障碍、挖沟引水、利用公路边沟排放污物或者进行其他损坏、污染公路和影响公路畅通的活动。

第四十七条 在大中型公路桥梁和渡口周围二百米、公路隧道上方和洞口外一百米范围内，以及在公路两侧一定距离内，不得挖砂、采石、取土、倾倒废弃物，不得进行爆破作业及其他危及公路、公路桥梁、公路隧道、公路渡口安全的活动。在前款范围内因抢险、防汛需要修筑堤坝、压缩或者拓宽河床的，应当事先报经省、自治区、直辖市人民政府交通主管部门会同水行政主管部门批准，并采取有效的保护有关的公路、公路桥梁、公路隧道、公路渡口安全的措施。

第四十八条　铁轮车、履带车和其他可能损害公路路面的机具,不得在公路上行驶。

农业机械因当地田间作业需要在公路上短距离行驶或者军用车辆执行任务需要在公路上行驶的,可以不受前款限制,但是应当采取安全保护措施。对公路造成损坏的,应当按照损坏程度给予补偿。

第四十九条　在公路上行驶的车辆的轴载质量应当符合公路工程技术标准要求。

第五十条　超过公路、公路桥梁、公路隧道或者汽车渡船的限载、限高、限宽、限长标准的车辆,不得在有限定标准的公路、公路桥梁上或者公路隧道内行驶,不得使用汽车渡船。超过公路或者公路桥梁限载标准确需行驶的,必须经县级以上地方人民政府交通主管部门批准,并按要求采取有效的防护措施;运载不可解体的超限物品的,应当按照指定的时间、路线、时速行驶,并悬挂明显标志。运输单位不能按照前款规定采取防护措施的,由交通主管部门帮助其采取防护措施,所需费用由运输单位承担。

第五十一条　机动车制造厂和其他单位不得将公路作为检验机动车制动性能的试车场地。

第五十二条　任何单位和个人不得损坏、擅自移动、涂改公路附属设施。前款公路附属设施,是指为保护、养护公路和保障公路安全畅通所设置的公路防护、排水、养护、管理、服务、交通安全、渡运、监控、通信、收费等设施、设备以及专用建筑物、构筑物等。

第五十三条　造成公路损坏的,责任者应当及时报告公路管理机构,并接受公路管理机构的现场调查。

第五十四条　任何单位和个人未经县级以上地方人民政府交通主管部门批准,不得在公路用地范围内设置公路标志以外的其他标志。

第五十五条　在公路上增设平面交叉道口,必须按照国家有关规定经过批准,并按照国家规定的技术标准建设。

第五十六条　除公路防护、养护需要的以外,禁止在公路两侧的建筑控制区内修建建筑物和地面构筑物;需要在建筑控制区内埋设管线、电缆等设施的,应当事先经县级以上地方人民政府交通主管部门批准。前款规定的建筑控制区的范围,由县级以上地方人民政府按照保障公路运行安全和节约用地的原则,依照国务院的规定划定。建筑控制区范围经县级以上地方人民政府依照前款规定划定后,由县级以上地方人民政府交通主管部门设置标桩、界桩。任何单位和个人不得损坏、擅自挪动该标桩、界桩。

第五十七条　除本法第四十七条第二款的规定外,本章规定由交通主管部门行使的路政管理职责,可以依照本法第八条第四款的规定,由公路管理机构行使。

第六章　收费公路

第五十八条　国家允许依法设立收费公路,同时对收费公路的数量进行控制。除本法第五十九条规定可以收取车辆通行费的公路外，禁止任何公路收取车辆通行费。

第五十九条　符合国务院交通主管部门规定的技术等级和规模的下列公路，可以依法收取车辆通行费：（一）由县级以上地方人民政府交通主管部门利用贷款或者向企业、个人集资建成的公路；（二）由国内外经济组织依法受让前项收费公路收费权的公路；（三）由国内外经济组织依法投资建成的公路。

第六十条　县级以上地方人民政府交通主管部门利用贷款或者集资建成的收费公路的收费期限，按照收费偿还贷款、集资款的原则，由省、自治区、直辖市人民政府依照国务院交通主管部门的规定确定。有偿转让公路收费权的公路，收费权转让后，由受让方收费经营。收费权的转让期限由出让、受让双方约定并报转让收费权的审批机关审查批准，但最长不得超过国务院规定的年限。国内外经济组织投资建设公路，必须按照国家有关规定办理审批手续；公路建成后，由投资者收费经营。收费经营期限按照收回投资并有合理回报的原则，由有关交通主管部门与投资者约定并按照国家有关规定办理审批手续，但最长不得超过国务院规定的年限。

第六十一条　本法第五十九条第一款第一项规定的公路中的国道收费权的转让，必须经国务院交通主管部门批准；国道以外的其他公路收费权的转让，必须经省、自治区、直辖市人民政府批准，并报国务院交通主管部门备案。前款规定的公路收费权出让的最低成交价，以国有资产评估机构评估的价值为依据确定。

第六十二条　受让公路收费权和投资建设公路的国内外经济组织应当依法成立开发、经营公路的企业（以下简称公路经营企业）。

第六十三条　收费公路车辆通行费的收费标准，由公路收费单位提出方案，报省、自治区、直辖市人民政府交通主管部门会同同级物价行政主管部门审查批准。

第六十四条　收费公路设置车辆通行费的收费站，应当报经省、自治区、直辖市人民政府审查批准。跨省、自治区、直辖市的收费公路设置车辆通行费的收费站，由有关省、自治区、直辖市人民政府协商确定；协商不成的，由国务院交通主管部门决定。同一收费公路由不同的交通主管部门组织建设或者由不同的公路经营企业经营的，应当按照“统一收费、按比例分成”的原则，统筹规划，合理设置收费站。两个收费站之间的距离，不得小于国务院交通主管部门规定的标准。

第六十五条　有偿转让公路收费权的公路，转让收费权合同约定的期限届满，收费权由出让方收回。由国内外经济组织依照本法规定投资建成并经营的收费公路，约定的经营期限届满，该公路由国家无偿收回，由有关交通主管部门管理。

第六十六条　依照本法第五十九条规定受让收费权或者由国内外经济组织投资建成经营的公路的养护工作，由各该公路经营企业负责。各该公路经营企业在经营期间应当按照国务院交通主管部门规定的技术规范和操作规程做好对公路的养护工作。在受让收费权的期限届满，或者经营期限届满时，公路应当处于良好的技术状态。前款规定的公路的绿化和公路用地范围内的水土保持工作，由各该公路经营企业负责。第一款规定的公路的路政管理，适用本法第五章的规定。该公路路政管理的职责由县级以上地方人民政府交通主管部门或者公路管理机构的派出机构、人员行使。

第六十七条 在收费公路上从事本法第四十四条第二款、第四十五条、第四十八条、第五十条所列活动的，除依照各该条的规定办理外，给公路经营企业造成损失的，应当给予相应的补偿。

第六十八条 收费公路的具体管理办法，由国务院依照本法制定。

第七章 监督检查

第六十九条 交通主管部门、公路管理机构依法对有关公路的法律、法规执行情况进行监督检查。

第七十条 交通主管部门、公路管理机构负有管理和保护公路的责任，有权检查、制止各种侵占、损坏公路、公路用地、公路附属设施及其他违反本法规定的行为。

第七十一条 公路监督检查人员依法在公路、建筑控制区、车辆停放场所、车辆所属单位等进行监督检查时，任何单位和个人不得阻挠。公路经营者、使用者和其他有关单位、个人，应当接受公路监督检查人员依法实施的监督检查，并为其提供方便。公路监督检查人员执行公务，应当佩戴标志，持证上岗。

第七十二条 交通主管部门、公路管理机构应当加强对所属公路监督检查人员的管理和教育，要求公路监督检查人员熟悉国家有关法律和规定，公正廉洁，热情服务，秉公执法，对公路监督检查人员的执法行为应当加强监督检查，对其违法行为应当及时纠正，依法处理。

第七十三条 用于公路监督检查的专用车辆，应当设置统一的标志和示警灯。

第八章 法律责任

第七十四条 违反法律或者国务院有关规定，擅自在公路上设卡、收费的，由交通主管部门责令停止违法行为，没收违法所得，可以处违法所得三倍以下的罚款，没有违法所得的，可以处二万元以下的罚款；对负有直接责任的主管人员和其他直接责任人员，依法给予行政处分。

第七十五条 违反本法第二十五条规定，未经有关交通主管部门批准擅自施工的，交通主管部门可以责令停止施工，并可以处五万元以下的罚款。

第七十六条 有下列违法行为之一的，由交通主管部门责令停止违法行为，可以处三万元以下的罚款：（一）违反本法第四十四条第一款规定，擅自占用、挖掘公路的；（二）违反本法第四十五条规定，未经同意或者未按照公路工程技术标准的要求修建桥梁、渡槽或者架设、埋设管线、电缆等设施的；（三）违反本法第四十七条规定，从事危及公路安全的作业的；（四）违反本法第四十八条规定，铁轮车、履带车和其他可能损害路面的机具擅自在公路上行驶的；（五）违反本法第五十条规定，车辆超限使用汽车渡船或者在公路上擅自超限行驶的；（六）违反本法第五十二条、第五十六条规定，损坏、移动、涂改公路附属设施或者损坏、挪动建筑控制区的标桩、界桩，可能危及公路安全的。

第七十七条 违反本法第四十六条的规定，造成公路路面损坏、污染或者影响公路畅通的，或者违反本法第五十一条规定，将公路作为试车场地的，由交通主管部门责令停止违法行为，可以处五千元以下的罚款。

第七十八条 违反本法第五十三条规定，造成公路损坏，未报告的，由交通主管部门处一千元以下的罚款。

第七十九条 违反本法第五十四条规定，在公路用地范围内设置公路标志以外的其他标志的，由交通主管部门责令限期拆除，可以处二万元以下的罚款；逾期不拆除的，由交通主管部门拆除，有关费用由设置者负担。

第八十条 违反本法第五十五条规定，未经批准在公路上增设平面交叉道口的，由交通主管部门责令恢复原状，处五万元以下的罚款。

第八十一条 违反本法第五十六条规定，在公路建筑控制区内修建建筑物、地面构筑物或者擅自埋设管线、电缆等设施的，由交通主管部门责令限期拆除，并可以处五万元以下的罚款。逾期不拆除的，由交通主管部门拆除，有关费用由建筑者、构筑者承担。

第八十二条 除本法第七十四条、第七十五条的规定外，本章规定由交通主管部门行使的行政处罚权和行政措施，可以依照本法第八条第四款的规定由公路管理机构行使。

第八十三条 阻碍公路建设或者公路抢修，致使公路建设或者抢修不能正常进行，尚未造成严重损失的，依照《中华人民共和国治安管理处罚法》的规定处罚。损毁公路或者擅自移动公路标志，可能影响交通安全，尚不够刑事处罚的，适用《中华人民共和国道路交通安全法》第九十九条的处罚规定。拒绝、阻碍公路监督检查人员依法执行职务未使用暴力、威胁方法的，依照《中华人民共和国治安管理处罚法》的规定处罚。

第八十四条 违反本法有关规定，构成犯罪的，依法追究刑事责任。

第八十五条 违反本法有关规定，对公路造成损害的，应当依法承担民事责任。对公路造成较大损害的车辆，必须立即停车，保护现场，报告公路管理机构，接受公路管理机构的调查、处理后方得驶离。

第八十六条 交通主管部门、公路管理机构的工作人员玩忽职守、徇私舞弊、滥用职权，构成犯罪的，依法追究刑事责任；尚不构成犯罪的，依法给予行政处分。

第九章　附　　则

第八十七条　本法自1998年1月1日起施行。

二、交通相关法律

交通相关法律见表3-1。

交通相关法律　　表3-1

法律法规名称(现行)	颁布文号/时间
中华人民共和国公路法	中华人民共和国主席令(16)第57号 (2016年11月7日)
中华人民共和国招标投标法	中华人民共和国主席令(99)第21号 (1999年8月30日)
中华人民共和国土地管理法	中华人民共和国主席令(04)第28号 (2004年8月28日)
中华人民共和国环境保护法	中华人民共和国主席令(14)第9号 (2014年4月24日)
中华人民共和国安全生产法	中华人民共和国主席令(14)第13号 (2014年8月31日)
中华人民共和国消防法	中华人民共和国主席令(08)第6号 (2008年10月28日)
中华人民共和国公司法	中华人民共和国主席令(13)第8号 (2013年12月28日)
中华人民共和国合同法	中华人民共和国主席令(99)第15号 (1999年3月15日)
中华人民共和国政府采购法	中华人民共和国主席令(14)第14号 (2014年8月31日)
中华人民共和国建筑法	中华人民共和国主席令(11)第46号 (2011年4月22日)

第三节　行政法规

行政法规是由国务院制定的,通过后由国务院总理签署国务院令公布。这些法规也具有全国通用性,是对法律的补充,在成熟的情况下会被补充进法律,其地位仅次于法律。《公路安全保护条例》经2011年2月16日国务院第144次常务会议通过,2011年3月7日中华人民共和国国务院令第593号公布。《条例》分为总则、公路线路、公路通行、公路养护、法律责任、附则共6章77条,自2011年7月1日起施行。该《条例》施行后,1987年10月13日国务院发布的《中华人民共和国公路管理条例》同时废止。

一、《公路安全保护条例》(2011年3月7日)

(2011年03月07日　国务院以国务院令第593号发布)

第一章　总　　则

第一条　为了加强公路保护,保障公路完好、安全和畅通,根据《中华人民共和国公路法》,制定本条例。

第二条　各级人民政府应当加强对公路保护工作的领导,依法履行公路保护职责。

第三条　国务院交通运输主管部门主管全国公路保护工作。

县级以上地方人民政府交通运输主管部门主管本行政区域的公路保护工作;但是,县级以上地方人民政府交通运输主管部门对国道、省道的保护职责,由省、自治区、直辖市人民政府确定。

公路管理机构依照本条例的规定具体负责公路保护的监督管理工作。

第四条　县级以上各级人民政府发展改革、工业和信息化、公安、工商、质检等部门按照职责分工,依法开展公路保护的相关工作。

第五条　县级以上各级人民政府应当将政府及其有关部门从事公路管理、养护所需经费以及公路管理机构行使公路行政管理职能所需经费纳入本级人民政府财政预算。但是,专用公路的公路保护经费除外。

第六条　县级以上各级人民政府交通运输主管部门应当综合考虑国家有关车辆技术标准、公路使用状况等因素,逐步提高公路建设、管理和养护水平,努力满足国民经济和社会发展以及人民群众生产、生活需要。

第七条　县级以上各级人民政府交通运输主管部门应当依照《中华人民共和国突发事件应对法》的规定,制定地震、泥石流、雨雪冰冻灾害等损毁公路的突发事件(以下简称公路突发事件)应急预案,报本级人民政府批准后实施。

公路管理机构、公路经营企业应当根据交通运输主管部门制定的公路突发事件应急预案,组建应急队伍,并定期组织应急演练。

第八条　国家建立健全公路突发事件应急物资储备保障制度,完善应急物资储备、调配体系,确保发生公路突发事件时能够满足应急处置工作的需要。

第九条　任何单位和个人不得破坏、损坏、非法占用或者非法利用公路、公路用地和公路附属设施。

第二章　公 路 线 路

第十条　公路管理机构应当建立健全公路管理档案，对公路、公路用地和公路附属设施调查核实、登记造册。

第十一条　县级以上地方人民政府应当根据保障公路运行安全和节约用地的原则以及公路发展的需要，组织交通运输、国土资源等部门划定公路建筑控制区的范围。

公路建筑控制区的范围，从公路用地外缘起向外的距离标准为：

（一）国道不少于 20 米；

（二）省道不少于 15 米；

（三）县道不少于 10 米；

（四）乡道不少于 5 米。

属于高速公路的，公路建筑控制区的范围从公路用地外缘起向外的距离标准不少于 30 米。

公路弯道内侧、互通立交以及平面交叉道口的建筑控制区范围根据安全视距等要求确定。

第十二条　新建、改建公路的建筑控制区的范围，应当自公路初步设计批准之日起 30 日内，由公路沿线县级以上地方人民政府依照本条例划定并公告。

公路建筑控制区与铁路线路安全保护区、航道保护范围、河道管理范围或者水工程管理和保护范围重叠的，经公路管理机构和铁路管理机构、航道管理机构、水行政主管部门或者流域管理机构协商后划定。

第十三条　在公路建筑控制区内，除公路保护需要外，禁止修建建筑物和地面构筑物；公路建筑控制区划定前已经合法修建的不得扩建，因公路建设或者保障公路运行安全等原因需要拆除的应当依法给予补偿。

在公路建筑控制区外修建的建筑物、地面构筑物以及其他设施不得遮挡公路标志，不得妨碍安全视距。

第十四条　新建村镇、开发区、学校和货物集散地、大型商业网点、农贸市场等公共场所，与公路建筑控制区边界外缘的距离应当符合下列标准，并尽可能在公路一侧建设：

（一）国道、省道不少于 50 米；

（二）县道、乡道不少于 20 米。

第十五条　新建、改建公路与既有城市道路、铁路、通信等线路交叉或者新建、改建城市道路、铁路、通信等线路与既有公路交叉的，建设费用由新建、改建单位承担；城市道路、铁路、通信等线路的管理部门、单位或者公路管理机构要求提高既有建设标准而增加的费用，由提出要求的部门或者单位承担。

需要改变既有公路与城市道路、铁路、通信等线路交叉方式的，按照公平合理的原则分担建设费用。

第十六条　禁止将公路作为检验车辆制动性能的试车场地。

禁止在公路、公路用地范围内摆摊设点、堆放物品、倾倒垃圾、设置障碍、挖沟引水、打场晒粮、种植作物、放养牲畜、采石、取土、采空作业、焚烧物品、利用公路边沟排放污物或者进行其他损坏、污染公路和影响公路畅通的行为。

第十七条　禁止在下列范围内从事采矿、采石、取土、爆破作业等危及公路、公路桥梁、公路隧道、公路渡口安全的活动：

（一）国道、省道、县道的公路用地外缘起向外100米，乡道的公路用地外缘起向外50米；

（二）公路渡口和中型以上公路桥梁周围200米；

（三）公路隧道上方和洞口外100米。

在前款规定的范围内，因抢险、防汛需要修筑堤坝、压缩或者拓宽河床的，应当经省、自治区、直辖市人民政府交通运输主管部门会同水行政主管部门或者流域管理机构批准，并采取安全防护措施方可进行。

第十八条　除按照国家有关规定设立的为车辆补充燃料的场所、设施外，禁止在下列范围内设立生产、储存、销售易燃、易爆、剧毒、放射性等危险物品的场所、设施：

（一）公路用地外缘起向外100米；

（二）公路渡口和中型以上公路桥梁周围200米；

（三）公路隧道上方和洞口外100米。

第十九条　禁止擅自在中型以上公路桥梁跨越的河道上下游各1000米范围内抽取地下水、架设浮桥以及修建其他危及公路桥梁安全的设施。

在前款规定的范围内，确需进行抽取地下水、架设浮桥等活动的，应当经水行政主管部门、流域管理机构等有关单位会同公路管理机构批准，并采取安全防护措施方可进行。

第二十条　禁止在公路桥梁跨越的河道上下游的下列范围内采砂：

（一）特大型公路桥梁跨越的河道上游500米，下游3000米；

（二）大型公路桥梁跨越的河道上游500米，下游2000米；

（三）中小型公路桥梁跨越的河道上游500米，下游1000米。

第二十一条　在公路桥梁跨越的河道上下游各500米范围内依法进行疏浚作业的，应当符合公路桥梁安全要求，经公路管理机构确认安全方可作业。

第二十二条　禁止利用公路桥梁进行牵拉、吊装等危及公路桥梁安全的施工作业。

禁止利用公路桥梁（含桥下空间）、公路隧道、涵洞堆放物品，搭建设施以及铺设高压电线和输送易燃、易爆或者其他有毒有害气体、液体的管道。

第二十三条 公路桥梁跨越航道的,建设单位应当按照国家有关规定设置桥梁航标、桥柱标、桥梁水尺标,并按照国家标准、行业标准设置桥区水上航标和桥墩防撞装置。桥区水上航标由航标管理机构负责维护。

通过公路桥梁的船舶应当符合公路桥梁通航净空要求,严格遵守航行规则,不得在公路桥梁下停泊或者系缆。

第二十四条 重要的公路桥梁和公路隧道按照《中华人民共和国人民武装警察法》和国务院、中央军委的有关规定由中国人民武装警察部队守护。

第二十五条 禁止损坏、擅自移动、涂改、遮挡公路附属设施或者利用公路附属设施架设管道、悬挂物品。

第二十六条 禁止破坏公路、公路用地范围内的绿化物。需要更新采伐护路林的,应当向公路管理机构提出申请,经批准方可更新采伐,并及时补种;不能及时补种的,应当交纳补种所需费用,由公路管理机构代为补种。

第二十七条 进行下列涉路施工活动,建设单位应当向公路管理机构提出申请:

(一)因修建铁路、机场、供电、水利、通信等建设工程需要占用、挖掘公路、公路用地或者使公路改线;

(二)跨越、穿越公路修建桥梁、渡槽或者架设、埋设管道、电缆等设施;

(三)在公路用地范围内架设、埋设管道、电缆等设施;

(四)利用公路桥梁、公路隧道、涵洞铺设电缆等设施;

(五)利用跨越公路的设施悬挂非公路标志;

(六)在公路上增设或者改造平面交叉道口;

(七)在公路建筑控制区内埋设管道、电缆等设施。

第二十八条 申请进行涉路施工活动的建设单位应当向公路管理机构提交下列材料:

(一)符合有关技术标准、规范要求的设计和施工方案;

(二)保障公路、公路附属设施质量和安全的技术评价报告;

(三)处置施工险情和意外事故的应急方案。

公路管理机构应当自受理申请之日起20日内作出许可或者不予许可的决定;影响交通安全的,应当征得公安机关交通管理部门的同意;涉及经营性公路的,应当征求公路经营企业的意见;不予许可的,公路管理机构应当书面通知申请人并说明理由。

第二十九条 建设单位应当按照许可的设计和施工方案进行施工作业,并落实保障公路、公路附属设施质量和安全的防护措施。

涉路施工完毕,公路管理机构应当对公路、公路附属设施是否达到规定的技术标准以及施工是否符合保障公路、公路附属设施质量和安全的要求进行验收；影响交通安全的，还应当经公安机关交通管理部门验收。

涉路工程设施的所有人、管理人应当加强维护和管理，确保工程设施不影响公路的完好、安全和畅通。

第三章 公 路 通 行

第三十条 车辆的外廓尺寸、轴荷和总质量应当符合国家有关车辆外廓尺寸、轴荷、质量限值等机动车安全技术标准，不符合标准的不得生产、销售。

第三十一条 公安机关交通管理部门办理车辆登记，应当当场查验，对不符合机动车国家安全技术标准的车辆不予登记。

第三十二条 运输不可解体物品需要改装车辆的，应当由具有相应资质的车辆生产企业按照规定的车型和技术参数进行改装。

第三十三条 超过公路、公路桥梁、公路隧道限载、限高、限宽、限长标准的车辆，不得在公路、公路桥梁或者公路隧道行驶；超过汽车渡船限载、限高、限宽、限长标准的车辆，不得使用汽车渡船。

公路、公路桥梁、公路隧道限载、限高、限宽、限长标准调整的，公路管理机构、公路经营企业应当及时变更限载、限高、限宽、限长标志；需要绕行的，还应当标明绕行路线。

第三十四条 县级人民政府交通运输主管部门或者乡级人民政府可以根据保护乡道、村道的需要，在乡道、村道的出入口设置必要的限高、限宽设施，但是不得影响消防和卫生急救等应急通行需要，不得向通行车辆收费。

第三十五条 车辆载运不可解体物品，车货总体的外廓尺寸或者总质量超过公路、公路桥梁、公路隧道的限载、限高、限宽、限长标准，确需在公路、公路桥梁、公路隧道行驶的，从事运输的单位和个人应当向公路管理机构申请公路超限运输许可。

第三十六条 申请公路超限运输许可按照下列规定办理：

（一）跨省、自治区、直辖市进行超限运输的，向公路沿线各省、自治区、直辖市公路管理机构提出申请，由起运地省、自治区、直辖市公路管理机构统一受理，并协调公路沿线各省、自治区、直辖市公路管理机构对超限运输申请进行审批，必要时可以由国务院交通运输主管部门统一协调处理；

（二）在省、自治区范围内跨设区的市进行超限运输，或者在直辖市范围内跨区、县进行超限运输的，向省、自治区、直辖市公路管理机构提出申请，由省、自治区、直辖市公路管理机构受理并审批；

（三）在设区的市范围内跨区、县进行超限运输的，向设区的市公路管理机构提出申请，由设区的市公路管理机构受理并审批；

（四）在区、县范围内进行超限运输的，向区、县公路管理机构提出申请，由区、县公路管理机构受理并审批。

公路超限运输影响交通安全的，公路管理机构在审批超限运输申请时，应当征求公安机关交通管理部门意见。

第三十七条 公路管理机构审批超限运输申请，应当根据实际情况勘测通行路线，需要采取加固、改造措施的，可以与申请人签订有关协议，制定相应的加固、改造方案。

公路管理机构应当根据其制定的加固、改造方案，对通行的公路桥梁、涵洞等设施进行加固、改造；必要时应当对超限运输车辆进行监管。

第三十八条 公路管理机构批准超限运输申请的，应当为超限运输车辆配发国务院交通运输主管部门规定式样的超限运输车辆通行证。

经批准进行超限运输的车辆，应当随车携带超限运输车辆通行证，按照指定的时间、路线和速度行驶，并悬挂明显标志。

禁止租借、转让超限运输车辆通行证。禁止使用伪造、变造的超限运输车辆通行证。

第三十九条 经省、自治区、直辖市人民政府批准，有关交通运输主管部门可以设立固定超限检测站点，配备必要的设备和人员。

固定超限检测站点应当规范执法，并公布监督电话。公路管理机构应当加强对固定超限检测站点的管理。

第四十条 公路管理机构在监督检查中发现车辆超过公路、公路桥梁、公路隧道或者汽车渡船的限载、限高、限宽、限长标准的，应当就近引导至固定超限检测站点进行处理。

车辆应当按照超限检测指示标志或者公路管理机构监督检查人员的指挥接受超限检测，不得故意堵塞固定超限检测站点通行车道、强行通过固定超限检测站点或者以其他方式扰乱超限检测秩序，不得采取短途驳载等方式逃避超限检测。

禁止通过引路绕行等方式为不符合国家有关载运标准的车辆逃避超限检测提供便利。

第四十一条 煤炭、水泥等货物集散地以及货运站等场所的经营人、管理人应当采取有效措施，防止不符合国家有关载运标准的车辆出场（站）。

道路运输管理机构应当加强对煤炭、水泥等货物集散地以及货运站等场所的监督检查，制止不符合国家有关载运标准的车辆出场（站）。

任何单位和个人不得指使、强令车辆驾驶人超限运输货物，不得阻碍道路运输管理机构依法进行监督检查。

第四十二条 载运易燃、易爆、剧毒、放射性等危险物品的车辆，应当符合国家有关安全管理规定，并避免通过特大型公路桥梁或者特长公路隧道；确需通过特大型公路桥梁或者特长公路隧道的，负责审批易燃、易爆、剧毒、放射性等危险物品运输许可的机关应当提前将行驶时间、路线通知特大型公路桥梁或者特长公路隧道的管理单位，并对在特大型公路桥梁或者特长公路隧道行驶的车辆进行现场监管。

第四十三条　车辆应当规范装载，装载物不得触地拖行。车辆装载物易掉落、遗洒或者飘散的，应当采取厢式密闭等有效防护措施方可在公路上行驶。

公路上行驶车辆的装载物掉落、遗洒或者飘散的，车辆驾驶人、押运人员应当及时采取措施处理；无法处理的，应当在掉落、遗洒或者飘散物来车方向适当距离外设置警示标志，并迅速报告公路管理机构或者公安机关交通管理部门。其他人员发现公路上有影响交通安全的障碍物的，也应当及时报告公路管理机构或者公安机关交通管理部门。公安机关交通管理部门应当责令改正车辆装载物掉落、遗洒、飘散等违法行为；公路管理机构、公路经营企业应当及时清除掉落、遗洒、飘散在公路上的障碍物。

车辆装载物掉落、遗洒、飘散后，车辆驾驶人、押运人员未及时采取措施处理，造成他人人身、财产损害的，道路运输企业、车辆驾驶人应当依法承担赔偿责任。

第四章　公路养护

第四十四条　公路管理机构、公路经营企业应当加强公路养护，保证公路经常处于良好技术状态。

前款所称良好技术状态，是指公路自身的物理状态符合有关技术标准的要求，包括路面平整，路肩、边坡平顺，有关设施完好。

第四十五条　公路养护应当按照国务院交通运输主管部门规定的技术规范和操作规程实施作业。

第四十六条　从事公路养护作业的单位应当具备下列资质条件：

（一）有一定数量的符合要求的技术人员；

（二）有与公路养护作业相适应的技术设备；

（三）有与公路养护作业相适应的作业经历；

（四）国务院交通运输主管部门规定的其他条件。

公路养护作业单位资质管理办法由国务院交通运输主管部门另行制定。

第四十七条　公路管理机构、公路经营企业应当按照国务院交通运输主管部门的规定对公路进行巡查，并制作巡查记录；发现公路坍塌、坑槽、隆起等损毁的，应当及时设置警示标志，并采取措施修复。

公安机关交通管理部门发现公路坍塌、坑槽、隆起等损毁，危及交通安全的，应当及时采取措施，疏导交通，并通知公路管理机构或者公路经营企业。

其他人员发现公路坍塌、坑槽、隆起等损毁的，应当及时向公路管理机构、公安机关交通管理部门报告。

第四十八条 公路管理机构、公路经营企业应当定期对公路、公路桥梁、公路隧道进行检测和评定，保证其技术状态符合有关技术标准；对经检测发现不符合车辆通行安全要求的，应当进行维修，及时向社会公告，并通知公安机关交通管理部门。

第四十九条 公路管理机构、公路经营企业应当定期检查公路隧道的排水、通风、照明、监控、报警、消防、救助等设施，保持设施处于完好状态。

第五十条 公路管理机构应当统筹安排公路养护作业计划，避免集中进行公路养护作业造成交通堵塞。

在省、自治区、直辖市交界区域进行公路养护作业，可能造成交通堵塞的，有关公路管理机构、公安机关交通管理部门应当事先书面通报相邻的省、自治区、直辖市公路管理机构、公安机关交通管理部门，共同制定疏导预案，确定分流路线。

第五十一条 公路养护作业需要封闭公路的，或者占用半幅公路进行作业，作业路段长度在 2 公里以上，并且作业期限超过 30 日的，除紧急情况外，公路养护作业单位应当在作业开始之日前 5 日向社会公告，明确绕行路线，并在绕行处设置标志；不能绕行的，应当修建临时道路。

第五十二条 公路养护作业人员作业时，应当穿着统一的安全标志服。公路养护车辆、机械设备作业时，应当设置明显的作业标志，开启危险报警闪光灯。

第五十三条 发生公路突发事件影响通行的，公路管理机构、公路经营企业应当及时修复公路、恢复通行。设区的市级以上人民政府交通运输主管部门应当根据修复公路、恢复通行的需要，及时调集抢修力量，统筹安排有关作业计划，下达路网调度指令，配合有关部门组织绕行、分流。

设区的市级以上公路管理机构应当按照国务院交通运输主管部门的规定收集、汇总公路损毁、公路交通流量等信息，开展公路突发事件的监测、预报和预警工作，并利用多种方式及时向社会发布有关公路运行信息。

第五十四条 中国人民武装警察交通部队按照国家有关规定承担公路、公路桥梁、公路隧道等设施的抢修任务。

第五十五条 公路永久性停止使用的，应当按照国务院交通运输主管部门规定的程序核准后作报废处理，并向社会公告。

公路报废后的土地使用管理依照有关土地管理的法律、行政法规执行。

第五章　法 律 责 任

第五十六条 违反本条例的规定，有下列情形之一的，由公路管理机构责令限期拆除，可以处 5 万元以下的罚款。逾期不拆除的，由公路管理机构拆除，有关费用由违法行为人承担：

(一)在公路建筑控制区内修建、扩建建筑物、地面构筑物或者未经许可埋设管道、电缆等设施的;

(二)在公路建筑控制区外修建的建筑物、地面构筑物以及其他设施遮挡公路标志或者妨碍安全视距的。

第五十七条 违反本条例第十八条、第十九条、第二十三条规定的,由安全生产监督管理部门、水行政主管部门、流域管理机构、海事管理机构等有关单位依法处理。

第五十八条 违反本条例第二十条规定的,由水行政主管部门或者流域管理机构责令改正,可以处 3 万元以下的罚款。

第五十九条 违反本条例第二十二条规定的,由公路管理机构责令改正,处 2 万元以上 10 万元以下的罚款。

第六十条 违反本条例的规定,有下列行为之一的,由公路管理机构责令改正,可以处 3 万元以下的罚款:

(一)损坏、擅自移动、涂改、遮挡公路附属设施或者利用公路附属设施架设管道、悬挂物品,可能危及公路安全的;

(二)涉路工程设施影响公路完好、安全和畅通的。

第六十一条 违反本条例的规定,未经批准更新采伐护路林的,由公路管理机构责令补种,没收违法所得,并处采伐林木价值 3 倍以上 5 倍以下的罚款。

第六十二条 违反本条例的规定,未经许可进行本条例第二十七条第一项至第五项规定的涉路施工活动的,由公路管理机构责令改正,可以处 3 万元以下的罚款;未经许可进行本条例第二十七条第六项规定的涉路施工活动的,由公路管理机构责令改正,处 5 万元以下的罚款。

第六十三条 违反本条例的规定,非法生产、销售外廓尺寸、轴荷、总质量不符合国家有关车辆外廓尺寸、轴荷、质量限值等机动车安全技术标准的车辆的,依照《中华人民共和国道路交通安全法》的有关规定处罚。

具有国家规定资质的车辆生产企业未按照规定车型和技术参数改装车辆的,由原发证机关责令改正,处 4 万元以上 20 万元以下的罚款;拒不改正的,吊销其资质证书。

第六十四条 违反本条例的规定,在公路上行驶的车辆,车货总体的外廓尺寸、轴荷或者总质量超过公路、公路桥梁、公路隧道、汽车渡船限定标准的,由公路管理机构责令改正,可以处 3 万元以下的罚款。

第六十五条 违反本条例的规定,经批准进行超限运输的车辆,未按照指定时间、路线和速度行驶的,由公路管理机构或者公安机关交通管理部门责令改正;拒不改正的,公路管理机构或者公安机关交通管理部门可以扣留车辆。

未随车携带超限运输车辆通行证的,由公路管理机构扣留车辆,责令车辆驾驶人提供超限运输车辆通行证或者相应的证明。

租借、转让超限运输车辆通行证的，由公路管理机构没收超限运输车辆通行证，处1000元以上5000元以下的罚款。使用伪造、变造的超限运输车辆通行证的，由公路管理机构没收伪造、变造的超限运输车辆通行证，处3万元以下的罚款。

第六十六条 对1年内违法超限运输超过3次的货运车辆，由道路运输管理机构吊销其车辆营运证；对1年内违法超限运输超过3次的货运车辆驾驶人，由道路运输管理机构责令其停止从事营业性运输；道路运输企业1年内违法超限运输的货运车辆超过本单位货运车辆总数10%的，由道路运输管理机构责令道路运输企业停业整顿；情节严重的，吊销其道路运输经营许可证，并向社会公告。

第六十七条 违反本条例的规定，有下列行为之一的，由公路管理机构强制拖离或者扣留车辆，处3万元以下的罚款：

（一）采取故意堵塞固定超限检测站点通行车道、强行通过固定超限检测站点等方式扰乱超限检测秩序的；

（二）采取短途驳载等方式逃避超限检测的。

第六十八条 违反本条例的规定，指使、强令车辆驾驶人超限运输货物的，由道路运输管理机构责令改正，处3万元以下的罚款。

第六十九条 车辆装载物触地拖行、掉落、遗洒或者飘散，造成公路路面损坏、污染的，由公路管理机构责令改正，处5000元以下的罚款。

第七十条 违反本条例的规定，公路养护作业单位未按照国务院交通运输主管部门规定的技术规范和操作规程进行公路养护作业的，由公路管理机构责令改正，处1万元以上5万元以下的罚款；拒不改正的，吊销其资质证书。

第七十一条 造成公路、公路附属设施损坏的单位和个人应当立即报告公路管理机构，接受公路管理机构的现场调查处理；危及交通安全的，还应当设置警示标志或者采取其他安全防护措施，并迅速报告公安机关交通管理部门。

发生交通事故造成公路、公路附属设施损坏的，公安机关交通管理部门在处理交通事故时应当及时通知有关公路管理机构到场调查处理。

第七十二条 造成公路、公路附属设施损坏，拒不接受公路管理机构现场调查处理的，公路管理机构可以扣留车辆、工具。

公路管理机构扣留车辆、工具的，应当当场出具凭证，并告知当事人在规定期限内到公路管理机构接受处理。逾期不接受处理，并且经公告3个月仍不来接受处理的，对扣留的车辆、工具，由公路管理机构依法处理。

公路管理机构对被扣留的车辆、工具应当妥善保管，不得使用。

第七十三条 违反本条例的规定，公路管理机构工作人员有下列行为之一的，依法给予处分：

（一）违法实施行政许可的；

（二）违反规定拦截、检查正常行驶的车辆的；

（三）未及时采取措施处理公路坍塌、坑槽、隆起等损毁的；

（四）违法扣留车辆、工具或者使用依法扣留的车辆、工具的；

（五）有其他玩忽职守、徇私舞弊、滥用职权行为的。

公路管理机构有前款所列行为之一的，对负有直接责任的主管人员和其他直接责任人员依法给予处分。

第七十四条　违反本条例的规定，构成违反治安管理行为的，由公安机关依法给予治安管理处罚；构成犯罪的，依法追究刑事责任。

第六章　附　　则

第七十五条　村道的管理和养护工作，由乡级人民政府参照本条例的规定执行。

专用公路的保护不适用本条例。

第七十六条　军事运输使用公路按照国务院、中央军事委员会的有关规定执行。

第七十七条　本条例自2011年7月1日起施行。1987年10月13日国务院发布的《中华人民共和国公路管理条例》同时废止。

二、《收费公路管理条例》（2004年9月13日）

（2004年9月13日　国务院以国务院令第417号发布）

第一章　总　　则

第一条　为了加强对收费公路的管理，规范公路收费行为，维护收费公路的经营管理者和使用者的合法权益，促进公路事业的发展，根据《中华人民共和国公路法》（以下简称公路法），制定本条例。

第二条　本条例所称收费公路，是指符合公路法和本条例规定，经批准依法收取车辆通行费的公路（含桥梁和隧道）。

第三条　各级人民政府应当采取积极措施，支持、促进公路事业的发展。公路发展应当坚持非收费公路为主，适当发展收费公路。

第四条　全部由政府投资或者社会组织、个人捐资建设的公路，不得收取车辆通行费。

第五条　任何单位或者个人不得违反公路法和本条例的规定，在公路上设站（卡）收取车辆通行费。

第六条 对在公路上非法设立收费站(卡)收取车辆通行费的,任何单位和个人都有权拒绝交纳。

任何单位或者个人对在公路上非法设立收费站(卡)、非法收取或者使用车辆通行费、非法转让收费公路权益或者非法延长收费期限等行为,都有权向交通、价格、财政等部门举报。收到举报的部门应当按照职责分工依法及时查处;无权查处的,应当及时移送有权查处的部门。受理的部门必须自收到举报或者移送材料之日起10日内进行查处。

第七条 收费公路的经营管理者,经依法批准有权向通行收费公路的车辆收取车辆通行费。

军队车辆、武警部队车辆,公安机关在辖区内收费公路上处理交通事故、执行正常巡逻任务和处置突发事件的统一标志的制式警车,以及经国务院交通主管部门或者省、自治区、直辖市人民政府批准执行抢险救灾任务的车辆,免交车辆通行费。

进行跨区作业的联合收割机、运输联合收割机(包括插秧机)的车辆,免交车辆通行费。联合收割机不得在高速公路上通行。

第八条 任何单位或者个人不得以任何形式非法干预收费公路的经营管理,挤占、挪用收费公路经营管理者依法收取的车辆通行费。

第二章　收费公路建设和收费站的设置

第九条 建设收费公路,应当符合国家和省、自治区、直辖市公路发展规划,符合本条例规定的收费公路的技术等级和规模。

第十条 县级以上地方人民政府交通主管部门利用贷款或者向企业、个人有偿集资建设的公路(以下简称政府还贷公路),国内外经济组织投资建设或者依照公路法的规定受让政府还贷公路收费权的公路(以下简称经营性公路),经依法批准后,方可收取车辆通行费。

第十一条 建设和管理政府还贷公路,应当按照政事分开的原则,依法设立专门的不以营利为目的的法人组织。

省、自治区、直辖市人民政府交通主管部门对本行政区域内的政府还贷公路,可以实行统一管理、统一贷款、统一还款。

经营性公路建设项目应当向社会公布,采用招标投标方式选择投资者。

经营性公路由依法成立的公路企业法人建设、经营和管理。

第十二条 收费公路收费站的设置,由省、自治区、直辖市人民政府按照下列规定审查批准:

(一)高速公路以及其他封闭式的收费公路,除两端出入口外,不得在主线上设置收费站。但是,省、自治区、直辖市之间确需设置收费站的除外。

（二）非封闭式的收费公路的同一主线上，相邻收费站的间距不得少于50公里。

第十三条　高速公路以及其他封闭式的收费公路，应当实行计算机联网收费，减少收费站点，提高通行效率。联网收费的具体办法由国务院交通主管部门会同国务院有关部门制定。

第十四条　收费公路的收费期限，由省、自治区、直辖市人民政府按照下列标准审查批准：

（一）政府还贷公路的收费期限，按照用收费偿还贷款、偿还有偿集资款的原则确定，最长不得超过15年。国家确定的中西部省、自治区、直辖市的政府还贷公路收费期限，最长不得超过20年。

（二）经营性公路的收费期限，按照收回投资并有合理回报的原则确定，最长不得超过25年。国家确定的中西部省、自治区、直辖市的经营性公路收费期限，最长不得超过30年。

第十五条　车辆通行费的收费标准，应当依照价格法律、行政法规的规定进行听证，并按照下列程序审查批准：

（一）政府还贷公路的收费标准，由省、自治区、直辖市人民政府交通主管部门会同同级价格主管部门、财政部门审核后，报本级人民政府审查批准。

（二）经营性公路的收费标准，由省、自治区、直辖市人民政府交通主管部门会同同级价格主管部门审核后，报本级人民政府审查批准。

第十六条　车辆通行费的收费标准，应当根据公路的技术等级、投资总额、当地物价指数、偿还贷款或者有偿集资款的期限和收回投资的期限以及交通量等因素计算确定。对在国家规定的绿色通道上运输鲜活农产品的车辆，可以适当降低车辆通行费的收费标准或者免交车辆通行费。

修建与收费公路经营管理无关的设施、超标准修建的收费公路经营管理设施和服务设施，其费用不得作为确定收费标准的因素。

车辆通行费的收费标准需要调整的，应当依照本条例第十五条规定的程序办理。

第十七条　依照本条例规定的程序审查批准的收费公路收费站、收费期限、车辆通行费收费标准或者收费标准的调整方案，审批机关应当自审查批准之日起10日内将有关文件向国务院交通主管部门和国务院价格主管部门备案；其中属于政府还贷公路的，还应当自审查批准之日起10日内向国务院财政部门备案。

第十八条　建设收费公路，应当符合下列技术等级和规模：

（一）高速公路连续里程30公里以上。但是，城市市区至本地机场的高速公路除外。

（二）一级公路连续里程50公里以上。

（三）二车道的独立桥梁、隧道，长度800米以上；四车道的独立桥梁、隧道，长度500米以上。

技术等级为二级以下(含二级)的公路不得收费。但是,在国家确定的中西部省、自治区、直辖市建设的二级公路,其连续里程60公里以上的,经依法批准,可以收取车辆通行费。

第三章　收费公路权益的转让

第十九条　依照本条例的规定转让收费公路权益的,应当向社会公布,采用招标投标的方式,公平、公正、公开地选择经营管理者,并依法订立转让协议。

第二十条　收费公路的权益,包括收费权、广告经营权、服务设施经营权。

转让收费公路权益的,应当依法保护投资者的合法利益。

第二十一条　转让政府还贷公路权益中的收费权,可以申请延长收费期限,但延长的期限不得超过5年。

转让经营性公路权益中的收费权,不得延长收费期限。

第二十二条　有下列情形之一的,收费公路权益中的收费权不得转让:

(一)长度小于1000米的二车道独立桥梁和隧道;

(二)二级公路;

(三)收费时间已超过批准收费期限2/3。

第二十三条　转让政府还贷公路权益的收入,必须缴入国库,除用于偿还贷款和有偿集资款外,必须用于公路建设。

第二十四条　收费公路权益转让的具体办法,由国务院交通主管部门会同国务院发展改革部门和财政部门制定。

第四章　收费公路的经营管理

第二十五条　收费公路建成后,应当按照国家有关规定进行验收;验收合格的,方可收取车辆通行费。

收费公路不得边建设边收费。

第二十六条　收费公路经营管理者应当按照国家规定的标准和规范,对收费公路及沿线设施进行日常检查、维护,保证收费公路处于良好的技术状态,为通行车辆及人员提供优质服务。

收费公路的养护应当严格按照工期施工、竣工,不得拖延工期,不得影响车辆安全通行。

第二十七条　收费公路经营管理者应当在收费站的显著位置,设置载有收费站名称、审批机关、收费单位、收费标准、收费起止年限和监督电话等内容的公告牌,接受社会监督。

第二十八条　收费公路经营管理者应当按照国家规定的标准,结合公路交通状况、沿线设施等情况,设置交通标志、标线。

交通标志、标线必须清晰、准确、易于识别。重要的通行信息应当重复提示。

第二十九条 收费道口的设置,应当符合车辆行驶安全的要求;收费道口的数量,应当符合车辆快速通过的需要,不得造成车辆堵塞。

第三十条 收费站工作人员的配备,应当与收费道口的数量、车流量相适应,不得随意增加人员。

收费公路经营管理者应当加强对收费站工作人员的业务培训和职业道德教育,收费人员应当做到文明礼貌,规范服务。

第三十一条 遇有公路损坏、施工或者发生交通事故等影响车辆正常安全行驶的情形时,收费公路经营管理者应当在现场设置安全防护设施,并在收费公路出入口进行限速、警示提示,或者利用收费公路沿线可变信息板等设施予以公告;造成交通堵塞时,应当及时报告有关部门并协助疏导交通。

遇有公路严重损毁、恶劣气象条件或者重大交通事故等严重影响车辆安全通行的情形时,公安机关应当根据情况,依法采取限速通行、关闭公路等交通管制措施。收费公路经营管理者应当积极配合公安机关,及时将有关交通管制的信息向通行车辆进行提示。

第三十二条 收费公路经营管理者收取车辆通行费,必须向收费公路使用者开具收费票据。政府还贷公路的收费票据,由省、自治区、直辖市人民政府财政部门统一印(监)制。经营性公路的收费票据,由省、自治区、直辖市人民政府税务部门统一印(监)制。

第三十三条 收费公路经营管理者对依法应当交纳而拒交、逃交、少交车辆通行费的车辆,有权拒绝其通行,并要求其补交应交纳的车辆通行费。

任何人不得为拒交、逃交、少交车辆通行费而故意堵塞收费道口、强行冲卡、殴打收费公路管理人员、破坏收费设施或者从事其他扰乱收费公路经营管理秩序的活动。

发生前款规定的扰乱收费公路经营管理秩序行为时,收费公路经营管理者应当及时报告公安机关,由公安机关依法予以处理。

第三十四条 在收费公路上行驶的车辆不得超载。

发现车辆超载时,收费公路经营管理者应当及时报告公安机关,由公安机关依法予以处理。

第三十五条 收费公路经营管理者不得有下列行为:

(一)擅自提高车辆通行费收费标准;

(二)在车辆通行费收费标准之外加收或者代收任何其他费用;

(三)强行收取或者以其他不正当手段按车辆收取某一期间的车辆通行费;

(四)不开具收费票据,开具未经省、自治区、直辖市人民政府财政、税务部门统一印(监)制的收费票据或者开具已经过期失效的收费票据。

有前款所列行为之一的,通行车辆有权拒绝交纳车辆通行费。

第三十六条 政府还贷公路的管理者收取的车辆通行费收入,应当全部存入财政专户,严格实行收支两条线管理。

政府还贷公路的车辆通行费,除必要的管理、养护费用从财政部门批准的车辆通行费预算中列支外,必须全部用于偿还贷款和有偿集资款,不得挪作他用。

第三十七条 收费公路的收费期限届满,必须终止收费。

政府还贷公路在批准的收费期限届满前已经还清贷款、还清有偿集资款的,必须终止收费。

依照本条前两款的规定,收费公路终止收费的,有关省、自治区、直辖市人民政府应当向社会公告,明确规定终止收费的日期,接受社会监督。

第三十八条 收费公路终止收费前6个月,省、自治区、直辖市人民政府交通主管部门应当对收费公路进行鉴定和验收。经鉴定和验收,公路符合取得收费公路权益时核定的技术等级和标准的,收费公路经营管理者方可按照国家有关规定向交通主管部门办理公路移交手续;不符合取得收费公路权益时核定的技术等级和标准的,收费公路经营管理者应当在交通主管部门确定的期限内进行养护,达到要求后,方可按照规定办理公路移交手续。

第三十九条 收费公路终止收费后,收费公路经营管理者应当自终止收费之日起15日内拆除收费设施。

第四十条 任何单位或者个人不得通过封堵非收费公路或者在非收费公路上设卡收费等方式,强迫车辆通行收费公路。

第四十一条 收费公路经营管理者应当按照国务院交通主管部门和省、自治区、直辖市人民政府交通主管部门的要求,及时提供统计资料和有关情况。

第四十二条 收费公路的养护、绿化和公路用地范围内的水土保持及路政管理,依照公路法的有关规定执行。

第四十三条 国务院交通主管部门和省、自治区、直辖市人民政府交通主管部门应当对收费公路实施监督检查,督促收费公路经营管理者依法履行公路养护、绿化和公路用地范围内的水土保持义务。

第四十四条 审计机关应当依法加强收费公路的审计监督,对违法行为依法进行查处。

第四十五条 行政执法机关依法对收费公路实施监督检查时,不得向收费公路经营管理者收取任何费用。

第四十六条　省、自治区、直辖市人民政府应当将本行政区域内收费公路及收费站名称、收费单位、收费标准、收费期限等信息向社会公布，接受社会监督。

第五章　法律责任

第四十七条　违反本条例的规定，擅自批准收费公路建设、收费站、收费期限、车辆通行费收费标准或者收费公路权益转让的，由省、自治区、直辖市人民政府责令改正；对负有责任的主管人员和其他直接责任人员依法给予记大过直至开除的行政处分；构成犯罪的，依法追究刑事责任。

第四十八条　违反本条例的规定，地方人民政府或者有关部门及其工作人员非法干预收费公路经营管理，或者挤占、挪用收费公路经营管理者收取的车辆通行费的，由上级人民政府或者有关部门责令停止非法干预，退回挤占、挪用的车辆通行费；对负有责任的主管人员和其他直接责任人员依法给予记大过直至开除的行政处分；构成犯罪的，依法追究刑事责任。

第四十九条　违反本条例的规定，擅自在公路上设立收费站(卡)收取车辆通行费或者应当终止收费而不终止的，由国务院交通主管部门或者省、自治区、直辖市人民政府交通主管部门依据职权，责令改正，强制拆除收费设施；有违法所得的，没收违法所得，并处违法所得2倍以上5倍以下的罚款；没有违法所得的，处1万元以上5万元以下的罚款；负有责任的主管人员和其他直接责任人员属于国家工作人员的，依法给予记大过直至开除的行政处分。

第五十条　违反本条例的规定，有下列情形之一的，由国务院交通主管部门或者省、自治区、直辖市人民政府交通主管部门依据职权，责令改正，并根据情节轻重，处5万元以上20万元以下的罚款：

(一)收费站的设置不符合标准或者擅自变更收费站位置的；

(二)未按照国家规定的标准和规范对收费公路及沿线设施进行日常检查、维护的；

(三)未按照国家有关规定合理设置交通标志、标线的；

(四)道口设置不符合车辆行驶安全要求或者道口数量不符合车辆快速通过需要的；

(五)遇有公路损坏、施工或者发生交通事故等影响车辆正常安全行驶的情形，未按照规定设置安全防护设施或者未进行提示、公告，或者遇有交通堵塞不及时疏导交通的；

(六)应当公布有关限速通行或者关闭收费公路的信息而未及时公布的。

第五十一条　违反本条例的规定，收费公路经营管理者收费时不开具票据，开具未经省、自治区、直辖市人民政府财政、税务部门统一印(监)制的票据,或者开具已经过期失效的票据的,由财政部门或者税务部门责令改正,并根据情节轻重,处10万元以上50万元以下的罚款;负有责任的主管人员和其他直接责任人员属于国家工作人员的,依法给予记大过直至开除的行政处分;构成犯罪的,依法追究刑事责任。

第五十二条 违反本条例的规定,政府还贷公路的管理者未将车辆通行费足额存入财政专户或者未将转让政府还贷公路权益的收入全额缴入国库的,由财政部门予以追缴、补齐;对负有责任的主管人员和其他直接责任人员,依法给予记过直至开除的行政处分。

违反本条例的规定,财政部门未将政府还贷公路的车辆通行费或者转让政府还贷公路权益的收入用于偿还贷款、偿还有偿集资款,或者将车辆通行费、转让政府还贷公路权益的收入挪作他用的,由本级人民政府责令偿还贷款、偿还有偿集资款,或者责令退还挪用的车辆通行费和转让政府还贷公路权益的收入;对负有责任的主管人员和其他直接责任人员,依法给予记过直至开除的行政处分;构成犯罪的,依法追究刑事责任。

第五十三条 违反本条例的规定,收费公路终止收费后,收费公路经营管理者不及时拆除收费设施的,由省、自治区、直辖市人民政府交通主管部门责令限期拆除;逾期不拆除的,强制拆除,拆除费用由原收费公路经营管理者承担。

第五十四条 违反本条例的规定,收费公路经营管理者未按照国务院交通主管部门规定的技术规范和操作规程进行收费公路养护的,由省、自治区、直辖市人民政府交通主管部门责令改正;拒不改正的,责令停止收费。责令停止收费后30日内仍未履行公路养护义务的,由省、自治区、直辖市人民政府交通主管部门指定其他单位进行养护,养护费用由原收费公路经营管理者承担。拒不承担的,由省、自治区、直辖市人民政府交通主管部门申请人民法院强制执行。

第五十五条 违反本条例的规定,收费公路经营管理者未履行公路绿化和水土保持义务的,由省、自治区、直辖市人民政府交通主管部门责令改正,并可以对原收费公路经营管理者处履行绿化、水土保持义务所需费用1倍至2倍的罚款。

第五十六条 国务院价格主管部门或者县级以上地方人民政府价格主管部门对违反本条例的价格违法行为,应当依据价格管理的法律、法规和规章的规定予以处罚。

第五十七条 违反本条例的规定,为拒交、逃交、少交车辆通行费而故意堵塞收费道口、强行冲卡、殴打收费公路管理人员、破坏收费设施或者从事其他扰乱收费公路经营管理秩序活动,构成违反治安管理行为的,由公安机关依法予以处罚;构成犯罪的,依法追究刑事责任;给收费公路经营管理者造成损失或者造成人身损害的,依法承担民事赔偿责任。

第五十八条 违反本条例的规定,假冒军队车辆、武警部队车辆、公安机关统一标志的制式警车和抢险救灾车辆逃交车辆通行费的,由有关机关依法予以处理。

第六章　附　　则

第五十九条　本条例施行前在建的和已投入运行的收费公路，由国务院交通主管部门会同国务院发展改革部门和财政部门依照本条例规定的原则进行规范。具体办法由国务院交通主管部门制定。

第六十条　本条例自2004年11月1日起施行。

三、交通相关行政法规

交通相关行政法规见表3-2。

交通相关行政法规　　表3-2

法律法规名称(现行)	颁布文号/时间
公路安全保护条例	国务院令第593号 (2011年3月7日)
收费公路管理条例	国务院令第417号 (2004年9月13日)
建设工程质量管理条例	国务院令第279号 (2000年1月30)
建设工程勘察设计管理条例	国务院令第662号 (2015年6月12日)
建设工程安全生产管理条例	国务院令第393号 (2003年11月24日)
中华人民共和国土地管理法实施条例	国务院令第653号 (2014年7月29日)
建设项目环境保护管理条例	国务院令第253号 (1998年11月29日)
地震安全性评价管理条例	国务院令第33号 (2001年11月15日)
生产安全事故报告和调查处理条例	国务院令第493号 (2007年4月9日)
安全生产许可证条例	国务院令第653号 (2014年7月29日)
国务院关于投资体制改革的决定	国务院　国发[2004]20号令 (2004年7月16日)
对外承包工程管理条例	国务院令第527号 (2008年7月21日)

第四节　交通运输部规章

一、《公路建设四项制度实施办法》[1]

（2000 年 8 月 28 日　中华人民共和国交通部令 2000 年第 7 号发布）

第一章　总　　则

第一条　为加强公路建设管理，贯彻实施公路建设项目法人责任制度、招标投标制度、工程监理制度和合同管理制度（以下简称四项制度），确保工程质量和投资效益，根据《中华人民共和国公路法》《中华人民共和国招标投标法》《中华人民共和国合同法》和国家有关法律、法规，制定本办法。

第二条　从事公路建设的项目法人、勘察设计、施工、监理单位、提供相关服务的社会中介机构以及重要设备、材料的供货单位，均须遵守本办法。

第三条　交通部主管全国公路建设实施四项制度的监督管理工作，县级以上地方人民政府交通主管部门主管本行政区域内公路建设实施四项制度的监督管理。

第二章　项 目 法 人

第四条　凡列入国家和地方基本建设计划的公路建设项目必须实行项目法人责任制度，由项目法人对建设项目负总责。

第五条　公路建设项目法人分为经营性公路建设项目法人和公益性公路建设项目法人。

依法投资建设经营性公路项目的国内外经济组织为经营性公路建设项目法人。非经营性公路建设项目法人为公益性公路建设项目法人。

第六条　经营性公路建设项目应依法成立有限责任公司或股份有限公司，对建设项目筹划、资金筹措、建设实施、运营管理、债务偿还和资产管理全过程负责。

公益性公路建设项目应明确或组建项目法人，根据交通主管部门授权，对建设项目筹划、资金筹措、建设实施全过程负责。

项目法人如委托中介机构对项目进行建设管理，必须按项目管理权限报交通主管部门核备。

第七条　地方人民政府或政府交通主管部门可以成立项目建设协调机构（指挥部），

[1] 该办法在本书出版时已经失效。

负责协调征地拆迁、建设环境等方面的工作，履行政府监督管理职能。

第八条　可行性研究报告批准后，应正式成立或明确项目法人，在初步设计批准前，按项目管理权限报交通主管部门审批。新组建的项目法人应依法办理公司注册或事业法人登记手续。

第九条　项目法人机构设置和技术、管理人员素质，必须满足工程建设管理的需要，符合公路建设市场准入条件。

第十条　经营性公路建设项目法人应按照基建程序，履行以下职责：

（一）筹措建设资金；

（二）编制项目实施计划和年度计划；

（三）依法选择勘察设计、施工、监理单位和设备、材料供应单位；

（四）向交通主管部门办理开工报告；

（五）按照合同约定，对工程质量、进度、投资、安全生产和环境保护进行监督管理，审查施工组织设计、重要施工工艺和标准试验以及工程分包等事项，保证工程处于受控状态；

（六）接受交通主管部门和公路工程质量监督机构的监督检查，按时报送项目建设的有关信息资料；

（七）执行国家档案管理规定，建立健全建设项目的所有档案；

（八）及时组织交工验收，做好竣工验收的准备工作；

（九）组织项目后评价，提出项目后评价报告；

（十）按照有关技术标准和规范的要求，做好公路养护管理工作。负责收费管理，按期偿还贷款。

公益性公路建设项目法人，根据交通主管部门授权，履行以上相应职责。

第三章　招 标 投 标

第十一条　公路建设项目除涉及国家安全、国家机密、抢险救灾或利用扶贫资金实行以工代赈、民工建勤、民办公助的项目不适宜招标外，达到下列规模标准之一的，必须进行招标：

（一）建设项目总投资额在3000万元人民币以上的；

（二）工程单项合同估算价在200万元人民币以上的；

（三）重要设备、材料等货物的采购，单项合同估算价在100万元人民币以上的；

（四）勘察、设计、监理等服务的采购，单项合同估算价在50万元人民币以上的。

省级人民政府交通主管部门可以在上述规模标准以下，结合本地区实际情况，制定必须招标的规模标准。

第十二条 公路建设项目招标投标活动必须严格按照国家有关法律、法规进行，遵循公开、公平、公正和诚实信用原则。

第十三条 交通主管部门依法对招标投标活动实施监督，受理投标人和其他利害关系人的投诉，依法查处招标投标活动中的违法行为。

严禁任何单位和个人以任何名义、任何形式干预正当的招标投标活动，严禁地方和行业保护。严禁将必须招标的公路建设项目化整为零或以其他任何方式规避招标。

第十四条 公路建设项目招标分为公开招标和邀请招标。

公路建设项目应实行公开招标。国家重点项目和省级人民政府确定的地方重点项目不宜公开招标的，经国务院发展计划部门或省级人民政府批准，可以进行邀请招标。

第十五条 项目法人作为招标人，具备编制招标文件和组织评标能力的，可自行办理招标事宜；不具备上述条件的，须委托符合市场准入条件的招标代理机构办理招标事宜。

任何单位和个人不得以任何方式为项目法人指定招标代理机构。

第十六条 公路建设项目招标一般按下列程序进行：

（一）编制招标文件；

（二）发布招标公告或发出投标邀请书；

（三）对潜在投标人进行资格审查；

（四）向合格的潜在投标人发售招标文件；

（五）组织潜在投标人勘察现场，召开标前会；

（六）接受投标人的投标文件，并公开开标；

（七）组建评标委员会评标，推荐中标候选人；

（八）确定中标人，发中标通知书；

（九）与中标人签订合同。

第十七条 公路建设项目招标文件应按照交通部或省级交通主管部门颁布的相关招标文件范本并结合项目特点编制。

招标文件应按规定报交通主管部门审查。

第十八条 分标段招标的，招标人应合理划分标段，合理确定工期。施工标段的确定应有利于施工单位的合理投入和机械化施工。高速公路标段路基工程一般应不少于10公里，路面工程一般应不少于15公里。其他等级公路标段工作量一般应不少于5000万元。边远地区和特殊地段可视实际情况调整。监理标段的划分应不低于施工标段标准。

施工工期应依据初步设计批复的建设期限，结合项目实际情况合理确定。

第十九条　公开招标的公路建设项目,应通过国家指定的报刊和信息网络发布招标公告。

邀请招标的项目,应向三个以上具备承担招标项目能力、资信良好的特定法人发出投标邀请书。

第二十条　招标人应合理确定编制资格预审文件和投标文件的时间。自资格预审公告发布之日起至递交资格预审文件截止时间不得少于14天。自招标文件开始发出之日起至投标人递交投标文件截止之日止,不得少于20天。

第二十一条　公开招标的公路建设项目应进行资格预审,邀请招标的应进行资格后审。

招标人应按交通部制定的资格预审办法,对潜在投标人的资信、业绩、施工能力等进行审查,作出公正、客观的评价,并将资格预审评审结果按项目管理权限报政府交通主管部门核备。

第二十二条　参加公路建设项目投标的单位,必须符合公路建设市场准入条件。

两个以上法人可以组成联合体,以一个投标人身份共同投标。由同一专业的单位组成的联合体,按资质等级低的单位确定资质等级。

分包单位的资质条件应与其承担的工程标准和规模相适应。

第二十三条　投标人应按招标文件的要求编制投标文件。投标人在投标过程中,不得串通投标、哄抬标价和以低于成本的报价抢标。

第二十四条　开标应在招标文件规定的时间和地点举行,由招标人主持,邀请所有投标人参加。开标时要检查投标文件的密封情况,经确认无误后,当众拆封,宣读投标人名称、报价和投标书的其他主要内容。

超过投标截止时间送达的投标文件,招标人应当拒收。投标人少于三个的,招标人应依法重新招标。

开标过程应当记录,存档备查,并可邀请公证机关公证。

第二十五条　评标由招标人依法设立的评标委员会负责。评标委员会应按照有关法律、法规和招标文件的要求进行评标,出具书面评标报告,并推荐1~2名合格的中标候选人。

评标委员会由招标人代表和有关技术、经济等方面的专家组成,成员人数为5人以上单数,其中技术、经济等方面的专家不少于成员总数的2/3。评标专家应从事公路建设项目管理工作满8年,具有高级职称或同等专业水平和丰富的评标经验。

国道主干线项目和国家、交通部确定的重点公路建设项目的评标委员会专家,从交通部设立的评标专家库中确定,或根据交通部授权从省级交通主管部门设立的评标专家库中确定。其他公路建设项目的评标委员会专家,从省级交通主管部门设立的评标专家库中确定。

评标委员会成员名单在中标结果确定前应当保密。

第二十六条 公路建设项目评标原则：

设计、监理招标的评标应采用综合评价的方法，对投标人的人员素质、管理水平、技术方案、投标价分别打分，按照得分高低推荐中标候选人。

施工招标的评标可采用综合评价的方法，对投标人的人员素质、设备投入、技术方案、业绩信誉、投标价等方面分别打分，按照得分高低推荐中标候选人；也可以按照通过商务和技术评审，最低评标价中标的原则，推荐中标候选人，但不得推荐投标价低于成本价的投标人。

重要设备、材料采购招标的评标应以满足招标文件实质性要求、最低评标价中标的原则推荐中标候选人。大型设备招标的评标也可采用综合评价的方法，对投标人的信誉、设备质量、售后服务、投标价等方面分别打分，按照得分高低推荐中标候选人。

第二十七条 评标委员会成员应当客观、公正地履行职责，遵守职业道德，对所提出的评审意见承担个人责任。

评标委员会成员不得私下接触投标人，不得收受投标人的财物或其他好处，不得透露对投标文件的评审、中标候选人的推荐情况以及与评标有关的其他情况。

第二十八条 依法必须招标的项目，招标人应依据评标委员会提交的书面评标报告和推荐的中标候选人确定中标人，并在15日之内按项目管理权限报政府交通主管部门核备。

第二十九条 在中标通知书发出后，招标人和中标人应在招标文件规定的期限内签订合同。

第三十条 使用国际金融组织或外国政府贷款、援助资金的公路建设项目，贷款方、资金提供方对招标投标有特殊规定的，适用其规定，但不得违背我国的社会公共利益。

第四章 工 程 监 理

第三十一条 公路建设项目必须实行工程监理制度。

第三十二条 公路建设项目工程监理是由具有公路工程监理资格的监理单位，按国家有关规定受项目法人委托对施工承包合同的执行、工程质量、进度、费用等方面进行监督与管理。

从事公路建设项目的工程监理单位，必须符合公路建设市场准入条件。

第三十三条 监理单位必须根据监理服务合同，建立相应的现场监理机构，健全工程监理质量保证体系，配备足够的、合格的人员和设备，确保对工程进行有效监控。

第三十四条 承担工程监理任务的人员应具备相应的能力和技术条件：

项目总监、总监代表、高级驻地监理工程师，应具有高级工程师或高级经济师职称，并具有交通部颁发的监理工程师证书。

专业监理工程师应具有工程师或经济师职称和省级以上交通主管部门颁发的专业监理工程师证书。

测量、试验及现场旁站等监理员应具有初级技术职称并经过专业技术培训和监理业务培训。

第三十五条 监理人员数量应根据工程规模、投资、工期、复杂程度等因素确定，并签订合同。监理人员在工程施工期间不得随意更换，保证监理工作的连续性。

第三十六条 监理现场必须配备相应的检测、通讯、交通工具等设备，设有经交通主管部门检验合格的独立试验室。

第三十七条 监理单位和监理人员必须全面履行监理服务合同和施工合同规定的各项监理职责，按照有关法律、法规、规章、技术规范、设计文件的要求进行工程监理。不得营私舞弊、滥用职权，不得损害项目法人和承包人的利益。

第五章 合同管理

第三十八条 公路建设项目的勘察设计、施工、监理以及与工程建设有关的重要设备、材料的采购，必须遵循诚实信用的原则，依法签订合同。

公路建设项目合同包括勘察设计合同、施工合同、监理服务合同、设备材料采购合同等。

第三十九条 公路建设项目合同必须明确双方的权利和义务，按照法定程序和有关要求，由签约双方的法定代表人或其授权代表签订。

公路建设项目合同应采用交通主管部门颁布的有关合同范本，并可邀请公证机关公证。

第四十条 公路建设项目合同，必须符合国家和交通部制定的有关技术标准、规范、规程以及批准的设计文件，科学、合理地确定勘察设计周期、施工工期和供货安装期限。

第四十一条 勘察设计合同内容应包括提交有关基础资料和设计文件的期限、质量要求、费用支付等条款。

勘察设计单位必需按照合同约定，按期提供勘察资料和设计文件，并对所提供资料的真实性、完整性和设计质量负责，完成设计变更、派驻设计代表等后续服务工作。

项目法人应提供勘察设计必须的有关资料和相关条件，按合同规定支付费用。

第四十二条 施工合同内容包括工程范围、建设工期、合同价、合同条款、技术规范、图纸等。

施工单位对施工的工程质量、进度和安全负责。施工单位的管理、技术人员及施工设备必须按合同约定及时到位，均衡组织生产，按期完成施工任务；严禁将工程转包和违法分包。

项目法人必须按合同约定及时提供施工图、施工用地，按时拨付工程款，协调施工外部环境。不得违反合同，强行分包，不得指定采购材料和设备，不得随意压缩工期。

第四十三条 监理服务合同内容应包括监理现场组织机构、监理工程师资格、主要检测设备的配备要求、质量责任、费用支付等条款。

监理单位应按合同约定及时派驻现场监理机构和人员，配齐设备，依照公路工程监理办法和监理规范要求开展监理工作。

项目法人必须按合同约定，及时提交施工合同，提供或协助安排监理驻地、交通工具、试验检测仪器等，按期支付监理费用，为监理单位开展工作创造条件。

第四十四条 设备材料采购合同内容主要包括供货品种、交货期限、设备安装要求、质量标准、验收方法、费用支付等条款。

供货人应按合同约定的期限和地点交付货物，安装设备，并负责设备调试和质量保修期内的维修服务。

受货人因货物或设备安装不符合质量要求的，可以拒收，并按合同规定提出索赔或解除合同。

第四十五条 合同双方应按合同履行自己的义务，不得违约。合同一方有权按规定程序，对不能履行合同义务的另一方提出索赔，违约方应按合同规定承担赔偿责任。

第四十六条 合同内容变更应依据合同约定办理。对超出合同约定范围的变更，合同双方可进行协商，签订补充协议或修改合同，但不得对合同内容作实质性的更改，也不得订立背离合同实质性内容的其他协议，更不能擅自终止或解除合同。

第四十七条 合同双方在执行合同过程中发生争议的，可以和解或请第三方进行调解，也可以依法仲裁或向人民法院提起诉讼。

第四十八条 各级政府交通主管部门应依照法律、法规的规定，加强对合同执行情况的监督；对造成工程质量、安全事故或工程进度严重滞后的，应按照公路建设市场管理的有关规定进行处罚。

任何单位和个人不得非法干预合同的签订和履行。

第六章 罚　　则

第四十九条 违反本办法规定，未实行项目法人责任制度的，由上级交通主管部门责令责任单位限期改正；拒不改正的，可暂停项目执行或暂停资金拨付。

第五十条 项目法人未履行法人职责的，由交通主管部门责令限期整改，情节严重的，可以对项目法人和法人代表通报批评或对项目法人进行整顿。

第五十一条 违反本办法规定，必须实行招标的项目而不招标的，或应公开招标的项目，未经批准，实行邀请招标的，或将必须招标的项目化整为零或以其他方式规避招标的，责令限期改正，对直接责任人给予行政处分；拒不改正的，可暂停项目执行或暂停资金拨付。

第五十二条 招标人和招标代理机构违反本办法规定，泄露应当保密的与招标投标有关的情况和资料的，以不合理条件限制或排斥潜在投标人的，对潜在投标人实行歧视政策的，与投标人串通损害国家利益、社会公共利益或他人合法权益的，提出警告或通报批评，情节严重的，对主要责任人依法给予处分，暂停招标代理机构的招标代理资格 1 ~ 2 年，直至取消其招标代理资格。

第五十三条 投标人违反本办法规定，相互串通投标或与招标人串通投标的，用行贿等不正当手段向招标人、招标代理机构或评标委员会施加影响或以其他方式弄虚作假，骗取中标的，中标无效，给招标人造成损失的，依法承担赔偿责任；情节严重的，取消其 1—2 年的投标资格。

第五十四条 评标委员会成员收受投标人的财物或者其他好处，泄露有关评标情况或不公正评标、未按规定推荐中标候选人的，取消评标委员会专家资格，建议其所在单位按有关规定进行行政处分。

第五十五条 违反本办法规定，未实行工程监理制的，责令限期改正，情节严重的，可以暂停项目执行，对有关主管人员和直接责任人给予行政处分。

第五十六条 监理单位和人员违反本办法规定，营私舞弊、滥用职权，损害项目法人和施工单位的利益，影响工程质量的，视情节轻重分别给予警告、责令改正、降低资质等级或吊销监理单位（人员）监理证书；有违法所得的，予以没收；造成损失的，承担连带赔偿责任。

第七章 附　　则

第五十七条 本办法由交通部负责解释。

第五十八条 本办法自 2000 年 10 月 1 日起施行。本办法施行前交通部发布的规章与本办法不一致的，以本办法为准。

二、交通运输部规章

交通运输部规章见表 3-3。

交通运输部规章 表 3-3

法律法规名称(现行)	颁布文号/时间
公路工程竣(交)工验收办法	交通部令 2004 年第 3 号(2004 年 3 月 15 日)
公路建设监督管理办法	交通部令 2006 年第 6 号(2006 年 6 月 8 日)
收费公路权益转让办法	交通运输部、国家发展和改革委员会、财政部令 2008 年第 11 号(2008 年 8 月 20 日)
公路水运工程监理企业资质管理规定	交通运输部令 2015 年第 4 号(2015 年 5 月 12 日)
公路建设项目代建管理办法	交通运输部令 2015 年第 3 号(2015 年 5 月 7 日)
公路工程设计施工总承包管理办法	交通运输部令 2015 年第 10 号(2015 年 6 月 26 日)
公路建设市场管理办法	交通运输部令 2015 年第 11 号(2015 年 6 月 26 日)
交通建设项目委托审计管理办法	交通运输部令 2015 年第 12 号(2015 年 6 月 24 日)
经营性公路建设项目投资人招投标管理规定	交通运输部令 2015 年第 13 号(2015 年 6 月 24 日)
公路工程建设项目招标投标管理办法	交通运输部令 2015 年第 24 号(2015 年 12 月 2 日)
公路工程造价管理暂行办法	交通运输部令 2016 年第 67 号(2016 年 9 月 6 日)
公路水运工程试验检测管理办法	交通部令 2016 年第 8 号(2016 年 12 月 10 日)
公路水运工程安全生产监督管理办法	交通运输部令 2017 年第 25 号(2017 年 6 月 12 日)

本章编写人员:付国民　刘　鹏　赵　乐　李鹏飞　王　婷　聂记良

本章编写单位:中国公路建设行业协会

第四章
高速公路建设管理制度

在高速公路建设实践中，借鉴发达国家管理经验，我国逐步建立了项目法人制、工程监理制、招标投标制和合同管理制四项管理制度。公路建设四项制度是在我国从计划经济体制向市场经济体制转变的大环境大背景下逐步形成的，伴随着改革开放的深化而不断发展完善。2000 年 8 月 28 日，交通部颁布《公路建设四项制度实施办法》（交通部令 2000 年 7 号），标志着我国比较完善的公路建设管理制度体系基本形成。

公路建设四项制度中，**项目法人制**明确了项目法人的建设管理主体责任，规范了法人主体行为，明确了项目相关各方的责权利关系，是为提升项目管理水平，提高投资效益和社会效益而建立的制度核心；**工程监理制**在公路工程质量、安全、进度、环境保护等方面发挥了重要的监督和控制作用，推进了政府在工程建设中的职能转变，是为提升建设管理水平，保障工程质量、安全和环境保护等而建立的制度内容；**招标投标制**为公路工程建设选择优秀队伍、控制工程造价提供了方法和规则，并为发展市场经济创造了促进公开、公正、公平竞争的制度环境；**合同管理制**为规范公路建设各方签约和履约提供了制度和法律法规保障。

公路建设四项制度的产生，是内因和外因相结合的产物。主要因素包括三个方面：一是社会主义市场经济体制的确立。独立的市场主体是市场经济的基本特征之一，也是项目法人制形成的基础和前提。招投标和合同是市场主体平等进行交易的保证。没有市场经济，就没有四项制度。二是基础设施建设规模快速增长，专业分工细化。改革开放以后，基础设施建设规模增长迅速，既为专业化分工创造了条件，设计、咨询、施工、材料供应等市场主体迅速发展壮大，也对传统建设管理模式提出了挑战，这些都促进了四项制度的产生。三是改革开放。随着改革开放的不断深入，要求我国建设管理与国际接轨，适应国际工程管理惯例。在将国外先进管理经验与我国工程建设实际相结合后，逐步形成了适应我国国情、体现我国基础设施建设管理特色的四项制度。

第一节　项目法人制

改革开放前和改革开放后一段时间，我国一直采用计划经济模式来管理公路建设。公路建设任务计划由交通主管部门编制、下达，分解落实到下级部门和有关单位，有关部门、单位根据上级计划安排并组织生产。

为了解决我国基建项目管理中长期存在的效率低下问题，国家采取了一系列改革措施、出台了一系列规章制度。1988 年，国务院颁布了《关于投资管理体制的近期改革方案》，提出要改革建设项目管理体制，强化投资主体自我约束机制。1987 年施行的《民法通则》对"法人"作了专门规定，法人制度开始建立。20 世纪 80 年代中后期，我国开始试行项目业主责任制。1992 年国家计委下发了《关于建设项目实行业主责任制的暂行规定》，这是我国最早见诸文件的明确项目业主即项目责任主体的规定。该规定将项目业主定义为"由投资方派代表组成，从建设项目的筹划、筹资、设计、建设实施直至生产经营、归还贷款及债券本息等全面负责并承担投资风险的项目管理班子"。从实际运行情况看，项目业主责任制收到了一定效果，但仍旧存在业主地位不明确、业主组成不规范、业主行使权利义务履行难等问题。1994 年《中华人民共和国公司法》颁布施行后，国家计委于 1996 年下发了《关于实行建设项目法人责任制的暂行规定》，将"项目业主责任制"改用"项目法人责任制"表述，把业主提高到法人地位。随着以"产权清晰、权责分明、政企分开、管理科学"为特征的现代企业制度在工程建设领域的应用，项目法人责任制作为项目建设与生产经营全过程中运用现代企业制度进行管理的一项重要内容，于 1995 年 9 月正式写入《中共中央关于制定国民经济和社会发展"九五"计划和 2010 年远景目标的建议》。1999 年，国务院办公厅发布《关于加强基础设施工程质量管理的通知》，要求"基础设施项目，除军事工程等特殊情况外，都要按政企分开原则组建项目法人，实行建设项目法人责任制，由项目法定代表人对工程质量负总责"。

对于公路建设项目，1997 年出台的《中华人民共和国公路法》第二十三条规定："公路建设项目应当按照国家有关规定实行法人负责制度"。2000 年，交通部颁布《公路建设市场准入规定》，对项目法人的准入条件提出了原则性要求，同年颁布的《公路建设四项制度实施办法》，规定了各类公路建设项目法人的组建方式及职责。2001 年，交通部印发了《公路建设项目法人资格标准（试行）》，对项目法人的资格标准进行了细化。2004 年，交通部出台了《公路建设市场管理办法》，进一步明确了项目法人的职责。随着公路建设管理体制改革的不断深化，2011 年，交通运输部出台了《关于进一步加强公路项目建设单位管理的若干意见》。2015 年 4 月，交通运输部出台了《关于深化公路建设管理体制改革的若干意见》，提出要落实项目法人责任制，对项目法人的概念、职责等进行了明确，对项目法人的信用评价体系建设和监管提出了明确要求。

与项目法人制相关的主要法规文件见表 4-1。

根据 2001 年制定的《公路建设项目法人资格标准（试行）》，项目法人负责项目筹划、资金筹措和建设实施。经营性公路项目法人还应负责项目的运营管理、债务偿还和资产管理。项目法人应具有成立法人的批准文件、法定代表人的任职文件、拟建工程项目的可行性研究报告批复文件;经营性公路项目法人应具有工商行政管理部门颁发的《企业法人营业执照》,公益性公路项目法人应具有事业单位登记管理机关颁发的《事业单位法人证书》;公路建设项目资金来源已经落实。公路建设项目法人分甲级和乙级两类,甲级项目法人能承担各级公路(含各类桥梁和隧道)工程的项目管理,乙级项目法人能承担二级及以下公路(含大桥和长隧道)工程的项目管理。项目法人机构应内设计划、工程、财务等主要职能管理部门,部门职责分工明确,管理制度完善。

与项目法人责任制相关的主要法规文件 表 4-1

级别	名　称	发布部门	最新版本	时效性
法律	《中华人民共和国民法通则》	全国人大	2009 年修正	有效
	《中华人民共和国公司法》	人大常委会	2013 年修正	有效
	《中华人民共和国公路法》	人大常委会	2016 年修正	有效
行政法规	《收费公路管理条例》	国务院	2004 年	有效
行业规章	《关于实行建设项目法人责任制的暂行规定》	国家计委	1996 年	有效
	《公路建设市场管理办法》	交通运输部	2011 年	有效
	《公路建设监督管理办法》	交通部	2006 年	有效
	《公路建设市场准入规定》	交通部	2000 年	失效
	《公路建设四项制度实施办法》	交通部	2000 年	失效
规范性文件	《关于加强基础设施工程质量管理的通知》	国务院办公厅	1999 年	有效
	《公路建设项目法人资格标准(试行)》	交通部	2001 年	失效
	《关于进一步加强公路项目建设单位管理的若干意见》	交通运输部	2011 年	有效

项目法人的管理机构和人员配备还应符合以下具体要求:

甲级项目法人:项目负责人具有高级职称,熟悉国家有关工程建设的法律法规,政治素质好,业务水平高,具有丰富的工程管理经验,担任过 1 项以上一级以上公路或特大桥工程项目或 2 项以上二级以上公路工程项目的负责人;技术负责人具有公路工程专业高级职称,担任过 1 项以上一级以上公路或特大桥工程项目或 2 项以上二级以上公路工程项目的技术负责人;财务负责人具有中级以上会计职称,经营性公路项目法人还应具有中级以上职称的工程经济负责人;具有公路工程专业中级以上职称的工程技术人员 10 人以上,初级以上会计职称的财务管理人员 3 人以上,经营性公路项目法人还应具有初级以上职称的工程经济管理人员 2 人以上。

乙级项目法人:项目负责人具有中级以上职称,熟悉国家有关工程建设的法律法规,政治素质好,业务水平高,具有较丰富的工程管理经验,担任过 1 项以上公路工程项目的负责人；技术负责人具有公路工程专业中级以上职称，担任过1项以上公路工程项目的技术负责人；财务负责人具有中级以上会计职称，经营性公路项目法人还应具有中级以上职称的工程经济负责人；具有公路工程专业中级以上职称的工程技术人员5人以上，初级以上会计职称的财务管理人员2人以上，经营性公路项目法人还应具有初级以上职称的工程经济管理人员1人以上。

2010年，交通运输部在厦门组织召开的全国公路建设座谈会上，冯正霖副部长指出，“项目法人作为工程项目的组织者、协调者和集成者，对于工程建设的成败起着决定性作用……从某种程度上讲，项目法人的眼光、眼界决定项目的建设管理水平。在建设项目专业分工越来越明晰、技术要求越来越高的条件下，要实现对项目管理的投资控制、进度控制、质量控制和安全管理、合同管理、信息管理的要求，就需要具有高水平的专业化组织机构和专业化人才队伍，就需要根据项目建设规模和技术难易程度组建专业化的组织管理机构，就需要加强不同专业的技术人员和管理人员的合理配置。”

2011年8月，交通运输部印发《关于进一步加强公路项目建设单位管理的若干意见》（交公路发〔2011〕438号），明确了公路项目建设单位系指承担工程建设管理职责的项目法人，及其派驻工程现场指挥、协调、管理各参建单位完成工程建设任务的管理机构（指挥部、项目办、管理处等）。公路项目建设单位履行建设管理职责，应具备相应的管理能力和建设经验，按规定组建机构、配备人员，制定完善工程管理各项规章制度。高速公路新建（改扩建）项目或独立特大型桥梁、隧道项目，派驻工程现场的建设管理机构、管理人员应符合以下资格条件。各省级交通运输主管部门可根据本地区实际制定具体标准，但不应低于以下资格条件：

（1）管理机构：应设有计划、合同、技术、质量、安全、财务、纪检等职能部门。

（2）管理人员：总人数视工程项目建设规模和专业技术要求确定，其中，工程技术人员应不少于管理人员总数的65%，具有高、中级以上专业技术职称的人员应占工程技术人员总数的70%以上。

（3）人员资格：管理机构负责人及其关键岗位人员应具有良好的社会信用和职业道德，具备相应工程组织管理能力，严格执行国家有关法律和规定，熟悉、掌握公路建设规章、政策，其中：机构负责人应具有中级以上专业技术职称，具备2个及以上高速公路项目的建设管理经历；技术负责人应熟悉、掌握公路工程技术标准、规范和规程，具有高级以上专业技术职称，具备2个及以上高速公路项目的技术管理经历；财务负责人应熟悉、掌握财经法规和财务制度，具有中级以上职称，具备1个及以上高速公路项目的财务管理经历；关键岗位人员（计划、合同、技术、质量、安全等部门负责人）应具备相应岗位的专业技术和任职资格，并分别具备1个及以上高速公路项目的建设管理经历。

其他技术等级公路项目建设单位及其派驻工程现场的管理机构、管理人员及资格条件由省级交通运输主管部门根据本地区实际确定。

公路项目建设单位派驻工程现场的管理机构、管理人员及资格条件实行核备制度。在报批项目初步设计文件时，公路项目建设单位应将派驻工程现场的管理机构、管理人员及资格条件报有关交通运输主管部门核备。交通运输主管部门应及时审核，对未达到资格标准的，要责成其补充完善，或责成其按规定委托具备相应管理能力的代建单位负责建设管理。此外，还提出了规范建设管理行为、加强监督检查等有关要求，加强对公路项目建设单位的履职状态、管理成效的考核评价，建立奖惩激励机制。交通部 2001 年公布的《公路建设项目法人资格标准（试行）》（交公路发〔2001〕583 号）同时废止。

2015 年交通运输部印发《关于深化公路建设管理体制改革的若干意见》（交公路发〔2015〕54 号）明确："公路建设项目法人由项目出资人和项目建设管理法人组成"。项目出资人依法履行出资人职责；项目建设管理法人是经依法设立或认定，具有注册法人资格的企、事业单位，负责公路项目的建设管理，承担工程质量、安全、进度、投资控制等法定责任。

公路建设项目应实行项目法人责任制。对于目前由地方政府或交通运输主管部门直接负责建设管理的国省干线公路、农村公路项目，应按照政企分开、政事分开、监管与执行分开的原则，逐步过渡到由公路管理机构履行项目建设管理法人职责，或通过代建方式由专业化的项目管理单位负责建设。

按照项目投资性质，政府作为出资人的，应依法确定企业或事业单位作为建设管理法人；企业作为出资人的，应组建项目建设管理法人。项目建设管理法人应具备与项目建设管理相适应的管理能力，并承担项目建设管理职能及相应的法律责任。地方交通运输主管部门应按照交通运输部《关于进一步加强公路项目建设单位管理的若干意见》（交公路发〔2011〕438 号），结合本地区实际及具体项目情况，制定针对项目的建设管理能力要求。交通运输主管部门要以项目为单位对项目建设管理法人、法人代表及项目管理主要人员开展考核和信用评价，不断完善对项目建设管理法人的监督约束机制和责任追究机制。

第二节　工程监理制

改革开放以前，我国的基本建设活动基本上是按照计划经济的模式进行的，即由国家统一安排建设项目计划、统一财政拨款、统一安排施工队伍等。由于建设管理机构多为临时机构，无须承担经济风险，相当一部分管理人员不具备工程建设管理的知识和经验，建设工程管理水平长期在低水平徘徊的问题未得到很好的解决。这些问题的出现，引起了国务院及社会各方关注。

1985 年 12 月,全国基本建设管理体制改革会议对我国传统的工程建设管理体制作了深刻的分析,指出“综合管理基本建设是一项专门的学问,需要一大批这方面的专门机构和专门人才。……要使建设管理的工作走上科学管理的道路,不发展专门组织管理工程建设的行业是不行的”。这次会议揭开了工程建设管理体制改革的新篇章。随着改革开放进程深入推进,我国对外技术交流日益增多,通过到西方发达国家考察、学习,我们看到了国内与西方发达国家在工程建设管理领域的差距,开始着手学习、借鉴和引进国外先进的工程管理经验。与此同时,我国在基建等领域大规模利用世界银行、亚洲开发银行等国际金融组织贷款时,贷款方给予贷款的条件之一就是要采用工程监理制,基于菲迪克(FIDIC)条款的工程监理制进入了视野。在借鉴国外先进的工程项目管理经验的基础上,建设部在 1988 年 7 月 25 日和 11 月 12 日分别印发了《关于开展建设监理工作通知》(〔88〕建建字第 142 号)、《建设监理试点工作若干意见》(〔88〕建建字第 366 号),明确在八市(北京、上海、南京、天津、宁波、沈阳、哈尔滨、深圳)二部(能源、交通的水运与公路系统)进行建设监理试点,同步启动了试点工作。

为推行工程监理制度试点工作,交通部先后在利用世界银行贷款的西安至三原一级公路、京津塘高速公路和天津港东突堤工程等交通基础设施建设项目中,按照国际通行的菲迪克合同条款要求,实行了国际招标和工程监理制度。经过第一批交通基础设施建设项目实行工程监理制度的试点、稳步发展,1993 年 11 月交通部决定在全国公路、水运工程系统全面推行工程监理制度,比全国从 1996 年 1 月全面推行工程监理制度早了两年。从 1986 年第一个实行工程监理制度的西安至三原一级公路项目算起,至今我国交通建设行业实行工程监理制度已超过 30 年。

公路工程监理制发展的主要节点如下。

一、试点阶段(1986—1992 年)

1986 年,交通部第一个世行贷款项目西安至三原一级公路开始招标准备;同年 12 月,我国首次实行国际招标和工程监理制的公路工程项目——陕西省西安至三原公路动工。西三公路是我国首次利用世行贷款和实行工程监理制修建的一级公路。该项目通过国际招标,选定丹麦金硕咨询公司为咨询监理单位,与国内经过培训的首批公路工程监理工程师一起,按菲迪克条款进行监理,取得良好效果。

1987 年 12 月 10 日,我国首次实行工程监理制的高速公路项目——京津塘高速公路动工。京津塘高速公路是我国利用世行贷款和实行工程监理制修建的第一条跨省市的高速公路。时任交通部公路局局长杨盛福同志兼任京津塘高速公路工程总监理工程师,丹麦金硕咨询公司、美国路易斯伯杰国际工程咨询公司选派 5 名专家和中方 218 名监理人员参加了该项目的监理咨询服务。在京津塘高速公路建设的5年中，交通部结合试点工作经验，初步创立了"政府监督、社会监理、企业自检"的建设工程质量保证体系，初步创立了交通建设工程监理制度并形成了"严格监理，热情服务"的中国特色。时任国务院副总理邹家华同志多次视察京津塘高速公路，并给予很高评价。京津塘高速公路实行工程监理制试点，为中国交通建设监理制度的创立提供了宝贵的经验，对于中国建设管理体制的改革和创新，具有里程碑的意义。

1990年7月，部分利用世行贷款的济青高速公路建设拉开序幕，济青高速在菲迪克条款与中国实际对接方面，创造出"监帮结合"的新经验。

为做好工程监理制度试点工作，根据国内公路建设的实际与行业特点，交通部提出了"慎重起步，法规先导，循序渐进，健康发展"的要求，并于1989年6月21日印发《公路工程施工监理试点工作意见》，确定京津塘、西三、济青、南九、开封—洛阳、沈大、312国道（安徽段）高集海峡大桥等9个项目为监理试点项目。试点项目坚持"多种模式，不同要求，摸索经验"的做法，坚持法规建设与试点工作同步进行，1989年，交通部委托陕西省交通厅编制国内首套《世行贷款项目公路工程招标文件范本》完成，填补了国内空白。为指导公路工程施工监理，1989年4月24日，交通部印发《公路工程施工监理暂行办法》，后于1992年5月16日修订为《公路工程施工监理办法》（交工发〔1992〕378号），初步建立了符合我国公路工程实际的工程监理制度。为加强监理从业单位和人员管理，1990年11月13日和1992年1月25日，交通部又分别印发了《公路水运监理单位监理资格审批暂行规定》和《公路、水运工程监理工程师注册办法》。为规范工程监理收费，1992年9月18日，原国家物价局、建设部联合发出了《关于发布建设工程监理费有关规定的通知》（〔1992〕价费字479号），明确了我国工程监理合同计价方式和监理取费办法。至此，指导公路工程施工监理工作主要法规基本建立。

为加强推行工程监理制领导，1989年12月25日，交通部工程建设监理总站成立，为交通建设工程监理制的推行提供了组织保证。

为满足工程监理制度试点对监理人才需求，1990年开始，交通部工程建设监理总站陆续委托长安大学（西安公路学院）、长沙理工大学（长沙交通学院）、重庆交通大学（重庆交通学院）、东南大学（南京交通高等专科学校）、武汉理工大学（武汉交通科技大学）、大连理工大学编写培训教材，在各省（自治区、直辖市）交通厅（局、委）质监机构及港航质监站支持下，全面开展全国公路水运工程监理工程师培训工作。

二、稳步发展阶段（1993—1995年）

在取得试点经验基础上，1993年11月，交通部决定在全国交通系统推行工程监理制，比全国提前至少2年。由于世界银行、亚洲银行等国际金融组织有明确规定，其贷款项目必须实行施工监理。在此期间,全国列入计划的大中型公路工程建设项目大多实行了工程监理制度。

(1)监理组织形式从起步阶段临时组成的中外联合体的项目监理机构,逐步发展成为具有法人资格、独立经营、自负盈亏、自我积累、自我发展的监理公司。

(2)监理人员主要由事业单位、科研机构、大专院校中各类专业技术人员组成,其专业较齐全、素质较高、经验较丰富,思想作风较好,依照"严格监理、热情服务、秉公办事、一丝不苟"的原则,开展施工监理工作。

(3)监理工作内容包括为实现质量、费用和进度等目标所做的管理、控制和保证工作,以及合同管理、信息管理和协调工作(简称"三控两管一协调")。

(4)形成了比较规范的监理工作程序。监理工作以国家法规为准绳,以经济合同为依据,以试验检测为基础,以三控(质量、进度、支付)和旁站巡视为手段,规范有序地进行,并逐步向深度和广度发展,监理水平在实践中逐步提高。

(5)初步建立了交通建设监理法规体系。为规范监理市场行为,部先后颁发了《公路水运工程监理单位资质管理暂行规定》(交基发〔1995〕448 号)、《公路工程施工监理规范》(JTJ 077—95)等监理制度和技术规范。各省市区结合本地的实际情况,也制定了一些地方性的政策,促进了监理工作的健康发展。

工程监理已逐步成为建设市场主体之一,工程监理制在交通建设中的逐步推行,形成了以业主、监理工程师、承包人为主体的建设市场格局。这种相互制约、相互协作、相互促进的新的工程项目管理运行机制,提高了工程项目的管理水平,实现了与国际通用管理制度的接轨。

三、全面推行阶段(1996—2000 年)

经过试点和稳步发展的实践经验总结,为进一步提高公路水运工程建设水平,1996 年 7 月 1 日,在交通部召开的全国交通基本建设质量监督工程监理工作会议上,时任交通部副部长李居昌作了"加强质量监督,全面推行工程监理,开创监督、监理工作新局面"的报告,提出了"九五"期间监理工作总的指导思想、目标和主要任务。全面推行工程监理制时机成熟,工程监理覆盖所有新开工建设的高速公路项目。监理工作内容、工作程序得以延续,监理市场化进程加快,监理法规制度建设得到加强。

(1)资质管理。凡从事交通基本建设监理的单位必须是经交通行政主管部门资质审批或审查认可,监理单位应按核定的资质等级和监理范围开展监理业务,监理单位应是具有法人地位的经济实体。监理工程师必须持证上岗。建立定期的检查考核制度,加强对监理项目的考核评价。到"九五"末,经部批准资质的全国交通系统监理单位 224 家,监理工程师近 12000 名,有 5 万多人先后通过由部组织举办的 600 多期监理业务培训班的培训学习,取得了上岗资格。

(2)基本建立“政府监督、社会监理、企业自检”三级质量保障体系。

(3)监理行业市场化进程加快。一是监理企业逐步成为自主经营、自负盈亏、自我发展、自我约束的经济实体。二是通过招标择优确定监理单位的政策环境和条件成熟,工程监理开始实行招标投标管理。三是签订监理服务合同,进一步明确监理责权,保证监理工作正常进行。

(4)工程监理法规制度建设得到加强。在此期间,部先后制订了《公路、水运工程监理工程师资质管理办法》(交基发〔1996〕29 号),《公路工程施工监理合同范本》《公路工程施工监理招标投标管理办法》(交通部令 2006 年第 5 号)等法规,促进了工程监理工作制度化、规范化、科学化。1997 年,全国人大通过的《中华人民共和国公路法》《中华人民共和国建筑法》明确载入了工程监理内容。2000 年 1 月 30 日,《建设工程质量管理条例》实施,进一步明确了工程监理单位的质量责任和义务,工程监理在工程建设管理体制中的地位得到了国家法律的保障,工程监理制成为我国工程建设领域项目管理的“四项制度”之一。

四、深化发展阶段(2001 年至今)

进入 21 世纪后,随着我国高速公路建设规模不断扩大以及建设体制改革的需要,工程监理作用进一步凸显,工程监理内容进一步丰富,工程监理范围进一步扩大,工程监理法规建设进一步完善。工程监理在高速公路建设中实现了全覆盖,并向改扩建工程及养护延伸。监理单位依据监理合同约定的职责与权限,对工程质量、安全、环保、费用、进度实施监督管理。监理工作内容包括为实现质量、安全、环保、费用和进度等目标所做的管理、控制和保证工作,以及合同管理、信息管理和协调工作(简称“五控两管一协调”),中国特色公路工程监理制度基本建立。

(一)监理市场监管

1. 市场管理

2002 年,交通部质监总站组织开展了监理单位资质核查工作,经对全国 257 家公路水运工程监理单位资质核查,合格 206 家,基本合格 42 家,限期整改 5 家,取消资质 4 家。开展对现场监理工作检查评价活动,引导监理企业不断改进工作,提高监理水平。2008 年,部质监总站根据国务院办公厅《关于开展安全百日督查专项行动的通知》要求,对贵州、安徽等 29 省(自治区、直辖市)公路、水运工程实施百日督查。为切实加强交通建设工程质量安全,部先后开展了公路水运工程“平安工地”建设、施工标准化、混凝土通病治理、打造公路水运品质工程等活动,进一步提高公路工程建设质量与安全水平。

2. 监理招投标

为加强公路工程施工监理招投标管理，规范监理招投标市场行为，在总结前期工作经验的基础上，《公路工程施工监理招标投标管理办法》（交通部令 2006 年第 5 号）经第 6 次部务会议通过，自 2006 年 7 月 1 日起施行。2008 年 12 月 25 日，交通运输部印发《公路工程施工监理招标文件范本》（交质监发〔2008〕557 号），与 1997 年版范本相比，进一步确立了监理工程师的核心地位。为进一步完善公路工程建设市场管理体系，《公路工程建设项目招标投标管理办法》再度修订，自 2016 年 2 月 1 日起施行（交通运输部令 2015 年第 24 号），新办法明确提出"五公开""三记录"，坚持择优导向，重拳打击投标人围标串标、弄虚作假，推进招投标进入公共资源交易市场等。与之配套的《公路工程标准施工监理招标文件》（征求意见稿）、《公路工程标准施工监理招标资格预审文件》（征求意见稿）已经完成意见征集等前期工作。

3. 从业管理

开展从业信息登记是规范市场重要手段，早在 2001 年，交通部开始实施监理工程师执业信息登记管理。2005 年确立以电子信息管理为主要方式，依托原质监总站网站行业数据库实施监理工程师岗位登记（简称旧系统）。2011 年，交通运输部印发《公路水运工程监理工程师登记管理办法》（交质监发〔2011〕572 号），进一步完善登记程序和要求，基于行业项目库重新开发了监理工程师新登记系统（部三合一系统，简称新系统），全面实施监理企业业绩登记、监理工程师从业登记和业绩登记。目前该工作正有序推进。

4. 信用评价

信用试评价工作于 2008 年启动，为完善信用评价标准和程序，2012 年 12 月 25 日，交通运输部印发了《公路水运工程监理信用评价办法》（交质监发〔2012〕774 号），进一步促进了监理行业诚信建设。

5. 组织开展"监理企业树品牌、监理人员讲责任"行业新风建设活动

2008 年 10 月，交通运输部印发《关于开展"监理企业树品牌 监理人员讲责任"行业新风建设活动的通知》（交质监发〔2008〕419 号），为期 3 年"监理企业树品牌、监理人员讲责任"行业新风拉开序幕。2012 年 5 月，交通运输部在贵阳市召开新风建设活动总结会，冯正霖副部长作了重要讲话，肯定了新风活动取得的成绩，并提出"提高监理的法定地位，使监理属性逐步回归到高端（高智商、高智能）技术咨询服务"，为中国交通建设监理制度的发展定位，指出了明确的方向。

（二）资质管理

资质管理坚持发展与规范并重，2004 年 6 月 30 日，新修订《公路水运工程监理企业

资质管理规定》（交通部令2004年第5号）印发，2007年11月19日和2010年3月12日，交通部办公厅分别印发《关于印发公路水运工程监理企业资质定期检验和复查办法的通知》（厅质监字〔2007〕246号）、《公路水运工程甲乙级及专项监理资质复查标准（暂行）》（厅质监字〔2010〕58号）指导定检及复查工作。截至2017年8月底，全国共有公路甲乙级和专项资质674家，其中公路甲级企业449家，乙级企业213家，特殊独立隧道资质76项，特殊独立桥梁专项119项，公路机电资质50项（含仅有公路机电专项的12家企业）。

（三）监理队伍建设

1. 组织公路水运工程监理工程师执业资格考试

为提高监理从业人员素质，2003年，交通部在辽宁、山东、湖南、四川4省实施公路水运工程监理工程师执业资格考试试点。在取得试点经验基础上，2004年5月14日，交通部发布《公路水运工程监理工程师执业资格考试管理暂行办法》（交质监发〔2004〕125号），实行"以考代评"制度，同年5月，举行全国第一次公路水运工程监理工程师执业资格考试。监理工程师考试制度的确立，为选拔优秀人才提供了新的渠道，到2014年底，共组织10次监理工程师执业资格（过渡）考试，通过考试获得公路工程监理工程师资格证书人员49109人，其中监理工程师29106人，专业监理工程师19913人。

2. 开展公路水运工程施工安全监理和环境保护监理知识培训

为满足公路水运工程建设对施工安全生产、环境保护监理知识的要求，在前期工作基础上，2012年，交通运输部印发《关于抓紧做好公路水运工程监理工程师施工安全生产环境保护监理培训工作的通知》（厅质监字〔2012〕34号），明确2012年12月31日前，所有2010年以前（含2010年）取得监理工程师资格证书并已从业登记的监理工程师均须通过施工安全生产、环境保护监理专项培训。从2013年1月1日起，未通过施工安全生产、环境保护监理专项培训的监理工程师，暂停其从业登记与业绩登记。到2014年底，累计完成公路监理工程师安全培训43955人，环保培训43872人。

（四）监理制度改革

为更好发挥工程监理作用，适应我国公路建设外部环境以及投融资方式、建设组织形式等出现的新变化，2009年开始部质监局联合中国交通建设监理协会，先后组织开展了公路水运工程监理收费情况调研、公路水运工程项目现场监理机构工作状况调研等；2011年4月起，部公路局联合部质监局、中国交通建设监理协会开展了公路工程监理体制调研工作；同期，中国交通建设监理协会对新时期交通建设监理科学发展进行了研究。

2013年上半年，部专家委员会开展了公路工程监理制度改革调研工作；2014年年初，在取得共识基础上，按照交通运输部统一部署，部公路局会同政策研究室、安全与质量监督管理司组织开展公路建设管理体制改革专题研究；2015 年 4 月，交通运输部印发了《关于深化公路建设管理体制改革的若干意见》（交公路发〔2015〕54 号），提出了工程监理制改革的具体意见。

意见提出，坚持和完善工程监理制，更好地发挥监理作用；明确监理定位、监理职责和权利，调整完善监理工作机制；引导监理企业和监理从业人员转型发展。工程监理制度改革自此拉开序幕，并在探索实践中不断深化。

（五）行业自律及诚信体系建设

我国交通建设监理行业组织从无到有，并不断发展壮大。2002 年 4 月 13 日，中国交通建设监理协会召开成立大会，我国交通建设监理单位有了自己的行业组织。江苏、浙江、湖北、吉林、黑龙江、内蒙古、广东、湖南等省、自治区相继成立协会。各协会先后制订了行业自律公约、会员守则、职业道德准则，组织开展评优等工作，在加强监理企业的交流与合作、维护监理企业合法权益和市场秩序、建设行业自律机制、增强监理企业整体实力等方面发挥了重要作用。

（六）法规建设

为进一步规范监理工作行为，交通运输部及时修订并完善了有关工程监理法规与规章，并结合公路工程监理制度改革的要求，及时出台一批新规定及规范（表 4-2），促进了公路工程监理事业健康发展。

与工程监理制相关的主要法规文件 表 4-2

级别	名　称	发布部门	最新版本	时效性
法律	《中华人民共和国公路法》	全国人大常委会	2016 年修正	有效
	《中华人民共和国建筑法》	全国人大常委会	2011 年修正	有效
行政法规	《建设工程质量管理条例》	国务院	2000 年	有效
	《建设工程安全生产管理条例》	国务院	2003 年	有效
行业规章	《关于开展建设监理工作的通知》	建设部	1988 年	有效
	《公路工程施工监理办法》	交通部	1992 年	有效
	《公路建设市场管理办法》	交通部	2015 年	有效
	《公路水运工程监理工程师资质管理办法》	交通部	1996 年	有效
	《公路水运工程监理工程师执业资格考试管理暂行办法》	交通部	2004 年	有效
	《公路工程竣（交）工验收办法》	交通部	2004 年	有效
	《公路工程质量检验评定标准》	交通部	2004 年	有效
	《公路工程设计变更管理办法》	交通部	2005 年	有效
	《公路建设监督管理办法》	交通部	2006 年	有效
	《公路水运工程监理工程师登记管理办法》	交通运输部	2011 年	有效

续上表

级别	名　　称	发布部门	最新版本	时效性
行业规章	《公路水运工程监理信用评价办法》	交通运输部	2012年	有效
	《公路工程建设项目招标投标管理办法》	交通运输部	2015年	有效
	《公路工程施工监理招标文件范本》	交通运输部	2008年	有效
	《关于开展交通工程环境监理工作的通知》	交通部	2004年	有效
	《公路水运工程监理企业资质管理规定》	交通运输部	2015年	有效
	《公路水运工程监理企业资质定期检验和复查办法》	交通部	2007年	有效
	《关于深化公路建设管理体制改革的若干意见》	交通运输部	2015年	有效
	《公路水运工程试验检测管理办法》	交通运输部	2016年	有效
	《公路水运工程安全生产监督管理办法》	交通运输部	2017年	有效
	《工程建设项目招标范围和规模标准规定》	国家发展计划委员会	2000年	有效
	《关于进一步放开建设项目专业服务价格的通知》	国家发改委	2015年	有效
	《建设工程施工合同(示范文本)》	住房和城乡建设部、国家工商行政管理总局	2013年	有效

第三节　招标投标制

改革开放以前,在计划经济体制下,我国基本建设和采购任务由主管部门用指令性计划下达。1980年10月,国务院在《关于开展和保护社会主义竞争的暂行规定》中首次提出,为了改革现行经济管理体制,进一步开展社会主义竞争,“对一些适于承包的生产建设项目经营项目,可以试行招标投标的办法”。1981年,吉林省吉林市和深圳特区率先试行工程招标,并取得良好效果,在全国起到了示范作用,拉开了我国招标投标的序幕。1983年6月7日,建设部印发《建筑安装工程招标投标试行办法》,这是建设工程招标投标的第一个部门规章,也是我国第一个对招标投标做出详尽规定的办法。国务院于1984年9月颁布了《关于改革建筑业和基本建设管理体制若干问题的暂行规定》,该规定提出“大力实施工程招标承包制度”“改革单纯使用行政手段分配建设任务,取而代之实行招标投标”。同年11月,我国制定了《建设工程招标投标暂行规定》,开始全面施行招标投标制度。

1992年12月30日,建设部发布《工程建设施工招标投标管理方法》。1997年11月,我国颁布《中华人民共和国建筑法》,规定:“建筑工程依法实行招标发包”“建筑工程发包与承包的招标投标活动,应当遵循公开、公正、公平等竞争的原则,择优选择承包单位”。

1997 年,建设部在全国率先编发了《建设工程施工招标文件范本》《建设工程施工招标程序及操作指南》,使招标投标趋于完善、规范,招标投标体系基本形成。1999 年 8 月 30 日,第九届全国人大常委会第十一次会议通过《中华人民共和国招标投标法》,自 2000 年 1 月 1 日起正式施行,招标投标制进入了一个新的发展阶段。2000 年以来,我国陆续颁布了评标、招投标投诉、电子招投标、招标事项核准等方面的规定,为我国的招投标制度建立了比较完善的规范体系。

招标投标制发展的主要节点:

(1)1981 年,吉林省吉林市和深圳特区率先试行工程招标投标,并取得良好的效果。

(2)1983 年 6 月,建设部印发了《建筑安装工程招标投标试行办法》,规定“凡经国家和省、市、自治区批准的建筑安装工程,均可按本办法的规定,通过招标择优选定施工单位。持有营业执照的国营建筑企业和集体所有制施工单位,均可通过投标承揽任务”,这为我国推行招标投标制度奠定了基础。

(3)1984 年 9 月,国务院颁发了《关于改革建筑业和基本建设管理体制若干问题的暂行规定》,提出“大力推行工程招标承包制”“要改变单纯用行政手段分配建设任务的老办法,实行招标投标”。同年 11 月,国家计委和建设部联合制定了《建设工程招标投标暂行规定》,招标投标制度初步确立。

(4)1992 年 12 月,建设部发布了《工程建设施工招标投标管理办法》,规定“凡政府和公有制企、事业单位投资的新建、改建、扩建和技术改造工程项目的施工,除某些不适宜招标投标的特殊工程外,均应按照本办法,实行招标投标”。这个规定是在总结我国多年招标投标实践基础上制定的,对规范招投标行为起到了积极作用。

(5)上述政策法规的出台,极大地推动了全国建设工程招标投标工作的开展。1984 年,全国施工招标的建设项目比例仅为 4.8%,1996 年此比例上升到 54%。

(6)2000 年 1 月 1 日,《中华人民共和国招标投标法》开始实施,招标投标制度正式以法律形式确立。

与招标投标制相关的主要法规文件见表 4-3。

与招标投标制相关的主要法规文件 表 4-3

级别	名　　称	发布部门	最新版本	时效性
法律	《中华人民共和国招标投标法》	人大常委会	1999 年	有效
行政法规	《招标投标法实施条例》	国务院	2011 年	有效
行业规章	《工程建设项目招标范围和规模标准规定》	国家计委	2001 年	有效
	《招标公告发布暂行办法》	国家计委	2013 年修订	有效
	《工程建设项目自行招标试行办法》	国家计委	2013 年修订	有效

续上表

级别	名 称	发布部门	最新版本	时效性
行业规章	《评标委员会和评标办法暂行规定》	国家计委、建设部、交通部等七部委	2000 年	有效
	《评标专家和评标专家库管理暂行办法》	国家发改委	2003 年	有效
	《工程建设项目招标投标投诉处理办法》	国家发改委、建设部、交通部等七部委	2004 年	有效
	《公路工程建设项目招标投标管理办法》	交通运输部	2015 年	有效
	《经营性公路建设项目投资人招标投标管理规定》	交通部	2007 年	有效
	《电子招标投标办法》	国家发改委、监察部、交通运输部等八部委	2013 年	有效
	《关于废止和修改部分招标投标规章和规范性文件的决定》	国家发改委、财政部、交通运输部等九部委	2013 年	有效
规范性文件	《公路工程施工招标评标委员会工作细则》	交通部公路司	2003 年	有效
	《公路工程施工监理招标文件范本》	交通运输部	2008 年	有效
	《公路工程标准施工招标文件(2009 年版)》	交通运输部	2008 年	有效
	《公路工程标准勘察设计招标文件(2011 年版)》	交通运输部	2011 年	有效
	《公路建设项目评标专家管理办法》	交通运输部	2011 年	有效
	《经营性公路建设项目投资人招标文件示范文本(2011 年版)》	交通运输部	2011 年	有效

第四节 合同管理制

改革开放前，我国长期实行计划经济体制，市场规律在经济生活中并不能发挥作用，没有形成真正意义上的建设市场。工程立项、资金来源、施工单位的确定、材料供应都由国家计划来安排，工程建设中的各个单位之间不存在直接联系，业务活动中并不使用合同，因此合同管理制没有建立。

改革开放以后，随着计划经济体制向市场经济体制转型，市场主体的法人地位逐步确立，同时招投标作为业主选择承包商的市场手段逐步推广，这些都促进了建设工程中合同的普及，并逐步形成了合同管理制度。

1979 年 4 月，国家建委颁布《关于试行基本建设合同制的通知》，提出必须坚持按经济规律办事，充分运用合同来管理基本建设；1979 年国家建委颁布了《建筑安装工程合同实行条例》和《勘察设计合同试行条例》，推动了建筑合同制度的施行。1983 年 8 月 8 日，国务院颁布《建筑安装工程承包合同条例》和《建设工程勘察设计合同条例》，更加详细地规定了建筑安装和勘察设计工作中发包人和承包人的权利、义务和法律责任等，并提出基本建设推行合同制度的意见。

合同管理制与招标投标制相伴而生，1999 年 3 月出台了《中华人民共和国合同法》，1999 年 8 月出台了《中华人民共和国招标投标法》，还陆续出台了一系列的法规规章制度。如 2000 年 1 月颁布的《建设工程质量管理条例》，2004 年 2 月颁布的《建设工程安全生产管理条例》等，建立健全了建设工程合同管理制度，明确了合同各方当事人的法律地位和权力、责任、义务，对提高建设工程管理水平起到了极大的推动作用。

合同管理制发展的主要节点如下：

(1)1979 年 4 月，国家建委颁布了《关于试行基本建设合同制的通知》，提出必须坚持按经济规律办事，充分运用合同来管理基本建设。

(2)1979 年 4 月，国家建委颁布了《建筑安装工程合同试行条例》与《勘察设计合同试行条例》。

(3)1981 年 12 月 13 日，第五届全国人民代表大会第四次会议通过《中华人民共和国经济合同法》。

(4)1983 年 8 月，国务院颁布了《建设工程勘察设计合同条例》和《建筑安装工程承包合同条例》。

(5)1991 年，建设部与工商行政管理局联合颁发《建设工程施工合同(示范文本)》。

(6)1993 年 1 月，建设部颁布了《建设工程施工合同管理办法》。

(7)1997 年,《中华人民共和国建筑法》颁布实施。

(8)1999 年,《中华人民共和国合同法》颁布实施。

(9)2000 年,交通部颁布《公路建设四项制度实施办法》。

与合同管理制相关的主要法规文件见表 4-4。

与合同管理制相关的主要法规文件　　表 4-4

级别	名　称	发布部门	最新版本	时效性
法律	《中华人民共和国合同法》	全国人大常委会	1999 年	有效
	《中华人民共和国招标投标法》	全国人大常委会	1999 年	有效
行业规章	《公路建设市场管理办法》	交通部	2004 年	有效
	《公路工程建设项目招标投标管理办法》	交通运输部	2015 年	有效
	《经营性公路建设项目投资人招标投标管理规定》	交通部	2007 年	有效
规范性文件	《中华人民共和国标准施工招标文件(2007 年版)》	国家九部委第 56 号令	2008 年	有效
	《公路工程施工监理招标文件范本》	交通运输部	2008 年	有效
	《公路工程标准施工招标文件(2009 年版)》	交通运输部	2009 年	有效
	《公路工程标准勘察设计招标文件(2011 年版)》	交通运输部	2011 年	有效
	《经营性公路建设项目投资人招标文件示范文本(2011 年版)》	交通运输部	2011 年	有效

第五节　公路建设管理体制改革

公路建设管理四项制度的推行,对于高速公路建设的顺利推进发挥了积极的促进保障作用,但随着经济社会的发展和公路建设投融资模式等的变化,出现了一些不适应现实管理需要的新情况、新问题,其中,以工程监理制遇到的问题较为突出。

工程监理制自建立以来,对我国公路建设的持续、快速、健康发展起到了积极而重要的作用。然而,随着我国经济社会的不断发展和公路建设管理模式的变化,监理制度与公路建设要求不相适应的矛盾越来越突出;随着建设市场规模的不断扩大,监理队伍、监理人员数量和素质愈发难以满足监理制度初始设计时的要求。突出表现在:监理人员规模迅速膨胀,以考证代替工地实践经验,监理人员素质由高端滑落,监管能力和作用下降;监理市场准入把关不严,市场竞争激烈,竞相压价抢标,导致监理费用低,人才留不住;部分监理企业履约情况不理想,持证人员数量不能满足监理工作需要,监理工作难以发挥应有的作用。有的项目法人认为监理企业没有充分尽到义务，只能起到旁站的作用；而监理企业则抱怨项目法人干预监理工作，旁站任务重，内业工作量大，监理市场环境有待改善。工程监理制度能否继续发挥作用，受到了行业的广泛关注，工程监理制度改革的呼声渐起。

2011 年 4 月，交通运输部公路局、工程质量监督局和中国交通建设监理协会在全国范围内组织开展了公路工程监理制度调研工作，形成了《公路工程监理制度调研报告》。经认真研究，交通运输部公路局、工程质量监督局先后向部领导提交报告，系统梳理我国交通监理制度推行基本情况、主要问题、国内外监理制度总体情况等，提出了监理制度改革的初步建议。

与此同时，中国交通建设监理协会开展了《新时期交通建设监理科学发展》研究；国内工程技术人员、专家学者也纷纷在学术期刊上发表了一系列改进工程监理工作的对策建议。

2013 年 7 月 8 日，交通运输部召开公路工程监理制度改革专题会议。会议认为，全行业对公路工程监理行业面临的主要问题已形成共识，制约监理行业持续健康发展的因素越来越凸显，监理制度改革迫在眉睫。但是，工程监理制与项目法人制、招标投标制、合同管理制息息相关，监理制度的改革涉及四项制度的总体调整，必须统筹考虑监理制度与其他制度的关系，做好顶层设计。

在推进监理制度改革的同时，交通运输部不断强化项目法人管理，试行公路代建制。2010 年，在厦门召开的全国公路建设座谈会上，交通运输部提出了项目管理专业化的要求；2011 年，交通运输部印发《关于进一步加强公路项目建设单位管理的若干意见》，要求建设单位应具备相应的资格和管理能力，不符合条件的应按规定委托具备相应管理能力的代建单位负责建设管理。

2010 年，中央新疆工作座谈会后，为支持新疆交通加快发展，充实和加强新疆公路建设管理力量，交通运输部召开支持新疆公路建设项目管理协调会，提出要举全行业之力，以“政治动员、市场运作”的模式，采用代建制方式支持新疆公路建设。2011 年 1 月，交通运输援疆工作推进会在乌鲁木齐顺利召开，新疆交通建设局与各代建单位签订了代建框架协议书，新疆公路代建工作正式拉开帷幕。根据新疆建设需求和项目前期工作进度，交通运输部组织 12 个省市 16 家单位 400 多名代建人员，参与了 22 个项目的代建工作，建设总里程 3180km，项目总投资 742 亿元。

交通运输部全方位对公路援疆代建工作进行支持、指导。部领导及部内相关司局多次深入新疆代建工程现场进行调研指导，部公路局建立了援疆代建工作联系协调机制，组织起草《公路项目代建管理办法》及相应的合同范本，规范代建管理。2011 年 8 月，交通运输部在新疆召开全国公路代建工作座谈会，要求深入推进援疆代建工作，探索适合中国国情的项目管理专业化模式。新疆维吾尔自治区交通厅完善相关配套制度和管理办法，开展了“公路项目代建管理课题研究”“新疆公路项目代建服务费取费标准研究”等项目课题研究。新疆公路代建工作探索实践的代建制管理模式具有开创性意义，为在西部地区乃至全国推广代建制积累了宝贵经验，也为推进公路建设管理体制改革探索了新路。

2013 年 11 月，党的十八届三中全会做出了全面深化改革的战略部署。交通运输部党组及时贯彻落实党的十八届三中全会精神，研究提出交通运输改革的系列重点任务，公路建设管理体制改革被正式列为改革重点工作，由部公路局牵头负责。

2014 年 3 月中旬，部公路局会同政策研究室、安全与质量监督管理司启动公路建设管理体制改革研究工作，召开会议对课题研究做出安排，拟定工作大纲，明确研究内容、分工和进度安排等，要求对现有公路建设管理制度（以四项制度为主）进行评估，研究制定改革方案。具体由部规划研究院牵头，广东、安徽、江苏、四川、重庆交通运输厅（委）和深圳高速工程顾问公司作为承担单位，华杰工程咨询公司、南京大学等有关单位作为支撑单位。这是多年来第一次系统性地评估公路建设体制，从顶层设计的高度研究公路建设管理体制改革方案。课题组对四川、江苏、贵州及西北五省区进行了调研，听取了行业主管部门、建设管理单位、监理单位、设计施工单位等各方面的意见建议，邀请美国联邦公路局、清华大学等国内外专家进行座谈，组织交流研讨，形成初步研究成果。5 月中旬，部公路局针对各参研单位的阶段性研究成果在北京召开了研讨会，肯定各单位对四项制度梳理评估较全面，问题成因分析准确，提出的改革指导思想、原则与重点基本可行，下一步应重点研究具体改革方案。

2014 年 5 月至 8 月，课题组进一步深化研究，组织开展专题讨论，编写完成《公路建设管理体制改革研究总报告（送审稿）》。2014 年 8 月 21 日，部公路局在成都组织召开评审会。会议认为，公路建设管理体制改革是一项系统工程，需要科学统筹规划，加强顶层设计，改革应坚持“科学高效、责权一致、专业化管理、循序渐进”的原则，以改革制度、提升管理专业化水平、创新模式为主要内容，建立与现代工程管理相适应的公路建设管理制度体系。考虑到经过多年公路建设的快速发展，各省都已成立了政企分开或政事分开的高速集团、高建局等单位，现在的项目法人（建设单位）的管理力量和能力远远超过了 20 世纪 80 ~ 90 年代的业主单位能力，且这些高速集团、高建局的管理经验由于体制机制原因能够得以保留和传承，不像过去那样一个项目完工人员就解散的情况，起初设计监理制的条件已发生了很大变化，经研究首次提出了自管模式（一体化管理模式），与会专家和代表对自管模式以及对监理制度的调整和转型意见，一致赞同并给予了高度评价。

2014 年 9 月 25 日至 26 日，交通运输部在新疆召开全国公路建设管理体制改革座谈会。与会代表围绕《关于深化公路建设管理体制改革的若干意见（初稿）》，就“改什么、怎么改”进行了深入讨论。冯正霖副部长作题为“理清思路，把握重点，深化公路建设管理体制机制改革”的重要讲话。会议指出，我国公路建设在不断探索实践和借鉴国外经验的基础上，逐步形成了以项目法人责任制、工程监理制、招标投标制和合同管理制等四项制度为核心内容的建设管理体制，保障了公路建设快速发展，其作用和成就应予肯定。随着公路建设的外部环境和内在要素发生重大变化，需要审视现行体制，使好的制度更加成熟定型，不适应时代变化要求的制度及时得以改革完善。会议要求，按照中央全面深化改革的总要求，坚持以问题导向为切入点，坚持以适应国家治理体系和治理能力现代化为切入点，坚持以完善市场机制为切入点，加强顶层设计和制度创新，努力构建与现代工程管理相适应的公路建设管理制度体系。重点深化6个方面的改革：第一，创新项目管理模式，探索项目管理专业化的多路径；提出三种项目建设管理模式，即自管模式、改进的传统模式、代建模式，以及设计施工总承包的承发包方式。第二，落实项目法人责任制，建立以项目法人为核心的项目管理体系；厘清项目法人概念，明确法人资格标准和准入要求，落实建设管理法人责任，完善目标考核和监督约束机制。第三，改革工程监理制，促进监理行业转型发展；明确监理定位和职权，调整监理机制和工作重点，强化设计、施工单位的质量安全主体责任，引导监理企业转型发展。第四，完善招标投标制度，优化评标办法。第五，强化合同管理，完善履约信用评价制度。第六，创新监管方式方法，维护公路建设市场公平公正。

新疆公路建设管理体制改革座谈会后，部公路局根据会议要求和各省意见，组织课题组进一步深化研究，完善社会资本投资项目监管模式等有关内容。2015年2月18日，部印发《全面深化交通运输改革试点方案》（交政研发〔2015〕26号，简称《试点方案》）；4月13日印发《关于深化公路建设管理体制改革的若干意见》（交公路发〔2015〕54号，简称《若干意见》）。《若干意见》强调，按照全面深化改革、全面推进依法治国、推进国家治理体系和治理能力现代化的总体要求，处理好政府和市场的关系，使市场在资源配置中起决定性作用和更好发挥政府作用，以完善市场机制、创新管理模式和政府监管方式、落实建设管理责任为重点，改革完善建设管理制度，建立与现代工程管理相适应的公路建设管理体系，为促进公路建设科学发展、安全发展提供制度保障。要求完善四项制度：落实项目法人责任制，明确项目法人概念、职责及管理能力要求；调整完善监理工作机制，加强程序控制、工序验收和抽检评定，精简内业工作量；完善招标投标制，坚持依法择优导向；强化合同管理制，完善履约信用评价制度。提出三种项目建设管理模式，即自管模式、改进的传统模式、代建模式，鼓励推行设计施工总承包的合同管理方式，进一步探索政府和社会资本合作（PPP）模式等新的投融资模式下的其他有效建设管理模式；建立健全统一开放的公路建设市场体系，发挥信用信息在市场管理中的基础性作用，培育代建市场，完善工程保险制度；强化政府事中事后监管，丰富监管手段。

根据《试点方案》，交通运输部组织在江西、湖南、陕西3省围绕创新项目管理模式、改革工程监理制、推行设计施工总承包、强化事中事后监管、创新监管方式等方面进行试点。其他省市根据本地实际情况,也有序开展了试点工作。根据前期研究成果和试点情况,作为配套实施的文件印发了《公路建设项目代建管理办法》(交通运输部令 2015 年第 3 号)、《公路工程设计施工总承包管理办法》(交通运输部令 2015 年第 10 号)等相关文件,指导改革试点工作的顺利开展。

第六节　信用管理发展历程和建设成效

诚信,是社会主义核心价值观之一。党的十六大以来,中央重大历史文件多次强调增强全社会的信用意识,健全全社会信用体系。党的十八大报告更是进一步提出要加强政务诚信、商务诚信、社会诚信和司法公信建设。全国公路建设市场信用信息管理系统建设工作,是交通运输部积极践行社会主义核心价值观、加强公路建设市场诚信体系建设的最核心的体现之一。近年来,交通运输部深入推进全国公路建设市场信用信息管理系统建设运行,以加强宣传、完善制度、深化监管等为主要措施,不断增加项目信息公开数量、拓宽信用评价范围,加大信用管理深度,有效规范了公路建设市场秩序。

一、全国公路建设市场信用体系及信息管理系统建设

(一)信用体系建设过程

交通运输部一直注重信用体系制度建设的推动和引导作用,历经 10 余年,从最初的探索到全国公路建设市场信用信息管理系统实施运行,一步一个脚印,扎扎实实地建立了一套完善的公路建设市场信用体系。

2003 年,交通部开始探索把信用管理作为市场管理的手段,开发了"施工企业信息系统"(即全国公路建设市场信用信息管理系统的前身),应用于项目招标投标和资质管理。

2004 年,交通部发布了《公路建设市场管理办法》,提出"交通部门建立公路建设从业单位和从业人员信用记录,作为项目招标投标资格审查和评标工作依据"。

2006 年,交通部制定发布了《关于建立公路建设市场信用体系的指导意见》,确定了公路建设市场信用体系建设的总体思路。

2009 年,交通运输部发布了《公路建设市场信用信息管理办法》《公路施工企业信用评价规则》《公路水运工程监理信用评价办法》和《公路水运工程试验检测信用评价办法》,初步建立了公路信用管理体系,逐步开展公路工程施工、监理和试验检测企业信用评价工作。

2010 年,交通运输部发布了《关于运行全国公路建设市场信用信息管理系统的通

知》,系统正式上线运行。同年发布了《关于加快公路建设市场信用体系建设的通知》,进一步明确了公路建设市场信用体系建设的重要性,积极推进省级信用信息平台的建设。

2013 年,交通运输部发布了《公路设计企业信用评价规则》,同步组织建立公路设计企业信用信息数据库,在此前工作的基础上,增加了公路设计企业信用评价功能,进一步扩充完善系统数据结构。

(二)信用信息采集及公开

信息的准确性、完整性和权威性是全国公路建设市场信用信息管理系统的突出特点。系统用户分为:部级用户、省级用户、项目业主、从业企业、从业人员等。系统信息采集方法为:交通运输部统一数据标准及交换接口、用户自行填报、省级交通运输主管部门审核发布的形式,确保用户填报信息真实、准确。

(三)信用评价与结果应用

根据交通运输部公路设计、施工、监理及试验检测企业信用评价相关规则,实现了全国统一的信用评价方法与标准。评价结果在全国公路建设市场信用信息管理系统中自动生成、公开统一发布,并实现了与招标投标、资质管理挂钩,动态监管。

(四)省级配套系统

根据信用信息网络系统"统一指导、分级负责"的原则,各省级交通运输主管部门在部指导下加快建立省级平台。目前,32 个省级交通运输主管部门运行省级平台已建立信息数据动态维护与管理机制,按照不同的企业和项目管理范围,形成信息库,与部级平台共同形成了涵盖企业基本信息、业绩信息、信用信息及重大项目信息的数据系统。

(五)部省信用信息系统互联互通

通过部省两级系统之间设置的统一数据标准和交换接口,实现了数据自动报送、跨系统调用、实时共享。2016 年率先完成了部级系统与 14 个省级系统的互联互通,2017 年计划全面联通全国各省份,实现数据共享,不断提升信息化水平。

二、全国公路建设市场信用信息管理系统的功能与成效

系统自上线运行以来,经不断的升级完善、扩充调整,功能已十分全面,其作用也日益凸显,得到了行业,乃至社会各界的热烈反响。系统目前日均访问量达 2000 至 3000 次,运行状态平稳,成效良好。

（一）系统信息全面公开

截至2017年6月，全国共有2400余个公路建设项目、3000余家从业企业、17万余人次从业人员的数据信息在系统公开，基本实现了公路工程设计资质甲乙级企业、施工资质一级及以上企业、监理资质甲乙级企业信息全覆盖，形成了行业全面、准确、权威的数据库。

（二）信用评价全面开展

系统根据其内部的固化公式以及省级系统报送的基础数据，自动完成对从业企业的全国综合评价，极大地减少工作量及人为因素影响，确保信用评价信息客观、准确。根据交通运输部确定的统一规则，公路工程设计、施工、监理及试验检测企业信用评价均已全面开展。

2015年，共对1600余家设计、施工、监理、试验检测企业以及6000余人次监理从业人员进行了全国通用的信用评价和公示公告，信用评价结果可随时查询使用，实现了按照全国统一标准对交通建设市场从业企业及人员进行信用评价与管理。

（三）信用评价结果的应用

为进一步推动信用信息的应用，从根本上提升行业诚信意识，按照《征信业管理条例》《社会征信体系建设规划纲要（2014—2020年）》的相关部署，交通运输部全面建立了公路建设市场守信激励、失信惩戒机制，将信用评价结果与公路建设项目招标投标、企业资质管理、行业市场监管等工作深度结合，公路建设市场信用信息管理系统及相关信用信息在市场经营活动中得到了实际应用。

一是按《公路工程建设项目招标投标管理办法》规定，评标委员会应当查询交通运输主管部门的公路建设市场信用信息管理系统，对投标人的资质、业绩、主要人员、信用评价结果等信息进行核实；信息不符的，可视情况否决其投标。二是建立守信联合激励机制，对信用好的企业在参与投标数量、可中标段数量、资格审查、减免保证金等方面给予一定优惠和奖励。三是建立失信联合惩戒机制，部级系统设立了失信“黑名单”，对各省严重失信行为进行公开，形成“一处失信、处处受限”的信用格局。四是将信用等级纳入企业资质升级考核指标，限制信用较差的企业申请更高的资质等级。

（四）评标专家管理

通过评标专家管理子系统，实现专家在线更新个人信息、网上异地抽取专家、自动记录抽取过程、专家业主匿名互评、动态考核专家行为、自动提醒违规行为等功能，有效地减少了评标过程中的违规问题。

三、未来发展规划

（一）拓展信用管理范围

进一步扩展信用体系覆盖范围，逐步建立关于公路建设项目法人、工程咨询、招标代理、材料货物供应等从业主体的信用评价规则，实现覆盖全行业的信用管理。

（二）紧密衔接电子招标投标活动

系统的平稳运行为行业推行电子招标投标提供了坚实基础和有力保障，“十三五”期间，交通运输部将按照国家统一部署，进一步整合资源，不断完善系统功能，形成完善的公路建设项目电子招标投标监管和服务体系。

（三）资质动态管理

根据企业在系统内更新的数据信息，自动比对企业实际达到的资质条件，实现资质动态管理。

本章编写人员：周荣峰　郭　胜　王恒斌　翁优灵
本章编写单位：交通运输部公路局
交通运输部安全与质量监督管理司

|第五章|
高速公路建设与管理

第一节　高速公路建设的探索与推进

随着改革开放的深化和经济社会的发展,20 世纪 80 年代初期,全国主要干线公路的交通拥堵日趋严重。为此,交通部开展了专题研究并组织考察学习发达国家的先进经验,其中得出一条重要的结论是:高速公路具有明显优势,值得我国发展和借鉴。1981 年,交通部在新颁布的《公路工程技术标准》中,新增列入了高速公路标准。当时国内对于是否应该修建高速公路存在不同看法,也产生了激烈的争论。为此,交通部有关专家建议把高速公路改称"汽车专用公路",并纳入了 1985 年修订的《公路工程技术标准》,由此起步开始了我国高速公路建设的探索。1984 年开工的沈阳至大连公路按一级公路标准建设,但在技术上做好了改为高速公路的准备。同时,上海至嘉定(沪嘉)、西安至临潼(西临)和广州至佛山三条高速公路由于建设长度均未超过 20km,按当时的规定,省、部级主管部门可以审批立项,也先后开工建设。1984 年 4 月,国家同意天津市提出的修建京津塘高速公路的意见,在同年 5 月 7 日印发的《中共中央国务院关于天津港实行体制改革试点的批复》中提出,要求加快修建京津塘高速公路。这也是中央首次明确同意修建高速公路。

沪嘉、沈大两条高速公路的良好经济社会效益,使社会舆论向有利于高速公路发展的方向转变。1989 年 7 月,交通部在沈阳召开"高等级公路建设经验交流会",国务委员邹家华明确指出,"高速公路不是要不要发展的问题,而是必须要发展","这样的结论是明确的,这已经不是理论问题"。会议一致认为,在交通量大的地区修建高速公路十分必要,并提出了规划和建设分层负责,在长远规划中可分阶段实施,以及多渠道筹资、土地政策优惠、动员社会力量、合理选线、建好一条管好一条、征好规费积累资金、对前期准备工作充分的项目优先补助、加强规划和前期工作等 10 条政策措施。沈阳现场会为高速公路建设理清了思想观念和理论认识,也为而后的大规模建设奠定了基础。

一、高速公路建设的全面推进

党中央、国务院对高速公路发展高度重视,始终把加快高速公路发展作为推动和保障经济社会发展的重要支撑,从政策、资金、规划等方面给予了大力关心和支持,为高速公路的全面快速发展廓清了道路、指明了方向、创造了条件。

在高速公路快速发展过程中有三次标志性的会议，即济南会议、福州会议和成都会议。三次会议在不同的历史阶段，针对高速公路建设发展面临的问题，都及时给出了方案，提出了有力措施。1993 年 6 月 18 日至 23 日，为部署跨世纪公路建设新任务，全国公路建设工作会议在济南召开。国务院副总理邹家华指出："要处理好高等级公路和一般公路的关系，先通后畅，目标是要提高公路运输的速度、效率和效益。"会议明确要以高等级公路为重点，实施战略转变，2000 年前集中力量抓好高等级公路建设。"两纵两横"国道主干线应基本以高等级公路贯通，"三个重要路段"力争建成。用好国家对公路建设的现有扶持政策，进一步完善对交通的优惠政策，采取更多改革开放的措施筹集资金。为贯彻落实好济南会议精神，从 1994 年开始，每年都召开一次公路建设座谈会，时任交通部分管公路建设的副部长李居昌参加会议并作了重要讲话，自此全国掀起了高速公路建设的热潮，到 1997 年底，全国高速公路里程达到 4771km。

1998 年，为应对东南亚金融危机对我国的不利影响，党中央、国务院决定实施积极的财政政策，加快基础设施建设，扩大内需。6 月 20 日至 23 日，交通部在福州召开全国加快公路建设工作会议。会议提出，将 1998 年公路建设投资规模计划由 1200 亿元调增至 1600 亿元，银行贷款开始大规模进入公路建设领域。国务院副总理吴邦国出席会议并指出，要从国家经济发展全局看待这次会议，保持全年 8% 的经济增速关系到国家的政治信誉、香港的繁荣稳定，这不仅是经济问题，也是政治问题。时任交通部部长黄镇东在讲话中强调，"加快公路建设是党中央、国务院作出的重大决策……为改变我国公路交通滞后局面带来了良好的机遇。交通系统各级领导要充分认识肩负的崇高使命，以高度的政治责任感积极行动起来，采取有力措施，确保完成今年和未来几年的建设任务"。会议对"九五"后三年的高速公路建设任务、1998 年当年建设任务、筹集建设资金等主要措施进行了研究部署。1998 年成为我国高速公路建设史上的一个重要年份，全年新增高速公路里程 3962km，"五纵七横"大部分路段高速公路项目开工建设，全国在建高速公路里程超过 1.26 万 km。这些在当时都是难以想象的巨大成就。

1999 年，党中央、国务院做出"西部大开发必须加强基础设施建设，近期要以公路建设为重点"的指示。2000 年 7 月 20 日至 21 日，交通部在成都召开"西部开发交通基础设施建设工作会议"，国务院副总理吴邦国出席会议并讲话。会议明确将西部地区建设重点分为国道主干线、省际连接线和乡村通达工程三个层次，出台了加快西部地区交通基础设施建设的一系列重要政策措施。

二、高速公路建设的加快发展

2008 年年底，为应对国际金融危机对我国造成的影响，国家决定继续扩大内需，加大基础设施建设投资力度,公路建设迎来了新一轮的快速发展机遇。2009 年,全社会完成公路建设投资 9668.75 亿元,比上年增长 40.5%,高速公路通车里程达到 6.51 万 km,比上年末增加 0.48 万 km。2010 年,全年完成公路建设投资 11482.28 亿元,比上年增长 18.8%,全国公路总里程突破 400 万 km;高速公路里程达 7.41 万 km,比上年末增加 0.54 万 km。2011 年,全年完成公路建设投资 12596.36 亿元,比上年增长 9.7%,高速公路通车里程达到 8.49 万 km,比上年末增加 1.08 万 km。2012 年,高速公路通车里程达到 9.62 万 km,当年新增 1.13 万 km。2013 年,高速公路通车里程达到 10.44 万 km,首次突破 10 万 km,当年新增 0.82 万 km。2014 年,高速公路通车里程达到 11.19 万 km,当年新增 0.75 万 km。到 2016 年末,高速公路通车里程突破 13 万 km,达到 13.10 万 km。

三、高速公路建设的投融资

解决好投融资问题,是保障高速公路建设发展的关键。为保障公路建设有持续的资金来源,1984 年 11 月,交通部向国务院报送《关于加快公路建设的报告》,提出"调动各方面的积极性,广筹资金",并就拓宽公路建设资金来源和具体筹措措施提出建议。1984 年 12 月 25 日,国务院常务会议确定了公路建设要以经济发达地区为重点,实行从大小经济中心向外辐射,从沿海向内地辐射的方针,并对扩大公路建设资金来源确立了三项重大政策:一是提高养路费征收标准,从原定的最高费率 10%,提高到 15%,允许各省有所浮动。二是开征车辆购置附加费,1985 年 4 月 2 日国务院颁布《车辆购置附加费征收办法》,明确国产汽车征收 10%,进口汽车征收 15%,所征收资金由交通部分年度下达使用计划。《中华人民共和国公路法》出台后,为理顺税费关系,国务院决定取消车辆购置费,出台车辆购置税,所征收的资金纳入财政预算管理。三是允许贷款或集资修建的高等级公路和大型桥梁及隧道收取车辆通行费,用于偿还贷款,简称"贷款修路、收费还贷"。1987 年颁布的《公路管理条例》明确规定:"公路主管部门对利用集资、贷款修建的高速公路、一级公路、二级公路和大型的公路桥梁、隧道、轮渡码头,可以向过往车辆收取通行费,用于偿还集资和贷款。"三大政策的出台,为公路发展提供了稳定的资金来源渠道,极大地激发了地方政府依托收费公路发展公路的积极性。同时对社会资本和外资全面开放,按照 BT、BOT 等模式建设成了一大批经营性收费公路项目。

1. 福州会议出台的加快公路建设的筹融资政策

会议明确了以下政策:一是积极贯彻落实国务院支持公路建设的四项措施。国家财政拨款 30 亿元,主要用于中西部公路建设;公路客运附加费每人公里增加 1 分钱,预计当年可增收 20 亿元,作为公路建设基金;同意对效益好并有中央投资的收费公路项目进行资产重组并上市;境内收费公路投资基金可作为产业投资基金试点,预计筹集 100 亿元。二是争取地方政府继续对公路建设实施优惠政策,增加财政投入,保障良好的建设环境。

三是抓好银行贷款的落实到位。将收费公路、养路费、公路建设基金等,经银行同意后可作为贷款或发行债券的担保。银行贷款成为1998年以来我国公路建设的主要资金来源。

2. 成都会议出台的加快西部公路建设的筹融资政策

会议明确了以下政策:一是长期国债资金、中央财政性建设资金、国家政策性银行贷款、外资贷款等,尽可能加大对西部地区支持力度。二是交通部车辆购置附加费加大对西部地区的支持和倾斜力度。三是在用地政策、项目审批、以工代赈和以粮代赈等方面鼓励和支持西部地区的公路建设。四是把既有的效益较好的公路项目上市发行股票,或转让经营权,盘活存量资产,称之为以"老路"换"新路"。五是在市场准入方面实行开放政策,积极吸引外资。

3. 提出了发展"公路两个体系"思路

收费公路政策的实施,打破了过去公路建设单纯依靠政府投入的局面,充分发挥了中央与地方、政府与社会资本投资建设基础设施的积极性,形成了"政府投资、社会融资、利用外资"的公路建设投融资模式,极大地加快了我国公路交通的发展步伐。在我国现有公路网中,约97%的高速公路、61%的一级公路和42%的二级公路是依靠收费公路政策建成的。但在一个时期内,一些地方由于过度依靠收费公路政策发展公路交通基础设施,特别是收费二级公路发展较快,导致虽然路网规模扩大了,但与当地经济发展和群众出行的矛盾日益凸显,控制收费公路总量和规模呼声日益增高。在调研摸底、征求行业内外专家学者意见的基础上,交通运输部提出了"公路两个体系"的发展思路:即建设以高速公路为主体的收费公路体系和以普通公路为主体的非收费公路体系。非收费的普通公路体系提供基本公共服务,主要由国省干线公路和农村公路组成,应以政府公共财政投入为主;收费公路体系提供效率服务,主要以高速公路为主体,实行特许经营,坚持用路者付费原则,按照低标准收费、长期限运营的思路,吸引社会资本融资建设运营高速公路,保障高速公路养管资金,实现可持续发展。2009年起,国务院部署逐步有序取消政府还贷二级公路收费,截至2017年5月底,全国仅甘肃、新疆两省区尚有政府还贷二级收费公路收取车辆通行费,收费公路占全国公路总里程的3%左右。

我国公路建设的筹融资政策,有五个方面的经验值得总结。一是明确公路设施属于公益性基础设施项目,坚持政府在投资中的主导作用。二是注重发挥和调动地方、企业、社会参与支持高速公路建设的积极性,合力推动高速公路发展。三是坚持发挥多渠道筹融资的作用,积极利用贷款、债券、社会投资及资本市场融资等筹集高速公路建设资金。四是积极利用外资及BOT、PPP等融资方式,引进竞争机制。五是加大对中西部地区的支持力度,避免东部和中西部发展差距的进一步扩大。

4. 高速公路建设资金

为解决资金问题,国家先后出台了多项政策。除加大政府投入外,还积极运用市场机制，采取多渠道、多层次、多形式、多元化筹集建设资金，逐步形成了“国家投资、地方筹资、社会融资、利用外资”的投融资体制。高速公路的快速发展，与具有中国特色的公路投融资体制的逐步建立密不可分。在政府投资的带动和国家政策的鼓励下，社会资金、银行贷款和外资大量进入公路建设。

（1）养路费投入。早在1950年，政务院就确定了“用路者养路”的政策，对汽车、拖拉机征收公路养路费；同年，交通部颁发了《公路养路费征收暂行办法》，采取了收取养路费办法筹集资金。1997年全国人大常委会审议通过的《中华人民共和国公路法》第36条规定：“公路养路费用采取征收燃油附加费的办法”（但实际未实施）。据初步统计，公路养路费从1950年开征到2008年底国家完成成品油价与税费改革为止，累计征收了11335亿元的公路养护与建设资金，有力支持了公路建设发展。

（2）车辆购置税和燃油税。为理顺税费关系，合理筹集交通基础设施维护和建设资金，国务院于2000年批转财政部、国家计委等部门《交通和车辆税费改革实施方案》，同意开征车辆购置税取代车辆购置附加费，开征燃油税取代公路养路费、公路客货运附加费等6项收费。车辆购置税收入，由中央财政根据交通部提出、国家计委审批下达的公路建设投资计划，统筹安排，主要用于国道、省道干线公路建设。地方所得的燃油税收入，除返还符合条件的地方所属原油及成品油生产企业生产工艺过程自用汽油、柴油缴纳的燃油税外，主要由地方用于公路、水路维护和建设及必要的运输管理支出。

（3）利用外资。1979年，我国开始利用外国政府和国际金融组织贷款，重点用于沿海港口、干线公路和内河航运建设，对外商参与公路、独立桥隧、港口的建设经营予以鼓励。特别是1992年邓小平同志南方讲话发表后，吸引外资工作从广度和深度上有了更大突破，弥补了国内建设资金的不足。

利用外资建设公路分为直接利用外资和贷款两种形式。直接利用外资，即与外商合作投资公路建设项目，或转让已建成公路的收费权。贷款则包括世界银行、亚洲开发银行、日本协力基金等。利用国际贷款不仅引进了先进的管理经验、管理程序，而且提高了公路技术装备水平，提升了高速公路建设施工的机械化水平。到20世纪90年代中期，公路建设利用外资的形式包括贷款、合资、独资、合作、境外发行股票、转让经营权等多种形式。

改革开放后，世界银行在对华贷款支持的同时，实施了大批技术援助和培训活动，为我国改革开放培养了大批人才。通过贷款项目管理，中央各部委及各级政府成立世行项目办，培养了大批项目管理和财经外交人才，引入了竞争性招标制度、工程监理制、业主负责制等管理经验。

（4）资本市场融资。利用资本市场，采取转让公路收费权、发行企业债券以及发行股票等形式，拓宽了融资渠道，盘活了巨额存量资产。据不完全统计，截至2002年底，交通行业上市公司49家，先后从资本市场筹集资金约580亿元，其中公路上市公司筹资占到近50%，进一步促进了高速公路的发展，也探索出了高速公路实行企业化经营管理的新途径，对于提高管理水平和运行效率发挥了积极作用。

第二节　高速公路建设管理

在高速公路建设中，我们走了一条边学习借鉴、边摸索提高的有中国特色的高速公路建设管理理念和模式。从20世纪80年代起，全国公路交通系统始终坚持解放思想、实事求是的作风，学习借鉴国外先进理念和经验的同时，结合我国国情和实际，认真研究不同时期公路建设规律和特点，不断推陈出新，提出符合我国高速公路发展实践的建设理念和思路，有力指导了我国高速公路规模的不断扩大和发展质量的不断提升。

一、公路勘察设计新理念及典型示范工程活动

为了提升高速公路建设成效，积极在公路建设领域深入贯彻落实科学发展观，2003年，交通部与四川省交通厅联合组织实施川（主寺）九（寨沟）公路示范工程，为公路勘察设计借鉴国外先进经验，转变设计理念，实现公路建设与自然环境、人文环境的和谐统一，进行了积极探索和有益尝试，取得了明显成效。2004年9月25日至26日，交通部在南京召开全国公路勘察设计工作会议。各省主管厅领导、建设处长、大型勘察设计单位主要负责人以及部分施工、业主单位代表参加会议。冯正霖副部长作了“树立和落实科学发展观，提升设计理念，提高设计水平”的报告。部公路司设计管理处介绍了公路勘察设计典型示范工程咨询要点。四川、江苏、湖北交通厅及西安公路所介绍了川九路、宁杭路、京珠湖北段以及陕西省勉县至宁强段四条公路的设计经验。中国路桥集团第一公路工程局从施工角度对设计规范提出了建议，部规划研究院介绍了美国公路灵活性设计等有关情况。大会进行了讨论，并实地考察了刚刚建成通车的宁杭高速公路。

冯正霖副部长在报告中强调了勘察设计工作的重要性，肯定了勘察设计工作取得的七方面成绩，分析了当前存在的五方面突出问题，提出了“六个坚持、六个树立”的勘察设计新理念（即：坚持以人为本，树立安全至上的理念；坚持人与自然相和谐，树立尊重自然、保护环境的理念；坚持可持续发展，树立节约资源的理念；坚持质量第一，树立让公众满意的理念；坚持合理选用标准指标，树立设计创作的理念；坚持系统论的思想，树立全寿命周期成本的理念），明确了做好勘察设计工作的指导思想和具体工作要求。

2004年4月，交通部印发《关于开展公路勘察设计典型示范工程活动的通知》（交公路发〔2004〕172号）。明确了典型示范工程的指导思想、组织形式、项目清单和工作安排。

决定成立部指导小组和专家咨询组，示范工程所在省级交通主管部门成立省领导小组。第一批典型示范工程共12个项目，其中部、省联合组织实施6个项目，分别是景婺黄高速公路江西段、宝鸡至天水高速公路甘肃段、京承高速公路密云至京冀界段、云南省小勐养至磨憨二级公路、广东省德庆至郁南高速公路双凤至平台段、吉林省环长白山二级公路。

2005年，交通部决定在继续做好12个典型示范工程的基础上，在全国广泛开展公路勘察设计典型示范工程活动，新增安徽省黄山至塔岭和小贺至桃林（皖浙界）公路等17个项目作为典型示范工程。2007年，新增河北省大广高速公路深州至大名（冀豫界）段等22个示范工程项目。通过示范引领全国公路建设、特别是高速公路建设贯彻落实新的理念，使全国高速公路建设水平实现了一个大的跃升。

2004年确定的公路勘察设计典型示范工程项目清单（第一批）

交通部和省级交通主管部门联合组织实施的典型示范工程

1. 江西省：景婺黄高速公路江西段（约115km）；
2. 甘肃省：宝鸡至天水高速公路甘肃段（约95km）；
3. 北京市：京承高速公路密云至京冀界段（约64km）；
4. 云南省：小勐养至磨憨二级公路（约175km）；
5. 广东省：德庆至郁南高速公路双凤至平台段（约67km）；
6. 吉林省：环长白山二级公路（约90km）；

省级交通主管部门负责组织实施的典型示范工程

7. 湖南省：吉首至茶洞高速公路（约76km）；
8. 重庆市：绕城高速公路（约186km）；
9. 福建省：浦城至南平高速公路（约237km）；
10. 湖北省：恩施至利川高速公路（约122km）；
11. 陕西省：永寿至陕甘界高速公路（约98km）；
12. 贵州省：贵阳至遵义公路改扩建工程（约89km）。

2005年新增典型示范工程项目清单（第二批）

1. 安徽省：黄山至塔岭公路和小贺至桃林（皖浙界）公路（约52km）；
2. 浙江省：黄衢南高速公路黄山至衢州段（约73km）；
3. 黑龙江省：绥满国道主干线海林至亚布力公路（约85km）；
4. 内蒙古自治区：绥满国道主干线海拉尔至满洲里公路（约190km）；

5. 辽宁省:通化至阜新支线东江沿至南杂木段公路(约 95km);
6. 河北省:承德至冀辽界段公路(约 122km);
7. 天津市:津汕高速公路天津段(约 52km);
8. 山西省:忻州至阜平公路(约 135km);
9. 河南省:郑州至石人山公路(约 160km);
10. 山东省:济青高速公路南线工程(约 307km);
11. 广西壮族自治区:南宁至梧州至桂林支线岑溪至兴业段公路(约 128km);
12. 海南省:同三国道主干线三亚绕城公路(约 31km);
13. 四川省:西部大通道兰州至磨憨公路雅安至泸沽段(约 244km);
14. 宁夏回族自治区:中宁至盐池公路(约 151km);
15. 青海省:丹拉国道主干线西宁市过境公路(约 13km);
16. 新疆维吾尔自治区:连霍国道主干线赛里木湖至果子沟公路(约 56km);
17. 西藏自治区:省道 306 线米林至朗县段改建工程(约 166km)。

2007 年新增典型示范工程项目清单(第三批)

1. 河北省:大广高速公路深州至大名(冀豫界)段(约 222km);
2. 山西省:荣成至乌海高速公路灵丘至山阴段(约 151km);
3. 山西省:大运公路介休至霍州段改建工程(约 62km);
4. 内蒙古自治区:绥满国道主干线甘南界至博克图至牙克石高速公路(约 295km);
5. 黑龙江省:绥满国道主干线绥芬河至牡丹江段(约 216km);
6. 黑龙江省:鹤岗至哈尔滨高速公路伊春至绥化段(约 220km);
7. 黑龙江省:前锋农场至卧都河公路伊春至北安段(约 172km);
8. 浙江省:绍兴至诸暨高速公路(约 63km);
9. 安徽省:南京至宣城至杭州高速公路安徽段(约 118km);
10. 江西省:泉州至南宁高速公路江西境石城至吉安段(约 190km);
11. 河南省:郑州至洛阳高速公路改扩建工程(约 106km);
12. 湖北省:上海至成都高速公路麻城至武汉段(约 101km);
13. 湖南省:张家界景区公路(约 83km);
14. 广东省:省道 246 韶关花坪至梨市段改建工程(约 22km);
15. 广西壮族自治区:六寨(黔桂线)经河池至宜州高速公路(约 179km);
16. 海南省:海榆西线海口至三亚公路改建工程(约 350km);

17. 贵州省：厦门至成都高速公路清镇至织金、都匀至水口段（约 275km）；
18. 云南省：石林至蒙自高速公路（约 182km）；
19. 西藏自治区：川藏公路林芝至达孜段整治改建工程（约 396km）；
20. 陕西省：国家高速公路十堰至天水联络线陕西境安康至汉中公路（约 189km）；
21. 甘肃省：兰州至海口高速公路武都至罐子沟段（约 130km）；
22. 青海省：国道 215 线当金山至大柴旦二级公路（约 210km）。

二、2007 年云南全国公路建设座谈会

典型示范工程活动在全行业引起巨大反响，取得了显著成效，涌现了一批设计精美、质量优良的公路工程。为在全行业贯彻落实党的十七大精神，总结交流各地建设经验，分析新形势、新问题及新要求，2007 年 11 月 14 日至16 日，交通部在云南省景洪市召开全国公路建设座谈会。各省分管公路建设的副厅长、建设处长、质监站长，以及部分设计院长、施工单位负责人、项目法人代表等参加会议。7 个单位分别以信用体系建设、质量监管、项目管理以及落实公路建设新理念等为主题作了交流发言。会议实地考察了部典型示范工程思茅至小勐养高速公路，就公路建设有关问题进行了充分座谈讨论。会议汇编了全国公路建设督查报告、公路建设管理法规文件等，并就提交的《公路工程落实质量责任制的意见》和《关于进一步加强公路工程标准规范工作的若干意见》进行了讨论。会议认为，公路建设只有贯彻落实科学发展观，才能实现可持续发展。只有坚持精细化管理，才能做到好中求快。会议建议进一步加强质量安全监管，落实质量责任制，完善招投标、监理制度，规范分包管理，建立全国统一的公路建设市场信用体系，稳步推进设计施工总承包的项目管理模式的改革。

冯正霖副部长在会上作了题为《注重发展质量，强化精细管理，进一步提升公路建设管理与技术水平》的报告，充分肯定全国公路建设成效显著，公路建设理念全面提升，工程质量和法制化水平显著提高，市场秩序明显好转，自主创新能力显著增强，廉政建设深入推进。总结出五条发展经验：坚持理念引导；坚持以人为本、科学发展；坚持科技进步主导，质量第一、安全为本；坚持改革创新、加强市场监管；坚持联合建设、以地方为主的建设方针。同时也指出发展中存在的矛盾和问题，主要表现为“三个不适应”和“两个硬约束”，即：公路发展还不能适应国民经济快速发展和社会公众对出行的需要；现行的工程项目管理机制不适应建立现代工程建设项目管理体系的需要；公路建设市场还不能完全适应社会主义市场经济体制的要求。资源、环境约束和资金约束在增加。强调要坚持正确的发展思路，必须坚持“发展是第一要务”，继续加大公路建设力度；必须坚持“以人为本”，高度重视安全和民生问题；必须坚持“全面协调可持续”发展，走资源节约型和环境

友好型发展之路,实现又好又快发展;必须坚持“统筹兼顾”,处理好公路发展的若干重大关系。部署了质量管理、安全监督、强化监管、市场信用体系建设、改革创新、民生保障等6个方面的重点工作。

三、推行现代工程管理

2008年底,国家进一步加大基础设施投资力度,公路建设投资规模不断增长,在建高速公路规模逐步增加到历史性高位。2009年6月,交通运输部内设机构改革后,部公路局即开始研究进一步加强和规范公路建设管理相关工作,密集组织开展调研和座谈,起草了标准化、信息化、专业化及加强勘察设计管理等规范性文件,面向全国广泛征求意见。在系统总结福建、陕西、浙江、广东、江苏、辽宁等地规范化、信息化、标准化工程实践经验的基础上,部着手研究现代工程管理理念的推广工作。2010年8月17日至19日,交通运输部在厦门召开全国公路建设座谈会。各省分管公路建设的副厅长、建设处长、质监站长,部分行业协会、设计、施工、监理、建设、咨询审查单位负责人参加会议。福建、山西、陕西、河南、河北、江苏、安徽等省交通运输厅在大会分别交流了标准化施工、项目法人管理、勘察设计管理、工程质量安全监管、项目管理信息化、市场信用体系、重大项目施工安全管理经验;会议组织考察了福建省高速公路标准化施工工地现场及厦门翔安海底隧道工程,大会分组就公路建设经验、问题与对策、加强项目建设单位管理、推进市场信用体系建设等进行了讨论。

冯正霖副部长作了题为《加快推行现代工程管理,全面提高公路建设管理水平》的报告。会议充分肯定了全国公路建设取得的新成就,客观分析了公路建设面临的形势,要求站在新的起点上,推动建设项目管理上台阶、上水平;在坚持过去多年行之有效的管理制度、管理方法、管理手段的基础上,用开阔的眼光,学习借鉴国际先进经验,在理念创新、政策创新和体制机制创新上多下功夫,要在推动“五化”上下功夫,即:“发展理念人本化、项目管理专业化、工程施工标准化、管理手段信息化、日常管理精细化”,以“五化”为引领,加快推行现代工程管理。会议强调,做好新时期的公路建设工作,要大力推行现代工程管理,全面提高公路质量和建设管理水平。切实加强对项目法人的管理,把好制度关、准入关、考核关,发挥专业团队的优势;推进工程施工标准化,细化工作措施,开展试点和推广;推进项目管理信息化,加快科技成果应用和转化,完善系统功能,运用市场机制,避免重复开发;大力提高勘察设计质量,加强地勘工作和设计审核把关;强化建设市场监管,推进信用体系建设,规范招投标管理和工程分包行为。厦门会议是公路建设“十一五”“十二五”过渡时期一次承上启下的重要会议,实现了公路建设发展理念的又一次重大创新。会后,部公路局相继印发了《关于开展高速公路施工标准化活动的通知》《关于进一步加强公路项目建设单位管理的若干意见》《关于进一步加强公路勘察设计工作的若干意见》《公路工程施工分包管理办法》等重要文件，在全国开展为期 3 年的高速公路施工标准化活动，以活动为载体，全面推进现代工程管理。

为指导各地深入开展施工标准化活动，总结推广各地典型经验和做法，交通运输部公路局组织对贵州、湖南、湖北、江苏、上海、安徽、广东等省进行现场调研，了解施工标准化推行情况、成效和问题。2012 年 6 月 28 日至 29 日，交通运输部在西安召开全国高速公路施工标准化活动现场会，大会交流了部分省份、重点项目施工标准化的典型做法，参观了陕西省高速公路标准化施工现场，分组就推行施工标准化和现代工程管理进行讨论。冯正霖副部长作了题为《以施工标准化活动为载体，全面推行现代工程管理》的讲话。会议充分肯定了施工标准化活动取得的阶段性成果，要求进一步深化对现代工程管理的认识。贯彻人本化核心理念，创造和谐的施工环境；推进项目管理专业化，提升项目管理能力；深化施工标准化内涵，促进工程管理转变；发挥信息技术优势，秉承精细化管理目标，做实精品工程。对于施工标准化推进过程中的典型经验和出现的一些不同认识，在推进标准化过程中，要把握好“四个尺度”：在推进方式上，不能没有示范引领，也不能仅停留在试点层面；在标准制定上，不能没有要求，也不能简单搞“一刀切”；在工地建设上，不能只搞面子工程，也不能忽视文明工地形象；在经费投入上，不能奢侈浪费，也不能舍不得投入。会议强调，要围绕“五化”要求，以施工标准化活动为载体，深化活动内涵，注重活动实效，全面推行现代工程管理；实现标准化施工全覆盖，以标准化为手段构筑安全生产防线，确保工程质量；提高勘察设计质量，把提高工程耐久性作为重中之重；以规范市场秩序促进现代工程管理落实，加强技术交流，全面提高一线施工人员素质。全国高速公路施工标准化活动现场会进一步统一了对施工标准化的认识，促进了标准化活动深入开展，指明了标准化活动的着力点和方向。

交通运输部公路局组织部分省份交通运输管理部门和建设单位编制《高速公路施工标准化指南》（以下简称《指南》），其中，工地建设分册由广东省主编，路基工程分册由陕西省主编，湖北、云南、黑龙江等省参编；路面分册、桥梁分册由江苏省主编；隧道分册由福建省主编，福建省交通运输厅和福建省高速公路建设总指挥部负责统稿。《指南》编写工作历经数次大纲修订、审核讨论，在西安全国高速公路施工标准化现场会上提交大会征求意见，于 2012 年 11 月出版发行。《指南》总结归纳了各地在高速公路施工标准化过程中的典型经验和做法，把工地建设的基本要求、制度建设，路基工程“五度”（压实度、平整度、纵横坡度、宽度、厚度）控制、划格填土，路面工程零污染施工、材料控制，桥梁工程智能张拉、智能压浆、质量控制、外观分级，隧道工程零开挖进洞、监控量测与超前预报、衬砌质量控制等，以及“三集中、两准入”（钢筋集中加工、混凝土集中拌和、梁板和小型构件集中预制，模板、二衬台车准入）等制度作为基本要求，对指导各地开展施工标准化活动发挥了重要作用。2013 年 3 月至 5 月，交通运输部公路局在南宁、合肥、成都、福州举办四期《指南》的宣贯培训，各省交通运输主管部门、项目法人单位、施工及监理单位主要技术骨干等参加宣贯，施工标准化的基本要求在全国各个高速公路工地迅速推开，各地纷纷建起了标准化的施工工地，搭建了集中统一的钢筋加工厂房和混凝土拌和设备，把标准化要求贯彻到建设管理的每个细节中。交通运输部公路局鼓励各地结合本地区实际情况，在部编《指南》的基础上，编写本省的《施工标准化指南》。

为考核检验高速公路施工标准化工作成效，交通运输部公路局委托贵州省交通运输厅起草标准化活动考核细则。2013 年底，交通运输部发出通知，要求各地根据部标准化活动方案要求及考核细则，对各高速公路项目施工标准化情况进行考核，考核结果报部备案。2014 年 9 月，在新疆召开的全国公路建设管理体制改革座谈会上（会议主题之一是总结全国高速公路施工标准化活动），港珠澳大桥等一批施工标准化开展较好的重点项目应邀参加会议，湖北省交通运输厅交流了全面推进标准化、推动公路建设管理水平上台阶的典型经验。时任部公路局局长李彦武在会议总结中指出，高速公路施工标准化活动，是近年来公路建设领域开展的覆盖广泛、影响深远的重要活动，取得了非常明显的成效。在推进施工标准化活动过程中，紧紧围绕提高公路建设管理水平这一目标，始终坚持把统一思想、提高认识作为前提，把源头控制、统筹规划作为基础，把整体推进、系统实施作为核心，把因地制宜、注重实效作为关键，把总结提炼、善于创新作为动力，把完善制度、强化指导作为保障，在近年来全国公路建设投资大幅增长、建设规模突破历史高位的情况下，保证了工程质量稳中有升，安全生产形势总体平稳，使现代工程管理更加深入人心。下一步，要围绕建立施工标准化长效机制，全面推进现代工程管理。要在全面总结施工标准化经验基础上，把施工标准化作为公路建设的基本要求，巩固和扩大标准化管理的成效。一是加大推广力度。高速公路和一级公路项目要全面开展，做到全覆盖、见实效，重视工艺标准化和管理规范化。二级和三级干线公路项目要参照执行，农村公路项目也要因地制宜，有针对性地推行施工标准化的一些有效做法，确保施工质量。二是加快完善标准体系。各地要在已经颁布的《施工标准化技术指南》（以下简称《技术指南》）基础上，结合实际情况，逐步增加其他专业工程以及设计标准化、管理标准化等方面的内容，并在实践中不断总结、完善。要逐步把《技术指南》中成熟的内容纳入行业标准体系。三是加强源头管理。标准化要注重抓源头、抓根本。要在项目开工之前统筹考虑施工标准化的各项要求；要组建专业化的项目管理机构，完善管理制度；要从设计源头推广标准化结构和标准化工艺；标段划分和施工组织方案要考虑施工标准化要求，鼓励采用大标段招标；鼓励对一些预制工程、专项工程单独招标；招标文件要明确施工标准化要求；要强化一线操作人员对工艺标准化的执行，进一步提升标准化的成效。

四、新疆公路代建制的探索与实践

2010 年 5 月 17 日，中央召开了新疆工作座谈会，对加快推进新形势下的新疆工作作出全面部署，明确指出要集全党之智、举全国之力，推进新疆跨越式发展和长治久安。同年 5 月，时任交通运输部部长李盛霖和冯正霖副部长到新疆进行实地调研，研究支持新疆交通发展的有关政策措施，部与新疆签署了《贯彻落实中央新疆工作座谈会精神，加快推进新疆交通运输发展会谈纪要》（以下简称《纪要》）。根据《纪要》和相关规划，“十二五”期间，新疆拟实现国家高速公路网疆内路段高速化，建成横贯东西、沟通天山南北的“十”字形高速公路主骨架，基本实现连接 14 个地（州、市）以及新疆生产建设兵团各师部的公路高速化，全区高速公路总里程突破 4000km；全面推进国道、省道改造，具备条件的所有乡镇通沥青（水泥）路、建制村通公路。完成如此巨大的建设任务，新疆既有的交通建设管理模式、建设管理力量无法满足任务需要，从事公路建设项目的管理人员、技术力量明显不足。

2010 年 12 月 16 日，交通运输部召开支持新疆公路建设项目管理协调会，研究部署交通运输援疆工作，全国 21 个援疆省市的交通运输主管部门和公路建设管理单位参加会议。冯正霖副部长在大会上作重要讲话，提出要举全国交通运输行业之力，以“政治动员、市场运作”的模式，采用代建制方式支持新疆公路建设。各省（自治区、直辖市）交通运输主管部门积极响应号召，分别与新疆交通运输厅对接，达成意向性合作方案。

2011 年 1 月 12 日，交通运输援疆工作推进会在乌鲁木齐召开，来自全国 21 个省（自治区、直辖市）的交通运输厅（委）负责人就进一步贯彻落实中央新疆工作座谈会精神，加快推进援疆交通各项工作进行再安排、再部署、再落实。会议期间，新疆交通建设局与各代建单位签订了代建框架协议书，新疆公路代建工作正式拉开帷幕。交通运输援疆工作推进会的顺利召开，为加快新疆交通基础设施建设，提高建设管理水平，全面完成建设任务，培养、储备专业化管理人才，提升道路运输服务水平，推进新疆交通运输率先实现跨越发展奠定了坚实的基础。

新疆公路代建项目见表 5-1。

新疆公路代建项目一览表　　表 5-1

<table>
<tr><th>序号</th><th>项 目 名 称</th><th>线路属性</th><th>建设性质</th><th>建设规模（km）</th><th>项目总投资（万元）</th><th>代 建 单 位</th></tr>
<tr><td rowspan="2">1</td><td>福海新区—工业园区—S319 线公路</td><td>省道</td><td>新建</td><td>49</td><td>61038</td><td rowspan="2">深圳高速工程顾问有限公司</td></tr>
<tr><td>G3014 乌尔禾—福海高速公路</td><td>国高</td><td>新建</td><td>167</td><td rowspan="2">1182416</td></tr>
<tr><td>2</td><td>G3014 福海—阿勒泰高速公路</td><td>国高</td><td>新建</td><td>166</td><td>陕西省高速公路建设集团公司</td></tr>
</table>

续上表

序号	项 目 名 称	线路属性	建设性质	建设规模（km）	项目总投资（万元）	代 建 单 位
3	G3014 克拉玛依—乌尔禾	国高	新改建	132	492536	北京市首都公路发展集团公司
4	G3015 克拉玛依—塔城	国高	新改建	245	820130	山东省高速集团有限公司
5	G30 乌苏—赛里木湖一级改高速	国高	改建	286	391105	湖北交通职业技术学院
6	S215 线三岔口—莎车公路	地高	新建	229	1192877	上海市政工程设计研究总院(集团)有限公司
7	G3013 喀什—伊尔克什坦口岸	国高	新改建	212	429330	浙江省交通投资集团有限公司
8	G30 乌鲁木齐绕城高速公路(东线)	国高	改建	79.5	791371	湖南高速项目管理有限公司
9	G216 线五彩湾—大黄山段	地高	改扩建	101	276233	陕西省交通建设集团公司
	S239 线准东五彩湾煤电煤化工基地—吉木萨尔	资源路	新建	129	91439	
10	S303 奇台—木垒段	地高	新建	70	198453	福建省高速公路有限责任公司
11	G3012 小草湖—和硕(一级改高速)	国高	改建	247	59603	天津城建集团有限公司
	S103 线艾维尔沟—鱼尔沟段公路	省道	改建	45	23601	
12	S310 麦盖提—喀什公路	地高	新建	168	671731	浙江公路水运工程咨询公司
13	S242 尼勒克—巩留公路	省道	新建	66	72502	江苏省交通科学研究院
14	G218 线伊宁—墩麻扎	地高	改建	80	286204	江苏省交通规划设计院
15	S328 线沙尔湖—南湖段	省道	新建	187	81730	河南交通投资集团有限公司
16	S301 托克逊—乌拉斯台段	省道	改建	194	131953	陕西省公路勘察设计院
17	S228 线青河县阿热勒托别—苦水	省道	改建	160	74278	陕西省交通建设集团公司
	S327 芨芨湖岔口—北山煤窑—将军庙	资源路	新建	74	42545	
	S240 准东大井矿区—奇台公路	资源路	新建	93	51397	
合计				3180.26	7422472	

根据新疆建设需求和项目前期工作进度，共有12个省份16家单位400多名代建人员，参与了22个项目的代建工作，建设总里程3180km，项目总投资742亿元。“十二五”前4年间，新疆交通基础设施建设投资规模约1300亿元（不含兵团），其中代建项目投资总额约730亿元，占比56%；高速公路投资总额904亿元，代建高速公路投资640亿元，占比71%，其中新开工高速公路项目14个，代建高速公路项目13个，占比93%。代建工作启动以后，交通运输部和自治区领导先后多次亲临一线检查指导工作，慰问看望职工，使代建单位及全区百万交通人深受鼓舞、倍感振奋，对促进各代建项目高质量、高效益、高水平扎实推进起到了良好的推动作用。各代建省（自治区、直辖市）高度重视援疆代建工作，选调精兵强将，组建精英团队，有关领导多次赴疆代建项目检查指导，为代建工作献计献策，积极协调解决问题，为全力做好援疆代建工作提供了强有力的保障。同时新疆交通运输厅、建设局领导也积极与各方建立沟通协调机制，全力积极配合，组织代建回访，交流总结经验，确保代建工作的顺利推进。

交通运输部全方位对公路援疆代建工作进行支持、指导。部领导及部内相关司局多次深入新疆代建工程现场进行调研指导，帮助协调解决实际问题。部公路局对新疆项目采取特事特办、集中办理等方式加快审批，并建立了援疆代建工作联系协调机制，组织起草《公路项目代建管理办法》及相应的合同范本，规范代建管理。2011年8月24日至25日，交通运输部在新疆召开全国公路代建工作座谈会，各省分管公路建设的厅领导、建设处长、项目建设管理单位等参加会议，交流援疆代建工作情况，察看代建工程施工现场，讨论代建管理工作。冯正霖副部长在会上作总结讲话，要求深入推进援疆代建工作，探索适合中国国情的项目管理专业化模式。

为了使代建单位尽快适应新疆环境，新疆设立专门的援疆工作服务机构，在南疆、北疆、东疆成立三个片区指挥部，选派专业技术干部参与代建项目管理工作，学习管理技术经验；编制了《交通援疆工作手册》，定期召开协调会，推行征地拆迁工作“双业主”制，协调各方资源，发挥地方政府作用；完善相关配套制度和管理办法，开展了《公路项目代建管理课题研究》《新疆公路项目代建服务费取费标准研究》等项目课题研究。

各代建单位按照交通运输部部署要求，科学调度、精细管理，全力以赴保质量、保进度、保安全、保民生，高起点、高标准、高水平地推进工程建设，充分发挥了代建单位在管理、技术、人才等方面的优势，工程建设步伐明显加快，工程质量稳步提高。实践证明，“政治任务动员，经济规律运作”的代建模式符合我国国情，部党组决定采用代建制模式支持新疆公路工作的决策是正确的。采取公路代建制，一方面，按照市场经济规律，通过签订代建协议和合同，约定双方责任和权益，对代建管理取费、代建工作内容、工作界面衔接划分、目标考核激励、代建市场准入等进行大胆的探索和实践，在合同框架下完善了工作机制，依据合同完成代建任务。另一方面，代建省市和代建单位把代建项目当作本省、本单位的重点支持项目，高起点、高标准推进工程建设。新疆公路代建工作探索实践的代建制管理模式具有开创性意义，进一步丰富了现代工程管理的内涵，为在西部地区乃至全国推广代建制积累了宝贵经验，也为推进公路建设管理体制改革探索了新路。

2014年9月，部在新疆召开的全国公路建设管理体制改革座谈会，总结全国高速公路施工标准化活动、全国公路援疆代建工作，部署深化改革。交通运输部与新疆维吾尔自治区政府联合对新疆公路代建工作先进单位和个人进行表彰，对参与援疆代建的12个省市交通主管部门和新疆交通运输厅授予“新疆公路代建工作先进管理单位”称号；对16家代建单位和新疆交通运输系统5家单位授予“新疆公路代建工作先进单位”称号；对17名代建指挥长授予“新疆公路代建工作优秀指挥长”称号；对479名参与代建工作的干部职工授予“新疆公路代建工作先进工作者”称号。新疆交通运输厅、陕西省交通运输厅、新疆S215线三岔口至莎车公路上海代建项目指挥部在大会作代建工作交流发言。时任部公路局局长李彦武在会议总结中指出，公路援疆代建工作，是部党组认真贯彻落实中央新疆工作座谈会精神、大力支持新疆交通运输发展的重大举措，也是深化公路建设管理体制改革、推进现代工程管理的生动实践。在新疆维吾尔自治区党委、政府的高度重视和大力支持下，按照交通运输部统一部署，各代建省份和代建单位加强组织领导，选派优秀干部，落实保障措施，全力以赴支援新疆交通建设；新疆交通运输厅及有关单位努力创造良好的代建环境，在组织管理、工作机制、人才培养、技术进步、廉政监督、文化建设等方面全面做好对接，千方百计做好后勤保障和服务工作；部内相关司局加强指导协调，组织开展回访、调研和专题研究，采取特事特办、集中办理等方式推动建设。在有关各方的共同努力下，援疆代建工作顺利推进，实现了新疆交通建设“三年攻坚”的目标，为实现新疆跨越式发展和长治久安奠定了坚实基础。代建工作培养锻炼了一批优秀人才，促进了全国东中西部管理交流和技术交流，体现了交通运输行业的优良传统，进一步增强了行业凝聚力、向心力和战斗力。特别是全国各地400多名代建工作人员，不远千里来到新疆，和新疆各族同胞、交通职工一起，克服各种困难，不计个人得失，发挥专业优势，圆满完成了代建任务。会议要求新疆交通运输厅及各有关单位，认真做好代建收尾工作，进一步认真总结经验，完善援疆工作机制，在公路建设技术、人才等方面加强交流合作，保持可持续发展能力。

五、绿色公路建设新理念

“十二五”以来，以绿色循环低碳公路为代表的节能减排示范项目和科技示范工程的相继实施，使公路设计新理念内容不断丰富，节地节水、节能减排、低碳环保等举措得到有效落实。特别是党的十八大以来，生态文明建设纳入中国特色社会主义建设“五位一体”总体布局；十八届五中全会进一步提出创新、协调、绿色、开放、共享的发展理念，绿色发展成为经济社会发展的基本理念。2014 年,交通运输部提出“综合交通、智慧交通、绿色交通、平安交通”发展战略,为交通运输的科学发展指明了方向。2016 年 6 月,交通运输部公路局印发《关于实施绿色公路建设的指导意见》(以下简称《意见》),以全面实施绿色公路建设作为推进绿色交通发展的切入点,进一步转变公路发展方式,推动公路建设持续健康发展。要求按照系统论和周期成本思想,以工程质量、安全、耐久、服务为根本,坚持“两个统筹”,把握“四大要素”,以理念提升、创新引领、示范带动、制度完善为途径,推动公路建设发展的转型升级。坚持“两个统筹”,即:一方面要坚持统筹公路资源利用、能源消耗、污染排放、生态影响、运行效率、功能服务之间的关系,寻求公路与自然环境、社会环境的平衡与协调;另一方面要坚持统筹公路规划、设计、建设、运营、管理、服务全过程,以最少的资源占用、能源耗用、污染排放、环境影响,实现外部刚性约束与公路内在供给之间的均衡和协调。把握“四大要素”,即:重点在“资源节约、生态环保、节能高效、服务提升”四方面实现突破,控制资源占用、减少能源消耗、降低污染排放、保护生态环境、拓展公路功能、提升服务水平。《意见》提出了统筹资源利用,实现集约节约;加强生态保护,注重自然和谐;着眼周期成本,强化建养并重;实施创新驱动,实现科学高效;完善标准规范,推动示范引领等五项具体任务。同时,要求开展五个专项行动:着力实现“零弃方、少借方”;实施改扩建工程绿色升级;积极应用建筑信息模型(BIM)新技术;推进绿色服务区建设;着力拓展公路旅游功能。

建设发展理念的每一次提升,都是从各地公路建设的探索实践中总结提炼而来,继而对全国的公路建设实践又产生重要影响。通过提升发展理念、工程实践检验、完善制度设计这样的良性循环,为稳步推进公路建设管理体制机制改革提供了重要的理论认识基础和实践支撑。

第三节　公路工程质量管理

1983 年以来,随着国家工程建设管理体制改革,工程质量监督制度也随之逐步建立。2000 年后,随着《中华人民共和国安全生产法》《建设工程质量管理条例》《建设工程安全生产管理条例》等法律法规的颁布实施,质量、安全监督工作步入了法制化轨道。

一、部质监机构发展历程

根据国务院《关于改革建筑业和基本建设管理体制若干问题的暂行规定》(国发〔1983〕123 号)要求,部于 1987 年成立了交通部基本建设工程质量监督总站,1994 年起作为部机关直属事业单位管理,1995 年起人员实行参照公务员管理。部质监总站于 1999

年经部批准调整为副局级单位,2003 年调整为正局级单位。其主要职责是:贯彻执行国家和部有关工程质量方针、政策和法律、法规;拟定质量监督管理规定,指导省级质监机构开展工程质量监督工作;参与交通行业国家重大工程项目质量监督工作;按部计划对重点项目组织工程质量抽查和竣工质量鉴定,参与竣工验收工作;受理工程质量问题投诉,参与重大质量事故调查处理。受部委托组织甲、乙级公路水运工程监理单位资质评审;负责交通基本建设工程试验检测管理工作;组织对工程质量监督人员业务培训;组织监理和试验检测人员资格考试管理工作。

2004 年 10 月,增加了“在公路司、水运司指导下具体承担部公路、水运基础设施建筑安全生产监督管理工作”职责。2011 年 5 月,经部批准,启用“交通运输部工程质量监督局”名称。2014 年初,根据《中央编办关于交通运输部有关职责和机构编制调整的通知》(中央编办发〔2013〕133 号),部成立安全与质量监督管理司,负责交通工程质量监督、安全生产监管、监理和试验检测行业管理。部质量安全监督管理机构成立近 30 年,在部党组正确领导下,认真履行职责,有效促进了交通运输行业质量安全形势总体平稳。

二、主要规章制度建设

为切实抓好质量安全管理,交通运输部把法规制度建设作为做好质量监督工作的基础,先后制定了《公路工程质量监督规定》《公路工程竣工质量鉴定工作规定》《公路工程质量监督指导意见》《公路工程质量监督抽检数据统计制度》《公路水运工程试验检测管理办法》《公路水运工程质量安全督查办法》《公路水运工程安全生产监督管理办法》《关于加强公路水运工程质量安全管理若干意见》等一系列有关工程建设质量的多项规章制度和规范性文件,为切实做好工程质量监管工作提供了法规和政策依据,基本形成了相互衔接配套、操作性强的质量监督制度体系,强化了公路工程质量监督工作,促进了公路工程质量管理水平的不断提升。

三、重要会议

1987 年,交通部成立基本建设工程质量监督机构以来,每在关键节点都加强了工程质量管理工作的统筹谋划,通过及时召开全国会议,总结质量发展经验,分析发展形势,全面部署质量管理工作,为质量监督工作发展明确了阶段目标和工作重点,指导全国交通基本建设质量监督工作不断开创新局面。主要节点会议有:

(一)1999 年兰州会议

时任交通运输部副部长李居昌在全国交通基本建设质量监督工作经验交流会上作重要讲话,提出:质监站这个机构很重要,必须把它搞好,各级领导同志要亲自抓,要充分发挥他们的作用;要把监督寓于服务之中,通过服务搞好监督,要围绕解决当前质量突出问题来进行有效的监督。

(二)2004 年沈阳会议

冯正霖副部长作了题为《以科学发展观为指导,全面提升交通基本建设质量水平》的讲话,要求夯实五项基础,全面加强质监工作:一是大力加强质量监督工作人才队伍建设;二是认真落实质量监督责任机制;三是以系统论观点健全质量监督规章和技术法规体系;四是规范和发展监理及试验检测市场;五是以科技进步推动质量监督工作上水平。

(三)2008 年郑州会议

冯正霖副部长作了题为《坚持科学发展,强化监督管理,推动公路水运工程质量安全工作再上新台阶》的讲话,要求抓住"七条主线"落实质量安全各项工作。即抓住从业单位业绩信用等级评定,"三个合理"和"三个关键人","六个坚持、六个树立"勘察设计理念,精细化管理,开展"监理企业树品牌、监理人员讲责任"行业新风建设,"不出假数据","责权一致"等七条主线,全面提升公路水运工程质量安全监督管理水平。

(四)2015 年燕郊会议

冯正霖副部长作了题为《适应新常态,实现新作为,全面开创公路水运工程质量安全工作新局面》的讲话,强调以促进责任落实为重点,推行依法监管,开展专项行动,强调用好"六个抓手"推动各项工作。会议对当前和今后一个时期作出了重要部署,即在质量领域打造"品质工程"。强调要抓住工程建设的内涵质地和外在品位的核心要素,进一步推动我国公路水运工程建设质量和安全管理迈上新台阶。

此外,2005 年交通部还在湖北宜昌召开了安全生产座谈会,2011 年在安徽马鞍山大桥工程召开了"平安工地"建设推进会。在召开全行业质量安全工作会之外,交通部质监局在全国公路水运质监行业建立了年度质监工作座谈会机制,除 2013—2014 年由于因质监改革外,自 2005 年至 2012 年先后在北京、长沙、杭州、沈阳、上海、重庆、成都召开了 7 次质监站(局)长座谈会,沟通情况、交流经验、推进工作。

四、行业质量督查情况

自 2005 年起,针对部分省(自治区、直辖市)和部分项目在建设过程中出现的质量安全事故,交通部制定《公路水运工程质量安全督查办法》,明确督查方式和程序,围绕质量安全管理行为、施工工艺和现场安全、工程实体质量等方面,采取查资料、看现场、询问核查、随机抽检等措施实施督查。督查工作坚持以高速公路建设任务较重、项目施工难度较大、质量安全风险较高的省份为重点，以国高网、省际连接线、重要通道扩容改造项目及特大桥隧工程为主，督查在建工程质量状况，针对发现的问题提出整改要求，促进工程质量水平提升。

"十一五"期间，全国公路建设呈现建设规模大、范围广、投资增幅扩大的局面，公路工程质量安全面临的形势日趋严峻。在此期间，质量督查遍及各省、自治区、直辖市，每年督查不少于 14 个省份，督查省份最多的年份是 2007 年，共督查了 16 个省份。浙江、广东、江西、湖南、四川、山西、西藏、新疆等省区督查了 3 次。督查项目包括苏通大桥、杭州湾跨海大桥、舟山连岛工程等 12 项独立特大桥项目，福建厦门翔安海底隧道和上海崇明越江通道项目，安徽铜汤高速公路、河北沿海高速公路、浙江黄衢南高速公路、黑龙江齐泰高速公路等 108 项高速公路项目，合计 122 项，涉及在建项目里程 1.2 万 km，涉及省际连接线、扩大内需、灾后重建、混凝土通病治理示范项目等。同时，督查和调研农村公路 66 项。

"十二五"期间，共组织开展公路工程建设质量安全督查 58 省次，除北京、上海和黑龙江等地因建设规模较小外，做到了对其余各省、自治区、直辖市及兵团的全覆盖。对部分建设任务重、风险高的省份增加督查频次，连续 5 年对贵州进行督查，连续 3 年对福建、湖南、广东、广西、重庆、四川、陕西、甘肃等地进行督查，连续两年对港珠澳大桥项目进行督查。5 年来，共督查公路工程 102 项，合计近 1.14 万 km，包括辽宁鸭绿江大桥、安徽马鞍山大桥、云南龙江特大桥、海南定海大桥等 11 个独立特大桥项目。

通过督查，不断改进质量督查与评定方法，对重点项目进行跟踪，对发现的质量问题加大督促整改力度。通过检查，及时掌握目前公路工程质量安全的动态和存在的问题，以点带面，促进各级管理部门和有关单位更加重视工程质量。

在加强督查的同时，不断深化工程质量问题查处。1999 年，交通部印发了《公路工程质量管理办法》，规范了质量事故报告程序，同时将交通部公路司和质监总站作为公路工程质量举报受理机构，公布了受理电话。通过深化查处，落实了相关单位质量责任和义务，强化质量责任追究，对防止和减少质量事故起到了积极作用。

五、加强质量检测工作

为科学控制和评判工程质量，20 世纪 80 年代，交通部开始推进公路水运工程试验检测。20 世纪 90 年代，试验检测数据成为质量控制、交（竣）工验收评定的依据。1997 年，交通部颁布了《公路工程试验检测机构资质管理暂行办法》，正式对试验检测工作进行系统管理。此后，交通部先后印发《公路水运工程试验检测人员资质管理暂行办法》《公路水运工程试验检测管理办法》等，细化了试验检测的工作内容和标准。2005 年，交通部出台《公路水运工程试验检测管理办法》（交通部令 2005 第 12 号），进一步规范公路水运试验检测工作。2013年印发了《交通运输部关于进一步加强和规范公路水运工程试验检测工作的若干意见》(交质监发〔2013〕114号),从优化试验检测工作环境、加强试验检测行业监管、提升试验检测能力水平等方面提出了具体指导意见。2015年,按照中编办要求,交通运输部印发《交通运输部办公厅关于整合公路水路交通运输检验检测机构的指导意见》(交办政研〔2015〕24号),加快政府职能转变,稳步有序推进试验检测机构整合,提升行业检验检测水平。2015年起,将试验检测人员资格调整为水平评价类国家职业资格。2016年修订出台《公路水运工程试验检测管理办法》(交通运输部令2016年第80号),进一步完善试验检测工作机制。

2007—2009年,开展了为期3年的"试验检测数据打假"专项治理活动。从2009年开始,组织开展试验检测信用评价工作,每年评价一次。

2010—2015年,部会同相关单位组织多次比对试验,组织开展试验检测机构专项督查,每年结合质量安全综合督查,对工程一线试验检测情况,如工地试验室、部分等级机构等进行抽查;组织开展工地试验室标准化建设,印发工地试验室标准化建设要点;组织开展试验检测人员继续教育。印发工地试验室标准化建设指导手册;印发公路水运工程试验检测仪器设备检定校准指导手册;启动试验检测人员网络继续教育平台建设。

六、加强质量统计分析及质量鉴定工作

(一)质量状况统计分析

为分析判断工程质量宏观发展态势,2003年起,交通部质监局开始质量状况统计分析工作,每年对各省级质监机构的监督抽检情况进行统计,主要是国道主干线在建高速公路项目建设情况、监督检查一次合格率和交竣工项目质量鉴定评分情况,并对工程实体、工艺和质量管理"三项通病"进行统计梳理。

2006年起,统计周期定为每半年一次,并细化了统计指标,涵盖路基路面、桥梁隧道、安全设施等单位工程涉及工程质量安全的指标共计50项,其中关键指标24项,非关键指标26项,并明确交通部以各省级质监机构针对工程实体质量、原材料等薄弱环节的随机抽查数据为主,抽检指标以合格点数占抽检总点数的百分比计算合格率,衡量在建公路工程整体质量状况。

2007年起,将干线公路和农村公路纳入统计,高速公路和干线公路统计指标各50项,农村公路14项。2008年下半年,再次完善了统计报表制度,高速公路、干线公路统计指标各为34项,农村公路14项。2011年下半年,针对质量控制现状,突出薄弱环节,删减了沥青路面车辙、伸缩缝与桥面高差指标,增加了桥梁受力钢筋间距、隧道锚杆间距及长度、粗细集料、橡胶支座、锚具、拼接螺栓、土工织物等指标。至此,高速公路和干线公路统

计指标各 39 项,农村公路 14 项。

2008 年 11 月,《公路工程质量状况及质量监督信息统计报表制度》报经国家统计局批准备案,纳入国家统计范畴;此后分别于 2011 年 12 月和 2014 年 12 月继续完善,并经国家统计局备案。

“十一五”和“十二五”期间,高速公路抽检指标平均合格率由 96.79% 提升至 96.82%,总体合格率基本平稳。其中,“十一五”期间,高速公路抽检指标总体合格率总体呈上升趋势,但波动性较大,主要是桥梁工程和安全设施方面,合格率相对较低;路基、路面、隧道工程及原材料及产品总体合格率较为平稳。“十二五”期间,高速公路质量状况抽检指标总体合格率均趋于平稳,波动较小,但桥梁工程抽检指标总体合格率依旧低于整体水平,需大力推进现代工程管理,提升标准化施工水平,促进公路工程整体质量水平提升。

(二)竣工质量鉴定

根据《公路工程质量监督规定》,公路建设项目竣工质量鉴定工作是质监机构的重要职责之一。交通部质监局制定了《公路工程竣工质量鉴定工作规定》,明确了部、省质监机构鉴定工作职责分工,确定了鉴定工作内容,规范了鉴定工作程序和要求。具体鉴定工作由交通部质监局负责制定鉴定工作方案,省级质监机构负责按照方案实施外观检查和内业资料审查,并按规定委托具有相应检测能力的检测单位负责工程实体质量检测。部质监局和省级质监机构依据外观检查、内业资料审查等情况和工程实体质量检测报告,联合进行工程质量评定,确定质量等级,共同出具项目竣工质量鉴定报告。

按照部组织竣工验收工作计划,部质监局会同负责项目质量监督工作的省级质监机构,深入开展了有关项目的竣工质量鉴定工作。2004—2013 年,共完成 36 项高速公路、独立特大桥梁、特长隧道项目的质量鉴定工作,包括云南安宁至楚雄高速公路、甘肃兰州至海石湾段高速公路、江西景德镇至婺源(塔岭)公路、安徽铜陵至汤口公路、广东广州绕城公路东段(珠江黄埔大桥)项目、江苏润扬长江大桥、南京长江三桥、苏通长江大桥、浙江杭州湾跨海大桥、上海崇明越江通道、陕西秦岭终南山公路隧道等项目。部、省质监机构鉴定工作履职到位,坚持严格把握质量标准,严格督促问题整改,严格质量等级评定,有效促进了有关地方和项目的质量管理工作。

七、通病治理成效

为适应交通运输快速发展、科学发展的时代要求,全面提高混凝土结构工程的耐久性、安全性和可靠性,2009 年 4 月,交通运输部质监总站研究制定了《公路水运工程混凝土质量通病治理活动实施方案》,组织开展了为期两年的混凝土质量通病治理活动。组织编写了《高速公路工程质量风险预控手册(混凝土桥涵分册)》,以高速公路建设中混凝土桥涵常见质量通病为风险点，分析管理、工艺、实体质量通病发生的原因，有针对性地提出预控措施。

通过治理，各地进一步健全了质量管理制度，参建各方更加注重长远品牌效应，切实转变工程建设理念，高速公路工程质量水平得到提升。钢筋、水泥、钢绞线等的抽检合格率分别达到98%以上；钢筋保护层厚度工后抽检合格率逐年提高，大部分省份达到85%以上。杜绝了混凝土强度不达标现象，强度离散性得到有效控制。混凝土外观和内在质量均明显提高。高速公路桥梁工程预应力张拉和孔道压浆、混凝土结合面、隧道衬砌厚度等施工质量得到有效控制。截至2011年底，全国高速公路桥梁工程抽检指标总体合格率较2008年底提升1.7个百分点，其中混凝土强度指标合格率在99%以上，保持较高水平；桥梁上下部主要结构尺寸，桥面宽度、厚度、横坡指标提高3个百分点以上；对混凝土耐久性影响较大的钢筋保护层厚度抽检指标提高10个百分点以上。隧道工程抽检指标总体合格率保持较高水平。抗压、抗冻、抗渗、抗氯离子渗透等反映混凝土强度和耐久性的指标合格率继续保持高位。质量通病治理成效得到普遍认可，成为质量管理重要内容。实体质量整体提升，达到了治理目的，积累了宝贵经验。

经过多年努力，公路工程建设质量工作取得了积极成效：一是质量管理法规制度建设得到加强。二是质量技术标准体系进一步完善。三是工程质量技术进步取得新进展。四是工程质量管理水平不断提高。相继建成的一大批举世瞩目的重大公路工程，规模、质量和技术都集中展示了我国建设者的聪明才智和质量管理水平；建成了一大批国优工程，苏通大桥等10余个项目获鲁班奖，秦岭终南山隧道、杭州湾大桥等项目获詹天佑奖。全国公路工程总体质量始终保持良好态势。质量管理、质保体系建设、工程实体质量、施工工艺等方面不断改进和提高；特大桥梁、特长隧道等特殊大型工程建设技术和质量水平已进入国际先进行列；重点工程质量稳中有升，其他工程整体质量平稳，路基、路面、桥梁、隧道等质量合格率均稳定在95%以上，大部分关键指标合格率在98%以上，不同地区或项目间质量差距有所缩小。

八、标志性事件——沈四高速公路青洋河大桥桥面局部坍塌事件

青洋河大桥于1996年4月25日开工，1997年8月完成，位于沈四高速公路北行118km处。1998年10月25日5时左右，该桥上发生一起恶性交通事故，三台大货车相撞，当场死亡2人，重伤1人，轻伤1人。造成事故的直接原因是该桥桥面局部塌陷所致。

青洋河大桥上部结构为7孔30m工形组合梁，塌陷部位位于北行第2孔，距梁端12m行车道与超车道两片梁间空格部位的桥面，塌孔呈1.5m×2m椭圆形，钢筋连接完好，但混凝土几乎全部碎落。

事故的主要原因：一是施工中对预应力工形梁张拉后跨中拱起，没有调整桥面厚度，

造成跨中部位桥面混凝土厚度不足，设计厚度15cm，塌陷部位实测平均厚度10.8cm；二是混凝土施工工艺落后，塌陷处局部混凝土强度过低，设计要求为30MPa，现场取试件实测为21.8MPa；三是施工管理不严、监理旁站、检验不到位，施工作业人员擅自减少钢筋。

高速公路刚通车就因质量问题而引发交通事故，在社会上造成了极大影响，对全行业产生了极大的警醒。辽宁省要求各级交通部门、建设各方要深刻吸取教训，深刻认识质量工作存在的问题，举一反三，警钟长鸣，切实加强质量管理，提高公路的设计深度，提高本质安全、确保施工安全和服务安全。

为此，辽宁省交通运输厅于1999年迅速制定了《辽宁省高速公路建设项目法人责任制暂行规定》《辽宁省高速公路工程勘察设计招投标暂行办法》《辽宁省高速公路工程施工招标投标管理实施细则（暂行）》《辽宁省高速公路工程施工监理招投标暂行办法》等11项管理办法，特别是出台了对全行业有重要影响的《辽宁省公路建设管理办法》白皮书。

第四节　公路安全生产管理

交通运输部一直高度重视施工安全生产，特别是2004年以后，落实专职监管机构，按照“打基础、抓关键、早预防”的工作原则，加强安全监管制度建设，开展建设安全技术研究，举行一系列重大专项活动，组织有针对性的培训教育，建立行业建设安全应急联络制度，完善应急专家咨询及对外协调机制，初步形成了“预案、预控、预警”安全监管体系，以及“从业单位负责、职工参与、政府监管、行业自律和社会监督”的工作机制，行业施工安全生产形势稳中向好。

一、2004年明确承接公路建设安全生产监督管理工作

2004年10月11日，交通部印发《关于调整交通部基本建设质量监督总站职责的通知》（厅人劳字〔2004〕384号），明确质监总站“具体承担部公路、水运基础设施建筑安全生产监督管理工作”的职责。2005年11月14日，再次印发《关于调整交通部基本建设质量监督总站内设机构人员编制等有关事宜的通知》（交人劳发〔2005〕536号），交通部质监总站设立工程安全处，作为施工安全监管的专职处室，编制4人。各地区交通主管部门陆续明确了厅（委）分管领导、监管机构、建设项目归口管理部门和项目法人单位的安全职责，落实了专职监督机构和人员，据不完全统计，2011年全国公路水运施工安全监管队伍总数已超1200人。

二、主要规章制度建设

交通运输部切实加强公路水运建设安全生产体制机制法制和应急预案（“一案三

制”）建设。2006 年 11 月，交通部印发《交通建设工程重大生产安全事故应急预案》（并于 2010 年、2016 年再次组织修订，现更名为《公路水运工程生产安全事故应急预案》，上升为行业预案，并与 2017 年 7 月 19 日通过部务会审议）。2007 年 2 月 14 日，交通部印发《公路水运工程安全生产监督管理办法》（部令〔2007〕第 1 号），根据 2014 年底颁布的《安全生产法》修正案，交通运输部安质司对该部令组织了全面修订，并于 2017 年 6 月 7 日的交通运输部第九次部务会审议通过，《公路水运工程安全生产监督管理办法》（部令〔2017〕第 25 号）自 8 月 1 日起施行。

交通运输部先后印发了《交通行业建设工程安全生产事故统计报表制度》（2006、2012 和 2016 年修订）、《公路水运工程安全生产监督管理办法》（2007、2017 修订）、《公路水运工程质量安全督查办法》（2008、2016 修订）、《公路水运工程施工企业安全生产管理人员考核管理办法》（2009、2016 修订）及《关于建立公路水运工程建设安全监管长效机制的若干意见》（2009），配合国家发展改革委等七部委印发了《关于加强重大工程安全质量保障措施的通知》（2009），制定了《公路水运工程生产安全重大事故隐患挂牌督办制度》（2012）、《公路水运工程施工企业项目负责人施工现场带班生产制度（暂行）》（2012）、《公路水运工程建设重大事故隐患清单管理制度》（2015）、《公路水运工程建设质量安全违法违规行为信息公开工作规则》（2015）等 10 项规范性文件，出台了《关于进一步加强在建公路特大桥和特长隧道工程质量安全监管工作的通知》《关于进一步加强隧道工程质量和安全监管工作的若干意见》《关于进一步加强夜间施工质量安全管理工作的通知》等针对性举措，转发了重庆市交委《关于加强桥梁工程双壁钢围堰施工安全管理工作的通知》，修订了《公路工程施工安全技术规范》，发布了《公路桥梁和隧道工程施工安全风险评估指南（试行）》（2011）、《高速公路路堑高边坡工程施工安全风险评估指南（试行）》（2014）。制定了“施工现场危险告知制度”、“施工安全监理制度”、“专项施工方案审查制度”、“设备进场验收登记制度”及“安全生产费用保障制度”等针对施工现场的制度。

经过 13 年的发展，初步形成了“预案、预控、预警”的安全监管体系及“从业单位负责、职工参与、政府监管、行业自律和社会监督”的工作格局。

三、重要会议

（一）2005 年宜昌会议

2005 年 11 月 29 至 30 日，交通部在湖北宜昌召开了全国公路水运建设安全生产座谈会，冯正霖副部长在会上作了《明确目标，落实责任，全面开创建设工程安全生产管理工作新局面》的讲话，第一次对行业安全生产工作做了系统部署，明确提出“管建设必须管安全”。湖北、江苏、浙江、上海、云南、内蒙古等省份交通主管部门以及中国交建集团、沪蓉西高速公路建设指挥部等单位作典型交流发言。这次会议标志着公路水运建设安全监管工作初步形成常抓不懈的高压态势。

（二）2011 年马鞍山会议

2011 年 6 月 21 日，交通运输部在安徽马鞍山大桥施工现场组织召开的“平安工地”现场推进会，冯正霖副部长作了《落实责任，强化监管，全力打造平安交通行业》的讲话，对一年多来全国公路水运工程平安工地建设活动开展情况进行了回顾总结，明确坚持以“平安工地”建设为载体，提出了“三个强化”和“四个推进”的要求，即强化“本质安全”理念、强化安全生产责任落实、强化安全风险预控措施、进一步推进安全管理标准化建设、进一步推进安全生产条件改善、进一步推进监管能力和应急救援水平提升、进一步推进行业监管长效机制建设。

四、以“平安工地”为主线推动安全生产水平提高

（一）提升安全理念

理念是行动的先导。“平安工地”建设，是以人的生命安全为根本的管理理念，是落实安全第一、预防为主、综合治理方针的具体举措。2010 年 3 月 17 日，交通运输部印发《关于开展公路水运工程平安工地建设活动的通知》（交质监发〔2010〕132 号），围绕“施工现场安全防护标准化、场容场貌规范化、安全管理程序化、安全培训教育经常化”等重点，决定在全行业开展平安工地创建工作。同年 3 月 31 日召开电视电话会议，冯正霖副部长做了《全力推进平安工地建设促进交通运输快速高效安全绿色发展》的讲话，对活动进行动员部署，活动正式拉开大幕。2011 年 6 月 21 日，交通运输部在安徽马鞍山大桥施工现场组织召开的平安工地现场会，将活动推向第一个高潮。与会代表参观了马鞍山大桥施工现场，八家单位分享了各自的典型经验，冯正霖副部长作了《落实责任、强化监管、全力打造平安交通行业》的讲话，国家安全监督管理总局安全监督管理二司苏洁司长到会指导。

（二）加强宣传教育

2011 年 9 月 13 日，交通运输厅印发《关于进一步加强平安工地建设活动宣传工作的通知》（厅质监字〔2010〕181 号），交通运输部质监总站与中国交通报成立工作组，在交通运输部网站和中国交通报分别设立专栏，连续报道了安徽的单元预警法、江苏的层级监管法、湖南的分区管理法、上海的网格化管理法、河北水运的一体化管理法、浙江的模块预控

法，以及部级示范提名项目的经验做法；组织编辑了反映平安工地建设的10分钟短片，组织了“部长送文化到一线”的文化关怀活动、“本质安全”征文比赛（收到论文224篇，其中7篇获二等奖，10篇获三等奖）以及摄影大赛（400多福，其中21幅获奖）等，形成了抓安全、保发展的良好氛围。2011—2014年内分四批共177个公路水运工程项目获得部级“平安工地”示范创建项目提名，其中128个公路项目入选。

（三）完善考核机制

2012年12月5日，交通运输部印发《关于开展公路水运工程“平安工地”考核评价工作的通知》（交质监发〔2012〕679号），决定开展公路水运工程“平安工地”考核评价工作，明确了考核标准，要求项目开工前开展安全生产条件核查；项目实施中，按“施工单位月度自评、监理单位季度抽查、业主单位每半年考核、省交通运输主管部门年度抽查”等模式开展考核，考核不达标项目或标段应当及时整改；项目完工后，组织安全生产情况总体评价。2013年考核情况统计数据显示，当年在建高速公路和大型水运工程项目90%以上达标，其中35%获得示范等级，对不达标的工程项目进行了通报，鼓励先进、鞭策后进。2013年5月，交通运输部组织出版《公路水运工程施工安全标准化指南》，为各地推进施工现场安全生产标准化建设提供了参照依据。《考核标准》和《标准化指南》的陆续出台标志着平安工地建设进入了常态化发展的新阶段。

2008年及2010年，交通运输部会同国家安全监管总局分别对杭州湾跨海大桥及厦门翔安海底隧道两个百亿元“零伤亡”工程项目组织联合表彰活动。2012年11月，交通运输部与国家安全监管总局联合印发了《关于组织公路水运建设项目平安工程冠名工作的通知》（交质监发〔2012〕639号），决定对安全工作成效显著、未发生生产安全责任事故且已交工验收的“平安工地”示范创建项目冠名为“平安工程”。这是建筑业领域首个施工安全生产激励机制，2013、2014、2015年内，共有90项公路水运工程项目获得冠名，其中71项公路工程项目获此殊荣。

2013年度公路建设“平安工程”冠名项目（交质监发〔2014〕73号文件）

（排名不分先后）

1. 江苏省南京长江第四大桥；
2. 江西省福银高速九江长江公路大桥项目；
3. 粤湘高速公路博罗至深圳段；
4. 湖北省十堰至白河（鄂陕界）公路；
5. 浙江省杭新景高速公路延伸线（之江大桥）工程；

6. 安徽省黄山至祁门高速公路；
7. 福建省厦漳跨海大桥；
8. 甘肃省雷家角(陕甘界)至西峰高速公路；
9. 上海市林海公路(A20～A30)新建工程；
10. 辽宁省沈阳四环快速路新建工程；
11. 武陟至西峡高速公路桃花峪黄河大桥；
12. 四川省成渝地区环线合江至纳溪段公路项目；
13. 新疆维吾尔自治区S303线奇木高速公路；
14. 江西省井冈山厦坪至睦村高速公路项目；
15. 江苏省宿迁至新沂高速公路；
16. 北京市宋郎路道路工程；
17. 天津市集疏港公路二期中段工程；
18. 陕西省榆商线榆林至绥德高速公路；
19. 广东省佛开高速公路谢边至三堡段改扩建工程；
20. 辽宁省庄河至盖州高速公路。

2014年度公路建设平安工程冠名项目(交质监发〔2015〕142号文件)

(排名不分先后)

1. 云南大理至丽江高速公路；
2. 广东乐昌至广州高速公路工程；
3. 安徽省扬州至绩溪高速公路宁国至绩溪段工程；
4. 广东省连州(湘粤界)至怀集公路；
5. 广西靖西至那坡高速公路工程；
6. 临沭(鲁苏界)高速公路工程；
7. 河北省茅荆坝(蒙冀界)至承德公路工程；
8. 湖南省怀化至通道(湘桂界)高速公路项目；
9. 河北邢汾高速公路邢台至冀晋界段工程；
10. 贵州省凯里至羊甲高速公路建设工程；
11. 湖北省保康至宜昌高速公路宜昌段；
12. 辽宁省建昌至兴城高速公路项目；
13. 上海市S26东延伸(G15公路—G1501公路)新建工程。

2015 年度公路建设平安工程冠名项目(交安监发〔2017〕27 号文件)

(排名不分先后)

1. 云南国家高速公路网 G85 渝昆高速麻柳湾至昭通段高速公路;
2. 贵州省余庆至安龙高速公路望谟至安龙段项目;
3. 安徽合福铁路铜陵长江公铁大桥公路接线项目;
4. 岳西至武汉高速公路安徽段;
5. 张承高速公路崇礼至张承界段;
6. 汕头至湛江高速公路揭西大溪至博罗石坝段项目;
7. 武汉市四环线吴家山至沌口段;
8. 大连市长海县长山大桥工程;
9. 南通至洋口港区高速公路一期工程;
10. 京石二通道(大苑村—市界段)高速公路工程;
11. 河北承德至张家口高速公路承德段;
12. 南京市纬三路过江通道工程;
13. 兰州至永靖沿黄一级公路建设项目;
14. 南昌至宁都高速公路项目;
15. 连霍高速公路洛阳至三门峡(豫陕界)段改扩建项目;
16. 包茂线(G65W)陕西境黄陵至铜川高速公路;
17. 福建海西高速公路网漳州至永安联络线龙岩段;
18. 南昌至樟树高速公路改扩建项目;
19. 河南省三淅高速公路卢氏至西坪段、西坪至寺湾段建设项目;
20. 江苏临海高等级公路灌河大桥工程项目;
21. 广东平远(赣粤界)至兴宁公路工程;
22. 京秦高速公路天津段工程;
23. 广东省黄冈至花山公路工程;
24. 重庆三环高速公路永川双石至江津塘河段;
25. 上海辰塔公路越黄浦江大桥新建工程;
26. 江苏 353 省道海安段建设工程;
27. 湖北麻城至竹溪高速公路宜城至保康段;
28. 湖南省长沙至韶山至娄底高速公路;

29. 江苏昆山中环快速化改造工程；
30. 南昌至上栗高速公路新建工程；
31. 陕西延安至延川高速公路建设项目；
32. 陕西 G30N 临兴线西咸北环线高速公路；
33. 贵阳东北绕城高速公路尖坡至小碧段改建工程；
34. 新疆 G218 线伊宁至墩麻扎高速公路建设项目；
35. 山东德商公路聊城至范县（鲁豫界）段工程；
36. 湖北交投武汉城市圈环线高速公路洪湖段；
37. 湖南省溆浦至怀化高速公路怀化绕城线。

（四）加强安全培训教育

针对交通行业市场开放，但建设队伍参差不齐、一线人员综合素质和劳动技能普遍较低的现状，自 2004 年 11 月起，交通部先后出版了《交通建设工程施工安全生产管理人员培训教材》《公路水运工程安全生产管理人员考核复习题集》《公路水运工程安全生产管理人员继续教育教材》《守护平安——交通建设工程安全生产要点漫画集》《安全生产口袋丛书》《交通建设工程安全监理》等系列培训教材并及时更新。截至目前，共考核培训了 13 万余名一级施工企业专职安全管理人员、2 万余名安全环保监理工程师。2015 年下半年以来，施工企业安全生产管理人员培训考核工作下放到省级交通运输主管部门，交通运输部建立了统一的考核信息平台，制定了统一的考核大纲，编制了基础题库，使考核进入制度化、常态化轨道。

多年安全管理工作最主要的启示可以概括为“五个始终”：遵循“标本兼治、重在治本”的原则，树立红线意识和底线思维，遵循“打基础、抓关键、早预防”的思路，突出重点，抓薄弱环节，抓基础建设。始终保持安全生产高压态势，坚持制度建设为先导；始终把以人为本放在工程建设首位，坚持预防为主、风险防控；始终把握安全生产的本质规律，坚持安全与质量并重；始终以基层基础（“双基”）建设为出发点和落脚点，坚持监管与服务并重；始终把杜绝重特大事故发生作为硬任务、硬指标，坚持事故分析与责任追究并轨。

五、重点工作

（一）安全生产双重预防体系建设

风险分级管控与事故隐患排查治理是安全生产双重预防体系建设的核心，是“抓关键”的重点内容。交通运输部在推进这项机制建设方面采取了以下举措：

一是把隐患排查治理作为主攻方向。2006 年至 2010 年连续 4 年开展了以“两项达标、四项严禁、五项制度”为主要内容的隐患排查治理专项行动，有计划地集中开展隐患治理，从源头上防范事故的发生。不少地区以集中治理事故隐患为突破口，强化安全管理，有效地杜绝同类重大事故的发生。2011—2015 年隐患治理更加突出针对性，以高速公路桥隧工程和大型水运工程为对象，以“防坍塌、防坠落、反三违”为重点，以督促落实施工方案为突破口，紧盯施工起重机械和支架脚手架作业等事故多发环节以及施工驻地安全敏感点，连续 5 年开展事故隐患排查治理，加大政府监督抽查力度。“十一五”期间，交通运输部共组织抽查了 134 个高速公路或国道主干线项目，61 个农村公路项目，发出了 63 份通报；“十二五”期间督查工作力度不减，共对 139 个公路工程在建项目组织实施了监督抽查，督查足迹遍及 30 个省份。统计数据显示，全国交通固定资产从 2006 年的 7383.82 亿元增长到 2015 年的 18421 亿元。“十一五”期间（2006—2010 年）全国公路水运基础设施建设领域生产安全事故 432 起，死亡 679 人，到“十二五”期间（2011—2015 年）安全事故 247 起，死亡 435 人，事故起数与死亡人数均呈现大幅“双下降”；2015 年公路水运工程百亿元产值事故起数和死亡人数分别为 0.19 和 0.244，与 2006 年（分别为 1.61 和 1.83）相比分别下降了 88.2% 与 86.7%，公路水运工程建设安全生产形势总体稳定向好。

二是坚持把风险管控作为安全生产监管工作的发展方向。有生产就有风险。强化安全生产管理就是化解风险的过程。2011 年以来，交通运输部一直在探索建立公路工程施工安全风险评估制度。针对公路桥梁和隧道的施工作业难度大、风险高的具体情况，率先研究风险管控技术措施。2011 年 5 月 5 日，交通运输部印发《关于开展公路桥梁和隧道工程施工安全风险评估试行工作的通知》（交质监发〔2011〕217 号），出台了《公路桥梁和隧道工程施工安全风险评估制度与技术指南》（以下简称《指南》），同年 8 月 1 日起试行。《指南》通过运用风险矩阵法、安全检查表法、LEC 法以及指标体系法等评估技术路径，首次在建设领域实现了定性评价和半定量评估方式的结合，使复杂问题简单化，更便于理解执行。为做好《指南》宣贯工作，组织三期师资培训，各地还自行组织了近 5 千人次的专题培训。8 月 2 日，交通运输部印发《关于对部分地区公路桥梁和隧道工程施工安全风险评估试点工作进行跟踪督导的通知》，确定第一批 5 个地区和中交集团的 22 个项目作为部跟踪督导的重点项目。

2012 年 5 月，交通运输部印发《关于开展山区高速公路施工安全风险预控试点工作的通知》（厅质监便〔2012〕5 号），将湖北、云南和重庆三地作为试点地区，进一步跟踪山区桥隧工程施工安全风险评估工作情况，部署三地同时组织编制以高边坡、深基坑等岩土工程为重点的施工安全风险评估指南。2015 年 1 月 5 日，交通运输部印发《交通运输部关于发布高速公路路堑高边坡工程施工安全风险评估指南(试行)的通知》(交安监发〔2014〕266号)(以下简称《指南》),自2015年3月1日起实施,同年5月在云南组织一期宣贯培训。这本《指南》更具开放性和灵活性,在吸收第一本桥隧工程施工安全风险评估指南经验的基础上,增加专家调查法,并强调通过小组研讨方式确立项目指标体系,分配各指标权重,强调了项目个性化条件,同时还增加3个案例便于学习理解。

(二)针对薄弱环节开展安全生产基础工作研究

坚持科技兴安。运用科技手段改善和提升安全生产条件是可行之策。13年来,交通运输部共组织开展了《交通建设工程安全生产监管模式及措施研究》《桥隧工程施工安全风险评估管理制度及试点研究》《桥隧工程安全生产事故机理深度分析研究》《公路水路工程生产安全事故应急机制研究》《复杂条件下港口工程施工安全风险评估制度及试点研究》《公路水运工程质量安全行政执法政策研究》等软课题研究,以及《公路水运工程重大危险源辨识、评价技术研究》《大型公路桥梁工程安全生产重大危险源及事故隐患防治技术研究》《公路隧道施工重大险情预警与应急救援技术研究》《内河港口工程安全生产重大危险源及事故隐患防治技术研究》《西部地区公路水运工程安全技术标准研究》《西部地区公路水运建设项目安全生产的评价与预警预报技术研究》等西部科研课题研究,还开展《公路工程质量安全过程控制智能化与远程监控技术研究》《基于物联网的公路施工区安全管理对策研究》等信息化项目研究,许多成果直接或间接运用到行业政策、技术标准的制、修订过程中,一些科研成果还运用到项目具体实践中。

安全生产是不可逾越的红线。发展决不能以牺牲人的生命为代价,这必须作为一条不可逾越的红线,要求始终把人民群众生命安全放在首位,把安全生产责任制落到实处,切实防范重特大安全生产事故的发生,是当前乃至今后一段较长时间内安全生产监督管理的重点任务。

随着我国“四个全面”战略总布局以及“三大战略”的稳步推进,交通运输作为经济社会发展的先行官要进一步发挥先行官作用,强化质量安全监管既是本质要求、也是发展目的,必须始终坚持不懈地抓紧抓好。“十三五”时期,公路建设规模仍将保持较高水平,全国拟新建国家高速公路3万多公里,建设和改造普通国省道10万km,任务依然繁重;同时工程建设重心由东部地区向中西部地区、集中连片地区和建设条件更加艰巨复杂的远海、深山、高原高寒等地区推进,工程技术和建设难度增大,施工安全风险剧增;以PPP模式为代表的项目建设管理模式日趋增多,但专业化管理力量尚未得到有效充实,建设市场突出问题治理任重道远,再加之环境资源等硬约束问题凸显,老问题和新矛盾叠加。“十三五”所面临的安全生产形势更趋复杂,按照《中华人民共和国安全生产法》的新要求,施工安全监督管理工作将面临更多的新挑战。

第五节　高速公路养护管理

改革开放以来,我国高速公路交通事业发展成就举世瞩目。截至2016年年底,全国公路通车总里程达469万km,其中高速公路里程突破13万km,稳居世界前列,实现了交通运输发展阶段由“总体缓解”向“基本适应”的重大跃升,为我国由“交通大国”迈向“交通强国”奠定了坚实基础。

一、高速公路养护管理发展历程

我国高速公路建设所取得的巨大成就,倒逼高速公路养护管理事业的快速发展并逐步走向成熟。经过长期的实践演变,我国已经建立了较为完善的高速公路养护管理体系,为高速公路的健康持续发展提供了强有力的保证。回顾我国高速公路养护管理发展,历经了探索、实践、再探索、再实践的历史时期,大体可分为四个阶段。

第一阶段:改革开放初期至20世纪90年代中期是养护管理探索研究阶段。上海沪嘉高速公路和沈大高速公路相继通车,结束了中国大陆没有高速公路的历史。对高速公路养护管理而言史无可鉴,完全处于空白状态,养护管理工作的大多方面是借鉴发达国家的经验,有些是比照相关行业的经验,甚至直接套用普通公路的养护管理模式。这一时期,对高速公路养护较有指导意义的技术规范是由交通部在1994年发布的《公路养护质量检测评定标准》,该标准首次界定了公路养护质量和服务状况的评价标准,在我国高速公路养护发展史上具有里程碑意义。在高速公路养护管理方面,辽宁省于1994年率先出台了《辽宁省高速公路管理条例》,制定了一系列管理规范和标准,为全国高速公路的养护管理积累了宝贵的经验。各地也开始进行探索研究,结合当地实际总结出台了有关管理规范和标准。各省之间还通过自发组织召开研讨会的形式进行探讨,相互交流和学习,促进了全国高速公路管理事业的发展。

第二阶段:20世纪90年代中期至21世纪初是养护管理登台阶、上水平阶段。这一时期,国内GDP飞速增长,人民生活水平日益提高,需求不断增长,我国进入巩固和完善社会主义市场经济阶段。高速公路的建设进入飞速发展期,特别是1998年我国实施积极的财政政策以来,公路建设里程和速度举世瞩目,与此同时,我国高速公路养护也在蓄力发展。为了全面规范和指导高速公路建成后的养护工作,确保高速公路持续高效的服务品质,1996年交通部及时修订了1985年版《公路养护技术规范》,重点结合高速公路特点,单独增加了高速公路的养护技术内容,包括养护作业要点、养护安全作业的交通控制、巡视和检查要求、清扫及排水要求、排障与清理的规定以及冬季养护的内容等。该规范的修订,首次从全国层面上明确了高速公路的养护技术要点,为后期我国高速公路的快速可持续发展奠定了坚实的基础。在地方实际管理中,对高速公路的养护管理不再只是局限于地方管理水平,而是把目标定位在达到国内一流水平甚至与国际标准接轨上来,以科技为先导,纷纷加大通信监控、自动化收费、养护机械设备等现代化设施的投资建设力度,逐步向管理的现代化、规范化、科学化方向迈进。同时开始注重高速公路社会公益属性的发挥,树立管理是为用路人提供服务的思想,不断强化管理措施,提高管理水平和服务能力。

第三阶段:20 世纪初至“十五”时期末是养护管理手段日臻完善,养护管理理念由“重建轻养”向“建养并重”转变的阶段。这一时期,公路管理者已经认识到了养护工作的重要性和复杂性,必须制定一套适用于公路养护特点的技术规范和政策体系,才能保护和维持好如此庞大的公路资产。基于此,交通部在 5 年时间里,先后出台了涉及沥青路面、水泥路面、桥涵、隧道等各类公路结构的系列养护技术规范,全面加强了公路专业化养护能力,提升养护质量。与此同时,高速公路建设经过 10 年的快速发展,养护问题日益显现,特别是高速公路沥青路面早期损坏现象普遍发生。为了保护高速公路建设成果,2005年,交通部出台了第一个针对高速公路养护的行业政策《关于防治高速公路沥青路面早期损坏的指导意见》,该意见以“增强质量意识,完善综合设计,严格施工控制,加强养护管理”为原则,强调了养护的重要性,并有效地指导了地方进行科学的养护,为建设高质量的高速公路提供了基础保障。

第四阶段:“十一五”至“十三五”时期是养护管理由粗放发展,向机械化、集约化、绿色化、现代化转变和更好地为公众服务的新阶段。这一时期,高速公路养护发展以“四个交通”为要求,以提供更优质、更安全、更舒适的交通服务为目标,大力发展科学养护和绿色养护。科学养护方面,2014 年出台的《交通运输部关于全面深化交通运输改革的意见》中提出了“深化全寿命周期养护成本理念,全面开展预防性养护”的要求。全国在高速公路养护方面全面推行预防性养护,微表处、薄层罩面、雾封层等技术得到广泛应用,对延长高速公路使用寿命,提高高速公路经济效益和服务能力起到了至关重要的作用。绿色养护方面,交通运输部先后编制了《公路沥青路面再生技术规范》和《公路水泥混凝土路面再生利用技术细则》,并在此基础上,于 2012 年出台了《加快推进公路路面材料循环利用工作的指导意见》,明确提出了高速公路路面材料循环利用的具体指标,全面引导高速公路养护向绿色、低碳、节能、循环方向发展。

二、高速公路养护管理的发展理念

高速公路养护管理工作是实现高速公路交通科学可持续发展、安全发展的内在要求和基础所在。我国高速公路养护管理工作的发展进程,经历了一个不断发展、深化、提升的过程,每个阶段都根据经济社会建设要求和发展特点提出了全面指导高速公路养护发展的核心理念。

"十五"期间提出"公路建设是发展,养护管理也是发展,而且是可持续发展"的理念,确立了高速公路养护管理工作的基础地位。"十一五"期间提出"更好地为公众服务"的理念,明晰了高速公路养护管理工作的服务宗旨和价值取向。"十二五"期间提出"畅通主导、服务需求、安全至上、创新引领"的理念,则更进一步明确了高速公路养护管理工作的发展方向、重点内容及工作要求,养护管理工作得到了长足发展和全面加强。

"十三五"期间,高速公路养护领域将坚持五大发展理念:创新发展,全面深化公路养护重点领域和关键环节改革,加快体制机制创新、政策创新、管理创新;协调发展,协调公路养护与建设、运行、服务和管理的关系,促进公路养护事业的全面发展;绿色发展,进一步推进资源节约型、环境友好型养护行业发展,强化节能减排,节约集约利用资源,促进资源循环利用;开放发展,深化公路养护体制机制改革,坚持简政放权、管放结合,释放市场活力;共享发展,坚持把服务人民群众出行需求作为公路养护工作的出发点和落脚点,提高养护质量,提升服务品质,改善群众出行体验。

三、高速公路养护管理发展成就

长期以来,全国各级交通运输主管部门和高速公路管理机构,坚持建养并进、管理和服务创新,行业治理体系逐步健全,治理能力不断增强,路网运行稳定提速,服务品质持续改善,有力保障了高速公路养护管理事业快速发展,较好适应了公众出行需求,为促进经济社会高质量发展提供了更安全可靠、更稳定持久的高速公路交通服务保障。

高速公路养护水平不断提升。截至 2016 年年底,全国高速公路养护里程达到 13 万 km,优良路率达到 99.6%,路况水平平稳趋好,公路运输保障能力显著增强。

公共服务迈上新台阶。为及时向全社会提供方便快捷的出行信息服务,推广了"路况信息管理系统""公路气象预报预警系统"和"中国公路信息服务网";为提升高速公路通行效率,推广实施高速公路联网电子不停车收费系统;为服务"三农"发展,建成了覆盖全国所有收费公路的"绿色通道"网络,使农民群众得到实惠;着眼于服务人民群众出行,实施重大节假日免收小型客车通行费政策,得到了社会各界广泛好评。

体制机制改革取得明显进展。各地积极探索建立与高速公路的基础性、网络性、功能层次性特点相适应的管理体制和运行机制,逐步推进养护工程市场化,努力实现资源整合、协调发展,有效提升了公路行业可持续发展能力。

高速公路法制建设得到加强。制定出台了《公路安全保护条例》《收费公路权益转让办法》《公路桥梁养护管理工作制度》《公路超限检测站管理办法》等规章。各地也陆续出台了地方性高速公路管理法规,制定了较为完备的规章制度,高速公路养护管理法规体系不断完善。

高速公路养护科技水平稳步推进。全国各地积极推进路面材料再生利用技术、隧道节能照明技术的试点和推广工作，积极推广应用快修、快补养护技术，不断提高养护机械化程度，加大新技术、新材料、新工艺的推广应用，养护质量和成效稳步提升。高速公路养护管理信息化取得快速进展，大部分省份建成了省级公路电子地图、公路桥梁基础数据库，开发应用了覆盖公路工作主要领域的业务管理系统，部分省市基本实现了公路养护管理的信息化。路况快速检测、分析、决策支持成套技术得到大力推广，初步建立并运行以路况水平、服务水平、资金需求、投资效益评估结果等因素为依据的公路养护决策机制，养护资金使用效率大幅提高。依据养护技术研究成果，在推广应用实践的基础上，不断修订完善标准规范体系，具体包括《公路养护技术规范》《公路技术状况评定标准》《公路桥梁技术状况评定标准》《公路桥梁加固设计规范》《公路交通标志和标线设置规范》等行业标准规范。

第六节　高速公路运营管理

1987 年 10 月 13 日，《中华人民共和国公路管理条例》（以下简称《条例》）颁布实施，并于 2008 年 12 月 27 日进行修订。《条例》明确中华人民共和国交通部主管全国公路事业，公路管理工作实行统一领导、分级管理的原则；在此基础上，1988 年 6 月 28 日交通部发布《中华人民共和国公路管理条例实施细则》，并于 2009 年 6 月进行了修订。1997 年 7 月八届全国人大常委会第 26 次会议通过了《中华人民共和国公路法》，它的颁布施行标志着我国公路事业发展步入了法制轨道，充分调动了各方面的公路建设积极性，为公路事业发展指明了改革方向。

随着我国经济社会的快速发展，公路基础设施和公路网规模总量不断增长，公路交通正处于加速成网的关键时期，在运营管理上逐渐从过去的单一路段、跨区通道的“线状运行”模式发展到“网络化运行”和“信息化服务”的新阶段。加之干线公路交通流量的迅速增长、自然灾害的多发频发以及人民群众对公路出行的多元化需求，都对公路网运营管理提出了新的要求。近年来，交通运输部高度重视公路网管理工作，在路网运行监测、应急能力建设、路政管理、收费管理及出行服务等方面开展了大量工作，不断强化路网管理与服务升级，促进路网运行优质高效。

一、路网运行监测

2008 年，十一届全国人大一次会议通过了关于国务院机构改革方案的决定。2009 年国务院正式批复了交通运输部“三定”方案（国办发〔2009〕18 号），明确增加了“负责国家高速公路及重点干线路网运行监测和协调”的重要职能。近年来，交通运输部高度重视公路网运行工作，健全体制机制，完善标准规范，建设路网监测设施，不断强化路网监测能力建设，“可视、可测、可控、可服务”路网监测体系初具规模。

1. 建立健全路网运行管理机构

2012 年 7 月，组建成立了交通运输部路网监测与应急处置中心，对全国干线路网进行重点监测，顺利完成了历年来重大节假日及国家重大活动路网运行保障工作，成功应对了多起地震、泥石流灾害以及严重雾霾和台风登陆等灾害，有效协调各地公路交通部门，全力应急保畅，保障群众安全出行。省级路网运行管理机构组建也取得了新进展。截至 2016 年年底，全国共有北京、内蒙古、上海、江苏、安徽、福建、江西、山东、海南、重庆、四川、贵州、西藏、陕西、甘肃、青海、宁夏、新疆等 18 个省(自治区、直辖市)独立设置了路网监测与管理机构，其他省份也都把路网监测工作作为重要职责明确到相关部门。

2. 逐步完善制度规范体系

在部级层面，交通运输部制定发布了《公路交通突发事件应急预案》《公路交通阻断信息报送制度》等一系列规章制度，指导突发事件应急处置和出行信息服务等工作顺利开展；发布了《全国公路网管理与应急处置平台建设指导意见》，指导部省两级路网平台建设与联网；发布了《高速公路监控技术要求》《高速公路通信技术要求》和《公路网运行监测与服务暂行技术要求》等技术标准规范，进一步指导和规范公路网运行监测与服务体系建设。在省级层面，各省交通运输主管部门也逐步形成了省、市两级路网运行管理业务规范体系，为全国路网运行管理制度体系形成奠定基础。

3. 加快路网运行监测设施建设

全国干线公路网运行监测设施，是保障高速公路和重要国省干线公路稳定运行和科学管理的重要支撑。近年来，各级交通运输主管部门、公路管理机构和高速公路经营单位建设基础设施安全状态监测、交通量参数监测、视频图像监测、气象监测预警、桥梁隧道健康监测、路堑边坡监测、路堤沉降监测等设施，着力提升公路出行服务水平。据不完全统计，截至 2015 年年底，我国高速公路交通流参数监测设施总规模达 1.6 万套，同比增加 0.5 万套；视频监测设施(路段沿线)总规模约 4.9 万套，同比增加 1 万套；气象监测设施总规模近 2050 套，同比增加约 350 套。

4. 不断强化跨区域、跨部门路网协调联动机制建设

通过推动部省联合研判、联网监测、联合值守等联动业务开展，建立健全部省联动、区域协同、信息共享等跨区域路网运行联动机制，同时，积极与公安交通、气象、国土、地震、民政等部门推动跨行业合作及信息资源共享，推动路网运行管理跨区域、跨部门业务协同架构体系搭建，有效提升路网运行管理效率及服务水平。

二、公路应急能力建设

1. 制定应急预案

2005 年 6 月，交通部颁布了《公路交通突发公共事件应急预案》，各地交通部门根据应急预案要求，相继制定了地方公路交通应急预案。2006 年 10 月交通部出台《关于全面加强应急管理工作的指导意见》，要求加强应急管理规划和建设，做好各类突发公共事件的防范工作，加强应急装备和队伍建设。2008 年，交通运输部在总结抗击低温雨雪冰冻灾害和汶川特大地震抗震救灾经验的基础上，对《公路交通突发事件应急预案》进行了修订，并于 2009 年 5 月 12 日重新发布。这一预案作为全国公路交通领域最高层次的总体应急预案，为指导各级交通主管部门编制相关预案和开展应急保障工作奠定了基础。随着国家应急管理各项方针政策的不断健全和完善，结合近些年公路交通突发事件应急处置实际，2017 年交通运输部修订《公路交通突发事件应急预案》，优化了框架结构和内容、明确了事件分类分级标准、完善了应急响应分级管理及响应机制、明确了预警发布、防御响应的程序规定，并补充增加了常发自然灾害应急处置操作指南，更具指导性、科学性和实操性。

2. 推进应急机制建设

联合中国气象局开展公路交通气象预报预警。2005 年 7 月，交通部和中国气象局签署了共同开展公路交通气象预报备忘录，双方开展合作逐步建立了科学高效的公路交通气象信息预测、发布机制，向社会公众提供准确、全面的公路气象信息。每天联合向社会发布公路交通气象预报，遇有重大气象灾害时，及时启动联合会商机制并发布公路气象预警信息；加强公路交通气象观测站网建设，印发《公路交通气象观测网建设技术要求》，指导各地交通运输部门在公路沿线科学布设气象观测站点，提高公路交通安全气象保障服务能力。加强与地震局合作提高减灾水平和应急处置能力。2013 年 1 月，交通运输部与中国地震局提出在交通工程设施防御地震灾害、信息共享与发布、应急处置联动、建立常态化协调机制等领域展开进一步合作，并联合推进各省（自治区、直辖市）交通运输、防震减灾发展合作。加强跨部门和跨区域的公路交通应急管理协调。会同公安部、中国气象局联合印发了《关于加强恶劣天气公路交通应急管理工作的通知》，明确了公安、交通部门共同决定采取封闭高速公路等管控措施，共同指挥、协调公路恶劣天气交通应急管理工作；同时，推动建立区域性协调联动机制。指导冀晋蒙陕 4 省区建立了运煤通道协调联动机制，印发议事规则、高速公路共享信息管理办法和高速公路协调联动总体方案等规章制度；推动湖北与周边四省建立中南五省联动机制，并签订了高速公路路网应急联动协议。

3. 加强应急装备建设

强化应急物资装备储备。依托公路养护部门和交通战备部门，不断加强公路抢通应急装备和物资保障能力建设，储备了一定数量的机械设备和应急物资，在公路突发事件应急抢险保通中发挥了重要作用。2012 年，交通运输部发布《关于印发国家区域性公路交通应急装备物资储备中心布局方案的通知》（交公路发〔2012〕163 号），规划在河北、吉林、黑龙江、浙江、山东、河南、湖南、广东、四川、贵州、云南、陕西、甘肃等 13 个省份建设国家区域性公路交通应急装备物资储备中心，同时支持西藏、青海、新疆三省（区）加快建立本区域公路交通应急装备物资储备中心，主要储备为应对特别重大突发事件所必须、应急处置能力强、平时不常用、社会征用困难、地方储备不足的多功能、大型、专业装备或设备，同时积极推进省级公路应急保障基地建设。加强应急通信保障能力建设。在"十二五"期间完成了交通移动应急通信指挥平台建设，全国 31 个省（自治区、直辖市）配置了应急通信指挥车，有效提高了交通运输突发事件应急通信保障能力，在西藏"1・18 雪灾"、四川雅安"4・20 地震"、甘肃岷县"7・22 地震"等事件的应急处置中发挥了积极作用。2014 年 7 月，交通运输部制定了《交通移动应急指挥平台管理办法》，进一步加强交通移动应急通信指挥平台管理。

4. 加强应急队伍建设

着力加强应急救援队伍建设。2009 年 7 月，报经国务院、中央军委批准同意，将武警交通部队纳入国家应急救援力量体系。在近年发生的重大自然灾害应急救援中，武警交通部队在公路抢通保通工作中充分发挥了突击队、主力军作用，以实际行动展示了公路应急救援"国家队"的能力和担当，得到了中央领导的高度肯定和受灾群众的广泛赞誉。同时，各地建立了由养护、施工、路政等部门、单位人员组成的专兼结合的应急抢通保通队伍，并和驻地武警交通部队建立应急联动机制，适应路网规模，形成有效力量覆盖。开展年度公路交通应急演练。为增进武警交通部队和地方公路应急队伍的协调配合能力，提升联合应对重大自然灾害的应急救援能力和水平，自 2011 年开始，交通运输部会同地方人民政府、武警交通指挥部，开展年度公路交通警地联合应急演练。2011 年北京演练，侧重于钢桥架设、堰塞湖排险和直升机救援。2012 年湖北演练，侧重于交通事故处置、路网协调联动和滑坡体抢通。2013 年陕西秦岭终南山隧道应急救援演练，侧重于检验隧道应急预案、控制系统保障水平和消防施救能力。2014 年甘肃天水演练，以应对泥石流灾害为主线，侧重检验应急响应流程、完善决策指挥体系、应用先进技术装备和信息化通信指挥手段。2015 年新疆塔城演练，以强降雪和持续风吹雪条件下的救援和处置为主题，侧重演练冬季除冰除雪保畅。2016 年四川绵阳演练，以抗震救灾为主题，侧重于应急预案检验、军地应急机制磨合以及新式装备应用。通过近几年公路交通军地联合应急演练，增强了武警交通部队和地方公路应急队伍的协调配合能力，促进了军地融合发展，提升了联合应对重大灾害的应急救援水平。

5. 有效应对处置各类公路交通突发事件

从 2008 年至今，低温雨雪冰冻、地震、泥石流等自然灾害，造成公路损毁严重，对公路交通正常通行造成了巨大的影响。交通运输部门积极应对，成功处置了各类公路交通突发事件，有力保障了灾区“生命线”的畅通。

(1)2008 年南方低温雨雪冰冻。2008 年 1 月中旬至 2 月初，我国南方大部地区遭遇 50 年一遇，有些地区甚至是百年一遇的大范围低温雨雪冰冻天气，贵州、湖北、湖南、安徽、江西、广西等 20 余省(自治区、直辖市)受灾严重，京珠高速公路湖北南段连续 5 天滞留车队长达 35km，滞留车辆超过 2 万台，滞留驾乘人员超过 6 万人。京珠高速公路广东韶关段路面结冰，道路交通中断达 10 余天。

根据灾情，交通部门立即启动了应急响应，把应对雪害天气保证公路畅通作为交通工作的重中之重，开展了 24h 不间断的救急工作。一是联合中国气象局连续发布了 7 次重大公路气象预警信息，提前告知有关部门尽早采取措施。二是建立了 24h 路况及公路通阻信息通报制度。三是加强省际、部际间的协调，建立联动协调机制，特别是针对京珠高速公路，交通运输部门和公安部门等实行联动，组织开展交通分流、缓解京珠线的交通压力，与公安部门联合发出通知，要求各地采取措施，尽量不封闭高速公路。四是动员各地交通部门积极开展抢通工作。五是尽最大努力，解救受阻群众和驾驶员，开展受困车辆救援，想方设法为滞留驾驶员和旅客送去衣物等必需品。六是动员全国的交通力量，开展重点省份对口支援工作。七是由交通运输部领导带队的工作组赶赴受灾严重地区协助当地开展抢通工作。八是启动全国五纵两横鲜活农产品“绿色通道”政策。

(2)汶川地震。2008 年 5 月 12 日 14 时 28 分，四川汶川发生 8 级地震。造成四川、陕西等省份部分公路严重受损，部分路段交通中断，尤其是通往汶川县的公路严重损害。四川境内的成(都)绵(阳)高速公路交通中断，途经汶川震中的国道 317 线、国道 213 线、省道 210 线全部交通中断。都江堰通往汶川的公路完全中断，绵广高速公路全线双向封闭。阿坝州境内多条国省干线公路交通中断，国道 213 线松潘县境内安宏段、县道松平路双河以下路段，省道 303 线、210 线小金境内交通全部中断。国道 316 线 K2219 处发生多起公路塌方。

地震发生后，交通运输部从 5 月 12 日下午全面进入应急工作状态，按照党中央、国务院以及现场指挥部的统一领导和部署，动员全行业力量，投入到抗震抢险救灾工作，启动了公路交通运输突发事件 I 级应急响应，成立了交通运输部抗震抢险救灾工作领导小组。交通运输部和四川省交通系统紧急调集工程机械和养护人员，围绕着汶川地震中心开展救援,从四个方向分四条线同时进行攻坚抢通通往灾区的公路,第一时间打通了通往重灾区的三条生命线。地震发生第二天,在交通部门的努力下,四川省境内的所有高速公路恢复正常通行,成都、德阳、绵阳、雅安等受灾地区的主要干线公路抢通。陕西、甘肃、重庆等周边省份通往四川的干线公路也保持畅通。9 月 2 日,时任中共中央政治局常委、国务院总理、国务院抗震救灾总指挥部总指挥温家宝在考察 213 国道都(江堰)汶(川)路后说,交通部门的干部职工以顽强拼搏的精神创造了修复、修建公路史上的奇迹,他们的业绩是史无前例的,他们的精神也是史无前例的。

(3)四川茂县特别重大山体滑坡灾害。2017 年 6 月 24 日 6 时许,四川省阿坝州茂县叠溪镇新磨村突发山体高位垮塌,造成四川省 S448 叠溪至松坪段 1.6km 路段掩埋,河道堵塞 2km,100 余人失联。

灾情发生后,按照党中央、国务院领导同志重要指示批示精神,交通运输部分析研判交通运输抢险保通工作形势,立即启动"应对'6·24'四川茂县特别重大山体滑坡灾害Ⅱ级响应"全力投入抗灾抢险工作。指导四川省交通运输部门、武警交通驻地部队就近安排公路养护、施工队伍组织力量,立即投入到公路抢通保通工作中。在最短时间内,对 G213 和 S448 进行全面排查;灾区公路交通管制,并向社会发布绕行方案;灾区临近高速公路开启抢险应急绿色救援通道,实现救灾车辆免费快速通行;调集大型设备投入抢通保通;派出现场工作组,指导抢险救灾工作,研究保通及恢复重建方案;于灾后 14h,初步打通可供抢险机具通行的关键应急通道。截至 7 月 1 日 6 时终止响应时,各级交通运输部门和武警交通部队共打通便道 2400m,转运人员 1005 人,免费快速通行救灾车辆 18000 余台次,清理塌方体 32.2 万 m^3,拓宽作业面 19.2 万 m^2,防疫消毒 2.65 万 m^2,挖掘遇难者遗体 7 具,医疗救助 270 余人,疏散过往群众 300 余人,为 72h 黄金期救援、群众安全撤离、救灾物资运输等赢得了宝贵时间,提供了坚实的交通运输保障。

三、高速公路路政管理

长期以来,国家和地方各级政府及相关行业主管部门高度重视高速公路路政管理工作,相继出台了《中华人民共和国公路法》《公路安全保护条例》《路政管理规定》《路政文明执法管理工作规范》《交通运输部关于加强公路路政执法规范化建设的若干意见》等法律、法规、规章及规范性文件,公路保护工作做到有法可依。多年来,各地积极落实各项措施,强化执法监督,不断加大公路安全保护措施。

1. 大力开展公路保护宣传工作

采取全方位、多渠道、多角度的宣传方式,以"路政宣传月"活动为载体,集中开展公路保护宣传工作,不断提升民众法制意识和守法意识。自 2015 年以来,连续开展了三次"路政宣传月"活动,各省高度重视,精心部署,认真组织,扎实开展了"路政宣传月"活动,取得了明显成效。通过该活动的开展，有效增强了社会公众爱路护路、保护桥梁意识，使广大群众清楚地认识到造成公路损坏违法行为的危害性，进一步增强了安全意识和法律意识，营造了“公路安全人人有责，路产路权共同保护”的良好氛围，赢得了社会各界的理解和支持。

2. 加强高速公路违法超限超载运输治理工作

全面推行高速公路计重收费政策，通过经济手段消除超限超载车辆的非法利润，2005年10月交通运输部出台《关于收费公路试行计重收费的指导意见》，规范我国计重收费的实施，明确了计重收费标准的结构和定价范围。在此基础上，积极推广高速公路入口称重劝返模式，从源头上杜绝违法超限超载运输行为。国务院文件中多次提出相关要求，2016年交通运输部颁布了《超限运输车辆行驶公路管理规定》(部令2016年第62号)，对推进高速公路入口称重劝返工作做出了进一步要求。经过各单位共同努力，目前全国27个实行计重收费省市(除北京、上海、海南、西藏)超限率平均下降8.4%，其中实施高速公路入口称重阻截劝返工作的陕西、四川、甘肃等省份高速公路超限率保持在1%以下，有效遏制了高速公路车辆违法超限超载运输行为。

3. 加强高速公路路政巡查

先后印发了《路政管理规定》《路政文明执法管理工作规范》等文件，不断规范高速公路路政巡查管理，及时发现、制止和依法查处各类破坏公路设施、桥下空间及建筑控制区搭建堆放等涉路违法行为，加大路损追偿力度，大力改善路域环境，维护良好的高速公路通行环境。

4. 加强高速公路涉路工程许可管理

2011年国务院颁布《公路安全保护条例》，建立了涉路工程安全评价机制，为涉路工程许可提供了法律支撑及保障。同时，进一步规范了穿跨越、占用挖掘等涉路行为，分类分级实施安全评价机制，提高行政许可的科学性，确保高速公路与其他设施协调发展。各地在贯彻落实涉路工程许可管理工作中，积极建立了相关管理技术标准，如安徽省制定了《涉路工程安全评价规范》(DB34/T 790—2008)等，涉路工程许可管理工作的专业性、技术性更加突出。

四、高速公路联网收费

为解决高速公路快速成网与分路段独立收费的突出矛盾，2000年，交通运输部编制印发《高速公路联网收费暂行技术要求》，并以此为基础开展了路桥联网收费工作。2001年，浙江省率先实现了省内联网收费，到2006年，有收费公路的省份基本上都实现了省内联网收费。随着交通流量不断增长，传统的“入口领卡、出口缴费”模式开始难以适应，为此，近些年来，交通运输部大力推进高速公路电子不停车收费(ETC)系统的研究、建设和广泛应用,利用电子和信息化手段解决联网收费难题。

2007 年,交通部依托“十一五”科技支撑计划重大项目《国家高速公路联网不停车收费和服务系统》,编制了 ETC 系列国家标准和行业技术要求,并在京津冀和长三角区域开展了 ETC 联网示范工程建设。2010 年,京津冀、长三角区域分别实现 ETC 联网。在总结示范工程成功经验基础上,2010 年 12 月,交通运输部会同财政部、国家发展改革委印发了《关于促进高速公路应用联网电子不停车收费技术的若干意见》,提出了实现全国联网的目标。2013 年 12 月 31 日,山西、山东两省并入京津冀 ETC 联网区域,迈出了全国联网的第一步。2014 年 3 月,交通运输部印发《关于开展全国高速公路电子不停车收费联网工作的通知》,全面启动全国 ETC 联网工作,明确提出 2015 年年底实现全国 ETC 联网的目标。2014 年 12 月 26 日,华北区域、长三角区域及辽宁、湖南、陕西等 14 个省市实现 ETC 联网运行,联网工作取得阶段性胜利。2015 年,全国 ETC 联网工作写入政府工作报告,并被列入交通运输部贴近民生十件实事,2015 年 9 月 28 日,全国 29 个省(自治区、直辖市,除海南、西藏没有收费公路外)实现了 ETC 联网通行,ETC 联网目标圆满实现。2017 年 4 月,全国 ETC 用户已突破 5000 万人。

全国 ETC 联网以来,经济和社会综合效益逐步显现。一是明显提高了通行能力和效率。1 条 ETC 收费车道的通行能力相当于 5 条人工收费车道,车辆通过收费站的时间平均由 14s 降低到 3s,有效缓解了收费站交通拥堵,减少了出行延误。二是节约了燃油消耗,减少了污染物排放。经环保部门评价测算,每万次 ETC 交易可节约 314L 燃油消耗,减少 56kg 各类污染物排放。三是节约了土地资源,降低了运营成本。通过实施 ETC,不仅节约了车道扩建用地,节省了车道扩建成本,同时也减少了收费人员配置,大大降低了收费公路运营成本。四是促进了区域经济协调发展。通过实施区域 ETC 联网,为构建区域内小时“经济圈”“生活圈”提供了高速公路快速通行保障。五是带动了相关信息产业发展。不断增长的 ETC 设施和用户规模,扩大了市场需求和产业容量,吸引了更多优秀企业加入,形成了更加规范的产业链条,推动了 ETC 产业的快速发展,为经济稳增长做出了贡献。

五、公众出行服务

1. 加强出行信息服务

近年来,交通运输部门高度重视出行信息服务工作,积极开展高速公路交通广播建设及推广,推进公路交通气象观测站网建设,加强与公安、气象、国土等部门信息共享,开展与大型出行服务企业广泛合作,借助互联网、移动互联等新媒体,进一步拓展公路出行信息服务内涵。部、省两级公路出行服务平台信息发布的质量、准确性和及时性明显提高。截至 2015 年,全国 31 个省(自治区、直辖市)交通运输部门、公路管理机构和高速公路经营单位设置各类可变情报板(含限速)1.2万余块,共计开通省级公路交通(网页、栏目)83个,其中17个省份共计开通手机版本出行服务网站(网页)和移动客户端33个;共计开通客服电话号码57个(含12122);共有26个省份开通公路出行信息服务微博59个,26个省份开通公路出行信息服务微信45个。全国共有60余家广播、电视媒体与各级公路部门开展公路出行信息服务合作。

2.加强服务区建设

作为高速公路的重要基础设施,服务区是交通运输行业服务于社会经济发展的重要"窗口",自1988年中国大陆第一对高速公路服务区——沈大高速公路井泉服务区正式对外服务以来,我国服务区行业已走过了29个春秋。截至2016年年底,全国已投入运营的高速公路服务区已超过2000对,服务区也从仅供司乘人员停车如厕的单一功能,发展到了集加油、购物、用餐、休闲、汽修以及打造和引进特色品牌为一体的多功能服务群。

——起步发展阶段(1988—1995年)。1988年10月25日,沈大高速公路井泉服务区开通运营,高速公路服务区作为一个新生事物首次出现在中国大陆。由于国内无先例可循,服务区的管理工作最初或是借鉴发达国家的管理经验,或是比照相关行业的管理理念。在实践过程中,一些起步较早的地区,结合本地实际对服务区的经营管理进行了积极探索和总结,陆续出台了相关管理规范和标准。

——快速增长阶段(1996—2005年)。随着我国经济的快速发展和生活水平的不断提高,人民群众对服务区的多元化需求日益增长。特别是1998年我国开始实施积极的财政政策以来,服务区建设与运营逐步向现代化、规范化、科学化方向迈进,管理手段日臻完善,管理理念逐渐向"以人为本、以车为本"转变。服务区开始注重社会公益属性的发挥和服务功能的扩展。

——全面提升阶段(2006—2013年9月)。2006年,交通部在《"十一五"公路养护管理事业发展纲要》中提出了"更好地为公众服务"的新价值观;随后出台的《"十二五"公路养护与管理事业发展纲要》更是强调要进一步强化和规范高速公路及其收费站和服务区的经营管理行为。服务区的建设和管理开始把规范化、标准化、科学化管理作为服务公众、提升形象的基础性工作,服务区的管理理念开始从方便管理者向方便用路人转变,经营管理和服务质量全面提升。

——服务品质提升阶段(2013年9月至今)。2013年9月,交通运输部印发《关于改进提升交通运输服务的若干指导意见》,对高速公路服务区的管理提出明确要求。2014年9月,交通运输部印发《关于进一步提升高速公路服务区服务质量的意见》,围绕加强服务区建设和改造、规范运营管理、完善监督保障措施,提出了18条具体要求。2015年1月,交通运输部在全国开展高速公路服务区文明服务创建工作,集中解决加油难、如厕难等基本服务难题，探索第三卫生间、母婴室、免费无线上网、公路出行信息查询等高品质多样化服务，评选出全国百佳示范服务区100对、优秀服务区400对，全国高速公路服务区的整体面貌发生了明显改善，服务质量显著提升。

本章编写人员：周荣峰　郭　胜　张竹彬　王松波　陶汉祥　王恒斌　丁彦昕　陈　萍　李洪斌　翁优灵

本章编写单位：交通运输部公路局
交通运输部安全与质量监督管理司

Record of Expressway Construction in

China

中国高速公路建设实录

技术篇

第六章
公路建设技术标准

第一节　公路工程标准体系沿革与发展概要

自 1951 年我国发布实施第一本公路工程建设标准《公路工程设计准则(草案)》以来,经过几代标准化工作者的努力,标准的数量和质量都取得了长足的进步,有力支撑了中国公路的建设与发展。目前现行的公路工程行业标准约 100 本,在编的新标准约 60 本,我国的公路建设标准体系也已成为世界公路标准体系中专业类别较为完善、技术水平较为先进的标准体系之一。中国标准所特有的简单、全过程覆盖、全专业控制、讲求细节指标、可操作性强的技术特点也为世界公路建设行业所认可。

改革开放近 40 年来我国公路建设技术标准的发展尤为迅速。高速公路的发展以其巨大的建设体量和速度所产生出的技术需求为技术标准的发展提供了广阔的空间。与此同时,技术标准的日益完善也为高速公路的健康发展提供了有力的技术支撑。两者相辅相成,相得益彰。按高速公路建设的特点,公路标准体系的发展大致分为以下四个阶段:

一、第一阶段(1988 年以前)

这一时期我国还没有高速公路,公路行业标准的发展特点主要是与我国当时的计划经济体制相适应,体系构成和管理以政府为主导,实施以行政命令为手段,用来满足公路建设基本需求。

1949—1977 年间,我国经济发展落后,作为基础设施的公路底子薄弱,公路建设的主要目的是为适应公路抢修与恢复经济之急需,所修建的公路多为低等级公路和简易的县、乡公路,交通组成则是以载重汽车为主的混合交通。这一时期公路工程标准的编制速度很慢,截至 1978 年,即建国 30 年间,仅编制发布了《公路工程技术标准(试行)》《公路路面设计规范》《渣油路面施工养护技术规范》《公路桥涵设计规范》《公路双曲拱桥设计施工技术规范》等 9 本公路工程建设标准规范。作为这一时期标准发展的代表,1956 年 9 月交通部颁布了新的《公路工程设计准则(草案)》,该草案一直沿用到 20 世纪 60 年代。1972 年 3 月交通部发布了《公路工程技术标准(试行)》,首次对公路工程的设计准则以及勘测、设计、施工、试验、养护、管理等做出了规定,10 年的试行期间按此《标准》修建了 20

余万公里公路。该标准的实施推动了我国公路建设由低等级逐渐向高等级转变,为修建高速公路积累了一定的实践经验。

这一时期公路技术标准的编制主要参考借鉴苏联的标准体系,所发布施行的标准虽然数量不多,但对当时的公路建设起到了极其重要的作用,也为后来的发展奠定了基础。

1978 年 12 月中共十一届三中全会的召开是新中国成立以来我党历史上具有深远意义的伟大转折,中国由此进入了社会主义现代化建设的新时期。1979—1988 年期间,我国公路事业加速发展,公路建设的重点从国防、边防公路转移到了为经济建设服务的公路上。1982 年交通部制定了"普及与提高相结合,以提高为主"的公路建设方针,高等级公路的修建成为重点,高速公路开始进入人们视野,公路现代化的伟大进程由此起步。

为适应这种形势,提高建设水平,保证工程质量,交通部加强了公路工程建设标准的编制工作,于 1981 年首次制定并建立《公路工程标准体系》(即"JTJ 体系"),行业标准有了系统的编号。该体系将公路工程标准按专业和建设过程划分为基础、公路设计、桥梁设计、公路施工、桥隧施工、试验规程、勘测规程、验收养护及其他等 9 个类别。截止到 1988 年,共制修订并发布了《公路工程技术标准》《公路砖石与混凝土桥涵设计规范》《公路钢筋混凝土与预应力混凝土设计规范》《公路桥涵地基与基础设计规范》《公路钢结构桥涵设计规范》《公路土工试验规程》等 33 本标准规范。

这一时期的后一阶段我国公路工程行业标准注重了在苏联标准体系基础上与世界其他主流标准的借鉴和融合,尤其是在有关高速公路的标准方面,更多地借鉴了日本的相关标准。

1988 年国家颁布的《中华人民共和国标准化法》中规定"国家标准、行业标准分为强制性标准和推荐性标准。保障人体健康,人身、财产安全的标准和法律、行政法规规定强制执行的标准是强制性标准,其他标准是推荐性标准",要求"强制性标准,必须执行","推荐性标准,国家鼓励企业自愿采用"。行业标准已经不是简单地等同于技术法规,而是划分为强制性标准和推荐性标准,对于需要强制执行的标准依照标准化法和其他法律、行政法规规定作为执法依据。这一阶段大部分标准由政府制定向社会推荐使用,国家仅将原国家标准、行业标准中一部分涉及人体健康、人身财产安全的标准仍作为强制执行的标准。

《公路工程技术标准》是纲领性标准,能够反映公路建设的总体技术水平。1981 年发布施行的《公路工程技术标准》(JTJ 1—81)在公路的技术分级中首次增加了高速公路,在相关规定中增加了四车道高速公路的主要技术指标,该标准的颁布具有相当的超前性,极大地推动了我国的高速公路建设。

二、第二阶段(1989—1998 年)

这一时期的特征是高速公路在东部沿海地区的先行发展。经过近 10 年的发展,我国高速公路从无到有,在经济发展中所起到的独特作用也得到了充分的体现。东部发达地区依托高速公路的建设,不仅重要经济体之间的交通瓶颈得到了缓解,而且形成了以高速公路走廊带为依托的数个经济发展带,使得高速公路的作用得到了社会的广泛认可。

为满足高速公路的建设与养护管理需求,交通部组织行业技术力量,启动了一批新的公路工程行业标准的制定工作,标准数量达 60 余种,包括《高速公路交通安全设施设计及施工技术规范》《公路建设环境影响评价规范》《公路环境保护规范》《公路安全性评价规范》《公路交通安全设施设计规范》《公路工程质量检验评定标准》等。这批规范的制定对高速公路的设计、施工、养护管理等工作起到了极大的技术支撑和保障作用。

这一时期的公路工程建设标准更加重视了借鉴吸收欧美、日本等发达国家的标准理念和相关技术,同时总结了我国自己的建设经验,根据中国国情和建设需要制定了一些特有的标准规范,中国公路建设标准逐渐有了自己的特点和特色。

三、第三阶段(1999—2008 年)

这一时期的特征是高速公路在西部大开发、中部崛起和振兴东北老工业基地的大环境中初步成网。为应对 1998 年世界范围的经济危机,中国政府陆续出台了西部大开发以及中部崛起等发展战略,作为落实这一发展战略的重要手段,公路建设被放在了前所未有的重要位置,高速公路建设以超常规的速度发展。

截至 2000 年年底,我国高速公路里程达到了 16314km,跃居世界第三。此时,公路技术标准体系出现了一些因快速发展而产生的问题。行业标准的内容越来越多,覆盖面越来越宽,分工也越来越细,原有的行业标准体系在层次上出现了混乱,具体表现为内容互相交叉、界面划分不清、路桥隧等专业规范编号混乱等。这些问题给使用者带来了困难,为此,交通部于 2001 年启动了对“JTJ 体系”的修订工作。为规范管理标准的立项、制修订、发布、复审等工作,交通部发布了《公路工程行业标准管理导则》(交公路发〔2001〕620 号),并于 2002 年发布了新的《公路工程行业标准体系》(JTG A01—2002)。该体系编号为 JTG,称为“JTG 体系”,“JTG 体系”将行业标准划分为 8 个门类,现已扩大为 11 个门类,包括综合(JTG A)、基础(JTG B)、勘测(JTG C)、设计(JTG D)、检测(JTG E)、施工(JTG F)、监理(JTG G)、养护与管理(JTG H)、评价与加固(JTG J)、改扩建(JTG L)和造价(JTG M)。

按照“JTG 体系”,交通部组织制修订并发布了一批新的行业标准,包括《公路工程技术标准》(JTG B01—2003)、《公路护栏安全性能评价标准》《公路路线设计规范》《高速公路交通工程及沿线设施设计通用规范》《公路桥涵地基与基础设计规范》等80余本。这些标准对公路改扩建、特殊地区高速公路修筑、公路网服务水平提高等发挥了重要的指导作用,使得公路工程的规划、设计、施工、审查、检查、验收及管养等工作做到了有章可依。

2000年1月国务院发布的《建设工程质量管理条例》打破了传统的单纯依靠行政管理保证建设工程质量的模式,对执行强制性标准做出了明确的和更加严格的规定。2000年2月,国家质量技术监督局发布了《关于强制性标准实行条文强制的若干规定》,明确了强制性标准的技术法规地位。2001年交通部发布了《公路工程行业标准管理导则》,将公路工程标准分为公路工程建设标准强制性条文、公路工程行业标准、公路工程行业协会标准、公路工程行业地方标准四类。“公路工程行业标准”仍分为强制性标准和推荐性标准,且存在强制性标准中包含强制性条文的情况。2002年,《工程建设标准强制性条文》(公路工程部分)正式发布,规定应在公路工程建设的各个环节认真贯彻执行强制性条文。

这一时期强制性条文、强制性标准和推荐性标准共存。公路工程行业标准、公路工程建设标准强制性条文被《建设工程质量管理条例》赋予法律地位,对于其他需要强制执行的行业标准则仍旧依照标准化法和其他法律、行政法规规定作为执法依据。

截至2006年年底,全国高速公路网已初具规模,通车里程达到了4.5万km,高速公路在我国经济社会发展中发挥着越来越重要的作用。随着路网规模和覆盖范围的逐步扩大,高速公路的服务质量受到了全社会的广泛关注。为此,交通部于2007年7月3日发布了《国家高速公路网命名和编号规则》(JTG A03—2007),该规则既充分借鉴、吸收了国外的先进经验,又很好地与现有国道编号规则相衔接,对提升高速公路网的服务和管理水平具有十分重要的意义。

这一时期的公路建设标准,全面总结了我国高速公路建设的实践经验,立足于满足我国公路建设技术和管理需求,系统研究了我国高速公路在向中西部延伸中所遇到的新问题,并陆续在新制修订的行业标准中有所体现。

四、第四阶段(2009年至今)

这一阶段整个交通运输行业的发展已实现了由“总体缓解”向“基本适应”的重大跃升,国家陆续提出了绿色、环保、可持续发展的战略。着力调整经济结构和转变发展方式,加强资源节约和环境保护,坚持用科学发展和深化改革的办法解决前进中的问题,成为这一时期的主旋律。

为落实国家提出的“标准走出去”战略,交通运输部首次大规模地组织编译了现行公路工程行业标准外文版,目前已编译并发布了50余本英文、法文的外文版标准。这些标准已经陆续被部分国家在公路建设中采用,极大地促进了中国企业、设备、材料、技术走出去。同时,技术标准的输出,也极大地提高了中国在这些国家的影响力,提高了中国的软实力。

从2008年至今,公路工程行业陆续制修订并发布了《公路工程技术标准》《公路项目安全性评价规范》《公路桥涵设计通用规范》《公路钢混组合桥梁设计与施工规范》等标准规范。截至2016年年底,现行标准已达到98本,还有52本新规范在编制当中。

为进一步推动公路工程行业标准化工作,提高公路工程行业标准制修订质量,交通运输部于2013年3月22日发布了《公路工程行业标准制修订管理导则》(JTG A02—2013)、《公路工程标准编写导则》(JTG A04—2013),两本导则的发布对于促进公路交通事业健康、协调、可持续发展,起到了积极作用。

总之,中国公路标准已经逐渐形成体系完善、技术先进、独具特色的公路建设标准体系,与国外标准相比总体上处于上游水平,在世界公路建设标准体系中占有重要的地位。

第二节　基础类规范

一、《公路工程技术标准》

20世纪50年代新中国成立之初,根据公路建设需要并适应当时公路抢修与恢复经济之急需,在学习苏联经验并结合我国国情的基础上交通部于1951年9月颁布了《公路工程设计准则(草案)》,意在及时指导公路建设,同时广泛听取各地意见。该准则在5年内经两次修订,于1956年9月颁布了新版。该草案一直沿用到20世纪60年代,这一期间修建的公路等级多为六级和简易的县、乡公路,交通组成是以载重汽车为主的混合交通。该准则的颁布对当时恢复经济与生产起到了极其重要的作用,也为后期公路工程技术标准的制定奠定了基础。

1972年3月交通部颁发了《公路工程技术标准(试行)》,将原"准则"改为"标准",这是一次大的改动,因为它不只是公路工程设计的准则,同时也是勘测、设计、施工、试验、养护、管理等多方面的根本性技术标准。对于各方面细节的规定,以分别制定出的规程、规范之单行本予以公布。经过10年试行,按此标准修建了20余万公里的公路。该标准的实施推动了我国公路建设由低等级公路逐渐向高等级公路的转变,为修建高速公路积累了一定的经验。

1972年交通部提出修建京津塘高速公路,在经过长达10年对京津塘高速公路修建进行论证的基础上,在完成制定高速公路技术标准、勘察规程、设计和施工规范以及各种技术研究课题在内的技术准备之后,交通部于1981年颁布了《公路工程技术标准》(JTJ 1—1981)。该版标准由交通部公路局主编,在技术分级中增加了高速公路,在相关规定中增加了高速公路(四车道)的主要技术指标和路基横断面,具有相当的超前性。该标准的颁布为我国高速公路起步阶段的发展提供了技术保障。

沈大高速公路作为国内第一条长距离高速公路于1984年3月开工建设,1990年9月1日全线375km建成通车。在此期间,上海、江苏、山东、浙江、陕西、广东等多地高速公路项目相继动工建设。根据从这些高速公路建设实践中吸取的经验,交通部公路局作为主编单位对1981版的标准进行了又一次修订,于1988年12月颁布了《公路工程技术标准》(JTJ 01—1988)。此次修订的主要内容包括:公路根据交通量及使用任务和性质划分为"汽车专用公路"和"一般公路"两类;高速公路的计算行车速度增加了两个档次;地形划分为平原微丘、重丘、山岭三种;一级公路改为专供汽车行驶的道路;增加了汽车专用二级公路;规定了远景交通量的年限及分期修建的原则和要求,并对各章内容作了修改和补充。该标准全面完善了高速公路技术要求,对高速公路大规模建设具有里程碑意义。

经过近10年的发展,我国高速公路从无到有且得到了社会的广泛认可,在总结公路建设特别是高速公路建设实践经验的基础上,交通部于1995年6月又一次启动了对《公路工程技术标准》的修订,其成果为《公路工程技术标准》(JTJ 001—1997),由交通部公路管理司和中国公路学会主编。该版标准结合公路发展趋势和汽车专用公路建设及其使用情况,决定取消汽车专用公路,按照功能及适应交通量将公路分为高速公路、一级公路、二级公路、三级公路、四级公路五个等级,并取消了地形分类。这一修订使公路分级更加明确合理。新标准将高速公路计算行车速度分为120km/h、100km/h、80km/h、60km/h四个档次,并新增了6车道和8车道标准。该标准的实施对我国高速公路大规模建设,实现跨越式发展起到了积极的促进作用。

1998年6月,国家实施积极财政政策,明确了加快高速公路建设新的目标、任务和措施。我国高速公路的建设从东部沿海地区向中、西部延伸;从平原、丘陵向山区延伸,这对《公路工程技术标准》(JTJ 001—1997)提出了新要求。经过又一轮修订,交通部于2004年颁布了由交通部公路司与中国工程建设标准化协会公路工程委员会主编的《公路工程技术标准》(JTG B01—2003)。该标准引入"运行速度""安全性评价""全寿命"设计思想,公路分级强调功能。该标准在内容上作的调整是只列控制建设规模的主要技术指标,与设计相关的技术指标在相关规范中予以明确。该版标准对高速公路标准选用、路线协调设计、安全设计、设计规模及标准进行了规范,极大增强了我国高速公路设计、建设与管理能力。

在国家高速公路网不断完善的同时,为满足我国经济社会快速发展的需要,各省相继修建了一定规模的地方高速公路，进一步推动了我国高速公路的跨越式发展。2004 版标准提出通过公路功能与交通量来确定技术等级，但因对公路功能缺乏具体规定，在实际审批中交通量成为唯一的量化依据，从而导致东部发达省份功能类别较低的公路由于其交通量较大，仍然可以达到修建高速公路的标准，而西部地区处于主要干线上的部分路段，因距离大城市较远，交通量较小，也无法修建高速公路。针对这些发展过程中出现的问题，2011 年交通运输部再次组织实施了对标准的修订。交通运输部公路局与中交第一公路勘察设计研究院有限公司主编的《公路工程技术标准》（JTG B01—2014）于 2014 年 9 月 30 日由交通运输部颁布施行。该标准从优化路网结构的角度出发，明确"功能主导"原则，即以功能为主导确定公路技术分级与选用、确定公路横断面相关指标参数、确定相关技术指标、设施建设规模和配置标准。另外，该标准还修订增加了关于公路改扩建时机、改扩建施工期交通组织与管理、改扩建工程部分指标适当放宽要求以及改扩建隧道和路基利用等内容的条文；增加了对西部戈壁、沙漠、草原和交通末梢等小交通量地区的公路相关指标和规定。该标准的实施将对我国公路网结构的优化起到关键作用。

自 20 世纪 80 年代以来，《公路工程技术标准》已经过了 5 次修订，它综合反映了对应时期公路规划、设计、施工的整体技术及国家经济实力，具有阶段性特征。标准的每个版本都代表着当时和其后一段时间内公路工程行业发展的主要方向。高速公路快速发展推动了《公路工程技术标准》的成熟和完善，新技术标准进一步规范了高速公路的新发展，体现了高速公路在发展中规范，在规范中发展的历程。随着公路建设进一步向自然条件复杂地区延伸，公路建设需要的勘察、选线、设计及施工控制等技术要求越来越高，改扩建技术、新型养护及安全管理等技术也越来越成熟，新的信息技术、汽车技术及管理技术也需要不断引入，因此《公路工程技术标准》将会不断发展，以保持其先进性，适应新的技术需求。

二、《公路自然区划标准》

公路建设受环境影响大，为了区分不同地理区域自然条件对公路工程的影响，在路基、路面的设计、施工和养护中采用合适的设计参数和技术措施以保证公路建设质量，交通部于 1986 年 10 月颁布了《公路自然区划标准》（JTJ 003—1986）。该标准由交通部公路规划设计院主编，结合我国地理、气候特点，将全国的公路自然区划分为 3 个等级。一级区划首先将全国划分为多年冻土、季节性冻土和全年不冻土三大地带，再根据水热平衡和地理位置，划分为冻土、湿润、干湿过渡、湿热、潮暖、干旱和高寒 7 个大区。二级区划是以气候和地形为主导因素，在一级区划内按潮湿系数分为六个等级，将全国划分为 33 个二级区和 19 个副区，共 52 个二级自然区，三级区划可根据各二级区划的地貌、水文、土质等特征具体划分。

三、《公路工程名词术语标准》

改革开放以后，随着我国公路事业的发展，公路从业人员迅速扩大，国内外技术交流日益频繁，为了统一公路行业术语，实现专业术语的标准化，以利于国内外技术交流，交通部于1987年2月9日颁布了《公路工程名词术语》(JTJ 002—1987)。该标准由交通部公路规划设计院主编，标准对一般性术语如公路、道路、公路工程、公路网、公路等级、公路用地等进行了规范，同时对公路类型、公路路线及沿线设施、公路勘测、路基工程、路面工程、桥梁工程、隧道工程、养护与管理、工程材料与试验、检测仪器和材料试验仪具、施工机具、交通管理等涉及的术语作了规定。

四、《公路路线设计规范》

新中国成立之初，为适应公路抢修与恢复经济之急需，交通部于1951年、1954年、1956年3次颁发的《公路工程设计准则(草案)》都将路线作为单独章节进行了编制，且路线部分涵盖了路线、路线交叉、路基路面及其他工程。在1972年颁发的《公路工程技术标准(试行)》中路线仍作为单独章节，但已经还原了路线本身的规定，对路线设计要求、计算行车速度、平纵横、视距等进行了详细规定，为路线规范单独编制奠定了基础。

在长达10年对京津塘高速公路修建进行论证的基础上，在制定高速公路技术标准、勘察规程、设计规范的技术准备完成之后，交通部于1984年依据《公路工程技术标准》(JTJ 1—1981)首次颁布了路线设计规范单行本，即《公路路线设计规范》(JTJ 011—1984)。第一版《公路路线设计规范》在技术分级中明确增加了高速公路，相关规定中增加了高速公路(四车道)的主要技术指标和路基横断面，针对混合交通提出了"快、慢分行"的原则，对高速公路设置立体交叉作了明确规定，具有相当的超前性。该规范的颁布极大地推动了高速公路路线设计技术的进步，标志着我国公路建设在路线设计方面迈入了一个新阶段。

在总结了公路建设特别是高速公路建设实践经验的基础上，交通部组织了对《公路路线设计规范》(JTJ 011—1984)的修订，于1994年7月26日颁布了《公路路线设计规范》(JTJ 011—1994)。修订的主要内容包括：细化了高速公路相关规定，高速公路的计算行车速度增加了两个档次，其地形划分为平原微丘、重丘、山岭3种；引入了控制高速公路规模的设计小时交通量、设计通行能力、分期修建；增补了交叉工程等方面的内容。该规范全面完善了高速公路路线设计技术、设计方法、设计指标及设计参数，对高速公路大规模建设具有里程碑意义。

1998 年 6 月后，由于国家实施积极财政政策，加快了高速公路建设，我国高速公路建设步入了“跨越式”发展时期。高速公路从东部沿海地区向中、西部延伸，从平原、丘陵向山区延伸，这对公路路线设计特别是高速公路路线设计理念提出了新要求。交通部针对我国国民经济和公路交通发展情况，在总结公路建设经验的基础上引进科学的理念、先进的技术和最新的成果，组织了对《公路路线设计规范》（JTJ 011—1994）的修订并于 2006 年颁布了《公路路线设计规范》（JTJ D20—2006）。该标准引入“公路功能”“运行速度”“安全性评价”“通行能力”等控制公路等级、设计速度、建设规模、安全设计的技术指标，强调公路建设必须符合“安全、环保、可持续发展”的原则与设计理念。该规范对高速公路标准选用、设计规模控制、路线协调设计、安全设计等作了详细规定，极大地提高了我国高速公路设计能力。

目前我国公路网需要进一步优化完善，部分公路需要改扩建，重要节点需要提升改造。这些需求将会进一步推动公路路线设计的发展，路线设计需要更多地考虑环境、气候及地质等影响，需要更多地考虑智能化带来的影响，进一步吸纳新方法、新技术，以保持先进性。

五、《公路工程抗震规范》

我国地处世界两大地震带（环太平洋地震带和亚欧地震带）之间，是世界上地震活动最强烈和地震灾害最严重的国家之一。1976 年的唐山大地震和 2008 年的汶川大地震，给我国人民生命、财产带来严重损失。我国公路工程抗震吸取了每次地震的沉痛教训，经历了从无到有，再到成熟的过程。

我国公路工程抗震设计的有关规定始见于 1959 年国务院科学技术委员会建筑组领导下编制的“地震区建筑规范草案”，抗震计算以静力理论为依据。后来在 1964 年由中国科学院工程力学研究所主持编制的“地震区建筑设计规范（草案稿）”又吸取了国内外科研成果和设计经验，将反应谱理论引入公路工程抗震验算。但以上两个规范均未正式颁布施行。1966 年后我国发生了一系列破坏性地震，为了保障公路工程的安全，在总结海城地震、唐山地震震害经验的基础上，交通部于 20 世纪 70 年代初开始组织公路工程抗震设计规范的编制工作。我国第一部公路工程抗震规范《公路工程抗震设计规范》（JTJ 24—1977）于 1977 年 10 月 1 日颁布，从此我国公路工程抗震设计便有了正式章法可循。

1977 版规范采用设计烈度概念，适用于设计烈度为 7 ~ 9 度的二、三、四级公路新建和改建工程。该规范明确规定了设防标准和设防目标，采用一水平设防，一阶段设计。将公路及构筑物按设防目标分为两大类，分别给出容许的破坏程度为“基本不坏或略有损坏”和“略有损坏或遭破坏”，其对应的设防目标则为“不需维修或一般维修”和“一般整修或短期抢修”。在设计方法上，该规范采用反应谱分析法，用水平地震系数描述地震作用大小，使用设计烈度对不同抗震设防类别桥梁的地震力进行调整，应用综合影响系数来反映结构弹塑性动力特性等参数的影响。

随着地震工程学科的发展并根据1977版规范使用中发现的问题，1985年交通部安排公路规划设计院主持修订规范。1990年1月1日《公路工程抗震设计规范》(JTJ 004—1989)颁布实施。该规范吸取了唐山地震震害经验，参考了当时美国和欧洲抗震规范的相关内容，修订后的规范共分5章8个附录。修订的主要内容包括：适用范围扩大到所有公路工程；调整了抗震设防标准；修订了液化土的判别方法；补充了软土地基上路基抗震设计的规定；增加了使用橡胶支座的梁桥、弯桥、动水压力、动土压力、连孔拱桥的地震荷载设计计算公式；修订了反应谱曲线；增补了隧道抗震部分；修订和增加了抗震措施有关条文；结构理论方面改用以分项系数表达的极限状态法。与1977版规范相比在设计理论和设计方法以及内容上均做了较大的修改和补充。

1989版抗震规范颁布后的10多年来我国工程技术人员在抗震设计理念、设计思想、设计方法和抗震构造措施上有了新的认识，为满足公路建设的新要求，2006年交通部再次启动修订工作。此次修订由中交路桥技术有限公司承担，修订后的规范更名为《公路工程抗震规范》(JTG B02—2013)。该规范于2013年12月10日发布，2014年2月1日实施。

为落实预防为主的防震减灾工作方针，减轻公路工程构筑物的地震破坏，保障人民生命财产的安全，减少经济损失，新规范依据《中华人民共和国防震减灾法》的要求和《中国地震动参数区划图》(GB 18306—2001)的规定，对1989版规范进行了系统的修订。主要内容包括：基本要求、地基和基础、桥梁、隧道、挡土墙、路基、涵洞等的抗震要求。与1989版规范相比，2013版规范的主要变化有：①修改了地震作用的表述方法，用地震动参数代替地震基本烈度作为表征地震作用的主要形式；②增加了“基本规定”章节，对公路工程抗震设防目标、设防标准、地震作用、抗震设计的要求及基本的抗震措施作了系统要求，突出了“概念设计”理念；③调整了对公路工程构筑物的抗震重要性分类和设防标准的规定，提出了对于生命线工程和有特殊要求的工程，可以结合具体情况适当提高抗震设防等级的要求；④增加了液化土的判别及处治措施的内容；⑤提出了桥梁两水平设防的设计要求和方法，增加了桥梁延性设计和减隔震设计的基本要求；⑥增加了一些成功的抗震设防措施，并尽量使其与地震作用相对应，提高规范的可操作性。

六、有关环境保护的技术标准规范

1. 环境保护技术标准规范体系构成及发展

1988年以前，交通行业的环境保护工作重点为水路运输。以1987年和1988年开展的陕西省西(安)临(潼)高速公路、湖北省宜(昌)黄(石)高速公路、贵州省贵(阳)黄(果树)高等级公路和广东省深(圳)汕(头)汽车专用道等项目环境影响评价为标志,高速公路建设环境保护工作驶入了快车道,建设项目环境影响评价、水土保持方案编制、环境保护"三同时"及竣工环境保护验收等公路建设环境保护制度得以建立和全面贯彻执行。为规范公路建设项目环境影响评价工作,交通部于1996年7月以交公路发〔1996〕660号文发布了《公路建设项目环境影响评价规范(试行)》(JTJ 005—1996)。该规范于1997年1月1日起试行,是我国高速公路建设领域第一个环境保护技术规范,同时也是我国公路交通运输行业第一个环境保护标准。该规范的发布和试行,填补了我国公路建设项目环境影响评价技术标准空白。该规范从1997年试行,2006年经修订后全面施行以来一直是指导我国公路建设环境影响评价工作的纲领性文件,对规范我国包括高速公路在内的公路建设项目环境影响评价工作发挥了巨大作用。同时,为贯彻落实环境保护"三同时"制度,交通部于1998年7月以交公路发〔1998〕444号文颁布实施了《公路环境保护设计规范》(JTJ/T 006—1998),并于2010年修订后再次施行。该规范对贯彻落实国家环境保护与水土保持要求、提高公路建设项目环境保护设计水平发挥了重要作用。同时,《公路工程技术标准》《公路路线设计规范》《公路路基设计规范》《公路路基施工技术规范》《公路工程施工监理规范》及《公路工程质量检验评定标准》在修订时也新增了规范环境保护工作的专门条款。

为有效控制工程施工阶段的生态环境影响和环境污染,交通运输部从2002年开始先后组织开展了宁夏回族自治区银川至古窑子段高速公路、贵州省三穗至凯里段高速公路和湖南省邵阳至怀化段高速公路工程环境监理试点工作,印发了《关于开展交通工程环境监理工作的通知》(交环发〔2004〕314号),确立了施工期工程环境监理制度。在贯彻实施事前、事中及事后全过程控制的高速公路建设环境管理制度的同时,交通运输行业积极研究与探索高速公路建设环境保护新理念、新技术。2003年,交通部将四川省川主寺至九寨沟公路改建工程作为落实生态保护和可持续发展战略、促进公路与自然环境和谐的"示范工程"之一,提出了对生态环境"最小程度的破坏,最大程度的保护,最强力度的恢复"的建设原则,贯彻了"安全、舒适、环保、示范"的建设方针,总结形成了公路建设生态环保新理念。在川主寺至九寨沟公路改建工程建设经验的基础上,交通部又陆续依托景(德镇)婺(源)黄(山)高速公路江西段、宝鸡至天水高速公路甘肃段、(北)京承(德)高速公路密云至京冀界段及云南省小勐养至磨憨二级公路等20余条公路建设项目,开展了公路勘察设计典型示范工程活动,极大地提升了高速公路建设理念,实现了公路建设与自然环境、人文环境的和谐统一。高速公路建设理念由最初的重视功能与质量逐步向环保公路、景观公路、旅游公路、生态公路及绿色公路建设转变。同时,交通运输部自"十五"时期开始,利用包括西部交通建设科技项目在内的各类科研基金加大了对公路环保科研的支持力度,从"两型"(资源节约型环境友好型)公路交通发展模式、绿色公路内涵及评价指标、公路环境监测与影响评价、路域生态保护与修复、公路交通污染防治及公路景观评价与营造等方面立题开展研究，有力地支撑了湖北省神（龙架）宜（昌）科技环保示范路、永修至武宁（庐山西海）高速公路安全绿色交通科技示范路等重大工程建设，极大地推动了高速公路建设新理念和环境保护的技术进步。

在加大公路建设中环境保护领域急需的技术标准制定力度的同时，交通运输部高度重视公路交通环境保护标准体系建设。2004 年，交通部利用西部交通建设科技项目资金组织交通部公路科学研究院等单位完成了《西部交通建设环境工程系列标准技术研究》项目的研究工作，首次制定了《公路交通环境保护标准体系表》，为规划公路交通行业环境保护标准制修订提供了科学依据。同时，交通部先后组织了《公路环境保护术语》（JT 643—2005）、《公路绿化术语》（JT 644—2005）、《公路服务区生活污水再生利用》（JT 645—2005）（含 3 项标准）、《公路声屏障材料技术要求和检测方法》（JT 646—2005）、《公路绿化设计制图》（JT 647—2005）等 7 项公路交通环境保护标准的制定工作。自 2011 年以来，交通运输部围绕公路声屏障、公路服务区污水处理设施、公路环境监测与统计、绿色公路评估等方面又陆续开展了 10 余项环境保护标准的研究与制定工作，为完善公路交通环境保护标准体系建设奠定了坚实的基础。

截至 2016 年，交通运输部已基本建立起覆盖公路规划、建设及运营等阶段的环境保护重要技术标准规范体系。该体系由高速公路建设项目环境影响评价、环境保护设计、施工及质量检验评定，环境保护设施及绿色公路评估等标准组成。同时环境保护部组织制定的国家环境质量、污染物排放、环境监测标准及建设项目环境保护监督管理行业标准和水利部组织制定的开发建设项目水土保持技术规范、水土保持监测技术标准等也是高速公路建设环境保护技术标准规范体系的重要组成部分。

2.《公路建设项目环境影响评价规范》

1996 年 7 月，交通部以交公路发〔1996〕660 号文发布了由交通部公路科学研究院主编的《公路建设项目环境影响评价规范（试行）》（JTJ 005—1996）。2006 年 2 月，新版《公路建设项目环境影响评价规范》（JTG B03—2006）颁布施行。《公路建设项目环境影响评价规范》的出台源于如下技术背景：1979 年 9 月，《中华人民共和国环境保护法（试行）》经全国人民代表大会常务委员会审议通过并试行，该法第六条明确规定在进行新建、改建和扩建工程时，必须提出对环境影响的报告书，经环境保护部门和其他有关部门审查批准后才能进行设计。1998 年 11 月，国务院根据《中华人民共和国环境保护法（试行）》规定，颁布施行了《建设项目环境保护管理条例》，其中第二章对环境影响评价进行了全面的规定。至此，建设项目环境影响评价制度正式确立，成为一项重要的环境管理制度。

在环境影响评价技术标准方面，环境保护部从总纲和大气环境、地面水环境、声环境、生态环境以及地下水环境等环境要素评价层面构建了建设项目环境影响评价的技术导则体系，但至今尚未制定公路建设项目的环境影响评价技术导则。《公路建设项目环境影响评价规范》在遵循上述环境影响评价技术导则规定的基础上，从公路建设对环境要素影响的途径、范围及强度等方面构建评价指标体系与方法，从管理措施与要求、工程技术措施、跟踪监测等角度建立公路建设项目环保措施体系。其中，公路建设污染源强、交通噪声预测模式、环保工程技术措施都来源于"十五"以来交通行业大量的环保科研项目研究成果。

《公路建设项目环境影响评价规范（试行）》（JTJ 005—1996）共有五章和五个附录，主要内容包括：总则、社会环境影响评述、生态环境影响评价、环境空气影响评价、环境噪声影响评价。其中，水环境与水土流失作为生态环境的因子，其影响评价内容纳入了生态影响评价；农业土壤与农作物中铅含量的影响是生态影响评价的重要内容之一。该规范较为重视公路建设项目对环境空气的影响评价。

《公路建设项目环境影响评价规范》（JTG B03—2006）对前版规范进行了修订，其主要修订内容包括：新增术语、基本规定、工程概况与工程分析、事故污染风险分析四个章节；将水土保持、景观影响评价及地表水环境影响评价独立成章；引入了分段、分级评价原则；对社会环境影响评价、生态环境影响评价、声环境影响评价和环境空气影响评价的内容做了较大调整。修订后的规范共十二章，六个附录。2006 版规范修订的标志性变化有以下几个方面：①引入了分段、分级评价原则；②新增了工程概况与工程分析内容；③在社会环境影响评价中新增了公众参与要求；④鉴于无铅汽油的广泛使用，农业土壤与农作物中铅含量的影响评价不再作为生态影响评价的内容，其重点改为公路建设对自然生态的影响评价；⑤修正了公路交通噪声预测模式。规范修订过程中主编单位交通运输部公路科学研究院开展了数十条高速公路交通噪声现状实测工作，结合既有研究成果，构建了新的单车车速预测模型和平均辐射噪声级预测模型，并在此基础上修正了公路交通噪声预测模型。

3.《公路环境保护设计规范》

1979 年 9 月试行的《中华人民共和国环境保护法（试行）》第六条明确规定，防止污染和其他公害的设施，必须与主体工程同时设计、同时施工、同时投产。国务院颁布施行的《建设项目环境保护管理条例》对环境保护设施建设提出了明确要求，建设项目的初步设计应当按照环境保护设计规范的要求，编制环境保护篇章，并依据经批准的建设项目环境影响报告书或者环境影响报告表，在环境保护篇章中落实防治环境污染和生态破坏的措施以及环境保护设施投资概算。上述法律法规，均明确要求开展公路建设项目环境保护设计工作。在此背景下交通部于 1998 年 7 月以交公路发〔1998〕444 号文颁布实施了《公路环境保护设计规范》（JTJ/T 006—1998），其主编单位为中交第一公路勘察设计研究院有限公司。该规范颁布实施前有关环境保护的设计要求大多零散分布于公路路线、路基等其他主体工程设计规范中，规范颁布实施后对贯彻落实国家环境保护与水土保持要求，提高公路建设项目尤其是高速公路环境保护设计水平发挥了重要作用。

随着我国高速公路建设的发展，国家环境保护要求及技术水平也发生了较大变化，2010 年 7 月交通运输部修订完成了《公路环境保护设计规范》（JTG B04—2010）。该规范修订施行后，对于执行国家和行业交通建设项目环境保护管理办法，贯彻交通运输部有关更新设计理念、保护耕地、降低工程造价、建设安全、环保和资源节约型环境友好型社会等战略部署发挥了积极的促进作用。

公路环境保护设计的主要目的是落实建设项目环境影响报告书（表）中提出的有关防治环境污染和生态破坏的措施，并确定环境保护设施投资概算。因此，《公路环境保护设计规范》制修订过程中充分借鉴了公路建设项目环境影响评价、科研、监测资料以及国外有关环境保护资料，总结多年实践经验，对公路建设全过程中环境保护的各个方面作出了规定。同时，《公路环境保护设计规范》（JTG B04—2010）修订时，贯彻落实了“六个坚持、六个树立”的公路勘察设计新理念，将“安全、环保、舒适、和谐”等新的设计理念纳入了规范。通过此次修订，公路环境保护设计规范的内容更加全面、系统，要求更加明确，操作性更强，对公路设计的指导作用得到加强。

《公路环境保护设计规范》（JTJ/T 006—1998）共有六章，内容涵盖总则、总体设计、社会环境、生态环境、环境污染防治及景观与绿化等方面。2010 版规范相较 1998 版规范作了较大调整，内容由六章增加到九章，新增了术语，水土保持独立成章，将原来的景观与绿化拆分为绿化设计和景观设计两部分。2010 修订版标志性变化有以下两个方面：①规范适用范围扩大至改扩建公路工程设计，规定了高速公路、一级公路、二级公路和有特殊要求的公路工程项目必须进行环境保护设计；②新增了不同阶段总体设计的设计内容。

七、《公路项目安全性评价规范》

自 20 世纪 90 年代到 21 世纪初，我国公路通车里程迅速增长，但交通安全形势却不断恶化，2004 年交通事故死亡人数到达历史的高峰。国家和交通部十分重视道路交通安全问题，相继结合世界银行贷款项目在我国新疆、河南、浙江、湖南、湖北、广东、江西等省份开始进行道路安全研究和事故多发路段整治工作。经广泛调查后发现，公路本身的缺陷（例如受资金和技术的限制，部分公路线形设计指标严重受限、安全设施不足，运营后路面技术状况不能满足安全需求等）是事故发生的诱因之一。为减少因道路本身缺陷而导致的交通事故，交通部门开始引入安全性评价机制，即在道路的规划、设计、施工和运营阶段评价其安全性，纠正设计缺陷，提出改进措施。华杰工程咨询有限公司、交通部公路科学研究所等研究单位从 2000 年左右开始立项研究安全性评价在我国的应用问题，在分析欧美国家相关成果的基础上选择了具有代表性的辽宁沈（阳）大（连）、山东济（南）青

(岛)及烟(台)青(岛)等多条高速公路和一级公路进行调研,编制了我国第一部《公路项目安全性评价指南》(JTG/T B05—2004)(以下简称《指南》),并在广东京珠北高速公路开展了国内第一个安全性评价项目。

交通部于2004年9月发布公告将《指南》作为公路工程行业推荐性标准,为高速公路和一级公路的公路项目安全性评价提供了依据。《指南》实施后已对国内几百条高等级公路进行了设计和运营阶段的安全性评价,在路线设计和交通工程设计等方面提出了若干建议和优化方案。实践证明,安全性评价可在公路规划、设计与运营的各个阶段实施,及早消除隐患,增进交通安全。2004年后我国公路交通事故总体呈直线下降趋势,《指南》的实施大大提升了我国道路交通安全的水平。

随着我国公路交通的发展,社会对安全性评价的认可度大幅提升,同时由于公路交通安全领域新成果的出现以及公路安全需求的增加,《指南》的部分条文已经逐渐不能满足实际应用的需求。为此,交通运输部组织对《指南》进行了修编,并将安全性评价由推荐性标准提升为强制性标准,经交通运输部批准,《公路项目安全性评价规范》(JTG B05—2015)于2016年4月1日实施。该规范统筹把握了当前安全性评价工作的重点,贯彻了“平安交通”理念和“十三五”发展要求,吸收了2004年以来国内外最新研究成果和实践经验,对指南进行了全面修订和扩充。

2015版安全性评价规范为高速公路及一、二、三级公路提供了包括工可、设计、交工和运营在内的整个建设和运营管理过程的安全性评价依据,内容涵盖工作阶段、评价方法、评价内容和评价结论,规定了评价流程、指标和要求,具有国际领先的技术水平。该规范的施行代表中国交通主管部门对人的生命的尊重,成为我国公路行业安全性评价科学发展的重要节点。另外,该规范将编译发行英文版,实现在“一带一路”国家和以英文为官方语言国家的传播,促进我国交通安全标准与国际接轨,促进我国公路安全评价领域成果在国际上推广。

第三节　勘测类规范

工程地质、水文地质的勘察是公路建设中一项重要的基础性工作,具有重要地位。在我国高速公路建设之初,还没有专门针对高速公路勘测工作的规程和规范,工作中主要借鉴、引用铁路、水利水电、地矿冶金等行业的规范。经过公路尤其是高速公路建设的多年实践和总结,20世纪90年代末到21世纪初交通部门逐步编制发布了《公路工程地质勘察规范》《公路勘测规范》等规程和规范,为高速公路建设相关勘测工作提供了技术标准。经过多年工程建设实践,高速公路勘测相关规范经历了从无到有、从粗到精的不断改进和完善的过程,能够科学合理地规范和指导工程建设,为我国高速公路建设提供有力支撑。

目前勘测类技术标准共有6本规范和1本细则:《公路勘测规范》《公路勘测细则》《公路工程地质勘察规范》《公路工程水文勘测设计规范》《公路工程地质遥感勘察规程》《公路工程卫星图像测绘技术规程》和《公路工程物探规程》,另外还有一本《公路工程地质原位测试规程》在编。

1.《公路勘测规范》

公路勘测工作在2007年之前参照标准较多且较为老旧,主要有《公路路线勘测规程》(JTJ 061—1985)、《公路勘测规范》(JTJ 061—1999)、《公路桥位勘测规程》(JTJ 062—1991)、《公路隧道勘测规程》(JTJ 063—1985)、《公路摄影测量规范》(JTJ 065—1997)和《公路全球定位系统(GPS)测量规范》(JTJ/T 066—1998)等。2002年交通部组织对勘测相关规范进行修编。在对公路勘测现状、发展及原有规范使用情况广泛调研的基础上,吸收原规范成功经验,从提高规范的严密性、作业过程的可控制性方面着手,吸收了新的公路勘测技术和方法,删除部分不适用内容,制定了新的《公路勘测规范》(JTG C10—2007),并将作业方法、作业过程规定等内容纳入《公路勘测细则》(JTG/T C10—2007)。

2.《公路工程地质勘察规范》

1998年,交通部颁布《公路工程地质勘察规范》(JTJ 064—1998),对统一公路工程地质勘察技术要求,提高公路工程地质勘察水平,保证公路工程地质勘察质量起到了重要作用。随着高速公路建设中所涉及的地质问题越来越复杂,工程设计对基础资料的要求不断提高,这对工程地质勘察工作提出了新的要求。因此,交通运输部在参考工程地质勘察相关标准规范及科研成果的基础上,于2011年修订并颁布了新版规范《公路工程地质勘察规范》(JTG C20—2011)。新版规范修订了岩土类别划分、勘察报告的内容和要求,以及不同建设阶段各类型构筑物勘察深度要求等内容,增加和补充了勘察大纲编制、岩土参数分析、部分土体勘察要求以及公路边坡岩土结构类型划分标准等内容。这些内容的增补和修订,在很大程度满足了高速公路建设的新要求,解决了所遇到的新问题,较好地适应了公路工程建设。

3.《公路工程水文勘测设计规范》

原有规范《公路工程水文勘测设计规范》(JTG C30—2002)于2011年修订,主要的修订内容包括:随着跨江跨海大桥建设的增多,规范结合工程实际,从水文角度增加了桥位选择、海湾地区水文勘测设计等内容;对现有的计算公式、计算方法进行了适应性分析、评估和完善;考虑解析解的局限性,还引进数值计算的方法。在上述修订的基础上,颁布了《公路工程水文勘测设计规范》(JTG C30—2015)。

4.《公路工程地质遥感勘察规程》

公路工程地质遥感勘察能快速地调查公路路线区域内的宏观地质状况，为公路选线和大型构造物的选址等重大地质问题快速提供依据，因此具有重要作用。为科学合理确定公路工程地质遥感勘察与地质灾害遥感监测的技术标准，统一指导工程实践，在总结归纳科研成果和工程应用经验的基础上，目前正在对2005版规范《公路工程地质遥感勘察规范》(JTG/T C21-01—2005)进行修订，补充修改完善了相应技术内容和技术要求，提高规范使用上的严密性和可操作性。

5.《公路工程卫星图像测绘技术规程》

卫星遥感技术的进步，大大方便了工程地质调查工作。从2001年开始，1m或更高分辨率的卫星图像就已用于公路工程建设，对卫星图像进行了大中比例尺的数字化测绘及设计集成应用。为科学合理地确定卫星图像测绘技术指标，总结归纳公路工程卫星图像测绘研究与工程实践的经验，交通运输部于2011年组织编写了《公路工程卫星图像测绘技术规程》(JTG/T C21-02—2014)。

6.《公路工程物探规程》

地球物理勘探具有成本低、效率高、设备轻便等优点，在工程地质勘察中得到广泛的应用。2000年，交通部组织编写了《公路工程物探规程》，2009年规范编写组通过应用总结，吸取最新技术，结合国外经验，从物探工作基本要求与规定、勘探内容、各种物探技术探测方法、报告编写及作业安全等多个方面对规范进行了修订，颁布了《公路工程物探规程》(JTG/T C22—2009)，有力支撑了物探技术在公路工程建设中应用的标准化和规范化。

第四节　监理检测类规范

一、《公路工程施工监理规范》

改革开放以来，我国基本建设管理体制改革的重大举措之一就是实行工程监理制度。经过十多年来的试点先行、稳步提高和全面推行三个阶段，工程监理制度从无到有、从探索实践到完善提高，对提高工程质量、建设管理水平和投资效益发挥了重要作用。《公路工程施工监理规范》为规范监理工作，确保监理制度的顺利实施发挥了基础性作用。

我国的公路工程质量监理工作需求产生于高速公路建设。沪嘉高速公路是中国大陆第一条全线通车的高速公路。沪嘉高速公路自1984年12月12日开工后其工程监理工作主要由指挥部下属的技监组来完成。前期的监理工作无据可依，在1985年7月5日交通部发布《公路工程质量监理暂行办法》(〔1985〕交公路字 1459 号)后,监理工作才有了依据。

该监理暂行办法对监理组织与权限、质量监理人员职责、监理内容及工程质量监理月报表进行了粗略的规定。该办法规定各省、自治区、直辖市交通厅(局)或公路管理局以及部属工程局应设置专职工程质量监理机构,配备专职质量监理人员负责管理质量监理工作、审批工程项目质量监理人员。建设单位应向所负责的工程建设项目派出驻工地的工程质量监理人员(也可委托或聘请),上述监理人员应经交通厅工程质量监理机构批准并抄送建设银行。

1987 年 12 月开始施工的京津塘高速公路的建设过程中其监理工作由交通部直接负责。经过竞争,金硕公司联合丹麦公路局被指定为负责监理和培训工作的外国咨询公司。交通部于 1988 年 5 月 5 日发出文件:①任命公路管理司司长杨盛福先生为 FIDIC 合同中所指的“监理工程师”;②在天津成立“监理工程师代表”办公室,以李大明先生为首,由金硕公司的总驻地监理工程师添·沃格先生和一组中国专家协助,监理工程师代表办公室是“监理工程师”进行日常监理工作的执行机构;③北京、河北和天津的当地高级驻地监理工程师负责各自段内的监理。1988 年 5 月 10 日由公路管理司司长发布文件,明确施工监理由外国监理工程师和本地监理工程师共同进行,重要文件必须由中国和外国监理工程师共同签署。1988 年 5 月 23 日由监理工程师代表发布文件,规定监理工程师代表办公室负责监理工作的执行和日常协调。这样特有的监理模式是由于 FIDIC 条款第一次进入国内高速公路建设与当时国内工程建设条件不相适应而产生的,为以后我国公路工程监理制度的建立和完善起到了重要的借鉴作用。

1989 年 4 月 24 日交通部出台了《公路工程施工监理暂行办法》(〔1989〕工公字 131 号)。该办法共四章:总则、监理组织、职责与权力、政府监督与管理,并在 1985 年监理暂行办法的基础上充分吸收了 FIDIC 条款的重要内容。该办法确立了公路工程施工监理制度并具体明确了以下几个方面:施工监理是指由独立的监理单位,受建设单位的委托或派遣,对工程建设的质量、投资、工期等进行全面的监督与管理;凡政府投资、集资以及利用外资实行招标或承包的公路新、改建工程建设项目,都应委托或派遣监理单位实施施工监理;监理单位必须是由建设单位委托或派遣的,具有法人资格的咨询公司、监理公司、勘测设计、科学研究单位及有条件的政府监督(监理)部门,也可以是具有承担与工程规模相应的监理能力的独立单位。此外,该办法还对监理人员的数量、资质、监理条件、监理费用等做出了更加具体的要求。

1989—1992 年期间,交通部出台了一系列制度和办法用以规范监理工作。1989 年 12 月 25 日“交通部工程建设监理总站”成立;1990 年 11 月 13 日《公路、水运工程监理单位监理资格审批暂行规定》(〔1990〕交工字 618 号)出台;1992 年 1 月 15 日《公路、水运工程监理工程师注册办法》(交工发〔1992〕66 号)出台;1992 年 5 月 16 日《公路工程施工监理办法》(交工发〔1992〕378 号)出台。

《公路工程施工监理办法》第一次提出从事施工监理的单位要取得交通部颁发的公路工程施工监理资格证书;监理单位受建设单位的委托或指定,对施工的工程合同、质量、工期、造价等进行全面的监督与管理;第一次提出监理单位和监理人员应遵循的"严格监理、热情服务、秉公办事、一丝不苟"的原则;项目监理总负责人(总监)、总监代表、高级驻地监理工程师,一般应具有高级工程师或高级经济师技术职称并应取得交通部颁发的监理工程师证书;专业监理工程师应具有工程师或经济师技术职称并应取得交通部颁发的监理工程师证书,且设有路基、路面、结构、机械、材料、试验、测量、计划及合同管理专业;测量、试验及现场旁站等监理员必须具有初级技术职称或经过专业技术培训。

20 世纪 90 年代,中国高速公路建设突飞猛进,全国各地迎来了高速公路建设高潮,《公路工程施工监理规范》的出台已成为行业的迫切需求。为此,交通部于 1991 年 9 月 6 日,以〔1991〕工技字 290 号下达《公路工程施工监理规范》编制任务,1995 年 10 月 1 日,《公路工程施工监理规范》(JTJ 077—1995)正式颁布实施。这是我国第一部公路工程施工监理规范,主编单位为交通部工程建设监理总站。

此后,经过十余年公路监理实践,交通部于 2002 年启动了《公路工程施工监理规范》的修订工作。修订后的《公路工程施工监理规范》(JTG G10—2006)自 2007 年 1 月 1 日起施行。此次修订增加了环保、安全等内容,并在人员及结构、监理定位等方面均有调整和补充,主编单位为交通部基本建设质量监督总站。

近年来随着公路建设管理体制改革的深化,监理行业的改革也逐步走向深入,《公路工程施工监理规范》(JTG G10—2006)的不少条款与监理实际工作又有了不相适应的问题,于是交通运输部又一次组织了修订工作。新版《公路工程施工监理规范》由北京市道路工程质量监督站编制,已于 2016 年 7 月发布,同年 10 月施行。这部规范进一步厘清了"监理什么、怎么监理"的问题,突出监理工作重点、减少繁杂工作、强化监理否决权。

二、《公路路基路面现场测试规程》

在道路检测方面,从新中国成立之后至开始高速公路建设之前的很长一段时间内我国一直没有颁布公路路基路面现场测试规程。这一段时间工程应用的现场测试方法较少,且多为费时费力的人工测定方法以及挖坑、钻孔等破损性作业。这一时期的部分现场测定方法(如贝克曼梁测定弯沉、承载板测定模量等)包含在《公路柔性路面设计规范》(JTJ 014—86)的附录中,部分借鉴《公路土工试验规程》。从 20 世纪 80 年代开始,我国陆续才开展相关道路检测方法研究,努力提升公路现场测试的技术水平。

20 世纪 80 年代末期,交通部开始利用世界银行贷款陆续从英国、法国和澳大利亚购买了一批当时世界上最先进的测试设备，包括自动弯沉仪、SCRIM 系统、路面病害摄影车、平整度颠簸累积仪和几何数据采集系统（RGDAS）等。"七五"至"八五"期间，交通部先后组织了国家科技攻关"自动弯沉仪研制及应用技术""路面平整度快速测定仪研制""路面横向力系数测定设备研制"等研究项目。由此起步，我国公路现场检测迈上了自动化连续测量和记录的新台阶。"九五"期间，我国在"七五"至"八五"期间研发的路面快速检测装备逐步实现了产业化，并在国内迅速推广，改变了我国公路高效检测设备一直依靠进口的状况，提高了我国高速公路检测的自动化水平和检测效率。

为适应公路检测发展之需要，交通部于 1995 年发布了我国第一部《公路路基路面现场测试规程》（JTJ 059—1995），主编单位是交通部公路科学研究所。该规程包括 32 项试验方法，其中总结以往试验检测方法 8 项，借鉴《公路柔性路面设计规范》（JTJ 014—1986）4 项，借鉴《公路土工试验规程》2 项，自主研发 3 项，引进日本、英国、美国等国际技术 11 项。第一版测试规程基本构建起了我国公路路基路面现场测定方法体系，涵盖取样方法、几何尺寸、厚度、压实度、平整度、强度和模量、承载能力、水泥混凝土强度、抗滑性能、路面渗水、错台、车辙、破损调查等方面。

2008 年，交通运输部公路科学研究所完成了修订版《公路路基路面现场测试规程》（JTG E60—2008）的编制工作。该规程有 39 项试验方法，与 1995 版相比主要增加了路面厚度短脉冲雷达检测仪、车载式激光平整度仪、几何数据测试系统、车载式构造深度仪、双轮式横向力系数测试系统、动态旋转式摩擦系数测试仪、无核密度仪、动力锥贯入仪、激光或超声波车辙仪这 9 个新试验设备的使用方法。

最近 10 年间，我国公路建设的快速发展对工程现场试验检测技术、设备性能和规范化操作提出了更高的要求。效率更高、速度更快、连续高频的自动化无损检测技术和检测装备不断涌现。为适应路面自动化检测设备越来越普及的实际情况，2014 年交通运输部发布了《公路路面技术状况自动化检测规程》（JTG/T E61—2014）。该规程在国家 863 计划项目、交通运输部西部交通建设科技项目相关科研成果基础上，总结了全国 50 多万公里干线公路路况自动化检测的经验，对几何状况、路面裂缝、路面平整度、路面车辙和路面构造深度等指标的自动化检测方法的适用范围、设备要求、准确性验证、检测要求、数据处理，以及路面技术状况自动化检测工作中的距离测量与定位做出了规定。

三、《公路工程质量检验评定标准》

《公路工程质量检验评定标准》首版由原交通部第一公路工程局编制，该标准自 1985 年 7 月由交通部发布实施以来，伴随着我国高速公路的发展已经走过了 30 余年，其间分别在 1994、1998 和 2004 年由交通部公路科学研究所进行了修订和完善。目前该标准已经成为我国公路工程建设中必须严格执行的主要技术法规，对于加强工程技术管理，促进技术进步,确保公路特别是高速公路的建设质量起到了重要作用。

在过去的30年里,《公路工程质量检验评定标准》得到了不断完善。从覆盖专业上看,在1994版中新增加了关于交通安全设施的质量检验评定的内容;1998版增补了特大桥如悬索桥、斜拉桥、大型伸缩缝和基础工程中的基础喷锚支护、大直径空心桩、地下连续墙等内容;2004版中增加了关于机电工程和环保工程质量检验评定的内容。这些专业内容的不断增加和完善,适应了高速公路建设的需要,满足了高速公路工程建设的客观需求,与国际发达国家的差距日趋缩小。从条文的内容看,检验评定的要求越来越完善,涵盖的细节越来越精准,覆盖面越来越宽。从各版条文设置的数目看,1985版共有300条,1994版调整为281条,1998版增加到315条,2002版又增加到了403条。条文数目的变化反映了该规范日趋严谨、严格和完善。从检验评定的实测指标看,实测项目从1985版的450多项增加到了2004版的1000多项。实测项目的增加对公路工程质量管理水平的加强起到了促进作用,用数据说话,减少人为因素对公路工程实体质量的评判已成为检评标准修订工作中的共识和理念。

透过检评标准中检测方法、检测参数设定和评价标准的变化我们可以清晰地看到我国高速公路修筑技术的进步、建设质量的提升以及各个时期新技术、新结构、新材料和新工艺在高速公路上的推广应用。检评标准的变化给我们留下了深刻的时代烙印。

自20世纪70年代开始,世界各发达国家就已经开始大量采用公路快速检测技术,20世纪80年代我国开始引进国外先进的试验检测技术,以交通部公路科学研究所为代表,交通行业科研院所积极开展了引进、消化、吸收工作,将这些国际上先进的试验检测技术变成了指导、服务、引领行业技术进步的抓手。反映在检评标准上的变化是1998版的检评标准取消了传统的3m直尺测量法,引入了国际平整度指数作为评定公路路面基层和面层平整性的指标,广泛推广应用自动弯沉检测、路面横向力摩擦系数快速检测、桥梁混凝土强度无损检测等先进技术。

从1998版开始,检评标准采用了数理统计方法对路基路面压实度、弯沉、路面厚度、水泥混凝土抗压和抗折强度、半刚性材料强度进行质量评定,较之以前的简单计算合格率的方法更为科学合理。2004版的检评标准对涉及公路工程各专业的结构强度和安全的实测项目都采用了数理统计方法进行评定。与此同时,对单个检测指标还规定了极值要求。用这种双保险的评定方法确保工程质量的整体提升,切实提高高速公路建设的精细化水平。

公路工程质量检验评定包括检验标准和评定标准两个方面,在确保了实测项目检验标准的同时,确定分项工程、分部工程、单位工程的评定标准是一个非常重要的环节。1985版《公路工程质量检验评定标准》规定,分项工程实测项目评分达到70分为合格,85分以上为优良,分部和单位工程平均分为80分以上则为优良等级。2004版的标准则规定分项工程为75分以上为合格,分部工程和单位工程全部合格才能评定为合格等级。公路工程质量等级合格评定标准在过去30年里不断提高,这不仅仅是一个简单的量值变化,而是事关整个公路建设管理水平、施工水平和质量水平提升的大事。根据对我国过去30年的质量水平统计分析,高速公路建设质量稳步提升,公路工程质量检验评定标准把握了各阶段质量水平发展的实际,对高速公路建设质量的提升既起到了把关作用同时也起到了引领作用。

2004版公路工程质量检验评定标准在综合考虑多方面因素的情况下,提出了对公路工程质量评定的刚性要求,增加了分项工程实测项目中对强度、安全、结构等有重要影响的关键实测项目最低合格率和极限低值规定。在约1000多个实测项目中,筛选了约360个为关键项目,规定了最低合格率或极限低值,要求关键项目合格率不得低于90%;工厂加工制造的桥梁金属构件的关键项目合格率不低于95%,机电工程关键项目合格率须达到100%。该规定针对桥梁工厂化制造和机电工程多为系统集成的特点,有区别地提出了不同要求,实用性和可操作性大大增强。

2004版标准发布实施后,对于关键项目最低合格率的规定得到了行业广泛认可并在工程建设中得到应用,确保了公路工程质量。正在修订中的新版公路工程质量检验评定标准对公路工程分项工程实测项目中的一般项目也将作出最低合格率的要求。

在2000年前后,针对高速公路建设中早期损坏比较普遍而且非常严重的问题,公路工程质量检验评定标准在修订时注重了过程控制,将此作为提升质量的抓手,加大了施工过程关键环节的质量评定。实践证明,这个措施极大地促进了公路工程质量的提升。

自20世纪80年代以来,我国桥梁工程建设取得了巨大成就,一些大跨径桥梁、跨海桥梁、特殊桥梁相继建成,桥梁工程应用的新材料、新技术、新工艺不断出现。这些变化也推动了质量检验评定标准的不断完善。

由于桥梁结构复杂、施工条件不同、施工工艺多样、工程划分愈来愈细等原因,检评标准中有关桥梁的分项工程从1994版中的53个增加到了2004版的100余个,涵盖了桥梁的各部构件及施工全过程。1994版的检评标准中增加了混凝土斜拉桥、桁架拱、钢管混凝土拱、顶推法施工、转体施工、刚性骨架法施工拱等内容,解决了混凝土强度评定问题,跨出了与国际接轨的第一步。1994版标准的主要缺点是没有做好适用于大跨径桥梁的准备,其中一些允许轴向偏位与高程偏差的规定,只能适用于中小跨径桥梁而无法用于大跨径桥梁。1998版最主要的修订是向适用于大跨径桥梁方向转变,规定大跨径梁桥、拱桥、斜拉桥的允许轴向偏位和高程偏差与跨径相关联。2004版继续向适用于大跨径的方向发展,同时增加了桥梁工程的覆盖面,对现代大跨径悬索桥、斜拉桥、拱桥及超长跨海大桥建设提供了质量保障,在单位、分部及分项工程的划分中增加了“特大斜拉桥和悬索桥的主体建设项目的工程划分”。2004版还增加了钢梁斜拉桥和组合梁斜拉桥的有关内容;对一些特大桥梁的构件增加了对其分阶段施工时的质量控制要求;增加了钢桥各构件的制作评定标准;提高了对工厂加工制造的桥梁金属构件的合格率要求;在附属工程中增加了防水层、支座、桥头搭板等内容。目前正在修订的新版检评标准中的桥梁工程章节仍然在吸取近年来桥梁工程领域的最新经验和研究成果,例如钢管桩及其防护、灌注桩桩底压浆、混凝土表面防护、自锚式悬索桥、隧道锚、斜拉桥和悬索桥形成后对塔变位的要求等。

机电管理设施(简称"机电工程")的恰当运用可以极大地提高土建设施的效能,其投资效益比已逐渐获得公认。因此在2004版的检评标准中增加了监控设施、收费设施、通信设施、照明设施、低压配电设施、隧道机电设施等分部工程,并以《公路工程质量检验评定标准 第二册 机电工程》的形式单独装订成册颁布实施。该标准的实施是我国公路工程建设里程碑式的成果,结束了我国高速公路建设20年没有机电工程验收标准的历史。机电工程分册编写时尚无有关机电系统设计和施工的规范可供参考,编写组研究了国外文献,总结了我们自己的经验,引入了通信行业、铁路行业、电力行业、信息行业的相关技术成果和标准规范,涉及了电子工程、计算机、通信、信息、软件工程、管理等20多个专业,设立了6个分部工程,41个分项工程,554个实测参数,第一次全面、系统地对机电工程质量要求作了规定。

机电工程分册实际上是融设计规范、施工规范、质量验收规范于一体的综合性技术标准,它规范了计算机、通信、信息、软件等高新技术在公路建设中的应用,带动了行业技术进步。因为该标准是强制标准,550多个实测参数涉及了100多个产品,因此强制性地助推了系列专用电子设备产品及标准的更新换代。高速公路LED可变信息标志、LED车道控制标志替代了高能耗的进口白炽灯矩阵可变标志;紧急电话系统、收费车道控制机、隧道本地控制器等产品质量和技术水平也达到或超过了世界先进水平;监控软件和收费软件等也有了全部知识产权,并且更适用于我国国情。现在我国设计生产的可变信息标志已出口欧美等发达国家,带动了相关产业的发展。

第五节 造价类规范

一、造价类规范的组成

公路工程造价是公路和高速公路建设、养护、路网运行管理的重要组成部分,是政策性、技术性、经济性很强的工作。合理确定高速公路建设项目造价和有效控制工程投资,对工程建设质量、安全、工期有重要的保障作用。造价管理工作一直是各级交通运输主管部门的重要职责，受到行业高度重视和社会广泛关注。

造价标准是测算高速公路建设、养护管理资金需求的重要依据，是合理确定和有效控制高速公路建设各阶段投资规模的重要手段，包括计算投资估算、设计概算、施工图预算、标底或者最高投标限价、合同价、变更费用、工程结算、竣工决算等。造价标准需要与国家经济政策和公路工程技术进步相适应。

造价类规范可分为基本建设类和养护类，每一类又分有两个层面，第一层面为强制性行业标准，第二层面为推荐性行业标准。

第一层面的标准有 M10《公路工程建设项目造价文件编制规范》、M20《公路工程基本建设项目投资估算编制办法》、M30《公路工程基本建设项目概预算编制办法》、M40《公路工程工程量清单计价规范》、M50《公路工程建设项目竣工决算编制规范》、M70《公路养护工程预算编制规范》。M60 为基本建设类预留标准。

第二层面的标准有 M11《公路工程计价依据编制指南》、M12《公路工程造价信息化管理规程》、M21《公路工程估算指标》、M31《公路工程概算定额》、M32《公路工程预算定额》、M33《公路工程机械台班费用定额》、M71《公路养护工程日常养护指标》、M72《公路养护工程预算定额》、M72-01《公路隧道养护工程预算定额》、M72-02《公路桥梁加固工程预算定额》，其中 M11 和 M72 为预留标准。

二、历时沿革

公路工程造价标准可追溯到 1954 年 8 月，其时在交通部公路总局的设计局内设立了预算定额科，开始了公路工程定额及管理工作。1955 年交通部颁布了《公路基本建设预算定额》，这是我国第一本公路工程造价标准。后来陆续编制了《公路工程施工定额》，其中劳动定额作为衡量施工企业工人劳动生产力的标志，接着编制了《公路工程概算指标》，并重新修订《公路工程预算定额》。1957 年至 1976 年间，造价标准一直处于停顿状态。1978 年，公路造价标准工作开始迈向正规化管理的轨道。

随着改革开放，我国公路建设管理体制也不断变化，特别是 1985 年"贷款修路、收费还贷"政策出台后，我国的高速公路发展迅速，从数量到质量都实现了历史性突破。当时高速公路以指挥部模式建设，逐步开展投资包干制和招标承包制，引进 FIDIC 条款，实施工程监理制，施工工艺上采取"以钢代木"，在高速公路施工和特大桥施工中广泛采用机械化等。交通部于 1992 年颁布了《公路工程基本建设概算预算编制办法》及配套定额，1996 年颁布了《公路工程估算指标》，为高速公路建设项目在立项、审批及招标、投标时合理确定各项费用发挥了重要作用。

自 2000 年起，高速公路建设管理全面实施项目法人责任制度、招标投标制度、工程监理制度和合同管理制。高速公路发展所出现的变化如长大隧道、跨越大江、大河、海峡的深水大跨桥梁的修建,交通监控、通信、收费、安全设施的设计、施工技术日趋完善,新结构、新工艺、新设备、新材料的广泛应用,公路施工企业的机械装备得到较大的改善,综合机械化施工水平不断提高等使得我们对公路工程造价标准的制订产生了需求。2007 年,交通部颁布了新的公路工程造价标准。

交通运输部在公路建设的工程管理方面推行"人本化、专业化、标准化、信息化、精细化"的"五化"建设,国家对安全生产越来越重视。公路投资模式呈现出多元化的格局,PPP、代建、设计施工总承包以及 BT、BOT 等不断出现。2016 年 5 月 1 日国家全面实施营改增后,公路建设、养护管理也需要按增值税模式进行计价。为应对上述变化,受部委托,交通运输部路网监测与应急处置中心承担了公路工程造价标准制修订工作。

三、对高速公路建设的支撑作用

我国公路造价标准随着国家经济政策和高速公路的发展得到不断补充和完善,同时造价标准也为高速公路建设起到了重要的支撑作用,具体体现在:

一是为高速公路路网规划和投资控制提供了计算依据。在制定高速公路"十五""十一五""十二五"乃至"十三五"规划时不仅需要路线走向,而且需要测算资金需求。国家发改委、交通运输部、各省级交通运输主管部门进行项目审批和核准时,都需对项目投资进行相关批复。而公路工程造价标准就是确定资金需求和投资批复的重要手段。

二是为高速公路建设实施时招投标合理定价提供造价标准。项目招标时,需要合理确定招标控制价,施工企业投标时需要进行报价。而公路造价标准是反映社会平均水平的,根据造价标准编制控制价和投标价,施工企业根据自身管理水平、施工能力、投标策略等进行报价,能有效避免恶性低价抢标行为,对保证工程质量、进度和安全发挥了重要作用。

三是不断适应高速公路建设的管理体制改革和发展。公路造价标准不断反映高速公路建设体制的变化,例如深化公路建设体制改革,建设单位可以自行承担监理,造价标准中就规定建设单位管理费和监理费可以统筹使用;随着国家科研体制的改革,将原来计入科研经费的需验证设计数据的实验费用改为在勘察设计费中计列等。

四、在编规范简介

1. 建设类

目前交通运输部路网监测与应急处置中心正在编制《公路工程基本建设项目概预算编制办法》《公路工程预算定额》《公路工程概算定额》《公路工程机械台班费用定额》《公路工程基本建设项目投资估算编制办法》《公路工程估算指标》等。广东省交通运输工程造价管理站编制《公路工程建设项目造价文件编制导则》,福建交通工程造价管理站编制

《公路工程工程量清单计价规范》，中交第二公路工程局有限公司编制《公路工程施工定额测定规程》。这些造价类标准将实现造价从估算到竣（交）工验收的工程造价全过程管理。

2. 养护类

交通运输部路网监测与应急处置中心正在编制《公路养护预算编制导则》《高速公路养护工程及路网运行成本定额》；云南省交通运输厅工程造价管理局编制《公路隧道养护工程预算定额》；中交第一公路勘察设计院有限公司编制《公路桥梁加固工程预算定额》，这些造价标准将为高速公路养护及营运的资金申请和使用提供重要依据。

交通运输部已发布《公路工程造价管理暂行办法》，对公路工程造价标准作出明确规定。省级交通运输主管部门可以根据交通运输部发布的公路工程造价，结合本地实际，组织制定补充性造价依据。对通用性强、技术成熟的建设工艺，由交通运输部编制统一的公路工程定额。省级交通运输主管部门对公路工程定额中缺项的，或者地域性强且技术成熟的建设工艺，可以编制补充性定额规定。

交通运输主管部门将及时组织造价依据的编制和修订工作，促进造价依据与公路技术进步相适应。公路工程标准今后要充分应用“互联网＋”的手段，实现造价大数据的运用。交通运输部路网监测与应急处置中心正向交通运输部综合规划司申请建设全国公路造价信息平台，采集高速公路建设的造价历史数据，实现部省两级平台互联互通，信息共享，挖掘造价数据的价值，为高速公路建设决策、立项、实施提供必要的支撑。

第六节　路基路面类规范

一、路基设计类规范

《公路路基设计规范》的前身可以追溯到1951年发布的《公路工程设计准则》，该准则于1972年修订更名为《公路工程技术标准》，该标准涉及了路基设计中的横断面形式及宽度等要求。

1977年我国第一本公路路基设计规范启动制订，1986年交通部第二公路勘察设计院主编了《公路路基设计规范》（JTJ 013—1986），这是我国第一本正式颁布的公路路基设计规范。该规范有四大亮点：一是首次提出了适用于我国高等级公路的路基重型压实标准；二是在以往苏联的土类定名基础上，结合我国30余年公路建设实践经验和各区域土质特征，明确了我国新的土的分类方法；三是增加了山区路基设计常见的断面形式，如砌石路基、护肩路基及矮墙路基等；四是细化和优化了路基宽度等指标。1986版设计规范的制订，为我国第一条高速公路——沪嘉高速公路及相关高等级公路建设提供了技术支撑。

针对路基压实度标准低、实际压实效果不理想而导致的一些高等级公路通车初期就出现路面大面积破坏的问题，交通部公路科学研究所等单位开展了土基压实标准与参数等研究，并具体针对广西红黏土和膨胀土、陕西黄土、黑龙江细粒土、内蒙古细粒土提出了压实度 K、回弹模量 E_0 等指标及相应标准。根据这些新的研究成果和工程实践经验进行修订，1996 年颁布了新版《公路路基设计规范》（JTJ 013—1995）。此次修订有以下特色：一是首次明确了路床是路面基础的概念，在路面底面以下 80cm 范围内，必须均匀、密实、高强度，并确定了 CBR 强度指标作为路基填料选择的依据；二是提出了路基设计最小填土高度不小于路床处于干燥、中湿状态的临界高度，针对高含水率的细粒土作填料时，提出了添加固化剂等改性措施；三是新增了高边坡的施工监测及动态设计、路基排水系统的综合设计、挡土墙等支挡结构设计等内容。

1996 版路基设计规范中没有涉及软土地区的技术要求，交通部第一公路勘察设计院编制完成的《公路软土地基路堤设计与施工技术规范》（JTJ 017—1996）对此作了弥补。该规范属于《公路路基设计规范》的下位规范，专门针对软土地基的地质勘察、稳定和沉降计算方法、地基处治措施及路堤设计等提出具体要求，首次明确了软土地区在高速公路、一级公路、二级公路等不同的道路等级、不同的路段（如桥台与路堤相邻处、涵洞或箱型通道处、一般路段）时的容许工后沉降值，保障了软土地区公路建设的质量。

1999 年以后，随着我国西部大开发战略的实施，西部地区公路基础设施建设快速发展，国道主干线和省际通道建设延伸至沙漠、冻土、黄土、膨胀土和岩溶等特殊地质地区。交通部针对公路路基修筑面临的新问题，进行了黄土、盐渍土、膨胀土、岩溶、冻土等特殊土质上的路基修筑研究，形成了多项成套技术。在此基础上启动了 1996 版设计规范的修订工作，并于 2004 年颁布了《公路路基设计规范》（JTG D30—2004）。2004 版设计规范具有以下三个亮点：一是进一步明确了路基路面是整体的结构工程，突出了公路路基设计的系统化理念；二是提出了高填深挖的界限与设计原则，对高路堤的边坡防护、压实技术及特殊路基设计等作了重点修订；三是提出了路基设计时的水土保持、环境保护、景观协调的设计原则，注重地质、水文条件调查，强调地基处理、填料选择、关键部位施工技术等方面的综合设计。

2008 年，新疆交通科学研究院在 2004 版路基设计规范的基础上制订了《沙漠地区公路设计与施工指南》，这是国内外沙漠地区公路设计与施工领域第一部指南。指南首次明确了我国沙漠地区公路的地质调查和勘测、防沙设计原则和方法、排水设计等具体的指标及要求。该指南的颁布实施为解决穿越流动沙漠、用风积沙筑路和沙害治理问题提供了技术方案，支撑了我国流动、固定、半固定沙漠和沙地及绿洲地区公路和高速公路的建设。

2010年,交通运输部按照“安全耐久、节约资源、环境和谐”的设计理念启动了对2004版路基设计规范的修订,在修订中充分考虑了公路路基的功能要求,强化路基路面的协调设计。修订后的《公路路基设计规范》(JTG D30—2015)具有以下亮点:一是首次实现路基路面一体化设计,建立了与力学经验法相适应的路基设计指标;二是更新理念,以功能等级确定指标标准;三是借鉴国外先进技术,与国际接轨;四是充分利用废旧材料,推广绿色轻型支护结构,节约资源,保护环境,新增轻质材料路堤、工业矿渣路堤、低路堤等内容,修订利用软质岩石及特殊土填筑路基的技术控制措施。2015版设计规范的颁布实施,显著提高了公路路基的长期性能,实现了与国际主流设计方法和标准的接轨。

这一期间结合我国山西采空区、西北黄土地区、东北季冻区、青藏等多年冻土区的公路建设,交通运输部又制订了多本《公路路基设计规范》的下位规范。山西省交通规划勘察设计院主编的《采空区公路设计与施工技术细则》(JTG/T D31-03—2011)系统总结了我国采空区公路设计与施工的技术与方法,提出了井下测量的技术要求,确定了场地稳定性和地基稳定性的评价方法及标准,吸纳了巷道加固法等多种采空区处置方法,明确了采空区注浆质量验收标准。中交第一公路勘察设计研究院有限公司主编的《多年冻土地区公路设计与施工技术细则》(JTG/T D31-04—2012)首次针对不同的冻土特征,明确了“保护冻土、主动制冷、控制融化速率、预融”等设计原则,提出了隔热层路基、片块石路基、通风管路基及热棒路基等特殊结构路基的设计方法,确立了冻土环境保护、水土保持、生态环境保护和景观绿化的设计理念。该细则有效支撑了青海、西藏、新疆、黑龙江、吉林、内蒙古等多个省、自治区多年冻土区的公路建设。

二、路基施工类规范

20世纪80年代,结合京津塘等高速公路的建设,交通部公路科学研究所承担了“京塘疏港公路软土地基处治”“天津—塘沽地区软土的公路工程特性及其硬壳层的应用”等“六五”国家科技攻关项目,提出了软土地区地基处治措施及硬壳层的有效利用原则,并于1985年编制了《京津塘高速公路路基施工技术规范(暂行)》。在此基础上,1986年8月1日,交通部批准交通部第一公路工程总公司编制了我国第一本《公路路基施工技术规范》(JTJ 033—1986)。1986版施工规范对填土路基施工、填石路堤的压实、高填方压实、特殊地区路基施工等做了明确规定,保证了公路路基施工质量,对当时高等级公路路基施工起到了重要的指导作用。

1995年交通部第一公路工程总公司修订完成了《公路路基施工技术规范》(JTJ 033—1995)。新版施工规范具有以下特色:一是细化了填方地段基底的压实、路堑路基的压实、填石路堤的压实、土石路堤的压实和高填方路堤填方压实,以保证和突出路基压实对路基质量的重要性;二是规定了填土材料强度(CBR值)的技术要求,以保证路基质量并提高路基压实效率；三是增加了多雨潮湿地区、滑坡地段、崩坍岩堆地段、膨胀土地区等特殊地区路基施工内容；四是增加了公路绿化工程与环境保护内容，提出了公路绿化植物品种的选取原则、防止水、土污染和流失的具体措施。

随着我国电力工业发展，粉煤灰的排放量达每年600万吨，成为我国三大工业废渣之一。为解决粉煤灰堆放大量占用土地的问题，交通部开展了粉煤灰筑路技术研究和示范推广，在此基础上由交通部重庆公路科学研究所主编了《公路粉煤灰路堤设计与施工技术规范》（JTJ 016—1993）。该规范涵盖粉煤灰路堤的设计、施工、施工质量管理及检验四部分内容，具有减少环境污染、节约土地、开拓筑路新材料等重要意义。

为积极推动和指导土工合成材料的应用，1998年交通部重庆公路科学研究所主编了《公路土工合成材料应用技术规范》（JTJ/T 019—1998），明确了土工合成材料的种类及材料选择，提出了路基加筋、路基防排水、路基防护、路基不均匀沉降防治及防沙固沙等技术措施。

2003年由交通部组织，中交第一公路工程局有限公司实施了对1995版施工规范的修订，2006年《公路路基施工规范》（JTG F10—2006）颁布。2006版施工规范涵盖了《公路粉煤灰路堤设计与施工技术规范》（JTJ 016—1993）、《公路软土地基路堤设计与施工技术规范》（JTJ 017—1996）和《公路土工合成材料应用技术规范》（JTJ 019—1998）等规范中施工方面的内容，取消了轻型压实标准，补充了EPS块体路堤施工、路基拓宽改建施工、挡土墙、边坡锚固、土钉支护、抗滑桩、安全环保等路基施工内容。2006版施工规范明确了粉煤灰路堤、EPS路堤等特殊路堤的修筑技术，强调了对高液限土、红黏土和膨胀土等特殊土质的处治理念及压实度控制要求，为保障我国特殊地质地区公路工程施工质量发挥了重要作用。

2012年交通运输部颁布了《公路土工合成材料应用技术规范》（JTG/T D32—2012），与1998版规范相比，2012版规范具有以下特色：一是进一步完善了路堤加筋的稳定性计算方法、加筋材料的安全系数；二是补充了塑料排水带等新的防排水材料，提出了土工格室、植生袋、土工格栅喷射混凝土坡面防护措施；三是新增加了路基不均匀沉降防治、防沙固沙、膨胀土路基处治、盐渍土路基处治等内容。

三、路基类有关试验规程

交通部公路科学研究所于1981年主编了《公路土工试验规程》（JTJ 051—1981）（试行本），提出了用100g锥同时测定液限和塑限的联合试验方法，取代了其他行业采用的76g平衡锥求液限方法和经典的手工搓条（搓条法）确定塑限的方法。规定了液限、塑限、稠度、击实等试验的具体方法。试行本实施4年后，交通部于1985年正式颁布了《公路土工试验规程》（JTJ 051—1985），成为我国公路工程第一本土工试验规程。该试验规程充分考虑了公路工程的技术特点，并提出了将 0.074mm 作为公路粗细粒土的分界点，增加了承载比(CBR)试验，对颗粒分析试验等方法进行了优化。

为应对填筑材料的多样化，交通部公路科学研究所再次修订了土工试验规程，《公路土工试验规程》(JTJ 051—1993)于 1993 年颁布。该版规程增加了适用于公路各类工程的地基土、路基土、填筑土及其他路用土的基本工程性质试验。

1994 年交通部第二公路勘察设计院主编了《公路工程岩石试验规程》，提出了岩石物理、力学性质及耐久性试验的设备及操作流程。该规程的颁布，为公路勘测设计阶段的工程地质评价和各类工程的地基基础设计提供了参数测定方法，为选用符合质量要求的石料提供了依据。进入 21 世纪，我国山区公路建设力度加大，涉及岩石工程的路堑边坡、隧道、桥梁地基的安全和稳定问题越来越复杂，为此，交通部第一公路勘察设计院于 2005 年修订完成了《公路工程岩石试验规程》(JTG E40—2005)。该版规程完善了毛体积密度试验和吸水率试验，增加了岩石的膨胀性试验和耐崩解性试验。

基于 2004 版设计规范和 2006 版施工规范的技术要求，结合 2002—2004 年西部交通建设科技项目“膨胀土地区公路勘察设计技术研究”等研究成果，交通部公路科学研究所于 2007 年修订完成了《公路土工试验规程》(JTG E40—2007)。修订重点如下：①在比重试验中增加了浮力法，渗透试验修订了变水头渗透试验方法；②增加了膨胀土的标准吸湿含水率试验方法；③增加了黄土和冻土等特殊土的试验方法。

1998 年交通部公路科学研究所制订了《公路土工合成材料试验规程》(JTG/T 060—1998)，规定了土工格栅、土工织物等多项土工合成材料的物理、力学和水利性能试验的试验设备、试验步骤及结果计算方法。2006 年，交通部发布了《公路工程土工合成材料试验规程》(JTG E50—2006)。

四、正在修订中的路基类有关规范

随着我国公路工程建设方向由“重点建设”向“建管并重”转变，向安全、绿色、资源节约和环境友好发展，公路路基及土工试验等标准规范还将继续修订完善。截至 2016 年年底，交通运输部批准的在编标准有：

(1)《黄土地区公路路基设计与施工技术规范》(JTG/T D31—2005)：该规范的制订于 2012 年启动，由中交第一公路勘察设计研究院有限公司负责。该规范将包括黄土地区公路工程地质勘察和路基设计、湿陷性黄土地基处理、黄土路基的压实、黄土地区公路路基排水、公路路基防护与支挡、公路路基的拓宽改建等技术内容。该规范已于 2017 年由交通运输部发布实施。

(2)《公路工程抗冻设计与施工技术实施细则》(JTG/T D31—2006)：该细则的制订于 2012 年启动，由吉林省交通运输厅负责。该细则将提出抗冻水泥混凝土技术要求、季节性冻土地区路基、路面、桥涵和隧道的设计施工等技术内容。该细则2017年交通运输部已发布,并更名为《季节性冻土地区公路设计与施工技术规范》(JTG/T D31-06—2017)。

(3)《公路滑坡防治设计技术细则》(JTG/T D30—2003):该细则的制订于2012年启动,由中交第二公路勘察设计研究院有限公司负责。该细则将包含滑坡分类、防治工程安全等级、安全控制标准、各类滑坡勘察与防治设计技术要求等内容。

(4)《公路路基养护技术规范》(JTG H14):该规范的制订于2013年启动,由交通运输部公路科学研究院负责。该规范将包含路基病害分类、路基养护工程分类、路基调查内容与检测方法,路基数据的采集与管理、路基技术状况评价指标与评价方法、路基养护维修对策等内容。

(5)《公路膨胀土路基设计与施工技术细则》(JTG/T D31—2007):该细则的制订于2015年启动,由长沙理工大学负责。该细则将包含膨胀土地区公路工程勘察、膨胀土路基压实、膨胀土路堑边坡防护加固设计施工方法、膨胀土地基设计和施工方法等内容。

(6)《盐渍土地区公路路基设计与施工技术细则》(JTG/T D31—2008):该细则的制订于2016年启动,由中交第一公路勘察设计研究院有限公司负责。该细则将包含盐渍土地区公路工程地质勘察、分类、溶陷性和盐胀性评价、盐渍化软土地基处理、盐渍土地区公路构造物基础的防腐设计与施工、盐渍土地区公路路基设计与施工、拓宽改建、路基稳定性监测等内容。

(7)《公路土工试验规程》(JTG E40—2007):该规程的修订于2013年启动,由交通运输部公路科学研究院负责。修订后的规程将包含土的承载比(CBR)试验条件和标准制件方法、土的动弹性模量试验方法、红黏土和膨胀土的标准吸湿试验方法、土的易溶盐含量测定方法、土的冻融试验方法及标准装置等内容。

(8)《公路工程土工合成材料试验规程》(JTG E50—2006):该规程的修订于2015年启动,由交通运输部公路科学研究院负责。该规程将对物理性能试验、水力性能试验、耐久性能试验进行修订,规定塑料三维土工网垫拉伸、软式透水管扁平耐压力、握持拉伸等试验方法。

(9)《公路工程岩石试验规程》(JTG E41—2005):该规程的修订于2015年启动,由中交第二公路勘察设计研究院有限公司负责。该规程将对岩石学简易鉴定、毛体积密度试验、单轴抗压强度试验进行修订,提出岩体现场测试、岩石声波测试等试验方法。

五、沥青路面设计相关标准规范

从新中国成立之初到20世纪80年代中后期,我国先后颁布了1958版、1966版、1978版、1986版4部沥青路面设计规范。这几部规范,从路面力学模型看,经历了半空间无限体(均质体)、双层体系、三层体系的变化;从交通荷载图式看,经历了从单圆荷载到双圆荷载的变化;从设计指标看,经历了设计容许相对变形、设计容许弯沉、设计容许弯沉和弯拉应力验算结合的变化。这些发展变化的基本出发点,都是为了更加科学、准确地模拟和分析当时工程实际中的路面结构和荷载特征,以便设计出满足要求的沥青路面。

我国公路从一般公路到高速公路的发展是跨越式的,在开始建设京津塘高速公路时我国仅有约400km一级汽车专用公路和21200km二级公路,在标准、技术、设备、工艺、人才等各方面均准备不足。当时的沥青路面设计标准是1978版的《公路柔性路面设计规范》,该规范主要针对二级以下公路,仅适用于轻交通量道路。如用于高速公路路面设计,该规范在压实标准、路面结构设计、材料技术要求与组成设计、材料与路基计算参数、路面容许弯沉值、综合修正系数等方面存在明显的不适用。为此,交通部公路科学研究所等单位合作组建了京津塘高速公路试验站,开展了大规模的材料物理力学试验和力学分析,研究解决京津塘高速公路路面设计问题,同时为修订新的沥青路面设计规范提供数据支撑。此后的1986版规范是一个由低等级公路向高速公路转变的过渡性规范,仍不能很好地适应高速公路的需求。

我国从20世纪80年代后期开始修建高速公路,最初的10年间建设重点在东部沿海地区。为迎接高速公路建设大潮,"七五"期间国家立项开展了重点科技攻关项目"高等级公路半刚性基层沥青路面结构设计和抗滑表层的研究"(75-24-01-01)和"重交通道路石油沥青使用技术的研究"(75-24-01002)两个专题研究。"八五"期间国家又立项开展了重点科技攻关项目"高等级公路半刚性基层沥青路面典型结构的研究"。结合课题研究,"七五"、"八五"期间铺筑了北京门头沟、黑龙江肇东、广西玉林、广东广深4条半刚性基层沥青路面试验路,以及河北正定、陕西西三、吉林长农等试验路,构建起了我国高速公路普遍采用的"强基薄面"半刚性基层沥青路面技术体系。这种路面结构形式很好地适应了当时我国建设资金不足、优质沥青匮乏等现实问题,从技术角度为我国以较低经济代价快速建设大规模高速公路提供了可行性。

1992—1995年间,交通部组织开展了"沥青路面设计指标与参数的研究",以完善弯沉和抗拉设计指标、设计参数为中心,对轴载换算公式、容许弯沉值、沥青和半刚性材料疲劳规律、材料设计参数、弯沉综合修正系数以及设计方法的验证、抗冻厚度设计等开展研究。与此同时,京津塘高速、沈大高速、成渝高速、济青高速等一系列高速公路建设也为沥青路面设计施工技术提供了较为丰富的实践经验,初步形成了东北、华北、黄土高原、西北、华东、中南和西南7个片区的半刚性路面典型结构和使用指南。根据这些研究和实践,修订形成了1997版的《公路沥青路面设计规范》(JTJ 014—1997),主编单位是原交通部公路规划设计院。

与1986版规范相比,1997版规范在力学分析方面对沥青路面厚度计算方法进行了全面修订,理论计算体系更加完善合理;在材料参数方面,增加了沥青合理的车辙指标和水稳定性指标；在设计步骤方面，根据计算机大范围普及的情况删除了查图法和旧路补强经验公式；此外，还对分期修建、抗滑标准、沥青层厚度等内容进行了修改。《公路沥青路面设计规范》（JTG 014—1997）的颁布实施，标志着中国半刚性基层沥青路面的设计体系基本形成。该版设计规范尽管其整体设计体系仍沿用以往的规范，但是在主要设计指标和设计参数方面已经针对高速公路建设特点进行了较大幅度的调整，是我国第一部真正意义上适用于高速公路沥青路面设计的规范。

在高速公路建设的前期，由于技术储备不足等问题致使当时我国新建或改建的高等级公路沥青路面发生了一些严重的早期损坏现象（可称为“第一次早期损坏”）。1998 年亚洲金融危机后，我国高速公路建设速度明显加快。高速公路通车里程的增长、使用期的延长、交通量的增大、重载车辆的增多以及车辆超载使我国高速公路沥青路面表现出了技术性的不适应，又一次出现了较大范围的早期损坏（可称为“第二次早期损坏”），这对路面设计提出了新的挑战。第二次早期损坏分为三个阶段，1996 年以前以反射裂缝为代表，1997—2004 年间以水损坏为代表，2004 年之后以车辙为代表。

为了解决沥青路面早期损坏问题，支撑我国 2000 年开始实施的西部大开发战略，交通部从“十五”开始组织实施了大规模的西部交通建设科技项目，开展了以“高速公路早期破坏预防措施的研究”“路用沥青改性技术研究”“路基路面的强度控制参数的研究”等为代表的大量研究工作，形成大量研究成果。在这些成果基础上，结合高速公路建设经验，修订形成了 2006 版《公路沥青路面设计规范》（JTG D50—2006）。与 1997 版规范相比，2006 版规范在设计理论、设计指标和参数方面没有大的调整，但有针对性地进行了技术完善：加强了材料、混合料和路面结构组合设计的要求；补充了水泥混凝土桥面的沥青铺装设计内容和旧混凝土路面加铺沥青面层设计的内容；增加了柔性基层、贫混凝土基层等内容；细化了半刚性基层混合料级配类型，调整了集料级配范围，补充了二灰稳定集料的抗冻性设计要求；路面厚度计算方法在参数取值和旧路补强公式上有所改进。

2008 年全球金融危机爆发以来，我国高速公路建设速度进一步加快，年均新建成通车的高速公路里程接近 1 万 km，我国高速公路发展进入扩容增效阶段。该阶段我国高速公路沥青路面技术发展方向主要有三个：一是继续研究提升路面耐久性；二是面对全球变暖、绿色发展要求，研究提升沥青路面的低碳环保水平；三是针对桥面铺装等突出技术问题，开展针对性研究。

2005 年交通部西部交通建设科技项目立项开展“沥青路面设计指标和参数研究”，目前新的以动态参数和多指标体系为主的《公路沥青路面设计规范》修订工作正在进行中。在修订现有设计规范的同时，《公路长寿命沥青路面技术规程》（JTG/T D50）和《排水沥青路面设计与施工技术细则》（JTG/T D50）这两部规范也在制定中（主编单位均为交通运输部公路科学研究所），以适应路面技术耐久化、功能化的发展需求。

六、沥青路面施工相关标准规范

从新中国成立之初到20世纪80年代末，我国沥青路面施工标准规范主要有1957版、1964版、1981版、1983版和1985版这5部。

20世纪80年代之前我国公路路面等级较低，多为泥结碎石，为数不多的有铺装路面仅为渣油表处、沥青表处和贯入式沥青路面。1957年和1964年颁布的路面施工规范所针对的都是这样的低等级路面，例如1957年的《有机结合料表面处治施工暂行技术规范（草案）》和《有机结合料贯入式碎石或砾石铺砌层施工暂行技术规范（草案）》，1964年的《沥青表面处治和贯入式路面施工技术规范》（JT 1002—1964）。

20世纪80年代，随着公路等级的提高和高等级公路的兴建，传统的表处或贯入式沥青路面难以满足要求，于是开始使用沥青碎石和沥青混凝土。为此交通部在1981年颁布了《公路沥青路面施工须知（试行）》、1983年颁布了《公路沥青路面施工技术规范》（JTJ 032—1983）。这两本规范的颁布标志着我国公路路面由低等级向高等级的转变。为满足需求，交通部在1985年发布了第一版《公路路面基层施工技术规范》（JTJ 034—1985）。

总体来说，在这一阶段我国的沥青路面施工技术及其标准还很落后，对用于高速公路的沥青路面结构、材料、沥青混凝土拌和、摊铺、压实设备，以及施工工艺依然缺乏经验。但这一阶段我们取得了长足进步：施工机械从无到有、从小型到大型快速发展；对沥青品质的要求越来越高，甚至不得不使用进口沥青；沥青混凝土逐步取代沥青碎石，成为沥青面层的主要材料类型；拌和法逐步取代了层铺法而成为沥青面层的主流施工工艺；基层、底基层施工逐步由路拌法施工转向集中厂拌法施工；单幅施工宽度越来越宽、单层施工厚度越来越大，施工效率越来越高。

在总结高速公路和一级公路基层施工经验的基础上，交通部于1993年发布了由交通部公路科学研究所主编的第二版《公路路面基层施工技术规范》（JTJ 034—1993）。与1985版规范相比，1993版基层施工规范针对高速公路和一级公路，在材料技术要求、施工方法、机械设备以及质量评定方法等方面提出了更高的要求。例如，除直接铺筑在土基上的半刚性材料层可以使用路拌法施工外都必须采用集中厂拌法施工；应使用摊铺机摊铺；基层材料最大粒径缩至30mm等。

1993年国家计委以计综合［1992］490号文下达任务，由交通部公路科学研究所对原国标《沥青路面施工及验收规范》（GBJ 92—1986）和行标《公路沥青路面施工技术规范》（JTJ 032—83）进行综合修订，由此形成了1994版的《公路沥青路面施工技术规范》（JTG 032—94）。该版规范的主要变化有：对高速公路提出了许多有别于其他等级公路的更高的施工要求；将圆孔筛改为方孔筛；对热拌沥青混合料配合比设计方法、设计要求进行了全面修订，增加了车辙检验指标；增加了乳化沥青方面的内容；对沥青路面施工质量管理和验收的方法与标准进行了全面修订。

1993 版基层施工规范和 1994 版沥青路面施工规范发布时，我国高速公路通车里程才刚刚突破 1000km，到 2003 年底我国高速公路通车里程已经接近 3 万 km，在这 10 年间我国积累了大量的高速公路沥青路面施工经验。技术上的较大变化有：改性沥青以及 SMA、SAC 等新型沥青混合料大量使用；基质沥青标准不断提高，沥青含蜡量指标得到有效控制；半刚性材料的底基层也大量采用集中厂拌并用摊铺机摊铺等。

尽管取得了上述进步，但随着我国国民经济持续高速增长，我国公路交通量增长迅猛，重载卡车数量显著增加，车辆超载比较普遍，这些变化对沥青路面提出了更高的要求。在此背景下交通部修订颁布了《公路路面基层施工技术规范》（JTJ 034—2000）。与 1993 版相比，2000 版规范的主要变化是：规定基层分两层施工时均应采用摊铺机摊铺混合料；提高了基层材料强度标准；增加了基层养生结束后钻芯取样检验基层整体性的要求；调整了材料筛分的筛孔尺寸使之与《公路沥青路面施工技术规范》一致。

2004 年，交通部公路科学研究所在合并了 1994 版《公路沥青路面施工技术规范》《公路改性沥青路面施工技术规范》《公路沥青玛蹄脂碎石路面技术指南》的基础上修订形成了《公路沥青路面施工技术规范》（JTG F40—2004）。与 1994 版规范相比，2004 版的沥青路面施工规范做了大幅度调整和完善：提出了新的道路沥青标准和沥青路面气候分区，提出了按照当地气候条件和公路等级选择沥青标号的方法；强调了防止层间污染、保证合理施工工期等与早期病害有关的措施；全面修订了道路石油沥青、乳化沥青技术标准，局部修订了集料技术要求；针对改性沥青和 SMA 补充完善了相关要求；完善了沥青混合料配合比设计方法，调整了马歇尔试验配合比设计方法及设计指标标准，修订了确定最佳沥青用量的方法，统一了空隙率等体积指标的计算方法等。

《公路沥青路面施工技术规范》（JTG F40—2004）和《公路路面基层施工技术规范》（JTJ 034—2000）是我国 20 余年高等级公路建设实践与研究的总结，是我国沥青路面工程技术走向成熟的重要标志。

2015 年交通运输部修订并发布了《公路路面基层施工技术细则》（JTG/T F20—2015）。与 2000 版规范相比，2015 版的《路面基层施工技术细则》以提高路面基层施工质量均匀性为核心，以修建耐久型路面基层为目标，主要在以下方面做出了调整：增加和提高了基层用粗集料、细集料的技术要求；增加了高速公路和一级公路基层混合料生产时材料分档的数量和规格要求；提出采用间断、密实型的级配构成原理，改进了级配设计方法；补充完善了级配碎石的材料设计和施工工艺要求；调整了无机结合料稳定材料的强度标准，增加了目标配合比和生产配合比的设计内容与要求；提高了基层和底基层施工压实度标准；提高了无机结合料稳定材料拌和设备和工艺要求；规范了无机结合料稳定材料的养生方式与周期；补充了再生材料在各等级公路路面基层中使用的基本要求；强化了基层施工质量的控制措施和指标要求。

目前，对《公路沥青路面施工技术规范》（JTG F40—2004）的修订工作也正在推进，它将充分吸纳国内外最新技术成果，对沥青路面施工起到更好的指导作用。

七、沥青路面养护相关标准规范

在公路养护管理方面，交通部于1950年7月出台了《公路养护暂行办法》，规定了对公路养护管理实行"统一领导，分级管理"的原则。1960年4月颁布了新的《公路养护管理暂行办法》，规定对技术性复杂、工程量较大的工程，应有必要的测设文件，并经省（自治区、直辖市）交通厅（局）审定后执行。1962年8月，交通部制订了《关于公路养护和管理工作若干规定（草案）》，明确公路养护技术管理，按其工程性质、工作量大小和技术性繁简，划分为小修保养、大中修工程、改建工程三类。1975年9月，交通部又一次修订颁布了《公路养护管理暂行规定》，该规定要求对现有公路技术改造，应有计划地使干线公路达到三级标准以上，县公路和公社公路逐步达到四级标准的要求。

有关公路养护的技术规范最早见于1955年交通部颁布的《公路养护技术规范（草案）》，3年后通过修订形成《公路养路技术规范（修订草案）》。1961年交通部发布了《碎石、砾石路面的养护修理与改善》，1973年发布了《渣油路面施工、养护技术规范》。1982年交通部公路局组织部分部属单位和省区市公路部门开始新的路面养护技术规范编制工作，新版养护规范《公路养护技术规范》（JTJ 073—1985）于1985年6月颁布。与之前的养护规范相比，1985版的《公路养护技术规范》主要增补了各种沥青路面的养护和测试方法及使用质量评定指标以及桥梁、隧道、特殊地区路基、沿线设施的养护内容。

在20世纪80至90年代我国在沥青路面养护工程技术方面开展了一系列研究并取得成果，例如，1981年"阳离子乳化沥青及其路用性能研究"列入交通部重点科研项目，其成果在"七五""八五"期间得到大面积推广；1983年建设部组织开展"废旧沥青混合料再生利用"，1991年建设部发布《热拌再生沥青混合料路面施工及验收规程》（CJJ 43—1991）。在养护管理技术方面，我国从1984年开始陆续引进英国的BSM路面评价系统、芬兰FPMS路面管理系统，经过"七五"国家重点科技攻关项目"干线公路路面评价养护系统（CPMS）成套技术研究"、"八五"国家重点新技术推广项目"路面管理系统全国推广应用"、"九五"交通部重点项目"公路前方图像管理系统"，形成了较为成熟的路面养护管理技术。

为适应高速公路的养护需求，交通部组织了对1985版养护规范的修订，形成了由浙江省交通厅公路管理局主编的《公路养护技术规范》（JTJ 073—1996）。与1985版规范相比，1996版养护规范主要作了如下调整：增加了专门的"高速公路""路线交叉"两章，增加了沥青路面管理系统，补充了乳化沥青及稀浆封层等新技术、新工艺。

到20世纪90年代末，一些建成通车5~8年的高速公路陆续进入了维修养护期。如何用养护手段遏制路面早期病害的蔓延势头，寻求适合高速公路交通、结构特点的路面养护技术，成为高速公路发展到一定阶段后的迫切要求。在交通部西部交通建设科技项目的支持下，"微表处应用技术""沥青路面再生利用关键技术""预防性养护技术"得到了深入研究和广泛应用，显著提高了我国路面养护的技术水平。

2009年交通运输部发布了浙江省公路管理局主编的《公路养护技术规范》(JTG H10—2009)。由于公路养护内容繁杂，为使技术标准更具针对性，交通运输部先后发布了公路沥青路面、公路水泥混凝土路面、公路桥涵、公路隧道等专业性养护技术规范及公路养护安全作业规程，如上海市公路管理处主编的《公路沥青路面养护技术规范》(JTJ 073.2—2001)、江苏省交通厅公路局主编的《公路水泥混凝土路面养护技术规范》(JTJ 073.1—2001)、交通部公路科学研究所主编的《微表处和稀浆封层技术指南》(JTG/T F40-02—2005)和《公路沥青路面再生技术规范》(JTG F41—2008)等。2001版的沥青路面养护技术规范与1996版的公路养护技术规范相比，突出了对高速公路的沥青路面养护要求，对高速公路和一级公路沥青路面的养护提出了车辙控制要求，对沥青路面抗滑性能提出了横向力系数和摆值两项指标，在路况调查与评价中还补充了路面管理系统的要求。

在养护质量的评定方面，交通部于1979年颁布《公路养护质量检查评定暂行办法》，其后又于1988年颁布《公路养护质量评定办法》，规范了公路养护质量评定。在1994版《公路养护质量检查评定标准》和2002版《高速公路养护质量检评方法(试行)》的基础上，交通部于2007年修订发布了《公路技术状况评定标准》(JTG H20—2007)，将高速公路和普通公路的技术状况评定统一到了一本规范中。

近10年来，在高速公路建设技术日趋成熟，养护里程不断增长的情况下，沥青路面养护已逐步成了我国高速公路的新的发展方向。面对巨大的养护工程需求和追求资源节约、环境友好这个目标的技术需求，目前还远未形成完整有效的养护设计标准的支撑体系，缺少专门针对沥青路面大中修设计的实用技术和相关规范。为此，目前交通运输部已经启动了《公路沥青路面养护技术规范》、《公路沥青路面再生技术规范》等规范的修订工作，《公路沥青路面大中修养护设计规范》也正在制订当中。

八、沥青路面试验检测相关标准规范

在20世纪80年代末开始高速公路建设之前，我国先后颁布了3个版本的沥青材料试验方法，分别是1958版《沥青材料标准及标准试验方法(草案)》、1975版《沥青材料试验方法(草案)》和1983版《公路工程沥青及沥青混合料试验规程》(JTJ 52—1983)。后者与1958和1975版规程相比，增补完善了沥青相关试验方法，使得沥青试验方法达到21项，同时首次借鉴欧美标准增加了6项沥青混合料试验方法。1983年的规程基本构建了我国针入度等级的沥青评价体系和基于马歇尔试验的沥青混合料评价体系。

1993 年交通部颁布了交通部公路科学研究所主编的《公路工程沥青及沥青混合料试验规程》(JTJ 52—1993),该规程主要借鉴美国 ASTM\AASHTO 以及日本 JIS 等最新的试验方法,在 1983 版规程的基础上增加了 21 项沥青试验方法,增加了 24 项沥青混合料试验方法,同时对试验仪器及试验精度也提出了要求。

交通部在不同时期还先后颁布了以下试验测试规程:交通部第二公路勘察设计院主编的 1994 版《公路工程石料试验规程》(JTJ 054—1994),交通部公路科学研究所主编的 1994 和 2009 版《公路工程无机结合料稳定材料试验规程》以及 2000 和 2005 版《公路工程集料试验规程》。

交通部于 2000 年颁布了修订的《公路工程沥青及沥青混合料试验规程》(JTJ 052—2000)。与 1993 版规程相比,2000 版的规程增补了 7 项沥青试验方法和 9 项沥青混合料试验方法,主要涉及改性沥青材料、SMA 混合料、低温弯曲、抗水损坏和渗水系数、构造深度等沥青混合料路用性能相关试验方法。11 年后,为应对国内外新设备、新技术和新试验方法广泛应用所带来的变化,交通运输部于 2011 年又颁布了新版《公路工程沥青及沥青混合料试验规程》(JTG E20—2011)。该版规程增补了 13 项试验方法,在完善现有基于针入度的沥青评价体系的同时,增加了沥青弯曲蠕变劲度等基于性能的评价体系试验方法,使得沥青材料评价手段从基于经验的方法向基于路面性能的方法过渡。在沥青混合料配合比设计评价方法方面,在进一步完善马歇尔方法的同时,引进了旋转压实 SGC 和 GTM 等方法,使得室内试件成型更加接近工程实际。在沥青混合料路用性能评价方法方面,进一步完善了车辙、低温弯曲、冻融劈裂等路用性能试验,增加了动态模量、弯曲疲劳等评价方法,使我国沥青路面结构设计参数从传统静态体系发展到动态体系,从关注感温性能发展到关注耐久性和长期性能。

九、水泥路面设计相关标准规范

在参考苏联经验并结合我国部分城市和地区经验的基础上,交通部公路总局于 1958 年制定了《路面设计规范(草案)》,这是我国第一部涉及水泥混凝土路面设计方法的技术规范。1960 年,建筑工程部颁布了《城市道路设计准则》,其中刚性路面设计内容基本与 1958 版《路面设计规范(草案)》相同。

当时设计的水泥路面大多数为"薄面弱基"结构,路面板的厚度不超过 20cm,对基层和垫层的强度和厚度要求也不高,部分路面甚至直接铺筑在土基上。"薄面弱基"结构的破损使研究人员逐渐重视了路面板下卧层的稳定性。1966 年交通部颁布了《公路路面设计规范》(JTJ 004—1966),该规范强调了在就地浇筑的水泥混凝土路面设计中设置基层、垫层的重要性。

这一阶段我国水泥路面计算理论没有大的突破，设计方法与参数取值基本沿用苏联研究成果。

鉴于1966版规范缺乏国内实测数据，20世纪70年代中后期，南京工学院（现东南大学）和浙江省交通厅在浙江省台州地区修筑了试验路，通过荷载应力和挠度测定以及疲劳试验，论证设计理论的可靠性并提出了板下地基模量的非线性特征和路面设计时确定地基模量的方法，探讨了路面板在荷载反复作用下疲劳损伤发展过程和估算方法。在1978—1985年的科技发展规划中，交通部组织了全国大专院校、公路、市政、民航、空军后勤部等包含设计、施工、科研在内的40多个单位，开展了长达十年的联合攻关，编写了《水泥混凝土路面设计理论和参数》研究报告，并以此为基础由交通部公路规划设计院牵头编写了《水泥混凝土路面设计规范》（JTJ 012—1984），此后又编制了《水泥混凝土路面施工与验收规范》（GBJ 97—1987），这些可供实际应用的研究成果及相关标准和规范的建立，标志着我国水泥路面技术体系框架的初步建立。

依托以上成果，此后10余年间我国水泥混凝土路面修筑里程突破3万km，在工程实践中也积累了丰富的经验，取得了一批新的研究成果。为此交通部于1994年12月颁布了由交通部公路规划设计院主编的新版《公路水泥混凝土路面设计规范》（JTJ 012—1994）。除在设计方法和主要设计参数方面有所修订外，该规范还增加了路面平整度和抗滑标准、排水设计、混凝土混合料设计、碾压混凝土、钢纤维混凝土、连续配筋混凝土路面设计、复合式混凝土路面及旧混凝土路面加铺层设计等内容，并在附录中增加了旧水泥混凝土路面状况评定。1994版规范的颁布标志着我国已经具有独立且自成体系的公路水泥路面设计理论、设计方法和设计参数。

在1994版规范的指导下，我国迎来水泥混凝土路面的大发展，大批高速公路和一级公路开始采用水泥混凝土路面。采用定值型设计方法的1994版规范，因为预测交通量较低和计算模型偏理想化，特别是缺乏高等级公路应用和实测数据对计算模型的修正，计算路面结构厚度和强度均偏小，即使是重交通道路面板设计厚度也不会超过24cm。从经济性和使用地方材料角度出发，基层一般使用不超过20cm的石灰、粉煤灰或石灰粉煤灰混合稳定基层，只有少数项目采用不超过20cm的水泥稳定基层，部分项目还使用碎石垫层。由于交通量迅速增长和路面结构偏弱的原因，20世纪90年代后期铺筑的水泥路面早期破坏现象非常严重，一般在10年内大都需要重建和修复。

在国家科委的推动下，由交通部公路科学研究所与同济大学等单位开展了刚性路面结构可靠度的研究，西安空军工程学院开展了空军机场道面结构可靠度的研究。这个阶段设计方面取得的新的主要研究成果有：在重交通道路水泥混凝土路面设计方面提出了考虑高低应力比的混凝土疲劳特性、控制挠度的结构设计方法和混凝土路面结构可靠性分析。其中的较多重大成果如“路面结构计算力学经验法”、“按抗弯拉强度设计道路混凝土”、“强度—水灰比公式”等沿用至今。基于上述工程应用背景和新的研究成果，交通部颁布施行了新版《公路水泥混凝土路面设计规范》(JTJ D40—2002)。在该版规范中增加了路面结构可靠度设计和水泥混凝土路面加铺沥青混凝土面层设计方法，充实了连续配筋混凝土面层配筋计算方法，细化了路面结构组合和材料组成性质参数要求，修改了旧混凝土路面调查和评定方法，还补充了交通分析方法。由于意识到现有的结构计算方法无法充分考虑复杂的应用实际，2002 版规范体现了“轻结构计算、重结构组合”的理念，重点对结构的合理组合设置提出了建议，对此后的水泥混凝土路面设计起到了指导性作用。

2002 版设计规范在总体上是按照加大路面结构的安全储备，同时平衡投资的指导思想修订的，体现了“更强、更厚、更可靠”的理念。据此，对重交通公路的水泥混凝土路面结构的设置要求加厚增强面板和基层，增设传力杆。部分高速公路开始使用 30cm 以上厚度的面板，采用了最粗达 40mm 的传力杆，采用双层水稳基层甚至贫混凝土和水稳的复合基层，路面结构总厚度增至 90cm，与沥青路面相当。

路面混凝土的设计强度虽仍为 5MPa，但由于根据可靠度设计理念提高了设计保证率和最低水灰比要求，加上水泥强度也逐年增大，因此混凝土的实际弯拉强度一般不低于 6MPa。由于在 1995 年后普遍采用水稳基层替代二灰基层，加上设计文件对最低水泥用量(如水稳基层4% ~5%，底基层3% ~4%)的限制，因此基层强度也大幅提高，部分项目还在水稳底基层的顶面加铺贫混凝土基层，其 28d 强度往往超过 20MPa。

“更强更厚”理念提出后影响了我国水泥混凝土路面修建近 10 年时间，路面结构厚度的增大加上机械化水平的提高，水泥混凝土路面的实际寿命有了相当程度的增长。但“更强更厚”的设计理念也暴露出了一些问题，如高强大厚度基层与刚性路面板之间出现刚度不协调的问题，致使面板和基层之间的温度脱空程度加大，基层对路面结构的整体承载力贡献不升反降，由此导致面板的断角现象普遍。在面板和基层的厚度和强度都提高之后，路面早期破坏的老问题、断角和平整度差的新问题未得以根本解决，工程界开始对传统的设计和施工技术体系提出了质疑。在这个大背景下，交通运输部组织开展了重大专项“耐久性水泥混凝土路面关键技术研究”并取得众多成果，由此启动了对设计规范和施工规范的新一轮修订。

新修订的《公路水泥混凝土路面设计规范》(JTG D40—2011)较 2002 版的不同之处主要有：突出强调了“重结构组合、轻力学计算”的设计理念，不限于厚度计算，而是更为重视路面结构组合及其与使用环境的协调和平衡；对重载和超载导致的路面破坏现象考虑得更为充分，如修改了荷载应力和温度应力计算参数，增加了极重交通等级设计和极限断裂破坏验算等；更为重视路基对路面结构的均匀支撑；推荐在基层和路面板之间设置沥青混凝土中间层和其他类型功能层等。新规范为我国未来水泥混凝土路面的修筑提供了指导，但能否根本解决早期破坏问题仍需时间验证。

十、水泥路面施工相关标准规范

新中国成立初期我国公路几乎没有水泥混凝土路面，水泥或石灰稳定砂石路面或许可以算是水泥混凝土路面的前身。借鉴苏联经验，交通部公路总局于1957年发布了《水泥或石灰稳定土壤路面施工暂行技术规范》用以指导这类路面的施工。真正第一本用于水泥混凝土路面施工的规范是于1987年颁布的国标《水泥混凝土路面施工及验收规范》(GBJ 97—1987)。该规范根据原国家建委〔1981〕建发设字546号文通知，由浙江省交通厅负责，会同广东省交通厅等14个单位共同编制而成。该规范对被称为70年代国外混凝土施工四大新技术之一的真空吸水技术做出了详细的规定，为该技术在我国的大规模推广奠定了基础。

20世纪90年代我国水泥产业出现了井喷式增长，水泥价格明显下降，1997年出现的亚洲金融危机致使我国加大了对交通基础设施的投入，这双重原因推动了我国水泥混凝土路面的快速发展，到2000年我国水泥路面的总里程超过了10万km。由于科研、设计、施工、管理水平的大幅提高，增强了建设部门在高等级公路中采用水泥混凝土路面的信心。桂林至柳州高速公路(138.4km)、南宁至防城高速公路(140km)、三岸至那布高速公路(60km)、柳州至三灵高速公路(140km)、宾阳至南宁高速公路(84km)均采用了水泥混凝土路面。

机械化水平的提高是20世纪90年代水泥路面施工技术发展的标志。在“025”项目、“八五”攻关等科技计划中多地交通部门和科研院所完成了《滑模摊铺水泥混凝土路面修筑成套技术研究》《水泥混凝土路面三轴式施工技术研究》《碾压混凝土路面施工成套技术研究》《快硬早强混凝土路面技术开发》等课题研究，由此奠定了我国高等级公路主要采用滑模摊铺机械、地方公路主要采用三辊轴摊铺机械和小型机具施工的大格局，各类施工机械也逐渐从进口转向国产化。在此基础上交通部公路科学研究所编制的《公路水泥混凝土路面滑模施工技术规范》(JTJ/T 037.1—2000)于2000年9月1日开始施行。

由于20世纪90年代后期铺筑的较多高速公路水泥路面的早期破坏现象较严重，2000年前后水泥路面在高等级公路中的发展较为缓慢。在多年使用经验和教训的基础上，交通部公路科学研究所牵头制订了《公路水泥混凝土路面施工技术规范》(JTG F30—2003)，作为对原1987年施工验收规范的修订。该规范针对各类摊铺机械明确了施工工艺，提高了混凝土原材料要求，增加了混凝土弯拉强度要求，增设路面传力杆。随着施工机械化和自动化水平的提高，特别是滑模和三辊轴这两种最重要摊铺机械的国产化程度提高，高速公路水泥路面基本实现了拌和楼集中生产、大厚度全幅滑模摊铺、传力杆DBI自动插入，2000年后铺筑的水泥混凝土路面质量较20世纪90年代有了显著提高。

最新版的施工规范是由交通运输部公路科学研究院牵头对《公路水泥混凝土路面施

工技术规范》(JTG F30—2003)进行修订而形成的《公路水泥混凝土路面施工技术细则》(JTG/T F30—2014)》。该细则在2003版规范倡导的"更强更厚"理念的基础上贯彻了"结构优化"指导思想,强调了三个功能层的设置:在板顶设置一定厚度的表面磨耗层以提高面板的抗磨耗能力;在面板和基层之间设置夹层、封层以减少层间脱空同时提高基层的抗冲刷能力;在路床顶设置一定厚度的粒料垫层以缓和路基的不均匀沉降。此外该技术细则还鼓励采用新材料和新技术提升路面的抗超载能力和使用耐久性。

十一、水泥路面养护相关标准规范

我国第一部专门针对水泥路面的养护规范是由江苏省交通厅公路局、水泥混凝土路面技术委员会主持编写的《公路水泥混凝土路面养护技术规范》(JTJ 073.1—2001)。目前我国公路交通已经开始由大规模建设期向持续养护期转型,公路养护正成为我国公路发展的新主题,过去20年间修筑的水泥混凝土路面也逐渐进入大规模养护期。针对这种情况有些地方公路部门出台了地方性标准,例如广东省制订了《广东省公路水泥混凝土路面养护技术指南》,宁波市公路局针对养护管理和作业人员编制了《路面健康诊疗手册》,上海市公路部门编制了路面养护规范,福建省出台了水泥混凝土路面养护规范。新版《公路水泥混凝土路面养护技术规范》正在编制之中。

另外,近年来绿色与环保越来越受到重视。为在大量的水泥混凝土路面加铺改造工程中循环利用道路材料,交通运输部于2014年颁布了行业推荐性标准《公路水泥混凝土路面再生利用技术细则》(JTG/T F31—2014)。该细则由交通运输部公路科学研究院主编,以强化科技成果推广,注重资源节约利用,保护生态环境为理念,规范了多锤头碎石化、共振碎石化、冲击压裂碎石化及板式打裂等技术在旧水泥混凝土路面改造工程中的应用。细则内容主要包括旧路面状况调查与分析、再生利用设计、就地碎石化施工、就地发裂施工和集中破碎再生等内容,对旧水泥混凝土路面再生决策、方案选择、设计、施工及检查验收等都做了具体的规定。

十二、水泥路面试验检测相关标准规范

早期我国没有专门针对水泥和水泥混凝土的试验规程,交通部于1953年发布了《公路工程材料试验方法草案》用以指导所有公路材料的试验。1982年交通部公路局在河南省郑州市召开会议,审批了公路工程材料试验规程中的80个试验方法的修订。会议将混凝土抗折强度,混凝土抗折弹性模量,用抗折试件断块测抗压强度,混凝土抗压弹性模量,石料抗压强度、石料磨耗和钢材静弹性模量等7个试验方法纳入《公路工程材料试验规程》。该规程于1994年由交通部公路科学研究所主持完成了新一轮修订,交通部于当年7月5日发布了《公路工程水泥混凝土试验规程》(JTJ 053—1994)。

在与国际标准接轨的大背景下,1994 年国家建材局下达水泥标准修订项目计划任务书,中国建筑材料科学研究院等单位于 1995 年开展"ISO679 水泥强度检验方法(国际法)"和"ISO 标准砂(国际标准砂)"的试验研究工作并于 1999 年提出了主要内容与 ISO 679:1989 完全一致的国家标准《水泥胶砂强度检验方法(ISO 法)》(GB/T 17671—1999)。由于水泥强度检验方法是水泥的最基本试验方法,所以这项试验方法的修订也引起了其他一系列标准方法的修订。此外,出于和国际标准接轨的需要,建设部也相继下达任务,组织中国建筑科学研究院等单位对水泥混凝土拌和物性能及硬化混凝土力学指标有关的试验方法进行修订。

在 1994 版试验规程 10 余年的使用时间里,我国对水泥标准进行了较大调整,原规程中许多条文不再适用,公路工程中有关水泥和水泥混凝土的试验检测实际上也逐步使用了相应的国标。2005 年,交通部在国家标准和其他通用行业标准的基础上结合公路工程的特点,重新发布了由交通部公路科学研究所主编的《公路工程水泥及水泥混凝土试验规程》(JTG E30—2005),对 1994 版试验规程中有关试验条件、仪器设备乃至整个试验方法进行了相应的修订。

第七节　桥梁类规范

一、我国公路桥梁标准体系框架

改革开放近 40 年来,我国公路桥梁标准规范的发展与高速公路的发展密切相关。自从 1988 年 10 月、1990 年 8 月和 1993 年 9 月相继建成沪嘉高速公路、沈大高速公路和京津塘高速公路后,我国高速公路的建设掀起了高潮。在 30 多年的快速发展中,我国桥梁建设取得了辉煌成绩,先后在长江、黄河、西部山区峡谷和沿海海湾联岛工程上,建成了一大批深水基础、高墩大跨等高技术含量的世界级桥梁,如润扬、西堠门、坝陵河、矮寨、苏通、杭州湾、青岛海湾、东海大桥等。桥梁建设需要技术规范的指导,技术规范也在建设实践中不断得以丰富和完善。

从新中国成立至 20 世纪 80 年代,我国桥梁技术标准主要照搬苏联规范,当我们大规模兴建高速公路时,苏联的规范已经不能满足要求。由于当时国内的技术准备不足,因此那时有关桥梁的标准规范以参照美国 AASHTO、英国 BS5400、欧洲 Eurocode 和日本规范为主。21 世纪以来,在总结我们自己的建设经验和研究成果不断改进的基础上,才逐步形成我们自己的桥梁规范体系。这一时期,高速公路建设与养护并重。在建设方面,根据实际需求对成熟的大跨径桥型制订了设计指南或设计细则;在养护方面,逐步完善检测、评估和加固等规范内容。如今,我国公路桥梁标准规范由原来单一的设计施工规范,向设计、施工、养护、加固、改扩建、监测与评价一体化发展,特殊类型的大桥业已形成专项桥型独立规范(如《钢管混凝土拱桥设计规范》、《公路斜拉桥设计细则》等),规范的体系框架基本形成。

涉及桥梁的标准可分为综合标准和独立标准,例如在《公路工程技术标准》里桥梁只作为其中一个章节,而《公路桥涵设计通用规范》则是桥梁的独立标准规范。独立标准是在综合标准的基础上作了更深入细致的规定,是对综合标准的继承和扩展,所以,本篇介绍以桥梁独立标准为主,兼顾综合标准中桥梁部分的内容。

二、基础类规范

现行的涉及桥梁的基础类规范有《公路桥梁抗震设计细则》,仍处于编制阶段的有《公路工程混凝土结构耐久性设计细则》和《公路桥梁景观设计细则》。本节仅对《公路桥梁抗震设计细则》作简要介绍。

为规范抗震设计,交通部 1990 年 1 月 1 日颁布实施了《公路工程抗震设计规范》(JTJ 044—1989)。该规范对桥梁跨径不超过 150m 的钢筋混凝土和预应力混凝土梁桥、圬工或钢筋混凝土拱桥的抗震设计做出了规定。随着高速公路和桥梁建设的不断发展,为了进一步提高地震多发地区桥梁的设计水平,尤其是沿海大跨径、山区高低墩等桥梁的抗震设计,交通运输部在 2008 年颁布施行了由重庆交通科研设计院主编的《公路桥梁抗震设计细则》(JTG/T B02-01—2008)。

随着抗震理论的发展、相关基础科研的进步以及工程实践经验的积累,交通运输部于 2013 年对《公路工程抗震设计规范》(JTJ 044—89)进行了修订,形成新版《公路工程抗震规范》(JTG B02—2013)。目前 2008 版的《公路桥梁抗震设计细则》正在修订之中。2008 版细则的主要技术进步有如下几方面:

(1)引进先进的抗震设计理论,即基于性能的桥梁结构抗震设计方法,包括两水准设计思想、延性设计和能力保护等内容。由单一的强度抗震设计修改为强度和变形双重指标控制的抗震设计;与国际接轨,引入量化的加速度地震动参数,替代传统的相对模糊的烈度参数。

(2)扩大了跨径适用范围,对于单跨跨径超过 150m 的特大跨径桥梁以及混凝土斜拉桥、悬索桥给出抗震设计原则,且增加了非规则桥梁的抗震内容,扩展了应用范围。

(3)对超大跨径桥梁增加行波效应和碰撞效应分析;对山区高低墩变化桥梁、基础与上部结构共同作用等情况给出特殊分析要求;增加了减隔震设计原则和有关规定;细化了不同烈度区抗震措施。

三、设计类规范

现行的桥梁设计类规范包括《公路桥涵设计通用规范》《公路桥梁抗风设计规范》《公路圬工桥涵设计规范》《公路钢筋混凝土及预应力混凝土桥涵设计规范》《公路桥涵地基与基础设计规范》《公路钢结构桥梁设计规范》《公路钢混组合桥梁设计与施工规范》《公路斜拉桥设计细则》《公路涵洞设计细则》《公路悬索桥设计细则》《公路钢管混凝土拱桥设计规范》这 11 部。另有《公路桥梁抗撞防撞设计指南》和《公路钢桥面铺装设计与施工技术规范》正在编制中。

新中国成立初期我国没有公路桥梁设计规范，桥梁工程设计主要参照苏联规范。1951 年颁布试行的《公路工程设计准则(修订草案)》是我国首部公路工程设计规范，1961 年首部《公路桥涵设计规范(草案)》颁布施行，1975 年完成了《公路桥涵设计规范(试行)》的修订。这一时期的桥梁设计规范均采用容许应力设计方法。1978 年，行业首部预应力设计规范《公路预应力混凝土桥梁设计规范(试行)》颁布施行。

20 世纪 80 年代的改革开放使我国公路建设进入快速发展期。这期间颁布的规范有《公路桥涵设计通用规范》(JTJ 021—1989)、《公路钢筋混凝土及预应力混凝土桥涵设计规范》(JTJ 023—1985)和《公路圬工桥涵设计规范》(JTJ 022—1985)，修订后的规范将原来钢筋混凝土桥梁按容许应力设计改为了按极限状态设计。

进入 20 世纪 90 年代后我国高速公路建设进入了一个全新的发展时期。其间有《公路斜拉桥设计规范》(JTJ 027—1996)、《公路桥涵设计通用规范》(JTG D60—2004)、《公路钢筋混凝土及预应力混凝土桥涵设计规范》(JTG D62—2004)等设计类规范陆续问世。

2015 年修订施行的《公路桥涵设计通用规范》(JTG D60—2015)增加了桥涵结构的设计使用年限和耐久性要求，增加了桥涵风险评估、安全监测的相关内容，完善了极限状态的设计理论和方法等方面内容。2015—2016 年间交通运输部相继颁布了《公路钢结构桥梁设计规范》(JTG D64—2015)、《公路钢管混凝土拱桥设计规范》(JTG/T D65-06—2015)、《公路钢混组合桥梁设计与施工规范》(JTG/T D64-01—2015)、《公路悬索桥设计规范》(JTG/T D65-05—2015)。至此，公路桥梁设计规范形成了集材料类别(混凝土、圬工、钢)、结构形式(梁桥、拱桥、斜拉桥、悬索桥)、设计内容(抗风、抗震)于一体的规范体系。

设计类规范的技术进步主要有如下几个方面。

1. 设计理论的进步

我国桥梁规范设计基本理论，经历了容许应力设计方法到半经验半概率的极限状态设计方法，再到概率极限状态设计理论 3 个主要发展过程。从最初规范的“定值设计法”转变为现在的“概率极限状态设计法”，是在结构可靠性度量上由经验方法转变为统计数学方法的过程，这无疑是设计思想和设计方法的一大进步。“概率极限状态设计法”使结构设计更接近客观实际，因此更具有科学性。目前，钢结构（钢结构疲劳计算除外）、混凝土结构和钢混组合结构都已采用“概率极限状态设计法”。

2. 设计方法的不断完善

（1）抗风设计方法：由于结构轻和柔，风荷载已成为大型缆索桥梁的支配性荷载。《公路桥梁抗风设计规范》（JTG/T D60-01—2004），对主跨800m以下的斜拉桥和主跨1500m以下的悬索桥，规定了设计风速、风荷载和桥梁动力特性的计算方法，抗风稳定性的验算方法、风致限幅振动、风致振动控制以及风洞试验的相关内容。

（2）耐久性设计方法：2004年施行的《公路桥涵设计通用规范》（JTG D60—2004）和《公路钢筋混凝土及预应力混凝土桥涵设计规范》（JTG D62—2004）首次将耐久性设计作为强制要求加以规范。在2015年施行的《公路桥涵设计通用规范》（JTG D60—2015）中进一步指出公路桥涵设计应按照安全、耐久、适用、环保、经济和美观的原则进行，将耐久性要求提到了更高的位置。在混凝土结构保护层厚度、材料配合比以及构造措施等方面给出了明确规定，强化了主要针对氯离子侵蚀、冻融、酸雨和碳化的耐久性设计。

（3）钢结构设计方法：2015年颁布施行的《公路钢结构桥梁设计规范》（JTG D64—2015）改进了钢结构稳定和疲劳设计方法，增加了疲劳荷载模型；补充和完善了钢板梁、钢桁梁、组合梁、缆索系统、支座与伸缩装置的设计和构造规定；增加了钢箱梁、钢管结构、钢塔、防护及维护设计的相关规定。

（4）圬工结构设计：2005年颁布施行的《公路圬工桥涵设计规范》（JTG D61—2005）由《公路砖石及混凝土桥涵设计规范》（JTJ 022—85）修订而成，主要取消了砖材料，采用了符合国家标准的石材、混凝土和砂浆强度等级，对原规范圬工偏心受压计算作了适当修正，增加了有关加筋土桥台方面的内容。

（5）钢筋及预应力混凝土结构设计方法：《公路钢筋混凝土及预应力混凝土桥涵设计规范》经历了1978年、1985年和2004年3次修订。在预应力、深梁、结构裂缝、斜截面抗剪、预应力损失、弯桥抗扭等计算方面，在钢筋混凝土和预应力梁/板/拱构造、保护层厚度、钢筋接头、配筋率等方面，都随着工程需求不断得到完善和提高。

（6）组合结构设计方法：为了适应钢混组合结构的发展，2016年1月1日《公路钢混组合桥梁设计与施工规范》（JTG/T D64-01—2015）颁布施行。该规范对叠合梁构造、混合梁构造、组合梁桥面板、组合梁计算、连接件构造和计算、组合梁耐久性等方面的设计和施工给出了具体要求。

（7）涵洞设计方法：2007年颁布施行的《公路涵洞设计细则》（JTG/T D65-04—2007）规定了各类涵洞的适用条件，涵洞布设的基本要求，各勘测阶段的工作内容、精度，涵洞水文、水力计算的方法及适用条件，涵洞上、下部结构计算的方法等。

3. 专项设计规范支撑了大跨径桥梁的设计

2000 年之后，随着大跨径斜拉桥、悬索桥和拱桥的建设不断增多，交通部先后制订了《公路斜拉桥设计细则》（JTG/T D65-01—2007）、《公路悬索桥设计规范》（JTG/T D65-05—2015）、《公路钢管混凝土拱桥设计规范》（JTG/T D65-06—2015）等专项设计规范，深化了桥型结构计算、构造、材料、附属设施等方面的要求。

4. 设计荷载更符合实际情况

公路桥梁的设计荷载（作用）经历了 1951 年、1967 年、1975 年、1989 年、2004 年和 2015 年 6 次的修订，从最初五级汽车荷载等级（汽—6、汽—8、汽—10、汽—13、汽—18），发展到四级汽车荷载等级（汽—10 级、汽—15 级、汽—20 级和汽—超 20），再到目前的两级汽车荷载等级（公路-Ⅰ级和公路-Ⅱ级），荷载作用形式也从若干集中力发展到分布力 + 集中力。完善了风荷载和温度荷载计算，增加了船撞荷载和疲劳荷载的计算。引入了荷载作用的短期效应组合和长期效应组合，并提出了各种可变作用短期效应组合时的频遇值系数和长期效应组合时的准永久值系数。

5. 规范发展顺应了材料的变化

由 1985 版规范到现行版规范，《公路钢筋混凝土及预应力混凝土桥涵设计规范》（JTJ 023）中材料的发展变化主要有：混凝土标号由最初从 C15 到 C60 共 7 个级别，发展到 C80 共 14 个级别；钢筋、钢板、预应力钢绞线等材料的规格型号亦有很大变化。

6. 结构基础规范的发展

《公路桥涵地基与基础设计规范》（JTJ 024—1985）于 1985 年首次制订。2007 年修订的《公路桥涵地基与基础设计规范》（JTG D63—2007）主要完善了公路桥涵浅基础、冻土地区基础和灌注桩基础的相关规定，修订了沉井计算方法，新增了地下连续墙设计内容。

桥梁设计方法的完善、专项结构设计规范的设立，支撑了我国高速公路上跨越江海的大跨径缆索结构桥梁的设计和西部山区高墩大跨桥梁的设计，提高了桥梁耐久性，使得我国桥梁不仅数量领先，其设计也达到了世界先进水平。

四、施工类规范

现行有关桥梁施工的标准规范主要有《公路桥涵施工技术规范》（JTG/T F50—2011）和《公路钢混组合桥梁设计与施工规范》（JTG D64-01—2015），另外还有《特大跨径桥梁施工测量细则》和《公路桥梁施工监控技术规范》两本在编。与公路工程桥梁施工相关的标准规范还包括一部分国家标准、地方标准和重大工程超规范应用形成的特殊工程技术标准，例如国标《混凝土结构工程施工规范》（GB 50666）、《钢结构施工规范》（GB 50755）、安徽省地方标准《根式基础技术规程》（DB34/T 2157—2014）、黑龙江省地方标准《桥梁结构高耐久性混凝土设计与施工规程》(DB23/T 087—2002)、《青岛海湾大桥海工高性能混凝土设计与施工技术规范》(2008 年)等。另外,中国公路建设行业协会从2008 年开始公路工程工法编制,从 2011 年到 2013 年的 3 年间制定桥梁施工工法达 200余项,包含了从桥梁主体结构施工到附属设施施工多个方面。

1957 年 1 月,交通部公路总局制定了我国第一代公路桥涵施工规范:《公路混凝土、钢筋混凝土及砖石桥涵施工暂行技术规范(草案)》和《公路木桥涵施工暂行技术规范(草案)》。这两本草案使用了22 年,直到1979 年3 月交通部正式颁布施工标准《公路桥涵施工技术规范》(原交通部第一公路工程局主编)。1985 年开始对 1979 版规范进行了修订(主编单位为原交通部第一公路工程总公司),修订版于 1989 年正式颁布施行,1989 版施工规范支撑了我国 90 年代高速公路的桥梁建设。在吸纳了近 10 年来已经成熟的桥梁建设新材料、新技术、新工艺的基础上,又由原路桥集团第一公路工程局对 1989 版进行修订形成了 2000 版,该版向国际标准靠拢,具有先进性。2000 年以来依托连岛工程、跨海峡(湾)和峡谷沟壑大型桥梁工程,深水基础施工、大型构件预制和顶推、转体、节段、缆索吊装等施工技术及装备得以发展。为适应施工技术的进步,由中交第一公路工程局有限公司在 2000 版的基础上修订的 2011 版施工规范发布,该标准对接国际标准,具有领先性。

自 20 世纪 80 年代以来,桥梁施工规范的主要变化和技术进步有如下几个方面:

(1)桥梁施工规范随测量技术的进步不断修订。20 世纪 80 年代,随着红外、激光和微波测距仪的发展,测量精度超过了丈量精度,并大幅度降低劳动量、提高测量效率,在1989 版施工规范中提出了采用电磁波测距仪的测量方法;1998 年《公路全球定位系统(GPS)测量规范》(JTJ/T 066—98)颁布施行,2000 版的施工规范中引入了该测量技术;2011 版施工规范在总结宽阔水域中的测量技术成果和工程经验的基础上作出了 GPS 动态测量技术的规定。

(2)桥梁施工规范随材料的发展不断修订。1989 版施工规范没有高强度混凝土制备的技术规定,在 2000 版施工规范中,新增了高强度混凝土一节,规定了 C50 到 C80 混凝土的材料、配合比和施工技术要求。2011 版施工规范对高强度混凝土的起点提高到 C60,反映了我国高强度混凝土施工配制技术的成熟和进步。2000 版施工规范中,新增了“混凝土的抗冻、抗渗及防腐蚀”一节,以保障恶劣环境下桥梁的耐久性。2011 版施工规范中对混凝土材料配制要求进行了补充完善,吸收东海大桥、杭州湾跨海大桥、舟山连岛跨海工程等一批跨海桥梁的成功经验,将防海水腐蚀混凝土单独列出,对“高性能混凝土”的施工要点作了技术规定。

(3)桥梁施工规范随工法的进步不断修订。1989 版施工规范即有预应力相关施工技术规定,2000 版和 2011 版分别进行了不同程度的修订和完善,其中后张孔道真空压浆是技术进步点之一,该工艺提高了压浆的技术要求和质量标准。2000 年以后随着短线法桥梁预制拼装技术的发展，加上连续刚构桥后期养护更换、补张拉的技术需求，体外预应力技术在高速公路桥梁建设中有了大量的应用需求，因此2011版施工规范中增加了“体外预应力”一节，规定了体外预应力施工过程中有关预应力材料、防护、转向块以及张拉、防护等技术，以规范桥梁体外预应力施工。

（4）桥梁施工规范随桥型和结构的发展不断修订。1989版、2000版施工技术规范中并无组合或混合结构施工的相关规定，2000年之后随着一批大跨径钢—混凝土组合梁、混合梁斜拉桥的成功建设，这两种能够利用钢材和预应力混凝土优势的结构形式得到了重视。2011版施工规范中增加了钢混凝土组合梁和混合梁斜拉桥的施工工艺规定，2015年颁布了专项规范《公路钢混组合桥梁设计与施工规范》（JTG/T D64-01—2015）。在梁桥施工方面，1989版规范中对梁桥装配式吊装、悬臂浇筑/拼装、顶推、平转、移动模架的施工方法已经做了详细规定，2011版规范又增加了扩宽改建梁桥拼接施工、斜腿刚构桥施工和大型箱梁整孔预制安装的技术要求。在拱桥施工方面，2000版规范已对拱桥无支架施工和少支架施工、转体施工、劲性骨架法施工、悬臂浇筑、钢管拱缆索吊装施工、装配式混凝土拱和钢架拱施工有了详细的规定，2011版规范又增加了钢拱桥施工的技术规定。在斜拉桥施工方面，1989版施工规范规定了“斜张桥”的技术内容，2000版规范完善了对索塔、拉索、主梁、施工控制等方面的技术规定，2011版规范根据需要又增加了钢索塔、矮塔斜拉桥、无背索斜拉桥等内容。在悬索桥施工方面，1989版施工规范中规定了“吊桥”索塔、锚碇、加劲桁梁、主索、索夹的施工方法，指导了一批小跨径钢桁架吊桥的施工。2000版施工规范全部更新了原有吊桥章节的内容，尽可能反映了我国悬索桥修建技术发展的现状，针对主缆采用平行高强钢丝制作的大跨悬索桥，以较大的篇幅规定了锚碇、索塔、猫道、主缆、索鞍等的施工要求，开创了我国现代悬索桥建设的新篇章。2011版施工规范增加了自锚式悬索桥的相关内容，索鞍、预制索股和索夹等制造方面的技术要求，以及主缆架设空中纺线法的施工规定。各种结构和桥型的施工不断向工厂化、机械化、标准化发展，提高了我国高速公路桥梁建设的速度，使我国桥梁综合施工技术水平走向世界前列。

（5）桥梁施工规范随基础施工技术的进步不断修订。1989版施工规范详细规定了“就地灌注桩”和“沉井基础”的施工要求，2000版施工规范界定了大直径桩的范围，增加了大直径及变截面就地灌注桩基础的施工技术规定，2011版施工规范补充了大直径桩、超长桩的技术规定，并补充了桩底后压浆的施工方法。2000版施工规范新增了“地下连续墙”一章，对导墙和地下连续墙施工工艺作了技术规定。2011版施工规范新增了钻抓法、铣削法、钻劈法、抓取法等成槽方法的施工技术要求，补充了地下连续墙施工平台的规定。目前正在由浙江省交通运输厅工程质量监督局主持对现行《公路工程基桩动测技术规程》（JTG/T F81-01—2004）进行修订。

(6)针对海洋环境施工作出修订。海洋环境施工的难题主要是上部结构吊装、深水基础施工和海洋环境防腐蚀。随着东海大桥、杭州湾大桥、舟山连岛工程等跨海工程的建设,我国在海洋环境中的桥梁建设方面积累了丰富的经验。为了支撑我国高速公路建设中跨海大桥的兴建,2011 版施工规范新增了"海洋环境桥梁"一章,系统规定了环氧涂层钢筋、防腐蚀混凝土、防腐蚀附加措施、海洋墩台施工工艺以及海上施工安全方面的技术,规范了海洋环境下的桥梁施工。

五、养护管理类规范

桥梁养护管理类现行规范有陕西省公路局主持编写的《公路桥涵养护规范》(JTG H11—2004)和交通运输部公路科学研究院主持编写的《公路桥梁技术状况评定标准》(JTG/T H21—2011)。目前这两本规范均处于修订状态。

我国在 1986 年颁布施行了首部《公路养护技术规范》(JTJ 03—85),那时高速公路还在起步阶段,故规范中未明确高速公路内容。1996 年修订施行的《公路养护技术规范》(JTJ 03—96)由浙江省交通厅公路管理局主编,有关桥梁养护的内容吸收了"七五"攻关"公路桥梁使用功能评价方法"等科研成果。这次修订新增了"高速公路"的章节,增加了高速公路的养护、沥青路面管理系统、水泥混凝土路面管理系统、桥梁管理系统、路段(桥涵)抗洪能力评价等;补充了乳化沥青及稀浆封层等新技术、新工艺;充实了钢筋混凝土和预应力混凝土桥梁的加固技术措施等。2004 年颁布实施的《公路桥涵养护规范》(JTG H11—2004),对《公路养护技术规范》(JTJ 03—96)中第四章的桥涵养护部分作了全面细化。2011 年交通运输部公路科学研究院主持编写了《公路桥梁技术状况评定标准》(JTG/T H21—2011),将《公路桥涵养护规范》(JTG H11—2004)中的第三章第五节桥梁评定内容作了深化和扩展。

《公路桥涵养护规范》(JTG H11—2004)是我国第一部专门针对公路桥涵养护管理的技术规范,该规范将桥梁的等级划分由四级变成五级;增加了钢—混凝土组合梁桥的养护与加固的内容,更新了桥梁上部结构的加固方法;增加了通道、跨线桥与高架桥等具有高速公路桥梁特点的章节;增加了桥梁灾害防治与抢修的章节;细化了桥梁抗震加固、超重车过桥措施、漫水桥和漫水路面养护、调治构造物养护、涵洞等内容。《公路桥涵养护规范》(JTG H11—2004)对干线公路上的桥涵构造物养护作了全面规定,包括建立检查制度、建立养护数据管理系统、灾害应急预案、新建或改建桥梁交工接养、技术状况评定等,有效规范和支撑了各级养护部门的管理工作。

《公路桥梁技术状况评定标准》(JTG/T H21—2011)按不同桥型进行桥梁评定分类,细化不同桥型的部件分类,根据不同桥型的部件类型制定权重,根据病害损伤程度制定了相应得分,全桥评定采用分层综合评定和单项指标控制相结合的方法,将评定指标进行细分并提出了量化标准,提出了5类桥梁技术状况等级。该标准还完善了拱式桥、悬索桥、斜拉桥等特殊结构的技术状况评定方法。

六、评价与加固类规范

现行桥梁评价与加固类规范有4本,分别为由交通运输部公路科学研究院主持编写的《公路桥梁承载能力检测评定规程》(JTG/T J21—2011)、由长安大学主持编写的《公路桥梁荷载试验规程》(JTG/T J21-01—2015)、由中交第一公路勘察设计研究院有限公司主持编写的《公路桥梁加固设计规范》(JTG/T J22—2008)和《公路桥梁加固施工技术规范》(JTG/T J23—2008)。目前,《公路桥梁承载能力检测评定规程》(JTG/T J21—2011)、《公路桥梁加固设计规范》(JTG/T J22—2008)和《公路桥梁加固施工技术规范》(JTG/T J23—2008)均处于修订状态。

桥梁检测与承载力评定是判定桥梁安全性的重要手段,涉及检测、荷载试验、评定方法和检测仪器设备等多方面内容。我国自"六五"期间开始加大力度开展这方面的研究,"七五"和"八五"期间通过"大跨径混凝土桥梁的试验方法""桥梁检测与试验设备""用动力法快速检测钢筋混凝土简支梁桥使用承载力的试验研究"和"旧桥承载能力评定方法"等项目的研究初步构建了以荷载试验为主要手段的桥梁承载力评定技术与方法体系,研发了部分检测仪器设备,使我国的公路桥梁承载力评定工作能够顺利开展。"九五"以后我国对桥梁检测和承载力评定技术的研究逐步走向深入,在"十五"期间研究提出了基于检测结果的桥梁承载力多参数修正检算分析方法。基于以上研究成果,交通运输部公路科学研究院主持编写了《公路桥梁承载能力检测评定规程》(JTG/T J21—2011)。该规程依据桥梁质量状况及耐久性参数和结构固有模态参数测试,采用旧桥检算、承载力恶化、截面折减及活载影响修正等多系数影响分析的方法,基于近似概率理论建立了承载力评定方法与参数体系,确定了相关评定指标、评定方法与评定标准。

长期以来,桥梁荷载试验一直遵循《大跨径混凝土桥梁的试验方法》(1982)进行。2011年由长安大学主持编写了《公路桥梁荷载试验规程》(JTG/T J21-01—2015),该规范于2016年4月1日施行。这本规范首次明确了荷载试验测试设备和技术要求,明确了静载试验和动载试验内容、车辆要求、测点布置、数据分析和现场实施要求。

公路桥梁结构维修加固的有关规范标准制定工作起步较晚,早期桥梁维修加固工程和小修保养主要依据《公路桥涵养护规范》中关于桥梁维修的有关规定执行,实际操作中加固工程更多的依据中国工程建设标准化协会的标准和维修加固材料的产品标准,如《混凝土结构加固技术规范》《碳纤维片材加固混凝土结构技术规程》等。在"提高旧桥承载能力的加固技术措施的研究""双曲拱桥拱座位移病害整治的研究""公路水毁成因及防治措施研究""公路旧桥检测评定与加固技术研究及推广应用"等多项科研成果的基础上,2008 年由中交第一公路勘察设计研究院有限公司主持制订了首部《公路桥梁加固设计规范》(JTG/T J22—2008)和《公路桥梁加固施工技术规范》(JTG/T J23—2008)。这两本规范针对承载力不足和已产生病害的桥梁,依据现场检测数据对桥梁加固方案的选择、主要材料、主要工艺、主要计算方法、细部构造设计及施工过程作出了规定。

第八节　隧道类规范

一、隧道设计类规范

1.《公路隧道设计规范》和《公路隧道设计细则》

20 世纪 90 年代以前,我国公路隧道设计主要参照铁路隧道设计规范和国外公路隧道设计资料。我国第一本《公路隧道设计规范》(JTJ 026—90)中的荷载计算、衬砌结构设计等大都沿用或参考了铁路隧道的相关规定。该规范由浙江省交通设计院主编,于 1990 年 12 月 1 日颁布施行。

《公路隧道设计规范》(JTJ 026—1990)颁布以来,对推进我国公路隧道工程科技进步和规范设计行为发挥了重要作用。1999 年交通部组织了对该规范的修订,2004 年颁布了由重庆交通科研设计院主编的《公路隧道设计规范》(JTG D70—2004)。修订后的规范增加了隧道动态设计、小净距隧道和连拱隧道、三车道隧道以及竖井、斜井等内容,完善了公路隧道设计的相关规定。为配合该规范的实施,交通部于 2003 年启动了《公路隧道设计细则》的编制工作,2010 年由中交第二公路勘察设计研究院有限公司主编的《公路隧道设计细则》(JTG/T D70—2010)颁布施行。

《公路隧道设计细则》(JTG/T D70—2010)进一步完善了隧道围岩压力计算方法、动态设计的相关规定,补充了高地应力及多年冻土地区等特殊地质隧道设计,增加了围岩级别亚级划分、结构耐久性设计、四车道隧道支护设计、隧道抗震设计等内容。

《公路隧道设计规范》(JTG D70—2004)及《公路隧道设计细则》(JTG/T D70—2010)的主要技术进步点体现在如下几个方面:

(1)全面引进新奥法设计理念,强调充分利用围岩的自承能力和动态反馈设计,并补充了复合式衬砌初期支护设计的相关规定。

(2)丰富了隧道结构形式和复杂条件下的隧道设计。补充了竖井、斜井的相关规定,增加了连拱隧道、小净距隧道、三车道隧道及四车道隧道设计的相关规定,并对膨胀性围岩、溶洞、采空区、黄土、多年冻土及瓦斯地层等特殊地质条件下的隧道设计进行了规定。

(3)明确了隧道结构设计基准期和支护结构安全等级,增加了支护结构耐久性设计和隧道抗震设计的内容。

(4)更加注重环境保护,如隧道防排水设计原则从“以排为主,防、排、截、堵相结合”修改为“防、排、截、堵结合,因地制宜,综合治理”,提出隧道“早进洞、晚出洞”的原则以避免大挖大刷等。

目前已由招商局重庆交通科研设计院有限公司主持开始了对《公路隧道设计规范》的新一轮修订,修订工作自 2010 年 2 月开始,已接近完成。新版规范具有如下特点:①保留原规范规定,更加注重总体设计,强调隧道土建结构与通风、照明、交通监控等机电工程设计的协调性;②协调相关标准规范,统一了隧道建筑限界横断面组成最小宽度的有关规定。同时对隧道断面内轮廓设计作了规定,推行标准化;③进一步明确了紧急停车带、人行和车行横通道的设置规定,重点是设置间距的规定;④深埋隧道荷载计算公式的修订;⑤增加了超前水平旋喷桩、超前玻璃纤维锚杆、锁脚锚杆(管)、围岩径向注浆堵水设计规定;⑥补充和增加了黄土隧道、瓦斯隧道、多年冻土隧道的设计规定;⑦增加了分岔隧道和棚洞结构等内容;⑧增加了“抗震设计”“改扩建设计”和“洞内附属构造物”等内容。

2.《公路隧道设计规范　第二册　交通工程与附属设施》(JTG D70/2—2014)

交通部行业标准《公路隧道通风照明设计规范》(JTJ 026.1—1999)和《公路隧道交通工程设计规范》(JTG/T D71—2004)自发布以来对规范和指导公路隧道交通工程与附属设施的设计行为起了重要作用。《公路隧道通风照明设计规范》(JTJ 026.1—1999)发布时全国公路隧道总长约为 450km,《公路隧道交通工程设计规范》(JTG/T D71—2004)发布时全国公路隧道总长也仅为 1200km,到了 2010 年,公路隧道总长已达到 5100km。经验的积累,新技术的应用,对原设计规范提出了修订要求。根据交通运输部办公厅〔2010〕132 号文,招商局重庆交通科研设计院有限公司承担了《公路隧道交通工程设计规范》(JTG/T D71—2004)及《公路隧道通风照明设计规范》(JTJ 026.1—1999)的修订工作,2014 年以《公路隧道设计规范　第二册　交通工程与附属设施》(JTG D70/2—2014)的形式发布施行。

该规范以高速公路隧道和一、二级公路隧道的设计需求为主,兼顾低等级公路隧道的需要。该规范坚持“安全、快捷、舒适、环保”的理念,具有如下特点:①综合考虑了公路隧道交通工程与附属设施各系统间的关联作用,合理配置各系统设施的设计要求;②在车辆通行的诱导性和指示性方面有较大提升;③在通风设计方面调整了机动车有害气体的基准排放量、防烟与排烟系统设计规模参数;④提出了短隧道照明的设计方法和设计参数;⑤修订了隧道火灾延续时间设计值,合理控制了消防系统规模。

3.《公路隧道抗震设计细则》

一直以来,人们普遍认为隧道与地下工程结构具有较好的抗震性能,公路工程抗减震更多关注的是桥梁、边坡等构筑物。事实上，对近几十年来发生的重大地震震灾调查发现隧道与其他地下工程均发生了一定程度的破坏，然而我国隧道抗震研究及其规范却处于相对落后的状态。

目前我国公路隧道抗震设计所采用的技术规范主要有《公路工程抗震设计规范》和《公路隧道设计细则》，缺乏针对性强的专项规范。根据交通运输部公路局“关于做好2012年度公路工程行业标准规范制修订项目准备工作的通知”（交公便字〔2012〕12号文）的要求，招商局重庆交通科研设计院有限公司作为主编单位承担了《公路隧道抗震设计细则》的制订工作。该细则目前正在编制中且将包含以下内容：公路隧道抗震设防目标和设防标准；隧道地震作用；隧道地震反应计算方法；不同工法隧道抗减震措施。

4.《公路隧道通风设计细则》

随着公路隧道建设规模的日益扩大、汽车工业及相关行业的技术进步以及隧道通风技术的提高，隧道通风设计有了新的要求。为此，交通部在2007年启动了对《公路隧道通风照明设计规范》（JTJ 026.1—1999）的全面修订。修订工作由招商局重庆交通科研设计院有限公司牵头，历时7年完成。2014年8月交通运输部颁布施行《公路隧道通风设计细则》（JTG/T D70/2-02—2014）。

新版规范在1999版的基础上采纳了国外相关研究成果和我国公路隧道通风系统建设、设计、运营管理的成功经验，在沿用原规范4类通风参数指标基础上对具体稀释标准进行了修改；在提高洞内通风质量的同时兼顾控制通风系统的规模。新版规范还重点对汽车尾排污染物排放参数进行了修改；补充和完善了组合通风方式和隧道火灾防排烟需风量的相关计算参数。与原规范相比，其他具体的修订内容还有：在总则中新增了“公路隧道通风应纳入隧道总体规划与设计”等具体要求；修订完善了通风规划与调查的内容及要求；完善了作为隧道通风重要计算参数之一的交通量计算方法；对机械通风方式进行了补充完善，明确了全射流纵向式通风的适用条件；对隧道通风标准进行了全面修订；补充完善了通风计算的方法和相关要求；新增风道、风机房与通风井、隧道火灾防烟与排烟及风机的选型与布置等内容。

5.《公路隧道照明设计细则》

1990年12月1日交通部颁布了《公路隧道设计规范》（JTJ 026—1990），我国公路隧道照明设计自此有了标准，约有1000多座（2000年以前建成）公路隧道照明系统的设计及运营管理采用了该规范的相关规定。2000年6月1日，交通部颁布了交通行业当时唯一一部公路隧道照明设计及运营管理的专业规范，即《公路隧道通风照明设计规范》（JTJ 026.1—1999）。2001—2014年的10多年间已建成的7162座公路隧道照明系统设计及运营管理采用了该规范的相关规定。这两本规范对指导我国公路隧道照明工程设计行为、完善隧道照明体系起到了积极作用,但未能全面覆盖隧道照明领域的相关技术内容的缺点日益明显,已不能满足公路隧道照明设计的需要。因此交通部《关于下达 2007 年度公路工程标准制修订项目计划的通知》(交公路发〔2007〕378 号)启动了对《公路隧道通风照明设计规范》(JTJ 026.1—1999)的修订,并以《公路隧道照明设计细则》(JTG/T D70/2-01—2014)的形式体现。规范修订历时 7 年,招商局重庆交通科研设计院有限公司牵头修订,2014 年 8 月颁布施行。

细则秉承了 1999 版通风照明设计规范的基本思路,与原规范相比,修订的内容主要有以下几方面:补充完善和调整了照明指标、调光模式、节能标准;调整了隧道照明设置条件、入口段照明设置方法、中间段亮度;对洞外亮度指标、隧道运营调光模式与指标进行了完善;补充了隧道照明分期实施、短隧道照明参数、节能光源指标的规定。细则的施行落实了国家"节能减排"的国策,满足我国公路隧道建设的新需求。

二、隧道施工类规范

1.《公路隧道施工技术规范》

公路隧道施工类技术规范的设立与发展起步于交通部重庆公路科学研究所主编的《公路隧道施工技术规范》(JTJ 042—94),该规范颁布施行后对规范和控制隧道工程质量发挥了重要作用。2005 年交通部组织了对该规范的修订,2009 年颁布了由中交第一公路工程局有限公司主编的《公路隧道施工技术规范》(JTG F60—2009)和《公路隧道施工技术细则》(JTG/T F60—2009)。

在《公路隧道施工技术规范》(JTJ 042—94)施行以前,公路隧道施工大都参考铁路隧道的相关规定。1994 版隧道施工规范颁布以后新奥法普遍应用,隧道监控量测技术、超前地质预报技术、信息化施工技术、锚喷支护技术、管棚支护技术、预注浆加固技术、公路瓦斯隧道揭煤防突技术日益成熟,凿岩台车、管棚钻机、衬砌模板台车等新设备的应用使得施工机械化水平越来越高。在该规范的支撑下我们建成了总长为世界第一的秦岭终南山隧道(单洞长 18.02km)、海拔 4400m 的世界最长高原冻土公路隧道(青海共玉高速公路鄂拉山隧道)、双向八车道隧道(龙头山隧道)、双向八车道连拱隧道(金鸡山隧道)等一大批标志性工程。

《公路隧道施工技术规范》(JTG F60—2009)和《公路隧道施工技术细则》(JTG/T F60—2009)增加了质量检验及检验标准、小净距隧道及连拱隧道、岩爆、富水软弱破碎围岩地层施工、交工验收、注浆防水等内容,调整和增加了隧道监测必测项目和选测项目的内容和监测频率。

2.《公路隧道交通工程与附属设施施工技术规范》

《公路隧道交通工程与附属设施施工技术规范》(JTG/T F72—2011)于2011年11月7日发布,2012年1月1日施行,主编单位为重庆市交通委员会。该规范发布后对规范公路隧道交通工程与附属设施施工及施工管理起到了重要作用。但随着交通工程产品和技术的发展,2011版规范已难以满足需要,为此,交通运输部公路局于2016年下达了修订任务,主编单位为招商局重庆交通科研设计院有限公司,修订时间为2016—2018年,目前修订工作正在进行中。

三、隧道养护和运营类规范

随着新建公路隧道陆续投入营运使用,隧道养护、病害处理及维护加固等问题日益突出。为此交通部在1997年启动了《公路隧道养护技术规范》的编制工作,2003年颁布了由重庆市交通委员会主编的《公路隧道养护技术规范》(JTG H12—2003)。该规范在隧道检查体系、技术状况评定等方面参考和借鉴了日本隧道养护的相关规定。

截至2015年底,我国已建成通车的公路隧道增长到了12683.9km(14006处),积累了丰富的隧道养护管理经验。据此,由重庆市交通委员会主编的新版《公路隧道养护技术规范》(JTG H12—2015)增加了隧道养护分级,完善了隧道技术状况评定方法及标准,补充完善了隧道土建结构的保养维修和病害处置方法,增加了应对突发事件的应急养护要求,明确了隧道养护工程施工时的作业安全要求。

《公路隧道运营技术规范》的编制工作于2015年启动,目前正在编制过程中。该规范的编制目的在于保障安全、高效的公路隧道运营。规范的主要内容将包括隧道运营环境要求,正常运营及交通阻滞、重大灾害事故、结构灾害事故等各类工况的技术性处置,隧道各设施系统及交通状况检测,隧道运营状态评价,以及运营数据标准化等。

四、综合标准中关于隧道的规定

在综合标准中涉及隧道的变化如下:

(1)《公路工程技术标准》(JTJ 01—88)首次制订了关于隧道设计的基本要求、隧道分类的规定,《公路工程技术标准》(JTJ 001—97)增加了隧道净空、防排水、附属设施的内容,《公路工程技术标准》(JTG B01—2003)调整了隧道分类的规定,增加了隧道及其洞口两端路线的平、纵、横技术指标。《公路工程技术标准》(JTG B01—2014)调整了设计速度100km/h的左侧向宽度,明确了紧急停车带的设置条件,增加了中短隧道硬路肩可论证进洞的规定,调整高速公路、一级公路隧道照明设施的起点长度(由100m增加到200m),增加了隧道设计使用年限及隧道改扩建的相关规定。

(2)《公路工程抗震设计规范》(JTJ 004—89)中增加了隧道抗震的内容和规定。依据《中华人民共和国防震减灾法》的要求和《中国地震动参数区划图》(GB 18306—2001)的规定,同时适当吸取了2008年汶川大地震的抗震经验,《公路工程抗震规范》(JTG B02—2013)修改了地震作用的表述方法,调整了公路工程构筑物的抗震重要性分类和设防标准的规定。

(3)由山西省交通规划勘察设计院主编的《采空区公路设计与施工技术细则》(JTG/T D31-03—2011)对采空区隧道围岩加固、衬砌结构设计等作出了规定,规范了采空区隧道设计行为。

(4)《公路排水设计规范》(JTJ 018—97)自颁布施行以来,对减少路基路面及公路构造物水损害,提高公路耐久性发挥了重要作用。2012年交通运输部颁布由中交路桥技术有限公司主编的新版《公路排水设计规范》(JTG/T D33—2012),该规范首次制定了隧道排水设计的相关规定,包括衬砌防水、隧道排水设施、洞口及明洞防排水等内容。

(5)交通部1995年颁布了由黑龙江公路桥梁建设总公司主编的《公路工程施工安全技术规程》(JTJ 076—95),2012年交通运输部启动该规程修订工作,2015年颁布由中国交通建设股份有限公司主编的新版《公路工程施工安全技术规范》(JTG F90—2015)。该规范增加了小净距及连拱隧道、监控量测与超前地质预报、不良地质和特殊岩土地段、逃生与救援等方面的规定。

(6)《公路养护技术规范》(JTJ 073—96)首次设置了隧道养护的相关规定;《公路养护技术规范》(JTG H10—2009)增加了隧道检查和隧道安全管理的内容,以规范和指导隧道养护工作。

(7)为使公路养护安全作业的管理规范化,交通部于1998年组织编写《公路养护安全作业规程》,并于2004年颁布由上海市公路管理处主编的《公路养护安全作业规程》(JTG H30—2004)。该规程对隧道养护作业控制区布置作了相关的规定,但是并没有考虑隧道长度对养护作业控制区布置的影响。2010年交通运输部组织对《公路养护安全作业规程》(JTG H30—2004)的修订,并于2015年颁布了由交通运输部公路科学研究院主编的《公路养护安全作业规程》(JTG H30—2015)。该规程明确了中短隧道、特长隧道、隧道群养护作业的控制区布置方法,并提出了一定的措施以提高安全性,因而具有更好的操作性。

(8)高速公路改扩建是今后我国公路建设的重要任务之一,改扩建工程具有一定的特殊性和复杂性,但现行标准规范对此却缺少系统的规定。为进一步统一改扩建工程的技术要求,规范和指导高速公路改扩建工程的设计,交通运输部2009年启动了《高速公路改扩建设计细则》的编制工作,2014年颁布了由浙江省交通运输厅主编的《高速公路改扩建设计细则》(JTG/T L11—2014)。该细则明确了隧道增建、扩挖及维修加固等方面的规定。

第九节 交通工程(安全设施)类规范

一、安全设施类规范发展历程

我国交通工程及沿线设施(交通安全设施部分)的标准规范,伴随着高速公路的建设,经历了从无到有,从不完善到逐步细化,从引进、消化吸收到技术创新、体现中国国情和特色的一个过程。随着国家和公众对高速公路交通安全工作的日益重视,以及研究工作的纵深发展,交通安全设施的内涵不断丰富,由最初以交通管理功能为主逐步发展为具有主动引导、被动防护、隔离封闭、全时保障和控制出入等多重功能;外延也不断拓展,除交通标志和标线外,还包括了护栏、视线诱导、隔离栅、防落网、防眩设施、避险车道、防风栅、防雪(沙)栅、积雪标杆、限高架和减速丘等设施。

1982 年交通部发布的《公路标志及路面标线标准》(JTJ 072—82)首次列入了高速公路的起终点预告标志、起终点标志及入口、出口、服务区预告等标志。1986 年,我国第一部全国统一的关于交通标志和标线的国家标准《道路交通标志和标线》(GB 5768—86)正式发布,首次对高速公路相关的交通标志和标线作了规定。20 世纪 80 年代末我国开始了大规模的高速公路建设,在沪嘉等高速公路建设时我国尚无针对高速公路护栏、视线诱导、隔离封闭等设施的设计标准。

“七五”期间,交通部公路科学研究所承担了国家重点科技攻关项目“高速公路交通安全设施的研究”,首次对高速公路汉字视认性及标志形式、高亮度反光膜、反光标线涂料、护栏形式及防撞性能和防眩设施等开展了全面研究。根据该课题的研究成果编制了行业标准《高速公路交通安全设施设计及施工技术规范》(JTJ 074—94)。

“八五”期间,交通部公路科学研究所承担了国家重点科技攻关项目“高等级公路安全控制系统计算机辅助设计技术的开发”,研发了各类交通安全设施的设置和计算机辅助设计系统。20 世纪 90 年代末至 21 世纪初,交通部公路科学研究所承担了世界银行研究项目“福建省道路安全研究”和“江西省公路安全研究”,对交通安全设施设置的适用性等进行了深入研究,为相关规范的修订提供了技术支撑。

为正确处理公路建设与环境、资源有效利用的关系,交通部在总结川九公路示范工程的基础上,在全国开展了公路勘察设计典型示范工程活动。2004 年 9 月,交通部提出了“六个坚持、六个树立”的公路勘察设计新理念,成为指导公路勘察设计工作的重要指导方针。“宽容设计”“运行速度”“安全性评价”“景观协调”“不破坏就是最大的保护”等理念和做法被《高速公路交通工程及沿线设施设计通用规范》(JTG D80—2006)、《公路交通安全设施设计规范》(JTG D81—2006)等标准规范采纳。

2007年以来,为了给公路使用者便利出行创造条件,提高国家高速公路网的管理和服务水平,解决国家高速公路网路线命名混乱、编号不统一、标识不清等问题,交通运输部启动了国家高速公路网命名和编号调整工作。交通运输部先后印发了《国家高速公路网命名和编号规则》(JTG A03—2007)、《国家高速公路网相关标志更换工作技术指南》(2007年第30号公告)等技术文件,并在2009年修订了国家标准《道路交通标志和标线》(GB 5768—2009),制定了行业标准《公路交通标志和标志标线设置规范》(JTG D82—2009)。

二、安全设施基础类标准规范

涉及交通安全设施的基础类规范包括《公路护栏安全性能评价标准》(JTG B05—01)和《公路限速设计标准》(JTG B08),后者目前正在编制过程中。

在我国高速公路建设飞速发展,道路和车辆状况不断发生变化,新的交通安全理念不断更新的背景下,为评估高速公路护栏的实际防护能力,为新的护栏结构和形式的研发提供评判标准,2004年12月,交通部批准发布了由交通部公路科学研究所主编的《高速公路护栏安全性能评价标准》(JTG/T F83-01—2004)。该标准以我国高速公路实际运行条件为基础,以实车碰撞试验数据为依据,考虑了我国的技术和经济实力,体现了以人为本的原则,保障了大部分车辆的行车安全,为提高我国高速公路的交通安全水平发挥了重要作用。

2013年10月,交通运输部发布了由北京深华达交通工程检测有限公司主持修订的《公路护栏安全性能评价标准》(JTG B05-01—2013)。修订后的新版标准属性由"推荐性行业标准"变更为"强制性行业标准"。新标准除适用于高速公路外,还扩大到了普通公路。主要修订内容包括:①评价内容涵盖了护栏标准段、过渡段、中央分隔带开口护栏以及护栏端头和防撞垫;②新增了护栏过渡段、中央分隔带开口护栏、护栏端头和防撞垫的防护等级,增设了设计防护能量为40kJ、640kJ和760kJ的三个公路护栏防护等级;③对护栏安全性能指标进行了修订,取消了护栏最大横向动态变形值限值的规定,改为记录公路护栏变形相关性能指标;④明确规定对每种防护等级的护栏标准段、过渡段、中央分隔带开口护栏,均应采用小客车、大中型客车(包括特大型客车)和大中型货车三种碰撞车型进行实车足尺碰撞试验。

三、安全设施设计和施工类标准规范

1.《高速公路交通工程及沿线设施设计通用规范》

高速公路交通工程及沿线设施包括交通安全设施、管理设施和服务设施。伴随着高速公路大规模的建设,交通工程及沿线设施的建设任务越来越重,与主体工程及其他各专业之间的设计界面变得越来越复杂。在此背景下,2006 年 8 月交通部首次发布了《高速公路交通工程及沿线设施设计通用规范》(JTG D80—2006)。该规范由中交第一公路勘察设计研究院主编,且有如下主要技术特点:①引入了“安全、服务、管理”的理念,即确保行车安全、为用路者提供良好的服务,通过科学管理以充分发挥高速公路的社会、经济效益;②遵循“安全、环保、可持续发展”的原则,制定了高速公路交通安全设施、服务设施和管理设施的分级,并规定了其相应配置的设施;③制定了总体设计要点及与主体工程的设计界面;④制定了交通安全设施、服务设施和管理设施的各项技术指标、建设规模及其相应设备的配置。

2.《公路交通安全设施设计规范》《公路交通安全设施设计细则》和《公路交通安全设施施工技术规范》

1994 年 1 月 27 日交通部发布了行业标准《高速公路交通安全设施设计及施工技术规范》(JTJ 074—94)。该规范在国家“七五”科技攻关项目“高速公路交通安全设施的研究”成果的基础上制订,是我国第一部有关公路交通安全设施设计和施工的技术规范。

2006 年 7 月 7 日,交通部第 16 号、17 号公告分别发布了《公路交通安全设施设计规范》(JTG D81—2006)、《公路交通安全设施施工技术规范》(JTG F71—2006)和《公路交通安全设施设计细则》(JTG/T D81—2006),1994 版规范同时废止。这三本规范的制订坚持了“安全、环保、舒适、和谐”的公路建设理念,体现了“以人为本、安全至上”的指导思想。2006 版的三部规范均由交通部公路科学研究院主编,设计和施工独立成册,同步编写了设计细则作为推荐性标准发布。2006 版规范有如下主要技术特点:①适用范围由高速公路、一级公路扩大到新建和改建的各等级公路,为约占我国公路通车总里程 90% 以上的其他等级公路交通安全设施的建设和改建提供了技术指导;②强调了总体设计的重要性,注重主动引导与被动防护相结合,以充分发挥交通安全设施的整体功能、避免重复设置或相互干扰;③调整、扩充了护栏的防撞等级,将原来的 A、S 两级扩大为 B、A、SB、SA、SS 五级,对各类形式护栏的设置原则作了较大修改,完善了护栏端部处理和过渡处理的内容,应用了“路侧安全净区”和“宽容设计”的理念;④为新技术、新材料、新工艺、新产品的研究、开发和推广提供了广阔的空间,有助于充分调动和发挥设计、施工人员的主观能动性和创造性;⑤为体现交通安全设施的完整性,增加了交通标志、交通标线、活动护栏、桥梁护网的内容,与现行《道路交通标志和标线》(GB 5768)相比,2006 版规范突出了公路交通标志设计的特点,明确了交通标志的设计对象;⑥除“路侧安全净区”和“宽容设计”外,还包括了安全设施的景观效果、运行速度、分段限速、全寿命周期成本等理念和应用方法;⑦吸收、借鉴了国内外最新的相关标准、规范的内容,使其具有一定的先进性并基本能与发达国家现行的主流标准、规范相接轨;⑧在设计阶段考虑将来路面养护可能对交通安全设施功能产生的影响，针对路面加铺、罩面引起交通安全设施高度不足的问题提出了明确的处理方法；⑨提出了交通安全设施施工的前提条件，规定了施工组织、施工准备和施工注意事项。

3.《道路交通标志和标线》和《公路交通标志和标线设置规范》

改革开放近40年来大规模的公路建设尤其是高速公路建设使我国公路通车里程迅速增长，公路运输主骨架基本形成，公路运输能力大幅提升。但是，公路路线名称混乱、标志信息的选取缺少层次性、关联性，交通标志和标线的设置相互矛盾，交通路权不明确等现象普遍存在，严重影响了公路网功能的充分发挥和服务水平的提高。针对这些问题，交通运输部发布了《公路交通标志和标线设置规范》（JTG D82—2009）。这是我国第一部规范公路交通标志和标线设置的行业规范，该规范以国家标准为基础，结合各级公路的特点，提出了公路交通标志和标线的设置要求、设置方法和标准，是对国家标准的重要补充和完善。

国家标准《道路交通标志和标线》和行业标准《公路交通标志和标线设置规范》均由交通运输部公路科学研究院主编。《道路交通标志和标线》（GB 5768—2009）对交通标志和标线的种类、颜色、规格和设计、制造、设置、施工要求作了基本规定，结合《国家高速公路网相关标志更换工作技术指南》关于高速公路命名和编号及各种标识标志的规定，保证了国家高速公路网命名和编号调整工作的顺利进行。

四、安全设施养护类标准规范

《公路养护安全作业规程》（JTG H30—2015）是目前唯一一部涉及养护作业中交通安全设施设置的标准规范。

我国早期并没有专门的公路养护安全作业规程。1998 年交通部下达了关于编写《高速公路维修养护安全作业规程》的通知，确定由上海市公路管理处作为主编单位。根据交通部公路司公管理字〔1998〕098 号文，该规程改为《公路养护维修作业安全规程》。《公路工程标准体系》（JTG A01—2002）发布后，该规程名称正式确定为《公路养护安全作业规程》。该规程自 2004 年 6 月发布实施以来，对提高公路养护作业的管理水平，减少养护作业区对交通的影响，降低养护作业区内交通事故发生率发挥了重要作用。

在施行 2004 版《公路养护安全作业规程》的实践中出现了部分养护作业单位为了施工需求或养护作业成本的降低，过度或者简化控制区布置及安全设施的问题，人为造成严重交通拥堵和安全隐患。为规范养护作业行为，完善 2004 版作业规程的不足，2015 年 4 月交通运输部发布了由交通运输部公路科学研究院主编的新版《公路养护安全作业规程》（JTG H30—2015）。

2015 版的作业规程遵循布置合理、掌控有效、安全可靠、便于实施的原则，体现以人为本、以车为本的服务理念，加强了现场安全作业管理，提高了公路养护作业的管理水平。与前版规程相比，主要修订内容包括：①增加了基本规定、四级公路养护作业控制区布置和交通工程及沿线设施养护作业控制区布置三章；②将原特大桥桥面和隧道养护作业控制区布置分为桥涵养护作业控制区布置和隧道养护作业控制区布置2个章节，并分别作了修订；③将原规程养护维修安全作业中的共性要求纳入基本规定一章，并将该章名称修改为特殊路段及特殊气象条件养护安全作业，细化了相关规定；④提出了按作业时间划分公路养护作业类型的方法；⑤提出了公路养护作业控制区限速方法，修订了最终限速值；⑥修订了公路养护作业控制区划分及各区段长度，增加了横向缓冲区；⑦修订并补充了公路养护安全设施种类、功能及布设方法；⑧引入了高速公路及一级公路养护作业控制区两侧差异化布置，修订并补充了二、三级公路养护作业控制区布置；⑨修订了平面交叉、收费广场作业控制区布置。

五、安全设施改扩建工程类标准规范

21世纪初，我国经济的高速发展催生了道路交通量的急速增长。在经济发达地区，一些早期修建的双向4车道高速公路的实际交通量提前若干年就达到了远景设计交通量的水平。通行能力饱和，服务水平下降，拓宽改造成了必然选择。为及时总结改扩建经验，为后续工程提供规范，交通运输部2014年12月发布了由中交第二公路勘察设计研究院有限公司主编的《高速公路改扩建交通工程及沿线设施设计细则》(JTG/T L80—2014)。

该细则的编制遵循“统筹规划、兼顾长远、注重实效、指标合理、节约资源、绿色环保、科学组织、安全设施”的原则，对改扩建设计中既有交通工程及沿线设施的再利用方法及相关指标作出了必要的规定，对改扩建实施过程中的临时交通工程及沿线设施的设计进行了规范，使我国高速公路改扩建中的交通工程及沿线设施设计更加科学合理。

六、制订和修订中的安全设施规范

(1)交通运输部已于2011年启动了《公路交通安全设施设计规范》《公路交通安全设施设计细则》和《公路交通安全设施施工技术规范》的修订工作，目前三部标准已进入总校稿阶段。

(2)根据2013年5月国家发展和改革委员会印发的《国家公路网规划(2013年—2030年)》的安排，在未来的20年内我国将基本建成普通国道网和国家高速公路网。交通运输部以新的国家公路网规划的实施为契机，加大了国家公路网指路系统构建与升级关键技术研究等科研投入，启动了《道路交通标志和标线》(GB 5768—2009)、《公路路线标识规则和国道编号》(GB/T 917—2009)和《公路交通标志和标线设置规范》(JTG D82—2009)等相关标准规范的修订，使交通标志的设置更加“容易辨识、方便理解、有助记忆”。

(3)近年来,社会公众对公路限速问题越来越关注,也提出不少质疑,要求合理设置限速标志的呼声日益高涨,各地公路和交通管理部门为此承担的压力越来越大,因此将新设行业标准《公路限速设计标准》。该标准将对公路限速值的选取、限速路段的划分、限速标志的设置等作出规定。该标准目前已进入送审阶段。

第十节　交通工程(机电设施)类规范

我国交通机电工程的研究与应用始于1973年,当年成立的交通部公路科学研究所标志号志研究室研制出了我国第一台平面交叉路口交通控制信号灯,1974年完成了我国第一批城市交通管理控制工程项目——北京前门大街和天津市中心区交通线控管理工程。"六五"攻关期间,交通部公路科学研究所完成了疏港公路交通控制的研究,公路紧急电话首次研发使用,这为20世纪80年代后期开始的高速公路建设打下了基础。

京津塘高速公路是中国高速公路发展史上的里程碑。当时机电工程的建设与土建工程同步实施,没有经验和标准规范可依。在"七五"攻关期间开展的高速公路监控、收费和通信技术研究中,课题组编译了《高速公路监控系统》《日本高速公路设计要领》等国外资料,研究了高速公路交通控制理论,研制了高速公路监控系统的控制中心和外场设备,服务于以京津塘高速公路为代表的早期高速公路建设。京津塘高速公路的机电工程确定了高速公路监控、通信、收费、供配电等系统的基本技术方案,经过济青、杭甬、泉厦、广韶等高速公路建设的完善,逐步形成了后来被普遍采用的高速公路机电工程应用模式。

1992年,交通部出台了"关于《控制高速公路、一级公路交通管理和安全设计建设标准》的通知"(交工发〔1992〕830),该标准明确了当时高速公路、一级公路交通工程及沿线设施的建设规模与标准,以此作为高速公路、一级公路交通工程及沿线设施规划、设计的重要依据。该标准提出了"总体规划、分期实施"的机电系统设计的总体指导思想,在当时机电系统建设主要依赖进口技术和交通量较小的情况下,具有十分重要的意义。

随后,交通部公路司多次召开交通工程及沿线设施建设规模的研讨,在总结各省市高速公路交通工程建设经验的基础上,明确了高速公路交通工程按"总体设计、分期实施、逐步完善"建设原则,提出了建设高速公路专用通信网和通信管道,采用半自动收费方式,重点路段设置监控设施等要求。

2006年交通部发布了由中交第一公路勘察设计研究院历时6年主编完成的《高速公路交通工程及沿线设施设计通用规范》(JTG D80—2006)。该规范引入了"安全、服务、管理"的理念,遵循"安全、环保、可持续发展"的原则,规定了高速公路交通工程及沿线设施分级及相应的配置设施,并在设计上引入了运行速度、安全性评价的概念。该规范还明确了高速公路交通工程及沿线设施总体设计及其设计要点，规定了交通安全设施、服务设施、管理设施的各项技术指标、建设规模及其相应设备的配置。该规范极大地增强了我国高速公路交通工程设计、建设和管理的能力。

20世纪90年代中期以后国内大规模的高速公路建设和建设市场的开放使得国内产品研发与应用快速发展，许多交通工程产品实现了本地化。为适应这种需要，全国交通工程设施（公路）标准化技术委员会制定了一批技术相对成熟，而且急需的机电系统的标准，涉及高速公路收费、监控、通信等各方面，例如《公路收费方式》（GB/T 18367—2001）、《高速公路隧道监控系统模式》（GB/T 18567—2001）、《高速公路有线紧急电话系统技术要求》（GB/T 19516—2004）、《太阳能突起路标》（GB/T 19813—2005）等。

在高速公路建设持续快速发展的同时，由于投资体制、管理体制和分段建设等多方面原因造成的分散管理、各自为政、主线收费站过多过密、收费方式和标准不统一、机电系统不兼容等问题日趋突出，由此影响了行业形象、增加了运营管理成本，降低了公路的社会经济效益。为打破高速公路分割式管理的弊端，提高高速公路的管理水平和使用效率，实现高速公路网络化管理和信息化管理，交通部于2000年发布了《高速公路联网收费暂行技术要求》，明确要求高速公路联网收费以逐步实现省（自治区、直辖市）域联网收费为基本目标，促进省（自治区、直辖市）间高速公路的联网收费。2003年，交通部选择了具有典型意义和政治影响的京沈高速公路作为试点，逐步推广高速公路联网收费。根据京沈联网收费试点工程及其他一些工程经验，2007年交通部修订并发布了《收费公路联网收费技术要求》。这对减少收费站点，减少管理成本，减轻社会负担，提高高速公路的管理水平和通行效率，乃至实现全国高速公路联网收费进而实现高速公路管理网络化和信息化，都具有极为重要的指导作用和现实意义。

在实施公路联网收费的实践中我国在国际上首次提出了具有自主知识产权的、开放结构的“双片式电子标签 + 双界面 CPU 卡”的组合式联网电子不停车收费（ETC）理论和技术标准体系，实现了 ETC 系统与已有人工半自动收费（MTC）系统的有机结合，有力支撑了国内电子收费技术及其产业链的成熟、发展和壮大，为全国范围联网提供了条件。为推动省域联网收费和 ETC 系统的应用推广，2007年交通运输部启动“京津冀、长三角区域”联网不停车收费示范工程建设。在此期间国家陆续颁布施行了《电子收费　专用短程通信》（GB/T 20851—2007）系列5项国家标准、《高速公路区域联网不停车收费示范工程暂行技术要求》（交公路发〔2008〕275号）以及《收费公路联网电子不停车收费技术要求》（2011年）等重要技术规范。上述技术规范的颁布施行为跨区域系统间的互联互通提供了保障，也为后续的全国 ETC 联网奠定了基础。

为提高高速公路监控、通信等现代信息技术水平，规范高速公路监控和通信系统规划、设计、建设和运营管理，提升高速公路管理和服务水平，进一步指导和规范公路网运行监测与服务系统建设，保障全国高速公路和国省干线公路的稳定运行，提高公路交通突发事件应急处置能力和公共服务水平，交通运输部于2012年发布了《高速公路监控技术要求》《高速公路通信技术要求》和《公路网运行监测与服务暂行技术要求》。这对指导和规范公路网运行监测与服务系统的建设、运行与管理，保障全国高速公路和重要国省干线公路以及重要公路设施的稳定运行，加强国家干线公路网运行监测与科学管理，提升国家干线公路网安全性能和服务质量，提高公路突发事件应急处置能力和公共服务能力，实现国家干线公路网"可视、可测、可控"的发展目标，以及为人民群众提供安全、畅通、便捷、绿色的公路出行服务等方面具有重大而深远的意义。三本技术要求全面指导了"十二五"重大信息化工程"路网管理与应急处置系统示范工程"的实施，通过建设路网监测体系、路网运行评价指标体系、路网平台软件系统以及通信网络与安全认证等支撑系统，全面建成了省级公路网运行监测与服务平台，并形成部省联动、区域互动的应急协调机制。

在"京津冀、长三角区域"联网不停车收费示范工程带动下，ETC技术在全国范围得到广泛应用，社会效益和经济效益初步显现。为了进一步发挥ETC的规模效益，2014年3月，交通运输部正式启动全国ETC联网工程。由于联网运营有全国ETC结算方、省级结算方、ETC发行方、发行代理方等诸多参与主体，这些参与主体又在一个偌大而又极其复杂的路网内运行，因此对全国ETC联网来说，制定规则和服务规范尤为重要。2014年8月，交通运输部发布了《公路电子不停车收费联网运营和服务规范》(JTG B10-01—2014)，该规范明确了参与主体构成、联网运行基本规则、清分结算规则及客户服务规范等内容。该规范为全国ETC联网工程的顺利实施和规范联网省份客户服务标准发挥了极其重要的作用，进而使我国成为世界上最大的高速公路网收费体系稳定运行的国家。

随着大数据、自动驾驶等新兴技术的发展及应用，交通工程(机电工程)标准化的领域越来越广，标准化的对象越来越复杂，系统之间的联系也越来越密切。未来将以运营管理安全化、信息化和智能化为核心，建立人、车、路和环境于一体的运营管理系统。交通工程(机电工程)技术标准将持续保持其先进性，与时俱进，通过不断的升级和完善，适应新的技术创新和应用需求。

本章编写人员：张劲泉　刘清泉　牛开民　李春风　徐　剑　邵社刚　王旭东
王玉倩　李鹏飞　田　波　刘怡林　宋健永　苏天明　郝中海
李　湛　赵尚传　汪成兵　唐琤琤　刘会学　杨　昀　孟书涛
王克海　杨　飞
本章编写单位：交通运输部公路科学研究院

第七章
高速公路建设科技创新与应用

改革开放初期，我国国民经济快速发展，公路运输量快速急剧增加，公路交通发展长期滞后对国民经济和社会发展的瓶颈制约日益凸显，特别是主要干线公路交通拥挤、行车缓慢、事故频发，公路通行能力低下，客货运输速度很慢，严重制约了社会生产与人们生活水平的有效提升。发达国家的实践经验表明，建设高速公路是解决主要干线公路交通紧张状况的有效途径。我国通过调研论证，统一思想认识，决定立足我国国情，借鉴国外成功经验，探索发展高速公路。

但在起步之初，我国高速公路建设在技术、标准、人才、资金等方面基本条件可以说都不具备，尤其缺乏开展高速公路、桥梁、隧道发展所需的勘察、设计、施工、运营、养护、管理等在内的成套技术，有关的建设养护管理标准规范几乎为零。为此，随着我国高速公路建设的推进，我国交通行业主管部门在科技发展战略规划、阶段计划、技术政策等制定和实施上，予以重点部署。自"七五"科技进步"通达计划"实施以来，连续 7 个行业性五年科技规划对高速公路科技进步的技术性、政策性问题研究给予持续重点安排；交通部于 1993 年建立的行业联合科技攻关机制，通过部省联合攻关攻克了我国高速公路建设和发展中的一系列技术难题；行业主管部门分别于 1985 年、1997 年、2014 年三次颁布交通运输行业技术政策，均对高速公路技术的创新与应用予以了有力政策引导，产生了良好的政策效果，促进了高速公路领域大批先进成熟适用技术的跨越式发展与推广应用。

2001 年，交通部设立专项资金作为西部交通建设科技经费，高速公路科技领域立项数量占西部交通建设项目的 70% 以上。在西部交通建设科技项目的支持下，各省（市）交通运输主管部门也加大对高速公路科技创新的工作力度，相继组织开展了基于特殊地质、特殊气候、特殊施工条件下高速公路建设和养护的科技研发，重点解决了不同地区特殊自然条件下高速公路建设与养护的诸多技术难题。

我国高速公路科技研发与创新应用之路，是广大科技工作者在学习借鉴国外高速公路技术成果的基础上，不断消化吸收并逐步走向自主创新的历程。经过几代科技工作者的不懈努力，逐步探索走出一条适合我国高速公路发展实际需求的技术创新体系，已在高速公路勘测设计、路基路面修筑、路面材料与结构、质量检测与养护管理等各个方面不断取得技术突破,《GPS、航测遥感、CAD 集成技术开发》《岩溶地区公路建设成套技术研究与应用》《膨胀土地区公路建设成套技术》《高原山区高速公路建设支撑技术》等一批科研成果获得国家科技进步一等奖和二等奖。高速公路的快速发展,对桥梁、隧道建设提出了更高要求,推动了桥梁、隧道发展规模的拓展和技术水平的提高,桥梁设计、建造技术水平和施工工艺不断向国际水准靠拢,隧道勘察设计、施工、通风、防灾、监控与管理等技术研发取得丰硕成果,《千米级斜拉桥结构体系、设计及施工控制关键技术》《秦岭终南山公路隧道建设与运营管理关键技术》获得国家科技进步一等奖。高速公路建设无不体现出科技创新的支撑和引领作用。

高速公路的快速发展,离不开装备制造技术的进步与创新。围绕高速公路建设与养护的实际需求,我国高速公路管理部门、施工企业、装备制造企业开展了有关技术装备制造领域的引进消化吸收再创新工作。一方面,通过引进国外先进的路面施工、检测、试验设备,如第一批引进的检测路面强度的自动弯沉仪和落锤式弯沉仪、检测路面平整度的反应类和断面类自动检测设备等,均组织强有力的技术队伍对其消化吸收并有效应用,奠定了我国高速公路装备制造自主研发创新的基础;另一方面,针对国产大型、多功能装备的空白,大力推进装备自主研发,开展了筑路机械、路面再生设备、预防性养护设备、高性能路面摊铺设备以及桥梁施工吊装、隧道掘进与支撑等设备的自主研发和工程化应用,研制生产出一批我国新一代的公路施工机械和装备,在高速公路建设和养护中得到了有效应用,取得了良好的经济效益和社会效益,减少了对进口国外技术设备的依赖,有力促进了我国高速公路技术体系和产业链条的发展与完善。

在攻克"硬技术"的同时,"软科学"研究也贯穿了高速公路大建设大发展的全过程与各领域。近 30 年来,行业内外围绕高速公路建设、运营、养护、管理等领域体制机制、政策法规、投融资等问题,开展了大量的软科学研究工作。早期的高速公路软科学研究,主要围绕我国高速公路"是否该建"的问题,开展有关的经济社会效益分析,以客观事实和翔实数据论证了我国高速公路建设对经济发展、社会进步、巩固国防等的直接作用及广泛影响,回答了"要不要加快高速公路的发展步伐""投入那么多资金建设高速公路是否值得"等问题,为国家有关部门制定交通运输发展规划和相关政策措施提供了科学依据,也为后来的大规模建设高速公路提供了理论支持。随着高速公路建设规模和通车里程的快速增长,有关高速公路软科学研究侧重围绕高速公路运营服务、安全保障、应急处置、投融资创新等新情况、新问题、新要求展开,不断完善适合我国国情的高速公路发展模式与治理体系,为我国高速公路的科学决策和持续发展提供决策支持。

多年来,在"科教强交"和"建设创新型行业"等战略的指引下,我国高速公路领域的科研基础能力建设力度也在不断加大,科研实验条件不断改善,创新能力不断增强。交通部于"十五"期间启动了以行业重点实验室为切入点的科研实验基地平台建设工作。截至2016年底，已认定50个行业重点实验室、18个行业研发中心，其中高速公路领域认定建设了19个行业重点实验室、5个行业研发中心，奠定了我国高速公路科技创新的核心能力和基础条件。随着高速公路的跨越式发展和科研基础条件的不断改善，依托高速公路建设工程吸引和锻炼培养了大量优秀的人才队伍。在高速公路建设、管理、养护、运输领域涌现了一批业务水平精湛、实践经验丰富的高级专业技术人才、技能人才和管理人才，为我国高速公路的科学发展与持续发展提供了坚强的智力支撑和技术保障。

第一节　高速公路建设与养护

随着高速公路建设养护事业的快速发展，建养技术研究的领域不断扩大、水平逐步提高，已在高速公路勘测设计、路基路面修筑、路面材料与结构、质量检测与养护管理等各方面取得重大突破，其中高速公路主体工程技术研发已经达到或接近世界先进水平，针对沙漠、黄土、冻土、膨胀土、岩溶、盐渍土等特殊地质区的众多世界级难题开展科技研发已取得重大进展，解决了关键技术难题，形成了相应的修筑成套技术。

一、高速公路勘察设计

（一）勘察设计理念

随着我国综合国力提升和公路技术进步，公路建设理念在不断提升，由粗放式、资源消耗式建设，逐步走向注重品质、资源节约、创新共享的可持续发展之路。

新中国成立至改革开放之前，我国国民经济处于恢复阶段，公路建设资金十分匮乏，这个时期公路建设任务以“通”为主，公路等级低，建设理念强调节约造价，建设经济型公路，公路工程与人、自然综合统筹考虑较少。

改革开放后至20世纪末，我国国民经济步入持续、快速发展阶段，综合国力日趋强盛，大力发展公路交通也成为社会共识，也开始制定了全国性的统一路网规划，公路建设在规模、质量、水平上得到提高，同时开征养路费和车辆购置税并出台收费还贷等资金保障政策，这个时期公路建设转变为提高公路“快捷性”，重在提高公路等级、质量和通行能力，建设理念强调“快速、安全、经济、舒适”。

进入21世纪后，我国国民经济持续发展壮大，社会需求急剧增加，公路交通建设进入快速发展阶段。城市开发建设、路网功能提升、资源环境约束等，也对公路建设提出了更高的要求。随着大规模的建设，公路建设前期、勘察设计和施工等逐渐暴露出深度不足、缺少创新、观念陈旧等问题。2003年开始，为贯彻落实科学发展观，交通部和四川省联合开展川主寺至九寨沟公路改建示范工程，并在2004年后在全国先后选择了30个项目作为典型示范项目。2004 年 9 月,在全国公路勘察设计工作会议上,系统地提出了“六个坚持、六个树立”的公路勘察设计新理念,同时配套出版了《新理念公路设计指南》和《降低造价公路设计指南》,推动了我国公路建设管理理念和水平的全面提升。

当前,交通运输部提出建设“品质工程”,强调要建设以资源节约、生态环保、节能高效、服务提升为主要特征的“绿色公路”,公路建设理念转变为一个统筹高效、安全、舒适、美观、经济、环保、节约、智能、可持续发展等多方面的综合考量。

(二)勘察设计技术手段和装备发展

我国高速公路勘察设计技术手段和装备发展大体经历了三个阶段。

早期阶段,设备简陋,精度低,自动化水平低,人工作业量大,依靠技术人员经验和反复现场工作,身负花杆、皮尺、记事本、笔、方向仪徒步行走,所谓“背干粮上山,喝烧酒过河”是那个时期公路勘察设计人员的常见功夫和经历。打字机、蓝图画板、绘图仪等简陋的设计和成图设备成为设计人员为数不多的依赖工具,操作性、可修复性差,重复劳动多。

中期阶段,计算机技术和设备的进步,水准仪、全站仪、RTK 等半自动、自动设备的投入使用,汽车钻探、遥感物探等技术和装备的运用,技术人员逐渐从烦琐的人力劳动中解放出来,勘察设计的成果效率、精度得到有效提高。

当前阶段,高性能计算机软硬件、便携自动化野外勘测装备投入使用,承担了大量基础数据的收集处理和内业设计工作的开展,技术人员的人力劳动成为辅助,主要发挥脑力开展智力活动。一是电子计算机技术的应用和推广,把设计人员从烦琐的简单运算中解放出来,加快了设计速度,提高了设计质量;二是装备野外勘测设备,如“3S”技术——全球定位系统(GPS)、数字摄影测量(DPS)、遥感地质(RS),以及航空摄影、RTK 技术等,大大降低了野外勘察的劳动强度并提高了工效;三是以数字化地图(DLG)、数字地面模型(DTM)为基础进行数据文件处理,大大减少了内业工作量,提高了成图精度与工效;四是公路计算机辅助设计软件(CAD、纬地、Card/1 等)、仿真技术等的采用,实现了空间三维设计,由静态设计提升为动态化设计,极大地促进了交通行业的技术进步,大大提高了设计效率,有效减少了野外工作量,平均设计效率提高了 2 ~ 3 倍;五是运行速度检验、三维成果演示、交通状况仿真、汽车驾驶模拟等技术和装备的研发和使用,可直观演示、有效检验勘察设计成果的效果和存在的问题,极大地保证了成果质量。

勘察设计技术手段和装备不断进步,勘察设计工作呈现出明显的系统化、信息化、智能化发展趋势。随着北斗全球定位系统的不断完善,计算机设备的不断进步,科研创新不断取得新的成果,航天遥感、无人机、虚拟现实、BIM 技术、CAD 系统集成技术、3S 综合技术等的深入发展和运用,公路勘察设计将最大限度地解放人力,工作过程将更加高效,工作成果将更加科学合理。

（三）勘察设计关键技术研究和应用

1. 电子计算机技术在公路勘察设计中推广应用

进入20世纪80年代以后，随着对电子计算机作用的认识提高和硬件方面微机的出现与发展，各地院校、测设、科研、施工、养护等单位开始装备了8位至16位的微型机，并编制了一些微机计算程序。微型机不仅在桥梁结构分析方面得到了广泛的应用，而且在路线设计、工程预算、数据处理等方面，得到了开发应用。

20世纪80年代中后期，在交通部“以微机为主导，以中、小型机为后援”的方针指导下，随着32位的超小型计算机、自动绘图仪和设计绘图专用软件的引进及计算机辅助设计（CAD）系统的开发研究，推进了计算机在公路优化设计上的应用。为了改变计算机辅助设计（CAD）系统研究应用的落后状态，交通部于1985开始在全国交通系统研究建立7个CAD系统，其中属于公路工程方面的有公路和桥梁两个系统。1989年8月，交通部还利用世界银行贷款，从国外引进了APOLLO机和VAX机两大系统共88台（件），加强CAD的开发研究工作，开展了“七五”国家科技攻关项目“高等级公路路线综合优化与计算机辅助设计系统的开发与研究”，开发了数字地面模型子系统；路线平、纵、横断面设计和透视图子系统；公路平、纵断面优化设计子系统；立体交叉设计与绘图子系统；中小桥涵支挡结构设计和绘图子系统；工程造价分析子系统6个子系统，可供各公路设计部门用于公路工程的初步设计与施工图设计。“七五”国家科技攻关项目“高等级公路桥梁计算机辅助设计系统的开发研究”，开发了大桥初步设计子系统、中小桥技术设计子系统、特殊桥型有限元分析子系统和桥梁工程造价分析子系统4个子系统，可供桥梁设计部门应用。上述两项国家攻关课题于1990年10月通过国家验收鉴定。

20世纪80年代初期，引进多台先进的航测和计算机设备，取得了许多开拓性成果。1986年组织“航测遥感在公路设计中实用技术”的研究，充分吸收了航测遥感和计算机领域的最新科技成果，重点研究低空摄影装置与应用技术、地形数据采集、数字地面模型软件、遥感判识以及全套计算辅助设计技术，形成了勘察设计新技术初步应用系统。20世纪80年代结合国情引进了国外先进技术，消化吸收，学创结合，在计算机辅助设计和遥感技术应用中，重点抓了APOLLO计算机、BC－2解析成图仪等引进与开发。在计算机辅助设计方面，结合引进的公路设计程序系统进行了二次开发和完善，桥梁墩台设计与绘图软件开发。DTM数据采集新方法的研究，基本完成了软件开发。BC－2采集数字地形模型输入IBM微机，完成了路线初步设计。

2. IKONOS卫星图像技术

通过成像特点的分析以及图像属性的解释，建立地面数字模型，并对复杂的地质现象进行宏观解释，通过三年艰辛努力，相关研究成果在地形、地貌、地质条件极为困难复杂的西藏墨脱地区的公路勘察设计中得到成功的应用，使我国公路勘察设计取得了8项重大科技成果，解决了11个方面的关键技术问题，形成一整套以现代高新空间信息技术为核心的全新的公路勘察设计技术体系。这8项重大成果是：①以现代高新空间信息技术为核心的全新的公路勘察设计技术体系；②IKONOS卫星图像控制布设和加密模式；③IKONOS卫星图像高精度定位；④多级工程地质遥感勘察体系；⑤工程精化似大地水准面模型的建立；⑥多时相的地表空间变化分析；⑦测量基准的确定；⑧IKONOS卫星图像与公路CAD的集成。

3. GPS航测遥感、CAD集成技术

通过推广数字地面模型系统BID-Land、路线与互通立交集成BID-Raod、桥梁设计集成CAD系统BID-Bridge以及利用集成技术成果进行公路勘察设计的整体化解决方案等四项成果，实现了公路规划勘察设计环境评估全过程的一体化、自动化和集成化，使公路设计由二维设计提升为空间三维设计，由静态设计提升为动态化设计，极大地促进了交通行业的技术进步，大大提高了设计效率，有效减少了公路测量野外工作量，使设计效率提高了2～3倍。同时还提高了设计质量，由于采用多方案优化设计使平均里程缩短3%～5%，节省土石方量5%～10%，推广过程已经完成40余项近4000km新技术应用的典型案例，累计节约工程建设资金24亿元。该技术的推广应用是我国公路勘察设计的重大变革，彻底改变了传统的勘察设计作业方式，大大地提高了设计效率和设计质量。2003年，公路景观设计CAD开发应用，通过建立行驶质量舒适性评价模型、道路边坡景观设计材质数据库和数学模型、道路绿化材质数据库和数学模型、跨线桥梁景观选型造型数据库等，为景观优化设计提供方法和技术。

4. 公路通行能力研究和服务水平分析技术

道路通行能力分析是公路规划、设计、运营管理的基本依据。我国从20世纪80年代初期开始道路通行能力研究，先后承担了“九五”期间的“公路通行能力研究”、“十五”期间的“城市快速路系统通行能力研究”以及“山区双车道公路通行能力研究”等课题。其分析方法和参数取值均立足于我国道路设施的类型与交通现状。经过30年的研究与实践，在速度—流量关系、车辆折算系数、服务水平分级指标和阈值，以及分析方法等方面都较以往有了较大的调整。公路通行能力研究的一系列成果支撑了中国现行的《公路工程技术标准》和《公路路线设计规范》，指导了中国数百万公里的公路建设和运营。为进一步提升我国公路建设与运营管理决策的科学性，更好地掌握通行能力分析步骤、理解方法的使用和参数取值等，我国于2011起开始研究编制《公路通行能力分析细则》，并作为行业推荐标准颁布实施。

5. 虚拟现实与驾驶模拟仿真技术

截至20世纪末，公路设计的成果表现形式主要还是设计图纸，其本质上是在二维平面上表达公路空间三维结构，其缺陷是不够直观。随着计算机可视化建模以及虚拟现实技术的发展，进入21世纪之后，陆续出现了一些支持根据设计成果生成可视化公路三维模型的设计工具，为设计人员检视和完善设计成果提供了直观的辅助设计工具。未来可以预见，公路设计的主要成果表现必然由三维信息化模型全面取代二维平面的设计图纸。

公路是为公路使用者提供出行服务的基础设施，但是在设计阶段很难对公路使用者的用路方式进行系统的分析，由此可能导致一些路段的设计不符合用路者的认知和驾驶习惯。为了解决这一问题，我国自2010年之后开始利用驾驶模拟仿真技术对公路设计方案进行系统的分析，即利用驾驶模拟器虚拟公路设计方案及现实环境，并利用模拟器测试驾驶员的用路方式及驾驶行为，分析设计方案的合理性，并以此为依据进一步完善设计方案。

驾驶模拟仿真技术的应用使公路设计能够在设计阶段进行充分的"预检验"，最大限度地减少设计中存在的瑕疵。港珠澳大桥、虎门二桥、深中跨江通道等多项重大工程项目的设计过程中都引入了驾驶模拟仿真技术来进一步提升公路设计水平。目前已开展应用的驾驶模拟器仿真技术不仅能够同时支持小型车、大型车的驾驶模拟测试，而且随着多自由度运动平台以及虚拟现实技术的不断发展，其精度和效率也达到了很高的水平，在我国高速公路设计过程中受到了越来越多的重视。

6. 公路景观设计技术

近几年，随着我国经济发展水平的不断提高，代表一定精神价值及审美情趣的我国公路景观设计迅速发展，从公路单体的微观领域到公路网络的宏观领域，公路与景观的学科交叉均有体现，主要表现在路网景观生态格局研究、公路景观规划、路侧景观设计与建设、节点景观设计与建设、交通工程景观设计与融合五大方面。

（1）公路景观规划与评价技术

提出基于景观美学以及景观生态学的公路景观规划方法。通过规划，对构成公路景观的组成部分进行了指导和规定，保证设计和建设过程中公路景观达到整体统一性、自然协调性、生态环保性、视觉美观性等一系列目标和功能。

提出景观资源管理和视觉影响评估方法，建立了视觉资源管理和视觉影响评估模型，比较详细地叙述了工程项目的视觉影响评价过程。研究基于国外专家评价与心理物理学评价的景观评价方法，总结提出一个建设项目景观质量评价公式。另外，部分学者从生态、视觉、经济等角度来评价道路景观，如崔崧等从美学质量、景观阈值、景观敏感度、特殊价值四方面讨论高速公路两翼景观评价方法。

(2)公路景观设计技术

在公路工程其他选线标准的基础上,纳入环保选线,作为关键因子之一,最大限度保护生态环境;本着地形选线、地质选线、安全选线和环保选线的原则,在技术标准的掌握上,坚持灵活性。采用"露、透、封、诱"的设计手段,突出沿线较好的自然景观(如山川、草甸、河流及森林等)。

在满足交通安全的前提下,坚持因地制宜,采用贴切自然的圆弧过度,尽量与自然地形、路线所经地带的地貌相适应。提出景观恢复与再造的"系统性设计理念",强调从宏观的区域、路网等特征出发,系统考虑将项目景观资源、地域文化、地域经济等特点自然融入路线、路基、景观与环保的设计中,最终全方位、多角度地提升公路设计水平,取得良好的景观效果。

二、路基与边坡处治

(一)路基处治

1. 软土路基处治

我国高等级公路建设早期主要是在沿海与内陆平原地区开展,因此地势低洼潮湿、土质含水量高的软土地带的路基设计施工质量成为高等级公路建设成败的关键。"六五"期间国家攻关课题"高等级公路路基综合稳定技术",研究了软土路基综合设计方法和施工技术,提出了高等级公路过湿土路基夯实标准及设计、施工、新型 NCS 固化材料应用的成套技术。该技术在公路建设中得到广泛应用并取得了显著的技术经济效益。软土路基施工与公路的安全性有着极大的关系,也与工程质量有着紧密的联系。在高速公路建设不断发展的过程中,软土路基施工技术也不断完善,常见的施工方法有 CFG 桩、水泥搅拌桩、预制管桩、换填垫层等,结合实际工程的特点合理选用施工手段,可以获得更高的社会效益和经济效益。在实际应用中需要针对具体情况,对工程建设的地质条件进行分析,科学选用施工材料,提高软土路基施工技术的应用效益。

2. 特殊地区路基处治

(1)黄土地区公路修筑

我国黄土分布面积为 64 万 km^2,横跨青海、甘肃、宁夏、内蒙古、陕西五省(区)。由于黄土具有湿陷性、易溶蚀、易冲刷和各向异性等特点,给西部大开发战略的实施带来了许多困难。

黄土地区公路修筑成套技术提出了黄土浸水对路基与边坡等构筑物影响的评价方法;黄土地区公路边坡的防护技术研究总结出八类黄土高边坡地质结构模型,为黄土地区公路高边坡稳定性分析、设计与防护提供了重要依据;提出了"宽台陡坡"的设计思路,针对不同地区公路黄土高边坡给出坡型设计推荐方案，填补了现行公路路基设计规范中有关黄土高边坡设计空白；提出了黄土地基承载力的分类容许标准；公路暗穴防治措施，编制了《黄土公路暗穴勘查评价及防治技术指南》；提出了黄土路基压实标准，路基施工方法及工艺，湿陷性黄土地区湿陷病害的防治技术等；制定出黄土边坡防护的设计原则与评价准则，对黄土边坡植物防护机理、草种选择与综合防护技术进行系统研究；提出了平台植树、土工格室和绿化防护板等新型生态防护技术，总结出黄土地区公路高边坡综合防护方案。该技术的研究与应用，为我国黄土地区筑路提供了有力的技术支撑。

(2)沙漠地区公路修筑

我国共有沙漠戈壁 128.24 万 km^2，占全国陆地总面积的 13.3%，主要分布在新疆、甘肃、青海、内蒙古、陕西五省(区)，由于干旱、风蚀、沙埋等特殊的自然气候环境，给西部开发战略的实施带来很大困难。沙漠地区公路修筑技术研究采用现场调查、沙漠风沙观测、路堤横断面输沙阻沙观测试验、土工方格沙障固沙风洞试验以及各种固沙防治措施的对比试验研究，摸清了阻沙输沙的规律性。

沙漠地区公路修筑技术研究，科学地描述了公路路基各种横断面形式的输沙、阻沙规律，获得了各种公路横断面形式与建设养护费用的关系，提出了《沙漠地区公路路基横断面设计指南》；按不同沙丘类型、不同等级的沙漠公路，提出了沙漠地区公路路基合理填土高度建议值，提出了不同等级沙漠公路路基压实标准，形成了设计、施工、养护、质量检测等一系列成套技术，如提出了沙漠地区公路选线和线型设计参数，编制了《沙漠公路选线与线形设计综合技术指南》；在对我国不同沙漠类型区新建公路沙害成因、危害方式、现状以及国内沙害防治技术调查基础上，应用生态学理论、风沙物理学理论、沙产业开发理论在科尔沁沙漠、腾格里沙漠和塔克拉玛干沙漠地区选择具有代表性的公路沙害路段，进行了工程固沙技术、植物固沙技术、沙产业开发技术研究，并建立了公路防沙体系；在路域植被建设中使用了保水剂、ABT3 号生根粉、稀土抗旱根剂、双吉尔促根剂、渗水袋等新材料，取得了明显的效果；首次系统进行了沙漠路面温度场的研究，建立了路面最高温度、最低温度、路面最大变温速率以及最大温度梯度的预估公式，确定了沙漠路面工作环境指标，推荐了适应沙漠特点的沙漠路面典型结构，并编写了设计指南，为研究成果的转化应用奠定了基础；干旱区公路边坡防护采用土工网垫、化学材料(土壤凝结剂)、黏土、乳化沥青、砂石材料、麦草方格护坡，进行了不同防护材料、不同坡比的对比试验，总结出一套适用于各地区的公路沙害治理模式。即：沙漠地区植被封育技术、干旱区公路沙害综合治理技术、半干旱区公路沙害防治技术、土工合成材料固沙技术、沙产业开发利用技术、公路边坡防护技术、固沙新品种引进应用技术、极端干旱区公路植物防沙体系建设技术等。编制了《干燥状态下风积沙路基密度测定方法指南》《风积沙化学加固应用指南》《风积沙土工格室加固应用指南》和《沙区路基施工技术规程》，为我国沙漠公路的修筑提供了有力的技术支撑。

(3)冻土地区公路修筑

我国多年冻土总面积达215万km^2,占国土陆地面积23%。青藏高原是世界上唯一的高海拔、低纬度的多年冻土地区,占我国冻土面积的60%以上,多年冻土地区公路修筑一直是世界性难题。通过野外调查、室内冻土路基大型模型试验验证理论计算,摸清了水热力三场耦合的规律和公路冻害的成因机理,进而采用热力棒、聚氨酯板、遮阳板、热沥青下封层、植被覆盖等多种措施保证路基的稳定,解决了这一领域的世界性难题。

多年冻土地区路基的冻结过程是温度场、水分场及应力场相互作用的极其复杂的传热学、物理化学和力学的综合问题。路基的热状况、水分状况与相变化规律及由此引起的应力重分布是导致道路冻害的主要因素。正确认识多年冻土的性质,预报路基热稳定状况,改善土中水、热分布,避免不均匀变形、纵向开裂等病害发生,是多年冻土道路建设和发展的需要。

相关研究对伴有相变的路基非稳态温度场进行了数值分析,并应用室内冻土路基大型模型试验验证理论计算,分析了路基高度、路线走向与路基坡向、路面类型和不同路基结构类型对多年冻土区路基温度场的影响;引进非等温扩散流方程,建立冻土路基中水分迁移的有限元控制方程,应用数值解析方法和室内温度场和水分场的试验,研究水热耦合效应;基于弹性理论建立了冻土路基变形场及应力场的二维数值计算模型,通过融沉与冻胀计算模型,分析冻胀对路基顶面变形场和应力场的影响,提出了路基表面的竖向及横向位移分布的规律、路中沿深度方向的竖向位移变化规律及路基表面横向应力分布规律,开展了水分迁移造成的土体冻胀路基变形场和应力场的研究;基于多年冻土地区路基非稳态温度场控制方程、水分迁移的有限元控制方程及路基变形场和应力场的计算模型,提出了水热力三场耦合计算模型及三场耦合计算流程;通过水热力(变形)场耦合分析了多年冻土路基融沉和纵向裂缝的形成机理;自主研发了对流换热系数测试仪和辐射换热系数测试仪;通过研究水热力三场耦合规律和公路冻害成因与机理,掌握了公路路基保护冻土措施、桥梁基础稳定性评价方法及桥梁基础冻害防治措施,提出了多年冻土地区公路路基合理断面结构形式、填土高度和路面典型结构,以及公路路域生态环境保护等多项措施。

我国从20世纪70年代以来对冻土地区公路修筑技术开展了三次集中研究,历时30多年,系统集成多年冻土地区公路修筑成套技术,解决了这一世界性难题。冻土地区公路修筑技术获中国公路学会特等奖,研究成果在青藏公路被广泛采用,可以使冻土地区路基高度更加合理,减少路基、路面冻土病害的发生,延长道路使用寿命。该项目为多年冻土乃至季节冻结地区路基修筑技术奠定了坚实基础。另外,由于路基病害的减少,可以大大减轻养护工作量,这在自然环境极度恶劣的青藏高原具有极其重要的意义,人文与社会效益更为显著。

(4)岩溶地区公路修筑

岩溶在我国分布广泛,其中裸露岩溶区面积约为130万km^2,占国土陆地面积的13.5%,主要集中在贵州、广西、云南等省(区),岩溶地区其岩石破碎、山体不稳、大小溶洞暗流不断、工程地质灾害严重,给西部公路建设带来许多困难。岩溶地区公路修筑技术通过野外调查、钻芯取样、瞬变电磁测试、物理模型试验等多种手段,攻克了这一难题。

通过研究,提出了岩溶地区公路工程地质勘察中各种方法的适用条件;提出了适合不同勘察阶段的勘察技术,形成了一套较为完善的岩溶地区公路工程地质综合勘察技术体系;根据岩溶发育规律和公路工程特点,提出了岩溶地区公路工程稳定性综合评价理论和方法;根据岩溶地区边坡特点及破坏形式,结合三维离散元FLAC对岩溶边坡进行数字模拟改进提出了路堑边坡的防护措施和方法;对填石料的压实机理进行了深入研究,对填石路基的变形因素进行了分析,并对防止各种变形提出了应对措施,首次提出了以沉降压缩率法和固相体积率法来控制填石路基的压实质量,取得了良好效果;系统分析了岩溶地区高速公路景观特征及其结构,提出了既有普遍规律,又具地域特色的景观设计方法;针对岩溶地区石方边坡特点,提出了石方边坡绿化、美化和生态恢复技术。岩溶地区公路修筑技术解决了岩溶地区公路建设中的关键技术,具有显著的社会经济和生态环境效益。该成果获中国公路学会特等奖。

(5)盐渍土地区公路修筑

盐渍土主要分布在新疆、青海、宁夏、甘肃等省(区),受盐渍化影响,形成严重的公路病害。盐渍土地区公路修筑技术通过现场地质雷达、面波探测和钻孔勘探等综合调查、岩盐样品的毛细水试验、室内工程试验、路基挤密桩加固、土工布隔水、修筑万丈盐桥试验路等措施,探明了万丈盐桥沿线的地质情况,摸清了沿线溶洞的分布情况和工程措施的效果,为课题任务的完成打下良好基础。

通过一系列室内试验研究了万丈盐桥沿线的岩盐的基本性质,模拟了气候和环境条件的变化对岩盐稳定性的影响;进行了CT观察分析,孔隙分布测试、蒸发、崩解、热胀冷缩等试验,查清了影响岩盐路基稳定性的主要因素;进行了岩盐的基本力学性质试验、岩盐试样的工程力学试验,得出岩盐的变形强度参数,以此为据通过现场测试建立具有孔洞岩盐的动力响应模型,进而对暗洞的埋深和孔径提出了安全性评价标准;绘制了青海柴达木盆地公路沿线盐渍土分布图;采用相平衡理论分析基于相变的盐渍土工程性质,提出了盐渍土的判别方法并给出了诺谟图;通过现场试验和长期观测结果表明使用隔水土工布和灌注桩加固岩盐路基具有较好效果;编制了《盐渍土地区道路翻浆处治技术指南》。

(6)膨胀土地区公路修筑

在西部地区尤其是西南地区,如广西、贵州、湖南、湖北等省(区)均有大面积的膨胀土分布,并有26个省区存在区域性分布。膨胀土遇水膨胀、失水收缩的特性对各种轻型构造物具有极大危害性,所以膨胀土素有“有堑必滑,有堤必坍”的恶名,被称为“工程癌症”。膨胀土地区公路修筑技术通过现场调查和膨胀土的物理力学试验、大型离心机模型试验、三相膨胀与收缩试验、试验段的工程实体试验,摸清了膨胀土的工程特性。

通过一般物理力学试验、胀缩性试验、物理力学和物理化学试验、细观结构特性测试和非饱和土力学试验,得到了一系列膨胀土土性参数,提出了膨胀土压力板试验,重力含水率和体积含水率的换算,膨胀土粒度和孔径的分形等分析方法;自主研制了膨胀土的三相膨胀和收缩试验仪,进行了膨胀土的三相膨胀与收缩试验;系统研究了膨胀土地区公路勘察的原位测试及评价技术;提出了反映膨胀土本质特性的膨胀土标准吸湿含水率的概念,研制了标准吸湿含水率试验装置,制订了标准吸湿含水率试验方法,提出了以标准吸湿含水率为指标的新的判别与分类方法;研究了膨胀土的公路工程性质,提出了膨胀土裂隙定量描述的理论方法和膨胀土地基变形计算的方法;在国内首次提出了公路膨胀土路基填料分类、膨胀土地基分类、膨胀土路堑边坡分类和膨胀土场地分类的方法,形成了完整的膨胀土工程分类体系;提出了《膨胀土地区公路工程地质勘察指南》和《膨胀土地区公路路线设计指南》;利用 GIS 软件平台建立数学模型进行二次开发,在全国首次提出《数字化全国膨胀土地理信息系统》。研究成果在国内 8 省区 22 条高速公路 200km 膨胀土路段的实体工程中得到应用,经济效益显著,应用前景广阔。该技术获公路学会特等奖。

(二)边坡处治

我国是世界上地质灾害最为严重的国家之一,地质灾害种类多,分布广,活动频繁,危害严重。每年因地质灾害造成的直接经济损失占自然灾害总损失的 20% 以上,其中以西南山区的地质灾害最为严重。受全球气候变化和地震趋于活跃的影响,近年来地质灾害造成的人员财产损失呈直线上升趋势,未来 5 ~ 10 年仍是地质灾害的高发期。

随着我国山区公路建设规模的扩大,面临的地质灾害也越来越严重,国家已明确将交通运输作为全社会六大安全高危行业之一。相对于山区高速公路而言,大量的山区二级及以下低等级公路,由于其建设标准低、工期短、防护力度小,其面临地质灾害的问题更为突出。低等级公路因里程庞大,涉及主要人口分布及出行区,安全影响庞大。边坡稳定防治已成为公路建设安全与运营安全的重要方面。

1. 早期

因为该阶段公路工程建设项目规模一般较小,以能通行为主要目的,因而很少对高、危边坡投入大量精力进行治理。针对低矮边坡的防治方式主要是采用抗滑挡墙、排水、填土反压、清方减载等形式。这种结构方式计算主要考虑土体的主被动压力,理论简单明确,结构简单,施工时以人工为主,材料主要采用就地取材的浆砌块石等方式,比较方便。挡墙种类主要是重力式挡墙及其增加支撑等改进形式。挡墙式防护形式曾取得显著工程效果，但有时由于滑坡推力大而致使抗滑挡墙体积庞大，墙基必须置于滑面以下一定深度，因而存在工程量大，沉降大，施工开挖对坡体稳定影响大的缺点。该时期对于较高的岩质边坡，防治方式主要限于削坡减载和边坡人工清理的方式。

2. 中期

该阶段除了采用传统防治方法外，由于经济发展及对边坡稳定性认识水平的提高，支挡作用得到强调，工程上常采用疏截地下地表水，结合抗滑桩支挡的形式来进行边坡治理。抗滑桩因内设钢筋，其提供的抗力大，布置灵活，施工简单，施工对滑坡体扰动小，安全，见效快，在这一时期曾被广泛应用。在此基础上边坡治理逐步形成以抗滑桩支挡为主，结合清方减载、截排地下水等措施的滑坡综合治理技术。

3. 现阶段

高速公路加快发展，高陡边坡越来越多，对边坡治理技术提出了更高的要求。随着锚固技术的发展，结合岩土地下水疏排措施完善，锚杆或预应力锚索在边坡加固中逐步得到了广泛的应用，同时在实践中发展出更多的结构形式，如喷锚支护、土钉墙、锚杆抗滑挡墙、预应力锚索抗滑桩、预应力锚索抗滑桩板墙、预应力锚索地梁、预应力锚索框架等。锚杆和预应力锚索的应用大大改善了边坡防护结构的受力状态，降低了工程造价。

除了用于岩土体深部加固的锚固技术的不断发展，坡面防护技术也有了长足进步。对于边坡表面危岩，常用技术有爆破清方、砌石支顶、锚喷、护面挡墙、锚固等方法，近 20 年来柔性防护系统得到了广泛应用。柔性防护系统主要包括主动柔性防护系统及被动柔性防护系统。主动防护系统是采用钢绳网覆盖边坡表面以稳定坡表小型危岩，防止产生落石以及对落石路径进行引导的主动防护网；被动防护系统由固定钢绳网的钢柱、拦截落石的钢绳网以及减震消能的消能环等组成。

多种防护技术的应用与不断发展，丰富了边坡防治技术与方法，提高了防护效率，深化了对边坡稳定性认识，具有长远深刻意义。

三、路面结构与材料

（一）半刚性基层发展历程

半刚性基层路面是我国高速公路及干线公路所采用的主要结构形式，伴随着我国公路建设规模和水平的不断提升，半刚性基层技术也在不断发展和完善。我国从 1954 年开始在公路上应用石灰土基层，在 20 世纪 70 年代中，开始使用水泥稳定材料基层并在随后被逐渐推广使用。

20 世纪 70 年代，我国的干线普遍存在冻胀翻浆、结构承载能力不足等早期损坏现象，采用具有板体性和较高强度的半刚性基层结构，有效解决了这一时期的主要矛盾。20世纪80年代起，通过先后修筑的北京门头沟试验路、广西玉林试验路、黑龙江肇东试验路和广东南岗试验路，验证了半刚性基层路面在我国不同气候片区的适用性。这种用水硬性结合料处治基层的沥青路面具备更强的结构承载力，更能适应现代重型交通发展的需要。1983年第17届世界道路会议上，正式提出了半刚性路面的概念。1985年颁布的首部《公路路面基层施工技术规范》（JTJ 034—1985）即主要以无机结合料类稳定材料为主，初步形成了“强基、薄面、稳土基”的设计思想。

改革开放后，我国开始大量修建高等级公路。1986年，交通部公路科学研究所开展“提高路面质量若干主要技术问题的研究”，其核心是在不同等级公路上铺筑高质量的半刚性路面。这是我国第一部关于半刚性基层沥青路面的研究报告，对我国后来修筑以半刚性基层为主的高速公路或高等级公路奠定了理论基础，并提供了大量的扎实、可靠的实践资料。

20世纪80代中后期，我国开始修建高速公路，以京津塘高速公路、广佛高速公路等为代表的我国第一批修建的高速公路普遍采用了半刚性基层结构，基层总厚度为40～50cm。与柔性基层路面相比，半刚性基层路面由于半刚性基层刚度大，因此这种路面一般具有较高的强度和承载能力，且有利于就地取材，充分利用地方性材料，减少对环境的影响。经过这一时期的积累和总结，1993年颁布了修订版的《公路路面基层施工技术规范》（JTJ 034—1993），进一步规范了材料标准、施工方法及质量验收标准。

20世纪90年代，半刚性基层路面已成为我国高等级公路主导的路面结构形式，期间修筑的半刚性基层路面普遍采用三层基层设计，厚度由20世纪80年代高速公路的40～50cm提高到60～70cm，这一时期伴随施工机械化水平的提高、质量控制的完善，半刚性基层路面质量不断提高。

进入21世纪，随着国内外对于长寿命路面发展需求的重视，半刚性基层的设计及施工也在原有的基础上不断提升和改进。为将路面的设计寿命由当前的15～20年提高为40～50年，基层质量的提高是前提。2008年，沙庆林院士承担的“重载交通长寿命路面关键技术研究”，提出了适用于重载交通的长寿命路面半刚性基层结构形式，将半刚性基层的厚度由原来的60～70cm提高到70～80cm，并提出了配套的施工工艺及控制标准体系。随后，该成套技术先后在广东云浮高速公路、内蒙古准兴高速公路、秦皇岛沿海高速公路推广应用，均取得了良好的效果。2015年颁布的《公路路面基层施工技术细则》（JTG/T F20—2015），已将长寿命路面的半刚性基层技术作为主要内容之一。

（二）改性沥青在高速公路建设中的发展

进入20世纪90年代以来，我国高速公路沥青路面迅速发展，但一些高速公路的使用状况不尽人意，京石等高速公路通车1～2年就出现局部早期损坏现象，如夏季出现车辙、冬季开裂、雨季水损害的情况时有发生。为此，在沥青混合料级配优化调整方面进行了大量研究，但是都不太理想。沥青材料具有很强的温度敏感性，高温条件下变软，容易导致沥青路面产生高温车辙等病害；而低温条件下变脆，容易导致沥青路面产生开裂等病害。为了提高沥青路面性能，解决早期破损问题，特别是高速公路沥青路面的车辙、坑槽问题，国内逐渐认识到开发聚合物改性沥青是很好的技术方向。加快改性沥青新型沥青材料的开发被提到重要的议事日程。

20世纪80年代，我国开始改性沥青方面的试验研究，修筑了试验路；但是，由于技术和经济上原因一直没有得到规模化推广应用。

20世纪90年代，交通部推进改性沥青及改性沥青混合料的应用研究。1991年我国政府组织专家对欧洲奥地利、意大利等国家进行了聚合物改性沥青技术考察。1992年，我国首次在"国门第一路"北京首都国际机场高速公路上采用了改性沥青新技术，主要是进口了奥地利NOVOPHALT聚乙烯改性PE，此技术的应用对高温稳定性有明显效果，但对低温性能的改善效果不明显。之后，奥地利PE改性沥青陆续在广佛、成渝和八达岭等高速公路上得到应用。

通过对进口改性沥青的应用，我们认识到了加快改性沥青研究的紧迫感。交通部领导指示有关部门，必须独立自主地研制开发改性沥青设备，走国产化道路。通过研究，我们在20世纪90年代基本实现了SBR改性沥青国产化。最早应用到我国高速公路的是齐鲁石化公司生产的Q型丁苯胶乳改性沥青，其产品于1994年应用到京石高速公路北京段，双幅1km；1994年应用到南京绕城高速公路，双幅1.5km。由于SBR高温性能提高有限，之后并没有得到大规模推广。

开发SBS改性沥青设备的难度是很大的，国外各种设备都有专利，同时没有相关资料可借鉴。1995年，第一台由北京市公路局和湖北通发科技有限公司合作研制的"LG-8A炼磨式沥青改性设备"的鉴定样机在京城亮相。1996年10月，在北京通顺路铺筑了22段改性沥青试验段，试用了PE、SBS、PE+SBS、APAO等各种不同比例的改性沥青8种。当时该设备的加工性能已经达到国际同类产品的水平。此后，首次利用国产"LG-8A炼磨式沥青改性设备"制作了SBS改性沥青，1997年供北京长安街沥青面层整修工程铺筑使用，这是我国公路首次大规模、成功应用改性沥青。

"LG－8A炼磨式沥青改性设备"的研制成功，具有相当明显的社会和经济效益。在此之前，由于我国没有专用的改性沥青制造设备，一直使用奥地利RF集团的设备加工。每加工1t改性沥青，仅加工费就高达100～110美元，加上关税及外国人员的生活费用等，每吨改性沥青的加工费折合人民币需1000元。如果采用国产改性沥青设备，加工费至少可以节省一半以上，以长安街沥青面层整修工程为例，拌和26000t改性沥青混合料，生产了1600t改性沥青，以每吨节省加工费500元计，可产生直接经济效益80万元。可以说，长安街改性沥青路面整修工程，开创了我国沥青路面和机场道面建设的一个新时代，它标志了我国改性沥青将实现完全国产化并可以大规模推广应用时代的到来。

之后，国内又有几家单位研制了各种类型的改性沥青设备，并形成竞争态势，为我国改性沥青发展创造了有利条件。

为了推进改性沥青技术的发展，我国很多科研单位、大专院校、工程单位，开展了大量研究工作，解决了改性沥青的生产、材料评价、混合料设计、施工和质量控制等一系列技术难题，并针对不同的改性沥青和具体的工程实践，制订了一些相应的技术标准和施工指南，对于指导改性沥青评价、设计与施工发挥了一定作用。为适应改性沥青工程应用需要，1998年交通部颁布了第一个改性沥青行业标准《公路改性沥青路面施工技术规范》（JTJ 036—1998）。这些技术和标准有力支撑了改性沥青在我国的规模化应用。

部标准的颁布，极大地促进了我国改性沥青在高速公路中的应用，以SBS改性沥青为代表的聚合物改性沥青在我国高速公路上得到大量推广应用，如河北、山东、吉林、辽宁、河南、江苏、湖北等省份。进入21世纪，随着我国高速公路建设高峰期到来，几乎所有的高速公路表面层都采用了改性沥青。

我国改性沥青生产技术得到快速发展，传统的现场小型设备加工已逐渐发展成为工厂化加工，改性沥青产品质量也有了很大的提高。根据我国改性沥青工程实践，2004年交通部颁布了新修订的《公路沥青路面施工技术规范》（JTG F40—2004），其中将改性沥青及改性沥青混合料相关标准进行了完善，全面提高了改性沥青的产品标准。

2003—2005年，我国山东、江西、江苏等省份陆续采用双层改性沥青，西部地区对于重交通及以上高速公路也采用双层改性沥青。改性沥青在高速公路路面应用的同时，在桥面铺装也得到广泛应用。据统计，我国高速公路改性沥青占总沥青用量约40%，全国13万km高速公路中有12万km采用了改性沥青，其中90%以上采用SBS聚合物改性沥青。而欧美改性沥青的应用相对较低，约占11%。

目前我国改性沥青生产已经完全实现国产化，形成了试验检测、评价、设计、施工和质量管理成熟技术体系，相关技术已经达到国际前列。

（三）SMA在高速公路建设中的发展

我国沥青混合料早期借鉴欧美的密实型连续结构AC-Ⅰ型或AC-Ⅱ型，这种沥青混合料细集料多，粗集料少，虽然密实、耐久性能高，但是抗车辙性能差，这也是导致我国早期很多高速公路沥青路面车辙问题突出的重要原因之一。为解决这一问题，我国自主研究了骨架型结构AK类抗滑沥青混合料，此混合料粗集料多，细集料少，同时沥青用量降低较大，其抗车辙性能大大提高，更为重要的是路面的抗滑性能明显提高，但是，此类混合料密实性差,容易造成坑槽等水损坏,耐久性差。

沥青玛蹄脂碎石(SMA)是德国研发的一种新型骨架型沥青混合料,沥青用量、粗集料和粉料多,而细集料少,同时采用改性沥青,使得该混合料在高温抗车辙能力、低温抗裂性能、密实和耐久性方面性能俱佳。该SMA路面技术在国际上得到了大量成功应用。

根据我国高速公路发展需要,1991年我国政府组织专家对欧洲如德国等国家进行了SMA技术考察,1992—1997年在我国开始进行大量的改性沥青SMA试验性研究,这个时期是我国改性沥青SMA技术从起步到发展的重要阶段,主要特征是借鉴德国技术。其中1992年首都机场高速公路是我国首次在高速公路上进行SMA新技术的研究性应用,这为之后该技术发展提供了非常有益的经验。1996年八达岭高速公路是改性沥青SMA技术初期首次规模化应用。

1997年改性沥青SMA技术在北京长安街的运用则是其成熟的标志。1997年,为迎接香港回归,北京市决定对东西长安街沥青面层进行整修。根据当时的国情,照顾到城市的习惯,选择了SMA-10型沥青玛蹄脂碎石混合料,铺筑后,受到了广大人民群众的赞扬。可以说,长安街改性沥青SMA沥青路面整修工程,开创了我国沥青路面和机场道面建设的一个新时代,标志着我国改性沥青SMA技术实现完全国产化并大规模推广应用时代的到来。

1992—1997年间,北京、江苏、吉林、河北、山东等一些地方铺筑了SMA试验路,由于大都照搬德国的经验,使用效果并不理想,主要是缺乏我国自己的SMA混合料设计和评价技术指标。北京市公路局比较注意总结经验,与交通部公路科学研究院和全国科研、建设等单位一起,研究了国外成功失败的经验教训,使SMA在北京的发展相对来说比较顺利,成为全国学习的典型。

为指导SMA配合比设计、性能评价和施工质量管理,尽快编制相关规范或指南已是迫在眉睫,交通部公路司于1997年立项进行"沥青玛蹄脂碎石混合料性能及指标"研究,1998年交通部科教司又立项进行了"九五"行业攻关项目"沥青玛蹄脂碎石混合料(SMA)路面的推广应用"研究。

目前,改性沥青SMA路面已经被公认为是性价比最好的沥青路面结构,已成为我国高速公路的主要路面结构形式之一,是一些大交通量、重载交通道路或重要高速公路首选的结构形式,可广泛应用于各种高速公路沥青路面、桥面铺装和机场跑道的表面层、磨耗层。根据2012年统计,全国公路沥青路面工程中SMA路面使用比例占高速公路达36.2%,很多省份的SMA路面比例甚至超过了50%。SMA沥青路面有力地推动了公路工程科技进步,使沥青路面的使用性能得到了大幅提高,大幅节省维修养护费用,延长使用寿命,社会经济效益十分显著。

SMA技术在我国各类型沥青混合料中属于技术最为复杂、施工难度最大的,我国在

SMA 技术方面开展的大量应用研究,先后获得多项奖项,该技术也一直处于世界先进水平,目前我国 SMA 技术得到亚洲地区的广泛应用。

(四)橡胶沥青技术研究及推广历程

橡胶沥青是将废旧轮胎加工成一定细度的胶粉后与普通沥青在一定条件下熔合反应所生成的改性沥青胶结料,由于所具有的良好路用性能以及在解决废轮胎固体污染、节约能源、保护环境方面的特殊作用,在沥青改性中占据重要的地位。现代橡胶沥青技术起源于20 世纪60 ~70 年代的美国,20 世纪 90 年代左右橡胶沥青技术逐步得到大规模推广应用,目前应用规模较大、技术较为先进的主要包括美国、中国和南非等。

20 世纪 70 年代末 80 年代初,为改善我国性能不佳的国产沥青,同济大学研究了橡胶粉与沥青共熔反应的黏度变化规律和对橡胶沥青路用性能的影响,并分别于 1980 年和 1981 年在江西省的铅山县和贵溪县铺筑了橡胶沥青试验路。1982—1986 年间,四川省试铺过若干段路面。然而,由于技术本身不成熟性,国内橡胶粉工业规模小,废旧轮胎数量相对小而零散,回收体系不健全,无害化回收处理不被重视等问题,国内的橡胶粉路用应用一度停滞。直至 20 世纪 90 年代末期,随着我国汽车保有数量的不断增加和胶粉制备水平的提高,橡胶沥青又重新引起科研人员的重视。

2001 年,交通部公路科学研究院承担西部项目“废旧橡胶粉在公路工程中的应用”,拉开了新一轮研究和应用的序幕。该项目是国内第一次对橡胶粉产业化路用的综合研究,开展了包括橡胶沥青生产工艺、混合料配合比设计、橡胶沥青路面的施工工艺的成套技术研究。项目成果先后应用于广东肇庆马房大桥钢桥面铺装,并通过成果鉴定。2002—2004 年间,河北沧州海武公路、广东中山 105 国道沙细窑城区段、广东中山 105 国道改建鸦岗段及河北衡小、京秦高速公路先后完成了橡胶沥青的新建和改建工程。

2004 年,“废旧橡胶粉用于筑路的技术研究”成果获国家科学技术委员会的科学技术成果鉴定,同年橡胶沥青技术首次应用于北京道路——北京顺平辅线改造工程。

2005 年,交通部公路科学研究院进一步将橡胶沥青技术应用于北京门头沟南雁路改造工程。

依托交通部立项研究和包括北京、天津、广东、四川等国内典型气候片区省区的应用,橡胶沥青实现了从不可用到成功应用的跨越,初步形成了技术体系和标准。

2007 年,作为一项自主知识产权的成熟技术,橡胶沥青技术被列入交通部第一批交通科技项目推广计划和首批“材料节约和循环利用专项行动计划”重点推广项目,橡胶沥青技术除继续在应用成熟地区推广外,还先后应用于河北张石高速公路新建工程、北京四环路四元桥铺装改造工程、北京四环路看丹桥铺装改造工程等标志性工程。而且,进一步推广至湖北沪蓉西高速公路、山西忻阜高速公路等科技示范工程,最终成功应用于北京奥运会、八达岭高速公路大修、长安街大修、上海世博会等重大道路工程，取得了规模和示范效应上的重大突破。

这一时期的研究和应用成果，奠定了交通运输部公路科学研究院主持完成的国家科技进步二等奖“废轮胎修筑高性能沥青路面关键技术及示范应用”的核心基础。不仅先后攻克了橡胶沥青互逆反应控制和废胎胶粉高弹尺度效应等核心技术难题，提出了原创性的高性能橡胶沥青混凝土设计方法，而且自主研制了性能稳定及高效的橡胶沥青生产装备；开发了降噪声、抗开裂、抗车辙的多功能橡胶沥青混凝土，形成了集材料、结构、装备、工艺和质量控制为一体的自主知识产权高性能橡胶沥青路面修筑成套技术，实现了规模化工程应用。

近 10 年的成功研究和全国多地示范应用，为橡胶沥青技术的市场广泛应用提供了契机。随着橡胶沥青技术指南、标准等的制定，橡胶沥青在全国多地加快了推广应用的步伐。2010 年，为加快科研成果的产业转化，交通运输部公路科学研究院与北京嘉格伟业筑路科技有限公司联合进行橡胶沥青的产业化开发，形成了科研与产业转化的示范模式，极大地推动了交通运输部公路科学研究院橡胶沥青产业快速发展。截至 2015 年，交通运输部公路科学研究院累计完成橡胶沥青项目 400 余个，其中包括橡胶沥青生产销售、自主研发的 JTAR 系列橡胶沥青设备销售等，完成橡胶沥青材料供应近 6 万 t。

随着市场规模扩大，橡胶沥青在轮胎、石化、交通、材料加工等行业快速发展，形成了废胎胶粉加工、橡胶沥青加工及沥青混凝土施工的全产业链，建立了一批橡胶沥青生产基地，及覆盖全国的橡胶沥青供应链，极大促进了各地推广应用。

（五）水泥混凝土路面技术

我国水泥混凝土路面的起点可以追溯到 20 世纪 20 年代，少数大城市的城市道路和机场跑道开始铺筑水泥路面。新中国成立后，我国借助苏联的建设经验和研究成果，制定了 1953 年版和 1966 年版《水泥混凝土路面设计规范》，成为当时铺筑水泥路面的技术基础。由于公路交通量较小，按照当时水泥路面设计规范的结构计算方法，大多数水泥路面采用薄面弱基结构，路面板的厚度不超过 20cm，对基层和垫层的强度和厚度要求也不高，部分路面甚至直接铺筑在土基上。

1978—1985 年间，交通部规划设计院和同济大学联合全国大专院校、公路、市政、民航、空军后勤部等，包含设计、施工、科研在内的 40 多个单位，开展了长达 10 年的联合攻关，编写了《水泥混凝土路面设计理论和参数》研究报告，并以此为基础编写了《公路水泥混凝土路面设计规范》(JTJ 012—1984)，此后又编制了《水泥混凝土路面施工与验收规范》(GBJ 97—1987)，这些研究成果及相关标准和规范的建立，标志着我国水泥路面技术体系框架的构建。这一阶段着重研究设计理论、方法和参数，探讨某些施工养护问题，取得的主要研究成果有:应用有限元法分析面板的荷载和温度翘曲应力,并编绘了可供生产使用的荷载应力、温度应力计算图;我国若干典型地区温度梯度值;旧混凝土路面强度评定与加厚层设计方法;刚性路面下地基综合模量的取用;主要设计参数如混凝土强度参数、动荷系数、传荷系数和防冻层的设计等,以及调查总结了 81 个地、市混凝土路面的构造和使用情况,并提出了改进意见和建议。

1987 年国家科委下达科技工作引导性项目“我国水泥混凝土路面发展对策及修筑技术研究”,水泥混凝土路面的研究进入第三个阶段。该阶段取得的主要成果有:在发展对策研究方面,提出了供国家制订发展我国水泥混凝土路面的对策和措施;在重交通道路水泥混凝土路面设计方面,提出了考虑高低应力比的混凝土疲劳特性、控制挠度的结构设计方法和混凝土路面结构可靠性分析;在修筑技术方面,提出了普通混凝土、碾压混凝土和钢纤维混凝土的施工工艺和施工须知以及旧混凝土路面的监测评价和维修养护等多项成套的实用技术。在材料方面,提出了混凝土混合料设计、路面接缝材料的试验,包括检测试验标准、方法和仪具的开发研制等。该成果成为我国水泥路面技术现代化的起点和基础,其中的较多重大成果如“路面结构计算力学经验法”“按抗弯拉强度设计道路混凝土”“强度—水灰比公式”等沿用至今。

由于 20 世纪 90 年代后期铺筑的较多高速公路水泥路面的早期破坏现象较严重,在 1994 年设计规范基础上修订后的《公路水泥混凝土路面设计规范》(JTJ D40—2002)除了采用可靠度设计理念代替原有的确定性设计理念,以及考虑了超载重载车辆的影响外,更重要的是通过总结多年的使用经验和借鉴美国理念,意识到现有的结构计算方法无法充分考虑复杂的应用实际,因此体现了“轻结构计算、重结构组合”的理念,重点对结构的合理组合设置提出了众多建议,对此后的水泥路面设计起到了指导性作用。在该理念的指导下,重交通公路的水泥路面结构设置出现了较大变化,体现为面板加厚增强、增设传力杆、基层加厚增强等,此时部分高速公路开始使用 30cm 以上厚度的面板,采用了最粗达 40mm 的传力杆,采用双层水稳基层甚至贫混凝土和水稳的复合基层,路面结构厚度增至 90cm,路面结构总厚度已与沥青路面相当。

“更强更厚”理念提出后影响了我国水泥路面施工近 10 年时间,由于增大了路面结构厚度特别是面板厚度,以及机械化水平的提高减少了施工不均匀性,水泥路面的实际寿命有了相当程度的增长。但在使用中,“更强更厚”的设计理念也暴露出了一些问题,如从结构设计而言,高强大厚度基层与刚性路面板之间存在刚度不协调的新问题,导致面板和基层之间的温度脱空程度加大,基层对路面结构的整体承载力贡献不升反降,导致面板的断角现象普遍,这从广东清远至连州、广西岑溪至兴业和全兴至兴业等多条高速公路中可以观察到。

随着水泥路面在高等级公路大规模建设期的结束,路面工程界对过去 10 年中水泥路面建设的经验和教训开始了总结、反思和检讨。但令人疑惑的是，面板和基层厚度及强度都提高了，甚至效仿沥青路面使用了双层水稳基层乃至贫混凝土和水稳的组合基层，但路面的早期破坏问题并未解决，断角和平整度差的新问题同样挥之不去，工程界开始对传统的设计和施工体系提出了质疑，提出了效仿“025 课题”和“八五课题”，集成全国此时已很有限的水泥路面技术力量，研究提高水泥路面的耐久性。在这个大背景下，交通部组织了 10 余个单位，以 2005 年开始的西部交通建设科技项目“道路水泥混凝土组成设计”为开端，集中在 2007—2012 年，投入了上千万的专项资金，开展了西部交通建设科技项目重大专项“耐久性水泥混凝土路面关键技术研究”，取得了众多成果，并由此对设计规范和施工规范进行了修订，突出强调了“重结构组合，轻力学计算”的设计理念，不限于厚度计算，而是更为重视路面结构组合及其与使用环境的协调和平衡；对重载和超载导致的路面破坏现象考虑得更为充分，如修改了荷载应力和温度应力计算参数，增加了极重交通等级设计和极限断裂破坏验算等；更为重视路基对路面结构的均匀支撑；吸收了近年来国内外路面材料的试验方法及设计参数，学习了部分欧美国家的设计理念，推荐在基层和路面板之间设置沥青混凝土中间层和其他类型功能层等。

四、养护管理与决策

（一）引进国外路面检测、试验设备和应用技术

20 世纪 80 年代，交通部公路科学研究所通过国家计委技术引进项目、世界银行贷款项目和对外技术合作，引进成套路面检测、试验设备。这些设备的性能先进实用，自动化程度高、检测率高，属 20 世纪 80 年代世界先进水平的设备和技术。这些设备主要有：检测路面强度的自动弯沉仪和落锤式弯沉仪；检测路面平整度的反应类和断面类自动检测设备；检测路面抗滑性的横向力系数和路面构造深度测试装置；检测路面破损的路况摄影车及其处理装置；检测公路线型的公路几何数据采集系统。对路面实体进行加快加荷的路面加速加载试验装置。通过这批现代化设备的引进，组织了强有力的技术队伍消化吸收了其应用，并迅速投入到“七五”科研项目和京津塘、沈大等高速公路和部分干线公路的路况检测评价，充分发挥了设备效能。

（二）自主开发研制路桥质量检测和试验设备

“七五”国家科技攻关项目中，安排了多项检测设备研制开发专题。自动弯沉仪的研制和应用技术取得了较高水平成果，通过了国家鉴定验收，生产两台样机，已用于高速公路等的检测，可以替代进口。“路面平整度快速测定仪的研制和应用技术”，其中“车载式颠簸累积仪”批量生产了数十台，用于干线公路路面平整度检测，“标准式颠簸累积仪”

“快速线形测定仪”,三项设备研制均通过了国家鉴定验收。“核子密度与含水量测定仪研制”研发了静态背散射式和动态背散射式两种核子密度含水量测定仪,为公路检测提供了部分现代化的关键设备,满足了国内公路桥梁快速检测的急需。

(三)沥青路面快速检测与养护技术研究

开展“沥青路面快速检测与养护技术研究”,研发了我国首个具有完全自主知识产权和国际最先进技术水平的“路况快速检测系统(CiCS)”高科技装备,并与我国早期开发的路面自动弯沉仪(ABB)和路面抗滑性能检测车(RiCS),组成了一个完整的路面快速检测装备体系。

研究开发了我国首个具有完全自主知识产权和国内外最高识别率的“路面损坏识别系统(CiAS)”自动识别技术及软件,显著提高了路面损坏的检测效率和检测结果的准确性及可信性。在我国的路面损坏检测工作中,第一次真正意义上拥有了标准统一的路面损坏快速检测方法,减少了检测工作的人为因素,使不同省市、不同区域及不同时间检测的数据有了可靠的可比性。

研究开发了第一个具有人工智能特征、可用于路面损坏原因诊断与损坏修复分析的项目级沥青路面养护专家系统,弥补了“国省道及高速公路养护管理系统(CPMS)”项目级系统的不足,填补了我国在项目级沥青路面养护专家系统研究方面的空白。成果中,高强度带状灯光装置、距离定位装置、路况数据采集系统/CiCS 2.0、路面破损识别系统/CiAS 4.0、路面养护专家系统/MES 2.0 已获取知识产权;路面养护专家系统已在宁夏回族自治区和四川省两个西部省(区)应用,路面快速检测技术及装备已在山东、浙江和河北三省应用,提高了这些省份路面养护的科学性、准确性及工作效率。对实时监测和检测我国国省道及高速公路路面技术状况、预测路面养护需求、及时实施路面损坏养护与修复,具有十分重要的作用。“沥青路面快速检测与养护技术研究”获中国公路学会一等奖,路况快速检测系统(CiCS)通过了英国运输研究所 TRL 组织的 SCANNER 认证。

(四)养护管理系统

研究开发的“干线公路路面养护管理系统”在全国的研究和推广,提升了路面养护的决策水平,主要依靠工程技术人员的经验,根据需要定期对路面状况进行检测,录入路况数据,在评价路况发展趋势并综合考虑养护经费基础上,完成养护的决策,从而减少了决策的主观性,提升了决策的科学性。“干线公路路面养护管理系统”获中国公路学会一等奖。

(五)公路养护科学决策

公路养护科学决策是指以提高公路服务水平和养护资金使用效率为目的,基于准确、翔实的公路数据,结合本地的管理需求和技术水平通过科学决策程序和方法,对公路养护工作开展决策的过程。公路养护科学决策包括路况检测与评定、养护标准设定与需求分析、养护方案比选、规划与计划编制等环节。其突出特点是，在大规模公路网技术状况数据的基础上，利用大型公路养护分析平台，使养护决策既能包涵当前病害的修复需求，又能考虑未来的病害修复需求、修复费用和用户成本，实现全寿命的系统化决策。

（六）公路全资产管理技术

公路全资产管理是以覆盖整个公路网的"时—空"数据为基础，基于地理信息技术和高清晰图像技术，对包含路线、路基、路面、桥涵、沿线设施等内容的技术状况、历史数据、养护需求等各种信息和数据进行综合分析。其技术基础是公路养护分析可视化平台，能够全方位展示公路网中任意区域、任意路线、任意路段、任意位置的从宏观到明细的所有公路资产信息，以及历史、现状和未来趋势。

（七）路面大中修养护设计技术

随着检测技术、信息技术的发展，各类检测装备、设计软件及管理系统的研发为公路养护设计技术的发展提供了基础。通过在路况连续检测、路面长期使用性能、大中修养护周期分布规律、病害分析及诊断、养护方案设计和经济评价方法等方面开展的系统研究工作，构建了科学的路面大中修养护设计技术体系，提出了基于使用性能和全寿命周期费用的沥青路面大中修养护设计理论及方法。路面大中修养护设计技术被纳入交通运输部"交通运输建设科技成果推广目录"和交通运输行业标准《公路沥青路面养护设计规范》。

（八）微表处技术

微表处技术是采用专用机械设备将聚合物改性乳化沥青、粗细集料、填料、水和添加剂等按照设计配比拌和成稀浆混合料摊铺到原路面上，并很快形成具有高抗滑和耐久性能的薄层。江苏省的宁沪高速公路、京沪高速公路等都在养护工程中大量使用微表处罩面，对延缓路面病害的发生发展，延长路面使用寿命起到了积极作用；安徽省大量使用微表处进行高速公路沥青路面车辙修复，有效地恢复了路面平整性，显著提高了行车安全；福建省高速公路大量使用微表处罩面，对预防和延缓沥青路面水损害的发生和发展起到了积极作用。

（九）沥青路面再生技术

近些年，伴随着我国大量高等级公路进入大修、重建阶段，废旧路面材料的再生利用问题重新得到重视和广泛关注，在高等级公路上使用沥青路面再生技术取得了较好效果。就地热再生、就地冷再生、全深式再生、厂拌热再生和厂拌冷再生等先进再生技术在我国公路上得到推广应用。2004—2005 年,江苏省在沪宁高速公路改扩建工程中采用乳化沥青厂拌冷再生技术对旧沥青混合料进行了再生处理,并作为柔性基层,取得了较好的使用效果;2006 年江西昌九高速公路维修工程采用乳化沥青厂拌冷再生技术对旧沥青路面进行再生处理,取得了较好的效果;2006 年、2007 年陕西的西禹、西潼等多条高速公路在路面大修中使用了泡沫沥青厂拌冷再生,取得了较好的效果。

五、节能与环保

(一)公路节能减排

公路工程节能减排领域的研究,取得了一批实用型的科技成果。在公路工程方面,主要研究包括隧道弃渣利用、废旧路面再生利用、废旧轮胎橡胶粉再利用、大宗固体废弃物(钢渣、粉煤灰、煤沥青)在道路工程中的资源化利用、不良地材(滨海粉细砂、不适宜填料)改良应用、温拌沥青技术、环保型融冰化雪技术、特种功能路面等;在桥隧基础设施方面,主要研究包括节能环保型高性能公路桥梁混凝土、桥梁结构维修加固用高性能黏结材料、高耐久性桥梁用钢筋与不锈钢丝等;在交通工程设施节能与减排方面,重点开展了隧道照明灯具、隧道通风设计、沿线设施供电照明、光伏发电系统标准和太阳能技术在低能耗交通安全设施等技术研究与应用。

1. 隧道弃渣制造生态预制块技术

山区公路建设中会产生大量隧道弃渣,国内对隧道弃渣的有效利用水平正在不断提高,除了用于路基填筑、路面底基层及基层,用于隧道进出口附近放缓边坡、营造地形外,还开发了小型砌块成型设备来加工隧道弃渣用于制作混凝土构件,如混凝土挡墙、生态型砌块等,不但减少了工业混凝土材料的使用、节约成本,而且减少了隧道弃渣对土地资源的占用,保护了公路沿线的生态环境和土地资源。该技术在吉林鹤大高速公路得到应用。

2. 废弃沥青混合料的再生利用

目前,国内改扩建工程中积极推广废弃沥青混合料再生技术,通常将原有全部硬路肩旧沥青路面铣刨,再将铣刨后的旧料经厂拌或者就地冷再生后,应用在新建路面的基层或垫层,代替部分 ATB－25 做下面层和部分级配碎石,或将铣刨后的旧料经厂拌冷再生后应用在新建路面的基层或下基层,实现旧路铣刨料利用率 95% 以上,从而大大减少环境污染和资源浪费。该技术在昌九等改扩建工程中使用。利用橡胶沥青作为铺面材料,不仅能解决废旧轮胎带来的社会问题,而且可以节约大量建设投资。

3. 旧水泥混凝土路面再生利用

在“旧水泥混凝土路面再生利用技术研究与应用示范”研究中,通过对多锤头破碎技术、设备及水泥路面再生利用结构设计的调查研究与技术创新,从设备改造、施工工艺完善、结构设计完善等方面的研究,完成了对水泥混凝土路面改造的成套技术的进一步改进。成果已在广东、广西、湖北、湖南、陕西、四川、贵州、吉林、黑龙江、河北、山西等省区的水泥混凝土路面维修改造工程中得到应用,起到了节约资源、保护环境的示范效果。

4. 新能源在高速公路服务区的应用

风光互补系统是一套独立的分散式供电系统,完全不依赖电网独立供电,不消耗市电,不受地域限制,可以广泛应用在高速公路运营管理和服务区内进行厂区照明等使用,可以减少能源公路沿线服务设施的电能消耗,减少能源消耗,保护环境。

通过上述研究取得的成果,在节能减排、节约资源等方面取得了显著的经济和社会效益,有力地支持了公路交通节能减排工作。

(二)公路环保景观

1. 环境影响评价技术

1987 年,交通部科技情报研究所(现交通运输部科学研究院)开展"公路建设对环境影响的研究",提出了我国的公路交通噪声扩散模式。同年,交通部公路科学研究所组织开展了部重点科技项目"汽车排放对环境影响和防治技术的研究",上述相关成果均纳入了《公路建设项目环境影响评价规范(试行)》(JTJ 005—1996)。

"十五"至"十一五"期间,有关公路建设环境评价技术方面的课题共计 15 项。通过研究,建立了公路网规划环境影响评价指标体系与方法,填补了国内公路网规划环评技术空白,实现了环评技术从公路建设项目层次向公路网规划层次的跨越;完善了公路建设生态环境影响定量评价指标与方法,改变了长期以定性评价为主、定量化评价方法缺乏的局面,有针对性地提出了适应我国不同生态条件地区公路建设项目的专用生态评价指标,为提高公路环评工作的有效性奠定了基础;制定了公路景观评价指标体系,为公路景观评价提供了定量化评价方法,为公路景观优化设计奠定基础,并在国道 321 线阳朔月亮山至桂林段、湖北神农架木鱼坪至兴山昭君桥公路等旅游公路的景观建设中得到了应用。

"十二五"期间,在公路环境监测与影响评价技术方面立项开展了 6 个项目研究。重点开展了公路网规划环评、路域生态环境监测、生态环境损益评估等方面的研究,形成了基于遥感与 GIS 的路域生态环境监测指标体系、公路路域生态环境遥感监测数据源选取方法等技术,为公路网规划和生态环境影响定量评价和分析提供了技术方法。开展了公路工程生态环境损益评估方法、浙江道路生态环境构建等研究,初步解决了公路工程生态环境损失与效益定量难的问题。

2. 资源保护与利用技术

(1)土地资源节约技术

以"合理节约用地、提高土地利用效率"为出发点,开展了一系列公路建设土地资源保护技术及工程示范研究,取得了贯穿公路规划选线、设计和施工阶段的一整套土地资源保护理论、方法和技术成果。其中,提出了融合土地适宜性、经济性和生态保护等评价指标的公路占地评价指标体系,并建立了基于土地广义价值的公路占地价值评价模型,这一模型为公路工程方案的选择提出了一种新的决策方法,其突破性发展了公路占用土地资源的价值理论,对学科发展具有一定的促进作用;探讨了将多分类器组合分类法应用于敏感土地单元的提取,实现了公路走廊带敏感土地的分区,采用层次分析法和图形叠置法,确定最小资源环境敏感带,提出了基于敏感土地资源保护的3S辅助选线方法,为公路选线中敏感资源的保护提供了一种更为直观的技术方法;发明了包裹式加筋格宾挡土墙用以替代传统挡墙,大幅提高了支挡有效高度和节地效率;此外还提出了"公路环保绿线"施工新理念及施工场地、施工便道选址(线)集约用地要求及用地控制指标,系统总结了公路建设中从公路前期规划、设计到施工、后期恢复全过程的节、集约用地的技术措施及技术要点,形成了《公路建设中土地资源保护技术指南》,可为今后公路设计和施工规范的修订提供技术支撑。

这些成果直接为吉怀高速公路、青兰高速公路陕西段和长湘高速公路三条依托工程项目建设期的土地资源保护实践提供了技术支撑,并在山西闻垣高速公路、湖南吉茶高速公路、溆怀高速公路、汝郴高速公路、衡炎高速公路和张花高速公路等数十条公路项目中得到推广应用。

(2)表土资源保护和利用技术

开展了公路规划选线、设计和施工阶段的土地保护成套技术研究,对典型生态类型区路域有肥力表土资源进行了界定,并揭示了表土养分流失的主要途径,提出了"公路环保绿线"施工新理念。依托澎湖高速公路建设,解决了公路建设中表土资源保护与利用、利用表土进行植被恢复等问题,取得了公路分步清表施工方法、利用表土进行路基边坡植被恢复技术等核心成果和突破。

结合长湘高速公路科技示范项目及西部交通科技项目的研究工作,开展了公路路域表土资源保护和利用相关技术的研究,总结提出了从表土剥离到保护再到利用的全过程保护方法和技术。首先,提出了公路路域内需实施保护的表土资源的界定方法,并通过广泛的调研和室内分析,对我国几个主要生态类型区不同地类表土资源厚度给出了建议的范围值,以指导公路建设中的表土剥离范围的确定;通过人工模拟降雨淋蚀试验的方法,对比了不同表土堆放防护方式的土壤及养分保持效果,给出了建议的表土存放及防护方式;另外,通过对不同表土利用方式的对比调查,提出了全面覆土适宜的下垫面条件、技术要点，以及推荐的表土利用方式。这些研究成果在长湘高速公路、吉怀高速公路、青兰高速公路陕西段等项目中得到充分的应用，为项目建设后期的生态恢复提供了熟土条件保障，生态恢复效果良好，环境效益显著。

3. 路域生态保护与恢复技术

“十五”至“十一五”期间，西部项目中有关公路建设生态保护与生态恢复技术方面的课题共计28项。“十二五”期间，在公路路域生态保护与修复方面立项开展了16个项目研究。通过研究，形成并在依托工程中试点应用了高速公路生态化设计与施工技术，形成了具有中国特色、适应我国西部地区生态环境特点的公路路域植被恢复技术体系。针对沙漠、黄土、盐渍土、多年冻土、膨胀土、岩溶等特殊地质地貌区和干旱半干旱地区、寒区、三江源区、秦岭山区、西双版纳热带地区、长白山区等特殊生态环境地区，解决了上述特殊地区的公路路域植被恢复的关键技术。形成了喀喇昆仑山区、半干旱区、黄土地区、长白山区等典型生态敏感地区区域的路域植被保护、恢复技术，开发了阶梯式空心砖护面墙、柔性生态挡墙等新型生态护坡技术。

（1）路域植被保护技术

公路建设部门在设计、施工中采取了一系列保护珍稀植物的措施。小磨公路、江苏宁淮高速公路等在隧道施工中通过“模拟洞门”等技术，基本实现了“绿色进洞、自然进洞、零开挖进洞”，最大限度地保护了自然植被和原生态。

（2）路域植被恢复技术

公路路域植被恢复技术取得新进展，如保育罐栽植技术、阶梯式空心砖护面墙绿化技术、种植槽技术等一系列成果。针对冻土地区、膨胀土地区的环境特点，也提出了相应的植被恢复技术，得到广泛应用。

依托“多年冻土地区公路环境保护与评价技术研究”，提出采用预制块方格＋植草、土工格室＋植草是高原多年冻土地区边坡水土保持的理想措施。植被恢复可以采用逐步“自然恢复”及“人工恢复”相结合的方式。客土喷播技术是高原多年冻土地区植被恢复的理想技术。

依托“膨胀土地区公路环境保护技术研究”，提出采取“坡顶截堵、坡体无砂大孔支撑加固排水和坡面排水＋坡面肋拱护坡＋坡脚支挡防护＋坡面土壤改良＋坡面植被恢复”的综合防护措施，截堵地面水，疏导地下水，将坡顶、坡面、坡体、支挡结构物透水缓冲层和路基排水形成一个完整的排水疏导系统，降低水对膨胀土的影响是膨胀土地区公路路域植被恢复的有效技术。

（3）取、弃土场生态修复技术

半干旱区生态护坡保水涵水技术：采用客土层内保水涵水技术、客土层外保水涵水技术，有效提高了半干旱区公路取、弃土场边坡水土保持效果。

公路弃渣场土壤颗粒物源头控制技术、径流减量化技术：结合坡面径流量与泥沙量的关系、土壤含水量与水土流失泥沙含量的关系，提出综合采用覆盖砾石、临时排水、坡面拍实、设置拦渣坝和沉淀池等措施，配合人工干预（覆盖耕作土）植被恢复的公路弃渣场土壤颗粒物源头控制和径流减量化技术。

4. 公路环境污染与防治技术

（1）水环境保护技术

围绕隧道施工地下水环境保护、岩溶区高速公路路域水环境保护、沿线设施污水处理及回用以及公路沿线水环境风险保障等方面开展了大量研究，成果支撑了庐山西海高速公路安全绿色交通科技示范工程等重大工程建设。

隧道施工地下水环境保护技术：开展了隧道防排水、施工废水处理等研究，解决了隧道施工产生的地下水漏失和施工废水对地表环境的污染问题。建立了基于环境保护的控制排放的隧道防排水技术体系，揭示了隧道施工废水的水质变化特征，开发了以化学混凝技术处理隧道施工废水的隧道施工废水处理一体化装置。

岩溶区高速公路路域水环境保护技术：开展了岩溶区路域水环境分类评价方法、基础施工与地基处理水环境保护技术、隧道开挖水环境保护技术等研究，解决了公路建设对岩溶区水环境的破坏问题。形成了岩溶区高速公路水环境勘察技术、地基基础施工和隧道施工的水环境保护技术等核心成果，达到了国际前沿水平。在支撑广西和湖南十余条岩溶区高速公路工程建设中发挥了重大作用。

沿线设施污水处理及回用技术：开发了服务区污水处理土壤渗滤技术、人工湿地处理技术等实用技术，实现了服务区污水的达标排放，节约能耗的同时达到了良好的生态景观效果。

公路沿线水环境风险保障技术：开展了路面径流污染特征及排污规律、路面径流生态控制措施等研究，初步阐明路面径流污染特征及排污规律，提出了路面径流生态控制措施，研发了公路水环境风险监测预警系统，提升了水环境敏感区公路环境风险防控水平。

（2）声环境保护技术

声屏障降噪技术：开发了生态型声屏障建造技术，提出了生态型声屏障材料制备方法、生态型声屏障选型和景观塑造技术，编制了生态型声屏障施工技术规范。相关技术在环长白山旅游公路、吉延高速公路、彭湖高速公路、广梧高速公路等公路建设中得到广泛采用，并取得了良好的环境保护和景观效果。

公路低噪声路面建设和应用：低噪声路面是一种新型的路面结构形式，低噪声沥青路面结构分为多孔性和密实性两类。通过在普通沥青路面、水泥混凝土路面或其他路面结构上铺筑一层具有很高孔隙率的沥青混合料，降噪效果十分明显，可降噪 5 ~ 7dB，还具有防溅水、防反光、增强路面附着力等特点，提高了行车的舒适性，实现了人性化与物质功能的统一。采用SMA路面及橡胶沥青路面,降噪效果较为显著,且耐久性好,不存在孔隙堵塞问题,修复简单,适用面广泛,尤其适用重载车辆行驶。

第二节　桥梁建设与养护

截至2016年底,全国公路桥梁80.53万座、4916.97万m,其中特大桥梁4257座、753.54万m。改革开放后的30多年,是中国桥梁建设发展的黄金期,经历了20世纪80年代的学习与追赶、20世纪90年代的跟踪与提高、21世纪以来的创新与超越后,建成了以苏通大桥、天兴洲大桥、西堠门大桥、卢浦大桥、东海大桥、杭州湾大桥等为代表的一大批结构新颖、技术复杂、设计施工难度大、现代化品位和科技含量高的长大桥梁。同时,积极参与国际竞争,主持或参加建设了马来西亚槟城二桥、巴拿马运河第三大桥、塞尔维亚泽蒙—博尔察大桥、新奥克兰海湾桥等一批国际知名桥梁工程。取得了以“千米级斜拉桥结构体系、设计及施工控制关键技术”“特大桥梁颤振和抖振精细化理论”“大跨、高墩桥梁抗震设计关键技术”“万县长江大桥特大跨钢筋混凝土拱桥设计施工技术研究”“东海大桥(外海超长桥梁)工程关键技术与应用”“三索面三主桁公铁两用斜拉桥建造技术”“芜湖长江大桥大跨度低塔斜拉桥板桁组合结构建造技术”等为代表的一批技术创新成果,荣获了国家科技进步一等奖、国家自然科学二等奖、国际咨询工程师联合会(FIDIC)百年杰出土木工程奖、美国土木工程师学会(ASCE)杰出工程成就奖、国际桥梁与结构工程协会(IABSE)杰出结构工程奖、英国结构工程师学会卓越结构奖、国际桥梁大会(IBC)乔治—理查德森奖、古斯塔夫—林德塔尔奖、尤金—菲戈奖等国内外大奖,标志着中国桥梁技术水平已跻身国际先进行列。

一、桥梁勘察设计技术

(一)桥梁勘察技术

1.20世纪80~90年代传统勘测技术向数字化勘测技术的发展

为适应我国高速公路桥梁建设在不同地形地貌地区的建设需求,测绘技术由以经纬仪、水准仪等测量仪器辅以工程经验的传统测量技术,逐步发展到以全站仪、电子水准仪、航空摄影测量、全球定位系统等新一代测绘技术,使桥梁测绘技术逐步发展到了自动化、数字化、智能化和信息化阶段。

地质勘察的主要工作是评估工程实施区域的地质情况,从而为设计、施工提供可靠的地质条件和参数。地质勘察是一项系统工作,主要包括现场的钻探、取样和室内试验等，传统的地质勘察技术主要采用野外勘察，采用多种钻机、探地雷达等野外勘察设备进行实地钻探、物探。随着技术的发展，新型的数字化野外勘察设备和技术也得以不断涌现。

2.21 世纪空天地一体化勘测技术的飞跃

随着高分辨率遥感卫星、连续运行卫星定位导航服务系统、合成孔径雷达和倾斜摄影测量技术等现代测绘技术的快速发展，以及多学科之间的交叉融合发展，数据库技术和 GIS 技术等现代信息技术的出现为测绘大数据的科学采集、存储和应用提供了条件，桥梁测绘技术逐步发展到了空天地一体化阶段。

遥感技术通过引入微机图像处理与卫星图像等信息化遥感技术，进一步提高了地质测绘效率；物探技术逐步发展到多种物探相结合、复杂地形地质探测、配合其他探测手段相结合的综合分析；钻探技术方面，实现了钻探设备和钻探定位技术的突破；原位测试技术方面，电测式静力触探技术实现了便捷、快速、精确测量的目的；土工试验技术则实现了电子技术、自动控制等自动化技术的应用。

（二）桥梁新材料的应用

30 多年的桥梁建设，使这些桥用材料有了较大的发展，产生出不少新的桥用材料，如高强混凝土、高性能混凝土、高强钢筋和复合材料筋等，这些新材料在桥梁设计与施工中的应用，大大提高了桥梁结构工程的整体水平。

高性能混凝土是满足特殊性能和匀质性要求的混凝土。特殊性能包括浇筑振捣时不离析、长期力学性能、早期强度、韧性、体积稳定性、严酷环境中的使用寿命等。高性能混凝土常常含有硅粉、粉煤灰或磨细矿渣。我国高性能混凝土的应用主要体现在结构混凝土耐久性的设计上，尤其是沿海地区、冰冻地区修建的桥梁，更把耐久性设计放在主要地位。2004 年的桥梁设计规范也首次纳入地区环境耐久性的设计规定。

高强混凝土在桥梁上的应用有发展，但比建筑行业要慢。目前桥梁结构上部中，C50、C60 混凝土得到广泛应用；大桥墩身混凝土普遍采用 C40，一些高墩用到 C50。轻骨料混凝土应用较少。为推动轻骨料混凝土在桥梁工程中的应用，交通部西部交通建设科技项目曾多次支持相关科研项目，如:2001 年立项的以云南安宁至楚雄高速公路 14 号达连坝段公路桥作为依托工程的“轻质混凝土用于大跨径桥梁的研究”，2014 年立项的由中交公路规划设计院有限公司承担的“桥梁用高强轻骨料混凝土材料研发与应用技术研究”等。

预应力体系（含钢丝、钢绞线和锚具等）、吊杆体系（含防护）、大型支座系列（含抗震支座）和斜拉钢索体系（含防护）的发展相对迅速。改革开放前，大桥较少，这些相关产品比较落后，与国际上的差距较大。现经过20多年的发展，涌现出一批生产桥用产品的大型企业，在引进和自主研发基础上，根据市场需求不断改进完善（如可更换索、吊杆等），目前的预应力体系、吊杆体系、支座系列和斜拉钢索体系类的产品已经成品化，不仅能满足国内市场的需求，而且产品质量达到世界先进水平。

最近10年，钢桥在公路桥梁中的应用越来越普遍，如钢桁架、钢箱梁、钢塔等，这促进了桥用钢材以及配套设备、零器件的发展。

目前，我国桥梁建设基本上仍然是采用C50～C60混凝土和S345q钢材，铁路桥梁上开发了少量的S420q、S500q。但高强度级别结构钢的应用很少，1993年京九线九江长江大桥首次采用了420MPa级的15MnVNq钢，但由于焊接性差，并没有得到广泛应用。2007年初武钢推出第五代WNQ570（Q420qE）桥梁钢用于南京大胜关长江大桥，420MPa级的结构钢才陆续在钢桥中采用。目前，我国国家标准《低合金高强度结构钢》（GB/T 1591—2008）和《桥梁用结构钢》（GB/T 714—2015）已涵盖至690MPa级钢，桥梁用钢发展潜力巨大。国内420MPa级以上高强度钢在桥梁工程中的推广应用才刚刚起步，面临诸多技术难题。

在缆索材料方面，1770MPa钢丝、1860MPa钢绞线已实现国产化并在工程中应用，1960MPa钢丝（锌铝合金）也已经研发成功并开展应用。

我国企业也在向此方向迈进，如北京公科固桥技术有限公司研发的桥梁拉吊索用高强不锈钢丝强度已达到1800MPa，高性能混凝土达到120MPa，结构用不锈钢筋和结构用不锈钢绞线、疏水混凝土、高性能表面防护材料等产品也取得了技术突破，打破了国外的技术垄断，并在实桥应用中取得了良好的效果。

通过新材料和新装备的应用，可实现各种新技术和新工艺。如通过采用混凝土快速修复材料，可在10min内完成桥面板的局部修补，大幅度减少施工造成的交通影响。近些年来，我国为应对公路桥梁典型重大问题，如拱桥吊杆断裂、船撞致桥梁垮塌、钢箱桥铺装早期破损和钢或混凝土桥梁因耐久性损伤致结构病害等领域，科研工作者在实践中开展了一系列加固新材料、新技术和新装备的探索工作，特别是“十五”以来我国交通行业在桥梁维修加固理论、计算方法、维修新材料以及施工工艺与装备方面取得了长足发展，不仅建立了桥梁维修加固技术体系，在抗扰动混凝土、不中断交通下更换支座、体外预应力加固装置和震后桥梁快速检测评估等方面也取得了一批先进实用的科研成果。创新性地提出了高性能结构胶、聚合物砂浆、高效预应力不锈钢丝绳聚合物砂浆加固体系等新技术、繁重交通替换修补桥梁的技术与装备等，较好地支撑了我国交通基础设施的维修加固。继续研发可实现快速、耐久和环保型加固处置的材料与设备是此方向今后的发展方向。

（三）桥梁设计分析软件

1. 桥梁辅助设计和分析软件

在设计分析和施工控制软件方面，自主开发了 QJX、GQJS、PRBP、BINAS 和桥梁博士等专业软件，在国内桥梁工程中得到了广泛应用。这类软件以杆系单元为主，具备桥梁结构总体计算分析、验算和施工控制等功能。其中 QJX、GQJS、桥梁博士为平面线性杆系有限元软件，PRBP、BINAS 为空间线性/非线性杆系有限元软件，其计算精度与国外软件误差在 5% 以内，主要功能与计算分析效率已接近国外软件水平。2016 年中交公路规划设计院推出了一款三维非线性桥梁计算分析软件 OSIS，已在几十座大桥的设计工作中使用。

在桥梁 CAD 辅助设计软件方面，自主开发了桥梁大师、方案设计师等软件，主要用于快速绘制斜弯桥、互通立交桥、常规中小桥梁等的二维设计图纸。这类软件与国内规范结合度好、与实际工程贴合度高，占据了国内的主要市场。

在桥梁抗风、抗震、防船撞等专业性分析软件方面，高校和科研机构在各自研究成果的基础上开发出理论先进的专业软件，但比较分散、商业化程度低，在可视化、可操作性上尚未达到国外同类优秀软件的水平。

2. 桥梁 BIM 技术及信息化应用

桥梁信息化水平的提升将促进国家级桥梁建养一体化平台的建立，实现桥梁全寿命周期内各项数据指标的管理和对桥梁状态的实时评估并保证交通安全，有利于推进综合交通、智慧交通、绿色交通、平安交通的发展。BIM 技术作为提高桥梁信息化水平的有效手段，已得到国家、行业、企业和项目业主的高度重视。在国家和行业层面，交通运输部拟在“十三五”发展规划中将综合交通信息化作为未来研发的重点工作，完成了“BIM 技术在桥梁工程中的开发及应用调研”，正在开展 BIM 技术在桥梁工程的试点工作。在企业层面，中国铁路总公司和中国交通建设集团有限公司开始编制桥梁 BIM 标准、研发桥梁 BIM 应用软件、开展 BIM 工程应用和示范。在项目层面，设计院、施工单位、业主单位已在试点工程中将 BIM 技术应用于桥梁三维建模、碰撞检查、施工过程模拟、施工进度管理等。

二、跨江河大跨径桥梁的建设技术

近十几年，我国长大桥梁建设技术迎来了“创新与超越”的历史性发展时期，诞生了以江阴大桥、苏通大桥、润扬大桥、西堠门大桥、卢浦大桥、菜园坝大桥、朝天门大桥、嘉绍大桥、泰州大桥、马鞍山大桥、杭州湾大桥、港珠澳大桥等为代表的一大批跨江、跨海世界级工程。

（一）桥梁大型基础建设技术

下面简述几种主要基础形式的技术特点和建设成就。

1. 沉井基础

20世纪90年代后，我国沉井施工技术有了长足的发展，枝城长江大桥、九江长江大桥、江阴长江大桥等大桥的基础工程中，均采用了沉井基础。1999年9月建成的江阴长江大桥，其北锚碇要承受约500000kN的水平力，采用了沉井基础。沉井尺寸是69m×51m，下沉58m，曾是世界上最大的沉井。设计提出首节沉井采用钢壳混凝土，并利用土模支承，以利沉井下沉，实践证明该设计成功而经济，为我国今后大型桥梁基础设计、施工积累了经验。

2. 复合式基础

从铜陵长江公路大桥起，将水平荷载由复合基础共同承受。由于钢围堰沉井的刚度远大于桩基，实际效果是水平荷载几乎全由围堰承受，减少了桩数。

我国很多大桥，例如军山长江大桥、南京长江二桥等都采用复合基础，远比沉井基础经济。南京二桥采用双壁钢围堰、承台和钻孔桩组成的大型深水复合基础。钢围堰直径36m，壁厚1.5m，高65.5m，内设21根直径3.0m钻孔桩，平均桩长83～102m，封底混凝土厚8m，承台厚6m。南、北索塔基础封底和承台共浇筑混凝土24000m^3。船舶撞击力由钢围堰来承受，钻孔桩仅承受轴向荷载和很小的剪力。

3. 冰围堰基础

首先用在鄱阳湖口大桥上，在低塔桩基施工中采用冻结法先筑岛，以液氦冻结，开挖至所需深度，然后施工桩基，浇筑承台，完成基础。在润扬长江大桥的南锚碇上，也采用了冻结排桩法施工，该基础平面外包尺寸是70.5m×52.5m，四周为直径1.5m的钻孔灌注排桩，长35m，嵌入基岩6m。冻结后开挖中部土基，修建锚碇，内部空间填筑混凝土。这种方法，为桥梁基础的施工，又开辟了一个新的途径。

4. 地下连续墙基础

地下连续墙既可直接用作基础，也可作支护结构。在我国，目前主要用作悬索桥锚碇基础的支护结构，地下连续墙做成后，开挖其间的地基，至所需的深度，浇筑重力式锚碇，然后将内部空间回填。我国虎门大桥的西锚碇、润扬长江大桥的北锚碇、阳逻长江大桥的南锚碇，都采用地下连续墙作为支护结构。

5. 钢管桩基础

在我国最早采用钢管桩基础的是广东江门大桥，后来在上海南浦大桥及杨浦大桥中采用,这两座桥均有很深的淤泥层。近年来钢管桩又在东海大桥及杭州湾跨海大桥的一部分基础中采用,那里的河床含有浅层气,不能采用钻孔灌注桩而采用了钢管桩。钢管桩采用环氧粉末涂装,而且同时采用了牺牲阳极的阴极保护技术,保证了桥梁基础的使用年限。

(二)大跨径桥梁建设技术

1. 斜拉桥

1982 年建成的济南黄河桥(主跨 220m)是当时亚洲跨径最大的桥梁,在当时世界十大预应力混凝土斜拉桥中排名第 8。随后我国相继建成了一大批具有特色的中等跨度斜拉桥,如广东九江大桥(160m)、重庆石门桥(230m)、广东海印桥(175m)、长沙湘江北大桥(210m)、蚌埠淮河桥(224m)。这一时期研发的变截面钻孔灌注桩技术(九江大桥)在我国后来很多大桥中得到了推广应用,并一直沿用至今。材料方面,斜拉索材料由钢芯和粗钢筋逐步过渡到高强钢丝,并有针对性地开展了拉索防腐技术的研究,积累了大量工程经验。

1991 年,主跨 423m 的组合梁斜拉桥——上海南浦大桥建成,是一个具有里程碑意义的突破,增强了中国桥梁界修建大跨度桥梁的信心。同时,南浦大桥还带动了我国预应力工艺和拉索生产的自主化,开发的 OVM 锚具,成为国内预应力锚具的主流;研制的国产新一代 PE 热挤护套成品拉索,也成为国内斜拉桥拉索的主要产品,并编制了相应的标准。在此基础上,主跨 602m 的组合梁斜拉桥——杨浦大桥于 1993 年建成,居当时世界斜拉桥跨度之首,成为中国大跨度桥梁的又一里程碑。

经过 20 世纪 90 年代的蓄力和 21 世纪初南京二桥(主跨 628m)、南京三桥(主跨 648m)等多座特大跨径斜拉桥的技术储备,2008 年,世界上首座跨径突破千米的斜拉桥——主跨 1088m 的苏通大桥建成,标志着我国在斜拉桥结构体系、关键结构设计、抗风分析、抗震分析、大型基础设计等方面实现了超越。此后,我国又先后建成了鄂东大桥(主跨 926m)、嘉绍大桥(5 ×428m)等技术领先的斜拉桥,进一步提升了我国斜拉桥的设计技术水平。

截至目前,我国已建斜拉桥 300 多座,其中主跨跨径超过 400m 的有 38 座。斜拉桥总数及主跨超过 400m 的斜拉桥数,均占世界第一位。后者与除中国外世界其他国家拥有的 400m 以上斜拉桥总数几乎相等。

跨径超过千米的斜拉桥,世界上仅有两座,且都在中国。一是苏通大桥,主跨 1088m,已建成通车。该桥拥有最大的跨径,最大最深的群桩基础,最高的塔(300.4m),最长的斜拉索(577m),为世界桥梁界普遍关注。二是香港昂船洲大桥,主跨 1018m,主跨用钢梁,边跨部分用混凝土梁,于 2009 年建成。

我国斜拉桥的技术成就主要表现在如下五个方面。①主梁:由混凝土梁技术开始,随着跨径的增大,逐步发展采用组合梁、钢梁以及混合梁技术。②桥塔:由单一的混凝土塔技术,逐步根据建设条件,发展钢塔和混合塔技术。③主索:不断完善和提高在超长索施工、防护、减震及抗风雨振方面的技术。④施工控制:在控制理论方面,如自适应法、卡尔曼滤波法、无应力法等,不断得到完善和提高,尤其无应力法的实际工程控制有较大的突破进展。⑤创新桥型:钢管混凝土梁斜拉桥是我国独创的一种斜拉桥桥型,如主跨径140m的广东南海紫洞桥。

体现我国斜拉桥技术成就的工程较多,现举几例。

(1)苏通大桥

苏通大桥位于江苏省长江南通河段。由于距长江入海口较近,故大桥建设条件复杂,表现为气象条件复杂、水文条件复杂、桥区覆盖层深厚和航运繁忙。在如此复杂的建设条件下,苏通大桥主桥的设计与施工实现了四个突破,即跨径、基础深度、桥塔高度和索长都创造了世界纪录,也是全球首座超千米跨径斜拉桥。

①揭示了千米级斜拉桥非线性、稳定性、抗风性能、抗震性能等方面的力学行为及规律,为结构体系研究奠定了基础。提出基于利用弹性约束控制结构静力响应、附加阻尼控制结构动力响应的设计理论,在国际上首创了能保证桥梁静、动力响应相互协调的静力限位与动力阻尼组合的新型桥梁结构体系及关键装置。

②提出了内置式组合索塔锚固结构,利用钢锚箱侧板水平受拉、混凝土塔壁竖向受压为主承担斜拉索作用力。建立了大型群桩基础设计、基于性能的抗风设计等方法,在国际上首次形成了《千米级斜拉桥设计指南》;解决了千米级斜拉桥几何非线性及与施工控制对接分析技术难题,研发了具有自主知识产权的桥梁结构静动力非线性空间分析软件,为设计及施工控制提供了关键技术手段。

③创建了大型群桩基础全钢护筒施工控制技术,提高了施工精度,研发了多点同步控制整体下沉和定位施工控制技术,破解了大型钢吊箱高精度下沉的技术瓶颈。用该装置沉设钢护筒,其倾斜度由1/100提高到1/200,优于国内外现有控制精度。研发了多点同步控制整体下沉和定位施工控制技术,突破了大型钢吊箱的规模和重量制约,可广泛用于江河及外海大型水上基础施工。

④在国际上首次系统地提出并建立了斜拉桥施工全过程自适应几何控制方法与制造安装一体化控制系统,并首次研发了斜拉桥数字化制造安装几何参数控制体系及专用软件和大跨度桥梁施工控制数据库管理系统。

(2)鄂东长江大桥

鄂东长江大桥位于长江中下游黄石市、鄂州市,全长5762m,主桥主跨采用926m混合梁斜拉桥,位居混合梁斜拉桥世界第二位,仅次于香港昂船洲大桥。

该桥首次在近千米级混合梁斜拉桥的钢混结合段采用钢格室 + PBL 键的构造，推动了混合梁斜拉桥的技术进步。索塔塔型采用结构新颖的“凤翎”式，应用无支架爬模、水平主动撑、超高索塔钢锚箱吊装及泵送混凝土、大体积混凝土防裂技术等多项新技术。为了防止预应力混凝土宽箱梁开裂，建立预应力混凝土宽箱梁抗裂工艺及质量控制技术体系，提炼出预应力混凝土宽箱梁结构抗裂设计与施工工艺的集成技术。

(3)南京长江二桥

南京长江二桥位于南京长江大桥下游 11km，桥址处长江被八卦洲分隔成南北汊。南汊主航道主桥主跨采用 628m 钢箱梁斜拉桥，该桥在我国斜拉桥上首次采用全焊接扁平钢箱梁、正交异性桥面板工地栓焊连接、斜腹板钢材抗层状撕裂评定及拉索与钢箱梁采用钢锚箱连接等关键创新技术，推动了钢箱梁斜拉桥的技术进步。

(4)南京长江三桥

南京长江三桥位于南京长江大桥上游 19km 处的大胜关，全长 15.6km，其主桥为主跨 648m 的双塔双索面钢塔钢箱梁斜拉桥。主桥的技术特点在于首次研究解决了大型桥梁曲线形钢塔设计、制造、安装中的关键技术。

(5)青州闽江大桥

青州闽江大桥位于福州市马尾，是福州市区至长乐国际机场的机场专用路的关键工程。大桥的技术特点是主桥组合梁斜拉桥在跨径上实现了突破，达到 605m，是目前我国最大的组合梁斜拉桥，也是世界最大的组合梁斜拉桥。组合梁斜拉桥的梁由钢梁和混凝土桥面板组合而成。在修建过程中，成功解决了组合截面共同承载，以及由于混凝土收缩徐变带来的内力重分布问题。

(6)武汉白沙洲大桥

武汉白沙洲长江大桥位于武汉长江大桥上游约 8.6km 处的白沙洲分汊河道上，全长 2458m。大桥的技术特点是主桥混合梁斜拉桥在跨径上实现了突破，达到 618m，为国内之最。该桥首次在长江深水中采用大规模自浮式钢吊箱围堰施工主塔钻孔桩基础，大大节省了基础工程费用。

2. 悬索桥

我国于 1995 年建成的主跨 452m 的汕头海湾大桥是国内第一座大跨径混凝土加劲梁悬索桥；1996 年建成的西陵长江大桥，主跨 900m，是我国第一座钢箱梁悬索桥。1998 年建成的香港青马大桥，主跨 1377m；1999 年建成的江阴长江大桥，主跨 1385m。21 世纪以来，在江阴大桥建设经验的基础上，我国又先后建成了一大批技术领先的特大跨径悬索桥。2009 年建成的西堠门大桥(主跨 1650m)是世界上最大跨度的钢箱梁悬索桥，也是世界上首座分体式钢箱梁悬索桥。2012 年建成的泰州大桥(2×1080m)是世界上首座跨径突破千米的三塔悬索桥。

重庆鹅公岩大桥、厦门海沧大桥、虎门大桥、宜昌大桥、珠江黄埔大桥、贵州坝陵河大桥、江阴大桥和润扬大桥等一批特大型悬索桥的建成标志着我国在悬索桥结构体系、关键结构设计、防灾减灾设计等方面完成了超越，为我国悬索桥跨径的进一步突破奠定了基础。

这些大桥的建造使我国悬索桥设计与施工技术逐渐接近世界先进水平，具体体现在如下几方面：扁平钢箱梁设计、建造、架设和拼接技术；钢桁架梁设计、建造、架设和拼接技术；组合梁或混凝土梁设计、建造和架设技术；主缆架设、成缆、防护技术；隧道锚和重力式锚的设计与施工技术；自锚式悬索桥加劲梁、缆索设计、建造和架设技术；悬索桥施工控制技术。

现举几例说明我国悬索桥建设的技术成就。

(1)润扬长江大桥

润扬长江大桥位于镇扬汽渡上游约3km处，大桥主桥加劲梁为钢箱梁，主跨1490m，是已建成跨径最大的悬索桥。润扬长江大桥的技术特点包括：悬索桥主缆首次采用刚性中央扣构造，增强了悬索桥的整体刚度；在国内首次在悬索桥加劲梁上设置风稳定性板，提高了大桥的颤振稳定性；首次在国内采用主缆干空气除湿防护系统，增加了主缆的耐久性。

(2)泰州大桥

泰州大桥位于江苏省长江中段。大桥主跨1080m，是目前世界上最大跨径的三塔悬索桥。该桥最大的技术特点是中间塔的设置，中间塔的刚度直接影响全桥的受力与变形，是关键结构。

针对多塔连跨悬索桥，开展了多塔连跨悬索桥适宜的结构体系、中间塔设计与施工成套技术和大柔度桥道系合理结构形式等核心技术研究，并通过泰州大桥的建设予以实践和检验，逐步攻克了千米级多塔连跨悬索桥的多项关键技术，实现了悬索桥的千米多塔连续跨越，研究成果填补了世界大跨度多塔悬索桥的技术空白。包括：

①巨型深水沉井基础施工技术研究，研发了世界首创的“沉井钢锚墩+锚系”半刚性定位系统，增强了沉井在施工过程中的操控性，能有效抑制沉井的摆动，保证定位的精确度，增强了对水文、气象、航运等环境因素的适应性。

②钢中塔建造的关键技术研究，攻克了钢塔用150mm高强度厚承压板焊接质量及变形控制难题，创下了我国桥梁建设史上熔透焊缝对接厚度之最。解决了钢塔与混凝土连接段直径130mm、长10m锚杆高精度加工等技术难题，形成了大直径锚杆加工质量验收标准，填补了国内外只有100mm直径以下锚杆加工制作验收标准的空白。实现了重达480t的合龙节段的精密制造，实际施工中，近万个连接孔，孔间的误差不超过0.5mm。采用的钢塔水平预拼装技术，开创了中国钢桥建设史的先河。研制了定位支架系统，提出了

具有双向倾斜度大型锚杆的精确安装技术，定位精度在20mm以内。钢塔的几何物理数据信息监测系统能实时监测线形、应力、风力、温度和基础沉降，确保了钢中塔安装精度。

③三塔悬索桥上部结构施工关键技术研究，形成了猫道、主缆、钢箱梁施工成套技术，研发了紧缆机、缠丝机、主缆除湿系统等关键设备。上部结构施工中采取了一系列技术创新，提高了工程质量和效率。如在国内外首次采用迪尼玛纤维绳作为先导索，研发了专用放索装置，将水面施工作业时间由6~8h缩短到2h以内。主缆索股的双线往复式牵引系统可连续通过塔顶，索股架设效率高，适应三塔两跨悬索桥主缆索股数量多、牵引距离长的施工要求。研发的新型索股形状保持器申请了国家发明专利。研发了多项新型设备，其中智能化控制主缆紧缆机采用模块化设计，紧缆效率高，控制系统可直观显示出施工中相关测试的技术数据，保证了主缆成形质量；主缆除湿系统的设计及施工成套技术，成功实现了“S”形钢丝的国产化，提出了主缆低能耗的全缆微正压防潮方法，对有效延长主缆寿命和大桥服役寿命，具有重要意义。

(3)平胜大桥

广东佛山平胜大桥是和顺至北滘公路主干线跨越平洲水道的特大桥梁，该桥的技术特点是：世界上首座独塔单跨自锚式悬索桥，主跨350m；首次建立了多跨连续加劲梁自锚式悬索桥挠度理论方程和解算方法，为力学特性研究、结构体系参数优化提供了一种新的理论分析手段；开发了一套钢箱梁顶推施工的自适应变形滑道系统。

(4)虎门大桥

虎门大桥位于广州东南约42km的珠江出海口附近，主航道主跨为888m钢箱梁悬索桥。该桥设计、制作、架设了每股127丝的大型预制索股及大型铸焊组合型主、散索鞍，为国内首例。首次在我国桥梁基础上采用地下连续墙施工技术，解决了锚碇基础岩面严重不平的技术难题。研制出大跨径悬索桥大型钢箱梁吊装的液压千斤顶提升式跨缆吊机和紧缆机等施工专用设备。

3.拱桥

钢管混凝土拱在20世纪90年代后大量涌现，是我国近年来特有的桥型，可解决管内混凝土密实、节点疲劳以及混凝土徐变对拱不利影响等问题。最大的是主跨460m的重庆巫山长江大桥，也是该桥型的世界最大者。我国修建的主跨400m湘潭湘江四桥，是集斜拉索与中承钢管混凝土拱成组合体系的斜拉拱桥。

我国在高速公路上也修过石拱桥，主跨146m的山西晋城丹河新桥，居石拱桥世界首位。

我国拱桥的技术成就主要表现在：劲性骨架混凝土拱、钢管拱、钢箱拱设计与施工上的技术突破和创新，如拱桥施工技术中，平转、多跨缆索吊装、劲性骨架施工等均为国内首创；重庆朝天门大桥采用架梁吊机、斜拉扣挂技术，结合抬高梁体高程使主桥转动的方法，实现先拱后梁零应力合龙模式，为世界首例；重庆巫山长江大桥在缆索吊机系统中首创研制了主动式承索器，解决了起吊绳在空载时下垂太多，相应需要的配重大和牵引绳的放出端下垂太多的难题；广州新光大桥钢桁拱肋段，分别采用同步提升技术进行提升安装，其中主拱中段提升高度 85m，提升质量 3200t，创我国桥梁施工的最高纪录，在世界桥梁施工中名列前茅。

现举几例说明我国拱桥建设的技术成就。

（1）朝天门长江大桥

朝天门长江大桥地处重庆市主城区中央商务区。朝天门长江大桥首次推出主跨 552m 的公轨两用飞燕式多肋钢桁架中层式拱桥，跨径居世界同类桥梁之最。朝天门长江大桥成功研制并应用世界上最大吨位 145000kN 抗震支座。整个大桥主俯构造除 E15 采用整体节点外，其余均采用拼装式节点，方便施工。采用架梁吊机、斜拉扣挂技术，结合抬高梁体高程使主桥转动的思路，实现先拱后梁零应力合龙模式，为世界首例。

（2）万县长江大桥

万县长江大桥位于重庆市万州长江上游 7km 处，主桥为钢筋混凝土箱形拱桥，跨度为 420m，桥面全宽 24m。该桥在施工工艺技术方面，提出了钢管混凝土劲性骨架成拱方法，这是本桥一大突破，发展了大跨混凝土拱桥建造技术，发展了大吨位、多节段缆索吊装、悬拼技术和桥用高强混凝土配制、生产、输送工艺技术，提出“6 工作面”对称同步浇筑法，不需压重，结构变形及受力均衡，发展了拱圈混凝土浇筑技术。首次采用钢管混凝土（C60 高强混凝土）为拱圈材料，并形成新的复合结构；针对万县长江大桥两岸不良地质情况，提出了新型组合式刚架桥台的创新设计。

（3）卢浦大桥

卢浦大桥位于上海市区的南面，主桥主跨采用 550m 中承式钢箱系杆拱桥，是世界已建成的最大跨径拱桥，是在软基上修建的钢箱系杆拱桥。

该桥与国内外已建拱桥在截面形式、构件质量、设备性能、工期要求等方面存在着较大的差异，具有构件质量大、安装精度要求高、钢结构现场焊接的工作量大、高空焊接条件差、施工过程中体系转换步骤多及长达 760m 的大吨位超长水平拉索的制作、安装等技术特点和难点。

三、跨海长桥和连岛工程的建设技术

1. 跨海长桥和连岛工程建设技术成就

跨海长桥和连岛工程是很特殊的工程，因为跨海工程一般都是超大建设规模，而且桥址处复杂恶劣的气候、水文和地质条件，使得施工难度极大。交通运输部规划的沿海高等级公路干线上有 5 个大型跨海工程，它们自北向南依次跨越渤海湾海峡、长江口、杭州湾、珠江口伶仃洋和琼州海峡。目前东海大桥和杭州湾大桥已胜利完成。其他大型跨海工程也都在或已经进行了可行方案研究。

跨海长桥和连岛工程的技术成就主要表现在:结构耐久性设计技术,突破解决了海域地区强腐蚀环境下混凝土结构的设计、施工问题;风浪耦合分析技术,突破解决了沿海地区桥梁结构在风和浪共同作用下的耦合分析问题;海域工程设计与施工技术,突破解决了离岸深水远洋结构的设计、施工、测量和控制等问题。

2. 跨海长桥和连岛工程建设的技术特点

通过实例具体说明如下:

(1)浙江杭州湾大桥

杭州湾大桥全长36km,总体布置分北引桥、北航道桥及高墩区引桥、中引桥、南航道桥及高墩区引桥、南深水区引桥、南滩涂区引桥及南陆地区引桥九大部分。其中北航道桥为双塔双索面五跨连续钢箱梁斜拉桥,主跨径448m;南航道桥为独塔双索面三跨连续钢箱梁斜拉桥,主跨径160m,其余引桥为预应力连续箱梁桥,跨径分别是30m、50m、70m和80m。杭州湾大桥的技术创新点是:研究开发了以抵抗氯离子侵蚀为主的海工耐久混凝土;大桥50m、70m箱梁的运输、架设技术;为解决箱梁早期开裂难题,提出并实施了“二次张拉技术”。

(2)东海大桥

东海大桥全长32.5km。东海大桥的技术创新点是:对海洋通航孔设置、标准的论证弥补了现行桥梁规范的空白;国内首次应用满足100年使用寿命的防腐蚀方案;首次在斜拉桥上采用开口钢箱与混凝土桥面板结合断面;首次建立了桥梁颤振概率性评价和可靠性分析方法;国内首次应用于集装箱车道的公路桥梁防撞护栏技术。

(3)浙江舟山连岛工程

舟山连岛工程中桃夭门大桥的技术创新点是:国内首次将钢—混接合段伸入中跨,以降低施工难度;中跨钢箱梁采用无纵肋断面,提高梁内的通风性能;斜拉索梁端锚固在国内首次采用销铰形式;首次在钢箱梁段风嘴部分采用可开启的硬聚氯乙烯塑料板;跨中合龙采用无压重方式。

舟山连岛工程中西堠门大桥的技术创新点包括:在主缆上应用国产1770MPa主缆索股,促进民族工业进步;首次采用中央拉开的分体钢箱梁断面;先导索直升机牵引过海。

舟山连岛工程中金塘大桥的技术创新点包括:金塘大桥主桥斜拉索塔端锚固采用新型钢牛腿钢锚梁组合结构;采用工厂化制作钢管桩、混凝土预制墩身及60m整孔箱梁;采用复合氨基醇类阻锈剂,减缓混凝土早期强度的增长,有效减少了混凝土裂纹的产生。

(4)港珠澳大桥

港珠澳大桥跨越珠江口伶仃洋海域,连接香港、广东珠海和澳门三地,是由海中沉管隧道、人工岛和跨海长大桥梁组成的跨境跨海交通集群工程。主体工程桥梁全长22.5km，共有188个桥梁承台需要埋入深达8～15m的海床面以下，面临风—浪—流耦合作用下墩台下放定位精度控制、预制墩台与钢管复合桩连接止水等施工技术难题。

港珠澳大桥的技术创新包括：

①研发了可操作性强、能重复利用的工具式导向沉桩系统，能将钢管桩的沉桩精度提高至垂直度达到1/400以上，桩顶平面偏位能控制在20mm之内。

②研发了一套可操作性强、调位精度高的多功能悬吊系统，并成功用于原位足尺模型吊装试验。

③为保证预制墩台与钢管复合桩连接止水效果，研发了整体式柔性止水系统并通过工艺试验验证。

④结合港珠澳大桥耐久性要求，提出了各关键部位混凝土的配合比设计以及确保混凝土质量的各种措施和配套工艺，首次解决水深大于15m潜水预制墩台与桩基连接特殊混凝土及施工技术难题。

四、山区桥梁建设技术

我国山区面积占国土总面积的大部分，山区公路桥梁尤其是跨峡谷桥梁建设往往成为交通网络的关键节点。由于山区地形起伏大、地质条件复杂、自然环境恶劣，给山区桥梁的建设带来了挑战。自20世纪90年代以来，随着西部大开发战略的实施，我国山区桥梁建设取得了一系列建设成果，形成了许多自主创新并达到世界领先水平的建设技术。

1.山区悬索桥

(1)坝陵河大桥

2009年12月建成通车的坝陵河大桥主跨1088m，是国内首座超过千米的钢桁梁悬索桥，也是当时国内跨径最大的山区桥梁工程。以坝陵河大桥为依托，开展的“坝陵河特大桥梁建设关键技术研究”对山区大跨径悬索桥的关键技术进行了系统研究，为坝陵河大桥建设提供了技术支撑。主要创新成果如下：

①全面研究了山区深切峡谷桥梁抗风的设计风参数，填补了我国山区深切峡谷风剖面实测研究的空白，形成了一套确定山区深切峡谷桥梁设计风速的方法。

②研究了钢桁梁悬索桥斜风颤振性能，发现了最低临界风速常在斜风条件下发生的现象。

③研制了桥梁新型工程塑料(PPS)气动翼板抗风装置，保证了坝陵河大桥的抗风稳定性。

④提出了多尺度“岩体溶蚀率”概念，并建立了裂隙溶蚀岩体质量评价及力学参数确定方法，为进一步分析和设计提供了重要依据。

⑤结合不同比例尺锚塞体原位试验，提出并发展了现场隧道锚缩尺试验与数值模拟的耦合反演方法，取得了锚碇承载力的尺寸效应定量规律。同时解决了世界最大规模的大断面（21m×25m）、大倾角（53°）、小间距（7m）隧道锚的设计、施工及防渗漏技术难题。

⑥在国内悬索桥钢桁加劲梁架设中采用桥面吊机悬臂架设方法，开创了单边两铰逐次刚接法的钢桁加劲梁架设施工新技术和新工艺，形成了钢桁加劲梁运输和架设的成套技术。

⑦在国内首次采用柔性中央扣纵向约束体系，有效减小了汽车活载、制动力和大风作用引起的加劲梁纵向位移，改善了短吊索的疲劳性能。

⑧研究完善了大跨度钢桁架加劲梁悬索桥施工监控计算理论，建立了大跨度钢桁加劲梁悬索桥参数识别的计算方法，形成了钢桁梁悬索桥施工监控准则。

（2）矮寨特大桥

主跨1176m的矮寨特大桥于2012年3月建成通车，是世界上最大跨度的跨峡谷悬索桥，该桥跨越矮寨大峡谷，谷深坡陡，地质情况复杂。该桥桥型方案为钢桁梁单跨悬索桥，悬索桥塔梁分离，两侧均与隧道相连，一侧采用重力式锚碇，一侧采用隧道式锚碇。依托湘西矮寨悬索桥工程，科研技术人员在新结构、新工艺、新材料及风环境现场观测新技术等方面取得了一系列创新技术成果：

①提出了一种塔—梁分离式悬索桥新型桥梁结构，为山区桥梁建设提供了一种极具竞争力的全新的桥型布置方案。结合矮寨悬索桥的地形、地质条件，塔—梁分离式悬索桥新结构既有效地降低了工程投资，又最大限度地减少了对山体的开挖保护了环境，实现了结构与环境的完美融合。

②发明了“大跨度悬索桥加劲梁‘轨索滑移法’架设新技术”，为缆索支承桥梁提供了一种全新的施工工艺，成为大跨度悬索桥加劲梁架设的第四种方法。湘西矮寨悬索桥利用悬索桥的永久结构——主缆和吊索作为承重及传力构件，在吊索下端安装水平钢丝绳作为运梁车走行轨道（称为轨索），轨索与主缆、吊索组成空间索网体系，梁段通过运梁小车悬挂于轨索，沿轨索从两岸运至安装位置再起吊就位，完成梁段安装直至全桥贯通。本发明将索结构的应用拓展到了大跨重载范围，成功解决了传统的悬索桥架设方法难以实施的难题，实现了高效、安全、经济的施工要求。

③发明了一种以高性能复合材料CFRP作为锚杆、超高性能混凝土RPC作为锚杆两端的黏结介质的新型岩锚体系，解决了预应力岩锚体系的耐久性难题。

④开发了一种高空悬索吊挂式风环境现场观测系统，建立了考虑平均风速空间不均匀性的山区桥梁颤抖振分析方法，提出了大攻角、高紊流度下的节段模型强迫振动风洞试验技术。该桥在世界上首次采用了塔、梁完全分离的结构设计方案，并首次采用“轨索滑移法”架设钢桁梁，还首次采用了岩锚吊索结构和碳纤维作为预应力筋材。

(3)龙江特大桥

2016年5月建成通车的龙江特大桥主桥跨径布置为320m+1196m+320m,抗震等级按Ⅸ度设防,是亚洲山区最大跨径的钢箱梁悬索桥。

2. 山区斜拉桥

(1)鸭池河大桥

贵黔高速公路鸭池河大桥于2016年7月建成通车。该桥全长1450m,主跨800m,该桥施工中解决了钢桁梁组装与整体吊装联合施工技术、350t大跨径缆索吊工程应用技术、冬季高塔蒸养成套技术等关键技术,是目前建成的世界最大跨径钢桁梁斜拉桥,创世界山区斜拉桥之最。

(2)杭瑞高速公路北盘江大桥

2016年12月建成通车的杭瑞高速北盘江大桥全长1341.4m,桥面到谷底垂直高度565m,成为目前世界第一高桥。720m的主跨在同类型桥梁中排名世界第二。该桥梁建设中解决了山区大体积承台混凝土温控、超高索塔机制砂高性能混凝土泵送、山区超重钢锚梁整体吊装、边跨高墩无水平力的钢桁梁顶推、大跨钢桁梁斜五大难题。

3. 山区梁桥

(1)腊八斤大桥

2012年4月建成通车的腊八斤特大桥全长1140多米,单墩跨度最大200m,其主跨为变截面连续刚构,采用分幅设置。其10号墩高达182.5m,是当时亚洲第一高墩。

(2)赫章大桥

2013年3月建成合龙的毕威高速赫章大桥全长1073.5m,为预应力混凝土连续刚构桥,最高墩11号墩高度195m,为亚洲第一高墩,采用单箱三室混凝土独柱结构。

(3)水盘高速北盘江大桥

2013年8月建成通车的水盘高速北盘江大桥全长1261m,最大墩高170m,最大跨度290m。大桥主跨采用290m的预应力混凝土空腹(斜腿)式连续刚构,是世界首创的空腹式连续刚构。大桥主桥的高墩身、大跨度、长斜腿在同类桥梁中极其罕见,技术上具有挑战性和创造性。

(4)干海子大桥

干海子特大桥全长1811m,该桥梁是世界上最长的钢管桁架梁公路桥。大桥设计抗地震烈度为9度,主桥采用全钢管桁架结构,跨径为44.5m和62.5m,主桁高4.4m,下弦管采用钢管混凝土,腹杆采用空钢管,主梁采用曲线拖拉施工。相比传统装配式T梁桥,混凝土用量降低64%,钢材用量降低24%,墩高60m以下采用格构式桥墩,墩高60m以上采用混合式桥墩,大桥的主体结构全部采用钢纤维混凝土,这在世界桥梁建设史上属于首例。

4. 山区拱桥

拱桥建设的安全性、经济性主要由拱圈架设决定。几十年来我国桥梁工作者创造和发展了斜拉扣挂悬拼、悬浇技术，转体技术，劲性骨架技术，钢管混凝土技术，大节段提升技术等，较好地解决了拱圈的安装，提高了安全性、经济性，推动了拱桥跨径的增大。使我国在石拱桥、混凝土拱桥、钢管混凝土拱桥、钢拱桥跨径方面稳居世界第一，技术处于世界领先地位。

(1) 丹河大桥

2000 年 7 月建成的丹河大桥桥梁全长 413.17m，主孔净跨径 146m，采用全空腹式变截面悬链线无铰石板拱结构，是世界上最大跨径石拱桥，依托该工程完成了原材料试验及砌体力学性能试验、1∶10 模型试验、实桥静动载试验以及大跨度分步施工石拱桥的设计分析方法对比研究、仿真技术与施工控制技术等多项科学研究内容，填补了国内高强度等级小石子混凝土砌体物理力学性能指标的空白，发现了分步施工石拱桥脚高应力区，找到了理想的拱上轻质填料，掌握了大跨径分步施工石拱桥的仿真技术与施工控制方法，补充了有关规范内容，为丹河大桥的设计与施工控制以及安全性评价提供了可靠的科学参数与技术保障。

(2) 邕江大桥

1996 年 9 月建成通车的邕宁邕江大桥（2005 年 9 月更名为蒲庙大桥）主跨跨径为 312m，是世界上跨度最大的 SRC 中承式钢筋混凝土拱桥，该工程首次提出了新的缆索吊装拉扣挂的施工方法。该方法使用具有高强度低松弛特性的预应力钢绞线代替了早期使用的钢丝绳，并用高精度且可反复多次调整张拉力的千斤顶代替功能相对单一的卷扬机。这一新的组合解决了传统缆索吊装施工方法所面临的比较严峻的问题。该方法凭借其突出的优势，迅速在国内大跨度拱桥的施工中获得了广泛的应用。

五、防灾减灾技术

桥梁防灾减灾技术一般指大跨径桥梁抗风、结构抗震、防船撞等方面的技术。通过对国外先进技术的消化、吸收和再创新，结合大量工程实践，在桥梁防灾减灾理论方法研究与应用、实验平台能力及实验技术、防灾减灾控制关键技术与装备等方面取得了突出成绩，初步形成了涵盖风、地震、船撞、波流、车辆等作用的桥梁防灾减灾技术体系。

（一）桥梁抗震理论与减灾技术

在地震中桥梁结构的破坏，不仅自身经济损失巨大，而且往往会切断交通给救援工作带来很大的困难。我国在桥梁抗震方面的研究以同济大学为代表，主要在抗震设计理论和减、隔震理论方面做了大量的研究工作，取得了很大进展。

1. 大跨径桥梁抗震设计理论和设防标准

对于大跨径桥梁的抗震设计，提出二水准设防、二阶段设计准则，并根据需要开发了专用分析软件。分析内容包括动力特性分析、反应谱分析以及线性、非线性时程反应分析。提出了基于寿命期与性能的桥梁抗震设计理论，以及多点平稳/非平稳随机抗震分析的虚拟激励法。

2. 梁式桥和高架桥抗震设计理论

对于梁式桥桥墩的恢复力滞回特性、损伤性能和延性抗震性能进行了大量试验研究，结合我国梁式桥桥墩配筋和构造特点，根据试验结果，提出了桥墩延性能力计算攻势和相应的延性抗震设计方法。

3. 桥梁减震、抗震的结构措施

成功研制大吨位减震、隔震钢支座——双曲面球形减震隔震支座，不但具有延长结构自振周期、提供滞回耗能阻尼的特性，还具有自恢复能力，已在苏通大桥上应用。开发了桥梁减隔震技术和大吨位多级抗震球形钢支座、双曲面球形减隔震支座、铅芯橡胶支座、静力限位和动力阻尼组合装置等多种减隔震装置。

4. 抗震试验研究能力

20 世纪 90 年代以来，国家给予了很大投入，使得我国桥梁抗震试验能力得到快速的发展，许多大学和科研机构先后建成了大型抗震实验室，并构置了一批先进的试验设备，建成了国际领先的地震模拟实验平台，具有 4 个 6m×4m 三自由度双向地震台面，试验总能力达 2000kN。研发了大型桥梁阻尼装置动力性能测试平台（最大测试阻尼力 4000kN、测试速度 1.2m/s、测试行程 ±800mm）和双向减隔震装置静动力性能测试平台。

（二）桥梁抗风理论与风振控制技术

跨大江大河的大跨径悬索桥、斜拉桥，其纤细的上部结构受风影响较大，尤其是沿海地区的桥梁抗风设计尤为重要。桥梁风致振动的形式较多，如驰振、涡振和颤振等，影响因素较为复杂，能否准确分析风力影响是关键。

1. 三维桥梁颤振分析的全模态方法的研究

提出了桥梁三维颤振分析的状态空间法和全模态分析法、斜风作用下抖振分析法、风振概率性评价方法等，发展了桥梁抗风分析理论。同济大学 1997 年提出的全模态颤振分析法，应用于上海南浦大桥，该方法比多模态方法提高精度 10%。

2. 非线性空气静力稳定分析的理论与方法

为弥补现有静风理论的不足，提出了准确描述静风荷载非线性特性的方法。在考虑风载随风速平方呈非线性增长的关系的同时，计入三分力系数变化引起的静风荷载非线性效应。并将该描述方法与空间稳定理论结合，建立了一套大跨度桥梁非线性风致静力稳定理论。

3. 二维颤振驱动机理分析及系统研究

同济大学提出一个耦合的二维单自由度颤振分析方法，该方法可以同时研究三自由度（竖弯、侧弯和扭转）系数振动参数并可采用自由振动法获得气动导数。该法已应用于实际工程分析中。

4. 桥梁风振的概率性评价和可靠性分析

由于气动响应、来流流场的随机性以及细长结构物的物理量之间关系的不确定性，故需做概率性评价和可靠度分析。在这方面已取得研究进展。

5. 数值风洞及其在桥梁抗风研究中的应用

数值风洞试验不仅可以部分地代替试验，为理论分析提供气动参数，而且可避免模型缩尺试验带来的雷诺数效应等失真问题。数值风洞试验已应用于实际工程。

在大跨径桥梁风振控制方面取得如下成果：桥梁主梁断面的颤振导数和气动导纳的识别方法；桥梁驰振控制及其方法；桥梁涡振控制及其方法；桥梁颤振控制及其稳定板方法；桥梁颤振控制及其中央开槽方法；斜拉索风雨激振机理及其制振方法。

6. 风洞试验手段的进步

建成了目前世界上尺寸最大的边界层风洞，试验段 18m 长 ×22.5m 宽 ×4.5m 高，最大风速 15m/s。

（三）深水基础的防撞设施

深水基础一般都在通航河道上，因此船撞桥墩的事故时有发生。据统计，在 1960—1993 年间，全世界因船撞桥而导致损毁的大型桥梁达 29 座。必须重视防船撞的问题。

在 1989 年的《公路桥涵设计通用规范》（JTJ 021—1989）上，规定一级内河航道的船只撞击力横桥轴方向为 900kN，偏小；在修订后的《公路桥涵设计通用规范》（JTG D60—2004）中，一级内河航道通行 3000t 船舶时，横桥向撞击作用已提高到 1400kN；而对于通行海轮的航道，同样通行 3000t 时，其横向撞击力为 19600kN，提高很多。

在防船撞技术方面，提出了基于性能的桥梁船撞设计方法、基于概率的船撞危险性分析方法、船舶撞击力实用计算方法；建立了船模拖曳水池试验平台和桥墩防撞装置缩尺模型试验及实船撞击试验技术；研发了船舶自动识别系统（AIS）和船舶交通管理系统（VTS）等防船撞预警系统；研发了浮式消能及柔性防撞装置等控制措施。

（四）抗波流作用研究

在抗波流技术方面，开展了基于势流理论的桥梁波流动力作用理论与方法研究，研发了深水基础波流作用水动力试验水池和弹性模型试验技术，最大波流试验水池尺度为50m长×40m宽×11.5m深；建设了桥梁深水基础三向静动力试验平台，竖向测试力3000kN、水平向测试力200kN、频率15Hz；研发了数值波流水池模拟技术和自主知识产权分析软件；开展了外海桥梁大型沉井（沉箱）基础浮运、下沉等波流作用控制技术研究。

（五）钢结构抗疲劳技术研究

在钢结构抗疲劳技术方面，初步建立了基本符合中国桥梁工程结构特点及加工制造水平的构造细节及工艺保障体系；正在研发桥面结构轮式滚动疲劳试验平台，最大动载500kN、加载频率3Hz、范围±2.0m、运动频率35次/min，将用于开发抗疲劳性优越的新型桥面结构；开展了既有桥面疲劳性能评估和修复加固技术研究。

（六）抗多灾害耦合技术研究

目前，中国桥梁防灾减灾技术研究已从单因素灾变向多灾害耦合灾变方向发展。依托国家自然科学基金重大研究计划“重大工程的动力灾变”、交通运输重大科技专项“特大型桥梁防灾减灾与安全控制技术”等项目，开展了桥梁地震—动水耦合作用、风—雨耦合作用、风—浪—流耦合作用的分析理论方法、试验模拟平台和观测技术研究，探索了桥梁结构多灾害耦合作用振动效应机制；研发了千米级多塔斜拉桥纵横向静动力结构体系，以及磁流变液阻尼器、纳米流体阻尼器、负刚度阻尼器、辅助索网及连接节点等防灾减灾控制装置。

六、桥梁监测检测、评估与管养技术

我国从20世纪80年代开始关注桥梁安全保障的规范化和有效性，逐步建立健全了桥梁安全保障规范体系。2000年后，在一系列重大桥梁施工安全事故的警示下，桥梁的建设期安全保障受到重视，开始推广从国外引入的风险管控、监测预警等安全管理理念和手段；在运营期安全管理方面，完成了从粗放式到精细化，从被动事后管理到主动监测预警、风险管控，从纠正性养护维修到预防性养护理念的提升；在安全保障技术方面，在役桥梁的检测评价、养护和维修加固等技术也取得了较大进展，在桥梁无损检测、承载能力评定、荷载试验和加固改造技术等方面取得了诸多实用成果，并建立了长大桥梁养护管理系统和安全监测系统，适应了现代桥梁管理的需要。

(一)安全管理技术

1. 安全风险评估

2001 年后我国桥梁工程界开始关注桥梁风险评估问题,近十多年来发展十分迅速,交通运输部于 2010 年、2011 年分别颁布了《公路桥梁和隧道工程设计安全风险评估指南》和《公路桥梁和隧道工程施工安全风险评估指南》,目前在长大桥梁上大量应用。

(1)风险辨识技术

在设计安全风险评估方面,针对桥梁设计安全风险评估问题,采用通过文献搜集、现场调研、统计分析、理论研究、试点工程应用与示范等研究方法,对初步设计阶段风险源进行了辨识并划分为建设条件、结构方案、施工技术和运营管理四类;建立了施工期间和运营期间风险事件与风险源检查表。

在施工安全风险评估方面,给定了公路桥隧工程施工危险源定义、内涵和外延,解决了行业管理概念不清、标准不一问题;在风险辨识方法方面,除了应用传统的询问交谈法、检查表法、现场观察法、查阅相关记录法、危险与可操作性研究(HAZOP)等方法对具体的桥梁结构及构件进行辨识外,又提出了层次分析法、模糊层次分析法、基于专家信心指数的重大危险源辨识方法、WBS(桥梁施工工作分解结构)-RBS(桥梁施工风险致因)等风险识别方法。其中,WBS-RBS 的风险识别方法,是将桥梁施工按照桥梁类别——分部类别——操作段类别进行逐层分解以建立桥梁施工工作分解结构(WBS),构建桥梁施工风险致因的层次模型建立 RBS,然后以 WBS 为行向量,RBS 为列向量,构建 RBM 风险分解矩阵,进行桥梁施工风险的识别,项目各个操作段的风险致因一目了然,避免重复和遗漏,方便风险管理人员进行辨别分析。

在运营安全风险评估方面,在对全国公路桥梁安全现状和安全管理进行深入调研的基础上,针对我国公路桥梁的常见结构形式,采用传统的事故统计分析法辨识出了风险管理对象、风险事件、风险源和风险致因检查表。

(2)安全风险评估技术集成

在研发风险辨识技术、风险评估技术的基础上,吸收国外先进经验,在设计安全风险评估、施工安全风险评估方面进行了集成创新。

依托“西部地区公路桥隧工程风险评估研究”项目,针对桥梁设计安全风险评估问题,采用通过文献搜集、现场调研、统计分析、理论研究、试点工程应用与示范等研究方法,创建了公路桥隧工程风险评估方法体系,提出了桥隧工程经济损失率指标和环境影响评估指标;研发了 4 个桥梁风险评估相关软件;提出了长大桥隧安全运营管理对策;开发了部级长大桥隧安全管理系统。重点解决了公路桥隧工程风险评估方法、评估体系、预警系统、管理体系，作用效果显著。得到的《公路桥梁和隧道工程设计安全风险评估指南》（试行）于2010年9月1日起正式实施，根据交通运输部《关于在初步设计阶段实行公路桥梁和隧道工程安全风险评估制度的通知》（交公路发〔2010〕175号）的精神，全国部分桥梁进行了初步设计阶段安全风险评估，为工程建设提供了科学指导，节省了大量的资金和建设时间，减少了工程事故的发生、保护了公众利益、完善了桥梁建设管理体制、推动了行业技术进步。

依托"公路水运工程重大危险源辨识、评价技术研究""大型公路桥梁工程安全生产重大危险源及事故隐患防治技术研究""公路隧道施工重大险情预警与应急救援技术研究"项目，针对以公路桥隧工程施工重大危险源管控技术为核心的风险辨识、风险评估、风险管控、安全标准化等技术难题。①给定了公路桥隧工程施工危险源定义、内涵和外延，解决了行业管理概念不清、标准不一问题；提出了基于专家信心指数的重大危险源辨识方法，实现了重大危险源管理在公路工程领域的突破；通过对桥隧工程施工安全事故的深度分析，改进了《交通行业建设工程生产安全事故统计报表制度》并开发了事故上报信息系统，已全国应用。②提出桥隧总体、专项施工安全风险评估的技术体系，解决了监管部门、建设单位、施工企业不同层次的安全管理需求；提出基于专家打分法和指标体系法的评估方法，突破了桥隧施工安全风险评估从定性到定量、从宏观到微观的技术瓶颈，实现了我国桥隧风险评估技术向国际前沿的赶超。③制订了桥梁重大危险源和事故隐患防治技术指南，为"预防、预警、预控"的三阶段风险管控提供了技术支撑；建立了基于险情分级的险情预警技术选择方法，并提出了公路隧道施工应急救援装备配置要求，为公路施工企业应急管理提供了依据。④编制了《公路工程施工安全技术标准体系》和7项公路施工安全技术标准；编制了《公路桥梁和隧道工程施工安全风险评估指南》，并以部文形式发布，指导了全国桥梁和隧道工程施工安全风险评估工作。得到的《公路桥梁和隧道施工安全风险评估指南》成果直接服务于交通运输部公路桥梁与隧道工程施工安全风险评估22个试点项目和600多个非试点项目，并为公路工程平安工地建设活动和交通运输工程建设企业安全标准化等行业重大专项工作提供了技术支撑。

依托"马鞍山长江公路大桥施工安全控制与管理成套技术研究"项目，采用理论分析和现场试验相结合的研究方法，通过系统的研究，形成了桥梁施工安全控制与管理成套技术，取得了五项主要创新成果：一是提出了桥梁施工风险事件中人的生命价值的计算模型和施工组织设计安全风险评价方法；二是提出了"预案管理规范化、风险源辨识与防控制度化、一校一会一志常态化、安全检查格式化、管控平台信息化、安全防护标准化"的施工现场本质安全实现路径，建立了事前预案、过程预控、现场单元预警的三阶段安全风险分析与预防方法；三是研发了桥梁施工过程临时工程和结构特定状态无线监测技术和风险评估分析系统；四是建立了桥梁施工作业区动态感知、局域组网、视频辨识的辅助安全管控系统；五是提出了基于过程管理全要素的大型桥梁工程安全监管制度体系构建方法,建立了省级行政管理层面的公路工程安全监管制度顶层设计。成果编制安徽省地方标准4项、技术指南3项,出版学术专著2部,建立了安徽省公路工程安全生产管理制度体系1套。

2.安全管理与应急处置

我国长大桥梁安全管理与应急处置技术是伴随着2000年后一批世界规模的长大桥梁修建完成而发展起来的,取得的主要成果包括:国家层面的《公路桥涵养护技术规范》等规范、地方层面的各大桥管养单位制定的安全管理制度与应急处置方案等。

(1)安全运营管理组织体系

在长大桥梁安全运营管理组织体系方面,目前是以国务院交通运输主管部门、地方交通运输主管部门、长大桥梁业主单位(包括地方交通运输主管部门下设的公路管理机构、经营性桥梁业主单位等)以及长大桥梁基层管养单位四个层次组成了长大桥梁安全运营管理组织模式。

(2)安全检查与维护

长大桥梁安全检查与维护是确保长大桥梁安全运营的重要保障,目前我国长大桥梁安全检查与维修管理对策方面主要完成的工作包括:构建了长大桥梁安全检查与维护管理体系、建立健全了长大桥梁安全检查制度、长大桥梁养护维修施工组织制度、长大桥梁检查与养护作业安全管理措施等。

(3)安全管理与应急处置技术集成

伴随着我国一批世界规模的长大桥梁修建完成,桥梁安全保障规范化程度不断加强。国家层面的有《公路桥涵养护技术规范》(2004年)、《城市桥梁养护技术规范》(2003年)、《公路桥梁养护管理工作制度》(2007年)、《公路交通突发事件应急预案》(2009年)和《公路长大桥隧安全运营管理办法》(报批稿)等,这些规范制度从构建安全运营管理组织体系、制定日常运营安全管理对策、制定安全检查与维护制度和应急处置预案等方面构成了较为完善的安全保障管理规范体系,有力地保障了我国长大桥梁运营安全管理的规范化。同时很多长大桥梁管养单位,如杭州湾跨海大桥(2008年)、苏通大桥(2008年)、润扬大桥(2005年)等均制定了符合自身特点的安全管理制度与应急处置方案。安全管理与应急处置技术正向着科学化、规范化、制度化方向发展。

(二)检测与评定技术

1.检测技术

在结构表观部位的检测方面,国内外均已有较为成熟的检测技术和装备,基本可以满足数据采集需要。在结构隐蔽部位的检测方面,虽然提出了各种检测技术,仍然有许多问题尚未解决或尚未圆满解决，如地下基础埋置深度和完整性的检测、混凝土内部缺陷的检测、拉吊索锚固区的检测、钢筋及预应力筋锈蚀状况的检测等。在钢结构疲劳的检测方面，国内外学者提出了多种方法，如：表观观测法、磁粉探伤法、涡流检测法、脉冲涡流检测法、正电子淹没寿命测量法、超声衰减常数测量法、微磁场颤动检测法等。其中，表观观测法和磁粉探伤法是目前较为常用的疲劳检测方法，可以观测微米级的裂纹；正电子淹没寿命测量法和超声衰减常数测量法可以用于原子尺度的损伤探测；微磁场颤动检测法可以用于疲劳强度的探测。在结构不易观测部位的检测方面，如何提高检测方便性和检测工作效率是国内外学者较为关注的问题，这离不开高技术装备的支持。目前，国外在这方面的研究成果较为领先，开发了大量先进的装备，如检测机器人、智能数据采集装置等。

（1）无损检测技术

在役桥梁的无损检测一直是保障桥梁安全与耐久性的有效手段。国内外在表观病害图像拼接、去噪、重构等方面均已有了较成熟方法，病害（裂缝、蜂窝、麻面等）识别精确度已达到0.1mm；通过整合病害图像识别与桥检车或机器人，基本实现了表观病害连续化、快速化、自主化辨识，但均处于试验阶段，尚无成型产品。国外研究机构通过连续性的表观病害图像，结合桥梁受力特点，已能进行如裂缝走向、宽度发展的预测，处于技术领先地位。

在混凝土内部钢筋及缺陷无损检测技术方面，我国预计研发混凝土桥梁内部缺损可视化无损检测技术装备，可实现对内部缺损的三维视图显示，缺损识别准确率不小于90%，便于现场实施；预计研发混凝土桥梁结构配筋定位可视化无损检测技术装备，可实现结构配筋三维视图显示，定位偏差不大于所测配筋直径的0.5倍，且便于现场实施；预计研发桥梁拉（吊）索（束）锚固系统无损检测技术装备，检测诊断正确率不低于90%；预计研发混凝土桥梁钢筋锈蚀度无损检测技术装备，对锈蚀度量值测量偏差不大于10%，便于现场实施；该方法与装备可实现对锈蚀度的量化检测。

在内部缺陷CT/ECO成像技术方面，开发了一些高性能的检测设备，并且在后期数据处理、人工智能识别、3D成像方面做了大量研究探索。

在有效应力快速识别技术方面，我国也开展了相关研究，研究成果应用在试验测试阶段。

在结构变形快速检测技术方面，国内在变形检测方面仍主要考虑单一数据的检测技术与装备。

（2）桥梁结构隐蔽及不易到达部位缺损检测技术

针对桥梁结构中一些隐蔽部位以及不易到达部位，国内外对其检测技术进行了积极探索。

针对预应力管道压浆饱满度检测，采用了 MEM 法的信号分析方法，弥补了目前冲击回波检测设备采用的 FFT 方法的缺点，减少信号分析对人工判别的依赖性。提出等效波速检测预应力管道压浆质量缺陷的技术，即根据冲击弹性波在缺陷部位波速显著降低，以等效波速来检测压浆质量情况。预应力管道灌浆料性能检测、压浆施工工艺参数的动态监测、压浆密实度的等效波速法和内窥法检测技术，能有效减少桥梁建设中后张法预应力管道压浆质量病害的发生，对实际工程具有直接指导意义。

拉(吊)索的无损检测也是当前研究的热点，国内拉(吊)索无损检测技术取得了长足的进步，索力测试方面特别是振动法测试方面总体达到国内领先。在提高检测精度如考虑拉索附加质量、边界条件等方面研究形成自身特色；压力传感器、智能拉索制造与使用方面均取得了一定的应用水平与能力。对桥梁难以到达部位检测，国内研发出移动机器人检测平台、无人机平台等辅助设备。

目前，常用的无损检测还包括：X 光衍射技术与 X 光成像技术；磁弹性传感器技术；非线性声振技术；脉冲涡电流技术；探地雷达技术等。目前国外现有无损检测技术已能较好地对索内部断丝和断面削弱(如表面锈蚀、坑蚀、磨损等)进行检测。

在役桥梁桩基无损检测方面，目前国内尚处于起步阶段，通过一些理论分析和工程实践，证明雷达探测法、旁孔透射波法和反射波法等检测方法可在桩顶有约束的条件下进行桩身缺陷的无损检测。但是由于它们使用的检测设备、检测技术以及信号处理和分析方法并不完全适用于在役桥梁桩基础，其检测精度也不能满足在役桥梁桩基检测的需要。在役桥梁桩基承载能力检测也处于探索阶段，尚未提出有效的测试评定方法。

在大型钢结构焊缝快速检测技术方面，怎样对大型钢结构进行快速质量检测，成为钢结构质量检测的核心内容。

现阶段钢材焊缝检测方法主要有磁粉探伤法、超声波探伤法和射线探伤法。

(3)检测平台与装备

在智能机器人及航空器检测平台方面，智能机器人领域，目前国外的应用研究相对来说比较成熟，并且已经走向市场，国内目前还主要停留在科研阶段；在应用上，日本已经研究出每秒钟能探测 7.8in(1in = 0.0254m)的高效率爬墙机器人，国内研制的爬墙机器人在探测效率上还无相关统计。无人飞行器领域，国外在 2006 年就已经开展了多旋翼无人飞行器在桥梁检测上的应用研究，国内相对来说要滞后一点。另外，多旋翼无人飞行器在桥梁复杂环境下的无 GPS 的自主导航技术上，国内的相关研究也较滞后。

多旋翼无人飞行器能够垂直起降、自由悬停，且体积小、质量轻、机动性强，结构简单且旋翼布局灵活，便于实现检测设施、机械装置等的搭载或一体化设计。通过对多旋翼飞行器的自主飞行和自动避障技术及摄影检测技术等的集成，国外已在多旋翼飞行器飞控平台桥梁检测技术与装备方面开展了相关研究，并实现了近景图像获取、定位、设备或传感器的粘贴安装等。目前,国内外多旋翼飞行器在公路桥梁应用的发展趋势还是解决复杂环境下的桥梁检测时的导航技术问题。

2. 评定技术

长大桥梁评定技术主要包括技术状况评定技术、承载能力评定技术和耐久寿命评定技术。长大桥梁评定技术近 20 年来发展迅猛,我国与国际先进水平的差距不大;承载能力评定技术达到国际领先水平。

(1)技术状况评定技术

1958 年起我国根据《公路养护技术规范》进行桥梁的技术状况评定。1996 年,根据部公路工程标准规范体系的要求,将原《公路养护技术规范》(JTJ 073—1996)中第四章的桥涵养护作为《公路桥涵养护规范》进行修改,单独成册,并于 2004 年发布《公路桥涵养护规范》(JTG H11—2004)。其中技术状况评定方法基本沿用了《公路养护技术规范》(JTJ 073—1996)的方法,但将技术状况由一至四类修改为一至五类。该标准建议了三种方法进行全桥技术状况的评定,推荐采用考虑桥梁各部件权重的综合评定方法,此外亦可以重要部件最差的缺损状况评定,或按技术状况标准的描述凭经验判断。

2011 年颁布的《公路桥梁技术状况评定标准》(JTG/T H21—2011)将《公路桥涵养护规范》(JTG H11—2004)“一般评定”(技术状况评定)的内容进行了扩充,在《公路桥涵养护规范》(JTG H11—2004)“桥梁评定”中“一般评定”的基础上根据桥梁各部件不同材料、结构形式将桥梁进行分类,分类后根据部件不同特点制定相应评定标准。该规范改进了桥梁技术状况评定模型;将不同桥型进行桥梁评定分类,并细化了部件分类;根据不同桥型的部件类型制定评定细则,将评定指标进行细分并提出量化标准;提出了 5 类桥梁技术状况单项控制指标。

(2)承载能力评定技术

在公路桥梁承载能力评定技术方面我国与国际先进水平的差距不大,国内外该方向的技术发展趋势大致均为计算分析结合荷载试验评定的技术思路。

①承载能力评定规程发展及技术概要。

我国首部桥梁承载能力评定规程是 1988 年发布的《公路旧桥承载能力鉴定方法(试行)》〔(88)公路技字 11 号〕,旧桥检算系数主要依据专家经验确定,存在检算系数评定标准难以把握和检查结果无法定量化应用等问题。《公路桥梁承载能力检测评定规程》(JTG/T J21—2011),作为公路工程行业推荐性标准,自 2011 年 11 月 1 日起施行,原《公路旧桥承载能力鉴定方法(试行)》〔(88)公路技字 11 号〕同时废止。该规程采用了基于检测结果的半概率承载能力评定方法,通过对桥梁技术状况进行检查评估,依据桥梁质量状况及耐久性参数检测、结构固有模态参数测试和使用荷载检查结果,采用旧桥检算、承载力恶化、截面折减及活载影响修正等多系数影响分析的方法进行承载力评定。

②荷载试验规程发展及技术概要。

交通部于1979年开始参加国际铁路合作组织第十一专门委员会“YC4－4/1978用试验荷载试验桥梁及桥梁量测的统一化”科研专题工作，承担第15分项《大跨径混凝土桥梁的试验》科研专题任务，交通部随即将此专题列入1980—1982年交通科技重点项目计划。《大跨径混凝土桥梁的试验方法》（YC4-4/1982）是该专题所取得的最终成果，由1982年10月在柏林举行的第五次专家会议予以通过。会议议定书载明：“对中国专家根据工作计划第15.3项编写的大跨径混凝土桥梁试验方法最终建议草案予以通过，并在桥梁试验中予以采用。”

《公路桥梁荷载试验规程》（JTG/T J21-01—2015）去除了施工观测的内容，将现场荷载试验部分在结构形式上进行了拓展，在试验测试内容、测点布置等方面进行了细化。

在桥梁检测试验专用软件方面，开发了桥梁结构检测分析系统QLJC，能够建立桥梁结构空间有限元模型，运用实体单元法和空间梁格法进行静动力试验分析、试验荷载效率计算，查取测点位置理论计算值等。该系统是桥梁检测工作的辅助工具，也可用于分析宽、弯、斜桥梁结构空间受力状态。

③在用桥梁结构损伤、性能退化理论

在用桥梁结构损伤、性能退化理论与寿命预测评价技术是近几年综合应用桥梁损伤检测评估、桥梁耐久性理论、时变结构可靠度理论等多学科理论成果而发展起来的，实现桥梁安全可靠性由定性评价向定量评价的跨越。通过对典型桥梁典型损伤的定量检测及其对结构承载性能的影响分析，提高了桥梁安全评价的准确性。在此基础上引入桥梁全寿命周期的概念，通过对桥梁材质劣化和结构耐久性能退化的机理研究，应用时变可靠度理论和风险分析，实现对桥梁剩余寿命的预测，适应桥梁现代管理的需要。

从材料—构件—结构体系的系统试验研究视角出发，建立服役钢筋混凝土桥梁承载力和正常使用性能评估方法，研发了挠度、沉降等桥梁检测和监测传感器；建立了以不确定性理论为基础的钢筋锈蚀发展模型，最终提出了基于时变可靠度的钢筋混凝土桥梁剩余寿命评估方法。

（3）耐久性评定技术

我国公路桥梁界自20世纪90年代左右开始逐渐关注桥梁耐久性问题，开展了各种环境荷载条件下的材料、构件退化研究，最终得到了构件的耐久性评定技术。

①开展了跨江海大型桥梁结构混凝土劣化性能与耐久性对策措施的研究，解决了：海洋环境条件与海水作用下结构混凝土的劣化机理与劣化模型；跨江海大桥结构混凝土耐久性保持和提升技术；跨江海大型桥梁结构混凝土劣化性能指标及其检测方法；跨江海大桥结构混凝土耐久性能的现场检测与控制技术四大问题，取得了力学—海洋环境多因素耦合作用下结构混凝土耐久性试验方法的突破。在支撑泰州大桥、崇启大桥、苏通大桥、

舟山连岛等实际工程中检验桥梁结构混凝土耐久性保持和提升发挥了重要的作用。

②开展了桥梁耐久性关键技术研究,解决不同材料截面的削弱过程、桥梁整体结构力学性能演变规律等复杂受力问题。取得了混凝土桥梁耐久性分析系统(CBDAS)核心技术。

③带涂层钢箱梁的腐蚀寿命评估方法。开发了钢箱梁腐蚀在线监测系统及涂层破损率检测仪,探索了钢箱梁疲劳腐蚀在线监测的可能性。

④混凝土桥梁耐久性指标体系、评定方法与评价标准。根据混凝土桥梁结构的层次划分,基于定性指标与定量指标相结合原则和构件具体环境原则,对于上部承重结构、下部承重结构、支座和附属结构与设施四个桥梁组成部分的构件分别建立了耐久性评定指标,并最终形成服役混凝土桥梁的耐久性指标体系。

(三)监测与预警技术

桥梁结构安全监测与预警技术于20世纪90年代初引入我国,1995年在国家科委攀登计划B"重大土木与水利工程安全性与耐久性的基础研究"项目的资助下,开展了"确保大型桥梁结构安全性与耐久性的综合监测系统"的研究工作,成为我国首个国家资助下的桥梁安全监测研究项目。

桥梁监测与预警技术主要包括监测传感技术、数据传输技术、数据处理技术、结构损伤识别技术以及安全评定与预警技术等。

1. 监测传感技术

在桥梁传感与测试技术领域主要开展了3个方面的研究工作。①针对既有测试手段开发新型传感器,使之适应桥梁监测对设备耐久性、稳定性的需求,例如光纤光栅应变传感器就是利用应变测试的原理开发且比振弦应变传感器等具有更好的耐久性、稳定性。②应用其他领域的成熟技术监测桥梁的参数指标,以满足桥梁监测对实时性的需求,例如GPS/北斗卫星定位技术应用于桥塔、主梁等的大变形监测。③针对桥梁安全监测对某些参数指标的需求研发专用的监测设备,例如连通管原理的静力水准仪就是为了满足对桥梁下挠及整体线形的监测需求而专门研制的。

此外,针对区域路网桥梁的结构特点和实施条件,研发了低能耗、兼容性好、适于远距离测控的桥梁无线监测设备,满足了无电源供电、无网络通信桥梁的监测需求。

2. 数据传输技术

桥梁安全监测预警系统的数据传输主要包括有线传输和无线传输两个部分,其中有线传输技术已相对成熟,有关研究主要集中在无线数据传输上。无线数据传输网络可以在任何时间、地点和任何环境条件下,通过传感器节点之间的协同数据传输,获取可靠的监测信息，给数据传输技术带来了一场革命。目前，我国在无线数据传输的网络协议技术、自适应组网技术、无线网络的稳定性与可靠性、无线网络的容灾技术等方面都进行了深入研究。

3. 数据处理技术

桥梁监测数据处理技术主要分为时域法、幅值域法、频域法以及时频法四种方法。

4. 结构损伤识别技术

损伤识别与模型修正是进行桥梁结构状态评估的基础，是结构安全监测预警系统的核心。目前提出的结构损伤识别方法主要分为以下几类：基于固有频率的损伤识别方法、基于振型的损伤识别方法、基于神经网络的损伤识别方法、基于刚度阵和柔度阵的损伤识别方法、基于位移和应变参数的损伤识别方法、基于模型修正的损伤识别方法、基于遗传算法的损伤识别方法、基于计算智能的损伤识别方法、基于小波分析的损伤识别方法以及基于概率统计信息的损伤识别方法。

5. 安全评定与预警技术

桥梁结构状态评估就是根据所采集的桥梁技术状况数据，利用一系列评价指标和评价模型，对桥梁结构的状态是否满足其使用要求和功能要求的程度做出判别，主要包括综合评估法和可靠性评估法两大类。

长大桥梁的安全预警主要分为运营性能预警指标体系和安全性能预警指标体系。

桥梁安全性能预警指标是指确保结构在安全使用条件下的预警指标，主要包括三个预警级别，其中三级预警级别最低（在影响桥梁结构正常运营性能的情况下发出预警信息），其次为二级预警（在影响桥梁结构的行车安全时发出预警信息），最高为一级预警（在影响结构安全性能时发出预警信息）。

目前，长大桥梁的安全评定与预警已经从单体大桥的预警向区域化、群组化、云端化的大数据方向发展，江苏、江西等省先后建立了桥梁监测数据中心，交通运输部公路科学研究院也研究、开发并建立了国家级长大桥梁安全监测与应急管理平台。

6. 长大桥梁结构安全监测与预警技术体系

桥梁结构安全监测与预警是通过对桥梁结构进行自动无损检测，实施监控结构运行状态，对结构的损伤位置和程度进行诊断，对桥梁的服役状态、可靠性、耐久性、承载能力等进行分析评估，在桥梁出现异常状态时发出预警信号，为桥梁的维修、养护与管理决策提供依据和支撑。

长大桥梁结构安全监测与预警体系主要由数据传感与采集系统、数据传输系统、数据管理系统、结构损伤识别与状态评估决策系统、应用服务系统等几部分组成。

据不完全统计，目前我国已建成不同规模的桥梁健康监测系统 170 余个，分布于 25 个省、自治区、直辖市，占全部省份的 80.65%。统计数据显示，在已建成的 170 余个桥梁健康监测系统中，有 160 余个系统运行正常，8 个系统情况不详，仅有 3 个系统未发挥作用。

（四）养护与维修加固技术

预防性养护可以保持桥梁良好的结构性能和技术状态，具有良好的社会资金效益。我国公路桥梁的预防性养护的研究和工程应用也有了相当的基础，理论研究的水平与国际上基本一致，但在研究成果的成熟度和完整性方面与国外有一定的差距。

1. 养护管理技术

（1）养护管理制度

目前，我国长大桥梁的养护管理工作主要依据《公路桥涵养护规范》（JTG H11—2004）（以下简称养护规范）和《公路桥梁养护管理工作制度》（交公路发〔2007〕336 号）（以下简称工作制度）执行，并参照《公路养护技术规范》（JTG H10—2009）中的相关规定。其中，养护规范主要对桥梁的检查与评定、主要结构的养护、维修与加固等作出了具体规定，工作制度则对桥梁管理责任的划分、养护工程师、检查与评定、养护工程管理、技术档案管理、应急处置管理、监督检查等进行了规范。2013 年，交通运输部发布了《关于进一步加强公路桥梁养护管理的若干意见》（交公路发〔2013〕321 号），明确提出认真落实桥梁安全运行十项制度，即责任划分制度、信息公开制度、资金保障制度、养护工程师制度、例行检查制度、分类处置制度、技术档案管理制度、年度报告制度、定期培训制度以及挂牌督办制度。

（2）养护手册、规划与系统

为加强和规范特大桥的养护管理工作，提高养护技术和养护管理水平，实现预防性养护，并使桥梁长期处于良好的技术状态，针对特大桥的结构特点编制特大桥养护管理手册，为特大桥的养护管理成套技术奠定了基础。养护手册一般包括桥梁概况及总则、检查养护及评定、专项结构检查及维护、养护仪器与设备、巡检指南等内容。为推行专业化、智能化养护模式，积极实施预防性养护，提升桥梁管理养护服务的水平，消除安全隐患。根据特大桥养护管理现状，规划桥梁长期养护管理的内容，制定特大桥未来各个阶段实施的综合养护规划，对桥梁使用功能的发挥和养护技术的发展起着重要的保障作用。桥梁养护规划一般包括现状与分析、养护规划的目标与任务、保障与措施等内容。

特大桥养护管理系统根据有关法规，运用管理学理论及电子计算机系统所提供的数据处理功能、图像处理技术、3D 数字平台技术、网络化数据库技术、动态监控数据传输技术实现了系统的集成。系统提供静、动态数据管理、三维数字平台管理、病害处治对策、维修方案、监控数据分析等综合管理功能。

2. 预防性养护技术

预防性保养作为桥梁养护的主要组成部分，是对完好的桥梁（良好或一般的健康度）应用节约成本的处理办法，以延长使用寿命的策略。预防性桥梁保养的概念表明，应该执行节约成本的有计划的处理策略，以使桥梁处于良好的健康状态，延缓进一步磨损，并避免在桥梁重建或更换中投入大笔的费用。

交通部西部交通建设科技项目“公路常用桥梁预防性养护技术研究”主要解决新建桥梁在设计阶段如何进行管养设计和在用桥梁如何在运营安全的前提下保证剩余寿命，并且使综合费用达到最优。

随着近年来预防性养护观念以及先进检测技术的逐渐普及，开展预防性养护工作成为一种可能。目前国内有少数省份如河南、江苏、河北等开始在路面预防性养护方面进行尝试，大部分地区至今仍未引起重视，桥梁养护工作中虽然也有体现，但是仅在部分构件或构件的局部位置进行，还没有进行专项的技术研究。

如上海浦东外环大桥桥面采用了稀浆封层技术方案；微表处技术在河北省唐津、京秦高速公路、京石高速公路桥面、路面养护中都得到了广泛的应用，并取得了良好的使用效果；汕头海湾大桥在沥青路面建成后，尚未出现大面积水损害和明显的裂缝之前，采用TL2000路面强化剂对沥青混凝土桥面进行了预防性养护，提高了其抗渗性和摩擦力；重庆鹅公岩大桥曾于2002年对桥面铺装采用路面强化剂进行预防性养护，经过使用强化剂表面处理后，在桥面形成一不透水的薄膜封层，使面层中因降雨而聚集的水分基本没有了或大为减少，从而基本消除了面层产生水害的外因，且抗滑值较摊铺前有所提高，同时也使上部结构因雨水下渗引起的病害大大减少，降低了养护费用，延长了桥梁的使用寿命。

我国也开展了许多与预防性养护相关的工作。主要包括：封闭裂缝；修补缺损混凝土；清理污染部位；对保护层偏薄、混凝土孔隙率大、环境湿度大的部位进行防水处理；对渗水部位进行修理；对伸缩缝进行维护、清理；对雨水泄水口进行清理，对雨水管进行疏通；对支座进行清理和维护；对钢结构及金属构件进行清洁和油饰；对斜拉桥、悬索桥、系杆拱等特殊结构桥梁的锚头进行维护；对护坡等附属结构进行维护。

针对桥面系、上部结构、下部结构所涉及构件的典型病害，提出了桥梁构件预防性保障措施。

国内公路桥梁预防性养护技术与国外的理论研究进度基本相当，但在成果的成熟度上有着较大的差距。

3. 维修加固技术

为适应我国公路桥涵养护维修加固的要求，交通运输部于2008年10月正式颁布了《公路桥梁加固设计规范》（JTG/T J22—2008）和《公路桥梁加固施工技术规范》（JTG/T J23—2008），对公路桥梁加固设计与施工起到了指导作用，使得桥梁加固工作逐步规范。

国内在桥梁加固工程中所采用的新技术、新材料、新工艺发展较快，体外预应力加固技术、预应力碳纤维板加固技术等日趋完善，针对各类桥型以及不同交通条件下的加固措施研究也呈现科学化、多样化、具有良好适用性的特点。

根据桥梁加固需要，通常采取标准化、模块化的加固技术，使加固措施既有针对性，又避免了因加固设计人员主观因素（如对病害成因分析不到位、技术水平限制等）导致的加固不当。除以上常规的加固方法以外，针对桥梁不同偏位情况，主要采用了以下几种复位技术：

（1）梁体顶升复位：通过竖向顶升梁体，在支座处设置低摩擦装置，然后水平纵、横向对梁体进行顶推复位。

（2）支座顶升复位：支座顶升复位分为两种情况，一种是梁体跟桥墩台产生偏位引起的支座偏位，这种情况下可通过对梁体或桥墩的复位从而达到支座的复位；另一种是由于施工时的安装偏位或支座脱空引起的支座串动偏位，这种情况下可通过对梁体进行顶升将支座进行复位处理。

（3）桥墩纠偏复位：桥墩纠偏复位分为两种情况，一种是利用结构本身作为反力支撑对桥墩进行复位；另一种是通过另做反力架对桥墩进行复位。

随着科学技术的发展，开发桥梁加固的新材料、新工艺和新技术将是今后的一个重要研究方向，特别是要重点开发用于桥梁加固的功能性新材料和绿色环保的高性能材料以及与之相适应的材料制造和施工工艺等。

（1）新材料：如“西部地区用于桥梁加固的高黏结抗扰动混凝土的研制”研发的抗干扰混凝土、早强型加固混凝土、自愈合型加固混凝土、混杂纤维阻裂增韧型加固混凝土和自密实型加固混凝土。集成技术赋予混凝土抗扰动和自修复特性。“桥梁高性能混凝土制备与应用技术研究”“聚氨酯粉煤灰复合材料在公路旧桥加固工程中的应用技术研究”研发的高性能混凝土和复合材料也均在桥梁加固工程中有了良好的应用。

（2）新工艺：如“FRP 片材粘贴加固的新型锚固技术”着眼于增强 FRP—混凝土界面的黏结性能、提高 FRP 材料利用率以及加固效果，并开展基于 FRP—混凝土界面的锚固强度设计研究，以提高加固结构的综合力学性能。与传统锚固技术相比，新型黏结锚固技术通过采用化学锚栓—钢压板锚固体系、新型 U 形钢箍锚固技术，能够有效地控制剥离发展速度，降低了碳纤维发生剥离破坏的可能性，使碳纤维强度利用率得到较大程度的提高，提高了碳纤维加固梁的承载能力，其优良的锚固性能是传统锚固方法无可媲美的。

（3）新技术：如“西部公路桥梁水下结构加固成套技术研究与示范”基于西部若干典型桥梁病害调查，研究水下结构病害对结构性能影响的评估技术，建立病害桥梁的安全性能评价方法；开发、优化与选择各项水下结构加固技术的材料与材料制品，包括水下不分散树脂、水下不分散砂浆、FRP 网格等；以无排水施工为前提，提出各水下结构加固技术的施工工艺与计算方法，确立其指标要求及其评价验收方法。

附:部分大桥技术专家组名单

近20年来,我国先后建成了多座具有世界影响的跨江、跨海大桥,为了确保大桥的建设质量、进度和安全,交通(运输)部联合相关地方政府,组建了大桥建设领导小组和技术专家组。大桥建设领导小组和技术专家组在大桥建设过程中发挥了重要作用,为大桥顺利建成提供了有力的组织协调以及技术支持作用。

以下收录了部分大桥技术专家组名单。

江阴长江公路大桥专家顾问组名单

组　长:杨盛福　交通部总工程师,高级工程师
副组长:邹觉新　交通部总工程师,高级工程师
成　员:刘济舟　中国工程院院士,教授级高工
沙庆林　中国工程院院士,交通部公路研究所研究员
张之强　交通部公路管理司司长,高级工程师
张叔辉　交通部科技司司长,教授级高工
凤懋润　交通部公路管理司副司长,高级工程师
熊哲清　中国公路学会秘书长,教授级高工
王建瑶　交通部公路规划设计院,教授级高工
孔繁瑞　中国公路桥梁建设总公司顾问,教授级高工
鞠　杰　第一公路工程总公司顾问,教授级高工
陆仁达　第一公路工程总公司副总工程师,教授级高工
周相略　交通部第二公路勘察设计院总工,高级工程师
陈冠军　江苏省交通厅总工程师,教授级高工
石国彬　广东省交通厅副总工程师,高级工程师
林荣有　广东省公路工程总公司总工程师,高级工程师

镇江扬州长江公路大桥技术专家组名单

组　长:胡希捷　交通部副部长
副组长:凤懋润　交通部总工程师
曹右安　交通部总工程师
成　员:杨盛福　交通部专家委员会副主任
邹觉新　交通部专家委员会副主任

张之强　交通部公路司原司长
王　玉　交通部公路司副司长
李悟洲　交通部公路司巡视员
郑皆连　工程院院士,广西壮族自治区交通厅副厅长
谢世楞　工程院院士,中交第一航务工程勘察设计院副总工程师
周世忠　江苏省交通厅副厅长
经德良　湖北省交通厅原总工程师
李淞泉　南京第二长江公路大桥副总指挥
王建瑶　中交公路规划设计院教授级高工
李守善　设计大师,山东省交通厅总工程师
万珊珊　山东省交通厅教授级高工
陈德荣　交通部公路所研究员
林荣有　广东省公路工程总公司总工程师
孔繁瑞　中国路桥集团公司顾问,教授级高工
胡明义　中国路桥集团一公院副总工程师
陈申奇　中国路桥集团二公院高工

苏通大桥技术专家组成员名单

组　长: 胡希捷　交通部副部长,教授级高工
副组长: 冯正霖　交通部副部长,高级工程师
凤懋润　交通部总工程师,教授级高工
李守善　山东省交通厅,设计大师
成　员: 曹右安　交通部总工程师,教授级高工
杨盛福　交通部专家委员会副主任,教授级高工
邹觉新　交通部专家委员会副主任,教授级高工
王　玉　交通部副总工程师,高级工程师
徐　光　交通部水运司副司长,高级工程师
范立础　同济大学,中国工程院院士
吕志涛　东南大学,中国工程院院士
谢世楞　中交第一航务工程勘察设计院,中国工程院院士
郑皆连　广西壮族自治区交通厅,中国工程院院士
林元培　上海市政设计院,设计大师

王建瑶　中交公路规划设计院，设计大师
杨　进　中铁大桥勘测设计院，设计大师
侯金龙　路桥集团公路一局，教授级高工
周世忠　江苏省交通厅，教授级高工
陈明宪　湖南省交通厅，教授级高工
万珊珊　山东省交通厅，教授级高工
经德良　湖北省交通厅，教授级高工
刘效尧　安徽省交通厅，教授级高工
上官兴　中交第四航务工程勘察设计院，教授级高工
郑明珠　中交公路规划设计院，教授级高工
史永吉　铁道部科学研究院，研究员
陈德荣　交通部公路科学研究院，研究员

杭州湾跨海大桥技术专家组名单

组　长：胡希捷　交通部，副部长/教授级高工
副组长：冯正霖　交通部，副部长/高级工程师
曹右安　交通部，总工/教授级高工
赵詹奇　浙江省交通厅，厅长/高级工程师
成　员：凤懋润　交通部，总工/教授级高工
王　玉　交通部，副总工/高级工程师
杨盛福　交通部专家委员会，副主任/教授级高工
邹觉新　交通部专家委员会，副主任/教授级高工
吴华海　浙江省发展计划委员会，助理巡视员
张治中　浙江省交通厅，副厅长/高级工程师
邵尧定　浙江省政府经济建设咨询委员会，副主任/高级工程师
谢世楞　中交第一航务工程设计院，工程院院士
郑皆连　广西壮族自治区交通厅，工程院院士
李守善　山东省交通厅，设计大师
周世忠　江苏省交通厅，副厅长/教授级高工
陈明宪　湖南省交通厅，副厅长/教授级高工
万珊珊　山东省交通厅，教授级高工
经德良　湖北省交通厅，教授级高工

侯金龙　路桥集团公路一局,局长/教授级高工
姚为民　交通部专家委员会,高级工程师
郑明珠　中交公路规划设计院,教授级高工
王振民　浙江省公路水运咨询公司,教授级高工
韩曾萃　浙江水利水电河口研究院,教授级高工
羊天柱　国家海洋二所,教授级高工
蒋维三　中油浙江勘探公司,教授级高工

舟山连岛工程金塘、西堠门大桥专家技术咨询组名单

组　长: 冯正霖　交通部,副部长、高级工程师
副组长: 凤懋润　交通部,总工、教授级高工
赵詹奇　浙江省交通部,厅长、高级工程师
成　员: 曹右安　交通部,总工、教授级高工
杨盛福　交通部专家委员会,原总工、教授级高工
邹觉新　交通部专家委员会,原总工、教授级高工
王　玉　交通部,副总工、高级工程师
张剑飞　交通部公路司,司长、教授级高工
张治中　浙江省交通厅,副厅长、高级工程师
卞钧霈　浙江省交通厅,总工、教授级高工
吴华海　浙江省发展和改革委员会,副主任、高级工程师
谢世楞　中交第一航务工程勘察设计院,工程院院士
郑皆连　广西壮族自治区交通厅,工程院院士
李守善　山东省交通厅,设计大师
万珊珊　山东省交通厅,教授级高工
周世忠　江苏省交通厅,巡视员、教授级高工
吉　林　润扬长江公路大桥建设指挥部,总工、教授级高工
林　鸣　南京长江第三大桥建设指挥部,副总指挥、教授级高工
左明福　中港集团第二航务工程局,原总工、教授级高工
侯金龙　路桥集团第一公路工程局,局长、教授级高工
张喜刚　中交公路规划设计院,总工、教授级高工
崔　冰　中交公路规划设计院,教授级高工
郑明珠　中交公路规划设计院,教授级高工
姜友生　湖北省交通厅规划设计院,院长、教授级高工

姚为民　交通部专家委员会,高级工程师
王振民　浙江公路水运工程咨询公司,教授级高工
蒋维三　中油浙江勘探公司,教授级高工
张继尧　浙江省交通规划设计研究院,教授级高工
韩曾萃　浙江省水利水电河口研究院,教授级高工
羊天柱　国家海洋二所,教授级高工

泰州长江大桥技术专家组成员名单

组　长: 冯正霖　交通运输部副部长
副组长: 周海涛　交通运输部总工程师
凤懋润　交通运输部专家技术委员会主任
成　员: 杨盛福　交通运输部专家技术委员会副主任
王　玉　交通运输部专家技术委员会副主任
任锦雄　交通运输部科教司副司长
项海帆　同济大学,中国工程院院士
孙　钧　同济大学,中国科学院院士
陈　新　中铁大桥勘测设计院,中国工程院院士
范立础　同济大学,中国工程院院士
吕志涛　东南大学,中国工程院院士
郑皆连　广西壮族自治区交通厅,中国工程院院士
林元培　上海市政设计院,中国工程院院士
李守善　山东省交通厅,设计大师
杨　进　中铁大桥勘测设计院,设计大师
孟凡超　中交公路规划设计院,设计大师
林　鸣　中交建设集团,教授级高工
周世忠　江苏省交通厅,教授级高工
万珊珊　山东省交通厅,教授级高工
郑明珠　中交公路规划设计院,教授级高工
陈德荣　交通运输部公路科研院,研究员
史永吉　铁道部科学研究院,研究员

马鞍山长江公路大桥技术专家组成员名单

组　长: 冯正霖　交通运输部副部长

副组长：周海涛　交通运输部总工程师
凤懋润　交通运输部专家委员会主任
成　员：王　玉　交通运输部专家委员会副主任
项海帆　同济大学，中国工程院院士
范立础　同济大学，中国工程院院士
陈　新　中铁大桥局股份有限公司，中国工程院院士
郑皆连　广西交通厅，中国工程院院士
李守善　山东省交通厅，设计大师
邵长宇　上海市政设计研究院，设计大师
吕忠达　宁波市交通局，教授级高工
万珊珊　山东省交通厅，教授级高工
周世忠　江苏省交通厅，教授级高工
吴胜东　江苏省长江公路大桥建设指挥部，教授级高工
吉　林　泰州长江公路大桥建设指挥部，教授级高工
史永吉　铁道部科学研究院，研究员
刘效尧　安徽省交通运输厅，教授级高工
林　鸣　中国交通建设集团股份有限公司，教授级高工
胡明义　鄂东长江公路大桥建设指挥部，教授级高工
左明福　中港第二航务工程局，教授级高工
张喜刚　中交公路规划设计院，教授级高工
崔　冰　中交公路规划设计院，教授级高工
李永铎　安徽省交通运输厅，教授级高工

港珠澳大桥技术专家组名单

顾　问：胡希捷　中国国际工程咨询公司总经理
组　长：冯正霖　交通运输部副部长
副组长：周海涛　交通运输部总工程师
徐　光　交通运输部总工程师
凤懋润　交通运输部专家委员会主任
桥梁专家：项海帆　同济大学，中国工程院院士
范立础　同济大学，中国工程院院士
陈　新　中铁大桥局股份有限公司，中国工程院院士

杨盛福　交通运输部,高级工程师
陈冠雄　广东省交通运输厅,高级工程师
李守善　山东省交通运输厅,设计大师
周世忠　江苏省交通运输厅,教授级高工
万珊珊　山东交通运输厅,教授级高工
侯金龙　中交集团,教授级高工
左明福　中交二航局,原总工程师
史永吉　铁道科学研究院,研究员
吕忠达　浙江杭州湾跨海大桥,总工程师
吉　林　江苏泰州长江公路大桥,总工程师
黄宝芝　香港桥梁专家

隧道专家: 孙　钧　中国科学院院士
王梦恕　中国工程院院士
钱七虎　中国工程院院士
蒋树屏　重庆交通科研设计院,总工程师
白　云　同济大学,教授
谢永利　长安大学,教授
杨我清　上海地铁公司,原总工程师
陈昭章　广州地铁公司,原总工程师
刘千伟　上海长江隧桥公司,总工程师
李启光　香港地质专家
斋腾尚武　日本沉管隧道专家
T. A. Feijen　荷兰沉管隧道专家

人工岛专家: 范期锦　长江口航道管理局,原总工程师
麦远俭　中交第四航务工程局,原总工程师
吴　澎　中交水运规划设计院,总工程师
白植悌　中交广州航道局,原总工程师
林　风　中交上海航道局,原总工程师
叶伯荣　中交上海三航科学研究院,教授级高工
高志义　中交天津港湾工程研究院,教授级高工
莫景逸　中交第三航务工程设计院,副总工程师

水上安全专家: 莫　奇　广东海事局,副局长
林志豪　深圳海事局,副局长

第三节　隧道建设与养护

我国是一个山脉多、水域宽的国家，公路交通发展必然遇到大量隧道及其技术问题。截至2016年底，我国大陆已建成公路隧道15181座、总里程长14039.7km，长度10km以上的公路隧道已达10余座，成为世界隧道大国。近30年来，为追求工程品质和工程创新，通过大量的科技探索与工程实践，公路隧道在地质勘察、支护结构、围岩稳定、防水排水、通风照明、防火减灾、交通监控、运营管理8个方面取得了长足的科技进步，我国已建立公路隧道规划—勘设—施工—运营—养护成套技术体系。

一、隧道勘察设计技术

除了勘察设计规范的完善外，公路隧道在勘察手段方面也有了长足进步，尤其是物理勘探手段得到大量应用，技术水平得到显著提升，电法、电磁波法及弹性波法等地球物理勘探方法已被广泛应用在隧道勘察阶段和施工中的超前预报，为公路隧道建设提供了大量较为准确的地质数据，对隧道选址、预防不良地质对隧道施工的危害起到重要作用。

隧道土建设计应体现动态设计与信息化施工的思想，制定地质观察和监控量测的总体方案；地质条件复杂的隧道，应制订地质预测方案，以及时评判设计的合理性，调整支护参数和施工方案。通过动态设计使支护结构适应于围岩实际情况，更加安全、经济。

不同于一般构造物，隧道设计受所穿越山体的地形、地质条件和施工方法的影响很大。隧道围岩既是作用于隧道结构上的荷载，又是隧道成洞的支护载体，因此，地质条件是正确设计的基本前提。可是，在隧道开挖前要获得高精度的地质信息在目前的技术水平是困难的，而且在经济上也不太现实。因而，一方面要求在事前设计阶段尽量采用高技术和手段加之经验对地质状况作出判断，另一方面要求在开挖施工阶段，不断通过现场量测对地层围岩和支护的动态及开挖方法作出评价并及时调整，使之设计更加合理。为此，近年来工程师与学者取得不少研究成果：从量测手段、材料工具、测点位置、数据管理到变形警戒线；从参数反演、本构反演、位移反演、应力反演、确定性反分析、非确定性反分析到监控量测与围岩分级联合分析方法；从超前钻孔、地质雷达、红外探测、TSP法、高密度电阻率法到激发激化定量探测地下水综合方法，信息化设计施工水平达到一个新的高度。然而，由于地层地质复杂，使得我们对围岩稳定度的随机性、模糊性及不可预见性认识不够充分。防止坍塌，是确保隧道内部品质的重要环节。

二、山区高速公路隧道修筑技术

我国山岭公路隧道土建技术蓬勃发展，隧道科研工作从山岭隧道建设的各方面全方位开展，主要体现在隧道规模的发展、隧道结构形式的丰富、复杂条件下的隧道建设技术的发展、隧道环保技术的发展以及各种新材料新工艺的应用。

（一）隧道规模的发展

通过大量的科技攻关的工程实践，我国山岭隧道的长度及单洞跨度均得到了极大提高，单洞长度已由不足500m发展到了18.02km，单洞最大跨度已由普通两车道发展到了四车道甚至五车道，这标志着我国在长大山岭隧道建设水平方面已达到世界先进水平。

1. 超特长隧道

随着隧道建设水平的提高，隧道长度已逐渐增长，一批超特长山岭隧道相继建成，其中，国家高速公路内蒙古包头—广东茂名线的陕西终南山公路隧道是典型代表，该隧道全长18.02km、双洞总长36.04km，目前为世界建设规模第一的公路隧道。我国目前在建（建成）的超过8km的山岭隧道还有台湾的雪山隧道（坪林）（12.9km），甘肃的大坪里隧道（12.288km），陕西的包家山隧道（11.185km），四川的泥巴山（大相岭）隧道（9.985km）等。据不完全统计，目前国内的特长公路山岭隧道（含在建）已达196座，其中3～5km的有152座，5～6km的有14座，6～7km的有14座，7～8km的有7座，8km以上的有10多座。

由于特长隧道穿越的地层众多，各种地质条件复杂多变，安全运营的规模巨大，因此交通部依托典型的特长隧道工程开展了多项课题的科技攻关，例如依托秦岭钟南山特长公路隧道的“秦岭钟南山特长公路隧道关键技术研究”、依托雪峰山公路隧道的“雪峰山公路隧道关键技术研究”、依托龙潭隧道的“湖北沪蓉国道主干线龙潭特长隧道特殊地质条件下的关键技术研究”、依托泥巴山隧道的“大相岭泥巴山深埋特长隧道关键技术研究”、依托乌鞘岭隧道的“乌鞘岭特长公路隧道群建设与运营安全控制技术研究”、依托七道梁隧道的“七道梁深埋长大公路隧道修建关键技术研究”等。这些课题围绕依托工程的勘察、信息化设计与施工、通风、防灾、监控与管理等方面取得了丰硕成果，不仅成功应用于各依托工程中，也丰富和完善了我国山岭隧道的设计与施工技术体系。

2. 超大跨隧道

随着交通量的日益增大，两车道隧道已逐渐不能满足交通功能的需要，因此三车道、四车道隧道等超大跨隧道相继涌现。为促进超大跨隧道的发展，2002年开展的“辽宁省沈大高速公路韩家岭隧道修筑技术研究”项目，2005年完成的“龙头山浅埋大跨连拱隧道动态反馈与施工控制技术研究”、2007 年开展的“单拱四车道公路隧道设计优化与施工技术研究”，均从大断面隧道的设计和施工等方面进行了科技攻关，取得良好工程效果。

（二）隧道结构形式的发展

30 多年来，我国山岭隧道结构形式日益丰富，除了最早的普通分离式隧道外，连拱式、小净距、分岔式多种结构形式隧道已得到普遍应用。此外，一些“桥隧混合结构”“互通式地下立交”等复杂的新型结构也相继出现并在实际工程中得以成功实施。

1. 连拱式结构

20 世纪 90 年代起，较早建成了白云隧道、京珠高速五龙岭隧道、浙江岵岫岭隧道、广邻高速冯家娅口隧道、延塞高速墩山隧道、福建相思岭隧道、广东猫山隧道等连拱隧道。在该型隧道数量增加的同时，针对连拱隧道的科技攻关也得到了迅速发展，如 2002 年的西部交通建设科技攻关项目“连拱隧道建设关键技术研究”、2003 年完成的“扁平大跨度不对称连拱隧道设计与施工技术研究”、2004 年完成的“高速公路复杂地层双连拱隧道施工关键技术研究与应用”、2005 年完成的“软弱围岩双跨连拱高等级公路隧道综合修建关键技术研究”、2006 年完成的“公路双连拱隧道关键技术与工程应用研究”等专门针对连拱隧道建设的技术问题开展了系统研究。通过大量研究成果的推广普及与连拱隧道的广泛工程实践，其中墙形式已从最初的整体式直中墙到夹心式直中墙，再发展到夹心式曲中墙；从对称连拱隧道到不对称连拱隧道乃至无中导洞连拱隧道；从全暗或全明连拱隧道到明暗组合的连拱隧道。

2. 小净距式结构

小净距式结构是两并行隧道间距介于连拱隧道和普通分离式隧道之间的隧道结构形式。相对连拱隧道而言，小净距隧道具有工程风险较小、造价相对较低等优点。1999 年厦门市政建设指挥部等进行了“现代城市双洞、双线隧道修建技术的研究”；2000 年以宁波招宝山隧道为依托，进行了“并行隧道超小净距施工技术研究”，并在Ⅲ、Ⅳ类围岩净距 3.5 ~ 4.2m 条件下取得了成功。

2001 年 10 月正式开工建设的京福高速公路一期三明至福州段，由于地形为鸡爪形地形，路线展布十分困难，因此，根据“京福高速公路小净距隧道设计施工关键技术研究”课题的研究成果，在国内第一次大规模采用小净距隧道理念进行隧道建设，将原设计的 14 座连拱隧道均改为小净距隧道的结构形式，直接节约工程投资 1.04 亿元。2003 年交通部西部交通建设科技项目依托都汶高速公路紫坪铺（董家山）隧道，开展了“双洞小净距隧道设计、施工关键技术研究”，为推动小净距隧道设计施工技术的成熟化，促进小净距隧道技术工程应用,开展了进一步研究。2007 年福建省依托福厦漳高速路扩建工程,开展了隧道扩建关键技术研究,更将小净距隧道的建设理念成功推广应用到了改扩建工程中,为小净距隧道的应用提供了更加广阔和有价值的前景。

3. 分岔式结构

由于洞口接线的要求,或地形条件的限制和减少工程造价的考虑,新出现了一种结构形式——分岔式结构。根据具体应用结构形式可分为洞口分岔隧道和洞内分岔隧道两种。

洞口分岔隧道又可分为两类,第一类为依次由洞口的连拱结构段、小净距结构,逐渐过渡为正常的分离式结构,如 2004 年施工的山西晋济高速公路的月湖泉隧道;第二类洞口段衬砌为四车道大断面隧道,然后逐渐过渡为整体式中隔墙连拱隧道、夹心式中隔墙连拱隧道、小间距隧道,最后转变为标准的分离式隧道,如沪蓉西高速公路的八字岭隧道。

洞内分岔隧道应用于地下立交工程,其结构为普通两(三)车道隧道在前进方向逐渐扩宽至单洞四车道或近五车道大跨隧道,然后再以连拱或小净距形式分岔成主洞隧道和匝道隧道,如已建成的厦门万石山隧道和长沙营盘路江底隧道。

为此,2004 年,交通部开展了以“分岔隧道设计施工关键技术研究”为题的西部交通建设科技项目的科技攻关工作,为分岔式隧道修建技术的总结与推广起到了良好作用。

4. 复杂组合结构及地下立交

除了上述结构形式以外,由于各种条件的限制,一些特殊组合结构的隧道也应运而生。例如,山西省境内晋济高速公路的拍盘隧道,双洞四车道,单洞总长 3479m + 3447.45m,依次由双洞单跨结构、双洞连拱结构、双洞小净距结构和双洞分离式结构组成了复杂的分岔组合式隧道。施工中,由于洞口地质地形条件复杂,并考虑到洞口紧接独塔斜拉桥的结构特殊性,使得洞口采用了上层为单跨(连拱)隧道、下层为箱梁(桥台)的上下双层、长 25m 的桥隧混合结构,开挖最大跨径 25.77m,最大高度 17.25m,断面面积 346.6m^2。

厦门市机场路一期工程中的万石山隧道,在地下实现了万石山隧道与钟鼓山隧道的完全互通,为我国第一座大型暗挖地下互通式立交,结构种类繁多,施工工序复杂,既有平面分岔结构,又有上下交叉结构,涵盖了目前山岭隧道几乎所有的结构形式。通过分段扩大的方式实现平面分岔功能,从大跨结构到不对称连拱结构,到小净距结构,从普通隧道的开挖到既有隧道的改造,此立交单洞隧道开挖跨度达 25.8m,小净距段的中夹岩厚度仅 1.42m。为此,围绕 2007 年国家 863 科技攻关专题“现代交通技术领域——地下交通工程与隧道建造”开展的“大型江底地下互通式立交枢纽建造与运营核心技术研究”,部分研究内容即专门针对地下立交的结构形式开展了科技攻关。

（三）复杂条件下隧道建设技术的发展

我国地域辽阔，隧道所处场区的地质条件和地理条件的多样性形成了我国山岭隧道建设技术的复杂性。一般地，隧道工程中常见的复杂地质和地理现象包括：岩爆、高地应力、大变形、构造破碎带及活动断裂、松散地层、特殊性土、采空区、岩溶、涌水、有毒气体、浅埋、高海拔、高寒等。而正是由于这些地质和地理现象的存在，不仅给隧道的施工造成极大的困难，严重还会危及人员生命财产的安全。因此，针对上述各种条件，业内也开展了一系列的专项研究，例如：

（1）冻土、高寒、高海拔的专项研究：2001 年完成的“高海拔高寒隧道综合施工技术研究”、2004 年完成的“寒冷地区隧道冻害防治技术研究”、2004 年完成的“高原冻土隧道冻害预报和综合防治关键技术”、2004 年开展的“高海拔地区复杂地质条件下公路隧道设计与施工技术研究”等课题。

（2）深埋与高地应力的专项研究：2003 年完成的“深埋长隧道高地应力与围岩稳定问题——‘川藏公路二郎山隧道高地应力测试、监测及围岩稳定性分析与工程措施’研究”和 2006 年完成的“通渝深埋特长隧道高地应力与围岩稳定性研究”等课题。

（3）瓦斯、煤层的专项研究：2007 年开展的“西部地区公路瓦斯隧道设计与施工技术研究”等课题。

（4）松散地层和软弱围岩的专项研究：2006 年完成的“软弱围岩特长高速公路隧道施工技术研究”等课题。

（5）黄土的专项研究：2004 年完成的“黄土地区隧道的修筑技术研究”等课题。

（6）瓦斯、硫化氢、岩溶和涌水的专项研究：2005 年完成的“华蓥山隧道设计与施工关键技术研究”、2008 年完成的“大涌水量与复杂地质条件下的公路隧道修筑技术研究”、2008 年完成的“沪蓉国道主干线龙潭特长隧道特殊地质条件下的关键技术研究”与 2008 年开展的“多断层、富水岩溶地区特长公路隧道修建关键技术及防灾救援方案研究与应用”等课题。

这些课题针对依托工程，以突破复杂条件下隧道建设技术瓶颈为出发点，通过开展相应地理地质条件下的隧道勘测、设计、施工等技术的研究，为提高隧道使用品质和寿命、降低工程造价和养护成本提供了强大的技术支撑。

（四）隧道防灾减灾技术的发展

隧道防灾减灾技术主要围绕各种灾害问题，通过开展灾前预警、灾中处置、灾后恢复等技术的研究，为隧道防灾减灾以及灾害条件下的紧急救援决策提供技术指导。主要研究有：2008 年开展的“公路隧道抗震及减震技术研究”主要针对地震条件下的防灾减灾技术,2008 年开展的“公路隧道衬砌结构耐火技术研究”则主要针对火灾灾害下的隧道建设技术问题,而“公路隧道施工重大险情预警与应急救援技术研究”则突出对于施工重大灾害险情的预警与救援保障技术开展科技攻关。

(五)隧道环保建设技术的发展

随着环保意识的逐渐提高,隧道建设中的环境保护问题,也越来越成为业内关注的重点。为此,针对隧道建设中可能破坏隧址周边生态环境的主要环节,如隧道开挖对生态环境的干扰或破坏、隧道洞门的环境损伤、隧道施工废水排放造成的污染问题等,也开展了科技攻关。

2006 年完成的“高速公路隧道环保型建设技术研究”,以江苏宁淮高速公路老山 1 号、2 号隧道工程为依托,首次开发了公路隧道前置式洞口工法,实现了隧道洞口“零仰坡”施工,避免了隧道洞口高大边仰坡开挖;创新设计了以半拱—斜柱为特点的大跨异型棚洞,开发了大跨异型棚洞施工关键技术,保护了自然植被,减少了对原位地质体的扰动,节约了资源,取得了良好的环保效益与社会效益。2007 年开展的“山区隧道建设环境保护关键技术研究”则通过对山区隧道建设环境保护关键技术进行研究,预期:建立山区隧道生态环境影响综合评价指标体系和“隧道洞门环境经济评价模型”,提出基于环境保护的隧道洞门选型技术指南,提出基于环境保护的防排水技术关键措施和经济的、切实可行的隧道施工废水处置技术。同年开展的“沿河傍山路段棚洞结构形式适应性及设计施工技术研究”也对保护自然植被的棚洞结构作进一步的深入研究。这些课题的实施为“资源节约型、环境友好型交通”的建设提供了科学系统的技术指导,为促进隧道工程建设环保技术的发展发挥了重要作用。

(六)具有里程碑意义的成套技术

1. 秦岭终南山公路隧道建设技术

秦岭终南山公路隧道位于陕西省,穿越秦岭主脊,四车道高速公路,设计行车速度 80km/h,长 2×18.02km,居世界山岭高速公路隧道第一。隧道最大埋深 1640m,通过地层大部分为混合岩类,稳定性较好,部分段落通过片岩、片麻岩和含绿色矿物混合花岗岩,岩体较破碎,工程性质较差。Ⅱ、Ⅲ类围岩段落长 2695m,占总长度的 15.0%;Ⅳ类围岩段落长 7601m,占总长度的 42.2%;Ⅴ、Ⅵ类围岩段落长 7724m,占总长度的 42.8%。2000 年 1 月 8 日开工建设,2007 年 1 月 20 日建成通车。

针对本隧道的技术难点,2001 年西部交通建设科技项目“秦岭终南山特长公路隧道关键技术研究”正式立项,众多设计、科研、高校等单位科技工作者开展课题研究。该课题共设 7 个子题:①环保技术研究;②通风技术研究;③防灾救援技术研究;④监控技术研究;⑤管理与养护系统研究;⑥信息技术研究;⑦施工定额研究。通过6年的研究,该课题共取得19项重大技术突破,7项成果达到国际领先或国际先进水平,它为我国超特长山岭隧道建设积累了宝贵的经验和丰富资料,为我国超大规模山岭隧道的建设提供了翔实的科学支撑。

2.高速公路隧道环保型建设技术

江苏老山公路隧道位于宁淮高速公路南京江北段,穿越国家级森林公园老山林场,隧道采用上下行分离形式,隧道在中部山谷设明槽,将隧道截分为老山1号隧道和老山2号两隧道。隧道净宽14.0m,净高5.0m,采用三心圆曲墙式衬砌,净空面积98.2m^2,设计行车速度100km/h。隧址老山地区地表植被茂盛,自然植被和自然生态保护较好,是国家级森林公园。

针对高速公路隧道洞口施工的高边仰坡和沿河傍山路段高边坡刷坡范围大的弊端,"高速公路隧道环保型建设技术研究"项目依托老山隧道开展了系统研究。其主要研究内容包括:①隧道前置式洞口工法的设计方法、施工工艺和适用性;②公路沿河傍山路段大跨半拱斜柱棚洞结构的支挡原理、结构特性、设计方法和施工工艺。通过研究,课题取得了一系列研究成果:①首次开发了公路隧道前置式洞口工法,创新提出了前置式洞口工法施工条件下隧道岩体位移场、应力场与稳定性等方面的系统科技成果,为隧道洞口环境保护及仰坡稳定设计提供了理论依据;②通过对前置式洞口工法施工过程的三维数值模拟与现场量测成果的综合分析,提出了前置式洞口工法的合理施工工艺和施工关键技术,并在依托工程中成功实践;③系统研究了棚洞结构特性,通过对边坡土体—回填体—棚洞结构的力学耦合分析,创新设计了以半拱—斜柱为特点的大跨异型棚洞结构形式,首次提出了此类异型棚洞结构的设计方法、计算模拟及工程适应条件;④开发了大跨异性棚洞结构的施工关键技术,取得了相应的施工工艺研究成果,并在依托工程中成功实践。其中,"前置式洞口工法"采取不切坡(即零开挖)进洞方法,在洞外不开挖山脚土体的情况下,采用两侧开槽逐榀施作工字钢拱架,随着钢拱架推进逐渐"亲吻"山体,拱架间以纵向钢筋连接为整体,浇筑混凝土形成临时衬砌,在进洞前以临时衬砌成洞,回填反压后再进行临时衬砌内暗挖施工。真正实现了"早进晚出"。

通过这种隧道施工工法,可大大减少洞口开挖工程量,确保边仰坡稳定,并达到完全保护隧道洞口仰坡生态的目的,实现隧道工程与山体和谐相融的环保建设理念。

施作棚洞结构的目的是为了减少施工过程中对原生植被的破坏,提高运营期间的安全性,减少对运行过程中驾驶员的视觉影响,减少公路运营期间的检修、通风、照明等成本而提出的一种新型边坡支挡结构的半拱斜柱棚洞结构。该结构由混凝土边墙基础块、混凝土斜柱基础、两基础之间的混凝土基础梁、混凝土斜柱、混凝土托梁、混凝土半拱衬砌、混凝土平板衬砌组成,该结构在一定间隔距离设有混凝土斜柱基础,其上浇筑有混凝土斜柱，两个混凝土斜柱之间浇筑有混凝土托梁，在混凝土托梁上端面浇筑有混凝土平板衬砌，混凝土平板衬砌一端上面浇筑有挡水块，另一端连接混凝土半拱衬砌，混凝土半拱衬砌的下端连接混凝土边墙基础，在混凝土斜柱路侧和衬砌背面回填体上设有凹形排水沟。

通过研究成果的应用，使依托工程的洞口最大仰坡高度控制在0.6m以下，减少边仰坡开挖面积2362m^2；老山2号隧道右线出口采用了大跨半拱斜柱轻型棚洞结构，减少边坡开挖面积8572.8m^2，有效地少砍伐老山树木7289棵、原生灌木32802株，环境效益显著，社会效益明显；减少洞口土石方工程数量50240m^3，具有很好的环保效益与社会经济效益。该课题研究成果达到国际先进水平，2007年获中国公路学会科学技术一等奖，并随后在重庆、广东、广西、云南、江西等省（自治区、直辖市）得到推广应用，有力推动了行业科技进步。

三、盾构法公路隧道修筑技术

上海长江隧桥（崇明越江通道）工程位于上海东北部长江口，工程采用“南隧北桥”方案，全长25.53km。其中上海长江隧道工程全长8.95km，其中穿越水域部分7.5km为两条外径ϕ15m的盾构法圆形隧道，采用两台直径为ϕ15.43m泥水加气平衡盾构机从浦东由南向北一次掘进至长兴岛。工程2004年12月28日开工，2006年9月盾构正式掘进，2008年5月和8月两条隧道贯通，2009年10月31日建成通车。隧道工程创造了两项世界纪录：第一是单月掘进556m，第二是单日掘进26m。

（一）工程特点及难点

长江隧道工程主要技术难点表现为：第一，作为世界上最大直径隧道，将面临超大断面盾构隧道抗浮、超大直径泥水盾构开挖面稳定、超大直径衬砌结构设计等难题；第二，一次性掘进距离长，需要解决特长隧道通风与降温、三维轴线控制、特长隧道纵向稳定性、公轨共用隧道火灾控制与救援疏散等难题；第三，隧道在高水压复杂软土地质条件下面临的抗震、防水、耐久性、减振与长期沉降等难题；第四，长大隧道公轨结合给振陷、纵向沉降及疏散逃生提出了更高的要求。

（二）科技创新

工程建设过程承担国家863计划1项，上海市科委计划12项，累计开展了60余项课题攻关，构建了超大特长复杂软土盾构隧道建设的技术体系，包括超大直径泥水盾构隧道关键技术、特长距离泥水盾构隧道关键技术、江底复杂软土盾构隧道关键技术和超大特长越江复杂软土盾构隧道综合技术四方面。

1.超大直径泥水盾构隧道关键技术

（1）超大直径泥水盾构隧道抗浮成套技术。研制了高重度、高稠度、高抗剪性和抗液化新型单液浆，并通过上浮规律、施工工艺及注浆检测等研究，形成抗浮成套技术，解决了超大直径盾构隧道抗浮难题。

（2）超大直径泥水盾构开挖面稳定控制技术。基于宏微观试验相结合方法，形成了超大直径泥水盾构开挖面稳定技术体系，建立了基于泥浆支护压力阈值控制的施工参数匹配技术，攻克了超大直径盾构隧道开挖面稳定性难题。

（3）超大直径泥水盾构隧道结构设计技术。首次建立了基于全真整环、接头试验与现场结合的超大直径盾构隧道衬砌结构设计计算方法，第一次完整地提供了隧道结构设计计算模型的所有力学参数取值，为衬砌结构科学设计提供了充分的依据。

（4）超大直径盾构隧道结构技术经济优化及计算技术。建立了超大直径盾构隧道断面优化模型和结构优化模型，进行了隧道双线施工过程与考虑内部结构及运营荷载的有限元动态模拟，提高了隧道结构设计的安全性、适用性与经济性。

2. 特长距离泥水盾构隧道关键技术

（1）盾构机盾尾密封等核心部件检测、检修及更换技术。进行了在高水压下采用冻结加固方法更换盾尾刷的大型模型试验，开发了高水压、大断面、长距离推进盾构机核心部件检修技术，并形成一套越江隧道工程检修环境施工风险应急预案。

（2）特长泥水盾构隧道三维轴线控制技术。形成了基于高精度管片、盾构掘进姿态控制和超长距离特殊联系测量的三维轴线控制集成技术，使超大特长盾构隧道单向一次掘进7.5km的贯通精度为2cm。

（3）基于高压细水雾的长距离隧道降温技术。通过全比例隧道细水雾降温试验与数值模拟，形成了长大隧道的高压细水雾降温技术，解决了特长隧道温升问题（进口与出口处温差近20℃）。

（4）特长泥水盾构隧道通风与照明技术。解决了长大隧道运营期烟气流动慢、波及范围广而排烟难与能见度低的问题，可使上海长江隧道营运交通事故发生率降低20%～30%。

（5）特长泥水盾构隧道结构纵向稳定及结构整体化设计技术。提出了考虑隧道接头特性的隧道整体化设计计算方法；提出了能够考虑隧道周围土体时效特性的隧道长期沉降计算方法，解决了特长复杂地层条件下软土隧道长期不均匀沉降发展及对隧道性态影响的技术难题。

3. 江底复杂软土盾构隧道关键技术

（1）江底复杂软土盾构隧道结构的耐久性和可靠性安全控制技术。建立起统一、完整的越江盾构隧道结构耐久性研究理论体系，从而明确了越江盾构隧道结构的耐久性演化机理和服役寿命预测方法，进而预测隧道管片衬砌结构抗氯离子侵蚀的使用寿命在

100 年以上。

(2)江底复杂软土盾构隧道抗震与长期运营动载影响与控制技术。针对性地提出了长大隧道动应力引起沉降防治措施,为长期运营动荷载下公轨结合隧道结构安全提供了保障。

(3)高水压江底复杂软土盾构隧道结构防水技术。开发了大掺量复合矿物掺和料的高性能混凝土以降低混凝土内氯离子渗透性,采用减少用水量以提高蒸养热处理的正效应、利用综合措施来限制蒸养热处理的负效应的管片混凝土新型养护技术,确保了管片结构具有很好的自防水性及止水耐久性。

(4)江底复杂软土盾构隧道连接通道技术。建立了含盐复杂软土地层人工冻结温度场理论和计算方法,提出了人工冻土帷幕自然解冻和强制解冻计算模型,从而形成了冻胀融沉地层改良控制技术。

(5)超大直径泥水平衡盾构环保型模块化泥水处理技术。开发了具有自主知识产权的高效环保型模块化泥水处理系统,成功解决黏土地层超细颗粒分离难题,使泥水回收利用率超过 80%,达到国际先进水平。

4. 超大特长越江复杂软土盾构隧道综合技术

(1)特长泥水盾构隧道防灾减灾技术。开展全比例大直径火灾试验,建立了长大公轨结合隧道的综合立体疏散救援体系,编制了上海市标准《道路隧道设计规范》,填补了该领域防灾设计规范的空白。

(2)特长盾构隧道衬砌结构火灾反应与防火抗爆技术。通过管片火灾力学试验,得出了混凝土材料火灾后的力学特性和衬砌结构火灾高温下的力学行为,提出了衬砌结构火灾安全性评估方法,形成了长大隧道衬砌结构防火、耐火技术。

(3)江底复杂软土盾构隧道风险控制技术。基于动态风险管理方法形成了风险状态动态评估体系,建立了超大特长盾构隧道动态风险管理模式和预警预案系统。

(4)基于全寿命周期数据的盾构隧道数字化管理体系。建立了集勘察、设计、施工、运营和监测等全生命周期信息的盾构隧道数字化管理体系,实现了超大特长盾构隧道工程全生命周期信息的可视化和信息化智能管理。

(5)长江隧道工程 LED 照明技术。在隧道大规模采用 LED 照明技术,使用寿命达到 5 万小时以上,节能效果比传统灯具可达到 30% 以上,直接推动了上海隧道工程 LED 照明技术的全面推广。

四、沉管法公路隧道修筑技术

港珠澳大桥跨越珠江口伶仃洋海域,是连接香港、珠海、澳门的大型跨海通道工程,是国家高速公路网规划中珠江三角洲地区环线的组成部分和跨越伶仃洋海域的关键性工程。港珠澳大桥起自香港口岸，跨越粤港分界线，下穿拱北口岸，止于南屏镇洪湾，线路总长约为55km。港珠澳大桥海中桥隧主体工程（粤港分界线至珠海/澳门口岸段）长约29.6km，采用桥隧结合方案，穿越伶仃西航道和铜鼓航道段约6.7km采用隧道方案，其余路段约22.9km采用桥梁方案。为实现桥隧转换和设置通风井，主体工程隧道两端各设置1个海中人工岛，东人工岛东边缘距粤港分界线约150m，2个人工岛最近边缘间距约5250m。港珠澳大桥主体工程是由人工岛、桥梁、隧道组成的跨海交通集群工程。主要技术指标：公路等级为高速公路，设计速度为100km/h，双向六车道；设计使用寿命120年。建筑限界：桥面标准宽度33.1m，隧道2×14.25m，净高5.1m。设计汽车荷载按《公路桥涵设计通用规范》（JTG D60—2004）汽车荷载提高25%用于设计计算，同时满足香港《道路及铁路结构设计手册》中规定的活荷载要求。抗风设计标准：运营阶段设计重现期120年，施工期重现期30年。地震设防标准：地震基本烈度为7度；结构防水等级为一级；主体结构耐火等级按一级隧道设计，采用RABT标准升温曲线测试的耐火极限不低于2h。

（一）沉管隧道的主要技术特点

依据港珠澳大桥主体工程平、纵线形设计，隧道东端局部位于$R=5500$m平曲线上，其余部分均为直线；隧道纵断面设置为W线形，进出口纵坡为±2.98%，最小纵坡为±0.3%。隧道总长6700m。其中东、西人工岛岛上段（包括减光段、敞开段和暗埋段）长均为518m，隧道采用沉管方案，沉管段总长5664m，共分33节；标准管节每节长180m，宽37.95m，高11.4m，单节重约7.4万t，最大沉放水深44m，是我国首条于外海建设的超大型沉管隧道。隧道建筑限界宽度：0.75m+0.5m+3×3.75m+1.0m+0.75m=14.25m，高5.1m，路面横坡1.5%。管节横截面采用两孔单管廊。为实现沉管隧道的顺利建成，确保使用功能和工程的可实施性，隧道工程的技术特点如下：①隧道基础处理与沉降控制；②隧道管节的浮运沉放施工技术；③管节的工厂化制造；④水下结构止水技术；⑤海上测量与控制等。

（二）沉管隧道建造技术的应用

沉管隧道的技术核心是结构与基础的相互协调，必须获取准确的地质资料才能做好隧道的合理设计方案，进而明确潜在的风险和可能的设计优化空间；结构的自防水体系在于混凝土的质量控制和接头的止水效果，本项目的主要建造技术应用如下。

1.精细化的地质勘察

在初步设计阶段按照《公路工程地质勘察规范》（JTJ 064—1998）完成了岛隧工程的初勘和详勘工作，但对于沉管隧道的设计关键是结构与地基相互作用关系，地质勘察的准确度直接影响到结构的设计方案和安全度，因此在地质初勘和详勘的基础上，结合初步设计的结构方案进行针对性的补充地质勘察。沉管隧道工程对地层划分及地质参数的准确度较高，主要采用静力触探(CTPU)的方法，并使用英国标准实施精细化的勘察，辅以部分地质钻探。以获取原位静力触探资料为主，以匹配的实验室试验进行校核和验证。CTPU可有利于揭示原位地质信息，以20mm/s的速度进行，每20mm采集数据1次，能够快速、连续地揭示地层，获取设计所需的岩土参数信息。隧道区共布置钻孔79个，CTPU测试点387个，孔压消散点22个。

2. 管节基础处理

为实现沉管基础刚度的平顺过渡，保证施工质量，降低施工风险，基础纵向分区如下：东、西岛敞开段采取降水联合超载预压；东、西暗埋段采取降水联合超载预压 + PHC桩；岛上沉管段首两节段采取降水联合超载预压 + 高压旋喷桩；斜坡段E1 ~ E6和E30 ~ E33采用挤密砂桩(部分超载预压)；中间段采取天然地基(局部换填)。管节基础垫层碎石整平层具有如下优点：①在相对较大的波浪和水流情况下仍能适用；②基础垫层和管节沉放施工速度较快；③管节沉放连接后能快速形成保护和管节的稳定；④采用的设备可用于回填施工；⑤管节沉放前，与隧道接触的垫层顶面可以进行可视化检查。

对于在海中的管节长度较长的节段式沉管隧道，从安全、风险等角度出发，采用了整平碎石垫层，横向从隧道外墙向两侧各延伸至少2m范围。

3. 水下挤密砂桩(SCP)

水下挤密砂桩是在砂桩船上，利用振动锤将由活瓣(封)住下口的钢套管沉入土中，达到预定深度后，在套管内灌砂，打开活瓣，在套管内施加气压的状况边振边上拔套管，逐段复打，将砂振密实，留砂于土中，形成砂桩扩径密实的工艺。

挤密砂桩对松散砂土地基的主要作用是成桩时对周围砂层产生的挤密作用以及振密作用；对软弱黏性土地基的主要作用是置换作用和牌示作用。挤密砂桩施工的自动化程度较高，质量较好保证，经加固后的地基承载能力能快速提高，残余沉降量较小，地基整体稳定性得到改善。人工岛的抛石斜坡堤的范围内设置了60%和24.6%置换率的挤密砂桩，沉管隧道的E1 ~ E6，E25 ~ E33管节范围内设置了70%、62%、55%、42%置换率的挤密砂桩。

4. 管节的“工厂化”预制

管节预制采用了厄勒隧道的“工厂化”的理念，使管节在全室内环境下制造，易于控制混凝土浇筑和养护，取得有效的混凝土控裂。钢筋加工和绑扎、模板的安装和拆除、混凝土浇筑和养护等实现标准化流水作业，提高了生产效率；管节的舾装、起浮、出坞等作业形成独立的区域，不产生相互干扰。

本工程由33节钢筋混凝土管节组成，每节标准管节长180m、宽37.95m，在预制时分为8个施工段。管节的预制厂设置在珠海市的牛头岛，预制车间与浅坞、深坞呈“L”形布置，预制车间内布置两条平行生产线进行管节的制作。干坞位于牛头岛的西北端，利用原有的石场进行改造形成场地。干坞分为两部分，即在海平面以上的浅坞和位于海平面以下的深坞。通过抬高水面，隧道管节可从浅坞浮运到深坞并最终运送到管节浮运航道。在坞的每一端都有坞门进行控制，在预制车间与坞之间由滑行闸门将二者分开，而在坞的另一端，采用浮坞门将干坞与大海隔离。管节从车间到干坞采用滑行运输来完成。

5. 管节接头

沉管隧道的接头分为管节接头和管段接头。管节接头（Intermediate Joint）是指在管节与管节（即180m管节与180m管节）之间防水的连接位置。节段接头（Element Joint）是指管段与管段（即22.5m管段与22.5m管段）之间防水的连接位置。接头的结构强度和刚度相对混凝土管节而言都显得较为脆弱。沉管基础和管节的不均匀沉降也容易导致柔性接头部位的错动和张开，使接头部位止水效果降低甚至失去止水效果，对沉管隧道的安全与正常运营造成很大威胁。管节接头防水一般采用GINA橡胶止水带+Omega橡胶止水带双层组合。国内外的沉管隧道管节接头设计与施工经验均采用同样的构造形式，只是根据隧道的纵向计算来确定GINA橡胶止水带和Omega橡胶止水带的规格和安装方式。

由于采用节段式的管节结构方案，180m的管节由8段结构组成，在每个管节中产生了7个节段接头。节段接头可以允许一定量的纵向位移、转动且传递剪力。采用中置式的可注浆钢边止水带+内置Omega橡胶止水带的双重防水方案。节段接头的施工关键是可注浆钢边止水带的安装，以及混凝土浇筑后止水带与混凝土的密贴和注浆效果。工程实施中，在止水带安装完毕后，通过预埋管在两道止水带之间进行注水，检验止水效果。

（三）科技攻关提升沉管隧道建设技术

面对超大规模沉管隧道的建设、运营和管理，国家科技部和交通运输部高度重视，要求科技引领，建成世界一流的工程，为此，组织开展国家科技支撑计划项目“港珠澳大桥跨海集群工程建设关键技术研究与示范”科技攻关，有效地解决了许多工程技术难题，为工程的顺利建成提供了科技支撑。该项目由以下5个课题19个专题构成：

1. 外海厚软基大回淤超长沉管隧道设计与施工关键技术

（1）外海厚软基大回淤超长沉管隧道基础沉降控制技术研究。

（2）多点非一致地震激励下超长沉管隧道设计方法与振动台试验模拟技术研究。

（3）沉管隧道阶段接头构造形式研究及高水压120年设计使用寿命止水带研发。

（4）长大管节海上寄放、浮运和沉放施工关键技术研究。

(5)深水碎石高精度整平设备开发及施工工艺。

(6)沉管隧道设计与施工指南。

2. 外海厚软基桥隧转换人工岛设计与施工关键技术

(1)海上挤密砂桩(SCP)地基处理关键技术研究。

(2)离岸海上人工岛深基坑防护技术研究。

3. 海上装配化桥梁建设关键技术

(1)埋床法全预制海上桥梁墩台建设关键技术。

(2)连续钢箱梁正交异性钢桥面板抗疲劳性能优化关键技术。

(3)连续钢箱梁桥面系统长寿命最优设计方法及关键技术。

4. 跨海集群工程混凝土结构120年使用寿命保障关键技术

(1)基于可靠度理论的混凝土结构120年设计使用年限耐久性设计关键技术。

(2)保障120年使用寿命的施工与监控关键技术。

(3)实际环境和荷载作用下的实体工程混凝土结构耐久性评估与再设计技术。

5. 跨境隧—岛—桥集群工程建设管理、防灾减灾及节能环保关键技术

(1)跨境重大交通工程管理模式、决策机制和战略资源供应链管理关键技术。

(2)跨境通道营运管理关键技术。

(3)跨境隧—岛—桥集群工程安全环保管理需求与对策。

(4)离岸特长沉管隧道建设防灾减灾关键技术。

(5)跨境隧—岛—桥集群工程节能减排关键技术。

同时,建设管理业主还针对工程实际具体问题,组织有关单位开展了下列研究:①港珠澳大桥主体工程现场暴露试验研究;②施工期水环境监测研究;③静力触探试验结果评估专题研究;④基槽稳定性及长期回淤观测试验研究;⑤沉管节段足尺模型试验研究;⑥沉管隧道接头张开位移量控制技术研究;⑦人工岛沉降控制与监测技术研究;⑧东、西人工岛结合部非通航孔桥抗风浪设计方法;⑨节段式沉管隧道路面关键技术研究;⑩外海工程施工资源消耗及施工工效(外海施工定额)研究;⑪大直径钢管复合桩试验研究;⑫钢管复合桩(含钢管桩)防腐蚀技术及试验研究;⑬钢箱连续梁合理构造系统和设计标准专题研究;⑭钢箱连续梁制造及安装关键技术研究;⑮崖13-1天然气海底输气管线安全保护体系及施工安全性研究;⑯连续钢箱梁桥面铺装方案加速加载试验研究;⑰钢箱梁防腐及维护关键技术研究;⑱青州、江海直达船通航孔桥结构抗风性能试验研究;⑲深水区非通航孔桥梁结构抗风性能试验研究;⑳桥梁设计手册(深水区)、组合连续箱梁制造及安装关键技术及运营阶段性能研究;㉑九洲航道桥结构抗风性能试验研究;㉒浅水区非通航孔桥梁结构抗风性能试验研究;㉓桥梁抗震设计和性能优化、桥梁设计手册(浅水

区)、静力触探试验结果评估专题研究(平行研究);㉔交通仿真专题研究。取得丰硕的科技成果,并锻炼了一大批工程科技人才。

五、长大隧道通风、监控与防灾技术

随着公路隧道的建设,道路等级的逐步提高,公路隧道营运及管理技术也随着公路隧道建设不断向长、大方向发展。公路隧道运营管理技术是包含通风、照明、消防、监控等多系统、多学科、多专业的复杂集成。下面对我国公路隧道通风、照明、监控与防灾技术的发展历程分别简述。

(一)特长隧道营运通风技术

隧道通风的目的是通过通风改变隧道内空气的化学组成和气候条件,使之满足人员和车辆运行的卫生和安全要求,以保证隧道正常运营,具体有以下四点:为隧道内人员提供足够的氧气;把隧道内的有害物和烟尘稀释到安全浓度以下,并排出隧道保证隧道内有适宜的气候条件,以利于工作人员和驾乘人员身心健康;当隧道发生火灾时,限制隧道火灾蔓延,并为灭火工作创造有利条件。

公路隧道的通风方式按是否设置机械通风来判断,分为自然通风和机械通风两大类。机械通风方式又分为纵向式、半横向式、全横向式以及在这三种基本方式基础上的组合通风方式。1989 年建成的七道梁隧道(1560m)首次突破千米大关,也为国内首次采用全射流纵向通风的公路隧道,从此开始,全射流纵向通风方案开始在公路隧道推广应用。1996年建成的成渝高速公路中梁山隧道左洞(3165m)和缙云山隧道右洞(2529m),原设计为半横向通风,通过科研和专题技术论证,变更为竖井集中排风的分段纵向式通风方案,该通风方案在国内首次采用。从此开始,国内公路隧道通风方式结束了重大方案的争论,尤其是对双洞单向交通的特长隧道。1999 年建成的甬台温高速公路大溪湖雾岭隧道(4116m)在国内首次采用了单座竖井送排式分段纵向通风方案。

2004 年开工建设的湖南邵怀高速公路雪峰山隧道行车的上坡隧道,在国内首次设计采用了 2 座斜(竖)井将隧道主洞分成 3 段的联合送排式纵向通风。

2007 年竣工通车的秦岭终南山公路隧道,单洞长 18.02km,目前为世界双洞单向交通最长的公路隧道,在国内首次设计采用了 3 座斜(竖)井将隧道主洞分成 4 段的联合送排式纵向通风。

2009 年建成通车的上海崇明越江通道工程(上海长江隧道,盾构,右洞长约 8100m)左右洞均设计采用了全射流纵向通风,为目前国内采用该方案的最长公路隧道。但是,为解决全射流纵向通风在防灾救灾方面的严重不足,该隧道利用顶部空间设置了专用排烟道,利用底部空间设置了专用逃生通道。

目前国内公路隧道通风系统节能研究方面，主要对隧道通风需风量计算参数合理取值、隧道风机安装、隧道通风控制、隧道不同通风方式结合、风机设备选择等与节能相关的技术进行了研究。应用方面，主要是采用自然通风、优先采用纵向通风或组合通风方式、通风节能控制、风机选型与合理布置等措施。虽然以上措施在一定程度上有节能效果，但在实际运行中还是存在着电能浪费的现象。标准规范方面，在《公路隧道通风照明设计规范》(JTJ 026.1—1999)基础上，隧道专业研究机构开展了《重庆市高速公路隧道通风照明供配电消防设计指导意见》《公路隧道通风照明设计细则》《广东省公路隧道通风照明设计地方规定》等相关课题研究，并取得了成果，为推动隧道通风节能的进一步发展提供了技术支撑。

(二)通风技术科技攻关及重大工程应用

根据我国公路隧道建设数量、建设规模、建设方式的不断发展，公路隧道运营通风逐渐成为隧道建设的关键技术之一，成为控制性因素。根据这种情况，交通运输部、各省市交通及科技主管部门、工程建设业主组织了一大批公路隧道营运通风技术的研究和攻关，其中，比较重要和具有标志性的科研攻关有以下几个项目。

1.《公路隧道通风照明设计规范》(JTJ 026.1—1999)的编制和实施(略)

2.公路长隧道纵向通风研究

该课题以成渝高速公路中梁山隧道、缙云山隧道为依托工程，在1990年把半横向通风变更为纵向通风的决策研究基础上，采用了当代世界较先进合理的纵向通风技术，实施完成。中梁山右线下坡隧道(长3103m)全射流纵向通风，其应用长度在国内首次突破3km。其成功建设，为以后特长隧道的营运通风方式的改变和运用提供了成功经验。

3.国家主干道同江至三亚浙江境段大溪—湖雾岭隧道营运通风试验研究

国家主干道同江至三亚浙江境段大溪—湖雾岭隧道为国内首座设计采用竖(斜)井分段纵向式通风的公路隧道，为了保证该通风方式能够成功运用，将来为其他类似工程积累经验，于国内首次开展了相关专题研究。该课题采用1∶11通风模型，主要解决了送排式纵向通风的关键技术问题，特别是对送排风段的气流组织、送排风口间距、风门的设计以及火灾工况下的风速控制的研究，填补了当时国内送排式纵向通风的空白。

4.公路隧道送排式纵向通风、照明技术研究及其控制系统开发

该项研究为交通部行业攻关课题，重点研究了多单元送排式分段通风的理论和模型实测，对通风防灾及其控制技术也做了大量的研究、试验，积累了大量特长隧道通风及防灾监控的资料和研究成果。

5. 福建三福高速公路隧道通风关键技术研究

研究的重点是,采用了 1∶10 的通风模型,对美菰林隧道(长 5.6km)竖井排出式纵向通风进行了研究;主要解决了该通风方式下气流的组织、排风口尺寸、火灾工况下的防灾措施以及地下风机房技术等关键问题,特别是在隧道需风量的确定上,结合交通工程学提出的隧道通风控制工况,对解决特长隧道通风设施的规模提供了一个成功的工程实例。对竖井排出式通风也作了通风工况、火灾工况、临界风速和风速控制等计算机数值模拟计算,取得了一些经验和成果。

6. 湖南雪峰山隧道营运通风模型试验研究

该课题重点研究了长 7km 的公路隧道采用何种通风形式,采用几段通风以及防灾措施等。对影响需风量确定的有关参数进行了大量研究,特别是对污染的排放进行了重点研究,采用 1∶10 的通风模型对多单元送排式纵向通风进行试验研究,有助于对送排式通风做更深入的了解。

7. 厦门东通道海底隧道通风防灾研究

该课题重点研究了厦门东通道海底隧道的通风方案和防灾中的相关问题,为厦门东通道海底隧道的设计和建设提供了技术支持和储备。

8. 秦岭终南山特长公路隧道通风技术研究

该课题紧密结合依托工程,通过现场试验、数字仿真、物理模型试验等方法,主要在以下方面取得进展:一是依据测试结果,首次提出符合我国现用车辆一氧化碳、烟尘的基准排放量以及与隧道污染空气、海拔高度、道路纵坡相关的基准排放量修正系数,为公路隧道确定需风量提供了数字依据。二是首次提出根据人体血液中碳氧血红蛋白饱和度安全阈值来确定洞内一氧化碳允许浓度的方法,为合理制定特长公路隧道卫生控制标准提供了理论依据,并针对依托工程行车的不同工况给出相应的一氧化碳卫生控制标准。三是建立了通风系统的物理模型与数值仿真分析平台,运用数值仿真与物理模型试验相结合的方法,对三竖井纵向分段通风方案进行了系统验证和局部构造优化;提出了合理的送排风短道量化指标,所推荐的秦岭终南山特长公路隧道三竖井纵向通风方式为世界首创。四是创建了公路隧道复杂通风网络仿真平台和由组合模型、数采系统、变频供风系统构成的物理模型试验平台。五是首次通过实测获得了喷射混凝土衬砌沿程阻力系数、洞口气候与洞内气温分布规律,为秦岭终南山公路隧道通风计算提供了基础参数。

(三)隧道照明技术

20 世纪 50 年代中期以前,隧道照明技术一直不为人们所注意,隧道贯通后,灯具安装不规范,有的完全不安灯。20 世纪 50 年代中期起,由于隧道交通量日增,车速也迅速提高，行车安全逐渐成为一个问题并日趋突出，人们开始认识到在隧道里随意、简单地安装一些灯并不能解决问题。在车辆驶到离隧道洞口不远处，驾驶员所见仍只是黑乎乎的一片，无法觉察隧道洞口处的障碍物。因此，1957 年英国 J. M. Waldram 首先指出这一现象的危险性和严重性，并着手对之进行研究，形象地称之为“黑洞现象”。自此，隧道照明成为公路隧道工程运营设施方面的重要课题。

隧道内的照明控制是根据隧道照明设计中所确定的照明区段、不同时段气候条件下的照明要求，控制各个照明回路的开关，从而达到既满足隧道的照明亮度要求，保证行车安全，又节省能源的目的。其控制方式大致可分为手动控制方式、分时段进行的时序控制方式和根据洞内外的亮度值自动控制照明回路的全自动控制方式三种。手动控制方式主要用于公路等级低、隧道长度较短、照明级别少的隧道照明系统，由人工根据不同的时段及天气情况而开关不同的照明配电回路。分段时序控制方式则是采用时序控制器控制隧道照明的各个配电回路，根据一天中不同的时间段而开启（闭合）相应的照明回路，此种控制方式主要也是用于照明回路较少的短隧道和中长隧道。隧道照明的自动控制方式则是利用光照度计分别采集隧道内外的亮度参数，经对比处理后，由计算机系统或照明控制器自动控制各个照明回路的开关，使洞内的照明亮度与外界自然光的亮度相适应。目前，照明控制采用有级控制，根据气候条件、照度及交通量进行控制分级。

我国在 2000 年以前使用的原则主要遵照《公路隧道设计规范》（JTJ 026—1990）来设计隧道的照明系统，由于该规范设计的标准不很完善，因此 20 世纪 90 年代后期，为了适应我国公路隧道照明的技术需求，我国隧道科技工作者在这方面进行了一系列的研究。并结合国内外的一些工程实践经验和研究成果，编制了《公路隧道通风照明设计规范》（JTJ 026.1—1999），对隧道照明设计起到重要的指导意义。近十多年来，针对公路隧道建设的现状，我国交通部门每年投入大量科研经费，围绕隧道工程的实际问题展开了科学研究，在隧道的施工、管理、通风、照明、监控、防灾、维护等领域取得了针对性成果，这些研究成果有力地支持了我国公路隧道的建设，依托实际工程解决问题成为我国隧道科研取得成功的法宝。在国内相关专家和单位的努力下，我国的隧道照明和照明节能技术有了很大的进步，这些成果主要包括：

1. 公路隧道送排式纵向通风、照明技术研究及其控制系统开发

该项目是交通部科教司于 1998 年 10 月 ~2001 年 8 月组织有关单位展开的联合技术攻关，得出的照明技术方面的研究成果主要有：①首次采用 1∶1 的研究手段，开展灯具的配光对比试验，探索出一种全新的研究方法来展示灯具的配光特性，为照明工程检测验收及灯具的检测方法提供了高效实用的手段；②灯具的布置方式影响照明系统的照明效率，即中心布置比双侧排布置效率高，双侧交错布置比双侧对称布置效率高；③灯体大小、反光器形式是影响灯具配光质量、性能的关键，具有大灯体、特殊的反光器的照明灯具是适

合隧道照明特点的理想灯具;④首次对逆光照明技术进行了研究,填补了该项研究领域的国内空白,提出加大力度研究和开发逆光灯具是今后增效节能的最有效的途径;⑤首次开展利用环境简图法现场亮度测试来确定隧道入口的洞外亮度 L20(S);⑥开发编制了一套照明设计计算软件;⑦研制开发了 KJID 型康吉系列新型灯具,该系列灯具采用了许多研究成果,有些特点为其他灯具所不具备,是一种集大家之长,又含许多高科技成果的新型灯具。

2. 福建三福高速公路隧道照明关键技术研究

京福高速公路福建三明至福州段福州境约 100km,其中隧道 13 座,单洞延米长近 28km,最长的美菰林隧道右洞长 5560m,针对工程特点,对特长公路隧道通风方式、公路隧道照明技术进行研究。在"公路隧道送排式纵向通风、照明技术研究及其控制系统开发"的基础上,又对照明技术进行了详细的研究,在大量的照明实测工作的基础上,把布灯方式定在中排布偏置 60cm 处和侧布在一侧布灯高度为 6.3m 处的两种布灯方案。这两种方案将有效地解决公路隧道运营过程中的养护和运营费用高的问题,是较高效率的布灯方式。

除了上述的科研成果外,国内的其他专家和单位也有一些研究成果,例如对电磁感应灯和白光 LED 灯等节能光源进行研究,许多专家对照明设计参数的取值问题进行了探讨。

除了灯光控制外,目前有关隧道照明的节能,还综合采用以下方案:①采用高功率因数的照明灯具(配合高效电子镇流器);②隧道内两侧铺反射率高的装修材料;③尽量缩短供电电缆长度以减少线路损耗、合理布置配电房位置;④集中调光控制、减少洞外亮度等方法。

3. 国道主干线同三线浙境段大溪岭—湖雾岭隧道营运照明通风关键技术研究

该项研究的主要成果如下:

(1)逆光照明和宽光带对称照明配光是隧道照明最佳的配光形式之一。隧道基本段采用宽光带照明对称照明系统,洞口加强段采用逆光照明不对称照明系统为照明最佳组合。

(2)在同等照明条件下,当灯具功率相同的情况下,与传统的普通对称照明配光比较,采用对称宽光带照明配光路面平均亮度提高 64.3%,采用逆光照明配光路面平均亮度提高 121%。在路面亮度相同条件下,与传统的普通对称照明配光比较,采用对称宽光带照明灯具和逆光照明灯具功率可相应降低,经济节能效果明显。

(3)对对称宽光带照明系统而言,隧道墙面反射系数越高,路面亮度越高。对逆光照明系统而言,隧道墙面反射系数越高,逆光效果越差,当墙面反射系数值小于 0.6 时,已不属于逆光照明系统。因此对逆光照明系统,不应对墙面进行过分明亮的装饰。显然可节省土建装饰方面的投资。为此建议:隧道基本段建议采用宽光带照明对称照明系统;洞口加强段建议采用逆光照明不对称照明系统;中短隧道不宜对墙面进行过分明亮的装饰和不装饰;长、特长隧道洞口加强照明段不宜装饰,洞内中部照明基本段宜采用反射性能材料装饰。

上述研究成果已应用于浙江同三线台州高速公路隧道中的大溪岭—湖雾岭隧道(2×4116m)和黄土岭隧道(1910m+1875m)、猫狸岭隧道群(羊角山隧道195m+175m,猫狸岭隧道3616m+3581m,岩下徐隧道68m+145m,牛官头隧道2×1316m)、燕居岭隧道(2×2.3km)、岩峰隧道、桑州岭隧道(1.2km)、麻岙岭隧道(2×2.3km)及其他隧道工程中。在大溪岭—湖雾岭隧道、黄土岭隧道等工程中使用新成果经分析,为初投资节省837.5万元,每年营运费用节省245.6万元。其效益明显,具推广价值。

目前国内公路隧道照明系统节能研究方面,主要对洞口外减光措施、照明节能灯具、照明系统照明指标优化设计、照明节能控制技术、隧道照明灯具能效等级划分、照明节能评估等技术进行了验证性研究,并取得一定成果。应用方面,主要是采用高功率因数的照明灯具配高效电子镇流器、隧道内两侧铺反射率高的装修材料、尽量缩短供电电缆长度以减少线路损耗、合理布置配电房的位置、集中调光控制、减少洞外亮度等措施。虽然以上措施在一定程度上有节能效果,但在实际运行中还是存在着电能浪费的现象,以及营运过程中产生与行车安全和隧道监控之间的矛盾等问题。

第四节　交通工程技术

我国交通工程技术的发展从20世纪70年代开始,经过不懈努力,走出了一条从引进国外技术、消化吸收,到自主研发、创新示范的发展道路。目前,我国高速公路交通工程技术在交通安全设施、监控、收费、通信系统等领域已建立起一整套适合我国国情的设计、施工、检测、运营养护技术体系和标准规范体系,并形成一条完整产业链,其中部分技术标准和技术成果正逐渐走出国门,走向世界。

一、交通安全设施

(一)安全设施研发

“七五”国家科技攻关项目开展了“高速公路交通安全设施的研究”,明确了标志视认性的影响因素和影响机制,从而提出了标志版面设计原则和设置依据;研究了新的高亮度发光标志膜的生产工艺;研制了反光标线涂料的合理配方和喷涂机具;确定了适合我国国情的高速公路护栏形式;确定了防眩设施的设计原则。这些成果均使我国高速公路交通安全技术从无到有,提出了高速公路主要安全设施设计和设置标准,填补了国内空白,为我国大规模高速公路建设提供了技术支持。"八五"到"十五"期间,我国高速公路交通安全设施技术进一步发展,多种形式的安全护栏、太阳能供电的交通安全设施和节能环保的标线涂料,为我国高速公路交通安全设施建设提供了重要支持。

进入 21 世纪,我国高速公路逐步成网,交通出行快速增长,交通组成呈现大型化、重载化趋势。为了适应新时期公路交通发展态势,我国逐步研发、建立了基于碰撞模拟、摆锤试验和实车碰撞试验的护栏研发测试平台,建立了 10 多种护栏和基础材料仿真本构模型,提出了体现我国车辆和碰撞护栏事故特点的典型车辆仿真模型及车辆与典型护栏结构碰撞模拟算法。碰撞模拟与实车足尺试验和摆锤碰撞试验相结合开发新型护栏,实现护栏碰撞微观量化分析,节约了护栏开发时间和成本。形成了能够覆盖我国高速公路交通安全防护需求的安全设施体系。

(二)安全设施标准化

"七五"期间通过开展高速公路交通安全设施研究及应用,我国制定了国家标准《道路交通标志和标线》(GB 5768)和交通部行业标准《高速公路公路交通安全设施设计与施工技术规范》。"九五"期间,国家计委立项开展了"公路交通工程设施综合标准化研究",通过总结国内实践经验,吸取国外成功经验,引进先进的技术和装备,通过必要的模拟试验和专题研究,建立了具有权威性、适合国内情况又与国际接轨的公路交通工程设施标准体系表和标准目录,基本健全了交通安全设施标准体系。"十五"期间,对原有交通安全设施标准体系进行了补充修订,使之更加科学合理。

"十五"期间,为适应公路建设的可持续发展,交通部开展了修订《公路工程技术标准》(JTJ 001—1997)专题项目。修订后的《公路工程技术标准》对交通工程及沿线设施规模等级的划分,使交通工程及沿线设施的建设逐步规范化、科学化;强调了安全设施的配套设计和普通公路尤其是低等级公路危险路段安全防护设施的设置。优化了隧道平纵横线形设计标准,强调了隧道洞内外线形的协调一致性,有利于行车安全;总结了我国大量已建互通式立交设计和建设经验,对互通式立交的设置间距、选型和匝道的设计指标进行了专项分析研究,从安全、经济、美观等角度考虑,提出了相关的设计建议。

2007 年,交通部为切实提高指路信息的系统性和科学性,在《国家高速公路网规划》和《国家高速公路网命名和编号规则》的基础上,制定了《国高网里程桩传递方案》,编制了《国家高速公路网相关标志更换工作实施技术指南》,搭建起"数字化""网络化""系统化""人性化""规范化"的指路标志设置体系,完成了全国 6 万余公里国家、省级高速公路网相关指路标志调整、更换工程。

公路交通工程设施标准化工作大大提高了交通工程设施综合标准化水平，使设计优化，能对各种偶发事件提供快速反应和应变能力，提高道路的服务水平，能减少交通事故或减轻交通事故的严重程度，防止二次事故的发生。同时交通工程设施美化了路容，改善了公路景观。减少了废气排放和噪声扰民，改善了公路环境，社会经济效益显著。

（三）路网风险评估技术

路网风险评估技术是实现路网安全管理的基础。2011 年交通运输部公路科学研究院和国际道路评估组织共同创建中国的路网风险评估团队（ChinaRAP），开展中国路网风险评估技术的研究及推广应用工作。

我国公路路网风险评估系统主要包括交通安全信息快速采集模块、交通安全数据基础管理模块、路网风险评估和经济及效果分析模块三大部分。评估系统可在交通安全信息进行快速采集的基础上，进行路网风险分布评估，形成高速公路网风险地图；基于经济效益分析，针对路网分阶段提出最优安全改善及资金投入方案，实现最小投入最大安全效益，为高速公路网的安全完善、安全养护和安全管理，提供一套科学、有效的方法和解决方案。

2013 年至今，路网风险评估技术已在云南、重庆、河南、山东等省市的高速公路路网成功应用，评估的路网里程约 5000km，为高速公路宏观层面的安全管理、安全投入计划的制定提供了有效技术支撑。

（四）安全评价技术

安全评价是对具体路段进行安全诊断的技术手段。公路交通安全评价技术作为现代安全管理模式，体现安全生产以人为本和预防为主的理念，已成为消除隐患、防范事故的治本之策。

2004 年，我国第一部道路安全评价指南《公路项目安全性评价指南》正式发布，为在我国推行公路交通安全评价工作提供了有力的技术指导。

公路交通安全评价技术主要是基于公路交通安全相关要素分析和事故预测进行评价。公路交通安全相关要素分析包括交通流状态、公路交通基础设施状况、公路交通使用者行为特性以及公路交通安全管理的安全性分析。在交通流状态安全性研究方面，建立了运行车速、车辆间距、加减速度等与公路交通安全性的关系模型；在公路交通基础设施安全性研究方面，建立了公路线形、交通工程设施等与公路交通安全性的关系模型；在公路交通使用者行为特性安全性研究方面，建立了驾驶员空间视距、驾驶员心率特征等与公路交通安全性的关系模型；在公路交通安全管理水平研究方面，探讨了公路交通安全管理工作机制的安全性分析模型；在事故预测方面，基于海量公路交通要素和事故数据的统计分析,建立了高速公路、四车道公路以及双车道公路的安全性预测模型和事故严重程度预测模型。

随着公路交通安全评价技术的不断提高,越来越多的公路工程项目进行了安全评价。一方面,公路交通安全评价技术的发展促进了公路交通安全设计理念的提升,依据评价结论,对公路工程设计方案和改扩建方案进行了有效的安全改善,将安全隐患消灭在图纸上,以较低的成本实现了工程项目建成通车后交通安全水平的提高。

(五)安全保障技术

改革开放以来,我国公路交通安全技术研究不断深入。以西部交通建设科技项目“公路交通安全应用技术研究”为代表,通过基础理论突破和技术集成创新,建立了典型路段(长大下坡、隧道、平交口、路侧、雾区)安全保障成套技术,编制了《公路安全保障工程实施技术指南》《公路交通标志设计及设置指南》《公路路侧设计指南》《护栏维护指导手册》《高速公路雾区安全保障技术指南》《避险车道设计指南》《连续长大下坡路段安全设施设计指南》《旅游公路交通安全综合改善方法与案例》《隧道进出口安全设计与保障技术指南》等多部设计与应用指南,制修订多项公路交通安全相关标准规范,开发了多项新型交通安全设施和安全设计与管理软件,并取得实用新型专利和软件著作权,在我国初步形成了一系列保障公路交通安全的应用技术、管理技术,通过工程示范在全国范围得到推广应用,全面提升了我国公路交通安全水平。

2008 年 2 月,科技部、公安部、交通部联合发起国家道路交通安全科技行动计划,三部委协同合作,充分发挥科技创新对交通安全保障的重要支撑作用,建立符合国情的道路交通安全保障技术、标准、措施和可持续发展能力体系。近年来,越来越多的省份开展了高速公路交通安全隐患路段的系统整治工作,构建交通安全保障体系方法,整体提升高速公路安全运营水平。针对长大桥隧、长下坡、低能见度气象环境等安全隐患路段已形成了精细化、智能化的交通安全管控策略与手段;在标志引导系统、速度管理、智能管控、特殊气候安全保障技术方面形成了重要突破,开发了智能主动发光交通标志、长下坡车辆制动毂温度智能研判系统、低能见度条件下的行车安全智能诱导系统等新型设施,开展了 2000 余公里示范工程,达到了预防和减少交通事故的目的,取得了明显的社会效益和经济效益。

(六)安全管控技术

公路交通安全问题影响因素众多,作用机理复杂,以系统工程的观点和方法来管理与协调,将道路交通部门、气象部门、公安部门以及社会团体等相关机构有机地联合起来,建立适合我国国情的公路交通安全管理技术体系及管理系统成为提高我国公路交通安全水平的必然要求。

“十五”以来，我国围绕公路交通安全管理技术，进行了卓有成效的研究，高速公路交通安全管理水平得到快速提升。尤其是针对影响公路交通安全的大雾、冰雪等恶劣气象条件，开展了恶劣气象预报预警、交通安全管理对策和应急预案研究，基于GIS技术进行了恶劣气象条件下公路交通安全管理系统的集成开发，取得了一定的成果，如杭州湾跨海大桥交通安全运营管理系统、港珠澳大桥跨境交通控制系统、京珠北高速公路雾天交通安全监控系统、云南思小高速公路雾区安全保障决策支持系统、沪宁高速公路灾害性天气事故预防管理系统等。

2003年，交通部公路科学研究院牵头对京珠北段高速公路红云雾区安全保障技术方面开展了相应研究，通过雾的结构与预测预报方法、雾的观测方法等研究工作，建立了雾区交通安全与监控系统。2004年开展的西部项目“高速公路雾区交通安全保障技术”针对我国高速公路雾区交通安全的现状，分析了雾气候条件下高速公路交通事故的特征、主要事故成因以及发展规律，雾对我国高速公路交通安全影响规律，研究建立了雾区安全保障体系，从管理、设计和工程措施等多个角度提出了系统的安全保障技术建议。

2006年2月，交通部批准设立“公路气象与应急处置工作组”，开始了以高速公路为主的干线公路路况信息报送、公路气象服务与出行信息发布工作，初步探索了应对重大突发事件的基本经验。其间历经了2008年初南方部分省份低温雨雪冰冻灾害、5·12汶川地震重大公路交通突发事件的严峻考验，公路气象与应急处置工作组承担了灾区公路气象预报、预警与路况快报工作，为快速缓解灾害影响，保障公路交通畅通发挥了重要作用。

“十一五”国家科技支撑计划课题“山区公路网安全保障技术体系研究与示范工程”提出了高速公路气象监测设备布设技术、基于沿线微观和气象部门中观宏观数据的交通气象信息融合技术和基于高速公路沿线合理布设的主要气象信息动态监测技术与系统。首次与气象部门合作，搭建了公路网交通气象预报预警平台。开发公路沿线低能见度(雾)预报模型、公路路面温度与状态预报模型，建立了基于数值模式的高速路面温度、路面状态以及低能见度(雾)客观预报系统。建立了恶劣气象条件下公路网通行条件评价方法和适用于恶劣气象条件下的典型交通管理对策集，提出了恶劣气象条件下交通诱导设施应用、速度管理、冬季公路冰雪控制等技术及恶劣气象条件下公路安全运行保障决策支持技术。

2012年，交通运输部成立交通运输部路网监测与应急处置中心，对全国主要公路进行气象预报服务，在出现重大恶劣天气或突发应急事件时，及时制作并向有关省(区、市)交通主管部门发布“重大公路气象预警”，协调地方做好应急处置工作。路网监测与应急处置中心从手动描绘预报区域路线，到自行开发预报软件自动生成预报路线，完成了预报自动化的改进，逐步建立完善了道路实况数据库、预报预警发布网络平台和短信发布平台，使整个预报预警和实况发布业务趋于一体化发展。

二、监控系统

高速公路监控系统主要对高速公路全线的交通流量检测、交通状况的监测、环境气象检测、运行状况的监视，按照一系列智能控制规则和策略产生控制方案，从而实现控制交通流量、改善交通环境、减少事故、提高道路服务水平，为高速公路快速、安全、舒适、高效提供保障。

（一）监控系统技术发展前期

1973 年，我国开始成立相关交通工程研究机构，学习国外先进技术，并开展多项交通工程监控系统科研和示范项目，取得了众多研究成果，实现我国交通工程学科的突破，为我国高速公路监控系统的开创做好了人才、技术等储备。

开展的科研和示范项目主要包括北京市交通自动控制的开发和研究项目（又称“7386 工程”）、天津市中山路交通监控系统项目、广佛公路（二级）交通工程综合治理项目、国家计委下达的“六五”科技攻关项目“津塘疏港公路交通工程技术的研究”及“天津疏港公路通信技术的研究”等。

翻译了一批国外监控系统先进技术的书籍，主要包括《高速公路自动控制和城市交通控制系统》《城市高速公路监视和控制》和《美国高速公路管理手册》。

研制了地磁式车辆检测器、超声波车辆检测器、交通信号机、超声波车辆检测器、三可变标志、钢丝车辆检测器、低功耗发光标志（场致发光器件）等监控系统产品。

对监控系统一些重要理论进行了研究和实践，包括“公路支路封闭控制系统研究”，尝试解决横向干扰及平交路口行人过路安全问题的研究项目；“交通调查数据处理系统研究”，采用微机半自动交通调查数据采集及处理系统取代落后的全人工观测及数据处理方式；“交通事故数据处理系统研究”，采用微机数据处理系统，为公路交通管理部门提供先进的事故数据处理及事故分析手段。

（二）监控系统技术架构的形成

高速公路监控系统技术发展以京津塘高速公路开始建设为标志，是我国第一条开始高速公路监控系统设计的项目。鉴于没有成熟经验可以借鉴，为解决富有挑战性的技术问题，将广佛高速公路作为国家“七五”科技攻关依托项目，并诞生了我国第一个高速公路监控系统。

“七五”科技攻关监控系统取得的成果主要包含交通数量数据采集单元（地感线圈和

超声波检测器),信息发布单元(4块可变情报板,3块可变限速板),视频实时监控单元(4台可远程控制云台的黑白摄像机),紧急电话系统,并开发了高速公路实时监控软件和系统管理软件等。除2块美国生产的5×7灯泡点阵显示可变情报板和4台摄像机为成熟产品外,其余大部分都是国内科研单位的试制品。系统由一条10kV的专线负责供电,视频图像采用光纤传输,其余数据和控制信号等均由数据电缆传输。其系统主要任务是将道路各段面采集的交通量、占有率、平均车速等信息按时段打包后上传至中心控制室,再由计算机负责处理显示在中心的地图板上,监控人员根据显示的信息,按既定的程序要求,发布可变情报板(只限16条固定信息)和可变限速板(包括40、60、80三组数字)指令,并汇总相关的交通量数据或报表。

京津塘高速公路开始建设之后,国内沈大、沪嘉、广佛、杭甬、济青、沪宁、泉厦等高速公路相继开始建设,随着各条高速公路建成通车,路段高速公路监控系统架构和技术标准逐步形成。高速公路监控系统主要包括外场设备和管理中心设备,其中外场设备主要包括车辆检测器、限速标志、可变情报板;管理中心设备主要包括地图板、计算机系统、电源系统、综合控制台以及监控软件等。

(三)监控系统技术的提升创新

随着高速公路逐步联网,监控系统也从单一路段监控逐步发展到路网监测、路网管理等,从路段建设发展到区域联网、全省联网和全国联网,监控系统各项技术也不断更新演进。

1.高速公路综合管理系统关键技术

依托国家"十五"科技攻关项目"高等级公路综合管理系统关键技术及示范工程"研究,建立了以电子、计算机和通信为核心的综合管理系统,提出了高速公路综合管理系统的体系结构,采用了中央数据登记方法及共享数据库和虚拟集成相结合的方式建设综合管理集成系统。该系统主要功能包括:

(1)信息共享——可实现从不同的子系统,如人工收费系统、不停车收费系统、监控系统、车辆检测系统、道路养护系统等到公共信息平台的实时信息采集。

(2)数据挖掘——除了统计及查询的基本功能外,系统还提供先进的预测功能,对未来的交通量和收费额等进行预测。

(3)决策支持功能——根据历史和实时数据,系统可以提供道路维护规划、实时交通量的预测等,为高速公路管理部门提供决策支持。

2.国家高速公路网运行监管与服务关键技术

依托国家科技支撑计划和863计划等国家级重大课题,构建了交通信息提取计算和路网状态评估理论与方法。在国际交通信息领域，首次构建了交通信息提取计算技术理论框架和技术体系，提出了路网结构性质分析方法，建立了包括中断率、通道运行指数和路网综合运行指数等的路网状态评估指标体系，实现了对国家和区域路网运行状态的定量评估。突破了跨省域大范围路网服务关键技术。攻克了公路大尺度气象预报预警方法与技术、交通专用短程通信（DSRC）和车路数据交互技术，研制了公路气象移动监测设备关键装备。这些成果总体达到国际先进水平，部分成果达到国际领先水平。

3. 国家高速公路安全和服务技术开发与工程应用示范

"十一五"末期，针对我国高速公路事故致死率高、重特大事件多发、运营管理水平相对低的问题，开展国家高速公路安全和服务技术开发与工程应用示范项目，重点攻克解决以下关键技术问题，形成了国家高速公路安全与服务技术支撑体系。

（1）面向高速公路通道安全的智能化运营管理与一体化信息服务成套技术。研究形成高速公路智能管理与服务的成套技术成果，有效地解决了管理技术和服务技术如何更好地适应区域经济圈（带）城际高速公路交通量大、服务水平受事件影响大等问题。针对高速公路事故程度严重和致死率高的突出问题，利用信息服务技术改善高速公路运营安全。突破高速公路信息服务走廊构建关键技术、设备及系统；建立了为终端用户提供多模式、多层次服务的普及程度高、平均成本低的交通信息服务体系。

（2）面向高速公路区域路网的运行监测与协调调度成套技术。依托部路网中心和京津冀区域路网资源，首次尝试构建了部、省两级路网运行监测与应急处置业务平台架构，创新性地利用区域公路网服务水平监测指标成果、区域路网应急处置资源优化配置技术和区域公路网态势分析等技术，实现跨省域的路网运行态势分析、调度指挥和应急处置联动示范。通过在京津塘高速公路、广东佛开高速公路（谢三段）、河南连霍高速公路（郑洛段）和京津冀区域路网（京津塘、京津、京哈、唐津、津蓟高速公路、G103 国道以及北京六环路组成的路网）4 个示范工程 1000 余千米的应用，验证了高速公路安全与服务体系成套技术成果，为我国交通运输行业下一阶段高速公路建设及改扩建工程、运营管理和服务工作发挥引领作用和示范效应。

4. 高速公路网运行状态智能监测与安全服务保障关键技术研发及系统集成

"十二五"末期，开展了"高速公路网运行状态智能监测与安全服务保障关键技术研发及系统集成"研究，该项目隶属于国家科技支撑计划"道路交通安全智能化管控关键技术与集成示范"项目。

面向国家公路网可视、可测、可控、可服务的战略需求，重点攻克并集成应用高速公路网运行状态感知与态势分析、路网运行预警与交通流组织、信息推送服务等关键技术，研发高速公路运行状态综合感知、路网运行态势分析、路网监测与安全服务保障平台等系统，研制公路传感网自组织节点设备、定向交通信息推送设备、异构系统间专用安全互操作设备等，建成协同高效的部省两级路网监测与安全服务保障平台，实现高速公路网运行状态的全时空监测，多尺度态势分析、研判、预警，跨区域协同管理和跨部门联动预警及安全信息主动推送服务。依托交通运输部公路网运行监测与服务系统工程和典型省份公路网运行监测与服务系统工程开展示范应用，形成公路网运行监测与服务相关标准规范。

（四）监控系统技术向信息化、智慧化发展

2012 年开始，各省高速公路监控系统逐步向信息化、智能、智慧方向发展，浙江、云南、湖南等省率先启动智慧高速公路建设。

1. 基于互联网 + 、物联网、移动互联网等新技术实现路网状态感知

与高德、百度共享路况信息；利用手机信令实现路网运行状态监测；与气象共享路况气象信息；利用两客一危数据实现重要车辆检测等，实现路网运行状态感知。

2. 基于云平台、大数据等技术构建智能综合管理平台

利用云平台技术建设数据和管理中心；利用大数据分析技术加强路网流量、收费数据等分析，为应急处置、管理决策、交通预测等服务。

3. 基于互联网 + 的公众信息服务平台

基于互联网 + 、移动互联网构建手机 APP；基于无线技术实现高速公路交通广播覆盖；与电视台、报纸等媒体实现信息共享等，实现多途径、准确及时发布。

三、收费系统

伴随高速公路跨越式发展，收费技术也走出了技术引进、消化吸收、自我完善和自主创新的发展之路。

（一）MTC 联网收费技术实现了技术引进向消化吸收发展

在高速公路收费技术引入我国初期，受“建管一体、独立经营”体制等因素的制约，先后引进了以纸质磁性通行券、纸质打印券、纸质穿孔卡、纸质一维条码通行券、可重复使用磁卡通行券等为核心的路段收费系统。这个阶段的高速公路收费系统基本是被外企所垄断，造成了在一路一公司运营模式下各条路的收费系统各不相同。随着高速公路建设进入快速发展阶段，从国外引进的收费技术逐渐显现诸多弊端。因此，我国开始研究探索适合我国国情的收费系统和 MTC 技术。

经过多年分析研究，建立了国家高速公路联网收费体系框架，确立全国高速公路联网收费的管理模式、系统结构；采用具有国际标准的非接触式 IC 卡作为通行券；研制了以 IC 卡通行券为核心的收费特征数据承载和传递技术，分布式数据管理及定时传输技术；

形成了完整的以IC卡通行券为核心MTC联网收费技术。

技术体系从功能层、逻辑层和物理层三个层次，建立了国家高速公路联网收费体系框架，确立了全国高速公路联网收费的管理模式、系统结构，满足了高速公路联网收费发展的可持续性、有效性和适应性要求。研发了分布式、广域的收费数据管理与定时传输技术、IC卡信息载体安全可信技术、应用无关性融合技术、结构化清算技术和组合式电子收费技术。在国际上率先提出采用具有国际标准的非接触式IC卡将作为通行券，成功地解决了其他通行券高成本、易损耗等弊端，提出了IC卡密钥安全机制、“一卡一密”控管机制的技术标准和安全规约，充分保证了高速公路收费公平和公正。

以IC卡通行券为核心MTC联网收费技术于1997年率先在沪宁高速公路、太旧高速公路和哈大高速公路三条高速收费系统进行试验应用，效果良好，后续高速公路收费系统均开始采用此技术。在大范围试验应用的基础上，交通部发布了《高速公路联网收费暂行技术要求》（交公路发〔2000〕463号），引领国内科研院所和科技公司逐步掌握高速公路收费系统关键技术、研发和施工经验，不断发展壮大技术实力，积极参与市场竞争，改写了国外企业垄断高速公路收费系统建设的历史。

（二）跨省（市）国道主干线联网收费技术开启自我完善阶段

2001年，我国以“五纵七横”国道主干线为主骨架的高速公路格局已初具规模，但由于存在“一路一公司”经营体制，导致了一些运营管理上的问题：服务于高速公路管理的收费系统、通信系统等机电系统软、硬件平台不兼容；主线收费站过多过密，车辆不得不多次停车付费，给道路使用者带来诸多不便，严重制约着高速公路管理效率的发挥。

针对这些问题，交通部组织深入论证，提出对跨省市多经营主体联网收费技术进行研究，得到了科技部的大力支持，研究内容被列入“十五”国家科技攻关计划重大项目“智能交通系统关键技术开发和示范工程”，由交通部负责组织实施。课题综合运用信息技术领域的最新研究成果，在跨省市联网收费系统的体系框架、标准平台、关键技术、信息安全体系、运营管理模式与运营效益、系统数据信息综合应用、国道主干线联网收费示范工程技术指导与实施7个方面进行攻关研究，建立了跨省（市）国道主干线高速公路联网收费技术体系，并运用于2003年交通部党组确立的四个示范工程之一“跨省市国道主干线京沈高速公路联网收费示范工程”。

该技术的实施，填补了我国跨省市国道主干线联网收费的空白，对实施跨省市区域高速公路联网收费、公路收费系统技术进步具有重要意义和推广应用价值：

一是打破了分割式管理体制，实现了省域内管理向跨省市管理的转变。该技术的实施，打破了过去高速公路分割式管理体制，使不同利益主体跳出各自管理的小圈子，建立联网收费结算中心，本着“管理方便、技术可行、减少站点、降低成本”的原则，把高速公路各路段的管理“化零为整”,进行统一、协调管理,这是中国高速公路管理体制上一个很大的转变。

二是激活了“信息孤岛”,实现了跨省市管理的网络化、信息化。本技术的实施,打破了“信息孤岛”的界限,使相关管理机构间的信息资源共享成为可能,实现了跨省市管理的网络化、信息化,为以后高速公路网络化管理和信息化管理进行了有益的尝试,积累了宝贵的经验。

三是解决了不同应用系统之间的跨平台软件问题,提出了联网收费数据综合应用方法,为该跨省(市)国道主干线高速公路联网收费推广应用提供了技术支撑。制订了一套用于联网收费统一的运营管理制度,为进一步探索和完善高速公路的管理体制和新的运营模式奠定了基础。

(三)电子不停车收费(ETC)技术引领自主创新新开端

随着路网不断加密,交通量不断攀升,受限于 MTC 联网收费技术局限性,省际主线站、大中城市周边收费站点的通行能力严重不足、服务水平低下。为此,设立了“十五”国家技术创新项目“网络环境下高等级公路电子收费系统的开发和产业化”和国家支撑计划项目“国家高速公路区域联网电子不停车收费系统研究与示范”,创立了具有国家自主知识产权的“双片式电子标签 + 双界面 CPU 卡”的组合式联网电子收费标准体系,充分实现了 MTC、ETC 两种收费技术、收费方式、收费系统的兼容,较好地满足跨区域路网中收费站点未来不同时段、不同层次对通行能力、服务水平的需求,也打破了欧美、日本发达国家垄断电子收费国际标准话语权的格局,有力支撑了国内电子收费技术及其产业链的成熟、发展和壮大。

2007 年,全国智能运输系统标准化技术委员会组织编制和发布了系列国家 ETC 标准规范,标志着我国 ETC 发展进入了一个崭新的快速发展阶段。同年 5 月,交通部启动“京津冀和长三角区域高速公路联网不停车收费示范工程”建设。伴随示范工程建设,交通运输部陆续颁布实施《收费公路联网收费技术要求》《高速公路区域联网不停车收费示范工程暂行技术要求》《收费公路联网电子不停车收费技术要求》等重要工程技术规范,同时依据组合式联网电子收费技术标准体系,研究制定了我国 ETC 相关产品在物理层参数、协议规程、安全机制以及互操作性等方面的检测评价指标和评测方法,并研发了具有自主知识产权的关键检测设备,为示范工程建设提供了先期保障。此外,交通运输部还委托建立了全国统一的联网 ETC 密钥管理系统,这为后续全国 ETC 联网工程的顺利实施奠定了重要基础。

在示范工程带动下,全国范围陆续开展 ETC 系统建设。2008 年底,长三角(沪、苏、皖)ETC 系统实现互联互通。2010 年 9 月,京津冀区域 ETC 系统联网运行,2012 年福建、浙江加入长三角区域联网。2013 年底,山东、山西接入京津冀区域联网 ETC 系统,ETC 互联互通初具规模。至此,全国累计22个省(区、市)建设并开通ETC系统,ETC用户约达600万,社会反响良好。2014年交通运输部启动全国ETC联网工程,为配合联网工程推进,交通运输部先后颁布实施《公路电子不停车收费联网运营和服务规范》《全国高速公路电子不停车收费联网总体技术方案》及补充技术要求、《公路电子不停车收费联网运营和服务规范实施细则(暂行)》(交路网〔2014〕181号)、《〈公路电子不停车收费联网运营和服务规范〉实施手册》等重要指导文件,并组织开展全国ETC车道系统及关键设备测试。2015年9月28日,全国29个省(区、市)ETC系统实现联网运行,2100余万用户实现一卡畅行全国。全国高速公路ETC联网,成为中国乃至世界公路发展史上的大事,一个覆盖10万多公里高速公路的信息大网。

截至2016年底,全国ETC用户数约达4600万,ETC专用车道约13000条,ETC使用率约30.8%,ETC自营服务网点1091个,合作代理网点2.6万个,各类服务终端2.4万个。随着全国ETC联网运营的逐步完善,ETC产业实现了跨越式发展,ETC关键设备生产企业已达30家,累计生产RSU约12000多套,OBU约3200多万台,总产值超过80亿元;ETC系统集成商达到19家左右,投资约36亿元,累计带动产业规模116亿元。预计"十三五"末,将累计带动产业规模达250亿元。

(四)多义性路径识别关键技术开启智慧收费发展新阶段

现有广泛采用的"粗犷的、模糊的"最短路径法通行费拆分模式引起越来越多的歧义,直接影响高速公路投资者、管理者的利益,高速公路联网收费多义性路径识别问题日益突出。国内部分省份面对多义性路径识别的迫切需求,先后开展了研究和试运营工作,但采取的技术路径是五花八门的。

针对高速公路联网收费多义性路径识别问题,"十二五"期间开展了"5.8GHz多义性路径精确识别及运行状态获取技术研究"专题项目,提出了基于5.8GHz DSRC的多义性路径识别技术,形成《收费公路联网收费多义性路径识别技术要求》并于2015年8月颁布实施。该技术填补了我国高速公路联网收费多义性路径识别领域的空白,对实施高速公路联网收费、公路信息获取技术进步具有重要意义和推广应用价值:

一是充分体现公路收费"公平、公正、公开"的需要。随着路网建设和联网收费的深入发展将产生更多环路,出现多重环路嵌套的情况。基于5.8GHz DSRC技术的多义性路径识别系统,解决了通行费收益分配关键问题,保证了社会公平,鼓励了业主投资和建设高速公路的积极性。

二是提升高速公路管理及服务水平的需要。随着联网收费范围的扩大,全国ETC用户快速增长,建立统一的基于5.8GHz DSRC技术的多义性路径识别系统,实现路径识别及交通运行状态获取应用功能,可获得车辆行驶路径信息,对这些数据进行深入的处理、融合及挖掘，提供适用于公路事件检测、拥挤预测及运行时间预测、综合防作弊系统甚至规划建设等所需的信息，为信息服务、路网管理与应急决策提供有力支撑。

三是丰富智能交通产业链的需要。基于5.8GHz DSRC技术的多义性路径识别系统采用交通专有频段，有利于扩大交通频段的使用效果，促进国家标准的形成和产业链的健康发展；有利于培养和建立基于车路双向通信的增值服务和产业链，有利于打造未来智能交通系统。

四、通信系统

自20世纪80年代末我国第一批高速公路建设以来，我国高速公路一直采用自建专用通信系统，为高速公路管理部门以及收费、监控各系统提供不间断话音、数据及图像通道，是保障道路安全、畅通、舒适、高速运营和实现现代化交通管理的重要手段。

2000年以后，各省联网收费、联网监控的需求逐步显现，对高速公路通信系统联网提出了巨大的要求。广东、江苏、浙江等省率先实现省内区域性通信联网，打破了“一路一公司”的通信网络孤岛式建设，开创了通信干线统一规划、统一设计、统一技术标准、统一建设实施的先河；其后湖南、福建、贵州、河南、河北等省均制定了自己全省通信骨干网规划，明确了省级通信骨干传输网络的技术要求，为省级通信联网以及联网收费、联网监控奠定了基础。

2012年，交通运输部发布了《高速公路通信技术要求》，进一步加强和规范了全国高速公路通信系统建设的技术标准，使更大规模和全国范围内的高速公路通信系统的互联互通，成为可能和必然。

（一）传输网络技术

高速公路传输系统由干线传输网和路段接入网构成，其主要技术路线的发展经历了由PDH（准同步数字系列）到SDH（同步数字系列）、再到MSTP（多业务传输平台）、并逐步发展成融合多种技术特性于一体的，综合、大容量、智能化光网络的过程。

1. PDH系统向SDH系统演进

我国高速公路在20世纪80年代末到90年代末，采用的光传输系统基本只有接入网系统，采用了当时较为灵活简单的PDH系统。PDH系统的主要特点是话音业务设计，同时具备传输低速率数据的功能，传输线路主要是点对点连接。基于PDH非同步复用的特点，使其无法完成从高速信号中直接分离/插入低速信号的任务，不适合大容量长距离的信号传输。此外其还存在接口标准不统一、网管能力弱、缺少自愈能力等缺陷。从20世纪90年代末开始，我国高速公路的PDH系统逐步被SDH系统所取代。

2. SDH 与 MSTP 系统的广泛应用

SDH 技术具有高速率、高带宽、高可靠性、低延时、统一网管等优势，而且技术标准化、产业化程度高，能很好地适应当时高速公路通信传输业务的需要。2000—2010 年前后，我国绝大多数省区相继制订了高速公路通信规划或技术要求，推荐省域干线联网应采用 SDH 制式。

为更好适应高速公路语音、数据、图像等多业务传输接入的需要，MSTP 技术被引入并广泛应用于通信系统中。MSTP 除了具有 SDH 的高带宽、高可靠性和安全性的优势外，同时具有丰富接口，可承载多种的业务，进一步支撑了高速公路传输系统由低速率向高速率、由单一业务向多业务承载和拓展的需要。至今，MSTP（或 MSTP +）技术仍是我国高速公路基层接入网系统的主要技术体制之一。

3. 智能化网络的应用

随着高速公路业务的日益复杂化、多样化，传统的 SDH（包括 MSTP）网络在进行业务承载时出现很多问题，诸如对一些数据业务的支持较差、资源利用率不高，很难做到带宽共享，带宽利用率较低，组网不够灵活，网络结构复杂，不利于区分业务等级，调度管理繁杂，业务保护倒换较慢等。

随着通信技术的快速发展，2010 年以后，高速公路部门对通信传输网络的技术体制进行了大规模的升级和改造，智能光网络 ASON（Automatically Switched Optical Network）、分组传送网 PTN（Packet Transport Network）、光传送网 OTN（Optical Transport Network）等新型通信传输方案和技术体制被广泛应用于高速公路行业，使高速公路通信系统的建设始终与通信行业主流技术保持同步发展。

目前，各省基本上都已建立了本省的骨干传送网络，实现全省各路段的联网。各路段的通信系统普遍采用稳定性高、安全性好的具有智能化组网和接入功能的 STM-16 速率等级以上通信传输平台。

2015 年，在交通运输部的大力推动下，全国高速公路信息通信联网工程暨干线传输网基本建成。全国高速公路干线传输网作为交通运输行业专用通信网，依托高速公路国道主干线路，采用最先进的 OTN 和 SDH 相结合技术，选取 1.72 万 km 高速公路通信基础设施资源构建 5 个环网和 1 个线性支链，即：华中环网、东南环网、西北环网、中西环网、西南环网和东北支链，覆盖 28 个省（自治区、直辖市），网络带宽 40G，并可升级至 400G。

（二）语音交换技术

2010 年以前，我国高速公路通信系统大多采用程控交换机实现电话业务的调度交换。随着高速公路通信业务结构的变化，传统语音业务已被日益增长的数据业务和图像业务所覆盖,同时传输技术、交换技术不断融合和进步,以程控交换机为核心的语音交换网逐步由以软交换为核心的新型语音交换网所取代便成为现实。

当前,全国各新建高速公路通信系统已基本采用软交换系统取代传统程控交换机系统。语音软交换系统能够实现与程控交换系统的互联互通,节省网络资源的占用,采用统计时分复用技术动态分配通信通道,简化了系统架构和硬件投入;并且系统能够方便、快速、灵活地提供各种新业务,更加适应和符合目前高速公路业务发展和通信技术发展的需要。

(三)视频传输技术

我国高速公路视频传输技术发展经历了如下几个阶段:

1. 第一阶段:模拟信号传输阶段(2000 年之前)

采用 PAL 制或 NTSC 制摄像机,通过模拟图像光端机进行远距离传输(5 ~ 10km),图像到达监控管理中心后采用磁带机录像存储。代表产品包括模拟摄像机、模拟光端、矩阵、磁带机录像等,目前已经被淘汰。

2. 第二阶段:进入数字化传输时代(2000—2006 年)

采用当时主流的 MPEG - 2 数字图像编码技术,将模拟图像信号进行压缩编码,转换成数码流通过 SDH 网络进行传输。由于高速公路已经同期建设了大量的 SDH 传输系统和接入网系统,使得采用数字压缩图像传输技术成为一种合理的选择。

采用 MPEG - 2 技术在当时作为图像远距离传输的一种解决方案,实现了“三网合一”功能,即图像、数据、语音全部由通信传输网统一承载,提高了系统的集成度、综合化和数字化,但相较于传统的模拟图像传输方案,受制于当时的技术发展状况,图像的质量并不十分理想。

3. 第三阶段:H. 264 标清图像传输时代(2006—2012 年)

随着国际上 H. 264 技术标准的出现和成熟,高速公路图像传输开始尝试采用通过 H. 264 标准进行编码。典型的应用为一路标清图像(720 × 576 或 704 × 576)经视频压缩后平均码率为 2 ~ 4Mb/s,通过视频管理软件和通信网络进行远距离传输,可以在网络可达的范围内实现视频监控。这个阶段的视频组网是在千兆以太网技术、MSTP 通信传输技术的快速发展背景下完成的。

4. 第四阶段:高清图像网络传输时代(2012 年以后)

720P 制式或 1080P 制式的高清摄像机直接在前端完成采集和 H. 264 视频编码,通过网络传送视频,并借助于专网构建大规模的高清视频网络。

这一阶段的技术发展进程主要由高清视频监控的兴起而引发,重点是解决如何将高比特率的数字视频信号进行大规模的实时传输。高速公路对高清监控图像的迫切需求,以及视频编码技术、互联网技术和通信传输技术的融合发展,使这一阶段的图像传输解决方案走上了 H.264 + IP 网络化的技术路线。

(四)通信管道

通信管道是由主干管道、分支或配线管道、人(手)孔和引入管道等组成。管道由于直接埋设在地下进行长期使用,因此管道要具有一定的机械强度,即具有足够的抗压、抗冲击能力,同时应满足耐腐蚀性、密闭和内壁光滑等要求。

高速公路通信管道发展至今,大致经历了三代发展历程。

第一代为传统的水泥管,在早期高速公路,如京沈高速公路、沪杭甬高速公路、首都机场高速公路和青银高速公路青岛至即墨段等使用过,该种管道由于重量大、接头多、容易错口等缺点,在 20 世纪 90 年代完全退出高速公路市场。

第二代管道为大口径塑料管道,主要包括了 PVC 管、HDPE 波纹管、PVC 栅格管、梅花管等。这类管道在高速公路中使用情况较多,包括山西太原至长治高速公路、广东增城至从化高速公路、佛开高速公路、福建三明至福州高速公路等均采用了大口径的 PVC 管道。

第一代、第二代管道均采用人工牵引敷缆施工方式,效率较低,因此大口径塑料管道在 2000 年左右在高速公路上的应用也大幅减少了。

第三代通信管道,即目前工程上常用的 HDPE 硅芯管,于 1997 年由美国引入国内,并首次在长春至吉林高速公路项目中得到应用。硅芯管配合气吹敷缆技术,施工效率高、安全便捷,目前在高速公路上应用广泛。

本章编写人员:王先进　樊东方　蒋树屏　李爱民　王松波　张喜刚　牛开民
张晓利　陈继园　尚文豪
本章编写单位:交通运输部科学研究院

Record of Expressway Construction in

China

中国高速公路建设实录

成就篇

第八章
国家高速公路7条首都放射线

第一节　G1(京哈高速公路)北京至哈尔滨高速公路

G1(京哈高速公路)是国家"71118+6"高速公路网7条首都放射线中的首条放射线,是连接北京、河北、天津、辽宁、吉林、黑龙江六省(直辖市)的重要省际公路大通道;是连接京津冀与东北地区,沟通华北与东北的公路运输大动脉。

G1(京哈高速公路)起点位于北京市朝阳区四方桥(四环),终点位于黑龙江省哈尔滨市瓦盆窑。规划里程1171.00km,通车里程1172.403km,其中四车道258.220km,六车道614.439km,八车道及以上299.744km。经过北京、河北(廊坊)、天津(宝坻)、河北(唐山、秦皇岛)、辽宁(葫芦岛、锦州、盘锦、鞍山、沈阳、铁岭)、吉林(四平、长春、松原)、黑龙江(哈尔滨)。1991年辽宁沈阳绕城高速公路率先开始施工,2016年辽宁沈阳王家沟至铁岭杏山高速公路建成,G1(京哈高速公路)全线贯通。

拥有并行线一条:

G1N(京秦高速公路)北京至秦皇岛高速公路,起点位于北京市通州区六环线,终点位于秦皇岛市抚宁县境内。规划里程295.64km,通车里程80.910km,其中四车道33.130km,六车道47.780km。沿线经过北京、河北(三河)、天津(蓟州)、河北(迁西、秦皇岛),其中北京市至三河市燕郊镇京冀界在建,玉田县大安镇(冀津界)至遵化市平安城段在建。

拥有联络线一条:

G0111(沿海秦滨高速公路)秦皇岛至沾化(滨州)高速公路,起点位于河北秦皇岛抚宁县榆关镇,终点位于山东沾化县毛家村与思源湖水库间。规划里程368.19km,通车里程303.470km,其中高速四车道212.370km,六车道69.300km,一级路21.800km。沿线经过河北(秦皇岛、曹妃甸)、天津(滨海新区)、河北(黄骅港)、山东(沾化),目前山东埕口(鲁冀界)至沾化段待建。

一、路线概况

G1(京哈高速公路)路线信息见表8-1,沿线互通、出入口、服务区信息见表8-2,并行线、联络线路线信息见表8-3,并行线、联络线沿线互通、出入口、服务区信息见表8-4。

G1(京哈高速公路)**路线信息表**　　表8-1

编号	省份	省内起点	省内终点	途经市、县	通车里程(km)
G1	北京	朝阳区四方桥(四环)	通州区西集镇大沙务村(京冀界)	北京市朝阳区、通州区	39.891
	河北(廊坊段)	廊坊市香河县凌家务村(京冀界)	廊坊市香河县谭家务村(冀津界)	香河县	21.303
	天津	香河界	玉田界	宝坻区	37.179
	河北(宝山段)	唐山市玉田县杨家板桥镇(冀津界)	秦皇岛市海港区孟姜镇(冀辽界)	秦皇岛市北戴河区、山海关区、海港区、抚宁区、卢龙县,迁安市,唐山市滦县、开平区、新区、丰润区、玉田县	199.682
	辽宁	葫芦岛市绥中县万家镇	铁岭市昌图县毛家店镇	昌图县、开原市、铁岭市、沈阳市、辽中县、台安县、盘山县、锦州市、葫芦岛市、兴城市、绥中县	519.350
	吉林	四平市五里坡(吉辽界)	扶余市拉林河(吉黑界)	四平市、郭家店镇、公主岭市、范家屯镇、长春市、米沙子镇、德惠市、菜园子镇、陶赖昭镇、扶余市	285.299
	黑龙江	吉黑省界	哈尔滨市瓦盆窑	哈尔滨南岗区、双城市	69.699

G1(京哈高速公路)**沿线互通、出入口、服务区信息表**　　表8-2

编号	省份	沿线互通	出入口	服务区
G1	北京	四方桥、五方桥、施园桥立交互通	东四环、欢乐谷、垡头、楼梓庄、高碑店、五环辅路、豆各庄、白鹿、台湖、通马路、东六环、张家湾、京塘路、漷县、郎府、通香路、西集、香河省界主线出入口	田家府服务区
	河北(廊坊段)	香河北、香河东互通	香河北、香河东出入口	香河服务区
	天津	宝平、津围、津蓟、塘承、新钟互通	宝平、津围、宝坻北、新安镇、新钟出入口	牛道口、天津、新安镇服务区
	河北(宝山段)	孟姜、秦皇岛东、秦皇岛北、秦皇岛、上徐各庄枢纽、北戴河枢纽、抚宁、卢龙、迁安、沙河驿枢纽、榛子镇、椅子山枢纽、唐山东枢纽、唐山北、京哈枢纽、鸦鸿桥、玉田互通	山海关、孟姜、秦皇岛东、秦皇岛北、秦皇岛、抚宁、卢龙、迁安、榛子镇、唐山北、鸦鸿桥、玉田出入口	山海关、北戴河、卢龙、迁安、滦县、丰润、玉田服务区

续上表

编号	省份	沿线互通	出入口	服务区
G1	辽宁	元台子、松山、明字屯、盘锦、辽中西、潘家堡、北李官、大转弯、王家沟、腰堡、金沟子、杏山立交、东戴河、前卫、绥中、沙后所、兴城、葫芦岛、葫芦岛东、南票、锦州、锦州东、凌海、光辉、盘锦北、高升、台安、辽中、茨榆坨、红旗台、西江街、陵园街、朱尔屯、王家沟、蒲河、清水台、铁岭南、铁岭、铁岭北、开原、昌图、双庙子互通	东戴河、万家、前卫、绥中、沙后所、兴城、葫芦岛、葫芦岛东、南票、锦州、锦州东、凌海、光辉、盘锦北、高升、台安、辽中、茨榆坨、高花西、高花东、沈阳西、红旗台、西江街、三台子西、三台子东、陵园街、朱尔屯、王家沟、蒲河、清水台、铁岭南、铁岭、铁岭北、开原、昌图、双庙子、毛家店出入口	万家、绥中、兴城、塔山、凌海、盘锦、辽中、高花、榆林、腰堡、铁岭、开原、昌图服务区
	吉林	西平、郭家店、公主岭、范家屯、半截沟枢纽、长春南枢纽、净月、长春东枢纽、兴隆山、远达大街、小西屯枢纽、米沙子、德惠、菜园子、陶赖昭、扶余互通	四平、郭家店、公主岭、范家屯、长春南、净月、兴隆山、远达大街、米沙子、德惠、菜园子、陶赖昭、扶余出入口	长春、陶家屯、公主岭、靠山屯、四平、米沙子、德惠、扶余服务区
	黑龙江	瓦盆窑、新兴、双城、兰陵互通	绕城高速、兴安路、双城市永兴路、国道102出入口	京哈、运粮河、拉林河服务区

G1(京哈高速公路)并行线、联络线路线信息表 表8-3

编号	省份	省内起点	省内终点	途经市、县	通车里程(km)
G1N	北京	通州区六环线	京冀界	北京市通州区	80.905
	河北	廊坊市三河市燕郊镇(京冀界)	廊坊市三河市段甲岭镇(冀津界)	三河市	
	天津	津冀界(三河)	津冀界(玉田)	天津市蓟州区	
	河北	唐山市玉田县大安镇(冀津界)	秦皇岛市抚宁县境内	玉田县、遵化市、迁西县、迁安市、抚宁县、卢龙县、海港区	
G0111	河北	抚宁县京秦互通	唐山市丰南区黑沿子镇冀津界	抚宁县、北戴河区、昌黎县、乐亭县、滦南县、曹妃甸区、丰南区	303.47
	天津	丰南涧河	黄骅岐口	天津市滨海新区	
	河北	沧州市黄骅市岐口镇(冀津界)	沧州市海兴县海丰村(冀鲁界)	南大港管理区、黄骅市、海兴县、临港经济开发区	
	山东	待建			—

G1（京哈高速公路）并行线、联络线沿线互通、出入口、服务区信息表　　表 8-4

编号	省份	沿线互通	出入口	服务区
G1N	北京	平房桥、平疃路立交互通	平房桥、京城槐园、西小井桥、徐辛庄桥出入口	无
G1N	河北	白庄子枢纽、三河西、齐心庄、高楼、燕郊互通	三河西、齐心庄、高楼、燕郊出入口	三河服务区
G1N	天津	宝平公路、京哈公路、津蓟高速、津围公路、塘承高速公路互通	蓟州白涧、许家台、邦均、孟家楼、蓟州别山出入口	白涧服务区
G1N	河北	下院寺枢纽、东新庄、平安城枢纽互通	东新庄出入口	遵化新城服务区
G0111	河北	秦皇岛西、上徐各庄枢纽、南戴河、卢王庄枢纽、抚宁南、昌黎东、昌黎南、李化庄枢纽、荒佃庄、乐亭东、唐港枢纽、乐亭南、滦南南、唐海北、南堡、沿海枢纽、丰南南互通	秦皇岛西、南戴河、抚宁南、昌黎东、昌黎南、荒佃庄、乐亭东、乐亭南、滦南南、唐海北、南堡、丰南南出入口	抚宁、昌黎、乐亭、唐海服务区
G0111	天津	大神堂（G2501 滨保高速公路）、滨海绕城（S31 滨海绕城）、中心渔港桥（中央大道）、永定新河站（中央大道）、疏港三线立交（东海路、新港九号路）、津晋海滨（S50 津晋高速公路）、轻纺城收费站（轻纺大道）、南港收费站（海防公路）互通	中心渔港、永定新河、临港、轻纺城、减河北（未启用）、南港出入口	涧河、轻纺服务区（未启用）
G0111	河北	中捷、渤海新区北、渤海新区、石黄枢纽、海丰互通	中捷、渤海新区北、渤海新区、海丰出入口	渤海新区服务区
G0111	山东	规划中		

二、路网关系

G1（京哈高速公路）路网关系如图 8-1 所示。

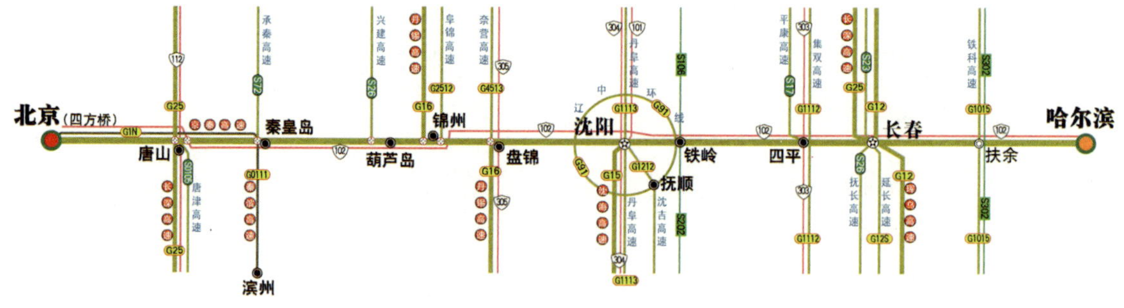

图 8-1　G1（京哈高速公路）路网关系示意图❶

❶ 为简化起见，本书路网关系示意图中“高速公路”均简称为“高速”，后同。

三、建设历程

1. 北京朝阳四方桥至廊坊香河段

1998年7月开工建设[1],1999年10月建成通车,全长39.891km,全线六车道,设计速度120km/h。总投资25.43亿元,资金来源:利用外资、银行贷款。占地5838.15亩[2]。项目管理单位:北京首都高速公路发展有限责任公司京沈高速公路分公司;勘察设计单位:北京市市政工程设计研究总院、北京市公路局设计研究院;监理单位:北京市高速公路监理公司;施工单位:交通部一局五公司、北京市道桥总公司等。

2. 京秦高速河北廊坊段

1998年3月开工建设,1999年11月建成通车。全长21.303km,全线六车道,设计速度120km/h。建成大桥5座。总投资6.862亿元,资金来源:中央投入、交通部车购税投入、地方投入、银行贷款。占地3073.0亩。项目管理单位:河北省高速公路京秦管理处;勘察设计单位:交通部北京公路勘察设计所、北京交科公路勘察设计院等;监理单位:河北省交通建设监理咨询有限公司、北京兴通交通工程监理有限责任公司河北分公司等;施工单位:河北省公路工程局、河北省第四建筑公司等。

3. 天津段

1997年3月开工建设,1999年10月建成通车,全长37.18km,全线六车道,设计速度120km/h。建成特大桥:宝坻大桥,共1座。建成大桥9座。总投资11亿元,资金来源:中央投入、交通部车购税投入、银行贷款、企业投入。占地4650.0亩。项目管理单位:天津天昂高速公路有限公司;勘察设计单位:天津市市政工程设计研究院;监理单位:天津市华光土木建设开发公司;施工单位:中国公路咨询总公司、天津市第一市政公路工程有限公司等。

4. 天津段改扩建

2002年4月开工建设,2002年7月建成通车,全长37.18km,全线六车道,设计速度120km/h。总投资2.48亿元,资金来源:地方投入。项目管理单位:天津天昂高速公路有限公司;勘察设计单位:天津市市政工程设计研究院;监理单位:天津市华盾工程监理咨询有限公司;施工单位:天津五市政公路工程有限公司、天津市公路工程总公司、天津市第二市政公路工程有限公司、天津市第一市政公路工程有限公司。

5. 河北宝山段主线

1996年9月开工建设,1999年7月建成通车,全长199.31km,全线六车道,设计速度

[1] 本书中的开工建设时间均以《工程竣工验收报告》为准。

[2] 1亩=0.06667hm^2,后同。

120km/h。建成特大桥:滦河特大桥、蓟运河特大桥,共2座。建成大桥29座。总投资58亿元,资金来源:交通部车购税投入、地方投入、银行贷款。占地28363.21亩。项目管理单位:河北省京秦高速公路管理处;勘察设计单位:河北省交通规划设计院、北方设计院等;监理单位:交通部一勘院方舟工程监理公司、河北省交通工程监理咨询总公司等;施工单位:铁道部第十一工程局、铁道部第十一工程局等。

6.辽宁绥中(山海关)至沈阳段

1997年6月开工建设,2000年9月建成通车,全长363.82km,六车道316.38km,八车道47.44km,设计速度120km/h。总投资102.9亿元,资金来源:中央投入、地方投入、银行贷款。项目占地57716.0亩。项目管理单位:辽宁省高等级公路建设局;勘察设计单位:辽宁省交通勘察设计院;监理单位:沈阳公路工程监理有限责任公司、辽宁省第一交通监理事务所等;施工单位:交通部第一公路工程公司、辽宁省路桥建设总公司等。

7.辽宁沈阳过境高速公路

与G1501(沈阳绕城高速公路)共线。

8.辽宁沈阳至四平段

1993年7月开工建设,1998年8月建成通车,全长155.53km,全线四车道,设计速度120km/h。总投资25.40亿元,资金来源:中央投入、地方投入、银行贷款。占地13995亩。项目管理单位:辽宁省高等级公路建设局;勘察设计单位:辽宁省交通勘察设计院;监理单位:丹麦金硕国际咨询公司、辽宁第一监理事务所等;施工单位:铁道部第十八工程局、交通部第一公路工程总公司等。

9.辽宁沈阳王家沟至铁岭杏山公路改扩建

2014年4月开工建设,2016年10月建成通车,全长148.47km,全线八车道,设计速度120km/h。建成大桥22座。总投资88.5亿元,资金来源:中央投入、地方投入、银行贷款。占地6817.0亩。项目管理单位:辽宁省高等级公路建设局;勘察设计单位:辽宁省交通规划设计院;监理单位:辽宁第一交通工程监理事务所、沈阳公路工程监理有限责任公司等;施工单位:中铁十局集团有限公司、中铁一局集团有限公司等。

10.吉林四平(吉辽界)至长春段

1994年5月开工建设,1996年9月建成通车,全长133km,全线四车道,设计速度120km/h。建成大桥2座。总投资23.95亿元,资金来源:中央投入、地方投入、银行贷款。占地19774亩。项目管理单位:长平高速公路建设办公室;勘察设计单位:吉林省交通规划设计院、吉林省交通科学研究所;监理单位:吉林省公路工程监理公司、美国路易斯·伯杰公司;施工单位:吉林省公路工程局一处、铁道部第十九工程局等。

11. 吉林长春至扶余(吉黑界)段

1998年10月开工建设,2002年8月建成通车,全长154km,全线四车道,设计速度100km/h、120km/h。建成特大桥:松花江特大桥,共1座。建成大桥3座。总投资37.38亿元,资金来源:中央投入、地方投入、银行贷款。占地16390亩。项目管理单位:吉林省高等级公路建设局;勘察设计单位:吉林省交通规划设计院、长春市公路规划勘测设计院、交通部科学研究所;监理单位:吉林省公路工程监理有限责任公司;施工单位:吉林省交通建设集团一公司、辽宁路桥总公司等。

12. 黑龙江吉黑省界(拉林河)至哈尔滨(瓦盆窑)段

1998年9月开工建设,2001年9月建成通车,与G1京哈高速公路哈尔滨至拉林河段同时建设,通车运营后划分了G1京哈高速公路(哈尔滨至拉林河)及G1001哈尔滨绕城高速公路南段(东风至瓦盆窑)。全长100.94km,其中G1京哈段全长69.74km,全线四车道,设计速度120km/h。建设大桥15座。总投资33.881亿元,资金来源:中央投入、地方投入、银行贷款。项目占地10338亩。项目管理单位:黑龙江省哈双高速公路公司;勘察设计单位:黑龙江省公路勘察设计院;监理单位:黑龙江省远升公路工程咨询监理公司、中国公路工程监理咨询公司等;施工单位:铁道部第十三工程局、黑龙江省路桥建设集团等。

四、联络线及并行线

1. G0111(秦滨高速)秦皇岛至滨州高速公路

河北秦皇岛至冀津界段。2005年5月开工建设,2007年12月建成通车,全长160.58km,全线四车道,设计速度120km/h。建成特大桥:滦河特大桥,共1座。建成大桥17座。总投资74.36亿元,资金来源:地方投入、银行贷款。占地25913.17亩。项目管理单位:河北省高速公路沿海管理处;勘察设计单位:河北省交通规划设计院、中国公路工程咨询监理总公司等;监理单位:河北省交通建设监理咨询有限公司、中国公路工程咨询集团有限公司等;施工单位:中铁十九局集团第三工程有限公司、中铁十九局集团第四工程有限公司等。

天津段。2004年开工建设,2013年建成通车(北段一期24.3km于2009年开通,北段二期9.1km于2013年开通,中段21.3km于2011年开通,南段35.6km于2011年开通),全长91.3km,设计速度80km/h、120km/h。建成特大桥:跨临港铁路桥、海河大桥、临港立交、泰达大街立交、疏港一线立交、永定新河特大桥、北段跨海高架桥、独流减河桥特大桥、子牙新河桥特大桥,共9座。建成大桥6座。总投资149亿元,资金来源:地方投入、银行贷款。占地9236亩。项目管理单位:天津海滨大道建设发展有限公司;勘察设计单位:天津市市政工程设计研究院;监理单位:天津市国腾监理公司等;施工单位:中铁十五局集团有限公司、中铁一局集团有限公司等。

河北沧州岐口至海丰段。2008 年 10 月开工建设,2011 年 12 月建成通车,全长 51.5km,全线四车道,设计速度 120km/h。建成特大桥:黄浪渠大桥、捷地减河大桥,共 2 座。建成大桥 5 座。总投资 55.05 亿元,资金来源:地方投入、银行贷款。占地 5849.0 亩。项目管理单位:沿海高速公路建设管理处;勘察设计单位:河北省交通规划设计院、河北省建筑设计院;监理单位:河北省交通建设监理咨询有限公司、河北路桥技术开发有限公司等;施工单位:中交第四公路工程局有限公司、中交一公局第一工程有限公司等。

2. G1N(京秦高速)北京至秦皇岛高速公路

北京段。全长 23.87km,在建。

河北诸葛店至段甲岭段。2009 年 6 月开工建设,2012 年 12 月建成通车,全长 32.826km,全线四车道,设计速度 120km/h。建成大桥 4 座。总投资 22.49 亿元,资金来源:地方投入、银行贷款。占地 3208.431 亩。项目管理单位:河北省高速公路廊坊北三县管理处;勘察设计单位:中交远洲交通科技集团有限公司、山西交科公路勘察设计院等;监理单位:北京中港路通工程管理有限公司、河北九润工程项目管理有限责任公司等;施工单位:中交一公局第六工程有限公司、中铁五局集团第二工程有限责任公司等。

天津段(蓟县邦均镇至蓟县西龙虎峪镇)。2013 年 1 月开工建设,2016 年 9 月建成通车,全长 30.309km,设计速度 120km/h。建成特大桥:大秦铁路分离式立交、京哈铁路分离式立交、津围公路互通式立交主线桥、津围公路互通式立交 A 线桥、东昌路分离式立交,共 5 座。总投资估算 43.67 亿元,资金来源:地方投入、银行贷款。占地 3770.3 亩。项目管理单位:天津高速公路集团有限公司;勘察设计单位:天津市市政工程设计研究院、中国公路工程咨询集团有限公司、中铁工程设计咨询集团有限公司;监理单位:天津市华盾工程监理咨询有限公司、天津市国泰工程咨询监理有限公司、辽宁艾特斯智能交通技术有限公司;施工单位:天津城建集团有限公司、中铁六局集团有限公司、中国铁建大桥工程局集团有限公司、中交一公局第六工程有限公司等。

河北唐山清东陵高速公路。2010 年 12 月开工建设,2013 年 12 月建成通车,全长 13.59km,全线四车道,设计速度 80km/h。建成大桥 10 座。总投资 12.457 亿元,资金来源:地方投入、银行贷款。占地 2387.0 亩。项目管理单位:河北省高速公路京哈北线管理处(原名称为河北省高速公路清东陵筹建处、河北省高速公路京秦二通道筹建处);勘察设计单位:河北省交通规划设计院、中钢集团工程设计研究院有限公司等;监理单位:河北省交通建设监理咨询有限公司、北京天智恒业科技发展有限公司等;施工单位:中交一公局桥隧工程有限公司、中铁十二局集团第一工程有限公司等。

五、先进技术的研究与应用

1. 沥青路面结构研究(辽宁)

(1)“京沈高速公路辽宁段沥青路面结构研究”。

该课题研究成果旨在指导并完成京沈高速公路辽宁段路面设计。主要研究内容:①路面结构的研究,主要解决沥青路面抗滑与抗裂两项技术难关。②沥青抗滑面层主要是进行AK-13型沥青混合料的应用研究,以提高抗滑指标。③路面上下基层采用半刚性基层,主要针对以往辽宁省水泥稳定类粒料刚度过大、不易拌和均匀、缩裂较多等问题进行改进开发与研究,大胆采用石灰、粉煤灰稳定砂砾及碎石,并突破现行规范中的“密实型级配”原则,改为“紧密、嵌挤骨架、密实型级配”原则,使其结晶型改为结晶—胶凝型,以减少刚度,增加韧性,达到抗裂的目的。④路面结构层施工工艺的研究。

(2)“风积沙作为沈山高速公路路基填筑材料可行性研究”。

对风积沙进行室内试验,包括CBR、回弹模量、击实等试验项目;修建试验路,总结施工工艺,包括填筑层厚、压实机具、检测方法等。

(3)“高等级公路地质不良地段处理方法的研究”。

沈山线遇到大面积围塘地带,属于不良地基。课题从物理、化学和力学角度分析拟定多种处理方案,结合试验并在充分论证的基础上提出综合效益最佳的方案。研究推荐方案的施工技术并提出指导意见,提出施工管理的各项指标要求。以提高软土地基的抗剪强度、压缩模量,加速软土地基的固结,使软土地基在路堤填筑期间完成大部分固结沉降,减少工后沉降。

2. 桥梁下部结构安全耐久性能监测研究(河北)

该研究依托G0111(秦滨高速公路)河北段桥梁工程,研究了3个方面的内容。

(1)地震区桥梁下部结构安全耐久性监测研究。在现场调研和桥墩动力检测结果的基础上,采用土—桩—双柱式墩柱相互作用理论,研究了罕遇、常遇地震情况下高速公路桥梁双柱式桥墩的动力响应,并对双柱式桥墩的抗震性能进行评价,提出了结合动力测试的桥墩结构健全度的评价方法。

(2)氯离子侵蚀条件下桥梁下部结构安全耐久性研究。通过对河北沿海地区公路桥梁下部结构及环境中氯离子含量的实测,建立样本氯离子环境下钢筋脱钝的时变模型,分析了不同钢筋锈蚀条件下桥墩的力学劣化规律,对盐渍土区桥梁下部结构安全耐久性给出了评估建议。

(3)软土地区桥梁下部结构安全耐久性研究。通过对汉南和涧河大桥进行桥墩沉降、水平位移、孔隙水压力以及下部结构应力等的监测,研究了双柱式桥墩沉降、水平位移变化趋势以及对桥墩结构产生的影响程度，提出了基于桥台（墩）沉降和水平位移的桥墩安全耐久性评估方法与建议。

3. 气泡混合轻质材料在软土地基路桥过渡段中的应用研究（河北）

该研究依托 G0111（秦滨高速公路）河北段工程项目，结合北方滨海地区气候地质和沿海高速公路的料源特点，在掺入磨细粉煤灰后材料性能系统试验的基础上，进行了气泡混合轻质土应用于软基段协同沉降的理论分析、数值仿真和试验工程应用与观测评估，研究了材料组分与路用工程特性之间的关系规律，综合分析了轻质填料用于结构物与路堤协同沉降的理论可行性，提出了气泡混合轻质土工程应用的设计方法和施工质量控制指标，得到的科技成果如下：①首次提出大掺量磨细粉煤灰改性气泡混合轻质土的关键配方；②系统研究了胶凝材料总量、水泥强度等级、粉煤灰掺量、含气率、掺砂量、单位用水量和龄期对气泡混合轻质土重度、流动性等基本特性，抗压、抗折、劈裂抗拉、弹性模量及 CBR 值等力学特性的影响规律；③通过折压比、单轴试验、三轴试验曲线分析，揭示了材料的变形特性和本构模型；④基于试验数据，利用经验公式法建立了 FCB 在长期荷载作用下的蠕变本构方程；⑤通过理论分析和数值计算，提出气泡混合轻质土解决软弱地基段路堤和结构物协调沉降的原理及气泡混合轻质土工程应用的设计方法；⑥将上述理论成果应用于沿海高速公路深厚软基段两段桥路协同沉降试验工程；⑦通过气泡轻质土台背换填与复合地基处理沉降观测对比，得出技术经济评估结论。

4. 路堑工程环境协调性研究（河北）

该项目研究成果构建了高速公路路堑协调性设计的基本思路与方法。分析了路堑边坡岩性、岩体结构面、空隙率及边坡坡率与平整度对坡面植被恢复的影响特征，提出了路堑边坡坡率、边坡形式以及岩质路堑施工与周围环境的适应性，建立了路堑截水沟、边沟以及挡土墙与环境的协调处理技术方法，形成了高速公路路堑协调性的设计方法。建立了植物根系与土的相互作用模式，分析了植物根系的加筋效应，揭示了植物根系在边坡土体剪切过程中的阻裂及抗滑机理，提出了植物根系对边坡稳定性的贡献，有利于推动相关国家标准和政策的制定。该课题针对山区高速公路路堑工程环境协调性问题，以 G1N（京秦高速公路）清东陵高速公路为依托，以植被防护和生态恢复工程中景观设计和施工的路堑为研究对象，针对传统的路堑边坡设计只注重稳定而忽视景观和环境保护的现状，对路堑现状及路堑设计与施工进行调查，分析路堑设计中存在的环境不协调问题，提出解决问题的方法，初步建立路堑协调性设计的技术和方法，实现高速公路路堑与环境的协调。

5. 寒冷地区沥青路面抗裂除冰综合技术研究（河北）

该研究依托 G1N（京秦高速公路）河北段工程项目，在国内外研究成果的基础上，结合我国寒冷地区沥青路面抗裂除冰技术的研究现状，以提高沥青路面结构的抗裂性能和主动除冰能力为宗旨，对应力吸收层抗裂技术和橡胶颗粒沥青混合料自除冰技术进行了深入研究，研究适用于寒冷地区抗裂除冰需求的沥青混合料类型和路面结构形式。一是延缓裂缝病害的发展，降低前期路面养护费用。采用应力吸收层CAM沥青混合料，提高了路面使用寿命，减少路面养护次数，降低了养护费用，减少路面寿命周期的成本费用，降低了能耗及材料运输和施工过程中的环境污染，社会和环境效益显著。二是利用橡胶颗粒的自身弹性达到抑制路面积雪结冰的目的，从而减少融雪剂用量，降低人工除冰雪费用。

6. 跨津山铁路转体施工法技术研究(天津)

跨津山铁路桥梁为双幅后张预应力混凝土T形刚构，斜交正做，桥长130m，单幅桥宽27m，在天津地区首次采用了双幅桥同步转体施工技术，该施工技术的应用极大改善了桥梁施工对铁路运营的影响，整个施工过程从开始转动到桥梁就位仅用时27min，与常规预制梁体吊装就位相比，对铁路正常运营影响几乎为零，且安全度高，为天津类似跨铁路桥梁结构和施工工艺选型提供了有益借鉴。该工程单幅桥梁转体重量达13300t，为目前国内同类工程之最。

六、复杂技术工程

1. 河北捷地减河特大桥

捷地减河特大桥为G0111(秦滨高速公路)河北沧州岐口至海丰段建设项目的一座桥梁。上部结构采用预应力混凝土分体箱梁，先简支后连续结构，一幅横向4片梁。下部结构采用柱式墩、柱台、肋板式桥台和钻孔灌注桩基础。桥墩采用双柱墩。30m跨：ϕ1.4m墩柱＋ϕ1.6m钻孔桩基础；40m跨：ϕ1.6m墩柱＋承台＋ϕ1.3m群桩基础；桥台采用肋板式桥台＋ϕ1.3m钻孔桩基础。

(1)软土、软弱土地段桥涵处理措施。

①工程沿线软土、软弱土不良地质分布宽泛，因此，大于8m跨径桥梁均采用桩基，4m、6m构造物采用现浇整体板＋整体式基础。基底承载力通过换填砂砾仍不能满足要求者，采用水泥搅拌桩进行处理。②桥长一般按桥头6m高填土控制，对于不满足工后沉降的软土地段桥头，采用水泥搅拌桩进行桥头地基处理，形成复合型地基，避免地基沉降。③为保证后台路基填土的密实度，对于桩基础桥台设施宜采用先填土预压，然后钻孔成桩的方法施工。其施工工序为首先进行桥台地基处理，填筑路基至承台(台帽)顶面，在桥头路堤预压完成且沉降稳定以后，开挖部分路基至承台(台帽)底面，钻孔并灌注桩基混凝土，然后浇筑承台(或帽梁)及肋板、耳背墙等。④路基高5m以上桥头，搭板下采用液

态粉煤灰水泥轻质填料，可以减小高路基引起的附加荷载及对地基所产生的压缩，从而减少路基沉降，避免压路机压实路基造成桥台桩基沉降。

（2）盐渍土地段桥涵处理措施。

①上部结构形式的选用。工程沿线大于10m的构造物上部结构一般采用预应力混凝土结构，并按预应力A类构件设计，增强结构的耐久性，避免上部结构主梁出现裂缝，有效避免沿海大气对主梁钢筋和预应力筋的腐蚀。对于跨径小于10m的构造物，采用钢筋混凝土整体现浇结构，桥梁主要受力构件混凝土等级不低于C35，提高了混凝土的密实度，防止Cl^-对钢筋的腐蚀。②下部结构形式的选用。墩台盖梁：采用普通混凝土结构，桥梁钢筋混凝土构件最大裂缝控制宽度按不大于0.15mm设计。墩台桩、柱和薄壁台：该路段沟渠水（地表水）含Cl^-浓度较高，但沟渠中常年有水，桥梁桩、柱和薄壁台按海水Ⅲ类环境考虑。

（3）构造处理措施。

①养鱼池路段处理措施：a. 桥涵上部主体结构采用原设计强度等级的防腐混凝土。b. 盖梁、桩、柱和薄壁台身，采用设计强度等级C35防腐混凝土，主筋净保护层厚度不小于7.5cm，构造钢筋保护层厚度不小于2.5cm。c. 现浇板受拉钢筋的净保护层厚度不小于4cm，构造钢筋保护层厚度不小于2.5cm。

②盐池路段处理措施：由于盐池路段含盐量较高，处理措施同养鱼池路段，此外，盐池区构造物竣工后，自地面下1m以上结构部件表面，均用环氧树脂、聚氨酯为基础的复合型或厚涂层进行防护，防腐蚀涂层厚度不小于150μm，且涂层与混凝土的黏结力不小于$1.5N/mm^2$，设计数量表中计入防腐涂层数量。

（4）防腐混凝土。

构成针对本工程腐蚀主要为Cl^-腐蚀和少量地段的SO_4^{2-}腐蚀，防腐混凝土主要材料构成：水泥+微硅粉+磨细矿渣微粉（或粉煤灰）；硅灰掺量一般为5%~10%，磨细矿渣微粉（或粉煤灰）的掺量不宜超过15%，以上掺入量以水泥质量百分比计。通过试验确定混凝土各种材料配比，并保证防腐混凝土的工作性能（坍塌度、坍塌扩展度等）和力学性能均不小于同等等级混凝土的相应指标。

2. 河北特殊地基处理

本工程依托G0111（秦滨高速公路）河北秦皇岛至冀津界段建设项目，该项目大多数地基都属于不良地基，包括软土、稻田、湿地、沼泽、盐池、鱼虾养殖池、滩涂、盐渍土、砂液化路段。其中，盐渍土路段长达51km，砂液化路段长21km。

3. 天津跨大秦铁路分离式立交

该工程为G1N（京秦高速公路）天津段建设项目的一座立交桥，同时上跨大秦铁路和邦喜公路，全长944.43m，单幅标准断面宽16.5m，双向六车道布置；主线桥采用2×70m变高度预应力混凝土连续梁体系，主梁采用单箱双室箱形截面。

该桥采用双幅同步转体施工，先在铁路线两侧进行悬浇梁体施工，然后水平转动梁体，使主梁就位，调整梁体线形，封固上、下转盘，支架现浇T构两侧现浇段，然后浇筑边跨合龙段使全桥贯通。单幅转体段梁长120m，转体角度62°，单幅转体总质量9600t。

主桥采用70m+70m预应力混凝土T形刚构平面转体法施工，上部结构采用单箱双室变截面预应力混凝土现浇箱梁，箱梁宽7.5m，两侧悬臂各3m。引桥采用30m预应力混凝土先简支后连续斜腹板小箱梁。箱梁横断面由5片小箱梁组成，梁间距2.7m。

主桥桥墩采用双薄壁变截面形式墩，下接上转盘、转台、下转盘（承台），基础采用钻孔灌注桩，桩径1.5m。引桥桥墩采用矩形柱式桥墩、桩基础，柱径主桥边墩1.9m×2m，引桥桥墩1.7m×2m，钻孔桩桩径1m和1.2m。

桥台采用肋板台，钻孔灌注桩基础，桩径采用1.20m。

技术特征及难点：

（1）转体桥主墩承台第一次浇筑施工属大体积混凝土施工，为克服大体积混凝土常见的温缩裂缝通病，需降低混凝土在硬化过程中的水化热，这就要求大体积混凝土内设置冷却水管，待初凝结束后开始向降温管内通冷水用以混凝土内部降温。

（2）主桥转体结构中的球铰安装定位是施工重点，要求标准高，此外上下球铰与混凝土接触面混凝土振捣的密实性控制难度大，是该工程的难点。

（3）主桥平面转体施工需要协调铁路和公路主管部门，确定转体作业施工方案，同时封锁大秦铁路和邦喜公路。

第二节　G2（京沪高速公路）北京至上海高速公路

G2（京沪高速公路）是国家“71118+6”高速公路网7条首都放射线中的第二条射线，是连接北京、河北、天津、山东、江苏、上海六省（直辖市）的重要省际公路大通道，是沟通环渤海地区和长江三角洲主通道，在华北与华东之间形成了一条经济、便捷、快速的公路运输大通道，对促进沿线经济发展具有重要意义。

G2（京沪高速公路）起点位于北京市朝阳区十八里店桥（四环），终点位于上海市普陀区中环真北路立交与武宁路地面道路交界处。规划里程1196.00km，通车里程1189.163km，其中四车道655.559km，六车道401.378km，八车道及以上132.226km。经过北京、天津、河北（廊坊、沧州）、山东（德州、济南、莱芜、泰安、临沂）、江苏（徐州、宿迁、淮安、扬州、泰州、无锡、苏州）、上海。1991年北京十八里店桥至柴厂屯段率先开始施工,2016 年 6 月河北黄石南顾屯枢纽至千童(冀鲁界)段建成通车,至此全线贯通。

拥有联络线一条:

G0211(津石高速公路)天津至石家庄高速公路,规划起点位于河北省大城县与天津市静海县交界处的子牙河,终点位于藁城市南孟互通。规划里程 296.10km,通车里程 26.521km,全线四车道。沿线经过天津(静海)、河北(廊坊、沧州、保定、石家庄)。目前河北段待建。

一、路线概况

G2(京沪高速公路)路线信息见表 8-5,沿线互通、出入口、服务区信息见表 8-6,联络线路线信息见表 8-7,联络线沿线互通、出入口、服务区信息见表 8-8。

G2(京沪高速公路)路线信息表　　表 8-5

编号	省份	省内起点	省内终点	途经市、县	通车里程(km)
G2	北京	朝阳区十八里店桥四环	通州区柴厂屯(京冀界)	北京市朝阳区、大兴区、通州区	35.000
	河北	廊坊市经济技术开发区上庄头村(京冀界)	廊坊市经济技术开发区南营村(冀津界)	廊坊经济技术开发区	6.840
	天津	武清区大王古镇(津冀界)	九宣闸	天津市武清区、西青区、静海区	105.963
	河北	沧州市青县流河镇(冀津界)	沧州市盐山县千童镇(冀鲁界)	青县、沧州运河区、沧县、孟村回族自治县、盐山县	112.555
	山东	鲁冀界	鲁苏界	乐陵市、商河县、济阳县,济南市历城区、章丘市,莱芜市莱城区、钢城区,新泰市、蒙阴县、沂南县、费县,临沂市兰山区、罗庄区,苍山县、郯城县	423.597
	江苏	新沂(苏鲁界)	花桥(苏沪界)	新沂市、沭阳县,淮安市,淮阴区、开发区、楚州区,宝应县、高邮市、江都市、泰州市、泰兴市、靖江市、江阴市,无锡市惠山区、锡安区、滨湖区,苏州市区、昆山市	480.978
	上海	上海市嘉定区安亭镇沪苏界	上海市普陀区中环真北路立交与武宁路地面道路交界处	上海市嘉定区、青浦区、闵行区、普陀区	24.230

G2(京沪高速公路)沿线互通、出入口、服务区信息表 表8-6

编号	省份	沿线互通	出入口	服务区
G2	北京	十八里店、大羊坊桥、马驹桥互通	大羊坊、马驹桥、马驹桥匝道、采育匝道出入口	马驹桥服务区
	河北	廊坊互通	南营出入口	—
	天津	泗村店、武清西、石各庄、汉沽港、王庆坨、津同路、当城、独流、静海、子牙园、陈官屯、胡辛庄、大张屯互通	武清西、汉沽港、津同路、独流、静海、子牙园、陈官屯出入口	泗村店、王庆坨、静海、唐官屯服务区
	河北	青县、陶管营枢纽、西花园、姚官屯、开发区、南顾屯枢纽、南部油田、孟村、圣佛、千童互通	青县、西花园、姚官屯、开发区、、盐山南、沧州南、孟村西、、千童出入口	青县、木门店、孟村服务区
	山东	乐陵北、乐陵西、滨德、王集、商河、临邑、济阳北、济阳西、崔寨、小许家、郭店、邢村、港沟、蟠龙、彩石、曹范、埠村、雪野、莱芜北、莱芜新区、莱芜、钢城、新泰、京沪、蒙阴、垛庄、青驼、汪沟、义堂、罗庄、苍山、郯城、红花埠互通	鲁冀界、乐陵北、乐陵西、王集、商河、临邑、济阳北、济阳西、郭店、邢村、蟠龙、彩石、曹范、埠村、雪野、莱芜北、莱芜新区、莱芜、钢城、新泰、蒙阴、垛庄、青驼、汪沟、义堂、罗庄、苍山、郯城、红花埠、鲁苏省界出入口	乐陵、商河、济阳、章丘、莱芜、沂南、临沂、郯城服务区,乐陵、济阳、雪野、莱新停车区
	江苏	段宅、新沂、王兴、楚州、丁伙、正谊、宣堡、楚州、广陵、峭岐、无锡、硕放、东桥、苏州北、正仪枢纽、新沂东、潘阳、沭阳北、沭阳南、胡集、淮安北、淮安南、楚州、宝应北、宝应、界首、高邮、八桥、邵伯、江都、泰州、泰兴北、泰兴东、靖江、江南、江阴北、江阴南、璜塘、无锡东、无锡机场、苏州新区、苏州东、阳澄湖(服务区)、工业园区、昆山、陆家互通	新沂东、潼阳、沭阳北、沭阳、胡集、淮安北、淮安、楚州、泾河、宝应、界首、高邮、八桥、真武、江都、泰州、泰兴北、泰兴东、靖江、靖江南、江阴北、江阴南、璜塘、无锡东、无锡机场、苏州新区、苏州东、阳澄湖(服务区)、工业园区、昆山、陆家出入口	新沂、沭阳、川星、六洞、范水、龙奔、正谊、宣堡、广陵、江阴大桥、堰桥、梅村、阳澄湖服务区
	上海	同三沪宁、嘉金沪宁、嘉闵沪宁、外环沪宁、中环真北路立交互通	绿地大道、花桥主线收费站、汽车城、嘉松公路、嘉闵高架、江桥主线收费站、华江路出入口	无

G2(京沪高速公路)联络线路线信息表 表8-7

编号	省份	省内起点	省内终点	途经市、县	通车里程(km)
G0211	天津	胡辛庄	静海区邢家坫	天津市静海区	26.52
	河北	待建			—

G2(京沪高速公路)联络线沿线互通、出入口、服务区信息表 表 8-8

编号	省份	沿线互通	出入口	服务区
G0211	天津	胡辛庄(G2 京沪高速)、王官屯(S6 津沧高速)、蔡公庄收费站(团王公路)、团泊南(G18 荣乌高速 G25 长深高速)互通	蔡公庄出入口	无
	河北	待建		

二、路网关系

G2(京沪高速公路)路网关系如图 8-2 所示。

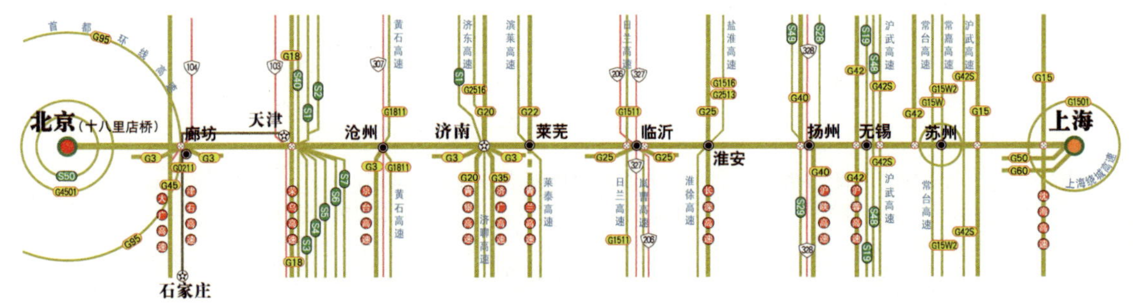

图 8-2　G2(京沪高速公路)路网关系示意图

三、建设历程

1. 北京十八里店桥至柴厂屯段

1987 年 11 月开工建设,1991 年 10 月建成通车,全长 35km,全线四车道,设计速度 120km/h。建成大桥 1 座。总投资 4.49 亿元,资金来源:交通部车购税投入、地方投入、银行贷款。占地 15120 亩。项目管理单位:京津塘高速公路北京市公司;勘察设计单位:交通部第二公路勘察设计院;监理单位:丹麦金硕国际咨询公司、中华人民共和国交通部工程管理司;施工单位:北京市公路工程公司、交通部第一公路工程总公司等。

2. 天津段

2003 年 12 月开工建设,2006 年 11 月建成通车,全长 107.205km,四车道 14.437km,六车道 85.068km,八车道 7.7km,设计速度 120km/h。建成特大桥:静海互通 1 号桥、贾口洼口门、独流互通、东淀特大桥、当城互通 B 线桥、当城 A 线桥、津霸铁路桥、永定河特大桥,共 8 座。建成大桥 40 座。总投资 69.38 亿元,资金来源:中央投入、地方投入、银行贷款。占地 14694.0 亩。项目管理单位:天津高速公路集团有限公司;勘察设计单位:天津市市政工程设计研究院;监理单位:中国公路工程咨询监理总公司、天津市华盾工程监理咨询有限公司等;施工单位:中铁四局集团第一工程有限公司、中铁十四局集团第二工程有限公司等。

3. 河北廊坊段

1987 年 12 月开工建设,1990 年 12 月建成通车,全长 6.837km,全线四车道,设计速度 120km/h。总投资 0.91 亿元,资金来源:银行贷款、地方投入。占地 721.62 亩。项目管理单位:京津塘高速公路河北省公司;勘察设计单位:交通部第二公路勘察设计院、交通部公路科学研究所、交通部公路规划设计院;监理单位:京津塘高速公路河北段工程监理部;施工单位:河北省交通厅公路工程局京津塘高速公路河北段工程经理部。

4. 河北冀津界至沧州陶官营枢纽互通段

1998 年 10 月开工建设,2000 年 12 月建成通车,全长 32.282km,全线四车道,设计速度 120km/h。建成特大桥:子牙新河特大桥,共 1 座。建成大桥 2 座。总投资 16.4 亿元,资金来源:交通部车购税投入、地方投入、银行贷款。占地 3971.0 亩。项目管理单位:河北省京沪高速建设管理处;勘察设计单位:河北省交通规划设计院、铁道部第三勘察设计院、中国公路工程咨询监理总公司等;监理单位:河北省交通建设监理咨询有限公司等;施工单位:铁道部第十四工程局、交通部第二公路工程局与唐山市政联营体等。

5. 河北廊坊至沧州高速公路沧州段

2007 年 12 月开工建设,2011 年 11 月建成通车,全长 29.91km,全线六车道,设计速度 120km/h。建成特大桥:沧黄铁路特大桥,共 1 座。建成大桥 4 座。总投资 25.13 亿元,资金来源:地方投入、银行贷款。占地 4518.45 亩。项目管理单位:沧廊高速公路建设管理处;勘察设计单位:河北省交通规划设计院、沧州双盛公路工程咨询有限公司等;监理单位:北京中港路通工程管理有限公司、北京兴通交通工程监理有限责任公司等;施工单位:中铁六局集团有限公司、中铁三局集团有限公司等。

6. 河北黄石南顾屯枢纽至千童(冀鲁界)段

2013 年 12 月开工建设,2016 年 6 月建成通车,全长 48.232km,全线六车道,设计速度 120km/h。建成特大桥 1 座,建成大桥 6 座。总投资 50.07 亿元,资金来源:交通部车购税投入、地方投入、银行贷款。占地 6443.03 亩。项目管理单位:沧州市高速公路建设管理局京沪高速公路筹建管理处;勘察设计单位:河北省交通规划设计院、河北建筑设计研究院有限责任公司、北方设计研究院、江苏省交通规划设计院有限公司、沧州双盛公路工程咨询有限公司;监理单位:河北省交通建设监理咨询有限公司、山东省滨州市公路工程监理咨询公司、河北路桥技术开发有限公司、沧州市公路工程监理中心等;施工单位:中铁四局集团第四工程有限公司、中交三公局第二工程有限公司、唐山东方建工集团有限公司、河北沧贸建筑安装工程有限公司等。

7. 山东乐陵至崔寨枢纽段

2011年10月开工建设,2014年12月建成通车,全长114.872km,全线六车道,设计速度120km/h。建成特大桥:漳卫新河特大桥,跨滨德高速主线桥,共2座。建成大桥12座。总投资75.4189亿元,资金来源:地方投入、银行贷款。占地14545亩。项目管理单位:中铁建山东京沪高速公路济乐有限公司;勘察设计单位:中铁第四勘察设计院集团有限公司;监理单位:济南金诺公路工程监理有限公司、山东省德州市交通工程监理公司等;施工单位:中铁十一局集团第一工程有限公司、中铁十一局集团有限公司、中铁十一局集团第一工程有限公司等。

8. 山东崔寨枢纽至机场枢纽段

与G20(青银高速公路)共线。

9. 山东机场枢纽至邢村立交段

与G2001(济南绕城高速)共线。

10. 山东邢村立交至港沟枢纽段

与G2001(济南绕城高速)共线。

11. 山东港沟枢纽至莱芜枢纽段

2005年5月开工建设,2007年12月建成通车,全长75.613km,全线六车道,设计速度100km/h。建成特大桥:宅科特大桥左幅桥、宅科特大桥右幅桥,共2座。建成大桥50座。建成长隧道6座。总投资47.98亿元,资金来源:企业投入。占地9420.20亩。项目管理单位:山东高速股份有限公司;勘察设计单位:山东省交通规划设计院、山东光合园林设计事务所、山东省林业监测规划院等;监理单位:济南天加空调工程有限公司、山东华顿工贸有限公司等;施工单位:中铁隧道集团三处有限公司、山东省路桥集团有限公司等。

12. 山东莱芜枢纽至莱芜段

1999年9月开工建设,2002年9月建成通车,全长31.12km,全线四车道,设计速度100km/h。建成大桥8座。总投资15.91亿元,资金来源:地方投入、银行贷款。占地3516亩。项目管理单位:山东省交通厅;项目执行单位:山东省交通厅公路局;勘察设计单位:山东省交通规划设计院、中交第一公路规划勘察设计研究院;监理单位:滨州公路工程咨询监理公司;施工单位:山东省公路工程总公司莱芜分公司、中铁十四工程局第三工程处等。

13. 山东莱芜至新泰段

1999年9月开工建设,2002年9月建成通车,全长32.736km,全线四车道,设计速度100km/h。建成大桥7座。总投资7.11亿元,资金来源:地方投入、银行贷款。占地

3483.222 亩。项目管理单位:山东省交通厅公路局;勘察设计单位:中交第一公路勘察设计研究院;监理单位:滨州市公路工程监理咨询公司、江苏华宁交通工程咨询监理公司、青岛交通工程监理咨询公司;施工单位:中铁十二局集团一处、山东省公路工程总公司淄博公司等。

14. 山东新泰至临沂义堂段

1996 年 12 月开工建设,1999 年 9 月建成通车,全长 86.2km,全线四车道,设计速度 120km/h。建成大桥 12 座。总投资 17.905 亿元,资金来源:地方投入。占地 18941.14 亩。项目管理单位:临沂市高速公路工程建设办公室;勘察设计单位:交通部第一公路勘察设计院、山东省建筑设计院等;监理单位:省交通监理总公司滨州公路工程监理咨询公司、西安公路交通大学建设监理咨询有限公司等;施工单位:交通部第二公路工程局第四工程处、铁道部第十八工程局等。

15. 山东临沂义堂至红花埠段

1998 年 5 月开工建设,2000 年 11 月建成通车,全长 83.74km,全线四车道 83.74km,设计速度 110km/h。建成特大桥:邳苍分洪道特大桥、沂河特大桥、310 国道特大桥,共 3 座。建成大桥 16 座。总投资 20.5 亿元,资金来源:地方投入。占地 12882 亩。项目管理单位:山东省公路管理局;勘察设计单位:山东省交通规划设计院、临沂市公路勘察设计院等;监理单位:育才—布朗交通咨询监理有限公司、山东省公路检测中心等;施工单位:交通部第一公路工程局、山东省公路工程总公司德州分公司等。

16. 江苏新沂至淮安段

1998 年 7 月开工建设,2000 年 11 月建成通车,全长 106.9km,全线四车道,设计速度 120km/h。建成特大桥:新沂河特大桥 1 座。建成大桥 40 座。总投资 38.16 亿元,资金来源:中央投入、地方投入、银行贷款。占地 19173.0 亩。项目管理单位:江苏省高速公路建设指挥部、淮安市高速公路建设指挥部等;勘察设计单位:中国公路工程咨询监理总公司泰克公路所、江苏省交通规划设计院等;监理单位:北京路桥通工程监理咨询有限公司、江苏交通工程监理总公司等;施工单位:中国公路工程咨询监理总公司泰克公路所、中国建筑第八工程局等。

17. 江苏淮安至江都段

1997 年 3 月开工建设,2000 年 11 月建成通车,全长 154.5km,全线四车道,设计速度 120km/h。建成特大桥:新通扬运河大桥、红心河高架桥、横泾河高架桥、苏北灌溉总渠特大桥,共 4 座。建成大桥 44 座。总投资 54.45 亿元,资金来源:中央投入、地方投入、银行贷款。占地 27735.7 亩。项目管理单位:江苏省高速公路建设指挥部、扬州市高速公路建设指挥部等;勘察设计单位:南京交通勘察设计院、江苏省交通规划设计院等;监理单位:江苏省交通工程咨询监理总公司、南京工苑建设监理公司等;施工单位:交通部第二公路工程局第四工程处、江苏省交通工程总公司等。

18. 江苏江都至广陵段

1996 年通车,2000 年实施了高速化完善工程。全长 67.199km,双向四车道,设计速度 120km/h。该路段目前正在扩建中。

19. 江苏广陵至靖江段

1996 年 10 月开工建设,1999 年 9 月建成通车,全长 17.224km,全线六车道,设计速度 120km/h。建成特大桥:靖江高架特大桥,共 1 座。建成大桥 3 座。总投资 7.54 亿元,资金来源:中央投入、地方投入。占地 4560.22 亩。项目管理单位:江苏省高速公路建设指挥部、泰州市高速公路建设指挥部;勘察设计单位:江苏省交通规划设计院、中国公路工程咨询监理总公司泰克公路所等;监理单位:江苏交通工程咨询监理总公司、中国公路工程咨询监理总公司泰克公路所等;施工单位:铁道部第二十局泰兴交通建设工程处、交通部二局三处兴化交通工程总公司等。

20. 江苏江阴长江公路大桥

1994 年 11 月开工建设,1999 年 9 月建成通车,全长 5.17km,全线六车道,设计速度 100km/h。建成特大桥:江阴长江公路大桥,共 1 座。建成大桥 2 座。总投资 27.3 亿元,资金来源:地方投入。占地 1388.67 亩。项目管理单位:江苏扬子大桥股份有限公司;勘察设计单位:中交公路规划设计院、江苏省交通规划设计院等;监理单位:江苏省交通工程咨询监理总公司、英国 Mott-MacDonald 公司等;施工单位:交通部二航局、江苏省交通工程总公司等。

21. 江苏无锡至江阴段

1996 年 10 月开工建设,1999 年 9 月建成通车,全长 51.546km[其中 34km 计入 G2(京沪高速公路)],全线六车道,设计速度 120km/h。建成特大桥:江阴高架特大桥,共 1 座。建成大桥 20 座。总投资 20.37 亿元,资金来源:中央投入、地方投入。占地 4604.0 亩。项目管理单位:江苏省高速公路建设指挥部、无锡市高速公路建设指挥部;勘察设计单位:江苏省交通规划设计院、中国公路工程咨询监理总公司泰克公路所;监理单位:中国公路工程咨询监理总公司泰克公路所、江苏交通工程咨询监理总公司等;施工单位:江苏省交通工程总公司、铁道部第二十工程局等。

22. 江苏无锡至华侨段

与 G42(沪蓉高速公路)共线。

23. 上海段

1993 年 1 月开工建设,1996 年 9 月建成通车,全长 24.23km,全线四车道,设计速度 120km/h,建成特大桥:沪杭铁路立交桥,环西沪宁立交特大桥,共 2 座。建成大桥 4 座。

总投资20.48亿元,资金来源:中央投入、地方投入。占地3276亩。项目管理单位:上海市沪宁高速公路工程建设指挥部;勘察设计单位:上海市市政设计研究院;监理单位:上海公路工程监理有限公司、上海市市政工程监理技术咨询公司、上海建通工程建设咨询监理公司等;施工单位:上海市公路桥梁工程有限公司、铁道部大桥局第四桥梁工程队、上海青浦县城乡建设综合开发公司等。

24. 上海段(改扩建)

2006年10月开工建设,2008年12月建成通车,全长24.23km,四车道4.23km,八车道20km,设计速度120km/h。建成特大桥:沪杭铁路立交桥、环西沪宁立交特大桥,共2座。建成大桥4座。总投资18.64亿元,资金来源:地方投入。项目管理单位:沪宁高速公路(上海段)拓宽改建工程指挥部;勘察设计单位:上海市政工程设计研究总院;监理单位:江苏交通工程咨询监理有限公司;施工单位:上海建工(集团)总公司、中铁二十四局集团有限公司、中国路桥工程有限责任公司等。

四、联络线及并行线

G0211(津石高速公路)天津至石家庄高速公路

天津段。2001年9月开工建设,2003年11月建成通车,全长26.521km,全线四车道,设计速度120km/h。建成特大桥:排洪特大桥、津浦立交,共2座。建成大桥6座。总投资11.1亿元,资金来源:交通部车购税投入、地方投入、银行贷款。项目管理单位:天津市高速公路投资建设发展公司;勘察设计单位:天津市市政工程设计研究院、上海同济规划建筑设计研究院;监理单位:天津市华盾工程监理咨询有限公司、天津市国腾公路咨询监理有限公司;施工单位:天津第一市政公路工程有限公司、中国建筑第五工程局、中铁第十四工程局、天津第五市政公路工程有限公司等。

河北段。大城县旺村镇冀津界至藁城市南孟互通段待建。

五、先进技术的研究与应用

1. 桥梁盐蚀、碱蚀破坏病害分析及养护对策研究(河北)

该课题研究依托G2(京沪高速公路)河北冀津界至沧州陶官营枢纽互通建设项目,对河北高速公路桥梁盐碱蚀病害的现状、特征、发展概况和发展趋势进行了广泛的分析调查。首先分析了桥梁混凝土盐碱蚀病害的成因与机理,并从盐碱蚀病害的防治机理入手,研发了新材料、新技术和新工艺,形成了一整套完备的防治方案;然后在理论研究和实桥工程应用的基础上,编制了桥梁盐碱蚀病害防治施工工艺标准;最后结合工程实例,检验了防治体系的修复效果。

主要研究成果如下:

(1)通过对历年河北省桥梁技术状况资料的分析,发现河北省大量高速公路桥梁都存在盐碱蚀病害。通过对桥梁盐碱蚀病害的分析研究,发现此类病害具有较为明显的规律性:①在结构上多发生于边梁翼板处,预制的边梁、次边梁或第三片梁的铰缝及腹板处,其他预制梁的铰缝及腹板处,泄水孔周围及附近,梁端及帽梁、桥台背墙等部位;②盐碱蚀病害发生的概率随桥梁所处地域的不同而不同,其中以沿海地区病害最为严重;③盐碱蚀病害发生的概率随桥梁通车年限的增加而增大;④近年来桥梁盐碱蚀病害日趋严重,且发展迅速。

(2)通过对盐碱蚀病害机理的研究,发现冻融循环、盐结晶胀裂、钢筋锈蚀和碱—集料作用破坏是钢筋混凝土破坏的主要方式。由于这些破坏方式都与水密切相关,因此,防治桥梁混凝土盐碱蚀破坏首先要防水。

(3)自主研发了新材料、新技术和新工艺,形成了一整套完备的盐碱蚀病害防治方案,并在京沪高速公路、石安高速公路等实体工程中获得验证,效果良好。

(4)在理论研究和实桥应用的基础上,编制了桥梁盐碱蚀病害防治施工工艺标准。

(5)通过对桥梁典型性病害进行处治,积累了丰富的经验,借助"LH 混凝土病害修复防护体系"可以对常见的病害部位进行预防性的养护,降低病害发生的概率。

2. 预应力混凝土连续桥耐久性病害诊断与加固关键技术研究(河北)

该研究依托 G2(京沪高速公路)河北冀津界至沧州陶官营枢纽互通建设项目,以河北省交通运输厅重点科技项目为支撑,将理论计算与工程实践相结合,主要研究成果如下:

(1)以河北省内常见的连续梁为研究对象,基于河北省内连续箱梁的构造、环境作用、使用状况、耐久性病害的特点,研究出针对性的病害诊断技术,并在实桥应用和验证的基础上,提出相应有效的耐久性病害诊断方法和评估技术指南,有利于规范河北省内相关结构耐久性病害诊断技术的研究。

(2)在综合常见连续梁构造、病害调查与机理和性能现状分析、加固关键技术的研究,以及在实桥应用和验证的基础上,根据梁桥耐久性病害诊断资料找出病害发生的机理,提出相应可靠的加固技术和安全、有效、合理及可行的加固方案,使其在实桥中应用并得到验证。对规范河北省内耐久性病害加固和确保其加固质量起着重要作用。

(3)根据桥梁耐久性病害诊断结果和加固方案,按照国家标准和规范要求,对加固后的预应力混凝土连续梁桥进行承载能力综合评定,并作为技术指南的标准化规定。

(4)编制《预应力混凝土连续梁桥病害诊断、评估技术指南》,为相关管理部门提供养护决策依据。

3. 节约用地优化设计研究(河北)

该研究依托 G2(京沪高速公路)河北廊沧高速公路沧州段建设项目,主要研究成果如下:

(1)给出高速公路建设用地的概念、现状和发展趋势,以及当时我国高速公路建设用地节约和集约利用的相关政策。

(2)在分析土地节约和土地集约利用内涵的基础上,提出高速公路建设用地节约集约利用的内涵,并对高速公路建设用地节约集约利用的基本理论进行研究。

(3)通过对河北省区域土地利用现状、耕地现状、建设用地现状以及高速公路建设用地现状进行分析,研究出河北省高速公路建设用地的趋势并分析其原因,举例说明承德承唐高速公路和保定保阜高速公路节约集约用地措施。

(4)对高速公路节约用地从规划、可研、设计、施工到施工后的土地复垦等环节建立统一的节约用地评价体系。包括在方案选择时节约用地应采用的评价指标,在设计及施工阶段重点从横断面尺寸、互通式立交选型、以桥隧代路等方面进行深入研究,结合高速公路建设的特点,提出土地复垦利用的措施等,并分析高速公路建设项目造成的水土流失对土地资源的影响。

(5)以廊沧高速公路沧州段为例,给出其合理节约土地的措施,包括路线方案对比、路基横断面节约土地措施以及互通立交设计等方面,最后评价廊沧高速公路沧州段节约土地的效果。

六、复杂技术工程

山东蟠龙隧道

该隧道于2005年5月1日正式开工,2006年10月31日完工,历时18个月。隧道单洞总长5010m,平均月进尺达278m。隧道采用"新奥法"原理设计,施工过程中根据隧道所处工程地质及水文地质条件拟定了各类围岩的物理力学参数并据此确定了不同的衬砌类型和参数。隧道进口段400m、出口段300m范围内采用复合式路面,其余部分采用连续配筋水泥混凝土路面。结合典型示范工程理念,在施工过程中对两幅隧道之间的土体进行保留和修饰,对隧道洞口的总体布置进行调整,把隧道变电所和联络道外移,使洞口坡面稳定、自然、协调。在贯通后增加了隧道洞内防火涂料,涂层厚16mm。

第三节　G3(京台高速公路)北京至台北高速公路

G3(京台高速公路)是国家"71118+6"高速公路网7条首都放射线中的第三条射线,是连接北京、河北、山东、江苏、安徽、浙江、福建七省(直辖市)的重要省际大通道,是首都联系我国华北、华东、东南沿海地区乃至台湾的重要公路通道。G3(京台高速公路)的建设对于加强两岸联系、促进两岸经济发展意义重大。

G3(京台高速公路)设计起点位于北京南苑(接五环),设计终点位于台湾新竹市(海峡台界)。规划里程1888.00km,通车里程1804.260km,其中四车道1554.232km,六车道183.684km,八车道及以上63.287km,一级路3.057km,经过北京、河北(廊坊、沧州)、山东(德州、济南、泰安、济宁、枣庄)、江苏(徐州)、安徽(淮北、宿州、蚌埠、滁州、合肥、六安、巢湖、安庆、铜陵、池州、黄山)、浙江(衢州)、福建(南平、福州、平潭)、台湾(台北)。1994年山东济德高速公路率先开始施工。目前,福建段尚未全部建成。其中,平潭至台北段明确为G3(京台高速)线路规划中的一段,何时建设待研究。

拥有并行线一条:

G3W(德上高速公路)德州至上饶高速公路,起点位于德州市道口铺街道办事处,终点位于上饶市婺源县紫阳镇呈坑村东。规划里程1232.91km,通车里程703.261km,全线四车道。沿线经过山东(德州、夏津、聊城)、河南(范县)、山东(莘县、鄄城、菏泽、巨野、单县)、河南(永城)、安徽(砀山、涡阳、凤台、毛集、寿县、合肥、舒城、桐城、枞阳、池州、石台、祁门)、江西(婺源、上饶)。其中山东菏泽至单县段、安徽合肥至祁门段、江西婺源至上饶段尚未建成通车。

一、路线概况

G3(京台高速公路)路线信息见表8-9,沿线互通、出入口、服务区信息见表8-10,并行线路线信息见表8-11,并行线沿线互通、出入口、服务区信息见表8-12。

G3(京台高速公路)路线信息表　　表8-9

编号	省份	省内起点	省内终点	途经市、县	通车里程(km)
G3	北京	南五环(旧宫新桥)	大兴区田家营村(京冀界)	北京市丰台区、大兴区	27.160
	河北	廊坊市广阳区火头营村(京冀界)	沧州市宋门乡埝高村(冀鲁界)	廊坊市广阳区、永清县、霸州市、文安县、大城县、沧州青县、沧县、泊头市、南皮县、东光县、吴桥县	246.821
	山东	鲁冀界	鲁苏界	德州市德城区、陵城区,平原县、禹城市、齐河县、济南市天桥区、槐荫区、市中区、长清区、岱岳区,宁阳县、曲阜市、邹城市、滕州市,枣庄市薛城区、台儿庄区	336.660
	江苏	张山子(苏鲁界)	老山口(苏皖界)	徐州市贾汪区、铜山区	75.644
	安徽	皖苏收费站(省界)	黄山市休宁县龙田乡桃林村	萧县、濉溪、烈山、埇桥、怀远、蚌埠市禹会区、合肥市包河区、肥西县、舒城县、庐江县、枞阳县、铜陵市、铜陵县、青阳县、石台县,黄山市黄山区、徽州区、休宁县、屯溪区	613.563

续上表

编号	省份	省内起点	省内终点	途经市、县	通车里程(km)
G3	浙江	浙皖省界(西坑口)	终于浙闽省界(廿八都)	衢州市开化县、常山县、江山市	161.005
	福建	浦城官路姚宅村	闽侯祥谦镇瑁前村(青口枢纽)	建瓯市、古田县、闽清县、闽侯县	343.407

G3(京台高速公路)**沿线互通、出入口、服务区信息表** 表8-10

编号	省份	沿线互通	出入口	服务区
G3	北京	南六环、魏善庄、安定、佃子互通	南五环、南六环、魏善庄、安定、佃子出入口	无
	河北	九州枢纽、廊坊空港、永清北、永清、别古庄枢纽、后奕、信安、胜芳枢纽、大柳河、文安、大城、臧屯、木门店南区、木门店北区、陶管营枢纽、沧州北、沧南枢纽、南皮、东光、吴桥互通	廊坊空港、永清北、永清、永清南、、信安、大柳河、文安、龙街、大城、臧屯、木门店南区、木门店北区、沧州北、南皮、东光、吴桥出入口	万庄、永清、文安、木门店、沧州、东光、吴桥服务区
	山东	德州、德州南、平原、平原南、禹城、齐河北枢纽、齐河、晏城枢纽、槐荫枢纽、济南西、殷家林枢纽、崮山、万德、泰安西、泰山枢纽、满庄、磁窑、曲阜北、曲阜、邹城、峄山、滕州、滕州南、枣庄、峄城互通	鲁冀界、德州、德州南、平原、平原南、禹城、齐河、济南西、崮山、万德、泰安西、满庄、磁窑、曲阜北、曲阜、邹城、峄山、滕州、滕州南、枣庄、峄城、鲁苏界出入口	德州、德州南、禹城、崮山、泰安宁阳、曲阜、邹城、滕州、枣庄、薛城服务区
	江苏	贾汪、大黄山、徐州北、柳新、彭城、刘集、徐州西、汉王、罗岗枢纽互通	贾汪、徐州北、柳新、彭城、徐州西、汉王出入口	青山泉、刘集服务区
	安徽	蚌埠西、大刘郢、鲍集、宿州南、宿州、泗许、蔡里、蚌埠、小西冲、严店、桑树店、长岗头、铜陵、太平湖、甘棠、谭家桥、上水桥、青阳、陵阳立交互通;马堰,庐江南、泥河、浮山、横埠、屯溪枢纽、小贺枢纽、汤口、岩寺、屯溪西、汪村、中村互通	蚌埠西、鲍集、宿州南、宿州、淮北、仁和集匝道收费站、滨湖新区、滨湖新区,严店、舒城、庐江、花园站主线,横埠,浮山,泥河,庐江南、铜陵南主线收费站、九华山、陵阳、太平湖、黄山北门、谭家桥、黄山南门、徽州区、黄山市区、五城、桃林、璜源(暂未开通)出入口	君王、符离、庄里、丰乐、周潭、沙溪、九华山、呈坎、休宁服务区,太平湖、黄帝源停车区
	浙江	马金、开化、渊底枢纽、常山北(芳村)、东案、五里枢纽、衢州南、江山、江郎山、峡口、廿八都互通	钱江源主线收费站、马金、开化、常山北(芳村)、东案、衢州南、江山、江郎山、峡口、廿八都、浙闽主线收费站出入口	开化、江山、仙霞服务区
	福建	十里排枢纽、兴田枢纽、松柏枢纽、弓鱼枢纽、弓鱼枢纽、凤都、古田互通、排头、东桥、洋里、大湖互通、白沙、甘蔗互通、荆溪枢纽互通	京台闽浙、仙阳、浦城、临江、石陂、五夫、兴田、建阳、建阳南、徐墩、建瓯、小桥、迪口、凤都、古田、东桥、洋里、大湖、白沙、甘蔗出入口	忠信、大湖岭、南台、丰乐、建州、凤都、洋里、关东服务区

G3(京台高速公路)并行线路线信息表 表8-11

编号	省份	省内起点	省内终点	途经市、县	通车里程(km)
G3W	山东	德州市道口铺街道办事处	菏泽单县(鲁豫界)	德州市德城区、武城县、夏津县,聊城市东昌府区、莘县,菏泽市鄄城、牡丹区、巨野县、成武县、单县	703.261
	河南	范县金堤河南岸(豫鲁省界)	永城市侯岭乡柏山集(豫皖省界)	范县、永城	
	安徽	宿州市砀山县马良集	淮南市毛集区焦岗湖镇史集村	砀山县、濉溪县、涡阳县、蒙城县,利辛县、凤台县、毛集区	
	江西	德兴市新岗山镇白沙关	婺源县紫阳镇呈坑村东	德兴市新岗山镇、婺源县	
	江西	德兴市花桥镇小目源	上饶市信州区白石地村	德兴市、上饶市	

G3(京台高速公路)并行线沿线互通、出入口、服务区信息表 表8-12

编号	省份	沿线互通	出入口	服务区
G3W	山东	四女寺、武城北、漳南枢纽、武城西、夏津西枢纽、夏津西、临清枢纽、临清东、聊城北、聊城西枢纽、聊城南、莘县北、莘县、莘县南、古城、范县东、鄄城北、鄄城、鄄城南、菏泽北、日东枢纽互通	武城东收费站、四女寺、武城北、鲁冀界、武城西、夏津西、临清东、聊城北、聊城南、莘县北、莘县,莘县南、古城、范县东、鄄城北、鄄城、鄄城南、菏泽北出入口	武城、夏津西、鄄城服务区,夏津、聊城北、莘县停车区
	河南	范县、濮阳东枢纽、芒山枢纽、永城北、永城东、柏山枢纽互通	豫鲁界、范县东、永砀省界、永城东、永城出入口	范县、永城服务区
	安徽	砀山北、砀山东、望疃、岳集、朱马店(单喇叭)、凤台西(单喇叭)、毛集枢纽互通(双Y形)	鲁皖主线站、砀山北收费站、砀山东收费站、砀永主线站、砀山北果园场、砀山东310国道、涡阳北收费站涡阳东收费站、朱马店收费站主线、凤台西收费站主线出入口	砀山、马集、石弓、篱笆、凤台服务区
	江西	三清山、新岗山、德兴枢纽、婺源互通	白沙关主线、三清山、新岗山、婺源出入口	德兴停车区
	江西	德兴东枢纽、大茅山、三清山西、玉山西、上饶东枢纽互通	大茅山、三清山西、玉山西出入口	三清山西、上饶东停车区

二、路网关系

G3(京台高速公路)路网关系如图8-3所示。

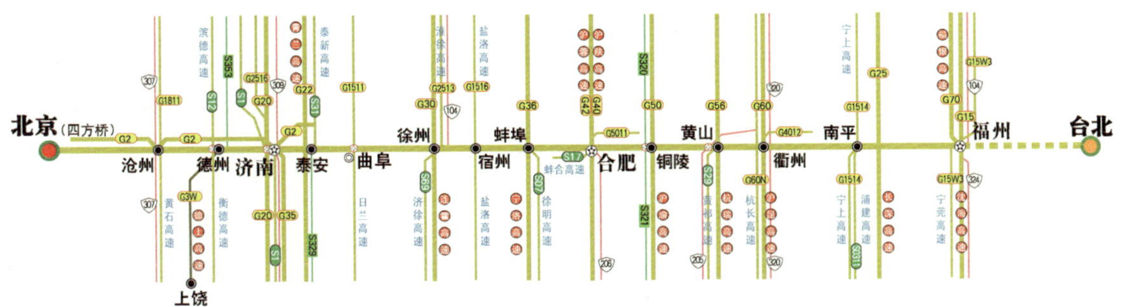

图8-3　G3(京台高速公路)路网关系示意图

三、建设历程

1. 北京旧宫新桥至田家营村段

2014年12月开工建设,2016年12月建成通车,全长26.6km,全线八车道,设计速度为120km/h。建成特大桥1座。总投资96.58亿元,资金来源:地方投入、银行贷款。占地4147.65亩项目管理单位:北京市首都公路发展集团有限公司;勘察设计单位:北京市市政工程设计研究总院有限公司等;监理单位:北京市首发高速公路建设管理有限责任公司等;施工单位:北京城建远东建设投资集团有限公司等。

2. 河北京冀界至廊坊别古庄枢纽互通段

2012年2月开工建设,2014年12月建成通车,全长28.424km,全线八车道,设计速度120km/h。建成大桥2座。总投资35.585亿元,资金来源:交通部车购税投入、银行贷款、地方投入。占地3606.0亩。项目管理单位:京台高速公路廊坊建设管理处;勘察设计单位:中交第一公路勘察设计研究院有限公司,廊坊市燕赵交通勘察设计有限公司等;监理单位:保定市第三工程建设监理有限公司、中国公路工程咨询集团有限公司等;施工单位:中铁二十局集团第六工程有限公司、中交第一公路工程局有限公司等。

3. 河北廊坊段

2009年2月开工建设,2011年11月建成通车,全长93.248km,全线六车道,设计速度120km/h。建成大桥7座。总投资72.997亿元,资金来源:地方投入、银行贷款。占地10766.088亩。项目管理单位:廊沧高速公路建设管理处;勘察设计单位:河北省交通规划设计院、河北省建筑设计研究院有限责任公司等;监理单位:廊坊市交通公路工程有限公司、廊坊市交通技术咨询监理公司等;施工单位:中交第一公路工程局有限公司、中交第三公路工程局有限公司等。

4. 河北沧州段

2007 年 12 月开工建设,2011 年 11 月建成通车,全长 17.64km,全线六车道,设计速度 120km/h。建成特大桥:子牙新河特大桥,共 1 座。建成大桥 3 座。总投资 14.80 亿元,资金来源:地方投入、银行贷款。占地 2110.59 亩。项目管理单位:廊沧高速公路建设管理处;勘察设计单位:河北省交通规划设计院等;监理单位:沧州市公路工程监理中心等;施工单位:沧州路桥工程公司等。

5. 河北沧州陶官营枢纽互通至冀鲁界段

1998 年 10 月开工建设,2000 年 12 月建成通车,全长 108.72km,全线四车道,设计速度 120km/h。建成大桥 8 座。总投资 38 亿元,资金来源:地方投入、银行贷款。占地 17647 亩。项目管理单位:河北省京沪高速建设管理处;勘察设计单位:河北省交通规划设计院、交通部第二公路勘察设计院等;监理单位:中交国际工程咨询有限公司、河北省交通建设监理咨询有限公司等;施工单位:交通部第一公路工程总公司第二工程公司、铁道部第十九工程局第三工程处等。

6. 山东德州至齐河段

1994 年 11 月开工建设,1997 年 11 月建成通车,全长 91.284km,全线四车道,设计速度 120km/h。建成大桥 11 座。总投资 16.331 亿元,资金来源:中央投入、交通部车购税投入、地方投入、银行贷款。占地 8840.89 亩。项目管理单位:山东省济德高速公路工程建设办公室;勘察设计单位:山东省交通规划设计院等;监理单位:山东省交通工程监理咨询公司;施工单位:北京城建集团总公司、青海省公路桥梁工程公司、北京第一市政公司等。

7. 山东济南第二黄河公路大桥

1996 年 10 月 30 日开工建设,1999 年 7 月 6 日建成通车,全长 5.75km,全线六车道,设计速度 120km/h。建成特大桥:济南第二黄河公路大桥,共 1 座。总投资6.7995 亿元,资金来源:中央投入、交通部车购税投入、地方投入、银行贷款。占地 901.86 亩。项目管理单位:山东省京福高速公路建设管理办公室;勘察设计单位:山东省交通规划设计院;监理单位:山东省交通工程监理咨询公司;施工单位:山东省交通工程总公司、交通部一局四公司等。

8. 山东齐河至济南段西环线

1994 年 1 月开工建设,1997 年 7 月建成通车,全长 21.971km,全线六车道,设计速度 120km/h。建成特大桥:K71 +473 公铁立交桥,共 1 座。建成大桥 4 座。总投资 10.0123 亿元,资金来源:中央投入、交通部车购税投入、地方投入、银行贷款。占地 6407.692 亩。

项目管理单位：山东省京福高速公路建设管理办公室；勘察设计单位：山东省交通规划设计院；监理单位：山东省交通工程监理咨询公司；施工单位：山东省交通工程总公司、铁道部第十四工程局、铁道部第十二工程局等。

9. 山东济南至泰安段

1998年1月开工建设，1999年10月建成通车，全长53.146km，全线六车道，设计速度120km/h。建成特大桥：崮山高架桥，共1座。建成大桥12座。总投资16.462亿元，资金来源：中央投入、交通部车购税投入、地方投入、银行贷款。占地7822.14亩。项目管理单位：山东省京福高速公路建设管理办公室；勘察设计单位：山东省交通规划设计院；监理单位：北京华通公路桥梁监理咨询公司、山东省土木工程建设技术开发中心；施工单位：铁道部第十二工程局、铁道部第十八工程局等。

10. 山东泰安至曲阜段

1999年10月开工建设，2001年6月建成通车，全长49.863km，全线四车道，设计速度120km/h。建成特大桥：东河北特大桥、土门特大桥、大汶河特大桥、贤村水库特大桥，共4座。建成大桥10座。总投资15.3514亿元，资金来源：中央投入、交通部车购税投入、地方投入、国债转贷、银行贷款。占地5505.5亩。项目管理单位：泰安市京福高速公路工程建设办公室；勘察设计单位：山东省交通规划设计院、泰安市城乡规划设计院等；监理单位：山东省交通工程监理咨询公司、北京华通交通工程监理咨询公司等；施工单位：山东泰山路桥工程公司、中铁第十四工程局集团总公司等。

11. 山东曲阜至界河段

1998年10月开工建设，2000年11月建成通车，全长54.10km，全线四车道，设计速度120km/h。建成大桥9座。总投资14.6461亿元，资金来源：中央投入、交通部车购税投入、地方投入、银行贷款。占地2505.93亩。项目管理单位：山东省济宁市京福高速公路工程建设办公室；勘察设计单位：山东省交通规划设计院、济宁市建筑设计研究院；监理单位：山东省交通工程监理咨询公司等；施工单位：铁道部第四工程局、铁道部第三工程局等。

12. 山东界河至张山子段

1998年9月开工建设，2000年12月建成通车，全长84.544km，全线四车道，设计速度120km/h。建成大桥14座。总投资22.283亿元，资金来源：中央投入、交通部车购税投入、地方投入、银行贷款。占地8376亩。项目管理单位：山东省京福高速公路建设管理办公室；勘察设计单位：山东省交通规划设计院；监理单位：山东交通工程监理咨询公司等；施工单位：山东省交通工程总公司（主包）、中国第三冶金建设公司等。

13. 江苏徐州绕城东段

2000 年 7 月开工建设,2003 年 9 月建成通车,全长 43.498km[其中 23.733km 计入 G3(京台高速公路)],全线四车道,设计速度 120km/h。建成特大桥 1 座,建成大桥 19 座。总投资 14.57 亿元,资金来源:交通部车购税投入、地方投入、银行贷款。占地 7775.93 亩。项目管理单位:江苏省交通工程建设局;勘察设计单位:江苏省交通规划设计院有限公司、南京交通勘察设计院、东南大学建筑设计研究院、济南市建筑设计研究院等;监理单位:江苏理工大学工程兵工程学院南京工程建设监理部;施工单位:交通部第二公路工程局、天津市路桥工程总公司、吉林省交通建设集团有限公司、中国路桥集团第一公司工程局、中铁第十四工程局、江苏省镇江市路桥工程总公司、中铁第十九局第二工程处、中国建筑第八工程局等。

14. 江苏徐州绕城西段

2003 年 1 月开工建设,2007 年 7 月建成通车,全长 51.087km,全线四车道,设计速度 120km/h。建成特大桥 2 座。建成大桥 19 座。总投资 26.2 亿元,资金来源:企业投入、银行贷款。占地 5102.68 亩。项目管理单位:江苏省交通工程建设局;勘察设计单位:中交第一公路勘察设计研究院、徐州市园林设计院、江苏省交通规划设计院有限公司、河海大学设计院、江苏东方建筑设计有限公司、南京柏森实业有限公司等;监理单位:江苏省交通运输厅工程质量监督局、山东省通达交通工程监理中心、江苏省东南交通工程咨询监理有限公司、江苏山水园林建设有限公司等;施工单位:中铁十四局有限公司、大庆油田路桥工程有限公司、中铁十三局集团有限公司、徐州市公路工程总公司、无锡路桥工程总公司、路桥集团第一公路工程局厦门工程处、中铁十七局第五工程有限公司等。

15. 安徽老山口至朱圩子段

与 G30(连霍高速公路)共线 6km。

16. 安徽合徐高速公路北段

2000 年 12 月开工建设,2003 年 11 月建成通车,全长 157.43km,全线四车道,设计速度 120km/h。建成特大桥:涂山淮河特大桥、符夹铁路特大桥,共 2 座。建成大桥 16 座。总投资 35.0 亿元,资金来源:交通部车购税投入、地方投入、银行贷款。占地 18117.178 亩。项目管理单位:安徽省合徐高速公路建设指挥部;勘察设计单位:安徽省公路勘测设计院;监理单位:安徽省高等级公路工程监理有限公司等;施工单位:路桥第一公路工程局第一工程有限公司、北京城建集团有限责任公司、中煤第三建设公司等。

17. 安徽合徐高速公路南段

1998 年 7 月开工建设,2001 年 7 月建成通车,全长 112.27km,全线四车道,设计速度 120km/h。建成大桥 5 座。总投资 22.4 亿元,资金来源:地方投入、银行贷款。占地

11972亩。项目管理单位:安徽省合徐高速公路工程建设指挥部;勘察设计单位:安徽省公路勘察设计院;监理单位:安徽省高等级公路监理有限公司;施工单位:安徽省路桥公司、武警交通一总队、铁道部大桥工程局等。

18.安徽陇西枢纽至马堰枢纽段

与G42(沪蓉高速公路)和G4212(合安高速公路)共线89km。

19.安徽庐江至铜陵段

2002年3月开工,2005年1月建成通车,全长73.206km,全线四车道,设计速度100km/h。建成特大桥1座。总投资19.22亿元。资金来源:地方投入、银行贷款。占地7197.82亩。项目管理单位:安徽省公路管理局、安徽金宇高速公路发展有限公司;勘察设计单位:安徽省公路勘察设计院;监理单位:安徽省公路工程建设监理有限责任公司;施工单位:安徽省公路桥梁工程公司、合肥市公路桥梁工程有限责任公司、中港第二航务工程局等。

20.安徽铜陵至汤口段

2004年6月开工建设,2007年9月建成通车,全长116.115km,全线四车道,设计速度80km/h、100km/h。建成特大桥:七星河大桥、太平湖大桥、长河大桥、水桥湖二桥、朱家畈特大桥,共5座。建成大桥66座。建成长隧道7座。总投资48.825亿元,资金来源:交通部车购税投入、银行贷款。占地12300亩。项目管理单位:安徽省交通投资集团有限公司;勘察设计单位:安徽省公路勘测设计研究院;监理单位:安徽省高等级公路工程监理有限公司、美国路易斯·伯杰通有限责任公司等;施工单位:中铁四局集团有限公司、中铁十九局集团有限公司、中铁十一局集团第四工程公司等。

21.安徽汤口至屯溪段

2004年3月开工建设,2007年9月建成通车,全长57.40km,全线四车道,设计速度80km/h、100km/h。建成特大桥:逍遥溪特大桥,共1座。建成大桥82座。建成特长隧道:石头岭特长隧道,共1座。建成长隧道4座。总投资29.03亿元,资金来源:交通部车购税投入、地方投入。占地5769.54亩。项目管理单位:安徽省交通投资集团有限公司;勘察设计单位:安徽省交通规划设计研究院;监理单位:中国公路工程咨询总公司、合肥工业大学建筑监理有限责任公司等;施工单位:中铁一局集团第一工程有限公司、中铁隧道集团三处有限公司、中铁十二局集团第三工程有限公司等。

22.安徽黄山至塔岭和小贺至桃林段

2006年4月开工建设,2008年12月建成通车,全长51.12km,四车道35.71km,六车道15.41km,设计速度120km/h、100km/h,其中黄山至小贺段为G3(京台高速公路)与G56(杭瑞高速公路)共线段,小贺至塔岭段属于G56(杭瑞高速公路)。建成特大桥:蛇坑一号大桥、逍遥溪特大桥,共2座。建成特长隧道:马金岭特长隧道,共1座。建成长隧道

11 座。总投资 30.7678 亿元,资金来源:交通部车购税投入、地方投入。占地 5125.14 亩。项目管理单位:安徽省交通投资集团有限公司;勘察设计单位:安徽省交通规划设计研究院;监理单位:安徽省高等级公路工程监理有限公司等;施工单位:中铁一局集团第一工程有限公司、中铁隧道集团三处有限公司、天津第一市政公路工程公司等。

23. 浙江黄衢南高速公路

2005 年 10 月开工建设,2011 年 1 月建成通车,全长 161.01km,全线四车道,设计速度 80km/h、100km/h。建成特大桥:渊底特大桥,共 1 座。建成大桥 85 座。建成特长隧道:达坞特长隧道,共 1 座。建成长隧道 10 座。总投资 87.59 亿元,资金来源:中央投入、银行贷款。占地 14736.0 亩。项目管理单位:浙江省黄衢南高速公路建设指挥部、浙江黄衢南高速公路有限公司;勘察设计单位:浙江省交通规划设计研究院;监理单位:浙江公路水运工程监理有限公司等;施工单位:中铁四局第一工程有限公司、中铁隧道集团三处有限公司、中交一公局厦门工程有限公司、中交第一公路工程局有限公司等。

24. 福建浦城至南平段

2005 年 12 月开工建设,2008 年 12 月建成通车,全长 187.872km,四车道 183.36km,六车道 4.51km,设计速度 80km/h。建成大桥 36 座。建成特长隧道:祝源超长隧道,共 1 座。建成长隧道 4 座。总投资 102.63 亿元,资金来源:中央投入、地方投入、银行贷款。占地 19311.5 亩。勘察设计单位:浙江省交通勘察设计院、福建省交通规划设计院;监理单位:江苏交通工程咨询监理有限公司等;施工单位:中铁十八局集团有限公司、中铁十五局集团有限公司、中铁十一局集团有限公司等。

25. 福建南平段

2011 年 2 月 15 日开工建设,2015 年 12 月建成通车,全长 62.686km,全线四车道,设计速度 100km/h。建成特大桥:右线杉洋特大桥、左线迪口特大桥、右线迪口特大桥、左线浮山特大桥,共 4 座。建成大桥 28 座。建成特长隧道:柏洋隧道、岩前隧道、下房隧道、黄坑隧道,共 4 座。建成长隧道 5 座。总投资 67.3449 亿元,资金来源:交通运输部车购税投入、地方投入、银行贷款。占地 4691.37 亩。项目管理单位:南平京台高速公路有限责任公司;勘察设计单位:中交第一公路勘察设计研究院有限公司、北京交科公路勘察设计研究院有限公司;监理单位:福建省交通建设工程监理咨询公司、山东省交通工程监理咨询公司等;施工单位:中铁电气化局集团西安铁路工程有限公司、中铁十五局集团第五工程有限公司等。

26. 福建宁德段

2011 年 7 月开工建设,2015 年 12 月建成通车,全长 40km,全线四车道,设计速度 100km/h。建成特大桥:排头枢纽互通主线大桥,共 1 座。建成大桥 16 座。建成特长隧道:黄竹山隧道,共1座。建成长隧道6座。总投资40.66亿元,资金来源:交通运输部车购税投入、地方投入、银行贷款。占地3213亩。项目管理单位:宁德京台高速公路有限责任公司;勘察设计单位:福建省交通规划设计院、北京交科公路勘察设计研究院有限公司、中交公路规划设计院有限公司;监理单位:西安华兴公路工程咨询监理有限公司、厦门中平工程监理咨询有限公司;施工单位:中铁二十二局集团有限公司、四川公路桥梁建设集团有限公司、中铁十二局集团有限公司、福建省第一公路工程公司、中铁二十三局集团有限公司。

27.福建福州段

2012年9月开工建设,2015年12月建成通车,全长52.952km,全线四车道,设计速度100km/h。建成特大桥:东桥特大桥、铁岭特大桥,共2座。建成大桥42座。建成特长隧道:黄竹山隧道、牛岩山隧道、天龙山隧道,共3座。建成长隧道2座。总投资65.36亿元,资金来源:中央投入、地方投入、银行贷款。占地5243.3亩。项目管理单位:福州京台高速公路有限责任公司;勘察设计单位:福建省交通规划设计院、北京交科公路勘察设计研究院有限公司;监理单位:合诚工程咨询股份有限公司、福建路信交通建设监理有限公司、厦门中平工程监理咨询有限公司、北京兴通工程咨询有限公司;施工单位:中铁十九局集团第二工程有限公司、福建省第一公路工程公司等。

四、联络线及并行线

G3W(德上高速)德州至上饶高速公路

山东德州(鲁冀界)至夏津段(含德州支线)。2013年11月开工建设,2016年12月建成通车,全长70.342km,全线四车道,设计速度120km/h。建成特大桥:卫运河特大桥,共1座。建成大桥7座。总投资35.19亿元,资金来源:中央投入、企业投入、银行贷款。占地6112.479亩。项目管理单位:德州市德商高速公路项目建设管理办公室;勘察设计单位:山东省交通规划设计院;监理单位:山东恒建工程监理咨询有限公司、山东省交通工程监理咨询公司等;施工单位:德州市公路工程总公司、山东省公路建设(集团)有限公司、德州市公路工程总公司等。(备注:鲁冀省界约3.6km划入S78,5.916km为利用G105扩建段长度,未实施。实际里程60.826km。)

山东夏津至聊城段。2013年11月15日开工建设,2016年7月28日建成通车,全长62.128km,全线四车道,设计速度120km/h。建成大桥11座。总投资33.79亿元,资金来源:企业投入、银行贷款。占地5510亩。项目管理单位:中铁建(山东)德商高速公路有限公司;勘察设计单位:中交第一公路勘察设计研究院;监理单位:山东省交通工程监理咨询公司、济南北方咨询监理公司等;施工单位:中铁十五局集团有限公司第五工程有限公司、中铁十一局集团有限公司第二工程有限公司等。

山东聊城至范县(鲁豫界)段。2012 年 10 月开工建设,2015 年 10 月建成通车,全长 68.942km,全线四车道,设计速度 120km/h。建成大桥 8 座。总投资 37.43 亿元,资金来源:中央投入、地方投入、银行贷款。占地 12457.65 亩。项目管理单位:齐鲁交通发展集团有限公司;勘察设计单位:中交公路规划设计院有限公司;监理单位:山东恒建工程监理咨询有限公司、山东省德州市交通工程监理公司、山东格瑞特监理咨询有限公司;施工单位:山东省公路建设(集团)有限公司、中铁十一局有限公司、青岛路桥建设集团有限公司、聊城市公路工程总公司、山东省滨州公路工程总公司。

山东鄄城黄河公路大桥段。2007 年 7 月开工建设,2015 年 12 月建成通车,全长 5.586km,全线四车道,设计速度 120km/h。建成特大桥:鄄城黄河公路大桥,共 1 座。建成大桥 1 座。总投资 9.08 亿元,资金来源:地方投入、银行贷款。占地 387 亩。项目管理单位:山东鄄城黄河公路大桥投资有限公司;勘察设计单位:河南省交通规划勘察设计院、中国公路工程咨询总公司;监理单位:湖南省交通建设工程监理有限公司;施工单位:山东通达路桥工程有限公司、中交二局股份有限公司、中铁二局股份有限公司、浙江省大成建设集团有限公司。

山东鄄城至菏泽段。2007 年 10 月开工建设,2015 年 12 月建成通车,全长 44.646km,全线四车道,设计速度 120km/h。建成特大桥:京九铁路特大桥,共 1 座。建成大桥 8 座。总投资 25.87 亿元,资金来源:地方投入、银行贷款。占地 4630.45 亩。项目管理单位:山东鄄菏高速公路有限公司;勘察设计单位:中国公路工程咨询集团有限公司;监理单位:紫光捷通科技股份有限公司、山东省路桥集团有限公司等;施工单位:山东黄河工程集团有限公司、中铁十局集团有限公司等。

河南范县段。2012 年 12 月开工建设,2015 年 11 月建成通车,全长 19.605km,全线四车道,设计速度 120km/h。建成特大桥:北金堤滞洪区行洪特大桥,共 1 座。建成大桥 3 座。总投资 12.167 亿元,资金来源:地方投入、银行贷款。占地 2055 亩。项目管理单位:河南省德商高速公路建设有限公司;勘察设计单位:江苏省交通规划设计院股份有限公司;监理单位:山东东泰工程咨询有限公司、河南省交通科学技术研究院有限公司、北京中交路通交通工程咨询有限公司;施工单位:中铁三局集团第二工程有限公司、中铁二十二局第四工程有限公司、路港集团有限公司、中交一公局第三工程有限公司等。

河南永城段一期。2010 年 10 月开工建设,2012 年 12 月建成通车,全长 41.02km,全线四车道,设计速度 120km/h。建成大桥 6 座。总投资 19.47 亿元,资金来源:地方投入;银行贷款。占地 4140.08 亩。项目管理单位:河南中原高速公路股份有限公司商丘分公司;勘察设计单位:中国公路工程咨询集团有限公司;监理单位:河北华达公路工程咨询监理有限公司、河南省豫通公路工程监理事务所;施工单位:中交第二公路工程局有限公司、郑州市公路工程公司、中交一公局第三工程有限公司、中国水电建设集团路桥工程有限公司、中铁十局第二工程有限公司等。

河南永城段二期。2013年05月开工建设,2015年12月建成通车,全长15.139km,全线四车道,设计速度120km/h。建成大桥3座。总投资9.39亿元,资金来源:地方投入、银行贷款。占地1548.71亩。项目管理单位:河南中原高速公路股份有限公司商丘分公司;勘察设计单位:河南省交通规划勘察设计院有限责任公司;监理单位:河南中宇交通科技发展有限责任公司、河南豫通监理事务所;施工单位:中铁航空港集团第一工程有限公司、中交第二公路工程局有限公司等。

安徽砀山段。2012年10月开工建设,2015年10月建成通车,全长39.507km,全线四车道,设计速度120km/h。建成大桥1座。总投资24.76亿元,资金来源:交通运输部车购税投入、地方投入、银行贷款。占地3177亩。项目管理单位:安徽省交通控股集团有限责任公司;勘察设计单位:安徽省交通规划设计研究总院股份有限公司;监理单位:安徽中兴工程建设监理所、江西省公路工程监理公司等;施工单位:中国水电建设集团十五工程局有限公司、中铁十五局集团有限公司等。

安徽永城至利辛段。2013年9月开工建设,2015年12月建成通车,全长71.697km,全线四车道,设计速度120km/h。建成特大桥:涡河特大桥,共1座。建成大桥4座。总投资47.9035亿元,资金来源:地方投入。占地6160亩。项目管理单位:安徽省交通控股集团有限责任公司;勘察设计单位:安徽省交通规划设计研究院有限公司;监理单位:安徽省中兴工程监理有限公司、安徽省公路工程建设监理有限责任公司等;施工单位:中铁十二局集团第四工程有限公司、中交一公局第三工程有限公司等。

安徽利辛至淮南段。2014年4月开工建设,2016年12月建成通车,全长77.095km,全线四车道,设计速度120km/h。建成特大桥:茨淮新河特大桥、跨潘谢铁路特大桥、跨阜淮铁路特大桥、西淝河特大桥、董峰湖特大桥、跨合淮阜高速公路特大桥,共6座。建成大桥16座。总投资55.71亿元,资金来源:地方投入,银行贷款。占地6008亩。项目管理单位:安徽省交通控股集团有限责任公司;勘察设计单位:安徽省交通规划设计研究院有限公司;监理单位:安徽省中兴工程监理有限公司、武汉广益交通科技股份有限公司等;施工单位:安徽省路港工程有限责任公司、黑龙江省龙建路桥第四工程有限公司等。

安徽淮南至合肥段。2014年4月开工建设,2016年12月建成通车,全长82.745km,全线四车道,设计速度120km/h。建成特大桥:淮河特大桥,共1座。建成大桥7座。总投资54.065亿元,资金来源:中央投入、交通运输部车购税投入、地方投入。占地6772亩。项目管理单位:安徽省交通控股集团有限责任公司;勘察设计单位:安徽省交通规划设计研究总院股份有限公司;监理单位:安徽省中兴工程监理有限公司、安徽虹桥交通建设监理有限公司等;施工单位:安徽省公路桥梁工程有限公司、中铁二十四局集团有限公司等。

江西德兴东枢纽互通至沪昆上饶东枢纽互通段。2010年8月开工建设,2012年12月31日建成通车,全长61.222km,全线四车道,设计速度80km/h。建成特大桥:蟠龙高架桥,共1座。建成大桥17座。建成特长隧道:怀玉山隧道,共1座。建成长隧道3座。总投资47.917亿元,资金来源:地方投入、银行贷款。占地5708亩。项目管理单位:德兴至上饶高速公路项目建设办公室;勘察设计单位:江西省交通设计院等;监理单位:江西交通工程监理公司、江西省嘉和工程咨询监理有限公司;施工单位:中铁四局集团有限公司、中铁三局集团有限公司等。

江西德兴枢纽互通至德昌高速德兴东枢纽互通段。2010年8月开工建设,2011年9月16日建成通车,全长27.3km,全线四车道,设计速度100km/h。建成大桥16座。建成长隧道1座。总投资12.16亿元,资金来源:地方投入。占地3276亩。项目管理单位:江西公路开会总公司;勘察设计单位:江西省交通设计院、中国公路工程咨询集团有限公司;监理单位:江西交通工程监理公司、江西交通建设工程监理所、云南省公路工程监理咨询公司;施工单位:中交一公局桥隧工程有限公司、中铁三局集团第二工程有限公司等。

江西婺源至德婺高速德兴枢纽互通段。2004年11月开工建设,2006年11月19日建成通车,全长25.855km,全线四车道,设计速度100km/h。建成大桥9座。总投资15.42亿元,资金来源:中央投入、银行贷款。占地6632亩(德兴至南昌高速)。项目管理单位:景婺黄(常)高速公路项目办公室;勘察设计单位:江西省交通设计院、辽宁省交通勘察设计院;监理单位:厦门路桥咨询监理公司;施工单位:中铁十二局集团有限公司、中铁四局集团第一工程有限公司、中铁五局集团有限公司等。

五、先进技术的研究与应用

1.高边坡动态设计及施工控制技术系统研究(安徽)

该研究依托G3(京台高速公路)安徽黄山至塔岭和小贺至桃林高速公路建设项目,全面系统地总结了适合高速公路高边坡的地质调查方法,建立了定性分析与定量评价相结合的边坡稳定性快速评价方法,提出边坡稳定性快速评价的“边坡不稳定指数(SII)”方法,建立了边坡动态设计方法,建立了动态设计信息构成及其相互关系体系,建立了明确的包括三个模块的高边坡动态设计流程,提出了基于过程模拟与控制的高边坡稳定性评价及灾害控制方法,建立了针对复杂地质条件下大断面隧道“零”进洞工法技术体系,系统阐述了该体系的技术原理、施工工序及施工要点,完成边坡生态护坡和景观设计、隧道洞门景观方案设计等。

2.太平湖大桥大跨径钢管混凝土拱桥关键力学问题研究(安徽)

该项目以G3(京台高速公路)安徽铜陵至汤口高速公路太平湖大桥为背景工程,对此类桥梁的稳定、抗风、抗震等关键问题进行研究。

太平湖大桥是一座主跨为352m的中承式钢管混凝土提篮拱桥，此桥跨度大，施工过程复杂，同时大桥采用了空间变曲线形式的主拱肋布置，对大桥施工过程中的稳定性、抗风性能、抗震性能等关键力学问题进行研究，对提高太平湖大桥乃至我国大跨径钢管混凝土拱桥的设计、施工水平具有重要意义。

研究分为三个主要部分：

(1)大跨径钢管混凝土拱桥二类稳定研究，二类稳定的起始内力状态；钢管混凝土本构关系的取用及其计算模式；使用阶段荷载组合和加载模式；材料非线性和几何非线性的耦合计算及其影响程度分析；结构二类稳定系数和极限承载力的确定。

(2)大跨径钢管混凝土拱桥抗风性能研究；桥位处平均风速统计分析；结构动力特性分析；主梁断面静、气、动三分力数值风洞模拟；主梁断面气动导数数值风洞模拟；主梁断面涡激振动试验；主梁断面节断模型测力风洞试验；拱肋断面气动力数值风洞分析；静风稳定性数值分析；风荷载分析。

(3)大跨径钢管混凝土拱桥抗震性能研究。建立考虑引桥在内的全桥三维空间动力分析模型；计算和分析全桥结构的动力特性；采用反应谱方法和时程分析法计算结构的地震反应，并考虑行波效应的结构非线性地震反应分析；评估主拱基础在水平地震作用下的稳定性。

3. 高边坡稳定性及支护设计优化系统研究(安徽)

该研究依托G3(京台高速公路)安徽铜黄高速公路汤口至屯溪段建设项目，提出了公路高边坡全过程动态优化设计和信息化施工的基本思路和方法，首次对皖南山区古老板裂化变质岩边坡的形成机制和失稳模式进行了系统研究。建立了基于支护的高速公路高边坡岩体结构面的分级方案，为高速公路边坡岩体结构精细描述和支护措施的选择奠定基础。首次提出三维离散元技术和块体理论相结合的块体稳定性评价方法。通过大量种植基特性的对比研究，提出了适合本地区的污泥(垃圾)客土种植方法和污泥(垃圾肥)作为种植基添加物质的岩质高陡边坡生态绿化防护方法。将GIS技术应用到公路高边坡地质调查及优化设计，通过GIS技术实现大量高边坡信息的管理和查询，为基于GIS的边坡安全管理奠定了基础。

该项目主要科技内容、创新点和技术经济指标如下：

(1)水泥稳定碎石室内外试验研究结果表明，重型击实试验方法和静压方法成型试件的工程性质与实际芯样的工程性质相关性不足36%。

(2)基于压实机理和现场实际压实功，提出水泥稳定碎石振动试验方法(VTM)。

(3)基于VTM法，提出不同集料的水泥稳定碎石路面结构设计参数，包括劈裂强度、设计模量和抗拉强度结构系数，更接近于水泥稳定碎石本质属性及其内在规律，提高了沥青路面设计的可靠性。

(4)基于VTM法,提出抗裂型水泥稳定碎石设计方法,包括控制疲劳断裂的水泥稳定碎石强度设计标准。

(5)编制了《振动试验法水泥稳定碎石设计与施工技术指南》。

4. 高模量沥青混凝土在半刚性基层沥青路面结构中的应用技术研究(河北)

该研究依托G3(京台高速公路)河北廊坊至沧州公路建设项目,开发出基于马歇尔试验设计方法的高模量沥青混凝土配合比设计方法,提出了半刚性基层沥青路面材料与结构一体化设计理念及实施方法;并基于该方法开展廊沧高速公路高模量沥青混凝土材料与结构一体化设计,提出双层(表面层、中面层)高模量和表面层SBS改性、中面层高模量两种组合设计方案代替原设计方案,提出了高模量沥青混凝土施工成套工艺。提出了一种基于实测法与理论法相结合的聚合物颗粒干法改性沥青混合料最大理论密度的求解方法。根据路面力学计算结果,提出了高模量沥青混凝土在半刚性基层沥青路面结构组合设计中的材料与结构一体化设计方法。采用数值仿真手段,构建基于Bailey-Norton蠕变定律的沥青路面车辙预测模型。采用断裂力学理论与指标,提出了以路面断裂临界裂缝长度为指标的沥青路面低温抗裂性能预测分析方法。

5. 新型多功能复合型沥青混合料添加剂开发与技术性能研究(河北)

该研究依托G3(京台高速公路)河北廊坊至沧州公路建设项目,通过外掺复合添加剂对沥青混凝土进行直接改性,除了能兼顾高温车辙、低温抗开裂和抗水损害能力外,在拌和工艺方面也采用直接投放法,便于现场使用。课题结合国内不同气候区域,考虑经济效益等方面因素,研发了不同优势性能的复合添加剂,开展了复合添加剂干法工艺与改性机理研究和掺入复合添加剂后对沥青、沥青胶浆和沥青混凝土性能的深入研究。通过IPP图像分析软件,揭示了三种自主研发的聚合物复合添加剂对热集料的预改性机理;通过采用半球体锥入度仪,提出了评价复合添加剂改性沥青流变特性方法;提出了基于沥青黏结膜厚度的沥青混合料配合比设计方法,建立了复合添加剂改性沥青混凝土体积指标诺谟图。

6. 山区高速公路边坡光面爆破关键技术研究(浙江)

项目依托G3(京台高速公路)浙江黄衢南高速公路两处边坡,针对山区公路边坡光面爆破技术安全性、经济性、适应性要求,采取现场调查、理论分析、数值计算、监控量测等手段进行研究,建立了适用于山区高速公路边坡开挖光面爆破技术。提出了山区典型岩石边坡光面爆破实用经验公式与计算参数,得出了节理发育泥岩边坡进行光面爆破的质点振动速度限值和安全允许距离。建立了相对比较完整的关于边坡光面爆破适应性的分析体系。编制了《山区高速公路边坡开挖光面爆破技术指南》。

7. 橡胶粉改沥青路面(干法)设计与应用研究(浙江)

项目依托G3(京台高速公路)浙江黄衢南高速公路建设项目,对采用干法施工的橡胶沥青的性能指标、橡胶沥青混合料的路用性能、施工工艺、橡胶粉添加方法进行了较为全面的研究,并对橡胶沥青路面厚度减薄的可行性进行了分析。提出了橡胶沥青混合料(干法)的施工工艺和质量控制标准。提出了橡胶沥青混合料(干法)的评价指标范围。

六、复杂技术工程

1. 福建祝源隧道

该工程为G3(京台高速公路)福建浦城至南平段建设项目的一座隧道,是全线埋深最大,洞身最长,地质条件复杂的关键性控制工程。施工处于高地应力、脆性岩体中,因施工爆破扰动原岩,岩体受到破坏,爆岩现象时有发生,岩爆不仅直接威胁作业人员与施工设备的安全,而且严重影响施工进度,增加了工程造价。施工过程主要采取以下措施:一是超前锚杆预加固处理开挖采用减震光面爆破,严格按短进尺、弱爆破的要求,做到控制循环进尺不大于2.0m,减少一次爆破用药量。二是支护及时,初期支护采用锚、喷、网、钢架综合支护体系,使超前锚杆、径向锚杆、钢架、网喷混凝土有机结合联为一体,固结围岩,增强支护效果。三是加强监控量测工作,增大监控量测频率,每5m设置一个量测断面,开挖后及时将量测桩埋好,做好拱顶下沉和水平收敛量测,尽早取得初始量测数据。做好开挖面和初期支护观察记录。四是及时根据围岩量测结果不断调整爆破参数和优化施工方案,评价支护变形情况及质量,为二次衬砌施工提供依据。

2. 浙江渊底特大桥

渊底特大桥位于黄衢南高速公路主线,开化县林山乡利平村渊底自然村西侧,为G3(京台高速公路)浙江黄衢南高速公路建设项目的一座特大桥。前连店口弄高架桥,后接后坪坞隧道,中心桩号K1427+165,桥梁全长1276m,布跨为18×30m+18×40m,桥面全宽11.75m,桥面净宽10.50m,左右侧各设0.5m防撞护栏。上部结构采用30m跨和40m跨预应力混凝土T梁,下部结构桥台采用U形桥台扩大基础,桥墩采用柱式墩桩基础及薄壁墩桩基接承台,其中2号~8号、25号~31号墩采用薄壁空心墩结构,墩身最高高度达到57.0m,墩身平均高度51.36m,空心薄壁高墩是渊底特大桥的一个关键施工控制点,模板安装及混凝土浇筑是高墩施工的关键技术。模板采用特制定型钢模,每节高度为4m,每墩模板施工周转次数都在10次以上,墩身四周设置满堂支架,模板采用塔吊进行安装,在模板顶和中部分别以风缆绳紧固稳定,保证立模后的刚度及竖直度。墩身浇筑采用泵送混凝土,对混凝土的坍落度及和易性要求较高,混凝土输送泵直接送至模板内,用插入式振捣器振捣,混凝土采用分层连续进行浇筑,每层厚度不大于30cm,混凝土浇筑后进行表面抹平,混凝土初凝后及时养护,防止表面出现裂缝。同时模板安装及混凝土浇筑均为高空作业,对所有作业人员进行安全交底,正确使用防护用品,并在现场设有专职安全员监管。

3. 安徽马金岭隧道

该工程为 G3(京台高速公路)安徽黄山至塔岭和小贺至桃林高速公路建设项目的一座隧道。隧道明洞段采用明挖法施工,在确保洞口边坡稳定的条件下,就地模筑全断面整体式钢筋混凝土。暗洞均采用新奥法施工,洞口 V 级围岩段以注浆中管棚为超前支护,初期支护以锚网喷支护为主,辅以钢拱架。洞身 V 级围岩以注浆小导管为超前支护,初期支护以锚网喷支护为主,辅以钢拱架。该段模筑混凝土及仰拱要求及早施作。开挖方式根据围岩、支护类型和断面形式等具体情况,采用环形开挖中心留核心土法,上部留核心土支挡开挖工作面,有利于及时施作拱部初期支护以加强开挖工作面的稳定性,核心土及下部开挖在初期支护的保护下进行,施工安全性好,一般环形开挖进尺为 0.5 ~ 1.0m,不宜太长,下台阶长度为开挖洞径的 1.5 倍。为了避免初期支护拱脚下沉,每米增加 4 ~ 6 根拱脚锁定锚杆,杆长与相应围岩类别匹配。根据隧道围岩特征及开挖后的应力分布情况,Ⅳ级围岩加强段、Ⅳ级围岩一般段采用台阶法开挖施工,洞身Ⅲ级围岩地段采用全断面开挖施工。该隧道在施工开挖时,V 级围岩段应采用机械开挖或预裂爆破,严禁大强度爆破。在施作初期支护时,根据其洞室软弱围岩稳定时间较短的特点,必须及时施作初期支护等,锚杆需做拉拔试验,V 级围岩抗拔力不小于 50kN,Ⅳ、Ⅲ级围岩抗拔力不小于 70kN,并根据围岩监控量测结果以观察拱顶下沉和拱脚收敛情况,若变形速率值突然增大,除加强初期支护以外,必须立即封闭仰拱。所有围岩段系统锚杆均采用了有压注浆锚杆,通过压力注浆使未胶结的围岩形成整体和一定厚度的承载圈以提高自身承载能力,最终根据围岩监控量测结果,在初期支护趋于稳定的条件下,全断面模筑二次混凝土衬砌。隧道初期支护由上而下,采用先拱后墙法施工。隧道二次衬砌施工在施工边墙、拱顶前先施作仰拱。隧道的开挖、支护、衬砌及监控量测等须按《公路隧道施工技术规范》要求实施,并参照《锚杆喷射混凝土支护技术规范》。隧道施工开挖时应减少扰动岩体,严格控制超、欠挖,钢筋网和钢支撑必须密贴围岩面,支撑紧密,再加上混凝土预制块垫、“楔”紧,使初期支护及时可靠。二次衬砌采用混凝土运输车、输送泵和衬砌模板台车的机械化配套施工方案,确保混凝土质量达到内实外光。

4. 安徽太平湖大桥

该工程为 G3(京台高速公路)安徽铜陵至汤口高速公路建设项目的一座大桥。主桥采用计算跨径 336m 的中承式钢管混凝土提篮拱桥,引桥采用跨径 20m 的部分预应力混凝土先简支后连续小箱梁。太平湖大桥为连接世界风景名胜黄山至九华山高速公路跨越太平湖的特大桥梁,大桥主跨采用336m中承式钢管混凝土提篮拱桥,矢跨比1/4.7、提篮倾角10°、桥宽33.8m、桥长504m。该桥2004年6月开工建设,2006年9月竣工通车,概算总投资1.5亿元。大桥主要技术特征和创新点如下:

(1)大桥主跨采用336m,为世界最大跨度钢管混凝土提篮拱桥。单根主拱肋由4根直径1280mm钢管组成,管壁厚度由拱脚至拱顶分别为24mm、22mm、20mm,为目前钢管混凝土拱桥最大管径。弦管之间采用竖腹管、斜腹管、横缀管连接。拱肋采用变高度,由拱脚11m至拱顶4m。该桥将大跨度、变桁高、内提篮集为一身。大桥具有较好的空间稳定性和抗风、抗震性能。大桥景观效果较好,与周边自然环境比较协调。

(2)设计研究了大桥在大悬臂状态拱肋自重、大悬臂状态拱肋风荷载、钢管混凝土浇筑时自重,以及成桥状态自重作用下的结构受力状态。在一类稳定计算的基础上,进行了历经多个塑性铰破坏的大型结构二类稳定仿真计算,分析判别了关键结构的节点位移、截面内力和应力变化的时间历程,以及关键构件、截面的结构响应,明确了施工过程、长期效应等对结构二类稳定的影响。

(3)设计提出了单肋吊装、双肋挂扣缆索吊装系统方法,攻克了大跨度钢管混凝土提篮拱桥单肋吊装技术难题。提篮拱桥要比垂直拱桥安全稳定,尤其在抗风、抗震方面优势明显,制约提篮拱桥突破发展主要因素在于提篮结构的空间性强、结构复杂、双肋吊装重量大、扣挂困难等。本桥将缆索吊装系统中的起重主索索鞍设计成横向可移动式,配合横向缆风索调整轴线,利用链子葫芦调整倾角进行单肋的空中提篮倾转,实现了单肋吊装、双肋扣挂,使吊装质量减小了一半。攻克了提篮桥采用单肋吊装的技术难题,实现了提篮拱桥跨度的较大突破。

(4)桥面系采用钢纵横梁与混凝土桥面板组合结构,大大减轻桥面自重,提高了行车舒适性。

(5)大桥精细化设计理念体现在:考虑可更换性,采用了双腹管、双吊杆设计;考虑结构的通透性,将主弦管传统的缀板连接改为横缀管连接;考虑钢管表面的光滑性,将管外加强肋板构造转移到管内;考虑主拱传力顺畅,对钢管受力节点加强细部连接构造设计;考虑可检可修性,拱肋上下弦管均设置检修梯,桥面下设置检修车。

(6)为确保太平湖景区生态、环保、水质,大桥采用一跨跨湖,不在湖中设墩,桥面采用集中排水,两岸设置污水过滤池等以人为本的设计理念。

5.河北南运河大桥

该工程为G3(京台高速公路)河北沧州陶官营枢纽互通至冀鲁界段建设项目的一座大桥。桥梁全长335m,其中主桥为3孔预应力连接刚构(V形墩),中孔跨径60m,两边孔各35m,长度130m,北端引桥为2孔预应力先简支后连续空心板,南端引桥为6孔预应力先简支后连续空心板。

设计荷载标准：汽车—超 20 级，挂车—120。桥宽：双向四车道，单幅桥 13.5m，中间空 1m，全宽 28m。通航标准：三级通航河道，通航净高 7m，净跨 50m，设计流量 120m³/s。结构设计主桥 3 孔预应力连续刚构，V 形墩与梁之间刚性连接。

第四节　G4（京港澳高速公路）北京至香港澳门高速公路

G4（京港澳高速公路）是国家"71118 + 6"高速公路网 7 条首都放射线中的第四条射线，是连接北京、河北、河南、湖北、湖南、广东、香港、澳门八省（直辖市、特别行政区）的重要省际大通道，是华北、华中、华南联结首都的主动脉，沟通京津冀地区、中原地区、江汉平原、湘中平原、珠江三角洲等城镇密集区，连通港澳，是我国最繁忙的交通通道之一，也被称为"黄金大通道"，为中国的南北公路大动脉。

G4（京港澳高速公路）由原高速公路主干线京珠高速公路全段和广州至香港及珠海至澳门两段组成。京珠高速公路起于北京市丰台区六里桥（三环），终点位于深圳市落马洲，规划里程 2270.00km，通车里程 2271.215km，其中四车道 910.212km，六车道 437.894km，八车道及以上 923.109km。经过北京、河北（保定、石家庄、邢台、邯郸）、河南（安阳、鹤壁、新乡、郑州、许昌、漯河、驻马店、信阳）、湖北（孝感、武汉、咸宁）、湖南（岳阳、长沙、湘潭、株洲、衡阳、郴州）、广东（韶关、广州、深圳）、香港、澳门。1986 年 4 月 G4（京港澳高速公路）北京段（原京石高速公路）率先开始施工，为中国第一条全封闭全立交式公路，誉为"中国公路建设新起点"，当时建设项目称之为"汽车专用线"。2014 年 12 月 G4（京港澳高速公路）北京至河北涿州至石家庄段改扩建工程建成通车。至此，G4（京港澳高速公路）中京珠段全线通车。

拥有并行线四条：

G4W（广澳高速公路）广州至澳门高速公路，起于 G1501 广州绕城高速公路东二环段火村枢纽，止于西部沿海高速公路连接广东省道 S366 珠海大道的 5 号出入口。规划里程 139.92km，通车里程 130.042km，其中四车道 31.833km，六车道 98.209km。沿线经过广州、中山、珠海，到达澳门，目前珠海至澳门段在建。

G4E（武深高速公路）武汉至深圳高速公路，起于武汉市洪山区青菱湖西路，止于深圳市盐田区盐田港。规划里程 1011.24km，通车里程 687.221km，其中四车道 533.261km，六车道 153.961km。沿线经过湖北（武汉、嘉鱼、赤壁、崇阳、通城）、湖南（浏阳、醴陵、攸县、茶陵、炎陵、桂东、汝城）、广东（仁化、始兴、翁源、新丰、龙门、博罗、东莞、深圳），其中广东城口（粤湘界）至仁化周田段、仁化周田至隆街段、新丰至博罗段在建。

G4W2(许广高速公路)许昌至广州高速公路,线路起于京港澳高速公路许昌东区收费站以南2.3km处,止于广州市庆丰收费站。规划里程1375.71km,通车里程1227.612km,其中四车道930.383km,六车道285.92km,八车道及以上11.309km。沿线经过河南(许昌、叶县、泌阳、桐柏)、湖北(随州、天门、仙桃、监利)、湖南(岳阳、汨罗、长沙、衡阳、常宁、临武)、广东(连州、清远、广州),其中湖南临武县城至临武县毛吉岭段在建。

G4W3(乐广高速公路)乐昌至广州高速公路,线路起于湘粤两省交界地小塘,止于广州市花都区花山镇,规划里程269.44km,通车里程265.002km,为全线双向六车道。沿线经过乐昌、曲江、英德、清远、广州。

一、路线概况

G4(京港澳高速公路)路线信息见表8-13,沿线互通、出入口、服务区信息见表8-14,并行线路线信息见表8-15,并行线沿线互通、出入口、服务区信息见表8-16。

G4(京港澳高速公路)路线信息表 表8-13

编号	省份	省内起点	省内终点	途经市、县	通车里程(km)
G4	北京	丰台区六里桥(三环)	房山区琉璃河(京冀界)	北京市丰台区、房山区	45.602
	河北	涿州市码头镇(京冀界)	邯郸市临漳县芝村(冀豫界)	涿州市、高碑店市、定兴县、徐水县、保定北市区、保定南市区、清苑县、望都县、定州市、新乐市、藁城市、滦县、赵县、高邑县、邢台柏乡县、隆尧县、内丘县、邢台县、沙河市、永年县、邯郸县、磁县	434.138
	河南	安阳县辛店乡西灵芝村(豫冀界)	信阳市罗山县九里关(豫鄂界)	安阳县、安阳市北关区、安阳市文峰区、汤阴县、鹤壁市淇滨区、浚县、淇县、卫辉市、延津县、新乡县、原阳县、郑州市金水区、郑州市管城区、中牟县、新郑市、长葛市、许昌县、临颍县、漯河市郾城区、漯河市召陵区、西平县、遂平县、驻马店驿城区、确山县、信阳市平桥区、罗山县	522.980
	湖北	大悟县九里关	咸宁市赤壁市新店镇土城村	大悟县、孝昌县、孝感市孝南区,武汉市东西湖区、蔡甸区、江夏区,咸宁市咸安区、赤壁市泉口镇	293.664
	湖南	临湘市坦渡乡	宜章县罗家灌村	临湘市、汨罗市、平江县、长沙县、长沙市、湘潭县、湘潭市、耒阳市、永兴县、宜章县	531.768
	广东	小塘	落马洲	广州市白云区、花都区、从化区、增城区,韶关市武江区、浈江区、曲江区、翁源区、乳源瑶族自治区、乐昌市、深圳福田区、南山区、宝安区、佛冈县、英德市、东莞市	443.063

G4(京港澳高速公路)沿线互通、出入口、服务区信息表　　表 8-14

编号	省份	沿线互通	出入口	服务区
G4	北京	六里桥、岳各庄桥、大瓦窑桥、宛平桥、梨园桥互通	西三环、万丰路、西四环、西北四环、青塔西路、程庄路、丰北路、西道口张仪村路、五环路出口、京港澳高速入口、杜家坎长辛店、赵辛店、长周路、云岗、京良路、良乡、京周路大件路、闫村、西六环、五环路、锦绣路、窦店、京深路、琉陶路、琉璃河南省界主线出入口	窦店服务区
	河北	影视城、涿州、高碑店、定兴、徐水、保定、保南、清苑、望都、定州、新乐东、机场东、藁城北、藁城、栾城东、赵县西、高邑、柏乡、隆尧、内丘、邢台北、沙河、永年、邯郸北、邯郸南、马头、磁县、京珠、保定、郭村、黄石、南安庄、西封寺、京港澳、留村 1 号、留村 2 号、石安、高臾、商庄枢纽互通	健康城、涿州北、涿州、高碑店、定兴、徐水、保定北、保定、保定南、清苑、望都、定州、定州南、新乐东、机场东、藁城北、藁城、栾城东、赵县西、高邑、柏乡、隆尧、内丘、邢台北、邢台、沙河、永年、邯郸、邯郸南、冀南新区、、磁县、邺城出入口	涿州、定兴、清苑、徐水、望都、定州、藁城北、石家庄东、赵县、柏乡、邢台、沙河、邯郸、磁县服务区
	河南	京港澳南林、京港澳范辉、安阳北、安阳、安阳南、鹤壁(淇滨大道)、浚县、淇县、卫辉、薛店、新郑、长葛、许昌北、许昌、许昌东区、兰南枢纽、临颍、漯河北、漯河、漯河南;京港澳长济刘江、祥云寺枢纽;张庄桥、西平收费站、遂平收费站、驻马店收费站、新阳、沪陕、驻马店南站、确山收费站、正阳收费站、明港机场站、明港站、胡店站、信阳站、灵山站互通	豫冀界主线、安阳北、安阳、安阳南、鹤壁、浚县、淇县、卫辉、新乡收费站、原阳收费站、郑州新区收费站、郑州圃田收费站、航海路收费站、南三环收费站、机场站收费站、薛店收费站、新郑收费站、长葛收费站、许昌北收费站、许昌收费站、许昌东区收费站、临颍收费站、漯河北收费站、漯河收费站、漯河南收费站、西平收费站、遂平收费站、驻马店收费站、驻马店南站、确山收费站、正阳收费站、明港机场站、明港站、胡店站、信阳站、灵山站、豫鄂界收费站出入口	豫冀界、安阳、鹤壁、新乡、原阳、郑州东、新郑(BOT 自营)、许昌、漯河、驻马店、确山、明港停车区,信阳、灵山服务区
	湖北	大悟南、孝南、东西湖、红庙、永安、汉洪军山、郑店、武汉南、咸通咸宁西枢纽互通	大新、大悟、小河、孝昌、杨店、孝感、武汉北、蔡甸、武汉西、军山、金口、安山、咸宁北、咸宁南、泉口、赤壁、新店出入口	大悟、孝感、东西湖、蔡甸、咸宁、赤壁服务区、三里、花园、金口停车区
	湖南	羊楼司、荣家湾、星沙、马家河、朱亭、冠市、马田、长沙、大石桥、新塘、衡阳、新塘综合服务区、新市、杨梓冲、大浦、大浦综合服务区、殷家坳、伍塘铺、良田互通	雨花收费站、李家塘收费站、马家河收费站、株洲西收费站、伞铺收费站、王拾万、朱亭、新塘、大浦、冠市、新市、耒阳、公平、马田、永兴、五里牌、郴州、良田、宜章、小塘、羊楼司、金鸡、临湘、桃林、岳阳、荣家湾、大荆、平江西、板仓、广福、杨梓冲、星沙收费站出入口	羊楼司、临湘、桃林(停车区)、巴陵、大荆(停车区)、平江、安沙(停车区)、长沙、永兴、苏仙、宜章、建宁(停车区)、朱亭、衡山(停车区)、雁城、冠市(停车区)、耒阳、昭山

续上表

编号	省份	沿线互通	出入口	服务区
G4	广东	太平、钟落潭、萝岗、北兴、棋杆、新塘、西联、曲江、沙溪、坪石、坪石北、福田、皇岗、新桥、鹤州、高岗、佛冈、麻涌、望牛墩、道窖、东莞、厚街、长安互通	钟落潭互通、鱼湾互通、新塘南、新桥南、西联互通、翁城互通、望牛墩南、汤塘互通、太平南、韶关北收费站广州、沙井南、乳源收费站广州、坪石收费站广州方向、南头南、梅花收费站广州方向、麻涌南、萝岗南、厚街南、鹤洲南、高岗互通、福永南、福田南、佛冈互通、东莞南、东田收费站广州方向、道窖南、大镇互通、大桥收费站广州方向、长安南、北兴互通、宝安南、鳌头互通出入口	瓦窑岗、曲江、大桥冷却场、佛冈、横石水、鱼湾、厚街服务区

G4(京港澳高速公路)并行线路线信息表 表8-15

编号	省份	省内起点	省内终点	途经市、县	通车里程(km)
G4W	广东	广州市火村	广东月环支线上行终点	黄浦区、番禺区、南沙区、萝岗区、香洲区、中山市	130.042
G4E	湖北	武汉市洪山区青菱乡	咸宁市通城县界上村	洪山区、江夏区、嘉鱼县、赤壁市、崇阳县、通城县	687.221
	湖南	通城界湘鄂界	汝城三江口(湘粤界)	浏阳、长沙县、醴陵市、茶陵县、炎陵县、桂东县、汝城县	
	广东	城口(粤湘界)	深圳盐田港	仁化、新丰、博罗、深圳	
G4W2	河南	京港澳高速许昌东区收费站以南2.3km处	桐柏县东南的出山店豫鄂界	许昌县、叶县、泌阳县、桐柏县	1227.612
	湖北	随州市曾都区	云溪区道仁矶镇	曾都区、京山县、天门市、仙桃市、监利县	
	湖南	荆岳长江大桥南桥台	临武县毛吉岭	岳阳市、汨罗市、长沙市、衡阳市、常宁市、临武县	
	广东	连州大路边镇(粤湘界)	清远横荷立交	连州市、清远市、广州市	
G4W3	广东	乐昌小塘	花都花东	乐昌、韶关、英德、广州	265.002

G4(京港澳高速公路)并行线沿线互通、出入口、服务区信息表 表8-16

编号	省份	沿线互通	出入口	服务区
G4W	广东	坦尾、南屏、泮沙中桥、下栅、西山高架桥、永二高架桥、月环互通	新隆互通、坦洲、石基、三角互通、那洲、民众互通、灵山互通、金山大道、化龙、横沥互通、广深高速公路、翠亨互通、城区互通、草堂立交、笔村立交出入口	民众服务区

续上表

编号	省份	沿线互通	出入口	服务区
G4E	湖北	石咀、金水、嘉通枢纽、赤壁西枢纽、通城北互通	金港、后石湖、鲁湖、法泗、嘉鱼东、嘉鱼南、车埠、茶庵岭、崇阳、通城西、五里牌、通城南出入口	茶庵岭、通城南服务区
	湖南	南江、梅仙、黎家冲、嘉树、泗汾互通	上塔市、南江、梅仙、平江、安定、社港、沙市、北盛、江背、枫林、攸县东、泗汾、皇图岭出入口	南江、安定、北盛、关庄、瓷城、攸县服务区
	广东	博罗、义和互通	约场、排榜互通立交出入口	博罗服务区
G4W2	河南	许昌西、宁洛、廉村、商南、新阳、沪陕互通	襄城县、平顶山、叶县南、舞钢、舞钢南、泌阳北、春水、桐柏朱庄、桐柏东、豫鄂省界出入口	平顶山、叶县、桐柏服务区
	湖北	随州、钱场、珠玑枢纽互通	淮河、天河口、封江、随县、柳林、三里岗、三阳、宋河、京山、天门、岳口、杨越、陈场、新沟、监利、朱河、白螺出入口	封江、随州停车区、均川、京山服务区，刘畈、京山停车区，天门、仙桃、监利服务区，柘木停车区
	湖南	公城枢纽、临岳—杭瑞互通	巴陵、岳阳东出入口	岳阳服务区
	广东	大路边、星子、连州西、黎埠、阳山、杜步、大路村、石潭、浸潭、龙颈互通	阳山、星子、新华西（南）、水足塘、石潭、狮岭（南）、神山（北）、神山上行（南）、龙颈、连州、连南、黎埠、聚龙上行（南）、浸潭、焦冲、江高（南）、禾云、海布（南）、杜步、朝阳（南）、保安出入口	阳山南、阳山北、宵边加油站、狮岭（南）、清新、连州服务区
G4W3	广东	坪石西、乳源东、乐广—京港澳、长塘、源潭互通	坪石西、梅花北、乐昌、杨溪、乳源东、白土、乌石、樟市、沙口、英红、英德、连江口、黎溪、高田、江口、源潭、王子山、梯面、花城、重阳、糖寮、犁市、良村出入口	一六、黎溪、乐昌、英红、梅花北、花城、源潭服务区

二、路网关系

G4（京港澳高速公路）路网关系如图 8-4 所示。

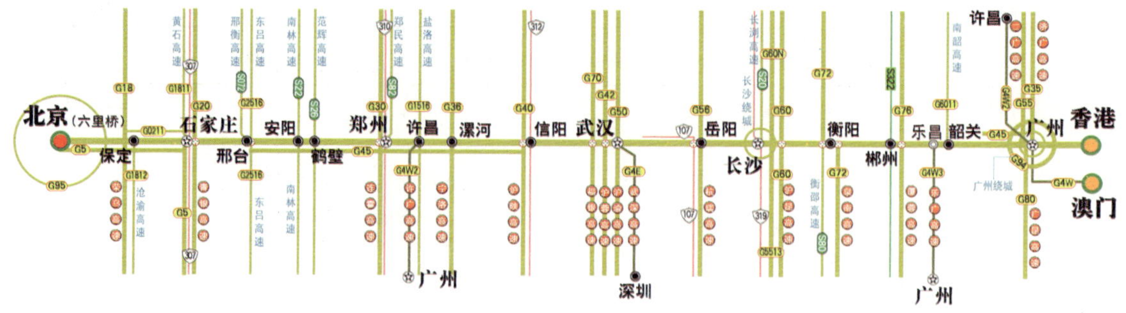

图 8-4 G4（京港澳高速公路）路网关系示意图

三、建设历程

1. 北京六里桥至琉璃河段

1986年开工建设,1993年建成通车,全长45.6km,六车道44.3km,八车道1.3km,设计速度100km/h。建成大桥5座。总投资9.5亿元,资金来源:地方投入、银行贷款。占地5635.0亩。项目管理单位:北京市公路局;勘察设计单位:北京市市政设计院;监理单位:北京市京石公路扩建工程指挥部监理工程师办公室等;施工单位:北京公路工程公司第四分公司等。

2. 河北石家庄段

2012年9月开工建设,2014年12月建成通车,全长224.68km,全线八车道,设计速度120km/h。建成特大桥:南拒马河特大桥、沙河特大桥、新乐高架桥、木刀沟特大桥、滹沱河特大桥,共5座。建成大桥5座。总投资188.8亿元,资金来源:地方投入、银行贷款。占地16066.2亩。项目管理单位:河北省高速工公路京石改扩建筹建处;勘察设计单位:中交第二公路勘察设计研究院有限公司(联合体主办人)、河北省交通规划设计院(联合体成员)等;监理单位:河北省交通建设监理咨询有限公司、河北路桥技术开发有限公司等;施工单位:中交第三公路工程局有限公司、中交二公局第六工程有限公司等。

3. 河北石家庄至安阳段改扩建

2012年3月开工建设,2014年12月建成通车,全长209.88km,全线八车道以上,设计速度120km/h。建成特大桥:支漳河特大桥、漳河特大桥,共2座。建成大桥31座。总投资152.63亿元,资金来源:地方投入、银行贷款。占地17218亩。项目管理单位:河北省高速公路石安改扩建筹建处;勘察设计单位:河北省交通规划设计院、中交第一公路勘察设计研究院有限公司等;监理单位:河北交通建设监理咨询有限公司、山东恒建工程监理咨询有限公司等;施工单位:中铁十六局集团有限公司、中交第三公路局工程局等。

4. 河南安阳至新乡段

1994年8月开工建设,1997年11月建成通车,全长113.168km,全线四车道,设计速度120km/h。建成特大桥:卫共河大桥,共1座。建成大桥15座。总投资23.02亿元,资金来源:地方投入、银行贷款。占地10968.75亩。项目管理单位:河南省高等级公路建设指挥部;勘察设计单位:河南省交通规划勘察设计院;监理单位:河南省高等级公路建设监理部;施工单位:交通部第二公路工程局、铁道部第十四工程局、铁道部第十一工程局、河南省交通公路工程局、铁道部第三工程局等。

5. 河南安阳至新乡段改扩建

2008年4月开工建设,2010年11月建成通车,全长113.174km,加宽四车道,改扩建后双向八车道，设计速度120km/h。建成特大桥：卫共特大桥，共1座。建成大桥14座。总投资45.65亿元，资金来源：地方投入，银行贷款。占地4774.9305亩。项目管理单位：河南高速公路发展有限责任公司安新改建工程项目部；勘察设计单位：中交第一公路勘察设计研究院有限公司、河南省交通规划勘察设计院有限责任公司、江苏省交通科学研究院股份有限公司；监理单位：河南省中原公路工程监理有限公司、北京华通公路桥梁监理咨询公司；施工单位：北京城建道桥工程有限公司、中交第一公路工程局有限公司、中交第三公路工程局有限公司、中铁十一局集团有限公司等。

6. 河南新乡至郑州段

2002年4月1日开工建设，2004年9月30日建成通车，全长80.704km，六车道50.264km，八车道30.44km，设计速度120km/h。建成特大桥：K646+719黄河二桥，共1座。建成大桥14座。总投资42.0亿元，资金来源：交通部车购税投入、地方投入、银行贷款。占地9458.6亩。项目管理单位：河南省新乡至郑州高速公路建设有限公司；勘察设计单位：河南省交通规划勘测设计院；监理单位：天津新亚太工程建设监理有限公司、河南省高等级公路建设监理部、河南省豫通公路工程监理事务所等；施工单位：中铁第十一工程局、中铁大桥局集团有限公司等。

7. 河南席庄至薛店段

2002年7月开工建设，2004年9月30日建成通车，全长12.17km，全线六车道，设计速度120km/h。建成大桥1座。总投资3.57亿元，资金来源：企业投入、银行贷款。占地970.0亩。项目管理单位：河南省新乡至郑州高速公路建设有限公司；勘察设计单位：河南省交通规划勘察设计院；监理单位：河南省豫通公路工程监理事务所；施工单位：中国有色金属工业第六冶金建设公司、河南省大河筑路有限公司等。

8. 河南薛店至新郑段

1993年4月开工建设，1995年6月建成通车，全长21.569km，全线四车道，设计速度120km/h。建成大桥1座。总投资3.29亿元，资金来源：交通部车购税投入、地方投入、银行贷款。占地2589.0亩。项目管理单位：河南高速公路发展有限责任公司；勘察设计单位：河南省交通规划勘察设计院；监理单位：河南省高等级公路建设监理部；施工单位：铁道部第十五工程局、河南省公路建设集团。

9. 河南新郑至许昌段

1995年5月开工建设，1996年12月建成通车，全长45.154km，全线四车道，设计速度120km/h。建成大桥4座。总投资8.37亿元，资金来源：交通部车购税投入、地方投入、银行贷款。占地5654亩。项目管理单位：河南高速公路发展有限责任公司；勘察设计单位：河南省交通规划勘察设计院；监理单位：河南省高等级公路建设监理部；施工单位：

铁道部第三工程局第四工程处、湖南省路桥建设总公司、铁道部第十八工程局第四工程处等。

10. 河南郑州至漯河段改扩建

2008年3月开工建设,2010年10月建成通车,全长119.550km,加宽四车道,改扩建后双向八车道,设计速度120km/h。建成大桥8座。总投资42.01亿元,资金来源:企业投入、银行贷款。占地4142.1008亩。项目管理单位:河南中原高速公路股份有限公司;勘察设计单位:河南省交通规划勘察设计院有限责任公司、中交第一公路勘察设计研究院有限公司;监理单位:北京华通公路桥梁监理咨询有限公司、武汉大通公路桥梁工程咨询监理有限责任公司;施工单位:陕西明泰工程建设有限责任公司、河南省公路工程局集团有限公司等。

11. 河南许昌至漯河段

1997年3月开工建设,1998年12月建成通车,全长49.0km,全线四车道,设计速度120km/h。建成大桥4座。总投资9.57亿元,资金来源:交通部车购税投入、地方投入、银行贷款。占地4993.06亩。项目管理单位:河南高速公路发展有限责任公司;勘察设计单位:河南省交通规划勘察设计院;监理单位:河南省高等级公路建设监理部;施工单位:铁道部第三工程局第四工程处、中铁第十八工程局第四工程处等。

12. 河南郑州至漯河段改扩建

2008年3月开工建设,2010年10月建成通车,全长119.550km,加宽四车道,改扩建后双向八车道,设计速度120km/h。建成大桥8座。总投资42.01亿元,资金来源:企业自筹,银行贷款。占地4142.1008亩。项目管理单位:河南中原高速公路股份有限公司;勘察设计单位:河南省交通规划勘察设计院有限责任公司、中交第一公路勘察设计研究院有限公司;监理单位:北京华通公路桥梁监理咨询有限公司、武汉大通公路桥梁工程咨询监理有限责任公司;施工单位:陕西明泰工程建设有限责任公司、河南省公路工程局集团有限公司等。

13. 河南漯河至驻马店段

1999年3月开工建设,2001年9月建成通车,全长67.183km,全线四车道,设计速度120km/h。建成大桥7座。总投资15.4亿元,资金来源:交通部车购税投入、地方投入、银行贷款。占地6502.0亩。项目管理单位:漯河至驻马店高速公路工程建设指挥部;勘察设计单位:河南省交通规划勘察设计院;监理单位:河南省高等级公路建设监理部;施工单位:黑龙江省路桥总公司、河南省大河筑路公司、中铁十八工程局第四工程处等。

14. 河南漯河至驻马店段改扩建

2013年5月开工建设,2015年11月建成通车,全长63.494km,加宽四车道,改扩建后双向八车道,设计速度 120km/h。建成大桥 7 座。总投资 26.1385 亿元,资金来源:企业自筹。占地 1713.384 亩。项目管理单位:河南中原高速公路股份有限公司;勘察设计单位:河南省交通规划勘察设计院有限责任公司;监理单位:河南高建工程管理有限公司、北京华通公路桥梁监理咨询有限公司、中国公路工程咨询集团有限公司、河南卓越工程管理有限公司;施工单位:中铁十四局集团有限公司、中国葛洲坝集团股份有限公司、中铁十一局集团第三工程有限公司等。

15. 河南驻马店至信阳段

2001 年 4 月开工建设,2003 年 12 月建成通车,全长 95.776km,全线四车道,设计速度 120km/h。建成大桥 10 座。总投资 21.31 亿元,资金来源:地方投入、银行贷款。占地 8875.21 亩。项目管理单位:河南省驻马店至信阳高速公路建设有限公司;勘察设计单位:河南省交通规划勘察设计院;设计咨询单位:河南省交通规划勘察设计院;监理单位:河南省高等级公路建设指挥部;施工单位:路桥第一工程局等。

16. 河南信阳至九里关段

2001 年 4 月开工建设,2003 年 12 月建成通车,全长 38.256km,全线四车道,设计速度 100km/h。建成特大桥:灵山特大桥,共 1 座。建成大桥 13 座。总投资 14.5 亿元,资金来源:交通部车购税投入、地方投入、银行贷款。占地 3889.63 亩。项目管理单位:河南省驻马店至信阳高速公路建设有限公司;勘察设计单位:河南省交通规划勘察设计院;设计咨询单位:河南省交通规划勘察设计院;监理单位:北京华宏路桥咨询监理公司;施工单位:保利建设与开发总公司、中铁四局集团一公司、路桥集团一公司等。

17. 河南驻马店至信阳(豫鄂省界)段改扩建

2012 年 12 月开工建设,2015 年 11 月建成通车,全长 136.879km,加宽四车道,改扩建后双向八车道,设计速度 100km/h、120km/h。建成大桥 39 座。总投资 68.77 亿元,资金来源:地方投入,银行贷款。占地 4025.7495 亩。项目管理单位:河南高速公路驻信段改扩建工程有限公司;勘察设计单位:河南省交通规划设计研究院股份有限公司;监理单位:河南省高等级公路建设监理部有限公司、湖南交通建设工程监理有限公司、河北华达公路工程咨询监理有限公司等;施工单位:上海警通建设(集团)有限公司、河南省平顶山中亚路桥建设工程有限公司、河南省公路工程局集团有限公司、江西赣粤高速公路工程有限责任公司、中交第三公路工程局有限公司等。

18. 湖北京珠北段高速公路

1998 年 12 月开工建设,2001 年 11 月建成通车,全长 178.72km,四车道 154.06km,六车道 24.65km,设计速度 100km/h、120km/h。建成特大桥:通顺河大桥、后官湖大桥、汉江大桥、东西湖南桥、东西湖北桥、府河大桥,共 6 座。建成大桥 10 座。总投资 55.36 亿元,资金来源:地方投入、银行贷款、交通部投入、地方自筹。占地18529.2725亩。项目管理单位:湖北省京珠高速公路建设指挥部;勘察设计单位:湖北交通规划设计院;监理单位:湖南省交通建设工程监理公司、湖北省公路工程咨询监理中心等;施工单位:交通部第二公路工程局第四工程处、交通部第一公路工程公司第一工程公司等。

19. 湖北武汉军山长江大桥

1998年12月开工建设,2001年11月建成通车,全长4.88km,全线四车道,设计速度120km/h。建成特大桥:军山长江大桥,共1座。总投资8.61亿元,资金来源:交通部车购税投入、地方投入、银行贷款。占地446亩。项目管理单位:湖北省京珠高速公路建设指挥部;勘察设计单位:交通部公路规划设计院、湖北交通规划设计院等;监理单位:铁道部第四勘测设计院工程监理公司;施工单位:交通部第二公路工程局、交通部第二航务工程局等。

20. 湖北京珠南段高速公路

2000年3月开工建设,2004年8月建成通车,全长110.07km,全线四车道,设计速度120km/h。建成特大桥:陆水河大桥、汀泗河大桥、宝塔大桥、斧头湖大桥,共4座。建成大桥8座。总投资25.63亿元,资金来源:交通部车购税投入、地方投入、银行贷款。占地11602亩。项目管理单位:湖北省京珠高速公路建设指挥部;勘察设计单位:湖北交通规划设计院;监理单位:湖北省公路工程咨询监理有限公司、湖南交通建设工程监理有限公司等;施工单位:铁道部第十一工程局、交通部第二航务工程局等。

21. 湖南临湘至长沙段

2000年4月开工建设,2002年11月建成通车,全长182.788km,全线四车道,设计速度120km/h。总投资50.9152亿元,资金来源:中央投入、地方投入、银行贷款。占地22113.76亩。项目管理单位:湖南省临长高速公路建设开发有限公司;勘察设计单位:湖南省交通规划勘察设计院;监理单位:湖南省交通建设质量监督站、育才布朗交通咨询监理有限公司等;施工单位:中国十五冶金建设有限公司等。

22. 湖南长沙至湘潭段

1994年7月开工建设,1996年12月建成通车,全长44.76km,全线四车道,设计速度120km/h。总投资11.7398亿元,资金来源:交通部车购税投入、地方投入、银行贷款。占地5702.481亩。项目管理单位:湖南省高速公路建设开发总公司;勘察设计单位:湖南省交通规划勘察设计院;监理单位:湖南大学建设监理中心等;施工单位:湖南省公路桥梁建设总公司等。

23. 湖南湘潭至耒阳段

1997年10月开工建设,2000年12月建成通车,全长168.847km,全线四车道,设计速度120km/h。总投资44.3542亿元,资金来源:地方投入、银行贷款。占地20468.62亩。

项目管理单位:湖南省湘耒高速公路建设开发总公司等;勘察设计单位:湖南省交通规划勘察设计院等;监理单位:湖南大学建设监理中心;施工单位:湖南省公路桥梁建设总公司等。

24. 湖南耒阳至宜章段

1998 年 11 月开工建设,2001 年 12 月建成通车,全长 135.372km,全线四车道,设计速度 100km/h。总投资 39.2077 亿元,资金来源:地方投入、银行贷款。占地 19223.42 亩。项目管理单位:耒宜高速公路建设开发有限公司;勘察设计单位:中交第二公路勘察设计研究院;监理单位:湖南省交通建设监理公司等;施工单位:湖南省公路桥梁建设总公司等。

25. 广东小塘至甘塘段

1998 年 10 月开工建设,2003 年 4 月建成通车,全长 109.84km,全线四车道,设计速度 80km/h、100km/h。建成特大桥:山外山特大桥、东田特大桥、比龙关特大桥,共 3 座。建成大桥 32 座。建成长隧道 3 座。总投资 50.69 亿元,资金来源:中央投入、地方投入、银行贷款。占地 11167.62 亩。项目管理单位:京珠高速公路粤境北段建设管理处;勘察设计单位:中交第二公路勘察设计研究院、交通部公路科学研究所等;监理单位:广东省交通科学研究院;施工单位:怀化路桥总公司等。

26. 广东甘塘至太和段改扩建

2005 年 9 月开工建设,2006 年 9 月建成通车,全长 198.717km,全线六车道,设计速度 100km/h、120km/h。总投资 6.36 亿元,资金来源:地方投入、银行贷款。占地 25757 亩。项目管理单位:广东省路桥建设发展有限公司广韶分公司;勘察设计单位:中交第二公路勘察设计研究院;监理单位:广东华路交通科技有限公司等;施工单位:广东省长大公路工程有限公司。

27. 广东广州北二环高速公路

1998 年 11 月开工建设,2001 年 10 月建成通车,全长 21.939km,全线六车道,设计速度 80km/h。总投资 25.52 亿元,资金来源:中央投入、地方投入、银行贷款。占地 5528.0 亩。项目管理单位:广州市北二环高速公路有限公司;勘察设计单位:交通部第一公路勘察设计院等;监理单位:育才—布朗交通咨询监理有限公司;施工单位:广州市公路工程公司等。

28. 广东广州至深圳段

1992 年 2 月开工建设,1997 年 7 月建成通车,全长 110.932km,全线六车道,设计速度 120km/h。建成大桥 93 座。总投资 101.52 亿元,资金来源:地方投入、银行贷款。占地28224.0亩。项目管理单位:广深珠高速公路有限公司;勘察设计单位:交通部公路规划设计院、广东省公路勘察规划设计院;监理单位:铁道部科研院监理处;施工单位:广东省公路工程施工总公司。

四、联络线及并行线

1. G4E(武深高速公路)武汉至深圳高速公路

湖北武汉段。2014年3月开工建设,2017年9月建成通车,全长33km,全线六车道,设计速度120km/h。建成特大桥:野湖特大桥、法泗2号高架桥、法泗3号高架桥、法泗互通主线桥,共4座。建成大桥10座。总投资54.141亿元,资金来源:地方投入、银行贷款。占地4737.255亩。项目管理单位:武汉交通工程建设投资集团有限公司;勘察设计单位:湖北省交通规划设计院等;监理单位:武汉平安建设工程项目管理有限公司等;施工单位:中交第四公路工程局有限公司等。

湖北嘉鱼至通城段。2013年10月开工建设,2016年8月建成通车,全长90.975km,设计速度100km/h,120km/h。建成特大桥:港南特大桥、陆水河特大桥、黑石岩特大桥,共3座。建成大桥39座。建成长隧道2座。总投资89.489亿元,资金来源:地方投入,银行贷款。占地9573亩。项目管理单位:湖北中交嘉通高速公路发展有限公司;勘察设计单位:中交第二公路勘察设计研究院有限公司等;监理单位:北京中交公路桥梁工程监理有限公司等;施工单位:中交第二航务工程局有限公司、中交第三公路工程局有限公司等。

湖北通城至界上(鄂湘界)段。2012年5月开工建设,2014年9月建成通车,全长23.815km,全线四车道,设计速度100km/h。建成大桥5座。总投资15.4847亿元,资金来源:企业投入、银行贷款。占地2346.6415亩。项目管理单位:咸宁四航建设有限公司;勘察设计单位:中交第二公路勘察设计研究院有限公司等;监理单位:北京中交公路桥梁工程监理有限公司等;施工单位:中交四航局第一工程有限公司、中交四航局第三工程有限公司等。

湖南通城界至平江段。2010年1月开工建设,2012年12月建成通车,全长73.027km,全线四车道,设计速度100km/h。建成特大桥:上坪汨罗江特大桥,共1座。建成大桥3座。建成长隧道1座。总投资53.78亿元,资金来源:中央投入、地方投入、银行贷款。占地6895亩。项目管理单位:湖南省通平高速公路建设开发有限公司;勘察设计单位:中国公路工程咨询集团有限公司、西安公路研究所;监理单位:湖南省交通建设工程监理有限公司等;施工单位:黑龙江省华龙建设有限公司等。

湖南浏阳至醴陵段。2009年5月开工建设,2012年12月建成通车,全长99.196km,

全线四车道,设计速度 100km/h。建成特大桥:洞阳河特大桥,共 1 座。建成大桥 49 座。总投资 7.6 亿元,资金来源:地方投入、银行贷款。占地 10251 亩。项目管理单位:湖南省浏醴高速公路建设开发有限公司;勘察设计单位:河南交通规划勘察设计院有限责任公司等;监理单位:中咨工程建设监理公司等;施工单位:中铁十六局集团第五工程有限公司等。

湖南醴陵至茶陵段。2010 年 2 月开工建设,2013 年 11 月建成通车,全长 105.248km,全线四车道,设计速度 100km/h。建成特大桥:乐家庙高架桥、苏家坝洣水特大桥,共 2 座。建成大桥 64 座。总投资 75.97 亿元,资金来源:交通运输部车购税投入、地方投入、银行贷款。占地 10272 亩。项目管理单位:醴茶高速建设开发有限公司;勘察设计单位:安徽省交通规划勘察设计研究院等;监理单位:育才—布朗交通咨询监理有限公司等;施工单位:湖南常德路桥建设有限公司等。

湖南衡阳至炎陵段。2005 年 12 月开工建设,2009 年 12 月建成通车,全长 114.188km,全线四车道,设计速度 100km/h。建成大桥 16 座。建成特长隧道 1 座,长隧道 2 座。总投资 49.1 亿元,资金来源:中央投入、地方投入、银行贷款。占地 14472.498 亩。项目管理单位:湖南省衡炎高速公路建设开发有限公司;勘察设计单位:湖南省交通规划勘察设计院;监理单位:湖南省交通建设工程监理有限公司等;施工单位:哈尔滨交研交通工程有限责任公司、湖南环达公路桥梁建设总公司等。

湖南炎陵至汝城段。在建。

广东博罗至深圳排榜段。2009 年 6 月开工建设,2013 年 1 月建成通车,全长 63.2km,全线六车道,设计速度 100km/h。建成特大桥:博罗枢纽立交特大桥、东江特大桥、潼湖特大桥、沥林西枢纽立交主线特大桥、水流田特大桥,共 5 座。建成大桥 51 座。建成特长隧道:石鼓隧道,共 1 座。建成长隧道 2 座;总投资 87.23 亿元(不含试运营费用 6.08 亿元),资金来源:企业投入、银行贷款。占地 7591.4 亩。项目管理单位:广东博大高速公路有限公司博深分公司;勘察设计单位:四川省交通运输厅公路规划勘察设计研究院、广东省交通规划设计研究院股份有限公司;监理单位:广东华路交通科技有限公司、育才—布朗交通咨询监理有限公司;施工单位:广东省长大公路工程有限公司、广东晶通公路工程建设集团有限公司。

2. G4W(广澳高速公路)广州至澳门高速公路

广东广州绕城公路东段(珠江黄埔大桥)。2004 年 12 月开工建设,2008 年 12 月建成通车,全长 18.34km,全线六车道,设计速度 100km/h。建成特大桥:黄埔大桥北引桥、黄埔大桥北汊斜拉桥、黄埔大桥南汊悬索桥、黄埔大桥南引桥,共 4 座。建成大桥 5 座。建成长隧道 1 座。总投资 42.42 亿元,资金来源:地方投入、银行贷款。占地 1945.7 亩。项目管理单位:广州珠江黄埔大桥建设有限公司;勘察设计单位:中交第一公路勘察设计研究院有限公司、中交公路规划设计院有限公司等；监理单位：广东华路交通科技有限公司、武汉桥梁建筑工程监理公司等；施工单位：中铁二局股份有限公司、中铁二十局集团有限公司等。

广东化龙至塘坑（坦尾）段。2002年12月开工建设，2005年12月建成通车，全长26.58km，全线六车道，设计速度120km/h。总投资32.39亿元，资金来源：地方投入、银行贷款。占地3453.83亩。建成特大桥：新围高架桥、观音沙特大桥，共2座。建成大桥19座。项目管理单位：广东京珠高速公路广珠北段有限公司；勘察设计单位：中国公路工程咨询集团有限公司；监理单位：广东华路交通科技有限公司；施工单位：中铁十二局集团第四工程有限公司、中国建筑第三工程局等；质量监督单位：广东省交通工程质量监督站。

广东塘坑（坦尾）至珠海金鼎段。1997年8月建设，1999年11月建成通车，全长60.76km（四车道19.66km，六车道41.1km）。设计速度100km/h。建成特大桥：大涌高架桥、亭角高架桥、坦尾互通C线桥、跨番中公路特大桥、横沥大桥、海隆大桥、东河大桥，共7座。建成大桥22座。总投资41.56亿元。资金来源：地方投入、银行贷款。占地6461亩。项目管理单位：京珠高速公路广珠段有限公司；勘察设计单位：交通部第二公路勘察设计院；监理单位：广东省交通科学研究所；项目施工单位：广东冠粤路桥有限公司。

3. G4W2（许广高速公路）许昌至广州高速公路

河南许昌至宁洛高速公路互通段（原属许平南高速公路项目一部分）。2002年7月开工建设，2004年12月建成通车，全长48.1km，全线四车道，设计速度120km/h。建成大桥6座。总投资11.32亿元，资金来源：地方投入，银行贷款。占地5376亩。项目管理单位：河南省许平南高速公路有限责任公司；勘察设计单位：河南省交通规划勘察设计院；监理单位：天津新亚太工程建设监理有限公司、河北通达工程监理咨询有限责任公司、湖南省交通建设监理有限公司；施工单位：中铁十五局集团第二工程有限公司、郑州铁路建设集团有限公司、中铁第二十工程局第一工程处等。

河南宁洛高速公路互通至叶县廉村乡段。与G36（宁洛高速公路）南京至洛阳高速公路共线4.2km。

河南叶县至舞钢段。2008年11月开工建设，2010年12月建成通车，全长50.011km，全线四车道，设计速度120km/h。建成大桥17座。总投资24.5亿元，资金来源：地方投入、银行贷款。占地5074.93亩。项目管理单位：平顶山叶舞高速公路有限责任公司；勘察设计单位：河南省交通规划勘察设计院有限责任公司；监理单位：河南省豫通公路工程监理事务所、河南恒通工程监理咨询有限公司等；施工单位：中铁四局集团第一工程有限公司、河南中州路桥建设有限公司、中铁十五局集团第四工程有限公司等。

河南泌阳段。2008年4月开工建设，2010年10月建成通车，全长44.248km，全线四车道，设计速度100km/h。建成大桥15座。总投资18.5638亿元，资金来源：地方投入、银行贷款。占地 3960 亩。项目管理单位:河南驿宛高速公路有限公司;勘察设计单位:河南省交通规划勘察设计院有限责任公司;监理单位:河南省高等级公路监理部、湖南金路工程咨询监理有限公司;施工单位:岳阳市通衢兴路公司、驻马店市公路工程开发公司等。

河南驻马店至泌阳段(原属新阳高速公路驻马店至泌阳段项目一部分)。2004 年 9 月开工建设,2007 年 9 月建成通车,全长 17.3km,全线四车道,设计速度 100km/h。建成大桥 5 座。总投资 5.2737 亿元,资金来源:地方投入、银行贷款。占地 1473.552 亩。项目管理单位:河南驿阳高速公路有限公司;勘察设计单位:中交第一公路勘察设计研究院;监理单位:河南省公路工程监理咨询有限公司;施工单位:中铁十三局集团有限公司、洛阳路桥建设集团有限责任公司等。

河南泌阳至桐柏段。2006 年 1 月开工建设,2007 年 11 月建成通车,全长 36.01km,全线四车道,设计速度 100km/h。建成大桥 11 座。总投资 17.5248 亿元,资金来源:地方投入、银行贷款。占地 3728.225 亩。项目管理单位:河南驿宛高速公路有限公司;勘察设计单位:河南省交通规划勘察设计院;监理单位:湖南金路工程咨询监理有限公司;施工单位:中铁隧道集团有限公司、路桥集团第一公路工程局、山东通达路桥工程有限公司等。

随州至岳阳高速公路湖北省北段。2007 年 3 月开工建设,2009 年 6 月建成通车,全长 76.295km,全线四车道,设计速度 100km/h。建成特大桥:汉丹铁路大桥,共 1 座。建成大桥 33 座。总投资 27.225 亿元,资金来源:地方投入、银行贷款。占地 6902.559 亩。项目管理单位:湖北省随岳高速公路中段建设指挥部;勘察设计单位:湖北省交通规划设计院;监理单位:湖南省交通建设工程监理有限公司、湖北华捷工程咨询监理有限公司;施工单位:中铁十六局集团第三工程有限公司、中铁十九局集团第一工程有限公司等。

随州至岳阳高速公路湖北省中段(随京段)。2005 年 8 月开工建设,2007 年 12 月建成通车,全长 74.28km,全线双向四车道,设计速度 100km/h。建成大桥 35 座。总投资 21.45 亿,资金来源:地方投入、银行贷款。占地 8070.870 亩。项目管理单位:湖北省随岳高速公路中段建设指挥部;勘察设计单位:华杰工程咨询有限公司、中国公路工程咨询监理总公司;监理单位:云南省公路工程监理咨询公司、山西省交通建设工程监理总公司;施工单位:湖北长江路桥股份有限公司、湖北省路桥有限责任公司等。

随州至岳阳高速公路湖北省中段(京仙段)。2005 年 8 月开工建设,2007 年 12 月建成通车,全长 78.597km,全线四车道,设计速度 100km/h。建成特大桥:汉江特大桥,共 1 座。建成大桥 35 座。总投资 29.73 亿,资金来源:地方投入、银行贷款。占地 7828.206 亩。项目管理单位:湖北省随岳高速公路中段建设指挥部;勘察设计单位:湖北省交通规划设计院、中国公路工程咨询监理总公司;监理单位:武汉大通公路桥梁工程咨询监理有限责任公司、湖北省公路水运工程咨询监理公司等;施工单位:中铁四局集团第四工程有限公司、中铁一局集团第一工程有限公司等。

随州至岳阳高速公路湖北省南段。2004年12月开工建设,2010年3月建成通车,全长97.895km,全线双向四车道,设计速度100km/h。建成特大桥:珠玑互通主线桥、东荆河特大桥、秦场高架桥、莲湖垸高架桥、内荆河特大桥、洪排河特大桥、李沟高架桥、瓷泥湖高架桥、南塘高架桥,共9座。建成大桥28座。总投资52.88亿元,资金来源:地方投入、银行贷款。占地8414.0亩。项目管理单位:湖北随岳南高速公路有限公司;勘察设计单位:中铁第四勘察设计研究院集团有限公司、湖北省交通规划设计院;监理单位:湖北省公路水运工程咨询监理公司、湖南省交通建设工程监理有限公司等;施工单位:中铁十八局集团第三工程有限公司、中铁十六局集团第三工程有限公司等。

随州至岳阳高速公路湖北省荆岳长江公路大桥。2006年12月开工建设,2010年12月建成通车,全长5.4km,其中与大桥相连的四车道路段为0.8km,主桥六车道路段为4.6km,设计速度100km/h。建成特大桥:长江滩桥、荆岳长江公路大桥主桥,共2座。建成引桥及过渡孔桥,共5座。总投资22.87亿元,资金来源:交通部补助、地方投入。占地713.33亩。项目管理单位:湖北省荆岳长江公路大桥建设指挥部;勘察设计单位:中国公路工程咨询监理总公司、湖北省交通规划设计院;监理单位:湖北省公路水运工程咨询单位、湖南湖大建设监理有限公司;施工单位:中交第二公路工程局有限公司、湖南路桥建设集团有限公司等。

湖北随州至岳阳高速公路湖南段。2009年9月开工建设,2011年11月建成通车。全长24.08km,全线六车道,设计速度120km/h。建成大桥8座。总投资17.17亿元,资金来源:地方投入、银行贷款。占地3172亩。项目管理单位:湖南道岳高速公路实业有限公司;勘察设计单位:湖南省交通规划勘察设计院;监理单位:江苏润通交通工程监理咨询有限公司;施工单位:湖南省株洲公路桥梁建设有限公司等。

湖南长沙至湘潭段。2009年12月开工建设,2012年12月建成通车。全长74.891km,全线六车道,设计速度120km/h。建成特大桥:湘江特大桥、铁弓洲特大桥,共2座。建成大桥21座。建成长隧道1座。总投资88.966亿元,资金来源:交通运输部车购税投入、地方投入、银行贷款。占地9231亩。项目管理单位:湖南省长湘高速公路建设开发有限公司;勘察设计单位:湖南省交通规划勘察设计院;监理单位:湖南湖大建设监理有限公司等;施工单位:中冶交通工程技术有限公司等。

湖南湘潭至衡阳西段。2006年12月开工建设,2011年10月建成通车,全长139.104km,全线四车道,设计速度100km/h。建成特大桥:梅花渡涟水特大桥、呆鹰岭蒸湘特大桥,共2座。建成大桥25座。总投资55亿元,资金来源:地方投入、银行贷款。占地15860亩。项目管理单位:湖南潭衡高速公路开发有限公司;勘察设计单位:湖南省交通规划勘察设计院等;监理单位:长沙华南交通工程咨询监理公司等;施工单位:湖南省怀化公路桥梁建设总公司等。

湖南衡阳至桂阳段。2009 年 12 月开工建设，2012 年 11 月建成通车，全长 95.101km，全线六车道，设计速度 100km/h，项目另设新田连接线路线长 37.72km，设计速度 60km/h。建成特大桥：陈家洲湘江特大桥、老屋场特大桥，共 2 座。建成大桥 23 座。总投资 75.538 亿元。资金来源：地方投入、银行贷款。占地 13206.75 亩。项目管理单位：湖南省衡桂高速公路建设开发有限公司；勘察设计单位：湖南省交通规划勘察设计院等；监理单位：湖南交通建设工程监理有限公司等；施工单位：中铁十二局集团有限公司等。

湖南桂阳至临武段。2008 年 12 月开工建设，2012 年 11 月建成通车，全长 107.807km，设计速度 100km/h，全线六车道。建成大桥 45 座。总投资 74.4627 亿元，资金来源：中央投入、地方投入、银行贷款。占地 11972 亩。项目管理单位：湖南省桂武高速公路建设开发有限公司；勘察设计单位：湖南华罡交通规划设计研究院等；监理单位：湖南明泰项目管理有限公司等；施工单位：中冶交通工程技术有限公司等。

广东连州至清远横荷段。2006 年 6 月开工建设，2011 年 1 月建成通车，全长 215.25km，全线四车道，设计速度 80km/h、100km/h。建成特大桥：沙冲高架桥、官陂岭 4 号高架桥，共 2 座。建成大桥 34 座。建成长隧道 3 座。总投资 61.31 亿元。资金来源：企业投入、银行贷款。占地 26249 亩。项目管理单位：广东清连公路发展有限公司；勘察设计单位：中交第一公路勘察设计研究院有限公司；监理单位：深圳高速工程顾问有限公司、广东虎门技术咨询有限公司；施工单位：中交第三公路工程局有限公司、中交隧道工程局有限公司等。

广东清远清西大桥段。2014 年 12 月开工建设，2017 年建成通车，全长 16.956km，四车道2.240km，六车道 14.716km，设计速度 80km/h、100km/h。建成特大桥：清西大桥、回澜互通主线桥，共 2 座。建成大桥 8 座。总投资 28.270 亿元。资金来源：地方投入、银行贷款。占地 1794.760 亩。项目管理单位：中交清远投资发展有限公司；勘察设计单位：中交公路规划设计院有限公司；监理单位：中交路桥技术有限公司等；施工单位：中交路桥华南公司、中交路桥第七工程处等。

广东清西大桥至银盏段。2003 年 7 月开工建设，2004 年 12 月建成通车，全长 20.647km，全线四车道，设计速度 100km/h。总投资 8.37 亿元。资金来源：企业投入。占地 2314.717 亩。项目管理单位：广东广清高速公路北段有限公司；勘察设计单位：广东省公路勘察规划设计院、北京交科公路勘察设计院；监理单位：广东翔飞公路工程监理有限公司、北京路桥通工程监理咨询有限公司；施工单位：广东省长大公路工程有限公司、广东晶通公路工程建设集团有限公司等。

广东银盏至花都新华段。1997 年 7 月 28 日开工建设，1999 年 10 月 28 日建成通车，全长 23.56km，全线四车道，设计速度 100km/h。建成特大桥：新华高架桥，共 1 座。建成大桥3座。总投资9.74亿元。资金来源:企业投入、银行贷款。占地1368.67亩。项目管理单位:广东省高速公路公司。勘察设计单位:交通部公路勘察规划设计院、交通部第二公路勘察设计院。监理单位:广东翔飞公路工程监理有限公司。施工单位:广东冠粤路桥有限公司、番禺市桥梁集团公司等。

4. G4W3(广乐高速公路)广州至乐昌高速公路

广东乐昌至广州段。2010年3月开工建设,2014年9月建成通车,全长267km,全线六车道,设计速度120km/h。建成特大桥:玉井特大桥、单竹迳特大桥、马渡互通主线桥、白土北江特大桥、浈江特大桥、乌石北江特大桥、犁市互通主线桥、花城高架桥、狮民特大桥、北江特大桥、黎明特大桥,共11座。建成大桥136座。建成特长隧道:大瑶山1号隧道、长基岭隧道,共2座。建成长隧道11座。总投资333亿元,资金来源:企业投入、银行贷款。占地33250.0亩。项目管理单位:广东广乐高速公路有限公司;勘察设计单位:中交第二公路勘察设计院;监理单位:广东华路交通科技有限公司;施工单位:广东冠粤路桥有限公司等。

5. G0401 长沙绕城高速公路

湖南长沙绕城高速公路东线段。2010年3月开工建设,2013年12月建成通车。东北段路线全长13.79km,东南段路线全长12.6km,东线路段全线四车道,设计速度100km/h。建成大桥17座。总投资24.399亿元。资金来源:地方投入、银行贷款。占地3192.22亩。项目管理单位:长沙高速公路建设开发有限公司;勘察设计单位:湖南省交通规划勘察设计院等;监理单位:湖南省交通建设工程监理有限公司等;施工单位:中国建筑第六工程局有限公司等。

湖南长沙绕城高速公路西南段。1999年12月开工建设,2004年5月建成通车,全长28.091km,全线四车道,设计速度100km/h。建成特大桥:长沙市黑石铺湘江大桥,共1座。建成大桥1座。建成特长隧道:梅溪湖隧道,共1座。总投资10.7447亿元,资金来源:交通部车购税投入、地方投入、银行贷款。占地2766亩。项目管理单位:长沙市国道绕城公路建设开发总公司;勘察设计单位:湖南省交通规划勘察设计院、长沙铁道学院勘察设计研究院;施工单位:湖南省常德公路桥梁总公司等。

湖南长沙绕城高速公路西北段。1996年12月开工建设,1999年10月建成通车,全长34.508km,全线四车道,设计速度100km/h。建成特大桥:湘江月亮岛特大桥,共1座。建成大桥3座。总投资8.2131亿元,资金来源:中央投入、地方投入、银行贷款。占地3837.6亩。项目管理单位:长沙市国道绕城公路建设开发总公司;勘察设计单位:湖南省交通规划勘察设计院、铁道部大桥工程局勘测设计院;监理单位:育才—布朗交通咨询监理有限公司;施工单位:中国湖南建设集团公司等。

五、先进技术的研究与应用

1. 京珠北段高速公路滞洪区软基高速公路粉煤灰路堤关键技术研究（湖北）

该研究依托G4（京港澳高速公路）京珠北段高速公路建设项目，主要内容：

（1）粉煤灰路堤动、静力特性，渗透特性研究。

（2）滞洪区软基粉煤灰路堤施工工艺、质量评价方法与标准的研究。

（3）滞洪区软基粉煤灰路堤稳定与变形性状及合理断面形式的研究。

（4）提高路堤稳定性的技术措施研究。

创新点：

（1）首次全面研究了粉煤灰路堤的渗透稳定性，得出了粉煤灰路堤的稳定性由渗透稳定控制的结论，提出了提高路堤渗透稳定性的技术措施，给出了确保路堤稳定性的合理断面形式。

（2）在粉煤灰静力特性研究的基础上，对粉煤灰的动力特性进行了试验研究，首次对路堤的动力稳定特性，特别是车辆荷载作用下的动力稳定性进行了详细分析，提出了提高动力稳定性和防止粉煤灰液化的技术措施，给出了路堤动力稳定性计算安全系数修正值。

（3）对软基路堤的沉降变形特性进行了详细研究，从软基路堤稳定与变形的机制上，提出了宽、窄软基路堤变形的不同特点，对认识和了解软基路堤的稳定与变形性状具有重大的理论意义，对路堤沉降的预测具有重大的指导意义。

（4）完善了粉煤灰路堤施工工艺和质量控制方法，制订了公路粉煤灰路堤施工补充定额。

2. 岩石高边坡优化设计和施工工艺研究（湖北）

课题依托G4（京港澳高速公路）湖北大悟段建设项目，综合采用工程地质勘察、室内外测试、数值模拟、岩石结构面网络模拟和理论分析等手段，对京珠高速公路湖北大悟段岩石高边坡优化设计与施工工艺进行全面系统的研究，并在理论和实践方面进行探索，提出工程地质信息化设计与施工的总体思路、工作步骤，总结和发展工程地质信息化设计与施工的基本理论和方法；以岩体结构面网络模拟、数值模拟和GIS技术为主要支撑，形成工程地质信息化设计与施工的技术理论框架。

3. 交通工程机电系统质量检验评定办法与标准（湖北）

项目依托G4（京港澳高速公路）湖北省京珠高速公路建设项目。研究内容：湖北省高速公路交通工程机电系统检验评定办法、湖北省高速公路交通工程机电系统检验评定标准（包括①收费系统；②通信系统；③监控系统；④供电照明及防雷接地系统；⑤分部及分项工程划分；⑥工程质量检验评定；⑦相关技术规范；⑧收费数据的时效性；⑨硬件设备的基本要求;⑩分项工程检查表发现、发明及创新点)。该系统是国内首次全面、系统编制的高速公路交通工程机电系统检验评定办法和标准。

4.岩溶地区钻孔灌注桩施工工艺及承载能力研究(湖北)

该项目依托G4(京港澳高速公路)湖北南段建设项目。主要内容:

(1)岩溶地区钻孔桩施工工艺研究。

(2)京珠湖北南段岩溶地区钻孔桩受力机理与承载能力研究。

(3)京珠湖北南段岩溶地区钻孔桩嵌岩深度、持力层顶板厚度研究。

创新点:

(1)通过基桩荷载试验研究和力学方法的数值计算分析,结合施工现场提出了岩溶地基冲击钻孔的一些关键技术参数。

(2)总结归纳了岩溶地段钻孔灌注桩承载机理。提出了超灌支盘的概念,并对支盘阻力进行了分析。

(3)综合考虑了桩基础上部土层摩阻、嵌岩阻力、超灌支盘阻力、桩端阻力的发挥,提出了基桩承载力探讨性计算公式,为同类地质条件下基桩承载力计算的进一步研究提供了系统的基础资料和初步的理论框架。

(4)对顶板厚度及嵌岩深度进行了定性数值分析,对同类基础工程有指导和参考价值。

5.路基路面排水系统研究(湖北)

该项目依托G4(京港澳高速公路)湖北省京珠高速公路建设项目。主要内容:

(1)针对路面的水损坏,对路面试样进行无水和饱水状态下的疲劳强度试验,拟合两种情况下的疲劳寿命公式,观察其破坏形式,分析其原因。探讨超孔隙水压对沥青路面疲劳寿命的影响和路面早期水损坏的机理。

(2)测定不同水膜厚度时路面的抗滑值,研究水深对路面抗滑值的影响,为行车安全性提供有价值的参考数据。

(3)测定路面各层的透水系数,观察水沿横坡的渗透规律,进行中央分隔带的排水性能试验等。依据有关规范对湖北省京珠高速公路的排水系统进行计算复核。

(4)运用多媒体技术、虚拟现实技术、计算机仿真技术等,对高速公路路基路面排水系统和排水效果进行仿真。该项目的研究成果已应用于湖北京珠高速公路全线路基。路面和中央分隔带排水系统的设计施工,有效地防止了路基路面水损害。

创新点:

(1)对车辆荷载作用下,沥青混凝土面层内超孔隙水压力进行了有限元分析,并分别在无水和饱水两种状态下,进行了沥青混凝土面层试样的疲劳破坏试验,得到两种状态下轴载应力与沥青混凝土的疲劳寿命的关系。通过理论分析、数值计算和试验，发现在无水和饱水两种状态下沥青主面层试样具有不同的轴压疲劳破坏模式：无水时试样的破坏形式为劈裂破坏；饱水时试样的破坏形式为剪切破坏，且饱水时的疲劳寿命降低。

(2)通过试验，测定不同水膜厚度下沥青混凝土路面的抗滑值，尤其是针对水膜厚度超过4mm后，试验抗滑值反而上升的反常现象进行了分析研究，给出了消除水阻力后路面积水深度对抗滑值影响的关系曲线。

(3)运用多媒体技术、虚拟现实技术、计算机仿真技术等，对高速公路路基、路面排水系统的结构和排水效果进行了仿真，并对路基条崩失稳、窝崩失稳和路面开裂进行了仿真。

6. 军山长江大桥单导向船精确定位大型异型双壁钢围堰施工技术研究(湖北)

主要研究内容：

(1)分节整体拼装与分块拼成节段平行作业，将每节段平面尺寸控制在规范范围以内，在最短时间内完成钢围堰的安装。

(2)保证在无覆盖层河床上进行钢围堰着床锚泊的稳定性、安全性。

(3)提出单导向船调控钢围堰平面位置的方法。

(4)分析大型钢围堰在动力流态下的水力特性，确保在各种工况条件下结构抗倾覆稳定和抗滑稳定。课题解决了在施工水域受限制的条件下，采用单导向船安全、稳定、准确定位大型围堰的施工技术问题。

7. 军山长江大桥大型异型双壁钢围堰在桥梁深水基础应用的研究(湖北)

由于桥面很宽，根据索塔基础的设计方案，若按常规设计，钢围堰的直径将达到44m。为了减小钢围堰的规模、方便施工、节省造价，同时又能保证索塔造型的美观，设计首次创造性地提出了异型钢围堰结构，即在圆形钢围堰上焊接两个簸箕形构造。该结构在承台施工高水位差(围堰内外设计水位差为22m)的情况下为圆形结构受力，充分发挥了圆形钢围堰结构受力条件好的特点。在下塔柱施工时，长江水位已经降至16m(钢围堰内外水位差为8.5m)，此时抽空簸箕形构造与圆形构造之间的水，切割与下塔柱相干扰的部分钢围堰，钢围堰就由圆形结构转化成异型结构。通过课题研究使常规设计圆形钢围堰直径从44m缩小到33m，为特宽桥梁深水基础的设计和施工提供了新的思路和方法。

8. 军山长江大桥主7、8号墩在复杂地质条件下深水基础施工技术研究(湖北)

主要研究内容：①主7号墩。在薄覆盖层河床、流速大条件下，施工方案的选择和优化；矩形双壁钢围堰的设计、定位、下沉和稳固；在有断层地质构造情况下钻孔灌注桩的施工。②主8号墩。在浅覆盖层河床上，钻孔平台形式的确定；在覆盖层薄、流速较大的条件下，钻孔平台的稳定性；处于岩面倾斜的条件下，护筒底口的稳定性及涌沙处理。

9. 军山长江大桥临时墩淹没式钢围堰基础设计施工技术研究与应用(湖北)

主要研究内容:在无覆盖层河床上,临时墩结构的选型;薄型钢围堰在23.5m左右施工水深的流动水体中定位;在无覆盖层河床上并且存在地质破碎带地区钢管桩锚固;高度28m钢管柱墩身安、拆及高程控制;钢箱梁与临时墩固结与解除约束。采用薄型淹没式基础临时墩,可以一次性出水面,在十分繁忙的长江航道上施工占用航道时间短,在水深24m左右的光板河床进行基础施工,结构合理,方法简捷,节省施工成本。

10. 军山长江大桥下行式造桥机研制与应用(湖北)

军山大桥南引桥施工具有重复次数多、跨径统一、净空高度大、桥位地表承重条件差等特点。选择下承整体移动式模板支架系统,中间可以分合。所有的荷载通过附墩支架直接传至承台上。浇筑混凝土时系统中间合拢,每跨施工完毕后,系统中间分开向外横移,绕过桥墩后纵移到下一个梁段位置。如此循环,达到便捷、程序化施工、质量有保证、成本得到有效控制的目的。该项目吸收和消化了国外最新施工技术,完全独立地研制、开发了国内第一台可整体移动的下行式造桥机。

11. 军山长江大桥自校正调节法在大跨度斜拉桥施工控制中的应用(湖北)

结合斜拉桥钢箱梁采用全断面焊接的施工特点,研究开发一种新的控制方法——自校正调节法,进行了有效偏差分析及误差识别,把自适应控制与预测控制结合起来,使合龙、索力、线型达到设计目标状态,实现最优控制。其控制思路是:首先,采用最小二乘法根据实测值对结构中的设计参数与计算模型进行自校正,重新建立施工目标状态;然后,运用卡尔曼滤波器进行状态滤波预测,最后用最小二乘法进行最优控制调节。

12. 军山长江大桥大功率二次雾化电弧喷涂设备研究及在钢桥面机械化防腐涂装应用(湖北)

该项目研发了大功率扇形喷嘴的二次雾化电弧喷枪,将传统的一次雾化电弧喷枪发展为二次雾化,应用空气动力学原理设计计算一次气体和二次气体流场与喷涂丝材交汇点之间关系;在国内首次研发了扁平扇形喷嘴,改变喷涂粒子束流形状和雾化效果,处于国际先进水平;将电弧喷涂轨迹宽度提高到100~140m,使电弧喷涂生产效率大大提高,便于进行机械化防腐涂装施工。

13. 军山长江大桥钢桥面高性能SMA铺装体系关键技术研究与应用(湖北)

该项目成功地研制并在实体工程中应用了溶剂型黏结封闭剂,PG82-28高黏度改性沥青和有机合成纤维增强SMA混合料等关键技术,有效地提高了钢桥面与SMA改性沥青铺装层的结合力,增强了铺装层对钢桥面板的适应性,对防止层间高温剪切变形有着重要意义,为在大交通量、大温差条件下钢桥面沥青铺装层材料和结构设计提供了关键的技术支撑,填补了国内此项高性能沥青指标的空白。PG82-28高黏度改性沥青在我国属首创,为当时性能指标最高的改性沥青材料。

14. 军山长江大桥斜拉桥钢箱梁成桥全断面焊接连接技术的研究与应用(湖北)

该项目通过对国内外斜拉桥钢箱梁的成桥安装施工技术的检索、调研,完成军山大桥钢箱梁全断面焊接实施的技术论证,确定了钢箱梁成桥全断面焊接采用陶质衬垫 CO_2 自动焊单面焊双面成形的总体技术方案;通过对焊接方法的优化设计,全断面焊接坡口的设计,全断面焊接工艺评定试验,全断面环缝的装配、定位、焊接程序等关键技术的研制、试验及应用,完善了一整套在大温差、高湿度自然条件下斜拉桥钢箱梁成桥全断面焊接技术。该全断面焊接技术在武汉军山长江公路大桥钢箱梁成桥施工的首次成功应用,为国内斜拉桥钢箱梁成桥施工技术增添了一项新的工法,为我国特大型钢箱梁斜拉桥提供了推广应用示范。

15. 军山长江公路大桥混凝土防腐涂装技术研究与应用(湖北)

为了保证混凝土表面涂装防护的质量,开展了封闭漆的研制、涂层体系的配套研究和涂装工艺质量控制方面的研究。通过对环氧树脂/聚酰胺树脂体系的固化剂进行改性和添加适当的助剂,提高封闭漆的渗透性能,并对分子量、黏度与渗透深度之间的关系,不同配方间的物理机械性能、适用期,配套材料配套性能的比较等进行研究,研制出了渗透性好、抗渗等级高、透气系数低、耐碱性好的混凝土封闭漆。通过对多种涂层体系的大气曝晒和多个相似的涂层体系的紫外/冷凝试验、混凝土孔隙模拟液试验、隔离性能试验研究,选择出 881 环氧封闭漆 +881-2 环氧云铁中间漆 +881-YM 丙烯酸聚氨酯面漆作为大桥的混凝土结构涂层防护体系,通过寿命评价,认为该体系的防护寿命可达 15 年。通过对施工工艺规程的制定、原材料的入场检验、涂料的配制和基层检查以及涂装过程的控制(环境温度、湿度、混凝土表面 pH 值、现场附着力检验等),建立起一整套涂装工艺质量控制方法,并将其格式化,确保了大桥涂装工程达到优良。

16. 军山长江大桥斜拉桥索塔锚固区小半径环向预应力体系试验研究及应用(湖北)

该项目利用计算机模拟技术,分析大吨位、小半径 U 形预应力张口横桥向布置在索塔锚固区混凝土中的应力分布特点,结合足尺模型试验寻求并确定其 U 形索的最佳布置,在索导管壁面混凝土中建立了较高效应的有效预应力,有效地防止了结构开裂,保证了结构安全。U 形预应力钢束张口横桥向布置,使设计和构造更为合理,取得了明显的经济效益。

17. 军山长江大桥 220t 步履式架梁起重机的研制(湖北)

220t 步履式架梁起重机是为架设武汉军山大桥钢箱梁而研制的大型专用起重设备。步履式架梁起重机在具有一定坡度桥面上作业和行走,起重机向前运行为空载行走,起重机吊装钢箱梁能够实现钢箱梁水平移动和各方向自由转动,便于待架钢箱梁和已架钢箱梁在高空立体拼装对接。

18. 军山长江大桥 EG-800/30 上行式全液压集中控制特宽桥梁移动模架(湖北)

EG-800/30 上行式全液压集中控制特宽桥梁移动模架是根据军山长江大桥引桥的特点

而研制的。该移动模架基本结构主要由桁承重系统、支承系统、吊架系统、移位系统以及模板系统五大部分。EG-800/30上行式全液压集中控制特宽桥梁移动模架在解决特宽桥梁移动模架的关键技术方面处于国内领先。在纵向二次移动、模板横向开启、全液压集中控制等方面有所创新。

19. 军山长江大桥电弧喷铝涂层寿命及钢箱梁桥机械化大面积自动喷涂技术的研究与应用(湖北)

该项目利用特制的机械化大功率高速电弧喷涂设备,在瞬间将耐蚀金属材料铝充分熔融雾化喷涂到预先喷砂除锈的钢箱梁表面,形成纯度高、结合力强的机械—冶金结合喷涂层,对金属基体形成阴极保护。然后在电弧喷涂层上均匀涂上含有抑制腐蚀的专用封闭剂,不仅进一步隔绝腐蚀介质侵蚀基体材料,同时使电弧喷铝层与封闭涂层界面阻抗增大,耐腐蚀性能增强。

20. 珠江黄埔大桥62.5m跨预应力混凝土箱梁移动模架设计、制造与施工等关键技术研究(广东)

G4W(广澳高速公路)广东广州珠江黄埔大桥引桥为30m、45m、62.5m不同跨径的连续梁桥和连续刚构桥,全部采用移动模架法施工,其中MSS62.5m跨移动模架为国内外最大跨度,考虑到我国移动模架的设计、制造及施工养护均未有统一的规范和标准,为确保广州珠江黄埔大桥施工安全及质量,提高我国移动模架施工能力和水平,开展相关研究:①移动模架合理的经济、技术适用范围研究;②移动模架制作、加工、安装、施工、养护手册和验收标准制定;③大跨度移动模架施工箱梁混凝土耐久性研究。创新点如下:

(1)成功研究了标准跨径62.5m、最大浇筑长度75m、承载能力2650t的世界最大跨度的移动模架,形成了成套大型移动模架设计、制造、施工及质量控制的体系。

(2)进行了移动模架全过程仿真分析、荷载试验、运行监控,形成了大型移动模架施工全过程安全监控与管理体系,有效地保障了模架施工安全。

(3)编制了《公路桥梁移动模架设计、施工养护工作指南》,对移动模架安全、经济、高效的推广应用具有重要的意义。

(4)根据大型移动模架施工的特点,进行了箱梁混凝土温度场、高性能的综合研究,研制出超缓凝、早强、低徐变、低收缩、低水化热的高性能混凝土,有效控制了裂缝,确保了工程质量。

(5)综合考虑广州地区气候条件和珠黄埔大桥移动模架混凝土特点,采用灰色关联度方法对混凝土箱梁构件进行耐久性评估,为养护方案提供科学依据。

21. 珠江黄埔大桥大跨径钢箱梁桥面铺装技术体系研究(广东)

主要研究成果:

(1)指导开发了技术性能优异、施工工艺易于控制的改良的TFT环氧沥青,经过室内试验与工程验证,可满足钢桥面铺装使用,并应用于广州珠江黄埔大桥主桥铺装。

（2）在考虑铺装特性和钢桥结构受力特点基础上，优化了钢箱梁结构参数，提出了横向最大拉应力作为控制铺装层设计的指标，并针对桥面铺装的破坏规律首次从钢结构角度提出了合理有效的改善方案。

（3）首次利用 MMLS3 加速加载设备验证了钢桥面铺装结构的使用性能，优化了钢桥面结构组合，为合理确定广州珠江黄埔大桥桥面铺装提供了依据。

（4）首次提出了具有良好的抗疲劳性能和抗滑性能的环氧沥青 SMA 钢桥面铺装结构，其研究成果总体上达到国际领先水平。

22. 珠江黄埔大桥悬索桥锚碇设计与施工技术研究（广东）

该项目依托珠江黄埔大桥悬索桥锚碇工程，通过国内外工程调研，开展相关研究：①不同地质特征壳体空间结构深基坑力学性能研究；②圆形地下连续墙设计方法、成槽工艺和质量控制方法研究；③高温地区低水化热抗裂高性能混凝土研究与应用。创新点如下：

（1）采用了壳体空间结构分析方法，考虑地下连续墙圆形薄壁结构在土体介质中的竖向和环向抗力效应，通过仿真分析优化结构设计，与规范 m 法计算结果相比减小了地下连续墙与内衬厚度，降低了配筋量，并通过现场监测验证了计算结果的合理性。

（2）深入研究了圆形地下连续墙设计方法和质量控制措施，通过软弱土层加固、墙底压浆和严格控制地下连续墙质量等方法，取得了高水位、临江地区、无灌浆帷幕条件下，超大深基坑周边地表基本无沉降的良好效果，保证了珠江大堤安全。

（3）系统研究了锚碇地下连续墙施工方法和质量控制措施，针对桥位地质条件特点，形成了“抓、冲、铣”相结合的地下连续墙成槽工艺，缩短了工期，降低了成本，保证了工程质量。

（4）深入研究了锚碇大体积混凝土设计和施工控制方法，优化设计了低水化热抗裂高性能混凝土，实现了高温地区大体积混凝土不设冷却管一次性浇筑施工，有效防止了温度裂缝的发生。

23. 珠江黄埔大桥大跨度超宽整体式钢箱梁悬索桥上部结构施工与控制技术研究（广东）

该项目依托广州珠江黄埔大桥南汊悬索桥工程，珠江黄埔大桥南汊悬索桥地处台风多发的珠三角地区，同时，横跨水道的交通十分繁忙，再结合千米级的超大跨度以及世界最宽的整体式钢箱梁等特殊结构特点，通过国内外调研，开展相关研究：①超长主缆制造研究；②大吨位超宽钢箱梁长距离水上运输研究；③大跨径悬索桥猫道抗风稳定设计研究；④大跨径悬索桥猫道与主缆牵引架设及线形控制研究；⑤大吨位超宽整体式钢箱梁吊装及线形控制研究。取得如下创新性成果：

（1）研发了测量并控制悬索桥主缆束股内部钢丝长度误差的技术，改进了主缆钢丝的制造工法，保证了质量。

（2）研发了适用于长距离海上运输的大型钢箱梁双层叠放驳船运输架技术，提高了台风多发地区大尺寸、大吨位钢箱梁的水上运输效率，保证了质量。

(3)提出了适用于台风多发地区的无抗风缆猫道设计方法,取消了猫道下压装置,提高了悬索桥大型临时工程的施工效率,节省了施工费用。

(4)研发了可统一应用于猫道和主缆架设的单线往复式牵引系统,以及大吨位全液压跨缆吊机,提高了主缆和钢箱梁的架设效率。

(5)提出了针对大跨度钢箱梁悬索桥上部结构施工的控制精度分析技术。

24. 珠江黄埔大桥特殊条件超宽大跨度钢箱梁斜拉桥上部结构施工关键技术研究(广东)

该项目依托珠江黄埔大桥北汊独塔斜拉桥工程,在一侧横跨珠江、一侧跨越大濠州岛的特殊条件下,通过国内外工程调研,开展相关研究:①塔墩梁段架设方法及架设设备研究;②超宽整体式钢箱梁制造设备及制造精度的开发和研究;③长寿命斜拉索耐久性技术研究与应用。取得如下创新性成果:

(1)研制了液压反变形角焊摇摆台架、电动气压式U形肋装配机及杆件栓接组合式立体台架,全面改进了超宽钢箱梁段的制造方法,提高了效率,保证了质量。

(2)研发了大吨位、大变幅桥面步履式吊机,提出了适应深水、岸上等不同区域的超宽钢箱梁段运输和吊装的成套施工方法,解决了塔区和边跨墩处梁段的高难度安装问题。

(3)提出了针对超宽大跨径钢箱梁斜拉桥上部结构施工的成套施工监控技术。

(4)提出了超大尺寸整体式横隔板以及桁架式纵隔板的加劲设计方法,解决了钢箱梁吊装过程中纵横隔板的局部稳定性问题。

(5)在大跨度斜拉桥钢箱梁中首次采用整体实腹板式横隔板,延伸桥面板至腹板外以及加厚桥面等构造、措施,有效改善了钢箱梁段受力性能,提高钢箱梁的安全和耐久性。运用了混合有限元法分析计算了钢箱梁在运营和施工状态下的应力分布、变形情况,为钢箱梁的设计、加工、制造提供了准确的基础数据。针对斜拉桥倾角小的特点,进行了钢锚箱的优化,并通过足尺模型试验,验证了所研究的钢锚箱构造的合理性和安全可靠性,具有创新性。运用有限元模型对全桥进行双重非线性稳定分析,在考虑局部稳定性的基础上提出了非线性稳定安全系数的合理值。

(6)斜拉桥索体采用镀锌钢丝扭绞,外缠PVF胶带,再热挤双层高密度聚乙烯护套的新型结构;双层高密度聚乙烯护套材料首次通过了10000小时人工气候老化及耐环境应力开裂性能试验,理论上可满足斜拉索50年的使用寿命要求。

(7)斜拉索螺母式锚具首次采用热浸镀锌涂装技术(锌层厚度达到90μm);开发了新型锚头密封结构并首次在国内进行了动态水密性试验。

25. 龙头山隧道双洞八车道隧道关键技术研究(广东)

龙头山隧道是G4W(广澳高速公路)广东国道主干线广州绕城公路东段的一座隧道,为国内第一座双洞八车道高速公路长隧道。施工条件复杂,浅埋、偏压、小间距、洞口地质条件差、洞体靠近油库。通过国内外工程调研,尚无相关设计理论和可供参考经验。开展相关研究:①特大断面高速公路隧道优化设计技术研究;②特大断面高速公路隧道信息化施工技术研究;③特大断面高速公路隧道地层、设计、施工、监控信息集成化技术研究;④特大断面高速公路隧道监测技术及安全风险研究;⑤特大断面高速公路隧道衬砌防裂、防渗控制技术研究;⑥特大断面高速公路隧道的节能技术研究;⑦特大断面高速公路隧道阻燃沥青路面技术研究。取得如下创新性成果:

(1)提出了考虑施工过程的长隧道设计荷载的计算理论与方法,并给出了相应的荷载计算公式,按此公式计算所得荷载比按现有大跨隧道设计方法计算所得荷载减小40%左右,从而可以减薄衬砌、降低造价,并可拓宽现有公路隧道设计规范的应用范围。

(2)提出了软硬不均地层长隧道信息化施工技术,施工中采用变大跨为小跨的方法,有效减小了围岩压力,控制了变形及支护结构的稳定性。

(3)提出了在硬岩特大断面扁平隧道施工中,采用中导洞超前再分块扩挖的开挖方法,可有效地减小爆破震动,震速可减小30%左右。

(4)系统进行了照明光源比选,灯具生产及安装标准灯具合理布置以及显色性、色温和照度关系等照明标准问题的研究,提出了LED光源的隧道照明设计、施工和质量验收标准,提出特大断面隧道合理的灯具布置方案,并编制了《公路隧道LED照明企业标准》。将LED照明节能技术研究成果应用于依托工程,节能超过40%。

(5)建立了一个高效的集勘察—设计—施工—监测于一体的信息化、数字化平台,首次实现了隧道建设过程中的动态数字化管理,为今后隧道运营、维修提供了重要依据。

(6)建立了阻燃沥青的热解、燃烧动力学模型,分析了其阻燃机理,定量评价了阻燃效果,表明所研制的阻燃沥青性能良好,首次应用热重—傅里叶红外光谱分析技术,验证了无机阻燃剂对沥青的抑烟机理。

研究成果总体上达到国际先进水平,其中考虑施工过程的特大断面隧道荷载计算理论和方法,隧道动态信息化、数字化平台管理技术,隧道阻燃路面安全性设计理论达到了国际领先水平,成果分别获得中国公路学会科技进步特等奖和广东省科技进步一等奖。

26. 公路工程建设执行控制成套技术研究与应用(广东)

该项目以G4W(广澳高速公路)广东国道主干线广州绕城公路东段建设项目作为研究对象,针对当时公路工程建设管理执行力不足和技术创新能力停滞不前的现状,开展公路工程建设管理技术体系及其应用研究,对公路工程建设乃至其他工程建设产生了深刻的影响。主要创新成果:

(1)创新公路工程管理理念与模式,构建公路工程"执行控制"理论体系,解决了工程项目执行力不足、缺乏系统的管理标准和指南这一问题。该体系由目标子系统、组织子系统、CPF子系统、信息化子系统、文化子系统和评价子系统组成,是一个动态开放的有机整体。

(2)研制了"CPFFI"执行控制规范化管理技术。研究和借鉴国内外工程建设经验,制定6

大类86项管理制度和办法,1335张管理用表和业务管理格式,102个管理流程,制定公路工程建设关键技术流程与施工工法,研制以合同化、程序化、格式化和信息化为核心内容的"CPFI"规范化管理技术,实现了管理目标合同化、管理内容格式化、内容执行程序化、执行手段信息化的公路工程规范化管理,解决了工程建设管理依据不足、责权利不清等难题,有效实现了项目管理模式的快速复制。

(3)开发了公路建设管理信息系统。该系统采用偶尔连接的设计策略、灵活规范的业务流程和台账式工程量清单模式,具有强大的数据统计分析功能和智能决策功能,并支持网络化协同应用,可实现项目生命周期的一体化管理,为公路工程建设管理和技术创新提供了先进实用的操作平台。该软件已取得计算机软件著作权。

(4)构建了技术创新实现平台。该平台以复杂重大工程项目为依托,以参建各方、高等院校、科研院所和社会专家为主体,以资金、信息、人才为支撑,以创新文化为引导,以创新型组织为保障,以"CPFI"成套技术和信息技术为手段,以金字塔模型为运行机制,通过创新资源的整合与共享,实现优势技术集成和技术创新突破,实现了管理技术与工程技术的无缝衔接。其研究成果分别获得中国公路学会科技进步一等奖和湖南省科技进步一等奖。

27.环保与景观前置研究及其在随岳高速公路中的应用(湖北)

该项目依托G4W2(许广高速公路)湖北随岳高速公路中段建设项目,开展高速公路环保与景观前置的理论探索、环保与景观设计理论和示范工程应用实践等新理念的理论与应用研究。项目将研究环保与景观前置理念的内涵,并对环境保护前提下的生态景观与景观设计、行车安全舒适与视觉景观等方面进行深入的理论探讨,对构成高速公路景观的各要素进行提取、分类和描述,使高速公路景观设计理论达到一个新的高度。项目在随岳高速公路建设项目中进行应用实践,设计建设示范工程。主要研究内容如下:

(1)高速公路环保与景观前置理念的内涵研究。探讨以"生态环保、安全舒适、自然和谐"为宗旨的公路环保与景观前置新理念,对景观前置设计的新理念从理论上进行全方位深入研究,具体内容包括高速公路环保与景观前置理念的内涵;高速公路环保与景观前置理念在公路设计中的作用;高速公路环保与景观前置理念的实现途经、可行性和可操作性;高速公路环保与景观前置理念与现行环境保护各标准的结合。

(2)高速公路环保与景观设计前置理论的研究。在现有公路设计方法基础上,着重研究道路与景观及环保之间的相互影响关系,视公路为环境中灵活的、主导性的景观要素,结合道路沿线自然地理及人文特征,有机整合从线路走向、交叉道口、构造物及沿线服务设施,到路基路面、绿化、水土保护、噪声控制等各方面因素进行设计,提出将道路与环境统合为一的设计理论,体现以人为本、和谐环境的宗旨,为创造出既安全、舒适、环保,又具人文情调的现代公路模式提供理论支撑。

(3)随岳高速公路景观与环保设计研究。在高速公路环保和景观设计前置理论研究基础上,开展以随岳高速公路自身作为环境中景观主要构成要素的研究,提炼环保与景观设计重点并研究相应的设计方案。随岳高速公路沿线地处丘陵地带,山水资源丰富,具有独特的自然地理地貌和人文特征,对沿线空间类型(山型、水面、植被)等进行研究分类,分析流动景观的整体印象,结合自然生态的保护和恢复,提出适合环境的高速公路设计方法和途经。

(4)随岳高速公路环保与景观示范工程研究与实践。根据设计新理念,应用前述研究结论,以随岳高速公路为工程示例进行基于新理念的环保与景观设计应用与施工实践,对项目成果进行实物验证,内容包括示例工程设计和示例工程建设管理两个方面。

(5)公路环保与景观前置研究的实践与评价体系研究。以公路环保与景观前置设计理论为指导,应用前述研究成果于随岳高速公路建设项目,以验证前置设计理论方法的可行性和合理性,建立并提出相应的评价体系和评估方法。

28.路域陆生生态系统中植物影响和恢复的评价研究(湖北)

该项目依托 G4W2(许广高速公路)湖北随岳高速公路建设项目,研究植物和环境之间存在着的相互联系、相互依赖和相互制约的关系。从某种意义上来说,通过对生态系统中第一营养级——植物的监测能够更直接地综合反映出环境质量和质量变化对生态系统的影响,这比监测其他营养级所得到的数据更具有说服力,也为今后研究其他营养级的变化奠定一个基础。而有关以植物作为高速公路建设对生态系统影响的评价依据的工作还非常少,有待于进一步加强研究。该课题将陆生植物界定为研究对象,具体内容如下。

(1)采取典型区段调查法,即对施工路段进行调查后,选择有代表性的路段和生态敏感区进行调查,调查的内容包括以下几方面:①研究区域内原有植物的种类组成;物种的数量和分布;优势种;特定种植物的种群密度,覆盖率以及与植物生长有关的因素,土壤、地貌等环境现状;②施工期相同因子的变化情况;③建成后原有植物的种类组成;物种的数量和分布;优势种;特定种植物的种群密度。生态恢复后研究该地区的植物群落种类、分布,覆盖率,生长情况、植物的现存生物量及植物的破坏及恢复情况,植物及引入外来植物的种类及数量以及相关环境因子的状况。

(2)通过现场测定及采样后离体实验分析确定分析区域内典型优势植物个体的生理参数,包括:测定植物光合作用、呼吸作用、叶面积等。通过采样后离体实验分析植物的生物量,生产量,氮吸收速率,碳氮在植物各器官之间分配、积累、周转的情况以及关键酶的生化指标。

29.生态型服务区研究(湖北)

该项目在国内公路建设中率先提出了“生态型服务区”的新理念,结合 G4W2(许广高速公路)湖北随岳高速公路中段建设项目,开展了高速公路生态型服务区的理论探索和示范工程应用实践研究。

(1)湖北省随岳高速公路中段均川服务区(靠水侧)双层窗系统(规模 $3\times4.32\mathrm{m}^2$)采用了华中科技大学研发的双层节能窗系统,2009 年 7 月该双层节能窗系统建设完成。经过 2 年的调试运行,2011 年 12 月 19 日和 2012 年 7 月 13 日华中科技大学建筑与城市规划学院对该服务区双层节能窗进行监测,结果表明:节能达到设计能力的 75% 工况要求,室内温度保持在比较舒适的范围内,在没有其他动力的情况下,冬季室内温度较室外高出 7℃,夏季室内温度较室外降低 5℃。该系统无需任何额外的动力,借助热空气动力学原理,巧妙地利用热胀冷缩将室外辐射热阻隔在窗外,使室内温度保持在较适宜的范围内。生态型双层节能窗系统的稳定达标运行,较之其他主动式温度调节设施,无污染、无噪声、无运营成本、无任何碳排放,有效地减少了均川服务区的污染负荷,改善周边环境,避免服务区与周边居民引起环境纠纷。该服务区双层节能窗的生态处理系统完全融入建筑中,无需特殊支持设施。

(2)湖北省随岳高速公路中段均川服务区(靠山侧)污水处理系统(规模 $120m^3/d$)采用了华中科技大学研发的生态绿地处理系统,2009 年 7 月该污水处理系统建设完成。经过 1 年的调试运行,并在 2012 年 7 月 13 日由随州市环境监测站对该服务区污水处理站进行取样监测,监测结果表明:处理能力达到设计能力的 75% 工况要求,出水水质达到《污水综合排放标准》(GB 8978—1996)的一级标准。该系统对 COD、BOD_5、SS、氨氮的去除效果较为稳定,出水 BOD_5 一直保持在 16mg/L 左右,远低于《污水综合排放标准》(GB 8978—1996)一级排放标准中 30mg/L 限值。生态型污水处理系统的稳定达标运行,可有效减少均川服务区附近水域的污染负荷,改善周边环境,避免服务区与周边居民引起环境纠纷。该服务区污水生态处理系统占地面积约为 $600m^2$(含道路、绿化等)。该工程运行成本仅为提升泵的运行电耗,约 0.24 元/m^3(电费按 0.9 元/度计),设备折旧费折合约 0.02 元/m^3,则运行费用合计为 0.26 元/m^3,远低于国内调研的 0.7 元/m^3 的运行费用,经济效益显著。如果考虑污水回用节省的自来水费用,则运行成本更低。该项目研究成果可广泛应用于国内高速公路服务区建设、民用建筑节能及污水处理回用。

30. 透水沥青路面在随岳高速公路的应用研究(湖北)

通过对 G4W2(许广高速公路)湖北随岳高速公路中段建设项目区域的气候和交通量的分析,把路面的高温性能、抗滑性能和防水损害性能作为研究的重点,提出了沥青面层的厚度及相应的沥青混合料级配类型:下面层采用 8cm 厚的 AC-25C,中面层采用 6cm 厚的 AC-20C,上面层采用 4cm 厚的透水沥青混合料 OGFC-13,OGFC-13 的构造深度大,具有良好的渗水性能和抗滑性能;设计了密级配沥青稳定碎石混合料 ATB-25 作为柔性基层;制备应用了透水路面专用高黏度 TPS 改性沥青;研究应用了 SBR 改性乳化沥青以及由有机硅树脂防水剂和 SBR 改性乳化沥青组成的复合防水黏结剂两种防水黏结材料。

31. 荆岳长江公路大桥主桥关键技术研究(湖北)

依托 G4W2(许广高速公路)湖北随州至岳阳高速公路建设项目,研究了超大跨度不对称混合梁斜拉桥结构体系、分离式钢箱梁全悬臂拼装施工与控制技术、边跨混凝土箱梁预制拼装施工与控制技术、预制拼装式钢混结合段等斜拉桥关键部位、缝接合龙法创新技术、斜拉桥特殊地质条件下大型基础关键技术、新型耐久性长寿命斜拉索成套技术、大跨度钢桥面铺装体系关键技术。

32. 荆岳长江公路大桥长联大跨预应力混凝土连续箱梁桥开裂与长期变形控制(湖北)

依托G4W2(许广高速公路)湖北随州至岳阳高速公路建设项目,研究了大跨预应力混凝土箱梁桥从设计到施工的全过程裂缝控制成套技术,建立了大跨预应力混凝土箱梁桥长期变形的综合控制体系,开发了考虑大跨预应力混凝土箱梁桥开裂和长期变形控制在内的多目标施工控制系统,取得了良好的经济和社会效益。

33. 荆岳长江公路大桥软硬混杂陡立破碎岩体上超大跨斜拉桥大型群桩基础设计与施工技术研究(湖北)

荆岳长江公路大桥竹桥南主塔地质条件极为复杂,岩层存在破碎与完整岩体相间分布的倾斜陡立岩体等不良地质问题,对南主塔基础大直径、超大长度直径的成孔施工极为不利。该研究主要介绍了陡立、破碎、复杂地质条件下的钻孔施工技术,通过技术创新,成功研制了"自导向钻头",顺利攻克复杂地质条件造成的施工技术难题,保证了南主塔桩基础施工任务高效、优质的完成。

34. 荆岳长江公路大桥新型耐久型长寿命斜拉索成套技术研究(湖北)

荆岳长江公路大桥斜拉索的索体通过采用多层防护系统,包括钢丝镀锌、高密度聚乙烯护套和护套表面缠包PVF氟化膜胶带,保证斜拉索在设计寿命期内免遭腐蚀,采用一种新型的杠杆质量减振器(LMD)和气动措施并用的综合减振方案,有效地延长了斜拉索的使用寿命。

六、复杂技术工程

1. 湖北蔡甸汉江大桥

蔡甸汉江公路大桥位于武汉市西郊,距汉江汇入长江入水口上游28km,在东西湖区向家台与蔡家台河湾之间长1000m的汉江直线段中部,距蔡甸区汉江汽渡约300m处跨越汉江,是G4(京港澳高速公路)湖北京珠高速公路北段建设项目和武汉市外环公路上一座重要桥梁。蔡甸汉江公路大桥由双向四车道国道主干线和两车道农用道构成,设计荷载等级为汽车—超20、挂车—120;设计水位高程为29.375m(黄海高程);抗地震烈度为7度。全桥分上行下行两幅,主桥为预应力混凝土箱形变截面连续刚构,两岸引桥为预应力混凝土T形组合梁(桥面连续),桥跨布置为20×30m+(110+180+110)m+20×30m,全长1607.0m;其下构二主墩为钢筋混凝土双薄壁墩。由于预应力连续刚构梁桥采用了悬臂挂篮施工,对施工过程如未严格监控监测(立模高程、线形、应力、温度等),将无法保证工程的设计要求和施工质量,有时甚至可能造成严重事故。大跨度桥梁的施工控制已逐步被工程界所重视,并形成了一套行之有效的控制方法。大桥上构为三跨一联三向预应力混凝土变截面箱形连续刚构,每侧悬臂各为26节段,体系转换、张拉工艺复杂,施工难度大,技术要求高,而且挂篮及施工机具、材料重量变化大,很难完全符合设计时的估计。加之由于混凝土配合比、混凝土收缩徐变、温度变化及张拉工艺等均将造成预应力损失,若对其不能得到符合实际的量化分析、加以有效的监测控制,将会直接影响桥梁的设计线形、强度和工程质量;更有可能多跨合龙后出现明显的"驼峰"起伏现象或"穿袖子"现象;而强行合龙的结果必将使桥内产生极大的附加应力。凡是以悬臂浇筑施工的桥梁,都是逐节段向前推进的,施工控制中常采用逐节段跟踪控制的方法。蔡甸汉江公路大桥监测监控组抓住这一要点,把监测监控的主要工作集中在主桥左右幅箱梁悬浇、边跨、主跨合龙的前后期间。在此时段,分别进行了桥梁结构有限元分析计算、线形监测和预拱度控制、混凝土的应变测试和应力分析、箱梁温度跟踪测量等工作,从而为箱梁的安全合龙提供了科学依据,达到监控的目的,确保了大桥的施工质量。

2. 湖北陆水河大桥

陆水河大桥位于湖北省赤壁市西部,桥梁总长1441.72m,主桥结构为预应力混凝土箱形截面连续梁,引桥为预应力混凝土T梁,跨度组合为18×30m+1×80m+3×125m+1×80m+2×30m。大桥距陆水河上游陆水水库695km,距陆水河汇入长江入口28km,在既有陆水河二桥下游处,是G4(京港澳高速公路)湖北京珠高速南段建设项目的一座桥梁。其主要技术难点的处理为:

(1)溶洞的处理。陆水河大桥基岩为石灰岩,岩溶十分发育,从每根桩基孔位地质小孔资料来看,几乎每个孔都有溶洞,溶洞横向贯通,纵向成串,填充物也不规则,有半填充,有全填充,也有空溶洞,最大溶洞高度达13m,溶洞串最多达8个。处理方法:①技术人员及钻机人员充分掌握地质资料情况,每个孔位的地质柱状图列在钻机上,让施工人员随时都知道溶洞的位置、大小、充填情况;②钻至离溶洞顶部1m左右时,钻机冲程变为1~1.5m,逐渐将溶洞顶击穿,防止卡钻;③击穿溶洞顶后,把做成泥球的黏土和片石按1:1的比例投入,加大泥浆的相对密度到1.4左右,如果出现漏浆情况,随时准备补浆,并用小冲程冲砸,当泥浆漏失现象全部消失后再正常钻进。对于大型空溶洞或半填充的溶洞为了防止塌孔,采用套护筒的办法隔离覆盖层。如引桥N14-1孔,击穿溶洞后,泥浆面在1min之内下降7m,导致7m以下的砂层坍塌,采取下列措施处理:先用1.6m的钻头将覆盖层范围内的孔扩大至1.6m,然后下内径为1.6m的钢护圈直至岩面;④有的溶洞内填充物为砂黏土,俗称"观音土",这种土黏性很大,经过反复冲砸,变成"牛皮糖",吸锤严重,曾采用在孔内投入石灰和锋口石(1:1),在锤子底下焊接钢筋爪子等措施,效果都不理想。最后采用旋转钻和冲击钻交替使用的办法。

(2)裂隙漏浆的处理。地质资料表明,桥址处有一条南北走向的断裂带,在冲孔过程中,得到了进一步的验证,北引桥全部N1号孔都出现过漏浆的现象,采取的主要处理措施为:①入岩前,准备充足的水源和水泵;②准备足够的黏土,并将黏土做成泥球,直径20cm左右;③准备充足的片石,密切注意护筒内泥浆面的变化情况,当泥浆面在迅速下降时,证明在漏浆,首先尽快补水,然后投入泥球和片石,高度为2m,再反复用小冲程冲砸,这样砸碎的片石和大颗粒可将裂隙堵住。

3. 湖北武汉军山长江大桥

武汉军山长江公路大桥是 G4(京港澳高速公路)湖北京珠高速公路南段(京珠高速公路)、沪蓉两条国道主干线跨越长江的共用特大桥,也是武汉市外环高速公路的过江工程。项目被列为国家"九五"和"十五"交通重点建设工程之一。武汉军山长江公路大桥位于武汉市西南郊,长江军山河段铁板洲下游魏家湾,起于京珠国道主干线湖北省北段 K173 +200,止于 K178 +081.178,项目全长 4881.178m,其中:桥长 2847m,北岸引道长 1571.5m,南岸引道长 462.678m。主桥为主跨 460m 五跨连续双塔双索面半飘浮体系钢箱梁斜拉桥,全长 964m。全线设有安全、通信、监控、供电、交通照明和景观照明工程及服务设施。设计单位综合考虑了堤防、水利、防洪、通航等因素,选定的桥位正确,桥跨布置合理,技术经济指标先进,结构安全,主引桥匹配协调,美观大方。为控制工期和工程投资,减少深水基础工程量,在国内首次采用了大直径异型双壁钢围堰技术。斜拉桥索塔锚固区设计采用横桥向开口的 U 形小半径环向预应力体系及深埋锚工艺,并进行了预应力管道真空吸浆技术的试验研究;采用有机合成长纤维稳定 SMA 混合料,完善改性沥青 SHARP 分级,为钢箱梁桥面铺装提供了可靠的技术保证。施工单位严格按照设计图纸和施工规范施工,推行全面质量管理和项目管理,制订了完善的施工组织设计,科学管理,精心施工,积极采用新技术、新工艺、新材料、新设备,克服了工程规模大、施工技术复杂、涉及行业多、协调难度大、关键工期紧等困难;首次在长江上采用单导向船定位大直径异型钢围堰技术;钢箱梁斜拉桥主梁采用全断面焊接新工艺,大大提高了工程质量;钢桥面板防护采用先进的喷砂除锈热喷锌工艺;主塔采用了大块整体钢模爬模施工技术,保证了混凝土的质量和外观;严格施工安全生产管理,杜绝了重大安全生产事故发生。建成后的大桥各部位结构强度和尺寸均符合设计要求,线形顺适,雄伟壮观。施工监控单位为了保证大桥结构受力和线形达到设计要求,对施工控制参数的选取、影响参数的确定和施工全过程及成桥状态的仿真计算做了大量而细致的工作,采用先进的频谱分析法测量斜拉桥拉索索力、钢弦式应变传感器进行应力测量,克服了施工监控目标多、施工误差因素复杂、温度效应显著、施工控制调整手段少等困难,成功实现了主塔、加筋梁和斜拉索的内力、高程及线形控制,符合设计要求,为我国大跨径桥梁建设积累了宝贵经验。

4. 广东珠江黄埔大桥

国道主干线广州绕城公路东段(珠江黄埔大桥)是经国务院常务办公会议通过、国家发展和改革委员会批准的重要建设项目。项目北起广州市萝岗区,与北二环高速公路相接,向南跨越广深高速公路、广园快速路、广深铁路、国道 107、广深沿江高速公路,在黄埔区菠萝庙船厂西侧跨越珠江主航道和辅航道至番禺区化龙镇,终点与广珠东线高速公路及广明高速公路相接,路线全长 18.694km,按远期八车道高速公路标准建设,设计车速为 100km/h。项目于 2004 年 12 月开工,2008 年 12 月建成通车。2013 年 3 月通过交通运输部组织的竣工验收。其控制性工程为珠江黄埔大桥及龙头山隧道,其中黄埔大桥全长 7016.5m,包括北引桥、北汊斜拉桥、中引桥、南汊悬索桥及南引桥。其中,黄埔大桥北汊斜拉桥为国内最大跨度的独塔双索面斜拉桥,采用半飘浮支撑体系。其跨度组成为383.0m+197.0m+63.0m+62.0m。主梁采用流线型扁平连续钢箱梁,全宽41m(含布索区),主塔采用钢筋混凝土门形索塔,上塔柱之间的净距(在塔顶)为24.5m,外边缘之间的距离为35.5m。塔柱自承台顶起的高度为226.14m,自桥面起的高度为160.45m。斜拉索采用双索面冷铸锚平行钢丝拉索,标准索距16m,边跨索距12m。黄埔大桥南汊悬索桥采用单跨扁平钢箱加劲梁,主跨1108m,桥面全宽41.69m。主塔采用门形索塔,总高度为195.276m。主缆采用预制平行钢丝索股,上下行中心距为36.5m,全桥采用钢丝绳吊索,双向共170处吊点,其中桥塔侧吊索距桥塔中心线水平距离为16.4m,其余吊索水平间距为12.8m,吊索与索夹为骑跨式连接,与加劲梁为销铰式连接,锚杯口设有氯丁橡胶浇制的缓冲器,以改善吊索的弯折疲劳性能。

5.广东龙头山隧道

龙头山隧道是国道主干线广州绕城公路东段(珠江黄埔大桥)建设项目的一座隧道,是国内第一座双洞八车道高速公路长隧道。左线长1010m,右线长1006m,单洞净宽2×18m,净高8.95m。最大埋深98m,最大开挖宽度21.6m,最大开挖深度13.58m,扁平率0.63。左右线进口最小净距23m,出口净距20.8m。受洞口地形地貌和油库、公园、古庙等建筑物影响,隧道具有大跨、浅埋、偏压、间距小、洞口地质条件差等施工难点。

6.湖北岳口汉江二桥

该工程为G4W2(许广高速公路)湖北随州至岳阳高速公路中段建设项目的一座桥梁。全桥由北引桥、主桥、滩桥、跨南岸堤桥、南引桥组成,其中北引桥为55×30m简支变连续T梁,主桥为73m+112m+150m+150m+90m预应力连续箱梁,滩桥为25×40m简支变连续T梁,跨南岸堤桥为50m+80m+50m连续箱梁,南引桥为185×30m简支变连续T梁,全桥长9171m。主桥第一至第四跨平面处于直线段上,第五跨有66.509m处于缓和曲线上,其余引桥及滩桥均处于曲线上。大桥中轴线与北岸堤的夹角为69°,与南岸堤的夹角为58°。滩桥中设有超高渐变段,滩桥、南岸上堤桥、部分南引桥设有左侧2%超高,南引桥中设有超高渐变段。在桥上设有3个中央分隔带开口,每一开口长30m,位置设在54号~55号墩,103号~104号墩,188号~189号墩之间。

7.湖北荆岳长江公路大桥

荆岳长江公路大桥桥址位于湖北、湖南两省交界处,上距荆州长江公路大桥约256km,下距武汉军山长江大桥约189km,它是湖北省"七纵五横三环"骨架公路网规划中G4W2(许广高速公路)湖北随州至湖南岳阳高速公路跨越长江的控制性工程。主桥布置为398m+816m+230m的双塔不对称混合梁斜拉桥,长1444m;长江滩桥布置为100m+5×154m+100m的七跨连续预应力混凝土变截面箱梁,长970m;北岸引桥采用16×30m先简支后结构连续装配式预应力混凝土小箱梁;北过渡孔桥采用3×67.5m预应力混凝土现浇连续箱梁,共长685.5m;南岸引桥和过渡孔桥采用4×67.5m+31×30m预应力混凝土现浇连续箱梁，长1203.0m。大桥工程及两岸接线均采用双向六车道高速公路标准建设，路基宽33.5m。全封闭、全立交，北岸设置白螺互通立交1处，收费站2处（主线、匝道收费公路1处）；管理分中心（监控通信分中心）与养护工区1处，以及其他必要的交通工程及沿线设施等。

关键及难点工程：

（1）复杂岩溶地质条件下大直径钻孔灌注桩冲击成孔、成桩技术。

①桩基施工平台的搭建。将1000t方驳用拖轮拖运至桥位，在主墩侧面抛锚泊定。然后将ϕ820×10mm钢管桩用运输船运到桩位。打桩船到运输船上取桩后，行驶至主墩桩位，抛锚自锚泊定。利用2台经纬仪在前方交汇控制桩位及垂直度。打桩船利用自锚系统调整位置，将龙口对准桩位中心，调整龙口的竖直度，锤击沉桩。

②钢护筒施工。采用ϕ330cm，壁厚2cm的钢护筒，采用APE-400型振动打桩锤插打。钢护筒现场下沉质量控制包括平面位置、垂直度、插打深度（与设计一致）、对接焊质量等。在管桩平台相应的桩孔位置布置定位、导向架，由动臂式塔吊起吊护筒节段插入定位、导向架内实施现场对接并振动下沉。第一节钢护筒振动下沉是否准确就位是控制倾斜度的关键，护筒下放着床时用2台经纬仪准确校正其纵横垂直度，再用振动锤激振下沉。如遇下沉困难，采取护筒内吸泥下沉，直至下沉至设计深度。

③桩基成孔施工28号墩北主塔基础共计26根ϕ3.0m的基桩，等分在上下游两个围堰范围内。下游最大桩长为66m，上游最大桩长为51m。选用14台冲击钻同时作业实施成孔施工。由于钻进均在护筒内或岩石中进行，采用气举反循环清水钻进工艺。配备2艘50t浮吊船、1台ZSL3430型动臂吊机作为基桩钢筋吊装和混凝土浇筑的施工起重设备。

④成孔技术采用冲击正循环成孔工艺，确保成孔的质量和安全，提高成孔进度和一次成孔合格率。

（2）大直径分离式双壁钢围堰施工技术。

先完成围堰安装前的拼装平台（基准面）钢管的焊接工作，并将原钻孔平台改制后布置好吊点横梁。钢围堰运输采用1650t的甲板驳，运至28号主墩平台抛锚定位后，由动臂吊机起吊或者浮吊起吊后，在拼装平台上转换吊点，将动臂吊机或者浮吊上的吊点转换至手动葫芦上。各环块之间组焊成围堰环后，再利用手动葫芦整体下放至围堰自浮。在围堰自浮状态浇筑刃脚混凝土，浇筑后在围堰内注水下沉，调整好围堰位置后进行围堰着床，再利用浮吊或者动臂吊机吊装第二节段的围堰环块。调整好围堰位置后，进行围堰水平、竖直焊缝的焊接，并及时浇筑夹壁混凝土。完成浇筑后，注水下沉，辅助以吸泥。在完成下沉后，利用浮吊或者动臂吊机完成第三节段的围堰拼装，其后浇筑水下混凝土至设计高程，待混凝土达到一定强度后，安装第四节段钢围堰，最后进行封底混凝土浇筑工作。平台改造：在大部分基桩完成后将平台按照钢围堰的内径进行改造，拆除干扰部分。在平台周边设置围堰拼装悬挑装置，同时在已完成的基桩钢护筒上设置围堰下沉定位、导向架。围堰组拼：工厂加工完成的围堰分块通过船舶运输至墩位处,由浮吊起吊安装就位并临时固定,通过精确调位后分块实施现场焊接,如此将围堰分块组焊成型。围堰下沉:首节段围堰组焊接完成后通过设置于平台上的链条滑车下放围堰入水,后续围堰节段组焊完成后采用在夹壁内浇筑混凝土、注水和吸砂等助沉措施。为尽量减少上下游围堰的相互干扰,下游围堰先于上游围堰下沉。

(3)大体积混凝土(围堰封底、承台)施工技术。

荆岳长江公路大桥北塔位于长江河床边滩上,设计为分离式圆形双壁钢围堰桩基承台基础。两个承台直径均为30.0m,厚度为8.0m;分离式圆形钢围堰内、外直径分别为30.0m和33.0m,围堰壁厚1.5m,围堰封底混凝土厚度为6.8m。围堰封底混凝土,承台均为大体积混凝土,围堰特殊的施工环境使得其施工技术更具难度,质量控制更为困难。

①围堰封底混凝土施工技术。在拼装完成第四节围堰,进行围堰内清基后即可进行封底混凝土的浇筑施工。封底混凝土的浇筑采用在平台上设中心集料斗,经梭槽至各导管的方案进行。a. 围堰内清基。围堰清基采用5套直径为299×8mm吸泥机按方格网坐标划分的区域逐块进行吸泥。清基后要达到以下标准:清基后露出岩面的范围不小于围堰内壁直径。围堰刃脚斜面露出长度不小于1.4m;岩面淤砂厚度小于5cm,且成片面积小于2m^2,各片之间不能连通。b. 浇筑平台根据封底时间及施工条件,本着“尽快封底”的原则,按围堰实际情况,及时在现有的施工平台上设封底混凝土浇筑施工支架平台。c. 导管的选择及布置根据封底要求,导管采用内径为299mm、壁厚为10mm的无缝钢管。导管的平面布置根据封底面积和每根导管的作用半径来确定平面上布设导管的根数和位置。根据计算,每个围堰内均匀布置15套混凝土浇筑导管。鉴于大体积围堰封底的连续性,参照有关资料和实际施工情况,做到各拌和系统提前维修和保养并备齐各种易损的配件。在浇筑期间,由中心集料斗经梭槽均布于15个导管浇筑混凝土即可。下游围堰于2008年5月4日完成封底混凝土浇筑,上游于2008年5月10日完成封底混凝土浇筑工作。

②大体积承台温控技术。根据混凝土物理、热学性能试验,计算了承台大体积混凝土的内部温度场及仿真应力场,并根据计算结果制订了不出现有害温度裂缝的温控标准和相应的温控措施。对承台混凝土配合比进行优化设计,以有利于减少水化热,对大体积承台施工进行仿真计算,并在计算结果的基础上布设冷却管进行冷却。此外混凝土浇筑后加强现场养护。由于各项措施到位,承台温控效果良好。为使大体积混凝土具有较低的水化热、较好的体积稳定性和抗裂性能,混凝土配制遵循如下原则:选用低水化热和含碱性低的水泥;在满足混凝土强度要求的基础上降低单方混凝土中胶凝材料及硅酸盐水泥的用量;使用性能优良的高效减水剂,尽量降低拌和水用量。根据上述要求,并以使混凝土满足和易性、凝结速度等施工条件,符合强度、耐久性等质量要求为原则。实际混凝土坍落度控制在16cm±2cm,以保证混凝土具有可泵性。

(4)北主桥钢箱梁吊装技术。

荆岳长江公路大桥在施工中针对北主桥钢箱梁的吊装方案及工艺,结合到该桥位的地理、地形、水文以及桥梁本身的结构特点进行了大胆创新。

根据荆岳大桥的具体环境和结构特征等情况，项目部制订的北主桥上部钢箱梁架设方案，采用桅杆吊和变幅式桥面吊机实施塔区梁段和其余部位梁的吊装。变幅式桥面吊机简介及桅杆吊系统布置：所谓变幅式桥面吊机就是吊机负重后，其通过吊臂的变幅实现箱梁顺桥向大范围的水平位移，以满足施工的需要，而传统的吊机在负重情况下其水平位移功能是有限的。桅杆吊系统由两大部分组成，即起吊系统和桅杆变幅系统。充分利用桥面吊机的部分单元结构件的功能以及索塔结构特点，将桥面吊机的吊臂布置于索塔上横梁采用铰座与横梁连接，通过局部改变上塔柱施工临时桁架受力后，将桅杆变幅系统固定着力点设置在桁架之上。

（5）软硬混杂陡立破碎岩体大型群桩基础施工技术。

南主塔基桩施工决定荆岳大桥全桥建设的成败。项目部针对陡立、破碎、复杂地质条件下的钻孔施工技术，通过技术创新，成功研制“自导向钻头”，顺利攻克复杂地质条件造成的施工技术难题，保证了南主塔桩基础施工任务高效、优质的完成，所有成桩均为Ⅰ类桩。“自导向钻头”施工技术由此获得国家专利。

第五节　G5（京昆高速公路）北京至昆明高速公路

G5（京昆高速公路）是国家“71118＋6”高速公路网7条首都放射线中的第五条射线，是连接北京、河北、山西、陕西、四川、云南六省（直辖市）的重要省际大通道，是首都沟通西北与西南地区的交通大动脉，同时也是连接石家庄和太原的又一重要高速通道，是山西中部、陕西北部、宁夏北部物资运输出港最便捷的路径。

G5（京昆高速公路）是陆路丝绸之路经济带连接海上丝绸之路经济带的重要组成部分，G5（京昆高速公路）的全线建成通车有效提升了沿线竞争优势，激活了发展潜力，对加快沿线地区工业及农副产品的流通、推进资源优化配置、带动旅游业发展具有重要作用和意义，将给沿线地区经济社会发展增加新引擎。

G5（京昆高速公路）起点位于北京市大苑村（西六环东侧1.4km处），终点位于昆明市小屯立交。规划里程2660.00km，通车里程2591.844km，其中四车道1883.451km，六车道707.653km，八车道及以上0.74km。经过北京、河北（保定、石家庄）、山西（阳泉、晋中、太原、吕梁、临汾、运城）、陕西（渭南、西安、安康、汉中）、四川（广元、绵阳、德阳、成都、眉山、雅安、凉山彝族自治州、攀枝花）、云南（楚雄彝族自治州、昆明）。1995年4月28日G5（京昆高速公路）四川成绵段率先开工建设，2015年12月G5（京昆高速公路）石家庄段通车，至此，G5（京昆高速公路）全线贯通。

拥有联络线两条：

G0511（德都高速公路）德阳至都江堰高速公路，待建。

G0512(成乐高速公路)成都至乐山高速公路,起点位于成都绕城高速公路白家枢纽,终点位于乐山张徐坝枢纽。规划里程126.00km,通车里程91.242km,全线为四车道。沿线经过成都市、彭山区、东坡区、青神县、夹江县、乐山辜李坝。

一、路线概况

G5(京昆高速公路)路线信息见表8-17,沿线互通、出入口、服务区信息见表8-18,并行线、联络线路线信息见表8-19,联络线沿线互通、出入口、服务区信息见表8-20。

G5(京昆高速公路)路线信息表 表8-17

编号	省份	省内起点	省内终点	途经市、县	通车里程(km)
G5	北京	大苑村	房山区镇江营(京冀界)	北京市房山区	40.360
	河北	保定市涞水县蓬家园(京冀界)	石家庄市井陉县辛庄(冀晋界)	涞水县、易县、定兴县、保定市徐水区、保定市满城区、顺平县、唐县、曲阳县、行唐县、灵寿县、正定县、鹿泉区、平山县、井陉县	267.612
	山西	阳泉市平定县(省界)	运城市河津市(省界)	阳泉市平定县、盂县,太原市尖草坪区、晋源区、清徐县,吕梁市交城县、文水县,晋中市祁县、平遥县、介休市、灵石县,临汾市霍州市、洪洞县、尧都区、襄汾县、运城市新绛县、稷山县、河津市	511.129
	陕西	韩城市禹门口	宁强县棋盘关	韩城市、合阳、澄城、蒲城、富平、三原、高陵、阎良、灞桥、长安、户县、宁陕、石泉、佛坪、洋县、城固、南郑、汉台区、勉县、宁强	579.201
	四川	广元市棋盘关收费站	攀枝花市田房收费站	广元市(朝天区、利州区、剑阁县),绵阳市(江油市、涪城区、罗江县),德阳市(旌阳区,广汉市),成都市(青白江区、新都区、成华区、武侯区、双流县、新津县、浦江县),雅安市(名山区、雨城区、荥经县、汉源县、石棉县),凉山州(冕宁县、西昌市、德昌县),攀枝花市(米易县、盐边县、仁和区)	981.483
	云南	方山(川滇界)	昆明小屯立交	永仁县、元谋县、武定县、禄劝县、富民县、昆明市五华区	212.059

G5(京昆高速公路)沿线互通、出入口、服务区信息表 表8-18

编号	省份	沿线互通	出入口	服务区
G5	北京	大苑村立交互通	大件路、京周路、夏村、襄驸马庄、韩村河、皇后台、长沟、张坊、镇江营出入口	韩村河服务区(未开通)
	河北	涞水新城、涞水北枢纽、涞水西、涞源西枢纽、大北城、辛木、大王店枢纽、保北、满城、顺平北、西朝阳枢纽、唐县北、曲阳东、行唐北、行唐南、灵寿、正定西、曲阳桥枢纽、李村、胡庄枢纽、西柏坡枢纽、南防口、井陉矿区、大里岩互通	涞水新城、涞水西、大北城、辛木、保定北、满城、顺平北、唐县北、曲阳东、行唐、行唐南、灵寿、正定西、李村、南防口、井陉矿区、大里岩出入口	涞水、定兴、满城、顺平、唐县服务区,曲阳停车区,行唐服务区,灵寿、库隆峰停车区,井陉北服务区

续上表

编号	省份	沿线互通	出入口	服务区
G5	山西	晋祠、清徐、清徐南、义望枢纽、文水东、祁县、平遥枢纽、张兰、介休关、灵石、仁义、霍州、明姜、土木、临汾、襄汾、北柴、赵康枢纽、河津西、河津东、稷山、新绛、张山峪、阳泉郊区章召枢纽、阳泉郊区北、盂县南枢纽、盂县西、阳曲东、太原枢纽互通	郝家庄(主线省界站)、岔口、河底、盂县南、东梁、东黄水、晋祠、清徐、清徐南、文水东、祁县、平遥、张兰、介休、灵石、仁义、霍州、明姜、襄汾、北柴、河津西、河津东、稷山、新绛、龙门大桥出入口	清徐、阳曲、盂县、河津、襄汾、平遥、灵石、霍州、临汾服务区
	陕西	禹门口、龙门、韩城、芝川、合阳、澄城、孙镇、蒲城、荆姚、富平、阎良、高陵、户县、涝峪口、纸坊、朱雀、皇冠、宁陕、大河坝、金水、龙亭、洋县、城固、上元观、汉中东、汉中、勉县、胡家坝、韩家坝、宁强、东杨、谢王、河池寨、三星、谢家营、梁山互通	禹门口、龙门、韩城、芝川、合阳、澄城、孙镇、蒲城、荆姚、富平、阎良、高陵、户县、涝峪口、纸坊、朱雀、皇冠、宁陕、大河坝、金水、龙亭、洋县、城固、上元观、汉中东、汉中、勉县、胡家坝、韩家坝、宁强出入口	富平、澄城、韩城、秦岭、宁陕、洋县、汉中、勉县、宁强服务区
	四川	罗家沟、张家坪、二绕成绵、白鹤林、二绕成雅、白家、青龙场、水碾坝、金江枢纽互通	成都站、双流站、青白江、新都、白鹤林、寿安站、蒲江站、万象湖站、成佳站、新津东站、新津南站、邛崃站、金山、罗江、黄许、德阳、八角、什邡、广汉、绵阳北、绵阳、绵阳南、科学城、二郎庙、厚坝、小溪坝、江油北、贯山、江油、广元、昭化、金子山、剑门关、雅安东站、雅安北站、西康大桥站、太平站、名山站、彝海、冕宁、白马出入口	新安、中子、剑门关、八角、荥经、石棉、菩萨岗、冕宁、石象湖、新津服务区,土山岗、汉源、栗子坪、楠垭、锅底凼停车区
	云南	乌龟山立交(西北绕城)互通	方山省界主线站、永仁、土林、元谋、羊街、猫街、迤纳厂、武定狮山、禄金、罗免、富民、昆明西北出入口	猫街、永仁、元谋、武定、富民服务区

G5(京昆高速公路)并行线、联络线路线信息表　　表 8-19

编号	省份	省内起点	省内终点	途经市、县	通车里程(km)
G0512	四川	成都绕城高速公路白家枢纽	乐山张徐坝枢纽	成都市、眉山市(彭山县、眉山市辖区、青神县)、乐山市(夹江县、乐山市辖区)	91.24

G5(京昆高速公路)联络线沿线互通、出入口、服务区信息表　　表 8-20

编号	省份	沿线互通	出入口	服务区
G0512	四川	白家、二绕成雅、青龙场、张徐坝枢纽互通	观音、绵竹、乐山、夹江、眉山、青神、青龙、彭山出入口	夹江天福、眉山服务区

二、路网关系

G5(京昆高速公路)路网关系如图 8-5 所示。

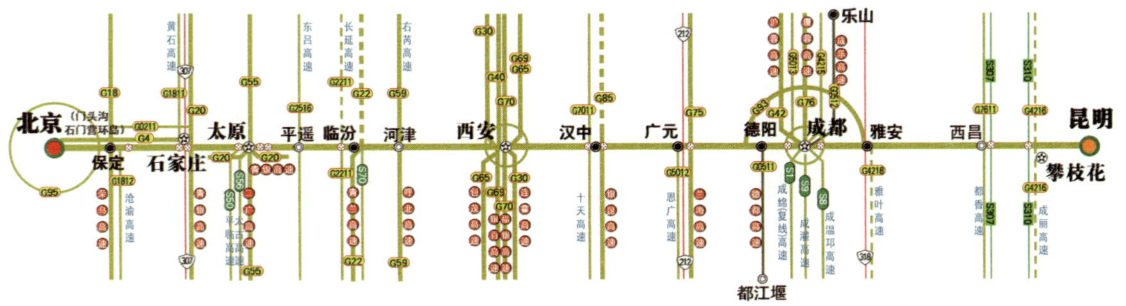

图8-5　G5(京昆高速公路)路网关系示意图

三、建设历程

1. 京昆联络线至北京市界段

2011年11月开工建设,2014年12月建成通车,全长40.36km,全线六车道,设计速度120km/h。总投资120.5亿元,资金来源:地方投入、银行贷款。占地5635.004亩。项目管理单位:北京市首都公路发展集团有限公司;勘察设计单位:中航勘察设计研究院等;监理单位:中国公路工程咨询集团有限公司;施工单位:中铁六局集团有限公司等。

2. 河北京冀界至涞水段

2012年11月开工建设,2014年12月建成通车,全长24.194km,全线六车道,设计速度120km/h。建成大桥16座。总投资20.86亿元,资金来源:交通运输部车购税投入、地方投入、银行贷款。占地2942.0亩。项目管理单位:河北省高速公路张涿保定管理处;勘察设计单位:中国公路工程咨询集团有限公司、河北建筑设计研究院有限责任公司等;监理单位:北京路恒源交通工程技术开发有限公司、保定交通建设监理咨询有限公司等;施工单位:河北燕峰路桥建设集团有限公司、汇通路桥建设集团有限公司等。

3. 河北保定涞水至曲阳段

2006年7月开工建设,2008年10月建成通车,全长135.59km,全线六车道,设计速度120km/h。建成特大桥:大沙河特大桥、唐河特大桥、中易水河特大桥,共3座。建成大桥61座。总投资81.785亿元,资金来源:地方投入、银行贷款。占地14501.316亩。项目管理单位:保定市张石高速公路筹建处;勘察设计单位:河北省交通规划设计院;监理单位:北京中交路通工程咨询有限责任公司、山西省公路工程监理技术咨询公司等;施工单位:路桥集团第一公路工程厦门有限公司、中铁二十局集团有限公司等。

4. 河北石家庄段1

2005年11月开工建设,2008年7月建成通车,全长41.32km,全线六车道,设计速度120km/h。建成特大桥:沙河特大桥,共1座。建成大桥7座。总投资47.9亿元,资金来源:地方投入、银行贷款。占地 11391.264 亩。项目管理单位:石家庄市张石高速公路筹建处;勘察设计单位:河北省交通规划设计院、河北省建筑设计院;监理单位:河北路桥技术开发有限公司、河北省交通建设监理咨询有限公司等;施工单位:中港第一航务工程局、中交一公局交通工程有限公司等。

5. 河北石家庄段 2

2013 年 11 月开工建设,2015 年 12 月建成通车,全长 52.56km,全线六车道,设计速度 120km/h。建成特大桥:南要子特大桥、冶河特大桥、滹沱河特大桥,共 3 座。建成大桥 24 座。总投资 70.24 亿元,资金来源:地方投入、银行贷款。占地 6370.0 亩。项目管理单位:石家庄市京昆高速公路石太管理处;勘察设计单位:河北省交通规划设计院;监理单位:河北省交通建设监理咨询有限公司;施工单位:河北冀通路桥建设有限公司等。

6. 山西平定至阳曲段

2010 年 3 月开工建设,2012 年 3 月建成通车,全长 123.36km,全线六车道,设计速度 100km/h。建成特大桥:秋林特大桥、司徒洼特大桥,共 2 座。建成大桥 48 座。总投资 146.24 亿元,资金来源:中央投入、地方投入、银行贷款。占地 12208.0 亩。项目管理单位:山西平阳高速公路建设管理处;勘察设计单位:山西交科公路勘察设计院、山西路晟交通建筑设计有限公司;监理单位:中公交通监理咨询河南有限公司、山西省交通建设工程监理总公司等;施工单位:中交一公局厦门工程有限公司、中铁十一局集团第四工程有限公司等。

7. 山西太原西北环高速公路

2003 年 1 月开工建设,2004 年 11 月建成通车,全长 42.96km,全线四车道,设计速度 80km/h。建成特大桥:西矿街特大桥,共 1 座。建成大桥 13 座,总投资 18.61 亿元。资金来源:交通部投入、公路基金投入、银行贷款。占地 5387.88 亩。项目管理单位:太原西北环高速公路工程建设项目部;勘察设计单位:中交通力公路勘察设计工程有限公司;监理单位:山西省公路工程监理技术咨询公司、山西省交通建设工程监理总公司等;施工单位:山西省公路局第一工程公司、山西省公路第二工程公司、太行路桥建设有限公司等。

8. 山西罗城至祁县段

2001 年 2 月 8 日开工建设,2002 年 9 月 28 日建成通车,全长 57.519km,全线六车道,设计速度 120km/h。建成特大桥:晋祠高架桥,共 1 座。建成大桥 13 座。总投资 17.5 亿元,资金来源:中央投入、地方投入、银行贷款。占地 6332 亩。项目管理单位:山西省太祁高速公路有限公司;勘察设计单位:山西省交通规划勘察设计院;监理单位:秦皇岛保神交通建设监理有限公司、山西省公路工程监理技术咨询公司等;施工单位:辽宁省路桥建设总公司、中国路桥(集团)总公司等。

9. 山西祁县至临汾段

2000年12月开工建设,2003年9月建成通车,全长175.39km,四车道34.18km,六车道141.21km,设计速度120km/h。建成特大桥:仁义河特大桥左线、仁义沟特大桥右线,共2座。建成大桥28座。建成长隧道:韩信岭隧道(左右线)共1座。总投资45.89亿元,资金来源:中央投入、地方投入、银行贷款。占地18113.79亩。项目管理单位:山西省祁临高速公路有限责任公司;勘察设计单位:中交第一公路勘察设计研究院、山西省交通规划勘察设计院等;施工单位:中铁第十七工程局第一工程处、中国路桥(集团)总公司等;监理单位:山西省交通建设监理总公司、山西省公路工程监理技术咨询公司等。

10. 山西临汾至侯马段

2001年3月开工建设,2002年12月建成通车,全长48.02km,四车道1.47km,六车道45.81km,八车道0.74km,设计速度120km/h。建成大桥8座。总投资10.04亿元,资金来源:中央投入、地方投入、银行贷款。占地5150.0亩。项目管理单位:山西省临侯高速公路有限责任公司;勘察设计单位:北京交科公路勘察设计院、山西省交通规划勘察设计院、太原园林建筑设计院等;监理单位:山西省交通建设工程监理总公司、山西省公路工程监理技术咨询公司等;施工单位:中铁第十五工程局第五工程处、中铁第二十工程局等。

11. 山西侯马至禹门口段

2004年5月开工建设,2006年12月建成通车,全长65.56km,全线四车道,设计速度120km/h。建成特大桥:龙门黄河特大桥,共1座。建成大桥12座。总投资23.08亿元,资金来源:交通部车购税投入、地方投入、银行贷款。占地5305.34亩。项目管理单位:山西侯禹高速公路建设有限公司;勘察设计单位:中交第二公路勘察设计研究院等;监理单位:山西省公路工程监理技术咨询公司、西安公路交大建设监理公司;施工单位:中铁大桥局集团有限公司、太原市第一建筑工程公司。

12. 陕西禹门口至阎良段

2001年9月开工,2005年11月通车,全长178.07km,全线四车道,设计速度120km/h。建成特大桥:徐水沟特大桥、太枣沟特大桥、芝川特大桥,共3座。建成大桥21座。总投资51.0亿元,资金来源:地方投入、银行贷款。占地17619.0亩。项目管理单位:陕西西禹高速公路有限公司;勘察设计单位:陕西省公路勘察设计院;施工单位:中铁十一局集团有限公司、中铁五局集团第三工程有限责任公司等;监理单位:陕西省公路工程咨询公司、河北华达公路工程咨询监理有限公司等。

13. 陕西西安至阎良段

2000年1月开工,2001年9月通车,全长39.24km,全线四车道,设计速度120km/h。建成特大桥:渭河大桥,共1座。建成大桥5座。总投资8.2亿元,资金来源:地方投入、银行贷款。占地 2940.0 亩。项目管理单位:陕西省高速公路建设集团公司;勘察设计单位:陕西省公路勘察设计院;监理单位:陕西省公路工程咨询公司;施工单位:中铁第十八工程局第二工程处、中铁第十五工程局机械化公司等。

14. 陕西西安至户县段

2000 年 12 月开工建设,2002 年 11 月建成通车,全长 33.25km,全线四车道,设计速度 120km/h。建成大桥 4 座。总投资 7.29 亿元,资金来源:中央投入、地方投入、银行贷款。占地 3274.0 亩。项目管理单位:西安市交通局;勘察设计单位:陕西省公路勘察设计院;监理单位:西安公路交大建设监理公司等;施工单位:中铁十三工程局等。

15. 陕西户县经洋县至勉县段

2002 年 9 月开工建设,2007 年 9 月建成通车,全长 254.77km,全线四车道,设计速度 60km/h、100km/h。建成大桥 32 座。总投资 147.57 亿元,资金来源:中央投入、银行贷款。占地 19498.0 亩。项目管理单位:陕西西汉高速公路有限责任公司;勘察设计单位:中交第一公路勘察设计研究院、陕西省公路勘察设计院等;监理单位:中交一公局交通工程有限公司、北京西门交通设施工程公司等;施工单位:中铁三局集团第二工程有限公司、中国铁路工程总公司等。

16. 陕西勉县至宁强段

2001 年 3 月开工,2003 年 11 月通车,全长 54.858km,全线四车道,设计速度 80km/h。建成大桥 36 座。总投资 22.45 亿元,资金来源:中央投入、地方投入、银行贷款。占地 6483.0 亩。项目管理单位:陕西省公路局;勘察设计单位:西安公路研究院;监理单位:山东威海监理公司、陕西中安监理公司等;施工单位:中铁第十九工程局第四工程处、中铁十二局集团第二工程有限公司等。

17. 陕西宁强至棋盘关段

2006 年 12 月 6 开工,2008 年 11 月通车,全长 17.95km,全线四车道,设计速度 80km/h。建成特大桥:潜溪河大桥,共 1 座。建成大桥 17 座。建成特长隧道:棋盘关隧道,共 1 座。总投资 13.76 亿元,资金来源:地方投入、银行贷款。占地 1076.0 亩。项目管理单位:陕西高速公路建设集团公司宁棋管理处;勘察设计单位:陕西省公路勘察设计院;监理单位:北京华通公路桥梁监理咨询有限公司等;施工单位:中铁十二局集团有限公司、中交隧道工程局有限公司等。

18. 广陕高速公路四川段

2006 年 12 月开工建设,2011 年 5 月建成通车,全长 56.78km,全线四车道,设计速度 80km/h。建成特大桥:杜家坝潜溪河特大桥、李家湾大桥、梁家湾右线特大桥、楼房沟特大桥、沙河镇特大桥、瓷窑铺特大桥、嘉陵江特大桥、龙门坝互通式立交,共 8 座。建成大桥36座。建成长隧道4座。总投资39.11亿元，资金来源：中央投入、银行贷款。占地3064亩。项目管理单位：四川省成绵（乐）高速公路建设指挥部；勘察设计单位：四川省交通厅公路规划勘察设计研究院、华杰工程咨询有限公司等；监理单位：重庆中宇工程咨询监理有限责任公司、广东虎门技术咨询有限公司等；施工单位：四川公路桥梁建设集团有限公司、中铁隧道集团二处有限公司等。

19. 四川绵阳至广元段

1999年3月开工，2002年12月建成通车，全长135.5km，全线四车道，设计速度80km/h。建成特大桥：磨沙段特大桥、龙门坝互通式立交桥，共2座。建成大桥54座。建成长隧道4座。总投资44.23亿元，资金来源：中央投入、交通部车购税投入、地方投入、银行贷款。占地14182亩。项目管理单位：四川省成绵（乐）高速公路建设指挥部；勘察设计单位：四川省交通厅公路规划勘察设计研究院、铁道部第二勘察设计院等；监理单位：四川铁科建设监理公司、四川国际工程建设监理公司等；施工单位：四川公路桥梁工程总公司二公司、中国航空港建设第九工程总队等。

20. 四川成都至绵阳段

1995年4月28日开工，1998年12月21日通车，全长92.27km，全线四车道，设计速度100km/h。建成特大桥：唐家寺高架大桥，共1座。建成大桥15座。总投资15.33亿元，资金来源：地方投入、企业投入。占地9950.48亩。项目管理单位：四川省成绵高速公路建设指挥部；勘察设计单位：四川省交通厅公路规划勘察设计研究院；监理单位：中交国际工程咨询有限公司（青白江监理组）、四川国际工程监理公司（广汉监理组）等；施工单位：四川京川交通工程公司等。

21. 四川成都至雅安段

1996年10月开工建设，1999年12月建成通车，全长145.23km，四车道103.03km，六车道42.2km，设计速度80km/h、120km/h。建成特大桥：成都连接线及白家立交直线桥，共1座。建成大桥12座。总投资35.05亿元，资金来源：地方投入、国债转贷资金、银行贷款。占地17635.39亩。项目管理单位：四川成雅高速公路建设指挥部；勘察设计单位：四川省交通厅公路规划勘察设计研究院；监理单位：四川省公路工程监理事务所等；施工单位：四川省路桥集团等。

22. 四川雅安经石棉至泸沽段

2007年4月开工，2012年4月通车，全长239.8km，全线四车道，设计速度80km/h。建成特大桥：腊八斤特大桥、黑石沟特大桥、流沙河大桥、青杠嘴大渡河特大桥、长河坝2号左幅大桥、长河坝右幅特大桥、观音岩大渡河左幅特大桥、南桠河大桥、回隆乡大桥、南瓜桥1号特大桥、南瓜桥3号大桥、西冲特大桥、湾子头特大桥、姚河坝1号特大桥、马罗特大桥,共15座。建成大桥159座。建成特长隧道:大相岭隧道、汉源隧道,共2座。建成长隧道13座。总投资165.0亿元,资金来源:地方投入、银行贷款。占地17646.5亩。项目管理单位:四川雅西高速公路有限责任公司;勘察设计单位:四川省交通运输厅公路规划勘察设计院、湖南省交通规划勘察设计院等;监理单位:四川省公路工程监理事务所、中国公路工程咨询集团有限公司等;施工单位:四川公路桥梁建设集团有限公司、核工业长沙中南建设工程集团公司等。

23.四川泸沽至黄联关段

1996年8月开工,2000年11月通车,全长70.0km,全线四车道,设计速度80km/h。建成大桥6座。总投资10.16亿元,资金来源:地方投入、银行贷款。占地5560.0亩。项目管理单位:四川攀西高速公路开发股份有限公司;勘察设计单位:四川省交通厅公路规划勘察设计研究院;监理单位:四川省公路工程监理事务所等;施工单位:四川路桥川交有限责任公司等。

24.四川西昌黄联关至攀枝花段

2004年1月开工,2008年12月通车,全长162.55km,全线四车道,设计速度80km/h。建成特大桥:乐跃特大桥、金沙特大桥、大湾子特大桥、回箐沟特大桥、梁子田特大桥、白沙沟1号特大桥、金江金沙江特大桥,共7座。建成大桥187座。建成长隧道6座。总投资74.83亿元,资金来源:中央投入、地方投入、银行贷款。占地14186.53亩。项目管理单位:四川攀西高速公路开发股份有限公司;勘察设计单位:四川省交通厅公路规划勘察设计研究院;监理单位:四川省公路工程监理事务所;施工单位:成都市政工程公司等。

25.四川攀枝花至云南田房(川滇界)段

2005年12月开工,2008年12月通车,全长59.37km,全线四车道,设计速度80km/h。建成大桥81座。建成长隧道2座。总投资26.69亿元,资金来源:交通部车购税投入、地方投入、银行贷款。占地5577.16亩。项目管理单位:四川攀西高速公路开发股份有限公司;勘察设计单位:四川省交通厅公路规划勘察设计研究院;监理单位:北京华宏路桥咨询监理公司等;施工单位:成都华川公路建设(集团)有限公司等。

26.云南永仁至武定段

2005年3月开工建设,2008年4月建成通车,全长148.3km,全线四车道,设计速度80km/h。建成大桥133座。总投资63.62亿元,资金来源:交通运输部车购税投入、地方投入。占地11219.6亩。项目管理单位:云南永武高速公路建设指挥部;勘察设计单位:云南省公路规划勘察设计院;监理单位:北京华宏路桥咨询监理公司、云南云路工程监理咨询有限公司;施工单位:中港第二航务工程局、中铁十九局集团第四工程有限公司等。

27.云南武定至昆明段

2010年3月开工建设,2013年10月建成通车,全长63.58km,全线四车道,设计速度80km/h、100km/h。建成特长隧道:麻地箐隧道,共1座。建成长隧道1座。总投资51.42亿元,资金来源:交通运输部车购税投入、地方投入、银行贷款。占地11219.817亩。项目管理单位:云南武昆高速公路建设指挥部;勘察设计单位:云南省交通规划设计研究院;监理单位:河北翼民工程咨询有限公司、云南省公路工程监理咨询公司等;施工单位:中铁十八局集团有限公司、中铁隧道集团二处有限公司等。

四、联络线及并行线

1.G0511(德都高速公路)德阳至都江堰高速公路

待建。

2.G0512(成乐高速公路)成都至乐山高速公路

四川成都至乐山高速公路。1996年12月开工,1999年12月通车,全长86.4km,全线四车道,设计速度100km/h。建成大桥10座。总投资19.03亿元,资金来源:地方投入、银行贷款。占地8845.7亩。建设管理单位:广西壮族自治区交通基建管理局;勘察设计单位:广西壮族自治区交通规划勘察设计研究院;监理单位:广西八桂监理咨询有限公司、广西桂通公路工程监理咨询有限责任公司;施工单位:中铁十九局集团有限公司、黑龙江龙建路桥股份有限公司等。

五、先进技术的研究与应用

1.隧道穿越采空区治理技术(山西)

该研究依托G5(京昆高速公路)山西祁县至临汾段建设项目,在国内尚无公路隧道穿越采空区治理技术规范和施工经验可以借鉴的情况下,组织国内专家对隧道穿越采空区技术进行了反复研究和论证,首次提出了隧道穿越采空区地面注浆加固的设计方法、施工工艺和质量检测标准。通过地面压力注浆对有效范围内的空洞进行了充填治理,洞身围岩整体胶结强度提高5~8MPa,使隧道围岩整体强度达到了设计要求,节约了工程造价,并为今后富煤地区隧道结构穿越空洞地基、破碎软弱地基积累了宝贵的经验。研究成果经山西省科学技术厅鉴定达国际先进水平,并于2006年获山西省科学技术进步三等奖。

2.穿越黄土冲沟地形研究(山西)

G5(京昆高速公路)山西祁县至临汾段建设项目,穿越黄土冲沟地形,在沟内无大范围排洪要求,沿线有足够填料来源,在不占耕地或少占用耕地的情况下,采用了加筋高路堤方案,最高填方达62m。对不同层数和不同位置筋材的侧向应力变化进行监测,分层填筑采用沉降标观测，得到了应力分布、竖向沉降和水平变形规律，对路堤、地基的变形和稳定性进行了评价。针对高填路堤和桥梁建设两种方案进行经济和技术对比，对山岭区公路建设降低造价、缩短工期、安全可靠具有现实意义。研究成果经山西省科学技术厅鉴定达国际先进水平。

3. 特大滑坡及次生滑坡治理（山西）

G5（京昆高速公路）山西祁县至临汾段建设项目仁义互通区路段，潜伏着大片的古滑坡群，古滑坡体节理、裂隙、滑面极其发育，由于施工的人为扰动，强风化岩体的大范围路段内，路基、高陡路堑边坡及原匝道多次出现了严重失稳和大规模坍塌。设计经过反复比较，采用了"回填式预应力锚杆挡土墙"的新技术，通过肋柱式钢筋混凝土挡土墙、预应力锚杆、中高压注浆岩体改性、挂网锚喷等综合工程措施，解决了强风化破碎岩体范围大、节理裂隙、滑面发育，山体边坡失稳的难题，达到了"分区治理、整体稳定"的目的。该研究成果经鉴定为国内外首创，总体上达国际先进水平，并于2004年获国家科学技术进步二等奖。

4. 软弱黄土地基公路路基关键技术研究（山西）

该研究依托G5（京昆高速公路）山西祁县至临汾段建设项目，为解决软弱黄土地区通道等结构物桥头引道路堤和低路堤在行车荷载作用下，路基不协调变形和残余变形，造成"桥头跳车"的问题，建立了基于不协调变形控制的软弱黄土地基设计理论和方法，提出了"建—管并重"的防治理念和减小残余变形的工程技术措施，开发了"桥头引道沉降处理决策辅助系统"，可实现桥头引道的基础数据管理、现状评价、沉降预测和养护辅助决策，形成了《软弱黄土地基公路路基设计施工技术指南》，为在软弱黄土地区推广应用低路堤技术提供了理论基础和技术依据。研究成果经山西省科学技术厅鉴定达国际领先水平，并于2006年获山西省科学技术进步二等奖。

5. 填石路堤修筑技术研究（山西）

该研究依托G5（京昆高速公路）山西祁县至临汾段建设项目，针对填石路堤施工工艺及工后不均匀沉降出现的纵向裂缝、沉陷等典型病害，利用有限元法对填石路堤的破坏模式等方面进行理论分析，结合施工工艺提出了压沉值法综合控制路基施工质量方法，通过对填石路堤路面纵向裂缝产生机理进行了分析，并结合祁临高速公路路面设计，提出了填石路堤路面产生裂缝的差异沉降标准。研究成果经山西省科学技术厅鉴定，达国内领先水平。

6. 重载交通抗车辙沥青路面设计研究（山西）

该研究依托G5（京昆高速公路）山西祁县至临汾段建设项目，针对山西省重载运煤车辆相对较多，引起沥青路面车辙损坏结构的情况，分析了沥青路面车辙的影响因素，开展了沥青路面结构组合、沥青混合料配合比设计方法、沥青层厚度对车辙变形影响的研究。采用国际先进的ALF试验系统对试验段路面结构抗车辙性能进行了足尺路面加速加载试验验证,提出了适用于山西重载交通的沥青路面结构建议,可为今后重载交通抗车辙结构设计提供参考。研究成果经山西省科学技术厅鉴定,达国内领先水平。

7. 高等级公路黄土挖方坡(种)植草防护技术研究(山西)

该研究依托G5(京昆高速公路)山西祁县至临汾段建设项目,为了有效地节约土地,在平原微丘进行低路堤方案设计;沿线在张良村、石南村等处设置了声屏障,降低车辆噪声对居民的影响;对沿线取、弃土场都进行了恢复,恢复耕地面积36805hm^2;服务区设置地埋式污水处理设施,污水处理达标;边坡采取工程与生态防护相结合,以生态防护为主,工程绿化面积达310多公顷,455余万株乔灌木,形成绿色走廊,得到了国家环保部门的好评。

8. 高速公路自动收费机器人设计与应用(山西)

该研究依托G5(京昆高速公路)山西平定至阳曲段建设项目,在项目初期的构想是在高速公路收费站引入普通自助服务终端。然而通过对高速公路收费站的实际使用环境以及驾乘人员的使用习惯的进一步研究发现,传统的自助服务终端不能满足高速公路现金收费车道使用要求,因此,项目组通过多次的实际需求调研,专题讨论分析,最终提出具备机器臂接收和返还现金功能的高速公路自动收费机器人替代人工收费,可以完全替代人工,可以极大提高服务效率、服务质量,同时降低服务成本,在一定程度上解决了高速公路现金收费车道拥堵的问题,收费漏洞、堵塞人工作弊空间、提高服务质量,以满足山西高速公路更高层次的运营管理需求。对于新建车道来说,机器人替代传统的车道收费系统在建设成本相当的前提下,由于机器人可7×24h无人值守,服务水平将大大提高,而运营成本将大幅度降低。另一方面,平阳高速公路作为山西省主要的出口通道,为避免出现与之相邻的其他高速公路已经出现的收费站拥堵问题,在收费车道建设给予充分考虑的同时,在机电系统的建设上也必须做到未雨绸缪。该项目的实施不仅能提高平阳高速公路的建设和服务水平,同时可应用于山西省已出现收费站拥堵的各高速公路上,并可为今后的高速公路机电系统的建设提供宝贵的经验。

9. 自融雪材料在沥青路面中的应用技术研究(山西)

建造环保型道路交通设施,解决现有沥青路面交通设施功能单一、无法满足环保建设需要的问题,是提升道路行车质量与安全,构建以人为本的和谐社会的重要举措。行车安全目前已成为许多发达国家路面设计理念的核心内容之一。基于安全目标对自融雪沥青路面展开研究,对于降低交通事故发生率,提高道路安全,建设节约型社会,落实公路建设的科学发展观,具有重要理论意义和重大实用价值。当冬季气温较低时,在隧道出口处路面容易出现结冰或者积雪现象,而隧道内则具有相对良好的行车条件,当车辆驶出洞口时驾驶人容易放松警惕而引发交通事故。桥梁处于悬空状态,与大气的接触面积大,吸热快散热也快,而且混凝土的比热容较小,当气温降低时桥面温度迅速下降。而路面与路基处于整体状态,比热容较大,且受地热的影响,当气温下降时路面温度下降较慢,所以当路面还未结冰时桥面已经结冰。正因为如此,许多驾驶人从无冰雪路面行驶到结冰的桥面时,由于对桥面行车状况估计不足而极易造成交通事故及交通阻塞。因此混凝土桥面也成为国内外降雪地区除雪防滑的重点部位之一,对桥面的融雪铺装技术进行研究可以提高冬季路面冰雪条件下道路的交通安全水平。环保与安全目前已成为许多发达国家路面设计理念的核心内容之一。本项目依托 G5(京昆高速公路)山西平定至阳曲段建设项目,基于环保和安全目标对自融雪高性能盐化物材料的优化与应用技术展开研究,对于降低交通事故发生率,提高道路安全,建设资源节约型、环境友好型社会,落实公路建设的科学发展观,具有重要理论意义和重大实用价值。

10. 黄土地区公路路基设计施工技术研究应用(陕西)

该研究依托 G5(京昆高速公路)陕西禹门口至阎良高速公路建设项目,提出适用于公路路基的黄土湿陷性评价方法(湿陷性类型、等级和评价指标);提出实用性强、费用低、使用效果好的湿陷性黄土处治方法;提出简便实用的黄土填料力学控制指标和切合实际的控制标准,弥补规范在黄土地区方面的缺陷;提出黄土地区路基设计施工成套技术,补充和完善现行设计和施工技术规范(黄土地区方面)。项目总结出的适合公路工程湿陷性黄土评价方法和地基处治技术成果,在禹门口—阎良高速公路 155.67km 长的湿陷性黄土路段得到了全面应用,在黄陵—延安高速公路 85.669km 和凤翔—永寿高速公路 40km 长的湿陷性黄土路段得到了部分应用,为这三条高速公路建设的顺利实施提供了很好的技术支撑和保障作用。同时也对黄土地区的其他公路建设项目具有重要的指导作用。

11. 秦岭山区高速公路建设关键技术研究(陕西)

该研究依托 G5(京昆高速公路)陕西户县经洋县至勉县高速公路建设项目,先后开展了秦岭山区生态环保路线设计关键技术、土石混填路基施工技术、膨胀土路基稳定及处治技术、秦岭山区长大陡坡路段路面修筑技术、秦岭山区弯坡桥桥面铺装技术、秦岭山区匝道沥青路面关键技术、秦岭山区公路隧道施工关键技术、秦岭特长隧道群进出口路段车辆安全控制方法、秦岭隧道群交通控制应急预案、秦岭山区气象保障服务系统和秦岭山区生态环境与景观建设关键技术等,由 11 个子课题形成了秦岭山区高速公路建设关键技术体系。通过大量室内外试验研究、理论分析、实体工程实践应用等技术路线,针对秦岭山区高速公路建设关键技术开展了系统研究,经专家鉴定,该项目研究成果总体达到国际先进水平。该项目研究成果在西汉高速公路建设及运营过程中均得以应用,为依托工程建成"科技、生态、环保、人文"品牌的标志性山区高速公路提供了重要技术支撑,达到了生态环保路、科技人文路、优质示范路的标准,创造了"车在路上行,人在画中游"的良好效果,得到了社会各界的一致好评。同时,该项目研究成果在陕西省后期投资的十天高速、宝汉高速等多条山区高速公路建设中也得到积极推广应用,并取得了显著的社会、经济和环保效益。

12. 隧道施工关键技术研究(陕西)

该研究依托 G5(京昆高速公路)陕西户县经洋县至勉县高速公路建设项目,对隧道软弱围岩大变形病害发生机理进行了分析,提出的加固处治措施科学合理、切实可行,对其他类似工程有借鉴价值;研究开发的激光隧道位移实时监测系统在隧道施工中应用效果良好,提高了预防预报隧道塌方的及时性,对减少人员伤亡和经济损失具有重要意义;通过对双连拱隧道施工过程中围岩与结构稳定性的理论分析,提出了中隔墙的复合式、喷凸梁施工新工艺及施工参数,有效地解决了中隔墙渗漏水质量通病;提出了秦岭长大隧道通风斜井设计与施工优化方案,根据项目查新,综合国内外技术现状,研究成果达到国内领先水平。其中,隧道软弱围岩大变形检测技术达到国际先进水平。与生产实践紧密结合,提出了西水3号、4号隧道大范围、大规模出现洞顶岩体整体下沉病害的整治方案,取得了良好的效果;针对开工晚、工期紧、围岩差的"咽喉工程"郭家山隧道,通过研究,否决了在隧道中部设置施工支洞增加工作面的建议方案,强调立足正洞强力组织有效施工来保证工程进度,避免了大量增加工程造价。同时制订了不良地质段塌方预案,有效指导了施工。

13. 土石混填路基施工技术研究(陕西)

研究依托 G5(京昆高速公路)陕西户县经洋县至勉县高速公路建设项目,结合项目土石混填路基建设开展研究,包括土石混合料的成因与分类、不同类型和比例的土石混合料路用性能及其主要技术参数、土石混填路基的施工工艺及压实机械配套组合、土石混填路基的质量控制及现场检测技术、土石混填路基的稳定性及沉降规律。研究成果总体达到国内领先水平,提出的静力贯入式检测方法达到国际先进水平,为今后我国西部及中部各省山区高等级公路建设提供翔实的资料,对有关方面的技术和施工规范、标准的补充完善有一定指导意义。研究成果将有效指导高速公路建设中对土石混填路基的修筑,从而提高工程建设质量,显著降低工程造价,取得了巨大的经济和社会效益。

六、复杂技术工程

1. 山西河漫滩软基处理

G5(京昆高速公路)山西临汾至侯马段地处临汾盆地,前12km路线展布于汾河漫滩一级阶地，该区地势低平，地下水位埋藏较浅，表层为黏性土，以下为松散饱和粉细中砂，厚度分布极不均匀，地基承载力较低。针对工程地质特点，为了保证路基整体稳定性，防止不均匀沉降，对软弱地基分别采用抽水、晾、晒、挖淤泥后换填砂砾垫层、单（双）层土工格栅 + 砂砾垫层、片石挤淤 + 土工格栅 + 砂砾垫层等处理方案；小桥采用灌注桩基础，箱涵、箱通采用振动碎石桩对基底液化土层进行了深层处理，圆管涵采用换填砂砾或抛片石挤淤对软弱地基进行了浅层处理，以消除其洞身以下的不均匀沉降。为此，临侯公司与山西省交通科学研究院联合组织"临侯高速公路软基处理研究课题"，并成立软地基处理攻关课题研究小组。对软基施工全过程进行了重点控制，监控每一道工序，确保每一环节的质量，并对软基沉降情况进行跟踪检测。到目前为止，据观测数据显示，路基整体稳定性良好，未发现有异常现象。

2. 山西龙门黄河特大桥

龙门黄河特大桥起于山西省河津市苍头村，横跨黄河后止于陕西省韩城市大前村，是G5（京昆高速公路）山西侯马至禹门口段建设项目的一座桥梁。桥梁全长4566m，项目概算7.56亿元，总工期26个月。大桥按照汽车—超20，挂车—120荷载设计，可抵御三百年一遇的洪水。全桥的结构形式构成情况是：①山西段引桥为12×30m预应力混凝土T梁桥；②山西段副主桥为75m + 2×125m + 75m三塔单索面预应力混凝土矮塔斜拉桥和23×50m预应力混凝土T梁桥的组合；③主桥为174m + 352m + 174m双塔双索面预应力混凝土斜拉桥；④陕西段副主桥为19×50m预应力混凝土T梁桥和75m + 2×125m + 75m三塔单索面预应力混凝土矮塔斜拉桥的组合；⑤陕西段引桥为20×30m预应力混凝土T梁桥。其中，双塔斜拉桥主梁为预应力混凝土扁箱梁，飘浮体系。主塔采用花瓶形桥塔，塔高121.6m，每个塔上设有21对斜拉索，承扇形布置。矮塔斜拉桥主梁为三相预应力结构，单箱三室大悬臂变截面预应力混凝土箱梁，塔梁有固结和分离两种形式。副主桥和引桥分别采用50m、30m预应力混凝土T梁，均为先简支后刚构体系。该桥工程结构较复杂，施工难度较大，龙门黄河特大桥是有花瓶形桥塔的双塔双索面前支点挂篮悬浇的飘浮体系斜拉桥，其桥塔的准确定位较困难，又有先连续刚构后支点挂篮悬浇飘浮体系的矮塔斜拉桥，还有先简支后刚构的30m、50m预应力预制T梁桥。就下部工程来讲，既有1.3m、1.5m柱式桥墩，也有薄壁墩，更有门框式桥墩，还有承台式桥台。而基础则是在以砂层为主且变化较剧烈的地质条件下，河槽摆动频繁的"揭底"型河床中施工的长大钻孔灌注桩加承台，多数承台为大体积混凝土浇筑，其温控及防裂很关键。其次，除上述桥位处桩基地质条件较复杂易坍孔外，黄河洪水和冰凌也是极为不利的因素，施工期间每年开春的"桃花汛"和夏秋汛期间，黄河水量都大幅增加，且河槽摆动幅度也大，都需进行防汛；而每年春冬之际的冰凌危害更大。

3. 山西晋祠高架桥

晋祠高架桥是G5(京昆高速公路)山西罗城至祁县段建设项目的一座桥梁,全长2611.6m,由21座装配式后张拉预应力先简支后连续预应力混凝土箱梁及1座现浇预应力混凝土箱梁桥(20号桥)组成,其中3号、4号、7号、9号、10号、12号、14号、15号、16号桥和加宽部分采用现浇预应力混凝土变载面连续箱梁,晋祠互通A、B、C、D、E匝道桥采用现浇钢筋混凝土连续箱梁桥。下部结构为柱式桥墩,肋板式桥台,钻孔灌注桩基础。其中,A匝道桥上部为现浇单箱三室钢筋混凝土变宽连续箱梁,B、C、D、E匝道桥上部为单箱单室钢筋混凝土连续梁。累计钻孔灌注桩23893延米(579根),墩柱543根,盖梁214片,预制箱梁844片,全桥共计混凝土圬工100500m^3。其中K497+971.8~K498+024.8(K6+700~K6+750)高架桥桥头属于软基,此处采用粉喷桩处理,桩径50cm,桩长6m,桩间距由1m渐变到3m,路基底部铺50cm砂砾。晋祠互通匝道加筋挡墙段采用粉喷桩处理,桩径为50cm,桩长为6m,桩间距为1m,路面底部铺50cm砂砾,面板基础下加铺一层土工格栅。

4. 山西仁义沟特大桥

G5(京昆高速公路)山西祁县至临汾段仁义沟特大桥位于山西省灵石县境内,该桥右线位于祁临高速公路K635+917处,左线位于祁临高速公路K640+566处。右线长1106.5m,左线长1146.5m,主桥结构形式为连续梁连续刚构组合体系,最大跨径145m,最大桩基深73m,最大桥高81.3m,引桥采用桥面连续构造。该桥总投资1.1亿元,由中交第一公路勘察设计研究院设计,中铁大桥局三处施工,监理单位为天津新亚太工程建设监理有限公司,业主单位为祁临高速公路有限责任公司。工程于2002年9月正式开工,2003年9月全部完工。这座桥上部结构为预应力钢筋混凝土T形梁,桥墩类型为多柱式墩。

5. 山西温河大桥

温河大桥是G5(京昆高速公路)山西平定至阳曲段建设项目的一座桥梁,位于山西阳泉市郊区西南峪乡下章召村西北方向约200m处,跨越温河。桥址区区域地貌单元属黄土覆盖岩溶侵蚀低中山残丘分区,微地貌表现为黄土冲沟。沟底分布Q_2洪积黄土和O_2^{f2}中风化石灰岩,局部出露Q_4^{al+pl}卵石。两侧桥台分布厚度较小的Q_2洪积黄土、O_2^{f2}中风化石灰岩,沟底与桥台相对高差约100m,沟底宽约20m。水文地质条件:温河内常年有水流通过,在桥址区未发现泉水分布,勘察时在钻探深度范围内未见地下水。勘察人员在桥址区进行了瞬变电磁法工程物理探测,深度为150m,探测结果表明在此深度内未发现含水异常。地质调绘发现桥址区域内主要的不良地质现象为溶蚀。钻探揭露表明桥址区分布的石灰岩层溶蚀严重,主要表现在溶孔、溶槽、溶洞发育众多,岩芯呈碎块状,且该层厚度较大,钻探时部分钻孔发现溶洞,洞径约为7.0m,溶洞充填以细砂为主,含有少量粉土,下部岩体溶蚀相对较轻。桥址区进行的瞬变电磁物探成果也显示,桥址区分布的石灰岩溶蚀严重,主要表现在溶蚀面积较广,厚度较大。温河大桥为:4×40m(T梁)+(65m+2×120m+65m)(连续刚构)+4×40m+3×40m(T梁),本桥平面分别位于圆曲线(起始桩号K25+074,终止桩号K25+278.801,半径1350m,右偏)、缓和曲线(起始桩号K25+278.801,终止桩号K25+438.801,参数A为464.758,右偏)和直线(起始桩号K25+438.801,终止桩号K25+894)上,纵断面位于$R=18000$m的竖曲线上;墩台等角度布置。本桥单幅桥宽16.5m,最大墩高为62.04m。主桥上部采用预应力混凝土连续刚构,主墩采用双薄壁墩,过渡墩采用空心薄壁墩,基础采用(挖)钻孔灌注群桩基础;引桥上部采用预应力混凝土先简支后连续T梁,桥墩采用双柱式圆形墩及墙式薄壁空心墩,基础采用(挖)钻孔灌注群桩基础。0号桥台采用重力式U形台,扩大基础,15号桥台采用柱式台,采用(挖)钻孔灌注群桩基础。本桥部分位于圆曲线和缓和曲线上,桥梁跨径按道路设计线布置,桥墩台径向布设。设计等级:高速公路大桥;设计速度:100km/h;路线线形标准:路线平面位于圆曲线和缓和曲线段。桥面宽度:全桥按六车道设计,由两座分离式上、下行桥组成,桥宽2×15.5m。防洪标准:设计洪水频率为1/100,桥梁高程由路线控制,不受洪水位控制。设计基准期:100年。设计安全等级:桥梁结构为一级。结构设计荷载:公路—Ⅰ级。地震:地震动峰值加速度系数为0.10g,结构物按简易设防。环境类别:Ⅰ类。

6. 山西秋林隧道

秋林隧道是G5(京昆高速公路)山西平定至阳曲段建设项目的一座隧道,位于平定县岔口乡秋林村北端至郝家庄之间,里程桩号K343+038。平定端洞口位于平定县岔口乡秋林村北端的一基岩山梁,阳曲端洞口位于郝家沟东100m左右的一黄土冲沟。为单向行驶,双洞三车道高速公路隧道,洞体设计为左右分离式,两洞中轴线间距约30~40m,右线全长4075m,左线全长4118m,隧道左右线均属特长隧道。左右线总体走向近东西向,阳曲端洞口位于黄土冲沟的斜坡部位。隧址区地貌单元属喀斯特侵蚀剥蚀中、低山区,微地貌为基岩山地、基岩山脊、侵蚀性基岩冲沟、中缓坡、陡坡。隧址区地形总体为中部高,东西两侧低。区内冲沟较多,纵横交错,深浅不均,地形破碎,地表上基岩裸露,西端部分黄土覆盖,覆盖厚度不大。隧址区内的冲沟较发育,大的冲沟有3条,其中基岩区2条,黄土覆盖区1条。基岩区内的冲沟为南北走向,沟道弯曲,冲沟宽大,沟岸较陡,沟底多为耕地,支沟发育众多;黄土区内的冲沟东西走向,深度较大,沟底较平缓,沟底耕地分布,局部基岩出露。左洞地表最低海拔高程872.31m,最高海拔高程1226.03m,相对高差约350m,右洞地表最低海拔高程869.95m,最高海拔高程1216.98m,相对高差约420m,隧道围岩可分为Ⅴ(浅埋)、Ⅴ、Ⅳ(浅埋)、Ⅳ、Ⅲ。隧址区位于娘子关—坪头坳缘翘起带。该翘起带位于沁水块坳的东北边缘,总体表现为东翘西倾的单斜构造,地层较平缓,倾角一般小于 10°。地貌属喀斯特侵蚀中山区。受区域构造控制，区内主要构造行迹是由燕山运动形成的构造格局，其主体走向表现为北北东、北北西向，伴生了一系列断层、褶皱。

7. 山西大南山隧道

大南山隧道是 G5（京昆高速公路）山西平定至阳曲段建设项目的一座隧道，位于盂县东梁乡境内，为单向行驶，双洞三车道高速公路隧道，洞体设计为左右分离式，右线全长 5520m，左线全长 5535m，隧道左右线均属特长隧道。隧道位于喀斯特侵蚀剥蚀中、低山区，由于侵蚀、剥蚀作用，山顶相对较平缓，山坡为中陡坡，山体总体呈东西走向，山势中部高，东西低，南北两侧山坡冲沟发育，基岩大面积出露。微地貌表现为山梁、冲沟、中陡坡及陡坎等。左洞地表最低海拔高程 1272. 81m，最高海拔高程 1565. 85m，相对高差 293. 04m，右洞地表最低海拔高程 1277. 35m，最高海拔高程 1553. 85m，相对高差276. 50m，平定端洞口位于管头村西南侧冲沟南岸山坡上，坡向 30°左右，坡角在 45° ~ 50°之间。阳曲端洞口位于东梁镇太平庄村东南侧黄土斜坡上，地形较平缓，隧道围岩可分为Ⅴ（浅埋）、Ⅴ、Ⅳ（浅埋）、Ⅳ、Ⅲ级。隧址区位于盂县坳缘翘起带，该翘起带位于沁水块坳的北部，总体表现为北翘南倾的单斜构造，岩层走向近东西向，倾角 10°左右，受区域构造控制，隧址区内主要构造形迹是由燕山运动形成的构造格局，其主体走向为北北东、北北西向，伴生一系列断层、褶皱，本次初勘地质调查工作共发现断层 2 条，褶皱 5 条，对隧道围岩稳定性影响较大。

8. 山西阳曲 1 号隧道

阳曲 1 号隧道是 G5（京昆高速公路）山西平定至阳曲段建设项目的一座隧道，位于太原市阳曲县境内，为单向行驶，双洞六车道高速公路隧道，洞体设计为左右分离式，右线全长 4711m，左线全长 4685m，隧道左右线均属特长隧道。项目区位于山西省中部，横跨凌井小盆地、阳曲小盆地和太原盆地 3 个大地构造单元。隧址区穿越了凌井小盆地和阳曲小盆地之间的灰岩山体，总体属岩溶中低山侵蚀山地地貌。本项目由于受新构造运动和长期侵蚀、剥蚀、堆积的外动力地质作用，地表黄土沟壑纵横，新生界地层堆积较厚。项目区最高点位于路线中间地段阳曲小盆地和凌井小盆地交界处的分水岭处，海拔约 1470m，最低点位于路线终点处的新兴村河床处，海拔为 818m，最大相对高差 650m 左右，一般高差在 10 ~ 50m 之间，地表相对平缓。隧道围岩可分为Ⅴ（浅埋）、Ⅴ、Ⅳ（浅埋）、Ⅳ、Ⅲ级。隧道洞身段衬砌均按新奥法原理设计，采用柔性支护体系结构的复合式衬砌，即以锚杆、喷射混凝土、钢拱架等为初期支护，超前注浆小导管、超前锚杆等为施工辅助措施，充分发挥围岩的自承能力，在监控量测信息的指导下施作初期支护和二次模筑衬砌。二次衬砌采用模筑混凝土或钢筋混凝土，二次衬砌抗渗等级不低于 S8。

9. 云南大三竜隧道

大三竜隧道是 G5（京昆高速公路）云南武定至昆明高速公路建设项目的一座隧道，属于连拱隧道，进口段位于大三竜村下方，附近方圆200m范围内有民房43幢，100m范围内有民房15幢，50m范围内有民房4幢，隧道进口暗挖段V级围岩80m，埋深2～15m，此段隧道穿越地层为泥岩夹泥质粉砂岩，岩石呈强～弱风化状，节理裂隙发育，原设计在本段中隔墙完成后采用单侧壁导坑法施工。后来考虑单侧壁导坑法开挖量较大，炸药用量大，难以保证洞顶附近民房安全，且易发生塌方冒顶事故。最后首次采用CRD开挖方法（交叉中隔墙法），先开挖隧道左半洞顶部，架设工字钢，工字钢闭合呈环后，开挖左半洞底部。后开挖隧道右半洞顶部，架设工字钢，工字钢闭合呈环后，开挖右半洞底部。隧道贯通后，当地砖房极少出现裂缝，未发生当地百姓阻挠施工现象，留下较好社会形象。

第六节　G6（京藏高速公路）北京至拉萨高速公路

G6（京藏高速公路）是国家"71118＋6"高速公路网7条首都放射线中的第六条射线，是连接北京、河北、内蒙古、宁夏、甘肃、青海、西藏七省（自治区、直辖市）的重要省际大通道，沟通首都和西北地区及西藏的重要通道，对于维护边疆地区社会稳定，促进边疆地区经济发展有着重大的作用，国防意义十分重大。

G6（京藏高速公路）起点位于北京市海淀区马甸桥（三环），规划终点位于拉萨市。规划里程3726km，通车里程2577.656km，四车道2248.291km，六车道41.417km，八车道及以上224.778km，一级路63.170km经过北京、河北（张家口）、内蒙古（乌兰察布、呼和浩特、包头、巴彦淖尔、鄂尔多斯、乌海、阿拉善盟）、宁夏（石嘴山、银川、吴忠、中卫）、甘肃（白银、兰州）、青海（海东地区、西宁、海南州、海西州）、西藏（拉萨）。1996年G6（京藏高速公路）北京马甸桥至昌平西关段率先开始施工，现已建成项目27个，目前，西藏段待建。

拥有联络线四条：

G0611（张汶高速公路）张掖至汶川高速公路，起点位于甘肃省张掖市，终点位于四川省汶川县。规划里程1168.47km，通车里程140.04km，四车道139.67km，八车道及以上0.37km。沿线经过甘肃省（张掖市、民乐县）、青海省[门源回族自治县、大通回族土族自治县、西宁市、平安县、同仁县、河南蒙古族自治县、海晏县（尕海）]、四川省（若尔盖县、松潘县、汶川县）。目前，只有青海西宁南绕城段、青海大通至李家峡段已建成通车。

G0612（西和高速公路）西宁至和田高速公路，起点位于西宁市曹家堡西立交，终点位于新疆维吾尔自治区和田市。规划里程2323.92km，通车里程464.576km，四车道335.674km，六车道76.689km，国道（一级公路）52.213km。沿线经过青海省（西宁市、湟源县、海晏县、天峻县、德令哈市、茫崖行委）、新疆维吾尔自治区（若羌县、且末县、民丰县、于田县、和田市),其中只有青海湟源至西海段、察汉诺至小柴旦湖段已建成通车。

G0613(西丽高速公路)西宁至丽江高速公路,起点位于西宁朝阳立交,终点位于大丽高速公路(大理至丽江)白汉场立交K170+800处。规划里程2128.59km,通车里程634.06km,四车道580.487km,六车道53.573km。沿线经过青海省(西宁市、共和县、兴海县、玛多县、称多县、玉树州)、西藏自治区(昌都县、芒康县)、云南省(香格里拉市、丽江市)。目前青海共和至玉树段已建成通车,西藏至云南段待建。

G0615(德马高速公路)德令哈至马尔康高速公路,起点位于青海省德令哈市,终点位于青川界久治分水岭。规划里程941km,通车里程419.726km,全线四车道。沿线经过青海德令哈市、都兰县、玛多县、玛沁县、甘德县、久治县。目前,德令哈至花石峡段已建成通车,花石峡至久治段在建,青海久治至四川马尔康段待建。

一、路线概况

G6(京藏高速公路)路线信息见表8-21,沿线互通、出入口、服务区信息见表8-22,联络线路线信息见表8-23,联络线沿线互通、出入口、服务区信息见表8-24。

G6(京藏高速公路)路线信息表 表8-21

编号	省份	省内起点	省内终点	途经市、县	通车里程(km)
G6	北京	海淀区马甸桥(三环)	延庆县康庄镇(京冀界)	北京市海淀区、昌平区、延庆县	68.374
	河北	张家口市怀来县东花园镇(冀京界)	张家口市尚义县老爷庙(冀蒙界)	怀来县、下花园区、宣化县、桥西区、万全区、怀安县、尚义县	178.611
	内蒙古	老爷庙(蒙冀界)	麻黄沟(蒙宁界)	兴和县、集宁区、察哈尔右翼前旗、卓资县、集宁区、察哈尔右翼前旗、杭锦旗、鄂托克旗、海勃湾区、海南区、乌斯太经济开发区、呼和浩特市(新城区、回民区、金川开发区、金山开发区)、土默特左旗、土默特右旗、包头市(东河区、九原区、青山区、昆都仑区)	821.279
	宁夏	蒙宁界(麻黄沟)	宁甘界(郝家集)	惠农区、平罗县、贺兰县、银川市兴庆区、青铜峡市、利通区、中宁县、同心县、沙坡头区	352.998
	甘肃	刘寨柯主线收费站	海石湾匝道收费站	靖远县、白银市、皋兰县、永登县、红古区	269.311
	青海	甘青省界马场垣	青藏界唐古拉山口	民和县、乐都县、平安县、西宁市城东区、城北区、湟中县、湟源县、共和县、乌兰县、都兰县、格尔木市、曲麻莱县、治多县	887.083
	西藏	待建			—

G6（京藏高速公路）沿线互通、出入口、服务区信息表 表8-22

编号	省份	沿线互通	出入口	服务区
G6	北京	马甸桥、健翔桥、上清桥、百葛桥、邓庄桥互通	京藏高速公路、北土城、北三环、马甸桥、民族园、健翔桥、北四环、北五环、北六环、南口收费站、居庸关、八达岭、康庄出入口	百葛服务区
	河北	东花园、土木枢纽、沙城、鸡鸣驿、下花园、宣化东枢纽、张家口东、张家口西、郭磊庄、怀安、宣化北、屈家庄枢纽、万全、洋河南枢纽、太师庄枢纽互通	东花园、沙城、鸡鸣驿、下花园、宣化东、怀安、郭磊庄、万全、张家口西、张家口东、宣化北出入口	官厅、下花园、怀安、张家口服务区，於家梁停车区加油站
	内蒙古	兴和、小淖尔、集宁南、梅力盖图、卓资山、旗下营南、呼和浩特东、呼和浩特、呼和浩特西、毕克齐、察素齐、哈素海、美岱召、萨拉齐、包头东、九原、包头、包钢、包头西、白彦花、公庙子、乌拉山、西小召、临河东、临河、临河新区、林和西、头道桥、磴口、巴拉贡北、巴拉贡、蒙西、乌海、海勃湾、海南互通	兴和、小淖尔、集宁南、梅力盖图、卓资山、旗下营南、呼和浩特东、呼和浩特、呼和浩特西、毕克齐、察素齐、哈素海、美岱召、萨拉齐、包头东、九原、包头、包钢、包头西、白彦花、公庙子、乌拉山、西小召、五原临河东、临河、临河新区、林和西、头道桥、磴口、巴拉贡北、巴拉贡、蒙西、乌海、海勃湾、海南出入口	兴和、卓资山、呼和浩特西、哈素海、沙尔沁、包头东、包头、白彦花、乌拉山、西小召、临河、临河新区、磴口、乌海服务区
	宁夏	惠农匝道、红果子（规划）、石嘴山、沙湖、四十里店、银川北、贺兰山路、银川东、银川南、永宁、叶盛、青铜峡、吴忠、金积、关马湖、滚泉、鸣沙、恩和、中宁、清水河、长山头、桃山、兴仁互通	惠农匝道、红果子、石嘴山、沙湖、四十里店、银川北、贺兰山路、银川东、银川南、永宁、叶盛、青铜峡、吴忠、金积、关马湖、滚泉、鸣沙、中宁、长山头、桃山、兴仁出入口	惠农、沙湖、贺兰、白鸽、永宁、关马湖、鸣沙、小洪沟、兴仁服务区
	甘肃	忠和互通	刘寨柯主线、刘寨柯匝道、王家山、响泉口、新墩、吴家川、白银东、白银西、皋兰、水阜、兰州西、河口、花庄、海石湾主线、海石湾匝道收费站出入口	白银东、新墩、张家寺服务区
	青海	马场垣、民和、乐都、平安、曹家堡机场、南绕城、峡口、韵家口、朝阳、海湖、西钢、祁家城、扎麻隆、倒淌河、龙羊峡、德吉滩、西香卡、共玉、都兰、香日德东、香日德、伊克高里、诺木洪、大格勒、格尔木东、格尔木南立交互通	马场垣主线、马场垣匝道、民和、乐都、平安、曹家堡、海东主线、峡口、韵家口、朝阳、海湖、西钢、上巴浪、倒淌河、共和、大水桥、都兰、香日德东匝道、伊克高里村匝道、诺木洪匝道、大格勒匝道、格尔木东主线、格尔木南匝道出入口	马场垣、乐都、倒淌河、共和、茶卡、都兰、伊克高里、诺木洪服务区

G6(京藏高速公路)联络线路线信息表 表8-23

编号	省份	省内起点	省内终点	途经市、县	通车里程(km)
G0611	青海	甘青公路养护界扁都口	青甘交界赛尔龙	祁连县、门源县、大通县、西宁市城北区、城东区、平安县、化隆县、尖扎县、同仁县、泽库县、河南县	209.044
	甘肃	待建			—
	四川	待建			—
G0612	青海	曹家堡西立交	青新界(茫崖)	平安、西宁市城东区、城中区、城西区、湟中县、湟源县、海晏县、刚察县、天峻县、乌兰县、德令哈市、大柴旦行委、格尔木市、冷湖行委、茫崖行委	464.76
	新疆	待建			—
G0613	青海	西宁朝阳立交	青藏界多普玛	西宁市城北区、湟中县、湟源县、共和县、兴海县、玛多县、称多县、玉树州、囊谦县	634.06
	西藏	待建			—
	云南	待建			—
G0615	青海	德令哈	青川界久治分水岭	德令哈市、都兰县、玛多县、玛沁县、甘德县、久治县	419.726
	四川	待建			—

G6(京藏高速公路)联络线沿线互通、出入口、服务区信息表 表8-24

编号	省份	沿线互通	出入口	服务区
G0611	青海	黎明、老营庄、祁家城、朝阳、韵家口、峡口、南绕城、曹家堡机场、窑房、大寨子、古城、阿岱、牙什尕立交互通	黎明、老营庄、大通、曹家堡、海东主线、峡口、韵家口、朝阳、平安、古城、阿岱、牙什尕出入口	阿岱停车区
	甘肃	待建		
	四川	待建		
G0612	青海	南绕城、柳湾、临空经济园、扎麻隆立交互通	曹家堡西、柳湾、平安西主线、临空经济园、通海路、多巴出入口	无
	新疆	待建		
G0613	青海	西宁朝阳、海湖、西钢、祁家城、扎麻隆、倒淌河、共玉立交互通	朝阳、海湖、西钢、多巴、倒淌河、共和出入口	无
	西藏	待建		
	云南	待建		
G0615	青海	德令哈机场、香日德西、香日德、香日德南、洪水川、沟里立交互通	德令哈机场、香日德西、香日德、香日德南、洪水川、沟里乡出入口	查干格勒、沟里乡服务区
	四川	待建		

二、路网关系

G6(京藏高速公路)路网关系如图8-6所示。

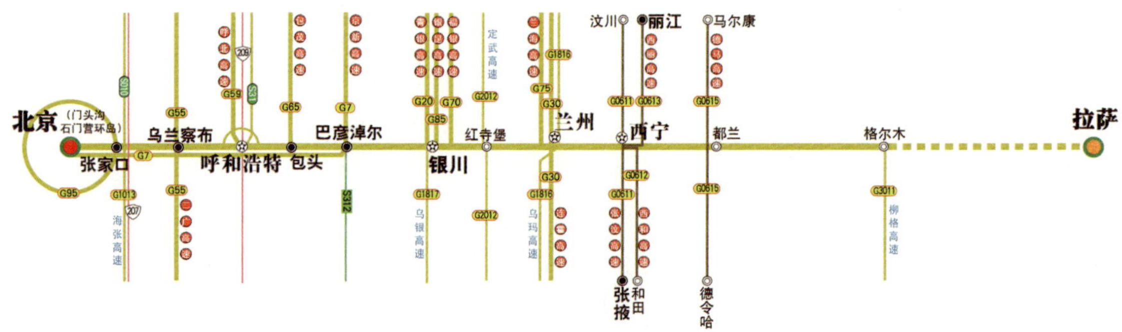

图8-6　G6(京藏高速公路)路网关系示意图

三、建设历程

1.北京马甸桥至昌平西关段

1994年8月开工建设,1996年11月建成通车,全长31.14km,全线六车道,设计速度120km/h。建成特大桥:沙河大桥,共1座。建成大桥9座。总投资21.19亿元,资金来源:地方投入、银行贷款。占地2784.0亩。项目管理单位:北京首都高速公路发展有限责任公司八达岭高速公路分公司;勘察设计单位:北京市市政工程设计研究总院、北京市公路局设计研究院;监理单位:北京市高速公路局监理公司;施工单位:交通部公路局一局一公司、北京市公路局平谷分局等。

2.北京昌平西关至南口段

1997年9月开工建设,1998年建成通车,全长8.06km,全线六车道,设计速度120km/h。总投资5.98亿元,资金来源:地方投入、银行贷款。占地1210.75亩。项目管理单位:北京首都高速公路发展有限责任公司八达岭高速公路分公司;勘察设计单位:北京市市政工程设计研究总院、北京市公路局设计研究院;监理单位:北京市高速公路局监理公司;施工单位:北京市公路局、交通部公路一局、铁道部第十六工程局等。

3.北京南口至康庄段

2000年11月开工建设,2001年10月建成通车,全长29.17km,全线四车道,设计速度100km/h。建成大桥13座。建成长隧道1座。总投资23.45亿元,资金来源:地方投入、银行贷款。项目管理单位:北京首都高速公路发展有限责任公司八达岭高速公路分公司;勘察设计单位:北京市公路局设计研究院、铁道部专业设计院、中外园林建设总公司、中国建筑北京设计研究院;监理单位:北京市高速公路监理有限公司;施工单位:北京市市政工程总公司、北京铁路工程总公司等。

4. 河北省怀来(冀京界)至宣化段

1998年11月开工建设,2002年11月建成通车,全长79.189km,全线四车道,设计速度:山岭重丘区80km/h、平原微丘区100km/h。建成特大桥:官厅湖特大桥,共1座。建成大桥29座。总投资21.231亿元,资金来源:地方投入、银行贷款。占地10194.49亩。项目管理单位:河北华能京张高速公路有限责任公司;勘察设计单位:河北省交通规划设计院;监理单位:河北省交通建设监理咨询有限公司;施工单位:中国航空港建设第十工程总队、铁道部第十八工程局第五工程处等。

5. 河北省张家口宣化至老爷庙(冀蒙界)段

2002年10月开工建设,2005年9月建成通车,全长99.422km,全线六车道,设计速度100km/h。建成大桥7座。总投资19.430亿元,资金来源:交通部车购税投入、地方投入、银行贷款。占地7483.68亩。项目管理单位:丹拉公路张家口高速公路管理处;勘察设计单位:河北省交通规划设计院;监理单位:河北省交通建设监理咨询公司、河北省公路工程技术咨询有限公司、河北通达工程监理咨询有限公司、秦皇岛保神交通建设监理有限公司;施工单位:张家口路桥建设集团有限公司等。

6. 内蒙古老爷庙(蒙冀界)至集宁段

2003年4月开工建设,2005年9月建成通车,全长89.34km,全线四车道,设计速度100km/h。建成大桥8座。总投资17.07亿元,资金来源:中央投入、地方投入、银行贷款。占地10663.0亩。项目管理单位:内蒙古自治区老集高速公路建设管理办公室;勘察设计单位:内蒙古交通设计研究院有限公司;监理单位:意大利咨询公司等;施工单位:内蒙古自治区公路工程局等。

7. 内蒙古集宁至呼和浩特段

1999年11月开工建设,2004年10月建成通车,全长117.96km,全线四车道,设计速度100km/h。建成大桥6座。建成长隧道1座。总投资32.8亿元,资金来源:中央投入、地方投入、银行贷款。占地14770.98亩。项目管理单位:丹东至拉萨国道主干线集宁至呼和浩特段高速公路建设管理办公室;勘察设计单位:内蒙古交通设计研究院有限责任公司、铁道第三勘察设计院;监理单位:山西交科公路工程监理公司、铁道部科研院工程建设监理部等;施工单位:中铁十七局集团有限公司、中铁第十九工程局等。

8. 内蒙古呼和浩特至包头段改扩建

2010年10月开工建设,2013年10月建成通车,全长217.0km,全线八车道,设计速度120km/h。建成大桥34座。总投资114.91亿元,资金来源:中央投入、地方投入、银行贷款。占地29040.47亩。项目管理单位:内蒙古高路公司公路建设工程项目管理第五分公司;勘察设计单位:中交第一公路勘察设计研究院有限公司、中交路桥技术有限公司等;咨询单位:北京建达道桥咨询有限公司;监理单位:山西交科公路咨询监理有限责任公司、内蒙古公路工程咨询监理有限责任公司等;施工单位:中交第一公路工程局有限公司、中国路桥工程有限公司等。

9. 内蒙古包头(哈德门)至磴口段

2003 年 8 月开工建设,2005 年 11 月建成通车,全长 215.46km,全线四车道,设计速度 100km/h。建成大桥 13 座。总投资 50.36 元,资金来源:中央投入、地方投入、银行贷款。占地 22105.81 亩。项目管理单位:内蒙古自治区哈磴高速公路建设管理办公室;勘察设计单位:内蒙古交通设计研究院有限责任公司、中国公路工程咨询监理总公司;监理单位:山西交科公路工程咨询监理公司、内蒙古交通建设监理咨询有限责任公司等;施工单位:中铁十四局集团有限公司、中铁隧道集团有限公司等。

10. 内蒙古磴口至巴拉贡段

2002 年 3 月开工建设,2004 年 6 月建成通车,全长 17.2km,全线四车道,设计速度 100km/h。建成特大桥:磴口黄河特大桥、总干渠特大桥,共 2 座。建成大桥 2 座。总投资 6.52 亿元,资金来源:交通部车购税投入、银行贷款。占地 2514.52 亩。项目管理单位:内蒙古自治区磴巴高速公路项目办公室;勘察设计单位:内蒙古自治区交通设计研究院;监理单位:内蒙古宇通公路工程咨询监理有限公司、交通部交通工程检测中心等;施工单位:中铁大桥工程局集团公司、中铁十三局集团有限责任公司等。

11. 内蒙古巴拉贡至新地段

2003 年 4 月开工建设,2005 年 6 月建成通车,全长 52.07km,全线四车道,设计速度 100km/h。建成大桥 5 座。总投资 6.8 亿元,资金来源:中央投入、银行贷款。占地 4111.0 亩。项目管理单位:内蒙古自治区巴新麻高速公路建设项目管理办公室;勘察设计单位:内蒙古自治区交通设计研究院;监理单位:山西省公路工程监理技术咨询公司、内蒙古交通建设监理咨询公司等;施工单位:中铁十一局集团有限公司、山西中北路桥建设有限责任公司等。

12. 内蒙古自治区新地至麻黄沟段

2003 年 6 月开工建设,2005 年 9 月建成通车,全长 64.46km,全线四车道,设计速度 100km/h。建成特大桥:千里沟二号桥、千里沟一号桥,共 2 座。建成大桥 7 座。总投资 13.71 亿元,资金来源:中央投入、银行贷款。占地 5571.0 亩。项目管理单位:内蒙古自治区巴新麻高速公路建设项目管理办公室;勘察设计单位:中交公路规划设计院;咨询单位:中交公路规划设计院、中国公路工程咨询监理总公司等;监理单位:山西省公路工程监理技术咨询公司、内蒙古宇通公路工程咨询监理有限责任公司等;施工单位:中铁十六局集团第五工程有限公司、中铁十七局集团有限公司等。

13. 内蒙古临河过境公路

2006年11月开工建设,2008年11月建成通车,全长53.16km,全线四车道,设计速度100km/h。建成大桥8座。总投资18.0亿元,资金来源:中央投入、地方投入、企业投入、银行贷款。占地17093.0亩。项目管理单位:内蒙古高等级公路建设开发有限责任公司;勘察设计单位:内蒙古自治区交通设计研究院有限责任公司、中国公路工程咨询集团有限公司;监理单位:内蒙古公路工程咨询监理有限责任公司、内蒙古交通建设监理咨询有限责任公司等;施工单位:中铁二十三局集团第一工程有限公司、中交二公局第三工程有限公司等。

14. 宁夏麻黄沟至姚伏段

1999年9月开工建设,2001年11月建成通车,全长73.0km,全线四车道,设计速度100km/h。建成大桥6座。总投资12.65亿元,资金来源:交通部车购税投入、地方投入、银行贷款。占地5709.89亩。项目管理单位:宁夏石中高速公路北段工程建设指挥部;勘察设计单位:宁夏公路勘察设计院、中国公路工程咨询监理总公司;监理单位:中国公路工程咨询监理总公司、宁夏华吉公路工程监理咨询有限公司等;施工单位:宁夏公路工程局、宁夏公路管理局等。

15. 宁夏姚伏至叶盛段

1997年4月开工建设,2000年6月建成通车,全长83.4km,全线四车道,设计速度100km/h。建成大桥1座。总投资14.39亿元,资金来源:中央投入、交通部车购税投入、地方投入、银行贷款。占地3481.08亩。项目管理单位:宁夏姚叶公路工程建设指挥部、宁夏姚叶公路工程建设指挥部;勘察设计单位:中国公路工程咨询监理总公司、宁夏公路勘测设计院;监理单位:中国公路工程咨询监理总公司、北京路捷工程咨询有限公司;施工单位:宁夏公路工程局第一工程处、中总宁夏金龙集团公路工程公司等。

16. 宁夏叶盛至中宁段

1999年10月开工建设,2002年11月建成通车,全长97.6km,全线四车道,设计速度80km/h。建成特大桥:黄河大桥,共1座。建成大桥8座。总投资21.19亿元,资金来源:交通部车购税投入、地方投入。占地11339.0亩。项目管理单位:宁夏石中高速公路南段工程建设指挥部;勘察设计单位:中国公路工程咨询监理总公司、北京中咨路捷工程技术咨询有限公司;监理单位:山西省交通建设工程监理总公司、宁夏华吉公路工程监理咨询有限公司;施工单位:铁道部第十三工程局第一工程处、交通部第二工程局第六工程处等。

17. 宁夏中宁至郝家集段

2000年11月开工建设,2003年11月建成通车,全长99.0km,全线四车道,设计速度

80km/h。建成特大桥:宝中铁路特大桥,共1座。建成大桥9座。总投资19.02亿元,资金来源:交通部车购税投入、地方投入、银行贷款。占地10896.44亩。项目管理单位:宁夏中郝高速公路南段工程建设指挥部;勘察设计单位:宁夏公路勘察设计院、北京路捷工程咨询有限公司等;监理单位:重庆正大工程监理咨询有限公司、西安公路交大建设监理公司等;施工单位:中铁第十一工程局、交通部第二公路工程局第六工程处等。

18. 甘肃刘寨柯至白银段

2003年5月开工建设,2005年11月建成通车,全长110.74km,全线四车道,设计速度80km/h。建成特大桥:板尾沟大桥、灰条沟大桥,共2座。建成大桥7座。总投资23.27亿元,资金来源:交通部车购税投入、地方投入、银行贷款。占地6344.09亩。项目管理单位:甘肃长达路业有限责任公司;勘察设计单位:甘肃省交通规划勘察设计院有限责任公司;监理单位:甘肃新科公路工程监理事务所、甘肃省交通工程建设监理公司等;施工单位:中铁十二局第三工程有限公司、中铁四局集团第二工程有限公司等。

19. 甘肃白银至兰州段

1999年9月开工建设,2002年9月建成通车,全长58.97km,全线四车道,设计速度80km/h。建成大桥6座。总投资14.62亿元,资金来源:交通部车购税投入、地方投入、银行贷款。占地444.14亩。项目管理单位:甘肃交通厅工程处;勘察设计单位:甘肃省交通规划设计院;监理单位:中交国际工程咨询有限公司、山西省交通建设监理总公司等;施工单位:中国人民武装警察部队交通独立支队、中国航空港建设总公司等。

20. 甘肃兰州忠和至海石湾(甘青界)段

2001年12月开工建设,2004年11月建成通车,全长104.63km,全线四车道,设计速度80km/h。建成大桥23座。建成长隧道1座。总投资32.59亿元,资金来源:中央投入、地方投入、银行贷款。项目管理单位:甘肃省高等级公路建设开发有限公司;勘察设计单位:甘肃省交通规划勘察设计院;监理单位:甘肃省交通工程建设监理公司、山西省交通建设工程监理总公司等;施工单位:中铁三局集团建筑安装工程有限公司、中铁十五局集团第三工程有限公司等。

21. 青海马场垣至平安段

2001年5月开工建设,2003年10月建成通车,全长83.87km,全线四车道,设计速度100km/h。建成特大桥:大峡纵向特大桥、老鸦峡Ⅰ号纵向特大桥、王家口特大桥,共3座。建成大桥25座。建成长隧道2座。总投资决算33.26亿元,资金来源:中央投入、地方投入、银行贷款。占地8643.0亩。项目管理单位:青海省高等级公路建设管理局;勘察设计单位:中交第一公路科研勘测设计研究院、青海省公路科研勘测设计院等;设计咨询单位:交通部中国公路研究所、长安大学等;监理单位:铁道部科学研究院工程建设监理部、中国公路工程咨询监理总公司等；施工单位：中铁一局集团第一工程有限公司、铁道部第二工程局第五工程处等。

22. 青海平安至西宁段

2000年2月开工建设，2002年6月建成通车，全长34.78km，全线四车道，设计速度100km/h。建成大桥9座。总投资10.72亿元，资金来源：中央投入、银行贷款。占地3502.82亩。项目管理单位：青海省高等级公路建设管理局；勘察设计单位：青海省公路勘测设计院、中交第一公路勘测设计院等；设计咨询单位：北京中交京华公路工程技术有限公司；监理单位：山西省交通建设工程监理总公司、山东省德州市交通工程监理公司等；施工单位：铁道部第一工程局第一工程处、中国航空港建设总公司第七工程总队等。

23. 青海西宁过境段

2007年8月开工建设，2010年10月建成通车，全长20.85km，全线四车道，设计速度100km/h。建成特大桥：天峻高架桥，共1座。建成大桥21座。建成长隧道1座。总投资22.27亿元，资金来源：中央投入、交通部车购税投入、银行贷款。占地2505.44亩。项目管理单位：青海省高等级公路建设管理局；勘察设计单位：中交第一公路勘察设计研究院有限公司、青海省公路科研勘测设计院；监理单位：山西交通工程监理总公司、北京中交路通交通工程咨询公司等；施工单位：中国路桥工程有限责任公司、中铁十八局第三工程公司等。

24. 青海西宁(上巴浪)至扎麻隆段

原为西宁至湟源公路的一部分，由于2016年网路调整将此段13.34km纳入G6(京藏高速公路)。西宁至湟源一级公路于2000年3月开工建设，2003年6月建成通车，全线四车道，设计速度80km/h，因路线未完全封闭，历年按一级公路统计。2016年底，西宁西过境高速公路已建成通车。终点接西宁至湟源公路上巴浪，西宁西过境公路与上巴浪至扎麻隆段形成全封闭路段，2016年对该段进行了调整。西宁至湟源公路总投资14.975亿元，资金来源：中央投入、交通部车购税投入、银行贷款。占地3811亩。项目管理单位：青海省高等级公路建设管理局；勘察设计单位：中国公路工程咨询监理总公司、青海省公路科研勘测设计院等；监理单位：西安公路交大监理公司、北京华宏路桥咨询监理公司；施工单位：青海正平路桥集团公司、中铁十七局第五工程处等。

25. 青海倒淌河至共和段

2009年6月开工建设，2013年8月建成通车，全长36.81km，全线四车道，设计速度80km/h。建成大桥1座。建成特长隧道：柳梢沟隧道，共1座。总投资18.69亿元，资金来源：地方投入。占地5589.34亩。项目管理单位：青海省高等级公路建设管理局；勘察设计单位：青海省公路科研勘察设计院、青海省第一测绘院；监理单位：青海省公路工程咨询监理处、青海省公路工程咨询监理处；交通工程监理单位：江苏智远交通科技有限公司、

江苏智远交通科技有限公司、江苏智远交通科技有限公司；施工单位：中铁七局三公司、中交北方路桥工程公司等。

26.青海共和至茶卡段

2009年7月开工建设，2011年12月建成通车，全长164.0km，全线四车道，设计速度80km/h。建成大桥7座。总投资23.29亿元，资金来源：地方投入。占地15876.36亩。项目管理单位：青海省高等级公路建设管理局；勘察设计单位：青海省公路勘察设计院；设计咨询单位：青海省交通工程咨询中心；监理单位：北京中交安通工程技术咨询有限公司、青海省公路工程咨询监理处等；施工单位：青海路桥建设股份有限公司、青海二建建筑工程有限公司等。

27.青海茶卡至格尔木段

2012年12月开工建设，2016年11月建成通车，全长492.84km，其中高速公路469.97km，全线四车道，设计速度100km/h。建成大桥16座。总投资106.91亿元，资金来源：中央投入、地方投入。占地33255.5亩。项目管理单位：青海省公路建设管理局；勘察设计单位：青海省公路科研勘测设计院；监理单位：山西晋达交通建设工程监理有限公司、河北华达公路工程咨询有限公司等；施工单位：四川攀峰路桥建设集团有限公司、中交一公局厦门工程有限公司等。

四、联络线及并行线

1.G0611（张汶高速公路）张掖至汶川高速公路

甘肃赛尔龙（青甘界）**至郎木寺**（甘川界）**段**。待建。

青海大通至西宁段。2002年11月30日开工建设，2004年11月6日建成通车，全长36.54km，全线四车道，设计速度100km/h。建成特大桥：大通县桥头镇纵向桥，共1座。建成大桥4座。总投资8.23亿元，资金来源：中央投入、银行贷款。占地3163.9亩。项目管理单位：青海省高等级公路建设管理局；勘察设计单位：青海省公路勘察设计研究院；监理单位：山东德州监理咨询有限公司；施工单位：中铁一局集团有限公司。［其中，31km计入G0611（张汶高速公路）。］

青海牙什尕至同仁段。2012年12月开工建设，2017年9月建成通车，全长52.84km，全线四车道，设计速度80km/h。建成特大桥：山尕滩特大桥、河东村特大桥、哇加滩黄河特大桥、隆务峡特大桥，共4座。建成大桥35座。建成特长隧道：隆务峡3号隧道，共1座。建成长隧道共4座。总投资42.09亿元，资金来源：交通运输部车购税投入、地方投入、银行贷款。占地4415.01亩。项目管理单位：青海省高等级公路建设管理局；勘察设计单位：中交第二公路勘察设计研究院有限公司；监理单位：四川国际工程监理有限公司等；施工单位：中铁十二局集团有限公司等。

青海平安至阿岱段。2002年6月15日开工建设,2006年10月1日建成通车,全长41.02km,全线四车道,设计速度100km/h。建成大桥11座。总投资18.67亿元,资金来源:中央投入、银行贷款。占地4036.20亩。项目管理单位:青海省高等级公路建设管理局平阿项目办;勘察设计单位:青海省公路勘察设计院等;监理单位:中国公路工程咨询监理总公司等;施工单位:云南第五公路工程处等。

阿岱至李家峡段。2010年4月开工建设,2012年12月27日建成通车,全长27.92km,全线四车道,设计速度80km/h。建成特大桥:黑城河特大桥,共1座。建成大桥19座。总投资10.68亿元,资金来源:交通运输部车购税投入、地方投入。占地3415.0亩。项目管理单位:青海省高等级公路建设管理局阿李项目办;勘察设计单位:中交第二公路勘察设计研究院有限公司;监理单位:北京中咨路捷工程监理有限公司等;施工单位:青海路桥建设股份有限公司等。[其中,16.42km计入G0611(张汶高速公路)。]

2. G0612(西和高速公路)西宁至和田高速公路

青海西宁南绕城段。2011年9月开工建设,2015年12月建成通车,全长59.77km,全线六车道,设计速度100km/h。建成特长隧道:通海隧道,共1座。建成长隧道3座。总投资102.78亿元,资金来源:中央投入、银行贷款。占地7479亩。项目管理单位:青海省高等级公路建设管理局;勘察设计单位:中交第一公路勘察设计研究院有限公司;监理单位:陕西海嵘工程项目管理公司、四川公路工程咨询监理公司等;施工单位:中铁十六局集团第一工程有限公司、中交二公局第三工程有限公司等。

青海察汗诺至德令哈段。2009年9月开工建设,2013年10月建成通车,全长200.9km,全线四车道,设计速度80km/h。建成大桥15座。总投资35.01亿元,资金来源:交通运输部车购税投入、银行贷款。占地13613.45亩。项目管理单位:青海省公路建设管理局;勘察设计单位:北京华杰工程咨询有限公司;监理单位:北京德通达监理咨询有限公司;施工单位:青海省公路工程建设总公司。

青海德令哈至小柴旦湖段。2007年9月开工建设,2011年9月建成通车,全长186.54km,全线四车道,设计速度80km/h。建成大桥13座。总投资28.21亿元,资金来源:中央投入、地方投入。占地16187.1亩。项目管理单位:青海省公路建设管理局;勘察设计单位:青海省公路科研勘测设计院;监理单位:青海省交通工程监理有限公司等;施工单位:青海省路桥建设股份有限公司等。

3. G0613(西丽高速公路)西宁至丽江段

青海共和至玉树段。2011年5月开工建设,2016年8月建成通车,全长634km,全线四车道,设计速度80km/h。建成特大桥:歇武河特大桥、查拉坪特大桥,共2座。建成大桥80座。建成特长隧道:鄂拉山隧道、雁口山隧道、通天河隧道,共3座。建成长隧道2

座。总投资259.84亿元,资金来源:中央投入、地方投入。占地76315.765亩。项目管理单位:青海地方铁路建设投资有限公司;勘察设计单位:青海省公路科研勘测设计院、中交第一公路勘察设计研究院有限公司;监理单位:青海省公路工程咨询监理处、甘肃兴陇交通工程监理有限公司等;施工单位:青海路桥建设机械工程有限公司、中铁十六局集团有限公司等。

4. G0615(德马高速公路)德令哈至马尔康高速公路

青海德令哈至香日德段。2013年8月开工建设,2016年10月建成通车,全长165km,全线四车道,设计速度100km/h。建成特大桥:香日德河特大桥,共1座。建成大桥10座。总投资28.85亿元,资金来源:中央投入、地方投入。占地11811.142亩。项目管理单位:青海省高等级公路建设管理局;勘察设计单位:青海省公路科研勘测设计院;监理单位:青海省交通工程监理处、西安方舟工程咨询有限责任公司等;施工单位:正平路桥建设股份有限公司、中交一公局第五工程有限公司等。

青海香日德至沟里乡段。2012年8月开工建设,2016年8月建成通车,全长70km,全线四车道,设计速度80km/h。建成特大桥:岔口特大桥,共1座。建成大桥8座。总投资20.45亿元,资金来源:中央投入、地方投入。占地3726.87亩。项目管理单位:青海省公路建设管理局;勘察设计单位:青海省公路科研勘测设计院;监理单位:山西晋达交通建设工程监理有限公司、山东齐鲁城市建设管理有限公司等;施工单位:四川公路桥梁建设集团有限公司、武通路桥工程局第一工程处等。

青海沟里乡至花石峡段。2012年8月开工建设,2016年8月建成通车,全长85km,全线四车道,设计速度80km/h。建成大桥15座。总投资16.61亿元,资金来源:中央投入、地方投入。占地2443.75亩。项目管理单位:青海省公路建设管理局;勘察设计单位:青海省公路科研勘测设计院;监理单位:青海省交通工程监理处、南京安通工程咨询监理有限公司等;施工单位:正平路桥建设股份有限公司、青海路桥建设股份有限公司等。

青海花石峡至大武段。在建。

青海大武至久治段。在建。

5. G0601 银川绕城高速公路

银川绕城高速公路西北段。2005年5月开工建设,2008年8月建成通车,全长37.69km,全线四车道,设计速度100km/h。建成特大桥:阅海特大桥,共1座。建成大桥2座。总投资16.356亿元,资金来源:中央投入、地方投入、银行贷款。占地4891.6亩。项目管理单位:宁夏公路建设管理局;勘察设计单位:陕西省公路勘察设计院;监理单位:陕西高速公路工程咨询有限公司、武汉大通公路桥梁工程咨询监理有限公司等;施工单位:中铁十三局集团有限公司、山西运城路桥有限责任公司等。

银川南环过境段。2002年9月开工建设,2004年10月建成通车,全长22.8km,全线四车道,设计速度100km/h。建成特大桥:包兰铁路分离立交特大桥,共1座。建成大桥4座。总投资15.7046亿元,资金来源:中央投入、地方投入、银行贷款。占地9469.9亩。项目管理单位:银古高速公路工程建设指挥部;勘察设计单位:中国公路工程咨询监理总公司;监理单位:北京中咨路捷工程技术咨询有限公司、宁夏华吉公路工程监理咨询有限公司、山西路桥监理公司、河北通达监理咨询公司;施工单位:中铁十六局集团第一工程有限公司、宁夏回族自治区公路工程局、中铁十三局集团有限公司等。

6. G0601 呼和浩特绕城高速公路

呼和浩特绕城高速公路。2005年11月开工建设,2009年11月建成通车,全长57.89km,全线四车道,设计速度100km/h。建成大桥9座。总投资23.21亿元,资金来源:中央投入、地方投入、银行贷款。占地6931.0亩。项目管理单位:呼和浩特市绕城高速公路建设管理办公室;勘察设计单位:内蒙古自治区交通设计研究院有限公司、中国公路工程咨询集团有限公司;监理单位:北京华通公路桥梁监理咨询公司;施工单位:内蒙古公路工程局等。

五、先进技术的研究与应用

1. 沥青路面合理结构的研究(青海)

该项目结合青海省的自然特点,依托G6(京藏高速公路)青海平安至西宁高速公路建设,修筑了试验路;通过试验路的铺筑、室内试验和理论分析,对沥青混凝土表面层、沥青稳定碎石基层、级配碎石基层和低强度水泥稳定碎石基层的路用性能、材料组成、施工工艺进行了系统研究。项目推荐的AC-13K调整型沥青面层矿料级配、低强度水泥稳定碎石基层,对提高路面使用性能,减少路面开裂、延长沥青路面使用寿命具有重要意义。项目通过对试验路使用性能观测和分析、国内外沥青路面结构现状调研,研究推荐了青海省高等级公路的合理路面结构形式,对于沥青路面的设计施工具有指导意义。项目研究成果总体达到国内领先水平。

2. 河湟区域厚层基材植被护坡技术应用试验研究(青海)

该项目以植被材料为研究对象,通过室内试验及室外边坡试验,结合G6(京藏高速公路)青海马场垣至平安高速公路河湟区域的地理气候特点和边坡植被防护要求,通过厚层基材的强度、保水性、耐雨水冲刷性、抗冻性、种子发芽率等试验研究结果,确定了厚层基材配方,并且通过对植被材料筛选与配置三年的试验段研究,确定了适宜青海河湟区域厚层基材护坡植被建植的紫花苜蓿、披碱草、柠条、青海冷地早熟禾等多品种组合,试验段植被盖度达90%以上。该研究成果经济社会效益显著,推广应用前景广阔,总体达到国内先进水平。

3. 黄土隧道施工安全保障技术研究(甘肃)

该研究依托G6(京藏高速公路)西宁过境公路建设项目,主要包括5个子课题:①软弱黄土围岩性状与荷载作用特征研究;②隧道支衬体系受力性状研究;③软弱黄土隧道施工工法适应性研究;④浅埋杂填土段隧道施工控制技术;⑤区段地表裂缝对隧道结构影响分析与处治对策研究。通过对5个子课题的研究,进一步明确软弱黄土公路隧道各典型段围岩压力设计参数取值及荷载分布特征,进一步界定土质隧道深浅埋状态;得出施工过程中支衬体系受力变化特征,揭示典型地貌特征对隧道支衬体系的影响规律;给出浅埋段软弱黄土地基承载力取值标准并提出合理有效的处理技术;揭示软弱黄土隧道塌方原因并给出有效的处治措施;得出浅埋杂填土段隧道围岩压力与荷载分布特征,并给出相应的施工控制技术;总结地表裂缝的分布特征,揭示地表裂缝影响规律,并提出切实可行的处治对策;总结出不同条件下软弱黄土隧道的施工工法;解决了软弱黄土隧道安全施工的技术难题。

4. 生态保护草皮码放恢复工艺(青海)

在G6(京藏高速公路)青海倒淌河至共和高速公路路基施工中,尕海滩段路基施工采用了原地面草皮收集方法,收集后的草皮在原地进行了养生,在路基填筑后将原来的草皮码放至边坡,恢复成原生态状况,保证了当地生态环境,解决了草原和草场的生态恢复问题。

5. 混凝土节水保湿养护膜(青海)

受当地水资源缺乏的影响,塑料薄膜、麻袋等以往使用的混凝土养生方法已不适合工程施工的需要。研究依托G6(京藏高速公路)青海共和至茶卡高速公路建设项目,为了解决当地水资源缺乏的问题,减少成本,施工单位购进混凝土节水保湿养护膜,可保持混凝土表面湿润9d以上,保湿效果直观明显,简单有效,高倍节水。在铺设时,只需养护一次,就能使现浇混凝土在一个养护周期内保持湿润,并保持混凝土的青灰本色,解决了混凝土节水养生问题。

6. Superpave混合料施工工艺与质量控制技术研究(内蒙古)

该项目依托G6(京藏高速公路)内蒙古自治区老爷庙(蒙冀界)至集宁段高速公路,主要研究内容:

(1)离析机理研究。

(2)离析产生原因的试验研究:①原材料离析;②冷骨料配合比对离析的影响;③搅拌设备对离析的影响;④运输过程产生的离析;⑤卸料过程离析;⑥摊铺离析;⑦压实离析。

(3)Superpave混合料材料离析和温度离析对路面质量的影响:①离析后混合料主要

指标发生变化;②材料离析对孔隙率的影响;③温度离析对孔隙率的影响;④孔隙率、压实度、平整度的相互关系;⑤孔隙率对渗水系数的影响;⑥孔隙率与车辙;⑦孔隙率与混合料强度;⑧孔隙率与混合料水稳性;⑨孔隙率对劳动寿命的影响;⑩构造深度与渗水性。

(4)Superpave 混合料离析的判别方法和判别标准:①判别方法:无损检测法与有损检测;②判别标准:加拿大沥青路面离析判别标准、稳定离析评定标准、密度仪测定评定标准、芯样评定标准等。

(5)Superpave 混合料离析的控制和预防:①材料离析的预防与控制;②温度离析的预防与控制。

(6)Superpave 混合料施工指南。

7. 干旱地区公路边坡生态恢复技术应用研究(内蒙古)

本项目根据目前 G6(京藏高速公路)内蒙古自治区老爷庙(蒙冀界)至集宁段高速公路建设中存在的主要生态问题,针对路堑边坡和路基边坡的不同条件,因地制宜地采用适宜的生态工程技术,开展边坡生态恢复试验研究,在技术层面上为内蒙古公路生态建设解决具有普通意义的主要工程技术问题。通过典型路段的示范工程展示工艺流程和工程效果,推动内蒙古公路路域生态建设水平的提高。主要研究内容:①内蒙古高寒干旱地区路域生态建设设计思路研究;②内蒙古高寒干旱地区路域生态建设典型技术应用研究;③内蒙古高寒干旱地区路域生态建设质量评价研究。

研究考核的目标为:①完成路堑边坡厚层基材喷附技术研究;②完成路堑边坡棉网状植生带技术研究;③完成专题研究报告,以指导内蒙古中部干旱地区公路边坡生态防护建设。

8. 路基施工关键问题研究(内蒙古)

项目依托 G6(京藏高速公路)内蒙古自治区巴新麻高速公路建设项目,以切实解决巴新麻高速公路在风积沙路基和巨粒土路基的施工过程中的技术难题为核心目标,针对路基施工中存在的各方面问题,在调查分析的基础上做了大量的研究,系统地提出了风积沙路基和巨粒土路基施工工艺和质量控制方法等,研究成果对特殊地区道路施工和质量控制具有重要理论指导意义和实用价值,填补了我国公路此项领域的空白,产生巨大的经济效益。

主要研究内容:

(1)路基施工存在问题分析:①丹拉国道主干线内蒙古巴新麻高速公路路基存在问题分析;②内蒙古其他地区相似道路路基存在问题分析与比较。

(2)K1013 + 073 ~ K1015 + 083 段风积沙段施工技术研究:①K1013 + 073 ~ K1015 + 083 段风积沙级配状况分析;②K1013 + 073 ~ K1015 + 083 段风积沙物理特性研究分析;

③K1013＋073～K1015＋083段风积沙力学特性研究分析；④K1013＋073～K1015＋083段风积沙基底处理方法与质量控制指标；⑤K1013＋073～K1015＋083段风积沙填筑碾压方法与质量控制指标；⑥砂基顶面质量验收标准与设计指标；⑦风积沙段边坡防护与防沙技术研究。

（3）巨粒土路基填筑技术研究：①巨粒土路用性能调查分析；②巨粒土路基填筑碾压技术；③巨粒土路基质量控制方法与标准；④巨粒土路基设计参数；⑤巨粒土路基施工办法。

（4）夯击压实应用研究：①夯击压实适用条件分析研究；②压路机动力性能分析；③合理摊铺厚度的确定；④质量检验方法与控制指标；⑤夯压层设计参数；⑥夯压施工规程。

（5）巴新麻高速公路特殊路基施工规程：①质量检测方法、频率与指标；②施工规程。

9. 风积沙处理路基软地基技术研究（内蒙古）

风积沙的路用性能研究，促进了我国西部欠发达地区公路建设的加速发展。本课题依托G6（京藏高速公路）内蒙古自治区临河过境公路建设项目，针对风积沙加固河套地区特殊的不良路基地基的应用技术研究，为风积沙用途再辟新径。课题研究在收集和检索大量的研究资料及室内外试验的基础上，进行了理论分析、试验路段的沉降、稳定监测及其数据分析研究。首先，分析研究了河套地区路用风积沙的物理特性和工程特性，得出了河套地区风积沙的天然级配、天然干燥状态的含水率、不均匀系数、曲率系数、细度模数、CBR值、回弹模量、压缩性能，并对水理特性也做了必要的研究。其次，通过对丹东—拉萨国道主干线临河过境线路段范围内不良路基地基的调查研究表明，该路段内不良地基主要分布在积水的沼泽洼地或河流漫灌的滩地，地下水位高，低洼处常年积水或季节性积水，形成海子和湿地，路基地基的抗剪强度小，承载力较低。最后，通过对试验路段（K936＋800～K937＋300）在施工期间的沉降与稳定监测及数据研究分析，得出不良地基经设置或换填风积沙垫层处理是科学的、可行的，能完全满足路基施工要求。

10. 高速公路湿陷性黄土路基处理技术研究（青海）

本课题依托G6（京藏高速公路）青海马场垣至平安高速公路建设项目，针对青海省黄土地区高速公路建设情况，依托西宁至湟源一级公路、马场垣至平安高速公路，对湿陷性黄土路基处理的技术方案、施工工艺以及处理效果等问题开展较系统的试验比较和理论评价。青海黄土由于其特殊的地理形式、环境和气候条件，具有分布范围不连续性，岛状性质，属边缘黄土，黄土层厚变化大，颗粒粗，粉性土含量高，钙质及盐性成分多，具有多种湿陷成因、物理力学性质变异性大的特点。课题通过研究湿陷性黄土的地质结构特点，主要的物理力学性质及其规律，湿陷性黄土地基承载力及沉降变形评价和计算方法，提出青海省高等级公路湿陷性黄土路基的处理方法、工艺及其适用条件和有关技术指标，有力地指导了公路建设中对湿陷性黄土路基的处理。

11.高等级公路路域生态恢复适用技术研究(青海)

本课题依托G6(京藏高速公路)青海马场垣至平安高速公路建设项目，通过研究，提出了集环保设计、施工、监理和验收为一体的适合青海省高等级公路建设生态恢复工程管理制度及经济适用的公路路域植被恢复建植模式，筛选并应用了适合护坡的草灌混播组合，提出适合青海省湟水河流域公路路域的野生草本及乔灌木植物种，筛选出骆驼蓬、赖草、唐古特白刺等10种当地野生植物，首次应用于路域植被恢复工程，提高了公路护坡植物群落质量和稳定性及边坡防护效果，降低了植被养护成本。

六、复杂技术工程

1.青海沙塘川高架特大桥

沙塘川高架特大桥为G6(京藏高速公路)青海平安至西宁段建设项目的一座桥梁，位于城东区内，连续跨越东川煤厂铁路支线，骨胶厂路，沙塘川河特大桥采用现浇预应力混凝土箱形连续箱梁，桥跨布置左幅(4×35m+20m)+5×35m+5×35m，右幅(20m+4×35m)+5×35m+5×35m，大桥是每五孔一联的单箱双室，为纵向预应力混凝土箱形连续箱梁，现浇主梁用C50混凝土，梁高1.8m。现浇时首先为保证支架的稳定性，支架受力的均匀性，对地基进行处理，进行荷载计算，支架布置，支架搭设要求，支架预压，预留拱度计算和工序安排。其次对于模板的安装及拆除顺序作出详细安排。最后进行安放钢筋、钢绞线，浇筑混凝土，预应力钢绞线的张拉，张拉完成后，紧接着进行孔道压浆。对于C50高强度等级混凝土采用工地拌和及泵送施工技术，支架现浇箱梁采用局部预压及预设拱度技术，整个施工中进行了周密的工序安排和施工组织设计。支架逐孔现浇法施工过程中按设计要求及施工工艺预留横向施工缝。为加快施工进度，确保箱梁施工质量，每一区段箱梁竖向按两次浇筑处理，纵向施工缝设在箱梁腹板顶面位置。当一个预应力梁段混凝土强度达到90%时进行张拉(施加预应力)，再进行预应力筋接长和施工缝湿接头浇筑，从而形成逐段浇筑箱梁的连续化。由于两幅桥间距较小，右幅桥紧靠兰青铁路，无法在本桥两侧各安排一条施工通道，施工中必须先考虑右幅桥支架、模板、钢筋的地面运输及垂直提升问题。经比较，为使右幅桥材料运输便捷，应在施工次序安排中使右幅桥提前左幅桥至少两孔。实际施工次序为:上部结构从10号墩开始先进行第三联右幅桥施工，在搭设两孔半支架后，开始铺设底模、绑扎钢筋、浇筑混凝土。安装内模板、绑扎顶板钢筋、浇筑顶板混凝土、张拉灌浆等作业，依次流水循环。在浇筑第一孔底板、腹板混凝土的同时开始搭设第三~四孔支架。在浇筑第一孔顶板混凝土时，开始左幅桥的支架施工，为了不影响右幅桥施工，左、右幅桥按相差3孔同时向前推进。张拉完成第二孔钢绞线后，拆除第一孔支架，从10号墩开始进行第二联右幅桥施工，直至完成全桥施工。桩基及下部结构施工先从第二、三联开始，按平行作业法，分左、右幅两个钻孔施工队同时施工。墩台、身施工按流水作业法，分钢筋加工、模板支立、混凝土浇筑等专业班组流水作业。钢筋采用集中加工、现场组焊，混凝土配料拌和采用自动计量混凝土搅拌站，泵管输送至工作面，保证了质量和工期。

2. 内蒙古特大桥施工及特殊情况处理技术

研究依托G6（京藏高速公路）内蒙古自治区磴口至巴拉贡段建设项目，主要内容有：

（1）特大桥施工情况

磴巴高速公路全长17.2km，包括特大桥两座，总干渠特大桥全长1024m，下部结构为钻孔灌注桩基础，柱式墩肋式桥台，上部结构为7×25m+24×35m预应力组合连续箱梁。桥梁连续跨越东风渠、110国道、包兰铁路、黄河总干渠。下部结构施工在岸上同一般陆地桥梁施工，在河中采用筑岛和便桥加墩位平台施工，上部结构全部为先简支后连续箱梁，全部采用集中预制、龙门吊移位、提升、架桥机架设。磴口黄河特大桥全长1579m，下部为钻孔灌注桩基础，主桥部分为实体墩，引桥部分为柱式墩，肋式桥台，上部结构为4×35m（55m+3×100m+55m）+5×50m+22×35m变截面和等截面预应力连续箱梁主桥及预应力组合连续箱梁引桥，桥位位于三盛公拦河水闸下游2.5km处。大桥施工时采用在主河槽区域桥梁中线下游设施工栈桥，栈桥宽10m，基础采用钢管桩基础，栈桥上设WD-20桅杆吊机辅助施工，下部结构施工时在水中每墩设墩位平台一座，并配备WD-20墩旁吊机一台。在巴拉贡岸河滩地段设浮桥一座，以保证施工需要。钻孔采用泵吸反循环钻机施工，主桥承台采用钢套箱围堰，墩身采用无拉筋式整体钢模板施工，引桥承台，系梁采用井点降水，开挖基坑。55m+3×100m+55m主桥上部采用挂篮悬浇施工，5×50m主桥上部呆用移动模板施工，55m+3×100m+55m主桥上部施工线形、应力控制成立专门监控组监控。引桥采用集中预制、龙门吊架设方法施工。

（2）建设过程中特殊情况的处理

磴巴高速公路建设中反映最为特殊的问题就是黄河大桥主桥建设进度和总体工期计划的矛盾。黄河特大桥主跨55m+3×100m+55m上部结构为悬浇混凝土箱梁，设计每个梁块一次施工长度为2.75～4m，每个梁块施工周期国内一般水平为10d左右。针对工期紧、施工难度大的问题，项目办与施工单位多次修订，调整施工组织计划，克服了下部施工占用时间长，同时配合了水利防汛部门提出的冬季拆除栈桥预防凌汛的要求，采取了加大设备投入、全面作业，每天24h连续施工等措施，全力保证大桥在计划工期内完成的目标，顺利实现了整体项目按计划完成。

3. 青海旱台子隧道

旱台子隧道为G6(京藏高速公路)青海马场垣至平安段建设项目的一座隧道,所处地区黄土覆盖层较厚,隧道洞口及个别段落通过黄土覆盖层,黄土陷穴、落水洞、采空区等病害严重,为典型的黄土隧道工程。在隧道施工中,首先根据不同的围岩类别,采取“新奥法”施工。对Ⅰ类围岩采取了人工配合反铲台阶法开挖,拱部开挖遵循“短进尺、强支护、早封闭、勤量测”的方法施工;对Ⅱ类围岩采取 $\phi50$ 小导管超前支护,喷锚网钢拱架初期支护,遵循“弱爆破、短进尺、强支护、早封闭、勤量测”的方案施工;对Ⅲ类围岩地段采用短台阶松动爆破开挖,网喷锚格栅钢架初期支护,全断面灌注二次衬砌混凝土的施工方案。

(1)落水洞、采空区的处治措施。旱台子隧道覆盖层为黄土,天然黄土在雨水的侵蚀下,形成了大大小小的落水洞,给施工造成很大困难。由于隧道主体施工与落水洞、采空区治理同时进行,造成了隧道洞内局部不均匀沉降,沉降达30cm,洞内有60m范围内出现了塌方。针对这一情况,及时改变设计方案,对落水洞与采空区均采用注水泥浆的加固处治措施,经过注浆处理后,在落水洞、采空区及上覆岩层的裂隙内形成凝固体,明显改善了围岩的自承强度,使隧道主体掘进顺利进行,保证了工程的施工质量。

(2)洞口滑坡的处治措施。对隧道洞口围岩体的调查、分析、计算,采用10~15m锚杆喷射混凝土,锚杆间距采用4~6m,同时采用钢筋网进行网喷支护,网孔间距25cm,混凝土喷射厚度12cm。保证了洞门上方土体稳定。其次,为保证喷锚混凝土的厚度和强度,减少回弹和粉尘污染,改善洞内作业环境,将传统的干喷工艺改为湿式喷锚作业技术,一次喷层厚度达10cm,粉尘达到国际标准($10mg/m^3$),最后,二次衬砌采用了平移式全液压衬砌台车施工作业,保证了衬砌混凝土的外观质量。

4. 青海老鸦峡隧道

老鸦峡隧道为G6(京藏高速公路)青海马场垣至平安段建设项目的一座隧道,由于靠近湟水,地下水相当丰富。老鸦峡隧道穿越整个老鸦峡峡谷段,地质构造较为复杂,个别段落出现了卵砾石层。卵砾石层具有松散、无胶结、基本无自稳性、不易形成自然拱等特点。当隧道施工遇到卵砾石层时,施工速度明显降低,并随时有坍塌的可能。在隧道施工中,首先根据不同的围岩类别,采取“新奥法”施工。对Ⅰ类围岩采取了人工配合反铲台阶法开挖,拱部开挖遵循“短进尺、强支护、早封闭、勤量测”的方法施工;对Ⅱ类围岩采取 $\phi50mm$ 小导管超前支护,喷锚网钢拱架初期支护,遵循“弱爆破、短进尺、强支护、早封闭、勤量测”的方法施工;对Ⅲ类围岩地段采用短台阶松动爆破开挖,网喷锚格栅钢架初期支护,全断面灌注二次衬砌混凝土的施工方案。在卵砾石层内施工时,采用开设辅助导坑的方法,增加开挖工作面,来提高工作效率。在增大工作面的同时，做好以下工作：

(1)加强防排水工作，采用井点法降低地下水位，防止砂砾层稀释和挟走沙粒。

(2)采用化学药液注浆固结围岩。用水泥浆加一定比例的水玻璃来配合 5～8m 的锚杆加固围岩。

(3)自上而下分部开挖，先护后挖，边挖边封堵，遇缝必堵。

(4)采用工字型钢支撑，设置底梁，支撑的上下、纵横均应连接牢固。

(5)采用注浆锚杆加固拱脚，防止拱圈两侧不均匀沉降。拱部与边墙衬砌混凝土模筑应尽量缩短时差，尽快形成封闭环。

(6)加快仰拱的浇筑速度，并增加其刚度。

其次，为保证喷锚混凝土的厚度和强有力度，减少回弹和粉尘污染，改善洞内作业环境，将传统的干喷工艺改为湿式喷锚作业技术，一次喷层厚度达 10cm，粉尘达到国际标准($10mg/m^3$)。最后，二次衬砌采用了平移式全液压衬砌台车施工作业，保证了衬砌混凝土的外观质量。

5. 青海大有山隧道

大有山隧道为 G6(京藏高速公路)青海西宁过境公路西段建设项目的一座隧道，左洞长度为 2560m，右洞长度为 2535m，按高速公路双向四车道分离式隧道设计，隧道设计速度 100km/h。该隧道是西宁西段的控制性工程，主要地质为湿陷性黄土及人工回填土，土体松软，施工难度较大。隧址区地貌单元属黄土塬梁地貌，海拔高程在 2314.8～2444.2m，相对高差约 130m，进口段为北川河两岸Ⅲ级阶地地貌，地形呈现阶梯状起伏，台面平整；出口端为黄土塬梁深切沟谷斜坡地貌，坡面陡峻，坡度在 45°～50°；在左 K2+960～K3+180 或右 K3+080～K3+240 洞身段为深切 U 形沟谷。施工单位根据其特点，采用现场测试、室内试验、理论分析和数值模拟的方法，采用高压旋喷桩隧道加固技术，提高隧道基础承载力，遵循“预加固、管超前、小断面、短开挖、强支护、早成环、快封闭、勤量测”的原则，做好塌方处治，达到了预期效果。

6. 青海柳稍沟隧道

柳稍沟隧道为 G6(京藏高速公路)青海倒淌河至共和段建设项目的一座隧道，左洞长度为 3810m，右洞长度为 3848m，所处地形、地貌单元属于青海湖南山高山区，地形形态呈马鞍状，圆丘状，地形起伏大，植被丰富。隧道施工以新奥法为原理，采用柔性支护体系的复合式衬砌，即以喷、锚、网、拱架等为初期支护，以钢筋混凝土或素混凝土为二次衬砌；并视地层、地质条件增加超前小导管注浆及超前预支护措施来配合新奥法施工。

(1)隧道局部坍塌的处治措施。柳稍沟隧道由于岩土围岩风化严重，松散且没有强度，发生了几次局部坍塌，给施工造成很大困难。塌方处理采用大管棚注浆超前支护(小导洞法)。该方法主要采用注浆大管棚辅以注浆小导管,对塌方体进行预支护。采用短进尺、分阶段开挖,对塌方体的支护做到随挖随支。此处理措施充分考虑了隧道的工程地质条件与施工技术条件,充分发挥了注浆法和管棚法的优点。但管棚和注浆的施工必须达到预期效果,即形成一个能支撑上面松散岩石的壳体。针对这一情况,施工单位及时调整施工方案,对塌方段均采用小导洞法加固处治措施,经过处理后,使隧道主体掘进顺利进行,保证了工程的施工质量。

(2)隧道断层破碎带、软弱膨胀围岩的处治措施。柳稍沟隧道断层破碎带主要为挤压性断层,其关键在于挤压性围岩大变形稳定控制的及时性和有效性,根据软弱流变性围岩的控制特点及挤压性围岩与支护结构相互作用的力学机理,采用先卸压后强支护的方案。初期支护采取二次支护的结构形式,一次初期支护采用超前自进式注浆管棚超前注浆加固拱部围岩,拱部采用自进式注浆锚杆,边墙及拱墙采用自进式注浆锚杆、钢拱架、早强喷射钢纤维混凝土联合支护。初期支护后预留15cm变形量,在拱顶、边墙、拱腰设置沉降、收敛位移观测点,当拱顶沉降或边墙收敛速率达到2~3mm/d时,及时施作二次初期支护,二次初期支护采用C25早强混凝土加钢筋网,二次初期支护后预留15cm变形量;当水平收敛速率小于1.5~2mm/d,或拱顶位移速率小于1mm/d时,及时施作钢筋混凝土二次衬砌。对于挤压性软弱破碎围岩,挤入变形大、收敛速度慢,因此根据监控量测信息合理确定二次衬砌的支护时机对于控制围岩塑性变形的发展及确保支护结构安全是至关重要的。施工过程中应加强监控量测、重视超前地质预报。如挤入变化大、难以收敛,应及时变更施工开挖方案,可采取“弱爆破、短进尺、多循环”分步开挖、支扩方案及可缩性钢拱架、喷钢纤维混凝土、加长锚杆、设置纵向变形缝等措施,施工中应及时提前施作仰拱衬砌及二次衬砌封闭成环,以期有效改善围岩及支护结构的不利变形、受力情况。

7.内蒙古特殊路基的综合处理

研究依托G6(京藏高速公路)内蒙古自治区包头(哈德门)至磴口段建设项目,主要内容为:

(1)常年积水下湿地路基处理。本项目路线穿越多处常年积水低洼下湿地,经外业对积水段落的野外调查,段落内未发现淤泥质土,地基土为饱水粉砂和砂粒,不属于软基,因此路基填料采用透水性好的材料进行填筑,以防止积水侵蚀路基和毛细水上升,填筑路基前对地基进行50cm碎石挤密,碎石可采用采石场开山石渣,然后填筑砂砾垫层,砂砾垫层厚度为常水位+0.5m,并在砂砾垫层底部铺设双向土工格栅,顶部铺设防水土工布的方案,以增加土基的整体稳定性、提高地基承载力。

(2)沙区路基处理。本项目路线穿越风积沙多为固定及半固定沙丘,近年来当地有关部门也加大了固沙生态工程的建设,生态环境有了明显改善,沙漠危害得到初步遏制,因而对路基危害较小。路基断面形式不需要特殊处理，但为防止路基风蚀，对穿越沙区的路基边坡进行黏土封闭，黏土封闭厚度为15cm，封闭层采用塑性指数大于10的黏质土。除此之外，还对边坡进行工程防护。在局部植被覆盖稀疏、有可能产生沙埋段落，设计了线外固沙工程措施，根据沙源情况、风沙活动强度、主导风状况，结合当地治沙经验，确定线外网格沙障固沙宽度为上风侧200m，下风侧100m。

（3）盐渍土路基的综合处治。项目所在的河套地区地势平缓，排水不畅，在低洼地带和排灌渠附近，由于含盐水汇集，使该地区表层土壤盐渍化，对公路造成一定危害，其危害主要有溶蚀、盐胀、冻胀、翻浆。根据外业时沿线及线外取土场的试验工作，确定了盐渍土的种类和盐渍化程度。经试验分析得出结论，本合同段盐渍土为中、弱等的氯盐渍土和硫酸盐渍土，对路基产生的危害较小。因此，路基断面形式不需做特殊处理，但考虑到区段内地下水位较高，排水条件差，需保证适当的路基高度，同时在公路绿化时，要选择耐盐碱的适合当地生长的树种。

（4）旧路拓宽路基处理。对利用110国道拓宽利用段，为加强新旧路基的结合，采取在原路基边坡挖台阶并铺设土工格栅的措施，以增强其整体稳定性。

8. 青海巴隆隧道

该工程为G6（京藏高速公路）青海茶卡至格尔木段建设项目的一座隧道，位于青海省海西蒙古族藏族自治州都兰县巴隆乡（又名脱土山隧道），为双洞单向分离式隧道，其中左洞全长500m；右洞全长464m。隧道右洞明洞54m，左洞明洞170m，均为风积沙地质。隧道设计行车速度100km/h。隧道建筑限界：限宽10.5m，建筑界限高度5.0m。横断面组成为：0.75m左侧检修道+0.5m左侧侧向宽度+2×3.75m行车道+1.0m右侧侧向宽度+0.75m右侧检修道。设计荷载：公路—Ⅰ级。

隧道左线Ⅵ围岩段长度150m，右线Ⅵ围岩段长度120m，全部为风积沙夹杂破碎石头。隧道左线Ⅴ围岩段长度78m，右线Ⅴ围岩段长度138m。隧道左线Ⅳ围岩段长度152m，右线Ⅵ围岩段长度102m。

隧道属于低中山地貌，为一弧形的山脊，山势较缓，坡面植被不发育，有零星分布高寒草，隧道进、出口坡度较缓，进口在20°~30°，出口在25°左右，隧址区海拔2930m。

明洞施工。因风积沙段明洞施工周期较长，边坡暴露时间较久，在不防护的情况下容易失水、风吹流动，在雨水直接冲刷下容易形成冲沟和溜塌。开挖时，在第一级边坡采用防护效果好的护面墙防护，将在洞门回填浆砌片石中先施工1m。第二级边坡通过对风积沙自然稳定坡率，进行量测确定的坡率，形成自然稳定体，确保了边坡的安全稳定。

暗洞施工。风积沙段落：在风积沙隧道明、暗洞交界段，从地表进行竖向旋喷桩加固。沿隧道轴线长度布置10m，隧道横断面布置17.4m。旋喷桩桩径80cm，横向和纵向间距为 60cm。拱圈范围的旋喷桩底部高程为隧道初期支护拱圈高度,隧道中心线拱顶旋喷桩长度为 2m。通过旋喷桩桩体互相咬合,形成门框式地下混凝土整体结构,避免风积沙隧道暗洞开挖而产生的边仰坡滑塌情况,为风积沙隧道暗洞洞口开挖创造条件。隧道开挖采取三台阶小循环人工配合小型机具的施工方法。

半风积沙半基岩段落:为解决半风积沙半基岩地层隧道施工难题,有效预防结合面不同地质有可能发生的滑移问题,通过方案比选,使用风积沙地层隧道施工的竖直旋喷桩超前支护技术和三台阶预留核心土结合临时支撑联合施工开挖技术。前者的技术关键是超前预支护技术,后者的技术关键是各台阶施工长度、上下核心土临时加固质量以及两侧墙角仰拱结合部快速跟进。该技术有效控制了风积沙地层的变形,快速、安全地通过高风险施工带,确保了施工安全和施工进度。

基岩段落:基岩部分开挖,遵循尽量减小爆破产生的震动对超前支护影响的原则,采取上、下台阶法施工。对基岩破碎部分,采用破碎锤施工;基岩及半基岩(半风积沙半基岩段落)完整部分,采用"短进尺、少装药、多打眼、分步爆破"等形式,以减少爆破对上部风积沙的震动效应。

第七节　G7(京新高速公路)北京至乌鲁木齐高速公路

G7(京新高速公路)是国家"71118 +6"高速公路网 7 条首都放射线中的第七条射线,连接北京、河北、内蒙古、甘肃、新疆五省(自治区、直辖市),横贯东北、华北、西北,也称"三北大捷道"。G7(京新高速公路)是西北新疆和河西走廊连接首都北京、华北、东北及内地东部地区最为便捷的公路通道,也是一条新的出疆公路大通道。

G7(京新高速公路)起点位于北京市海淀区箭亭桥(五环),终点位于新疆维吾尔自治区阜康市大黄山。规划里程 2500km,通车里程 726.595km,四车道 422.640km,六车道 303.942km,一级路 52.013km。经过北京、河北(张家口)、内蒙古(乌兰察布、呼和浩特、包头、巴彦淖尔、阿拉善盟)、甘肃(未建)、新疆(昌吉回族自治州、乌鲁木齐)。2007 年 G7(京新高速公路)北京米家堡至京冀界率先开工建设,目前已建成项目 10 个,河北省胶泥湾至西洋河冀晋界段、山西段、甘肃段尚未通车。

拥有联络线一条:

G0711(乌若高速公路)乌鲁木齐至若羌高速公路,起点在乌鲁木齐市,终点在若羌县。规划里程 754.00km,待建。

一、路线概况

G7(京新高速公路)路线信息见表 8-25,沿线互通、出入口、服务区信息见表 8-26。

G7（京新高速公路）路线信息表　　表 8-25

编号	省份	省内起点	省内终点	途经市、县	通车里程(km)
G7	北京	北京市海淀区箭亭桥（五环）	延庆县张山营镇（京冀界）	北京市海淀区、昌平区、延庆县	36.233
	河北	张家口市怀来县北辛堡镇（京冀界）	张家口怀安县渡口堡乡（冀晋界）	怀来县、涿鹿县、下花园区、宣化区、宣化县	92.994
	山西	待建			—
	内蒙古	韩家营（蒙冀界）	呼和浩特东	乌兰察布市兴和县、察右后旗、前旗、卓资县、中旗、赛罕区、新城区	211.668
	甘肃	白疙瘩（蒙甘界）	明水（甘新界）	酒泉市	134.407
	新疆	木垒县大浪沙	乌鲁木齐市火车西站立交	乌鲁木齐市、昌吉回族自治州（其中途径木垒县、奇台县、吉木萨尔县、阜康市）	251.280

G7（京新高速公路）沿线互通、出入口、服务区信息表　　表 8-26

编号	省份	沿线互通	出入口	服务区
G7	北京	箭亭桥(S50)、楼自庄桥(G4501)、邓庄桥(G6)互通	京新高速公路入口，北五环、北六环、十三陵、西山口出入口	姜山营服务区（未开通）
	河北	北辛堡、土木枢纽、胶泥湾枢纽（沙城东互通）、洋河南枢纽、洋河枢纽、下花园西、涿鹿北、沙城西、涿鹿枢纽、下花园互通	北辛堡、沙城东、沙城西、涿鹿北、下花园西、下花园出入口	宣化南、洋河、沙城服务区
	山西	待建		
	内蒙古	兴和南、乌拉哈、集宁南、十八台、三岔、金盆、旗下营互通	兴和南、乌拉哈、集宁南、十八台、三岔、金盆、旗下营出入口	苏木山、集宁南、十八台、复兴、呼市东服务区
	甘肃	在建		
	新疆	大黄山、吉木萨尔、泉子街、奇台、老奇台、木垒立交、甘泉堡、甘河子、滋泥泉子、五工梁互通	大黄山、三台、吉木萨尔、泉子街、老奇台、双涝坝、木垒、博斯坦、白杨河、滋泥泉子、阜康市甘河子镇、种羊场、五工梁、天池、华能电厂、阜康、准东石油、102 团、昌吉、乌鲁木齐上沙河、乌鲁木齐小地窝铺堡出入口	三桩子、吉木萨尔、木垒、大黄山服务区

二、路网关系

G7（京新高速公路）路网关系如图 8-7 所示。

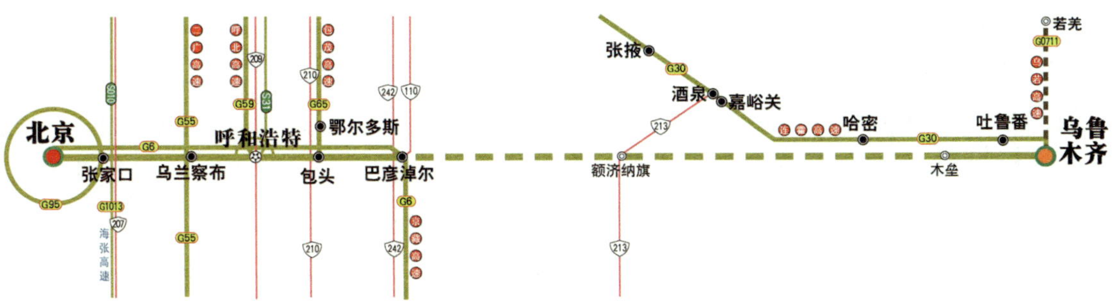

图 8-7　G7(京新高速公路)路网关系示意图

三、建设历程

1. 北京北五环内至北清路

2009 年 11 月开工建设,2011 年 12 月建成通车,全长 8.93km,全线六车道,设计速度 100km/h。建成特大桥:京新上地桥、小营西路上跨桥、东北望北路立交桥,共 3 座。建成大桥 5 座。总投资 56.32 亿元,资金来源:地方投入、银行贷款。占地 2843.76 亩。项目管理单位:北京市首都公路发展集团有限公司;勘察设计单位:北京国道通公路设计研究院、中铁咨询设计研究有限公司、中国公路工程咨询监理总公司;监理单位:北京市高速公路监理有限公司、北京天智恒业科技发展有限公司等;施工单位:北京市市政二建设工程有限责任公司、中交一公局第五工程有限公司等。

2. 北京北清路至六环

2009 年 11 月开工建设,2014 年 5 月建成通车,全长 10.75km,全线六车道,设计速度 80km/h。建成大桥 8 座。总投资 64.15 亿元,资金来源:交通运输部车购税投入、地方投入、银行贷款。占地 2843.76 亩。项目管理单位:北京市首都公路发展集团有限公司;勘察设计单位:北京国道通公路设计研究院、中铁咨询设计研究有限公司等;监理单位:北京市高速公路监理有限公司、北京天智恒业科技发展有限公司;施工单位:北京鑫实路桥建设有限公司、北京市高速公路交通工程有限公司等。

3. 北京六环至德胜口

2008 年开工建设,2009 年 11 月建成通车,全长 17.5km,全线六车道,设计速度 80km/h。建成特大桥:楼自庄桥,共 1 座。建成大桥 6 座。建成特长隧道:德胜口隧道,共 1 座。总投资 31.38 亿元,资金来源:交通部车购税投入、地方投入、银行贷款。占地 2372.29 亩。项目管理单位:北京首都高速公路发展有限责任公司八达岭高速公路分公司;勘察设计单位:北京市公路局设计研究院等;监理单位:北京市高速公路监理有限公司;施工单位:北京市公路桥梁建设公司、北京市高速公路交通工程公司等。

4. 河北京冀界至胶泥湾段

2007 年 7 月开工建设,2010 年 12 月建成通车,全长 92.99km,四车道 21.65km,六车道 71.34km,设计速度 100km/h。建成特大桥:洋河 3 号特大桥,共 1 座。建成大桥 46 座。总投资 64.179 亿元,资金来源:地方投入、银行贷款。占地 11290.88 亩。项目管理单位:京新高速公路张家口管理处;勘察设计单位:河南省交通规划设计院、浙江省交通规划设计院;监理单位:北京铁研建设监理有限责任公司、河北方舟工程项目管理有限公司等;施工单位:中交一公局第五工程有限公司、中交一公局第六工程有限公司等。

5. 内蒙古韩家营至集宁段

2011 年开工建设,2015 年建成通车,全长 70.67km,全线六车道,设计速度 100km/h。建成大桥 21 座。建成特长隧道:苏木山隧道,共 1 座。总投资 57.71 亿元,资金来源:中央投入、银行贷款。占地 8365.95 亩。项目管理单位:内蒙古高等级公路建设开发有限责任公司公路建设工程项目管理第三分公司;勘察设计单位:内蒙古交通设计研究院有限责任公司、中交路桥技术有限公司联合体等;监理单位:中交第一公路勘察设计研究院有限公司、山东东泰工程咨询有限公司等;施工单位:中交第二公路工程局有限公司、中铁港航局集团有限公司等。

6. 内蒙古集宁至呼和浩特段

2011 年 5 月开工建设,2016 年 9 月建成通车,全长 141.11km,全线六车道,设计速度 100km/h。建成特大桥:K97 +215.337 正线(共 49 跨)京包铁路、二广高速公路分离立交桥,K168 +475 西梁村特大桥,共 2 座。建成大桥 50 座。建成特长隧道:金盆湾隧道,共 1 座。总投资 112.48 亿元,资金来源:中央投入、银行贷款。占地 17240.0 亩。项目管理单位:内蒙古高等级公路建设开发有限责任公司公路建设工程项目管理第八分公司;勘察设计单位:内蒙古交通设计研究院有限责任公司、中国公路工程咨询集团有限公司等;监理单位:山东省德州市交通工程监理公司、内蒙古第二建设股份有限公司等;施工单位:中交第一公路工程局有限公司、中铁十局集团有限公司等。

7. 甘肃白疙瘩(蒙甘界)至明水(甘新界)段

2015 年开工建设,2016 年建成通车,全长 157.144km,全线四车道,设计速度 120km/h。建成大桥 8 座。总投资 62.1 亿元,资金来源:中央投入、银行贷款。项目管理单位:甘肃省交通工程质量安全监督管理局;勘察设计单位:甘肃省交通规划勘察设计院有限责任公司等;监理单位:北京泰克华诚技术信息咨询有限公司等;施工单位:中交第二公路工程局有限公司、中铁七局集团有限公司等。

8. 新疆天池立交至火车西站立交段

1994 年 3 月开工建设,2000 年 11 月建成通车,全长 65.75km,全线四车道,设计速度

100km/h、120km/h。总投资9.16亿元，资金来源：中央投入、交通部车购税投入、地方投入、银行贷款。占地598.71亩。项目管理单位：新疆交通建设管理局；勘察设计单位：新疆维吾尔自治区交通规划勘察设计研究院；监理单位：新疆北方公路工程监理部、新疆高管局监理处；施工单位：新疆东方建筑安装公司、山东东方路桥建设总公司、新疆第二建筑工程公司、新疆第三建筑工程公司等。

9. 新疆大黄山至奇台段

2009年9月开工建设，2013年9月建成通车，全长114.93km，全线四车道，设计速度120km/h。建成大桥6座。总投资34.03亿元，资金来源：中央投入、交通运输部车购税投入、银行贷款。占地10444.41亩。项目管理单位：新疆交通建设管理局；勘察设计单位：中交第一公路勘察设计研究院有限公司；监理单位：北京华路顺工程咨询有限公司；施工单位：新疆苏泰建筑有限公司、新疆兵九建设有限责任公司、黑龙江省北龙交通工程有限公司、新疆交通建设（集团）有限公司、河南省路桥建设集团有限公司、新疆道路桥梁工程总公司等。

10. 新疆奇台至木垒段

2011年4月10日开工建设，2013年11月18日建成通车，全长70.64km，全线四车道，设计速度120km/h。建成大桥2座。总投资19.85亿元，资金来源：地方投入。占地7061.44亩。项目管理单位：新疆交通建设管理局；勘察设计单位：中交第一公路勘察设计研究院有限公司；监理单位：福建省交通建设工程监理咨询有限公司、湖北华捷工程咨询监理有限公司；施工单位：中铁二十一局集团有限公司、北京公科飞达交通工程发展有限公司等。

四、联络线及并行线

G0711（乌若高速公路）乌鲁木齐至若羌高速公路

待建。

五、先进技术的研究与应用

1. 隧道节能环保成套技术研究（内蒙古）

研究依托G7（京新高速公路）内蒙古自治区韩家营至集宁段公路建设项目，主要内容为：①公路隧道安全运营的照明智能控制系统研究。②蓄光发光型涂料辅助及应急照明设计技术研究。③蓄光发光防火涂料的防火及保温设计参数研究。④耐久性隧道智能LED灯具的技术指标研究。⑤隧道LED灯智能控制技术研究。⑥重载、大交通量下高粉尘污染隧道通风控制技术研究。

2. 大吨位T形刚构桥转体施工控制与稳定性研究(内蒙古)

研究依托G7(京新高速公路)内蒙古自治区集宁至呼和浩特段建设项目,于2012年5月31日由内蒙古自治区交通运输厅批准立项。通过首次在内蒙古地区开展大吨位T形刚构桥转体施工控制和稳定性研究,探索了内蒙古地区大跨径大吨位T形刚构桥转体施工关键技术和稳定性控制方法,取得了一批具有理论意义和实用价值的创新性研究成果。研究内容有:①大吨位T形刚构桥施工控制关键技术研究:a. 转动球铰安装定位方法研究;b. 大吨位混凝土整体浇筑支架变形分析与监控;c. 脱架过程分析与监控;d. 转体梁不平衡力的测试及计算研究;e. 箱梁转体施工过程监测。②大吨位T形刚构桥转动体系整体稳定性及局部受力分析研究:a. 大吨位T形刚构桥在多种不利工况下的稳定性分析研究;b. 球铰局部受力的理论和试验验证研究。

3. 半干旱寒区弱质围岩公路隧道质量控制技术研究(内蒙古)

项目依托G7(京新高速公路)内蒙古自治区集宁至呼和浩特段建设项目中的金盆湾隧道(高速公路双向六车道隧道)具有的大断面、高寒地区、地质条件差、容易产生大变形和塌方等特点以及施工过程中隧道衬砌结构可能出现的质量问题展开研究。本项目的主要研究内容为:①半干旱寒区弱质围岩隧道衬砌质量检测关键技术研究及应用,基于半干旱寒区弱质围岩隧道的特征,建立以地质雷达法为核心的隧道衬砌施工质量检测技术,半干旱寒区弱质围岩隧道衬砌渗漏水、裂缝等施工质量的红外热像检测技术,半干旱寒区弱质围岩隧道衬砌施工质量检测时机及检测方案的规划评估方法。②大跨度软弱围岩隧道衬砌质量安全风险预警体系,大跨度弱质围岩隧道衬砌质量安全风险评价方法,大跨度弱质围岩隧道衬砌质量安全动态预警指标与方法,大跨度弱质围岩隧道衬砌质量安全风险评估与预警模型。③半干旱寒区弱质围岩隧道衬砌施工质量过程控制管理与技术,半干旱寒区弱质围岩隧道衬砌施工过程质量控制评价指标,半干旱寒区弱质围岩隧道衬砌施工过程质量评价方法,半干旱寒区弱质围岩隧道衬砌质量过程控制与预案。

六、复杂技术工程

1. 内蒙古苏木山隧道

该工程为G7(京新高速公路)内蒙古自治区韩家营至集宁段建设项目的一座隧道,是内蒙古第一条双向六车道、单洞三车道隧道,位于G7(京新高速公路)韩家营(晋蒙界)—集宁段,在乌兰察布市兴和县境内,左洞长3208m,右洞长3213m。该隧道为山岭岩石隧道,其特点为断面尺寸大,围岩等级差,施工难度高。

隧道区属构造剥蚀丘陵地貌,地形起伏较大。隧道围岩为Ⅳ、Ⅴ级,对应的隧道结构设计类型为Ⅳ、Ⅴq、Ⅴ型衬砌,采用新奥法施工。隧道施工过程中经常会遇到在雨水浸泡下围岩易软化、围岩自稳能力变差、渗漏水严重以及产生小型坍塌、侧壁零星掉块等问题。针对围岩较差部位,时常聘请隧道专家进行现场指导,召集设计、监理、监控量测、施工等单位开现场会,确定施工方案,进行设计优化。采取具体措施主要是进行岩体全断面注浆固化围岩,采用加长双层小导管注浆超前支护,减小钢拱架间距,严格遵循"短进尺、弱爆破、强支扩、勤观测"的原则,安全顺利地完成了苏木山隧道施工任务。

2. 内蒙古京包铁路分离式立交桥

该工程为G7(京新高速公路)内蒙古自治区集宁至呼和浩特段建设项目的一座互通立交。

京新高速公路在乌兰察布市卓资县十八台乡上跨京包铁路十八台编组站,因内蒙古自治区经济社会快速发展,2011年本项目开工时,十八台编组站日接发列车已达到380列,摘机80台,平均每3min即接发一趟列车,极大地增加了跨铁路立交桥的施工难度。为尽可能地减小桥梁施工对京包铁路运营的干扰,同时保证线路交叉的安全性和经济适用性,经研究论证决定将挂篮施工变更为主桥转体施工,这也是首次在内蒙古地区运用该项技术。与一般大吨位T形刚构转体设计类似,该桥在设计时考虑现场施工因素不足,导致施工难度和安全风险增加。结合桥梁施工实践及监控数据,通过有限元建模分析,优化了设计方案,采取适度增大主墩与铁路控界的距离、大尺寸承台形状由圆形改为带圆倒角的矩形、取消滑道上满铺的四氟板而仅在承脚下方布设、增大现浇段长度划分等设计优化措施,并就施工安全、工期、费用等因素进行对比分析,确保优化措施的合理性和有效性。十八台京包铁路分离式立交桥主墩为群桩,采用冲孔施工;承台采用机械开挖、浇筑;主墩为实心矩形墩,采用立模现浇;主桥上部结构为2×75m单T变截面连续箱梁,在铁路两旁搭架现浇,浇筑完成后转体合龙。交界墩墩身为圆柱墩,直径1.6m,基础为双排6根1.8m的钻孔灌注桩。引桥上部构造为35m现浇预应力混凝土箱梁。引桥下部构造根据墩高变化采用一道或不设横系梁,采用桩径1.8m的单排灌注桩;桥台均采用桩锚式结构。

3. 内蒙古金盆湾隧道

金盆湾隧道是G7(京新高速公路)内蒙古自治区集宁至呼和浩特段建设项目的一座隧道。该隧道左洞长3310m、右洞长3375m,是内蒙古在建和已建公路中最长的公路隧道,也是施工难度最大的隧道。它位于在乌兰察布市察哈尔右翼中旗金盆乡境内,为分离式双洞,三车道特大断面、单项交通公路隧道。

金盆湾隧道区属剥蚀丘陵地貌,隧址区域属历史性金矿区,山体存在多处不明采金坑道;该地区山体土质含水量较大,隧道开挖过程中经常发生涌水和泥浆,沉降和塌方不断,间接增加了隧道施工难度。

隧道围岩为Ⅴ级，对应的隧道结构设计类型为Ⅳ、Ⅴq、Ⅴ型衬砌，采用新奥法施工。施工过程中，隧道初期支护施工完成后，多次出现开裂、掉块、拱架变形、仰拱底鼓、塌方冒顶等病害；掘进至深埋段后，频繁出现过大沉降、拱架变形，带来换拱危险，施工安全风险加剧，工期受到影响。原设计中单纯的中隔壁法（CD法）、三台阶法已不能满足施工要求。在对中隔壁法、中隔墙三台阶法、三台阶法及半断面中隔墙法等多种开挖方法进行比选优化，并多次通过专家论证后，将中隔墙法（CD法）进行优化，依据隧道围岩特点，采用了半断面中隔墙法及双层初期支护与三台阶法结合，引入机械开挖，保证了施工安全，加快了施工进度。半断面中隔墙法是为了更有效地避免中隔墙法的施工风险，通过中隔墙将隧道上半断面大断面分割成两个小断面，减小开挖断面面积，保证了上断面开挖时的稳定。在下半断面施工时，利用台阶法，以加快下半断面施工进度，尽快使支护结构封闭成环。通过减少上半断面开挖面积，增大了下半断面的工作空间，从而引入机械施工，提高了效率。半断面中隔墙法的局限性是，在整个断面支护结构未封闭之前，稳定性相对较低，适用于围岩无过大沉降与收敛的施工条件。随着隧道掘进由浅埋段向深埋段深入，隧道开挖过程频繁出现异常的过大沉降与收敛，在分别采用了增加锁脚锚杆、增大预留变形量、在拱架上焊接加强钢筋、缩短安全布距等多种应对措施后，最终采用了双层钢拱架初期支护与三台阶法结合的施工方法，较好地控制了隧道的沉降与收敛，抵御初期支护开裂掉块、拱架变形，以确保二次衬砌的厚度。双层初期支护开挖时采用铣挖机，减少对围岩的扰动。施工时，左右中导、下导、仰拱交替进行开挖，最后仰拱采用外层钢支撑闭合成环，共同受力，避免同一断面左右两侧同时处于凌空状态。双层初期支护与三台阶法结合，从根本上抑制了初期支护沉降，有效控制了大断面隧道变形，避免了单拱变形后换拱的高危作业风险。

本章编写人员：刘　鹏　赵　乐　李鹏飞　王　婷　聂记良
本章编写单位：中国公路建设行业协会
本章资料提供：各省（自治区、直辖市）交通运输厅（委）
本章审核人员：范正金　李关寿　李志强

|第九章|
国家高速公路 11 条南北纵线

第一节　G11(鹤大高速公路)鹤岗至大连高速公路

G11(鹤大高速公路)是国家“71118 + 6”高速公路网 11 条南北纵线中的第一纵,是连接黑龙江、吉林、辽宁三省的重要省际大通道。G11(鹤大高速公路)纵贯黑、吉、辽三省东部地区,是黑龙江和吉林两省东部地区通过辽宁进关达海的一条南北快速公路通道,也是环渤海都市圈向东北腹地辐射的重要经济通道。

G11(鹤大高速公路)起点位于黑龙江省鹤岗南风井,终点位于辽宁省大连市甘井子区大连湾街道后盐村。规划里程 1430.08km,通车里程 1425.825km,四车道 1349.142km,六车道 40.440km,八车道 6.944km,一级路 29.299km。经过黑龙江(鹤岗、佳木斯、七台河、鸡西、牡丹江)、吉林(敦化、白山、通化)、辽宁(丹东、大连)。1996 年辽宁大连至庄河高速公路率先开始施工,2016 年 10 月,吉林靖宇至通化段建成通车,G11(鹤大高速公路)全线贯通。

拥有联络线三条:

G1111(鹤哈高速公路)鹤岗至哈尔滨高速公路,起于哈尔滨市乐业镇秦家屯,规划终点位于鹤岗市。规划里程 468.00km,通车里程 311.960km,四车道 304.566km,一级路 3.107km。途经鹤岗、伊春、绥化、哈尔滨。目前,伊春至哈尔滨段已建成通车,鹤岗至伊春段尚未建成通车。

G1112(集双高速公路)集安(口岸)至双辽高速公路,规划起点位于集安(口岸),规划终点位于双辽市。规划里程 399.00km,通车里程 115.201km,四车道 247.920km,六车道10.659km。途经集安(口岸)、通化、梅河口、辽源、四平、双辽。目前,辽源至双辽段尚未建成通车。

G1113(丹阜高速公路)丹东(口岸)至阜新高速公路,起点位于丹东市元宝区古城村,规划终点位于阜新市。规划里程 385.58km,通车里程 258.579km,四车道 247.920km,六车道 10.659km。途经丹东(口岸)、本溪、沈阳、新民、阜新。目前,丹东至新民段已建成通车,新民至阜新段尚未建成通车。

一、路线概况

G11(鹤大高速公路)路线信息见表 9-1,沿线互通、出入口、服务区信息见表 9-2,并行线、联络引路线信息见表9-3,并行线、联络线沿线互通、出入口、服务区信息见表9-4。

G11(鹤大高速公路)路线信息表 表9-1

编号	省份	省内起点	省内终点	途经市、县	通车里程(km)
G11	黑龙江	鹤岗南风井	老鹤大公路复兴村(黑吉界)	鹤岗市、汤原县、佳木斯市、桦南县、勃利县、鸡东县、林口县、海林市、牡丹江市区、宁安市	512.552
	吉林	敦化市小沟岭(吉黑界)	新开岭(吉辽界)	敦化市、抚松县、靖宇县、江源区、通化县	427.593
	辽宁	本溪市桓仁满族自治县拐磨子镇	大连市甘井子区大连湾街道后盐村	桓仁满族自治县、宽甸满族自治县、丹东市、东港市、庄河市、皮口镇	485.680

G11(鹤大高速公路)沿线互通、出入口、服务区信息表 表9-2

编号	省份	沿线互通	出入口	服务区
G11	黑龙江	鹤立、明义、曙光、桦南、西长发、林口、柳树、紫河、铁岭、兴农、鸡西、大莫、东京城、杏山、镜泊互通	鹤岗、鹤立、江口、佳木斯南万兴村与哈同高速交叉处、三道与绥满高速连接处、七台河市西侧大个岭、鸡西、牡丹江、温春镇、宁安市、东京城镇、杏山乡、镜泊乡、复兴主线、东京城、杏山、镜泊、复兴出入口	草帽、共和、罗泉、鸡西、林口、柳树、兴农、渤海(下行单侧)、镜泊服务区
	吉林	雁鸣湖、官地、敦化北、敦化西、贤儒、大蒲柴河、沿江、露水河、泉阳、抚松北、榆树川、花园口、燕平、板房子、江源、兴林、光华、通化、通化西、黎明、大泉源互通	雁鸣湖、官地、敦化北、敦化西、贤儒、大蒲柴河、沿江、露水河、泉阳、抚松北、花园口、燕平、江源、兴林、光华、通化、通化西、大泉源出入口	寒葱岭、抚松、靖宇、江源、通化、雁鸣湖、老白山、六鼎山服务区
	辽宁	金州南、高城山、皮口西、庄河西、大孤山西、丹东、丹东西、古城、桓仁立交、西古城子、桓仁、桓仁南、砬门、青山沟、牛毛坞、白石砬子、宽甸、宽甸南、毛甸子、土城子、丹东北、东港、马家店、大孤山、栗子房、青堆子、吴炉、庄河东、庄河、大郑、花园口、明阳、城子坦、皮口、杨树房、杏树屯、登沙河、得胜、董家沟、大连湾互通	拐磨子、西古城子、桓仁、桓仁南、砬门、青山沟、牛毛坞、白石砬子、宽甸、宽甸南、毛甸子、土城子、五龙山F、五龙山E、丹东北、东港、马家店、大孤山、栗子房、青堆子、吴炉、庄河东、庄河、大郑、花园口、明阳、城子坦、皮口、杨树房、杏树屯、登沙河、得胜、董家沟、十里岗南、十里岗北、大连湾、大连出入口	云峰山、牛毛坞、宽甸、五龙山、大孤山、庄河、皮口服务区

G11(鹤大高速公路)并行线、联络线路线信息表 表9-3

编号	省份	省内起点	省内终点	途经市、县	通车里程(km)
G1111	黑龙江	哈尔滨市乐业镇秦家屯	鹤岗市(规划终点)	哈尔滨市、呼兰区、松北区、巴彦县、绥化北林区、铁力市	311.960
G1112	吉林	集安市	双辽市	通化县、通化市、梅河口市、东丰县、辽源市、四平市、梨树县	115.20
G1113	辽宁	丹东市元宝区古城村	阜新市(规划终点)	丹东市、凤城市、本溪市、沈阳市	258.579

G11（鹤大高速公路）并行线、联络线沿线互通、出入口、服务区信息表 表9-4

编号	省份	沿线互通	出入口	服务区
G1111	黑龙江	翠峦、昆仑气、日月峡、铁力、双丰、绥南、兴隆、康金、呼兰、赵家互通	伊春、翠峦、日月峡、铁力、双丰、绥化、兴隆、康金、呼兰、赵家出入口	伊春、日月峡、康金服务区
G1112	吉林	通化西、通化、马当、三源浦、柳河东、柳河北、梅河口南、梅河口东、湾龙、东丰互通	通化西、通化、三源浦、柳河东、柳河北、梅河口南、梅河口东、东丰出入口	梅河口、柳河出服务区
G1113	辽宁	古城、桥头、高台子、下深沟、金宝台、北李官、大转弯、新民东、丹东、五龙背、凤城、刘家河、通远堡、草河口、下马塘、南芬、桥头、本溪南、本溪、本溪北、响山、石桥子、边牛、杨千户、佟沟新城、桃仙、白塔堡、雪莲街、下河湾、谟家堡、北李官、红旗台、造化、老边互通	丹东、五龙背、凤城、刘家河、通远堡、草河口、下马塘、南芬、桥头、本溪南、本溪、本溪北、响山、石桥子、边牛、杨千户、佟沟新城、桃仙、浑南新城东、浑南新城西、红旗台、造化、老边出入口	凤城、通远堡、石桥子服务区，刘千户停车场

二、路网关系

G11（鹤大高速公路）路网关系如图9-1所示。

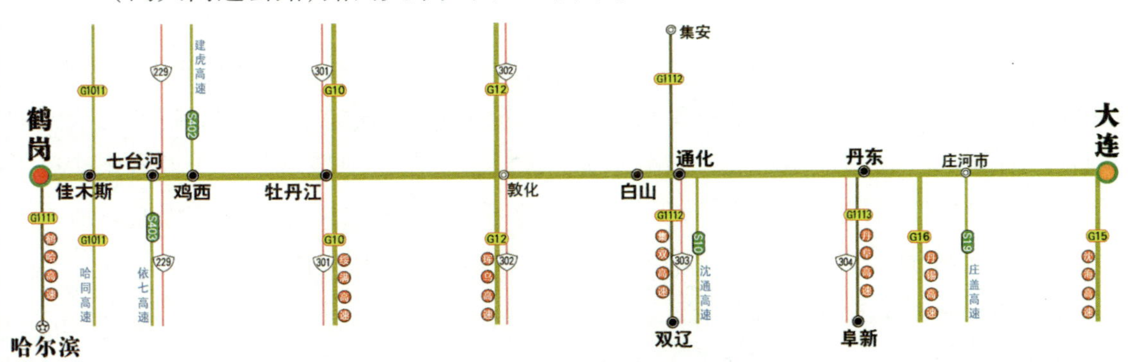

图9-1 G11（鹤大高速公路）路网关系示意图

三、建设历程

1. 黑龙江鹤岗至佳木斯段

1999年10月开工建设，2001年10月建成通车，全长34.56km，全线四车道，设计速度120km/h。建成特大桥：佳木斯松花江公路大桥，共1座。建成大桥4座。总投资2.8亿元，资金来源：中央投入、地方投入、银行贷款。占地648.0亩。项目管理单位：鹤佳公路工程建设指挥部；勘察设计单位：黑龙江省公路勘察设计院；设计咨询单位：交通厅公路设计院；监理单位：黑龙江省公路工程监理咨询公司；施工单位：鹤岗矿务局建安总公司土建一处、鹤岗矿务局建安总公司土建三处等。

2. 黑龙江佳木斯至牡丹江段(改扩建)

2009 年 5 月开工建设,2011 年 9 月建成通车,全长 266.236km,全线四车道,设计速度 60km/h。建成大桥 1 座。总投资 30.08 亿元,资金来源:中央投入、地方投入、银行贷款。占地 10337.7 亩。项目管理单位:鹤大高速公路佳木斯至牡丹江段工程建设项目指挥部;勘察设计单位:黑龙江省公路勘察设计院;监理单位:黑龙江省公路工程监理咨询公司、黑龙江中铁建设监理有限责任公司等;施工单位:中铁十六局集团有限公司、中交四航局第一工程有限公司等。

3. 黑龙江七台河至鸡西段

2009 年 7 月开工建设,2011 年 9 月建成通车,全长 64.167km,全线四车道,设计速度 80km/h。建成大桥 5 座。总投资 15.96 亿元,资金来源:中央投入、地方投入、银行贷款。占地 5238.75 亩。项目管理单位:鹤大高速公路七台河至鸡西工程建设项目指挥部;勘察设计单位:黑龙江省公路勘察设计院;监理单位:北京中交路通交通工程咨询有限公司、黑龙江省公路工程监理咨询公司等;施工单位:中铁十六局集团有限公司、黑龙江省正创建筑工程有限责任公司等。

4. 黑龙江牡丹江至宁安段改扩建

2007 年 8 月开工建设,2009 年 10 月建成通车,全长 22.48km,全线四车道,设计速度 100km/h。建成大桥 1 座。总投资 2.86 亿元,资金来源:交通运输部车购税投入、企业投入、银行贷款。占地 497.1825 亩。项目管理单位:黑龙江牡宁高速公路建设有限责任公司;勘察设计单位:黑龙江省公路勘察设计院;监理单位:黑龙江省公路工程监理咨询公司;施工单位:中铁十局集团第二工程有限公司、山东琴通路桥集团有限公司等。

5. 黑龙江宁安至复兴(黑吉界)段

2009 年 6 月开工建设,2011 年 9 月建成通车,全长 93.76km,全线四车道,设计速度 80km/h。建成特大桥:西湖岫子特大桥,共 1 座。建成大桥 3 座。总投资 16.04 亿元,资金来源:中央投入、地方投入、银行贷款。占地 5012.0115 亩。项目管理单位:鹤大高速公路宁安至复兴(黑吉界)段公路工程建设指挥部;勘察设计单位:黑龙江省公路勘察设计院、哈尔滨工业大学建筑设计研究院等;设计咨询单位:交通运输部公路科学研究院、中铁第五勘察设计集团有限公司东北分院;监理单位:山东恒建工程监理咨询有限公司、黑龙江省正昌工程监理公司等;施工单位:中铁十三局集团第四工程有限公司、沈阳高等级公路建设总公司等。

6. 吉林敦化(吉黑界)至抚松段

2014 年 4 月开工建设,2016 年 10 月建成通车,全长 232.262km,全线四车道,设计速度 80km/h。建成特大桥:富尔河特大桥、二道松花江特大桥,共 2 座。建成大桥 58 座。

总投资165.70亿元,资金来源:中央投入、地方投入、银行贷款。占地13437亩。项目管理单位:吉林省高等级公路建设局;勘察设计单位:吉林省交通规划设计院、中交第一公路勘察设计研究院有限公司、吉林省交通科学研究所、中交公路规划设计院有限公司、交通运输部科学研究院、吉林省建苑设计集团有限公司;监理单位:吉林省公路工程监理有限公司、吉林省华城建设工程监理有限责任公司等;施工单位:中国交通建设集团、中交路桥建设有限公司等。

7. 吉林抚松至靖宇段

2008年8月开工建设,2013年9月建成通车,全长36.10km,全线六车道,设计速度80km/h。建成特大桥:K258+610特大桥、K260+180特大桥、K261+808特大桥、K268+028.5特大桥,共4座。建成大桥7座。总投资26.86亿元,资金来源:中央投入、地方投入、银行贷款。占地4183亩。项目管理单位:吉林省高等级公路建设局;勘察设计单位:吉林省交通规划设计院、交通运输部科学研究院等;监理单位:中国公路工程咨询集团有限公司等;施工单位:中交一公局第六工程有限公司、中铁十二局集团有限公司等。

8. 吉林靖宇至通化段

2014年4月开工建设,2016年10月建成通车,全长107.167km,全线四车道,设计速度80km/h。建成特大桥:东风湿地特大桥一、东风湿地特大桥二,共2座。建成大桥15座。总投资79.60亿元,资金来源:中央投入、地方投入、银行贷款。占地10451亩。项目管理单位:吉林省高等级公路建设局;勘察设计单位:吉林省交通规划设计院、山东省交通规划设计院等;监理单位:吉林省公路工程监理有限公司等;施工单位:中国建筑股份有限公司等。

9. 吉林通化至新开岭段

2007年8月开工建设,2011年9月建成通车,全长53.0km,全线四车道,设计速度80km/h。建成特大桥:喇咕河特大桥,共1座。建成大桥16座。总投资30.31亿元,资金来源:中央投入、地方投入、银行贷款。占地4851亩。项目管理单位:吉林省高等级公路建设局;勘察设计单位:吉林省交通规划设计院、吉林省林业勘察设计研究院、交通运输部科学研究院;监理单位:吉林省公路工程监理有限责任公司;施工单位:中交隧道工程局有限责任公司。

10. 辽宁桓仁(辽吉界)至丹东(古城子)段

2008年开工建设,2012年建成通车,全长196.62km,全线四车道,设计速度100km/h。建成特大桥:黑沟特大桥、桓仁枢纽主线桥、毛甸子特大桥、蚂蚁岭特大桥,共4座。建成大桥75座。建成特长隧道:错草沟隧道,共1座。建成长隧道10座。总投资123亿元,资金来源:中央投入、地方投入、银行贷款。占地19392.0亩。项目管理单位:辽宁省高等级公路建设局;勘察设计单位:辽宁省交通勘测设计院;监理单位:辽宁驰通公路工程监理事务所、辽宁第一交通工程监理事务所;施工单位:中铁十五局五公司、中铁五局(集团)有限责任公司等。

11. 辽宁丹东至庄河段

2003 年开工建设,2005 年建成通车,全长 136.28km,全线四车道,设计速度 100km/h。建成特大桥:大洋河特大桥,共 1 座。建成大桥 22 座。总投资 28.07 亿元,资金来源:中央投入、地方投入、银行贷款。占地 14682.0 亩。项目管理单位:辽宁省高等级公路建设局;勘察设计单位:辽宁省交通勘测设计院;监理单位:辽宁省第一交通工程监理事务所、山西交通建设工程监理总公司;施工单位:中铁一局集团有限公司、中铁十九局集团第三工程有限公司等。

12. 辽宁大连至庄河段

1996 年开工建设,2002 年建成通车,全长 142.64km,全线四车道,设计速度 100km/h。建成大桥 10 座。总投资 12.6 亿元,资金来源:地方投入。占地 8940 亩。项目管理单位:大连市交通局;勘察设计单位:大连市交通规划勘察设计院;监理单位:大连市交通工程质量监督站;施工单位:庄河市公路工程公司、大连市公路工程总公司、沈阳市政公路工程公司、庄河第二建筑公司。

13. 辽宁沈大与大庄高速公路连接线

2005 年开工建设,2008 年建成通车,全长 10.14km,全线四车道,设计速度 100km/h。总投资 8.73 亿元,资金来源:中央投入、地方投入、银行贷款。占地 782.0 亩。项目管理单位:辽宁省高等级公路建设局;勘察设计单位:辽宁省交通勘测设计院;监理单位:辽宁省第三公路工程监理咨询事务所;施工单位:中铁十三局集团第一工程有限公司、中铁十局集团第二工程有限公司等。

四、联络线及并行线

1. G1111(鹤哈高速公路)鹤岗至哈尔滨高速公路

黑龙江伊春至绥化段。2009 年 4 月开工建设,2011 年 9 月建成通车,全长218.12km,全线四车道,设计速度 80km/h。建成大桥 16 座。总投资 67.8 亿元,资金来源:交通运输部车购税投入、地方投入、银行贷款。占地 19472.49 亩。项目管理单位:伊绥高速公路工程建设指挥部;勘察设计单位:黑龙江省公路勘察设计院、哈尔滨工业大学建筑设计研究院等;设计咨询单位:中交第二公路勘察设计研究院有限公司、黑龙江省公路工程监理咨询公司等;监理单位:黑龙江省公路工程监理咨询公司、黑龙江华正交通工程监理有限责任公司等;施工单位:中交一公司第六工程有限公司、中铁二十局集团第一工程有限公司等。

黑龙江绥化至哈尔滨段。呼绥段1998年10月5日开工建设,2000年9月28日建成通车;秦赵段2002年9月5日开工建设,2004年9月28日建成通车。全长92.8km,全线四车道,设计速度120km/h。建成大桥3座。总投资23.32亿元,资金来源:中央投入、地方投入、企业投入、银行贷款。呼绥段占地10430亩;秦赵段占地1172亩。项目管理单位:哈绥高速公路建设指挥部;勘察设计单位:黑龙江省公路勘察设计院;监理单位:黑龙江省公路工程监理咨询公司;施工单位:龙建路桥股份公司第一至第六工程处等。

2. G1112(集双高速公路)集安至双辽高速公路

吉林梅河口至东丰段。2009年4月开工建设,2010年11月建成通车,全长16km,全线四车道,设计速度100km/h。总投资3.86亿元,资金来源:中央投入、地方投入、银行贷款。占地753亩。项目管理单位:吉林省公路重点工程建设管理办公室、辽源市营城子至梅河口高速公路建设办公室;勘察设计单位:吉林省交通规划设计院;监理单位:长春市公路工程监理咨询有限公司等;施工单位:吉林省中盛路桥工程有限公司等。

吉林通化至梅河口段。2013年1月开工建设,2015年11月建成通车,全长97.829km,全线四车道,设计速度100km/h。建成大桥17座。总投资70.39亿元,资金来源:中央投入、地方投入、银行贷款。占地11895亩。项目管理单位:吉林省高等级公路建设局;勘察设计单位:中交路桥技术有限公司、山西交科公路勘察设计院、北京五豪世纪建筑设计有限公司;监理单位:吉林省公路工程监理有限公司等;施工单位:吉林省交通建设集团有限公司等。

3. G1113(丹阜高速公路)丹东至阜新高速公路

辽宁丹东至本溪段。1999年开工建设,2002年建成通车,全长134.0km,全线四车道,设计速度100km/h。建成特大桥:四台子大桥,共1座。建成大桥53座。建成长隧道2座。总投资45.32亿元,资金来源:中央投入、地方投入、银行贷款。占地13245亩。项目管理单位:辽宁省高等级公路建设局;勘察设计单位:辽宁省交通勘测设计院;监理单位:辽宁省第一交通工程监理事务所、南京工苑建设监理公司等;施工单位:中铁十二局集团有限公司、铁道部第十八工程局第五工程处等。

辽宁沈阳至本溪段。1992年开工建设,1996年建成通车,全长73km,全线四车道,设计速度100km/h。建成特大桥:钓鱼台大桥,共1座。建成大桥20座。建成长隧道2座。总投资14.8亿元,资金来源:中央投入、地方投入、银行贷款。占地6999.0亩。项目管理单位:辽宁省高等级公路建设总指挥部;勘察设计单位:辽宁省交通勘测设计院、交通部第二公路勘测设计院;监理单位:辽宁省交通勘测设计院、辽宁省第一交通工程监理事务所等;施工单位:铁道部第十三工程局、辽宁省路桥总公司等。

辽宁沈阳至桃仙段改扩建。2009年开工建设,2009年建成通车,全长10.66km,全线八车道,设计速度120km/h。总投资8.6亿元,资金来源:中央投入、地方投入、银行贷款。占地1081.0亩。项目管理单位:辽宁省高等级公路建设局;勘察设计单位:辽宁省交通勘测设计院;监理单位:沈阳公路工程监理有限责任公司;施工单位:中铁十九局集团第三工程有限公司、大连公路工程集团有限公司。

辽宁沈阳至彰武段。2005年开工建设,2007年建成通车,全长89.05km,全线四车道,设计速度100km/h。建成特大桥:辽河特大桥,共1座。建成大桥12座。总投资21.7亿元,资金来源:中央投入、地方投入、银行贷款。占地7958.0亩。项目管理单位:辽宁省高等级公路建设局;勘察设计单位:辽宁省交通勘测设计院;监理单位:辽宁弛通公路工程监理事务所;施工单位:中铁十九局集团有限公司、中铁二十二局集团第四工程有限公司等。[其中,40.919km属于G1113,剩余48.126km属于G2511(新鲁高速公路)沈阳至彰武公路。]

辽宁浑南新区互通式立交。2012年开工建设,2012年建成通车,匝道1.392km,主线1.8km,设计速度120km/h。建成特大桥:浑南高架桥,共1座。建成大桥2座。总投资1.1亿元,资金来源:地方投入、银行贷款。占地219亩。项目管理单位:辽宁省高等级公路建设局;勘察设计单位:辽宁省交通勘测设计院;监理单位:辽宁华通公路工程监理有限公司;施工单位:辽阳建设集团有限公司、北京城建道桥建设集团有限公司等。

五、先进技术的研究与应用

寒冷地区高速公路建设成套技术研究(辽宁)

课题依托桓仁(辽吉界)至丹东(古城子)公路建设项目,对在北方寒冷地区高速公路建设中所面临的设计、施工、管理、生态环保、节能减排等多个方面开展专项综合课题攻关。同时,报请交通运输部批准,并将其作为“部省联合科技项目”对寒冷地区高速公路建设成套技术开展专项研究工作。“寒冷地区高速公路建设成套技术研究”(部省联合项目任务书编号2010-353-321-070,厅科研重点项目任务书编号201018)由辽宁省高等级公路建设局、长安大学、辽宁省交通规划设计院、辽宁省交通科学研究院、辽宁省高速公路管理局、辽宁省交通工程质量与安全监督局等6家单位共同合作完成。本课题重点围绕寒冷地区高速公路的勘察设计新理念、安全保障关键技术、工程耐久性关键技术、低碳节能关键技术、生态环保关键技术、典型示范工程建设信息化管理系统应用技术等6个专题方向开展研究工作,共涵盖子项课题23项。通过全面深入的研究工作,本课题在寒冷区高速公路勘察设计理念与方法研究、工程耐久性关键技术研究、公路融合景观设计理论与方法研究、节能减排技术体系研究、智能化信息化监管平台研究等方面取得了多项宝贵研究成果,对完善我国高速公路建设技术管理体系、缓解工程建设与生态保护间的突出矛盾、实现建设理念与发展模式的转型具有十分重要的探索与指导意义。

第二节　G15(沈海高速公路)沈阳至海口高速公路

G15(沈海高速公路)是国家"71118 +6"高速公路网11条南北纵线中的第二纵，是连接辽宁、山东、江苏、上海、浙江、福建、广东、海南八省(直辖市)的重要省际大通道。G15贯通中国东部沿海地区，是我国最重要的沿海高速公路，沟通了沿海主要港口，促进了港口之间的功能互补与腹地共享，对临海产业带的形成起到重要作用。1990年建成的沈阳至大连段(沈大高速公路)是当时中国最长的高速公路，被誉为"神州第一路"。

G15(沈海高速公路)起点位于沈阳市苏家屯区金宝台村，规划终点位于海南省海口市G98(海南地区环线)龙桥互通。规划里程3623.55km，通车里程3436.387km，四车道2097.235km，六车道731.133km，八车道及以上608.019km。经过辽宁(沈阳、辽阳、鞍山、营口、大连)、山东(烟台、青岛、日照)、江苏(连云港、盐城、南通、苏州)、上海、浙江(嘉兴、宁波、台州、温州)、福建(宁德、福州、莆田、泉州、厦门、漳州)、广东(潮州、汕头、揭阳、汕尾、惠州、深圳、东莞、广州、佛山、江门、阳江、茂名、湛江)、海南(海口)。1984年，辽宁省沈大高速公路率先开始施工，渤海海峡、琼州海峡段尚在论证，目前以海上渡轮沟通海峡交通。

拥有联络线七条：

G1511(日兰高速公路)日照至兰考高速公路，起点位于山东省日照市迎宾路，终点位于河南省开封市开封县陇海立交。规划里程472.36km，通车里程430.468km，全线四车道。途经日照、曲阜、济宁、菏泽、兰考。

G1512(甬金高速公路)宁波至金华高速公路，起点位于浙江省宁波市鄞州古林，终点位于浙江省金华市金东傅村。规划里程186.00km，通车里程185.560km，全线四车道。途经宁波、绍兴、金华。

G1513(温丽高速公路)温州至丽水高速公路，起点位于浙江省温州市温州南枢纽，终点位于浙江省丽水市丽水南枢纽。规划里程120.00km，通车里程116.143km，全线四车道。途经温州、丽水。

G1514(宁上高速公路)宁德至上饶高速公路，起点位于福建省宁德市福安湾坞枢纽，终点位于江西省上饶市上饶县与G60(沪昆高速公路)交叉口。规划里程375.45km，通车里程344.814km，四车道313.841km，六车道30.973km。途经宁德、上饶。

G1515(盐靖高速公路)盐城至靖江高速公路，起点位于江苏省盐城市特庸枢纽，终点位于江苏省靖江市广陵枢纽。规划里程 168.00km，通车里程 168.620km，全线四车道。途经盐城、姜堰、靖江。

G1516（盐洛高速公路）盐城至洛阳高速公路，起点位于江苏省盐城市大丰港区，终点位于河南省洛阳市。规划里程 840.77km，通车里程 779.972km，全线四车道。途经盐城、淮安、宿州、淮北、亳州、永城、鹿邑、太康、扶沟、鄢陵、许昌、禹州、登封、伊川。目前，江苏宿城至韩桥（苏皖界）段尚未建成通车。

G1517（莆炎高速公路）莆田至炎陵高速公路，起点位于福建省莆田市涵江区东峤镇汀塘村，终点位于湖南省株洲市炎陵县三河镇分路口。规划里程 706.28km，通车里程 261.927km，四车道 183.488km，六车道 78.439km。途经湄洲湾、莆田、三明、建宁、广昌、吉安、泰和、井冈山、炎陵。目前，福建段尚未全线贯通。

拥有并行线三条：

G15W（常台高速公路）常数至台州高速公路，起点位于江苏省常熟市董浜镇，终点位于浙江省台州市三门吴岙。规划里程 339.00km，通车里程 335.694km，四车道 266.011km，八车道及以上 69.683km。途经常熟、苏州、嘉兴、绍兴、台州。

G15W2（常嘉高速公路）常熟至嘉善高速公路，起点位于江苏省常熟市董浜镇，终点位于浙江省嘉兴市嘉善县步云枢纽。规划里程 103.00km，通车里程 73.667km，全线六车道。途经常熟、昆山、嘉善。目前，浙江杭州湾跨海大桥北接线二期尚未建成通车。

G15W3（甬莞高速公路）宁波至东莞高速公路。起点位于浙江省宁波市云龙枢纽，终点位于广东省东莞市莞深立交。规划里程 1455.08km，通车里程 819.317km（含重复里程 24km），四车道241.063km，六车道 576.881km，八车道及以上 1.373km。途经宁波、台州、温州、宁德、福州、漳州、潮州、揭阳、东莞。

一、路线概况

G15（沈海高速公路）路线信息见表 9-5，沿线互通、出入口、服务区信息见表 9-6。并行线、联络线路线信息见表 9-7，并行线、联络线沿线互通、出入口、服务区信息见表 9-8。

G15（沈海高速公路）路线信息表　　表 9-5

编号	省份	省内起点	省内终点	途经市、县	通车里程（km）
G15	辽宁	沈阳市苏家屯区金宝台村	大连市旅顺开发区江西街道	沈阳市、辽阳市、灯塔市、鞍山市、海城市、盖州市、大连市	399.272
	山东	芝罘区四突堤	鲁苏界	芝罘区、福山区、栖霞区、莱阳市、莱西市、平度市、胶州市、胶南市、东港区、岚山区	359.079
	江苏	汾水（苏鲁界）	太仓（苏沪界）	赣榆县、新浦区、海州区、灌云县、灌南县、响水县、滨海县、射阳县、亭湖区、大丰市、东台市、海安县、如皋市、通州区、南通市、常熟市、太仓市	489.801

续上表

编号	省份	省内起点	省内终点	途经市、县	通车里程(km)
G15	上海	嘉定区新浏河大桥北桥头(沪苏界)	金山区金山卫镇永联村(沪浙界)	上海市嘉定区、青浦区、松江区、金山区	91.244
	浙江	金丝娘桥(沪浙界)	苍南分水关(浙闽界)	嘉兴平湖市、海盐县、宁波慈溪市、奉化市、宁海县、鄞州区、台州三门县、临海市、黄岩区、温岭市、温州乐清市、龙湾区、瓯海区、瑞安市、平阳县、苍南县	455.177
	福建	福鼎贯岭分水关	诏安县分水关	福鼎县、霞浦县、蕉城区、罗源县、宁德市、福安市、连江县马尾区、长乐市、仓山区、闽侯县、福清市、涵江区、荔城区、城厢区、仙游县、泉港区、惠安县、洛江区、丰泽区、晋江市、南安市、翔安区、同安区、集美区,海沧区、龙海市、漳浦县、云霄县、诏安县	649.443
	广东	汾水关	西塘路口	白云区、增城区、宝安区、龙岗区、龙湖区、濠江区、潮阳区、潮南区、澄海区、南海区、三水区、新会区、开平市、鹤山市、恩平市、坡头区、麻章区、遂溪县、徐闻县、廉江市、雷州市、吴川市、茂南区、电白区、化州市、惠阳区、惠东县、城区、海丰县、陆丰市、江城区、阳西县、阳东县、东莞市、潮安区、饶平县、惠来县	992.371
	海南	待建			

G15(沈海高速公路)沿线互通、出入口、服务区信息表 表9-6

编号	省份	沿线互通	出入口	服务区
G15	辽宁	金宝台、灯塔南、绣江、海盘、大盘、盖州、金岛、金港、金州南立交、苏家屯、苏家屯南、十里河、灯塔、辽阳北、辽阳、辽阳县、鞍山、鞍山南、南台、海城、西柳、虎庄、营口、营口南、盖州、沙岗子、鲅鱼圈、李官、鞠屯、瓦房店、老虎屯、瓦房店南、炮台、海湾北、石河、三十里堡、金州、拉树房、周水子机场、营城子、长城、三涧堡、旅顺互通	苏家屯、苏家屯南、十里河、灯塔、辽阳北、辽阳、辽阳县、鞍山、鞍山南、南台、海城、西柳、虎庄、营口、营口南、盖州、沙岗子、鲅鱼圈、熊岳西、熊岳东、李官、鞠屯、瓦房店、老虎屯、瓦房店南、炮台、海湾北、石河、三十里堡、金州、拉树房、周水子机场、营城子、长城、三涧堡、旅顺、旅顺新港出入口	井泉、甘泉、西海、熊岳、复州河、三十里堡服务区,九里停车场
	山东	大杨家、莱西、南村、马店、胶南、胶南北、日照、日照南互通	福山区福山、栖霞市中桥、栖霞市臧家庄、栖霞市栖霞北、栖霞市栖霞、栖霞市栖霞南、莱阳市莱阳、河头店、牛溪埠、院上、仁兆、南村、胶州、九龙、王台、胶南、泊里、大场、沈海高速日照北、日照港、沈海高速涛雒、沈海高速岚山收费站、沈海高速公路日照互通立交出入口	福山区福山、沈海栖霞、莱西、胶州、胶南、同三高速日照服务区

续上表

编号	省份	沿线互通	出入口	服务区
G15	江苏	赣榆北、赣榆、罗阳、连云港北、连云港西、新坝、仲集、杨集、灌南、响水、六套、滨海、蔡桥、射阳、兴桥、盐城东、盐城开发区、大丰、白驹、东台、南沈灶、富安、海安、如皋、丁堰、白蒲、刘桥、兴仁、竹行、南通开发区、常熟港、沙溪、浏河、上海路、四通路、城南、锦屏、灌云北、特庸、步凤、雪岸、南通北、小海、董浜、太仓北枢纽互通	赣榆北、赣榆、罗阳、连云港北、连云港西、新坝、仲集、杨集、灌南、响水、六套、滨海、蔡桥、射阳、兴桥、盐城东、盐城开发区、大丰、白驹、东台、南沈灶、富安、海安、如皋、丁堰、白蒲、刘桥、兴仁、竹行、南通开发区、常熟港、沙溪、浏河、上海路、四通路互通出入口	赣马、浦南、灌云、响水、滨海、射阳、大丰、东台、如皋、苏通大桥、沙溪服务区
	上海	嘉西(世盛南路)、嘉浏、宝安公路、沪宁嘉金、华徐、崧泽、沪青平嘉金、新桥、申嘉湖沈海、亭林、山阳、新卫立交互通	朱桥主线收费站、朱桥(汇源东)、朱桥(汇源西)、嘉西、伊宁路(F1赛场贵宾匝道)、宝安公路、曹安公路、华徐公路、北青公路、崧泽高架、沪青平公路、沪松公路、莘砖公路、新桥、车亭公路、叶新公路、金山工业区大道、亭卫公路、金山新城、沪浙主线收费站出入口	朱桥、叶榭、沪浙服务区
	浙江	新仓、独山、乍浦、海盐枢纽、嘉兴港区、海天一洲、庵东、慈溪、观海卫、掌起、慈城、宁波北枢纽、高桥枢纽、横街、宁波西枢纽、朝阳、姜山北枢纽、奉化、宁海北、宁海、宁海南、三门、吴岙枢纽、临海北、临海南、水洋枢纽、黄岩、台州南、大溪、雁荡山、蒲岐、乐清、北白象枢纽、温州东、温州南枢纽、塘下、瑞安、飞云、平阳、苍南、观美、分水关互通	浙沪南主线收费站(浙江嘉兴平湖)、新仓、独山、乍浦、嘉兴港区、海天一洲、庵东、慈溪、观海卫、掌起、慈城、宁波北、横街、宁波西、朝阳、姜山、奉化、宁海北、宁海、宁海南、三门、临海北、临海南、黄岩、台州南、大溪、雁荡山、蒲岐、乐清、温州东、塘下、瑞安、飞云、平阳、苍南、观美、分水关、浙闽主线收费站(浙闽界、浙江温州苍南)出入口	平湖、北岸、南岸、慈城、奉化、宁海、台州、清江、温州、苍南服务区
	福建	福鼎、八尺门、太姥山、柏洋、牙城、三沙、霞浦、盐田、湾坞、下白石、宁德北、宁德南、飞鸾、罗源、水古、丹阳、洋门、连江、琯头、马尾、马宅顶、营前、黄石、青口、兰圃、宏路、渔溪、江口枢纽、涵江、三江口枢纽、莆田、西埔、仙游、泉港、草埔园、驿坂、惠安、晋江枢纽、内坑枢纽、西锦枢纽、杏林、长州、枫林枢纽互通	省际闽浙、福鼎、八尺门、柏洋、太姥山、牙城、三沙、霞浦、盐田、下白石、宁德北、水古(只有入口)、罗源、飞鸾、宁德南、营前、马尾、琯头、连江、丹阳、福州、兰圃、宏路、渔溪、涵江、莆田、仙游、泉港、驿坂、惠安、泉州、池店、晋江、水头、翔安、同安、厦门、杏林、漳州、龙海、漳州港、赵家堡、漳浦、杜浔、云霄、常山、东山岛、诏安东、诏安南、闽粤省际出入口	福鼎、虎屿岛、福安、云淡、罗源B区、连江、青口、大往、赤港、东进、驿坂、洛阳江、朴里、龙掘东、东孚、白水、天福、沙西、溪南服务区

续上表

编号	省份	沿线互通	出入口	服务区
G15	广东	小塘、茅山、炭步、达濠、河浦、田心、官窑、淡水、后门、内湖、仙庵、惠来、东港、乐平、雷州、横江跨线桥、九江主线桥、白泥坑立交、金沙立交主线桥、跨S374跨线桥、AK0+714.854匝道桥、K3388+180素水跨线高架桥、隆江立交桥互通	阳江、仙庵、霞湖、外砂、田心、塘口、水口、圣堂、沙塘、沙湖、饶平、钱东、那龙、内湖、隆江、河浦、海门、恩平、东港站、阳江、小塘、西樵、沙田、埔边匝道、龙岗、梁金山、坑梓、开平站、九江、金沙、惠来站、湖心、后门、淡水、丹灶、大槐站、达濠站、潮州、长沙湾、北惯站、白云仔、白云、白沙站、徐闻、开平、机场高速公路、广花、广从一级路、共和、大雁山、106国道、广从一级路、店市出入口	阳江、霞湖、遂溪、梁金山、惠来、广州西二环炭步、官渡、电白、丹灶服务区,湖东、大槐停车区
	海南	待建		

G15(沈海高速公路)并行线、联络线路线信息表 表9-7

编号	省份	省内起点	省内终点	途经市、县	通车里程(km)
G1511	山东	日照市迎宾路	日兰鲁豫收费站	东港区、莒县、沂南县、费县、平邑县、泗水县、曲阜市、兖州市、任城区、嘉祥县、巨野县、郓城县、牡丹区、定陶县、东明县、曹县	430.468
	河南	开封市兰考县王楼村(豫鲁界)	开封市开封县陇海立交	兰考县、开封市、祥符区	
G1512	浙江	宁波市鄞州古林	金华市金东傅村	宁波市、鄞州区、奉化市、绍兴市、新昌县、嵊州市、金华市、东阳市、义乌市、金东区	185.560
G1513	浙江	温州市温州南枢纽	丽水市丽水南枢纽	温州市、瓯海区、鹿城区、永嘉县、丽水青田县、莲都区	116.143
G1514	福建	宁德市福安湾坞枢纽	武夷山兴田镇兴田村(兴田枢纽)	福安市、周宁县	344.814
	江西	上饶市铅山县武夷山镇	上饶市上饶县与G60(沪昆高速公路)交叉口	上饶市、铅山县、上饶县	
G1515	江苏	盐城市特庸枢纽	靖江市广陵枢纽	射阳县、盐城市、盐都区、兴化市、姜堰区、泰兴市	168.620
G1516	江苏	盐城市大丰港区	韩桥(苏皖界)	大丰市、盐城市、盐都区、建湖县、楚州区、清浦区、泗阳县、淮阴区	779.972
	安徽	宿州市泗县小梁以东(苏皖界)	亳州市谯城区郑楼(皖豫界)	宿州市、淮北市、亳州市	
	河南	永城市侯岭镇小新庄	伊川县昌营村西北	永城市、鹿邑县、太康县、扶沟县、鄢陵县、许昌市、禹州市、登封市、伊川县	

续上表

编号	省份	省内起点	省内终点	途经市、县	通车里程(km)
G1517	福建	莆田市涵江区东峤镇汀塘村	省界(未通)	湄洲湾、莆田市、荔城区、涵江区、仙游县、永泰县、三明市、三元区、明溪县、建宁县	261.927
	江西	船顶隘(闽赣界)	井冈山市睦村(赣湘界)	抚州市、广昌县、吉安市、泰和县、井冈山市	
	湖南	睦村(湘赣界)	株洲市炎陵县三河镇分路口	株洲市、炎陵县	
G15W	江苏	常熟市董浜镇	盛泽(苏浙界)	常熟市、相城区、苏州市、工业园区、吴中区、吴江市	335.694
	浙江	吴江大溪港(浙苏界)	台州市三门吴岙	湖州市、秀洲区,南湖区,嘉兴市、海宁市,绍兴市、上虞区,嵊州市,新昌县,台州市、天台县	
G15W2	江苏	常熟市董浜镇	芦墟(苏浙界)	常熟市、昆山市、吴中区	73.667
	浙江	省界(未通)	嘉兴市嘉善县步云枢纽	嘉兴市、嘉善县	
G15W3	浙江	宁波市云龙枢纽	省界(未通)	宁波市、鄞州区、象山县	819.317
	福建	福鼎佳阳镇双华村	诏安太平镇新楼村	福鼎县、柘荣县、福安市、蕉城区、罗源、连江县、闽侯县、永泰县、仙游县、洛江区、南安市、南安市、安溪县、同安区、长泰县、芗城区、南靖县、平和县,诏安县	
	广东	饶平(粤闽界)	东莞市莞深立交	潮州市、揭阳市、陆河县、惠东县、东莞市	

G15(沈海高速公路)并行线、联络线沿线互通、出入口、服务区信息表　　表9-8

编号	省份	沿线互通	出入口	服务区
G1511	山东	日照、长深日东、竹园、曲阜、济宁、王官屯、菏泽、曹州互通	日照、西湖、龙山、莒县东、莒县、沂南站、高里站、费县站、平邑东站、平邑站、泉林、泗水、曲阜、济宁东、兖州、济宁北、济宁西、嘉祥、曹州枢纽、菏泽新区、菏泽南、牡丹、曹县西、鲁豫出入口	莒县、费县、泗水、济宁、巨野、菏泽、曹州服务区,蒙山停车区
	河南	堌阳站、兰考北站、兰考西站、兰考互通	豫鲁省界、堌阳、兰考北、兰考西出入口	兰考服务区
G1512	浙江	宁波西枢纽、洞桥、溪口东、溪口西、沙溪、黄泽、嵊州枢纽、甘霖、长乐、蔡宅、怀鲁枢纽、怀鲁、东阳、义乌东、徐村、傅村枢纽互通	宁波西枢纽、洞桥、溪口东、溪口西、沙溪、黄泽、甘霖、长乐、蔡宅、怀鲁、东阳、义乌东、徐村、傅村、傅村枢纽出入口	嵊州、东阳服务区
G1513	浙江	温州南、娄桥、温州西、仰义、桥下(永嘉)、桥头、青田东(温溪)、青田、青田西(船寮)、海口、丽水枢纽	温州南枢纽、娄桥、温州西、桥下(永嘉)、桥头、青田东(温溪)、青田、青田西(船寮)、海口、丽水互通、丽水南枢纽出入口	桥头、青田服务区

续上表

编号	省份	沿线互通	出入口	服务区
G1514	福建	赛岐、福安、白云山、周宁、杨源、政和、回龙、水吉、将口、兴田、九曲、武夷山、洋庄、闽赣互通	赛岐、福安、白云山、周宁、杨源、政和、回龙、水吉、将口、兴田、九曲、武夷山、洋庄、闽赣出入口	岐山、七步、洞宫、佛子山、仁山、武夷山、洋庄服务区，西铭、洞宫停车区
	江西	赣闽省界、黄岗山、石塘、铅山南互通	赣闽省界、黄岗山、石塘、铅山南出入口	铅山服务区
G1515	江苏	特庸、青墩、盐城北、张庄、盐城西、潘黄、大冈、安丰、兴化、戴南、溱潼、桥头、姜堰、梁徐、新街、泰兴、广陵互通	青墩、盐城北、张庄、盐城西、大冈、安丰、兴化、戴南、溱潼、姜堰、梁徐、新街、泰兴出入口	新兴、老圩、兴泰、刘陈服务区
G1516	江苏	步凤、盐城南、潘黄、秦南、建湖、九龙口、车桥、楚州、马甸、淮安南、淮安西、凌桥、李口、龙门互通	大丰主线站、海丰、大丰北、盐城南、秦南、建湖东、建湖、车桥、马甸、淮安南、淮安西、凌桥、李口出入口	郭猛、九龙口、车桥、古盐河、成子湖服务区
	安徽	泗县、长沟枢纽、灵璧、宿州东、宿州北、宿州、淮北南、濉溪、铁佛、岳集、亳州枢纽、亳州北互通	皖苏泗县主线、泗县、灵璧、宿州东、宿州北、淮北南、濉溪、铁佛、淮永主线、亳永主线、亳州北、亳鹿主线出入口	虞姬、濉溪、宿州、谯城服务区
	河南	盐洛/德上、永城南、鹿邑、鹿邑西、丘集、唐集、盐洛/商南、太康、盐洛/大广、扶沟、盐洛/机西、鄢陵南、许昌东、孙刘赵、许昌南、盐洛/许广、许昌西、盐洛/郑西、禹州北、苌庄、宣化、卢店、盐洛/林汝、登封东、登封西、君召、吕店、盐洛/二广互通	豫皖界、永城南、永亳、鹿亳、鹿邑、鹿邑西、丘集、唐集、太康、扶沟、鄢陵南、许昌南、许昌西、禹州北、苌庄、宣化、卢店、登封东、登封西、君召、吕店出入口	永城南、鹿邑、林楼、鄢陵南、许昌南、禹州西、少林服务区，郭店停车区
G1517	福建	埭头、北高、三江口、港后、江口、萩芦、庄边、五星、畔溪、岩前、吉口、潼关、嵩口互通	埭头主线、北高、江口、萩芦、庄边、岩前、吉口、嵩口出入口	白沙、梧桐服务区
	江西	泰和北、泰和、泰井、广昌东、长桥互通	泰和北、泰和、泰井、广昌东、长桥出入口	泰和服务区，白鹭湖停车区
	湖南	炎陵、沔渡、省界主线互通	炎陵、沔渡、省界主线出入口	无
G15W	江苏	董浜、董浜南、常熟东、沙家浜、湘城、阳澄湖、相城、苏州北、苏州城区、吴中、尹山、吴江、吴江南、平望、黎里、盛泽互通	董浜、常熟东、沙家浜、阳澄湖、相城、苏州城区、吴中、吴江、吴江南、黎里、盛泽出入口	阳澄西湖、白洋湖服务区
	浙江	王江泾（嘉兴北）、观音桥枢纽、秀洲（嘉兴西）、马家浜、南湖（嘉兴南）、嘉兴枢纽、王店东、百步、海宁（硖石）、海宁枢纽、袁花、尖山、滨海新城北、滨海新城南（沥海）、沽渚枢纽、道墟枢纽、东关、蒿坝、上浦、章镇、三界、嵊州、嵊州枢纽、新昌、双彩、白鹤、天台、洋头互通、吴岙枢纽互通	王江泾主线、王江泾（嘉兴北）、秀洲（嘉兴西）、马家浜、南湖（嘉兴南）、王店东、百步、海宁（硖石）、袁花、尖山、滨海新城北、滨海新城南（沥海）、东关、蒿坝、上浦、章镇、三界、嵊州、新昌、双彩、白鹤、天台、洋头互通，三门吴岙出入口	新滕、嘉绍大桥、嵊州、新昌、天台服务区

续上表

编号	省份	沿线互通	出入口	服务区
G15W2	江苏	董浜南、白茆、李市、石牌、巴城、正仪、吴淞江、角直互通	白茆、李市、石巴城、吴淞江、角直出入口	石牌服务区
	浙江	在建	在建	在建
G15W3	浙江	云龙枢纽、横溪、塘溪、咸祥、象山北、象山互通(象山至浙闽界尚未建成)	云龙枢纽、横溪、塘溪、咸祥、象山北、象山互通出入口	象山服务区
	福建	柘荣、福安北、坂中、增坂、宁德东、飞鸾、罗源湾、马鼻、梅里、福州南、旗山、葛岭、永泰东、永泰西、梧桐、五星、莱溪、榜头、蒲峰、龙华、罗溪、乐峰、梅山、亭川、亭川、金淘、安溪东、安溪、凤城、官桥、龙门、云埔、枋洋、岩溪、天宝、靖城、芗城、南靖、三平、平和、灵通山、霞葛互通	柘荣、福安北、坂中、宁德东、飞鸾、罗源湾、马鼻、福州南、旗山、葛岭、永泰东、永泰西、梧桐、仙游莱溪、仙游榜头、仙游龙华、洛江北(罗溪)、乐峰、梅山、金淘、安溪东、安溪、安溪官桥、龙门收费站、枋洋、岩溪、天宝、南靖、三平、平和、灵通山、闽粤主线出入口	东狮山、透堡、青云山、莱溪岩、罗东、龙桥、小溪、官陂服务区
	广东	杨林、河婆、陆河东、良井、惠州西、沥林、潮州、揭阳、东莞互通	杨林、河婆、陆河东、良井、惠州西、沥林、潮州、揭阳、东莞出入口	良井、沥林、坪上服务区

二、路网关系

G15(沈海高速公路)路网关系如图9-2所示。

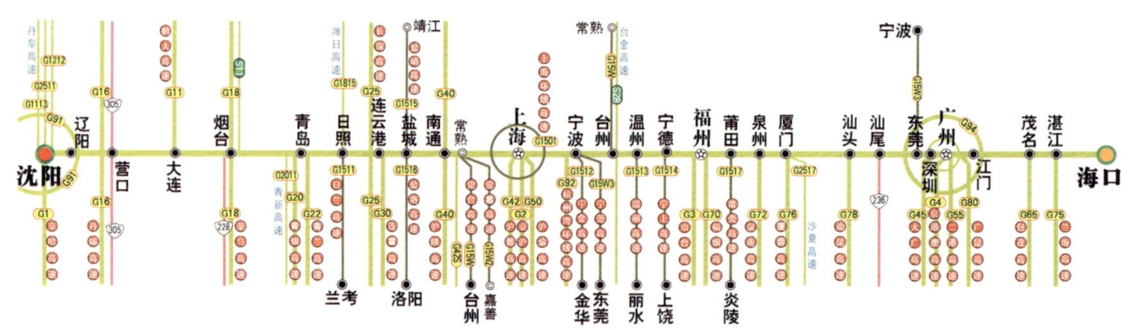

图9-2　G15(沈海高速公路)路网关系示意图

三、建设历程

1. 辽宁沈大高速公路

1984年开工建设,1990年建成通车,全长375.0km,全线四车道,设计速度120km/h。总投资21.98亿元,资金来源:中央投入、地方投入、银行贷款。占地31065亩。项目管理单位:沈大公路改扩建工程总指挥部;勘察设计单位:辽宁省交通勘察设计院;监理单位:

沈大公路改扩建工程建设总指挥部工程监理处;施工单位:交通部一航局三公司、铁道部十三工程局等。

2.辽宁沈阳至大连段改扩建

2002年开工建设,2004年建成通车,全长341.68km,全线八车道,设计速度120km/h。建成特大桥:海湾大桥,共1座。建成大桥8座。建成长隧道1座。总投资76.7亿元,资金来源:中央投入、地方投入、银行贷款。占地15016.0亩。项目管理单位:辽宁省高等级公路建设局;勘察设计单位:辽宁省交通勘测设计院;监理单位:辽宁第一交通工程监理事务所等;施工单位:辽宁省交通工程公司、中铁一局集团有限公司等。

3.辽宁大连土城子至羊头洼段

2005年开工建设,2008年建成通车,全长57.59km,全线四车道,设计速度100km/h。总投资30.48亿元,资金来源:中央投入、地方投入、银行贷款。占地5550亩。项目管理单位:大连市交通局高速公路工程建设项目管理办公室;勘察设计单位:大连市交通规划勘察设计院、铁道第三勘察设计院;监理单位:沈阳公路工程监理有限公司、中国公路工程咨询监理总公司;施工单位:中铁六局集团有限公司等。

4.山东烟台港至大杨庄枢纽(荣乌高速公路)段

1998年11月开工建设,2000年10月建成通车,全长20km,全线四车道,设计速度100km/h。建成大桥13座。总投资4.3254亿元,资金来源:地方投入、银行贷款。占地1495.49亩。项目管理单位:山东省公路管理局;勘察设计单位:中交第二公路勘察设计研究院、烟台公路勘察设计研究院、铁道部第三公路勘察设计研究院;监理单位:潍坊市交通工程监理中心;施工单位:交通部一局五公司、北京城建集团等。

5.山东大杨庄枢纽至栖霞(松山)段

1999年12月开工建设,2001年9月建成通车,全长28.993km,全线四车道,设计速度120km/h。建成大桥1座。总投资6.249亿元,资金来源:地方投入。占地1958亩。项目管理单位:山东省公路局;勘察设计单位:中交第二公路勘察设计研究院;监理单位:烟台市公路工程监理咨询公司、潍坊市交通工程监理中心;施工单位:山东省公路工程公司滨州公司、铁道部第十一工程局第二工程处等。

6.山东栖霞至青岛莱西段

1998年12月开工建设,2000年11月建成通车,全长73.714km,四车道51.058km,六车道22.656km,设计速度120km/h。建成大桥3座。总投资5.645亿元,资金来源:地方投入、银行贷款。占地9123.38亩。项目管理单位:烟台市公路管理局;勘察设计单位:烟台市公路勘察设计院、泰安公路勘察设计室;监理单位:烟台市公路工程监理咨询公司、滨州地区公路工程监理咨询公司;施工单位:山东省公路工程总公司烟台公司、交通部第二公路工程局第四工程处等。

7. 山东莱西(潍莱高速公路)至日照两城段

2001年12月开工建设,2003年12月建成通车,全长175.307km,全线四车道,设计速度120km/h。建成特大桥:小沽河大桥、胶济铁路大桥、潮河大桥,共3座。建成大桥29座。总投资49.0336亿元,资金来源:中央投入、地方投入、银行贷款。占地21511.67亩。项目管理单位:青岛市交通运输委员会;勘察设计单位:山东交通规划设计院、华杰工程咨询有限公司;监理单位:山西省交通建设工程监理总公司、烟台市公路工程监理咨询公司、青岛交通工程监理咨询有限公司、天津国腾公路咨询监理有限公司;施工单位:中国铁道建筑中公司、中港二航局二公司、山东省公路工程总公司等。

8. 山东两城至汾水段

2001年11月开工建设,2003年12月建成通车,全长61.065km,全线四车道,设计速度120km/h。建成大桥19座。总投资17.74亿元,资金来源:交通部车购税投入、地方投入。占地7595亩。项目管理单位:日照市公路管理局;勘察设计单位:山东省交通规划设计院;监理单位:淄博东泰交通监理有限公司(总监处)、威海格瑞特监理公司、山东圣地公路工程监理咨询中心、山东省德州市交通工程监理公司;施工单位:山东公路工程总公司聊城公司、山东公路工程总公司日照公司、中铁三局集团有限公司等。

9. 江苏汾水至灌云段

1999年开工建设,2002年建成通车,全长85.69km,全线四车道,设计速度120km/h。建成特大桥:新沭河大桥,共1座。建成大桥40座。总投资33.8亿元,资金来源:交通部车购税投入、地方投入。占地19374.24亩。项目管理单位:连云港市高速公路建设指挥部;勘察设计单位:江苏省交通规划设计院等;监理单位:江苏中南园林工程监理顾问有限公司等;施工单位:中国路桥(集团)公路一局等。

10. 江苏连云港至盐城段

2003年开工建设,2006年建成通车,全长151.613km,全线六车道,设计速度120km/h。建成特大桥:入海水道、灌溉总渠特大桥,灌河特大桥,新沂河特大桥,共3座。建成大桥67座。总投资74.3亿元,资金来源:企业投入。占地39087.61亩。项目管理单位:江苏省高速公路建设指挥部;勘察设计单位:江苏省交通规划设计院等;监理单位:常州市交通建设监理咨询有限公司等;施工单位:中铁十八局集团有限公司等。

11. 江苏盐城至南通段

2002年开工建设,2005年建成通车,全长166.763km,全线六车道,设计速度120km/h。建成大桥82座。总投资66.15亿元,资金来源:企业投入。占地19899.11亩。项目管理单位:江苏省高速公路建设指挥部;勘察设计单位:江苏省交通规划设计院等;监理单位:

江苏交通工程咨询监理有限公司等;施工单位:江苏省交通工程总公司等。

12. 江苏南通北至小海段

与G40(沪陕高速公路)共线。

13. 江苏苏通长江公路大桥及接线

2003年6月开工建设,2008年6月建成通车,全长32.4km,全线六车道,设计速度120km/h(跨江大桥100km/h)。建成特大桥:南引桥、辅桥、主桥、北引桥,共4座。建成大桥13座。总投资80.5亿元,资金来源:中央投入、地方投入、银行贷款。占地5157.0亩。项目管理单位:江苏苏通大桥有限责任公司;勘察设计单位:中交公路规划设计院、江苏省交通规划设计院、同济大学设计院联合体;监理单位:武汉大通公路桥梁咨询监理公司等;施工单位:中铁集团大桥局等。

14. 江苏常熟至太仓(苏沪界)段

与G42S(沪武高速公路)共线。

15. 上海段

2000年1月开工建设,2008年1月建成通车,全长91.24km,四车道30.0km,六车道61.25km,设计速度100km/h。建成特大桥:沪青平公路跨线桥、新桥立交桥、新车公路跨线桥、北松公路跨线桥、松浦二桥,共5座。建成大桥26座。总投资63.22亿元,资金来源:企业投入。占地7801.61亩。嘉浏二期段项目管理单位:上海嘉浏高速公路建设发展有限公司;勘察设计单位:上海市城市建设设计研究院;监理单位:上海市市政工程监理技术咨询有限公司;施工单位:上海公路桥梁工程有限公司、上海市第二市政工程有限公司、上海远东国际桥梁建设有限公司等。嘉金段项目管理单位:上海嘉金高速公路发展有限公司;勘察设计单位:同济大学建筑设计研究院;监理单位:南京工苑监理公司;施工单位:上海建工(集团)总公司、中铁十二局集团有限公司、上海城建(集团)公司等。莘奉金段项目管理单位:上海莘奉金高速公路建设发展有限公司;勘察设计单位:上海市政工程设计院;监理单位:上海市政监理有限公司;施工单位:中铁三局华海工程有限公司等。

16. 浙江杭浦高速公路

2004年11月1日开工建设,2008年1月28日建成通车,全长27.4km,全线六车道,设计速度120km/h。建成大桥13座。建成长隧道2座。总投资22.71亿元,资金来源:地方投入、银行贷款。占地12739.308亩。项目管理单位:宁波市高速公路建设指挥部;勘察设计单位:辽宁省交通勘察设计院;监理单位:杭州中新监理公司等;施工单位:中国路桥集团公司等。

17. 浙江杭州湾跨海大桥北接线

2004年9月开工建设,2008年1月建成通车,全长3.91km,全线六车道,设计速度

120km/h。建成大桥12座。总投资3.35亿元,资金来源:地方投入、银行贷款。占地808亩。项目管理单位:嘉兴市杭州湾大桥投资开发有限责任公司;勘察设计单位:浙江省交通设计规划研究院;监理单位:江苏省交通工程咨询监理总公司;施工单位:中铁四局集团第一工程公司等。

18.浙江杭州湾跨海大桥

2003年11月开工建设,2008年5月建成通车,全长36.0km,全线六车道,设计速度120km/h。建成特大桥:杭州湾跨海大桥,共1座。总投资134.5亿元,资金来源:地方投入。占地608.0亩。项目管理单位:杭州湾大桥工程指挥部;勘察设计单位:中铁大桥勘测设计院等;监理单位:南华建设监理所等;施工单位:中港第二航务工程局等。

19.浙江杭州湾跨海大桥南接线

2004年8月开工建设,2007年12月建成通车,全长57.43km,全线六车道,设计速度120km/h。建成特大桥:前洋高架桥、慈城大桥、掌起高架桥、观海卫高架桥、崇寿立交桥,共5座。建成大桥48座。建成长隧道1座。总投资48.78亿元,资金来源:交通部车购税投入、地方投入。占地4897亩。项目管理单位:宁波市高等级公路建设指挥部;勘察设计单位:辽宁省交通勘测设计院;监理单位:北京华路捷公路工程技术咨询有限公司等;施工单位:中铁隧道集团有限公司等。

20.浙江宁波绕城高速公路

全长29km,与G1501宁波绕城高速公路共线。

21.浙江甬台温高速公路

1994年10月开工建设,2003年12月31日建成通车,全长327.36km,全线四车道,设计速度80km/h(隧道)、100km/h、120km/h。建成特大桥:金丽温高架桥、凤池特大桥、飞云江特大桥、罗凤高架桥、四角亭高架桥、乐清湾高架桥、清江特大桥、温州大桥、灵江大桥、邵家渡2号桥、邵家渡1号桥,共11座。建成大桥180座。建成特长隧道:大溪岭隧道、猫狸岭隧道,共2座。建成长隧道10座。总投资118.1亿元,资金来源(甬台温高速公路分为宁波一期、二期,台州三门铺里至临海青岭段,台州段临海青岭至温岭大溪岭段,温州乐清湖雾街至白鹭屿段,温州瓯海南白象至瑞安龙头段,温州瑞安龙头至苍南分水关段,各段建造时间不同,所获资金来源不同):宁波段为中央投入、地方投入、银行贷款,台州三门铺里至临海青岭段为地方投入、企业投入,台州段临海青岭至温岭大溪岭段为交通部车购税投入、地方投入、企业投入、银行贷款。占地34701.0亩。项目管理单位:宁波市高速公路建设指挥部等;勘察设计单位:浙江省交通设计院等;监理单位:宁波工程咨询监理有限公司等;施工单位:浙江省路桥工程处等。

22. 福建福鼎至宁德段

2000年1月开工建设,2003年6月建成通车,全长141.164km,全线四车道,设计速度80km/h。总投资64.76亿元,资金来源:交通部车购税投入、地方投入。占地16643.7亩。项目管理单位:宁德市福宁高速公路有限公司;勘察设计单位:中交第二公路勘察设计研究院、中交第一公路勘察设计研究院;监理单位:厦门路桥建设监理有限公司、铁二院监理公司等;施工单位:交通部第二公路工程局、天津第一市政公路工程有限公司等。

23. 福建罗宁至宁德段

1998年开工建设,2000年建成通车,全长33.114km,全线四车道,设计速度60km/h。建成特大桥:车里湾特大桥,共1座。建成大桥19座。建成特长隧道:飞鸾岭隧道,共1座。总投资12.2亿元,资金来源:中央投入、地方投入、银行贷款。占地2832.53亩。项目管理单位:福建罗宁高速公路有限公司;勘察设计单位:交通部第二公路勘察设计院、福建省交通规划设计院;监理单位:福建省交通建设工程监理咨询公司、中国公路工程咨询监理总公司;施工单位:武警交通第一总队、广州市政工程总公司、厦门路桥工程公司、交通部一局五公司、福建省第一公路工程公司、福建省第二公路工程公司。

24. 福建罗宁至长乐段

2000年5月开工建设,2002年12月建成通车,全长59.041km,全线四车道,设计速度80km/h。总投资30.17亿元,资金来源:交通部车购税投入、地方投入、企业投入、银行贷款。占地6161.1亩。项目管理单位:罗长高速公路有限公司;勘察设计单位:福建省交通规划设计院;监理单位:福建省交通建设工程监理咨询公司、武汉大通公路桥梁工程咨询监理有限公司等;施工单位:中国航空港建设总公司第七总队、中铁四局集团第四工程有限公司等。

25. 福建福泉高速公路(扩建前)

1996年4月开工建设,1999年9月建成通车,全长154.42km,四车道142.93km,六车道11.49km,设计速度100km/h、120km/h。建成特大桥:营前特大桥、乌龙江特大桥,共2座。建成大桥18座。总投资49.38亿元,资金来源:交通部车购税投入、地方投入、银行贷款。占地5085亩。项目管理单位:福州市高速公路建设指挥部;勘察设计单位:福建省交通规划设计院;监理单位:上海华东监理公司等;施工单位:福建省公路一公司等。

26. 福建福泉高速公路(未扩建段)

1997年9月开工建设,1999年9月建成通车,全长24.0km,全线四车道,设计速度100km/h。建成特大桥:营前特大桥,共1座。建成大桥3座。总投资16亿元,资金来源:交通部车购税投入、地方投入、银行贷款。占地1650地亩。项目管理单位:福州市高速公路建设指挥部;勘察设计单位:福建省交通规划设计院;监理单位:大桥工程建设监理公司等;施工单位:福州公路工程公司等。

27. 福建福泉高速公路扩建工程福州段

2009 年 8 月开工建设,2011 年 1 月建成通车,全长 42.93km,全线四车道,设计速度 120km/h。总投资 22.4 亿元,资金来源:企业投入、银行贷款。占地 1768.04 亩。项目管理单位:福州福泉高速公路扩建工程建设有限公司;勘察设计单位:福建省交通规划设计院;监理单位:厦门中平工程监理咨询有限公司、福建省交通建设工程监理咨询公司;施工单位:温州交通建设集团有限公司、中铁十六局集团有限公司等。

28. 福建福泉高速公路扩建工程莆田段

2009 年 3 月开工建设,2011 年 1 月建成通车,全长 46.21km,全线八车道,设计速度 120km/h。总投资 30.41 亿元,资金来源:企业投入。占地 2099.69 亩。项目管理单位:莆田市高速公路有限责任公司(福厦漳高速公路扩建工程莆田段项目建设领导小组办公室);勘察设计单位:福建省交通规划设计院;监理单位:山东格瑞特监理咨询有限公司、天津市国腾公路咨询监理有限公司、北京兴通交通工程监理有限责任公司;施工单位:中铁七局集团第三工程有限公司、河南高速发展路桥工程有限公司等。

29. 福建福泉高速公路扩建工程泉州段

2011 年 2 月 18 日开工建设,2013 年 12 月 31 日建成通车,全长 42.07km,四车道 1.23km,六车道 40.84km,设计速度 100km/h。总投资 42.02 亿元,资金来源:企业投入。占地 4700 亩。项目管理单位:泉州南石高速公路有限责任公司;勘察设计单位:中交第二公路勘察设计研究院有限公司等;监理单位:江苏纬信工程咨询有限公司等;施工单位:福建路桥建设有限公司等。

30. 福建泉州至厦门段

1994 年 6 月 4 日开工建设,1997 年 12 月 3 日建成通车,全长 81.9km,全线四车道,设计速度 120km/h。总投资 28.76 亿元,资金来源:交通部车购税投入、地方投入、银行贷款。占地 10251.0 亩。项目管理单位:福建省高速公路建设总指挥部;勘察设计单位:福建省交通规划设计院;监理单位:福建省交通工程监理咨询公司、丹麦金硕公司;施工单位:福建省第一公路工程公司联营体、铁道部第十七工程局等。

31. 福建厦漳高速公路厦门段

2009 年开工建设,2011 年建成通车,全长 11.85km,全线八车道,设计速度 120km/h。总投资 8.12 亿元,资金来源:中央投入、地方投入、企业投入、银行贷款。占地 1891.56 亩。项目管理单位:厦门市高速公路建设开发有限公司;勘察设计单位:福建省交通规划设计院;监理单位:厦门路桥咨询监理有限公司;施工单位:中铁十七局第六工程有限公司等。

32. 福建厦漳高速公路漳州段

1996年8月开工建设,2001年1月建成通车,全长27.601km,全线四车道,设计速度120km/h。建成特大桥:西溪特大桥,共1座。建成大桥4座。总投资13.9300亿元,资金来源:中央投入、地方投入、银行贷款。占地3116亩。项目管理单位:漳州市厦漳高速公路有限责任公司;勘察设计单位:福建省交通规划设计院;监理单位:福建省交通建设工程监理咨询公司;施工单位:漳州市路通公路工程有限公司、铁道部第十二工程局第一工程处、铁道部第十三工程局第一工程处、交通部三航六公司、铁道部第十三工程局第一工程处、交通部第一工程局厦门工程处、陕西省路桥工程公司、交通部第二公路工程局、铁道部第十七工程局第一工程处。

33. 福建漳州至诏安段

2000年5月开工建设,2002年12月建成通车,全长140.55km,全线四车道,设计速度100km/h。总投资41.7亿元,资金来源:中央投入、地方投入、银行贷款。占地18500.0亩。项目管理单位:漳州市漳诏高速公路有限公司;勘察设计单位:福建省交通规划设计院;监理单位:福建省交通建设工程监理咨询公司等;施工单位:上海铁路局福州工程总公司等。

34. 广东汕头至汾水关段(外砂至汾水关段,含潮州支线)

第一期由广东汕头海湾大桥公司组织实施,全长10.753km,1995年开工建设,1997年建成通车;第二期由广东汕汾高速公路工程建设管理处组织实施,主线长56.865km、潮州支线长6.096km,1999年1月20日开工建设,2001年11月28日建成通车。全线四车道,设计速度100km/h。建成特大桥:外砂高架桥、外砂河大桥、东溪河大桥,共3座。建成大桥26座。总投资31.79亿元,资金来源:企业投入、银行贷款。占地8175亩。项目管理单位:广东汕头海湾大桥公司(一期)、广东汕汾高速公路工程建设管理处现广东汕汾高速公路有限公司(二期);勘察设计单位:广东省公路勘察规划设计院、北京交科公路勘察设计院;监理单位:广东虎门技术咨询有限公司、北京兴通交通工程监理有限责任公司;施工单位:广东省公路工程建设集团有限公司、汕头市公路桥梁工程总公司。

35. 广东汕头海湾大桥

1994年3月开工建设,1997年11月建成通车,全长10.75km,全线四车道,设计速度100km/h。总投资5.93亿元,资金来源:企业投入、银行贷款。占地1426.0亩。项目管理单位:广东汕头海湾大桥公司;勘察设计单位:广东省公路勘察规划设计院;监理单位:广东省公路勘察规划设计院;施工单位:广东省公路工程建设集团有限公司等。

36. 广东汕头海湾大桥至陆丰潭西段

1993年11月开工建设,1996年11月建成通车,全长140.016km,全线四车道,设计速

度 100km/h。建成特大桥：海门特大桥，共 1 座。建成大桥 10 座。总投资 28.5 亿元，资金来源：地方投入。占地 16637.33 亩。项目管理单位：深汕高速公路东段工程建筑部（现广东深汕高速公路东段有限公司）；勘察设计单位：交通部第一公路勘察设计院设计；监理单位：广东省粤通工程建设监理公司、陕西技术咨询监理公司、湖北省公路技术协会；施工单位：广东省公路工程公司、交通部第一航务工程局一公司等。

37. 广东深汕高速公路西段潭西至龙岗段

1993 年 3 月开工建设，1996 年 12 月建成通车，全长 146.551km，全线四车道，设计速度 110km/h。建成特大桥：长沙湾特大桥、淡水高架桥，共 2 座。建成大桥 11 座。建成长隧道 1 座。总投资 41.05 亿元，资金来源：中央投入，地方投入、银行贷款。占地 14106.23 亩。项目管理单位：广东省高速公路有限公司深汕西分公司；勘察设计单位：交通部第一勘察设计院、安徽省公路勘察设计院；监理单位：广东省交通科学研究所、美国路易斯·伯杰咨询工程公司；施工单位：湖南省公路桥梁建设总公司、广东省公路工程总公司。

38. 广东龙岗至荷坳段

与 G25（长深高速公路）共线。

39. 广东荷坳至鹤州段

1995 年 10 月开工建设，1999 年 5 月建成通车，全长 42.774km，全线六车道，设计速度 100km/h。总投资 19.009 亿，资金来源：中央投入、地方投入。项目管理单位：深圳高速公路股份有限公司。

40. 广东鹤州至火村段

与 G4（京港澳高速公路）共线。

41. 广东茅山至火村段

1998 年 11 月开工建设，2001 年 10 月建成通车，全长 38.4km，全线六车道，设计速度 80km/h。建成特大桥：聚龙特大桥，共 1 座。建成大桥 15 座。总投资 25.52 亿元，资金来源：中央投入、地方投入、银行贷款。占地 5528 亩。项目管理单位：广州市北二环高速公路有限公司；勘察设计单位：交通部第一公路勘察设计院等；监理单位：育才布朗交通咨询监理有限公司等；施工单位：广州市公路工程公司等。[与 G1501（广州绕城高速公路）共线。]

42. 广东茅山至小塘段

2004 年 12 月开工建设，2006 年 12 月建成通车，全长 39.126km，全线六车道，设计速度 100km/h。建成特大桥：巴江河特大桥、芦苞涌特大桥、两下村特大桥，共 3 座。建成大桥 27 座。总投资 27.04 亿元，资金来源：地方投入。占地 3475 亩。项目管理单位：广州西二环高速公路有限公司；勘察设计单位：交通部第一公路勘察设计院等；监理单位：广东虎门技术咨询有限公司等;施工单位:广州市公路工程公司等。[与G1501(广州绕城高速公路)共线。]

43. 广东九江至小塘段

2005年2月开工建设,2007年12月建成通车,全长41.55km,六车道35.58km,八车道及以上5.97km,设计速度120km/h。总投资38.1亿元,资金来源:中央投入、银行贷款。占地4839.97亩。项目管理单位:广州西二环高速公路有限公司;勘察设计单位:交通部第一公路勘察设计院等;监理单位:广东虎门技术咨询有限公司等;施工单位:广州市公路工程公司等。[与G1501(广州绕城高速公路)共线。]

44. 广东九江至雅瑶段

1993年5月开工建设,1996年12月建成通车,全长6.08km,全线四车道,设计速度120km/h。扩建工程(双向四车道扩建为双向八车道)于2009年3月开工,于2012年12月建成通车,设计速度120km/h。建成特大桥:九江大桥,共1座。建成大桥2座。总投资23.21亿元(其中原线路建设期全线总投资35.25亿元,按里程折算该路段投资约4.56亿元;北段扩建总投资45.5亿元,按里程折算该路段扩建投资约18.65亿元,合计该路段总投资约23.21亿元),资金来源:企业投入、银行贷款。占地2905.448亩(其中建设期原线全线占地面积9536.063亩,按里程折算该路段占地面积2280.612亩)。项目管理单位:广东省佛开高速公路有限公司(1996年3月经批准由广东省高速公路公司和广东省高速公路发展有限公司按75%和25%共同出资,注册成立广东省佛开高速公路有限公司);勘察设计单位:广东省公路勘察规划设计院、交通部上海船舶运输科学研究所;监理单位:广东省交通科研所、交通部公路研究所;施工单位:广东省公路工程总公司联营体、江门交通工程建设总公司联营体、广东省长大公路工程有限公司(扩建)。

45. 广东雅瑶至水口段

1993年5月29日开工建设,1996年12月8日建成通车,全长46.311km,全线四车道,设计速度120km/h。建成大桥1座。总投资14.68亿元(建设期全线总投资35.25亿元,按里程折算该路段投资约14.68亿元),资金来源:企业投入、银行贷款。占地3971.847亩(建设期全线占地面积9536.063亩,按里程该路段占地面积约3971.847亩)。项目管理单位:广东省佛开高速公路有限公司(1996年3月经批准由广东省高速公路公司和广东省高速公路发展有限公司按75%和25%共同出资注册成立广东省佛开高速公路有限公司);勘察设计单位:广东省公路勘察规划设计院、交通部上海船舶运输科学研究所;监理单位:广东省交通科研所、交通部公路研究所;施工单位:江门交通工程建设总公司联营体。

46. 广东水口至白沙段

1999年9月开工建设,2003年9月建成通车,全长125.2km,全线四车道,设计速度

120km/h。总投资37.62亿元,资金来源:企业投入、银行贷款。占地14339.0亩。项目管理单位:广东开阳高速公路有限公司;勘察设计单位:广东省勘察规划设计院;监理单位:育才—布朗交通咨询监理有限公司;施工单位:中铁二局集团有限公司等。

47. 广东白沙至坡心段

2002年8月开工建设,2004年11月建成通车,全长79.76km,全线四车道,设计速度120km/h。建成大桥6座。总投资25.77亿元,资金来源:地方投入、企业投入、银行贷款。占地7776.8亩。项目管理单位:广东阳茂高速公路有限公司;勘察设计单位:广东省勘察规划设计院;监理单位:育才—布朗交通咨询监理有限公司;施工单位:中铁十五局集团有限公司等。

48. 广东坡心至黄略段

茂湛高速公路分两期三段建设完成,茂湛一期中官渡至源水段,于1997年9月18日开工建设,1999年11月18日建成通车,全长18.4km,全线四车道,设计速度120km/h;坡心至官渡段,于1998年8月28日开工建设,2000年12月28日建成通车,全长63.9km,全线四车道,设计速度120km/h;茂湛二期坡心至观珠段,于2002年11月23日开工建设,2004年11月26日建成通车,全长20.22km,全线四车道,设计速度120km/h。建成特大桥:茂名高架桥、鉴江特大桥、源水高架桥,共3座。建成大桥28座。总投资31.569亿元,一期工程批准概算总投资31.730亿元,广湛高速公路坡心至源水段工程资金来源:企业投入、银行贷款;二期(观珠至坡心)高速公路项目资金来源:企业投入。占地13942.96亩。项目管理单位:广东省高速公路有限公司电湛筹建处;勘察设计单位;广东省交通规划设计研究院股份有限公司;监理单位:广东省翔飞公路工程监理公司、广东广鑫工程建设监理有限公司;施工单位:广东省长大公路工程有限公司、广东冠粤路桥有限公司等。

49. 广东黄略至海安段

2009年6月1日开工建设,2010年12月31日建成通车,全长114.302km,全线四车道,设计速度120km/h。建成特大桥:南渡河特大桥,共1座。建成大桥57座。总投资52.57亿元,资金来源:地方投入、企业投入、银行贷款。占地10267.635亩。项目管理单位:广东湛徐高速公路有限公司;勘察设计单位:中国公路工程咨询集团有限公司、广东省交通规划设计研究院股份有限公司;监理单位:广东华路交通科技有限公司;施工单位:广东省长大公路工程有限公司、广东冠粤路桥有限公司等。

四、联络线及并行线

1. G1511(日兰高速公路)日照至兰考高速公路

山东日照至竹园段。1998年10月开工建设,2000年11月建成通车,全长

114.150km,全线四车道,设计速度100km/h。建成大桥6座。总投资23.7507亿元,资金来源:中央投入、地方投入、银行贷款。占地12492.87亩。项目管理单位:山东省公路管理局、临沂市公路局;勘察设计单位:华杰工程咨询有限公司、临沂市公路勘察设计院;监理单位:潍坊市华潍公路工程监理处、山东省交通工程监理咨询公司菏泽分公司等;施工单位:铁十四局一处日东公司、山东省公路工程总公司日照公司等。

山东竹园至曲阜段。2001年4月开工建设,2003年8月建成通车,全长113.980km,全线四车道,设计速度100km/h。建成特大桥:浚河特大桥,共1座。建成大桥15座。总投资26.542亿元,资金来源:地方投入。占地12772.11亩。项目管理单位:山东省交通厅公路局、临沂市公路局;勘察设计单位:山东省交通规划设计院、华杰工程咨询有限公司、临沂市公路勘察设计院;监理单位:淄博东泰交通工程监理有限公司、泰安市公路工程监理咨询公司等;施工单位:中铁五局机械化公司、山西省路桥建设总公司、东方路桥建设总公司、山东省公路工程总公司等。

山东曲阜至菏泽段。1999年11月开工建设,2002年5月建成通车,全长139.902km,全线四车道,设计速度120km/h。建成特大桥:泗河特大桥、兖州南外环分离立交、京杭运河特大桥、京九公铁特大桥,共4座。建成大桥25座。总投资30.778亿元,资金来源:地方投入。占地15452.31亩。项目管理单位:山东省交通厅、济宁市公路局;勘察设计单位:山东省交通规划设计院;监理单位:山东省交通工程监理咨询公司、山东交通工程监理咨询公司淄博公司等;施工单位:山东泰山路桥工程公司、中铁第二十工程局等。[其中,41.896km属于G35(济广高速公路)。]

山东菏泽至关庄段。2004年2月开工建设,2007年4月建成通车,全长61.548km,全线四车道,设计速度120km/h。建成特大桥:K384+674京九铁路分离桥,共1座。建成大桥7座。总投资21.9195亿元,资金来源:企业投入。占地7637.86亩。项目管理单位:山东省菏关高速公路工程项目建设办公室;勘察设计单位:山东省交通规划设计院;监理单位:山东省交通工程监理咨询公司、泰安至诚公路工程监理咨询有限公司等;施工单位:山东省路桥集团有限公司、中铁十二局集团第二工程有限公司等。

河南王楼至兰考段。2003年6月开工建设,2005年11月建成通车,全长43.084km,全线四车道,设计速度120km/h。建成大桥2座。总投资16.38亿元,资金来源:地方投入、银行贷款。占地5480亩。项目管理单位:开封市路达高速公路开发管理有限公司;勘察设计单位:中交第一勘察设计研究院;监理单位:北京华通公路桥梁监理咨询公司等;施工单位:中铁十三局集团公司等。

2. G1512(甬金高速公路)宁波至金华高速公路

浙江甬金高速公路。2002年12月开工建设,2005年12月建成通车,全长185.56km,全线四车道,设计速度80km/h、100km/h。建成特大桥:里仁堂大桥、嵊州特大桥,共2座。

建成大桥 68 座。建成长隧道 6 座。总投资 69.79 亿元，资金来源：金华段为地方投入、银行贷款；绍兴段为地方投入、银行贷款；宁波段为地方投入。占地 22452.0 亩。项目管理单位：宁波剡界岭高速公路有限公司等；勘察设计单位：浙江省交通规划设计研究院等；监理单位：宁波交通工程咨询监理有限公司等；施工单位：浙江省交通工程集团有限公司等。

3. G1513（温丽高速公路）温州至丽水高速公路

浙江温丽高速公路。1999 年开工建设，2005 年建成通车，全长 123.3km，全线四车道，设计速度 100km/h。建成特大桥：温溪沿江桥、石帆大桥、博瑞沿江桥、沙湾沿江桥、雷石至东岙沿江特大桥、芝溪沿江特大桥、海口至戈溪外沿江桥、圩地后沿江桥、锦水至小群沿江桥、沿江高架桥、主线桥、路礁高架桥、梅岙大桥、屿头至温化水厂立交桥、双屿立交桥、上汇高架桥、娄桥高架桥、南村高架桥、金竹高架桥，共 19 座。建成大桥 32 座。建成特长隧道：阳山隧道，共 1 座。建成长隧道 6 座。总投资 69.80 亿元，资金来源：地方投入、银行贷款。占地 2403.1 亩。项目管理单位：浙江省金丽温高速公路指挥部等；勘察设计单位：浙江省交通规划设计研究院等；监理单位：金华公正公路工程监理公司等；施工单位：浙江省路桥工程处等。

4. G1514（宁上高速公路）宁德至上饶高速公路

福建湾坞至福安段（原福安连接线）。2001 年 3 月开工建设，2005 年 6 月建成通车，全长 32.72km，全线四车道，设计速度 60km/h。总投资 10.68 亿元，资金来源：交通部车购税投入、地方投入、银行贷款。占地 4665.0 亩。项目管理单位：宁德市福宁高速公路有限公司、福宁高速公路福安连接线投资发展有限公司；勘察设计单位：厦门地质钻探队、中交第二公路勘察设计研究院、北京交科公路勘察设计院等；监理单位：山西省交通建设工程监理总公司、河北华达公路工程咨询监理公司；施工单位：福建省桥建有限公司、中铁十五工程局等。

福建宁德段。2009 年 4 月开工建设，2012 年 6 月建成通车，全长 62.054km，全线四车道，设计速度 80km/h。建成大桥 27 座。建成特长隧道：洞宫山隧道、石壁炉隧道、福安隧道，共 3 座。建成长隧道 6 座。总投资 68.36 亿元，资金来源：地方投入、银行贷款。占地 7510.62 亩。项目管理单位：宁德宁武高速公路有限责任公司；勘察设计单位：福建省交通规划设计院；监理单位：厦门市路桥咨询监理公司等；施工单位：中铁一局集团有限公司等。

福建武夷山支线。兴田互通至武夷山互通段于 2008 年 9 月开工建设，其中兴田互通至下坝互通于 2010 年 11 月建成通车，下坝互通至九曲互通于 2011 年 1 月建成通车，九曲互通至武夷山互通段于 2011 年 8 月建成通车；武夷山互通至项目终点于 2009 年 10 月开工建设，其中武夷山互通至武夷山北互通于 2012 年 9 月建成通车，武夷山北互通至项目终点于2012年12月建成通车。全长63.657km,其中兴田至武夷山互通段26.426km,双向六车道,设计速度100km/h;武夷山互通至项目终点约37.231km,双向四车道,设计速度80km/h。建成特大桥:新兴特大桥,共1座。建成大桥35座。建成特长隧道:路口隧道、分水关隧道,共2座。建成长隧道1座。宁武高速公路(南平段)全长203km,其中武夷山段63.657km,占地7299.084亩。总投资151.6299亿元,资金来源:企业投入、银行贷款。项目管理单位:南平宁武高速公路有限责任公司;勘察设计单位:中铁第四勘察设计院集团有限公司、西安公路研究院联合体;监理单位:福建省交通建设监理咨询有限公司等;施工单位:中铁十六局集团有限公司、福建建工集团总公司等。

福建南平段。2008年12月开工建设,2012年10月建成通车,全长196.33km,四车道169.2km,六车道27.13km,设计速度80km/h、100km/h。建成特长隧道:洞宫山隧道、南地洋隧道、仙岩隧道、山岗隧道、崇雒隧道、路口隧道、分水关隧道,共7座。建成长隧道9座。总投资151.63亿元。占地19466.43亩。项目管理单位:南平宁武高速公路有限责任公司;勘察设计单位:福建省交通规划设计院等;监理单位:福建省交通建设工程监理咨询公司等;施工单位:中铁十六局集团有限公司等。

江西武夷山(闽赣界)至上饶段。2009年7月开工建设,2011年11月建成通车,全长52.966km,全线四车道,设计速度80km/h、100km/h。建成大桥14座。建成特长隧道:分水关隧道(江西段),共1座。建成长隧道1座。总投资28.28亿元,资金来源:中央投入、地方投入、银行贷款。占地5103.159亩。项目管理单位:上饶至武夷山高速公路建设管理处;勘察设计单位:江西省交通设计院等;监理单位:江西交通咨询公司等;施工单位:江西省公路桥梁工程局等。

5. G1515(盐靖高速公路)盐城至靖江高速公路

江苏盐靖高速公路盐城北段。2005年11月开工建设,2008年8月建成通车,全长16.3km,全线四车道,设计速度120km/h。总投资7.3亿元,资金来源:地方投入、银行贷款。占地3359.03亩。项目管理单位:江苏省高速公路建设指挥部;勘察设计单位:江苏交通规划设计院有限公司;监理单位:江苏交通工程咨询监理有限公司、江苏盛华工程监理咨询有限公司等;施工单位:路桥集团第一公路工程局天津工程处、南京交通工程有限公司等。

江苏盐靖高速公路一期。1998年7月开工建设,2001年10月建成通车,全长86km,全线四车道,设计速度120km/h。总投资24.15亿元,资金来源:地方投入、银行贷款。占地16447.0亩。项目管理单位:盐靖高速公路建设指挥部;勘察设计单位:中交第二公路勘察设计研究院、江苏省交通规划设计院;监理单位:镇江润通交通工程咨询监理公司、江苏交通工程咨询监理总公司、盐城交通工程咨询监理公司等;施工单位:铁道部第十一工程局、中国江苏国际经济合作公司、盐城市交通工程处等。

江苏盐靖高速公路二期。1999 年 7 月开工建设,2002 年 9 月建成通车,全长 66.651km,全线四车道,设计速度 120km/h。总投资 24.15 亿元,资金来源:地方投入、银行贷款。占地 11897.0 亩。项目管理单位:江苏省高速公路建设指挥部;勘察设计单位:中交第二公路勘测设计研究院、北京泰克公路技术研究所、江苏省交通规划设计院等;监理单位:镇江润通交通工程监理咨询总公司、江苏交通工程咨询监理总公司等;施工单位:锡山市交通工程总公司、江苏省交通工程总公司、中港三航局等。

6. G1516(盐洛高速公路)盐城至洛阳高速公路

江苏大丰港区至盐城段。2011 年开工建设,2016 年 10 月建成通车,全长 36.632km,全线四车道,设计速度 120km/h。总投资 20.7138 亿元,资金来源:地方投入、企业投入、银行贷款。占地 5744.32 亩。项目管理单位:盐城市高速公路建设指挥部;勘察设计单位:江苏省交通规划设计院股份有限公司;监理单位:盐城市交通工程咨询监理有限责任公司、盐城市永成项目管理咨询有限公司、北京路桥通国际工程咨询有限公司;施工单位:江苏常鑫路桥工程有限公司、南通路桥工程有限公司、无锡路桥集团股份有限公司等。

江苏省淮安至盐城段。2002 年 8 月开工建设,2006 年 11 月建成通车,全长 104.01km,全线四车道,设计速度 120km/h。建成特大桥:通榆特大桥、盐城西枢纽特大桥、射阳湖特大桥、二桥村特大桥、西横河特大桥,共 5 座。建成大桥 51 座。总投资 44.98 亿元,资金来源:地方投入、银行贷款。占地 24747.44 亩。项目管理单位:江苏省高速公路建设指挥部;勘察设计单位:中交第一公路勘察设计研究院等;监理单位:北京路桥通工程监理咨询有限公司等;施工单位:中铁十三局集团有限公司等。

江苏马甸(淮安)至淮安西段。与 G2513(淮徐高速公路)共线。

江苏淮安西至宿城段。与 G2513(淮徐高速公路)共线。

江苏宿城至泗洪段。待建。

江苏泗洪至韩桥(苏皖界)段。在建。

安徽泗县段。2010 年 11 月开工建设,2012 年 11 月建成通车,全长 23.257km,全线四车道,设计速度 120km/h。建成大桥 4 座。总投资 10.72 亿元,资金来源:企业投入。占地 2011 亩。项目管理单位:安徽省交通投资集团有限公司;勘察设计单位:安徽省交通勘察设计院、安徽省交通规划设计研究院;监理单位:安徽中兴工程建设监理所等;施工单位:安徽公路桥梁工程公司、安徽省路港工程有限责任公司等。

安徽宿州段。2008 年 1 月开工建设,2010 年 12 月建成通车,全长 91.46km,全线四车道,设计速度 120km/h。建成特大桥 2 座。建成大桥 55 座。总投资 36.89 亿元,资金来源:企业投入。占地 8525 亩。项目管理单位:安徽省交通投资集团有限公司;勘察设计单位:安徽省公路勘测设计院;监理单位:安徽科兴交通建设工程监理有限公司、江苏交通工程咨询监理有限公司等;施工单位:安徽省路桥工程集团有限责任公司、东盟营造工程有限公司等。

安徽淮北段。2010年9月开工建设,2012年12月建成通车,全长51.101km,全线四车道,设计速度120km/h。建成大桥3座。总投资21.58亿元,资金来源:企业投入。占地4189亩。项目管理单位:安徽省交通投资集团有限公司;勘察设计单位:安徽省交通规划设计研究院;监理单位:安徽省中兴工程建设监理所、安徽省公路工程监理有限责任公司等;施工单位:新疆昆仑路港工程公司、安徽省路港工程有限责任公司等。

安徽亳州段。2009年4月开工建设,2011年12月建成通车,全长39.463km,全线四车道,设计速度120km/h。建成大桥2座。总投资17.38亿元,资金来源:交通运输部车购税投入、企业投入。占地7659亩。项目管理单位:安徽省交通投资集团有限责任公司;勘察设计单位:安徽省公路勘测设计研究院;监理单位:安徽省公路工程建设监理有限责任公司、安徽省高等级公路工程监理有限公司等;施工单位:安徽省公路桥梁工程公司、安徽省交通建设有限责任公司等。

河南永城段。2005年9月开工建设,2011年12月建成通车,全长45.936km,全线四车道,设计速度120km/h。建成大桥4座。总投资15.2057亿元,资金来源:企业投入、银行贷款。占地4159.17亩。项目管理单位:河南中原高速公路股份有限公司商丘分公司;勘察设计单位:江苏伟信工程咨询有限公司;监理单位:西安华兴工程监理咨询有限公司;施工单位:中铁十四局集团有限公司、中铁八局集团有限公司等。

河南周口段。2005年3月开工建设,2007年12月建成通车,全长117.659km,全线四车道,设计速度120km/h。建成大桥14座。总投资39.55亿元,资金来源:企业投入、银行贷款。占地11542.6亩。项目管理单位:山东高速集团河南许亳公路有限公司;勘察设计单位:河南省交通规划勘察设计院;监理单位:黑龙江公路工程监理咨询公司、江苏省东南交通工程咨询监理有限公司、重庆中宇工程咨询监理有限责任公司;施工单位:温州交通建设集团有限公司、道隧集团工程有限公司、中国新兴建设开发总公司等。

河南许昌段。2005年6月开工建设,2007年10月建成通车,全长27.83km,全线四车道,设计速度120km/h。建成大桥3座。总投资9.47亿元,资金来源:企业投入、银行贷款。占地2745亩。项目管理单位:河南许昌至登封高速公路有限公司;勘察设计单位:上海市政工程设计研究院中原分院;监理单位:河南豫通公路工程监理事务所;施工单位:中铁十五局六公司、许昌广莅公路工程建设有限责任公司、中铁二局股份有限公司、开封市通达公路工程有限公司等。

河南许昌东互通至许昌孙刘赵互通(原属兰南高速公路尉氏至许昌段项目一部分)。2003年11月开工建设,2005年11月建成通车,全长14.004km,全线四车道,设计速度120km/h。总投资4.113亿元,资金来源:企业投入、银行贷款。占地1407.8亩。项目管理单位:河南瑞贝卡实业有限公司;勘察设计单位:上海市政工程设计研究院;监理单位:

河南豫通公路工程监理事务所;施工单位:中铁二十局集团第三工程有限公司、中铁十一局集团第二工程有限公司等。

河南许昌孙刘赵互通至盐洛/许广互通(原属兰南高速公路许平南段项目一部分)。2002 年 7 月开工建设,2004 年 12 月建成通车,全长 13.601km,全线四车道,设计速度 120km/h。建成大桥 7 座。总投资约 3.2 亿元,资金来源:企业投入、银行贷款。占地 1520.2 亩。项目管理单位:河南省许平南高速公路有限责任公司;勘察设计单位:河南省交通规划勘察设计院;监理单位:天津新亚太工程建设监理有限公司;施工单位:中铁十五局集团第二工程有限公司、郑州铁路建设集团有限公司、中铁第二十工程局第一工程处、路桥集团第一公路工程局等。

河南许昌至禹州段。2005 年 4 月开工建设,2007 年 12 月建成通车,全长 39.07km,全线四车道,设计速度 120km/h。建成大桥 5 座。总投资 13.01 亿元,资金来源:企业投入、银行贷款。占地 4742.745 亩。项目管理单位:山东高速集团河南许禹公路有限公司;勘察设计单位:上海市市政工程设计研究总院;监理单位:西安方舟工程咨询有限公司;施工单位:岳阳市公路桥梁基建总公司、山西远方路桥(集团)有限责任公司、中国地质工程集团公司、中铁十一局第四工程有限公司等。

河南禹州至登封段。2005 年 6 月开工建设,2007 年 10 月建成通车,全长 48.38km,全线四车道,设计速度 120km/h。建成大桥 10 座。总投资 21.78 亿元,资金来源:企业投入、银行贷款。占地 6095.622 亩。项目管理单位:河南禹州至登封高速公路有限公司;勘察设计单位:河南省交通规划设计研究院股份有限公司;监理单位:黑龙江省公路工程监理咨询公司;施工单位:中国新兴建设开发总公司、路桥集团第一公路工程局第五工程公司、中铁二十局集团有限公司等。

河南登封程堂西侧至登封韩村段(原属郑州至少林寺高速公路项目一部分)。2001 年 9 月开工建设,2003 年 12 月建成通车,全长 3.179km,全线四车道,设计速度 100km/h。总投资 1.3625 亿元,资金来源:地方投入、企业投入、银行贷款。占地 357.21 亩。项目管理单位:郑州通达公路开发有限公司;勘察设计单位:铁道部第一勘察设计院;监理单位:北京港通公路工程监理有限责任公司、北京华通公路桥梁监理咨询公司;施工单位:中国航空港建设总公司。

河南少林寺至洛阳段。2003 年 3 月开工建设,2005 年 8 月建成通车,全长58.229km,全线四车道,设计速度 100km/h。建成大桥 24 座。总投资 18.08 亿元,资金来源:地方投入、企业投入、银行贷款。占地 6735.864 亩。项目管理单位:河南省少林寺至洛阳高速公路有限责任公司;勘察设计单位:中交第一公路勘察设计研究院、西安立德公路工程咨询有限公司、核工业第五研究设计院、厦门市路桥景观艺术公司;监理单位:湖南金路工程咨询监理有限公司、北京泰克华诚技术信息咨询有限公司、河南华冠工程咨询有限公司;施工单位:郑州市公路工程公司、许昌公路工程建设总公司、中铁十九局集团有限公司等。

7. G1517(莆炎高速公路)莆田至炎陵高速公路

湖南炎陵高速公路。2010年5月开工建设,2012年12月建成通车,全长12.545km,全线四车道,设计速度80km/h。建成大桥5座。建成长隧道1座。总投资10.36亿元,资金来源:交通运输部车购税投入、地方投入、企业投入、银行贷款。占地984.73亩。项目管理单位:湖南省衡炎高速公路开发有限公司炎陵炎睦项目部;勘察设计单位:湖南省交通规划勘察设计院等;监理单位:北京华路捷公路工程技术咨询有限公司等;施工单位:衡阳公路桥梁建设有限公司等。

湖南炎睦高速公路。2009年5月开工建设,2012年12月建成通车,全长18.12km,全线四车道,设计速度80km/h。建成大桥11座。总投资15.12亿元,资金来源:地方投入、银行贷款。占地2767.46亩。项目管理单位:湖南省衡炎高速公路建设开发有限公司炎陵炎睦项目部;勘察设计单位:湖南省交通规划勘察设计院等;监理单位:湖南金路工程咨询监理有限公司、北京泰克华诚技术信息咨询有限公司、河南华冠工程咨询有限公司;施工单位:湖南省公路机械工程有限公司等。

福建莆田埭头至涵江萩芦段。2013年11月开工建设,2015年12月建成通车,全长52.058km,扣除与G15(沈海高速公路)共线13.377km,新建里程38.681km,全线六车道,设计速度110km/h。建成特大桥:黄石高架桥、江口高架桥,共2座。建成大桥23座。建成长隧道3座。总投资43.41亿元,资金来源:地方投入、企业投入、银行贷款。占地3795亩。项目管理单位:莆田湄渝高速公路有限责任公司;勘察设计单位:福建省交通规划设计院;监理单位:福建省交通建设工程监理咨询公司等;施工单位:中铁隧道集团三处有限公司、浙江省交通工程建设集团有限公司等。

福建莆田萩芦至仙游五星段。2013年5月开工建设,2015年12月建成通车,全线六车道,全长41.3km,扣除与G15(沈海高速公路)共线1.281km,新建里程40.019km,设计速度110km/h。建成大桥10座。建成特长隧道:岐山隧道,共1座。建成长隧道3座。总投资47.59亿元,资金来源:中央投入、地方投入、银行贷款。占地4704亩。项目管理单位:莆田湄渝高速公路有限责任公司;勘察设计单位:福建省交通规划设计院;监理单位:福建路信监理交通建设监理有限公司、江苏东南交通工程咨询监理有限公司等;施工单位:中铁十二局集团有限公司等。

福建三明莘口至明溪城关段。2013年6月开工建设,2015年11月建成通车,全长27.53km,全线四车道,设计速度100km/h。建成大桥27座。建成特长隧道:永溪隧道、沙溪隧道,共2座。总投资27.24亿元,资金来源:地方投入、银行贷款。占地3782亩。项目管理单位:三明湄渝高速公路有限责任公司;勘察设计单位:中铁二院工程集团有限责任公司;监理单位:安徽省高等级公路工程监理有限公司、北京兴通交通工程监理有限责任公司;施工单位:中交第一公路工程局有限公司、中铁十一局集团第四工程有限公司、中铁隧道集团有限公司、中交第二公路工程局有限公司、福建路桥建设有限公司、福建新大陆电脑股份有限公司。

江西船顶隘(赣闽界)至广昌段。2014 年 12 月开工建设,2017 年 1 月 4 日建成通车,全长 21.6km,全线四车道,设计速度 80km/h。建成特大桥:饶家段高架桥,共 1 座。建成大桥 10 座。建成特长隧道:船顶隘隧道,共 1 座。建成长隧道 1 座。总投资 21.89 亿元,资金来源:地方投入、银行贷款。占地 2167.55 亩。项目管理单位:江西省高速公路投资集团有限责任公司船顶隘至广昌高速公路项目建设办公室;勘察设计单位:江西省交通设计研究院有限公司;监理单位:江西交通咨询公司;施工单位:中铁十八局集团第三工程有限公司、江西有色建设集团有限公司等。

江西泰和至井冈山段。2003 年 10 月开工建设,2005 年 3 月 31 日建成通车,全长 59.078km,全线四车道,设计速度 80km/h。建成大桥 28 座。建成长隧道 1 座。总投资 24.86 亿元,资金来源:地方投入、企业投入。占地 8644.905 亩。项目管理单位:江西省交通运输厅泰和至井冈山高速公路建设项目办公室;勘察设计单位:江西省交通设计院有限公司;监理单位:江西交通工程监理公司;施工单位:中铁十九局第三工程有限公司、湖南省醴浏铁路交通工程有限公司、北京市高速公路交通工程公司等。

江西井冈山至睦村段。2011 年 1 月 21 日开工建设,2013 年 10 月 28 日建成通车,全长 43.574km,全线四车道,设计速度 80km/h。建成特大桥:大塘源铁路跨线桥,共 1 座。建成大桥 22 座。建成特长隧道:井冈山隧道,共 1 座。总投资 32.76 亿元,资金来源:众筹。占地 4645.35 亩。项目管理单位:江西省高速公路集团有限公司井冈山夏坪至睦村高速公路项目建设办公室;勘察设计单位:江西省交通设计院有限公司;监理单位:江西交通工程监理公司;施工单位:江西省交通工程集团公司、江西省公路机械工程局等。

8. G15W(常台高速公路)常熟至台州高速公路

江苏苏嘉杭高速公路(常熟至苏州段)。2000 年开工建设,2003 年建成通车,全长 45.71km,全线四车道,设计速度 120km/h。建成特大桥:张家港特大桥,共 1 座。建成大桥 11 座。总投资 16.00 亿元,资金来源:地方投入、银行贷款。占地 8517.0 亩。项目管理单位:苏州市苏嘉杭高速公路建设指挥部;勘察设计单位:交通部第二公路勘察设计院;监理单位:上海同济公路工程监理咨询公司;施工单位:中港三航局等。

浙江省上三高速公路。1994 年开工建设,2000 年 12 月建成通车,全长 141.39km,全线四车道,设计速度 60km/h、100km/h。建成大桥 45 座。建成长隧道 3 座。总投资 39.87

亿元,资金来源:中央投入、地方投入。占地13640.54亩。项目管理单位:上三公路建设指挥部;勘察设计单位:浙江省工程勘察院等;监理单位:浙江公路水运工程咨询公司等;施工单位:上虞市交通工程实业总公司等。

浙江乍嘉苏高速公路。1999年开工建设,2002年建成通车,全长25.0km,四车道22.0km,六车道3.0km,设计速度120km/h。建成大桥20座。总投资11.82亿元,资金来源:地方投入、银行贷款。占地6998.65亩。项目管理单位:嘉兴市乍嘉苏高速公路有限责任公司等;勘察设计单位:浙江省交通规划设计研究院;监理单位:浙江中天建设集团有限公司等;施工单位:铁道部第二十工程局苏州工程指挥部等。

浙江嘉绍高速公路。2009年开工建设,2013年建成通车,全长69.42km,全线八车道及以上,设计速度120km/h。建成特大桥:沽渚枢纽主线1号桥、曹娥江特大桥、东西区连接线分离桥、滨海新城高架桥、嘉绍大桥、尖山高架桥(二)、尖山高架桥(一)、海宁枢纽2号桥、长山河特大桥,共9座。建成大桥38座。总投资150.8亿元,资金来源:中央投入、地方投入、银行贷款。占地8530.0亩。项目管理单位:浙江嘉绍跨江大桥投资发展有限公司等;勘察设计单位:中交公路规划设计院有限公司等;监理单位:浙江公路水运工程监理有限公司等;施工单位:中铁大桥局股份有限公司等。

9. G15W2(常嘉高速公路)常熟至嘉善高速公路

江苏苏昆太高速公路D线。2003年5月开工建设,2005年11月建成通车,全长27.3km,全线六车道,设计速度100km/h。总投资19.511亿元,资金来源:地方投入、银行贷款。占地3970.021亩。项目管理单位:苏州市高速公路建设指挥部;勘察设计单位:江苏省交通规划设计院有限公司;设计咨询单位:江苏省交通规划设计院有限公司等;监理单位:苏州路达工程监理咨询有限公司等;施工单位:苏州交通工程集团有限公司等。

江苏苏州绕城董浜枢纽至石牌枢纽段。2007年3月开工建设,2009年9月建成通车,全长20.281km,全线六车道,设计速度120km/h。总投资17.13亿元,资金来源:地方投入、银行贷款。占地2346.39亩。项目管理单位:江苏省常嘉高速公路建设指挥部;勘察设计单位:江苏省交通规划设计院有限公司;监理单位:北京华通交通工程咨询监理有限公司;施工单位:中交二公局第三工程有限公司、苏州交通工程集团有限公司、常州交通工程有限公司。

江苏甪直至芦墟(苏浙界)段。待建。

浙江境内报部1.018km为预留枢纽区,计入G15(沈海高速公路)。

10. G15W3(甬莞高速公路)宁波至东莞高速公路

浙江沿海高速公路宁波段。2008年12月开工建设,2012年12月建成通车,全长

46.91km,全线四车道,设计速度100km/h。建成特大桥:云龙公铁立交桥、栎斜大桥、大嵩江特大桥、大碧浦公公分离式立交、象山港公路大桥、白墩港特大桥、戴港特大桥,共7座。建成大桥37座。建成长隧道3座。总投资68.87亿元,资金来源:交通运输部车购税投入、地方投入、企业投入、银行贷款。占地3811亩。项目管理单位:宁波市高等级公路建设指挥部;勘察设计单位:中交公路规划设计院、辽宁省交通勘测设计院;监理单位:武汉桥梁建筑工程监理有限公司等;施工单位:浙江省交通工程建设集团有限公司等。

福建宁德柘荣至福安段。2012年12月开工建设,其中K74+926~K84+236段9.31km于2015年8月建成通车;K43+060~K74+926段31.866km于2015年9月建成通车;K31+380~K43+060段共11.68km于2016年7月建成通车。全长52.858km,全线四车道,设计速度80km/h。建成特大桥:交溪特大桥,共1座。建成大桥21座。建成特长隧道:赐敢岩隧道、铜岩隧道,共2座。建成长隧道4座。总投资43.65亿元,资金来源:地方投入、银行贷款。占地6659.37亩。项目管理单位:宁德沈海复线高速公路有限责任公司;勘察设计单位:福建省交通规划设计院;监理单位:合诚工程咨询股份有限公司等;施工单位:中铁十四局集团第三工程有限公司等。

福建宁德漳湾至连江浦口宁德段。2011年7月1日开工建设,2015年12月宁德飞鸾互通至油车岭隧道段建成通车,2016年11月漳湾至飞鸾互通段建成通车,全长24.536km,全线六车道,设计速度100km/h。建成特大桥:王坑特大桥、滨海特大桥,共2座。建成大桥12座。建成特长隧道:油车岭隧道,共1座。建成长隧道1座。总投资34.0957亿元,资金来源:交通运输部车购税投入、银行贷款。占地2546亩。项目管理单位:宁德沈海复线宁连高速公路有限公司;勘察设计单位:福建省交通规划设计院;监理单位:武汉大通公路桥梁工程咨询监理有限公司、北京华路捷公路工程咨询有限公司;施工单位:中铁航空港集团第一工程有限公司、中交第二航务工程局有限公司、中铁十六局一公司、中铁六局集团有限公司、中交第一公路工程局有限公司、北京公科飞达交通工程发展有限公司。

福建宁德漳湾至连江浦口福州段。2012年4月开工建设,2015年12月建成通车,全长25.01km,全线六车道,设计速度100km/h。建成特大桥:罗源湾特大桥、拱头特大桥、北山特大桥,共3座。建成大桥4座。建成特长隧道:油车岭隧道,共1座。建成长隧道2座。总投资35.11亿元,资金来源:工程资金来源为中央补助,省、市自筹,其余为银行贷款。占地1944.0735亩。项目管理单位:福州沈海复线高速公路有限公司;勘察设计单位:福建交通规划设计院;监理单位:福建路信交通建设监理有限公司等;施工单位:中铁二十局集团第一工程有限公司等。

福建福永高速公路。2009年9月开工建设,2013年12月建成通车,全长66.319km,全线六车道,设计速度100km/h。建成特大桥:南屿特大桥、窗厦特大桥、南屿互通主线桥、旗山互通主线桥,共4座。建成大桥27座。建成特长隧道:门前山隧道,共1座。建成长隧道7座。总投资73.59亿元,资金来源:地方投入、银行贷款。占地6612.28亩。项目管理单位:福州福永高速公路有限责任公司;勘察设计单位:福建省交通规划设计院;监理单位:厦门中平监理咨询有限责任公司等;施工单位:中交第三公路工程局有限公司、中交第四航务工程局有限公司等。

福建仙游至南安金淘高速公路莆田段。2011年5月开工建设,2013年12月建成通车,全长50.33km,四车道11.39km,六车道37.57km,八车道以上1.37km,设计速度80km/h、100km/h。总投资50.12亿元,资金来源:交通运输部车购税投入、地方投入、银行贷款。占地5368.48亩。项目管理单位:莆田沈海复线高速公路有限责任公司;勘察设计单位:福建省交通规划设计院、中国公路工程咨询集团有限公司;监理单位:福建省交通建设工程监理咨询公司、山东格瑞特监理咨询有限公司、北京兴通工程咨询有限公司;施工单位:中交第三航务工程局有限公司、中铁九局集团有限公司等。

福建仙游至南安金淘高速公路泉州段。2009年9月开工建设,2012年12月建成通车,全长38km,全线六车道,设计速度100km/h。建成大桥30座。建成特长隧道:石鼓山隧道,1座。建成长隧道3座。总投资49.82亿元,资金来源:交通运输部车购税投入、地方投入、企业投入、银行贷款。占地6525.065亩。项目管理单位:泉州市金安高速公路有限公司;勘察设计单位:中国公路工程咨询集团有限公司、福建省交通规划设计院;监理单位:厦门中平工程监理咨询有限公司、厦门港湾咨询监理有限公司;施工单位:中交第三航务工程局有限公司、中铁十九局集团第三工程有限公司等。

福建福诏高速公路(金淘高速公路)。2012年6月开工,2014年12月建成通车,全长35.34km,全线六车道,设计速度100km/h。建成特长隧道:白石格隧道,共1座。总投资31.77亿元,资金来源:地方投入、银行贷款。占地4301亩。项目管理单位:泉州沈海复线高速公路有限公司;勘察设计单位:福建省交通规划设计院;监理单位:江苏交通工程咨询监理有限公司、福建省交通建设工程监理咨询公司等;施工单位:中交第三公路工程局有限公司、中铁十五局集团第二工程有限公司等。

福建省沈海高速公路复线(罗溪连接线)。2010年4月开工建设,2015年6月建成通车,全长10.47km,全线四车道,设计速度80km/h、100km/h。建成大桥14座。建成特长隧道:莲花隧道,共1座。总投资10.20亿元,资金来源:地方投入。占地621.22亩。项目管理单位:厦门百城金安高速公路有限公司;勘察设计单位:中交公路规划设计院有限公司;监理单位:厦门中平工程监理咨询有限公司;施工单位:中铁十七局集团有限公司等。

福建长泰美宫至陈巷段。2010年3月开工建设,2014年9月建成通车,全长25.08km,四车道16.22km,六车道8.86km,设计速度100km/h。总投资19.64亿元,资金

来源:地方投入、银行贷款。占地2674.0亩。项目管理单位:漳州厦成高速公路有限责任公司;勘察设计单位:中交第二公路勘察设计研究院有限公司、中交公路规划设计院有限公司;监理单位:东北林业大学工程咨询设计研究院有限公司、北京泰克华诚技术信息咨询有限公司;施工单位:中铁十三局集团有限公司、中铁十七局集团有限公司等。

福建天宝至诏安段。2011年4月开工建设,2013年12月建成通车,全长107.1km,四车道95.76km,六车道11.33km,设计速度100km/h。总投资71.6亿元,资金来源:地方投入、银行贷款。占地10799.0亩。项目管理单位:漳州沈海复线高速公路有限公司;勘察设计单位:福建省交通规划设计院、中国公路工程咨询集团有限公司、中交第二公路勘察设计研究院有限公司;监理单位:厦门中平工程监理咨询有限公司、合诚工程咨询股份有限公司、西安华兴公路工程咨询监理有限公司、北京泰克华诚技术信息咨询有限公司;施工单位:中铁一局集团有限公司、中铁电气化局集团西安铁路工程有限公司等。

广东潮州古巷至大岭段。一期于2011年12月开工建设,2015年12月建成通车;二期于2013年8月开工建设,2016年12月建成通车。全长246.7km,四车道8.4km,六车道238.3km,设计速度100km/h、120km/h。总投资303.42亿元,资金来源:地方投入、企业投入、银行贷款。占地2033.15亩。项目管理单位:广东潮惠高速公路有限公司;勘察设计单位:中交公路规划设计研究院有限公司;监理单位:广东华路交通科技有限公司等;施工单位:中铁十一局集团有限公司等。

广东大岭至东莞交界段。2006年开工建设,2009年建成通车,全长49.085km,全线六车道,设计速度120km/h。建成特大桥:榕江特大桥,共1座。建成大桥34座。建成长隧道1座。总投资33.33亿元,资金来源:企业投入。占地5410亩。项目管理单位:惠莞高速公路惠州公司;勘察设计单位:中国公路工程咨询集团有限公司;监理单位:汕头市公路工程监理有限公司;施工单位:山东鲁中建设有限公司、中铁十一局集团第四工程有限公司。

广东东莞交界至常平段。2007年3月开工建设,2009年9月建成通车,全长14.916km,全线六车道,设计速度120km/h。建成大桥11座。建成长隧道1座。总投资12.5亿元,资金来源:企业投入。占地1690亩。项目管理单位:东莞市路桥投资建设有限公司;勘察设计单位:四川省交通厅公路规划勘察设计研究院;监理单位:重庆中宇工程咨询监理有限责任公司;施工单位:广东长宏公路工程有限公司、上海公路桥梁工程公司。

广东常平至莞深立交段。2003年1月开工建设,2005年9月建成通车,全长16.569km,全线六车道,设计速度100km/h。建成大桥6座。总投资6.43亿元,资金来源:企业投入、银行贷款。占地2361.06亩。项目管理单位:广东省路桥建设发展有限公司天汕分公司;勘察设计单位:中交公路规划设计院、重庆交通科研设计院;监理单位:广州诚信公路工程监理咨询有限公司、湖南交通建设工程监理有限公司;施工单位:广东冠粤路桥有限公司、广东省航盛工程有限公司等。

11. G1501 上海绕城高速公路

上海绕城高速公路。1999年11月开工建设,2009年10月建成通车,全长209.22km,四车道121.48km,六车道70.03km,八车道17.71km,设计速度80km/h、100km/h。建成特大桥:同济路高架桥、沪嘉立交、安亭立交、沪青平立交、天马立交、大港立交、大港—新农段、大治河桥、沪崇苏立交,共9座。建成大桥58座。建成长隧道1座。总投资139.02亿元,资金来源:企业投入。占地16811.74亩。项目管理单位:东环段为上海市浦东工程建设管理有限公司(代建),东南环段为上海市黄浦江大桥建设有限公司,南环段为上海南环高速公路建设发展有限公司,同三段为上海同三高速公路有限公司,北环段为上海北环高速公路建设发展有限公司;勘察设计单位:上海市政工程设计研究院、同济大学建筑设计研究院、上海市城市建设设计研究院等;监理单位:上海市市政工程管理咨询有限公司、上海公路工程监理有限公司、上海同济公路工程监理咨询有限公司等;施工单位:上海远东国际桥梁建设有限公司、上海市第一市政工程公司、上海城建(集团)公司、上海市第二市政工程公司等。外环隧道工程项目管理单位:上海黄浦江大桥建设有限公司;勘察设计单位:上海市隧道工程轨道交通设计研究院;监理单位:地铁监理公司、合流污水监理公司等;施工单位:上海隧道工程股份有限公司。

12. G1501 福州绕城高速公路

福州绕城高速公路白龙至西岭段。2008年3月开工建设,2012年2月建成通车,全长12.988km,全线六车道,设计速度100km/h。建成特大桥:闽江特大桥、荆溪特大桥、荆溪高架桥,共3座。建成大桥3座。总投资28.32亿元,资金来源:交通运输部车购税投入、地方投入、银行贷款。占地1328亩。项目管理单位:福州绕城高速公路有限责任公司;勘察设计单位:福建省交通规划设计院;监理单位:厦门港湾咨询监理有限公司;施工单位:中交路桥北方工程有限公司、吉林省亨通公路建设集团有限责任公司、中交第三航务工程局有限公司、中交路桥北方工程有限公司、福建路桥建设集团。

福州绕城高速公路西岭至洋门段。2007年8月开工建设,2010年9月建成通车,全长38.56km,四车道36.34km,六车道2.22km,设计速度80km/h。建成特大桥:古城一号特大桥、古城二号特大桥,共2座。建成大桥17座。建成特长隧道:贵新隧道,共1座。建成长隧道2座。总投资38.29亿元,资金来源:交通运输部车购税投入、地方投入、银行贷款。占地4017亩。项目管理单位:福州绕城高速公路有限责任公司;勘察设计单位:福建省交通规划设计院;监理单位:福建路信交通建设监理有限公司、福建省交通建设工程监理咨询公司;施工单位:天津第一市政公路工程有限公司、中铁二十三局集团第一工程有限公司等。

福州绕城公路东南段。2014 年 1 月开工建设,2015 年 12 月部分建成通车,全长 91.656km,四车道 11.56km,六车道 80.1km,已通车段里程 20.004km,设计速度 100km/h。建成特大桥:洋门互通主线桥、浦口互通主线桥,共 2 座。建成大桥 5 座。建成长隧道 1 座。总投资 138 亿元,资金来源:中央投入、地方投入、银行贷款。占地 9299 亩。项目管理单位:福州东南绕城高速公路有限公司;勘察设计单位:福建省交通规划设计院、中国公路工程咨询集团有限公司;监理单位:浙江公路水运工程监理有限公司、东北林业大学工程咨询设计研究院有限公司、福建路信交通建设监理有限公司、合诚工程咨询集团股份有限公司;施工单位:中铁十七局集团第六工程有限公司等。

13. G1501 宁波绕城高速公路

浙江宁波绕城高速公路。2004 年 1 月开工建设,2011 年 12 月建成通车,全长 85.11km,六车道 46km,八车道 39.11km,设计速度 120km/h。建成特大桥:好思房主线桥 M1、丁家山主线桥、五乡高架桥、五乡主线桥、鄞县大道高架桥、东钱湖主线桥、东钱湖高架桥、下应高架桥、云龙主线桥、姜山北主线桥、主线 1 号桥、明州高架桥、北渡奉化江大桥、高桥分离式等,共 26 座。建成大桥 20 座。总投资 156.92 亿元,资金来源:交通运输部车购税投入、地方投入。占地 11134.0 亩。项目管理单位:宁波市绕城高速公路东段建设指挥部;勘察设计单位:中国公路工程咨询集团有限公司等;监理单位:宁波交通工程咨询监理有限公司等;施工单位;中铁十三局集团有限公司等。

14. G1501 沈阳绕城高速公路

辽宁沈阳过境绕城高速公路。1991 年开工建设,1995 年建成通车,全长 81.88km,全线四车道,设计速度 120km/h。总投资 13.8 亿元,资金来源:中央投入、地方投入、银行贷款。占地 8985 亩。项目管理单位:辽宁省高等级公路建设局;勘察设计单位:辽宁省交通勘察设计院;监理单位:沈阳市勘察设计院监理办公室、辽宁省第一交通工程监理事务所;施工单位:辽宁省交通工程公司、沈阳高等级公路建设总公司等。

15. G1501 广州绕城高速公路

广东茅山至火村段。与 G15(沈海高速公路)共线。

广东火村至东涌段。与 G4W(广澳高速公路)共线。

广东东涌至九江段。2007 年 11 月 28 日开工建设,2010 年 12 月 31 日建成通车,全长 49.317km,全线六车道,设计速度 100km/h。建成特大桥:骝岗涌特大桥、鱼窝头立交主线跨线桥、西樵水道特大桥、浅海涌特大桥、张松主线桥、李家沙特大桥主桥、顺德东立交主线桥、顺德高架Ⅰ、顺德高架Ⅱ、顺德高架Ⅲ、大晚跨线桥、顺德支流特大桥、甘竹溪特大桥、东华路跨线桥、东涌 CK0 + 986 匝道桥、东涌 GK0 + 824 匝道桥、张松 BK1 + 083 匝道桥,共 17 座。建成大桥 60 座。总投资 75.46 亿元,资金来源:地方投入、银行贷款。占地

6600.53亩。项目管理单位:广东省公路建设有限公司南环段分公司;勘察设计单位:广东省公路勘察规划设计院有限公司、北京交科公路勘察设计研究院有限公司;监理单位:广东华路交通科技有限公司、广东翔飞监理工程公司;施工单位:广东省长大公路工程有限公司、广东省冠粤路桥有限公司等。[与G9411(莞佛高速公路)共线。]

广东九江至小塘段。与G15(沈海高速公路)共线。

广东小塘至茅山段。与G15(沈海高速公路)共线。

五、先进技术的研究与应用

1.高等级公路施工技术规程(辽宁)

1994年,依托沈大高速公路建设项目,出版了《高等级公路施工技术规程》,填补了当时我国在高等级公路建设技术规范的空白。《高等级公路施工技术规程》共包含路基工程、路面工程、桥涵工程、交通工程共4篇39章182节,内容包含总则、材料要求、施工工序要求、质量标准等部分,是当时我国第一部关于高等级公路施工指导的著作。这部著作是沈大高速公路成功技术经验与智慧的完美结晶,同时也标志着我国高速公路建设技术发展迈上新台阶。

2.沈大高速公路改扩建工程路基加宽技术的研究(辽宁)

该项目明确了新加宽路基工后沉降量控制标准;提出软土路基段的处置方案、施工工艺;提出路基加宽技术室内、外试验报告;提出了路基加宽的设计施工技术指南,为工程设计与施工提供了有力的指导。

3.沈大高速公路改扩建工程路基压实质量过程控制技术的研究(辽宁)

该研究通过对不同路基填料压实特性、力学特性的分析,提出了不同材料压实工艺、压实度、含水率和强度间的关系,并根据不同填料的实际特性需求,提出了适宜的压路机选型参数、碾压层数、遍数、速度、工序组织等管理对策。同时组织研发了现场CPMC连续压实过程监测与控制分析系统,并建立了系统采集数据与实测数据间的对应关系与评价标准,提出了路基压实质量控制技术应用指南等成果,有效指导了工程建设。

4.韩家岭隧道可靠性研究(辽宁)

主要内容:①首次对四车道大跨度隧道开展了模型模拟试验,模拟了实际施工工序,验证了工艺的可行性,为实际开挖施工工艺确定积累了宝贵经验;②成功模拟了隧道开挖掌子面前方岩体内部发生的先期位移和开挖瞬间释放的弹性位移和空间变形效应,真实反映了隧道开挖的三维空间变化;③首次实现了对大跨度隧道稳定性的检测评估;④进一步完善了时间序列分析方法,提出了相应理论和建模方法,提出了信息加权分析算法,编制开发了时序分析软件;⑤建立了四车道跨度公路隧道开挖围岩位移预测和稳定性预报模型与分析方法，并自行开发了计算程序，根据实际实测数据进行了位移预测和稳定性预报；⑥根据隧道岩体分级标准要求考虑分级指标，建立了公路隧道岩体分级神经网络方法并对工程进行了围岩分析。通过研究与多项成果在工程实践中的实际应用，填补了当时国内在大跨度隧道稳定性监测与评估方法研究领域的空白，并有效保障了工程建设的顺利实施。

5. 沈大高速公路改扩建工程路面加铺技术的研究（辽宁）

该研究对外省高速公路和一级公路改造工程进行了调研；调查了沈大高速公路的实际路面情况；研究了加筋材料在沈大高速公路改扩建工程中的实际应用；提出了新的路面加铺设计方法，为国内道路改扩建工程积累了宝贵的经验。项目研究目标：提出沈大高速公路旧路面加铺层设计方法及相应的工程技术方案；提出延缓反射裂缝，减少纵向裂缝及旧路综合利用的技术措施；提交室内试验报告及试验路总结报告；提出玻璃纤维格栅的比选及全线应用技术方案；提出路用性能指标：①竣工验收时，路面摩擦系数≥55；②加铺半刚性基层的沥青路面竣工时，路表弯沉值≤0.23mm；③在单车道累计轴载作用次数小于设计值的条件下，三年内沥青路面的车辙深度小于0.8cm；④避免路面水损害早期破坏现象的发生；⑤编写改扩建工程路面设计与施工技术指南。主要研究内容如下。

（1）路面的利用：建立路面结构承载力评价方法。

（2）反射裂缝的防治措施：①玻璃纤维格栅的应用；②采用沥青碎石或大粒径沥青碎石混合料防止反射裂缝。

（3）减少新旧沥青路面结构层接合部纵向裂缝的处治措施，采用玻璃纤维格栅减少结合部的纵向裂缝。

（4）研究确定加宽部分的路面结构。

（5）根据原路面的具体情况灵活地采用多种加铺方案。

（6）采用加速加载设备对试验路进行验证。

6. 单线双洞长隧道的建设技术研究（福建）

该项目以福建福泉高速公路相思岭单线双洞连横隧道为依托工程，开展了单线双洞隧道的设计、施工、现场监测、监测预报预测模型，以及信息化隧道施工的数据管理系统的研究。项目的研究成果不仅可以在福建省内推广应用，同时可以在国内其他省份推广应用。主要研究成果：

（1）由于国内目前还没有单线双洞连横奉隧道施工工法的系统研究，该项目研究总结出的施工工法，尤其是根据连拱施工中受到多次扰动与受力体系转换的特点，提出的分岩类采用不同开挖顺序，爆破秩序、中墙的临时支撑与防护方法，以及隧道防渗措施等施工方法和手段，对其他连拱隧道施工具有十分重要的指导作用。

(2)项目结合工程施工,完成了系统、完整的监测与数据采集分析工作,监测所得到的围岩变形与稳定规律,很好地贯彻新奥法的施工意图,所得结果可以在该种结构形式隧道的设计参数选择等生产应用中得到应用,即可以保证设计隧道的安全,又可以节约造价。

(3)项目建立了隧道施工围岩受施工方式影响而产生的不同变形的预报预测模型,并依此开发了隧道施工现场监测的计算机管理系统,该系统经过进一步的完善,可加以推广应用,可以提高我国隧道施工的信息化程度。

(4)鉴于目前在单线双洞连横隧道建设方面所取得的工程经验还十分有限,诸如不良地层和洞口破碎岩体地层隧道开挖与支护、连拱拱脚处围岩爆破震动坍塌与回填密实、中隔墙受力机理和优化设计等问题尚未得到令人满意的解决方法,相思岭隧道获得成功的技术措施,研究成果得到规范化的推广应用,同时还需结合其他工程进一步优化和完善。

7.强潮海域跨海大桥建设关键技术(浙江)

杭州湾跨海大桥建设之初可借鉴的工程经验少,不可预见因素多,海上施工装备缺乏。针对复杂的建设条件,开展技术攻关,形成以下自主创新成果:①提出了“工厂化、大型化和机械化”“施工方案决定设计方案”和“结构设计使用寿命大于100年”等设计创新理念;②提出了箱梁整体预制和梁上运架方案,解决了重型梁运架的技术难题;③提出了箱梁整体预制和海上运架方案,解决了大型混凝土箱梁早期开裂和复杂水文气象条件下海上桥梁运架的难题;④形成了海洋环境下混凝土结构耐久性成套技术,基本解决了桥梁结构寿命超百年的技术难题;⑤首次采用螺旋焊缝钢管桩作为跨海大桥基础,形成了大直径超长钢管桩设计和施工成套技术,解决了整桩制造、防腐和沉桩施工的技术难题;⑥提出了行车安全控制标准,国内首次在桥上布设风障,使安全运营风速由8级提升到11级;⑦通过强潮海湾河工模型与往复流桥墩局部冲刷研究,建立了往复流桥墩局部冲刷计算公式,填补了桥梁规范的空白。项目成果的应用,保证了大桥的顺利实施,实现了工程质量和安全生产无事故,提前8个月建成通车,社会经济效益显著。

8.软土地基大直径挤扩支盘桩研究及工程应用(浙江)

主要研究成果:①通过在宁波绕城公路东段工程前期非原位桩试验监测,研究支盘桩替代传统桩基形式的可行性及应用条件;②研究开发适用于公路桥梁大直径挤扩支盘成套技术,编制适用于公路桥梁挤扩支盘桩工程的设计施工指南及浙江省地方标准《公路桥涵挤扩支盘桩工程技术规范》,并完成了交通运输行业标准规范编制。挤扩支盘钻孔灌注桩相较于传统等截面钻孔灌注桩,通过分支或承力盘来增加桩侧阻力,从而提高桩基承载力30%以上,并缩短有效桩长和减少桩身主径尺寸,减少混凝土及钢筋用量30%~

45%，节能减排效果显著，可有效降低桩基工程造价10%以上。

9. 嘉绍大桥科技创新（浙江）

（1）嘉绍大桥关键技术研究

主要研究适应钱塘江强涌潮环境的桥梁结构设计施工方案、降低涌潮环境下的桥梁施工风险、控制桥梁阻水面积在5%以内；解决多塔斜拉桥结构体系问题，包括主梁竖向刚度问题和长主梁温度变形问题；解决钢箱梁刚性铰设计、制造、安装、维修养护系列技术问题；研发多塔斜拉桥养护维修设备、解决特殊区域钢箱梁的养护维修问题。

（2）多塔斜拉桥关键技术研究

大桥刚好处在钱塘江尖山河段（江海交汇地方），由于江道宽浅、潮强流急、含沙量大等原因，建设条件极其特殊，使得河床冲淤变化剧烈，主槽（即主航道）频繁摆动，幅度在1～3.3km范围内。为防止主槽摆动对通航的影响，只有多建几个主通航道，才能适应河床主槽摆幅。因此，大桥主航道桥采用了技术含量最高的6塔独柱斜拉桥方案（国内外修建的多塔斜拉桥多为3塔），这使主桥长度达2680m，分出5个主通航道，索塔数量、主桥长度规模位居世界第一，成为世界上最长、最宽的多塔斜拉桥。“多塔斜拉桥关键技术研究”荣获“2014年度中国公路学会科学技术奖”特等奖。

（3）世界最大直径桩

水中区引桥大量采用大直径钻孔桩（直径为3.8m，深达110m以上），单桩混凝土灌注量超过1300m^3，为目前世界上直径最大的单桩。同时取消桥墩上的承台。这项技术创新是由特殊建设环境所决定，大桥单桩一般直径为2.5m，需3～4个组合形成群桩，才能承载桥面的受重力，现在采用大直径的单桩，既解决了受重力的问题，也最大限度减少阻水面积，从而不影响钱塘潮景观。另外，该河段河床为粉质沙土，极易冲刷，河床变化剧烈，实测最大流速达6.65m/s以上（杭州湾跨海大桥最大水流速不超过5m/s），几乎每天会涨退潮，潮差可达9m，大型工程船舶无法在此固定作业，无法采用传统承台施工，而采用单桩独柱的形式架桥，降低了施工风险，节省工程投资2亿元以上。

（4）跨中独创刚性铰结构

嘉绍大桥主桥钢箱梁长度大，主梁的温度变形对索塔及基础的受力影响较大，传统构造无法适应这种长主梁结构体系和嘉绍大桥特殊的建设环境。为科学合理地解决长主梁温度变形问题，采用在全桥跨中设置刚性铰装置的创新结构体系。刚性铰释放了主梁两端的纵向相对线位移，约束主梁转角和剪切位移，在满足受力要求的同时又能确保行车的舒适性，这种结构在世界范围内都是独一无二的，形成了具有我国自主知识产权的桥梁刚性铰专用支座核心技术。

10. 高塔大跨径桥梁雷电防护措施研究（浙江）

在浙江象山港大桥建设过程中，采取实际高塔大跨径桥梁所在区域的历史气象数据、雷击破坏途径分析和基于“等效电路法”的雷击电磁脉冲计算方法等研究手段，着重分析大桥的地理、气候、土壤特性、雷暴活动和闪电活动特征，提出了直击雷、侧击雷、雷电波侵入、雷击电磁脉冲的雷击防护措施，建立和完善雷电防护的安全管理技术手段，形成了一整套有机的高塔大跨径桥梁的综合防雷系统。

11. 甬台温高速公路主要科技成果(浙江)

(1)甬台温高速公路平苍段傍山软基高路堤稳定性与沉降控制研究

本项目通过对甬台温高速公路平苍段傍山软基中软塑—流塑状淤泥的物理力学性能进行试验研究，分析了孔隙水压力、孔隙气压力对路堤强度的影响，对高填方路堤的稳定性、锚索抗滑桩的内力与变形、沉降与工后沉降进行了探讨，由此提出了傍山软基高路堤的加固处理方案。本项目成果应用于甬台温高速公路平苍段。

(2)甬台温高速公路温州段软基处治技术与效果评价研究

本项目针对软土地基上高速公路的沉降问题，运用理论计算方法和实测沉降推算方法，对沉降速率控制、工后沉降控制、粉喷桩与塑料排水板联合使用等方面进行了分析研究，提出了相应的设计方法和施工工艺。本项目成果应用于甬台温高速公路瑞安段、乐清段两期工程。

12. 高速公路水泥稳定碎石底层基层掺用粉煤灰研究(福建)

高速公路水泥稳定碎石底层基层掺用粉煤灰研究是福建省交通厅1997年度下达的第二批交通科技项目。该项研究成果是通过在水泥稳定碎石底层基层中掺用粉煤灰来达到降低稳定碎石层的材料造价和改善稳定层的施工质量，可广泛应用于高速公路等相关领域中。该研究是在水泥稳定碎石底层基层中掺用粉煤灰和外加剂进行配合比的设计试验，在满足强度性能和经济性的要求下，确定合理的配合比，并对水泥粉煤灰稳定碎石和水泥稳定碎石的承载比、劈裂强度、回弹模量和抗压强度等性能进行对比试验，得出水泥粉煤灰稳定碎石层后期抗压强度比水泥稳定碎石层的抗压强度高，能满足工程的实践需要。水泥粉煤灰稳定碎石比水泥稳定碎石基层每立方米可降低材料成本13.65元，底基层每立方米可降低材料成本9.45元。该研究提出了水泥稳定碎石底层基层中掺用粉煤灰的水泥粉煤灰稳定碎石的合理配合比，能够满足强度性能和经济性的要求。水泥稳定碎石底层基层中掺用粉煤灰，凝结时间明显延长，可以满足材料中对早强水泥终凝时间的要求。水泥稳定碎石底层基层中掺用粉煤灰的施工方法和技术性能满足技术规范的要求。水泥粉煤灰稳定碎石层比水泥稳定碎石层的后期抗压强度高，水泥粉煤灰稳定碎石层比水泥稳定碎石层压实度更大、质量更好。该研究得出水泥粉煤灰稳定碎石层能满足工程的需要和施工技术规范的要求，比水泥稳定碎石层可降低造价9.45~13.65元/m^3，具有明显的技术经济效益，而且利用粉煤灰后，可节省大量的土地和能源，保护和治理环境，具有显著的社会环保效益。

13. 特长公路隧道防灾救援技术研究(福建)

特长公路隧道防灾救援技术研究是福建省交通运输厅于2010年下达的科研项目,起止年限为2011年3月至2012年12月,承担单位为厦门市公路局、兰州交通大学。该项目为应用型科研项目,在实施过程中,需要业主、设计等各方的密切配合。具体分工如下:厦门市公路局与厦门百城建设投资有限公司总体负责布置研究计划,负责各方的协调,组织研究项目鉴定及研究成果的应用实施;中交公路规划设计院有限公司与兰州交通大学共同负责研究技术路线与方案的制订,研究大纲的编制,各项研究内容的具体实施,研究报告的编写,为依托工程的动态设计提供服务;依托工程设计单位负责依托工程的优化设计,参与隧道防灾救援方案的讨论与确定。主要研究内容包括:①隧道火灾数值模拟分析;②隧道火灾物理模型试验;③隧道火灾模式下的通风及防排烟技术研究;④隧道火灾时的交通疏解预案和火灾救援方案;⑤装载易燃、易爆、危险品车辆进入隧道的安全运输管理办法。本研究的考核目标为:①制定出载有易燃易爆物品车辆的安全运输管理办法;②火灾发生在隧道不同位置时,隧道内风机的开启预案;③火灾发生在隧道不同位置时,隧道内交通疏解预案;④火灾发生在隧道不同位置时,隧道灭火措施。

14. 双管单向公路隧道横通道通风技术研究(福建)

双管单向公路隧道横通道通风技术研究是福建省交通运输厅于2011年下达的科研项目,起止年限为2011年3月至2014年7月,承担单位为厦门市公路局。本课题项目为应用型科研项目,在实施过程中,需要业主、设计等各方的密切配合。具体分工如下:厦门市公路局与厦门百城建设投资有限公司负责总体布置研究计划,负责各方的协调,组织研究项目鉴定及研究成果的应用实施;兰州交通大学共同负责研究技术路线与方案的制订,研究大纲的编制,各项研究内容的具体实施,研究报告的编写,为依托工程的动态设计提供服务;依托工程设计单位负责依托工程的优化设计,参与隧道通风方案的制订。主要研究内容:①以隧道位于两横通道之间的区段不产生烟气滞留为目的,分析计算正常、阻滞工况下,横通道与隧道轴线的夹角为60°、90°情况下的速度场;②分析车行、人行横通道组合(如2号、4号车行横通道组合,1号、3号车行横通道组合;2号车行横通道与2号人行横通道组合,2号车行横通道与3号人行横通道组合等)情况下隧道速度场,确定相关通风设计参数;③分析不同风机开启台数(不同风速)情况下隧道的速度场,确定横通道最佳位置、两横洞间距等参数。本研究的考核目标为:①确定横通道的最佳位置;②横通道设置轴流风机的风量、压力及相关通风设计参数。

六、复杂技术工程

1. 浙江杭州湾跨海大桥

杭州湾跨海大桥是我国首批建造的现代化超大型跨海桥梁，是一项极具开拓性、挑战性和风险性的工程。大桥全长36km，是目前世界上最长的跨海大桥。工程主要难点：

（1）自然条件恶劣。大桥地处强潮海域，最大潮差7.57m，最大流速5.16m/s；大风大雨大雾频发，灾害天气对施工和行车安全构成严重威胁；软土厚，冲刷深，沿线浅层气富集，地质条件复杂；海水对结构腐蚀严重，耐久性问题突出；南岸滩涂长达10km，潮汐涨落，施工难度大。

（2）全桥使用混凝土245万m^3，钢材80余万吨，工程规模浩大，海上年有效工作日不足180d，工期矛盾突出。建设之初可借鉴的工程经验少，不可预见因素多，海上施工装备缺乏。

针对复杂的建设条件，开展技术攻关，形成以下自主创新成果。

（1）设计理念创新：针对强潮海域恶劣的自然条件，提出了“工厂化、大型化和机械化”“施工方案决定设计方案”和“结构设计使用寿命大于100年”等设计创新理念，变海上作业为陆上作业，最大限度地减少了海上施工作业量，奠定了跨海长桥建设的基本原则，降低了工程施工风险，保证了工程质量，提高了结构耐久性，缩短了建设工期，节省了工程造价，保障了运营安全。

（2）大吨位50m预应力混凝土箱梁整体预制和梁上运输架设技术：针对杭州湾南岸长达10km滩涂区的施工难题，创造性地利用4片箱梁分摊运梁荷载，合理设计运架体系，并研制了技术先进的搬、运、架成套设备，实现了梁上运梁方案经济性和合理性的高度统一，将梁上运梁和架设质量的世界纪录由900t提升到1430t。

（3）大吨位70m预应力混凝土箱梁整体预制和强潮海域海上运输、架设技术：海上18.27km长的深水区引桥采用70m预应力混凝土整体预制箱梁，创造性地采用低强度早期张拉技术，成功解决了大型混凝土箱梁早期开裂的世界性难题；研制了适应杭州湾强潮海域的运架一体吊装船，首次将国内海上整孔吊装能力提升到3000t，架设高度提升到57m。

（4）海洋环境下混凝土结构耐久性技术：针对混凝土结构设计使用寿命大于100年的耐久性要求，结合杭州湾海洋环境，首次系统提出了“基本措施、附加措施和监测及评估措施”的重大混凝土工程耐久性体系。制定了相应的耐久性设计、施工、维护、监测预警、检验评定等技术文件；提出了以“三掺”技术提高混凝土自身品质和合理提高混凝土保护层厚度为主的耐久性综合措施；提出了混凝土耐久性的多重环境时间相似试验方法，并建立了原位监测系统和现场长期暴露试验站，从理论和试验两个方面进行了混凝土结构使用寿命预测。

(5)大直径超长钢管桩设计、制造、防腐和沉桩技术:在国内缺乏设计规范和施工规程的情况下,突破欧美规范,首次在国内大规模采用螺旋焊缝钢管打入桩作为跨海大桥基础,攻克了大直径超长变壁厚螺旋焊缝钢管桩整桩制造、海洋环境下钢管桩防腐和强潮海域沉桩施工的技术难题。

(6)灾害天气对海上长桥行车安全的影响和对策研究:在国内首次开展了灾害天气对海上长桥行车安全的影响和对策研究,提出了行车安全控制标准、安全保障体系、综合解决对策以及评价方法,首次实施了护栏与风障相结合的工程措施,全桥行车安全控制风速由8级提高到11级,显著降低了行车安全风险,为大桥安全运营创造了条件。

(7)强潮海域河工模型与往复流桥墩局部冲刷研究:首次对强潮海域往复流作用下桥墩局部冲刷进行了研究,建立了往复流桥墩局部冲刷计算公式,并通过模型试验与理论计算相互验证,得出了罕见深冲刷结论,为合理选择桥梁基础形式提供了重要依据。经工程实测,验证了往复流桥墩局部冲刷计算公式的正确性,填补了桥梁设计规范的空白。

2. 浙江嘉绍大桥

嘉绍大桥全长10.137km、概算62.8亿元。采用双向八车道高速公路标准建设;设计汽车荷载等级为公路—Ⅰ级。大桥主航道桥采用六塔独柱双幅四索面钢箱梁斜拉桥方案,桥跨布置为(70+200+5×428+200+70)m=2680m,主桥宽度为55.6m(含布索区),是目前世界上最长、最宽、规模最大的多塔斜拉桥。大桥主通航孔可达到通航3000t级集装箱船的要求。大桥采用大直径钻孔桩(直径为3.8m,深达110m以上),单桩混凝土灌注量超过1300m^3,为世界直径最大的单桩。

3. 浙江灵江大桥

甬台温高速公路灵江特大桥全长1687m,单孔最大跨径为122m。大桥跨越通航河道——灵江,通航等级为Ⅳ级。此桥施工难点为水中基础以及主桥箱梁等。以主桥9号墩施工方案为例列举施工工艺:9号墩栈桥位置在9~10号墩间上游侧,栈桥中线距离桥梁中心线25m。①先由10号墩下河下填筑路堤;②再用KH180吊机配合中—160震动打桩机插打ϕ55cm钢管桩,组成栈桥跨度为14~16m的钢管桩基础;③其上拼装拆装梁,组成栈桥,栈桥桥面宽8m;④在9号墩栈桥上,设置KH180履带吊机一台,负责9号墩的施工;⑤施工栈桥向水中拼装至距9号墩8~10m处停下,以便留出9号墩平台为锚锭设备位置;⑥施工平台先在岸边400t铁驳上组拼成型;⑦由拖轮将其浮运到墩位,将临时定位船上锚绳过到平台船上临时定位,解除拖轮依托,将平台精确定位;⑧然后用30t水上吊船吊插ϕ55cm钢管桩,用BI-1振动打桩机施打至设计高程;⑨ϕ55cm钢管桩插打好8根以后,将平台提升,并按设计高程固定于ϕ55cm钢管桩上,解除锚绳,将400t铁驳退出平台;⑩平台支撑牢靠后,以平台作导向,用30t吊船和中-160振动打桩机插打ϕ2.2m钢护筒,同时焊连好支撑;⑪钢护筒插打就位后,用30t吊船将Kp-3000型旋转钻机吊到平台上进行钻孔桩施工,并把施工栈桥按设计要求拼装至9号墩旁。

4. 浙江象山港大桥

象山港大桥长约6.7km,宽25.5m,为双塔双索面斜拉桥。在大桥建设过程中,近万名建设者克服了条件复杂、生态环保要求高、技术难点多等困难,通过自主创新取得了建成时(2012年)的六项“之最”:大桥主跨长达688m,是省内主跨跨度最大的跨海大桥;大桥索塔总高度为225.5m,为同类桥梁浙江省最高;大桥设计抗风要求达到每秒46.5m,可抵抗14级台风的冲击,抗风能力为全国之最;大桥通航等级为5万吨级,为全国最高;大桥主塔桥墩可抵御5万吨级船舶撞击,防撞等级国内最高;大桥通航净高达53m,为国内最高。

5. 福建罗源湾特大桥

罗源湾特大桥长2463.5m,桥型布置为4×30m+14×(5×30)m+2×(4×30)m预应力混凝土连续T梁、连续刚构T梁。桥梁平面位于直线上及$R_1=1500$、$R_2=1550$、$R_3=1300$m圆曲线及缓和曲线上,曲线上桥墩、桥台横桥向均沿曲线的法线方向布置,T梁平面线形通过翼缘板调整。桥墩采用柱式墩,桩基采用灌注桩基础;桥台采用板凳台、柱式台,灌注桩基础。桥台处设D80型伸缩缝、交接墩处设置D160型伸缩缝。桥梁位于罗源湾内滩海产养殖区,海域淤泥深度较深,桥梁桩基长度在50~60m,桩基的施工难度较大。任何施工垃圾均会对养殖区造成污染,特别是桩基钻孔护壁泥浆,为此项目部采用泥浆循环利用、泥浆沉渣分离,同时将多余的泥浆外运,确保不污染养殖海域。

6. 福建北山特大桥

北山特大桥起点位于罗源县松山镇北山村东侧,桥梁跨越松山围垦等,终点位于罗源县松山镇北山村南侧,左幅起点桩号为K39+845.500,终点桩号为ZK41+472.500,桥长1627.0m,桥型布置为4×30m+10×(5×30)m预应力混凝土连续T梁、连续刚构T梁;右幅起点桩号为K39+815.500,终点桩号为YK41+472.500,桥长1657.0m,桥型布置为11×(5×30)m预应力混凝土连续T梁、连续刚构T梁。桥梁平面位于$R_1=1300$、$R_2=1500$、$R_3=1150$m圆曲线及缓和曲线上,曲线上桥墩、桥台横桥向均沿曲线的法线方向布置,T梁平面线形通过翼缘板调整。桥墩采用柱式墩,桩基采用灌注桩基础;桥台采用柱式台、肋台,灌注桩基础。桥台处设D80型伸缩缝、交接墩处设置D160型伸缩缝。北山特大桥位于北山围垦区,桥梁通过位置多为虾池,为保证不影响虾池的养殖,项目部在施工过程中严格管理对施工废弃物的处理,特别是桩基钻孔护壁泥浆,确保不影响养殖。

7. 福建油车岭隧道

油车岭隧道左洞长5754m,右洞长5726m,左右洞平均长5740.00m,属特长隧道。采用分离式双洞布置。隧道左洞进出口分别处于半径为1215m和1250m的平曲线上。隧道右洞进出口分别处于半径为1300m和1100m的平曲线上。左洞纵坡为0.669%,右洞纵坡为0.67%。油车岭隧道分属两个标段,即宁德境A4标段和福州境A1标段,宁德境平均长2624.5m(左洞2628m、右洞2621m),福州境平均长3115.5m(左洞3126m、右洞3105m)。油车岭隧道由于受地形限制,福州段施工长度为3115.5m,隧道掘进方向为上坡,整个隧道施工过程的通风、排烟是保证隧道施工进度的前提,由此,该项目施工单位通过多方调查,最后确定采用大功率通风机接力送风,有效解决开挖作业面通风排烟问题。隧道单向掘进3115.5m,施工工期短,工期压力大,项目在各个施工工序上进行优化,合理缩短工序作业时间,同时采用大型机械手湿喷机,减少初喷时间,二衬及时施作,在计划的时间内完成施工任务。油车岭隧道洞口上方有一条地方道路,该道路是三金碎石场的运输道路,由于该碎石场道路无法封闭,且道路与顶的距离在3~5m,经过业主、设计单位、施工单位、监理单位的多方商讨,最后确定采用道路两次改线,隧道左洞采用管棚进洞、二衬加强,右洞采用先施工明洞,将道路改到明洞上方通行,再进洞施工,二衬后将道路改回设计位置。

8. 福建相思岭隧道

相思岭隧道长406m,是福建省公路实施的第一座连拱隧道,施工时间紧,难度较大,在实施过程中,承包商与设计科研部门密切配合,结合课题研究,将连拱隧道的施工研究成果运用于实践中,根据“新奥法”施工的要求,遵循“弱爆破,少扰动,短开挖,强支护勤量测,衬砌紧跟”的原则组织安排施工,总结了一套合理可行的施工方法及工序,安全、优质地按期完成连拱隧道的施工,从设计、施工和质量控制上为今后福建省实施同类型隧道总结积累了经验。

9. 浙江大溪岭—湖雾岭隧道

大溪岭—湖雾岭隧道长4116m,为当时国内最长的公路隧道。其通风设计在国内首次采用先进节能的竖井吹吸纵向组合通风技术。隧道营运监控系统采用了世界先进的现场总线制集散热冗余结构工业自动化控制技术。隧道照明设计在引入段采用了逆光照明技术,提高背景亮度,达到节能目的。

10. 浙江温丽高速公路博瑞沿江桥大直径钻孔灌注桩施工

博瑞沿江桥是温丽高速公路的一座特大桥,全长3545m,2005年建成通车。由于该桥桩基设计为大直径钻孔灌注桩,并且全部位于水中,受涨落潮的影响,所以桩基的施工作为本桥的施工重点和难点进行控制。主要施工工序:平台施工、埋设单护筒、钻机就位、钻孔、成孔、一清、安装钢筋笼和导管、二清、灌注混凝土、凿桩头。

11.浙江甬金高速公路软基处理

本项目软土地基路段长度占全线四分之一。软土地基处理形式主要有如下几种:一般预压、等载预压、塑料排水板结合一般预压、塑料排水板结合超载预压、塑料排水板结合真空预压。从实测数据看,塑料排水板结合真空预压相比常规技术可缩短工期4~8个月,明显加快了软基的早期沉降,提高了路基的施工质量。

12.福建软基处理

罗源湾收费广场位于华能堆场,原设计采用真空排水板联合堆载预压进行软基处理,由于受征地拆迁的影响,该处在征地完成后开始施工时发现,按照原设计在堆场部分挖除2m的回填土后,排水板还是无法施工(由于原堆场位于海滩上抛填石方,且石料的粒径较大),且工期较紧,无法按原设计时间进行堆载预压,经过设计的多方案比选,最终采用轻夯多遍进行软基处理。由于轻夯多遍软基处理工艺在福建省高速公路上应用尚属首次,施工过程的各项控制参数还不完善,检测指标不明确,因此施工过程控制以及施工过程与设计的配合成为整个工程的关键,施工过程中通过与设计单位不断沟通,最终确定以整个路基土的夯沉量作为整个软基处理施工控制指标。

第三节　G25(长深高速公路)长春至深圳高速公路

G25(长深高速公路)是国家"71118+6"高速公路网11条南北纵线中的第三纵,连接吉林、内蒙古、辽宁、河北、天津、山东、江苏、安徽、浙江、福建、广东11个省(自治区、直辖市),是贯通东部沿海省份腹地的高速公路通道,也是环渤海、长江三角洲和珠江三角洲三大都市圈的第二条高速公路通道,对于完善国家高速公路网、促进沿线社会经济发展具有重要意义。

G25(长深高速公路)规划起点位于吉林省长春市,终点位于广东省深圳市梧桐山风景区。规划里程3398km,通车里程3202.185km,四车道2332.959km,六车道866.276km,八车道及以上2.950km。经过吉林(长春、阜新)、内蒙古(通辽)、辽宁(沈阳、阜新、朝阳)、河北(唐山、承德)、天津、山东(滨州、淄博、东营、潍坊、临沂)、江苏(无锡、连云港、淮安、南京、镇江、常州)、安徽(滁州)、浙江(湖州、杭州、金华、丽水)、福建(南平、三明)、广东(梅州、河源、惠州、深圳)。1994年天津段率先开始施工,2015年10月吉林大岭至双辽段建成通车,G25(长深高速公路)全线贯通。

拥有联络线七条:

G2511(新鲁高速公路)新民至鲁北高速公路,起点位于沈阳市新民市城郊乡,规划终点位于鲁北。规划里程352.59km,通车里程194.65km,全线四车道。途经新民、彰武、通辽、鲁北。目前,通辽至鲁北段尚未建成通车。

G2512(阜锦高速公路)阜新至锦州高速公路,起点位于阜新市细河区四合镇,终点位于锦州市凌海市双羊镇。规划里程119.13km,通车里程119.19km,全线四车道。途经阜新、锦州。

G2513(淮徐高速公路)淮安至徐州高速公路,起点位于马甸(淮安),终点位于大黄山。规划里程223km,通车里程145.05km,全线四车道。途经淮安、宿迁、徐州。

G2515(鲁霍高速公路)鲁北至霍林郭勒高速公路,待建。

G2516(东吕高速公路)东营至吕梁高速公路,起点位于垦利,终点位于汾阳。规划里程693.49km,通车里程603.248km,全线四车道。途经垦利、滨州、济南、高唐、威县、邢台、左权、榆社、平遥、汾阳。

G2517(厦沙高速公路)沙县至厦门高速公路,规划起点位于沙县西霞际口(际口枢纽),终点位于集美后溪田厝。规划里程254.85km,通车里程47.613km,全线四车道。途经沙县、尤溪、德化、安溪、厦门。

G2518(深岑高速公路)深圳至岑溪高速公路,起点位于深汕交汇处,终点位于岑溪。规划里程371.43km,通车里程239.399km,四车道61.145km,六车道178.254km。途经深圳、中山、江门、新兴、罗定、岑溪。目前,广东中山过江通道尚未建成通车。

一、路线概况

G25(长深高速公路)路线信息见表9-9,沿线互通、出入口、服务区见表9-10,并行线、联络线路线信息见表9-11,并行线、联络线沿线互通、出入口、服务区见表9-12。

G25(长深高速公路)路线信息表　　表9-9

编号	省份	省内起点	省内终点	途经市、县	通车里程(km)
G25	吉林	长春市	金宝屯(吉蒙界)	长春市、公主岭市、梨树县、双辽市	150.312
	内蒙古	金宝屯(蒙吉界)	查日苏	科左后旗	44.619
	辽宁	沈阳市康平县北四家子乡	朝阳市建平县黑水镇	康平县、彰武县、阜新市、朝阳市、建平县	475.189
	河北	承德市平泉县道虎沟乡(冀辽界)	唐山市丰南区田庄(冀津界)	平泉县、承德市、双桥区、滦平县、兴隆县、遵化市、丰润区、唐山市区、丰南区、宁河县	325.053
	天津	滨海新区汉沽农场(津冀界)	静海县邢家堼	滨海新区、宁河区、津南区、静海区	105.168
	河北	沧州市黄骅齐家务乡(冀津界)	沧州市海兴县辛集镇(冀鲁界)	黄骅市、南大港管理区、临港经济技术开发区、海兴县	69.068(与G18共线)

续上表

编号	省份	省内起点	省内终点	途经市、县	通车里程(km)
G25	山东	滨州市无棣县小泊头镇	临沂江苏省界	无棣县、沾化县、滨城区、广饶县、青州市、临朐县、沂水县、沂南县、莒县、莒南县、河东区、临沭县	328.792
	江苏	班庄(苏鲁界)	父子岭(苏浙界)	赣榆区、连云港市区、海州区、灌云县、灌南县、涟水县、淮阴、洪泽县、盱眙县、六合区、栖霞区、江宁区、溧水区、溧阳市、宜兴市	449.49
	安徽	天长市汊涧镇(皖苏省界)	天长市釜山镇(皖苏省界)	天长市	13.989
	浙江	父子岭(浙苏界)	新窑(浙闽界)	湖州长兴县、吴兴区、德清县、杭州余杭区、西湖区、富阳区、桐庐县、建德市、金华兰溪市、金东区、武义县、永康市、丽水缙云县、莲都区、云和县、龙泉市、庆云县	469.894
	福建	松溪县旧县乡木城村	武平县岩前镇大布村	建瓯市、政和县、松溪县、延平区、沙县、梅列区、三元区、永安市、连城县、上杭县、武平县	452.977
	广东	蕉岭广福	梧桐山风景区	罗湖区、龙岗区、盐田区、惠城区、惠阳区、博罗县、梅江区、梅县区、五华县、蕉岭县、兴宁市、源城区、龙川县、东源县	386.702

G25(长深高速公路)沿线互通、出入口、服务区 表9-10

编号	省份	沿线互通	出入口	服务区
G25	吉林	大岭、怀德、秦家屯、八屋、桑树台、双山、大富、双辽东、双辽南互通	大岭、怀德、秦家屯、八屋、桑树台、双山、双辽东、双辽南出入口	怀德、八屋、双山服务区
	内蒙古	金宝屯、查日苏互通	金宝屯、查日苏出入口	车勒服务区
	辽宁	康平、彰武东、阜新镇、阜新北、朝阳西立交、康平北、康平、方家屯、包家屯、彰武、大固本、阜新东、阜新、王府、马友营、北票、朝阳北、龙城、杨树湾、公营子、建平南、凌源、北炉、三十家子东互通	海洲、康平北、康平、方家屯、包家屯、彰武、大固本、阜新东、阜新、王府、马友营、北票、朝阳北、龙城、杨树湾、公营子、建平南、凌源、北炉、三十家子东、三十家子出入口	康平北、康平、彰武、那四、阜新、马友营、桃花吐、朝阳、牛河梁、三十家子服务区
	河北	杨树岭、平泉、六沟、东营子枢纽、南沟、双峰寺枢纽、承德东、承德南枢纽、大栅子枢纽、安匠、李家营、白马川、半壁山、侯家寨、遵化东、遵化南、下院寺枢纽、党峪、丰润西、丰润、京哈枢纽、机场路、唐山西、南湖、丰南、唐津高速公路枢纽、田庄互通	杨树岭、平泉、六沟、双峰寺、承德东出入口	平泉、三沟服务区
	天津	芦台、汉沽北、汉沽、清河农场、塘承高速公路、京津至长深高速公路、塘沽西、塘沽中心桥、葛沽、小站、王稳庄、团泊南、团泊南、郭庄子互通	芦台、汉沽、清河农场、塘沽西、塘沽中心桥、小站、王稳庄、团泊南、郭庄子出入口	汉沽、津南、大港服务区

续上表

编号	省份	沿线互通	出入口	服务区
G25	河北	吕桥、黄骅北、黄骅枢纽、海兴互通	吕桥、黄骅北、黄骅、海兴出入口	海兴服务区
	山东	郑王、李庄、于家、马站、长深日东互通	古城、大高、滨州北、滨城、滨州、滨州南、广饶、大王、青州北、青州、青州南、临朐、临朐南、沂山、沂水北、沂水、沂水南、沂南北、沂南东、河东、临沂东、临沭北、临沭、鲁苏界收费站、阳河、济青高速公路入口	滨州、青州、临朐、沂水北、沂南、莒县、临沭服务区、临朐、沂山、沂水南、临沭停车区
	江苏	班庄、赣榆南、宋庄、大浦、宋跳、苍梧、宁海、灌云西、陆庄、灌南、灌南南、高沟、涟水、淮安机场、王兴、丁集、洪泽、三河、马坝西、铁山寺、竹镇、沈桥、新篁、横梁、龙袍、栖霞、开成路、湖熟、郭庄、溧水北、溧水东、白马、上兴、溧阳西、溧阳南、鲸塘、宜兴、丁山互通；城南、宁海、灌云北、王兴、淮安西、淮安南、黄花塘、程桥、马鞍、新篁南、麒麟、东山、桂庄、新昌、西坞枢纽互通	班庄、赣榆南、宋庄、大浦、宋跳、苍梧、宁海、灌云西、陆庄、灌南、灌南南、高沟、涟水、淮安机场、王兴、丁集、洪泽、三河、马坝西、铁山寺、竹镇、沈桥、新篁、横梁、龙袍、栖霞、开成路、湖熟、郭庄、溧水北、溧水东、白马、上兴、溧阳西、溧阳南、鲸塘、宜兴、丁山出入口	沙河、六塘、蒋庵（单侧）、王兴（单侧）、洪泽湖（高管中心）、盱眙、六合、老山、江宁、东庐山、天目湖、太湖服务区
	安徽	天长互通	天长出入口	釜山服务区
	浙江	长兴北、长兴、长兴南、李家巷枢纽、湖州北、鹿山枢纽、湖州南、青山、德清、余杭（仁和）、南庄兜枢纽、勾庄、紫金港枢纽、三墩、五常、留下、龙坞、转塘枢纽、杭州南枢纽、袁富、富阳东（东洲岛）、富阳、中埠、场口、深澳、凤川、桐庐、富春江、安仁、乾潭、杨村桥（杭州建德至金华段尚未建成）、金华东、岭下朱、武义、西田畈、永康、新店枢纽、前仓枢纽、缙云、洪渡、丽水西、富岭枢纽、碧湖（南山）、北埠枢纽、石塘、云景枢纽、赤石、安仁、龙泉东（塔石）、龙泉、龙泉南（兰巨）、白马畈枢纽、查田、黄田、庆元互通	父子岭主线、长兴北、长兴、长兴南、湖州北、湖州南、青山、德清、余杭（仁和）、南庄兜、勾庄、三墩、五常、留下、龙坞、转塘、杭州南、袁富、富阳东（东洲岛）、富阳、中埠、场口、深澳、凤川、桐庐、富春江、安仁、乾潭、杨村桥（杭州建德至金华段尚未建成）、金华枢纽、金华东、岭下朱、武义、西田畈、永康、缙云、洪渡、丽水西、碧湖（南山）、石塘、赤石、安仁、龙泉东（塔石）、龙泉、龙泉南（兰巨）、查田、黄田、庆元、浙闽主线出入口	太湖、青山、桐庐、武义、丽水、云和、龙泉、庆元服务区
	福建	弓鱼、东峰、东游、川石、范屯、郑墩、松溪、旧县、弓鱼、跃村、青州、际口、沙县、三明北、三明南、莘口、贡川、永安北、吉山、洪田、小陶、姑田、连城、朋口、北村、才溪、上杭、三坊、岩前互通	东峰、东游、川石、郑墩、松溪、旧县、长深闽浙主线、南雅、大横、南平北、南平北、青州、沙县、三明北、三明南、莘口、贡川、永安北、洪田、小陶、姑田、连城、朋口、才溪、上杭、十方、岩前、闽粤出入口	北苑、湛卢、小桥、新村、沙县、垄东、贡川、八一、冠豸山、新泉、七峰山、十方服务区，大地停车区
	广东	热水、K57 + 632.21 分离式立交、镇隆分离立交、新圩、K38 + 468 机耕通道、泰美、程江、埔前上下道 A 匝道桥、蓝口立交、黄田立交桥、义合立交桥互通	义合、新圩站、四角楼、热水互通、蓝口、惠州、河源、登云、城南站、平南站、小金口、龙川东、岐岭、黄田、城北站、泰美站龙川西、麻陂、富地岗、伯公坳、石坝、杨村出入口	兴宁、龙川、蓝口、蕉岭服务区

G25(长深高速公路)并行线、联络线路线信息表 表9-11

编号	省份	省内起点	省内终点	途经市、县	通车里程(km)
G2511	辽宁	沈阳市新民市城郊乡巨流河村	阜新市彰武县阿尔乡(辽蒙界)	沈阳市、新民市、彰武县	193.650
	内蒙古	好力堡(蒙辽界)	鲁北(未通)	科尔沁区、科左后旗	
G2512	辽宁	阜新市细河区四合镇	锦州市凌海市双羊镇	锦州市、义县、阜新市	130
G2513	江苏	马甸(淮安)	大黄山(徐州)	楚州区、清浦区、淮阴区、泗阳县、宿城区、睢宁县、云龙区、鼓楼区	145.015
G2515	内蒙古	待建			—
G2516	山东	垦利	漳卫运河特大桥(鲁冀界)	垦利、滨州、济南、高唐	603.248
	河北	邢台市临西县河西镇(冀鲁界)	邢台市邢台县南名水村(冀晋界)	临西县、威县、平乡县、南和县、邢台市、邢台县	
	山西	和顺县康佳楼村	汾阳	和顺、左权、榆社、平遥、汾阳	
G2517	福建	沙县西霞际口(际口枢纽)	集美后溪田厝	沙县、尤溪、德化、安溪、厦门	47.613
G2518	广东	深汕交汇处	簕滨(粤桂界)	深圳市、中山市、江门市、新兴市、罗定市	239.399
	广西	筋竹(桂粤界)	岑溪	岑溪市、筋竹镇	

G25(长深高速公路)并行线、联络线沿线互通、出入口、服务区 表9-12

编号	省份	沿线互通	出入口	服务区
G2511	辽宁	新民东、彰武东、新民北、于家、彰武北、章古台互通	新民北、于家、彰武北、章古台、阿尔乡出入口	新民、冯家服务区
	内蒙古	通辽东、木里图、阿古拉、甘旗卡互通	通辽东、木里图、阿古拉、甘旗卡出入口	科尔沁、博王服务区,伊胡塔停车区
G2512	辽宁	明字屯、阜新北、温泉城、清河门、义县、七里河、双羊互通	阜新北、温泉城、清河门、义县、七里河、双羊出入口	义县服务区
G2513	江苏	楚州、马甸、淮安南、淮安西、凌桥、李口、泗阳、洋河、宿迁南、宿迁西、睢宁北、睢宁西、徐州机场、林东、徐州东、大黄山枢纽互通	马甸、凌桥、淮安南、淮安西、李口、泗阳、洋河、宿迁西、睢宁北、睢宁西、徐州机场、徐州东出入口	古黄河、高作、洋河、成子湖、古盐河服务区
G2515	内蒙古	待建		
G2516	山东	盐窝、利津北、滨州东、滨北、滨州西枢纽、辛店、姜楼、曲提、索家庙、济阳西枢纽、高唐西枢纽、臧家、金郝庄、临清互通	集贤、盐窝、利津北、滨州东、滨城北、杨柳雪、滨州西、惠民、惠民西、济阳东、济北开发区、济阳西出入口	盐窝、滨州西、济阳服务区
	河北	运河西、临西、大葛寨、方家营、威县、广宗、平乡、鸡泽、南和、邢台、东马庄、羊范,太子井、龙泉寺、路罗互通	运河西、临西、大葛寨、威县、广宗、平乡、鸡泽、南和、邢台南出入口	临西、威县、南和服务区
	山西	和顺东、左权、榆社东、云竹湖、分水岭、平遥南、张兰北、汾孝东、汾孝、汾阳互通	和顺东、和顺、左权、榆社东、云竹湖、分水岭、平遥南、张兰北、汾孝东、汾孝、汾阳出入口	和顺、左权、平遥南、云竹湖服务区

续上表

编号	省份	沿线互通	出入口	服务区
G2517	福建	厦门、站北、凤南、云埔、莲花、安溪官桥、安溪龙门互通	厦门北、凤南、莲花、官桥、龙门出入口	云埔、龙桥服务区，凤南停车区
G2518	广东	稔村、新兴、东成、托洞、冲花、双东、附城、簕滨互通	稔村、新兴、东成、托洞、冲花、双东、附城、簕滨出入口	附城服务区
	广西	筋竹、归义互通	筋竹、归义出入口	岑溪东、筋竹停车区

二、路网关系

G25（长深高速公路）路网关系如图9-3所示。

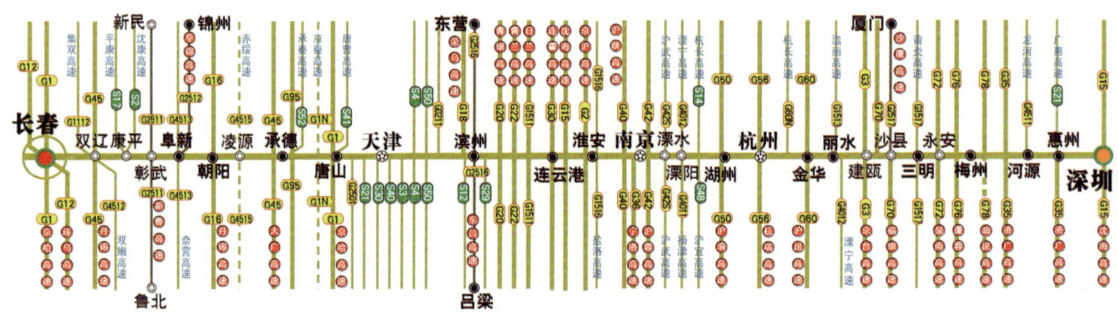

图9-3　G25（长深高速公路）路网关系示意图

三、建设历程

1. 吉林金宝屯（吉蒙界）至双辽（大富）段

2007年12月开工建设，2010年9月建成通车，全长32.0km，全线四车道，设计速度100km/h。总投资8.71亿元，资金来源：中央投入、地方投入、银行贷款。占地753.0亩。项目管理单位：吉林省高等级公路建设局；勘察设计单位：吉林省交通规划设计院、交通运输部科学研究院、辽宁省交通规划设计院；监理单位：吉林省金泉公路工程咨询监理有限责任公司；施工单位：吉林省弘盛交通建设开发有限公司等。

2. 吉林大岭（公主岭）至双辽（大富）段

2012年10月开工建设，2015年10月建成通车，全长118.501km，全线四车道，设计速度120km/h。建成大桥3座。总投资52.10亿元，资金来源：中央投入、地方投入、银行贷款。占地12190.8亩。项目管理单位：吉林省高等级公路建设局；勘察设计单位：吉林省交通规划设计院等；监理单位：吉林省公路工程监理有限公司等；施工单位：山东泰东公路工程有限公司等。

3. 内蒙古金宝屯至查日苏段

2009年5月开工建设,2011年11月建成通车,全长44.55km,全线四车道,设计速度100km/h。建成特大桥:新甸特大桥,共1座。建成大桥1座。总投资16.27亿元,资金来源:中央投入、银行贷款。占地3990.0亩。项目管理单位:内蒙古通辽市金宝屯至查日苏高速公路建设项目管理办公室;勘察设计单位:内蒙古交通设计研究院有限责任公司、辽宁省交通规划设计院;监理单位:内蒙古公路工程咨询监理有限责任公司等;施工单位:内蒙古自治区公路工程局、中铁九局集团公司等。

4. 辽宁康平海洲窝堡(蒙辽界)至北四家子段

2013年开工建设,2015年建成通车,全长23.0km,全线四车道,设计速度100km/h。总投资9.4亿元,资金来源:中央投入、地方投入、银行贷款。占地2214.0亩。项目管理单位:辽宁省高等级公路建设局;勘察设计单位:辽宁省交通规划设计院;监理单位:辽宁驰通公路工程监理事务所;施工单位:大连公路工程集团有限公司、东盟营造工程有限公司。

5. 辽宁铁岭毛家店至朝阳三十家子段

2005年开工建设,2008年建成通车,全长452.043km,全线四车道,设计速度100km/h。建成特大桥:辽河特大桥、牤牛河特大桥,共2座。建成大桥149座。建成长隧道1座。总投资153.78亿元,资金来源:中央投入、地方投入、银行贷款。占地54316.94亩。项目管理单位:辽宁省高等级公路建设局;勘察设计单位:辽宁省交通勘测设计院;监理单位:辽宁第一交通工程监理事务所、沈阳公路工程监理有限责任公司等;施工单位:中交第四公路工程有限公司、中铁十四局集团第五工程有限公司、中国水利水电第一工程局等。

6. 河北平泉(辽冀界)至承德段

2008年5月开工建设,2010年11月建成通车,全长118.4km,四车道4.65km,六车道113.75km,设计速度100km/h。建成特大桥:双峰寺特大桥,共1座。建成大桥35座。建成长隧道7座。总投资66.56亿元,资金来源:交通运输部车购税投入、银行贷款。占地11022.0亩。项目管理单位:承朝高速公路建设管理处;勘察设计单位:河北省交通规划设计院、中交第二公路勘察设计研究院;监理单位:北京中港路通工程管理有限公司等;施工单位:中铁十局集团有限公司、中交第二公路工程局有限公司等。

7. 河北承德至承唐界段

2007年10月开工建设,2010年11月建成通车,全长82.28km,全线六车道,设计速度100km/h。建成特大桥:偏道沟2号特大桥,共1座。建成大桥65座。建成特长隧道:五道岭特长隧道,共1座。建成长隧道3座。总投资62.59亿元,资金来源:交通运输部车购税投入、银行贷款。占地9718.42亩。项目管理单位:河北承德承唐高速公路管理处;勘察设计单位:浙江省交通规划设计研究院等;监理单位:河北省交通建设监理咨询有限公司等;施工单位:中建七局第二建筑有限公司等。

8. 河北京冀界至承德段

2004年4月开工建设,2009年9月建成通车,全长11.596km,全线四车道,设计速度80km/h。建成特大桥:滦河特大桥,共1座。建成大桥2座。建成长隧道2座。总投资4.11亿元,资金来源:交通运输部车购税投入、地方投入。占地1472.3亩。项目管理单位:河北承德京承高速公路建设管理处;勘察设计单位:河北省交通规划设计院等;监理单位:中国公路工程咨询监理总公司、河北省交通建设监理咨询有限责任公司等;施工单位:河北路桥集团有限公司、北京市新新建筑工程公司等。

9. 河北遵化(承唐界)至南小营段

2009年4月开工建设,2010年11月建成通车,全长42.788km,四车道20.288km,六车道22.5km,设计速度100km/h、80km/h。建成大桥30座。建成长隧道1座。总投资35.44亿元,资金来源:交通运输部车购税投入、银行贷款。占地5288.74亩。项目管理单位:承唐高速公路建设指挥部;勘察设计单位:中交公路规划设计院有限公司;监理单位:山西省公路工程监理技术咨询公司等;施工单位:中铁十八局集团第五工程有限公司、中交一公局第六工程有限公司、邯郸市邯一建筑工程有限公司等。

10. 河北唐山至南小营段

2005年4月开工建设,2007年1月建成通车,全长19.14km,全线四车道,设计速度100km/h。建成大桥2座。总投资5.80亿元,资金来源:地方投入、银行贷款。占地1653.88亩。项目管理单位:承唐高速公路建设指挥部;勘察设计单位:中交第四航务工程勘察设计院;监理单位:唐山交通建设工程监理咨询有限公司等;施工单位:中铁十五局集团第五工程有限公司等。

11. 河北唐山西环段

1999年10月开工建设,2001年11月建成通车,全长33.893km,全线四车道,设计速度120km/h。建成大桥3座。总投资8.495亿元,资金来源:企业投入、银行贷款。占地4359.28亩。项目管理单位:唐山西环高速公路建设指挥部;勘察设计单位:中交第一公路勘察设计院、唐山市交通勘察设计院;监理单位:唐山交通建设工程监理咨询有限公司、河北通达工程监理咨询有限公司;施工单位:唐山市交通局公路工程处、中铁十八局五处、唐山远大交通工程有限公司、武警交通二总队、唐山公路工程总公司等。

12. 唐山至天津高速公路河北段

1995年8月开工建设,1999年9月建成通车,全长16.408km,全线六车道,设计速度

120km/h。总投资 16.5048 亿元,资金来源:地方投入、银行贷款。占地 8151.97 亩。项目管理单位:河北省唐津高速公路建设指挥部;勘察设计单位:河北省交通规划设计院;监理单位:河北省通达工程监理咨询有限公司;施工单位:交通部第一航务工程局等。

13. 天津段

1994 年开工建设,2003 年建成通车,全长 105.168km,四车道 93.479km,六车道 11.689km,设计速度 120km/h。建成特大桥:独流减河桥、王稳庄互通主线桥、滨海大桥、津塘公路互通式立交桥主线桥、京津塘立交桥、铁路东南环线立交桥、永定新河大桥、京山铁路桥特大桥,共 8 座。建成大桥 39 座。总投资 59.18 亿元,资金来源:交通部车购税投入、地方投入、银行贷款。占地 10983 亩。项目管理单位:天津新展高速公路有限公司、天津高速公路集团有限公司;勘察设计单位:天津市市政工程设计研究院等;监理单位:天津市道桥工程监理公司等;施工单位:天津市公路工程总公司等。

14. 天津段(改扩建)

2011 年开工建设,2014 年建成通车,全长 104.616km,全线六车道,设计速度 120km/h。建成特大桥:独流减河桥、王稳庄互通主线桥、滨海大桥、津塘公路互通式立交桥主线桥、京津塘立交桥、铁路东南环线立交桥、永定新河大桥、京山铁路桥特大桥,共 8 座。建成大桥 39 座。总投资 70.91 亿元,资金来源:地方投入、银行贷款。占地 12288 亩。项目管理单位:天津新展高速公路有限公司、天津高速公路集团有限公司;勘察设计单位:天津市市政工程设计研究院等;监理单位:河北华达公路工程咨询监理有限公司等;施工单位:天津路桥建设工程有限公司等。

15. 河北沧州段

2004 年 9 月开工建设,2007 年 12 月建成通车,全长 69.07km,全线四车道,设计速度 120km/h。建成特大桥:子牙新河特大桥,1 座。建成大桥 18 座。总投资 31.03 亿元,资金来源:交通部车购税投入、地方投入、银行贷款。占地 7652.1 亩。项目管理单位:沧州市高速公路建设管理处;勘察设计单位:河北交通规划设计院、河北省建筑设计研究院等;监理单位:北京高速公司监理公司、河北省交通建设监理咨询有限公司等;施工单位:中铁十六局集团有限公司、中铁一局集团第一工程有限公司等。[与 G18(荣乌高速公路)共线,计入 G18。]

16. 山东大高至鲁冀界段

2005 年 4 月开工建设,2007 年 12 月建成通车,全长 56.906km,全线六车道,设计速度 120km/h。总投资 21.376 亿元,资金来源:地方投入、银行贷款。占地 6398 亩。项目管理单位:山东省交通厅公路局;勘察设计单位:山东省交通规划设计院;监理单位:山东省通达交通工程监理中心、烟台市方正公路工程监理咨询有限公司、山东省圣地公路工程监理咨询中心;施工单位:中铁五局集团第三工程有限责任公司、山东东方路桥建设公司等。

17. 山东滨州至大高段

2003 年 5 月开工建设,2005 年 12 月建成通车,全长 28.8km,全线四车道,设计速度 120km/h。总投资 8.4540 亿元,资金来源:地方投入、银行贷款。占地 3551 亩。项目管理单位:山东省交通厅公路局;勘察设计单位:山东省交通规划设计院、山东光和园林设计事务所有限公司;监理单位:山东省交通工程监理咨询总公司、山东省交通工程监理咨询公司等;施工单位:山东省公路工程总公司(滨州公司)、烟台市公路工程处等。

18. 山东滨州黄河公路大桥段

2001 年 2 月开工建设,2004 年 7 月建成通车,全长 14.869km,全线四车道,设计速度 120km/h。总投资 6.96 亿元,资金来源:地方投入、银行贷款。占地 1845.95 亩。项目管理单位:山东省交通厅公路局;勘察设计单位:中交公路规划设计院;监理单位:山东省交通工程监理咨询总公司;施工单位:山东省公路工程总公司(滨州公司)、中铁十四局集团(原中铁第十四工程局)等。

19. 广饶至高青段

在建,全长 54km。

20. 山东东营至青州段

1998 年 4 月开工建设,2000 年 9 月建成通车,全长 43.415km,全线四车道,设计速度 100km/h。总投资 7.98 亿元,资金来源:地方投入、银行贷款。占地 4727.01 亩。项目管理单位:山东省交通厅公路局;勘察设计单位:华杰工程咨询有限公司、东营市公路勘察设计院、潍坊市公路勘察设计院;监理单位:潍坊市交通工程监理中心、潍坊市公路局工程监理处等;施工单位:山东省公路工程公司东营公司、山东省黄河工程局等。

21. 山东青州至临沭段

2009 年 6 月开工建设,2013 年 1 月建成通车,全长 228.33km,全线六车道,设计速度 120km/h。建成特大桥:沭河特大桥,共 1 座。建成大桥 54 座。建成长隧道 1 座。总投资 124.3 亿元,资金来源:中央投入、地方投入、银行贷款。占地 27619.989 亩。项目管理单位:山东省青州至临沭高速公路建设项目办公室、潍坊市青州至临沭高速公路建设项目办公室等;勘察设计单位:山东省交通规划设计院、中交公路规划设计院有限公司等;监理单位:山东恒建工程监理咨询有限公司、山东东泰工程咨询有限公司等;施工单位:路桥华东工程有限公司、安徽建工集团有限公司、中铁二十五局集团有限公司等。

22. 连云港至临沂高速公路江苏段

2007 年 11 月开工建设,2010 年 11 月建成通车,全长 51.33km,四车道 16.16km,六车道35.17km,设计速度120km/h。建成特大桥:临洪河及宋跳开发区高架桥,共1座,建成大桥20座。总投资32.30亿元,资金来源:中央投入、地方投入、银行贷款。占地5926.0亩。勘察设计单位:江苏省交通规划设计院等;监理单位:北京中交路通交通工程咨询有限公司等;施工单位:中铁二十局集团第一工程有限公司、中交一公局第三工程有限公司等。

23. 江苏淮安至连云港段

1999年11月开工建设,2000年11月建成通车,全长113km,全线四车道,设计速度100km/h。总投资6.85亿元,资金来源:地方投入、银行贷款。占地1603亩。项目管理单位:宁连公路北段高速化完善工程建设总指挥部;勘察设计单位:江苏省交通科学研究院、江苏省交通规划设计院、南京交通勘察设计院、北京市泰克公路科学技术研究所;监理单位:江苏东南交通工程咨询监理公司、江苏交通工程咨询监理总公司等;施工单位:江苏捷达交通工程公司、扬州市路桥总公司等。

24. 江苏淮安北至淮安西段

2003年8月开工建设,2006年8月建成通车,全长21.82km,全线四车道,设计速度120km/h。总投资8.94亿元,资金来源:地方投入。占地4426.51亩。项目管理单位:淮安市高速公路建设指挥部;勘察设计单位:中交第二公路勘察设计研究院、江苏省交通规划设计院等;监理单位:江苏伟信工程咨询有限公司、江苏振星监理有限公司等;施工单位:无锡路桥工程总公司、苏州交通工程集团有限公司等。

25. 淮安西至淮安南段

与G2513(淮徐高速公路)共线。

26. 江苏雍庄至马坝段

2002年11月开工建设,2006年6月建成通车,全长75.400km,全线六车道,设计速度120km/h。总投资24.09亿元(不含安徽段),资金来源:中央投入、银行贷款。占地13090亩。项目管理单位:江苏省宁淮高速公路建设指挥部;勘察设计单位:江苏省交通规划设计院、江苏雄国设计院等;监理单位:北京路桥通工程监理咨询有限公司、扬州华建交通工程咨询监理有限公司等;施工单位:中交二公局第四工程处、中铁三局集团第五工程有限公司等。

27. 安徽马坝至六合段

2005年1月开工建设,2006年12月建成通车,全长13.99km,全线六车道,设计速度120km/h。建成大桥3座。总投资4.67亿元,资金来源:交通部车购税投入、企业投入。占地1644.1亩。项目管理单位:安徽皖通高速公路股份有限公司;勘察设计单位:中交第一公路勘察设计研究院;监理单位:安徽省高等级公路工程监理有限公司;施工单位:路桥集团公路一局一公司等。

28. 江苏南京江北段

2003 年 10 月开工建设,2006 年 11 月建成通车,全长 34.645km,全线六车道,设计速度 100km/h、120km/h。总投资 23.68 亿元,资金来源:中央投入、地方投入、银行贷款。占地 4328.107 亩。项目管理单位:南京市公路建设处;勘察设计单位:中交第二公路勘察设计研究院、江苏省交通规划设计院等;监理单位:铁四院工程监理咨询公司、江苏东南交通咨询监理公司、解放军理工大学监理公司等;施工单位:中铁一局集团公司、中铁十八局集团公司、路桥一局三公司等。

29. 程桥至横梁段

与 G2501(南京绕城高速公路)共线。

30. 江苏南京长江第四大桥及接线(与 G2501 共线)

2008 年 12 月开工建设,2012 年 10 月建成通车,全长 29.0km,全线六车道,设计速度 120km/h。建成特大桥:麒麟互通主线桥、仙林互通主线桥、羊山北路分离式立交、栖霞互通主线桥、滁河大桥、四桥南引桥、四桥北引桥、南京长江第四大桥特大桥,共 8 座。建成大桥 12 座。总投资 68.57 亿元,资金来源:地方投入、银行贷款。占地 4768.0 亩。项目管理单位:南京市重大路桥建设指挥部;勘察设计单位:中交公路规划设计院有限公司、中国公路工程咨询集团有限公司;监理单位:中铁武汉大桥工程咨询监理有限公司、南京交通建设项目管理有限责任公司等;施工单位:中交第二航务工程局有限公司、中交第二公路工程局有限公司等。

31. 江苏南京绕越高速公路东南段

2007 年 10 月开工建设,2010 年 9 月建成通车,全长 41.215km,全线六车道,设计速度 120km/h。总投资 39.84 亿元(含建设期贷款利息为 2.29 亿元),资金来源:中央投入、银行贷款。占地 5671.893 亩。项目管理单位:南京交通建设项目管理有限责任公司;勘察设计单位:中交公路规划设计院等;监理单位:江苏旭方工程咨询监理有限公司、江苏润通交通工程监理咨询有限公司、江苏东南交通工程咨询监理有限公司;施工单位:中铁二十局集团第一工程有限公司、中铁十六局集团第三工程有限公司等。

32. 江苏沪瑞高速公路主干线溧水至南京段

2006 年 9 月开工建设,2008 年 8 月建成通车,全长 37.277km,六车道 30.65km,八车道 6.627km,设计速度 120km/h。建成大桥 16 座。总投资 31.32 亿元,资金来源:企业投入、银行贷款。占地 5291.748 亩。项目管理单位:江苏省高速公路建设指挥部;勘察设计单位:江苏省交通规划设计院等;监理单位:江苏省交通运输厅工程质量监督局等;施工单位:中铁一局集团有限公司、中港第三航务工程局等。

33. 江苏沪瑞高速公路主干线宜兴(苏浙界)至溧水段

溧水(骆家边)至溧阳(上兴)段,于2000年7月开工建设,2003年9月建成通车;溧阳(上兴)至宜兴(父子岭)段,于2001年6月开工建设,2004年9月建成通车。全长113.964km,四车道48.616km,六车道65.348km,设计速度120km/h。总投资44.62亿元,资金来源:交通部车购税投入、地方投入、企业投入、银行贷款。占地15188.598亩。项目管理单位:江苏省高速公路建设指挥部;勘察设计单位:江苏省交通规划设计院等;监理单位:江苏省交通运输厅工程质量监督局等;施工单位:中铁第十四工程局、中铁二十局第一工程处等。

34. 浙江杭宁高速公路

1997年12月开工建设,2002年12月建成通车,全长98.06km,全线四车道,设计速度120km/h。建成特大桥:秋山互通1号特大桥,共1座。建成大桥64座。总投资35.11亿元,资金来源:中央投入、地方投入。占地12220.0亩。项目管理单位:浙江省杭宁高速公路管理委员会;勘察设计单位:浙江省交通规划设计研究院;监理单位:北京华通公路桥梁监理咨询公司、江苏交通工程咨询监理总公司等;施工单位:铁道部第十二工程局第二工程处、铁道部第十四工程局第四工程处等。

35. 浙江杭州绕城高速公路

1994年10月开工建设,1997年建成通车,全长25.05km,全线四车道,设计速度100km/h。建成特大桥:白鹭塘大桥、勾庄主线立交、宣杭铁路立交特大桥,共3座。建成大桥3座。总投资6.79亿元,资金来源:交通部车购税投入、地方投入、银行贷款。占地1960.0亩。项目管理单位:中外合资杭州中策环通开发有限公司;勘察设计单位:青海省公路勘测设计研究院;监理单位:北京华宏监理公司等;施工单位:铁道部十六局三处、水电部十二局等。

36. 浙江杭新景高速公路

2003年5月开工建设,2005年12月建成通车,全长59.0km,全线六车道,设计速度120km/h。建成特大桥:桐庐富春江特大桥、富阳富春江特大桥、周浦港特大桥,共3座。建成大桥40座。建成长隧道1座。总投资35.2亿元,占地8203.35亩。项目管理单位:杭州市路桥建设处;勘察设计单位:中国公路工程咨询监理总公司、浙江省交通规划设计研究院;监理单位:陕西公路交通工程监理咨询公司等;施工单位:中铁十七局集团第六工程有限公司、路桥集团第一公路工程局等。

37. 浙江金丽高速公路

1999年开工建设,2002年建成通车,全长112.2km,全线四车道,设计速度100km/h。建成大桥47座。建成长隧道2座。总投资38.7亿元,资金来源:地方投入、银行贷款。

占地 12780.9 亩。项目管理单位：浙江省金丽温高速公路指挥部、金丽温高速公路永鹿段工程建设指挥部；勘察设计单位：浙江省交通规划设计研究院；监理单位：温州市交通工程咨询监理有限公司等；施工单位：交通部第一公路工程公司、中港二航局二分公司等。

38. 浙江丽龙庆高速公路

2004 年开工建设，2013 年建成通车，全长 157.1km，全线四车道，设计速度 100km/h。建成大桥 64 座。建成长隧道 11 座。总投资 75.70 亿元，资金来源：地方投入、银行贷款。占地 15936.69 亩。项目管理单位：浙江龙丽丽龙高速公路建设指挥部、丽水市龙庆云景高速公路建设指挥部；勘察设计单位：浙江省交通规划设计研究院；监理单位：丽水市公路水运工程监理咨询公司等；施工单位：中铁十三局集团第三工程有限公司、中铁一局集团第一工程有限公司等。

39. 福建松溪至建瓯段

2009 年 11 月开工建设，2012 年 12 月建成通车，全长 106.65km，全线四车道，设计速度 100km/h。总投资 63.42 亿元，资金来源：交通运输部车购税投入、地方投入、银行贷款。占地 12043.7 亩。项目管理单位：南平松建高速公路有限责任公司；勘察设计单位：福建省交通规划设计院；监理单位：温州市交通工程咨询监理有限公司；施工单位：中国对外建设总公司等。

40. 福建浦南段[含 G25（长深高速公路）浦南 52.668km、G3（京台高速公路）浦南 187.872km和 G1514（宁上高速公路）浦南高速公路武夷山支线 3.844km]

2005 年 12 月开工建设，2008 年 12 月建成通车，全长 244.4km（四车道 236km，六车道 8.4km），设计速度 80km/h、100km/h。建成大桥 144 座。建成特长隧道：茫荡山隧道、祝源隧道，共 2 座。建成长隧道 8 座。总投资 103.5424 亿元，资金来源：交通部车购税投入、地方投入、银行贷款。占地 25573.71 亩。项目管理单位：南平浦南高速公路有限责任公司；勘察设计单位：福建省交通规划设计院、浙江省交通勘察设计院；监理单位：江苏东南交通工程咨询监理有限公司等；施工单位：中铁十一局集团有限公司、中铁十五局集团有限公司等。

41. 福建三福南平连接线[含 G70（福银高速公路）27.951km 和 G25（长深高速公路）连接线 18.446km]

2001 年 10 月开工建设，2004 年 11 月建成通车，全长 46.4km，全线四车道，设计速度 80km/h。建成大桥 61 座。建成长隧道 3 座。总投资 22.31 亿元，资金来源：交通部车购税投入、地方投入、银行贷款。占地 5112.45 亩。项目管理单位：南平福银高速公路有限责任公司；勘察设计单位：福建省交通规划设计院、辽宁省交通规划设计院、北京交科公路勘察设计院、中铁西北科学研究院；监理单位：福建省交通建设工程监理咨询公司、北京中交公路桥梁工程监理有限公司、北京华宏路桥咨询监理公司；施工单位：中国航空港四航局一公司、中铁五局集团公司等。

42. 福建三福三明连接线

2001年3月开工建设，2004年12月建成通车，全长19.735km，全线四车道，设计速度80km/h。建成大桥8座。建成长隧道1座。项目管理单位：三明福银高速公路有限责任公司；勘察设计单位：福建省交通规划设计院、中交第二勘察设计研究院、辽宁省交通勘测设计院、北京交科公路勘测设计院；监理单位：湖南交通建设监理公司、江苏交通工程咨询监理公司、北京育才交通工程咨询监理公司等；施工单位：中铁四局集团有限公司、中铁一局集团有限公司、中铁十二局集团有限公司等。

43. 福建泉三高速公路三明段

2005年10月开工建设，2008年12月建成通车，全长59.337km，全线四车道，设计速度80km/h。建成大桥52座。建成长隧道1座。总投资65.06亿元，资金来源：中央投入、交通部车购税投入、地方投入、企业投入、银行贷款。项目管理单位：福建三明泉三高速公路有限责任公司；勘察设计单位：福建省交通规划设计院、中交第一公路勘察设计研究院、中国公路工程咨询监理总公司；监理单位：铁科院（北京）工程咨询有限公司、安徽省高等级公路工程监理公司；施工单位：中铁十三局集团第一工程有限公司、中铁十九局集团第二工程有限公司等。

44. 福建永武高速公路三明段

2006年12月开工建设，2010年4月建成通车，全长40.708km，全线四车道，设计速度80km/h。建成大桥8座。建成长隧道2座。总投资121.65亿元，资金来源：交通运输部车购税投入、地方投入、银行贷款。项目管理单位：三明永武高速公路有限责任公司；勘察设计单位：福建省交通规划设计院；监理单位：厦门中平工程监理咨询有限公司、安徽省公路工程建设监理有限公司等；施工单位：中铁四局集团有限公司、中铁十二局集团有限公司等。

45. 福建永武高速公路龙岩段

2007年4月开工建设，2010年6月建成通车，全长155.43km，全线四车道，设计速度80km/h、100km/h。建成大桥109座。建成特长隧道：马坑山隧道、龙井隧道，共2座。建成长隧道4座。总投资87.54亿元，资金来源：地方投入、银行贷款。占地17533.0亩。项目管理单位：龙岩永武高速公路有限公司；勘察设计单位：福建省交通规划设计院（联合体成员：中国公路工程咨询集团有限公司）；监理单位：加拿大超豪国际咨询有限公司等；施工单位：中铁二十三局集团有限公司、中铁六局集团有限公司、中国路桥工程有限公司等。

46. 广东蕉岭广福至梅县城东段

2004 年开工建设,2006 年建成通车,全长 58.28km,全线四车道,设计速度 100km/h。建成大桥 24 座。建成长隧道 1 座。总投资 22.8564 亿元,资金来源:地方投入、银行贷款。占地 6075.0 亩。项目管理单位:广东省路桥建设发展有限公司天汕分公司;勘察设计单位:中交公路规划设计院;监理单位:广东省公路工程监理站;施工单位:中铁三局集团有限公司等。

47. 广东梅县城东至程江段

2002 年 12 月 1 日开工建设,2006 年 10 月 31 日建成通车,全长 18.56km,全线四车道,设计速度 100km/h。建成大桥 6 座。总投资 6.43 亿元,资金来源:企业投入、银行贷款。占地 2361.06 亩。项目管理单位:广东省路桥建设发展有限公司天汕分公司;勘察设计单位:中交公路规划设计院、重庆交通科研设计院;监理单位:广州诚信公路工程监理咨询有限公司、湖南交通建设工程监理有限公司;施工单位:广东冠粤路桥有限公司、广东省航盛工程有限公司。

48. 广东程江至东源柳城段

2003 年 11 月开工建设,2005 年 10 月建成通车,全长 118.41km,全线四车道,设计速度 80km/h、100km/h。建成大桥 48 座。总投资 49.79 亿元,资金来源:中央投入、地方投入、银行贷款。占地 16053.7 亩。项目管理单位:梅河高速公路有限公司;勘察设计单位:华杰工程咨询有限公司;监理单位:广东省公路工程监理站等;施工单位:中铁十二局集团有限公司、中铁十三局集团第三工程公司等。

49. 广东柳城至热水段

2003 年 3 月开工建设,2005 年 6 月建成通车,全长 43.59km,全线四车道,设计速度 80km/h、100km/h。建成大桥 13 座。总投资 13.343 亿元,资金来源:地方投入、银行贷款。占地 5640.39 亩。项目管理单位:河源河龙高速公路有限公司;勘察设计单位:广东省公路勘查规划设计院;监理单位:育才布朗交通咨询监理有限公司;施工单位:中港四航局第一工程公司、中铁十五局集团有限公司等。

50. 广东热水至埔前段

2003 年 12 月 30 日开工建设,2005 年 12 月 28 日建成通车,全长 36.544km,全线四车道,设计速度 100km/h。建成大桥 11 座。总投资 19.88 亿元,资金来源:地方投入、银行贷款。占地 5613 亩。项目管理单位:广东粤赣高速公路有限公司;勘察设计单位:铁道第二勘察设计院、中国公路工程咨询监理总公司;监理单位:广东翔飞公路工程监理有限公司、广东工程建设监理有限公司;施工单位:广东省长大公路工程有限公司、广东晶通公路工程建设集团有限公司。

51.广东埔前至小金口段

2002年2月开工建设,2003年12月建成通车,全长50.078km,全线四车道,设计速度100km/h。建成大桥10座。总投资14.91亿元,资金来源:地方投入、银行贷款。占地5281.0亩。项目管理单位:广东河惠高速公路有限公司;勘察设计单位:华杰工程咨询有限公司;监理单位:广东省公路工程监理站;施工单位:广东冠粤路桥有限公司等。

52.广东小金口至平南段

1998年9月开工建设,2001年11月建成通车,全长29.443km,全线四车道,设计速度100km/h。建成大桥15座。总投资11.89亿元,资金来源:地方投入、银行贷款。占地4365.0亩。项目管理单位:广东河惠高速公路有限公司;勘察设计单位:惠州市交通规划设计院;监理单位:广东省公路工程监理站;施工单位:广东省公路工程建设集团有限公司等。

53.广东平南至深汕交汇处段

1990年10月开工建设,1993年4月建成通车,全长34.538km,全线四车道,设计速度100km/h。总投资4.2亿元,资金来源:地方投入。占地4928亩。项目管理单位:深圳惠盐高速公路有限公司;勘察设计单位:铁道第二勘察设计院;监理单位:广东工程建设监理有限公司;施工单位:广东省长大公路工程有限公司。

四、联络线及并行线

1. G2511(新鲁高速公路)新民至鲁北高速公路

辽宁沈阳至彰武段。2005年开工建设,2007年建成通车,全长89.05km,全线四车道,设计速度100km/h。建成特大桥:辽河特大桥,1座。建成大桥12座。总投资21.7亿元,资金来源:中央投入、地方投入、银行贷款。占地7958.0亩。项目管理单位:辽宁省高等级公路建设局;勘察设计单位:辽宁省交通勘测设计院;监理单位:辽宁弛通公路工程监理事务所;施工单位:中铁十九局集团有限公司、中铁二十二局集团第四工程有限公司等。[其中,40.919km属于G1113(丹阜高速公路),剩余48.126km属于G2511(新鲁高速公路)。]

辽宁彰武至阿尔乡(辽蒙界)公路。2009年开工建设,2011年建成通车,全长54.96km,全线四车道,设计速度100km/h。建成大桥4座。总投资13.3亿元,资金来源:中央投入、地方投入、银行贷款。占地4835.0亩。项目管理单位:辽宁省高等级公路建设局;勘察设计单位:辽宁省交通勘测设计院;监理单位:沈阳公路工程监理有限责任公司;施工单位:沈阳高等级公路建设总公司等。

内蒙古好力堡(蒙辽界)至通辽段。2011年3月开工建设,2013年11月建成通车,全长 90.6km,全线四车道,设计速度 100km/h。建成大桥 6 座。总投资 30.56 亿元,资金来源:中央投入、银行贷款。占地 8811.0 亩。项目管理单位:通辽市好力堡至通辽高速公路建设项目管理办公室;勘察设计单位:内蒙古交通设计研究院有限责任公司;监理单位:内蒙古通辽市环宇公路监理咨询有限责任公司等;施工单位:中交第二公路工程局有限公司等。

2. G2512(阜锦高速公路)阜新至锦州高速公路

辽宁锦州至阜新段。2000 年开工建设,2002 年建成通车,全长 119.13km,全线四车道,设计速度 100km/h。建成特大桥:大凌河特大桥,1 座。建成大桥 25 座。总投资 23.0 亿元,资金来源:地方投入、银行贷款。占地 10960.0 亩。项目管理单位:辽宁省高等级公路建设局;勘察设计单位:辽宁省交通勘测设计院;监理单位:沈阳公路工程监理有限责任公司;施工单位:交通部第二公路工程局第三工程处、中铁第十九工程局第三工程处等。

3. G2513(淮徐高速公路)淮安至徐州高速公路

江苏徐州至宿迁段。2000 年 7 月开工建设,2003 年 9 月建成通车,全长 94.7km,全线四车道,设计速度 120km/h。建成特大桥:徐洪河特大桥、宿迁南枢纽立交主线桥,共 2 座。建成大桥 32 座。总投资 29.94 亿元,资金来源:地方投入、企业投入。占地 9612.25 亩。项目管理单位:江苏省高速公路建设指挥部;勘察设计单位:中交第一公路勘察设计院、西安公路研究所;监理单位:江苏东南交通工程咨询监理有限公司、江苏省交通工程咨询监理总公司等;施工单位:交通部公路二局第三工程处、中铁第十四工程局等。

江苏宿迁至淮安高速公路宿迁段。2001 年开工建设,2005 年建成通车,全长 54.12km,全线四车道,设计速度 120km/h。建成特大桥:京杭运河特大桥、成子河特大桥,共 2 座。建成大桥 33 座。总投资 17.99 亿元,资金来源:中央投入、地方投入、银行贷款。占地 4953.1 亩。项目管理单位:江苏省高速公路建设指挥部;勘察设计单位:中交第二勘察设计研究院、西安公路研究所等;监理单位:江苏伟信工程咨询有限公司、潍坊市交通工程监理中心等;施工单位:路桥集团第二公路工程局、中铁十四局集团有限公司等。

江苏宿迁至淮安高速公路淮安段。2002 年开工建设,2005 年建成通车。全长 55.6km,四车道 44.2km,六车道 11.4km,设计速度 120km/h。建成特大桥:京杭运河特大桥、苏北灌溉总渠特大桥、淮安大桥、淮沭新河特大桥,共 4 座。建成大桥 15 座。总投资 29.85 亿元,资金来源:地方投入、企业投入、银行贷款。占地 14689.16 亩。项目管理单位:江苏省高速公路建设指挥部;勘察设计单位:中交第一公路勘察设计研究院等;监理单位:江苏交通工程咨询监理有限公司等;施工单位:中国建筑第八工程局、中铁第二十工程局第一工程处等。

江苏林东至大黄山段。2000 年 7 月开工建设,2003 年 9 月建成通车,全长 19.765km,全线四车道,设计速度120km/h。建成特大桥:林东枢纽互通主线桥,共1座,建成大桥16座。总投资6.62亿元,资金来源:交通部车购税投入、地方投入、银行贷款。占地2217.249亩。项目管理单位:江苏省交通工程建设局;勘察设计单位:中交第一公路勘察设计研究院;监理单位:江苏东南交通工程咨询监理公司;施工单位:天津市路桥工程总公司、路桥集团第一公司工程局等。

4. G2515(鲁霍高速公路)鲁北至霍林郭勒高速公路

待建。

5. G2516(东吕高速公路)东营至吕梁高速公路

山东济南至东营段。2014年6月18日开工建设,2016年12月28日建成通车,全长162.381km,全线四车道,设计速度120km/h。建成特大桥:杨柳雪枢纽互通跨线桥、滨港铁路立交桥,共2座。建成大桥20座。总投资102.5亿元,资金来源:地方投入、银行贷款。占地16408亩。项目管理单位:齐鲁交通发展集团有限公司济南至东营高速公路项目建设办公室;勘察设计单位:山东省交通规划设计院;监理单位:山东东泰工程咨询有限公司、北京中交华捷工程技术咨询有限公司等;施工单位:中铁十二局集团有限公司、德州市公路工程总公司、重庆交通建设(集团)有限责任公司、山东鲁东路桥有限责任公司等。

山东高唐至临清段。2009年6月开工建设,2012年6月建成通车,全长46.097km,全线四车道,设计速度100km/h。建成特大桥:临清高架桥,共1座。建成大桥7座。总投资24.45亿元,资金来源:地方投入、银行贷款。占地4281.6亩。项目管理单位:聊城市高唐至临清高速公路建设项目办公室;勘察设计单位:中交第一公路勘察设计研究院有限公司;监理单位:山东菏泽通达交通工程监理有限公司、山东省交通工程监理咨询公司;施工单位:沈阳市政集团有限公司、山东省滨州市公路工程总公司、山东省公路建设(集团)有限公司等。

河北邢台南至冀鲁界段。2003年7月开工建设,2005年12月建成通车,全长104.758km,全线四车道,设计速度100km/h。建成特大桥:卫运河特大桥,共1座。建成大桥14座。总投资27.675亿元,资金来源:地方投入、银行贷款。占地9958.3亩。项目管理单位:邢台市高速公路管理处;勘察设计单位:河北省交通规划设计院、河北省建筑设计研究院等;监理单位:河北省交通建设监理咨询有限公司等;施工单位:中铁二十局集团二公司、中铁十五局集团公司等。

河北邢台至冀晋界段。2010年开工建设,2015年建成通车,全长84.326km,全线四车道,设计速度100km/h。建成特大桥:上行上跨京广邯黄铁路立交桥、下行上跨京广邯黄铁路立交桥、上行沙河特大桥、下行沙河特大桥,共4座。建成大桥74座。建成特长隧道:洺水特长隧道,共1座。建成长隧道4座。总投资92.446亿元,资金来源:交通运输部车购税投入、地方投入、银行贷款。占地 10262 亩。项目管理单位:河北省高速公路邢汾筹建处;勘察设计单位:河北省交通规划设计院、中交第一公路勘察设计研究院有限公司等;监理单位:河北省交通建设监理咨询有限公司等;施工单位:中交二公局第六工程有限公司、中铁十一局集团第三工程有限公司、中铁十局集团有限公司等。

山西汾阳至平遥段。2008 年 9 月开工建设,2010 年 10 月建成通车,全长 41.7km,全线四车道,设计速度 120km/h。建成大桥 12 座。总投资 17.77 亿元,资金来源:企业投入、银行贷款。占地 4745.3 亩。项目管理单位:山西汾平高速公路有限公司;勘察设计单位:中国公路工程咨询集团有限公司、山西省交通规划勘察设计院等;监理单位:山西省交通建设工程监理总公司等;施工单位:中交第二公路工程局有限公司、中铁十局集团第二工程有限公司、中交二公局第六工程有限公司等。

山西平遥至榆社段。2009 年 6 月开工建设,2012 年 12 月建成通车,全长 83.07km,全线四车道,设计速度 80km/h、100km/h。建成特大桥:南风沟 1 号特大桥、浊漳河特大桥,共 2 座。建成大桥 42 座。建成特长隧道:宝塔山隧道、紫金山隧道,共 2 座。建成长隧道 1 座。总投资 57.66 亿元,资金来源:地方投入、银行贷款。占地 6287.73 亩。项目管理单位:榆平高速公路建设管理处;勘察设计单位:山西省交通规划勘察设计院、山西省交科公路勘察设计院等;监理单位:山西省公路工程监理技术咨询公司等;施工单位:中铁十四局集团第二工程有限公司、中铁隧道集团有限公司等。

山西东吕高速公路和榆段一期(榆社至左权)。2010 年 1 月开工建设,2012 年 8 月建成通车,全长 40.520km,全线四车道,设计速度 80km/h。建成大桥 24 座。建成长隧道 4 座。总投资 28.8 亿元,资金来源:地方投入、银行贷款。占地 4005.79 亩。项目管理单位:和榆高速公路建设管理处;勘察设计单位:铁道第三勘察设计院集团有限公司、辽宁省交通规划设计院、中国公路工程咨询集团有限公司;监理单位:山西省公路工程监理技术咨询公司、山西省交通建设工程监理总公司等;施工单位:十堰市双环公路建设有限公司、安阳市恒达公路发展有限责任公司、山西省晋中路桥建设集团有限公司、中铁十九局集团第五工程有限公司等。

山西东吕高速公路和榆段二期(左权至和顺)。2011 年 1 月控制性工程先期开工建设,2012 年 3 月土地手续批复后正式开工建设,2015 年 12 月建成通车,全长 36.172km,全线四车道,设计速度 80km/h。建成特大桥:田渠坪 2 号特大桥,共 1 座。建成大桥 13 座。建成特长隧道:云山隧道、五指山隧道、天河山隧道,共 3 座。总投资 51.63 亿元,资金来源:地方投入、银行贷款。占地 2737.37 亩。项目管理单位:和榆高速公路建设管理处;勘察设计单位:山西省交通规划勘察设计院、辽宁省交通规划设计院、中国公路工程咨询集团有限公司;监理单位:内蒙古交通建设监理咨询有限责任公司、北京德通达交通工程监理咨询有限责任公司、山西晋达交通建设工程监理有限公司等;施工单位:中铁十二局集团第一工程有限公司、中铁二十一局集团第三工程有限公司等。

6. G2517(沙厦高速公路)沙县至厦门高速公路

福建金淘高速公路厦门段。2009年9月开工建设,2012年12月建成通车(厦门北站至厦门站于2013年8月30日通车),全长29.686km,全线四车道,设计速度80km/h、100km/h。建成特大桥:澳溪特大桥,共1座。建成大桥14座。建成长隧道3座。总投资32.368亿,资金来源:交通运输部车购税投入、地方投入、银行贷款。占地3461.64亩。项目管理单位:厦门百城建设投资有限公司;勘察设计单位:福建省交通规划设计院、中交第二公路勘察设计研究院有限公司、中铁第四勘察设计院集团有限公司;监理单位:中国公路工程咨询有限公司、厦门路桥监理咨询有限公司等;施工单位:四川武通路桥工程局、中铁二十二局集团有限公司、宁波交通工程建设集团有限公司等。

福建金淘高速公路泉州段。2009年9月开工建设,2012年12月建成通车,全长18km,全线四车道,设计速度80km/h。建成大桥14座。总投资13.95亿元,资金来源:交通运输部车购税投入、地方投入、银行贷款。占地1827.02亩。项目管理单位:泉州市金安高速公路有限公司;勘察设计单位:中国公路工程咨询集团有限公司、福建省交通规划设计院;监理单位:厦门中平工程监理咨询有限公司、厦门港湾咨询监理有限公司;施工单位:福建建工集团总公司、中城建第二工程局有限公司等。

7. G2518(深岑高速公路)深圳至岑溪高速公路

广东深汕交汇处至荷坳段。与G15(沈海高速公路)共线。

广东荷坳至鹤洲段。与G15(沈海高速公路)共线。

广东中山新隆至G94互通。2002年3月开工建设,2005年11月8日建成通车,全长10.315km,全线四车道,设计速度120km/h。建成特大桥:港口高架桥、港口大桥,共2座。建成大桥12座。总投资8.41亿元,资金来源:地方投入、银行贷款。占地850.2亩。项目管理单位:广东江中高速公路有限公司;勘察设计单位:广东省公路勘察规划设计院;监理单位:广东省公路工程监理站;施工单位:广东冠粤路桥有限公司、广东省航盛工程有限公司等。

广东G94互通至江门四村段。2002年3月开工建设,2005年11月8日建成通车,全长22.067km,全线四车道,设计速度110km/h。建成特大桥:歧江公路跨线桥、西江特大桥,共2座。建成大桥17座。总投资18.0亿元。资金来源:地方投入、银行贷款。占地1818.8亩。项目管理单位:广东江中高速公路有限公司;勘察设计单位:广东省公路勘察规划设计院;监理单位:广东省公路工程监理站;施工单位:广东冠粤路桥有限公司、广东省航盛工程有限公司等。

广东江门四村至龙湾段。2002年3月开工建设,2005年11月8日建成通车,全长

7.688km,全线四车道,设计速度110km/h。建成特大桥:睦州大桥,共1座。建成大桥3座。总投资6.27亿元,资金来源:地方投入、银行贷款。占地633.7亩。项目管理单位:广东江中高速公路有限公司;勘察设计单位:广东省公路勘察规划设计院、江苏省交通规划设计院;监理单位:广东省公路工程监理站;施工单位:广东冠粤路桥有限公司、广东省长大公路工程有限公司等。

广东江门龙湾至G94分叉段。1996年4月开工建设,1999年1月建成通车,全长3.327km,全线四车道。总投资5.75亿元,资金来源:地方投入。占地410亩。项目管理单位:江门市江鹤高速公路有限公司;勘察设计单位:广东省公路勘察规划设计院;监理单位:广东省公路工程监理站;施工单位:广东冠粤路桥有限公司、广东省航盛工程有限公司等。

广东G94分叉至共和段。1996年开工建设,2004年建成通车,全长15.72km,全线四车道。总投资8.6亿,资金来源:地方投入。占地2321亩。项目管理单位:江门市江鹤高速公路有限公司;勘察设计单位:广东省公路勘察规划设计院;监理单位:广东省公路工程监理站;施工单位:广东冠粤路桥有限公司、广东省航盛工程有限公司等。

广东江门至罗定段。2013年6月29日开工建设,2015年12月31日一期建成通车,一期全长23.8km,2016年12月28日二期建成通车,二期全长116.2km(包含G2518鹤山共和至高明高村、新兴至罗定双东),全长140km,全线六车道,设计速度100km/h、120km/h。建成特大桥:新兴江特大桥、县道X466围仔跨线桥,共2座。建成大桥59座。建成特长隧道:王北凹隧道、三岔顶隧道,共2座。建成长隧道1座。总投资:171.09亿元(包含建设期贷款利息12.57亿元),资金来源:地方投入、银行贷款。占地23320亩(一期用地3682亩,二期用地19638亩,含新增永久用地1764亩)。项目管理单位:广东省公路建设有限公司江罗分公司;勘察设计单位:中交第一公路勘察设计研究院有限公司、广东省公路勘察规划设计院有限公司;监理单位:广州诚信公路建设监理咨询有限公司、广东华路交通科技有限公司;施工单位:广东省长大公路工程有限公司、中铁十一局集团有限公司等。

广西筋竹至岑溪段。2008年开工建设,2010年4月建成通车(岑溪东至筋竹段24km于2010年4月13日建成通车、筋竹至横垌段9km于2013年12月28日建成通车),全长33.235km,全线四车道,设计速度100km/h。建成大桥12座。总投资16.5088亿元,资金来源:中央投入、企业投入、银行贷款。占地4560.54亩。项目管理单位:广西岑罗高速公路有限责任公司;勘察设计单位:广西壮族自治区交通规划勘察设计研究院;监理单位:广西桂通公路工程监理咨询有限责任公司;施工单位:中交一公局海威工程建设有限公司、路桥华祥国际工程有限公司、中交一公局第三工程有限公司等。

8. G2501长春绕城高速公路

吉林长春绕城高速公路西北环。1995年5月开工建设,2002年8月建成通车,全长

40km,全线四车道,设计速度80km/h、120km/h。建成特大桥:富峰特大桥,共1座。建成大桥1座。总投资9.95亿元,资金来源:中央投入、地方投入、银行贷款。占地5782亩。项目管理单位:长春绕城高速公路建设办公室;勘察设计单位:长春市公路规划勘测设计院;监理单位:吉林省公路工程监理有限责任公司、长春市监理办公室;施工单位:长春路桥开发建设有限责任公司等。

9. G2501 天津绕城高速公路

国道112线天津东段(盐场段)。2009年开工建设,2017年1月1日建成通车(G2501原滨保高速公路天津段于2012年建成通车),全长93.1km,设计速度120km/h。建成特大桥:大神堂西互通式立交D匝道桥、汉南铁路分离式立交、汉沽北互通式立交主线桥2号桥,共3座。建成大桥15座。总投资12.71亿元,资金来源:交通运输部车购税投入、企业投入、银行贷款。占地1395亩。项目管理单位:天津高速公路集团有限公司;勘察设计单位:天津市市政工程设计研究院、天津市建筑设计院、中国公路工程咨询集团有限公司;监理单位:天津市国腾公路工程监理有限公司;施工单位:中铁十局集团有限公司、天津市第一市政公路工程有限公司、湖南益阳公路桥梁建设责任有限公司、天津路桥建设工程有限公司等。

10. G2501 南京绕城高速公路

江苏南京绕城高速公路东北段。2010年11月开工建设,2012年11月建成通车,全长26.854km,全线六车道,设计速度120km/h。建成特大桥:横梁互通主线桥、宁启铁路分离式立交,共2座。建成大桥21座。总投资24.46亿元,资金来源:中央投入、银行贷款。占地3588亩。项目管理单位:南京市公路建设处;勘察设计单位:江苏省交通科学研究院有限公司、西安公路研究院等;监理单位:常州市交通建设监理咨询有限公司等;施工单位:东盟营造工程有限公司、中建八局基础设施建设有限公司等。

江苏横梁至麒麟段(南京长江四桥)。与G25(长深高速公路)共线。

江苏南京长江三桥段。2003年8月开工建设,2005年10月建成通车,全长16.6km,全线六车道,设计速度120km/h。建成特大桥:天后村互通主线桥、南京长江三桥主桥、北引桥,共3座。建成大桥8座。总投资33.9514亿元,资金来源:中央投入、地方投入、银行贷款。占地8517.0亩。项目管理单位:南京市长江三桥建设指挥部;勘察设计单位:中交公路规划设计院;监理单位:中铁武汉大桥工程咨询监理有限公司、铁科院(北京)工程咨询有限公司;施工单位:中交第二航务工程局有限公司、湖南路桥建设集团公司、中铁宝桥股份有限公司、中铁山桥集团有限公司。

江苏麒麟至刘村段。与G25(长深高速公路)共线。

江苏张店至六合段。与G40(沪陕高速公路)共线。

江苏六合南至程桥段。与 G25(长深高速公路)共线。

11. G2501 杭州绕城高速公路

浙江杭州绕城高速公路。1994 年 10 月开工建设,2003 年 12 月建成通车,全长 123.71km,四车道 89.93km,六车道 33.78km,设计速度 100km/h、120km/h。建成特大桥:下沙大桥引桥、下沙大桥、宣杭铁路立交、勾庄主线立交、海宁互通主线、钱江五桥、白鹭塘大桥、西小江大桥,共 8 座。建成大桥 12 座。建成特长隧道:黄鹤山隧道,共 1 座。总投资 63.96 亿元,资金来源:交通部车购税投入、地方投入。占地 10436.8 亩。项目管理单位:杭州市交通设施建设处、中外合资杭州中策环通开发有限公司、杭州市交通路桥建设处/海宁市人民政府办公室(委派海宁市交通工程建设管理处管理);勘察设计单位:浙江省交通规划设计研究院等;监理单位:中国公路工程咨询监理总公司浙江省分公司、北京路通工程监理咨询有限公司等;施工单位:交通部第二公路工程局、交通部第二航务工程局等。[备注:杭州绕城高速公路分为绕城南线、绕城东线、绕城西线、绕城北一期(乔司—余杭塘河)、绕城北二期(下沙—乔司)及杭金衢一期中绕城部分。]

五、先进技术的研究与应用

1. 高稳定性废胎胶粉改性沥青在寒冷地区路面中的应用技术研究(内蒙古)

内蒙古好力堡至通辽段“高稳定性废胎胶粉改性沥青在寒冷地区路面中的应用技术研究”,通过课题的开发研究总结了高稳定性废胎胶粉改性沥青的生产、施工工艺,为高寒地区路面病害治理的设计、施工提供可靠依据,开发研究的高稳定性废胎胶粉改性沥青与 SBS 改性沥青相比,每吨至少便宜 500 元人民币;其路面混合料与 SBS 改性沥青路面混合料相比,至少便宜 2 ~ 5 元/m^3;如果经研究可适当减薄沥青路面的结构层厚度,届时其经济效益将巨大。结合依托工程中使用材料,通过试验、分析,提出高稳定废胎胶粉改性沥青的技术指标,路用最佳配合比。主要研究内容如下:①高稳定性废胎胶粉改性沥青的改性机理和生产工艺研究;②高稳定性废胎胶粉改性沥青的路用指标及配合比研究;③高稳定性废胎胶粉改性沥青的筑路施工工艺研究。

2. 山区高速公路高架桥混凝土裂缝问题研究与对策(河北)

主要研究内容:

(1)邢汾高速公路桥梁工程技术特性分析。

(2)基于交通调查的高速公路桥梁设计荷载标准的确定。

(3)钢筋混凝土桥梁的病害分析及高速公路桥梁结构形式优化。

(4)基于模糊数学和灰色理论的高速公路桥梁形式选定与造价控制。

(5)针对邢汾高速公路高墩大跨典型桥梁结构特点,研究了桥梁下部墩台混凝土结构中的温度场和应力场的分布规律;并通过对比分析总结桥梁下部混凝土结构各种热学指标的选取。

(6)分析不同的浇筑温度、冷水管不同水温及流量对承台混凝土温度场和应力场的影响;分析高墩不同部位和不同气候条件下高墩混凝土温度场和应力场的变化规律。

(7)基于粒度优化分布的高性能混凝土的性能与水化温升规律,研究了低胶材用量的高性能混凝土配合比设计。

(8)结合室内试验、现场测试、有限元分析及邢汾高速公路桥梁混凝土施工的效果,从混凝土的原材料、配合比、外加剂、施工工艺等几方面研究减少桥梁混凝土开裂的工程措施。

3. 山区高速公路复杂地形条件下安全保障关键技术(河北)

依托邢汾高速公路,通过对以下三个方面的研究,形成山区高速公路复杂地形条件下安全保障关键技术:

(1)线形安全设计方面,结合我国公路、车辆的现状,通过在京承、承唐、石太、青兰、漳龙及玉元等多条山区高速公路中开展制动器温度测量动态试验,提出了道路纵断面设计控制指标、避险车道设置、爬坡车道设置等关键技术,建立了我国公路连续下坡路段典型货车制动器温度预测模型,解决高落差条件下连续纵坡段的设计安全问题;通过发动机台架试验及车辆动力学原理,提出山区高速公路连续上坡路段线性指标控制关键技术。研究成果已应用于邢汾、秦承、渝黔等高速公路的线形设计,并被《公路路线设计规范》(JTG D20—2006)采纳。

(2)隧道洞口安全设计方面,针对隧道洞口因"暗洞"效应致事故多发的安全隐患,提出隧道洞口贴地照明技术;对隧道事故特征与运营状态进行调研分析,基于人体工程学原理,通过现场试验确定典型驾驶员制动反应时间,结合典型货车动力性能,提出隧道口光线过渡设计关键技术;对隧道照明视认性关键控制指标进行了量化分析与研究,提出了采用窄光束投光灯贴地照明的方式提高隧道入口驾驶视认性的方法,采用DIALux软件进行隧道照明分析和改善设计的方法,给出了隧道照明布置原则。研究成果已在邢汾高速公路等国内多个高速公路隧道洞口的照明设计中得到应用,解决了隧道洞口"瞳孔放大"的安全隐患。

(3)安全防护设施设计方面,运用理论分析、动力有限元计算、实车碰撞试验、模拟碰撞试验和动态数值模拟分析等进行研究,提出了护栏端部及衔接部位的具体防护目标以及无缝隙防护的设计方法,为建立山区高速公路的无缝隙安全防护体系提供经验参考,有利于提高山区高速公路整体防护水平和运营效益。

4. 超薄沥青混凝土桥面铺装技术研究(河北)

2004年4月,河北省交通厅召开了全省沥青路面技术研讨会,提出开展"河北省典型路面结构研究”项目计划,把“沥青混凝土桥面铺装合理技术研究”列为一项子课题。邢台市高速公路管理处开展了南澧河大桥超薄沥青混凝土铺装技术研究,主要研究内容包括:

(1)第一次研究提出超薄沥青混凝土桥面铺装结构。2cm 超薄沥青混凝土与常用的10cm 厚沥青混凝土桥面铺装相比降低了自重,承载能力提高了 16.2% 。

(2)研究总结了超薄沥青桥面铺装施工技术和施工工艺。

(3)超薄沥青桥面铺装经济效益显著。经分析计算,采用超薄沥青桥面铺装可节约资金 80 元/m^2,节省工程费用 70% 。

(4)水泥桥面压磨刻槽技术,解决了强度、黏结、防滑问题。

(5)水泥桥面防水技术,NMP 防水剂具有施工简便、防水效果好、对沥青混凝土黏结无不良影响等优点。

(6)改性乳化沥青黏结层技术。通过改进工艺提高软化点、研究使用合理沥青用量等技术手段,成功研究了黏结层技术和施工工艺。

(7)研究提出了超薄沥青混凝土合理级配范围。

(8)研制使用了高强沥青。

5. 高性能沥青混合料路面成套技术(河北)

邢临高速公路邢台南至冀鲁界项目针对当前路面结构设计存在的问题及缺少对高性能沥青混合料的研究,主要开展以下内容:

(1)根据我国半刚性基层沥青路面下面层的抗反射裂缝的受力要求,开创性地提出将细粒式混凝土应用于下面层,同时开发了抗疲劳裂缝的高弹沥青,设计了室内反射裂缝试验,比较了多种沥青混凝土的反射效果。

(2)开发了高强沥青应用于沥青路面的中上面层,提高沥青路面的抗车辙性能,研究表明,在相同条件下,高强沥青混凝土的动稳定度是普通沥青混凝土的 5 ~ 10 倍,是 SBS 改性沥青混凝土的 2 ~ 3 倍。

(3)首次在国内铺筑了大规模(15 种路面结构)的特种改性沥青混凝土试验路,通过现场试验提出了整套特种沥青混凝土的施工工艺及流程。

6. 耐久型沥青路面技术体系研究及应用(河北)

河北承德至承唐界项目“耐久型沥青路面技术体系研究及应用”的主要内容包括:

(1)分析路面早期损坏机理及路面力学行为,明确沥青路面层位功能,首次提出了基于层位功能的耐久型沥青路面结构。

(2)分析传统试验方法及其存在的不足,结合现场振动压实机理和压实功,发明了道路基层材料垂直振动法(VVTM),包括垂直振动击实仪选型标准、垂直振动击实法和试件垂直振动成型法。

(3)基于VVTM法,研究水泥稳定碎石力学特性和疲劳特性、控制疲劳断裂的强度设计标准、控制收缩开裂的强嵌挤骨架密实级配和最大水泥剂量,提出水泥稳定碎石力学参数,创立了控制开裂破坏的水泥稳定碎石设计方法。

(4)基于VVTM法,研究级配碎石力学特性和疲劳特性、控制剪切破坏的强度设计标准、控制永久变形的强嵌挤骨架密实级配,提出级配碎石力学参数,创立了控制剪切破坏的级配碎石设计方法。

(5)基于层位功能,研究ATB-30、AC-20、SMA-16材料组成特点和矿料组成及其高温稳定性、低温抗裂性、抗疲劳性、水稳定性等性能,提出耐久型沥青混合料。

7. 宝塔山隧道混凝土路面连续配筋技术(山西)

连续配筋混凝土路面由于取消了横向接缝,提高了路面的平整度和行车舒适性;纵向连续的钢筋提高了裂缝处的传荷能力,增强了板的整体强度和结构承载能力;连续配筋混凝土路面耐久性好,使用寿命长,养护工作量少,基本是一种"零养护路面"。在美国、日本等发达国家得到广泛应用。公路隧道属于半封闭管状结构,空间狭小,具有环境温差小、湿度大等特点,在隧道中铺筑连续配筋混凝土路面存在钢筋网布设、混凝土布料及振捣困难等问题,且传统的路表横向刻槽造成行车噪声大等问题。基于此,山西省交通科学研究院与榆平高速公路建管处、交通运输部公路科学研究院、山西省交通规划勘察设计院等单位合作,在隧道连续配筋混凝土路面结构设计与力学分析、施工工艺、表面功能等方面开展了系列研究。项目共取得5项技术创新:

(1)首次提出了采用钢筋焊接网的隧道连续配筋混凝土路面结构设计方法,丰富了连续配筋混凝土路面结构设计理论。

(2)基于新拌混凝土粗集料均匀分布的假设和径向粒径连续分布模型,建立了混凝土离析程度的评价指标——离析度,并推荐了相应的评价标准。

(3)针对钢筋网片对振捣能量的阻隔作用,通过能量衰减系数法测试了振动加速度的衰减规律,提出了钢筋焊接网混凝土振动补偿措施。

(4)提出了采用小型摩擦系数测试车的水泥混凝土路面抗滑性能测试方法,建立了与SCRIM法的映射关系,并推荐了评价指标(HFTC≥0.60)。

(5)发明了"轮胎—路面"噪声近场测试方法,提出了"软拉毛+纵向刻槽"路面综合处治技术。

8. 南京长江第四大桥北锚碇大体积整体沉井基础施工技术(江苏)

南京长江第四大桥北锚碇采用了国内平面尺寸最大的超大规模矩形沉井(69m×58m),沉井竖向共分11节,下沉深度达52.8m。为解决工程建设过程中面临的关键技术难题，首次在超大规模沉井井壁外表面采用凹凸齿坎的新井壁形式，加强导向和助沉作用；首次在陆域超大规模沉井施工中应用了“半排水下沉”施工工艺的创新技术，提高功效；研发了预加沉井自重、预设空气幕和砂套的“组合式助沉”技术，主动控制沉井下沉的效率和精度；对沉井几何姿态、结构应力应变、侧壁土压力及施工下沉的预测等实施全过程的监控，保证了距离大堤仅 80m 的沉井施工安全和大堤的安全，提高了下沉效率和精度。该技术成果获得了 2010 年度中国公路学会科学技术一等奖。

9. 现浇混凝土薄壁筒桩加固软土地基试验研究（浙江）

针对现浇混凝土薄壁筒桩技术加固高路堤桥头软土地基的可能性和加固效果开展研究，结合杭宁高速公路二期工程软土地基处理，研究内容包括：高速公路高路堤在荷载作用下筒桩加固软基的沉降规律；筒桩单桩承载力与桩径、桩长、地质条件的关系；现浇混凝土筒桩承载力理论计算模型；相同的地质与荷载条件下，现浇混凝土薄壁筒桩与粉喷桩、塑料排水板加固地基的效果及经济效益比较；筒桩桩身质量和承载力测试方法及其判别标准；路堤荷载作用下桩土应力分担比规律；刚性桩理论计算和过渡区作用原理。

10. 低强度混凝土桩复合地基处理试验研究（浙江）

针对低强度混凝土桩复合地基加固高速公路软土地基的应用开展研究，结合杭宁高速公路二期工程软土地基处理，对路堤荷载作用下低强度混凝土桩复合地基的性状进行试验分析，研究了基础刚度对复合地基性状的影响，探讨柔性基础与刚性基础下复合地基性状的差异；路堤在荷载作用下的低强度混凝土桩复合地基加固软基的沉降规律；低强度混凝土桩单桩承载力与桩径、桩长、地质条件的关系；相同的地质条件和荷载条件下，低强度混凝土桩与粉喷桩、塑料排水板加固地基的效果及经济效益分析；提出路堤荷载作用下低强度混凝土桩复合地基的设计方法。

11. 厚层水泥稳定碎石基层关键技术研究（浙江）

主要研究成果：

（1）提出振动碾压作用下石料运动变化的分布模型，并首次通过现场裂缝发展趋势提出阻裂带的概念及模型。

（2）提出图像处理的分析方法，通过此方法对不同层厚水泥稳定碎石芯样含石量变化特性，确定出含石量—厚度变化规律。

（3）提出不同层间状态的定义，首次量化出不同层间状态对厚层水泥稳定碎石综合使用性能的影响。

（4）提出通过改善基层的层间连续性能或增加上层铺筑厚度的方法，可改善基层结构的力学性能及使用寿命。

（5）提出不同时间—温度耦合作用下水泥稳定碎石结构设计参数变化特性，给设计部门提供了设计参考依据。

(6)提出施工铺筑工艺及压实度检测评价方法,解决了此类结构的施工问题,完善了此结构的质量评价体系。

12. 山区高速公路沥青路面结构优化与施工工艺研究(浙江)

本项目研究成果主要用于非软土地区的浙江山区高速公路沥青路面结构、材料优化设计及沥青路面施工控制。本项目在分析沥青路面车辙病害、水损害以及裂缝病害的基础上,借鉴国际上先进的沥青路面结构的优点,通过系统研究提出沥青路面连接层和排水基层,以改善沥青路面结构行为和受力特点,通过设置功能层:①降低层间模量比,改善面层—基层接触条件,改善路面受力特性,提高沥青路面的抗车辙和抗疲劳开裂性能;②消除水分对路面结构的不利影响,防止路面水损害;③吸收半刚性基层裂缝应力,消除反射裂缝,保证沥青路面连续性和耐久性。

13. 山区公路边坡工程建造成套技术项目(福建)

本项目结合福建省高速公路建设中突出的边坡工程问题,开展了福建省山区高速公路边坡工程成套技术研究,研究目标明确,实用性强。经过大量的实际工程经验的总结分析,采用理论分析、数值仿真、室内试验、现场检测等研究手段,开展了广泛而系统的研究,在勘察、设计、施工、质量检测、工程管理等方面取得了丰富的研究成果,形成了福建省山区高速公路边坡工程成套技术。获得福建省2009年度科技进步二等奖。

六、复杂技术工程

1. 内蒙古上跨大广高速公路现浇箱梁桥

通辽东互通是G2511好通段高速公路与大广高速公路在通辽东附近设置的大型双喇叭互通立体交叉枢纽工程,主要为实现G2511好通段高速公路与大广高速公路交通流量的快速转换,促进高速公路沿线经济的快速发展。其中AK0+623.973互通跨线桥,为通辽东互通施工的难点。桥位地处通辽市清河镇后伍村,离收费站约0.4km,交通方便。桥位区属于平原地貌,桥位上跨赤通高速公路。桥面净宽:0.5m+9.5m+0.5m;上部构造为16m+24m+24m+16m现浇连续箱梁,下部构造为桩柱式桥墩和肋式桥台,钻孔灌注桩基础。本桥钻孔灌注桩共14根,其中桥台桩基ϕ1.5m,8根,264m;桥墩桩基ϕ1.5m,6根,264m。

本桥有以下特点:

(1)该现浇箱梁桥施工难度大,安全风险高,支架搭设复杂,现浇箱梁施工难度大。

(2)桥梁结构形式复杂,资源投入大。下部结构有圆柱墩与矩形墩两种,其中有2根桩基施工在已建成的赤通高速公路中央分隔带内。保通措施难度较大,安全风险较高,现浇箱梁曲线半径小,支架搭设方案及施工难度较大。

(3)协调难度大。互通区内立体交叉错综复杂,赤通高速公路已建成运营,干扰因素较多。拟建桥梁相互交叉,需要周密计划,合理安排施工顺序与周期。拟建桥梁与现有高速公路交叉,需要采取严格的安排防护措施以确保施工安全。

2. 河北跨京秦铁路立交桥

承唐高速公路跨京秦铁路立交桥位于唐山至南小营段2标段K5+245,为跨越京秦铁路而设。本桥为4×(4×30m)+(3×40m)预应力混凝土先简支后连续分片式箱梁。全桥长608.28m。设计要点如下:

(1)梁部。本桥采用孔跨为4×(4×30m)+(3×40m)先简支后连续分片预应力混凝土箱梁,跨铁路部分采用40m。30m梁高1.6m,40m梁高2m,相临两片梁中心线距离为3.067m,每幅桥共设4片梁,桥面横坡由桥面板及铺装同时调整,梁片按直线布置,悬壁调整曲线线形,30m梁设置三道体外墙隔板,40m梁设置三道体外横隔板。

(2)下部结构。全桥长608.28m,桥墩台斜交法向角度30°,桥墩采用三柱式墩,桥台采用浇筑混凝土肋板台。

3. 河北偏道沟特大桥

偏道沟特大桥是承唐高速公路承德至承唐界段跨越卫运河的一座特大桥,大桥位于河北省兴隆县偏道沟村北150m处北大山隧道与偏桥子隧道之间,桥长1210m,上部结构采用8×40m+29×30m+20m预应力混凝土先简支后连续T梁,下部为实体墩和柱式墩,U形桥台,钻孔灌注桩基础和扩大基础。设计洪水频率三百年一遇。

4. 河北沙河特大桥

沙河特大桥是邢汾高速公路邢台至冀晋界段跨越沙河、南水北调倒虹吸、钢铁路、滨江路的一座特大桥,大桥桥位在西户村南、东户村北,穿越邢台电厂4号粉煤灰池,沿邢台煤矿南边缘西行过凤凰煤矿后,折向西北过伍仲煤矿,穿过沙河,于K18+561.175处跨越南水北调倒虹吸,南水北调桩号K97+390.8,采用1×146m下承式钢管拱跨越,桥长7092.8m,交角90°。中心桩号为K15+811.287,桥梁布孔跨径为12×30m+(19.268+26.5+19.268)m+184×30m+10×27.474m+1×146m+24×30m,其中(19.268+26.5+19.268)m为预应力混凝土现浇箱梁,1×146m为钢管拱,其余为预应力混凝土连续小箱梁。

5. 河北贺坪峡大桥

贺坪峡大桥是邢汾高速公路邢台至冀晋界段跨越邢台大峡谷长嘴峡的一座大桥,桥位段峡谷宽约20m。大桥位于河北省邢台县贺家坪村,为双幅高速公路桥。左线桥起、终点桩号分别为ZK76+994和ZK77+309.900,孔跨布置为80m+150m+80m,全桥长为315.9m;右线桥起、终点桩号分别为K77+026和K77+326.900,孔跨布置为80m+140m+75m,桥全长为300.9m。本桥无引桥,左、右线主桥均采用变截面预应力混凝土连续刚构箱梁。桥址区上覆薄层第四系全新统崩坡积(Q_4^{c+dl}),主要为碎石。下伏中元古界长城系常州沟组(Pt_2ch)石英砂岩,两侧山体均有出露。峡谷两侧出露良好的天然断面。施工要点:①主桥上部构造采用挂篮现浇逐段施工;②主桥施工全过程实行监测、监控,主桥竣工后进行成桥静、动载试验;③管道压浆采用C50高性能压浆液。

6.天津滨海大桥

滨海大桥于2001年7月1日正式开工,2003年11月底竣工。滨海大桥主梁由25个标准悬浇块件和2个合龙段构成。主跨合同段长2m,两端分别为182m的预应力混凝土悬浇主梁。主跨中跨合龙施工工艺复杂,技术难度大,由于梁体随温度、日照、风力等因素影响变位大,按施工设计要求,两侧端点高程相对偏差必须控制在2cm范围内,技术难度非常大。针对主跨施工技术的难点和施工工序的重点,施工人员加大了测量监控力度。对每块悬浇块进行24h全天候的梁体高程观测,分析主梁高程变化规律,每间隔2h就对两端梁体的绝对高程和相对高程进行同步观测,确定最佳合龙时间。针对主塔、主梁固结刚度大的特点和合龙时半飘浮体系的设计施工要求,施工单位组织工序间穿插连续作业,确保主塔、主梁固结施工和合同段两端内、外锁定施工同步进行,顺利实现塔梁固结体系转换,满足设计要求。2003年9月7日,大桥成功合龙。

7.江苏五河口斜拉桥

宿淮高速公路关键控制性工程五河口斜拉桥(现淮安大桥),是宿淮、宁淮高速公路共用段上的一座特大桥,桥梁全长2062m,工程投资约3.2亿元。主桥为152m+370m+152m双塔双索面预应力混凝土斜拉桥,荷载标准:汽—超20,挂—120,设计速度120km/h,双向六车道设计。其下部结构采用国内罕见的超大规模的群桩及近10000m^{3}承台作为基础,索塔为混凝土箱形断面结构,呈H形,采用新型材料——环氧涂层钢绞线作为斜拉索,主梁为预应力混凝土双边断面结构,其宽度为38.6m,为目前国内已建成的同类型桥梁中最宽的混凝土斜拉桥。五河口斜拉桥是一座非常有技术特色的混凝土斜拉桥,它具有以下特点:

(1)主梁宽度为38.6m,为目前国内已建成的同类型桥梁中最宽的混凝土斜拉桥。

(2)主梁混凝土强度等级高、施工控制难度大。该桥主梁采用的是C60混凝土。高强度等级混凝土在施工过程中极易出现裂缝,所以如何避免主梁产生裂缝、控制线形技术的难度非常大。

(3)超大规模钻孔桩、超大体积混凝土承台、超大数量的斜拉索。五河口斜拉桥的每个塔下布置直径为 ϕ250cm、46 根、桩长为 95m 的钻孔灌注桩,这种大直径、大数量、超长桩、小间距、深厚老黏土的施工在国内非常罕见。主墩承台为目前国内已建成桥梁中最大的承台,承台尺寸为 49.5m(横桥向)×33.1m(纵桥向)×6.0m(厚)。每个塔肢斜拉索数量高达 31 对。

8. 山东青州至临沭高速公路路堑膨胀土路段施工

青州至临沭高速公路全线 5 次与铁路线交叉,2 次与高速公路交叉,多次跨河流及不同等级国省道、县乡道路,跨越方式有满堂支架现浇、预制吊装箱梁、顶推框架桥等诸多方式,技术要求多变复杂。线路穿越山东丘陵地带和近断层地震区,工程内容几乎涵盖了高速公路建设的所有技术难点,穆陵关、长城岭隧道分别穿越齐长城主线和辅线,其中长城岭隧道最大埋深仅 5m,为大跨度、高扁平率、超浅埋双连拱隧道,隧道下穿齐长城遗址,是文物保护的重中之重。以沭河特大桥为代表的近断层地震区桥梁抗震等工程代表了前沿性技术难题。大跨度铁路框构桥顶进施工采用工便梁加固既有线路进行顶进施工,为今后大跨度铁路框构桥顶进施工提供了借鉴;采用河砂作为路基填筑材料,有效节约了土地资源;编写了地方标准《水泥稳定风化料基层施工技术规范》(DB37/T 2512—2014)、《隧道复合式衬砌"工序延展循环"施工技术规范》(DB37/T 2513—2014),为水泥稳定风化料基层及隧道施工提供了指导和规章支持。

第四节　G35(济广高速公路)济南至广州高速公路

G35(济广高速公路)是国家"71118+6"高速公路网 11 条南北纵线中的第四纵,是连接山东、河南、安徽、江西、广东五省的重要省际大通道。G35(济广高速公路)纵贯华东、华中、华南,直达珠江三角洲,是我国贯穿南北的又一条大通道,对沿线省份的国土均衡开发起到积极作用。

G35(济广高速公路)起点位于山东省历城区唐王互通立交,终点位于广东省广州萝岗上行出口。规划里程 1975.42km,建设里程 1862.804km,四车道 1643.809km,六车道 216.395km,八车道及以上 2.600km。经过山东(济南、泰安、济宁、菏泽)、河南(商丘)、安徽(亳州、阜阳、六安、安庆、池州)、江西(景德镇、鹰潭、瑞金)、广东(梅州、河源、惠州、广州)。1989 年 12 月山东唐王立交至零点立交段率先开始施工。目前,广东兴宁至梅林段尚未建成。

拥有联络线一条:

G3511(菏宝高速公路)菏泽至宝鸡高速公路,起点位于辛集,规划终点位于凤翔柳林枢纽立交。规划里程 891.69km，通车里程 488.00km，全线四车道。途经菏泽、长垣、新乡、获嘉、修武、武陟、焦作、博爱、沁阳、济源、垣曲、万荣、合阳、铜川、彬县、凤翔。目前，陕西合阳至铜川段、旬邑至凤翔段尚未建成通车。

一、路线概况

G35（济广高速公路）路线信息见表 9-13，沿线互通、出入口、服务区见表 9-14，并行线、联络线路线信息见表 9-15，并行线、联络线沿线互通、出入口、服务区信息见表 9-16。

G35（济广高速公路）路线信息表 表 9-13

编号	省份	省内起点	省内终点	途经市、县	通车里程（km）
G35	山东	历城区唐王互通立交	菏泽曹县（鲁豫界）	历城区、天桥区、槐荫区、长清区、平阴县、东平县、梁山县、嘉祥县、郓城县、牡丹区、定陶区、曹县	320.570
	河南	商丘市梁园区刘口镇坡刘村（豫鲁界）	商丘市虞城县营廓镇马屯村（豫皖界）	梁园区、虞城县	57.449
	安徽	亳州市谯城区黄庄（皖豫界）	池州市东至县花园乡桃墅岭（皖赣界）	亳州市、谯城区、利辛县、阜阳市、太和县、颍泉区、颍东区、颍州区、颍上县、六安市、霍邱县、裕安区、霍山县、安庆市、岳西县、潜山县、怀宁县、望江县、池州市、东至县	538.705
	江西	景德镇市浮梁县桃墅店	寻乌县牛埃石（赣粤界）	浮梁县、昌江区、乐平市、鄱阳县、万年县、余干县、鹰潭市、余江县、龙虎山区、金溪县、资溪县、南城县、南丰县、广昌县、石城县、宁都县、瑞金市、会昌县、寻乌县	635.130
	广东	平远八尺	萝岗上行出口	平远县、兴宁市、五华县、紫金县、源城区、博罗县、惠城区、增城区、白云区	310.950

G35（济广高速公路）沿线互通、出入口、服务区信息表 表 9-14

编号	省份	沿线互通	出入口	服务区
G35	山东	小许家枢纽、华山、零点枢纽、天桥、槐荫枢纽、殷家林枢纽、长清、孝里、平阴、平阴南、东平、梁山、嘉祥、王官屯枢纽、日东枢纽、皇镇、长江路、定陶、古营集、曹县、仵偻互通	华山、济南收费站、天桥、长清、孝里、平阴、平阴南、东平、梁山、嘉祥、皇镇、长江路、定陶、古营集、曹县、仵偻、鲁豫界出入口	济南、长清、东平、梁山、曹县服务区，平阴、沙河、定陶停车区
	河南	双八、魏庄、商丘北、商丘东、张庄、木兰互通	豫鲁界、双八、商丘北、商丘东、木兰、豫皖界出入口	商丘服务区

续上表

编号	省份	沿线互通	出入口	服务区
G35	安徽	亳州枢纽、亳州东、亳州南、太和东、刘小集枢纽、阜阳东、袁寨、四十铺枢纽、南照、冯井(周集)、马店、长集、罗集、徐集枢纽、六安西、霍山、大别山东、黄尾、岳西枢纽、岳西、天柱山、潜山枢纽、潜山南、腊树、武昌湖、望江北、华阳、香隅、香隅枢纽、良田枢纽互通	黄庄主线、亳州东、亳州南、太和东、阜阳东、袁寨、南照、冯井(周集)、马店、长集、罗集六安西、霍山、大别山东、黄尾、岳西、天柱山、潜山南、腊树、武昌湖、望江北、华阳、香隅、皖赣花园主线出入口	辛集、长春、伍明、红星、河口、徐集、霍山、岳西、天柱山、潜山、雷埠、望江、花园服务区
	江西	龙虎山、金溪、资溪、南城枢纽1、南城枢纽2、南城东、南丰、白舍、广昌、赤水、桃墅、经公桥、三龙、景德镇、凰岗、乐平、鄱阳、万年西、黄金埠、鹰潭、鹰潭南、会昌、均门岭、寻乌枢纽、寻乌东、寻乌南桥、龙虎山、金溪、资溪、南城东、南丰、白舍、广昌、赤水、石城北、固村、瑞金北、瑞金南互通	赣皖界桃墅主线收费站、经公桥收费站、三龙收费站、凰岗收费站、乐平收费站、鄱阳收费站、万年收费站、黄金埠收费站、鹰潭南收费站、龙虎山收费站、金溪收费站、资溪收费站、南城东收费站、南丰收费站、白舍收费站、广昌收费站、赤水收费站、石城北收费站、固村收费站、瑞金北收费站、瑞金南收费站、会昌、筠门岭、寻乌东收费站、寻乌南收费站、南桥南收费站出入口	月亮湖、万年西、余江、金溪、南城、南丰、广昌、宁都东、瑞金南、会昌南、寻乌服务区
	广东	龙溪互通	园洲、永和、仙村、石湾、石滩、三江、罗浮山、龙溪、小金口入口、萝岗出口、博罗收费站往广州方向出入口	沙埔、沙河服务区

G35(济广高速公路)**并行线、联络线路线信息表**　　表9-15

编号	省份	省内起点	省内终点	途经市、县	通车里程(km)
G3511	山东	辛集	东明黄河大桥(鲁豫界)	菏泽市、东明县	498.00
	河南	长垣(豫鲁界)	邵原(豫晋界)	长垣县、新乡县、获嘉县、修武县、武陟县、焦作市、博爱县、沁阳市、济源市	
	山西	垣曲蒲掌(晋豫界)	临猗黄河大桥(晋陕界)	垣曲县、万荣县	
	陕西	铜川市关庄镇	旬邑县	铜川市、旬邑县	

G35(济广高速公路)并行线、联络线沿线互通、出入口、服务区信息表 表9-16

编号	省份	沿线互通	出入口	服务区
G3511	山东	菏泽东、菏泽、菏泽西、东明东、东明北互通	菏泽东、菏泽、菏泽西、东明东、东明北、主线收费站出入口	无
	河南	大碾枢纽、牛屯、延津、新乡经开区、史洼村、新乡东、新乡西、获嘉、修武东、修武、焦作东、宁郭枢纽、金城、沁阳、柏香、济源东、济源南、王屋山、邵原、豫晋省界互通	牛屯、延津、新乡经开区、新乡东、新乡西、获嘉、修武东、修武、焦作东、沁阳、柏香、济源东、济源南、王屋山、邵原、豫晋省界出入口	延津、获嘉、修武、沁阳、济源南、王屋山服务区,凤泉、牛屯停车区
	山西	北垣、阳隅、太阳、万荣、王显、英言、华峰、垣曲、万荣东互通	北垣、阳隅、太阳、万荣、王显、英言、华峰、垣曲、万荣东出入口	万荣、垣曲服务区,徐家庄停车区
	陕西	关庄、吕村、照金、尖坪、土桥、旬邑互通	吕村、照金、尖坪、旬邑出入口	照金服务区,旬邑停车区

二、路网关系

G35(济广高速公路)路网关系示意图如图9-4所示。

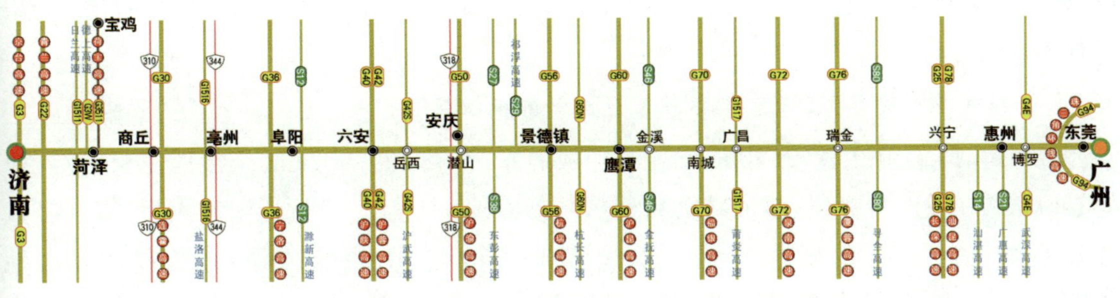

图9-4 G35(济广高速公路)路网关系示意图

三、建设历程

1. 山东济南唐王立交至零点立交段

1989年12月开工建设,1993年12月建成通车,全长21.685km,全线四车道,设计速度120km/h。总投资2.1076亿元,资金来源:交通部车购税投入、地方投入、银行贷款。

占地 2248.67 亩。项目管理单位:山东省交通厅公路局;勘察设计单位:山东省交通规划设计院、交通部公路科学研究所;监理单位:济青高速公路监理工程师代表处、济南监理处;施工单位:铁道部第十四工程局联营体、山东省交通工程总公司联营体、西班牙圣科交通控制有限公司。

2. 山东济南零点立交至槐荫枢纽段

1998 年 1 月开工建设,1999 年 9 月建成通车,全长 16.9km,全线四车道,设计速度 120km/h。建成特大桥:零点立交桥、洛口高架桥,共 2 座。总投资 6.9339 亿元,资金来源:交通部车购税投入、地方投入、银行贷款。占地 1699.812 亩。项目管理单位:山东省京福高速公路建设管理办公室;勘察设计单位:山东省交通规划设计院;监理单位:山东省交通工程监理咨询公司、山东省交通规划设计院监理处;施工单位:山东省交通工程总公司、铁道部第三工程局等。

3. 山东济南槐荫枢纽至殷家林枢纽段

全长 15.809km,与 G3(京台高速公路)共线。

4. 山东济南殷家林枢纽至菏泽王官屯枢纽段

2004 年 12 月开工建设,2007 年 9 月建成通车,全长 153.601km,全线四车道,设计速度 120km/h。建成特大桥:大学城大桥,共 1 座。建成大桥 33 座。总投资 47.75 亿元,资金来源:地方投入、银行贷款。占地 15822.8 亩。项目管理单位:山东济菏高速公路有限公司;勘察设计单位:山东省交通规划设计院等;监理单位:山东恒建工程监理咨询有限公司、青岛交通工程监理咨询有限公司等;施工单位:山东省公路工程总公司、中铁十三局集团有限公司等。

5. 山东菏泽至曲阜段(王官屯枢纽互通至王桥枢纽互通)

1999 年 11 月开工建设,2002 年 5 月建成通车,全长 139.902km,全线四车道,设计速度 120km/h。建成特大桥:泗河特大桥、兖州南外环分离立交、京杭运河特大桥、京九公铁特大桥,共 4 座。建成大桥 25 座。总投资 30.778 亿元,资金来源:地方投入。占地 15452.31 亩。项目管理单位:山东省交通厅公路局、济宁市公路局;勘察设计单位:山东省交通规划设计院;监理单位:山东省交通工程监理咨询公司、山东交通工程监理咨询公司淄博公司等;施工单位:山东泰山路桥工程公司、中铁第二十工程局等。[其中,41.896km属于 G35(济广高速公路)。]

6. 山东菏泽王桥至鲁豫界段

2006 年 5 月开工建设,2008 年 11 月建成通车,全长 85.115km,全线四车道,设计速度 120km/h。建成大桥 13 座。总投资 31.69 亿元,资金来源:地方投入、银行贷款。占地 13342.0935 亩。项目管理单位:中铁菏泽德商高速公路建设发展有限公司;勘察设计单位:河南省交通规划勘察设计院;监理单位:河南省交通规划勘察设计院、中国公路工程咨询总公司、潍坊市华潍公路工程监理处;施工单位:中铁十五局集团第二工程有限公司、中铁十局集团第二工程有限公司等。

7. 河南商丘至菏泽(省界)段

2003年12月开工建设,2006年9月建成通车,全长11.819km,全线四车道,设计速度120km/h。建成大桥4座。总投资3.9557亿元,资金来源:企业投入、银行贷款。占地1911.266亩。项目管理单位:商丘市商亳高速公路发展有限公司;勘察设计单位:江苏伟信工程咨询有限公司;监理单位:江苏伟信工程咨询有限公司;施工单位:中铁十局集团有限公司、中铁十四局集团有限公司、河南路桥建设发展总公司等。

8. 河南商丘至营廓集(省界)段

2002年10月开工建设,2005年10月建成通车,全长45.63km,全线四车道,设计速度120km/h。建成大桥2座。总投资15.5127亿元,资金来源:企业投入、银行贷款。占地6180亩。项目管理单位:商丘市商亳高速公路发展有限公司;勘察设计单位:河南省交通规划勘察设计院;监理单位:湖南大学建设监理中心、江苏伟信工程咨询有限公司;施工单位:中铁三局集团有限公司、中铁十三局集团有限公司、中铁二十局集团有限公司等。

9. 安徽亳州(豫皖界)至阜阳(刘小集)段

2002年12月开工建设,2006年12月建成通车,全长101.3km,全线四车道,设计速度120km/h。建成大桥15座。总投资27.70亿元,资金来源:企业投入、银行贷款。占地21019亩。项目管理单位:安徽省公路管理局、安徽新中侨基建投资有限公司;勘察设计单位:安徽省公路勘测设计院;监理单位:安徽省公路工程建设监理有限责任公司等;施工单位:中铁十三局集团有限公司、安徽省公路桥梁工程公司等。

10. 安徽阜阳(刘小集)至周集段

2003年12月开工建设,2009年12月建成通车,全长83.57km,全线四车道,设计速度120km/h。建成特大桥:阜淮铁路大桥、颍河特大桥、润河特大桥、淮河特大桥,共4座。建成大桥10座。总投资35.0亿元,资金来源:企业投入、银行贷款。占地8241.90亩。项目管理单位:安徽省高速公路总公司;勘察设计单位:安徽省公路勘测设计研究院;监理单位:安徽省高等级公路工程监理有限公司;施工单位:中铁四局集团第一工程公司、新疆兴达公路工程部、中交一公局第一工程有限公司等。

11. 安徽周集至六安段

2010年4月开工建设,2012年1月建成通车,全长91.45km,全线四车道,设计速度120km/h。建成特大桥:淠河特大桥、二天门互通分离式特大桥,共2座。建成大桥21座。

总投资 26.9 亿元,资金来源:交通运输部车购税投入、企业投入。占地 9808.43 亩。项目管理单位:安徽省高速公路控股集团有限公司;勘察设计单位:安徽省交通规划设计研究院;监理单位:安徽省高等级公路工程监理有限公司、安徽省公路工程建设监理有限公司等;施工单位:中交第二公路工程局有限公司、安徽省公路桥梁工程公司、安徽省交通建设有限责任公司等。

12. 安徽六安至岳西段

2005 年 9 月开工建设,2009 年 12 月建成通车,全长 72.29km,全线四车道,设计速度 80km/h、100km/h。建成特大桥:磨子潭 2 号桥,共 1 座。建成大桥 55 座。建成长隧道 3 座。总投资 35.68 亿元,资金来源:交通部车购税投入、企业投入。占地 8869.0 亩。项目管理单位:安徽省高速公路控股集团有限公司;勘察设计单位:安徽省交通规划设计研究院;监理单位:安徽省高等级公路工程监理有限公司、湖南交通建设监理有限公司等;施工单位:中铁十四局集团有限公司、中建三局一公司等。

13. 安徽岳西至潜山段

2005 年 6 月开工建设,2009 年 12 月建成通车,全长 77.84km,全线四车道,设计速度 80km/h、100km/h。建成特大桥:河东特大桥、董家湾特大桥,共 2 座。建成大桥 54 座。建成特长隧道:胭脂畈隧道,共 1 座。建成长隧道 4 座。总投资 56.35 亿元,资金来源:交通部车购税投入、企业投入。占地 6715.0 亩。项目管理单位:安徽省高速公路总公司;勘察设计单位:中交第一公路勘察设计研究院;监理单位:安徽省高等级公路工程监理有限公司、北京路桥通工程监理咨询公司等;施工单位:中铁四局集团有限公司、中铁大桥局股份有限公司、中铁一局集团有限公司等。

14. 安徽望(江)东(至)长江公路大桥北岸连接线(潜山至望江段)

2013 年 9 月开工建设,2015 年 12 月建成通车,全长 49.96km,全线四车道,设计速度 120km/h。建成特大桥:十里长河特大桥,共 1 座。建成大桥 7 座。总投资 23.32 亿元,资金来源:企业投入、银行贷款。占地 4358.79 亩。项目管理单位:安徽望潜高速公路有限公司;勘察设计单位:安徽省交通规划设计研究总院股份有限公司;监理单位:安徽省高等级公路工程监理有限公司;施工单位:中交第三公路工程局有限公司。

15. 安徽望东长江公路大桥

2012 年 12 月开工建设,2016 年 12 月建成通车,全长 38km,四车道 34km,六车道 4km,设计速度 120km/h。建成特大桥:望东长江公路大桥、幸福河特大桥,共 2 座。建成大桥 33 座。建成长隧道 1 座。总投资 50.38 亿元,资金来源:交通运输部车购税投入、企业投入、银行贷款。占地 3621.0 亩。项目管理单位:安徽高速公路控股集团有限公司;勘察设计单位:安徽省交通规划设计研究总院股份有限公司;监理单位:安徽省高等级公路工程监理有限公司；施工单位：中交第二航务工程局有限公司、中交路桥建设有限公司、中交第三公路工程局有限公司等。

16. 安徽安庆至景德镇段

2006年3月开工建设，2008年10月建成通车，全长80.57km，全线四车道，设计速度120km/h。建成特大桥：K0+597.64大渡口特大桥、K2+159.64大渡口特大桥、K6+875跨206特大桥、尧渡河特大桥、大渡口枢纽匝道桥，共5座。建成大桥17座。建成特长隧道：桃墅岭隧道，共1座。总投资26.9亿元，资金来源：交通部车购税投入、地方投入、银行贷款。占地2101.0亩。项目管理单位：安徽高速公路总公司；勘察设计单位：安徽省公路勘测设计院；监理单位：合肥工大建设监理有限责任公司、湖南金衢交通咨询监理有限公司等；施工单位：合肥市公路桥梁工程有限责任公司、路桥集团第一公路工程局天津工程处、中铁大桥局股份有限公司等。[其中，25.04km属于G35(济广高速公路)。]

17. 江西景德镇至鹰潭段

2005年11月开工建设，2007年11月建成通车，全长202.63km，全线四车道，设计速度80km/h、100km/h。建成特大桥：乐安河特大桥、信江特大桥，共2座。建成大桥57座。建成长隧道6座。总投资61.92亿元，资金来源：企业投入、银行贷款。占地21590.0亩。项目管理单位：江西省交通厅景鹰高速公路项目建设办公室；勘察设计单位：江西交通设计院、中交公路规划设计院；监理单位：江西交通工程监理公司、江西交通建设工程监理所等；施工单位：中铁十三局集团有限公司、中铁二十局集团第一工程有限公司等。

18. 江西鹰潭至瑞金段

2008年6月开工建设，2010年9月建成通车，全长308.54km，全线四车道，设计速度100km/h。建成特大桥：瑞金安富跨206国道高架桥，共1座。建成大桥102座。建成长隧道3座。总投资127.6亿元，资金来源：地方投入、银行贷款。占地32001.74亩。项目管理单位：江西省交通运输厅鹰瑞高速公路项目建设办公室；勘察设计单位：江西省交通设计院；监理单位：江西交通工程监理公司、福建路信交通建设监理有限公司等；施工单位：中铁二局股份有限公司、中铁十七局集团有限公司等。

19. 江西瑞金至寻乌(赣粤界)段

2009年12月开工建设，2011年12月建成通车，全长123.956km，全线四车道，设计速度100km/h。建成大桥50座。建成长隧道3座。总投资60.486亿元，资金来源：地方投入。项目管理单位：江西省交通运输厅瑞金至寻乌高速公路项目建设办公室；勘察设计单位：江西省公路科研设计院、江西省交通设计院；监理单位：中国公路工程咨询集团有限公司、江西交通工程监理公司等；施工单位：中交二公局第一工程有限公司、中铁十六局集团有限公司等。

20. 广东平远(赣粤界)至兴宁公路

2012 年开工建设,2015 年建成通车,全长 99.565km,全线四车道,设计速度 100km/h。建成大桥 77 座。总投资 80.34 亿元,资金来源:地方投入、银行贷款。占地 12432.0 亩。项目管理单位:广东平兴高速公路有限公司;勘察设计单位:山东省交通规划设计院等;监理单位:北京华宏工程咨询有限公司、广东华路交通科技有限公司;施工单位:中交第二公路工程局有限公司、中铁二十局集团有限公司等。

21. 广东梅林至石坝段

2013 年 7 月开工建设,2016 年 12 月建成通车,全长 105.4km,全线六车道,设计速度 120km/h。建成特大桥:横江河特大桥、横江水库特大桥、东江特大桥、跨京九铁路特大桥、G205 特大桥,共 5 座。建成大桥 79 座。建成特长隧道:东岭隧道,共 1 座。建成长隧道 3 座。总投资 194.06 亿元,资金来源:地方投入、企业投入、银行贷款。占地 20795.8 亩。项目管理单位:广东省路桥建设发展有限公司汕湛分公司;勘察设计单位:广东省公路勘察规划设计院股份有限公司、中国公路工程咨询集团有限公司;监理单位:广东华路交通科技有限公司、育才—布朗交通咨询监理有限公司;施工单位:广东省长大公路工程有限公司、广东冠粤路桥有限公司等。

22. 广东石坝至小金口段

与 G25(长深高速公路)共线。

23. 广东小金口至萝岗段

1999 年 10 月开工建设,2003 年 12 月建成通车,全长 98.41km,全线六车道,设计速度 120km/h。总投资 46.84 亿元,资金来源:地方投入。占地 13138.57 亩。项目管理单位:广东广惠高速公路有限公司;勘察设计单位:中交第二公路勘察设计研究院;监理单位:广东省公路工程监理站;施工单位:佛山市第一建筑(集团)有限公司等。

四、联络线及并行线

G3511(菏宝高速公路)菏泽至宝鸡高速公路

山东菏泽至东明段。1995 年 12 月开工建设,1998 年 10 月建成通车,全长45.737km,全线四车道,设计速度 100km/h。总投资 6.1737 亿元,资金来源:地方投入、银行贷款。占地 534.972 亩。项目管理单位:山东省交通厅公路局;勘察设计单位:山东省交通规划设计院、菏泽地区公路勘测设计院;监理单位:潍坊市交通工程监理公司、菏泽地区公路局监理公司;施工单位:山东省公路工程总公司菏泽公司、铁道部第十六工程局等。

东明黄河公路大桥段。2011 年 8 月开工建设,2017 年 7 月建成通车(提前至 2016 年 12 月),全长 23.5km,全线四车道,设计速度 120km/h。建成特大桥:东明黄河公路大桥,共1座。建成大桥8座。总投资38.67亿元,资金来源:地方投入、银行贷款。占地1630.7415亩。项目管理单位:山东大钿蒂黄河大桥建设投资有限公司;勘察设计单位:中国公路工程咨询集团有限公司;监理单位:湖北中交公路桥梁监理咨询有限公司、湖南交通建设工程监理有限公司;施工单位:北京鑫旺路桥建设有限公司、洛阳路桥建设集团有限公司、中铁二十三局集团有限公司、黑龙江农垦建工路桥有限公司。

安徽蚌明段。2003年1月18日开工建设,2005年12月28日建成通车,全长80.9km,全线四车道,设计速度120km/h。建成特大桥:淮河特大桥、京浦货运桥、京浦客运桥,共3座。建成大桥7座。总投资23.5亿元,资金来源:地方投入。占地7967.93亩。项目管理单位:安徽省蚌明高速公路开发有限公司;勘察设计单位:安徽省公路勘测设计院;监理单位:安徽省高等级公路工程监理有限公司、北京路桥通工程监理咨询有限公司等;施工单位:中铁十九局集团第二工程有限公司、中铁大桥局集团有限公司等。

河南长垣段。2005年4月开工建设,2007年10月建成通车,全长35.45km,已建成7.223km,全线四车道,设计速度120km/h。建成大桥2座。总投资3.1亿元,资金来源:企业投入、银行贷款。已建成通车路段占地797亩。项目管理单位:河南省宏力高速公路投资发展有限公司;勘察设计单位:上海市政工程设计研究院;监理单位:湖南省交通建设监理有限公司;施工单位:洛阳路桥建设总公司。

河南新乡至长垣段。2004年9月开工建设,2007年10月建成通车,全长49.12km,全线四车道,设计速度120km/h。建成大桥1座。总投资25.9796亿元,资金来源:企业投入、银行贷款。占地5562.507亩。项目管理单位:河南光彩新乡高速公路有限公司;勘察设计单位:河南省交通规划勘察设计院;监理单位:河南省宏力工程咨询有限公司;施工单位:中铁四局集团有限公司、上海警通路桥建设有限公司等。

河南获嘉至新乡段。2005年7月开工建设,2007年9月建成通车,全长50.752km,全线四车道,设计速度120km/h。建成特大桥:卫共行洪区特大桥、京共特大桥,共2座。总投资24.931亿元,资金来源:地方投入。占地5528亩。项目管理单位:河南省龙腾高速公路有限责任公司;勘察设计单位:河南省交通规划勘察设计院、中铁郑州勘察设计咨询院有限公司;监理单位:信阳三元工程监理咨询有限公司、河南省公路工程监理咨询有限公司等;施工单位:中铁十八局集团第五工程有限公司、路桥集团三公局工程有限公司等。

河南焦作至修武段。2005年7月开工建设,2007年9月建成通车,全长29.03km,全线四车道,设计速度120km/h。建成大桥1座。总投资10.7亿元,资金来源:企业投入、银行贷款。占地3539.88亩。项目管理单位:河南省济焦新高速公路有限责任公司;勘察设计单位:中国公路工程咨询监理总公司、中国华西工程设计建设有限公司郑州分公司;监理单位:信阳市三元工程监理咨询有限公司;施工单位:开封市通达公路工程有限公司、路桥集团第一公路工程局厦门工程处、路桥集团第一公路工程局第五工程公司、中铁十三局集团第四工程有限公司、中铁三局集团第四工程有限公司。

河南济源至焦作段。2003 年 6 月开工建设,2005 年 9 月建成通车,全长 55.11km,全线四车道,设计速度 120km/h。建成特大桥:沁河特大桥,共 1 座。建成大桥 3 座。总投资 19.17 亿元,资金来源:企业投入、银行贷款。占地 6183.5535 亩。项目管理单位:河南省济焦新高速公路有限责任公司;勘察设计单位:河南省交通规划勘察设计院、铁道第三勘察设计院、中国公路工程咨询监理总公司;监理单位:天津新亚太工程建设有限公司、江苏东南交通工程建设监理有限公司;施工单位:中铁三局集团河南省交通公路工程局等。

河南济源市旧河庄至轵城镇段。与 G55(二广高速公路)共线 3.242km。

河南济源至邵原段。2005 年 11 月开工建设,2008 年 12 月建成通车,全长59.771km,全线四车道,设计速度 120km/h。建成特大桥:逢石河特大桥、神仙庄特大桥,共 2 座。建成大桥 48 座。建成长隧道 1 座。总投资 39.9674 亿元,资金来源:企业投入、银行贷款。占地 6184.059 亩。项目管理单位:河南省济邵高速公路有限公司;勘察设计单位:中交第二公路勘察设计研究院、浙江省交通规划设计研究院;监理单位:河南省公路工程监理咨询有限公司、中国公路工程咨询公司、北京泰克华诚技术信息咨询有限公司;施工单位:河南省路桥工程集团有限公司、中国光大国际经济技术合作有限公司、河南路桥建设集团总公司、中铁十局集团第二工程有限公司等。

山西闻喜东镇至垣曲蒲掌段。2008 年 8 月开工建设,2010 年 12 月建成通车,全长 83.904km,全线四车道,设计速度 80km/h、100km/h。建成特大桥:寨子 2 号特大桥、允河特大桥、西阳河特大桥,共 3 座。建成大桥 47 座。建成特长隧道:中条山隧道,共 1 座。总投资 50.6 亿元,资金来源:地方投入、银行贷款。占地 8033.55 亩。项目管理单位:闻垣高速公路建设管理处;勘察设计单位:湖南省交通规划勘察设计院、山西省交通规划勘察设计院等;监理单位:山西省交通科学研究院、山西省交通建设工程监理总公司等;施工单位:中铁二十四局集团有限公司、中铁大桥局股份有限公司等。

山西闻喜东镇至临猗孙吉段。2009 年 9 月开工建设,2012 年 1 月建成通车,全长 75.981km,全线四车道,设计速度 100km/h。建成特大桥:石佛沟特大桥,共 1 座。建成大桥 20 座。总投资 36.21 亿元,资金来源:地方投入、银行贷款。占地 6271.75 亩。项目管理单位:闻喜至合阳高速公路建设管理处;设计单位:中交第一公路勘察设计研究院有限公司、山西交科公路勘察设计院等;监理单位:太原理工大学建设监理公司、山西兴路交通工程监理技术咨询有限公司等;施工单位:中铁十五局集团第六工程有限公司、中交第四公路工程局有限公司等。

陕西铜川至旬邑段。2013 年 11 月开工建设,2016 年 2 月建成通车,全长 50.06km,

全线四车道,设计速度 80km/h。建成特大桥:石门特大桥,共 1 座。建成大桥 34 座。建成长隧道 2 座。总投资 49.51 亿元。资金来源:地方投入、银行贷款。占地 5309.0 亩。项目管理单位:陕西省高速公路建设集团公司铜旬高速公路建设管理处;勘察设计单位:陕西省交通规划设计研究院;监理单位:陕西高速公路工程咨询有限公司;施工单位:青岛公路建设集团有限公司等。

五、先进技术的研究与应用

1. 隧道软弱围岩浅埋段施工控制技术(安徽)

安庆至景德镇公路安徽段桃墅岭隧道软弱围岩浅埋段施工控制技术主要内容为:①支护技术。隧道支护是隧道工程施工中的关键,软弱围岩隧道支护通常有超前支护和初期支护。超前支护是指对未开挖部分的岩体进行注浆等加固措施,超前支护有超前小导管、超前锚杆、超前管棚等多种类型,施工方法有泥浆循环跟管钻进法、潜孔锤冲击成孔送管法、风动力跟管钻法、水平旋喷法、冻结管施工等多种。其中超前小导管多用于Ⅳ级及以上的隧道,主要是防止隧道开挖时出现塌方现象;超前管棚一般设于隧道两端的洞口,以防止仰坡变形和塌方。在浅埋层的隧道口采用超前管棚工法能够有效地解决洞口段的施工难题,超前管棚支护的管棚长度一般为 30 ~ 40m,管径以 ϕ108mm 为主,在实际的应用中,可根据工程的具体情况进行设计。初期支护是指在开挖后进行喷锚等措施支护围岩,有喷射混凝土、喷射混凝土加锚杆、喷射混凝土锚杆与钢架联合支护等多种形式,在隧道开挖后进行初期支护能够控制围岩的应力适量释放和变形,增加结构的安全度,方便施工,目前的隧道工程施工中广泛采用新奥法(全断面法)施工的隧道多采用喷锚支护。这种支护形式的类型、参数、数量都可根据工程具体情况进行调整,十分灵活;在施作之后喷射混凝土,能迅速发挥对围岩的支护作用,支护及时;喷射混凝土和围岩能够形成全面密贴的黏结,黏结力强,密贴性好,同时还具有深入性、柔性和封闭性的优点,在软弱围岩的隧道施工中有着显著的应用价值。②开挖方法。在完成施工放样、超前支护,确保开挖前的准备工作完成后,即可进行掘进工程。隧道洞口的开挖一般是自上而下进行,不采取大爆破。

2. 景鹰项目网上管理系统(江西)

景德镇至鹰潭高速公路项目将孤立的项目管理软件系统放在同一数据库研发,构建网上平台,实现了真正意义上的集成。该项目网上管理系统涵盖了招投标、征地拆迁、合同管理、计量支付管理、变更管理、质量管理、计划进度、施工现场、气象服务、重大事件、安全廉政、民工工资管理、竣工决算、竣工文件、综合查询、办公自动化等高速公路建设管理的全部业务,各业务数据之间可共享和交换。

3. 生态高速公路工程技术研究(安徽)

六岳高速生态高速公路工程技术研究的主要内容为安徽省高速公路路域生态恢复技术研究、水资源保护的研究、生态型声屏障设计研究、高速公路景观规划方法研究。旨在指导安徽省生态公路的建设,把安徽省公路建设对生态环境的影响减小到最小,把安徽的高速公路建成行车安全舒适,运输高效便利,景观完整和谐,保护自然可持续发展的生态公路。

六、复杂技术工程

1. 山西石佛沟特大桥

石佛沟特大桥位于运城市稷山县境内,为跨越石佛沟而设,桥面净宽为23m,长度为1208.4m。上部结构采用24孔50m先简支后连续预应力混凝土T梁,下部结构桥墩采用矩形墩和薄壁空心墩,桥台采用柱式台和肋板台,基础采用钻孔灌注桩基础。

2. 山西西阳河特大桥

西阳河大桥(84m +4 ×152m +84m)为六跨预应力混凝土变截面连续—刚构组合体系,桥梁全长783m,本桥终点部分位于$R=1175\text{m}$,$L_s=160\text{m}$,转角20°24′00.8″(Z)的平曲线上,直缓点桩号K83 +467.790,桥面全宽24.5m,由上下分离、宽度为11.75m的两个单箱单室箱形截面组成。下部1 ~4号桥墩墩梁固结,采用空心双薄壁墩,单壁纵桥向厚度300cm,单幅每墩采用8根ϕ200cm的桩基础;5号桥墩由于墩高较小,墩梁采用非固结的薄壁空心墩,其纵桥向厚度650cm,承台厚度400cm,单幅每墩采用6根ϕ200cm的桩基础。桥台采用轻型埋置式桥台,扩大基础,台帽直接放置在扩大基础上。本桥连续箱梁采用挂篮悬臂现浇法施工。

3. 山西允河特大桥

允河特大桥跨越允河阳店线和谭家村两条乡村公路,桥梁全长2166m,前右角90°,上部结构采用54 ×40m先简支后连续预应力混凝土T梁,下部结构采用钢筋混凝土矩形墩和空心薄壁墩、柱式台和肋式台、钻孔灌注桩基础。全桥平面位于直圆平曲线上,$R=3500\text{m}$(右)。桥面铺装采用10cm C50钢纤维防水混凝土加10cm沥青混凝土,在防水混凝土和沥青之间设CT01-Ⅱ型桥面防水涂料层。允河特大桥采用矩形空心薄壁墩,墩柱数量为矩形墩26个,截面尺寸长(横桥向)×宽(顺桥向)=5.5m×1.6m或2.0m;空心薄壁墩80个,截面尺寸长(横桥向)×宽(顺桥向)=5.5m×$(2+b)$(b随着墩身的高度而定),墩身的顺桥向坡度为50:1,壁厚80cm(横桥向),壁厚50cm(顺桥向),结构形式为变截面单箱形,在墩底设异型变截面段与承台衔接,最大高度达51.4m,平均高度46.2m,墩帽尺寸长(横桥向)×宽(顺桥向)=11.04m×2.2m,高度为2.2m,共有106个,墩柱采用C30混凝土。

4.山西寨子2号特大桥

寨子2号特大桥左、右线37×30m预应力混凝土连续箱梁桥,桥长1116.00m,下部结构为柱式墩,墩台采用桩基。该桥第1~6跨位于整体式路基范围内,此后位于分离式路基范围内。该桥施工在寨子2号特大桥左幅第14~16跨盖梁两侧的地面上铺设钢轨,此3跨30m预制箱梁采用运梁炮车运至第15跨左侧处,用150t跨墩提梁门吊直接安装就位后,在14~16跨上拼装架桥机并铺设轨道,其余各跨箱梁采用运梁平车运至架桥机下,用架桥机安装就位。

5.安徽磨子潭Ⅱ号桥

磨子潭Ⅱ号桥孔跨形式为31×40m连续梁。磨子潭Ⅱ号桥依山傍河而建,桥址沿线地形起伏较大,山坡陡峭,地表植被茂盛,地表覆盖层为亚黏土、砂土和碎石土,厚一般为2~6m,基岩为花岗片麻岩。桥梁基础除桥台为扩大基础外,其余均为桩基础,桩径有1.8m、2.0m、2.6m三种,均为嵌岩桩,桩长为12~26m;桥墩有矩形墩和双柱墩,其中9号、10号、11号墩为水中墩,按施工期水位183m计算,各墩施工期承台底水深分别是8m、12m、4m;主梁为单箱单室预应力混凝土连续箱梁,采用移动模架施工。

6.安徽望东长江公路大桥

望东长江公路大桥江内55m引桥基础30~39号墩为根式沉井基础,沉井采用空心圆柱带外部根键,沉井外径5.0m,内径3.2m,壁厚0.9m,长度为43~59m不等。钢壁根式沉井的管身采用钢—混凝土结构,根键为矩形断面构造,采用梅花形布置在管壁四周,分别为12~18层布置,每层5根。此类沉井基础结构为国内外首创。

望东长江公路大桥主桥为五跨连续组合梁、双塔双索面半漂浮斜拉桥,跨径布置为78m+228m+638m+228m+78m=1250m。主墩承台为切除四角的矩形,平面尺寸为47m×25m,厚8m。主塔为钻石形桥塔,桥面以上为倒Y形,南塔塔高216m,北塔塔高217m。上塔柱为竖直的单个塔柱,中塔柱分开成两个向外倾的塔柱,中塔柱在索塔下横梁处汇合成一个整体。上塔柱为抗风性能较好的八边形断面,高度为76.0m,断面为单箱单室结构,中上塔柱结合段为6.0m高的实体段,横桥向宽度由9.6m变化至11.098m。中塔柱为六边形断面,高度102.8m,横桥向宽4.8m,顺桥向宽9.2m,根据受力需要,沿高度方向分成0.95m、1.15m、1.25m三种壁厚。下横梁为中、下塔柱过渡段,单箱双室截面形式,高度13.0m,横桥向由46.3m通过半径8.0m的圆弧半径过渡至32.0m。下塔柱为单箱双室结构形式,高度25.2m,横桥向宽32m,顺桥向宽9.2m;中间横隔板厚0.8m,顺桥向壁厚1.5m,横桥向壁厚3.0m。下塔柱外壁处沿高度方向开了5道景观凹槽。上塔柱设置钢锚梁作为斜拉索锚固结构，由钢锚梁和钢牛腿两部分组成。钢锚梁共28节，分为3类，每个钢锚梁各锚固两对斜拉索。

7. 山西中条山隧道

中条山隧道闻喜端位于绛县冷口乡，济源端位于闻喜县马窑头乡，中条山隧道的左洞长3310m，右洞长3175m，属特长隧道。隧道左右洞线形为大半径S形曲线，两弯头为半径分别是3000m、5000m的圆曲线，隧道两端及弯头之间采用直线连接。左洞纵面闻喜端约155m的范围位于2.2%的上坡段，其余位于1.6%的下坡段内。其中闻喜端K27 + 925 ~ K28 + 115、YK27 + 885 ~ YK28 + 100D段，左右洞的净距为20 ~ 29m，此段按照小净距隧道形式考虑，其余地段的洞身净距为30 ~ 46m，为分离式标准段。中条山隧道左线全长3310m，其中，洞身Ⅲ级围岩1988m，Ⅳ级围岩1117m，Ⅴ级围岩205m；隧道右线全长3175m，其中Ⅲ级围岩1913m，Ⅳ级围岩1147m，Ⅴ级围岩115m。中条山隧道严格按照新奥法组织施工，隧道采用两头掘进，采用自制钻孔台架配合凿岩机钻孔、人工装药、挖掘机配合侧卸式装载机装渣、自卸汽车出渣。隧道洞口土石方采用明挖法自上而下分层开挖，并随着开挖施作洞口边仰坡防护。隧道开挖采用光面爆破或预裂爆破开挖，尽可能减少超挖，减轻对围岩的扰动和破坏，避免欠挖。

第五节　G45（大广高速公路）大庆至广州高速公路

G45（大广高速公路）是国家"71118 + 6"高速公路网11条南北纵线中的第五纵，是连接黑龙江、吉林、内蒙古、河北、北京、河南、湖北、江西、广东九省（自治区、直辖市）的重要省际大通道。G45（大广高速公路）是连接东北、华北、华中与华南的交通大动脉，对于加强东北、华北地区与南方省市之间的经济联系、促进沿线经济的发展具有重大意义。G45（大广高速公路）是东北与华北联系的第三条通道，对改善路网布局起着重要作用。

G45（大广高速公路）起点位于黑龙江省大庆市萨尔图机场，终点位于广东省广州市从化区太平镇中和里后龙山（街北高速公路）。规划里程3450.58km，通车里程3307.458km，四车道2506.269km，六车道741.467km，八车道及以上59.722km。经过黑龙江（大庆）、吉林（松原、四平）、内蒙古（通辽、赤峰）、北京、河北（承德、廊坊、保定、沧州、衡水、邢台、邯郸）、河南（濮阳、安阳、新乡、开封、周口、驻马店、信阳）、湖北（武汉、黄冈）、江西（宜春、新余、吉安、赣州）、广东（河源、韶关、广州）。1987年湖北武黄高速公路率先开始施工，2015年12月广东省连平（赣粤界）至从化公路建成通车，大广高速全线贯通。

拥有联络线四条：

G4511（龙河高速公路）龙南至河源高速公路，起点位于江西省龙南县里仁镇，终点位于广东省河源灯塔。规划里程129.29km，通车里程130.676km，全线四车道。途经龙南、河源。

G4512（双嫩高速公路）双辽至嫩江高速公路，规划起点位于吉林省双辽市，终点位于黑龙江省嫩江县。规划里程697.37km，通车里程496.318km，全线四车道。途经双辽、白城、齐齐哈尔、嫩江。目前，辽宁双辽至白城段未建成通车。

G4513（奈营高速公路）奈曼旗至营口高速公路，规划起点位于内蒙古奈曼旗，终点位于辽宁省营口市大石桥市虎庄镇前坎子村。规划里程316.00km，通车里程138.187km，全线四车道。途经奈曼旗、阜新、锦州、盘锦、营口。目前，内蒙古奈曼旗至辽宁阜新段尚未建成通车。

G4515（赤绥高速公路）赤峰至绥中高速公路，在建。

一、路线概况

G45（大广高速公路）路线信息见表9-17，沿线互通、出入口、服务区信息见表9-18，并行线、联络线路线信息见表9-19，并行线、联络线沿线互通、出入口、服务区信息见表9-20。

G45（大广高速公路）路线信息表 表9-17

编号	省份	省内起点	省内终点	途经市、县	通车里程（km）
G45	黑龙江	大庆萨尔图机场	松花江江桥桥头（黑吉界）	大庆市龙凤区、红岗区、萨尔图区、大同区、肇州县、肇源县	146.806
	吉林	松原市北侧肇源松花江大桥北段（吉黑界）	双辽市（吉蒙界）	松原市、长岭县	249.899
	内蒙古	左中巴彦塔拉镇（蒙吉界）	茅荆坝	科左中旗、科尔沁区、科左后旗、开鲁县、奈曼旗、敖汉旗、红山区、松山区、喀喇沁旗	546.782
	河北	承德市隆化县茅荆坝（冀蒙界）	承德市滦平县司马台（冀京界）	承德县、滦平县、隆化县	156.673
	北京	密云区古北口镇（京冀界）	大兴区榆垡镇（京冀界）	北京市密云区、怀柔区、顺义区、昌平区、朝阳区、通州区、大兴区	134.330
	河北	廊坊市固安县固安镇（冀京界）	邯郸市大名县旧治乡（冀豫界）	固安县、霸州市、雄县、蠡县、任丘市、高阳县、肃宁县、饶阳县、安平县、深州市、桃城区、衡水市市区、枣强县、冀州区、南宫市、威县、邱县、曲周县、广平县、大名县	408.138

续上表

编号	省份	省内起点	省内终点	途经市、县	通车里程(km)
G45	河南	濮阳市南乐县寺庄乡西崇疃村(豫冀界)	信阳市新县泗店乡郑家凹(豫鄂界)	南乐县、清丰县、濮阳市、濮阳县、滑县、长垣县、封丘县、开封县、开封市顺河区和祥符区、通许县、扶沟县、太康县、西华县、淮阳县、商水县、项城市、平舆县、新蔡县、正阳县、息县、光山县、新县	558.128
	湖北	麻城市顺河镇周家湾	咸宁市通山县九宫山镇鄂赣隧道	麻城市、新洲区、团风县、黄州区、浠水县、鄂城区、黄石市市辖区、下陆区、大冶市、阳新县、通山县	266.185
	江西	九江市武宁县五里凸(鄂赣界)	赣州市龙南县杨村镇九连山	武宁县、修水县、铜鼓县、宜丰县、上高县、分宜县、新余市渝水区和仙女湖区、吉安县、安福县、吉安市吉州区、峡江县、吉水县、泰和县、万安县、遂川县、南康市、信丰县、龙南县、全南县	615.624
	广东	九连山	大广高速公路出口	花都区、从化区、新丰区、龙门县、连平县	225.893

G45(大广高速公路)沿线互通、出入口、服务区信息表 表9-18

编号	省份	沿线互通	出入口	服务区
G45	黑龙江	徐地房子、世纪大道、南四路、红岗、五厂、大同、永乐、英歌、肇源互通	徐地房子、大庆市市区、大庆市南四路、大庆市红岗区、采油五厂、大庆大同区、肇州县永乐乡、肇州县英歌村、肇源县出入口	大同服务区
	吉林	班德、解放、松原东、松原南、孙喜窝棚、松原西、二莫、拐脖店、深井子、乌兰塔拉、乌兰图嘎、长岭、新安、兴隆、大富互通	班德、松原东、松原南、松原西、拐脖店、深井子、乌兰塔拉、乌兰图嘎、长岭、新安、兴隆出入口	天娇、长岭、拐脖店、大洼服务区
	内蒙古	巴彦塔拉、大林、通辽东、通辽南、余粮堡、东来、八仙筒、奈曼东、奈曼南、齐家窝铺、新惠、撒力巴、元宝山、红山、赤峰北、赤峰西、赤峰南、南大营子、锦山东、锦山西、王爷府、美林互通	欧里、巴彦塔拉、大林、通辽东、通辽南、余粮堡、东来、八仙筒、奈曼东、奈曼南、齐家窝铺、新惠、撒力巴、元宝山、赤峰北、赤峰西、赤峰南、南大营子、锦山东、锦山西、王爷府、美林出入口	乌兰、巴西、余粮堡、东明、奈曼、新惠、安庆、牛营子、富裕地服务区,旺业甸、通辽、赤峰、四十家子停车区
	河北	茅荆坝枢纽、七家、两家、头沟、双峰寺枢纽、东营子枢纽、避暑山庄、西地、承德西、大广滦平、偏桥、金山岭互通	茅荆坝、七家、两家、头沟、避暑山庄、西地、承德西、大广滦平、偏桥、金山岭出入口	七家、双峰寺、安子岭服务区
	北京	酸枣岭桥、李天桥、施园桥、徐庄桥、马驹桥、双源桥互通	司马台、太师屯、北庄、密兴、程各庄、大城子、金鼎湖、辛安庄、穆家峪、顺密路、杨雁路、京密路、北台路、宽沟、天北路、昌金路、白马路、六环路、求贤、榆垡南出入口	太师屯、巨各庄(未开通)、土沟、求贤停车区
	河北	固安、廊涿、牛驼、霸州、大魏庄、雄县、白洋淀、鄚州、任丘、高阳、西演、尚村、肃宁、饶阳、深州、衡水北、衡水、桃城、滏阳、衡水南、枣强、柳林庄、南宫、薛吴村、常屯、威县、方家营、邱县、东张孟、沙圪塔、杨桥、铺上、大名互通	固安、廊涿、牛驼、霸州、保津、雄县、鄚州、任丘、高阳、保沧、尚村、肃宁、饶阳、深州、衡水北、衡水、桃城、滏阳、衡水南、枣强、南宫、薛吴村、常屯、威县、方家营、邱县、东张孟、沙圪塔、杨桥枢纽、铺上、大名出入口	牛驼、任丘、西演、肃宁、深州、衡水、衡水湖、冀州、威县北、威县南、邱县、大名服务区,雄县、饶阳停车区

续上表

编号	省份	沿线互通	出入口	服务区
G45	河南	南乐、大广/南林、清丰、濮阳北、濮鹤、濮阳南、滑县、慈周寨、大碾枢纽、长垣、封丘、孙寺、大广/连霍，杜良、陈留、吴楼，石岗，通许东、大广/商登枢纽，大广/盐洛枢纽，大新，西华，大广/商南枢纽，周口东，大广枢纽，项城西，秣陵，平舆杨埠、大广/新阳，新蔡砖店、正阳岳城、白店、大广/淮信、息县、寨河、大广/沪陕、光山东、泼陂河、新县北、新县、豫鄂界互通	南乐站、清丰站、濮阳南站、滑县站、慈周寨站、长垣站、封丘站、杜良、陈留、通许东、大新、西华、周口东、项城西、秣陵、平舆杨埠站、新蔡砖店站、正阳岳城站、白店、息县、寨河、光山东站、泼陂河站、新县北站、新县站、豫鄂界（省界站）出入口	南乐、濮阳、濮阳南、滑县、封丘、朱砂，练城、扶沟、周口东、项城、新蔡、息县、槐店、泼陂河、泗店蓝天茗茶服务区
	湖北	麻城、淋山河、大广北、大广南、蕲嘉大冶、星谈枢纽互通	乘马岗、麻城、铁门、新洲、团风、黄州、黄鄂黄州北、巴河、兰溪、花湖东、下陆、大冶、殷祖、三溪、龙港、洪港出入口	罗铺、淋山河、三溪停车区，新洲、浠水、大冶、燕夏服务区
	江西	韶口、万安、遂川、汤村、横市、吉安县、泰和县、里仁、澧溪、修水、带溪、天宝、宜丰、上高、洞村、仙女湖、新余南、油田、安福、武宁西、铜鼓、宜丰、宜丰南、新余、吉安南、新余、仙女湖、新余南、油田、安福、吉安南互通	韶口、万安、遂川、汤村、横市、吉安县、泰和县、南康、南康南、龙回、信丰北、信丰、铁石口、龙南北、龙南北、龙南南、全南、杨村、与广东交界主线、上菁、澧溪、修水、带溪、天宝、宜丰、上高、洞村、仙女湖、新余南、油田、安福、新余、仙女湖、新余南、油田、安福出入口	修水、何市、宜丰、上高、仙女湖、银湾桥、吉安、遂川、横市、南康、信丰、龙南服务区
	广东	北兴、机场、卫东、中和里互通	北兴立交、地派、东湖、乐广至机场高速北延线、花山、机场立交、金谷、连平北、连平南、良口、隆街、吕田、马头、米埗、山前、上坪、卫东、温泉、新丰出入口	连平、马头、吕田、从化服务区，溪山、下茅停车区

G45（大广高速公路）并行线、联络线路线信息表 表9-19

编号	省份	省内起点	省内终点	途经市、县	通车里程（km）
G4511	江西	龙南县里仁镇	定南县野猪塘（赣粤界）	赣州市、龙南县	130.676
	广东	和平上陵（粤赣界）	河源灯塔	连平县、和平县、东源县	
G4512	吉林	双辽（未通）	坦途（吉黑界）	双辽市、白城市、洮北区、镇赉县	496.318
	黑龙江	泰来（黑吉界）	嫩江县	泰来县、齐齐哈尔市昂昂溪区和铁峰区、富裕县、齐齐哈尔市建华区、讷河市、嫩江县	
G4513	内蒙古	奈曼旗（未通）	大三家子（蒙辽界）	奈曼旗	138.187
	辽宁	福兴地乡（蒙辽界）	大石桥市虎庄镇前坎子村	阜新市、锦州市、盘锦市、营口市、大石桥市	
G4515	内蒙古	待建			—
	辽宁	待建			

G45(大广高速公路)并行线、联络线沿线互通、出入口、服务区信息表　　表 9-20

编号	省份	沿线互通	出入口	服务区
G4511	江西	定南、老城、定南联络线互通	定南、老城、定南联络线出入口	定南服务区
	广东	热水、和平、合水互通	忠信站、灯塔站、和平、合水出入口	和平服务区,上陵停车区
G4512	吉林	陶家、长安机场、镇赉西、东风、向阳枢纽互通	陶家、长安机场、镇赉西出入口	坦途、镇赉、洮南服务区
	黑龙江	泰来、塔子城、江桥、大兴、水师营、昂昂溪、齐齐哈尔、齐杜路,主线互通、拉哈、富裕、冯屯、嫩江、农垦 93、老莱、讷河互通	街基、泰来、塔子城、江桥、大兴、水师营、昂昂溪、农垦 93、老莱、讷河、拉哈、富裕、冯屯出入口	泰和、富裕、昂昂溪、江桥、泰来服务区
G4513	内蒙古	待建		
	辽宁	阜新、盘锦、西安、石佛、大盘、玉龙新城、水泉、海棠山、白厂门、大市、北镇、沟帮子、甜水、盘锦、盘锦南、西安镇、营口北互通	玉龙新城、水泉、海棠山、白厂门、大市、北镇、沟帮子、甜水、盘锦、盘锦南、西安镇、营口北、大盘出入口	北镇、辽河服务区
G4515	内蒙古	待建		—
	辽宁	待建		

二、路网关系

G45(大广高速公路)路网关系示意图如图 9-5 所示。

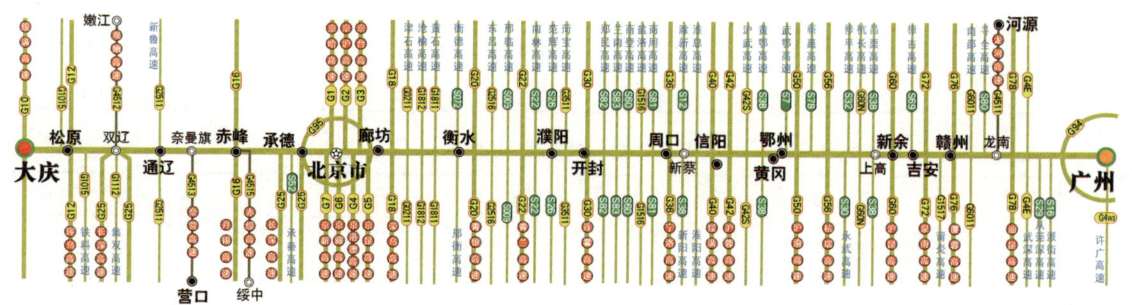

图 9-5　G45(大广高速公路)路网关系示意图

三、建设历程

1. 黑龙江大庆至肇源(黑吉界)段

2009 年 5 月开工建设,2011 年 9 月建成通车,全长 146.78km,全线四车道,设计速度 100km/h。建成大桥 15 座。总投资 42.86 亿元,资金来源:交通运输部车购税投入、地方投入、银行贷款。占地 12207.0 亩。项目管理单位:大广高速大庆段工程建设指挥部;勘察设计单位:黑龙江省公路勘察设计院;监理单位:山东恒建工程监理咨询有限公司、吉林省公路工程监理有限责任公司等;施工单位:中铁十三局集团有限公司、中交第四公路工程局有限公司等。

2. 吉林松原(孙喜窝棚)至肇源(吉黑界)段

2006年9月开工建设,2008年9月建成通车,全长51.57km,全线四车道,设计速度100km/h。建成特大桥:肇源松花江大桥、龙华松花江特大桥,共2座。建成大桥1座。总投资6.01亿元,资金来源:中央投入、地方投入、银行贷款。占地5324亩。项目管理单位:吉林省公路重点工程建设管理办公室;勘察设计单位:吉林省交通规划设计院;监理单位:东北林业大学工程监理部、吉林省天达工程咨询监理有限责任公司等;施工单位:吉林省长城路桥建工有限责任公司等。

3. 松原(孙喜窝棚)至松原(二莫)段

2006年4月开工建设,2010年10月建成通车,全长10km,全线四车道,设计速度100km/h。总投资2.59亿元,资金来源:中央投入、地方投入、银行贷款。占地818亩。项目管理单位:项目法人为吉林省公路管理局(重点办),地方项目管理单位分别是松原市珲乌高速公路松原至大安段工程建设指挥部、白城市大安至白城高速公路建设办公室、白城市公路工程建设办公室;勘察设计单位:吉林省交通规划设计院、北京交科公路勘察设计研究院有限公司、交通运输部规划研究院、吉林省交通科学研究所;监理单位:吉林省天达公路工程咨询监理有限责任公司等;施工单位:吉林省亿丰路桥工程有限公司等。[与G12(珲乌高速公路)共线。]

4. 松原(二莫)至双辽(吉蒙界)段

2007年12月开工建设,2010年9月建成通车,全长198km,全线四车道,设计速度100km/h。建成大桥5座。总投资43.31亿元,资金来源:中央投入、地方投入、银行贷款。占地13330亩。项目管理单位:吉林省高等级公路建设局;勘察设计单位:吉林省交通规划设计院、吉林省交通科学研究所、交通部科学研究院、辽宁省交通规划设计院;监理单位:吉林省公路工程监理有限责任公司、吉林省金泉公路工程咨询监理有限责任公司等;施工单位:吉林省嘉鹏公路建设有限公司等。

5. 内蒙古双辽(吉蒙界)至通辽段

2009年5月开工建设,2011年11月建成通车,全长93.0km,全线四车道,设计速度100km/h。建成大桥8座。总投资32.36亿元,资金来源:中央投入、地方投入、银行借款。占地9622.0亩。项目管理单位:内蒙古通辽市双辽至通辽高速公路建设项目管理办公室;勘察设计单位:内蒙古交通设计研究院有限责任公司、中国公路工程咨询集团有限公司;监理单位:内蒙古通辽市环宇公路监理咨询有限责任公司、北京兴通交通工程监理有限公司等;施工单位:中铁十一局集团第五工程有限公司、中铁五局集团机械化工程有限责任公司等。

6. 内蒙古阿布海至通辽段

2005 年 3 月开工建设,2007 年 10 月建成通车,全长 70.64km,全线四车道,设计速度 100km/h。建成大桥 1 座。总投资 26.28 亿元,资金来源:中央投入、地方投入、银行借款。占地 10155.0 亩。项目管理单位:内蒙古通辽市通辽至下洼高速公路建设第一执行办公室;勘察设计单位:内蒙古自治区交通设计研究院有限责任公司;监理单位:北京兴通交通工程监理有限责任公司、吉林省公路工程监理有限公司等;施工单位:中交二公局第四工程有限公司、中铁二十二局第四工程有限责任公司等。

7. 内蒙古阿布海至塔甸子段

2005 年 3 月开工建设,2007 年 9 月建成通车,全长 66.55km,全线四车道,设计速度 100km/h。总投资 19.35 亿元,资金来源:中央投入、地方投入、银行借款。占地 4887.0 亩。项目管理单位:内蒙古通辽市交通局通赤高速公路第二执行办公室;勘察设计单位:内蒙古自治区交通设计研究院;监理单位:中国公路工程咨询集团有限公司、内蒙古公路工程监理公司等;施工单位:中国冶金建设集团公司等。

8. 内蒙古塔甸子至下洼段

2005 年 3 月开工建设,2007 年 8 月建成通车,全长 65.26km,全线四车道,设计速度 100km/h。建成大桥 2 座。总投资 15.8 亿元,资金来源:中央投入、地方投入。占地 6647.0 亩。项目管理单位:内蒙古通辽市交通局通赤高速公路第三执行办公室;勘察设计单位:中国公路工程咨询公司;监理单位:山西晋通监理公司、北京华通监理咨询公司等;施工单位:朝阳建设集团有限公司、中铁十二局集团有限公司等。

9. 内蒙古撒力巴至下洼段

2005 年 3 月开工建设,2007 年 9 月建成通车,全长 71.602km,全线四车道,设计速度 100km/h。建成大桥 10 座。总投资 18.627 亿元,资金来源:中央投入、银行贷款。占地 8271.1 亩。项目管理单位:赤峰市赤通高速公路建设管理办公室;勘察设计单位:北京交科公路勘察设计研究院有限公司;监理单位:中国公路工程咨询监理总公司、中国公路工程咨询集团有限公司等;施工单位:中铁十八局集团有限公司、中铁一局集团第二工程有限公司等。

10. 内蒙古赤峰至撒力巴段

2005 年 3 月开工建设,2007 年 10 月建成通车,全长 80.35km,全线四车道,设计速度 100km/h。建成特大桥:老哈河特大桥,共 1 座。建成大桥 9 座。总投资 20.91 亿元,资金来源:中央投入、地方投入、银行贷款。占地 7794.45 亩。项目管理单位:赤峰市赤通高速公路建设管理办公室;勘察设计单位:北京交科公路勘察设计研究院有限公司;监理单位:湖北中交公路桥梁监理咨询有限公司、内蒙古公路工程咨询监理有限公司等;施工单位:中铁十一局集团第一工程有限公司、中铁十八局集团一公司等。

11.内蒙古赤峰至茅荆坝(蒙冀界)段

2011年3月开工建设,2013年12月建成通车,全长102.3km,全线四车道,设计速度100km/h。建成大桥17座。建成特长隧道:茅荆坝隧道,共1座。总投资53.1亿元,资金来源:中央投入、地方投入。占地8271.1亩。项目管理单位:赤承高速公路建设管理办公室;勘察设计单位:中国公路工程咨询集团有限公司、河北省交通规划设计院等;监理单位:中国公路工程咨询集团有限公司、北京路久监理咨询有限公司;施工单位:中国路桥工程有限责任公司、中交路桥建设有限公司等。

12.河北省茅荆坝(蒙冀界)至承德段

2011年3月开工建设,2013年12月建成通车,全长108.70km,全线四车道,设计速度100km/h。建成特大桥:天义沟特大桥、坝底特大桥、小草沟特大桥、七家特大桥、头沟特大桥、东营子互通特大桥、双峰寺互通特大桥、武烈河特大桥、松树沟特大桥、滦河特大桥,共10座。建成大桥32座。总投资158.166亿元,资金来源:中央投入、地方投入、银行贷款。占地16208亩。项目管理单位:河北省高速公路承赤筹建处;勘察设计单位:河北省交通规划设计院、中交第二公路勘察设计研究院等;监理单位:河北省交通建设监理咨询有限公司等;施工单位:中铁十七局集团有限公司、路桥集团第一公路工程局等。

13.河北京冀界至承德段

2004年4月开工建设,2009年9月建成通车,全长76.709km,全线四车道,设计速度80km/h。建成大桥32座。建成长隧道5座。总投资27.204亿元,资金来源:交通部车购税投入、地方投入。占地8067.3亩。项目管理单位:河北承德京承高速公路建设管理处;勘察设计单位:交通运输部科学研究院、铁路专业设计院等;监理单位:中国公路工程咨询监理总公司、中交第一公路勘察设计研究院、西安立德公路工程咨询有限公司等;施工单位:中铁十五局集团有限公司等。[其中,48.55km属于G45(大广高速公路)。]

14.北京京冀界至新农村段

2007年7月开工建设,2009年9月建成通车,全长62.65km,设计速度100km/h。建成大桥48座。总投资62.48亿元,资金来源:地方投入、银行贷款。项目管理单位:北京市首都公路发展集团有限公司;勘察设计单位:北京市城建勘测设计研究院有限责任公司等;监理单位:北京华通公路桥梁监理咨询有限公司等;施工单位:中铁十八局集团有限公司等。

15. 北京新农村至酸枣岭段

2004 年 3 月开工建设,2006 年 9 月建成通车,全长 47.4km,全线六车道,设计速度 120km/h。建成大桥 14 座。总投资 39.19 亿元,资金来源:地方投入、银行贷款。占地 6600 亩。项目管理单位:北京通达京承高速公路有限公司;勘察设计单位:北京国道通公路设计研究院、北京市市政工程设计研究总院;监理单位:北京市正远监理公司、逸群工程咨询有限公司;施工单位:中铁十一局集团四分公司等。

16. 北京双源桥(六环)至固安桥(市界)段

2010 年初开工建设,2010 年 12 月建成通车,全长 24.28km,设计速度 120km/h。总投资 26 亿元,资金来源:地方投入、银行贷款。占地 3090 亩。项目管理单位:首都高速公路发展有限责任公司;勘察设计单位:北京市市政工程设计研究总院、北京市公路设计研究院;监理单位:北京华通公路桥梁监理咨询公司与双环监理公司联合体等;施工单位:北京市市政总公司第二工程公司等。

17. 河北固安(京冀界)至深州段

2007 年 12 月 2 日开工建设,2010 年 12 月建成通车,全长 187.087km,全线六车道,设计速度 120km/h。建成特大桥:新盖房特大桥、大魏庄互通主线跨线桥、永定河特大桥、小白河分洪特大桥、赵王新河特大桥、跨京九铁路特大桥、滹沱河分洪道特大桥、滹沱河特大桥,共 8 座。建成大桥 48 座。总投资 102.05 亿元,资金来源:交通运输部车购税投入、地方投入、银行贷款。占地 21881.469 亩。项目管理单位:河北省大广高速公路京衡段筹建处;勘察设计单位:中交桥梁技术有限公司、河北省交通规划设计院;监理单位:北京正立监理咨询有限公司、北京中交公路桥梁工程监理有限公司;施工单位:中交一公局第一工程有限公司、中铁十一局集团第二工程有限公司等。

18. 河北深州至大名(冀豫界)段

2009 年 3 月开工建设,2010 年 12 月建成通车,全长 221.47km,四车道 2.89km,六车道 187.052km,八车道 31.528km,设计速度 120km/h。建成特大桥:漳河特大桥、京九铁路桥、石德铁路桥、滏阳新河特大桥、衡德旧桥,共 5 座。总投资 113.87 亿元,资金来源:交通运输部车购税投入、地方投入、银行贷款。占地 24489.677 亩。项目管理单位:河北大广高速衡大段筹建管理处;勘察设计单位:中交第一公路勘察设计研究院、中交公路规划设计院有限公司等;监理单位:保定市第三工程建设监理有限公司等;施工单位:中交第二工程局有限公司、中铁四局第一公路工程有限公司等。

19. 河南冀豫界至南乐段

2008 年 12 月开工建设,2010 年 12 月建成通车,全长 14.15km,全线六车道,设计速度 120km/h。建成特大桥:卫河特大桥,共 1 座。总投资 8.13 亿元,资金来源:企业投入、银行贷款。占地1298.45亩。项目管理单位:濮阳豫龙高速公路有限责任公司;勘察设计单位:河南省交通规划勘察设计院有限公司;监理单位:河南宏业建设管理有限公司、河南省公路工程监理有限公司;施工单位:中铁三局集团第二工程有限公司、河南省公路工程局集团有限公司等。

20. 河南南乐至濮阳段

2003年12月开工建设,2006年11月建成通车,全长59.439km,全线四车道,设计速度120km/h。建成大桥2座。总投资21.05亿元,资金来源:企业投入、银行贷款。占地5807.77亩。项目管理单位:河南濮安高速公路有限责任公司;勘察设计单位:河南省交通规划勘测设计院、西安公路研究所;监理单位:湖南金路监理咨询有限公司;施工单位:中交路桥华南工程有限公司、中国路桥集团有限公司、中铁二十局集团有限公司、中铁十三局集团有限公司等。

21. 河南安阳段

2003年12月开工建设,2006年11月建成通车,全长42.111km,全线四车道,设计速度120km/h。建成大桥1座。总投资12.573亿元,资金来源:企业投入、银行贷款。占地3978.642亩。项目管理单位:安阳黄河高速公路有限公司;勘察设计单位:河南省交通规划勘察设计院;监理单位:北京华路捷公路工程技术咨询有限公司、郑州恒基建设监理有限公司;施工单位:山西路桥第一工程有限公司、中铁三局集团有限公司、中铁十五局集团公司、河南省交通公路工程局等。

22. 河南新乡段

2003年12月开工建设,2006年11月建成通车,全长38.214km,全线四车道,设计速度120km/h。建成大桥2座。总投资14.645亿元,资金来源:企业投入、银行贷款。占地3755.451亩。项目管理单位:新乡黄河高速公路有限公司;勘察设计单位:河南省交通规划勘察设计院;监理单位:湖南金路工程咨询监理有限公司、河南卓越工程管理有限公司等;施工单位:中铁十四局集团有限公司、辽河石油勘探局筑路工程公司、中铁十九局集团有限公司等。

23. 河南开封黄河大桥

2004年11月10日开工建设,2006年11月28日建成通车,全长13.81km,全线六车道,设计速度120km/h。建成特大桥:开封黄河大桥,共1座。建成大桥2座。总投资25.97亿元,资金来源:企业投入、银行贷款。占地1084.1亩。项目管理单位:开封阿深高速黄河大桥有限公司;勘察设计单位:河南省交通规划勘察设计院;监理单位:河南省高等级公路建设监理部;施工单位:路桥集团第一工程局第一公路工程公司、山东省路桥集团总公司等。

24. 河南开封至通许段

2004 年 8 月开工建设,2006 年 11 月建成通车,全长 64.228km,四车道 62.428km,六车道 1.8km,设计速度 120km/h。建成大桥 3 座。总投资 26.33 亿元,资金来源:企业投入、银行贷款。占地 8277.0 亩。项目管理单位:河南海星高速公路发展有限公司;勘察设计单位:中国公路工程咨询监理总公司;监理单位:陕西公路交通工程监理咨询有限公司、西安公路交大建设监理公司等;施工单位:中铁二局股份有限公司、中铁七局集团有限公司等。

25. 河南扶沟至西华段

2003 年 12 月开工建设,2006 年 11 月建成通车,全长 52.866km,全线四车道,设计速度 120km/h。建成大桥 1 座。总投资 14.65 亿元,资金来源:企业投入、银行贷款。占地 6016.4745 亩。项目管理单位:河南扶项高速公路有限公司;勘察设计单位:河南省交通规划勘察设计院;监理单位:铁科院(北京)工程咨询公司、河南新恒丰建设监理有限公司等;施工单位:中港第二航务工程局、路桥集团第一公路工程局第三工程公司等。

26. 河南西华至周口段

2003 年 12 月开工建设,2006 年 11 月建成通车,全长 38.7km,全线四车道,设计速度 120km/h。建成大桥 2 座。总投资 17.00 亿元,资金来源:企业投入、银行贷款。占地 4690.2555 亩。项目管理单位:河南扶项高速公路有限公司;勘察设计单位:河南省交通规划勘察设计院;监理单位:贵州省交通建设咨询监理有限公司、河南新恒丰建设监理有限公司等;施工单位:北京城建集团有限责任公司、中铁十九局集团第三工程有限公司等。

27. 河南周口至贾岭段

2004 年 7 月开工建设,2006 年 11 月建成通车,全长 49.224km,全线四车道,设计速度 120km/h。建成大桥 3 座。总投资 16.68 亿元,资金来源:企业投入、银行贷款。占地 4619.397 亩。项目管理单位:河南扶项高速公路有限公司;勘察设计单位:河南省交通规划勘察设计院;监理单位:上海同济公路工程监理咨询有限公司、河南新恒丰建设监理有限公司等;施工单位:路桥集团第一公路工程局、中铁五局集团有限公司等。

28. 河南平舆至正阳段

2005 年 1 月开工建设,2007 年 10 月建成通车,全长 52.13km,全线四车道,设计速度 120km/h。建成大桥 5 座。总投资 24.1687 亿元,资金来源:企业投入、银行贷款。占地 5980.0 亩。项目管理单位:河南平正高速公路发展有限公司;勘察设计单位:河南省交通规划勘察设计院;监理单位:中国公路工程咨询监理总公司、陕西公路交通科技开发咨询公司等;施工单位:中铁一局集团第二工程有限公司、中国路桥集团一局五公司等。

29. 河南息县段

2005年4月开工建设,2007年10月建成通车,全长32.5km,全线四车道,设计速度120km/h。建成特大桥:淮河特大桥,共1座。建成大桥5座。总投资12.81亿元,资金来源:企业投入、银行贷款。占地3258.383亩。项目管理单位:信阳豫申高速公路有限公司;勘察设计单位:中交第一公路勘察设计研究院;监理单位:中国公路工程咨询监理总公司、河南省高等级公路建设监理部;施工单位:中铁十五局集团第六工程有限公司、中铁四局集团有限公司等。

30. 河南息县至光山段

2005年4月开工建设,2007年10月建成通车,全长33.413km,全线四车道,设计速度120km/h。建成大桥3座。总投资16.14亿元,资金来源:企业投入、银行贷款。占地3349.919亩。项目管理单位:信阳豫申高速公路有限公司;勘察设计单位:中交第一公路勘察设计研究院;监理单位:中国公路工程咨询监理总公司、河南省高等级公路建设监理部;施工单位:中铁十局集团第二工程有限公司、中铁大桥局集团有限公司等。

31. 河南光山段

2004年11月开工建设,2007年10月建成通车,全长32.12km,全线四车道,设计速度100km/h、120km/h。建成大桥8座。总投资17.58亿元,资金来源:企业投入、银行贷款。占地3477.27亩。项目管理单位:河南光彩信阳高速公路有限公司;勘察设计单位:河南省交通规划勘察设计院;监理单位:北京华路捷工程技术咨询有限公司;施工单位:中铁十局集团第二工程有限公司、中铁十五局集团第六工程有限公司等。

32. 河南新县段

2004年9月开工建设,2008年7月建成通车,全长35.22km,全线四车道,设计速度100km/h。建成大桥32座。总投资24.6972亿元,资金来源:地方投入、银行贷款。占地3714.579亩。项目管理单位:河南省豫南高速投资有限公司;勘察设计单位:河南省交通规划勘察设计院;监理单位:北京华通路桥咨询监理公司;施工单位:中交第三公路工程局有限公司、中铁十五局集团第二工程有限公司等。

33. 湖北麻城至浠水段

2006年8月开工建设,2009年4月建成通车,全长147.12km,全线四车道,设计速度100km/h。建成特大桥:巴河大桥,共1座。建成大桥53座。总投资54.02亿元,资金来源:地方投入、银行贷款。占地12740.78亩。项目管理单位:湖北大广北高速公路有限责任公司;勘察设计单位:湖北省交通规划设计院、湖南省交通规划设计院、北京交科公路勘察设计研究院有限公司;监理单位:北京华路捷公路工程技术咨询有限公司等;施工单位:中国葛洲坝水利水电工程集团有限公司、中交第二公路工程局有限公司等。

34. 湖北武汉至黄石段

1987 年开工建设,1991 年建成通车,全长 2.06km,全线四车道,设计速度 100km/h。总投资 0.1 亿元,资金来源:中央投入、地方投入。占地 155.2 亩。项目管理单位:湖北省宜黄公路建设指挥部;勘察设计单位:湖北省交通规划设计院;施工单位:铁道部第十一工程局、黄石市公路总段。

35. 湖北鄂东长江大桥

2006 年 11 月 20 日开工建设,2010 年 9 月 28 日建成通车,全长 15.149km,四车道 8.723km,六车道 6.426km,设计速度 100km/h。总投资 30.14 亿元,资金来源:中央投入、企业投入、银行贷款。占地 1610.58 亩。项目管理单位:湖北鄂东长江公路大桥有限公司;勘察设计单位:湖北省交通规划设计院和中交公路规划设计院联合体;监理单位:西安方舟工程咨询监理有限公司、湖北省公路水运工程咨询监理公司;施工单位:中交第二公路工程局有限公司、中交第二航务工程局有限公司、中铁大桥局有限公司等。[其中 12.064km属于 G45(大广高速公路)。]

36. 湖北大广南高速公路

2007 年开工建设,2012 年建成通车,全长 107.01km,全线四车道,设计速度 100km/h。建成特大桥:有色特大桥,共 1 座。建成大桥 47 座。建成特长隧道:鄂赣隧道,共 1 座。建成长隧道 3 座。总投资 49.00 亿元,资金来源:地方投入、企业投入。占地 11348.54 亩。项目管理单位:阿深南高速公路发展有限公司;勘察设计单位:湖北省交通规划设计院、中铁第四勘察设计研究院;监理单位:山东省交通工程监理咨询公司等;施工单位:中铁十五局集团第六工程有限公司、中交二公局第一工程有限公司等。

37. 江西武宁至吉安段

2006 年 4 月开工建设,2008 年 1 月建成通车,全长 287.12km,全线四车道,设计速度 100km/h。建成特大桥:田蒲特大桥、潭山特大桥,共 2 座。建成大桥 98 座。建成特长隧道:赣鄂隧道、何市隧道、九岭隧道,共 3 座。建成长隧道 5 座。总投资 112.00 亿元,资金来源:企业投入、银行贷款。占地 28584.21 亩。项目管理单位:江西省武宁(鄂赣界)至吉安高速公路项目办公室;勘察设计单位:中国公路工程咨询监理总公司、中交第一公路勘察设计研究院等;监理单位:中国公路工程咨询总公司、北京华通公路桥梁监理咨询公司等;施工单位:中铁十三集团第五工程有限公司、中铁十一集团第五工程有限公司等。

38. 江西昌傅至泰和段(吉安至泰和)

2001 年 6 月开工建设,2003 年 6 月建成通车,全长 41.27km,全线四车道,设计速度 100km/h。建成大桥 2 座。总投资 6.26 亿元,资金来源:中央投入、地方投入、银行贷款。占地7800.43 亩。项目管理单位:江西赣粤高速公路股份有限公司;勘察设计单位:江西省交通设计院、北京交科公路勘察设计院;监理单位:江西公路工程监理公司、上海同济公路工程监理咨询有限公司;施工单位:中铁第十三工程局第一工程处、中铁第二十局第二工程处等。

39. 江西泰和至赣州段

2001 年 11 月开工建设,2004 年 1 月建成通车,全长 127.78km,全线四车道,设计速度 100km/h。建成大桥 13 座。建成长隧道 2 座。总投资 28.81 亿元。资金来源:地方投入、银行贷款。占地 13508.0 亩。项目管理单位:江西省高等级公路管理局;勘察设计单位:江西省交通设计院、北京交科公路勘察设计院;监理单位:中交国际工程咨询公司、江西交通建设工程监理所等;施工单位:中铁三局集团有限公司、中铁第十四工程局第一工程处等。

40. 江西赣州至定南段

2002 年 1 月开工建设,2004 年 1 月建成通车,全长 97.214km,全线四车道,设计速度 100km/h。建成大桥 21 座。建成长隧道 1 座。总投资 29.49 亿元,资金来源:地方投入、银行贷款。占地 17544 亩(含龙河高速)。项目管理单位:赣州高速公路有限责任公司;勘察设计单位:江西省交通设计院;监理单位:中交国际工程咨询有限公司、江西交通建设工程监理所等;施工单位:中铁十六局集团第一工程有限公司、中铁四局集团第四工程有限公司等。

41. 江西龙南里仁至杨村段

2010 年 8 月开工建设,2012 年 12 月建成通车,全长 61.241km,全线六车道,设计速度 100km/h。建成大桥 30 座。建成长隧道 1 座。总投资 39.80 亿元,资金来源:中央投入、地方投入、银行贷款。占地 6632.61 亩。项目管理单位:赣州高速公路有限责任公司、勘察设计单位:中交第二公路勘察设计研究院有限公司、江西省交通设计院等;监理单位:武汉大通公路桥梁工程咨询监理有限责任公司、江西交通工程监理公司等;施工单位:中铁十四局集团有限公司、中铁十四局集团有限公司等。

42. 广东省连平(赣粤界)至从化高速公路

2012 年 9 月开工建设,2015 年 12 月建成通车,全长 183.0km,六车道 160.0km,八车道 23.0km,设计速度 100km/h。总投资 213.88 亿元,资金来源:企业投入、银行贷款。占地 19172.0 亩。项目管理单位:广州大广高速公路有限公司;勘察设计单位:江西省交通设计院等;监理单位:广东诚信公路建设监理咨询有限公司;施工单位:中铁十四局集团有限公司等。

43. 广东广州市北部(新国际机场)高速公路

1999 年 11 月开工建设,2002 年 1 月建成通车,全长 51.22km,六车道 9.7km,八车道

41.52km,设计速度80km/h、120km/h。总投资57亿元,资金来源:地方投入、银行贷款。占地3617.6亩。项目管理单位:广州快速交通建设有限公司;勘察设计单位:广州市市政工程设计研究院等;监理单位:广州市穗高工程监理有限公司等;施工单位:广东省第二建筑工程公司等。

44. 广东从化街口至花都北兴段

2004年4月开工建设,2007年2月建成通车,全长19.75km,四车道17.05km,六车道1.41km,八车道1.29km,设计速度100km/h。建成大桥8座。总投资9.79亿元,资金来源:企业投入、银行贷款。占地1997.66亩。项目管理单位:广州广从高速公路有限公司;勘察设计单位:铁道部第二勘察设计院、北京交科公路勘察设计研究院;监理单位:广州诚信公路建设监理咨询有限公司;施工单位:中铁二十局集团有限公司、中港第三航务工程局等。

45. 广东广州机场高速北段北兴至花都花山段

2002年1月开工建设,2007年2月建成通车,全长24.57km,全线六车道,设计速度100km/h。建成特大桥:新市高架桥、大沙河高架桥,共2座。建成大桥25座。总投资29.05亿元,资金来源:企业投入、银行贷款。占地4198亩。项目管理单位:广州快速交通建设有限公司;勘察设计单位:广州市市政工程设计研究院、铁道部第二勘测设计院;监理单位:广州市穗高工程监理有限公司、广东省广梅汕建设监理有限公司;施工单位:中国水利水电第十四工程局、铁道部第一工程局。

四、联络线及并行线

1. G4511(龙河高速公路)龙南至河源高速公路

江西龙河高速公路。2002年1月开工建设,2004年7月建成通车,全长28.76km,全线四车道,设计速度100km/h。建成大桥15座。建成长隧道3座。总投资8.68亿元,资金来源:地方投入、银行贷款。占地3692.5亩。项目管理单位:赣州高速公路有限责任公司;勘察设计单位:江西省交通设计院;监理单位:安徽省高等级公路工程监理有限公司;施工单位:中铁一局集团第一工程有限公司、中铁隧道局一处有限公司等。

广东和平中陵粤赣界至河源灯塔段。2004年1月30日开工建设,2005年12月28日建成通车,全长100.978km,全线四车道,设计速度100km/h。建成大桥53座。总投资41.87亿元,资金来源:企业投入、银行贷款。占地9808亩。项目管理单位:广东粤赣高速公路有限公司;勘察设计单位:铁道部第二勘察设计院、中国公路工程咨询监理总公司;监理单位:广东虎门技术咨询有限公司、广东省公路工程监理站;施工单位:广东省长大公路工程有限公司、广东冠粤路桥有限公司等。

2. G4512(双嫩高速公路)双辽至嫩江高速公路

黑龙江齐齐哈尔至泰来(省界)段。2008年4月开工建设,2010年10月建成通车,全长138.218km,全线四车道,设计速度100km/h。建成特大桥:嫩江特大桥,共1座。建成大桥6座。总投资40.55亿元,资金来源:中央投入、地方投入、银行贷款。占地12385.9亩。项目管理单位:黑龙江省齐泰公路工程建设指挥部;勘察设计单位:黑龙江省公路勘察设计院、佳木斯公路勘察设计院;监理单位:黑龙江省公路工程监理咨询公司、黑龙江省远升公路工程咨询监理有限责任公司等;施工单位:龙建路桥股份有限公司、中铁十三局等。

黑龙江齐齐哈尔至嫩江段。2008年4月开工建设,2010年8月建成通车,全长230.67km,全线四车道,设计速度100km/h。建成大桥13座。总投资21.89亿元,资金来源:交通运输部车购税投入、地方投入、银行贷款。占地6838.74亩。项目管理单位:国道G111线工程建设指挥部;勘察设计单位:黑龙江省公路勘察设计院;监理单位:黑龙江省公路工程监理咨询公司、黑龙江省远升公路工程咨询监理有限责任公司等;施工单位:龙建路桥股份有限公司、新疆北新路桥建设股份有限公司等。

黑龙江齐泰段新增街基至省界段。2014年9月开工建设,2015年10月建成通车,全长6.027km,全线四车道,设计速度100km/h。总投资2.74亿元,资金来源:交通运输部车购税投入、地方投入、银行贷款。占地897.7亩。项目管理单位:黑龙江省交通运输厅齐白公路齐泰段工程建设指挥部;勘察设计单位:黑龙江省公路勘察设计院、哈尔滨工业大学建筑设计研究院;监理单位:黑龙江省远升公路工程咨询监理有限责任公司等;施工单位:黑龙江省长力建设有限公司、黑龙江交通实业总公司等。

吉林黑水至白城(向阳)段。2014年11月开工建设,2016年10月建成通车,全长40.488km,全线四车道,设计速度100km/h。建成大桥4座。总投资23.9亿元,资金来源:地方投入、银行贷款。占地6297亩。项目管理单位:吉林省公路重点工程建设管理办公室、白城市公路工程建设办公室;勘察设计单位:吉林省交通规划设计院、长春市建业集团有限公司;监理单位:吉林省计维建设监理有限公司、赤峰天宇交通监理有限公司等;施工单位:吉林省华一公路建设集团有限责任公司、吉林省松江路桥建设有限责任公司、中铁十二局集团有限公司等。

吉林白城(向阳)至镇赉(西互通)段。2012年12月开工建设,2014年10月建成通车,全长29.29km,全线四车道,设计速度100km/h。总投资17.3亿元,资金来源:地方投入、银行贷款。占地4555亩。项目管理单位:吉林省公路管理局、白城市公路工程建设办公室;勘察设计单位:吉林省交通规划设计院、吉林省路桥设计有限公司、吉林省林业勘察设计研究院;监理单位:吉林省公路工程监理有限公司等;施工单位:辽宁金帝路桥建设有限公司、中铁十八局集团第三工程有限公司、天津鑫路桥建设工程有限公司等。

吉林镇赉(西互通)至坦途(黑吉界)段。2014 年 7 月开工建设,2016 年 10 月建成通车,全长 50.98km,全线四车道,设计速度 100km/h。建成大桥 3 座。总投资 30.1 亿元,资金来源:地方投入、银行贷款。占地 7928 亩。项目管理单位:吉林省公路管理局、白城市公路工程建设办公室;勘察设计单位:吉林省交通规划设计院、吉林省路桥设计有限公司、吉林省交通科学研究所等;监理单位:吉林省计维建设监理有限公司、吉林市万丰公路工程监理有限责任公司等;施工单位:天津市公路工程总公司、北京市政路桥股份有限公司等。

3. G4513(奈营高速公路)奈曼旗至营口高速公路

辽宁阜新至盘锦高速公路北延伸线。2012 年开工建设,2013 年 11 月 1 日建成通车,全长 15km,全线四车道,设计速度 100km/h。建成特大桥:规划区高架桥,共 1 座。建成大桥 2 座。总投资 13.8 亿元,资金来源:中央投入、地方投入、银行贷款。占地 1342 亩。项目管理单位:辽宁省高等级公路建设局;勘察设计单位:辽宁省交通勘测设计院;监理单位:辽宁科杰公路工程监理公司;施工单位:中铁十九局集团第三工程有限公司、辽宁省路桥建设第一有限公司等。

辽宁阜新至盘锦段。2009 年开工建设,2013 年 7 月 31 日建成通车,全长 96km,全线四车道,设计速度 100km/h。建成特大桥:绕阳河特大桥,共 1 座。建成大桥 19 座。建成特长隧道:海棠山隧道,共 1 座。总投资 44 亿元,资金来源:中央投入、地方投入、银行贷款。占地 9256 亩。项目管理单位:辽宁省高等级公路建设局;勘察设计单位:辽宁省交通规划设计院;监理单位:辽宁科杰公路工程监理有限公司(联合体:辽宁华通公路工程监理事务所);施工单位:中铁隧道集团有限公司、中铁十四局集团第四工程有限公司等。

辽宁盘锦至海城段。1999 年开工建设,2002 年建成通车,全长 107.2km,全线四车道,设计速度 120km/h。建成特大桥:大辽河特大桥、双台河特大桥,共 2 座。建成大桥 18 座。总投资 33.9 亿元,资金来源:中央投入、地方投入、银行贷款。占地 12026.0 亩。项目管理单位:辽宁省高等级公路建设局;勘察设计单位:辽宁省交通勘测设计院;监理单位:北京育才交通工程咨询监理公司、沈阳公路工程监理有限责任公司等;施工单位:四川路桥建设集团交通工程有限公司、中港第一航务工程局等。[其中,80.01km 属于 G16(丹锡高速公路),27.19km 属于 G4513(奈营高速公路)。]。

内蒙古待建。

4. G4515(赤绥高速公路)赤峰至绥中高速公路

辽宁待建。

内蒙古待建。

5. G4501 北京六环绕城高速公路

北京马驹桥至胡各庄段。1999 年 4 月开工建设,2000 年 9 月建成通车,全长 22km,

全线四车道,设计速度100km/h。总投资13.04亿元,资金来源:地方投入,银行贷款。项目单位:北京市首都公路发展有限责任公司;勘察设计单位:北京市市政工程设计研究总院;监理单位:北京市高速公路监理有限公司、北京市仕邦监理有限公司;施工单位:北京市公路局昌平分局等。

北京马驹桥至孙村段。2000年5月开工建设,2000年11月建成通车,全长14.2km,全线四车道,设计速度100km/h。总投资5.34亿元,资金来源:地方投入、银行贷款。项目管理单位:北京市首都公路发展有限责任公司;勘察设计单位:北京市公路局设计研究院;监理单位:北京顺通公路交通技术咨询公司;施工单位:北京公路桥梁建设公司等。

北京大庄至孙村段。2000年10月开工建设,2001年8月建成通车,全长7.55km,全线四车道,设计速度100km/h。总投资4.8亿元,资金来源:地方投入、银行贷款。项目管理单位:北京首都发展责任有限公司;勘察设计单位:北京市市政工程设计研究总院;监理单位:北京仕邦工程监理有限责任公司等;施工单位:铁道部隧道工程局等。

北京胡各庄至西沙屯段。2001年8月开工建设,2002年10月建成通车,全长59.9km,全线四车道,设计速度100km/h。总投资35.93亿元,资金来源:地方投入、银行贷款。项目管理单位:北京市首都公路发展集团有限公司等;勘察设计单位:北京市政工程设计研究总院等;监理单位:北京逸群工程监理咨询有限公司;施工单位:中铁二局股份有限公司、北京城建道桥工程有限公司等。

北京良乡至黄村(大庄)段。2004年3月开工,2004年12月建成通车,全长23.77km,全线四车道,设计速度100km/h。总投资19.14亿元,资金来源:地方投入、银行贷款。项目管理单位:北京市首都公路发展有限责任公司;勘察设计单位:中航勘察设计研究院、北京城建勘察设计研究院有限责任公司等;监理单位:北京正宏监理咨询有限公司、北京铭正洋林绿化监理有限公司;施工单位:中铁十八局集团有限公司等。

北京西沙屯至寨口段。2004年3月开工建设,2006年12月建成通车,全长19.6km,全线四车道,设计速度100km/h。总投资16.69亿元,资金来源:地方投入、银行贷款。项目管理单位:北京市首都公路发展有限责任公司;勘察设计单位:北京市公路局设计研究院等;监理单位:北京逸群工程咨询有限公司等;施工单位:中国建筑工程总公司等。

北京良乡至寨口段。2007年6月30日开工建设,2009年9月12日建成通车,全长38.28km,全线四车道,设计速度100km/h。总投资84.6亿元,资金来源:地方投入、银行贷款。项目管理单位:北京市首都公路发展有限责任公司;勘察设计单位:中航勘察设计研究院等;监理单位:北京正宏监理咨询有限公司等;施工单位:中铁五局集团有限公司等。

五、先进技术的研究与应用

1. 寒冷地区混凝土简支梁桥沥青混凝土桥面铺装技术研究(内蒙古)

双辽至通辽高速公路通过调查研究寒冷地区沥青混凝土桥面铺装病害机理、铺装层受力特性、铺装层和防水材料优选,铺装层组合设计、施工工艺及质量控制现状,根据气候特点系统研究寒冷地区混凝土简支梁桥沥青混凝土桥面铺装设计方法和使用性能,以有效减少桥面铺装病害,达到提高桥面整体质量,保证桥梁结构耐久性的目的,其技术经济效益十分明显。主要研究内容:①建立在荷载、温度等作用下的桥面铺装力学分析的有限元模型,提出分析方法;②提出内蒙古寒冷地区混凝土简支梁桥沥青混凝土铺装材料和防水黏结材料类型及技术指标;③建立内蒙古寒冷地区混凝土简支梁桥沥青混凝土桥面铺装设计方法;④研究桥面铺装及防水黏结层施工技术。本项目研究的内蒙古寒冷地区沥青混凝土桥面铺装设计及施工关键技术,不仅具有很好的技术效益,而且能降低桥梁的养护维修费用,延长桥梁服役年限,延长维修周期。由于使用了废旧橡胶轮胎,本项目成果具有显著的经济效益、环境效益和社会效益。

2. 承德至赤峰高速公路自然保护区段动植物保护研究(河北)

本研究成果提出了高速公路建设中野生植物保护管理对策;从高速公路植物资源保护管理机构、制定开发规划、建立植物资源数据库、吸引专项资金和加速产业化角度提出了植物保护管理对策;从栖息地营造、野生动物标志警示牌设置、自然保护区路段特定时间段的噪声需求、公路沿线停车区休息区的科普教育等方面提出了野生动物资源保护管理对策。

3. 承德至赤峰高速公路特色景观工程技术研究(河北)

景观工程设计理念识别;项目区域人文、自然风景在工程中的定位,突出清代文化特色;高新技术、低碳材料等在依托工程中的应用;模拟效果下的动态景观创意;互通立交景观设计规划;景观平台、服务区、收费站、隧道洞口、取弃土场景观创意设计规划;起点茅荆坝自然保护区景观方案设计与路线总体设计相融合;高填、深挖边坡的景观设计规划;中央分隔带、路基边坡绿化设计及其色彩搭配;特色雕塑景观设计规划。

4. 华北平原地区高速公路下穿式被交道路排水关键技术研究(河北)

该研究项目主要取得如下科技成果:①系统研究了平原地区高速公路路基防排水成套技术,推荐了高速公路路基新型防排水材料及应用技术,完善了平原地区高速公路中普通急流槽的设计,提出了暗埋式急流槽设计新方案。②提出了超高段路面外侧排水设施采用路缘带边缘设置纵向矩形排水沟,采用缘石预留过水口灵活设计,效果良好。③平原地区低路基下挖处的通道,采用渗井排除通道中的雨水,降低了路基高度,节约土地资源效果明显。

5. 平原区高速公路低路堤修筑及改扩建关键技术研究(河北)

该研究项目主要取得如下科技成果:①揭示了交通荷载作用下路基顶面及地基土中的竖向应力分布规律及路基的动力响应。②提出了不同频率、不同围压下、不同应力水平下交通荷载引起的路基变形特征,确定了累计永久变形计算方法及交通荷载作用下的工后沉降预估。③提出了以路面结构层弯拉应力为控制指标的高速公路路基加宽新老路基不均匀沉降坡率指标。④提出了高速公路路基地基刚度的概念,确定了地基临界刚度的计算方法,提出了提高地基刚度的技术措施。⑤提出了高速公路路基加宽粉煤灰填筑技术方案、施工工艺及质量控制标准。

6. 一箱多室波形钢腹板 PC 组合梁结构分析与建造技术(河南)

河南冀豫界至南乐高速公路解决了一箱多室波形钢腹板 PC 组合箱梁桥的设计与施工中的关键技术问题,于 2010 年建成了我国第一座高速公路波形钢腹板 PC 组合箱梁公路桥——卫河大桥。项目取得的主要科技成果如下:①通过采用经典箱梁理论和有限元分析,系统研究了一箱多室波形钢腹板箱梁的扭转问题,推导得到一箱多室波形钢腹板 PC 组合箱梁结构的约束扭转计算公式,为一箱多室波形钢腹板 PC 组合箱梁的设计提供了理论依据。②在端截面变形较小的情况下,悬臂箱梁真实模型和等效模型的计算结果相当吻合。随着端截面变形的增大,两种模型计算结果的偏差不断增大,波形钢腹板箱梁横截面不发生畸变或畸变很小时,等效方法有效。③将等效模型的计算结果和推导的约束扭转计算理论解进行了比较,在端截面变形较小的情况下,两种方法的计算结果相当一致,从而证明了约束扭转计算理论的有效性,进而证明波形钢腹板组合箱梁的换算截面原理是正确的。④通过设置刚度不同的单位厚度加强板,使箱梁横截面发生不同程度的畸变,由于加强板与横隔板对箱梁截面的约束作用相同,可知在多室箱梁中,采用较小厚度的横隔板就能充分约束箱梁截面的畸变变形。⑤本项目依托实际工程——卫河大桥,对一箱多室波形钢腹板 PC 组合结构的研究结论进行了验证,建造了我国第一座高速公路波形 PC 组合箱桥梁。⑥对波形钢腹板 PC 组合箱组合桥梁施工关键技术进行研究总结,编制了卫河大桥施工技术文件;在卫河桥施工过程中对其进行施工监控,保障了施工安全,确保了施工质量;成桥后进行荷载试验,验证了桥梁整体受力性能和承载力达到设计文件和规范要求;桥梁的设计图式正确,材料性能与理论相符,施工工艺达到预期目的;提出了一种新型抗剪连接件——翼缘型开孔波折板抗剪连接件,并对其力学性能进行了试验研究。试验结果表明,新型 Twin_PBL 翼缘型抗剪连接件在推出试验中表现出较好的延性,抗剪能力高,破坏前有很大滑移量,为塑性破坏。

7. 斜拉桥环氧填充型钢绞线拉索体系研究(河南)

环氧填充型钢绞线的生产技术由日本住友电工于 1987 年开发,2003 年中国江苏法尔胜公司从日本引进了第一条生产线,将环氧填充型钢绞线的生产技术引进到中国。桥梁拉索因长期暴露于大气环境中,腐蚀问题是决定拉索使用寿命的一个关键问题。过去,桥梁拉索因防腐蚀问题解决不好,使用寿命一般不超过 20 年,甚至有使用 7 年全桥换索的事例。环氧填充型钢绞线拉索经过各项加速腐蚀和加速老化试验,在无意外损伤的情况下,使用寿命可达 50 ~ 100 年,大大高于其他同类拉索产品。尽管环氧填充型钢绞线拉索防腐性能卓越,但由于我国引进后,与其配套的锚固系统和过渡系统还不完善,过去仅在桥梁体外索、锚杆索等一些小型拉索中使用。开封黄河大桥通过自主创新,独立设计了桥梁斜拉索的配套系统,使这一优良的拉索产品第一次在中国大型桥梁的斜拉索中得以使用。本桥斜拉索具有以下特点:①环氧填充型钢绞线的环氧树脂是通过静电沉积的方式将环氧树脂和钢绞线熔融黏结在一起,7 根钢丝间的空隙完全由环氧树脂填充,可有效阻止水气进入,防腐性能优良。②锚固部位防护措施得当。钢绞线夹持部位两侧均得到双层保护,并且锚头后端采用环氧砂浆填充,可以确保锚固系统的使用周期与拉索的使用周期同步。③索鞍采用 HDPE 分丝管型,克服了内外管型和钢分丝管型的缺陷。从世界上第一座部分斜拉桥开始,索鞍一直都采用内外套管型。由于内外套管型存在着索体摆放无序、局部应力集中、换索困难的缺陷,本项目没有采用内外管型,而是自主开发了一种采用 HDPE 管将索体分开,单根钢绞线独立穿过索鞍各分丝管,分丝管之间压注高强度等级水泥浆的形式,简称 HDPE 分丝管型鞍座。此鞍座克服了内外套管型存在的缺陷,并且穿索过程中不会对钢绞线的防腐层构成损坏。该项技术已申请国家专利。我国每年生产的桥梁拉索产品达 20000 多吨,拉索的耐久性每提高 1 年,意味着可节约投资 4 亿元,这对我国所倡导的节约型社会具有积极作用。

8. 万吨抗震支座(河南)

开封黄河大桥采用了 100000kN 抗震球形支座,设计竖向承载力 100000kN,水平方向可抗八级地震,是国内目前承载力最大的抗震球形支座。该支座由中国船舶重工集团七二五研究所设计、制造,单件平面尺寸达到 3. 11m × 3. 35m,质量达 35t。多跨连续部分斜拉桥一般采用塔梁固结、梁墩分离的结构形式,桥梁上部荷载必须通过支座传递给下部结构。随着大跨度连续结构桥梁的发展,大吨位支座的使用必将越来越普遍。开封黄河大桥通过对 100000kN 抗震球形支座在结构设计、校核、防腐设计、试验研究、制造工艺等方面的研究,推动了国内大吨位球型支座技术水平的提高,促进了大跨度桥梁的设计发展。

9. 开封大桥预应力孔道真空辅助压浆技术的运用(河南)

目前,大跨度混凝土桥梁几乎都采用高强钢材作为预应力材料。受施工工艺的限制,大跨度桥梁结构又几乎都采用后张法预应力体系。后张法预应力是在预应力筋的部位预先留出孔道，接着浇筑水泥混凝土，然后将预应力筋穿入孔道，待混凝土达到规定强度后，利用张拉设备张拉预应力筋，并用锚具将其锚固在构件两端，使混凝土产生预压应力的一种方法。为保护预应力筋不被腐蚀，保证预应力与混凝土共同工作，减轻锚具负担，后张法孔道内采用压注水泥浆保护。过去，受工艺条件限制，预应力孔道经常出现压浆不密实、不饱满现象，造成预应力钢筋锈蚀，在目前超载车辆不断增加的情况下，严重影响到了结构安全。本桥采用真空辅助压浆技术，即在压注水泥浆的过程中，孔道内保持0.8MPa左右的真空度，减轻空气阻力，使水泥浆能够自由充满孔道的每一个部位，解决了浆体不密实、不饱满的问题，结构的耐久性得到加强。为了增加浆体的流动度，采用高速气旋搅拌机拌制浆体，流锥时间可达到14s以下，浆体具有良好的流动性。

10. 开封大桥桥箱梁纤维混凝土的运用（河南）

裂缝是造成混凝土结构耐久性降低的一个重要因素。如果混凝土表面存在裂缝，水汽便有了入侵的通道。水汽侵入后即通过毛细作用四处浸润，助长裂缝扩展，一旦结冰则体积增大，使裂缝变宽，经过反复循环冻融后，甚至可以导致混凝土结构的局部破坏。同时，水汽侵入还可导致钢筋锈蚀，造成体积膨胀，局部混凝土崩溃，钢筋裸露在外。因裂缝导致混凝土结构破坏的例子在沿海水工建筑中随处可见。水泥混凝土是一种脆性材料，水泥在凝结硬化的过程中受各方面因素的影响，很容易产生裂缝，以至于在涉及建筑产品质量问题纠纷中听到“混凝土结构不可能不开裂”的说法。事实上，这种说法是不对的，只要处理得当，混凝土结构的裂缝是可以避免的，至少因温度和干缩产生的裂缝是可以避免的。根据美国有关权威机构和中国权威检测部门的检测报告，混凝土中掺入适量的纤维，可以使混凝土的抗裂能力提高58%，抗渗能力提高62%，抗冲击能力提高70%，抗冻融循环次数比标准规定次数提高一倍以上。为了解决连续箱梁混凝土容易开裂的问题，开封黄河大桥在主桥箱梁混凝土施工中，每立方米混凝土掺入0.9kg的聚丙烯纤维（俗称杜拉纤维），从目前已浇筑成型的梁段来看，效果良好。

六、复杂技术工程

1. 北京永定河特大桥

永定河特大桥是京衡高速公路冀京界至衡水段跨越永定河的一座特大桥，大桥位于北京市大兴区西胡林村西与廊坊市固安先西玉村西北之间。本桥跨径为4×35m+5×35m+(35m+60m+35m)+4×35m，跨南堤部分上部结构为35m+60m+35m三孔预应力现浇连续刚构箱梁，中孔跨径60m，两边孔各35m，总长130m，其余部分采用35m先简支后连续预应力T梁。现浇箱梁部分下部桥墩为V形墩，钻孔灌注桩基础；预制T梁部分下部结构为柱式墩，钻孔灌注桩基础；桥台为肋板式台，钻孔灌注桩基础。

2. 河北新盖房特大桥

新盖房特大桥位于大清河北，在刘家堡与张岗之间穿过，分洪口门设在雄县新盖房村东、大清河左堤多次决口的口门处。自新盖房枢纽至陈家柳扬水站全长32km，其左堤为主堤，长30.4km；右堤为次堤，长32.3km。桥梁孔径布置为(22×30+26.5)m T梁+(40+70+40)m连续梁+(26.5+53×30+26.5)m T梁+(40+70+40)m连续梁+(26.5+2×30)m T梁。

上部结构采用预应力混凝土连续T梁，以30m T梁为主。在桥梁跨越两端防洪堤时，为避免桥墩布置在防洪堤的坡面及堤顶，采用跨径40m+70m+40m的桥孔一次跨越防洪堤。为减小桥墩对水流的干扰，桥墩顺水流布设。全桥18联，全长2722m。下部采用柱式墩、肋板台，墩高为5.6~9.5m，台高7.0~7.8m，钻孔灌注桩基础。

3. 河北跨京九铁路分离立交

大庆至广州公路、固安至深州段高速公路在铁路京九线K227+998附近以55.7°左右的交角上跨铁路，该桥位于深州市与饶阳县交界处。

主桥上部结构采用单箱单室斜腹板箱形截面。主桥下部结构T构中墩墩身高12.5m，横桥向宽7.5m，顺桥向宽4.0m，墩顶1m厚、墩底2m厚采用实体段，中间部分为空心段，桥墩顺桥向壁厚1m，横桥向壁厚0.8m。基础采用ϕ1.2m钻孔灌注桩。引桥桥墩采用三柱墩，柱径1.4m，桩径1.6m，桩中心距为5.8m，桥墩盖梁采用普通钢筋混凝土盖梁。桥台采用肋板式桥台，肋板间距6.1m，厚1.0m，基础为ϕ1.2m钻孔灌注桩。转体下盘为支撑转体结构全部中梁的基础，转体完成后，与上转盘共同形成基础。下转盘采用C40混凝土。下转盘上设置转体系统的下球铰、撑脚的环形滑道及转体拽拉千斤顶反力座。引桥上部结构均采用先简支后连续的30m和32m预制T梁，梁高1.9m；单幅每跨横向分布7片，中间设横向湿接缝，墩顶连续处设负弯矩钢束。

4. 河北小白河分洪大桥

小白河分洪大桥是京衡高速公路京冀界至深州段跨越小白河的一座特大桥，大桥桥位位于河北省任丘市苟各庄乡与王各庄之间，桥长1027m，为5×30m+6×30m+6×30m+6×30m+6×30m+5×30m的34孔30m(斜度90°)预应力混凝土连续T梁桥。采用先简支后连续的施工方式。

5. 河北赵王新河大桥

赵王新河大桥是京衡高速公路京冀界至深州段跨越赵王新河的一座特大桥，该大桥位于文安、任丘交界的小龙华村西，桥长2406m，为72×30m+40m+70m+40m+3×30m预应力混凝土连续T梁桥。采用先简支后连续的施工方式。

6. 河北茅荆坝隧道

该项目新建分离式隧道2座，隧道左线3808m，隧道右线3859m，斜井802.5m。茅荆坝隧道采用新奥法施工工艺，严格按照新奥法施工的基本原则：少扰动、早锚喷、勤量测、紧封闭。聘请长安大学专业监控量测队伍现场监控，量测信息指导施工，通过对隧道施工中量测数据和对开挖面的地质观察等进行预测、预报和反馈，并根据已建立的量测数据，对隧道施工方法（包括特殊的、辅助的施工方法）断面开挖步骤及顺序、初期支护的参数进行合理调整，以保证施工安全、坑道围岩稳定、工程质量和支护结构的经济性。

7. 吉林大林互通

大林互通立交桥是G45双通高速公路与大林连接线设置大型单喇叭互通立体交叉枢纽工程，大林连接线目前已规划建成一级公路，互通为将来有利于改造为便于收费管理的双喇叭互通。本互通主要服务于大林镇和乌兰敖道苏木及周边车辆上下，实现双通高速公路与大林连接线交通流量的快速转换，促进高速公路沿线经济的快速发展。该互通位于大林镇连接线与主线交汇处，位于主线K477+936~K479+136。互通内路基土方约30万m^3，路面面层52.78km^2，占地405.2亩，总造价4400万元。在主线K478+436处设置大林互通立交桥，桥梁采用双室变跨径现浇箱梁桥，跨径（18+2×24+18）m。上部结构形式采用现浇预应力混凝土连续箱梁，下部结构采用薄壁墩、矩形墩、肋式台、钻孔桩基础。路线在K437+965.932处与大林连接线（中心桩号LK17+139.8）相交，采用被交道上跨主线的立交形式，净空5.0m。上部结构采用（16+20+20+16）m现浇预应力混凝土连续箱梁，下部结构采用柱式墩，肋式台，钻孔灌注桩基础。本互通是双通高速公路控制性工程。特别是互通立交桥和大林连接线匝道桥均为双室变跨径现浇箱梁桥，最大跨径24m，现浇箱梁孔跨较多，且跨径不等，施工较复杂。其施工组织特点：①施工内容复杂多样，工序多、专业化施工种类多；②互通区域内短期内投入的人员、设备、材料数量巨大，沟通协调、现场调度安排困难；③现浇预应力箱梁混凝土工程对施工连续性和作业环境要求高；④采用满堂支架法施工，桥梁工程周转材料投入量大；⑤施工质量控制难度大、安全施工危险隐患多。

第六节　G55（二广高速公路）二连浩特至广州高速公路

G55（二广高速公路）是国家“71118+6”高速公路网11条南北纵线中的第六纵，是连接内蒙古、山西、河南、湖北、湖南、广东六省（自治区）的重要省际大通道，是纵贯中国中部地区的南北大动脉，也是G4（京港澳高速公路）的重要辅助通道，对于缓解交通压力，改善路网布局具有重要的意义。

G55(二广高速公路)起点位于内蒙古锡林郭勒盟赛罕塔拉(二连浩特至赛罕塔拉段现为一级公路,“十三五”期间将升级为高速公路),终点位于广东省佛山市黎边。规划里程2651.22km,通车里程2484.261km,四车道2116.049km,六车道355.996km,八车道及以上12.216km。经过内蒙古(锡林浩特、乌兰察布)、山西(大同、朔州、忻州、太原、晋中、长治、晋城)、河南(济源、洛阳、平顶山、南阳)、湖北(襄阳、荆门、荆州)、湖南(常德、益阳、娄底、邵阳、永州)、广东(清远、肇庆、佛山、广州)。1996年11月内蒙古自治区原平至太原高速公路率先施工,目前,内蒙古二连浩特至赛罕塔拉段尚未建成通车。

拥有联络线五条:

G5511(集阿高速公路)集宁至阿荣旗高速公路,规划起点位于内蒙古集宁区,规划终点位于内蒙古阿荣旗。规划里程1387.50km,通车里程262.975km,全四车道。途经集宁、鲁北、科右前旗、乌兰浩特、扎赉特旗、扎兰屯、阿荣旗。

G5512(晋新高速公路)晋城至新乡高速公路,起点位于山西省晋城市泽州东上庄,规划终点位于河南省新乡市原阳县。规划里程117.77km,通车里程117.768km,全线四车道。途经晋城、焦作、新乡。

G5513(长张高速公路)长沙至张家界高速公路,起点位于湖南省长沙市望城县白马乡,终点位于湖南省张家界市永定区阳湖坪镇。规划里程302.67km,通车里程302.665km,四车道296.065km,六车道6.6km。途经长沙、益阳、常德、张家界。

G5515(张南高速公路)张家界至南充高速公路,起点位于湖南省张家界市永定区蒋家庄,终点位于四川省南充市高坪区谭家沟枢纽互通立交。规划里程610.73km,通车里程300.344km,全线四车道。途经张家界、湘西自治州、来凤、黔江、石柱、忠县、梁平、大竹、营山、南充。目前,重庆黔江至石柱段尚未建成通车。

G5516(苏张高速公路)苏尼特右旗至张家口高速公路,待建。

一、路线概况

G55(二广高速公路)路线信息见表9-21,沿线互通、出入口、服务区信息见表9-22,并行线、联络线路线信息见表9-23,沿线互通、出入口、服务区信息见表9-24。

G55(二广高速公路)路线信息表 表9-21

编号	省份	省内起点	省内终点	途经市、县	通车里程(km)
G55	内蒙古	赛罕塔拉	丰镇	乌兰察布市察哈尔右翼后旗、察哈尔右翼中期、商都县、集宁区、察哈尔右翼前旗、丰镇市、锡林浩特市苏尼特右旗	306.618
	山西	大同市新荣区(省界)	晋城市泽州县(省界)	晋城市泽州县、大同市	650.969

续上表

编号	省份	省内起点	省内终点	途经市、县	通车里程(km)
G55	河南	仙神河西石瓮修仙洞(豫晋界)	邓州市构林镇魏集村(豫鄂界)	济源市、孟州市、洛阳市吉利区、洛阳市瀍河区、伊川县、汝阳县、汝州市、鲁山县、南召县、南阳市卧龙区、镇平县、宛城区、新野县、邓州市	328.902
	湖北	襄阳区长王龚家营西侧	荆州市公安县卷桥	襄州区、襄城区、宜城市、钟祥市、东宝区、掇刀区、沙洋县、荆州区、沙市区、公安县	311.313
	湖南	澧县东岳庙	蓝山县所城大麻乡	澧县、津市、临澧县、常德市、益阳市、东安县、冷水滩区、零陵区、双牌县、宁远县、蓝山县、安化县、涟源市、新邵县、北塔区、邵阳县、桃江县	594.106
	广东	粤湘界	黎边	南海区、三水区、广宁县、怀集县、四会市、连州市	292.353

G55(二广高速公路)沿线互通、出入口、服务区信息表 表9-22

编号	省份	沿线互通	出入口	服务区
G55	内蒙古	赛罕塔拉、赛汉塔拉北、赛汉塔拉南、朱日和、土牧尔台、乌兰哈达、白音察干、大六号、集宁北、集宁西、马德青、平地泉、土贵乌拉、丰镇互通	赛罕塔拉、赛汉塔拉北、赛汉塔拉南、朱日和、土牧尔台、乌兰哈达、白音察干、大六号、集宁北、集宁西、集商、玫瑰营、土贵乌拉、丰镇出入口	丰镇、黄家村、白银淖尔、长胜湾、白银、锡林服务区
	山西	大同北、新荣、御西、御东、毛皂、大同绕城、马连庄、大运、怀仁、应县、灵山、山阴、朔州、新广武、代县、大营、崞阳、原平、三家村、顿村、忻州、高蒲、大盂、黄寨、阳曲、天水岭、小店、榆次、太谷、榆社北、榆社南、武乡、王村、襄垣、屯留、长治西、下秦、韩店、官道、高平、高陵、环城、南义城、崔庄、晋城东、泽州互通	大同北、新荣、得胜口、御西、御东、毛皂、马连庄、怀仁、应县西、山阴、新广武、代县、大营、崞阳、原平、三家村、顿村、忻州、高蒲、大盂、黄寨、阳曲、小店、榆次、太谷、榆社北、榆社南、武乡、王村、襄垣、屯留、长治西、长治南、长治县、高平、南义城、晋城北、晋城东、晋城南、天井关、泽州出入口	古店、怀仁、康庄、大营、原平、顿村、大盂、太谷、榆社、武乡、襄垣、长治、高平、晋城服务区
	河南	济源北、济源东、济源南、吉利孟州、朱家仓、白马寺站、瀍河站、关林站、龙门站、彭婆、伊川站、大安、汝阳站、刘店站、寄料站、瓦屋站、下汤站、贾庄、南召站、五朵山站、龚河、遮山站、张华岗、陈官营枢纽、新野北站、邓州新野站、桑庄、构林站互通	济源北站、济源东站、吉利孟州、白马寺站、瀍河站、关林站、龙门站、伊川站、汝阳站、刘店站、寄料、瓦屋、下汤西、南召站、五朵山站、遮山站、新野北、邓州、构林站出入口	济源、龙门、汝阳、瓦屋、四棵树、南阳北、新野服务区,南召、邓州停车区
	湖北	郜营、荆门、岳桥互通	黄集、襄阳西、隆中、襄阳南、宜城北、宜城南、胡集、陈安、荆门北、荆门、五里、十里、荆州、埠河、公安出入口	襄北、宜城、荆门、荆州长江公路大桥、夹竹园服务区,欧庙、纪山停车区

续上表

编号	省份	沿线互通	出入口	服务区
G55	湖南	伏口、娄底、涟源东、涟源、白马、邵阳北、邵阳西、桂木山、石门桥、花岩溪、武潭、马迹塘、长塘、仙溪、梅城互通	城头山、复兴厂、澧县、津市工业园、临澧、双桥坪、柳叶湖、常德东、太阳山、灌溪、花岩溪、武潭、马迹塘、长塘、仙溪、梅城、九公桥、邵阳、大盛、永州北、冷水滩、阳明山、平田、宁远、宁远东、蓝山、长铺、南风坳出入口	城头山、临澧、常德、石门桥、九公桥、邵阳、大盛、永州北、冷水滩、阳明山、九嶷山、蓝山、唐家铺、马迹塘服务区,武潭、仙溪、零陵、宁远北停车区
	广东	铜锣营、古水、怀集南、连南、太保、福堂、宾亭、四会西、丰阳、小三江互通	云东海、三水、宾亭收费站怀集方向、宾亭收费站三水方向、大旺收费站怀集方向、大旺收费站三水方向、古水收费站怀集方向、古水收费站三水方向、广宁收费站怀集方向、广宁收费站三水方向、怀集南收费站怀集方向、怀集南收费站三水方向、黄田收费站怀集方向、黄田收费站三水方向、四会西收费站怀集方向、四会西收费站三水方向、唐家收费站怀集方向、唐家收费站三水方向出入口	小三江、龙甫、怀城、广宁、丰阳、白沙服务区,永丰、青龙、连麦停车区

G55(二广高速公路)并行线、联络线路线信息表　　表 9-23

编号	省份	省内起点	省内终点	途经市、县	通车里程(km)
G5511	内蒙古	集宁(未通)	阿荣旗(未通)	集宁市、鲁北市、扎兰屯市、科右前旗、乌兰浩特、扎赉特旗、阿荣旗	262.975
G5512	山西	泽州东上庄	晋城市泽州县	晋城市、泽州县	117.768
	河南	博爱县(豫晋界)	原阳县	博爱县、焦作市、中站区、修武县、武陟县、原阳县	
G5513	湖南	长沙市望城县白马乡	张家界市永定区阳湖坪镇	长沙市岳麓区、望城县、宁乡县、益阳市、赫山区、资阳区、迎风桥镇、汉寿县、常德市、石门桥乡、武陵区、鼎城区、桃源县、慈利县、张家界市、永定区	302.665
G5515	湖南	张家界市蒋家庄	龙山甘壁寨(湘鄂界)	永顺县、龙山县、桑植县、张家界市、花垣县	300.344
	湖北	咸丰县十字路村	咸丰县朝阳寺镇铜锣村	咸丰县、来凤县	
	重庆	黔江(未通)	梁平	黔江区、石柱县、忠县、梁平区	
	四川	达州市大竹县四川大竹收费站	南充市高坪区谭家沟枢纽互通立交	南充市、蓬安县、营山县、达州市、渠县	
G5516	内蒙古	待建			—
	河北	待建			

G55(二广高速公路)沿线互通、出入口、服务区信息表 表 9-24

编号	省份	沿线互通	出入口	服务区
G5511	内蒙古	蘑菇气、中和、扎兰屯西、扎兰屯南、乌兰浩特西、机场、额尔格图、巴彦高勒、扎赉特、阿尔本格勒、新林互通	蘑菇气、中和镇、扎兰屯西、扎兰屯南、起点主线收费站,乌兰浩特西匝道、机场匝道、额尔格图匝道、巴彦高勒匝道、扎赉特匝道、阿尔本格勒匝道、新林匝道出入口	雅尔根楚、永合、新林服务区,巴彦扎拉嘎停车区
G5512	山西	东上庄、西交河、晋城东互通	晋城东、珏山、柳口出入口	无
	河南	焦作西、焦桐高速、宁郭、焦作、武陟、小徐岗、郑云高速、平原新区西、平原新区东、京港澳高速互通	豫晋界主线、焦作西站、焦作站、武陟站、小徐岗站、平原新区西站、平原新区东站出入口	焦作服务区
G5513	湖南	长沙西、友仁、关山、金洲、宁乡、泉交河、朝阳、幸福渠、迎风桥、军山铺、太子庙、谢家铺、德山、常德西、架桥、热市、慈利东、慈利西、岩泊渡、阳和、张家界、常德南互通	长沙西、友仁、关山、金洲、宁乡、泉交河、朝阳、幸福渠、迎风桥、军山铺、太子庙、谢家铺、德山、常德西、架桥、热市、慈利东、慈利西、岩泊渡、阳和、张家界、常德南出入口	热市、慈利、宁乡、益阳、太子庙服务区
G5515	湖南	桑植东、桑植西、武陵源西、湘西北、张家界西、龙山、茅坪、红岩溪、农车、首车、永顺互通	桑植县光明路、S204、S228、张家界西、湘西北、龙山、茅坪、红岩溪、农车、首车、永顺出入口	武陵源西、龙山、农车服务区
	湖北	丁寨互通	咸丰西、朝阳寺出入口	—
	重庆	袁驿、梁平西、金鸡、马灌、拔山互通	袁驿、梁平西、金鸡、马灌、拔山出入口	梁平服务区
	四川	潭家沟、望龙、红家湾互通	高坪东、营山、蓬安利溪、蓬安、渠县静场、渠县、賨人古出入口	营山、渠县、大竹服务区,营山四喜、高坪、杨家停车区
G5516	内蒙古	待建		
	河北	待建		

二、路网关系

G55(二广高速公路)路网关系示意图如图 9-6 所示。

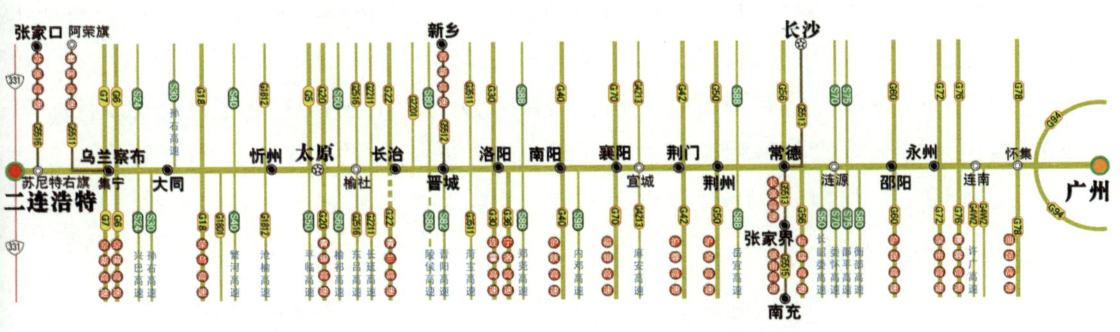

图 9-6 G55(二广高速公路)路网关系示意图

三、建设历程

1. 内蒙古赛汉塔拉至白音察干段

2009 年 6 月开工建设,2012 年 7 月建成通车,全长 165.36km,全线四车道,设计速度 100km/h。建成大桥 6 座。总投资 46.48 亿元,资金来源:中央投入、地方投入、银行贷款。占地 14480.21 亩。项目管理单位:内蒙古高等级公路建设开发有限责任公司公路建设工程项目管理第二分公司;勘察设计单位:中交路桥技术有限公司联合体设计、中国公路工程咨询集团有限公司等;监理单位:北京中港路通工程管理有限公司、北京中交安通工程技术有限公司等;施工单位:中铁一局集团第一工程有限公司、中国二冶集团有限公司等。

2. 内蒙古白音察干至集宁段

2004 年 9 月开工建设,2006 年 12 月建成通车,全长 65.0km,全线四车道,设计速度 100km/h。建成大桥 3 座。总投资 14.4 亿元,资金来源:交通部车购税投入、地方投入、银行贷款。占地 6460.9 亩。项目管理单位:二连至河口国道主干线内蒙古自治区公路建设管理办公室;勘察设计单位:内蒙古交通设计研究院有限责任公司;监理单位:北京兴通交通工程监理有限责任公司、内蒙古公路工程咨询监理有限责任公司等;施工单位:中铁十六局集团有限公司、中港第二航务工程局等。

3. 内蒙古集宁至丰镇段

2004 年 9 月开工建设,2006 年 12 月建成通车,全长 71.02km,全线四车道,设计速度 100km/h。建成大桥 6 座。总投资 16.7 亿元,资金来源:交通部车购税投入、地方投入、银行贷款。占地 8184.05 亩。项目管理单位:内蒙古自治区集丰高速公路建设管理办公室;勘察设计单位:内蒙古交通设计研究院有限责任公司;监理单位:中国公路工程咨询监理总公司、北京兴通交通工程监理有限责任公司等;施工单位:中国路桥集团总公司、青岛公路建设集团有限公司等。

4. 山西京大段

1998 年开工建设,2000 年 9 月建成通车,全长 58.848km,全线六车道,设计速度 120km/h。总投资 14.8 亿元,资金来源:地方投入、银行贷款。占地 7363.176 亩。项目管理单位:山西京大高速公路有限责任公司;勘察设计单位:山西省交通规划勘察设计院等;监理单位:山西省交通建设工程监理总公司等;施工单位:中铁二十局集团有限公司、山西省路桥总公司等。[其中,12.053km 属于 G55(二广高速公路)。]

5. 山西大同段

2003 年 10 月开工建设,2005 年 10 月建成通车,全长 47.37km,全线四车道,设计速度 120km/h。建成特大桥:开发区高架桥、肖家寨特大桥、淤泥河特大桥,共 3 座。建成大桥8座。建成长隧道1座。总投资17.65亿元,资金来源:交通部车购税投入、银行贷款。占地4720.29亩。项目管理单位:得大高速公路有限责任公司;勘察设计单位:山西省交通规划勘察设计院;监理单位:中国公路工程咨询监理总公司、山西交科公路工程监理公司等;施工单位:中铁十五局集团第五工程有限公司、中铁二十局集团有限公司、山西路桥集团等。

6. 山西大同至新广武段

2001年5月开工建设,2002年10月建成通车,全长97.01km,全线六车道,设计速度120km/h。建成大桥10座。总投资24.4亿元,资金来源:中央投入、交通部车购税投入、银行贷款。占地11500亩。项目管理单位:大新高速公路建设有限责任公司;勘察设计单位:山西省交通规划勘察设计院;监理单位:山西省交通建设工程监理总公司、山西晋达交通建设工程监理所等;施工单位:中铁二局集团有限公司、山西省公路第一工程公司等。

7. 山西新广武至原平段

2001年8月开工建设,2003年9月建成通车,全长57.5km,四车道35.2km,设计速度80km/h,六车道22.3km,设计速度120km/h。建成大桥34座。建成特长隧道:雁门关隧道,共1座。总投资24.76亿元,资金来源:中央投入、地方投入、银行贷款。占地5498.0亩。项目管理单位:山西新原高速公路有限公司;勘察设计单位:中交第一公路勘察设计研究院;监理单位:山西交科公路工程咨询监理有限公司、山西远方路桥集团一通监理咨询有限公司等;施工单位:中铁十二局集团有限公司、中铁十五局集团有限公司等。

8. 山西原平至太原段

1996年11月开工建设,1998年9月建成通车,全长94.02km,全线六车道,设计速度120km/h。建成特大桥:杨兴河特大桥,共1座。建成大桥17座。总投资24.58亿元,资金来源:中央投入、地方投入、银行贷款。占地11000.0亩。项目管理单位:山西原太高速公路有限公司;勘察设计单位:山西省交通规划勘察设计院;监理单位:山西省公路工程监理技术咨询公司等;施工单位:中建一局、交通部第一公路工程总公司第三工程公司等。

9. 山西太原至长治段

2003年10月开工建设,2005年11月建成通车,全长199.535km,全线四车道,设计速度80km/h、100km/h。建成大桥76座。建成长隧道1座。总投资71.0亿元,资金来源:地方投入、企业投入、银行贷款。占地21772.7亩。项目管理单位:山西太长高速公路有限责任公司;勘察设计单位:中交通力公路勘察设计工程有限公司、山西省交通规划勘察设计院;监理单位:山西省交通建设工程监理总公司、黑龙江省公路工程监理咨询公司等;施工单位:中铁十五局集团五公司、中铁三局集团有限公司等。

10. 山西长治至晋城段

2002 年 12 月开工建设,2004 年 11 月建成通车,全长 89.442km,全线四车道,设计速度 100km/h。建成大桥 22 座。总投资 22.27 亿元,原初步设计概算 21.712 亿元,资金来源:交通部车购税投入、企业投入、银行贷款。占地 9272.0 亩。项目管理单位:山西长晋高速公路有限责任公司;勘察设计单位:交通部第一勘察设计研究院、中国公路工程咨询总公司等;监理单位:山西省交通建设工程监理总公司、山西省公路工程监理技术咨询公司等;施工单位:中国路桥集团总公司、中铁十八局集团有限公司等。

11. 山西晋城至济源段

2005 年 4 月开工建设,2008 年 12 月建成通车,全长 30.224km,全线四车道,设计速度 80km/h。建成特大桥:七甲坡 3 号特大桥、南河特大桥,共 2 座。建成大桥 13 座。建成特长隧道:月湖泉隧道、拍盘特长隧道,共 2 座。建成长隧道 2 座。总投资 21.7 亿元,资金来源:中央投入、地方投入、银行贷款。占地 2425.27 亩。项目管理单位:晋济高速公路有限责任公司;勘察设计单位:中国公路工程咨询总公司,中交公路规划设计院等;监理单位:山西省建设监理有限公司,山西省公路工程监理技术咨询公司等;施工单位:中铁隧道集团有限公司、中铁一局集团有限公司等。

12. 山西太原东环高速公路

1993 年 7 月开工建设,1996 年 10 月建成通车,全长 26.042km,全线四车道,设计速度 100km/h。建成大桥 10 座。总投资 6.0214 亿元,资金来源:银行贷款。占地 2274 亩。项目管理单位:太原市重点工程项目指挥部;勘察设计单位:太原市市政工程设计院;监理单位:山西省交通建设工程监理总公司;施工单位:太原公路分局、中铁十二局、太原通胜路桥公司等。

13. 河南济源至晋城(省界)段

2004 年 11 月开工建设,2008 年 12 月建成通车,全长 20.555km,全线四车道,设计速度 80km/h、120km/h。建成大桥 16 座。建成长隧道 2 座。总投资 14.3 亿元,资金来源:地方投入、银行贷款。占地 1489.7 亩。项目管理单位:济源市济晋高速公路有限公司;勘察设计单位:河南省交通规划勘察设计院;监理单位:中公交通监理咨询河南有限公司、铁二院咨询监理公司;施工单位:中铁二十一局集团第三工程有限公司、中铁三局集团有限公司等。

14. 河南济源至洛阳段

2002 年 12 月开工建设,2005 年 9 月建成通车,全长 46.088km,全线四车道,设计速度 120km/h。建成特大桥:黄河特大桥、潘庄高架桥,共 2 座。建成大桥 12 座。总投资 18.727 亿元,资金来源:地方投入、企业投入、银行贷款。占地 4614 亩。项目管理单位:

河南省济源至洛阳高速公路有限公司；勘察设计单位：河南省交通规划勘察设计院、中交第一公路勘察设计研究院；监理单位：河南省高等级公路建设监理部；施工单位：中铁大桥局集团有限公司、中铁十三局集团有限公司等。

15. 河南洛阳至大安段

2000年4月开工建设，2002年12月建成通车，全长24.648km，全线四车道，设计速度120km/h。建成特大桥：洛河特大桥、伊河特大桥，共2座。建成大桥2座。总投资5.85亿元，资金来源：地方投入、银行贷款。占地2951.62亩。项目管理单位：洛阳市公路管理局；勘察设计单位：河北省交通规划设计院；监理单位：北京路桥通工程监理咨询有限公司；施工单位：铁道部第五工程局、北京城市建设集团有限公司等。

16. 河南大安至寄料段

2006年10月8日开工建设，2008年11月26日建成通车，全长26.78km，全线四车道，设计速度100km/h。建成大桥2座。建成长隧道2座。总投资14.05亿元，资金来源：企业投入、银行贷款。占地3319.121亩。项目管理单位：河南汝鑫高速公路有限公司；勘察设计单位：河南省交通规划勘察设计院有限责任公司；监理单位：北京路桥通国际工程咨询有限公司；施工单位：中铁隧道集团有限公司、中铁十五局集团有限公司等。

17. 河南寄料至分水岭段

2005年9月开工建设，2008年11月建成通车，全长63.66km，全线四车道，设计速度100km/h。建成大桥52座。建成长隧道2座。总投资37.86亿元，资金来源：企业投入、银行贷款。占地6358.81亩。项目管理单位：平顶山太澳高速公路有限责任公司；勘察设计单位：中交第一公路勘察设计研究院；监理单位：山西省交通建设工程监理总公司、北京华宏路桥咨询监理公司；施工单位：中铁十八局集团有限公司、中铁二十二局集团有限公司等。

18. 河南分水岭至南阳段

2005年9月开工建设，2008年11月建成通车，全长74.3km，全线四车道，设计速度100km/h、120km/h。建成特大桥：白河特大桥、黄鸭河特大桥，共2座。建成大桥50座。总投资35.41亿元，资金来源：交通运输部车购税投入、地方投入、银行贷款。项目管理单位：河南高速公路发展有限责任公司南阳分公司；勘察设计单位：河南省交通规划勘察设计院；监理单位：河南省高等级公路建设监理部、北京华路捷公路工程技术咨询有限公司等；施工单位：路桥集团第一公路工程局、中铁大桥局股份有限公司等。

19. 河南张华岗枢纽至陈官营枢纽段

与G40(沪陕高速公路)共线。

20. 河南南阳至邓州(省界)段

2003 年 4 月开工建设,2005 年 12 月建成通车,全长 73.17km,全线四车道,设计速度 120km/h。建成特大桥:白河特大桥,共 1 座。建成大桥 6 座。总投资 19.29 亿元,资金来源:地方投入、银行贷款。占地 7475.0 亩。项目管理单位:南阳市高速公路有限公司;勘察设计单位:河南省交通规划勘察设计院;监理单位:中交国际工程咨询有限公司、湖南省交通建设工程监理有限公司、北京兴通交通工程监理有限责任公司等;施工单位:中铁十一局集团有限公司、中国建筑第六工程局等。

21. 襄阳至南阳高速公路湖北段

2002 年 11 月 24 日开工建设,2005 年 9 月 30 日建成通车,全长 22.813km,全线四车道,设计速度 100km/h。建成大桥 3 座。总投资 5.1 亿元,资金来源:企业投入、银行贷款。占地 2095.0 亩。项目管理单位:湖北樊魏高速公路有限公司;勘察设计单位:湖北省交通规划设计院;监理单位:湖北省交通科学研究所、北京华宏路桥咨询监理公司等;施工单位:中铁十一局集团有限公司、中港第二航务工程局等。

22. 湖北襄阳至荆州段

2001 年 1 月开工建设,2004 年 6 月 22 日建成通车,全长 185.41km,全线四车道,设计速度 100km/h。总投资 37.02 亿元,资金来源:地方投入、银行贷款。占地 15450.0 亩。项目管理单位:湖北襄荆高速公路有限责任公司;勘察设计单位:湖北交通规划设计院;监理单位:贵州交通监理公司高驻办、湖北公路监理中心等;施工单位:湖北省公路建设总公司、荆州市投资公司等。

23. 湖北襄荆高速至荆州长江公路大桥连接线

2001 年 10 月 28 日开工建设,2005 年 3 月 26 日建成通车,全长 13.12km,全线四车道,设计速度 100km/h。建成特大桥:沙市太岳路高架桥、沙市公铁立交桥、荆州引江济汉渠大桥,共 3 座。建成大桥 4 座。总投资 7.79 亿元,资金来源:地方投入、银行贷款。占地 1402.0 亩。项目管理单位:荆州市高速公路管理处;勘察设计单位:湖北省交通规划设计院;监理单位:北京兴通交通工程监理有限公司、育才—布朗交通咨询监理有限公司;施工单位:中港二航局一公司、铁道部第二工程局第五工程处等。

24. 湖北荆州长江公路大桥

1998 年 3 月开工建设,2002 年 10 月建成通车,全长 5.17km,全线四车道,设计速度 100km/h。总投资 12.58 亿元,资金来源:中央投入、银行贷款。占地 341.0 亩。项目管理单位:荆州长江公路大桥建设指挥部;勘察设计单位:湖北省交通规划设计院;监理单位:湖北省公路工程咨询监理中心、湖南大学监理公司、西安方舟监理公司等;施工单位:中港二航局、湖北路桥、湖南省公路桥梁建设总公司等。

25. 湖北襄荆连接线

2001年3月开工建设,2003年12月建成通车,全长20.5km,全线四车道,设计速度100km/h。建成特大桥:襄樊汉江四桥,共1座。建成大桥2座。总投资7.35亿元,资金来源:地方投入、银行贷款。占地1951.06亩。项目管理单位:湖北省襄十高速公路建设指挥部;勘察设计单位:湖北省交通规划设计院、襄樊市公路建设有限责任公司;监理单位:湖北省公路工程咨询监理中心、武汉威仕工程监理公司等;施工单位:交通部第二公路工程局第一工程处、湖北省路桥公司等。

26. 湖北荆州至东岳庙段

2003年8月开工建设,2006年9月建成通车,全长58.403km,全线四车道,设计速度100km/h。建成特大桥:高峰高架桥、马市高架桥、同升高架桥、虎渡河大桥、松东河大桥、松西河大桥、淤水河特大桥,共7座。建成大桥4座。总投资23.65亿元,资金来源:地方投入、银行贷款。占地4362.82亩。项目管理单位:湖北荆东高速公路建设开发有限公司;勘察设计单位:湖北省交通规划设计院;监理单位:湖南省交通建设工程监理有限公司、湖北省公路水运工程咨询监理公司;施工单位:中国铁路总公司、中铁三局集团有限公司等。

27. 湖南东岳庙至常德段

2009年8月1日开工建设,2014年12月31日建成通车。主线全长111.84km,全线四车道,主线起点至肖伍铺互通84km和常德北连接线17.92km,设计速度100km/h;肖伍铺至终点石门桥互通27.79km,设计速度120km/h;白鹤山连接线采用一级公路标准建设,设计速度80km/h。建成特大桥:涔水特大桥、澹水特大桥、澧水特大桥、沅水特大桥、渐河特大桥、柳叶湖特大桥,共6座。建成大桥17座。总投资101.77亿元(不含柳叶湖特大桥和月亮湾互通投资),资金来源:企业投入。占地13363.993亩。项目管理单位:湖南东常高速公路建设开发有限公司;勘察设计单位:湖南省交通规划勘察设计院等;监理单位:中国公路工程咨询集团有限公司等;施工单位:路桥华祥国际工程有限公司、中铁大桥局股份有限公司等。

28. 湖南常德段至安化段

2010年开工建设,2016年12月31日建成通车,全长95.305km,全线四车道,设计速度100km/h。建成特大桥:石门桥互通主线桥、仙溪浰水1号特大桥,共2座。建成大桥36座。建成长隧道1座。总投资97亿元,资金来源:中央投入、企业投入、银行贷款。占地9513亩。项目管理单位:湖南省高速公路建设开发总公司常安高速公路公司;勘察设计单位:中交第一公路勘察设计研究院有限公司等;监理单位:长沙华南土木工程监理有限公司等;施工单位:湖南路桥建设集团有限责任公司等。

29. 湖南安化至邵阳段

2010 年 6 月开工建设,2016 年 10 月建成通车,全长 130.829km,全线四车道,设计速度 100km/h。建成特大桥:沙坪 1 号高架桥,共 1 座。建成大桥 88 座。建成特长隧道:蓝田隧道,共 1 座。建成长隧道 2 座。总投资 115.61 亿元,资金来源:企业投入、银行贷款。占地 14693.046 亩。项目管理单位:湖南利联安邵高速公路开发有限公司;勘察设计单位:湖南省交通规划勘察设计院等;监理单位:北京华路顺工程咨询有限公司等;施工单位:中铁五局(集团)有限公司、中国建筑第五工程局有限公司等。

30. 湖南邵阳至永州段

2006 年 5 月开工建设,2009 年 11 月建成通车,全长 111.129km,全线四车道,设计速度 100km/h。建成大桥 9 座。总投资 56.71 亿元,占地 12591.2115 亩。项目管理单位:湖南邵永高速公路有限公司;勘察设计单位:湖南省交通规划勘察设计院等;监理单位:湖南省交通建设工程监理有限公司等;施工单位:中铁九局集团有限公司等。

31. 湖南永州至蓝山段

2008 年 5 月开工建设,2012 年 12 月建成通车,全长 145.157km,全线四车道,设计速度 100km/h。建成特大桥:舜帝大桥,共 1 座。建成大桥 39 座。总投资 107.92 亿元,资金来源:地方投入、企业投入、银行贷款。占地 12867.9 亩。项目管理单位:湖南永蓝高速公路有限公司;勘察设计单位:中交第一公路勘察设计研究院等;监理单位:北京华路顺工程咨询有限公司;施工单位:中铁十五局集团有限公司等。

32. 广东连州(湘粤界)至怀集段

2010 年 8 月开工建设,2014 年 12 月建成通车,其中 K2570 + 136.217 ~ K2581 + 000 段于 2010 年 8 月开工,2013 年 12 月通车,其余路段于 2011 年 8 月开工,2014 年 12 月通车,全长 168.0km,四车道 157.14km,六车道 10.86km,设计速度 100km/h。建成特大桥:云雾特大桥、分水坳特大桥、羊公其特大桥、水下特大桥,共 4 座。建成大桥 69 座。总投资 136.0 亿元,资金来源:企业投入、银行贷款。占地 16238.0 亩。项目管理单位:广东二广高速公路有限公司;勘察设计单位:中交第二公路勘察设计研究院有限公司等;监理单位:湖南省交通建设工程监理有限公司等;施工单位:中铁十二局集团有限公司、中铁二十三局集团有限公司等。

33. 广东怀集至三水段

2005 年 11 月开工建设,2010 年 12 月建成通车,全长 116.87km,六车道 113.46km,八车道 3.41km,设计速度 80km/h、100km/h。建成特大桥:金场水特大桥、坑口大桥、北江特大桥,共 3 座。建成大桥 65 座。建成长隧道 2 座。总投资 84.58 亿元,资金来源:企业投入、银行贷款。占地 12516.36 亩。项目管理单位:肇庆市广贺高速公路有限公司;勘察设计单位:中国公路工程咨询总公司、广东省公路勘察规划设计院;监理单位:中国公路工程咨询总公司、北京华宏工程咨询监理公司;施工单位:中铁十四局集团、中铁十五局集团有限公司等。

34. 广三高速起点(三水布心)至南海黎边(接G1501)段

与S55(广州至三水高速公路)共线。

四、联络线及并行线

1. G5511(集阿高速)集宁至阿荣旗高速公路

内蒙古乌兰浩特至扎兰屯段。2012年开工建设,至今尚未交工验收通车,全长262.93km,全线四车道,设计速度100km/h。建成大桥30座。总投资65.4797亿元,资金来源:中央投入、地方投入、银行贷款。占地16920亩。项目管理单位:国家高速乌兰浩特至新林北段公路工程项目建设管理办公室、国家高速新林北至扎兰屯段公路项目建设管理办公室;勘察设计单位:内蒙古交通设计研究院有限责任公司;监理单位:内蒙古晟昱公路工程监理有限公司、河南省中原公路工程监理有限公司等;施工单位:中交一公局第六工程有限公司、深圳市路桥建设集团公司等家施工单位等。

2. G5512(晋新高速)晋城至新乡高速公路

山西晋城至河南焦作段。1997年10月开工建设,2002年12月建成通车,全长32.052km,全线四车道,设计速度80km/h。建成大桥10座。建成特长隧道:牛浪河隧道,共1座。建成长隧道2座。总投资14.4亿元,资金来源:地方投入、银行贷款。占地1925亩。项目管理单位:晋焦高速公路建设指挥部;勘察设计单位:交通部第一公路勘察设计院;监理单位:山西省交通建设工程监理总公司晋焦监理部;施工单位:铁道部十五局、中铁十四局等。

河南焦作至山西晋城段。2000年9月开工建设,2002年12月建成通车,全长17.036km,全线四车道,设计速度80km/h、100km/h。建成大桥15座。总投资8.9042亿元,资金来源:地方投入、银行贷款。占地1872.17亩。项目管理单位:焦作新时代高速公路有限公司;勘察设计单位:交通部第一公路勘察设计院;监理单位:武汉大通公路桥梁工程咨询监理有限责任公司、河南省豫通公路工程监理事务所;施工单位:中港第二航务工程局、铁道部第四工程局、中铁第十八工程局第四工程处、中铁第十七工程局第五工程处等。

河南新庄至焦作段。1998年8月开工建设,2002年12月建成通车,全长55.920km,全线四车道,设计速度120km/h。建成大桥3座。总投资12.58亿元,资金来源:地方投入。占地4814.456亩。项目管理单位:焦作新时代高速公路有限公司;勘察设计单位:交通部第一公路勘察设计院;监理单位:中国公路工程咨询监理总公司等;施工单位:广东省第二建筑工程公司、中国人民武装警察部队交通第一总队、郑州铁路工程总公司等。

河南原阳至新庄段。2002 年 8 月开工建设，2004 年 12 月建成通车，全长 12.76km，全线四车道，设计速度 120km/h。建成大桥 1 座。总投资 4.38 亿元，资金来源：交通部车购税投入、地方投入、银行贷款。占地 1538.814 亩。项目管理单位：河南省新乡至郑州高速公路建设有限公司；勘察设计单位：河南省交通规划勘察设计院；监理单位：河南省高等级公路建设监理部；施工单位：贵州省公路桥梁工程总公司、中港第二航务工程局、路桥集团第二公路工程局第六工程处等。

3. G5513（长张高速公路）湖南长沙至张家界高速公路

湖南长沙至益阳段。1995 年 12 月开工建设，1998 年 7 月建成通车，全长 75.028km，全线四车道，设计速度 100km/h。建成特大桥：资江二桥，共 1 座。建成大桥 4 座。总投资 12.33 亿元，资金来源：地方投入、企业投入、银行贷款。占地 6923.899 亩。项目管理单位：湖南长常高速公路建设开发有限公司；监理单位：育才—布朗交通咨询监理有限公司等；施工单位：岳阳路桥公司等。

湖南益阳至常德段。1997 年 7 月开工建设，1999 年 12 月建成通车，全长 73.083km，全线四车道，设计速度 100km/h。建成大桥 3 座。总投资 14.25 亿元，资金来源：地方投入。占地 7051.75 亩。项目管理单位：湖南益常高速公路开发有限公司；勘察设计单位：湖南省建筑设计院等；监理单位：育才—布朗交通咨询监理有限公司等；施工单位：岳阳路桥公司等。

湖南常德至张家界段。2003 年 3 月开工建设，2005 年 12 月建成通车，全长 160.682km，全线四车道，设计速度 80km/h、100km/h、120km/h。建成特大桥：善卷垸高架桥、木塘垸沅水特大桥，共 2 座。建成大桥 9 座。总投资 63.3 亿元，资金来源：地方投入、银行贷款。占地 15288.0 亩。施工单位：湖南路桥建设集团公司等。

4. G5515（张南高速公路）张家界至南充高速公路

湖南张家界至花垣段。2009 年开工建设，2013 年 11 月建成通车，全长 147.312km，全线四车道，设计速度 80km/h。建成特大桥：太极溪特大桥、茅溪河特大桥、澧水特大桥、老司城施河大桥、哈尼高架桥、猛洞河大桥、老鸭塘高架桥，共 7 座。建成大桥 105 座。建成长隧道 2 座。总投资 130.9 亿元，资金来源：地方投入、银行贷款。项目管理单位：湖南省张花高速公路建设开发有限公司；勘察设计单位：湖南省交通规划勘察设计院、湖南省交通科学研究院；监理单位：湖南省交通建设工程监理有限公司等；施工单位：中铁十二局集团有限公司等。

湖南龙山县至永顺县段。2012 年 10 月开工建设，2016 年 9 月建成通车，全长 91.086km，全线四车道，设计速度 80km/h。建成特大桥：夯力湖Ⅱ号特大桥、红岩溪特大桥、树木沟Ⅱ号特大桥、高溪林场特大桥,共4座。建成大桥57座。建成特长隧道:砂子坡隧道、茅坪隧道,共2座。建成长隧道4座。总投资133.03亿元,资金来源:地方投入、银行贷款。占地9345.393亩。项目管理单位:湖南省永龙高速公路建设开发有限公司;勘察设计单位:湖南省交通规划勘测设计院等;监理单位:江苏华宁工程咨询监理有限公司等;施工单位:中铁一局集团第二工程有限公司等。

湖北咸丰县小模村至鄂渝界段。2011年开工建设,2015年12月建成通车,全长21.65km,全线四车道,设计速度80km/h。建成特大桥:朝阳寺1号特大桥,共1座。建成大桥8座。建成特长隧道:花果山隧道,共1座。建成长隧道1座。总投资18.87亿元,资金来源:地方投入、银行贷款。项目管理单位:湖北高路鄂西高速公路建设指挥部;勘察设计单位:中交第二公路勘察设计研究院;监理单位:铁道第三勘察设计院;施工单位:中铁一局。

湖北恩施(渝鄂界)至重庆黔江段。2012年7月开工建设,2015年12月建成通车,全长20.42km,全线四车道,设计速度80km/h。建成特大桥2座。建成特长隧道1座。总投资25.74亿元,资金来源:交通运输部车购税投入、地方投入、银行贷款。项目管理单位:重庆高速公路集团有限公司建设管理中心;勘察设计单位:中交第二公路勘察设计研究院有限公司;监理单位:江苏省交通规划设计研究院;施工单位:中铁建大桥工程局集团有限公司。

重庆黔江至石柱段。在建。

重庆石柱至忠县段。与G50(沪渝高速公路)共线。

重庆忠县至梁平段。2013年7月开工建设,2016年12月建成通车,全长71.58km,全线四车道,设计速度80km/h。建成大桥23座。建成特长隧道:明月山特长隧道,共1座。建成长隧道1座。总投资63.57亿元。资金来源:企业投入。项目管理单位:重庆渝广、梁忠高速公路有限公司;勘察设计单位:重庆市交通规划勘察设计院;施工单位:中电建路桥集团有限公司等。

四川南大梁段。2010年7月开工建设,2017年1月建成通车,全长142.101km,全线四车道,设计速度80km/h。建成特大桥:渠江特大桥,共1座。建成特长隧道:华蓥山隧道、铜锣山隧道,共2座。总投资:118.34亿元。资金来源:企业投入。占地13369亩。项目管理单位:四川南渝高速公路有限公司;勘察设计单位:四川省交通运输厅公路规划勘察设计研究院等;监理单位:四川省公路工程咨询监理事务所等;施工单位:四川公路桥梁建设集团有限公司、中国建筑股份有限公司。

5. G5516(苏张高速公路)苏尼特右旗至张家口高速公路

待建。

五、先进技术的研究与应用

1. 抗滑桩整体框架锚索加固滑坡处治(山西)

长晋高速公路在长治境内有约10km路段属山岭地形区,经路基挖方后形成高切边坡,由于地质地貌环境复杂多变,区域断裂次级构造十分发育并有古滑坡堆积存在,线路内路堑边坡稳定性较差,形成2.19km间断缓坡带。针对施工过程中出现路堑缓坡、错落、崩塌等不良灾害,长晋公司多次会同设计单位,施工单位进行调研,还专门聘请了国内著名滑坡专家及西安斯赖德滑坡防治技术咨询有限公司现场研讨,对潜在危险段落进行专门论证,有针对性地借鉴国内外滑坡整治的方法。结合本项目实际滑坡具体情况,对严重影响人民生命财产安全的地段采取了多种综合治理措施。首先采用抗滑桩,在滑坡最严重的地段K25+100~K25+800、K28+700~K29+100、K30+950~K31+700、K32+060~K32+400,加设3m×3m,深20m,桩距10m,嵌固段长度基本为桩长的50%,共布置抗滑桩210根,有效地治理了多层次滑坡裂体的滑动。第二,利用整体框架锚索加固。通过增加滑裂面上的应力来增加滑体的抗滑能力,在K25+100~K25+800、K28+700~K29+100、K30+950~K31+700、K32+060~K32+400段采用这种主动防护形式,克服了预应力锚索穿空难度大、需在施工中反复注浆二次钻进工艺难点,改善了坡体整体强度,提高了锚固段的岩石与浆体的黏结强度。第三,削坡卸载,通过对滑坡已明显变形的坡体实施清除,大大降低了滑坡下滑力,从而减少主动防护的工程量,提高工程可靠性。

2. 长寿命全柔性路面结构(河南)

该项目列为河南省交通厅科研项目,与加拿大杰格工程咨询公司合作,根据本地交通、气候、材料特性数据,选择疲劳、拉应变、永久变形作为设计控制指标,设计出级配碎石基层和沥青混凝土面层各层次结构,并确定路床验收弯沉标准。长寿命全柔性沥青路面设计方案通过专家评审,并由设计院设计施工图,通过进行严格试验段施工,总结完善各项施工控制工艺,指导全面施工。为确保达到设计预期目标,公司成立专门技术小组,与加拿大杰格公司联合建立专项实验室,引进专用试验仪器(其中包括Superpave旋转压实仪、细集料棱角性测试仪、便携式落锤弯沉仪、圆锥触探仪等),配备专职人员开展各项检验和鉴定。同时,聘请江苏交通科研院专家作为第三方质量检测单位,进行现场技术服务及质量控制。施工质量控制除采用国内常规的取芯检验、马歇尔、核子密度仪等检测方法之外,重点对沥青混合料的集料进行全面严格技术鉴定,包括Superpave的集料部分检测。对基层底基层用碎石集料进行狄法尔磨耗试验、岩相分析等检测。采用先进检测方法复核检测,依据可靠数据对施工偏差进行调整,保证了各项指标完全达到设计指标。采用长寿命柔性路面,设计寿命为30年,比正常设计延长15年,其早期损坏较常规设计路面结构大幅减少,出现早期损坏的病害时间推迟5年以上。大幅减少养护工作量,明显改善行车的舒适性。

六、复杂技术工程

1. 河南蒲山大桥

蒲山特大桥位于二广高速公路分水岭至南阳段与兰南高速公路的联络线上,该桥全长1703m,由引桥及主跨两部分组成,其中引桥长1478m,主跨长225m,该桥面高出现地面约22.6m,上跨南水北调总干渠及焦柳铁路,是南阳北绕城高速公路的重要组成部分。主跨采用刚性系杆钢管混凝土桁架拱结构,横向设置3片拱肋,桥面系对应设置3道纵系梁,吊杆纵桥向间距8m,对应吊杆位置设置中横梁,桥面板为预制钢筋混凝土空心板结构,整个上部体系为一简支结构支承在两端的主墩上。系杆采用预应力混凝土箱形结构,边系杆为单箱单室箱形断面,中系杆为单箱双室箱形断面,均为部分预应力混凝土结构,下部采用门式墩、钻孔灌注桩基础。桩基施工时遇到流沙层,在这种地质条件下,采用高压旋喷桩护壁,然后人工开挖成孔,达到了良好的效果,并有效地加快了施工进度。

2. 山西雁门关左右线隧道

雁门关隧道是大运高速公路的咽喉,设计为穿越恒山山脉的分离式公路隧道,左线长5160m,右线长5235m,两隧中心间距30m。隧道净宽10.5m,设单向双车道,设计速度80km/h,净高7.25m,紧急停车带加宽3m,两隧道之间建车行横洞7条、人行横洞7条。隧道具有监控、通风、给水消防、供配电和照明功能,保证了行车的安全,体现了以人为本的理念。

3. 河南上台隧道

上台隧道分为两个施工标段。施工单位于2006年10月8日开工,2008年10月20日完工。上台隧道位于汝阳县小店乡,隧道进出口端位于二马山的南北两侧,为上下行分离式长隧道,左右路线间距24m,隧道轴线间距35.6m。隧道主要在安山岩中通过,主要成分为石英及少量长石,受构造影响,节理发育,较破碎。施工中隧道进出口均在冲沟之中,坡积层较厚,地层破碎,结合此地形、地质情况设置了明洞采用明挖法施工。隧道暗洞均采用新奥法施工,对于Ⅴ级围岩段施工开挖采用留核心土环形开挖,Ⅳ级围岩段施工开挖采用上下断面正台阶法施工,对于Ⅲ级转岩采用光面爆破全断面开挖法。初期支护采用喷、锚、网、格栅支护,二次衬砌采用钢筋混凝土衬砌,并视地层、地质条件增加超前小导管预加固措施。在施工中,通过现场量测分析调整设计参数,实现动态设计,信息化施工。

隧道消音方面实施了在二次衬砌混凝土表面喷射钢纤维混凝土试验段的探索和尝试。为了隧道的美观,隧道内壁路面以上3.5cm范围内铺设吸音板,3.5m以上及拱部喷涂浅色防火涂料。

4. 山西湿陷性黄土处治工程

湿陷性黄土是长晋高速公路的主要病害,为此,专门制订了施工方案,借鉴临近省份治理湿陷性黄土的经验,通过试铺路段,将原地面填前碾压压实标准提高,较为有效地消除了地基部分沉陷,减少了因地基引起的路基工后沉降,为路基工程质量奠定了基础。对于桥涵通道地基承载力达不到规定要求的,一律采用三七灰土分层碾压或者用重锤夯实,路基填筑时,对鸡爪地形、深沟陡坡地形均采用台阶+重夯处理。在保证质量的前提下,对桥涵模板、砌筑材料、工艺、混凝土前场、后场等严格要求,确保构造物外观质量。

5. 山西采空区治理

G5512晋新高速公路省界至焦作段采空区位于太行山西南部焦作市中站区刘庄—朱村一带,路线桩号为K41+000~K48+500,分3个合同区段施工,施工单位于1999年11月开工,2000年8月完工。具体治理的采空区为1个硫铁矿采空区(K41+875~K42+000)和3个煤层采空区(K44+300~K44+670、K44+924~K46+735以及K14+700~K48+270),最大治理宽度为100m。采空区治理采用全胶结注浆法治理方案,即在采空区影响范围内,按一定的孔距和排列方式布设足量的注浆孔,用钻机成孔,将水泥粉煤灰浆注入采空区及上覆岩体裂隙中,浆液经过固化,胶结岩层裂隙带,同时采空区的浆液形成的结石体对上覆岩层形成支撑作用,阻止上覆岩层的进一步冒落塌陷。该方法施工相对简单,安全性高,施工工艺成熟,施工易于管理,缺点是材料用量较大。目前,G5512晋新高速公路省界至焦作段采空区段效果良好,道路未发生较大的沉陷等病害。

第七节 G59(呼北高速公路)呼和浩特至北海高速公路

G59(呼北高速公路)是国家"71118+6"高速公路网11条南北纵线中的第七纵,是连接内蒙古、山西、河南、湖北、湖南、广西六省(自治区)的重要省际大通道,是"71118+6"规划与"7918"规划相比新增的两条纵线之一,对于加强中西部地区交流合作、改善中西部山区交通条件具有重要意义。

G59(呼北高速公路)起点位于内蒙古自治区呼和浩特金河东互通,规划终点位于广西壮族自治区北海市铁山港区。规划里程2790.92km,通车里程1380.207km,四车道1366.615km,六车道13.592km。经过内蒙古(呼和浩特赛罕区、和林格尔县、清水河县)、山西(朔州、忻州、吕梁、临汾、运城)、河南(三门峡、南阳)、湖北(十堰、襄阳、宜昌、宜都)、湖南(张家界、娄底、邵阳)、广西(桂林、贵港、桂平、玉林、北海)。2009年11月山西省运城解州至陌南段率先开始施工。目前,山西大同至铺上段、张蔡庄至岢岚段、离石至吉县段、湖北枝江至鄂湘界段、湖南湘鄂界至新化段、新宁至湘桂界段、广西桂湘界至玉林段尚未建成通车。

一、路线概况

G59(呼北高速公路)路线信息见表9-25,沿线互通、出入口、服务区信息见表9-26。

G59(呼北高速公路)**路线信息表** 表9-25

编号	省份	省内起点	省内终点	途经市、县	通车里程(km)
G59	内蒙古	呼和浩特金河东互通	杀虎口(蒙晋界)	呼和浩特赛罕区、和林格尔县、清水河县	91.00
	山西	右玉杀虎口	运宝黄河大桥	朔州市、忻州市、神池县、岢岚县、临县、吕梁市、柳林县、隰县、吉县、乡宁县、稷山县、河津市、盐湖区	431.510
	河南	灵宝市	淅川县(豫鄂省界)	灵宝市、卢氏县、西峡县、淅川县	202.615
	湖北	十堰市郧县鹁鸽峪	宜都市王家畈镇	郧阳区、茅箭区、丹江口市、房县、谷城县、保康县、远安县、当阳市、枝江市、宜都市	432.329
	湖南	张家界慈利炉红山(湘鄂界)(未通)	新宁县塔子寨	张家界市、慈利县、怀化市、娄底市、新化县、邵阳市、武冈市、新宁县	91.00
	广西	省界	铁山港	资源县、荔浦县、平南县、玉林市、北海市、铁山港市	131.753

G59(呼北高速公路)**沿线互通、出入口、服务区信息表** 表9-26

编号	省份	沿线互通	出入口	服务区
G59	内蒙古	黄金大道、西达赖营、S102、呼凉旧路、金河东、和林、运煤线、新店子、明长城互通	呼和浩特南、盛乐、和林、新店子、新店子北、和林、和林格尔出入口	石咀子、大宝山服务区,武松停车区
	山西	平鲁、神池、岢岚、万荣西、乡宁、临猗西、河津、芮城东互通	平鲁、露天矿、朔州西、神池、岢岚、临县南、枣林、阳坪、兴县东、兴县南、乡宁西、万荣西、临猗西、河津、芮城东、圣天湖出入口	乡宁、万荣西、临猗、临县南、离石、岢岚、兴县、白文服务区
	河南	连霍梨园枢纽、灵宝东、官道口枢纽、豫西大峡谷、卢氏、玉皇山、朱阳关、寨根、西簧、寺湾互通	豫晋界主线、灵宝东、豫西大峡谷、卢氏、玉皇山、朱阳关、寨根、西簧、寺湾、豫鄂省界出入口	灵宝南、豫西大峡谷、寺湾服务区
	湖北	十堰东、六里坪、房县、保康南、寺坪、双莲、枝江、宜都南互通	刘洞、白桑关、郧阳南、官山、土城、青峰、歇马、黄坪、远安北、远安、当阳北、鸦鹊岭、白洋、王家畈、枝城、宜都西、红花套出入口	郧阳、土城、两河口、远安、店垭、安福寺、宜都服务区,马良停车区

续上表

编号	省份	沿线互通	出入口	服务区
G59	湖南	新化、溆浦、新宁、八角寨互通	紫鹊界、大熊山、苏溪湖、两江、桥江、大水、高沙、武冈东、司马冲、新宁、八角寨出入口	新化、溆浦、武冈、崀山服务区
	广西	玉林南、博白、南康、铁山港互通	玉林南、博白、南康、铁山港出入口	博白、松旺服务区

二、路网关系

G59(呼北高速公路)路网关系示意图如图9-7所示。

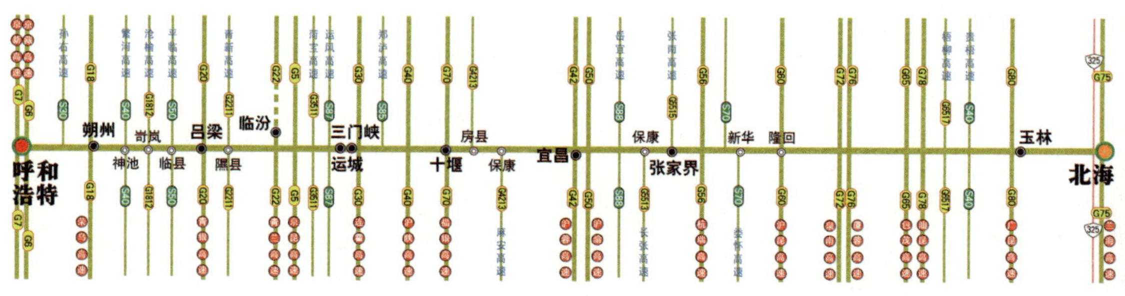

图9-7 G59(呼北高速公路)路网关系示意图

三、建设历程

1. 内蒙古呼和浩特至杀虎口(蒙晋界)段

2010年10月开工建设,2013年12月建成通车,全长90.802km,全线四车道,设计速度100km/h。建成特大桥:宝贝河特大桥、浑河特大桥,共2座。建成大桥16座。总投资59.71亿元,资金来源:地方投入、银行贷款。占地12838亩。项目管理单位:呼和浩特至杀虎口(蒙晋界)高速公路建设管理办公室;勘察设计单位:内蒙古交通设计研究院有限责任公司、中国公路工程咨询集团有限公司;监理单位:北京港通路桥工程监理有限责任公司、湖北江汉工程咨询有限公司等;施工单位:安通建设有限公司、内蒙古自治区公路工程局等。

2. 山西大同至右卫段

2010年7月开工建设,2014年7月建成通车,全长103.405km,全线四车道,设计速度100km/h、80km/h。建成大桥35座。总投资38.24亿元,资金来源:地方投入、银行贷款。占地8971亩。项目管理单位:大呼高速公路建设管理处;勘察设计单位:山西交科公路勘察设计院等;监理单位:山西一通监理咨询有限公司等;施工单位:山西路桥第一工程有限责任公司等。

3. 山西铺上至张蔡庄段

2010年7月开工建设,2014年7月建成通车,全长38.38km,全线四车道,设计速度100km/h。建成大桥10座。建成特长隧道:六郎山特长隧道,共1座。总投资25.61亿元,资金来源:地方投入、银行贷款。占地3841.79亩。项目管理单位:平朔高速公路建设管理处;勘察设计单位:山西交科公路勘察设计院、北京交科公路勘察设计研究院有限公司等;监理单位:山西省交通建设工程监理总公司、山东恒建工程监理咨询有限公司等;施工单位:中铁二十五局安装工程有限公司、山西路桥第一工程有限责任公司等。

4. 山西岢岚至临县段

2011年1月开工建设,2014年10月建成通车,全长124.07km,全线四车道,设计速度80km/h。建成特大桥:故县特大桥,共1座。建成大桥108座。建成特长隧道:坝湾特长隧道,共1座。建成长隧道3座。总投资106.37亿元,资金来源:交通运输部车购税投入、银行贷款。占地13399.04亩。项目管理单位:岢临高速公路建设管理处;勘察设计单位:山西交科公路勘察设计院;监理单位:山西省交通建设工程监理总公司、上海中咨安通工程投资管理有限公司等;施工单位:中铁一局集团建筑安装工程有限公司、中铁十二局集团第二工程有限公司等。

5. 山西临县至离石段

2011年2月1日开工建设,2015年5月9日建成通车,全长72.92km,全线四车道,设计速度80km/h。建成大桥36座。建成长隧道7座。总投资94.31亿元,资金来源:交通部车购税投入、地方投入、银行贷款。占地8547.18亩。项目管理单位:临离高速公路建设管理处;勘察设计单位:重庆市交通规划勘察设计院;监理单位:内蒙古交通建设监理咨询有限责任公司、河北路桥技术开发有限公司等;施工单位:中铁二局集团电务工程有限公司、中石化工建设有限公司等。

6. 山西吉县至河津段

2013年2月开工建设,2016年9月9日建成通车,全长53.319km,全线四车道,设计速度80km/h。建成大桥43座。建成特长隧道:北乐原隧道,共1座。建成长隧道4座。总投资72.3亿元,资金来源:交通运输部车购税投入、地方投入、银行贷款。占地6165亩。项目管理单位:吉河高速公路建设管理处;勘察设计单位:山西省交通规划勘察设计院;监理单位:山西省公路工程监理技术咨询公司、山西晋达交通建设工程监理有限公司、山西省交通建设工程监理总公司等;施工单位:中铁十五局集团第五工程有限公司、中铁五局集团有限公司、中铁二局集团第五工程有限公司等。

7. 山西河津至运城段

2010年10月开工建设,2012年12月建成通车,全长80.32km,全线四车道,设计速

度100km/h。建成特大桥：侯西分离立交桥、汾河特大桥，共2座。建成大桥11座。总投资39.92亿元，资金来源：地方投入、银行贷款。占地7569.3亩。项目管理单位：河津至运城高速公路建设管理处；勘察设计单位：中国公路工程咨询集团有限公司、山西路晟交通建筑设计有限公司等；监理单位：山西省公路工程监理技术咨询公司、山西省交通建设工程监理总公司等；施工单位：山西路达实业总公司、山西运城路桥有限责任公司等。

8. 山西运城绕城段

2007年2月开工建设，2009年8月建成通车，全长12.283km，全线四车道，设计速度80km/h。建成大桥2座。总投资3.3226亿元，资金来源：地方投入、银行贷款。占地1399.6437亩。项目管理单位：运城环城高速公路建设管理处；勘察设计单位：山西省交通规划勘察设计院；监理单位：山西省公路工程监理技术咨询公司；施工单位：山西路桥第一工程有限责任公司、山西省晋中路桥建设集团有限公司等。

9. 山西运城解州至陌南段

2009年11月开工建设，2015年11月建成通车，全长29.64km，四车道29.64km，设计速度80km/h。建成大桥8座。建成特长隧道：中条山特长隧道，共1座。总投资30.67亿元，资金来源：地方投入、银行贷款。占地2445.36亩。项目管理单位：运城至灵宝高速公路建设管理处；勘察设计单位：中国公路工程咨询集团有限公司、山西交科公路勘察设计院；监理单位：山西省交通建设工程监理总公司、山西省公路工程监理技术咨询公司等；施工单位：中铁二十局集团有限公司、中铁电气化局集团第三工程有限公司等。

10. 河南灵宝至卢氏段

2010年9月开工建设，2012年12月建成通车，全长80.881km，全线四车道，设计速度80km/h。建成特大桥：东沟特大桥，共1座。建成大桥55座。建成长隧道7座。总投资64.5163亿元，资金来源：企业投入、银行贷款。占地7019.75亩。项目管理单位：河南弘卢高速公路有限公司；勘察设计单位：中交第二公路勘察设计研究有限公司；监理单位：北京港通路桥监理有限公司、河南省高等级公路建设监理部有限公司；施工单位：许昌广莅公路工程有限责任公司、中铁七局集团有限公司等。

11. 河南卢氏至西坪段

2012年11月开工建设，2015年12月建成通车，全长84.221km，全线四车道，设计速度80km/h。建成特大桥：庄子2号特大桥、田家村3号特大桥、庙沟特大桥、庄科特大桥、童子沟特大桥、后坪特大桥、滥泥湖特大桥、寨根特大桥、花园关特大桥，共9座。建成大桥67座。建成特长隧道：西安岭隧道，共1座。建成长隧道9座。总投资76.82亿元，资金来源：企业投入、银行贷款。占地6222.37亩。项目管理单位：河南省三门峡至淅川高速公路项目有限公司；勘察设计单位：中交第二公路勘察设计研究院；监理单位：河南省豫通公路工程监理事务所、北京中通公路桥梁工程咨询发展有限公司；施工单位：中铁十七局集团第四工程有限公司、安徽省交通建设有限责任公司、中铁五局（集团）有限公司等。

12. 河南西坪至寺湾（豫鄂省界）段

2012年12月开工建设，2015年12月建成通车，全长37.5km，全线四车道，设计速度80km/h。建成大桥30座。建成长隧道7座。总投资35.75亿元，资金来源：企业投入、银行贷款。占地3460.1亩。项目管理单位：河南省三门峡至淅川高速公路项目有限公司；勘察设计单位：河南省交通规划工程勘察设计院有限责任公司；监理单位：河南省宏力工程咨询有限公司；施工单位：中铁七局集团有限公司、中铁隧道集团有限公司等。

13. 湖北郧县（鄂豫省界）至十堰段

2010年12月开工建设，2015年2月建成通车，全长66.931km，全线四车道，设计速度80km/h。建成特大桥：白竹沟特大桥、汉江特大桥，共2座。建成大桥36座。建成特长隧道：大华山隧道、平地院隧道，共2座，建成长隧道6座。总投资64.79亿元，资金来源：地方投入、银行贷款。占地5192亩。项目管理单位：湖北省郧县至十堰高速公路建设指挥部；勘察设计单位：湖北省交通规划设计院；监理单位：湖北省公路水运工程咨询监理公司等；施工单位：中铁十四局集团有限公司等。

14. 湖北十堰至房县段

2009年12月开工建设，2016年10月建成通车，全长64km，全线四车道，设计速度80km/h。建成特大桥：六里坪特大桥、马蹄山1号大桥，共2座。建成大桥70座。建成特长隧道：通省隧道，共1座。总投资52.58亿元，资金来源：企业投入。占地6580.6575亩。项目管理单位：十房高速公路建设指挥部；勘察设计单位：湖北省交通规划设计院；监理单位：沈阳公路工程监理有限责任公司；施工单位：中铁十二局集团建筑安装工程有限公司等。

15. 湖北房县至保康段

与G4213（麻安高速公路）共线。

16. 湖北保宜高速公路襄阳段

2012年12月开工建设，2016年2月建成通车，全长74.646km，全线四车道，设计速度80km/h。建成特大桥：朱家厂特大桥、黄家厂特大桥，共2座。建成大桥51座。建成特长隧道：红岩寺隧道、商家湾隧道，共2座。建成长隧道6座。总投资79.566亿元，资金来源：地方投入、银行贷款。占地5955亩。项目管理单位：湖北省保康至宜昌高速公路建设指挥部；勘察设计单位：中交第二公路勘察设计研究院有限公司等；监理单位：武汉市公路工程咨询监理公司等；施工单位：中铁十一局集团有限公司、中铁十五局集团有限公司等。

17. 湖北保宜高速公路宜昌段

2011 年 9 月开工建设,2014 年 9 月建成通车,全长 68.443km,全线四车道,设计速度 80km/h。建成特大桥:龙潭冲特大桥,共 1 座。建成大桥 53 座。总投资 45.591 亿元,资金来源:地方投入、银行贷款。占地 6441.2 亩。项目管理单位:湖北省保康至宜昌高速公路建设指挥部;勘察设计单位:中交第二公路勘察设计研究院有限公司等;监理单位:湖北高速公路工程监理咨询有限公司等;施工单位:中交第一公路工程局有限公司等。

18. 湖北宜都至五峰(渔洋关)段

2013 年 12 月开工建设,2017 年 1 月建成通车,全长 36.271km,全线四车道,设计速度 80km/h。建成大桥 26 座。建成长隧道 2 座。总投资 46.107 亿元,资金来源:地方投入、银行贷款。占地 3280.64 亩。项目管理单位:湖北交投宜张高速公路建设指挥部;勘察设计单位:湖北省交通规划设计院;监理单位:湖北省公路水运工程咨询监理公司等;施工单位:中交第二公路工程局有限公司等。

19. 湖北白洋长江公路大桥

2016 年 10 月开工建设,预计 2020 年建成通车,全长 15.679km,全线六车道,设计速度 100km/h。建成特大桥:长江大桥,共 1 座。建成大桥 6 座。总投资 33.85 亿元,资金来源:地方投入、银行贷款。占地 2025.92 亩。项目管理单位:湖北白洋长江公路大桥有限公司;勘察设计单位:中交第二公路勘察设计研究院有限公司等;监理单位:中铁武汉大桥工程咨询监理有限公司等;施工单位:湖北省路桥集团有限公司等。

20. 湖北当阳至枝江段

2013 年 4 月开工建设,2016 年 2 月建成通车,全长 39.49km,四车道 25.48km,六车道 14.01km,设计速度 100km/h。建成大桥 12 座。总投资 26.953 亿元,资金来源:地方投入、银行贷款。占地 4212.67 亩。项目管理单位:湖北交投宜张高速公路建设指挥部;勘察设计单位:湖北省交通规划设计院;监理单位:湖北高路公路工程咨询监理公司等;施工单位:中国葛洲坝集团股份有限公司等。

21. 湖南新宁至溆浦段

2009 年 7 月开工建设,2014 年 12 月建成通车,全长 92.677km,全线四车道,其中起点至太平铺互通段里程长 38.5km、桥江互通至终点段里程长 7.764km,设计速度 100km/h;太平铺互通(K38 +500)至桥江互通(K84 +900)段里程长 46.413km,设计速度 80km/h。同步建设三级公路连接线 46.676km(其中紫鹊界连接线 36.048km,桥江连接线 10.628km),设计速度 40km/h。建成特大桥:杂家背底 2 号特大桥、两江特大桥、四都河 1 号特大桥等,共 5 座。建成大桥 93 座。建成特长隧道:两金隧道,共 1 座。建成长隧道 1 座。总投资 76.15 亿元,资金来源:交通运输部车购税投入、地方投入、银行贷款。占地8675.1885亩。

项目管理单位:湖南省新溆高速公路建设开发有限公司;勘察设计单位:中交第二公路勘察设计研究院有限公司等;监理单位:湖南和天工程项目管理有限公司等;施工单位:杭州市交通工程集团有限公司等。

22. 湖南洞口至新宁段

2010年4月开工建设,2013年12月建成通车,全长117.895km,全线四车道,设计速度100km/h。建成特大桥:犬木塘特大桥、飞仙桥特大桥,共2座。建成大桥3座。建成长隧道2座。总投资82.35亿元,资金来源:中央投入、地方投入、银行贷款。占地15586亩。项目管理单位:湖南省洞新高速公路建设开发有限公司;勘察设计单位:中铁二院工程集团有限责任公司等;监理单位:河南恒通工程监理咨询有限公司等;施工单位:湖南省建筑工程集团总公司等。

23. 广西玉林至铁山港段

2009年7月开工建设,2013年4月9日建成通车,全长131.753km,全线四车道,设计速度120km/h。建成大桥20座。总投资61.11亿元,资金来源:中央投入、银行贷款。占地15658.13亩。项目管理单位:广西玉港高速公路有限公司;勘察设计单位:广西壮族自治区交通规划勘察设计研究院、中交第二公路勘察设计研究院有限公司、中交公路规划设计院有限公司;监理单位:广西桂通公路工程监理咨询有限责任公司、广西八桂工程监理咨询有限公司等;施工单位:广西壮族自治区公路桥梁工程总公司、中交第一公路工程局有限公司等。

四、先进技术的研究与应用

1. 中条山隧道施工关键技术与质量控制研究(山西)

(1)分别建立了不同施工工法下隧道开挖的三维数值分析模型。

(2)分析比较了临时仰拱以及核心土对隧道结构受力及围岩变更的影响程度及影响规律。

(3)通过分析不同施工工法下锁脚锚杆、锚管的力学行为,研究其在调整结构受力及控制地层变形等方面的机理及效果;并通过开展参数分析,优化了锁脚锚杆、锚管的具体施工参数。

(4)通过建立超前管棚、超前小导管及超前锚杆的力学分析模型,研究了超前管棚、超前小导管及超前锚杆的受力变形行为,评估超前预支护系统对围岩稳定性的控制效果。

(5)针对不同施工工法与超前预支护系统的配合,比较分析了不同施工工法下隧道结构的受力变形特征及围岩的稳定性。

(6)通过分析小间距隧道的爆破震动对已施作支护结构力学行为及围岩稳定性的影

响，研究了左线隧道爆破震动的分布规律。在此基础上，找到隧道最危险断面和断面上最危险部位。对隧道爆破因素进行了参数分析，研究了各爆破因素对临近隧道震动响应峰值及分布规律的影响。

2. 小净距黄土隧道力学分析及施工技术研究和土工格栅在黄土地区高填方路堤中的应用研究（山西）

岢岚至临县高速公路综合采用理论分析、试验研究和数值模拟等多种技术手段，从围岩分级与压力计算、系统锚杆设置与合理净距确定、支护类型与时机选择等方面展开系统研究，形成了集设计、施工于一体的小净距黄土隧道修筑关键技术。主要技术创新如下：

（1）建立了黄土公路隧道围岩分级标准，给出了考虑先后行洞相互影响的围岩压力解析解及分布模式，明确了支护结构的合理施作时机，提出了采用环向应变比评价复合式衬砌结构荷载分担比的新方法，丰富了衬砌结构设计理论。

（2）提出了基于实测系统锚杆轴力反算围岩塑性区范围的新方法，给出了锁脚锚杆钻设角度计算方法，有效降低了工程造价和抑制净空收敛。

（3）提出了小净距黄土隧道合理净距，推荐了洞身段拱架支护类型，提高了支护结构的安全性。

（4）基于 Bernoulli-Euler 理论，提出了双参数地基模型的超前管棚挠度计算方法，量化了隧道洞口段预留变形量，有效避免了初支净空侵限。

3. 土工格栅在黄土地区高填方路堤中的应用研究（山西）

项目依托山西省岢岚至临县高速公路工程，针对其沿线地质条件复杂，黄土工程性质差等技术特点展开研究工作，通过室内外试验研究、理论分析以及数值模拟计算等手段，对黄土地区高速公路建设中高填方路堤设计施工所面临的若干技术问题进行了系统研究，得到了一系列的创新性成果。

（1）对在静载以及交通荷载下采用土工格栅加筋前后对高填方路堤工作性状、沉降变形及其稳定性的影响进行了深入探讨，并对高填方路堤加筋方案进行了优化。

（2）基于 Mohr-Coulomb 准则，提出降雨折减因子的概念，继而采用 FLAC3D 有限差分软件，通过强度折减法计算降雨入渗条件下路堤边坡的安全系数，从而得出降雨入渗对高填方路堤稳定性的影响。

（3）采用离散元的颗粒流方法，从微观角度模拟了格栅拉拔过程中筋土界面细观结构变化趋势，分析了拉拔阻力分担演化规律。

（4）分析了高填方涵洞竖向土压力的变化规律及其影响因素，通过理论分析，建立了加筋减载涵洞的力学计算模型，考虑格栅下部松散填料的支承作用，推导出格栅上覆土压力及涵顶压力解析表达式，并对目前常用的高填方涵洞减载方法进行了对比分析。

4. 长大纵坡路段沥青路面耐久性应用技术研究(山西)

项目依托铺上至张蔡庄高速公路,在了解了长大纵坡路段沥青路面混合料剪切流变性能与低温开裂机理的基础上,有针对性地开展沥青混合料材料选择、沥青混合料设计方法和施工质量控制技术是提高长大纵坡路段沥青路面综合能力的技术途径。既要解决好路面混合料夏季高温抗剪切流变,同时又不影响路面冬季低温抗开裂能力,对沥青混合料的优化设计以及综合性能的试验比对研究是关键,在考虑提高沥青混合料综合性能的前提下,最终达到提高沥青路面长期耐久性能的目标。研究提出了荷载、温度、车速、坡度对沥青混合料动稳定度的变化趋势,分析提出了车辙深度随沥青路面结构层厚度影响变化规律。

五、复杂技术工程

1. 山西中条山特长隧道

(1)设计情况:中条山隧道进口位于盐湖区解州镇王窑头村,出口位于芮城县陌南镇石坡村,右线起讫桩号为YK5+679~YK15+350,纵坡为1.883%;左线起讫桩号为ZK5+676~ZK15+347,纵坡为1.883%。隧道最大埋深681m,属深埋特长公路隧道。

(2)主要重难点技术:中条山隧道进口段位于中条山前断裂破碎带内,受构造和风化影响,岩体极其破碎,呈碎块状,局部风化严重的高岭土化明显,碎石之间黏结力极差;隧道洞身段围岩主要为涑水群变质岩;隧道出口段位于高黄土台塬区。隧道围岩多为Ⅳ级、Ⅴ级,且有间隔分布、长度短的特征。因地质构造破碎,节理、裂隙发育,除存在隧道涌水外,还有高地应力岩爆以及断层破碎带等主要工程地质问题。在隧道施工中精心部署,坚持先支护(强超前支护)、后开挖(短进尺、弱爆破)、早封闭、勤量测的施工原则,采用台阶法(留核心土),单侧壁导坑配合上、下台阶法开挖紧急停车带等施工方法,确保隧道施工安全和结构稳定性,并采用视频监控,实现隧道施工“信息化、动态化”。

2. 山西六郎山隧道

朔州环线西南段高速公路六郎山隧道位于朔州市平鲁区白堂乡施庄至朔城区下团堡乡白家窑村之间。隧道设计为两座双行单洞,左线全长5412.018m,右线全长5492.783m,隧道底板最大埋深左线190m,右线215m,属特长隧道。隧道总体走向156°。隧道按高速公路标准设计,双向四车道,设计行车速度为100km/h,隧道断面净宽10.75m,限高5m,汽车荷载等级为公路—Ⅰ级。本项目路线穿越构造剥蚀中山区,海拔高度1392~1723m,坡角较大,山峰陡立,隧道最大埋深215m。六郎山隧道是全线的控制性工程,是施工的重点和难点，也是实现全线竣工目标的关键工程，洞身开挖又是隧道施工的重要环节，按新奥法组织实施。掘进方向为上坡施工，线路纵坡达1.9%，洞口至贯通点里程高差达63m左右，为单口独头掘进。当全洞开挖贯通距离剩下15m时，改为小洞先开通，再扩大为断面，直到贯通为止。Ⅴ级围岩浅埋段开挖前首先采用管棚对围岩进行预加固，普通段采用超前小导管对围岩进行预支护，然后按台阶法施工，上台阶开挖时环向开挖，预留核心土，待拱部初期支护后，再开挖核心土，然后再开挖下部，下部开挖分成左右两部分，逐块逐步进行。开挖进尺控制在1.5m之内，没有拱架段开挖进尺控制在1～3m之间，确保了围岩结构稳定及施工安全。Ⅲ、Ⅳ级围岩开挖时，采用半断面正台阶法施工，根据围岩情况，每次开挖进尺控制在4m之内。采用弱松动爆破，中空直眼掏槽，非电毫秒雷管引爆，周边眼采用小直径药卷间隔装药结构，以减少对围岩的扰动；掘进可用凿岩台车钻眼，开挖必须在上台阶初期支护稳定后进行，单侧落底，以避免上部台阶两侧拱脚同时悬空，一次落底的长度控制在1～3m之间，落底后及时完成初期支护。出渣使用挖掘机配合正装侧卸装载机装渣，自卸汽车运输。开挖完成后，及时进行初期支护施作，保证下部钢架与上部钢架顺接。全部完成钢架支撑、锚杆安装、挂网、喷混凝土施作后，进入下一循环开挖施工。在隧道开挖过程中，为了保证工程质量，采用激光断面仪检测开挖轮廓线是否达到设计弧度和控制超欠挖在规范允许误差值内，使初期支护和二次衬砌达到设计厚度。Ⅴ、Ⅳ、Ⅲ级围岩分别每4m、6m、12m采用激光断面仪对开挖断面进行检测，并对检测结果进行分析，掌握开挖局部超欠挖情况，指导在开挖中炮眼间距和角度的调整。另外，初期支护、二次衬砌及防排水工艺力求规范精湛，交工质量检测结果合格率达95%，满足设计要求。

第八节　G65（包茂高速公路）包头至茂名高速公路

G65（包茂高速公路）是国家"71118＋6"高速公路网11条南北纵线中的第八纵，是连接内蒙古、陕西、四川、重庆、湖南、广西、广东七省（自治区、直辖市）的重要省际大通道。连接西北、西南与华南地区，通江达海，是重要的西部开发公路通道，在西部大开发战略中起到了不可忽视的作用。

G65（包茂高速公路）起点位于内蒙古包头东河区，规划终点位于广东省茂名市电白区。规划里程2982.23km，通车里程2800.649km，四车道2446.535km，六车道319.021km，八车道及以上35.093km。经过内蒙古（包头、鄂尔多斯）、陕西（榆林、延安、铜川、西安、安康）、四川（达州）、重庆、湖南（吉首、怀化）、广西（桂林、梧州）、广东（茂名）。1986年12月陕西西安至三原一级公路率先开始施工，目前，广西桂林至桂湘界段尚未建成。

拥有并行线一条：

G65E（榆蓝高速公路）榆林至蓝田高速公路，起点位于榆林市榆阳区牛家梁镇，终点位于蓝田县玉山镇。规划里程572.51km，通车里程209.873km，全线四车道。途经绥德、延川、宜川、黄龙、渭南、玉山。目前，绥德至渭南段尚未建成通车。

拥有联络线一条：

G6517（梧柳高速公路）梧州至柳州高速公路，待建。

一、路线概况

G65（包茂高速公路）路线信息见表9-27，沿线互通、出入口、服务区信息见表9-28，并行线、联络线路线信息见表9-29，并行线、联络线沿线互通、出入口、服务区信息见表9-30。

G65（包茂高速公路）路线信息表 表9-27

编号	省份	省内起点	省内终点	途经市、县	通车里程（km）
G65	内蒙古	包头市东河区	苏家河畔（蒙陕界）	包头市东河区、鄂尔多斯市达拉特旗、伊金霍洛旗、东胜区	182.313
	陕西	神木县尔林兔镇	两河口（陕川界）	神木县、榆阳区、横山县、靖边县、安塞区、宝塔区、甘泉县、富县、洛川县、黄陵县、宜君县、耀州区、印台区、王益区、三原县、泾阳县、高陵区、未央区、雁塔区、长安区、柞水县、镇安县、旬阳县、汉滨区、紫阳县、镇巴县	932.800
	四川	达州市万源市四川官渡收费站	广安市邻水县四川收费站	达州市、万源市、宣汉县、达州市辖区、达县、大竹县、广安市、邻水县	305.014
	重庆	渝北	秀山县洪安镇	渝北区、江北区、南岸区、巴南区、南川区、武隆区、彭水县、黔江区、酉阳县、秀山县	498.352
	湖南	边城茶洞	通道县	花垣县、吉首市、凤凰县、麻阳县、鹤城区、芷江县、中方县、洪江市、会同县、靖州县、绥宁县、通道县	347.288
	广西	桂林市临桂县临桂镇庙岭乐和村	岑溪市岑城镇思孟村	雁山区、临桂区、阳朔县、平乐县、长洲区、龙圩区、苍梧县、岑溪市、昭平县、钟山县	407.637
	广东	信宜（桂粤界）	茂名市电白区	信宜市、电白区、高州市、茂名市	127.245

G65（包茂高速公路）沿线互通、出入口、服务区信息表 表9-28

编号	省份	沿线互通	出入口	服务区
G65	内蒙古	沙尔沁、树林召东、关碾坊、沿黄、东胜南互通	树林召、关碾坊、东胜西、青春山、阿镇、成陵、新街、兰家梁、蒙陕界出入口	响沙湾、成陵服务区

续上表

编号	省份	沿线互通	出入口	服务区
G65	陕西	红碱淖、小壕兔、孟家湾、王则湾、小纪汉、榆林北、西左界、横山、黄嵩界、靖边、靖边东、靖边南、乔沟湾、李家湾、天赐湾、镰刀湾、化子坪、建华寺、安塞北、安塞南、沿河湾、马家沟、延安北、延安南、南泥湾、甘泉、富县、厢西堡、洛川、阿党、黄陵、彭镇、宜君、金锁关、川口、黄堡西、耀州北、耀州南、铜川新区、马额、陵前新庄、三原、泾阳、西安北、聂冯、梁村、吕小寨、曲江、韦曲、太乙宫、营盘、柞水、镇安、东坪、小河、五里、谭坝、茨沟、流水东、流水西、蒿坪、紫阳、权河、毛坝、巴山互通	红碱淖、小壕兔、孟家湾、王则湾、榆林、西左界、横山、黄嵩界、靖边东、靖边南、乔沟湾、李家湾、天赐湾、镰刀湾、化子坪、建华寺、安塞北、安塞南、沿河湾、延安北、延安南、南泥湾、甘泉、富县、洛川、阿党、黄陵、彭镇、宜君、金锁关、川口、黄堡西、耀州北、耀州南、铜川新区、马额、陵前、新庄、三原、泾阳、西安北、聂冯、梁村、吕小寨、曲江、韦曲、太乙宫、营盘、柞水、镇安、东坪、小河、五里、谭坝、茨沟、流水东、流水西、蒿坪、紫阳、权河、毛坝、巴山出入口	榆林北、横山、靖边南、安塞、延安、富县、洛川、黄陵、宜君、铜川北、三原、南五台、柞水、镇安、安康西、安康南、紫阳南服务区，郝摊、安康北停车区
	四川	魏兴枢纽、红花湾枢纽、邻水枢纽互通	柑子、邻水、刘家、川渝、徐家坝、达州、达州南、百节、石河、大竹A、大竹、大竹B、庙坝出入口	邻水、仰天湾、大竹、明月、官渡、石塘服务区，黄金、罗家坝停车区
	重庆	绕城渝邻、黑石子、东环、南环、绕城渝湘、南川、双河口、白家坝、白杨沟、五童、盘龙、南山、江南、茶园、庆隆、鹿角、南泉、南环互通	草坝场、大湾、高嘴、草坪、王家、G65渝北主线、G65巴南主线、南彭、接龙、石龙、大观、南川、金佛山、水江、白马、武隆、黄草、彭水西、彭水东、保家、黔江西、黔江南、濯水、阿蓬江、黑水、桃花源、酉阳、板溪、龙潭、玉屏、秀山、雅江、洪安匝道、洪安主线出入口	界石、大观、水江、武隆、彭水、清平、黔江、阿蓬江、酉阳、秀山、洪安、古路服务区
	湖南	花垣、矮寨、吉首、凤凰、怀化互通	桐木、洪江、江市、坪村、会同、甘棠、靖州、乐安铺、万佛山、双江、陇城、通道、茶峒、花垣西、花垣东、矮寨、吉首、吉首南、吉信、凤凰、石羊哨、隆家堡、麻阳、怀化西出入口	凤凰、怀化、花垣、洪江、会同、靖州、通道服务区
	广西	庙岭、蒙村、梧州、岑溪东、僚田、平乐（二塘）、新地、糯垌、岑溪、英家互通	英家、阳朔高田、阳朔白沙、新地、武岭、梧州西、梧州立交钟山至梧州、同古立交贺州至梧州、同安、三合、葡萄、平乐、平乐二塘、糯垌、马面立交贺州至桂林、临桂六塘、黄姚、富罗、倒水、池头立交阳朔至桂林、潮江，庙岭、僚田立交桂林市区至柳州、僚田立交桂林市区至湖南、池头立交柳州至阳朔、岑溪、岑溪南立交梧州至岑溪出、岑溪南立交岑溪至玉林出、岑溪东出、保村立交苍梧至贺州、保村立交苍梧至岑溪，僚田立交柳州至桂林市区、僚田立交柳州至桂林机场、池头立交桂林至阳朔、保村立交岑溪至苍梧出入口	会仙、桂林、高田、平乐、新地、倒水、岑溪、富罗、同古、同安、狮寨、白沙服务区，黄姚、东山停车区
	广东	大昌、高州、茂名、信宜互通	池洞、大昌互通、东岸、高州北、高州东、茂名北、茂名东、水口、泗水、信宜、朱砂出入口	—

G65(包茂高速公路)并行线、联络线路线信息表 表 9-29

编号	省份	省内起点	省内终点	途经市、县	通车里程(km)
G6517	广西	待建			—
G65E	陕西	榆林市榆阳区牛家梁镇	蓝田县玉山镇	榆阳区、米脂县、绥德县、蒲城县、蓝田县、临渭区、华阴市	209.873

G65(包茂高速公路)并行线、联络线沿线互通、出入口、服务区信息 表 9-30

编号	省份	沿线互通	出入口	服务区
G6517	广西	待建		
G65E	陕西	牛家梁、古城滩、青云、榆林南、鱼河、镇川、米脂、四十里铺、史家湾、蒲城东、东杨、卤阳东、荟店、渭南北、赤水、高塘、桥南、厚镇、玉山互通	牛家梁、古城滩、榆林南、鱼河、镇川、米脂、四十里铺、史家湾、渭南北、荟店、卤阳东、蒲城东、高塘、桥南、厚镇出入口	榆林南、绥德、华州服务区

二、路网关系

G65(包茂高速公路)路网关系示意图如图 9-8 所示。

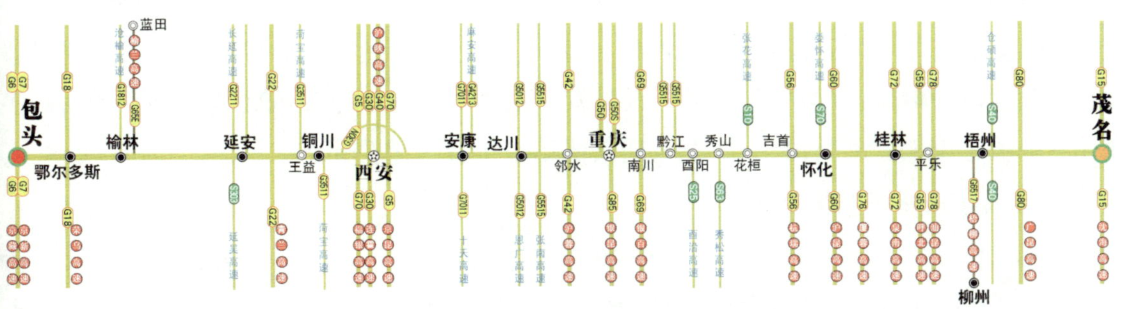

图 9-8　G65(包茂高速公路)路网关系示意图

三、建设历程

1. 内蒙古包头至树林召段

2007 年 5 月开工建设,2011 年 7 月建成通车,全长 37.03km,全线四车道,设计速度 100km/h。建成特大桥:黄河特大桥,共 1 座。建成大桥 12 座。总投资 19.31 亿元,资金来源:地方投入、银行贷款。占地 3190.0 亩。项目管理单位:内高路项目管理第一分公司;勘察设计单位:内蒙古交通设计研究院;监理单位:中国公路工程咨询集团有限公司、山西交科公路工程咨询监理有限公司等;施工单位:中铁大桥局股份有限公司、中交二公局第四工程有限公司等。

2. 内蒙古包头至东胜段

1998 年 3 月开工建设,2002 年 6 月建成通车,全长 50.81km,全线四车道,设计速度

100km/h。建成大桥 4 座。总投资 13.58 亿元,资金来源:地方投入、银行贷款。占地 10351.33 亩。勘察设计单位:内蒙古交通设计研究院;监理单位:山西省交通建设监理总公司、澳大利亚雪山公司(外监)等;施工单位:中港第一航务工程局、中国路桥集团总公司、交通部第一公路工程二公司等。

3. 内蒙古东胜至苏家河畔(蒙陕界)段

2003 年 8 月开工建设,2005 年 10 月建成通车,全长 94.47km,全线四车道,设计速度 100km/h。建成大桥 7 座。总投资 20.33 亿元,资金来源:中央投入、地方投入、银行贷款。占地 7239.9 亩。项目管理单位:内蒙古自治区东苏高速公路项目建设管理办公室;勘察设计单位:内蒙古交通设计研究院;监理单位:安徽省高等级公路工程监理有限公司、鄂尔多斯市公路工程监理所等;施工单位:中铁一局集团第二工程有限公司、中国建筑第六工程局等。

4. 陕西榆林至陕蒙界段

2000 年 10 月开工建设,2006 年 9 月建成通车,全长 88.1km,全线四车道,设计速度 100km/h。建成大桥 3 座。总投资 11.9 亿元,资金来源:中央投入、地方投入、银行贷款。占地 9072.0 亩。项目管理单位:陕西省公路局、榆林市人民政府设榆蒙高速公路建设管理处;勘察设计单位:陕西省公路勘察设计院;监理单位:云南公路建设监理公司等;施工单位:中国建筑工程总公司、中铁十七局集团第三工程有限公司等。

5. 陕西榆林至靖边段

2000 年 7 月开工建设,2003 年 8 月建成通车,全长 115.92km,全线四车道,设计速度 100km/h。建成特大桥:无定河特大桥,共 1 座。建成大桥 10 座。总投资 17.8 亿元,资金来源:中央投入、地方投入、银行贷款。占地 10262.0 亩。项目管理单位:陕西省公路局、榆林市人民政府设榆蒙高速公路建设管理处;勘察设计单位:陕西省公路勘察设计院;监理单位:陕西省公路工程咨询公司、北京育才交通工程咨询监理公司等;施工单位:中铁第二十局第一工程处、铁道部第一工程局桥梁工程处等。

6. 陕西靖边至安塞高速公路(榆林段)

2003 年 11 月开工建设,2006 年 9 月建成通车,全长 50.6km,全线四车道,设计速度 80km/h。建成大桥 34 座。总投资 25.07 亿元,资金来源:地方投入、银行贷款。占地 6015.67 亩。项目管理单位:榆林市交通局;勘察设计单位:陕西省公路勘察设计院、西安公路研究所;监理单位:山东格瑞特监理咨询有限公司、陕西公路交通工程监理咨询有限公司等;施工单位:中铁十二局集团第二工程有限公司、路桥集团第一公路工程局、中铁一局集团有限公司等。

7. 陕西靖边至安塞高速公路(延安段)

2003年6月开工建设,2006年9月建成通车,全长53.39km,全线四车道,设计速度80km/h。建成大桥57座。总投资22.81亿元,资金来源:地方投入、银行贷款。占地3808.38亩。项目管理单位:延安市交通局;勘察设计单位:陕西省公路勘察设计院、西安公路研究所;监理单位:天津市国腾公路咨询监理有限公司、陕西高速公路工程咨询有限公司等;施工单位:中铁第十九局集团第三工程有限公司、中铁十八局集团第一工程有限公司、中国第四冶金建设公司等。

8. 陕西延安至安塞段

2000年11开工建设,2003年9月建成通车,全长31.71km,全线四车道,设计速度100km/h。建成大桥16座。总投资11.18亿元,资金来源:地方投入、银行贷款。占地2462.0亩。项目管理单位:由陕西省公路局、延安市政府共同组建的延安至安塞高速公路建设管理处;勘察设计单位:陕西省公路勘察设计院;监理单位:陕西省公路交通工程监理咨询有限公司、威海市公路工程监理公司等;施工单位:中铁第一工程局机械筑路工程处、中铁十八局集团第五工程有限公司等。

9. 陕西铜川至黄陵段

1998年3月开工建设,2001年4月建成通车,全长93.85km,全线四车道,设计速度60km/h。建成特大桥:耀县高架桥,共1座。建成大桥38座。建成长隧道1座。总投资22.64亿元,资金来源:地方投入、银行贷款。占地3026.28亩。项目管理单位:陕西省高等级公路管理局;勘察设计单位:陕西省公路勘察设计院;监理单位:陕西省公路工程咨询公司、西安公路研究所等;施工单位:交通部第一公路工程总公司、铁道部第一工程局等。

10. 陕西三原至铜川段

1990年7月开工建设,1992年12月建成通车,全长30.7km,全线四车道,设计速度80km/h。建成特大桥:耀县高架桥,共1座。建成大桥9座。总投资4.27亿元,资金来源:地方投入、银行贷款。占地3185.8亩。项目管理单位:陕西省高等级公路管理局;勘察设计单位:陕西省公路勘察设计院;监理单位:陕西省三铜公路施工监理工程师办公室;施工单位:铁道部第十七工程局、陕西省路桥工程公司等。

11. 陕西西安至三原段

1986年12月开工建设,1989年12月建成通车,全长34.46km,全线四车道,设计速度100km/h。建成特大桥:渭河特大桥,共1座。建成大桥2座。总投资1.47亿元,资金来源:中央投入、地方投入、银行贷款。占地1694.0亩。项目管理单位:陕西省交通厅;勘察设计单位:陕西省公路勘察设计院;监理单位:陕西省公路工程咨询公司;施工单位:中国路桥公司陕西分公司(陕西省路桥工程总队)。

12. 陕西黄陵至延安段

2003 年 3 月开工建设,2006 年 9 月建成通车,全长 143.21km,全线四车道,设计速度 80km/h。建成特大桥:康崖底特大桥、淤泥河特大桥、葫芦河特大桥、洛河特大桥、老庄河特大桥、杜家河特大桥,共 6 座。建成大桥 44 座。建成长隧道 7 座。总投资 65.4 亿元,资金来源:地方投入、银行贷款。占地 5270.0 亩。项目管理单位:陕西黄延高速公路有限责任公司;勘察设计单位:陕西省公路勘察设计院;监理单位:北京华通公路桥梁监理咨询公司、济南北方交通工程咨询监理有限公司等;施工单位:中铁十二局集团有限公司、中铁三局集团第二工程有限公司等。

13. 陕西西安至柞水段

2004 年 3 月开工建设,2007 年 1 月建成通车,全长 43.5km,全线四车道,设计速度 80km/h。建成特大桥:营盘纵向高架桥、石砭峪特大桥,共 2 座。建成大桥 32 座。建成长隧道 1 座。总投资 21.64 亿元,资金来源:中央投入、地方投入、企业投入、银行贷款。占地 3421.6515 亩。项目管理单位:陕西省交通建设集团公司;勘察设计单位:陕西省公路勘察设计院、西安公路研究院;监理单位:西安华兴公路工程咨询监理公司、陕西公路交通科技开发咨询公司等;施工单位:二公局(洛阳)第四工程处、中铁四局四公司等。

14. 陕西秦岭终南山公路隧道

2002 年 3 月开工建设,2007 年 1 月建成通车,全长 21.21km,全线四车道,设计速度 80km/h。建成大桥 5 座。建成特长隧道:秦岭终南山公路隧道,共 1 座。建成长隧道 1 座。总投资 40.27 亿元,资金来源:地方投入、银行贷款。占地 511.0 亩。项目管理单位:陕西省交通建设集团公司;勘察设计单位:铁道第一勘察设计研究院;监理单位:山西省交通建设工程监理总公司等;施工单位:中铁一局集团有限公司、中铁五局集团有限公司、中铁十八局集团有限公司等。

15. 陕西柞水至小河段

2005 年 12 月开工建设,2008 年 11 月建成通车,全长 71.67km,全线四车道,设计速度 80km/h。建成特大桥:长哨特大桥、孙家碥特大桥、下梁镇乾佑河纵河桥,共 3 座。建成大桥 63 座。建成长隧道 6 座。总投资 53.60 亿元,资金来源:中央投入、地方投入、企业投入、银行贷款。占地 4746.91 亩。项目管理单位:陕西省交通建设集团公司柞小管理处;勘察设计单位:中交第一公路勘察设计研究院有限公司、西安公路研究院;监理单位:陕西高速公路工程咨询有限公司、西安公路交大建设监理公司等;施工单位:中国建筑第八工程局、中铁十八局集团第二工程有限公司、中铁五局集团第一工程有限公司等。

16. 陕西小河至安康段

2005 年 12 月开工建设,2009 年 5 月建成通车,全长 58.26km,全线四车道,设计速度

80km/h。建成特大桥:桐木沟特大桥、旬河特大桥、乾佑河特大桥,共3座。建成大桥52座。建成特长隧道:谭坝四号隧道、包家山隧道、大棕坡隧道,共3座。建成长隧道2座。总投资64.5亿元,资金来源:交通部车购税投入、地方投入、企业投入、银行贷款。占地2677.0亩。项目管理单位:陕西省交通建设集团公司;勘察设计单位:陕西公路勘察设计院有限公司;监理单位:山东滨州市公路工程监理咨询公司、陕西公路交通科技开发咨询公司等;施工单位:中铁十局集团第二工程有限公司、中铁三局集团有限公司、中铁二局第五工程有限公司等。

17. 陕西安康至陕川界段

2007年12月开工建设,2011年3月建成通车,全长104.605km,全线四车道,设计速度80km/h。建成特大桥:左线牛角坪2号桥、右线牛角坪1号桥、紫黄3号高架桥、紫黄2号高架桥、麻柳2号高架桥、麻柳3号高架桥、麻柳1号高架桥、毛坝2号特大桥、毛坝1号特大桥、大坝1号高架桥、高滩3号高架桥、高滩2号高架桥、高滩1号高架桥、权河互通立交主线桥、黑沟特大桥、高坝特大桥、右线马金任河特大桥、紫阳汉江特大桥,共18座。建成大桥53座。建成特长隧道:毛坝一号隧道、芭蕉隧道、紫阳隧道、凤凰山隧道,共4座。建成长隧道5座。总投资96.4亿元,资金来源:交通部车购税投入、地方投入、企业投入、银行贷款。占地3842.3亩。项目管理单位:陕西省交通厅外资办项目办公室;勘察设计单位:中交第二公路勘察设计研究院有限公司、陕西省公路勘察设计院;监理单位:陕西高速公路工程咨询有限公司、山西省交通建设工程监理总公司等;施工单位:中铁七局集团第三工程有限公司、中国铁路工程总公司、中交一公局第五工程有限公司等。(以上陕西境内项目里程数中包含黄陵联络线8.39km。)

18. 四川达陕高速公路

2008年12月开工建设,2012年4月建成通车,全长143.244km,全线四车道,设计速度80km/h。建成特大桥:荆竹坝特大桥左幅、厂溪特大桥、方斗村特大桥,共3座。建成大桥132座。建成特长隧道:大巴山隧道、红岩湾隧道、狮子寨隧道,共3座。建成长隧道3座。总投资104.72亿元,资金来源:地方投入、企业投入、银行贷款。占地11469亩。项目管理单位:四川达陕高速公路有限责任公司;勘察设计单位:中交第一公路勘察设计研究院等;监理单位:中国公路工程咨询有限公司等;施工单位:中铁二十局集团有限公司。

19. 四川达渝高速公路

一、二期1997年5月开工建设,2000年12月建成通车;三期2001年7月开工建设,2004年6月建成通车,全长165.85km,全线四车道,设计速度80km/h。建成特大桥:州河大桥,共1座。造成大桥44座。总投资38.17亿元,资金来源:中央投入、地方投入、银行贷款。占地16044.46亩。项目管理单位:四川达渝高速公路建设开发总公司;勘察设计单位:铁道部第二勘察设计院重庆分院等;监理单位:四川省公路工程监理事务所等;施工单位:四川煤矿建设第六工程处等。

20. 重庆至邻水邱家河段

2001 年 9 月开工建设,2004 年 7 月建成通车,全长 53.11km,全线四车道,设计速度 80km/h。建成大桥 22 座。总投资 17.28 亿元,资金来源:中央投入、地方投入、银行贷款。占地 7013.0 亩。项目管理单位:重庆渝邻高速公路有限公司;勘察设计单位:重庆交通科研设计院;监理单位:重庆市交通工程监理咨询有限责任公司;施工单位:中铁五局集团第五工程有限责任公司、中国路桥(集团)总公司等。

21. 重庆黑石子至童家院子段

1996 年 1 月开工建设,2000 年 4 月建成通车,全长 7.4km,全线六车道,设计速度 80km/h。总投资 3.13 亿元,资金来源:中央投入、地方投入、银行贷款。占地 1150 亩。项目管理单位:重庆高速公路发展有限公司;勘察设计单位:四川省交通厅公路规划勘察设计研究院;监理单位:重庆公路工程监理处;施工单位:重庆市渝通公路工程总公司。[与 G50(沪渝高速共线)。]

22. 重庆童家院子至界石段

1998 年 1 月开工建设,2001 年 1 月建成通车,全长 31.1km,全线六车道,设计速度 80km/h。建成长隧道 1 座。总投资 13.3 亿元,资金来源:中央投入、地方投入、银行贷款。占地 4947.0 亩。项目管理单位:重庆高速公路集团有限公司;勘察设计单位:交通部重庆公路科研所;监理单位:重庆市交通工程监理咨询有限责任公司;施工单位:铁道部大桥工程局、重庆市桥梁工程总公司等。

23. 重庆水江至界石段

2004 年 8 月开工建设,2007 年 11 月建成通车,全长 84.6km,全线四车道,设计速度 100km/h。建成特大桥:凤咀江特大桥,共 1 座。建成大桥 41 座。建成特长隧道:石龙特长隧道,共 1 座。建成长隧道 3 座。总投资 52.40 亿元,资金来源:中央投入、地方投入、银行贷款。占地 11308.0 亩。项目管理单位:重庆高速集团南方建设分公司;勘察设计单位:中交第二公路勘察设计研究院、重庆市交通规划勘察设计院;监理单位:重庆育才工程咨询监理有限公司、重庆市交通工程监理咨询有限责任公司;施工单位:中铁十八局集团第二工程有限公司,中铁十七局集团第二工程有限公司等。

24. 重庆武隆至水江段

2005 年 12 月开工建设,2009 年 9 月建成通车,全长 54.98km,全线四车道,设计速度 80km/h。建成特大桥:土坎乌江特大桥,共 1 座。建设大桥 25 座。建成特长隧道:白云隧道、白马隧道、羊角隧道、黄草岭隧道、武隆隧道,共 5 座。建成长隧道 1 座。总投资 48.73

亿元,资金来源:中央投入、地方投入、银行贷款。占地3467.0亩。项目管理单位:重庆高速公路集团有限公司南方建设分公司;勘察设计单位:重庆市交通规划勘察设计院、铁道路第二勘察设计研究院等;监理单位:西安方舟监理咨询有限公司、重庆市交通工程监理咨询有限责任公司等;施工单位:中铁十七局集团第二工程有限公司、中铁十三局集团第一工程有限公司等。

25. 重庆彭水至武隆段

2005年9月开工建设,2009年12月建成通车,全长64.5km,全线四车道,设计速度80km/h。建成特大桥:黄草乌江特大桥、武陵山特大桥、郁江1号特大桥、共和乌江特大桥,共4座。建成大桥36座。建成特长隧道:长滩隧道、中兴隧道、共和隧道,共3座。建成长隧道8座。总投资63.89亿元,资金来源:中央投入、地方投入、银行贷款。占地7388.0亩。项目管理单位:重庆高速公路集团有限公司东南分公司;勘察设计单位:中铁二院工程集团有限责任公司;监理单位:重庆市交通工程监理咨询有限责任公司、重庆育才咨询监理有限公司等;施工单位:中铁四局集团有限公司、中铁一局集团桥梁工程有限公司等。

26. 重庆黔江至彭水段

2006年4月开工建设,2009年12月建成通车,全长70.64km,全线四车道,设计速度80km/h。建成特大桥:瓦窑堡特大桥、干溪沟特大桥、郁江1号桥、共和乌江特大桥,共4座。建成大桥40座。建成特长隧道:正阳隧道、斑竹林隧道,共2座。建成长隧道8座。总投资64.83亿元,资金来源:中央投入、地方投入、银行贷款。占地7388.0亩。项目管理单位:重庆高速公路集团有限公司东南分公司;勘察设计单位:中交第二公路勘察设计研究院等;监理单位:重庆市交通工程监理咨询有限责任公司、西安方舟工程咨询有限责任公司;施工单位:中铁二十四局南昌铁路工程有限公司、中铁十一局集团第五工程有限公司等。

27. 重庆大涵至黔江段

2006年7月开工建设,2010年9月建成通车,全长23.32km,全线四车道,设计速度80km/h。建成特大桥:细沙河特大桥、阿蓬江特大桥,共2座。建成大桥18座。建成特长隧道:西黔隧道,共1座。建成长隧道2座。总投资19.46亿元,资金来源:中央投入、地方投入、银行贷款。占地3167.0亩。项目管理单位:重庆高速公路集团有限公司北方建设分公司;勘察设计单位:中国公路工程咨询总公司等;监理单位:重庆市交通工程监理咨询有限责任公司、重庆育才工程咨询监理有限公司等;施工单位:中铁十九局集团第四工程有限公司、中铁隧道集团二处有限公司等。

28. 重庆酉阳至大涵段

2006 年 7 月开工建设,2010 年 9 月建成通车,全长 37.23km,全线四车道,设计速度 80km/h。建成大桥 18 座。建成特长隧道:桃花源隧道,共 1 座。建成长隧道 4 座。总投资 25.40 亿元,资金来源:中央投入、地方投入、银行贷款。占地 3522.0 亩。项目管理单位:重庆高速公路集团有限公司北方建设分公司;勘察设计单位:中国公路工程咨询总公司等;监理单位:重庆育才工程咨询监理有限公司、重庆市交通工程监理咨询有限责任公司;施工单位:中交第一公路勘察设计研究院、中铁第十九局第二工程处、中铁一局集团有限公司等。

29. 重庆上官桥至酉阳段

2006 年 6 月开工建设,2010 年 9 月建成通车,全长 31.95km,全线四车道,设计速度 80km/h。建成特大桥:杉木洞特大桥,共 1 座。建成大桥 16 座。建成特长隧道:葡萄山隧道,共 1 座。建成长隧道 1 座。总投资 26.76 亿元,资金来源:中央投入、地方投入、银行贷款。占地 1942.0 亩。项目管理单位:重庆高速公路集团有限公司北方建设分公司;勘察设计单位:招商局重庆交通科研设计院有限公司;监理单位:西安金路交通科技发展有限责任公司、武汉大通桥梁工程咨询监理有限公司;施工单位:中港第二航务工程局、中铁十九局集团有限公司、中铁十五局集团有限公司等。

30. 重庆洪安(湘渝界)至上官桥段

2006 年 6 月开工建设,2010 年 9 月建成通车,全长 45.44km,全线四车道,设计速度 80km/h。建成大桥 16 座。建成特长隧道:秀山隧道,共 1 座。建成长隧道 2 座。总投资 34.89 亿元,资金来源:中央投入、地方投入、银行贷款。占地 3910.0 亩。项目管理单位:重庆高速公路集团有限公司北方建设分公司;勘察设计单位:招商局重庆交通科研设计院有限公司;监理单位:西安金路交通科技发展有限责任公司、武汉大通桥梁工程咨询监理有限公司;施工单位:中铁十三局集团第三工程有限公司、中铁十六局集团第三工程有限公司、中国第十九冶金建设公司等。

31. 湖南吉首至茶洞段

2007 年 9 月开工建设,2012 年 3 月建成通车,全长 64.946km,全线四车道,设计速度 80km/h。建成特大桥:峒河大桥、鹅梨坡大桥、树耳 1 号高架桥、矮寨悬索桥、团结 3 号高架桥,共 5 座。建成大桥 38 座。建成长隧道 1 座。总投资 50.60 亿元,资金来源:地方投入、银行贷款。占地 6135.6 亩。项目管理单位:湖南省吉茶高速公路建设开发有限公司;勘察设计单位:湖南省交通规划勘察设计院;监理单位:重庆锦程工程咨询有限公司等;施工单位:湖南路桥建设集团公司等。

32. 湖南吉首至怀化段

2009 年 6 月开工建设,2012 年 12 月建成通车,全长 104.836km,全线四车道,其中起点至凤凰(K34 +730)段和怀化北至终点(K105 +128.672)段,设计速度 100km/h;K34 +730 至怀化北(K89 +325)段,设计速度 80km/h。建成特大桥:野鸡宅特大桥、黄泥冲 1 号高架桥、朝堰塘高架桥、垒坡上高架桥、马坡冲高架桥,共 5 座。建成大桥 91 座。建成长隧道 6 座。总投资 88.19 亿元,资金来源:银行贷款。占地 8491.02 亩。项目管理单位:湖南省吉怀高速公路建设开发有限公司;勘察设计单位:中交第二公路勘察设计研究院有限公司、湖南省交通规划勘察设计院;监理单位:湖南省交通建设工程监理有限公司等;施工单位:中国路桥工程有限责任公司等。[其中,70.257km 属于 G65(包茂高速公路)。]

33. 湖南怀化至新晃段

2004 年 3 月开工建设,2007 年 11 月建成通车,全长 106.018km,全线四车道,设计速度 80km/h。建成特大桥:杉木塘高架桥、滤子口高架桥,共 2 座。建成大桥 45 座。建成长隧道 2 座。总投资 42.5531 亿元,资金来源:中央投入、银行贷款。占地 8554.885 亩。项目管理单位:怀新高速公路建设开发有限公司;勘察设计单位:湖南省交通规划勘察设计院;监理单位:中国公路工程监理咨询总公司等;施工单位:中铁一局集团有限公司等。[其中,93.218km 属于 G60(沪昆高速公路),12.8km 属于 G65(包茂高速公路)。]

34. 湖南怀化至通道段

2008 年 12 月开工建设,2013 年 12 月建成通车,全长 197.634km,全线四车道,设计速度 80km/h、100km/h。建成特大桥:江市特大桥、太阳坪渠水特大桥、城墙特大桥、寨阳 1 号高架桥,共 4 座。建成大桥 148 座。建成长隧道 9 座。总投资 150.6 亿元,资金来源:地方投入、银行贷款。占地 20434.95 亩。项目管理单位:湖南省怀通高速公路建设开发有限公司;勘察设计单位:湖南省交通规划勘察设计院等;监理单位:北京路桥通国际工程咨询有限公司等;施工单位:中铁二十五局集团有限公司等。

35. 广西桂林庙岭至桂林僚田段(桂林绕城线)

1998 年 4 月 26 日开工建设,2000 年 5 月 1 日建成通车,全长 7.28km,全线四车道,设计速度 120km/h。总投资 1.05 亿元,资金来源:中央投入、地方投入。占地 748.3 亩。项目管理单位:广西交通基建管理局;勘察设计单位:原煤炭工业部沈阳设计研究院、广西交通规划勘察设计研究院;监理单位:广西桂林公路管理局;施工单位:二航局一公司、桂林公路局工程处等。

36. 广西桂林僚田至桂林池头段

1993 年 10 月 5 日开工建设,1997 年 5 月 1 日建成通车,全长 6.8km,全线四车道,设计速度 100km/h。建成大桥 2 座。总投资 1.0 亿元,资金来源:中央投入、地方投入。占地 1247.36 亩。项目管理单位:广西壮族自治区交通厅;勘察设计单位:广西壮族自治区交通规划勘察设计院;监理单位:桂柳公路工程监理部;施工单位:广西路桥总公司路面施工处、广西路桥总公司机械施工处。

37. 广西桂林至阳朔段

2004 年 8 月 28 日开工建设,2008 年 12 月 19 日建成通车,全长 66.65km,全线四车道,设计速度 120km/h。建成大桥 6 座。总投资 30.32 亿元,资金来源:企业投入、银行贷款。占地 9359.79 亩。项目管理单位:广西桂梧高速公路桂阳段投资建设有限公司;勘察设计单位:中交通力公路勘察设计工程有限公司;监理单位:长沙华南交通咨询监理公司、湖南金衢交通咨询监理有限公司;施工单位:路桥集团第二公路工程局、中铁二十五局恒元建筑工程有限公司等。

38. 广西阳朔至平乐段

2005 年 3 月 28 日开工建设,2008 年 11 月 10 日建成通车,全长 39.52km,全线四车道,设计速度 120km/h。建成大桥 8 座。总投资 16.62 亿元,资金来源:企业投入、银行贷款。占地 5549.87 亩。项目管理单位:广西华通高速公路有限责任公司;勘察设计单位:广西壮族自治区交通规划勘察设计研究院;监理单位:湖南省交通建设工程监理公司、山西省交通建设监理公司等;施工单位:中铁十七局集团二公司、中铁二十二工程局、中铁三局集团公司等。

39. 广西平乐至钟山段

2003 年 11 月 20 日开工建设,2006 年 12 月 28 日建成通车,全长 57.37km,全线四车道,设计速度 120km/h。建成大桥 7 座。建成长隧道 1 座。总投资 26.9 亿元,资金来源:交通部车购税投入、银行贷款。占地 11428.9 亩。项目管理单位:广西壮族自治区交通基建管理局;勘察设计单位:中国公路工程咨询总公司、广西交通研究院等;监理单位:中国公路工程总公司、广西桂通公路工程监理咨询有限责任公司等;施工单位:中铁二局股份有限公司、中铁十一局集团第二工程有限公司等。

40. 广西钟山至马江段

2005 年 1 月 6 日开工建设,2009 年 12 月 29 日建成通车,全长 60.05km,全线四车道,设计速度 100km/h。建成大桥 31 座。建成长隧道 1 座。总投资 36.52 亿元,资金来源:企业投入、银行贷款。占地 8259.05 亩。项目管理单位:广西水利电力建设集团高速公路有限公司;勘察设计单位:中交通力公路勘察设计工程有限公司;监理单位:贵州省交通建设咨询监理有限公司、广西八桂工程监理咨询有限责任公司等;施工单位:中国建筑股份有限公司、中铁三局集轩有限公司、中交二局第六工程有限公司等。

41. 广西马江至梧州段

2007年2月6日开工建设,2009年12月29日建成通车,全长69.94km,全线四车道,设计速度100km/h。建成特大桥:浔江大桥,共1座。建成大桥24座。建成特长隧道:茶子脚隧道,共1座。总投资45.41亿元,资金来源:企业投入、银行贷款。占地9619.29亩。项目管理单位:中冶(广西)马梧高速公路建设发展有限公司;勘察设计单位:广西交通规划勘察设计研究院;监理单位:西安金路交通工程科技发展有限责任公司、湖南湖大建设监理有限公司等;施工单位:中冶交通工程技术有限公司、中交第二航务工程局有限公司等。

42. 广西岑溪枢纽至岑溪善村段

2006年11月开工建设,2008年12月20日建成通车,全长1.49km,全线四车道,设计速度120km/h。建成大桥4座。总投资0.61亿元,资金来源:中央投入、地方投入、银行贷款。占地186.47亩。项目管理单位:广西岑兴高速公路发展有限公司;勘察设计单位:中交第二公路勘察设计研究院、中国公路工程咨询集团有限公司等;监理单位:铁二院监理咨询公司、中交国际工程咨询有限公司等;施工单位:中铁三局集团有限公司、中铁二局股份有限公司等。

43. 广西梧州至岑溪段

2004年4月1日开工建设,2008年1月16日建成通车,全长62.49km,全线四车道,设计速度100km/h。建成大桥8座。建成长隧道1座。总投资27.06亿元,资金来源:企业投入、银行贷款。占地7963.7亩。项目管理单位:广西梧州岑梧高速公路有限公司;勘察设计单位:广西壮族自治区交通规划勘察设计院;监理单位:福建省交通建设工程监理咨询公司、天津新亚太工程建设监理有限公司等;施工单位:中铁三局集团有限公司、中铁二局股份有限公司等。

44. 广西岑溪善村至岑溪东枢纽段

2008年1月开工建设,2009年11月建成通车,全长5.34km,全线四车道,设计速度100km/h。总投资2.23亿元,资金来源:企业投入、银行贷款。占地723.88亩。项目管理单位:广西岑罗高速公路有限责任公司;勘察设计单位:广西壮族自治区交通规划勘察设计研究院;监理单位:重庆锦程工程咨询有限公司、广西桂通工程咨询有限公司;施工单位:中交一公局厦门工程有限公司、中天路桥有限公司等。

45. 广西岑溪至水汶段

2010年12月开工建设,2017年1月建成通车,全长30.72km,全线四车道,设计速度100km/h。建成大桥20座。建成特长隧道:均昌隧道,共1座。总投资27.1亿元,资金来源:中央投入、地方投入、银行贷款。占地3163亩。项目管理单位:广西信达高速公路有限公司;设计咨询单位:中交第二公路勘察设计研究院有限公司;勘察设计单位:广西壮族自治区交通规划勘察设计研究院;监理单位:重庆锦程工程咨询有限公司;施工单位:中铁七局集团有限公司、广西路桥工程集团有限公司等。

46. 广东信宜(桂粤界)至茂名段

2013 年 6 月开工建设,2015 年 12 月建成通车,全长 127.245km,全线四车道,设计速度 100km/h。总投资 109.60 亿元,资金来源:地方投入、企业投入、银行贷款。占地 15193.79 亩。项目管理单位:广东包茂高速公路有限公司;勘察设计单位:广东省公路勘察规划设计院股份有限公司等;监理单位:广东华路交通科技有限公司;施工单位:中铁十二局集团有限公司。

四、联络线及并行线

1. G6517(梧柳高速公路)梧州至柳州高速公路

在建。

2. G65E(榆蓝高速公路)榆林至蓝田高速公路

陕西榆林至绥德段。2010 年 3 月开工建设,2012 年 9 月建成通车,全长 118.809km,全线四车道,设计速度 100km/h、80km/h。建成特大桥:捞柴沟大理河特大桥、镇子湾包西铁路无定河高架桥、镇子湾无定河大桥、镇川堡包西铁路无定河高架桥、孙家园则 G210 无定河特大桥,共 5 座。建成大桥 55 座。建成长隧道 5 条。总投资 93.71 亿元,资金来源:地方投入、银行贷款。占地 12287.67 亩。项目管理单位:陕西省交通建设集团公司榆绥高速公路建设管理处;勘察设计单位:陕西省交通规划设计研究院;监理单位:云南云路工程监理咨询有限公司、陕西公路交通科技开发咨询有限公司等;施工单位:中铁十一局集团有限公司、中交第三公路工程局有限公司等。

陕西渭南至蒲城段。2009 年 3 月开工建设,2010 年 10 月建成通车,全长 53.39km,全线四车道,设计速度 120km/h。建成特大桥:侯西铁路桥、东杨立交主线桥、渭河特大桥,共 3 座。建成大桥 6 座。总投资 35.99 亿元,资金来源:企业投入、银行贷款。占地 6905.0 亩。项目管理单位:陕西省高速公路建设集团公司渭南至蒲城高速公路建设项目管理处;勘察设计单位:长安大学工程设计研究院;监理单位:陕西高速公路工程咨询有限公司、北京华宏公路工程咨询有限公司等;施工单位:中铁十一局集团第四工程有限公司、中交第一公路工程局有限公司等。

陕西渭南至玉山段。2013 年 8 月开工建设,2015 年 12 月建成通车,全长 39.39km,全线四车道,设计速度 100km/h。建成特大桥:MRK49 + 878.027 主线桥,共 1 座。建成大桥 32 座。建成长隧道 1 座。总投资 33.4 亿元,资金来源:中央投入、银行贷款。占地

4308.94亩。项目管理单位:陕西省高速公路建设集团公司渭玉高速公路建设管理处;勘察设计单位:陕西省交通规划设计研究院;监理单位:陕西高速公路工程咨询有限公司;施工单位:中铁一局集团第二工程有限公司等。

五、先进技术的研究与应用

1. 沙漠高速公路修筑养护综合技术研究(陕西)

该研究依托榆林至靖边高速公路,主要研究内容为:

(1)沙漠高速公路路基修筑技术研究。

(2)沙漠高速公路路面修筑技术研究。

(3)沙漠高速公路边坡防护及防风固沙技术研究。

(4)沙漠高速公路养护技术研究。

取得的成果有:

(1)完善和填补现行规范规程的不足和空白。

(2)编制了《沙区路基施工技术规程》。

(3)全面解决了沙漠地区公路修筑的试验、检测、施工、机械配置和养护难题。

(4)所有研究成果全部应用在后续的沙区公路建设中,后续建设的靖王高速公路和陕蒙高速公路均全部采用项目研究成果。主要技术经济指标填补了行业空白,绝大部分指标属于首创,在国内外均属领先水平。

同时,项目研究成果为编制沙区公路建设的规程规范奠定了技术和应用基础,在此基础上编制了沙区公路试验、施工、检测及养护规程和规范。项目研究成果获陕西省人民政府科学技术进步一等奖。

2. 沙漠高速公路边坡防护、防风固沙及养护技术研究(陕西)

该研究依托榆林至靖边高速公路,主要开展6项子专题研究:

(1)调研和分析国内外现有沙漠公路防护技术和方案,对其适应性进行评价。

(2)风沙对公路的影响及其规律的研究。

(3)公路防风固沙林立地质量的评价。

(4)沙漠高速公路路基边坡防护技术措施及典型模式的研究。

(5)中央分隔带绿化、美化综合示范区建设。

(6)生物防护工程后的养护技术及措施研究。

取得研究成果6项:

(1)通过对榆靖高速公路不同路基形式、高度、坡度、不同风向与公路的夹角等实测的有效数据进行定量分析和数学建模,应用现代数学手段和电子计算机技术,首次提出了路基沙害较小的路基断面形式及优化参数,并提出减少风沙路基沙害的关键措施。

(2)在对沙漠公路沿线造林立地条件类型调查及系统分析的基础上,研究建立了1区-5类-18组-41型四级立地类型分类系统,同时,根据适地适树的原则,筛选出了适宜各立地类型的植物种,编绘了"(1:1万)榆靖高速公路典型路段绿化彩色立地类型图",并编制了应用说明书,填补了国内编绘沙漠公路立地类型彩色图的空白。

(3)根据沙漠高速公路边坡水蚀风蚀特征,提出沙漠高速公路路基边坡防护的5种技术措施,经研究选出2种优良技术措施;筛选出10多种优良护坡植物和12种优良配置模式。

(4)首次提出沙漠高速公路两侧大面积流动沙地的防护采取以固为主,固、阻、输结合"四带一体"的公路治沙防护体系模式,取得了良好的防风固沙和美化环境的效益。根据研究结果,提出在毛乌素沙地修筑高速公路适宜的固沙带宽度为上风侧300~400m,下风侧100~150m。

(5)首次提出并建成了沙漠高速公路11m宽带状植物园形式的中央分隔带绿化示范区,示范区总面积90750m^2,选择、引种、培育绿化植物62种,有9种植物组合配置方案,形成树种多样、高低错落、富有层次、色调明快、防护性能与景观效果融为一体的微型带状沙地植物园区,推选出5种优良典型结构模式。

(6)提出了沙漠高速公路绿化物防护之后的养护技术及具体措施。为了解决研究成果在推广应用中的规范、标准等技术问题,根据本课题研究成果,编写了《沙漠高速公路边坡防护防风固沙及养护技术指南》,为在沙漠地区修筑高速公路进行生物防护时提供了科学依据。利用本项目的研究成果指导了我国第一条沙漠高速公路的绿化及沿线生物防护工程的建设,实践证明该成果理论是正确的,方法是科学的,技术是先进的,措施是可操作的,填补了有关沙漠高速公路生物防护这一研究领域的空白,并为以后的推广应用创造了条件,积累了经验。成果目前已在榆靖高速公路、陕蒙高速公路、靖王高速公路、靖安高速公路的绿化建设中得到推广应用,取得了良好的效益。随着西部大开发的深入和沙漠地区公路网的完善,该研究成果推广应用前景广阔。

3. 沙漠地区公路路基压实标准及方法研究(陕西)

该研究依托榆林至靖边高速公路,主要研究内容为:

(1)风积沙静力、动力压实特性及压实机理研究。

(2)风积沙最大干密度确定方法。

(3)风积沙路基设计参数。

(4)风积沙最大干密度试验仪器和方法。

(5)风积沙路基压实标准的制定。

取得的成果有:

(1)解决了风积沙最基本的特性和试验方法。

(2)确定了沙区路基压实标准。

(3)全部编进《沙区路基施工技术规程》。

项目主要技术经济指标填补了行业空白,研究内容的技术经济指标全部属于首创,在国内外均属领先水平。项目先期进行技术研究,所有研究成果全部应用在项目建设中,后续建设的靖王高速公路和陕蒙高速公路均全部采用项目研究成果。同时,项目研究成果为编制沙区公路建设的规程规范奠定了技术和应用基础。研究项目直接经济效益6000万元,间接效益28118万元,社会效益34168万元,生态和环保效益无法估量。该项目和交通部其余沙漠研究项目打包成交通部"沙漠地区公路建设成套技术"研究,荣获国家科技进步二等奖,交通部科技进步特等奖。

4. 毛乌素沙漠地区特殊处理技术研究(陕西)

沙漠公路特殊路基处理技术开展了以下研究:

(1)通过室内试验,研究了不同含泥量风积沙的物理特性,对不同含泥量风积沙的工程地质特性进行了评价。通过对不同含泥量风积沙的压实试验,研究了不同含泥量风积沙的压实特性。

(2)研究了不同含泥量风积沙力学指标的变化范围,给出了不同含泥量风积沙最大干密度的确定方法;对不同含泥量风积沙的路用性能进行了综合评价,提出了适合作为路基填料的含泥量范围。

(3)在陕蒙沙漠公路选取6处试验段,对天然地基和不良地基处理后的承载力进行了荷载试验研究,提出了地基处理技术措施。

(4)采用有限元软件对风积沙的天然地基和处理后的地基进行数值分析,从地基承载力和地基变形方面探讨风积沙地基力学特性。结果表明,当土体强度参数与实际情况接近时,用有限元分析软件模拟与现场荷载试验具有一致性,两种方法结果接近。采用有限元分析方法对不良地基处理前后进行了数值分析,分析结果表明,经过处理后,地基的工程特性明显改善。

(5)应用范例推理方法预测风积沙路基最终沉降,在以往的风积沙路基沉降和当前的风积沙路基沉降预测之间建立了合理的推理关系。计算预测结果与实际接近,具有较强适用性。同时为了比较验证,也对风积沙地基采用传递矩阵法进行了应力和位移计算。

(6)对陕蒙高速公路特殊地基的各种处理方案采用灰色区间关联决策方法进行了优化分析,通过对每一个影响工程处理方案选择的因素进行分析,从而找到最大关联度的方案。这种方法对多指标系统的评价贴近于实际。

5. 秦岭山区变质软岩路堤修筑技术研究(陕西)

2009年,陕西省交通建设集团柞小高速公路管理处等单位合作完成。针对变质软岩填料遇水后受到扰动软化成泥的问题,提出了一整套判定变质软岩填料路用性能的试验方法。在亚洲最大的路基土槽内,首次设计并进行了室内大比例尺变质软岩路堤荷载浸水变形试验,结合现场路堤沉降监测,研究了填料浸水软化对路堤附加沉降的影响规律。该试验克服了以往研究中试验规模和试样尺寸过小的缺陷;提出了变质软岩路堤工后不均匀沉降控制标准、填料浸水软化对路堤最终沉降的影响系数 M_a 和 M_b 以及分层总和法计算路堤沉降的影响系数 M_s;得到了路堤稳定安全系数与填料强度参数之间的变化规律及其表达方程;提出了变质软岩路堤施工工艺参数以及质量检测方法和标准。以上研究成果形成了《秦岭山区变质软岩高速公路路堤修筑技术指导意见》并应用于柞小高速公路建设,直接经济效益达 6500 万元以上。项目的研究成果填补了多项国内外空白,初步改变了我国变质软岩路堤施工缺乏系统的现状,经鉴定达到国际先进水平。

6. 秦岭终南山公路隧道建设与运营管理关键技术(陕西)

(1)主要技术创新点、解决的关键技术难题及对行业技术发展的提升作用。①建设技术创新。②运营通风技术创新。③智能化隧道监控系统技术创新。④防灾救援技术创新。⑤节能环保技术创新。⑥管理养护技术创新。

(2)主要科研成果、论文及应用。①主要科研成果:a.“公路隧道汽车动态排放参数研究”课题内容在我国属首次,建立海拔高度、坡度修正模型具有重要指导意义,成果总体达到国际先进水平。b.“秦岭终南山特长公路隧道监控技术研究”课题首次提出了基于安全系数的特长公路隧道监控系统规模功能设计法,首次提出了幂函数滤波器、基于幂函数和对数累加生成的灰色系统数据处理方法,建立了隧道内车辆数、排队长度、交通疏散时间的计算模型。成果总体达到国际领先水平。c.“秦岭终南山特长公路隧道通风技术研究”课题运用多种科学手段,系统研究了特长公路隧道运营通风问题,方法有突破,理论和技术有重大创新,成果总体达到国际领先水平,秦岭终南山特长公路隧道三竖井纵向通风方式为世界首创。d.“秦岭终南山特长公路隧道防灾救援技术研究”在我国公路隧道防灾救援技术研究领域取得了重大突破,并应用于 50 余座公路隧道,成果总体达到国际领先水平。e.“秦岭终南山特长公路隧道管理与养护系统研究”自主开发的特长公路隧道管理与养护系统及软件填补了国内空白,成果达到国际先进水平。f.“秦岭终南山特长公路隧道定额研究”课题成果填补公路隧道定额多项空白,总体达到国际领先水平。②论文:该项目研究,累计发表论文 380 篇(EI 收录 15 篇),获授权专利 3 项、软件著作权 1 项、国家级工法 1 项、省部级工法 2 项。③应用:隧道的通风、防灾、监控等系列课题的研究成果在本项目成功应用并得到了推广,给出的汽车基准排放量和隧道卫生控制指标被广泛采用。分段纵向通风模式、地下通风站的布局、关键构造技术、环境控制以及设计思路被大量枚举、借鉴;监控模式及开发应用的策略自动生成软件被应用于湖南、湖北、安徽、重庆、山西等多座隧道;火灾工况下提出火风压影响的网络通风计算在国内被采用。

系统提出的双洞互为救援、人员逃生、车辆疏散方法、双洞隧道火灾网络通风控制基准等防灾救援的基本思路得到了认可和借鉴。

7. 复杂地质特长公路隧道建设与运营节能关键技术(陕西)

包家山隧道全长 11.2km，双洞四车道，是目前通车的国内大陆第四、世界第五长高速公路隧道。项目以该隧道为依托，针对复杂地质特长公路隧道建设与运营节能关键技术进行了系统研究，首次提出了千枚岩地层隧道围岩亚分级指标；创建了软弱围岩隧道初期支护钢架 + 喷射混凝土 + 钢筋网 + 锁脚锚杆组合结构模式；提出了微扰动爆破设计方案和参数；首次采用了泄水沉砂池方案解决特长公路隧道富水岩溶区段突水涌泥难题；首次提出了单斜井双正洞施工通风模式、计算方法及设备配套和选型；创立了公路隧道长距离陡坡大断面斜井有轨和正洞无轨(无轨—有轨—无轨)自动转换运输方式；自主研发构建了隧道施工多元信息预警与安全管理决策系统信息平台；提出了特长公路隧道利用自然风的节能通风模式，构建了隧道照明环境实验平台；主编了陕西省地方标准《公路隧道照明用 LED 灯具通用技术条件》(DB61/T 549—2012)。形成了系统化的成套关键技术成果。项目获授权专利 15 项(发明专利 2 项)、软件著作权 2 项、省部级工法 2 项，成果被纳入《陕西省高速公路隧道照明系统设计指导意见(试行)》。项目成果有力支持了依托工程建设，对复杂地质特长隧道工程建设和隧道运营节能有应用推广价值。推广应用于关角隧道(长32.645km)、木寨岭隧道(长 19.06km)、秦岭终南山隧道(长 18.02km)、虹梯关隧道(长13.122km)等 10 余座国家重大隧道工程，经济和社会效益特别显著。项目主要成果获 2013 年度陕西省科学技术一等奖，项目所依托的包家山隧道获 2012 年度中国土木工程詹天佑奖、2011 年度国家优质工程银奖、陕西省总工会第二届职工科技节发明创造金奖。

8. 墩山双连拱隧道开挖方法及施工过程研究(陕西)

延塞高速公路墩山隧道是项目的重点控制工程，全长 615m。该公路隧道左、右洞轴线间距 11.9m，为连体结构形式，是目前我国公路建设史上最长的一座双连拱隧道。墩山隧道内轮廓线由单心圆及中墙直线组成，其中半径 $r = 5.65$m，联拱隧道中墙宽 2.0m，隧道单洞净宽 10.6m，净高 7.05m。开挖断面总宽 24.9m。隧道洞口段埋深较浅，结合地形、地质条件设置明洞，其余暗洞均按新奥法原理设计成复合衬砌，双联拱隧道中隔墙采用 C25 钢筋混凝土置换岩体。暗洞衬砌根据地质条件和围岩分类，分别采用大、小管棚超前支护及钢拱支撑、锚杆锚固、挂钢筋网、喷射混凝土等形成初次支护，浇筑 C25 混凝土仰拱、C30 混凝土拱墙为二次衬砌。双联拱隧道结构形式特殊，施工工序较多，工期较长，是一般独立双洞工期的 2 ~ 3 倍，因此，改进双联拱隧道的施工工序，缩短工期，具有重要的实际意义。为缩短工期，在墩山隧道施工中，采取以下施工方法，并获得成功。主要做法为:①中隔墙分段施工,在中隔墙施工一定长度后由洞口进行正洞开挖;②正洞采用上、下台阶法开挖,取消2个侧导洞施工。该施工方法,可在类似工程中推广使用。

9. 沥青路面修筑关键技术研究(陕西)

该项目地处陕北黄土高原和毛乌素沙漠之间,位于陕西省榆林能源重化工基地的中心地带,工程难点与特点:一是靖安高速公路桥梁多,桥面纵坡坡度大,沥青铺装与桥面板层间黏结层易破坏。解决问题的主要措施:通过研究桥面板高摩阻表面处理工艺、层间接触条件对其沥青层摩阻力影响、桥面防水材料对层间接触摩阻力、沥青混合料性能对层间接触摩阻力影响、桥面板与沥青面层接触条件对沥青面层路用性能影响,形成沥青铺装与桥面板间黏结改善成套技术,基本上消除了沥青铺装与桥面板层间的滑移。二是重载渠化交通易形成车辙。解决问题的主要措施:通过对SMA沥青混合料的研究,提出能适应于坡度较大路段及桥面的SMA桥面铺装混合料配比,并对SMA混合料与AC混合料进行对比研究,分析SMA混合料的抗推移、抗车辙性能及其他路用性能。该技术提高了沥青混合料材料本身的抗推移能力,并使混合料的高温稳定性、低温抗裂性、耐久性以及对桥面的变形适应性方面均得到显著提高。研究的沥青铺装与桥面板层间黏结改善技术,将突破传统方法,较大幅度提高层间黏结强度,从而提高沥青混合料铺装的使用寿命。抗推移、抗车辙的SMA沥青混合料桥面铺筑将使其使用性能得到提高,也将为寒冷、山岭地区铺筑SMA路面产生积极的影响。这些研究将为陕西省沥青路面修筑技术提供重要的参考数据,其成果具有广阔的应用前景,并获得巨大的社会、经济效益。

10. 特长公路隧道运营管理体系(陕西)

该项目创新了我国特长公路隧道运营管理技术。

(1)在隧道机电系统中引入"功能位置"概念,提出了"双履历表"、维护项目矩阵及故障分析方法,建立了公路隧道机电维护闭环控制体系,解决了机电系统历史维护信息杂乱的难题。基于GIS、VR等信息技术,开发了特长公路隧道管理系统软件,实现隧道管理的立体展示、数据联动、三维定位和快速查询。

(2)基于"以安全为中心"的管理思想,研发特长公路隧道管理与养护系统;建立"预防为主、闭环控制、持续优化"的核心管理体系;创立"编目体系、任务体系、管理体系"三个层次的公路隧道管理模式和工作联动机制。设立了监控指挥中心、消防队、洞内摩托值守、医疗急救、危险品检查、武警守护、公安交警和路政管理为一体的联勤联动应急救援机制,制定了《突发事件应急预案》,实现了5min内到达任意事故现场的快速反应和处置。

11. 特长公路隧道建设技术(陕西)

该项目选用18km隧道将路线降低至雪线以下,极大地改善了路线线形和通车条件,保证全天候安全通行;建设期间"零死亡",创国内外安全施工先例;创新施工技术,自主研发施工装备,创造大断面隧道月掘进、大直径竖井全断面开挖月进尺等多项建设纪录。

(1)经多年攻关,选用18km隧道方案,缩短公路里程64km,保护了秦岭珍贵的动植物资源,极大地降低了路线高程,改善了路线线形,将路线降低至雪线以下,减少汽车爬坡产生污染气体对环境的污染,实现了低碳排放,保证了全天候安全通行。

(2)创新管理技术,建设5年期间实现了"零死亡",创国内外安全施工先例。

(3)引入人性化理念,采用灯光成像技术,首次模拟洞外自然景观在隧道内设计视觉景观带,达到缓解驾乘人员情绪、消除视觉疲劳的效果。

(4)利用已打通尚未通车的铁路隧道作为平行导洞修建本公路隧道,长隧短打,加快了进度,节约投资3.54亿元,缩短工期2年;利用本隧道作为平行导洞修建水洞,节约投资0.43亿元;实现了铁路、公路、水利综合利用,三方共赢。

(5)针对大断面坚硬岩石隧道掘进、超大直径(12.4m)深竖井(661m)、多断层、岩爆安全危险大等特点,创新大断面隧道钻爆法和大直径深竖井快速施工工艺,形成12m直径双层施工吊盘保护技术、井底挖掘机装岩技术、伞钻和风钻最佳匹配凿岩技术、分瓣式机械一体化滑模衬砌技术等,获得3项授权专利;创造了大断面硬岩隧道施工月平均进尺300m、最大月进尺429.5m的快速掘进全国纪录;创造了12.4m直径深竖井全断面开挖月进尺80m和月滑模衬砌236m的两项纪录;获批《大断面隧道钻爆法快速施工工法》(国家级)、《超大直径深竖井快速施工工法》和《超大直径深竖井分瓣式机械一体化滑模衬砌施工工法》(省部级)。

12.特长公路隧道运营通风技术(陕西)

该项目首次确定符合我国现用车辆的CO、烟雾(VI)浓度基准排放量及其修正系数,提出适合我国交通状况的隧道通风设计控制新指标;攻克了隧道复杂通风系统网络计算、送排风口距离和角度等多项关键技术难题,形成节能、高效的超大直径三竖井分段纵向通风成套技术。

(1)通过对我国现用车辆的单车路试、台架试验及隧道内测试,研究模拟隧道污染环境对汽车排放水平的影响,首次确定符合我国现用车辆的CO、烟雾(VI)浓度基准排放量[CO:0.007m^3/(km·veh),VI:2.0m^3/(km·veh)],且针对隧道海拔高度、道路纵坡的实际特征,给出了相应的基准排放量修正系数。

(2)基于准确预测的现用车辆基准排放量,首次引入了以人体血液中COHb(碳氧血红蛋白)饱和度安全值为限确定特长隧道CO允许浓度的方法,并针对特长隧道不同运行工况,给出了洞内污染物浓度的动态控制标准。按照此标准确定的隧道需风量较当时规范降低30%以上,纵向式通风分区长度由3000m突破至4949m,实现了三竖井分段纵向通风方案,解决该隧道埋深大、设置竖井难的问题。

(3)在引进国际先进软件(CFD等)的基础上,开发了针对特长隧道通风模拟计算的接口模型和单元模型，自主构建了公路隧道复杂通风系统网络仿真模拟平台，实现了对隧道复杂通风系统整体比较和局部优化的数值模拟，同时建成了由组合模型、自动巡回数采系统、变频无级供风系统构成的1:24、1:8物理模型试验系统。利用1:24模型实现了对该隧道的整体模拟试验，比较了两竖井、三竖井及四竖井分段纵向通风的可行性及不同运营阶段的竖井运行工况。利用1:8模型完成了对公路隧道通风系统的优化研究，给出了短道合理长度、竖井中隔板高度、送排风口距离及角度、送风口导流板设置、风机选型及各工况下风机的开启条件等，提出送排风短道限量串流的通风控制方法。解决了秦岭终南山公路隧道通风系统设计、验证与优化的难题。

（4）针对隧道区域深竖井施工难度极大、自然保护区环保要求高、井口设置困难的问题，首次采用了上下行隧道同竖井送排风分隔技术，解决了超大直径深竖井中隔板"翘曲、送排温差、自重变形破坏、极端低温、灾害高温、反压漏风"等技术难题，建立了布局合理、功能完善的地下通风站系统。

六、复杂技术工程

1.内蒙古黄河特大桥

黄河特大桥是包头至树林召高速公路项目中重要的控制性工程，大桥位于黄河磴口浮桥下游4600m，起点地处包头市沙尔沁镇的官地村，终点位于鄂尔多斯市达旗的德胜泰乡。大桥起终点桩号分别为K2+176.5及K7+833.5，全长5657m。作为我国中西部有较大影响的一座特大型桥梁，该桥具有大跨、长联、宽幅、矮墩、高震区、地质条件差等特点。

黄河特大桥主桥采用85m+6×150m+85m变截面预应力混凝土连续箱梁跨越黄河主河槽；40m组合小箱梁跨越民生渠、萨包公路、滩涂；40m+70m+40m变截面预应力混凝土连续箱梁跨越南、北大堤；下部分别采用薄壁空心墩、薄壁墩和薄壁T形墩+承台+群桩基础。①钻孔灌注桩基础施工。全桥桩基采用钻孔桩施工，主桥每墩由27根群桩组成，桩长90m，桩径1.8m，为自治区境内黄河大桥最长桩基，所处水文地质条件极其复杂，施工难度极大。施工过程中，水中墩先搭设钻孔平台，然后进行桩基施工。②承台施工。主桥20~26号墩承台共7个承台，为六边形，其结构尺寸为35.6m×14m×4m，混凝土方量1880m^3，为大体积混凝土施工，施工中采用了多项技术措施（如冷却水管、双掺技术等），降低了大体积混凝土内部水化热，大大提高了其使用耐久性。水中墩采用钢板桩围堰施工，陆地墩采用井点降水施工。其中，钢板桩围堰突破了黄河上粉细砂层地质难以使用钢板桩围堰的局限。③主桥上部施工。黄河大桥主桥上部为85m+6×150m+85m变截面预应力混凝土连续箱梁，采用连续梁悬臂浇筑，具有"大跨、长联、强震区"的工程特点，为国内首屈一指；主桥共16个合龙段，创造了国内同类型桥梁施工纪录。④质量控制。项目管理一分公司委托中交路桥技术有限公司进行施工过程的全程质量监控,通过公开招标形式确定宁夏负责桩基超声波检测;重庆科学研究院负责主桥及跨南北大堤上部施工线形监控,通过上述单位与项目管理一分公司、监理单位、施工单位共同努力,安全、顺利地完成黄河特大桥的建设任务。

2. 陕西洛河特大桥

洛河特大桥全长1056m,主墩高达143.5m,桥面高度达到152m,在当时(2006年)被誉为亚洲第一高墩大桥。由于桥墩高度高,墩身整体较重,造成施工精度要求高,地质环境要求高,定位控制较为困难,施工质量控制难度加大,高空作业风险大。对此,建设单位先后邀请国内外桥梁专家、地质专家对洛河特大桥周围地质、水文、施工控制难点等进行了深入的调研,最终采取薄壁空心墩进行桥墩施工,先后采取真空压浆工艺、直螺纹连接套筒工艺、液压翻模工艺、大体积混凝土施工工艺、向下泵送混凝土等新工艺、新技术,同时为减轻高墩质量,避免墩身下沉,墩身混凝土由原来的C50变为C40,圆满完成洛河特大桥施工工作。

3. 陕西紫阳汉江特大桥

紫阳汉江特大桥全长2106m,主桥为95m+2×170m+95m连续刚构桥。主桥51号墩高108m,为水下群桩基础、左右幅整体式高桩承台,桩长49m,桩径ϕ2m,共24根。承台长24.5m,宽16.2m,高4.5m。主桥51号墩位于安康水电站库区中,最大施工水深40m,且水位落差约22m(冬季蓄水、夏秋季洪水期间高水位,夏季防洪低水位),河床覆盖层薄,钻孔平台基础搭建、钢护筒精确插打及定位、钢吊箱下放难度大。受地理位置、地形及运输条件的限制,施工区域大型设备及大型构件无法直接到场,采用先化整为零,现场再组拼成整体。桩基施工过程中,为有效防止汛期水位上涨和冬季蓄水对钻孔施工的影响,施工平台设计高程按最高水位控制,保证了施工的正常和连续性。因为河床覆盖层薄,护筒埋入浅,未能穿透砂卵层,为避免钻进过程中塌孔、漏浆,钻孔前采用跟管深水注浆法对每根护筒周围进行固结,降低了施工风险。紫阳汉江特大桥在施工中采用钢管平台和钢吊箱结构、深水河床注浆固结工艺等,施工难度大,技术上有所创新和突破,具有较强的实用性、经济性和科学性,在陕西属首次,对山区桥梁深水基础施工有很强的借鉴和指导意义。

4. 四川厂溪特大桥

厂溪特大桥跨厂溪小河沟,桥梁高程受路线高程控制。右幅桥上部构造均为2×40m+95m+180m+95m+5×40m预应力混凝土连续刚构,左幅桥上部构造均为2×40m+95m+180m+95m+6×40m预应力混凝土连续刚构,引桥采用30m预应力混凝土T梁。

5. 四川仙龙潭特大桥

仙龙潭特大桥主桥为 60m + 2 × 110m + 60m 四跨变截面预应力混凝土刚构—连梁组合体系。引桥分别为 3 × 30m、5 × 40m、9 × 30m 预制 T 梁,简支桥面连续结构。①主桥下部构造:主桥桥墩采用钢筋混凝土空心薄壁墩,钻孔灌注桩。其中 4 号墩墩身为 4.5m × 6.5m 矩形空心薄壁截面,壁厚顺、横桥向均为 60cm,墩顶和墩底分别设 0.5m × 2m 和 1.0m × 3m 的倒角;5 号墩墩身为 6m × 6.5m 矩形空心薄壁截面,壁厚顺、横桥向均为 100cm,墩顶和墩底分别设 0.5m × 2m 和 1.0m × 3m 的倒角;6 号墩墩身为 4.0m × 6.5m 矩形空心薄壁截面,壁厚顺、横桥向均为 60cm,墩顶和墩底分别设 0.5m × 2m 和 0.8m × 3m 的倒角。4、6 号桥墩承台厚度 3.5m,基桩为 5ϕ1.8m 钻孔灌注桩;5 号桥墩承台厚度 4.0m,基桩为 6ϕ1.8m 钻孔灌注桩,主墩基桩均按嵌岩桩设计。主墩每根桩均在圆周四分点处布设 ϕ57mm 超声波检测管 3 根,供成桩质量检测使用。②引桥下部构造:引桥桥墩根据墩高不同,分别采用钢筋混凝土空心薄壁墩和柱式墩,钻孔灌注桩基础。桥台为双柱式台,钻孔灌注桩,桩径为 1.6m,桥台桩基按嵌岩桩设计。桥台每根桩均在圆周四分点处布设 ϕ57mm 超声波检测管 3 根,供成桩质量检测使用。

6. 四川方斗村特大桥

方斗村特大桥第一孔跨越宣(汉)双(河)公路,之后陆续跨越多个沟谷,又沿山坡继续展线前进,K119 + 190 ~ K119 + 390 段跨过本桥地形最低点,墩高达到 68m,达 60m 墩高的有 5 个。桥位区属构造侵蚀、剥蚀低山、丘陵地貌区,地形起伏大,桥址地形整体呈 W 形。桥孔跨径和桥长系根据路线纵坡和填挖要求而定,不受水文条件控制。本桥平面位于直线及 $R = 2000$m 圆曲线、$L_s = 707.147$m 的缓和曲线段内,纵面位于 $i_1 = +4\%$、$i_2 = +2.6\%$ 的上坡段及竖曲线内。上部结构采用 35 ~ 40m 预应力混凝土简支 T 形梁,每 4 孔或 3 孔一联,桥面连续。下部结构根据墩高采用半幅双柱变截面空心薄壁墩、半幅双柱圆墩,采用挖孔灌注桩基础。0 号桥台采用桩柱式桥台,35 号桥台采用 U 形桥台。基础采用人工挖孔桩及扩大基础。

7. 重庆共和乌江特大桥

共和乌江特大桥全长 1082.7m,主桥为 113m + 200m + 113m 预应力混凝土连续刚构桥,分双幅修建,主梁为单箱单室截面,桥墩为钢筋混凝土薄壁柔性墩,群桩基础。引桥为 40m、50m 先简支后结构连续预应力混凝土 T 梁。下部结构为混凝土实心墩和混凝土空心墩,桩基直径分别为 1.5m、1.8m 和 2.1m,共有 22 根墩柱。桥梁施工过程中的先进的施工技术和施工工艺包括:①直螺纹机械连接技术。共和乌江特大桥墩身高度高,主筋直径大且数量多,钢筋接头多达 10 万余。采用钢筋的机械的连接方式后,基本上克服了传统钢筋焊接连接方式的弊端。该连接技术的施工技术是把套筒冷挤压连接、锥螺纹连接技术的两者优点结合起来，替代了粗钢筋连接技术较普及的电渣压力焊、竖压焊、闪光对焊等连接性能较不稳定的钢筋连接方式。该技术施工工艺简单，不受气候条件影响，投入设备少，机械化使用程度高，施工连接时不用电，无明火作业，连接速度快，质量稳定可靠，在共和乌江特大桥钢筋施工中取得了显著成效。②C60高强泵送混凝土配合比设计与施工属于高强度混凝土，国内在建筑和水利工程上已经有了使用，但在高速公路工程施工中还比较少见，在超百米高墩上悬浇使用（混凝土实际泵送高度达125m）则更加少见。鉴于国内高速公路项目连续刚构桥上部结构混凝土存在普遍开裂的情况，为保证共和乌江特大桥上部C60高强度混凝土的耐久性，有效地控制混凝土及水泥砂浆早期的塑性收缩、干缩等非结构性裂缝的产生和发展，防止混凝土初期及后期开裂，对C60配合比材料进行优化和添加，增加国内当时较为新型的配合比材料，如微硅粉和聚丙烯纤维，减少工程后期维护费用。

8. 重庆武陵山特大桥

武陵山特大桥全桥跨径布置为30m + 155m + 360m + 155m + 4 × 30m，其中主桥为155m + 360m + 155m双塔双索面预应力混凝土斜拉桥，主梁断面形式为边主梁，节段最大长度为8m，塔柱的形式为宝石型，承台以上塔高99.08m，塔柱为多菱形空心截面，承台以下塔高45m，3号塔柱下设圆端形墩身，高41m。该桥位于构造剥蚀的低中山V形沟谷地貌单元，呈现出山体边坡陡峭、沟谷切割深度大的地貌特征。桥位轴线段高程在370 ~ 620m之间，最大切割深度约250m，施工难度大。设计、施工针对区域地形地质特点，工程质量和施工安全得到较好保证。

9. 重庆杉木洞特大桥

杉木洞特大桥为双“S”形特大桥，其左线长1448m，右线长1446m，左右幅分离，单幅净宽11.25m，最高桥墩达60m。路基宽度24.5m。上部构造为40m预制T梁，采用先简支后连续结构。

10. 广西白沙高架大桥

白沙高架大桥沿漓江支流遇龙河旁，跨越地方道路，桥梁上部结构采用10 × 30m先简支后连续预应力混凝土T梁。分三联，于0号台、3号墩、6号墩、10号台设置伸缩缝。下部结构桥墩采用双柱式墩，明挖扩大基础。桥台为重力式桥台明挖扩大基础，桥台防护采用锥坡及溜坡。

11. 广西大马塘大桥

大马塘大桥桥位处地势开阔，地形平坦，为岩溶峰林洼地的沟谷地，河谷走向呈南北向，断面呈“U”形，河谷底平坦，河床宽度30 ~ 35m，河床河滩无很明显的区别，河滩植被繁茂，河两岸附近多为水浇地、果园，鱼塘密布。本桥上部结构采用9 × 20m后张法预应力混凝土箱梁,先简支后连续;下部结构桥墩采用柱式墩,桥台采用柱式台,基础采用桩基础或扩大基础;桥台防护采用锥坡及溜坡。

12. 广西普益漓江大桥

普益漓江大桥是阳朔至平乐高速公路控制性工程之一,墩高达45m,主桥采用连续刚构悬臂箱梁,主跨125m,副跨70m。①钢筋接头施工技术革新:普益漓江大桥下部构造钢筋接头数量达3万多个,且接头大多需要在孔桩现场及高空进行。根据其他工地的施工经验,为保证施工进度,对钢筋接头进行了技术革新,既保证了焊接质量,又节约了施工成本,而且加快了施工进度。②管段内路基高填深挖较多,路段软基较多,施工均采用了经济合理的综合处治措施,既保证了工程质量,又节约了工程成本。③针对普益漓江大桥主桥连续刚构悬臂浇筑墩高、跨度大的特点,进行了《连续刚构挂篮施工安全和质量控制》的论述。结合施工过程,对连续刚构悬臂浇筑进行了总结,形成《连续刚构预应力施工质量控制》《普益漓江大桥连续刚构施工线形控制》。文件针对普益漓江大桥桩基孔径大且穿过卵石层的特点,对钻孔技术进行了革新,形成《普益漓江大桥大直径钻孔桩施工技术》。由于主墩位于漓江中,承台体积大,承台底地质为卵石层,为了确保承台施工顺利进行,总结有《水中墩大体积承台无底钢套箱施工技术探讨》。

13. 广西浔江大桥

浔江大桥全长1839m,桥址位于梧州市西南12km,在梧州市龙华村附近及经苍梧县白沙村跨越浔江,并跨越浔江中的泗恩洲岛。主桥为80m+2×145m+80m预应力混凝土连续箱梁,引桥上构梧州岸为8×30m+24×40m先简支后连续预应力混凝土T梁,其中40m跨T梁为6孔一联,苍梧岸为6×30m先简支后连续预应力混凝土T梁。32~36号桥墩为主桥桥墩,33~35号桥墩为双薄壁墩,32号、36号桥墩为主桥与引桥之间的交接墩,为单排方柱式墩,基础为双排桩基础;引桥0号、42号桥台为桩柱埋置式桥台,1~31号墩、37~41号墩为双柱式墩,基础均为桩基础;桥台防护采用锥坡。

14. 陕西花石崖隧道

花石崖隧道为双向六车道特长隧道,隧道净宽14.5m,净高5m。花石崖隧道施工的重点难点有:

(1)对洞门进行设计优化,以达到加固洞口,减缓洞口围岩的自然侵蚀,保护车辆安全,防止山崖落实对交通安全造成危害,同时,减少洞门开挖对周围环境的破坏,尽量做到“零开挖进洞”。

(2)对隧道内紧急停车带进行优化设计,花石崖隧道紧急停车带处隧道净宽为17m,开挖宽度达20m,为了降低施工风险,消除安全隐患,经专家会议评审通过,将紧急停车带从原设计的10处改为6处,间距控制在1km左右,极限不超过1.5km。

(3)隧道拱顶多处存在废弃的人工开采小煤窑,并且开采的巷道与隧道左右线大角度斜交,开挖后在隧道拱顶与煤矿巷道之间形成了软弱面(厚度为5~10m),由于该软弱面围岩极其破碎,节理裂隙发育,抗剪能力差,隧道在开挖后隧道围岩应力重新进行分配,引起隧道拱顶开裂,导致设计桩号YK141+084~YK141+165段发生塌方。管理处立即组织专家、设计院、监理及施工单位勘查现场并召开专题会议制订了方案。

(4)花石崖隧道位于宜君县中石化华北分公司石油主要产建区内,施工单位在开挖中发生可燃气体泄漏并燃烧,掌子面石缝泄漏甲烷含量在2%~5%范围变化,导坑明显渗油,每日渗油量高达12~15m^3,其影响左线段落272m,右线段落338m。管理处接到漏油漏气报告后立即指示停工,撤出人员设备,并多次组织科研专家、高校教授、设计院等单位人员勘查现场,召开专题会并制订了方案。

15.陕西紫阳隧道

紫阳隧道(原名米溪梁隧道)左线长7938m,右线长7939m,施工难度特别大。左线施工至ZK1122+312处掌子面塌方,并间歇性涌出泥浆约3000m^3,初次治理方案为逐步清除涌出泥浆后,采用C20喷射混凝土封闭掌子面,进行全断面帷幕注浆,调整初期支护钢支撑间距及型钢规格,且加强二衬支护等级。处理过程中该段拱顶滑塌并再次突泥涌水(涌出泥浆约2000m^3),二次治理方案为在掌子面前方设3m厚混凝土止浆墙,采用大管棚通过涌泥断层破碎带,超前支护采用双层注浆钢管、周壁帷幕注浆,并设双层钢支撑,加厚二衬且采用钢筋混凝土。右线K1122+177~K1122+197段位于断层破碎带,施工至K1122+182附近时掌子面出现塌方并出现持续特大涌水,实测每天涌水量14000~16000m^3。由于反坡施工,涌水经斜井抽排至洞外,共计抽排水505.42万m^3;治理采用钢管进行周壁帷幕注浆,并在左右洞之间增设泄水洞进行引排水,加厚二衬并采用钢筋混凝土。

16.陕西蒿庄梁隧道

蒿庄梁隧道全长1890m,净高7.08m,净宽9.5m,属于长隧道。隧道穿越蒿庄梁为石川与青河的分水岭,梁顶面高程1562m,相对高差217m。隧道在建设期间先后面临地理条件相对较差、水文地质条件较差、不良地质现象明显等难点,对隧道施工、开挖与衬砌防护要求较高,施工排水要求高。对此,隧道在建设期间,根据地形、地质以及水文特点,本着“早进洞、晚出洞”的原则,科学合理确定隧道进出口位置;在隧道进出口地质条件差、覆盖层较薄处采用明洞衬砌,且为钢筋混凝土整体式结构,明洞采用土石回填,暗洞采用复合式衬砌,Ⅱ类围岩初期支护采用大管棚或小导管超前支护并与钢拱架支撑配合喷混凝土形成整体,Ⅲ类围岩初期支护采用系统锚杆或PS格构梁支撑配合喷混凝土形成整体,Ⅳ类围岩初期支护主要以喷混凝土为主,局部设锚杆或钢筋网,在初期支护基本稳定的前提下,全断面模筑二次衬砌。隧道防排水中,主要采取防、截、堵、排相结合的综合原则，做到衬砌面基本干燥的要求，隧道内沿全线设置中心和两侧面排水管，隧道内所有施工缝采用中埋式橡胶止水带，隧道内沿全长在初期支护和二次衬砌之间设置防水板和土工布，且纵向间隔5～10m设置PE500排水板，边墙底部设纵横向排水管，将衬砌背面水引入中心排水管排出洞外。

17. 陕西毛坝1号隧道

毛坝1号隧道左线长3647m，右线长3628m，隧道处山大沟深，横坡陡峻，地质复杂，地质单元多，灰岩，千枚岩、泥岩构造带较多，地下水异常丰富，施工中遭遇特大涌水，施工难度特别大。毛坝1号隧道出口段左右线施工进尺约600m时，掌子面遇特高压涌水带，最大涌水压力4MPa，最大涌水量每天达约30000m^3，连续长度约1200m，涌水持续约18个月。因返坡施工，已开挖的600m洞身几乎全部被淹，导致4个多月无进尺，增设5道抽水管路（共7道）、5级泵持续抽水，累计抽排水1334.3万m^3。设计单位对该隧道水文地质进行了重新补充勘探，对掌子面和周壁围岩采用自进式小导管注水泥水玻璃双液浆堵水等强有力措施，洞内衬砌加强支护，左洞两段共长437m，右洞三段共长504m，隧道涌水现象得到有效控制。

18. 陕西牛角坪隧道

牛角坪隧道位于秦巴腹地，沿线山大沟深，地形破碎，地形地质条件复杂，沿线滑坡、崩塌、泥石流等不良地质灾害频发。牛角坪隧道开挖过程中发现溶洞灾害，对施工造成严重影响。牛角坪隧道长1787m（右线长1751m），右线开挖至YK1184+457时发现溶洞，溶洞横贯洞身，滴水严重且垂直于线路中线方向，宽度约16m，高出拱顶部位约5m，深不可测，溶洞沿右侧拱脚部位向小里程方向延伸，至YK1184+425处结束；溶洞沿隧道左侧拱脚部位延伸至YK1184+444处结束，但是顶部仍然有小溶洞出现，直至YK1184+377处溶洞消失。处置措施采用“小导管超前支护、型钢钢架支撑、二衬封闭成环、钢筋混凝土板跨越”的处理方案。目前该隧道运营正常，溶洞处治该方案技术可靠，可供今后类似工程借鉴、参考。

19. 重庆平阳隧道

平阳隧道位于重庆市秀山县境内，为双洞四车道高速公路隧道，按上下行分离式形式布置。隧道左、右两洞轴线最大间距为16.5～43.5m，隧道进出口段受地形限制为小净距隧道。隧道右线全长3315m，左线全长3309.949m，中部最大埋深400m。总体看，该隧道主要不良地质现象为岩溶与软弱夹层。关键技术为：

（1）分析了隧道防排水原则、排水能力、涌水量、围岩渗透系数以及注浆堵水和加固参数等对隧道衬砌结构外水压力的影响特征。

（2）建立了“控制排放”理念下的系统实施方案，具体包括隧道排水、隧道防水、注浆堵水和承压水支护结构等4方面的技术要点，从而形成了承压富水隧道的关键设计技术。

(3)基于衬砌拱墙及仰拱背后的空洞形态、回填不密实区形态及其相互之间的连通状态，提出了隧道外水压力的缝隙流水压力简化模式；在此基础上，考虑到围岩与衬砌在外水压力下的相互作用，进而利用接触单元建立了承压富水隧道的计算模型。

(4)利用上述计算模型，分析了水压力作用的不同简化分布模式、不同横断面位置、不同纵向范围等因素下的衬砌结构承载特征。

(5)确定了基于ANSYS数值模拟平台的承压水作用下隧道衬砌结构的可靠度评价模型与方法，并注意到水压大小和地层参数是承压水隧道存在明显变异的关键影响因素，分析了其变异性对隧道衬砌结构安全性的影响。

20. 重庆白云隧道

白云隧道双洞全长14.6km。在施工期间，隧道先后穿越了溶洞出露段、断层溶蚀段、掌子面涌水段、初期支护严重渗水段、瓦斯突出及煤层段、硫化氢涌出段等容易引发重大工程事故的不良地质段落，其中溶洞溶蚀不良地质段长48m，涌水不良地质段长1173m，有毒气体不良地质段长785m。通过科研、设计和施工单位联合科技攻关，在注浆堵水技术、抗水压支护结构设计、岩溶涌水和富气地层中的公路隧道处治等方面取得创新性成果，确保隧道施工安全。

21. 广西水冲口隧道

水冲口隧道是平钟公路的控制工程，左洞长1405m，右洞长1375m。隧道浅埋、偏压，软弱围岩及经过水库等不良地质条件给进洞施工推进带来很大困难。针对全线岩溶地区不同地质、水文条件下隧道施工难度大，质量控制变化因素多，根据不同围岩和洞口条件，采用不同进洞方案、开挖方案及支护方案。爆破采用光面爆破技术，塑料导管非电起爆系统，毫秒微差起爆。初期支护采用超前径向注浆锚杆(或小导管)，型钢支架、钢格栅及挂网湿喷等施工技术，并对围岩进行超前地质预报和监控量测，做到动态设计、施工，有效处理和防止塌方，使隧道施工顺利贯通和质量得到保证。

22. 广西茶子脚隧道

茶子脚隧道位于苍梧县狮寨镇与昭平县富罗镇交界处，马江端洞口距昭平县富罗镇三合村茶子脚屯1.0km，梧州端洞口位于苍梧县狮寨镇古东村梅子屯。茶子脚隧道为分离式隧道，两洞路中心线间距约50m。下行线隧道桩号为OK226+830~OK230+150，长3320m；上行线隧道桩号为NK226+820~NK230+175，长3355m。隧道位于单坡段上，上行线纵坡为1.0%/4037.584m，下行线纵坡为1.0%/4030.413m。隧道内轮廓为三心圆拱曲墙断面，拱顶半径为5.53m，最大埋深为303m。隧道洞口段结合地形、地质情况设置了长度不等的明洞，明洞采用钢筋混凝土结构。隧道洞身段衬砌均按新奥法原理设计，采用柔性支护体系结构的复合式衬砌。紧急停车带与横通道衬砌结构均按新奥法原理设计,其位置一般布置在Ⅳ级围岩及以上地质条件较好的地段。紧急停车带间距约750m一道,紧急停车带长40m,布置在行车方向右侧。设置人行横洞11处,其人行横洞与上行线隧道轴线正交;设置车行横洞4处,其车行横洞与隧道轴线交角45°;设置紧急停车带8处。洞门设计根据隧道进出口地形和工程地质条件,结合开挖边仰坡的稳定性及洞口防排水需要,本着"早进晚出"的原则确定隧道洞门位置。结合两端洞口处地势和地质情况,本隧道进出口采用明洞方式,洞口为削竹式洞口,明洞要求进行回填、绿化和防护。防排水设计原则是以排水为主,防排结合,综合治理。采用防、截、堵、排相结合,形成完整的防排水体系,使隧道防水可靠,排水畅通,保证运营期隧道内不渗不漏,基本干燥。

23. 广西河尾冲隧道

河尾冲隧道位于梧州市长洲区河尾冲村附近。该隧道设计为复合式中墙双跨连拱结构,全长440m(K277+235~K277+675),单跨隧道采用三心圆曲墙式断面,半径分别为$R=5.53$m和$R=8.03$m。隧道建筑限界净宽为10.25m,净高为5m,隧道最大埋深约为83m。

24. 广西叶板埇隧道

叶板埇隧道梧州市长洲区倒水镇321国道桩号K312北侧约1km处。隧道设计为两座独立的分离式隧道,其中,隧道右行线长280m(YK279+225~YK279+505),左行线长472m(ZK279+058~ZK279+530)。隧道采用三心圆曲墙式断面,半径为$R=5.53$m。隧道建筑限界净宽为10.25m,净高为5m,隧道最大埋深约为64m。

25. 广西牛岭界隧道

牛岭界隧道位于岑溪至梧州高速公路上,是一座石质隧道,全长1446.5m。牛岭界隧道上行线K2816+339,其中,岑溪端YK30+935~YK31+075段140m为浅埋、软基、下穿二级公路段,该段覆盖层最厚处约14m(下穿二级公路段),最薄处仅4m左右。由于该段隧道以40°左右的交角穿过一个冲沟,所以隧道基底下卧有约4m深的软弱土层。如何安全顺利地通过该下穿公路段,不因覆盖层太薄、土体松散而发生坍方事故,并且不会由于下卧软基而使隧道发生大的沉降与变形,是该段隧道建设难点。

26. 广西岩碑隧道

岩碑隧道处于阳朔至平乐高速公路上,位于阳朔县高田镇附近,距离阳朔至荔浦二级公路仅200余米。隧道位于阳朔县高田镇南东向约2km的岩碑新村村后的山岭地带,属丘陵地貌。测区发育北西向高田断裂。断裂于南东部一分为二,其中主断裂(F1)于左线MK71+129附近、右线NK71+186附近斜切隧道轴线。裂隙和地下水发育,水量较大。不良地质主要为断层破碎带。隧道设计为两座独立的分离式隧道,阳朔至平乐方向称为右行线,平乐至阳朔方向为左行线。两座独立隧道的轴线间距为58.56m,其中隧道右行线长 712m(NK70 +818 ~ NK71 +530),左行线长 720m(MK70 +750 ~ MK71 +470)。隧道内轮廓采用单心圆断面,半径 5.53m,最大埋深 130m。进出口洞门均采用削竹式洞门。

27. 广西白竹塘隧道

白竹塘隧道左线长 680m,右线长 657m,隧道净高 5.0m,净宽 11.5m,隧道最大埋深约为 112m。隧道穿越地层风化石炭系岩关阶灰岩,其中两洞明洞长 140m,主洞主要为Ⅱ、Ⅲ类围岩。

28. 广西道其龙隧道

道其龙隧道位于阳朔县普益乡道其龙村北西面约 800m。隧道设计为两座独立的分离式隧道,其中隧道左行线长 510m(PK81 +820 ~ PK82 +330),右行线长 532m(QK81 +820 ~ QK82 +352)。

29. 广西高田隧道

阳朔至平乐高速公路高田隧道位于阳朔县高田镇西南向约 1.2km 的洞田村附近,属峰林地貌,测区山体多为孤峰,岩石裸露,地形陡峭。隧道穿越山体鞍部,高差约 45m,其坡度在 20° ~45°之间。岩性主要为灰岩、白云质灰岩。水文地质条件简单,地下水水量较小。该隧道为连拱隧道,里程桩号为 K68 +300 ~ K68 +460,全长 160m,全部位于曲线段上。隧道采用单心圆曲墙式断面,半径为 $R=6.93$m。隧道建筑限界净宽为 12.75m,净高为 5m,隧道最大埋深约为 37m。洞门均采用削竹式洞门,并进行绿化和防护。

第九节 G69(银百高速公路)银川至百色高速公路

G69(银百高速公路)是国家"71118 +6"高速公路网 11 条南北纵线中的第九纵,是连接宁夏、甘肃、陕西、重庆、贵州、广西 6 省(自治区、直辖市)的重要省际大通道,是"71118 +6"规划与"71118"规划相比,新增的两条纵线之一,沟通西北、西南地区,连接龙邦口岸,是进入东南亚地区的重要公路通道,对于均衡西部地区土地开发,优化高速公路网结构具有深远的影响和重大的战略意义。

G69(银百高速公路)规划起点位于宁夏回族自治区银川市,终点位于广西壮族自治区的靖西龙邦镇。规划里程 2309.21km,通车里程 962.155km,四车道 777.191km,六车道 184.964km。经过宁夏(银川)、甘肃(庆阳)、陕西(咸阳、西安、安康)、重庆、贵州(道真、湄潭、瓮安、贵阳、罗甸)、广西(乐业、百色)。目前,宁夏段、甘肃段、陕西安康至岚皋段待建。

拥有联络线一条:

G6911(安来高速公路)安康至来凤高速公路,规划起点位于陕西省平利,终点位于湖北省来凤县来凤枢纽。规划里程404.50km,通车里程134.413km,全线四车道。途经平利、巫溪、建始、恩施、来凤。目前,陕西段、重庆渝陕界至巫溪段、奉节至渝鄂界、湖北鄂渝界至罗针田段尚未建成通车。

一、路线概况

G69(银百高速公路)路线信息见表9-31,沿线互通、出入口、服务区信息见表9-32,并行线、联络线路线信息见表9-33,并行线、联络线沿线互通、出入口、服务区信息见表9-34。

G69(银百高速公路)路线信息表　　表9-31

编号	省份	省内起点	省内终点	途经市、县	通车里程(km)
G69	宁夏	待建			—
	甘肃	待建			—
	陕西	陕甘界(未通)	陕渝界(未通)	旬邑县、淳化县、泾阳县、礼泉县、渭城区、秦都区	113.812
	重庆	渝陕界(未通)	南川县	城口县、开州区、万州区、忠县、丰都县、涪陵区、南川区	223.593
	贵州	福寿场隧道起点(黔渝界)	红水河(黔桂界)	道真县、正安县、绥阳县、湄潭县、余庆县、瓮安县、开阳县、乌当区、龙里县、花溪区、惠水县、罗甸县	522.647
	广西	百色市田阳县那坡镇那音村响水屯	百色市靖西县新靖镇亮表村	田阳县、德保县、靖西县	102.103

G69(银百高速公路)沿线互通、出入口、服务区信息表　　表9-32

编号	省份	沿线互通	出入口	服务区
G69	宁夏	待建		
	甘肃	待建		
	陕西	土桥、十里塬、淳化北、淳化南、兴隆、桥底、马庄北、马庄互通	旬邑、土桥、十里塬、淳化北、淳化南、兴隆、桥底、马庄北出入口	淳化服务区
	重庆	丰都东、丰都、涪陵东、涪陵南、龙桥互通	丰都东、丰都、涪陵东、涪陵南、龙桥出入口	涪陵东、丰都服务区
	贵州	道真、三江(正习高速在建)、正安、南坪(绥正高速在建)、流河渡、银盏、羊昌、牛郎关、扬眉堡、紫油寨、名豪(在建)、大礁、道真北、三江、正安北、正安、和平、坪乐、西河、洗马、湄潭东、抄乐、龙家、港口、瓮安北、天文、瓮安西、毛云、龙岗、百宜、牛郎关、孟关、青岩、惠水北、惠水、惠水南、断杉、边阳、罗甸北、罗甸、罗甸南、罗妥互通	名豪(在建)、大礁、道真北、三江、正安北、正安、和平、坪乐、西河、洗马、湄潭东、抄乐、龙家、港口、瓮安北、天文、瓮安西、毛云、龙岗、百宜、羊昌、牛郎关、孟关、贵阳南、青岩、惠水北、惠水、惠水南、断杉、边阳、罗甸北、罗甸、罗甸南、罗妥、红水河出入口	道真、正安、湄潭东、西河、飞龙湖、瓮安北、瓮安西、龙岗、永乐、惠水、好花红服务区,三江、断杉、洗马、龙家、羊昌、边阳、罗甸北、罗甸停车区
	广西	百务、百峰、那音、靖西互通	武平、旧州、旧州立交那坡往靖西、百峰、靖西、德保、德保南、百务出入口	坡洪、德保服务区,那音、渠来、上央停车区

G69(银百高速公路)并行线、联络线路线信息表　　表9-33

编号	省份	省内起点	省内终点	途经市、县	通车里程(km)
G6911	陕西	待建			—
	重庆	渝陕界(未通)	渝鄂界(未通)	巫溪县、奉节县、巫山县	134.413
	湖北	恩施市松树坪村	来凤县西水河	恩施市、宣恩县、来凤县	

G69(银百高速公路)并行线、联络线沿线互通、出入口、服务区信息表　　表9-34

编号	省份	沿线互通	出入口	服务区
G6911	陕西	待建		
	重庆	巫溪、羊桥坝、奉节互通	巫溪、羊桥坝、奉节出入口	无
	湖北	罗针田、宣恩、来凤互通	恩施北、芭蕉、椒园、高罗、来凤出入口	芭蕉、李家河服务区

二、路网关系

G69(银百高速公路)路网关系示意图如图9-9所示。

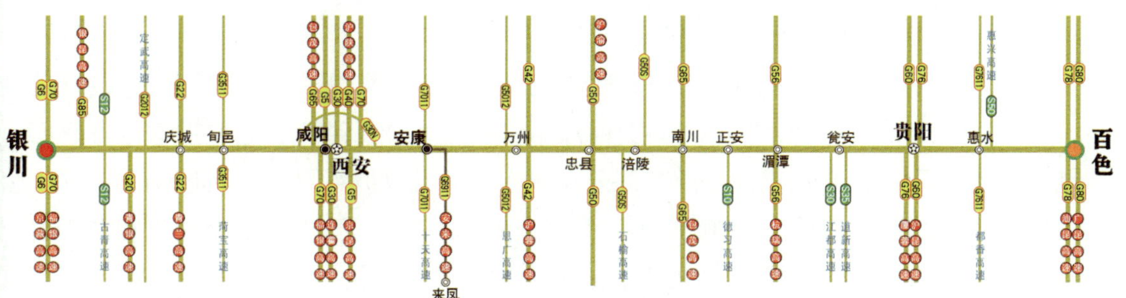

图9-9　G69(银百高速公路)路网关系示意图

三、建设历程

1. 宁夏

待建。

2. 甘肃

待建。

3. 陕西咸阳至旬邑段

2009年9月开工建设,2014年12月建成通车,全长93.552km,全线四车道,设计速度80km/h、100km/h。建成特大桥:三水河特大桥、姜源河特大桥、淳化一号桥、北峪特大桥、泾河特大桥,共5座。建成大桥25座。建成长隧道1座。总投资62.18亿元,资金来源:地方投入、银行贷款。占地10025.0亩。项目管理单位:陕西省交通建设集团公司咸甸高速公路建设管理处;勘察设计单位:陕西省交通规划设计研究院、中交第一公路勘察设计研究院有限公司;监理单位:中公交通监理咨询河南有限公司、陕西省交通工程咨询公司等;施工单位:中铁港航局集团第三工程有限公司、中交第四公路工程局有限公司等。

4. 重庆城口至开县段

待建。

5. 重庆万州至开县段(赵家互通至古家坝互通)

2003 年 4 月开工建设,2006 年 12 月建成通车,全长 29.3km,全线四车道,设计速度 60km/h。建成特大桥:碑梁特大桥,共 1 座,大桥 9 座。建成特长隧道:南山隧道,共 1 座。建成长隧道 2 座。总投资 19.38 亿元,资金来源:地方投入、银行贷款。占地 2025.29 亩。项目管理单位:重庆高速公路集团有限公司渝东建设分公司;勘察设计单位:四川省交通厅公路规划勘察设计研究院;监理单位:重庆市交通工程监理咨询有限责任公司;施工单位:中国公路工程咨询总公司,中铁三局集团有限公司等。[其中,20km 属于 G69(银百高速公路)。]

6. 重庆万州至云阳段(古家坝互通至马鞍石互通)

2004 年 12 月开工建设,2008 年 12 月建成通车,全长 5.0km,全线四车道,设计速度 80km/h。总投资 4.44 亿元,资金来源:交通部车购税投入、银行贷款、地方投入。占地 636.41 亩。项目管理单位:重庆高速公路有限公司渝东分公司;勘察设计单位:四川省交通厅公路勘察设计研究院;监理单位:重庆育才工程咨询监理有限公司、重庆市交通工程监理咨询有限责任公司、重庆中宇工程咨询监理有限责任公司;施工单位:中铁四局集团第一工程有限公司、四川公路桥梁建设集团有限公司等。[与 G42(沪蓉高速公路)共线。]

7. 重庆万州至长岭段

在建。

8. 重庆忠县至万州段

在建。

9. 重庆丰都至忠县段

在建。

10. 重庆丰都至石柱段

与 G50s(石渝高速公路)共线。

11. 重庆涪陵至丰都段

2009 年 6 月开工建设,2013 年 11 月建成通车,全长 55.737km,全线四车道,设计速度 80km/h。建成特大桥:荔枝乌江特大桥、龙河特大桥,共 2 座。建成大桥 16 座。建成特长隧道:涪陵隧道,共 1 条。建成长隧道 6 座。总投资 54.92 亿元,资金来源:企业投入、银行贷款。占地 5448.465 亩。项目管理单位:路桥建设重庆丰涪高速公路发展有限公司;勘察设计单位:中国公路工程咨询集团有限公司、中交公路规划设计院有限公司;监理单位:上海同济市政公路监理咨询有限公司、重庆市交通工程监理咨询有限责任公司等;施工单位:中交路桥建设有限公司、中交路桥华南工程有限公司等。

12. 重庆南川至涪陵(蔺枝坝)段

2010 年 4 月开工建设,2013 年 9 月建成通车,全长 46.08km,全线四车道,设计速度 80km/h。建成特大桥:青草背大桥、沙塘坝大桥、沙塘坝大桥右线,共 3 座。建成大桥 49 座。建成长隧道 3 座。总投资 45.75 亿元,资金来源:企业投入、银行贷款。占地 4086.55 亩。项目管理单位:重庆建工涪南高速公路有限公司;勘察设计单位:招商局重庆交通科研设计院有限公司、重庆市交通规划勘察设计院;监理单位:重庆市交通工程监理咨询有限责任公司、中咨工程建设监理公司等;施工单位:重庆城建控股(集团)有限责任公司、重庆交通建设(集团)有限责任公司等。

13. 重庆南川至贵州道真段

在建。

14. 贵州道真至瓮安段

2013 年 7 月开工建设,2015 年 12 月建成通车,全长 254km,其中福寿场至和溪段长 81.6km、和溪至流河渡段长 76.1km、流河渡至陆家寨段长 96.4km,全线四车道,设计速度 80km/h。建成特大桥:岩湾河特大桥、乌江特大桥、桅杆堡特大桥,共 3 座。建成大桥 161 座。建成特长隧道:兴隆湾隧道,共 1 座。建成长隧道 17 座。总投资 262 亿元,资金来源:企业投入、银行贷款。占地 25243.563 亩。项目管理单位:贵州中交福和高速公路发展有限公司、贵州中交和兴高速公路发展有限公司、贵州中交兴陆高速公路发展有限公司;勘察设计单位:中交第二公路勘察设计研究院有限公司;监理单位:湖南和天工程项目管理有限公司、武汉大通公路桥梁工程咨询监理有限责任公司等;施工单位:中交二公院道安高速公路工程总承包项目部,中交四航局贵州中交福和、和兴、兴陆高速公路总承包部,中交路桥建设有限公司道安高速公路总承包部。

15. 贵州贵阳至瓮安段

2012 年 10 月开工建设,2015 年 12 月 31 日建成通车,全长 71.016km,全线四车道,设计速度 80km/h。建成特大桥:清水河特大桥、岩根河特大桥,共 2 座。建成大桥 31 座。建成特长隧道:建中隧道,共 1 座。建成长隧道 2 座。总投资 86.29 亿元,资金来源:企业投入、银行贷款。占地 7022.33 亩。项目管理单位:贵州中交贵瓮高速公路有限公司;勘察设计单位:中交公路规划设计院有限公司;监理单位:北京水规院京华工程管理有限公司、北京中交安通工程技术咨询有限公司、北京华通公路桥梁监理咨询有限公司、重庆中咨万通工程监理有限公司、中国公路工程咨询集团有限公司；施工单位：中交第二公路工程局第三工程有限公司、中交第二公路工程局第五工程有限公司、中交第二公路工程局东盟工程有限公司、中交第一航务工程局第四工程有限公司等。

16. 贵州遵义至贵阳公路改扩建

2015 年 5 月开工建设，计划 2017 年 12 月建成通车，全长 150.483km，全线六车道，设计速度 100km/h。建成特大桥：乌江特大桥、银厂河特大桥、看牛坡特大桥、香火岩特大桥、长滩河特大桥、新田坡特大桥、柿花寨特大桥，共 7 座。建成大桥 85 座。建成长隧道 3 座。总投资 242.62 亿元（含建设期贷款利息 16.54 亿元），资金来源：中央投入、银行贷款。占地 19980 亩。项目管理单位：贵州高速公路集团有限公司；勘察设计单位：辽宁省交通规划设计院等；监理单位：北京华通公路桥梁监理咨询有限公司、贵州科达公路工程咨询监理有限公司、贵州陆通公路工程监理有限责任公司等；施工单位：东盟营造工程有限公司、中铁十七局集团第一工程有限公司、中交第二航务工程局有限公司、贵州路桥集团有限公司等。[羊昌至下坝段与 G75E（兰海高速公路）复线共线。]

17. 贵州贵阳绕城公路西南段

下坝至牛郎关段与 G6001 贵阳绕城高速公路共线。

18. 贵阳环城高速公路南环线

牛郎关至杨眉堡段与 S01 贵阳绕城高速共线。

19. 贵州贵阳至惠水段

2012 年 5 月 8 日开工建设，2013 年 10 月 9 日建成通车，全长 40.665km（其中：主线全长 37.22km，惠兴连接线段全长 3.445km）。主线设计速度 100km/h，双向六车道；惠兴连接线段全长 3.445km，设计速度 80km/h，双向四车道。建成特大桥：惠水特大桥，共 1 座。建成大桥 2 座。项目总投资 36.86 亿元，资金来源：企业投入、银行贷款。占地 4835.283 亩。项目管理单位：贵州贵惠高速公路建设有限责任公司；勘察设计单位：贵州省交通勘察设计研究院股份有限公司；监理单位：贵州交通建设咨询监理有限公司、山西交科公路工程咨询监理有限公司、重庆市交通工程监理咨询有限责任公司；施工单位：贵州桥梁建设集团有限责任公司、贵州大通路桥工程建设有限公司、贵州省交通工程有限公司、贵州建工建筑装饰环境绿化工程有限公司等。

20. 贵州惠水至罗甸段

2013 年 9 月 18 日开工建设，2014 年 11 月 22 日建成通车 K0 + 000 ~ K31 + 000 段，2015 年 8 月 28 日建成通车 K31 + 000 ~ K110 + 000 段，2016 年 12 月 29 日建成通车 K110 + 000 ~ K113 + 622 段，全长 113.62km，全线四车道，其中，惠水至罗甸段 82.624km

设计速度100km/h,罗甸至省界段全长32.042km,设计速度80km/h。建成特大桥:老寨大桥左线、老寨大桥右线、里牙寨大桥左线、里牙寨大桥右线、红水河特大桥,共5座。建成大桥100座。建成长隧道11座。总投资123.7亿元,资金来源:中央投入、银行贷款。总投资概算核定为134.96亿元(含建设期贷款利息8.7亿元)。红水河特大桥由两省共建,广西分摊部分概算总金额为2.68亿元。占地10693.493亩。项目管理单位:贵州高速公路集团有限公司;勘察设计单位:中国公路工程咨询集团有限公司、贵州省交通规划勘察设计研究院股份有限公司;监理单位:贵州陆通工程管理咨询有限公司、贵州交通建设咨询监理有限公司、贵州科达公路工程咨询监理有限公司等;施工单位:中铁十一局集团有限公司、中交第二航务工程局有限公司、核工业华南建设工程集团公司、中交第二公路工程局有限公司、东盟营造工程有限公司、福建第一公路工程公司等。

21. 广西百色至靖西段

2010年12月20日开工建设,2014年12月16日建成通车,全长102.1km,全线四车道,设计速度100km/h。建成大桥43座。总投资74.23亿元,资金来源:交通运输部车购税投入、银行贷款。占地11660.69亩。项目管理单位:广西百靖高速公路有限公司;勘察设计单位:中交第四航务工程勘察设计研究院有限公司、中交第二公路勘察设计研究院有限公司;监理单位:广西八桂工程监理咨询有限公司等;施工单位:中交公路规划设计院有限公司、江苏交通咨询有限公司等。

四、联络线及并行线

G6911(安来高速)安康至来凤高速公路

湖北建始陇里至恩施罗针田段。在建。

湖北恩施罗针田至来凤段。2010年10月开工建设,2015年12月建成通车,全长84.91km,全线四车道,设计速度80km/h。建成特大桥:贡水河大桥,共1座。建成大桥55座。建成特长隧道:大茅坡隧道,共1座。建成长隧道3座。总投资78.693亿元,资金来源:地方投入、银行贷款。占地7793.613亩。项目管理单位:湖北高路鄂西高速公路建设指挥部;勘察设计单位:中交第二公路勘察设计研究院有限公司等;监理单位:湖北省公路工程咨询监理中心、浙江通衢交通建设监理咨询有限公司;施工单位:中铁二局集团有限公司、中铁十三局集团有限公司等。

重庆奉节至巫溪段。2010年12月开工建设,2013年12月建成通车,全长46.37km,全线四车道,设计速度80km/h。建成特大桥:小溪河特大桥,共1座。建成大桥37座。建成特长隧道:孙家崖隧道、上古隧道,共2座。建成长隧道2座。总投资46.2亿元,资金来源:交通运输部车购税投入、地方投入、银行贷款。占地3773.5亩。项目管理单位:重庆高速公路集团有限公司北方建设分公司;勘察设计单位:中交第一公路勘察设计研究院有限公司;监理单位:重庆交通工程监理咨询有限责任公司、重庆中宇工程咨询监理有限责任公司;施工单位:中交第三公路工程局有限公司、中铁十六局集团有限公司等。

五、复杂技术工程

1.重庆青草背长江大桥

青草背长江大桥总长1719m,主桥桥面宽27.5m,双向四车道,设计为4×35m预应力T梁+2×90mT构+788m单跨双铰简支钢箱梁悬索桥+17×35m四联预应力混凝土T梁,主桥索塔高167.47m,是当时西南地区最大跨径的桥梁,也是重庆高速公路建设史上第一座跨江悬索桥。

(1)液压爬模系统的钢模板施工控制。由于本桥索塔高达167.47m,共划分成40节段作业,模板周转次数较多,木模易损。项目部在保证质量的同时,从成本控制出发,选用了钢模进行塔柱液压爬模施工,钢模板在刚度和几何尺寸上均能满足要求。为解决液压爬模系统的钢模板下口因刚度大很难与已浇混凝土上口密贴问题,每节段施工前,安排专人对节段下口及接缝处进行处理,按设计要求设置好下端压爪,选择厚型双面胶作为施工节段模板下口接缝止浆材料,对个别缝大处加涂一层玻璃胶封堵。通过改进液压爬模系统的模板材料,降低了模板多次使用发生变形、解决了模板拼装不当导致的塔柱出现错台等外观问题,使构件混凝土面平整、线条顺直,施工更为便利。

(2)锚碇预应力管道定位支架。为找回前期工期损失,保证节点工期目标及如期建成通车,根据现场实际情况,采用钢管支架对预应力管道进行定位,根据预应力管道每根管道坐标和位置,对钢管支架进行微调,随时纠正坐标位置,比常规方法更加方便,安装预应力管道更加效率,为施工节省了时间。

(3)PPWS技术推广运用。将PPWS技术进行了一定的优化和改进,采用索道牵引系统替代了PPWS技术中常采用的拽拉系统。

(4)主桥缆载吊机的选用。本桥的钢箱梁的吊装采用缆载吊机,由柳州欧维姆机械有限公司制造。由于施工工期较紧,在设计制造过程中,要求OVM公司在保证质量和安全的前提下,在提高工作效率方面进行优化。研制出了一套缆载吊机空载轮式行走和液压马达持续下放吊具的体系。投入使用时,现场解决了行走轮与主缆之间的匹配问题。两项技术的成功运用,体现了行走加速、吊具下放加速,使整个钢箱梁吊装仅用了40d时间,比常规方法大幅度节约了时间,为工期提供了有效的保障。

(5)紧缆机及缠丝机的选用。紧缆分两个阶段进行:预紧缆、正式紧缆。紧缆作业由塔顶向中跨和边跨进行,先中跨,后边跨。主缆缠丝采取了新购多功能缠丝机,其实质是采用多功能缠丝机将镀锌软质钢丝均匀密缠在主缆上，然后采用百慕新材料航空专用产品将主缆表面防腐涂装。

(6)钢桥面沥青施工技术。主桥钢桥面采用浇筑式沥青和SMA改性沥青组合结构形式。浇筑式沥青施工采用国外进口大型摊铺机，自动化程度高；同时采用专门的技术，解决了钢桥面沥青施工的技术难题，为以后类似项目建设提供很好的借鉴作用。

2. 陕西三水河特大桥

三水河特大桥全长1688m，跨径组合为(5×40+5×40)m+(98+5×185+98)m+(4×40)m。其中主桥上部结构采用预应力混凝土变截面连续刚构，下部采用双肢薄壁空心墩及单肢薄壁矩形空心墩；全桥桩基296根，计18620m，平均桩长62.9m，最大桩径2.5m 180根，最长桩长85m，共60根。11、12号桩基最大、最长，每根混凝土417m^3，钢筋15t；全桥承台32个，主墩11、12号承台最大，长×宽×高=36.5m×30m×6m，单个承台混凝土6570m^3，分两层浇筑施工。全桥薄壁空心墩30个高2745m，主桥下部11~16号采用双肢薄壁空心墩，11~16号六个主墩高度分别为85m、112m、177m、183m、180m、112m，最大墩高183m，6个主墩平均墩高141m，单个墩柱平均混凝土5899m^3，主桥上部采用(98m+5×185m+98m)变截面预应力混凝土连续刚构，最大跨径185m。

三水河特大桥工程施工难点在于施工技术难、工期紧、任务重。三水河刚构施工期仅19个月[14号主墩(高183m)于2013年9月8日顺利实现了封顶，主桥上部结构于2014年9月5日顺利实现了全桥合龙]，按照常规施工需25个月，为确保保质保量按期完成任务，建设过程中采取了以下有效措施。一是在施工过程中采用深海专用设备——泥浆净化处理装置进行清孔，比正循环的清孔指标大幅下降，时间上每根由传统工艺的2~3d减为7~10h；二是采用大体积承台预埋冷水管、优化配合比、分区分层等多种降温措施，有效控制大体积混凝土的水化热，避免发生开裂现象；三是采用液压自动爬模技术，在陕西省属首次使用。该技术利用遥控的液压设备使模板自动向上爬升而无需其他起重机，可以多个工序同时作业，大大压缩施工时间。模板高度4.5~6m，钢筋定尺9~12m，施工进度由原来的每天0.8m提高为1.2m，效率提高30%；四是主墩采用一墩双塔吊双电梯，设备并行运转，提高作业工效，提前32d封顶；五是0号块支架除了传统的“牛腿”方式外，采用新颖的贝雷架进行组拼，结构合理、便于拆装，使用效果良好；六是悬浇采用稳定性好、操作简单、质量轻等优点的三角形挂篮，内外模均为大块钢模，每墩要求不少于60人，确保全工作面、全覆盖、全天候开展作业；七是自行设计加工“检测、养生多功能挂篮”，便于对悬浇块的日常检测和喷淋养生等作业；八是引入竖向力无损检测和预应力孔道密实度检测，全面保证了张拉力和压浆质量；九是合龙方案经过反复优化，采用一次全幅顶推合龙，满配设备、同步作业，施工组织要求高；十是在三水河特大桥施工现场安装了高清摄像头,实施24h不间断的监控,足不出户便可对重点控制性工程进行实时、全过程、不间断的质量、进度及安全监管。通过上述措施,有效解决了高墩工期紧、承台混凝土方量大、泵送混凝土要求高、托架承载大、悬浇任务重、合龙同步严等技术难关,创造了高墩施工的新纪录。

3. 重庆铁峰山隧道

铁峰山隧道双线全长12030m,其中左线全长6010m,右线全长6020m。该隧道地质结构复杂,有涌水、煤层、岩爆,为低浓度瓦斯隧道,特别是隧道双线有大于2000m的膏盐地质地段。建设者们依靠科技,精心组织施工,克服了山体埋深浅、围岩稳定性极差等开挖施工中的不利因素,攻克了特大涌水、煤层、岩爆等难关,使其顺利贯通。

第十节 G75(兰海高速公路)兰州至海口高速公路

G75(兰海高速公路)是国家“71118+6”高速公路网11条南北纵线中的第十纵,是连接甘肃、四川、重庆、贵州、广西、广东、海南七省(自治区、直辖市)的重要省际大通道。沟通西北、西南与华南地区,是西北与西南地区出海大通道的主通道。对于改善西部地区交通条件、完善路网结构、均衡国土开发均具有十分重要的作用。

G75(兰海高速公路)起点位于甘肃省兰州市兰州南收费站,规划终点位于海南省海口市。规划里程2439.44km,通车里程1845.419km,四车道1704.156km,六车道89.303km,八车道及以上51.960km。经过甘肃(兰州、陇南)、四川(广元、南充、广安)、重庆、贵州(遵义、贵阳、麻江、都匀)、广西(河池、南宁、钦州、北海)、广东(湛江)、海南(海口)。1992年6月贵州贵阳至遵义高速公路率先开始施工,目前,兰州至陇南武都段尚未建成。

拥有联络线一条:

G7511(钦东高速公路)钦州至东兴高速公路,起点位于钦州市黄屋屯镇卜家村,终点位于防城港市东兴镇楠木山村。规划里程73.32km,通车里程73.092km,四车道71.506km,八车道及以上1.586km。途经钦州、防城、东兴(口岸)。

一、路线概况

G75(兰海高速公路)路线信息见表9-35,沿线互通、出入口、服务区信息见表9-36,并行线、联络线路线信息见表9-37,并行线、联络线沿线互通、出入口、服务区信息见表9-38。

G75(兰海高速公路)路线信息表 表9-35

编号	省份	省内起点	省内终点	途经市、县	通车里程(km)
G75	甘肃	兰州南收费站	余家湾主线收费站	兰州市、临洮县、渭源县、武都区	286.743
	四川	广元市青川县四川收费站	广安市武胜县兴山收费站	广元市、青川县、广元市辖区、苍溪县、南充市、阆中市、南部县、西充县、南充市辖区、广安市、岳池县、武胜县	331.078
	重庆	合川	綦江崇溪河	合川区、北碚区、渝北区、沙坪坝区、九龙坡区、大渡口区、巴南区、綦江区	228.403
	贵州	桐梓县松坎(渝黔界)	独山县新寨(黔桂界)	桐梓县、汇川区、红花岗区、播州区、息烽县、修文县、白云区、乌当区、云岩区、南明区、花溪区、龙里县、贵定县、麻江县、都匀市、独山县	391.835
	广西	河池市南丹县六寨镇龙马村	北海市合浦县山口镇(桂粤界)	兴宁区、青秀区、西乡塘区、良庆区、武鸣县、马山县、合浦县、钦南县、钦北区、金城江区、南丹县、都安瑶族自治县、宜州市	541.751
	广东	起于高桥	终于徐闻县	途经廉江市、遂溪县、雷州市	65.609
	海南	待建			

G75(兰海高速公路)沿线互通、出入口、服务区信息表 表9-36

编号	省份	沿线互通	出入口	服务区
G75	甘肃	武都西互通	兰州南、井坪、安家嘴、三十里墩、临洮、临洮南、两水临时主线、两水、武都、汉王、桔柑、琵琶、洛塘、余家湾匝道、余家湾主线收费站出入口	武都、洛塘、太石服务区
	四川	罗家沟、龙潭、二洞桥、王家沟枢纽互通	同兴、坪滩、武胜、街子出入口	武胜、徐家河、杨家咀、流马、金泉、阆中、宝轮服务区,苍溪、定水停车区
	重庆	沙溪、绕城北、新三溪口、三溪口、南环、绕城渝黔、母家湾、礼嘉、北环、石马、杨公桥、红槽房、高滩岩、西环、华岩、新华、大渡口、华陶、巴南、南环立交互通	兴山主线、钱塘、云门、合阳、合川、沙溪、盐井、草街、东阳、北碚、G65巴南、一品、綦江、古剑山、雷神店、东溪、赶水、安稳、崇溪河主线出入口	团山堡、钱塘、綦江服务区
	贵州	松坎(正习高速在建)、三合(遵义南环在建)、檬梓桥、龙坑、小寨坝、尖坡、培席、笋子林、龙洞堡机场、下坝、马岩、大良田、火石坡、独山、黄泥哨、松坎、三元、太白、楚米、桐梓、观坝、遵义北、遵义、遵义南、马家湾、南白、三合、乌江、小寨坝、息烽、久长、修文、扎佐、高尔夫、沙子哨、新天寨、盘江、贵定、黄丝、马场坪、麻江、都匀北、都匀南、墨冲、独山、上司、下司、麻尾互通	松坎、三元、太白、楚米、桐梓、观坝、遵义北、遵义、遵义南、马家湾、南白、三合、乌江、小寨坝、息烽、久长、修文、扎佐、高尔夫、沙子哨、贵阳北、新天寨、笋子林、贵阳东、盘江、贵定、黄丝、马场坪、都匀北、都匀南、墨冲、独山、上司、下司、麻尾、新寨出入口	松坎(在建)、桐梓、遵义、乌江、久长、牟珠洞、新寨、上堡服务区

续上表

编号	省份	沿线互通	出入口	服务区
G75	广西	安吉、伊岭岩、府城、那马、山口、大寺、大塘、河池西主线桥、芒场、那布、南丹、水任、武鸣、丝茅坪、那丽互通	安吉、白沙、卜家、车河、大寺、都安、府城、桂海、桂黔六寨、河池西、良庆南、六寨、龙头、马山、芒场、米标、那丽、那马、南北、南丹、南间、乔利、钦州港、钦州茅尾海、钦州西、山口、十字路、石湾、水任、武鸣、新村、星岛湖、伊岭岩、永安出入口	八圩、都安、芒场、伊岭岩、永安停车区，侧岭、大塘、都安北、黄屋屯、龙头、马山、南丹、石滩、石湾、水任、铁山、武鸣服务区
	广东	无	安铺、高桥、沙泥、洋青、仰塘出入口	横山服务区
	海南	待建		

G75(兰海高速公路)并行线、联络线路线信息表　　表 9-37

编号	省份	省内起点	省内终点	途经市、县	通车里程(km)
G7511	广西	钦州市黄屋屯镇卜家村	防城港市东兴镇楠木山村	钦州市、防城区、东兴市、钦南区	73.092

G75(兰海高速公路)并行线、联络线沿线互通、出入口、服务区信息表　　表 9-38

编号	省份	沿线互通	出入口	服务区
G7511	广西	茅岭、江平、东兴、防城北互通	卜家、东兴、防城北、华石、江平、茅岭、茅岭立交钦州至东兴出入口	防城、东兴服务区

二、路网关系

G75(兰海高速公路)路网关系如图 9-10 所示。

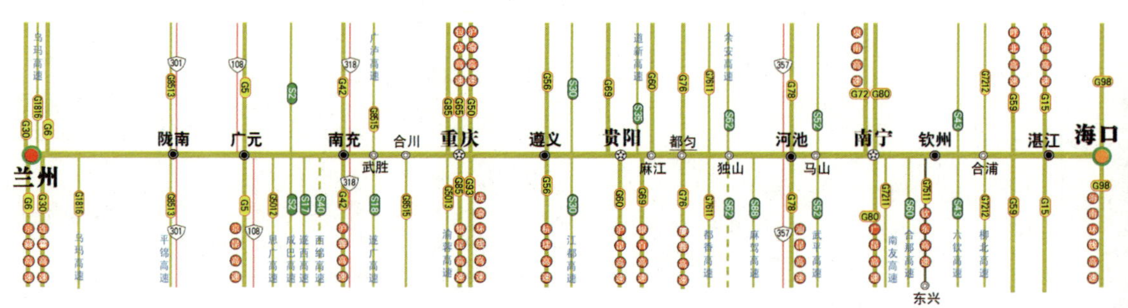

图 9-10　G75(兰海高速公路)路网关系示意图

三、建设历程

1. 甘肃武都(两水)至罐子沟(甘川界)段

2009 年 6 月开工建设，2013 年 12 月建成通车，全长 129.792km，全线四车道，设计速度 80km/h。建成特大桥：大团鱼河特大桥、木营里特大桥、观音岩特大桥、渭河里特大桥、官子岭特大桥、坪石坂特大桥、鸡公眼 4 号特大桥、下坝高架特大桥、大岸庙特大桥、险崖坝白龙江1号特大桥、武都高架特大桥,共11座。建成大桥67座。建成特长隧道:太石隧道、米仓山隧道、樊家山隧道、武都西隧道,共4座。建成长隧道9座。总投资117.1亿元,资金来源:中央投入、地方投入、银行贷款。占地5723.2亩。项目管理单位:甘肃长达路业有限责任公司;勘察设计单位:中交第一公路勘察设计研究院、中国公路工程咨询集团有限公司等;监理单位:中国公路工程咨询集团有限公司、北京路桥通国际工程咨询有限公司等;施工单位:中铁四局集团有限公司、中铁隧道集团二处有限公司等。

2. 四川广元至省界段

2009年9月开工建设,2012年12月建成通车,全长56.438km,全线四车道,设计速度80km/h。建成特大桥:鲜家坝白龙湖大桥、贺家屋基左幅三号特大桥、贺家屋基右幅三号特大桥、道沟头右线特大桥、道沟头左线二号特大桥、清江河特大桥,共6座。建成大桥59座。建成特长隧道:将军石隧道、观音店隧道、赵家岩隧道,共3座。建成长隧道4座。总投资68.42亿元,资金来源:地方投入、银行贷款。占地3133.02亩。项目管理单位:四川广甘高速公路有限公司;勘察设计单位:四川省交通厅公路规划勘察设计研究院等;监理单位:湖南金路工程咨询监理有限公司、四川公路工程咨询监理公司等;施工单位:中铁八局集团有限公司、四川公路桥梁建设集团有限公司等。

3. 四川广元至南充段

2009年5月开工建设,2012年3月建成通车,全长201.1km,全线四车道,设计速度80km/h、100km/h。建成特大桥:嘉陵江特大桥、常家岩特大桥、昭化嘉陵江特大桥、昭化沿江特大桥,共4座。建成大桥150座。总投资136.72亿元,资金来源:中央投入、地方投入、银行贷款。占地17380.09亩。项目管理单位:四川广南高速公路有限责任公司;勘察设计单位:福建省交通规划设计院、中交第二公路勘察设计研究院有限公司等;监理单位:四川公路工程咨询监理公司、四川省公路工程监理事务所等;施工单位:中铁八局集团有限公司、四川路桥建设股份有限公司等。

4. 南渝高速公路四川段

2006年5月开工建设,2008年11月建成通车,全长65.99km,全线四车道,设计速度80km/h。建成大桥26座。总投资22.66亿元,资金来源:交通运输部车购税投入,地方投入、银行贷款。占地1314亩。项目管理单位:四川成南高速公路有限责任公司;勘察设计单位:四川省交通厅公路规划勘察设计研究院等;监理单位:山西省交通建设工程监理总公司、北京中交路通交通工程咨询有限公司等;施工单位:四川路桥建设股份有限公司、中铁一局集团有限公司等。

5. 重庆武胜(川渝界)至合川段

2003年8月开工建设,2005年12月建成通车,全长33.76km,全线四车道,设计速度

80km/h。建成特大桥:白果渡嘉陵江特大桥、涪江三桥特大桥、小安溪特大桥,共3座。建成大桥7座。总投资13.61亿元,资金来源:中央投入、地方投入、银行贷款。占地4249.0亩。项目管理单位:重庆高速公路发展有限公司北方建设分公司;勘察设计单位:四川省交通厅公路规划勘察设计研究院;监理单位:重庆市交通工程监理咨询有限责任公司;施工单位:中铁十二局集团有限公司、中铁一局集团公司桥梁工程处等。

6. 重庆至合川段

1996年6月开工建设,2002年6月建成通车,全长58.73km,全线四车道,设计速度80km/h。建成特大桥:沙溪庙嘉陵江特大桥、北碚嘉陵江特大桥、马鞍石嘉陵江特大桥,共3座。建成大桥24座。建成特长隧道:西山坪隧道,共1座。建成长隧道1座。总投资31.31亿元,资金来源:中央投入、地方投入、银行贷款。占地7342.0亩。项目管理单位:重庆高速公路建设有限责任公司;勘察设计单位:重庆市公路勘察设计研究院、四川省交通厅公路规划勘察设计研究院等;监理单位:重庆市交通工程监理咨询有限责任公司;施工单位:铁道部第二工程局第五工程处、铁道部隧道工程局第二工程处等。

7. 重庆上桥至北环段

1996年1月开工建设,2001年1月建成通车,全长14km,全线六车道,设计速度80km/h。总投资5.92亿元,资金来源:中央投入、地方投入、银行贷款。占地2263.92亩。项目管理单位:重庆高速公路发展有限公司渝涪分公司;勘察设计单位:四川省交通厅公路规划勘察设计研究院、重庆市公路勘察设计研究院;监理单位:重庆公路工程监理处;施工单位:中铁五局三处、中国交通部公路一局三处等。

8. 重庆上桥至界石段

1999年5月开工建设,2002年12月建成通车,全长22.79km,全线六车道,设计速度80km/h。总投资16.36亿元,资金来源:中央投入、地方投入、银行贷款。占地2957.0亩。项目管理单位:重庆高速公路发展有限公司;勘察设计单位:四川省交通厅公路规划勘察设计研究院;监理单位:重庆市交通工程监理咨询有限责任公司;施工单位:重庆市渝通公路工程总公司中铁十八局三处、铁道部隧道局三处等。

9. 重庆界石至雷神店段

1997年11月开工建设,2001年10月建成通车,全长55.69km,全线四车道,设计速度80km/h。建成大桥18座,总投资23.37亿元,资金来源:中央投入、地方投入、银行贷款。占地8763.49亩。项目管理单位:重庆高速公路集团有限公司南方建设分公司;勘察设计单位:交通部重庆公路科研所等;监理单位:重庆市交通工程监理咨询有限责任公司;施工单位:铁道部大桥工程局、重庆市桥梁工程总公司等。

10. 重庆雷神店至贵州崇溪河段

2002年6月开工建设,2004年12月建成通车,全长48.18km,全线四车道,设计速度60km/h、80km/h。建成特大桥:河耳沟(安稳)特大桥、太平庄特大桥,共2座。建成大桥32座、长隧道5座。总投资24.97亿元,资金来源:交通部车购税投入、地方投入、银行贷款。占地5572.5亩。项目管理单位:重庆高速公路集团有限公司南方建设分公司;勘察设计单位:重庆市公路勘察设计研究院;监理单位:重庆市交通工程监理咨询有限责任公司、英国合乐公司;施工单位:中铁大桥局集团有限公司、中铁大桥局集团有限公司等。

11. 贵州崇溪河至遵义段

2002年7月开工建设,2005年12月建成通车,全长118km,全线四车道,设计速度60km/h、80km/h。建成特大桥:刘家山特大桥、月亮土特大桥、葫芦坝特大桥、开肩堡特大桥、两岔河特大桥、新桥特大桥、打宝铺特大桥、姜家坝特大桥、高工天1号特大桥、蒙渡特大桥、西山沟1号特大桥、沟门前特大桥、花园特大桥、韩家店1号特大桥,共14座。建成大桥62座。建成特长隧道:凉风垭隧道、青杠哨隧道,共2座。建成长隧道3座。总投资59.23亿元,资金来源:中央投入、地方投入、银行贷款。占地17680.49亩。项目管理单位:贵州高速公路开发总公司;勘察设计单位:贵州省交通规划勘察设计研究院、中交第一公路勘察设计研究院;监理单位:中交国际工程咨询有限公司、北京兴通交通工程监理有限责任公司等;施工单位:中铁一局集团有限公司、中铁二十局集团有限公司等。

12. 贵州贵阳至遵义汽车专用公路

1992年6月开工建设,1997年12月建成通车,全长155.51km(贵阳至扎佐和南白至忠庄为一级公路,全长50.36km;扎佐至南白及遵义市东联络线为二级公路,全长105.15km)。设计速度60km/h。建成大桥21座。总投资17.85亿元,资金来源:中央投入、地方投入。占地13196.38亩。项目管理单位:贵州省公路重点公路工程建设指挥部;勘察设计单位:贵州省交通规划勘察设计院、铁道部隧道工程局勘察设计院等;监理单位:贵州交通建设咨询监理有限公司、贵州通力达公路工程咨询监理有限公司等;施工单位:贵州省公路工程总公司、贵州省桥梁工程公司等。[其中,忠庄至南白段11.812km、扎佐至尖坡段19.7km,属于G75(兰海高速公路)。]

13. 贵州扎佐至南白高速公路改扩建

2005年12月开工建设,2007年12月建成通车,全长84.52km,全线四车道,设计速度80km/h。建成特大桥:干田尾特大桥、乌江特大桥,共2座。建成大桥29座。总投资23.93亿元,资金来源:交通运输部车购税投入、银行贷款。占地5981.0亩。项目管理单位:贵州高速公路开发总公司;勘察设计单位:中交第二公路勘察设计研究院、北京交科公路勘察设计研究院有限公司;监理单位:北京华通公路桥梁咨询监理公司、贵州科达公路工程咨询监理有限公司等;施工单位:中铁七局集团有限公司、中铁一局集团第四工程有限公司等。

14. 贵州贵阳东北绕城公路

1996 年 11 月开工建设,1998 年 12 月建成通车,全长 20km,全线四车道,设计速度 60km/h。建成特大桥:顺海高架桥、新添寨互通式立交,共 2 座。建成大桥 12 座。总投资 6.88 亿元,资金来源:中央投入、地方投入、银行贷款。占地 3369.8 亩。项目管理单位:贵阳东北绕城线高速公路建设指挥部;勘察设计单位:贵州省交通规划勘察设计研究院;监理单位:贵州省交通建设咨询监理有限公司;施工单位:贵州省公路工程总公司、贵州省桥梁工程总公司、贵州省公路桥梁工程总公司海南公司。[与 G6001(贵阳绕城高速公路)共线。]

15. 贵州贵阳东出口公路及龙洞堡机场联络线

1992 年 4 月开工建设,1997 年 5 月建成通车,全长 12.9km,全线四车道,设计速度 60km/h。建成大桥 3 座。总投资 1.664 亿元,资金来源:中央投入、地方投入。占地 1032.99 亩。项目管理单位:贵阳市重点公路工程指挥部;勘察设计单位:贵州省交通规划勘察设计研究院;监理单位:贵阳市重点公路工程指挥部;施工单位:贵州省桥梁工程总公司,贵州省公路工程总公司。[其中,笋子林至下坝段 2.252km 属于 G75(兰海高速公路)。]

16. 贵州贵阳至新寨段

1996 年 6 月开工建设,2000 年 5 月建成通车,全长 260.77km,两车道 118.99km,四车道 141.78km,设计速度 60km/h。建成大桥 20 座。总投资 48 亿元,资金来源:中央投入、地方投入。占地 14630 亩。项目管理单位:贵州高速公路开发总公司;勘察设计单位:贵州省交通规划勘察设计研究院;监理单位:贵州省交通建设咨询监理有限公司、北京中通公路桥梁工程咨询发展有限公司、贵州陆通公路工程监理有限责任公司等;施工单位:北京燕通公路工程公司,贵州省桥梁工程总公司、中国路桥集团总公司、贵州省公路工程总公司等。[其中,贵阳经麻江至都匀段 103.924km 属于 G75(兰海高速公路)。]

17. 贵州都匀至新寨(黔桂界)公路改扩建

2007 年 5 月 1 日开工建设,2009 年 9 月 26 日建成通车,全长 118.83km,全线四车道,设计速度 80km/h。建成大桥 23 座。总投资 27.42 亿元,资金来源:交通运输车购税投入、地方投入、银行贷款。占地 5774.85 亩。项目管理单位:贵州高速公路集团有限公司;勘察设计单位:贵州省交通规划勘察设计研究院、中国公路工程咨询集团有限公司;监理单位:北京华通公路桥梁监理咨询有限公司、贵州陆通公路工程监理有限责任公司、贵阳交通工程监理站、贵州科达公路工程咨询监理有限公司等;施工单位:贵州省桥梁工程总公司、中交第二航务工程局有限公司、山东省公路建设(集团)有限公司等。

18. 广西六寨至河池段

2009年3月8日开工建设,2012年7月9日建成通车,全长108.07km,全线四车道,设计速度80km/h。建成特大桥:拉会高架大桥,共1座。建成大桥42座。建成长隧道7座。总投资70.31亿元,资金来源:企业投入、银行贷款。占地10240.11亩。项目管理单位:广西万山高速公路有限公司;勘察设计单位:广西壮族自治区交通规划勘察设计研究院、中国公路工程咨询集团有限公司;监理单位:山东东泰工程咨询有限公司、广西八桂工程监理咨询有限公司等;施工单位:中交第四公路工程局有限公司、中铁四局集团有限公司等。

19. 广西河池至都安段

2010年11月开工建设,2014年09月建成通车,全长92.32km,全线四车道,设计速度100km/h。建成特大桥:永顺特大桥,共1座,大桥21座。建成长隧道8座。总投资65.52亿元,资金来源:交通运输部车购税投入、企业投入、银行贷款。占地7138.0亩。项目管理单位:广西桂山高速公路有限公司;勘察设计单位:广西壮族自治区交通规划勘察设计研究院、北京交科公路勘察设计研究院有限公司;监理单位:中国公路工程咨询集团有限公司、北京华宏工程咨询有限公司等;施工单位:中交路桥建设有限公司(路桥集团国际建设股份有限公司)、北京市公路桥梁建设集团有限公司等。

20. 广西都安至南宁段

2001年7月28日开工建设,2004年9月28日建成通车,全长117.04km,全线四车道,设计速度100km/h。建成大桥8座。总投资41.52亿元,资金来源:交通部车购税投入、地方投入、银行贷款。占地21544.59亩。项目管理单位:广西壮族自治区交通基建管理局;勘察设计单位:广西壮族自治区交通规划勘察设计研究院:监理单位:北京中通公路桥梁工程咨询发展有限公司、北京华通路桥监理咨询有限公司等;施工单位:中国葛洲坝水利水电集团公司、中港第二航务工程局等。

21. 广西南宁良庆至南间段

1995年12月8日开工建设,1998年12月8日建成通车,全长54.44km,全线六车道,设计速度120km/h,建设大桥4座。总投资13.33亿元,资金来源:中央投入、地方投入、银行贷款。占地9021.6亩。项目管理单位:南北高速公路建设总指挥部南宁至南间段办公室;勘察设计单位:广西交通规划勘察设计院、交通部重庆公路勘察设计所等;监理单位:南宁至南间高速公路工程建设总监理工程师办公室;施工单位:铁道部第十二工程局第一工程处、交通部二航局第四公司等。

22. 广西南间经卜家至磨刀水段

1994年10月开工建设,1997年10月建成通车,全长54.21km,全线四车道,设计速

度 120km/h。建成大桥 10 座。总投资 22.79 亿元,资金来源:地方投入、银行贷款。占地 8088.99 亩。项目管理单位:钦州至防城高速公路建设指挥办公室;勘察设计单位:广西交通规划勘察设计院;监理单位:四川省公路工程监理事务所;施工单位:广西路桥总公司一处、广西路桥总公司三处等。

23. 广西钦州至北海段

1998 年 1 月 20 日开工建设,2000 年 11 月 1 日建成通车,全长 79.86km,全线四车道,设计速度 120km/h。建成大桥 8 座。总投资 17.68 亿元,资金来源:中央投入、地方投入。占地 11091.84 亩。项目管理单位:钦州至北海高速公路建设办公室;勘察设计单位:广西区交通规划勘察设计研究院;监理单位:湖南交通科研所、武汉土木监理公司等;施工单位:铁二局二处、铁五局机筑处等。

24. 广西合浦至山口段

1999 年 4 月 10 日开工建设,2001 年 12 月 28 日建成通车,全长 37.18km,全线四车道,设计速度 120km/h。建成特大桥:铁山港跨海特大桥,共 1 座。建成大桥 2 座。总投资 8.29 亿元,资金来源:地方投入、银行贷款。占地 4459.23 亩。项目管理单位:广西壮族自治区交通大厅;勘察设计单位:广西壮族自治区交通规划勘察设计研究院;监理单位:广西八桂工程监理咨询公司,长沙交通学院华南公司;施工单位:广西交通科学研究院、广西区航务工程处等。

25. 广东渝湛国道主干线高桥(粤桂界)至遂溪公路(渝湛高速公路广东段)

2003 年 12 月开工建设,2005 年 12 月建成通车,全长 64.45km,全线四车道,设计速度 120km/h。建成大桥 18 座。总投资 21.35 亿元,资金来源:地方投入、银行贷款。占地 8421.0 亩。项目管理单位:广东渝湛高速公路有限公司;勘察设计单位:广东省公路勘察规划设计院;监理单位:广东省公路工程监理站;施工单位:广东省长大公路工程有限公司、中铁十一局集团有限公司等。

26. 广东湛江至徐闻段

与 G15(沈海高速公路)共线。

四、联络线及并行线

G7511(钦东高速公路)钦州至东兴高速公路

广西钦州卜家至防城段。1994 年 10 月 8 日开工建设,1997 年 10 月 23 日建成通车,全长 18.66km,全线四车道,设计速度 100km/h。建成大桥 2 座。总投资 22.8 亿元,资金来源:地方投入、银行贷款。占地 13300.23 亩。项目管理单位:钦州至防城高速公路工程建设指挥办公室;勘察设计单位:广西交通规划勘察设计院;监理单位:广西壮族自治区交通科研所;施工单位:中国第十一冶金建设公司、中铁二局第二工程有限公司等。

广西防城至东兴段。2011年3月开工建设,2013年12月建成通车。全长54.44km,全线四车道,设计速度100km/h。建成大桥15座。总投资27.5亿元,资金来源:中央投入、银行贷款。占地7251.8亩。项目管理单位:防东路指挥部;勘察设计单位:广西交通规划勘察设计研究院;监理单位:中国公路工程咨询集团有限公司、广西桂通公路工程监理咨询有限责任公司等;施工单位:中铁隧道集团有限公司、中铁十四局第五工程有限公司等。

五、先进技术的研究与应用

1. 边坡防护的研究(广西)

广西钦州卜家至防城高速公路(钦防高速公路)挖方大,挖方边坡面大,且超过20m以上的高边坡多,最高边坡高达70m,边坡土质为节理发达、岩体破碎的泥质与粉砂质互生的风化层。原设计边坡过陡,且多采用圬工防护,投资大、稳定差。邀请了长沙交通学院(现长沙理工大学)开展了对边坡稳定的研究,采用放缓边坡、坡面喷草种、铺草、三维网植被、砌石、锚喷混凝土、龙骨砂浆等多种坡面防护方法,以及用分段砌急流槽等排水防冲措施,基本上摸索出一套适合沿海多雨区的防护方法。

2. 水泥混凝土路面工艺的研究(广西)

钦防高速公路水泥混凝土路面235.78m^2,如何保证路面在设计年限内的强度、耐磨性、平整度,除路基稳定的排水良好外,还要从路面本身的质量下功夫。要从路面的材料、配合比、施工工艺、接缝处理等各方面着手。委托广西交通科学研究所进行水泥路面的专题研究,并取得以下成果:①对路用水泥的研究。优选了各项路用指标良好的蒲庙转窑散装水泥,水泥用量控制在340~360kg范围内。②选用了适合现场施工情况的外加剂,达到了减少水泥用量、改善混凝土工作性能和缓凝的目的,消除混凝土泌水现象。③推广三轴整平机、滑模摊铺机铺装路面,组织对施工工艺的研究,掌握了保证路面强度、厚度、平整度及提高路面抗滑耐磨性的工艺流程。④研究各种养护方法,选用了薄膜覆盖养护的方法。⑤对各种补缝、填缝、胀缝处理的方法进行对比研究,并确定了适合钦防公路的施工方法和填缝材料。

3. 填海路堤模袋砂子堤模袋混凝土施工技术研究(广西)

北海铁山港跨海特大桥闸口岸引道K212+200~K212+795段填海路堤原设计是全部抛填片石到+3.5m高程后(一般潮位高程),再填土做路堤,经考察现场后认为:填石较高,在未清淤情况下来抛填片石,难以密实,路堤筑好后,工后沉降可能较大,施工质量比较难控制;抛填片石数量较大,工程造价较高,今后的维修保养难度较大。为此,在施工中采用当时海港工程中的新工艺，采用大型模袋填充沙作子堤（左右两侧），外侧为填充C20模袋混凝土作护面，堤内回填中粗砂至原地面+0.5m高程或到一般潮位+3.5m高程。模袋填充砂子堤主要适用于高速公路经过浅海滩，路堤受海浪冲刷，但覆盖层厚度不大（一般2~3m）时。模袋砂子堤及模袋混凝土的结构特点有：①结构紧凑，布局合理，外形简洁美观。②子堤耐久性好。外表面有30~40cm厚C20混凝土护面，再加上花岗块石抛石护脚、已满足抗海浪冲刷的要求。③施工便捷。砂袋及模袋可以在工厂定做（尺寸自定），只要备少量的抽砂机（砂泵）就可以将砂抽入袋中进行整平施工作业。④造价低廉，路堤质量有保证。经分析，比采用全抛填片石可省投资20%以上，而且对子堤以上部分的填方路堤的施工质量有保证，工后沉降可以大大减少。模袋砂子堤施工要点有：基础开挖及整平、袋装砂子堤施工、反滤层施工、模袋混凝土护面施工、抛石护底、袋装砂子堤内填料施工、浆砌花岗岩块石护面等。模袋砂子堤施工时应注意以下事项：当模袋砂子堤修筑完工后，应及时用袋装碎石进行理坡，避免模袋长时间日晒或者冲刷造成漏砂；理坡完工后，抓紧进行模袋混凝土的护面施工，否则海浪冲刷容易造成碎石袋位移；尚未打模袋混凝土护面之前，严禁在左右两侧子堤顶面进行填土施工工作；严禁在已修筑的子堤范围内再开挖修筑涵洞或通道等结构物。

4.炭质熔岩的填筑施工与坡面绿化技术研究（广西）

①通过水化学力学实验和微观结构测试技术，分析炭质泥岩的化学成分、微观结构系，从化学组成、矿物组成及微观结构三个方面分析该地区炭质泥岩的物理力学性质。提交炭质泥岩物理力学参数和CBR值。②结合非饱和土理论，开展降雨条件下炭质泥岩路基的数值模拟研究，掌握炭质泥岩路基及边坡在蒸发与降雨条件下的失稳机制。提交Duncan－Chang模型八大参数，不同工况下炭质泥岩路堤安全系数。提交不同压实度下炭质泥岩路堤的变形特性。③开展炭质泥岩路基修筑现场试验，探寻炭质泥岩作为路基填料的有效施工工艺及特殊路段的病害防治措施，提出该地区炭质泥岩路堤压实度标准，形成适用于该地区的炭质泥岩路基填筑方法及病害防治措施。④开展炭质泥岩湿化变形试验；水浸条件下炭质泥岩路堤蠕变试验，提出减少路堤湿化变形的措施。⑤开展不同压实度和含水率炭质泥岩三轴CT扫描试验，提出不同压实度炭质泥岩CT数与损伤变量关系。⑥开展炭质泥岩坡面绿化技术研究，通过对炭质泥岩物理化学特性的研究，结合六寨至河池的地形、水文与气候条件，研究提出炭质泥岩的绿色植物生长技术研究，以此解决炭质泥岩的边坡绿化问题。

5.收费站手动栏杆改造项目（广西）

近些年来，随着国民经济的发展和社会车辆保有量的不断增加，高速公路收费站在车流量较大的情况下时常出现拥堵。这不仅大大增加了收费站收费员工作强度，而且减低了收费站的通行能力。为了提高收费站出入口通行效率,降低收费员的劳动强度,2014年5月,坛百公司完成了所辖高速公路沿线11个收费站的57套出入口车道手动栏杆的改造工程,并收到了良好的效果。相对于传统手动栏杆开道模式,采用自动横摆道闸机在运营管理上的优势十分明显。该设备有效提高入口收费车道的通行能力,有效缓解高峰时段车道拥堵问题;不仅提高了车辆的通行速度,而且保障了现场通行秩序,提升了高速公路的服务能力和水平。

6. 对部分边坡进行生态袋防护(广西)

六寨至河池高速公路项目公司对部分边坡进行生态袋防护。其优点为具有目标性透水不透土的过滤功能,既能防止填充物(土壤和营养成分混合物)流失,又能实现水分在土壤中的正常交流,植物生长所需的水分得到了有效保持和及时补充,使植物穿过袋体自由生长。根系进入工程基础土壤中,如无数根锚杆完成了袋体与主体间的再次稳固作用,时间越长,越牢固,更进一步实现了建造稳定性永久边坡的目的,大大降低了维护费用。六河路在K94+300~K94+400左侧进行生态袋防护,在边坡稳定、生态、环保方面取得了较好的效果,生态袋防护在广西高速公路建设史上是第一次应用。

7. 拉会高架大桥薄壁空心高墩施工阶段温度裂缝控制及温度效应研究(广西)

主要研究内容:①薄壁空心高墩施工过程水化热温度作用理论分析和现场试验研究。②环境温度作用下薄壁空心高墩温度效应的研究。③环境因素对薄壁空心高墩截面温度分布的影响研究。

取得的主要成果:①通过仪器设备测试薄壁空心高墩施工过程的温度变化和应力变化,根据监测数据对施工过程采取相应措施,保证施工的质量与安全,取得了大量有价值的科研成果与施工资料。②通过对薄壁空心高墩混凝土水化热的数值分析和现场实测研究,有效避免了拉会大桥薄壁空心高墩产生混凝土早期温度裂缝,为桥梁顺利进入下一步工序和安全运营打下了基础。③发表论文两篇。④获取QC成果一项。⑤形成企业级工法一项。

8. 大跨度桥梁高性能混凝土制备技术与耐久性研究(广西)

主要研究内容:①研究性能优良的桥用高性能混凝土制备技术,包括混凝土原材料性能测试和质量控制、高性能混凝土配合比设计并配制出性能优良的高性能混凝土。②研究矿物掺合料(硅粉)对高性能混凝土性能的影响,用不同掺量的硅粉配制高性能混凝土,比较不同硅粉掺量对高性能混凝土性能的影响。③对新拌高性能混凝土进行工作性研究,包括坍落度、坍落度损失、表观密度等性能试验。④对高性能混凝土进行抗碳化、氯离子快速渗透等耐久性研究。⑤采用混凝土同步热分析法对高性能混凝土进行护筋性能研究等。

取得的主要成果:①通过工程项目部现场试验、实验室内的试验研究,结合拉会大桥工程的具体情况制备出满足该桥工作性能、强度和耐久性等各方面要求的C50高性能混凝土。②高性能混凝土配合比试验结果表明:掺入微硅粉的高性能混凝土较未掺微硅粉的混凝土的坍落度和扩展度有较大的提高,试验结果的拟合曲线显示,在该配合比下微硅粉的合理掺量在2.5% ~6%之间,过小和过大的掺量都会导致混凝土和易性下降。③高性能混凝土氯离子渗透试验结果表明:掺加微硅粉可以显著增加混凝土抵抗氯离子渗透的能力,随着微硅粉含量的增加,混凝土抵抗氯离子渗透的能力也增加。当微硅粉掺量超过2.5%之后,混凝土抵抗氯离子渗透能力评价即可达到"很低"的程度。因此,该项目中微硅粉掺量为8.4%的混凝土抵抗氯离子渗透能力最强,5.66%和2.8%的掺量也能够满足拉会大桥的耐久性要求。④高性能混凝土碳化试验结果表明:该项目中掺加微硅粉的C50高性能混凝土均具有良好的抗碳化性能。混凝土龄期较早的时候,微硅粉对混凝土的抗碳化能力影响不明显,随着混凝土龄期的增长,微硅粉的作用逐渐显现,龄期越长,微硅粉掺量越大,混凝土的抗碳化性能力越好。该项目中三种微硅粉掺量(2.8%、5.66%、8.4%)的C50高性能混凝土抗碳化能力均能达到拉会大桥的耐久性要求,但微硅粉掺量为8.4%的混凝土抵碳化能力最强。⑤高性能混凝土热分析试验表明:未掺加微硅粉的混凝土所含的$CaCO_3$较掺加微硅粉的混凝土大,掺量大的混凝土中所含的$CaCO_3$较掺量小的混凝土所含的$CaCO_3$要少,而未掺加微硅粉的混凝土所含的$Ca(OH)_2$较掺加微硅粉的混凝土小,掺量大的混凝土中所含的$Ca(OH)_2$较掺量小的混凝土所含的$Ca(OH)_2$要多。即随着微硅粉掺量的增加,混凝土的护筋性能也得到增强。⑥通过试验和理论分析,拉会大桥合理的C50高性能混凝土配合比为1:1.35:2.41:0.34:0.0265:0.06,掺合料微硅粉的合理掺量范围在2.5% ~6%之间,工程最终采用掺量为5.66%,在合理掺量范围内。⑦在核心期刊上发表高水平论文2篇。

9. 高速公路长下坡路段安全性能评价及整治措施研究(广西)

该项目针对山区公路连续长下坡路段事故率高、伤亡率大、交通安全设施设置针对性不强、避险车道设置缺乏规范指导及结构防护能力不足等问题,通过大量事故调研及统计分析,采用汽车行驶动力学、交通工程学理论、仿真计算等技术手段对长下坡路段的安全水平评价方法、避险车道设置及设计、交通安全设施设置、重载交通管理措施、长下坡路段综合整治措施等内容进行系统研究。项目的主要创新成果:一是构建量化的综合安全度指数评价模型和安全水平等级,形成高速公路安全评价方法;二是首次建立长下坡路段制动失控车辆的行驶速度模型,形成基于重车形式安全性的大下坡路段避险车道量化设置方法,填补行业空白;三是研制击重复使用、撞击初始峰值力小的滑道式网索拦截装置,提高对失控车辆的防护效果;四是采用计算机仿真方法模拟分析道床和滑道式网索拦截装置防护性能,取得避险车道道床及滑道式网索拦截装置设置的关键参数和设置方法;五是编制《避险车道设置指南》,为行业规范的修编提供经验参考。研究成果在六寨至河池高速公路多个长纵坡路段得到成功应用。统计数据表明,成果应用能明显降低长大下坡路段的制动失灵事故率,减少事故造成的经济损失和人员伤亡,在保证防护能力的基础上缩短避险车道长度,节省建设成本。研究成果在公路安全领域起到示范作用,可在全国进行推广,具有巨大的社会经济效益。

10.岩溶地区高等级公路建设关键技术研究(广西)

广西交通科学研究院自2001年以来,先后主持和参与了与岩溶问题有关的两项西部交通科技项目,两项广西交通厅科技项目,分别为2002—2006年西部交通科技项目"岩溶地区公路基础设计与施工技术研究"——岩溶地区公路修筑成套技术研究之二、2005—2009年西部交通科技项目"岩溶地区桥梁桩基承载能力评价及施工综合技术研究"、2001—2005年"岩溶地区高等级公路建设关键技术研究"、2004—2006年"桂林至阳朔高速公路岩溶土洞勘察及处治技术研究";目前正在开展的交通厅课题有"岩溶发育区高等级公路路基地质塌陷监测方法研究"。其中,西部交通科技项目"岩溶地区公路基础设计与施工技术研究"获得2008年度国家科技进步二等奖,交通厅课题"岩溶地区高等级公路建设关键技术研究"项目获得2005年广西壮族自治区科技进步三等奖。结合多个相关课题研究和工程问题的处理,在岩溶地区修筑高等级公路积累了丰富的经验和成果,同时也更加深了对岩溶条件下公路建设复杂性和困难性的感受。岩溶路基病害处理从工程处理角度对病害类型特点研究出发,进而提出了从影响病害的两方面重要因素对岩溶路基病害进行划分方法,明确了各种处置方法的使用条件和尺度规模范围,使得广大一线工程技术人员面对各种复杂岩溶形态时更加易于掌握,选择正确处理方法。这种方法避开采用地质学上的岩溶形态类型的概念对岩溶路基病害划分和判别,可以大大降低现场人员由于岩溶地质学知识了解不透和经验不足造成各种误判的可能,在选择病害处理方法上提出了一种全新思路。岩溶路基病害处理研究中提出的方案仅在水南公路第4标段的60余处病害处理中就节约投资1500多万元。

11.公路工程施工管理业务系统(广西)

广西公路工程施工管理业务系统,采用先进的信息技术手段在我区高等级公路建设中首次大规模、全方位利用计算机软件系统对项目建设实行全过程管理。开发的工程管理业务系统包括计量支付、合同管理、试验检测、二进度控制、公文处理等十多个功能模块,并组建局域网。驻地办、承包人通过计算机传输,上报各种材料、报表资料,大大加快了信息传输速度,使各级领导随时可以掌握工程建设的各方面信息,实现了对工程全方位动态管理。该系统具有业务处理功能全面、分析功能强大多样、查询功能快捷周全、操作简单和适应性强等特点,使施工及施工监理过程中所需要掌握的数据能够及时、准确、形象、快捷地反映到各级管理层，为业主、监理、承包人等不同身份管理者提供完整可靠的信息，为决策提供了更科学、更快捷的手段，有效监控费用、进度等要素的运行状况。不但提高了工作效率，同时也使管理工作更加规范、高效，达到对公路建设工程项目进行全面管理和综合控制的目的，使工程管理水平提升到一个新的层次。

12. 岩溶地区隧道施工超前地质预报技术研究(广西)

主要研究内容：①研究岩溶地质灾害的成因、分布规律及特点。②评价广义的岩溶隧道施工超前地质预报各种方法，说明各具体方法的适用条件、特点以及对岩溶地质灾害体的预报效果，并总结归纳岩溶预报方法的类型、模式。③利用数值模拟分析岩溶洞穴相对隧道的大小、位置不同对隧道结构的影响和危害，明确岩溶地区隧道施工超前地质预报的具体任务。④根据依托工程特点，研究该类型岩溶隧道超前地质预报的优化组合方法。⑤依托工程预报实例及预报效果的验证。⑥根据隧道预报资料与施工信息的结合，对所采用的超前地质预报方法进行评价，分析该预报方法研究成果的意义及其实用价值。

取得的主要成果：①在结合调查研究相关地质成因、不同地质预报手段及隧道施工工艺的基础上，提出了一种岩溶区双连拱隧道的超前地质预报方法——地质雷达探测结合掌子面地质编录和地质超前水平钻的超前预报方法。②采用地质雷达探测结合掌子面地质编录和地质超前水平钻的超前预报方法，对下刁双连拱隧道整个开挖断面的地质情况进行超前预报，成功预报了下刁隧道整个开挖断面的溶洞、裂隙、断层等地质异常情况，预报效果良好，顺利完成下刁隧道的施工。③在国际会议上发表论文2篇。

13. 喀斯特地区典型示范工程成套技术(广西)

主要研究广西喀斯特地区地形、地质、生态、景观等的自然环境约束，以及高速公路沿线城镇布局、历史文化、民族风情等的社会环境约束，将环境约束运用到高速公路建设中，使路线方案更合理、环保措施更到位、景观规划更恰当，更有科学管理与施工技术的保障，促进公路与环境相容，以及功能、安全、经济、环保、舒适、美观等高速公路建设的内在目标更完善，充分考虑岩溶地区高速公路建设过程的环境约束条件，协调高速公路建设的多个目标，解决喀斯特地区高速公路建设的技术需求与难点。提出并总结了：

(1)喀斯特地区高速公路设计理念与路线设计方法

①提出喀斯特地区高速公路设计理念，即“以多目标协调设计”为原则，公路功能为主线，地质、生态选线优先，灵活运用技术指标，平衡处理安全、经济、美观、舒适的关系，促进公路建设科学、可持续发展。②提出喀斯特地区公路地质选线四要点、地形选线方法、基于GIS和RS的生态选线方法。

(2)高速公路路域生态本底评价及生态恢复关键技术

①基于RS和GIS技术，建立了喀斯特地区路域生态本底评价指标体系，解决了大尺

度下公路对生态环境影响的定量评价问题。②提出了喀斯特地区水土保持、边坡生态防护等措施，在河都高速公路实施后，解决了路域生态防护问题。

（3）高速公路景观规划与设计技术

①针对喀斯特地貌特点，系统构建了高速公路景观规划与设计理论体系，纵向主题段划分方法、横向视觉敏感度分级方法、景观重要度分区方法。②提出高速公路景观要素运行方法，应用于工程实践，解决了工程实体与路域硬质与软质景观要素融合问题。

（4）高速公路填石路堤修筑技术

①基于多个试验路段的实体工程观测，总结出了填石路基施工沉降变形的规律，得出填石路基施工过程中沉降呈现路堤整体下沉而层间压缩量非常小的特点。对比分析填土路基变形规律及施工中的分区方法，提出了填石路堤施工过程中压实控制新标准。②采用力学计算与数值分析的方法结合对国内外多条已建成通车项目的考察，分析了码砌边坡在力学上与填石路堤间的作用机理，基于目前公路填石路基广泛使用的先填后码的施工方法，提出了填石路基边坡采用50cm的薄层码砌。

（5）喀斯特高速公路施工标准化建设管理研究

在河池至都安高速公路的建设实践中，进行了典型示范工程的顶层设计，提出强调生态、环保、安全、效率的标准化施工方法、建设管理制度体系，为广西喀斯特地区高速公路修建提供了示范样板。该项目直接依托广西河池至都安高速公路，研究成果应用于建设全过程，在把河都高速公路建成广西第一条南方喀斯特高速公路典型示范工程中起到了重要的科学指导作用；项目的研究成果推广到广西喀斯特地区其他高速公路设计、建设过程中。项目提出的岩溶地区高速公路多目标设计方法在河池至百色高速公路、梧州至柳州高速公路中得到应用；项目提出的填石路基修筑技术在河都路建设中得到了广泛的应用，提高了施工效率，节省了项目数千万的成本，且提高了路基的稳定性。目前该技术已广泛应用于来马路、马平路、崇靖路等多条高速公路的填石路基建设中，经济效益显著；项目提出施工标准化管理技术等在广西高速公路投资集团内得到推广，为广西高速公路建设做出了重大贡献。

六、复杂技术工程

1. 甘肃洛塘河双层高架桥

洛塘河双层高架特大桥是全国首座用于高速公路建设的双层高架桥。该桥属于兰州至海口国家高速公路武都至罐子沟段建设项目，位于甘肃陇南武都区枫相乡草坪村，地处西秦岭山地，高中山地貌，境内山高谷深，沟谷狭窄，地层破碎，地质构造复杂，地震活动频繁且强度大。桥址区路线顺“V”形洛塘河布设，如采用常规布设法（即左右幅桥平行布设）将占用河道多，桥墩阻水严重，沟岸开挖较大，对自然环境破坏严重。因此洛塘河特大桥设计为左、右线双层并行高架桥梁,大桥右线全长1281.642m,左线全长1526.157m,其中左右线合并段943m、32跨,左线在顶层,右线在底层,两线设计高程差9.5m,其余部分为左、右分离式桥梁。本桥上部构造为预应力混凝土连续箱梁,先简支后连续施工,下部构造X13~X45号墩为双层框架式桥墩,X12、X46号墩为独柱式桥墩,其余均为双柱式桥墩,钻孔灌注桩基础,桥台为重力式桥台,扩大基础。

2. 四川昭化嘉陵江特大桥

昭化嘉陵江特大桥位于四川省广元市昭化镇,跨越嘉陵江,是兰州至海口高速公路广元至南充段上的一座重要桥梁。大桥桥位处桥面与嘉陵江江面高差120多m,地震动峰值加速度0.10g,设计荷载:公路—Ⅰ级;桥梁宽度:27.5m(含两侧各1.5m人行道)。该桥采用的跨径组合为(8×30)m预应力简支小箱梁+跨径364m钢筋混凝土拱桥+(8×30)m预应力简支小箱梁,主桥长364m,引桥长为500m。

该桥主要有以下几方面的技术特点:①桥梁规模大,主桥跨度364m,为国内同类桥梁中第二大跨度。②采用分离式箱形拱圈,拱圈横向分为两拱肋,两拱肋间以横联连接。在劲性骨架安装时,分两肋的单肋安装,减轻劲性骨架节段的安装重量,减小安装和施工控制的难度。待两肋均合龙后安装肋间横联,可保证后续施工阶段和结构使用期间的稳定。③采用新的骨架构造,骨架采用ϕ457×14mm钢管和超高强自密实混凝土等级(C80)构成的钢管混凝土弦杆;骨架构造由传统的空间结构改为平面桁架。简化了施工程序、便于模板安装和移动,从而减少外包混凝土工期并保证施工质量。④应用新型混凝土材料,首次在钢管混凝土拱桥中采用C80高强、高性能钢管混凝土,外包混凝土采用了C55高性能混凝土。保证了管内混凝土的灌注质量,降低了外包混凝土振捣作业的难度。⑤改进计算理论,对劲性骨架在使用阶段的受力机理进行了分析研究,结构计算时计入了劲性骨架对拱肋承载能力的贡献。与不考虑此贡献的方法相比,拱肋截面纵向钢筋数量减少30%以上。⑥采用轻型化的拱上结构,采用以下方法减轻拱上结构:a. 行车道梁采用带翼小箱梁;b. 通过减小盖梁尺寸、增加盖梁预应力度来实现盖梁的轻型化;c. 全宽范围内横向仅设两根立柱,并通过减小立柱的截面尺寸和壁厚等措施来减轻立柱重量。经过以上方式对拱上结构进行轻型化后,本桥拱肋除拱脚段外腹板厚度30cm,顶、底板厚度40cm。减少了工程造价,降低了结构施工难度,保证了施工精度。

3. 四川嘉陵江特大桥

嘉陵江特大桥跨径组合为8×30m+5×50预应力简支T梁+(105+200+105)m连续刚构+5×50m+6×30预应力简支T梁。大桥在13号桥墩以前为分幅式桥梁,在13号桥墩处合成整幅。桥梁分幅部分,每幅桥宽为13.75m,整幅部分为27.5m。全桥长1339.06m,其中主桥长410m,引桥长为929.06m。主桥为(105+200+105)m连续刚构,为三向预应力混凝土结构，主梁为分幅式单箱单室截面。每幅箱梁顶板宽13.6m，底板宽7.75m，两翼板悬臂长2.925m。箱梁跨中及边跨现浇段梁高4.1m，桥墩与箱梁相接的根部断面及墩顶0号梁段高12.75m。箱梁0号梁段长14m，每个"T"纵桥向划分为26个梁段，梁段长度从根部至端部分别为12×3m、14×4m，累计悬臂总长99m。1~26号梁段采用挂篮悬臂浇筑施工，悬臂浇筑梁段最大控制重量2496kN，施工阶段计算中挂篮自重取值为1200kN。全桥两幅合计共有6个合龙段，合龙段长度均为2m。边跨现浇段长3.82m。主墩采用钢筋混凝土空心墩，横桥向宽8.75m，纵桥向顶宽11.0m。主墩最高为93.3m，纵桥向按80:1的比例向下变宽。主墩整体承台厚5m，平面尺寸23.4m×29.7m。每处承台基础为20根直径2.5m的钻孔灌注桩。交界墩采用双柱薄壁空心墩，空心墩横桥向宽5.2m，纵桥向墩顶宽3.7m，纵桥向按80:1的比例向下变宽，交界墩最高为97.1m。墩柱间设两道横系梁，基础采用承台群桩基础。引桥为30m和50m的预应力混凝土简支T梁。分幅式引桥每孔由6片T梁组成，整幅式采用12片T梁。分幅式引桥桥墩采用独柱式矩形截面的钢筋混凝土墩，整幅式引桥桥墩采用双柱式矩形截面的钢筋混凝土墩。桥墩墩柱横向等宽，纵向宽度由上至下逐渐变宽。所有桥墩盖梁均采用预应力混凝土盖梁。除位于河滩第中的18号、19号和20号桥墩基础采用承台群桩基础，其余均采用挖(钻)孔灌注方桩基础。

4. 广西三岸邕江大桥

三岸邕江大桥是国道主干线重庆至湛江公路南宁至北海段高速公路上的一座独立特大型桥梁，于南宁市东南郊三岸园艺场附近跨域邕江。项目的修建有效缓解了南宁外环过境交通压力和市内交通压力，改善了车辆行驶条件，提高了行车速度，保证了行车安全，对于提高南宁市过境交通能力、充分发挥大西南出海大通道、促进广西及西南地区经济发展起到了重要作用。项目设计荷载为汽车—超20级，按挂车—120验算，桥面总宽32.8m，桥下通航等级采用三级航道标准，最高通航水位为五年一遇洪水位，桥跨组合为16m预应力混凝土空心简支梁引桥+270m钢管混凝土中承式桁式拱桥主桥+2×16m预应力混凝土空心简支梁引桥，桥长352m。拱肋为等高等宽的钢管混凝土桁构。全桥共设8道横向联结系，其中桥面以上6道，在桥面系与拱肋相交处设2道钢筋混凝土横系梁。吊杆为61ϕ7的镀锌高强钢丝束组成的成品索，吊点顺桥向中距10.0m。主桥是单跨270m钢管混凝土等高度截面中承式桁式拱桥，为当时我国乃至世界最大跨径的钢管混凝土公路拱桥，通过该桥的设计，设计单位的钢管混凝土拱桥设计水平达到了国内先进水平。

项目勘察设计过程中采用了多种新技术、新工艺：

(1)在初步设计桥位地质勘探时采用了先进的TEM法(脉冲瞬变电磁法)物探技术，并结合传统的地质钻机钻探手段，较准确地探明了桥位地质情况。

(2)根据受力情况划分了计算单元，建立了精密的钢管混凝土结构力学模型，使计算模型尽量符合结构的实际受力情况。

(3)吊杆采用了创新的双吊杆系统,吊杆间距采用了当时国内最大的10m间距,视觉通透。

(4)解决了弦腹杆节点处由于管壁局部变形对整体结构受力影响问题,消除了结构安全隐患。

(5)首次对钢管混凝土桁式拱桥拱肋主管内混凝土的灌注次序问题进行了系统研究,通过优化灌注次序使各主管内混凝土在恒载作用下均获得一定的压应力储备,受力更均匀合理。

(6)施工中采用多种新技术,其中拱肋安装采用缆索吊装千斤顶钢绞线斜拉扣挂多段悬拼合龙技术、钢管内混凝土采用大功率混凝土输送泵由下至上顶压的灌注方法以及采用千斤顶钢绞线斜拉扣索调载拱肋钢管混凝土连续灌注技术。

(7)结构表面防腐防护设计选用了热喷涂锌铝金属涂层加封闭涂料及面层涂料非金属涂层的长效重防复合防腐防护系统,有效防护期可达20年以上。三岸邕江大桥是当时国内最早采用该防腐防护系统的钢管混凝土拱桥之一。荣获2001年广西优秀工程设计一等奖、2002年全国优秀工程设计银质奖。

5. 广西大风江大桥

大风江桥全长131.00m,跨越大风江。桥址处于大风江下游,桥位处地形属沿海丘陵区,山丘起伏不大。该桥位处两岸岸坡陡峻,坡脚基岩出露。大风江下游受海潮影响,潮位变化在1~3m之间,桥位处河面宽约100m,水深5~12m。桥位区地层共有两大层桥位两岸多有基岩出露,地下水发育较弱,岩层倾向对岸坡稳定有利。桥位附近未见滑坡、滑塌等不良地质现象,区域稳定性较好。

6. 广西南流江特大桥

南流江大桥位于合浦县石湾乡刀坡村附近跨越南流江。南流江发源于玉林市新兴,流经博白、合浦北部湾畔入海。南流江上游侧汇水面积为7740km^2。百年一遇洪水位为11.10m,其流量为6670m^3/s;三百年一遇洪水位为11.7m,其流量为7800m^3/s;五年一遇通航水位为9.2m。该桥址上游2km处为1978年建成的石湾大桥,其孔径布置主孔为(27+27.3+10×30)m的双曲拱桥,引桥16×10m的石拱桥,桥长620.4m。

7. 广西铁山港跨海特大桥

铁山港跨海特大桥是西南出海大通道(重庆至湛江)合浦至山口段上的一座特大型桥梁,是国家和广西的重点建设项目,大桥总长2898.02m,总投资1.8亿元,是广西区内历史上建设规模最大的一座特大型桥梁,被誉为“广西第一桥”。由广西公路桥梁工程总公司承建。

8. 广西拉会大桥

拉会高架大桥是六宜路全线桥最长、最高、最陡、最弯的高架大桥，该桥桥长1021.6m，墩高110.5m，桥高138m，纵坡为−4.2%，横坡超高6%，最小半径为$R=420$m。该桥引桥上构采用后张预应力混凝土T梁，先简支后连续；主桥下构采用空心薄壁高墩，上构采用现浇混凝土预应力连续刚构。该桥位地形复杂，坡陡路峭，施工异常艰难，技术含量高，安全风险大。主要措施：①针对110.5m高的空心薄壁高墩施工，制定有效的施工方案，并设计相应系统；②对薄壁空心高墩施工阶段温度裂缝控制及温度效应进行研究（广西交通科研项目）；③对空心薄壁高墩大型横隔板施工进行攻克；④配备有效的高强度等级的混凝土配合比，制定有效的施工工艺，克服高墩泵送混凝土的难题；⑤针对曲线高架桥高墩施工测量进行攻克，确保测量精度；⑥对大跨度桥梁高性能混凝土制备技术与耐久性进行研究（广西交通科研项目）；⑦针对拉会大桥极小半径曲线刚构悬臂浇筑线形控制进行专项监控，确保合龙参数满足设计和规范要求；⑧针对拉会大桥曲线刚构悬臂浇筑的施工特点，制定整套挂篮施工工艺，确保主桥顺利合龙。

9. 广西聋竹坪高架特大桥

聋竹坪高架特大桥为河池至都安高速公路主要控制工程，该桥位于都安县板岭乡永顺村南东约850m处，桥位区属岩溶峰丛谷地地貌，桥梁两侧桥台位于峰丛山体陡坡上，地形起伏较大，坡体陡峻，自然地面横坡为40°~50°，局部达70°左右，相对高差约80m，采用高架桥梁结构形式。大桥左幅为两座独立桥梁，上构为（8×30+19×40）m先简支后连续预应力混凝土T梁，桥长（250.341+770.160）m；右幅为30m和40m的组合跨径桥梁，上构为（14×30+18×40）m先简支后连续预应力混凝土T梁，桥长1155.16m。下构桥墩为柱式墩及空心墩，扩大基础，钻孔桩基础；桥台为U形台，明挖扩大基础。

10. 甘肃麻崖子隧道

麻崖子特长隧道左洞长4495m，右洞长4500m，隧道斜井一座，长786.04m，坡度18.575%。该项目还设计了一种喷射混凝土模筑装置，该装置大大降低了喷射混凝土的施工难度，也降低了施工成本，且本装置还具有加工简单、成本低廉、适用灵活的特点。

（1）主要构成部分及技术原理

利用两根质量较轻、刚度较高的铝制方管（规格为100mm×50mm×2mm）作为支撑，方铝管与一块按实际要求尺寸加工成的竹胶板连成整体，然后以架立完毕的拱架为依托绑扎牢固，喷浆手随即向模板里喷射初支混凝土，直至把模板内混凝土喷满为止，然后剪断绑丝，向上挪动一块模板的高度再绑扎牢固，再把模板内混凝土喷满，如此循环直至完成初支混凝土的喷射作业。方铝管的长度可根据每个循环的进尺长度确定，以比每个循环进尺稍长为宜。竹胶板的长度以比每个循环进尺稍短为宜。竹胶板高度以重量方便工人拆卸以及不影响二衬净空为原则，一般取 1 ~ 1.5m 高为宜。

(2)实际应用情况

施工完成的喷射混凝土表面平整、光洁，为项目节省了成本，节约了时间。此装置制作简单，使用方便，可以适用于所有设置了钢拱架和格栅拱架的隧道段落，尤其格栅拱架段落施工更为方便，灵活。

11. 四川栾家岩隧道

栾家岩隧道位于广南高速公路 GN10 合同段，为分离式隧道。左洞长 3260m，右洞长 3259m。隧道隧址区地处四川盆地中北部，属构造剥蚀、侵蚀低山窄谷地貌，隧道穿过低山山梁，山岭呈驼状，最高高程栾家岩约 800m，进、出口相对栾家岩高差约 180m。隧址区 K79 + 560 附近通过九龙山背斜轴部，九龙山背斜轴向北东 ~ 北东东，长约 20km，两翼基本对称，倾角 1° ~ 5°，出露均为白垩系下统剑门关组地层。场地岩层产状虽平缓，但因隧道穿越九龙山背斜核部，除背斜核部受构造稍微强烈外，其余段受构造运动影响轻微，节理大多垂直于层面发育，与岩性、构造关系密切，在厚层砂岩中，节理延伸好，间距大，薄—中层状泥质粉砂岩、粉砂岩中节理发育较密集，延伸性差，间距小。

12. 广西万和店隧道群

该项目设置了万和店隧道群，万合店隧道群位于都安县板岭乡永顺村万合店屯境内，全长约 5km，主要构筑物为万和店一号至四号隧道，四座隧道共占全长的 73.5%，其余均为路基。技术亮点：典型的山岭隧道群，统筹交安、通风、照明等设计是隧道群设计的主要重点、难点；隧道出渣的利用和废弃，以及由此带来的环境保护问题也是隧道群设计的难点之一。

13. 广西高岭隧道群

该项目设置了高岭两大隧道群，高岭隧道群位于广西都安县北西约 18km 处的岩溶峰丛中，全长约 8km，主要构筑物为高岭一号至五号隧道，五座隧道共占全长的 92%，其余均为路基。技术亮点：典型的山岭隧道群，统筹交安、通风、照明等设计是隧道群设计的主要重点、难点；隧道出渣的利用和废弃，以及由此带来的环境保护问题也是隧道群设计的难点之一。

14. 广西瑶寨隧道

该项目沿线主要地貌类型有岩溶峰丛洼地地貌、侵蚀堆积河流阶地地貌及剥蚀丘陵地貌。瑶寨隧道(2709m)为六河路上一座较典型的岩溶隧道。

(1)隧道技术难点：在隧道建设过程中因岩溶等不良地质问题可能发生塌方或突泥涌水等施工地质灾害，引起地表水流失、地表塌陷等，从而造成水源枯竭、生态环境恶化等一系列的环境问题，或给后期隧道的运营埋下安全隐患；同时动态的溶蚀作用是长期和持续的,因此如何保证隧道结构在设计和运营周期内的安全是该项目隧道设计主要的技术难点。

(2)技术成果:通过对该项目工程经验的总结,并依托"广西岩溶地区公路隧道修筑关键技术研究",对岩溶地区修建公路隧道提出了岩溶隧道地质勘查和隧道设计指南,并根据相关研究成果,提出岩溶隧道投资控制措施,为广西今后在喀斯特地区所实施的隧道项目提供了指导性建议。随后,根据对指南的再验证和修改,在此基础上,上升为广西地方标准,广西岩溶区公路隧道勘察、设计与施工技术规范。

15. 广西天生桥隧道

该项目沿线主要地貌类型有岩溶峰丛洼地地貌、侵蚀堆积河流阶地地貌及剥蚀丘陵地貌。天生桥隧道(1475m)为六河路上一座较典型的岩溶隧道。

(1)隧道技术难点:①在隧道建设过程中因岩溶等不良地质问题可能发生塌方或突泥涌水等施工地质灾害,引起地表水流失、地表塌陷等,从而造成水源枯竭、生态环境恶化等一系列的环境问题,或给后期隧道的运营埋下安全隐患;同时动态的溶蚀作用是长期和持续的,因此如何保证隧道结构在设计和运营周期内的安全是该项目隧道设计主要的技术难点。②天生桥隧道是桥隧相接结构,天生桥隧道六寨端进口位于垂直的峭壁下,洞口设置了新颖的倒削竹结构。

(2)技术成果:通过对该项目工程经验的总结,并依托"广西岩溶地区公路隧道修筑关键技术研究",对岩溶地区修建公路隧道提出了岩溶隧道地质勘查和隧道设计指南,并根据相关研究成果,提出岩溶隧道投资控制措施,为今后在喀斯特地区所实施的隧道项目提供了指导性建议。随后,根据对指南的再验证和修改,在此基础上,上升为《广西地方标准"广西岩溶区公路隧道勘察、设计与施工技术规范》。

16. 广西茅岭互通

茅岭互通区域最低海拔高程在0m以下(位于K0+060冲仑江河床),主要有残坡积粉质黏土、砂质黏土、含砾砂土、冲洪积黏土、砂、圆砾。岩性主要表现为砾岩、细砂岩、粉砂岩、泥质粉砂岩、砂质页岩等。区域地质相对稳定,可以进行公路工程建设。茅岭互通距离海岸线10多千米,区域内河流均属于咸淡水交汇河域,环境对桥梁结构损害大,根据项目实际情况,钢筋混凝土加入阻锈剂,防止海水对钢筋混凝土腐蚀,加入量为$5kg/m^3$,直接在混凝土制备过程中进行加入。茅岭互通AK1+237.603匝道桥跨越冲仑河,全长251.622m,桥面宽15m,按通航标准Ⅶ(2)级通航设计,单向通航,航道净宽20m,上底宽15m,净高4.5m,侧高2.8m。全桥共2联:[2×25+(40+2×55+40)]m;上部结构第1联采用预应力混凝土(后张)箱梁,先简支后连续,第2联采用后张法预应力混凝土现浇变截面连续箱梁,下部结构0号桥台采用肋板台,6号台采用U形台接承台,基础均为桩基础,

1 号桥墩采用柱式墩，3、5 号桥墩采用实体墩，墩台均采用摩擦桩基础，4 号桥墩采用门式框架墩接承台，桩基础。

本桥第四孔为通航孔，是整个项目的关键控制工程。桥梁施工的重点和难点：一是涉及水中钻孔灌注桩施工，需搭设施工便桥和平台，水中墩柱小型钢围堰施工；二是上部结构为后张法预应力混凝土现浇变截面连续箱梁；三是区域内河流均属于咸淡水交汇河域，河道受到海潮涨落影响，环境对桥梁结构损害大等。

17. 广西膨胀土处理

都安至南宁高速公路第 10 合同段为典型的膨胀土路段，在路基施工中采取了一些切合实际的处理措施：①对膨胀土上边坡，采取先以渗透系数很小的土工膜进行封闭，然后砌筑带泄水槽的拱形骨架，再回填土进行绿化的方法，既满足了膨胀土处理封闭和排水的要求，又美化了景观。②对膨胀土挖方路床，坚持换填 80cm 砾石土，对有地下水影响的地方，还在边沟底增设盲沟，排除地下水，降低地下水位，使路基干燥，与路面结构层的贫混凝土一起，构成保护路面的防线。③对第 10 合同段多处膨胀土坡积层古滑坡，由于施工开挖（上边坡）或加载（下边坡），破坏了原滑坡体的平衡。采取抗滑桩及桩间挡墙技术。有的还根据既有横向滑动又有竖向下沉的实际情况采取抗滑桩抵抗横向滑移，结合复合地基桩和化学灌浆抵抗竖向位移的方法处理复杂地基。如 K326 + 170 ~ K326 + 260 路堤和 K331 + 160 ~ K331 + 200 路堤。④第 10 合同段主线原设计利用方基本上都是膨胀土。原设计全部采取包芯或掺灰改良处理，施工中的质量极难控制，雨季施工更困难。因此，除 K321 + 150 ~ K321 + 400 及 K322 + 000 ~ K322 + 100 两段以土工合成材料加强和包边工艺进行试验路外，将全线膨胀土利用方全部废弃，用砾石土进行填筑路基，保证了路堤的施工质量和施工进度。

18. 广西溶洞溶槽处理

都安至南宁高速公路第 1 ~ 第 4 合同段从石灰岩山区过渡到喀斯特岩溶地区，主线基底多处出现溶洞、溶槽、漏斗等，给路基基底处理造成较大困难。为此，该项目针对不同情况采取了不同措施对岩溶路段的地基进行了处理：①引水疏导。对既落水又冒水的溶洞、泉眼、泉眼群采用盖板竖井、暗涵、渗沟、渗沟网等构造物进行引水疏导处理。②封堵。对落水洞采取片石回填，碎石嵌缝，上部以混凝土板封堵的方法保证路堤的正常施工和路基的稳定。③跨越。对连续的溶洞群采取增设桥梁的方式跨越。该项目为跨越溶洞群增设了 2 座大桥、2 座中桥和 1 座小桥，对较小型的溶洞，采取钢筋混凝土盖板或拱跨越。④局部地基加固。对一些结构物基础部分落在溶洞上的情况，采取在岩面上打入锚杆加固，再浇筑混凝土基底的方法处理。⑤支挡。对路堤坡脚伸至溶洞口的情况，采取增设挡墙，收小坡脚，避开溶洞的方法处理。

(1)茅岭互通AK1+237.603匝道桥第二联上部结构为后张法预应力混凝土现浇变截面连续箱梁,且位于河道区域,采用满堂式支架施工,靠近河岸采用回填硬化基础,钢管桩支撑。河道采用型钢桩,贝雷梁支架施工方法。工程量大、费工、费时,钢筋绑扎和混凝土浇筑时间长。

(2)由于桥跨越冲仑河,河道受到海潮涨落影响,桥墩受海水浸润,在施工技术时考虑减少海水以及空气中氯离子盐蚀,以及海潮对桥墩的冲刷,影响桥梁耐久性,在设计时,对桩基、墩柱等构件提高混凝土强度等级,增厚保护层,在钢筋混凝土加入阻锈剂,防止海水对钢筋混凝土腐蚀。

19.广西软基处理

里程桩号:K49~K56,钦防高速公路濒临北部湾,沿线经过海潮淤积的软土地段约为7.682km,经过滩涂6km,软土地带的工点百余处,处理好软土地基地段的施工成为保证路基质量的关键。指挥部除及时组织研究项目指导施工外,还努力发挥承包人的力量,全线软基地段路基采取了清淤换填、抛石挤淤、塑料芯板桩加土工布砂垫层,土工隔栅的办法,其中以插打塑料芯板加上土工布砂垫层处理为最多,效果也最好。全线7km地段共插打芯板桩87.14万m,砂垫层16.69万m^3,铺土工布30.6万m^2。本工程的K49~K56段右临暗埠江出海口路线除常山尾岛以外全部跨越滩涂,其中尤以常山尾到防城港跨越最长(1.8km)软土最深(7~11m),路基施工受每天1~2次潮水涨落影响,用清淤和砂井、塑料排水板处理均很困难,最后利用常山尾开挖的石方先抛填路基,然后用15t的强力夯击实表面,经检验,振后的路基1m深度的压实度也都达到90%。为了保证路面铺装的可靠,K53~K56段路面的基层下还增加了一层有土工格栅18cm厚的底基层和一层18cm的调整层。

第十一节　G85(银昆高速公路)银川至昆明高速公路

G85(银昆高速公路)是国家"71118+6"高速公路网11条南北纵线中的第十一纵,是连接宁夏、甘肃、陕西、四川、重庆、云南六省(自治区、直辖市)的重要省际大通道。原"7918"规划中的G85(渝昆高速公路)起于重庆,"71118"规划后,该路段向北延伸至银川,形成了现在的G85(银昆高速公路)。G85(银昆高速公路)对缓解西部地区南北向的交通运输压力具有十分积极的作用,促进了西部地区经济发展,加强了中西部地区的联系与交流,是这一地区的重要经济和战略通道。

G85(银昆高速公路)规划起点位于宁夏回族自治区银川市石坝村,终点位于云南省昆明市小庄立交。规划里程1971km,通车里程1364.480km,四车道1298.100km,六车道

66.380km。经过宁夏(银川、中宁、固原)、甘肃(平凉)、陕西(宝鸡、汉中)、四川(巴中、南充、广安、内江、宜宾)、重庆、云南(昭通、曲靖、昆明)。1990 年 9 月成渝公路重庆段率先开始施工,目前,宁夏段、甘肃段尚未建成通车。

拥有联络线四条:

G8511(昆磨高速公路)昆明至磨憨高速公路,起点位于云南省昆明市石虎关立交,终点位于云南省磨憨镇。规划里程 663.00km,通车里程 507.604km,四车道 424.637km,六车道 82.967km。途经昆明、玉溪、元江、思茅、磨憨(口岸)。目前,小勐养至磨憨段尚未建成通车。

G8512(景打高速公路)景洪至打洛高速公路,待建。

G8513(平绵高速公路)平凉至绵阳高速公路,起点位于甘肃省平洛收费站,规划终点位于四川省绵阳(张家坪互通)。规划里程 812.50km,通车里程 253.639km,四车道 253.639km。途经平凉、华亭、庄浪、天水、成县、武都、九寨沟、平武、绵阳。目前,四川段尚未建成通车。

G8515(广泸高速公路)广安至泸州高速公路。规划起点位于四川省广安市,规划终点位于四川省泸州市。规划里程 262.40km,通车里程 131.804km,全线四车道。途经广安、武胜、永川、泸州。目前,四川段尚未建成通车。

一、路线概况

G85(银昆高速公路)路线信息见表 9-39,沿线互通、出入口、服务区信息见表 9-40,并行线、联络线路线信息见表 9-41,并行线、联络线沿线互通、出入口、服务区信息见表 9-42。

G85(银昆高速公路)**路线信息表** 表 9-39

编号	省份	省(区、市)内起点	省(区、市)内终点	途经市、县	通车里程(km)
G85	宁夏	银川	高寨塬(宁甘界)	银川市	100.738
	甘肃	在建			—
	陕西	陇县大桥村	南郑县小坝村	陇县、千阳县、凤翔县、勉县、南郑县	153.371
	四川	广安望龙枢纽	宜宾市宜宾县四川冠英收费站	内江市、隆昌县、内江市辖区、自贡市辖区、富顺县、宜宾市辖区、宜宾县	425.518
	重庆	合川	荣昌桑家坡	合川区、北碚区、沙坪坝区、九龙坡区、璧山区、永川区、荣昌区	110.548
	云南	云南站(川滇界)	小庄立交	水富县、盐津县、永善县、大关县、昭通市昭阳区、鲁甸县、威宁县、会泽县、寻甸县、嵩明县、空港经济区、经开区、呈贡区	500.299

G85(银昆高速公路)沿线互通、出入口、服务区信息表 表9-40

编号	省份	沿线互通	出入口	服务区
G85	宁夏	机场、灵武北、灵武南枢纽互通	邻河、机场、灵武北、灵武南出入口	河东机场服务区
	甘肃	在建		
	陕西	火烧寨、陇县、水沟、千阳、南寨、凤翔、千河、石门、汉中西、梁山、南郑、南湖、喜神坝互通	火烧寨、陇县、水沟、千阳、南寨、凤翔、汉中西、南郑、南湖、喜神坝出入口	陇县、宝鸡北、天汉水城服务区。汉中西停车区
	四川	望龙、广门、隆昌、苏家桥、万家桥、象鼻枢纽互通	大山铺、金银湖、自贡、板桥、白马、永安、内宜高速、鱼箭、邱场、宜宾北、宜宾南、象鼻、兴隆、四川(冠英)、柏溪、内宜高速出入口	自贡、内江、金银湖、宜宾、冠英服务区
	重庆	永川、绕城成渝互通、绕城北互通、西环、高滩岩、红槽房、杨公桥、石马河、北环、礼嘉、三溪口、新三溪口互通	渝荣主线、荣隆、荣昌、荣昌东、邮亭、永川、大安、丁家、青杠、走马、九龙坡主线、水土、施家梁出入口	永川、荣昌服务区
	云南	小铺立交、王家营立交	云南省界主线站、楼坝、庙口、普洱、中和、豆沙、麻柳湾、大关、悦乐、上高桥、靖安、昭通北、昭通、昭通南、鲁甸、田坝、江底北、江底南、迤车、阿都、黑土、会泽、待补、板坡、卡竹、蒲草塘、功山、金所、羊街、小铺、小街、杨林、空港、经开区、王家营	楼坝、串丝、中和、龙坪、悦乐、靖安、昭通北、昭通南、小海、野猪冲、迤车、会泽、待补、岗纪、潘所、小铺、大板桥服务区

G85(银昆高速公路)并行线、联络线路线信息表 表9-41

编号	省份	省(市)内起点	省(市)内终点	途经市、县	通车里程(km)
G8511	云南	石虎关立交	磨憨镇	昆明市官渡区、呈贡区、晋宁县、玉溪市、峨山县、新平县、元江县、墨江县、宁洱县、普洱市、景洪市	507.604
G8512	云南	待建			—
G8513	甘肃	平洛收费站	马街收费站	成县、康县、武都区	253.639
	四川	待建			
G8515	四川	在建			131.804
	重庆	合川(川渝界)	吉安(渝川界)	永川区、合川区	

G85(银昆高速公路)并行线、联络线沿线互通、出入口、服务区信息表 表9-42

编号	省份	沿线互通	出入口	服务区
G8511	云南	石虎关、昆玉、红龙厂互通	鸣泉村、广卫、王家营、呈贡、吴家营、马金铺、富有、河西场、牛恋乡、余家海、清水河、北城、九龙池、通站、高仓、研和、小街、峨山、化念、大开门、扬武、青龙厂、甘庄、元江、红光、南溪、碧溪、墨江、忠爱、通关、把边、臭水、磨黑、宁洱、同心、思茅北、刀官寨、曼歇坝、南岛河、普文、大渡岗、关坪、野象谷、小勐养、银河、景洪、菜阳河、勐宽、勐仑、勐远、龙林、勐腊北(昆明)、勐腊南、勐腊北(磨憨)、曼庄、尚勇出入口	呈贡、余家海、刺桐关、研和、峨山、小甸中、扬武、甘庄、墨江、通关、黄庄、普文、大渡岗、小勐养、菜阳河、勐仑、勐远、勐腊、小龙哈服务区

续上表

编号	省份	沿线互通	出入口	服务区
G8512	云南	待建		
G8513	甘肃	府城互通	平洛、忘子关、佛崖东、佛崖西、安化、马街出入口	佛崖服务区，柏林、平洛停车区
	四川	待建		
G8515	四川	在建		
	重庆	沙溪、十塘、旧县、二坪、铜梁、铜梁西、铜梁南、雍溪、万古、双石、三教、永川西、永川南互通	沙溪、十塘、旧县、二坪、铜梁、铜梁西、铜梁南、雍溪、万古、双石、三教、永川西、永川南出入口	无

二、路网关系

G85（银昆高速公路）路网关系示意图如图9-11所示。

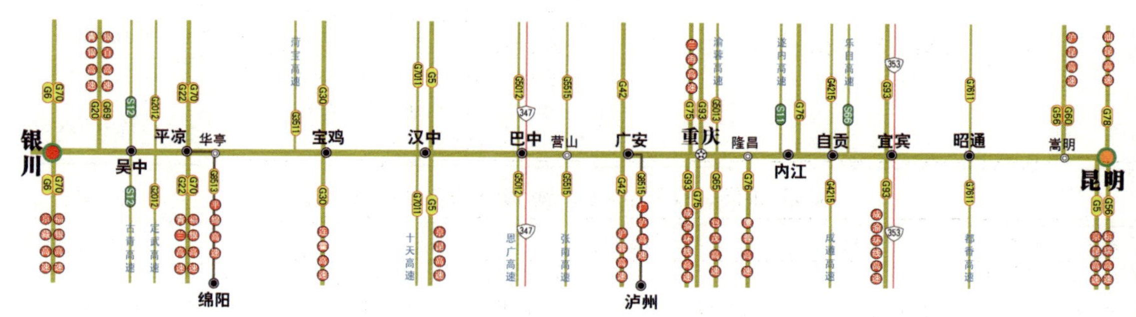

图9-11　G85（银昆高速公路）路网关系示意图

三、建设历程

1. 宁夏石坝至河东机场段改扩建

2006年10月开工建设，2008年8月建成通车，全长8km，全线四车道，设计速度80km/h。总投资2.3234亿元，资金来源：地方投入。占地889.21亩。项目管理单位：宁夏公路建设管理局；勘察设计单位：宁夏公路勘察设计院有限责任公司；监理单位：西安公路交大建设监理公司；施工单位：中铁十九局集团第二工程有限公司、宁夏路桥工程股份有限公司等。

2. 宁夏银川河东机场至灵武段改扩建

2007年6月开工建设，2008年10月建成通车，全长12.8km，全线四车道，设计速度80km/h。总投资3.4589亿元，资金来源：地方投入。占地174亩。项目管理单位：宁夏公路建设管理局；勘察设计单位：宁夏公路勘察设计院有限责任公司；监理单位：宁夏华吉公路工程监理咨询有限公司;施工单位:中国路桥工程有限责任公司等。

3. 宁夏灵武电厂立交段

2006年10月开工建设,2007年5月建成通车,全长2.2km,全线四车道,设计速度60km/h。建成大桥1座。总投资0.8705亿元,资金来源:地方投入。占地212.8亩。项目管理单位:宁夏公路建设管理局;勘察设计单位:宁夏公路勘察设计院有限责任公司;监理单位:宁夏华吉公路工程监理咨询有限公司;施工单位:宁夏华侨园集团公路工程有限公司等。

4. 宁夏灵武至甜水堡段

2009年9月开工建设,2011年12月建成通车,全长72.72km,全线四车道,设计速度80km/h。建成大桥6座。总投资61.16亿元,资金来源:中央投入、地方投入、银行贷款。占地6989.6亩。项目管理单位:宁夏公路建设管理局;勘察设计单位:宁夏公路勘察设计院有限责任公司;监理单位:西安公路交大建设监理公司、宁夏华吉公路工程监理咨询有限公司;施工单位:宁夏华侨园集团公路工程有限公司、中铁十三局集团有限公司、宁夏路桥工程股份有限公司等。

5. 陕西陇县(火烧寨)至宝鸡段

2009年4月开工建设,2011年11月建成通车,全长105.01km,四车道83.71km,六车道21.3km,设计速度80km/h、100km/h。建成特大桥:千河特大桥、千河1号特大桥、涧口河特大桥、五里坡特大桥、南村特大桥、四支渠特大桥、穆家寨特大桥,共7座。建成大桥33座。建成长隧道1座。总投资67.32亿元,资金来源:中央投入、银行贷款。占地10463.0亩。项目管理单位:陕西宝汉高速公路建设管理有限公司;勘察设计单位:西安公路研究院、陕西省交通规划设计研究院;监理单位:陕西高速公路工程咨询有限公司、陕西公路交通工程监理咨询有限公司等;施工单位:中铁一局集团有限公司、中交第一公路工程局有限公司等。

6. 陕西汉中至陕川界段

2009年11月开工建设,2015年8月建成通车,全长53.768km,四车道35.257km,六车道18.511km,设计速度80km/h、100km/h。建成特大桥:石门枢纽主线桥、汉江特大桥,共2座。建成大桥26座。建成长隧道3座。总投资51.8亿元,资金来源:地方投入、银行贷款。占地7128.0亩。项目管理单位:陕西宝汉高速公路建设管理有限公司;勘察设计单位:中交第一公路勘察设计研究院有限公司;监理单位:陕西高速公路工程咨询有限公司、陕西公路交通工程监理咨询有限公司等;施工单位:中铁十八局集团有限公司等。

7. 巴陕高速公路四川段

2009年9月开工建设,2013年12月建成通车,全长117.8km(四川境115km,陕西境

2.8km）。全线四车道，设计速度80km/h。建成特大桥：头道水特大桥、长店子特大桥、赤溪南江河特大桥、马掌铺南江河特大桥、观音岩南江河特大桥、田家坝巴河特大桥，共6座。建成大桥82座。建成特长隧道：高家湾隧道、八庙隧道，共2座。建成长隧道12座。总投资147.41亿元，资金来源：企业投入、银行贷款。占地6896亩。项目管理单位：四川巴陕高速公路有限责任公司；勘察设计单位：四川省交通厅公路规划勘察设计研究院、中国公路工程咨询集团有限公司等；监理单位：四川省公路工程监理事务所、武汉中交路桥设计咨询有限公司等；施工单位：中铁一局集团有限公司、四川川交路桥有限责任公司等。

8. 巴广渝高速四川段

2013年4月开工建设，2016年10月建成通车，全长207.465km，全线四车道，设计速度80km/h。建成特大桥：梁永巴河特大桥、双坝左线特大桥、渠江特大桥，共3座。建成大桥225座。建成长隧道12座。总投资174.2亿元，资金来源：地方投入、银行贷款121.9亿元。占地20368亩。项目管理单位：四川巴广渝高速公路开发有限责任公司；勘察设计单位：云南省交通规划设计研究院、四川省交通运输厅公路规划勘察设计研究院等；监理单位：武汉中交路桥设计咨询有限公司、四川省公路工程监理事务所等；施工单位：四川公路桥梁建设集团有限公司、中国建筑股份有限公司等。

9. 成渝公路重庆段

1990年9月开工建设，1995年5月建成通车，全长93.0km，全线四车道，设计速度80km/h。建成大桥3座。建成特长隧道：中梁山隧道，共1座。建成长隧道1座。总投资14.95亿元，资金来源：中央投入、地方投入、银行贷款。占地7163.0亩。项目管理单位：重庆高等级公路建设指挥部；勘察设计单位：铁道部第二勘测设计院、四川省公路规划勘察设计院；施工单位：铁道部第二工程局、铁道部第五工程局等。

10. 四川内江至宜宾至云南水富段

1994年开工建设，2006年建成通车（本项目分三期通车，一期工程内江至自贡段39.5km于1997年9月建成通车，二期工程自贡至宜宾段67.5km于1999年12月建成通车，三期工程宜宾至云南水富段28.68km于2006年11月建成通车）。全长135.68km，全线四车道，设计速度80km/h、120km/h。建成特大桥：岷江二桥，金沙江特大桥，共2座。建成大桥43座。总投资37.9亿元，资金来源：中央投入、地方投入、银行贷款。占地11192亩。项目管理单位：四川省川南高等级公路开发股份有限公司；勘察设计单位：四川省交通厅公路规划勘察设计研究院；监理单位：四川省公路工程监理处、四川省国际工程监理公司等；施工单位：中国交通建设集团有限公司、铁三局三处等。

11. 云南水富至麻柳湾段

2004年10月开工建设，2008年6月建成通车，全长135.34km，全线四车道。设计速度60km/h。建成特大桥:滴水岩特大桥、黄荆坝特大桥、喇叭溪特大桥、楼坝段主线桥、麻柳湾段主线桥、沙沙坡特大桥、小关溪特大桥,共7座。建成大桥172座。建成长隧道5座。总投资89.27亿元,资金来源:地方投入、银行贷款。占地14474.94亩。项目管理单位:云南水麻高速公路建设指挥部;勘察设计单位:云南省公路规划勘察设计院;监理单位:云南省公路工程监理咨询公司等;施工单位:中铁大桥局集团有限公司、中铁三局集团有限公司等。

12. 云南麻柳湾至昭通段

2013年3月开工建设,2015年12月建成通车。全长105.756km,四车道83.88km,六车道21.88km,设计速度80km/h、100km/h。总投资145.28亿元,资金来源:中央投入、地方投入、银行贷款。占地11754.0亩。项目管理单位:云南麻昭高速公路建设指挥部;勘察设计单位:云南省交通规划设计研究院等;监理单位:云南公路工程监理咨询有限公司等;施工单位:中铁大桥局集团有限公司等。

13. 云南昭通至会泽段

2013年7月开工建设,2015年9月建成通车,全长104.411km,全线四车道,设计速度80km/h。总投资69.91亿元,资金来源:中央投入、地方投入、银行贷款。占地4434.6亩。项目管理单位:云南昭会高速公路建设指挥部;勘察设计单位:云南省交通规划设计研究院;监理单位:云南公路建设监理公司、云南省公路工程监理咨询公司等;施工单位:中铁十二局集团有限公司、中铁十六局集团有限公司等。

14. 云南会泽至待补段

2005年开工建设,2007年建成通车,全长38.0km,全线四车道,设计速度60km/h。总投资48.88亿元,资金来源:交通部车购税投入、地方投入、银行贷款。占地14326.41亩。项目管理单位:云南昭待高速公路建设指挥部;勘察设计单位:中交第二公路勘察设计院、云南省公路规划勘察设计院;监理单位:云南公路建设监理公司、云南省公路工程监理咨询公司、武汉中交路桥设计咨询有限公司等;施工单位:中铁大桥局集团有限公司、中铁十八局集团有限公司等。

15. 云南待补至功山段

2013年7月开工建设,2015年9月建成通车,全长67.18km,全线四车道,设计速度80km/h。总投资77.41亿元,资金来源:中央投入、地方投入、银行贷款。占地6233.0亩。项目管理单位:云南待功高速公路建设指挥部;勘察设计单位:云南省交通规划设计研究院;监理单位:云南省公路工程监理咨询公司等;施工单位:中铁十二局集团有限公司等。

16. 云南功山至嵩明段

2000年3月开工建设,2003年12月建成通车,全长56.791km,全线四车道,设计速

度 80km/h。建设大桥 4 座。总投资 25.19 亿元,资金来源:地方投入。占地 11838.0 亩。项目管理单位:云南嵩待高速公路建设指挥部;勘察设计单位:云南省公路规划勘察设计院;监理单位:云南公路建设监理公司等;施工单位:中港第一航务工程局第四工程公司、西南交通建设工程总公司等。

17. 云南昆明至嵩明段

1992 年开工建设,1996 年建成通车,全长 44.95km,全线四车道,设计速度 100km/h。建成特大桥:小庄立交桥、龙泉长桥,共 2 座。建成大桥 3 座。总投资 20.42 亿元,资金来源:地方投入。占地 9943.59 亩。项目管理单位:重点公路昆明枢纽工程建设指挥部;勘察设计单位:云南省公路勘察规划设计院;监理单位:云南省公路工程监理咨询公司;施工单位:重点公路昆明枢纽工程建设指挥部、云南省公路五处等。

四、联络线及并行线

1. G8511(昆磨高速公路)昆明至磨憨高速公路

云南昆明至玉溪段。1997 年 11 月开工建设,1999 年 4 月建成通车,全长 86.34km,全线六车道,设计速度 80km/h、100km/h。建成大桥 6 座。总投资 18.3 亿元,资金来源:企业投入、银行贷款。项目管理单位:云南昆玉高速公路开发有限公司;勘察设计单位:云南省公路规划勘察设计院;监理单位:云南省公路工程监理咨询公司;施工单位:云南公路桥梁工程处等。

云南玉溪至元江段。1997 年 5 月开工建设,2000 年 6 月建成通车,全长 112.09km,全线四车道,设计速度 60km/h。建成特大桥 1 座:化皮冲特大桥。建成大桥 34 座。建成长隧道 2 座。总投资 39.28 亿元,资金来源:地方投入、银行贷款。占地 14724.8 亩。项目管理单位:云南玉元公路建设指挥部;施工单位:铁道部第二工程局、铁道部第十二工程局等。

云南元江至磨黑段。2000 年 5 月开工建设,2003 年 12 月建成通车,全长 147.0km,全线四车道,设计速度 60km/h。建成特大桥 1 座:红河大桥。建成大桥 133 座。建成特长隧道 1 座:大风垭口隧道。建成长隧道 2 座。总投资 66.47 亿元,资金来源:中央投入、交通部车购税投入、地方投入、银行贷款。占地 14323.0 亩。项目管理单位:云南元磨高速公路建设指挥部;勘察设计单位:云南省公路规划勘察设计院;监理单位:云南省公路工程监理咨询公司等;施工单位:中铁一局集团有限公司、中国路桥(集团)总公司等。

云南磨黑至思茅段。2008 年 10 月开工建设,2011 年 4 月建成通车,全长 64.51km,全线四车道,设计速度 60km/h。建成大桥 6 座。建成长隧道 2 座。总投资 61.59 亿元,资金来源:中央投入、地方投入、银行贷款。占地 6269.03 亩。项目管理单位:普洱磨思高速公路开发经营有限公司;勘察设计单位:云南省公路规划勘察设计院;监理单位:云南公路建设监理公司、云南云路监理咨询有限公司等;施工单位:云南路桥股份有限公司、湖南省永州市公路桥梁建设有限公司等。

云南思茅至小勐养段。2003 年 6 月开工建设,2006 年 4 月建成通车,全长 97.76km,全线四车道,设计速度 60km/h。建成大桥 78 座。总投资 34.57 亿元,资金来源:中央投入、地方投入、银行贷款。占地 8766.18 亩。项目管理单位:云南思小高速公路建设指挥部;勘察设计单位:云南省公路规划勘察设计院;监理单位:云南省公路工程监理咨询公司等;施工单位:中铁十八局集团有限公司、中铁隧道集团有限公司等。

2. G8512(景打高速公路)景洪至打洛高速公路

云南小勐养至景洪段。2005 年开工建设,2008 年建成通车,全长 17.854km,全线四车道,设计速度 80km/h。建成长隧道 1 座。总投资 59.56 亿元,资金来源:交通部车购税投入、地方投入。占地 2073.3 亩。项目管理单位:云南小磨公路建设指挥部;勘察设计单位:云南省公路勘察设计院;监理单位:云南省公路工程监理咨询公司等;施工单位:中铁十二集团有限公司、中铁大桥局集团有限公司等。

3. G8513(平绵高速公路)平凉至四川绵阳高速公路

甘肃成县至武都段。2011 年 3 月开工建设,2014 年 11 月建成通车,全长 94.36km(四车道 89.93km,八车道 4.43km),设计速度 80km/h。建成特大桥:武都西互通立交 C 匝道桥、府城特大桥、索池特大桥、支家坝特大桥、平洛河 1 号特大桥、平洛河 2 号特大桥、平洛河 3 号特大桥、平洛河 4 号特大桥、K74 +905 北峪河 9 号特大桥,共 9 座。建成大桥 84 座。建成特长隧道:武都西隧道、樊家山隧道、米仓山隧道、太石隧道,共 4 座。建成长隧道 8 座。总投资 120.96 亿元,资金来源:中央投入、银行贷款。占地 4114.0 亩。项目管理单位:甘肃长达路业有限责任公司;勘察设计单位:中交公路规划设计院有限公司、中国公路工程咨询集团有限公司等;监理单位:中国公路工程咨询集团有限公司、深圳高速工程顾问有限公司等;施工单位:中交第一公路工程局有限公司、中铁隧道集团有限公司等。

四川段待建。

4. G8515(广泸高速公路)广安至泸州高速公路

四川段待建。

重庆武胜(川渝界)至合川段。与 G75(兰海高速公路)共线。

重庆合川至铜梁段。2012 年 12 月开工,2014 年 12 月建设通车,全长约 29.31km,全线四车道,设计速度 80km/h。建成大桥 3 座。总投资 18.07 亿元,资金来源:企业投入、银行贷款。项目管理单位:重庆四航铜合高速公路有限公司;勘察设计单位:中交第二公路勘察设计研究院;监理单位:北京中交公路桥梁工程监理有限公司、中国公路工程咨询集团有限公司;施工单位:中交第四航务工程局有限公司等。

重庆铜梁至永川段。2012 年 12 月开工建设,2015 年 9 月建成通车。全长约 63.85km,全线四车道,设计速度 80km/h。建成特大桥 1 座。建成长隧道 1 座。总投资 38.53 亿元,资金来源:企业投入、银行贷款。项目管理单位:重庆四航铜合高速公路有限公司;勘察设计单位:中交第四公路工程局有限公司等;监理单位中交路桥设计咨询有限公司等;施工单位:中交第四公路工程局有限公司

重庆永川至荣昌段。与 G85(银昆高速公路)共线。

重庆荣昌至泸州(川渝界)段。在建。

五、先进技术的研究与应用

1. 光纤智能隧道与边坡的监测技术应用研究(云南)

嵩明至待补公路采用光纤监测技术作为隧道和边坡健康诊断的一种先进手段,它的应用与推广具有广泛的社会效益和巨大的经济效益。云南高速公路隧道和边坡发生病害的比率较高,影响到公路的畅通,也影响到在建隧道的质量、经费和工期。采取有效的监测方法,及时诊断,查清病因,有效治理,保证公路畅通和运营,具有重要的意义。

2. 元江高墩特大桥施工关键技术研究(云南)

元江至磨黑高速公路元江高墩特大桥施工技术研究课题组,探索出当时国内最大索长的 264m 弯曲管道真空辅助压浆工艺流程,首次在连续刚构桥上采用竖向预应力钢绞线,克服了竖向粗钢筋有效预应力难以控制的问题,解决了红河大桥在昼夜温差大的情况下高性能混凝土长距离(400m)、高泵程(150m)泵送的施工难题。红河大桥在高墩施工中,采用翻升模板与脚手架平台相结合的方法,与滑升或爬升模板相比,节省费用约 300 万元;高强度、高性能混凝土的使用节省费用约 48 万元;采用 PT-PLUSTM 塑料波纹管,与镀锌波纹管相比,降低成本约 168 万元。红河大桥主跨 265m,合龙误差仅为 2cm。123.5m 的连续刚构柔性高墩,施工误差也在 1cm 以内。

3. 硅藻土改性沥青混合料路面及其施工工艺(云南)

磨黑至思茅高速公路项目发明的一种硅藻土改性沥青混合料路面,其特征在于这种沥青混合料路面由一定比例的沥青、砂石料和硅藻土混合而成,这种硅藻土改性沥青混合料路面施工工艺包括施工准备、铺筑试验路段、清扫下面(基)层、喷洒透层(黏层)油、硅藻土改性混合料拌和、运输、摊铺机摊铺、碾压成型、检测。最后等路面冷却后开放交通,能较好地改善沥青混合料的路用性能,提高沥青路面的耐久性和抗车辙性,且工艺简单易操作,造价低。

4. 边坡生态恢复工程技术研究(云南)

思茅至小勐养高速公路的边坡生态恢复工程技术研究利用山毛豆、木豆、猪屎豆这三

种灌木耐旱耐瘠、抗逆性强、根系发达、枝叶繁茂、生长迅速、可涵养水土、提高地力的特性进行绿化。在云南元磨、思小等高速公路边坡生态恢复中的应用结果表明:以山毛豆、木豆、猪屎豆这三种灌木为主进行绿化,所形成的植物群落较稳定,绿化护坡效果好,对干旱、风沙等的抗逆性强,特别适用于热带、亚热带公路、堤坝的边坡水土保持及生态恢复工程。

5.公路隧道太阳能照明系统研究(云南)

云南小磨公路15合同勐远1号隧道照明系统应用了项目组提出的公路隧道太阳能照明系统。该系统于2007年12月开始施工,2008年11月完工,太阳能电站装机功率60.48kW,LED照明灯具装机功率34.19kW,采用一维旋转跟踪模式、对称布灯模式和采用PLC及无线地感控制的隧道节能控制技术。系统运行17个月基本无须维护,工作正常,行经该隧道的驾驶员主观感觉良好,未发生交通事故,隧道行车安全水平得到很大提高,社会效益明显。常规设计钠灯的功率一般在130~170kW,该项目实际的装机功率仅有34.19kW,是传统隧道的20%~26%。此外,还采用了低交通量条件下的智能控制技术,节能效果更为明显。与常规隧道照明系统相比,隧道实测节约电能62.5%。以同长度的常规电网供电的170kW隧道照明系统为例,若常规供电价格按照0.5元/(kW·h)计算,则每年可节约电能约31万kW/h,折合资金约15万元。此外,该系统还将剩余电量送达勐远2号隧道,减少了电网电量取用,整体的社会效益和经济效益十分显著。

六、复杂技术工程

1.云南红河大桥

云南红河大桥位于云南省元江县城西北,是G8511(昆磨高速公路)元江至磨黑高速公路上的一座特大型桥梁。该桥由云南省交通规划设计研究院与北京建达道桥咨询有限公司共同设计,于2003年5月建成。红河大桥跨越V形深谷,谷深170多米,采用主跨为265m的5跨不等跨的连续刚构。桥梁总长801m。平面第一跨中的56.66m位于半径800m、转角1451′25″的缓和曲线内,其余各跨均位于直线上。本桥基层为微风化板岩,桥台和1、4号边墩采用扩大基础,2、3号中墩采用群桩基础,承台下设20根ϕ2m桩。大桥箱梁采用直腹板单箱单室结构,结构轻巧、美观。2、3号主墩单T箱梁,梁高按1.5次抛物线变化,其余主梁梁高采用2次抛物线。底板厚度均采用2次抛物线变化。箱梁腹板厚度采用40cm、50cm、60cm三个标准梯度变化,仅在边跨梁端和主梁零号块稍有加厚。该桥2、3号墩顶梁高为14.5m,高跨比为1/18.3;根部底板厚度为130cm,底板厚跨比为1/127;根部腹板厚度为60cm,腹板厚跨比为1/442;跨中腹板厚度仅为40cm;箱梁顶板横向悬臂长度最长达到5.5m。在次边跨和中跨合龙段位置各设置两道厚40cm的横隔板。

2. 重庆中梁山隧道

成渝高速公路中梁山隧道全长3165m，是我国第一座长度超过3000m的特长公路隧道。隧道通风系统为右线采用射流风机纵向通风，左线采取竖井吸出式加射流风机组合纵向通风方式，鉴于中梁山隧道采用竖井吸出纵向通风方式，在上坡隧道出口端设计了深度为227.65m的通风竖井，竖井井筒为6.5m，井口段20m高度处直径扩大为8.4m，在井底设30m联络通道与正洞接通，竖井大部分处于软弱围岩。竖井特殊的结构特征和不利的地质条件增加了施工难度。该竖井特邀有经验的原冶金部攀枝花矿山建设公司承建，施工单位采用小井反掘加正掘扩大开挖法，成功地完成了竖井施工。中梁山隧道穿越的中梁山背斜存在4条地质大断层，极易产生塌方，洞内灰岩地段岩溶现象较严重，岩溶地下水丰富，常常发生涌水，隧道中部压煤层厚约30m，属高瓦斯区。中梁山隧道在施工中碰到4个断层和两组二迭系裂带，岩石破碎，极易坍塌，断层裂隙带有瓦斯突出的煤层，瓦斯含量达每小时30m^3。中梁山隧道首次采用新奥法施工，全断面开挖、全机械化施工，但该隧道地质极为复杂，围岩类别不断变化，且有断层、煤线、采空区等。特别是软弱围岩地段，全机械化几乎无用武之地，施工单位不得不采取多种施工方法，如增设钢支撑、小管棚法、长管棚法等有效措施，顺利通过了多处断层及软弱围岩。在瓦斯地段采用小导坑开挖和防爆型机具人工掘进。同时，以科学技术治“五毒”。中梁山隧道地质结构复杂，有瓦斯、渗水、溶洞、断层、压煤“五毒俱全”之说。针对不同的塌方，采用了混凝土堵截墙预注浆处理大塌方，采用钢拱处理小塌方和超前管棚预注浆的防塌施工方法。此外，对溶洞采用清除充填物后进行喷锚支护回填方法成功地处理过两个较大溶洞。对于洞内涌水，采取了以堵为主，防排结合的措施，在防水层的采用上，第一次采用了无纺布加塑料防水板防水方法，在隧道防漏水的材料使用和工艺方法上做了有益的尝试。为了预防瓦斯突出造成安全事故，业主聘请了中国煤炭科学研究院重庆分院的专家对小导坑地段地质、涌水、瓦斯分布情况采用地质雷达进行预探预测，边预探边进行导坑掘进，钻出瓦斯，达到了安全排放瓦斯的预期目的。

3. 云南大风垭口隧道

元磨高速公路大风垭口隧道上行线全长3373m，下行线全长3354m，上下行线隧道两侧中线间距离为：元江口约为52m，磨黑口约为44m。上行线隧道纵坡采用+0.5%、-1.29%的人字坡，最大埋深约为309m。下行线隧道纵坡采用+0.5%、-1.47%的人字坡，最大埋深约为331m。隧道设计净跨为10.9m，净高为7.2m，上、下行线均设置5处紧急停车带及相应5条行车横洞，工程总投资达3.29亿元。2003年11月18日正式通车。它的贯通加速了元磨高速公路的修建进程。

4. 云南螺旋展线

水麻路老堡山路段地形狭窄、山高水急，采用螺旋曲线围绕老堡山盘旋展线的办法集中升坡。螺旋曲线由5个连续右偏卵形曲线组成,中间夹7段缓和曲线,全部桥、隧均位于右偏螺旋曲线上。螺旋曲线总转角近330°,形成一个巨大的“α”形,其中,老店子1号隧道转角就达155°,河咀大桥转角98°。如此大转角的螺旋曲线桥、隧设计,在全国均属于首创,在世界高速公路史上也极为罕见。这段公路的成功修建,为山区高速公路建设提供了新的展线思路。

本章编写人员:刘　鹏　赵　乐　李鹏飞　王　婷　聂记良
本章编写单位:中国公路建设行业协会
本章资料提供:各省(自治区、直辖市)交通运输厅(委)
本章审核人员:范正金　李关寿　李志强

第十章
国家高速公路 18 条东西横线

第一节　G10(绥满高速公路)绥芬河至满洲里高速公路

G10(绥满高速公路)是国家"71118 +6"高速公路网 18 条东西横线中的第一横,经过绥芬河、东宁、满洲里三个一类口岸。G10(绥满高速公路)与干线连同其联络线和地方高速公路形成了黑龙江省的高速公路网络,是连接边境口岸和重要城市的经济战略通道,进一步扩大口岸的辐射范围,对繁荣口岸经济和国际贸易起到重要作用。

G10(绥满高速公路)起点位于绥芬河市绥芬河收费站,规划终点位于内蒙古自治区满洲里口岸。规划里程 1441.09km,通车里程 1257.687km,全线四车道。经过黑龙江(绥芬河、牡丹江、哈尔滨、大庆、齐齐哈尔)、内蒙古(阿荣旗、博克图、牙克石、海拉尔)。1996 年 5 月黑龙江哈尔滨至大庆段率先开始施工。目前,海拉尔至满洲里尚未建成通车。

拥有联络线四条:

G1011(哈同高速公路)哈尔滨至同江高速公路,起点位于哈尔滨市道外区东风镇东风互通区,终点位于哈同高速公路 K571 +800(同江市)。规划里程 572.00km,通车里程 575.065km,四车道 571. 640km。途经哈尔滨、佳木斯、双鸭山、同江。目前,G1011(哈同高速公路)已全线建成通车。

G1012(建黑高速公路)建三江至黑瞎子岛高速公路,起点位于二龙山,终点位于黑瞎子岛。规划里程 235.00km,通车里程 238.375km,全线四车道。途经建三江、抚远、黑瞎子岛。目前 G1012(建黑高速公路)已全线建成通车。

G1013(海张高速公路)海拉尔至张家口高速公路,起点位于海拉尔(哈克互通),终点位于张家口市万全区太师庄互通。规划里程 1418.86km,通车里程 409.663km,全线四车道。途经海拉尔、阿尔山、阿力得尔、霍林郭勒、锡林浩特、太仆寺旗、张北、张家口。目前,哈拉尔至锡林浩特段尚未建成通车。

G1015(铁科高速公路)铁力至科右中旗高速公路,规划起点位于铁力,规划终点位于科尔沁右翼中旗。规划里程 854.80km,通车里程 26.651km,全线四车道。途经铁力、方正、尚志、榆树、松原、通榆、科尔沁右翼中旗。目前,吉林解放至二莫段建成通车。

一、路线概况

G10(绥满高速公路)路线信息见表10-1,沿线互通、出入口、服务区信息见表10-2,并行线、联络线路线信息见表10-3,并行线、联络线沿线互通、出入口、服务区信息见表10-4。

G10(绥满高速公路)路线信息表 表10-1

编号	省份	省内起点	省内终点	途经市、县	通车里程(km)
G10	黑龙江	绥芬河市绥芬河收费站	金界(黑蒙界)	绥芬河市、东宁县、穆棱市、牡丹江市市区、海林市、尚志市亚布力镇、尚志市、阿城区、肇东市、安达市、大庆市、萨尔图区、让胡路区、林甸县、齐齐哈尔市铁锋区、甘南县、梅里斯区、建华区、铁峰区	887.113
	内蒙古	甘南(蒙黑界)	海拉尔北	阿荣旗、博克图镇、牙克石市、海拉尔区	370.574

G10(绥满高速公路)沿线互通、出入口、服务区信息表 表10-2

编号	省份	沿线互通	出入口	服务区
G10	黑龙江	绥阳、永安、下城子、兴源、穆棱、磨刀石、大莫、三道、海南、苇河、一面坡、亚布力、明新、亚沟、玉泉、小岭、平山、帽儿山、乌吉密、阿城南、肇东、安达、承平、城北路、机场路、黄牛场、花园、林甸、胜利、甘南、长山、共和、奈门沁、卜奎、建华、电厂互通	绥芬河市主线、绥阳镇、永安、下城子镇、兴源镇、穆棱镇、磨刀石镇、牡丹江市主线、海林市、横道河子镇、明新、尚志辅路、苇河辅路、一面坡辅路、亚布力辅路、明新辅路、亚沟辅路、花果山辅路、玉泉辅路、小岭辅路、平山辅路、帽儿山辅路、乌吉密辅路、哈尔滨主线、大耿家收费站、哈大高速与绕城高速互通、肇东、承平、安达、卧里屯、城北路、机场路、黄牛场、花园互通、林甸互通、胜利互通、甘南、长山、共和、奈门沁、卜奎、建华、电厂出入口	兴源、磨刀石、横道、筒子沟、亚布力、平山、尚志、阿城、大耿家、肇东、洪湖、扎龙、甘南、巨宝山、齐齐哈尔服务区,小莫停车区
	内蒙古	阿荣旗南、阿荣旗北、霍尔奇、查巴奇、大时尼奇、博克图、免渡河、牙克石南、牙克石西、扎罗木得、哈克、西哈、海东互通	蒙黑界、阿荣旗南、阿荣旗北、霍尔奇、查巴奇、大时尼奇、博克图、免渡河、牙克石南、牙克石西、扎罗木得、哈克、西哈、海拉尔东、海拉尔北出入口	后新立、查巴奇、牙哈沟、兴安岭、扎敦河、牙克石、大雁、扎泥河、海东服务区

G10(绥满高速公路)并行线、联络线路线信息表 表10-3

编号	省份	省内起点	省内终点	途经市、县	通车里程(km)
G1011	黑龙江	哈尔滨市道外区东风镇东风互通区	哈同高速公路K571 + 800(同江市)	哈尔滨市、宾县、方正县、依兰县、佳木斯市、集贤县、双鸭山市、富锦市、同江市	575.00
G1012	黑龙江	二龙山	黑瞎子岛	建三江、抚远县、黑瞎子岛	238.00
G1013	内蒙古	海拉尔(哈克互通)	三号地(蒙冀界)	海拉尔区、阿尔山、阿力得尔、霍林郭勒市、锡林浩特市、太仆寺旗	410.00
	河北	张家口市沽源县九连城镇三号地村(冀蒙界)	张家口市万全县太师庄	沽源县、察北管理区、万全区、张北县	

续上表

编号	省份	省内起点	省内终点	途经市、县	通车里程(km)
G1015	黑龙江	待建			27.00
	吉林	解放	二莫	榆树市、松原市、通榆县	
	内蒙古	待建			

G10(绥满高速公路)并行线、联络线沿线互通、出入口、服务区信息表 表 10-4

编号	省份	沿线互通	出入口	服务区
G1011	黑龙江	东风、宾西、宾州、常安、摆渡、会发、方通、方正、高楞、达连河、依兰、依七、宏克力、佳西、万兴、安庆、四马架、集贤、双鸭山、二九一、锦山、富锦、富锦东、二龙山互通	长江路、机场路、江北、兴宾大道南、兴宾大道北、迎宾西路、宾延路、同哈公路、北环路、同哈公路、方正、通河、同安路、方正林业局、达连河镇、通江路、同哈公路、依宝公路、宏杨公路、友谊路、万兴互通、安庆互通、集贤互通、双鸭山互通、集贤县匝道、双鸭山市匝道、二九一互通匝道、锦山镇匝道、富锦市匝道、富锦东匝道、二龙山匝道、同江市主线出入口	得莫利、宾州(南、北)、四四丰山(上行)、太平(下行)、集贤(上、下行)、锦山、二龙山、同江、向阳服务区,摆渡、会发、依兰停车区
G1012	黑龙江	建三江、创业、前进、洪河、前锋、前哨、黑瞎子岛互通	建三江、创业、前进、洪河、前锋、前哨、黑瞎子岛出入口	前进、前锋、乌苏镇服务区
G1013	内蒙古	锡林浩特、得力格尔、灰腾河、乌日图、宝昌北、宝昌南互通	锡林浩特、得力格尔、灰腾河、乌日图、宝昌北、宝昌南出入口	灰腾河、桑根达来、炮台营服务区
	河北	察北、郝家营、张北北、张北、野狐岭、张家口北、张家口南、太师庄枢纽、胶泥湾互通	察北、郝家营、张北北、张北、野狐岭、张家口北、张家口南、九连城出入口	察北、张北、万全服务区
G1015	黑龙江	待建		
	吉林	解放、宁江、前郭、二英	宁江、前郭	无
	内蒙古	待建		

二、路网关系

G10(绥满高速公路)路网关系示意图如图 10-1 所示。

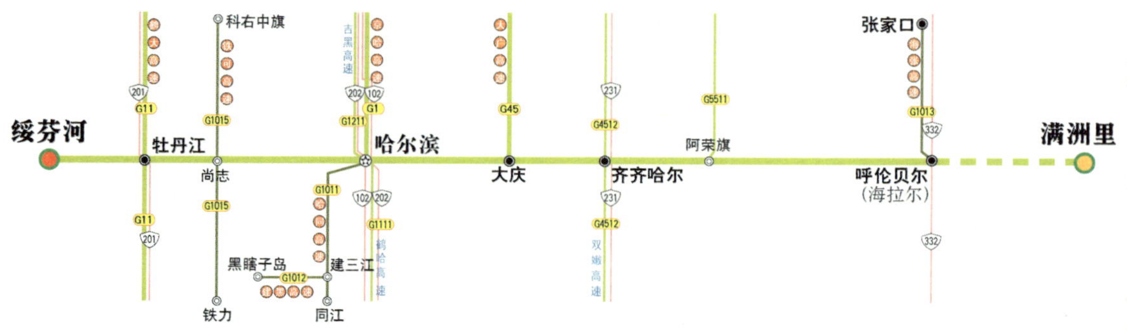

图 10-1　G10(绥满高速公路)路网关系示意图

三、建设历程

1. 黑龙江绥芬河至牡丹江段

2009年5月1日开工建设,2011年9月18日建成通车,全长157.35km,全线四车道,设计速度80km/h。建成大桥17座。总投资53.07亿元,资金来源:中央投入、地方投入、银行贷款。占地12181.98亩。项目管理单位:黑龙江省绥芬河至牡丹江高速公路工程建设指挥部;勘察设计单位:黑龙江省公路勘察设计院;监理单位:北京泰克华诚技术信息咨询有限公司、东北林业大学工程监理部等;施工单位:中铁十三局集团有限公司、中铁十三局集团第四工程有限公司等。

2. 黑龙江海林至亚布力段

2005年7月开工,2007年10月建成通车,全长95.25km,全线四车道,设计速度80km/h。建成大桥6座。总投资17.62亿元,资金来源:中央投入、地方投入、银行贷款。占地4465亩。项目管理单位:绥满公路建设指挥部;勘察设计单位:黑龙江省公路勘察设计院;设计咨询单位:黑龙江省公路勘察设计院;监理单位:黑龙江省公路工程监理咨询公司、东北林业大学工程监理部等;施工单位:中铁十三局集团有限公司、龙建路桥股份有限公司等。

3. 黑龙江亚布力至尚志段

2003年10月开工,2004年10月建成通车,全长75.8km,全线四车道,设计速度80km/h。建成大桥2座。总投资13.97亿元,资金来源:中央投入、地方投入、银行贷款。占地1690.32亩。项目管理单位:绥满公路建设指挥部;勘察设计单位:黑龙江省公路勘察设计院;设计咨询单位:黑龙江省公路勘察设计院;监理单位:哈尔滨市华龙公路工程咨询监理公司、东北林业大学工程监理部等;施工单位中铁十一局(集团)第四工程有限公司、中铁十三局集团有限公司等。

4. 黑龙江尚志至阿城(刘秀屯)段

2002年5月开工建设,2004年10月建成通车,全长93.194km,全线四车道,设计速度80km/h。建成大桥5座。总投资13.36亿元,资金来源:中央投入、地方投入、银行贷款。占地2852.07亩。项目管理单位:绥满公路建设指挥部;勘察设计单位:黑龙江省公路勘察设计院;设计咨询单位:黑龙江省公路勘察设计院;监理单位:黑龙江省公路工程监理咨询公司、东北林业大学工程监理部等;施工单位:中铁十一局第二工程处、中铁十三局集团有限公司等。

5. 黑龙江阿城(刘秀屯)至哈尔滨段

1987年5月~1989年9月,新建黑龙江省第一条汽车专用公路——哈阿汽车专用公路,全长30km,设计标准为一级汽车专用公路,是交通部和黑龙江省“七五”重点公路建设项目,是国道301线在黑龙江省建成的第一条高等级公路。1998年扩建成全立交全封闭式高速公路。[其中,24.93km属于G10(绥满高速公路)。]

6. 黑龙江哈尔滨绕城高速公路

哈尔滨绕城高速公路先后按南段、西段、东北段分三段建设:哈尔滨绕城高速南段(东风至瓦盆窑),全长29.14km;哈尔滨绕城高速公路西段(瓦盆窑至秦家),全长36.81km;哈尔滨绕城公路东北段(秦家至东风)全长25.843km,合计91.793km。重新规划后,与G10(绥满高速公路)重复路段43.785km,计入G10(绥满高速公路),剩余47.582km为G1001(哈尔滨绕城高速公路)。

7. 黑龙江哈尔滨至大庆高速公路改扩建

1996年5月开工建设,1997年10月建成通车,全长132.861km,全线四车道,设计速度120km/h。建成大桥3座。总投资11.89亿元,资金来源:交通部车购税投入、地方投入。占地4067.89亩。项目管理单位:哈大高速公路建设指挥部;勘察设计单位:黑龙江省公路勘察设计院;监理单位:黑龙江省公路工程监理咨询公司、黑龙江省远升公路工程咨询监理有限责任公司等;施工单位:黑龙江省第四公路工程处、黑龙江省第三公路工程处等。

8. 黑龙江大庆(卧里屯)至黄牛场段

2008年6月开工建设,2009年10月建成通车,全长42.934km,全线四车道,设计速度100km/h。建成大桥2座。总投资3.19亿元,资金来源:地方投入、银行贷款。占地581.0亩。项目管理单位:黑龙江省绥满公路大齐高速公路扩建工程指挥部;勘察设计单位:黑龙江省公路勘察设计院;设计咨询单位:黑龙江省公路勘察设计院;监理单位:黑龙江省公路工程监理咨询公司、黑龙江省轻工建设监理有限公司等;施工单位:内蒙古自治区公路工程局、龙建路桥股份有限公司等。

9. 黑龙江大庆(黄牛场)至齐齐哈尔段

2009年5月开工建设,2010年9月建成通车,全长100.847km,全线四车道,设计速度100km/h。建成大桥3座。总投资13.15亿元,资金来源:中央投入、地方投入、银行贷款。占地3811.0亩。项目管理单位:黑龙江省绥满公路大齐高速公路扩建工程指挥部;勘察设计单位:黑龙江省公路勘察设计院;监理单位:黑龙江省公路工程监理咨询公司、牡丹江市公路工程监理有限公司等;施工单位:龙建路桥股份有限公司、河南省平顶山中亚路桥建设工程有限公司等。

10. 黑龙江齐齐哈尔至甘南(黑蒙界)段

2009年5月开工建设,2011年9月建成通车,全长103.15km,全线四车道,设计速度100km/h。建成特大桥:嫩江东大桥、嫩江西大桥,共2座。建成大桥1座。总投资30.56

亿元,资金来源:交通运输部车购税投入、地方投入、银行贷款。占地7389亩。项目管理单位:黑龙江省齐甘高速公路建设指挥部;勘察设计单位:黑龙江省勘察设计院;监理单位:黑龙江省公路工程监理咨询公司、牡丹江公路工程监理公司等;施工单位:中铁十三局集团第四工程有限公司、中交第四公路工程局有限公司等。

11. 内蒙古阿荣旗(黑蒙界)至博克图段

2008年8月开工建设,2012年9月建成通车,全长160.12km,全线四车道,设计速度100km/h。建成特大桥:阿伦河特大桥,共1座。建成大桥19座。总投资57.8亿元,资金来源:中央投入、地方投入、银行贷款。占地13904.0亩。项目管理单位:阿荣旗至博克图高速公路建设管理办公室;勘察设计单位:中交通力公路勘察设计工程有限公司西安华曦园林绿化工程有限公司(联合体)、内蒙古交通设计研究院有限责任公司内蒙古城市规划市政设计研究院有限公司(联合体)、中国公路工程咨询集团有限公司等;设计咨询单位:中国公路工程咨询集团有限公司;监理单位:内蒙古公路工程咨询监理有限责任公司、山西一通监理咨询有限公司等;施工单位:中交一公局第一工程有限公司、内蒙古自治区公路工程局等。

12. 内蒙古博克图至牙克石段

2008年8月开工建设,2012年11月建成通车,全长134.18km,全线四车道,设计速度100km/h。建成特大桥:牙克石西互通立交,共1座。建成大桥15座。建成特长隧道:兴安岭隧道,共1座。建成长隧道1座。总投资53.17亿元,资金来源:中央投入、银行贷款。占地13328.35亩。项目管理单位:绥满国道主干线博克图至牙克石高速公路建设项目管理办公室;勘察设计单位:北京交科公路勘察设计研究院有限公司、中国公路工程咨询集团有限公司等;设计咨询单位:中交第二公路勘察设计研究院有限责任公司;监理单位:内蒙古华讯建设监理咨询有限公司、北京正宏监理咨询有限公司等;施工单位:中铁十三局集团有限公司、中铁一局集团第二工程有限公司等。

13. 内蒙古牙克石至海拉尔段

2011年5月开工建设,2013年11月建成通车,全长76.28km,全线四车道,设计速度100km/h。建成大桥5座。总投资25.5亿元,资金来源:中央投入、地方投入、银行贷款。占地8291.18亩。项目管理单位:绥满国道主干线牙克石至海拉尔高速公路建设项目管理办公室;勘察设计单位:华杰工程咨询有限责任公司、江苏伟信工程咨询有限责任公司等;监理单位:内蒙古晟昱公路工程监理有限公司、内蒙古公路工程咨询监理有限责任公司等;施工单位:中交第四公路工程局有限公司、中交第二公路工程局有限公司等。

四、联络线及并行线

1. G1011(哈同高速公路)黑龙江省哈尔滨至同江高速公路

黑龙江佳木斯至方正段改扩建。2002年8月开工建设,2004年9月建成通车,全长

161.24km,全线四车道,设计速度 80km/h。建成大桥 7 座。总投资 17.11 亿元,资金来源:交通部车购税投入、银行贷款。占地 28228.0 亩。项目管理单位:黑龙江省佳哈高速公路扩建指挥部;勘察设计单位:黑龙江省公路勘察设计院;监理单位:黑龙江省远升公路工程监理咨询有限公司、黑龙江省公路工程监理咨询公司;施工单位:中铁十三局集团有限公司、中铁十九局集团公司等。

黑龙江方正至哈尔滨段改扩建。2003 年 7 月开工,2005 年 9 月建成通车,全长 167.18km,全线四车道,设计速度 80km/h。建成大桥 7 座。总投资 19.88 亿元,资金来源:交通部车购税投入、银行贷款。占地 31992.0 亩。项目管理单位:黑龙江省佳哈高速公路扩建指挥部;勘察设计单位:黑龙江省公路勘察设计院;监理单位:黑龙江省公路工程监理咨询公司、东北林业大学工程监理部;施工单位:中铁十三局集团有限公司、中铁二局集团股份有限公司等。

黑龙江双鸭山(集贤)至佳木斯段改扩建。2007 年 8 月开工建设,2009 年 10 月建成通车,全长 77.926km,全线四车道,设计速度 100km/h。建成特大桥:四丰山特大桥,共 1 座。建大桥 4 座。总投资 12.7238 亿元,资金来源:地方投入、银行贷款。占地 1740 亩。项目管理单位:双佳高速公路扩建工程建设指挥部;勘察设计单位:黑龙江公路勘察设计院;监理单位:黑龙江省公路工程监理咨询公司、中国公路工程咨询集团有限公司等;施工单位:中交第四公路工程局有限公司、中交一公局第六工程有限公司等。

黑龙江省双鸭山(集贤)至同江段。2009 年 5 月开工建设,2011 年 10 月建成通车,全长 170.35km,全线四车道,设计速度 80km/h。建成大桥 7 座。总投资 39.57 亿元,资金来源:中央投入、地方投入、银行贷款。占地 11423.5 亩。项目管理单位:黑龙江省同江至集贤高速公路工程建设指挥部;勘察设计单位:黑龙江省公路勘察设计院;设计咨询单位:中交第一公路勘察设计研究院有限公司、中交第二公路勘察设计研究有限公司、武汉中交工程咨询顾问有限责任公司;监理单位:黑龙江省公路工程监理咨询公司、东北林业大学工程监理部等;施工单位:中铁十三局集团第四工程有限公司、龙建路桥股份有限公司等。

2. G1012(建黑高速公路)建三江至黑瞎子岛高速公路

黑龙江二龙山至建三江段。2009 年 8 月开工建设,2011 年 9 月建成通车,全长 204.331km,全线四车道,设计速度 120km/h。建成大桥 14 座。总投资 51.80 亿元,资金来源:中央投入、地方投入、银行贷款。占地 16565.73 亩。项目管理单位:黑龙江省农垦总局,执行机构是黑龙江省建三江至虎林高速公路工程建设指挥部;勘察设计单位:黑龙江省公路勘察设计院、中国华西工程设计建设有限公司、辽宁北四达景观园林工程设计建设有限公司等;监理单位:中国公路工程咨询集团有限公司、黑龙江省公路工程监理咨询公司等;施工单位:黑龙江农垦建工路桥有限公司、中交第四公路工程局有限公司、龙建路桥股份有限公司等。[其中,20km属于G2012(建黑高速公路)。]

黑龙江建三江至洪河段。2012年9月开工建设,2015年10月建成通车,全长91.017km,全线四车道,设计速度80km/h。建成大桥10座。总投资34.61亿元,资金来源:中央投入、地方投入、银行贷款。占地8571.0亩。项目管理单位:建抚高速公路建三江至前哨段工程建设指挥部;勘察设计单位:黑龙江省公路勘察设计院;监理单位:黑龙江省公路工程监理咨询公司等;施工单位:黑龙江农垦建工路桥有限公司等。

黑龙江洪河至前哨段。2012年9月开工建设,2015年10月建成通车,全长75.485km,全线四车道,设计速度80km/h。建成大桥14座。总投资26.83亿元,资金来源:中央投入、地方投入、银行贷款。占地6437.0亩。项目管理单位:建黑公路前哨至黑瞎子岛段公路工程建设分指挥部;勘察设计单位:黑龙江省公路勘察设计院;监理单位:黑龙江省公路工程监理咨询公司等;施工单位:黑龙江农垦建工路桥有限公司等。

黑龙江前哨至黑瞎子岛段。2013年10月开工建设,2015年9月建成通车,全长49.42km,全线四车道,设计速度80km/h。建成大桥11座。总投资25.12亿元,资金来源:交通运输部车购税投入、地方投入、银行贷款。占地4480.44亩。项目管理单位:建黑公路前哨至黑瞎子岛段公路工程建设分指挥部;勘察设计单位:黑龙江省公路勘察设计院;监理单位:黑龙江省公路工程监理咨询公司等;施工单位:黑龙江农垦建工路桥有限公司等。

3. G1013(海张高速公路)内蒙古自治区海拉尔至河北省张家口高速公路

河北三号地(冀蒙界)至蔚县(张保界)段。2004年开工建设,2011年建成通车,全长114.7km,全线四车道,设计速度100km/h。建成大桥18座。总投资40.439亿元,资金来源:企业投入、银行贷款。项目管理单位:张石高速公路张家口管理处;勘察设计单位:山西交科公路勘察设计院、中国公路工程咨询集团有限公司等;监理单位:张家口市路桥工程监理咨询有限责任公司、北京中港路通工程管理有限公司等;施工单位:中铁十八局集团第五工程有限公司、中际联发交通建设有限公司等。

内蒙古宝昌至三号地段。2008年9月开工建设,2010年11月建成通车,全长49.261km,全线四车道,设计速度100km/h。建成大桥5座。总投资15.76亿元,资金来源:地方投入、银行贷款。占地4588.8亩。项目管理单位:国道207线宝昌至三号地高速公路建设项目管理办公室;勘察设计单位:内蒙古交通设计研究院有限责任公司、中国公路工程咨询集团有限公司、锡林郭勒盟乾图交通设计有限责任公司;监理单位:锡林郭勒盟协力交通监理有限公司、中国公路工程咨询集团有限公司等;施工单位:河南省大河筑路有限公司、四川武通路桥工程局等。

内蒙古桑根达来至宝昌段改扩建。2010年7月开工建设,2012年9月建成通车,全长101.758km,全线四车道,设计速度100km/h。总投资17.1亿元,资金来源:地方投入、银行贷款。占地4968亩。项目管理单位:锡林浩特至张家口高速公路桑根达来至宝昌段二期工程建管办;勘察设计单位:内蒙古交通设计研究院有限责任公司;监理单位:锡林郭勒盟协力交通监理有限公司、北京华路捷公路工程技术咨询有限公司等;施工单位:青岛渤海湾建设有限公司、张家口路桥建设集团有限公司等。

内蒙古锡林浩特至桑根达来段。2010 年 9 月开工建设,2014 年 9 月建成通车,全长 146.439km,全线四车道,设计速度 100km/h。建成大桥 13 座。总投资 39 亿元,资金来源:地方投入、银行贷款。占地 8368.5 亩。项目管理单位:锡张高速锡林浩特至桑根达来段公路建设项目管理办公室;勘察设计单位:内蒙古交通设计研究院有限责任公司、山西交科公路勘察设计院;监理单位:锡林郭勒盟协力交通监理有限公司、中国公路工程咨询集团有限公司等;施工单位:通辽市交通工程局、内蒙古自治区公路工程局等。

4. G1015(铁科高速公路)铁力至科右中旗高速公路

黑龙江段。待建。

吉林解放至二莫段。2010 年 9 月开工建设,2013 年 11 月建成通车,全长 26.651km,全线四车道,设计速度 100km/h。总投资 18.21 亿元,资金来源:中央投入、地方投入、银行贷款。占地 1913 亩。项目管理单位:吉林省高速公路管理局;勘察设计单位:吉林省交通规划设计院、交通运输部科学研究院、辽宁省交通规划设计院组成的联合体;监理单位:吉林省公路工程监理有限责任公司等;施工单位:沈阳市公路建设股份有限公司、大庆油田路桥工程有限责任公司、中铁十三局集团第一工程有限公司等。

内蒙古段。待建。

5. G1001 哈尔滨绕城高速公路

哈尔滨绕城高速南段(东风至瓦盆窑)。1998 年 9 月开工建设,2001 年 9 月建成通车。与 G1(京哈高速公路)哈尔滨至拉林河段同时建设,通车后分成了 G1(京哈高速公路)哈尔滨至拉林河段及 G1001 哈尔滨绕城高速南段(东风至瓦盆窑),全长 100.94km(其中,哈尔滨绕城高速南段 29.14km),全线四车道,设计速度 120km/h。总投资 33.881 亿元,资金来源:中央投入、地方投入、银行贷款。占地 10338 亩。项目管理单位:哈双高速公路项目指挥部;勘察设计单位:黑龙江省公路勘察设计院、中国对外建筑总公司设计研究所、中国公路工程咨询监理总公司、黑龙江省园林设计所等;监理单位:黑龙江省公路工程监理咨询公司、北京育才交通工程监理咨询公司、东北林业大学工程监理部等;施工单位:辽宁省路桥建设公司、黑龙江省公路桥梁建设集团公司、铁道部第十三工程局等。

哈尔滨绕城高速公路西段(瓦盆窑至秦家)。2001 年 7 月开工建设,2004 年 9 月建成通车,全长 36.814km,全线四车道,设计速度 120km/h。建成特大桥:四方台大桥,共 1 座。建成大桥 1 座。总投资 21.89 亿元,资金来源:交通部补贴 2.39 亿元、银行贷款 13.9 亿元、省内自筹 5.6 亿元。占地 3705 亩。项目管理单位:哈双高速公路有限责任公司哈尔滨绕城高速公路工程建设指挥部;勘察设计单位:黑龙江省公路勘察设计院;监理单位:黑龙江省公路工程监理咨询公司、北京泰克华诚技术信息咨询有限公司、黑龙江省正信监理公司、东北林业大学工程监理部;施工单位:黑龙江省公路桥梁建设集团有限公司、哈尔滨市公路工程处、黑龙江省北龙交通有限公司等。

哈尔滨绕城公路东北段(秦家至东风)。2007 年 4 月开工建设,2009 年 10 月建成通车,全长 25.843km,全线四车道,设计速度 120km/h。建成特大桥:松花江特大桥,共 1 座。建成大桥 4 座。建成长隧道 1 座。总投资 25.72 亿元,资金来源:交通部车购税投入、企业投入、银行贷款。占地 2380 亩。项目管理单位:哈尔滨远达绕城高速公路有限责任公司、哈尔滨绕城公路东段工程建设指挥部负责组织实施;勘察设计单位:黑龙江省公路勘察设计院设计;监理单位:东北林业大学工程监理部、黑龙江省公路工程监理咨询公司、甘肃铁一院工程建设监理公司、北京兴通交通工程监理有限责任公司等;施工单位:中铁十三局集团第四工程有限公司、哈尔滨市公路工程处、龙建路桥股份有限公司等。

五、先进技术的研究与应用

1. 大兴安岭高寒冻融地区路堑边坡生态修复技术研究与示范(内蒙古)

阿荣旗至博客图高速公路示范工程建设与项目研究紧密结合,项目研究中的最新成果与技术都在示范工程中得到应用和体现,并通过示范工程实际验收本项目的实践成果和水平。同时,通过示范工程的案例分析,进一步完善和修正大兴安岭高寒冻融地区路堑边坡生态修复研究体系和工艺流程,为今后在高寒冻融地区与类似地区进行基础设施建设提供技术参照。

2. 雨、雪、雾天气条件下公路通行开放标准与安全保障技术(黑龙江)

双鸭山(集贤)至同江公路雨、雪、雾天气条件下公路通行开放标准与安全保障技术,主要内容:

(1)雨、雪、雾气候条件下的交通流特性分析;

(2)雨、雪、雾气候条件下的公路通行开放标准确定;

(3)雨、雪、雾气候条件下的车辆运行安全保障;

(4)依托工程的实施。

六、复杂技术工程

1. 黑龙江依兰牡丹江大桥右幅

右幅依兰牡丹江大桥桥跨布置为 4×58m(钢筋混凝土箱形拱)+2×100m(中承式钢管混凝土拱)+3×8m(钢筋混凝土 T 梁),桥面总宽度为 12.5m,全长 507m。主孔钢管拱拱肋轴线为悬链线，拱轴系数为 $m=1.756$，净跨度 $L_0=100m$，净矢高 $f_0=25m$，净矢跨比为 1/4。主跨拱肋断面采用钢管组成的三角形空间桁架结构，其拱肋截面由 3 根 $\phi600mm\times12mm$ 钢管混凝土弦杆和 $\phi180mm\times12mm$ 的腹杆及 $\phi180mm\times12mm$ 的水平横杆组成。吊杆上方的水平横杆为 $\phi420mm\times12mm$ 的钢管，拱肋钢管采用 16Mnq 钢板焊制，管内灌注 C50 混凝土。吊杆间距为 6m，采用聚乙烯护套防护，吊杆钢丝束为 $\phi5-110$ 型，抗拉设计强度 1600MPa。桥面系采用悬吊式结构。纵铺桥面板为跨径 6m 的小 T 梁，宽1.04m，高 0.5m，横向连接为铰接；吊杆横梁采用预应力混凝土空心箱梁，梁高 1.35m，长 12.5m，宽 0.7m，每片梁张拉 6 束 24ϕ5mm 高强钢丝。桥面小 T 梁在横梁处断开，纵向互不连接。在两拱肋之间的拱脚位置，设置一道 V 字横撑、一道水平横撑及一道 X 横撑，横撑均为 $\phi600mm\times12mm$ 的钢管混凝土结构。

2. 黑龙江松花江特大桥

松花江特大桥全长 2324.92m，其中主桥长 595m，引桥长 1729.92m。桥梁桥跨布置为 2 ×40m + 3 ×40m + 4 ×40m（南引桥）+ 90.5m + 3 ×138m + 90.5m（主桥）+ 4 ×40m + 10 ×（3 ×40m）（北引桥）。主桥采用大跨度预应力混凝土连续梁结构，引桥采用预应力混凝土简支 T 梁结构，全桥位于直线段上。引桥采用 40m 预应力混凝土简支 T 梁结构，桥面连续，一般情况下 3 孔一联。两联之间及桥台处设 D－160 型伸缩装置，北引桥桥长 1365.28m，南引桥桥长 364.64m。引桥桥墩（半幅）在墩高小于 11m 时采用 ϕ1.60m 钢筋混凝土双柱式墩身，ϕ1.80m 钢筋混凝土钻孔灌注桩基础；在墩高大于 11m 时采用 ϕ1.80m钢筋混凝土双柱式墩身，ϕ2.0m 钢筋混凝土钻孔灌注桩基础。桥台均为钢筋混凝土肋板式桥台，ϕ1.2m 钢筋混凝土钻孔灌注桩基础。

3. 黑龙江四方台斜拉桥

四方台斜拉桥位于黑龙江省哈尔滨市西郊四方台高地以西 1.2km 处的松花江江段上，连接哈尔滨市江南与江北，是哈尔滨环城过境公路西段上一座重要的大桥。上游距双口面铁路桥 3.5km，下游距松花江公路大桥 11km。桥梁横向布置：主桥全宽 33.2m，双向共四车道。桥面横向布置为：2.6m（布索道）+ 0.75m（防撞护栏）+ 11.75m（行车道）+ 3m + 11.75m（行车道）+ 0.75m（防撞护栏）+ 2.6m（布索道）。引桥全宽 28m，双向共四车道。桥面横向布置为：0.75m（防撞护栏）+ 11.75m（行车道）+ 3m（中央分隔带）+ 11.75m（行车道）+ 0.75m（防撞护栏）。本桥主桥采用双塔双索面半漂浮体系结合梁斜拉桥，引桥采用预应力混凝土连续箱梁结构，桥梁全长 1268.86m，主桥长 696m，引桥长 572.86m。桥跨布置：6 ×40m（南引桥）+ 44m（过渡跨）+ 136m（边跨）+ 336m（主跨）+ 136m（边跨）+ 44m（过渡跨）+ 8 ×40m（北引桥）。

4. 黑龙江天恒山隧道

天恒山隧道为上下行分离式隧道，上行线长 1660m，下行线长 1690m，全长 3450m。隧道采用复合式衬砌结构,在钢拱架支护条件下,取消系统锚杆,采用“钢架 + 锁脚锚杆 + 钢筋网 + 喷射混凝土 + 纵向连接筋”的初期支护形式。施工阶段按照《公路隧道设计规范》(JTG D70—2004)的规定,严格要求二次衬砌的混凝土强度等级,采用沥青混凝土复合式路面结构。软弱地段隧道仰拱底部采用了碎石换填和碎石桩处理。

第二节　G12(珲乌高速公路)珲春至乌兰浩特高速公路

G12(珲乌高速公路)是国家“71118 + 6”高速公路网 18 条东西横线中的第二横,位于东北地区中部,经过重要口岸珲春,是连接边境口岸和重要城市的经济通道,是黑龙江西南、内蒙古东北和吉林西部等经济区出海的便捷通道,为区域资源开发、旅游产业发展提供方便快捷的交通条件。

G12(珲乌高速公路)起点位于吉林省珲春市西炮台,终点位于内蒙古自治区乌兰浩特。规划里程 943. 50km,通车里程 908. 721km,四车道 890. 282km,六车道 18. 439km。经过吉林(延边朝鲜族自治州、吉林、长春、松原、白城)、内蒙古(通辽、库伦旗、科尔沁右翼前旗)。1995 年 5 月珲乌高速公路吉林(魁元屯)至长春段率先开始施工,2011 年 3 月内蒙古乌兰浩特至石头井子段建成,G12(珲乌高速公路)全线贯通。

拥有联络线五条:

G1211(吉黑高速公路)吉林至黑河高速公路,起点位于吉林绕城西解放,终点为黑河市吉黑高速公路出口。规划里程 870. 54km,通车里程 276. 760km,全线四车道。途经吉林、舒兰、五常、哈尔滨、绥化、北安、孙吴、黑河(口岸)。目前,吉林巴虎屯至江密峰段、黑龙江北安至黑河段已建成通车。

G1212(沈吉高速公路)沈阳至吉林高速公路,起点位于沈阳市东陵区英达乡,终点位于吉林市魁元屯。规划里程 387. 36km,通车里程 386. 211km,全线四车道。途经沈阳、抚顺、梅河口、吉林。目前,G1212(沈吉高速公路)已全线建成通车。

G1213(北漠高速公路)北安至漠河高速公路,规划起点位于北安,规划终点位于漠河。规划里程 798. 73km,通车里程 31. 167km,全线四车道。途经北安、五大连池、嫩江、加格达奇、塔河、漠河。目前,黑龙江北安至五大连池段建成通车。

G1215(松长高速公路)松江至长白山高速公路,待建。

G1216(乌阿高速公路)乌兰浩特至阿力得尔高速公路,待建。

拥有并行线一条:

G12S(延长高速公路)延吉至长春高速公路,待建。

一、路线概况

G12（珲乌高速公路）路线信息见表10-5，沿线互通、出入口、服务区信息见表10-6，并行线、联络线路线信息见表10-7，并行线、联络线沿线互通、出入口、服务区信息见表10-8。

G12（珲乌高速公路）路线信息表　　表10-5

编号	省份	省内起点	省内终点	途经市、县	通车里程（km）
G12	吉林	珲春市（圈河口岸）	白城市石头井子（吉蒙界）	敬信镇、珲春市、凉水镇、图们市、延吉市、安图县、大石头镇、敦化市、黄泥河镇、黄松甸镇、蛟河市、新站镇、天岗镇、江密峰镇、吉林市、桦皮厂镇、九台区、龙嘉机场、长春市、开安镇、开安县、农安县、哈拉海镇、王府站镇、松原市、查干湖、大安市、安广镇、舍力镇、到保镇、白城市、平安镇、岭下镇	874.966
	内蒙古	石头井子（蒙吉界）	乌兰浩特东	兴安盟乌兰浩特市、科尔沁右翼前旗	33.755

G12（珲乌高速公路）沿线互通、出入口、服务区信息表　　表10-6

编号	省份	沿线互通	出入口	服务区
G12	吉林	珲春、凉水、图们、新光、延吉、延吉西、安图、大石头、敦化、敦化北、黄泥河、黄松甸、蛟河、新站、天岗、江密峰、华丹大街、九站、吉林、九台、机场、莲花山、长春东、兴隆山、太平、小西屯、长春北、开安、农安西、农安北、哈拉海、王府、孙喜窝棚、松原西、二莫、查干湖、大安、太山、安广、舍力、到保、向阳、白城东、白城北、青山、侯家、平安、岭下互通	珲春、凉水、图们、延吉、延吉西、安图、大石头、敦化、敦化北、黄泥河、黄松甸、蛟河、新站、天岗、江密峰、华丹大街、九站、吉林、九台、机场、莲花山、长春东、兴隆山、太平、长春北、开安、农安西、农安北、哈拉海、王府、松原西、查干湖、大安、太山、安广、舍力、到保、白城东、白城北、青山、侯家、平安、岭下出入口	石头井子、到保、安广、大安、松原、王府、华家、春城、石头口门、桦皮厂、江密峰、蛟河、黄泥河、敦化、安图、延吉、图们服务区
	内蒙古	乌兰浩特经济开发区互通，东互通，北互通	乌兰浩特经济开发区互通、东互通、北互通出入口	乌兰哈达停车区

G12（珲乌高速公路）并行线、联络线路线信息表　　表10-7

编号	省份	省内起点	省内终点	途经市、县	通车里程（km）
G1211	吉林	吉林市巴虎屯	舒兰市荒岗（吉黑界）	吉林市、舒兰市	277.00
	黑龙江	北安市区西北侧建华枢纽互通	黑河市	五常市、哈尔滨市、绥化市、北安市、五大连池市、孙吴县、黑河市、爱辉区	
G1212	辽宁	沈阳市东陵区英达乡	抚顺市清原满族自治县草市镇	沈阳市、抚顺市、清原县	386.00
	吉林	草市镇（吉辽界）	吉林市西侧魁元屯	梅河口市、磐石市、永吉县、吉林市	

续上表

编号	省份	省内起点	省内终点	途经市、县	通车里程(km)
G1213	黑龙江	北安	漠河(未通)	北安市、五大连池市、五大连池风景区	31.00
	内蒙古	待建			—
G1215	吉林	待建			—
G1216	内蒙古	待建			—
G12S	吉林	待建			—

G12(珲乌高速公路)并行线、联络线沿线互通、出入口、服务区信息表　　表 10-8

编号	省份	沿线互通	出入口	服务区
G1211	吉林	红旗、丰满、天南、江密峰互通	红旗、丰满、天南、江密峰出入口	无
	黑龙江	建华、龙门、沾河、辰清、孙吴、西岗子、爱辉互通	建华、沾河、龙门、辰清、孙吴、西岗子、瑷珲、黑河主线出入口	龙镇、小兴安岭、孙吴、曹集屯服务区
G1212	辽宁	英达、前岭、南杂、世博园、热高乐园、抚顺、抚顺东、章党、南杂木、南口前、北三家、清原、英额门、草市互通	沈阳东、世博园、热高乐园、抚顺、抚顺东、章党、南杂木、南口前、北三家、清原、英额门、草市、草市主线出入口	抚顺、北三家、草市服务区
	吉林	山城、大阳、东梅、湾龙、一座营、东兴隆、磐石、明城、双河、永吉、西解放、吉林互通	山城、大阳、东梅、一座营、磐石、明城、双河、永吉、西解放、吉林出入口	东梅、磐石、烟筒山、吉林南服务区
G1213	黑龙江	五大连池互通	北安、五大连池出入口	五大连池服务区
	内蒙古	待建		
G1215	吉林	待建		
G1216	内蒙古	待建		
G12S	吉林	待建		

二、路网关系

G12(珲乌高速公路)路网关系示意图如图 10-2 所示。

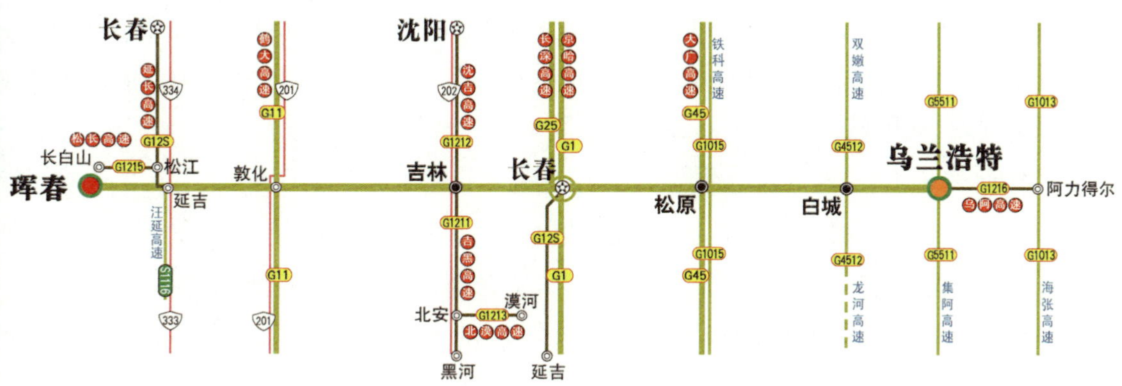

图 10-2　G12(珲乌高速公路)路网关系示意图

三、建设历程

1. 吉林珲春至图们段

2007 年 7 月开工建设,2010 年 9 月建成通车,全长 64km,全线四车道,设计速度 80km/h。建成大桥 16 座。建成长隧道 3 座。总投资 30.06 亿元,资金来源:中央投入、地方投入、银行贷款。占地 5602.32 亩。项目管理单位:吉林省高等级公路建设局;勘察设计单位:吉林省公路勘测设计院;监理单位:吉林省公路工程监理有限责任公司;施工单位:珲春路桥工程有限公司、中铁十五局集团有限公司等。

2. 吉林图们至延吉段

1997 年 5 月开工建设,2001 年 8 月建成通车,全长 28.74km,全线四车道,设计速度 60km/h。建成大桥 6 座。总投资 8.54 亿元,资金来源:中央投入、地方投入、银行贷款。占地 3031.2 亩。项目管理单位:吉林省高等级公路建设指挥部长吉办公室;勘察设计单位:吉林省公路勘测设计院;监理单位:吉林省天达工程咨询监理有限责任公司;施工单位:铁道部第十三工程局第二工程处、沈阳铁路局吉林工程总公司等。

3. 吉林延吉至江密峰段

2003 年 10 月开工建设,2008 年 9 月建成通车,全长 284.7km,全线四车道,设计速度 80km/h。建成大桥 29 座。建成长隧道 3 座。总投资 96.10 亿元,资金来源:中央投入、地方投入、银行贷款。占地 27721.8 亩。项目管理单位:吉林省高等级公路建设局;勘察设计单位:吉林省交通规划设计院;监理单位:吉林省公路工程监理有限责任公司;施工单位:中铁隧道集团二处有限公司、中铁五局集团有限公司等。

4. 吉林江密峰至吉林(魁元屯)段

1997 年 5 月开工建设,1999 年 11 月建成通车,全长 29.82km,全线四车道,设计速度 100km/h。建成大桥 1 座。总投资 7.67 亿元,资金来源:中央投入、地方投入、银行贷款。占地 4308 亩。项目管理单位:吉林省高等级公路建设指挥部长吉办公室;勘察设计单位:吉林省公路勘测设计院;监理单位:吉林省天达公路工程咨询监理事务所;施工单位:延边州公路工程处、沈阳铁路局吉林工程总公司等。

5. 吉林(魁元屯)至长春段

1995 年 5 月开工建设,1997 年 9 月建成通车,全长 83.56km,全线四车道,设计速度 120km/h。建成大桥 3 座。总投资 19.18 亿元,资金来源:中央投入、地方投入、银行贷款。占地 10600.0 亩。项目管理单位:吉林省高等级公路建设局;勘察设计单位:吉林省公路勘测设计院;监理单位:吉林省天达公路工程咨询监理事务所;施工单位:铁道部第十三工程局第二工程处、黑龙江省路桥建设三公司等。

6. 吉林长春至松原(孙喜窝棚)段

2006年8月开工建设,2010年11月建成通车,全长141.0km,全线四车道,设计速度100km/h。建成大桥8座。总投资52.95亿元,资金来源:中央投入、地方投入、银行贷款。占地13264.0亩。项目管理单位:吉林省高等级公路建设局;勘察设计单位:吉林省交通规划设计院;监理单位:吉林省天达工程咨询监理有限责任公司;施工单位:长春路桥建设集团有限公司、吉林省交通建设集团有限公司等。

7. 吉林长春至机场段改扩建

2004年6月开工建设,2005年8月建成通车,全长20.3km,全线四车道,设计速度120km/h。建成大桥1座。总投资1.34亿元,资金来源:中央投入、地方投入、银行贷款。项目管理单位:吉林省高等级公路建设局;勘察设计单位:吉林省交通规划设计院;监理单位:吉林省公路工程监理有限责任公司;施工单位:吉林省中盛路桥工程有限公司。

8. 吉林松原(孙喜窝棚)至石头井子段

2006年4月开工建设,2010年10月建成通车,全长243.606km,全线四车道,设计速度100km/h。建成特大桥:长山分离立交桥,共1座。建成大桥3座。总投资63.01亿元,资金来源:中央投入、地方投入、银行贷款。占地19881.558亩。项目管理单位:吉林省公路管理局(重点办);勘察设计单位:交通运输部规划研究院、吉林省交通规划设计院等;监理单位:吉林省天达工程咨询监理有限责任公司、吉林省公路工程监理事务所等;施工单位:北京鑫实路桥建设有限公司、吉林省广信公路建设有限公司等。

9. 内蒙古乌兰浩特至石头井子段

2008年9月10日开工建设,2011年3月15日建成通车,全长32.89km,全线四车道,设计速度80km/h。建成大桥4座。总投资9.70亿元,资金来源:中央投入、地方投入、银行贷款。占地3346.0亩。项目管理单位:内蒙古高等级公路建设开发有限责任公司第三分公司;勘察设计单位:内蒙古自治区交通设计研究院有限责任公司、中国公路工程咨询集团有限公司;监理单位:内蒙古第二建设股份有限公司、中国公路工程咨询集团有限公司等;施工单位:河南濮阳华通路桥建设集团、包头市第一建筑工程股份有限公司等。

四、联络线及并行线

1. G1211(吉黑高速公路)吉林至黑河高速公路

黑龙江北安至黑河段。2009年6月开工建设,2011年9月建成通车,全长245.75km,全线四车道,设计速度80km/h。建成大桥10座。总投资41.79亿元,资金来源:中央投入、地方投入、银行贷款。占地12314.0亩。项目管理单位:吉黑高速公路北安至黑河段工程建设项目指挥部;勘察设计单位:黑龙江省公路勘察设计院;设计咨询单位:黑龙江省公路勘察设计院;监理单位:黑龙江省公路工程监理咨询公司、哈尔滨工业大学等;施工单位:中铁一局集团有限公司、中交一公局有限公司等。

吉林巴虎屯至江密峰段。2008年8月开工建设,2013年11月建成通车,全长32km,全线四车道,设计速度100km/h。建成特大桥:兰旗松花江特大桥,共1座。建成大桥2座。总投资12.05亿元,资金来源:中央投入、地方投入、银行贷款。占地2993亩。项目管理单位:吉林省高速公路集团有限公司;勘察设计单位:中交第二公路勘察设计研究院有限公司;监理单位:吉林省通达公路工程有限责任公司;施工单位:大庆油田路桥工程有限责任公司、吉林省长城路桥建工有限责任公司、北京泽阳科信交通科技发展有限公司、长春市北国园林绿化工程有限责任公司、吉林省科维交通工程有限公司。

2. G1212(沈吉高速公路)沈阳至吉林高速公路

吉林(魁元屯)至辽宁草市段。2008年8月开工建设,2012年12月建成通车,全长226km,全线四车道,设计速度100km/h。建成大桥26座。总投资85.88亿元,资金来源:中央投入、地方投入、银行贷款。占地21329亩。项目管理单位:吉林省高速公路集团有限公司;勘察设计单位:中交第二公路勘察设计研究院有限公司、铁道第三勘察设计院集团有限公司、吉林省交通规划设计院;监理单位:吉林省通达公路工程监理有限公司等;施工单位:山东省昆仑路桥工程有限公司等。

辽宁草市(吉辽界)至抚顺(南杂木)段。2007年开工建设,2010年建成通车,全长84.15km,全线四车道,设计速度100km/h。建成特大桥:长山堡浑河特大桥、北苍石浑河大桥,共2座。建成大桥26座。建成长隧道1座。总投资35.60亿元,资金来源:中央投入、地方投入、银行贷款。占地9029.0亩。项目管理单位:辽宁省高等级公路建设局;勘察设计单位:辽宁省交通勘测设计院;监理单位:辽宁驰通公路工程监理事务所;施工单位:中铁十一局集团第二工程有限公司、中交路桥北方工程有限公司等。

辽宁抚顺(南杂木)至沈阳段。2004年开工建设,2006年建成通车,全长76.2km,全线四车道,设计速度100km/h。建成大桥18座。建成长隧道1座。总投资21.70亿元,资金来源:中央投入、地方投入、银行贷款。占地7365.0亩。项目管理单位:辽宁省高等级公路建设局;勘察设计单位:辽宁省交通勘察设计院;监理单位:辽宁驰通公路工程监理事务所;施工单位:中铁十九局集团第三工程有限公司、辽宁省路桥建设总公司等。

3. G1213 北安至漠河高速公路

黑龙江北安至五大连池段。2009年5月开工建设,2011年9月建成通车,全长42.48km,其中新建高速公路30.431km,改扩建一级公路12.049km。全线四车道,设计速度80km/h。总投资10.82亿元,资金来源:地方投入、银行贷款。占地2287亩。项目管理单位:黑龙江省前嫩公路工程建设指挥部;勘察设计单位:黑龙江省公路勘察设计院、北京森磊源建筑规划设计有限公司、黑龙江省博润景观规划设计有限公司；监理单位：黑龙江省远升公路工程咨询监理有限责任公司、黑龙江省公路工程监理咨询公司等；施工单位：龙建路桥股份有限公司、中铁十三局集团有限公司等。

4. G1215 松江至长白山高速公路

吉林段待建。

5. G1216 乌兰浩特至阿力得尔高速公路

内蒙古段待建。

6. G12S 延吉至长春高速公路

吉林段待建。

第三节　G16（丹锡高速公路）丹东至锡林浩特高速公路

G16（丹锡高速公路）是国家“71118＋6”高速公路网18条东西横线中的第三横，是连接边境口岸、重要工业城市和内蒙古草原的重要经济通道，也是内蒙古东部主要出海通道，对促进沿线地区资源开发和经济社会协调发展具有重要的意义。

G16（丹锡高速公路）起点位于丹东市东港市孤山镇G11（鹤大高速公路）与G16（丹锡高速公路）交汇处，规划终点位于内蒙古自治区锡林浩特市。规划里程868km，通车里程750.169km，全线四车道。经过辽宁（鞍山、营口、盘锦、锦州、朝阳）、内蒙古（赤峰市、锡林浩特）。1999年辽宁省盘锦至海城公路率先开始施工。目前，内蒙古大板至锡林浩特段尚未建成通车。

拥有联络线一条：

G1611（克承高速公路）克什克腾至承德高速公路，待建。

一、路线概况

G16（丹锡高速公路）路线信息见表10-9，沿线互通、出入口、服务区信息见表10-10。

G16（丹锡高速公路）**路线信息表**　　表10-9

编号	省份	省内起点	省内终点	途经市、县	通车里程(km)
G16	辽宁	丹东市东港市孤山镇G11与G16交叉口	黑水（辽蒙界）	海城市、大石桥市、大洼县、盘山县、凌海市、朝阳县、龙城区	427.804
	内蒙古	平庄（蒙辽界）	锡林浩特	巴林右旗、翁牛特旗、松山区、红山区、元宝山区	322.365

G16(丹锡高速公路)沿线互通、出入口、服务区信息表 表 10-10

编号	省份	沿线互通	出入口	服务区
G16	辽宁	西土城、洋河、岫岩南、岫岩、偏岭、孤山、析木、牌楼、海城南、海城、朝阳、朝阳南、盘锦、大洼、惠州、黑水互通	西土城、洋河、岫岩南、岫岩、偏岭、孤山、析木、牌楼、海城南、海城、朝阳、朝阳南、盘锦、大洼、惠州、黑水出入口	辽河、松岭门、大庙、老建平服务区
	内蒙古	平庄,三眼井,赤峰南,赤峰,赤峰西,桥头,乌丹,巴林桥,查干花互通	平庄,赤峰南,赤峰,赤峰西,桥头,乌丹,巴林桥,查干花出入口	美丽河,桥头,头分地服务区,乌丹停车区

二、路网关系

G16(丹锡高速公路)路网关系示意图如图 10-3 所示。

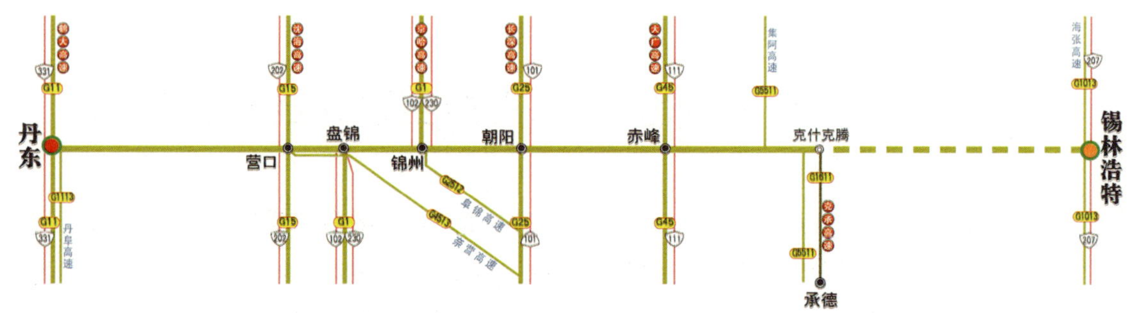

图 10-3 G16(丹锡高速公路)路网关系示意图

三、建设历程

1. 辽宁丹东(孤山)至海城段

2008 年开工建设,2011 年建成通车,全长 143.34km,全线四车道,设计速度 100km/h。建成大桥 43 座。建成长隧道 4 座。总投资 63.4 亿元,资金来源:中央投入、地方投入、银行贷款。占地 14835.0 亩。项目管理单位:辽宁省高等级公路建设局;勘察设计单位:辽宁省交通勘测设计院;监理单位:辽宁科杰公路工程监理有限公司、沈阳公路工程监理有限责任公司;施工单位:辽宁省交通工程公司、中交交通工程有限公司等。

2. 辽宁盘锦至海城段

1999 年开工建设,2002 年建成通车,全长 107.2km,全线四车道,设计速度 120km/h。建成特大桥:大辽河特大桥,双台河特大桥,共 2 座。建成大桥 18 座。总投资 33.9 亿元,资金来源:中央投入、地方投入、银行贷款。占地 12026.0 亩。项目管理单位:辽宁省高等级公路建设局;勘察设计单位:辽宁省交通勘测设计院;监理单位:北京育才交通工程咨询监理公司、沈阳公路工程监理有限责任公司等;施工单位:四川路桥建设集团交通工程有限公司、中港第一航务工程局等。[其中,27.19km 属于 G4513(奈营高速公路)。]

3. 辽宁锦州至朝阳段

2000年开工建设,2002年建成通车,全长100.72km,全线四车道,设计速度100km/h。建成大桥17座。总投资22.10亿元,资金来源:地方投入、银行贷款。占地9642.0亩。项目管理单位:辽宁省高等级公路建设;勘察设计单位:辽宁省交通勘测设计院;监理单位:辽宁省第一交通工程监理事务所、辽宁省第一交通工程监理事务所等;施工单位:辽宁省路桥建设一公司、辽宁省大通公路工程有限公司等。

4. 辽宁朝阳至黑水(辽蒙界)段

2007年开工建设,2010年建成通车,全长103.72km,全线四车道,设计速度100km/h。建成大桥31座。建成长隧道2座。总投资33.6亿元,资金来源:中央投入、地方投入、银行贷款。占地8509.0亩。项目管理单位:辽宁省高等级公路建设局;勘察设计单位:辽宁省交通勘测设计院;监理单位:辽宁第一交通工程监理事务所、辽宁科杰公路工程监理有限公司;施工单位:辽宁大通公路工程有限公司、中铁十九局集团第三工程有限公司等。

5. 内蒙古平庄(蒙辽界)至赤峰段

2009年4月开工建设,2011年11月建成通车,全长46.03km,全线四车道,设计速度100km/h。建成大桥15座。总投资19.98亿元,资金来源:中央投入、地方投入、银行贷款。占地6575.6亩。项目管理单位:赤峰市赤朝高速公路建设管理办公室;勘察设计单位:内蒙古交通设计研究院有限责任公司、中国公路工程咨询集团有限公司;监理单位:内蒙古公路工程咨询监理有限责任公司、中国公路工程咨询集团有限公司、呼和浩特市宏祥市政工程咨询监理有限责任公司等;施工单位:中铁二十二局集团有限公司、江西省现代路桥工程总公司、内蒙古联手路桥有限责任公司等。

6. 内蒙古赤峰至大板(下场)段

乌丹至大板(下场)段2004年8月开工建设,2007年12月建成通车,全长64.8km,全线四车道,设计速度100km/h;赤峰至乌丹段2005年3月开工建设,2007年12月建成通车,全长85.0km,全线四车道,设计速度100km/h。建成大桥11座。总投资28.17亿元,资金来源:中央投入、银行贷款。占地14726亩。项目管理单位:赤大高速公路建设管理办公室;勘察设计单位:中交通力公路勘察设计工程有限责任公司;监理单位:武汉广益工程咨询有限公司、内蒙古公路工程监理咨询有限责任公司、太原市华宝通工程监理有限公司等;施工单位:内蒙古自治区公路工程局、中铁十五局集团第六工程有限公司、中国路桥集团西安实业发展有限公司等。

四、联络线及并行线

G1611(克承高速公路)克什科特至承德段。待建。

五、复杂技术工程

内蒙古二道井子隧道

(1)地质条件:根据计算结果,该场地湿陷性土层厚度为6m,按计算结果,场地总湿陷量为$\Delta_s \leqslant 300\text{mm}$,地基湿陷等级为Ⅰ(轻微)级。

(2)施工难度:为了更好地保护该二道井子夏家店文化遗址,正常隧道施工沉降量为50cm,而该隧道施工沉降量要求控制在3cm以内;隧道开挖和初衬施工工艺复杂,隧道开挖每进尺1m就要进行一次支护,在钢架和喷射混凝土完成后方可进行下一阶段开挖;受文物保护要求制约,隧道掘进不能采用机械设备,只能人工开挖。

(3)采取的措施:①为了防止隧道在开挖过程中坍塌,借助管棚机用钻探法进行地质超前预报工作,进行地质预测、分析,及时提出预报资料。②为了更好地控制沉降,确保文物和隧道的安全,采用钢筋计压力盒配合拱架对已经开挖的断面进行初期支护受力监控,及时掌握压力变化情况,确保围岩稳定。③为减小上导洞和下导洞开挖时因初期支护拱脚悬空引起的下沉,初期支护拱脚部位设双排锁脚锚管加固,同时下导洞左右两步交错开挖。④为了降低粉尘,减少回弹量,提高喷射混凝土的质量,本隧道喷射混凝土均采用潮喷法喷射混凝土,作业采取分段、分块,先墙后拱、自下而上顺序进行。喷射时,喷嘴做反复缓慢的螺旋形运动,螺旋直径20~30cm,以保证混凝土喷射密实。同时掌握风压、水压及喷射距离。⑤二衬混凝土振捣时采用插入式振捣器和附贴式振捣器搭配使用,振捣时避免振动头与模板面接触。

第四节　G18(荣乌高速公路)荣成至乌海高速公路

G18(荣乌高速公路)是国家“71118+6”高速公路网18条东西横线中的第四横,是连接华东北部、华北中西部的东西横向干线,是连接环渤海港口工业城市和内蒙古西部的重要通道,也是内蒙古中西部的重要出海通道。

G18(荣乌高速公路)起点位于山东省荣成市滕家镇北省道,终点位于内蒙古自治区鄂尔多斯市鄂托克旗棋盘井收费站。规划里程1757.94km,通车里程1658.034km,四车道1540.771km,六车道117.263km。经过山东(威海、烟台、青岛、潍坊、东营、滨州)、河北(沧州、廊坊、保定)、天津、山西(大同、朔州)、内蒙古(呼和浩特、鄂尔多斯、乌海)。1996年8月,河北省冀津界至保定段率先开始施工。目前,山东草庙子镇至威海段、河北坡仓至涞源段、内蒙古棋盘井至乌海段尚未通车。

拥有联络线六条:

G1811(黄石高速公路)黄骅至石家庄高速公路,起点位于河北省黄骅市港城开发区新村乡,终点位于河北省石家庄市鹿泉区获鹿镇。规划里程313.87km,通车里程313.871km,全线四车道。途经衡水、沧州、石家庄。目前,G1811(黄石高速公路)已全线建成通车。

G1812(沧榆高速公路)沧州至榆林高速公路,起点位于河北省沧州市沧县崔尔庄镇,终点位于陕西省榆林市榆阳区小纪汉镇。规划里程730.03km,通车里程730.664km,四车道669.687km,六车道60.9777km。途经沧州、河间、保定、阜平、五台、忻州、岢岚、保德、神木、榆林。目前,G1812(沧榆高速公路)已全线建成通车。

G1813(威青高速公路)威海至青岛高速公路,起点位于山东省威海市威青高速公路入口,终点位于山东省青岛市南泉枢纽立交。规划里程208.83km,通车里程177.861km,全线四车道。途经威海、文登、乳山、海阳、莱阳、即墨、青岛。目前,G1813(威青高速公路)已全线建成通车。

G1815(潍日高速公路)潍坊至日照高速公路,在建。

G1816(乌玛高速公路)乌海至玛沁高速公路,规划起点位于内蒙古乌海市,规划终点位于青海省玛沁县。规划里程1154.20km,通车里程613.657km,全线四车道。途经棋盘井、石嘴山、银川、青铜峡、中卫、白银、兰州、康家崖、广河、临夏、合作、碌曲、尕海、河南、玛沁。目前,内蒙古段、青海段尚未建成通车。

G1817(乌银高速公路)乌海至银川高速公路,规划起点位于内蒙古乌海,规划终点位于宁夏银川。规划里程255.00km,通车里程136.131km,全线四车道。途经乌海、阿拉善左旗、银川。目前,内蒙古巴音呼都格至阿拉善左旗段、宁夏段尚未建成通车。

一、路线概况

G18(荣乌高速公路)路线信息见表10-11,沿线互通、出入口、服务区信息见表10-12,并行线、联络线路线信息见表10-13,并行线、联络线沿线互通、出入口、服务区信息见表10-14。

G18(荣乌高速公路)路线信息表 表10-11

编号	省份	省内起点	省内终点	途经市、县	通车里程(km)
G18	山东	荣成市滕家镇北省道S301	无棣县小泊头镇	荣成市、文登市、环翠区、牟平区、莱山区、芝罘区、福山区、蓬莱市、龙口市、招远市、莱州市、平度市、昌邑市、寒亭区、寿光市、广饶县、东营区、垦利县、利津县、沾化县、无棣县	600.296
	河北	沧州市海兴县辛集镇(冀鲁界)	沧州市黄骅市齐家务乡(冀津界)	黄骅市、南大港管理区、海兴县	69.314
	天津	大港区子牙新河特大桥	津保高速(津冀界)	武清区、西青区、静海区、滨海新区	79.282

续上表

编号	省份	省内起点	省内终点	途经市、县	通车里程(km)
G18	河北	廊坊市安次区东沽港镇(冀津界)	保定市涞源县北石佛乡红泉村(冀晋界)	徐水区、满城区、易县、涞源县、容城县、雄县、霸州市、安次区	191.319
	山西	大同市灵丘县落水河乡驿马岭隧道(晋冀界)	平鲁县(晋蒙界)	大同市灵丘县、浑源县、朔州市平鲁区、应县、山阴县	261.618
	内蒙古	十七沟	棋盘井	鄂尔多斯市鄂托克旗、东胜区、伊金霍洛旗、杭锦旗、鄂托克旗、薛家湾镇、清水河县、准格尔旗	447.205

G18(荣乌高速公路)沿线互通、出入口、服务区信息表 表10-12

编号	省份	沿线互通	出入口	服务区
G18	山东	大疃、张家产、侯家、宋村西、北海、酒馆、牟平东、牟平、莱山、杜家疃、崇义、东厅、古现、八角枢纽、大辛店、于家庄、黄成、龙口、招远北、招远、朱桥、莱州东、莱州、沙河、灰埠、郭家埠枢纽、新河、东冢、柳疃、泊子、侯镇、上口、卧铺、辛庄子枢纽、李庄、东营、东营北、垦利1、垦利2、东港路枢纽、陈庄、利津、沾化北、沾化西、滨州港、邓王互通	荣成收费站、大疃、张家产、侯家、双岛收费站、北海、酒馆、牟平东、牟平、莱山、杜家疃、崇义、东厅、古现、大辛店、于家庄、黄成、龙口、招远北、招远、朱桥、莱州东、莱州、沙河、灰埠、新河、东冢、柳疃、泊子、侯镇、上口、卧铺、李庄、东营、东营北、垦利1、垦利2、陈庄、利津、沾化北、沾化西、滨州港出入口	文登、蓬莱、招远、莱州、潍坊北、寿光、东营、利津服务区,昌邑、寿光、沾化停车区
	河北	吕桥、黄骅北、黄骅枢纽、海兴	吕桥、黄骅北、海兴出入口	渤海新区、海兴服务区
	天津	王庆坨、津同路、当城、杨柳青、张家窝、津文、青泊洼、小孙庄、团泊新城、团泊南、团泊南、郭庄子互通	津同路、杨柳青、津文、小孙庄、团泊新城、团泊南、郭庄子出入口	大港服务区
	河北	商庄、大王店、满城北、狼牙山、坡仓、司各庄、涞源东、涞源南、涞源西、杨芬港、胜芳、霸州、大魏庄、雄县东、雄县、容城、徐水互通	容城、雄县、雄县东、霸州、胜芳、杨芬港、狼牙山、满城北、徐水、坡仓、司各庄、涞源南出入口	崔庄、雄县、霸州、徐水西、涞源北、司各庄服务区,涞源停车区
	山西	灵山、平鲁、灵丘、平型关、王庄堡、浑源、应县、大运互通	驿马岭、汤头、东河南、灵丘、繁峙、平型关、王庄堡、浑源西、浑源、山阴、二道梁、平鲁东、凤凰城、大同、应县出入口	灵丘、王庄堡、浑源、平鲁、山阴、应县服务区,二道梁、向阳堡、山阴停车区
	内蒙古	框框井、三北杨村、康巴什、泊江海、锡尼、沙井、乌兰镇、大饭铺、薛家湾、十七沟、清水河南、窑沟、蒙晋界、大饭铺、壕羊、沙圪堵、暖水、审山、碌碡墕互通	框框井站、三北羊场站、棋盘井站、康巴什、泊江海、锡尼、沙井、乌兰镇、薛家湾镇、十七沟、清水河南、窑沟、蒙晋界主线、大陆墕、沙圪堵、暖水、审山、碌碡墕出入口	柳青梁、清水河、包府服务区,框框井、三北羊场,泊江海,沙井,四十里梁停车区

G18(荣乌高速公路)并行线、联络线路线信息表 表10-13

编号	省份	省内起点	省内终点	途经市、县	通车里程(km)
G1811	河北	沧州市黄骅市港城开发区新村乡	石家庄市鹿泉区获鹿镇	黄骅市、沧县、沧州市区、献县、武强县、深州市、辛集市、晋州市、藁城区、石家庄市高新区、长安区、鹿泉区	313.871
G1812	河北	沧州市沧县崔尔庄镇	保定市阜平县龙泉关镇(冀晋界)	沧县、献县、河间市、任丘市、高阳县、蠡县、南市区、清苑区、满城区、顺平县、唐县、曲阳县、阜平县	730.664
	山西	五台长城岭	保德	五台县、定襄县、忻州市、静乐县、宁武县、岢岚县、保德县	
	陕西	府谷县碛塄镇	榆林市榆阳区小纪汉镇	榆阳区、神木、府谷	
G1813	山东	威海市威青高速公路入口	青岛市南泉枢纽立交	威海市、文登市、海阳市、即墨市、青岛市	177.861
G1815	山东	在建			—
G1816	内蒙古	待建			613.657
	宁夏	蒙宁界(麻黄沟)	宁甘界(营盘水)	惠农区、大武口区、平罗县、贺兰县、西夏区、永宁县、青铜峡市、中宁县、中卫市	
	甘肃	营盘水(宁甘界)	赛尔龙(甘青界)	青铜峡市、中卫市、白银市、兰州市、康家崖村、广河县、临夏回族自治州、合作市、碌曲县	
	青海	待建			
G1817	内蒙古	乌海(未通)	头关(蒙宁界)	乌海、阿拉善左旗	136.131
	宁夏	头关(蒙宁界)	银川(未通)	银川市	

G18(荣乌高速公路)并行线、联络线沿线互通、出入口、服务区信息表 表10-14

编号	省份	沿线互通	出入口	服务区
G1811	河北	石黄、黄骅东、津汕、黄骅南、沧州东开发区、南顾屯、沧州东、沧州西、沧南枢纽、崔尔庄、崔尔庄、淮镇、河城街、大陈庄、武强、衡水北、深州东、深州西、辛集、晋州、藁城东、藁城西、北五女、西兆通、石家庄北、黄石、西古城、石清路、南新城、高庄、鹿泉互通	黄骅东、黄骅南、沧州东开发区、沧州东、沧州西、崔尔庄、淮镇、河城街、大陈庄、武强、深州东、深州西、辛集、晋州、藁城东、藁城西、北五女、西兆通、西古城、石清路、南新城、鹿泉出入口	黄骅、沧州、献县、武强、辛集、石家庄北服务区
G1812	河北	崔尔庄、韩村、沙河桥、河间、河间北、高阳东、西演、高阳、大庄、保定、朝阳路、保定西、顺平南、西朝阳、唐县、平阳、阜平东、阜平西、东下关、曲阳互通	朝阳路、大庄、高阳、高阳东、河间北、河间、沙河桥、韩村、保定西、顺平南、唐县、曲阳、平阳、阜平东、阜平西、东下关出入口	高阳、河间、保定、曲阳、阜平服务区,阜平、长城岭、唐县停车区
	山西	石咀、耿镇、蒋村、曹张、秦城、静乐、芦芽山、黄道川、神舟、窑洼、保德、五台山、五台南、建安、定襄北、奇村、宁武、岢岚、杨家湾互通	石咀、耿镇、蒋村、曹张、静乐、芦芽山、黄道川、神舟、窑洼、保德、五台山、五台南、建安、定襄北、奇村、宁武、岢岚出入口	奇村、芦芽山、五台、五台山、岢岚、保德服务区
	陕西	小纪汉、牛家梁、金鸡滩、大保当、锦界、西沟、神木、神木北、永兴、石马川、府谷南互通	金鸡滩、大保当、锦界、西沟、神木、神木北、永兴、石马川、府谷南出入口	金鸡滩、锦界、府谷服务区,神木停车区

续上表

编号	省份	沿线互通	出入口	服务区
G1813	山东	文登北、文登、威海南、南黄、乳山东、乳山、乳山西、留格庄、、海阳、海阳西、辛安、行村、羊郡Ⅱ号、穴坊Ⅱ号、店集、华山、灵山、长直、普东南、王演庄互通	威海收费站、文登北、文登、威海南、南黄、乳山东、乳山、乳山西、留格庄、海阳、海阳西、辛安、行村、羊郡、穴坊、店集、华山、灵山、长直、普东南、王演庄出入口	文登、海阳、即墨服务区，文登、乳山停车区
G1815	山东	在建		
G1816	内蒙古	待建		
	宁夏	孟家湾、甘塘、营盘水互通	阿拉善左旗、贺兰县、镇北堡、孟家湾、甘塘、营盘水出入口	镇朔湖、中卫、胜金关、渠口服务区
	甘肃	王格尔塘、双城互通	王格尔塘、双城出入口	王格尔塘服务区
	青海	待建		
G1817	内蒙古	巴彦浩特北、巴彦浩特南、巴润别离、月亮湖、长流水、青年桥、星光、巴音呼都格互通	巴彦浩特北、巴彦浩特南、巴润别立、月亮湖、长流水、乌素图、青年桥、星光、巴音呼都格出入口	巴润别立、巴音呼都格服务区
	宁夏	在建		

二、路网关系

G18(荣乌高速公路)路网关系示意图如图10-4所示。

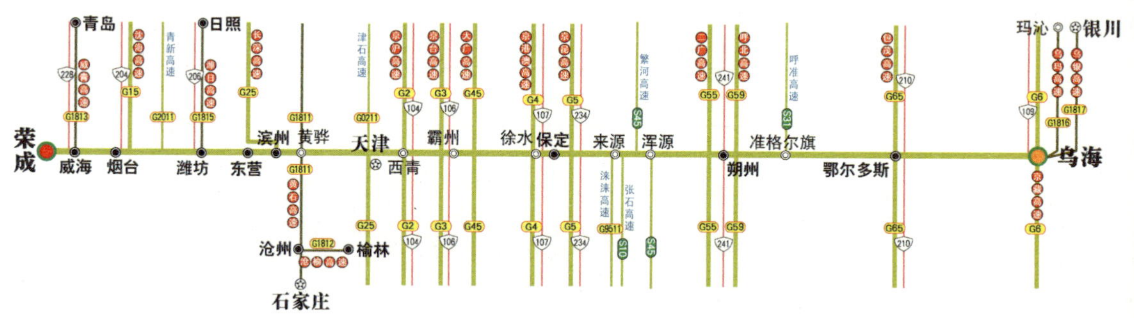

图10-4　G18(荣乌高速公路)路网关系示意图

三、建设历程

1. 山东荣成至文登段

2013年6月开工建设，2015年12月建成通车，全长40.396km，全线四车道，设计速度100km/h。建成大桥10座。总投资21.975亿元，资金来源：地方投入、银行贷款。占地5873亩。项目管理单位：山东省交通运输厅公路局；勘察设计单位：山东省交通规划设计院；监理单位：济南北方交通工程咨询监理有限公司；施工单位：山东省昆仑路桥工程有限公司、山东省公路建设(集团)有限公司等。

2. 山东荣文止点至威青起点(宋村镇—草庙子镇)段

全长 30.97km,全线四车道,设计速度 120km/h。与 G1813(威青高速公路)共线,是由地方高速公路 S24 升级而来。

3. 山东草庙子镇至威海段

未建。

4. 山东威海至烟台(轸格庄)段

1991 年 5 月开工建设,1994 年 10 月建成通车,全长 49.415km,全线四车道,设计速度 100km/h。建成大桥 5 座。总投资 4.1 亿元,资金来源:中央投入、地方投入、银行贷款。占地 5252.58 亩。项目管理单位:威海市公路管理局 、烟台市公路管理段;勘察设计单位:山东省威海公路勘察设计室、威海市公路管理局、上海市政工程研究所 、烟台市公路勘察设计院;监理单位:威海市公路管理局、烟台市公路管理局;施工单位:交通部第一航务工程局第二工程公司、威海市公路管理局环翠公路管理站、威海市公路管理局文登公路管理站等。

5. 山东烟台绕城(轸格庄至八角)段

1995 年 4 月开工建设,1998 年 5 月建成通车,全长 45.755km,全线四车道,设计速度 120km/h。建成大桥 5 座。总投资 9.85 亿元,资金来源:中央投入、地方投入、银行贷款。占地 4635.09 亩。项目管理单位:烟台市公路管理局;勘察设计单位:烟台市公路勘察设计院;监理单位:天津路桥监理公司、山东省交通监理咨询公司烟台公司;施工单位:山东省公路工程公司烟台公司、烟台市公路管理局工程二处等。

6. 山东烟台(八角)至黄山馆段

2001 年 8 月开工建设,2005 年 11 月建成通车,全长 77.5km,全线四车道,设计速度 120km/h。建成大桥 32 座。总投资 22.447 亿元,资金来源:地方投入。占地 11651.612 亩。项目管理单位:烟台市公路管理局;勘察设计单位:山东省交通规划设计院;监理单位:滨州市公路工程监理咨询公司、威海格瑞特监理咨询有限公司、聊城三山公路工程监理公司、潍坊市华潍公路工程监理处;施工单位:山东东方路桥建设总公司、山东省公路工程总公司六公司、中铁第十四工程局第四工程处等。

7. 山东黄山馆至青岛新河段

2002 年 3 月开工建设,2003 年 11 月建成通车,全长 86.675km,全线四车道,设计速度 120km/h。建成大桥 20 座。总投资 22.588 亿元,资金来源:地方投入。占地 8698.94 亩。项目管理单位:烟台公路管理局;勘察设计单位:山东省交通规划设计院;监理单位:山东省圣地公路工程监理咨询中心、滨州公路工程监理咨询公司等;施工单位:山东省公路工程总公司滨州公司、中铁十三局集团有限公司等。

8. 山东新河至辛庄子段

2005 年 7 月开工建设,2008 年 7 月建成通车,全长 85.72km,全线四车道,设计速度 120km/h。建成特大桥:潍河特大桥、弥河特大桥,共 2 座。建成大桥 12 座。总投资 33.648亿元,资金来源:交通运部车购税投入、地方投入、银行贷款。占地 12458 亩。项目管理单位:G18(荣成—乌海)新河至辛庄子段项目办公室;勘察设计单位:山东省交通规划设计院、山东省济青高速绿化工程有限公司、山东光合园林设计事务所有限公司;监理单位:山东恒建工程监理咨询有限公司等;施工单位:青岛路桥建设集团有限公司、山东省公路工程总公司等。山东新河至辛庄子段包括:潍坊段 85.72km、青岛段 6.93km、东营段 12.622km。

9. 辛庄子至东营黄河公路大桥段

1998 年 4 月开工建设,2000 年 9 月建成通车,全长 45.385km,全线四车道,设计速度 100km/h。项目管理单位:山东省交通厅公路局;勘察设计单位:华杰工程咨询有限公司,东营市、潍坊市公路勘察设计院;监理单位:潍坊市交通工程监理中心、北京育才交通工程监理咨询公司北方公司、东营市公路工程监理咨询公司、潍坊市交通工程监理中心、山东省交通工程监理咨询公司德州公司;施工单位:山东省公路工程总公司东营公司、山东省黄河工程局等。与 G25(长深高速公路)共线。

10. 山东东营黄河公路大桥段

2002 年 8 月开工建设,2005 年 8 月建成通车,全长 12.889km,全线四车道,设计速度 100km/h。建成特大桥:东营黄河公路大桥,共 1 座。建成大桥 4 座。总投资 8.59 亿元,资金来源:企业投入、银行贷款。占地 2392.6 亩。项目管理单位:东营黄河公路大桥有限责任公司;勘察设计单位:铁道第一勘察设计院、东营市公路勘察设计院、山东省城镇建筑设计院、东营市市政工程设计院;监理单位:潍坊市交通工程监理中心;施工单位:山东省公路工程总公司、中铁十四局集团有限公司等。

11. 山东辛庄子至邓王段

2005 年 3 月开工建设,2007 年 12 月建成通车,全长 67.94km,全线四车道,设计速度 120km/h。建成大桥 9 座。总投资 26.9037 亿元,资金来源:地方投入、银行贷款。占地 7988 亩。项目管理单位:山东省交通厅公路局;勘察设计单位:山东省省交通规划设计院;监理单位:山东东泰交通建设监理咨询有限公司、山东省交通工程监理咨询有限公司等;施工单位:山东宏昌路桥工程有限公司、中铁十五局集团第四工程有限公司等。

12. 山东邓王至鲁冀界段

全长 43.143km。与 G25(长深高速公路)共线。

13. 沧州海兴县冀鲁界至沧州黄骅市冀津界

与 G25(长深高速公路)共线。

14. 天津段(子牙河大桥至西青区青泊洼)

2005 年开工建设,2008 年建成通车,全长 45.41km,全线六车道,设计速度 120km/h。建成特大桥:青泊洼主线桥、独流碱河特大桥、团泊南 G 匝道 2 号桥、团泊南主线 3 号桥、钱圈主线 2 号桥、青静黄排水渠特大桥、子牙新河特大桥,共 7 座。建成大桥 40 座。总投资 44.0 亿元,资金来源:交通部车购税投入、地方投入、企业投入、银行贷款。占地 8494.0 亩。项目管理单位:天津高速公路集团有限公司;勘察设计单位:天津市市政工程设计研究院;监理单位:天津市华盾工程监理咨询有限公司、天津国腾监理咨询有限公司等;施工单位:天津城建集团有限公司等。

15. 天津段(西青区青泊洼至西青区精武镇)

2003 年开工建设,2005 年建成通车,全长 12.516km,全线六车道,设计速度 120km/h。建成大桥 8 座。投资 13.5 亿元,资金来源:交通部车购税投入、地方投入、银行贷款。占地 2337 亩。项目管理单位:天津高速公路集团有限公司;勘察设计单位:天津市市政工程设计研究院;监理单位:山西交通科技公路工程咨询监理有限公司;施工单位:中铁十七局第六工程有限公司、天津第一市政公路工程有限公司等。

16. 天津段(西青区精武镇至清王庆坨镇)

2003 年开工建设,2006 年建成通车,全长 16.19km,全线六车道,设计速度 120km/h。建成特大桥:子牙河桥、津浦铁路桥、张家窝桥,共 3 座。建成大桥 10 座。总投资 13.63 亿元,资金来源:交通部车购税投入、地方投入、企业投入、银行贷款。占地 2207 亩。项目管理单位:天津高速公路集团有限公司;勘察设计单位:天津市市政工程设计研究院;监理单位:天津市华盾工程监理咨询有限公司;施工单位:路桥集团第一公路工程局第五工程公司、天津五市政公路工程有限公司等。

17. 天津段(武清区王庆坨镇至津冀界收费站)

1998 年开工建设,2000 年建成通车,全长 5.16km,全线四车道,设计速度 120km/h。建成大桥 1 座。总投资 1.43 亿元,资金来源:交通部车购税投入、地方投入、银行贷款。占地 543.45 亩。项目管理单位:天津津富高速公路有限公司;勘察设计单位:天津市市政工程设计研究院;监理单位:天津市道路桥梁监理公司;施工单位:雍阳公路工程有限公司。

18. 河北廊坊安次区冀津界至保定徐水县商庄段

1996 年 8 月开工建设,1999 年 12 月建成通车,全长 104.95km,全线四车道,设计速

度 120km/h。建成特大桥:大清河特大桥、跨京九铁路特大桥,共 2 座。建成大桥 8 座。总投资 23.15 亿元,资金来源:地方投入、银行贷款。占地 12748.0 亩。项目管理单位:河北省保津高速公路管理处;勘察设计单位:交通部北京勘察设计所、河北省交通规划设计院等;监理单位:石家庄交通设施总公司、河北省公路工程局七处等;施工单位:铁道部第十四工程局、河北省交通厅公路工程局等。

19. 河北徐水至涞源(冀晋界)段

2010 年 3 月开工建设,2016 年 6 月建成通车,全长 87km,全线四车道,设计速度 120km/h。建成特大桥:商庄主线桥、徐水高架桥、孤庄营跨线桥(跨线桥),共 3 座。建成大桥 30 座。建成特长隧道:驿马岭隧道左洞、驿马岭隧道右洞,共 2 座。总投资 102.86 亿元,资金来源:地方投入、银行贷款。占地 10792.398 亩。项目管理单位:河北高速公路荣乌管理处;勘察设计单位:中交第二公路勘察设计研究院有限公司、保定市保通公路勘测设计有限责任公司;监理单位:保定交通建设监理咨询有限公司、北京中咨路捷工程技术咨询有限公司、贵州陆通公路工程监理有限公司、江西交通建设工程监理所、山东格瑞特监理咨询有限公司等;施工单位:华通路桥集团有限公司、中交第二公路工程局有限公司、中铁十四局集团有限公司、河北汇通路桥建设有限公司、保定申成路桥有限责任公司、河北建设集团有限公司等。

20. 河北涞源东至涞源西段

2007 年 8 月开工建设,2012 年 12 月建成通车,全长 9km,全线六车道,设计速度 100km/h。建成大桥 5 座。总投资 6.879 亿元,资金来源:地方投入。项目管理单位:保定市张石高速公路筹建处;勘察设计单位:河北省交通规划设计院;监理单位:北京中交路通工程咨询有限责任公司、山西省公路工程监理技术咨询公司等;施工单位:路桥集团第一公路工程厦门有限公司、中铁二十局集团有限公司等。

21. 山西灵丘至山阴段

2009 年 6 月开工建设,2010 年 12 月建成通车,全长 153.877km,全线四车道 153.89km,设计速度 100km/h。建成特大桥:郝家湾特大桥、青磁窑 2 号大桥、桑干河特大桥,共 3 座。建成大桥 39 座。建成特长隧道:恒山隧道、抢风岭隧道、云彩岭隧道、驿马岭隧道,共 4 座。总投资 83.2 亿元,资金来源:中央投入、地方投入、银行贷款。占地 13719 亩。项目管理单位:大同高速公路建设管理处;勘察设计单位:中国公路工程咨询集团有限公司、山西交科公路勘察设计院等;监理单位:中公交通监理咨询河南有限公司、河北华达公路工程咨询监理有限公司等;施工单位:中交一公局第六工程有限公司、中铁十一局集团第三工程有限公司等。

22. 山西山阴至平鲁段

2010年11月开工建设,2014年7月建成通车,全长107.74km,全线四车道,设计速度100km/h。建成大桥39座。建成特长隧道:鸳鸯会隧道,共1座。总投资57.5亿元,资金来源:中央投入、地方投入、银行贷款。占地9434.58亩。项目管理单位:朔州高速公路建设管理处;勘察设计单位:山西交科公路勘察设计院、山西省交通规划勘察设计院等;监理单位:山西省交通建设工程监理总公司、西安公路交大建设监理公司等;施工单位:中交路桥华北工程有限公司、中铁五局集团第二工程有限责任公司等。

23. 内蒙古十七沟至大饭铺段

2010年10月开工建设,2013年12月建成通车,全长83.808km,全线四车道,设计速度80km/h、100km/h。建成特大桥:准格尔黄河特大桥、大准铁路特大桥,共2座。建成大桥31座。建成长隧道2座。总投资48.38亿元,资金来源:中央投入、地方投入、银行贷款。占地31282.0亩。项目管理单位:呼和浩特市国道109线十七沟至大饭铺(呼市境内)高速公路建设管理办公室、荣成至乌海高速公路小沙湾至大饭铺段项目办公室;勘察设计单位:中国公路工程咨询集团有限公司、内蒙古自治区交通设计研究院有限责任公司等;监理单位:中交第二航务工程局有限公司、天津市公路工程总公司等;施工单位:中铁四局集团第一工程有限公司、天津市公路工程总公司等。

24. 内蒙古大饭铺至东胜段

2005年8月开工建设,2009年10月建成通车,全长114.8km,全线六车道,设计速度80km/h。建成大桥16座。总投资46.0亿元,资金来源:企业投入、银行贷款。占地9975.0亩。项目管理单位:鄂尔多斯市泰宝投资有限责任公司;勘察设计单位:重庆市规划勘察设计院;监理单位:内蒙古交通建设监理咨询有限责任公司、陕西交科公路工程咨询监理有限公司等;施工单位:中铁十六局集团第四工程有限公司、路桥集团第一公路工程局天津工程处等。

25. 内蒙古东胜至察汗淖段

2006年10月开工建设,2009年10月建成通车,全长182.0km,全线四车道,设计速度100km/h。建成大桥4座。总投资59.5亿元,资金来源:企业投入、银行贷款。占地17588.0亩。项目管理单位:鄂尔多斯市万正公路服务有限责任公司;勘察设计单位:内蒙古自治区交通设计研究院有限责任公司;监理单位:内蒙古公路工程咨询监理有限责任公司、呼和浩特市公路工程监理所等;施工单位:中铁十局集团有限公司、中国第十冶金建设公司等。

26. 内蒙古察汗淖至棋盘井段改扩建

2005年开工建设,2015年建成通车,全长66km,全线四车道,设计速度100km/h。建成大桥5座。总投资23.58亿元,资金来源:企业投入、银行贷款。占地6239亩。项目管理单位:鄂尔多斯市新驰路桥开发有限公司;勘察设计单位:重庆市规划勘察设计院;监理单位:呼和浩特市建通监理有限公司、鄂尔多斯市公路工程监理所等;施工单位:内蒙古鑫隆有限公司、宁夏路桥股份有限公司等。

四、联络线及并行线

1. G1811(黄石高速公路)黄骅至石家庄高速公路

河北石家庄至黄骅港段。1997年5月开工建设,2007年11月建成通车,全长281.26km,全线四车道,设计速度120km/h。建成特大桥:滏阳新河特大桥,共1座。建成大桥60座。总投资65.96亿元,资金来源:企业投入、银行贷款。占地29688.0亩。项目管理单位:石港高速公路建设管理处;勘察设计单位:河北交通规划设计院;监理单位:交通部第二公路勘察设计院;施工单位:黑龙江路桥总公司、石家庄公路处等。

河北藁城陈家庄至南高营段。1995年9月开工建设,1998年12月建成通车,全长18.14km,全线四车道,设计速度120km/h。总投资4.596亿元,资金来源:中央投入、地方投入、银行贷款。占地2227.41亩。项目管理单位:河北省交通厅国际金融组织贷款项目办公室;勘察设计单位:交通部公路规划设计院、河北省林业勘察设计院;监理单位:河北省交通厅工程监理咨询总公司等;施工单位:铁道部第十七工程局第三工程处、交通部第二公路工程局。

河北南高营枢纽至高庄枢纽段。1994年6月开工建设,1995年10月建成通车,全长19.774km,全线四车道,设计速度100km/h。建成大桥3座。总投资3.202亿元,资金来源:中央投入、地方投入、外资。占地2366亩。项目管理单位:河北省石太公路建设指挥部;勘察设计单位:交通部公路规划设计院、交通部公路科学研究所、西安公路研究所、北京市延庆路桥公司、河北省公路工程局三处、河北省公路工程局一处等;监理单位:石太公路建设指挥部工程监理处、河北省交通工程监理咨询总公司、交通部公路规划设计院工业室、河北省交通通信中心;施工单位:铁道部电气化工程局一处五段、机械电子工业部五十四研究所交通电子公司。

2. G1812(沧榆高速公路)沧州至榆林高速公路

河北保定至沧州段。2004年11月开工建设,2007年12月建成通车,全长120.248km,全线六车道,设计速度120km/h。建成特大桥:子牙新河特大桥、潴龙河分洪道特大桥、清水河至唐河特大桥,共3座。建成大桥18座。总投资45.63亿元,资金来源:交通部车购税投入、银行贷款。占地14172.0亩。项目管理单位:河北保沧高速筹建管理处;勘察设计单位:中交第一公路勘察设计研究院、河北省交通规划设计院等;监理单位:河北省交通建设监理咨询有限公司、张家口市监理公司等;施工单位:中铁一局集团第一工程有限公司、路桥集团第二公路工程局等。

河北保定至阜平(冀晋界)段。2007年4月开工建设,2011年12月建成通车,全长147.284km,全线四车道,设计速度120km/h、100km/h、80km/h。建成大桥18座。建成特长隧道:长城岭隧道,共1座。建成长隧道1座。总投资114.67亿元,资金来源:地方投入、银行贷款。占地17495.2亩。项目管理单位:保定市保阜高速公路筹建处;勘察设计单位:中交第一公路勘察设计研究院和河北省建筑设计研究院组成的联合体、中国公路工程咨询集团有限公司;监理单位:保定交通建设监理咨询有限公司、山东恒建工程监理咨询有限公司等;施工单位:中铁十七局集团有限公司、中铁十一局集团第二工程有限公司等。

山西长城岭至忻州段。2009年1月开工建设,2010年10月建成通车,全长124.75km(四车道121.75km,六车道3.0km),设计速度80km/h、100km/h。建成特大桥:峪沟特大桥,共1座。建成大桥39座。建成特长隧道:凤凰岭隧道、长城岭隧道,共2座。建成长隧道1座。总投资61.11亿元,资金来源:交通运输部车购税投入、企业投入、银行贷款。占地10058.84亩。项目管理单位:山西忻阜高速公路建设管理处;勘察设计单位:山西省交通规划勘察设计院;监理单位:太原理工大学建设监理公司、山西晋达交通建设监理有限公司等;施工单位:中铁十一局集团第二工程有限公司、中铁十二局集团有限公司等。

山西省忻州至保德段。2009年6月开工建设,2011年12月建成通车,全长191.45km,全线四车道,设计速度80km/h。建成特大桥:朱家川河特大桥、曹虎3号特大桥、汾河特大桥,共3座。建成大桥144座。建成特长隧道:芦芽山隧道、云中山隧道,共2座。建成长隧道4座。总投资105.01亿元,资金来源:交通运输部车购税投入、地方投入、银行贷款。占地16403.34亩。项目管理单位:忻保高速公路建设管理处;勘察设计单位:中国公路工程咨询集团有限公司、中交第一公路勘察设计研究院等;监理单位:山西省交通建设工程监理总公司、山西省公路工程监理技术咨询公司等;施工单位:中铁六局集团有限公司、山西远方路桥(集团)有限责任公司等。

陕西神木至府谷段。2008年12月开工建设,2011年12月建成通车,全长56.91km,全线六车道,设计速度80km/h。建成特大桥:窟野河特大桥,共1座。建成大桥63座。建成长隧道1座。总投资74.57亿元,资金来源:地方投入、银行贷款。占地779.36亩。项目管理单位:神木至府谷高速公路建设管理处;勘察设计单位:中交第一公路勘察设计研究院有限公司;监理单位:西安公路交大建设监理公司、陕西兴通监理咨询有限公司等;施工单位:中铁大桥局股份有限公司、中铁二十局集团有限公司等。

陕西榆林至神木段。2008年8月开工建设,2009年12月建成通车,全长87.57km,

全线四车道,设计速度 80km/h、100km/h。建成特大桥:窟野河大桥,共 1 座。建成大桥 30 座。总投资 56.43 亿元,资金来源:地方投入。占地 10291.0 亩。项目管理单位:陕西榆林榆神高速公路有限公司;勘察设计单位:中交第一公路勘察设计研究院有限公司、陕西省公路勘察设计院等;监理单位:河北四方公路工程咨询有限公司、中国华西工程设计建设监理有限公司等;施工单位:中铁二局第五工程有限公司、中铁二局第一工程有限公司等。

3. G1813(威青高速公路)威海至青岛高速公路

山东威海至乳山段。2004 年 11 月开工建设,2007 年 7 月建成通车,全长 70.84km,全线四车道,设计速度 120km/h。建成大桥 10 座。总投资 23.02 亿元,资金来源:交通部车购税投入、地方投入、银行贷款。占地 9219.40 亩。项目管理单位:山东省威海至乳山高速公路工程项目建设办公室;勘察设计单位:中国公路工程咨询集团有限公司、青岛城乡建筑设计院有限公司、山东省交通规划设计院;监理单位:青岛交通工程监理咨询有限公司、山东省交通工程监理咨询公司等;施工单位:山东泰山路桥工程公司、中铁十六局集团有限公司等。[其中,30.97km 与 G18(荣乌高速公路)共线。]

山东乳山至海阳段。2002 年 10 月开工建设,2003 年 11 月建成通车,全长 37.07km,全线四车道,设计速度 100km/h。建成大桥 2 座。总投资 1.3927 亿元,资金来源:地方投入、银行贷款。占地 1159.5 亩。项目管理单位:山东省交通厅公路局、威海市公路管理局、烟台市公路管理局;勘察设计单位:山东省交通规划设计院;监理单位:威海市格瑞特监理咨询有限公司;施工单位:山东泰山路桥公司、莱阳信远交通设施有限公司等。

山东海阳至即墨段。2004 年 8 月开工建设,2007 年 12 月建成通车,全长101.228km,全线四车道,设计速度 100km/h。建成大桥 4 座。总投资 20.5394 亿元,资金来源:地方投入、银行贷款。占地 7581.9 亩。项目管理单位:山东省交通厅公路局、烟台市公路管理局、青岛市公路局;勘察设计单位:山东省交通规划设计院、青岛奥林海装饰设计有限公司、山东光合园林设计事务所有限公司;监理单位:山东省德州市交通工程监理公司、烟台市方正公路工程监理咨询有限公司等;施工单位:山东省路通工程集团有限公司、山东沂蒙交通工程有限公司等。

4. G1815(潍日高速公路)潍坊至日照高速公路

在建。

5. G1816(乌玛高速公路)乌海至玛沁高速公路

内蒙古、青海段待建。

宁夏石嘴山至银川段。2009 年 3 月开工建设,2010 年 11 月建成通车,全长 41.882km,全线四车道,设计速度 100km/h。建成大桥 3 座。总投资 20.28 亿元,资金来源:地方投入、银行贷款。占地 3401 亩。项目管理单位:宁夏公路建设管理局;勘察设计单位:中国公路工程咨询集团有限公司;监理单位:山东东泰工程咨询有限公司、宁夏华吉公路工程监理咨询有限公司、西安公路交大建设监理公司;施工单位:宁夏路桥工程股份有限公司、中交第三公路工程局有限公司、中交第二公路工程局有限公司、中铁十三局集团有限公司等。

宁夏银川至青铜峡段。 2013年9月开工建设,2015年10月建成通车,全长59.225km,全线四车道,设计速度100km/h。建成大桥23座。总投资30.6431亿元,资金来源:交通运输部车购税投入、地方投入、银行贷款。占地5812.96亩。项目管理单位:宁夏公路建设管理局;勘察设计单位:中国公路工程咨询集团有限公司、中交公路规划设计院有限公司;监理单位:山东东泰工程咨询有限公司;施工单位:宁夏路桥工程股份有限公司、中铁十四局集团有限公司、中铁十三局集团有限公司、北京鑫实路桥建设有限公司等。

甘肃省康家崖至临夏段。 2007年12月开工建设,2010年12月建成通车,全长70.5km,全线四车道,设计速度80km/h。建成大桥11座。建成特长隧道:南阳山隧道,共1座。建成长隧道1座。总投资25.89亿元,资金来源:交通运输部车购税投入、地方投入、银行贷款。占地4508.373亩。项目管理单位:甘肃路桥公路投资有限公司;勘察设计单位:甘肃省交通规划勘察设计院有限责任公司、甘肃路桥公路投资有限公司;监理单位:甘肃省交通科学研究所有限公司、甘肃兴陇交通工程监理有限责任公司等;施工单位:中铁十五局集团第五工程有限公司、中交第一公路工程局有限公司等。

6. G1817(乌银高速公路)乌海至银川高速公路

内蒙古巴彦浩特至关头段改扩建。 2008年10月开工建设,2011年11月建成通车,全长68.85km,全线四车道,设计速度80km/h、100km/h。建成大桥8座。总投资19.66亿元,资金来源:财政投资6亿元,其余资金来源于银行贷款。占地5613.56亩。项目管理单位:巴彦浩特至银川高速公路内蒙古段建设管理办公室;勘察设计单位:内蒙古交通设计研究院有限责任公司、北京交科公路勘察设计研究院有限公司、中国公路工程咨询集团有限公司;监理单位:陕西海嵘工程项目管理有限公司、山东临沂交通工程咨询监理中心等;施工单位:中国路桥集团西安实业发展有限公司、承德路桥建设有限公司等。

内蒙古乌达至石炭井段。 2005年11月开工建设,2006年10月建成通车,全长45.025km,全线四车道,设计速度60km/h、100km/h。建成大桥2座。总投资1.92亿元,资金来源:交通部车购税投入、地方投入、银行贷款。占地924.942亩。项目管理单位:乌石高速公路项目执行办公室;勘察设计单位:内蒙古交通设计研究院有限责任公司;监理单位:西安交大监理公司;施工单位:内蒙古联手路桥有限公司、阿盟公路管理局等。

宁夏银川至巴彦浩特段。 2010年7月开工建设,2011年11月建成通车,全长32.082km,全线四车道,K0+000~K8+060设计速度100km/h,K8+060~K31+710设计速度80km/h。建成大桥6座。总投资9.985亿元,资金来源:地方投入、银行贷款。占地

3007.78 亩。项目管理单位：宁夏公路建设管理局；勘察设计单位：宁夏公路勘察设计院有限责任公司；监理单位：宁夏华吉公路工程监理咨询有限公司；施工单位：宁夏路桥工程股份有限公司、江西省公路机械工程局等。

五、先进技术的研究与应用

1. 黄土地区公路路基变形特性研究（山西）

山阴至平鲁高速公路首次在山西境内对黄土路基受力和变形进行了系统监测，针对黄土地区高速公路沿线实际工程地质条件和地形条件，以及山西省运煤公路的实际运营荷载情况，首次同时考虑了公路路基和交通荷载的非对称特性，建立了非对称交通荷载下黄土路基静、动力数值模型，对黄土地区公路路基受力、变形和稳定性进行了系统研究。针对黄土地区公路非对称路基病害特征，对比分析了加筋土和 EPS 减载技术处治黄土地区公路路基的作用效果。采用加筋土技术可有效限制路基工后沉降、不均匀沉降和侧向位移，提高路堤整体稳定性。

2. 高速公路隧道工程灾害辨识及预警系统研究（山西）

依托山阴至平鲁高速公路，主要内容为：(1)隧道施工过程信息获取与传输技术研究成果。(2)系统获取信息分析技术研究成果。(3)隧道施工变形信息识别技术研究成果。(4)围岩破裂形态与扰动应力场的关系，研究围岩三维破裂场的分布规律，得到隧道开挖扰动影响范围。(5)开挖过程与非施工期实时监测，施工进度与围岩微振活动的关系，隧道开挖过程微振活动性规律与失稳机理研究。(6)研究基于微振监测的隧道灾害的监测与预警方法，建立相应的隧道灾害预警、评价模型，并进行系统的验证、补充完善、反馈和修正。

3. 公路长隧道无动力通风、消防节能环保应用技术研究（山西）

山西省灵丘至山阴高速公路建有驿马岭、云彩岭、抢风岭、青瓷窑、恒山等五座中长及长大隧道，开展公路隧道自然通风技术研究，在隧道适当位置设置通风竖井，充分利用季节性的“烟囱效应”，代替机械通风或者降低机械通风的能耗，以提高隧道运营技术水平、获取最大经济效益。竖井上下两截面的压差决定了竖井内空气流动的方向。通常建筑物的内部空气较热、外部较冷，内部空气的密度较外界小。而在发生火灾时两者之间的差值就较大，在燃气的火风压和气体受热膨胀力的共同作用下，将产生使气体向上运动的浮力，气体将沿着建筑物内的竖井向上扩散蔓延，这就是“烟囱效应”，也叫热位差。本研究充分利用热位差，达到了无动力通风、消防节能环保目的。

4. 隧道亮色阻燃铺装层应用技术研究（山西）

灵丘至山阴高速公路项目旨在针对目前隧道内路面复杂情况，开发一种高性能隧道阻燃型彩色铺装层，以提高车辆在隧道内行驶的安全性、舒适性，减少因隧道火灾引发的人身、财产损失。可以减少车辆白天进入隧道时的亮度差,降低交通事故发生率;即使发生隧道火灾,亮色阻燃铺装层也可以起到阻燃作用,延缓路面燃烧,为火灾救援争取宝贵时间,亦可以减少人身财产损失。该技术在同类研究中达到国际先进水平。目前隧道亮色阻燃铺装层材料已应用在榆次、兴县、浑源、陕西洛南等地区。

5.公路穿越采空区治理技术研究(山西)

忻州至保德高速公路在总结国内外科研成果的基础上,针对高速公路路基、桥梁和隧道的不同结构特点,和高速公路安全运营的使用要求,采用理论分析、室内试验、现场实践和数值模拟的方法,探索出一套技术科学、造价经济的采空区处治技术,可以改进和优化现有的采空区勘察、设计和治理技术,不仅对于山西省的许多在建和拟建高速公路建设具有重大的社会和经济意义,而且对于国内相应的采空区处治也有重要的指导意义。

主要研究内容:①收集采空区勘察、设计、治理相关资料并进行整理、分析与评价研究。②采空区围岩参数测试及建立采空区物理、数学模型。③采空区治理工程勘察、治理效果测试技术和评价标准研究。④忻保高速公路煤矿采空区治理研究。⑤采空区治理材料、设备、方法及其工艺参数研究。⑥为采空区勘察设计规程和施工技术规程的编制做好准备。

经过研究提出一套针对高速公路路基、桥梁和隧道的不同结构特点,满足高速公路安全运营的使用要求,适应不同采空区的地质、结构条件,探索科学、经济合理的采空区处治技术,对在建高速公路采空区提出具体的勘察、处治和质量检验技术方法和指标,为编制《高速公路下伏采空区治理勘察设计规程》和《高速公路下伏采空区治理施工技术规程》做好理论性准备。

6.强风化花岗岩填筑路基施工标准及工艺研究(山西)

该项目结合忻州至保德高速公路,本着因地制宜、就地取材的原则,充分考虑减少废弃挖方石料堆放占地的因素,为使建设项目少占耕地、节约资源、减少投资、保护环境,特对强风化花岗岩材料填筑路基技术展开相关研究,主要研究内容有:①强风化花岗岩物理力学性能试验研究。②强风化花岗岩路基填筑技术参数研究。③强风化花岗岩边坡稳定性及防护研究。④强风化花岗岩材料填筑台背技术研究。

该项目的研究成果运用到实体工程中能充分利用弃方石料,大大减少堆放弃料占地,起到少占耕地、节约资源、减少投资、保护环境的作用。研究成果将为路基设计和施工技术规范的修订提供理论依据和工程实践,对完善我国路基施工技术具有深远意义,对推动我国公路建设向山区复杂地形的纵深发展提供技术保障力量,能产生重要的经济和社会效益。

7.公路下保安煤柱留设与压煤开采技术研究(山西)

以忻保高速公路及其他在建的高速公路(存在采空区)为依托工程,开展研究工作,将为今后山西省乃至全国的高速公路下采煤方式的选择、是否需要留设保安煤柱及保安煤柱留设方法提供重要的理论依据,从而实现既保证了高速公路安全运行,又减少了压覆的煤炭资源,同时降低高速公路的建设成本和煤矿的生产成本。通过研究可达到以下目标:

(1)较准确地预测不同条件下井下采煤与地面变形的发展趋势和规律。

(2)针对高速公路的允许变形特点,对不同采煤条件下高速公路保安煤柱的留设提出合理的计算方法。

(3)为编制《山西省高速公路下保安煤柱留设与压煤开采规程》做好理论性准备。

8. 大跨度黄土公路隧道结构稳定性及控制技术研究(陕西)

结合大跨度黄土公路隧道结构稳定性及控制技术研究,取得了如下主要创新成果:

(1)通过现场监控测量,分析了黄土隧道不同施工方法变形时空效应,型钢和格栅钢架,深浅埋等的影响。

(2)提出了大跨度黄土隧道初期支护采用"钢架+喷射混凝土+钢筋网+锁脚锚杆(管)+纵向连接系"组合结构,即取消系统锚杆,增加锁脚锚杆(管)。

(3)提出了大跨度黄土隧道洞口段采用双排小导管超前支护和双侧壁导坑法开挖,洞身段采用三台阶留核心土法或CD法,并编制了《大跨度黄土隧道施工作业指南》,攻克了大跨度黄土隧道易发生变形、坍塌的技术难题。

(4)通过现场对比试验和各项现场测试精度分析,提出了在试运营期间应建立隧道变为长期检测的方法,为隧道结构长期稳定性进行监控。该成果在神府高速公路墩梁隧道中得到了成功应用。该项目成果实用性强,有创新性,有力支持了依托工程建设,并在多座大跨度黄土公路隧道建设中得到推广应用,社会和经济效益显著,对提升我国大跨度黄土公路隧道设计施工整体水平有推动作用。

9. 路面底基层大厚度大宽度施工技术(内蒙古)

内蒙古自治区察汗淖至棋盘井段高速公路针对该工程工期紧、质量要求高、施工任务重的要求,经过认真研究且多方面实地考察积极引进新工艺、新设备对察棋高速公路厚30cm、宽12.7m的底基层将分两层两幅铺筑变为一层一幅铺筑,压路机械采用32t压路机,压实度采用加大加长灌砂筒检验。通过实践证明,路面底基层大厚度大宽度施工工艺是切实可行的。大厚度大宽度施工工艺的引进不仅加快了施工进度和施工质量,而且为以后采用大厚度大宽度公路施工奠定了坚实的基础。

六、复杂技术工程

1. 陕西窟野河特大桥

窟野河特大桥全长3446m,全桥共12联,引桥第1~8联为30m、40m预制箱梁;第9~11联主桥采用(88+4×165+88)m+(69+4×130+79.5+39.5)m+(76+4×140+

76)m变截面三向预应力混凝土连续刚构，第12联引桥为(3×43+50)m四跨现浇箱梁。其中刚构部分2256m，最大跨径165m，最大墩高76.5m。全桥共计1173个悬浇块段、37个合龙段，共需19次合龙。窟野河特大桥在上跨S204省道、神延铁路老龙池沟大桥、火车站公路等既有公路、铁路的第九联刚构桥(88+4×165+88)m的施工过程中，最长穿束164.37m，合龙块段钢束多达30束，且较多为$25\phi_s15.24$mm、$23\phi_s15.24$mm钢束，穿束难度大。采取的工程措施：将钢绞线穿束方法加以改进，研究出钢绞线牵引器，大幅提高工效达35%～45%，穿束成功率大大提高，实施的10个“T”构共446个块段全部顺利穿束成功，尤其在钢绞线长度较大时，提高工效尤为明显，缩短了块段循环工期。新的钢绞线穿束方法较传统方法克服了穿束工效低耗时长；过程中钢绞线打绞，张拉时受力不均；牵引连接部分和钢绞线端头拉脱；波纹管受混凝土挤压变形及因钢绞线钢束头包裹过大而卡住，无法顺利穿束等问题。此外，在窟野河特大桥施工中首次引入滚筒式新式水洗碎石设备，该水洗设备每小时洗石80～100t，能够大大降低碎石含泥量，提高碎石表面洁净度，同时提高与水泥等材料的胶凝作用，使混凝土各材料结合更紧密，极大提高了钢筋混凝土结构的握裹力以及结构的安全性和耐久性。

2. 山西凤凰岭特长隧道

凤凰岭隧道位于五台县城东南10km左右的台城镇马家庄村与茹村镇柏板村之间。设计为分离式隧道。左右线大致平行布设，最大间距50m，右线进口里程K68+408，设计高程963.889m；出口里程K74+168，设计高程860.389m，隧道底板最大埋深755.75m，位于K70+820处，全长5760m，属特长隧道；左线进口里程ZK74+240，设计高程858.663m；出口里程ZK68+355，设计高程964.288m，隧道底板最大埋深772.54m，位于ZK70+620处，全长5885m，属特长隧道。隧道围岩主要为寒武系、奥陶系的石灰岩、白云岩、白云质灰岩、泥灰岩、角砾状灰岩、泥页岩、砂岩，局部调研为元古界千枚岩、硅质白云岩、板岩。忻州端洞口段为第四系砾卵石层、亚黏土、亚砂土层。另外K69+620～K72+940段，长4320m，ZK69+720～ZK73+970段长4250m，围岩受构造影响，岩层直立、倒转、翻卷、扭曲，剖面上呈反“S”形。

3. 陕西永兴隧道

黄土公路隧道(左洞长1328m，右洞长1415m)，开挖宽度17.32m，开挖高度12.19m，开挖断面171m^2，扁平率为0.703，是当时全国开挖断面最大的湿陷性黄土隧道。隧道埋深最小处仅13m，洞内土体节理发育并有渗水，施工难度大。采取的工程措施：在隧道进出口左右洞浅埋段处均采用双侧壁导坑法(CRD法)施工，进入深埋段后进口左右洞因岩土节理产状水平、含水率小，土体相对稳定，为加快施工进度优化采用三台阶七步流水法施工。三台阶七步流水法施工在中下台阶开挖时会造成上一级台阶支护暂时放松，为确保施工安全，在上中台阶拱架拱脚部位增加4根锁脚锚管进行约束。中下台阶左右开挖前后错开5m，下台阶左右开挖前后错开5m。为了扩大地基应力，防止拱脚收敛沉降过大，在上台阶增设扩大拱脚。由于洞口进出口段围岩稳定性极差，土体承载力较差，施工中采用了双侧壁导坑法施工，较好地抑制围岩的变形。对于埋深较大的段落采用单侧壁导坑法（CD法）开挖。为有效控制沉降确保隧道的整体稳定性，设计对浅埋段仰拱地基进行注浆导管加固处理。为尽可能在最短时间内完成地基加固使支护尽快封闭成环提高整体承载能力，永兴隧道采用自行式风动潜孔钻机进行地基加固注浆导管的施工，缩短成孔时间60%以上，大大提高了成孔质量，保证了地基加固的效果和支护成环的及时性。

第五节　G20（青银高速公路）青岛至银川高速公路

G20（青银高速公路）是国家"71118+6"高速公路网18条东西横线中的第五横，是连接东部沿海城市和中西部地区的重要通道，连接着西北地区和华北地区的诸多大中城市，是西北地区重要的出海通道，对于加强西北内陆和东部沿海之间的资源互通，促进沿线地区的经济社会发展发挥着巨大作用。

G20（青银高速公路）起点位于山东省青岛市市北区浮山后，终点位于宁夏回族自治区银川市银川收费站出口。规划里程1509.51km，通车里程1452.604km，四车道1381.398km，六车道71.206km。经过山东（青岛、潍坊、淄博、滨州、济南、德州、聊城）、河北（邢台、石家庄）、山西（阳泉、晋中、太原、吕梁）、陕西（榆林）、宁夏（吴忠、银川）。1989年青银高速公路山东青岛段率先开始施工，2009年10月青银高速公路山西夏家营至汾阳段建成，G20（青银高速公路）全线贯通。

拥有联络线两条：

G2011（青新高速公路）青岛至新河高速公路，起点位于山东省青岛市城阳区罗圈涧，终点位于山东省青岛市平度市新河镇。规划里程109.08km，通车里程109.075km，四车道104.037km，六车道5.038km。途经青岛、新河。目前，G2011（青新高速公路）已全线建成通车。

G2012（定武高速公路）定边至武威高速公路，起点位于陕西省定边县，终点位于甘肃省土门收费站。规划里程476.40km，通车里程384.012km，全线四车道。途经定边、中宁、武威。目前，G2012（定武高速公路）已全线建成通车。

一、路线概况

G20（青银高速公路）路线信息见表10-15，沿线互通、出入口、服务区信息见表10-16，并行线、联络线路线信息见表10-17，并行线、联络线沿线互通、出入口、服务区信息见表10-18。

G20（青银高速分路）路线信息表 表10-15

编号	省份	省内起点	省内终点	途经市、县	通车里程(km)
G20	山东	青岛市市北区浮山后	德州市夏津县渡口驿乡（山东段一期）	崂山区、李沧区、城阳区、即墨市、胶州市、高密市、昌邑市、坊子区、奎文区、潍城区、昌乐县、寿光市、昌乐市、临淄区、张店区、周村区、邹平县、章丘市、历城区、济阳县、天桥区、齐河县、禹城市、高唐县、夏津县	434.724
	河北	邢台市清河县油坊镇（冀鲁界）	石家庄市井陉县天长镇（冀晋界）	清河县、威县、南宫市、新河县、宁晋县、赵县、栾城区、元氏县、鹿泉区、井陉县	225.064
	山西	山西省阳泉市平定县娘子关镇（省界）	山西省柳林县薛村镇军渡村（省界）	阳泉市郊区、平定县、晋中市榆次区、寿阳县、吕梁市离石区、交城县、文水县、汾阳市、柳林县	330.806
	陕西	吴堡县	定边县王圈梁	吴堡县、子洲县、靖边县、定边县	320.724
	宁夏	宁陕界（王圈梁）	银川收费站	兴庆区、灵武市、盐池县	141.286

G20（青银高速公路）沿线互通、出入口、服务区信息表 表10-16

编号	省份	沿线互通	出入口	服务区
G20	山东	辽阳东路、东李、夏庄、西元庄、即墨、王演庄枢纽、蓝村、马店枢纽、大杜戈、姜庄、饮马、涌泉枢纽、治浑街、十里堡、挂角村、昌乐、寿光、青州东、于家枢纽、青州西、临淄、淄博、淄博西枢纽、周村、邹平、章丘、唐王枢纽、机场枢纽、荷花、崔寨、崔寨西枢纽、靳家、表白寺枢纽、齐河北、禹城南、高唐东、高唐、夏津互通	高新区、东李、夏庄、青岛、即墨、南泉、蓝村、胶州、高密、饮马、潍坊东、潍坊、潍城、昌乐、寿光、青州东、青州西、临淄、淄博、周村、邹平、章丘、荷花、崔寨、靳家、齐河北、禹城南、高唐东、高唐、夏津、鲁冀出入口	青岛、高密、潍坊、青州、淄博、邹平、济南、天桥、高唐、夏津服务区，齐河停车区
	河北	清河、赵村、薛吴村、南宫、苏村枢纽、新河、宁晋、赵县、南安庄、栾城、永安、窦妪、石太、铜冶、大学城、井陉、秀林互通	清河、赵村、南宫、新河、宁晋、赵县、栾城、窦妪、铜冶、井陉西、秀林、井陉、鹿泉、南新城、石清路、西古城出入口	清河、南宫、宁晋、石家庄南、井陉服务区
	山西	小店、罗城、焦城、汾平枢纽、吕梁环城、临离互通	旧关、平定、坡头、寿阳、峪头、交城、开栅、文水、杏花、汾阳、汾阳西、吴城、离石东、离石西、柳林东、柳林西出入口	阳泉、晋中、薛公岭、杏花服务区
	陕西	吴堡、辛家沟、中角、绥德、史家湾、子洲、巡检司、魏家楼、双城、杨家畔、靖边、靖边西、东坑、梁镇、安边、砖井、定边、王圈梁互通	吴堡、辛家沟、中角、绥德、子洲、巡检司、魏家楼、双城、杨家畔、靖边西、东坑、梁镇、安边、砖井、定边、王圈梁出入口	子洲、马岔、大桥畔服务区
	宁夏	银川东、临河、宁东、宁东北、古窑子、宝塔（规划）、高沙窝、花马池、盐池互通	盐池、花马池、高沙窝、古窑子、宁东、宁东北、临河、银川东出入口	滨河、宁东、蔡家梁、盐池服务区

G20（青银高速公路）并行线、联络线路线信息表　　表 10-17

编号	省份	省内起点	省内终点	途经市、县	通车里程(km)
G2011	山东	青岛市城阳区罗圈涧	青岛市平度市新河镇	青岛市、城阳区，即墨市，平度市	109.075
G2012	陕西	定边县	定边县王圈梁	定边县	384.012
	宁夏	盐池县王圈梁	营盘水（宁甘界）	盐池县、中卫市、中宁县	
	甘肃	营盘水收费站	土门收费站	景泰县、古浪县	

G20（青银高速公路）并行线、联络线沿线互通、出入口、服务区信息表　　表 10-18

编号	省份	沿线互通	出入口	服务区
G2011	山东	普东南、南村、门村、郭家埠互通	城阳南、城阳北、马山、普东、移风收、郭庄、平度南、张舍出入口	平度南服务区，即墨停车区
G2012	陕西	G20（青银高速公路）互通	主线出入口	无
	宁夏	盐池、青山、马儿庄、太阳山、孙家滩、红寺堡、恩和、中宁、清水河、宣和、中卫、孟家湾、甘塘、营盘水互通	盐池、青山、马儿庄、太阳山、孙家滩、红寺堡、中宁、宣和、中卫、孟家湾、甘塘、营盘水出入口	沙丘岭、沙海绿洲、望峰台、风电园、酸枣岭、中卫服务区
	甘肃	双塔互通	营盘水、景泰、寺滩、大靖、土门出入口	景泰、大靖、土门服务区，黄花滩、白茨水、景泰停车区

二、路网关系

G20（青银高速公路）路网关系示意图如图 10-5 所示。

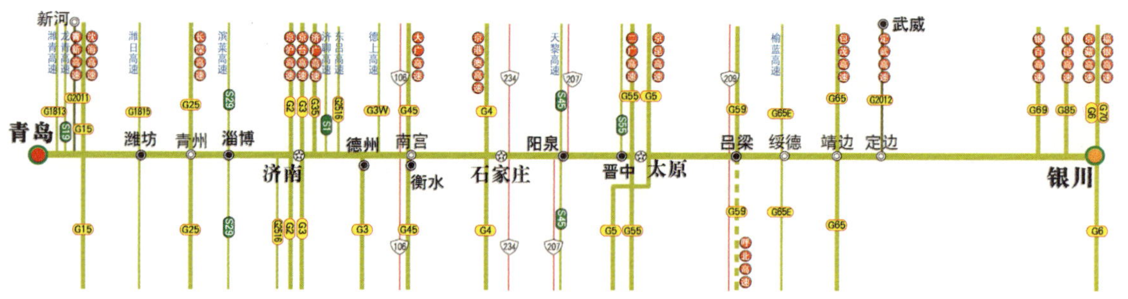

图 10-5　G20（青银高速公路）路网关系示意图

三、建设历程

1. 山东青岛（辽阳东路）至夏庄段

1998 年 11 月 开工建设，2000 年 12 月建成通车，全长 15.67km，全线六车道，设计速度 120km/h。建成特大桥：丹山斜拉桥，共 1 座。建成大桥 1 座。总投资 28.55 亿元，资金来源：地方投入、银行贷款。项目管理单位：青岛市公路建设指挥部；勘察设计单位：山东省交通规划设计院；监理单位：青岛市交通工程监理咨询有限公司；施工单位：铁道部第三工程局、铁道部第十四工程局、青岛公路建设集团有限公司等。

2. 山东夏庄至流亭段

2000年4月开工建设,2000年12月建成通车,全长3.2km,全线四车道,设计速度100km/h。总投资3.76亿元,资金来源:地方投入。项目管理单位:青岛市公路建设指挥部;勘察设计单位:山东省交通规划设计院。

3. 山东流亭立交段

1989年4月开工建设,1991年6月建成通车,全长0.622km,全线四车道,设计速度100km/h。建成大桥1座。占地260亩。项目管理单位:青岛市公路建设指挥部;勘察设计单位:山东省交通规划设计院;施工单位:中铁第十四工程局。

4. 山东流亭至西元庄(高架桥)段

1994年10月开工建设,1995年12月建成通车,全长7.78km,全线四车道,设计速度100km/h。建成特大桥:西元庄高架桥,共1座。总投资3.53亿元,资金来源:地方投入。占地600亩。项目管理单位:青岛市公路建设指挥部;勘察设计单位:山东省交通规划设计院;施工单位:中交一公局、中国建筑第一工程局、铁道部第十七工程局、铁道部第十一工程局、流亭公路站工程队。

5. 山东西元庄至唐王立交段

1989年12月开工建设,1993年12月建成通车,全长296.291km,全线四车道,设计速度120km/h。建成大桥19座。总投资28.8285亿元,资金来源:中央投入、地方投入。项目管理单位:山东省济青高速公路建设办公室;勘察设计单位:山东省交通规划设计院、交通部公路规划设计院等;监理单位:济青高速公路监理工程师代表处等;施工单位:山东省交通工程公司联营体、铁道部第十四工程局等。

6. 山东唐王至齐河(济南北绕城)段

2005年4月开工建设,2008年12月建成通车,全长46.63km,六车道22.985km,八车道23.645km,设计速度120km/h。建成特大桥:济南黄河三桥,共1座。建成大桥7座。总投资41.980亿元,资金来源:地方投入。占地8332.074亩。项目管理单位:山东高速青银高速公路、济南绕城北线工程建设办公室;勘察设计单位:山东省交通规划设计院;监理单位:青岛交通工程监理咨询有限公司、武汉交科交通工程咨询监理中心等;施工单位:中铁十四局集团第三工程有限公司、中铁二局股份有限公司等。[其中,23.645km属于G2001(济南绕城高速公路)。]

7. 山东齐河至夏津(鲁冀界)段

2003年10月28日开工建设,2005年12月17日建成通车,全长88.388km,四车道

87.12km,六车道1.268km,设计速度120km/h。建成特大桥:卫运河特大桥、引黄干渠特大桥、K381+388京沪铁路禹城南互通立交主线桥,共3座。建成大桥14座。总投资22.62亿元,资金来源:中央投入、地方投入、银行贷款。占地9865.7939亩。项目管理单位:山东高速集团有限公司;勘察设计单位:山东省交通规划设计院;监理单位:山东省交通工程监理咨询公司、青岛交通工程监理公司等;施工单位:中铁十四局集团有限公司、山东省路桥集团有限公司等。

8.河北冀鲁界至石家庄段

2003年5月开工建设,2005年12月建成通车,全长180.004km,全线四车道,设计速度120km/h。建成特大桥:滏阳新河特大桥、卫运河特大桥,共2座。建成大桥11座。总投资45.96亿元,资金来源:交通部车购税投入、地方投入、银行贷款。占地19609.9亩。项目管理单位:河北青银高速公路筹建管理处;勘察设计单位:河北省交通规划设计院、中国公路工程咨询集团有限公司等;监理单位:中国公路工程咨询集团有限公司、北京中交公路桥梁工程监理有限公司等;施工单位:中铁十四局集团有限公司、中铁十七局集团有限公司、中铁二十局集团有限公司等。

9.河北石太高速公路

1992年6月开工建设,1995年10月建成通车,全长43.18km,全线四车道,设计速度100km/h、60km/h。建成大桥9座。总投资6.992亿元,资金来源:中央投入、地方投入、外资。占地5166亩。项目管理单位:河北省石太公路建设指挥部;勘察设计单位:交通部第一公路勘察设计院等;监理单位:交通部公路规划设计院工业室等;施工单位:交通部公路一局二公司、铁道部第十六工程局第四工程处、中国人民武装警察部队交通独立支队等。

10.山西太原至旧关段

1993年5月开工建设,1996年6月建成通车,全长143.18km,全线四车道,设计速度120km/h、100km/h、60km/h。建成特大桥:二电厂特大桥、聂家庄特大桥、坡头特大桥、武宿主线特大桥,共4座。建成大桥34座。建成长隧道1座。总投资31.70亿元,资金来源:中央投入、地方投入、银行贷款。占地14245.82亩。项目管理单位:太旧高速公路公路建设指挥部;勘察设计单位:铁道部第三勘察设计院、山西省交通科技研究所等;监理单位:山西省交通建设监理总公司、山西省交通科研所监理公司等;施工单位:中铁十二局一处、中铁十九局二处等。

11.山西太原南环段

1998年3月开工建设,1999年12月建成通车,全长14.101km,全线六车道,设计速度120km/h。建成特大桥:小店高架桥,共1座。建成大桥5座。总投资6.8393亿元,资金来源:地方投入。占地1725.75亩。项目管理单位:太原南过境高速公路建设工程指挥部;勘察设计单位:山西省交通规划勘察设计院;监理单位:山西省公路工程监理技术咨询公司、山西省交通建设工程监理总公司等;施工单位:山西省公路局长治公路分局第三工程处、福建省土木建筑开发总公司山西四处、交通部第一公路工程总公司第四工程公司等。

12. 山西夏家营至交城段

2001年2月开工建设,2002年9月建成通车,全长3.45km,全线四车道,设计速度120km/h。总投资1.465亿元,资金来源:中央投入、地方投入、银行贷款。占地412.89亩。项目管理单位:山西省太祁高速公路有限公司;勘察设计单位:山西省交通规划勘察设计院;监理单位:北京育才交通工程咨询监理公司;施工单位:汕头公路桥梁工程总公司。

13. 山西夏家营至汾阳段

1998年10月开工建设,2000年10月建成通车,全长53.93km,全线四车道,设计速度100km/h。建成大桥4座。总投资11.99亿元,资金来源:中央投入、地方投入、银行贷款。占地5705.0亩。项目管理单位:吕梁高速公路建设总指挥部;勘察设计单位:山西省交通规划勘察设计院;监理单位:山西省交通建设工程监理有限公司第十一监理部、山西交科公路工程咨询监理有限公司等;施工单位:中国人民武装警察部队交通第一总队、交通部第一公路工程总公司第二工程公司等。

14. 山西夏家营至汾阳段改扩建

2009年5月开工建设,2009年10月建成通车,全长53.93km,全线四车道,设计速度120km/h。大桥6座。总投资3.11亿元,资金来源:地方投入、银行贷款。占地5704.89亩。项目管理单位:山西省吕梁高速公路有限公司; 勘察设计单位:山西省交科公路勘察设计院;监理单位:山西省交通建设工程监理总公司;施工单位:中铁十八局集团第五工程有限公司等。

15. 山西汾阳至离石段

2003年4月开工建设,2005年10月建成通车,全长77.77km,全线四车道,设计速度80km/h。建成特大桥:离石高架桥,共1座。建成大桥38座。建成长隧道1座。总投资33.14亿元,资金来源:交通部车购税投入、地方投入、银行贷款。占地7612.5亩。项目管理单位:吕梁汾离高速公路建设有限公司;勘察设计单位:山西省交通规划勘察设计院、山西路晟交通建筑设计公司等;监理单位:山西省交通建设工程监理总公司、吉林省公路工程监理有限责任公司等;施工单位:中铁十七局集团第二工程有限公司、中国港湾建设(集团)总公司等。

16. 山西离石至军渡段

2005 年 10 月开工建设,2007 年 12 月建成通车,全长 38.6km,全线四车道,设计速度 80km/h。建成特大桥:三川河 8 号特大桥、沙曲特大桥、三川河 7 号特大桥、三川河 2 号特大桥,共 4 座。建成大桥 29 座。建成特长隧道:八盘山隧道,共 1 座。总投资 28.39 亿元,资金来源:交通部车购税投入、地方投入、银行贷款。占地 3006.0 亩。项目管理单位:山西离军高速公路建设管理处;勘察设计单位:山西省交通规划勘察设计院等;监理单位:山西省交通建设工程监理总公司等;施工单位:山西路桥集团第二公路工程局第六工程处、中铁十二局集团第四工程有限公司等。

17. 陕西吴堡至子洲段

2004 年 12 月开工建设,2007 年 10 月建成通车,全长 68.07km,全线四车道,设计速度 80km/h。建成特大桥:问沟特大桥、中角特大桥,共 2 座。建成大桥 64 座。建成特长隧道 2 座。总投资 42.7 亿元,资金来源:地方投入、银行贷款。占地 6304.0 亩。项目管理单位:吴子建设管理处;勘察设计单位:中交第一公路勘察设计院;监理单位:陕西恒通工程咨询有限责任公司;施工单位:中铁十局集团二公司、中铁大桥局股份有限公司等。

18. 陕西子洲至靖边段

2004 年 6 月开工建设,2007 年 10 月建成通车,全长 120.68km,全线四车道,设计速度 80km/h、100km/h。建成特大桥:双城 6 号特大桥、沈石畔 2 号特大桥,共 2 座。建成大桥 73 座。总投资 44.67 亿元,资金来源:地方投入、银行贷款。占地 15331.0 亩。项目管理单位:子靖建设管理处;勘察设计单位:陕西省公路勘察设计院;监理单位:山西省交通建设工程监理总公司、陕西恒通工程咨询有限责任公司等;施工单位:路桥二公局第三工程有限公司、中铁十一局集团第一工程有限公司等。

19. 陕西靖边至王圈梁段

2002 年 6 月开工建设,2005 年 10 月建成通车,全长 132.29km,全线四车道,设计速度 100km/h。建成大桥 3 座。总投资 23.71 亿元,资金来源:交通部车购税投入、地方投入、企业投入、银行贷款。占地 13633.0 亩。项目管理单位:陕西省公路局;勘察设计单位:中交第二公路勘察设计研究院、西安公路研究所;监理单位:山西省交通建设工程监理总公司、西安方舟工程咨询监理有限公司等;施工单位:中铁五局集团有限公司、中铁十二局集团有限公司等。

20. 宁夏古窑子至王圈梁段

1999 年 3 月开工建设,2001 年 9 月建成通车,全长 94.0km,全线四车道,设计速度 100km/h。建成大桥 1 座。总投资 10.43 亿元,资金来源:交通部车购税投入、地方投入、银行贷款。占地 6694.0 亩。项目管理单位:宁夏古王盐兴公路工程建设指挥部;勘察设计单位:中国公路工程咨询集团有限公司、宁夏公路勘察设计院有限责任公司;监理单位:中寰公路工程咨询有限公司、美国布朗·斯丹蕾国际咨询有限责任公司等;施工单位:铁道部第十六工程局、中国有色金属建设集团等。

21. 宁夏银川至古窑子段

2002年6月开工建设,2003年8月建成通车,全长53.92km,全线四车道,设计速度100km/h、120km/h。建成大桥3座。总投资10.76亿元,资金来源:交通部车购税投入、银行贷款。占地3590.83亩。项目管理单位:宁夏公路建设管理局;勘察设计单位:中国公路工程咨询集团有限公司、北京中咨路捷工程技术咨询有限公司;监理单位:宁夏华吉公路工程监理咨询有限公司;施工单位:中铁第十三工程局第一工程处、中铁十九局集团有限公司等。

四、联络线及并行线

1. G2011(青新高速公路)青岛至新河高速公路

山东夏庄至即墨段。1998年11月开工建设,2000年12月建成通车,全长17.172km(四车道12.85km,六车道4.32km),设计速度120km/h。建成大桥4座。总投资28.553亿元,资金来源:地方投入。项目管理单位:青岛市公路建设指挥部;勘察设计单位:山东省交通规划设计院;监理单位:青岛市交通工程监理咨询有限公司;施工单位:铁道部第三工程局、铁道部第十四工程局等。

山东即墨至平度(新河)段。2005年4月开工建设,2008年10月建成通车,全长95.413km,全线四车道,设计速度120km/h。建成大桥6座。总投资34.776亿元,资金来源:交通部车购税投入、地方投入、银行贷款。占地10539亩。项目管理单位:青岛市公路局即平办;勘察设计单位:山东省交通规划设计院;监理单位:青岛市交通工程监理咨询有限公司、青岛市交通工程监理咨询有限公司等;施工单位:中铁隧道集团二处有限公司、辽宁省路桥建设总公司等。

2. G2012(定武高速公路)定边至武威高速公路

宁夏中宁至孟家湾段。2004年7月开工建设,2006年10月建成通车,全长63.88km,全线四车道,设计速度100km/h。建成特大桥:宝中铁路立交桥、黄河桥特大桥,共2座。建成大桥20座。总投资15.80亿元,资金来源:交通部车购税投入、地方投入、银行贷款。占地6844.0亩。项目管理单位:银武指挥部、宁夏公路建设管理局;勘察设计单位:中国公路工程咨询集团有限公司、宁夏公路勘察设计院有限责任公司;监理单位:中国公路工程咨询集团有限公司等;施工单位:中铁十八局集团有限公司等。

宁夏盐池至中宁段。2006年8月开工建设,2008年8月建成通车,全长160.36km,

全线四车道,设计速度100km/h。建成大桥27座。总投资43.08亿元,资金来源:交通部车购税投入、地方投入、银行贷款。占地24529.5亩。项目管理单位:宁夏公路建设管理局;勘察设计单位:宁夏公路勘察设计院有限责任公司、中国公路工程咨询集团有限公司等;监理单位:黑龙江省公路工程监理咨询公司等;施工单位:中铁十三局集团第一工程有限公司、中铁二十五局集团有限公司等。

宁夏孟家湾至营盘水段。2009年2月开工建设,2013年11月建成通车,全长60.29km,全线四车道,设计速度100km/h。建成大桥5座。总投资14.5亿元,资金来源:中央投入、地方投入、银行贷款。占地5738.3亩。项目管理单位:宁夏公路建设管理局;勘察设计单位:中国公路工程咨询集团有限公司、宁夏公路勘察设计院有限责任公司;监理单位:宁夏华吉公路工程监理咨询有限公司;施工单位:中铁十三局集团第一工程有限公司等。

甘肃营盘水至双塔段。2010年11月开工建设,2013年11月建成通车,全长157.56km,全线四车道,设计速度80km/h。建成大桥18座。总投资73.9亿元,资金来源:中央投入、银行贷款。占地16673.0亩。项目管理单位:营盘水至双塔高速公路建设项目管理办公室;勘察设计单位:甘肃省交通规划勘察设计院有限责任公司;监理单位:甘肃省交通工程建设监理公司等;施工单位:中交第一公路工程局有限公司、中铁四局集团有限公司等。

3. G2001济南绕城高速公路

山东济南绕城高速公路东线。1997年12月开工建设,1999年9月建成通车,全长19.577km,全线四车道,设计速度120km/h。建成大桥5座。总投资6.12亿元,资金来源:中央投入、地方投入。占地2865.5亩。项目管理单位:山东省交通运输厅公路局、济南市公路管理局;勘察设计单位:山东省交通规划设计院;监理单位:滨州公路工程监理公司、北京育才监理咨询公司北方分公司、济南公路工程监理公司;施工单位:山东省公路工程总公司泰安公司、山东省公路工程总公司济南公司等。

山东济南绕城高速公路南线。1999年10月开工建设,2002年5月建成通车,全长38.946km,全线四车道,设计速度100km/h。建成特大桥:津浦铁路公铁立交,共1座。建成大桥12座。建成特长隧道1座。总投资15.65亿元,资金来源:中央投入、地方投入、银行贷款。占地4638亩。项目管理单位:山东省交通运输厅公路局、济南市公路管理局;勘察设计单位:山东省交通规划设计院、中国公路工程监理集团有限公司;监理单位:滨州公路工程监理公司、北京育才交通工程咨询监理公司北方公司(北方公司)、淄博东泰交通工程监理有限公司;施工单位:山东省公路工程总公司、中交二公局等。

山东济南绕城高速公路西线。与G3(京台高速公路)共线。

山东济南绕城高速公路北线。与G20(青银高速公路)共线。

4. G2001 石家庄绕城高速公路

石家庄绕城高速公路。2005年11月开工建设,2008年7月建成通车,全长40.726km,全线六车道,设计速度120km/h。建成特大桥:主线滹沱河特大桥,共1座。建成大桥7座。总投资21.15亿元,资金来源:地方投入、银行贷款。项目管理单位:石家庄市张石高速公路筹建处;勘察设计单位:河北省交通规划设计院、河北省建筑设计院;监理单位:河北省交通建设监理咨询有限公司、北京正宏监理咨询有限公司、河北通达工程监理咨询有限公司等;施工单位:河北冀通路桥建设有限公司、路桥第一集团公路工程局、新疆昆仑路港工程公司、山西平阳路桥有限公司等。

5. G2001 太原绕城高速公路

山西太原西北环高速公路。2003年1月开工建设,2004年11月建成通车,全长42.96km,全线四车道,设计速度80km/h。建成大桥1座。总投资18.6亿元,资金来源:交通部车购税投入、地方投入、银行贷款。占地5387.88亩。项目管理单位:太原西北环高速公路工程建设项目部;勘察设计单位:中交通力公路勘察设计工程有限公司;监理单位:山西交通建设监理总公司等;施工单位:路桥集团第一工程公司第三分公司。[其中,1.902km属于G2001(太原绕城高速公路),41.058km属于G5(京昆高速公路)。]

五、先进技术研究与应用

1. 太旧高速公路工程(山西)

太原至旧关高速公路是我国第一条一次设计完成、一次建成通车的典型山岭区高速公路。实现了“工程建设质量创全国一流、五年工期三年完成、工程总投资不突破概算”三大控制目标,为我国山区高速公路建设积累了宝贵的经验。

2. 黄土隧道支护设计与关键施工技术研究(陕西)

项目针对黄土隧道中锚杆的作用、黄土隧道的变形规律、黄土隧道的施工方法等技术问题,依托陕西吴堡—子洲高速公路黄土隧道群,在大量现场试验与测试的基础上,结合理论分析和数值模拟,系统开展了黄土隧道支护设计与关键施工技术研究,取得了以下主要创新性研究成果:①在国内外首次对黄土地层(Ⅳ、Ⅴ、Ⅵ级围岩)两车道隧道有、无系统锚杆条件下的结构力学状态和稳定性进行了现场对比测试及分析,结果表明系统锚杆在黄土隧道中支护效果不显著,可以取消。提出采用“钢架+喷射混凝土+钢筋网+锁脚锚杆(管)”的黄土隧道初期支护结构形式。创建了黄土地层隧道支护结构新形式。②依据两车道黄土隧道台阶法施工过程中变形测试结果,发现拱部沉降的量值远大于净空收敛的量值,揭示了黄土隧道的变形规律。提出了“快挖、快支、快封闭,二次衬砌仰拱、边墙基础紧跟,二次衬砌适时施作”的黄土隧道施工原则。③现场测试发现拱部系统锚杆受压,从土体的变形和锚杆与土体的锚固效果两方面分析了黄土隧道拱部系统锚杆的力学状态,揭示了钢拱架支护条件下黄土隧道系统锚杆的受力机理,为黄土隧道取消系统设计提供了依据。④现场测试结果表明,格栅钢架与型钢钢架相比,在与喷射混凝土共同作用时,具有受力性能良好、在施工中能有效保证喷层与围岩密贴等优点。⑤在黄土隧道中取消系统锚杆,减少了施工的环节,有利于隧道施工安全和结构稳定,可明显降缩短工期和降低工程造价。⑥依据研究成果和工程实践经验,编制了《黄土隧道设计施工技术指南》。项目成果有力支持了依托工程建设,获得实用新型专利 2 项,在郑西铁路客运专线黄土隧道群、青兰高速公路 16 座黄土隧道、哈尔滨绕城公路天恒山隧道、青海大有山隧道、山西省多座黄土隧道、河南桃花峪隧道中推广应用。在重要核心期刊发表论文 5 篇(EI 收录 4 篇),应邀举办了 10 余次共计 1000 余人参加的专题培训讲座;研究成果经济及社会效益特别显著。

3. 公路建设新理念典型示范工程(宁夏)

盐池至中宁高速公路被列为“2005 年交通部全国公路勘察设计典型示范工程”,本着建设安全、耐久、环保、节约型公路的可持续发展理念,采取低路堤、缓边坡、宽中央分隔带的方案,尊重自然、保护环境,并为此采取一系列新技术、新措施,推进施工标准化管理。项目于 2011 年 4 月被中国建筑业企业联合会设计分会及中国建筑技术与质量学会评为“2011 中国建筑业最具创新示范工程”。

该项目特点:①以“安全、环保、舒适、和谐”的公路建设新理念为指导,从全面、协调、可持续的科学发展观的角度,路线方案选择不仅注重工程本身(如长度、工程量、投资等方面),而且强调安全、环保、社会等因素;优先选择有利于环境保护或对环境影响小的方案,优先选择纵坡平缓、线形均衡、行车安全的方案。②盐中高速公路路基横断面形式灵活自然、因地制宜、顺势而为,减少人工痕迹,将公路路肩、边坡、护坡、护坡道、坡脚、边沟、路堑坡顶、截水沟等几何形状以曲线柔美自然流畅的曲面为主进行设计。③盐中高速公路全线有条件路段全部采用了“低路堤”的设计理念,受条件限制的路段也尽量采取有效措施降低路基高度,如跨线桥尽量采用被交路上跨、通道尽量采用下挖通过等。④盐中高速公路路基边坡设计采用“缓边坡”,边坡的坡脚、坡顶,取消折角,采用贴切自然的圆弧过渡,力争经过几年生态恢复,边坡外形与周围环境融为一体,看不出明显开挖(填筑)痕迹,使路基与原地貌融为一体,形成缓冲带,具美化环境、提高行车安全的功能。⑤盐中高速公路大部分路段路线穿越在地广人稀的荒漠或草原,具备“分离式路基和宽中央分隔带”的设计条件,分离式路基比整体式路基更能顺应地形变化,减少路基填挖高度,公路平纵面线形与环境更加协调,使行车更加顺畅舒适。其中,分离式路基大部分路段可取消中央分隔带及两侧护栏,有利于行车安全和降低工程造价,而且从绿化及景观设计的角度考虑,分离式路基对改善沿线生态环境具有积极的作用。⑥盐中高速公路排水工程断面采用的形式是浅碟形、暗埋和漫流等多种形式，而在风沙路段一般不作排水设计；公路沿线干旱少雨，为了尽最大可能利用雨水进行绿化和植被恢复，排水构造物的设置原则是“大水不留，小水不走”。⑦盐中高速公路路基边坡的防护采用植物生态防护为主，部分高填、深挖路段，采用骨架内植草防护，具体防护还包括自然面、小卵石嵌入式、民族风格式、分台植草式等方式，而草种的选择以当地耐旱植物为主，使公路与沿线景观达到了有机的协调。⑧本着不占或少占耕地、不影响路基的稳定、有利于水土保持、不破坏生态环境的原则，盐中高速公路对取、弃土场及弃方的利用进行了严格的规定。⑨盐中高速公路沿线景观、绿化方面，采用造景与借景相结合，以借景为主，造景为辅。⑩充分了解公路及所在路网的道路条件、运营环境及对公路使用者需求并进行分析的基础上，提出“以人为本，以车为本”的安全设施设计原则，采用“灵活、宽容、创作”的设计手段，使安全设施的设计更具有针对性、合理性和观赏性。

六、复杂技术工程

1. 宁夏黄河大桥

①河流特征：该河段低水位时河床少有淤积，高水位变化正常，无逐年加高趋势。桥位处主河槽近年无大变化。②地形地貌：桥位区黄河位于银川断陷盆地东缘，为宽阔平原河谷地貌。海拔1107～1144m。地势平坦开阔，两岸形成不对称阶地。③气象处于典型的中温带大陆性气候，具有雨量稀少、蒸发量大、冬季干燥、夏季炎热、日照充分、风大沙多的特点。④桥型、桥跨：大桥全长1254.43m，桥跨、桥型结构主桥为7孔(60+5×90+60)m预应力混凝土连续箱梁；西岸引桥，毗邻主桥为10跨30m预应力混凝土简支转连续箱梁，西段为18跨16m预应力混凝土简支空心板桥面连续结构，前者5跨一共2联，后者6跨一共3联。东岸引桥为3孔30m预应力混凝土简支转连续箱梁。⑤上部构造：主桥为单箱单室断面，引桥为30m后张预应力先简支后连续箱梁。⑥全桥基础均为钻孔灌注摩擦桩，桩径1.4～1.5m。⑦技术指标。车辆荷载：汽车—20级，挂车—100级。桥面宽度：净—11.0m+2×0.5m防撞护栏。设计洪水频率：1/100。地震基本烈度：8度。河道通航等级：五级。桥头引道：平原微丘区，三级公路标准。

2. 宁夏扩建黄河大桥

①本设计根据初步设计批复意见，在原桥的上、下游两侧各加宽6m，并对原桥桥面铺装及伸缩缝等进行改进。②技术指标。车辆荷载：汽车—超20级，挂车—120。地震基本烈度：8度。河道通航等级：五级(净高5.5m)。③桥位区黄河位于银川断陷盆地东缘，为宽阔平原河谷地貌。海拔1107～1144m，地势平坦开阔，两岸形成不对称阶地。④桥跨、桥型：桥跨为14×16m+12×30m+(60+5×90+60)m+2×30m；主桥7跨为(60+5×90

+60)m 的预应力混凝土 T 形刚构,箱梁变截面悬臂长 30m,根部高 5.0m,端部高 2.0m。主桥墩为钢筋混凝土实心截面,立面宽度 4.2m,基础为钻孔灌注群桩。⑤施工要点:a. 悬臂箱梁预应力钢束张拉时实际伸长值与理论伸长值之差应控制在 6% 之内。b. 悬臂浇筑施工时,不平衡荷载的控制如下:主梁自重误差控制在 3% 以内;各对称梁段现浇混凝土时应同步进行,两侧最大浇筑重量相差不得大于梁段重的 30%;挂篮移位应同步进行,其距离差不应大于半个梁段长度。c. 悬臂箱梁 0 号梁段在主墩顶上立模浇筑混凝土,1、2 号梁段混凝土若在托架上立模浇筑,浇筑前必须对托架进行预压,预压重量相当于梁段自重的 85%,以消除托架的非弹性变形,箱梁混凝土浇筑的顺序依次为底板、肋板、顶板。在钢束管道密集部位应加强振捣,保证混凝土的浇筑质量。

3. 山西离石高架桥

离石高架桥全长 2946.5m。此桥上部结构为(53×35)m(预应力混凝土先间支后连续箱梁)+(85+135+85)m(预应力混凝土斜拉桥)+(5×35+30+30+4×35+30+30+3×35)m+30m(预应力混凝土先间支后连续箱梁)+(37.5+65+37.5)m(预应力混凝土现浇箱梁)+(2×35)m(预应力混凝土先简支后连续箱梁),下部结构采用钢筋混凝土 Y 形墩,板式墩,柱式桥台,钻孔灌注桩基础。①结构体系:主桥为第 54~56 孔,上部结构采用 85m+135m+85m,系双塔单索面预应力混凝土部分斜拉桥。本桥采用塔梁固结,墩梁分防体系,墩顶设支座,目的是使部分斜拉桥的受力更接近梁式体系,受力明确,结构简单。②主梁结构:主梁采用单箱三室大悬臂截面,外腹板斜置,箱梁顶板宽度为 26m,腹板斜率不变,箱梁底板由 15.6m 渐变到 16.864m。主墩墩顶根部梁高 4.2m,向中、边跨方向 45m 范围内梁高变化为 2 次抛物线,其余为等高梁段,梁高 2.4m。箱梁合龙段底板厚度为 25cm,0 号块底板厚度为 46.2cm,在梁高变化段内,底板厚度变化采用 2 次抛物线。顶部厚度不变,边室 28cm,中室 45cm。边腹板厚度为 50cm,中腹板厚度为 35cm。斜拉索锚固区均设横隔板,边室横隔板厚度为 30cm,中室横隔板厚度为 40cm。主梁采用三向预应力,纵向预应力采用钢绞线和高强精轧螺纹粗钢筋两种体系,横向预应力采用钢绞线,竖向预应力采用高强精轧螺纹钢筋。主梁按挂梁悬臂浇筑法施工设计,0 号块节段长 10m,1、2 号块梁段长 3m,3 号梁段长 3.5m,合龙段长 2m,其余梁端长度均为 4m。最大悬臂浇筑质量为 223.5t。③主塔结构:主塔计算塔高为 18m,采用实心矩形截面。布置在中央分隔带上,塔身上设鞍座,以便拉索通过。斜拉索横桥向呈两排布置,鞍座亦设置两排。④斜拉索:斜拉索为单索面,考虑到张拉设备、施工能力以及施工方便,单索面在横向分为 2 排,每根拉索由 31 根环氧喷涂钢绞线组成。拉索采用多重防腐措施,单根钢绞线为环氧喷涂,外包单层 PE,钢绞线索外包 HDPE 套管。

4. 山西南关隧道

南关隧道地貌属晋陕黄土高原黄土丘陵区,微地貌为黄土梁,顶部平缓,四周为黄土坎或黄土陡坡,海拔912~996m,相对高差84m。隧道全长180m,洞顶最大埋深约39.0m,属连拱短隧道,隧道总体走向为230°。隧道地层由第四系中更新统离石组(Q21)坚硬黄土组成,围岩类别为Ⅲ类。隧道进口地形比较破碎,且有偏压现象,边坡稳定性较差;出口为黄土陡坡,地形整体性好,边坡稳定性较好。本隧道为双跨连拱结构,每跨两车道,单向行车,设计速度为80km,限速为70km/h。隧道建筑界限:净宽9.75m(连拱),其组成为(0.75+0.25+0.5×3.75+0.5×0.25)m,净高7.05m,行车道宽7.5m,限高5.0m。隧道设有检修道,宽0.75m。隧道洞口设横向截水沟,明洞段衬砌采用外贴防水层防水,顶面回填黏土隔水层。洞身采用EVA板与复合土工布防水层防水,管中引至仰拱下的中心排水沟中流出洞外,洞外出水口设保温包头。隧道内的裂缝均设置橡胶止水带止水。隧道内采用全断面防火涂料喷涂,耐火时间不小于1.5h。隧道于2003年4月开工建设,2005年10月建成通车。

5. 山西八盘山隧道

八盘山隧道位于吕梁山脉中段西侧,是青岛至银川国道主干线的重要组成部分,海拔696.8~958.7m,相对高差261.9m,分左、右两线,左线长度为4110m,右线长度为4109m,是双向四车道单向交通的特长隧道,为分离式公路隧道。设计速度80km/h,净宽为10.25m,其组成为(0.75+0.5+2×3.75+0.75+0.75)m,净高5.0m,限高5.00m。行车道左侧设检修车道,紧急停车带共4个,车行横洞4条,人行横洞5条。洞身段衬砌均按新奥法原理设计,隧道衬砌为曲墙式复合衬砌。二次衬砌采用全断面整体式浇筑钢筋混凝土;明洞采用变截面钢筋混凝土结构;本着"早进晚出"的原则,调整进暗洞的位置,右线、左线进出口采用端墙式洞门,其他进出口均采用端墙式洞门,洞门采用C20片石混凝土浇筑、块石镶面装饰。隧道于2005年10月28开工建设,2007年12月18日竣工验收。

6. 山西王家会隧道

王家会隧道位于晋陕高原吕梁山脉中低山区,海拔863.6~983.5m,由于受地形和纵坡高度的影响,路线在柳林县五家会村东南穿越黄土梁,隧道底板最大埋深80.3m。因地形横坡较大,且在山体内侧已修有铁路隧道,隧道无法设置为上下分离式隧道,故设黄土连拱短隧道,隧道全长203m,设计速度80km/h,净宽10.25m,行车道宽7.5m,限高5m。隧道衬砌为曲墙式复合衬砌,二次衬砌采用全断面整体式浇筑钢筋混凝土;明洞采用变截面钢筋混凝土结构;洞门采用柱式洞门,洞门墙采用C20片石混凝土浇筑、块石镶面装饰。隧道行车方向两侧设检修道,衬砌断面内轮廓采用单心圆,中隔墙厚2.6m,采用复合式中隔墙;隧道内采用全断面防火涂料喷涂,耐火涂层耐火时间不低于1.5h。开工时间2005年10月28日,2007年12月18日通车。

7. 山西煤矿采空区处理工程

路线在离石市附近(K1013.226~K1013.826)及柳林县境内(K1029.541~

K1036.226)，分布有贺家塔、梁家会、薛锄、锄沟、同德、师婆沟、康家沟、沙区、郭家沟等10处煤矿。经过路线附近的所有煤矿进行详细调查，青龙煤矿775m，同德煤矿2605m，师婆沟煤矿1240m，康家沟煤矿590m，累计总长度为5.21km。煤矿对拟建路基及构造物影响严重，必须进行处理。采空区的处治是在工程地质勘查资料充分、可靠的基础上，经稳定性分析和评价后，针对采空区的特征、水文地质及工程地质条件、工程类型及其重要程度，确定注浆材料和浆液类型，注浆钻孔的位置、结构、孔深及相应的注浆量，采用安全可靠、经济合理、有利于环保且便于施工的成孔工艺和注浆方法，做到一次根治，不留后患。根据勘察结论参照长晋、大运高速公路煤矿采空区处治经验并咨询山西省有关专家，经过综合分析比较，采用全充填压力注浆法治理方案。特点是施工简便、安全性高。其具体方法是在地表打孔，通过注浆泵、注浆管，将水泥粉煤灰浆液注入采空区及其上覆岩体裂隙中，浆液经过固化、胶结岩层裂隙带，同时采空区内的浆液形成的结石体对其上覆岩层形成支撑作用，保证地基稳定。结合工程类型及其重要程度采用不同的治理标准，工程类型分桥隧和路桥两大类，治理范围及注浆材料的配比根据工程类型有所差异。注浆材料：桥隧水泥、粉煤灰固相比3:7，路基水泥、粉煤灰固相比1.5:8.5。处理宽度：桥隧段落比路基段落每侧各增加10m。

第六节　G22(青兰高速公路)青岛至兰州高速公路

G22(青兰高速公路)是国家“71118+6”高速公路网18条东西横线中的第六横，是一条连接华东北部、华北和西北的东西横向干线，也是西北地区的第二条出海通道。它的建成有利于改善高速公路路网布局。

G22(青兰高速公路)起点位于山东省青岛市四方区八号码头，终点位于终于甘肃省兰州市城关区收费站。规划里程1844.86km，通车里程1519.187km，四车道1152.465km，六车道366.722km。经过山东(青岛、潍坊、临沂、淄博、莱芜、泰安、济南、聊城)、河北(邯郸)、山西(长治)、陕西(延安)、宁夏(固原)、甘肃(平凉、定西、兰州)。2000年3月，青兰高速公路山西长治至河北邯郸段率先开始施工。目前，山东泰安至鲁冀界、山西长治至临汾段尚未通车。

拥有联络线一条：

G2211(长延高速公路)长治至延安高速公路，规划起点位于山西省长治市，终点位于陕西省延安市安塞县马家沟。规划里程419.81km，通车里程244.725km，四车道244.725km。途经黎城、霍州、永和、延川、延安。目前，山西长治至霍州段、永和至延川段尚未建成通车。

一、路线概况

G22(青兰高速公路)路线信息见表10-19,沿线互通、出入口、服务区信息见表10-20,并行线、联络线路线信息见表10-21,并行线、联络线沿线互通、出入口、服务区信息见表10-22。

G22(青兰高速公路)路线信息表 表10-19

编号	省份	省内起点	省内终点	途经市、县	通车里程(km)
G22	山东	青岛市四方区八号码头	淄博市莱城区博莱互通	四方区、李沧区、城阳区、胶州市、胶南市、诸城市、沂水县、沂源县、莱城区	360.133
	河北	邯郸市大名县金滩镇(鲁冀省界)	邯郸市涉县神头乡响堂铺村(冀晋省界)	大名县、魏县、广平县、成安县、邯郸县、马头工业城、复兴区、磁县、峰峰矿区、武安市、涉县	190.562
	山西	长治市黎城县东阳关镇(省界)	临汾市吉县壶口镇(省界)	长治市郊区、黎城县、屯留县、潞城市、临汾市襄汾县、乡宁县、吉县	166.563
	陕西	宜川县壶口镇	富县张家湾镇雷家角	宜川县、黄龙县、洛川县、富县	192.177
	宁夏	沿川子(甘宁界)	毛家沟(宁甘界)	隆德县、泾源县	66.870
	甘肃	太白主线收费站	兰州收费站	合水县、庆阳市、庆城县、西峰区、平凉市、泾川县、静宁县、会宁县、榆中县、兰州市	542.882

G22(青兰高速公路)沿线互通、出入口、服务区信息表 表10-20

编号	省份	沿线互通	出入口	服务区
G22	山东	瑞昌路、四流中路、双埠、红岛、河套、营海、崖逢、黄岛、黄山、胶南、里岔、辛兴、诸城东、诸城、诸城西、孟疃、杨庄、马站、诸葛、张家坡、沂源东、沂源、鲁村、辛庄、莱芜互通	红岛、河套、营海、崖逢、黄山、胶南、里岔、辛兴、诸城东、诸城、诸城西、孟疃、杨庄、诸葛、张家坡、沂源东、沂源、鲁村、辛庄出入口	胶州、诸城西、诸城、诸城东、杨庄、沂源、莱芜服务区
	河北	金滩、大名、杨桥枢纽、魏县、广平、成安、高臾、林峰、史村、淑村、磁山、龙虎、涉县东、人民路、邢东里堡、商城互通	金滩镇、大名县北、魏县、漳河店、成安、成安西出入口	大名、广平服务区
	山西	黎城北、黎城、西贾、潞城、长治北、南辛店、光华、乡宁、吉县、壶口、临汾枢纽互通	东阳关、黎城、潞城、长治北、长治、临汾枢纽、南辛店、光华、乡宁、吉县、壶口主线、壶口景区出入口	东阳关、襄汾西、吉县、乡宁、潞城服务区
	陕西	壶口、秋林、宜川、瓦子街、厢寺川、厢西堡、富县南、龙头河、张村驿、直罗、张家湾互通	壶口、秋林、宜川、瓦子街、厢寺川、富县南、张村驿、直罗、张家湾出入口	壶口、厢寺川、张村驿服务区
	宁夏	隆德互通	隆德、毛家沟出入口	泾源、神林服务区(规划)(现为停车区)
	甘肃	长庆桥、十八里铺互通	太白主线、太白匝道、连家砭、老城、合水、庆城、驿马、庆阳北、庆阳南、肖金、长官、长庆桥、罗汉洞、泾川东、泾川西、白水、四十里铺、平凉东、平凉西、崆峒主线、司桥、静宁、大山川、会宁、西巩驿、巉口、甘草店、三角城、定远、柳沟河、兰州东、兰州收费站出入口	会宁、静宁、平凉、王村、泾川、驿马、庆城、合水、庆阳服务区,蒿咀铺停车区

G22(青兰高速公路)并行线、联络线路线信息表 表 10-21

编号	省份	省内起点	省内终点	途经市、县	通车里程(km)
G2211	山西	长治市(未通)	永和关(未通)	长治市、黎城县、霍州市、永和县	244.725
	陕西	延川县延水关镇	延安市安塞县马家沟	延安市、宝塔区、延长县、延川县	

G22(青兰高速公路)并行线、联络线沿线互通、出入口、服务区信息表 表 10-22

编号	省份	沿线互通	出入口	服务区
G2211	山西	霍州西、汾西、隰县、永和互通	霍州西、汾西、佃坪、隰县、永和出入口	汾西、隰县服务区,汾西、永和停车区
	陕西	乾坤湾、延川、延川西、文安驿、岳口、甘谷驿、姚店、青化砭、马家沟互通	乾坤湾、延川、延川西、文安驿、岳口、甘谷驿、姚店、青化砭出入口	延川、延安东服务区,禹居、冯庄停车区

二、路网关系

G22(青兰高速公路)路网关系示意图如图 10-6 所示。

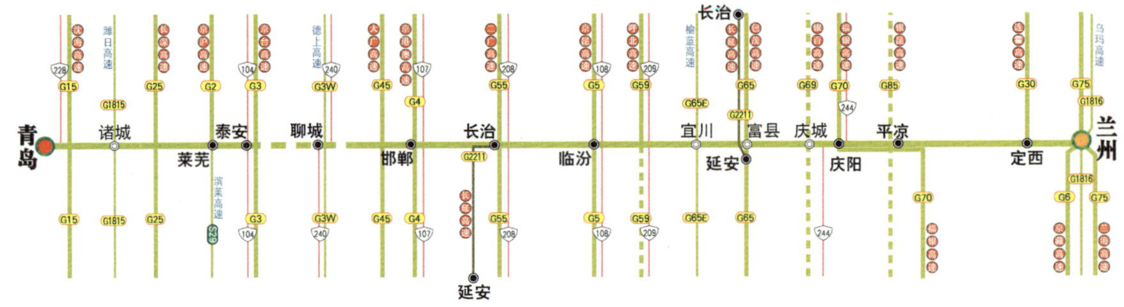

图 10-6　G22(青兰高速公路)路网关系示意图

三、建设历程

1. 山东青岛八号码头至管家楼(黄岛枢纽立交)段

1991 年 12 月开工建设,1995 年 12 月建成通车,全长 67.149km,全线四车道,设计速度 100km/h。建成特大桥:女姑口大桥,共 1 座。建成大桥 14 座。总投资 23.63 亿元,资金来源:地方投入、银行贷款。项目管理单位:青岛市公路建设指挥部;勘察设计单位:山东省交通规划设计院、上海市政工程设计研究院;施工单位:铁道部第十六工程局、铁道部第十七工程局、铁道部第十一工程局等。

2. 山东青岛段

2005 年 4 月开工建设,2007 年 1 月建成通车,全长 42.205km,四车道 4.187km,六车道 38.018km,设计速度 120km/h。建成大桥 8 座。总投资 18.8340 亿元,资金来源:交通通部车购税投入、地方投入、银行贷款。占地6308亩。项目管理单位:青岛公路管理局;勘察设计单位:山东省交通规划设计院、北京中交国路环境景观园林工程技术有限公司;监理单位:山东东泰工程咨询有限公司、山东圣地公路工程监理咨询中心、山东省通达交通工程监理中心、重庆中宇工程咨询有限责任公司;施工单位:中铁十四局集团第五工程有限公司、中铁二十二局集团第四工程有限公司等。

3. 山东潍坊段

2005年4月开工建设,2007年12月建成通车,全长89.768km,全线六车道,设计速度120km/h、100km/h。建成大桥13座。总投资22.591亿元,资金来源:交通部车购税投入、地方投入、银行贷款。占地11518亩。项目管理单位:潍坊市青岛至莱芜高速公路项目建设办公室;勘察设计单位:山东省交通规划设计院、山东光合园林设计事务所有限公司;监理单位:山东东泰交通建设监理咨询有限公司、潍坊市华潍公路工程监理处等;施工单位:山东省公路工程总公司(威海公司)、山东省公路工程总公司(日照公司)等。

4. 山东临沂段

2005年3月开工建设,2007年12月建成通车,全长48.283km,全线六车道,设计速度100km/h。建成特大桥:沭水河特大桥,共1座。建成大桥18座。建成长隧道2座。总投资36.13亿元,资金来源:地方投入。占地6725.38亩。项目管理单位:山东省交通厅公路局、临沂市公路局;勘察设计单位:湖南省交通规划勘察设计院、山东省交通规划设计院;监理单位:山东东泰交通建设监理咨询有限公司、山东恒建工程监理咨询有限公司等;施工单位:山东宏昌路桥有限公司、烟台市公路工程处等。

5. 山东淄博段

2005年3月开工建设,2007年12月建成通车,全长58.12km,全线六车道,设计速度100km/h。建成特大桥:洪水河特大桥(右幅)、洪水河特大桥(左幅),共2座。建成大桥22座。建成长隧道2座。总投资36.13亿元,资金来源:地方投入。占地6725.3亩。项目管理单位:山东省交通运输厅公路局;勘察设计单位:湖南省交通勘察设计院、山东省交通规划设计院、山东光合园林设计事务所;监理单位:山东恒建工程监理咨询有限公司、临沂交通工程咨询监理中心等;施工单位:中铁十三局集团有限公司、中铁二局股份有限公司等。

6. 山东莱芜段

2005年4月开工建设,2007年12月建成通车,全长20.652km,全线六车道,设计速度100km/h。建成大桥16座。建成长隧道1座。总投资15.42亿元,资金来源:地方投入、银行贷款。占地2642亩。项目管理单位:山东省交通运输厅公路局;勘察设计单位:湖南省交通勘察设计院、山东省交通规划设计院、山东光合园林设计事务所;监理单位:山东恒建工程监理咨询有限公司、山东省交通工程监理咨询公司等;施工单位:科达集团股份有限公司、中铁十八局集团有限公司等。

7. 山东莱芜互通至泰莱段

与G2(京沪高速公路)共线。

8. 山东泰莱高速至西苑庄互通

该段是G22(青兰高速公路)在“7918”网中的路线走向,2015年按“71118+6”规划,只是当时还未批复。新规划路线2017年年底即将开工。

9. 山东西苑庄互通至泰肥收费站段

该段是G22(青兰高速公路)在“7918”网中的路线走向,2015年按“71118+6”规划,只是当时还未批复。新规划路线2017年年底即将开工。

10. 河北邯郸绕城公路东南环段

2012年3月开工建设,2015年12月建成通车,全长14.29km,全线四车道,设计速度120km/h。建成大桥7座。总投资9.706亿元,资金来源:地方投入、银行贷款。占地1469亩。项目管理单位:河北省高速公路石安改扩建筹建处;勘察设计单位:河北省交通规划设计院、中钢集团工程设计研究院有限公司等;监理单位:陕西高速公路工程咨询有限公司、北京华路捷公路工程技术咨询有限公司等;施工单位:中铁十七局集团有限公司、中交一公局桥隧集团有限公司等。

11. 河北大名至成安县段

2011年6月开工建设,2014年6月建成通车,全长72.6km,全线六车道,设计速度120km/h。总投资80.23亿元,资金来源:交通运输部车购税投入、地方投入、银行贷款。占地10962.9亩。项目管理单位:邯郸市交通局;勘察设计单位:中交远洲交通科技集团有限公司等;监理单位:河北路通监理咨询有限公司、山东信诚公路工程监理中心等;施工单位:中交一公局第一工程有限公司等。

12. 河北邯郸至长治段

2007年12月开工建设,2010年9月建成通车,全长68.3km,全线六车道,设计速度100km/h。总投资70.76亿元,资金来源:交通运输部车购税投入、地方投入、银行贷款。占地11713.155亩。项目管理单位:河北省邯长高速筹建管理处;勘察设计单位:河北省交通规划设计院、河北省林业勘察设计院;监理单位:河北省交通建设监理咨询有限公司;施工单位:中铁十八局集团第三工程有限公司、河北路桥集团有限公司等。

13. 河北邯郸涉县更乐至冀晋界段

2003年4月开工建设,2004年12月建成通车,全长13.09km,全线四车道,设计速度80km/h。建成特大桥:清漳河特大桥,共1座。建成大桥2座。总投资4.08亿元,资金来源:地方投入、银行贷款。占地956.4亩。项目管理单位:河北省邯长高速筹建管理处;勘察设计单位:河北省交通规划设计院、河北省林业勘察设计院;监理单位:河北省交通建设监理咨询有限公司;施工单位:中铁十八局集团第三工程有限公司、中国第六建筑工程局等。

14. 河北户村至高谀支线

2007年开工建设,2010年9月建成通车,全长22.53km,全线四车道,设计速度80km/h。总投资9.58亿元,资金来源:交通运输部车购税投入、地方投入、银行贷款。项目管理单位:邯郸市青红高速公路管理处;勘察设计单位:河北省交通规划设计院、中钢集团工程设计研究院、中国公路工程咨询监理总公司;监理单位:河北省交通建设监理咨询有限公司、河北华达公路工程咨询监理有限公司等;施工单位:路桥华南工程有限公司、河北路桥集团有限公司等。

15. 山西长治至邯郸段

2000年3月开工建设,2002年9月建成通车,全长54.14km,全线四车道。设计速度80km/h、100km/h。建成大桥10座。总投资12.97亿元,资金来源:地方投入、银行贷款。占地4573.25亩。项目管理单位:长治高速公路有限责任公司;勘察设计单位:北京交科公路勘察设计研究院有限公司、交通部第一公路勘察设计院通力勘察设计工程公司等;监理单位:山西省交通建设工程监理总公司、山西省公路工程监理技术咨询公司等;施工单位:中铁第三局一处、山西省建筑集团总公司等。

16. 山西长治至邯郸段(K787.137 ~ K798.525)

2003年10月开工建设,2005年11月建成通车,全长11.39km,全线四车道,设计速度80km/h、100km/h。建成大桥2座。总投资12.97亿元,资金来源:地方投入、企业投入、银行贷款。占地4573.25亩。项目管理单位:长治高速公路有限责任公司;勘察设计单位:交通部第一公路勘察设计院通力勘察设计工程公司等;监理单位:山西省交通建设工程监理总公司、山西省公路工程监理技术咨询公司等;施工单位:中铁二十局集团公司、青岛公路建设集团有限公司。

17. 山西临汾至吉县段

2009年8月开工建设,2012年8月建成通车,全长101.04km,全线四车道,设计速度80km/h。建成特大桥:黄河壶口特大桥、清水河7号特大桥、鄂河特大桥、七郎庙特大桥,共4座。建成大桥56座。建成特长隧道:进师岭隧道、云台山隧道,共2座。建成长隧道4座。总投资94.33亿元,资金来源:交通运输部车购税投入、地方投入、银行贷款。占地8597.76亩。项目管理单位:山西省临吉高速公路建设管理处;勘察设计单位:山西交通规划勘察设计院、中交公路规划设计院有限公司等;监理单位:山西省交通建设工程监理总公司、北京港通路桥工程监理有限责任公司等;施工单位:中铁十五局集团第五工程有限公司、山西路桥第二工程有限公司等。

18. 陕西壶口至雷家角段

2007 年 11 月开工建设,2010 年 11 月建成通车,全长 192.177km,全线四车道,设计速度 100km/h。建成大桥 138 座。建成特长隧道:羊泉隧道,共 1 座。建成长隧道 11 座。总投资 135.28 亿元,资金来源:地方投入、企业投入、银行贷款。占地 16068.0 亩。项目管理单位:陕西省交通建设集团公司青兰高速公路陕西境建设管理处;勘察设计单位:中交第一公路勘察设计研究院有限公司、陕西省公路勘察设计院等;监理单位:西安公路交大建设监理公司、北京中交安通工程技术咨询有限公司等;施工单位:中交二公局有限公司、中铁七局集团有限公司等。

19. 宁夏东山坡至毛家沟段

2012 年 10 月开工建设,2016 年 7 月建成通车,全长 50.29km,全线四车道,设计速度 80km/h。建成大桥 18 座。建成特长隧道:六盘山隧道,共 1 座。总投资 42.07 亿元,资金来源:交通运输部车购税投入、地方投入。占地 2812.56 亩。项目管理单位:宁夏公路建设管理局;勘察设计单位:中交第一公路勘察设计研究院有限公司、宁夏公路勘察设计院有限责任公司;监理单位:山东格瑞特监理咨询有限公司等;施工单位:中铁十二局集团有限公司等。

20. 甘肃雷家角西峰段

2010 年 10 月开工建设,2013 年 10 月建成通车,全长 128.06km,全线四车道,设计速度 80km/h。建成特大桥:房家沟特大桥、子午岭特大桥、三官特大桥、岭北沟特大桥、路南山特大桥、太白左线特大桥,共 6 座。建成大桥 98 座。建成长隧道 3 座。总投资 88.97 亿元,资金来源:交通运输部车购税投入、银行贷款。占地 11686.58 亩。项目管理单位:甘肃省公路建设管理集团有限公司;勘察设计单位:甘肃省交通规划勘察设计院有限责任公司;监理单位:甘肃省交通工程建设监理公司、西安金路交通工程科技发展有限责任公司等;施工单位:中交二公局第三工程有限公司、中铁十五局集团第五工程有限公司等。

21. 甘肃平凉罗汉洞至定西段

2006 年 3 月开工建设,2009 年 12 月建成通车,全长 256.46km,全线四车道,设计速度 80km/h。建成大桥 68 座。建成长隧道 6 座。总投资 76.8 亿元,资金来源:地方投入。占地 14237.0 亩。项目管理单位:甘肃长达路业有限责任公司;勘察设计单位:中国公路工程咨询监理总公司、四川省交通厅公路规划勘察设计研究院等;监理单位:北京中交路通交通工程咨询有限公司、中国公路工程咨询集团有限公司等;施工单位:路桥集团二公局第三工程有限公司、中铁二十局集团第二工程有限公司等。

22. 甘肃平凉罗汉洞至长庆桥段

2001 年 11 月开工建设,2003 年 11 月建成通车,全长 22.3km,全线四车道,设计速度

40km/h。总投资3.68亿元,资金来源:地方投入、银行贷款。占地1985.55亩。项目管理单位:甘肃省高等级公路建设开发有限公司;勘察设计单位:甘肃省交通规划勘察设计院;监理单位:山西省交通建设工程监理总公司、甘肃顺达路桥建设有限公司;施工单位:路桥二公局第三工程有限公司、甘肃省公路工程总公司等。

四、联络线及并行线

G2211(长延高速公路)长治至延安高速公路

山西霍州至永和关高速公路东段。2011年1月开工建设,2014年12月建成通车,全长81.481km,全线四车道,设计速度80km/h。建成特大桥:东川河5号特大桥、汾河特大桥、东川河2号特大桥、东川河1号特大桥,共4座。建成大桥60座。建成长隧道1座。总投资83.42亿元,资金来源:地方投入、银行贷款。占地8736.13亩。项目管理单位:霍州至永和关高速公路东段建设指挥部;勘察设计单位:山西交科公路勘察设计院;监理单位:中公交通监理咨询河南有限公司、北京中港路通工程管理有限公司等;施工单位:中铁十二局集团有限公司、中国铁建十一局集团第二工程有限公司等。

山西霍州至永和关高速公路西段。2011年5月开工建设,2014年12月建成通车,全长47.72km,全线四车道,设计速度80km/h。建成大桥47座。总投资32.93亿元,资金来源:企业投入、银行贷款。占地5374.35亩。项目管理单位:山西隰延高速公路投资有限公司;勘察设计单位:中交路桥技术有限公司;监理单位:山西省交通建设工程监理总公司;施工单位:中铁三局集团有限公司。

陕西延安至延川段。2012年11月开工建设,2015年10月建成通车,全长115.526km,全线四车道,设计速度80km/h、100km/h。建成特大桥:锅塌沟纵桥、无定河主线桥、青化砭互通式立交主线桥、甘谷驿互通式主线立交、文安驿河2号纵向桥、黄河特大桥,共6座。建成大桥135座。建成特长隧道:夏阳山特长隧道,共1座。建成长隧道5座。总投资31.8亿元,资金来源:地方投入、银行贷款。占地10951.482亩。项目管理单位:延安高速公路建设管理处;勘察设计单位:陕西省交通规划设计研究院;监理单位:陕西省交通工程咨询公司;施工单位:陕西路桥集团有限公司等。

五、先进技术的研究与应用

1.混凝土连续梁桥抗震设计研究(山西)

青兰高速公路山西临汾至吉县段通过桥梁震害调研、典型桥梁抗震性能分析与振动台试验,提出了梁桥结构地震反应简化计算理论,形成了梁桥减隔震、延性、防落梁系统等简洁实用的抗震设计方法,为混凝土连续梁桥的抗震设计提供技术指导。其中地震高烈度设防区高墩桥梁局部隔震方法、可量化的桥梁抗震防落梁系统设计方法研究方面达到国际领先水平。

2. 晋陕黄河大峡谷中高墩大跨桥梁施工技术研究(山西)

主要研究内容:①水中基础安全快速施工技术;②变截面高墩快速施工技术;③C60高性能混凝土的配制与泵送施工技术;④高墩顶部0号段冬期施工技术;⑤大跨连续刚构抗风关键技术;⑥高墩大跨度连续刚构线形控制技术;⑦陡坡长直线段施工技术。

3. 高速公路长大上坡沥青路面动力响应与设计指标研究(山西)

壶口至雷家角高速公路长大上坡沥青路面动力响应与设计指标研究属于应用基础研究,所取得的研究成果为深入地进行实际交通荷载下长大上坡路段沥青路面动力学研究奠定了基础,不仅完善了现有沥青路面设计方法存在的缺陷,同时也对以后长大上坡沥青路面的结构设计、施工质量的监控及提出合理的评价指标具有良好的工程应用价值。课题组利用自行研发的拉拔仪及剪切仪对青兰高速公路陕西段进行了现场质量检测和施工质量监控,发现问题及时解决。使用单位认为,路面层间剪切强度现场施工质量监控能显著提高结构层抗剪能力,使路面结构抗车辙、拥包能力及疲劳寿命大幅增加,降低道路大中修费用,保障道路畅通,具有良好的经济效益和社会效益,仅依托工程项目(青兰高速公路陕西段)可节省道路大中修费用共计约10149万元,具有显著的社会经济效益。

4. 基于振动法的水泥稳定碎石设计与施工技术研究(山西)

壶口至雷家角高速公路针对基于重型击实试验法和静压成型试件方法的水泥稳定碎石设计与施工技术已落后于生产实际、跟不上交通发展和公路建设需要的现状,本项目开展基于振动法的水泥稳定碎石设计与施工技术研究,主要创新性成果申请发明专利3项(授权2项),出版《垂直振动法水泥稳定碎石设计与施工技术》专著1部,核心期刊/国际会议发表论文5篇(EI收录2篇,ISTP收录1篇),编制的陕西省地方标准《垂直振动法水泥稳定碎石设计施工技术规范》(DB 61/T 529—2011)于2011年12月31日实施。成果已在山西省西商高速公路、十天高速公路、神府高速公路、榆绥高速公路等全面推广应用,累计应用里程逾486km,节省水泥高达19万t,并已形成水泥稳定碎石基层抗裂技术示范,提升了我国公路水泥稳定碎石基层建设理论与技术水平,使我国公路水泥稳定碎石基层修筑技术达到国际领先水平。

5. 强夯成孔挤密灰土桩法治理湿陷性黄土路基(山西)

山西省黄土地基的重要类型之一就是湿陷性黄土地基,其特点是天然状态下的密度低,空隙率较大。土体遇水会使土粒间的毛细水表面张力丧失,在土体中起骨架作用的晶体颗粒溶解,黄土内的架空空隙崩塌,表现为地基表面垂直沉陷,导致公路的破坏。长治至邯郸高速公路在湿陷性黄土路基处理中所用的是强夯成孔挤密灰土桩法。对成型后单桩和群桩的检测结果表明:强夯成孔挤密灰土桩单桩对湿陷性黄土治理的有效加固区域

$1/d$ 为 2.5～3.5，当 $1/d$ 超过 4.0 时挤密后地基的密度接近原状土；正三角形布置的强夯成孔挤密灰土桩群桩对湿陷性黄土地基治理的有效范围 $S/d=3.5\sim4.0$。同已有的数据对比，强夯成孔挤密灰土桩对湿陷性黄土地基治理的效果好于沉管成型的灰土桩和爆扩成型的灰土桩。治理相同的区域，可以节省大量资金，应用前景广阔，将产生很大的经济和社会效益。

6. 百米薄壁空心墩双幅多跨连续刚构桥综合施工技术研究（山西）

城川河大桥的百米薄壁空心墩双幅多跨连续刚构桥综合施工技术研究共形成专利 8 项，分别为连续梁竖向预应力管道连接、连续梁静载预压托架装置、钢筋吊篮、桩基钢筋笼吊筋、混凝土收面滑车、移动施工防护架、预制托架系统、防撞墙美化小车；省级工法 2 项，分别是矩形薄壁空心高墩长节段爬模施工工法、双幅大跨刚构桥左右幅同步悬臂浇筑及合龙施工工法。该技术推广应用后，对提高工程质量、缩短工期减低成本具有明显的作用。①工程质量：通过采用以上新技术，保证了建筑物的使用功能和结构实体质量，提高了建筑物品质，所有分部分项工程全部验收合格，工程质量“零缺陷”，单位工程一次成优，得到监理、业主的一致认可。②施工进度：本工程采用了新技术后，提高施工功效，节省人力，有效缩短了施工工期，加快了施工进度，满足了业主制定的各项节点工期，收到业主的好评。③经济社会效益：本工程共采用 2010 版建筑业推广应用新技术十大项中的九大项，34 个子项，其他新技术 14 项，共产生经济效益1513.2万元。

六、复杂技术工程

1. 山东女姑山特大桥

女姑山特大桥上部结构采用（$40+n\times50+40$）m 等截面预应力混凝土连续箱梁，梁高 3m，箱梁总长 2820m。全桥共分四联，第一、二联均为（$40+11\times50+40$）m，第三、四联均为（$40+14\times50+40$）m，全桥长 2830m，下部构造墩身为矩形双柱墩，基础为 ϕ1.4m 和 ϕ1.5m的钻孔灌注桩。上部箱梁采用滑动模板逐孔现浇混凝土施工。桥位地质条件极为复杂，断裂构造发育。根据青岛海洋大学沿桥位进行的海上地震剖面调查，在桥位范围内，共有 5 条实测断层，断裂宽度均在 10m 左右，断裂最新活动不明显，发震的可能性很小，设计中也均已避开。

2. 河北清漳河特大桥

清漳河特大桥是邯长高速公路涉县更乐至冀晋界段的一座特大桥，大桥桥位位于河北省涉县寨上村与南庄村之间，河道宽 600m，两岸为台阶地，水流方向与桥梁正交，常年有水，桥长 1564.2m，桥梁中心桩号 K721+097，跨径（$32.11+50\times30+32.11$）m，桥梁上部结构为 52 孔预应力钢筋混凝土连续 T 梁，下部结构为柱式桥台、柱式墩，基础结构为钻孔桩，全桥长度 1564.22m。三百年一遇设计流量 $Q=6800m^3/s$，该河无通航要求，主要是排水泄洪。

3. 山西壶口黄河特大桥

壶口黄河特大桥为青岛至兰州公路山西境临汾至吉县段高速公路跨越黄河而设。桥跨布置为（120＋3×175＋96）m 预应力刚构＋连续组合体系桥，桥长 757m，桥墩最高达 146m。桥墩采用钢筋混凝土空心墩，桥台采用组合式桥台，均为灌注桩基础。关键技术：大峡谷中变截面高墩施工采用 CB-240 悬臂模板，主要由模板、主背楞、斜撑、后移装置、主梁三脚架、主平台、上平台、吊平台和预埋系统组成。第一层墩身混凝土强度达到 15MPa 时，将主梁三脚架固定于墩身上，安装除吊平台外其他部件，利用上平台绑扎钢筋、浇筑混凝土和控制轴线偏位。利用塔吊整体提升模板及支架，固定在第二层墩身上，安装吊平台，混凝土施工完毕，切割多余模板，整体提升固定在第三层墩身上。如此循环，直至墩身施工完成。从混凝土原材料选择入手，通过混凝土配合比的设计计算与优化调整，解决高性能混凝土的高性能与高可泵性的矛盾。选用泵送能力合理的三一重工 HBT80C—2122-Ⅲ型混凝土拖泵，根据粗集料最大粒径、混凝土泵型号、混凝土输出量和输送距离以及输送的难易程度等选用管径为 125mm 的混凝土输送管，并随着墩身、悬灌梁的施工进展逐节安装、固定。通过人力组织、机械配备、实际操作、整体协调等诸多环节的总体集成，完成高墩大跨度悬臂浇筑现浇梁的高性能混凝土的泵送施工。

4. 山西汾河特大桥

汾河特大桥为高墩（最高 75m）、大跨（最大 120m）、长桩（最长单桩 80m）桥梁，该桥跨越南同蒲铁路、G108 国道、大运公路等，施工难度大、技术含量高、施工工艺复杂、安全风险大，为本项目的重难点、关键工程。

5. 山西城川河大桥

城川河大桥，先后上跨城川河、G209 国道和中南铁路隰县段，全桥长 1005.6m，单幅桥桥面宽度 12.0m，设计荷载等级为公路—Ⅰ级，设计使用寿命 100 年。本桥主桥上部结构为（70＋4×132＋70）m 预应力箱形连续刚构梁，引桥为预制架设简支 T 梁和箱梁。主梁主墩顶处梁高 8.0m，合龙段梁高 3.0m，中间按 1.6 次抛物线变化，设置三向预应力，连续刚构梁共分为 15 个对称梁段，采用挂篮对称悬浇。该桥下部采用钻孔桩基础和钢筋混凝土承台，其中引桥为等截面空心薄壁墩和双柱式墩，主墩形式为空心薄壁双肢墩，中间设置中系梁，顶部设置风撑，最大墩高为 113.57m，最小墩高为 68.8m，采用爬模施工。

城川河大桥在施工过程中涉及大体积混凝土浇筑、百米级高墩液压爬模、连续刚构挂篮施工、高墩人员交接班等一系列复杂技术工程。为了攻克一个个技术难题，成立了专门的科研攻关小组，并委托第三方专业检测机构，对桥梁实行全程动态监测，以指导施工。作业人员采用电梯运输，墩身垂直度采用了激光垂直仪控制，全线设置视频动态监控，墩身和梁体施工采用塔吊运输，高处作业、临边作业等全部采用密目网围护。为了保证墩身和梁体混凝土外观质量和施工进度，经多方案比选，专家论证，墩身施工采用了液压爬模，连续刚构梁采用挂篮对称悬浇。

城川河大桥在整个建设过程中，开展了多项科研课题研究，包括大体积混凝土浇筑技术研究、连体双肢薄壁空心墩百米高墩多跨连续梁施工技术控制、百米薄壁空心墩双幅多跨连续刚构桥综合施工技术研究、液压自爬模技术研究；获得一系列经验，总结了左右幅高墩同步施工和爬模施工工艺的经验，验证了液压爬模的使用功能及安全性能能，解决了高墩混凝土输送问题和液压爬模施工高墩混凝土养生问题，进行了高墩底部应力软件应力测试，并获得了多项科研成果。

6. 甘肃三官桥特大桥

三官桥特大桥位于县河上游的侵蚀堆积河谷区。该桥顺县河布设，多次斜跨河道，县河河谷蜿蜒曲折，河谷狭窄，两侧岸坡较平缓，坡面植被茂密。县河河谷在此处由西向东发育，在板桥汇入莲花河，属泾河水系。桥址区地面高程在1300～1420m之间，高差120m。根据工程地质调绘及钻探揭露，桥址区地层岩性主要由白垩系砂岩（K1h）和第四系全新统冲洪积淤泥质土、砾砂、黄土状土和圆砾土（Q_4^{al+pl}）及第四系下更新统三门组（Q_1^s）石质黄土组成。第四系全新统冲洪积物分布于河床和漫滩区，砾砂呈浅黄色，为砾石与粉土混杂而成，饱和，稍密；黄土状土呈浅黄色，潮湿，可塑，含少量角砾，表层植物根系发育；圆砾呈浅黄、浅红色，骨架主要为钙质结核及砂岩碎屑，砂土填充。第四系下更新统石质老黄土呈浅红色，硬塑，土质均匀密实，局部夹角砾层，含少量黑色斑点。沟底两侧及下伏岩层为白垩系砂岩夹泥岩，泥质结构，层状构造，岩层强风化深度3～5m。土、石工程分级：淤泥质土及黄土状土属于Ⅱ级普通土，圆砾、石质老黄土及全风化砂岩属于Ⅲ级硬土，中等风化～新鲜砂岩属于Ⅳ级软石。本桥上部结构为预应力混凝土连续箱梁，下部结构为柱式墩、柱式台、桩基础。本桥雷家角岸桥台与子午岭隧道出口衔接，施工中按照先进隧道、后施工桥梁的顺序进行施工。桥梁未完成桥面水泥混凝土调平层、桥面沥青混凝土桥面铺装、防撞护栏施工之前，施工机械不得从桥上通过，确保施工安全。本桥桥下改移辅道G309，施工时做好防护网等安全措施，并有专职安全员24h对安全情况做监督管理。施工时结合实际地形地质水文条件做好桥下改河工程，确保泄洪通畅。雨季施工时要做好防洪工程，确保施工安全。

7. 山西松卜岭隧道

松卜岭高瓦斯隧为一座上、下分离的四车道高速公路长隧道，全长2404m。该隧道为采空区瓦斯隧道，主要位于松卜岭煤矿范围，同时受松卜岭煤矿2号煤层和10号煤层影响。隧道衬砌设计：初期支护、二次衬砌均采用气密性混凝土，且全断面封闭；在初期支护与二次衬砌间应沿着隧道轴向、于拱顶处全长安放 1 根 ϕ100mm 钢管，以确保运营过程中残余瓦斯的安全排放。在临近煤层段施工，瓦斯涌出量随着临近煤层距离的减少而逐渐增加，在揭穿煤层的瞬间瓦斯浓度会急速升高，大量瓦斯在煤层揭开时涌入隧道工作面，造成瓦斯超限。在这一施工条件下，应当适度增加掌子面与下台阶施工距离，但二衬支护间距应当适度减小，以避免瓦斯突然涌出对围岩支护稳定性的影响。当在煤层中施工时，瓦斯涌出量明显增大，为避免瓦斯浓度超限所带来的危险，当上台阶地面暴露有煤层时，必须缩短掌子面与下台阶施工距离，同时缩短二衬支护与掌子面间距。当煤层较薄，并上台阶开挖全部揭露时，仅缩短二衬支护与掌子面间距即可。当隧道穿越采空区影响区域时，要加强防治瓦斯防突和掌子面坍塌准备工作，因为采空区具有隐伏性强、空间分布特征规律性差、采空区顶板冒落塌陷情况难以预测等特点，注浆不可能将其内回填的所有碎石围岩全部充填密实，在整个采空区范围内极有可能遗留注浆死洞，死洞内聚集高压力瓦斯，当隧道穿越或邻近在掘进扰动下，导致死洞内的瓦斯通过围岩裂隙瞬间涌向隧道工作面，造成瓦斯超限。在采空区域段，除提前进行采空区密实充填处理之外，加大初次与二次衬砌厚度的同时，适度缩短二衬支护与掌子面的距离，保证裸露段隧道的安全稳定。

8. 陕西羊泉隧道

羊泉隧道是青兰高速公路的控制性工程。隧道建筑限界净宽 10.25m，净空限界高度 5.0m，设计荷载公路—Ⅰ级。隧道穿越区为黄土残塬区，属于典型的陕北黄土隧道，围岩主要为Ⅴ级及Ⅴ级加强，隧道位于地下水位线以下，隧道内含水量大，在 22% ~28% 之间。隧道施工过程中拱顶下沉速率快，达到 3 ~8cm/d，累计沉降量达到 50 ~90cm。施工中发生三次涌泥冒顶，塌腔达到 120m 深。针对此技术难题，采取的工程措施是：一采用超前大管棚、双层超前小导管或超前大管棚配合超前小导管的施工方案。二是开挖前掌子面预注浆加固：即掌子面开挖前，提前对掌子面注浆加固，注浆材料为低碱度硫铝酸盐水泥。三是增大开挖预留沉降量：根据监控量测资料，及时调整开挖及初期支护预留变形量。最大预留变形量达到 100cm，平均为 50 ~85cm，避免了初期支护侵入二次衬砌的现象发生，同时也提供了施作内套拱的空间。在施工中加强沉降和围岩收敛量测。四是加强初期支护，型钢采用 I20a 或 I22b 钢架，间距 50 ~75cm，仰拱下逐榀成环；在上断面拱架底脚部位支垫预制好的电缆沟盖板或 500mm × 500mm × 10mm 钢板；在下导接腿拱架下面设置 30 号槽钢支垫；在上下导坑连接处的上部、下部及拱脚上部设置 3 道 I16 工字钢代替连接钢筋。五是内套拱等临时加强措施，套拱型钢采用 I20a 型钢，中间布设钢筋网片及拱架连接钢筋，喷射 C20 混凝土。必要时采用临时仰拱、临时斜向支撑等措施，确保初期支护变形可控，不侵入二次衬砌空间。六是调整仰拱弧度，缩小仰拱半径；仰拱填充采用与仰拱同强度等级混凝土；二次衬砌混凝土强度等级由 C25 调整为 C30。七是加强隧道施工排水。八是针对涌泥塌方,采用掌子面加止浆墙,通过高压劈裂注浆加固围岩后通过。

第七节 G30(连霍高速公路)连云港至霍尔果斯高速公路

G30(连霍高速公路)是国家“71118 +6”高速公路网 18 条东西横线中的第七横,是连接江苏、安徽、河南、陕西、甘肃、新疆六省(自治区)的重要省际通道,横贯我国中部地区,是我国最长的一条高速公路。G30(连霍高速公路)东起江苏连云港港区,西至新疆维吾尔自治区霍尔果斯口岸,打通了西北、中原及东部沿海的高速公路通道,是著名的亚欧大陆桥通道。随着我国“一带一路”倡议的提出,连霍高速公路已成为国家“一带一路”重要公路交通大动脉。

G30(连霍高速公路)起点位于江苏省连云港港区,终点位于新疆伊犁哈萨克自治州霍城县霍尔果斯口岸。规划里程 4265.05km,通车里程 4019.092km,四车道 3179.898km,六车道 19.222km,八车道及以上 793.492km,一级路 26.480km。经过江苏(连云港、徐州)、安徽(宿州、淮北)、河南(商丘、开封、洛阳、郑州、三门峡)、陕西(渭南、西安、咸阳、宝鸡)、甘肃(定西、兰州、武威、金昌、张掖、酒泉)、新疆(哈密、吐鲁番、乌鲁木齐、昌吉、石河子、塔城、博尔塔拉、伊犁)。1987 年 10 月,陕西西安至临潼高速公路率先开始施工,2016 年 11 月新疆乌鲁木齐绕城高速(东线)公路建成,G30(连霍高速公路)全线贯通。

拥有联络线九条:

G3011(柳格高速公路)甘肃柳园至青海格尔木高速公路,起点位于甘肃省瓜州南收费站,终点位于青海省格尔木天山路和国道 109 线分界处。规划里程 771.72km,通车里程 679.914km,全线四车道。途经柳园、敦煌、格尔木。

G3012(吐和高速公路)新疆吐鲁番至和田高速公路,起点位于新疆吐鲁番市托克逊县小草湖立交,规划终点位于新疆和田县。规划里程 1961.95km,通车里程 1544.20km,四车道 1287.00km,一级公路 181.20km,二级公路 76.00km。途经吐鲁番、库尔勒、轮台、库车、阿克苏、喀什、和田。目前,新疆叶城至和田段尚未建成通车。

G3013(喀伊高速公路)新疆喀什至伊尔克什坦口岸高速公路,起点位于新疆阿图什市塔古提,终点位于新疆乌恰县康苏镇。规划里程 96.91km,通车里程 96.91km,四车道 77.41km,二级路 19.5km。途经阿图什、康苏、乌恰。目前 G3013(喀伊高速公路)已全线建成通车。

G3014(奎阿高速公路)新疆奎屯至阿勒泰市高速公路,起点位于新疆奎屯西立交,终点位于新疆阿勒泰市红墩二队。规划里程563.40km,通车里程538.635km,全线四车道。途经奎屯、克拉玛依、阿勒泰。目前,G3014(奎阿高速公路)已全线建成通车。

G3015(奎塔高速公路)新疆奎屯至塔城高速公路,起点位于新疆奎屯西立交,终点位于新疆塔城市边防大队。规划里程380.40km,通车里程219.447km,四车道207.097km,一级公路12.35km。途经奎屯、克拉玛依、塔城、巴克图(口岸)。目前,G3015(奎塔高速公路)已全线建成通车。

G3016(清伊高速公路)新疆清水河至伊宁高速公路,起点位于新疆霍城县清水河朱家庄立交区,终点位于新疆伊宁市巴彦岱。规划里程53.25km,通车里程53.25km,全线四车道。途经清水河、霍城、伊宁。目前,G3016(清伊高速公路)已全线建成通车。

G3017(武金高速公路)甘肃武威至金昌高速公路,起点位于甘肃省武威北收费站,终点位于甘肃省金昌东收费站。规划里程88.60km,通车里程79.503km,全线四车道。途经武威、金昌。目前,G3017(武金高速公路)已全线建成通车。

G3018(精阿高速公路)精河至阿拉山口高速公路,待建。

G3019(博阿高速公路)博乐至阿拉山口高速公路,待建。

拥有并行线一条:

G30N(临兴高速公路)临潼至兴平高速公路,起点位于陕西省西安市临潼区零口,终点位于陕西省户县西吴。规划里程99km,通车里程112.891km,六车道112.891。途经临潼、高陵、泾阳、兴平。目前,G30N(临兴高速公路)已全线建成通车。

一、路线概况

G30(连霍高速公路)路线信息见表10-23,沿线互通、出入口、服务区信息见表10-24,并行线、联络线路线信息见表10-25,并行线、联络线沿线互通、出入口、服务区信息见表10-26。

G30(连霍高速公路)路线信息表　　表10-23

编号	省份	省内起点	省内终点	途经市、县	通车里程(km)
G30	江苏	连云港港区	老山口(苏皖界)	连云港市区、海州区、东海县、新沂市、邳州市、铜山区、云龙区	235.792
	安徽	宿州市老山口(皖苏省界)	宿州市萧县朱大场(皖豫省界)	宿州市、萧县、淮北市、杜集区	47.934
	河南	永城市朱大厂村南500m(豫皖界)	灵宝市豫灵镇杨家村(豫陕省界)	永城市、夏邑县、虞城县、商丘市睢阳区、梁园区、宁陵县、民权县、兰考县、开封市祥符区、龙亭区、中牟县、郑州市、郑东新区、金水区、惠济区、高新技术开发区、荥阳市、上街区、巩义市、偃师市、孟津县、洛阳市老城区、新安县、义马市、渑池县、三门峡市陕州区、湖滨区、灵宝市	609.963

续上表

编号	省份	省内起点	省内终点	途经市、县	通车里程(km)
G30	陕西	潼关县西北村	宝鸡市陈仓区牛背村	潼关县、华阴市、临渭区、临潼区、灞桥区、长安区、秦都区、兴平市、武功县、杨凌区、扶风县、眉县、岐山、陈仓区、金台区、渭滨区	332.468
	甘肃	东岔主线收费站	柳园北主线收费站	麦积区、秦州区、清水县、天水市、甘谷县、武山县、陇西县、定西市、榆中县、兰州市、永登县、天祝县、古浪县、武威市、永昌县、山丹县、张掖市、民乐县、高台县、酒泉市、嘉峪关市、玉门市、瓜州县	1458.245
	新疆	哈密市星星峡	霍城县霍尔果斯口岸	哈密市、鄯善县、吐鲁番市、乌鲁木齐市、昌吉市、呼图壁县、玛纳斯县、石河子市、沙湾县、奎屯市、乌苏市、精河县、霍城县	1334.690

G30(连霍高速公路)沿线互通、出入口、服务区信息表 表10-24

编号	省份	沿线互通	出入口	服务区
G30	江苏	大港路枢纽、新墟、大岛山、宁海枢纽、锦屏枢纽、平明、东海、东海西、新沂枢纽、北沟枢纽、新沂、新沂西、邳州东、邳州西、东探、林东枢纽、八义集、徐州、徐州南、罗岗枢纽互通	新墟、宁海枢纽、平明、东海、东海西、新沂、新沂西、邳州东、邳州西、东探、八义集、徐州、徐州南出入口	锦屏山、东海、港头、邵楼、议堂、毕庄停车区
	安徽	朱圩子枢纽、朱圩子、丁里、张庄寨互通	皖苏省界主线、朱圩子、丁里、张庄寨、皖豫省界主线出入口	王寨服务区
	河南	芒砀山、芒山立交、夏邑、虞城、张庄立交、商丘南、商丘、史楼立交、陈庄立交、宁陵、民权、小王庄立交、兰考、兰考枢纽立交、开封东,孙寺立交、开封、中牟、刘江枢纽立交、东三环北、柳林、花园路、文化路、惠济、沟赵、广武枢纽立交、荥阳、上街、巩义东、林汝高速立交、巩义、偃师、孟津、朱家仓立交、洛阳东、孟津城区、洛阳、霍村立交、新安、新安西、义马、渑池、观音堂、三门峡东、三门峡西、梨园互通立交、灵宝、灵宝西、豫灵互通	豫皖界、芒砀山、夏邑、虞城、商丘南、商丘、宁陵、民权、兰考、开封东,开封、中牟、东三环北、柳林、花园路、文化路、惠济、沟赵、荥阳、上街、巩义东、巩义、偃师、孟津、洛阳东、孟津城区、洛阳、新安、新安西、义马、渑池、观音堂、三门峡东、三门峡西、灵宝、灵宝西、豫灵、豫陕省界收费站出入口	豫皖界、夏邑、商丘、宁陵、民权、开封、中牟、郑州北、巩义、洛阳、义昌、三门峡、灵宝、豫陕省界服务区、渑池西停车区
	陕西	秦东、港口、华阴、罗夫、华县、华县西、赤水、渭南东、渭南西、零口、新丰、靳家、兵马俑、临潼西、豁口、方家村、帽耳刘、咸阳、咸阳西、西吴、阿房宫、咸阳南、沣渭、兴平、武功、杨凌、杨凌西、绛帐、兰家、常兴、眉县、蔡家坡、虢镇、千河、宝鸡、姜城、宝鸡西、坪头、陈仓互通	秦东、港口、华阴、罗夫、华县、华县西、渭南东、渭南西、新丰、靳家、兵马俑、临潼西、豁口、方家村、帽耳刘、咸阳、咸阳西、阿房宫、咸阳南、沣渭、兴平、武功、杨凌、杨凌西、绛帐、兰家、常兴、眉县、蔡家坡、虢镇、宝鸡、姜城、宝鸡西、坪头、陈仓出入口	渭南西、华山、临潼、武功、眉县、宝鸡西服务区

续上表

编号	省份	沿线互通	出入口	服务区
G30	甘肃	十八里铺、忠和、双塔、武威、柳园互通	东岔主线、东岔匝道、桃花坪、利桥、石门、街亭、天水东、天水南、天水西、关子、甘谷、磐安、洛门、武山、鸳鸯、文峰、通安驿、定西、定西北、定西南、兰州北、傅家窑、龙泉寺、永登、中堡、武胜驿、天祝、安门、古丰、古浪、双塔、黄羊、武南、武威、丰乐、永昌南、永昌、马营口、丰城堡、山丹东、山丹西、老寺庙、张掖、张掖西、临泽、高台、梧桐泉、清水、下河清、总寨、酒泉、嘉峪关、黑山湖、清泉、赤金、低窝铺、玉门东、玉门西、桥湾、双塔、瓜州、柳园匝道、柳园北主线出入口	柳园、瓜州停车区，布隆吉、玉门、酒泉、高台、张掖、山丹、永昌、武威、安门、永登、兰州北、接驾嘴、定西、通安驿、鸳鸯、甘谷、甘泉、桃花坪停车区，百花服务区、大泉东、清泉、华藏寺停车区
	新疆	烟墩、骆驼圈子、沁城、红星四场、北出口、哈密市八一、火石泉、二堡、德外里、柳树泉、沙枣泉、三道岭东、三道岭东西交、砂墩子、红山口、红台集气站、二堡匝道桥、火焰山匝道桥、七克台东右线式、七克台火车站、鄯善东、鄯善西、连木沁、苏巴什、达坂城、盐湖、柴窝堡、化肥厂、芨南、乌拉泊、仓房沟、西山、西站、八钢、阿苇滩、昌吉、呼图壁（昌吉高新区、世纪大道未交工）、阿苇滩、奎屯东、奎屯西、乌苏东、西大沟、红星农场、高泉、古尔图、玛纳斯、石河子、乌兰乌苏收费站桥、沙湾收费站桥、安集海互通	雅满苏、骆驼圈子、沁城、红星四场、哈密机场、哈密巴里坤、哈密八一大道、火石泉、二堡镇、德外里、柳树泉、沙枣泉、三道岭东、三道岭西、砂墩子、红山口七角井、红台集气站、二堡乡、火焰山、火焰山景区路、碱泉子、哈密、吐鲁番、火车站、鄯善城区、柯克亚、连木沁、大峡谷、达坂城、盐湖化工厂、柴窝堡/白杨沟、新疆化肥厂、艾维尔沟、奎屯、仓房沟、头屯河/西过境路、外环路、国际机场/米东区、八钢/乌昌路、奎屯市、独山子区、奎屯市、独山子区、乌苏市、乌苏市西大沟镇、乌苏市红星镇、乌苏市高泉镇、乌苏市古尔图镇、玛纳斯、石河子、乌兰乌苏、沙湾、沙湾大盘美食城、安集海出入口	星星峡、骆驼圈子、哈密、一碗泉、沙尔湖（未交付使用）、南湖、吐峪沟、小草湖、盐湖、三坪、五工台、石河子、奎屯、红星（未交付使用）、托托（未交付使用）、精河（原八家户）、五台（未交付使用）、赛里木湖（未交付使用）、果子沟（仅有停车功能）服务区

G30（连霍高速公路）并行线、联络线路线信息表　　表 10-25

编号	省份	省内起点	省内终点	途经市、县	通车里程(km)
G3011	甘肃	瓜州南收费站	莫高收费站	敦煌市、瓜州县	679.914
	青海	甘青公路养护界当金山	格尔木天山路和国道 109 线的分界处，即国道 109 线 K2735 +900 处	大柴旦行委、格尔木市	
G3012	新疆	吐鲁番市托克逊县小草湖立交	和田县（未通）	托克逊县、和硕县、焉耆县、库尔勒市、轮胎县、库车县、阿克苏市、柯坪县、巴楚县、阿图什市、喀什市	1544.20
G3013	新疆	阿图什市塔古提	乌恰县康苏镇	阿图什市、乌恰县	96.91
G3014	新疆	奎屯西立交	阿勒泰市红墩二队	奎屯市、克拉玛依市、额敏县、塔城市	538.635
G3015	新疆	奎屯西立交	塔城市边防大队	奎屯市、克拉玛依市、和布克赛尔县、福海县、阿勒泰市	219.447

续上表

编号	省份	省内起点	省内终点	途经市、县	通车里程(km)
G3016	新疆	霍城县清水河朱家庄立交区	伊宁市巴彦岱	霍城县、伊宁市	53.25
G3017	甘肃	武威北收费站	金昌东收费站	金昌市、武威市	79.503
G3018	新疆	待建			—
G3019	新疆	待建			—
G30N	陕西	西安市临潼区零口	户县西吴	西安市临潼区、高陵区	112.891

G30(连霍高速公路)并行线、联络线沿线互通、出入口、服务区信息表 表10-26

编号	省份	沿线互通	出入口	服务区
G3011	甘肃	瓜州互通	莫高、敦煌、瓜州南出入口	敦煌、瓜州服务区,瓜州、甜水井停车区
	青海	高泉煤矿、鱼卡、大柴旦、大柴旦东、小柴旦、锡铁山、涩北气田、达不逊、察尔汗、鱼水河、格尔木互通	高泉煤矿、鱼卡、大柴旦、大柴旦东、小柴旦、锡铁山、涩北气田、达不逊、察尔汗、鱼水河、格尔木出入口	鱼卡服务区
G3012	新疆	小草湖立交2桥、托克逊立交、依拉湖式、库米什西、格达良、阿图什东、阿图什西、阿扎克、塔库提、乌恰。二八台、雅克拉、库车东、库车北、库车、库车西、新和东、新和、新和西、英买力、玉尔滚、五团、温宿工业园、佳木镇、温宿、阿克苏东、阿克苏北、乌什、沙井子、启浪、阿恰勒匝道、一间房、三岔口、三道班、伽师总场、西克尔、大山口、塔孜洪、英吉沙北、英吉沙南、乌什塔拉东、乌什塔拉东立交1号、曲惠、塔哈其立交1号、和硕、24团、焉耆、紫泥泉、塔什店、库尔勒、北山、库尔勒西、吾瓦、双丰式、野云沟式、策大雅单喇叭式、阳霞、轮台东式、轮台西式立交互通	吐鲁番、托克逊、库米什镇、库尔勒、格达良、阿图什东、阿图什西、阿扎克、塔库提、乌恰、二八台、雅克拉镇、库车、拜城、新和、英买力、五团、拜城、温宿工业园区、温宿佳木镇、温宿县、阿克苏市、乌什县、柯坪县沙井子镇、柯坪县启浪乡、柯坪县阿恰乡、柯坪县。图木舒克、巴楚、巴楚监狱、伽师总场、西克尔、G314线、塔孜洪、英吉沙上行线、英吉沙下行线、乌什塔拉东、乌什塔拉西、曲惠、塔哈其、和硕、24团、焉耆、27团、紫泥泉、塔什店、库尔勒、北山路、库尔勒西、29团、30团、库尔楚、野云沟、策大雅、阳霞、轮台东、轮台西出入口	托克逊、乌什塔拉、焉耆、阳霞、库车、新和、羊塔克库都克、佳木、库勒、阿恰、三岔口、阿图什、西克尔服务区
G3013	新疆	重工业园、托帕、康什维尔跨线桥、乌恰、口岸互通	重工业园区、托帕出、康什维尔、乌恰县、伊尔克什坦口岸出入口	乌恰服务区
G3014	新疆	三角庄、五五新镇、128团、水源地、塔岔口、白碱滩、乌尔禾、福海渔场、福海、福海工业园区、北屯工业园区、北屯南、北屯、切尔克齐、塔斯塔克、和什托洛盖、乌图布拉克、巴音托海互通	第七师三角庄、克拉玛依市五五新镇、第七师128团、水源地、塔城市、克拉玛依小拐乡、克拉玛依市白碱滩区、克拉玛依乌尔禾区、福海渔场、福海、福海工业园区、北屯工业园区、187团、北屯市、切尔克齐乡、塔斯塔克、阿勒泰。和什托洛盖镇、乌图布拉克、布尔津出入口	五五新镇、克南、百口泉(未交付)、乌尔禾、和什托洛盖、乌图布拉克、福海渔场、北屯服务区

续上表

编号	省份	沿线互通	出入口	服务区
G3015	新疆	三角庄立交,五五新镇、128 团、水源地、塔岔口、三坪、哈图、铁厂沟、喇嘛昭、库鲁木苏、额敏、团结、塔城互通	第七师三角庄、克拉玛依市五五新镇、第七师 128 团、水源地、塔城市、克拉玛依小拐乡、塔城、克拉玛依、阿勒泰、哈图、铁厂沟镇、托里、霍吉尔特、额敏、玛热勒苏、额敏、托里、团结农场、塔城、裕民出入口	铁厂沟、额敏服务区
G3016	新疆	霍城 1 号、霍城、惠远、66 团、巴彦岱互通	霍城县良种繁育场、霍城县、惠远乡、六十六团、伊宁市外环、新源、清水河、伊宁市巴彦岱镇出入口	无
G3017	甘肃	武威互通	武威北、装备园、水源、金昌东收费站出入口	双城服务区,金昌停车区
G3018	新疆	待建		
G3019	新疆	待建		
G30N	陕西	零口、渭南高新、新市、高陵北、高陵西、永乐东、永乐西、泾阳、太平、马庄北、马庄西、店张、茂陵、西吴、沣渭、大王、户县东互通	渭南高新、新市、高陵西、永乐东、泾阳、太平、店张、茂陵、大王出入口	高陵、泾阳、茂陵、沣京服务区

二、路网关系

G30(连霍高速公路)路网关系示意图如图 10-7 所示。

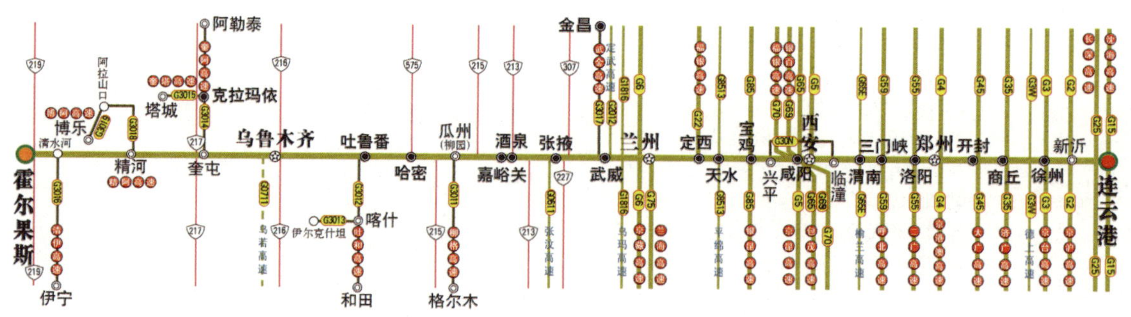

图 10-7　G30(连霍高速公路)路网关系示意图

三、建设历程

1. 江苏连云港至徐州段

1997 年 3 月开工建设,2003 年 6 月建成通车,全长 235.792km,全线四车道,设计速度 120km/h。建成特大桥:起点高架大桥、K17+076 高架桥、宁海主线桥、新沂河特大桥、京杭运河特大桥,共 5 座。建成大桥 42 座。总投资 71.50 亿元,资金来源:交通部车购税投入、地方投入、银行贷款。占地23490.832亩。项目管理单位:江苏省交通工程建设局;监理单位:上海华运工程监理有限公司、江苏盛华工程监理咨询有限公司等;施工单位:交通部第一公路工程局、中国路桥(集团)总公司等。

2. 安徽段

1998年12月开工建设,2002年7月建成通车,全长53.97km,全线四车道,设计速度120km/h。建成大桥9座。总投资13.1亿元,资金来源:交通部车购税投入、地方投入、银行贷款。占地6286.0亩。项目管理单位:安徽省高速公路总公司;勘察设计单位:安徽省公路勘测设计院;监理单位:安徽省高等级公路工程监理有限公司;施工单位:铁道部第十八工程局等。

3. 河南商丘至开封段

1998年12月开工建设,2002年12月建成通车,全长202.8km,全线四车道,设计速度120km/h。建成大桥15座。总投资42.48亿元,资金来源:交通部车购税投入、地方投入、银行贷款。占地19460.426亩。项目管理单位:河南省商丘至开封高速公路建设有限公司;勘察设计单位:河南省交通规划勘察设计院;监理单位:河南省高等级公路建设监理部、北京华通公路桥梁监理咨询公司等;施工单位:中国第一冶金建设总公司、铁道部第一工程局等。

4. 河南商丘至兰考段改扩建

2010年10月开工建设,2015年12月建成通车,全长118.587km,全线八车道,设计速度120km/h。建成大桥8座。总投资41.8亿元,资金来源:中央投入、地方投入、银行贷款。项目管理单位:河南德郑高速公路有限公司;勘察设计单位:河南省交通规划勘察设计院有限责任公司;监理单位:河南省豫通工程监理有限公司、河南省公路工程监理咨询有限公司;施工单位:中交二公局萌兴工程有限公司、河南省路桥建设集团有限公司等。

5. 河南开封至洛阳段

1991年3月开工建设,1995年12月建成通车,全长201.5km,全线四车道,设计速度100km/h、120km/h。建成大桥12座。总投资32.45亿元。资金来源:地方投入、银行贷款。占地19533.10亩。项目管理单位:河南省高等级公路建设指挥部;勘察设计单位:河南省交通规划勘察设计院;监理单位:河南省高等级公路建设监理部;施工单位:交通部第一公路工程总公司,中国建筑第一工程局等。

6. 河南兰考至刘江段改扩建

2010年11月开工建设,2015年4月建成通车,全长80.010km,全线八车道,设计速度120km/h。建成大桥1座。总投资29.4亿元,资金来源:中央投入、地方投入、银行贷款。占地2198.14亩。项目管理单位:河南德郑高速公路有限公司;勘察设计单位:河南省交通规划勘察设计院有限责任公司;监理单位:河南省高等级公路建设监理部有限公司、北京兴通工程咨询有限公司;施工单位:中铁二十四局集团有限公司、中铁十五局集团第五工程有限公司等。

7. 河南刘江至广武段改扩建

2006 年 6 月开工建设,2008 年 12 月建成通车,全长 40.521km,全线八车道,设计速度 120km/h。建成大桥 3 座。总投资 16.83 亿元,资金来源:地方投入、银行贷款。占地 1448.736 亩。项目管理单位:河南高速公路发展有限责任公司连霍郑州段改建工程项目部;勘察设计单位:河南省交通规划勘察设计院有限责任公司;监理单位:湖南金路工程咨询监理有限公司、河南省豫通公路工程监理事务所;施工单位:湖南省建筑工程集团总公司、河南路桥工程集团有限公司、中铁二十局集团有限公司、中铁十一局集团第一工程公司等。

8. 河南郑州至洛阳段改扩建

2008 年 11 月开工建设,2011 年 11 月建成通车,全长 106.391km,全线八车道,设计速度 100km/h、120km/h。建成特大桥:伊洛河特大桥,共 1 座。建成大桥 39 座。总投资 54.16 亿元,资金来源:地方投入、银行贷款。占地 1448.736 亩。项目管理单位:河南高速公路发展有限责任公司连霍郑洛段改建工程项目部;勘察设计单位:河南省交通规划勘察设计院有限责任公司、浙江省交通规划设计研究院;监理单位:河南省豫通公路工程监理事务所、北京中通公路桥梁工程咨询发展有限公司、河南省高等级公路建设监理部有限公司;施工单位:华通路桥集团有限公司、四川路航建设工程有限责任公司、中交一公局第一工程有限公司等。

9. 河南洛阳至三门峡段

1998 年 1 月开工建设,2001 年 12 月建成通车,全长 136.382km,全线四车道,设计速度 100km/h。建成特大桥:许沟特大桥、洪阳河特大桥,共 2 座。建成大桥 47 座。总投资 46.1669亿元,资金来源:交通部车购税投入、地方投入、银行贷款。占地 18558.1 亩。项目管理单位:洛阳至三门峡高速公路建设指挥部;勘察设计单位:河南省交通规划勘察设计院;监理单位:豫通国际咨询公司、河南高等级公路建设监理部等;施工单位:交通部第一公路工程总公司、铁道部第十五工程局第五工程处等。

10. 河南三门峡至灵宝段

1998 年 12 月开工建设,2001 年 12 月建成通车,全长 69.281km,全线四车道,设计速度 100km/h。建成特大桥:函谷关特大桥、阳平河特大桥、枣乡河特大桥,共 3 座。建成大桥 16 座。总投资 21.45 亿元,资金来源:交通部车购税投入、地方投入、银行贷款。占地 7032.58亩。项目管理单位:洛阳至三门峡高速公路建设指挥部;勘察设计单位:河南省交通规划勘察设计院;监理单位:河南高等级公路建设监理部、北京育才监理公司等;施工单位:铁道部第三工程局、铁道部第十八工程局第四工程处等。

11. 河南洛阳至三门峡(豫陕界)段改扩建

2011 年 12 月开工建设,2015 年 10 月建成通车,全长 194.908km,全线八车道,设计速度 100km/h。建成特大桥:洪阳河特大桥、许沟特大桥、南沟特大桥、吉家河特大桥、弘农涧河特大桥、西寨特大桥、阳平河特大桥、枣乡河特大桥,共 8 座。建成大桥 39 座。总投资 135.7674 亿元,资金来源:地方投入、银行贷款。占地 8515.8945 亩。项目管理单位:河南省弘阳高速公路有限公司;勘察设计单位:河南省交通规划勘察设计院有限责任公司;监理单位:育才—布朗交通咨询监理有限公司、北京中通公路桥梁工程咨询发展有限公司、西安华兴公路工程咨询监理有限公司等;施工单位:江西省公路机械工程局、中铁七局集团有限公司、河南省路桥建设集团有限公司等。

12. 陕西潼关(豫陕界)至临潼(新家)段改扩建

2008 年 11 月开工建设,2010 年 11 月建成通车,全长 116.261km,全线八车道,设计速度 100km/h、120km/h。建成大桥 19 座。总投资 71.4 亿元,资金来源:中央投入、地方投入、银行贷款。占地 6467.95 亩。项目管理单位:陕西省高速公路建设集团公司;勘察设计单位:陕西省交通规划设计研究院、陕西省建筑设计研究院股份有限公司等;监理单位:陕西高速公路工程咨询有限公司、河南豫路工程技术开发有限公司等;施工单位:中铁七局集团有限公司、中铁五局集团第四工程公司等。

13. 陕西西安至临潼段

1987 年 10 月开工建设,1990 年 12 月建成通车,全长 23.888km,K1014 + 640 ~ K1022 + 217 为双车道,K1022 + 217 至终点为四车道,设计速度 120km/h。建成大桥 2 座。总投资 2.4218亿元,资金来源:交通部车购税投入、地方投入、银行贷款。占地 1831.0 亩。项目管理单位:西临高速公路建设领导小组;勘察设计单位:陕西省公路勘察设计院;监理单位:陕西省交通厅西临高速公路监理工程师办公室;施工单位:西安市第一市政工程公司、交通部第二公路工程局等。

14. 陕西临潼(新家)至西安段改扩建

2013 年 7 月开工建设,2015 年 11 月建成通车,全长 14.538km,全线八车道,设计速度 120km/h。建成大桥 1 座。总投资 11.19 亿元,资金来源:中央投入、地方投入、银行贷款。占地1316.0亩。项目管理单位:陕西省高速公路建设集团公司西临高速公路改扩建项目管理处;勘察设计单位:陕西省交通规划设计研究院;监理单位:陕西高速公路工程咨询有限公司、西安公路研究院等;施工单位:中铁二十局集团有限公司、中交第二航务工程局有限公司等。

15. 陕西临潼至渭南段

1994 年 12 月开工建设,1996 年 12 月建成通车,全长 40.773km,全线四车道,设计速度 120km/h。建成特大桥:渭南城区高架桥,共 1 座。建成大桥 4 座。总投资 5.167 亿元,资金来源:中央投入、地方投入、银行贷款。占地 3064.0 亩。项目管理单位:陕西省高等级公路管理局;勘察设计单位:陕西省公路勘察设计院;监理单位:西安公路研究所、陕西省公路工程咨询公司等;施工单位:铁道部第十六工程局等。

16. 陕西渭南至潼关段

1996 年 12 月开工建设,1999 年 10 月建成通车,全长 78.52km,全线四车道,设计速度 100km/h、120km/h。建成大桥 10 座。总投资 14.1 亿元,资金来源:中央投入、银行贷款。占地 6625.59 亩。项目管理单位:陕西省交通厅世界银行贷款项目执行办公室;勘察设计单位:陕西省公路勘察设计院;监理单位:西安公路研究所等;施工单位:陕西省路桥工程总公司等。

17. 陕西西安至宝鸡段

1992 年 4 月开工建设,1995 年 12 月建成通车,全长 145.876km,全线四车道,设计速度 100km/h。建成大桥 4 座。总投资 13.66 亿元,资金来源:中央投入、地方投入、银行贷款。占地 11506.14 亩。项目管理单位:陕西省高等级公路管理局;勘察设计单位:陕西省公路勘察设计院;监理单位:陕西省公路工程咨询公司;施工单位:铁道部第二十工程局、铁道部第十七工程局等。

18. 陕西西安至宝鸡段改扩建

2008 年 12 月开工建设,2015 年 12 月建成通车,全长 157.89km,四车道 6.54km,六车道22.39km,八车道 128.96km,设计速度 120km/h、100km/h。建成特大桥:阿房宫高架桥、渭河特大桥,共 2 座。建成大桥 6 座。总投资 135.45 亿元,资金来源:中央投入、地方投入、银行贷款。占地 11998.806 亩。项目管理单位:陕西省高速公路建设集团公司;勘察设计单位:陕西省交通规划设计研究院;监理单位:陕西海嵘工程项目管理有限公司、陕西公路交通科技开发咨询公司等;施工单位:中铁二十局集团第六工程有限公司、中铁一局集团桥梁工程有限公司等。

19. 陕西宝鸡至牛背段

2006 年 10 月开工建设,2009 年 9 月建成通车,全长 40.209km,全线四车道,设计速度 80km/h。建成特大桥:刘家滩渭河特大桥,共 1 座。建成大桥 26 座。建成长隧道 8 座。总投资28.4亿元,资金来源:中央投入、地方投入、银行贷款。占地 2545.0 亩。项目管理单位:宝鸡市交通运输局;勘察设计单位:中交第一公路勘察设计院;监理单位:中国公路工程咨询总公司、西安公路交大建设监理公司等;施工单位:路桥二公局第六工程有限公司、中铁十五局集团第六工程有限公司等。

20. 甘肃牛背至天水段

2005年9月开工建设,2009年9月建成通车,全长114.42km,全线四车道,设计速度80km/h。建成特大桥:水石崖沟特大桥、朱家庄特大桥、李子坪特大桥,共3座。建成大桥54座。建成特长隧道:燕子关隧道、花石山1号隧道、白杨岭隧道,共3座。建成长隧道7座。总投资69.18亿元,资金来源:交通部车购税投入、地方投入、银行贷款。项目管理单位:甘肃省高等级公路建设开发有限公司;勘察设计单位:中国公路工程咨询监理总公司、中交第二公路勘察设计研究院等;监理单位:中国公路工程咨询监理总公司、铁科院(北京)工程咨询有限公司等;施工单位:甘肃省第二建筑工程公司、中铁十六局第三工程有限公司等。

21. 甘肃天水过境段

2007年8月开工建设,2011年12月建成通车,全长36.86km,全线四车道,设计速度80km/h。建成特大桥:老虎沟特大桥,共1座。建成大桥13座。建成特长隧道:太阳山隧道,共1座。建成长隧道2座。总投资24.32亿元,资金来源:交通部车购税投入、银行贷款。占地2660.0亩。项目管理单位:甘肃省高等级公路建设开发有限公司;勘察设计单位:甘肃省交通规划勘察设计院有限责任公司;监理单位:甘肃华顺交通科技咨询有限责任公司、中国公路工程咨询集团有限公司等;施工单位:中铁四局集团有限公司、内蒙古自治区公路工程局等。

22. 甘肃天水至定西段

2007年10月开工建设,2011年5月建成通车,全长236.02km,全线四车道,设计速度80km/h。建成特大桥:K227+900鸳鸯镇渭河特大桥、小砂沟特大桥,共2座。建成大桥49座。建成特长隧道:关子隧道特长隧道,共1座。建成长隧道6座。总投资95.69亿元,资金来源:交通运输部车购税投入、地方投入、银行贷款。占地18997.9亩。项目管理单位:甘肃省高等级公路建设开发有限公司;勘察设计单位:中交第一公路勘察设计研究院有限公司、中国公路工程咨询集团有限公司等;监理单位:甘肃兴陇交通工程监理有限责任公司、甘肃省交通工程建设监理公司等;施工单位:中交一公局第三工程有限公司、中铁十三局集团有限公司等。

23. 甘肃馋口至兰州柳沟河段

1999年9月开工建设,2002年9月建成通车,全长77.74km,全线四车道,设计速度80km/h。建成特大桥:道沟河特大桥,共1座。建成大桥2座。建成长隧道3座。总投资20.37亿元,资金来源:交通部车购税投入、地方投入。占地6662.08亩。项目管理单位:甘肃省交通厅工程处;勘察设计单位:铁道第一勘察设计院、北京深华科交通工程有限公司;监理单位:甘肃兴陇交通工程监理有限责任公司、甘肃省交通工程监理公司等;施工单位:铁道部第十八工程局、铁道部第一工程局等。

24. 甘肃柳沟河至忠和段

1999 年 3 月开工建设,2002 年 10 月建成通车,全长 33.31km,全线四车道,设计速度 80km/h。建成大桥 8 座。总投资 13.56 亿元,资金来源:交通部车购税投入、银行贷款。占地2285.74亩。项目管理单位:国道连霍路柳古段高等级公路建设办公室、甘肃长达路业有限责任公司;勘察设计单位:交通部第一公路勘察设计研究院;监理单位:北京华路捷公路工程技术咨询有限公司、陕西公路交通工程监理咨询有限公司等;施工单位:铁道部第一工程局、甘肃省公路工程总公司等。

25. 甘肃树屏至徐家磨段

2003 年 11 月开工建设,2005 年 10 月建成通车,全长 22.92km,全线四车道,设计速度 80km/h。总投资 3.26 亿元,资金来源:地方投入。项目管理单位:甘肃长达路业有限责任公司;勘察设计单位:甘肃省交通规划勘察设计院有限责任公司;监理单位:中国公路工程咨询监理总公司;施工单位:中铁十六局集团第四工程有限公司、中铁四局集团有限公司等。

26. 甘肃永登至古浪段

2009 年 3 月开工建设,2013 年 7 月建成通车,全长 145.08km(新建 42.833km, 改扩建102.2479km),全线四车道,设计速度 80km/h。建成大桥 9 座。建成特长隧道:乌鞘岭隧道,共 1 座。建成长隧道 1 座。总投资 58.69 亿元,资金来源:交通部车购税投入、地方投入、银行贷款。占地 12695.24 亩。项目管理单位:甘肃路桥公路投资有限公司;勘察设计单位:中交第一公路勘察设计研究院有限公司等;监理单位:湖北顺达公路工程咨询监理有限公司、北京中交公路桥梁工程监理有限公司;施工单位:中铁二十一局集团有限公司等。

27. 甘肃古浪至永昌段

2000 年 11 月开工建设,2003 年 8 月建成通车,全长 69.45km,全线四车道,设计速度 100km/h。总投资 8.62 亿元,资金来源:交通部车购税投入、地方投入、银行贷款。占地 5341.92 亩。项目管理单位:甘肃路桥投资有限公司;勘察设计单位:甘肃省古浪至永昌高速公路工程项目办公室、铁道第一勘察设计院;监理单位:甘肃新科监理事务所、山西省交通建设监理总公司等;施工单位:中铁十六局、甘肃省水电工程局等。

28. 甘肃武威过境段

2004 年 12 月开工建设,2006 年 12 月建成通车,全长 44.63km,全线四车道,设计速度 100km/h。建成大桥 3 座。总投资 9.07 亿元,资金来源:交通部车购税投入、地方投入。占地3579.76亩。项目管理单位:甘肃省路桥投资公司;勘察设计单位:铁道第一勘察设计院等;监理单位:甘肃兴陇交通工程监理有限责任公司、甘肃新科公路工程监理事务所等;施工单位:中铁十三局集团第一工程有限公司、甘肃路桥第一公路工程有限责任公司等。

29. 甘肃山丹至临泽段

2001年12月开工建设,2004年9月建成通车,全长97.0km,全线四车道,设计速度100km/h。建设大桥5座。总投资14.52亿元,资金来源:交通部车购税投入、银行贷款。占地6710.14亩。项目管理单位:甘肃省交通厅工程处;勘察设计单位:甘肃交通规划勘察设计院;监理单位:甘肃兴陇交通工程监理有限责任公司、铁道部科学研究院工程建设监理部等;施工单位:路桥集团第一公路工程局第三工程公司、甘肃五环公路工程有限公司等。

30. 甘肃临泽至清水段

2002年11月开工建设,2005年8月建成通车,全长99.72km,全线四车道,设计速度100km/h。建成大桥2座。总投资11.28亿元,资金来源:交通部车购税投入、地方投入、银行贷款。占地7222.49亩。项目管理单位:甘肃省路桥投资公司;勘察设计单位:甘肃省交通厅公路勘察设计院;监理单位:河北华达公路工程咨询监理有限公司、甘肃兴陇交通工程监理有限责任公司等;施工单位:中铁十六局集团第四工程有限公司、中铁十二局集团有限公司等。

31. 甘肃清水至嘉峪关段

2003年11月开工建设,2006年9月建成通车,全长95.9km,全线四车道,设计速度100km/h。建成大桥4座。总投资13.87亿元,资金来源:交通部车购税投入、地方投入、银行贷款。占地7643.51亩。项目管理单位:甘肃路桥投资有限公司;勘察设计单位:中国公路工程咨询监理总公司等;监理单位:中国公路工程咨询监理总公司、甘肃省交通工程建设监理公司等;施工单位:中铁十一局二公司、中铁五局(集团)有限公司等。

32. 甘肃嘉峪关至安西段

2004年12月开工建设,2007年12月建成通车,全长235.28km,全线四车道,设计速度100km/h。建成大桥5座。总投资31.46亿元,资金来源:中央投入、地方投入、银行贷款。占地1696.9亩。项目管理单位:甘肃省高等级公路建设开发有限公司;勘察设计单位:中国公路工程咨询监理总公司、甘肃交通规划设计院;监理单位:甘肃省交通工程建设监理公司、北京华通公路桥梁监理咨询公司等;施工单位:中国建筑第八工程局第三建筑公司、甘肃中大建设工程有限公司等。

33. 甘肃瓜州至星星峡段

2009年2月开工建设,2012年8月建成通车,全长156.71km,全线四车道,设计速度100km/h。建成大桥9座。总投资26.47亿元。资金来源:交通部车购税投入、银行贷款。

占地 8614.74 亩。项目管理单位:甘肃远大路业集团有限公司;勘察设计单位:中国公路工程咨询集团有限公司、中交路桥技术有限公司等;监理单位:太原市华宝通工程监理有限公司、甘肃省交通工程建设监理公司等;施工单位:甘肃省路桥建设集团有限公司、中交第一公路工程局有限公司等。

34. 新疆星星峡至吐鲁番段(一、二期)

2004 年 8 月开工建设,2012 年 10 月建成通车,全长 537.002km,全线四车道,设计速度 120km/h。建成大桥 10 座。总投资 96.62 亿元,资金来源:交通部车购税投入、银行贷款。占地 35647.19 亩。项目管理单位:新疆交通建设管理局;勘察设计单位:新疆维吾尔自治区交通规划勘察设计研究院;监理单位:河北华达公路工程咨询监理有限公司、北京诚盟公路工程监理有限公司等;施工单位:中铁十二局集团、内蒙古天骄公路工程有限责任公司等。

35. 新疆吐鲁番至乌鲁木齐段

1994 年 3 月开工建设,1998 年 11 月建成通车,全长 130.201km,全线四车道,设计速度 120km/h。建成大桥 6 座。总投资 30.7 亿元,资金来源:交通部车购税投入、银行贷款。占地 21040.8 亩。项目管理单位:新疆交通建设管理局;勘察设计单位:新疆维吾尔自治区交通规划勘察设计研究院;监理单位:中咨公司华宏监理公司、陕西省监理公司等;施工单位:中铁一局集团有限公司、新疆第三建筑工程公司等。

36. 新疆乌鲁木齐绕城高速(东线)段

2011 年 6 月开工建设,2016 年 11 月建成通车,全长 79.65km,全线六车道,设计速度 100km/h。建成特大桥:葛家沟特大桥、石人子沟特大桥,共 2 座。建成大桥 50 座。建成长隧道 1 条。总投资 79.85 亿元,资金来源:交通运输部车购税投入、银行贷款。占地 12122.82 亩。项目管理单位:湖南高速项目管理有限公司;勘察设计单位:中交第一勘察设计院、苏交科集团股份有限公司等;施工单位:中铁十七局、中交二航局等;监理单位:中国公路工程咨询公司、陕西高速公路工程咨询公司等。

37. 新疆维乌鲁木齐至奎屯段

1997 年 4 月开工建设,2000 年 11 月建成通车,全长 228.0km,全线四车道,设计速度 120km/h。建成大桥 8 座。总投资 50.87 亿元,资金来源:中央投入、地方投入、银行贷款。占地 24024.0 亩。项目管理单位:新疆交通建设管理局;勘察设计单位:交通部第一公路勘察设计院等;监理单位:安徽高等级公路监理公司等;施工单位:新疆道路桥梁工程总公司、中铁一局集团有限公司等。

38. 新疆奎屯至赛里木湖段

2002 年 6 月开工建设,2005 年 10 月建成通车,全长 311.997km,全线四车道,设计速

度100km/h、120km/h。建成大桥21座。总投资30.55亿元，资金来源：交通部车购税投入、银行贷款。占地18832.43亩。项目管理单位：新疆交通建设管理局；勘察设计单位：新疆维吾尔自治区交通规划勘察设计研究院；监理单位：中国公路工程咨询监理总公司、山西晋达交通建设工程监理所；施工单位：北京路桥公司、中铁一局集团有限公司等。

39. 新疆赛里木湖至果子沟段

2006年开工建设，2011年9月建成通车，全长56.17km，全线四车道，设计速度100km/h、80km/h、60km/h。建成特大桥：加木帕斯夏子沟特大桥、果子沟大桥、果子沟展线桥，共3座。建成大桥14座。建成长隧道2座。总投资23.9亿元，资金来源：交通运输部车购税投入、银行贷款。占地3656.7亩。项目管理单位：新疆维吾尔自治区交通建设管理局；勘察设计单位：中国公路工程咨询集团有限公司；监理单位：新疆建筑科研院工程建设监理公司、北京华路捷公路工程技术咨询有限公司等；施工单位：中铁一局集团第一工程有限公司、中交二公局第三工程有限公司等。

40. 新疆乌苏至赛里木湖一级改高速公路

2012年10月1日开工建设，2014年9月30日建成通车，全长295.52km，全线四车道，设计速度120km/h。建成大桥2座。总投资40.98亿元，资金来源：交通运输部车购税投入、地方投入、银行贷款。占地9464.48亩。项目管理单位：新疆维吾尔自治区交通建设管理局；勘察设计单位：江苏省交通规划设计院股份有限公司、北京交科公路勘察设计研究院有限公司、交通运输部规划研究院联合体；监理单位：湖北顺达公路工程咨询监理有限公司、北京中交公路桥梁工程监理有限公司；施工单位：新疆交通建设（集团）有限责任公司。

41. 新疆果子沟至霍尔果斯段

2006年8月开工建设，2008年12月建成通车，全长44.84km，全线四车道，设计速度100km/h。建成大桥2座。总投资9.13亿元，资金来源：交通运输部车购税投入、地方投入、银行贷款。占地4544.32亩。项目管理单位：新疆交通建设管理局；勘察设计单位：新疆维吾尔自治区交通规划勘察设计研究院；监理单位：中国公路工程咨询总公司、沈阳鑫通公路工程监理咨询有限公司等；施工单位：中铁一局集团有限公司、核工业西南建设工程总公司等。

四、联络线及并行线

1. G3011（柳格高速公路）甘肃柳园至青海格尔木高速公路

青海当金山至大柴旦段。2008年6月开工建设，2012年11月建成通车，全长178.1km，全线四车道，设计速度100km/h。建成大桥1座。总投资20.41亿元，资金来源:交通运输部车购税投入、地方投入。占地 8989.75 亩。项目管理单位:青海省公路建设管理局;勘察设计单位:中国公路工程咨询集团有限公司、青海省公路科研勘测设计院;监理单位:内蒙古交通建设监理咨询有限责任公司、西安方舟工程咨询有限责任公司等;施工单位:中铁十局集团第二工程有限公司、中铁七局集团第三工程有限公司等。

青海大柴旦至察尔汗段。2009 年 10 月开工建设,2011 年 9 月建成通车,全长 146.8km,全线四车道,设计速度 100km/h。建成大桥 2 座。总投资 19.84 亿元,资金来源:交通运输部车购税投入、地方投入。占地 10716.9 亩。项目管理单位:青海省公路建设管理局;勘察设计单位:青海省公路科研勘测设计院、中交第一公路勘察设计研究院有限公司;监理单位:青海省公路工程监理咨询处、北京华路捷公路工程技术咨询有限公司等;施工单位:青海省公路工程建设总公司、青海省第三路桥建设公司等。

青海察尔汗至格尔木段。2009 年 6 月开工建设,2011 年 12 月建成通车,全长 64.52km,全线四车道,设计速度 100km/h。建成大桥 5 座。总投资 19.57 亿元,资金来源:交通运输部车购税投入、地方投入。占地 6388.88 亩。项目管理单位:青海省高等级公路建设管理局;勘察设计单位:中交第一公路勘察设计研究院有限公司;监理单位:青海省交通工程监理处、青海省公路工程咨询监理处等;施工单位:中铁十局集团第二工程有限公司、贵州省交通工程有限公司等。

甘肃瓜州至敦煌段改扩建。2013 年 8 月开工建设,2014 年 12 月建成通车,全长 145.38km,全线四车道,设计速度 80km/h。建成大桥 12 座。总投资 41.7 亿元,资金来源:地方投入、银行贷款。占地 11249.39 亩。项目管理单位:甘肃省远大路业集团有限公司;勘察设计单位:甘肃省交通规划勘察设计院有限责任公司;监理单位:山东东泰工程咨询有限公司、江苏兆信工程咨询监理有限公司等;施工单位:中交二公局第三工程有限公司、核工业华东建设工程集团公司等。

2. G3012(吐和高速公路)吐鲁番至和田高速公路

新疆小草湖至和硕段一级改高速公路。2011 年 6 月开工建成,2012 年 9 月建成通车,全长 207.34km,全线四车道,设计速度 40km/h、60km/h、80km/h、100km/h。建成大桥 5 座。总投资 5.96 亿元,资金来源:交通运输部车购税投入、地方投入、银行贷款。占地 1393.0 亩。项目管理单位:新疆维吾尔自治区交通建设管理局;勘察设计单位:新疆公路规划勘测设计研究院;监理单位:天津市华盾工程监理咨询有限公司;施工单位:湖南路桥建设集团公司等。

新疆和硕至库尔勒段。2003 年 5 月开工建设,2005 年 9 月建成通车,全长 92.45km,全线四车道,设计速度 100km/h、120km/h。建成特大桥:黄水河特大桥,共 1 座。建成大桥 7 座。总投资 24.33 亿元,资金来源:交通部车购税投入、银行贷款。占地 9059.98 亩。项目管理单位:新疆维吾尔自治区交通建设管理局;勘察设计单位:新疆维吾尔自治区交通规划勘察设计研究院;监理单位:新疆公路工程监理中心、新疆北方公路工程监理部等;施工单位:新疆道路桥梁工程总公司、中铁十二局集团有限公司等。

新疆库尔勒至库车段。2007年9月开工建设,2011年5月建成通车,全长299.92km,全线四车道,设计速度100km/h、120km/h。建成大桥15座。总投资41.05亿元,资金来源:交通部车购税投入、银行贷款。占地23019.71亩。项目管理单位:新疆维吾尔自治区交通建设管理局;勘察设计单位:新疆维吾尔自治区交通规划勘察设计研究院;监理单位:第一驻地办新疆北方公路工程监理部、第四驻地办山东省滨州市公路工程监理咨询公司等;施工单位:中交二公局第四工程有限公司、中铁十五局集团第一工程有限公司等。

新疆库车至阿克苏段。2010年3月开工建设,2012年11月建成通车,全长259.99km,全线四车道,设计速度100km/h、120km/h。建成大桥25座。总投资64.91亿元,资金来源:交通运输部车购税投入、银行贷款。占地21186.23亩。项目管理单位:新疆维吾尔自治区交通建设管理局;勘察设计单位:中国公路工程咨询集团有限公司;监理单位:河南省宏力工程咨询有限公司、重庆锦程工程咨询有限公司等;施工单位:中交第一公路工程有限公司。

新疆阿克苏至喀什段。2011年5月10日开工建设,2014年12月4日建成通车,全长427.3km,全线四车道,设计速度100km/h、120km/h。建成大桥19座。总投资122.89亿元,资金来源:交通运输部车购税投入、地方投入、银行贷款。占地38348.59亩。项目管理单位:新疆维吾尔自治区交通建设管理局;勘察设计单位:中交路桥技术有限公司;监理单位:山西省交通建设工程监理总公司、厦门港湾咨询监理有限公司等;施工单位:浙江省交通工程建设集团有限公司、中铁十四局集团有限公司等。

新疆墨玉至和田段。在建。

3. G3013(喀伊高速公路)喀什至伊尔克什坦口岸高速公路

新疆喀什至伊尔克什坦口岸段。2011年4月1日开工建设,2013年12月12日建成通车,全长77.41km,全线四车道,设计速度80km/h、100km/h。建成大桥7座。总投资41.68亿元,资金来源:交通运输部车购税投入、地方投入、银行贷款。占地12018.3亩。项目管理单位:新疆维吾尔自治区交通建设管理局;勘察设计单位:新疆维吾尔自治区交通规划勘察设计研究院;监理单位:广东虎门技术咨询有限责任公司;施工单位:中铁十一局集团有限公司、新疆交通建设集团股份有限公司;援建单位:浙江省交通投资集团有限公司。

4. G3014(奎阿高速公路)奎屯至阿勒泰高速公路

新疆奎屯至克拉玛依段。2009年开工建设,2011年11月建成通车,全长109.96km,全线四车道,设计速度100km/h、120km/h。建成特大桥:奎屯高架桥,共1座。总投资

39.21 亿元,资金来源:交通运输部车购税投入、银行贷款。占地 12668.66 亩。项目管理单位:新疆维吾尔自治区交通建设管理局;勘察设计单位:新疆维吾尔自治区交通规划勘察设计研究院;监理单位:西安方舟工程咨询有限责任公司、北京诚盟公路工程监理有限公司;施工单位:中铁十一局集团第一工程有限公司、中铁一局集团有限公司等。

新疆克拉玛依至乌尔禾段。2011 年 5 月 10 日开工建设,2013 年 12 月 8 日建成通车,全长 139.34km,全线四车道,设计速度 120km/h。建成特大桥:克拉苏河特大桥,共 1 座。建成大桥 5 座。建成长隧道 1 座。总投资 53.7 亿元,资金来源:交通运输部车购税投入、地方投入、银行贷款。占地 14029.0 亩。项目管理单位:新疆维吾尔自治区交通建设管理局、北京市首都公路发展集团有限公司(代建);勘察设计单位:中交路桥技术有限公司;监理单位:北京市高速公路监理有限公司;施工单位:四川公路桥梁建设集团有限公司等。

新疆乌尔禾至福海段。2011 年 3 月 19 日开工建设,2014 年 8 月 20 日建成通车,全长160.7km,全线四车道,设计速度 120km/h。建成大桥 13 座。建成长隧道 1 座。总投资 48.77 亿元,资金来源:交通运输部车购税投入、地方投入、银行贷款。占地 193243.5 亩。项目管理单位:新疆维吾尔自治区交通建设管理局;勘察设计单位:第一合同段中交路桥技术有限公司;监理单位:合诚工程咨询股份有限公司;施工单位:中铁二局股份有限公司、中国铁建大桥工程局集团有限公司等。

新疆福海至阿勒泰段。2011 年 3 月 25 日开工建设,2014 年 11 月 28 日建成通车,全长128.63km,全线四车道,设计速度 120km/h。建成特大桥:姜清湖特大桥、二牧场特大桥、额尔齐斯河特大桥、乌伦古河特大桥、克勒河特大桥,共 5 座。建成大桥 23 座。建成长隧道 1 座。总投资 62.71 亿元,资金来源:中央投入、地方投入。占地 6560.0 亩。项目管理单位:新疆维吾尔自治区交通建设管理局、陕西省高速公路建设集团公司(代建)等;勘察设计单位:新疆交通规划勘察设计研究院;监理单位:第一驻地办重庆育才工程咨询监理有限公司等;施工单位:中国路桥工程有限责任公司等。

5. G3015(奎塔高速公路)奎屯至塔城高速公路

新疆克拉玛依至塔城段。2011 年 5 月开工建设,2014 年 11 月建成通车,全长 207.1km,全线四车道,设计速度 120km/h。建成大桥 34 座。建成长隧道 1 座。总投资 75.82 亿元,资金来源:交通运输部车购税投入、银行贷款。占地 22563.0 亩。项目管理单位:新疆维吾尔自治区交通建设管理局、山东高速集团有限公司(代建)等;勘察设计单位:中交第二勘察设计研究院有限公司、江苏省交通科学研究院股份有限公司、中国公路工程咨询有限公司;监理单位:山东高速工程咨询有限公司、第一二驻地办佛山市盛建公路工程监理有限公司等;施工单位:第一合同段中国水电建设集团路桥工程有限公司、第三合同段中交第四航务工程局有限公司等。

6. G3016(清伊高速公路)清水河至伊宁高速公路

新疆清水河至伊宁段。2006 年 6 月开工建设,2008 年 10 月建成通车,全长53.25km,全线四车道,设计速度 120km/h。建成大桥 4 座。建成长隧道 1 座。总投资 12.6 亿元,资金来源:交通部车购税投入、银行贷款。占地 4933.65 亩。项目管理单位:新疆维吾尔自治区交通建设管理局;勘察设计单位:新疆维吾尔自治区交通规划勘察设计研究院;监理单位:中国公路工程咨询总公司、湖北华捷工程咨询监理有限公司等;施工单位:新疆道路桥梁工程总公司、内蒙古通辽市交通工程局等。

7. G3017(武金高速公路)甘肃武威至金昌高速公路

甘肃武威至金昌段。2011 年 6 月开工建设,2013 年 10 月建成通车,全长 73.48km,全线四车道,设计速度 80km/h。建成大桥 3 座。建成长隧道 1 座。总投资 31.26 亿元,资金来源:地方投入、银行贷款。占地 7392.45 亩。项目管理单位:甘肃省远大路业集团有限公司;勘察设计单位:北京交科公路勘察设计研究院、甘肃省交通规划勘察设计责任有限公司等;监理单位:重庆市交通工程监理咨询有限责任公司、江苏兆信工程咨询监理有限公司等;施工单位:甘肃圆陇路桥机械化公路工程有限责任公司、甘肃路桥飞宇交通设施有限责任公司等。

8. G3018(精阿高速公路)精河至阿拉山口高速公路

新疆段待建。

9. G3019(博阿高速公路)博乐至阿拉山口高速公路

新疆段待建。

10. G30N(临兴高速公路)临潼至兴平高速公路

西咸北环线。2013 年 7 月开工建设,2015 年 12 月建成通车,全长 113.61km,全线六车道,设计速度 120km/h。建成特大桥:西吴特大桥、包西铁路特大桥、渭河特大桥、高陵北主线桥、高陵高架桥、永乐西枢纽主线 1 号桥、泾河特大桥、西吴枢纽主线桥、西吴枢纽主线桥、沣西新城 1 号高架桥、沣西新城 2 号高架桥、户县东枢纽主线桥等,共 13 座。建成大桥 19 座。总投资 132.56 亿元,资金来源:交通运输部车购税投入、地方投入、银行贷款。占地 14308.0 亩。项目管理单位:西咸北环线高速公路建设管理处;勘察设计单位:陕西省交通规划设计研究院等;监理单位:陕西省交通工程咨询公司等;施工单位:陕西路桥集团有限公司等。

11. G3001 西安绕城高速公路

西安绕城高速公路北段。1998 年 10 月开工建设,2000 年 10 月建成通车,全长 34.65km,全线六车道,设计速度 120km/h。建成特大桥:陇海铁路高架桥,共 1 座。建成大桥8座。总投资18.49亿元,资金来源:中央投入、地方投入。占地4564.78亩。项目管理单位:陕西省高等级公路管理局(陕西省高速公路建设集团公司);勘察设计单位:陕西省公路勘察设计院等;监理单位:西安公路研究所等;施工单位:中国建筑第八工程局等。

西安绕城高速公路南段。2000年10月开工建设,2003年9月建成通车,全长44.91km,全线六车道,设计速度120km/h。建成特大桥:西姜村高架桥、浐河特大桥、陇海铁路高架桥,共3座。建成大桥7座。总投资29.05亿元,资金来源:地方投入、银行贷款。占地6375.0亩。项目管理单位:西安绕城高速公路生态林带建设管理局;勘察设计单位:陕西省公路勘察设计院等;监理单位:陕西省公路工程咨询公司等;施工单位:交通部第二公路工程局等。

12. G3001 郑州绕城高速公路

河南郑州绕城高速公路。2002年6月开工建设,2005年8月建成通车,全长52.020km,全线六车道,设计速度120km/h。建成大桥22座。总投资29.01亿元,资金来源:地方投入、银行贷款。占地7468.74亩。项目管理单位:河南省郑州西南绕城高速公路建设有限公司;勘察设计单位:河南省交通规划工程勘察设计院;监理单位:河南省宏力工程咨询有限公司;施工单位:中铁一局集团有限公司、湖南路桥建设集团公司、广东省基础工程公司、常州市交通工程总公司、山西远方路桥集团有限责任公司、中铁十六局集团五公司等。

13. G3001 乌鲁木齐绕城高速公路

G3001乌鲁木齐绕城高速公路。2011年6月开工建设,2016年11月建成通车,全长60.896km,全线六车道,设计速度100km/h。建成特大桥:葛家沟特大桥、石人子沟特大桥,共2座。建成大桥29座。建成长隧道1座。总投资79.85亿元,资金来源:交通运输部车购税投入、银行贷款。占地12122.82亩。项目管理单位:湖南高速项目管理有限公司;勘察设计单位:中交第一公路勘察设计研究院有限公司、苏交科集团股份有限公司等;施工单位:中铁十七局集团有限公司、中交第二航务工程局有限公司等;监理单位:中国公路工程咨询集团有限公司、陕西高速公路工程咨询有限公司等。[G3001与G30(连霍高速公路)共线]

14. G3001 兰州绕城高速公路

兰州南绕城高速公路。2014年7月24日开工建设,目前在建,全长58.743km,双向四车道,设计速度80km/h。建成特大桥:西固黄河大桥、井子沟大桥,共2座。建成大桥18座。建成特长隧道:西果园隧道,共1座。建成长隧道10座。总投资69.96亿元,资金来源:交通运输部车购税投入、银行贷款。项目管理单位:甘肃路桥公路投资有限公司;勘察设计单位:甘肃省交通规划勘察设计院有限责任公司;施工单位:中交路桥建设有限公司、中交第一公路工程局有限公司等。

五、先进技术的研究与应用

1. 绿色通道验货设备(安徽)

连霍高速公路安徽段绿色通道验货设备是以自动检测为主、人工查验为辅的鲜活农产品运输“绿色通道”检测体系。投入使用后有效地保证了“绿色通道”政策的执行,确保了道口车辆的通行效率,缓解了收费现场管理工作的难度。该系统的成功安装运行,为“打假冒,保畅通”提供了强有力的技术支持。

2. 黄土地区高速公路改扩建旧桥涵安全性评价及加固利用技术研究(陕西)

该课题依托潼西、西宝高速公路五类典型桥梁,对已建桥涵结构安全性评价技术、加固利用技术、拓宽改造中的新旧结构衔接技术、加固桥梁的抗震性能评价等方面进行系统研究,并在此基础上编制了《黄土地区高速公路改扩建旧桥涵安全性评价及加固利用技术指南》,为陕西省高速公路改扩建项目的实施提供技术支持,并指导工程设计与施工。

3. 环氧沥青混凝土桥面铺装体系设计与施工技术研究(陕西)

西宝高速公路针对我国当前桥面铺装普遍存在的早期破坏以及耐久性不足的问题,提出混凝土桥面环氧沥青和橡胶改性沥青铺装技术,并从结构分析、材料设计、试验路铺筑、施工技术研究等方面进行系统研究,提出适合陕西省的混凝土桥环氧沥青改性沥青铺装结构和修筑技术。该研究成果的应用,对改善沥青路面的使用性能,延长其使用寿命,提高表面层耐久性,保证行车的安全、快捷、舒适,减少养护对交通的影响都具有重要意义。

4. 超大断面黄土公路隧道受力及施工关键技术研究(陕西)

该课题依托唐家塬隧道,通过对大断面黄土隧道衬砌受力特性进行深入分析研究,为隧道二次衬砌结构的优化设计提供理论指导和实践支持,提高了隧道施工的安全性和经济性。同时,对今后类似的超大断面浅埋隧道修筑水平提高有重大意义和工程实用参考价值。

5. 特殊土地基处理技术研究(陕西)

陕西省高速集团与长安大学合作完成了以潼关至临潼高速公路改扩建、渭蒲高速公路工程为依托工程,针对特殊土地基处理技术开展的研究工作。该课题在总结国内外研究成果的基础上,通过室内外试验、现场监测、理论建模和数值模拟,对湿软黄土地基处理技术进行了深入研究,取得如下成果:提出了浅部开挖桩头、轻型动力触探(N_{10})、钻孔取芯、沉降与应力监测组合的快速检测湿软黄土地基处理效果的方法与评定标准;揭示了路基拓宽产生差异沉降的原因,提出了强夯与柔性搭板相结合的新旧路基处理技术;揭示了湿软黄土地基不同处理方法的沉降规律并提出了工后沉降范围。成果具有创新性和实用性,有效指导了潼西、渭蒲高速公路湿软黄土地基处理的设计与施工,具有显著的推广应用价值和社会、经济效益,达到了国际先进水平。

6. 黄土地区高速公路改扩建新旧路基结合部修筑技术研究(陕西)

陕西省高速集团与长安大学合作完成了以潼关至临潼高速公路改扩建工程为依托工程,针对有关技术难题开展的研究工作。通过资料收集、分析,以及依托工程路基土性的试验研究,建立了基于可拓工程法的旧路基稳定性评价方法,提出了黄土地区高速公路改扩建拓宽区地基处理及旧路堤拼接方案;提出了黄土地区改扩建新旧路基沉降计算公式,建立了黄土地区高速公路改扩建新旧路基的容许工后横坡变化率、路拱坡度、新路基总沉降量及工后差异沉降量等"四指标"沉降控制标准;通过数值模拟计算分析,建立了新旧路基结合部稳定性分析、差异沉降的可靠度分析模型,提出了新旧路基结合部设计计算方法。该成果在依托工程中得到应用,并编制了《黄土地区高速公路改扩建新旧路基结合部设计与施工技术指南》。成果具有创新性,社会经济效益显著,推广应用前景广阔,总体达到国际先进水平。

7. 公路大直径袋装混凝土灌注桩施工工法(青海)

首次将公路大直径袋装混凝土灌注桩施工技术应用于察尔汗至格尔木高速公路,初步解决了防腐袋将钢筋混凝土与盐渍土隔离、桩与桩周土的相互作用摩阻力、防腐袋与混凝土的黏合力等技术难题,提高了过盐渍土地区混凝土灌注桩的使用寿命;系统提出了公路大直径袋装混凝土灌注桩施工工法的原理、适用范围、施工工艺、防腐材料与设备以及质量控制、安全、环保措施等,为公路大直径袋装混凝土灌注桩施工工法在盐湖等过盐渍土地区高速公路桥涵工程的应用提供了科学依据和技术支撑。该成果达到国际先进水平。

8. 察尔汗盐湖地区软弱盐渍土公路路基稳定性研究(青海)

该课题在总结国内外研究现状的基础上,确定以察尔汗盐湖地区软弱盐渍土公路路基稳定性作为研究内容。课题依托察尔汗至格尔木高速公路开展了软弱盐渍土公路路基稳定性研究,并取得了如下主要成果:根据地层温度监测数据,确定了温度上下限幅值,并对其进行了冻融循环试验研究,得出了循环幅度与循环次数对盐渍土强度的影响规律;分析研究了砾石桩、强夯置换、冲击碾压等多种处置措施在软弱盐渍土地基处理中的使用范围、施工技术要点及使用效果;针对察尔汗盐湖地区软弱盐渍土路基工程特点,提出了软弱盐渍土地区路基的设计与施工技术;解决了察尔汗至格尔木高速公路在修建过程中遇到的软弱盐渍土地基处理等技术难题。成果达到国内领先水平。

9. 察尔汗盐湖地区公路桥梁涵洞基础形式及耐久性研究(青海)

该课题依托察尔汗至格尔木高速公路开展了公路桥梁涵洞基础形式及耐久性研究,并取得了如下主要成果:提出了察尔汗盐湖地区公路桥梁涵洞基础形式的施工技术,以及在施工中对钢筋混凝土构筑物的防腐蚀设计及保护措施;对察尔汗盐湖地区公路桥梁涵洞基础形式在内部进行埋置检测腐蚀性的试验设备,有效掌握基础构筑物的工作状态,起到对构筑物起到防腐蚀的长期性能检测;解决了察尔汗至格尔木高速公路在修建过程中遇到的盐渍化软土地基等技术难题。成果达到国际先进水平。

10. 隧道洞口防风雪技术(新疆)

赛里木湖至果子沟高速公路根据“隧道洞口防风雪研究”结论及工程建议,项目5座隧道洞口不存在雪崩问题,但均存在风吹雪问题,风吹雪影响最严重的是赛里木湖隧道小里程端洞口,设计中应用了如下措施:①赛里木湖隧道小里程端采用研究建议的长明洞方案,绕避了风吹雪最严重的松树头地段,结合隧道洞口前方路基边坡、路线、路基高度、清理边坡等措施,大大减轻了风吹雪对隧道洞口的影响。②赛里木湖隧道小里程端洞门前方沿湖段的填方路基适当抬高了路基,以填方通过,左侧迎风侧填方边坡为1:4的缓边坡,同时,对坡顶、坡脚进行了弧形处理(即采用流线型横断面)。③维修完善了既有路修建时在道路南侧(即迎风面)所修建的防雪土埂,尽量减少了以蠕移或跳跃运动方式引起的低吹雪的风雪流量进入公路路基范围之内。④越岭段隧道洞门形式均采用与原始地形坡面相一致的削竹式延长明洞洞门,减少了对风雪流的阻挡,减少了风吹雪引起积雪堵塞洞口。⑤沿湖段赛里木湖隧道小里程端洞口前方路基中央分隔带采用了沥表表处,防弦措施采用防弦板,加强了透风性能,增大了风雪流通过的速度,减少了路面积雪。⑥研究建议首选缆索护栏,但是,考虑到护栏的连续性(沿湖段大部分路段无风吹雪问题,采用波形梁护栏)、经济性(缆索护栏较波形梁护栏投资高)、操作性及技术难度等,同时,数值模拟显示,无论是采用缆索护栏还是波形梁护栏,在中央分隔带透风性好的前提下,路面都不易形成积雪,仅在采用波形梁护栏时,右行车道的流场受到护栏绕流的影响,风速相对于左行车道风速降低了3m/s,左行车道路侧左边的波形护栏下有高速风区(30m/s),路面不易形成风积雪。因此,设计中采用了波形梁护栏。⑦加强了隧道洞口段交通安全设施设计。

11. 果子沟高寒复杂地质区域高速公路建设成套技术及工程应用(新疆)

赛里木湖至果子沟高速公路高寒复杂地质区域高速公路建设成套技术及工程应用,通过设计实践,提出了高寒、高海拔、生态脆弱山区,适应复杂地形地质和特殊桥隧结构的线形组合形式及其线形指标以桥隧相连为主的螺旋展线设计方案,系统总结提出了高寒山区复杂条件下的高速公路安全设计和安全评价体系。五大创新技术是:①根据果子沟大桥复杂地形、气候等建设条件,创造性地提出国内公路建设史上第一座大跨度钢桁梁斜拉桥设计方案,建设了国内第一座高寒地区大跨度钢桁梁斜拉桥;首次提出了以桥面吊机为主的对称悬臂安装工艺,辅助于附臂吊机、横梁天车等设备确保钢桁梁顺利安装,填补了国内该领域施工技术的空白,推进了山区重丘区板桁结构斜拉桥施工技术的进步;首次通过主动调整索来改变钢桁梁合龙口的位移和转角,实现了钢梁合龙口杆件零应力合龙。②集成创新 YQ165T-40 型架桥机,首次实现了 270m 小曲线半径、6% 横坡、3.95% 山区多跨 40m 预制箱梁的架设施工;应用自主发明的小半径移动模架,首次实现了 40m 跨 600m 小半径 S 曲线连续现浇箱梁的移动模架施工。③提出了高寒地区富水断层带隧道成套建设技术(设计、施工、超前地质预报及围岩分级);首次采用自行研制的恒温低温试验装置和寒区隧道保温模拟试验系统,比选适用于高寒山区富水隧道的防水板材料和保温材料;国内首次在隧道中采用无机、不燃、环保、保温的泡沫玻璃作为保温材料,并首次采用对结构无损伤的粘贴铺设工艺;高寒山区公路隧道首次采用长明洞结合洞口削坡技术治理隧道洞口风吹雪病害。④针对高寒山区桥梁实际工作环境特点,提出了改善高寒环境下混凝土耐久性技术措施,首次提出高寒山区桥梁混凝土不同结构部位的耐久性控制指标及耐久性混凝土材料组成参数,完善了高寒地区桥梁混凝土耐久性设计方法,并针对高寒地区大体积桥梁混凝土,引用仿真技术提出了具体的温度控制措施。⑤提出了高寒山区长大纵坡公路桥面沥青混凝土铺装结构不同层位混合料与气温、交通量、结构层位、行车速度相关联的抗剪强度标准。

六、复杂技术工程

1. 河南许沟大桥

许沟大桥位于河南省义马市近郊,洛阳至三门峡高速公路第四合同段,中心桩号 K745 +039 处,全长 493.14m,桥宽 24m,主跨为 220m 的等截面悬链线箱形无铰拱,截面为三室箱。该桥桥孔布置自东向西:9 ×20m + 220m + 4 ×20m,拱轴系数为 1.543,净跨径为 220m,净矢高为 40m,矢跨比为 1/5.5。设计荷载为:汽—超 20,挂—120。作为支架施工的大跨度钢筋混凝土箱形拱桥,许沟特大桥关键施工技术难题主要有三个方面:①支架设计。针对本桥的特点,为了确保安全和尽可能节约材料,对支架方案进行设计和完善,经反复研究和论证后,满堂支架比较适合本桥,决定采用撑架梁式结构,用制式军用器材组拼。利用军用器材自身的特点,节约材料,降低工程成本。②主拱圈落架方案。支架卸落在横桥向必须同时均匀卸落,在纵桥向必须从拱顶向拱脚逐排卸落,并保持左右两侧同步对称进行。③拱上排架施工和架梁方案。许沟特大桥无法建立吊装系统,因而拱上排架采用现浇施工,空心板架设也只能采用拱脚到拱顶的顺序用架桥机架设,鉴于上述条件限制,为了保证拱上建筑施工过程中主拱圈的安全,就必须确定拱上建筑的合理施工顺序，经多次计算分析比较，确定了拱上排架同步施工等顺序。

2. 陕西K986+950尤河大桥、K994+771大桥

潼临高速公路改扩建项目渭南过境段K986+950尤河大桥、K994+771大桥主跨均跨越陇海电气化双线铁路，陇海铁路每2~5min通行列车1次，列车通行密度大，按照传统的施工方法在列车通行间隙很难组织施工，且无法保证陇海铁路列车的运行安全和桥梁施工安全，施工有效时间极短，施工周期长，更无法保证按期完工。针对以上困难，通过优化设计，以上两座跨铁路桥通行主跨梁均采用47m+80m+47m变截面宽幅预应力混凝土连续箱梁（三向预应力体系），悬臂挂篮施工，箱梁横断面为单箱双室结构，箱梁顶宽20.65m，底宽14.5m，根部高5.2m，跨中高2.4m。为解决变截面宽幅预应力混凝土连续箱梁上跨铁路段的施工安全，陕西高速集团与中国铁道科学研究院成立课题组，共同研究攻关，通过在悬臂挂篮上采用“防电、防水、防火、防坠落”等技术措施，在保障陇海铁路正常运营的条件下，为桥梁施工创建了一个安全作业空间，实现了昼夜24h全天候连续组织桥梁施工，不仅保证了施工安全和工程质量，而且加快了工程进度，实现了预期的工期目标。

3. 甘肃小砂沟特大桥

小砂沟特大桥全长2160m，设计洪水频率：1/100，本桥百年一遇设计流量$Q=1105m^3/s$，设计流速$v=3.46m/s$。上部构造采用：上行线为95×20m预应力混凝土连续箱梁，下行线为108×20m预应力混凝土连续箱形梁。桥梁按照交角90°设计，下部均采用桩柱式桥墩，桥台采用肋板式桥台，钻孔灌注桩基础。

4. 甘肃李子坪特大桥

李子坪特大桥桥长为2620.332m，最大桥高为35.7m。上部采用：上行线为65×40m（下行线62×40m）预应力混凝土连续箱形梁或箱梁刚构。下部桥墩采用柱式墩、桩基础；桥台采用柱式台、肋板台、桩基础。桥起点接桃花坪隧道出口，本桥终点阴家沟。桥位处河道狭窄，两岸植被茂盛，地形横向变化较大。设计中，为了尽可能保护环境，本桥设计没有“裁弯取直”，而是采取了曲线进沟的方案，这样可以减少开挖，保护了当地植被环境。在建设过程中，全面落实“规范化管理、环保型施工”的典型示范工程要求，大胆运用新技术、新材料，组织专家联合攻关，解决技术难题，顺利完成了主体工程建设任务。

5. 新疆葛家沟特大桥

葛家沟特大桥为路基主线桥，为跨越葛家沟沟谷而设，起点里程K41+246.4，终点里程K42+423.6，中心里程K41+835，桥梁全长1177.2m。本桥平面位于曲线段内。桥梁基础为嵌岩钻孔灌注桩；下部结构桥墩采用空心薄壁墩和桩柱接盖梁形式，桥台采用柱式台、肋板台；上部桥跨布置为（4×30m）预制箱梁+3×（3×50m）预制T梁+5×（4×

30m）预制箱梁，桥面正宽 33.5m。线路改移后的葛家沟特大桥从原平原地区移至山岭重丘区，其所有墩位全部位于葛家沟山谷地段、谷深坡陡。特别是 1～4 号、8～9 号及 13～20 号墩位处于陡峭的山峰上，出现了同一幅左右两根桩高差较大的情况，施工难道增大，为改线段施工的重点工程。

6. 新疆石人子沟特大桥

石人子沟特大桥为跨越石人子沟而设。桥梁左线起点桩号 ZK30＋878.161，终点桩号 K33＋413.600；右线起点桩号 YK30＋875.82，终点桩号 K33＋443.600；桥梁中心桩号 K32＋160；左线桥梁全长 2535.439m，右线桥梁全长 2567.780m。跨径组合：左幅上部采用 8×（4×50m）预制 T 梁＋2×（3×50m）预制 T 梁＋3×（4×30m）现浇箱梁＋3×（3×30m）现浇箱梁；右幅上部采用 8×（4×50m）预制 T 梁＋2×（3×50m）预制 T 梁＋3×（4×30m）现浇箱梁＋2×（3×30m）现浇箱梁＋（4×30m）现浇箱梁。本桥桥墩、桥台均按径向布置，下部采用柱式桥墩、薄壁墩，肋式桥台，桩基础。其中：桩基 413 根，桥台 4 个，圆柱墩 61 个，空心薄壁墩 56 个，50m 预制 T 梁 532 片，现浇箱梁 12 联 43 跨。

7. 新疆果子沟大桥

果子沟特大桥为 G045 线赛里木湖至果子沟口段公路改建工程越岭段跨越果子沟谷的一座特大型桥梁。大桥位于果子沟与将军沟交汇处，其桥面距谷底约 180m，具有桥高、谷深、高墩、大跨的特点。本桥规模及技术难度大，其桥型方案的选择直接关系到工程投资、设计施工难度、工程建设进度、日后运营使用情况及维修养护难易程度等。桥型方案选择的思路如下：①方案选择应结合本工程的实际特点，在安全、经济的前提下，应有一定的技术含量和技术创新，能体现我国桥梁的发展水平；②项目处于风景区内，应采用结构受力明确、安全耐久、施工简易、施工期间对环境影响小、节省投资的桥型方案，同时桥梁应有一定的景观；③桥梁构件应尽量小型化、工厂化，易于运输和吊装；④冬季避免大规模的混凝土现浇施工；⑤桥梁悬臂施工时，宜选用悬臂长度小或能够尽早合龙的桥型方案，以减小长悬臂施工期间的风险；⑥由于在西部地区钢结构相对混凝土结构而言，施工质量可能更容易保障，后期发生的桥梁病害也可能更少，要从运营的长期效益方面考虑。综合考虑本桥的控制因素，果子沟大桥选择采用双塔双索面钢桁梁斜拉桥。

8. 甘肃关子隧道

关子隧道分上下行双向四车道，上行线隧道全长 4630m，最大埋深 184m，上行线平面位于半径 1400m、500m、600m 圆曲线内。下行线隧道全长 4590m，最大埋深 183.72m，下行线平面位于半径 1100m、4952m、770m 圆曲线内。洞内变坡点为 K162＋249.898，纵坡为＋2.5% 和 －2.18%。隧道围岩为泥岩、砾岩为主，隧道出口段山体坡度相对平缓，围岩为新近堆积黄土和强风化泥岩，易湿陷沉降；隧道进口段山体坡度相对较陡，围岩为残坡积角砾土、砂砾、强风化砾岩，地层较复杂，易受地表水和地下水的共同影响，覆盖层疏松、不均匀，围岩稳定性差，局部地段为易崩塌、滑坡及断层破碎带的不良地质。Ⅴ级围岩占隧道总长8.50%，Ⅳ级占91.50%，属岩石山岭深埋特长隧道。

9.甘肃大坪里隧道

大坪里特长隧道是宝天高速公路的控制工程，为一座上、下行分离的四车道高速公路特长隧道。隧道宝鸡端洞口位于甘肃省天水市麦积区东岔镇境内，穿越秦岭主脊。散岔端洞口位于甘肃省天水市麦积区利桥乡境内。隧道左线全长12286m，右线全长12290m。单洞净宽10.25m，净高5m，设计速度80km/h，隧道共设4处通风竖井，左右线各两处，共计863.011m，隧道内设有行人横洞17处，行车横洞16处，灯光景观带4处。隧址区为天然林保护区，植被较为发育；隧道穿越秦岭之北麓，地形陡峻，山高沟深，属中山峡谷地貌，地形复杂，相对高差大，地势总体为中部高两侧低。进口山体较陡，坡角45°，出口山体较缓，坡角35°，隧道最大埋深477m。大坪里隧道施工特点：①全隧采用独头掘进，两头对打，钻爆法施工，重型车载出渣，喷锚支护，整体式液压台车浆砌施工方案；②施工中采取临时通风竖井，加大通风排烟设备、粉尘监控等技术措施；③在掘进中战胜了碎裂带、断裂带、浅埋层、软弱岩层、深埋岩爆、地下水等不良地质和冬季严寒困难；④重点突出“弱爆破、短进尺、强支护、早封闭、勤量测”的新奥法施工原则；⑤在隧道防渗工程方面，推广应用EVA/ECB共挤防水技术，提高了项目的新技术含量。

10.新疆葛家沟隧道

葛家沟隧道设计为双洞分离式隧道，左右测设线间距为19.1～53.6m，属长隧道。左线隧道起讫桩号为ZK42+520、ZK43+995，左线进口位于缓和曲线上，出口均位于R4800圆曲线上，隧道长度为1475m；右线隧道起讫桩号为K42+530、K43+960，右线进口位于缓和曲线上，出口均位于直线上，隧道长度为1430m。本隧道明洞段采用明挖法施工，隧道暗洞均采用新奥法施工。葛家沟隧道设计为Ⅳ、Ⅴ级围岩，其中Ⅴ级浅埋段、偏压段、加强段均采用双侧壁导坑法开挖，Ⅴ级深埋段施工采用CD法开挖；Ⅳ级采用预留核心土分步开挖法开挖。葛家沟隧道采用进、出口同时掘进的施工方法，隧道弃渣方量约为52.3万m^3，考虑到工期和全线土石方状况，隧道弃渣未利用，弃渣场由路基路面专业统一设计。

11.青海桥梁桩基防腐蚀处理

察格高速公路路经察尔汗盐湖中心地带，处于重盐渍土地区，地质条件复杂，主要是软弱地基并且重盐渍土中的氯离子对桥梁桩基腐蚀严重，经多次论证需采用袋装混凝土灌注桩，属新工艺，没有成熟的施工工艺和经验可以借鉴，成为困扰察格高速公路建设的主要问题。项目办及参建单位多次对布袋桩施工工序进行讨论和研究，经过近半年的探索和实践,前期进行了3次试桩工作,不断积累经验,完善施工工艺。2010年5月22日,在察格高速公路B合同段(云南阳光道桥股份公司)施工的K631+508.27分离式桥,试桩工作从钻孔到下钢筋笼直至灌桩第一次成功,施工工艺得以解决,全线袋装混凝土灌注桩全面开工建设。袋装混凝土钻孔灌注桩工艺技术在交通建设领域中属首次采用,基本解决了盐湖等重盐渍土地区的桥涵基础混凝土耐久性问题,是桥梁防腐蚀技术方面的重大突破。

12. 青海过盐渍土及软基处理

本路段全线位于察尔汗干涸的盐湖上,路基填筑在盐盖上或盐盖缺失的软弱粉质盐渍土上,主要为氯盐渍土,工程施工难度主要在结构物混凝土防腐处理及路基软基处理上。主要采取的工程及技术措施为:①混凝土防腐措施。首先,采用配制高强度低渗透性高性能混凝土来提高防腐能力;其次,桥梁桩基采用袋装混凝土外加防腐钢护筒进行防护,并严格控制钢筋保护层厚度;最后,对结构物外露部分涂刷防腐沥青或防腐漆进行防腐。②软基处理。路基基底针对不同的地质情况采用强夯置换、砾石挤密桩、冲击碾压等措施进行处理,并在路基基底铺筑高强土工格栅和防腐土工布来增强路基的整体强度,防止出现不均匀沉降。

13. 新疆风积沙筑路

对路线穿越固定~半固定沙丘段,先清除路基横断面范围内沙丘表面植被,再将该范围内沙丘按设计横断面设计线开挖至原地面线处,再填筑路基。填方边坡采用1∶3~1∶4,开挖路堑边坡采用1∶4,路基两侧设置2m宽积砂平台,并对砂平台、开挖路堑边坡及开挖路堑边坡坡口以外4m范围内设置规格为100cm×100cm的芦苇方格。开挖出的风积沙作为路基填料使用。采用风积沙筑路时,在复合土工布以下的路基范围内使用风积沙填筑,并在两侧设置2m宽砾类土包边。

14. 新疆赛果木湖松树头至二台林场段螺旋展线方案

赛果木湖松树头至二台林场段为适应地形、地质及生态条件,在新疆首次采用以桥隧相连为主的螺旋展线方案,首次采用百米高墩大桥及斜拉桥跨谷方案。越岭段直线距离短(约3.5km)而相对高差较大(约500m),地势十分险峻,地形、地貌、地质条件复杂,滑坡等地质灾害集中;沿线山坡植被茂密,阴坡上原始云杉林呈片状大面积分布,风景优美,生态环境较佳;冬春季积雪较厚,雪害时有发生;既有路标准低,沿老路改建极为困难,而该路段又临近赛里木湖世界级风景名胜区,区域植被丰富,环保要求高。因此,本路段采用以桥隧相连为主的螺旋展线方案,达到了有效克服高差、减少路基大挖大刷对山坡植被破坏、减少生态环境破坏的目的。

第八节　G36（宁洛高速公路）南京至洛阳高速公路

G36（宁洛高速公路）是国家“71118+6”高速公路网18条东西横线中的第八横，是连接江苏、安徽、河南三省的重要省际通道，是中原地区连接长三角区域的高速公路运输线，G36（宁洛高速公路）对国土均衡开发、改善路网布局和加快经济社会发展具有重要意义。

G36（宁洛高速公路）起点位于江苏省南京市马群街道，终点位于河南省孟津县麻屯镇任屯村。规划里程750km，通车里程754.887km，四车道706.362km，六车道44.407km，一级路4.118km。经过江苏（南京）、安徽（滁州、蚌埠、亳州、阜阳）、河南（漯河、周口、平顶山、洛阳）。1997年10月南京长江第二大桥率先开始施工，2006年5月河南平顶山至临汝高速公路建成，G36（宁洛高速公路）全线贯通。

一、路线概况

G36（宁洛高速公路）路线信息见表10-27，沿线互通、出入口、服务区信息见表10-28。

G36（宁洛高速公路）路线信息表　　表10-27

编号	省份	省内起点	省内终点	途经市、县	通车里程(km)
G36	江苏	马群街道	新集（苏皖界）	南京市栖霞区、六合区	35.157
	安徽	滁州市来安县曹庄（皖苏界）	界首市常胜沟大桥（皖豫界）	滁州市南谯区、琅琊区、来安县、明光市、凤阳县，蚌埠市淮上区、五河县、怀远县，亳州市蒙城县、利辛县，阜阳市太和县、界首市	352.597
	河南	沈丘县常胜沟大桥东（豫皖界）	孟津县麻屯镇任屯村	周口市沈丘县、项城市、商水县、川汇区，漯河市召陵区、源汇区、舞阳县，平顶山市叶县、湛河区、新华区、宝丰县、汝州市，洛阳市伊川县、洛龙区、高新区、涧西区、西工区、孟津县、汝阳县	367.133

G36（宁洛高速公路）沿线互通、出入口、服务区信息表　　表10-28

编号	省份	沿线互通	出入口	服务区
G36	江苏	马群枢纽、东杨坊、华电北路、柳塘、八卦洲服务区、新华路、雍庄枢纽、六合南枢纽互通	东杨坊、华电北路、柳塘、八卦洲出入口	八卦洲服务区
	安徽	汊河新区、滁州东枢纽、滁州、黄泥岗、三界、明光东、明光西、明光枢纽、江山枢纽、小岗村、沫河口、蚌埠北、大刘郢枢纽、怀远西蒙城、望疃枢纽、利辛东、利辛、利辛西，刘小集枢纽、太和互通	曹庄主线、汊河新区、滁州、黄泥岗、三界、明光东、明光西、小岗村、沫河口、蚌埠北、怀远西、蒙城、利辛东、利辛、利辛西、太和、界首主线站、光武出入口	曹庄、嘉山、林东半岛、大溪河、四方湖、吕望、三角元服务区

续上表

编号	省份	沿线互通	出入口	服务区
G36	河南	纸店、沈丘、项城、大广枢纽、周口、商南高速、谭庄、宁洛—京港澳枢纽、漯河西、舞阳、宁洛—许广枢纽、宁洛—兰南枢纽、叶县北站、平顶山南站、平顶山新城区站、余官营、宝丰站、宁洛—南林枢纽、小屯站、汝州站、温泉站、汝阳收费站、汝阳工业区、伊川、彭婆枢纽、伊川北、梁刘、洛阳新区、高新区、五龙沟、涧西、任屯互通	豫皖界主线、纸店、沈丘、项城、周口、谭庄、漯河西、舞阳、叶县北、平顶山南站、平顶山新城区站、宝丰站、小屯站、汝州站、温泉站、汝阳、伊川、伊川北、洛阳新区、洛阳高新区、洛阳涧西收费站出入口	沈丘、周口、谭庄、漯河西、平顶山西、汝州服务区，汝阳、豫皖界停车区

二、路网关系

G36（宁洛高速公路）路网关系示意图如图10-8所示。

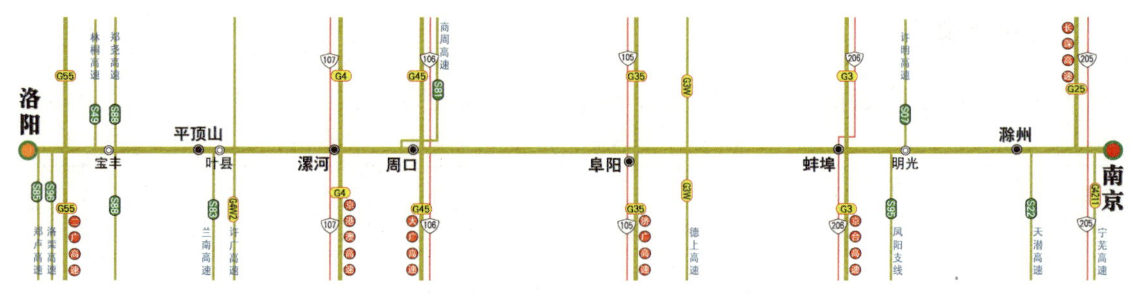

图10-8　G36（宁洛高速公路）路网关系示意图

三、建设历程

1. 江苏段

2003年开工建设，2006年建成通车，全长12.23km，全线六车道，设计速度120km/h。建成特大桥：马汊河特大桥、长城圩高架桥，共2座。建成大桥5座。总投资6.67亿元，资金来源：地方投入、银行贷款。占地427.59亩。项目管理单位：南京市公路建设处；勘察设计单位：中交第二公路勘察设计研究院；监理单位：江苏东南交通工程咨询有限公司等；施工单位：江苏江南路桥有限公司。

2. 江苏南京长江第二大桥

1997年10月开工建设，2001年3月建成通车，全长20.963km，全线六车道，设计速度100km/h。总投资35.79亿元，资金来源：中央投入、地方投入、银行贷款。项目管理单位：南京长江第二大桥建设指挥部；勘察设计单位：交通部公路科学研究所、中交公路规划设计院等；监理单位：铁道部科学研究院工程监理部、南京工苑建设监理有限公司等；施工单位:中铁第十九局工程局、湖南省公路桥梁建设总公司等。

3. 安徽来安(苏皖界)至明光段

2002 年 11 月开工建设,2006 年 9 月建成通车,全长 84.46km,四车道 71.09km,六车道 13.37km,设计速度 120km/h。建成特大桥:滁河特大桥,共 1 座。建成大桥 15 座。总投资 20.71 亿元,资金来源:交通部车购税投入、地方投入、企业投入、银行贷款。占地 8683.57 亩。项目管理单位:安徽滁宁高速公路开发有限公司;勘察设计单位:安徽省公路勘测设计院、蚌埠市建筑设计院等;监理单位:河北省交通建设监理咨询有限公司、安徽省高等级公路工程监理有限公司等;施工单位:中铁十九局集团第一工程有限公司、中铁一局集团有限公司等。

4. 安徽蚌埠至明光段

2003 年 1 月开工建设,2005 年 12 月建成通车,全长 80.902km,全线四车道,设计速度 120km/h。建成特大桥:淮河特大桥、北淝河特大桥,共 2 座。建成大桥 3 座。总投资 23.72 亿元,资金来源:交通部车购税投入、企业投入、银行贷款。项目管理单位:安徽省蚌明高速公路开发有限公司;勘察设计单位:安徽省公路勘察设计研究院;监理单位:安徽省高等级公路工程监理有限公司、安徽省公路工程建设监理有限责任公司等;施工单位:新疆昆仑路港工程公司、中铁十九局集团第二工程有限公司等。

5. 安徽界首至蚌埠段

1998 年 9 月开工建设,2004 年 10 月建成通车,全长 187.13km,全线四车道,设计速度 100km/h、120km/h。建成大桥 8 座。总投资 34.96 亿元,资金来源:地方投入、企业投入、银行贷款。占地 27639.0 亩。项目管理单位:安徽省界阜蚌高速公路建设指挥部;勘察设计单位:安徽省公路勘测设计院;监理单位:安徽省高等级公路工程监理有限公司;施工单位:安徽省路港公司、铁道部第四工程局六处等。

6. 河南周口至沈丘段

2000 年 8 月开工建设,2002 年 12 月建成通车,全长 75.015km,全线四车道,设计速度 120km/h。建成大桥 6 座。总投资 15.29 亿元,资金来源:企业投入、银行贷款。占地 6562.49 亩。项目管理单位:河南省漯周界高速公路有限责任公司;勘察设计单位:河南省交通规划勘察设计院;监理单位:北京华宏监理咨询公司、西安方舟监理咨询公司;施工单位:中建总公司、中交二局二处等。

7. 河南漯河至周口段

1999 年 1 月开工建设,2001 年 11 月建成通车,全长 47.75km,全线四车道,设计速度 120km/h。建成大桥 1 座。总投资 9.01 亿元,资金来源:中央投入、企业投入、银行贷款。占地 4966.72 亩。项目管理单位:河南省漯周界高速公路有限责任公司;勘察设计单位:

河南省交通规划勘察设计院;监理单位:河南省高等级公路监理部;施工单位:交通部一局一公司、中铁第十五局等。

8. 河南漯河至平顶山段

2003 年 9 月开工建设,2005 年 12 月建成通车,全长 75.497km,全线四车道,设计速度 120km/h。建成特大桥:跨漯南编组站分离式立交桥,共 1 座。建成大桥 5 座。总投资 26.4034 亿元,资金来源:地方投入、银行贷款。占地 7712.38 亩。项目管理单位:河南省漯平高速公路发展有限责任公司;勘察设计单位:河南省交通规划勘察设计院有限责任公司;监理单位:北京双环监理咨询公司、上海建通工程建设工程公司等;施工单位:中铁十一局集团公司、路桥集团一公局五公司等。

9. 河南平顶山至临汝段

2003 年 10 月开工建设,2006 年 5 月建成通车,全长 106.45km,全线四车道,设计速度 120km/h。建成特大桥:沙河特大桥,共 1 座。建成大桥 19 座。总投资 35.48 亿元,资金来源:地方投入、银行贷款。占地 10507.0 亩。项目管理单位:平顶山平临高速公路有限责任公司;勘察设计单位:河南省交通规划勘察设计院;监理单位:河北华达公路工程咨询监理公司、山西省交通建设工程监理总公司;施工单位:中铁十四局集团有限公司、中铁二局股份有限公司等。

10. 河南郑少洛交叉至临汝段

2000 年 4 月开工建设,2002 年 12 月建成通车,全长 25.845km,全线四车道,设计速度 120km/h。建成大桥 6 座。总投资 6.13 亿元,资金来源:地方投入、银行贷款。占地 3094.96 亩。项目管理单位:洛阳市公路管理局;勘察设计单位:河北省交通规划设计院、铁道部隧道工程局勘测设计院、交通部水运科学研究所等;监理单位:北京路桥通工程监理咨询有限公司、天津新亚太工程建设监理有限公司;施工单位:中国铁道建筑总公司、洛阳路桥建设有限公司等。

11. 河南洛阳西南环城

2003 年 4 月开工建设,2005 年 9 月建成通车,全长 36.576km,全线四车道,设计速度 100km/h。建成大桥 17 座。总投资 13.09 亿元,资金来源:地方投入、银行贷款。占地 4307.1476 亩。项目管理单位:河南省洛阳西南环城高速公路有限责任公司;勘察设计单位:中国公路工程咨询监理总公司;监理单位:中国公路工程咨询监理总公司;施工单位:中铁大桥局集团有限公司等。

四、联络线及并行线

G36(宁洛高速公路)无联络线及并行线。

五、先进技术的研究与应用

1. 预应力箱梁高性能混凝土与孔道压浆材料的制备技术、性能与应用研究（安徽）

来安（苏皖界）至明光段公路根据滁河特大桥和新来河特大桥工程建设要求，对预应力箱梁高性能混凝土与孔道压浆材料的制备技术、性能与应用进行了研究，提出了以耐久性为主的结构混凝土配合比设计新方法，制备出工作性、强度和耐久性良好、满足特大桥工程应用的箱梁C50高性能混凝土；提出了在“应力—干湿交替—碳化—腐蚀”等多重破坏因素作用下配筋混凝土护筋性的研究方法，提示了在多重破坏因素作用下配筋箱梁粉煤灰混凝土的损伤失效过程和影响规律；制备出具有自密实微膨胀特征的预应力孔道压浆材料，并对其施工技术和质量控制方法进行了探讨，解决了压浆施工难度大的扁波纹管的压浆材料与压浆工艺问题。

2. 高等级沥青路面工作状态及路面资产信息化的研究（安徽）

项目依托G36（宁洛高速公路）来安至明光段，开展了基于路面病害成因和养护工法的病害分类方法，基于分层随机理论的沥青路面工作状态评价方法、路面状况指数PCI损坏权重分配合理性研究，编制了路面工作状态及信息化管理软件。相关研究成果对促进高速公路路面管理系统的建立和完善具有重要意义。

3. 高填土钢筋混凝土薄壁拱涵应用技术研究（河南）

该课题依托G36（宁洛高速公路）郑少洛交叉至临汝段，在总结高填土拱涵的计算理论和试验研究基础上，通过对比常用的拱涵设计方案，首次将薄壁式钢筋混凝土柔性结构引入高填土拱涵设计和施工，分别分析计算了不同跨径和不同填土高度钢筋混凝土薄壁拱涵，编制出相应的通用配筋图；进而将钢筋混凝土薄壁拱涵应用于洛界高速公路实际工程，并对典型工程进行了力学和变形监测；同时对该种结构形式进行了经济评价。薄壁式钢筋混凝土形式的拱涵对补充完善高填土路段的涵洞设计，降低工程投资，推进公路建设的快速发展具有重要意义。

第九节　G40（沪陕高速公路）上海至西安高速公路

G40（沪陕高速公路）是国家“71118+6”高速公路网18条东西横线中的第九横，是连接上海、江苏、安徽、河南、陕西五省（直辖市）的重要省际通道，连接华东、华中与西北地区，显著改善中国西部地区与中东部地区之间的交通条件和经济联系，是长江三角洲都市圈向华中、西北地区辐射的重要高速通道。

G40（沪陕高速公路）起点位于上海市浦东新区五号沟，终点位于陕西省西安市灞桥区。规划里程 1374km,通车里程 1293.812km,四车道 550.119km,六车道 714.018km,八车道及以上 29.675km。经过上海、江苏(南通、泰州、扬州、南京)、安徽(滁州、合肥、六安)、河南(信阳、驻马店、南阳)、陕西(商洛、西安)。1993 年 10 月安徽合宁公路龙塘至周庄段高速公路率先开工建设,2012 年江苏江都至六合高速公路建成,全线贯通。

拥有联络线两条:

G4011(扬溧高速公路)扬州至溧阳高速公路,起点位于江苏省扬州市汉河镇,终点位于江苏省新昌枢纽。规划里程 100km,通车里程 99.99km,四车道 11.444km,六车道 88.546km。途经扬州、镇江、溧阳。目前,G4011(扬溧高速公路)已全线建成通车。

G4012(溧宁高速公路)溧阳至宁德高速公路,规划起点位于江苏省溧阳市,终点位于福建省福安坂中乡坑下(坑下枢纽)。规划里程 706.26km,通车里程 391.908km,四车道 387.362km,六车道 4.546km。途经溧阳、宁国、绩溪、歙县、龙游、云和、泰顺、福安。目前江苏段尚未建成通车。

一、路线概况

G40(沪陕高速公路)路线信息见表 10-29,沿线互通、出入口、服务区信息见表 10-30,并行线、联络线路线信息见表 10-31,并行线、联络线沿线互通、出入口、服务区信息见表 10-32。

G40(沪陕高速公路)**路线信息表**　　表 10-29

编号	省份	省内起点	省内终点	途经市、县	通车里程(km)
G40	上海	浦东新区五号沟	崇明区崇启大桥(沪苏界)	浦东新区、崇明区	56.261
	江苏	大兴(苏沪界)	星甸(苏皖界)	启东市、海门市、崇川区、通州区、如皋市、泰兴市、泰州市区、扬州市区、仪征市、六合区、江都区、广陵区、邗江区、南京市区、浦口区	265.389
	安徽	滁州市全椒县周庄大滁河桥(皖苏省界)	六安市叶集区史河大桥(皖豫省界)	滁州市、全椒县、合肥市巢湖市、肥东县、长丰县、肥西县、六安市、金安区、裕安区、霍邱县、叶集区	242.145
	河南	河南省固始县叶集镇史河东岸(豫皖界)	西峡县西坪镇(豫陕界)	固始县、商城县、潢川县、光山县、罗山县、信阳市平桥区、浉河区、平桥区、桐柏县、泌阳县、唐河县、南阳市、宛城区、卧龙区、镇平县、内乡县、西峡县	518.821
	陕西	商南县富水镇	西安市灞桥区	商南县、丹凤县、商州区、蓝田县、灞桥区	241.196

G40(沪陕高速公路)**沿线互通、出入口、服务区信息表**　　表 10-30

编号	省份	沿线互通	出入口	服务区
G40	上海	沪崇苏立交互通	长兴岛、陈海公路、向化公路、沪苏主线收费站出入口	长兴岛、港沿服务区

续上表

编号	省份	沿线互通	出入口	服务区
G40	江苏	启东南、启东东、启东北、大生、悦来、海门叠石桥、小海枢纽、先锋、兴仁、南通北枢纽、陈桥、九华枢纽、如皋港、葛市、季市、广陵、广陵枢纽、泰兴东、泰兴北、宣堡枢纽、泰州、正谊东、江都南、广陵、汤汪、通港路、汉河枢纽、八字桥、仪征北、后圩、新篁南枢纽、六合东、正谊枢纽、张纲、杭集、扬州东、通港、汉河枢纽、蒋王、新集、新城、曹山、十五里墩、六合东、通江、龙池、雍庄枢纽、六合南枢纽、花旗营、江浦、张店枢纽、侯庄、汤泉互通	启东南、启东东、启东北、大生、悦来、海门叠石桥、先锋、兴仁、陈桥、如皋港、葛市、季市、广陵、泰兴东、泰兴北、泰州、正谊东、江都南、广陵、汤汪、通港路、八字桥、仪征北、后圩、六合东、张纲、杭集、扬州东、通港、蒋王、新集、新城、曹山、十五里墩、六合东、通江、龙池、花旗营、江浦、侯庄、汤泉出入口	汤泉、杰海、老山、龙池、仪征、正谊、宣堡、先锋、麒麟、崇启大桥服务区
	安徽	全椒枢纽、全椒、大墅、陇西枢纽、路口枢纽、三十头、双墩、岗集、合肥西枢纽、机场、高刘、高店枢纽、六安北、徐集枢纽、姚李、大顾店枢纽互通	皖苏吴庄主线、全椒、大墅、三十头、双墩、岗集、机场、高刘、六安北、姚李、大顾店、皖豫叶集主线站出入口	吴庄、大墅、文集、众兴、新桥、西桥服务区，罗集停车区
	河南	固始站、淮息淮固、商城站、潢川站、大广、光山站、仙居站、罗山站、京港澳、信阳新区站、信阳西站、查山收费站、毛集收费站、马谷田区、泌阳收费站、唐河东、唐河、唐河西、陈官营区、翟庄、卧龙西站、张华岗、镇平站、晁陂站、内乡站、内乡莲花池、丹水、西峡、丁河、柳林沟、西坪互通	豫皖界主线、固始站、商城站、潢川站、光山站、仙居站、罗山站、信阳新区站、信阳西站、查山、毛集、泌阳、唐河东、唐河、唐河西、翟庄、卧龙西站、镇平站、晁陂站、内乡站、丹水站、西峡站、丁河站、西坪站、豫陕界主线出入口	商城、光山、罗山、信阳西、毛集、泌阳、唐河、镇平、西峡服务区，唐河、重阳停车区
	陕西	商南西、过风楼、金丝峡、竹林关、丹凤、棣花、商洛东、商洛、板桥、洛南、腰市、灞塬、玉山、蓝田、华胥、田王服务区互通	商南西、过风楼、金丝峡、竹林关、丹凤、棣花、商洛东、商洛、板桥、腰市、灞塬、玉山、蓝田、华胥、田王出入口	丹凤、金丝峡、蓝田东、商洛北服务区，草坪沟、胡家沟、梁家湾、孝义、夜村停车区

G40（沪陕高速公路）并行线、联络线路线信息表 表10-31

编号	省份	省内起点	省内终点	途经市、县	通车里程(km)
G4011	江苏	扬州市汊河镇	江苏省新昌枢纽	邗江区、镇江市区、金坛市、溧阳市	99.99
G4012	江苏	待建			391.998
	安徽	宣城市郎溪县廖桥（皖苏省界）	黄山市歙县塔岭（皖浙省界）	郎溪县、广德县、宁国市、绩溪县、歙县	
	浙江	浙皖省界（塔岭）	浙闽省界（友谊桥）	杭州市、淳安县、建德市、衢州市龙游县、丽水市遂昌县、松阳县、云和县	
	福建	寿宁县犀溪乡	福安坂中乡坑下（坑下枢纽）	寿宁县、福安市	

G40（沪陕高速公路）并行线、联络线沿线互通、出入口、服务区信息表　　表 10-32

编号	省份	沿线互通	出入口	服务区
G4011	江苏	汉河、瓜洲、世业洲、镇江西、镇江南、上党、丹徒、上会、荣炳、金坛西、薛埠、后周、新昌互通	瓜洲、世业洲、镇江西、镇江南、上党、上会、荣炳、金坛西、后周出入口	大桥公园、荣炳、长荡湖服务区
G4012	江苏	待建		
	安徽	郎溪东、广德誓节枢纽、杨滩、宁国河沥溪枢纽、宁国北、宁国枢纽、甲路、鸿门、金沙、绩溪、歙县东互通、歙县呈村降枢纽互通	郎溪皖苏主线、郎溪东、杨滩、宁国北、甲路、鸿门、金沙、绩溪、歙县东出入口	郎溪、宁国、金沙、华阳服务区
	浙江	千岛湖、淡竹、寿昌、航头、大店口、龙游北、龙游南、溪口、北界、遂昌、遂昌东、古市、松阳、象溪、石塘、景宁互通	皖浙省界、浙闽省界出入口	龙游、灵溪、松阳、云和服务区
	福建	犀溪、寿宁、斜滩、社口、坂中互通	闽浙主线、犀溪、寿宁、斜滩、社口、坂中出入口	南阳服务区

二、路网关系

G40（沪陕高速公路）路网关系示意图如图 10-9 所示。

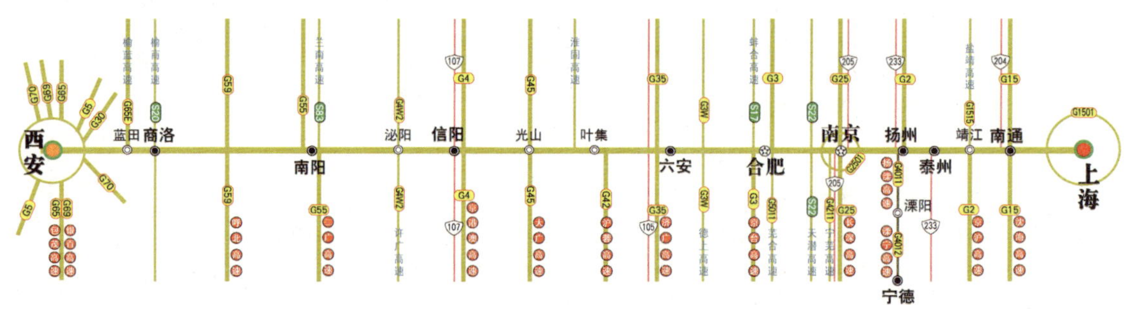

图 10-9　G40（沪陕高速公路）路网关系示意图

三、建设历程

1. 上海长江隧桥段

2004 年 12 月开工建设，2009 年 10 月建成通车，全长 25.53km，全线六车道，设计速度隧道 80km/h、大桥 100km/h。建成特大桥：长江大桥，共 1 座。建成大桥 3 座。总投资 126.16亿元，资金来源：交通部车购税投入、地方投入、银行贷款。占地 1396.7835 亩。项目管理单位：上海长江隧桥工程建设指挥部；勘察设计单位：上海市政工程设计研究总院、上海市隧道工程轨道交通设计研究院；监理单位：上海天佑工程咨询有限公司、中铁武汉大桥工程咨询监理有限公司、上海市市政工程管理咨询有限公司联合体等；施工单位：中港第一航务工程局等。

2. 崇启通道上海段

2008年12月开工建设,2011年12月建成通车,全长30.73km,全线六车道,设计速度100km/h。建成特大桥:崇启大桥南引桥,共1座。建成大桥6座。总投资45.71亿元,资金来源:交通运输部车购税投入、企业投入、银行贷款。占地3388.506亩。项目管理单位:上海崇启通道建设发展有限公司;勘察设计单位:上海市政工程设计研究总院、同济大学建筑设计研究院等;监理单位:上海天佑工程咨询有限公司、上海公路工程监理有限公司等;施工单位:上海城建(集团)公司、中交第一航务工程局等。

3. 江苏崇启大桥及接线

2009年开工建设,2011年建成通车,全长22.1km,全线六车道,设计速度120km/h。建成特大桥:崇启大桥,共1座。建成大桥8座。总投资12.04亿元,资金来源:地方投入。占地2168.85亩。项目管理单位:崇启大桥高速公路建设指挥部;勘察设计单位:中交公路规划设计院有限公司等;监理单位:江苏交通工程咨询监理有限公司;施工单位:中交第二航务工程局有限公司、中交第三航务工程局有限公司等。

4. 江苏海门至启东段

2001年开工建设,2004年建成通车,全长43.97km,全线四车道,设计速度120km/h。建成大桥3座。总投资11.25亿元,资金来源:地方投入。占地4025.0亩。项目管理单位:江苏省宁连宁通公路管理处;勘察设计单位:中交第二公路勘察设计研究院;监理单位:江苏省公路水运工程咨询监理公司、江苏交通工程监理有限责任公司等;施工单位:江苏恒基路桥工程有限公司等。

5. 江苏南通至海门段

2001年开工建设,2004年建成通车,全长63.66km[其中,20km与G15(沈海高速公路)共线,计入G15,43.66km计入G40(沪陕高速公路)],四车道73.48km,六车道20.95km,设计速度80km/h。建成特大桥:新长铁路特大桥、兴仁互通主线特大桥,共2座。建成大桥11座。总投资26.84亿元,资金来源:交通部车购税投入、地方投入。占地7883.0亩。项目管理单位:江苏省宁连宁通公路管理处;勘察设计单位:中交第一公路勘察设计研究院;施工单位:中港第三航务工程局等。

6. 江苏宁通高速公路东段

1998年开工建设,2000年建成通车,全长53.77km,全线四车道,设计速度100km/h。建成大桥5座。总投资6.48亿元,资金来源:地方投入、银行贷款。占地8517.0亩。项目管理单位:江苏省宁连宁通公路管理处;勘察设计单位:南京交通勘察设计院;监理单位:北京华路捷监理公司;施工单位:江苏省交通工程总公司等。

7. 江苏江都至六合段

2008 年开工建设,2012 年 12 月建成通车,全长 76.1km,六车道 66.3km,八车道 9.8km,设计速度 120km/h。建成特大桥:宁启铁路分离式立交主线上跨、邗江中路 S243 开发区高架、京杭运河特大桥、廖家沟特大桥、芒稻河特大桥,共 5 座。建成大桥 32 座。总投资 68.0 亿元,资金来源:企业投入、银行贷款。占地 8106.0 亩。项目管理单位:江苏省交通工程建设局;勘察设计单位:江苏省交通规划设计院股份有限公司;监理单位:北京路桥通国际工程咨询有限公司、江苏交通工程咨询监理有限公司等;施工单位:中铁十五局集团有限公司、中交第二航务工程局有限公司。

8. 江苏雍庄至六合南段

1998 年开工建设,2001 年建成通车,全长 18.864km,四车道 11.564km,六车道 7.3km,设计速度 100km/h。总投资 6.9 亿元,资金来源:地方投入。占地 8106 亩。项目管理单位:南京市公路建设处;勘察设计单位:铁道部第三勘察设计院;监理单位:南京公路工程监理有限责任公司;施工单位:中建八局机械化施工公司、中铁十四局一处等。[其中,4km 计入 G40(沪陕高速公路)]

9. 江苏六合南至张店段

与 G2501 南京绕城高速公路共线。

10. 南京至合肥高速公路江苏段

1999 年 3 月 15 日开工建设,1999 年 12 月 5 日建成通车,全长 25.292km[与 G42(沪蓉高速公路)共线],全线四车道,设计速度 100km/h。总投资 1.71 亿元,资金来源:地方投入、银行贷款。项目管理单位:南京市公路建设处;勘察设计单位:铁道部第三勘察设计院;监理单位:南京公路工程监理有限责任公司;施工单位:中建八局机械化施工公司、南京市交通工程总公司等。

11. 安徽龙塘至周庄段

1986 年 10 月开工建设,1992 年 9 月建成通车,全长 102.99km,全线四车道,设计速度 120km/h。建成大桥 4 座。总投资 5.42 亿元,资金来源:交通部车购税投入、地方投入、银行贷款。占地 9649.4 亩。项目管理单位:安徽省高等级公路建设指挥部;勘察设计单位:安徽省公路勘察设计院等;监理单位:安徽省高等级公路建设指挥部监理办公室等;施工单位:交通部第一工程局等。

12. 安徽大蜀山至龙塘段

1993 年 11 月开工建设,1995 年 11 月建成通车,全长 30.54km,全线四车道,设计速度 120km/h。建成特大桥:美菱大道桥、南淝河桥,共 2 座。建成大桥 4 座。总投资 5.95

亿元,资金来源:地方投入。占地4746.8亩。项目管理单位:合肥市312国道大龙段工程指挥部;勘察设计单位:安徽省公路勘察设计院;监理单位:安徽省高速公路工程监理站;施工单位:武警交通六支队等。

13. 安徽合六叶高速公路

2005年4月开工建设,2007年11月建成通车,全长123.438km,全线四车道,设计速度120km/h。建成特大桥:淠河特大桥,共1座。建成大桥22座。总投资31.56亿元,资金来源:交通部车购税投入、地方投入。占地14802.29亩。项目管理单位:安徽省交通投资集团有限责任公司;勘察设计单位:安徽省公路勘察设计院;监理单位:安徽省公路工程建设监理有限责任公司等;施工单位:中铁四局集团有限公司等。

14. 河南叶集至信阳段

2003年7月开工建设,2005年12月建成通车,全长185.4km,全线四车道,设计速度100km/h、120km/h。建成特大桥:苏店河特大桥,共1座。建成大桥29座。总投资41.91亿元,资金来源:交通部车购税投入、地方投入、银行贷款。占地9805.227亩。项目管理单位:河南省叶信至信阳高速公路建设有限公司;勘察设计单位:河南省交通规划勘察设计院;监理单位:湖南省交通建设工程监理有限公司等;施工单位:中铁十七局集团第三工程有限公司、中铁四局集团有限公司等。

15. 河南信阳至泌阳段

2004年9月开工建设,2006年12月建成通车,全长90.817km,全线六车道,设计速度120km/h。建成大桥32座。总投资37.93亿元,资金来源:交通部车购税投入、地方投入、银行贷款。占地8944亩。项目管理单位:河南省信阳至南阳高速公路有限公司;勘察设计单位:中交第一公路勘察设计研究院、中国公路工程咨询监理公司等;监理单位:湖南金路工程咨询监理有限公司、河南卓越监理有限公司;施工单位:中铁十七局集团第三工程有限公司、路桥集团第二公路工程局第六工程处等。

16. 河南泌阳至南阳段

2004年9月开工建设,2006年12月建成通车,全长92.087km,全线六车道,设计速度120km/h。总投资39.46亿元,资金来源:交通部车购税投入、地方投入、银行贷款。占地10642.77亩。项目管理单位:河南省信阳至南阳高速公路有限公司;勘察设计单位:中交第一公路勘察设计研究院、中国公路工程咨询监理公司等;监理单位:湖南金路工程咨询监理有限公司、河南省豫通公路工程监理事务所等;施工单位:中铁十七局集团第三工程有限公司、中铁二十二局集团有限公司等。

17. 河南南阳至内乡段

2004年10月开工建设,2007年10月建成通车,全长68.22km,六车道43.6km,八车道24.62km,设计速度120km/h。建成特大桥:宁西铁路高架桥、焦枝铁路高架桥,共2座。建成大桥13座。总投资24.93亿元,资金来源:交通部车购税投入、地方投入、银行贷款。占地6772.64亩。项目管理单位:南阳市宛坪高速公路有限公司;勘察设计单位:中交第一公路勘察设计研究院;施工单位:中铁四局集团第五工程有限公司、中国建筑第三工程局等;监理单位:河南省公路工程监理咨询有限公司、北京华路捷公路工程技术咨询有限公司等。

18.河南内乡至豫陕界段

2004年10月26日开工建设,2007年10月12日建成通车,全长82.297km,全线六车道,设计速度100km/h、120km/h。建成大桥53座。总投资38.87亿元,资金来源:交通部车购税投入、地方投入、银行贷款。占地9148.9亩。项目管理单位:南阳市宛坪高速公路有限公司;勘察设计单位:中交第一公路勘察设计研究院有限公司;监理单位:山西晋通公路工程监理有限公司、武汉市公路工程咨询监理公司等;施工单位:中铁十二局集团第三工程有限公司、中铁十八局集团第三工程有限公司等。

19.陕西丹凤至陕豫界段

2005年10月开工建设,2008年10月建成通车,全长91.599km,全线六车道,设计速度100km/h。建成特大桥:古城丹江特大桥、保仓口丹江特大桥、寺河丹江特大桥、江坪丹江特大桥、双河口丹江特大桥、孤山坪丹江特大桥、大桑园丹江特大桥、东岭丹江特大桥,雷家同丹江特大桥,共9座。建成大桥66座。建成长隧道1座。总投资73.29亿元,资金来源:交通部车购税投入、银行贷款。占地6528.388亩。项目管理单位:商界管理处;勘察设计单位:中交第一勘察设计研究院、陕西省公路勘察设计院;监理单位:中国公路工程咨询咨询集团有限公司、云南云路工程监理咨询有限公司等;施工单位:中交一公局第六工程有限公司、中铁隧道集团二处有限公司等。

20.陕西商州至丹凤段

2005年10月开工建设,2008年10月建成通车,全长30.622km,全线六车道,设计速度100km/h。建成大桥10座。总投资17.98亿元,资金来源:交通部车购税投入、银行贷款。占地3220.29亩。项目管理单位:商界管理处;勘察设计单位:陕西省公路勘察设计院;监理单位:中国公路工程咨询集团有限公司等;施工单位:中铁七局集团有限公司、中国铁路工程总公司等。

21.陕西西安至商州段

2008年12月开工建设,2012年8月建成通车,全长118.86km,六车道100.17km,八车道18.69km,设计速度80km/h、100km/h、120km/h。建成特大桥:商州枢纽互通1号主线桥、丹江特大桥、商州北互通1号主线桥、王村特大桥、板桥互通2号主线桥、刘坡2

号特大桥、刘坡1号特大桥、闵家院特大桥、兴龙特大桥、铁路高架桥、灞河特大桥、玉山高架桥、福银联络线特大桥、洪庆高架桥,共14座。建成大桥93座。建成特长隧道:秦岭灞源隧道、黄沙岭隧道,共2座。建成长隧道3座。总投资156.47亿元,资金来源:交通部车购税投入、企业投入。占地13541.0亩。项目管理单位:陕西省交通建设集团公司西商高速公路建设管理处;勘察设计单位:中交公路规划设计院有限公司、陕西省公路勘察设计院等;施工单位:中交一公局第三工程有限公司、中铁四局集团第一工程有限公司等;监理单位:云南云路工程监理咨询有限公司、陕西公路交通科技开发咨询公司等。

四、联络线及并行线

1. G4011(扬溧高速公路)扬州至溧阳高速公路

江苏润扬长江公路大桥及接线。2000年10月20日开工建设,2005年4月30日建成通车,全长35.6km,全线六车道,设计速度100km/h(其中南接线延伸段12km为四车道,设计速度120km/h)。建成特大桥:丹徒互通主线桥、南岸高架桥、润扬长江大桥悬索桥、世业洲主线高架桥、世业洲互通C匝道桥、润扬长江大桥斜拉桥、北岸高架桥,共7座。建成大桥32座。总投资58.1亿元,资金来源:地方投入、银行贷款。占地6210.5亩。项目管理单位:江苏省长江公路大桥建设指挥部;勘察设计单位:江苏省交通规划设计院、北京建达道桥咨询公司;监理单位:中国船级社实业公司监理联合体、大桥工程建设监理公司、江苏省交通咨询监理总公司等;施工单位:中港第二航务工程局、路桥集团第二公路工程局、中铁山海关桥梁厂、中港第二航务工程局、路桥集团第二公路工程局、江苏省交通工程总公司、中铁第十九工程局、法尔胜集团公司等。

江苏镇江至溧阳段。2004年7月开工建设,2007年9月建成通车,全长65.64km,全线六车道,设计速度120km/h。总投资37.5亿元,资金来源:交通部车购税投入、地方投入、银行贷款。占地8517.0亩。项目管理单位:江苏省高速公路建设指挥部;勘察设计单位:江苏省交通规划设计院、江苏省工程咨询有限公司;监理单位:江苏省公路水运工程咨询监理公司、江苏省交通工程监理有限责任公司等;施工单位:中铁七局集团第三工程有限公司、中铁二十局集团第四工程有限公司等。

2. G4012(溧宁高速公路)溧阳至宁德高速公路

江苏溧阳至安徽段。2013年11月开工建设,2016年9月建成通车,全长38.776km,全线四车道,设计速度120km/h。总投资26.183亿元,资金来源:企业投入、银行贷款。占地3802亩。项目管理单位:安徽省交通控股集团有限公司;勘察设计单位:安徽省交通规划设计研究院有限公司;监理单位:安徽省高等级公路工程监理有限公司;施工单位:安徽省路港工程有限责任公司、中国路桥集团西安实业发展有限公司等。

安徽宁国至绩溪段。2011 年 4 月开工建设,2014 年 12 月建成通车,全长 76.258km,全线四车道,设计速度 100km/h。建成大桥 49 座。总投资 50.9 亿元,资金来源:企业投入、银行贷款。占地 5928 亩。项目管理单位:安徽省扬绩高速公路有限公司;勘察设计单位:中交第一公路勘察设计研究院有限公司;监理单位:安徽省高等级公路工程监理有限责任公司、安徽省高速公路试验检测中心等;施工单位:新疆昆仑路港工程公司、安徽省交通建设有限责任公司等。

安徽绩溪至黄山段。2008 年 12 月开工建设,2011 年 10 月建成通车,全长 24.614km,全线四车道,设计速度 100km/h。建成大桥 6 座。总投资 12.41 亿元,资金来源:企业投入、银行贷款。占地 2259 亩。项目管理单位:安徽省交通控股集团有限公司;勘察设计单位:安徽省交通规划设计研究院;监理单位:安徽省科兴交通建设工程监理有限公司、武汉广益工程咨询有限公司等;施工单位:安徽省路桥工程集团有限公司、安徽省公路桥梁工程公司等。

浙江云和至景宁段。2008 年开工建设,2013 年建成通车,全长11.5km,全线四车道,设计速度 100km/h。建成大桥 6 座。建成特长隧道:泗州岭隧道,共 1 座。建成长隧道 1 座。总投资 14.6 亿元,资金来源:地方投入、银行贷款。占地 493.4 亩。项目管理单位:丽水市龙庆云景高速公路建设指挥部;勘察设计单位:浙江省交通规划实际研究院等;监理单位:浙江公路水运工程监理有限公司等;施工单位:中铁一局集团有限公司等。

浙江北埠至云和段。2004 年开工建设,2006 年建成通车,全长 28km[与 G25(长深高速公路)共线],全线四车道,设计速度 100km/h。建成大桥 3 座。建成长隧道 3 座。总投资 16.49 亿元,资金来源:地方投入、银行贷款。占地 2886.6 亩。项目管理单位:浙江龙丽丽龙高速公路建设指挥部;勘察设计单位:浙江省交通规划设计研究院;监理单位:浙江大成建设集团有限公司等;施工单位:广夏湖北第六建设工程有限责任公司等。

浙江龙游至丽水段。2004 年开工建设,2006 年建成通车,全长 119.7km,全线四车道,设计速度 100km/h。建成特大桥:灵山高架桥,共 1 座。建成大桥 36 座。建成长隧道 4 座。总投资 55.9 亿元,资金来源:地方投入、银行贷款。占地 411.52 亩。项目管理单位:浙江龙丽丽龙高速公路建设指挥部;勘察设计单位:浙江省交通规划设计研究院等;监理单位:浙江公路水运工程监理有限公司等;施工单位:中铁一局集团有限公司等。

浙江龙游支线高速公路。2004 年 7 月开工建设,2006 年 12 月建成通车,全长 37.7km,全线四车道,设计速度 100km/h。建成大桥 1 座。总投资 17.9 亿元,资金来源:地方投入。占地 5364.8 亩。项目管理单位:杭州杭千高速公路建德段建设管理处等;勘察设计单位:浙江省交通规划设计研究院等;监理单位:金华市公正公路工程监理咨询有限公司等;施工单位:中铁十二局集团第四工程有限公司等。

浙江杭新景高速公路。24.7km 与 G60N(杭长高速公路)共线。

千岛湖支线。2004年4月28日开工建设,2006年10月15日建成通车,全长20.05km,全线四车道,设计速度80km/h。建成特大桥:金竹牌大桥,共1座。建成大桥1座。建成长隧道1座。总投资11.68亿元,资金来源:企业投入。占地2009.5亩。项目管理单位:杭州杭千高速公路淳安段建设管理处;勘察设计单位:浙江省交通规划设计研究院;监理单位:浙江公路水运工程咨询监理公司;施工单位:中铁十四局集团有限公司等。

福建福安至寿宁段。2012年9月开工建设,2016年1月建成通车,全长54.479km(四车道24.5km,六车道29.979km),设计速度80km/h。建成特大桥:武曲特大桥、南澳特大桥、仙峰特大桥,共3座。建成大桥21座。建成特长隧道:半岭隧道,共1座。建成长隧道3座。总投资46.86亿元,资金来源:交通运输部车购税投入、地方投入、银行贷款。占地5895亩。项目管理单位:宁德福寿高速公路有限责任公司;勘察设计单位:福建省交通规划设计院;监理单位:武汉大通公路桥梁工程咨询监理有限责任公司、福建省交通建设工程监理咨询公司;施工单位:中交一公局第六工程有限公司、中铁二十二局集团有限公司等。

3. G4001 合肥绕城高速公路

合肥绕城高速公路。由四条不同时期通车的路段组成。其中:南环段42km由1995年11月建成通车的合宁高速公路(龙塘至陇西立交为1991年4月通车)组成,为双向八车道;东环段5km由2001年6月建成通车的合徐高速公路组成,为双向四车道;北环段41km由2007年11月建成通车的合六叶高速公路组成,西环段14km由2008年11月建成通车的合淮阜高速公路组成,该两段均为双向六车道。北环段2004年12月开工建设,2007年11月建成通车,全长41.077km,全线六车道,设计速度120km/h。建成特大桥:双墩特大桥,共1座。建成大桥9座。总投资16.004亿元,资金来源:交通部车购税投入、企业投入、银行贷款。占地5539亩。项目管理单位:安徽国路高速公路有限公司;勘察设计单位:安徽公路勘察设计院;监理单位:安徽省公路工程建设监理有限责任公司、安徽省高等级公路工程监理有限公司等;施工单位:中铁十九局集团第四工程有限公司、中铁五局集团第三工程有限公司等。

五、先进技术的研究与应用

1. 高速公路建设期投资管理模式及其控制方法研究(河南)

应用该研究成果可以减少甚至避免公路建设项目投资失误、成本超支以及损失浪费等问题的出现,提高公路建设及运营的投资效益及社会效益。该研究成果应用于宛坪高速公路,直接为宛坪高速公路的建设和运营服务,对于河南省乃至全国特别是广大中西部地区的公路建设具有较好的经济社会效益和广阔的应用前景。

2. 宛坪高速公路隧道围岩稳定性分析与信息化施工技术研究(河南)

南阳市宛坪高速公路地处豫西南山地,跨南阳盆地西北边缘,属秦岭山系东段,大部分为山岭重丘区，地形起伏较大。宛坪高速公路设计有16座隧道，总长度为3249m，均为大跨度连拱隧道，技术标准高，工程规模大，这在我国高速公路隧道建设史上尚属首次，在国外也极为少见。宛坪高速公路隧道围岩主要为强风化或者弱～微风化细砂岩夹泥岩，围岩较为软弱，且存在大量浅埋和偏压情况，工程难度较大，且连拱隧道施工工序繁多，各工序间结构受力复杂，直接影响隧道的稳定。该课题紧密结合宛坪高速公路连拱隧道施工，通过系统理论分析和计算、室内试验、现场试验和长期观测等技术手段，研究了大跨度连拱隧道围岩稳定和变形控制技术，分析了隧道围岩结构施工力学行为，提出了大跨连拱隧道合理施工方法和变形控制基准，通过动态信息反馈，修正完善设计，提出相应处治措施，指导了现场施工，有效保证了工程质量。

3. 宛坪高速公路路基沉降监测与施工控制研究（河南）

高速公路路基沉降病害的治理和工后沉降控制问题，是一项世界性难题，由此引发大量工程事故，并产生巨大的直接和间接经济损失。该课题针对豫西宛坪高速公路沿线特殊地质条件下山区大规模半填半挖、土石混填等地质条件，通过路基沉降现场试验、理论分析和工后沉降预测，提出了有效的施工控制技术，解决了双向六车道路基沉降变形相关的关键技术难题，为宛坪高速公路顺利修建做出了贡献，产生了显著的经济、社会和安全效益。①针对豫西特殊地质条件下山区大规模半填半挖、土石混填等施工条件，开展六车道宽大路基沉降规律等现场测试，通过动态信息反馈，可以直接指导路堤施工，为理论分析提供实测数据，同时为类似工程设计施工提供类比数据。②基于现场实测资料综合分析，建立的路基沉降非等时距预估模型和等维新型模型，成功应用于宛坪路基工程的沉降预测，可直接用于豫西地区其他高速公路路基工程，并可作为其他地区六车道路基沉降预测的参考。③理论分析了桩承土工合成材料加筋垫层技术处理软土地基和土工合成材料处治半填半挖结合部的作用机理，提出了相应施工技术标准，具有重要理论价值，可应用于类似工程设计与施工。

4. 宛坪高速公路特殊路基施工关键技术研究（河南）

河南省宛坪高速公路地质情况复杂多变，存在大量以过湿土路基、粗粒土进行路基填筑的路段、高填深挖路段及许多大填大挖的填挖结合部路段，严重影响着道路修筑质量。该课题紧密结合宛坪高速公路的实际，通过系统理论分析和计算，并与室内试验、现场试验和长期观测相结合，对以上特殊路基技术问题进行研究，提出相应处治措施，有效保证了工程质量。①针对宛坪高速公路实际系统研究了高填路基的影响、技术措施与工艺，提出了相应质量控制标准。②系统研究了宛坪高速公路边坡稳定性，提出了相应技术措施。③系统研究了宛坪高速公路粗粒土的技术性能。④深入研究了宛坪高速公路过湿土的特性，提出了相应处治方法与质量检验指标。⑤研究了冲击压实特性，提出了宛坪高速公路冲击压实方法。⑥系统研究了宛坪高速公路填挖结合部差异沉降特性与数值，提出了差异沉降控制措施与质量控制标准。⑦系统进行了大型室内离心试验，模拟了不同措施、不同时间的处治效果。采用长安大学TLJ-3大型土工离心机进行试验，模拟了铺设不同层数土工格栅的填挖交界路基，观测在一定时期后不同的方案路基表面位移和差异程度，以此评判各种方案的优劣；同时对不同填料，如试验中所使用的粉碎后的砂性土，提高了压实系数，增强了土基的稳定性，减少了不均匀沉降。该课题研究成果提出的高速公路特殊路基综合处治技术为宛坪高速公路的成功修筑提供了有效的技术保障，对河南乃至全国类似工程以及相关规范的完善具有重要参考价值，在宛坪高速公路已产生了巨大经济效益，具有广阔的推广应用前景。

5. 宛坪高速公路双连拱隧道工程可靠性评估研究（河南）

隧道在山区高速公路中能够克服山脉等地形障碍，保障最佳道路线形，便于行车、缩短里程、降低高程，提高行车速度，有效防止了山地陡坡滚石、泥石流、雪崩等自然灾害，提高行车的安全性和可靠性，避免由于挖方或填方等地表构筑物引起的明显地形变化，保全自然景观，保护生态环境和节约土地，具有良好的经济效益和社会效益。由于岩体结构及物性参数变化很大，分析方法难于完全符合实际，因而隧道工程较地面工程存在更多的不确定性。为了科学合理地评定隧道结构生命全过程不同时期的安全程度，宛坪高速公路有限公司委托大连理工大学进行关于宛坪高速公路双连拱隧道工程可靠性评估研究。其目的是通过理论分析、现场试验与数值计算，在隧道施工期、使用期和老化期分别提出实用的可靠度评估方法。经过课题组成员的不懈努力，该课题取得了如下创新性成果：①提出了具有高效、通用的隧道初期支护可靠度计算方法。②构建了求解隧道空间结构体系可靠度的一种新模式。③提出了新的隧道结构抗震可靠度评估方法。④对老化期隧道结构可靠度进行了研究。

6. 宛坪高速公路生态景观技术研究（河南）

该课题研究的生态景观技术在高速公路生态景观构建及恢复领域具有非常广阔的市场。首先，我国的路域景观大多还处于为绿化而绿化的阶段，很多高速公路在修建的过程中或多或少都存在“先破坏、后恢复”的现象，该课题提出的生态走廊带识别方法、生态选线方法能够在公路建设初期指导公路的修建，最大限度地保护生态环境。其次，我国路域生态景观评价缺乏“3S”技术的支撑和以此为基础的定量化指标，虽然“3S”技术已经广泛应用于我国土地规划、环境监测、土壤侵蚀调查，但在路域沿线利用“3S”技术进行调查研究当前还处于尝试和探索阶段，需要进一步研究利用，该课题正是基于此类问题，研究生态景观的识别方法。再次，当前公路的生态恢复措施不合理，大多出现二次投资的现象，该课题提出的综合生态恢复体系能够从根本上解决此类问题。

7. 宛坪高速公路沥青路面修筑关键技术研究(河南)

该课题针对我国高速公路沥青路面结构早期损坏,在分析路面早期损坏机理及国内外路面结构使用性能的基础上,提出适合我国国情的高性能路面结构;其次,利用黏弹性力学理论,分析沥青路面结构层位功能特性;最后,贯串路面结构与材料一体化设计方法思想,研究基于层位功能的路面各结构层混合料组成设计方法及性能,使所设计出的沥青路面在结构性使用性能和功能性使用性能两个方面实现高性能化,防止沥青路面出现早期损坏,提高沥青路面使用性能和使用寿命,降低全寿命周期成本。通过近两年的研究,该课题取得了以下一些创新性的成果:①揭示了高速公路沥青路面早期损坏的特征及其机理,针对不同交通条件和降水条件提出了高性能路面结构。②计算分析了不同路面结构的荷载特性和应力分布规律,提出了沥青路面结构层位功能和合理层厚,这对路面结构与材料设计具有指导作用。③提出了骨架密实型水泥稳定碎石材料组成的振动设计方法,该方法较好地模拟现场的振碾工况,设计水泥稳定碎石不仅具有良好的路用性能,而且具有良好的经济性,建议采用振动法进行水泥稳定碎石材料组成设计及施工现场控制。④提出了基于力学法的沥青稳定碎石材料配合比设计方法,该方法设计的沥青稳定碎石基层混合料具有良好的路用性能。⑤提出了基于各结构层功能的沥青混合料配合比计算方法。按该配合比计算方法确定的结果与 GTM 旋转试验结果极为接近,体现了该课题提出的配合比设计计算方法的可行性。⑥提出了黏结层功能性能、评价指标及试验方法,制备出了高性能的黏结材料,并推荐了黏结材料最佳洒布量。⑦提出骨架密实型水泥稳定碎石基层的施工过程质量控制方法、高性能沥青混合料摊铺和压实质量的技术措施以及施工控制温度。

与国内外同类研究相比,该课题在针对不同交通条件和降水条件的高性能路面结构、沥青路面层位功能和合理层厚、模拟现场碾压工况的水泥稳定碎石振动试验设计方法、基于层位功能的沥青混合料配合比方法以及路面结构与材料一体化设计思想等方面具有明显特色和创新性,为解决高速公路沥青路面早期损坏、实现沥青路面高性能化提供了强有力的技术支持。

8. 山区高等级公路加筋高陡坡研究及其可靠性分析(河南)

该课题取得了如下创新性成果:①首次使用弹性理论分析了压力分散型锚索的加固机理,得到压力分散型锚索的应力分布解析解,结果表明这种锚索可以把外拉力分散到多个承载体中,使得土体与注浆体之间的应力峰值降低,从而提高了锚索承载力。②边坡工程试验段的岩土体为松散破碎的强风化砂岩和泥岩,遇水软化。在国内首次将这种压力分散型锚索与格构梁联合支护结构应用于这种极为复杂的地质条件下的边坡支护,并实施取得成功,很好地解决了预应力的松弛与蠕变问题。③针对山区高等级公路高陡边坡支护的关键技术开展研究，进一步完善了复杂地质情况下压力分散型锚索加固高陡边坡的实用设计方法与可靠的施工工艺，为后继类似边坡支护提供成功的经验与借鉴，具有很好的工程实用价值。④充分考虑土性参数变异性的影响，提出了基于改进响应面法的边坡支护可靠度计算方法，并对工程试验段进行了体系可靠度计算与分析。⑤通过锚索内力监测资料的分析，得到了各排锚索安全系数随时间的变化规律，其结果也进一步证明了该加固方案的经济性、可靠性与实用性。

9. 连续箱梁建造技术（河南）

信南高速公路白河特大桥主桥为主跨100m的预应力混凝土变截面连续箱梁，是当时河南省规模最大的连续箱形梁桥，采用无支架挂篮施工，科技含量高，施工工艺复杂。信南高速公路通过制订科学的施工监测与控制方案并开展大桥抗震与稳定性试验，确保了大桥的质量与安全。目前大桥已成为南阳市的又一标志性景观。

10. 商界高速公路风化岩填筑路基研究（陕西）

该课题取得了如下研究成果：①通过调查研究商界高速公路沿线风化岩分布、风化岩石结构、颜色、矿物成分和破碎度等，并分析测定不同风化程度岩石的物理和力学性能后，提出将风化特征指数用作风化岩填筑公路路基的分级标准及评价参数，且将有限元计算风化岩路基沉降和实体路基沉降观测相结合，并对室内大型模拟路基施工工艺和压实质量控制及现场施工方法进行研究后，最终提出风化岩路基沉降规律及风化岩填料路基应用技术，以解决应用风化类石料填筑高速公路路基的关键技术难题。②研究过程中提出的以水温循环试验模拟风化岩填料风化作用的试验方法、所确定的可用作高等级公路路基填料的风化岩分级标准、以理论与实际相结合建立的风化岩填筑路基沉降预测模型以及提出的基于灌砂法的轮迹高差法控制路基压实质量等技术，在风化岩路基填料相关研究中均处于国际先进水平。③该研究可极大缓解山区高速公路路基填料可用料匮乏及运输困难等状况，有效实现就地取料和择优取料，且试验段的性能检测和跟踪观测均收效良好，为此，该研究成果在商界高速公路全线得到广泛推广和应用，并获得专家和一线人员的好评，对山区高等级公路风化岩填筑路基工程意义重大。④经济效益主要体现在节约填料的运输成本方面，山区高速公路沿线多风化岩，不可直接用于填筑路基，而填筑材料所需费用约占路基工程费的80%以上，采用该研究成果可就地择优选取风化岩作填料，将大大降低建材运费，每公里可节约约100万元，且变废为宝，能大大降低不合理开采石料造成的生态环境破坏。⑤该风化岩研究成果获得2010年度陕西省科学技术三等奖，相关论文《风化岩路基填料路用性能试验与风化程度评价》2014年6月发表于《交通运输工程学报》。

11. 乳化型温拌沥青混合料添加剂研发及应用研究（陕西）

西安至商州高速公路“乳化型温拌沥青混合料添加剂研发及应用研究项目”采用表

面化学理论，研究了温拌剂的乳化和润滑机理，以综合协调温拌剂的乳化性能和沥青混合料水稳性能为出发点，开发出具有提高沥青混合料水稳定性和和易性的乳化型温拌剂产品——HH-X型温拌剂，并成功用于西商高速公路小黄川隧道路面试验段铺筑，实现了国产乳化型温拌剂在我国高速公路新建项目中的成功应用。乳化型温拌混合料和常规热拌混合料相比，各环节施工温度降低了30℃，显著改善了热拌混合料烟气熏天，必须轮班施工的恶劣工作环境，对公路建设中的节能减排具有重大意义。

六、复杂技术工程

1. 陕西秦岭隧道

秦岭隧道于2012年8月建成通车，是西商高速公路最长的隧道，全长5440m，位于K1454+010处，双向六车道设计标准，设计速度80km/h，净宽14.25m，左右洞间距18～25m。隧道起于蓝田县灞源乡磨岔口村，终止于商洛市商州区大荆镇兴龙村。秦岭隧道的施工难点在于隧道穿越秦岭构造剥蚀中山区，围岩以变质岩片理产状断裂构造、褶皱、破碎带为主。特别是出口段地质多变，围岩以片岩、泥质胶结石英砂岩、强风化白云岩为主，大多数围岩为Ⅴ级，且变化频繁，支护参数类型复杂，多次出现涌水、涌泥、塌方现象。经过详细的勘测与论证，最终采用三台阶七步流水、单侧壁、双侧壁的施工方法，采用超前钻孔并辅以TSP203、地质雷达、水平钻孔探等手段进行超前地质预报，提前探明地下水的含量、压力、分布等，提前发现涌水、涌泥、塌方的可能及征兆，提前做好防范措施；加强围岩监控量测，根据监测数据及时调整和加强初期支护，严控爆破炸药量，减少对围岩的扰动。利用隧道施工信息管理系统，在隧道洞口安装进出洞人员信息电子显示屏，全天不间断将洞内外施工人员信息、洞内掌子面工序等实时显示在洞外显示屏上，并在隧道洞口、二次衬砌台车前后分别安设监控摄像头，随时监控施工过程，保证了安全生产，有效地解决了隧道涌水、涌泥、塌方等问题，并按期完成了隧道施工。

2. 陕西黄沙岭隧道

黄沙岭隧道于2012年8月建成通车，是西商高速公路第二长的隧道，全长4017m，位于K1417+265处，双向六车道设计标准，设计速度80km/h，净宽14.25m。隧道进口位于甘沟口村东约200m处山体半山坡上，出口位于苏家村西侧约150m处后河河谷阶地上。黄沙岭隧道的施工难点在于围岩较差，以Ⅳ级、Ⅴ级围岩为主，岩层富水性高，施工中掌子面出现大量涌水现象，实测掌子面每日涌水量约1000m^3。黄沙岭隧道涌水处治最终采用“防、堵、排”相结合治理方针，在掌子面打设7～8个30m深的超前探水孔，释放水压的同时探明前方地质情况，水压减小后再进行掘进施工；初期支护采用环向注浆加固方案，浆液配合比通过现场试验确定；排水系统增设环向半圆ϕ140钢管及横向暗沟（30cm ×

30cm),两者连通有效导流渗漏水,间距 10m,暗沟的竖向位置同原设计横向排水管;环向半圆 ϕ140 钢管内侧两侧拱腰及拱脚位置打设 4 处 10m 深引水孔,将围岩裂隙水引入环向排水钢管。最终有效地解决了隧道涌水问题,按期完成了隧道施工。

第十节　G42(沪蓉高速公路)上海至成都高速公路

G42(沪蓉高速公路)是国家“71118 +6”高速公路网 18 条东西横线中的第十横,是连接上海、江苏、安徽、湖北、重庆、四川六省(直辖市)的重要省际通道。G42(沪蓉高速公路)横贯我国长江经济带北部,是长江三角洲都市圈沿长江向中西部辐射的重要通道,对长江经济带北部的发展具有重要的支撑作用,对发展水路联运,带动长江经济带发展具有积极影响。

G42(沪蓉高速公路)设计起点位于上海市普陀区中环真北路立交与武宁路地面道路交界处,终点位于四川省成都市成都收费站。规划里程 1583km,通车里程 1562.572km,四车道 1355.134km,六车道 26.638km,八车道及以上 152.868km,一级路 27.932km。经过上海、江苏(苏州、无锡、常州、镇江、南京)、安徽(滁州、合肥、六安)、湖北(武汉、荆门、宜昌)、重庆、四川(广安、南充、遂宁、德阳、成都)。1992 年 6 月沪宁高速公路江苏段率先开工建设,目前,江苏至安徽段借用 G40(沪陕高速公路)路线。

拥有联络线八条:

G4211(宁芜高速公路)南京至芜湖高速公路,起点位于江苏省刘村,终点位于安徽省芜湖南互通。规划里程 137.50km,通车里程 134.047km,全线四车道。途经南京、马鞍山、芜湖。目前,G4211(宁芜高速公路)已全线建成通车。

G4212(合安高速公路)安徽合肥至安庆高速公路,起点位于安徽省庐江县长岗镇岳庙村马堰立交枢纽中心,终点位于安徽省安庆市怀宁县金拱镇兴胜村鸽子墩互通立交中心。规划里程 182km,通车里程 62.131km,全线四车道。途经合肥、安庆。目前,G4212(合安高速公路)已全线建成通车。

G4213(麻安高速公路)麻城至安康高速公路,起点位于湖北省与麻武高速公路相交宋埠互通,终点位于陕西省安康市汉滨区。规划里程 644.08km,通车里程 523.066km,全线四车道。途经麻城、大悟、随州、宜城、保康、房县、竹溪、平利、安康。目前,湖北黄冈段尚未建成通车。

G4215(成遵高速公路)成都至遵义高速公路,起点位于四川省成都市成都收费站,规划终点位于贵州省遵义市。规划里程 527.00km,通车里程 436.564km,四车道 409.08km,六车道 27.484km。途经成都、仁寿、自贡、泸水、赤水、习水、仁怀、遵义。目前,四川仁怀至遵义段尚未建成通车。

G4216(成丽高速公路)成都至云南丽江高速公路,规划起点位于四川省成都市,规划终点位于云南省丽江市。规划里程895.00km,通车里程70.085km,全线四车道。途经成都、仁寿、沐川、金阳、会东、攀枝花、丽江。目前,四川成都至攀枝花段、云南段尚未建成通车。

G4217(成昌高速公路)成都至昌都高速公路,规划起点位于四川省成都市,规划终点位于西藏自治区昌都县。规划里程1085.20km,通车里程108.679km,四车道73.759km,六车道34.92km。途经成都、都江堰、汶川、马尔康、炉霍、德格、昌都。目前,四川汶川至西藏昌都段尚未建成通车。

G4218(雅叶高速公路)雅安至叶城高速公路,待建。

G4219(曲乃高速公路)曲水至乃东高速公路,待建。

拥有并行线一条:

G42S(沪鄂高速公路)上海至武汉高速公路,起点位于上海市,终点为武汉平安铺枢纽互通。规划里程756.86km,通车里程504.294km,四车道294.646km,六车道209.648km。途经上海、常熟、张家港、江阴、常州、溧水、马鞍山、芜湖、无为、巢湖、庐江、桐城、潜山、岳西、英山、武汉。目前,安徽芜湖至岳西段尚未建成通车。

一、路线概况

G42(沪蓉高速公路)路线信息见表10-33,沿线互通、出入口、服务区信息见表10-34,并行线、联络线路线信息见表10-35,并行线、联络线沿线互通、出入口、服务区信息见表10-36。

G42(沪蓉高速公路)路线信息表 表10-33

编号	省份	省内起点	省内终点	途经市、县	通车里程(km)
G42	上海	普陀区中环真北路立交与武宁路地面道路交界处	嘉定区安亭镇沪苏界	嘉定区、青浦区、闵行区、普陀区	24.226 [与G2(京沪高速公路)共线]
	江苏	花桥(苏沪界)	星甸(苏皖界)	昆山市、吴中区、相城区、金阊区、滨湖区、锡山区、惠山区、武进区、新北区、丹阳市、镇江市区、句容市、江宁区、栖霞区、玄武区、秦淮区、雨花台区、建邺区、浦口区	180.80
	安徽	滁州市全椒县周庄滁河大桥(皖苏省界)	六安市金寨县长岭关(皖鄂省界)	滁州市、全椒县、合肥市、巢湖市、肥东县、长丰县、肥西县、六安市、金安区、裕安区、霍邱县、金寨县	90.869
	湖北	麻城木子店镇长岭关	巴东县沿渡河镇枫木村	麻城市、红安县、黄陂区、东西湖区、汉川市、应城市、天门市、京山县、掇刀区、东宝区、当阳市、夷陵区、兴山县、巴东县	594.675
	重庆	巫山县小三峡收费站	垫江县牡丹源收费站	巫山县、奉节县、云阳县、万州区、梁平区、垫江县	339.862
	四川	广安市邻水县毕家坝收费站	成都市成都收费站	成都市辖区、金堂县、德阳市中江县、遂宁市蓬溪县、遂宁市辖区、南充市辖区、广安市岳池县、广安市辖区、华蓥市、邻水县	356.366

G42（沪蓉高速公路）沿线互通、出入口、服务区信息表 表10-34

编号	省份	沿线互通	出入口	服务区
G42	上海	同三沪宁、嘉金沪宁、嘉闵沪宁、环西沪宁、中环真北路互通	绿地大道、花桥主线收费站、汽车城、嘉松公路、嘉闵高架、江桥主线收费站、华江路出入口	无
	江苏	陆家、昆山、正仪枢纽、苏州工业园、苏州北枢纽、苏州东、苏州新区、东桥枢纽、硕放枢纽、无锡机场、无锡东、无锡枢纽、无锡北枢纽、玉祁、横林枢纽、横山、青龙、常州北、薛家、罗溪枢纽、罗墅湾、丹阳东、丹阳、河阳、镇江枢纽、丹徒枢纽、句容、汤山、麒麟枢纽、马群枢纽、万花楼、钟学北路、伍佰户、郑家营、石杨路、高桥门枢纽、双龙街、玉兰路、花神庙枢纽、铁心桥、油坊桥、经四路、黄河路、绕越枢纽、天后村、高旺、张店枢纽、侯庄、汤泉互通	陆家、昆山、苏州工业园、苏州东、苏州新区、无锡机场、无锡东、无锡北、玉祁、横山、青龙、常州北、薛家、罗墅湾、丹阳东、丹阳、河阳、句容、汤山、万花楼、钟学北路、伍佰户、郑家营、石杨路、双龙街、玉兰路、铁心桥、油坊桥、经四路、黄河路、天后村、高旺、侯庄出入口	阳澄湖、梅村、芳茂山、窦庄、仙人山、黄栗墅服务区
	安徽	全椒枢纽、全椒、大墅、陇西枢纽、路口枢纽、三十头、双墩、岗集、合肥西枢纽、机场、高刘、高店枢纽、六安北、徐集枢纽、姚李、大顾店枢纽、金寨、古碑、丁埠、天堂寨互通	皖苏吴庄主线、全椒、大墅、三十头、双墩、岗集、机场、高刘、六安北、姚李、金寨站、古碑站、丁埠站、天堂寨、皖鄂长岭关主线站出入口	吴庄、大墅、文集、众兴、新桥、西桥、罗集、梅山、天堂寨、长岭关服务区
	湖北	麻城枢纽、新集枢纽、黄陂枢纽、横店枢纽、东西湖枢纽、钱场枢纽、荆门枢纽、夷陵枢纽、高家店枢纽互通	木子店、麻城东、永佳河、红安、熊许、骆驼铺、盘龙城、相泉、新沟、汉川、长江埠、应城、天门北、京山南、太子山、钟祥、石牌、掇刀、育溪、当阳、玉泉胡同、双莲、鸦鹊岭、黄花、雾渡河、高岚、兴山、巴东、神农溪出入口	木子店、中馆驿、长岭岗、汉川、天门北、钟祥、石牌、白河、雾渡河、兴山、巴东服务区，黄花、应城、京山、石牌、鲁台、景山河停车区
	重庆	古家坝枢纽、太平枢纽互通	小三峡主线、骡平、巫山、草堂、夔门、奉节、红狮、云阳、小周、天城、高粱、万州、分水、孙家、梁平、云龙、周嘉、牡丹园主线出入口	梁平、万州、云阳、奉节、巫山服务区
	四川	邻水枢纽、广门枢纽、二绕成南枢纽、螺蛳坝枢纽互通	成都、龙泉驿、成都青白江、成都白果、成都金堂、仓山、德阳中江、遂宁蓬溪、桂花、遂宁蓬溪、遂宁大英、大英、南江收费站、高坪区、兰海高速、南充市嘉陵区、南充绕城高速、南充嘉陵区、广安、红庙、岳池、顾县、毕家坝、石滓、袁市、邻水、天池、华蓥、油炸沟出入口	成都、淮口、苍山、遂宁、南充、岳池、毕家坝、荆坪服务区

G42(沪蓉高速公路)并行线、联络线路线信息表 表10-35

编号	省份	省内起点	省内终点	途经市、县	通车里程(km)
G4211	江苏	刘村	铜井(苏皖界)	雨花台区、江宁区	134.047
	安徽	安徽省马鞍山市慈湖镇慈湖乡(皖苏界)	芜湖枢纽	花山区、雨山区、当涂县、芜湖市鸠江区	
G4212	安徽	庐江县长岗镇岳庙村马堰立交枢纽中心	安庆市怀宁县金拱镇兴胜村鸽子墩互通立交中心	庐江县、桐城市、怀宁县	62.131
G4213	湖北	与麻武高速相交宋埠互通	十堰竹溪县蒋家堰镇	麻城市、红安县、大悟县、广水市、曾都区、随州市、枣阳市、宜城市、南漳县、保康县、房县、竹山县、竹溪县	523.066
	陕西	平利县长安镇	安康市汉滨区	平利县、汉滨区	
G4215	四川	成都市成都收费站	泸州市合江县四川收费站	成都市、双流县、眉山市、仁寿县、内江市、威远县、自贡市、自贡市辖区、富顺县、泸州市、泸州市辖区、泸县、合江县	436.564
	贵州	九支镇(川黔界)	遵义(未通)	赤水市、习水县、仁怀市、遵义市	
G4216	四川	成都(未通)	川滇界(未通)	成都市、仁寿县、沐川县、金阳县、会东县、攀枝花市、仁和区	70.085
	云南	待建			
G4217	四川	成都市成灌收费站	阿坝州汶川县汶川收费站	郫县、都江堰市	108.679
	西藏	待建			
G4218	四川	待建			—
	西藏	待建			
	新疆	待建			
G4219	西藏	待建			—
G42S	江苏	太仓(苏沪界)	横溪(苏皖界)	太仓市、常熟市、张家港市、江阴市、武进区、金坛市、句容市、溧水区	504.294
	安徽	岳西县莲云乡平岗村	大枫树岭隧道	岳西县	
	湖北	黄冈市英山县堕角尖	武汉平安铺枢纽互通	黄陂区、新洲区、团风县、浠水县、罗田县、英山县	

G42(沪蓉高速公路)并行线、联络线沿线互通、出入口、服务区信息表 表10-36

编号	省份	沿线互通	出入口	服务区
G4211	江苏	刘村、大方、板桥、梁家、滨江开发区、铜井互通	刘村、大方、板桥、梁家、滨江开发区、铜井出入口	清修服务区
	安徽	马鞍山北、马鞍山南、马鞍山东枢纽、当涂、太白、芜湖东互通	宁马主线、马鞍山北、马鞍山南、当涂、太白、芜湖东出入口	太白服务区
G4212	安徽	马堰、桐城、鸽子墩互通	桐城、怀宁出入口	陈埠、香铺服务区

续上表

编号	省份	沿线互通	出入口	服务区
G4213	湖北	铁门、宋埠、大悟南、随州东、随州南、宜城北、保康南、寺坪、房县互通	桃花、红安、杨寨、广水、关庙、淅河、大洪山东、大洪山西、平林、板桥、南营、宜城、南漳东、南漳、长坪、保康、青峰、军店、竹山、宝丰、竹溪、蒋家堰出入口	红安、广水、大洪山、板桥店、南漳、黄堡、寺坪、房县、溢水、竹溪服务区，李店、淅河、南营停车区
	陕西	长安、平利西、老县、安康东互通	长安、平利西、老县出入口	平利服务区，女娲山停车区
G4215	四川	江家、二绕成自泸枢纽、万家桥、仰天窝互通	潮河、泸贵、石洞、泸州港、黄舣、分水、九支出入口	永兴、文宫、汪洋、威远、富顺、尧坝、石洞服务区，连界、自贡、仁寿、黄舣停车区
	贵州	月亮田、旺隆、土城、二郎、大坝、银水、仁怀北、茅台、仁怀、平正互通	月亮田、旺隆、土城、二郎、大坝、银水、仁怀北、茅台、仁怀、平正出入口	天台、向阳、仁怀服务区
G4216	四川	金江互通	金江、银江、瓜子坪、新庄、陶家渡、庄上、川滇界主线出入口	福田服务区
	云南	待建		
G4217	四川	犀浦、二绕成灌互通	成都绕城高速、郫县、石家、安德、崇义、都汶、聚源、都江堰出入口	无
	西藏	待建		
G4218	四川	待建		
	西藏	待建		
	新疆	待建		
G4219	西藏	待建		
G42S	江苏	太仓、太仓北、沙溪、董浜、常熟、常熟北、凤凰、张家港、新桥、华西、霞客、峭岐、青阳、横林、戚墅堰、常州南、鸣凰西、滆湖、嘉泽、尧塘、金坛东、金坛、薛埠、茅山、天王、东屏、桂庄、骆家边互通	太仓、常熟、常熟北、凤凰、张家港、华西、霞客、青阳、戚墅堰、常州南、滆湖、嘉泽、金坛东、金坛、茅山、天王、东屏出入口	沙溪、新桥、芙蓉、滆湖、茅山、荷叶山服务区
	安徽	岳西北枢纽、司空山、白帽互通	司空山、白帽、皖鄂省界余河主线出入口	白帽服务区
	湖北	平安铺、三里桥、周铺、淋山河互通	巨龙、汪集、总路咀、团陂、罗田、大别山、英山、杨柳出入口	武湖、总路咀、罗田、英山服务区，陈堰停车区

二、路网关系

G42（沪蓉高速公路）路网关系示意图如图10-10所示。

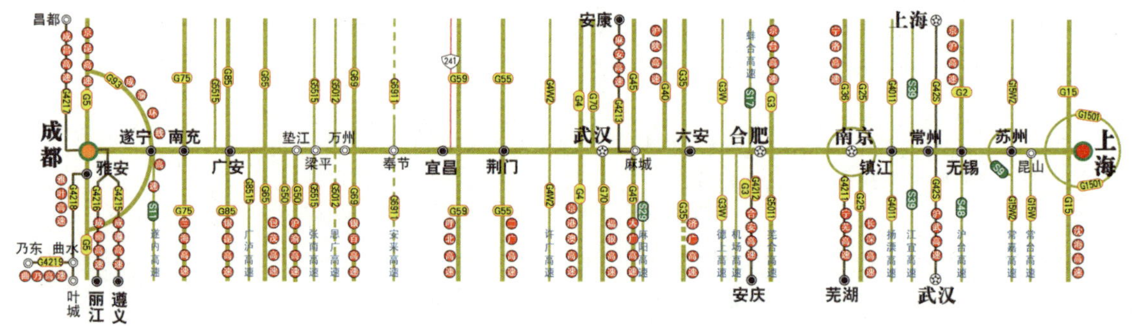

图 10-10　G42(沪蓉高速公路)路网关系示意图

三、建设历程

1. 上海段

与 G2(京沪高速公路)上海段共线。

2. 上海段改扩建

与 G2(京沪高速公路)上海段(改扩建)共线。

3. 沪宁高速公路江苏段

1992 年 6 月开工建设,1996 年 9 月建成通车,全长 248.21km,全线四车道,设计速度 120km/h。建成特大桥:唯亭大桥、丹阳大桥,共 2 座。建成大桥 42 座。总投资 62.098 亿元(含镇江支线),资金来源:中央投入、地方投入。占地 26000 亩(含镇江支线)。项目管理单位:江苏省高速公路建设指挥部;勘察设计单位:交通部第二公路勘察设计院、江苏省交通规划设计院、铁道部第二勘察设计院;监理单位:江苏省交通咨询监理总公司、华通监理咨询公司、交通部第二公路勘察设计院;施工单位:江苏省交通工程公司、交通部第二航务工程局三公司、交通部公路二局等。

4. 江苏段改扩建(无锡至花桥)

2004 年 1 月开工建设,2006 年 1 月建成通车,全长 95.626km,全线八车道,设计速度 120km/h。建成特大桥:唯亭大桥,共 1 座。建成大桥 36 座。总投资 40.92 亿元,资金来源:企业投入、银行贷款。占地 4973 亩。项目管理单位:江苏沪宁高速公路扩建工程指挥部;勘察设计单位:中交第二公路勘察设计研究院、江苏省交通科学研究院有限公司、中交第二公路勘察设计研究院、江苏省交通规划设计院(联合体)、江苏省土地勘测规划院;监理单位:江苏交通工程咨询监理有限公司、常州市交通建设监理咨询有限公司等;施工单位:路桥集团第一公路工程局、中铁二十局集团第一工程有限公司、无锡路桥工程总公司、山东省交通工程总公司、路桥二公局第三工程有限公司等。

5. 江苏段改扩建(南京至无锡)

2004年1月开工建设,2006年1月建成通车,全长152.868m,全线八车道,设计速度120km/h。建成特大桥:丹阳大桥,共1座。建成大桥38座。总投资65.3亿元,资金来源:企业投入、银行贷款。占地7934亩。项目管理单位:江苏沪宁高速公路扩建工程指挥部;勘察设计单位:中交第二公路勘察设计研究院、江苏省交通科学研究院有限公司、中交第二公路勘察设计研究院、江苏省交通规划设计院(联合体)、江苏省土地勘测规划院;监理单位:江苏东南交通工程咨询监理有限公司、江苏科兴工程建设监理有限公司等;施工单位:江苏交通建设(集团)有限公司、常州市交通工程总公司、东盟营造工程有限公司、胜利油田胜利工程建设(集团)有限责任公司、吉林省交通建设集团有限公司等。

6. 江苏刘村至张店段(南京长江三桥)

与G2501南京绕城高速公路共线。

7. 江苏张店至星甸(苏皖界)段

与G40(沪陕高速公路)共线。

8. 合肥至南京高速公路安徽段

与G40(沪陕高速公路)共线。

9. 安徽合肥至六安大顾店段

与G40(沪陕高速公路)共线。

10. 安徽大顾店至长岭关段

2006年2月开工建设,2009年12月建成通车,全长90.86km,全线四车道,设计速度100km/h。建成特大桥:汲东干渠暨宁西铁路高架桥、三湾特大桥,共2座。建成大桥83座。建成特长隧道:将军岭隧道,共1座。建成长隧道3座。总投资46.2亿元,资金来源:企业投入。占地7837.51亩。项目管理单位:六武高速公路建设管理办公室;勘察设计单位:安徽省公路勘察设计院;监理单位:安徽省公路工程建设监理有限责任公司、安徽省高等级公路工程监理有限公司等;施工单位:中铁三局集团有限公司、中铁八局集团有限公司等。

11. 湖北麻城至武穴段

2008年8月10日开工建设,2011年1月13日建成通车(西段58km于2010年7月28日开通、东段43km于2011年1月13日通车),全长101.38km,全线四车道,设计速度100km/h。建成特大桥:祠堂铺特大桥、观石河特大桥,共2座。建成大桥45座。建成特长隧道:大别山隧道,共1座。建成长隧道1座。总投资40.3亿元,资金来源:中央投入、地方投入、银行贷款。占地8517.0亩。项目管理单位:湖北省麻武高速公路建设指挥部;

勘察设计单位:湖北省交通规划设计院、华杰工程咨询有限公司;监理单位:湖北省公路水运工程咨询监理公司、北京兴通交通工程监理有限责任公司等;施工单位:中铁七局集团第三工程有限公司、中铁二十局集团第四工程有限公司等。

12. 湖北武汉绕城高速东北段

2000 年 8 月开工建设,2004 年 12 月建成通车,全长 46.5km,全线四车道,设计速度 120km/h。建成特大桥:东西湖高架桥、府河特大桥、东西湖 C 匝道桥、滠水河特大桥、横店大桥,共 5 座。建成大桥 10 座。总投资 17.12 亿元,资金来源:地方投入、银行贷款。占地 5167.74 亩。项目管理单位:绕城高速公路管理处;勘察设计单位:中国公路工程咨询监理总公司;质量监督单位:湖北省交通基本建设质量监督站;施工单位:中国铁路工程总公司、中铁第十四工程局等。

13. 湖北武汉至麻城段

2006 年 4 月开工建设,2011 年 1 月建成通车,全长 17.69km,全线四车道,设计速度 100km/h。建成特大桥:丁家湾特大桥,共 1 座。建成大桥 4 座。总投资 16.52 亿元,资金来源:企业投入、银行贷款。占地 3144.83 亩。项目管理单位:湖北武麻高速公路有限公司;勘察设计单位:中交第一公路勘察设计研究院;监理单位:武汉交科交通工程咨询监理中心;施工单位:中铁七局集团有限公司、湖北省路桥有限责任公司等。

14. 湖北武汉至荆门段

2006 年开工建设,2010 年建成通车,全长 183.214km,全线四车道,设计速度 120km/h。建成特大桥:东西湖枢纽互通桥、东西湖枢纽互通 E 匝道桥、五支沟特大桥、新沟高架桥、汉丹铁路大桥、汉北河 1 号大桥、民乐渠特大桥、汉北河 2 号特大桥、东汊湖大桥、皂市河特大桥、吴岭水库特大桥、汉江特大桥,共 12 座。建成大桥 56 座。总投资 61.88 亿元,资金来源:企业投入、银行贷款。占地 17496.15 亩。项目管理单位:湖北武荆高速公路发展有限公司;勘察设计单位:中交第二公路勘察设计研究院有限公司、湖北省交通规划设计院;监理单位:湖北省公路水运工程咨询监理公司、长沙华南交通工程咨询监理公司等;施工单位:中铁七局集团有限公司、中铁十局集团有限公司等。

15. 湖北荆门至宜昌段

2003 年 6 月开工建设,2008 年 1 月建成通车,全长 72.64km,全线四车道,设计速度 80km/h、100km/h。建成大桥 14 座。总投资 18.58 亿元,资金来源:地方投入、银行贷款。占地 5902.95 亩。项目管理单位:湖北荆宜高速公路有限公司;勘察设计单位:中交第二公路勘察设计研究院、湖北交通规划设计院;监理单位:山西省交通建设工程监理总公司、沈阳公路工程监理有限责任公司;施工单位:中铁十三局集团有限公司、中铁十一局集团有限公司等。

16. 湖北宜昌至巴东(鄂渝界)段

2009年7月开工建设,2014年12月建成通车,全长172.65km,全线四车道,设计速度80km/h。建成特大桥:高岚河特大桥、香溪河特大桥、纸坊河特大桥、松林坡特大桥、后湾特大桥、神农溪特大桥、舒家槽1号特大桥、西河1号特大桥、晏家河1号特大桥、邓家坪特大桥、皂角树特大桥、小庙2号特大桥、刘家屋场特大桥、观音堂特大桥、鸳鸯水5号特大桥、羊河2号特大桥,共16座。建成大桥102座。建成特长隧道:卧佛山隧道、峡口隧道、石门垭隧道、郑家垭隧道、马家坡隧道、段家屋隧道、楚阳隧道、界岭隧道,共8座。建成长隧道7座。总投资129.23亿元,资金来源:中央投入、地方投入、银行贷款。占地15656.0亩。项目管理单位:宜巴高速公路建设指挥部;勘察设计单位:中交第二公路勘察设计研究院有限公司、湖北省交通设计规划院;设计咨询单位:湖北省交通规划设计院、湖北省交通科学研究所等;监理单位:湖北高路工程监理咨询有限公司、武汉中交路桥设计咨询有限公司等;施工单位:中铁十二局集团有限公司、中铁七局集团有限公司等。

17. 重庆奉节至巫山段

2006年6月开工建设,2013年12月建成通车,全长59.57km,全线四车道,设计速度80km/h。建成特大桥:石马河特大桥、何家坪特大桥、龙洞河特大桥、大宁河特大桥,共4座。建成大桥41座。建成特长隧道:摩天岭隧道、大风口隧道、骡坪隧道,共3座。建成长隧道5座。总投资44.0亿元,资金来源:交通运输部车购税投入、地方投入、银行贷款。占地5361.0亩。项目管理单位:重庆高速公路有限公司渝东分公司;勘察设计单位:中交第二公路勘察设计院;监理单位:重庆市交通工程监理咨询有限责任公司、重庆中宇工程咨询监理有限责任公司等;施工单位:中铁四局集团有限公司、中铁隧道集团有限公司等。

18. 重庆云阳至奉节段

2006年8月开工建设,2010年9月建成通车,全长69.71km,全线四车道,设计速度80km/h。建成特大桥:龙潭沟大桥右线桥、梅溪河特大桥,共2座。建成大桥48座。建成特长隧道:财神梁隧道、栖霞隧道、分界梁隧道、凤凰梁特长隧道,共4座。建成长隧道5座。总投资50.5亿元,资金来源:交通运输部车购税投入、地方投入、银行贷款。占地7870.0亩。项目管理单位:重庆高速公路有限公司渝东分公司;勘察设计单位:中交第一公路勘察设计院;监理单位:重庆中宇工程咨询监理有限责任公司、西安方舟工程咨询有限责任公司等;施工单位:中铁十三局集团有限公司、中国交通建设集团有限公司等。

19. 重庆万州至云阳段

2004年12月开工建设,2008年12月建成通车,全长78.35km,全线四车道,设计速度80km/h。建成特大桥:巴阳1号特大桥、巴阳2号特大桥、陈家沟特大桥、月亮包特大桥、汤溪河大桥、姚家坡特大桥、彭溪河特大桥,共7座。建成大桥44座。建成特长隧道:

南山隧道、庙梁特长隧道，共 2 座。建成长隧道 4 座。总投资 54.0 亿元，资金来源：交通部车购税投入、地方投入、银行贷款。占地 9956.3 亩。项目管理单位：重庆高速公路有限公司渝东分公司；勘察设计单位：四川省交通厅公路勘察设计研究院；监理单位：重庆市交通工程监理咨询有限责任公司、重庆中宇工程咨询监理有限责任公司等；施工单位：中铁隧道集团有限公司、中国路桥（集团）总公司等。

20. 重庆梁平至万州段

2000 年 2 月开工建设，2005 年 3 月建成通车，全长 67.24km，全线四车道，设计速度 80km/h。建成大桥 38 座。建成特长隧道：明月山特长隧道，共 1 座。建成长隧道 3 座。总投资 26.0 亿元，资金来源：交通部车购税投入、地方投入、银行贷款。占地 8255.0 亩。项目管理单位：重庆渝东高速公路有限公司；勘察设计单位：铁道部第二勘测设计院、四川省交通厅公路规划勘察设计研究院；监理单位：日本片平/英国合乐顾问公司、重庆市交通工程监理咨询有限责任公司；施工单位：铁道部第一工程局桥梁工程处、铁道部第五工程局第五工程处等。

21. 重庆梁平至垫江段

2001 年 4 月开工建设，2005 年 3 月建成通车，全长 61.54km，全线四车道，设计速度 80km/h。建成大桥 7 座。总投资 13.96 亿元，资金来源：交通部车购税投入、地方投入、银行贷款。占地 5902.0 亩。项目管理单位：重庆渝东高速公路有限公司；勘察设计单位：重庆市交通规划勘察设计院、中交二公路勘察设计研究院；监理单位：重庆市交通工程监理咨询有限责任公司；施工单位：路桥集团第二公路工程局、中国路桥（集团）总公司等。

22. 重庆太平互通至川渝界段

2004 年 11 月开工建设，2007 年 12 月建成通车，全长 6.82km，全线四车道，设计速度 80km/h。建成大桥 2 座。总投资 3.54 亿元，资金来源：交通部车购税投入、地方投入、银行贷款。占地 745.8 亩。项目管理单位：重庆垫忠高速公路有限公司；勘察设计单位：重庆交通科研设计院、四川省交通厅公路规划勘察设计研究院；监理单位：铁科院（北京）工程咨询有限公司、北京中通公路桥梁工程咨询发展有限公司、铁二院咨询监理公司；施工单位：中铁十四局二公司、中铁二局二公司等。

23. 四川广安至邻水段

1995 年 10 月开工建设，2000 年 12 月建成通车，全长 46.56km，全线四车道，设计速度 100km/h、80km/h、60km/h。建成特大桥：黄麻渡大桥，共 1 座。建成大桥 16 座。建成特长隧道：华蓥山隧道，共 1 座。总投资 16.62 亿元，资金来源：交通部车购税投入、地方投入、银行贷款。占地 3005.51 亩。项目管理单位：四川川东高速公路有限责任公司；勘察设计单位：四川省交通厅公路规划勘察设计研究院；监理单位：北京中通监理公司、四川省公路工程监理事务所等;施工单位:四川公路桥梁建设集团有限公司桥梁分公司、中国航空港建设第九工程总队等。

24.四川南充至广安段

2001年11月开工建设,2004年5月建成通车,全长69.76km,全线四车道,设计速度80km/h。建成大桥21座。总投资20.46亿元,资金来源:交通运输部车购税投入、地方投入、银行贷款。占地6143.22亩。项目管理单位:四川川东高速公路有限责任公司;勘察设计单位:四川省交通厅公路规划勘察设计研究院、中国公路工程咨询监理总公司北京中路桥技术开发有限公司;监理单位:四川公路工程咨询监理公司、中国公路工程咨询监理总公司等;施工单位:中铁十二局集团有限公司、成都市公路工程有限责任公司等。

25.四川成都至南充段

1998年12月开工建设,2002年12月建成通车,全长215.45km(四车道189.04km,六车道26.41km,设计速度80km/h)。建成特大桥:南充华兴寺嘉陵江大桥、桂花涪江大桥、成南立交,共3座。建成大桥38座。总投资63.6亿元,资金来源:交通部车购税投入、地方投入。占地28637亩。项目管理单位:四川成南高速公路有限责任公司;勘察设计单位:四川省交通厅公路规划勘察设计研究院、中交公路规划设计研究院等;监理单位:中交国际工程咨询有限公司、四川省公路工程咨询监理公司等;施工单位:广西公路桥梁工程总公司、四川路桥建设集团公路有限公司等。

四、联络线及并行线

1.G4211(宁芜高速公路)南京至芜湖高速公路

江苏南京至马鞍山段。1996年9月开工建设,1998年9月建成通车,全长26.796km,全线四车道,设计速度100km/h。建成大桥4座。总投资5.0亿元,资金来源:交通部车购税投入、地方投入。占地2945.0亩。项目管理单位:南京市公路建设处;勘察设计单位:交通部公路规划设计院、交通部第二公路勘察设计院南京分院等;监理单位:南京公路工程监理有限责任公司;施工单位:铁道部十四工程局一处、中建八局机械化施工公司等。

安徽马鞍山至芜湖段。2002年3月开工建设,2005年12月建成通车,全长53.296km,全线四车道,设计速度120km/h。建成特大桥:姑溪河桥、芜湖东互通主线桥、荆山河桥,共3座。建成大桥26座。总投资26.1748亿元,资金来源:企业投入、银行贷款。占地7876亩。项目管理单位:安徽省马芜高速公路建设指挥部办公室、安徽省皖江高速公路建设开发有限公司;勘察设计单位:安徽省公路勘测设计院;监理单位:安徽省公路工程建设监理有限责任公司、安徽省高等级公路工程监理有限公司等;施工单位:中铁二局集团有限公司、中港一航局等。

安徽马鞍山东环高速化改造。2010 年 3 月开工建设,2011 年 7 月建成通车,全长 8.7km,全线四车道,设计速度 120km/h。建成特大桥:马鞍山东环高架桥,共 1 座。建成大桥 6 座。总投资 3.99 亿元,资金来源:地方投入。占地 341.07 亩。项目管理单位:安徽省马鞍山东环高速化改造工程指挥部、安徽省马鞍山东环路改线工程指挥部;勘察设计单位:安徽省交通规划设计研究总院股份有限公司;监理单位:安徽省高等级公路工程监理公司;施工单位:安徽省路港工程有限责任公司、安徽省公路桥梁工程公司等。

安徽马鞍山东环路改线。2010 年 6 月开工建设,2012 年 6 月建成通车,全长4.8km,全线四车道,设计速度 120km/h。建成特大桥:马鞍山东环高架桥,共 1 座。建成大桥 6 座。总投资 3.59 亿元,资金来源:地方投入。占地 122.4 亩。项目管理单位:安徽省马鞍山东环高速化改造工程指挥部、安徽省马鞍山东环路改线工程指挥部;勘察设计单位:安徽省交通规划设计研究总院股份有限公司;监理单位:安徽省高等级公路工程监理公司;施工单位:安徽省路港工程有限责任公司、安徽省公路桥梁工程公司等。

2. G4212(合安高速公路)安徽合肥至安庆高速公路

安徽合肥至高河埠及安庆连接线高速公路。1998 年 12 月开工建设,2002 年 9 月建成通车,全长 153.43km,全线四车道,设计速度 120km/h。建成特大桥:K1043 +660 特大桥、中派河特大桥,共 2 座。建成大桥 8 座。总投资 37.62 亿元,资金来源:中央补贴、地方投入、银行贷款。占地 1128.813 亩。项目管理单位:安徽省合安高速公路建设指挥部等;勘察设计单位:安徽省公路勘察设计院;监理单位:重庆安宏公路工程监理咨询有限公司、安徽省高等级公路工程监理公司等;施工单位:交通部第一公路工程局、铁道部第十四工程局等。

3. G4213(麻安高速公路)麻城至安康高速公路

湖北房县至竹溪段。2010 年 9 月开工建设,2014 年 12 月建成通车,全长127.897km,全线四车道,设计速度 80km/h。建成大桥 91 座。建成长隧道 8 座。总投资 107.802 亿元,资金来源:地方投入、银行贷款。占地 9547.46 亩。项目管理单位:湖北省谷竹高速公路建设指挥部;勘察设计单位:中交第二公路工程勘察设计研究院有限公司等;监理单位:武汉交科工程咨询有限公司等;施工单位:中交第二公路工程局有限公司等。

湖北宜城至保康段。2014 年 6 月开工建设,2017 年 4 月建成通车,全长 92.85km,全线四车道,设计速度 80km/h。建成大桥 87 座。建成特长隧道:高家坪隧道,共 1 座。建成长隧道 7 座。总投资 99.13 亿元,资金来源:企业投入、银行贷款。占地 2312.8 亩。项目管理单位:湖北交投襄随高速公路有限公司;勘察设计单位:湖北省交通规划设计院等;监理单位:湖北省公路水运工程咨询监理公司等;施工单位:中铁十一局集团有限公司、中交第一公路工程局有限公司等。

湖北襄阳东段。2011年11月开工建设,2015年2月建成通车,全长58.878km,全线四车道,设计速度100km/h。建成大桥25座。总投资37.587亿元,资金来源:企业投入、银行贷款。项目管理单位:湖北交投襄随高速公路有限公司;勘察设计单位:湖北省交通规划设计院;监理单位:武汉桥梁建筑工程监理有限公司、北京兴通工程咨询有限公司、武汉工程建设监理咨询有限公司;施工单位:中交第二公路工程局有限公司、亿阳信通股份有限公司、中集建设集团有限公司、金晟建设集团有限公司、河北龙威交通工程有限公司、北京路安交通科技发展有限公司、安徽森海园林景观建设集团有限公司。

湖北随州西段。2011年11月开工建设,2015年2月建成通车,全长55.228km,全线四车道,设计速度120km/h。建成大桥32座。总投资39.13亿元,资金来源:企业投入、银行贷款。占地6246.82亩。项目管理单位:湖北交投襄随高速公路有限公司;勘察设计单位:湖北省交通规划设计院等;监理单位:武汉工程建设监理咨询有限公司等;施工单位:中铁二十局集团有限公司等。

湖北大悟至随州段。2009年6月开工建设,2011年6月建成通车,全长84.389km,全线四车道,设计速度100km/h。建成特大桥:京广铁路特大桥,共1座。建成大桥27座。总投资32.1亿元,资金来源:地方投入。占地7748.4885亩。项目管理单位:湖北楚天鄂北高速公路有限公司;勘察设计单位:湖北省交通规划设计院股份有限公司;监理单位:湖北省公路水运工程咨询监理公司等;施工单位:湖北省路桥集团有限公司、中铁二十局集团有限公司等。

麻城至竹溪高速公路黄冈段。在建。

陕西安康至平利段。2011年9月开工建设,2015年10月建成通车,全长61.2km,全线四车道,设计速度80km/h。建成特大桥:长安镇互通主线桥、银铜湾大桥、龙潭特大桥、平利1号特大桥、平利2号特大桥,共5座。建成大桥87座。建成长隧道7座。总投资64.28亿元,资金来源:地方投入、银行贷款。占地5137.0亩。项目管理单位:陕西省交通建设集团公司安平高速公路建设管理处;勘察设计单位:陕西省交通规划设计研究院;监理单位:陕西高速公路工程咨询有限公司、陕西公路交通科技开发咨询公司等;施工单位:中铁十四局集团有限公司、中铁十八局集团有限公司等。

4. G4215(成遵高速公路)四川成都至遵义高速公路

四川成都至仁寿段。2009年9月开工建设,2012年9月建成通车,全长106.61km(四车道78.37km,六车道28.24km),设计速度80km/h、100km/h。建成特大桥1座。建成大桥25座。建成长隧道2座。总投资75.1亿元,资金来源:企业投入、银行贷款。占地10000.0亩。项目管理单位:四川成渝高速公路股份有限公司成仁分公司;勘察设计单位:四川省交通厅公路规划勘察设计研究院;监理单位:北京交科工程咨询有限公司、云南陆通建设监理咨询有限公司等;施工单位:中铁八局集团有限公司、四川川交路桥有限责任公司。

四川内江至自贡段。2009 年 12 月开工建设,2013 年 8 月建成通车,全长 112.56km,全线四车道,设计速度 80km/h。建成大桥 51 座。建成长隧道 1 座。总投资 66.97 亿元,资金来源:地方投入、银行贷款。占地 10006 亩。项目管理单位:四川成自泸高速公路开发有限责任公司;勘察设计单位:中铁二院工程集团有限责任公司、北京交科公路勘察设计研究院有限公司等;监理单位:西安华兴公路工程咨询监理有限公司、四川公路工程咨询监理公司等;施工单位:四川路桥桥梁工程有限责任公司、四川路桥建设股份有限公司、四川公路桥梁建设集团有限公司等。

四川成自泸赤高速公路泸州段。2010 年 3 月开工建设,2014 年 6 月建成通车,全长 78.424km,全线四车道,设计速度 80km/h。建成特大桥:黄舣长江特大桥、赤水河特大桥,共 2 座。建成大桥 40 座。建成长隧道 1 座。总投资 57.03 亿元,资金来源:企业投入、银行贷款。项目管理单位:四川龙光泸贵高速公路有限公司等;勘察设计单位:中交公路规划设计院有限公司、四川省交通运输厅公路规划勘察设计研究院等;监理单位:四川公路工程咨询监理公司等;施工单位:山东黄河工程集团有限公司、中交二航局第二工程有限公司等。

贵州仁怀至赤水段。2010 年 9 月开工建设,2013 年 11 月建成通车,全长 165km(其中主线 157.581km,与 S55 共线 17.737km,139.843km 属于 G4215,习水支线 6.267km),全线四车道,设计速度 80km/h。建成特大桥:土城特大桥、黄金湾特大桥、马岩沟特大桥、二郎河特大桥、桐梓河特大桥、五岔河特大桥,共 6 座。建成大桥 132 座。建成长隧道 11 座。总投资 131.0 亿元,资金来源:地方投入、银行贷款。占地 15418.6 亩。项目管理单位:贵州省公路局;勘察设计单位:中交第一公路勘察设计研究有限公司、中国公路工程咨询集团有限公司等;监理单位:贵州省交通建设咨询监理有限公司、重庆中宇工程咨询监理有限责任公司等;施工单位:中铁四局集团有限公司、贵州桥梁建设集团有限责任公司等。

5. G4216(成丽高速公路)四川成都至云南丽江高速公路

四川丽蓉高速公路。2010 年 6 月开工建设,2014 年 12 月建成通车[城区段即庄上互通至金江枢纽互通 40.5km 已于 2013 年 12 月底建成通车试运营(未收费),川滇交界段即庄上互通至福田两省交界新庄河大桥 10.7km 已于 2014 年 12 月建成],全长 51.213km,全线四车道,设计速度 80km/h。建成特大桥:庄上金沙江特大桥、宝鼎特大桥等,共 6 座。建成大桥 41 座。建成特长隧道:新庄隧道,共 1 座。建成长隧道 2 座。总投资:53.99 亿元,资金来源:企业投入、银行贷款。占地 3272 亩。项目管理单位:四川丽攀高速公司有限责任公司;勘察设计单位:四川省交通运输厅公路规划勘察设计研究院;监理单位:北京中通公路桥梁工程咨询发展有限公司,四川公路工程咨询监理公司等;施工单位:攀枝花公路桥梁工程有限公司,中交第三公路工程局有限公司等。

云南川滇界至云南华坪段。在建。

6. G4217(成昌高速公路)成都至昌都高速公路

四川成都至都江堰(灌口)段。1998年7月开工建设,2000年7月建成通车,全长40.439km,全线六车道,设计速度120km/h。建成大桥7座。总投资10.5亿元,资金来源:中央投入、银行贷款。占地4382亩。项目管理单位:成都成灌高速公路有限责任公司;勘察设计单位:铁道部第二勘测设计院、成都市公路规划勘察设计院;监理单位:四川公路工程监理事务所、成都大西南铁路监理有限公司等;施工单位:成都市路桥工程公司、中国葛洲坝水利水电工程集团公司等。

四川都江堰至映秀段。2003年9月开工建设,2009年5月建成通车,全长81.46km,全线四车道,设计速度80km/h。建成特大桥:庙子坪特大桥,共1座。建成大桥7座。建成特长隧道:紫坪铺隧道、龙溪隧道,共2座。总投资31.57亿元,资金来源:交通部车购税投入、银行贷款。占地1761亩。项目管理单位:四川都汶公路有限责任公司;勘察设计单位:四川省交通运输厅公路规划勘察设计研究院等;监理单位:铁科院(北京)工程咨询有限公司、四川省公路工程咨询监理事务所等;施工单位:四川公路桥梁建设集团有限公司、四川路桥建设股份有限公司等。[其中,25.858km属于G4217(蓉昌高速公路)]

四川汶川至映秀段。2009年5月开工建设,2012年12月建成通车,全长48.27km,全线四车道,设计速度80km/h。建成特大桥:连山村特大桥,共1座。建成大桥30座。建成特长隧道:福堂隧道、映秀隧道、桃关2号隧道,共3座。总投资49.9亿元,资金来源:交通运输部车购税投入、银行贷款。占地1833亩。项目管理单位:四川都汶公路有限责任公司;勘察设计单位:四川省交通运输厅公路规划勘察设计研究院等;监理单位:山东格瑞特监理咨询有限公司、湖南金路工程咨询监理有限公司等;施工单位:中铁十五局集团有限公司、四川路桥建设股份有限公司等。

7. G4218(雅叶高速公路)雅安至叶城高速公路

待建。

8. G4219(曲乃高速公路)曲水至乃东高速公路

待建。

9. G42S(沪鄂高速公路)上海至武汉高速公路

江苏江阴至太仓段。2001年7月开工建设,2004年8月建成通车,全长108.692km,四车道75.430km,六车道33.262km,设计速度120km/h。建成特大桥:青阳互通主线桥、峭岐枢纽主线桥、张家港互通主线桥、常福公路立交、太仓互通主线桥,共5座。建成大桥29座。总投资44.26亿元,资金来源:地方投入、银行贷款。占地8517.0亩。项目管理单位:江苏省高速公路建设指挥部;勘察设计单位:中交第一公路勘察设计研究院、河海大学设计院等;监理单位:江苏东南交通工程咨询监理有限公司、江苏省交通工程咨询监理有限公司等;施工单位:中国路桥集团第一公路工程局、中国路桥集团第二公路工程局等。[其中,33.262km 与 G15(沈海高速公路)共线。]

江苏常州至江阴段。2001 年 11 月开工建设,2004 年 11 月建成通车,全长 26.02km,全线四车道,设计速度 120km/h。建成特大桥:横林枢纽主线桥、戚墅堰互通主线,共 2 座。建成大桥 8 座。总投资 15.65 亿元,资金来源:地方投入、企业投入、银行贷款。占地 4217.416 亩。项目管理单位:江苏省高速公路建设指挥部;勘察设计单位:江苏省交通规划设计院、常州市建筑设计研究院等;监理单位:北京路桥通工程咨询监理有限公司、山东潍坊交通工程监理中心等;施工单位:中港二航局、中铁十三局集团有限公司等。

溧水至马鞍山高速公路江苏段。2010 年 10 月开工建设,2013 年 12 月建成通车,全长 37.479km,全线六车道,设计速度 120km/h。建成特大桥:一干河特大桥,共 1 座。建成大桥 4 座。总投资 24.46 亿元,资金来源:地方投入、银行贷款。占地 5291.748 亩。项目管理单位:南京市高速公路建设指挥部;勘察设计单位:江苏省交通规划设计院股份有限公司;监理单位:北京路桥通国际工程咨询监理有限公司等;监督管理单位:江苏省交通运输厅工程质量监督局;施工单位:中铁十五局集团有限公司等。

江苏南京至常州段。2003 年 10 月 27 日开工建设,2007 年 9 月建成通车(2003 年 10 月 27 日开工建设先导段,其他标段分别于 2004 年 11 月、2005 年 1 月进场开工。全线于 2007 年 9 月底建成通车),全长 89.971km,全线六车道,设计速度 120km/h。建成特大桥:武进高新区高架桥、滆湖东特大桥、滆湖西特大桥,共 3 座。建成大桥 37 座。总投资 57.8412亿元,资金来源:地方投入、企业投入、银行贷款。占地 4217.416 亩。项目管理单位:江苏省高速公路建设指挥部;勘察设计单位:江苏省交通规划设计院有限公司、中国公路工程咨询总公司等;监理单位:中国公路工程咨询总公司、北京路桥通工程监理咨询有限公司等;监督管理单位:江苏省交通运输厅工程质量监督局;施工单位:中铁十四局集团有限公司、中铁一局集团有限公司等。

湖北汉英高速公路。2000 年 8 月开工建设,2004 年 12 月建成通车,全长 27.37km,全线四车道,设计速度 120km/h。建成特大桥:新河大桥、武湖特大桥,共 2 座。建成大桥 10 座。总投资 19.474 亿元,资金来源:地方投入、银行贷款。占地 2600.262 亩。项目管理单位:湖北汉新高速公路有限责任公司;勘察设计单位:中交第四航务工程勘察设计院;监理单位:中国公路工程咨询监理总公司;施工单位:四川省公路桥梁建设集团有限公司、中铁十七局集团第一工程有限公司、中铁十三局集团第四工程有限公司等。

湖北武汉至英山段。2006 年 10 月开工建设,2009 年 12 月建成通车,全长131.14km,全线四车道,设计速度 80km/h、100km/h。建成特大桥:倒水河特大桥、举水河特大桥、沙河特大桥、石桥铺特大桥、东河特大桥,共 5 座。建成大桥 70 座。建成长隧道 2 座。总投资 56.32 亿元,资金来源:中央投入、地方投入、银行贷款。占地 12891.01 亩。项目管理单位:武英高速公路建设项目部;勘察设计单位:中交第二公路勘察设计研究院、湖北省交通规划研究院;监理单位:铁四院工程监理咨询公司、湖北省公路工程咨询监理中心等;施工单位:中铁十五局集团有限公司、中铁一局集团有限公司等。

安徽岳西至武汉段。2012年11月开工建设,2015年12月建成通车,全长46.24km,全线四车道,设计速度80km/h。建成特大桥:余河大桥、管塘大桥、畈上大桥、千山大桥,共4座。建成大桥24座。建成特长隧道:明堂山隧道、曹河特长隧道,共2座。建成长隧道4座。总投资52.58亿元,资金来源:地方投入。占地3209.0亩。项目管理单位:安徽省高速公路控股集团有限公司;勘察设计单位:安徽省交通规划设计研究院;监理单位:安徽省公路工程建设监理有限责任公司、中国公路咨询集团有限责任公司等;施工单位:中铁隧道集团二处有限公司、中交一公局桥隧工程有限公司等。

安徽马鞍山至巢湖段。2010年6月开工建设,2013年12月建成通车,全长35.772km,全线四车道。总投资23.986亿元,资金来源:地方投入、银行贷款。占地3964亩。项目管理单位:安徽省交通投资集团有限责任公司;勘察设计单位:安徽省交通规划设计研究总院股份有限公司;监理单位:安徽中兴工程建设监理所、安徽省高等级公路工程监理有限公司等;施工单位:中交第四公路工程局有限公司、安徽水利开发股份有限公司等。

10. G4201 成都绕城高速公路

成都绕城高速公路东段。1999年1月开工建设,2001年12月建成通车,全长43.097km,全线六车道,设计速度100km/h。建成特大桥:府河大桥,共1座。建成大桥5座。总投资22.61亿元,资金来源:地方投入、银行贷款。占地6211亩。项目管理单位:四川省成绵(乐)高速公路建设指挥部;勘察设计单位:四川省交通运输厅公路规划勘察设计研究院;监理单位:重庆中宇监理公司、四川国际工程监理公司等;施工单位:四川公路桥梁建设集团有限公司、广东六达交通工程公司等。

成都绕城高速公路西段。1999年11月开工建设,2001年12月建成通车,全长41.903km,全线六车道,设计速度100km/h。建成特大桥:府河大桥,共1座。建成大桥8座。总投资20.18亿元,资金来源:中央投入、银行贷款。占地5374亩。项目管理单位;成都双流高频集团、成都高速公路建设开发有限公司、四川高速公路建设开发总公司。勘察设计单位:四川省公路规划勘察设计院、成都市建筑设计院等;监理单位:北京成明达监理咨询有限公司、北京育才交通工程咨询监理事务所等;施工单位:铁道部第五工程局、成都市建筑工程总公司等。

五、先进技术的研究与应用

1. 特长公路隧道双洞互补式网络通风技术研究(湖北)

麻武高速公路首创了双洞互补式网络通风理论;首次提出了通过横通道设置调节风

机进行风量分配的通风模式、换气风道位置及换气风量的计算公式,编制了相关计算软件,建立了互补式网络通风方式和设计方法;建立了基于互补式网络通风理论的数值仿真计算模型,开发了技术先进的双洞互补式网络通风物理模型系统,保证了试验成果的可靠性和有效性,验证了互补式网络通风理论及设计方法的正确性;首次运用互补式网络通风设计方法,使通风系统总体规模大幅降低,运营费用下降,经济效益显著。研究成果已在湖北、江西、重庆、甘肃等省市高速公路实体工程中得到应用,取得了显著的社会、经济效益,具有推广应用价值。

2. 麻武高速公路关键技术研究(湖北)

麻武高速公路从节能环保的理念出发,通过理论分析和现场监测数据回归分析,提出了高边坡爆破震速衰减计算公式,确定了隧道光面爆破的最佳纵向不耦合系数和最佳堵塞段长度,降低了爆破对环境和工程的影响,减少了爆破材料的用量;从低碳环保的理念出发,采用聚合物乳液与聚酯纤维对水泥混凝土进行复合改性,研制了一种密实、高温、耐磨、黏结力强的路面功能层新型材料,提出了新型的 RCC-PCC 复合式隧道路面结构;开发了一种以废橡塑材料为弹性转子的新型防撞护栏,分析了新型防撞护栏的防撞机理,提出了弹性转子的配合比、性能和生产工艺要求,制定了新型防撞护栏安装规程。

3. 软黏土固结过程中的微结构效应与高速公路软基监控研究(湖北)

武英高速公路通过分析软黏土固结过程中的微结构效应,从理论模型分析到实际监测过程中的对比,通过监控数据得出填土速率及土压力对固结的影响,通过科学指导施工,有效地提高了施工水平,改进了施工工艺,并对软基路堤的施工稳定性控制标准进行了较系统的研究,提出了更为合理的施工稳定性控制指标。研究了压实度和施工机械的关系、压实度与土的颗粒组成的关系、压实度验收程序的不足以及改进方法、控制空隙率的原理和方法,通过大量的葡氏试验,利用土的基本属性分析与总结,估算最大干密度和最佳含水率的回归公式,制定一套压实度和空隙率双验收标准;进行了土石混填路堤和填石路堤的压实研究、压实度和施工成本关系的研究,压实功与压实度之间关系的研究,压实度提高后对道路其他施工数据(路基弯沉、沉降等)的影响分析。

4. 武英高速公路片麻岩高性能混凝土的研究及应用(湖北)

高性能混凝土是一种新型高技术混凝土,是以耐久性为基本要求并满足工程其他特殊性能和匀质性要求,通过优化混凝土原材料及其配合比,经科学施工,使耐久性、工作性等各种力学性能,以及适用性、体积稳定性与经济合理性得到保证的水泥基混凝土。混凝土达到高性能最重要的技术手段是使用新型高效减水剂和矿物掺合料。前者能降低混凝土的水胶比、增大坍落度和控制坍落度损失,即赋予混凝土高的密实度和优异的施工性能;后者能减少水泥的用量,填充胶凝材料的空隙,参与胶凝材料的水化反应,提高混凝土的密实度，改善混凝土的界面结构，提高混凝土的耐久性与强度。高性能混凝土不仅在性能上与传统混凝土有很大突破，在节约资源、节省能源、改善劳动条件、经济合理等方面，尤其对环境有着十分重要的意义，因此是一种可持续发展的绿色混凝土。高性能混凝土不仅要求具有较高（或满足强度设计要求）的强度，更强调在特定使用环境下必须具有高耐久性、体积的高稳定性，以及施工的高可操作性与经济合理、可持续发展性。

5. 钢箱梁桥面新型铺装层沥青与结构设计及其工程应用（湖北）

在武英高速公路施工项目中，提出了三种不同的钢箱梁桥面铺装方案进行研究。技术方案1：采用耐高温的环氧机构胶和玄武岩颗粒对钢箱梁桥面进行粗糙化处理，铺装高黏度改性沥青制备的高抗剪、高黏结性的SMA混合料，提高了铺装层材料与钢板之间的抗剪、抗滑移性能；技术方案2：在钢箱梁桥面铺装2～3cm环氧沥青混凝土，再铺装4cmSMA混合料，降低工程造价；技术方案3：采用在钢箱梁桥面板上焊接剪力件，铺设加筋网和浇筑高强、高韧、高耐久轻集料混凝土来提高桥面铺装层的韧性、抗弯、抗剪、抗疲劳性能以及其与钢板之间的协同变形性能，解决钢箱梁桥面铺装中出现“拥包”和“推移”等难题。通过对以上三种方案进行技术经济分析，确定了武英高速公路钢箱梁桥面耐久铺装材料与结构优化设计方案，并进行工程应用。

六、复杂技术工程

1. 重庆汤溪河特大桥

汤溪河特大桥全桥长950m，宽24.5m，连续T形钢筋混凝土结构，其深水（墩位处最大水深12m）、高墩（最大墩高157m）、大跨径（主跨230m）的综合施工难度在国内乃至亚洲同期同类型桥梁中均位居前列，有库区第一高桥之称。该大桥采取悬浇法、托架法和吊架法相结合的施工方法，填补了国内公路桥梁在连续刚构桥梁施工领域的空白，对同类型桥梁建设具有参考价值。这一施工方法能够有效解决传统工艺存在的诸多问题，安全风险低、成本投入少、工期短。有关专家对该施工方法做出高度肯定，并建议在全国同类型桥梁施工中推广使用。

2. 重庆澎溪河特大桥

澎溪河特大桥位于重庆市云阳县内长江支流的澎溪河上，长1001m，宽27.4m，高110m，为双塔双索面斜拉桥，主跨316m。该桥的主墩最大截面长28.6m，宽16.19m。同时，其墩身采用的液压爬模施工技术在重庆属首次，在全国也属先进水平。

3. 重庆大宁河特大桥

重庆大宁河特大桥位于国家重点公路杭州至兰州线重庆巫山至奉节段（巫山县巫峡镇白水村），大桥全长682m。大宁河特大桥主桥为净跨径400m钢桁上承式拱桥，矢跨比

1/5，拱脚固接，固端拱体系，跨径规模居钢桁上承式拱桥世界第二、中国第一。大桥为四车道高速公路特大桥，桥面宽24.5m。桥面行车道结构采用16孔跨度27m钢—混凝土组合连续梁，混凝土桥面板上采用9cm沥青混凝土铺装。该桥主跨钢结构采用全焊式，即杆件、桁片工厂焊接制造，分桁片节段运输、现场吊装焊接而成。桁架为整体节点、节点外对接焊拼装，现场对接焊缝板件最大厚度48mm，控制焊接变形和焊后残余应力是影响拱轴线线形和结构抗疲劳性能的关键。大桥主拱肋采用三片等高桁架结构，桁高10m，桁架上下弦杆采用箱形断面，上下横联采用“工”形断面。拱上立柱采用钢排架结构，横向三根立柱与三片桁架相对应，设横向交叉提高立柱稳定性。拱上立柱纵向间距27m，立柱采用钢箱结构。

4. 贵州桐梓河特大桥

桐梓河特大桥位于贵州省习水县二郎乡，桥梁跨越桐梓河，并跨X306县道。全桥跨径组成：12×30m T梁+（108+2×200+108）m连续刚构+50×30m T梁，桥梁全长1131.6m。最大桥高222.6m左右，最深桩基55m，孔径2.5m；大体积混凝土承台25m×25m×5m；最大墩高为14号墩172m，墩身0～60m为9箱室截面，60～122m为6箱室截面，122～172m为4箱室截面，该墩结构复杂，施工难度较大；主桥0号块高达12.2m，中跨共24块段，边跨26块段；桥面为双线四车道，行车宽度2×3.75m（单向）。全桥桩基共172根，承台系梁共38个，圆柱墩24根，空心薄壁墩22座，盖梁31个，预制T梁255片，刚构块段共152块。桥址区地形起伏较大，该桥南北向跨越桐梓河“V”形河谷，宽约70～100m，常年流水，水量较大。两岸地形陡峭，坡度近似直立，便道施工难度大。

5. 湖北东河特大桥

东河特大桥桥址处在古老变质岩丘陵区河谷地带，地基松散覆盖层厚最大厚度为13.8m，下伏基岩风化带发育，两岸地形较陡峭。在K121+460附近发现有一走向近南北，倾向东，倾角40°～60°，可见宽度2～3m的构造破碎带，同时在钻孔SK13、SK14以南约40m处发现一条次级小断裂。该桥K121+383～K121+450段位于杨柳互通内变宽段。第一跨采用20m钢筋混凝土箱梁，第二跨和第三跨左半桥采用40m组合T梁，左半桥的第二跨和第三跨之间为桥面连续，左半桥第三跨40m组合T梁外边悬臂长度从110cm渐变为91cm，以适应杨柳互通的需要；左半桥第二跨外边梁悬臂长度为110cm，内边梁长度为91cm；右半桥第二跨内边梁悬臂长度为91cm，跨中部分悬臂长度根据平面曲线半径$R=1600$m而变化，翼板纵向钢筋间距适当变化；右半桥第二跨外边梁悬臂长度为91cm，不随平面曲线而变化，以方便杨柳互通二期工程的加宽。第一跨20m钢筋混凝土箱梁悬臂长度与第二跨组合T梁悬臂长度保持一致，以利于桥的美观。总体施工技术：下部桩基根据地质情况，4～36号墩采用冲击钻成孔，其余墩桩基础采用人工挖孔施工，钢筋笼采用吊车配合人工进行安装，钻孔桩采用导管法灌注水下混凝土，挖孔桩根据孔底涌水量大小采用灌注水下混凝土或者干灌，超声波无损检测桩基质量，其中13～22号墩水中钻孔桩安排在旱季围堰筑岛施工。承台和系梁基础采用挖掘机开挖，人工配合修整基坑，人工绑扎，大块钢模板模筑施工。普通双柱桥墩采用大块整体钢模板，人工配合吊车安装；Y形墩采用定型钢模板，下部直线采用一次或两次浇筑，上部分叉部分分两段两次浇筑。第一跨20m现浇梁采用满堂支架现浇，其他30/40m T梁在预制场预制，采用架桥机架设。

6. 湖北大别山隧道

大别山隧道是沪蓉高速公路全线重点控制性工程。隧道长4908m，最大埋深约456.29m，隧道进口为圆弧形削竹式洞门，出口为端墙式洞门。采用上下线分离的四车道高速公路隧道，建筑限界净宽10.75m，净高5.0m，采用六心圆曲墙式衬砌。围岩级别主要为Ⅱ、Ⅲ、Ⅳ、Ⅴ级围岩。该隧道于2008年8月9日开工，2010年12月28日交工。

7. 重庆摩天岭隧道

摩天岭隧道全长7360m，全程高差多达60m，最大埋深880m。摩天岭隧道地质结构复杂，岩爆、岩溶、坍塌、掉块、突水突泥等不良地质现象也较多。隧道施工建设中，广大建设者充分发挥科技攻关的优势，超前谋划，精心组织，攻克了长大隧道测量探测、独头掘进距离长、洞身开挖爆破、通风排烟难、反坡排水难、突水突泥及涌水治理等多项科技难关，并成功地采用了“长大隧道长管棚支护施工技术”“长大隧道施工断面快速测量方法”“长大隧道监控测量”“钢纤维喷射混凝土单层衬砌技术”等多项先进隧道施工技术，为我国高速公路复杂地质条件下长大隧道施工积累了宝贵的经验。

8. 贵州莫洛隧道

莫洛隧道位于贵州省习水县境内二郎坝乡莫洛村附近，设计为上下行分离式长隧道，隧道穿越地层岩性分别为泥质页岩、泥岩、页岩及灰岩，部分页岩段夹有煤层，其中左线ZK56+982～ZK57+233(251m)、右线YK56+960～YK57+219(259m)穿越瓦斯煤系地层段。隧道在习水福平煤矿井田北段穿过，含煤层十余层，煤层倾角平均35°，平均含煤总厚11.52m，根据《矿井瓦斯涌出量预测方法》(AQ1 018—2006)，采用分源预测法对矿井瓦斯涌出量进行预测，经计算矿井在+500m水平时其C8煤层瓦斯涌出量最大。矿井相对瓦斯涌出量为46.50m^3/t，矿井绝对瓦斯涌出量为29.36m^3/min。掘进工作面绝对瓦斯涌出量为0.57m^3/min。根据预测结果分析判断该矿区为高瓦斯煤层。2012年1月16日，莫洛隧道穿越瓦斯煤系地层二次衬砌全部封闭，至此莫洛隧道过瓦斯煤系段施工全部结束。

9. 安徽明堂山隧道

明堂山隧道全长7530m,2012年12月19日开始施工,2015年7月3日完成隧道防火涂料及瓷砖装修施工。关键技术有:隧道快速施工技术,Ⅳ、Ⅴ级围岩采用三台阶七步流水施工技术快速施工;Ⅲ级围岩台架全断面施工技术;采用挖掘机配合装载机装渣,缩短装渣时间,重载汽车按正常施工1.5倍配置;合理调配施工工序,错开左右线施工工序,利用掌子面钻孔时间施工锚杆和钢筋网,加快隧道施工。

第十一节　G50(沪渝高速公路)上海至重庆高速公路

G50(沪渝高速公路)是国家"71118+6"高速公路网18条东西横线中的第十一横,是连接上海、江苏、浙江、安徽、湖北、重庆六省(直辖市)的重要省际通道。G50(沪渝高速公路)贯穿我国长江经济带南部,是长江三角洲都市圈沿江向中西部辐射的重要通道,对长江经济带南部的发展具有重要的支撑作用,对于加强长三角区域的经济活动往来具有重大意义,使中国东南沿海区域与内陆联系更加密切。

G50(沪渝高速公路)起点位于上海闵行区外环延安西路立交,终点位于重庆渝北北环互通。规划里程1711.47km,通车里程1684.015km,四车道1533.029km,六车道150.986km。经过上海、江苏(苏州、常州、镇江、南京)、浙江(湖州)、安徽(宣城、芜湖、铜陵、池州、安庆)、湖北(黄冈、黄石、鄂州、武汉、孝感、仙桃、荆州、荆门、宜昌、恩施土家族苗族自治州)、重庆。1987年武黄高速公路率先开始施工,2014年12月安徽安庆长江大桥北岸接线建成,G50(沪渝高速公路)全线贯通。

拥有联络线五条:

G5011(芜合高速公路)芜湖至合肥高速公路,起点位于安徽省芜湖枢纽,终点位于安徽省合肥市肥东县陇西枢纽立交。规划里程161.82km,通车里程160.150km,四车道152.002km,一级路8.148km。途经芜湖、巢湖、合肥。目前,G5011(芜合高速公路)已全线建成通车。

G5012(恩广高速公路)恩施至广元高速公路,起点位于湖北省利川市凉雾乡利川西互通,终点位于四川省乐山张徐坝枢纽。规划里程478.11km,通车里程355.218km,全线四车道。途经利川、万州、开县、达州、巴中、广元。目前,重庆段尚未建成通车。

G5013(渝蓉高速公路)重庆至成都高速公路,起点位于重庆市沙坪坝,终点位于四川省安岳忠义乡(川渝界)。规划里程254.00km,通车里程183.603km,全线六车道。途经重庆、大足、安岳、成都。目前,四川段尚未建成通车。

拥有并行线一条:

G50S(沪渝南线高速公路)石柱至重庆高速公路,起点位于重庆市石柱县石柱互通,终点位于重庆市G50S南岸收费站。规划里程220.00km,通车里程149.277km,全线四车道。途经石柱、丰都、涪陵、重庆。目前,重庆丰都高家至涪陵李渡尚未建成通车。

一、路线概况

G50(沪渝高速公路)路线信息见表10-37,沿线互通、出入口、服务区信息见表10-38,并行线、联络线路线信息见表10-39,并行线、联络线沿线互通、出入口、服务区信息见表10-40。

G50(沪渝高速公路)路线信息表 表10-37

编号	省份	省内起点	省内终点	途经市、县	通车里程(km)
G50	上海	闵行区外环延安西路立交	青浦区金泽镇(沪苏界)	闵行区、青浦区、松江区	48.319
	江苏	芦墟(苏沪界)	八都(苏浙界)	吴江市	49.947
	浙江	浙苏省界(南浔)	浙皖省界(界牌)	湖州市南浔区、吴兴区、长兴县	88.225
	安徽	宣城市广德县祠山岗界牌(皖浙界)	安庆宿松县佐坝乡(皖鄂界)	宣城市、广德县、郎溪县、宣州区、芜湖市、芜湖县、鸠江区、弋江区、三山区、繁昌县、铜陵市、义安区、郊区、池州市、贵池区、东至县、安庆市、迎江区、宜秀区、怀宁县、潜山县、太湖县、宿松县	437.153
	湖北	黄梅县独山镇界子墩	利川市白羊塘	黄梅县、武穴市、蕲春县、浠水县、黄石市、鄂城区、华容区、江夏区、蔡甸区、汉川市、仙桃市、潜江市、沙市区、荆州区、枝江市、夷陵区、猇亭区、宜都市、长阳土家族自治县、巴东县、建始县、恩施市、利川市	787.017
	重庆	石柱县冷水收费站	渝北北环互通	石柱县、忠县、垫江县、长寿区、江北区	273.354

G50(沪渝高速公路)沿线互通、出入口、服务区信息表 表10-38

编号	省份	沿线互通	出入口	服务区
G50	上海	同三、嘉金、嘉闵、虹渝、外环互通	中春路、徐南路、徐泾主线收费站、沪亭北路、嘉松中路、青浦城区、朱枫公路、西岑、金泽、沪苏主线收费站出入口	淀山湖服务区
	江苏	芦墟、芦墟、北厍、黎里、平望枢纽、平望、横扇、七都互通	芦墟、北厍、黎里、平望、横扇、七都出入口	平望服务区
	浙江	南浔、织里、湖州、李家巷枢纽、长兴西、林城、泗安枢纽、泗安互通	浙苏主线、南浔、织里、湖州、长兴西、林城、泗安、浙皖省际出入口	湖州、长兴服务区

续上表

编号	省份	沿线互通	出入口	服务区
G50	安徽	广德东、广德、广德西、誓节枢纽、十字、宣城枢纽、宣城东、宣城西、芜宣枢纽、湾沚、六郎枢纽、芜湖枢纽、芜湖南、娥桥、繁昌、铜陵枢纽、上水桥枢纽、九华山北、池州、殷汇、大渡口、大渡口枢纽、安庆大桥、安庆、安庆北、鸽子墩枢纽、车轴寺、潜山枢纽、太湖、宿松互通	皖浙主线、广德东、广德、广德西、十字、宣城东、宣城西、湾沚、芜湖南、娥桥、繁昌、铜陵、九华北、安庆北、池州、殷汇、大渡口、安庆大桥、安庆、安庆北、车轴寺、潜山、太湖、宿松主线出入口	广德、绿锦、新竹、千军、顺安、天门、马衙、牛头山、大龙山、公岭、王河、太湖、宿松服务区
	湖北	黄梅、大广北、大广南、豹澥、武汉南、郑店、汉洪军山、永安、珠玑、岳桥、高家店、翻坝桥南互通	花桥、武穴、蕲春、散花、花湖东、汀祖、鄂州、路口、蒲团、庙岭、凤凰山、江夏、金口、军山、武汉西、北河、仙桃、毛嘴、潜江、后湖、丫角、沙市、荆州、枝江、安福寺、猇亭、宜都、长阳、高家堰、贺家坪、榔坪、巴东、高坪、建始、恩施东、恩施、恩施西、白果坝、利川、汪营、白羊塘收费站出入口	宜昌大桥、高家堰、崔坝、恩施、白羊塘服务区,金口、野三关、朝阳坡、白果坝、凉雾、付家坝、界子墩、黄梅、二里湖、鄂州、江夏、永安、仙桃、潜江、八岭、枝江西、枝江停车区
	重庆	石柱、太平、长寿湖、桃花街、绕城渝宜互通	冷水主线、河源、沙子、石柱、大歇、磨子、普乐、忠县、白石、永丰、新立、高安、澄溪、云台、合兴、长寿、晏家、洛碛、箭沱湾、复盛、江北主线出入口	垫江、冷水、三店、忠州、复盛、晏家、新立、江东、丰都、方斗山、长寿服务区

G50(沪渝高速公路)联络线、并行线路线信息表　　表10-39

编号	省份	省内起点	省内终点	途经市、县	通车里程(km)
G5011	安徽	芜湖枢纽互通	合肥市肥东县陇西枢纽互通立交	芜湖市、鸠江区、马鞍山市、含山县、合肥市、巢湖市、肥东县	160.150
G5012	湖北	利川市凉雾乡利川西互通	利川市谋道镇梯子岩	利川市	355.218
	重庆	利川至万州在建,万州至达州界待建			
	四川	成都绕城高速白家枢纽	乐山张徐坝枢纽	成都市、眉山市、彭山县、眉山市辖区、青神县、乐山市、夹江县、乐山市辖区	
G5013	重庆	沙坪坝	渝川界	重庆市、璧山区、铜梁区、大足区	183.603
	四川	利川至万州在建,万州至达州界待建			
G50S	重庆	石柱县石柱互通	G50S南岸收费站	石柱县、丰都县、涪陵区、巴南区、南岸区	149.277

G50(沪渝高速公路)联络线、并行线沿线互通、出入口、服务区信息表　　表10-40

编号	省份	沿线互通	出入口	服务区
G5011	安徽	陇西枢纽、王铁、柘皋、巢湖、含山、芜湖北、芜湖枢纽互通	王铁、柘皋、巢湖、含山、雍镇主线、通江大道、芜湖长江大桥、芜湖主线出入口	福山服务区

续上表

编号	省份	沿线互通	出入口	服务区
G5012	湖北	利川西、凉雾、南坪互通	利川西、凉雾、齐岳山收费站出入口	长乐服务区
	重庆	待建		
	四川	白家、二绕成雅、青龙场、张徐坝互通	观音、绵竹、乐山、夹江、眉山、青神、青龙、彭山出入口	夹江天福、眉山服务区
G5013	重庆	渝西、璧山、福禄、大庙、万古、大足东互通	沙坪坝、璧山、福禄、大庙、万古、大足东出入口	无
	四川	在建		
G50S	重庆	石柱、石柱西、高家、丰都东、丰都、丰都西、清溪、涪陵南、龙桥、龙头港、双河口、绕城东互通	石柱、石柱西、高家、丰都东、丰都、丰都西、清溪、涪陵南、龙桥、龙头港出入口	石柱、丰都、涪陵东、涪陵西服务区

二、路网关系

G50(沪渝高速公路)路网关系示意图如图10-11所示。

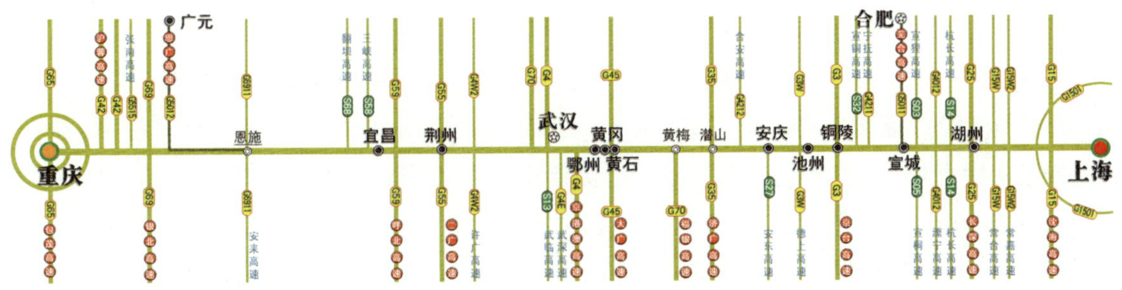

图10-11　G50(沪渝高速公路)路网关系示意图

三、建设历程

1. 上海段

2000年4月开工建设,2007年12月建成通车,全长48.32km,四车道27.47km,六车道20.85km,设计速度100km/h。建成特大桥:沪青平入城段特大桥、入城段高架特大桥、拦路港特大桥、A9莲西立交特大桥、金泽立交特大桥,共5座。建成大桥13座。总投资47.08亿元,资金来源:地方投入、企业投入。占地10351.55亩。工程分东、中、西段建设,东段(入城段)工程由上海市公路管理处建设,项目管理单位:上海沪青平外环立交工程建设指挥部;勘察设计单位:上海市城市建设设计研究院、铁道部第一勘测设计院;监理单位:上海市交大建通监理公司、上海公成监理公司等;施工单位:上海市第七建筑有限公司、上海市第二市政工程有限公司、上海市第一市政工程有限公司等。中、西段工程由上海沪青平高速公路建设发展有限公司建设。中段项目管理单位:上海市市政工程建设处

(代建),西段项目管理单位:上海市政建设工程管理有限公司(代建);中、西段勘察设计单位:上海市城市建设设计研究院,上海市园林设计院;中、西段监理单位:上海斯美监理咨询有限公司、上海正弘工程造价咨询有限公司、北京双环工程咨询有限公司等;中段施工单位:上海建工(集团)公司、上海隧道工程股份有限公司等;西段施工单位:中铁十七局集团第二工程有限公司、上海城建(集团)公司等。

2. 江苏沪苏浙高速公路

2005 年开工建设,2008 年建成通车,全长 49.949km,全线六车道,设计速度 120km/h。建成特大桥:太浦河特大桥、京杭运河特大桥、平望枢纽主线特大桥、三白荡特大桥、莘塔高架特大桥、芦墟互通主线特大桥,共 6 座。建成大桥 38 座。总投资 37.9 亿元,资金来源:地方投入、企业投入、银行贷款。占地 6021.0 亩。项目管理单位:苏州市高速公路建设指挥部;勘察设计单位:中交第一公路勘察设计研究院;监理单位:江苏交通工程咨询监理有限公司、苏州路达工程监理咨询有限公司等;施工单位:中国建筑第八工程局、中港第二航务工程局等。

3. 浙江申苏浙皖高速公路

2003 年 7 月开工建设,2006 年 10 月建成通车,全长 88.23km,四车道 27.34km,六车道 60.89km,设计速度 100km/h、120km/h。建成特大桥:湖申线特大桥、李家巷主线特大桥、长兜港特大桥、织里互通主线特大桥、吴越分离特大桥,共 5 座。建成大桥 49 座。建成长隧道 1 座。总投资 52.34 亿元,资金来源:地方投入、企业投入、银行贷款。占地 7628.73 亩。项目管理单位:湖州市高速公路指挥部、长兴县申苏浙皖高速公路工程建设指挥部;勘察设计单位:浙江省交通规划设计研究院;监理单位:江苏交通工程咨询监理公司、浙江公路水运工程咨询监理公司等;施工单位:中铁十九局集团第三工程有限公司、中铁一局集团第一工程有限公司等。

4. 安徽广德至祠山岗段

2002 年 7 月开工建设,2004 年 7 月建成通车,全长 13.49km,全线四车道,设计速度 100km/h。建成大桥 1 座。总投资 2.99 亿元,资金来源:企业投入、银行贷款。占地 1551.96 亩。项目管理单位:安徽省广祠高速公路建设指挥部;勘察设计单位:安徽省公路勘测设计院;监理单位:安徽省高等级公路工程监理有限公司;施工单位:中铁四局有限公司、安徽省宿州市路桥工程公司等。

5. 安徽宣州至广德段

1993 年 3 月开工建设,1997 年 9 月建成通车,全长 62.2km,全线四车道,设计速度 100km/h。建成特大桥:水阳江特大桥,1 座。建成大桥 7 座。总投资 4.5 亿元,资金来源:交通部车购税投入、地方投入、银行贷款。占地 5265.0 亩。项目管理单位:318 国道宣广段改造工程指挥部;勘察设计单位:安徽省公路勘测设计院;监理单位:318国道宣广段改造工程指挥部总监办;施工单位:铁道部十四局等。

6. 安徽宣城至铜陵段

2006年5月开工建设,2008年1月停工,2013年4月复工,2015年12月建成通车,全长82.68km,全线四车道,设计速度100km/h、120km/h。建成特大桥:漳河特大桥、青弋江特大桥、水阳江特大桥,共3座。总投资64.5亿元,资金来源:企业投入、银行贷款。占地9676亩。项目管理单位:安徽省交通控股集团有限公司;勘察设计单位:安徽省交通规划设计研究院有限公司;监理单位:安徽中兴工程建设监理所、江西省公路工程监理公司等;施工单位:中铁隧道集团有限公司、北京鑫旺路桥建设有限公司等。

7. 安徽沿江高速(中段)

2005年10月开工建设,2008年6月建成通车,全长53.34km,全线四车道,设计速度100km/h。建成特大桥:清溪河特大桥、杨山河特大桥、青通河特大桥、D匝道桥、C匝道桥、B匝道桥、分离立交特大桥,共7座。建成大桥12座。总投资22.32亿元,资金来源:企业投入、银行贷款。占地5501.50亩。项目管理单位:安徽省高速公路控股集团有限公司;勘察设计单位:安徽省公路勘测设计院、合工大建筑设计院等;监理单位:北京路桥通监理公司、安徽省高等级公路工程监理有限公司等;施工单位:中铁四局第一工程有限公司、中国建筑第五工程局等。

8. 安徽沿江高速(东段)

2004年6月开工建设,2007年6月建成通车,全长60.6km,全线四车道,设计速度100km/h。建成特大桥:漳河特大桥,共1座。建成大桥11座。总投资20.19亿元,资金来源:企业投入、银行贷款。占地5674.98亩。项目管理单位:安徽省高速公路控股集团有限公司;勘察设计单位:安徽省公路勘测设计院、合工大建筑设计院等;监理单位:安徽中兴工程建设监理所、中国公路工程咨询监理总公司等;施工单位:中铁十四局集团第一工程有限公司、中铁五局集团第三工程有限公司等。

9. 安徽毛竹园至大渡口段

2004年4月开工建设,2006年12月建成通车,全长49.7km,全线四车道,设计速度100km/h。建成特大桥:大渡口互通I匝道特大桥、大渡口互通F匝道特大桥、林东特大桥、黄溢河特大桥、乌龙河特大桥、清溪河特大桥,共6座。建成大桥19座。总投资22.47亿元,资金来源:地方投入、企业投入、银行贷款。占地5218.0亩。项目管理单位:安徽沿江高速公路有限公司;勘察设计单位:安徽省公路勘测设计院;监理单位:安徽中兴工程建设监理所、安徽省公路工程建设监理有限公司等;施工单位:中铁四局集团第一工程有限公司、中国建筑第五工程局等。

10. 安徽安庆长江大桥北岸接线

2013 年 1 月开工建设,2014 年 12 月建成通车,全长 14.9km,全线四车道,设计速度 100km/h。建成特大桥:石塘湖特大桥、电厂分离立交特大桥,共 2 座。总投资 4.74 亿元,资金来源:地方投入。占地 1629.0 亩。项目管理单位:安徽省高等级公路建设指挥部;勘察设计单位:安徽省公路勘测设计研究院;监理单位:铁四院工程监理咨询公司、安徽省高等级公路工程监理公司;施工单位:路桥集团第一公路工程局、安徽皖通科技发展有限公司等。

11. 安徽高河埠至界子墩段

1996 年 12 月开工建设,1999 年 5 月建成通车,全长 109.77km,全线四车道,设计速度 100km/h。建成大桥 7 座。总投资 17.36 亿元,资金来源:中央投入、地方投入、银行贷款。占地 8981.85 亩。项目管理单位:安徽省高速公路总公司、安徽省高等级公路工程建设指挥部高界项目办等;勘察设计单位:安徽省公路勘察设计研究院;监理单位:安徽省高等级公路工程监理有限公司;施工单位:铁道部第十四工程局三处、铁道部第四工程局五处等。

12. 湖北黄石至黄梅公路(主线)

1996 年 5 月开工建设,1998 年 12 月建成通车,全长 107.45km,全线四车道,设计速度 100km/h。建成特大桥:散花高架特大桥,共 1 座。建成大桥 9 座。总投资 13.74 亿元,资金来源:中央投入、地方投入、银行贷款。占地 9064.0 亩。项目管理单位:黄黄公路建设指挥部;勘察设计单位:湖北省交通规划设计院;监理单位:湖北省公路水运工程咨询监理公司、湖北省公路工程咨询监理中心等;施工单位:中铁四局集团有限公司、中铁十一局集团有限公司等。

13. 湖北武汉至黄石段

1987 年开工建设,1999 年建成通车,全长 49.36km,全线四车道,设计速度 110km/h。建成大桥 2 座,总投资 3.4 亿元,资金来源:地方投入、银行贷款。占地 5298 亩。项目管理单位:湖北省宜黄公路建设指挥部;勘察设计单位:湖北省交通规划设计院;监理单位:湖北省指挥部设工程监理总站等;施工单位:铁道部第十一工程局、铁道部第四工程局机械筑路处等。

14. 湖北武汉至宜昌段

1989 年 5 月开工建设,1995 年 12 月建成通车,全长 278.87km,全线四车道,设计速度 100km/h。建成大桥 12 座,总投资 26.0453 亿元,资金来源:中央投入、地方投入、银行贷款。占地 19603.0 亩。项目管理单位:湖北省宜黄公路建设指挥部;勘察设计单位:辽宁省交通勘测设计院、湖北省交通规划设计院等;监理单位:江宜段指挥部工程技术监理处、湖北省交通规划设计院等;施工单位:中铁十二局集团有限公司等。

15. 湖北宜昌长江公路大桥

1998年2月开工建设,2001年9月建成通车,全长6.08km,全线四车道,设计速度80km/h。建成特大桥:宜昌长江公路大桥主桥,共1座。建成大桥2座。总投资8.93亿元,资金来源:中央投入、地方投入、银行贷款。占地1196.0亩。项目管理单位:宜昌长江大桥总公司;勘察设计单位:湖北省交通规划设计院;监理单位:铁科院工程建设监理部;施工单位:湖南省公路桥梁建设总公司、四川公路桥梁建设总公司等。

16. 湖北沪渝(京珠)高速公路

1998年12月开工建设,2001年11月建成通车,全长45.7km(四车道21.05km,六车道24.65km),设计速度120km/h。建成大桥1座。总投资11.27亿元,资金来源:地方投入。占地4738.73亩。项目管理单位:湖北省京珠高速公路建设指挥部;勘察设计单位:湖北省交通规划设计院;监理单位:湖南省交通建设工程监理公司等;施工单位:交通部第二公路工程局等。

17. 湖北鄂西段

宜恩段2004年8月开工建设,2009年12月建成通车;恩利段2006年1月开工建设,2009年12月建成通车,全长319km,全线四车道,设计速度80km/h。建成特大桥:小河特大桥、安家堡大桥、三岔口特大桥、桑树坝特大桥、清江特大桥、马水河特大桥、野三河特大桥、支井河特大桥、四渡河特大桥、双河口特大桥、铁罗坪特大桥、龙潭河特大桥、椰坪特大桥、贺家坪6号桥、魏家洲特大桥、贺家坪7号桥,共16座。建成大桥275座。建成特长隧道:齐岳山特长隧道、云雾山特长隧道、大水井特长隧道、香炉山特长隧道、张家冲特长隧道、野三关特长隧道、八字岭特长隧道、金龙特长隧道、渔泉溪特长隧道、扁担垭特长隧道,共10座。建成长隧道14座。总投资236.01亿元,资金来源:地方投入、银行贷款。占地22196.0亩。项目管理单位:湖北沪蓉西高速公路建设指挥部;勘察设计单位:中交第二公路勘察设计研究院、湖北省交通规划设计院;监理单位:铁二院咨询监理公司、铁四院工程监理咨询公司等;施工单位:中铁十八局第三工程有限公司、中铁十一局第四工程公司等。

18. 重庆石柱至忠县段

2005年6月开工建设,2009年9月建成通车,全长80.33km,全线四车道,设计速度80km/h。建成特大桥:忠县长江特大桥,1座。建成大桥54座。建成特长隧道:吕家梁特长隧道、方斗山特长隧道,共2座。建成长隧道3座。总投资69.64亿元,资金来源:交通部车购税投入、地方投入、企业投入、银行贷款。占地9784.22亩。项目管理单位:重庆高速公路集团有限公司垫利分公司;勘察设计单位:重庆交通科研设计院;监理单位:重庆市交通工程监理咨询有限责任公司、重庆育才工程咨询监理有限公司;施工单位:中国铁路工程总公司、中铁十五局集团公司等。

19. 重庆太平互通至忠县段

2004 年 11 月开工建设,2007 年 12 月建成通车,全长 68.36km,全线四车道,设计速度 80km/h。建成特大桥:杨家岭特大桥、石庙特大桥、土地岩特大桥、高岩嘴特大桥,共 4 座。建成大桥 14 座,建成特长隧道:谭家寨特长隧道,共 1 座。建成长隧道 1 座。总投资 42.67 亿元,资金来源:地方投入、企业投入、银行贷款。占地 7244.0 亩。项目管理单位:重庆垫忠高速公路有限公司;勘察设计单位:重庆交通科研设计院;监理单位:铁科院(北京)工程咨询有限公司;施工单位:中铁二局一公司、中铁十四局二公司等。

20. 重庆长寿至梁平段(长寿至太平互通)

2001 年 4 月开工建设,2003 年 12 月建成通车,全长 52km,全线四车道,设计速度 80km/h。建成大桥 7 座。总投资 11.71 亿元,资金来源:交通部车购税投入、地方投入、银行贷款。占地 5333.0 亩。项目管理单位:重庆渝东高速公路有限公司;勘察设计单位:中交第二公路勘察设计研究院;监理单位:重庆市交通工程监理咨询有限责任公司;施工单位:上海警通路桥建设有限公司、上海警通路桥建设有限公司、岳阳市公路桥梁基建总公司等。

21. 重庆渝长路(北环至长寿)

1996 年 1 月开工建设,2000 年 4 月建成通车,全长 71.35km,四车道 65.35km,六车道 6.0km,设计速度 80km/h。建成大桥 22 座。建成长隧道 1 座。总投资 30.15 亿元,资金来源:交通部车购税投入、地方投入、银行贷款。占地 8480 亩。项目管理单位:重庆市高速公路建设有限责任公司;勘察设计单位:重庆市公路勘察设计研究院、四川省交通厅公路规划勘察设计研究院;监理单位:重庆公路工程监理处;施工单位:中铁五局三处、中铁二局四处等。

四、联络线及并行线

1. G5011(芜合高速)芜湖至合肥高速公路

安徽芜湖至宣州段。1999 年 10 月开工建设,2003 年 10 月建成通车,全长56.683km,全线四车道,设计速度 100km/h。建成特大桥:清水河特大桥,共 1 座。建成大桥 9 座。总投资 16.27 亿元,资金来源:地方投入、银行贷款。占地 6745.714 亩。项目管理单位:安徽省公路管理局;勘察设计单位:安徽省公路勘测设计院;监理单位:安徽省中兴监理所、安徽省公路工程监理公司等;施工单位:铁道部第十五工程局、铁道部十二局一处等。

安徽试刀山隧道应急工程。2015 年 4 月开工建设,2016 年 10 月建成通车,全长

3.35km,全线四车道,设计速度120km/h。建成长隧道1座。总投资4.94亿元,资金来源:地方投入。占地199.0亩。项目管理单位:安徽省交通控股集团有限公司;勘察设计单位:中交第二公路勘察设计研究院有限公司;监理单位:安徽省高等级公路工程监理有限公司;施工单位:中铁二十三局集团有限公司、中交一公局桥隧公司。

安徽芜湖长江大桥北岸公路接线。1997年11月开工建设,2000年9月建成通车,全长15.891km,全线四车道,设计速度100km/h。建成特大桥:裕溪河特大桥,共1座。建成大桥4座。总投资5.935亿元,资金来源:中央投入、地方投入、银行贷款。占地1640.0亩。项目管理单位:安徽省合芜高速公路建设指挥部;勘察设计单位:安徽省公路勘测设计院;监理单位:安徽省高等级公路工程监理有限公司;施工单位:铁道部第十四工程局第五工程处、中南市政工程建设总公司等。

安徽店埠至沈家巷段。1992年12月开工建设,1995年12月建成通车,全长83.91km,全线四车道,设计速度100km/h。建成大桥2座。建成长隧道1座。总投资9.965亿元,资金来源:地方投入、银行贷款。占地6849.63亩。项目管理单位:安徽省合芜高速公路建设指挥部;勘察设计单位:安徽省公路勘测设计院;监理单位:安徽省高速公路工程监理站;施工单位:铁道部隧道工程局一处、铁道部第十六工程局一处等。

2. G5012(恩广高速公路)恩施至广元高速公路

四川广元至巴中段。2005年12月开工建设,2010年5月建成通车,全长121.13km,全线四车道,设计速度80km/h。建成特大桥:洪江左线特大桥、八个田左线特大桥、八个田右线特大桥、纪家河左幅特大桥,共4座。建成大桥176座。建成长隧道2座。总投资71.25亿元,资金来源:交通运输部车购税投入、银行贷款。占地11639亩。项目管理单位:四川广巴高速公路有限责任公司;勘察设计单位:四川省交通运输厅公路规划勘察设计研究院、中国公路工程咨询总公司;监理单位:四川省公路工程监理事务所、中国公路工程咨询监理集团公司等;施工单位:成都华川公路建设(集团)有限公司、中铁二十局集团一公司等。

四川巴中至达州段。2010年9月开工建设,2013年12月建成通车,全长109.609km,全线四车道,设计速度80km/h。建成特大桥:通江河特大桥、土地梁特大桥,共2座。建成大桥103座。建成特长隧道:赵家坡隧道、魏家山隧道,共2座。建成长隧道8座。总投资102亿元。资金来源:交通运输部车购税投入、银行贷款。占地9784亩。项目管理单位:四川巴达高速公路有限责任公司;勘察设计单位:四川省交通运输厅公路规划勘察设计研究院;监理单位:北京中通公路桥梁工程咨询发展有限公司、西安华兴公路工程咨询监理有限公司等;施工单位:中铁二十局集团有限公司、四川川交路桥有限责任公司等。

四川达州至万州段。2009年9月开工建设,2012年12月建成通车,全长63.8km,全线四车道,设计速度80km/h。建成大桥38座。建成特长隧道:沙坝湾隧道、天坪寨隧道,共2座。建成长隧道3座。总投资48.48亿元,资金来源:交通运输部车购税投入、银行贷款。占地4911亩。项目管理单位:四川达万高速公路有限责任公司;勘察设计单位:四川省交通运输厅公路规划勘察设计研究院;监理单位:四川公路工程监理咨询公司、北京天智恒业科技发展有限公司等;施工单位:四川达万高速公路有限责任公司等。

湖北利川西互通至田家垭段。恩广高速利川西互通至南坪互通19km于2013年开工建设,2016年2月6日建成通车,剩余南坪互通至鄂渝界段23km于2016年12月建成通车,全长42.11km,全线四车道,设计速度80km/h。建成大桥10座。建成特长隧道:齐岳山隧道、大庄隧道,共2座。建成长隧道7座。总投资52.42亿元,资金来源:地方投入、银行贷款。项目管理单位:湖北高路鄂西高速公路建设指挥部;勘察设计单位:湖北省交通规划设计院;施工单位:中铁十四局集团有限公司等。

3. G5013(渝蓉高速公路)

重庆段(沙坪坝至大足)。2010年12月开工建设,2013年12月建成通车,全长78.63km,全线六车道,设计速度120km/h。建成特大桥:竹林沟特大桥,共1座。建成大桥21座。建成特长隧道:云雾山特长隧道、巴岳山特长隧道,共2座。建成长隧道2座。总投资78.63亿元,资金来源:地方投入、企业投入、银行贷款。占地10131.0亩。项目管理单位:重庆渝蓉高速公路有限公司;勘察设计单位:重庆市交通规划勘察设计院、中铁第一勘察设计院集团有限公司;监理单位:重庆市交通工程监理咨询有限责任公司、北京中通公路桥梁工程咨询发展有限公司;施工单位:中铁十六局集团有限公司、中铁二十二局集团有限公司等。

成安渝高速公路(成渝高速公路复线)**四川段**。2009年9月开工建设,计划2012年9月建成通车,后因各方面原因造成停工,2016年1月26日重启招标工作,4月22日,中国电建集团和中电建路桥集团组成的联合体依法中标该项目。2016年7月15日复工,2017年5月15日完工。全长175km,全线六车道,设计速度100km/h。建成特大桥:沱江特大桥等,共2座。建成大桥62座。建成长隧道3座。总投资240.98亿元。资金来源:地方投入、企业投入、银行贷款。占地21213.2亩。项目管理单位:中电建四川渝蓉高速公路有限公司;勘察设计单位:四川省交通运输厅公路规划勘察设计研究院、中铁二院工程集团有限公司等;监理单位:四川公路工程咨询监理公司;施工单位:中电建集团路桥工程有限公司。

4. G50S(石渝高速)石柱至重庆高速公路

重庆丰都至石柱段。2009年6月开工建设,2013年11月建成通车,全长53.93km,全线四车道,设计速度80km/h。建成大桥27座。建成特长隧道:马王庙特长隧道、方斗山特长隧道,共2座。建成长隧道5座。总投资52.3亿元,资金来源:企业投入、银行贷款。占地 4527.99 亩。项目管理单位:路桥建设重庆丰石高速公路发展有限公司;勘察设计单位:中国公路工程咨询集团有限公司;监理单位:北京中交华捷工程技术咨询有限公司、重庆中宇工程咨询监理有限责任公司等;施工单位:中交路桥建设有限公司、中交路桥华北工程有限公司等。[其中,35km 属于 G50S(石渝高速公路),其余 19km 属于 G69(银百高速公路)]

重庆涪陵至丰都(篙子坝互通至双路镇)**段**。2009 年 6 月开工建设,2013 年 11 月建成通车,全长 55.74km[与 G69(银百高速)共线],全线四车道,设计速度 80km/h。建成特大桥:龙河特大桥,共 1 座。建成大桥 11 座。建成长隧道 5 座。总投资 54.92 亿元,资金来源:企业投入、银行贷款。占地 2444.0 亩。项目管理单位:路桥建设重庆丰涪高速公路发展有限公司;勘察设计单位:重庆市交通规划勘察设计院、招商局重庆交通科研设计院有限公司;监理单位:北京华通公路桥梁监理咨询有限公司;施工单位:重庆市交通工程监理咨询有限责任公司、重庆城建控股(集团)有限责任公司等。

重庆主城至涪陵(主城至蒿枝坝)**段**。2009 年 12 月开工建设,2013 年 12 月建成通车,全长 66.68km(四车道 47.47km,六车道 23.21km),设计速度 100km/h、80km/h。建成特大桥:苏家沟特大桥、梨香溪特大桥,共 2 座。建成大桥 23 座。建成特长隧道:羊鹿山特长隧道,共 1 座。建成长隧道 12 座。总投资 63.43 亿元,资金来源:交通运输部车购税投入、企业投入、银行贷款。占地 8450.0 亩。项目管理单位:重庆中信沪渝高速公路有限公司;勘察设计单位:中交第二公路勘察设计研究院有限公司;监理单位:西安方舟工程监理咨询有限责任公司、重庆市交通工程监理咨询有限责任公司;施工单位:中铁十七局集团有限公司、中铁十二局集团有限公司等。

重庆南川至涪陵蒿枝坝至李渡段。2010 年 4 月开工建设,2013 年 9 月建成通车,全长 11.84km,全线四车道,设计速度 80km/h。建成大桥 1 座。总投资 11.84 亿元,资金来源:企业投入、银行贷款。占地 1114.53 亩。项目管理单位:重庆建工涪南高速公路有限公司;勘察设计单位:重庆市交通规划勘察设计院、招商局重庆交通科研设计院有限公司;监理单位:重庆合治道路工程有限公司、中咨工程建设监理公司等;施工单位:重庆城建控股(集团)有限责任公司、重庆交通建设(集团)有限责任公司等。

5. G5001 重庆绕城高速公路

重庆绕城东段。2005 年 4 月开工建设,2009 年 12 月建成通车,全长 36.78km,全线六车道,设计速度 100km/h。建成特大桥:鱼嘴两江大桥,共 1 座。建成大桥 13 座。总投资 31.91 亿元,资金来源:交通运输部车购税投入、地方投入、银行贷款。占地 5388.19 亩。项目管理单位:重庆高速公路集团有限公司垫利建设分公司;勘察设计单位:浙江省公路规划勘察设计研究院;监理单位:西安广舟工程咨询有限公司;施工单位:中铁大桥局股份有限公司、重庆交通建设(集团)有限责任公司等。

重庆绕城南段。2005 年 8 月开工建设,2009 年 12 月建成通车,全长 50.17km,全线六车道,设计速度 100km/h、120km/h。建成特大桥:外环江津长江大桥,共 1 座。建成大桥 16 座。建成长隧道 2 座。总投资 44.32 亿元,资金来源:交通部车购税投入、地方投入、银行贷款。占地 7501.97 亩。项目管理单位:重庆高速公路集团有限公司北方建设分公司;勘察设计单位:四川省交通厅公路规划勘察设计研究院等;监理单位:重庆市交通工程监理咨询有限责任公司等;施工单位:重庆市渝通公路工程总公司、中铁四局集团有限公司、重庆市公路工程股份有限公司等。

重庆绕城西段。2005 年 6 月开工建设,2008 年 12 月建成通车,全长 51.06km,全线六车道,设计速度 120km/h。建成大桥 3 座。总投资 33.24 亿元,资金来源:交通部车购税投入、地方投入、银行贷款。占地 9422.11 亩。项目管理单位:重庆高速公路集团有限公司北方建设分公司;勘察设计单位:广西交通规划勘察设计院等;监理单位:重庆市交通工程监理咨询有限责任公司等;施工单位:中交第三航务工程局等。

重庆绕城北段。2005 年 4 月开工建设,2009 年 12 月建成通车,全长 42.29km,全线六车道,设计速度 100km/h。建成特大桥:朝阳寺特大桥、水土嘉陵江特大桥,共 2 座。建成大桥 26 座。建成特长隧道:九龙 1 号隧道、九龙 2 号隧道、玉峰山隧道、施家梁隧道,共 4 座。建成总投资 65.86 亿元,资金来源:交通部车购税投入、地方投入、银行贷款。占地 14555.04 亩。项目管理单位:重庆高速公路集团有限公司垫利建设分公司;勘察设计单位:重庆市交通规划勘察设计院;监理单位:重庆市交通工程监理咨询有限责任公司;施工单位:重庆市渝通公路工程总公司等。

五、先进技术的研究与应用

1. 连续箱梁竖向预应力筋有效预应力测试试验研究(浙江)

该课题对连续箱梁进行计算分析和试验研究,了解应力损失情况,研究竖向预应力损失随时间变化的规律,检验竖向预应力筋的实际使用效果,为竖向预应力在箱梁设计中的应用提供理论依据,研究成果对桥梁运营条件下的内力状况有极大帮助,对国内同类桥梁的设计和施工也具有参考价值。

2. 基于智能分析的高速公路事件检测与诱导处理系统(浙江)

该课题实现了人工神经网络算法理论在事件检测中的应用,研究了机器学习和范例引导等技术的基础,构建了系统框架、设定系统选项,解决了系统和外设接口的兼容性和可扩展性。

3. 公路建设期全过程环境管理对策研究(安徽)

溧广高速公路建设项目开展公路施工期全过程环境管理对策研究,通过总结梳理国内外已有的环境管理措施，结合安徽省在环境管理方面已取得的成就以及区域生态环境特点，针对其在环境管理方面存在的具体问题，提出公路施工期环境管理框架体系和保障机制，为公路建设期工程环境保护管理提供指导，最大限度地减少了公路建设在施工期对周边环境造成的影响，保持了周边生态环境的完整性，对于促进安徽省乃至全国绿色交通事业发展有着重要的作用。

4. 宜昌长江公路大桥关键技术研究（安徽）

该课题开展了大跨度悬索桥桥面铺装材料组成、连接方式及施工工艺研究，悬索桥钢箱梁合理断面形式研究，锚碇合理结构形式及防裂技术研究，以及吊索锚箱等关键部位的结构仿真分析。主要成果及创新点包括：①锚碇大体积混凝土综合防裂技术的研究取得了突破性进展，取得了一套完整的悬索桥锚碇大体积混凝土综合防裂技术，并得到了成功的应用。②首次对悬索桥钢箱梁顶板进行加矮肋的优化设计，可以极有效地减小荷载作用下桥面板的变形，改善钢桥面铺装的工作条件。首次采用外置式吊索锚箱结构，提高了结构受力性能，改善了施工及养护条件，鱼鳍式钢箱梁加劲梁是大跨径公路悬索桥合理的加劲形式。③首次采用结构仿真技术对悬索桥各主要结构部件进行全面模拟分析计算，科学验证了结构安全的可靠性和合理性。

5. 树脂沥青组合体系钢桥面铺装技术研究（湖北）

该课题取得了如下创新成果：通过对树脂沥青组合体系钢桥面铺装力学分析、设计方法、关键材料性能试验、施工工艺及验评标准等一系列研究，形成了具有完全自主知识产权的ERS钢桥面铺装成套技术体系。首次将钢桥梁结构与桥面铺装结构相结合进行整体技术分析和结构设计，提出了基于钢桥梁结构与铺装材料性能指标的钢桥面铺装结构设计方法。针对树脂沥青材料及树脂混合料的特性建立了一整套试验检测方法和评价体系，为树脂沥青材料的推广应用奠定了可靠基础。

6. 复杂地形地质条件下山区高速公路建设成套技术（湖北）

沪渝高速公路鄂西段结合我国西部交通建设的实际情况，切合项目建设的需求，研究解决了复杂地质地形条件下山区高速公路建设的成套关键技术问题。该课题通过大量开拓性试验和数值模拟分析研究，提出了全寿命周期的优化设计、成本控制总体设计方法、适应复杂地形地质和特殊桥隧结构的线形组合，丰富了山区高速公路线形设计理论和方法。形成了基于风动力场和温度场的结构稳定及耐久性的高墩大跨梁式、拱式和悬索结构桥梁的设计方法与施工控制技术。首次提出了高速公路分岔隧道近距离隧道循环风相互影响的计算方法和控制其影响的工程措施。创建了岩溶涌水专家评判系统、综合超前地质预报系统等隧道灾害综合治理技术体系，为复杂地形地质条件下高风险隧道施工安全提供了重要技术保障。成果的综合性、系统性在国内外未见先例，研究思想和方法先进,研究成果丰富,学术水平高,技术实用性强,自主创新程度高,并且研究成果得到大范围推广,产生了显著的经济、社会和环保效益,达到国际领先水平。

7. 建设绿色循环低碳公路主题性项目(重庆)

成渝高速公路复线(重庆境)渝蓉高速公路工程,依托交通运输部"建设绿色循环低碳公路主题性项目",提出"成渝新干线,低碳新高速"的建设理念,贯彻"环保、生态、景观"的设计理念,系统推进低碳高速公路科技攻关。以16项新技术、新材料、新工艺、新能源专项措施集成应用为重点,围绕规划设计、建设施工、运营管理三个阶段,实施了"全过程、全寿命、全线路"的低碳全局优化,极大程度地减少资源占用、能源消耗,打造出国内首条完整意义上的低碳高速公路。试点项目实现了"国内一流、西部特色、示范引领"的节能减排成效,形成了特色鲜明的山区高速公路绿色循环低碳建设创新理念、模式、技术及管理,将为重庆及全国高速公路低碳建设提供有益的借鉴。

六、复杂技术工程

1. 江苏太浦河特大桥

太浦河特大桥主桥上部结构为(70+120+70)m三跨预应力混凝土变截面连续箱梁,错孔布置。解决施工技术复杂之处:①悬浇混凝土过程中,施工单位特别注意对锚下、箱梁底面竖向预应力钢筋垫板等处的混凝土的捣实,防止出现蜂窝状,确保有效预应力达到设计要求。②由于箱梁墩顶块件体积较大,施工单位采取了减少水化热的有效措施,避免发生温度收缩裂缝。③在挂篮上对称悬臂浇筑混凝土,在确保承载能力和刚度的前提下,挂篮采用轻型化,挂篮自重、模板、施工机具的总质量在60t以内。④在浇筑阶段、挂篮移动或拆除阶段,保持了对称平衡施工。⑤箱梁合龙时各合龙段相对高程误差在2cm之内,轴线偏差在1cm之内。

2. 安徽南漪湖特大桥

南漪湖特大桥是狸宣高速公路中控制性建设工程,桥梁全长3377m,横跨宣州区南漪湖,为特大型桥梁,桥梁上部为(40+70+70+40)m四跨变截面连续梁桥,下部为矩形桥墩接承台和群桩基础,引桥上部为30m预制组合小箱梁,下部为桩柱式单排桩基础,桥台为肋板式桥台。

3. 湖北宜昌长江公路大桥

宜昌长江公路大桥是国家公路网主骨架沪渝高速主干线在湖北境内跨越长江的一座特大型悬索桥,是交通部和湖北省"九五"交通重点工程,也是宜昌主城区跨越长江南北的重要通道。大桥全长1188m,主桥净跨960m,桥梁全宽30m(含人行道),桥头接线约5km,设计速度80km/h,桥面高程为83.24m,最高通航水位为52.18m,桥型采用双塔单跨钢箱梁悬索桥。

4. 湖北四渡河特大桥

四渡河大桥地处湖北宜昌与恩施交界处，位于湖北巴东县野三关镇四渡河，是沪渝高速公路控制性桥梁工程，坐落于鄂西武陵崇山峻岭中。大桥全长1365m，由长1105m的大桥和长228.9m的路基组成，是世界首座跨度达900m以上的山区特大悬索桥。大桥主跨为900m，桥面宽24.5m；大桥恩施岸索塔高118.2m，宜昌岸索塔高113.6m，塔顶至峡谷谷底高差达650m，桥面距谷底560m。大桥宜昌岸为隧道锚，恩施岸为重力锚。

5. 湖北支井河特大桥

支井河特大桥是沪蓉西高速公路湖北恩施至野三关段的"咽喉"工程，大桥位于湖北省巴东县野三关镇，横跨支井河峡谷，是沪蓉国道主干线湖北宜昌至恩施高速公路上的一座钢管混凝土拱桥，桥梁全长545.54m，计算跨径430m，为目前世界同类型桥梁跨度之最。支井河大桥为四车道高速公路特大桥，设计速度80km/h；设计荷载汽车超—20级，挂车—120；地震烈度：基本烈度6度，按7度设防。大桥的建设克服了无水运条件、无整节段陆运条件、无法采用传统工艺钢管拱肋安装和无法安装缆索起重机等复杂山区条件下修建大跨度桥梁的设计施工难题，开创了国内外先例。

6. 重庆荔枝乌江大桥

荔枝乌江大桥总长918m，桥面宽26.5m，双向4车道，主桥为(52+105+320+105+48)m双塔双索面混凝土斜拉桥，采用半飘浮体系，主梁为双向(纵向及横向)预应力混凝土结构。涪陵岸主墩桥塔高206.3m，丰都岸主墩索塔高198.3m。桥位区位于乌江河两岸侵蚀阶地和两岸的侵蚀、溶蚀重丘~低山地貌，拟建桥梁呈北西~南东走向，横跨乌江河，桥址处河面宽约200m。该河四季通航，现航道等级为Ⅴ级，拟规划为Ⅲ级，水流方向与桥梁走向基本垂直，设计水流量为30000m^3/s，设计水位212.10m，通航水位175.0m。沿线路轴线地面高程为162.92~293.00m，相对高差约为130.08m。桥址区地形起伏变化较大，乌江河两岸地形陡峭，基岩裸露，自然地面坡角为30°~45°，局部达60°，桥址区属侵蚀丘陵~低山地貌单元。桥梁索塔基础采用整体式矩形承台，平面尺寸17.0m×20.60m，高7.5m，桩基础采用4根ϕ4.0m的钻孔灌注桩。目前重庆地区桥梁采用$\phi \geq 4$m的超大直径嵌岩桩基础实属少见，且对$\phi \geq 4$m超大直径桩基础的研究比较贫乏，研究资料完整性不足。为此，以荔枝乌江大桥为依托工程，开展"超大直径嵌岩桩基础关键技术研究"，针对超大直径桩基础进行研究，以补充$\phi \geq 4$m超大直径桩基础的理论及实践。通过探索超大直径桩基础的理论研究，指导荔枝乌江大桥的设计、施工、监测，从而保证了荔枝乌江大桥的顺利完工，并为超大直径嵌岩桩基础在国内同类相似工程中的应用提供借鉴。

7. 湖北龙潭特长隧道

龙潭特长隧道位于湖北省长阳县境内的沪蓉西龙潭隧道，是独头掘进里程全国第一、湖北省最长的公路隧道，为沪渝高速公路全段最后通车的路段。隧道左线长8693m，右线长8599m，贯穿集溶洞、暗河、突水涌泥、断层、偏压、岩爆、高地应力等地质灾害于一体的特殊地质地段，是我国目前高速公路施工条件最艰苦、地质状况最复杂的高风险岩溶隧道。

8. 湖北八字岭特长隧道

八字岭特长隧道位于湖北省长阳县及巴东县境内，隧道全长3.5km，采用双向四车道高速公路标准进行设计与施工。隧道地形、地质情况复杂，同时存在岩溶突水、突泥、煤层瓦斯、采空区、断层破碎带等多种不良地质现象。隧道进口位于318国道下，最小埋深仅为0.5m，采用暗挖法施工；出口为国内公路隧道中首次采用的分岔隧道形式，分岔段总长约500m，断面形式由四车道大拱逐渐过渡到连拱、小净距及标准间距分离式，其中最大单洞开挖宽度超过26m。

9. 重庆云雾山隧道

云雾山隧道采用双向六车道高速公路标准建设，设计速度100km/h，隧道左线全长3360m，隧道右线全长3335m。建筑限界宽15.25m，高5.0m，隧道衬砌内轮廓为三心圆曲墙结构，隧道内轮廓拱顶净高8.20m，净宽16.24m，内净空面积108.35m^2，同时还考虑了通风照明、消防、交通工程等运营管理设施所需空间。云雾山隧道按分离式设计，路基设计线间距25.07～65.36m，隧道轴线间距41.32～81.61m。隧道进口段位于$R=7000$m、$R=8000$m的曲线上，出口段位于$R=3000$m的曲线上，洞身段位于直线上。

10. 重庆方斗山隧道

方斗山隧道采用双向四车道高速公路标准建设，设计速度80km/h。隧道左线全长7285m，隧道右线全长7310m。方斗山特长隧道区内的断层主要位于隧道左线ZK82+700～ZK82+760、ZK83+260～ZK83+340附近，隧道洞身段穿越横梁子断层破碎带之岩溶角砾岩、灰岩破碎岩体，穿越F2断层，隧道洞深段岩性主要为页岩夹泥质灰岩，岩层倾角13°～73°，局部倒转，低次序褶曲发育。隧道周边居民多，有蒋家沟饮用水库，对环境要求高。对此，特设计蒋家沟引水隧洞，以保护蒋家沟水库水源。针对隧道通风问题，方斗山隧道采用分段送排式通风方案。在进口端设置两处斜井，在出口端设置一处竖井将左右线均分为三段进行送排式机械通风，两处斜井斜长分别为653.54m、624.83m，斜井坡度分别为42%与45%。斜井4条联络风道总长约305m；竖井深度约294m，竖井4条联络风道总长约187m；斜井及竖井轴流风机房、控制设备房等均设置在地面（井口附近）。方斗山隧道通过合理的设计，既有效保护了水资源，又改善了通风条件，提高了运营安全性，增加了工作面,缩短了工期,降低了营运维护费用,节约了总投资。

第十二节　G56(杭瑞高速公路)杭州至瑞丽高速公路

G56(杭瑞高速公路)是国家“71118+6”高速公路网18条东西横线中的第十二横,是连接浙江、安徽、江西、湖北、湖南、贵州、云南七省的重要省际通道。G56(杭瑞高速公路)是连接“长三角”和西南地区的重要高速公路通道,均衡了国土开发,改善了路网布局。同时,G56(杭瑞高速公路)也是一条旅游热门线路,沿线旅游点密布,具有极高的带动旅游经济发展的价值。

G56(杭瑞高速公路)起点位于浙江省杭州市绕城留下枢纽,规划终点位于云南省瑞丽市,规划里程2931.88km,通车里程2828.928km,四车道2486.879km,六车道274.045km,八车道及以上68.004km。经过浙江(杭州)、安徽(黄山)、江西(上饶、景德镇、九江)、湖北(黄石、咸宁)、湖南(常德、怀化、湘西土家族苗族自治州)、贵州(铜仁、遵义、毕节、六盘水)、云南(曲靖、昆明、楚雄彝族自治州、大理白族自治州、保山、德宏傣族景颇族自治州)。1994年3月江西南昌至九江(金三角枢纽至九江枢纽)段高速公路率先开始施工,目前,湖南岳阳段、云南宣威至曲靖段尚未通车。

拥有联络线四条:

G5611(大丽高速公路)大理至丽江高速公路,起点位于云南省大理市G5611(大丽高速公路)入口,终点位于云南省丽江市G5611(大丽高速公路)出口。规划里程192.00km,通车里程193.153km,全线四车道。途经大理、洱源县、剑川县、丽江。目前,G5611(大丽高速公路)已全线建成通车。

G5612(大临高速公路)大理至临沧高速公路,待建。

G5613(保泸高速公路)保山至泸水高速公路,待建。

G5615(天猴高速公路)天保至猴桥高速公路,规划起点位于云南省天保(口岸),规划终点位于猴桥(口岸)。规划里程1151.00km,通车里程216.526km,全线四车道。途经天保(口岸)、文山、蒙自、新平、临沧、云县、保山、腾冲、猴桥(口岸)。目前,云南天保至鸡街、红龙厂至保山、腾冲至猴桥段尚未建成通车。

一、路线概况

G56(杭瑞高速公路)路线信息见表10-41,沿线互通、出入口、服务区信息见表10-42,并行线、联络线路线信息见表10-43,并行线、联络线沿线互通、出入口、服务区信息见表10-44。

G56(杭瑞高速公路)路线信息表　　表 10-41

编号	省份	省内起点	省内终点	途经市、县	通车里程(km)
G56	浙江	杭州绕城留下枢纽	浙皖省界(昱岭关)	杭州市余杭区、临安市	122.286
	安徽	黄山市歙县昱岭关(皖浙界)	黄山市休宁县塔岭(皖赣界)	黄山市歙县、屯溪区、休宁县	101.087
	江西	婺源县塔岭头	九江市九江县界首(赣鄂界)	上饶市婺源县、鄱阳县,景德镇市浮梁县、昌江区,九江市湖口县、都昌县、九江县	314.927
	湖北	黄石市阳新县枫林镇	咸宁市通城县北港镇	阳新县、通山县、崇阳县、通城县	199.718
	湖南	临湘市大界	凤凰县落潮井乡	临湘市、君山区、华容县、南县、安乡县、西洞庭区、鼎城区,常德市武陵区、桃源县、沅陵县、泸溪县、吉首市、凤凰县	520.055
	贵州	松桃县大兴	水城县都格	松桃县、碧江区、江口县、印江县、思南县、德江县、凤冈县、湄潭县、播州区、红花岗区、金沙县、大方县、七星关区、纳雍县、水城县、钟山区	629.925
	云南	普立(滇黔界)	瑞丽市	宣威市、沾益县、曲靖市麒麟区、马龙县、嵩明县、昆明市五华区、昆明市西山区、安宁市、禄丰县、楚雄市、南华县、祥云县、大理市、漾濞县、永平县、保山市隆阳区、龙陵县、芒市、瑞丽市	940.930

G56(杭瑞高速公路)沿线互通、出入口、服务区信息表　　表 10-42

编号	省份	沿线互通	出入口	服务区
G56	浙江	留下枢纽、老余杭、青山湖、临安、玲珑、藻溪、於潜、太阳、昌化、龙岗、颊口、白果互通	留下枢纽、老余杭、青山湖、临安、玲珑、藻溪、於潜、太阳、昌化、龙岗、颊口、白果出、昱岭关主线入口	临安、龙岗服务区
	安徽	三阳、呈村降枢纽、歙县、屯溪南、屯溪、屯溪枢纽、小贺枢纽、岭南互通	黄山主线、三阳、歙县、屯溪南(黄山市区3)、屯溪(黄山市区2)、岭南、G56徽州主线出入口	朱村、三阳、璜茅停车区
	江西	溪头、江湾、婺源北、婺源、赋春、湘湖、景德镇北、新港、湖口、湖口枢纽、都昌、鄱阳互通	塔岭主线收费站、溪头收费站、江湾收费站、婺源北收费站、赋春收费站、湘湖收费站、景德镇北收费站、新港收费站、湖口收费站、筠桥收费站、蔡岭收费站、中馆收费站、田坂街收费站、油墩街收费站、景德镇西(罗家滩)收费站、狮子收费站、瑞昌收费站、南阳收费站、省界收费站出入口	婺源、景德镇、鄱阳、石钟山、涌泉服务区,婺源停车区
	湖北	星潭、咸宁南林桥枢纽互通	枫林、木港、排市、黄沙铺、隐水洞、通山、崇阳东、崇阳、石城、通城、北港出入口	排市、通山、崇阳、通城服务区,枫林、沙坪、黄沙铺、红石桥停车区
	湖南	詹桥、沙坪、金屋、公城、岳阳东、冷水铺、君山互通	黄丝桥、凤凰西、君山、许市、华容东、华容西、南县、安乡、西洞庭、西洞庭、周家店、桃花源、乌云界、茶庵铺、官庄出入口	华容、鼎城、桃花源、沅陵、泸溪、临湘南、君山服务区

续上表

编号	省份	沿线互通	出入口	服务区
G56	贵州	将军山、照壁岩(在建)、铜仁西、闵孝、思南、合兴、流河渡、青山、龙坑、乐理、南互通、大方、龙场、水城东、法窝、苗王城、铜仁北、坝盘、江口、梵净山东、梵净山西、印江、思南东、温泉、煎茶、华坪、凤冈、永兴、湄潭、三渡(在建)、虾子、深溪、鸭溪、马蹄、洋水、金沙、新化、雨冲、百里杜鹃、凤山、响水、归化(毕节东)、东关、朱昌、九洞天、龙场、巴雍、以角、三岔河、六盘水经开区、六盘水东、六盘水南、玉舍、俄脚、都格互通	大兴(省界)、苗王城、铜仁北、坝盘、江口、梵净山东、梵净山西、印江、思南东、温泉、煎茶、华坪、凤冈、永兴、湄潭、三渡(在建)、虾子、深溪、鸭溪、马蹄、洋水、金沙、新化、雨冲、百里杜鹃、凤山、响水、归化(毕节东)、东关、朱昌、九洞天、龙场、巴雍、以角、三岔河、六盘水经开区、六盘水东、六盘水南、玉舍、俄脚、都格出入口	铜仁、向阳、德旺、思南、复兴、湄潭、虾子、水洋湾、响水、新化、九洞天、六盘水服务区,坝黄、苗匡、印江、合兴、凤冈、遵义、石壁、朱昌、黄家、马家营停车区
	云南	天生桥、小铺、乌龙、和平村、凤仪、小田坝互通	普立省界主线站、宝山、得马田、格宜、龙场、宣威城北、宣威城南、热水、卡朗、三里桥、沾益、曲靖、天生桥、沾益、小坡、曲靖、嵩明、军马场、兔耳关、昆明北主线站、和平村、温泉、草铺、安丰营、三合邑、恐龙谷、长田、彩云、连汪坝、程家坝、楚雄、钱粮桥、南华、沙桥、天申堂、下庄、板桥、祥云、弥渡、凤仪、大理、平坡、顺濞、龙街、永平、杉阳、澜沧江、老营、板桥、保山、汉庄、辛街、蒲缥、潞江坝、镇安、龙陵、芒市、风平、遮放、遮相、畹町、瑞丽东、瑞丽西主线站出入口	宝山、宣威、格宜、卡朗、土桥、桃园、小铺、小哨、双龙、读书铺、禄裱、恐龙山、大平地、楚雄、锦绣山庄例保检测站、达连坝、南华、灵官桥、大井、云南驿、大理、跃进、永平、保山、蒲缥、潞江坝、龙陵、芒市、嘎中、瑞丽服务区

G56(杭瑞高速公路)并行线、联络线路线信息表 表10-43

编号	省份	省内起点	省内终点	途经市、县	通车里程(km)
G5611	云南	大理G5611(大丽高速公路)入口	丽江市G5611(大丽高速公路)出口	大理市、洱源县、剑川县、丽江市	193.153
G5612	云南	待建			—
G5613	云南	待建			—
G5615	云南	天保(口岸)	猴桥(口岸)	天保(口岸)、文山州、蒙自市、新平县、临沧市、云县、保山市、腾冲县、猴桥(口岸)	216.526

G56(杭瑞高速公路)并行线、联络线沿线互通、出入口、服务区信息表 表10-44

编号	省份	沿线互通	出入口	服务区
G5611	云南	大理东、海东、挖色、邓川、洱源、剑川、拉市、丽江互通	大理东、海东、挖色、邓川、洱源、剑川、拉市、丽江出入口	双廊服务区
G5612	云南	待建		
G5613	云南	待建		
G5615	云南	石屏、红龙厂、腾冲互通	石屏、红龙厂、腾冲、五合、龙江出入口	腾冲服务区

二、路网关系

G56(杭瑞高速公路)路网关系示意图如图10-12所示。

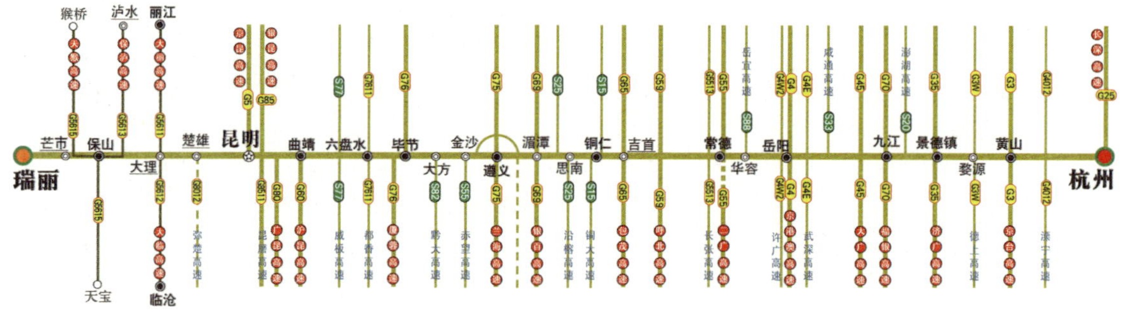

图10-12　G56(杭瑞高速公路)路网关系示意图

三、建设历程

1. 浙江省杭徽高速公路

2002年9月开工建设,2006年12月建成通车,全长122.29km,全线四车道,设计速度80km/h、100km/h。建成特大桥:主线高架桥,共1座。建成大桥35座。总投资43.26亿元,资金来源:交通部车购税投入、银行贷款。占地8825.0亩。项目管理单位:浙江杭徽高速公路有限公司、临安杭徽高速公路有限公司等;勘察设计单位:中国公路工程咨询监理总公司和杭州市交通规划设计研究院组成的联合体、北京交科公路勘察设计研究院等;监理单位:杭州公路工程监理咨询公司、浙江省公路水运工程咨询监理公司等;施工单位:中国路桥(集团)总公司、江西省路桥工程有限公司等。

2. 安徽黄山至昱岭关(皖浙省界)段

1997年1月开工建设,2004年10月建成通车,全长81.7km,全线四车道,设计速度80km/h、60km/h。建成特大桥:小南海特大桥,共1座。建成大桥29座。总投资21.85亿元,资金来源:企业投入。占地8404.8亩。项目管理单位:黄山长江徽杭高速公路有限公司;勘察设计单位:安徽省公路勘测设计院;监理单位:安徽安国信息科技有限公司、安徽省公路工程监理有限公司等;施工单位:交通部第二公路工程局六处等。

3. 安徽黄山至塔岭(皖赣界)段

2006年4月开工建设,2008年12月建成通车,全长31.661km,与G3(京台高速公路)小贺至桃林段以同一个项目批复建设,共线段15.4km,采用六车道,其余四车道,设计速度100km/h。建成特大桥:蛇坑一号大桥,共1座。建设长大隧道5座。总投资30.7678亿元(含G3小贺至桃林段21km),资金来源:企业投入、银行贷款。占地5125.14

亩(含G3小贺至桃林段21km)。项目管理单位:安徽省交通投资集团有限公司;勘察设计单位:安徽省交通规划设计研究院;监理单位:安徽中兴工程建设监理所、安徽省高等级公路工程监理有限公司等;施工单位:中铁四局一公司、中国路桥集团第一公路工程局等。

4. 江西景德镇至婺源至黄山段

2004年11月开工建设,2006年12月建成通车,全长115.614km,全线四车道,设计速度80km/h、120km/h。建成特大桥:瀛川特大桥,共1座。建成大桥20座。建成长隧道2座。总投资45.12亿元,资金来源:中央投入、银行贷款。占地12358.0亩。项目管理单位:景婺黄(常)高速公路项目办公室;勘察设计单位:江西省交通设计院、辽宁省交通勘测设计院;监理单位:江西省公路工程监理公司;施工单位:中铁十二局集团第三工程有限公司、中国路桥(集团)总公司等。

5. 江西九江至景德镇段

1997年3月开工建设,2000年11月建成通车,全长128.978km,全线四车道,设计速度100km/h。建成特大桥:北港湖特大桥、鄱阳湖大桥,共2座。建成大桥13座。总投资23.8亿元,资金来源:地方投入、银行贷款。占地13437.3亩。项目管理单位:江西省交通厅亚行贷款项目九江公路建设办公室;勘察设计单位:江西省交通设计院、北京交科公路勘察设计院;监理单位:江西省交通工程监理公司、中国公路工程咨询监理总公司等;施工单位:铁十五局一处、铁道部大桥局等。

6. 江西九江至景德镇技术改造工程

2008年9月开工建设,2009年12月建成通车,全长128.541km,全线四车道,设计速度100km/h。建成特大桥:北港湖特大桥、鄱阳湖大桥,共2座。建成大桥13座。总投资8.41亿元,资金来源:地方投入。项目管理单位:九景高速公路技术改造项目办公室;勘察设计单位:德州市公路勘察设计院、宜春公路勘察设计院;监理单位:江西省嘉和工程咨询监理有限公司、江西交通工程监理公司;施工单位:江西省交通工程集团公司、中铁十三局集团第一工程有限公司等。

7. 江西南昌至九江(金三角枢纽至九江枢纽)段

1994年3月开工建设,1996年1月建成通车,全长22.195km,全线四车道,设计速度100km/h。建成大桥1座。总投资2.91亿元,资金来源:地方投入、银行贷款。占地1678.89亩。项目管理单位:江西省高等级公路管理局;勘察设计单位:交通部第二公路勘察设计院;监理单位:丹麦金硕国际有限公司、江西省交通建设咨询公司;施工单位:中冶建工集团有限公司等。

8. 江西九江至瑞昌段

2008年7月开工建设,2010年12月建成通车,全长48.144km,全线四车道,设计速

度 100km/h。建成大桥 13 座。建成长隧道 1 座。总投资 19.8 亿元,资金来源:地方投入、银行贷款。占地 4774.11 亩。项目管理单位:诚坤国际(江西)九瑞高速公路发展有限公司;勘察设计单位:江西省交通设计院;监理单位:江西交通工程监理公司;施工单位:中交第一航务工程局有限公司等。

9. 湖北杭瑞高速公路

2008 年 12 月 28 日开工建设,2011 年 6 月 30 日建成通车,全长 199.72km,全线四车道,设计速度 100km/h。建成特大桥:陆水河特大桥、下扬畈特大桥、白果树特大桥、泉口骆特大桥,共 4 座。建成大桥 81 座。建成长隧道 2 座。总投资 97.13 亿元,资金来源:交通运输部车购税投入、地方投入、银行贷款。占地 23221.65 亩。项目管理单位:湖北省杭瑞高速公路建设指挥部;勘察设计单位:湖北省交通规划设计院、中交第二公路勘察设计研究院有限公司;监理单位:浙江通衢交通建设监理咨询有限公司、湖北高路公路工程监理咨询有限公司等;施工单位:中交一公局桥隧工程有限公司、中铁十一局集团第一工程有限公司等。

10. 湖南临湘大界(湘鄂界)至岳阳段

2014 年 3 月开工建设,2015 年 12 月底大界至桃林段建成通车,2016 年 12 月桃林至君山段(不含洞庭湖大桥)建成通车,全长 72.198km,冷水铺互通至君山互通 15.424km(含洞庭湖大桥)段为双向六车道,其他 56.744km 为双向四车道,设计速度 100km/h。建成特大桥:油港河特大桥、芭蕉湖 1 号桥跨京广段、芭蕉湖 1 号特大桥、芭蕉湖 2 号桥、洞庭湖跨堤引桥、洞庭湖滩地引桥、君山 1 号高架桥、君山互通主线桥、君山 2 号高架桥、君山服务区主线桥、君山 3 号高架桥,共 11 座。建成大桥 38 座。建成长隧道 1 座。总投资 120.26 亿元,资金来源:中央投入、地方投入、银行贷款。占地 7197.45 亩。项目管理单位:湖南省大岳高速公路建设开发有限公司等;勘察设计单位:中铁第四勘察设计院集团有限公司等;监理单位:湖南金路工程咨询监理有限公司等;施工单位:中交第二航务工程局有限公司等。

11. 湖南省岳阳至常德段

2009 年 12 月开工建设,2013 年 12 月建成通车,全长 140.895km,全线四车道,设计速度 100km/h。建成特大桥:建新高架一桥、建新高架二桥、安合垸特大桥、和康垸特大桥 1 号、和康垸特大桥 2 号、新开口安乡河特大桥、澧水河特大桥、共和乌江特大桥,共 8 座。建成大桥 18 座。建成长隧道 1 座。总投资 104.525 亿元,资金来源:企业投入、银行贷款。占地 11106.3735 亩。项目管理单位:湖南岳常高速公路开发有限公司;勘察设计单位:湖南省交通勘察设计所等;监理单位:河南省高等级公路建设监理部有限公司等;施工单位:中铁十五局集团第一工程有限公司等。

12. 湖南东岳庙(鄂湘界)至常德段

与G55(二广高速公路)共线,全长111.84km,其中,19.424km属于G56(杭瑞高速公路)。

13. 湖南省常德至吉首段

2004年5月开工建设,2008年12月建成通车,全长223.7km,全线四车道,设计速度80km/h、100km/h。建成大桥83座。建成长隧道1座。总投资116.2亿元,资金来源:地方投入、银行贷款。占地23197.091亩。项目管理单位:湖南省常吉高速公路建设开发有限公司;勘察设计单位:湖南省交通规划勘察设计院等;监理单位:湖北中交公路桥梁监理咨询有限公司等;施工单位:中铁十二局集团有限公司等。

14. 湖南凤凰至大兴段

2010年7月开工建设,2013年11月建成通车,全长30.848km,全线四车道,设计速度80km/h。建成特大桥:把总湾特大桥,共1座。建成大桥8座。总投资19.36亿元,资金来源:中央投入、地方投入、银行贷款。占地2450.12亩。项目管理单位:湖南省凤大高速公路建设开发有限公司;勘察设计单位:华杰工程咨询有限公司等;监理单位:武汉大通公路桥梁工程咨询监理有限责任公司等;施工单位:中铁十局集团第二工程有限公司等。

15. 贵州大兴(湘黔界)至思南段

2011年1月开工建设,2013年12月建成通车,全长151.42km,全线四车道,设计速度80km/h。建成特大桥:小江河特大桥、竹林坳特大桥、乌江特大桥,共3座。建成大桥72座。建成特长隧道:凉风坳隧道、茶园隧道、思塘隧道,共3座。建成长隧道10座。总投资146.46亿元,资金来源:地方投入。占地15303.0亩。项目管理单位:贵州省公路局;勘察设计单位:贵州省交通规划勘察设计研究院、辽宁省交通规划设计院等;监理单位:四川省公路工程监理事务所、中国公路工程咨询集团有限公司等;施工单位:中铁五局集团第一工程有限责任公司、中铁二局股份有限公司等。

16. 贵州思南至遵义段

2011年1月开工建设,2013年8月建成通车,全长164km,全线四车道,设计速度80km/h。建成特大桥:洛安江特大桥、天池特大桥、右线桐子园特大桥,共3座。建成大桥108座。建成长隧道3座。总投资119.60亿元,资金来源:中央投入、银行贷款。占地19995.1亩。项目管理单位:贵州省公路局;勘察设计单位:中交第一公路勘察设计研究院有限公司、中国公路工程咨询交通有限公司等;监理单位:贵州陆通公路工程监理有限公司、贵州陆通公路工程监理有限公司等;施工单位:贵州省公路工程集团有限公司、中铁二局股份有限公司等。

17. 贵州遵义至毕节段

2010年5月开工建设,2012年12月建成通车,全长174.054km(六车道144.69km,八车道29.364km),设计速度80km/h、100km/h。建成特大桥:垄井特大桥、金沙特大桥,共2座。建成大桥62座。建成长隧道5座。总投资122.62亿元,资金来源:企业投入、银行贷款。占地16124.5575亩。项目管理单位:贵州高速公路开发总公司;勘察设计单位:辽宁省交通勘测设计院、中国公路工程咨询集团有限公司等;监理单位:贵州交通建设咨询监理有限公司、贵州科达公路工程咨询监理有限公司等;施工单位:贵州省公路工程集团总公司、中铁二局第一工程有限公司等。

18. 贵州毕节至都格(黔滇界)段

2012年5月开工建设,2016年12月建成通车,全长140.18km,全线四车道,设计速度80km/h。建成特大桥:抵母河特大桥、总溪河特大桥、北盘江特大桥等。建成大桥50座。建成特长隧道:岳家湾隧道,共1座。建成长隧道11座。总投资141.37亿元,资金来源:地方投入、银行贷款。占地12808.0亩。项目管理单位:贵州高速公路集团有限公司;勘察设计单位:中交第二公路勘测设计研究院有限公司、中交公路规划设计院有限公司等;监理单位:重庆中宇工程咨询监理有限公司、贵州交通建设咨询监理有限公司等;施工单位:中铁四局集团有限公司、中铁三局集团有限公司等。

19. 云南普立至宣威段

2012年5月开工建设,2015年8月建成通车,全长85.71km,全线四车道,设计速度80km/h、100km/h。总投资84.94亿元,资金来源:交通运输部车购税投入、地方投入、银行贷款。占地9571.0亩。项目管理单位:云南普宣高速建设指挥部;勘察设计单位:招商局重庆交通科研设计院有限公司;监理单位:云南云路工程监理咨询有限公司;施工单位:贵州省公路工程集团有限公司等。

20. 云南曲嵩高速公路

2005年3月开工建设,2007年5月建成通车,全长76.58km,全线四车道,设计速度80km/h。总投资24.6亿元,资金来源:交通部车购税投入、地方投入、银行贷款。占地6386.004亩。项目管理单位:曲靖市公路建设开发有限责任公司;施工单位:中国建筑第六工程局等。

21. 云南嵩昆高速公路

1992年12月18日开工建设,1996年10月25日建成通车,全长45km,全线四车道,设计速度100km/h。总投资9亿元。

22. 云南昆明市东二环高速公路

与城市道路共线。

23. 云南昆明东绕城高速公路

2004年3月开工建设,2006年12月建成通车,全长25.48km,全线六车道,设计速度

80km/h。总投资29.38亿元,资金来源:企业投入、银行贷款。占地4582.0亩。项目管理单位:国道昆明东连接线工程建设指挥部;勘察设计单位:铁道部第一勘察设计院、铁道部第二勘查设计院等;监理单位:贵州省交通建设咨询监理有限公司;施工单位:中铁四局集团有限公司等。

24. 云南昆明南过境高架公路

1996年12月开工建设,1997年12月建成通车,全长7.2km,全线六车道,设计速度60km/h。建成大桥1座。占地262.5亩。项目管理单位:云南省交通厅南过境高架公路建设指挥部;勘察设计单位:云南省公路勘察设计院、云南省公路局等;监理单位:云南省公路监理咨询公司;施工单位:云南省路桥四公司、云南路桥股份有限公司第五工处等。

25. 云南昆明至安宁段

2004年10月开工建设,2007年2月建成通车,全长21.663km,全线六车道,设计速度100km/h。总投资29.60亿元,资金来源:地方投入。占地2277.65亩。项目管理单位:云南昆安高速公路建设指挥部;勘察设计单位:云南省公路规划勘察设计院;监理单位:云南元土工程监理有限公司;施工单位:中国云南路建集团股份有限公司等。

26. 云南安宁至楚雄段

2002年12月开工建设,2005年5月建成通车,全长129.86km,全线四车道,设计速度80km/h。总投资37.04亿元,资金来源:交通部车购税投入、地方投入、银行贷款。占地11116.0亩。项目管理单位:云南安楚高速公路建设指挥部;勘察设计单位:云南省公路规划勘察设计院;监理单位:云南云路工程监理咨询有限公司;施工单位:云南第一公路桥梁工程有限公司等。

27. 云南楚雄至大理段

1996年2月开工建设,1999年5月建成通车,全长179.112km,全线六车道,设计速度80km/h。建成大桥15座。建成特长隧道:九顶山隧道,共1座。总投资43.9亿元,资金来源:中央投入、地方投入、银行贷款。占地13388.0亩。项目管理单位:云南楚大公路公司;勘察设计单位:云南省公路规划勘察设计院;监理单位:云南省交通科研所等;施工单位:云南省路桥四公司第二项目部、西南交通建设工程公司等。

28. 云南大理至保山段

1998年11月开工建设,2002年8月建成通车,全长163.601km,全线四车道,设计速度60km/h、100km/h。建成大桥110座。建成特长隧道:大箐隧道,共1座。建成长隧道3座。总投资70.4亿元,资金来源:中央投入、地方投入。占地17078.34亩。项目管理单位:云南大保高速公路建设指挥部;勘察设计单位:云南省公路规划勘察设计院;监理单位:云南公路建设监理公司等;施工单位:中铁十二局集团有限公司、中铁二十局集团有限公司等。

29. 云南保山至龙陵段

2004 年 12 月开工建设,2008 年 9 月建成通车,全长 76.274km,全线四车道,设计速度 60km/h。建成特大桥:怒江特大桥、K565 + 647 特大桥,共 2 座。建成大桥 91 座。建成长隧道 2 座。总投资 54.45 亿元,资金来源:地方投入、银行贷款。占地 8310.45 亩。项目管理单位:云南保龙高速公路建设指挥部;勘察设计单位:云南省公路规划勘察设计院;监理单位:云南省公路工程监理咨询公司;施工单位:中铁十二局集团限公司、中铁隧道集团有限公司等。

四、联络线及并行线

1. G5611(大丽高速公路)大理至丽江高速公路

云南大理至丽江段。2010 年 6 月开工建设,2013 年 12 月建成通车,全长 192.47km,全线四车道,设计速度 80km/h。总投资 177.08 亿元,资金来源:交通运输部车购税投入、地方投入、银行贷款。占地 18648.0 亩。项目管理单位:云南大丽高速公路建设指挥部;勘察设计单位:云南省公路规划勘察设计院等;监理单位:云南云岭高速公路工程咨询有限公司、武汉中交路桥设计咨询有限公司(联合体)等;施工单位:中铁二十局集团有限公司等。

2. G5612(大临高速公路)大理至临沧高速公路

云南待建。

3. G5613(保泸高速公路)保山至泸水高速公路

云南待建。

4. G5615(天猴高速公路)天保至猴桥高速公路

云南鸡街至石屏段。1999 年 11 月开工建设,2004 年 11 月建成通车,全长 98.05km,全线四车道,设计速度 60km/h。总投资 22.50 亿元,资金来源:地方投入。占地 7088.0 亩。项目管理单位:红河州重点公路建设指挥部;勘察设计单位:云南省公路规划勘察设计院;监理单位:云南元土工程监理公司;施工单位:云南省路桥一公司等。

云南保山至腾冲段。2009 年 11 月开工建设,2013 年 4 月建成通车,全长 58.27km,全线四车道,设计速度 80km/h。总投资 50.69 亿元,资金来源:中央投入、地方投入、银行贷款。占地 4834.0 亩。项目管理单位:云南保腾高速公路建设指挥部;勘察设计单位:云南省公路规划勘察设计院;监理单位:云南元土监理工程有限公司等;施工单位:中铁隧道集团有限公司等。

云南石屏至红龙厂段。2014 年 8 月开工建设,2015 年 12 月建成通车,全长 54.8km,全线四车道,设计速度 60km/h。总投资 53.05 亿元,资金来源:中央投入、地方投入、银行贷款。占地4465.4亩。项目管理单位:云南石红高速公路建设指挥部;勘察设计单位:云南省交通规划设计研究院;监理单位:云南公路建设监理公司;施工单位:云南阳光道桥股份有限公司等。

5. G5601昆明绕城高速公路

云南昆明西南绕城高速公路。2007年12月开工建设,2010年12月建成通车,全长38.5km,全线六车道,设计速度100km/h。建成特大桥:友谊村特大桥、东大河特大桥,共2座。建成大桥12座。总投资32.8466亿元,资金来源:中央投入、银行贷款。占地3105亩。项目管理单位:昆明绕城高速公路西南段建设指挥部;勘察设计单位:云南省交通规划设计研究院;监理单位:云南云路工程监理咨询有限公司等;施工单位:中国云南路建集团股份公司等。

云南昆明西北绕城高速公路。2010年7月开工建设,2013年11月建成通车,全长55.222km,全线六车道,设计速度80km/h。建成特大桥:沙河特大桥、K4+422特大桥、十里箐特大桥、盘龙江特大桥,共4座。建成大桥45座。建成特长隧道:长虫山隧道,共1座。建成长隧道3座。总投资91.4亿元,资金来源:中央投入、地方投入、银行贷款。占地6765亩。项目管理单位:昆明绕城公路西北段建设指挥部;勘察设计单位:云南省交通规划设计研究院;监理单位:云南云路工程监理咨询有限公司等;施工单位:中国云南路建集团股份公司等。

五、先进技术的研究与应用

1. 隧道群施工若干关键技术研究(江西)

该课题以景婺黄(常)高速公路17座隧道为工程背景,针对复杂的地质条件(浅埋、偏压、高边坡并穿越煤系地层),分以下4个子课题进行深入研究:①隧道施工与洞口高边坡稳定性与控制技术;②破碎岩体长大隧道超前预报与施工控制技术;③高边坡偏压连拱隧道施工技术与结构优化技术;④基于数字地层的隧道动态施工信息反馈与远程监控系统。研究为今后类似隧道的施工、设计提供技术保障,也进一步推动了隧道建设技术的不断发展。

2. 建设期安全管理信息系统研究(湖北)

该课题结合杭瑞高速公路实际建设情况,通过对施工中重大危险源的分析研究,总结安全事故发生的表现形式和影响因素,并深入分析施工中安全事故和安全隐患形成机理,提出切实有效的施工安全对策和防范技术措施,形成标准化、规范化、科学化的安全生产管理模式,构建高速公路建设期安全管理信息系统,为安全管理和科学决策提供依据。一方面对保障高速公路建设期的生产顺利进行,保护人民生命安全和国家财产安全,创造更高的经济效益和社会效益，具有重要的现实意义；另一方面对促进高速公路安全生产管理的标准化、规范化、科学化和系统化，以及安全生产标准体系的建立，具有较深远的影响。

3. 杭瑞高速公路山区环境原生态景观设计与恢复重建（湖北）

该课题针对杭瑞高速公路湖北段气候条件与立地类型，研究公路原生态恢复与景观的整体协调性的关键技术问题。针对杭瑞高速公路湖北段的特点，对公路原生态恢复技术进行深入研究，包括不同地域与高程植物种群的筛选与配置、不同高程与立地条件下适应的边坡植被技术研究；开展公路原生态景观设计研究，包括高速公路原生态景观设计理念研究、生态景观设计的构建；进行原生态恢复与景观设计的整体性研究。

4. 大思段资源集约型橡胶沥青在南方山区新建及再生沥青路面中的应用研究（贵州）

该课题基于资源集约型橡胶沥青制备工艺和沥青路面再生工艺，采用橡胶沥青实现了旧沥青路面的再生，细化了沥青老化分级的针入度指标，研究了资源集约型橡胶沥青的厂拌热再生沥青混合料的配合比设计方法，提出了橡胶沥青的最低参配比例。采用全寿命周期费用分析方法和节能减排评价体系理论，论证了资源集约型橡胶沥青的经济性和节能环保效果。

5. 山区高速公路运营关键技术及装备（云南）

该课题围绕西部山区高速公路桥隧结构安全保障、高边坡稳定、保持连续长大下坡路段安全运营性能提升等方面的技术难题，通过十多年的联合攻关，攻克了高墩大跨混凝土桥梁缺损状况监测评定、隧道安全可靠性移动快速无损检测诊断、高陡边坡稳定性甄别与保持以及连续长大下坡安全保障等方面的关键技术，形成了保障西部山区高速公路安全运营的关键技术及装备，解决了山区高速公路长大下坡安全、高边坡稳定和桥隧检测等难题，为山区公路安全行车添加了多级安全防护。研究成果在云南、重庆、浙江等省市53条山区高速公路上成功应用，累计应用里程达3960km，有效提升了山区高速公路安全畅通性能，节省了运营成本及建设期工程造价，产生了近54亿元的经济效益。在研究成果的基础上，充分发挥典型示范效用，打造了以思茅—小勐养、保山—龙陵、新街—河口、大理—丽江、麻柳湾—昭通等高速公路为代表的融入安全文化建设理念的示范公路。保龙高速公路被确定为亚行官方的安全典型示范项目；大丽高速公路获得了交通运输部和安全监管总局2014年度公路水运建设项目“平安工程”冠名；麻昭高速公路建设项目被推选为交通运输部“平安交通”建设示范项目，成为2014年度全国公路水运工程三家获此殊荣的项目之一。研究成果获国家科学技术进步奖二等奖。

六、复杂技术工程

1. 贵州北盘江特大桥

北盘江特大桥桥址地处云贵两省交界处的北盘江大峡谷，两岸地势陡峭，地形起伏大，跨中桥面至谷底高差约600m，河道不具备通航条件。北盘江特大桥为主跨720m跨越山区峡谷的大跨钢桁梁斜拉桥，跨径组合为(80 +88 ×2 +720 +88 ×2 +80)m。桥面高程在1500m以上，索塔最大高度269m。钢桁梁横向宽27m，桁高8m，标准节段长度为12m。采用无黏结钢绞线斜拉索，全桥共224根斜拉索，斜拉索最长382.4m。

2. 贵州抵母河特大桥

抵母河特大桥是杭瑞高速公路贵州省毕节至都格段的重点、控制性特大桥，位于六盘水市水城县董地乡东北约2km处，横跨抵母河峡谷。两岸为陡崖及山地斜坡，桥面至常水位面高差约340m。抵母河特大桥主桥为单跨538m钢桁梁悬索桥，毕节岸及都格岸引桥均为4 ×40m先简支后结构连续预应力混凝土T梁。起点桩号K158 +579，终点桩号K159 +460.5，主桥中心桩号K159 +019，桥梁全长881.5m。大桥按双向四车道高速公路设计，设计速度80km/h，设计荷载等级为公路—Ⅰ级。抵母河特大桥两岸锚碇均为重力式锚碇，采用预应力锚固体系连接主缆索股。索塔采用钢筋混凝土门形框架结构，毕节岸塔高147m，都格岸塔高63.35m。主缆分跨为(136 +538 +136)m，主缆垂跨比1/10。主缆采用预制平行钢丝束股，边、中跨主缆分别由89束91丝和91束91丝ϕ5.1mm镀锌高强钢丝组成。吊索纵桥向间距7m，横桥向间距27m。吊索截面为109丝ϕ5.0mm镀锌高强钢丝。索夹为销接式；散索鞍为摆轴式、铸焊结合；主索鞍采用铸焊结合的形式。钢桁梁宽27m，高4.5m，由主桁、横梁及上、下平联组成，除横梁上弦杆采用箱形截面外，其余杆件均为“H”形截面。桥面板采用与钢桁梁分离的正交异性钢桥面板。桥位处于不对称的“U”形峡谷地带，大桥两岸主塔高差大(达到83m)，设计中通过调整两岸主塔的结构尺寸，合理控制主塔刚度，确保主塔结构受力安全，对山区不对称地形下悬索桥主塔的构造设计具有借鉴作用。抵母河特大桥在设计过程中还开展了桥梁结构抗风抗震性能、岸坡稳定性等专题研究，确保大桥基础稳定，并运用研究成果完善了钢桁加劲梁悬索桥的抗风措施。抵母河特大桥主缆采用预制平行钢丝束股法架设(PPWS)。钢桁梁及钢桥面板采用缆索吊装法施工，吊装时灵活利用空中旋转吊具，解决了施工场地受限钢桁梁及钢桥面板只能从一岸起吊的问题，简化了施工工艺，加快了施工进度。

3. 贵州总溪河特大桥

总溪河特大桥主桥采用跨径360m的上承式钢管混凝土变截面桁架拱，拱轴线采用悬链线，拱轴线系数$m=1.3$，矢高$h=69$m，矢跨比$f=1/5.217$。主拱圈采用等宽度变高度空间桁架结构，断面高度从拱顶6m变化到拱脚11m(中到中)。单片拱肋宽度为4m(中到中)，横桥向两片拱肋间的中心距拱脚和拱顶处均为14m。肋间设置横联和米撑。上、下弦拱肋均采用变截面钢管，上拱肋管径由拱脚ϕ1200mm ×26mm变至拱顶ϕ1200mm ×35mm。下拱肋管径由拱脚ϕ1200mm ×35mm变至拱顶ϕ1200mm ×26mm。钢管拱肋对接接头采用内法兰盘栓接、管外焊接的形式进行连接。管内灌注 C55 自密实微膨胀混凝土。主桥桥面系采用跨径 25.2m 的钢—混组合梁。钢纵梁梁高 1.5m，横向间距 2.18m，顺桥向每隔 6.3m 设置一道钢横梁，梁高 1m；钢纵、横梁均采用焊接工字形截面。桥面板采用 12cm 厚普通钢筋混凝土预制板，顶面采用 9cm 厚整体化现浇 CF50 钢纤维混凝土层，桥面铺装采用 9cm 厚沥青混凝土层。引桥上构采用 30m 预应力混凝土预制 T 梁，预制梁梁高 2m，半幅桥每孔布置 5 片 T 梁，梁距 2.4m，边梁外侧翼板悬臂长 1.2m ± Δb（Δb 为弦弧线间距离），预制梁横向采用湿接缝连接，缝宽 70cm。

4. 云南普立特大桥

普立特大桥是杭瑞高速公路云南境内首段普立至宣威高速公路三座特大桥之一，横跨普立大峡谷，于 2015 年 8 月 25 日正式建成通车。普立特大桥为高速公路悬索桥，全长 1040m，是国内首座采用钢箱加劲梁跨越深谷的山区悬索桥，也是国内首座采用“缆索吊机旋转架梁法”实施钢箱梁节段吊装的悬索桥。

普立特大桥是主桥设计为单跨 628m（全长 1040m）的钢箱梁悬索桥，主体结构包括锚碇、索塔、缆索系统和钢箱梁。大桥由 53 节长 12m、宽 28.5m、高 3m、重 146t 的箱体组成。大桥塔高 153.5m，峡谷谷底距主塔顶达 563m，桥面超出普立大峡谷谷底 500m。

普立特大桥是云南省第一座主跨 600m 以上悬索桥，也是云南第一次（国内第三次）使用火箭抛掷输送先导索的悬索桥。抛送先导索，牵引、架设、拽拉钢缆是悬索桥进入上部结构施工的关键环节，抛送先导索后，才能架设空中便桥，开辟主缆和桥面施工工作平台。目前，国内外悬索桥施工可采用直升机牵引、船舶运送、人工拽拉、火箭抛掷等方法输送先导索。大桥跨越普立大峡谷，谷深超过 500m，跨度近 1000m ，地势陡峭，地形起伏大，峡谷中气流变幻无常，若采用直升机法进行牵引，由于山谷中风速变化快，没有直升机升降平台，极易造成机毁人亡的后果，且造价非常昂贵。普立特大桥桥位处为干沟，不具备轮船航行条件，无法采用船舶运送。由于山高、坡陡、林密，采用传统的人工拽拉方法不仅施工费用大、耗时长，且极易发生作业人员伤亡事故，加之人工架设要砍伐大量林木，而此处为生态脆弱区，不宜采用人工拽拉。2013 年 1 月 11 日，主缆先导索输送火箭抛掷法在普立特大桥施工现场成功实施。

由于地形限制，普立特大桥桥面处于 1.65% 直线纵坡上，两岸主塔高差 10.36m，普立岸采用隧道锚，宣威岸采用重力锚，大桥为隧道锚和重力锚并用的单向坡非对称悬索桥。

由于普立特大桥桥位横坡较大，为减少对山体的大开大挖，减少对自然环境的破坏，主塔采用不等高塔柱创新设计，左右侧塔柱高差 15m。

5. 云南长田水库大桥

长田水库大桥位于安宁至楚雄高速公路第六合同段，因跨越长田水库而得名。该桥在保留使用原安楚二专线老桥的基础上拼宽新建，建设者们充分发挥聪明才智，用两项创新工艺解决了长田水库大桥的施工难题，土石方开挖量仅为普通基础桩开挖量的 1/3，既确保了老桥安全，也避免了对桥下水库造成污染。该桥于 2005 年 6 月 27 日建成通车。

在建设过程中，著名桥梁专家杨高忠提出的扁斜桩方案得到了大家的一致认可。具体做法是：新桥不设常规的桥台，而是分别在昆明岸和楚雄岸打 10m 和 24m 的扁斜桩，与水平面成 45°角，犹如两个巨型楔子斜插进山体里，桩高 4.4m，宽 11.8m。这一方案开挖的土石方量仅为普通基础桩开挖量的 1/3，施工中，开挖基本不在地表进行，便于水保和环保。大桥建好后，主拱圈轴向力直接传递给扁斜桩，并通过扁斜桩分布于山体，受力简单明了，施工过程中，老桥的稳定和行车也不会受到影响。该技术在云南省公路桥梁施工中尚属首次。

基础开挖的问题解决后，长田大桥最棘手的问题就是吊装。通过反复设计和论证，攻关组提出了用钢绞线张拉取代钢索滑车组、千斤顶代替卷扬机做动力的吊装方法。这种方法在国外和省外已有人采用过，但在云南尚属首次。从吊装第一片箱梁起到长田大桥成功合龙，仅仅用时 1 个月。整个吊装过程中，老桥的交通从未受到过影响。缆索吊装技术的创新是长田水库大桥施工中取得的一项宝贵的技术成果，负责该技术项目的 QC 小组被评为 2004 年“全国交通行业优秀质量管理小组”。该项技术还在云南跨越金沙江的羊拉大桥、跨越澜沧江的糯扎渡大桥和高海公路海口跨海大桥的施工中得到推广应用，收到了较好的效益。

6. 云南西洱河峡谷悬臂悬空桥

楚（雄）大（理）高速公路经过的西洱河一级电站路段是一个 V 形峡谷，线路左侧是陡峭的岩壁，并有高压输电线铁塔，右侧是宽 77m、深 32m 的电站水库，水库旁便是电站的发电机房。电站水库、厂房以及原 320 国道几乎挤满了整个峡谷。楚大高速公路通行必须以不占水库库容为前提，而且要保证电站的绝对安全。经过近二十次的反复论证、六个方案的比选，公路通过电站水库时，最终选择了建设一座长 282m 的悬臂悬空桥的方案，在水库靠山一面打好基础，沿水库边沿修建桥台，采用预应力结构，将 22m 桥面中的 11m “悬”于水库上方。悬臂悬空桥，不但未影响电站库容及电站生产，还保护了环境。

楚大高速公路西洱河一级电站悬臂悬空桥是云南第一座悬空桥。该桥的设计研究荣获 1999 年云南省科技进步一等奖。这是云南公路行业获得的第一个省级科技进步一等奖。

7. 云南金厂岭澜沧江大桥

金厂岭澜沧江大桥位于大（理）保（山）高速公路上，横跨澜沧江，是云南第一座大跨径不对称 T 形连续刚构桥。大桥主桥上部结构为（130 + 200 + 85）m 三跨预应力混凝土连续刚构。主桥下部结构由一个高 62m 和一个高 69m 等截面矩形空心薄壁墩组成；基础由直径1.5m、桩长38m的34棵和42棵钻孔灌注桩组成;承台采用4.5m厚的矩形钢筋混凝土浇筑。由于两桥墩较高,每桥墩设计主筋由直径32mm、间距10cm的1012根螺纹钢筋组成。主桥全长415m,桥面宽22.5m,其中:行车道宽度2×(2×3.75)m,紧急停车带2×2.5m,中央分隔带1.5m,外侧护栏宽2×0.5m。箱梁为单箱单室断面,三向预应力结构,顶宽22.5m,底宽12.2m,桥面横坡2%。全桥由两个不对称"T"构成,大"T"主墩高62m,悬臂长120m,根部梁高13m,跨中梁高4m;小"T"主墩高69m,悬臂长80m,根部梁高9m,跨中梁高4m。两个"T"在两个主墩上采用挂篮对称悬臂浇筑,大"T"分32轮浇筑,小"T"分18轮浇筑。每一轮悬臂长度根据设计长度施工,边跨采用支架现浇,中跨采用劲性骨架合龙。

建设者们给这座特大桥归纳了4个特点:高、难、新、特。高,大桥桥面距江面80余米;难,工程量大,施工难度大;新,该种桥型在云南是第一座,桥型新颖;特,施工工艺特殊,采用的是悬臂施工,梁上还有纵、横、竖三向预应力。大桥相继闯过了水下桩基施工、高墩施工、T梁浇筑三道难关。1999年5月大桥开工,2002年2月22日大桥合龙,2002年9月大桥建成通车。大桥造型线条简洁流畅,雄伟美观,荣获"2004年云南省优秀工程设计一等奖"和"2004年度云南省优秀工程一等奖"。

8.云南怒江特大桥

怒江特大桥是保(山)龙(陵)高速公路的控制性工程,主桥为四跨全长500m的连续刚构桥,怒江东西两岸分别为26孔、8孔的50m T梁桥,加上两岸桥台,总长2208m,为云南目前跨越江河最长的一座公路大桥。桥跨布置为:26×50m T形连续梁+(90+2×160+90)m连续刚构+8×50m T形连续梁,其中主桥采用(90+2×160+90)m四跨预应力混凝土连续刚构,计算行车速度80km/h,桥面净空2×10m(车行道),荷载标准为汽车—超20级、挂车—120。保龙高速公路怒江特大桥墩柱高度最高为60m,平均高度为50m。

怒江特大桥施工过程有5个特点,也可以说是5个难点:①工程量大。大桥2m直径的钻孔桩有2536m,1.5m直径的钻孔桩9684m,1.6m直径的钻孔桩有160m,有承台69个,30~60m高墩37个,50m T梁340片,主桥箱梁135段。全桥需混凝土11.2万m^3、预应力钢绞线2441t、钢材13391t、锚具11602套、波纹管21万m。如此大的工程量,在云南跨江桥梁建设中是从来没有过的。②水下基础施工。大桥28号、29号两个主墩位于江中。每个桥墩下是直径2m的16棵钻孔桩,桩深55.5m。③高桥墩施工。大桥主墩高60多米,而且是薄壁空心墩,墩壁的厚度仅50~60cm。④主桥箱梁的浇筑。大桥有3棵主墩,因而有3个"0"号块的浇筑。也就是说,要在3棵直立的高60多米的桥墩上浇出单个重量达1700余吨的"0"号块箱梁,然后,以"0"号块为依托,分别向左右悬臂浇筑126个箱梁节段,还要在50多米的高空浇筑2个重量分别达620多吨的现浇段,最后用4个合龙段合龙。主桥共需浇筑135个节段,精度要求特别高。⑤引桥50m T梁的预制和安装。

在云南桥梁以往的施工中,30m T梁用得较多,梁重70~80t。50m T梁重量达到140多吨,预制和安装的难度和风险都比较大。不仅如此,怒江大桥T梁的数量大,总数达340片,而且,由于怒江西岸没有预制场地,所有T梁必须在东岸预制,西岸8孔80片T梁只有主桥合龙后,才能从东岸运至西岸安装,工期压力非常大。施工单位注重科技创新和设备投入,注重计划管理,成功攻克了上述施工中的难点,如期完成了大桥建设任务。

9. 云南龙江特大桥

保(山)腾(冲)高速公路龙江特大桥垂直跨越龙川江,桥面离江面280m,最高的索塔顶到江面470m,主桥跨径布置为320m+1196m+320m,是云南省首座特大跨径钢箱梁悬索桥,也是亚洲最大的山区悬索桥。全桥总长2471m,保山岸索塔高169.7m,腾冲岸索塔高129.7m,概算投资19.55亿元。大桥于2011年5月签订施工合同,2016年4月底建成通车。为了建造这座"人间天桥",大桥建设者浇灌了318823m^3水泥混凝土,仅钢筋就用了25371t,钢绞线用了870t。

龙江特大桥是保腾高速公路的控制性工程。大桥建设指挥部积极进行科技创新,攻克了一道又一道难关,在云南桥梁建设史上写下了崭新的篇章。大桥在全风化玄武岩地区采用重力式锚碇构造,这在国内尚属首次;钢箱梁施工采用缆索吊装,规模为世界同类桥梁之最;在国内大跨径桥梁施工中首次采用无人飞行器牵引先导索过江的施工技术;在国内首次成功采用索股入鞍段预成型及架设技术;在国内首次采用"圆形缠丝+缠包带+除湿系统"方式进行主缆防护;在国内首次采用喷洒葡萄糖酸钠作为缓凝剂,配合水枪冲刷的施工方法进行锚碇混凝土凿毛施工;在桥梁大体积混凝土中成功采用火山灰作为混凝土外掺剂。在大桥建设过程中,建设者们进行了5项技术创新和20余项技术攻关,用集体智慧和高科技手段铺筑了一条神奇的"云中之路"。

10. 贵州水菁沟隧道

贵州毕节至都格(黔滇界)高速公路水菁沟隧道进口位于六盘水市水城县勺米镇鱼塘村境内,水菁沟隧道出口位于六盘水市水城县玉舍乡玉舍村境内。水菁沟隧道是一座双向四车道高速公路长隧道,设计为双线分离式,其右线长度2855m,左线长度2855m,最大埋深约366m,较长段落埋深在180m左右。2013年10月水菁沟隧道出口左右洞施工时,分别揭露煤层,施工过程中瓦斯涌出量较大,正常通风情况下局部瓦斯浓度超过10%,回风瓦斯浓度4%左右。左线2013年11月20日施工至ZK198+530,右线2013年11月25日施工至K198+580,掌子面出现不同程度的掉块,围岩收敛变形较大。同时隧道附近为玉舍矿区,邻近矿井为煤与瓦斯突出矿井。

11. 贵州青山隧道

青山隧道为双坡隧道,左洞总长3390m,右洞总长3440m,上坡坡率0.758%,距离

T13 合同段出口约 330m 处变为下坡。2014 年 7 ~9 月连续暴雨，青山隧道 T12 合同段施工的 1 号车行横洞，加宽带及小桩号侧约 60m 二次衬砌因水压过大出现裂缝，并出现喷水情况，此段在施工过程中围岩出现较多溶洞、溶槽并充填泥土，施工过程中对支护参数做了相应调整，经检测二次衬砌厚度及其强度均满足设计要求。同时 T13 合同段 3 号车行横洞出现涌沙，隧道出口段水淹满隧道并漫出洞口，经测量流水量约 5 万 ~6 万 m^3/d，原设计为 60cm×60cm 矩形中心排水沟。针对 T12、T13 合同段青山隧道特大涌水问题，贵州高速公路集团有限公司召开专家会议。根据专家会议纪要确定青山隧道特大涌水变更方案如下：①对隧道内路侧边沟进行扩大，加大隧道排水能力。②凿除左洞 1 号紧急停车带二次衬砌严重开裂渗水段，重新施作防排水系统和二次衬砌，仰拱打设泄水孔。③对渗水的施工缝或沉降缝采用刻槽埋管的方式进行引排处理。④加密 T13 合同段未施作段横向与环向排水管间距。⑤疏通隧道防排水系统，加大与洞内排水系统相接的洞外边沟排水能力，完善排水系统。

12. 云南小河边隧道

小河边隧道位于昆（明）安（宁）高速公路，为下穿铁路隧道，长度为 290.54 m，净空高度 9.5 m，共分 21 个节段框架，合同总价 1.238 亿元。该隧道是昆安高速公路全线急、难、险、重的控制性工程，技术含量高、施工难度大、安全压力大。隧道有 5 项施工技术创造了全国之最：①昆安高速公路与成昆铁路立体交叉 21°，这样小的交叉角度国内还没有先例；②采用战备用的 5 孔 B 型便梁架空铁路轨道 150m，这在国内也是首次；③在铁路线下爆破挖运石方 11 万 m^3，开挖长度 300m，深达 15m，这也是国内从没有过的；④对 5 孔 B 型梁先简支后连续并对支点体系进行转换，这也是没有先例的；⑤经与铁路部门协商，列车经过施工路段时减速慢行时间最长，达 201 天，封闭施工最多，达 33 次。在成昆铁路之下，公路建设者们用炸药 36t，启爆 3.5 万次，铁路安然无恙，南来北往的列车每天依然从这里经过，这不能不说是一个奇迹。隧道施工期间，铁路曾被架空 150m，用了 500 m^3 方木、2 万多对脚手架，主体工程共使用钢筋 8663t、C40 混凝土 4.5 万 m^3，16000 多颗螺钉、螺栓。按常规，这样的工程，正常工期起码要两年，实际上，施工单位仅用了 10 个月就攻克了昆安高速公路的这一头号难关。施工期间，每天有 35 对列车通过，共安全通行列车 1 万多对。

13. 云南九顶山隧道

楚（雄）大（理）高速公路上的九顶山隧道是云南第一座高速公路隧道，上行线长 3204m，纵坡 +1.307%，下行线长 3199m，纵坡 −1.32%，总长 6403m。设计净宽 10.50m，净高 7.4m，为单向双车道曲墙式隧道，复合式衬砌结构。隧道穿越的九顶山处于金沙江、澜沧江、红河三大水系的支流源头，相邻宾川大断层和洱海深断层，处于不同构造体系的复合部位，属 9 度地震区。该隧道于 1995 年 5 月开工，1999 年 5 月建成通车。

九顶山隧道开挖后围岩稳定性极差，围岩变形、塌方造成支护、衬砌破坏频频发生。下行线东口进洞即塌方，大塌方两次掩埋洞口。为争取工期，工作人员只能绕行进洞掘进。西端两洞口进洞即遭大小塌方6次，其中3次塌顶“开天窗”，洞内大小涌水塌方高达数十次。针对九顶山隧道施工中遇到的困难，指挥部及时进行了设计变更，及时采取多种工程措施。如：原设计Ⅴ类衬砌80%以上变为Ⅱ类或加强；西端下行线 K312+110 增设长276m斜井一座；东端上行线增设出渣横洞一座，长78m，断面4.5m×5.5m，并增设上下行线间施工联络横洞一座，长67.5m，断面4.4m×5.5m；东端上行线为绕过大塌方体争取工期，增打长132m平行导坑一座，断面4.4m×5.5m。

14. 贵州边坡滑坡整治工程

杭瑞高速公路毕节至都格段（黔滇界）第BD-T7合同段ZK141+180～ZK141+350左侧挖方边坡，原设计为4级边坡，最大挖高38.5m，轴线最大挖高28.9m，第1级为抗滑桩，第2、3级为框架锚索，第4级为框架锚杆。2013年3月中下旬边坡开挖至第2级坡面时，在第2、3级坡中部出现蠕滑剪出的裂缝，同时坡口外出现裂缝。边坡出现蠕滑变形后，2013年3月28日驻监办组织参建各方到现场进行踏勘。对坡面防护设计进行调整，放缓边坡进行清方减载，原4级边坡变为5级坡，第1～3级与原设计防护一致，第4级变为框架锚索，第5级坡为钢花管注浆且坡面采用挂网喷射混凝土封面。2013年11月，ZK+190～ZK141+328左侧边坡已开挖至设计高程，第5级边坡的挂网喷浆已经施工完毕；第3、4级边坡锚索框架已经施工完毕；第2级边坡锚杆框架防护正在施工；第1级边坡抗滑桩在挖孔过程中出现塌孔，变形集中在ZK141+190～ZK141+300左侧段，最远处裂缝距离第5级边坡坡顶120m。ZK141+190～ZK141+200第3级边坡拱形骨架出现了坍塌，整段边坡向路基方向滑移。根据《黔高速毕都总监纪要〔2013〕28号》要求，2014年1月4日，贵州省交通规划勘察设计研究院股份有限公司地质勘察设计分院组织相关人员及设备进场进行深层位移监测，进一步探明该段路基工程地质条件并对滑坡变形破坏机理进行调查分析。2014年7月8日，贵州高速公路开发总公司在六盘水组织召开了毕都项目BD-T7合同ZK141+180～ZK141+350左侧滑坡治理设计方案评审会。会议原则同意设计单位提出的“抗滑桩+独立锚索+清方+框架锚索+钢管桩”综合治理方案，并形成了黔高速专议〔2014〕233号会议纪要。

第十三节　G60（沪昆高速公路）上海至昆明高速公路

G60（沪昆高速公路）是国家“71118+6”高速公路网18条东西横线中的第十三横，是连接上海、浙江、江西、湖南、贵州、云南六省（直辖市）的重要省际通道，有利于长江三角洲都市圈经济对华中、西南大中城市的辐射,对西南地区的经济发展起着重要的作用。同时,G60(沪昆高速公路)具有较高的带动沿线旅游经济的能力,为沿途旅游业的发展创造了条件。

G60(沪昆高速公路)起点位于上海市闵行区沪闵路莘庄立交,终点位于云南省天生桥立交,与G56(杭瑞高速公路)共线。规划里程2336.04km,通车里程2168.219km,四车道1917.209km,六车道86.327km,八车道及以上164.683km。经过上海、浙江(嘉兴、杭州、绍兴、金华、衢州)、江西(上饶、鹰潭、抚州、南昌、宜春、新余、抚州、萍乡)、湖南(怀化、邵阳、娄底、湘潭、株洲)、贵州(铜仁市、黔东南苗族侗族自治州、黔南布依族苗族自治州、安顺市、黔西南布依族苗族自治州、六盘水市)、云南(曲靖、昆明)。1985年5月沪昆高速公路(上海莘庄至松江段)率先开始施工,2011年12月,贵州贵阳至清镇高速公路建成通车,G60(沪昆高速公路)全线通车。

拥有联络线一条:

G6011(南韶高速公路)南昌至韶关高速公路。起点位于江西省南昌市南外环高速公路,终点位于广东省韶关市曲江区白土镇。规划里程618.88km,通车里程553.121km,四车道426.573km,六车道126.548km。途经南昌、永丰、兴国、赣州、南雄、韶关。目前,G6011(南韶高速公路)已全线建成通车。

拥有并行线一条:

G60N(杭长高速公路)杭州至长沙高速公路。起点位于浙江省杨村桥枢纽,终点位于湖南省浏阳市永安红旗村。规划里程780.68km,通车里程654.482km,四车道618.036km,六车道36.446km。途经杭州、开化、德兴、余干、南昌、奉新、铜鼓、浏阳、长沙。目前,G60N(杭长高速公路)已全线建成通车。

一、路线概况

G60(沪昆高速公路)路线信息见表10-45,沿线互通、出入口、服务区信息见表10-46,并行线、联络线路线信息见表10-47,并行线、联络线沿线互通、出入口、服务区信息见表10-48。

G60(沪昆高速公路)路线信息表 表10-45

编号	省份	省内起点	省内终点	途经市、县	通车里程(km)
G60	上海	闵行区沪闵路莘庄立交	金山区枫泾镇(沪浙界)	闵行区、松江区、金山区	47.670
	浙江	沪浙界(枫泾)	浙赣界(常山窑上)	嘉兴市嘉善县、南湖区、秀洲区、桐乡市、海宁市,杭州市余杭区、江干区、萧山区,绍兴市诸暨市,金华市浦江县,义乌市、金东区、婺城区、兰溪市,衢州市龙游县、衢江区、柯城区、常山县	363.830

续上表

编号	省份	省内起点	省内终点	途经市、县	通车里程(km)
G60	江西	上饶市玉山县梨园	萍乡(赣湘界)	上饶市、玉山县、广丰县、信州区、上饶县、横峰县、铅山县、弋阳县、贵溪市、余江县、东乡县、南昌市、进贤县、新建区、樟树市、渝水区、分宜县、袁州区、芦溪县、安源区、上栗县、湘东区	524.875
	湖南	醴陵市金鱼石	怀化市新晃县光辉村	醴陵市、浏阳市、株洲市、湘潭市、湘潭县、湘乡县、湘乡县、娄底市、邵阳市、邵阳县、隆回县、洞口县、怀化市、洪江市、中方县、芷江县、新晃县	540.299
	贵州	铜仁市玉屏县东郊鲇鱼铺	盘州市平关	玉屏县、岑巩县、三穗县、剑河县、台江县、凯里市、麻江县、福泉市、贵定县、龙里县、花溪区、观山湖区、清镇市、平坝区、西秀区、镇宁县、晴隆县、普安县、盘州市	591.644
	云南	昆明小庄立交	天生桥立交起与G56共线	富源县、沾益县、麒麟区、马龙县、嵩明县、昆明市官渡区、盘龙区	99.901

G60(沪昆高速公路)**沿线互通、出入口、服务区信息表** 表10-46

编号	省份	沿线互通	出入口	服务区
G60	上海	莘庄、嘉闵、新桥、大立交港互通	莘庄立交、水清路、七莘路、嘉闵高架、莘砖公路、新桥主线收费站、新桥、松江、松江新城、大港、石湖荡、新浜、枫泾主线收费站出入口	枫泾服务区
	浙江	嘉善、步云枢纽、嘉兴东、嘉兴枢纽、王店、屠甸、桐乡、长安、沈士枢纽、许村南、绕城东枢纽、下沙、红垦枢纽、萧山东、杨汛桥、张家畈枢纽、临浦、浦阳、次坞、直埠枢纽、诸暨、牌头、郑家坞、浦江、义乌、上溪、傅村枢纽、鞋塘、金华枢纽、金华、兰溪、金华西、游埠、龙游、吕塘角枢纽、衢州东、衢州西、五里枢纽、常山东、常山、常山西互通	浙沪主线、嘉善、嘉兴东、王店、屠甸、桐乡、长安、许村南、下沙、萧山东、杨汛桥、临浦、浦阳、次坞、诸暨、牌头、郑家坞、浦江、义乌、上溪、鞋塘、金华、兰溪、金华西、游埠、龙游、衢州东、衢州西、常山东、常山、常山西、浙闽主线出入口	嘉兴、长安、西湖、下沙、萧山、诸暨、金华、兰溪、衢州、常山服务区
	江西	赣浙界梨园、玉山、广丰、上饶东、上饶西、经开区、杨梅岭、弋阳、贵溪、鹰潭东、鹰潭西、余江、东乡、进贤、南昌南、生厚、黄马、温家圳、丰城、临江、泉港、胡家坊、黄土岗、罗坊、新余、分宜、彬江、宜春、西村、芦溪、萍乡、湘东、金鱼石互通	黄土岗、罗坊、新余、分宜、彬江、宜春、西村、芦溪、萍乡、湘东、丰城、临江、泉港、胡家坊、南昌南站、生厚站、黄马站、温家圳站出入口	三清山、上饶、鹰潭、龙虎山、东乡、南昌南、丰城、樟树、新余、宜春、萍乡服务区
	湖南	湘潭北、湘乡、潭市、水府、双峰、三塘铺、邵东、邵阳东、邵阳南、金鱼石、醴陵东、醴陵北、芷钱桥、株洲东、芷江、土桥、兴隆、新晃互通	金鱼石、醴陵东、醴陵北、芷钱桥、株洲东、岳塘、湘潭北、韶山、湘乡、潭市、水府庙、双峰、三塘铺、廉桥、邵东、邵阳东、邵阳南、周旺铺、隆回、黄桥、洞口、江口、安江、中方、芷江、土桥、兴隆、新晃出入口	金鱼石、醴陵、跳马、湘潭、水府庙、宝庆、洞口、安江、芷江、新晃服务区

续上表

编号	省份	沿线互通	出入口	服务区
G60	贵州	大龙、屏树、岑松溪、下长坡、麻江、大良田、马岩、下坝(兰海高速复线)、下坝(贵阳绕城高速)、秦棋、牛郎关、石板互通、金华、干井、郑家屯、小屯、杨家山、海铺、玉屏、岑巩、青溪、三穗、台烈、岑松、剑河、台江、凯里东、凯里西、下司、麻江、马场坪、黄丝、贵定、盘江、龙里、龙里西、牛郎关、王宽、天河潭、清镇东、清镇、夏云、平坝、天龙、安顺东、安顺南、龙宫、镇宁、黄果树、关岭、永宁、岗乌、普安、英武、刘官、两河、红果北、盘州、红果西、平关、胜境关互通	大龙(省界)、玉屏、岑巩、青溪、三穗、台烈、岑松、剑河、台江、凯里西、凯里东、下司、麻江、马场坪、黄丝、贵定、盘江、龙里、龙里西、牛郎关、王宽、天河潭、贵阳西、清镇东、清镇、夏云、平坝、天龙、安顺东、安顺南、龙宫、镇宁、黄果树、关岭、永宁、岗乌、晴隆、沙子、普安、英武、刘官、两河、红果北、盘州、红果西、平关、胜境关出入口	三穗、温泉、三棵树、凯里(关闭整改中)、麻江、牟珠洞、龙洞堡、夏云、云峰、龙宫、镇宁(封闭中)、关岭、晴隆、刘官、红果服务区
	云南	天生桥、小铺、乌龙互通	胜境关省界主线站、富源、回隆、电厂、天生桥、沾益、小坡、曲靖、嵩明、军马场、兔耳关、昆明北主线站出入口	富源、胜境关、曲靖东、小铺、小哨、双龙服务区

G60(沪昆高速公路)并行线、联络线路线信息表　　表 10-47

编号	省份	省内终点	省内终点	途经市、县	通车里程(km)
G6011	江西	南昌市南外环高速(南昌县冈上镇)	赣州市大余县(梅关,赣粤界)	南昌市南昌县、宜春市丰城市、抚州市乐安县、吉安市永丰县、赣州市宁都县、兴国县、赣县、南康市、大余县	553.121
	广东	韶关南雄梅岭镇梅关(粤赣界)	韶关市曲江区白土镇	南雄市、韶关市、曲江区	
G60N	浙江	杨村桥枢纽	浙赣省界(白沙关)	杭州市、建德市、开化县	654.482
	江西	德兴白沙关(浙赣界)	大围山铁树坳(赣湘界)	婺源县、德兴市、乐平市、万年县、鄱阳县、余干县、进贤县、南昌县、新建区、安义县、奉新县、靖安县、宜丰县、铜鼓县	
	湖南	浏阳市洞阳镇	浏阳市永安红旗村	浏阳市、长沙市	

G60(沪昆高速公路)并行线、联络线沿线互通、出入口、服务区信息表　　表 10-48

编号	省份	沿线互通	出入口	服务区
G6011	江西	南外环、沪昆高速、乐安北、宁都西、宁都南、赣县东、赣州东互通	广福、丰城东、洛市、铁路、乐安北、万崇、永丰南、黄陂、宁都西、兴国、兴国南、南塘、江口、赣县南、赣州东、赣州南、南康东、青龙、新城、大余、赣韶梅关主线出入口	丰城东、乐安、永丰南、宁都西、兴国南、赣县、赣州南、大余服务区
	广东	南雄、马市、始兴北、瑶前互通	南雄、马市、始兴北、瑶前出入口	无

续上表

编号	省份	沿线互通	出入口	服务区
G60N	浙江	寿昌互通	杨村桥、浙赣主线出入口	建德服务区
	江西	三清山、德兴、昌东、德兴东、天保、花桥互通	婺源、新岗山、三清山、白沙关、德兴南、乐平南、德兴铜矿、万年北、余干、珠湖、泾口、军山湖、瑞洪、南昌南枢纽主线、安义、奉新、靖安、会埠、上富、花桥、天柱峰、铜鼓、赣湘界排埠收费站出入口	德兴、万年北、军山湖、奉新、铜鼓服务区，德兴停车区
	湖南	大围山、官渡、浏阳东、永安、长沙北互通	大围山、官渡、浏阳东、永安、长沙北出入口	浏阳服务区

二、路网关系

G60（沪昆高速公路）路网关系示意图如图 10-13 所示。

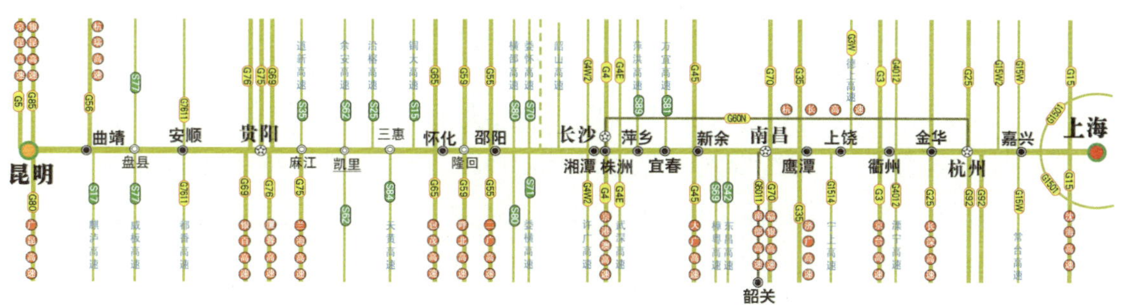

图 10-13　G60（沪昆高速公路）路网关系示意图

三、建设历程

1. 上海莘庄至松江段

1985 年 5 月开工建设，1990 年 12 月建成通车，全长 20.59km，全线四车道，设计速度 100km/h。建成特大桥 1 座。建成大桥 6 座。总投资 3.63 亿元，资金来源：交通部车购税投入、地方投入。占地 1643 亩。项目管理单位：上海市市政工程管理局；勘察设计单位：上海铁道学院、上海市市政工程设计院；监理单位：由建设单位（市政工程建设处）、接管单位（市公路处）和总承包单位三方联合组成莘松高速公路质量监理组；施工单位：铁道部第四工程局上海分公司等。

2. 上海松江至浙江省界段

1996 年 1 月开工建设，1998 年 12 月建成通车，全长 27.08km，全线四车道，设计速度 100km/h。建成特大桥：大蒸港桥，共 1 座。建成大桥 10 座。总投资 19.42 亿元，资金来源:交通部车购税投入、地方投入、银行贷款。占地 2870.68 亩。项目管理单位:上海市沪杭高速公路工程建设指挥部;勘察设计单位:上海市政工程设计研究院、上海铁道大学勘察设计院;监理单位:上海铁道大学监理公司、同济大学公路监理咨询有限公司等;施工单位:交通部第三航务工程局、上海市第二市政工程公司等。

3. 上海段改扩建

2008 年 12 月开工建设,2009 年 12 月建成通车,全长 47.67km(四车道 0.22km,六车道 34.42km,八车道 13.03km),设计速度 100km/h。建成特大桥:大蒸港桥、高架桥,共 2 座。建成大桥 16 座。总投资 21.7 亿元,资金来源:地方投入、企业投入、银行贷款。占地 351.36 亩。项目管理单位:沪杭高速公路拓宽改建工程建设指挥部;勘察设计单位:上海市政工程设计研究总院;监理单位:上海同济工程项目管理咨询有限公司、江苏交通工程咨询监理有限公司;施工单位:中交第一公路工程局有限公司、中国路桥工程有限责任公司等。

4. 浙江沪杭高速公路

1995 年 9 月开工建设,1998 年 12 月建成通车,全长 78.68km,全线四车道,设计速度 120km/h。建成特大桥:长安公铁桥,共 1 座。建成大桥 12 座。总投资 23.9 亿元,资金来源:中央投入、地方投入、银行贷款。占地 10955.0 亩。项目管理单位:沪杭甬高速公路拓宽工程嘉兴建设指挥部;勘察设计单位:浙江省交通规划设计研究院;监理单位:浙江公路水运工程咨询监理公司;施工单位:新疆昆仑路港工程公司。

5. 浙江沪杭高速公路工程改扩建

2003 年 7 月开工建设,2005 年 11 月建成通车,全长 78.76km(六车道 3.6km,八车道 75.16km),设计速度 120km/h。总投资 16.0 亿元,资金来源:企业投入、银行贷款。占地 1920.0 亩。项目管理单位:沪杭甬高速公路拓宽工程嘉兴建设指挥部;勘察设计单位:浙江省交通规划设计研究院;监理单位:江苏交通工程监理咨询公司等;施工单位:中铁七局集团有限公司等。

6. 浙江沈士至下沙段

与 G2501 杭州绕城高速公路共线。

7. 浙江杭州绕城高速公路

1999 年 9 月开工建设,2003 年 12 月建成通车,全长 41.37km(四车道 21.53km,六车道 19.84km),设计速度 120km/h。建成特大桥:宣杭铁路立交、下沙大桥引桥、下沙大桥、西小江大桥,共 4 座。建成大桥 8 座。总投资 20.46 亿元,资金来源:交通部车购税投入、企业投入、银行贷款。占地 3449.75 亩。项目管理单位:杭州市交通设施建设处、海宁市人民政府办公室(委派海宁市交通工程建设管理处管理)等;勘察设计单位:北京交科勘察设计院、杭州市交通设计研究院等;监理单位:北京华宏监理公司、中国公路工程咨询监理总公司浙江分公司等;施工单位:中铁二局新运工程公司、铁道部第十四工程局等。

8. 浙江杭金衢高速公路

1999年9月9日开工建设,2003年9月22日建成通车,全长271.56km,全线四车道,设计速度100km/h、120km/h。建成特大桥:常山港特大桥,共1座。建成大桥44座。建成长隧道1座。总投资67.41亿元,资金来源:交通部车购税投入、地方投入、企业投入、银行贷款。占地26487.0亩。项目管理单位:杭金衢高速公路建设指挥部;勘察设计单位:浙江省交通规划设计研究院、浙江省工程勘察院、浙江省浙中地质工程勘察院;监理单位:杭金衢高速公路总监理办公室、上海同济公路工程监理咨询有限公司等;施工单位:中铁十五局集团有限公司、中铁十二局集团有限公司等。

9. 江西梨园至温家圳段

2000年12月开工建设,2002年12月建成通车,全长244.759km,全线四车道,设计速度100km/h。建成大桥19座。总投资39.28亿元,资金来源:地方投入、银行贷款。占地23000.0亩。项目管理单位:江西省交通厅梨温项目办;勘察设计单位:江西省交通设计院、江西地质工程勘察院等;监理单位:江西交通工程监理公司、江西省公路工程监理公司等;施工单位:中国路桥集团第一公路工程局、中铁五局(集团)有限公司等。

10. 江西温家圳至厚田段

1996年12月开工建设,1999年2月建成通车,全长35.5km,全线四车道,设计速度120km/h。建成特大桥:张家铁路跨线桥、新建县赣江大桥,共2座。建成大桥10座。总投资10.35亿元,资金来源:地方投入、银行贷款。占地4029.59亩。项目管理单位:江西省温厚高速公路建设指挥部;勘察设计单位:江西省交通设计院等;监理单位:江西省交通工程监理公司等;施工单位:江西省路桥工程集团有限公司等。

11. 江西南昌至樟树段

1995年12月开工建设,1997年12月建成通车,全长76.744km,全线四车道,设计速度100km/h。建成特大桥:药湖大桥,共1座。建成大桥2座。总投资13.77亿元,资金来源:交通部车购税投入、银行贷款。占地7935.39亩。项目管理单位:江西省昌樟高速公路指挥部;勘察设计单位:江西省交通设计院等;监理单位:江西省交通工程监理公司等;施工单位:中交第一公路工程局有限公司、中铁十五局集团有限公司等。

12. 江西南昌至樟树段改扩建

2012年11月开工建设,2015年11月建成通车,全长87.1km,全线八车道,设计速度120km/h。建成特大桥:药湖大桥,共1座。建成大桥4座。总投资61.53亿元,资金来源:地方投入。占地4072.63亩。项目管理单位:江西省交通运输厅南昌至樟树高速公路改扩建项目建设办公室;勘察设计单位:中交第二公路勘察设计研究院有限公司、中国公路工程咨询集团有限公司等;监理单位:江西交通工程监理公司、江西交通咨询公司等;施工单位:中铁十三局集团有限公司、中交二公局第三工程有限公司等。

13. 江西昌傅至金鱼石段

2002 年 9 月开工建设,2004 年 9 月建成通车,全长 167.875km,全线四车道,设计速度 120km/h。建成大桥 22 座。总投资 35.5 亿元,资金来源:地方投入。占地 17559.6195 亩。项目管理单位:江西省交通厅昌金高速公路建设项目办公室;勘察设计单位:江西省交通设计院;监理单位:江西交通工程监理公司、江西省公路工程监理公司等;施工单位:中铁十九局集团有限公司、中铁十二局集团第二工程有限公司等。

14. 湖南醴陵至湘潭段

2004 年 5 月开工建设,2007 年 10 月建成通车,全长 72.391km,全线四车道,设计速度 100km/h、120km/h。建成大桥 9 座。总投资 21.0 亿元,资金来源:地方投入。占地 8255.63 亩。项目管理单位:湖南省醴潭高速公路建设开发有限公司;勘察设计单位:中交第二公路勘察设计研究院、湖南省交通规划勘察设计院;监理单位:湖南省金衢交通咨询监理有限公司等;施工单位:中港第二航务工程局等。

15. 湖南湘潭至邵阳段

2000 年 7 月开工建设,2002 年 12 月建成通车,全长 217.763km,全线四车道,设计速度 100km/h、120km/h。建成特大桥:竹埠港湘江大桥,共 1 座。建成大桥 6 座。总投资 52.31 亿元,资金来源:交通部车购税投入、地方投入、银行贷款。占地 27089.79 亩。项目管理单位:湖南省潭邵高速公路建设开发有限公司;勘察设计单位:湖南省交通规划勘察设计院等;监理单位:湖南省金衢交通咨询监理有限公司等;施工单位:中铁大桥工程局等。

16. 湖南邵阳至怀化段

2003 年 9 月开工建设,2007 年 11 月建成通车,全长 155.69km,全线四车道,设计速度 80km/h、100km/h、120km/h。总投资 83.619 亿元,资金来源:中央投入,地方投入,银行贷款。占地 18236.0 亩。项目管理单位:湖南省邵怀高速公路建设开发有限公司;勘察设计单位:中交第二公路勘察设计院、湖南省交通规划勘察设计院;监理单位:湖南大学建设监理中心等;施工单位:中铁十三局集团第三工程有限公司等。

17. 湖南怀化至新晃段

2004 年 3 月开工建设,2007 年 11 月建成通车,全长 106.018km,全线四车道,设计速度 80km/h。建成特大桥:杉木塘高架桥、滤子口高架桥,共 2 座。建成大桥 45 座。建成长隧道 2 座。总投资 42.5531 亿元,资金来源:中央投入、银行贷款。占地 8554.885 亩。

项目管理单位：怀新高速公路建设开发有限公司；勘察设计单位：湖南省交通规划勘察设计院；监理单位：中国公路工程监理咨询总公司等；施工单位：中铁一局集团有限公司等。［其中，93.218km属于G60（沪昆高速公路），12.8km与G65（包茂高速公路）共线］

18. 贵州玉屏至铜仁公路（玉屏至大龙段）

2000年7月15日开工建设，2003年4月1日建成通车，全长11.595km，全线四车道，设计速度80km/h。建成大桥5座。总投资8.40亿元，资金来源：企业投入、银行贷款。占地4043.36亩。项目管理单位：贵州高速公路开发总公司；勘察设计单位：贵州省交通规划勘察设计研究院；监理单位：贵州省交通建设咨询监理有限公司等；施工单位：贵州省公路工程总公司、中铁第十六工程局等。

19. 贵州玉屏至三穗段

2003年8月开工建设，2006年3月建成通车，全长45.41km，全线六车道，设计速度80km/h。建成特大桥：阳河特大桥、红花坪特大桥、燕子岩特大桥、水竹坪特大桥，共4座。建成大桥19座。总投资17.8亿元，资金来源：交通部车购税投入、地方投入、银行贷款。占地5815.0亩。项目管理单位：贵州高速公路开发总公司；勘察设计单位：贵州省交通规划勘察设计研究院；监理单位：贵州科达公路工程咨询监理有限公司、贵州陆通公路工程监理有限责任公司等；施工单位：中铁五局（集团）有限公司、中铁二十局集团有限公司等。

20. 贵州三穗至凯里段

2003年6月开工建设，2006年9月建成通车，全长86.59km，全线四车道，设计速度80km/h。建成特大桥：平溪特大桥、方家寨特大桥、小营特大桥、大树脚特大桥，共4座。建成大桥68座。总投资37.33亿元，资金来源：交通部车购税投入、地方投入、银行贷款。占地11903.03亩。项目管理单位：贵州省高速公路开发总公司；勘察设计单位：贵州省交通规划勘察设计研究院、中交第一公路勘察设计研究院；监理单位：贵州省交通建设咨询监理有限公司、山西省交通建设工程监理总公司等；施工单位：中铁五局（集团）有限公司、路桥集团第一公路工程局第五工程公司等。

21. 贵州凯里至麻江段

2000年1月开工建设，2001年5月建成通车，全长50.9km，全线四车道，设计速度60km/h。建成特大桥：云泉特大桥、清水江大桥、羊跳1号大桥、野鸡岩1号大桥，共4座。建成大桥22座。总投资10.44亿元，资金来源：中央投入、交通部车购税投入、地方投入、银行贷款。占地9852.58亩。项目管理单位：贵州高速公路集团有限公司；勘察设计单位：贵州省交通规划勘察设计研究院；监理单位：贵州省陆通监理公司、贵州省交通建设咨询监理有限公司；施工单位：中港第二航务工程局、中铁十九局第三工程处等。

22. 贵州贵阳至新寨段

1996 年 6 月开工建设,2000 年 5 月建成通车,全长 260.77km,两车道 118.99km,四车道 141.78km,设计速度 60km/h。建成大桥 20 座。总投资 48 亿元,资金来源:交通部车购税投入、地方投入、外资。占地 14630 亩。项目管理单位:贵州高速公路开发总公司;勘察设计单位:贵州省交通规划勘察设计研究院;监理单位:贵州省交通建设咨询监理有限公司、北京中通公路桥梁工程咨询发展有限公司、贵州陆通公路工程监理有限责任公司等;施工单位:北京燕通公路工程公司、贵州省桥梁工程总公司、中国路桥集团总公司、贵州省公路工程总公司等。[其中,105.438km 属于 G60(沪昆高速公路)]

23. 贵州贵阳绕城公路西南段

与 G6001 贵阳市绕城高速公路共线。

24. 贵州贵阳至清镇段

2009 年 8 月开工建设,2011 年 12 月建成通车,全长 13.2km,四车道 3.4km,六车道 9.8km,设计速度 120km/h。建成大桥 14 座。总投资 11.72 亿元,资金来源:交通运输部车购税投入、地方投入、银行贷款。占地 7477.0 亩。项目管理单位:贵州高速公路集团有限公司;勘察设计单位:贵州省交通规划勘察设计研究院股份有限公司、中国公路工程咨询集团有限公司;监理单位:贵州科达公路工程咨询监理有限公司;施工单位:中交第一公路工程局有限公司、中铁十一局集团有限公司等。

25. 贵州清镇至镇宁段

2002 年 6 月开工建设,2004 年 9 月建成通车,全长 89.65km,全线六车道,设计速度 90km/h。建成特大桥:红枫湖特大桥,共 1 座。建成大桥 11 座。总投资 25.78 亿元,资金来源:交通部车购税投入、地方投入、银行贷款。占地 10861.14 亩。项目管理单位:贵州高速公路开发总公司;勘察设计单位:中交第二公路勘察设计研究院;监理单位:中国公路工程咨询监理总公司、贵州陆通公路工程监理有限责任公司等;施工单位:中铁四局集团有限公司、中铁第十九工程局等。

26. 贵州镇宁至胜境关段

2004 年 10 月开工建设,2008 年 12 月建成通车,全长 195.5km,全线四车道,设计速度 80km/h、120km/h。建成特大桥:王三寨特大桥、安龙铺特大桥、沙银河特大桥、北盘江特大桥、平寨特大桥、小寨特大桥、叉河特大桥、山田特大桥、白水冲特大桥、大河坝 1 号特大桥、小关岭 3 号特大桥、高兴特大桥、王家岩 2 号特大桥、陶家沟特大桥、两河特大桥、舍勒特大桥、坝陵河特大桥、大花哨特大桥、下马基 1 号特大桥、下马基 2 号特大桥、普安 1 号特大桥、普安 2 号特大桥、虎跳河特大桥、朱昌河特大桥、水打田 2 号特大桥、西拢 1 号特大桥、四角田 1 号特大桥、背阴坡特大桥、岗寨特大桥、狮子岩特大桥、东方红 2 号特大桥、巴茅井特大桥、新寨河特大桥,共33座。建成大桥88座。建成特长隧道:五龙山隧道、槽箐头隧道,共2座。建成长隧道5座。总投资126.57亿元,资金来源:交通部车购税投入、地方投入、银行贷款。占地29324.0亩。项目管理单位:贵州高速公路集团有限公司;勘察设计单位:中交第二公路勘察设计研究院、贵州省交通规划勘察设计研究院股份有限公司等;监理单位:贵州陆通公路工程监理有限责任公司、中交国际咨询有限公司等;施工单位:中铁二十局集团有限公司、中铁十八局集团第三工程有限公司等。

27. 云南曲靖至胜境关段

2000年1月开工建设,2002年10月建成通车,全长74.82km,四车道51.62km,六车道23.2km,设计速度60km/h、80km/h、100km/h。总投资22.43亿元,资金来源:交通部车购税投入、地方投入、银行贷款。占地6656.1亩。项目管理单位:曲胜高速公路建设指挥部;勘察设计单位:云南省公路规划勘察设计院等;监理单位:云南省公路工程监理咨询公司等;施工单位:云南省第一公路桥梁工程公司等。

28. 云南嵩明至昆明段

1992年12月开工建设,1996年10月建成通车,全长45km,双向四车道,设计速度100km/h。(改革开放初期项目,资料遗失。)

四、联络线及并行线

1. G6011(南韶高速)南昌至韶关高速公路

江西南昌至宁都(冈上至宁都)段。2013年10月28日开工建设,2016年1月13日建成通车,全长248.601km,全线四车道,设计速度100km/h。建成特大桥:清丰山河特大桥、龙坊高架桥,共2座。建成大桥74座。建成特长隧道:石马隧道、双溪岭隧道、雩山隧道,共3座。建成长隧道5座。总投资173.93亿元,资金来源:中央投入、地方投入、银行贷款。占地25440亩。项目管理单位:江西省高速公路投资集团有限责任公司南昌至宁都高速公路建设项目办公室;勘察设计单位:中国公路工程咨询集团有限公司、中交公路规划设计院有限公司等;监理单位:江西省嘉和工程咨询监理有限公司、北京中交公路桥梁工程监理有限公司等;施工单位:江西宜春公路建设集团、江西省公路桥梁工程局、中铁十三局集团有限公司等。

江西兴国至赣县段。2014年12月26日开工建设,2017年1月4日建成通车,全长71.995km,全线四车道,设计速度120km/h。建成大桥53座。总投资60.7496亿元,资金来源:地方投入、银行贷款。占地9543.1亩。项目管理单位:赣州高速公路有限责任公司;勘察设计单位:江西省交通设计研究院有限责任公司、中国公路工程咨询集团有限公司;设计咨询单位:中铁第四勘察设计院集团有限公司;监理单位:江西省公路工程监理公司、宁波交通工程咨询监理有限公司等;施工单位:江西井冈路桥(集团)有限公司、中交第四公路工程局有限公司、安徽省交通建设有限责任公司、中铁隧道集团三处有限公司等。

江西赣州绕城段。2008 年 7 月 1 日开工建设,2010 年 9 月 16 日建成通车,全长 45.365km,全线四车道,设计速度 100km/h。建成大桥 20 座。建成长隧道 1 座。总投资 19.1 亿元,资金来源:地方投入、银行贷款。占地 5243.769 亩。项目管理单位:赣州赣康高速公路有限责任公司;勘察设计单位:中交第二公路勘察设计院有限公司;监理单位:赣州诚正公路工程监理有限公司、江西交通建设工程监理所、北京兴通交通工程监理有限责任公司;施工单位:中交隧道工程局有限公司、广州海特天高信息系统工程有限公司等。

江西南康至大余段。2005 年 11 月 6 日开工建设,2007 年 12 月 21 日建成通车,全长 56.645km,全线四车道,设计速度 100km/h。建成大桥 16 座。建成长隧道 1 座。总投资 18.41 亿元,资金来源:地方投入、银行贷款。占地 6293.58 亩。项目建设单位:赣州康大高速公路有限责任公司;项目管理单位:中交通力科技集团有限公司;勘察设计单位:江西省赣南公路勘察设计院;监理单位:江西省交通建设监理所、武汉广益工程咨询有限公司、北京兴通交通工程监理有限责任公司;施工单位:中铁电气化局集团西安铁路工程有限公司、江西省公路机械工程局等。

南昌至韶关高速公路广东段。2014 年 12 月建成通车,全长 129.731km,全线六车道,设计速度 100km/h。建成大桥 27 座。总投资 70 亿元,资金来源:地方投入。勘察设计单位:四川省交通运输厅公路规划勘察设计研究院、广东省公路勘察规划设计院股份有限公司等;监理单位:广东华路交通科技有限公司、中国公路工程咨询集团有限公司、北京华宏工程咨询有限公司等;施工单位:衡阳公路桥梁建设有限公司、葛洲坝集团第五工程有限公司、广东省长大公路工程有限公司、中交第四航务工程局有限公司等。

2. G60N(杭长高速)杭州至长沙高速公路

浙江建德寿昌至开化白沙关衢州段。2012 年 10 月开工建设,2016 年 12 月建成通车,全长 105.05km,全线四车道,设计速度 100km/h。建成特大桥:铜山源左线桥、铜山源右线 2 号桥、石柱高架桥、下山特大桥、田铺特大桥,共 5 座。建成大桥 66 座。建成特长隧道:西岙岭隧道、芹源岭隧道,共 2 座。建成长隧道 8 座。总投资 105.40 亿元,资金来源:地方投入。占地 8585 亩。项目管理单位:杭新景高速公路(衢州段)工程建设指挥部;勘察设计单位:浙江省交通规划设计研究院;监理单位:杭州公路工程监理咨询公司等;施工单位:中交第二公路工程局有限公司等。

浙江建德寿昌至开化白沙关建德段。2013 年 4 月开工建设,2015 年 12 月建成通车,全长 23.45km,全线四车道,设计速度 100km/h。建成大桥 7 座。建成长隧道 1 座。总投资 15.46 亿元,资金来源:交通运输部车购税投入、银行贷款。占地 2129.6 亩。项目管理单位:杭新景高速公路(衢州段)工程建设指挥部;勘察设计单位:浙江省交通规划设计研究院;监理单位:杭州交通工程监理咨询有限公司;施工单位:中交一公局厦门工程有限公司等。

浙江杨村桥至新安江段。2003年5月开工建设,2005年12月建成通车,全长30.0km,全线六车道,设计速度120km/h。建成大桥13座。总投资8亿元,资金来源:企业投入。占地4173.65亩。项目管理单位:杭州市路桥建设处;勘察设计单位:中国公路工程咨询监理总公司、浙江省交通规划设计研究院;监理单位:山东省交通工程监理咨询公司、山西省交通建设工程监理总公司等;施工单位:中国路桥集团国际建设股份有限公司、中铁十七局集团第六工程有限公司等。[其中,18km属于G25(长深高速公路),12km属于G60(沪昆高速公路)]

浙江新安江至八亩丘段。2004年8月1日开工建设,2006年12月19日建成通车,全长24.7km,全线六车道,设计速度100km/h。建成特大桥:新安江特大桥,共1座。建成大桥15座。建成长隧道1座。总投资20.54亿元,资金来源:企业投入。占地3197.7亩。项目管理单位:杭州杭千高速公路建德段建设管理处;勘察设计单位:中国公路工程咨询监理总公司;监理单位:天津新亚太工程建设监理公司、湖南省金衢交通咨询监理有限公司等;施工单位:中铁一局集团第一工程有限公司、中国路桥集团第一公路工程局第一工程公司等。[与G4012(溧宁高速公路)共线]

江西德兴白沙关至景婺常高速公路德兴枢纽互通段。2004年11月开工建设,2006年11月19日建成通车,全长9.695km,全线四车道,设计速度100km/h。建成大桥5座。总投资15.42亿元,资金来源:中央投入、银行贷款。占地6632亩(景婺黄高速整体)。项目管理单位:景婺黄(常)高速公路项目办公室;勘察设计单位:江西省交通设计院、辽宁省交通勘测设计院;监理单位:厦门路桥咨询监理公司;施工单位:江西省交通工程集团公司等。

江西德兴东枢纽互通至昌东枢纽段。2009年7月开工建设,2011年9月16日建成通车,全长177.296km,全线四车道,设计速度100km/h。建成特大桥:万年河特大桥、信江特大桥、瑞洪信江特大桥、金溪湖特大桥、抚河特大桥,共5座。建成大桥33座。总投资77.97亿元,资金来源:企业投入。占地21012.41亩(德昌高速204.596km整体)。项目管理单位:江西省交通运输厅德昌高速公路项目建设办公室;勘察设计单位:江西省交通设计院、中国公路工程咨询集团有限公司;监理单位:江西交通工程监理公司、江西交通建设工程监理所等;施工单位:中铁二十二局集团第四工程有限公司、中国路桥集团国际建设股份有限公司、中国路桥华东工程有限公司等。

江西南昌至铜鼓段。2009年9月开工建设,南昌至奉新段2009年9月开工建设,2011年11月28日建成通车;奉新至铜鼓段2010年8月开工建设,2012年10月28日建成通车,全长170.251km,全线四车道,设计速度100km/h。建成大桥84座。建成特长隧道:梅岭隧道,共 1 座。建成长隧道 1 座。总投资 87.06 亿元,资金来源:地方投入、银行贷款。占地 12447.87 亩。项目管理单位:昌铜高速建设项目办;勘察设计单位:江西省交通设计院、交通运输部规划研究院等;监理单位:江西交通工程监理公司、江西省嘉和工程咨询监理有限公司等;施工单位:中铁十四局集团有限公司等。

湖南大围山(湘赣界)至浏阳段。2010 年 1 月开工建设,2012 年 12 月建成通车,全长 83.753km,全线四车道,设计速度 100km/h。建成特大桥:上云 1 号大桥,共 1 座。建成大桥 48 座。建成长隧道 1 座。总投资 65.9872 亿元,资金来源:交通运输部车购税投入、地方投入、银行贷款。占地 6846.14 亩。项目管理单位:湖南省大浏高速公路建设开发有限公司;勘察设计单位:湖南省交通勘察设计所、湖南省交通规划勘察设计院;监理单位:湖南省交通建设工程监理有限公司等;施工单位:湖南湘筑工程有限公司等。

湖南长沙至浏阳段。2009 年 10 月开工建设,2013 年 10 月 16 日通车,全长 65.324km,全线四车道,设计速度 100km/h。建成大桥 23 座。建成长隧道 1 座。总投资 40.25 亿元,资金来源:地方投入、银行贷款。占地 6675 亩。项目管理单位:湖南长浏高速公路建设发展有限公司;勘察设计单位:湖南省交通规划勘察设计院;监理单位:浙江通衢交通建设监理咨询有限公司等;施工单位:湖南省株洲公路桥梁建设有限公司等。

湖南长沙至浏阳段(永定)段。1993 年 5 月 28 日开工建设,1996 年 8 月建成通车,全长32.609km,全线四车道,设计速度 120km/h。总投资 2.7659 亿元,资金来源:交通部车购税投入、地方投入、银行贷款。项目管理单位:湖南长永公路股份有限公司;勘察设计单位:湖南省交通规划勘察设计院;监理单位:湖南省交通科学研究所;施工单位:长沙县综合开发公司等。

3. G6001 南昌绕城高速公路

南昌绕城高速公路(西外环)。2005 年 2 月开工建设,2007 年 1 月建成通车,全长 40.99km(六车道 37.24km,八车道 3.75km),设计速度 100km/h。建成大桥 6 座。总投资 14.69 亿元,资金来源:地方投入、银行贷款。占地 6031 亩。项目管理单位:南昌市西外环高速公路建设项目办公室;勘察设计单位:江西省交通设计院;监理单位:江西交通工程监理公司等;施工单位:中铁十三局集团有限公司等。

江西生米至厚田段。1995 年 12 月 18 日开工建设,1997 年 12 月 31 日建成通车,全长 11.925km,全线四车道,设计速度 80km/h。建成大桥 2 座。总投资 2.9 亿元,资金来源:地方投入、银行贷款。占地 1507.72 亩。项目管理单位:江西省昌樟高速公路指挥部;勘察设计单位:江西省交通设计院等;监理单位:江西省交通工程监理公司等;施工单位:江西省路桥工程局等。

4. G6001 贵阳绕城高速公路

贵州贵阳东北绕城公路。全长 20km,与 G75(兰海高速公路)共线。

贵州贵阳东出口公路。 全长6.642km，与G75(兰海高速公路)共线。

贵州贵阳绕城高速公路。 2006年7月开工建设，2009年12月建成通车，全长55.06km，全线六车道，设计速度100km/h。建成特大桥：花溪特大桥、大河边特大桥，共2座。建成大桥26座。总投资31亿元，资金来源：交通部车购税投入、地方投入、银行贷款。占地8359.3亩。项目管理单位：贵州高速公路开发总公司；勘察设计单位：中交第一勘察设计研究院；监理单位：贵州科达公路咨询监理有限公司、贵州陆通监理公司、贵州交通建设咨询监理有限公司等；施工单位：中铁二十局集团第二工程有限公司、中铁一局集团第四工程有限公司、贵州省公路桥梁工程总公司、中铁十二局集团有限公司等。

五、先进技术的研究与应用

1. 高速公路边坡生态防护工程应用研究(浙江)

杭新景高速公路工程杨村桥至新安江段和新安江至八亩丘段边坡生态防护工程应用技术先进、实用，既有填补国内空白的高速公路生态边坡防护指南、手册和验收标准，又有100多公里、超百万平方米的高质量生态边坡示范工程，对推广生态边坡、建设生态高速作出了重要的贡献和表率作用。

2. 深部隧道节理岩体变形破坏机理及安全预测(浙江)

该项目以节理岩体变形破坏机理研究为主线，采用地质信息调查、理论分析与数值模拟、室内试验与原位监测反馈相结合的方法，研究深部洞室节理岩体的力学与变形特性及破坏机理，水力耦合机理，建立反映节理岩体开挖效应的渗流应力耦合模型、概化数值模型。研究深部洞室开挖过程围岩的节理分布特征、扩展模式以及变形破坏机理，为深部洞室节理岩体在高地应力条件下的开挖变形控制提供判据，并对其长期稳定性进行预测。

六、复杂技术工程

1. 浙江西岙岭隧道

西岙岭隧道位于衢江区境内，全长5970m，长度为浙江省内第五，是杭新景高速公路里程最长、施工难度最大的重点控制性节点工程。西岙岭隧道段线路处地形起伏强烈，岩体完整性较差，施工难度较大。特别是西岙岭隧道斜井洞口位置地形险要，沟壑纵横，仅有一条乡村小道，施工车辆无法到达，且施工场地极其狭窄，高差大，有轨运输场地布置极其困难，施工难以展开，斜井有轨运输施工安全风险大。西岙岭隧道设计有通风斜井，该斜井是仰角25°的大角度斜井，是浙江省已建和在建中第一个大角度斜井，施工难度大，安全风险性极高。需要克服陡坡斜井通风及防、排水难题。在井口场地狭窄、纵坡大、安全风险高、不便于出渣的情况下，设置了“一坡三档”，在确保安全的前提下，采用有轨运输出渣，满足了大坡度小断面斜井施工任务按期完成。

2. 浙江杭金衢高速公路工程溶洞地基处理

溶洞在杭金衢高速公路 D、E 两个标段的出现给施工带来了难度，经过多次专家研究论证，设计、施工、监理、业主共同齐心协力，溶洞难题得到了克服。

在桥梁桩基施工中，D 标的常山港特大桥、天马大桥、湖村桥和 E 标的周家村桥、施家村桥都遇到了溶洞。为确保工程质量与工程进度，设计、施工、监理各方现场办公，采取了以下措施：

首先逐桩探孔，探明详细地质变化情况，尤其是溶洞位置；其次根据实际地质情况、溶洞方位设计桩基，尽量考虑打穿溶洞，使桩底位于良好的持力层上，对于个别特殊情况则进行特殊设计，如采用群桩、回填土石混合料等方法；再是加深钢护筒，增加钻孔、冲孔、补浆等设备，改进施工工艺，加强护壁；第四要求监理全过程旁站，将质量按设计与规范要求控制到位。

在 E 标 K284 + 849 ~ K285 + 074 挖方路段路基施工中也遇到了溶洞，施工完毕的路基顶面不断出现坍塌现象。经专家研讨，最后决定采用强夯处理，并完善排水系统，路基顶面 80cm 范围内采用透水性良好的沙砾填筑。经上述处理后，该路段效果不错，未发现病害。

3. 浙江杭金衢高速公路工程软基处理

在软基路段，除了采用已有成功经验的塑料排水板、粉喷桩等技术措施外，在该项目第 1、2、3 合同主线工程和部分桥台背工程中，在省内首次实施真空联合堆载预压（共计 1108m、51650m^2），从实测数据看，比常规技术缩短工期 4 ~ 8 个月；在第 3 合同段，首次采用低等级混凝土桩进行软基处理，测试数据表明约缩短工期 10 个月，均明显加快了软基的早期沉降，提高了路基和桥台背质量。

EPS 填筑桥头路堤。EPS 在杭衢高速公路上应用于 1 标红垦枢纽主线 1 号桥与 K3 + 758 双纡分离立交桥的桥头。当地属湖沼沉积平原地带，软土层埋置较深，若采用宕渣填筑桥头高路堤，因填料自重大，沉降也大，将不可避免地出现桥头跳车现象。该工程选用 EPS 轻质材料填筑桥头高路堤，有效地控制了路堤的工后沉降，缓解了桥头跳车。

4. 浙江杭新景高速公路岩溶地基处理

浙江杭新景高速公路岩溶路段根据溶洞发育情况、第四系覆盖层、岩溶地下水变动和历史岩溶塌陷情况，结合路基填土高度等因素，将岩溶对路基影响程度分为弱、中等、严重三类。根据岩溶对路基影响程度，采用不同的处理方法。①岩溶对路基影响严重路段：先打设探灌结合孔，根据勘探分析结果进行注浆，路基填方中增加土工格栅等加筋材料，以增强路基的整体性；地下水埋深浅，上部土层性质差时，采用卵砾石等透水性材料换填；加强涵洞处基础的处理，防止涵管开裂漏水；禁止在路基附近大规模开采地下水。②岩溶对路基影响中等路段:在路基填方中增加土工格栅等加筋材料,以增强路基的整体性;地下水埋深浅,上部土层性质差时,采用卵砾石等透水性材料换填;加强涵洞处基础的处理,防止涵管开裂漏水;禁止在路基附近大规模开采地下水。③岩溶对路基影响弱路段:按普通路基处理,施工中加强观测,若有异常,根据情况增加处理措施,若无异常,则直接填筑路基。部分岩溶路段基岩为泥质灰岩夹灰岩,地表有少量溶蚀条带,钻孔中均未见溶洞,岩溶对路基稳定性影响小,可直接填筑路基,施工时注意岩溶问题。部分路段边坡或挡墙基底开挖过程中可能揭露溶洞,一般清除洞内充填物后,采用干砌片石或浆砌片石填塞,或采用片石混凝土处理。当洞的体积大或深度较深,或深而小的洞施工不便时,采用构筑物跨越。对路基范围的岩溶泉水,采取疏导引离路基的排水方法,确保地下水排泄通畅,并保证路床范围内土石方不受浸润,不因温差作用而使水汽上升,聚集于路面基层下。

第十四节　G70(福银高速公路)福州至银川高速公路

G70(福银高速公路)是国家“71118 + 6”高速公路网18条东西横线中的第十四横,是连接福建、江西、湖北、陕西、甘肃、宁夏六省(自治区)的重要省际通道,沟通了我国东南、华中与西北地区,是一条承东启西、贯穿南北的运输大动脉,打通了西北地区通往中原及东南沿海的高速通道,对于实施西部大开发战略,进一步促进东西部地区之间的交通和经济联系具有十分重大的意义。

G70(福银高速公路)起点位于福建省福州市闽侯青口镇幸福村,终点位于宁夏回族自治区银川市银古路口。规划里程1974km,通车里程1831.016km,四车道1671.176km,六车道149.414km,八车道及以上10.426km。经过福建(福州、三明、南平)、江西(抚州、南昌、九江)、湖北(黄冈、黄石、鄂州、武汉、孝感、随州、襄阳、十堰)、陕西(咸阳)、甘肃(平凉)、宁夏(固原、中卫、吴忠)。1989年7月江西南昌至九江段高速公路率先开始施工,2013年10月江西九江长江公路大桥建成通车,G70(福银高速公路)全线通车。

拥有联络线一条:

G7011(十天高速公路)十堰至天水高速公路,起点位于湖北省十堰市张湾区汉江街道办事处茅坪村,终点位于甘肃省天水镇收费站。规划里程712.33km,通车里程692.455km,四车道673.173km,六车道19.231km,八车道及以上0.051km。途经十堰、安康、汉中、天水。目前,G7011(十天高速公路)已全线建成通车。

一、路线概况

G70(福银高速公路)路线信息见表10-49,沿线互通、出入口、服务区信息见表10-50,

并行线、联络线路线信息见表10-51，并行线、联络线沿线互通、出入口、服务区信息见表10-52。

G70（福银高速公路）**路线信息表**　　表10-49

编号	省份	省内起点	省内终点	途经市、县	通车里程(km)
G70	福建	闽侯青口幸福	邵武桂林下岚	闽侯县、闽清县、尤溪县、沙县、将乐县、泰宁县、延平区、邵武市	346.183
	江西	抚州市黎川县赣闽界的沙塘隘	九江市白水湖	南昌市进贤县、南昌县、新建区，抚州市临川区、南城县、黎川县，九江市庐山区、永修县、德安县、九江县、共青城市	348.667
	湖北	黄梅县黄梅南收费站	郧西县丁家湾云岭隧道	黄梅县、武穴市、蕲春县、浠水县、黄石市辖区、鄂城区、华容区、江夏区、洪山区、新洲区、黄陂区、孝南区、孝昌县、云梦县、安陆市、曾都区、枣阳市、襄州区、老河口市、谷城县、丹江口市、茅箭区、张湾区、郧县、郧西县	588.017
	陕西	山阳县漫川关镇闫家店村	长武县凤翔路口	山阳县、商州区、蓝田县、灞桥区、未央区、渭城区、秦都区、礼泉县、乾县、永寿县、彬县、长武县	337.313
	甘肃	凤口主线收费站	凤口匝道收费站	泾川县	14.157
	宁夏	沿川子(甘宁界)	银川	泾源县、原州区、海原县、同心县、中宁县、青铜峡市、利通区、永宁县、兴庆区	196.679

G70（福银高速公路）**沿线互通、出入口、服务区信息表**　　表10-50

编号	省份	沿线互通	出入口	服务区
G70	福建	青口、祥谦、福州南、福州西、白龙、闽侯、梅溪、闽清、金沙、洋中、尤溪、青州、际口枢纽、夏茂、将乐、万安、朱口枢纽、西芹枢纽、肖家坊枢纽互通	青口、祥谦、福州南、福州西、白龙、闽侯、梅溪、闽清、金沙、洋中、尤溪、青州、际口枢纽、夏茂、将乐、万安、朱口枢纽、西芹枢纽、肖家坊出入口	官洋、竹岐、洋中、塔前、沙县、高桥、将乐、泰宁、朱洋服务区，上街、白樟停车区
	江西	机场、昌北、新棋周、永修、艾城、军山、共青、德安、九绕、九瑞、九江二桥、沙河、邹家河、杨家湖南、南新、蒋巷、瑶湖北、幽兰、塔城、温圳东、墨溪陈家、李渡、罗针、临川北、临川、东馆、南城、上塘、黎川、熊村互通	罗针、临川北、临川、东馆、南城、上塘、黎川、熊村、南新、蒋巷、南昌东、幽兰、塔城、温圳东、昌北、机场、泊水湖、马回岭、新棋周、永修、艾城、共青、德安、庐山南、沙河、邹家河、九瑞、九江二桥出入口	庐山、七里岗、泉岭、临川、黎川、南城服务区
	湖北	黄梅、大广北、大广南、豹澥、邹黄、周铺、新集、黄陂、横店、孝南、随州东、随州、部营、六里坪、十堰东、十白茅坪互通	分路、小池、龙感湖、花桥、武穴、蕲春、散花、花湖东、汀祖、鄂州、路口、蒲团、庙岭、花山、北湖、阳逻、施岗、甘棠、张店、孝感北、云梦、安陆、烟店、洛阳店、何店、均川、安居、王城、枣阳、琚湾、襄阳东、襄阳北、龙王、老河口、谷城、土关垭、武当山、六里坪、十堰东、十堰西、郧县、青曲、郧西、上津出入口	小池、黄梅、二里湖、鄂州、施岗、安陆、郧西、枣阳、钟岗、武当山、随州、鲁台、孝感服务区，鲁台、云梦、何店、王城、双沟、郧县、香口停车区

续上表

编号	省份	沿线互通	出入口	服务区
G70	陕西	漫川关、天竺山、高坝、山阳、阎村、麻池河、商洛西、南城子、杨斜、葛牌、辋川、蓝田东、席家河、香王、六村堡、咸阳东、机场西、马庄、马庄西、西张堡、礼泉、乾州、乾陵、永寿南、渡马、太峪、彬县东、亭口、长武互通	漫川关、天竺山、高坝、山阳、阎村、商洛西、南城子、杨斜、葛牌、辋川、蓝田东、香王、六村堡、咸阳东、机场西、马庄、西张堡、礼泉、乾州、乾陵、永寿南、渡马、太峪、彬县东、亭口、长武出入口	天竺山、山阳、蓝田、浐湖、乾县、永寿、彬县服务区
	甘肃	无	凤口主线、凤口匝道出入口	凤口停车区
	宁夏	泾源、青石嘴、六盘山、三营、固原、海兴、李旺、同心、桃山、长山头、清水河、中宁、恩和、鸣沙、滚泉、关马湖、金积、吴忠、青铜峡、银川东、银川南、永宁、叶盛互通	泾源匝道、六盘山匝道、青石匝道、固原匝道、三营匝道、海兴匝道、李旺、同心、银川东、银川南、永宁、叶盛、青铜峡、吴忠、金积、关马湖、滚泉、鸣沙、中宁、长山头、桃山出入口	白鸽、永宁、关马湖、鸣沙、小洪沟、同心、海兴、固原、泾源服务区

G70(福银高速公路)**并行线、联络线路线信息表** 表10-51

编号	省份	省内起点	省内终点	途经市、县	通车里程(km)
G7011	湖北	十堰市张湾区汉江街道办事处茅坪村	十堰市郧县胡家营镇鹰咀岩隧道东口	十堰市、张湾区、郧县	692.455
	陕西	白河县鹰嘴岩	略阳县大石碑	白河县、旬阳县、汉阴县、汉滨区、石泉县、西乡县、城固县、汉台区、勉县、略阳县	
	甘肃	徽县主线收费站	天水镇收费站	徽县、成县、西和县、礼县、天水市	

G70(福银高速公路)**并行线、联络线沿线互通、出入口、服务区信息表** 表10-52

编号	省份	沿线互通	出入口	服务区
G7011	湖北	茅坪、张湾、黄龙、鲍峡互通	茅坪、张湾、黄龙、鲍峡出入口	鲍峡服务区
	陕西	白河、茅坪、双河、张河、神河、旬阳、安康东、安康西、五里、恒口、蒲溪、汉阴、池河、石泉、茶镇、午子山、西乡、沙河、盐井、谢家营、铺镇、汉中北、褒城、新街子、勉县北、茶店、五郎坪、略阳、白水江互通	白河、茅坪、双河、张河、神河、旬阳、安康东、安康西、五里、恒口、蒲溪、汉阴、池河、石泉、茶镇、午子山、西乡、沙河、盐井、铺镇、汉中北、褒城、新街子、勉县北、茶店、五郎坪、略阳、白水江出入口	白河、安康东、安康西、汉阴、西乡、茶镇、汉中北、武侯、略阳服务区,马蹄湾、旬阳、永宁、马踪滩、白勉峡、老道寺、五郎坪停车区

二、路网关系

G70(福银高速公路)路网关系示意图如图10-14所示。

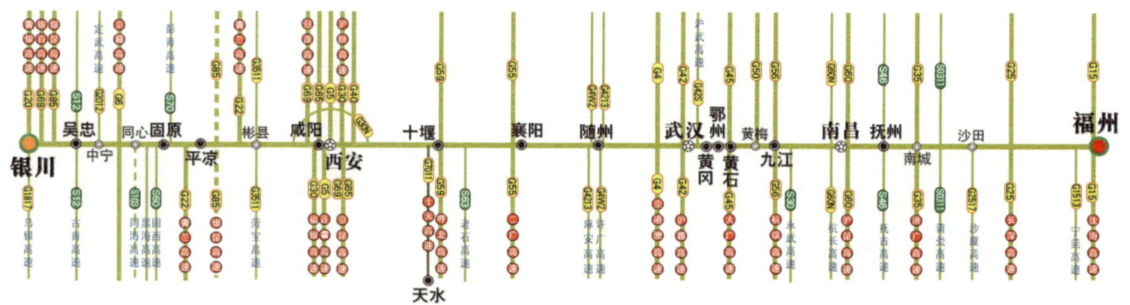

图 10-14 G70(福银高速公路)路网关系示意图

三、建设历程

1. 福建福州段

2001 年 11 月开工建设,2004 年 10 月建成通车,全长 259.1km,全线四车道,设计速度 80km/h。总投资 115.52 亿元,资金来源:中央投入、地方投入、银行贷款。占地 35655.2亩。项目管理单位:福州京福高速公路有限责任公司;勘察设计单位:福建省交通规划设计院;监理单位:福建省交通工程监理咨询公司、武汉大通公路桥梁工程监理咨询有限公司等;施工单位:中铁十八局集团有限公司、中铁第十六工程局等。[其中,101.02km属于 G70(福银高速公路)]

2. 福建南平段(一期)

2000 年 12 月开工建设,2004 年 11 月建成通车,主线 27.95km,连接线 18.446km,全线四车道,设计速度 80km/h。建成大桥 40 座。建成长隧道 3 座。总投资 24.25 亿元,资金来源:中央投入、地方投入、银行贷款。占地 5112.45 亩。项目管理单位:南平福银高速公路有限责任公司(原南平京福高速公路有限责任公司);勘察设计单位:福建省交通规划设计院;监理单位:福建省交通建设工程监理咨询公司有限公司、北京中交公路桥梁工程监理有限公司等;施工单位:中铁五局集团第三工程有限责任公司、中铁十六局第一工程处等。

3. 福建南平段(二期)

2003 年 5 月开工建设,2006 年 1 月建成通车,全长 24.02km,全线四车道,设计速度 80km/h。建成大桥 22 座。建成长隧道 2 座。总投资 12.78 亿元,资金来源:交通部车购税投入、地方投入、银行贷款。占地 3004.6 亩。项目管理单位:南平福银高速公路有限责任公司(原南平京福高速公路有限责任公司);勘察设计单位:福建省交通规划设计院;监理单位:福建省交通建设工程监理咨询公司;施工单位:中铁十七局集团远通工程有限公司、中铁十六局集团第一工程有限公司等。

4. 福建三明段(一期)

2001年3月开工建设,2004年12月建成通车,全长59.665km,全线四车道,设计速度80km/h。建成特大桥:下过溪Ⅱ号特大桥,共1座。建成大桥130座。建成特长隧道:罗盘基隧道、金鸡山隧道,共2座。总投资46.75亿元,资金来源:交通部车购税投入、地方投入、银行贷款。项目管理单位:三明福银高速公路有限责任公司;勘察设计单位:福建省交通规划设计院、中交第二勘察设计研究院、辽宁省交通勘测设计院、北京交科公路勘察设计研究院;监理单位:湖南交通建设监理公司、江苏交通工程咨询监理公司、北京育才交通工程咨询监理公司等;施工单位:中铁四局集团有限公司、中铁一局集团有限公司、中铁十二局集团有限公司等。

5. 福建三明段(二期)

2003年1月开工建设,2006年1月建成通车,全长103.703km,全线四车道,设计速度80km/h。建成特大桥:积善特大桥,共1座。建成大桥85座。建成特长隧道:雪峰山隧道,共1座。建成长隧道5座。总投资44.63亿元,资金来源:中央投入、地方投入、银行贷款。项目管理单位:三明福银高速公路有限责任公司;勘察设计单位:福建省交通规划设计院;监理单位:厦门路桥建设监理有限公司、江苏交通咨询监理有限公司等;施工单位:中国铁路工程总公司、天津五市政公路工程有限公司、中铁十七局集团第六工程有限公司等。

6. 江西温家圳至沙塘隘段

2002年9月开工建设,2004年9月建成通车,全长172.19km,全线四车道,设计速度100km/h。建成大桥25座。总投资47.33亿元,资金来源:交通部车购税投入、地方投入、银行贷款。占地20812亩。项目管理单位:江西省交通厅温家圳至沙塘隘高速公路项目建设办公室;勘察设计单位:江西省交通设计院;监理单位:江西交通工程监理公司、江西交通建设工程监理所等;施工单位:中铁十九工程局、中铁一局集团有限公司等。

7. 江西乐化至温家圳段

2003年12月开工建设,2005年11月建成通车,全长67.64km,全线六车道,设计速度100km/h。建成特大桥:赣江西支特大桥、赣江中支特大桥、赣江南支特大桥、瑶湖特大桥、滁州抚河特大桥、架桥抚河特大桥,共6座。建成大桥6座。总投资38.43亿元,资金来源:地方投入。占地11619亩。项目管理单位:江西省交通厅乐温高速公路建设项目办公室;勘察设计单位:江西省交通设计院;监理单位:北京华宏路桥咨询监理公司等;施工单位:中铁十五局集团第二工程有限公司、路桥集团第一公路工程局等。

8. 江西南昌至九江段

1989年7月开工建设,1996年1月建成通车,全长92.86km,全线四车道,设计速度

100km/h。建成大桥 9 座。总投资 12.99 亿元,资金来源:地方投入、银行贷款。占地 5469.29 亩。项目管理单位:江西省交通厅;勘察设计单位:交通部第二公路勘察设计院;监理单位:南九公路项目监理工程师代表处;施工单位:上海铁路局南昌工程总公司等。

9. 江西南昌至九江段技术改造

2006 年 3 月开工建设,2007 年 9 月建成通车,全长 108.3km,全线四车道,设计速度 100km/h。建成大桥 6 座。总投资 8.94 亿元,资金来源:地方投入。项目管理单位:江西赣粤高速公路股份有限公司技改办;勘察设计单位:德州市公路勘察设计院;监理单位:江西交通工程监理公司、江西省嘉和工程咨询监理有限公司等;施工单位:中交二公局第三工程有限公司、中铁十三局一公司等。

10. 江西南昌至九江高速改扩建通远试验段

2012 年 10 月开工建设,2015 年 8 月建成通车,全长 10.407km,全线八车道,设计速度 100km/h。建成大桥 2 座。总投资 7.78 亿元,资金来源:地方投入。占地 737.54 亩。项目管理单位:南昌至九江高速公路改扩建通远试验段项目办公室;勘察设计单位:江西省交通设计研究院有限责任公司;监理单位:江西省公路工程监理公司;施工单位:中交第四公路工程局有限公司、中铁十三局集团第一工程有限公司等。

11. 江西九江长江公路大桥

2009 年 9 月开工建设,2013 年 10 月建成通车,全长 15.972km,全线六车道,设计速度 100km/h。建成特大桥:九江长江公路大桥、九江苏家垅京九跨线桥、九江七里湖特大桥,共 3 座。建成大桥 9 座。总投资 41.49 亿元,资金来源:地方投入。占地 2200.0 亩。项目管理单位:江西省交通运输厅福银高速九江长江公路大桥项目建设办公室;勘察设计单位:江西省交通设计院和湖北省交通规划设计院联合体;监理单位:广东虎门技术咨询有限公司、江西嘉和工程咨询监理有限公司等;施工单位:中铁大桥局股份有限公司、中交第二公路工程局有限公司等。

12. 湖北黄石至黄梅公路(黄小联络线)

1997 年 12 月开工建设,2000 年 1 月建成通车,全长 33.62km,全线四车道,设计速度 100km/h。建成特大桥:龙感湖特大桥,共 1 座。建成大桥 3 座。总投资 10.46 亿元,资金来源:中央投入、地方投入、银行贷款。占地 2109.0 亩。项目管理单位:黄黄公路建设指挥部;勘察设计单位:湖北省交通规划设计院;监理单位:湖北省公路工程咨询监理中心;施工单位:铁道部第十二工程局第三工程处、交通部第二公路工程局等。

13. 湖北武汉绕城高速东北段

2000 年 8 月开工建设,2004 年 12 月建成通车,全长 56.98km,全线四车道,设计速度 120km/h。建成特大桥:阳逻长江大桥南引桥、武湖四号桥、北湖大桥、阳逻长江大桥主桥,共4座。建成大桥17座。总投资20.98亿元,资金来源:地方投入、银行贷款。占地6332.1亩。项目管理单位:绕城高速公路管理处;勘察设计单位:中国公路工程咨询监理总公司;监理单位:北京华宏路桥咨询监理公司、育才—布朗交通咨询监理有限公司;施工单位:中铁第十九局第二工程处、中国铁路工程总公司等。

14. 湖北武汉至孝感段

2004年4月20日开工建设,2006年12月12日建成通车,全长26.03km,全线四车道,设计速度120km/h。建成大桥13座。总投资8.19亿元,资金来源:地方投入、银行贷款。占地2950.62亩。项目管理单位:湖北汉孝高速建设经营有限公司;勘察设计单位:湖北省交通规划设计院;监理单位:中国公路咨询监理有限公司、湖北省公路工程咨询监理中心;施工单位:中铁十七局集团有限公司、中天路桥有限公司等。

15. 湖北孝感至襄阳段

2002年11月开工建设,2005年9月建成通车,全长243.516km,全线四车道,设计速度120km/h。总投资66.87亿元,资金来源:地方投入、银行贷款。占地27241.48亩。项目管理单位:湖北省孝襄高速公路建设指挥部;勘察设计单位:湖北省交通规划设计院;监理单位:湖北省公路水运工程咨询监理公司、北京华通公路桥梁监理咨询公司等;施工单位:中铁大桥局集团有限公司、中铁三局集团有限公司等。

16. 湖北襄阳至武当山段

2001年3月开工建设,2003年12月建成通车,全长107.61km,全线四车道,设计速度80km/h、100km/h。总投资29.81亿元,资金来源:中央投入、地方投入、银行贷款。占地9665.14亩。项目管理单位:湖北省襄十高速公路建设指挥部;勘察设计单位:中交第二公路勘察设计研究院、湖北省交通规划设计院;监理单位:湖南省交通建设工程监理有限公司、重庆正大工程监理有限责任公司等;施工单位:中铁第十一工程局、中国路桥(集团)总公司等。

17. 湖北武汉山至许家棚段

2000年3月开工建设,2003年3月建成通车,全长27.683km,全线四车道,设计速度80km/h。总投资8.74亿元,资金来源:中央投入、地方投入、银行贷款。占地3586.405亩。项目管理单位:湖北省襄十高速公路建设指挥部;勘察设计单位:中交第二公路勘察设计院;监理单位:武汉大通公路桥梁工程咨询监理有限公司、湖北省公路工程咨询监理中心等;施工单位:交通部第二公路工程局第一工程处、中港第二航务工程局等。

18. 湖北十漫高速公路

2004年11月开工建设,2007年12月建成通车,全长106.41km,全线四车道,设计速度80km/h。总投资54.44亿元,资金来源:地方投入、银行贷款。占地10651.7亩。项目管理单位:湖北省十漫高速公路建设指挥部;勘察设计单位:中交第二公路勘察设计研究院;监理单位:铁四院/武汉公路监理公司、重庆正大监理咨询有限公司等;施工单位:中铁大桥局股份有限公司、中铁隧道集团二处有限公司等。

19. 陕西商州至漫川关段

2006 年 8 月开工建设,2009 年 10 月建成通车,全长 94. 502km,全线四车道,设计速度 80km/h。建成特大桥:两岔河特大桥、石窑子特大桥、山阳互通主线桥、伍竹园特大桥、刘家湾特大桥、七里峡特大桥、张家村特大桥,共 7 座。建成大桥 85 座。建成特长隧道:殿岭隧道、鹘岭隧道,共 2 座。建成长隧道 3 座。总投资 71. 7 亿元,资金来源:地方投入、银行贷款。占地 7358. 0 亩。项目管理单位:陕西省交通厅利用外资项目办公室商漫高速公路建设管理处;勘察设计单位:西安公路研究所、陕西省公路勘测设计院等;监理单位:西安公路研究所、中国公路工程咨询总公司等;施工单位:中铁四局集团第四工程有限公司、中铁十八局集团有限公司等。

20. 陕西蓝田至商州段

2005 年 12 月开工建设,2008 年 10 月建成通车,全长 92. 31km,全线四车道,设计速度 100km/h、80km/h。建成特大桥:静泉山特大桥,共 1 座。建成大桥 55 座。建成特长隧道:李家河 3 号隧道、秦岭隧道,共 2 座。总投资 65. 5 亿元,资金来源:地方投入、银行贷款。占地 8290. 0 亩。项目管理单位:陕西省交通厅蓝商高速公路建设管理处;勘察设计单位:中交第一公路勘察设计研究院、陕西省公路勘察设计院等;监理单位:陕西高速公路工程咨询有限公司、西安公路交大建设监理等;施工单位:中国路桥(集团)总公司、中铁十九局集团有限公司等。

21. 陕西西安至蓝田段

1998 年 6 月开工建设,1999 年 12 月建成通车,全长 24. 05km,全线四车道,设计速度 120km/h。建成大桥 1 座。总投资 3. 96 亿元,资金来源:地方投入、银行贷款。占地 1603. 27 亩。项目管理单位:西安华通高速公路发展有限责任公司;勘察设计单位:西安公路交通大学公路设计研究院;监理单位:陕西公路交通工程监理咨询有限公司;施工单位:铁一局三处、交通部第二公路工程局第六工程处等。

22. 陕西国道 312 咸阳过境暨咸阳机场高速公路

2001 年 11 月开工建设,2003 年 9 月建成通车,全长 18. 24km,全线六车道,设计速度 120km/h。建成特大桥:渭河特大桥,共 1 座。建成大桥 1 座。总投资 10. 40 亿元,资金来源:地方投入、银行贷款。占地 2429. 46 亩。项目管理单位:陕西省高速公路建设集团;勘察设计单位:陕西省公路勘察设计院、陕西省建筑设计研究院;监理单位:西安华兴公路工程咨询监理公司、陕西省公路工程咨询公司;施工单位:中铁十八局有限公司、中铁第五工程局第四工程处等。

23. 陕西咸阳至永寿段

2005年11月开工建设,2007年12月建成通车,全长65.435km(四车道1.207km,六车道64.228km),设计速度100km/h、120km/h。建成大桥3座。总投资25.47亿元,资金来源:地方投入、银行贷款。占地7650.0亩。项目管理单位:陕西交通投资有限公司;勘察设计单位:西安公路研究所;监理单位:陕西公路交通科技开发咨询公司、上海华申工程建设监理咨询公司等;施工单位:二公局(洛阳)第四工程处、中铁十二局集团第三工程有限公司等。

24. 陕西凤翔路口(甘陕界)至永寿段

2005年10月开工建设,2008年9月建成通车,全长98.732km,全线四车道,设计速度80km/h、100km/h。建成长隧道2座。总投资46.41亿元,资金来源:地方投入、银行贷款。占地9222.94亩。项目管理单位:陕西省交通建设集团公司凤永建设管理处;勘察设计单位:陕西省公路勘察设计院、北京交科公路勘察设计研究院;监理单位:北京市高速公路监理有限公司、长沙华南交通工程咨询监理公司等;施工单位:中铁十五局有限公司、中铁十局集团第二工程有限公司等。

25. 甘肃西峰至长庆桥至陕西凤翔路口(甘陕界)段

2008年9月开工建设,2011年12月建成通车,全长77.41km,全线四车道,设计速度80km/h。建成特大桥:泾河特大桥,共1座。建成大桥15座。总投资36.98亿元,资金来源:交通部车购税投入、地方投入、银行贷款。项目管理单位:甘肃省高等级公路建设开发有限公司;勘察设计单位:中交第一公路勘察设计研究院有限公司、重庆交通科研设计院等;监理单位:甘肃兴陇交通工程监理有限责任公司、北京华路捷公路工程技术咨询有限公司等;施工单位:中交第二公路工程有限公司、中铁十六局集团第五工程有限公司等。

26. 宁夏同心至沿川子段

2004年5月开工建设,2013年9月建成通车,全长180.24km,全线四车道,设计速度100km/h。建成特大桥:马西坡特大桥,共1座。建成大桥115座。总投资56.31亿元,资金来源:交通部车购税投入、地方投入、银行贷款。占地12991.5亩。项目管理单位:宁夏银武高速公路工程建设指挥部、宁夏公路建设管理局;勘察设计单位:宁夏公路勘察设计院有限责任公司;监理单位:重庆正大工程监理咨询有限责任公司、重庆锦程工程咨询有限公司等;施工单位:中铁十九局集团有限公司、中铁十三局集团有限公司等。

27. 宁夏桃山口至同心段

2001年11月开工建设,2003年12月建成通车,全长33.0km,全线四车道,设计速度100km/h。建成大桥3座。总投资6.09亿元,资金来源:地方投入、银行贷款。占地

2201.8 亩。项目管理单位:宁夏银武高速公路工程建设指挥部;勘察设计单位:宁夏公路勘察设计院有限责任公司;监理单位:西安公路交大建设监理公司;施工单位:中铁十三局集团有限公司、宁夏公路工程局等。

四、联络线及并行线

G7011(十天高速公路)十堰至天水高速公路

湖北十堰至白河(鄂陕界)段。2010 年开工建设,2013 年建成通车,全长58.299km,全线四车道,设计速度 80km/h。建成大桥 46 座。建成长隧道 6 座。总投资 57.84 亿元,资金来源:交通部车购税投入、地方投入、银行贷款。占地 4622.18 亩。项目管理单位:湖北省十堰至白河高速公路建设指挥部;勘察设计单位:中国公路工程咨询集团有限公司、湖北省交通规划设计院;监理单位:湖北高路公路工程监理咨询有限公司、湖北省公路水运工程咨询监理公司等;施工单位:中交二公局第一工程有限公司、中铁七局集团第三工程有限公司等。

陕西白河(鄂陕界)至安康段。2009 年 3 月开工建设,白河至安康段 2011 年 12 月建成通车,鄂陕界至白河段 2014 年 1 月建成通车,全长 129.008km,四车道 114.836km,六车道 14.172km,设计速度 80km/h。建成特大桥:月河特大桥、沙家河特大桥、磨沟河特大桥、梨和村特大桥、王义沟特大桥、韩昌河大桥、白石河特大桥,共 7 座。建成大桥 29 座。建成特长隧道:磨河村隧道、旬阳隧道、马鞍子梁隧道、店子沟隧道、陕鄂界隧道,共 5 座。建成长隧道 8 座。总投资 138.08 亿元,资金来源:交通部车购税投入、地方投入、银行贷款。占地 9603.0 亩。项目管理单位:陕西高速公路建设集团公司;勘察设计单位:中交公路规划设计院有限公司、陕西省公路勘察设计院;监理单位:陕西省工程监理有限责任公司、陕西高速公路工程咨询有限公司等;施工单位:中铁四局集团第四工程有限公司、中铁十八局集团第二工程有限公司等。

陕西安康至汉中段。2007 年 7 月开工建设,2010 年 1 月建成通车,全长185.31km,四车道 169.31km,六车道 5.17km,八车道 10.83km,设计速度 80km/h、100km/h。建成特大桥:南沙河特大桥、大水池特大桥、泾洋河特大桥、曾溪河桥、汉江特大桥、汉阴铁路高架桥、马岭关池河特大桥,共 7 座。建成大桥 159 座。建成特长隧道:石泉隧道,共 1 座。建成长隧道 8 座。总投资 137.7 亿元,资金来源:中央投入、银行贷款。占地 16471.46 亩。项目管理单位:陕西省高速公路建设集团公司十堰至天水高速公路陕西段安康西管理处、陕西省高速公路建设集团公司汉中东管理处;勘察设计单位:陕西省公路勘察设计院、中冶地集团西北岩土工程有限公司等;监理单位:陕西高速公路工程咨询有限公司、陕西公路交通工程监理咨询有限公司等;施工单位:中铁五局集团有限公司、中铁一局集团有限公司等。

陕西汉中至略阳(陕甘界)**段**。2009年8月开工建设,2013年1月建成通车,全长150.96km,全线四车道,设计速度80km/h、100km/h。建成特大桥:嘉陵江1号桥、红花寺特大桥、茶店子沮水特大桥、秦家园磨坝河特大桥、张家营八渡河特大桥、麻柳树特大桥、大湾里特大桥、桂花树岭特大桥、成家山沟特大桥、咸河特大桥、汉江特大桥、嘉陵江2号特大桥、嘉陵江纵向特大桥,共13座。建成大桥113座。建成特长隧道:才子隧道、三花石隧道,共2座。建成长隧道2座。总投资151.04亿元,资金来源:地方投入、银行贷款。占地13085.8695亩。项目管理单位:陕西省高速公路建设集团公司;勘察设计单位:陕西省公路勘察设计院;监理单位:铁科院(北京)工程咨询有限公司、广东翔飞公路工程监理有限公司等;施工单位:中铁十七局集团第三工程有限公司、中交第二航务工程局有限公司等。

甘肃徽县(大石碑)**至天水段**。2012年8月开工建设,2016年12月建成通车,全长223.343km,全线四车道,设计速度80km/h。建成特大桥:大石碑洛河特大桥、王河洛河特大桥、吕家岩洛河特大桥、胡家河洛河特大桥、王坪特大桥、成县高架特大桥、K626+660特大桥、K634+866特大桥、张家峡特大桥、董家庄特大桥,共10座。建成大桥100座。建成特长隧道:西秦岭隧道、西狭隧道、小川隧道、关同隧道,共4座。建成长隧道7座。总投资206.21亿元,资金来源:地方投入、银行贷款。占地14958.51亩。项目管理单位:甘肃省公路建设管理集团有限公司;勘察设计单位:中交第一公路勘察设计研究院有限公司、甘肃省交通规划勘察设计院有限公司;监理单位:北京泰克华诚技术信息咨询有限公司、河北华达公路工程咨询监理有限公司等;施工单位:中交第二航务工程局有限公司、中铁十七局集团第一工程有限公司等。

五、先进技术的研究与应用

1. 椰纤维网(RRS)边坡植被防护系统喷混植生技术(福建)

椰纤维网边坡植被防护喷混植生技术是指在喷混植生技术的基础上结合椰纤维地衣等工程材料,在坡面构建一个具有自身生长能力的防护系统,通过固坡植物的生长对边坡进行加固或美化的一门新技术。主要技术要点为:使用专用的喷射机将拌和均匀的厚层基材(客土掺加外加剂)混合物按设计厚度喷射到岩石喷面上,使客土物料紧贴岩石坡面,并用椰纤维地衣覆盖表面,创造草类与灌木生存的良好环境,最终恢复坡面生态复合功能。不仅显著地提高了边坡的整体和局部稳定性,还使岩石上生长植被成为现实,有效解决了青山挂白的生态问题,而且施工速度快、成本低、管理简单,符合边坡工程的发展方向,在我国水土保持中有很大的应用价值。

2. 九江长江公路大桥1761t双壁整体式钢吊箱设计与施工关键技术研究(江西)

实现了国内最大规模的超大整体钢吊箱工厂化制作、气囊法整体下水、长距离浮运及高精度安装的施工工艺。首次在国内外特大型桥梁承台钢吊箱施工中采用三船抬吊同步吊装施工工艺（技术成果经江西省交通运输厅和中国公路学会鉴定）。

3. 膨胀土处置关键技术研究（湖北）

提出并实施了用于路堑生态防护的“基于环境保护的排水式锚杆框架防护”和“肋梁柔性防护”两项新技术；成功实施了基于防水目的的三种复合土工材料改性方案；获得了吸力与含水率随深度的变化规律，确定了膨胀土大气影响临界深度；提出了考虑摩擦阻力影响的设计理论；自主研发了“膨胀土公路边坡设计系统”。

4. 岩性与结构多变层隧道围岩分级方法科研课题（湖北）

提出了由基本质量指标、修正指标以及附加指标组成的“三步指标体系”；尤其是附加指标的提出，弥补了《公路隧道设计规范》（JTG D70—2004）中围岩分级方法的不足；形成了较完整的围岩分级方法体系；对沿线多条隧道的围岩分级进行了变更，调整了支护参数，有效避免了大变形、塌方等施工地质灾害的发生。

5. 鄂西北地区公路片岩质边坡变形破坏机理及防护技术研究（湖北）

依托湖北省十白高速公路，采用现场调查、室内外试验、理论分析与数值模拟相结合的综合研究方法，研究了鄂西北地区公路片岩质边坡变形破坏机理及防护技术，取得如下创新成果：①通过现场勘察，总结了鄂西北武当群片岩边坡的典型破坏模式，建立了武当群片岩边坡的稳定性初步评价体系。②通过室内外试验，揭示了武当群片岩的蠕变特性和水敏性特征，建立了片岩蠕变本构方程和快速风化的强度折损模型。③综合运用赤平投影、理论分析、数值模拟方法，对不同破坏类型边坡和不同工况下边坡的稳定性进行研究，提出了适用于武当群片岩边坡的稳定性评价方法。编制了《十白高速公路边坡施工技术指南》，研究成果有效指导了湖北省十堰至白河高速公路工程设计和施工，保障了施工质量和工程安全，取得了显著的经济效益和社会效益，可在类似工程中推广应用。该项目研究成果达到了国际先进水平。

6. 环境变化与工程活动条件下滑坡体演化特征及其防治技术研究（湖北）

以湖北省十堰至白河高速公路工程为依托，采用现场勘察、室内外试验、理论分析与数据模拟等相结合的综合研究方法，研究了环境变化与工程活动条件下滑坡演化特征及其防治技术，揭示了武当群片岩强度特征，提出了武当群片岩点荷载分化分组标准；建立了描述岩体风化演化方程，提出了基于风化—渗流—应力耦合作用下滑坡稳定性数值模拟方法；揭示了边坡在风化、渗流及工程活动下稳定性演化规律。研究成果有效指导了湖北省十堰至白河高速公路工程设计和施工，保障了施工质量和安全，取得了显著的经济效益和社会效益，可在类似工程中推广应用。

该项目研究成果达到了国际先进水平。

7. 秦巴山区片岩隧道爆破关键技术研究(湖北)

该技术研究结合十堰至白河高速公路工程实际,研究了多变地质条件下片岩隧道控制爆破新技术,建立了以减少扰动和损伤程度为目标的片岩隧道爆破开挖安全控制技术,编制了《十白高速公路隧道爆破施工技术指南》,有效指导了工程施工,确保了施工质量和工程安全,取得了显著的经济效益和社会效益。主要创新点如下:①提出了考虑片岩隧道裂隙损伤影响的岩体强度定量化表征与测量方法,可应用于裂隙岩体爆破损伤与破坏范围的判定和预测。②研究了片岩隧道光面爆破围岩损伤机理,提出了考虑裂隙发育程度的片岩隧道光面爆破参数计算公式;建立了基于超前地质预报的爆破参数动态设计系统,实现了片岩隧道光面爆破和减振控制爆破参数的优化设计。③系统分析了碳质片岩隧道变形的时效性特点,建立了碳质片岩隧道围岩流变模型,提出了碳质片岩隧道安全控制爆破开挖方法。

该项目研究成果达到国际先进水平。

8. 山区高速公路桥梁混凝土耐久性设计与施工控制技术研究(湖北)

十堰至白河高速公路针对影响山区高速公路桥梁混凝土耐久性的关键技术问题,以十白高速公路为依托,开展了桥梁混凝土结构耐久性劣化成因分析、原材料优选及配合比设计、施工工艺及质量控制等方面的研究,取得了如下主要创新成果:①提出了十白高速公路干湿循环、碳化、有害离子侵蚀及冻融循环等环境作用下桥梁混凝土耐久性的评价指标及配合比设计控制指标,优化了粉煤灰的最佳掺量。②提出了控制公路桥梁混凝土裂缝的有效方法和内外温差临界值、自收缩应变量临界值等技术指标。③形成了以提高混凝土密实性为基础、裂缝控制为重点、施工质量过程控制为保证的山区高速公路桥梁混凝土耐久性设计和施工技术体系。项目编制了《山区高速公路桥梁耐久性混凝土施工质量控制技术指南》和《提高桥梁钢筋混凝土结构耐久性新材料的应用技术指南》,在十白高速公路建设项目得到了成功应用,研究成果对提高山区高速公路桥梁混凝土结构耐久性具有重要的现实指导意义。

项目研究成果总体上达到国际先进水平。

9. 水泥混凝土路面表面功能研究(陕西)

2012年,陕西省交通厅蓝商高速公路建设管理处与长安大学合作,通过对水泥混凝土路面表面功能的深入研究,建立水泥混凝土路面表面功能评价指标、评价方法及标准,重点研究水泥混凝土路面抗滑性能和轮胎—路面作用噪声评价指标、评价方法和标准,以提高水泥混凝土路面表面功能设计和修筑技术水平,提高水泥混凝土路面行车安全性和舒适性。同时,对水泥混凝土路面抗滑、降噪功能及其他表面功能在长期使用过程中的衰变规律进行系统研究,提出评价水泥混凝土路表抗滑、降噪功能长期衰变评价方法。在此基础上，提出提高水泥混凝土路面抗滑、降噪以及其他功能耐久性的技术措施，改善水泥路面使用品质，降低维修工作量和养护维修费用。结合蓝商高速公路李家河隧道路面工程，一方面对室内和理论研究成果进行了验证，另一方面也促进了蓝商高速公路混凝土路面表面功能修筑水平。例如，原蓝商高速公路隧道水泥混凝土路面设计为横向刻槽，利用课题研究和试验路研究成果更改原路面刻槽方案为纵向刻槽。通过3年多的运营，隧道内车辆由于侧滑而引发的交通事故明显少于其他类似工程。

10. 沥青路面施工过程质量监控成套技术(陕西)

咸阳至永寿高速公路沥青路面施工过程质量监控成套技术属于交通运输建筑工程中的道路施工领域。首次建立了沥青混合料生产、摊铺、碾压全过程控制模型及动态质量监控方法；创立了施工过程动态质量实时监控管理系统和施工过程全套电子档案；实现了路面施工与质量检测同步进行；建立了沥青混合料动态质量评价指标及主要指标允许变化范围，形成了陕西省地方标准《沥青混合料生产过程动态质量监控规范》(DB 61/T 897—2013)。研发的6种监控器(即黑匣子)，获国家6项专利。据近三年不完全统计，产生经济效益6.14亿元。该成果已在包括陕西省门户之路——机场路在内的近80条高速公路施工中应用，取得了显著的经济和社会效益，为促进沥青路面施工标准化、精细化和管理信息化奠定了坚实基础。

11. 复合改性沥青路面使用性能研究(陕西)

该研究主要创新点如下：①采用雨热指数，确定了针对陕西省沥青路面路用性能的三级气候分区方法和指标。②提出了针对不同高、低温、水稳及疲劳性能要求的复合改性沥青技术，采用权重评价方法综合评价混合料路用性能，并提出了陕西省复合改性沥青技术要求和应用技术指南。③对PA-1型抗剥落剂与SBS、SBR、SBS/SBR、埃索基质沥青复合后的沥青与沥青混合料高温、低温、水稳、疲劳以及老化后综合路用性能进行了全面评价。该技术提高了沥青混合料的水稳性能，降低了路面水损害的发生。同时，采用PA-1型抗剥落剂与沥青复合使用，可在路面三层全部用花岗岩铺筑，路用性能达到中酸性石料标准，甚至更优。经过西柞试验路铺筑证明完全可行。

采用本研究成果，可以针对不同地区道路，采用相应的沥青混合料和改性技术，使设计更客观合理，使沥青混合料高、低温稳定性和水稳性明显提高，从而避免路面病害的产生，延长沥青路面实际使用寿命，提高路面使用品质，改善公路交通运营条件，创造巨大的社会经济效益。采用PA-1型抗剥落剂复合改性沥青使用，增强了混合料的抗水损害性能，为酸性石料在高速公路中的应用提供了技术支撑，推动了酸性石料在公路中的使用，降低了对玄武岩、石灰岩等碱性石料的依赖性，实现了资源的合理利用，可做到就地取材，节省工程费用。

经专家鉴定,项目研究水平总体处于国际先进水平。该成果获得 2012 年陕西省科学技术奖三等奖。

12. 基于振动法的水泥稳定碎石设计与施工技术研究(陕西)

2011 年,陕西省厅质检站、高速集团、长安大学等单位合作完成。结合十天高速公路路基施工进行系统研究,有效解决一直困扰我国道路工程界水泥稳定碎石裂缝问题。并取得如下创新性成果:

(1)提出基于压实机理和现场实际压实功的水泥稳定碎石振动试验方法(VTM),力学性能测试精度达 93% 以上,解决了振动压实仪选型标准问题和传统试验方法测试结果失真问题。

(2)提出基于 VTM 法水泥稳定碎石路面结构设计参数,更接近于水泥稳定碎石本质属性及其内在规律。

(3)提出基于 VTM 法抗裂性水泥稳定碎石设计技术。

成果已纳入陕西省地方标准,并在陕西、河南、浙江、河北推广应用。

13. 沥青路面层间处治技术及标准研究(陕西)

2013 年,陕西省高速集团等单位合作并结合汉中至略阳(陕甘界)高速公路及 2000 年后修建及改建的 24 条高速公路层间处治技术应用情况展开重点调查,研究了半刚性基层沥青路面、复合式路面、桥面铺装和隧道路面层间工作状态,提出了不同路面层间工作状态的单项因素分级和多因素分级,通过大量室内渗透试验和层间黏结试验系统研究了十余种透层、封层及黏层的材料的路用性能,提出了不同处治措施效果量化及分级方法,确定了不同工况下半刚性基层沥青路面、复合式路面、桥面和隧道路面最佳层间处治材料及相应技术指标,制定了具有良好路用性能的沥青路面层间处治技术设计、施工及检测标准,对十天高速公路层间处治方案进行了优化。课题获国家发明专利 1 项、国家实用新型专利 1 项。课题研究中在核心期刊公开发表学术论文 10 篇,其中 EI 及 ISTP 检索 4 篇,制定陕西省地方标准 1 项。

14. 自调温沥青混合料研发及其应用研究(陕西)

2011 年,交通运输部科学研究院、长安大学、陕西省高速公路建设集团公司十天线安康东管理处等单位联合完成"自调温沥青混合料研发及其应用研究"。从主动调控沥青路面使用温度这一新角度出发,研制适宜于沥青混合料的相变改性剂,并对自调温沥青混合料的调温机理、路用性能、配合比设计方法及其应用技术开展系统研究,提高沥青路面对环境变化的适应能力,为解决沥青路面温度收缩裂缝、车辙永久变形等世界性难题探索新的途径,成果填补了相变材料在交通运输行业领域应用的国际空白。成果在海拔高、气温较低、温差较大、路面易受冰霜影响的金岭子梁长隧道内外沥青路面中进行了成果应用,使用效果良好。

六、复杂技术工程

1. 江西九江长江公路大桥

江西九江长江公路大桥钻孔灌注桩桩头首次采用静态破除法进行桩头混凝土施工,效果良好。静态爆破在破碎过程中无震动、无飞石、无噪声、无毒、无污染。北索塔为墩塔固结的钢筋混凝土和部分施加预应力配筋结构,整体呈 H 形。

中横梁施工采用悬空支架施工技术,相对于落地支架,所用材料比较少,应用机械设备少,节约成本;缩短了施工工期;施工不受塔高的限制,安全风险低,可操作性强。主桥北半桥采用流线型扁平钢箱梁,共 55 个梁段 12 种梁段类型。结合现场施工的实际特点,边跨采用 2 台 250t 变幅桥面吊机,以满足多种梁段类型的吊装要求;中跨采用 2 台 225t 钢绞线桥面吊装。中跨采用顶推辅助合龙施工技术。该装置设计简捷,受力清晰,安装及拆除便捷;合龙后对钢箱梁内力影响小,合龙段匹配精度高。北主跨共有 26 对拉索,斜拉索最大索质量 36.125t,最大索长 442.3m,最大吊装高度 180m。通过吊索桁车、塔顶挂索门架及梁端操纵平台的使用,成功地解决了平行钢丝斜拉索转运、挂设过程中对起重设备与操作空间的需求。根据梁端压锚牵引力的大小采用不同的压锚方法,施工工效高,可操作性强。引桥箱梁左、右幅各采用一套移动模架施工,考虑到两套移动模架拼装相互干扰,在拼装工艺上进行了创新,第一套移动模架采用非制梁位钢管支架空中拼装法,而第二套移动模架采用了不对称拼装法,解决了两套移动模架过跨干扰的问题,提前了第二套模架的拼装时间。移动模架外模加贴不锈钢板。该方法有效解决了钢模板表面易锈蚀、易造成混凝土表面污染的难题。加贴不锈钢板后,箱梁混凝土表面外观质量有了极大的提高。内模施工新工艺是先在场外胎架上进行内模节段整体拼装,然后进行节段整体吊装,内模拼装时间不占用箱梁主线施工工期。通过这些措施,内模安装时间由原来的 5 天缩至 3.5 天。主桥箱梁采用水箱整跨整体预压,仅在支架预压过程就节约 190222 元,经济效益明显。

2. 湖北仙人渡汉江特大桥

仙人渡汉江特大桥桥跨布置为:43 × 30m 先简支后结构连续预应力混凝土组合 T 梁(东引桥) + 25 × 40m 先简支后连续刚构预应力混凝土组合 T 梁(滩桥) + (100 + 3 × 150 + 100)m 预应力混凝土连续梁(主通航孔桥) + 80 × 30m 先简支后结构连续预应力混凝土组合 T 梁(西引桥),桥梁全长 5346.0m。主桥上部结构采用预应力混凝土变截面连续箱梁,为三向预应力结构,在纵、横、竖向配有预应力钢束。桥面总宽 26.0m,全桥由两幅完全分离的平行桥梁构成,两幅桥翼板之间相距 1m。单箱单室截面,顶宽 12.5m,箱宽

7.0m,翼板宽 2.75m。主墩支点上梁高为 8.0m,跨中最小梁高为 3.30m。梁底曲线为单圆曲线,底板按照变厚度布置,由支点向跨中逐渐减少,支点处厚为 115cm,跨中厚为 32cm,顶板厚度均为 30cm,腹板厚度由支点向跨中由 70~40cm 渐次变化,边跨腹板由跨中向边支点处加大到 50cm。本桥只在主墩支点和边墩支点上布置横隔板,节段划分时节段质量控制在 140t 以内。主桥主墩和交界墩均采用实体墩,主墩上采用 GPZ50000 型盆式橡胶支座,其中在 71 号墩上采用了一个固定支座,交界墩上采用 GPZ10000DX 盆式橡胶支座。在交界墩顶梁端设置 SSFC480 型伸缩缝,该伸缩缝具有在主桥端预埋宽度大,在引桥或滩桥上预埋宽度小的特点,便于施工。

3. 湖北孝南互通斜拉桥

孝南互通是开启孝襄高速公路的一扇大门,因主线与京珠高速公路交叉,多有匝道穿行,分合流部位设计复杂。设计时对造型和技术性含量做了认真比选,最后拟定主线桥主跨采用 60m 连续箱梁,桥下跨越京珠高速公路留 7m 净空。A、B 匝道桥采用主跨 140m 无背索弯坡钢箱梁斜拉桥。项目于 2003 年 7 月正式开工建设,2005 年 9 月建成通车。孝南互通匝道斜拉桥是我国首座在互通匝道上修建的弯坡斜拉桥,它是我国最大跨径的无背索弯坡斜拉桥,也是我国首座采用主梁悬臂拼装与索塔悬臂浇筑交叉施工方法的斜拉桥。公路等级:高速公路单向双车道匝道;计算行车速度:80km/h;设计温度:基准温度 15℃;最高温度 43℃,最低温度为 -18℃;设计风压:450Pa;平面弯曲半径:550m(匝道 A)、800m(匝道 B);纵坡和竖曲线:纵坡 3%,竖曲线半径 3500m;桥面超高横坡:5%(匝道 A),4%(匝道 B);主桥桥下净空:≥5.5m;主桥桥面宽度:1.5m(布索区)+0.75m(防撞护栏)+11.5m(行车道)+0.75m(防撞护栏)+1.5m(布索区)=16.0m;引桥桥面宽度:0.75m(防撞护栏)+11.5m(行车道)+0.75m(防撞护栏)=13.0m。

4. 湖北汉江四桥南引桥

汉江四桥南引桥处于襄樊至广济断裂与胡集至沙洋断裂交汇附近,横跨襄樊至广济断裂(湖北省唯一的大断裂带),地质条件非常复杂。在如此复杂的地质条件下施工,极容易发生坍塌、埋钻,有时漏浆迅速,来不及补充泥浆而坍孔,轻微漏浆时也容易发生坍孔。在进行工程勘探时采用了物探和钻探相结合的方法,找出岩溶和裂隙的发育区域,尽量布置较多的钻探点,找出岩溶的发育情况。在施工阶段,对岩溶区实行了逐桩位钻探,并根据地质情况,对每一个桩基进行设计。设计时保证桩底岩层有足够的厚度及强度,桩底应置于岩石整体性较好、抗压强度较高的岩层上,桩底下有溶洞存在时,其桩底以下岩石顶板的厚度不小于 8~10m,少数桩基穿过了 4 个大小不等的溶洞。有时为避免桩基穿过溶洞和裂隙,采用了群桩基础。岩溶区桩基施工采取了多种处理方式:①钢护筒跟进,上面一部分大护筒内套小护筒;②根据地质资料情况,在进入溶洞前 60cm 时放慢冲孔速度，注意观察，并采取小冲程、低速度、勤补浆的办法，缓慢击穿溶岩顶板，避免了卡钻（锤）埋钻（锤）事故的发生；③黄土、片石堵漏；④混凝土堵漏。

5. 陕西封侯沟大桥

凤翔路口至永寿高速公路设有朝阳沟、饮水沟、封侯沟3座预应力连续刚构桥，其中封侯沟大桥位于永寿县城东约2km处，全长938m，最大桥高134m，主桥为(75+3×140+75)m预应力混凝土刚构—连续组合梁，引桥位于起点岸，为三联4×30m预应力混凝土连续箱梁。该桥于2008年10月建成通车，是G70陕甘界至永寿段公路上的重点控制工程之一。封侯沟大桥连续刚构桥上部箱梁预应力施工中，采用真空压浆施工技术。封侯沟大桥引桥桩基工程使用R620型旋挖钻机干孔旋挖钻进成孔，所施工桩基成孔最大孔深52m，最大孔径1.8m。箱梁0号块施工，在大三角型钢托架上不再按过去设置贝雷片，而是将下一道工序悬浇施工中使用的挂篮底篮安装其上。经验算和施工验证，此工艺可行。采用自动喷淋系统，解决了刚构桥高墩大跨混凝土的养生难问题。

6. 甘肃泾河特大桥

泾河特大桥位于陇东黄土高原的长武塬和董志塬两大黄土塬之间，跨越泾河，全长为1723m，按六联设置，跨径组成为：(35+4×50)m+(87+5×162+87)m+(4×50)m+(2×50)m+(30+2×35)m+(2×35+30)m。桥梁上部情况：第二联主桥采用预应力混凝土变截面刚构—连续箱梁；第一联长武塬侧采用装配式预应力混凝土T形刚构—连续梁；第三、四联采用装配式预应力混凝土T形刚构—连续梁；第五、六联采用预应力现浇混凝土连续箱梁。桥梁下部及基础情况：其中引桥1号、19～23号桥墩为柱式墩，基础为整体式承台，ϕ2m桩基础；6、11号桥墩为矩形薄壁墩，7～10号桥墩为双矩形薄壁墩，6～11号桥墩基础为整体式承台，每墩12根ϕ2.5m桩基础；2～5号、12～18号桥墩为矩形薄壁墩，基础为整体式承台，每墩8根ϕ2m桩基础；0号桥台为柱式台桩基础；24号桥台为肋式台桩基础。

7. 陕西石泉特长隧道

石泉特长隧道是十天线安康至汉中高速公路唯一的特长隧道。隧道单洞总长9934m。隧址区处于明垭子饶峰—城口推覆构造带中段，断裂构造和褶皱构造都极为发育，洞身穿越F26、F25、F12、F24、F23等5条总长约2600m的断层破碎带，隧道线路基本平行于断层走向，导致隧道地质条件十分复杂。针对隧道施工中频繁出现初期支护变形开裂，仰拱上浮破坏等地质病害，施工单位进一步完善了石泉隧道安全生产的各项制度，制订针对塌方、涌水等突发事件的应急预案，并定期演练。V级围岩坚持采用三台阶法开挖，并对初期支护及二次衬砌适当加强；软弱破碎的断层段施工中，初期支护采用加强型钢架，初期支护仰拱封闭成环，必要时增加侧向超前注浆小导管。为提高隧道施工功效，

Ⅲ级围岩增设混凝土调平层；Ⅳ级围岩部分系统锚杆调整为锁脚导管。设计单位成立现场动态设计小组，现场确定围岩级别和支护参数，出具变更图纸；对隧道穿越断层带施工补充超前勘探和现场勘察，根据现场地质条件预判断层地质构造、岩性及涌水量，优化设计支护参数，并提出相应设计、施工要求。管理处对地质超前预报工作进行专项管理，设计、施工、监理单位密切配合，建立完善的审核机制，采用"物探"和"钻探"相结合的方法，切实加强预报的准确度；组织有关专家对斜井端正洞施工组织设计进行评审，解决通风、排水、出渣运输方案。

8. 湖北二道垭隧道

二道垭隧道全长3110m，右线起讫桩号为YK92+95～YK96+024，全长3069m，净宽9.75m，净高5m，上下行分离的四车道特长隧道，是重点控制工程之一。隧道施工采用新奥法组织实施，主要工序采用机械化作业，隧道出渣采用无轨运输方式，二次衬砌浇筑采用模板台车。隧道最大埋深约215m，隧道从进口和出口两个方向相对施工。隧道进口左右线采用浆砌片石曲墙式洞门，明洞顶采用方格网植草绿化防护，周围边仰坡采用锚喷防护。隧道出口左右线洞门采用翼墙式洞门，边坡及仰坡采用锚喷防护。隧道拱部采用光面爆破，边墙部采用预裂爆破，以最大限度地保护周边岩体的完整性，同时减少超挖量；在Ⅱ类围岩地段采用超短台阶法施工，台阶长度控制在5～10m，保证初期支护及时落底封闭；在Ⅲ类围岩地段采用短台阶法施工，台阶长度控制在10～15m；在Ⅳ类围岩地段采用台阶法施工；在Ⅴ类及其以上围岩地段采用全断面法施工。本隧道受两条断裂带的影响，地质条件非常复杂，施工过程中曾出现多次坍塌及变形，由于原设计围岩分类与实际开挖情况出入较大，围岩类别变更较多，2006年10月对该隧道进行了补充地质勘查报告，在施工过程中始终坚持动态设计及信息化施工，根据实际地质情况及时调整支护参数和施工方法，确保了工程建设的推进。

9. 陕西鹘岭隧道二衬涌水治理

鹘岭隧道长度为5.3km。山体主脊呈近东西向分布，北坡缓南坡陡。地形崎岖，地势险要，山高沟深，植被茂密，地质构造复杂，地层岩性多变。2010年7月23日晚，陕南地区突降暴雨，导致鹘岭隧道发生水毁灾害，隧道衬砌开裂、洞内涌水，造成隧道右线交通中断。二次衬砌开裂涌水段落，属于F(W-12)断层影响带或F(W-12)断层水引起的溶洞溶腔影响带，由于暴雨期间雨水大量下泄，水头升高，水压增大，使隧道衬砌结构产生破坏。采取的治理措施：

(1)洞外治理。重点漏水区沟心段落采用水泥砂浆注浆堵水，对覆盖层较厚的范围(≥4m)：采用钻机钻穿入岩基2～3m，对基岩裂隙及破碎带采用水泥砂浆注浆，封堵岩体裂隙，在基岩顶面形成一层混凝土堵水层。注浆钻孔：钻孔采用ϕ89mm×6mm钢管，间距为 2.5m×2.5m,深孔进入基岩 2～3m。注浆厚度:基岩 2～3m。对覆盖层较薄的范围(<4m):采用钻机钻入岩基 2～3m,对岩基裂隙及破碎带采用水泥砂浆注浆,封堵岩体裂隙。注浆钻孔:钻孔采用 ϕ50mm×5mm 钢管,间距为 2.5m×2.5m,深孔进入基岩 2～3m。注浆厚度:基岩 2～3m。对于小溶洞灌高稠度黏土浆封堵,灌浆深度大于 10m,对超过设计灌浆量的溶洞,采用提高黏土浆黏稠度和分次灌注的方法进行封堵。对于低洼边坡较大裂隙采用人工水泥砂浆堵口,铺填黏土,深 20cm。

(2)洞内治理。泄水洞:在隧道左右线中间,路面设计高程以下 5.2m,沿隧道纵向设置排水洞,泄水导洞高 3.2m,宽 2.2m,长度为 2487.5m,同时沿横向向隧道左右洞开挖,横向洞间距为 12～24m,开挖至隧道初期支护外约 2m,使隧道二衬外的水全部沿横向泄水洞进入纵向泄水洞引出隧道。洞内处治:洞内二衬开裂的段落,凿除已破坏混凝土初支二衬,扩挖 10cm,采用 I20a 钢拱架重新进行支护,钢拱架间距为 50cm,喷射钢纤维混凝土,二衬采用钢筋混凝土二衬。洞内施工缝渗水的段落,在施工缝刻槽埋管引水,外层采用密封胶和快封水泥密封,表层采用 8mm 不锈钢板封盖。

10. 陕西山体整体崩塌治理

2007 年 11 月 8 日下午,商漫高速公路第 8 合同段 K1548+000～K1548+097(K105+803～K105+900)段山体发生了大面积整体崩塌,造成 2 座已开挖成形的桥台扩大基础被埋,1 根桩基断裂,2 根墩柱倒塌,2 片盖梁及垫石严重损坏,滑坡使山体形成了一个下部宽 97m,长 178m,距路面垂直高度 162m,滑坡方向 67°,最大垂直厚度 37m,体积约 20 万 m^3 的巨型屏障,其垂直高度及坡率创陕西省公路工程建设史之最。

拟定的施工方案为高 160m 坡面从顶向下 60m 设一台阶,余下 100m 分 10 级治理,中间 50m、20m 处设两大平台方便施工,整个坡面刷坡坡率为 1:0.8 和 1:0.6,后喷浆,采用锚索框架梁防护。施工治理中在山体顶部及各级平台设立沉降观察点,由于山体岩质复杂多变,在锚索钻孔施工中,内部裂隙密布且朝逐渐扩大的不良趋势发展,从全国各地搜集资料,同时请教专家和有经验的现场操作人员,结合现场的特殊地质情况,反复研究,边施工边总结,在短时间内攻克了其钻孔难、易塌方、常卡钻等的一系列施工难题,并总结出来一套有效的施工方法:先采用干水泥和黏土以 1:2 的体积比均匀拌和(根据其岩层结构适当调整其配比,如结构松散含土量较大,裂隙较多时,适当增加黏土含量,如结构稳固,含土量较小裂隙较多时,适当增加水泥含量,必要时可加入适量水,等待 20～30min 后开始钻孔),在钻进过程中将二者混合料分节用冲击器顶入(每掘进 50cm,加料一次)。在此期间钻孔速度应控制在 15～35cm/min,同时观察孔内出渣情况是否均匀连续,若符合上述条件,重复此操作;否则,调节混合料配比并适当调节风压,直至满足以上条件,达到设计钻孔深度方可安装锚索、压入水泥浆。该施工方法有效地解决了施工中遇到的困难,运营多年,证明效果良好。

11. 陕西湿陷性黄土路基

咸阳至永寿高速公路路线全长64.65km,平均填土高度1.0m,沿线湿陷性黄土不良地质分布范围大,占全线总长的96%以上。该路段路基需大面积特殊处理。为了有效消除路基原地面以下一定深度黄土的湿陷性,管理处会同设计单位制定并采取了一系列措施,取得了明显成效。

(1)设置完善的排水系统。对路基范围内和附近坑洞回填夯实。

(2)采用强夯消除黄土层的湿陷性和高压缩性,规范强夯施工布点、夯击次数、检测项目和方法,要求最后两次夯沉量之和不大于15cm,之差不大于8cm。

(3)对过湿路段以及村舍附近采取换填灰土处理措施。

(4)预埋设施定期观测沉降,将原设计圆管涵变更为钢筋混凝土箱涵并增加混凝土包封,有效解决了湿陷性黄土地基诱发的道路病害,为后期研究湿陷性黄土治理措施奠定了基础。

第十五节　G72(泉南高速公路)泉州至南宁高速公路

G72(泉南高速公路)是国家"71118+6"高速公路网18条东西横线中的第十五横,连接华东东南沿海、华中和华南西部地区,有利于改善路网布局,是中国南部地区与东南亚地区的重要经济通道。

G72(泉南高速公路)起点位于福建省泉州市晋江枢纽互通,终点位于广西壮族自治区南宁市南宁东收费站。规划里程1475.34km,通车里程1411.651km,四车道1345.150km,六车道66.501km。经过福建(泉州、三明)、江西(吉安)、湖南(衡阳、永州)、广西(桂林、柳州、南宁)。1993年10月广西桂林至柳州静兰高速公路率先开始施工,2015年1月江西吉安至莲花(赣湘界)高速公路建成,G72(泉南高速公路)全线贯通。

拥有联络线两条:

G7211(南友高速公路)南宁至友谊关高速公路,起点位于广西壮族自治区南宁市仙葫开发区那舅村,终点位于广西壮族自治区凭祥市友谊镇卡风村米七屯。规划里程193.34km,通车里程195.483km,四车道180.063km,六车道15.420km。途经南宁、友谊关(口岸)。目前,G7211(南友高速公路)已全线建成通车。

G7212(柳北高速公路)柳州至北海高速公路,起点位于广西新兴南互通,终点位于广西贵港市港南区瓦塘镇鹿山村。规划里程331.76km,通车里程192.640km,四车道165.659km,六车道26.981km。途经柳州、武宣、贵港、浦北、北海。目前,广西贵港至合浦段尚未建成通车。

一、路线概况

G72(泉南高速公路)路线信息见表10-53,沿线互通、出入口、服务区信息见表10-54,并行线、联络线路线信息见表10-55,并行线、联络线沿线互通、出入口、服务区信息见表10-56。

G72(泉南高速公路)路线信息表　　表10-53

编号	省份	省内起点	省内终点	途经市、县	通车里程(km)
G72	福建	晋江枢纽互通	宁化县石壁镇(闽赣界)	晋江市、鲤城区、南安市、永春县、大田县、永安市、明溪县、清流县、宁化县	328.079
	江西	赣州市石城县东南10km处的赣闽省界五里亭	莲花县赣湘界处的界化垄,与湖南省垄茶高速公路相连	赣州市石城县、宁都县、兴国县、泰和县、吉安县、永新县,萍乡市莲花县	297.244
	湖南	茶陵县高陇镇九渡村	零陵区枣木铺	茶陵县、攸县、衡东县、衡南县、蒸湘区、祁东县、祁阳县、冷水滩区、零陵区	293.058
	广西	桂林市全州县黄沙河镇黄岗村	南宁市民族大道延长线南宁收费站	青秀区、宾阳区、横县、城中区、柳江县、鹿寨县、临桂区、灵川县、全州县、兴安县、永福县、兴宾区	493.270

G72(泉南高速公路)沿线互通、出入口、服务区信息表　　表10-54

编号	省份	沿线互通	出入口	服务区
G72	福建	泉州南、泉州西、张坑、南安北、亭川、码头、永春、磻溪、岩峰、蓬壶、汤城、下洋、吴山、大田、桃源、西洋、永安南互通	晋江、泉州南、泉州西、南安北、码头、永春、蓬壶、下洋、吴山、大田、桃源、西洋、永安南出入口	省新、达埔、吴山、上京、西洋服务区
	江西	泰和枢纽、泰和北、泰和东、兴国西、兴国、兴国东、宁都南、宁都、石城、永阳、敖城、永新、莲花互通	泰和北、泰和东、兴国、兴国西、兴国东、宁都、宁都南、石城、赣闽界石城、吉安西、敖城、永新、永新西、莲花、赣湘界界化垄出入口	石城、宁都南、兴国、泰和东、吉安西、永新服务区
	湖南	大浦、洪市互通	高陇、光明、腰陂、茶陵东、茶陵、攸县、高湖、衡东、浣溪、古城、珠晖南、雁峰、硫市、粮市、归阳、潘市、白水、大忠桥、永州、黄田铺、珠山、枣木铺出入口	衡东、茶陵、洪市、衡南、潘市、珠山、永州、炎陵东、云阳山服务区
	广西	三岸、K682+656分离式立交桥、伶俐、五合、王灵式、古辣、黄沙河、凤凰、界首、兴安、永福互通	宾阳、波寨、池头、凤凰北、凤凰、古辣、桂湘、黄冕、黄沙河、界首、来宾、伶俐、灵川西、柳州静兰、六景北、六景、六景西、鹿寨、雒容、庙岭、那容立交、琅东、全州、全州凤凰、全州西、溶江、三岸、粟家、五合、小平阳、新兴、兴安、严关、永福出入口	溶江、永福、来宾服务区,伶俐、三岸、新兴、波寨、鹿寨、灵川、全州、凤凰、全州、兴安停车区

G72(泉南高速公路)并行线、联络线路线信息表　　表10-55

编号	省份	省内起点	省内终点	途经市、县	通车里程(km)
G7211	广西	南宁市仙葫开发区那舅村	凭祥市友谊镇卡风村米七屯	青秀区、江南区、良庆区、江州区、扶绥县、宁明县、凭祥市	195.483
G7212	广西	新兴南互通	贵港市港南区瓦塘镇鹿山村	柳江县、港北区、港南区、桂平市、象州县、武宣县	192.640

G72(泉南高速公路)并行线、联络线沿线互通、出入口、服务区信息表　　表10-56

编号	省份	沿线互通	出入口	服务区
G7211	广西	吴圩、长岗、崇左、扶绥、夏石、友谊、浦寨、友谊关互通	高岭、苏圩、吴圩、吴圩、元井、崇左、扶绥、渠黎、渠旧、天西、宁明、夏石、凭祥、隘口、友谊关出入口	崇左、扶绥、宁明、凭祥服务区
G7212	广西	新兴南、贵港北、瓦塘、马坪、武宣东、武宣南互通	新兴、贵港、南宁、玉林、柳北、马坪、象州、武宣、黄茆、武宣出入口	象州、武宣东、贵港南服务区,木团、石龙南停车区

二、路网关系

G72(泉南高速公路)路网关系示意图如图10-15所示。

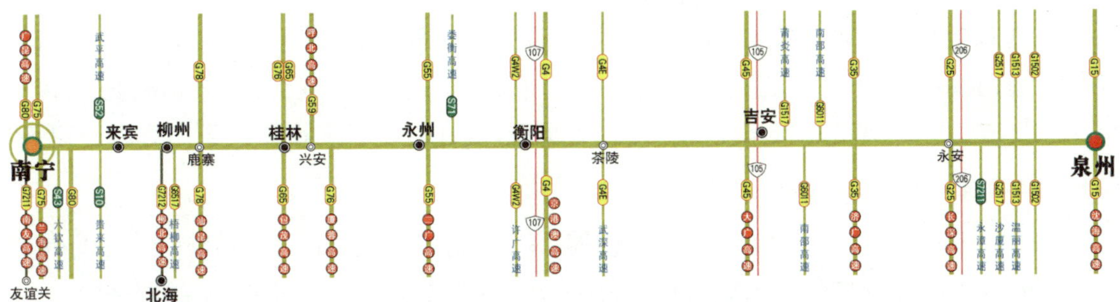

图10-15　G72(泉南高速公路)路网关系示意图

三、建设历程

1. 福建泉三高速泉州段

2005年11月1日开工建设,2009年3月15日建成通车,全长114.629km,四车道48.12km,六车道66.5km,设计速度80km/h、100km/h。总投资76.6亿元,资金来源:地方投入、银行贷款。占地13943.0亩。项目管理单位:福建省高速公路有限责任公司泉州管理分公司;勘察设计单位:福建省交规院、中交一勘院;监理单位:福州市建设工程监理有限公司等;施工单位:福建路桥建设有限公司等。

2. 福建泉三高速三明段

2005年10月开工建设,2008年12月建成通车,全长154.10km,全线四车道,设计速

度 80km/h。建成大桥 96 座。建成特长隧道:三阳隧道、大鼓山隧道、岭头 2 号隧道,共 3 座。建成长隧道 6 座。总投资 86.24 亿元,资金来源:中央投入、地方投入、银行贷款。占地 18486 亩。项目管理单位:三明泉三高速公路有限责任公司;勘察设计单位:福建省交通规划设计院;监理单位:福州路信交通建设监理有限公司、江苏华宁交通工程咨询监理公司、铁科院工程咨询有限公司、安徽省高等级公路工程监理公司等;施工单位:中铁四局集团有限公司第一工程公司、中国路桥(集团)总公司等。

3. 福建永安至宁化段

2009 年 3 月开工建设,2011 年 12 月建成通车,全长 124.34km,全线四车道,设计速度 100km/h。总投资 82.28 亿元,资金来源:地方投入、银行贷款。占地 13392.83 亩。项目管理单位:三明永宁高速公路有限责任公司;勘察设计单位:福建省交通规划设计院等;监理单位:江苏东南交通工程咨询监理有限公司等;施工单位:中国中铁股份有限公司等。

4. 江西石城至吉安段

2008 年 8 月开工建设,2010 年 9 月建成通车,全长 190.78km,全线四车道,设计速度 100km/h、80km/h。建成特大桥:赣江特大桥,共 1 座。建成大桥 97 座。建成特长隧道:老营盘 4 号特长隧道,共 1 座。建成长隧道 6 座。总投资 190.83 亿元,资金来源:地方投入。占地 20473.005 亩。项目管理单位:江西省交通运输厅石城至吉安高速公路项目建设办公室;勘察设计单位:江西省交通设计院、中交第一公路勘察设计研究院等;监理单位:中国公路工程咨询集团有限公司等;施工单位:浙江省交通工程建设集团有限公司等。

5. 江西吉安至莲花(赣湘界)段

2011 年 1 月开工建设,2015 年 1 月建成通车,全长 106.464km,全线四车道,设计速度 100km/h。建成大桥 31 座。建成长隧道 1 座。总投资 52.5 亿元,资金来源:地方投入。占地10514.34亩。项目管理单位:江西省交通运输厅吉安至莲花项目建设办公室;勘察设计单位:江西省交通设计院;监理单位:江西省公路工程监理公司等;施工单位:北京市海龙公路工程公司等。

6. 湖南界化垄至茶陵段

2010 年 11 月开工建设,2013 年 12 月建成通车,全长 45.242km,全线四车道,设计速度60km/h、100km/h。建成特大桥:洣水特大桥、陈家湾高架桥,共 2 座。建成大桥 12 座。总投资30.16亿元,资金来源:地方投入、银行贷款。占地 4700 亩。项目管理单位:湖南省垄茶陵高速公路建设开发有限公司;勘察设计单位:湖南省交通规划勘察设计院;监理单位:湖南省交通建设工程监理有限公司等;施工单位:中国水电建设集团路桥工程有限公司等。

7. 湖南衡阳至炎陵段

2006 年 9 月开工建设,2009 年 12 月建成通车,全长 114.188km,全线四车道,设计速

度100km/h、80km/h。建成大桥31座。建成特长隧道:云阳山隧道,共1座。建成长隧道2座。总投资49.1048亿元,资金来源:交通部车购税投入、地方投入、银行贷款。占地14472.498亩。项目管理单位:衡炎高速公路建设开发有限公司;勘察设计单位:湖南省交通规划勘察设计院;监理单位:湖南省交通建设工程监理有限公司等;施工单位:湖南路桥建设集团公司等。[其中,61.751km属于G72(泉南高速公路)。]

8.湖南泉南高速衡阳至枣木铺段

2000年12月开工建设,2003年12月建成通车,全长186.065km,全线四车道,设计速度100km/h、120km/h。建成特大桥:东阳渡特大桥、河洲大桥,共2座。建成大桥8座。总投资52.4187亿元,资金来源:交通车购税投入、地方投入、银行贷款。占地24284.08亩。项目管理单位:湖南省衡枣高速公路建设开发有限公司;勘察设计单位:湖南省交通规划勘察设计院;监理单位:湖南省金衢交通咨询监理有限公司等;施工单位:湖南路桥建设集团公司等。

9.广西泉南高速黄沙河至全州段

2002年2月8日开工建设,2004年12月18日建成通车,全长22.3km,全线四车道,设计速度100km/h。建设大桥3座。总投资3.59亿元,资金来源:交通部车购税投入、地方投入、银行贷款。占地2593.62亩。项目管理单位:广西壮族自治区交通基建管理局;勘察设计单位:广西壮族自治区交通规划勘察设计研究院;监理单位:中国公路工程咨询监理总公司等;施工单位:广西公路桥梁工程总公司等。

10.广西全州至兴安段

2006年7月开工建设,2008年11月28日建成通车,全长61.48km,全线四车道,设计速度120km/h。建成大桥11座。总投资16.56亿元,资金来源:企业投入。占地6738.0亩。项目管理单位:广西全兴高速公路发展有限公司;勘察设计单位:广西交通规划勘察设计研究院、中国公路工程咨询监理总公司;监理单位:中国公路工程咨询总公司等;施工单位:路桥华东工程有限公司等。

11.广西兴安至桂林段

2009年9月开工建设,2013年4月建成通车,全长53.4km,全线四车道,设计速度120km/h。建成大桥15座。总投资31.0亿元,资金来源:企业投入、银行贷款。占地15539.74亩。项目管理单位:广西桂兴高速公路投资建设有限公司。勘察设计单位:湖南省交通规划勘察设计研究院等;监理单位:北京华通公路桥梁监理咨询有限公司;施工单位:湖南路桥建设集团公司。

12.广西粟家互通至桂林僚田(桂林绕城线)段

1998年4月26日开工建设,2000年5月1日建成通车,全长13.69km,全线四车道,设计速度120km/h。建成大桥1座。总投资3.37亿元,资金来源:交通部车购税投入、地方投入。占地2410.44亩。项目管理单位:广西壮族自治区交通基建管理局;勘察设计单位:广西交通规划勘察设计研究院等;监理单位:广西桂林公路管理局;施工单位:武警交通一总队等。

13. 广西桂林池头至柳州静兰段

1993年10月5日开工建设,1997年5月1日建成通车,全长131.63km,全线四车道,设计速度80km/h。建成大桥12座。总投资20.32亿元,资金来源:交通部车购税投入、地方投入。占地25393.0亩。项目管理单位:广西壮族自治区交通厅;勘察设计单位:广西交通规划勘察设计院等;监理单位:桂柳公路工程监理部;施工单位:柳州铁路局工程处、贵州省公路工程公司等。

14. 广西柳州至王灵段

1996年底开工建设,1998年12月8日建成通车,全长137.91km,全线四车道,设计速度120km/h。建成特大桥:磨东特大桥,共1座。建成大桥4座。总投资17.45亿元,资金来源:交通部车购税投入、银行贷款。占地15512.79亩。项目管理单位:柳州至王灵高速公路建设办公室;勘察设计单位:广西交通规划勘察设计院等;监理单位:江苏华宁交通工程咨询监理公司、武汉土木工程建设监理公司;施工单位:广西航务工程处等。

15. 广西宾阳(王灵)至南宁(三岸)段

1997年9月28日开工建设,1999年10月1日建成通车,全长83.97km,全线四车道,设计速度120km/h。建成特大桥:六景郁江特大桥,共1座。建成大桥8座。总投资13.51亿元,资金来源:中央投入、交通部车购税投入、地方投入。占地9710.16亩。项目管理单位:宾阳至南宁高速公路建设办公室;勘察设计单位:广西交通规划勘察设计研究院、中交第二公路勘察设计院;监理单位:广西桂通监理咨询有限责任公司;施工单位:广西路桥总公司机械施工处等。

四、联络线及并行线

1. G7211(南友高速公路)南宁至友谊关高速公路

广西南宁至友谊关段。2003年3月开工,2005年12月28日通车,全长180.06km,南宁至宁明段136.36km,采用双向四车道高速公路标准,其中南宁至崇左段92.25km,设计速度100km/h;崇左至宁明段44.11km,设计速度80km/h。宁明至友谊关42.82km,采用一级公路标准建设,设计速度60km/h。建成大桥10座。总投资37.02亿元,资金来源:交通部车购税投入、银行贷款。占地21294.32亩。建设管理单位:广西壮族自治区交通基建管理局;勘察设计单位:广西交通规划勘察设计研究院;施工单位:中铁十九局集团有限公司、黑龙江龙建路桥股份有限公司等;监理单位:广西八桂监理咨询有限公司,广西桂通公路工程监理咨询有限责任公司。

那洪至吴圩段(机场高速)。1998年11月20日开工建设,2000年9月28日建成通车,全长15.42km,全线六车道,设计速度120km/h。南宁机场高速公路是南宁至凭祥高速公路,吴圩机场段北起快速环道南站大道与富宁大道交叉口,南至吴圩机场,全长21.458km。其中城市道路段3.016km,路幅宽100m,设计速度60km/h;高速公路段18.442km,设计速度120km/h,全线六车道。总投资8.19亿元,资金来源:中央投入、地方投入、银行贷款。占地1472.69亩。项目管理单位:南宁市建设投资发展总公司;勘察设计单位:广西交通规划勘察设计院;监理单位:广西建设监理公司等;施工单位:南宁市市政工程总公司等。

2. G7212(柳北高速公路)柳州至北海高速公路

广西柳州至武宣段。2012年10月16日开工建设,2015年12月29日建成通车,全长83.023km,全线四车道,设计速度120km/h。建成特大桥:盘龙柳江特大桥、马王黔江特大桥,共2座。建成大桥18座。总投资51.01亿元,资金来源:企业投入。占地11615.57亩。项目管理单位:广西龙和高速公路有限公司;勘察设计单位:广西交通规划勘察设计院等;监理单位:广西交通科学研究院等;施工单位:西部中大建设集团有限公司、陕西省交通规划设计研究院联合体。

广西桂平至来宾段(武宣至桂平段)。2011年4月开工建设,2015年4月建成通车,全长26.981km,全线六车道,设计速度100km/h。建成大桥17座。建成长隧道1座。总投资14亿元,资金来源:交通运输部车购税投入、企业投入、银行贷款。占地3480亩。项目管理单位:广西桂和高速公路有限公司;勘察设计单位:广西交通规划勘察设计院;监理单位:广西八桂工程监理咨询有限公司等;施工单位:中国中铁股份有限公司等。

广西梧州至贵港段(桂平至贵港段)。2011年2月开工建设,2015年4月建成通车,全长55.872km,全线四车道,设计速度100km/h、120km/h。建成特大桥:贵港郁江特大桥、桂平官侯郁江特大桥,共2座。建成大桥42座。总投资31.0亿元,资金来源:地方投入、银行贷款。占地6234.0亩。项目管理单位:广西龙光贵梧高速公路有限公司;勘察设计单位:中国公路工程咨询集团有限公司、广西交通规划勘察设计研究院;监理单位:北京中交华捷工程技术咨询有限公司;施工单位:山东通达路桥工程有限公司、广东省佛山公路工程有限公司等。

广西合浦石湾至北海段。1998年开工建设,2000年8月18日建成通车,全长25.561km,全线四车道,设计速度120km/h。建成大桥1座。总投资4.5亿元,资金来源:中央投入、地方投入。占地2944.13亩。项目管理单位:钦北高速公路建设指挥部;勘察设计单位:广西交通规划勘察设计研究院、深圳华科交通工程有限公司;监理单位:江苏华宁监理公司、湖南交通科研所、武汉土木监理公司、广西桂通监理公司等;施工单位:交通部二航局一公司、交通部第一公司工程总公司、广西铁二局工程有限责任公司、广西路桥总公司钦州机械施工处、交通部二航局四公司、广西路桥总公司路面工程处等。

3. G7201 南宁绕城高速公路

南宁绕城高速公路。2001 年 12 月开工建设,2003 年 12 月建成通车,全长 83km[①南宁至坛洛高速公路全长 68.703km。其中主线(安吉—坛洛段)起于南宁市安吉,终于南宁市坛洛镇,长 33.845km(其中属 G80 共 18.95km,属 G7201 南宁环城高速 14.895km);联线(石埠—良庆段)起于石埠与主线相接,终于邕宁区良庆镇那团村,与南宁至北海高速公路相接,全长 34.858km(属 G7201 南宁环城高速)。②河池(水任)至南宁公路全长236.76km。其中河池(水任)至大兴段 66.5km,大兴至都安段 30.1km,都安至南宁段 140.24km(其中属 G75 为 117.04km,属 G7201 南宁环城高速 23.2km)。③南宁至南间高速公路全长 64.491km,起于南宁市东郊三岸杨屋村附近,由北向南经邕宁区良庆、那马、大塘、南晓等乡镇,终于钦州市南间那布村,接钦州至防城港高速公路。其中南宁(三岸)至良庆段 10.047km 属 G7201 南宁绕城高速路段,良庆至南间段 54.444km 属 G75 路段],全线四车道,设计速度 100km/h。建成特大桥:三岸邕江特大桥,共 1 座。建成大桥 8 座。总投资 15.7 亿元,资金来源:中央投入、交通部车购税投入、银行贷款。占地 9317.00 亩。项目管理单位:广西壮族自治区交通厅;勘察设计单位:广西交通规划勘察设计研究院;监理单位:广西桂通工程监理咨询有限公司等;施工单位:中铁十二局集团有限公司等。

五、先进技术的研究与应用

1. 水泥混凝土路面施工技术研究(广西)

桂林池头至柳州静兰高速公路水泥混凝土路面施工技术在 20 世纪 90 年代走在了全国的前列。20 世纪 90 年代建设的桂林池头至柳州静兰高速公路全线铺设水泥混凝土路面,当时交通部还将"水泥混凝土路面施工技术研究"作为了交通部"九五"攻关项目。充分利用了广西作为水泥生产大省的优势,在当时是具有积极作用的。此外还有一些子课题的研究也具有积极作用,如"错台水泥混凝土路面进行精铣刨整治""高等级公路水泥混凝土路面接缝技术研究""水泥混凝土路面裂缝成因及修补技术研究""广西地区水泥混凝土路面三轴式摊铺整平施工技术研究""水泥混凝土路面裂缝成因、防治及修复技术研究"等。

2. 岩溶地区公路修筑成套技术(广西)

广西壮族自治区岩溶地貌丰富,在 G7211(南友高速公路)南宁至友谊关公路建设过程中,形成了"岩溶地区公路修筑成套技术"。该项技术获国家技术进步一等奖1项、二等奖1项,中国公路学会科学技术特等奖2项。岩溶地区公路建设技术包括高液限土应用技术、岩质边坡防护技术、填石路基压实控制技术和岩溶地区生态建设技术。高液限土应用技术主要采用控制填筑高度和部位,限制高液限土路基侧向变形开裂。岩质边坡防护主要采用锚杆、锚索和喷射混凝土支护加固技术。填石路基压实控制主要采用空隙率控制新技术、冲击压路机检查岩溶路基病害。岩溶地区生态建设技术主要包括岩溶水疏导技术和边坡绿化技术。

3. 那角桥"长联无缝桥梁成套技术研究"(广西)

南宁至友谊关公路那角桥科研项目是广西壮族自治区交通厅2004年度科研项目"长联天缝桥梁成套技术研究"的依托工程,由自治区交通基建管理局和湖南大学桥梁工程研究所合作完成,于2005年12月投入运营。那角桥位于国道主干线衡阳至昆明公路支线南宁至友谊关公路K98+809处。上部结构为4×20m预应力混凝土简支—连续梁;南宁侧0号桥台为埋置式桥台,挖孔桩基础;友谊关侧4号桥台为重力式U形台,明挖扩大基础。设计荷载为汽车—超20级,挂车—120,桥梁全宽为净2-11.492m。该桥是广西第一座全无缝桥梁,其最大全无缝温度变化跨长达80m,即全桥桥面及桥梁两端均不设伸缩缝,路面也不设任何接缝。与原有缝桥梁设计相比,该科研项目设计主要增加了少量的背墙钢筋、搭板与主梁的联结钢筋和接线路面的连续布置钢筋,计14.92t,按照3700元/t计算,计55204元;增加了玻纤格栅1862.6m^2,以8元/m^{2}计算,计14901元。但取消了桥梁伸缩装置共46m,节省了伸缩装置的购置、安装费用,以1800元/m计算,计节约82800元;按100年设计年限内需要更换18次计算,可直接节约资金149万元,尚不包括长期的日常维护费用以及因交通中断带来的间接经济损失和不良社会影响。那角桥"长联无缝桥梁成套技术研究"投入运营后,该项目课题组一直对该桥进行定期监测。截至2006年8月,经历了全年最低温和最高温,全无缝桥梁梁体完整,无缝桥台工作正常,桥台处支座工作正常,全桥桥面及接线路面一直平整通畅,桥面及接线路面无裂缝,也未出现沉降和跳车等不良病害。由于那角桥未设伸缩装置,行车平稳,减少了管理部门对该桥的日常维护工作。同时,由于平稳度提高、路况改善,即增强了舒适性,又有效地消除跳车等不良病害,减少油耗和材料损耗,降低了运输成本,节省了运输时间,社会效益和经济效益十分明显。该技术值得进一步推广应用。

六、复杂技术工程

1. 广西六景郁江特大桥

跨越郁江的六景郁江特大桥是G72(泉南高速公路)(广西段)宾阳(王灵)至南宁(三

岸)高速公路上的一座特大桥。桥长480.1m,主跨长度220.0m,是钢管混凝土桁架拱桥。该桥吊装采用了先进的钢绞线精密可控扣挂系统,提高了安装精度和速度,吊装全部拱肋时间仅为18天,创造了广西同类型拱桥吊装时间最短的新纪录。

2. 广西六尖山隧道

六尖山隧道是广西第一座高速公路双连拱隧道。隧道位于K163+070~K163+560之间,全长490m,其中K163+070~K163+436.757段长366.757m,位于直线上,K163+436.757~K163+560段长123.243m,位于$R=403.454\mathrm{m}$、$L_s=130\mathrm{m}$的缓和曲线上,超高横坡为-2.0%~3.0%,纵坡为-2.5%,两端进出口段均位于竖曲线上。隧道设计为带中墙的整体式双跨连拱结构,单跨净宽为9.45m,净高为7.264m。单跨采用圆拱式断面,边墙及中墙为直线,中墙厚2.5m,隧道净宽为21.4m,隧道最大埋深为105m。

3. 江西永莲隧道F2断层破碎带塌方突水突泥灾害综合处治

江西省吉莲高速永莲隧道F2断层破碎带塌方突水突泥灾害综合处治工程,通过资料收集、国内外调研、案例分析、补充水文地质调查与分析、室内试验、数值分析、理论分析等方法,研究复杂地质条件下隧道断层突水突泥孕灾环境与致灾机理、突水突泥灾害源识别理论与方法、突水突泥灾害防控理论与技术等关键科学问题,形成隧道断层突水突泥重大灾害防治的核心技术,编制相应的指南,实现复杂地质条件下隧道断层突水突泥灾害的有效防控。

第十六节　G76(厦蓉高速公路)厦门至成都高速公路

G76(厦蓉高速公路)是国家“71118+6”高速公路网18条东西横线中的第十六横,是连接福建、江西、湖南、广西、贵州、四川六省(自治区)的重要省际通道。G76(厦蓉高速公路)是我国西南腹地通往东南沿海地区的重要出海通道,加强了我国西部地区与东南沿海地区的联系,有利于改善路网布局和国土均衡开发,是西南地区连接东部的重要经济通道。

G76(厦蓉高速公路)起点位于福建省厦门市海沧区厦蓉高速入口,终点位于四川省成都市成都收费站。规划里程1843km,通车里程1824.658km,四车道1766.403km,六车道51.818km,八车道及以上6.437km。经过福建(厦门、漳州、龙岩)、江西(赣州)、湖南(郴州、永州)、广西(桂林)、贵州(黔东南、黔南、贵阳、六盘水、毕节)、四川(泸州、内江、资阳、成都)。1990年9月厦蓉高速成渝段高速公路率先开始施工。目前,广西境内尚未建成通车。

拥有联络线两条:

G7611(都香高速公路)贵州都匀至云南香格里拉高速公路,规划起点位于贵州省都匀市，规划终点位于云南省香格里拉市。规划里程1246.00km，通车里程104.840km，全线四车道。途经都匀、惠水、镇宁、六枝、水城、威宁、昭通、金阳、西昌、香格里拉。目前，云南段、四川段尚未建成通车，贵州六枝至清镇段已建成通车。

G7612（纳兴高速公路）纳雍至兴义高速公路，规划起点位于贵州省纳雍县，规划终点位于贵州省兴义市。规划里程190.00km，通车里程70.918km，全线四车道。途经纳雍、六枝特区、晴隆、兴义。目前，贵州纳雍至晴隆段尚未建成通车。

一、路线概况

G76（厦蓉高速公路）路线信息见表10-57，沿线互通、出入口、服务区信息见表10-58，并行线、联络线路线信息见表10-59，并行线、联络线沿线互通、出入口、服务区信息见表10-60。

G76（厦蓉高速公路）路线信息表 表10-57

编号	省份	省内起点	省内终点	途经市、县	通车里程（km）
G76	福建	海沧区厦蓉高速入口	长汀古城镇古城村	海沧区、龙海市角美镇、长泰县、华安县、芗城区、龙海市、龙文区、南靖县、新罗区、上杭县、连城县、长汀县	285.852
	江西	瑞金市的隘岭（赣闽界）	崇义县文英乡	瑞金市、会昌县、于都县、赣县、赣州市章贡区、赣州市经济技术开发区、赣州市黄金开发区、南康市、上犹县、崇义县	246.284
	湖南	汝城县热水镇	湘桂界永安关	汝城县、宜章县、苏仙区、北湖区、贵阳市、嘉禾县、蓝山县、宁远县、道县	308.486
	广西	在建			47.965
	贵州	黎平县水口镇（断头路）	七星关区生机镇	黎平县、从江县、榕江县、三都县、丹寨县、都匀市、贵定县、龙里县、花溪区、观山湖区、清镇市、织金县、纳雍县、七星关区	435.651
	四川	泸州市叙永县四川收费站	成都市成都收费站	成都市辖区、简阳市，资阳市辖区，内江市资中市、内江市辖区，隆昌县，泸州市泸县	420.470

G76（厦蓉高速公路）沿线互通、出入口、服务区信息表 表10-58

编号	省份	沿线互通	出入口	服务区
G76	福建	海沧枢纽、新阳、青礁枢纽、海沧港、海新、天柱山、陈巷枢纽、长泰、丰山、石亭、天宝枢纽、适中、龙岩、龙门枢纽、龙岩西、古田、蛟洋、新泉、北村枢纽、涂坊、河田、长汀、古城互通	厦门西、新阳、海沧、天柱山、长泰、丰山、石亭、漳州北、漳州西、南靖、金山、和溪、适中、龙岩、龙岩西、古田、蛟洋、新泉、涂坊、河田、长汀、闽赣、古城出入口	长汀、涂坊、芷溪、古田、适中、金山、天宝、朝阳服务区，古城、涂坊停车区
	江西	瑞金东、瑞金西、会昌北、禾丰、于都、罗坳、赣县东、赣县北、赣州北、赣州西、唐江、上犹东、上犹西、崇义、关田、文英互通	瑞金省界主线、西湖匝道、会昌北、禾丰、赣州西、于都、罗坳、赣县东、赣县北、赣州北、唐江、上犹东、上犹西、崇义、关田、文英、赣湘界崇义西主线出入口	会昌、于都、上犹、崇义服务区

续上表

编号	省份	沿线互通	出入口	服务区
G76	湖南	热水、汝城北、郴州南、郴州西、桂阳、龙潭、嘉禾、楠市、宁远南、梅岗、道州东、道州西、永安关互通	热水、集益、汝城北、岭秀、文明、里田、平和、郴州南、郴州西、桂阳、龙潭、嘉禾、楠市、宁远南、梅岗、道州东、道州西、仙子脚、永安关出入口	舜源、濂溪（未建成）、汝城、苏仙南、桂阳、洪观、汝城南服务区
	广西	在建		
	贵州	榕江（荔榕高速在建）、火石坡、秦棋、金华、红枫、水口、从江东、双江、从江、往洞、榕江、四格（原设计预留目前在建）、三都、都匀东、丹寨、都匀西、昌明、龙里、秦棋、狗场、犁倭、齐伯、马场、普翁、织金洞南、织金、以那、老凹坝、纳雍、二堡（毕节）、海子街（毕节北）、燕子口、林口、生机互通	水口、从江东、双江、从江北、往洞、榕江、四格（原设计预留目前在建）、三都、都匀东、丹寨、都匀西、贵定南、贵龙、秦棋、狗场、清镇A、东门桥、犁倭、齐伯、马场、普翁、织金洞南、织金、以那、老凹坝、纳雍、二堡（毕节）、海子街（毕节北）、燕子口、林口、生机出入口	四格、新民、排洞、天星桥、清水江、贵定天福、龙里、摆梭、红枫湖（未投入使用）、织金洞、乐治、金银山、林口服务区，榕江、贵迷、洛香、三岔河、板桥、寨乐、窑上停车区
	四川	狮子桥、二绕成渝、苏家桥、仰天窝、白鹤林互通	龙泉湖、龙泉、成都、方山、泸州西、护国、纳溪、胡市、泸县、震东、黄角坪、江门、麻城、内江、碑木、资中、鱼溪、球溪、隆纳高速、资阳、简阳、石桥、石盘、银山出入口	胡市、白塔、纳溪、叙永、高桥、内江、资中、隆昌、资阳、石桥服务区，叙岭关、震东停车区

G76（厦蓉高速公路）并行线、联络线路线信息表　　表10-59

编号	省份	省内起点	省内终点	途经市、县	通车里程（km）
G7611	贵州	都匀（未通）	威宁（未通）	都匀市、惠水县、镇宁县、六枝特区、水城县、威宁县	104.840
	云南	待建			
	四川	待建			
G7612	贵州	纳雍（未通）	兴义	纳雍县、六枝特区、晴隆县、兴义市	70.918

G76（厦蓉高速公路）并行线、联络线沿线互通、出入口、服务区信息表　　表10-60

编号	省份	沿线互通	出入口	服务区
G7611	贵州	G60（沪昆高速）、丁旗、落别、六枝东、六枝西、岩脚、新场、G56（杭瑞高速）互通	丁旗、落别、六枝东、六枝西、岩脚、新场出入口	无
	云南	待建		
	四川	待建		
G7612	贵州	大厂、潘家庄、万屯互通	大厂、潘家庄、万屯出入口	长耳营、格沙屯服务区

二、路网关系

G76（厦蓉高速公路）路网关系示意图如图10-16所示。

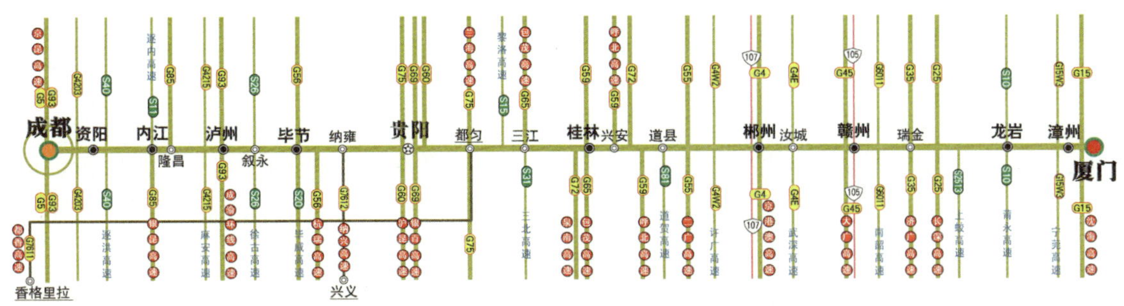

图10-16　G76（厦蓉高速公路）路网关系示意图

三、建设历程

1. 福建厦门段

2010年10月开工建设，2015年2月建成通车，全长18.000km，全线六车道，设计速度100km/h。建成特大桥：角嵩路高架桥，共1座。建成特长隧道：青新隧道、东孚隧道，共2座。总投资46.51亿元，资金来源：交通运输部车购税投入、地方投入、银行贷款。占地2840亩（含漳州龙海用地）。项目管理单位：厦门路桥建设集团有限公司；勘察设计单位：中交公路规划设计院有限公司；监理单位：厦门中平工程监理咨询有限公司、合诚工程咨询股份有限公司、铁四院工程监理咨询有限公司；施工单位：中铁十局集团有限公司、中城建第二工程局有限公司、中铁十五局集团有限公司、中铁电气化局集团西安铁路工程有限公司、中交第一公路工程局有限公司等。

2. 福建漳州段

2010年3月开工建设，2014年10月建成通车，全长40.46km，全线六车道，设计速度100km/h。总投资43.25亿元，资金来源：地方投入、银行贷款。投资股比：省级65%、市级35%。资金来源构成：项目资本金15.1366亿元，分别为部级5.58亿元、省级4.2588亿元、市级5.2978亿元；其余28.1107亿元申请国内银行贷款。占地6070.0亩。项目管理单位：漳州市漳龙高速公路有限责任公司；勘察设计单位：福建省交通规划设计院；监理单位：江西省公路工程监理有限公司等；施工单位：福建省第二公路工程公司等。

3. 福建漳州段改扩建

1998年12月开工建设，2004年12月建成通车，全长79.41km，全线四车道，设计速度100km/h。建成特大桥：翁建高架桥、书厅高架桥、西洋高架桥，共3座。建成大桥21座。总投资32.04亿元，资金来源：地方投入、银行贷款。占地9885.6亩。项目管理单位：漳州市漳龙高速公路有限责任公司；勘察设计单位：福建省交通规划设计院；监理单位：铁道部第二勘测设计院工程建设监理公司、江西省公路工程监理有限公司等；施工单位:中铁一局集团有限公司、中铁十八局集团有限公司等。(其中,53.931km 属于 G76。)

4. 福建龙岩段

1996 年 8 月开工建设,2001 年 12 月建成通车,全长 37.86km,全线四车道,设计速度 60km/h、80km/h。建成特大桥:建安Ⅱ号高架桥右桥、建安关高架桥、九沙溪高架桥,共 3 座。建成大桥 9 座。建成长隧道 1 座。总投资 17.5 亿元,资金来源:交通部车购税投入、地方投入、银行贷款。占地 5304.28 亩。项目管理单位:龙岩漳龙高速公路有限公司;勘察设计单位:铁道部第四勘测设计院厦门分院、福建省交通规划设计院等;监理单位:福建省交通建设监理咨询公司、中国公路工程咨询监理总公司等;施工单位:中铁十二集团有限公司、铁道部第十八工程局。

5. 福建龙岩至长汀段

2004 年 12 月开工建设,2007 年 12 月建成通车,全长 135.81km,全线四车道,设计速度 80km/h。建成特大桥:船岭岽特大桥,共 1 座。建成大桥 64 座。建成长隧道 7 座。总投资 60.62 亿元,资金来源:交通部车购税投入、地方投入、银行贷款。占地 15275.92 亩。项目管理单位:龙岩龙长高速公路有限公司;勘察设计单位:福建省交通规划设计院;监理单位:铁二院咨询监理公司、北京兴通交通工程监理有限责任公司等;施工单位:中铁四局集团有限公司、中铁十二局第四工程有限公司等。

6. 福建漳州天宝至龙岩蛟洋高速公路改扩建

2014 年开工建设,预计 2018 年建成通车,全长 127.51km(六车道 15.6km,八车道 111.91km),设计速度 80km/h、100km/h。总投资 135.0 亿元,资金来源:地方投入、银行贷款。占地 6160.41 亩。项目管理单位:福建厦蓉高速公路漳龙段扩建工程有限公司;勘察设计单位:福建省交通规划设计院等;监理单位:福建省交通建设工程监理咨询有限公司等;施工单位:中交第一公路工程局有限公司等。

7. 江西隘岭至瑞金段

2009 年 10 月开工建设,2011 年 10 月建成通车,全长 29.355km,全线四车道,设计速度 100km/h。建成大桥 13 座。总投资 14.51 亿元,资金来源:地方投入、银行贷款。占地 4473.90 亩。项目管理单位:江西省交通运输厅隘岭至瑞金高速公路项目建设办公室;勘察设计单位:江西省交通设计院;监理单位:北京兴通交通工程监理有限公司、江西交通工程监理公司等;施工单位:中铁十三局集团第一工程公司、江西省交通工程集团公司等。

8. 江西瑞金至赣州段

2007 年 3 月开工建设,2009 年 4 月建成通车,全长 117.12km,全线四车道,设计速度 100km/h。建成特大桥:会昌白鹅贡水特大桥、会昌九岭高架桥、赣县江口贡江特大桥(跨赣龙铁路)、赣县茅店贡江特大桥,共4座。建成大桥45座。建成特长隧道:钟公特长隧道,共1座。建成长隧道2座。总投资53.0亿元,资金来源:地方投入、银行贷款。占地11766.68亩。项目管理单位:江西省交通运输厅瑞金至赣州高速公路世行贷款项目建设办公室;勘察设计单位:江西省交通设计院、北京交科公路勘察设计研究院;监理单位:江西交通建设工程监理所、江西省公路工程监理公司等;施工单位:中铁十四局集团有限公司、中交第二公路工程局有限公司等。

9. 江西赣州环城城西段

2003年7月开工建设,2004年5月建成通车,全长11.48km,全线四车道,设计速度100km/h。总投资2.9亿元,资金来源:地方投入、银行贷款。占地1770亩。项目管理单位:江西省交通厅厦昆线赣州城西段高速公路项目建设办公室;勘察设计单位:江西省交通设计院等;监理单位:江西交通工程监理公司等;施工单位:赣州公路工程公司等。

10. 江西赣州至崇义段

2010年8月开工建设,2012年12月建成通车,全长88.129km,全线四车道,设计速度80km/h、100km/h。建成大桥51座。建成特长隧道:上犹崇义尖峰,共1座。建成长隧道3座。总投资68.95亿元,资金来源:地方投入、银行贷款。占地8751.0亩。项目管理单位:江西省公路管理局;勘察设计单位:江西省公路科研设计院、江西省交通设计院;监理单位:江西交通建设工程监理所、江西省公路工程监理公司等;施工单位:中铁十四局集团有限公司、中交一公局桥隧工程有限公司等。

11. 湖南汝城至郴州段

2008年12月开工建设,2012年12月建成通车,全长112.345km,全线四车道,设计速度80km/h。建成特大桥:山店江特大桥、文明大桥、上渡村特大桥、坳塘坪高架桥、赤石特大桥、上寨特大桥、黄家垄特大桥,共7座。建成大桥55座。建成长隧道8座。总投资96.6795亿元,资金来源:中央投入、地方投入、银行贷款。占地11016亩。项目管理单位:湖南省汝郴高速公路建设开发有限公司;勘察设计单位:湖南省交通规划勘察设计院;监理单位:育才—布朗交通咨询监理有限公司等;施工单位:中铁十二局集团有限公司等。

12. 湖南郴州至宁远段

2009年2月开工建设,2012年12月建成通车,全长104.252km,全线四车道,设计速度80km/h、100km/h。建成特大桥:水龙互通主线桥、水龙互通A匝道3号桥、水龙特大桥,共3座。建成大桥48座。建成长隧道5座。总投资59.995亿元,资金来源:地方投入、银行贷款。占地10331.8亩。项目管理单位:郴宁高速公路建设开发有限公司;勘察设计单位:中国公路工程咨询总公司等;监理单位:长沙华南交通工程咨询监理公司等;施工单位:湖南金沙路桥建设有限公司等。

13. 湖南宁远至道县段

2008 年 12 月开工建设,2012 年 11 月建成通车,全长 91.73km,全线四车道,设计速度 100km/h。建成特大桥:瓢勺洞特大桥,共 1 座。建成大桥 25 座。总投 40.04 亿元,资金来源:交通运输部车购税投入、地方投入、银行贷款。占地 9314.02 亩。项目管理单位:宁道高速公路建设开发有限公司;勘察设计单位:中国公路工程咨询总公司;监理单位:湖南省交通建设工程监理有限公司等;施工单位:中铁二局股份有限公司等。

14. 广西灌阳至全州凤凰段

2011 年开工建设,2015 年 12 月建成通车,全长 47.965km,全线四车道,设计速度 120km/h。建成特大桥:塘屋岭特大桥,共 1 座。建成大桥 11 座。总投资 30.4 亿元,资金来源:交通运输部车购税投入、银行贷款。占地 5857.6 亩。项目管理单位:广西凤城高速公路有限公司;勘察设计单位:广西壮族自治区交通规划勘察设计研究院;监理单位:广西桂通工程咨询有限公司;施工单位:广西壮族自治区公路桥梁工程总公司、湖南世纪园林建设有限公司、广西碧虹景观工程有限公司、北京华凯交通科技有限公司、中铁五局(集团)有限公司、云南建工集团有限公司等。

15. 贵州水口至榕江格龙段

2008 年 5 月开工建设,2011 年 6 月建成通车,全长 109.85km,全线四车道,设计速度 100km/h。建成特大桥:托苗坳特大桥、都柳江 2 号特大桥、摆牛 1 号特大桥、摆牛 3 号特大桥,共 4 座。建成大桥 69 座。建成特长隧道:高坎隧道、肇兴特长隧道,共 2 座。建成长隧道 12 座。总投资 99.2 亿元,资金来源:交通运输部车购税投入、地方投入、银行贷款。占地 15306.15 亩。项目管理单位:贵州高速公路集团有限公司;勘察设计单位:中交第二公路勘察设计研究院有限公司、贵州省交通规划勘察设计研究院股份有限公司等;监理单位:北京华通公路桥梁监理咨询有限公司、贵州省交通建设咨询监理有限公司等;施工单位:中铁十二局集团有限公司、中铁十四局集团有限公司等。

16. 贵州榕江格龙至都匀段

2008 年 7 月开工建设,2011 年 3 月建成通车,全长 98.71km,全线四车道,设计速度 120km/h。建成特大桥:乌细沟特大桥、乌贼沟 1 号特大桥、乌贼沟 2 号特大桥、猴子河特大桥、特老山大桥、老山Ⅰ号大桥、老山Ⅱ号大桥、巫虾河特大桥、也送坡特大桥、排调河 1 号特大桥、排调河 2 号特大桥、交梨河特大桥、马寨特大桥、剑江特大桥,共 14 座。建成大桥 29 座。建成特长隧道:寨了隧道、排同坳隧道、排降隧道、乔果山隧道,共 4 座。建成长隧道 9 座。总投资 123.14 亿元,资金来源:交通运输部车购税投入、地方投入、银行贷款。占地 9076.43 亩。项目管理单位:贵州高速公路集团有限公司;勘察设计单位:中交第一公路勘察设计研究院、中交第二公路勘察设计研究院有限公司等;监理单位:北京中交公路桥梁工程监理有限公司、中国公路工程咨询集团有限公司等;施工单位:中铁十二局集团有限公司、中铁十七局集团有限公司等。

17. 贵州贵阳至都匀段

2008年8月开工建设,2011年3月建成通车,全长80.68km,全线四车道,设计速度100km/h。建成特大桥:芭茅冲特大桥、石门坎特大桥、莲花特大桥,共3座。建成大桥42座。建成长隧道10座。总投资74.67亿元,资金来源:企业投入、银行贷款。占地5700亩。项目管理单位:贵州中交贵都高速公路建设有限公司;勘察设计单位:中交第二公路勘察设计研究院有限公司、中交公路规划设计院有限公司;监理单位:中国公路工程咨询集团有限公司、北京中通公路桥梁工程咨询发展有限公司、山西交科公路工程咨询监理有限公司、重庆市交通工程监理咨询有限责任公司、重庆中宇工程咨询监理有限公司;施工单位:路桥集团国际建设股份有限公司、中国交通建设股份有限公司、中交第一公路工程局有限公司。

18. 贵州贵阳绕城公路西南段

与G6001贵阳绕城高速公路共线。

19. 贵州贵阳至清镇段

与G60(沪昆高速公路)共线。

20. 贵州清镇至织金段

2011年11月开工建设,2015年2月建成通车,全长66.06km,全线四车道,设计速度80km/h。建成特大桥:三岔河特大桥,共1座。建成大桥33座。建成特长隧道:老黑山隧道、普翁隧道,共2座。总投资50.95亿元,资金来源:地方投入、银行贷款。占地10083.0亩。项目管理单位:贵州高速公路集团有限公司;勘察设计单位:中交第二公路勘察设计研究院有限公司、招商局重庆交通科研设计院有限公司等;监理单位:贵州省交通建设咨询监理有限公司、北京兴通工程咨询有限公司等;施工单位:中铁三局集团有限公司、中铁五局集团第一工程有限责任公司等。

21. 贵州织金至纳雍段

2012年7月开工建设,2015年10月建成通车,全长72.1km,全线四车道,设计速度80km/h。建成特大桥:武佐河特大桥、纳雍特大桥、龙井河特大桥,共3座。建成大桥34座。建成长隧道3座。总投资66.49亿元,资金来源:中央投入、银行贷款。占地2829.8亩。项目管理单位:贵州高速公路集团有限公司;勘察设计单位:贵州省交通规划勘察设计研究院股份有限公司、中交第二公路勘察设计研究院有限公司;监理单位:铁科院(北京)工程咨询有限公司、贵州省交通建设咨询监理有限公司等;施工单位:中铁大桥局股份有限公司、中铁四局集团有限公司等。

22. 贵州毕节至都格(黔滇界)段

与G56(杭瑞高速公路)共线。

23. 贵州毕节至生机(黔川界)段

2012年11月23日开工建设,2015年10月30日建成通车,全长74.25km,全线四车道,设计速度80km/h。建成特大桥:碾子坪特大桥、法朗沟特大桥,共2座。建成大桥47座。建成长隧道3座。总投资67.45亿元,资金来源:中央投入、银行贷款。占地8201.0亩。项目管理单位:贵州高速公路集团有限公司;勘察设计单位:中国公路工程咨询集团有限公司、贵州省交通规划勘察设计研究院股份有限公司;监理单位:重庆中宇工程咨询监理有限责任公司、贵州省交通建设咨询监理有限公司等;施工单位:中铁二十二局集团有限公司、中交第一公路工程局有限公司等。

24. 四川纳黔高速公路

2008年12月开工建设,2012年12月建成通车,全长134.8km,全线四车道,设计速度80km/h。建成特大桥:冷水河特大桥、金榜特大桥、赤水河特大桥、两岔沟右幅特大桥,共4座。建成大桥206座。建成特长隧道:叙岭关隧道,共1座。建成长隧道5座。总投资107.53亿元,资金来源:企业投入、银行贷款。占地12135亩。项目管理单位:四川纳黔高速公路有限责任公司;勘察设计单位:北京交科公路勘察设计研究院有限公司、四川省国土勘测规划研究院等;监理单位:四川省公路工程监理事务所、山东格瑞特监理咨询有限公司等;施工单位:中铁十八局集团有限公司、四川路桥建设股份有限公司等。

25. 成渝高速公路四川段

1990年9月开工建设,1995年9月建成通车,全长226.7km,全线四车道,设计速度60km/h、100km/h。总投资24.49亿元,资金来源:交通部车购税投入、地方投入、银行贷款。占地20595亩。项目管理单位:四川成渝高速公路建设指挥部;勘察设计单位:四川省交通厅公路规划勘察设计研究院;监理单位:成渝公路工程监理部;施工单位:四川省桥梁工程公司、铁道路第二工程总公司等。

26. 四川隆纳高速公路

1996年11月开工建设,2000年11月建成通车,全长87.82km,全线四车道,设计速度80km/h。建成特大桥:泸州长江二桥,共1座。建成大桥13座。总投资21.53亿元,资金来源:交通部车购税投入、地方投入。占地10014亩。项目管理单位:四川南方高速公路股份有限公司;勘察设计单位:四川省交通厅公路规划勘察设计研究院、中国公路工程咨询监理总公司等;监理单位:四川省交通厅公路工程监理事务所、四川省公路工程监理事务所等;施工单位:四川路桥总公司、攀枝花公路建设公司等。

四、联络线及并行线

1. G7611(都香高速公路)贵州都匀至云南香格里拉高速公路

贵州都匀至镇宁段。在建。

贵州六枝至镇宁段。2011 年 6 月开工建设,2013 年 12 月建成通车,全长44.13km,全线四车道,设计速度 80km/h。建成特大桥:六枝特大桥,共 1 座。建成大桥 18 座。总投资 32.68 亿元,资金来源:中央投入、银行贷款。占地 4550.25 亩。项目管理单位:贵州高速公路集团有限公司;勘察设计单位:中交第二公路勘察设计研究院有限公司、招商局重庆交通科研设计院有限公司等;监理单位:贵州省交通建设咨询监理有限公司、贵州陆通公路工程监理有限责任公司等;施工单位:中铁二局股份有限公司、中交第二航务工程局有限公司等。

贵州六盘水至六枝段。2013 年 1 月开工建设,2015 年 1 月建成通车,全长61.16km,全线四车道,设计速度 80km/h。建成特大桥:夹岩特大桥、彭家寨特大桥,共 2 座。建成大桥 40 座。建成长隧道 4 座。总投资 55.47 亿元,资金来源:中央投入、银行贷款。占地 6865.58 亩。项目管理单位:贵州高速公路集团有限公司;勘察设计单位:中国公路工程咨询集团有限公司、贵州省交通规划勘察设计研究院股份有限公司等;监理单位:贵州省交通建设咨询监理有限公司、贵州陆通公路工程监理有限责任公司等;施工单位:中交路桥北方工程有限公司、中交第三公路工程局有限公司、贵州桥梁建设集团有限责任公司等。

四川待建。

云南待建。

2. G7612(纳兴高速公路)纳雍至兴义高速公路

贵州纳雍至晴隆段。待建。

贵州晴隆至兴义段。2010 年 6 月开工建设,2012 年 12 月建成通车,全长70.918km,全线四车道,设计速度 80km/h。建成大桥 33 座。建成长隧道 5 座。总投资 50.050 亿元,资金来源:交通运输部车购税投入、银行贷款。占地 5842.74 亩。项目管理单位:贵州省公路局;勘察设计单位:贵州省交通规划勘察设计研究院股份有限公司;监理单位:贵州陆通公路工程监理有限责任公司、四川公路工程咨询监理公司、贵州科达公路工程咨询监理有限公司;施工单位:贵州桥梁建设集团有限责任公司。

第十七节　G78(汕昆高速公路)汕头至昆明高速公路

G78(汕昆高速公路)是国家“71118 +6”高速公路网 18 条东西横线中的第十七横,是连接广东、广西、贵州、云南四省(自治区)的重要省际通道。G78(汕昆高速公路)是西南地区连接东部的重要经济通道,有利于改善路网布局和交通分布。

G78(汕昆高速公路)起点位于广东省汕头市金州互通匝道出口,终点位于云南省昆明市石虎关立交。规划里程1816.37km,通车里程931.459km,四车道757.604km,六车道168.155km,八车道5.700km。经过广东(梅州、河源)、广西(贺州、桂林、柳州、河池)、贵州(兴义)、云南(昆明、曲靖)。1998年3月广东北斗至清潭(左线)率先开始施工。目前,广西河池至百色段、云南江底至召夸段(二期)尚未建成通车。

一、路线概况

G78(汕昆高速公路)路线信息见表10-61,沿线互通、出入口、服务区信息见表10-62。

G78(汕昆高速公路)路线信息表　　表10-61

编号	省份	省内起点	省内终点	途经市、县	通车里程(km)
G78	广东	金州互通匝道出口	岗坪	金平区、怀集县、梅县区、丰顺区、五华县、兴宁市、龙川县、潮安区、揭东区	160.017
	广西	贺州市灵峰镇灵峰村	兴义市侧亨县巧马镇板坝村	柳北区、柳江县、柳城县、平乐县、右江县、田林县、隆林各族自治县、八步区、钟山县、金城江区、宜州市	454.760
	贵州	板坝(桂黔界)	江底(黔滇界)	册亨县、安龙县、兴义市	128.009
	云南	江底(滇黔界)	昆明石虎关立交	罗平县、师宗县、陆良县、石林县、宜良县、呈贡县、官渡区	188.673

G78(汕昆高速公路)沿线互通、出入口、服务区信息表　　表10-62

编号	省份	沿线互通	出入口	服务区
G78	广东	金州互通	汕昆至畲江、老虎塘至畲江、畲江至老虎塘、城北匝道、登岗、丰顺、附城互通、金州互通、径义、梅龙、坭陂互通、埔田、沙溪、汕昆、泰山立交、泰山、新圩互通、玉湖、月浦、云路出入口	黄竹坪、坭陂、锡场服务区
	广西	柳州北、六塘、永乐、田林立、潞城、主线跨线桥、隆林、灵峰中桥、信都、贺街、贺州东、东江立交主线桥、河池西、宜州、怀远、德胜互通	宾阳、波寨、池头、凤凰北、凤凰、古辣、桂湘、黄冕、黄沙河、界首、来宾、伶俐、灵川西、柳州静兰、六景北、六景、六景西、鹿寨、雒容、庙岭、那容、南宁琅东、全州、全州凤凰、全州西、溶江、三岸、苏桥、粟家、五合、小平阳、新兴、兴安、严关、永福出入口	伶俐、三岸、新兴、波寨、鹿寨、灵川、全州、凤凰、溶江、永福、来宾服务区,全州、兴安停车区
	贵州	巧马枢纽、万屯枢纽、安龙、德卧、鲁屯、义龙西、兴义东、兴义西、乌沙互通	板坝、巧马、安龙、德卧、鲁屯、万屯、兴义东、兴义西、乌沙、岔江出入口	安龙、乌沙服务区,坡脚、鲁屯、田坝停车区
	云南	西桥、半截河互通	罗平省界主线站、长底、板桥、罗平、师宗、法雨、雄壁、召夸、彩色沙林、西桥、陆良南、大莫古、石林北、石林、宜良、草甸、阳宗、松茂、王家营、小喜村出入口	金鸡、师宗、雄壁、母鸡山、小团山、阳宗服务区

二、路网关系

G78(汕昆高速公路)路网关系示意图如图10-17所示。

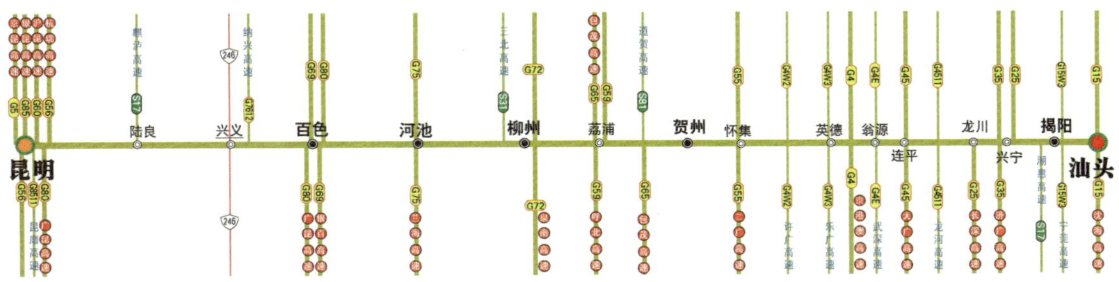

图10-17　G78(汕昆高速公路)路网关系示意图

三、建设历程

1. 广东汕头至揭阳段

2006年8月开工建设,2009年9月建成通车,全长55.51km(四车道27.84km,六车道27.67km),设计速度100km/h。建成特大桥:梅林湖特大桥、龙坑跨线桥、沟南特大桥、月浦跨线桥、梅溪河特大桥、泰山路跨线桥、新津河特大桥、金洲互通MF匝道桥、金洲互通SM匝道桥、金洲互通MS匝道桥、金洲互通加宽段桥,共11座。建成大桥40座。总投资46.98亿元,资金来源:地方投入、银行贷款。占地4574.0亩。项目管理单位:广东汕揭高速公路有限公司等;勘察设计单位:广东省公路勘察设计院等;监理单位:广东华路交通科技有限公司等;施工单位:珠海路桥建设总公司等。

2. 广东新亨至北斗段

2001年4月开工建设,2003年12月建成通车,全长31.25km,全线四车道,设计速度80km/h。建成大桥21座。总投资2.38亿元,资金来源:地方投入、银行贷款。占地2976.08亩。项目管理单位:广东汕揭高速公路有限公司等;勘察设计单位:广东省公路勘察设计院等;监理单位:广东华路交通科技有限公司等;施工单位:珠海路桥建设总公司等。

3. 广东北斗至清潭(右线)段

2000年12月30日开工建设,2003年12月30日建成通车,全长13.21km,全线四车道,设计速度80km/h。建成大桥10座。建成长隧道2座。总投资9.0042亿元,资金来源:地方投入、银行贷款。占地813.23亩。项目管理单位:广东汕揭高速公路有限公司等;勘察设计单位:广东省公路勘察设计院等;监理单位:广东华路交通科技有限公司等;施工单位:珠海路桥建设总公司等。

4. 广东北斗至清潭(左线)段

1998 年 3 月开工建设,2000 年 12 月建成通车,全长 13.21km,全线四车道,设计速度 80km/h。建成大桥 12 座。建成长隧道 2 座。总投资 3.43 亿元,资金来源:地方投入、银行贷款。占地 129.81 亩。项目管理单位:广东汕揭高速公路有限公司等;勘察设计单位:广东省公路勘察设计院等;监理单位:广东华路交通科技有限公司等;施工单位:珠海路桥建设总公司等。

5. 广东清潭至畲江段

2002 年 12 月 8 日开工建设,2003 年 12 月 20 日建成通车,全长 13.89km,全线四车道,设计速度 80km/h。建成大桥 6 座。总投资 4.43 亿元,资金来源:地方投入、银行贷款。占地 1989.00 亩。项目管理单位:广东汕揭高速公路有限公司等;勘察设计单位:广东省公路勘察设计院等;监理单位:广东华路交通科技有限公司等;施工单位:珠海路桥建设总公司等。

6. 广东兴城至畲江段

2006 年 11 月开工建设,2008 年 12 月建成通车,全长 25.73km,全线四车道,设计速度 100km/h。建成大桥 8 座。总投资 10.28 亿元,资金来源:地方投入、银行贷款。占地 2824.0 亩。项目管理单位:梅河高速公路有限公司;勘察设计单位:广东晶通公路工程建设集团有限公司、华杰工程咨询有限公司等;监理单位:广东翔飞公路工程监理有限公司;施工单位:中铁二十五局集团有限公司、广东省长大公路工程有限公司等。

7. 广东粤境怀城至岗坪段

2010 年 8 月开工建设,2013 年 12 月建成通车,全长 18.84km,全线六车道,设计速度 100km/h。建成特大桥:蓝钟河特大桥,共 1 座。建成大桥 11 座。总投资 30.17 亿元,资金来源:企业投入,银行贷款。占地 2740.0 亩。项目管理单位:广东二广高速公路有限公司;勘察设计单位:中国公路工程咨询集团有限公司;监理单位:重庆中宇工程咨询监理有限责任公司;施工单位:中铁二十局集团有限公司等。

8. 广西贺州灵峰至八步段

2007 年 9 月 1 日开工建设,2010 年 9 月 28 日建成通车,全长 76.43km,全线四车道,设计速度 100km/h。建成大桥 22 座。建成特长隧道:石板尾隧道,共 1 座。建成长隧道 1 座。总投资 39.12 亿元,资金来源:企业投入、银行贷款。占地 8233.3 亩。项目管理单位:广西龙光广贺高速公路有限公司;勘察设计单位:中交通力公路勘察设计工程有限公司;监理单位:武汉市公路工程咨询监理公司、汕头公路工程监理有限公司等;施工单位:广西壮族自治区公路桥梁工程总公司、广西华南建设集团有限公司等。

9. 广西贺州至同古段

2003年11月20日开工建设,2006年12月28日建成通车,全长30.5km,全线四车道,设计速度100km/h。建成大桥1座。建成特长隧道:木冲隧道,共1座。总投资26.9亿元,资金来源:交通部车购税投入、银行贷款。占地2689亩。项目管理单位:广西壮族自治区交通基建管理局;勘察设计单位:广西交通规划勘察设计院;监理单位:广西桂通公路工程监理咨询有限责任公司(第三驻地办)、中国公路工程咨询监理总公司等;施工单位:广西公路桥梁总公司、中铁十二局集团有限公司等。

10. 广西柳州雒容至洛满段(柳州绕城线)

2004年4月26日开工建设,2006年10月20日建成通车,全长46.39km,全线四车道,设计速度100km/h。建成大桥13座。总投资12.5亿元,资金来源:地方投入。占地5664.8亩。项目管理单位:广西启程高速公路建设有限责任公司;勘察设计单位:广西交通规划勘察设计研究院;监理单位:广西八桂工程监理咨询有限公司、广西桂通公路工程监理咨询有限责任公司;施工单位:贵州省公路工程总公司、广西公路桥梁工程总公司等。

11. 广西洛满西至宜州段(宜州至柳州)

1998年10月1日开工建设,2001年8月14日建成通车,全长68.36km,全线四车道,设计速度100km/h。建成大桥3座。总投资14.68亿元,资金来源:交通部车购税投入、地方投入。占地10329.82亩。项目管理单位:广西壮族自治区交通厅;勘察设计单位:广西交通规划勘察设计研究院、深圳华科交通工程有限公司;监理单位:广西柳州高速公路工程建设总监办房建监理室、广西桂通公路工程监理咨询有限责任公司等;施工单位:广西路桥总公司、钦州市八建工程公司等。

12. 广西宜州至河池段

2009年2月8日开工建设,2012年7月9日建成通车,全长71.57km,全线四车道,设计速度80km/h。建成大桥16座。建成长隧道2座。总投资42.65亿元,资金来源:中央投入、银行贷款。占地7818.0亩。项目管理单位:广西千山高速公路有限公司;勘察设计单位:中交第一公路勘察设计研究院有限公司、中国公路工程咨询集团有限公司等;监理单位:广西桂通公路工程监理咨询有限责任公司、北京华宏工程咨询有限公司;施工单位:中铁二十五局集团有限公司、中铁隧道集团有限公司等。

13. 广西百色(永乐)至隆林段

2008年8月开工建设,2011年4月建成通车,全长177.52km,全线四车道,设计速度100km/h。建成大桥136座。建成长隧道4座。总投资119.88亿元,资金来源:交通运输部车购税投入、地方投入、银行贷款。占地22870.4亩。项目管理单位:广西隆百高速公路发展有限公司;勘察设计单位:广西交通规划勘察设计研究院、重庆交通科研设计院等;

监理单位:广西八桂工程监理咨询有限公司、广西桂通公路工程监理咨询有限公司;施工单位:中交一公局交通工程有限公司、贵州路桥集团有限公司等。

14. 贵州板坝至江底段

2009 年 5 月开工建设,2011 年 12 月建成通车,全长 127km,全线四车道,设计速度 80km/h。建成特大桥:下车湾特大桥、马岭河特大桥、石头寨特大桥、者告河特大桥、平安村特大桥,共 5 座。建成大桥 62 座。建成长隧道 10 座。总投资 81.47 亿元,资金来源:中央投入、银行贷款。占地 12911.0 亩。项目管理单位:贵州高速公路开发总公司;勘察设计单位:中交第二公路勘察设计研究院有限公司、贵州省交通规划勘察设计研究院等;监理单位:贵州省交通建设咨询监理有限公司、贵州陆通公路工程监理有限责任公司等;施工单位:中铁二局第一工程有限公司、贵州省桥梁工程总公司等。

15. 云南江底至召夸段(一期)

2015 年 4 月开工建设,2016 年 1 月建成通车,全长 49.51km,双向四车道,设计速度 80km/h。建成大桥 50 座。总投资 37.55 亿元,资金来源:交通运输部车购税投入、企业投入、银行贷款。占地 8517.0 亩。项目管理单位:云南江召高速公路建设指挥部;勘察设计单位:云南省交通规划设计研究院、贵州省交通规划勘察设计研究院股份有限公司;监理单位:云南省公路工程监理咨询公司、云南云路工程监理咨询有限公司、云南云岭高速公路工程咨询有限公司;施工单位:云南云岭高速公路建设集团有限公司、云南公投建设集团有限公司。

16. 云南曲靖至陆良(召夸)段

1998 年 3 月 28 日开工建设,2000 年 8 月 1 日建成通车,全长 23.184km,全线四车道,设计速度 80km/h。建成大桥 1 座。总投资 3.3 亿元,资金来源:企业投入。占地 1804.69 亩。项目管理单位:云南省曲陆高速公路开发有限公司;勘察设计单位:云南省公路规划勘察设计院;监理单位:云南省公路工程监理咨询公司;施工单位:云南省路桥总公司、云南省公路五处等。

17. 云南西桥至石林段

2013 年 12 月开工建设,2015 年 2 月建成通车,全长 39.78km,全线六车道,设计速度 100km/h。建成特大桥:北大村特大桥,共 1 座。建成大桥 4 座。总投资 27.78 亿元,资金来源:地方投入、银行贷款。占地 2066.2 亩。项目管理单位:云南西桥至石林高速公路建设指挥部;勘察设计单位:云南省交通规划设计研究院;监理单位:云南省公路工程监理咨询公司;施工单位:云南第一公路桥梁工程有限公司等。

18. 云南石林至昆明段

2000 年 12 月开工建设,2003 年 11 月建成通车,全长 78.08km,四车道 4.28km,六车道67.07km,八车道6.72km,设计速度80km/h、100km/h。总投资37.48亿元,资金来源:交通部车购税投入、地方投入、银行贷款。占地7928.17亩。项目管理单位:云南昆石高速公路建设指挥部;勘察设计单位:云南省公路规划勘察设计院;监理单位:云南公路工程监理咨询公司;施工单位:西南交通工程总公司等。

四、先进技术的研究与应用

1. *石板尾长大公路隧道施工技术研究(广西)*

石板尾长大公路隧道位于贺州市灵峰镇石板尾村到信都镇升塘州村,为双向四车道分离式特长隧道,其中右线长3175m,隧道底板最大埋深约330.99m;左线长3180m,隧道底板最大埋深约332.29m。隧道所穿越的山体山势陡峭,表现为一较大流域的分水岭,地形起伏大,相对高差约399.53m。隧址区水文地质条件较复杂。隧道除明洞采用明挖法施工外,其余均采用钻爆法施工。隧道洞身段按新奥法原理施工。隧道施工难度大,技术复杂。该隧道属于广西第二长公路隧道,其施工工艺及特殊地质灾害处理均体现了"新奥法"施工的优越性,且工程造价低,具有很高的社会效益,极具推广价值。洞内施工根据不同的围岩采用不同的施工方法,按照新奥法的理念指导整个隧道的施工,整个隧道施工仅发生一次塌方,并安全顺利地通过了30多米宽的不整合面和50多米宽的断层,有效地克服了不良地质对隧道施工的影响,而且施工安全、快速,降低施工成本,具有很高的社会效益。石板尾隧道是国家重点公路汕头至昆明公路的一部分,也是广西高速公路网"四纵六横"主骨架中的重要路段。该隧道建成后,将与平乐至鹿寨高速公路、桂梧高速公路和广州至岗坪(粤桂界)高速公路连接,沟通两广的高速公路网络,成为广西及云南、贵州、湖南经贺州通往粤港澳最快捷的通道,对推进"泛珠三角"区域合作,改善中西部地区的投资环境,促进经济的持续健康发展起着重要的作用。

2. *机制砂在广西山区高速公路的应用研究(广西)*

依托隆百高速公路,以机制砂的合理评价和应用为主线,通过调查、分析、室内试验和现场检测等方法,针对机制砂混凝土的施工质量控制技术展开研究,充分利用桂西北山区极为丰富的石灰岩和辉绿岩资源作为机制砂母材,有效缓解天然砂资源的匮乏,符合资源节约型和环境友好型交通建设的需要。

3. *橡胶沥青路面施工新工艺(广西)*

隆百高速公路全长约178km,该线主线路面全程大规模采用橡胶沥青摊铺,这在全国的高速公路建设中尚属首例。橡胶沥青路面是中国高速公路建设近年来推广使用的一种新材料,它具有高温稳定、低温柔韧、抗车辙、抗老化、抗疲劳、抗水损坏等优良性能。广西交通科技项目"新建公路薄层橡胶沥青复合式路面应用研究"针对橡胶沥青路面具有良好的抗变形和抗疲劳开裂的能力、对温度敏感性相对较低、利用轮胎废料节约资源、噪声较低、防滑功能高等优点以及现阶段我国橡胶沥青复合式路面及长期使用性能研究不多,特别是在水泥混凝土路面上摊铺、施工碾压工艺及控制技术等应用技术尚未开展系统研究,存在较多技术空白。依托隆林至百色高速公路,主要开展橡胶沥青复合式路面 PCC-AC 层间黏合结评价方法与指标、复合式路面橡胶沥青混合料组成优化设计及路用性能、复合式路面橡胶沥青路面施工质量过程控制技术等研究,提出橡胶沥青复合式路面层间处置的关键技术、复合式路面橡胶沥青混合料配合比设计并形成一套科学合理的符合广西地区橡胶沥青复合式路面修筑成套技术。建成后的隆百高速公路具有路面弹性度增加、交通噪声减少、路面使用寿面长、抗高温和重载性能加强、车辆行驶舒适度提高等诸多优点。

4. 柳州市国道过境公路雒容至洛满段高速公路沥青混凝土路面施工质量控制的研究(广西)

“柳州市国道过境公路雒容至洛满段高速公路沥青混凝土路面施工质量控制的研究”项目,2004 年在广西壮族自治区交通厅科技项目中立项,2007 年取得了突破性进展。项目由广西壮族自治区交通科学研究所承担,柳州市国道过境公路雒容至洛满段高速公路建设项目办公室参与研究。本项目的主题是:在总结我国现有高速公路沥青路面建设成功经验及失败教训的基础上,发展以过程控制为特点的过程控制技术,应用路面检测技术和改进的施工工艺,针对雒容至洛满段高速公路沥青路面施工实际,建立一套完整过程控制的沥青路面工程质量控制系统,达到提高柳州市国道过境公路雒容至洛满段高速公路沥青路面施工质量的目的。课题组根据试验研究成果以及调研的情况,向业主提出在集料生产和储存过程中质量控制的技术措施。根据沥青路面工程施工的实际情况,及时向业主提交质量控制报告,使沥青混合料的生产配合比保持相对稳定,加强对改性沥青生产的监造,减少了沥青路面施工质量变异性问题的发生,促进了沥青工程施工质量的稳定。通过减少材料自身的质量波动和沥青路面施工过程中质量的变异性,使用改性沥青路面,使用三层骨架密实型沥青混合料,在设计使用年限内,由于维修减少而产生间接经济效益、社会效益,从长远来看,是非常合算的。

5. 高速公路大断面隧道围岩稳定性与施工监测技术研究(云南)

昆明至石林高速公路小团山、阳宗隧道净跨均为 14.8m,是当时国内公路跨径最大的隧道,其设计和施工没有成熟的技术和经验可以借鉴。昆石高速公路建设指挥部与重庆交通科研设计院合作,开展“高速公路大断面隧道围岩稳定性与施工监测技术研究”。课题组以新奥法原理为基础,应用岩体力学理论,依托两个隧道开展现场围岩监控量测,对大断面公路隧道围岩稳定性进行了分析研究,制定出一套有效的监控量测方法和动态综合分析系统,提出合理的支护措施和施工方法。课题研究填补了云南省三车道大断面公路隧道研究领域的空白。经测算，103m 的结构试验段比原设计预算费节约资金 109.53 万元，完成每延米单洞隧道节约投资 10 % 的目标，实际工期缩短 4 个月。

6. 高速公路隧道防排水技术研究（云南）

为解决公路隧道渗漏水问题，保证隧道内设备的正常运转和行车安全，保证隧道结构的使用安全，减少隧道的维修费用，延长隧道的使用年限，昆石高速公路建设指挥部与重庆交通科研设计院、北京交通大学合作，开展"高速公路隧道防排水技术研究"。课题组以昆石高速公路为依托工程，结合云南特有的水文地质情况，重点分析公路隧道防排水的薄弱环节，研究相应的技术措施。在小团山隧道行车横洞实施了 30m 长的纤维高性能湿喷混凝土（HPS）单层永久衬砌防水试验段，解决了防水、承载和耐久性问题，且工程造价比原设计的复合衬砌节省 961.08 元/延米。在阳宗隧道 152m 围堰涌水严重地段进行科研试验，成功解决了复合式衬砌隧道富水段的防排水技术难题。提出了"凿槽引排"和涂刷渗透结晶型防水材料的渗漏水综合整治技术。研究成果在昆石高速公路的小团山、阳宗隧道、清水沟 1 号隧道、清水沟 2 号隧道实体示范工程中得到应用，取得了显著的社会、经济效益。依托工程试验段拱墙无渗水、地面不冒水，提高了隧道运营期间的驾驶安全性，美化了隧道运营环境。

五、复杂技术工程

1. 广西石板尾隧道

石板尾隧道位于贺州市灵峰镇石板尾村到信都镇升塘州村，为双向四车道分离式特长隧道。其中右线进出口里程为 K13 + 205 ~ K16 + 380，长 3175m，隧道底板最大埋深约 330.99m，位于 K14 + 462 处；左线进出口里程为 ZK13 + 220 ~ ZK16 + 400，长 3180m，隧道底板最大埋深约 332.29m，位于 ZK14 + 450 处。隧道洞口段结合地形、地质情况设置了长度不等的明洞，明洞采用钢筋混凝土结构。隧道洞身段衬砌均按新奥法原理设计，采用柔性支护体系结构的复合式衬砌，即以锚杆、喷射混凝土、钢拱架、格栅钢架等为初期支护，超前注浆小导管、超前锚杆等为施工辅助措施，充分发挥围岩的自承能力，在监控量测信息的指导下施作初期支护和二次模筑衬砌。二次衬砌采用模筑混凝土或钢筋混凝土，二次衬砌抗渗等级不低于 S6。衬砌结构设计采用工程类比法，结合构造要求，根据隧道埋置深度、围岩级别、结构跨度、受力条件，施工因素等，参照有关规范及国内外类似工程经验拟定有关参数，并根据地质资料及相关的规范取用计算参数，进行结构计算校核。最后综合考虑各种影响因素确定各类型复合支护的参数。紧急停车带与横通道衬砌结构均按新奥法原理设计，其位置一般布置在Ⅳ级围岩及以上地质条件较好的地段，并且紧急停车带与横通道分开布设。紧急停车带间距约 750m。紧急停车带长 40m，布置在行车方向右侧。设置人行横洞5处,其人行横洞与隧道右线轴线正交;设置车行横洞4处,其车行横洞与隧道右线轴线交角60°。设置紧急停车带4处。洞门设计根据隧道进出口地形和工程地质条件,结合开挖边仰坡的稳定性及洞口防排水需要,本着“早进晚出”的原则确定隧道洞门位置。洞门形式主要考虑使用功能和地形的协调美观,并尽可能节省投资,主要采用端墙式和削竹式,并进行了必要的装饰。洞口开挖永久边仰坡,采用浆砌片石、喷混植草或三维网植草的绿化防护。防排水设计原则是以排水为主,防排结合,综合治理。防、截、堵、排相结合,形成完整的防排水体系,使隧道防水可靠,排水畅通,保证运营期隧道内不渗不漏,基本干燥。隧道明洞段采用双层土工布夹防水板及黏土隔水层防水,采用M7.5干砌片石盲沟及由100PE波纹管排水;洞内复合式衬砌段采用土工布加防水板防水,环向采用ϕ50mm排水盲管,墙脚纵向排水管采用ϕ100mm透水弹簧波纹管,横向采用ϕ100mm PE波纹管等排水。明洞沉降缝处均设置10mm(厚)×300mm(宽)橡胶止水带,洞内施工缝处设置10mm(厚)×300mm(宽)橡胶止水条。隧道洞内全长设中央排水沟,以横向波纹管连通透水弹簧波纹管和中央排水沟,引水至洞外。隧道洞内设置双侧排水边沟。隧道洞口边仰坡上方根据地形条件设截水沟,引地表水至路基边沟或洞门外侧自然沟谷,以此形成完善的洞内外防排水系统。隧道洞内进、出口段300m内路面采用复合式路面,路面结构形式为:4cm沥青混凝土上面层+6cm沥青混凝土下面层+22cmC40钢纤维混凝土+16cm调平层C15混凝土;隧道洞内其他段路面采用水泥混凝土路面,路面结构形式为:26cm混凝土路面+21cm调平层C15混凝土。

2. 广西木冲隧道

木冲隧道处于平乐至钟山高速公路贺州支线上,是贺州支线的控制性工程,而贺州支线则是国家高速公路网规划中汕头至昆明高速公路(G78)的组成部分,是桂北及桂东地区通往粤港澳的大通道。项目位于钟山县凤翔镇木冲村南约1km处,横穿红花岭和犁头山。该项目为独立双洞单向两车道分离式隧道,隧道右线长3695m,左线长3670m,为广西当时在建和已建最长的公路隧道。设计行车速度100km/h。

本项目多项设计技术、经济指标达到了广西隧道类工程的最高水平和国内先进水平:①隧道洞口40m大管棚超前支护技术在广西区内首次采用,为当时广西公路隧道采用的最长管棚。隧道洞身支护结构设计复杂,仅衬砌断面类型达9种之多,衬砌结构设计是本项目的关键技术之一。②项目建设中,对溶洞、断层、涌水突泥等复杂地质条件,采用小管棚超前注浆、综合运用管棚全断面帷幕注浆技术和注浆小导管径向补强支护,注水泥—水玻璃双液浆进行堵水加固,属于国内当时较为先进的地下涌水处理技术。③在照明、通风设计方面,通过精确计算,合理布置照明灯具及通风设备。④采用复合土工膜新型防水材料,配合纵横向排水设计,较好地解决了隧道渗漏水问题。⑤削竹式洞口配合绿色植物防护,使隧道洞口与自然山水景色融为一体。

第十八节　G80(广昆高速公路)广州至昆明高速公路

G80(广昆高速公路)是国家“71118+6”高速公路网18条东西横线中的第十八横,是连接广东、广西、云南三省(自治区)的重要省际通道,连接华南地区与西南地区,是西南地区另一条重要的出海通道。

G80(广昆高速公路)起点位于广东省广州市横江互通,终点位于云南省昆明市石虎关立交。规划里程1376.39km,通车里程1151.882km,四车道1145.190km,六车道6.632km。经过广东(肇庆、云浮)、广西(梧州、玉林、贵港、南宁、百色)、云南(文山壮族苗族自治州、红河哈尼族彝族自治州)。1995年12月广东横江至马安一期率先开始施工,2012年10月云南锁龙寺至石林段建成,G80(广昆高速公路)全线贯通。

拥有联络线三条:

G8011(开河高速公路)开远至河口高速公路,起点位于云南省锁龙寺立交,终点位于云南省河口县。规划里程220.00km,通车里程220.018km,全线四车道。途经开远、河口(口岸)。目前,G8011(开河高速)已全线建成通车。

G8012(弥楚高速公路)弥勒至楚雄高速公路,待建。

G8013(砚文高速公路)砚山至文山高速公路,待建。

一、路线概况

G80(广昆高速公路)路线信息见表10-63,沿线互通、出入口、服务区信息见表10-64,并行线、联络线路线信息见表10-65,并行线、联络线沿线互通、出入口、服务区信息见表10-66。

G80(广昆高速公路)路线信息表　　表10-63

编号	省份	省内起点	省内终点	途经市、县	通车里程(km)
G80	广东	广州市横江互通	平台镇	南海区、三水区、高要市、云城区、云安区、郁南县	188.109
	广西	桂粤界	桂滇界	南宁市辖区、兴宁区、西乡塘区、隆安县、横县、龙圩区、岑溪市、贵港市辖区、玉州区、容县、兴业县、北流市、右江区、田阳县、田东县、平果县	507.517
	云南	(广州至昆明)罗村口至昆明	昆明石虎关立交	富宁县、广南县、砚山县、开远市、弥勒市、石林县、宜良县、呈贡县、昆明市官渡区	456.196

G80(广昆高速公路)沿线互通、出入口、服务区信息表 表10-64

编号	省份	沿线互通	出入口	服务区
G80	广东	五村特大桥、金利、蚬岗、白土匝道桥(左桥)、白土匝道桥(右桥)、马安主线桥、云浮东、云安、高村、连滩、建城跨线桥、三窝跨线桥、平台主线跨线桥互通	马安、梧州方向入口,云浮东出口,云安、连滩互通、建城上行、建城、连滩、云安、郁南、云安、金利、白诸、白土、蚬岗、五村、思劳出入口	蚬岗、葵洞、附城服务区
	广西	保村、岑兴、那桐、小林、横县校椅、马路、木格、大岭、苏烟、跨G匝道桥、山围、北流、平圩、百色西、田阳、那坡、田东互通	坛洛、石埠、隆安、小林、那桐、隆安、小林、那桐、六景北、横县、云表、桂东、苍梧、保村、苍梧南、马路、昙容、岑溪南、贵港、木格、玉林北、容县、兴业、山围、北流、百色东、四塘、百色东、阳圩、罗村口、百色西、百靖、田阳、那坡镇、田阳、祥周、田东、思林、田东、祥周、平果铝、玻利、平果出入口	贵港、容县、玉林、田东、发达、百色服务区,山心、北流、田阳、果化、小林、坛洛、隆安、横县、云表、大坡、中林停车区
	云南	那谢、锁龙寺、半截河互通	平年省界主线站、剥隘、者桑、皈朝、高邦、富宁、布标、八宝、马街、曙光、珠街、那洒、六诏、者腊、炭房、小稼依、平远街、阿三龙、锁龙寺、竹园、弥勒南、弥勒北、长湖、鹿阜、石林、宜良、草甸、阳宗、松茂、王家营、小喜村主线站出入口	皈朝、八宝、珠街、那洒、六诏、砚山、平远街、腻落江、朋普、弥勒、石林、小团山、阳宗服务区

G80(广昆高速公路)并行线、联络线路线信息表 表10-65

编号	省份	省内起点	省内终点	途经市、县	通车里程(km)
G8011	云南	锁龙寺立交	河口县	弥勒县、蒙自市、屏边县、个旧市、元阳县、河口县	220.018
G8012	广西	待建			—
G8013	云南	待建			—

G80(广昆高速公路)并行线、联络线沿线互通、出入口、服务区信息表 表10-66

编号	省份	沿线互通	出入口	服务区
G8011	云南	锁龙寺立交互通	雨洒、开远、羊街、蒙自、新安所、冷泉、蛮耗、新街、南屏、河口出入口	黄凉田、开远、草坝、蒙自、湾田、南屏、北山服务区
G8012	广西	待建		
G8013	云南	待建		

二、路网关系

G80(广昆高速公路)路网关系示意图如图10-18所示。

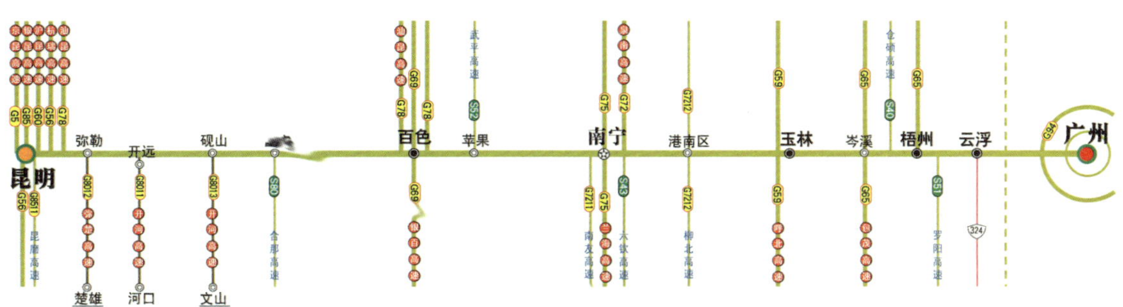

图10-18　G80(广昆高速公路)路网关系示意图

三、建设历程

1. 广东横江至马安段(一期)

1995年12月1日开工建设,2002年8月建成通车,全长45.74km,四车道43.83km,六车道1.91km,设计速度120km/h。建成特大桥:金马大桥、新兴江大桥,共2座。建成大桥5座。总投资17.13亿元,资金来源:地方投入、银行贷款。占地6339.0亩。项目管理单位:肇庆粤肇公路有限公司;勘察设计单位:广东省公路勘察规划设计院、大连理工大学土建勘察设计研究院;监理单位:广东虎门技术咨询有限公司;施工单位:广东省公路工程建设集团有限公司、肇庆市公路工程总公司等。

2. 广东横江至马安段(二期)

2008年7月开工建设,2010年9月建成通车,全长5.39km,全线六车道,设计速度120km/h。建成特大桥:横江特大桥、五村特大桥,共2座。建成大桥3座。总投资6.22亿元,资金来源:地方投入、银行贷款。占地430.0亩。项目管理单位:肇庆粤肇公路有限公司;勘察设计单位:广东省公路勘察规划设计院;监理单位:广东华路交通科技有限公司;施工单位:广东省航盛建设集团有限公司、广东晶通公路工程建设集团有限公司等。

3. 广东马安至河口段

2002年12月开工建设,2004年1月建成通车,全长36.883km,全线四车道,设计速度100km/h。建成特大桥:马安主线桥、大朗大桥,共2座。建成大桥12座。总投资15.75亿元,资金来源:地方投入、银行贷款。占地4304.214亩。项目管理单位:云浮市广云高速公路有限公司;勘察设计单位:广东省公路勘察规划设计院;监理单位:广东奥科工程监理有限公司、北京路桥通工程监理咨询公司等;施工单位:中铁三局集团有限公司、中港四航局第一工程公司等。

4. 广东河口至平台(粤桂界)段

2005年10月开工建设,2010年6月建成通车,全长98.49km,全线四车道,设计速度100km/h。建成特大桥:新庆高架桥、石排口高架桥、大用跨线桥、西江特大桥,共4座。

建成大桥 68 座。建成特长隧道:石牙山隧道、鹅公髻隧道,共 2 座。建成长隧道 5 座。总投资 85.81 亿元,资金来源:地方投入、银行贷款。占地 10633.0 亩。项目管理单位:广东云梧高速公路有限公司;勘察设计单位:中交第二航务工程勘察设计院有限公司、广东省公路勘察规划设计院有限公司;监理单位:广东翔飞公路工程监理有限公司、广东华路交通科技有限公司;施工单位:中交第四航务工程局有限公司、中铁十二局集团有限公司等。

5. 广西苍梧大坡至苍梧段(苍梧至郁南高速公路)

2003 年 4 月 15 日开工建设,2005 年 11 月 8 日建成通车,全长 17.9km,全线四车道,设计速度 100km/h。建成大桥 1 座。总投资 5.38 亿元,资金来源:企业投入、银行贷款。占地 2566.33 亩。项目管理单位:广西越秀苍郁高速公路有限公司;勘察设计单位:广西水文地质工程地质勘察院;监理单位:广西八桂工程监理咨询有限公司;施工单位:中铁三局集团公司、中铁二局集团电务工程有限公司等。

6. 广西苍梧至保村互通

2004 年 4 月 1 日开工建设,2008 年 1 月 16 日建成通车,全长 2.96km,全线四车道,设计速度 100km/h。建成大桥 2 座。总投资 1.02 亿元,资金来源:企业投入、银行贷款。占地 305.86 亩。项目管理单位:广西梧州岑梧高速公路有限公司;勘察设计单位:广西壮族自治区交通规划勘察设计院;监理单位:湖南湖大建设监理有限公司、天津新亚太工程建设监理有限公司等;施工单位:中国公路工程咨询有限公司、中铁二局股份有限公司等。

7. 广西岑溪至兴业段

2006 年 11 月开工建设,2008 年 12 月 20 日建成通车,全长 124.56km,全线四车道,设计速度 120km/h。建成大桥 30 座。总投资 51.53 亿元,资金来源:中央投入、地方投入、银行贷款。占地 15706.0 亩。项目管理单位:广西岑兴高速公路发展有限公司;勘察设计单位:中交第二公路勘察设计研究院、中国公路工程咨询集团有限公司等;监理单位:铁二院监理咨询公司、中交国际工程咨询有限公司等;施工单位:中铁三局集团有限公司、中铁隧道局集团有限公司等。

8. 广西兴业至六景段

2000 年 12 月 28 日开工建设,2003 年 8 月 5 日建成通车,全长 99.81km,全线四车道,设计速度 120km/h。建成大桥 3 座。总投资 23.44 亿元,资金来源:企业投入。占地 12997.59亩。项目管理单位:广西新长江高速高速公路有限责任公司;勘察设计单位:广西交通规划勘察设计研究院;监理单位:长沙交通学院育才—布朗交通咨询监理有限公司、江苏华宁交通工程咨询监理公司等;施工单位:中铁第十七工程局、中铁第十四工程局等。

9. 广西南宁(安吉)至坛洛段

2001 年 12 月 25 日开工建设,2003 年 12 月 28 日建成通车,全长 18.95km,全线四车道,设计速度100km/h。建成特大桥:那莫大桥,共1座。建成大桥1座。总投资15.70亿元,资金来源:中央投入、交通部车购税投入、银行贷款。占地7926.94亩。项目管理单位:广西壮族自治区交通基建管理局;勘察设计单位:广西壮族自治区交通规划勘察设计研究院;监理单位:海南交通工程监理公司、广西八桂工程监理咨询有限公司等;施工单位:中铁十二局集团有限公司、中建第五工程局等。

10. 广西南宁(坛洛)至百色段

2005年6月23日开工建设,2007年12月28日建成通车,全长187.82km,全线四车道,设计速度120km/h。建成特大桥:江坝右江特大桥,共1座。建成大桥31座。总投资52.4亿元,资金来源:交通部车购税投入、地方投入、企业投入、银行贷款。占地21332.65亩。项目管理单位:广西壮族自治区交通基建管理局;勘察设计单位:中国公路工程咨询监理总公司、北京交科公路勘察设计院等;监理单位:广西八桂工程监理咨询有限公司、广西八桂工程监理咨询有限公司等;施工单位:中铁二十局集团有限公司、中铁二局第四工程有限公司等。

11. 广西百色至罗村口段

2003年2月26日开工建设,2005年12月10日建成通车,全长55.53km,全线四车道,设计速度80km/h。建成大桥20座。总投资19.51亿元,资金来源:交通部车购税投入、地方投入、银行贷款。占地7547.6亩。项目管理单位:百色至罗村口高速公路工程建设办公室;勘察设计单位:广西交通规划勘察设计研究院;监理单位:中国公路咨询监理工程总公司、北京中通公路桥梁工程咨询发展有限公司等;施工单位:二公局(洛阳)第四工程处、中铁隧道集团有限公司等。

12. 云南罗村口至富宁段

2005年1月开工建设,2007年10月建成通车,全长79.313km,全线四车道,设计速度80km/h。建成大桥106座。总投资41.61亿元。资金来源:交通部车购税投入、地方投入、银行贷款。占地5755.48亩。项目管理单位:云南罗富高速公路建设指挥部;勘察设计单位:云南省公路规划勘察设计院;监理单位:云南省公路工程监理咨询公司等;施工单位:中铁十二局集团有限公司、中交第三公路工程局有限公司等。

13. 云南富宁至砚山段

2005年8月开工建设,2008年4月建成通车,全长141.216km,全线四车道,设计速度80km/h。建成大桥9座。建成长隧道4座。总投资80.03亿元,资金来源:交通部车购税投入、地方投入、银行贷款。占地14330.44亩。项目管理单位:云南富砚高速公路有限公司;勘察设计单位:中交第一公路勘察设计研究院;监理单位:中交国际工程咨询有限公司、四川铁科建设监理公司等;施工单位:中铁五局集团第三工程有限责任公司、中铁二局第四工程有限公司等。

14. 云南砚山至平远街段

2000 年 5 月开工建设,2004 年 1 月建成通车,全长 67.13km,全线四车道,设计速度 80km/h。建成大桥 2 座。总投资 14.4 亿元。资金来源:交通部车购税投入、地方投入、银行贷款。占地 6529.3 亩。项目管理单位:云南砚平高速公路建设指挥部;勘察设计单位:云南省公路规划勘察设计院;监理单位:云南省公路工程监理咨询公司等;施工单位:中国铁道建筑总公司、中国人民武装警察部队交通第一总队等。

15. 云南平远街至锁龙寺段

2003 年 11 月开工建设,2007 年 2 月建成通车,全长 62.83km,全线四车道,设计速度 80km/h。建成特大桥:K94 +436 桥,共 1 座。建成大桥 51 座。建成长隧道 1 座。总投资 28.76 亿元。资金来源:交通部车购税投入、地方投入、银行贷款。占地 6577.3 亩。项目管理单位:云南平锁高速公路建设指挥部;勘察设计单位:云南省公路规划勘察设计院;监理单位:云南省公路工程监理咨询公司等;施工单位:中铁十八局集团有限公司、中铁十二局集团有限公司等。

16. 云南锁龙寺至石林段

2009 年 9 月开工建设,2012 年 10 月建成通车,全长 107.48km,全线四车道,设计速度 100km/h。建成大桥 32 座。总投资 44.92 亿元,资金来源:中央投入、地方投入、银行贷款。占地 10487.0 亩。项目管理单位:云南石锁高速公路有限公司;勘察设计单位:招商局重庆交通科研设计院有限公司、中国公路工程咨询集团有限公司等;监理单位:北京华路捷公路工程技术咨询有限公司、云南省公路工程监理咨询公司等;施工单位:中国建筑股份有限公司。

17. 云南石林至昆明段

与 G78(汕昆高速公路)共线。

四、联络线及并行线

1. G8011(开河高速公路)开远至河口高速公路

云南锁龙寺至蒙自段。2009 年开工建设,2013 年 10 月 9 日建成通车,全长78.76km,全线四车道,设计速度 100km/h。建成大桥 24 座。总投资 41.70 亿元,资金来源:交通部车购税投入、企业投入。占地 8571.46 亩。项目管理单位:云南锁蒙高速公路有限公司;勘察设计单位:云南省交通规划设计研究院;监理单位:北京路桥通国际工程咨询有限公司、山东省交通工程监理咨询公司;施工单位:云南路桥股份有限公司、云南阳光道桥股份有限公司等。

云南蒙自至新街段。2005年1月开工建设,2009年9月建成通车,全长85.41km,全线四车道,设计速度80km/h。建成特大桥:黑冲沟大桥,共1座。建成大桥87座。建成长隧道4座。总投资60.7亿元,资金来源:地方投入、银行贷款。占地6258.16亩。项目管理单位:云南蒙新高速公路建设指挥部;勘察设计单位:云南省交通规划设计研究院;监理单位:江苏交通工程咨询监理有限公司、云南云通监理咨询有限公司等;施工单位:中铁大桥局集团有限公司、中铁一局集团有限公司等。

云南省新街至河口段。2005年5月开工建设,2008年1月建成通车,全长56.31km,全线四车道,设计速度80km/h。建成特大桥:五道河特大桥、甘坡2号特大桥、甘坡1号特大桥、小河口特大桥、南吉特大桥,共5座。建成大桥61座。总投资31.65亿元,资金来源:交通部车购税投入、地方投入、银行贷款。占地7697.0亩。项目管理单位:云南新河高速公路建设指挥部;勘察设计单位:四川省交通厅公路勘察设计研究院;监理单位:云南省公路工程监理咨询有限公司等;施工单位:中铁二十局集团有限公司、中国路桥(集团)总公司等。

2. G8012(弥楚高速公路)弥勒至楚雄高速公路

云南待建。

3. G8013(砚文高速公路)砚山至文山高速公路

云南在建。

五、先进技术的研究与应用

1. 兴六高速公路膨胀土填方路基施工技术(广西)

膨胀土的物理力学性质:胀缩性、渗透性、强度和变形性质。利用膨胀土作为填方材料,主要研究内容:①评价膨胀土的胀缩各向异性指标,为封闭、支挡和加固设计提供依据。②测定膨胀土的渗透系数,应考虑粗粒土含量、饱和度和土体开裂对渗透系数的影响。渗透系数指标用于分析膨胀土的水稳定性,为封闭设计提供依据。③进行膨胀土的压缩试验,掌握路基压缩变形情况,对路基的永久压缩变形进行分析。

2. 无人值守自动发卡系统(广西)

近些年来,随着国民经济的发展和社会车辆保有量的不断增加,高速公路在车流量较大的情况下时常出现拥堵。这不仅增加了车辆的延误时间,而且增大了车辆的运行成本,还增加了汽车尾气的排放。如何利用先进技术解决大车流量下高速公路出入口车辆堵塞,提高高速公路的通行效率,减少人力成本,降低收费员的劳动强度,已成为高速公路收费管理系统建设工作和社会各方面密切关注的焦点。为此,2010年至今,坛百公司陆续投入350多万元,在所辖高速公路沿线11个入口车道安装了14套无人值守发卡系统及车型预判系统,并收到了良好的效果。相对于传统手工收费模式,采用 IC 无人值守自动发卡系统在运营管理上的优势十分明显。该设备有效提高了入口收费车道的通行能力,缓解了高峰时段车道压车问题,实现了入口准无人化管理,减少了收费过程中人为因素影响,规范了 IC 卡管理,不仅提高了车辆的通行速度,而且降低了入口车道的运营成本,保障了现场畅通秩序,提升了高速公路的服务能力和水平。根据目前安装的无人值守自动发卡系统的成本测算,在运营成本方面,每条车道的设备及人员成本比现在的收费设备每年可节约费用 20 万元。无人值守自动发卡系统在运营管理上优势显著,且相关技术已经趋于成熟,运行稳定、维护费用低、经济效益可观,使高速公路更加快捷、方便,高速公路服务更加人性化。

3. 乡土植物在坛百高速公路生态绿化中的应用研究(广西)

广西交通科技项目“乡土植物在坛百高速公路生态绿化中的应用研究”针对广西路网建设不断加快,公路建设多处在复杂地形地区和山区,施工需深填高挖,对山脊的切割面较大,造成生态环境破坏较重,植被的自然恢复能力减弱,再加上对植物品种的选择、品种配置和组合比例研究不足,无法实现满意的植被覆盖率,不仅没有路域美感,也容易引发不良生态后果的问题,依托地处亚热带的坛百高速公路,从工程学、生态学、岩土工程学、植物学等学科的角度综合研究,在调查公路沿线植被,采集化验分析沿线地质情况的基础上,开展坛百高速公路边坡原生野生优良护坡植物的选择、培育、繁殖技术以及边坡生态恢复原生植物品种选择及组合配置比例的研究,力求创新性地利用沿线表土中的原生植物种子进行自然绿化。再结合人工移栽、点种原生植物树种,进行综合的原生植物生态恢复。最终总结出一套不仅适用于坛百高速公路,也适用于广西公路原生态植被恢复的设计、施工、养护综合技术措施,为公路大面积生态恢复提供技术指导。

4. 就地热再生技术处理沥青路面病害(广西)

沥青混凝土路面就地热再生工艺是回收利用原路面沥青混合料,再添加少量新集料对路面进行补强,实现资源循环利用、节能环保。百色高速公路运营有限公司坚持以创新来提升经济效益的整体思路。百罗路某段经就地热再生技术修复后,该路段内的路面使用性能得以改善和恢复,路段内的坑槽、松散、裂缝、车辙等病害完全消除,国际平整度指数 *IRI* 小于 3m/km。通过本项目的实施,丰富了广西地区高速公路沥青路面的养护技术,积累了工程经验,为今后广西地区大面积应用就地热再生技术提供了技术支持。

5. 高速公路大规模远程多业务智能集中监控系统(广西)

“高速公路大规模远程多业务智能集中监控系统”荣获 2010 年广西科学技术进步三等奖。系统实现高速公路管理中心对车道、广场、外场的集中监控,并采用与收费系统一致的正网络实现对收费图像录制、传输、预览及语音对讲、云台镜头控制等功能,改变以往站级的监控模式，节约监控系统设备、运营和维护成本，提高车辆通行效率，便于收费终端的处理。系统同时采用低功耗产品，符合国家节能减排要求，已应用于广西柳州北环、百色至罗村口、岑溪至梧州高速公路及梧州市路桥联网，减少人员配置近500名，每年减少维护费近3000万元。该系统于2009年中标越南第一条高速公路球也—宁平高速公路视频监控项目，于2007年获广西计算机推广应用成果一等奖。

6. 百罗高速公路人文、历史景观综合塑造技术研究（广西）

通过对百罗路人文历史景观塑造中适时适地、景观尺度、景观材料等方面的研究，把高速公路景观置于现代大地景观范畴中，将功能与景观结合起来，创造一个满足现代生活需求、有时代特色与个性的道路空间，使其既具备现代交通的基本功能，又能成为一件完美的大地艺术品，具有较高的文化及美学水准；同时对高速公路景观设计中人文历史景观设置的位置、内容、尺度、表现手法等形成一定的指导。2004年10月20日，交通部西部交通建设科技项目管理中心在南宁召开“百罗高速公路人文历史景观塑造综合综合技术的研究”可行性研究报告评审会，评审委员会认为在我国高速公路发展的现阶段，立题研究该项目是必要的，项目的完成将对建设自然与人文景观相协调的道路生态系统具有指导意义。

7. 公路路基稳定关键技术研究（广西）

应用水利水电研究院的STAB计算程序、北京里正分析程序及离散单元法，分别对库岸稳定性和斜坡桥基稳定性进行分析评价，在国内交通行业尚属首例。提出了在已竣工的路基上进行加固处治的指导思想。坚持坡体、坡面处理相结合，防冲刷和加固防护相结合，通过设置合理的防冲刷和锚固结构，改善边坡体的水理状况和受力状况，增强其整体的稳定性和抗冲刷侵蚀破坏能力。本着经济节省、施工简单的原则，提出了处理措施。提出了百罗路库淹区加固处治方案并得到应用。对有条件的路基优先考虑采用放缓边坡的处理方案，无条件放缓或放缓实施难度大的路基边坡，采用小导管注浆加固处理；对高程229m以下的填方路基边坡采用土工布、水泥稳定开级配碎石和混凝土格子梁进行坡面防护的新防护结构，对于受水浸泡且处于203～229m高程范围斜坡桥桥基边坡，根据实际地质情况，采用锚杆挂钢筋网喷混凝土及设置深层泄水孔的方案处理。

8. 膨胀土路基病害防治技术研究（云南）

膨胀土在公路工程中被称为“特殊土”。由于它具有湿胀干缩、多裂隙、超固结、强度衰减等特殊性，施工中常常出现路堑和路堤变形破坏。2002年，“膨胀土地区筑路成套技术研究”被列为交通部西部交通科技项目。云南省公路科学技术研究所与砚平高速公路建设指挥部、安楚高速公路建设指挥部和中国科学院昆明植物研究所合作，承担了“膨胀土路基病害防治技术研究”和“膨胀土地区公路环境保护技术研究”两个专题研究任务。

“膨胀土路基病害防治研究”提出了以封闭为主，辅以土工格栅、控制含水率的综合防治技术方法。砚平高速公路试验路段原设计为借土填筑，课题研究采用增加路床封闭土工布、路床防胀缩土工格栅，利用弱膨胀土，省去借土填筑。试验路段长182m，利用弱膨胀土与借土填筑相比，节约投资21.24万元。除采用封闭措施外，课题研究还辅以含水率控制、胀缩总率控制和路床采用土工格栅加固等措施，确保路基不致出现胀缩病害。“膨胀土地区公路环境保护技术研究”，提出了膨胀土边坡“无砂大孔隙混凝土支撑渗沟 + 坡面浆砌拱肋支撑 + 植物防护”的综合防护措施。该研究成果已在砚平、安楚两条高速公路膨胀土路段进行了试验和应用。与坡面浆砌封闭法相比，这项综合措施节省投资20%以上。

9. 新河高速公路不良土路基填筑技术研究(云南)

该研究为2005年云南省交通厅科技项目，项目主要开展了以下研究工作：

(1)含砂低液限粉土路基填筑技术：①含砂低液限粉土工程特性。②含砂低液限粉土填筑路基施工工艺及施工质量控制技术。③含砂低液限粉土路基防排水技术与填方边坡防护技术。

(2)高液限土路基填筑技术：①高液限土的水理物理特征及工程病害现象的分析探讨。②采用“包裹法”(综合法)防治病害的技术。③高液限土路基稳定性研究。④高液限土路基填筑施工方法研究与质量控制项目通过室内外试验、理论分析计算及工程验证，针对新河高速公路不良土路基填筑技术的相关问题进行了系统研究。

取得了以下创新性成果：

(1)针对新河高速路公路气候条件及含砂低液限粉土路用特性，建立了高温多雨气候条件下含砂低液限粉土与高液土填筑路基施工原则和压实质量控制重点，一是土体的含水率的调整与控制，二是压实机械和压实工艺合理选择，三是加强路基防排水。

(2)找到了新河线高液限土高含水率很难晒干的根源，并提出了高液限土路基填筑的“三指标法”，扩大了高液限土施工含水率控制范围。

(3)通过现场碾压试验，对不同机具组合及碾压参数进行现场碾压试验，确定了以振动碾压加冲击碾压补强方式作为含砂低液限粉土主要碾压作业方式，并建立了路基填筑含水率控制指标。

(4)针对冲击碾压影响深度大、检测困难的难题，建立了含砂低液限粉土冲击碾压施工控制和补强效果的评价方法——表面波无损检测。

(5)针对含砂低液限粉土水稳定性差、路堤边坡抗冲刷能力弱等问题，开发了PsT抗冲刷剂，有效地解决了含砂低液限粉土路基边坡抗冲刷能力弱的难题，为含砂低液限粉土路基边坡防护提供了新的途径。

(6)采用路基“包边法”设计，在路基底部设置片石和碎石墊层，路基顶部加铺80cm未筛分碎石土等“综合法”，隔断了高液限土含砂低液限粉土路基与周围环境的水交换，有效稳定了路基填土的含水率，加强并提高了路基的稳定性和抗冲刷能力，为柔性路面铺筑提供了保障。

(7)在工程施工中充分应用了项目的相关研究成果，首次在高温多雨环境下成功运用含砂低液限粉土与高液限土等典型不良土作为高等级公路路基填料，共节约工程建设资金2500多万元，取得了良好的经济效益。

六、复杂技术工程

1. 广西香江圩郁江大桥

香江圩郁江大桥是兴业至六景高速公路上的一座特大桥。兴业至六景高速公路是国家规划的8条西部开发省际高速公路之一南宁至广州高速公路中的重要组成部分，也是广西公路网主骨架“七射一环”的关键路段。大桥跨越郁江，桥下通航等级为Ⅲ航道标准，桥面总宽26.5m，分上、下行两幅，单幅桥面总宽12.75m。上部构造为1×50m+1×80m+2×125m+1×80m+1×50m预应力混凝土刚构—连续梁桥，全桥一联510m。大桥于2003年正式建成通车，工程总投资4753万元。本项目是广西高速公路第一座刚构—连续组合体系梁桥，连续长度达510m，直接荷载、间接作用对结构内力的影响明显，高次超静定结构内预应力二次效应、箱梁横向扭转和剪力滞对结构受力的影响也不容忽视，整个桥梁结构受力复杂，施工控制要求较高。箱梁采用挂篮悬臂浇筑施工工艺，其中边跨连续墩与0号块采用预应力临时固结工艺。桥梁总体设计合理，在满足通航、排洪要求，确保使用功能前提下，选择较小的梁高，以降低桥梁建筑高度，缩短桥长和减少两岸路基填方工程数量，有效地降低工程造价。本桥结构采用三向预应力体系，其中纵向预应力采用大吨位群锚体系，有效减小箱梁尺寸，减少锚固齿板的数量。此外，本桥检查孔设置在受力较小的边跨腹板上，并采用型钢骨架进行构造加强。此设计方法与常规做法(将检查孔设置在0号梁段)相比，其受力更为合理，结构更为安全。全桥采用高强材料，工程经济指标较好，工程造价为3517元/m^2。

2. 广西那莫特大桥

主桥为中承式钢管混凝土桁架拱，引桥为先张法预应力混凝土连续空心梁，跨径组合4×20m+190m+3×20m。主桥采用净跨190m钢管混凝土桁架式中承拱桥，净矢跨比为1/4.5，主拱轴线为无铰悬链线，拱轴系数$m=1.167$，拱肋为等截面钢管混凝土桁架结构。桥宽26.8m，设计荷载为汽车超—20级、挂车—120。

3. 云南南盘江特大桥

南盘江特大桥是锁蒙高速公路建设项目的控制性工程之一。桥墩高度95m，桥跨布置为:30m预应力T梁+(108+180+108)m矮塔斜拉桥+14×30m预应力T梁，全桥总长857m。主跨2号、3号墩承台,塔座体积大,属典型的大体积混凝土,分3次浇筑,每次浇筑高度2m。同时在混凝土内部布置冷却水管循环系统,把混凝土的内外温差控制在允许范围25°C以内。合龙段作为梁体浇筑的最后一个块段,是连续梁施工的关键,包含了线形控制、设计控制应力、体系转换、合龙精度、箱梁温度伸缩等一系列悬臂浇筑连续梁的施工重点和难点。

4. 云南长大下坡安全控制工程

蒙新高速公路连续长下坡长达37.826km,平均纵坡3.83%,最大纵坡6.0%;最高海拔1607.41m,最低海拔157m,连续下降高差为1450.41m。线路集中了湾田、凉水沟、蛮耗3个隧道群和河岩脚、金竹坪、五背冲、绿水河、清水河隧道,共27座隧道和92座特大桥、大桥及中桥。桥隧相连,桥隧比达64.3%,是蒙新高速公路全线安全行车的特殊控制段。

5. 广西平高古滑坡整治工程

滑坡对于路线的走向往往具有举足轻重的作用。经过初步设计与施工图设计两阶段的详细勘察、计算,以及邀请部分国内知名专家反复论证分析,认为它是一个高速滑动的老滑坡,距今已有5000多年的历史,滑坡要素许多已模糊不清,无复活迹象。此类高速滑坡具有"超稳定能",如无特殊条件改变滑坡状态,一般不易沿原滑动面产生复活。该滑坡在自然情况下(包括蓄水后)是稳定的,为了防止水库对坡面的冲蚀,引起坍塌,影响高速公路的稳定,在滑坡体地表高程228~195m范围内,即库区常水位至死水位之间做砌石护岸。

本章编写人员:刘　鹏　赵　乐　李鹏飞　王　婷　聂记良
本章编写单位:中国公路建设行业协会
本章资料提供:各省(自治区、直辖市)交通运输厅(委)
本章审核人员:范正金　李关寿　李志强

第十一章 国家高速公路6条地区环线

第一节 G91(辽中地区环线高速公路)

G91(辽中地区环线高速公路)是国家"71118+6"高速公路网6条地区环线中的第一环,连接辽宁中部的环沈阳周边城市,同时连接着沈海、京哈等国家干线高速和数条联络线,是这一地区城市群之间的重要通道,也是辽宁中部地区重要的经济环线。

G91(辽中地区环线高速公路)尚未全线建成。起点位于本溪市平山区桥头镇G91与G1113交汇处,终点位于铁岭市铁岭县腰堡镇G91与G102交汇处。规划里程373.15km,通车里程256.149km,全线四车道。经过铁岭、抚顺、本溪、辽阳、辽中、新民。目前,铁岭经抚顺至本溪段尚未建成。

拥有联络线一条:

G9111(本集高速公路)本溪至集安高速公路,待建。

一、路线概况

G91(辽中地区环线高速公路)路线信息见表11-1,沿线互通、出入口、服务区信息见表11-2。

G91(辽中地区环线高速公路)**路线信息表** 表11-1

编号	省份	省内起点	省内终点	途经市、县	通车里程(km)
G91	辽宁	本溪市平山区桥头镇G91与G1113交汇处	铁岭市铁岭县腰堡镇G91与G102交汇处	本溪市、辽阳市、辽中县、新民市、铁岭市	256.149

G91(辽中地区环线高速公路)**沿线互通、出入口、服务区信息表** 表11-2

编号	省份	沿线互通	出入口	服务区
G91	辽宁	桥头、绣江、辽中西、新民东、贺尔海、腰堡、北台、弓长岭、小屯、辽阳南、首山、黄泥洼、辽中南、满都户、金五台子、新民、公主屯、陶屯、三面船、腰堡北互通	北台、弓长岭、小屯、辽阳南、首山、黄泥洼、辽中南、满都户、金五台子、新民、公主屯、陶屯、三面船、腰堡北出入口	首山、辽中南、柳河、兰旗堡服务区

二、路网关系

G91(辽中环线高速公路)路网关系示意图如图11-1所示。

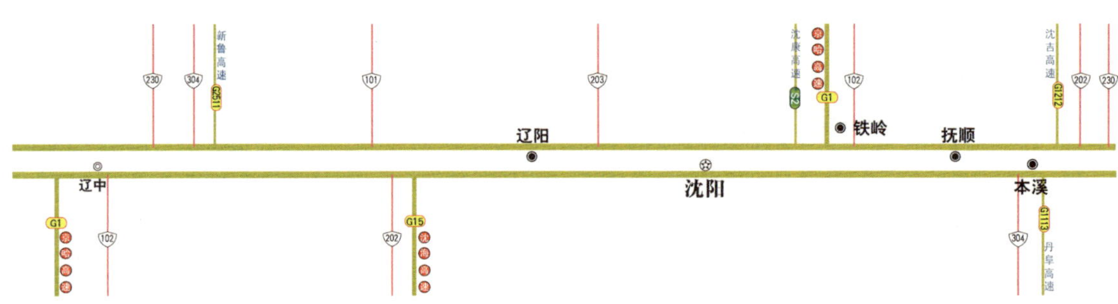

图11-1 G91(辽中环线高速公路)路网关系示意图

三、建设历程

1. 辽宁中部环线高速公路本溪至辽中段高速公路

2005年开工建设,2008年建成通车,全长115.1km,全线四车道,设计速度100km/h。建成特大桥:辽中西立交桥18、桥头特大桥,共2座。建成大桥31座。建成长隧道4座。总投资53.21亿元,资金来源:中央投入、地方投入、银行贷款。占地13063.0亩。项目管理单位:辽宁省高等级公路建设局;勘察设计单位:辽宁省交通勘察设计院;监理单位:辽宁第一交通工程监理事务所;施工单位:中铁四局集团有限公司、中铁十九局集团第三工程有限公司等。

2. 辽宁中部环线高速公路辽中至新民段

2006年开工建设,2009年建成通车,全长66.67km,全线四车道,设计速度100km/h。建成特大桥:柳河特大桥107、辽河特大桥22,共2座。建成大桥3座。总投资20.97亿元,资金来源:中央投入、地方投入、银行贷款。占地6446.0亩。项目管理单位:辽宁省高等级公路建设局;勘察设计单位:辽宁省交通勘察设计院;;监理单位:辽宁第一交通工程监理事务所;施工单位:中交第一公路工程局有限公司、中铁十九局集团第三工程有限公司等。

3. 辽宁新民至铁岭公路

2009年开工建设,2012年建成通车,全长74.38km,全线四车道,设计速度100km/h。

建成特大桥:辽河特大桥,共1座。建成大桥15座。总投资27.2亿元,资金来源:中央投入、地方投入、银行贷款。占地7493.0亩。项目管理单位:辽宁省高等级公路建设局;勘察设计单位:辽宁省交通规划设计院;监理单位:辽宁第一交通工程监理事务所(联合体:沈阳方正建设监理有限公司);施工单位:中交一公局第一工程有限公司、中铁十三局集团第一工程有限公司等。

四、联络线及并行线

G9111(本集高速公路)本溪至集安高速公路,待建。

第二节 G92(杭州湾地区环线高速公路)

G92(杭州湾地区环线高速公路)是国家"71118+6"高速公路网6条地区环线中的第二环,连接杭州湾周边城市,是这一地区的重要经济通道。G92(杭州湾地区环线高速公路)连接沪陕、沪蓉、沪渝、京沪、长深、杭瑞等六条国家干线高速公路,并与沈海、沪昆高速公路重合,推动了整个长江三角洲地区城市之间的交流。

G92(杭州湾地区环线高速公路)全线建成通车。起点位于松江区上海绕城高速大港立交,终点位于嘉兴海盐枢纽。规划里程360.00km,通车里程202.643km,六车道89.507km,八车道及以上113.136km。经过上海、浙江(嘉兴、海宁、杭州、宁波)。

拥有联络线一条:

G9211(宁舟高速公路)宁波至舟山高速公路,起点位于G1501宁波绕城高速蛟川枢纽,终点位于舟山市定海双桥。规划里程69.00km,通车里程46.034km,全线四车道。途经宁波、舟山。目前,G9211(宁舟高速)已全线建成通车。

拥有并行线一条:

G92N(杭宁高速公路)杭州至宁波高速公路,起点位于G2501下沙枢纽(杭州市),规划终点位于宁波。规划里程188.00km,通车里程15.632km,全线六车道。途经杭州、慈溪、宁波。目前,江东大桥、钱江通道建成通车。

一、路线概况

G92(杭州湾地区环线高速公路)路线信息见表11-3,沿线互通、出入口、服务区信息见表11-4,并行线、联络线路线信息见表11-5,并行线、联络线沿线互通、出入口、服务区信息见表11-6。

G92(杭州湾地区环线高速公路)路线信息表　表 11-3

编号	省份	省内起点	省内终点	途经市、县	通车里程(km)
G92	上海	松江区上海绕城高速大港立交	金山区枫泾镇(沪浙界)	松江区、金山区	20.24(与 G60 共线)
	浙江	枫泾(沪浙界)	海盐枢纽	嘉兴市、嘉善县、平湖市、海盐县、海宁市、杭州市、江干区、萧山区、绍兴市、柯桥区、越城区、上虞区、宁波市、余姚市、鄞州区、江北区、慈溪市	202.643

G92(杭州湾地区环线高速公路)沿线互通、出入口、服务区信息表　表 11-4

编号	省份	沿线互通	出入口	服务区
G92	上海	无	大港、石湖荡、新浜、枫泾主线收费站出入口	枫泾服务区
	浙江	嘉善南站、嘉兴枢纽、平湖、海盐、南北湖、海宁枢纽、海宁南、盐官、盐官西枢纽、胡家兜、绕城东枢纽、下沙、红垦枢纽、机场、瓜沥、柯桥、齐贤枢纽、绍兴、沽渚枢纽、上虞、驿亭、余姚、大隐、高桥枢纽、宁波北、慈城、掌起、观海卫、慈溪、庵东、嘉兴港区互通	浙沪主线收费站(浙沪界、浙江嘉兴嘉善)、嘉善南站、平湖、海盐、南北湖、海宁南、盐官、胡家兜、下沙、机场、瓜沥、柯桥、绍兴、上虞、驿亭、余姚、大隐、宁波北、慈城、掌起、观海卫、慈溪、庵东、嘉兴港区互通、海盐枢纽出入口	南湖、海宁、下沙、绍兴、余姚、慈城、南岸、北岸服务区

G92(杭州湾地区环线高速公路)并行线、联络线路线信息表　表 11-5

编号	省份	省内起点	省内终点	途经市、县	通车里程(km)
G9211	浙江	G1501 宁波绕城高速蛟川枢纽	舟山市定海双桥	宁波市、镇海区、舟山市、定海区	46.034
G92N	浙江	G2501 下沙枢纽(杭州市)	宁波(未通)	杭州市、江干区、萧山区	15.632

G92(杭州湾地区环线高速公路)并行线、联络线沿线互通、出入口、服务区信息表　表 11-6

编号	省份	沿线互通	出入口	服务区
G9211	浙江	宁波北、保国寺、九龙湖、沙河、蛟川、沥港、金塘、册子、富翅、里钓、岑港互通	宁波北、保国寺、九龙湖、沙河、蛟川、沥港、金塘、册子、富翅、里钓、岑港互通、舟山出入口	舟山服务区
G92N	浙江	下沙、江东大桥、新湾、党湾、庵东、慈溪、观海卫互通	下沙、江东大桥、新湾、党湾、庵东、慈溪、观海卫互通	无

二、路网关系

G92(杭州湾环线高速公路)路网关系示意图如图 11-2 所示。

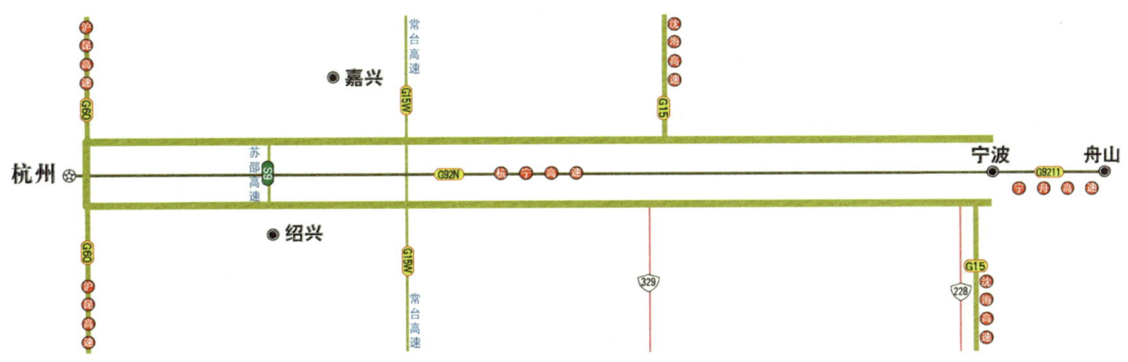

图 11-2　G92(杭州湾环线高速公路)路网关系示意图

三、建设历程

1. 浙江杭州湾跨海大桥北接线 G92 第二段

2004 年 9 月开工建设,2008 年 1 月建成通车,全长 20.86km,全线六车道,设计速度 120km/h。建成特大桥:步云枢纽 2 号桥、平湖塘特大桥,共 2 座。建成大桥 27 座。总投资 19.03 亿元,资金来源:地方投入、银行贷款。占地 4580 亩。项目管理单位:嘉兴市杭州湾大桥投资开发有限责任公司;勘察设计单位:浙江省交通规划设计研究院;监理单位:江苏省交通工程咨询监理总公司、江苏华宁交通工程监理咨询公司;施工单位:中铁十一局集团第三工程公司、中铁十二局集团第四工程公司等。

2. 浙江杭州绕城高速公路工程 G92 段

与 G2501 杭州绕城高速公路共线。

3. 杭甬高速公路

1994 年 2 月开工建设,1998 年 12 月建成通车,全长 112.6km,全线四车道,设计速度 120km/h。建成特大桥:曹娥江大桥、3 号五夫特大桥,共 2 座。建成大桥 21 座。总投资 28.13 亿元,资金来源:交通部车购税投入、地方投入、银行贷款。占地 11480.2 亩。项目管理单位:浙江省高速公路指挥部;勘察设计单位:交通部公路科学研究院、浙江省交通规划设计研究院等;监理单位:杭甬高速公路总监理工程师办公室;施工单位:中国建筑第一工程局、浙江省路桥工程处等。(本项目分为红垦至沽诸段、沽渚至宁波段两段拓宽,红垦至沽诸段 2000.10 ~ 2003.12 完成,沽渚至宁波段 2004.10 ~ 2007.11 完成。)

4. 杭甬高速公路改扩建

2000 年 10 月开工建设,2007 年 11 月建成通车,全长 112.08km,全线八车道以上,设计速度 120km/h。总投资 26.63 亿元,资金来源:企业投入。占地 1614.72 亩。项目管理单位:浙江省高速公路指挥部;勘察设计单位:浙江省交通规划设计研究院等;监理单位:杭甬高速公路总监理工程师办公室;施工单位:浙江省路桥工程处等。

5. 浙江宁波绕城高速公路工程 G92 段

与 G1501 宁波绕城高速公路共线。

6. 杭浦高速公路工程 G92 段

2004 年 11 月 1 日开工建设,2008 年 1 月 28 日建成通车,全长 68.52km,全线六车道,设计速度 120km/h。建成特大桥:盐官特大桥,共 1 座。总投资 55.15 亿元,资金来源:中央投入、地方投入。占地 7634.66 亩。项目管理单位:浙江杭浦高速公路有限公司;勘察设计单位:浙江省交通规划设计研究院;监理单位:山东省交通工程监理咨询公司、北京华通公路桥梁监理咨询公司等;施工单位:中铁九局集团有限公司、中国路桥(集团)有限公司等。

7. 浙江杭州湾跨海大桥南接线高速公路

2004 年 8 月开工建设,2007 年 12 月建成通车,全长 57.0km,全线六车道,设计速度 120km/h。建成特大桥 1 座。总投资 48.78 亿元,资金来源:交通部车购税投入、地方投入。占地 4897 亩。项目管理单位:宁波市高等级公路建设指挥部;勘察设计单位:辽宁省交通勘测设计院;监理单位:北京华路捷公路工程技术咨询有限公司等;施工单位:中铁一局集团有限公司等。

8. 浙江杭州湾跨海大桥

2003 年 3 月开工建设,2008 年 5 月建成通车,全长 36.0km,全线六车道,设计速度 120km/h。总投资 134.5 亿元,资金来源:交通部车购税投入、地方投入。占地 608 亩。项目管理单位:杭州湾大桥工程指挥部;勘察设计单位:中铁大桥勘测设计院、中交公路规划设计院有限公司等;监理单位:中国公路工程咨询总公司等;施工单位:浙江省路桥工程处等。

9. 浙江沪杭高速公路工程 G92 段

1995 年 9 月开工建设,1998 年 12 月建成通车,全长 20.0km,全线四车道,设计速度 120km/h。建成大桥 2 座。总投资 7.05 亿元,资金来源:中央投入、地方投入、银行贷款。占地 2785.0 亩。项目管理单位:沪杭甬高速公路拓宽工程嘉兴建设指挥部;勘察设计单位:浙江省交通规划设计研究院;监理单位:浙江公路水运工程咨询监理公司;施工单位:新疆昆仑路港工程公司。

10. 上海段

与 G60(沪昆高速公路)共线。

四、联络线及并行线

1. G9211(甬舟高速公路)宁波至舟山高速公路

浙江舟山大陆连岛高速公路工程。分为西堠门大桥工程、金塘大桥工程、桃夭门大桥工程、响礁门大桥工程、岑港大桥工程和宁波连接线工程。1999年9月开工建设,2009年12月建成通车,全长41.74km,全线四车道,设计速度80km/h、100km/h。建成特大桥:陆上区引桥、西通到深水区非通航孔桥、西通航孔桥、主通到西通非通航孔桥、金塘大桥主通航孔桥、东通到主通非通航孔桥、东通航孔桥、金塘侧引桥、金塘互通主线桥、西堠门大桥—主桥、主线高架桥、桃夭门大桥,共12座。建成大桥2座。总投资125.68亿元,资金来源:地方投入、银行贷款。占地2799.19亩。项目管理单位:浙江舟山连岛工程建设指挥部、浙江舟山大陆连岛工程宁波连接线项目建设指挥部;勘察设计单位:中交公路规划设计院、中铁大桥局股份有限公司等;监理单位:铁道部桥梁科学研究院监理公司、中铁院工程咨询总公司等;施工单位:中铁大桥局股份有限公司、中交第二航务局等。

浙江宁波绕城高速公路工程G9211段。与G1501宁波绕城高速公路共线。

2. G92N(杭甬高速公路)杭州至宁波高速公路

浙江江东大桥及西接线工程。2005年12月开工建设,2015年12月建成通车,全长7.11km,四车道5.23km,六车道1.88km,设计速度80km/h。建成特大桥:主线桥、江东大桥,共2座。建成大桥7座。总投资32.89亿元,资金来源:企业投入、银行贷款。占地811.0亩。项目管理单位:杭州江东大桥工程建设管理处、杭州绕城下沙互通至江东大桥工程建设管理处;勘察设计单位:中国公路工程咨询集团有限公司、上海市政工程设计研究总院等;监理单位:北京路桥通工程监理咨询有限公司、杭州市交通工程监理咨询有限公司;施工单位:中交第三公路工程局有限公司、路桥华南工程有限公司等。

浙江钱江通道。2010年12月22日开工建设,2014年4月16日建成通车,全长10.0km,全线六车道,设计速度100km/h。总投资21.1亿元,资金来源:地方投入。占地1257.66亩。项目管理单位:钱江通道及接线工程建设指挥部;勘察设计单位:浙江省交通规划设计研究院;监理单位:重庆中宇工程咨询监理有限责任公司、杭州公路工程监理咨询公司等;施工单位:中交第三公路工程局有限公司、中铁一局集团第一工程有限公司等。

浙江杭州湾跨海大桥南接线G92N段高速公路。与G15(沈海高速公路)共线。

五、先进技术的研究与应用

1. 甬江特大桥组合梁斜拉桥预制桥面板防裂技术试验研究及应用(浙江)

研究依托宁波绕城高速公路建设项目,主要内容为:

（1）对组合梁混凝土桥面板裂缝形态、原因、预防措施进行了调研。

（2）开展了预制桥面板、现浇桥面板C60混凝土配合比设计、预制桥面板施工工艺（质量控制措施）研究，对主梁安装阶段、运营前的混凝土桥面板应力进行分析与监控。深入分析桥面板的结构特点、受力特点、环境特点，从导致混凝土裂缝发生的四个维度（①混凝土成长、成熟特征；②混凝土组成成分；③结构设计；④工艺质量管理）来采取针对性的综合措施，形成了整套控制桥面板施工期裂缝的工艺。

（3）桥面板混凝土质量控制增设了匀质性标准。

（4）选用硅化剂作为桥面板防护涂层，以提高桥面板耐久性。

（5）通过分析桥面板劣化过程、劣化要素，提出了运营期维护管理要点。

2.分布式光纤传感技术在桥梁结构裂缝监测中的研究与应用（浙江）

研究依托宁波绕城高速公路建设项目，主要内容为：

（1）研究适用于桥面铺装大应变和裂缝监测的分布式光纤保护封装技术。

（2）研究基于PPP-BOTDA的应变/温度分布式监测技术，研究应变监测的标定、温度补偿方法。

（3）研究不同类型和型号的光纤对桥面板应变/温度监测效果，研究光纤封装层对应变/温度测量的影响和修正方法，测试不同光纤的光损耗等指标，推荐可应用的优选光纤型号。

（4）研究长距离分布式光纤的敷设工艺和技术。提出几种粘贴或埋设工艺，研究其环境耐久性、光纤敷设工艺对监测效果的影响，经试验研究提出优化的光纤布设工艺。

（5）研究采用PPP-BOTDA监测组合梁桥面板开裂的数据分析处理方法。

（6）进行叠合梁桥面板应变/温度和裂缝监测的原型（或缩尺模型）试验，验证技术可行性和可应用性。

（7）以宁波甬江特大桥组合梁桥面板为应用对象，开展混凝土桥面板裂缝现场监测，将研究成果进行实际应用。

3.软土地基大直径挤扩支盘桩研究及工程应用（浙江）

研究依托宁波绕城高速公路建设项目，主要内容为：

（1）通过在宁波绕城公路东段工程前期非原位桩试验监测，研究支盘桩替代传统桩基形式的可行性及应用条件。

（2）研究开发适用于公路桥梁大直径挤扩支盘成套技术，编制适用于公路桥梁挤扩支盘桩工程的设计施工指南及浙江省地方标准《公路桥涵挤扩支盘桩工程技术规范》（DB33/T 750—2009），并完成了交通运输行业标准规范编制。挤扩支盘钻孔灌注桩相较于传统等截面钻孔灌注桩，通过分支或承力盘来增加桩侧阻力，从而提高桩基承载力30%以上，并缩短有效桩长和减少桩身主径尺寸，减少混凝土及钢筋用量30% ~45%，节能减排效果显著，可有效降低桩基工程造价10%以上。

4. 西堠门大桥技术研究（浙江）

研究依托舟山大陆连岛高速公路建设项目，主要内容为：

（1）大跨径悬索桥应用国产1770MPa主缆索股技术研究，成功应用于西堠门大桥主缆索股的制造，实现了高强镀锌钢丝国产化。

（2）西堠门大桥分体式钢箱梁受力性能及制造工艺研究，指导了西堠门大桥分体式钢箱梁的施工。

（3）西堠门大桥悬索桥抗风性能及风荷载研究，成功地解决了强台风区大跨悬索桥抗风稳定性难题。

（4）钢桥梁电弧喷涂层纳米改性封闭剂研制及工艺性能研究，已应用于西堠门大桥钢箱梁防腐。

（5）直升机牵引悬索桥先导索过海新技术研究，成功应用于西堠门大桥先导索过海，全过程仅耗时23min。

5. 预应力张拉程控系统与远程数据管理平台应用研究（浙江）

依托钱江通道建设项目，在对国内外预应力张拉系统进行调研的基础上，完善了TH-PT系列预应力张拉程控系统的功能，研究并解决了该系统在预制小箱梁、预制T梁、现浇盖梁、现浇连续箱梁、横向束扁锚等各种预应力构件中使用的通用性和适用性；同时，进行了基于物联网技术的远程数据管理平台的开发和使用，实现了预应力张拉施工过程的实时监控，并编制了《桥梁预应力智能施工技术指南》。研究成果在钱江通道及南接线工程和国内的其他实体工程中得到了验证和应用。

主要创新点如下：

（1）研发了使用超声波传感器测量伸长值的方法和“智能倒顶”的程序功能；提出了回缩值、预拱度的精确量测方法；研发了基于液压模型的PID算法，实现了多个千斤顶力与伸长值双控的高精度同步控制。

（2）开发了基于物联网技术的远程数据管理平台，实现了预应力张拉施工作业的实时监控。经专家委员会鉴定，研究成果总体达到国际先进水平。

6. 现浇中小跨径连续单箱多室宽箱梁桥空间效应研究（浙江）

依托钱江通道建设项目，在总结现有空间分析理论成果的基础上，对预应力混凝土桥梁的快速建模方法进行研究并开发了相关计算软件。通过实体单元法对现浇中小跨径连续单箱多室宽箱梁桥空间效应进行分析，揭示了宽箱梁的剪力滞效应分布规律，提出了适用于宽箱梁的有效分布宽度计算方法、偏载增大系数计算方法，得出了箱梁关键截面的横向应力状态分布规律。研究成果在钱江通道及南接线工程得到了验证。

主要创新点如下：

(1)开发“桥梁荷载试验分析系统 BLT”，实现统一参数下的预应力混凝土箱梁的实体模型和梁格单元模型快速建立和互换，可对实体单元模型网格局部加密，提高计算精度。

(2)针对《公路钢筋混凝土及预应力混凝土桥涵设计规范》(JTG D62—2004)中有效分布宽度的规定，提出了宽幅箱梁参数修正和使用建议。

(3)采用实体单元法、平面框架法分析单箱五室宽箱梁横向应力分布规律的实证研究。经专家委员会鉴定，研究成果总体达到国际先进水平。

六、复杂技术工程

1. 浙江甬江特大桥

甬江特大桥，主桥长 908m，跨径组成为 54m + 166m + 468m + 166m + 54m；桥型为双菱形联塔分幅四索面组合梁斜拉桥，共设斜拉索 144 对，空间密索布置，双向八车道，建成后为半漂浮体系；索塔基础为 62m × 33m × 5.5m 的矩形整体式钢筋混凝土承台，采用 C35 海工耐久性混凝土，单个方量 11253m^3，下设 66 根 ϕ2.2m 的钻孔灌注桩，钻孔深度约 130m，入岩深度约 30m；主塔高 141.5m(其中联体部分占 1/5)，采用 C50 混凝土，单塔方量为 15673m^3；主梁采用钢梁与混凝土桥面板组合梁，二者通过剪力钉相结合。钢梁部分由纵梁、横梁及小纵梁共同组成钢梁格体系，采用 Q345qD 钢材，全桥主梁用钢量为 18933t。桥面板采用分块预制、现浇湿接缝连接的方式，其中横向分为两块预制板，共 3 道纵向现浇缝，预制桥面板采用 C60 纤维混凝土，全桥方量 11184m^3。单侧边箱梁段最大起吊质量 60.2t(不含风嘴)。该大桥是继杭州湾大桥之后宁波市又一座特大单体结构桥梁。

2. 浙江西堠门大桥

西堠门大桥采用主跨为 1650m 的两跨连续中间开槽 6m 的双钢箱梁悬索桥，孔跨组合为 578m + 1650m + 485m，矢跨比 1/10。南边跨引桥采用 6 × 60m 预应力混凝土刚构—连续组合箱梁。该桥为双向四车道，设计行车速度为 80km/h，桥宽 35m，最大纵坡不大于 3%，桥面横坡 2%。跨径在同类型桥梁中居国内第一、世界第二。

3. 浙江江东大桥

江东大桥主通航孔桥为跨径 83m + 260m + 83m 空间缆自锚式悬索桥，其造型独特，寓意“钱江帆影”，采用独柱桥塔、分离式钢箱梁加劲梁、空间缆索系统。这种悬索桥形式在国内外尚无先例。结构新颖、技术含量高、施工工艺复杂。由于本桥在结构形式上大胆突破常规设计,施工技术已不能完全满足需要,并且在国内外没有相关经验和资料可以套用,对一些关键技术问题必须以科学研究作为支撑,通过各方共同努力、协同攻关才能解决,为此,需要设立专题进行深入细致的研究。为了更好地指导和完善大桥的设计和顺利施工,以及成桥后在正常运营条件下保证大桥的安全性,针对本桥设计、施工的特点和难点,提出了"杭州市江东大桥空间自锚式悬索桥设计与施工成套关键技术研究"的科技攻关,并获浙江省交通厅科技立项。

第三节　G93(成渝地区环线高速公路)

G93(成渝地区环线高速公路)是国家"71118 + 6"高速公路网6条地区环线中的第三环,连接四川中部和重庆,是这一地区城市之间的重要通道。G93(成渝地区环线高速公路)连接沪蓉、沪渝、包茂、兰海、厦蓉、渝昆等国家干线高速公路,带动了沿线地区的经济发展。

G93(成渝地区环线高速公路),起点位于四川省遂宁市四川收费站,终点位于四川省泸州市合江县四川白鹿收费站。规划里程1079.40km,通车里程740.016km,全线四车道740.016km。经过重庆、四川(成都、绵阳、遂宁、合江、泸州、宜宾、乐山、雅安)。2003年渝遂高速公路开工,共包括5个建设项目。

一、路线概况

G93(成渝地区环线高速公路)路线信息见表11-7,沿线互通、出入口、服务区信息见表11-8。

G93(成渝地区环线高速公路)路线信息表　　表11-7

编号	省份	省内起点	省内终点	途经市、县	通车里程(km)
G93	四川	遂宁市四川收费站	泸州市合江县四川白鹿收费站	遂宁市、射洪县、蓬溪县、遂宁市辖区、绵阳市、绵阳市辖区、三台县、雅安市、雅安市辖区、眉山市、洪雅县、乐山市、夹江县、峨眉山市、乐山市辖区、犍为县、宜宾市、宜宾县、宜宾市辖区、南溪县、江安县、泸州市、纳溪区、泸县、合江县	579.614
	重庆	潼南区书房坝主线收费站	江津区G93主线收费站	潼南区、铜梁区、沙坪坝区、九龙坡区、江津区	160.402

G93(成渝地区环线高速公路)沿线互通、出入口、服务区信息表 表 11-8

编号	省份	沿线互通	出入口	服务区
G93	四川	吉祥、张家坪、水碾坝、成绵、成雅、白鹤林、白家、青龙场、张徐坝、象鼻、黄桷湾、分水岭互通、双江、潼南、田家、少云、铜梁北、铜梁、蒲吕、大路、壁山北、土主、赖家桥、高滩岩、西环、白市驿、绕城成渝、双福、西彭、小湾、江津、刀家、白沙、塘河、斑竹林互通	泸州南、榕山、白米、合江、佛荫、西眉、遂渝四川、新民互通、犍为南、犍为北、五通互通、乐雅—乐宜、苏稽、夹江、木城、乐雅—乐峨、洪雅、乐雅至遂洪、东岳、宜宾、宗场、大塔、泥溪、白鹤林、马庙、怡乐、下长、罗龙、沙坪、象鼻互通、草坝、凤鸣、乐雅至成雅出入口	楼房沟、夹江、瓦屋山、新桥、三台、蓝田、白鹿、射洪、红江、遂宁东、犍为东、五通桥、宜宾、长宁服务区,三宝、三叉河、廖家湾、合江、纳溪、沙坪停车区
	重庆	铜梁枢纽、绕城渝遂、土主、高滩岩、西环、白市驿、绕城成渝、绕城渝泸、斑竹林互通	书房坝主线、双江、潼南、田家、少云、铜梁北、铜梁、铜梁东、大路、璧山、沙坪坝主线、九龙坡主线、走马、珊瑚、双福、西彭、小湾、江津、刁家、白沙、塘河、白鹿主线出入口	大路、铜梁、潼南、江津服务区,塘河停车区

二、路网关系

G93(成渝环线高速公路)路网关系示意图如图 11-3 所示。

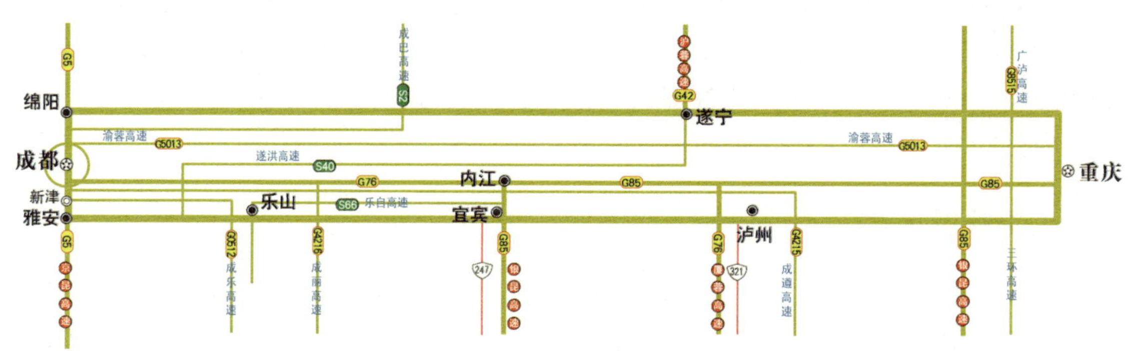

图 11-3 G93(成渝环线高速公路)路网关系示意图

三、建设历程

1. 重庆渝遂高速公路

2003 年 12 月 30 日开工建设,2007 年 12 月 27 日建成通车,全长 111.8km,全线四车道,设计速度 80km/h。建成大桥 37 座。建成特长隧道:云雾山隧道、大学城隧道,共 2 座。建成长隧道 1 座。总投资 44.8 亿元,资金来源:交通部车购税投入、地方投入、银行贷款。占地 12257.166 亩。项目管理单位:重庆铁发遂渝高速公路有限公司;勘察设计单位:重庆交通规划勘察设计院、中交第二公路勘察设计院等;监理单位:重庆中宇公路工程咨询有限公司、北京华通公路桥梁监理咨询公司等;施工单位:中铁二十三局集团三公司、中铁十三局集团一公司等。

2. 重庆江津至四川合江段(一期)

2006年6月开工建设,2009年12月建成通车,全长30.65km,全线四车道,设计速度80km/h。建成大桥6座。总投资14.87亿元(一期和二期总概算是20.28亿元,根据规模后按比例拆分概算),资金来源:交通运输部车购税投入、地方投入、银行贷款。占地3522.63亩。项目管理单位:重庆高速公路集团有限公司南方建设分公司;勘察设计单位:重庆市交通规划勘察设计院、广西壮族自治区交通规划勘察设计研究院等;监理单位:重庆市交通工程监理咨询有限责任公司、重庆育才工程咨询监理有限公司;施工单位:中交第三公路工程局有限公司、中铁十四局集团有限公司等。

3. 重庆江津至四川合江段(二期)

2010年3月开工建设,2012年12月建成通车,全长16.62km,全线四车道,设计速度80km/h。建成大桥10座。总投资8.07亿元(一期和二期总概算是20.28亿元,根据规模后按比例拆分概算),资金来源:地方投入、银行贷款。占地1768.5亩。项目管理单位:重庆高速公路集团有限公司建设管理中心;勘察设计单位:重庆市交通规划勘察设计院、四川省交通运输厅公路规划勘察设计研究院等;监理单位:重庆育才工程咨询监理有限公司;施工单位:中城建第三工程局集团有限责任公司、岳阳市公路桥梁基建总公司等。

4. 绵遂高速四川遂宁段

2008年开工建设,2010年12月建成通车,全长97.0km,全线四车道,设计速度80km/h。建成特大桥:过军坝涪江特大桥,共1座。建成大桥51座。总投资51.15亿元,资金来源:地方投入、银行贷款。占地8670.9亩。项目管理单位:四川遂宁绵遂高速公路有限公司;勘察设计单位:四川省交通厅公路规划勘察设计研究院、中国公路工程咨询集团有限公司;监理单位:中国华西工程设计建设有限公司、中交建工程咨询(北京)有限公司等;施工单位:中铁二局股份有限公司、中铁二局第五工程有限公司等。

5. 四川绵遂路绵阳段

2009年2月开工建设,2011年12月建成通车,全长77.94km,全线四车道,设计速度80km/h。建成大桥68座。总投资40亿元,资金来源:企业投入。项目管理单位:四川汉龙集团有限公司等;勘察设计单位:四川省交通厅公路规划勘察设计研究院等;监理单位:成都久久公路工程监理有限公司、绵阳市川交建设工程监理咨询有限公司等;施工单位:无锡市交通工程有限公司、核工业西南建设集团有限公司等。

6. 四川乐宜高速公路

2007年12月开工建设,2010年12月建成通车,全长137.778km,全线四车道,设计速度80km/h。建成特大桥:大渡河特大桥、石溪岷江特大桥、犍为岷江特大桥、新民岷江特大桥、五通桥区岷江特大桥,共5座。建成大桥93座。总投资71.02亿元,资金来源:企业投入、银行贷款。占地12718.12亩。项目管理单位:山东高速集团四川乐宜公路有限公司;勘察设计单位:四川省交通运输厅公路规划勘察设计研究院、云南省规划勘察设计院等;监理单位:山东高速工程咨询有限公司、四川公路工程咨询监理公司等;施工单位:中铁大桥局股份有限公司、沈阳高等级公路建设总公司等。

7. 四川宜渝路宜宾段

2009年8月开工建设,2012年12月建成通车,全长77.982km,全线四车道,设计速度80km/h。建成特大桥:南溪长江大桥,共1座。建成大桥65座。建成特长隧道:江安二陡岩隧道,共1座。建成长隧道4座。总投资68.45亿元,资金来源:资本金投资、银行贷款。占地6306亩。项目管理单位:四川宜泸高速公路开发有限责任公司;勘察设计单位:四川省交通厅公路规划勘察设计研究院、湖北省交通规划设计院;监理单位:四川公路工程咨询监理公司等;施工单位:四川路桥建设集团交通工程有限公司等。

8. 四川宜渝路泸州段

2010年1月开工建设,2013年6月建成通车,全长74km,全线四车道,设计速度80km/h。建成特大桥:合江长江一桥、合江长江二桥,共2座。建成大桥28座。总投资51.24亿元,资金来源:企业投入。项目管理单位:泸州东南高速公路发展有限公司;勘察设计单位:四川省交通厅公路规划勘察设计研究院、湖北省交通规划设计院等;监理单位:中铁二院(成都)咨询监理有限责任公司、西安方舟工程咨询有限责任公司等;施工单位:四川公路桥梁建设集团有限公司、广西壮族自治区公路桥梁工程总公司等。

9. 四川乐山至雅安段公路

2010年4月开工建设,2013年9月建成通车,全长112.2km,全线四车道,设计速度80km/h。总投资79.0亿元,资金来源:中央投入、交通运输部车购税投入、地方投入。占地10532.0亩。项目管理单位:四川雅眉乐高速公路有限责任公司;勘察设计单位:四川省交通厅公路规划勘察设计研究院等;监理单位:四川国际工程监理有限公司等;施工单位:中交第三公路工程局有限公司等。

第四节　G94(珠三角地区环线高速公路)

G94(珠三角地区环线高速公路)是国家"71118+6"高速公路网6条地区环线中的第四环,是珠三角地区城市之间的重要经济通道,有利于加强香港、澳门与珠三角地区的沟通,是港珠澳大湾区重要的公路基础设施之一。G94(珠三角地区环线)连接沈海、长深、济广、大广、京港澳、二广和广昆7条国家干线高速公路,加快了沿线地区的经济发展。

G94(珠三角地区环线高速公路)起点位于广东省梅林收费站,终点位于月环支线上行中山珠海交界。规划里程451.76km,通车里程341.705km,四车道46.611km,六车道295.094km。经过香港、广东(深圳、珠海、中山、江门、佛山、花都、增城、东莞)、澳门。

拥有联络线一条:

G9411(莞佛高速公路)东莞至佛山高速公路,起点位于东莞莞深立交,终点位于高明。规划里程155.74km,通车里程70.930km,四车道8.761km,六车道62.169km。途经东莞、虎门、佛山。目前,G9411(莞佛高速公路)已全线建成通车。

一、项目概况

G94(珠三角地区环线高速公路)路线信息见表11-9,沿线互通、出入口、服务区信息见表11-10,并行线、联络线路线信息见表11-11,并行线、联络线沿线互通、出入口、服务区信息见表11-12。

G94(珠三角地区环线高速公路)路线信息表 表11-9

编号	省份	省内起点	省内终点	途经市、县	通车里程(km)
G94	广东	梅林收费站	月环支线上行中山珠海交界	花都区、增城区、宝安区、三水区、高明区、蓬江区、江海区、鹤山市、鼎湖区、高要市、四会市、东莞市、中山市	341.705

G94(珠三角地区环线高速公路)沿线互通、出入口、服务区信息表 表11-10

编号	省份	沿线互通	出入口	服务区
G94	广东	富佛、张洞、中江、棠下、杜阮、K82+867中桥、龙口、K21.097主线桥K304.308、K4+800桥、黄江、常虎、大朗、东莞特大桥互通	钟屋、中山西、中山南、张洞、江门、月环、莞龙站、桃源、棠下、潭塱、石碣、石大路、上屯、沙溪、人和、马修、马岭、龙口、莲花山、荔城、昆东、黄江、黄冈、红群、富佛互通、富佛互通、杜阮互通、东莞、大旺、大塘、大坪、大朗、陈屋互通、北江西、北江东、板芙、莲花山、龙湾、中山西出入口	沙溪、龙口、黄江、鼎湖服务区

G94(珠三角地区环线高速公路)并行线、联络线路线信息表 表11-11

编号	省份	省内起点	省内终点	途经市、县	通车里程(km)
G9411	广东	东莞莞深立交	高明	番禺区、南沙区、东莞市	70.930

G94(珠三角地区环线高速公路)并行线、联络线沿线互通、出入口、服务区信息表 表11-12

编号	省份	沿线互通	出入口	服务区
G94	广东	南沙、威远互通	西行虎门港支线、五点梅互通西行、威远往广州、莞深互通西行、莞深互通西行、太平互通往南沙、松山湖站西行、深圳往威远、深圳往南沙、南沙往广州、龙大互通西行出、大岭山站西行出、常虎中心站西行出入口	虎门大桥南沙、大岭山服务区

二、路网关系

G94(珠三角地区环线高速公路)路网关系示意图如图 11-4 所示。

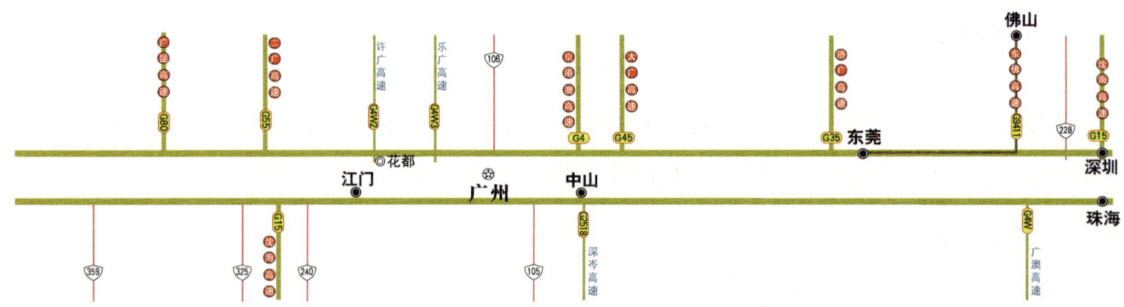

图 11-4 G94(珠三角地区环线高速公路)路网关系示意图

三、建设情况

1. 广东澳门口岸至南屏段

2012 年开工建设,2016 年建成通车,全长 18.392km,全线六车道,设计速度 80km/h。建成特大桥:前山河特大桥、南琴路高架桥,共 2 座。建成大桥 1 座。建成特长隧道:加林山隧道,共 1 座。总投资 105.68 亿元,资金来源:地方投入、银行贷款。占地 560 亩。项目管理单位:港珠澳大桥珠海连接线管理中心;勘察设计单位:中交第二公路勘察设计研究院有限公司、北京交科公路勘察设计研究院有限公司;监理单位:重庆中宇工程咨询监理有限公司、中国公路工程咨询集团有限公司;施工单位:中铁十八局集团有限公司、广东省长大公路工程有限公司等。

2. 广东南屏至月环支线

与 G4(京港澳高速公路)共线。

3. 广东广珠西线高速公路(月环至沙溪)

2010 年初开工建设,2013 年 1 月 25 日建成通车,全长 37.71 公里,全线六车道,设计速度 100km/h。建成特大桥:珠江特大桥、板沙尾特大桥、吉昌特大桥、永胜特大桥,共 4 座。建成大桥 74 座。建成长隧道 1 座。总投资 58.85 亿元,资金来源:地方投入、银行贷款。占地 3377 亩。项目管理单位:广东广珠西线高速公路有限公司;勘察设计单位:中交公路规划设计院、华杰工程咨询有限公司;监理单位:广东华路交通科技有限公司、广东翔飞公路工程监理有限公司;施工单位:广东省长大公路工程有限公司、广东冠粤路桥有限公司。

4. 广东沙溪至东升高速公路

2005 年开工建设,2010 年 6 月建成通车,全长 3.88km,全线六车道。总投资 7 亿元,资金来源:地方投入、银行贷款。占地400亩。项目管理单位:广东广珠西线高速公路有限公司;勘察设计单位:中交公路规划设计院、华杰工程咨询有限公司;监理单位:广东华路交通科技有限公司、广东翔飞公路工程监理有限公司;主要施工单位:广东省长大公路工程有限公司、广东冠粤路桥有限公司。

5. 广东东升至江门四村高速公路

与G2518(深岑高速)共线。

6. 广东江门四村至杜阮高速公路

2002年3月开工建设,2005年11月建成通车,全长7.69km,全线四车道,设计速度120km/h。建成特大桥:睦州大桥,共1座。建成大桥3座。总投资4.6亿元,资金来源:地方投入、银行贷款。占地498.0亩。项目管理单位:广东江中高速公路有限公司;勘察设计单位:广东省公路勘察规划设计院有限公司;监理单位:广东省公路工程监理站;施工单位:广东冠粤路桥有限公司等。

7. 中山新隆至江门段高速公路

2002年3月开工建设,2005年11月建成通车,全长32.38km,全线四车道,设计速度120km/h。建成特大桥:西江特大桥、歧江公路跨线桥、港口大桥、港口高架桥,共4座。建成大桥29座。总投资26.84亿元,资金来源:地方投入、银行贷款。占地4999亩。项目管理单位:广东江中高速公路有限公司;勘察设计单位:广东省公路勘察规划设计院有限公司;监理单位:广东省公路工程监理站;施工单位:广东冠粤路桥有限公司等。

8. 江肇高速公路(江门杜阮至肇庆四会段)

2008年8月28日开工建设,江肇一期(K0+000~K73+500)于2010年底建成通车,江肇二期(K73+500~K107+700)于2012年12月底建成通车,全长107.7km,设计速度100km/h,双向六车道。建成特大桥:高明河特大桥、西江特大桥、三茂铁路跨线桥、青绥特大桥、张洞互通主线桥,共5座。建成大桥63座,中桥72座,小桥57座。建成特长隧道:毛毡岭隧道,共1座,建成长隧道1座,隧道群1组。占地13108亩。资金来源:中央投入、地方投入、银行贷款。项目管理单位:广东省南粤高速公路有限公司;勘察设计单位:中交第一公路勘察设计研究院、广东省公路规划勘察设计院有限公司等;施工单位:中交第一航务工程局有限公司、广东省长大公路工程有限公司、中铁隧道集团有限公司等;监理单位:山西交科公路工程咨询监理有限公司、广东华路交通科技有限公司等;建设和运营管理单位:广东江肇高速公路管理中心。

9. 肇花高速公路(肇庆市四会至花都区花山段)

2010年7月开工建设,2014年12月31日建成通车,全长63.577km,全线六车道,设计速度 120km/h。建成特大桥:北江特大桥、望岗特大桥、新屋特大桥、东升高架桥、碧桂园高架桥、省道 S114 跨线桥、狮岭高架桥、芙蓉大道跨线桥、国道 G106 跨线桥、花山北互通特大桥,共 10 座。建成大桥 12 座。占地 7415.34 亩。总投资 97.2 亿元,资金来源:企业投资、银行贷款。项目管理部位:广东省高速公路有限公司。勘察设计单位:广东省公路勘察规划设计研究院股份有限公司、北京交科公路勘察设计研究院有限公司等;施工单位:广东省长大公路工程有限公司、广东冠粤路桥有限公司、中铁十二局集团有限公司等;监理单位:广东翔飞公路工程监理有限公司、重庆中宇工程咨询监理有限责任公司等;运营管理单位:广东省高速公路有限公司。

10. 广州增城沙庄至花都北兴公路一期工程(增城沙庄至荔城段)

2005 年 3 月 18 日开工建设,2008 年 12 月 29 日建成通车,全长 6.0km,全线六车道,设计速度 100km/h。建成特大桥:东江北大桥、增江大桥、广深铁路跨线桥,共 3 座。建成大桥 1 座。总投资 13.3 亿元,资金来源:地方投入、银行贷款。占地 1873.3 亩。项目管理单位:广州市景洋投资有限公司;勘察设计单位:广东省公路勘察规划设计院有限公司;监理单位:广东虎门技术咨询有限公司;施工单位:中铁大桥局集团第七工程有限公司、中铁九局集团有限公司等。

11. 广州增城沙庄至花都北兴公路二期工程(荔城至花都北兴段)

2013 年 12 月开工建设,2017 年 12 月建成通车,全长 44.44km,全线六车道,设计速度 100km/h。总投资 65.52 亿元,资金来源:地方投入、银行贷款。占地 5306.0 亩。项目管理单位:广州市高速公路有限公司、北三环高速公路项目管理处;勘察设计单位:广东省公路勘察规划设计院有限公司;监理单位:育才—布朗交通咨询监理有限公司等;施工单位:广州市公路工程公司、中铁二十三局集团有限公司等。

12. 莞深高速公路东莞段(塘厦至石碣)

塘厦至附城段 1999 年 9 月开工建设,2000 年 10 月建成通车,莞龙段 2001 年 3 月开工建设,2005 年 5 月 28 日建成通车,石碣段 2006 年 8 月开工建设,2009 年 9 月 28 日建成通车,全长 48.8km,全线六车道,设计速度 100km/h。总投资 39.2 亿元,资金来源:地方投入。占地 3204.0 亩。项目管理单位:莞深高速公路有限公司;勘察设计单位:黑龙江省林业设计研究院;监理单位:育才—布朗交通咨询监理有限公司;施工单位:东莞市交通工程总公司等。

13. 莞深高速公路梅观高速公路延伸至东莞塘厦段

1997 年 2 月 21 日开工建设,1998 年 4 月 10 日建成通车,全长 4.6km,全线六车道,设计速度 100km/h。总投资 0.9663 亿元,资金来源:地方投入。占地 629.0 亩。项目管理单位:莞塘高速公路有限公司;勘察设计单位:东莞市交通规划设计所;监理单位:江龙监理所;施工单位:东莞市经纬公路工程有限公司等。

14. 莞深高速公路大坪立交

2004年11月28日开工建设,2006年7月6日建成通车,全长1.0km,全线六车道,设计速度100km/h。总投资0.56亿元,资金来源:地方投入。项目管理单位:东莞发展控股股份有限公司;勘察设计单位:广东省冶金建筑设计研究院;监理单位:育才—布朗交通咨询监理有限公司;施工单位:东莞市鸿高建设工程有限公司等。

15. 莞深高速上屯立交

2006年5月10日开工建设,2007年5月25日建成通车,全长0.98km,全线六车道,设计速度100km/h。总投资0.69亿元,资金来源:地方投入。项目管理单位:东莞发展控股股份有限公司;勘察设计单位:中交第一公路勘察设计研究院深圳分院;监理单位:上海同济公路工程监理咨询有限公司;施工单位:湖南省郴州路桥工程建设公司等。

四、联络线及并行线

G9411(莞佛高速)东莞至佛山高速公路

广东东莞莞深立交至树田段。2003年1月开工建设,2005年3月建成通车,全长25.717km(四车道5.51km,六车道19.21km),设计速度120km/h。建成特大桥:东莞特大桥、温塘跨线桥,共2座。建成大桥11座。总投资22.52亿,资金来源:地方投入。占地3291亩。项目管理单位:东莞市新远高速公路发展有限公司;勘察设计单位:中交第二公路勘察设计研究院有限公司、深圳园林设计装饰公司;监理单位:武汉大通公路桥梁工程咨询监理有限责任公司、育才一布朗交通咨询监理有限责任公司;施工单位:山西平阳路桥有限公司、长沙市公路桥梁建设有限责任公司等。

广东树田至北栅段。与G4(京港澳高速公路)共线。

广东虎门大桥。1992年10月开工建设,1997年7月建成通车,全长17.762km,全线六车道,设计速度110km/h。建成特大桥:虎门大桥西引桥、虎门大桥辅航道桥、虎门大桥悬索桥,共3座。建成大桥20座。总投资37.59亿元,资金来源:企业投入、银行贷款。占地1763.0亩。项目管理单位:广东省交通厅质监站;勘察设计单位:中交公路规划设计院;监理单位:广东虎门技术咨询有限公司;施工单位:广东省公路工程总公司等。

广东塘坑至亭角段。1996年5月开工建设,1997年5月建成通车,全长6.67km,全线六车道,设计速度100km/h。建成特大桥:亭角高架桥、大涌高架桥,共2座。总投资7.58亿元,资金来源:企业投入、银行贷款。占地410亩。项目管理单位:广东省公路建设有限公司;勘察设计单位:四川省交通运输厅公路规划勘察设计研究院、广东省交通规划设计研究院股份有限公司;监理单位:交通部第二公路勘察设计院、黑龙江省林业设计研究院;施工单位:广东省长大公路工程总公司一公司、广州铁路集团第一工程公司。

广东番禺亭角至东涌段。与 G4W(广澳高速公路)共线。

广东番禺东涌至南海九江段。与 G1501(广州绕城高速公路)共线。

广东九江至西樵段。2005 年 12 月开工建设,2009 年 6 月 25 日建成通车,全长 42.257km,全线六车道,设计速度 100km/h。总投资 21.19 亿元,资金来源:地方投入。建成特大桥:富湾特大桥,共 1 座。勘察设计单位:广东省公路勘察规划设计院有限公司、湖南省交通规划勘察设计院、北京交科公路勘察设计院;监理单位:广东翔飞公路工程监理有限公司、北京兴通交通工程监理有限责任公司、广东建设工程监理有限公司;施工单位:中交四航局第一工程有限公司、中交第四航务工程局有限公司、广东省长大公路工程有限公司(联合体)、浙江浙大中控信息技术有限公司等。

西樵至高村段。起于南海区西樵,接广明高速公路佛山段,止于佛山市高明区西安林场,通过互通立交与 G94(江肇高速公路)相接。与 S5(广州至台山高速公路)共线。

五、先进技术的研究与应用

虎门大桥先进技术研究与应用(广东)

主要内容:

(1)悬索桥抗震分析。

(2)悬索桥东锚碇岩体质量及其稳定性评价与工程对策研究。

(3)悬索桥东塔基桩承载能力试验研究。

(4)悬索桥锚碇体与基岩摩阻力试验。

(5)液压提升跨缆吊机研制。

(6)悬索桥主塔施工自动爬升模板研制。

(7)悬索桥锚碇大体积混凝土温度控制技术和工艺研究。

(8)悬索桥 SMA 改性沥青钢桥面铺装技术研究。

(9)网络计算机在虎门大桥施工中的应用。

(10)辅航道桥(270m 连续刚构)桩基抗风模型试验研究。

(11)270m 连续刚构悬臂施工轻型挂篮研究。

(12)GPS 测量新技术研究。

(13)悬索桥主缆与索夹摩阻力试验。

(14)辅航道桥(270m 连续刚构)单 T 模型风洞试验。

(15)虎门大桥悬索桥竣工验收荷载试验。

(16)虎门大桥悬索桥主缆和吊索锚头组装件强度性能试验评定。

(17)虎门大桥悬索桥跨缆起重机研制。

(18)虎门大桥悬索桥紧缆机研制。

(19)虎门大桥悬索桥现场工艺研究。

(20)虎门大桥钢箱梁节段工地拼焊工艺研究。

(21)虎门大桥悬索桥钢箱梁节段工厂制造技术条件。

(22)虎门大桥悬索桥上部构造施工监控技术研究。

(23)虎门大桥悬索桥钢箱梁拼接程序研究。

(24)虎门大桥悬索桥抗风稳定性试验研究。

六、复杂技术工程

1.广东虎门大桥

西塔下游塔柱基础的处理。虎门大桥西塔下游塔柱基础坐落在主航道西岸金锁排小岛的花岗岩层上。原设计为12m×60m扩大基础,嵌入花岗岩层中,施工时水深约8m,岩面不平。原施工方案是先用水下爆破将倾斜岩面整平,再炸成3m深基坑,在坑内设双壁钢围堰,然后在双壁间灌注水下混凝土,使其与基岩结合隔水,再清理基坑,浇灌混凝土基础。施工时钢围堰未能隔住水,其主要原因是水下爆破之后,岩面局部不平,并存在大量裂隙,钢围堰不能与岩体密接,而且在吊装钢围堰时,其吊耳脱落,坠落的围堰在强制复位中局部损坏变形,再加之灌注水下混凝土时,混凝土供应量不够,致使灌注时间过长,围堰不能隔水。后经多方处理仍不能奏效,拖延工期达五个月之久。据此业主出面协调研究确定,改变设计和施工方案,在围堰内布置12根ϕ2m的嵌岩短桩,施工时先在围堰内进行水下清基,埋设钢护筒,用水下混凝土封闭整个坑底,再冲孔做桩,最后再抽水清基做钢筋混凝土承台。按此方案较为顺利地完成了这一重要基础工程的施工。

辅航道桥18号墩桩基的补救措施。虎门大桥18号墩是辅航道连续刚构桥的东边墩,施工水深12m,其基础地质复杂,岩面高差大,砂及风化层厚达15~20m,设计为8根ϕ2m的钻孔桩,桩长41m。施工中下游侧的4根桩(编号为3、4、7、8号)有3根桩出现严重问题。3号桩钻孔时塌孔,回填片石后,重新冲孔,钻锤卡在-33m位置无法提起;8号桩成孔并下钢笼后坍孔,回填冲孔时又卡锤,护筒在-19m处严重变形。7号桩因邻近的桩位塌孔影响,护筒自动下沉达80m,偏斜30m。以上3根桩经长达9个月的处理补救,均未能全部奏效。最后确定,使用18根ϕ60cm的预应力高强混凝土打入桩,打入深度21m,承载力按2500kN检验。3号、8号桩长度减短保留。18号墩基础施工的主要教训是探孔少,在施工前对地质资料分析研究不够,未能针对砂及风化层很厚、易于塌孔的情况采取相应的工艺措施。

悬索桥主缆索股制作架设中出现缺陷的处理。虎门大桥主缆索股制作架设初期,使用德国钢丝,采用现场短线法预制的索股,从索盘中放出拖上桥后,多出现绑扎带崩断、扭转、鼓丝现象，在东散索鞍两端 10～15m 范围较为突出。在开始预制的 42 根索股中，有 18 根索股的 55 根钢丝出现不同程度的鼓丝，其中有 27 根鼓丝矢高达 10m。对这种缺陷，采取先截断，割去长出部分，再接起来使用。对其中 5 根索股，因缺陷太多，无法整治补救而从报废。鉴于上述情况，业主、科研、施工和监理单位共同研究确定，不再用德国钢丝而改用国产江阴钢丝制索，改用日本进口的绑扎带；增加索盘盘径；加长索股成型机至卷盘之间的距离；加大制索时钢丝后张力。通过上述措施，边制边改进，质量日趋稳定。但制完 178 根索股之后，运至现场的国产江阴钢丝已用完，剩下只有德国钢丝，而现场短线制索工艺和设备对德国钢丝又不适应，故确定剩下的 42 根索股改到上海浦江厂用国产钢丝制作。从后来架索的情况看，工厂预制的索股也存在有少量扭转、鼓丝现象，可见对 127 丝的长大索股的制索和架索工艺还需进一步研究改进。

悬索桥主索鞍预偏量不足问题的处理。虎门大桥根据施工程序设计，塔顶主鞍座的初始安装位置要偏离竣工位置即主塔柱中心一定距离。该距离称为“预偏移量”。施工前监控人员通过计算并与实际观测数据比较后发现，设计单位提供的预偏移量不够，建议修正，但未引起重视。后监控人员正式提出书面报告，指出如不修正，竣工时主鞍座将回归不到塔柱中心，对主塔受力不利，而且将影响全桥线形。但此时索股已架好 32 根，如要修正预偏量，返工量很大。在此情况下，省交通厅领导出面协调，统一了思想，决定返工修正。经过施工人员近十天的艰苦努力，完成了修正任务，保证了主缆线形和大桥竣工质量。实践说明，在我国尚无设计监理的情况下，由业主组织对重要设计数据进行复核和监控是十分必要的。

2. 广东太平大桥东引桥部分桩基沉陷的处理

太平大桥东引桥 42～57 号墩的局部桩基发生不同程度的下沉，下沉量达 3～6cm 的有 53 根，下沉量达 10cm 的有 7 根。其主要原因是：①地质复杂，钻孔少，每两孔桥即相距 60m 才有一个钻孔，没有反映出主要持力层有较大软硬不匀的情况。②优化设计时，桩的极限摩阻力取用钻探部门推荐的上限值，偏高。③终孔标准掌握不够，有一部分桩终孔进尺达 1m/h，最高的达 1.575m/h。④此桥段桥面用作 T 梁预制场和存梁场，荷载偏大，而且堆放时间长达 3 个月。事故发生后，分析了原因，对其中 17 根桩进行了加固处理。

第五节　G95（首都地区环线高速公路）

G95（首都地区环线高速公路）是国家“71118＋6”高速公路网 6 条地区环线中的第五环，对促进京津冀地区经济发展具有十分重要的现实意义和深远的历史意义。

G95(首都地区环线高速公路)未全线建成,起点位于河北廊坊市广阳区九州镇,终点位于张家口市崇礼县小二号村北。规划里程918.19km,通车里程663.771km,四车道617.362km,六车道46.409km。目前,北京段待建。

拥有联络线一条:

G9511(涞涞高速公路)涞水至涞源高速公路,起点位于涿州市松林店镇(榆林互通),终点位于保定市涞源县(涞源东枢纽互通)。规划里程115.73km,通车里程110.742km,全线四车道。途经涞水、来源。目前,G9511(涞涞高速)已全线建成通车。

一、路线概况

G95(首都地区环线高速公路)路线信息见表11-13,沿线互通、出入口、服务区信息见表11-14,并行线、联络线路线信息见表11-15,并行线、联络线沿线互通、出入口、服务区信息见表11-16。

G95(首都地区环线高速公路)路线信息表 表11-13

编号	省份	省内起点	省内终点	途经市、县	通车里程(km)
G95	北京	待建			—
	河北	廊坊市广阳区九州镇	张家口市崇礼县小二号村北	广阳区、固安县、涿州市、涞水县、涿鹿县、宣化县、张家口市桥东区、崇礼县	663.771

G95(首都地区环线高速公路)沿线互通、出入口、服务区信息表 表11-14

编号	省份	沿线互通	出入口	服务区
G95	北京	待建		
	河北	固安东、固安南、廊涿枢纽、东湾、京白、京珠枢纽、松林店、黄家屯、榆林枢纽、涞水北、涞水北枢纽、都衙、紫石口、九龙、河东、孔涧、卧佛寺、涿鹿、涿鹿枢纽、涿鹿北、下花园西、胶泥湾枢纽、胶泥湾、太师庄纽、张家口西、张家口东、屈家庄枢纽、张承高速纬三路、张承高速五一路、张承高速把图湾、张承高速崇礼南、张承高速崇礼北、二秦枢纽、南山窑、桦皮岭、西辛营、沽源互通	固安东、固安南、廊涿互通、东湾、京白、京珠、松林店、黄家屯、榆林互通、涞水北、都衙、紫石口、九龙、河东、孔涧、卧佛寺互通、涿鹿、涿鹿北、下花园西、、胶泥湾主线、胶泥湾、张家口西、张家口东、张承高速纬三路、张承高速五一路、张承高速把图湾、张承高速崇礼南、张承高速崇礼北、南山窑、桦皮岭、西辛营、沽源出入口	廊坊、固安、涿州南、涞水、野三坡、鲍家口、涿鹿、宣化南、张家口西、崇礼东、崇礼西、莲花滩、沽源服务区

G95(首都地区环线高速公路)并行线、联络线路线信息表 表11-15

编号	省份	省内起点	省内终点	途经市、县	通车里程(km)
G9511	河北	涿州市松林店镇(榆林互通)	保定市涞源县(涞源东枢纽互通)	涿州市、高碑店市、涞水县、易县、涞源县	110.742

G95(首都地区环线高速公路)并行线、联络线沿线互通、出入口、服务区信息表 表11-16

编号	省份	沿线互通	出入口	服务区
G9511	河北	榆林、涞水东、涞水、涞水枢纽、易县、西陵、紫荆关、涞源东枢纽互通	涞水东、涞水、易县、西陵、紫荆关、涞源东出入口	涞源东、易县服务区

二、路网关系

G95(首都环线高速公路)路网关系示意图如图 11-5 所示。

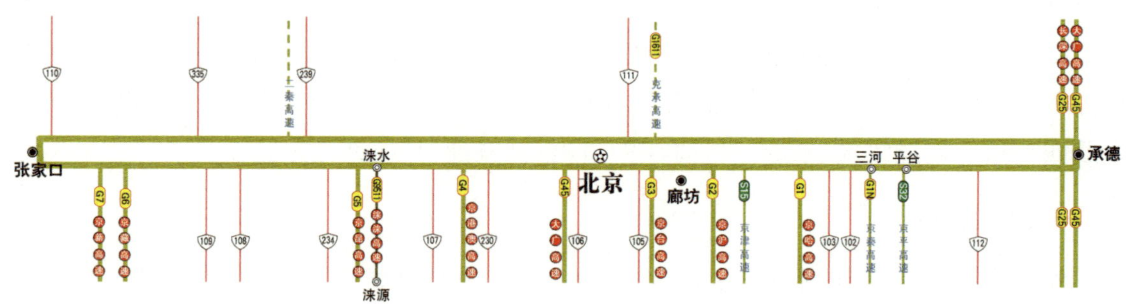

图 11-5　G95(首都环线高速公路)路网关系示意图

三、建设历程

1. 河北张家口至崇礼段

2007 年 5 月开工建设,2010 年 9 月建成通车,全长 62.078km,全线四车道,设计速度 80km/h。建成大桥 41 座。建成特长隧道:大华岭隧道,共 1 座。建成长隧道 1 座。总投资 47.996 亿元,资金来源:地方投入、银行贷款。占地 9396.2775 亩。项目管理单位:张承高速张家口管理处;勘察设计单位:河北省交通规划设计院、北京国科天创建筑设计院等;监理单位:重庆育才工程咨询监理有限公司、保定市第三工程建设监理有限公司等;施工单位:中交一公局桥隧工程有限公司、中铁十局集团建筑工程有限公司等。

2. 河北崇礼至张承界段

2013 年 5 月开工建设,2015 年 10 月建成通车,全长 102.01km,全线四车道,设计速度 80km/h、100km/h。建成特大桥:葫芦河特大桥,共 1 座。建成大桥 13 座。建成长隧道 2 座。总投资 78.16 亿元,资金来源:交通运输部车购税投入、地方投入、银行贷款。占地 6639.9465 亩。项目管理单位:张承高速张家口管理处;勘察设计单位:河北省交通规划设计院、北京国科天创建筑设计院等;监理单位:河北省交通建设监理咨询有限公司、重庆育才工程咨询监理有限公司等;施工单位:中铁十一局集团第五工程有限公司、中交一公局桥隧工程有限公司等。

3. 河北承德至张家口高速公路(承德段)

2013 年 4 月开工建设,2015 年 12 月建成通车,全长 203.74km,全线四车道,设计速度 100km/h。建成大桥 68 座。建成特长隧道:小三岔口隧道、套鹿沟 2 号隧道、套鹿沟 3

号隧道、平顶山隧道、千松坝隧道，共5座。建成长隧道6座。总投资258.20亿元，资金来源：交通运输部车购税投入、地方投入、银行贷款。占地19073.56亩。项目管理单位：河北省高速公路张承承德段筹建处；勘察设计单位：中交远洲交通科技集团有限公司、中国公路工程咨询集团有限公司等；监理单位：河北翼民工程咨询有限公司、北京德通达交通工程监理咨询有限责任公司等；施工单位：中铁十一局集团第三工程有限公司、四川川交路桥有限责任公司等。

4. 承唐高速承德段

与G25(长深高速公路)共线46km。

5. 河北廊坊至北三县段

2013年5月开工建设，2016年11月建成通车，全长50.462km，双向四车道，设计速度120km/h。建成特大桥1座(左幅5826m、右幅5831 m)。建成大桥7座(含互通区)。总投资59.226亿元，资金来源：地方投入、银行贷款。占地6266.06亩。项目建设单位：河北省高速公路廊坊北三县管理处；设计单位：河北省交通规划设计院、路桥集团桥梁技术有限公司、中钢集团工程设计研究院；监理单位：河北通达工程监理咨询有限公司、河北省交通建设监理咨询有限公司、廊坊市交通技术咨询监理公司等；施工单位：河南省大河筑路有限公司、中铁四局集团第四工程有限公司、中铁大桥局股份有限公司、邢台路桥建设总公司等。

6. 河北张石高速密涿支线(松林店至榆林互通)

2006年11月开工建设，2008年10月建成通车，全长6.64km，全线四车道，设计速度120km/h。建成大桥1座。总投资3.03亿元，资金来源：地方投入、银行贷款。占地692.895亩。项目管理单位：保定市张石高速公路筹建处；勘察设计单位：河北省交通规划设计院、河北省建筑规划设计院；监理单位：河北省公路工程技术咨询有限公司、保定交通建设监理咨询有限公司等；施工单位：河北省第二建筑工程公司、河北路桥交通工程有限公司等。

7. 河北廊坊至涿州高速公路涿州至旧州段

2006年2月开工建设，2008年7月建成通车，全长58.4km，全线四车道，设计速度120km/h。总投资32.96亿元，资金来源：地方投入、银行贷款。占地8286.0亩。项目管理单位：河北省廊涿高速公路筹建处；勘察设计单位：河北省交通规划设计院、路桥集团桥梁技术有限公司等；监理单位：河北通达工程监理咨询有限公司、河北省交通建设监理咨询有限公司等；施工单位：河南省大河筑路有限公司、中铁大桥局股份有限公司等。

8. 河北张家口至涿州高速公路保定段

2009年9月开工建设，2013年12月建成通车，全长72.657km，全线四车道，设计速度100km/h。建成特大桥:南水北调干渠特大桥,共1座。建成大桥22座。建成特长隧道:李家铺隧道、南峪隧道、都衙隧道、北龙门隧道,共4座。建成长隧道5座。总投资87.07亿元,资金来源:地方投入、银行贷款。占地6159.0525亩。项目管理单位:河北省高速公路张涿保定管理处;勘察设计单位:河北省交通规划设计院、河北建筑设计研究院有限责任公司等;监理单位:四川国际工程监理有限公司、西安华兴公路工程咨询监理有限公司等;施工单位:中铁三局集团第六工程有限公司、中铁六局集团有限公司等。

9.河北张家口至涿州高速公路张家口段

2010年3月开工建设,2014年3月建成通车,全长82.643km,全线四车道,设计速度100km/h、80km/h。建成特大桥:岔河特大桥、G109互通式立体交叉吕家湾特大桥(A匝道),共2座。建成大桥94座。建成特长隧道:分水岭隧道,共1座。建成长隧道3座。总投资96.7亿元,资金来源:交通运输部车购税投入、地方投入、银行贷款。占地8884.264亩。项目管理单位:张家口至涿州高速公路张家口段管理处;勘察设计单位:辽宁省交通勘察设计院、河北省交通规划设计院等;监理单位:中公交通监理咨询河南有限公司、河北路桥技术开发有限公司等;施工单位:中国港湾工程有限责任公司、中铁十九局集团第五工程有限公司等。

四、联络线及并行线

G9511(涞涞高速)涞水至涞源高速公路

河北(涞水至涞源)榆林互通至涞水枢纽互通段。2006年11月开工建设,2008年10月建成通车,全长19.81km,全线四车道,设计速度120km/h。建成大桥38座。建成特长隧道:紫荆关Ⅲ号隧道、紫荆关Ⅳ号隧道,共2座。建成长隧道6座。总投资11.85亿元,资金来源:地方投入、银行贷款。占地2238.5355亩。项目管理单位:保定市张石高速公路筹建处;勘察设计单位:河北省交通规划设计院、河北建筑设计研究院有限责任公司;监理单位:保定建设工程监理有限公司、河北省公路工程技术咨询有限公司等;施工单位:中铁六局集团有限公司、河北建设集团有限公司等。

河北(涞水至涞源)涞水枢纽互通至涞源东枢纽互通段。2009年3月开工建设,2012年12月建成通车,全长90.892km,全线四车道,设计速度100km/h。总投资55.24亿元,资金来源:地方投入、银行贷款。占地7553.567亩。项目管理单位:保定市张石高速公路筹建处;勘察设计单位:河北省交通规划设计院、河北建筑设计研究院有限责任公司;监理单位:秦皇岛保神交通建设监理公司、保定交通建设监理咨询有限公司等;施工单位:河北燕峰路桥建设有限公司、中铁六局集团有限公司等。

五、先进技术的研究与应用

1. 张家口—涿州高速公路保定段山区高速公路隧道工程软弱围岩新型支护结构应用技术研究(河北)

①南峪隧道工程根据地质条件进行岩相与沉积建造分析,对土石混合体进行工程地质调查和统计分析,研究土石混合体中块石的分布特征规律,并对其结构特征进行探索,进而为理论上研究土石混合体的结构效应提供依据。②南峪隧道围岩工程地质力学特征试验研究,土石混合体在受剪状态下的力学响应及其变形破坏特征是其力学特性的一个重要方面,而土石混合体这种特殊的工程地质材料由于取样困难而使得原位推剪试验成为获得其相关力学参数的一个重要方法。通过原位推剪试验,可以获得土石混合体材料的黏聚力以及内摩擦角等相关力学参数以及受剪变形破坏特点等。③基于有限变形力学理论的软岩隧道大变形数值模拟分析,进行小变形理论应用于大变形问题的缺陷分析,提出软岩工程非线性大变形力学理论和公路软岩隧道大变形数值仿真分析。④南峪隧道施工动态优化,分析南裕隧道复合式衬砌主洞超前支护设计、复合式衬砌型钢钢架初期支护设计、复合式衬砌导洞开挖支护设计、复合式衬砌施工工序特点,进行支护作用下围岩变形分析。⑤公路软岩隧道系统锚杆作用机理分析。分析隧道围岩中设定锚杆应具备的条件,讨论锚杆设置无效的几种情况。进行锚杆拉拔试验,分析软岩隧道锚杆的荷载传递机理、锚固机理。⑥公路软岩隧道围岩—支护结构相互作用分析。分析锚杆在软岩隧道支护中的作用机理,总结锚杆在软岩隧道中的使用条件,建立软岩隧道的工程地质力学模型,采用非线性大变形的数值模拟方法,深入系统地研究锚杆—土砂围岩的耦合作用、加固机制。⑦公路软岩隧道支护非线性大变形力学设计。研究支护体和围岩不耦合过程机理。分析软岩隧道围岩开挖后围岩的非线性力学变形特征,提出软岩隧道工程支护设计的非线性大变形力学设计理论和方法,进行南峪隧道锚杆支护优化。⑧南峪隧道系统锚杆优化试验研究系。对系统锚杆作用下隧道断面开挖模型进行模拟仿真,分析系统锚杆作用下围岩在开挖影响下的变形特征及应力分布,并对围岩初期支护结构及系统锚杆进行仿真计算,进行有无系统锚杆作用的围岩稳定性指标监控量测分析,提出土石混合体围岩公路隧道新型支护结构。

2. 张家口—涿州高速公路保定段公路隧道远程动态实时监测及围岩状态稳定可靠性研究(河北)

采用光纤光栅传感技术对东马各庄隧道典型剖面的围岩内部位移、围岩压力和隧道内温度进行远程动态实时监测。采用理论分析、数值模拟对公路隧道围岩与支护结构的稳定性进行分析,在此基础上应用可靠度分析方法建立稳定性可靠性分析模型,对可靠度指标的计算方法进行分析，提出适用于公路隧道围岩与支护结构的稳定可靠度计算方法，开发相应的计算软件，并将可靠性方法与安全系数方法进行对比分析。①现场隧道围岩状态实时监测与测试研究。在隧洞开挖后，衬砌前在隧洞围岩内安装光纤多点位移计，监测围岩的多层次多点内部位移变形；隧洞围岩采用锚杆支护，在支护锚杆上布设光纤锚杆测力计，来监测支护锚杆的应力；隧洞外进行水压力监测，用于指导运行期水害的防治。安装水平沉降光纤传感器，监控隧道重点区域垂直地表位移变化情况。在对隧道的典型地段进行现场动态实时监测和分析的基础上，针对隧道工程开挖引起隧道围岩的变形和稳定性进行分析。探讨围岩变形随时间的变化规律，建立相应的隧道工程开挖岩体变形的预测分析理论模型。②理论研究。对不同支护条件进行弹塑性数值模拟，从围岩位移、围岩应力场、塑性区范围、支护结构受力等方面进行分析，对围岩和支护结构的稳定性进行判别，为隧道支护提供理论依据。确定围岩和支护条件下稳定的基本判据和破坏准则，建立极限状态方程，确定极限状态方程的随机变量，并对其进行调查，确定其随机变量的分布类型和统计特性，进行可靠度分析，在此基础上对隧道支护系统进行可靠度分析。

六、复杂技术工程

1. 河北 G109 互通特大桥

G109 互通特大桥位于张家口市涿鹿县吕家湾村附近，跨越附近山间凹地。桥长1548m，跨径组合为 4×40m+(65+120+65)m+4×40m+(84+152+84)m+(65+120+65)m+7×40m，主桥为(65+120+65)m 和(84+152+84)m 的预应力混凝土变截面连续刚构，引桥为 40m 装配式预应力混凝土 T 梁。设计洪水频率为 1/100，项目位于山间盆地，地下水较简单，地下水按条件分为基岩裂隙水和松散岩类空隙水。大气降水入渗为主要补给方式，排泄方式为地下水径流。上部结构为(65+120+65)m+(84+152+84)m 预应力混凝土连续刚构，由一个单箱单室箱形断面组成。主桥 5、6、18、19 号桥墩采用双薄壁空心墩，横桥向宽 7m，顺桥向单薄壁 2.5m，壁厚顺桥向 0.5m，横向 0.8m；12、13 号墩采用双薄壁空心墩，横桥向宽 7m，顺桥向单薄壁 3.5m，壁厚顺桥向 0.7m，横向1.1m。分隔墩、引桥桥墩分别采用双柱式墩、薄壁空心墩。桥台采用柱式桥台。主桥桥墩采用 ϕ1.8m的钻孔灌注桩基础，分隔墩、引桥桥墩采用 ϕ2.0m、ϕ2.2m 的钻孔灌注桩基础。

2. 河北拒马河 3 号桥

拒马河 3 号桥位于都衙旅游景区，桥梁上跨拒马河，桥位处地形呈 U 形山谷，宽度 170~245m，主河槽水面宽 85m，路线与主河道交角 60°，桥梁上部结构断面形式采用预应力混凝土变截面箱梁，下部结构桥墩采用双薄壁墩，基础为桩基础，桥台采用 U 形台扩大基础。主桥平面位于 $R=2025$m 左偏圆曲线上，上部结构为跨径 60m+3×110m+60m 预应力混凝土变截面连续箱梁，起终点桩号为 K111 + 855 ~ K112 + 339，主桥桥面左横坡 2%，纵断面纵坡 -0.78%。桥面宽 13.0m，箱梁采用单箱单室断面，箱梁顶板宽 13.0m，底板宽 7m，箱梁顶板设单向 2% 横坡，底板设平坡。墩顶 0 号梁段长 12m，与主桥墩组成 3 个 T 形悬臂梁，各分为 13 对梁段，其梁段数及梁段长度从根部至跨中各为：4 × 3m + 9 × 4m，累计悬臂总长 48m。跨中合龙段为 3m，边跨合龙段均为 2m，两个边跨现浇梁段各长 4.0m。墩顶箱梁高为 650cm，跨中及现浇梁段梁高 250cm，箱梁高度按 2 次抛物线变化；箱梁顶板厚为 28cm（0 号块为 40cm）；箱梁底板根部厚 80cm，跨中厚 25cm，箱梁底板厚也按 2 次抛物线变化；腹板厚度：0 号梁段及 1 ~ 8 号梁段为 70cm，9 ~ 11 号梁段由 70cm 线性变化至 50cm，12 ~ 13 号梁段及边跨现浇段为 50cm。

3. 河北千松坝隧道

承德至张家口高速公路丰宁互通至承张界段千松坝隧道位于承德市丰宁满族自治县千松坝国家森林公园北，为分离式特长隧道，隧道右幅 K176 + 890 ~ K181 + 300，长 4410m，左幅 L4K176 + 824 ~ L4K181 + 270，长 4446m。公路设计荷载等级：公路—Ⅰ级。设计速度 100km/h。隧道设计标准：山岭重丘区高速公路隧道；上、下行独立双洞四车道分离式隧道。隧道建筑限界：①净宽：10.75m = 0.75m（左检修道）+ 0.50m（左侧向宽）+ 2 × 3.75m（行车道）+ 1.00m（右侧向宽）+ 1.00m（右检修道）；②净高：5m。隧道紧急停车带建筑限界：①净宽：13.25m = 0.75m（左检修道）+ 0.50m（左侧向宽）+ 2 × 3.75m（行车道）+ 3.50m（紧急停车带）+ 1.00m（右检修道）；②净高：5m。千松坝隧道洞口位置设置二衬防冻保温层，以避免隧道衬砌冻胀破坏。千松坝隧道张家口端风积砂段采用水平旋喷桩。进出口均设置遮雪棚，以减少冬季风吹雪和积雪的影响。千松坝隧道由 1 个施工标段单独完成。施工单位于 2013 年 2 月 18 日正式进场施工，历时 28 个月，至 2015 年 6 月 15 日，长达 8.856km（单洞总长）的洞身得以全部掘进贯通，单洞平均月进尺达 316m。千松坝隧道在施工期间，隧道先后穿越了断层溶蚀段、掌子面涌水段、初期支护严重渗水段等容易引发重大工程事故的不良地质段落，通过科研、设计和施工单位联合科技攻关，穿越风积砂地层方面取得创新性成果，确保隧道施工安全。千松坝特长隧道为河北省首座风积砂地质隧道，填补了风积砂隧道在河北省省内空白，在国内亦处于领先地位，通过调研省外相关项目引进超前水平旋喷桩施工工艺，隧道开挖采用七步台阶法。同时千松坝隧道地处坝上严寒地区，在洞口设置遮雪棚；洞口 300m 采用福利凯保温材料施工工艺。此三项施工工艺均为河北省省内首次采用。

4. 河北分水岭隧道

分水岭隧道起点位于涿鹿县鲍家口村西南 2km，终点位于孔涧村西南 50m，为分离式特长隧道，左线号：ZK46 + 539.29 ~ ZK53 + 430，全长 6890.71m，右线桩号：K46 + 618 ~

K53 +416,全长6798m。该隧道采用标准上、下行独立双洞六车道分离式设置,隧道净宽14.25m,净高5.0m。隧道左线进口洞门采用削竹式,其余洞门采用端墙式。隧道区属重山区,地形复杂,洞口处为岩石地貌,沟壑发育,地层为第四系全新统冲洪积松散堆积体和燕山期岩体,岩性为花岗岩。隧道所在区为华北地震区,根据该高速公路场地地震安全性评价报告,该区域是一个地壳运动相对稳定地区。该区域的地下水主要为基岩裂隙水,岩体含水量偏少,属于贫水区。洞身开挖根据不同的围岩级别采取不同的开挖方式,Ⅳ、Ⅴ级围岩采用侧壁导坑法,Ⅱ、Ⅲ级围岩采用上下台阶法。均采用YT-28凿岩机钻眼,人工装药,塑料导爆管非电起爆系统,毫秒微差有序起爆,Ⅲ类围岩上台阶采用预留光爆层爆破,下台阶采用光面爆破,每循环进尺2.0m。上台阶采用挖掘机扒渣,下台阶采用侧装载机装渣,自卸车运渣。初期支护采用风钻钻孔施工锚杆,湿喷机喷射混凝土施工。施工中合理调整工序,实行“钻爆、装渣、运输”机械化一条龙作业。隧道开挖后及时进行初期支护,下台阶开挖后仰拱紧跟。

第六节　G98(海南地区环线高速公路)

G98(海南地区环线高速公路)是国家“71118 +6”高速公路网6条地区环线中的第六环,是连接海南岛沿海城市的环岛高速公路,通过琼州海峡连接沈海和兰海两条国家干线高速公路,对海南地区的经济及旅游发展起到促进作用。

G98(海南地区环线高速公路)全线建成通车,起终点位于海口市龙桥枢纽。规划里程613km,通车里程612.804km,全线四车道。经过海南(海口、琼海、三亚、东方、儋州、澄迈)。

拥有联络线三条:

G9811(中线高速公路)海口至乐东高速公路,起点位于海口丘海大道延长线,终点位于乐东官村枢纽接西线高速。规划里程241.564km,通车里程114.283km,全线四车道。途经海口、屯昌、琼中、乐东。待建。

G9812(海文琼高速公路)海口至文昌至琼海高速公路,起点位于海口市桂林洋农场,终点位于琼海市中原镇黄思村。规划里程117.47km,通车里程51.666km,全线四车道。途经海口、文昌、琼海。待建。

G9813(万洋高速公路)万宁至洋浦高速公路,起点位于万宁市后安镇,终点儋州市白马镇。规划里程163.46km。途经万宁、琼中、儋州。待建。

一、路线概况

G98(海南地区环线高速公路)路线信息见表11-17,沿线互通、出入口、服务区信息见表11-18,并行线、联络线路线信息见表11-19,并行线、联络线沿线互通、出入口、服务区信息见表11-20。

G98(海南地区环线高速公路)路线信息表 表11-17

编号	省份	省内起点	省内终点	途经市、县	通车里程(km)
G98	海南	海口(龙桥枢纽)	海口(龙桥枢纽)	海口市、定安县、琼海市、万宁市、陵水县、三亚市、乐东县、东方市、昌江县、儋州市、临高县、澄迈县	612.804

G98(海南地区环线高速公路)沿线互通、出入口、服务区信息表 表11-18

编号	省份	沿线互通	出入口	服务区
G98	海南	龙桥、龙桥、十字路、新坡、定安、居丁、黄竹、琼海、白石岭、中原、龙滚、山根、万宁北、万宁南、礼纪、神州半岛、石梅湾、日月湾、牛岭、香水湾、红脚岭、陵水、英州、土福湾、藤桥、海棠湾、迎宾、亚龙湾、荔枝沟、火车站、凤凰机场、海角、天涯、南山、崖城、梅山、九所、黄流、龙沐湾、尖峰、板桥、新龙、八所、叉河、大坡、邦溪、海头、白马井、洋浦、新盈、美台、金牌、墩茶、三林、大丰、白莲、粤海、火山口、狮子岭、丘海、观澜湖、龙昆南互通	—	龙桥、美仁坡、仙沟、东红、中原、莲花、陵水、九所、尖峰、八所、昌江、洋浦、美台、福山服务区,新盈加油站

G98(海南地区环线高速公路)并行线、联络线路线信息表 表11-19

编号	省份	省内起点	省内终点	途经市、县	通车里程(km)
G9811	海南	海口丘海大道延长线	乐东官村枢纽接西线高速	海口市、澄迈县、屯昌县、琼中县、五指山市、乐东县	114.283
G9812	海南	海口市桂林洋	琼海市中原镇黄思村	海口市、文昌市、琼海市	51.666
G9813	海南	万宁市后安镇	儋州市白马井镇	万宁市、琼中县、屯昌县、儋州市	—

G98(海南地区环线高速公路)并行线、联络线沿线互通、出入口、服务区信息表 表11-20

编号	省份	沿线互通	出入口	服务区
G9811	海南	永兴、美安、美向、永发、新吴、文儒、屯昌、坡心、枫木、琼中、加钗、红毛、什运、毛阳、番阳、五指山枢纽、万冲、三平、乐东、长茅、千家、石门、赤塘互通	—	永兴、屯昌、枫木、琼中、乐东服务区,白石岭、毛阳、乐光停车区
G9812	海南	桂林洋、美兰、罗牛山、三江、大致坡、谭牛、英城、南阳、清澜、迈号、会文、冯家湾、长坡、龙湾、嘉积、乐城、万泉互通	—	潭牛、冯家湾服务区
G9813	海南	后安、乐来、东岭、会山、东太、乌坡、岭门枢纽、湾岭、新进、黎母山、阳江、松涛、兰洋、儋州、儋州南、西庆、西华、王五互通(预留)、白马井互通	—	东太、阳江、大成服务区

二、路网关系

G98(海南环线高速公路)路网关系示意图如图11-6所示。

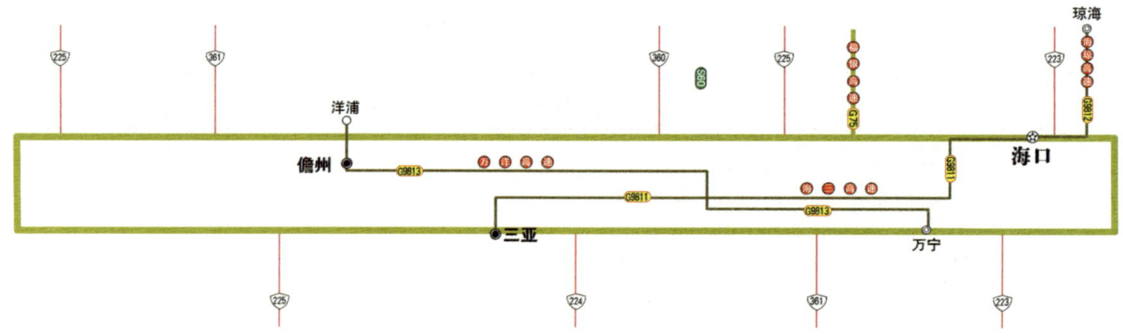

图11-6　G98(海南环线高速公路)路网关系示意图

三、建设历程

1. *海南海口绕城高速公路*

2005年11月开工建设,2008年8月建成通车,全长34.4km,全线四车道,设计速度100km/h。建成大桥13座。总投资10.12亿元,资金来源:地方投入。占地4455.57亩。项目管理单位:海口市地方投入项目管理中心、海口市城市建设投资有限公司、海口市路桥建设投资有限公司;勘察设计单位:中国公路工程咨询监理总公司、海南省公路勘察设计院;监理单位:海南海通公路工程咨询监理有限公司、山西省交通建设工程监理总公司、海南交通工程监理公司、广东虎门技术咨询有限公司;施工单位:中铁二十局集团有限公司、中铁十八局集团第一工程有限公司等。

2. *海南东线高速公路左幅(海口至琼海段)*

1997年1月开工建设,1998年3月建成通车,全长86.148km,全线两车道,设计速度100km/h。建成大桥5座。总投资5.378亿元,资金来源:地方投入。占地1653.72亩。项目管理单位:海南高速公路股份有限公司;勘察设计单位:中国公路工程咨询监理总公司、交通部第二公路勘察设计院、海南省公路勘察设计院;监理单位:中国公路工程咨询监理总公司海南分公司;施工单位:铁道部第十二工程局、铁道部第三工程局等。

3. *海南东线高速公路左幅(琼海至陵水段)*

1998年7月开工建设,2000年1月建成通车,全长108.337km,全线两车道,设计速度100km/h。建成大桥8座。总投资6.409亿元,资金来源:地方投入。占地3484.834亩。项目管理单位:海南高速公路股份有限公司;勘察设计单位:交通部第二公路勘察设计院、海南省公路勘察设计院;监理单位:海南海通公路工程咨询监理有限公司;施工单位:铁道部第二工程局、福建省第二公路工程公司等。

4. 海南东线高速公路左幅(陵水至三亚段)

1999年8月开工建设,2001年9月建成通车,全长56.36km,全线两车道,设计速度100km/h。建成大桥3座。建成长隧道1座。总投资6.43亿元,资金来源:地方投入。占地1402.031亩。项目管理单位:海南高速公路股份有限公司;勘察设计单位:交通部第二公路勘察设计院,;监理单位:海南海通公路工程咨询监理有限公司;施工单位:中国路桥集团总公司、中铁十二局集团有限公司等。

5. 海南东线高速公路右幅(府城至黄竹段)

1987年6月开工建设,1992年12月建成通车,全长62.38km,全线三车道,设计速度100km/h。建成大桥1座。总投资3.06亿元,资金来源:地方投入。占地3000.181亩。项目管理单位:海南省公路局;勘察设计单位:交通部公路规划设计院;监理单位:海南省公路局;施工单位:海南省公路局第一、二、三工程队。

6. 海南东线高速公路右幅(黄竹至陵水段)

1992年2月开工建设,1994年3月建成通车,全长129.09km,全线三车道,设计速度100km/h。建成大桥9座。总投资11.52亿元,资金来源:地方投入。占地6348.433亩。项目管理单位:海南高速公路股份有限公司;勘察设计单位:交通公路规划设计院、交通部第二公路勘察设计院;监理单位:北京华通公路桥梁监理咨询公司;施工单位:海南省公路工程公司第三施工处、交通部第一公路总公司等。

7. 海南东线高速公路右幅(陵水至田独段)

1994年3月开工建设,1995年12月建成通车,全长57.42km,全线四车道。总投资7.2405亿元,资金来源:地方投入。占地2895.467亩。项目管理单位:海南省高速公路股份有限公司;勘察设计单位:交通部第二公路勘察设计院;监理单位:北京华宏路桥监理公司海南监理部、北京华通公路桥梁监理咨询公司;施工单位:中铁十二局第三工程处、海南省公路工程公司第二工程处等。

8. 三亚绕城高速公路

2008年5月开工建设,2012年1月建成通车,全长30.46km,全线四车道,设计速度100km/h。建成长隧道2座。总投资18.0亿元,资金来源:地方投入。占地3278.33亩。项目管理单位:三亚市交通局、中国国际工程咨询公司;勘察设计单位:中交公路规划设计院有限公司;监理单位:海南交通工程监理公司、海南海通公路工程咨询监理有限公司;施工单位:海南公路工程公司、长沙市公路桥梁建设有限责任公司等。

9. 西线高速公路(海口至洋浦段)

1995年11月开工建设,1997年3月建成通车,全长89.36km,全线四车道,设计速度

100km/h。总投资7.14亿元,资金来源:地方投入。占地6466.45亩。项目管理单位:海南省交通厅;勘察设计单位:海南省公路勘察设计院;监理单位:海南省交通工程监理公司;施工单位:海南省公路建设工程总公司,海南省公路建设一、二、三工程公司等。

10. 西线高速公路(九所至三亚段)

1997年1月开工建设,1998年3月建成通车,全长60.2km,全线四车道,设计速度100km/h。建成大桥4座。建成长隧道1座。总投资5.74亿元,资金来源:地方投入。占地4410.5亩。项目管理单位:海南省交通厅;勘察设计单位:海南省公路勘察设计院;监理单位:海南省交通工程监理公司;施工单位:海南省公路建设工程总公司,中铁二局,海南省公路建设一、二、三工程公司等。

11. 西线高速公路(洋浦至九所段)

1997年10月开工建设,1999年9月建成通车,全长193.22km,全线四车道,设计速度100km/h。建成大桥18座。总投资22.68亿元,资金来源:地方投入。占地15885.28亩。项目管理单位:海南省交通厅;勘察设计单位:海南省公路勘察设计院;监理单位:海南省交通工程监理公司;施工单位:海南省公路建设工程总公司,海南省公路建设一、二、三工程公司等。

四、联络线及并行线

1. G9811(海三高速公路)海口至三亚高速公路

海南海口至屯昌高速公路。2010年8月开工建设,2012年12月建成通车,全长66.604km(不含海口市建设丘海立交连接线5.78km),全线四车道,设计速度100km/h。总投资31.5亿元,资金来源:地方投入。占地8351.28亩。项目管理单位:海南公路建设项目管理有限公司、海南高速公路股份有限公司;勘察设计单位:海南省公路勘察设计院、中交公路规划设计院有限公司;监理单位:中国船级社实业公司、海南海通公路工程咨询监理有限公司、湖南金路工程咨询监理有限公司、云南公路建设监理公司;施工单位:海南公路工程公司、海南路桥工程公司等。

海南屯昌至琼中高速公路。2012年5月开工建设,2015年5月建成通车,全长46.03km,全线四车道,设计速度100km/h。总投资32.73亿元,资金来源:地方投入。占地5199亩。项目管理单位:海南省交通投资控股有限公司;投资、建设单位:海南中交高速公路投资建设有限公司;勘察设计单位:海南省公路勘察设计院、中国公路工程咨询集团有限公司;监理单位:江苏交通工程咨询监理有限公司、安徽省高等级公路工程监理有限公司;施工单位:中交一公局厦门工程有限公司、中交第三航务工程局有限公司等。

海南琼中到乐东高速公路。在建。

2. G9812(海琼高速公路)海口至琼海高速公路

海南海口至文昌高速公路。2000年3月开工建设,2002年9月建成通车,全长51.66km,全线四车道,设计速度100km/h。总投资8.65亿元,资金来源:地方投入。占地4961.26亩。项目管理单位:海南泛华高速公路股份公司(先)、海南省交通厅(后);勘察设计单位:海南省公路勘察设计院;监理单位:海南省交通工程监理公司;施工单位:中国对外建设总公司、贵州省公路工程总公司等。

海南文昌至琼海高速公路。在建。

3. G9813(万洋高速公路)万宁至洋浦高速公路

在建。

本章编写人员:刘　鹏　赵　乐　李鹏飞　王　婷　聂记良

本章编写单位:中国公路建设行业协会

本章资料提供:各省(自治区、直辖市)交通运输厅(委)

本章审核人员:范正金　李关寿　李志强

Record of Expressway Construction in

China

中国高速公路建设实录

文化篇

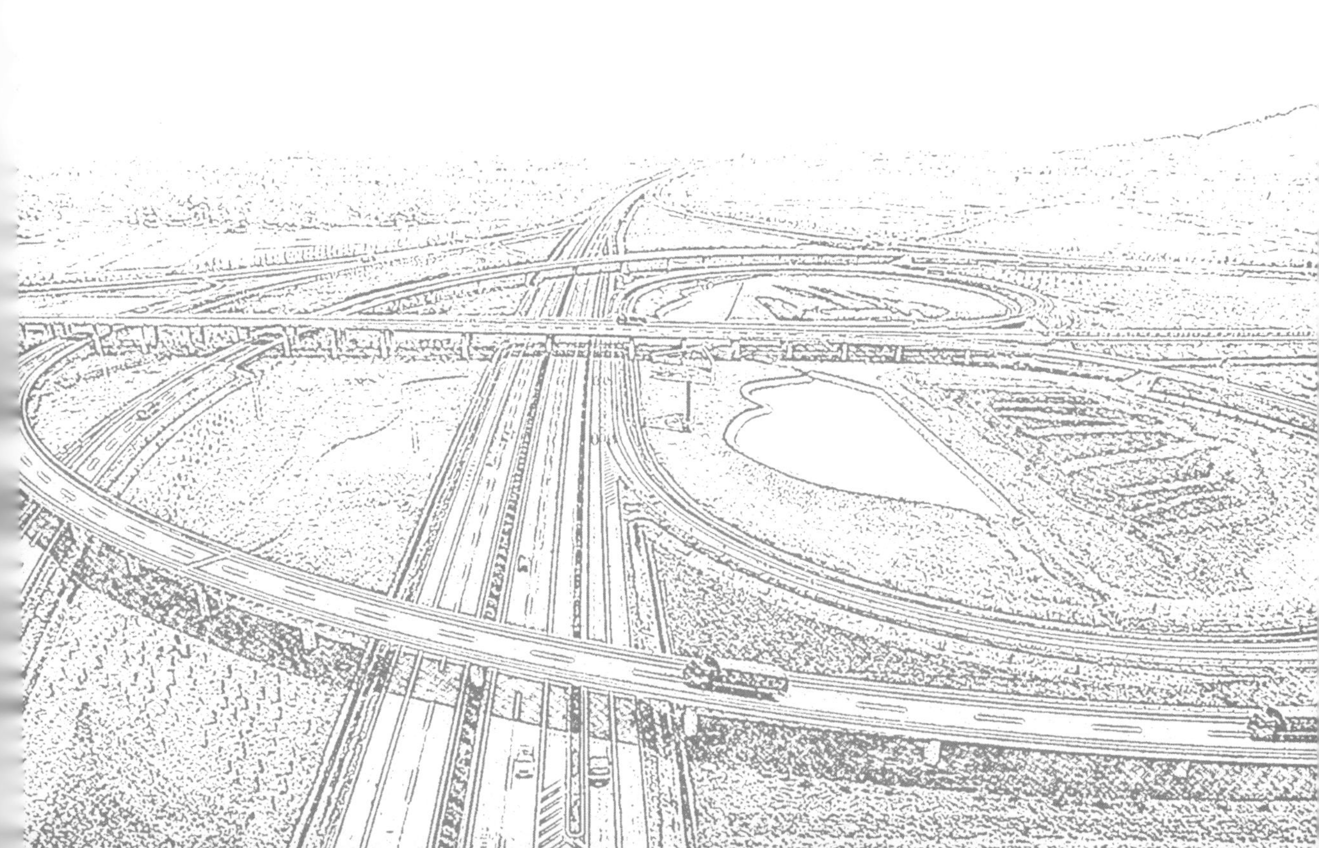

|第十二章|
高速公路文明创建与文化建设

第一节　概　　述

1.坚持中国特色的社会主义要“两个文明”一起抓

1980年12月25日,邓小平同志在中央工作会议上做的题为《贯彻调整方针,改善党的工作,保证安定团结》的讲话指出:“我们要建设的社会主义国家,不但要有高度的物质文明,而且要有高度的精神文明。所谓精神文明,不但是指教育、科学、文化(这是完全必要的),而且是指共产主义的思想、理想、信念、道德、纪律,革命的立场和原则,人与人的同志式关系,等等。”党的十二大、十三大、十四大,都明确要求加强社会主义精神文明建设。党的十五大,提出要建设有中国特色社会主义的文化,建设立足中国现实、继承历史文化优秀传统、吸取外国文化有益成果的社会主义精神文明。从党的十六大到十八大,明确提出加强社会主义核心价值体系建设的目标。这些精神层面的要求和部署,一脉相承,在交通运输全行业中得到充分贯彻落实。

2.“两路”精神是公路行业的基本价值观

党的十八大以来,习近平总书记多次就公路行业有关发展问题作出指示、批示。特别是2014年8月6日,习近平总书记在川藏、青藏公路建成通车60周年的重要批示中指出:“今年是川藏、青藏公路建成通车60周年,这两条公路的建成通车,是在党的领导下新中国取得的重大成就,对推动西藏实现社会制度历史性跨越、经济社会快速发展,对巩固西南边疆、促进民族团结进步发挥了十分重要的作用。当年,10多万军民在极其艰苦的条件下团结奋斗,创造了世界公路史上的奇迹,结束了西藏没有公路的历史。60年来,在建设和养护公路的过程中,形成和发扬了一不怕苦、二不怕死,顽强拼搏、甘当路石,军民一家、民族团结的‘两路’精神。”习近平强调,新形势下,要继续弘扬“两路”精神,养好两路,保障畅通,使川藏、青藏公路始终成为民族团结之路、西藏文明进步之路、西藏各族同胞共同富裕之路。习近平总书记对“两路精神”的批示,高度概括了自新中国成立以来,在党的领导下,公路全行业所取得的物质和精神文明建设的巨大成就,极大地鼓舞了全国公路交通从业者的士气。

3. 高速公路是公路体系中的先进生产力，精神文明建设融于公路行业

高速公路作为公路网的重要组成部分，是通过能力最强、运输效率最高、资金投入最多、建设质量最好的“主骨架、主动脉”。2004 年出台的《国家高速公路网规划》，对高速公路网有着明确的定位：宏观层面，国家高速公路网具有支撑经济发展、推动社会进步、保障国家安全、服务可持续发展等重要作用，是国家意志在交通运输领域的具体体现；微观层面，国家高速公路网是我国公路网中层次最高的公路主通道，是综合运输体系的重要组成部分，作为具有全国性政治、经济、国家安全意义的重要干线公路，连接大中城市，包括国家和区域性经济中心、交通枢纽、重要对外口岸和军事战略要地；能够承担区域间、省际以及大中城市间的中长距离运输，为全社会生产和生活提供安全、舒适、高效、可持续的运输服务，并为应对国家安全、自然灾害等突发性事件提供快速交通保障。

如果说交通运输行业精神文明创建与文化建设是一个大的系统工程，那么公路行业的创建活动，就是其不可或缺的重要组成部分。高速公路行业精神文明创建和文化活动的开展，既是在交通运输的总体部署和要求下开展的，又自始至终伴随着高速公路行业自身的特点。

高速公路行业的文明创建和文化建设，不仅始终厚植于公路全行业的文明建设之中，而且不断与时俱进，逐步融入了全新的内容。随着高速公路快速连线成网，高速公路行业的精神文明创建与文化建设，已经呈现出众多亮点，成为公路全行业服务国家社会发展和公众出行最高水平的代表。党的十一届三中全会以来，交通运输全行业按照中央部署，努力开展行业精神文明创建，积极推进行业文化建设，取得了物质文明和精神文明的双丰收。

4. 高速公路在公路行业精神文明创建与文化建设中的作用和地位

新中国成立以后，公路全行业继承和发扬了中华民族的优秀传统，充分发扬“两路”精神，在平凡的建设、养护和管理工作中，艰苦奋斗、无私奉献，铸就了属于公路行业的“铺路石”精神。

改革开放以来，公路交通全行业认真贯彻落实党中央一系列重要部署，在公路建设不断加快的同时，公路全行业继承发扬“铺路石”精神，不断与时俱进，以改革的理念、开放的胸怀，激发出“勇于创新，敢为人先”的精神，焕发出巨大的力量。从 20 世纪 90 年代开始逐步加快建设到 21 世纪的前 20 年，公路基础设施取得跨越式发展，跻身世界大国。我国高速公路用 30 多年的时间，就走过了发达国家百年的发展历程，为今后一个时期实现交通运输现代化奠定了坚实的物质基础，积累了丰富的精神财富。不仅公路建设取得快速发展，在管理、服务水平上，通过“示范窗口”建设、服务品牌创建等活动，经过多年不懈努力，以高速公路为代表的行业服务水平得到大幅度提升，获得了社会

的广泛认可。

20 世纪 80 年代，我国大陆高速公路建设开始起步。那时，高速公路行业的精神文明创建，就一直深深根植于公路行业的创建活动之中，并不断注入时代精神，焕发出新的活力。沈大、京津塘和沪嘉等高速公路的探索和建设，在继承和发扬“艰苦奋斗，无私奉献”的本色中，更加突显了“勇于创新，敢为人先”的担当精神。这种精神，一以贯之，始终伴随着行业的建设和发展，支撑我国高速公路及其桥隧建设跻身世界大国行列，也必将成为我国建设交通运输强国的巨大动力。

到 20 世纪 90 年代，随着高速公路基础设施的延伸、服务区的发展以及公路行业“示范窗口”创建活动的深入开展，高速公路在路政、收费、服务等内容上，逐步拓展出自身的特色，开展有地域特点的服务创建活动，一些具有高速公路特色的服务品牌开始萌芽。

进入 21 世纪，高速公路迅速连线成网，形成规模效益，其行业精神文明创建、服务品牌建设开始崭露头角。如山西于 2006 年成功创建的“千里文明大运路”，成为高速公路行业闻名全国的过硬品牌。高速公路行业的文明创建活动开始从公路行业中脱颖而出，并逐步成为了公路行业最高服务水平的代表。

高速公路的精神文明创建，提振了行业的士气，凝聚了人心，促进了基础设施高速度、高质量的建设。同时，高速公路基础设施的快速发展，也为公路这个传统行业注入了新的活力，加快了行业文化、地区文化及文明的交流传播，提升了公路这个传统行业的品位。就如江阴大桥、虎门大桥、舟山连岛工程中的大桥、矮寨大桥、港珠澳大桥等以及秦岭终南山、新二郎山等隧道，其在建成之初，就成为了当地的地标，成了热门的旅游景点。这些宏伟工程，不仅可以站在全新的角度，饱览当地的旖旎风光，更在无数路人的心中，打下了公路的印痕，体会到了我们民族的崛起和祖国的强大，于无声无形中，传播了公路行业的精神和文化。不仅是这样的一桥一隧，更有沪蓉西、思小、雅西、京新等高速公路，从建成之日起，它们既是当地的交通干道，也成为浓缩当地文化的一个符号，通过现代的信息化手段迅速传播，悄无声息地印入了人们的心里。此外，更有方兴未艾的众多公路、桥隧博物馆，不同形式的新闻报道、影视、文艺作品以及邮品、画册等，开始向更多的人们传播着公路行业的文化，展示着每一个公路从业者的平凡奉献精神。这时，高速公路已经不仅是一种交通运输的设施和工具，而是作为一种文化符号，作为一些地方的标签、代言或是一种精神的代表，被人们铭记在心！

高速公路作为现代公路交通的代表，承担着用新的观念、新的技术、新的机制发展现代交通，建设交通运输强国，实现人便于行、货畅其流，让人们享受高品位运输服务的行业使命。多年来，全行业不断发扬艰苦奋斗、勇于创新、不畏艰险、无私奉献的行业精神，努力践行爱岗敬业、诚实守信、团结进取、任劳任怨的职业道德，起到了排头兵的作用，为我国高速公路事业全面、快速发展提供了强大的精神动力和智力支撑，成为交通运输行业精神文明创建与文化发展的典范。

第二节　行业文化建设的深化和拓展

交通运输是支撑经济良性发展、促进社会全面进步的基础性产业和服务性行业，是促进经济增长、优化产业布局、改善人民生活、保障国家安全、维护社会稳定的基础条件和重要依托，在国家社会经济发展中起先行、保障、支撑的作用。

交通文化，是交通运输行业在长期的发展实践中逐步形成并不断积累的，为广大干部职工所倡导和践行，体现行业价值理念的精神文化、制度文化和物质文化的总和，代表了整个行业广泛认同和普遍接受的价值理念，是交通发展实践的客观反映，同时又对交通发展产生积极的影响。

针对公路交通网络覆盖面广、机动灵活、开放包容，既有窗口直接服务，又有间接公益性服务，涉及面广等的鲜明特色，全行业经过长期探索与实践，逐步形成了体现行业使命、行业精神、行业发展目标和社会责任的价值体系，逐步获得了社会的广泛认同，提升了公路交通软实力，为公路交通事业快速发展、科学发展、和谐发展提供了精神动力和制度保障。

中国有着悠久灿烂的文明史，作为生活必需品之一，道路一直与人类文明的发展相生相伴。它不仅是物资运输、人员移动的物质载体，也是人类文明传播以及文化交流的重要载体。丝绸之路就是其中的典型代表。

丝绸之路肇始于西汉，两千余年来，丝绸之路都是中国文化与中亚文明、西方文化交流的主要媒介和载体。丝绸之路，虽无等级，也并不平坦，且路途中充满艰难险阻，但它在东西方文化交流和人类文明发展史上发挥的作用，远远超出了路本身。如今，丝绸之路，已经升华成了一个含有巨大正能量的文化符号，成为东亚、中亚、西亚乃至欧洲和非洲不同肤色人们友好交往的见证，它串联起了基督教文明、伊斯兰文明和历史悠久一脉相承的华夏文明，寄托着沿线各民族人民和谐共处、追求美好生活的良好愿望。

两千年的沧海桑田，作为实用功能的道路，丝绸之路已风光不再，但古老的丝绸之路蕴含的交流合作、和平共赢的理念，不仅在沿线国家，也在当今世界上具有良好的文化认同，这为当前“一带一路”倡议的实施，发展与沿线国家的经济合作伙伴关系，奠定了良好的文化基础。

由此可见，道路作为交通的实体、文化的符号，由来已久。道路和人类文明以及文化的发展，不仅互相促进、相辅相成，而且血脉相连、息息相通。

1997 年 9 月，党的十五大报告指出，有中国特色社会主义的文化，就其主要内容来说，同改革开放以来我们一贯倡导的社会主义精神文明是一致的。文化相对于经济、政治而言，精神文明相对于物质文明而言。只有经济、政治、文化协调发展，只有两个文明都搞好，才是有中国特色的社会主义。

党的十六大、十七大报告都强调，在文化与政治、经济日益融合的21世纪里，文化在综合国力竞争中的地位越来越强，我们必须坚持社会主义先进文化的前进方向，兴起社会主义文化建设新高潮，提升国家文化软实力。文化建设，被提升到了关乎国家全面发展的战略高度。

党的十八大以来，以习近平总书记为核心的党中央高度重视文化建设，大力弘扬和践行社会主义核心价值观，将文化建设纳入“五位一体”总体布局和“四个全面”战略布局中，并就文化改革发展一系列重大问题做出了深刻阐释。强调“文化自信，是更基础、更广泛、更深厚的自信”“是更基本、更深沉、更持久的力量”。

特别是习近平总书记就“两路精神”的批示，高度肯定并概括了中华人民共和国成立以来，公路交通全行业在精神文明创建和文化建设中取得的成就和丰富的精神内涵。“十一五”末和“十二五”时期，正值高速公路快速连通成网，行业面临转型发展的关键时期，党中央对“社会主义价值观”的深刻阐释、习近平总书记对“两路精神”的充分肯定，极大增强了全行业的文化自信，提振了行业士气，给公路交通行业注入了深化改革、加快转型的内在动力，行业精神文明创建和文化建设不断深化，呈现出崭新的局面。

中国大陆现代意义上的公路出现于20世纪初。在诞生之初，中国的公路即继承了中华文明的优秀“基因”，同时也吸收了“公路”带来的近现代文化。

公路的行业文化，是广大公路从业者在公路建设、养护、管理和运输生产实践活动中所创造的物质财富和精神财富的总和，特指其精神财富。它包括行业发展实践中逐步形成的，为全体从业者认同并遵守的，带有行业特点的宗旨、精神、理念和价值观等。20世纪90年代，特别是进入21世纪以来，高速公路基础设施实现跨越式发展，高速公路继承和发扬了公路行业的优秀传统，锐意进取，敢为人先，成为了公路运输行业先进生产力的集中代表。高速公路，集中展现出公路行业建设、发展、管理和服务的最高水平，也呈现出公路行业最优秀、最先进的文化。

一、公路行业文化建设的实践

20世纪90年代后，特别进入21世纪以来，广大公路从业者们在实现公路基础设施快速发展，不断提高行业服务国家经济、社会和公众能力的同时，在长期的行业精神文明创建活动中，积累起宝贵的精神财富，不断丰富、发展并凝聚成了既具有公路行业本质特点、又具有鲜明时代精神的公路行业文化。公路文化的内涵不断丰富，表现形式更加多彩。通过有意识地加强行业文化理论研究与实践引导，加以系统的提炼总结，公路行业文化建设取得了不少成果。

20 世纪 90 年代末，在中华人民共和国建国 50 周年来临之际，交通部组织编撰出版了《中国公路水运交通五十年》以及《中国交通 50 年成就》大型画册丛书；同时，启动了公路、水运大型系列谱志的编撰工作。

2002 年 11 月 15 日，《中国桥谱》出版发行。中共中央总书记江泽民题写了书名。《中国桥谱》收录了上自先秦、下至 2000 年的共 1299 座桥，其中有古代桥梁 300 多座，总结概括了 21 世纪之前我国桥梁科技、工艺和建筑艺术成就，向全行业和全社会系统展示了我国桥梁的发展和成就，促进了行业文化的传播和普及。此后，交通部又启动了《中国路谱》的编撰工作。

2006 年 6 月 26 日召开的“全国交通行业精神文明建设工作会议”上，交通部部长李盛霖在讲话中提出，要“加强交通文化建设，努力增强行业软实力”。2006 年 7 月 14 日，交通部印发《全国交通行业“十一五”时期精神文明建设工作指导意见》（以下简称《指导意见》）和《交通文化建设实施纲要》（以下简称《实施纲要》），明确了“十一五”交通行业精神文明建设和文化建设的任务。

《指导意见》指出，交通文化建设，就是按照以人为本的价值理念，以建设具有鲜明时代特点和交通行业特色的交通精神文化为核心内容，以不断增强广大干部职工的精神力量，增强行业凝聚力，提高行业影响力，为交通事业又好又快发展营造良好的文化环境。各系统、各地区、各单位要把交通文化建设摆在重要的议事日程，力争文化建设在今后五年内取得明显进展。一是要紧紧围绕建设创新型行业的战略目标，大力弘扬拼搏进取、自觉奉献的爱国精神，求真务实、勇于创新的科学精神，不畏艰险、勇攀高峰的探索精神，团结协作、淡泊名利的团队精神，不断推进文化建设，营造有利于创新的良好文化氛围。二是要积极开展特色文化建设活动。三是要积极引导交通文化产品的创作。“十一五”期间，要围绕弘扬社会主义荣辱观，实施“五个一”工程。四是要广泛开展丰富多彩的干部职工文化体育活动。

在《实施纲要》中明确，交通文化建设的基本内容是：培育、总结和提炼鲜明的交通行业核心价值观，增强行业的凝聚力；结合交通发展战略，提炼行业理念，形成以“服务人民、奉献社会”为核心的职业道德体系；完善相关行业制度，寓行业价值观和行业理念于制度之中，规范职工行为；统一规范行业外在形象，寓行业价值观和行业理念于外在形象之中，美化工作生活环境，建立行业标识体系，树立行业的良好社会形象；积极引导交通文化产品创作，广泛开展丰富多彩的文化体育活动，提高员工身心素质，促进职工的全面发展。交通文化建设的总体目标是：力争用 5 年左右的时间，初步建立起符合社会主义先进文化前进方向和交通发展战略，具有鲜明时代特征和行业特色的交通文化体系。通过交通文化建设，凝练交通行业核心价值观和行业理念，树立行业的良好社会形象，营造团结和谐、充满活力的良好氛围，增强行业凝聚力和影响力，激发行业的创造力，推进交通事业又好又快发展。

《指导意见》和《实施纲要》的发布，标志着公路交通文化建设进入实质开展阶段。

2007 年，按照《指导意见》和《实施纲要》的要求，交通部组织开展交通文化建设研究，按照行业文化、系统文化、组织文化、专业文化 4 个层次，组织开展 1 个总课题、22 个子课题研究；组织开展交通文化建设“五个一”工程，建成了包括公路、桥梁在内的一批博物馆；开展交通文化调研。

2008 年，在交通运输部推动下，通过重点收集、挖掘、整理行业物质文化成果，出版了多卷本《21 世纪交通文化建设研究与实践》系列丛书，在行业核心价值理念和体系研究等方面取得了一定成果。其中，有侧重于交通行业不同系统的特色文化研究，重点阐述了各系统具有特色的价值理念；也有侧重于不同专业领域的特色文化研究，重点收集、挖掘和整理了交通行业各种岗位的文化特色。整个研究工作坚持以社会主义核心价值观为指导，将“铺路石”这个行业的传统精神与包起帆、许振超、陈刚毅等先进典型所展现的时代精神有机结合，在建设交通行业核心价值理念体系方面做出了积极探索。同时，交通运输部推出包括黑龙江省大庆市交通局、河北省张家口市汽车客运总站、邯郸县交通局、江苏省南京市交通局、安徽省六安市裕安区交通局、江西赣粤高速公路股份有限公司、山东省青岛市交通运输集团、山东省泰安市交通局、河南省卫辉市交通局等 12 家单位在内的首批交通文化建设示范单位。

2009 年 7 月，由交通运输部委托《中国公路》杂志社编撰的鸿篇巨制——《中国路谱》，由人民交通出版社出版发行。该书收录了 300 多条不同时期、不同特色、具有代表性的公路，是一部具有权威性、科学性、知识性的有历史文献的科普专著。《中国路谱》的出版，使公路、水路交通领域的船、桥、路、港四大谱志全部出齐，为行业文化建设增添了又一抹亮色。

“十一五”期间，各地公路主管部门根据本地域的实际，开展行业核心价值观和行业文化的研究、提炼和深入实践，使得加快基础设施建设的“硬件”成果与做好“三个服务”、发展现代交通业等“软件”有机结合，取得了一定的成果，形成了具有特色的行业文化。

“十二五”期间，公路行业品牌建设结出丰硕成果。在 2015 年涌现的十大品牌以及 18 个提名奖中，“服务”“畅享”“平安”“微笑”“温馨”等充满人情味，与强化管理、服务公众相关的词汇比比皆是。“服务”，无疑成为“十二五”精神文明创建的核心，集中代表着行业转型发展的价值指向。“服务”，作为以收费为主要经营手段的高速公路来说，更是其可持续发展的重要基础。

二、公路建设孕育了公路文化

汽车发明以后，才有近现代“公路”的概念。公路，由古代的道路延伸演变而来，与道路有着千丝万缕的联系，又是道路现代化的集中代表。

中华人民共和国成立后，随着经济的发展，公路事业也得到快速发展。改革开放以后，特别是20世纪90年代以来，公路事业发展的步伐不断加快。1998年，交通部在福州召开了“全国加快高速公路建设工作会议”。会后，公路全行业抢抓机遇，到21世纪初，以高速公路为代表的公路基础设施取得了跨越式发展，成就举世瞩目。

在公路事业不断加快发展的过程中，公路基础设施水平实现了从量到质的转变。在这个过程中，公路全行业的发展理念不断更新，全体从业者的思想水平不断提升，在传统的、以“铺路石”精神为代表的行业文化里注入了全新的内涵，支撑着公路事业加快发展。

同时，由于公路基础设施的不断延伸，公路网络的形成与不断完善，公路与人们日常生产、生活的联系更加密切。随着经济的发展，人民生活水平的不断提高，在人们日常生活“衣食住行”四大要素中，“衣食”作为基础得到解决，不再像以前那样备受关注，而“住”和“行”却越来越备受瞩目。公路事业的发展，促进了社会的发展，改变了人们的生活，增进了经济和文化的交流，对人们生产、生活以及思想产生了深远的影响。

相对于铁路、民航、水运等运输方式来说，公路从诞生之初就具有自身突出的特点，这就决定了公路在文明和文化传播上具有自身的优势。

公路交通最开放。迄今为止，公路仍是各种运输方式中最开放的，人们不需要付出太大代价和掌握太复杂的技术，就能亲自驾驶汽车等交通工具来使用公路，如果是乘用公共交通工具出行，代价就更加低廉。

公路最具包容性。能够容纳从步行、非机动车到机动车等多种出行方式。现代的高速公路更能满足广大公众更加多样化的出行需求，并可以作为保障国家安全的重要设施。

公路网络最密集。在各种交通方式中，公路的网络最密集，连接着最为广大的公众，在西部广大地区和众多农村地区，公路甚至是人们出行唯一的交通方式，其重要性不言而喻。我国公路客运量在综合交通中占到90%以上，这种绝对优势的客运量证明，公路是人们日常生活中必需的交通方式。

公路交通最具基础性。在综合运输体系中，公路交通既是一种独立的出行方式，实现“门到门”的目的，又承担着连接铁路、民航、水运等其他运输方式的任务，铁路、民航和水运的大部分客流都要靠公路完成最初和最终的转运，在综合运输服务中，公路最具基础性、支撑性作用。

公路交通最具个性。公路交通是最具个性的出行方式，符合当今社会出行的大众化、个性化、多样化的需求。自驾游的迅速崛起、长盛不衰就是最好的证明，是人民群众健康生活的重要体现。

从公路行业本身来看，公路在文化传播、交流上扮演着重要的角色。公路拥有覆盖城乡的网络。截至2016年底，460余万千米的庞大公路网络，联结了中国几乎全部的人口，促进了全中国各民族的交流沟通。公路的最主要功能就是流通，借助于现代化的交通工具，它几乎能不间断地完成数量庞大的旅客和货物的运输，几乎可以把这些人和物运达陆地的任何一个地点，使之在广阔区域内快速流动，必然会加速不同地域文化、地区文明之间的交流和传播。

公路本身具有的这些特性，决定了公路行业向社会提供的不仅仅是公路这个物质产品本身，还必然包括运输过程中衍生出来的众多精神产品。就如著名的丝绸之路一样，它已经不仅仅是作为一条古代的商路、物质的存在，更重要的是，它已经成为东西方文化交流、文明融合以及各民族团结的象征。现代化的公路网，加之便捷、舒适的现代化运输工具，大大缩短了时间和空间的距离，成为在广度和深度上传播文明和文化的理想手段。

公路对于文化的作用，大致可分为以下 4 个方面。

1. 公路建设促进了民族团结

我国少数民族地区地域广阔，地形复杂，自然环境恶劣，人口稀少且分布极不平衡。受自然、历史等多方面因素影响，少数民族地区交通较为落后，成为社会经济发展的障碍。在绝大多数少数民族地区，公路运输是最主要的交通方式，甚至在很多地区是唯一的交通方式。

为改善少数民族地区交通落后的状况，新中国成立后，中央人民政府投入巨大的人力、财力筑路修桥。著名的川藏、青藏公路和新疆的天山独库公路成为其中的典型代表。改革开放以后，通过开展为西藏养路职工"送温暖活动"、大力实施"扶贫攻坚"计划等，特别是 2000 年国家实施西部大开发战略以来，国家不断加大对西部地区公路交通建设的支持力度，在着力实施 8 条省际通道等国省干线建设的同时，对农村公路给予了大力支持，使西部地区的农村公路取得了长足的进展。

截至 2010 年年底，西部大开发 8 条省际通道已基本建成；农村公路通车里程是 10 年前的 3 倍多。截至 2015 年年底，全国通公路的乡(镇)占全国乡(镇)总数 99.99%，其中通硬化路面的乡(镇)占全国乡(镇)总数 98.62%；通公路的建制村占全国建制村总数 99.87%，其中通硬化路面的建制村占全国建制村总数 94.45%。公路通达率的大幅提升，为广大少数民族群众脱贫致富、发展生产、迅速步入现代文明奠定了坚实的基础。

口岸公路是加强少数民族地区对外交流、推进兴边富民行动的重要基础设施，目前我国已正式加入亚洲公路网。交通运输部根据少数民族地区经济社会发展及对外开放的需要，对国家兴边富民行动确定的 135 个边境县公路建设给予重点支持，加大边境口岸基础设施建设投入，提升边境地区对外经济合作水平。

据国家统计局有关数据显示，截至 2010 年年底，民族八省区(内蒙古自治区、宁夏回族自治区、新疆维吾尔自治区、西藏自治区、广西壮族自治区以及贵州省、云南省、青海省)生产总值达到 4.21 万亿元，比 2005 年增长 1.42 倍，比 2000 年增长 3.84 倍；人均生产总值达到2.30万元,比2005年增长1.29倍,比2000年增长3.58倍。民族八省区地区生产总值和人均生产总值增速均高于全国平均水平,迈开追赶东部地区经济发展的步伐。其中,公路交通基础设施的快速发展功不可没。公路基础设施的发展,给广大少数民族地区的经济发展带来了活力,为民族地区经济社会的发展提供了有力支撑,给各民族物质、文化的交流发展提供了便利,成为巩固民族区域自治制度和各民族团结和睦的重要保证。

2. 公路建设架设起国际友谊的桥梁

除立足本国公路建设外,改革开放以后,特别是20世纪90年代以来,我国积极参与援建发展中国家的公路。这些援建公路为促进我国与发展中国家的友好往来架起了友谊的桥梁。

目前,中国是援助柬埔寨建设道路、桥梁最多的国家,中国提供的无偿援助、无息贷款、优惠贷款促进了柬埔寨的社会经济发展。

2004年5月,由中国政府援建的昆(明)曼(谷)公路老挝境内80km的路段,对中、老、泰三国的友好合作与经济发展发挥出很大的推动作用。

2005年11月10日,中国援建的蒙古国扎门乌德至二连浩特公路改造项目建成通车,增强了中蒙口岸间的通关能力,也为进一步加强中蒙两国贸易交往和友好往来提供了更好、更快捷的通道。

在非洲,中国政府也援建了许多公路。自20世纪80年代以来,中国公司在肯尼亚已承建了数百公里的等级公路,其建设质量受到了肯尼亚各界的高度评价。中国公路桥梁建设总公司在1999年至2005年的6年时间里,为埃塞俄比亚建设了5条公路,总长约480km。2003年5月9日,中国援建赤道几内亚的涅方—恩圭公路通车。它的建成,使该国大陆地区的南北交通大动脉全线贯通,对其经济建设和社会发展有着十分重要的意义。2006年6月19日,中国政府援建加纳的阿克拉至库马西公路改扩建项目竣工。该段公路总长18km,是连接加纳首都与中部地区以及加纳内陆邻国与加纳特马海港的重要交通干线。2007年4月12日,在卢旺达大屠杀13周年之际,由中国政府援建的大屠杀纪念中心道路举行了竣工移交仪式。这条道路把位于卢旺达首都基加利市郊区的大屠杀纪念中心与附近的干线公路连接起来,给参观者和附近居民带来了极大的便利,也表达了中国政府和人民对在那场大屠杀中死难者的深切哀悼。2007年11月5日,中国在尼日尔援建的第二座大桥奠基仪式在尼日尔首都尼亚美举行。大桥建成后缓解了中国援建的第一座大桥的拥堵情况,使跨越尼日尔河变得更加方便。2007年12月,中国上海建工集团接受了在埃塞俄比亚承建立交桥的项目。这座立交桥建在埃塞俄比亚首都亚的斯亚贝巴,是该国第一座互通式立交桥工程,也是非洲第一座互通式立交桥。此外,中国还为亚洲、非洲的许多国家培养了大量公路建设方面的专业人才。

中国对亚洲和非洲提供的公路桥梁援助,为当地的经济发展做出了突出贡献。以路为“媒”,使中国与这些国家结下友谊,体现了中国为世界和平、合作和发展事业所做出的不懈努力,拓展了中国的外交空间和国际影响。

3. 公路建设传播了新的思想观念

公路从根本上改变了人们的生活方式,也对文明的传播和人们的思想观念起着潜移默化的影响。

在农村,从2006年2月,中共中央、国务院下发了《关于推进社会主义新农村建设的若干意见》,交通部开始实施农村公路建设通畅、通达工程。一条条公路打开了农村封闭的大门,一批又一批农民走出穷乡僻壤,开阔了眼界,扩宽了视野,“要想富,就修路”成为共识。市场经济观念沿路传播,新鲜的事物、丰富的信息和先进的科学技术被引进了农家大院,逐步增强了广大农民的商品意识、竞争意识、开放意识和发展意识,拓宽了发展经济、脱贫致富的思路,许多农民通过门前的公路,一改过去那种足不出户、难舍本土、小富即安、小进即满的状况,纷纷兴起办厂热、运输热、经商热、种植热等,现代经营理念也逐步成为农民的共识。农村公路拉近了城乡之间的距离,城市的文明也开始向乡村延伸。农民开始进行村容村貌的改进。道路的发展还加快了农村科学文化的普及。从1996年开始,中央宣传部等14部委联合开展了文化、科技、卫生“三下乡”活动,把科普知识送到田间地头,把义诊药箱背进偏远山村,把先进文化带到村村寨寨。持续不断的“三下乡”热潮吹拂着农村的山山水水,也温暖着亿万农民的心窝,活动开展十多年来,硕果累累,“三下乡”播撒的种子在山区开出文明之花。

在城市,四通八达的公路连接了家庭与生活、工作、学习的地方。高速公路则大大缩短了空间和时间的制约,在将人们带到不同目的地的同时,也改变了人们的生活方式。目前,驱车从南昌到沪、浙、粤、闽、鄂、湘等周边省(市)的距离全部都缩短在8小时内。有人形象地说,上午在广州喝早茶、中午在南昌品赣菜、晚上去看夜上海已不是梦想。

在旅途中,人们可以尽情地欣赏沿途的自然风景和人文景观,从而获得精神上的满足。1999年“黄金周”制度的出台,极大地释放了公众压抑多年的旅游欲望,将人们的出行愿望推向了高潮。交通部积极支持各地的旅游公路建设,各省(区、市)也都将此作为当地公路建设的重点项目。2005年初,中宣部和国家发改委联合有关部门组织编制《全国红色旅游发展规划纲要》。为推动全国红色旅游工作发展,改善红色旅游交通基础条件,交通部根据《全国红色旅游发展规划纲要》总体要求及有关省份公路交通实际情况,制定了红色旅游公路建设规划。2006年,交通部进一步加大了对有关省份红色旅游公路建设的支持力度,共安排红色旅游公路建设项目50个,涉及20个省(区、市),建设里程约1466km,项目总投资约54.7亿元。全国共有34个红色旅游公路项目建成投入使用,通车里程为868.5km。2007年,红色旅游公路建设新开工44个项目,建设里程991km。此外,还有16个续建项目约621km正在加紧建设。交通部还会同各地交通主管部门加强了对红色旅游公路项目的技术指导和质量监督。随着农村经济的快速发展以及高速公路网的不断完善，我国农村居民国内游客人数连年大幅攀升，旅游消费不断增长，直接推动着经济的发展、促进了文化的交流。

4. 公路建设积累了丰富的精神财富

新中国成立后，几代筑路人和养路人，为我们留下了无愧于时代的丰厚精神财富。改革开放后，广大的公路从业者发扬艰苦奋斗、甘于奉献的精神，在公路建设不断加快的过程中，广大公路从业者锐意改革、创新进取，取得了令世人瞩目的成就，也为行业传统的“铺路石”精神注入了新的内涵。先后涌现出陈德华、陈刚毅等由中央宣传部主持宣传推广的全国先进人物，涌现出“雷锋车组”等一批先进集体，涌现出“微笑映山红”等服务品牌。特别是习近平总书记倡导的“两路精神”，更是把公路在两个文明建设中的精神财富提升到了空前的高度。这集中体现了公路行业既传统又现代的文化特质，反映了我国公路改革发展和行业精神文明建设过程中取得的丰硕成果，体现了广大公路职工的良好道德品质和精神风貌，成为实现公路事业又好又快发展的宝贵财富和精神源泉。

综上所述，公路建设积累了丰富的精神财富，传播了新的思想观念，促进了民族团结，架起了友谊桥梁。其中“精神财富”“思想观念”“友谊桥梁”，均属观念形态和文化的范畴，这说明在公路建设过程中确实孕育出了具有很强公路行业特色的文化。

三、公路文化提升了公路建设品位

一方面，公路建设和行业发展孕育了公路文化；另一方面，公路文化也提升了公路建设的品位，改变了公路从业者的形象，公路行业传统的“铺路石”精神以及在改革开放加快建设过程中孕育出的“敢为人先、勇于创新”的精神，也得到了社会的广泛认可，获得了广泛共鸣。犹如物质文明孕育了精神文明，精神文明也升华了物质文明，两者密不可分。

（一）文化元素融入公路基础设施

改革开放以来，公路系统的文化建设取得了长足的进步，使公路基础设施的品位不断提升。公路文化的发展给公路基础设施建设注入了新的活力。公路不再仅仅是纯物质的基础设施，一些具有创新型设计、建设、管理理念的公路开始产生。

2007 年，《204 国道江苏段扩建工程文化公路规划》通过专家评审。江苏省在 204 国道的改建中，最早将“文化公路”作为一个整体的概念，摆在了世人面前。204 国道从烟台至上海，全长大于 1000km，其中江苏段长 549km，占了一半。而且，这条国道的历史源头就在江苏境内。204 国道的历史可以一直追溯到唐代的“长丰堰”。唐大历元年（766 年），淮南黜陟使李承率众筑捍海堰，北自楚州盐城，南至海陵泰州，全长 250km，但年久失修，逐渐残破湮没。到了宋仁宗天圣二年（1024 年），范仲淹被任命为兴化县令，经过三年奋战,建成了流传千古的防洪大堤——范公堤。虽然后来黄河夺淮,这里沧海变成桑田,但到了清光绪年间,清政府修筑通榆公路,也就是204国道的前身,从东台富安至阜宁射阳这一段全部利用范公堤作为路基。现在,公路旁边还有一条“串场河”,正是当年建范公堤时挖出来的河道。

江苏在此段公路的建设中,在串场河桥梁设计上加入相关的文化元素,通过浮雕等来体现范公堤的典故。在全长549km的公路上,充分利用江苏文化的几个典型区域,并将其连接起来。204国道江苏段穿过江苏,从南至北经过苏州、南通、盐城和连云港4个城市,每个城市都有着不一样的自然文化遗产和历史文化遗产,人们依次可以领略到独具特色的吴文化、海派文化、江淮文化和楚汉文化。

204国道沿线还有众多的名胜古迹,比如盐城有中国早期的海关、董永墓、新四军军部,南通有著名的狼山风景区、如皋长寿村等,这些都在道路旁用统一标识指示。此外,沿途的景观设置也尽量体现出地域特色,突出自然,避免“行道树”的人工痕迹。例如在盐城段展示出芦苇丛等湿地风貌,体现出与海盐文化有关的植物文化;苏州境内则透出水网密布的江南韵味。根据需要,沿途设置了一些观景台,人们不用离开公路,就可以欣赏到沿途的美丽风景。沿途风景、文化的展示,特别强调与当地的人文、自然景观、风光协调一致,突出当地的特色和文化,让人们在沿路的行程中不知不觉地感受到文化的气息。

2010年初,建成后的204国道成为一条色彩缤纷的道路。每一段的服务区等相关建筑都突出各自的主题色:连云港蓝色、盐城红色、南通金色、苏州绿色。国道主干线上的桥梁设计外观与当地地域的建筑风格相结合,例如苏南特有的粉墙黛瓦。而徐福的家乡连云港则在路边立起徐福雕塑。在各地的服务区内,不仅通过文化墙、电子触摸屏等介绍当地旅游景点,还在特定日子里进行地方剧演出,游客在服务区就可以欣赏到原汁原味的通剧、昆曲。服务区内还设置有特色的实物展示区:连云港的东海水晶展、盐城的现代汽车展、南通的红木家具展、苏州的盆景展等。

到“十二五”时期末,文化公路可谓在全国遍地开花。各地结合公路建设,都因地制宜开展了自己的文化公路建设。这些公路,大都结合当地的自然风光、风土人情、民俗文化、民族特色等,借公路传递一种人文的、社会的信息。所谓“文化公路”,就是在以“大美公路”为载体的公路规划、建设、管理全过程中,自然地融入文化元素,使之与沿线的人文、历史、自然风光相融合,产生和谐自然的美感,赋予公路更多的文化内涵和人文色彩,目的在于将人们的思路从公路单一的交通功能中解放出来,在行程的不知不觉中给人以审美发现和文化感知,使公路与当地的人文、历史、民俗、社会和自然风光“自然”地融合在一起,变成联结行路人与当地文化的纽带。

在公路建设上融入文化内涵的事例还有许多,它们大多是将地域文化运用到景观建筑和其他景观设施的造型、材料、色彩、结构形式、组合方式、图像和文字中,表达某种特定的精神含义，如历史文化、民俗文化、行业文化的融入等，还通过在重要景点建立雕塑、壁画和标志性组合景观，以加强深化、升华景点的文化主题。

例如，贵州凯（里）麻（江）高速公路老猫冲隧道两洞口之间，就设置了以苗族风情跳芦笙为主题的浮雕图案，展示苗族人民庆典时盛大、欢乐的节日气氛。图案通过对苗族典型代表乐器芦笙和锣鼓以及崇拜的牛（牛角）进行变异组合，伴随波涛与彩云之间的互变，形成天地合一的自然美景，表现出苗族人民以开放的姿态，迎接21世纪的挑战和对美好未来的憧憬。

云南昆（明）石（林）高速公路在临近石林的隧道洞口造型方案设计中，以石林景点为剪影的艺术浅浮雕，可以说是未见石林，先见其影。另外，把绚丽多彩的民族图案提炼成简洁的符号，应用到边坡挡墙的美化上，也不失为一种表现地域文化的手法。

重庆至湛江高速公路是西南出海大通道，也是一条连接诸多旅游城市的多彩之路。进入遵义境内，沿途山峦起伏，树木青翠，飞瀑流泉。娄山关、遵义、赤水等地，是当年红军长征之路，这些字眼无不蕴含着深厚的文化积淀。

杭州绕城高速公路则将“西湖十景”拷贝到公路边坡上；广西衡昆线柳南高速公路在路边雕塑了“六景石林”；湖北襄十高速公路将湖北最美的人文景观浓缩后展示给世人；宁杭高速公路则以黄鹤欲飞冲天的雕塑造型，展现了江浙人民奋发向上的精神风貌。

在公路基础设施大发展的今天，行业文化对物质的促进作用得到更充分的体现。随着我国公路和城市道路的快速发展，国家对道路绿化的规模和功能提出了更高的要求，道路绿化规模从最初的行道树，到道路的全方位绿化，使绿化功能从单纯的环保和水保功能，发展到一种融科学、艺术、园林、生态、环保、美学等多种功能于一体的景观绿化。公路开始承载更多的文化底蕴和时代特征。

云南思（茅）小（勐养）高速公路是昆明到曼谷国际大通道的一段，公路全长97.7km，2003年6月20日正式开工建设，2006年4月6日通车。思小高速在设计、建设中突出了创新，坚持了“安全、环保、和谐、服务”的理念。思小高速是我国唯一一条穿越热带雨林的高速公路，在整体设计上引入了“宁桥勿填、宁隧勿挖”的理念，尽量减少了开挖，保护了周边环境。在管理过程中，按照云南省委、省政府提出的“建设一条人与自然和谐发展的生态环保高速公路”的总体方向，以及“保护自然、回归自然、融入自然、享受自然”的工作思路，引进了精细化无缝隙管理理念，常思“小”处，从细节做起，从小处做起，确保了工程质量，保护了自然。2006年5月13日，时任中共中央总书记胡锦涛到云南视察工作时，全程考察了思茅至小勐养高速公路，对思小高速建设给予了充分的肯定与赞许，并指出：“只要认真落实了科学发展观，不仅开发建设与环境保护可以共赢，人与自然也完全可以和谐相处。”

川九公路是通往世界级风景区——九寨沟的重要通道，位于四川省阿坝州境内，起于松潘县境川主寺,止于九寨沟口,连接四川省九寨沟和黄龙两大世界自然文化遗产。原有的川九公路技术标准偏低,纵横交错的公路网分割自然环境,给生物的繁衍造成影响,甚至会造成水土流失,形成沿线带状污染,加速一些动植物灭绝。2002 年 7 月,四川省委做出改建川九公路的决策。该项目路线全长 94.14km,总投资 3.94 亿元。工程于 2002 年 10 月动工,2003 年 9 月完工。为了建设好第一条在全国有示范意义的生态旅游公路,四川省公路局贯彻交通部“安全、舒适、环保、示范” 的建设宗旨,明确提出:川九路建设要以生态环境保护为核心,坚持“以人为本”,充分满足人们对出行的安全性、舒适性、愉悦性要求;在生态环境保护上,要突出与当地自然风光的相协调。这些理念的确立,带来了公路建设设计、施工、管理等全方位理念创新和工作创新。今天,当人们行进在川九路上时,几乎感觉不到人工雕琢的痕迹,似乎川九路与环境的和谐是与生俱来的。其实,这种感觉正是新的公路建设理念创造的奇迹。川九路开创了交通建设与自然和谐的典范,是交通新跨越的一项标志性工程。川九路建设的经验,得到交通部的高度重视。2004 年,交通部选择江西省景德镇经婺源至黄山高速公路、甘肃省宝鸡至天水高速公路、广东省双凤至平台高速公路等 12 个项目,共计约 1400km 不同等级的山区公路,作为勘察设计典型示范工程,以探索在不同区域、不同自然条件下的公路勘察设计经验,为今后的勘察设计工作提供有益的借鉴。此后的“十一五”“十二五”期间建设、改建的一大批高速公路,都将土地节约、节能减排、环境保护列为重点之一,涌现出沪蓉西、雅西、鹤大吉林段等环保工程。在公路的建养管全过程中,人与自然相和谐的理念深入人心。

随着《全国交通行业“十一五”时期精神文明建设指导意见》和《交通文化建设实施纲要》的深入实施,公路行业文化将焕发出更加灿烂夺目的光彩。到“十二五”时期末,随着公路网的不断完善,公路与沿线的自然景观、人文风情融合得更加紧密,公路与文化结合的理念在全国各地得到普遍认同,实践内容更加广泛,手段更加自然、贴切。随着公路基础设施建设的深入开展,会有更多公路被升华成为融人文、自然、科技、环保为一体的文化载体,成为向社会传播公路行业文化和文明的重要媒介。对“十三五”期间交通运输发展,交通运输部党组明确指出:回顾世界强国崛起之路,交通运输都是国家强盛的根基。当我们立足当前,研究部署“十三五”交通运输发展任务,接近实现第一个百年目标时,必须在“两个一百年”战略格局下,着眼长远,超前谋划第二个百年目标的战略路径。到 2020 年“十三五”发展目标完成时,我国交通运输的现代化进程将迈上新的台阶,成为名副其实的世界交通大国。到第二个百年目标实现时,我国将建成富强民主文明和谐的社会主义现代化国家,实现中华民族伟大复兴的中国梦。到那时,仅仅定位于一个世界交通大国是远远不够的。我们必须在第二个百年目标实现之前,建成世界交通强国,这是我们践行先行官使命的历史担当和郑重宣言。建成世界交通强国,我们不仅要建成一个更安全、更便捷、更高效、更普惠、更可持续、更具竞争力的现代综合交通运输体系,在基础设施、运输服务、装备技术等硬实力方面位居世界前列,还要拥有与硬实力相匹配的交通运输软实力,建成成熟的现代行业治理体系、开放的交通运输市场体系、具有引领性的科技创新体系、具有国际影响力的对外开放体系和一支与强国地位相适应的创新型人才队伍。建设世界交通强国,是我们交通人的"中国梦",需要几代交通人为之奋斗,必须作为中长期发展战略,举全行业之力,持续努力。

对"十三五"时期的交通运输工作,交通运输部党组提出更高要求:切实加强供给侧结构性改革,着力推动交通运输治理体系和治理能力现代化,着力推动综合交通基础设施加快成网,着力推动运输服务提质增效升级,着力推动行业软实力持续提升,全力当好经济社会发展先行官,建设好"人民满意交通"。

(二)多姿多彩的行业文化传播

公路建设过程和工程本身,就是一种无声的文化传播。随着行业的快速发展,行业中另一种文化传播方式开始兴起,那就是在多地涌现的公路、桥梁和隧道博物馆。

2016 年 9 月 23 日,甘肃公路博物馆在酒泉正式开馆。该馆的前身是 1994 年 1 月成立的酒泉公路总段"十工陈列馆"。新馆展厅面积 $2000m^2$,展出各类实物展品 228 件,照片 1816 张。其"镇馆之宝"是 1971 年周恩来总理赠送给酒泉公路总段十工道班的东方红 75 型推土机。展馆的陈列大厅集中展示了公路人艰苦创业、开拓进取的精神风貌,左右两边的学术厅和技术厅充分体现了甘肃公路"以人为本、科技兴路"的发展理念,整体建筑体现了"中心带动、两翼齐飞"的深刻内涵。外墙四组浮雕,分别以艰苦奋斗、跨越发展、丝绸古道、丝路新姿为主题,展现了甘肃道路发展的历史变迁、公路建设的丰硕成果和甘肃公路人服务社会、无私奉献的行业精神。

甘肃公路博物馆的每一件展品、每一幅照片、每一段文字、每一帧视频,都在引领参观者了解公路、亲近公路、感悟公路;让每一个参观者体会到:路,让人离得更近;路,也让人走得更远!

2011 年在云南保龙高速潞江坝服务区开馆的云南公路馆,集中展示了滇路历史、交通人文,传播了打造"路畅人和"交通品牌的行业宗旨,成为集滇西抗战文化、云南公路文化、地域民族文化为一体的公路文化历史博物馆。

随着我国公路桥梁、隧道建设的快速发展,巨型桥梁、隧道工程不仅成为交通设施,也成为旅游观景的一个特别门类,众多以桥梁隧道为题的专业博物馆、主题公园,如雨后春笋涌现出来,成为行业与社会文化传播的重要载体。

我国第一座主跨超过千米的特大型桥梁——江阴长江大桥,建成于 1999 年,其设计、施工以及管理、运营的技术成为 20 世纪我国桥梁工程建设史上的里程碑,为以后的众多长大桥梁工程提供了宝贵的经验。江阴大桥公园与大桥同时诞生,成为感受大桥工程之雄伟、观察大桥之美景的重要媒介。还有众多大桥、隧道本身，在建成之时，就成为当地旅游观景的“名片”“地标”，它们无声地传播着行业的声音。有的地方，依托大型桥梁和隧道工程建有博物馆，如青岛海湾大桥博物馆，将建设过程、技术亮点、运营服务特色等，凝练成图片、文字和影像资料，向人们直观地展示桥梁建设者、管理者的风采。

第三节　行业精神文明创建历程

公路行业，是交通行业的重要组成部分，在日复一日、年复一年修路架桥和养护管理的平凡工作中，逐步孕育出具有行业特点的“铺路石”精神——“以路为家，爱岗敬业；艰苦奋斗，无私奉献”。

改革开放以来，全体公路从业者在继承和发扬“铺路石”精神的同时，又在行业的发展过程中，不断注入了“锐意改革、勇于创新、敢为人先、追求卓越”的时代精神。20世纪80年代中后期，随着高速公路建设实现零的突破，高速公路建设开始逐步提速，带动了公路行业的技术革新和理念更新，为完善综合运输体系和社会出行开启了一种全新的方式。进入20世纪90年代特别是21世纪以来，高速公路建设实现了跨越式发展。迅速成网的高速公路，使行业的发展理念、运输体系的综合发展以及社会出行形态发生了巨大改变。

在基础设施建设取得巨大成就的同时，公路行业精神文明创建的成果不断涌现、不断积累。在交通运输部的引领和指导下，广大公路从业者不断深化行业精神文明创建的内涵，全行业对行业文化建设不断深入思考，创新行业文化建设的形式和内容，逐渐形成了具有行业特点的公路文化，凝聚成为公路行业的核心价值观。高速公路行业精神文明和文化建设的成果，传承着公路行业的时代精髓，成为公路交通全行业长期开展行业精神文明创建和文化建设的亮点。

一、“五讲四美三热爱”与“学树”活动（“五讲四美三热爱”，即讲文明、讲礼貌、讲卫生、讲秩序、讲道德，心灵美、语言美、行为美、环境美，热爱祖国、热爱社会主义、热爱中国共产党；“学树”，即学雷锋、树新风）

1981年2月，由中华全国总工会、共青团中央、全国妇联等9个人民团体倡议开展以“五讲四美”为内容的文明礼貌活动。在开展这一活动中，中央总结了一些地方开展的热爱祖国、热爱社会主义、热爱中国共产党的活动经验，把“五讲四美”与“三热爱”统一起来，提出开展“五讲四美三热爱”活动，并成立了中央“五讲四美三热爱”活动委员会。

1981年3月，交通部政治部、中国海员建设工会和中国公路运输工会发出通知指出：

交通运输与国民经济建设、人民生活和国际贸易紧密相连,接触面广,服务性强,对外交往频繁,是社会主义文明风尚的"窗口"。交通运输战线开展文明礼貌活动,不但关系到工农之间、城乡之间、党与人民群众之间的关系,而且关系到国家声誉和民族威望。

全国公路系统各单位根据行业的特点,把这项活动与单位的生产业务和日常工作结合起来,与正在开展的"学雷锋、树新风"活动结合起来,把"文明生产、礼貌待客、方便群众"作为交通职工为人民服务、对人民负责的重要标志和开展劳动竞赛的重要内容。开展"五讲四美"文明礼貌活动,有力地促进了交通系统各单位的社会主义精神文明建设,收到了较好的效果。广大职工的主人翁责任感得到加强;车辆、车站、线路等交通设施和交通环境脏、乱、差的状况有了明显改观;对货主负责,为旅客服务,助人为乐、公而忘私的劳动态度进一步得到发扬;涌现了一大批杨怀远式的先进模范人物和很多先进集体。

1981 年 10 月,交通部召开"思想政治工作座谈会",研究了在新形势下加强党对思想政治工作的领导,努力建设社会主义精神文明的问题。同年 11 月 17 日,中共中央主席胡耀邦在同国家计委、经委、建委、交通部、铁道部领导座谈时讲话指出,汽车驾驶员要做传播社会主义精神文明的"前哨兵"。随后,一个"树立社会主义道德风尚,安全优质,经济方便,服务周到,让货主放心,让旅客满意,更好地为人民服务、为社会主义四化建设服务"的热潮在全国公路行业各条战线迅速兴起。

1982 年 9 月,党的十二大召开。十二大报告指出:"社会主义还必须有一个特征,就是以共产主义思想为核心的社会主义精神文明。没有这种精神文明,就不可能建设社会主义"。交通系统各单位认真学习宣传十二大精神,不断加强党的领导和思想政治工作,抓好党员干部和职工的思想教育,努力做到物质文明和精神文明两个文明一起抓,把生产建设工作和思想政治工作结合起来。

1983 年 3 月召开的"全国交通工作会议"提出:各单位要做好改革中的思想政治工作,把职工认识统一到改革的总方针上来;抓好系统教育和日常教育;抓好党员教育,努力实现党风的根本好转;按照德才兼备的原则配备好各级领导班子。

从 1983 年冬季开始,交通系统按照党的十二届二中全会决定精神,开展全面整党,以"统一思想、整顿作风、加强纪律、纯洁组织"作为整党主要任务。进一步实现全党思想上、政治上的高度一致,纠正违反党的十一届三中全会以来党的路线中"左"的和"右"的错误倾向;整顿作风,发扬全心全意为人民服务的精神,纠正各种利用职权谋取私利的行为,反对对党对人民不负责任的官僚主义;加强纪律,坚持民主集中制的组织原则,反对无组织无纪律的软弱涣散状况;纯洁组织,按照党章规定,清理坚持反对党、危害党的分子。这次整党完成了十六字要求,达到了党风好转的目的。

1984 年 10 月,党的十二届三中全会通过了《中共中央关于经济体制改革的决定》,公路行业各单位加强改革中的思想工作，做好宣传和发动，推动改革不断深入。

二、"四有"职工队伍建设与"创争"活动（"四有"，即有理想、有道德、有文化、有纪律；"创争"，即创建文明单位、争当文明职工）

在1985年3月召开的"全国科技工作会议"上，邓小平同志讲话强调："有一点要提醒大家，就是我们在建设具有中国特色的社会主义社会时，一定要坚持发展物质文明和精神文明，坚持五讲四美三热爱，教育全国人民做到有理想、有道德、有文化、有纪律。这四条里面，理想和纪律特别重要"。

为在公路交通行业加强社会主义精神文明建设，培育"四有"职工队伍，1985年8月，交通部总结了为发展远洋事业以身殉职的全国劳动模范贝汉廷先进事迹，发出向贝汉廷学习的号召。同年10月，交通部党组邀请杨怀远进京，在人民大会堂举行大型事迹报告会，并举办了杨怀远先进事迹展览会。交通部组织了贝汉廷、杨怀远事迹报告团，在各省（自治区、直辖市）巡回报告；同时《人民日报》等媒体对两位先进典型的事迹做了大量宣传报道，在全国引起强烈反响。

在1986年1月17日至23日召开的"交通部思想政治工作会议"上，交通部部长钱永昌做了《振奋精神，努力工作，开创交通战线思想政治工作的新局面》的报告。会议讨论、修改了《中共交通部党组关于加强交通战线思想政治工作的决定》（以下简称《决定》）。《决定》指出，"交通运输是国民经济的先行，是传播社会主义精神文明的前哨阵地"，要"坚定不移地'两个文明'一起抓，'两个任务'一起下，'两副担子'一起挑，'两个成果'一起出，'两项工作'一起考核"。《决定》鲜明地强调了"思想政治工作是经济工作和其他一切工作的生命线"的论断，指出必须紧密结合交通行业特点，如点多线长、流动分散，面向社会、接触广泛，远离领导、独立作战，直接涉外、易受污染等，加强思想政治工作。"要本着'弃左、承优、求实、创新'的原则要求，不断端正思想路线，改进思想政治工作的方法"。

1986年2月27日，交通部组织"修筑青藏、天山公路先进事迹报告团"，历时3个月，分赴北京、西安、重庆、武汉等17个城市，到部属大专院校、公路等有关单位进行巡回报告，听众达10余万人，在公路干部职工中广泛开展理想纪律教育、艰苦奋斗教育和革命英雄主义教育，以典型带动行业精神文明建设的深入开展。

1986年6月24日，交通部在北京召开"全国交通系统'两个文明'建设经验交流会"。钱永昌部长在报告中提出交通行业精神文明建设的目标是：按照建设"四有"职工队伍的要求，努力建设一支具有改变交通运输落后面貌雄心壮志的、具有全心全意为货主旅客服务思想的、具有能够在精神文明建设中发挥"前哨兵"作用的职工队伍，要以安全优质、文明服务为交通行业基本的职业道德规范，逐步形成全行业良好的职业道德风尚。会议号召全国交通系统大力开展创建文明单位、争做文明职工活动,推动交通体制改革和生产建设事业的健康发展。会议强调了精神文明建设要以抓行风建设为重点,一方面树立典型,表彰先进,号召职工向以杨怀远、贝汉廷、焦红为代表的先进人物学习;另一方面要狠刹行业不正之风。在这次会议上,中国交通职工思想政治工作研究会正式成立,同时召开了第一次政研会理事会议。

1986 年 9 月,党的十二届六中全会通过《中共中央关于社会主义精神文明建设指导方针的决议》(以下简称《决议》),共 8 个部分。全会认为,《决议》阐明了社会主义精神文明建设的战略地位、根本任务和基本指导方针,是新时期加强社会主义精神文明建设的纲领性文件。为贯彻《决议》精神,1987 年 4 月 27 日,交通部制定并下发《"七五"期间交通系统加强社会主义精神文明建设的规划》。

交通系统结合行业特点和实际情况,大力表彰和宣传先进典型,普遍深入开展了"创建文明单位"和"争当文明职工"的活动。1986 年,61 个单位、集体和个人在两个文明创建活动中受到交通部表彰;1987 年,113 个全国交通系统双文明先进单位、先进集体和 190 名标兵受到交通部表彰;1988 年,交通部又在各省(区、市)文明车站、车队评比的基础上,分别评选出 130 个部级文明车站和 70 个部级文明车队并进行了表彰。行业两个文明创建结出的丰硕成果,带动了全行业精神文明创建活动的深入开展,推动了行业精神文明的建设。

1987 年 5 月,在上海召开的"中国交通职工思想政治工作研究会常务理事扩大会议",在规格和内容上相当于开了一次全国交通系统的思想政治工作会议;1989 年 5 月 15 日,交通部在河北秦皇岛召开"中国交通职工思想政治工作研究会常务理事扩大会议"。在这两次会议上,交通部部长、政研会会长钱永昌都做了关于加强交通职工思想政治工作的报告。

1990 年 1 月 5 日,交通部党组在北京召开"直属单位政治工作会议"。交通部部长钱永昌在会上做了《充分发挥基层党组织的政治核心作用,大力加强政治思想工作》的报告。在 1 月 8 日的闭幕会上,钱永昌做了《振奋精神,努力工作,把政工会议精神落到实处》的总结讲话。会议明确了基层党组织的政治核心地位,明确了部属不同类型单位的领导体制,明确了干部管理的原则和办法,明确了思想政治工作的重点。

三、"两学一树"活动(学雷锋、学严力宾、树行业新风)

1990 年 3 月,《人民日报》发表江泽民等中央领导同志关于向雷锋同志学习的题词。交通部认真总结全国交通系统学习和弘扬雷锋精神的历史经验,于当年 4 月 3 日发出了《关于开展学雷锋、树新风活动的通知》,号召全国交通系统"学雷锋学根本,奉献在岗位",做出了授予青岛远洋运输公司船员严力宾"雷锋式优秀船员"荣誉称号的决定。江泽民、杨尚昆、李鹏等中央领导同志为严力宾题词，交通部组织了包括严力宾事迹在内的全国交通系统“学雷锋、树新风”先进事迹报告团，于4月7日在北京人民大会堂举行首场报告会。随后，报告团赴全国22个大中城市巡回报告，直接听众达22万多人，收到很好效果。同年11月18日，交通部在山东青岛召开了“全国交通系统学雷锋、树新风经验交流会”，钱永昌在讲话中提出，要在全国交通系统开展以“学雷锋、学严力宾、树立行业新风”为主题的“两学一树”活动。这一活动的开展为交通系统的精神文明建设注入了新的活力。

1991年10月7日至11日，交通部与全国海员工会、全国公路运输工会联合在北京召开“全国交通系统‘两个文明’建设表彰大会”，表彰1989年至1990年全国交通系统两个文明建设先进单位、先进集体134个，劳动模范275名；同时还表彰了抗洪救灾先进单位60个、先进个人68名。国务院副总理朱镕基接见部分参会代表并进行座谈。交通部部长黄镇东在会议讲话中，回顾和总结了开展“两学一树”活动的情况，进一步提出“精神文明建设和思想政治工作要‘进班组’，更重要的是要‘进班子’，首先要把领导班子建设好”，明确了加强“两班建设”（班子和班组建设）的指导思想。此后，交通部又相继召开了“班组建设经验交流会”“‘双基’（基本理论、基本路线）教育经验交流会”和“地方交通行风建设经验交流会”，使行业精神文明建设活动不断深入。

1992年3月，结合行业精神文明创建，交通部发出《关于开展百名厅局长交通运输服务质量察访活动的通知》，组织发动了全国交通系统的“质量万里行”，取得了道路运输服务质量的第一手资料，为运输文明单位创建活动的深入开展奠定了基础。

为贯彻党的十四大和十四届三中全会精神，总结交流交通系统社会主义精神文明建设和思想政治工作的经验，1993年11月16日，交通部在上海召开“全国交通系统精神文明建设经验交流会”。国务院对这次会议给予了高度重视和关怀，邹家华副总理听取了召开这次会议的汇报，并代表国务院发表了《致全国交通系统精神文明建设经验交流会全体代表的一封信》。中国职工思想政治工作研究会会长袁宝华也为会议发来贺信。此次会议上，交通部、中国海员建设工会、中国公路运输工会联合做出了《关于在全国交通系统开展向全国劳动模范包起帆学习的决定》和《关于在全国交通系统开展向“两个文明建设”标兵船“华铜海轮”学习的决定》。交通部部长黄镇东在会议讲话中，总结了行业精神文明“重在建设”，思想政治工作“贵在创新”等7个方面的基本经验，即：以经济建设为中心；以提高职工队伍素质为根本任务；以加强领导班子建设为关键；以加强基层班组建设为基础；以具有交通行业特点的工作为重点；以搞好思想政治工作自身改革为动力；以加强领导为保证。强调各级领导必须真正做到“两手抓，两手都要硬”，并指出“不重视两手抓的领导干部是不称职的领导干部，不善于两手抓的领导干部也不是合格的领导干部”。黄镇东强调，按照交通部党组决定，交通系统各单位要在继续学习杨怀远“为人民服务到白头”的“小扁担”精神,深入开展“两学一树”活动的同时,迅速开展学习包起帆、“华铜海”轮先进事迹的活动。1993 年,公路行业继续深入开展了创建文明客运站、队的活动。同年,交通部组织 15 个检查组,对道路客运服务质量进行了检查,促进了道路运输服务质量的稳步提升。

1995 年 5 月,交通部与山东省政府联合在青岛召开了“深化改革、加强管理现场经验交流会”。交通部部长黄镇东发表讲话,总结推广青岛港苦练内功,以发展生产力为目标,以深化企业内部改革为动力,以强化各项基础管理为手段,以加强领导班子建设为关键,使企业焕发出生机和活力的经验。会议正式提出开展“三学”(学包起帆、学华铜海、学青岛港)。7 月 17 日,交通部决定,在全国交通系统开展向青岛港学习的活动。9 月 13 日,交通部和团中央联合发出通知,决定在全国交通系统青年职工中开展争当“青年岗位能手”和创建“青年文明号”的活动,组织和引导广大青年职工弘扬艰苦奋斗、敬业爱岗精神,立足本岗、争创一流,全面提高青年职工的职业道德、职业技能和服务水平。9 月底,在新中国成立 46 周年之际,交通部邀请百名优秀养路工代表进京参加国庆观光。9 月 29 日,百名养路工与交通部、全国公路工会领导亲切座谈。交通部部长黄镇东在讲话中对全国 84 万养路工人在交通建设中做出的重要贡献给予了充分肯定,对于他们常年在艰苦的工作和生活条件下敬业爱岗、无私奉献的精神给予了高度赞扬。

1991 年至 1995 年,全国交通系统以职工队伍和行业风气建设为重点,切实加强精神文明建设,涌现两个文明建设先进单位 83 个,先进集体 73 个,全国和部级劳动模范、先进工作者 787 人,“五一劳动奖章”获得者 222 人,巾帼建功先进个人 88 人、先进集体 49 个,见义勇为先进个人 144 名。

四、“三学一创”活动(学包起帆、学“华铜海”轮、学青岛港,创建文明行业)

“九五”期间(1996—2000 年),交通部决定,行业精神文明创建工作要重点抓好“两大工程”(交通基础设施建设工程和交通人才培养工程),搞好“两班建设”(班子和班组),实现“两个提高”(提高交通职工队伍的素质,提高交通行业的文明程度)。

1995 年 11 月 30 日,在广州召开的“全国交通系统学习‘华铜海’轮经验交流会”上,交通部部长黄镇东代表交通部党组提出,“九五”期间,交通系统要把“学习包起帆、学习‘华铜海’轮、学习青岛港”活动,作为加强两个文明建设的重要内容和任务,通过“三学”活动,造就一批又一批包起帆式的具有鲜明时代精神的先进个人,造就一批又一批“华铜海”轮式的艰苦创业、爱国奉献的先进集体,造就一批又一批青岛港式的深化改革、苦练内功、两个文明建设同步发展的先进单位。开展“个人学包起帆,集体学‘华铜海’轮,单位学青岛港”的“三学”活动,被正式列入交通系统“九五”精神文明建设任务之中。

1996 年 10 月,党的十四届六中全会作出《中共中央关于加强社会主义精神文明建设若干重要问题的决议》，明确提出“要以服务人民、奉献社会为宗旨，开展创建文明行业活动”。为了贯彻落实党的十四届六中全会精神，交通部于1996年12月9日在南京召开“全国交通系统创建文明行业大会”，结合新的形势，会议将“三学”活动延伸为“三学一创”，要求以“三学”为载体，达到“一创”的目标。交通部部长黄镇东作了《贯彻六中全会精神，努力创建文明行业》的主题报告，提出在全国交通系统开展“三学一创”活动，用10～15年的时间，将全国交通系统建设成为文明行业的奋斗目标。同年，交通部成立精神文明建设指导委员会，制定了《全国交通行业精神文明建设“九五”规划和2010年远景目标》及《全国交通系统创建文明行业实施办法》，公布了《交通行业文明公约》。交通系统各单位认真贯彻落实交通部的部署。

1996年和1997年，在“三学一创”活动开展的过程中，交通部将全国交通系统创建文明行业的总目标分解为公路交通、水运交通、基础设施建设单位、行政执法部门和领导机关等五类具体奋斗目标，由各系统、各部门全力抓落实。为此，各单位相继成立了精神文明建设领导机构，制定创建文明行业的规划、措施和标准，深入开展了示范“窗口”“讲文明、树新风”、争创“青年文明号”和“青年岗位能手”“巾帼建功”以及创建文明车、船、港、站、路等活动，使全行业“三学一创”活动的内容不断丰富，向深度和广度延伸。

1997年10月14日至17日，交通部召开了“全国公路系统创建文明行业经验交流会”，会议从河北石家庄开到山西太原，推出了公路行业的5个先进典型，即：山西在修建太原至旧关高速公路中创造的“自力更生、艰苦奋斗、不屈不挠、勇于奉献”的“太旧精神”；加强行业管理，开展“争做文明使者”的河北石家庄出租汽车行业；坚持为人民服务宗旨、三十年学习雷锋不动摇的山东青岛长途汽车站；以路为家、爱岗敬业，当好“铺路石”的四川甘孜公路总段养路工陈德华；清正廉洁、秉公执法，当好人民公仆的辽宁抚顺运管处稽查科长朱同汝。交通部部长黄镇东发表题为《认真学习贯彻党的十五大精神，把全国公路系统创建文明行业推向前进》的讲话，提出全国公路系统精神文明建设的5项基本任务。此次会议安排别具一格。石家庄的会议未安排统一接站，10月14日报到当天，各地公路交通部门的200多名参会代表，分别从机场、车站自行前往会议驻地，亲身考察了石家庄市出租汽车行业的服务质量。石家庄市出租车行业整洁文明的形象以及从业者周到礼貌的服务，得到代表们普遍称赞。10月15日下午，6辆大客车载着全体与会代表，沿太旧高速西上太原。会议组织方安排车队走了一段太行山间的307国道老路。在太旧高速工程纪念展厅里，讲解员为全体代表展现了为修建太旧高速，山西省3000万父老乡亲拧成一股绳，勒紧裤带、克服千难万险支援工程建设那一幕幕感人的瞬间；讲述了建设过程中，8位公路人献出生命的鲜活事迹。太旧高速建设中的攻坚克难，旧道与新路交通条件的强烈对比，让代表们亲身感受到“太旧精神”的可贵。会后，公路全行业以身边的这些先进典型为榜样，迅速掀起文明行业创建的热潮。

1997年11月20日,“全国道路运输系统创建文明行业座谈会”在山东青岛召开。会议充分肯定了道路运输系统精神文明建设取得的成果,确定了道路运输系统创建文明行业今后15年的远期目标和3年近期目标及主要措施。

1998年,交通部印发了《全国交通系统创建文明行业实施办法》,进一步将“三学一创”活动引向深入。这一年的6月至9月,长江、松花江、嫩江流域发生历史罕见的特大洪涝灾害。大灾面前,全体公路职工在交通部、当地政府及各级交通主管部门统一领导下,全力以赴投身抗洪抢险斗争,为确保公路特别是重要抗洪运输路线的畅通做出了巨大贡献。全行业深入开展两个文明创建活动的成果在抗洪救灾中得到充分体现。交通部在当年表彰劳动模范、先进工作者和集体、巾帼建功标兵和集体的同时,还表彰了“抗洪抢险模范养路工”柯琴芳、“抗洪抢险模范保卫干部”张玉金和“抗洪抢险优秀大学生”李伟。据不完全统计,1998年全国交通系统参加抗洪救灾的人数达89.3万人。其中,公路行业共投入抢险资金25亿元,救灾运输车辆68万台次,运送救灾人员104万人,运送救灾物资1154万吨。全国交通系统共捐款捐物合人民币1.48亿元,其中职工个人捐款捐物合计人民币9515万元,单位捐款捐物合计5312万元。

1998年8月18日,交通部、共青团中央在黑龙江哈尔滨召开“全国公路收费站系统青年文明号活动经验交流会”,强调要引导这项活动向更深层次和更广阔的范围发展。要以改革创新的精神不断研究青年文明号活动中的新情况,解决新问题,把青年文明号活动提高到一个新水平,推进创建文明行业目标的实现。

1999年9月19日,交通部和中国公路运输工会在乌鲁木齐召开“全国公路养护‘双百佳’经验交流会”,表彰100个“全国文明道班”和100名“全国优秀养路工”,这是继1990年全国公路系统表彰“双十佳”后,对公路行业两个文明创建成果的又一次集中检阅,不仅在全行业中牢牢地树立起“铺路石”精神,而且通过广泛的宣传,“铺路石”精神也在全社会得到广泛认可。“双百佳”表彰活动在全国交通行业特别是公路行业中引起强烈反响,各地掀起了“学双百,创先进”的热潮。

1999年10月26日至28日,交通部在山东青岛召开“全国交通系统创建文明行业经验交流会”。会议回顾了全国交通系统加强精神文明建设,开展创建文明行业活动的情况,总结交流了各单位创建工作的经验,现场考察了青岛市交通系统和青岛港务局的基层单位。交通部部长黄镇东在会上作了《总结经验,突出重点,把创建文明行业活动提高到新水平》的工作报告,部署在全国交通系统开展创建文明行业活动、促进两个文明建设协调发展的任务。交通部提出了《关于加强交通行政执法队伍建设的意见》,做出了《关于在全国交通系统推广安徽省淮北市运输管理处经验的决定》。

2000年,为贯彻落实“中央思想政治工作会议”精神,交通系统各单位干部职工认真学习了江泽民总书记在中央思想政治工作会议上的重要讲话。7月,交通部组织各级党政部门和交通职工思想政治工作研究会，通过召开座谈会、研讨会、发放问卷等形式进行了大量、深入的调查研究，对职工思想主流和存在问题及原因进行了认真分析，提出了对策建议。在此基础上，交通部研究制定《关于加强和改进交通职工思想政治工作的若干意见》，要求全国交通系统各单位认真学习贯彻中央思想政治工作会议精神，结合交通行业实际，强化思想政治工作。

为落实1999年交通部“青岛会议”精神和加强交通行政执法队伍建设，2000年，交通部召开“公路系统交通行政执法队伍建设座谈会”，对交通行政执法队伍建设的现状进行广泛深入调研，认真研究如何加强交通行政执法队伍建设的任务和措施。2000年10月，交通部在合肥召开“全国交通行政执法队伍建设工作会议”，交通部部长黄镇东在工作报告中，总结了几年来交通行政执法队伍建设的情况，分析了交通行政执法队伍建设面临的新形势，明确了进一步加强交通行政执法队伍建设的指导思想、任务目标，部署了加强交通行政执法队伍建设要采取的措施。同时，安徽淮北市运管处、江苏镇江运管处等47个单位在会上做了经验交流。这次会议对加强交通行政执法队伍建设产生了积极的推动作用。

2000年，按照全国道路运输系统文明单位评选条件和相关规定，经过自下而上的推荐、评选和审核，交通部决定对被评为1998至1999年度全国道路运输系统以下8个门类的562个文明单位进行表彰：命名山东省青岛汽车站等179个汽车客运站为文明汽车客运站；江西省宜春地区汽车运输公司205车队等39个客运汽车队为文明客运汽车队；福建省福州市出租汽车公司等60个出租汽车客运企业为出租汽车客运文明企业；浙江省杭州长运集团公司货运站等46个货运汽车站（场）为道路货运文明单位；北京市汽车修理公司等78个汽车维修企业为汽车维修文明企业；上海市通运汽车综合性能检测站等33个汽车检测站为文明汽车检测站；广东省深圳市深港机动车驾驶学校等36所汽车驾驶学校为文明汽车驾驶学校；安徽省淮北市运输管理处等91个道路运政管理机构为运政管理机构文明单位。交通部给受表彰的文明单位颁发了荣誉奖牌，并号召道路运输系统各单位认真组织开展学先进活动，规范行业行为，树立行业新风，努力创造一流服务业绩，为实现道路运输系统创建文明行业的目标而努力。

“九五”期间，公路交通系统深入开展“三学一创”活动，从点到线，逐渐扩展到全行业，取得了显著成效，形成了良好的工作格局：一是创建活动深入人心，基本形成了党政重视、全员参与、活动覆盖全行业的局面；二是创建活动主体的面貌发生了深刻变化，职工队伍思想道德素质和科学文化素质不断提高；三是创建活动目标任务明确，管理服务水平不断提升；四是创建活动载体丰富多样，职工群众发动广泛深入；五是创建活动成果显著，行业风气明显改善。“九五”期间，全国交通系统涌现出省部级以上先进单位2849个，获全国“五一劳动奖状”的单位71个，省部级以上文明行业80个，青年文明号1790个，巾帼建功集体 291 个,被中央文明委命名的全国创建文明行业工作先进单位和全国精神文明建设先进单位 62 个。

五、“三学四建一创”活动(学包起帆、学“华铜海”轮、学青岛港,建设“交通基础设施优质廉政工程”、建设“交通行政执法素质形象工程”、建设“交通运输通道文明畅通工程”、建设“交通运输企业安全效益工程”,创建文明行业)

“十五”期间(2001—2005 年),新的形势对公路交通行业两个文明建设提出了新的要求,为适应形势的发展,行业文明创建活动注入了新的内容。

为了深入贯彻落实“三个代表”重要思想,总结“九五”期间交通行业精神文明建设经验,进一步加强“十五”期间全国交通行业精神文明建设,2001 年初,交通部组织对全行业精神文明建设进行广泛调研。调研人员深入到十几个省的 100 多个基层单位,取得了丰硕成果。在此基础上,2001 年 10 月 16 日至 19 日,交通部在南京召开“全国交通系统创建文明行业工作会议”。交通部部长黄镇东发表题为《实践“三个代表”重要思想,深化创建文明行业活动》的讲话,全面总结了“九五”期间全国交通系统开展“三学一创”活动的情况,同时要求,“十五”期间在全国交通行业广泛深入开展“三学四建一创”活动,将“九五”行业精神文明创建工作的成果进一步扩大,并提出要抓好“四大工程”,即简称为“四建”的“建设‘交通基础设施优质廉政工程’、建设‘交通行政执法素质形象工程’、建设‘交通运输通道文明畅通工程’、建设‘交通运输企业安全效益工程’”。交通部制定印发了《全国交通行业精神文明建设“十五”规划》,明确了全国交通行业精神文明建设的奋斗目标、主要任务和活动载体。

“十五”期间,全国公路行业以开展“三学四建一创”活动为中心,结合树立典型和加强宣传,不断推动行业文明建设向纵深发展。2003 年 9 月 10 日,中宣部、交通部、中华全国总工会和四川省委,联合在人民大会堂召开“陈德华先进事迹报告会”,宣传陈德华带领雀儿山五道班的养路工人,二十年如一日,在极其恶劣的自然环境中精心养护公路,保障川藏公路畅通无阻,连续多年实现雀儿山冬季无翻车、无死亡、无事故、无纠纷的感人事迹。2004 年 4 月 20 日,由中宣部、交通部、人事部、中华全国总工会、山东省委联合举办的“许振超同志先进事迹报告会”在人民大会堂隆重举行。交通部部长张春贤在报告会上指出,要迅速在全国交通系统掀起学习宣传许振超先进事迹的热潮,弘扬“振超精神”,创造“振超效率”,培养造就一大批许振超式的有高尚理想情操的、创新型的专业型人才和实用型人才,为交通事业的发展提供智力支持和人才保障,不断推进交通事业快速、健康、可持续发展。2004 年 7 月 5 日,交通部授予为抢修水毁公路而殉职的云南省盈江县交通局局长赵家富“交通局长的楷模”荣誉称号;8 月 4 日,张春贤发表署名文章,号召全国交通系统以赵家富为榜样,努力实践立党为公、执政为民,提高执政能力,加快交通事业的发展。

2005 年 5 月 10 日，交通部追授积劳成疾、英年早逝的北京市路政局门头沟分局副局长曹广辉“公路局长的楷模”荣誉称号。

2005 年 12 月 16 日，交通部在北京召开“全国交通行业精神文明建设工作座谈会”。会上，交通部部长张春贤提出“两个负责任”，即“做负责任的政府部门，做负责任的行业”，给行业精神文明建设提出新的目标和标准。张春贤强调，做到“两个负责任”，关键要在“做”字上下功夫，关键在实践。真正做到“两个负责任”，交通部门和交通行业的文明程度将提高到一个新的水平，将向全社会展示全新的行业形象。把“两个负责任”作为检验行业精神文明建设成效的重要标准，进一步增强广大交通职工的历史责任感，努力使“两个负责任”成为交通主管部门和交通行业的共同准则和自觉行动，营造“负责任光荣，逃避责任可耻”的风气，为做到“两个负责任”提供思想保障和制度保障。

“十五”期间，全国交通行业精神文明建设紧紧围绕经济建设这个中心，以广泛开展“三学四建一创”活动为重点，在统一思想、振奋精神、促进发展、保持稳定等方面做了卓有成效的工作，干部职工综合素质明显提高，行业凝聚力、战斗力明显增强，对全社会精神文明建设的影响力明显提升。5 年来，全国交通行业获得全国劳动模范、先进工作者荣誉称号的有 119 人；获得“全国五一劳动奖章”的个人 263 名、“全国五一劳动奖状”的集体 113 个；获得中央文明委表彰的文明单位 92 个、创文明行业先进单位 146 个；获得交通部、人事部表彰的劳动模范 399 名、先进工作者 388 名、先进集体 370 个；获得交通部表彰的交通文明行业 68 个、创建文明行业先进单位 184 个；获得交通部、团中央表彰的全国交通系统青年岗位能手 221 名、青年文明号 186 个；获得交通部、全国妇联联合表彰的巾帼建功标兵 6 名和巾帼文明示范岗 13 个。此外，还有一大批子行业、单位获得省级文明行业、文明单位等荣誉称号。这期间，公路交通行业涌现出陈德华、赵家富、曹广辉以及润扬长江公路大桥等全国重大先进典型，激励着公路交通全行业的干部职工。

六、“学树创”活动（学先进、树新风、创一流）

“十一五”期间（2006—2010 年），全国交通行业精神文明创建在典型引路的基础上，深入开展“学树创”活动，特别是结合公路行业的特点，开展了全方位的精神文明创建活动。同时，为进一步升华多年来行业精神文明创建的成果，增强行业的内在凝聚力，提升社会影响力，树立公路行业良好的社会形象，公路部门启动了行业文化的研究和探讨，并在实践中取得初步成果。

2006 年 6 月 26 日，交通部在武汉召开了“全国交通行业精神文明建设工作会议”，明确提出“十一五”行业文明建设要以践行社会主义荣辱观为主线，以开展“学树创”活动为载体，明确思路，突出重点，扎实推进行业精神文明建设再上新台阶。会议明确，“学先进”就是学习包起帆、许振超、陈刚毅等先进典型，激励广大交通干部职工见贤思齐、积极向上；“树新风”就是要努力实践社会主义荣辱观，树立执政为民、求真务实、公正执法、清正廉洁的新政风，树立敬业奉献、诚实守信、文明服务、开拓创新、团结和谐的行业新风；“创一流”，就是站在新的历史起点上，追求更高的标准，创建一流的队伍、一流的业绩、一流的行业。会议强调，“学树创”活动，是“三学四建一创”活动的继承和发展，是新时期交通行业“两个文明”建设有机结合的结果。会议明确了“十一五”期间开展“学树创”活动、践行社会主义荣辱观要做好的8项工作。同时，讨论了《全国交通行业“十一五”时期精神文明建设指导意见》（以下简称《指导意见》）和《交通文化建设实施纲要》（以下简称《纲要》）。《指导意见》要求，“十一五”期间，要围绕弘扬社会主义荣辱观，实施“五个一工程”，即形成一批交通文化研究成果，总结提炼一种交通精神，征集确定一个交通行业徽标，创作一批交通文艺作品，完善一批交通博物馆，全面增强交通文化的吸引力和感召力。《纲要》的行业文化建设总体目标是：力争用5年左右的时间，初步建立起符合社会主义先进文化前进方向和交通发展战略，具有鲜明时代特征和行业特色的交通文化体系。通过交通文化建设，凝练交通行业核心价值观和行业理念，树立行业形象，营造团结和谐、充满活力的良好氛围，增强行业凝聚力和影响力，激发行业的创造力，树立交通社会良好形象，推进交通事业又快又好发展。

2006年，交通部先后推出了全国重大先进典型——“新时期援藏交通工程技术人员的楷模”陈刚毅及“新时期知识型产业工人”孔祥瑞。

2006年7月，交通部、青海省人民政府命名包括丹拉国道主干线青海境内路段、享堂至杨沟湾、环青海湖公路、西宁至湟中、西宁至大通、西宁至互助、西宁至共和公路等共计1270km的路段为“高原千里文明通道”。在创建活动中，青海省交通厅稳步推进文明施工、文明养护、文明运输、文明执法、文明收费和文明管理，极大地促进了青海省旅游、体育等各项事业的发展。“高原千里文明通道”的创建，与公路的建设、管理密切相关，强调在行业日常工作过程中，融入服务社会的深刻内涵，改变了传统的管理方式，体现了新时期的人文关怀以及道路与自然和谐发展的理念，取得了非常明显的社会效益和经济效益。

2007年，交通部对《全国交通系统创建文明行业实施办法》进行修订，形成了《全国交通行业精神文明建设表彰决定》，并于7月6日印发执行。2007年，在培养树立典型方面，交通系统开展向江西梨温高速玉山管理处职工熊文清、南京中央门长途汽车站以全国劳模李瑞命名的旅客服务班组——“李瑞班”学习的活动。

2007年12月2日，交通部和山西省政府联合在太原召开命名表彰大会，联合命名大运高速公路为“千里文明高速公路”，同时对在大运千里文明高速公路创建和“五比五看、服务创优”立功竞赛活动中做出突出贡献的先进集体和个人进行表彰。大运高速公路，通过对“五比五看”的认真落实，在管理服务、文化建设、队伍素质等方面的水平和能力不断提高，受到各方面的好评，为山西省高速公路管理服务水平的提高树立了榜样，成为山西高速服务的品牌形象，同时也在全国树立了典范。

2008年年初发生的冰冻雨雪灾害，特别是5月12日四川汶川发生大地震，公路交通行业全体干部职工奋起抗震救灾，集中展现了多年来精神文明创建的丰硕成果。大灾面前，交通(运输)部机关及全国相关公路、交通行业的干部职工反应迅速，以自身的行动，生动地诠释了艰苦奋斗、勇于创新、不畏艰险、默默奉献的行业精神，涌现出众多先进集体和个人，在社会上引起强烈反响。同年，围绕“迎奥运讲文明树新风”，交通运输部在全行业开展礼仪知识竞赛、形象展示等活动，提升了行业的文明服务水平。

2009年，公路行业围绕行业核心价值体系的构建，围绕做好“三个服务”，深入开展“学树创”活动及多种形式的文化建设实践活动；围绕交通运输行业软实力建设，深入开展“五个一工程”建设。

“十一五”的5年，是交通运输行业改革发展任务繁重、发展成就显著的5年，也是精神文明建设大事多、成绩突出的5年。5年里，全行业坚持观念转变和思路创新，深入开展“学树创”活动，不断丰富群众性文明创建活动，积极探索行业文化建设的途径，提升行业软实力，提升行业的社会影响力。5年里，全行业共有83家单位被中央文明委命名为文明单位，2038个集体被交通运输部和人力资源社会保障部、共青团中央、全国妇联命名为文明行业、青年文明号、巾帼文明岗等部级先进集体，75%以上的省级交通运输部门被交通运输部和省委省政府命名为文明单位；142名个人获得党中央、国务院授予的全国劳动模范、先进工作者称号，1954名个人获得交通运输部和人力资源社会保障部、团中央、全国妇联等授予的劳动模范、文明职工标兵、青年岗位能手、巾帼建功标兵等部级荣誉称号。

2010年9月17日，交通运输部在合肥召开“全国交通运输行业精神文明建设工作会议”。中共中央政治局委员、国务院副总理张德江致信祝贺，要求交通运输部门要坚持物质文明和精神文明同规划、同部署、同建设，继续把精神文明建设摆在交通运输工作的重要位置。会议认真总结了“十一五”时期行业精神文明建设工作，分析新形势，把握新要求，明确新思路，提出部署了“十二五”时期行业精神文明建设的目标和任务。交通运输部部长李盛霖在讲话中强调，交通运输行业门类广、从业人员多，联系千家万户、服务亿万群众。“十二五”期间，交通运输行业要紧紧围绕发展现代交通运输业的目标，加大行业精神文明建设，以职业道德建设和改进公共服务为着力点，抓住人民群众反映强烈的热点、焦点问题，切实抓好政风行风建设，着力提升公众对交通公共服务的满意度。为此，践行社会主义核心价值体系，推进行业核心价值体系建设，将成为交通运输行业精神文明建设的首要任务。

“十一五”期间，交通运输部组织有关部门对行业核心价值体系进行了研究，提出了以行业使命、共同愿景、交通精神、职业道德为主要内容的行业核心价值体系。

其中，行业使命是：发展现代交通，做好“三个服务”——这是行业核心价值体系的统领，解决的是服务方向和肩负责任的问题。

共同愿景是：建设一个“畅通、高效、安全、绿色”的现代化交通运输系统，实现“人便于行、货畅其流”，让人们享受高品质的运输服务，让经济社会发展更加充满活力，让交通与自然、与社会更加和谐——这是行业核心价值体系的主题，解决的是价值取向和奋斗目标的问题。

交通精神是：艰苦奋斗、勇于创新，不畏风险、默默奉献——这是行业核心价值体系的精髓，解决的是精神动力和精神风貌的问题。

职业道德是：爱岗敬业、诚实守信、服务群众、奉献社会——这是行业核心价值体系的基础，解决的是交通运输职工行为规范和职业操守的问题。

七、“学树建创”活动与“十百千工程”实施（“学树建创”，即学先进、树新风、建体系、创一流；“十百千工程”，即打造十大交通运输文化品牌、创建一百家交通运输文化建设示范单位、培养一千名交通运输时代楷模）

进入“十二五”时期（2011—2015 年），公路交通运输全行业，以实施思想政治教育工程、核心价值践行工程、文化建设示范工程、行业文明创建工程和宣传舆论引导工程为核心，以培育和践行社会主义核心价值观为主线，以深入开展“学树建创”活动和“十百千工程”为抓手，不断开创交通运输精神文明与文化建设新局面，取得明显成效。

“十二五”期间，为认真贯彻落实《关于培育和践行社会主义核心价值观的意见》，交通运输部印发《交通运输行业核心价值体系建设实施纲要》和《交通运输行业培育践行核心价值体系行动方案》，各地各单位把每年 4 月作为“交通运输行业核心价值体系集中学习实践教育月”，大力开展载体建设，推进核心价值观进机关、进港站、进车船、进工地、进窗口，逐步形成了具有行业特色的核心价值体系和交通精神。

继承交通运输行业树典型、敬典型、学典型、做典型的传统，做到了“三个更加注重”，使典型学习的效果、影响更加深入、广泛。一是更加注重凡人善举，用身边的人讲述身边的事、用身边的事感染身边的人，这里面，包括“最美基层干部”王高乐、“最美驾驶员”吴斌、“新时期雷锋式公交驾驶员”张兵等一批来自基层的先进典型，也包括由中国公路学会、《中国高速公路》杂志组织评选的“最美路姐”。这些身边的典型，不仅可亲可敬，而且可信可学。特别是在高速公路服务区工作人员中普遍开展的“最美路姐”的评选，在高速公路全行业引起了强烈反响。“最美路姐”，成为高速公路行业凡人善举、爱岗敬业的典型，起到了很好的宣传和带动作用。二是更加注重示范带动，通过巡回宣讲、媒体报道、微电影讲述等多种方式，使“全国十大最美职工”陈红涛、“交通执法为民楷模”付杨波、“全国岗位学雷锋标兵"郭娜等先进事迹,广为人知,反响强烈,进一步传播了行业发展的正能量。三是更加注重载体创新,结合中央重大主题宣教活动,交通运输部与中华全国总工会联合开展了"感动交通十大年度人物"、与《光明日报》社联合主办了"寻找最美养路工"等活动,使公路行业的众多具有行业代表性的先进人物脱颖而出,先进典型更具广泛性、时代性和感召力。

通过深入实施"十百千"工程,安徽"微笑服务·温馨交通"、山东"情满旅途"等10家交通运输文化品牌和100家交通运输文化建设示范单位,成为行业文化建设的标兵,文化品牌效应的不断扩大、品牌文化的内涵不断深化,丰富了广大交通从业者的精神家园;通过开展川藏青藏"两路"通车60周年纪念活动,围绕服务国家"一带一路"、京津冀协同发展、长江经济带发展"三大战略"以及"四个交通"(综合交通、智慧交通、绿色交通、平安交通)、发展先行官、高速公路ETC联网等重点工作,开展主题宣传,进一步传递了行业正能量,讲述了行业好故事,传播了行业好声音;通过建立健全新闻发言人制度,加快推进微信、APP等新媒体宣传和服务,主动发布信息,回应热点,有效引导了公众舆论,为公路全行业的发展、提升服务水平打下了良好的环境基础。

"十二五"期间,围绕"学树建创"活动开展,公路交通运输全行业在文明创建活动中紧紧抓住实现"中国梦"(国家富强、民族振兴、人民幸福)的时代脉搏,促进行业文明程度和服务水平不断提高。5年里,全行业有231家单位荣获全国文明单位,1471个集体、1031名个人荣获部级先进荣誉称号。5年里,全行业精神文明创建活动蓬勃开展,突出了行业性、群众性、公益性、实效性和综合性,突出了时代的特征。平易近人、丰富多彩的创建活动,具有强大的感召力,引领广大从业者学身边人、做好本职工作,行业整体的文明形象得到不断提升。

八、全面提升行业软实力

"十三五"期间(2016—2020年),公路全行业精神文明创建和文化建设面临更高的要求。一方面,2016年底,高速公路里程突破13万km。高速公路连线成网,出行量的大幅攀升,人民群众对出行服务、行业管理水平的要求更高了。这些,都为切实提升行业的管理水平,提升行业的精神文明水平,传播行业文化正能量提出了全新的、更高的挑战。

在2015年4月27日召开的"全国交通运输行业精神文明建设暨新闻宣传工作会议"上,交通运输部部长杨传堂发表题为《提升软实力,树立好形象,凝心聚力建设好人民满意交通》的讲话,指出在新形势下,要紧紧围绕协调推进"四个全面"战略布局,以社会主义核心价值观为引领,继续推进实施"五大工程"(即思想政治教育、核心价值践行、行业文明建设、文化建设示范、宣传舆论引导),不断深化思想政治教育,大力培育共同价值追求,营造良好舆论环境,全面提升行业软实力,树立交通运输好形象,为使交通真正成为发展先行官、建设人民满意交通提供有力的思想保证、精神动力、舆论支持和文化条件。

杨传堂强调,部党组通过深入分析交通运输硬件软件建设的现状和未来发展方向,决定将“全面提升行业软实力”作为“十三五”期交通运输行业精神文明建设和新闻宣传工作的主线和灵魂。要从交通运输发展全局的战略高度,充分认识提升行业软实力的重大意义,全面加强精神文明建设和新闻宣传工作,重点研究解决好坚定“三个自信”(道路自信、理论自信、制度自信)、提升行业软实力、构筑共同精神家园、建设人民满意交通、讲好交通故事、互联网时代舆论引导等重大问题,全面加强精神文明建设和新闻宣传工作,加快提升行业的思想凝聚力、精神感召力、文化感染力、行业公信力和舆论引导力。

一是强化共同理论武装,进一步增强思想凝聚力。把深入学习贯彻习近平总书记系列重要讲话精神作为深化交通运输行业理论武装、坚定理想信念的首要任务,不断深化中国特色社会主义和“中国梦”教育,进一步深化交通运输科学发展理论、行业精神文明建设等方面的基本理论教育。

二是培育共同价值追求,进一步提升精神感召力。充分发挥行业窗口优势,宣传普及社会主义核心价值观,把法治教育纳入行业精神文明创建内容中,积极开展“爱岗敬业、明礼诚信”主题实践活动,深入开展学雷锋志愿服务活动,在社会主义核心价值观引领下升华新时期交通精神。

三是孕育共同道德文化,进一步增强文化感染力。挖掘和传承行业职业道德财富,以典型模范为引领,带动行业道德建设;以文化精品工程为依托,加强行业特色文化和主题文化建设;以群众性精神文明创建,推动道德文化建设。坚持创建为民、惠民,找准精神文明创建活动与干部职工道德文化需求、与社会公众需求的契合点。以践行“三严三实”(严以修身、严以用权、严于律己,谋事要实、创业要实、做人要实),塑造行风、政风、家风,加强廉政文化建设。

四是共同恪守诚信准则,进一步提升行业公信力。加强诚信宣传教育,深化“争当诚信职工、争创诚信交通”活动。完善诚信制度建设,协调推进政务诚信、商务诚信、社会诚信体系建设。进一步健全行业信用制度和信息标准,加快信用信息系统平台建设,建立健全征信系统,完善守信激励和失信惩戒机制。

五是共同讲好交通故事,进一步提升舆论引导力。围绕中心工作开展正面宣传,紧紧围绕服务国家“三大战略”和稳增长惠民生、交通真正成为发展先行官、全面深化交通运输改革等重点工作,积极策划,深度报道。切实做好重大突发公共事件和热点焦点问题的舆论引导,准确发布权威信息,维护公众知情权,牢牢把握话语权,引导好社会预期,营造理性客观的舆论环境。加快提升网上舆论引导能力,善于运用“互联网+”思维,建好用好微博、微信等新媒体工具,充分发挥行业主流媒体主渠道作用。切实加强新闻发言人制度建设,不断完善新闻发布工作机制。

2016年12月26日召开的“2017年全国交通运输工作会议”上，交通运输部部长李小鹏讲话指出，习近平总书记高度重视交通运输工作，强调交通运输的发展目的是建设人民满意交通，发展要求是当好先行，发展路径是发展综合交通运输，发展保障是加强党的建设，发展动力是弘扬“两路”精神。这就是全行业做好新时期交通运输各项工作的指导方针和根本遵循。李小鹏强调，2017年，是实施“十三五”规划的重要一年，是供给侧结构性改革的深化之年，也是推进交通运输改革发展的重要一年，全行业要弘扬“两路”精神，深入开展“爱岗敬业、明礼诚信”社会主义核心价值观主题实践，开展“感动交通年度人物”活动，打造交通文化精品。同时，高度重视新闻舆论工作，加强重大政策发布和突发事件舆情引导，合理引导社会预期。

“十三五”时期的开局之年，高速公路行业精神文明和文化建设成果丰硕。通过“感动交通年度人物”“全国十大最美职工”“最美路姐”等评选活动，坚持以典型示范，传播行业正能量和影响力，涌现出众多先进集体和个人，在全行业和全社会引起了强烈的反响，为提升行业的软实力做出了贡献。

第四节　高速公路建设者风采

高速公路，是公路标准中最高的技术等级，其设计、施工、建设和管理，体现了公路基础设施的最高水平。

我国公路建设，从20世纪80年代开始，将工作重心逐步向高等级公路、高速公路转移，逐步迈入了加快发展的轨道。高速公路的建、养、管，也逐步从普通公路中脱颖而出，形成了自己的体系。在建设、养护、服务、经营上，表现出自身的特点，代表着公路服务的最高水平，也成为社会各界和国际友人关注的焦点。

曾几何时，美国联邦公路总署官员讲，美国高速公路的发达，使之成为架在汽车轮子上的国家。而我国高速公路从零开始，到国家高速公路基本成网发挥整体效益、建成世界上规模最大的高速公路网络，用了不到30年时间。我国的高速公路伴随着改革开放、国家富强的梦想而诞生，是承载着经济发展和人民需求的“国宝”。它见证了中华民族的复兴，传承着行业两个文明建设的累累硕果，有太多工程、人物必将载入史册。

高等级公路、高速公路建设的起步和发展，并非一帆风顺。其发展过程中，理念的突破、技术的难题、资金的筹措和使用，无不充满挑战。也正是因为前进路上充满坎坷，站在国家高速公路网基本形成的今天，回望高速公路建设中的成就，才更加值得珍惜；回顾前进历程中积累的经验，才更加值得总结和发扬。

高速公路基础设施建设取得的成就，是全行业充分继承“甘当路石”的行业精神，融入“敢为人先”的时代精神创造出的奇迹。这个奇迹,是由千百个大大小小的工程有机结合而成的,是由千千万万的建设者的血汗凝聚而成的。

在加快发展的历程中,行业的建设者们已经探索出一条由“交通大国”向“交通强国”迈进的道路。我们将沿着这条道路,坚定地走下去,一直到实现交通运输全行业“交通强国”之梦。

一、攻坚克难创一流

从1988年高速公路零的突破,到2016年底建成超过13万km高速公路,高速公路通车里程稳居世界第一,我们走过了近30年。这个高速公路网,由千百个工程项目组合而成。在此,梳理出几个重要点段的工程,来展示高速公路建设者的风采。

(一)“解放思想、敢为人先”的沈大高速

20世纪80年代初中期,是否建设高等级公路(高速公路)还存在很多争论。高速公路建设者们搁置了争论,以沈阳到大连建设一级汽车专用路起步,通过全面积累技术资料、合理借鉴技术标准、扎实施工建设,把一条高质量的、全新的、现代化的高速公路展现在世人面前,把人们从纸面的“争论”拉到了现实里,让人们亲身体验了高速公路的快速、便捷、安全、舒适和节约,从而逐步突破了技术和思想上的障碍。沈大高速的决策者、建设者,充分发挥了“铺路石”的行业精神,埋头苦干、实干,用事实说明:发展就是硬道理!辽宁省在修建我国大陆第一条长距离的高速公路——沈阳至大连高速公路的过程中,为我国大规模高速公路的建设摸索出一条成功的路子。由此,沈大高速也成为高速公路行业“解放思想,敢为人先”的典范。

沈大高速公路是国家“七五”期间重点建设项目,1984年6月开工,历经6年多艰苦奋战,于1990年9月全线375km建成通车。它是当时我国公路建设项目中规模最大、标准最高、技术复杂、质量要求高、工期紧的艰巨工程。

沈大高速公路全部工程由我国自行设计、自行施工,除少量关键设备进口外,其余设备和材料都采用国产产品。当时,国内没有高速公路的技术标准和实践经验,从1979年起,辽宁就邀请日本、美国等国专家进行高速公路的技术交流。1980年起,多次派出技术人员到日、美等国专题考察高速公路相关技术。同时,辽宁还先行翻译刊印了一些国家的《高速公路设计要领》,作为沈大高速公路设计的主要借鉴标准,结合我国和辽宁的实际情况制定出自己的技术标准。此外,辽宁还在交通部的大力帮助和指导下,派出多批次技术人员学习京津塘高速公路规划设计中的具体做法。沈大高速公路的成功建设,为我国摸索并形成一整套自己的高速公路建设标准、规范和方法。为建设好这条高速公路,辽宁省政府提出了“政治动员、行政干预、经济补偿、各方支援”的建设方针,工程建设指挥部

提出了"团结拼搏,艰苦奋斗,从严要求,争创一流"的口号。

沈大高速公路的建设,离不开科学的态度和严格的管理。辽宁省交通厅在建设过程中,严格标准,健全制度,明确责任;健全了监理机构;实行质量否决权;搞好人员培训,提高管理水平,在职工中树立起从严求实的理念。

由于万名筑路职工团结一心,精心设计,精心施工,沈大高速公路取得了工程造价低、速度快、质量好的优异成绩,受到了辽宁省政府的通令嘉奖。1989 年 7 月,交通部在辽宁召开了高等级公路建设现场会,交流、推广了沈大高速公路的建设经验。

1993 年,沈大高速公路建设荣获国家科技进步一等奖,1994 年获第六届国家优秀工程设计金奖。

2004 年 8 月 29 日,沈大高速"四改八"拓改工程竣工,成为中国大陆第一条全程八车道的高速公路。

(二)"勇争第一、创新示范"的京津塘高速

京津塘高速公路是我国第一条经国务院批准建设的高速公路,创造了多个中国高速公路建设的第一:

——第一条按照现代化高速公路要求进行设计和施工的大型公路工程项目,为全国高速公路建设带了个好头;

——第一条利用世界银行贷款并按国际标准建设的高速公路;

——第一条按照 FIDIC(菲迪克)条款对工程建设实施全面科学管理的高速公路;

——第一条跨省市界不设主线站且实行"一票制"收费的高速公路;

——第一条按企业法人责任制实现筹资、建设、管理、运营、还贷全过程责任管理模式的高速公路。

京津塘高速公路工程于 1995 年 8 月通过国家竣工验收,验收委员会认为:"该项目使用世行贷款取得成功,为我国公路建设和争取外资贷款起到了示范和推动作用。通过项目实施,提高了建设、设计、施工、监理单位的技术和管理素质;培养了一批适应国际竞争和建设项目管理的专业技术人员;制定了一套符合国际惯例、适合国情的项目建设管理机制和监理工程师制度;引进了国外一批先进的施工设备;工程总体水平达到国内领先和国际先进水平"。该套工程填补了我国在高速公路技术方面的一系列空白,促进了我国公路交通运输业的发展和技术进步。京津塘高速公路项目管理、勘察设计、施工、监理等成套技术,获得了交通部第一个科技进步特等奖和国家科技进步一等奖。它给我们带来了新的观念、新的技术、新的机制,为我国高速公路建设管理成功地闯出了一条新路。京津塘高速工程领导小组组长王展意在 2012 年说:"京津塘高速是我国第一条由国务院批准、按照通用的国际标准建设的高速公路,尽管经历了 20 年,现在依然处于良好的状态。京

津塘高速的建设过程中研究制定的标准和总结积累的经验,对国内其他高速公路建设起到了深远的影响,具有创新示范和技术指导作用。”

(三)“自力更生、艰苦奋斗”的太旧高速

20 世纪 80—90 年代,高速公路建设的融资渠道远没有得到拓展,投资环境也如现在宽松。更何况是穿过自古就是天堑的太行山区,开通一条全封闭、全立交的现代化高速公路,其工程之艰苦、挑战之严峻可想而知。

太(原)旧(关)高速公路起于山西太原武宿,经榆次、寿阳、阳泉、平定等市县,止于旧关,全长 144km。太旧高速公路分两期建设。第一期工程分东西两段共 93km,1993 年 9 月开工,1995 年国庆节建成通车。第二期工程为武宿立交及中段 51km,1994 年 11 月开工,1996 年 6 月建成通车。中共中央总书记、国家主席江泽民亲笔题写了“太旧高速公路”路名。

太旧高速是“八五”期间(1991—1995 年)交通部和山西省重点公路建设项目之一,是规划的“五纵七横”国道主干线中青岛至银川间的重要路段。它既是山西省修建的第一条高速公路,也是全国在山岭重丘区修建的第一条高速公路。它的建成通车,对加快国道主干线公路建设步伐、提高国道网技术标准和通行能力,改善山西省交通状况、密切同周边省(市)经济联系、促进山西改革开放和经济发展、发挥山西省能源重化工基地在全国经济建设中的作用,对增强首都北京的中心辐射功能、促进华北经济发展,都具有十分重要的意义。同时,更为重要的是,这条公路自 1993 年 9 月正式开工建设以来,不仅在工程进度、质量等方面创下了新纪录,而且塑造了以“自力更生、艰苦奋斗、不屈不挠、勇于奉献”为核心内容的“太旧精神”,取得了两个文明建设的丰硕成果。

太旧高速公路国家批准建设工期 5 年,概算投资 30.14 亿元,实际只用了 3 年和 28.65 亿元。为早日建成这条高速公路,山西省千方百计拓宽筹资渠道,除政策优惠外,还大胆解放思想积极引进外资。然而,艰巨的建设工程、艰苦的建设条件、巨大的建设投资使一个个投资者望而却步,资金筹措遭到严重挫折。时任山西省委书记胡富国亲自带领省级五大班子领导,深入到建设工地现场办公,研究解决困难的对策,经过艰苦磨难和不懈努力,加上国家及有关部门的大力支持,山西省行政事业单位 70 万干部职工和部分群众志愿为太旧公路捐款 2.3 亿元。太旧公路沿线的人民群众,更是“像战争年代支援前线那样支持太旧公路”,为工程建设做出了巨大贡献,演绎出“舍小家、为大家”的、感人至深的故事。

太旧高速公路全长 144km,其中 122km 穿行在太行山的崇山沟壑之中,地质条件之复杂、工程难度之大,在当时全国高速公路建设中屈指可数。太旧高速按照批准的建设工期应为 5 年,而东西段的实际建设工期是 2 年 5 个月。作为当时国内最大的武宿立交枢纽

只用了10个半月，创造了国内同行称奇的“武宿速度”。同时，为了确保工程建设质量，工程建设指挥部坚持重大技术问题请省内外专家咨询论证。施工中大胆采用新技术、新工艺、新材料，攻克了诸如深挖高填、煤矿采空区、山体滑坡、岩石断层、软岩等诸多技术难题。太旧公路建设还引进了菲迪克条款进行工程管理，全线聘用了省内外7家有声望的监理公司近200名监理人员参与了工程监理工作。

太旧路建成通车的1996年，山西省新成立外资企业115家，直接利用外资协议额相当于过去12年的总和，利用外资在全国排位从23位跃升至15位，太旧高速对山西经济的促进作用十分显著。1996年1月13日，在太旧路东西两段运营100天的时候，首批归还了30个国家贫困县和北京部分老干部的捐款1319万元；1996年3月26日，太旧路还未全线通车，省委、省政府考虑贫困县的困难，又第二批归还了13个省级贫困县的捐款926万元；1997年6月25日，在太旧路全线通车一周年之际，第三批归还了吕梁、忻州、晋中3个地区，省武警总队和汾酒集团等企业的捐款3995万元；1997年9月29日，第四批归还了临汾、运城、朔州、长治、太原、大同、晋城、阳泉8个地市、43个县、市、区和省直属286个单位干部群众的一半捐款6078万元；第五批把剩余的8835.3万元捐款全部还清。归还捐款表明太旧高速公路建设的经济效益和社会效益显著。

太旧高速公路的建设经验，对全国的公路建设有积极的影响。时任国务院副总理邹家华高度评价太旧路建设：修了一条路，创造了一种精神，培养了一支队伍。两个文明一起抓，是太旧高速公路建设的一个突出特点。在交通基础设施建设中，坚持两个文明一起抓，是交通建设取得更大成绩的可靠保证。太旧路建设工期短、质量高、投资省，不但建成一条高标准的高速公路，还铸就了“太旧精神”。修一条路的影响是有限的，形成一种精神却是永久的财富。

1998年，交通部把“太旧精神”作为“建设一条公路，培育一种精神，建设一支队伍”的典范，推向全国交通系统。

（四）“遵章守法、廉洁自律”的开阳高速

1998年福州会议后，在加快公路建设的过程中，确保工程质量、加强资金监管，成为加快建设中的重中之重。在改革开放的前沿、经济发达的广东省，被誉为“阳光之路”的开阳高速（开平至阳江），通过“阳光、透明、开放”的制度建设，保障了高速公路工程的“质优价廉”，在全国树立了典范。

2000年10月开工、建成于2003年8月、全长126km、投资概算达46.63亿元的广东开（江门开平）阳（阳江林场）高速公路，是我国同三（同江—三亚）国道主干线的重要组成部分，是连通粤西和我国西南的经济大动脉。该工程全面实现了“两高”（高质量、高效率）、“两新”（新机制、新技术）、“两廉”（造价低廉、干部廉洁）的目标，为全国高速公路建

设创造了一种新的经验、新的模式,走出了一条“优质、高效、低价、廉洁”的“阳光之路”,成功地将项目概算节省 13.5%,节省投资 6.6 亿元以上。开阳高速公路有限公司通过建立各项制度,让工程建设者们做到了“不敢腐败、不能腐败、不想腐败”,在制度上保证了工程建设者能够“干净干事”“轻松干事”。开阳高速精神,就是遵章守法、廉洁自律的精神。

作为一项投资高达 46 亿多元的大型基建项目,保证资金投入的准确、公开、透明,规范的招标制度是从源头上实现建设阳光作业的重要保障。开阳高速公路是广东第一个进入省建设工程交易中心全面招标的高速公路项目,项目的监理、土建工程和机电工程,以及材料采购共计 8 大类 55 个合同,全部进行全国范围公开招标。通过严格的招标制度,使工程合同总额比概算总额降低了 10%。广东开阳高速公路有限公司打破“一路一总监”的传统模式,先后有 5 家监理单位成为开阳高速公路项目的监理单位。开阳高速项目,首创一步到位组建项目法人,首次省地合作建设,是广东省交通系统政企分开后按市场法则建设和运营的第一条高速公路。项目在全国第一次把公路项目的全面管理与计算机应用技术结合起来,自主研究开发了“HCS 公路项目建设管理系统”专业软件,并在开阳项目中全面使用,发挥了巨大的管理效益。这也是广东省第一次面向全国甲级公路监理单位进行公开监理招标的高速公路项目。

为追求招标过程的合理公正,开阳项目的建设者运用科学方法进一步规范了招标行为。在对标底的保密和定标原则方面,开阳建设者采取了多次平均复合的评价方式,经过这种多次的反复平均,既淡化标底作用,又规范了投标人的投标行为,同时也保证了中标价的合理性。

此外,在 1999 年项目筹建初期,广东开阳高速公路有限公司就联合其他科研单位成功开发出“HCS 公路项目建设管理系统”专业软件,应用于开阳项目的建设管理。通过计算机网络技术,在业主、监理和承包人三者之间实现异地自动化办公。HCS 系统所具备的独特功能,使监督透明成为现实,上级部门、股东、业主、监理和承包人,都可以以信息技术手段,根据角色授权对项目管理过程实行有效的监督。开阳项目小到几万元的房屋租赁合同,大到几亿元的工程合同,必须全部上网,否则无法计量。敏感的资金支付不仅要上网审批,股东双方会签,而且实行质量否决制,任何的质量投诉都将影响支付的比例。造价控制的重点环节变更,更是要上网申报、现场办公、网上审批、公开发布。先进的信息管理技术手段的应用,规范了不同业务的处理流程,消除了各种人为因素的干扰,防止了腐败问题的发生。

广东开阳高速公路有限公司还注重精神上的激励。他们通过上党课、请专家学者作专题报告等形式,组织党员干部学习邓小平理论和“三个代表”重要思想,教育广大党员干部用科学的世界观、方法论武装头脑,解放思想、信念和职业道德问题。“修路、育人、防腐”三者紧密结合,使开阳高速公路建设工地成为培养人的课堂,在打造优质工程的同时,锻炼培养出一支高素质的员工队伍。

2004年2月23日广东省委、省政府召开了开阳建设经验推广会,组织全省交通系统干部职工贯彻会议精神,进一步推广和发扬开阳经验。随后,交通部部长张春贤在全国交通系统纪检工作会议的讲话中褒扬了开阳高速的经验,并于3月8日作出书面批示,要求在全国交通系统推广开阳经验。同年5月,中华全国总工会授予开阳高速公路有限公司“全国五一劳动奖状”。同年8月30日,交通部在广东开平召开“全国交通系统基础设施建设项目廉政工作经验交流会”,推出了广东开阳高速公路、江苏润扬长江公路大桥等10个交通基础设施建设廉政典型。

2005年3月,国家人事部、交通部授予广东开阳高速公路有限公司“全国交通系统先进集体”荣誉称号。开阳经验在全省、在全国交通系统不断得到推广。开阳高速的“阳光工程”“阳光操作”在行业内外得到广泛的认可。

(五)“勇于创新、追求卓越”的润扬大桥

桥梁,既是高速公路网中的亮点,也是建设中的重点、节点和难点。从1994年江阴大桥建设伊始,就标志着中国公路人向桥梁的千米跨越发起挑战。1999年建成至今,江阴大桥安全运行近20年,标志着我国长大桥梁的建设、运营、管理取得了突破。同是跨越长江天堑的润扬大桥,作为长江上第一座由悬索桥、斜拉桥组合的巨型桥梁工程,不仅继承发扬了江阴大桥建设、运营的成功经验,而且更加集中诠释了中国公路桥梁人“勇于创新、追求卓越”的新时代精神,在行业中树立了典范。

润扬长江公路大桥是长江上第一座由悬索桥和斜拉桥组合而成的桥梁,总投资58亿元,2000年10月开工建设,2005年4月30日建成通车。大桥北起扬州市绕城公路,以斜拉桥跨经长江世业洲,以悬索桥跨经南迄沪宁高速公路,全长35.66km。在大桥建设过程中逐步形成的润扬精神,集中体现了改革创新的时代精神。

4年多时间里,在交通部和江苏省委、省政府领导下,大桥全体建设者一直保持强烈的责任感和紧迫感,把建好润扬大桥看作加快区域发展、缩小苏南与苏北发展差距,构建和谐社会的一项重要工程。润扬大桥让苏北更快地融入长三角经济圈,为江苏新一轮跨江发展注入新的动力。

4年多时间里,大桥建设者着力实践并弘扬了勇于创新的精神。大桥在建设过程中创造出当时8项全国第一:第一大跨径、第一大锚碇、第一特大深基坑、第一高塔、第一长缆、第一重钢箱梁、第一大面积钢桥面铺装和第一座刚柔相济的组合型桥梁。润扬大桥建设的两大难点是南北两个锚锭的施工,这集中体现了润扬大桥技术上的创新和突破。两根“定海神针”牢牢地承受着大桥全部的重量。润扬大桥悬索桥的北锚碇由近6万m^3混

凝土浇筑而成，要承受 6.8 万 t 的主缆拉力，南端碇第一次采用了冷冻区施工。它的成功，使中国建桥能力步入了一个新的天地。

追求卓越的创优精神，是润扬大桥建设中的一大特点。创优不仅体现在速度上，更体现在质量上。在质量、安全管理方面，大桥建设者坚持一院三审、两院制和设计会审制度，建立完善了质量保证体系，强化施工全过程质量控制，健全“横向到边、纵向到底、控制有效”的质检体系，单位工程优良率达到 100%。

2005 年 9 月，交通部在江苏扬州召开“全国交通系统基础设施建设廉政工作经验交流会”，全面总结了润扬大桥建设过程中形成的以纪检监察派驻制度为代表的一系列廉政建设经验。润扬大桥工程被树为全国交通基础设施建设的典范。

润扬大桥的成功实践，使我国长大桥梁工程的勘察设计、施工组织以及工程管理等方面实现了重大突破，标志着我国特大型桥梁工程在设计、施工技术和管理等方面全方位跻身世界先进行列，中国人从此具备建设特大型桥梁工程的能力。

（六）“自主创新、勇担风险”的秦岭终南山隧道

作为多山的国家，隧道在我国公路交通中的作用不言而喻。但长期以来，受技术、资金等条件所限，我国公路隧道的建设成为长期的“短板”，直到秦岭终南山隧道横空出世，让人眼前一亮。公路隧道，原来如此精彩！

作为“十五”期间陕西交通三大标志性工程之一，秦岭终南山隧道重大工程也是国家规划的包头至北海、银川至武汉两条公路西部大通道共用的特大型控制性工程，是沟通黄河经济圈与长江经济圈的交通枢纽。该隧道工程全长为（双洞等长）18.02km，纵穿秦岭山区，于 2002 年初全面开工，2004 年 12 月 3 日提前贯通，2007 年 1 月 20 日正式通车。秦岭终南山隧道建成后，15 分钟就可穿越秦岭，西安至柞水的行程缩短 60km，行车时间缩短 2.5 小时。其建成通车，对促进西部大开发战略的实施，加快陕西省内的经济运转，加快陕西省与周边省市的经济交流具有十分重要的意义。

该工程建设规模和施工难度之大、科技含量之高、施工条件和环境之恶劣，创下多项全国乃至世界之最。这些技术难题，世界上没有可资借鉴的先例，给秦岭隧道的勘设、建设带来极大的风险，更给决策者、建设者们带来巨大的压力。除了担起责任、自主创新解决这些工程难题外，别无他途。

秦岭隧道建设过程中，经 52 家单位历时 9 年联合攻关，共解决该工程建设中关键技术难题 40 余项，取得运营管理、通风、防灾救援、监控和设计施工五大关键技术领域的自主创新成果。该工程集成创新了我国特长公路隧道管理养护体系，建立编目体系、任务体系、管理体系 3 个层次的管理模式和联勤联动工作机制，首创的特长公路隧道应急救援管理体系，实现了 5 分钟到达任意事故现场、快速处置的目标；创造性采用节能、高效的三竖

井分段纵向通风技术，提出我国汽车基准排放量和公路隧道污染物浓度控制指标，揭示了隧道洞口和竖井污染气体扩散规律，解决了通风系统的分段长度、送排风口距离和角度、同井送排风分隔、井底分合流以及地下通风站的规模布局、功能和控制系统等系列关键技术难题。同时，该工程建立了集监控、报警、通风、救援和灭火为一体，具有国际领先水平的综合防灾救援技术体系。

秦岭终南山隧道施工中，先后6次创造高产纪录，最高月掘进509m，达到了国内外特长隧道施工的新水平，相继荣获"中国公路学会科技进步特等奖""国家科技进步一等奖""鲁班奖""詹天佑大奖"和"全国十大建设科技成就奖"等。

秦岭终南山隧道，是第一座由中国人自行设计、自行施工、自行监理、自行管理，综合技术水平高的高速公路特长隧道。从长度来说，仅次于单洞双向行车、长24.51km的挪威莱尔多公路隧道，是世界最长的双洞公路隧道；从技术上来说，拥有当时世界口径最大、深度最深的竖井通风工程。此外，该隧道还拥有世界高速隧道最完备的监控技术和设施，创造性地提出了策略管理理论等。其多项创新成果，得到了世界公路隧道同行的赞誉。美籍隧道专家、国际隧道协会（ITA）主席哈维·帕克先生，于2007年4月20日参观秦岭终南山隧道后指出："虽然秦岭终南山隧道长度为世界第二，但它是平行双洞，规模是世界上最大的，是世界级的工程。它是隧道人智慧的结晶，是国际隧道界的骄傲。"

（七）"攻坚克难、不断突破"的京新、雅西、沪蓉西高速及大坂山隧道等

1998年开始，经过21世纪头十年的加快建设，高速公路建设开始向广大西部的沙漠戈壁、高山深谷、雪域高原延伸。这些路段建设中，其施工环境、地质条件之艰苦，技术挑战之难度，前所未有。要建设好这些路段，不仅需要科技创新的能力和实力，更要有攻坚克难的坚强决心和顽强意志。京新高速（北京至新疆乌鲁木齐的内蒙古段）临白段、四川雅西高速（雅安—西昌）、沪蓉西高速（上海至成都的湖北宜昌至恩施段）以及青海大坂山隧道的建设，就是其中的典型代表。

（1）2016年9月25日，京新高速内蒙古临白段全线贯通。该路段全长930km，始于内蒙古临河市，经青山、额济纳旗，止于内蒙古和甘肃交界的白疙瘩，横穿内蒙古西部巴彦淖尔市阿拉善盟境，全线穿越中国四大沙漠之一的巴丹吉林沙漠以及腾格里、乌兰布和沙漠，经过数百里无人区，施工环境异常恶劣，是亚洲最大的单体公路交通工程，总投资370亿元，采用双向四车道高速公路标准，设计行车速度为每小时100km以上。该路段于2017年6月建成通车后，将成为北京连接内蒙古西北部、甘肃北部和新疆最为便捷的公路通道。届时，北京至新疆的车程将缩短至少1300km。

在我国四大沙漠之一的巴丹吉林沙漠，穿越数百公里无人区，在没水、没电、没有人甚至连电信信号都没有的地带建设高速公路，难度可想而知。没有水，施工队就聘请专业人

员在工地方圆十几公里勘测打井，多数是枯井。偶尔打出水的井来，水中的杂质和矿物质严重超标。找到了最近的水源，又没有路，施工人员专门修建拉水便道，开车约150km来回10个小时才能拉回一车水，一吨水将近百十块钱。没有信号，施工人员曾爬遍标段境内的所有山丘，只在最高的山丘上发现微弱信号；后来虽然建立了通信基站，但一刮大风就断网；刚进入工地没有宿舍，建设者们只能住在帐篷里，夜里经常被大风吹垮，他们在戈壁上挖了几米深的大坑，把帐篷扎在大坑里，总算能住下了。平时的施工也得有特殊的防风装备。工地上每人一个防尘脖套，外加衣服、防尘眼镜和安全帽，因为风沙太大，在作业现场，眼睛依然睁不开。没有路，施工材料进不了工地，施工人员修建了上千公里的施工便道，加上约1400km的电力线路和管线供水工程，不仅解决了施工问题，更方便了当地群众。

在如此脆弱、恶劣的生态环境中施工，环保是比施工更大的挑战。每年4月，巴丹吉林沙漠进入了扬沙季节，风力经常达到6~8级。因为沙漠的沙土较细且流动性强，针对这种特殊的地质条件，施工人员专门设计了填充式的防风沙袋，利用填充好的沙袋对沿线的沙土起压覆作用，还可以循环再利用。防风沙带由一个个$1m^2$的小方格组成。为了防风固沙，沙袋进行了独特设计，采用耐寒耐晒的材质，至少可以保持20年。而且这种鳍状防沙袋不但能减缓风速，还能把吹起的沙留在框格，起到固沙作用。为了更好固定公路线的流沙，施工人员还在沙带的网格内种植了适用于沙漠地区生长的红柳。此后，能在大风中正常开展路面施工，要归功于沿线筑起的平均宽度为300m的防风带。

(2)在高速公路向西部延伸的进程中，会遇到很多意想不到的困难。如穿越横断山区、号称“天梯高速”的四川雅(安)西(昌)高速，为解决短距离爬高问题，创新性设计了双螺旋隧道，建设了世界最长的钢管桁架梁公路桥——干海子特大桥，同时取得40余项自主创新的重大技术成果，在攻坚克难、技术创新以及环保方面，树立了新的典范。

(3)穿越我国中部武陵山区，号称“地质病害百科全书”与“桥隧博物馆”的沪蓉西高速，在建设过程中遇到过前所未有的难题。这320km路段，是全长2150km的国高网沪蓉线最后修建的路段，不用过多描绘这条高速的艰难，只听听这条路上几座名桥——四渡河大桥、龙潭河大桥、支井河大桥，就知道工程的艰巨了。全线343座桥梁中，高墩大跨桥有49座，其中100m以上的高墩大跨桥梁有22座；46座隧道，每座都有溶洞，最长的(8.15km)齐乐山隧道穿越的大小溶洞竟达285个。在建设过程中，有60多项技术在湖北省和全国属首次应用。

(4)1995年8月开工、1999年8月18日通车、亚洲海拔最高、世界海拔第二的公路隧道——青海省大坂山隧道，全线位于青藏高原东北部、祁连山支脉大坂山越岭地段，海拔3650~3900m，进口路面中心高程3792.75m。施工队伍战胜了气候恶劣、高寒缺氧、常年积雪等困难，在“生命禁区”开通的这条隧道，避开山顶积雪严重的路段，确保了国道227

线宁张公路常年安全畅通。

在向西部延伸的过程中,高速公路的建设者们发扬“两路精神”,勇于创新、大胆创新,面对大自然设下的种种“不可能”,埋头实干,以自己的坚韧顽强攻坚克难,做出了无愧于时代的贡献。

(八)“挑战极限、勇于创新”的港珠澳大桥、舟山跨海工程等

提起公路大桥,如今再也不会屈指可数,而应该是如数家珍了。况且,现在提到的公路大桥,其建设的体量、技术含量,与以前的桥梁更不可同日而语。

从20世纪末的虎门大桥、江阴大桥开始,中国公路人就开启了属于自己的长桥巨隧时代。如今,中国公路的大桥已经扬名世界,它们不仅越江跨海,而且连通深沟高谷,把天堑变成了通途。公路大桥,已经成为中国公路的一道亮丽风景。21世纪以来,中国公路建桥人已经不满足于跨越江河、浅海,而是将架桥建隧的步伐迈向更深的海域。这其中,港珠澳大桥就是中国公路桥梁人不断“挑战极限,敢于领先”的典范。

2009年12月15日开工的港珠澳大桥,连接香港大屿山和广东省珠海市,全长为49.97km,主体工程“海中桥隧”长35.58km,采用双向六车道的桥隧结合方案。

港珠澳大桥岛隧工程是国内第一例、世界第二例先铺法施工的外海沉管隧道工程,规模大、工艺新、难度高。人工岛和隧道设计施工要解决一系列世界级难题,比如岛隧要怎样无缝接合;长达6.7km的超长隧道里要如何通风、保证安全;复杂海洋条件下,预制的沉管要怎么浮运和沉放。

全世界100多条沉管,超过40m水深的很少,深水安装长度超过2km的更少。港珠澳大桥沉管隧道槽深30m左右,这在全世界是第一次;深水安装的长度超过3km,在全世界也是第一次;进行浮运安装作业的沉管,施工区域位于伶仃主航道区,水深接近50m,最大槽深30m左右,在世界隧道沉管建设史上更是没有先例。用港珠澳大桥工程岛隧项目总经理林鸣的话说:“就是龙潭虎穴,也一定要闯过去!”攻坚克难需要的是决心和勇气,更需要的是勇于创新的理念,踏踏实实的苦干。工程师们成立了10多个专题组,开展了一系列技术攻关,解决了一个个前所未有的难题。有各单位的密切配合,有自主创新技术的支撑,有专用设备的助阵,港珠澳大桥的难题一个个迎刃而解。

2016年9月27日,港珠澳大桥近23km长的桥梁主体正式贯通;2017年3月7日,海底隧道沉管E30完成安装。至此,港珠澳大桥工程隧道的33段沉管全部完成对接,仅剩最终接头需要安装,距全线合龙仅有12m。自2013年5月1日开始首节沉管安装施工以来,在近4年的时间里,建设者先后攻克深水深槽、强回淤、大径流等世界级难题,完成了全部33节沉管安装对接,已建隧道滴水不漏,引领中国沉管隧道建设迈进了世界领先行列。

在港珠澳大桥开工的2009年，舟山连岛工程经过6年建设全线竣工。工程共全长48km，由5座跨海大桥、2条隧道为主体组成，其中主跨1650m的西堠门悬索大桥，是世界第二、中国第一跨度的现代化大桥。该桥跨越海域海况复杂，航运繁忙，受台风、季风影响大，施工难度高。在施工中，创造了未封航情况下直升机架设先导索过海的先例。在建设过程中，2007年9月，受"韦帕""罗莎"两个超强台风侵袭，经受住了桥上实测风力13级的考验。

二、勇挑重担显风流

高速公路建设的突飞猛进，得益于建设施工中的艰苦奋斗，更得益于千千万万从业者一直传承和发扬"两路精神"，不断创新。

每一项工程都离不开那些具体工作的人，他们既有普通的工人、管理人员，也有领导和干部。其中，特别是冲在一线的众多科技工作者们，他们和其他人一样，不仅要身处外海深水、崇山峻岭、高山峡谷、雪域高原的施工一线，而且还要不断挑战自己、挑战极限，用自己的大脑、双手去创造奇迹。在一个个工程项目所攻克的千千万万难题中，集中展现了高速公路人的强者风范。

（一）"忠于职守、顽强拼搏"的援藏干部陈刚毅

陈刚毅是湖北省交通规划设计院楚通公路工程公司副总经理，高级工程师。1986年从湖北交通学校毕业后，到湖北省交通规划设计院工作。20多年来，他一直战斗在交通重点工程建设第一线，以强烈的事业心和高度的责任感投身交通建设，先后参加了武黄、宜黄、黄黄、京珠等高速公路的建设。通过刻苦钻研技术和工程实践的锻炼，他逐渐成长为一名善于设计、施工、管理的复合型人才。

陈刚毅于2001年开始，多次参加技术援藏。在他担任湖北省援藏项目——山南地区湖北大道工程建设项目总工程师兼工程技术部主任期间，坚持原则，秉公办事，严把技术关、质量关和廉政关，把湖北大道项目建成了精品工程、示范工程和标志性工程，创造了设计、建设质量、工期等10个第一，受到西藏自治区政府和山南地区政府的高度评价。2002年该项目被评为全国公路建设优质工程。2003年4月，受湖北省交通厅委派，陈刚毅担任交通部重点援藏项目——西藏昌都地区214国道角笼坝大桥项目法人代表，他带领项目组，克服恶劣自然环境和工作、生活上的诸多困难，艰苦创业，大胆创新，精心管理，狠抓质量。在此期间，他不幸身患癌症，但仍心系工程，以对党和人民高度负责的精神，把全部的智慧、心血和汗水都倾注到交通事业上，以顽强的意志与病魔抗争，呕心沥血，忘我工作。在手术后7次化疗期间，4次进藏，忠于职守，确保了工程安全、优质、高效推进，为西藏地区跨径最长、技术难度极大的角笼坝大桥提前建成通车做出了突出贡献。陈刚毅同

志先后被授予“湖北省劳动模范”“全国交通系统劳动模范”荣誉称号，并荣获全国五一劳动奖章。

2006年5月29日上午，中组部、中宣部、中央保持共产党员先进性教育活动领导小组、中华全国总工会、人事部、交通部、湖北省委、西藏自治区党委在人民大会堂隆重举行“陈刚毅同志先进事迹报告会”，宣传“新时期援藏交通工程技术人员的楷模陈刚毅”的先进事迹。时任中央政治局常委、书记处书记、国家副主席曾庆红强调，陈刚毅是践行“三个代表”重要思想、落实科学发展观、体现共产党员先进性的模范。曾庆红指出，陈刚毅的感人事迹，来源于生命不息、奋斗不止的拼搏精神，来源于立足本职、岗位成才的进取精神，来源于恪尽职守、忘我工作的敬业精神，来源于淡泊名利、清正廉洁的自律精神。这种拼搏、进取、敬业、廉洁的崇高精神，是新时期我国工人阶级主人翁精神的集中体现，是全面建设小康社会、积极建设创新型国家的宝贵精神财富，是值得广大党员、干部特别是全国交通战线干部职工和工程技术人员认真学习的。曾庆红希望，在学习陈刚毅事迹和精神的过程中，有千千万万个陈刚毅式的先进人物涌现出来，为中国特色社会主义伟大事业和党的建设新的伟大工程增光添彩。

（二）“突破极限、勇挑重担”的科技精英林鸣及其团队

林鸣，中国交通建设股份有限公司总工程师、中国交通建设股份有限公司联合体港珠澳大桥工程岛隧项目总经理。

自2010年12月，林鸣担任港珠澳大桥岛隧工程项目总经理、总工程师，率领数千建设大军奔赴珠江口伶仃洋起，他和他的团队就开始了攀登世界工程技术高峰的创新之路。2015年4月28日，林鸣被中共中央、国务院授予2015年“全国劳动模范”荣誉称号；同年4月29日，荣获交通运输部、中华全国总工会评选的“2014年感动交通十大年度人物”称号。

举世瞩目的港珠澳大桥，是桥、岛、隧一体化的世界级交通集群工程。其中，中国交建承建的6.7km长的海底隧道，恰似超级工程皇冠上的一颗“明珠”。其技术复杂性、施工难度、施工风险都极具挑战，从开工之日就备受关注。在“勇破纪录”“解决世界级难题”和“建造世纪工程”的壮志豪言背后，存在着沉管隧道施工经验相对缺乏、国外天价的技术咨询费用难以承受、设计施工链条上技术难题不可预知等重大难题，每一个环节都考验着林鸣带领的团队。

1. 创新与担当打造世界级超级工程

岛隧工程是港珠澳大桥的控制性工程，建设者需要在软弱地基上建成当今世界上最长、埋深最大的海底沉管隧道，并在水深十余米且软土层厚达几十米的海中建造两个离岸人工岛，实现海中桥隧转换衔接。国外公司认为，建成岛隧工程至少需要10年，中国建设

者却要在6年之内完工，很多国际知名的工程承包商望而却步。在林鸣看来，要在6年内建设好这项超级工程，创新才是唯一的出路。

两个10万m^2的人工岛，如果按照传统的抛石填海工法施工，工期少则2年，多则3年。在通航繁忙的伶仃航道附近水域，安排大量船舶作业，安全风险极高，而且需要开挖800万m^3的海底淤泥，这必将对海洋环境造成重大污染，必须“找出”一个快速成岛的方法。早在2008年，港珠澳大桥前期工作过程中，林鸣就提出，利用大型钢圆筒进行外海快速筑岛的设想：将一组巨型钢圆筒直接插入并固定在海床上，然后再填砂形成人工岛。2009年，他向全国设计大师、四航院原总工程师王汝凯正式提出这个方案，请他研究方案是否可行，从而为方案的最后确定提供了支撑。

筑岛所需的钢圆筒直径为22m，截面积几乎和篮球场一样大，最高达50m，差不多是18层楼的高度，单体重约550t，体量和一架A380空中客车相当。这样一组庞然大物，如何进行制作、运输和振沉，在世界上也是从未有过的尝试。中国交建强大的资源整合能力，给林鸣带来了信心。他提出聚合中国交建系统内上海振华重工和各航务工程局的优势资源，把钢结构建造、运输、安装与水工、疏浚结合起来，形成完整的产业链，快速推进人工岛建设。就这样，钢圆筒在振华重工长江口长兴岛基地开工建造，然后装船运送至1600km以外的伶仃洋施工海域。为了完成钢圆筒振沉，还联合国外公司，研发制造了目前世界最大的八锤联动振沉系统。2011年5月15日，西人工岛第一个钢圆筒在八锤联动振沉系统的强大动力下，稳稳插入海底30多米深处，垂直精度完全达到设计要求。一个好的开端，让钢圆筒筑岛施工顺利前行。2011年12月21日，东人工岛最后一个钢圆筒振沉完成。建设团队仅用了221天，就将120个巨型钢圆筒围成了两个海上“小长城”，使“当年开工、当年成岛”的愿景提前成为了现实。

2. 打破技术封锁，自主研发外海沉管技术与装备

外海沉管隧道施工核心技术，一直掌握在为数不多的几家国外公司手里，而且在工法和装备技术上也处于垄断地位。港珠澳大桥岛隧工程除具有规模大、难度大、风险大和工期紧等特点外，还有一个显著特点是“第一次”：外海大型深水沉管隧道施工在中国是第一次；重达8万t的混凝土预制构件工厂法施工，在世界是第一次……“第一次”意味着工程实施的每一步都需要去探索。

港珠澳大桥沉管隧道，是当前世界上唯一的深埋沉管隧道，目前的刚性、柔性沉管结构体系都仅适用于浅埋隧道，如应用于本项目，必须在管顶回填轻质填料，大约增加近1年工期和数亿投资。林鸣和他的团队需要探索出新的路子。

在经过一系列试验和研究后，技术团队于2012年12月，提出半刚性沉管结构方案。多方寻求合作受阻后，林鸣表示“天价咨询费买不回核心技术！”他坚信：只有走自我研发之路，才能掌握核心技术，才能攻克这一世界级难题。

数年的努力,林鸣带领团队于 2011 年研究完成了沉管工厂法预制技术,集成开发了钢筋流水线生产、大型自动化液压模板、混凝土控裂、管节顶推等成套技术;于 2012 年创新采用了“复合基床+复合地基”的基础设计方案,构建了沉管基础施工监控管理体系,研制了深水抛石整平船、双体式沉管安装船、定深精挖船、清淤船、沉管精调系统、拉合系统、沉管沉放水下测控系统等十几项国内首创、世界领先的先进技术和大型专用设备,使岛隧工程建设如虎添翼,步伐轻快。

3. 96 个小时海上鏖战和专注造就超级工程

2013 年 5 月 2 日,港珠澳大桥沉管隧道第一节沉管(即“E1”沉管)出坞浮运,世界最大的海底沉管隧道施工开始了“首秀”。在 E1 沉管最后一轮沉放后,检测结果却显示,管艏与暗埋段匹配端高程误差竟然达 11cm。

林鸣带领决策组迅速分析情况,查明了基床上的淤泥是造成沉管对接误差的原因,在 5 月 4 日凌晨 1 时,安排潜水员进行清淤作业。林鸣又像往常一样,端了个凳子静静地坐在安装船甲板上,双目凝视着海面,久久纹丝不动。在场每一个人都清楚,从 5 月 2 日上午沉管出坞开始,林鸣都一直盯在施工现场,和现场指挥、操作人员讨论编队、浮运、转向、系泊、沉放等每一细节,下达各种指令,没有合过一次眼。大家都劝他休息一下,他拒绝了:“我盯在这里大家都踏实一些,也顺便在脑子里过过电影,想想究竟还有什么做得不足的地方。”5 月 6 日上午 10 时,经过 96 个小时的鏖战,E1 沉管顺利安装就位,世界最大的沉管圆满完成了与西人工岛的“海底初吻”,创造了中国外海沉管隧道的先河。

2017 年 2 月 19 日,倒数第二段 E29 沉管的顺利安装,2017 年 5 月 2 日,港珠澳大桥最后一节巨型沉管安装成功。这对以林鸣为代表的中国工程师而言,“建设超级工程,是一个解决世界级技术难题的新体验。在外国公司的技术封锁下,我们不得不依靠自己的力量攻克了这些难题。这不只是创造新纪录的问题,更重要的是可以推动国家及行业科技创新的实践,展示中国实力。”

(三)“创新突破、勇于争先”的中国公路桥隧人

中国历来多山多水,这成就了山川的秀丽,也阻隔了人们的交往。跨越江河、峡谷甚至海洋,历来都是摆在桥隧技术人员面前的难题。

改革开放以来,随着公路建设步伐的逐步加快,中国桥隧的技术人员开始不断酝酿着桥梁的跨越、隧道的延伸,一点一滴进行技术的探索和积累。20 世纪末期,随着虎门大桥、江阴大桥等大型桥梁的建成,公路桥梁进入你赶我超、快速发展的阶段。

公路桥隧的发展速度,两个数字最能说明问题。1995 年我国公路特大桥数量 521 座,2015 年底,达到 3894 座(2004 年,因为《公路工程技术标准》(JTG B01—2003)将特大桥标准由以前的总长 >500m、单孔跨径 >100m,调整为总长 >1000m、单孔跨径 >150m,

2004 年特大桥数量减为 717 座，远少于 2003 年的 2155 座）；1995 年公路隧道 797 座，2015 年达到 1.4 万座。

如果说直到 1995 年，中国的公路桥隧在世界上甚至国内都还是寂寂无闻的话，那么 20 年后的 2015 年，在高速公路加快建设浪潮推动下，中国公路桥隧数量不仅已经跃居世界第一，而且中国桥梁工程在国际上屡夺工程技术大奖，标志着我国桥梁已跻身强国之列。我国路桥施工企业，开始进入欧美市场，成为桥梁工程的主要建设方，真正印证了中国公路桥梁开始步入强大。公路隧道也不甘落后，秦岭终南山隧道、二郎山隧道、港珠澳大桥海底隧道等特长、高海拔以及深海隧道的建成，同样大大提升了我国公路隧道建设的实力。

不仅是建设，虎门大桥、江阴大桥等特大桥自建成以来，均历经了 20 年的风风雨雨，安全、顺畅的管理运营，完好、平整的桥面质量，说明我们的养护、管理、运营也迈入成熟期。

这其中凝聚着多少桥梁工程技术人员的心血，有多少自主创新技术的支撑，我们无法精细统计，更无法用数字表达出来。我们只知道，这些桥隧人的身上，不仅传承了公路行业的“铺路石”精神，更加体现了“勇于创新，敢为人先”的时代精神。

多数时候，人们记住的是桥梁、隧道的名字，感叹的是秀美或壮丽的工程本身，难忘的是桥隧周边的美景，而那些灿若星辰的设计、建设和运营管理者的名字，却往往不被注意。也许只有一部分专业人士或是业内新闻媒体的记者，才会记得他们，这些名字太多太多，也许我们只需记住这个整体——中国公路桥隧人！

（四）“勇闯禁区、创新攻坚”的青藏公路冻土团队

平均海拔 4500m 以上的青藏高原，不仅是生命的禁区，从某种角度来说，也是公路和铁路等交通基础设施修筑的禁区。

青藏公路，自通车以来，就是入藏运输的主力线路，而长期困扰这条路的建设、养护和管理的，就是最厚达 287m、最薄也有四五米的高原冻土。中交一公院党委书记、国家勘察设计大师汪双杰说：“1954 年到 1973 年的 20 年，青藏公路被冻土折磨得‘千疮百孔’。为此中央做出了青藏公路铺设油路的重大决定。这一决定需要技术支撑。”

冻土，是世界级的难题！再难也要上，公路科技工作者责无旁贷！

1973 年 5 月，青藏公路多年冻土科研团队的第一代工作者集结在五道梁，开始了他们在冻土上修筑沥青路的征程，也拉开了一公院三代科研人员薪火相传、攻坚克难的冻土科研序幕。

“上了五道梁，难见爹和娘”。冻土研究就在海拔大于 5000m、高原反应严重的条件下展开了。凭着科技人员连续多年的观测，积累了扎实的原始数据。再通过青藏公路沿

线地下冰分布规律、路基稳定和桥涵修筑等问题的研究，1985 年青藏公路实现了全线黑色沥青路面铺筑。于是，人类筑路史上第一条穿越高原冻土区的二级沥青公路诞生了。

冻土科研工作者们初步找到了诊断和治疗冻土的病根，而很多人却因此长期饱受心脏病、高血压等高原疾病的困扰。

如今，青藏公路沿线修筑了隔热层路基、热棒路基、片块石路基、通风管路基等多达十余种特殊路基结构的试验工程，在青藏公路约 500km 多年冻土区设置了近百个冻土地温、变形观测断面……高原冻土筑路的研究正在一步步深入。

2009 年 1 月 8 日，由 56 家单位的 658 名科研人员参与、交通运输部推荐、凝结了三代交通科研工作者心血的“多年冻土青藏公路建设和养护技术”，获得 2008 年度“国家科技进步一等奖”。这项研究成果的取得，时间跨度长达 35 年，在研究中，建立了 160 多个观测断面，实施 3000 个钻孔，获得 200 多万组观测数据和 180 余万组地质雷达数据，最终突破了沥青路面及路基稳定关键技术，解决了高原冻土地区沥青路面设计、施工技术的难题。不仅如此，青藏公路冻土的研究，还为青藏铁路的修筑积累了丰富的数据和经验，为青藏铁路的建设打下了坚实的基础。

“勇闯禁区，创新攻坚”，是几代交通科研人员的真实写照。如今，冻土团队仍然奋战在高原一线，为彻底征服高原冻土筑养路难题而奋斗着！

第五节　高速公路管理者风采

多年来，交通运输部门紧紧围绕交通是“窗口行业”这个特点，坚持不懈地开展文明窗口建设。

高速公路作为公路行业先进生产力的代表，一直走在窗口建设的前列。“服务”，成为高速公路行业运营管理方面精神文明创建工作新的主题词。高速公路行业的精神文明创建也脱颖而出，逐步成为了公路全行业加强管理、实现行业转型、提升服务水平的代表。

一、抓示范：着力加强“示范窗口”建设

“八五”期间（1991—1995 年），全国城乡的客货运输快速发展，结合文明创建和行业纠风工作，交通部提出公路交通行业的工作重点是：抓好“窗口”行业和有关单位的精神文明建设。“示范窗口”，是在“窗口行业”中选择出来作为文明、优质服务的样板单位，是两个文明取得显著成效的示范样板。创建文明行业就是从“示范窗口”抓起的。

“八五”期间，随着沈大、京津塘、济青和成渝等高速公路的相继通车，高速公路客运开始兴起。一些省份成立了高速公路的客运公司，有力促进了高速（高等级）公路客运车

型上档次、经营上规模、服务上水平。这一时期，在加强运输市场管理的同时，交通部在全行业开展“文明示范窗口”建设。

1992 年 4 月开始，交通部要求各省（区、市）交通厅（局）的领导及部属运输单位的领导，以乘客、货主身份深入到车、船、港、站等运输基层单位，亲自体察交通运输服务状况，进行服务质量察访调查活动。经过察访，既看到经交通部门职工多年努力，道路条件、运输服务设施、规范服务、文明待客等有了很大的提高，也看到了服务中的一些问题，在分析原因、研究对策的基础上，提出了改进服务的措施。同年 6 月，交通部发出《关于开展 1992 年度公路、水路旅客运输文明单位评选活动的通知》，提出了“八五”期间实现“客运服务质量标准化、客运服务管理规范化、客运服务过程程序化”的“三化”目标。这项活动，把公路交通行业文明“窗口”创建活动，推上一个新的台阶。1993 年 2 月 10 日，交通部下发《关于转发中共中央宣传部、国务院办公厅〈关于开展纪念学雷锋题词 30 周年活动的意见〉的通知》，强调在“两学一树”中抓好交通“窗口”单位行业风气和职业道德建设。

进入“九五”，高速公路客运得到迅速发展。随着汉口至宜昌、广州至深圳、北京至天津、北京至太原、西安至宝鸡、上海至南京、南昌至九江等高速公路相继开展高速公路客运，极大促进了全国高速公路客运的发展。这一时期，各省纷纷成立高速公路客运集团，高速公路客运向规模化经营发展。同时，高速公路快速客运的服务水平也不断提升，很多运输公司采用了航空式的服务。市场的发展，对行业服务水平提出了更高的要求。这一时期，随着高速公路客运的兴起，结合行业“窗口”建设和精神文明建设，公路行业文明创建和品牌建设取得了多项成果。

1996 年 10 月，十四届六中全会做出关于精神文明建设的决议，其中提出“各行各业特别是与群众生活关系密切的‘窗口行业’，都要根据自身特点，对职工普遍进行职业责任、职业道德、职业纪律的教育，加强岗位培训，规范行业行为，树立行业新风。”

1996 年 12 月 9 日，交通部在南京召开“全国交通系统创建文明行业大会”，提出把全国交通行业建设成为文明行业的奋斗目标。时任交通部部长黄镇东在会上讲话指出，加强队伍建设是创建文明行业的根本任务，要对干部职工进行四项教育，即：进行中国特色社会主义理论教育，解决理想信仰和思想观念问题；进行职业责任、职业道德、职业纪律教育，解决全心全意为人民服务问题；进行社会主义民主法制教育，解决法制观念淡薄和纪律松弛问题；进行廉政勤政教育，解决党风政风问题。同时对创建文明行业提出八项措施，即制定规划、完善标准、推行《交通行业文明公约》、实行社会服务承诺制度、公布示范“窗口”单位、开展青年文明号和青年岗位能手活动、建立社会监督机制、加大文明创建物质投入等。会议要求示范“窗口”单位努力做到：安全优质地满足人民群众在生产、工作和生活上对交通运输的需要；形象地展示和传播交通行业精神文明建设的要求和成果；在全行业的两个文明建设中起到榜样示范效应;通过体现国有交通企业的优势,展示社会主义制度的优越性,进一步维护党和政府的威信。大会确定并由交通部向社会公布了包括汽车客运站、汽车客运队、公路收费站等在内的5类30个文明示范“窗口”单位,公布了12项优质服务标准和5项监督保证措施。这些优质服务标准包括:保证环境清洁优美,秩序优良有序;工作人员按规定统一着装上岗,挂牌服务,使用文明礼貌用语,主动、热情、规范服务;客运站、汽车站、收费站严禁设置不规则广告和不规则商业摊点。监督保证措施包括:实行示范“窗口”所在单位党政一把手责任制度;由示范“窗口”单位按照部颁优质服务标准并根据本单位情况,实事求是地向社会公布服务承诺措施;各示范“窗口”单位向社会公布行风监督电话,接受社会监督;各示范“窗口”单位如发生严重行风问题,取消其示范单位资格和申报本届全国交通系统先进单位(集体)资格;交通部要加强对“为人民服务,树行业新风”活动的检查、监督和指导,各省(区、市)交通部门要抓好本地区、本系统文明优质服务工作的落实。

1997年,中宣部提出创建文明行业的工作思路是:突出一个主题(为人民服务、树行业新风),抓好一批“窗口”(创建文明行业从示范“窗口”抓起),做到三个“着力”(在思想教育上着力、在制度建设上着力、在狠抓落实上着力)。交通部积极参加了中宣部和国务院纠风办组织开展的十大“窗口行业”“为人民服务、树行业新风”活动,向社会公布了5类30个文明示范“窗口”单位,公布了优质服务标准和保证措施。行业文明示范“窗口”活动迈上了新的台阶。

1997年3月18日,“全国交通系统示范‘窗口’工作会议”在北京召开,进一步检查和落实文明示范“窗口”建设工作。会议指出,创建文明行业从示范“窗口”抓起,充分发挥它们的表率作用,是一个用典型引路的行之有效的工作办法。当前的关键是,示范“窗口”能否真正起到示范和样板作用。这次会议,对示范“窗口”建设工作提出了一系列明确要求,其中包括统一思想、加强领导、突出主题、依靠群众、总结创新、增加投入、以点带面等。进一步明确了示范“窗口”工作的任务和要求,使示范“窗口”单位提高了使命感和责任感,健全制度规范,改善环境设施,提高服务水平。会议之后,各有关示范“窗口”单位切实增加自己的社会责任感,提高示范工作的自觉性,用自己的模范行为为全行业树立榜样;非“窗口”单位和非示范“窗口”单位认真学习示范“窗口”好的做法和经验,从而形成一个“比学赶帮超”的氛围,推动公路行业精神文明建设快速发展。行业文明“窗口”创建活动,得到了社会广泛好评。

1998年,交通系统深入开展示范“窗口”活动,以点带面,促进全系统“窗口”单位的创建文明行业工作。对部颁30个示范“窗口”单位进行了检查并听取了汇报,促进示范“窗口”工作向深入发展。到1998年底,据全国20个省(区、市)交通厅的不完全统计显示,自1996年12月“南京会议”以来,各省交通系统厅局级以上文明示范“窗口”已达到

600 多个。

1999 年 10 月,“全国交通系统创建文明行业经验交流会”在山东青岛召开。会议提出要提高“窗口”单位的文明程度,发挥其辐射作用,同时对交通系统文明“窗口”创建提出具体的要求。

二、抓普及:以“三优三化”促进“窗口”建设广泛开展

“九五”期间,全国公路运输系统全面加强行业精神文明建设,广泛开展了“三优、三化、争创文明站队”活动,极大地促进了客运服务质量的提高。

“三优”,即优美环境、优良秩序、优质服务。目的是,通过塑造道路客运新形象,增强市场竞争力。许多客运单位在服务硬件上重视设施建设,改善旅客购票、候车条件,基本实现了二级以上汽车客运站计算机售票;在服务软件上注意研究服务规范和技巧,提出了全面服务、重视服务、主动服务、语言服务、微笑服务等分类服务规范,并且根据客运特点,不断提供新的服务项目,如山东青岛汽车站开创的“情满旅途”服务活动,得到了广大旅客的认可,并在国家商标局注册了服务商标。广东省汽车运输集团公司为增强市场竞争能力,实施了名牌战略,采取了一系列措施,该公司经过反复研究设计的“粤运快车”企业商标,已在国家商标局注册。

“三化”,即服务质量标准化、服务管理规范化、服务过程程序化。通过“三化”目标管理和抓站容、车容、仪容的“三容”,治理了客运服务上存在的“冷、横、硬”和“脏、乱、差”。大多数省(区、市)开展了职业道德和业务技能培训,驾乘站务人员凭从业资格证上岗;有的省则开展了站务人员哑语、外语培训,开展军训和操作表演;有的车站对站务管理、岗位职责、工作标准、业务守则进行了规范,使服务工作做到了有章可循。截至 2000 年底,全国范围已组建的 30 多家快速客运企业,大都采用民航班机式的服务,为道路客运高档次服务创了先例。

通过争创文明站(队)活动,树立了典型,提升了公路运输行业整体的形象和服务水平。仅 1998 年至 1999 年,受交通部表彰的全国部级文明汽车客运站就达 179 个、部级文明客运汽车队 39 个。有的省(区、市),还借鉴星级宾馆的做法,推出了“星级车站”,有的省份还设立了专门基金,用于建立部、省级文明单位。2000 年,交通部与全国公路运输工会在道路客运系统开展“双百”(全国评选 100 个优秀服务班组和 100 名服务标兵)评选活动,通过树立服务典范,极大提高了道路客运服务的质量。

进入 21 世纪,全国公路交通系统继续大力推进“文明示范窗口”建设。2001 年,交通部颁布了 60 个全国交通系统文明示范“窗口”。

21 世纪初,我国高速公路服务管理水平有了新的提升。2002 年 12 月 26 日,山东省高速公路信息管理系统第一期工程第二阶段 881km 实现联网试运行。至此,连同 2001 年

11 月 18 日成功联网运行的 478km，山东省高速公路联网收费（一卡通）里程已达 1359km，其规模和里程在全国名列第一。山东省高速公路信息管理系统，包括收费、通信、监控 3 个子系统，对应的是数据、语音和图像，而“一卡通”就是做到两个“三网合一”。山东省内高速公路实现“一卡通”，标志着该省高速公路服务水平得到进一步提升。

“十五”期间，众多高速公路管理部门和企业结合行业精神文明建设工作，结合自身路段的实际和特点，开展了丰富多彩的“窗口”建设和精神文明创建活动。

河北省自 1997 年起，在公路收费站等“窗口”行业开展“三星级”服务窗口、“文明示范窗口”和“青年文明号”创建活动，在 10 年时间里，陆续创建不同类型的示范窗口单位 2220 个；在高速公路运营管理中推行制度化、标准化、规范化管理，打造阳光高速、绿色通道、文明走廊，取得了丰硕成果。

山西省高速公路系统从“七五”时期以来，严格按照《精神文明建设规划》《千里大运文明路建设规划》，开展精神文明创建工作，达到了提高职工队伍素质和行业文明程度的目的，逐步实现了安全交通、绿色交通、数字交通、法制交通、诚信交通的总要求；仅“十五”期间，就创建文明路 5000km，文明示范窗口 150 个，文明标兵窗口 10 个，文明交通职工 100 名。

1996 年，江苏在全省交通窗口推行“您好工程”，1997 年召开全省交通创建文明行业大会，省交通厅成立文明委，全面开展创建活动，并推出“一把手抓典型”制度和江苏省交通行业“三学一创”典型，至 2002 年，江苏交通已形成较为完善的创建体系。其中，京沪高速公路沂淮江段（即京沪高速江苏省新沂至江都段）和南京机场高速公路建成省级文明样板路，2003 年全省交通创建成省文明行业。

2004 年，广东省交通厅在深圳市交通局召开了“全省交通系统思想政治建设现场会”，认真贯彻落实《广东省交通厅政务公开管理办法》，坚持阳光服务，在窗口部门大力实行“一个窗口受理、一站式完成”的“一站式”服务，积极推行承诺制、公示制、首问负责制。健全和推进高速公路营运收费服务标准化、高速公路服务区服务标准化建设。通过积极开展文明示范窗口等创建活动，广大干部职工的精神面貌焕然一新，行业文明程度不断提升，涌现出开阳高速、渝湛高速等“阳光工程”“精品工程”。

“十五”期间，结合青海省建设高原千里文明通道活动，青海省高管局开展“同心铸就文明路”“星级收费员考核达标”“爱高速、展风采”等活动，在职工中树立起“自信、开放、创新”的青海意识，全省交通行业被省文明委命名为“青海省文明行业”。

2002 年新疆交通系统在哈密召开的创建文明行业现场会上，首次提出了“两个延伸”（从窗口向系统延伸，从直属单位向从业单位和从业人员延伸）的思路。多年来，新疆交通系统坚持把内涵丰富的创建内容延伸到交通行业的各个单位、各个部门和各个岗位，并提出了工作岗位就是创建的最好载体，把形式多样的创建载体延伸到交通行业的各个层面、各个群体和各类人员。基本形成了从内到外、自上而下、由点连线、由线到面、整体推进、全员参与的工作局面，有效解决创建工作活力不足、吸引力不强的问题，促进了创建文明行业工作的良性发展。

2005年底，交通部部长张春贤提出“两个负责任”（负责任部门和负责任行业），并将其作为检验行业精神文明建设成效的重要标准后，全行业“窗口”创建工作再一次深入。

2006年，交通部在武汉召开“全国交通行业精神文明建设工作会议”。交通部部长李盛霖指出，“十一五”期间，交通行业将进一步改进管理、服务手段和方式，方便群众办事，提高服务效率和质量，精心打造一批新的知名服务品牌。要在交通职工中广泛开展服务礼仪宣传和实践活动，规范行业服务行为，引导交通职工知礼仪、重礼节；在服务“窗口”设立宣传社会主义荣辱观的标识，在为乘客提供安全正点、热情周到服务的同时，加强对乘客的文明提示，倡导遵章守纪、文明礼让、友爱互助，共同维护公共秩序。同时强化科学管理，完善岗位行为规范和考核机制，逐步实现全行业生产、管理和服务的科学化、制度化、规范化，努力为社会提供安全、优质、便捷的交通设施和服务。交通部门还将加大投入，改善“窗口”单位的服务条件，营造功能完备、整洁美化、舒适便利的交通服务环境；建立全国统一的公路交通服务热线，拓展服务功能，提高处置交通突发事件的能力；加快建设以“电子政务”“电子商务”为龙头，以管理和服务为主要内容的交通信息系统，采用现代管理方法和技术成果，进一步提高服务水平。

2007年，是深入贯彻党的十六届六中全会精神，进一步落实“十一五”规划，全面推进社会主义和谐社会建设的重要一年。面对2008奥运年，交通部提出要树立文明服务新风尚，“窗口”服务部门要以提高服务能力、服务水平为重点，深入开展“文明礼仪伴我行”主题实践活动和文明示范“窗口”创建活动；以奥运赛事举办城市和关联地区为重点，开展“迎奥运、讲文明、树新风”活动，实施“窗口”行业奥运培训计划，广泛开展文明交通、文明乘车活动，为奥运会的成功举办提供文明规范的交通环境。交通部要求兴起“迎讲树”活动新热潮，继续实施“交通服务设施改善工程”等6项工程，适时组织对“迎讲树”活动开展情况的检查、督促和调研，总结典型经验，宣传先进事迹，开展“迎讲树”交通形象展示活动。组织开展“争创文明服务示范窗口”和“争做文明优质服务标兵”活动，不断提高交通行业的社会公共服务水平和服务能力，在奥运会前和奥运会期间着力优化交通环境，做好交通服务。

“十一五”期间，文明示范“窗口”的创建对高速公路行业的精神文明建设起到了良好的模范和带头作用，有力地带动了全行业精神文明建设不断向前发展。“文明示范窗口”活动的深入开展，以实际行动，在全行业树立起服务社会的理念，在全社会树立起公路全行业的良好形象。

“十二五”期间，全国高速公路作为公路行业的代表和“窗口”，大力实施文化建设“十百千”工程，打造10大文化品牌、创建100家文化建设示范单位、培养1000名先进典型，围绕“提升行业软实力、树立交通好形象，凝心聚力建设好人民满意交通”的主题主线，进一步深化群众性文明创建活动，不断提高职工文明素质和行业文明程度，在品牌建设、服务水平提升上，取得了新的进展。

“十二五”期间，全国高速公路系统在精神文明创建活动中脱颖而出，特别在提升服务水平方面，成为公路全行业的代表，取得了突出的成绩。

2015年4月14日，交通运输部《关于公布交通运输文化品牌名单的通知》，公布了交通运输10大品牌以及获得提名的18个品牌单位，其中高速公路行业的品牌包括：“适需服务　畅行高速——北京市首都公路发展集团有限公司”“微笑映山红——江西省高速公路投资集团泰和管理中心”3个；获得交通运输品牌提名的高速公路单位有：“燕赵通衢　一路平安——河北省高速公路管理局”“畅享三晋——山西省高速公路管理局”“一路温馨　飞越秦岭——陕西高速公路集团西汉分公司”“微笑京珠　情满荆楚——湖北省京珠高速公路管理处”“路畅人和——云南省公路开发投资有限责任公司”5个。

三、抓规范：打造高速公路服务区“温馨驿站”

20世纪90年代以来，我国高速公路迎来建设热潮。高速公路的快速发展，缩短了公众出行的时空距离，也推动了地方经济社会的繁荣发展，备受称道。与之相比，作为高速公路“驿站”的服务区却因环境卫生差，饭菜不可口，商品价格高，重大节假日期间车辆进出难、加油难，旅客如厕难等问题，屡遭非议。

2014年9月28日，交通运输部印发了《关于进一步提升高速公路服务区服务质量的意见》（以下简称《意见》），提出力争用3～5年时间，打造“布局合理，经济实用，标识清晰，服务规范，安全有序，生态环保”的现代化高速公路服务区，满足公众高品质、多样化的服务需求。虽然多年来各地交通运输部门也在积极探索和完善服务区的服务措施，不断提升服务质量，但是由于各地的经济条件、服务区的管理体制、管理部门的重视程度各不相同等原因，高速公路服务区的发展并不平衡。一场全国性的服务区服务质量大提升亟待进行。

2015年，为全面提升高速公路服务区的综合服务水平，更好地服务社会公众出行，交通运输部把“创建100对文明服务示范服务区”工作列入贴近民生的10件实事之一，强力指导推行。各省（区、市）以此为契机，对高速公路服务区的软硬件进行了全面改善提升，一系列人性化的便民服务措施在全国高速公路上的2000余对服务区内逐步推行。

在《意见》的指导下，交通运输部委托中国公路学会等单位，研究制定了《全国高速公路服务区服务质量等级评定办法（试行）》《2015年全国高速公路服务区服务质量等级评定工作实施方案》，明确了全国高速公路服务区文明服务创建工作的各项要求，制定了公共卫生间、公共场区、餐饮、便利店、加油（气）站、车辆维修、客房、综合服务和基础管理等9大类共142个项目的具体服务标准，并指导相关标准在各省（区、市）逐一落地。在2015年初召开的"全国高速服务区文明服务创建工作电视电话会议"上提出，服务区要为社会公众提供"更加热情温馨的人性化服务，更加安全规范的秩序管理，更加清洁优美的卫生环境，更加可口放心的餐饮供应，更加准确及时的出行信息"。

2015年，我国投入运营的高速公路服务区（停车区）已达2000多对。经过近一年的创建，2015年9月至10月，交通运输部会同中国公路学会组织的专家，完成对各地推荐的服务区的现场考察，评选出100对硬件基础好、服务功能强、管理精细化的"百佳示范服务区"。同时，还评选出400对优秀服务区、1072对达标服务区和293对达标停车区。同时，交通运输部对全国百佳示范服务区和优秀服务区分别授予统一标识，有效期为2年。对标识核发后服务质量下降、达不到规定服务标准的服务区和停车区，将撤销其标识。

"十三五"期间，交通运输部将会同中国公路学会和各地省级交通运输主管部门，系统梳理总结高速公路服务区文明创建工作的经验，进一步优化服务标准，完善考评机制，引导各地高速公路服务区进一步转变发展和服务理念，以全国"百佳示范服务区"为标杆，大力开展"比学赶帮超"活动，积极创优争先，努力实现服务质量的全面升级提挡，把高速公路服务区真正建设成为公路出行途中的"温馨驿站"，更好地服务公众安全舒适出行。

四、树典型：创建文明服务品牌

20世纪90年代以来，高速公路行业全体从业者在继承发扬老一辈公路人"铺路石"精神的基础上，又在工作中注入了"锐意改革，勇于创新；敢为人先，追求卓越"的时代精神，涌现出一批又一批先进典型和服务品牌。

他们就在我们身边，就是我们的同事、兄弟、姐妹。他们没有创造出惊天动地的事业，但他们又是那么的不同。这些集体或个人，或以自己坚定的信念、出色的工作，或用自己的踏实实干、勇于创新的精神，默默实践着自己的人生理念，他们不仅向全社会传播了公路行业文明创建的成果，而且也成为了全行业学习的典范。

（一）"文明窗口、品牌创建"的典范——千里文明大运路

大（同）运（城）高速公路，主要由国家高速二广线G55（大同—太原）、国家高速京昆线G5（太原—侯马）、山西省高速侯平线S75（侯马—运城）三部分组成。在地理位置上穿越山西11个地市中的8个，纵贯山西南北，是山西高速公路规划"三纵十二横十二环"中纵的核心。2000年9月，全长666km的大运路开工建设，2003年10月28日，这条总投资

额200亿元的高速公路全线通车运营。

在大运高速公路建设之初,山西省委、省政府便及时提出“人文大运”理念,它的核心要义就是要将大运高速公路建设成为像明星城市那样的明星高速公路,同时将沿线的旅游资源连为一体,创建十大旅游景区,让每一位来过山西的游客,都把山西古老的文化和优雅独特的景观带回去。

大运高速公路经济带范围内,旅游资源丰富而独特,以晋北古建佛教文化、晋中晋商民俗文化、晋南华夏根祖文化三大旅游精品和云冈石窟、晋祠、平遥古城、壶口瀑布、关帝庙、鹳雀楼、绵山、芦芽山、恒山、五台山十大重点旅游景区最为突出。大运高速公路的建成,进一步突破了三大旅游精品和十大旅游景区的地域界限,为实现更大范围的旅游资源优化配置创造了条件。与此同时,大运高速公路沿线的各种标志,也是“人文大运”的重要组成部分。距离确认、里程碑、停车处、匝道、服务区等交通标志、标识,在设计上的新颖、独特,让人一目了然、铭刻在心;在高速公路两侧搭建的山西名品广告长廊和三晋风光导游橱窗,则更是将山西丰富的人文资源和广博的地方特产进行了一次巨型的广告展览。

2006年9月,山西省交通厅党组决定创建“大运千里文明高速路”,并把这项工作作为文明和谐行业创建的重点和亮点,作为山西交通品牌建设的突破口,全面实施了畅通、形象、阳光、温馨、素质五大工程。通过坚持不懈的努力,大运高速公路在硬件软件、管理服务、文化建设、队伍素质等各个方面,都走在了全行业的前头,特别是大运高速公路的管理服务水平和公共服务能力不断提高,受到各方面的高度评价。

2007年12月2日上午,山西省政府和交通部在太原隆重召开命名表彰大会,联合命名大运高速公路为“千里文明高速公路”。同时,对在大运千里文明高速公路创建和“五比五看、服务创优”立功竞赛活动中做出突出贡献的先进集体和个人,进行了表彰。

通过“五比五看”的认真落实,各有关单位在管理服务、文化建设、队伍素质等方面的水平和能力不断提高,受到各方好评,为山西省高速公路管理服务水平的提高树立了榜样,成为山西高速服务的品牌形象,同时也在全国树立了典范。

(二)“适需服务、畅行高速”的典范——首发集团

北京市首都公路发展集团有限公司,自成立至2015年,完成建设投资超千亿元,累计建设公路684km,路产巡查和养护里程达到830km,保障车辆通行42亿辆次。从2012年起实施重大节假日小客车免费通行,已累计为8400余万辆次小客车减免通行费。

“十二五”期间(2011—2015年),首发集团打造“适需服务、畅行高速”服务品牌,完成京昆高速等3个建设项目,通车里程96.9km,提前完成了千亿资产国有企业战略目标,实现了国有资产保值增值、企业与员工共同发展的企业愿景。5年来,在道路拥堵加剧状况下,市民对享受高水平通行服务需求更为迫切,希望在高速公路高度饱和状态下能获得

快捷、舒适、安全通行服务。为此,集团编制了重大节假日小客车免费通行和绿色通道保障方案、道路大修绕行及应对灾害免费通行保障方案,完善了内部联动机制,实现了清障救援力量对高速公路网全覆盖,做到了30分钟内到达管辖高速公路突发事件现场。在中华人民共和国成立65周年阅兵、APEC会议、中国人民抗日战争暨世界反法西斯战争胜利70周年阅兵、节假日小客车免费通行等工作中,首发集团加强收费、养护、监管及路产内部联动,圆满完成了交通运输保障任务。

"十二五"期间,首发集团积极研发智能交通技术,推进道路智能化建设,并以首发集团信息中心为枢纽,联合收费、养护、路产、服务区分中心,实现数据共享、图像共享,达到全路网监控,构建数字化指挥系统。借助96011服务热线、手机APP、微信、网站等多种方式向公众提供高速公路行驶路线、交通状态、道路气象信息等服务。借力"互联网+",将工程建设、运营收费、路桥检测、路产养护等方面基础数据,与ETC全国联网清分结算中心海量用户数据相结合,形成基于路网布局、各条路基础情况及历史交通数据库,针对实时交通路况,建立更加全面、系统、面向未来的高速公路智慧运行体系,为北京"智慧城市"建设发挥重要作用。数据统计显示,2010年1月1日至2015年12月31日,北京共建成使用ETC车道516条,ETC使用率超过40%,继续保持全国领先地位。截至2015年12月10日,北京市ETC电子标签发行量突破200万大关。

在加强科技投入的同时,首发集团注重传统公路养护工作的转型发展。畅通的道路环境的背后是首发集团高素质养护的支撑。"十二五"期间,首发集团开展了预防性养护和全寿命周期养护结合、不断路夜间施工的新模式,既保证了养护质量,也将养护工作对交通的干扰降至最低。加强桥隧养护管理,成立了专职桥梁检测队,提高桥隧的维修加固能力,实现桥隧维修养护"可知、可达、可检、可修"四位一体,确保桥隧运行安全,先后完成北沙滩桥紧急支护,通道桥等5座桥梁定检,完成61座特大桥梁基准点及变形点布设方案。保护路产、维护路权是首发路产重要职能,首发安畅分公司7支路产大队、24辆巡视车组,采取24小时不间断巡视方式,每天巡视里程达到8000~10000km。同时,首发路产管理还从网络化巡视入手,构建路产智能化信息管理平台,实现各类数据信息的实时掌控、互通共享,统一调度、调配巡视力量,实现路产管理业务智能化、可视化。

5年来,首发集团以创品牌带动提升收费服务,"适需服务、畅行高速"被评为全国交通运输行业十大文化品牌,以全国劳模方秋子命名的"秋子服务"品牌建设全面推广,设立"田迎工作室",通过培训和竞赛全员提升收费水平,高峰时段采取3套复式收费措施,保证了畅通的收费站通行秩序。

(三)"文明使者、真情服务"的典范——"微笑映山红"

映山红,一般指锦绣杜鹃。开花时鲜艳夺目,景观效果突出。映山红既是江西省的省花,又是井冈山的市花,地域特色鲜明。结合地处革命圣地井冈山脚下的特殊地理位置,江西省高速集团泰井高速泰和管理中心选择了“映山红”这个极具代表性的名字,作为自己文化品牌创建的名称。

2009 年,泰和管理中心启动了“微笑映山红”文化品牌建设工作。之所以取名叫“映山红”,除了地域特色外,还因为“映山红”很漂亮,与以女性为主体的高速公路收费员队伍形象十分契合,一个个长年工作在偏僻所站的收费员,就像一朵朵盛开的映山红。更是由于“映山红”的生命力很顽强,与长期在野外工作的养护人员精神十分契合。同时,交通运输作为服务行业,“微笑”是最美的服务语言。因此,就有了“微笑映山红”这一具有地域特色和行业特征的文化品牌。

在品牌创建过程中,泰和管理中心把“红色”基因融入品牌中,提炼了“美丽、热情、奉献、自然”的品牌内涵和“服务红色旅游,当好文明使者”的品牌定位,注册了品牌标志,设计了与“映山红”颜色一致的服饰,使品牌理念和视觉识别与“映山红”的品质、形象完美匹配。

在活动开展过程中,利用地处革命圣地的优势,泰和管理中心经常组织工作人员,前往井冈山接受革命传统教育,弘扬爱国主义精神;在井冈山收费站,制作了以展现井冈山革命老区军民鱼水情为主题的“红色文化墙”,宣传革命的峥嵘岁月;开通了红歌广播,定期向井冈红旗广场的游客播放红色歌曲;组建了红色文化义务宣讲小分队,免费讲解井冈山的革命历史;要求窗口工作人员学习红色文化,做好井冈山的宣传员、服务员和引导员。此外,还利用节假日、旅游旺季和暑运、春运等重要节点,在收费广场开展文明出行志愿活动,散发“讲文明、树新风”公益广告,广泛宣传文明出行知识,积极做好文明出行宣传引导。

为了实现“人便于行,货畅其流”,泰和管理中心坚持“六高”理念,对服务工作提出高标准、严要求:一是加强了微博、微信等新媒体运用,及时推送高速公路相关信息;二是推行快捷服务,对发卡、收费时间进行严格限定;三是制订了应急预案,保障通行便捷;四是推出了车队预约服务,各类车队可电话预约车道快速通行;五是推广了 ETC 车道和自动发卡机,提高了通行效率;六是发行了“映山红”VIP 卡,设立客户服务室,组建了客户经理队伍,免费提供积分兑换、优先通行、即时路况等服务。

按照“真诚服务,全程无忧”的服务理念,泰和管理中心建立了“四位一体”的服务体系:开展星级收费站创建,把收费广场当作酒店大堂来管理,推行站长带班制度,使遍布全省各地的“收费站”变成“服务站”;成立客服中心,开通服务热线,24 小时接受咨询、求助、投诉、建议等;将养护巡路车变成流动服务车,定期上路巡逻,为遭遇中途无油、车辆抛锚和财物被盗等特殊情况的车主雪中送炭;成立爱心基金,用于帮助在高速公路上遇到困难的车主乘客和沿线群众。通过“四位一体”服务体系的建设,使品牌服务由点到线、连线成面,构建起全程无忧的服务网络。

“十二五”期间,在“微笑映山红”品牌的带动下,江西高速品牌建设形成了“明星闪烁、群星辉映”的生动局面:赣州管理中心开展了“红高速、客家情”服务品牌创建;抚州管理中心开展了“向阳花”服务品牌创建;宜春管理中心开展了“春风”服务品牌创建;上高管理中心开展了“西海天使”服务品牌创建;景德镇管理中心开展了“微笑高速路,礼仪景婺黄”服务品牌创建;昌樟管理处开展了“微笑昌樟”服务品牌创建;昌泰公司开展了“金庐陵”服务品牌创建;梨温公司开展了“巾帼鹰西”服务品牌创建;万年管理中心开展了“紫荆花开”服务品牌创建等。这些品牌散发着江西人民的淳厚和质朴,成为了红土地特有的文化符号。

(四)“爱岗敬业、回报社会”的典型——扎佬

扎佬,干起工作来,和他名字的谐音一样扎实老练,无论是内保业务、电工、班长、党员,还是关心爱护职工,他都是一把好手。6 年来,这个拉祜族小伙在平凡的岗位上,爱岗敬业,乐于奉献,服务驾乘人员,默默耕耘;他以孝敬父母、关爱同事、回报社会的方式,扎实书写着爱党、爱社会主义、爱集体的人生篇章,逐步成长为一名五星级优秀班长;他用自己的方式,诠释了共产党员忠诚于党的事业、理想和信念,践行着为人民服务的宗旨。

2008 年 6 月,扎佬成为云南省公路开发投资有限责任公司银河收费站一名内保员。内保员的工作,每天 8 小时都要站在收费亭外,一天下来腰酸背痛。但扎佬从无一句怨言,工作中任劳任怨,从不计较分内分外,只要是站上的事,只要他忙得过来,就都是他的事,不管是工作还是生活。

在小磨线(小勐养—磨憨)一个离收费站 800m 远的岔道口设有一个发卡点,因为路远大家都不愿意去,扎佬二话没说,拎起发卡箱就径直到了这个发卡点。这一去就是 3 年。除了工作外,扎佬关心集体在收费站是出了名的,站里开展三园(果园、菜园、养殖园)建设,扎佬主动承担起养猪、种菜的义务。仅 2013 年 1 年,他喂养的 4 头小猪除一头站里留用外,其余 3 头出售后,为站里净赚了 3900 元,让大家享受到三园建设的成果。

扎佬出生在西双版纳州嘎洒镇的一个拉祜族寨子,1 岁时母亲去世,父亲将扎佬及哥哥、姐姐分别送人寄养,养父家也不富裕,只能靠全村百姓这家一餐、那家一顿喂养长大。2002 年,扎佬考入西双版纳州职业技术学院,成为了嘎洒镇拉祜族村寨第一个大学生。工作后,扎佬双休日基本不休假,靠加班和给同事代班,尽可能多地增加一些收入给养父母寄去。此外,他还利用业余时间,去景洪城里找搬运等零活,以贴补家用、偿还贷款。为了给养父母治病,他两次推迟婚期。他的姐姐因意外去世后,他还要抚养自己的外甥。但扎佬从无抱怨,总是对生活充满热爱。

扎佬是一个回报社会从不讲条件的人。他的固定工资收入,对这个困难的家庭来说

并不宽裕,但他仍坚持每月拿出 100 元,资助本村一位贫困孩子上学,直到初中毕业。平常日子里,义务献血、帮附近村民维修电器、送迷路的老人回家,这些事长年不断。

由于扎佬工作积极努力,爱岗敬业,成绩显著,在平凡的岗位上书写出了不平凡的人生,在每个季度的评比中,他都能得高分,连续多年被公投公司和管理处评为先进工作者,并光荣地加入了党组织。2015 年 4 月 29 日,扎佬荣获交通运输部、中华全国总工会评选的"2014 年感动交通年度人物"称号。

(五)"平凡工作、非凡努力"的典型——方秋子

"秋子服务",用全国劳动模范——首发集团京沈高速分公司收费员方秋子的名字命名,它代表着一种高水平的优质服务标准。从方秋子的一个微笑开始,到简单快捷完成服务"四部曲",即"判别车型一眼准""打票收费一手快""唱收唱付一口清""点钞识钞一指明"。"秋子服务"从方秋子个人的敬业奉献、热情服务,逐步发展成为一支有良好知名度和美誉度的服务品牌。在同行业中,方秋子和她的同事们,用平凡的工作、非凡的努力,筑就了"首都的表情、北京的微笑"这个品牌,形成了具有核心竞争力的优秀服务团队。

方秋子,女,1987 年 10 月出生,中共党员,2005 年 4 月参加工作,现为北京市首都公路发展集团有限公司京沈高速公路分公司"秋子服务"品牌带头人、机场南线收费所"秋子精英团队"负责人、收费班长。先后多次被所属分公司、集团公司评为"先进生产者""岗位能手""岗位标兵""高水平服务标兵""优秀党员"。2008 年被北京市委、北京市政府、北京奥组委授予"北京奥运会、残奥会交通保障先进个人"荣誉称号,2010 年被北京市人民政府评为"北京市劳动模范",2013 年和 2014 年连续两年荣获"感动交通年度人物"称号,2014 年荣获"国企楷模 · 北京榜样"荣誉称号,2016 年荣获交通运输部、中华全国总工会"2015 年度感动交通十大人物"称号。在 2015 年全国劳动模范评选中,方秋子成为交通行业首位获得"全国劳动模范"荣誉称号的收费员,同时获得了"全国交通运输系统劳动模范",她所在的机场南线收费所获得了"北京市模范集体"荣誉称号。

诸多荣誉的获得,正是方秋子十年如一日工作积淀凝聚的成果。自 2005 年参加工作以来,方秋子把自己的青春、热情以及全部精力,都倾注在高速公路收费这个平凡的岗位上,塑造了良好的窗口形象,在工作中取得了突出的成绩。她用真爱温暖人,用真诚感化人,以自身行动诠释了劳模精神,抒发出了"交通人"的心声。10 年来,她累计收取通行费 3000 万元无差错,累计服务 150 多万车辆通行。

曾有记者暗访方秋子收费岗亭,记下这样的一幕:微笑相迎,伸手示意车户停车缴费,判别车型和操控报价器同步完成;问候:"您好,请您缴费 10 元",收钱、打票、找零,连同找零递出窗口;问候:"您好,收您 20 元,找您 10 元,请收好,再见。"微笑目送完成收费,接着目迎下一位车户。一个流程下来,服务用时 2.5 秒。平均每天 2000 多次的接钱、递票,

2000 多次的“您好、再见”。日复一日，年复一年，千万次的问候，千万次的微笑，小小收费窗口露出的灿烂微笑，如春风化雨，让越来越多的过往车户留下了一份感动，留下了对首都高速公路服务的一份美好印象。

2008 年，方秋子光荣加入中国共产党。在工作中，她更加努力，深切感受到党员的带头作用更要靠精湛的业务水平来体现。由此，她开始了新的奋进，并逐步练就了“四部曲”的娴熟技能，多次荣获分公司“收费状元”称号，成为首都高速公路收费队伍中的佼佼者，为“秋子服务”品牌的诞生注入了高品质的内涵。

2010 年，方秋子被评为“北京市劳动模范”。为扩大劳动模范的示范效应，公司设立了首个“劳模岗亭”，并在 2013 年打造了“秋子服务示范岗”。在 2014 年筹建了“秋子服务示范站”，引导全体员工崇尚劳动，学习劳模，全面提升首都高速公路服务水平。“秋子服务示范站”变成了培训实践基地，大量员工到示范站观摩学习，不到两年，就培养出了一支业务技能精湛、服务水平优秀的“秋子团队”。方秋子作为团队的带头人，积极带领团队成员，发挥带动、引领作用，激发全所员工的工作热情，她利用休息时间走进各班组，和大家分享特殊情况处理案例和文明服务小技巧，以亲身体验指导大家如何做心态调整，并现场示范“服务过程四部曲”标准动作，带领员工进行动作模拟，针对新员工进行“一对一”的指导。通过活动调动员工的工作积极性，涌现出 110 名符合“秋子服务”标准的模范收费员，“秋子服务”品牌也成了首都北京高速公路服务的标杆品牌。

（六）“文明执法、爱心服务”的典型——苏俐

工作中，苏俐以“与人为善、爱心执法、文明服务”为准则，时时想着行路人，被称为高速路上的“好人雷锋”。

2005 年，苏俐从部队转业到河北省高速公路管理局路政总队京秦支队遵化大队，成为一名路政队员。他认为，执法并不是那么难，难的是摆正执法态度，执法者与被执法者应相互尊重，这样不仅可以拉近与他们之间的距离，还会收到良好的执法效果。

2009 年 11 月，一辆大货车在路上起火，苏俐接警后立刻赶到现场。等火被扑灭后，细心的他发现驾驶员光着脚站在公路上，于是就到服务区为驾驶员买来一双鞋。当驾驶员从他手中接过鞋子时，激动得不知该说什么好。

2012 年 7 月 27 日中午，青银高速银川方向 475.5km 处，货车侧翻。为避免身受重伤的驾驶员窒息，面对泄漏的燃油随时会起火的危险，苏俐奋不顾身，在烈日下双手托着驾驶员的头，长达 2 个多小时，为抢救驾驶员生命争取了时间，而苏俐却几乎脱水。

2014 年 3 月 17 日 19 时，承赤（承德—赤峰）高速 43.35km 处，一辆面包车侧翻于边沟内，苏俐勘查后发现车上人员没有伤亡。但由于车辆受损比较严重，导致车内的银行卡、身份证、驾驶证等重要证件及多张巨额欠条丢失。于是苏俐立刻组织人员进行搜寻，

当时天色已晚，队员们只能通过手机的光亮四处寻找，当大家齐心协力将车推正，终于将最后一张身份证找齐交还车主后，车主要掏钱表示感谢，被苏俐和同事们婉言谢绝。

像这样雪中送炭的事，苏俐和他的同事们，不知做了多少。

在做好本职工作的同时，苏俐还在全国交通运输系统及河北省取得了3个第一：第一个创建“学雷锋爱心执法车队”，第一个组建“学雷锋私家车队”，第一个创建和使用“学雷锋爱心执法工作法”。

2014年初，在一次进山村宣传公路法规的过程中，高速旁的山顶上一座破旧的房屋引起了苏俐的注意。经了解得知，这里住着90岁的宋秀英和她57岁的智障儿子，生活极其艰难。老人住在山的最高处，要想吃水只能到山脚下用桶拎。苏俐带领同事们，为老人家打好井并安上电，解决了老人几十年来的吃水难问题。苏俐由最初的单枪匹马，到如今的“学雷锋私家车队”，规模不断扩大，正能量越传越多。

苏俐并不富裕，生活中一件毛衣穿10年，快掉底儿的鞋也舍不得扔，常年穿制服，从不舍得买件新衣服。但一想到孤残人士、失学孩子的生活与未来，他总有使不完的劲儿、“花不完”的钱。多年来，苏俐累计提供志愿服务300余次，义务献血1.62万毫升，接送孤残障人士9000人次，爱心送考1000人，多方募集善款100余万元。

苏俐真心实意守护交通，全心全意对待百姓，扎扎实实做事、公公正正用权、堂堂正正做人。他正是路政队伍里的爱心使者、燕赵楷模。2015年4月29日，苏俐荣获交通运输部、中华全国总工会评选的“2014年感动交通年度人物”称号。

（七）“以身作则、冲锋在前”的典型——李伟

2014年7月30日，四川省交通运输厅高速公路交通执法第六支队党委书记、支队长李伟累倒在工作岗位上，再也没能起来，时年56岁。

1984年7月1日，作为四川省攀枝花米易县交通监理所所长的李伟，面对党旗宣誓。在入党的当天晚上，李伟在笔记里，为自己定下了一个共产党人的诺言：一要自觉坚持党的根本宗旨，二要着力贯彻党的精神，三要提高为人民服务的能力。他是这样想的，更是这样做的。

2001年4月，已是攀枝花稽征处副处长的李伟，服从组织安排，调往西昌，组建交通执法第六支队，任副支队长，主持全面工作。8月初，支队挂牌成立时，只有李伟和胡清胜等4名干部职工。支队执法科的负责人施伟回忆说：“当时，上无片瓦，下无寸土，仅从攀西公司借用了两间瓦房当作办公室，他从攀枝花稽征处和凉山稽征处分别借用了两辆工作车，作为我们的工作用车。工作餐，一般都是几个人凑在一起，在路边摊上吃饭。”

如今，支队干部职工增加到149人，主要负责高速公路的路政、运政和收费稽查等交通执法工作，管辖里程共428km，包括雅泸（雅安至泸沽）、泸黄（泸沽至黄联）、西攀（西昌

至攀枝花)、攀田(攀枝花至田黄)、丽攀(丽江至攀枝花),辖区全线共有隧道27个,各类桥梁605座,运营服务区4个。

2008年1月10日,在那场罕见的冰冻雨雪灾害中,早5点43分接到泸永路积雪深达20多厘米的报告,李伟就与同事们赶到现场,安排人员进行安全提示,与一营运公司、公安交警协商应急方案,同时分段疏散了托乌山及沿线被困的560多辆车,抢险到第二天凌晨3点才结束。李伟和工作人员在西宁服务区热了点剩饭充饥后,又沿100多公里积雪严重路段查看雪情,组织人员除雪铲冰,与有关营运公司、公安交警协商解除封路后,回到支队机关已经是下午5点多了。

李伟常挂嘴边的话是:“共产党员不是一个空头符号,而是一种沉甸甸的责任,是以人民群众满意为目标的。”无论是在攀枝花市交通稽查征费处米易所任所长,攀枝花市交通稽查征费处任副处长、车购办副主任、工会主席,还是在四川省交通厅攀西高速公路交通执法支队任副支队长、四川省交通运输厅高速公路交通执法第六支队任支队长,他都处处以身作则,冲锋在前。

2004年,李伟被评为四川省交通稽征和高速公路交通执法先进工作者;2007年,被评为稽征局优秀党务工作者;2012年、2013年分别被评为交通运输厅优秀共产党员。

在支队的统计中,从2008年至2014年,李伟参加各类抢险事故处理累计24次,每次抢险他都冲锋在前,靠前指挥,有效保障了管辖路段的安全畅通。这期间,六支队先后获得省交通运输厅、高速公路管理局(执法总队)、州委州政府等单位的表彰奖励近20次。

2013年7月9日下午,在支队会议室召开支队半年工作总结会,会议进行到一半,李伟讲话的声音越来越小,人们发现他脸色变白、虚汗淋漓,同事建议他休息的话音未落,只见李伟头偏向右侧,鲜血从口中喷涌而出、栽倒在地。住进凉山州第二人民医院急救室的李伟,又一次大量吐血。

医生告知焦急等候消息的人们:“人是抢救过来了,但他已经确诊为胃腺癌晚期。”这一次,李伟在医院住了12天。

随着时间的推移,李伟的病情越来越重,强健壮实的身躯迅速地消瘦了下去,体重由99公斤锐减到54公斤。2014年7月30日8时24分,李伟怀着深切的眷恋走完了他56年的人生道路,永远地离开了为之奋斗了近40个年头的交通战线,永远地离开了所深爱着的亲人和并肩战斗的同事们。

就是在生病后的一年时间里,李伟还深入到大队、收费站和服务区50余次,全面了解支队职工、公司人员和广大驾乘人员的实际困难和需求,为干部职工解决实际困难21次。

2014年9月,四川省交通运输厅做出了向李伟学习的决定。2015年4月29日,李伟荣获交通运输部、中华全国总工会评选的“2014年感动交通年度人物”称号。

(八)“任劳任怨、奋勇救人”的典型——陈红涛

2014 年 2 月 8 日至 9 日,适逢春运返程高峰,湖北省汉十高速公路十漫段连降大雪,积雪最厚处近 20cm。2 月 9 日 16 时 10 分左右,已经在路上奋战 4 天的汉十路政第五大队路政员陈红涛和同事们接警:干沟特大桥桥面有一辆货车横停在超车道与行车道上,桥面出现车辆滞留。

接到险情通知后,陈红涛与同事们立即赶赴现场,并于 16 时 25 分到达干沟特大桥桥头处,发现桥面结冰,30 余辆车散布在桥面上,3 辆车发生轻微剐蹭,雪天路滑,路上停车极易引发次生事故。陈红涛一行 3 人立即向路段中心及交警通报信息,并通知养护单位开展桥面除雪作业。同时分为 3 组,一人在巡查车上喊话,提醒滞留车辆注意秩序;一人在桥头进行交通管制,警示后续车辆;陈红涛则在桥面查看情况,逐一疏散滞留车辆上的乘客,将他们转移至安全区域。此时,陈红涛发现一辆被清障施救车辆牵引着的微型面包车上还有 5 名乘客留在车上。陈红涛立刻上前,提醒乘客下车向安全区域转移。

就在此时,一辆蓝色东风半挂车在桥面附近因溜滑而突然失控,巨大的挂车车厢横着撞向牵引车和面包车。见此情景,在桥头负责交通管制的同事大声提醒注意躲避!此时,刚刚从面包车上下来的乘客,还站在面包车和桥梁水泥护栏之间,最后一名乘客低头打着电话,浑然不知危险已经降临。

危急时刻,有着多年路政执法经验的陈红涛没有选择紧急避险,而是转身奋力将几名乘客推开。就在挂车撞向面包车的一瞬间,来不及躲避的陈红涛用自己的身体将正在打电话的女乘客挡在自己和面包车之间。

面包车被挂车撞击后,将陈红涛撞向水泥护栏。陈红涛当场重伤昏迷,血流如注。

事发后,陈红涛被紧急送往距离最近的郧西人民医院抢救。经诊断:陈红涛右手手臂骨折、锁骨骨折、盆骨粉碎性骨折、盆腔大出血,失血性休克达 5 小时。在 ICU 病房紧急救治 3 天,历经 3 次专家会诊,先后输血 4000mL。2 月 12 日上午,陈红涛脱离生命危险。当得知有一名女乘客受伤后,他还托大队的同事带去自己的问候。

陈红涛挺身而出、舍己救人的先进事迹,经人民网、新华网、湖北日报、楚天都市报、荆楚网等主流媒体报道后,在社会各界引起强烈反响,赞扬他是“最美路政哥”“湖北好人”。当时,仍在重症病房的他,却始终牵挂着鄂西北贫困山区的儿童们,将收到的 1 万元慰问金转赠给山区贫困孩子。

舍己为人,对陈红涛来说,不是第一次。2010 年 7 月 22 日 2 时 20 分,汉十高速公路十汉向 1396.1km 处发生塌方险情,大量落石滚向路面,将整个行车道掩埋,交通一度中断。接警后,他和同事们迅速奔赴事发现场。为了保证安全,需要改道实施单幅双向行驶。当时,落石土块仍不时从山上滚下,他冒着被砸中的危险,第一个冲上前去打开中央

隔离带,摆放标志标牌和水码。经过 4 个小时的连续奋战,道路恢复了畅通。由于处置得当,山体塌方不仅没造成车辆、人员伤亡,而且还很快恢复了交通。

32 岁的他,是工龄十年的"老资格",但在大家看来,他为人朴实,不善言辞,对待工作任劳任怨,兢兢业业;在困难面前,他奋勇当先,在名利面前却总是退避三舍,从不计较个人得失。大队评选优秀个人,陈红涛经常名列前茅。多年的路政执法生涯中,他累计处理的各种涉路案件近 400 起,挽回各类路产损失 60 万余元,拒收现金和礼品不下 20 次。

多年来,陈红涛先后荣获全国最美职工、湖北省交通运输厅为民服务执法标兵、十堰青年五四奖章等荣誉。2015 年 4 月 29 日,陈红涛荣获交通运输部、中华全国总工会评选的"2014 年感动交通年度人物"称号。

(九)"路在心中、敬业创新"的典型——董海萍

内蒙古高等级公路建设开发有限责任公司巴彦淖尔分公司头道桥高速公路养护所所长董海萍,作为内蒙古高路公司唯一的女养护所所长,参加工作 10 年来,她被誉为破解养护难题的"有心人",自行设计改装了吊链维修更换护栏板,设计制作了融雪剂散播漏斗等,节约养护成本 100 多万元。大胆采用新材料、新工艺、新办法 23 项,极大地保障了公路养护完好率。

作为一名女养护工、一位母亲和女儿,董海萍克服了常人无法想象的困难。她"忘记"了自己,"忘记"了家庭,"忘记"了劳累,但在心中始终不忘的是"一定要养好公路"。

1996 年参加工作以来,她始终奋战在高速公路最基层、最前线。伴随着京藏高速公路哈磴段的通车试运营,内蒙古高路公司巴彦淖尔分公司养护部门正式成立,她走向了高速公路养护岗位。董海萍所在的头道桥养护所,负责管辖京藏高速公路 906 ~ 952km 路段。该段公路冬季雪多路滑、春季风大沙猛、夏季骄阳似火。养护部门成立初期,在设备、人员、资金短缺的情况下,董海萍开始摸索如何又好又快地做好养护工作。

针对吊装更换护栏板的困难,她悄悄研究了 1 个月,终于自行设计改装成功吊链维修方式,省时省力,让所里的男同志都刮目相看;在除雪机械不足的情况下,她与所内员工共同设计制作了融雪剂撒布漏斗,既提高了工作效率,又节约养护经费;在绿化管护无设备的情况下,她凭借双脚走遍了约 40km 管段,跑遍了当地水利局、国土局,终于摸清了沿线水资源分布,选择相对土壤好、地下水位高的地方先后打井 28 口,既节约了成本,又确保完成绿化浇灌任务。脸晒黑了、脚磨肿了,但看着绿化树在长高,她笑得无比灿烂。多年来,在她的带动和影响下,累计降低节约养护成本近 60 万元。

董海萍是管段内有名的"黑脸女汉子"。平时,只要她巡查在路上,一定没有村民敢私自上高速公路搭"顺风车"。她对巡路发现的问题及时修复、及时解决,所里的养护车,已经成为当地村民敬畏的"文明巡路安全岛"。10 年来,在她的管区内,从未发生任何责

任或者安全事故;她带领养护所的七八个男养路工,清边沟、修护栏、补边坡、刷路树等,她跟男同事一样,不怕累、不怕苦、不怕脏,身体力行,忠于职守,充分起到了模范带头作用。

近10年的默默付出和兢兢业业,她也收获了一个又一个荣誉:她所在的头道桥高速公路养护所先后被分公司评为“先进养护所”。她本人先后被评为“先进个人”“十佳养护工”“先进工作者”“优秀共产党员”。2010年被自治区交通运输厅评为“全区交通系统劳动模范”;2012年3月被自治区妇女联合会授予“巾帼建功”标兵荣誉称号;2011年10月被交通运输部、中国海员建设工会授予“全国双百模范养路工”称号;2014年5月被自治区工会授予自治区“五一劳动奖章”;2015年4月,董海萍荣获交通运输部、中华全国总工会评选的“2014年感动交通年度人物”称号。

第六节　高速公路行业新闻报道、文艺作品及邮品选编

高速公路,作为公路网中技术等级最高、服务水平最高的公路,一直是各级政府、社会公众、新闻媒体关注的焦点。从1988年算起,在近30年的发展历程中,有关高速公路及其桥梁、隧道等工程全过程以及有关人物的新闻报道、小说(如长篇小说《路魂》《桥魂》)以及诗词歌赋等文艺作品浩如烟海,数不胜数。这些作品记录了中国高速公路从无到有,不断发展、壮大的全过程。

编撰《中国高速公路建设实录》受到篇幅限制,我们精选了中央、地方以及行业媒体有关高速公路建设以及经典桥隧工程的新闻报道21篇,描写行业人和事的散文9篇、诗词歌赋10篇,以及邮品等共计40余篇,力求以精品的方式,定格高速公路行业近40年的发展。

一、新闻报道(21篇)

(一)发展公路运输　繁荣城乡经济

王展意

(原载1984年5月2日《人民日报》)

现代交通运输,主要有铁路、公路、水运、航空、管道等五种运输方式。从其发展历史来看,水运历史最久,铁路次之,而汽车问世至今才九十几年。但是,公路运输具有机动灵活,周转迅速,适应性较强,能实现门到门运输的特点。既可组成独立的运输体系,将物资直接运到工矿、企业、商店、仓库和农村田头,减少中转、装卸等环节,在城市和乡村、生产和消费之间架起桥梁;又是铁路、港口、机场物资和旅客集散的重要手段。同时,普通公路建设工期较短,所需资金、材料不多,汽车又是各单位和个人都可以购买的,不需要全部由

国家投资。因此,它后来居上,发展很快。特别是第二次世界大战以来,世界各国都在大力修建公路,发展汽车运输。现在,公路和汽车运输的状况,已成为衡量一个国家的经济水平和国防能力的标志之一。

新中国成立以来,在共产党和人民政府的领导下,我国公路建设和汽车运输事业,有了很大的发展。20 世纪 50 年代,国家直接投资修建了一些干线公路,如川藏、青藏公路等;同时依靠地方、依靠群众,采取民办公助、民工建勤等办法,修建了许多县乡公路。汽车工业也从无到有,不断发展。1983 年与 1949 年相比,公路里程由 8 万公里,发展到 91 万多公里,增长 10.5 倍。民用汽车保有量由 5 万辆发展到 210 多万辆,增加 40 多倍。虽然如此,由于原有基础很差,1958 年以后,国家又没有再安排干线公路建设投资,我国的公路运输,仍远远不能适应国民经济发展的需要。目前,我国每平方公里土地仅有公路 9 公里,公路密度还不到印度的四分之一。边疆和山区,还有不少地方至今不通汽车。物资运不进、运不出和群众行路难的问题尚未解决。就干线公路来说,省与省之间还有许多断头路没有接通,而且多数线路标准低、质量差,通过能力小,不能适应汽车日益增长的需要。再加上全国仅有汽车 210 多万辆,数量严重不足。现有汽车又多数是解放牌货车,载重量少,经济效益低,从而影响了公路运输优势的发挥,致使不少中、短途运输也过多地依赖铁路。这是造成全国运输紧张、物资积压、港口货物不能及时疏散的重要原因。

党的十二大提出:到 20 世纪末,我国工农业年总产值要在现有基础上实现翻两番的宏伟目标,并把交通运输列为今后经济发展的战略重点之一。为此,我们必须振奋精神,努力工作。在统筹规划、综合分析各种交通运输方式的经济效益和社会效益的前提下,大力修建公路,发展汽车运输。到 20 世纪末,建成一个以国道和省道为骨架,省、市相连,县、乡相通,与国民经济发展水平相适应的全国公路运输网。要实现上述目标,必须解决好以下几个问题:

提高认识,从宏观上考虑公路运输在国民经济中的作用。公路是社会公共服务设施,公路一通,各部门的汽车都可以走。普通公路,农村的拖拉机、马车、架子车都可以上。沿线的工农业生产和商品流通,就会很快地活跃起来,商业、服务业也将迅速在公路两侧蓬勃兴起;剧团、电影队、救护车下乡也方便了。不仅可以促进经济振兴,还有助于促进当地文化教育和卫生医疗事业的发展。总之,受益面较广。特别是在交通闭塞的农村,公路通车后,农业和副业产品就能及时外销,卖上好价钱;甚至山沟里的沙子、石料开采出来,作为建筑材料运到城市,也可获得不少收益,有利于农民尽快富裕起来。在运量大而公路不好的地区,把公路改造得宽一些、平一些,再铺上沥青或水泥混凝土路面,通过能力和运输效率便能成倍提高。车辆消耗和运输成本可以大幅度下降,取得良好的经济效益和社会效益。所以,我们在计划修建和改造公路时,不能只考虑要花多少钱,要占用部分土地,也不能只计算交通运输部门一家的收益,一定要考虑整个社会的效益。

充分发挥各方面的积极性,加快公路建设步伐。公路建设面广量大,全靠国家或完全由地方负责,都是不行的。国家干线公路和高速公路,在政治、经济和国防上,具有重要意义。应当纳入国家计划,由中央统一规划,安排投资并组织建设。省内干线公路,原则上由各省、直辖市和自治区负责。农村公路由县、乡采用民办公助、民工建勤等办法进行修建。工程量大而地方财政困难的地区,国家应当在资金上酌情给予补助。原有公路的一般改善提高工程,可由公路部门利用养路费,结合大修工程逐步实施。有些供销合作社,为发展山货特产、节省运输费用,集资修建山区公路的经验应予推广。同时,要积极鼓励大型农场、林场、油田、矿山,投资修建专用公路。还可以利用国内外低息贷款,修路架桥。总之,凡是有利于加快发展公路运输事业的一切积极因素,都应当充分调动起来。

大力发展汽车工业,生产适合各种用途的汽车。汽车工业,是发展公路运输的重要条件,而汽车技术性能,又直接影响着公路运输的经济效益。譬如,用载重 12 吨的柴油汽车,运输效率可比载重 4 吨的汽车提高两倍;油料消耗和驾驶员工资,可分别节省三分之二。如果用载重 20 吨的大型货车和集装箱运输车,则经济效益更高。城市内和农村的短途零星货物运输,用轻型小货车,也比用中型卡车和拖拉机经济方便。因此,必须加速汽车的升级换代,多生产载重量大的柴油车和轻型汽车,使运输车辆大、中、小配套。并将常年从事公路运输的拖拉机,用农用汽车代替。这样公路运输的优势就能充分发挥。

解放思想,进一步把公路运输搞活。公路运输是当代最普及的一种运输方式。这也决定了它多渠道、多层次的特点,不能靠一家独办。国有综合性汽车运输公司,是为全社会服务的,它网点多,设施和维修条件好,管理及调度系统比较健全。既可有计划地组织配载,利用回空;又能定时间、定路线开行各种班车。在大宗物资运输、长途客运、抢险救灾和国防运输方面,具有较大优势,经济效益也较高,应该优先发展,使它真正成为公路运输的骨干力量。但是,国有综合性运输公司,不可能满足各方面的不同需要。还要积极发展为各部门不同需要服务的车队,鼓励集体和个人购买汽车,从事经营性运输。坚持各地区、各部门一起干,国有、集体、个体一起上,相互补充,有序竞争,公路运输事业就能迅速搞上去。长期以来存在的物资运输难、群众乘车难问题,就会逐步解决。

积极采用新技术,不断提高公路运输管理水平。公路交通的建设和管理,涉及许多现代化科学技术。必须重视智力投资,大力培养各类专业技术人才和管理干部。积极研究采用技术、新材料、新工艺,不断提高设计和施工水平,保证工程质量,降低工程造价。要研究交通工程学,用科学的方法进行交通管理,保持良好的交通秩序,提高公路的通过能力,减少交通事故。要采用电子计算机、卫星定位系统和无线通信技术,进行公路监控和运输的调度管理,努力提高公路建设和汽车运输的现代化水平。这样我国的公路和汽车运输事业，就能在促进生产、繁荣经济方面，发挥更大的作用。

（二）中国公路：今天和明天
——王展意副部长谈公路建设的现状和前景

苗　木

（原载1988年1月20日《中国交通报》）

如果将我国现有的公路衔接起来，可以绕行地球24圈还多。记者带着这样的联想走进王展意副部长办公室，在一幅“国家干线公路网分布图”前，听他畅谈我国公路建设的现状和前景。

王副部长说：“十一届三中全会以来，我们制定了‘全面规划、加强养护、积极改善、重点发展、科学管理、保证畅通’和‘普及与提高相结合，以提高为主’的公路建设方针。根据这个方针，已经完成了全国公路的统一规划布局，划定了70条国道，总长11万公里；各省、直辖市和自治区的公路规划也已完成，并确定了‘七五’期间到本世纪末的奋斗目标。最近几年，在继续修建县乡公路的同时，加强了干线公路的建设与改造提高。”他列举了很多数字，1980年，我国一级公路只有196公里，现在已经增加到1200公里，二级公路由12500公里增加到28000公里；在经济比较发达的地区和大城市附近，建成了一批标准较高的公路；为适应旅游事业的发展，7年来新建改建旅游公路5000多公里；由于运用国家库存粮、棉、布以工代赈修路，贫困地区的公路建设发展很快，从1980年至今增加了近10万公里。

对于我国公路建设中的问题，副部长简洁地概括为：数量少、标准低、管理水平不高。他说：“我国有960万平方公里土地，每百平方公里只有公路10公里，还有7%的乡镇没有通车。干线公路网还有一些断头路没有接通。目前，大多数公路是四级路和等外路，在很多三级路上日交通量已达到5000车次，车辆拥挤，通行不畅，严重影响了经济效益的发挥。我国大陆上还没有建成一条真正的高速公路，沥青路面只占公路总里程的23%。近几年，由于公路建设和改造提高任务增大，经费不足，挤占了一部分正常养护费用，有些地区的公路养护和维修受到一定影响，路况有所下降。公路建设和养护的管理水平也有待提高，特别是在公路改建时，只顾施工方便，不注意维持正常交通的情况相当普遍，给行车增加了困难，群众有意见，这些问题应该引起我们的重视。”

王展意副部长说：“在‘十三大’精神指引下，全国公路系统要进一步深化改革，普遍推行各种形式的经济责任制，切实加强管理，努力降低成本，提高质量。在改建公路时，要集中力量打歼灭战，尽量缩短工期，并注意修好便道，保证车辆正常通行。”

谈到我国公路建设的前景，副部长十分乐观。他说：“今后13年，公路建设会有大发展。到本世纪末公路里程将达到 120 万公里,国道、省道都要达到三级或三级以上标准。经济发达地区干线将达到二级或一级标准。同时,要建成一批高速公路。到 2000 年,我国将拥有高速公路 1500 公里以上。那时,全国公路上通行不畅的状况将基本上得到解决。”

最近,记者在一份资料上看到王展意副部长的一幅墨迹:“总结经验,开拓前进”。我想,这也是他对发展公路事业的期望。

(三)高速公路与现代化
——谈高速公路的社会与经济效益

王展意

(原载 1988 年 6 月 27 日《经济参考报》,摘录时有修改)

“时间就是金钱,效率就是生命”。为了节省时间,提高效率,减少流通费用,近几十年来,各国都在积极改善交通条件。高速公路更是后来居上,蓬勃发展。不仅发达国家的高速公路干线网已经或正在形成,一些发展中国家,如墨西哥、南非、委内瑞拉、印度、泰国、印度尼西亚、菲律宾、保加利亚、尼日利亚、阿尔及利亚等国,自 70 年代起,也在修建高速公路。高速公路已成为衡量一个国家经济水平和现代化程度的重要标志。对此我们应该认真研究,正确对待。

高速公路的经济与社会效益

高速公路是全封闭、控制出入的汽车专用公路。其优越性主要有以下的几点:

——行车速度高,通过能力大。它横向没有平面交叉道口,纵向不受慢速车、行人和牲畜、鸡鸭的干扰,汽车可以每小时 80 到 120 公里的速度正常行驶。一辆汽车在高速公路上发挥的作用,相当在普通公路上的两三辆;还能减少燃料消耗和车辆机件、轮胎磨损,节省汽车维修费用。同时,高速公路还为大型载重汽车和集装箱运输车提供了用武之地。

——改善旅行条件,减少交通事故。在高速公路上乘车,平稳舒适,没有颠簸和经常刹车的烦恼,而且发生交通事故的机会较少。据国际道路期刊介绍,高速公路上,虽然因大雾、冰雪和严重违章也会发生交通事故。但它和普通公路相比,每 1 万车次的交通事故可减少 60% 左右。如英国减少了 62% ,日本减少 86% ,美国减少 56% 。我国去年在京石公路北京附近,按高速公路标准修建了一段汽车专用一级公路,行车时速比原来提高近 3 倍,交通事故却减少了 70% 多。

——有利于促进公路周围的经济发展。现代的商品经济,需要一个良好的交通条件,否则运输时间延长,货物损耗增加,流通费用提高,就不能适应市场竞争的要求。许多国家的高速公路沿线,都很快形成了蓬勃发展的经济带。我国的第一条高速公路——沪嘉路动工兴建以来,上海市的企业就纷纷向嘉定转移或在那里筹建分厂,这都充分说明,高速公路对经济的促进作用。

我们需要也能够修建高速公路

随着经济的发展,近几年我国的汽车数量,平均以12%的速度迅速增加,公路上的汽车交通量也越来越大。但在普通公路上,由于各种车辆和行人都在一条路上混合行驶,汽车经常受阻。许多干线公路,汽车平均时速只有30公里左右,不仅增加了燃料消耗,浪费了时间;而且还经常发生交通堵塞。虽然北京—密云、沈阳—抚顺、南京—六合,修建了二三十米宽的普通公路,但汽车仍然跑不快。因此,在经济较为发达的地区和大城市附近,修建高速公路已是刻不容缓的。

有人说:高速公路占地多,我国地少人多,不应该修建高速公路。这个意见具有很大的片面性。日本和新加坡更是人多地少,但他们都有了高速公路,而且,都获得了良好的效益。再说高速公路的每个行车道,昼夜可通行汽车1万多辆,是普通公路的好几倍,当汽车达到一定数量时,修建高速公路,比修几条二级公路或很宽的一级公路反而会节省用地。还有人说:可以不走发展高速公路的路子,而用多修铁路来代替,这也是不现实的。铁路有铁路的作用,但它不能跑汽车,只要我国的汽车不断增加,修建高速公路就是不可避免的。

至于修建高速公路的资金,我认为是可以解决的。因为高速公路建设要有计划地逐步推进,并不是立刻要在全国遍地开花。在这种情况下,只要我们把国家规定的车辆购置附加费和养路费收好、管好、用好,再适当使用一些国内外贷款,然后用收取车辆通行费偿还。这样形成良性循环,我国的高速公路就会逐步发展起来。目前我国的汽车数量,每五年就要增加1倍。而一条100公里的高速公路,从正式立项、勘察设计到建成通车,一般要四五年的时间。所以,对待修建高速公路的问题,我们应该在已经充分论证的基础上,早下决断,不要再去争论。深圳蛇口工业区有条标语是:“空谈误国,实干兴邦”,这一点值得我们深思。

(四)暂时的支付　长远的效益
——我对修建高速公路的基本看法

京津塘高速公路北京段工程指挥部高级工程师　夏传荪

(原载1989年4月19日《中国交通报》)

高速公路与一般公路相比,具有很大的优越性,它具有4个以上的车行道,设中央分隔带,采用立体交叉并控制出入,有完善的安全防护设施,专供快速车辆行驶,是一种高速、安全、舒适的现代化新型公路。

高速公路的产生和发展,是一个国家和地区的国民经济发展到一定阶段,人民生活水平提高到一定程度的客观需求和必然产物。它是客观经济规律的反映,而不是人们主观意识的产物。

(一)

高速公路的造价,比一般公路、高等级公路都高,但世界各国对高速公路的建设,都注入了极高的热情,技术、管理水平也日益提高,国际上也成立了相应的组织,以进行学术、技术交流,高速公路真可谓不胫而走。世界高速公路的里程增长很快,技术发展很快。据了解,目前世界上修建高速公路的国家和地区,不仅有经济发达的国家和地区,也有发展中的国家和地区;不仅有版图大的在发展,版图小的也在发展;不仅技术先进的有,技术落后的也有。尤其是近年来一些发展中国家也十分重视发展高速公路。匈牙利已修建了 8 条汇集于首都布达佩斯的高速公路,全长约 1600 公里。朝鲜在 1978 年建设了从首都平壤至元山的 180 公里长的高速公路,还建设了从平壤至南浦的高速公路。印度也修建了从首都新德里至各地 300 公里长的高速公路。

世界各国对高速公路早就有客观、公正、一致的评价,对高速公路的巨大作用,有不少国家作了很好的说明。

有人说,只有在欧洲建成四通八达的高速公路网,才能说建设起了真正的欧洲。

日本人称高速公路网“是对国家兴亡关系重大的道路”,“是国土均衡发展基础的骨架”。

美国联邦公路总署出版的一份材料把美国的公路网称为“影响到每个美国人的生命线”。

比利时全国公路运输联合会的一位先生说:公路就是比利时的“国民经济大动脉”。

对于正在建造中的南北欧国际高速公路,人们称它是“通向未来之路”。

有位从美国回来的朋友谈起美国的经济时说:从某种意义上来讲,没有美国的高速公路就没有美国的一切。

(二)

世界各国为何如此重视发展高速公路?除了为适应交通运输迅速发展的迫切需要,必须采取既有高效能,又有安全保障的途径之外,还因为高速公路能大大提高运输效率,促进经济发展。

美国政府估计,州际公路网总投资约 900 亿美元,但从 1956 年到 1980 年的 24 年间,在节约汽车燃料、降低轮胎消耗、减少交通事故和提高运输效率等方面,获益达 1390 亿美元,几乎是造价的一倍半。

美国联邦公路总署测算,在州际公路网使用期内,每 1 美元的投资,可以给使用者带来2.9美元的效益。

日本高速公路10年的直接经济效益为对公路投资的3倍。1983年日本工厂选址在高速公路20公里以内的占50%至80%。

西德每年死于交通事故的,高速公路仅占7%,一般公路占55%,城市道路占38%。日本高速公路上的行车事故率,仅为一般公路的十分之一。

美国1987年出版的《我们国家的公路》一书中,对1967年至1985年的运量和死亡事故做了分析:1967年运输量为4亿车英里,以1985年为7亿车英里,增长75%;同期的死亡人数,则由51000人下降为44000人,下降14%。在死亡人数中,高速公路的死亡人数与一般公路的死亡人数相比,低1倍到1.2倍。

法国过去从巴黎到里昂,汽车需要走9小时,修建高速公路后,现在只需4个小时。高速公路创造了成千上万的工作岗位,单是专门服务与于高速公路的餐馆,就有近百个,维修站近两百个,高速公路每50公里有一座旅馆,沿线还出现了很多新的村镇等。

以我国台湾省修建的基隆至高雄高速公路为例,其经济效益也十分明显。该路修成后在其周围地带,已经形成了大片地区的经济繁荣。通车一年仅车辆营运费就能节约新台币56.71亿元。

(三)

我国尚处于社会主义初级阶段,属发展中国家,尽管我国经济尚不发达,财力也十分有限,但稳步地发展高速公路是十分必要的。我的观点是:支付是暂时的,效益是长远的。从京津塘高速公路的修建来考察,高速公路不可避免地将在我国发展,特别是商品经济发达地区,大城市出入口地段,必将率先发展。

目前北京市已经具备了一个以9条放射性干线和一个联络环路为骨架,辅以一般干线,县、乡公路的初具规模的公路网,但是,还有不少问题:

1. 公路数量少。截至1986年,总里程只有96万公里,其密度为每平方公里仅有公路10公里,与一些发达国家或发展中国家的首都相比,差距较大。

2. 公路质量差。高级路面仅占总里程的1.7%,低级路面却占50.5%,还有6%的土路。由于路面恶化,超期服役,桥梁的结构性和功能性缺陷,表现在所能承担的交通量、承载能力、服务水平不相适应。

3. 北京市公路的发展与机动车增长的速度不同步,后者的增长速度大于前者。由于公路里程与机动车的增长不同步,也是造成交通拥挤、堵塞的原因之一。

近10年来,北京市公路建设为解决向心性交通、过境交通和“出城难”,对9条放射性干线中的重要路段,新改建为一级公路、汽车专用公路和山区二级公路。随着交通量的增长,人们时间观念的增强,公路建设的标准、设施等,正在向更高的服务水平发展。这说明重要干线公路已由量的发展,转移到质的提高。要求有更大的交通容量,适应车辆的顺畅通行,从内涵上尽可能地发挥干线公路的最大功能。

在我国修建高速公路能否像国外那样获得良好的效益呢?根据京津塘、沪宁和广深高速公路的可研性报告,用贴现的方法,将使用期内高速公路的总投资和高速公路使用者得到的总效益进行比较,其总效益与总成本之间比值分别为2.23、3.12和1.96,其内部利用率分别为11.3%、19.2%、19.5%,也就是说高速公路的造价虽高,但效益更大,足以弥补造价昂贵的不足;而交通量越大,其经济效益就越高。

京津塘高速公路建设的经济效益也是多方面的,尤其是北京,受益更高。

在效益计算中,仅按一级公路、用货币计算的直接效益,包括车辆行驶费用的节约,旅客时间节约,交通事故的减少等因素,全部工程的投资回收期为10年。在建成投产使用第一年,因线形舒畅、运行快捷、解除拥挤,可节省汽油、柴油2.9万吨,轮胎1.3万只。使用20年,可节省汽柴油70万吨,节省轮胎41万只,汽车运输成本估计可以降低20%以上,再加上交通事故的减少、合理分担铁路短途运输、促进国际交往等,直接、间接经济效益都十分显著。

京津塘高速公路工程项目的意义,不仅仅在于项目本身的效益,还在于它对我国高等级公路、高速公路的影响,还在于项目本身将培养一批人才、锻炼一支队伍,还在于对北京市有着特殊的意义。

修建高速公路,国家将付出一定的代价,将要投入一大笔投资,但是,我确信这只是一种暂时的支付,效益将是长远的。

(五)安徽有条“救命路”
——312国道在抗洪中大显威力

倪 玮 刘文杰

(原载1991年7月25日《中国交通报》)

在安徽省洪涝灾区,人们把312国道合宁高速公路看成是“救命路”。

六七月间的两次洪水暴涨,将城市、乡村化作汪洋中的孤岛,当人民生命财产面临严重威胁的时候,一条刚刚出世的高速公路给人们送来了生存的希望,驱走死亡的威胁,在安徽抗洪救灾中发挥了“决定性的作用”。

这条高速公路由合肥至全椒,全长100公里,路基路面高程设计高出百年不遇的特大洪水水位高度50公分以上,跨河桥也以能抗击百年不遇的洪水为标准而建设。

合肥遭受40多小时暴雨袭击后,通往省内外的6条公路干线中断,铁路干线中断,连唯一的空港——路岗机场也与外界隔绝,被迫停航。312国道把合肥等地市县从洪水的威胁中拯救出来，成为一条冲不毁、淹不掉、连接省内外的唯一通道，是名副其实的生命线。省长们感慨地说，这样的公路今后还要多修。公路边的灾民们也激动地说：没有这条路，我们要死好多人。

肆虐的洪水为高速公路巨大价值做了无形的广告。狂暴的滁河水藐视一切，却也只能从高高的公路桥下驯服而过，桥身岿然不动；公路两旁暴涨的洪水，在路基下俯首称臣。7月上旬全椒县被淹，高速公路收费处变成了防汛指挥部，国务院抗灾工作组在此听取汛情通报。国务院总理李鹏从这条公路走到了灾区腹地。许多灾民拥上路肩躲避洪水，临难不惊，秩序良好，是高速公路让他们吃了定心丸。抗洪抢险以来，合宁高速公路共转运旅客21.1万人次，运送救灾物资19.4万吨，日车流量比平时提高了178%。

老合宁公路数十公里路段被洪水吞没，许多司机走投无路。有的人转悠了整整7天，又饥又渴，人困车乏，当把车开上了这条高速公路后，心甘情愿地对收费人员说，收吧，加倍收费我都干。

高速公路上有一批高水平的管理人员，在洪涝灾害中忘我救灾。如今，每天从高速公路上通过的救灾车辆超过300辆。公路管理人员尽快疏导，优先放行，免收过路费，每天损失达上万元的收入且不说，站在暑天烈日下维持秩序也非易事。一批新分配来的女学生个个成了“黑牡丹”。她们说，一出校门就接受百年不遇的磨炼，值得。

公路管理处的同志们为附近柴油机厂被水围困的工人们，蒸了数百个大馒头，烧了可口的菜送去，自己却接连数日只用冬瓜汤佐餐。一位80多岁的老太太家园被洪水吞没后，被公路部门的同志们接到单位住了一星期，当第二次洪灾来临时，她带着儿孙在高速公路旁维持秩序，叮嘱灾民避难时莫阻断了交通。

（六）繁忙的沈大高速公路
——写在沈大路通车一周年之际

郭　欣　陈　旭　张爱玲

（原载1991年10月1日《中国交通报》）

一年前，沈大路呱呱“坠地”时，人们以激动、惊喜甚至疑惑的目光，迎接这条中国最长的高速公路。

如今，又是一个秋风送爽的季节。这条被誉为“黄金通道”的高速公路，发育、运转得怎样呢？中秋前夕，我们匆匆北上，去探访这个刚满周岁的“婴儿”。

高速效应和隐性冲击

9月21日上午9时，我们来到沈大路后盐收费站。呼啸的车影穿梭往来，短短5分钟，记者就看到87辆汽车过卡。据统计，一年间沈大路平均日通车量1万车次，最高时达

13000 车次。沈大公路所引发的高速效应，更是让人始料不及。

新上任的辽宁省计委主任赵新良异常兴奋地告诉记者，由于沈大路把辽东半岛的城市、港口和机场间的时空距离大幅度缩短，城乡连网成片，一个以沈大路为轴心的新经济发展带正在崛起。记者看到，大连、营口、沈阳 3 个高新技术开发区已初具规模；近 20 个农村专业集市正着手兴建，它们像一颗颗珍珠镶嵌在公路沿线。

受益最快的要算长途客运了。沈阳到大连的行车时间从过去的 11 个小时缩短为 4 个小时。过去，每天只有十几台车次在旧线运行，沿线家家客运公司亏损。如今，沈大路上的客车每月 700 台车次还应接不暇，客运公司也家家盈利。汽车客运优势的发挥，有力地缓解了不堪重负的火车运输。现在，沈大线 91、92 次列车已经停驶，只留下“辽东半岛号”继续运行。

营口港有三分之二的货物靠公路运输，沈大路使汽车直接进港接送货物，周转环节大大减少。一年间，港口吞吐量猛增了 70%。受益的大中型企业岂止是营口港。鞍钢和辽阳化纤厂，过去常因交通不畅而面临停产、减产的威胁。沈大路给他们吃了定心丸。一年来，两个大企业的生产平稳发展。

海城、营口、岫岩 3 县，镁石蕴藏量居世界第一。过去没有路，只能捧着金盆受穷。沈大路开通后，镁石仅两个小时即可运达营口港。现在，3 县村民的腰包都鼓起来了。

著名的海城西柳镇大集，因沈大路而成为全国第一大服装贸易集市。记者随着拥挤的人流，穿行在林立的摊位间。这里每天有 37 条客运线路通达，有 3 万人上市，去年成交额达 6.6 亿元，竟超过了北京王府井大街。

沈大路给辽宁带来更深层的影响是对全省经济发展战略和布局的隐性冲击。

辽宁省政府首先意识到这种冲击。去年 10 月，他们仅用 10 天便制订出以沈大公路为纽带，实现辽宁经济腾飞的战略规划，并设置专门机构组织实施。在大连市政府，我们看到了类似的规划文本，这个文本是魏富海市长亲自主持制订的。沈大路沿途各县也闻风而动，一本本规划，一个个小开发区、小特区应运而生。

挡不住的诱惑

沈大路最南端入口处，矗立着一把巨大的金色钥匙，这是一座给人遐想和启示的雕塑。不错，沈大路确是一把打开辽宁省对外开放大门的金钥匙。

最近，一位日本专家经过精确测算，认定辽宁是中国大陆综合投资环境最好的省份。其中，沈大路是一颗至关重要的砝码。

联合国经济开发署不久前庄重宣布，由日本、南朝鲜、苏联、中国辽东半岛组成的东北亚新经济金三角将在地球上出现。而中国一翼，沈大路则是强有力的支撑。联合国经济开发署为此率先在面对大海、背依沈大路的营口市，与中国合资开办了“渤海工业园区”。

在大连,沈大路穿过的6个县,仅今年上半年就新增29家合资企业,出口交货值达2.6亿元。在营口,沈大路接通后,二十几家外商企业,如雨后春笋,破土而出,另外还有20家正在洽谈中。在沈阳,出口加工区空前活跃,投资额已达2亿元。高档西装可挂装运往国外,这是过去不敢想象的事。

其实,辽宁敞开大门后,首先蜂拥而入的是周围各省的车队。辽宁市场成了省际物资交流的贸易中心。

在海湾服务区的停车坪上,我们看到在这里小憩的汽车,分别挂着内蒙古、黑龙江、吉林、河北、山西等省区的牌子,最多的是山东。沈大路开通后,大连至烟台的汽车滚装轮航线成了热线。头天晚上从沈阳驱车出发,第二天可赶到烟台吃早餐。而在沈阳普通人家的晚宴桌上,能吃到当天早晨从蓬莱摘下的新鲜草莓。人们说,沈大路又多了一段"蓝色公路"。据统计,今年上半年乘滚装船的汽车达9147辆,比去年全年还多10%。尽管大连轮船公司增加了一条滚装船,汽车司机们还是急得嗷嗷叫。

新的挑战

高速——这个现代化社会的重要标志,它淘汰的不仅是慢节奏、低效率,同时还有死抱这种观念和旧习的人。

今年4月,长春第一汽车制造厂向世人宣告,中国高速载重汽车研制成功。沈大路上,抛锚、起火的多是国产车。一汽专家感到了咄咄逼人的挑战,于是,一场汽车革命在我国悄悄拉开了序幕。

以铁路疏港为主的大连港坐不住了。他们认识到,漠视沈大路是个极大的战略错误。为此,拟就了一部万言书。这是一个针对沈大路调整建港布局的长远规划,他们的目光已伸向2010年。

沈大路所带来的强烈冲击和变革,既给人们兴奋、苦恼,更给人们以奋发的希望。

(七)1385米,一跨过江
——江阴大桥现场设计的上千个日夜

交通部总工程师、江阴长江公路大桥设计项目和技术总负责人 凤懋润

(原载2003年10月22日《中国交通报》)

1992年的中秋节,江苏省江阴林场招待所会议室气氛热烈,来自北京、南京和上海的几十位桥梁设计人员聚集一堂,揭开了江阴长江公路大桥现场设计的帷幕。主体设计单位——交通部公路规划设计院与江苏省交通规划设计院、同济大学建筑设计研究院一道组成"设计联合体",承担起大桥的设计任务。

作为高速公路跨越长江的通道工程,江阴大桥以1385米一跨过江,是我国首座跨径

超过千米的现代钢悬索桥，排位“中国第一，世界第四”。

为了选择最为合理的方案，锚锭、桥塔、缆索、主梁、引桥等分项工程比选了所有可能的技术方案。长江北岸地质条件差，大桥的北锚锭和北塔的基础工程成为大桥的关键技术。无论是面积有9个半篮球场大、下沉入土58米的“世界第一沉井”锚锭基础，还是96根直径2米、平均长度85米的群桩桥塔基础；无论是由4.5万根筷子那样粗的高强钢丝编织而成的两条近1米直径的主缆，还是37米宽、3米高的全焊封闭钢箱梁，技术上都是国际水平，有的处于国际领先水平。

为完成中国几代桥梁人的梦想，所有的现场设计人员可谓殚精竭虑。近10位老同志率先垂范，与年轻人同住一个宿舍，同吃一锅饭，在技术上关心年轻人的成长，天天起早贪黑伏案十几个小时；10位中年同志都是家里的顶梁柱，他们离别一家老小来到长江边为大桥而战，在设计工作中一丝不苟、精益求精。

在现场设计的日子里，5位设计人员的孩子先后出生，年轻的爸爸都欠着母子的情，而3位可爱儿子的妈妈工程师又有过多少思念和难眠的夜晚？

13位助理工程师还都没有成家，他们日日夜夜为宏伟的大桥蓝图描绘一根根“钢铁”线条。来自他们同学的信息都是某某在深圳当了经理，成了大款有房有车；某某在京城找到了称心的爱人，新房装修得非常“豪华”；某某搞承包一年能挣十几万元……休假回到北京、南京、上海，站在繁华的大街上，面对在霓虹灯下散步的情侣，也曾有过困惑，也曾有过失落，但当任务一下达，他们都排除杂念不顾一切地“冲锋陷阵”了。

在送别外国专家的一次晚会上，一位英国老专家动情地说：“你们有一支多么好的队伍呀，大桥设计工作极具挑战性，困难会很多，但我相信你们能够取得胜利。”

大桥终于在新中国50年大庆的日子里建成通车了，这是万名桥梁建设者献给伟大祖国的一份厚礼，是我国公路工程50年技术进步和经验积累的结晶。

每当想起那座宏伟的大桥，想起那71册大桥技术文件，现场设计的1000多个日日夜夜就会一幕幕地在脑海中闪现，心中就会溅起幸福的浪花。

（八）二十年磨一剑
——写在京津塘高速公路运行六年之际

赵爱国

（原载1997年4月24日《中国交通报》，摘录时有修改）

京津塘高速公路是经国务院批准建设的祖国大陆第一条采用国际标准和“菲迪克条款”施工建设的高速公路，不仅地理位置优越，战略地位显要，对京津冀两市一省乃至整个华北地区、环渤海经济圈的经济与社会发展具有十分重要的作用与影响，而且在我国公路发展史上占有极其重要的地位，被公路专家称为大陆高速公路的“根”。根深才能叶茂。全国高速公路建设在短短10年多时间取得举世瞩目的辉煌成就，与京津塘高速公路的成功建设具有重要的关系。最近，记者带着读者关心的一些问题，对京津塘高速公路进行了回访。

运行6年风采依然

阳春四月，轻风和煦，花红柳绿。京津塘高速公路繁忙而有秩序。记者乘坐的汽车奔驰在川流不息的车流中，时速一直在百公里左右，既平稳又惬意。放眼车窗外，如画风光一闪而过。

现代化的公路设施和服务设施，使人们感到安全、方便。道路整洁，标志明显，服务区功能完备。现代化的管理保障着车辆畅行无阻。北京至天津142.69公里，一次交费，一票到底。

高速公路缩小了首都和天津的时空距离，过去设在天津港口的海关今天已建在北京十八里店京津塘高速公路零公里处。落户在高速公路沿线的高科技经济开发区格外引人注目，不但规模宏伟，而且呈连片之势，沿途竟达10个之多。高科技经济开发区借助高速公路便捷的交通条件迅速发展，国外一些经济学家把这一带称为中国的“硅谷”。

京津塘高速公路从准备建设的70年代初期就一直受到国际上高度关注，成功建设后在国内外影响很大。几年来，来考察的外国公路专家、国际友人络绎不绝。每年国内来考察参观的团体或个人也很多，有政府官员、人大代表和政协委员，也有公路工程科技人员，还有投资者和承包商。

今天，京津塘高速公路大部分路段运行时间已超过6年，人们关注她的热情依然不减。

她为何具有如此持久的魅力呢？

也许，正是由于时间的推移，由于全国高速公路的迅速发展，人们对成功建设京津塘高速公路的意义和价值，认识越来越深刻。

交通部专家技术委员会副主任杨盛福，曾经是京津塘高速公路建设领导小组成员、总监理工程师。他在接受记者采访时说，京津塘高速公路的建设一直得到国务院、交通部和北京、天津、河北两市一省领导的高度重视，其理由就是一个：这是经国务院批准建设的祖国大陆的第一条采用国际标准和“菲迪克条款”施工的高速公路，只能成功不能失败。由于这条路直接关系到今后全国高速公路的进程与发展，也关系到中国公路在国际上的地位，所以交通部一开始就提出了5点要求：一是建成一条现代化的高标准的高速公路；二是结合我国国情，学习、消化、引进国外先进的公路施工管理经验；三是用现代化的筑路设备武装自己；四是培养、锻炼一批技术人才和施工队伍；五是通过实践创立自己的一套高速公路技术规范。现在看来,这些要求我们都达到了。

在全国高速公路经历了10年大发展之际,回首再看京津塘高速公路成功建设的经验,是十分必要和有益的。

中外公路专家认为,京津塘高速公路是中国目前设计水平最高、工程管理制度最完善、施工质量最好的一条高速公路,工程总体水平处于国内领先地位并达到国际先进水平,标志着我国公路建设水平和项目管理水平跨入了世界先进行列。

——作为经国务院批准的第一条采用国际标准施工的高速公路,“京津塘”以自己的高标准、高质量,为全国高速公路奠定了一个高起点,带了个好头。交通部公路工程检测中心对京津塘高速公路连续3年的跟踪检测表明,已经运行6年的京津塘高速公路,路面弯沉值、平整度、摩擦系数等重要技术指标,依然能够达到国际标准。这就是说,经过时间的长期检验,京津塘高速公路的质量是过硬的。

——作为我国利用世界银行贷款建设的第一条高速公路,“京津塘”以一举达到国际先进水平的姿态,为中国公路建设项目在世界银行树立了良好的信誉。1994年10月,世界银行在我国天津召开“世行贷款公路项目执行总结研讨会”。该行官员经过对京津塘高速公路项目认真考察,认为她是“世界银行十年来在华贷款项目成功建设的典范”,希望今后在华的世行贷款高速公路项目能够一个比一个好。对于目前我国利用世行贷款建设的高速公路项目来说,这既是鞭策也是压力。

——作为我国采用国际标准自行设计、自行建设的第一条高速公路,“京津塘”创立了成套技术,培养了大量人才,为全国高速公路大发展奠定了技术基础。交通部组织全国最优秀的公路桥梁科技人员和施工队伍参加京津塘高速公路建设。应该说,通过第一次“吃螃蟹”,我们付出了该付的学费,也学到了该学到的真本领。编制国际招标文件,实行国际竞争性招标和国际施工管理制度,严格执行国际咨询工程师联合会制定的工程监理办法FIDIC条款进行工程监理。京津塘高速公路推行的这些施工管理模式与方法,今天已在全国普遍推广。

——作为我国跨越省市行政区划建设的第一条高速公路,“京津塘”在公路建设体制方面率先进行改革,为全国公路建设体制改革迈出了第一步。“京津塘”实行的项目法人制度,实行的“统一建设、统一管理、统一收费、统一还贷”的建设管理模式,已在全国广为推广,并得到完善与提高。

今日再走“京津塘”,感到的是高速公路的快捷与舒适,看到的是现代化公路交通带来的繁荣与发达。当年的火红建设场景早已不复存在,那场震撼人心的“菲迪克”大撞击带来的阵痛也早已成为过去。然而,建设者们以汗水、泪水和智慧铸就的“京津塘”,以她的高标准、高质量、高起点,永远地载入了史册。

经过10年多的艰苦奋斗,顽强拼搏,全国高速公路通车总里程目前已达到3000多公里。按照交通部规划，到“九五”末，全国高速公路将建成8000多公里，赶上日本的发展水平；到2010年，高速公路在神州大地将基本形成网络，发挥巨大的规模效益。

高速公路是一个国家现代化程度的重要标志。高速公路的迅速发展，促进了我国综合运输体系的高速化革命。综合运输体系的高速化，将对国民经济发展产生巨大的推动作用。高速公路作为这场高速化革命的一员，在加快发展速度的同时，更要重视发展的质量。

京津塘高速公路联合公司总经理田凝寿在接受记者采访时，动情地说过这样一句话：“我干了一辈子公路，终于有机会参加了‘京津塘’的建设，感到很自豪。有这样一条好路留给后人，就是见到了‘马克思’也没什么遗憾了！”留下一条好路给后人，是高速公路建设者的心愿与责任。

京津塘高速公路大楼会议室里，正中墙上悬挂着国务院总理李鹏的题词。1991年元月14日，李鹏总理视察刚刚建成的京津塘高速公路北京至天津杨村段，作了许多重要指示，并挥毫写下了“把京津塘高速公路的建设和管理达到国际第一流水平”23个大字。创一流，是祖国对所有高速公路的期盼与要求。

我们能够建成一条“京津塘”，我们应该也能够建成更多条像“京津塘”那样的高标准、高质量的高速公路！

20年磨一剑

坐落在北京市方庄小区的京津塘高速公路大楼高12层，顶层为高速公路运行控制室。电脑和通讯系统处理着各种数据，电视监控系统对路面交通状况实施着有效监控。由于四周高楼林立，虽然紧靠高速公路，站在窗前也无法看到“京津塘”的雄姿。但是，通过电视屏幕，我们可以真切地感受到这条“巨龙”跳动的脉搏。

京津塘高速公路联合公司高级工程师董平如带着记者参观这里，目的是让一个“外行”感受一下现代化公路的管理技术。

“京津塘高速公路工程建设成套技术”是我国第一个赶超世界先进水平的大型高速公路建设技术攻关课题。从一定意义上说，她也是一个比建设一条高速公路更为复杂和困难的宏大的科技工程。据统计，参与这项课题研究的单位达19个、公路科技人员超过千人；在完成75项大型生产性试验工程和16项科研课题过程中，仅现场试验和实测的数据就取了200万个。最终形成的132篇专业技术论文和6部专著，是几代公路科技人员的心血和智慧的结晶。

这一大摞书，究竟分量有多重呢？

记者走访了71岁高龄的全国著名桥梁与道路专家先立志。他在70年代初期第一个提出了建设京津塘高速公路的主张。在由此引发的“中国要不要建设高速公路”的争论中,他先后在报纸上发表了 30 多篇文章,力主建设,并且要加快速度。

先立志认为,“京津塘高速公路工程建设成套技术”是我国第一套具有国际水平并符合中国国情的高速公路建设技术,代表了我国目前公路建设和管理的最高水平,是我国公路科技跨入世界先进行列的重要标志。这套技术的创立,填补了国家高速公路技术的空白,显著地带动和促进了全国高速公路建设的发展和技术进步,不仅对高速公路的起步与发展奠定了技术基础,而且为整个基本建设行业的改革开放和技术进步起了重要的示范和指导作用。

他说:“我们说京津塘高速公路是我国高速公路的‘根’,意义主要有两点:第一,她是我国第一条首先开始筹建而且达到国际先进水平的高速公路,为全国高速公路大发展起了带头和示范作用;第二,她是孕育我国第一个高速公路成套技术的摇篮。路和技术像‘双胞胎’,二者相辅相成。从‘根’的意义上讲,技术的价值远高于路。”

“京津塘高速公路工程建设成套技术”与京津塘高速公路同时起步,同时完成,历时也是 20 年。

70 年代初期,我国还没有“高速公路”这个概念。一大批公路科技人员在进行京津塘高速公路前期工作的同时,出国考察,广集资料,博采众长,勇于实践,勇于创新,穷 6 年之力,于 1978 年制定了《京津塘高速公路工程技术标准》,就是今天这个成套技术的雏形。1981 年,交通部修订《公路工程技术标准》,把《京津塘高速公路工程技术标准》纳入其中。

1987 年 12 月,京津塘高速公路开工建设。实践为开展技术研究提供了难得的机遇,也提出了严峻的挑战:许多研究成果需要经过实践检验,新的研究课题接踵而至;根据实践需要,研究范围由工程技术拓展到管理科学、软科学,整个研究形成一个庞大的系统工程。

京津塘高速公路利用世界银行贷款建设,世行项目要求必须执行“菲迪克”(FIDIC)条款。当时,建设大军多数连“菲迪克”是人是物都弄不清,要实现同国际惯例顺利接轨,就必须研究编制出适合我国国情的高速公路建设“菲迪克”合同条款及专用条款。研究人员在国内无章可循的情况下,不畏困难,洋为中用,中西结合,在编制“菲迪克”条款的同时,运用现代管理理论和系统工程理论,将分项、分部工程的质量、施工工艺、资源配置、修改设计、工程条件变更、价格浮动及合同条件和技术规范变化等复杂因素有机地结合,制定出准确处理工程支付、工程变更、延期、索赔等合同事宜及重大技术难题的科学管理方法。这一研究成果被誉为中国特色的工程监理模式。1990 年 12 月,建设部在京津塘高速公路召开全国现场会议,推广了他们的经验。

正是凭着高度的责任感和求实、创新的科学态度,研究人员争分夺秒,埋头苦干,即使在那长达 15 个年头的争论中,也没有荒废过一天时间。他们攻克了一个又一个难关,攀登上一个又一个高峰,终于完成了包括项目管理、勘察设计、工程施工和工程监理 4 个领域的高速公路成套技术研究。完成的 13 项关键技术成果和新的理论成果主要有:

首次论证、制定了我国第一部高速公路工程技术标准;

首次运用法律、经济和技术手段,开创了我国完整的工程监理技术;

首次运用系统工程理论,形成了我国对建设投资、施工周期、工程质量的现场控制技术;

首次大量采用现代高新科学技术,创立了我国全新的公路勘察设计体系;

首次在国内研究并实行了跨省市高速公路项目建设管理模式、高速公路项目业主责任制以及高速公路业主、承包商、监理工程师项目管理制。……

这些成果已被国家颁布的《公路工程技术标准》《公路路线设计规范》《公路柔性路面设计规范》等 20 余种技术规范所采纳,在全国高速公路建设项目中广泛推广应用。

交通部总工程师张叔辉在接受记者电话采访时说:高速公路建设技术是一项复杂的综合技术,在国际上发展很快。对"京津塘高速公路工程建设成套技术"的研究,交通部下了很大功夫,公路科技工作者费了很多心血,成果来之不易。这一研究成果,不但填补了国家的一项空白,而且使我国在高速公路技术领域赶上了世界先进水平。有了技术规范,就要严格执行。这样做,不但可以少走弯路,而且可以通过认真实践,发现新的研究课题,拓展新的研究领域,进一步完善和提高高速公路建设技术。

京津塘高速公路 1993 年被交通部授予改革开放以来"全国十大公路工程"称号;1994 年被建设部评为改革开放以来对国内外有重大影响的"全国最佳工程设计特奖";1995 年被交通部评为优质工程一等奖;1996 年获中国建设工程鲁班奖(国家优质工程)。

"京津塘高速公路工程建设成套技术"1996 年 8 月荣获交通部 1996 年度科学技术进步特等奖。这是交通部第一个科学进步特等奖。

面对荣誉,许多参与研究的公路科技人员激动地落了泪。

20 年磨一剑。

今天,"京津塘高速公路工程建设成套技术"已在全国各个高速公路项目中开花结果;明天,随着实践的变化,科技的发展,中国高速公路工程建设技术将在此基础上会更加灿烂!

社会关注的新热点

和许多国家一样,我国在建设高速公路之前也经历了一场大的争论。争论的时间大约从 70 年代初提出建设京津塘高速公路起,到 1987 年京津塘高速公路开工建设止,共 15 个年头。争论的问题是"中国要不要建设高速公路"。争论的范围开始在专家之间,后来由于新闻舆论的介入,变成了全社会性的。

一个新生事物出现时,发生争论是完全正常的。应该说,这场争论并不完全是什么坏事,对于转变观念、统一认识起了很大作用。

有一次争论影响较大。在1987年全国政协六届三次会议上,几位政协委员对将要开工建设的京津塘高速公路提出不赞成提案,并建议政协举行听证会,请交通部介绍有关情况,邀多方专家再次论证。

10年后,京津塘高速公路再次成为全国政协会议的关注焦点。

在今年召开的"两会"上,徐润达、俞海潮、彭一刚和陶建华四位政协委员联合发言,建议共同努力,密切合作,尽快把京津塘高速公路沿线建成高新技术产业带。

他们在发言中说:无论从现有的地理位置、交通条件、教育科技、城市规模、经济实力,还是从未来的发展前景看,京津塘高速公路都在中国北方经济格局中占有相当重要的位置。正如一些国内外专家学者预言的那样,京津塘高速公路将成为"国际知名的东方科技走廊"。

他们经过大量调查研究,列举大量事实和数字,得出的结论是:中国第三次经济大发展将产生于环渤海综合经济圈,首先是京津冀地区,其主要特征就是运用高新技术来促进经济发展,其主要启动点之一将是京津塘高速公路产业带。

仅仅10年时间,国人对高速公路的认识竟有天壤之别。从不赞成建设到"小路小富,大路大富,高速公路快富";从"小路小富,大路大富,高速公路快富"又发展到建设高速公路经济带,迅速带动沿线经济腾飞。观念的巨变,正是来自高速公路带来的巨大经济效益和社会效益。

对在全国高速公路网尚未建成、高速公路规模效益难以发挥的情况下,如何最大限度地发挥现有高速公路效益的问题,交通部领导同志早就予以高度重视。1994年,黄镇东部长明确指出,要认真进行高速公路经济带的研究。当年,交通部就把这一问题列为软科学研究课题,组织人力,拨出专款,进行长期的研究。目前,已经完成"京津塘""沈大""广深"等高速公路经济带的研究,拿出了一批有较高质量的研究成果。

京津塘高速公路联合公司对公路沿线的高新技术产业带高度关注,经过长期调查研究,完成了《京津塘高速公路社会经济效益及影响后评价报告》。报告测算,按照目前的发展速度,京津塘高速公路带动区域内经济发展所产生的效益,到2000年为41亿元人民币,2010年将达到102亿元人民币。

可以认为,建设高速公路经济带正在成为高速公路发展历程中的人们的又一共识。在这一共识之下,如何加快高速公路经济带的建设自然变成了社会关注的热点。

京津塘高速公路产业带以高科技为特色,沿线10个经济开发区都初具规模。据有关统计数字,1996年工业产值超过500亿元人民币,在全国高速公路中居首位。加快发展步伐,对于带动北方经济与社会发展,必将产生巨大的影响。

徐润达等四位政协委员就如何加快建设京津塘高速公路高新技术产业带提出了3条建议：1.由国务院有关部门牵头，协调京津冀共同制定产业带发展总体规划；将产业带建设列为发展环渤海地区经济的切入点和启动点，给予优先改革的政策。2.京津冀尽快实现产业带上的战略对接、政策对接和产业对接，并联合改善产业带的综合环境。3.国家在金融投资、引进技术和智力等方面予以支持，允许产业带发行股票，给予基础建设贷款；鼓励国家各部委、国家级科研院所、高等院校在产业带建立试验基地和产业群体。

这些建议，当然具有很高的价值。

美国人称高速公路网是“影响到每个人的生命线”。

日本人称高速公路是“关系国家兴亡的道路”。

比利时人称高速公路是“国家经济大动脉”。

……

发达国家对高速公路的评价和认识，无一不同经济相联系。加快建设高速公路同加快建设高速公路经济带，无疑要放在同一战略高度！

“京津塘”，在高速公路经济带的建设中，你也应该走在全国的前面！

（九）“速度经济”呼唤高速公路跨越式发展

冯　蕾

（原载2003年9月22日《光明日报》）

世界瞩目“中国速度”

1988年，上海至嘉定高速公路和被誉为“神州第一路”的沈大高速公路的通车，拉开了中国高速公路大发展的序幕。至今仅仅过去15年，我国的高速公路里程就从零公里一跃而为世界第二，走过了许多发达国家一般需要40多年才能完成的发展进程，创造了世界瞩目的“中国速度”。

从1988年到1997年的10年，是高速公路发展的起步阶段：相继建成了沈大、京津塘、成渝、济青、京石、沪宁、广深等一大批具有重要区域性影响的高速公路工程，突破了我国高速公路建设的多项重大技术瓶颈，积累了设计、施工、监理和运营等建设和管理全过程的经验。1992年，“五纵七横”国道主干线规划开始实施，为我国高速公路持续、快速、健康发展奠定了坚实基础。

1998年以后，为应对亚洲金融危机，国家实施了积极财政政策，加快了基础设施建设步伐，交通行业按照国家的统一部署，加大了公路建设力度。从1998年至今，高速公路建设进入了发展高峰期，年均通车里程超过4000公里，年均完成投资1400亿元。1999年，全国高速公路里程突破1万公里；2000年，国道主干线京沈、京沪高速公路建成通车，在我国华北、东北、华东之间形成了一条快速、安全、畅通的公路运输大通道;2001 年,近代史上就有“西南动脉”之称的西南公路出海通道经过 10 多年的艰苦建设实现了全线贯通,西部地区从此与大海不再遥远。到 2002 年底,我国高速公路通车里程一举达到 2.5 万公里。

从起步到高速公路通车 1 万公里,我国用了 12 年时间,从 1 万公里到突破 2 万公里,我国只用了 3 年时间。

“速度经济”风光无限

今天,高速公路的速度和便利已经走进了平常百姓的生活,改变了人们的时空观念,改善了人们的生活方式。在山东、辽宁、广东、江苏等地,省会到地市当天可以往返,这在过去难以想象。北京提出“迎奥运 1 小时交通”的构想,重庆提出建设“8 小时重庆”,浙江的“4 小时公路交通圈”,都正在变成现实。

高速公路沟通了沿线地区与大城市、交通枢纽、工业中心的联系,改善了投资环境,增强了吸引力。在京津塘高速公路天津段,已形成 9 个相对独立、各具特色的高新技术产业区,成为天津市改造传统工业、调整产业结构、带动乡镇企业发展的新经济增长点;上海市松江县利用莘松高速公路的优势,开辟了占地面积 20 平方公里的松江工业区,吸引外资 8 亿多美元。

高速公路缩短了农产品的储运时间,保证了农用物资和救灾物资的及时调入,加速了农业信息的交流和市场供需之间的衔接,从而促进了农业产业结构的调整和优化,促进了农业的规模经营和集约生产。在广深高速公路沿线的东莞市,已建成了粮食、甘蔗、荔枝、香蕉、蔬菜、花卉、水产等创汇型农业综合生产基地,全市农副产品及加工品出口基地 200 多个,农业商品率上升到 76%。

高速公路促进了沿线旅游景点的开发建设,促进了旅游人数及旅游收入的增加。广深高速公路建成后,内地到香港旅游和从香港入境的游客明显增多,仅 1994 年就有内地游客 190 万人次到香港,比上年增长 33%。沈大高速公路建成后,旅行观光非常方便、舒适、安全,沿线五市旅游人数和旅游外汇收入年均增长速度分别高出全省平均水平 1.3 个和 3.9 个百分点。

高速公路沿线房地产业从无到有,异军突起。以京津塘高速公路北京段为例,1989 年以前沿线地价比较平稳,因 1991 年 1 月高速公路要通车,1990 年的地价即比上一年上涨了 1 倍多,达到 5.5 万元/亩,1992 年进一步上升到 10 万元/亩;沪嘉、莘松高速公路建设之前,沿线土地价格低廉,当时合资企业占用土地仅 5 美元/平方米;高速公路建成后,大大改善了当地的交通环境和投资环境,土地大幅度增值,价格上涨到超过 25 美元/平方米,1992 年—1994 年松江土地出让金收入共 7768 万美元。

十五年来，高速公路的建设，有力地推动和促进了沿线经济的发展，为国民经济和区域经济的持续发展，构筑了一系列新的经济增长点，显示了巨大的生命力。

“跨越式发展”的新起点

“我国高速公路经过十五年的建设，初具规模。社会经济效益逐步显现，但现阶段还远远不能适应日益发展的国民经济的需要。”交通部副部长胡希捷从两个方面分析其原因：

一是高速公路总量不足。从高速公路的总量和布局看，数量少，密度低。到目前为止，全世界已有60多个国家和地区兴建了高速公路。总里程达21.9万公里。与经济发达国家相比，我国公路基础设施总量不足，密度偏低，美国公路密度每百平方公里为65公里，而我国只有15公里。高速公路里程占公路总里程的比例也比较低。中国为1.16%，而美国已达1.42%，澳大利亚达2.29%。

二是我国已建成的高速公路尚未形成网络，效益没有充分发挥。高速公路具有通行能力大、行车速度快、运输效益高的特点，而且可以解决中国混合交通的问题，可以形成快速、高效、安全的运输通道。现有的高速公路是根据总体规划分期建设的，大部分项目里程比较短，分布零散，没有形成长距离的运输通道，也未形成高速公路网络。因此，高速公路快速、安全、高效的特点没有发挥出来，影响了其效益的发挥。

加快高速公路的建设成为现实的迫切需要。专家预言：2010年至2015年，中国汽车保有量将达到1亿辆，这将对公路提出严峻挑战。解决办法主要有两个，一是加紧建设路网，提高通行能力；二是逐步建设智能运输系统，提高现有公路使用效率。从现有高速公路的实际运行看，特别是在经济发达的沿海省份，中西部地区部分交通干线上，交通拥挤情况十分严重，严重阻碍了商品的流通和经济的发展。根据1998年对总长11万公里的国道网交通量观测资料进行分析，国道的拥挤度已达1.13，有一半多的里程处于拥挤状态，国道网处于拥挤状态的省份有17个，东部地区路网拥挤度达到1.41，中西部地区的贵州、重庆、云南、四川、河南、山西、江西、湖南等省路网也处于较拥挤的状态，其他省份部分地区和路段情况也很突出。

“全面建设小康社会，交通要先行。”年初，交通部部长张春贤在全国交通厅局长会上描绘了跨越式发展宏伟蓝图：到2010年，全国高速公路将连接90%目前人口在20万以上的城市，东部地区基本形成高速公路网，高速公路总里程达到5万公里。到2020年，全国高速公路里程达到7万公里以上，连接所有目前人口在20万以上的城市，基本形成国家高速公路网。这意味着我们要用35年—40年的时间完成现代交通网络的基本骨架，高速公路还要加快建设和发展。

随着高速公路里程的增加和网络的完善，其社会经济效益将得到充分发挥，将有力推动我国工业化和城镇化的发展，将在消除贫困，减少地区间和城乡间的生活差距发挥巨大作用，将成为我国实现全面建设小康社会的基本物质保障。

(十)5697 根海上沉桩全部就位 东海大桥提前站稳"脚跟"

刘兴增　王　振

(原载 2004 年 5 月 27 日《中国交通报》)

经过近两年的海上拼搏，全长 31 公里的东海大桥在茫茫东海之上站稳了"脚跟"。5 月 22 日，随着中港一航局的打桩船"天威"号将最后一根钢管桩打到设计高程，东海大桥工程的 5697 根海上沉桩全部就位，比原计划提前了 40 天完成。

头道工序一马当先

海上沉桩是全长 31 公里的东海大桥工程 25 公里海上段施工的头道工序。如果顺利进行，将为占东海大桥工程 92% 工作量的非通航孔施工创造有利的条件。据悉，从 2002 年 6 月 26 日东海大桥工程开工并打下第一根桩起，由于天气影响等原因，到 2002 年年底仅完成沉桩 351 根。

为了确保东海大桥工程 2005 年能够建成通车，上海市政府要求大桥分指挥部克服海上沉桩施工困难，按期完成施工节点目标。大桥分指挥部与中港集团东海大桥工程项目部共同研究对策，通过不断总结施工经验、改进施工工艺、增加船机设备、优化工艺流程，尽可能地充分利用难得的有效作业时间，在有效作业时间里 24 小时连续作战，连续提高沉桩施工的速度，由原来每天只能完成 4 到 5 根突破性地提升到最多时每天完成 50 根左右，确保了沉桩施工计划的全面完成，为东海大桥按期建成打下了扎实的基础。

据统计，东海大桥工程桩基类型齐全，总数近 9000 根，除了 5319 根海上打入钢管桩和 378 根海上打入 PHC 桩以外，还包含了钻孔灌注桩(包括摩擦桩和嵌岩桩)以及陆上打入 PHC 桩，其中最长的钢管桩达 81 米，钻孔灌注桩直径达 2.5 米。有关业内人士指出，东海大桥工程的桩基无论是长度还是直径在国内都是罕见的。

技术创新征难战险

东海大桥海上沉桩施工在远离岸边 20 到 30 公里的茫茫大海上进行。据悉，施工初期陆上、水上总共只有 5 个测量控制点，常规的测量仪器，如经纬仪、水准仪等已经完全不适用。为了进行沉桩定位，确保沉桩的偏位和高差精度，中港集团一航局和三航局在借鉴世界上最先进的 GPS 的基础上，分别购买了法国和美国生产的 GPS 仪器，并研究开发了用于沉桩定位的计算机软件和定位系统。

据悉,该套系统在东海大桥沉桩之前,已经过一航局、三航局和中港集团组织的科技成果鉴定,并在上海外高桥电厂码头、漕泾码头、天津港码头工程中用常规的测量仪器加以测试;在东海大桥靠岸段100多根桩的沉桩过程中,还同时使用常规测量仪器加以测试。所有这些测试结果表明,这套系统完全适用可靠。

在我国沉桩史上,东海大桥海上沉桩工程首次使用GPS沉桩定位系统,解决了海上沉桩快速定位的关键技术难题。对GPS沉桩定位系统的研制、开发和应用,不仅解决了远距离海上沉桩定位的测量问题,加快了沉桩进度,也确保了沉桩定位的精度,提高了工程质量。有关统计数据表明,整个沉桩工程偏位控制在30厘米误差的正位率达96%以上,保证了整个大桥轴线准确无误,高程误差控制在3厘米之内。

在技术创新方面,东海大桥海上沉桩施工还采用了围令式的夹桩方法,加快了夹桩速度,保证了桩基的稳固;改进了吊桩工艺,优化吊点的数量和位置使吊桩作业更为快速、安全、有效;改进了替打结构形式,采用开敞放射型替打和分离活动式替打,有效缓解了涌浪对替打损坏的程度,使原先一个替打只打十几根桩,达到一个替打可以沉桩200根到320根的良好效果,不仅提高了沉桩效率,也降低了工程成本。

托起洋山深水港区

众所周知,上海国际航运中心洋山深水港区建设是贯彻党中央、国务院关于尽快把上海建成国际经济、金融、贸易、航运中心的重大战略举措之一,是我国经济发展的需要。上海港将以此为起点向国际航运中心的目标迈进,这将对我国参与国际竞争产生重大影响。

建设洋山深水港区对全面建设上海国际航运中心具有十分重大而迫切的意义,也是提高我国港口国际竞争力、完善我国港口布局的重大措施。据交通部预测,到2005年,全国集装箱吞吐量将达5800万标箱,其中长江三角洲地区达2000万标箱,占全国的34.5%;到2010年,我国沿海港口的集装箱吞吐量将达到1亿标箱,其中长江三角洲地区集装箱吞吐量将达到3600万标箱,占全国的36%,在区域经济中名列第一。

据了解,洋山深水港区的建设将提高上海国际航运中心在东北亚地区港口中的竞争能力,扩大国际集装箱中转规模,促进“以上海为中心、江浙为两翼”的上海国际航运中心的形成。根据洋山深水港区的总体规划,大小洋山地区共可布置50多个大型集装箱泊位。规划到2020年,先期在小洋山岛一侧形成约11公里深水岸线,布置33至35个集装箱泊位,码头实际通过能力为2000万标箱左右。

东海大桥是我国第一座真正意义上的跨海大桥,是上海国际航运中心洋山深水港区一期工程的重要配套工程,建成后为洋山深水港区集装箱陆路集疏运和供水、供电、通讯等需求提供服务。据悉,今年东海大桥工程建设计划完成投资30亿元,主要目标归纳为“一二三四五”,即一是一标陆上及浅海段实现贯通;二是两座辅通航孔实现合龙;三是大桥下部结构基本结束;四是非通航孔箱梁预制与架设双超400片;五是两座斜拉桥的钢箱梁安装均完成50%。

据了解,今年东海大桥工程建设将面临严峻的天气条件,有效作业天数将比去年减少;今年一季度仅为48天,比去年同期减少了6天。工程有关负责人表示,二季度是东海大桥工程建设一年中最佳的季节,大桥建设者将充分把握这一有利时机,全面推进工程进度。

(十一)河北高速公路降"身高"节约土地

(原载2005年8月23日《经济参考报》)

在河北省会东南方向,即将竣工的青银高速公路蜿蜒伸向远方,它不再像以往的平原高速公路那样"铺"在拔地而起的庞大路基之上,未来,它将是万亩良田中一条别致的黑色缎带,路基平均填土高度几乎是以往的一半。这是该省高速公路降"身高"的典型工程。

"节约占地,一定要把路基高度降下来。"省交通厅厅长焦彦龙介绍,目前低路基已成为该省高速公路的一个重要设计理念,并成为审查设计方案的重要内容之一。

近年来,该省高速公路发展迅速,"九五"末,通车里程已达到1480公里,比"八五"期间增加1168公里,居全国第二位;"十五"期间发展步伐进一步加快,到今年底,又将有5条段、400公里高速公路竣工,通车里程将达到2000公里。

但同时,高速公路也成为该省的"占地大户",《2004年度河北环境公报》显示,"全省土地净减少的趋势仍未得到有效遏制,其中主要占地大户就是基础设施建设和项目用地。"

如何节约高速公路占地?降低路基是关键。

据了解,为了保障安全,防止人畜攀爬,平原区高速公路通常采用高路基,但这却需要占用更多土地。高速公路路基横切面呈梯形,路基越高,底部就越宽,永久性占地就越多;另一方面,路基越高,填土工程量就越大,取土临时占地随之增多。资料显示,双向四车道平原高速公路一般路基平均填土高度在3.5至4米之间,每公里平均土方量为10至12万立方米。

但另一组资料也显示,高速公路路基高度每降低50厘米,每公里可以节约用土1.8万立方米;每降低1米,每公里永久性占地就节约近5亩。

随着高速公路日益延伸,人们的安全意识已普遍增强,业界认为城墙般的高路基已不再必要,低路基是安全的。河北省从建设石黄(石家庄至黄骅)高速公路时就开始尝试低路基,之后,在衡德(衡水至山东德州)高速、石黄高速公路衡水支线中,低路基处理得到成功应用，从青银高速开始，低路基已成为基本的设计理念，其路基平均土方量仅为每公里6.1万立方米，平均填土高度只为1.9米，创该省低路基之最。

（十二）"无与伦比的工程"
——苏通长江公路大桥建设巡礼之一

苗　木　舒　新

（原载2006年9月26日《中国交通报》）

2005年11月，美国《国家地理频道》记者到苏通大桥采访，拍摄了记录苏通大桥建设状况的专题片《无与伦比的工程》。《国家地理频道》以严格的求实态度和科学的探索精神著称，他们以"无与伦比"为自己的专题片命名，是非常罕见的。

今年4月，加拿大蒙特利尔市市长一行30余人参观苏通大桥。在参观过程中，市长不停地说："奇迹！太伟大了！2008年建成通车的时候我还要来。"

苏通大桥建设吸引了全世界的目光。在互联网搜索网站上键入"苏通长江公路大桥"，就会出现十几万个符合搜索条件的信息。加拿大的多家著名媒体也先后来到苏通大桥，拍摄了有关大桥建设、管理等方面的新闻。最近，江苏省人民政府将苏通大桥作为2008年奥运火炬接力的经过路段，上报奥组委。

8月上旬，笔者到苏通大桥采访。乘船来到施工现场，只见浩浩江面上，全部桥墩都已建成。在灿烂的阳光下，每一个挺立在水中的桥墩都像一名威武的士兵，砥柱中流，8公里多长的桥墩排列开去，如水上长城，如巨龙横江，壮阔，灵动。两座节节升高的主塔，高程已经超过了270米。它们像两个顶天立地的巨人，耸立在大江中央，仿佛在天地之间进行着一场关于人和自然的富有哲理的对话。

站在273米高的大桥北塔上，俯瞰长江：大浪淘沙，千帆竞发，心灵为之深深震撼。一位大桥建设者豪情万丈地表示："我们要把党旗、国旗插到世界最高的桥塔上！"

于是，人们用最极致的语言描摹苏通大桥，说她是"桥梁奥运会的金牌"，是"世界桥梁的珠穆朗玛"，是"万里长江的一个新地标"，是"国际桥梁技术发展史上具有里程碑意义的工程"。一句话，苏通大桥凝聚着中华民族的智慧，她是中国人民的骄傲。

苏通大桥位于江苏省东南部的南通和苏州两市之间，西距江阴大桥82公里，东距长江入海口108公里。大桥全长32.4公里，主要由跨江大桥和南、北连接线组成，其中跨江大桥长8.2公里，包括主桥、专用航道桥和南北引桥。主桥为跨径1088米的双塔斜拉桥，桥塔高300.4米，主桥通航净空高62米，可以满足5万吨级集装箱货轮全天候通航，辅桥主跨268米，是我国第二大跨径连续刚构桥，可以通行万吨级船舶。

苏通大桥具有高、深、长、大的特点，建成后将创有史以来斜拉桥工程的"最大主跨、最深基础、最高桥塔、最长拉索”4 个世界之最，因而受到世界桥梁界的瞩目。

资料显示，目前世界上已建成的最大跨径斜拉桥是日本的多多罗大桥，它的主跨为 890 米；在建的香港昂船洲大桥主跨 1018 米。苏通大桥因其 1088 米的主跨，成为目前世界最大跨径的斜拉桥；苏通大桥主墩基础由 131 根长约 120 米、直径 2.5 米至 2.8 米的钻孔灌注桩组成，是目前世界上规模最大、入土最深的桥梁桩基础；承台长 114 米、宽 48 米，差不多有一个足球场那么大；目前，斜拉桥的最高桥塔是多多罗大桥 224 米的钢塔，苏通大桥桥塔高为 300.4 米的混凝土塔，比在建的香港昂船洲大桥桥塔高出 6 米，成为世界最高桥塔；苏通大桥的最长拉索为 577 米，比多多罗大桥斜拉索长 100 米，是目前世界桥梁中最长的斜拉索。

专家认为，苏通大桥的成功建设，说明我国特大型桥梁的设计、施工和管理水平迈上了一个新台阶，代表我国 21 世纪的建桥水平。交通部总工程师凤懋润指出，苏通大桥是我国从桥梁大国向技术强国迈进的第一个标志性工程。他说：“苏通大桥是一座‘千百十工程’——千米跨越、百年服务、十年建设，是中国公路桥梁在新世纪开工的第一座特大型工程。大桥的最深基础，最高桥塔，最大跨径，是在非常复杂的条件下建设的，真正是一项技术挑战。”江苏省省长梁保华要求：“大桥建设者要以极端负责的责任意识，只争朝夕的工作精神，争创一流的雄心壮志，一丝不苟的科学态度，搞好大桥建设，把苏通大桥建成技术先进、安全可靠、经济可行、景观优美的现代化桥梁。”

苏通大桥桥位区接近长江入海口，属于长江口平原的开阔地带，易受热带风暴影响，其气象、水文、地质和航运条件之复杂，为世界建桥史上罕见：桥位区灾害性天气频发，一年中风力达 6 级以上的就有 179 天，年平均降雨天数超过 120 天，雾天 31 天，冬有寒潮，夏有高温，还有雷暴、冰雹、台风、季风、龙卷风的威胁；桥位区江面宽阔，水深流急，最大水深约 50 米，而且流速流向多变，主桥墩位处水深 30 多米；地质条件复杂，基岩埋深一般在 270 米以下，覆盖层上部多为淤泥和粉砂，较好的持力层在 -80 米以下；桥位区可通航水域宽阔，船舶密度高，平均日通过船只近 3000 艘次，高峰时接近 7000 艘次。跨江大桥共有桥墩 143 座，航运与工程的矛盾突出，施工和桥梁安全面临严峻考验。

在如此复杂的条件下建设世界第一大桥，技术上面临的挑战也是世界级的，因而设计、科研、施工和建设管理都存在着极大的风险。对于建设过程中的难题，指挥部总结为“十大关键技术”：包括大桥的结构体系、抗风、抗震，桥墩冲刷防护、防撞，以及超大群桩基础、超高钢混桥塔的设计与施工等。

从前期工作开始，指挥部组织开展了近百项科研专题攻关。前不久，由江苏省苏通大桥建设指挥部申报的“千米跨径斜拉桥建设关键技术研究”可行性研究报告通过了专家评审，成为交通部“十一五”第一个重大专项科研攻关项目。

来源于交通部官方网站的消息称：“千米跨径斜拉桥建设关键技术研究”，以苏通大桥为依托，针对长江复杂的建设条件，对于千米跨径斜拉桥建设面临的关键技术，开展设计应用技术、集成施工技术、减灾与控制技术、建设管理与养护技术的研究，将在300米超高索塔、超大型群桩基础、577米超长斜拉索、1088米超大跨径斜拉桥钢箱梁架设与控制等方面攻克多项世界级技术难题，在大跨径预应力混凝土连续刚构桥和节段预制拼装长联连续梁桥等综合技术上取得一批成果，使大型、复杂的交通工程的管理理论、管理方法达到一个新水平。这个课题研究将会形成一批大跨径桥梁建设具有自主知识产权的成果，研发一批建设工程需要的关键机具和产品，建成桥梁示范基地，培养一批能参与国际重大桥梁工程竞争的人才队伍，为安全优质建成苏通大桥提供强有力的技术支撑。

由江苏省人民政府和交通部联合聘请的苏通大桥顾问和技术专家组，包括中国工程院院士项海帆、陈新，中国科学院院士孙钧，香港工程师学会会长刘正光，前国际桥梁协会主席伊藤学，丹麦科威公司执行总裁克劳斯，美国国家工程院院士、中国工程院外籍院士邓文中，诺曼底大桥总设计师米歇尔等世界顶尖级的桥梁专家。

在南通，笔者采访了丹麦科威公司的汉森先生。他介绍说，在苏通大桥，他的工作就是根据科威公司同大桥指挥部签订的咨询服务合同，完成建设全过程的现场咨询工作，对设计、监理、施工、安全、质量、进度和环境提供咨询服务，同时，作为独立的第三方，参加技术专题会议，提出他们认为最好的建议。汉森先生坚持对工地进行访问，每周一至两次，发现问题，以书面文件形式提交指挥部。科威公司还将安全工程师派驻到施工现场，发现事故隐患及时报告指挥部，并且经常为一线工人举行安全知识讲座。

汉森高度评价苏通大桥的设计和建设水平。他说："苏通大桥是世界第一的大跨径斜拉桥，是一个令世人瞩目、给人留下深刻印象的工程，设计方案达到了国际一流水平，施工质量高。我们原本以为施工质量会有些问题，但是实际上与欧洲的标准相比，并不存在明显差距，技术工作的水平与欧洲接近，唯一的区别是欧洲更关注施工细节。我相信随着时间推移，会有所改善。"他特别推崇中铁山桥集团生产的钢箱梁，认为他们经验丰富，工艺精湛。

汉森说，他确信，苏通大桥建成后，一定是一座高质量的、达到国际标准的、足以让中国人自豪的伟大桥梁。

（十三）道道难题"逼"出世界纪录

石　斌

（原载2005年7月4日《中国交通报》）

题记：长约320公里的沪蓉高速公路湖北西段，是迄今湖北省投资最大、工程最艰巨的高速公路工程。6月上旬，记者用一周时间，走完了沪蓉西高速工地全线，其工程之艰难、地质之复杂、风景之壮美，令人惊叹。

沪蓉高速公路湖北西段是连接宜昌—恩施—重庆的快速通道。沿线重峦叠嶂、沟壑纵横，设计为双向四车道，估算投资200亿元，公里造价超过6000万元，为京珠高速公路湖北段的两倍。其中，宜昌至恩施段已于去年8月开工，2010年建成通车后，从武汉行车到恩施只需6小时。

溶洞防不胜防

数十人举着火把，深入数公里长的大溶洞。

探险连绵的山峦，横亘恩施市吉心村附近。沪蓉西第30标段的施工人员，正在山腰开挖桥梁桩基。当桩基挖到16米深时，一个小洞口突然闪了出来。

"有溶洞！"施工人员用绳子系着石块探下去，测出洞深22米。不久，有人在不远的山体上，找到一个直径1米多的溶洞口。

要查清溶洞对桩基或路基的影响，必须探明溶洞走向。4月1日，沪蓉西指挥部常务副指挥长徐建、总工程师曹传林等30余人搭着软梯，举着火把，深入溶洞探险。

溶洞窄处仅容一人通过，宽敞处达几十米，里面布满钟乳石、石笋、石柱，还有古人的熬硝装置及几座坟茔。经过4小时探测，他们发现该洞绵延数公里，错综复杂，并伸展到路基下方。

几乎同时，几公里开外，武警交通部队的战士们在开凿崔坝隧道时，也发现了多个溶洞。溶洞的出现，迫使施工暂时搁置，技术人员不得不拿出新的加固处置方案。

桥梁架在悬崖间

24人抬一根电机轴到悬崖上，花了整整一天。

沪蓉高速公路湖北西段有大中桥梁200余座，不少架设在"V"字形河谷的悬崖之间，施工极为困难。

在巴东支井河特大拱桥施工现场，技术人员告诉记者，该桥净跨430米，两岸绝壁，拱桥基座距河底200余米，无法搭建施工平台。施工人员不得不开挖千余米长隧洞，通往悬崖施工。

目前隧道仍没打通，估计至少还要两个月。为此，施工人员决定攀爬到悬崖上，同时施工。

记者见四五名工人，身系绳索，正在一岸的绝壁上凿石。项目负责人称，他们能到这里就很不容易了，先要从上往下一层一层地，削去80多米长的岩石。

对岸是一座陡峭大山，施工人员要背着施工设备和材料，下到河底，渡河后，再攀岩到悬崖上。施工设备太沉重了，他们必须把机器拆成零件，再到悬崖上凿出一个平台进行组装。

几天前,因一根电机轴再无法拆卸,24 名工人从早上 7 时开始,直至下午 6 时,才抬上对岸平台。

施工材料无处放

施工便道开凿已不易,找块平地更是难上加难。

站在大水井隧道口,放眼望去,山脚的河水淙淙流淌,河面架有一座便桥,三四条白色道路蜿蜒伸向大山深处。第五站站长刘绪华说:“这里以前没有路,这些路全是我们修起来的。”

据介绍,这里将建一座马水河特大桥,分左右两幅,长约 900 米。其中,超过 100 米高的桥墩就有 6 个。在这些便道修好之前,施工人员从恩施南里度村的 318 国道走到工地上,要花整整两小时。

记者深入到部分施工点,见施工便道大多是盘山公路,有的修在悬崖边,有的沟壑纵横,有的还要打隧洞,本身就是一项巨大工程。

便道修好后,运输问题解决了,却找不到一块可以堆放施工设备和材料的平整地方,这是沪蓉高速公路湖北西段沿线遇到的普遍问题。

巴东四渡河大桥项目部经理王崇旭说:“要建一个混凝土搅拌站,都找不到场地,严重制约了工程进展。我在全国各地做了近 40 年工程,这种情况还是头一回碰到。”

创造多项世界纪录

钢丝要用火箭炮送达对岸,这将是世界“第一炮”。

到四渡河大桥工地时,烟雨蒙蒙,一望无际的群山氤氲朦胧,犹如一幅动感的画面。部分施工人员仍在桥墩的桩基处,冒雨检修设备。

项目部副经理王崇仁介绍,这是一座单向坡的悬索桥,跨度 900 米,在世界同类桥梁中第一;桥面距河底高度达 500 米,也是目前世界上最高的一座桥。

该桥悬索由 127 股钢丝拧成,每股钢丝又由 127 根细钢丝拧成。如何将第一根钢丝送到深沟对岸,是非常棘手的事情。因为这根钢丝架好后,装上牵引器,就可将第二根、第三根更粗的钢丝拉过去,形成一个索引系统。以后架钢丝就容易多了。

据称,世界各地在江面、海面架悬索桥时,一般用船舶将第一根钢丝送到对岸。可这是陡峭的大山沟,依靠人工根本无法将一捆钢丝拉到对岸。

项目部曾考虑用直升飞机来拉,但飞机也无法在沟涧盘旋太久。经研究,他们将请部队用火箭炮送出第一根钢丝。

据介绍,在沪蓉西沿线,创世界纪录的建设项目随处可见,使建设难度系数大增。

隧道里涌现暗河

回填暗河几乎是不可能的,只能在隧道里架桥。

在长阳贺家坪镇，第7标段要从一座山边开挖约3公里长的路基。可挖着挖着，整座山出现了裂缝，几千方土石随时会顺层滑坡。

施工因此搁置。经研究，该路段将全部改做桥梁，具体方案仍在设计中。

类似情景也发生在附近的朱家岩。施工人员要在此打一个隧道，1.3公里长。今年元月，他们发现隧道内整个地层断裂，左、右两幅隧道被垂直截断，断面长30余米。断层上不见顶，下不见底，即使用强光照射，也看不到底部。人们只能听到深处传来的汩汩流水声，据此判断，可能是一条暗河。

经初步研究，回填暗河几乎是不可能的，只能在隧道里架桥。

据介绍，工程恶劣的地质情况，远远超越人们的预想。复杂地质，也挑战着工程师们和指挥人员。据称，施工方案的一个细小变动，没人敢单独拍板，必须委托专业研究机构，拿出研究方案。

用水紧张不敢随意

地下水丰富，地表水贫乏。

除了地质条件极为艰苦外，施工人员还普遍面临用水困难。

由于特殊的溶岩地形，鄂西不少山区地下水十分丰富，地表水却极为贫乏。有的施工标段不得不每天用罐子车拖水，用水成本在每吨15元以上；另有一些标段，要从几百米下的河沟里，抽水上山。

野三河特大桥工地算比较幸运了。该工地位于建始县高坪镇附近，施工人员在绝壁上发现一处溶洞，溶洞里竟有一眼泉水。溶洞距施工平台高160米，施工人员便在工棚边打了一个蓄水池，将泉水抽上来。经检测，还是优质矿泉水。

然而，大部分地方没有这么幸运。即使在沪蓉西指挥部第五站驻地，因用水紧张，管理人员居然不敢随意用水洗澡、洗衣服。

一切艰难险阻，都没能挡住施工人员的前进步履。初步统计，自去年8月沪蓉西开工以来，目前宜昌至恩施的35个标段，已全部开工，3万余人的施工大军正日夜奋战在大山沟壑中。

（十四）思小路“两难”变双赢

（原载2006年7月28日《云南日报》）

莽莽雨林随行，同万顷碧浪相伴。今年5月，中共中央总书记胡锦涛在云南考察，乘车经过“思（茅）小（勐养）”高速公路时，对这条集热带雨林风光、乡土风情、人文风情和现代科技于一体的生态路表示赞许。在听取了公路建设汇报后，他说，只要认真落实科学发展观，不仅开发建设与环境保护可以共赢，人与自然也完全可以和谐相处。

加快发展与保护环境,历来是现代化建设中面临的“两难”问题。思小高速路何以能很好地协调两者的关系,并得到总书记的高度评价？关键在于它在建设中真正落实了科学发展观,融入了可持续发展的理念,体现了以环境保护优化经济增长的战略思想。

思小高速路是一条黄金路。它全长97.75公里,是国家实施西部大开发战略以及云南参与国际区域合作、连接东南亚的大通道——昆明至曼谷公路的重要部分。该公路沿线人口稠密、物产丰富,是云南卷烟、蔗糖、食盐、茶叶、橡胶、粮食等生产的重要基地,已开发和待开发的旅游资源众多,经济发展潜力巨大。

思小高速路是一条扶贫路。它是云南省规划建设的“三纵三横、九大通道”的重要组成部分,是云南滇中、滇南地区的交通运输主动脉,担负着昆明、玉溪、思茅、西双版纳共11个县市的客货运输任务。沿线广泛分布着傣、拉祜、布朗等众多边疆少数民族。

云南省第七次党代会确定建设“绿色经济强省、民族文化大省和连接东南亚、南亚国际大通道”的战略目标,思小高速路建设对实现这一目标,意义之重大不言而喻。

立项建设前,国家有关部门和省州市领导和专家组成了阵容强大的思小公路调研组,调研后向云南省人民政府提交报告指出:“现有思茅—小勐养公路始建于上世纪50年代,为四级公路标准。交通量的迅猛增长,使现有低等级公路出现交通阻塞、拥挤,行车速度缓慢,交通事故多,运输效益低下等不适应状况,已严重制约着滇西南地区经济发展和进一步扩大对外开放。该段公路的改造已刻不容缓。”

但一个现代化进程中的世界性难题,一个无法回避的矛盾摆在决策者面前:思小高速公路必须经过我国唯一的国家级热带雨林自然保护区——西双版纳国家级自然保护区。脆弱的原生态系统能否承受大规模公路建设？

由于地球上同一纬度地区大多为沙漠地带,西双版纳保存的这片热带雨林就显得弥足珍贵。作为地球上三大热带雨林之一,它素有“动植物王国”及“物种基因库”的美誉,共有植物5000多种,其中珍稀植物341种,属国家重点保护的濒危植物58种。它保存完整的热带生态系统和丰富的生物多样性历来为国际各界所瞩目,曾被联合国教科文组织(UNESCO)列入“国际生物圈保护网”的十个自然保护区之一。

云南需要通过思小公路的建设带动滇西南经济的快速发展,而这片绝无仅有的热带雨林也必须得到有效保护。谁破坏了这里的生态系统,谁就将愧对子孙后人。

路要修,但环保和发展的关系该如何处理？

选线工作历时5年。

在漫长的线路可行性研究中,有关部门和专家们提出了三种线路方案:正线、D线、C线。

正线在距离、地形、工程量、所需资金等各方面都具有明显优势,被初步确定为建设方案。可是,省环境科学研究机构在对正线方案进行环境影响评价时发现,正线方案将穿过西双版纳保护区勐养片东片中部，对自然保护区结构完整性及保护功能、热带山地雨林及珍稀濒危植物、亚洲象通道等，都将产生重大不良影响，因此提出了改线建议。

抉择　5年漫长论证选择“最花钱”线路

云南省环境科学院生态室主任夏峰是当时参加思小公路环境影响评价的专家，他告诉记者，我国只有少量的亚洲象，西双版纳保护区勐养片正是亚洲象的主要生活区域。上世纪50年代，我国修建的老国道213线穿过勐养片后，自然保护区被分成两片，保护区的生态完整性就已受到影响。如果选择正线或D线，保护区又将遭受一次分割，两片分成三片，亚洲象等野生动物的活动区域将进一步受到影响。

云南省环保局组织环保专家对通过自然保护区路段局部替代方案进行环境比选后发现，选择靠近原国道213线的C方案建设，可避免对自然保护区造成新的分割、对原始热带雨林造成直接破坏，同时也可减少亚洲象等野生动物的阻隔。但工程量和投资将大幅增加。

于是，选线引发了激烈争论。

——修好公路改善交通是第一位的任务，其他问题都应该让步；

——选择C方案，势必延长工期，增加工程量，增加投资，增加施工难度；

——修路架桥哪有不开山炸石的，任何工程都难免对生态环境造成影响，不必大惊小怪；

——既要算经济账，也要算生态账，必须最大限度地保护热带雨林的完整性和生物多样性……

云南省委、省政府高度重视思小公路的选线问题。为了尽可能减少公路修建对保护区的破坏，由众多部门领导和专家组成的思小公路调研组对公路穿越自然保护区段线路走向与环境保护问题进行了分析比较，又通过实地踏勘，对公路设计部门提出的三个方案进行了详细研究。调研组最终就思小公路的选线问题达成共识，并向云南省政府提交了《新建思茅—小勐养高速公路穿越小勐养片自然保护区（实验区）段线路走向与环境保护现场调研报告》。

该报告指出：C方案虽经过自然保护区（实验区），但多为次生林和经济林，对原生植被影响小，避开了敏感的保护对象——热带山地雨林，避免了对自然保护区造成新的分割，且施工可充分利用老路作为施工所需的临时物料堆放、加工和工程机械停放场地和进场便道。因此建议省政府批准同意采用C方案的线路走向。省政府同意调研组意见，做出了不惜大幅追加投资，选择对环境影响较小的C线方案为思小公路建设方案的重大决策。

采用C线方案，工程投资从1998年交通部批复的30亿元增加到2002年批复的39.5

亿元，桥梁从54座增加到352座，隧道由2座增加到30座，桥隧总长占全线总长的26.4%。在野象谷路段，桥隧里程占到公路里程的70%以上，而这种桥隧比例在世界公路建设史上也不多见，但这片热带雨林得到了最大限度的保护。

行动　3万建设大军演绎人与自然和谐共处传奇

作为一条生态大道、景观大道、绿色通道，思小路从立项、选线、建设，每一步、每一个细节都充分体现了人与自然和谐的理念。

云南省交通厅专门为思小路成立了“生态路建设领导小组”，2004年初，又成立了“环保委”，由厅长任主任委员，两个副厅长为副主任委员，下设环保办公室处理日常环保事务。公路建设的各职能部门更是严格要求：交通部门加强了项目前期设计的环评和施工中的环保监测、监理工作，坚持严格执行生态保护措施、环境保护设施与主体工程环保“三同时”，把环境管理纳入了项目建设管理体系；项目单位进场前，必须进行环保培训；监理单位必须根据交通部、国家环保总局要求对每个项目编制环保监理方案；环保工程要单独签单等。

云南省环保局及公路沿线的地方环保局严格按照环保“三同时”原则对公路的施工全过程进行监管。按照国家环保总局对思小公路的环境影响评价批复，云南省环保局除委托西双版纳州环境监察支队进行现场监察外，还结合环保专项行动连续三年联合水利、林业部门进行生态保护情况检查，并配合省人大、政协进行联合执法检查。

当地政府也加强了环保力度。西双版纳州思小公路征地拆迁综合协调办公室环保督办科对辖区内施工的13个合同段的进场临时便道进行现场勘察划定，在划定近70条临时便道的工作中，做到了避开林木区域，选择荒地或拓宽原有人行窄道作为临时施工通道，没有乱砍树木或填埋沟河渠道的现象，既保住了自然水源，又保证了施工队伍和材料、机械的顺利进场。

对于公路沿线植被，公路指挥部按照国家环保总局批准的《环评报告》要求，采用简单的、断面小的施工方案，尽量保留天然林木，严格控制桥梁下部及路基边线附近树木的采伐，对桥下高大的林木采取截枝断顶的方法尽量予以保留。对公路沿线珍稀植物，则实行挂牌保护，不能动一枝一叶，线路中桥墩位置的珍稀植物还实行迁移保护。记者在采访中了解到，在野象谷北互通区有一棵270多年的古树，位于新建高速路的中央，如迁移很难成活，最后建设方多花30多万元延长引道绕开古树；在红沙河路段有一棵大榕树，树枝伸到公路上方，建设者也只是将伸进路上空的树枝用铁绳牵引出施工区。

公路要穿过著名的野象谷，为了最大限度减少对野生动物的干扰，思小公路彻底摈弃了以往炮声隆隆、热火朝天的施工场面，参与建设的3万多人默默进驻、悄悄动工。而每当野象出现时，项目部就及时通知附近的作业点暂停施工，组织专人防护。由于人们的友善态度，野象与施工人员渐渐变得亲近起来，经常三五成群出没在施工现场附近的河边、密林，甚至到公路上觅食、散步、嬉戏。每次，它们总是悠闲地来，悠闲地去，从未与施工人员发生过不愉快，就连忙工地上的工具也从未损坏过。

2003 年 11 月的一天，一野象群在野象谷隧道前面大桥附近的项目部仓库旁待了一夜，第二天依然没有离去。仓库保管员唐加军发现，原来是一头母象将这里当作了产房，象群就地把这头母象围了起来，直到两夜一天小象出世，母子恢复体力后象群才离开“产房”，悠然自在地走入了密林深处的家园。此时，施工人员正在大桥附近正常施工。

双赢　发展保护并重在这里得到生动实践

如今，思小公路这条绿色环保、人与自然和谐相处的高速路已展现在人们面前。它的自然、美丽、舒适和人性化设计让每位走过它的人都感到惊叹。当人们驾车驶入这条随山形舞动的彩带，如入仙境一般，时而飘于树梢，飞越田野；时而潜入谷底，隐入青山绿水之中。已在昆明至西双版纳公路线上开了二十多年车的王师傅告诉记者，在思小路上开车，最大的感受就是“养眼、舒服。一个字，爽。”通车以来，思小公路获得了外界的诸多好评。据介绍，已有十几个外省的交通部门来此参观取经。缅甸、老挝等东南亚六国领事也曾到场参观。

云南省交通厅厅长杨光成认为，思小公路的成功经验说明，公路建设与环境保护是可以实现“双赢”的。现在的公路建设不能再局限于单纯的基础建设，环保、安全、舒适、经济已成为未来高速公路发展的标准，其中“环保”摆在第一位。

云南省环保局局长王建华感慨：“在实现全面建设小康社会宏伟目标的进程中，高度重视和切实加强环境保护，对于全面贯彻落实科学发展观，构建社会主义和谐社会，将发挥愈来愈重要的作用。新时期、新阶段，发展与保护并重，发展与保护同步，并非一句空话，并非难于融合。思小公路的延伸不仅仅在崇山峻岭之间，更重要的是要延伸到我们落实科学发展、文明发展、可持续发展的具体实践中。”

思小公路建设，工程量增加了，工期延后了，投资增加了，但无论是当年 C 线方案的坚持者，还是持不同意见的同志；无论是为沿路的水土保持、环境保护、生态修复等工程项目付出了心血和汗水的建设者们，还是盼路心切的边疆少数民族同胞们，看着建成通车的生态景观大通道，都由衷赞叹：多花点钱，值！晚建成使用几年，值！

（十五）中国公路，从这里开始

欧阳洁

（原载 2006 年 9 月 27 日《人民日报》）

9 月 27 日起，北京天安门广场将增添一道新的景观，中国公路“零公里”标志将与修葺一新的正阳门同时向社会公众开放。自此，中国干线公路起点有了象征性标志。

内涵丰富　融入中华传统文化

青龙、白虎、朱雀、玄武和篆字东西南北是标志的主体图案，图形内含中英文。

9月24日上午10时，北京天安门广场正阳门前，中国公路“零公里”标志“四方神”正式亮相并安放完成。据该设计方案的主创设计师、清华大学美术学院讲师周岳介绍，该标志的整体造型吸收了传统文化中天圆地方的概念，外方内圆。同时采取对称结构，符合所处中轴线的对称风格。主体图案由中国古代表征方向的青龙、白虎、朱雀、玄武和篆字东西南北构成。

周岳解释说，青龙、白虎、朱雀、玄武是中国传统中的星宿名字，象征着四极，被誉为“四方神”，也称之为“四灵”，分别表示东西南北四个方位。青龙、白虎、朱雀、玄武表征方位可溯源至夏商周。今天我们看到在北京中南海北门中也绘制有“玄武”，南京的玄武门即指玄武湖的北门。

“青龙、白虎、朱雀、玄武表征方位至汉代形成四位一体的完整体系，多应用于建筑，以瓦当最多。中国公路‘零公里’标志所用的‘四神’图案就取自四块著名的汉代瓦当。”周岳说。

此外，标志图形内含中英文，其中“东西南北”以篆字造型特点为基础进行了设计，东西南北的英文采用了缩写方式。标志中间的零点经修改采用阿拉伯数字“0”作为原点，围绕零点配以“中国公路零公里点”中英文全称，便于世界各国游客能准确理解标志的内涵。

标志外环使用64个标志点代表着传统文化中的64个方位，与标志中的放射线背景一同暗喻中国公路网络四通八达。

意义深远　为公路网找到起点

到2005年底，全国公路总里程已达193万公里，高速公路里程位居世界第二。

目前，世界上许多国家都在首都的中心位置设立了公路“零公里”标志，象征一个国家或者城市干线公路的起点和城市的中心点，同时也具有重要的人文价值。而我国由于历史上公路里程少、等级低，所以一直没有设立此类标志。随着我国公路事业的飞速发展，设置中国公路“零公里”标志的建议逐步提上日程。

据交通部副部长冯正霖介绍，到2005年底，全国公路总里程已达193万公里，其中高速公路从无到有，在短短的17年时间里发展到4.1万公里，自2001年以来一直位于世界第二位。北京作为我国首都，是我国68条国道当中11条国道的起点，至此向全国辐射。在我国规划的7条射线、9条纵线、18条横线，总长8.5万公里的高速公路网布局中，有7条从北京向外辐射。但这些国道和高速公路在北京没有一个统一的标志性起点。他指出，在天安门广场设立中国公路“零公里”标志，不仅将为中国公路网络提供一个标志性的起点，还对展示中国的开放形象、弘扬传统文化具有积极意义。

1997 年以来，一些全国政协委员连续几次提出议案，建议参照国际通行做法，在天安门广场设立中国公路“零公里”标志。2001 年 11 月 8 日，交通部正式向北京市人民政府提出了在天安门广场设立中国公路“零公里”标志的动议，得到北京市人民政府的支持。自此，交通部与北京市人民政府联合开展了中国公路“零公里”标志设置工作。

众人瞩目　三次全国范围征集

征集和评选历经四年，收到应征作品 1024 件，近 25 万人参与评选。

从 2001 年 11 月至 2005 年 4 月，交通部在全国开展了三次大规模的标志图案征集和评选活动，引起社会各界的广泛关注。征集和评选活动历经 4 年，收到应征作品 1024 件。

为了保证标志方案评选活动的客观公正，交通部首先组织国内美术、建筑、艺术、交通等方面专家组成评审组，对应征作品逐一进行了认真评议，最终推荐了 12 个备选方案。2004 年 4 月，交通部将 12 个备选方案向社会公示，并请公众参与投票和评选。在为期一个月的公示期间，近 25 万人参与评选活动。北京市公证处全程对标志图案的征集、评选活动进行了公证。随后，交通部根据专家和社会公众的意见，提出了“四方神”等 4 个推荐方案，同时请国家文物局对 4 个方案进行了审查。

2005 年 4 月，交通部和北京市人民政府将国家文物局审查通过的 4 个方案呈报国务院审批。2005 年 9 月，受国务院委托，首都规划建设委员会在多次专家论证的基础上，审定同意在天安门广场正阳门前的空地上设置中国公路“零公里”标志，并同意标志图案采用“四方神”方案。

“零公里”标志是一个国家或者城市干线公路的象征性起点，也是一个城市中心点的象征。目前世界上美国、俄罗斯、法国、意大利等许多国家都在首都的中心位置设立了公路“零公里”标志作为国家干线公路的起点。美国的“零公里”点设在美国国会大厦前，俄罗斯的标志设在红场，法国的标志设在著名的巴黎圣母院大教堂前，匈牙利首都布达佩斯市的“零公里”点位于市中心广场。它们不但成为所在国家公路的标志和象征，同时也成为著名的人文景观。

（十六）国际隧道协会主席哈维·帕克先生考察时表示：秦岭终南山隧道是世界隧道人的自豪

董　恒

（原载 2007 年 4 月 20 日《中国交通报》）

2007 年 4 月 20 日上午，全长 18.02 公里的秦岭终南山隧道，迎来了一位重量级的客人——美籍隧道专家、国际隧道协会（ITA）主席哈维·帕克先生。ITA 声名显赫，是唯一受联合国教科文组织认可并指认的隧道协会组织,是指导推广隧道技术的国际组织。

年过七旬的帕克先生足迹遍及世界无数座隧道。这次陕西之行是慕名秦岭终南山隧道而来。之前,他在中国进行了多场演讲,其技术、管理、建设理念涉及世界著名隧道37座之多,遗憾的是没有涉及秦岭终南山隧道。他多次感言:我期待早日看到这个伟大的工程。

隧道的话题很热门　内行看门道

上午9时许,陕西交建集团董事长冯西宁把帕克先生请进了秦岭终南山隧道监控总部,帕克先生观看了隧道三维动画展示。正如冯董事长所言:内行看门道。当187面监控屏幕展现在眼前时,帕克先生之前的斯文庄重一下子消失了,他又是拍照、摄像,又是询问、笔录,整洁的银发散落两鬓也全然不顾。他看到了什么——秦岭终南山隧道建设,创造了高速公路隧道建设史上的六项之"最"。

一是世界上最长的双洞高速公路隧道。隧道单洞长18.02公里,双洞全长36.04公里。按单洞里程计算,仅次于挪威单洞双向的莱尔多公路隧道,若按双洞计算,世界第一。

二是第一座由中国人自行设计、自行施工、自行监理、自行管理,综合技术水平最高的高速公路特长隧道。

三是拥有目前世界口径最大、深度最深的竖井通风工程。隧道共设置三座通风竖井,最大井深661米,最大竖井直径11.5米,竖井下方设大型地下风机厂房,通过竖井抽风、送风,保持隧道内空气流畅。

四是拥有世界高速公路隧道管理最完备的监控技术。隧道每相隔125米设置一台视频监控摄像机,两洞共有摄像机288台。每相隔250米设置一台视频事件监测器和火灾报警系统,对突发事件采用双系统全方位自动跟踪监控,并根据事件类型提供最有效的救援方案。

五是拥有目前世界上高速公路隧道最先进的特殊灯光带,通过不同的灯光和图案变化,将特长隧道演化成几个短隧道,缓解驾驶员视觉疲劳,保证行车安全。

六是首次创造性提出策略管理理论,并运用了首套策略自动生成软件,对火灾、交通事故、养护等事件进行自动监测和管理。只要事件发生,策略自动生成软件就会自动生成相应的策略程序进行全方位联动指导,保证隧道运营管理的准确性和可靠性。

哈维·帕克说:"虽然秦岭终南山隧道长度为世界第二,但它是平行双洞,规模是世界上最大的,是世界级的工程,是国际隧道界的骄傲。它继承了世界上很多长大隧道的优点,驾车者通过隧道感觉很安全,尤其是特殊灯光带很有特色,它不仅是有特殊的灯光变化,而且有蓝天、白云、绿树,可以使司机的精力更集中,驾驶更安全。它对环保、节能、可持续性发展以及国家公路建设发展贡献非常大。我参观过世界很多国家的隧道,但对秦岭终南山隧道印象非常深刻。”

晴通雨阻　曾让人谈山色变

张玉芳是陕西省交通厅科技处处长，她的母亲过八十大寿，她送给母亲的大礼是请母亲看隧道。老母看后说：“华山有多高，高不过秦岭腰；秦岭有多高，高不过人的脚”。作为隧道建设的组织者乔怀玉，听这话时已是热泪盈眶。

上午 10 时许，冯西宁、张玉芳、乔怀玉陪同帕克驱车览“洞”，车在洞中行，人在车中乐，这些隧道人的话题一度回到了从前的陕西……

连续多年，陕南山区公路大堵车，一堵就是数天、数万辆，人们谈山色变。

在陕西的筑路历史上，有这样一个故事：前几年，有一个世行项目，在“花小钱办大事”的思想指导下，在一处大山的坡脚移动了 5000 余万立方米，造成了 27 处滑坡，总长达 6.7 公里。后来采取了 6 种止滑铆接工艺，设防总推力 77 万吨，才遏止了山体的滑坡。为此，工程变更设计数百项，总费用额达到 4 个多亿。当年的筑路人至今仍忘不了那个叫“半截沟”的地方：工程沿溪推进，削山 5 公里，路基上边坡最高处 72 米，路基下边坡最深处 50 余米，弃土方量达 350 余万立方米。为了给山体减压，重达 40 多吨的挖掘设备像攀高的山羊，开上了山顶。行家们说，假如修隧道，也就没有了这个故事和那些动人心魄的数字了。

这不是陕西的故事。这不是谁对谁错的话题。

后发优势　可以省去许多“试错”成本

陕西多山多壑，虽排在西部多山省份之尾，但公路隧道里程却排在全国之首。行家感言，陕西是中国公路隧道大省、中国公路隧道博物馆。

其实人类的许多活动，无论是搞现代化还是发展经济都是一个“试错”的过程。陕西经济相对落后，辩证地看，陕西有一种后发优势，这种优势是可以省去许多“试错”的过程。

可喜的是，多修隧道、多架桥的理念已成为今天公路建设的主导观念。修筑公路隧道“早进晚出”这一理念是发达省份用无数代价换来的理念。一“早”一“晚”是一次设计理念的变革。早进洞、晚出洞意在保护生态，与自然和谐，陕西交通人十分理解，并积极实施。据测算，修建 1 公里的山地高速公路，要挖 20 万至 30 万立方米，修筑秦岭终南山隧道至少减少挖方量 500 万立方米。

帕克先生说，中国是隧道建设发展最快的国家。

2002 年 1 月 6 日，交通部和世界道路协会 PIARC 联合召开了国际隧道研讨会暨公路建设交流大会。会上，中国向与会的 770 多位中外专家郑重宣布，中国已成为世界上隧道最多、最复杂、发展最快的国家。我国公路权威人士透露，过去由于公路建设资金严重短缺、技术缺乏，修公路多以盘山公路为主。20 世纪 50 年代，中国仅有 30 多座公路隧道，总长约2.5公里。近10年来,我国在公路隧道技术研究、公路长大隧道纵向通风研究、沉管隧道修筑技术研究等方面已经取得了重大成果。我国已修建了不少长隧道、特长隧道以及隧道群,隧道占公路里程比重不断增大。随着高等级公路向西部地区延伸,新世纪前10年中,我国将有总长155公里以上的公路隧道将要投入建设。

在陕西,秦岭终南山隧道已经通车。与此同时,西安至汉中高速公路上,穿越秦岭的三座特长隧道群正在加紧建设,总长达34公里。中国西部迎来了一个修筑隧道的大好时代。

过去艰难行走3小时　现在快乐通过15分钟

从上个半纪50年代开始,陕南人就梦想利用大山的自然走势,穿越崇山峻岭……这种"中华南北分水岭,秦岭一洞两重天"的秦岭终南山隧道工程,是"伤口"还是丰碑?曾有过争议。

但我们建设秦岭终南山隧道要算成本,算利润,我们必须还要算生态账!业内专家们说,这是无数筑隧人积数十年乃至百年的筑隧经验及心血之大成,是国家的标志性工程。

一组5年前的数字告诉我们,我国西部的生态环境已经到了"最危险的时刻"。土地荒漠化面积已超过数百万平方公里,已占到国土面积近乎30%;每年造成的经济损失高达540多亿元,相当于当年西北五省三年财政的总收入……恢复植被所需的25厘米土表层,需要300年时间,一铲下去,就为子孙欠账300年,每年再生的土层的厚度比一张纸还薄。

为了保护稀有动物和人类文化遗产,一些线路也采用了隧道方案。秦岭山区是大熊猫和金丝猴等珍稀动物的保护区,西安至汉中高速公路在秦岭山区大量采用特长隧道群的方案,把人类活动对稀有物种的影响降到最低限度。

秦岭是宝山,是中国大地上最有灵性的山脉。在秦岭的高山密林深处,有数不清的哺乳动物,以及堪称世上最为丰富的雉鸡类族群,在这里,动植物相安为邻、和睦相处。动物学家也一直没有放弃在秦岭寻找华南虎的希望。动物尚且如此,植物就更不用说了,秦岭无闲草,株株都是宝。

诚然,长大隧道会为后期运营管理带来一些麻烦。比如运营成本、比如防灾逃生、比如管理难度等等。倘若我们的专家学者能在这样的特定时刻,用学知与专长解答这一道道难题,这不正是秦岭的福音吗?

我们需要一条四季畅通的公路交通线,我们也需要清楚投入与产出的关系比,王梦恕院士的一段话,仍是筑隧人需要长期坚持的基本思路。好在文字不长,照录于此:必须减少公路隧道运营通风、防灾、照明、监控的投入量。本着低投入、高产出、不管理的原则建设。建议对小于1公里长的短隧道不设任何运营设备,照明由反光石代替,运营靠自然通风;对1至3公里的中长隧道,只设简单照明加反光石,在洞口设置2至3组纵向射流式通风装备,在中长隧道仍采用多组纵向射流通风装备。照明可适当加强,山区隧道不设监控系统;大于10公里的特长隧道可另行研究。总之营运设备的投入要慎重,要因地制宜。

秦岭终南山隧道建成后,使以前的公路运营里程减少了65公里,根据初步估算,每年可节省费用3600万元。除明显的经济效益外,社会效益更为明显。

西安到柞水过去里程为164公里,现为60公里;过去行车需3.5小时,现为40多分钟。过去单车运行成本近200元,现在仅为60多元。秦岭终南山隧道运程缩短2/3,运时仅是过去的1/5,单车节油达60%至80%。建设这个隧道值!

秦岭终南山隧道地处我国西部,记者请帕克先生就隧道运营留些"忠言",帕克先生说:运营成本是很重要的指标之一,流量决定成本。隧道建设者们在隧道口上方雕塑了一个龟蛇图腾的文化标志,走到这里的时候,帕克先生借题发挥:龟蛇是长寿的标志,运营的眼光要看到百年之后……眼前很值得乐观的是节能和环保。帕克说,变过去艰难运行的3小时为现在快乐的15分钟,这是你们筑隧人对人类的贡献,也是最佳的政府行为。

惜别时,不虚此行的帕克先生感言道:秦岭终南山隧道是世界基础设施的组成部分,它是全世界隧道人的自豪!

(十七)10年织网

孙英利　杨　光　刘晓宁

(原载2012年9月6日《中国交通报》)

从"五纵七横"国道主干线到"7918"国家高速公路网、从五大港口群到现代港口体系……十年来,一条条交通运输线融合交织,联络成网,神州大地血脉畅通,活力迸发。

德夯的故事

"德夯"是苗语,意为"美丽的峡谷"。然而,美丽的德夯大峡谷,却曾是湘渝高速公路上最后一个"断点"。跨越这段天堑,只有一条路——"72道拐"的矮寨盘山公路,短短6.25公里,顺利的话开车需要半个多小时,但堵车是家常便饭,堵上几天也不稀奇。

峡谷的这一边,重庆秀山土家族苗族自治县的县长王杰很苦恼,交通不便,县里的土鸡只能销往本地和周边,很难规模化产业化。重庆豪美摩托车有限公司的负责人更苦恼,组装摩托车所需的大量散件要从广东运过来,二十多米长的集装箱货车根本无法翻越盘山公路,只能通过重庆主城中转,然后运到黔江,成本太高。

峡谷的那一边,全国粮食百强县、生猪百强县湖南桃源县,距离秀山只有200多公里,但"72道拐"路况太差,活鸡活鸭、鸡蛋鸭蛋等经不起颠簸,农户们宁愿把产品销往更远的广东,也很少运往重庆。

2012年3月底,矮寨特大悬索桥通车,开车只需一分钟,就能轻松跨越大峡谷。

“断点”接上了,全长800多公里的湘渝高速公路全线贯通了。峡谷两边的生活就此改变。

从重庆主城出发,5小时可到秀山,体验沈从文笔下的边城风情;7小时可到湖南凤凰,感受湘西的古朴神秘;8小时可到长沙,由长沙上京港澳高速公路,一路畅通。

运输成本降低了,桃源的生猪、家禽顺利销往重庆,秀山的土鸡、重庆豪美的摩托车大量销往湖南、湖北、江西等地。

美丽的德夯小镇终于走出深闺,成为旅游热点。

从德夯到秀山、到桃源、再到长沙,湘渝高速公路与京港澳高速公路相接,融入全国高速公路网。

“不久的将来,我们的土鸡还要卖到香港!”王杰高兴地说。

断点　连线　结网

十年来,德夯这样的故事一次次上演。

一座座桥梁、一条条隧道跨越天堑,连接起经纬纵横的交通大动脉。一个个曾被山河湖海阻隔的地区融入全国交通运输网,迸发出耀眼的活力。

2007年,秦岭终南山隧道通车。这条隧道是陕西“三纵四横五辐射”公路主骨架和西安至安康高速公路的重要组成部分,也是包头至茂名国家高速公路的控制性工程、沟通黄河经济圈与长江经济圈的交通枢纽。隧道通了,西安至柞水高速公路通了,深山小镇柞水只需40多分钟车程就能到达西安,融入全国路网。镇上的景点、饭店、“农家乐”游客爆满,土鸡蛋卖得断了档。仅2007年1月至4月底,柞水旅游业直接收入就达590万元。此前的三年里,该县旅游业收入总和也不过405万元。

2008年,杭州湾跨海大桥正式通车,改变了长三角的交通格局。宁波和上海不再隔海相望,陆路距离缩短120公里,温州、台州、舟山等地离上海更近,南通、镇江等地到宁波更便捷,长三角城市群区域一体化进程迈出坚实一步。

2010年,墨脱公路关键控制性工程——嘎隆拉隧道顺利贯通,全国唯一不通公路的县、素有“孤岛”之称的墨脱,即将融入西藏乃至全国交通运输网。

2011年,横跨胶州湾的青岛胶州湾大桥、穿越胶州湾海底的青岛胶州湾隧道同日建成通车。这一桥一隧将青岛、黄岛、红岛贯穿在一起,青岛市主城区与各区市之间形成“一小时经济圈”,山东半岛城市群区域内各中心城市之间形成“四小时经济圈”,为山东半岛蓝色经济区建设开启强力引擎。

十年来,一个个“断点”消失了,一条条动脉贯通了。

陆路,“五纵七横”12条国道主干线提前12年全部建成,西部开发8条省际通道基本贯通,农村公路发展走上快车道,覆盖城乡、便捷高效的公路交通网初步形成。

水路,沿海五大港口群协调发展,布局合理、层次分明、优势互补、功能完善的现代港口体系初步成形;内河高等级航道建设不断加速,畅通、高效、平安、绿色的现代化内河水运体系呼之欲出。

航空,一个个民用机场投入使用,纵横交错的航线织起密集的空中交通网。

邮路,空白乡镇邮政局所建设不断推进,便民邮网越来越完善。

如今,陆、水、空、邮交通运输网融合交织,立体交通大网雏形显现。

(十八)陕西:高速公路通车四千公里记

商子秦

(原载2012年9月26日《人民日报》)

陕原以西,华夏腹地,周秦汉唐,古今震烁。然黄土崎岖,关中四闭,秦巴险绝,虽有驰道丝路之荣耀,仍难掩交通"洼地"之窘困,更负三秦父老之重托。改革之后,秦人奋起,始筑西临。廿年之间,夙夜匪懈,规模初具。及至二零一零丁亥,陕西高速公路里程突破三千公里,全省振奋,百姓欢呼,以为功大莫过于斯。然秦人并未就此止步,再一年有奇,又破四千公里大关!

六百余日,众心戮力,捷报频传,佳音欢声。安川高速接连南北,打造中轴要路;十天过省携手西东,惠及襄鄂秦陇。宝平坦荡,周秦故地焕发蓬勃生机;神府动脉,能源热土谱写富民华章。西商穿越生态样板,似浑然天成;榆绥通衢人文典范,树时代标杆。另有潼临、西宝、西铜新扩,最是路畅人和,车行画中。

四千公里,光辉履历,领跑西部,全国枢纽。四千公里,开路先锋,凝聚信念,奉献忠诚。科学办交通、合力办交通、勤俭办交通,高歌奋进行。壮我三秦百姓之豪气,振我陕西经济之雄风。"发展现代交通",任重道远;"奉献一流服务",造福民生。大爱在心,成就西部强省交通伟业;为民开路,再铸璀璨丰碑辉耀征程。

是为记,时在壬辰年秋。

(十九)天遐思桥

吕高安

(原载2014年9月5日《中国交通报》,本文为节选)

最近一次去矮寨大桥,恰巧"七·七"那天赴湘西作调研。

"清晨我站在青青的牧场,看到神鹰披着那霞光,像一片祥云飞过蓝天……"恰是一个清晨,我没忍住从心底冲决而出的旋律,直奔矮寨大桥,从吉首出发,西走20公里吉茶高速公路,便到达目的地。这是世界上第一座索塔、隧道锚和隧道三位一体的悬索桥,主跨1176米，凌空飞越德夯大峡谷，桥面距谷底355米。车行大桥，白雾飘飘，山河隐隐，清风徐徐，置身其中，有如仙游。"那是一条神奇的天路，把人间的温暖送到边疆，从此山不再高路不再漫长。"湘西人民放声歌唱，这是一条天路，这是一座天桥。太阳喷薄时，大峡谷的秀丽和奇险，触手可及。我们爬到桥塔顶端，纵览湘西，方圆百十里，绿水青山，意境绵绵，三村九寨，苗鼓阵阵，令人神思遐想。

……

卞之琳的诗句"你站在桥上看风景，看风景的人在楼上看你"在这里演绎。银白色的主缆和吊索，橘红色的钢桁梁，高耸云端的桥塔，矮寨大桥整个儿就是一件极精致的工艺品。它与美国七里大桥、法国米约大桥、德国乌格德堡大桥、英国盖茨亥德千禧桥、上海东海大桥一起成为世界著名的现代桥梁。

谁都知道，矮寨大桥有四个"世界第一"：世界上跨度最大的峡谷桥梁工程；世界上首创"塔梁分离式悬索桥"新结构；世界上首创碳纤维材料岩锚体系；世界上首创"轨索滑移法"架设加劲梁新工艺。

因为这四个"世界第一"，2012年3月矮寨大桥通车那几天，境内外主流媒体有关报道达1000多条，创造中国交通新闻之最。

矮寨大桥修建之难，难于上青天，其实，这种青天之难是可以避免的。根据当初方案，十几公里的隧道将德夯大峡谷两岸连接，但弯弯曲曲的隧道破坏了沉睡亿万年的喀斯特地质，破坏了优美的旅游资源，且通车后管理成本很高。采用建桥方案，将大大增加施工难度险度，但大大缩短了里程，节省了造价，减少了营运管理难度。天不怕、地不怕的湖南交通人，毅然舍易求难，选择了后者。

在1200多米宽、400多米高的大峡谷上架设大桥，重达6000吨一根的钢缆，近2万吨的钢桁梁，技术之难可以想象。大桥附近是著名的旅游景点——德夯苗寨，大桥正下方的矮寨镇车水马龙，公路奇观——矮寨盘山公路6次迈过大桥下方，每天巨大的车流在此通行，与大桥施工交叉并行。只要从三四百米高的桥上掉一颗螺丝钉下去，其威力相当于一颗子弹，足以将车顶钢板打穿。

更险的是在雷雨天。矮寨一年有7个月雷雨期，大风在头上掠过，雷声从耳边炸响，闪电朝身边划过，都属寻常。矮寨的天，娃娃的脸，5分钟前还阳光灿烂，5分钟后倾盆之雨说来就来。湖南路桥集团项目总工张念来曾告诉我，有天，一个暴雷劈天而来，将大桥索塔工地的混凝土搅拌设备打坏，40吨刚搅拌好的混凝土顷刻报废，大自然显露出来的凶险让人咋舌。

在矮寨盘山公路上，矗立着一尊5.7米的"开路先锋铜像"，一位青筋爆出的湘西大汉，脚踏大地，头顶蓝天，左手执凿，右手挥锤，在悬崖绝壁里开山辟路，似听得铁锤轰轰，钢凿叮叮。你可知道，这幅铜像之下有多少筑路英雄？短短的这条路，安眠着200多位我们的修路先辈。那是一种怎样的悲壮?

地形极其险要、地质极其复杂、气候极其多变、吊装极其困难、运输极其不便,这五大世界级难题,一开始就困扰着大桥建设者。

矮寨大桥开工的号子吹响,1000 多名建设者赶赴现场,伴着寒冷,迎着酷暑,昼夜苦战,智勇双全,默默坚守了 1800 多天,硬是征服了所有困难,创造了四个"世界第一",创造了"湖南新名片",尤其创造了"轨索滑移法"——世界上第五种桥梁架设工艺。交通运输部总工周海涛、原交通部总工凤懋润等专家认为,轨索滑移法为悬索桥提供了全新的主梁架设工艺,矮寨大桥是目前中国真正有原创技术的两座大桥之一,它改写了中国和世界桥梁建设史。

这 1000 多名包括业主、施工、监理、地方指挥部在内的建设者,大部分是湖南人,其中不乏湘西人。他们不仅战胜了"强敌",而且很好地保全了自己,一个不少地看到了大桥通车的一天,一个不少地回到家里与亲人团聚。

历史将记住陈秀珍、姚红珍、王兰贞、李丽荣,整日在 400 多米的高空上架设行车,起吊钢桁梁,4 个铁姑娘美丽的身影,在德夯大峡谷定格。

根根硕固的悬索,将见证材料员刘佳和美女施工员唐云丹,在工地相识、相恋、相守,结婚生子的浪漫深情。

23 岁的湘潭大学土木工程专业大学生袁理,在大桥钢桁梁架设现场,在世界级创举"轨索滑移法"施工中谱写青春;年近花甲的供水工李金友,在 10 平方米的简易工棚里,日月守护着 720 立方米的大小池,为大桥建设添砖加瓦。

业主单位工程师陈临安坚守工地 5 年,大桥通车时,毅然放弃回城机会,留在大桥养护所,她带领 11 号弟兄,日夜巡查监控,检查通风设备,为大桥撒盐垫草,防潮防腐。33 岁的清秀大姑娘至今孑然一身。

……

现在,我就站在桥上,看着从重庆方向驶来 16 辆载重大卡车排排通过,可是我感觉不到一点震动,足见大桥之坚牢。

从吉首岸到茶峒岸,跨越大峡谷,走"天路"矮寨盘山公路,从山下驱车到山顶需 30 分钟,而走"天桥"矮寨大桥只需 1 分钟。

30∶1,时空之美在这里凝结,定格,放大。创新成就高度,科技成就新诗。

……

直到现在,太多的人问起大桥施工克难制胜秘招,湖南省高速公路管理局副总工程师、矮寨大桥建设指挥部常务副指挥长陈国平,道出全体建设者的心声:"靠的是湖南人吃得苦、霸得蛮、不怕死、脑壳开窍、敢为天下先的精神。"

一座桥演绎一串故事,一座桥成就一段传奇,一座桥锻造一种精神。湖南是桥梁大省,也是桥梁建设大省。湖南交通人就是在一座座桥的建设中,积累经验,引领中国桥梁的一个个施工技术,打破桥梁建设的一项项纪录,登上世界建筑史上的一座座巅峰。

三湘湖南,四水纵横,地质复杂,山高谷深,东西南北,连贯启承,湖南的交通史,就是一部建桥史。从土桥到木桥,从石桥到铁桥,从唐代修建的益阳市桃江县“牛剑桥”,到2006年建成的“益阳茅草街大桥”——我国同类型桥梁单孔跨径最大、宽跨比为世界第一的钢管混凝土拱桥;从1368年建造的株洲市攸县重兴桥,到炎汝高速公路洣水河大桥——主墩高143米,施工起重最大高度310米,刷新了国内悬索桥起重最大高度270米的纪录,跨度位居全国第二;从修建于1609年明万历年间的岳阳市汨罗县女子桥,到2000年建成的洞庭湖一桥——国内首座预应力混凝土多塔斜拉桥,首次采用不等高三塔斜拉桥,当时国内最长的内湖公路桥;从始建于秦嬴政时期公元前214年的郴州市北湖区石盖塘镇“万岁桥”,到主跨为3×380米,超过主跨342米的法国米约高架桥,成为世界上主跨最长的高墩多塔混凝土斜拉桥——郴州宜章县汝郴高速公路赤石大桥;从凤凰古城风雨桥到凤大高速公路把总湾大桥;从1405年明朝永乐年间修建的湘西凤凰县三拱桥,到吉茶高速公路矮寨大桥。岁月悠悠,路桥漫漫,见证时代风云,演绎科技进步,谱写人世沧桑。

……

(二十)中国桥架起“中国梦”之三:创造奇迹　谁是最可爱的人

和　佳

(来源:2013年12月10日新华社报道)

回首中国桥梁“崛起”的艰辛历程,可知所有的光荣与梦想同国家命运、民族复兴紧紧相连。如今,中国以一个文明、现代化经济强国的形象屹立于东方,是自强不息、不屈不挠的中国企业和员工长期艰苦奋斗而再一次成就的辉煌。

短短30多年,中国现代桥梁通过自主设计和建设取得了令世人惊叹的进步和成就。经济高速发展提供了平台,巨大的需求激励中国桥梁建设者在实践中一次次创造奇迹。而中国桥梁崛起更深层的原因,是中国人的勤劳与智慧。

“记得上学的时候学过一篇课文——魏巍的《谁是最可爱的人》。在我心中,中国的土木工程师就是当今中国最可爱的人。他们常年奔波在一个个工地,用坚实的脚步丈量祖国的山山水水,没有时间上微博、上论坛,但一座座伟大的桥梁工程背后,是他们不为人知的心血和付出。”每次谈起为桥梁事业共同奋斗的兄弟姐妹,中国交通建设股份有限公司(以下简称“中国交建”)企业文化部副总经理查长苗总是饱含深情。

德胜门外大街,一座座高耸的建筑物在阳光下反射着金光,中交公路规划设计院(以下简称“公规院”)安静地坐落其中,或许长久地被来往的行人忽视了、遗忘了。然而,在它明亮的落地窗前,默默低头与你擦身而过的可能就是世界最顶尖的桥梁设计大师。

公规院是中国交建的全资子公司。59 年来,公规院设计了国内外各种结构形式的大桥、特大桥 100 多座,其中跨江河海湾的特大型桥梁 60 多座。中国第一部公路桥梁设计规范、中国第一座钢筋混凝土箱形拱桥、中国最大跨径悬索桥——西堠门大桥、世界上最长的跨海大桥——杭州湾大桥、世界上挑战性最大的跨海通道工程——港珠澳大桥,还有刚刚获得国际咨询工程师联合会(FIDIC)百年重大土木工程项目杰出奖的苏通大桥等都出自于这个低调而务实的公司。久负盛名的 FIDIC 在全球过去 100 年所有重大土木工程中,一共只表彰了 36 项工程和 6 个咨询工程师,现任中国交建总工程师兼公规院董事长张喜刚就是 6 个受表彰的咨询工程师之一。

培养一个桥梁项目的总设计师,至少需要 8 至 10 年。桥梁工程是综合性的工程,需要设计师广博的知识面,细节处理更能体现匠心独运。公规院副总工程师崔冰告诉记者,设计一座桥梁,要考虑它如何“与天打交道,与地打交道”,充分考察地质等自然地理条件,在设计上还要巧妙地反映人文关系,承载精神内涵。“建造一座真正好的桥梁并不是一味地追求第一,而是与当地自然人文巧妙地融为一体,为世人广泛接受。”

座谈会上,刚刚 40 出头的公规院裴岷山总经理说:“我们常常开玩笑,土木工程师‘又土又木’,低调、务实,不善表达。但是在座的每位桥梁专家都是有故事的人,为了完成使命,他们付出了很多的心血,舍弃了家庭的温暖,十年、二十年地常驻项目,把人生最美好的时间奉献给了项目和桥梁事业。”

眼前穿着整洁的衬衣西装,打着精致领带的桥梁工程师们,正值生命中最旺盛的壮年,没有丝毫的土气和木讷,目光炯炯透着理性和智慧。记者心下呐喊,正是这批中国最尖端、一流的桥梁精英,划下了一个时代的传奇。传奇不是设定的,是从普通人一步一步走过来的。在武汉市二航局总部,记者见到了“建桥英雄”杨志德。当过会计、烧过砖、挖过煤……杨志德从农村走出来,1976 年成为中交二航局工程师,一干就是 37 年,朴实的本色不改。刚刚过完 60 岁生日的他,尽管已经当上了公司的副总经理,仍在乐此不疲地跑工地、做项目。他最多时身兼 4 座大桥的项目经理,常常夜里 3、4 点赶路,带 4 个茶鸡蛋,司机 2 个,自己 2 个。他说:“虽然工地之间不远,但夜里行车路上清静。”

中交第二航务工程局,被誉为中国建桥“梦之队”。回首发展历程,在建设自己第一座真正意义上的桥梁——江阴大桥时,由于技术差,没有设备,工程建设举步维艰。“当时很想建桥,又不知道怎么建桥。”杨志德在工地过了 28 个春节,在工地与小偷搏斗被打断过鼻梁,没流过一滴泪,却为江阴大桥哭了好多回。

当时的二航局很穷,桥梁建设前期,施工单位需要投入大量资金。除夕之夜,时任二航局局长来工地看望职工。简陋的工棚里,两杯酒下肚,谈及经销商的逼债及种种窘境,杨志德与局长抱头痛哭。为了解决购买造桥设备的资金问题,他举办了经销商大会,说"到时不能还钱,你们可以随时卸我的胳膊我的腿",用自己的人格担保感动了在场企业。

"中国桥梁不是一步登天。"回忆起江阴大桥建设过程中,当时已年过七旬的中国工程院刘济舟院士在石棉瓦工棚里一住就是一个月,拖着200多斤体重还屡屡爬上百米高塔的场景,杨志德眼角又泛起了泪花。"我那时才40多岁,刘院士每次告别时总紧紧握着我的手说'拜托你了,老杨!'"

建第一座桥工程师都是"摸着石头过河",问题和挑战一个接一个。在工程接近尾声时,由于主塔密度不均匀,存在一些安全隐患。杨志德没有"睁一只眼闭一只眼"赶紧竣工了事,而是决定在200多米高塔放炮轰掉隐患部位。20天时间,他和一百多个工人用凿子一点点把已经浇筑好的混凝土凿掉,重新浇筑。"桥梁不能留有隐患,我不能让活着的每一天都在想这件事。"杨志德说。

在他的领导下,江阴大桥顺利竣工,并因主跨长达1385米成为当时中国第一大桥、世界第三大桥。能够参与一项超级工程的建设,已是一个工程师职业生涯的无上光荣。迄今为止,杨志德作为项目经理,主导建设了11座跨越长江的大桥,占已建成的长江大桥的七分之一,并创造了多项中国建桥纪录,成为中国桥梁建设市场的一块"金字招牌"。而江水悠悠,记载了这些年的寂寞与乡愁。

"70年代工程师们一年只有12天假期,那时交通不方便,回家路上可能就要七八天,再加上没电话,在外施工的工人们一年到头也难和家人联系上。有的同志甚至父母过世半年后才知道,只能俯在江边哭,对着逝去的父母的方向磕个头。"杨志德感慨地说,"在中国现在造桥发展史上,很多前辈为中国桥梁的建设付出了一生。"

查长苗告诉记者,在交通基础设施方面,近30年来,中国是最大的市场,全世界的跨国公司都在觊觎这块"肥肉"。由于中国工程师的努力,没有让任何一个跨国公司拿走一个主体合同,并且还把港口、公路、桥梁建到了全世界。优势在残酷的竞争中不断积累,崛起的央企正在打破过去由外国垄断的市场,打破由西方把持的固有的世界贸易格局。

杨志德说:"我的中国梦,就是梦想建的每一座桥百年后还是好的。我们建桥不是为养活一些人或完成一个项目,而是为百姓、为人民、为子孙后代!"正因为有了这些"民族脊梁",我们比历史上任何时期都更接近梦想,更有信心、有能力实现几代中国人的夙愿。

(二十一)万众瞩目!港珠澳大桥主体桥面今日全线贯通

陈治家　纪顺利

(原载2016年9月27日《广州日报》)

港珠澳大桥长达22.9公里的主桥桥梁今天将全面贯通,包括青州航道桥、江海直达船航道桥、九洲航道桥三座通航斜拉桥和20公里通航孔桥。三座航道桥设计各有特色，“中国结”“海豚”“风帆”造型组合成伶仃洋海面上的一道亮丽风景。

历时四年多的建设，一条22.9公里长的巨龙已经绵延驰骋在仃伶洋海面上，世界最大的跨海大桥港珠澳大桥桥梁主体工程今天将全面贯通，“中国结”“海豚”“风帆”三个巨型景观在伶何洋面上熠熠生辉，已成为港珠澳大桥以及伶仃洋面上的标志性景观。

22.9公里巨龙横亘伶仃洋

港珠澳大桥总长55公里，是连接香港、珠海和澳门的超大型跨海通道，也是迄今世界最长的跨海大桥，包括海中桥隧主体工程，以及香港、珠海、澳门三地口岸和连接线。其中，主体工程由6.7公里的海底沉管隧道和长达22.9公里的桥梁工程组成，隧道两端建有东、西两个人工岛。今日将全线贯通的是横亘在伶仃洋海面上的22.9公里主桥桥梁，无论是从珠海情侣路沿线上看，还是高空俯瞰，宛如一条巨龙绵延在伶仃洋上。

港珠澳大桥主体桥梁工程主要包括青州航道桥、江海直达船航道桥、九洲航道桥三座通航斜拉桥和20公里通航孔桥。港珠澳大桥一旦未来建成通车，将大大缩短香港、珠海、澳门三地之间的时空距离，从香港到珠海澳门驱车仅需30分钟的车程。而今如果陆路往来三地只能绕道东莞虎门大桥，车程在3小时左右，水路乘高速客轮也要1个小时。

163米高“中国结”傲视南海

港珠澳大桥管理局行政总监韦东庆介绍，港珠澳大桥三个通航桥各具特色，其中青州航道桥设计是港珠澳大桥最具特色的部分，为双塔空间双索面钢箱梁斜拉桥，主梁采用扁平流线型整体式钢箱梁，索塔采用横向H形框架结构，163米的塔上端采用象征港珠澳三地紧密相连的“中国结”造型钢结构结形撑。

珠江口作为国家一级保护动物中华白海豚的重要栖息地，江海直达船航道桥设计上反映了这一海洋生态。该桥为索面钢箱梁斜拉桥，索塔采用顺桥向“海豚”造型；而直接珠澳口岸的九洲航道桥为截面钢箱组合梁斜拉桥，索塔采用顺桥向“风帆”造型。

青州航道桥“中国结”熠熠生辉，江海直达船航道桥“海豚”塔栩栩如生，九洲航道桥“风帆”塔扬帆矗立，成为三大标志性景观。

“现代世界七大奇迹”之一

港珠澳大桥工程建设引起了国际桥梁界的高度关注，还吸引了国际一流的桥梁专家和团队前来参与建设，目前有来自丹麦、美国、荷兰、英国、日本、德国、瑞士、土耳其等多个国家的专家参与技术咨询和质量顾问。建设以来，更有60多个国家的专家和团队前来参观。作为中国从桥梁大国走向桥梁强国的里程碑之作，港珠澳大桥被业界誉为桥梁界的“珠穆朗玛峰”，并被英媒《卫报》称为“现代世界七大奇迹”之一。

今年9月25日，谭国顺在港珠澳大桥施工现场度过了64岁生日。来参与港珠澳大桥建设前，他一直是中铁大桥局总经理，建设了一辈子桥梁，国内外众多著名桥梁上都流过他的汗水。为了参与这个世纪工程，他甘愿“官越当越小”，从一个正厅级单位一把手，做起了港珠澳大桥CB05标段项目经理。他说，按政策规定，他是60岁就要退休的，如今因为港珠澳大桥建设，他在工地上又度过了4个生日，“中铁大桥局当年用的第一艘施工吊船是35吨级的，1925年美国制造。如今从港珠澳大桥建设原材料到施工现场多艘3000多吨级的吊船等众多大型装备，全部是国产的，能建成这样一座世界瞩目的桥梁，不仅仅代表中国桥梁的最先进水平，更是这个国家综合国力体现，港珠澳大桥将是中国走向世界的又一张新名片。”

大桥怎建成　巨轮搭积木

- 设计寿命120年，抗16级台风、八级地震及三十万吨巨轮撞击

因为中国内地与港澳三地技术标准存在差异，港珠澳大桥从一设计就按照“就高不就低”的原则确定主要技术标准，即采用最高标准打造“世界级跨海通道、地标式建筑”，譬如设计寿命120年，抗16级台风、八级地震及三十万吨巨轮撞击等要求。中国著名桥梁专家、中铁大桥局原总经理谭国顺赶在退休之前参加了这个世纪工程的建设，他告诉记者，为了保证使用寿命120年，港珠澳大桥建设几乎用了世界最苛刻的标准，比方说平均长度130余米、直径2.5米的深海桩基必须保证10cm以内的平面偏差和1/250以内的倾斜度，但凡对桥梁工程技术略有研究的人，都会为以上几个数字而惊叹：技术和质量要求太高啦！桩基施工伊始，建设者们即遭遇钢管桩沉桩倾斜度不能大于1/250的挑战，远超于1/100的行业标准，在国内桥梁外海施工中尚属首次。

- 施工现场不再人头攒动，厂房建好桥梁后由巨轮拖到海上搭积木式拼装

韦东庆书记表示，要克服恶劣的外海施工条件，建设一座同时满足内地、香港和澳门三地标准体系的巨大规模的跨海通道，建设者们创造性地实践了“大型化、标准化、工厂化、装配化”的设计理念。在“四化”理念指导下的港珠澳大桥施工现场，看不到人头攒动、千军万马的施工景象，而是为数不多的大型装备在现场进行搭积木式的装配化安装。老专家谭国顺说，时间如果倒流20年，简直不可想象，建设这么一个世纪工程，那还不动用数十万的劳力？“我们所有的桥梁都是先在中山、东莞等地厂房里建设好，再用巨轮拖到海上，像搭积木一样安装，在工厂预制时大量采用机器人作业。”

港珠澳大桥主体工程近23公里的桥梁，首次在桥梁工程上部结构大规模采用钢结构，用钢量达40多万吨，足以建造60座埃菲尔铁塔。全新的自动化生产线，智能化的板单元组装和焊接机器人系统，先进的超声波相控阵检测设备，工厂化的“长线”法拼装，代替了过去以手工操作为主的生产模式，大大提高了成品的质量和稳定性，使港珠澳大桥钢

结构制造技术总体达到世界先进水平,进而推动了整个行业的技术进步。

二、散文(9篇)

(一)你让我荡气回肠
——群雕《华夏龙脉》读记

作家　陈忠实(此文立石于西汉高速秦岭服务区)

这是一组令我荡气回肠的石雕雕塑群。在我阅览的过程中,无意识间涨起关于一个民族的豪壮之气和骄傲的情怀,脊梁顿然挺直起来。

我们的历史太过沉重。大小王朝的兴起和颠覆都演绎着杀戮,是以无数的生灵涂炭为代价的。以理性和情感的双重视角审视五千年的文明史,都是对国家和民族未来不容苟且的严峻。然而,我不想沉湎在明杀和暗陷的痛切之中,尤为珍惜更加敬仰历史进程中的阳光。世间一切有生命的物种都仰赖太阳,一个民族和国家文明的开创和推进,是由那些出类拔萃卓有建树的人实现的完成的。我看他们就是我们漫长的历史进程中撒播阳光的人。这组群雕所选取的历史人物和历史故事,包括神话传说开天辟地的盘古,以及开凿架铺栈道的工匠,都是富于建设和创造意义的阳光英雄。我便心领神会,这组石雕的创作人与我看取历史的心情相吻合。

这组名为《华夏龙脉》的雕塑镶嵌在秦岭腹地,恰切而又传神。龙是中华民族的象征和图腾。横亘在华夏大地中腰巍峨雄浑的秦岭,是相伴母亲河——黄河的父亲山,正恰如既威严持重又摇曳多姿的龙。秦岭把中华大地分隔为南北,形成北国岭南无限的风物风情的万千气象,更哺育和影响着华夏悠久的可资骄傲于世界的文明的进程,造就了中华文明独立独秀于世界的个性与风采。60多万年前的蓝田猿人,6000年前仰韶文化的半坡人,始祖炎帝和黄帝族居之地以及陵寝,都紧依着父亲山——秦岭的北坡。盘古当是后人创作的根据了他们精髓的神化了的英雄。石雕群中遴选的人物,都是对华夏文明具有开创意义和对中国历史进程具有决定性影响的英雄,既是龙的传人龙的子孙,也是龙的精神的彰显和象征。他们组合在一起,镶嵌在秦岭,正构成一部简约的华夏文明史,也张扬体现着秦岭内在脉象——龙脉。

巍峨雄浑的秦岭,史圣司马迁冷峻地视为“天下之大阻”,在中国第一浪漫派诗人李白眼里,竟然是一唱三叹为“难于上青天”。今有4万筑路专家和工人,以富于创造性的智慧和无坚不摧的成就事业的雄心和毅力,把一条最直接便捷的高速公路铺展在秦岭之间,成为岭南岭北人民的阳光坦途,也为秦岭这条华夏龙注入新的血液,让这龙脉更富于活力和灵气。雕塑家无疑是深得古今神韵的大手笔,着力铆劲可见刀锋利刃粗犷的刻痕,精雕细刻处显现着绣花裁纸的丝丝入扣的纹路,可以猜想艺术大家对民族精英的敬仰之情,也可感知洋溢着的才华。这样,就有了一组震撼人心的《华夏龙脉》的雕塑,与作为龙的象征的秦岭融为一体,铸成永久。

2007 年 8 月 14 日于二府庄

注:

《华夏龙脉》雕塑群,位于西汉高速公路秦岭服务区,这是一个总长为 260 米、宽 6 米、最高 8.5 米的大型黄花岗岩雕塑群。雕塑群的设计以时间轴为线索,从政治、经济、军事、文化等各个方面,运用 18 个历史典故,以艺术的形式展现了秦岭的 5 条古栈道及现代的西汉高速公路。雕塑群整体形象以自然山形贯穿相连,彰显历史,体现人文。

《华夏龙脉》雕塑群以圆雕和浮雕相结合的创作手法表现,总体分为五个层次:圆雕,高浮雕,中层浮雕,低浮雕,阴文。雕塑群浮雕部分高为 5.5 米,圆雕高为 7 米,最高点为 8.5 米,使整个雕塑群节奏分明,层次丰富。《华夏龙脉》雕塑群整体形象是以自然山形贯穿相连,层峦叠嶂之感犹如秦岭山脉连绵不断。雕塑群以在秦岭地区,影响中华民族历史的十个重要时间段贯穿,包括:远古时期、原始阶段、春秋、秦代、汉代、三国时期、唐代、宋代、明代、清代。雕塑群中人物形象接近百人,其中圆雕人物 27 个,其中具有代表性的有:秦惠文王、刘邦、项羽、上林苑骑兵队、诸葛亮、黄忠、夏侯渊、唐代武士、李白、宋代力士等。

雕塑群运用历史典故有:盘古开天地,五丁开道,石牛粪金,萧何月下追韩信,萧何运兵粮,明修栈道,暗度陈仓,上林苑骑猎,诸葛亮木牛流马计,定军山战役,李白蜀道难,九井驿开凿三巨石等。《华夏龙脉》雕塑群还将秦岭中重要的道路进行了艺术表现,如:褒斜道、子午道、陈仓道等。

(二)回家的路

陈鸿圣

(原载 2016 年 2 月 1 日《中国交通报》)

驻地与河北老家之间有多远?王为义这一年间往返了几个来回,都没有一个确切的答案。总之挺远,远得让人心里痒痒的,有种拔腿就走的冲动却始终无法逾越。

回家时,内心迫切。恨不得插个翅膀飞回去,可坐车到湖北利川再乘高铁经武汉到家,也得 12 个小时。够快的了,以往坐普通列车,还得二三十个小时呢,一路上虽说煎熬,却挺甜蜜,毕竟历经一段非常之旅,就可以见到朝思暮想的家人。

归来时,内心纠结。从家到火车站的这段路上,和老婆孩子言不由衷地说着什么,明知即将离别,却避重就轻地变换着话题,故作洒脱。月台之上,一阵短暂的沉默后,王为义转身就往车厢里走,不忍心再回头看妻儿一眼,任凭泪水在眼眶里打转。

多少年了,总是在团聚与分离,淡忘与守望中奔波,转换着角色。慢慢地,孩子长大了,父母变得更老。岁月神奇,慢慢地将“往事、遥想”在心里填满。

王为义自小没吃过什么苦,来到偏远封闭的大山里成为一名高速公路建设者时,他才体验到真实的山村生活。再怎么不习惯,可终究是自己的选择。那就坚忍适应着、努力愉快着,让简单清苦的一线生活,多一些理想的色彩,消解着青春迷茫。

好在王为义天性乐观,尊重并接受命运安排,自然快乐地完成了积累蜕变。不觉间,一晃就是十几年过去,他从普通技术员成长为项目副书记。

只是,人近中年,便惶恐起来。前年父亲去世,对70多岁的母亲来说,委实残忍。相濡以沫了大半辈子,从此形单影只,人间天堂两相望,人生悲痛莫过于此。“独居的老母亲晚年孤独,内心凄惶,我得尽可能回去多看看她啊!”在工地的无数个夜晚,王为义时常夜不能眠。

10天的假期,在路上紧赶慢赶,来回也得两三天。以往回家,王为义想着法儿陪母亲唠嗑,而这一次,则是带着母亲在医院里检查、拿药。

高速公路建设者的生活状态大多是这样的,得与失、苦与乐、荣与憾,一切都是筑路人生里的厚重内容,内敛、沉稳,像极了脚下的大地和延伸的大道,曲曲弯弯、辽阔坦荡,抵达远方。

(三)大路通到那吉屯

杜庆文

(原载2011年10月13日《中国交通报》)

从塞北重镇齐齐哈尔向西北延伸130多公里,越过黑龙江与内蒙古交界的“金边壕”,前面便是一片连绵起伏的山峦。山下是绿茵茵的草地,蒙古包和牛羊点缀其间,写意得很。随着海拔的渐次升高,天空也越来越蓝了。再逶迤几十公里,便靠近了与白云接吻的地方——那吉屯。

那吉屯,如今在大兴安岭东麓是一座美丽诱人的小城。那吉,鄂温克语意谓“鱼非常多的地方”。不错,小城依山,松柳密布,草滩葱绿,河汊纵横,加上周边环境温润静谧,鱼自然多了。可是,作为一个旗政府所在地,它过去并不繁华。直到改革开放之前,小城还是沙土路,民用平房破烂不堪,甚至有人还住垦荒时的马架子,连个称作“楼房”的建筑也没有。由于街道狭窄,店铺集中,车辆繁杂,小城乱得没有章法。更为糟糕的是,它的环境卫生极差。人们难免积怨:“什么那吉屯,简直就是垃圾屯!”

那吉屯的变化,发生在近十年间。随着301国道和111国道先后通达这里,阿荣旗人顺应时势,提出让阿荣旗靓起来。于是乎,决策、集思广益、外出学习,动员所有力量,利用自然条件优势,进行招商引资。经过十年的精心运作,整个阿荣旗焕然一新。尤其是那吉屯,它的惊人巨变,带动了地方经济的迅猛发展,屯里屯外之人,没有不为它竖起大拇指的。

你看，小城之内五至六层乃至十几二十层的楼房拔地而起，有三百幢左右，分别矗立在马路两旁，造型新颖，气派非凡，既现代又具有民族特色。马路平坦，路灯成线，两侧的垂柳与白杨，樟松与云杉，翠若伞盖，绿荫浓浓。走进那吉屯，仿佛走进森林城市，让人清新爽意，精神振奋，忘却忧烦。

小城品位的攀升，不仅仅是这些。这里还有两处必须提及的大手笔，那就是全国唯一的以英雄王杰命名的广场、以抗日联军三进呼伦贝尔大兴安岭森林与鬼子周旋为内容建造的园林，充分展示了阿荣旗革命老区和那吉屯"英雄小城"的红色魅力。

如今，来到这里，你会说：那吉屯变了，变化真大，再也不是当年的"垃圾屯"了！

不是么？湛蓝的天宇飘动着白色的祥云，巍巍的兴安滚动着绿色的林海，草原上不时传来抒情的长调，盛开达莱香的阿伦河畔以柔美的臂膊拥抱着由居民区、商业区、行政区、工（农）业园区等有机组合的环保型那吉屯小城。阿荣旗人民带着微笑徜徉在改革开放的幸福之中。他们十分自豪地说："是的，那吉屯变了！"那吉屯的巨变，这不仅仅是决策者、规划者和建筑师们的杰作，也是广大的清洁工及广大市民集体构建的和谐体现。更让人自豪的是，在未来几年内，那吉屯将由旗变市，而国家重点工程、被誉为"南北大通道"的广西北海至那吉屯的公路也已开通了。

（四）逢路植桉　绿满八桂

陈泽峰

（原载2010年3月15日《中国交通报》，为《"动脉"绿衣行道树》专题报道节选）

在植树节到来之际，广西壮族自治区以"大种树、优生态、惠民生、促发展"为主题的全区交通绿化美化工程启动仪式在南宁（坛洛）至百色高速公路坛洛服务区举行。自治区交通运输厅和直属各单位及有关部门干部职工300多人投入到种树活动中，扶树苗、铲土、踩实、浇水。不一会儿，近千株桉树拔地而起，为坛百高速公路又添了一道绿色风景线。

泉南高速公路桂海段全长600多公里，是广西连接南北的大通道，每当你驱车行驶在桂海高速上时，映入眼帘的是一排排整齐的桉树，他们高高伫立在公路的两旁，就像公路卫士一样守护着八桂大地。

桉树是桃金娘科桉树属树种的总称，原产于澳大利亚、印度尼西亚和菲律宾。桉树引种到我国已有110多年的历史，现已成为我国南方速生丰产林的战略性树种。

桉树成长很快，喜温暖气候，喜肥沃湿润的酸性土；树姿优美，四季常青，有萌芽更新及改善沼泽地的能力；树叶含芳香油，有杀菌驱蚊作用，可提炼香油。

广西的气候比较适合种植小叶桉,在广西的公路两旁种植桉树尤其常见。桉树的苗木在当地的各个苗圃可以买到,苗木运输成本也低。桉树作为行道树深受广西交通人的青睐,如今广西的各条公路上到处都有桉树的身影,可谓“千里高速,千里画廊”。

桉树是世界上长得最快的树种之一,生长旺季,1 天可以长高 3 厘米,一个月可长高 1 米,一年最高可长 10 米。缺点是:耐寒性不强,仅能耐短时的 -7℃左右的低温;性喜光,稍有遮阳即可影响生长速度;容易在大风中折断,影响行车安全。

(五)一条乡路　一生乡情

中宣部新闻局　庄晓洁

(原载 2016 年 4 月 19 日《中国交通报》)

三年前,我第一次在山路的颠簸曲折中,回到四川大巴山里婆家的祖屋过年。那年回京后,我写的一篇随感发表在《党建》杂志上,后来听说婆家村里的支书看到了,支部里几个老党员感慨不已。这三年间,老家每每有新的变化,他们都及时相告,前年通往村里的路修好了,他们千叮万嘱,让我们一定要回去看一看,走一走。近乡不情怯,沿着一路的乡情,今年我再次从北京回到千里之外的婆家,路的变化给了我满满的“获得感”。

回 乡 的 路

三年前除夕的前一天,我们一家下午两三点从四川达州机场出来,乘车一路前行,先后经过了弯曲起伏的水泥路、石板路、土路,到达巴中平昌县城时已近深夜。次日早晨继续乘车返乡,山路陡陡弯弯,因为刚下过雨,泥泞湿滑。没走多久,车轮便陷进泥潭里动弹不得,只得下来走路,大件行李托人用摩托车载回家,小件行李被闻讯而来的亲友用背篓帮忙背回去。我和先生轮流抱着孩子,一行人踩着坑洼的山路,深一脚浅一脚地前行,正午时分才到了婆家的祖屋。记得翠竹掩映下,那乌黑低矮的瓦砖院子,老烟囱上白烟袅袅,我裤腿上黄泥未干,站在川式老宅的院堂里,仿佛进入儿时电影中的场景,宁静山村中弥漫着烧柴的气息,陌生而特别。

那年到亲戚邻居家拜年串门,听他们说起最好的消息,就是从县城到村里的路要开始修了,说起最大的愿望,就是门前这泥巴路能尽快铺上沥青。有些乡亲羡慕邻村新修的公路,说那路走起来才巴适(舒服),眼神里的无限憧憬,令人难忘。

回京后这三年,陆续听说从老宅门前到县城的公路以及从县城到市区的高速公路,都相继破土动工。想想自己那年春节返乡时的满脚泥泞,心里满是感慨。

三年一晃而过,又到返乡归家时,我们一家搭了夜里最后一班航班回来。从机场出来不久,汽车就驶上了新修好的高速公路,路面平坦,隧道明亮,一个多钟头就到了县城。县城所在的高速公路出口宽敞大气,灯柱矗立,流光溢彩,用最明媚的热情欢迎归家的游子。

来接我们的亲友自豪地说："三年前从机场到这里要 7 个小时，现在是 70 分钟！变化大吧！"县城住宿一晚，依然是在次日清晨驱车回祖屋，依然是山路十八弯。然而，如今的十八弯已与此前截然不同：平坦的沥青路，蜿蜒秀美，道路两侧风光无限。没多久婆家的新居就进入了眼帘，掩映在翠林叠嶂中的新居极为洋气，为这里平添了一道风景。放下行囊，悄步登上楼上露台，远眺山林，老家的清新空气中氤氲着柴火的味道，此情此景似梦而又非梦。

和三年前的寂静不同，路修好了，来往的车辆多了，回乡探亲访友的人也随之增加，山村里的人气明显旺了起来。在婆家新居的周围，还有好几幢已建和在建的新房。邻居说交通方便了，山里空气好，以前这里的人只出去不回来，现在年轻人愿意回来了，跟着去城里的老人更想回来。落叶归根，这里才是故土啊！

乡路连着希望

说起故乡的过去，上世纪九十年代末，村子所在的半山腰才修建了简易公路，但路面崎岖不平，经常发生塌方事故，车辆难以通行，偶尔看见一辆灰秃秃的拖拉机经过，都能让村里的孩子们兴奋不已。2013 年，村里的路开始改建。2014 年年初，沥青公路铺到村里屋前，乡亲们走好路的梦想终于实现。

说起儿时的回忆，三十年前先生还在上小学的时候，这里只有一条陡峭的山路可出去，山路最窄处只能落一只脚，最宽处也不到半米，离最近的公路有 20 多公里。上学时，半夜鸡鸣就得摸黑起床，独自举着火把赶山路，连走带爬三个多小时，才到达学校所在的乡镇。有时候火把被风吹灭了，四周黑森森地伴着不知名的动物叫声，吓得一路冷汗地快走，被石头绊倒或跌进沟坎掉了鞋，也继续摸爬起来往前赶路，不敢回头看。这让我想起一篇报道《大巴山深处，那些黎明前的火把》，那是近十年前，这大山另一头求学的孩子，仍然要在夜里点火摸路，即使漆黑崎岖的山路令人恐惧，也努力向着改变命运的方向前行。

李白诗云"蜀道之难，难于上青天"。古往今来，巴蜀山路艰难坎坷，令人望而生畏，也成为贫困的主要原因。脱贫攻坚，首先在道路，老家道路之变，正是蜀道变坦途的最好缩影。春节期间，驱车穿梭在川内的高速公路、高架桥、长隧道之间，犹如穿行于风景之中，也仿佛穿越了古今。

外人都说蜀道难，但只有身临其境的行者，才能深刻体会在这绵亘大山里穿山打洞、架桥造路的艰苦和卓绝。尤其是前几年四川陆续遭遇汶川地震、芦山地震后，全国举力，全川一心，绝处重生般创造了举世瞩目的重建奇迹，纵横交错的高速公路网，成为标本之一，也开启了川路的新时代。

实实在在地付出，便能换来老百姓实实在在的"获得感"。接过一扛到底、爬坡上坎的精神火炬，"十二五"期间，四川交通运输发展继续驶入快车道，高速公路投资覆盖 80%

的贫困县,农村公路新改建工程改善了近2000万农村人口的出行困难问题,贫困县基本实现"乡乡通油路、村村通硬化路",为打好脱贫攻坚战奠定了良好的交通基础。

乡路连着乡情

如今,曾经举着火把上学的孩子早已走出了大山,走上了祖祖辈辈的梦想之路。又因为这绵长的乡路,连接着眷恋和期盼,这些长大后的孩子又回到了曾经一直想要逃离的故乡。返乡期间,笔者和好几个生于此长于此,后来外出求学工作,如今小有成就的人攀谈起来。他们说,小时候最大的愿望,就是有一天走出这大山,再也不要回来!但是如今他们满心激动地回来了,这不仅因为家乡变了,路好走了,更因为这里有了生活的新希望,有了发展的新机遇,有了让心底那份乡愁怡然安放的所在。曾经看这里是穷山恶水,现在满眼是青山绿水,绿水青山就是金山银山。

夜幕降临的山村,满天繁星,这是我的孩子从未见过的神奇景象。恰巧这时候家人放起了《乡愁》这首歌,悠扬的旋律在山间回荡。孩子问我:"妈妈,为什么说乡愁是一生情呢?"我说:"因为爷爷奶奶在这里生活了一辈子,离不开这里。你爸爸出生在这里,不管走到哪里走得多远,也会想起这里。你虽然不在这里生活,但这里有你的祖先,有你喜欢的泥土、树林和星星,他们会让你一生难忘。"

(六)丝路情缘

吴照伟

(原载2015年9月7日《中国交通报》)

人生就像一场旅行,行走在一条未知的路上,你永远不知道在下一站会发生什么。上班几年来,从西到东已行走过几个不同的城市,城市不同,但相同的是我一直从事于公路行业,那些在公路之上忙碌的橘黄色身影始终相伴左右。

刚上班时,工作单位在有"飞天之乡"之称的敦煌。盛夏八月,骄阳似火,沙漠环绕的小城尤为炎热,穿行沙漠的公路在灰白色的大漠中宛如一条黑丝带延伸到一望无垠的天边,路上不时有车行过。走进小城,虽不见千年前一路西行的驼队,但是仿佛仍能听到叮铃作响的驼铃声,回想起那些在历史上被演绎过无数次的刀光剑影、血雨腥风。

到敦煌一个星期后,几个同事一同到阿克塞养管站上路实习。阿克塞的党金山便给了我们一个"惊喜"。山下,炽烈的阳光如同火烤,我们穿着短袖仍是大汗淋漓。半小时后,养护车行驶至山腰处,却是一派秋的气息。待一小时后行至山顶,大雪纷飞。初进公路行业的菜鸟们见识了什么叫作"一日四季",也明白了公路养护行业的艰苦。

几年后,工作调动至玉门。去玉门的路上,沿着连霍高速公路,可以看到戈壁滩上一排排"风车林"在二月料峭的寒风中转动,延绵不绝。

到达玉门,碰到的是难得的晴天。晚上一切安顿好后,有同事过来聊天,谈及对玉门的印象,说到城外壮观的风车林和玉门的风时,我说道:“这玉门的风似乎也没想象中那般大,似乎还不及安西的风。”同事笑笑说:“且看明日。”果然,第二日的玉门便开始刮起号称“一年只有一场、一场就刮一年”的大风。行人都戴着帽子和口罩,武装得严严实实,一直未曾戴过帽子的我忽觉应该去配齐一套。

还未配齐装备,我就开始了高速公路辅道养护维修工作。辅道位于沙漠之中,我无遮无拦,风卷起沙砾打在脸上生疼,我与同事抬着一块安全警示牌,被大风刮得不得前行。在玉门的一年,漫天的风沙和风中劳作的橘黄色身影便成了我最深刻的记忆。

千古岁月,洮河静静流淌,风景秀美的临洮就是洮河沿岸最闪耀的明珠,这便是我工作的第三个城市。也许陇上本有十分灵秀,却独钟爱临洮,将九分汇聚于此。在群山环绕之间,临洮段管养的国省干线公路蜿蜒前行,一路一景。

依山傍水修建的兰临高速公路沿途风景宛若画境,有夏木葱茏的清风雅韵,亦有烟叶的郁郁葱葱,而管养这风景若画的临洮公路人亦具有相似的文艺气质,能歌善舞者颇多,能文会画者亦多。

除却这份与生俱来的文艺气质,小城的人们兼具着西北人的豪爽执拗,在工作上极为吃苦耐劳,对工程质量要求极严,面对急难险重任务时奋勇争先。记得 2013 年 7 月 22 日,岷县遭遇地震灾害,临洮公路人主动请缨,第一时间赶赴灾区冒雨连夜抢通道路,保障了救灾“生命线”安全畅通。

一座城,一段难忘的回忆。那些在公路上度过的岁月,那些在路上的记忆,因为那份与路的牵绊,始终在我脑海中绵延不断。

(七)牧区文化节　车来车往

海事系统援青干部、青海省甘德县副县长　宋立鹏

(原载 2016 年 8 月 19 日《中国交通报》)

8 月 4 日,我到青海省甘德县政府报到的第二天,受县里委托,到邻县达日县参加首届格萨尔狮龙宫殿文化艺术节开幕式。我之前对格萨尔文化了解甚少。作为一个“闯入者”,参加这样一次盛会,给我印象最深的不是精彩的节目,不是严密的组织,也不是周到的接待,而是热情的民众以及像民众一样多的汽车。

记忆中,蒙古族、藏族、哈萨克族等生活在马背上的民族,在举行那达慕等文化艺术类活动时,马应该是活动中除人之外的第二主角。然而这天,上万人参加的节日,会场周围几乎被各种各样大大小小的汽车包围。看车牌号,参与者除来自果洛州和青海其他市州外,还有四川、重庆、甘肃等地。甚至连要参赛的骏马,都是汽车拉来的。密密麻麻的“汽

车丛林”，宛如广袤碧绿草原上举行的一场车展。

同行的甘德县政府办仁增副主任是地道本地藏族人，我问他牧区汽车普及和道路建设情况如何。他回答道，以前藏民出行、放牧都是骑马，所以有没有路无所谓；后来开始有了摩托车，需要一条不用很宽，但最好硬化过的道路，这样不光速度快，也可以不受下雨积水影响。如今，藏民们富裕起来，买得起汽车了，仅 3 万人的甘德县，汽车保有量达到 3000 辆，并且还在快速增长。

随着汽车在牧区的普及，自然需要更高等级的公路以及配套服务设施。以甘德县为例，目前县乡两级政府驻地、相对较大的定居点以及寺院等宗教文化场所，基本实现了等级以上公路覆盖，接下来就是拓宽提高等级。但对于更广大的牧区草原，则依然面临着牧民游牧居住地分散、地质环境复杂导致道路施工难度大、养护难度大成本高等问题。当然在牧区发展交通，不能仅仅算经济账、效益账，更要算政治账、社会账、民生账。如何找到平衡，或许是下一步交通援藏援青、推动交通扶贫，应该重点考虑的问题。

（八）项目部的“编外职工”

中交二航局五分公司　张会龙

（原载 2016 年 5 月 12 日《中国交通报》）

最近，项目部的地瓜生病了，整天无精打采，饭吃得少了，声音也不响亮了。“地瓜这是累着了。”同事说。

地瓜在项目部颇有“声望”，每天早上，同事们走过打卡机时都要跟它打招呼——

“地瓜，你又要上工啦！”

“汪！汪！汪！”地瓜回答。

地瓜是项目部的一条大黄狗，每天“工作”尽职尽责，不迟到不早退，被同事们戏称为“项目部的‘编外职工’”。每天一大早，地瓜都会情绪高昂地“上工”——与管理人员一起去工地“检查工作”。

八个多月前，刚刚加入项目部的地瓜可不是这个样子。那时，地瓜被人遗弃在项目部门口，蜷缩着毛茸茸的瘦弱身躯，有气无力地哼哼。后勤同事发现后收留了它，取名“地瓜”。据说，当地有“贱名好养活”的说法。跟大家熟识后，地瓜逐渐显出活泼的天性，喜欢到各个办公室串门，大家专心工作，它就静静趴在一旁。等大家闲暇时就逗它：“地瓜，翻个身，地瓜，握个手……”聪明的地瓜性情温和，逗得大家哈哈直笑。

地瓜渐渐长大，也开始和大家一样“打卡上班”。

地瓜的第一份工作是协助看守项目部大门。有时门卫师傅外出，它就一直趴在门口，眼睛盯着大门。遇到陌生人，就起身尾随其后。

抗洪抢险那会儿，项目部全体人员 24 小时轮班值守。地瓜每天跟着安监部部长於涛巡视围堰。每次巡视，地瓜总是抢先跑在前面，不时抬头望望江水，再回头看看於涛，得到点头回应后，它就继续向前跑。

一天晚上，地瓜照例跑在前面，於涛跟在后面。天下着雨，於涛深一脚浅一脚往前走，雨水沿着安全帽滴滴答答地流进眼睛里，视线模糊起来。“不好！”於涛叫了一声。原来他的一只脚被集水坑黏土紧紧咬住，使劲拔了几下还是拔不出来。地瓜听到叫声，跑回来，围着他不停打转。转了几圈后，地瓜在一处低洼的地方不停来回刨，不一会儿就刨出一条小沟，集水坑的泥浆水顺着小沟慢慢向低洼处流走，地瓜加快了速度，像糨糊似的黏土一点一点被刨开，於涛猛一使劲，终于脱困。

这次聪明施救大大提高了地瓜的“声望”。不过连日值守，外加淋雨，地瓜自己却病了。

送医的汽车缓缓驶出项目部，车窗外，地瓜的“同事们”连连挥手作别。这位“编外职工”的回归如今成了项目部日盼夜盼的大事。“汪！汪！汪！”远去的车上，地瓜回应着，也承诺着。

(九)丈量沙漠的人

中交第一航务工程局　杨关伟

(原载 2016 年 5 月 23 日《中国交通报》)

蜿蜒的无定河，从草原深处来，迎着高原寒风和黄沙，将身影缓缓淌进茫茫沙漠。位于无定河边的乌审旗在蒙陕宁三省区交界处，古时是兵家必争之地。上千年之后，这里难闻战马嘶鸣，但风沙肆虐依旧。

茫茫大漠，春风难度，但却有十几位项目组年轻人时时徒步其中。毒辣的太阳、发烫的沙漠，这队年轻人似乎是漫天黄沙中仅存的“活物”。

测量地点位于大漠深处，往返不便，每人只能自带午饭。接近中午，大伙儿席地而坐，拿出水、牛奶和面包，草草果腹后，再次出发。

日薄西山，气温骤降，风沙更猛了。如果遇到误差过大的情况，大家只能顺着来时的脚印返工重测。沙漠中跋涉好几公里后，往往测量任务还没完成，可大家的干粮和饮水早已消耗殆尽，饥肠辘辘，口干舌燥。这时总会有资深测量员给后辈们鼓劲：“差之毫厘，谬以千里，马虎不得！”工程测量较为特殊，必须当日事当日毕，否则已完成的工作也会全部作废。

每天清晨出发，日落而归。风沙灌进眼睛和嘴里，吹得皮肤发红、脱皮、皴裂。广袤的沙漠里，围绕着一个个精确的点位，留下了他们一串串长长的脚印。而这串串脚印之后，则牵引着整整一条铁路。

人们说，这就是那群丈量沙漠的人。

三、赋(2篇)

(一)为天路写赋

蔡元亨(此文立石于沪蓉西高速公路恩施市谭家坝服务区)

在沪蓉西高速公路行将落成之际,受总指挥部之托,为天路写赋。刻石。立巨碑于恩施市谭家坝服务区,以志盛世功绩,彪炳后世。

于9月25日至27日两天,在康申先生陪同下,驱车高速公路,直抵两个端极,全长320公里,主桥梁339座,天桥26座,特大桥37座,隧道43座。其中齐岳山隧道8公里多,龙潭隧道7公里多。逢隧必下车访问,正碰上湖北省交通厅副厅长徐健先生在隧中抢险,颇为感动。逢桥必下到深壑,听取总工王崇旭先生介绍该路在建路史上的6个世界第一。

一车驶去,一路震撼,感受良多,故成《天路大赋》。清·光绪三年(1877年)恩施太守王庭桢督修通宜昌东大路时,记载说,他从前读李白"蜀道难,难于上青天",以为说的四川,"今乃知施南向(从前)隶属夔州。"原来他修的正是古蜀道。因工程艰难超过青藏公路,故称"天路"。

附《天路大赋》于后。

天路大赋

西部开发,震雷始于曜电;施州崛起,大惠受之天恩。天路落成,各民族奉一瓣心香;泽被永世,建设者燃一炷忠诚。夸父追日,千古只余神话;志士兴邦,百年路梦依稀。今古之响,朝夕而应:神话终成现实,依稀路梦得圆。皇皇之功,彰大国民气派;拳拳之祝,洗建设者风尘。松涛撼壑,钧天广乐奏响;木叶应律,天路大赋合鸣。

动脉畅搏,绿蕊生财;资源尽利,清波流金。恩施无须施恩,贫苦再不苦贫。高、铁双交,西、东一贯。汽车摹白虎啸,机车作苍龙吟。月舟荡荡,振桂楫操天舲,自海溯蜀,只需一夜舟力;日车扬扬,挥长策执龙辔,发沪止渝,正是一日车程。重庆黎明,展云锦以偃海月;上古六龙,夷高标以回日车。嫦娥将玉壶敛清辉,煦和扬北斗挹甘霖。车与日月等速,人同日月齐驱。巡礼关山,敬目巉岩。蜀道难,天路建更难。

部省亲督,历寒暑犯霜露;科技支撑,询河岳叩山川。日升月恒,众下仰之;乾定坤运,万物顺之。芜杂归统,榜样得辉其久;纷繁成绪,理念使焕其长。虎贲之师,闯武陵禁区;俊杰之才,拔倚天长剑。轮转高岳,路事西东翼展;轹凌巨堑,工程左右星驰。

扎营蜀道,设帐荒落。天梯石栈,仍是唐时模样;清猿抢砸,不改唐时脾气。深山暮色,焊花、星光、流萤;工地朝氛,安全、进度、质量。猫道窜云,拿云手焊天穹;巨缆系天,登天足上苍旻。热血功臣,红日于巉崖写其影,入江山"麒麟阁";旷世壮士,碧水于深潭绘其形,进土家"墨冲楼"。钢架大跨,赫然冠于路史;火箭引索,炳然彪于路经。严岳推心,浩气穿于长洞;深谷置腹,铁骨擎乎天桥。地质秘籍,天造地设;桥隧经典,珠联璧合。巴山藏慧,高智商长隧道;蜀水映虹,高科技特大桥。巨塔张竖琴,拨响时代之弦;高墩设古筝,挑动天地之心。

天路如铁,青藏无逾其艰;天路载情,诗画难追其义。流动天苑,赏自然大美之丽;空中走廊,观山光水色之绮。百媚千娇,无暇拾翠。莽莽青山,似青娥拂倦眼;荧荧标志,如精灵释善意。桥栏是能驰之毅力,学飙风作激励;桥柱乃肃立之礼兵,对天路达敬意。嵯峨尽失,蜀险不再。

裁山不避云崖,绕路为护古木。何也?关山是无韵之诗卷,非黑色咒语;天险是造物之伟观,乃价值资源。幽怪奇秀,天工巴山之巧;雄险傲绝,造化惊耸之极。一旦被毁,天路空余快捷;文化失色,天路延展苍白。保护性开发,科学性拓展。灵山之美,不减空灵;原始生态,依旧元贞。

四大服务区,为鲲鹏筑巢;九霄广寒宫,为栖鸾送爽。土家苗侗,美多而综一;民族风格,彩众而和谐。杆栏酒酣,客是异域之彩蝶;火塘歌狂,梦是会飞之花瓣。民族宾馆,牵着悬念,游客费尽缠绵;风雨桥槛,携着明媚,青山无限蜿蜒。流霞可饮,秀色可餐。带走山川神话,觅得幽梦一帘。一张西段票,一份旅游券。

酹酒山川,祭奠英灵。巴渝歌低泣,撒尔嗬呜咽。土家人,以满眼清泪,洒悠悠天路;恩施州,以满山红叶,暄漫漫蜀道。年年岁岁,岁岁年年。

嗟夫,颂天路乃颂盛世。盛世之所以为盛者,社会和谐也,科学发展也,国力强也,胸襟广也,气势宏也,人民康也。

二〇〇九年十月

(二)桥赋

广东省长大公路工程有限公司　胡慧敏

(原载《中国交通报》)

巍巍神州,壮丽雄奇。崇山峻岭冲霄汉,惊涛骇浪斩平地。峰峦如聚,波涛如怒;天堑莫测,壕沟无数。增我国色,塞我通途;壮我山河,阻我行旅。纵使凌波微步,天险难涉;即便蜻蜓点水,巨浪难渡。舟楫出没风波里,生命悬于一线间;船舶弄潮海天处,财货几时到彼岸?隔岸共饮一江水,相见渺茫需百年。鱼龙盼垂虹,狐兔祈彩练,一朝巨龙凌波浪,千古长河走车辇。

忆我先祖,筚路蓝缕,逢水架桥,遇山开路,取石为基,架木为渡。女娲炼石补天裂,先民架桥弥地缺。造舟为梁,浮桥也;渴虹饮涧,拱桥也;长龙卧波,梁桥也;系藤为渡,索桥也;复道行空,天桥也;廊腰缦回,曲桥也;画舫凌波,廊桥也;怒江飞渡,溜索也;黄河长江,三山五岳，处处桥梁无数也。

桥之建筑，始于西周秦汉，盛于隋唐宋元，明清蔚为大观。桥之材质，可石可木，可铁可钢，甚或草绳竹竿，不一而足，因地制宜，就地取材尔。桥之形态，变化万千，南桥柔美，北桥伟岸。越沟壑溪涧者，古朴雅致；踞山峤野岭者，气势轩然；横通衢闹市者，奇巧轻盈；跨江河湖泊者，虎踞龙盘。桥之纹饰，或虎狮龙凤，或祥云瑞气，或历史典故，或芳草青莲。仪态万方，气宇昂轩。

然则桥之美，非独其形。穿越时空，纵横古今。古人只作一抔土，今桥曾经渡古人，文人墨客无觅处，古桥栏杆有诗文。尾生守信抱柱死，裴航蓝桥遇云英。张良进履圯桥上，梁祝结拜草桥亭。周处斩蛟长桥下，题扇桥上王右军。便桥上渭水之盟，陈桥驿黄袍加身。柯桥蔡邕识椽笛，断桥白蛇逢官人。张飞喝断当阳桥，红军飞夺泸定桥。姚长子浪桥斗倭寇，汤绍恩闸桥遗恩泽。古往今来，桥之雅事，桥之佳话，累累如珠，不胜枚举。更兼灞桥烟柳，千载离情；断桥残雪，西湖圣景；卢沟晓月，历史见证；枫桥夜泊，游子愁云；春波桥底，惊鸿照影；廿四桥下，玉人箫声；廊桥遗梦，西方情人；鹊桥相会，东方恋人；长江大桥，扬我国威；罗湖大桥，香港回归；夔门大桥，西部开发；杭州湾桥，科技奇葩。《清明上河图》，汴桥上熙熙攘攘；《虹桥画舫图》，接御驾风风光光。赵州桥、万安桥；广济桥、洛阳桥；叶挺桥、若飞桥；建军桥、解放桥。一桥一故事，一桥一诗篇，一桥一风景，一桥一画面。中华大地桥万千，神州处处好画卷。

桥满载诗情画意，桥凝聚离合悲欢，桥镌刻英雄气概，桥记载妙语箴言。抚今追昔，可观历史之沧桑；继往开来，可察时代之变迁。

今恭逢“杭州湾大桥杯”征文比赛，颂桥梁人之风骨，扬桥文化之精神。余酝浅才薄学于笔端，挥如椽大笔于手中。不揣深浅，寻章摘句，特著《桥赋》以记盛事。

四、志(1篇)

大运高速公路建设志

斗转星移，世纪交替，万象更新，百业俱兴。省委、省政府躬行“三个代表”，和时代节拍，抓结构调整，建大运高速，挺三晋脊梁，山西之幸，民之幸也。

纵观大运通衢，起大同，至运城，跨表里山河，贯群山沟壑，上穿雁门古关，下越绵山崇岭，挟三晋之雄风，挥长虹于南北，其势恢宏，其景壮观，泱泱乎伟哉。且系国道主干，北连京大、得大，南接运三、运风，东与太旧，西逢夏柳；朝辞边塞，夕至中原，直出阳关，迅达沿海，乃国之大政也。

若夫大运之魂，贵乎与时俱进。省委、省政府抓机遇，谋发展，顺民意，著蓝图，以200余亿巨资，修隧道17处，架桥梁703座，筑666公路通途——绿色大运、科技大运、人文大运,旨在整合三晋资源,强南北之交流,扩对外之开放,创投资环境,促产业升级。举目环顾,兴晋富民无所不及。今彰其功,以荫后世矣!

至若大运之心,当抒忠肝义胆。交通厅受命出师,敢为天下之先,以人为本,金融创新,科技领先,信息管理,构智能交通,建经济长廊。省直各部、8 市 31 县 132 乡各级政府 495 村,恪尽职守,勤政务实,依法办、取低限、开绿灯、做贡献。众百姓奔走相谕,献良田、迁坟茔、移果园。征地 70000 亩,拆房近 13 万平方米 。大新、新原、原太、太祁、祁临、临侯、侯运诸建设公司统数万将士,风餐露宿,废寝忘食,顶雁门雪寒,占韩岭酷暑,齐曰:"为大运而战,三生有幸,一世无憾!"

嗟夫!一路贯南北,三晋皆坦途。始庚辰岁末,至癸未国庆,五载工期三年竣。六车道大运畅流,县乡村路路通达,其中轴启动、辐射两翼、南北呼应、东西联运之效,当借经济带构建而昭彰。诚可曰:建大运,国之盛事;走大运,民之夙愿。

是为志。

中共山西省委

山西省人民政府

二〇〇三年九月二十八日

五、诗(4 篇)

(一)为高速歌唱

——写在遵崇高速公路工地上

李发横(著名诗人,中国作家协会会员,贵州省作协副主席,遵义市文联主席)

(原载《中国交通报》)

序

谁心中没有一个——远方,
远方——从脚下起步,直达向往;
谁心中没有一抱——山水,
山水——在梦中孕育,鸟语花香。
谁脚下没有一条路呢?
路啊!再长的历史长不过你,
你系华夏春秋,千古兴亡。
来吧!有一条路从这儿起步,
从这儿,红军奔向了全国解放。
来吧!让我们共上遵崇高速,
高速,是时代的呼唤,是人类的翅膀!

（一）

山哟，你孕万载，孵千秋，
悬日月之灯，
照古人从站起到学步、赶路，
一路高速将向我们奔来。
我们的心啊，早已龙腾虎步！
水哟，你淌激流、悬飞瀑，
浪淘古今风流人物。
莫非你也狂呼：这梦与现实的契合，这行程，是西部的行程；
这速度，是中国的速度。
这是一条通往太阳的道路，
第一个站牌：西部；
这是一条通江达海的道路，
第一名乘客：抱负。
这西部的大动脉啊！
这革命的长征的路啊！

（二）

我曾采访公路总监——
他一开口，就是一条坦途。从他简朴的外表、
丰富的内心，
伸延而出……
他从一种境界，悟出——
移动群山，
应不忘草木；
大道通天，
共生态为伍。
修路，本是一种奔富，
良策为伍，方悠悠千古。
摸摸热的经验，触触冷的艰苦，深知坚硬的岩石不是豆腐，
软地也并非可乐、玉乳。
报效，有时也是一种历险，
他一举一动，事关工程祸福。

路，因他走进生活的哲理，

人生的艺术。

他有政治家的责任，让人心浓淡适度；

他有科学家的认真，让工期冲出十面埋伏。

他得这山水之真传，

山的雄风赋予他凛凛大度，

他与这山水合一，路奔天长地久，

人因路再生大大之数。

（三）

我曾去隧道掌子面——

去见沉睡了亿万年的岩层。

见到了那些充满精神的人，

他们从千般辛苦中走来，在岩层深处——

心跳共地脉，

血流有泉韵。

是硬骨的山给他们硬骨，

是岩层的沉重给他们以信心。

啊！筑路工人——

这个星球因有你们，

高速响彻人心；

这里的山水因有你们，

路，铮铮铁骨；人，铁骨铮铮！

接富裕进山，你们把爱情之“爱”字，

忙成受苦的“受”；

驱贫困出境，你们把幸福这“幸”字，

累成了辛苦的“辛”字。

你们牵山海一路团聚，

山海因你们腾云驰骋。

（四）

人类，一旦停止了脚步，

自己便要消失殆尽；

道路，一旦与天人合一，

世界便活了，一路阳春。
这是一条生态之路啊——
以云为地毯，林为壁挂，
贴近自然，自然也有了人性；
这是一条文化之路啊——
汉唐奔来，说夜郎的故事，
转折奔来，道万里长征；
这是一条经济之路啊——
那头，去称北海的海量，
这头，来称西部的诚信，
养日精月华，盘点光阴，
遵义，要大踏步前进。
啊！英雄的筑路工人——

花岗岩、石灰石一路坚硬提问，换来的是你们逢山开路的回答。山与山的撕裂、水与水的落差，一问再问，你们敢飞？敢跨么？换来的是，你们——

舞动这条西部巨龙，
牵引这匹遵崇之骏马。

（五）

翻开地图，看这遵崇高速
这117公里的“一”字，
削平艰难险阻的坦途——
像翘起的拇指，让人佩服；
像横卧天机，让人大彻大悟。
桥梁穿峡，隧道破谷，

躲开功名、躲开纷争、躲开利禄，修路人，胸中装着整个中国前途。西部赶路，你们筑路；

你们筑路，中国阔步。
什么是你们一生的财富？
是让祖国脚下有通天大道，
是让中华民族龙腾虎步。
桥梁，这峡谷横听之耳，
听见了，听见了黔北正擂动日月的大鼓；
隧道，这峰峦启唇之口，

唱出了，唱出了长征路上又一飞跃曲谱。

坦途，这西部热情的巨臂，

挽今日之拼搏，来日更大展宏图。

尾声

谁心中没有一个——远方，

远方——从脚下起步，直达向往；

谁脚下没有一条道路——

路载我们的壮志、向往、一路风光。

飞哟，让我们飞出山的重围，

车窗外是一群天空，天在鼓掌；

飞哟，让我们飞过隧道、桥梁，飞向太阳，

太阳在我东方，宇宙是我故乡，

勃勃生机的黔北，

将飞起山欢水唱，龙凤呈祥！

（二）庆贺矮寨特大悬索桥通车全国诗词联有奖征集大赛一等奖作品

五律

湖南　徐拂荣

（原载《桥魂》——庆贺矮寨特大悬索桥通车全国诗词联有奖征集大赛优秀作品集）

索道横空出，苗山万叠低。

峰前浮玉带，云外听天鸡。

构筑雄三楚，康庄贯五溪。

羊肠余旧梦，一啸过湘西！

（三）养路人

张彦平

（原载2016年5月31日《中国交通报》）

初秋的山路

暮色从山梁上飘落

倦鸟急急归巢

我为什么还在张望？

我那养路的弟兄

还没回来

站在空旷山路上
湿漉漉的秋雨
滑坡体 机械 泥浆
你的衣裳和脸庞
公路终于抢通
远处星 灯流动
宝石般闪烁
沥青铺就的画布上
今晚又添了一首养路人的诗

(四)路之歌

江苏省交通运输厅公路局党委书记　张鸿飞
(原载2016年8月30日《中国交通报》)

浓缩时空的是你
延伸文明的也是你
路是理想的起点
路是希望的承载
茶马古道的坎坷被梦想踏平
丝绸之路的铃声传颂中华文明
啊,刻骨铭心的路
黄河、长江不是天堑
东西南北如今我纵横驰骋
梦在心中,路在脚下
友好交往需要你
升华情感也离不开你
路是心的港湾
路是爱的桥梁
昭君出塞不再是生死别离
文成进藏的一路扬尘很难再现
啊,魂牵梦绕的路
崇山峻岭挡不住思念
远方的亲人如今就在眼前
梦在心中,路在脚下

六、歌曲(3 首)

(一)歌唱二郎山

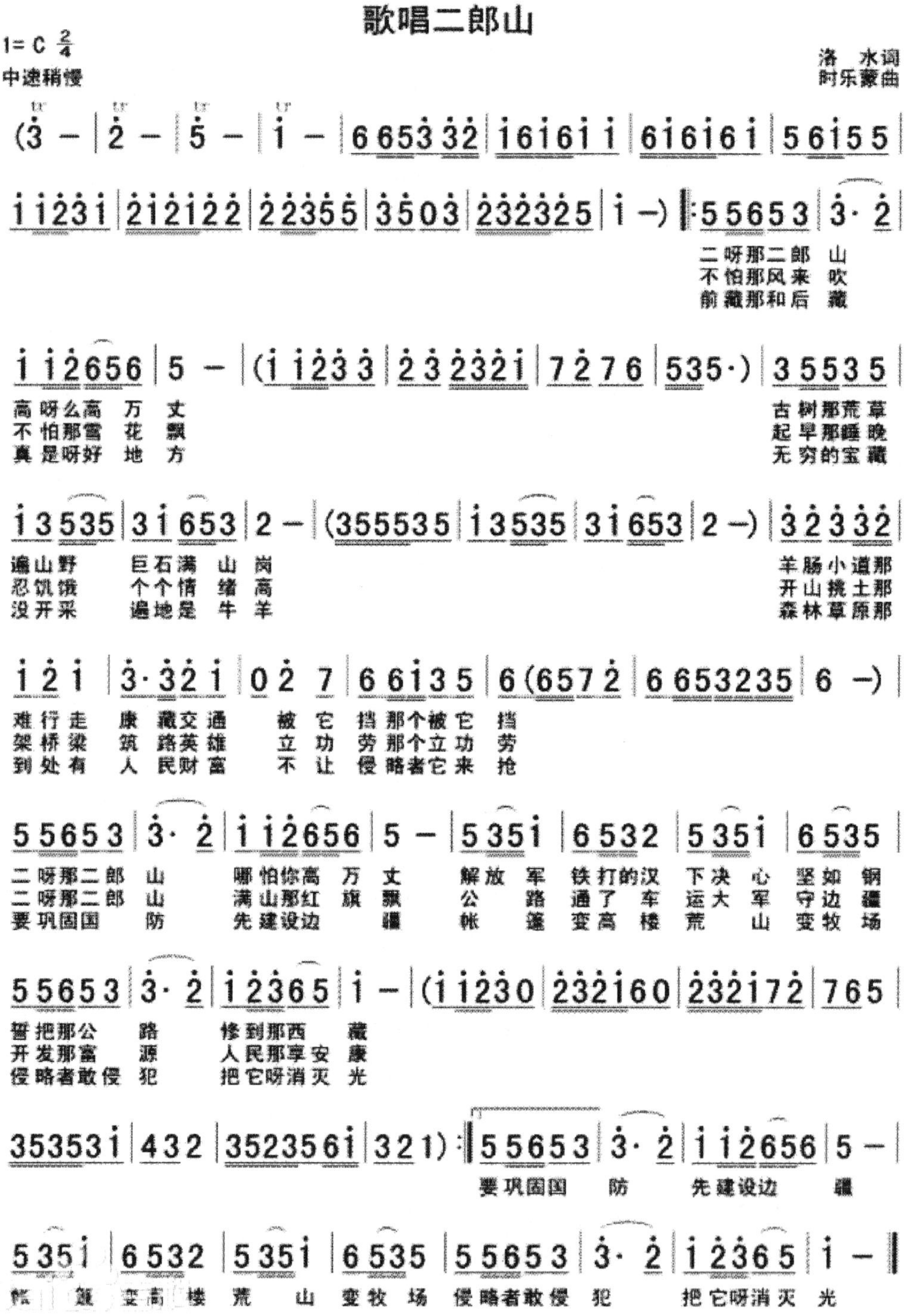

歌唱二郎山

1=C 2/4
中速稍慢

洛　水词
时乐濛曲

(3 - | 2 - | 5 - | 1 - | 665332 | 161611 | 616161 | 56155 |

11231 | 212122 | 22355 | 3503 | 232325 | 1 -) |: 55653 | 3· 2 |

二呀那二郎 山
不怕那风来 吹
前藏那和后 藏

112656 | 5 - | (11233 | 232321 | 7276 | 535·) | 35535 |

高呀么高 万 丈　古树那荒草
不怕那雪 花 飘　起早那睡晚
真是呀好 地 方　无穷的宝藏

13535 | 31653 | 2 - | (355535 | 13535 | 31653 | 2 -) | 32332 |

遍山野 巨石满 山 岗　羊肠小道那
忍饥饿 个个情 绪 高　开山挑土那
没开采 遍地是 牛 羊　森林草原那

121 | 3·321 | 02 7 | 66135 | 6(6572 | 6653235 | 6 -) |

难行走 康 藏交通 被 它 挡那个被它 挡
架桥梁 筑 路英雄 立 功 劳那个立功 劳
到处有 人 民财富 不 让 侵略者它来 抢

55653 | 3· 2 | 112656 | 5 - | 5351 | 6532 | 5351 | 6535 |

二呀那二郎 山 哪怕你高 万 丈 解放 军 铁打的汉 下决 心 坚如 钢
二呀那二郎 山 满山那红 旗 飘 公 路 通了 车 运大 军 守边 疆
要巩固国 防 先建设边 疆 帐 篷 变高 楼 荒 山 变牧 场

55653 | 3· 2 | 12365 | 1 - | (11230 | 232160 | 232172 | 765 |

誓把那公 路 修到那西 藏
开发那富 源 人民那享安 康
侵略者敢侵 犯 把它呀消灭 光

353531 | 432 | 3523561 | 321) :| 55653 | 3· 2 | 112656 | 5 - |

要巩固国 防 先建设边 疆

5351 | 6532 | 5351 | 6535 | 55653 | 3· 2 | 12365 | 1 - ‖

帐 篷 变高 楼 荒 山 变牧 场 侵略者敢侵 犯 把它呀消灭 光

(二)中国桥梁人

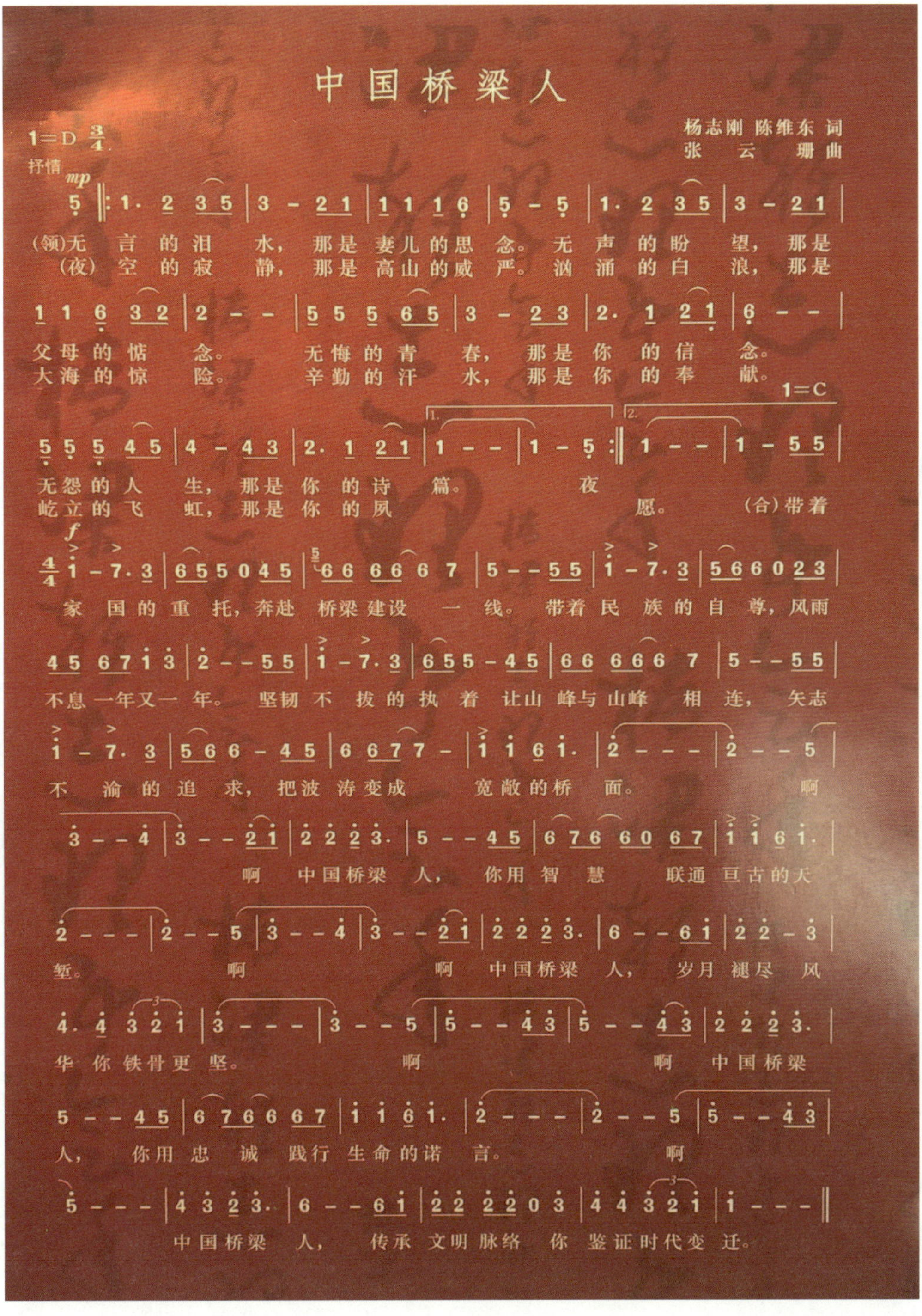

中国桥梁人

杨志刚 陈维东 词
张 云 珊 曲

1=D $\frac{3}{4}$
抒情

(领)无言的泪水，那是妻儿的思念。无声的盼望，那是父母的惦念。无悔的青春，那是你的信念。无怨的人生，那是你的诗篇。夜
(夜)空的寂静，那是高山的威严。汹涌的白浪，那是大海的惊险。辛勤的汗水，那是你的奉献。屹立的飞虹，那是你的夙愿。

1=C

(合)带着家国的重托，奔赴桥梁建设一线。带着民族的自尊，风雨不息一年又一年。坚韧不拔的执着让山峰与山峰相连，矢志不渝的追求，把波涛变成宽敞的桥面。啊 啊 中国桥梁人，你用智慧联通亘古的天堑。啊 啊 中国桥梁人，岁月褪尽风华你铁骨更坚。啊 啊 中国桥梁人，你用忠诚践行生命的诺言。啊 中国桥梁人，传承文明脉络 你鉴证时代变迁。

（三）天路入云

（原载2016年11月1日《中国交通报》）

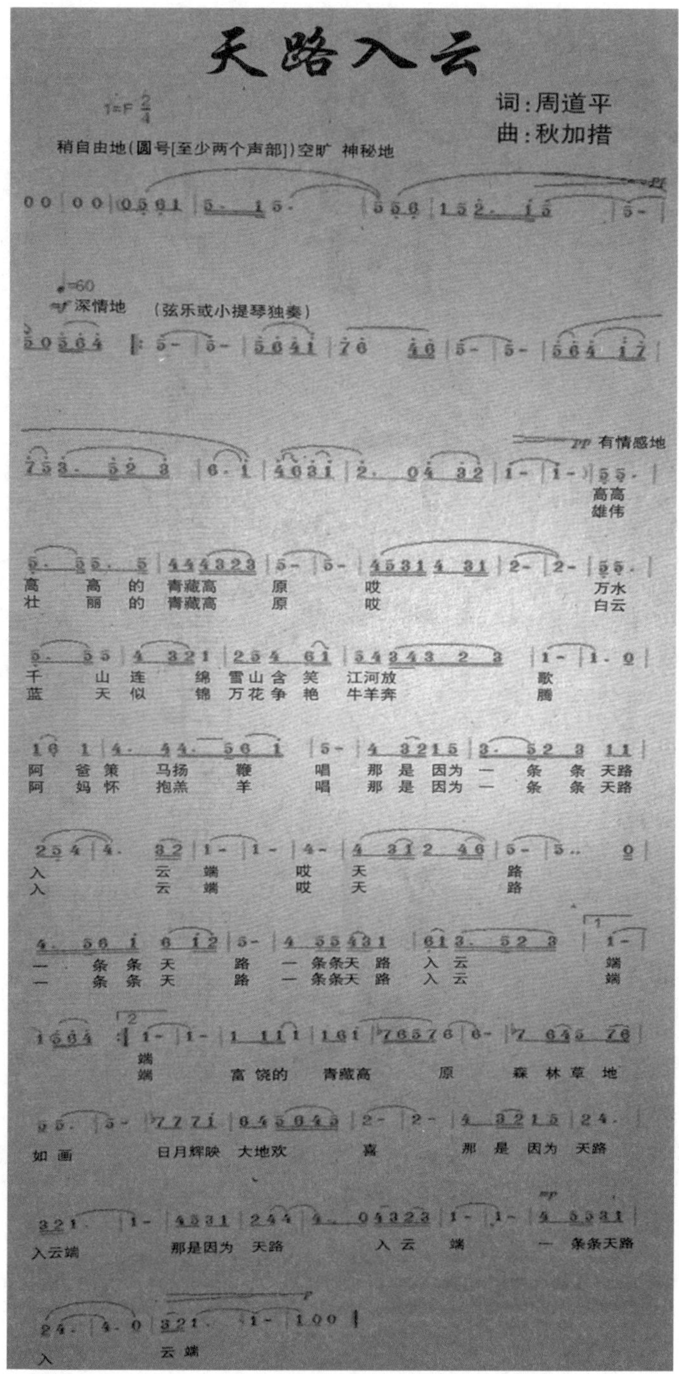

歌词作者为四川省交通运输厅党组副书记、副厅长

七、方寸点赞——邮品集锦（文稿及邮品均由付国民提供）

新中国成立以来，作为“国家名片”的邮票，在方寸天地间展现了我国公路、桥梁的建设成就与辉煌；特别是改革开放后，高速公路、长大桥梁多次被设计、印制在“国家名片”中，向国内外展示了我国在这一领域达到的世界先进水平，成为弥足珍贵的纪念。这既是对推进我国经济飞速发展发挥着重要作用的公路事业的方寸点赞，也构成了公路文化自身的重要内容之一。

1956年3月30日，邮电部发行《康藏青藏公路》（即今川藏、青藏公路，以下简称“两路”）特种邮票1套共3枚，这是新中国成立后国家发行的首套公路题材的邮票。其中第1枚蓝色，图案上部为“两路”的路线走向，下部为汽车行驶在高原雪山的“两路”上；第2枚深棕色，图案为康藏公路上的大渡河钢索吊桥；第3枚紫红色，图案为欢庆“两路”通车盛况。由于当年发行时，民众可以购买单枚邮票用于寄信，这套邮票被大量用于邮寄，如今无论新票还是旧票，存世量都较少了。这套邮票所以受到民众喜爱，主要是因为“两路”历经4年（1951—1954年）艰苦奋斗才修建完工。“两路”施工中涌现了许多可歌可泣的英雄模范，仅修建康藏公路就先后有3000多名筑路员工、解放军战士和民工牺牲长眠在雪山高原上。“两路”的建成，沟通了西藏与内地的联系，对巩固国防、加强民族团结、促进西藏地区经济文化发展，起到了重要作用。2014年8月6日，为纪念“两路”通车60周年，习近平总书记作出重要批示，要求继续发扬“两路”精神。这是对全国交通行业干部职工的鼓舞和鞭策。

此外，邮电部还先后发行过多套多枚有关交通运输的纪念、特种和普通邮票。其中影响较大者：一是1957年10月1日，邮电部发行《武汉长江大桥》纪念邮票1套2枚，毛泽东主席有诗赞曰“一桥飞架南北，天堑变通途”；二是1969年5月1日，邮电部发行《南京长江大桥胜利建成》邮票1套4枚。这两座公铁大桥的建成，征服了长江天堑，也成为中国钢桥建设的范例。

改革开放以来，我国公路事业进入了建设高速公路、长大桥梁的新时期。与此相适应，在“国家名片”中，也先后出现了品种多样的、设计精美的高速公路、长大桥梁邮票、小全张、纪念邮资封、纪念邮资明信片、纪念张、首日封、纪念封等邮品，给中国公路文化大花园增添了朵朵奇葩，唱响了新时期建设高速公路、长大桥梁的方寸颂歌。如，在邮票方面：1991年9月20日，邮电部发行《社会主义建设成就》（四）特种邮票1套4枚，其中第3枚票名为《沈大高速公路》，这是国家发行的首枚高速公路题材的邮票，方寸中“神州第一路”风采一览无余。2017年3月9日，国家邮政局发行《京津冀协同发展》特种邮票1套3枚，其中第1枚票名为《交通互联互通》，邮票图案上，京津塘高速公路与其他运输方式相映成辉，光彩夺目。1995—2012年，国家先后发行了《北京立交桥》《长江公路大桥》《芜湖长江大桥》《苏通长江大桥》《杭州湾跨海大桥》《泰州长江公路大桥》等共6套15枚长大桥梁邮票,集中展现了我国桥梁建设的辉煌成就。在纪念邮资封方面:1991年12月25日,邮电部发行《北京市西厢工程通车》1枚,编号JF34;1993年9月3日,邮电部发行《上海杨浦大桥建成》1枚,邓小平题写了桥名,编号JF40。在纪念邮资明信片方面:1997年6月9日,邮电部发行《虎门大桥建成通车》1枚,编号JP59;2010年国家邮政局发行《港珠澳大桥》1枚,编号JP162。在纪念张方面:2008年1月,国家邮政局发行《千里大运文明高速路命名纪念》张1枚,等等。

在国家层面发行高速公路邮品的同时,许多省、市、县邮政部门也先后发行了各具特色的精美纪念封。如,1993年12月18日,山东省邮票公司发行《济南—青岛高速公路通车》纪念封1枚;1995年12月16日,湖北省黄石长江公路大桥建成通车,黄石市集邮公司发行纪念封1枚,湖北省交通厅6位厅领导在纪念封上集体签名;1996年9月19日,吉林长春集邮公司发行印有省委书记张德江题词《祝贺长平高速公路胜利通车》纪念封1枚;1997年5月1日,广西桂林、柳州两市邮票公司联合发行《桂柳高速公路》纪念封1套2枚,李鹏总理题写的路名印在封面上;1999年9月25日,福建省邮资票品局发行《福州至泉州高速公路建成通车》纪念封1枚,交通部6位部领导在纪念封上集体签名;2001年3月26日,南京市邮票公司发行《南京长江第二大桥开通纪念》封1套5枚,江泽民总书记题写的桥名印在5枚纪念封的封面上,交通部6位部领导集体在5枚纪念封上签名;2003年12月26日,山东省交通厅、邮电局联合发行《山东省高速公路突破3000公里纪念》封,封面上印有山东省地图、公路标志、路政执法工作人员图案;2006年9月30日,陕西省集邮公司发行《黄陵至延安高速公路全线通车》纪念封,贴有《延安南收费站》个性化邮票,印有延安宝塔山和黄延高速公路图案;2007年12月13日,陕西省集邮公司发行《陕西省高速公路突破2000公里纪念封》,贴有《秦岭终南山公路隧道邮票》,并印有终南山隧道的图案,等等。

我国高速公路从起步建设至今仅有30年历史,通车里程已雄居世界第一。对这一时期建成的高速公路、长大桥梁,邓小平、江泽民、李鹏等党和国家领导人,或亲笔题写路名,或挥毫题写桥名。交通(运输)部领导,省级党、政领导及交通主管部门领导,在纪念建成通车的高速公路、长大桥梁邮票首日封、纪念封上,或题词,或签名。这些由领导同志题写路名、桥名,题字、签名的邮票首日封、纪念封,既反映了领导同志对高速公路建设取得巨大成就的欢欣喜悦,更鼓舞和激励了公路建设者的斗志。这些邮票首日封、纪念封,极大地提高了邮品的品位、层次,枚枚都是珍品,受到了交通行业广大干部职工、尤其是集邮爱好者的喜爱。以下选取3套邮票及15枚邮票首日封、纪念邮资封、纪念邮资明信片、纪念封(中华全国集邮联合会杨利民会长为其中9枚封、片签字留念),以飨读者。

邮品目录

(一)邮票(3 套)

1."康藏青藏公路"邮票

2."武汉长江大桥"邮票

3."南京长江大桥胜利建成"邮票

(二)邮票首日封、纪念邮资封、纪念邮资明信片、纪念封(12 套 15 枚)

1.《沈大高速公路》邮票首日实寄封

2.《京津塘高速公路》邮票首日实寄封

3.《长江公路大桥》邮票原地首日封(万县、黄石、铜陵、江阴 1 套 4 枚封,国家邮政局 2000 年 3 月 26 日发行)

长江公路大桥·黄石
中国邮政 CHINA
邮政编码

长江公路大桥·铜陵
CHINA 中国邮政 80分
邮政编码

长江公路大桥·江阴
2.80元 中国邮政 CHINA
邮政编码

4.《苏通长江公路大桥》邮票首日封(国家邮政局 2008 年 4 月 12 日发行)

5.《杭州湾跨海大桥》邮票首日封(国家邮政局 2009 年 6 月 18 日发行)

6.《港珠澳大桥》纪念邮资明信片

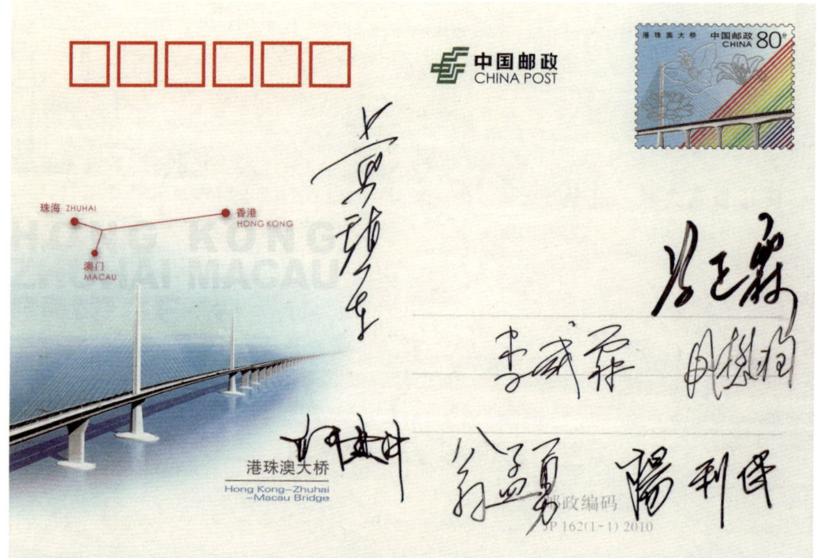

7.《青岛胶州湾隧道通车》纪念邮资封

8.《黄石长江公路大桥通车》纪念封(1995 年 12 月 16 日)

9.《桂柳高速公路通车》纪念封(1997 年 5 月 1 日)

10.《南京长江第二大桥开通》纪念封(2001 年 3 月 26 日)

11.《山东省高速公路突破 3000 公里》纪念封(2003 年 12 月 26 日)

12.《黄陵至延安高速公路全线通车》首日实寄纪念封(2006 年 9 月 30 日)

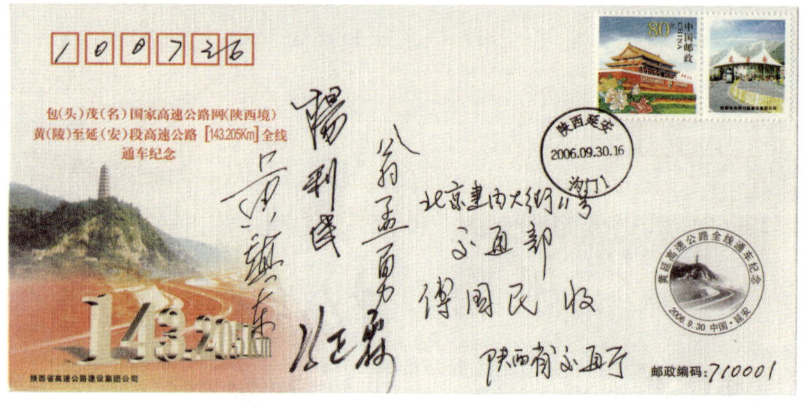

本章编写人员:刘文杰　徐德谦　付国民

本章编写单位:中国公路学会

附录一

中国高速公路发展纪年图表

一、中国公路状况图

1. 1949—2016 年全国公路通车里程图

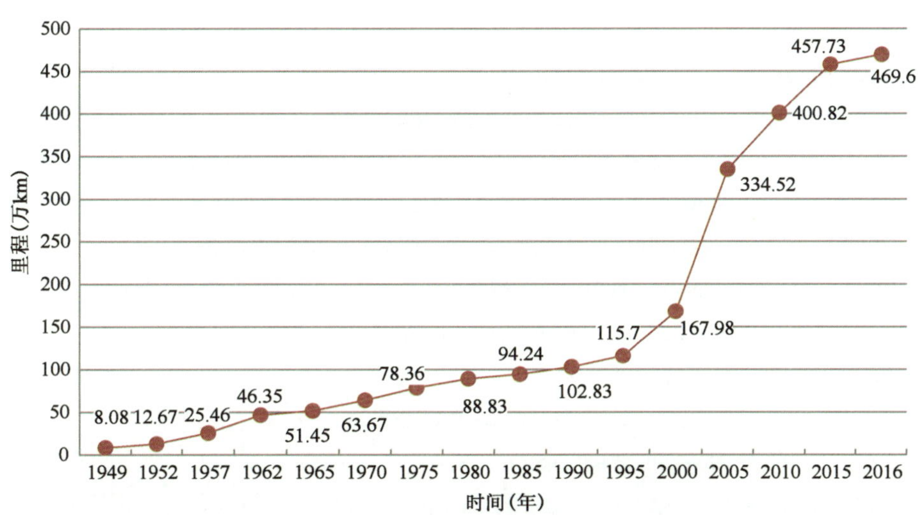

注:信息来源于交通运输部综合规划司《全国交通运输简明统计资料》(下同)。

2. 2016 年全国公路里程统计图(技术等级、行政等级、路面类型)

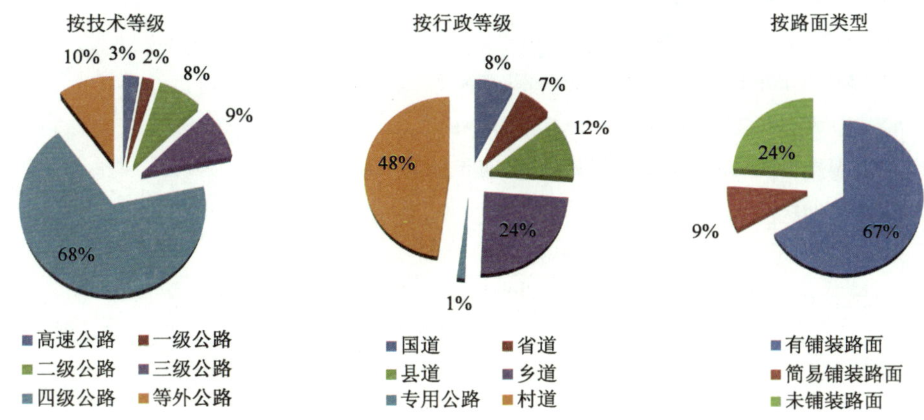

3. 2016 年全国各地区公路通车里程统计图

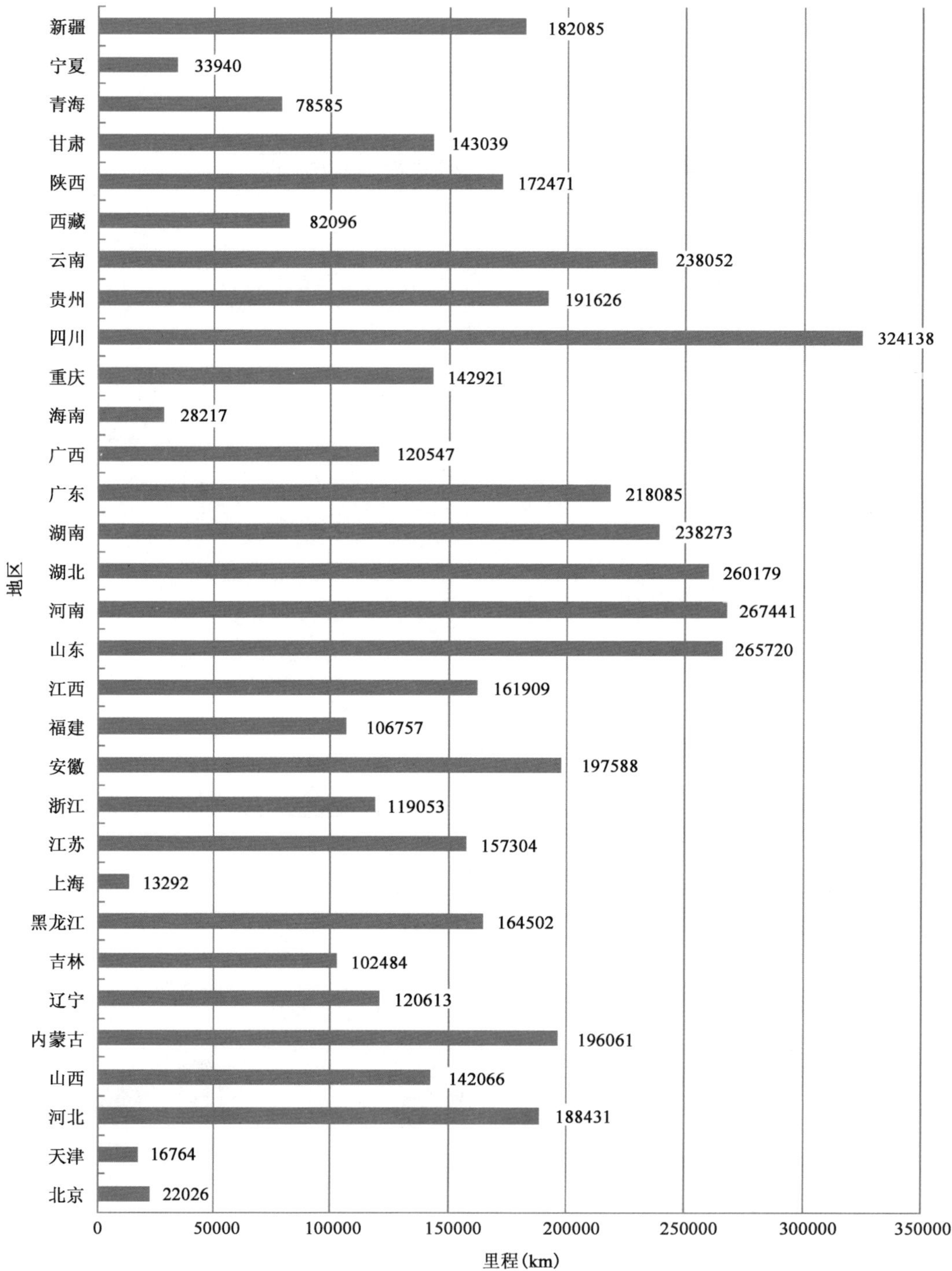
新疆
182085
宁夏
33940
青海
78585
甘肃
143039
陕西
172471
西藏
82096
云南
238052
贵州
191626
四川
324138
重庆
142921
海南
28217
广西
120547
广东
218085
湖南
238273
湖北
260179
河南
267441
山东
265720
江西
161909
福建
106757
安徽
197588
浙江
119053
江苏
157304
上海
13292
黑龙江
164502
吉林
102484
辽宁
120613
内蒙古
196061
山西
142066
河北
188431
天津
16764
北京
22026
地区
0
50000
100000
150000
200000
250000
300000
350000
里程(km)

4. 2016 年全国各地区公路密度统计图(按国土面积计算)

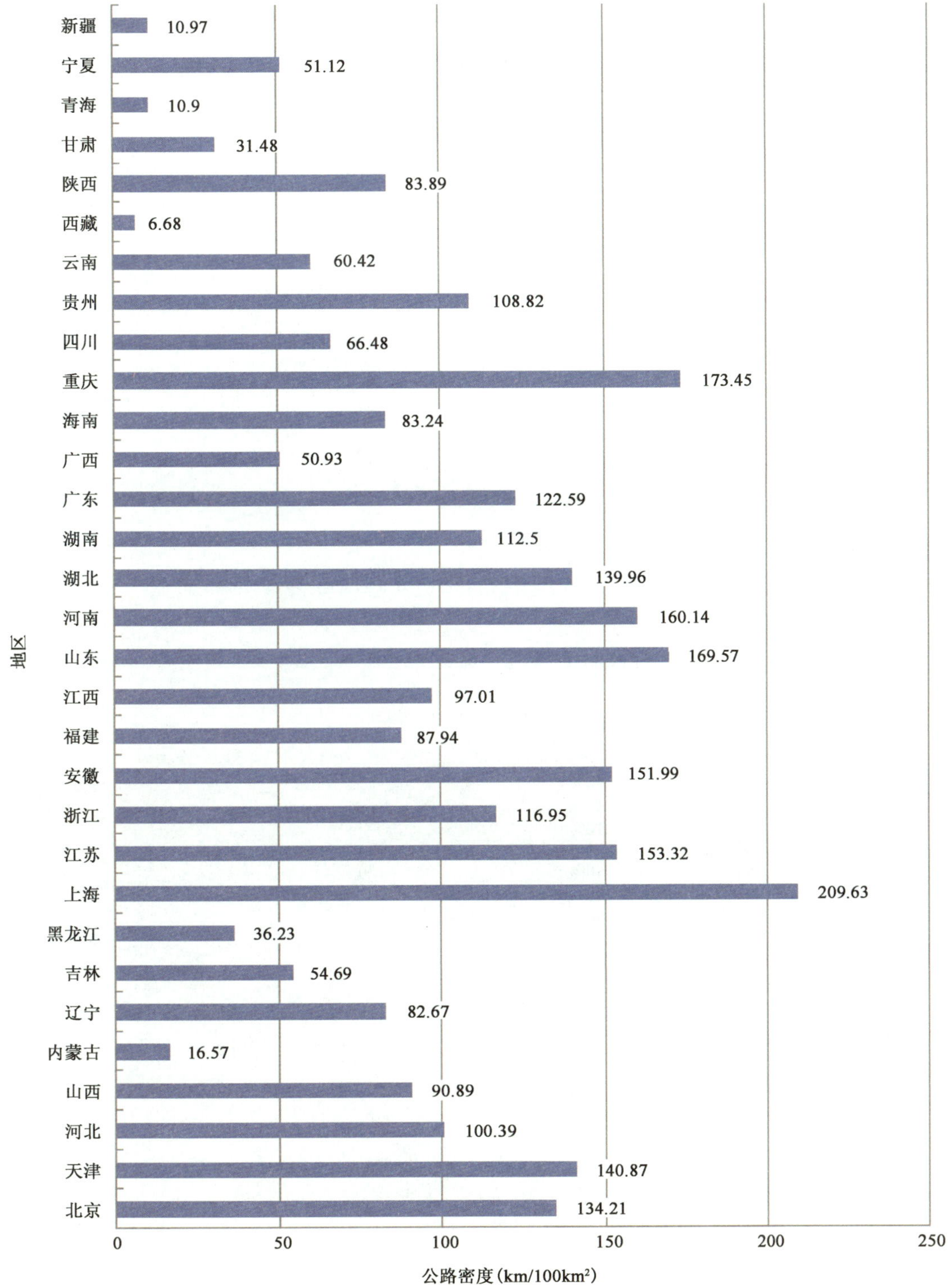
新疆 10.97
宁夏 51.12
青海 10.9
甘肃 31.48
陕西 83.89
西藏 6.68
云南 60.42
贵州 108.82
四川 66.48
重庆 173.45
海南 83.24
广西 50.93
广东 122.59
湖南 112.5
湖北 139.96
河南 160.14
山东 169.57
江西 97.01
福建 87.94
安徽 151.99
浙江 116.95
江苏 153.32
上海 209.63
黑龙江 36.23
吉林 54.69
辽宁 82.67
内蒙古 16.57
山西 90.89
河北 100.39
天津 140.87
北京 134.21
地区
0
50
100
150
200
250
公路密度(km/100km²)

5. 2016 年全国各地区乡(镇)、行政村公路通达率统计图

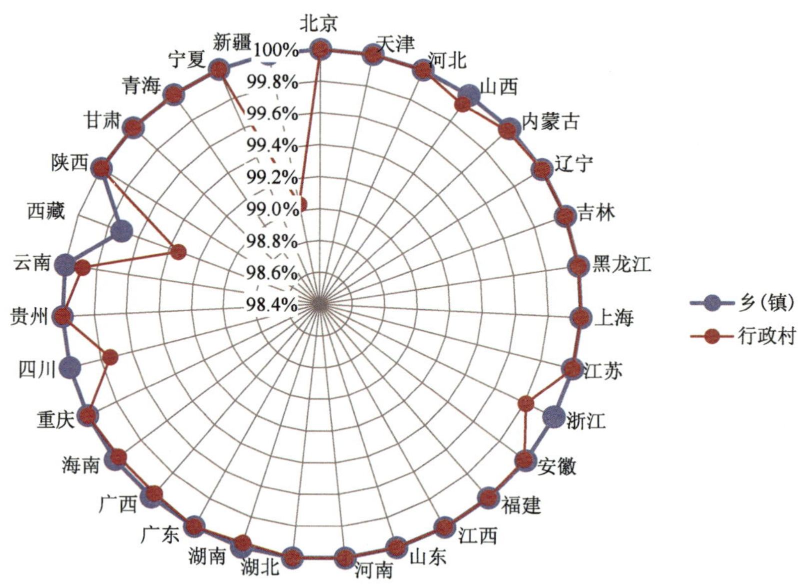

注:信息来源于交通运输部公路科学研究院《2016 年公路养护统计年报》。

6. 2016 年各地区乡(镇)、行政村公路通畅率统计图

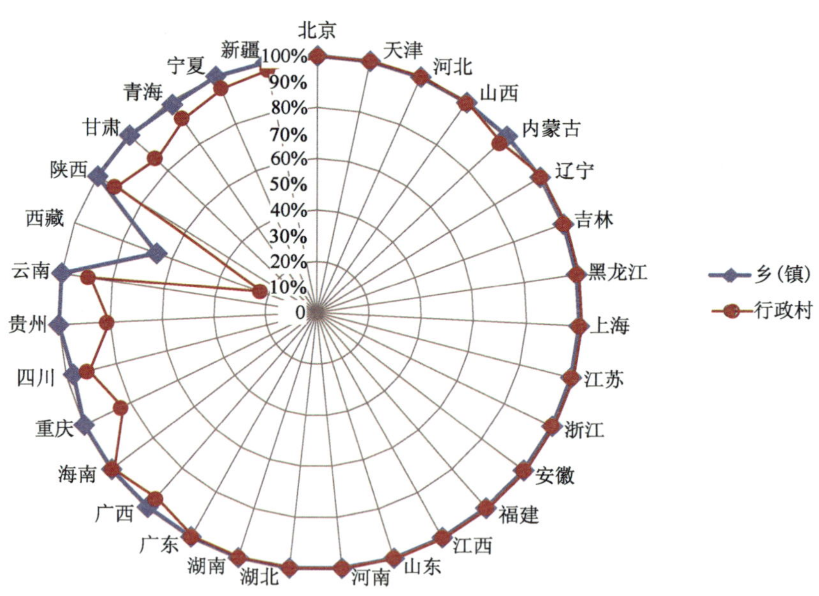

注:信息来源于交通运输部公路科学研究院《2016 年公路养护统计年报》。

7. 2016 年全国公路桥梁数量、长度统计图(特大桥、大桥、中桥、小桥)

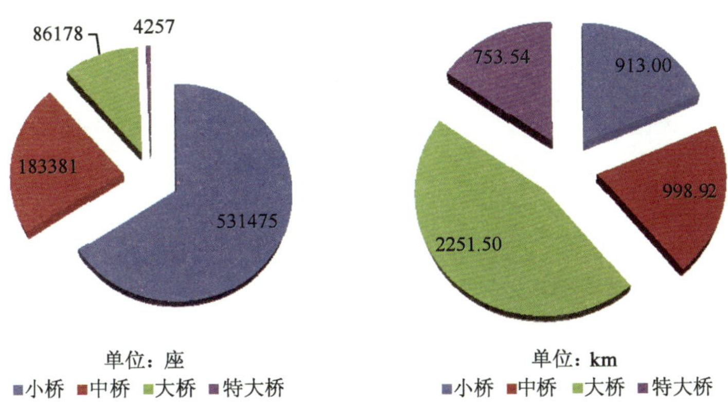

8. 2016 年全国公路隧道数量、长度统计图(特长隧道、长隧道、中隧道、短隧道)

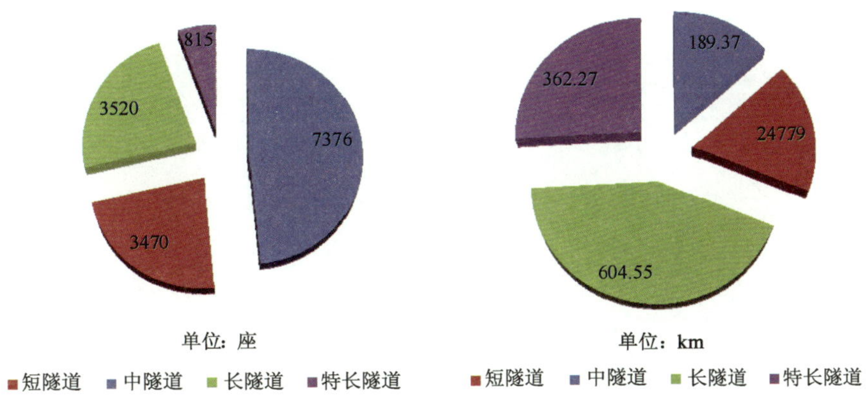

9. 1949—2016 年全国民用汽车保有量统计图

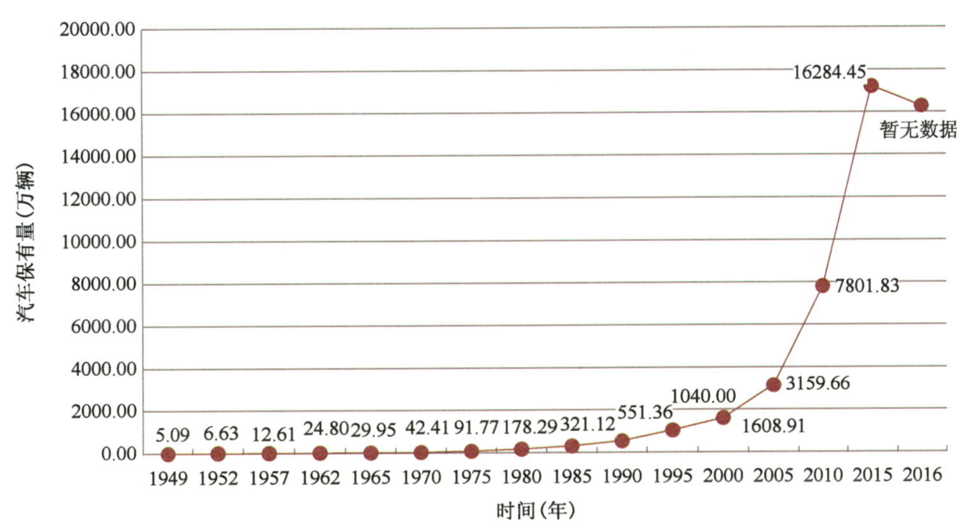

10. 1949—2016 年公路客运量、货运量统计图

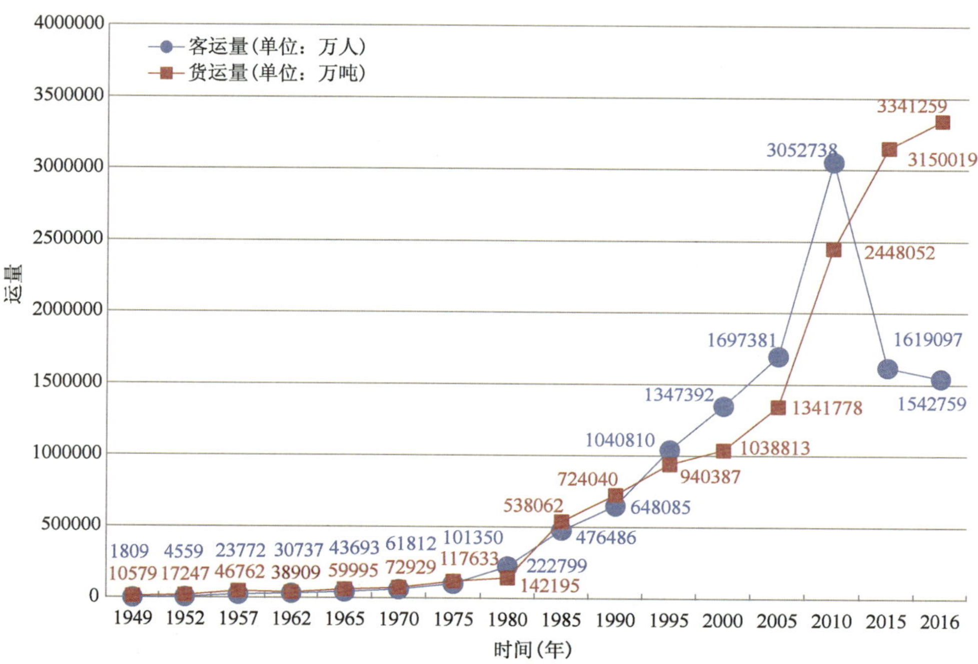

11. 1949—2016 年公路旅客、货物周转量统计图

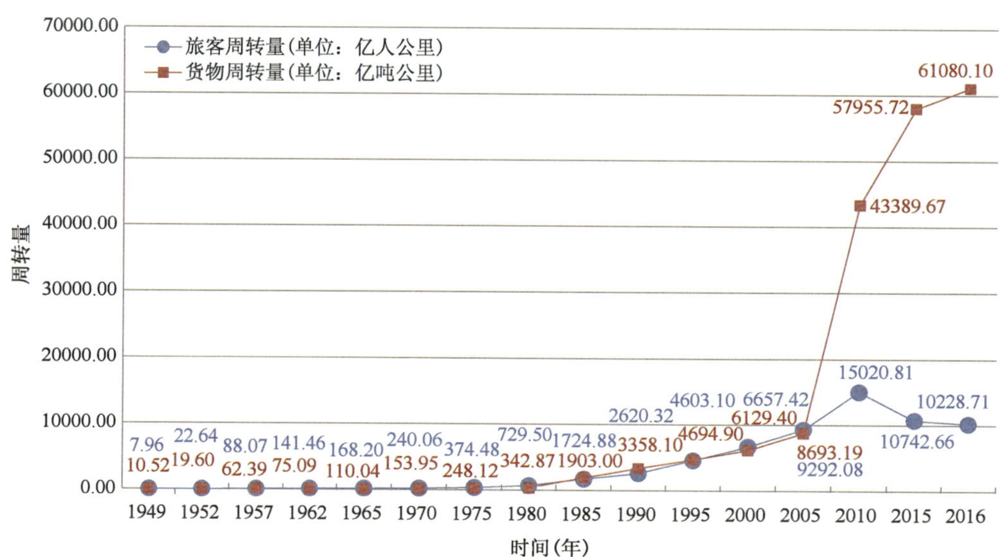

12. 2016 年全国铁路、公路、水路、航空客运量,旅客周转量主要指标统计图

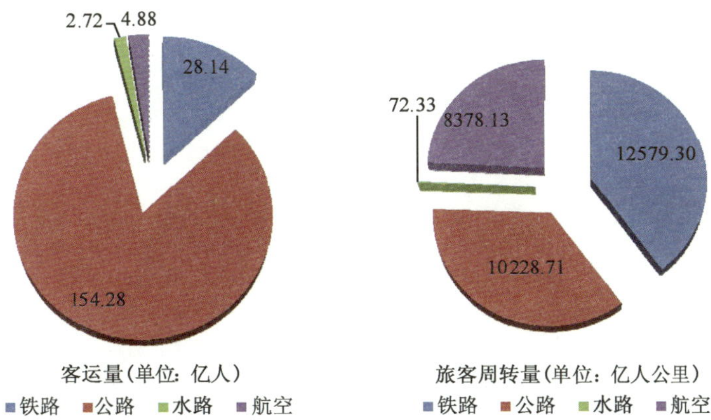

13. 2016 年铁路、公路、水路、航空货运量,货物周转量主要指标统计图

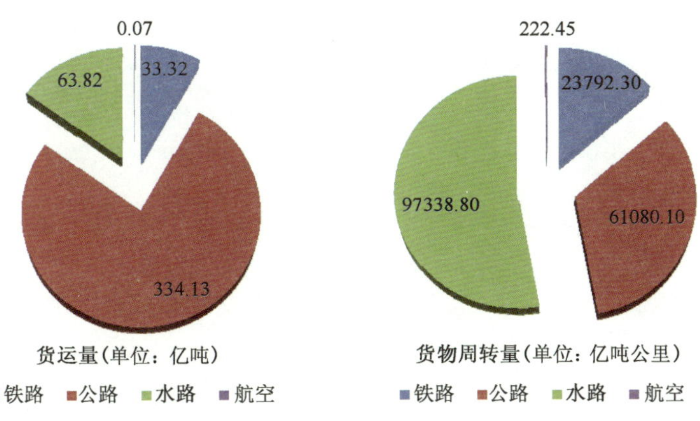

14. 1949—2016 年全国交通固定资产及公路建设投资完成额统计图

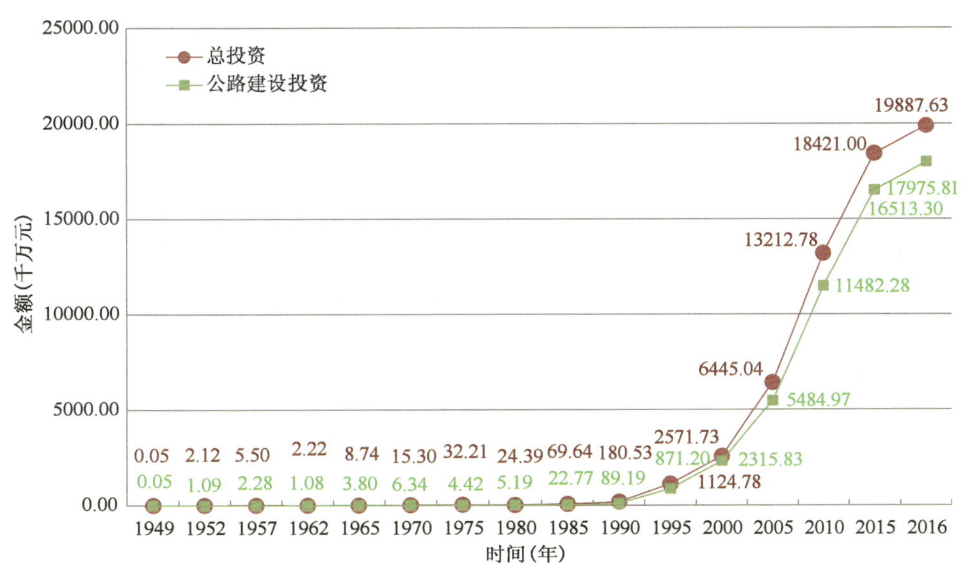

二、中国高速公路总体情况图

1.1988—2016 年全国高速公路通车里程图

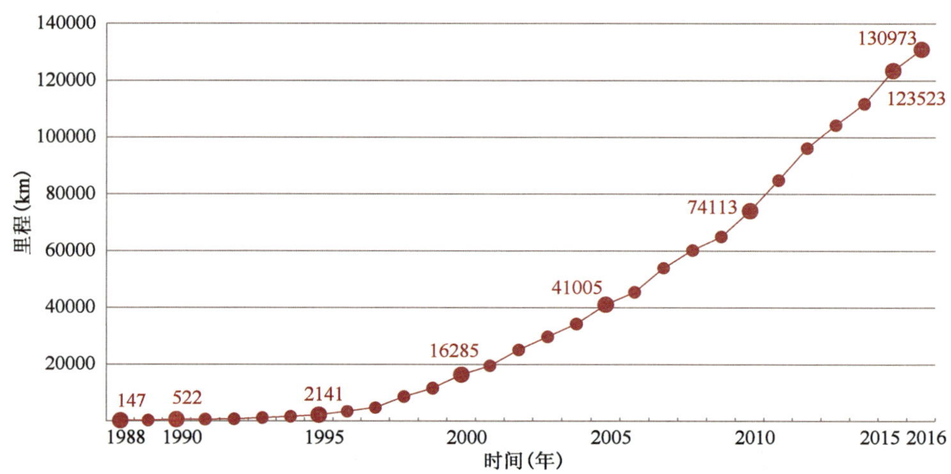

注:信息来源于交通运输部综合规划司《全国交通运输简明统计资料》(下同)。

2.1988—2016 年国家高速公路、地方高速公路通车总里程统计图

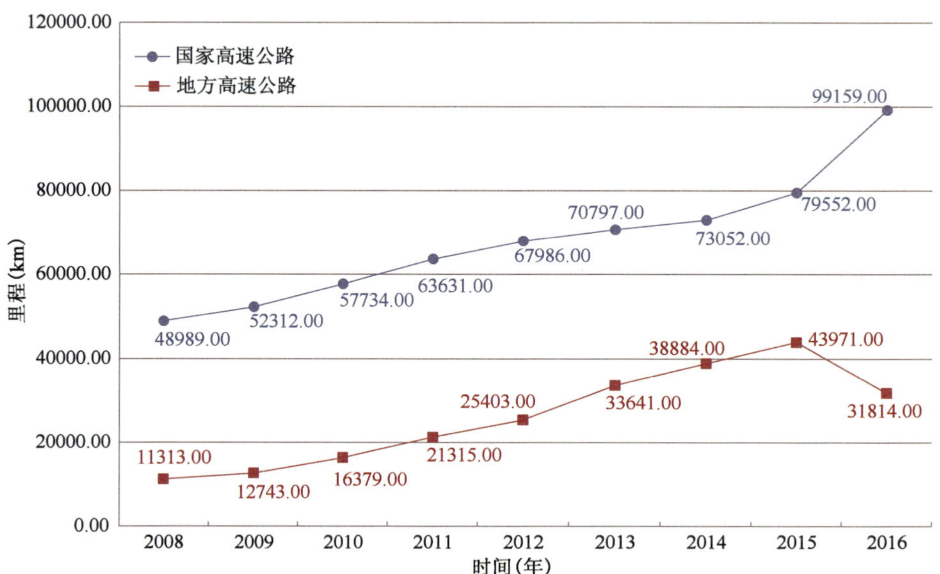

3. 2016 年全国高速公路桥梁数量、长度统计图

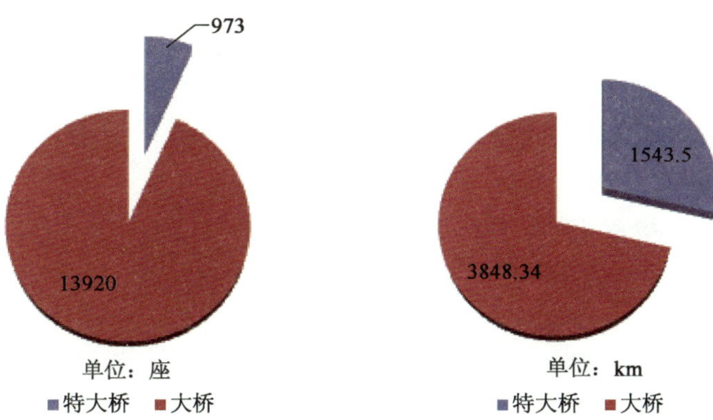

注：根据《中国高速公路建设实录》的高速公路建设信息系统数据整理不完全统计(下同)。

4. 2016 年全国高速公路隧道数量、长度统计图

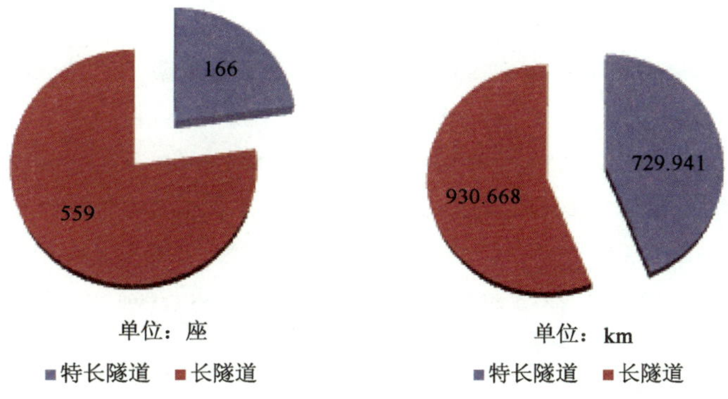

5. 2016 年全国高速公路车道数里程统计图

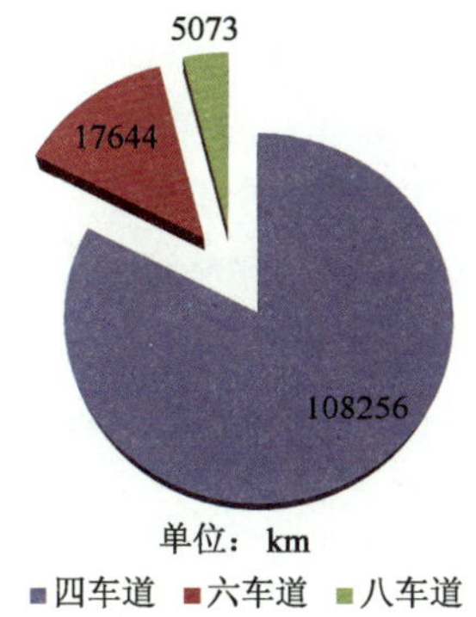

6.2016 年全国各地区高速公路通车里程统计图

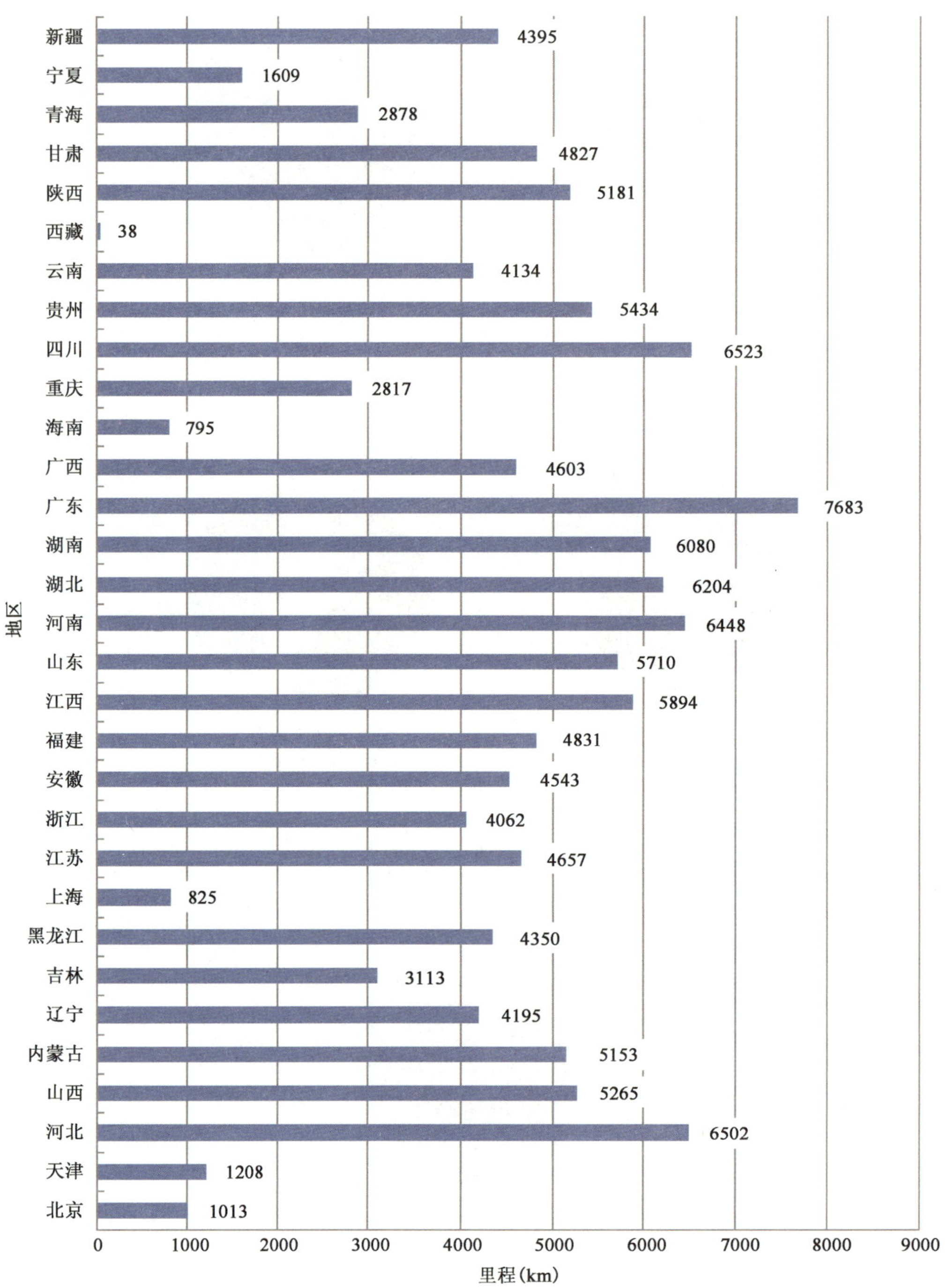
新疆 4395
宁夏 1609
青海 2878
甘肃 4827
陕西 5181
西藏 38
云南 4134
贵州 5434
四川 6523
重庆 2817
海南 795
广西 4603
广东 7683
湖南 6080
湖北 6204
河南 6448
山东 5710
江西 5894
福建 4831
安徽 4543
浙江 4062
江苏 4657
上海 825
黑龙江 4350
吉林 3113
辽宁 4195
内蒙古 5153
山西 5265
河北 6502
天津 1208
北京 1013
地区
0 1000 2000 3000 4000 5000 6000 7000 8000 9000
里程(km)

7. 2016年全国各地区高速公路密度统计图（按省、自治区、直辖市内面积计算）

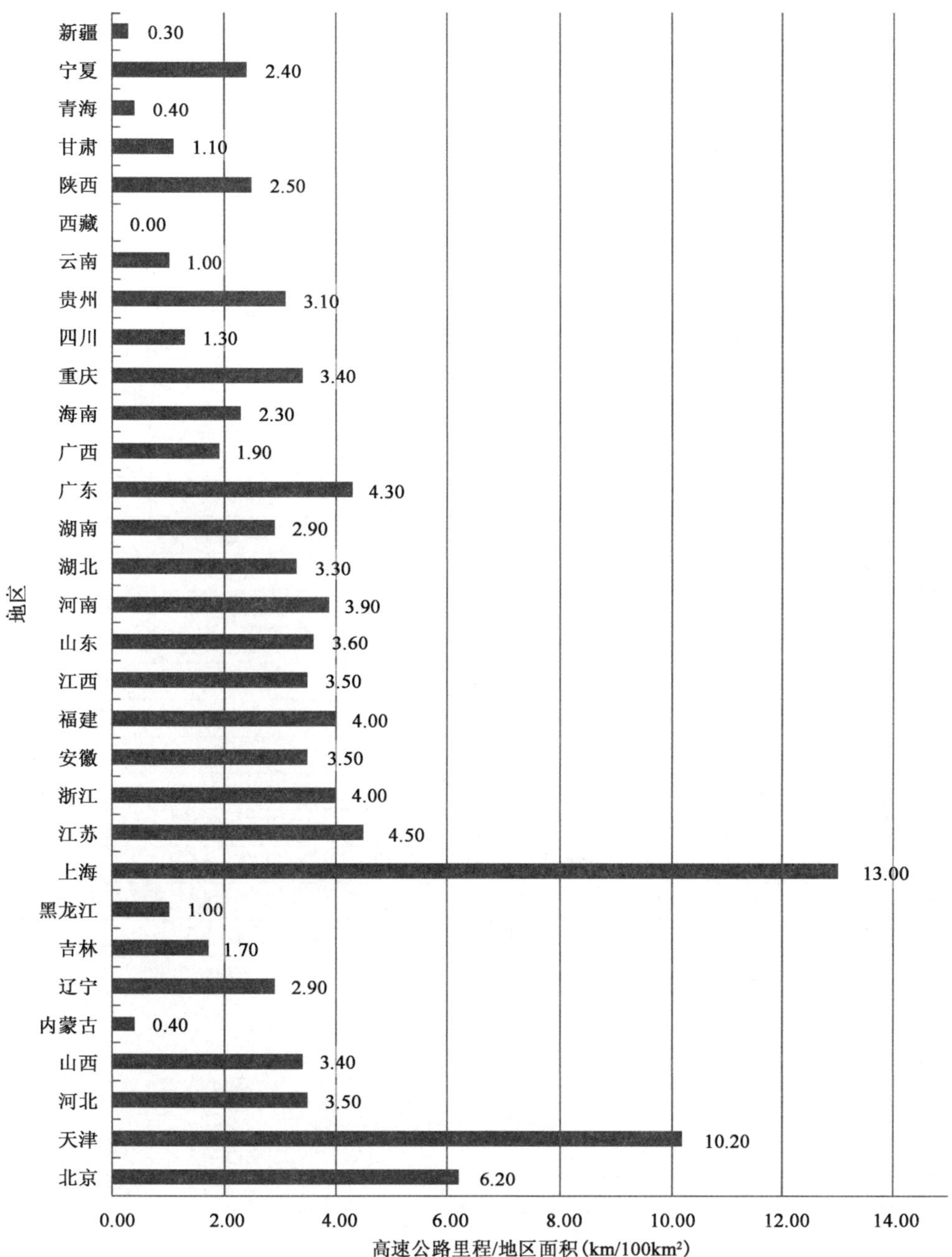

三、世界主要国家或地区高速公路里程统计表

单位:km

序号	年份	国家或地区	高速公路里程	序号	年份	国家或地区	高速公路里程
1	2015	中国	123523	34	2013	爱尔兰	897
2	2014	美国	77182	35	2010	埃及	836
3	2014	澳大利亚	51487	36	2013	芬兰	810
4	2009	加拿大	17000	37	2013	斯洛文尼亚	770
5	2012	西班牙	14701	38	2012	捷克	751
6	2014	德国	12917	39	2003	阿根廷	734
7	2012	法国	11465	40	2010	巴基斯坦	710
8	2013	日本	8400	41	2004	阿尔及利亚	645
9	2010	墨西哥	7070	42	2013	罗马尼亚	644
10	2012	意大利	6726	43	2001	古巴	638
11	2005	沙特阿拉伯	3891	44	2012	保加利亚	541
12	2009	韩国	3776	45	2010	波多黎各	537
13	2014	英国	3645	46	2010	塞尔维亚	495
14	2012	葡萄牙	2988	47	2006	泰国	450
15	2010	荷兰	2646	48	2010	以色列	447
16	2010	智利	2385	49	2012	斯洛伐克	419
17	2010	塞浦路斯	2186	50	2012	挪威	392
18	2013	土耳其	2127	51	2010	缅甸	356
19	2014	中国香港地区	2099	52	2010	突尼斯	356
20	2010	伊朗	1957	53	2010	萨尔瓦多	341
21	2010	瑞典	1927	54	2011	立陶宛	309
22	2004	马来西亚	1821	55	2004	秘鲁	276
23	2010	比利时	1763	56	2010	马其顿	251
24	2013	奥地利	1719	57	2001	南非	239
25	2012	匈牙利	1515	58	2007	印度	200
26	2013	波兰	1482	59	2010	新西兰	183
27	2012	瑞士	1419	60	2005	黎巴嫩	170
28	2013	克罗地亚	1295	61	2010	新加坡	161
29	2010	希腊	1197	62	2009	卢森堡	152
30	2010	丹麦	1122	63	2007	科特迪瓦	142
31	2006	叙利亚	1103	64	2013	爱沙尼亚	140
32	2010	摩洛哥	1096	65	2009	毛里求斯	75
33	2012	中国台湾省	989				

注:信息来源于交通运输部综合规划司《全国交通运输简明统计资料》。本资料非同一年度数据,仅供参考。

本附录编写人员:刘　鹏　赵　乐　李鹏飞　王　婷　聂记良

本附录编写单位:中国公路建设行业协会

附录二

高速公路发展大事记[1]

一、1970 年至 1978 年改革开放前

20 世纪 70 年代,我国公路总量少、标准低、质量差、通行困难的问题已经非常突出。北京至天津至塘沽公路就特别典型。历经多次改建,这条公路不少路段已宽达 10m 以上,但全长 172km 的公路,穿过 16 个村镇,7 次与铁路、21 处与公路、100 多处与农村道路平交,加之汽车、畜力车、拖拉机、自行车甚至行人混行交通,行车非常困难。据 1976 年的统计:京塘公路的平均行车时速只有 30km;尽管 24h 车流量仅 4000 车次,但全年发生交通事故却多达 1300 多起,死伤达 1100 多人。不仅如此,广州到佛山、南京到六合、西安到临潼、上海到嘉定等路段,虽然长度都不到 20km,但拥堵却同样十分严重,车程都在 1h 以上。严重的拥堵阻碍了国民经济的发展。

1970 年 7 月,交通部、铁道部、邮电部(邮政部分)合并为“中华人民共和国交通部”后,成立公路组主管公路业务。为解决交通混行、严重拥堵等问题,部内的少数领导和专家就对全封闭、全立交公路建设有过酝酿。1972 年,交通部第二公路勘测设计院受交通部公路组委托,对京津塘公路进行实地调查,研究解决方案。

1974 年 4 月,部二勘院按一级公路标准,向交通部公路局(1973 年由交通部公路组改组成立)提交调查报告。

1975 年,邓小平同志担任国务院副总理,主持中央和国务院的日常工作,开始全面整顿,要求各行各业抓科学技术,“把生产很快搞上去”。

1975 年,交通部和铁道部分开,各自恢复建制。同年 11 月,经交通部公路局局长伍坤山同意并报部党组批准,交通部公路局派出公路局副局长王展意,率领李劲、肖恩源、沙庆林、王益萍等,以中国土木工程学会公路考察团的名义,赴日本进行了 10 余天的考察。考察团实地参观数条在建和通车的高速公路,仔细了解了高速公路的工程标准、测设施工技术、资金来源、收费办法和运行情况等,回国后向交通部提交了考察报告,并开始组织力

[1] 部分内容摘自《中国公路史》。

量翻译、整理有关技术资料。

1977 年 5 月 9 日至 29 日，交通部部长叶飞率交通技术专家代表团赴瑞典、芬兰访问并顺访丹麦、挪威等北欧四国；1978 年 11 月，叶飞和国家经委副主任郭洪涛率团访问荷兰、比利时和联邦德国等西欧三国，历时 25 天，考察了港口、高速公路等建设和管理以及造船、集装箱制造等方面的 12 家工厂、6 家技术单位。回国后，叶飞表示：发展公路，尤其发展高速公路，对工农业的发展，对实现四个现代化有着重大影响。同年，交通部按高速公路标准组织开展了京津塘高速公路的前期测设工作。随后，为配合京津塘高速公路的测设和建设，交通部公路局组织在京的部直属科研、设计、施工单位部分技术力量，对国外高速公路的技术标准、测设、施工等方面的技术资料系统地进行了翻译研究，编写制定了京津塘高速公路技术标准等。

1978 年 12 月，中国共产党十一届三中全会召开，中国进入了改革开放和社会主义现代化建设新的历史时期。

二、1978 年改革开放后至 2016 年

1978 年

1 月，交通部向国务院报送《关于加速发展我国水运和交通的意见》。

5 月，交通部部长叶飞主持召开由各省市交通部门领导参加的座谈会，介绍赴北欧四国考察的情况，讨论制定了新中国第一个交通现代化规划。

6 月 27 日，交通部部长叶飞和副部长周惠、郭建出席国务院会议，向中共中央副主席李先念，国务院副总理王震、陈慕华、方毅、谷牧、康世恩等，汇报了交通部座谈会情况和交通现代化规划。在这次汇报中，叶飞第一次向中央领导正式提出了关于充分利用香港招商局的问题。叶飞表示，交通部计划今后要通过招商局，充分利用香港的资金、技术，来为国家的社会主义建设服务。会后，交通部党组决定派袁庚去香港，对招商局的人力、物力等各方面情况进行全面考察。

6 月，交通部向国务院报送《关于实现交通运输现代化的汇报提纲》，明确提出了 1978 年至 1985 年交通运输奋斗目标和基本建设任务。

11 月 16 日至 23 日，交通部在湖北襄阳召开公路建设会议，主题是“总结经验，解放思想，加快公路建设，以更好地支援农业和实现四个现代化”。

12 月底，交通部部长叶飞主持起草了《关于交通部三个代表团出国考察的综合报告》，提出借鉴国外先进技术，实现中国交通运输现代化的宏伟规划。《报告》明确提出：交通部计划在三至五年内，集中力量改造和建设“两港、一江、一厂、一队、一校、一条路”，为交通现代化建设做出样板。其中“一条路”的内容是：1985 年建成京津塘高速公路，以此作为试点，取得经验。

1979 年

1 月 26 日，广东广州至深圳公路万江大桥建成通车。该桥为全长 485.2m 的预应力混凝土连续梁桥，系首次使用顶推法施工。

2 月 12 日，经国务院批准，中国公路桥梁工程公司成立，其主要业务是承包国外公路桥梁、房屋建筑或其他土木工程。该公司与交通部援外办为同一机构、两块牌子，交通部援外办公室主任兼任总经理。

2 月，全国人大常委会任命曾生为交通部部长，同时免去叶飞交通部部长职务。

1980 年

1 月 10 日至 15 日，交通部在北京召开全国国道公路网规划座谈会，在 1979 年 4 月印发《1981—1990 年国道公路网规划初步方案》的基础上，研究确定了国道公路网布局，形成《国家干线公路网线路名称及主要控制点方案》。

4 月 5 日至 15 日，交通部在北京召开全国交通工作会议。交通部副部长彭德清代表部党组作了《继续贯彻调整、改革、整顿、提高的方针，为实现交通运输现代化而奋斗》的工作报告。会议总结了两年来的交通工作，分析了在新形势下出现的新问题，并讨论落实 1980—1981 年的工作任务和措施，研究制定《交通运输十年规划纲要设想(1981—1990)》。

1981 年

1 月，交通部在北京召开全国公路技术改造座谈会，要求各地公路部门有计划地逐步改造现有公路，提高车辆通过能力。

2 月，全国人大常委会任命彭德清为交通部部长，同时免去曾生交通部部长职务。

3 月，交通部政治部、中国海员工会和中国公路运输工会发出通知，号召全国交通战线职工广泛、深入地开展以“五讲四美”为主要内容的文明礼貌活动。

4 月 16 日至 27 日，交通部在北京召开国道交通情况调查工作座谈会，交流两年来国道交通调查工作的情况和经验，研究交通调查工作的改进办法。

8 月 14 日，中共中央总书记胡耀邦在听取山西省晋东南地区和长治市委汇报时，对公路建设作出重要指示：要发展经济，就要把路修好。在晋东南修公路是最好的出路。

11 月 17 日，中共中央总书记胡耀邦在同国家计委、经委、建委、交通部、铁道部领导座谈时，对公路建设提出要求：第一，要把断头路好好解决；第二，修国防公路要慎重；第三，把路养好。同时提出：汽车驾驶员要做传播社会主义精神文明的“前哨兵”。

11 月，经国务院批准，国家计委、国家经委、交通部联合发布《关于划定国家干线公路网(试行方案)的通知》。国家干线公路网(即国道网)规划线路 70 条，全长约 11 万 km。

1982 年

1 月 20 日，交通部发布《关于 1981 年全国公路检查情况的通报》。

2月24日至3月2日，交通部在北京召开全国交通工作会议。彭德清部长在会上号召积极建设十万公里国家干线公路网，改造“卡脖子”路段和接通断头路。会议提出了公路建设方针：“全面规划，加强养护，积极改善，重点发展，科学管理，保证畅通”。

4月1日，交通部印发《关于国家干线公路网建设的实施意见》。

4月7日，国务院印发《关于限期修通国家和省级干线公路断头路的通知》。

4月27日，交通部向国务院报送《关于请求颁发〈中华人民共和国公路法〉的报告》。

4月，全国人大常委会任命李清为交通部部长，同时免去彭德清交通部部长职务。

5月3日，交通部向国家计委报送《“六五”交通运输基本建设计划和“七五”规划要点（草案）》，提出重点建设青藏公路和天山公路，开工建设京塘公路。

6月8日至14日，交通部在北京召开修通干线公路断头路规划会议，贯彻国务院《关于限期修通国家和省级干线公路断头路的通知》，部署“六五”期间国道建设重点。

6月21日至28日，交通部在甘肃平凉召开全国公路养护工作会议，提出了“普及与提高相结合，以提高为主”的方针。

1983年

2月中旬，中共中央总书记胡耀邦在湖南长沙，就开发湘南、赣南和粤北地区发展公路建设的问题发表讲话，提出在这个三角区域修建“宽、平、直”的公路。

2月17日，交通部发布《公路工程基本建设管理办法》。

3月7日，在全国交通工作会议上，李清部长代表交通部提出“有河大家走船，有路大家走车”的改革设想，交通运输市场开始向全社会开放。

3月，北京至河北磁县公路定县段，经省和地区联合检查验收，被命名为“文明路”。这是河北省“文明路”之始，也是全国最早的“文明路”。

11月10日，胡耀邦总书记视察闽、赣、湘时指出：尽快在三省南部修建一条横贯三省的公路，以便三省的物资通过这条公路通向厦门口岸。

1984年

1月7日，国务院正式批准修建京津塘汽车专用公路工程；同年10月改为高速公路。

1月，胡耀邦总书记在贵州视察时指示：“不要搞‘单相思’，过去一讲交通，就只想到铁路，没有想到水路、公路。云、贵、川要帮助农民富起来，就要把公路提到非常重要的地位。没有交通，产品就变成废品，要把各部门的思想弄通。”

3月3日，全国交通工作会议在北京召开。交通部副部长钱永昌代表部党组做了《面向全国，立足改革，总结经验，继续前进》的工作报告。

6月27日，沈大公路开工。该路在沈阳、大连两端按一级公路标准建设，中间段按二级公路标准建设。该路中间段于1986年2月获国家计委批准，改扩建为一级公路。

6 月，全国人大常委会任命钱永昌为交通部部长，同时免去李清交通部部长职务。

7 月，全国道路交通标志和交通标线预审会宣布，我国将实行统一的道路交通标志和交通标线。

11 月 30 日，交通部向国务院报送《关于加快公路建设的报告》，提出发展公路的资金来源和措施：必须调动各方面积极性，广筹资金，同时建议国家在财力可能的情况下，给干线公路安排一定数量的投资。

11 月，广东省贷款 1.5 亿元港元修建的广州至珠海公路上的 4 座大桥先后竣工，并通过收取过桥费的形式偿还本息。这是我国首次尝试收费公路建设筹资方式。

12 月 21 日，上海至嘉定高速公路开工。

12 月 25 日，国务院总理主持召开第 54 次常务会议，听取钱永昌部长关于加快公路建设问题的汇报。会议作出对中国公路交通发展具有历史意义的三项重大决定，即提高养路费征收标准、开征车辆购置附加费、允许贷款或集资修建的高等级公路和大型桥梁隧道收取车辆通行费，使中国公路建设有了稳定的资金来源和加快发展的政策环境。

1985 年

3 月 17 日，交通部印发《关于加快"交通发展若干问题"的意见》，提出公路建设要实行"改造与新建相结合，以改造为主"的方针。

3 月 21 日，李鹏副总理在天津召集有关部门负责人研究京津塘高速公路建设等问题。

3 月 25 日至 31 日，交通部在北京召开全国交通工作会议，李鹏副总理出席会议并做指示。钱永昌部长做了《搞好交通改革，发展大好形势》的报告，进一步强调"公路建设要实行普及和提高相结合，以提高为主的方针"。

7 月，交通部发布《公路工程监理暂行办法》。

10 月 5 日，交通部为加强精神文明建设，决定在全国交通战线开展学习交通部劳动模范贝汉廷（已故）、全国劳动模范杨怀远先进事迹的活动，组织贝汉廷、杨怀远先进事迹报告团，到广州、武汉、大连、青岛和天津等地交通部门作巡回报告，并展出贝汉廷和杨怀远先进事迹图片和部分实物，受到广大干部职工热烈欢迎，引起较大反响。

1986 年

2 月 19 日至 25 日，全国交通工作会议在北京召开，提出在第七个五年计划期间，重点建设经济干线公路、疏港公路和旅游公路。

2 月 27 日，交通部印发《交通运输第七个五年计划的总体安排》，提出到 1990 年末，我国公路总里程达到 100 万 km；高速公路、汽车专用公路和一级公路达到 1200km；"七五"期间要重点建设经济干线、疏港公路、能源运输和国家确定的重点旅游线路。

3 月 10 日至 22 日,交通部在北京召开科技攻关工作会议。

3 月,交通部印发《关于实施国家干线公路网里程碑统一桩号的通知》,要求 1987 年前完成全部里程碑的埋设工作。

4 月,107 国道北京六里桥至赵辛店一期工程(后称京石高速公路,这是拥堵最为严重的赵辛店至西道口段,长 7.33km)开工。这是北京建设的第一段全立交、全封闭"快速公路"。

5 月 5 日,交通部在北京召开全国省、区、市重点交通建设项目前期工作座谈会。会议的主要任务是统一思想认识,落实"七五"建设项目,安排前期工作,研讨管理办法。

6 月 24 日至 28 日,交通部在北京召开全国交通系统"两个文明"建设经验交流会,确定交通行业精神文明建设的目标是:努力建设一支具有改变交通运输落后面貌雄心壮志,具有全心全意为货主、旅客服务思想,具有能够在社会主义精神文明建设中发挥"前哨兵"作用的交通职工队伍。强调精神文明建设要以抓行风建设为重点,号召全体干部职工向以贝汉廷、杨怀远、焦红为代表的先进人物学习;同时要求狠刹行业不正之风。

7 月 7 日,交通部、国家计委、财政部联合发布《车辆购置附加费使用管理暂行办法》。

7 月 7 日,交通部印发《第七个五年交通重点科技项目计划》。

7 月 8 日,交通部印发《交通运输第七个五年计划》。该《计划》包括:"七五"期间的运输生产、交通建设大中型及重点项目、水运船舶发展、工程标准规范修订、工程建设概预算定额修订等项内容。

11 月 1 日,沈大公路沈阳至鞍山段 93km 建成通车。第二年决定将沈大公路两端改建为高速公路,沈鞍段按高速公路配套辅路;1988 年决定全线按高速公路标准修建,即沈大高速公路。

12 月 25 日,陕西西(安)临(潼)高速公路开工建设。

12 月 28 日,广东广(州)佛(山)高速公路开工建设。

1987 年

3 月 27 日至 31 日,交通部在北京召开全国交通厅局长会议。国务院副总理李鹏接见了出席会议的部分代表,并做指示。钱永昌部长做了《坚持四项基本原则,深化交通体制改革,广泛开展增产节约运动》的工作报告。

4 月 27 日,交通部印发《"七五"期间交通系统加强社会主义精神文明建设的规划》,强调用共同理想动员和团结全体职工为实现交通运输现代化而奋斗,坚持四项基本原则,树立与改革相适应的思想观念,树立良好的职业道德风尚,提高职工队伍的科学文化素质,加强社会主义民主、法制和纪律建设,深入开展创建文明单位活动,加强党对精神文明建设领导。

7 月 15 日至 18 日，交通部在山东烟台召开全国交通行业端正行业风气、加强职业道德建设经验交流会。

7 月 26 日，福州至马尾一级公路鼓山隧道建成通车。隧道全长 3138.4m，高 6.8m，宽 9m，于 1985 年 2 月开工。

8 月 18 日，交通部发布《交通行业“窗口”岗位人员职业道德规范（试行）》。

9 月 30 日，山东东营胜利黄河大桥建成通车。这是我国首座钢斜拉桥，全长 2800m，主跨 288m，是黄河上的第 43 座公路桥。

10 月 13 日，国务院发布《中华人民共和国公路管理条例》。

10 月 23 日，京津塘高速公路土建工程承包合同签字仪式在北京举行，这是我国第一个利用国际银行贷款并通过国际招标方式进行建设的公路项目，李鹏副总理出席了签字仪式；12 月 10 日，全长 142.69km 的京津塘高速公路正式动工，田纪云副总理出席开工典礼。该路的建设标志着工程建设监理制度（FIDIC）进入中国。

11 月 11 日，107 国道北京段全长 14.04km、宽 26.5m 的六里桥至赵辛店段“快速公路”建成通车。此段公路为全封闭、全立交，实行收费制度。

1988 年

1 月 5 日，交通部、财政部、国家物价局联合发布《贷款修建高等级公路和大型公路桥梁、隧道收取车辆通行费规定》。

1 月 17 日至 19 日，交通部在四川重庆表彰“青藏公路多年冻土地区黑色路面修筑技术”科研成果有关人员。该成果获得 1987 年度国家科技进步一等奖。

1 月 20 日至 23 日，全国交通厅局长会议在北京召开，国务院代总理李鹏在中南海接见了部分代表。钱永昌部长做《以改革统揽全局，加快发展交通运输事业》的工作报告。

3 月 11 日至 15 日，交通部在河南开封召开全国公路基建调度会。会上就“七五”期间要完成的 27 条国家重点公路建设项目和部分地方重点公路建设项目，交通部与各省（区、市）签订投资与工期包干协议 59 份，明确了协议双方在工程项目建设中的职责。这标志着我国公路建设从计划管理逐步走向合同管理，是加快公路建设改革的一个重要步骤。

6 月 28 日，交通部令 1988 年第 1 号发布《中华人民共和国公路管理条例实施细则》。

8 月 28 日，广东番禺洛溪大桥建成通车，这是中国第一座预应力混凝土连续刚构桥，全长 1916.04m，主跨 180m。该桥 1989 年获交通部优秀设计一等奖，1990 年获国家优质工程银质奖，1991 年获国家优秀设计金质奖。

10 月 31 日，沪嘉高速公路建成通车。其中高速公路段长 15.9km，加上两端连接线全长 20.5km。这是我国大陆最先建成通车的高速公路。

11月4日，沈大高速公路南北两段共131km竣工。

11月29日至30日，由交通部牵头，会同铁道部、民航局、能源部编制的《交通运输中长期科学技术发展纲要》通过专家评审。该《纲要》将作为国家中长期科学技术发展纲领的附件。

12月3日，交通部发布《公路工程技术标准》。新《标准》将公路划分为汽车专用公路和一般公路两类五个等级。

12月28日，全长1096.5m、主跨230m的重庆嘉陵江石门大桥建成通车，这是我国首座大跨径独塔单面索斜拉桥，最大跨径230m。

1989年

1月25日，湖南省洞口县淘金村自锚上承式钢筋混凝土悬索桥建成，跨径70m。这是我国首座悬索桥。

2月27日至3月3日，交通部在北京召开全国交通工作会议。钱永昌部长做了《抓好治理整顿，继续深化改革，推动交通运输事业发展》的主题报告。会议提出"在发展以综合运输体系为主轴的交通业的总方针指导下"，建设公路主骨架、水运主通道、港站主枢纽的规划设想。

6月30日，交通部印发《交通部科技进步"通达计划"》。"通达计划"是直接为公路、水路交通发展战略目标服务的研究和开发计划，是政府主导型的行业重点科技项目指令性计划。

7月18日至20日，交通部在辽宁沈阳召开高等级公路建设经验交流现场会。国务委员邹家华在会上强调，高速公路不是要不要发展的问题，而是必须要发展。同时指出，高等级公路建设要从今后30年发展的眼光来做工作，不能搞短期行为，一定要坚持技术标准。

8月1日，全长15.7km的广州至佛山高速公路建成试通车。这是广东省第一条高速公路。

8月17日至12月28日，《人民日报》组织开展"如何尽快改变交通运输落后局面"的交通大讨论。

8月26日，交通部发布《公路工程施工招标、投标管理办法》《交通运输公共场所卫生管理办法》。

10月18日，经交通部批准，中国公路建设总公司成立。该公司由交通部第一公路工程总公司，第二公路工程局，西安、郴州、成都筑路机械厂，中国公路桥梁工程公司等企业组成。

11月13日至30日，交通部先后在北京和江西南昌召开全国公路、水运交通建设前期工作会议,初步安排了一批“八五”初期开工建设项目的前期工作。

12 月 30 日,陕西西安至三原一级公路建成通车。这是我国第一次利用世界银行贷款修建的公路工程,结束了三秦大地无高等级公路的历史。

1990 年

2 月 20 日至 24 日,全国交通工作会议在北京召开。国务院总理李鹏致信全国交通工作会议代表,充分肯定了十年来交通改革和发展所取得的成绩,强调了交通运输在国民经济中的地位和作用,并对交通工作作出重要指示。交通部部长钱永昌做了《治理整顿,深化改革,稳步发展》的工作报告。会议提出了我国公路、水路交通建设长远发展“三主一支持”的基本设想。

4 月 3 日,交通部印发《关于开展学雷锋、树新风活动的通知》。

4 月 21 日,交通部发布《公路网规划编制办法》。

4 月至 6 月,江泽民、杨尚昆和李鹏等党和国家领导人分别为严力宾题词。

5 月 1 日,安徽省凤台淮河大桥建成通车。该桥在桥塔基础施工中成功地采用了冷冻施工工艺,属国内首创。

6 月 19 日至 23 日,交通部在辽宁大连召开全国公路养护与管理工作会议。会议确定了“全面规划、协调发展,加强养护、积极改善,科学管理、提高质量,依法治路、保障畅通”的“三十二字方针”。

7 月 9 日,贵州省政府发布《贵黄公路收取机动车辆通行费暂行办法》。

8 月 1 日,交通部发布《关于进一步在全国交通系统学习严力宾同志先进事迹的决定》。

9 月 1 日,沈大高速公路举行全线通车典礼。沈大高速公路全长 375km,是当时全国最长的高速公路,被誉为“神州第一路”。

9 月 4 日至 7 日,交通部在山东济南召开全国交通科技工作会议,肯定了改革开放十年来全国交通科技进步取得的成果,部署了未来十年的科技发展规划。

9 月 12 日,全长 71.7km 的京津塘高速公路北京至天津杨村段主体工程试通车,这是国内第一条施行监理工程师制度(FIDIC 条款)的高速公路。该路段的竣工为第 11 届北京亚运会的举办提供了交通便利。

9 月 24 日,交通部发布《公路路政管理规定(试行)》。

9 月 25 日,全长 430.2km 的西南地区第一条高等级公路——成渝汽车专用公路全线开工。

10 月 3 日,湖北省政府发布《关于加强高等级公路管理的通知》。

10 月 27 日,陕西西安至临潼高速公路建成通车。这是我国西部地区建成通车的第一条高速公路。

11 月 5 日至 9 日，公路路线 CAD 和桥梁 CAD 系统 2 个专题通过了国家级验收。

11 月 13 日，交通部发布《公路、水运工程监理单位监理资格审批暂行规定》。

11 月 18 日至 22 日，交通部在山东青岛召开全国交通系统学雷锋、树新风经验交流会，一个以岗位学雷锋、学严力宾、树行业新风为主要内容的"两学一树"活动在全国交通系统开展起来。

12 月 7 日，陕西省政府发布《关于加强西临高速公路管理的通告》。

1991 年

1 月 11 日至 14 日，李鹏总理视察天津港和京津塘高速公路，并为京津塘高速公路题词："把京津塘高速公路的建设和管理达到国际第一流水平"。

1 月 26 日至 29 日，"1991 年全国交通工作会议"在北京召开。交通部部长钱永昌做了《再接再厉，抓好"八五"，为交通事业的新发展而奋斗》的工作报告。会议的中心议题是：总结"七五"期间交通发展的成就和经验，研究"八五"期间交通发展计划和指导思想，部署 1991 年的工作任务。

1 月 28 日，贵州省政府发布《贵州省高等级公路养护管理暂行办法》。

3 月 2 日，全国人大常委会任命黄镇东为交通部部长，同时免去钱永昌交通部部长职务。

3 月 4 日，河北省政府发布《河北省高速公路管理办法（试行）》。

3 月 18 日，全长 70.30km、被称为"楚天第一路"的武汉至黄石一级汽车专用公路（后更名为武黄高速公路）建成通车。

4 月 8 日，交通部发布《公路科学养护与规范化管理纲要》（1991 年至 2000 年）。

5 月 14 日，我国西南地区第一条高等级公路——贵阳至黄果树公路正式建成通车。贵黄公路建有全长 778.72m 的我国第一座公路声屏障。

5 月 17 日，安徽省政府令第 22 号发布《安徽省高速公路管理暂行办法》。

6 月 13 日，交通部发布《公路、水运基本建设利用国外贷款项目管理暂行办法》。

6 月 24 日，山东省烟（台）青（岛）一级公路全线通车。

7 月 13 日至 16 日，交通部全国地方交通建设前期和基本建设工作会议片会（东北、西北、华北）在银川召开。

7 月 16 日，交通部发出《关于进一步加强抗洪救灾工作的紧急通知》。刚刚建成的合肥至南京高速公路成为安徽合肥通往外界的唯一通道，被誉为"救命路"。

8 月 5 日至 8 日，交通部全国地方交通建设前期和基本建设工作会议片会（华东、中南、西南）在广州召开。

8 月 24 日,陕西省政府发布《关于加强咸阳机场汽车专用公路管理的通告》。

9 月 2 日,在“七五”国家科技攻关总结表彰大会上,交通部主持的“七五”国家科技攻关项目中,有 5 项公路成果被国家计委、科委、财政部授予国家“七五”科技攻关成果奖。这些项目是:“JT6120 高级大型客车”“高等级公路半刚性基层沥青路面和抗滑表层技术”“高等级公路路线 CAD 系统”“高等级公路桥梁 CAD 系统”“干线公路路面评价技术”。同时,交通系统的凤懋润、王守礼、毕华林、沙庆林、高孝洪等被授予国家“七五”科技攻关突出贡献人员称号。

10 月 4 日,全长 136km 的合(肥)宁(南京)高速公路通车,实现安徽省高速公路零的突破。

10 月 7 日至 11 日,全国交通系统两个文明建设表彰大会在北京召开。会议表彰了文明建设先进单位 2 个、先进集体 134 个、劳动模范 275 名;表彰了抗洪救灾先进单位 60 个、先进个人 68 名。国务院副总理朱镕基接见了参加会议的部分代表并进行座谈。

11 月 19 日,上海南浦大桥竣工通车。这是上海市区跨越黄浦江的第一座大桥,桥宽 30.35m,总长 8346m,其中主桥全长 846m。主桥为一跨过江的双塔双索面叠合梁结构斜拉桥,主跨 423m。标志着我国斜拉桥跨径突破 400m。

11 月 25 日,中国公路桥梁建设总公司总承包修建的黄石长江公路大桥正式开工。

12 月 3 日,交通部发布《公路桥位勘测设计规范》。

12 月 12 日,北京至石家庄高速公路北京段三期工程通车,国务院副总理邹家华为通车仪式剪彩。

12 月 15 日,铜陵长江公路大桥开工,邹家华副总理致电祝贺。

12 月 17 日,江泽民总书记参加汕头海湾大桥开工典礼并为大桥建设奠基。

12 月 19 日,厦门大桥正式通车,江泽民总书记为大桥通车剪彩。

12 月 21 日,全长 7km 的沪杭甬高速公路钱塘江二桥段建成通车,标志着浙江省实现高速公路零的突破。位于杭州的钱塘江二桥,是我国首座公铁平行连续梁桥,公路和铁路的正桥均为 18 孔三向预应力钢筋混凝土箱形连续梁桥,全长 1340m。

1992 年

1 月 11 日至 14 日,全国交通工作会议在北京召开。国务院副总理朱镕基到会讲话。交通部部长黄镇东做了题为《管好行业,搞好企业,调整结构,提高效益》的工作报告。

5 月 16 日,交通部发布《公路工程施工监理办法》,自 1992 年 6 月 1 日起施行。原《公路工程质量监理暂行办法》和《公路工程施工监理暂行办法》同时废止。

6 月 10 日,交通部发布《公路工程质量监督暂行规定》,自发布之日起施行。

6 月 14 日,沪宁高速公路江苏段正式开工。国务院副总理邹家华、交通部部长黄镇东出席了奠基仪式。

7 月 2 日,北京首都机场高速公路全线开工。中共中央政治局委员李锡铭、国务院副总理邹家华出席奠基仪式。

7 月 25 日,交通部发出《关于深化改革、扩大开放、加快交通发展的若干意见》(简称“二十五条”)的通知。《意见》简化了外商投资公路项目的审批手续,为公路市场的招商引资开辟了更广阔的渠道。

8 月 7 日,交通部决定成立中国公路工程咨询监理总公司。

9 月 21 日,陕西省政府发布《关于加强三(原)铜(川)汽车专用公路管理的通告》。

9 月,李居昌任武警交通部队第一政治委员。

12 月 8 日,上海杨高路正式通车。

12 月,全长 65km 的海南省环岛东线高速公路海口至黄竹段(右幅)竣工通车,海南省实现高速公路零的突破。

1993 年

1 月 11 日至 14 日,全国交通工作会议在北京召开。交通部部长黄镇东在会上做了《把思想认识统一到十四大精神上来,把十四大精神落实到交通工作中去》的工作报告。

1 月 18 日,全国交通工程建设质量监督工作会议在昆明召开。

3 月 19 日,山西省政府发布《关于加快建设高等级公路的若干政策规定》。

6 月 18 日至 23 日,全国公路建设工作会议在山东济南召开。邹家华副总理出席会议并讲话。黄镇东部长在会上做了题为《解放思想,加快步伐,实现公路建设新目标》的报告。会议强调加快公路建设步伐,明确了率先建成“五纵七横”国道主干线中的“两纵两横和三个重要路段”。

9 月 15 日,上海杨浦大桥通车,邓小平题写了桥名。该桥总长 7658m,主桥长 1172m、宽 30.35m,为双塔空间双索面钢—混凝土结合梁斜拉桥结构,主跨 602m,超越南浦大桥成为当时的全国第一,也跃居世界第一。

9 月 20 日,全长 18.74km 的首都机场高速公路建成通车。国务院总理李鹏出席通车典礼并剪彩。

9 月 25 日,全长 142.69km 的京津塘高速公路全线通车。国务院副总理邹家华出席通车仪式并为通车剪彩。

11 月 3 日,北京至石家庄高速公路全线贯通。国务院副总理邹家华为京石高速公路北京段通车剪彩。

11 月 16 日,全国交通系统精神文明建设经验交流会在上海召开。邹家华副总理代表国务院向大会发了贺信。交通部部长黄镇东在会上做了题为《重在建设,贵在创新》的报告。会后,人民交通出版社出版了由部体法司、思研会秘书处主编的《重在建设,贵在创新》一书。该书汇集整理了此次会议经验交流材料30余篇,并有中央领导同志为会议发来的贺信及部领导在会议上的讲话,成为交通系统各单位加强精神文明建设的主要学习材料。

12月18日,济南至青岛高速公路建成通车。济青高速公路全长318.2km,是山东省第一条高速公路。

12月28日,广州珠江水下隧道建成。该隧道全长1238.5m,河中段全长475m,南北走向,隧道共有3条管道,分3个孔,西侧两孔为双车道汽车管道,东侧一孔管道设计时为广州地铁一号线的双轨管道。这是我国大陆首次采用沉管法设计施工的大型水下公路隧道。

12月30日,河南三门峡黄河公路大桥通车,209国道一举跨越黄河天堑。大桥全长1310.09m,宽18.5m,设计车辆荷载等级为汽—超20,挂—120。主桥上部构造为(105+4×160+105)m预应力钢筋混凝土连续刚构;下部为双墙薄壁式墩身,桩径为1.8m的群桩基础。

12月,山东东明黄河公路大桥、湖南湘潭湘江二桥建成通车。山东东明黄河公路大桥位于山东省东明县与河南省濮阳市交界处,主体为国内首座刚构—连续组合体系,桥梁全长4142.14m,桥宽18.5m。湖南湘潭湘江二桥全长1830.35m,桥宽20.5m。主桥为等截面钢筋混凝土连续箱梁。设计荷载等级为汽—超20,挂—120。

1994年

1月1日,根据国务院通知,车辆购置附加费即日起由车辆落籍所在地的交通征稽部门直接向车辆所有单位(或个人)征收。

1月18日,全国交通工作(电话)会议在北京召开。黄镇东部长做了题为《加大交通改革力度,加快培育和发展交通运输市场的步伐》的工作报告。

2月1日,位于209国道的湖北郧阳汉江公路大桥通车,为全长601m、主跨414m、总宽15.6m的斜拉桥,是我国第一座地锚式大跨度预应力混凝土斜拉桥。

3月2日,交通部、中宣部在北京联合举办包起帆同志“新时期创业精神”报告会。“包起帆精神”从此推向全国。

4月20日,全国公路建设座谈会在河北省石家庄市召开。

4月28日,重庆开始在全长114km的成渝高速公路重庆段,试行集安全、征稽、运管、港航、路政执法为一体的“统一管理,综合执法”的“重庆模式”,交通综合执法体制改革正式启动。

7月1日,全长13.15km的甘肃省天(水)北(道)高速公路通车,甘肃省实现高速公路零的突破。

7月15日,湖南省人大常委会发布《湖南省高等级公路管理条例》。

9月25日,辽宁省人大常委会发布《辽宁省高速公路管理条例》。

10月,成渝高速公路中梁山隧道、缙云山隧道及宋家沟一号、二号隧道通车,总长1.2万余延米。其中,中梁山隧道左右洞分别长3165m、3163m,是当年国内建成的最长公路隧道。

11月22日,江苏省江阴长江大桥举行开工典礼,交通部黄镇东部长参加典礼并在现场主持召开了第一次领导小组协调会。

12月2日,交通部部长黄镇东为杨怀远著《为人民服务到白头》一书作序。序中写道:“我希望交通系统的广大干部职工能一读此书,把全心全意为人民服务的精神学到手,在各个岗位上开花结果,为谱写精神文明建设的新篇章作出贡献。”

12月18日,京石高速公路河北段全线224km双幅建成通车,标志着总长269.6km的京石高速公路实现全线通车。邹家华副总理出席通车典礼。

12月25日,川藏、青藏公路通车40周年,江泽民总书记题词:“加强民族团结和军民团结,发展交通,开发边疆,建设西藏。”李鹏题词:“振兴经济,交通先行。”

12月26日,全长64.4km的河南省郑州至开封高速公路建成通车,实现河南省高速公路零的突破。邹家华副总理致电祝贺。

1995年

1月10日至13日,交通部在北京召开全国交通工作会议。黄镇东部长做了题为《认清形势,统一思想,推进交通改革和发展》的工作报告。邹家华副总理12日到会与部分代表进行了座谈。会上,黄镇东部长倡议,在全国交通行业开展为西藏养路职工“送温暖活动”,得到全国交通行业积极响应。在随后不到3年的时间里,各地共捐赠、补贴资金3905万元,援建了156座道班房。

5月,交通部、公安部、国务院纠风办等两部一办会同国家林业局,在全国开通了第一条“绿色通道”——全长500km的山东寿光至北京“绿色通道”。

6月18日,沟通四条国道的武汉内环线的重要桥梁——武汉长江二桥通车,主跨400m,为双塔双索面钢筋混凝土斜拉桥,是长江上此类桥型的第一座桥。

6月21日至25日,交通部在合肥召开“全国公路养护管理工作会议”。会议总结交流了公路养护管理工作中的先进经验,研究了进一步改革和完善公路管理的运行机制,讨论制定了“九五”期间公路养护管理工作方针、发展和实施措施。

7月17日,交通部决定,在全国交通系统开展向青岛港学习的活动。

7月21日,云南省人大常委会发布《云南省高等级公路管理条例》。

9月13日,交通部与共青团中央联合发出通知,决定在全国交通系统广大青年职工中开展争当“青年岗位能手”和创建“青年文明号”活动,组织和引导广大青年职工弘扬艰苦创业和敬业爱岗精神,立足本职岗位,争创一流成绩,全面提高青年职工的职业道德、职业技能和服务水平。

9月21日,全长340km的成(都)渝(重庆)高速公路通车,结束了四川(226km)、重庆(114km)没有高速公路的历史。

9月29日至10月1日,在建国46周年之际,交通部邀请了100名优秀养路工代表进京参加国庆观光活动,养路工人首次登上了天安门城楼。9月29日,交通部领导与百名养路工进行了座谈。

11月1日至3日,交通部在北京召开了全国交通科学技术大会。会上,黄镇东部长做了题为《实施科教兴交战略、推动交通事业持续发展》的报告。3日,国务委员、国家科委主任宋健同志出席了会议闭幕式并讲话。

11月8日,浙江宁波甬江隧道建成。该隧道位于宁波镇海的甬江入海口,为单孔两车道汽车隧道,全长1019m,水下段长420m。

12月1日,全长340km的成渝(四川成都至重庆)一级汽车专用公路全线建成通车。

12月16日,湖北省黄石长江公路大桥建成通车。该桥全长2580m,为主孔跨度245m的连续刚构桥。其主跨居亚洲第一,世界第二。

12月25日,交通部发布的《关于加快培养交通系统跨世纪专业技术人才的实施意见》明确提出,各单位要加强学术或技术梯队建设,积极参与国家“百千万人才工程”。

12月26日,铜陵长江公路大桥建成通车。该桥全长2592m,主孔跨度432m。

12月28日,汕头海湾大桥建成通车。中共中央总书记江泽民、全国人大常委会副委员长田纪云、国务院副总理邹家华等党和国家领导人参加了通车典礼。该桥是我国第一座大跨度跨海悬索桥。

12月28日,全长68km的青岛至黄岛一级汽车专用公路建成通车。

12月28日,全长120km的郑州至洛阳高速公路建成通车。

1996年

1月4日,交通部发布《公路、水运工程监理工程师资质管理办法》。

1月9日至11日,交通部在昆明召开“九五”期间交通建设利用国外贷款项目工作会议,研究落实了“九五”期间交通建设利用国外贷款项目的前期工作。

1月18日,全长145.7km的西(安)宝(鸡)一级公路建成通车。国务院副总理邹家华、交通部副部长李居昌等出席了通车典礼。

1月23日至26日,1996年全国交通工作会议在北京召开,国务院副总理吴邦国向大会致信祝贺。黄镇东部长做了《齐心协力，奋发图强，扎扎实实做好“九五”交通工作》的工作报告。会议主要任务是：贯彻落实中共十四届五中全会精神，回顾总结“八五”及1995年交通工作，安排部署“九五”及1996年各项工作任务。

1月28日，全长138km的江西省（南）昌九（江）高速公路通车，江西实现高速公路零的突破。

5月10日，国家“八五”重点工程——312国道六盘山公路隧道贯通。

5月23日，交通部、团中央在武汉联合召开全国交通系统争当“青年岗位能手”、创建“青年文明号”活动推进大会。

6月25日，全长144km的太（原）旧（关）高速公路建成通车。国务院副总理邹家华、交通部部长黄镇东等出席了通车典礼。中共中央总书记江泽民题写了“太旧高速公路”路名，国务院总理李鹏为太旧高速公路题词：“群策群力建设高速公路，如虎添翼振兴山西经济。”

7月1日至3日，交通部在吉林召开全国交通基本建设质量监督、工程监理工作会议。

7月11日，交通部令1996年第4号发布《公路建设市场管理办法》。

8月15日，广东省高速公路发展股份有限公司向境外发行的1.35亿股B股在深交所上市，成为中国第一家上市的公路建设企业，其股票也被称为“中国公路第一股”。

8月，三峡水利枢纽前期准备工程关键项目之一——主跨900m、通过特种施工车辆的西陵长江大桥竣工，为钢箱梁悬索桥，主跨居当时国内第一、世界第七，这是我国悬索桥跨度上的一次明显突破。

8月，广西邕宁邕江大桥通车，为主跨312m的中承式钢管混凝土拱桥，主跨居当时世界同类桥型之首。

9月15日，全长274km的沪（上海）宁（南京）高速公路建成通车，其中江苏段长248.21km，江苏省实现高速公路零的突破。中共中央总书记江泽民题写了“沪宁高速公路”路名。

9月19日，全长133.26km的吉林省长（春）（四）平高速公路建成通车，吉林省实现高速公路零的突破。

10月1日，三峡坝区专用公路全线通车。该路双洞平均长3599m的控制性工程——木鱼槽隧道已于1996年1月22日贯通。

10月9日，交通部令1996年第9号发布《公路经营权有偿转让管理办法》。

10月25日，全长45km的云南省昆（明）嵩（明）高速公路通车，云南省高速公路实现零的突破。

11月14日，全长31.2km的北京至八达岭高速公路一期工程——北京至昌平高速公路通车。国务院副总理吴邦国、国务委员罗干、交通部部长黄镇东等出席了通车典礼。11月20日，全长145km的杭(州)甬(宁波)高速公路建成通车。

12月9日至11日，交通部在南京召开全国交通系统创建文明行业大会。会上，交通部党组提出用10至15年时间把全国交通行业建成文明行业的奋斗目标。

12月15日，全长55.1km的长(沙)(湘)潭高速公路建成通车，湖南省实现高速公路零的突破。

12月24日，全长93km的郑(州)许(昌)高速公路建成通车。

12月31日，交通部发布《公路建设项目后评价报告编制办法》《公路建设项目后评价工作管理办法》。

1997年

1月9日，1997年全国交通工作(电话)会议召开，主会场设在北京。黄镇东部长做了《认清形势，稳中求进》的工作报告。会议的主要任务是：贯彻中共十四届五中、六中全会和中央经济工作会议以及李鹏总理关于交通工作的重要谈话精神，总结1996年交通工作，分析交通工作形势，部署1997年主要任务。

1月30日，安徽省人大常委会发布《安徽省高速公路管理条例》。

3月18日，全长2384m的312国道六盘山隧道建成通车。六盘山公路隧道工程，全长12.37km，其中隧道横穿六盘山分水岭，全长2385m，宽9m，高5m，引道长9981m。

3月18日至19日，交通部召开全国交通系统示范“窗口”工作会议。

5月1日，全长138.5km的广西桂(林)柳(州)高速公路建成通车。李鹏总理题写了路名。广西高速公路实现零的突破。

5月，香港青马大桥建成，为当时中国跨径最大的悬索桥，主跨1377m。此桥为全世界最长的公路、铁路两用的重载悬索大桥，其设计、施工技术居世界前列。

5月，重庆万县、涪陵两座长江公路大桥竣工。其中，万县长江公路大桥主跨420m，居当时钢管混凝土箱形拱桥的主跨世界第一。涪陵长江公路大桥是一座双塔双索面PC梁斜拉桥，倒Y形主塔高163m，主跨330m，桥面宽18m，四车道，引道长5.3km，桥高163m。

6月9日，主跨888m的广东虎门大桥建成通车，江泽民总书记题写桥名。该桥总投资近30亿元，大桥全长4.61km，其主航道桥跨径888m，是我国公路上的第一座跨度近900m的大型悬索桥；辅航道桥为三跨预应力混凝土连续刚构箱形梁，主跨270m刷新了当时连续刚构梁桥的世界纪录。

6月19日，交通部发布了新修订的《公路、水运交通主要技术政策》。

6月19日，吉林省政府令第62号发布《吉林省高速公路管理办法》。

6月24日，上海徐浦大桥通车，为主跨602m的斜拉桥，当时其主跨居世界第一。

6月30日，呼(和浩特)包(头)高速公路(半幅)建成通车。该路全长150.4km。

7月1日，《全国公路网规划图集》正式出版，国务院副总理吴邦国为图集题词："加速公路建设，造福全国人民。"

7月3日，《中华人民共和国公路法》经第八届全国人大常委会第二十六次会议审议通过，以中华人民共和国主席令第86号发布，于1998年1月1日实施。

7月11日，交通部举办《公路法》颁布记者招待会。全国人大法律委员会、法工委原副主任郎福肇和交通部副部长李居昌就《公路法》的主要内容、基本原则、《公路法》颁布的意义和作用等回答了记者的提问。7月23日，交通部召开全国交通系统学习贯彻《公路法》电话会议，交通部部长黄镇东在会上部署了学习、宣传、贯彻《公路法》的工作任务，号召交通系统的干部职工为《公路法》的实施做好准备。国务院法制局副局长李适时到会并讲话。

7月31日，交通部发出通知，在全国交通系统开展"讲文明、树新风"活动。

8月30日，全长324.5km的黑龙江哈(尔滨)同(江)公路建成通车。

9月8日至11月15日，交通部对全国干线公路养护与管理工作进行了大检查，对照交通部颁布的《国省干线公路养护和管理检查计分标准》，按千分制严格考核。这是新中国成立以来首次组织的全国性干线公路检查。实际检查里程2.87万km，约占全国国省干线公路里程的10%，检查面之广、内容之细超过了以往。1997年也因此被称为全国的"公路养护年"。

9月19日，全长83.55km的吉林省长(春)吉(林)高速公路建成通车。

10月5日，京沈高速公路辽宁沈(阳)山(海关)段开工。

10月6日，全长132.86km的黑龙江哈(尔滨)大(庆)高速公路建成通车。

10月14日至17日，交通部在河北省石家庄市和山西省太原市召开全国公路系统创建文明行业经验交流会。开始在全国交通系统学习和推广"太旧精神"、石家庄出租汽车行业、青岛长途汽车站以及养路工陈德华、稽查科长朱同汝等五个先进典型的事迹。

10月23日，国家计委批准南京长江二桥正式开工。

10月28日，全长97.5km的广西钦(州)防(城)高速公路建成通车。

11月20日，重庆江津长江公路大桥试通车。大桥主体为连续刚构，全长1360m，主桥为(140+240+140)m三跨连续刚构。重庆岸引道为14×50m简支T梁，连续空心板梁。

12月15日，全长81.90km的福建泉(州)厦(门)高速公路通车，福建实现高速公路零的突破。

12月19日，交通部环境保护中心正式成立。

12月20日，全长3455m、宽13.1m、高7.3m、单向三车道的北京至八达岭高速公路二期控制性工程——潭峪沟隧道竣工,成为当时国内及亚洲长度最长、跨度最大的三车道公路隧道。

12月30日,全长216.05km的石(家庄)安(阳)高速公路建成通车。

12月,全国交通行业为西藏养路职工"送温暖活动"提前完成,各地共捐赠、补贴资金3905万元,援建了156座道班房。

1998年

1月1日,《中华人民共和国公路法》实施。后根据1999年10月31日第九届全国人大常委会第十二次会议《关于修改〈中华人民共和国公路法〉的决定》第一次修正;根据2004年8月28日第十届全国人大常委会第十一次会议《关于修改〈中华人民共和国公路法〉的决定》第二次修正。

1月12日至13日,交通部公路司与河北省交通厅共同组织了石家庄至太原公路河北段竣工验收工作,该项目被评为优良工程。

1月14日至15日,交通部在北京召开全国交通工作会议。会议的主题是:高举邓小平理论伟大旗帜,贯彻落实党的十五大精神和中央经济工作会议精神,认清形势,明确思路,部署1998年的工作任务,推进交通行业两个文明建设。李鹏总理、吴邦国副总理分别给会议致信,充分肯定了交通工作取得的成绩,对下一步的交通工作做了重要指示。交通部部长黄镇东做了题为《认真贯彻十五大精神,创造交通工作新业绩》的工作报告。

2月11日,交通部发布《关于加强公路工程项目验收工作的通知》。

3月26日至28日,交通部在北京召开加快公路基础设施建设座谈会,黄镇东部长要求以对党和人民高度负责的精神,贯彻落实中共中央关于加快公路建设的决策。

5月17日至18日,交通部公路司与广东省交通厅共同组织了深圳至汕头高速公路东段工程竣工验收工作。该工程被评为优良工程。

5月19日至22日,交通部公路司与山西省交通厅共同组织了太原东山过境高速公路、汾阳至柳林公路竣工验收工作。两条公路均被评为优良工程。

6月20日至23日,交通部在福建福州召开全国加快公路建设工作会议。吴邦国副总理参加会议,并做了题为《提高认识,狠抓落实,进一步加快公路建设步伐》的讲话,黄镇东部长做工作报告。国务院办公厅、国家发展计划委员会、国家经贸委、财政部、中国人民银行、中国证监会、中国工商银行、中国建设银行、国家开发银行等有关部门和金融单位的领导出席了会议。此次会议标志着,全国公路建设进入新的快速发展时期。7月中旬,党中央、国务院决定加大基础设施投入,公路建设投资规模从年初的1200亿元,增加到1600亿元。

7月1日起,国务院决定在客运附加费中每人公里增加1分钱,全额用于公路建设。

7月7日,交通部发布《全国交通系统创建文明行业实施办法》。

7月21日,交通部发布《公路环境保护设计规范》。

7月22日,交通部在北京召开第一次全国加快公路建设电话会议。交通部部长黄镇东通报了上半年加快公路建设情况,要求进一步鼓足干劲,再接再厉,努力实现1998年加快公路建设目标。

7月29日至31日,交通部在北京召开第二次全国加快公路建设座谈会。交通部部长黄镇东传达国务院第12次总理办公会议精神,1998年全国公路建设投资规模从1600亿元扩大到1800亿元。

8月20日,全长283km的新疆维吾尔自治区吐(鲁番)乌(鲁木齐)大(黄山)高速公路建成通车。交通部胡希捷副部长出席通车典礼。新疆实现高速公路里程零的突破。

8月31日至9月4日,交通部公路司与黑龙江省交通厅共同组织了同江至三亚公路佳木斯至哈尔滨段、绥芬河至满洲里公路绥芬河至刘秀屯段的竣工验收工作。两路段被评为优良工程。

9月3日,华北高速公路股份有限公司、东北高速公路股份有限公司、湖南长永高速公路股份有限公司、广西五洲交通股份有限公司被批准为第一批使用国家特批指标在国内发行A种股票的公路公司。

9月11日至14日,交通部公路司与陕西省交通厅共同组织了临潼至渭南高速公路、周至渭河大桥竣工验收工作。两项工程均被评为优良工程。

9月16日至17日,交通部公路司与广东省交通厅共同组织了汕头海湾大桥竣工验收工作。该桥被评为优良工程。

9月18日,交通部在北京召开第二次全国加快公路建设电话会议。交通部副部长李居昌通报了1月至8月全国加快公路建设情况,强调要认真实行公路工程质量责任追踪制度、专业技术人员培训制度、全过程质量把关制度。

9月21日,人事部、交通部决定:授予付淑琴等213人"全国交通系统劳动模范"荣誉称号;授予张书芳等137人"全国交通系统先进工作者"荣誉称号;授予首都高速公路发展公司等180个单位"全国交通系统先进集体"荣誉称号。

10月9日,交通部在北京召开第三次全国加快公路建设电话会议。黄镇东部长做了题为《弘扬抗洪精神,推动公路加快建设》的讲话,要求公路建设要把确保工程质量放在第一位,进度服从质量;各级领导要牢固树立质量意识,切实抓好公路建设质量;要派专业技术干部深入施工现场,严把质量关。

10月19日至25日,为贯彻落实《国务院办公厅关于加强建设项目管理确保工程建设质量的通知》精神,交通部组织了五个专家组对河北、山东、江苏、湖南、吉林、辽宁、天津、北京、四川、贵州、广西、湖北、安徽、福建、陕西、河南等17个省(区、市)在建的24个重点项目进行了检查。这24个重点项目建设总里程2622km,投资规模达752亿元,涵盖了在建国道主干线“两纵两横三个重要路段”和两条省级重要干线。

10月21日,交通部令1998年第8号发布《高速公路旅客运输管理规定》。

11月13日至14日,交通部公路司与甘肃省交通厅共同组织了312国道树屏至徐家磨汽车专用二级公路竣工验收工作。该路被评为优良工程。

11月15日至17日,交通部公路司与宁夏回族自治区交通厅共同组织了312国道六盘山隧道工程竣工验收工作。该工程被评为合格工程。

11月17日,交通部在北京召开第四次全国加快公路建设电话会议。交通部部长黄镇东做了题为《再接再厉,超额完成公路建设任务》的报告,副部长李居昌通报了公路工程质量检查情况和辽宁省沈四高速公路青洋河大桥质量事故处理情况,要求决不能为完成1998年任务赶工期而忽视质量,决不能为献礼工程赶工而忽视质量,决不能有质量隐患的工程。

11月27日至29日,“十五”交通建设前期工作会议在成都召开,交通部部长黄镇东讲话指出,一要继续抓好建设项目前期工作;二要明确“十五”建设项目前期工作的完成时间;三要着手开展“十五”计划的编制工作。

11月28日,海拔3792m、长1530m的227国道西宁至张掖公路青海省大坂山隧道贯通。

12月5日,宁波北仑港20万吨级矿石中转码头和上海至南京高速公路江苏段被中国建筑业协会评为1998年度中国建筑工程鲁班奖(国家优质工程)。

12月10日至12日,交通部在北京召开全国公路建设质量工作会议,黄镇东部长做了题为《提高认识,狠抓落实,以质量为本加快公路建设》的报告。会议要求,提高认识,狠抓落实,以质量为本加快公路建设。

12月28日,交通部令1998年第9号发布《公路工程施工监理招标投标管理办法》。

12月29日,国家重点建设项目——上海至杭州高速公路建成通车。

12月30日,国道主干线沪蓉公路黄石至黄梅段建成通车。

12月底,1998年全年,全国公路建设完成的投资额达到2168亿元,超额完成当年投资任务。

1999年

1月11日,国务院总理朱镕基在交通部部长黄镇东《关于当前我国高速公路建设发展问题的报告》上批示:“可以适当作些宣传。”

1月11日,湖北省人大常委会发布《湖北省公路路政管理条例》。

1月18日至20日,全国交通工作会议在山东济南召开。中共中央政治局委员、山东省委书记吴官正出席了开幕式。会上,黄镇东部长做了《努力做好世纪之交的交通工作,以优异成绩迎接建国五十周年》的工作报告。

1月28日,全长138.43km的广西柳州至桂林高速公路通过了交通部组织的竣工验收,工程质量优良。

1月31日,全长97.47km的广西钦州至防城港高速公路通过交通部组织的竣工验收,工程质量优良。

2月9日,全国人大常委会委员长李鹏视察厦门海沧大桥,对大桥的建设质量、速度表示满意。

2月13日,交通部印发《关于开展公路建设质量年活动的通知》,公布了"公路建设质量年"活动实施方案。全面启动了连续3年的"公路建设质量年"活动。

2月24日,交通部发布《公路工程质量管理办法》。

2月27日,全国交通基础设施建设工程质量现场会在南京召开。交通部部长黄镇东到会讲话。

3月中旬开始,按照"公路建设质量年"活动的总体部署,交通部组织40多名专家,分成七个检查组对南方14个省份的48个公路重点建设项目进行了1999年第一次公路建设质量大检查。

3月27日,全国政协主席李瑞环视察了云南昆(明)玉(溪)高速公路,并对昆玉高速公路的绿化工作做了指示。

4月6日,交通部与中宣部联合邀请新华社、人民日报、中央电视台、中央人民广播电台、光明日报、经济日报等13家新闻单位,召开"高速公路新闻宣传通气会"。会议确定开展"高速公路万里行"新闻采访活动。11家新闻单位共派出记者41人次,分三组对长江三角洲、珠江三角洲和环渤海经济圈的21条高速公路、6座桥梁共27个公路建设项目进行了采访报道,产生了良好的社会影响,为实施加快公路基础设施建设、扩大内需战略营造了良好的舆论氛围。

4月15日,黑龙江省人大常委会发布《黑龙江省公路条例》。

4月17日,云南省第一条由企业出资控股并参与建设、第一条六车道高速公路——全长85.71km的昆(明)玉(溪)高速公路通车。2001年,昆玉高速公路获云南省优质工程一等奖。2002年,昆玉高速公路获中国建筑业协会颁发的中国建筑工程"鲁班奖"。

4月18日,广深珠高速公路虎门大桥通过了交通部组织的竣工验收,工程质量优良。该桥为主航道主跨888m的悬索桥。

4月23日,全国公路建设电话会议在北京召开,交通部部长黄镇东到会讲话,副部长李居昌通报了对公路工程质量和建设资金使用的检查情况。

4月26日,国务院批复了交通部、中国人民银行关于收费公路项目贷款担保问题的请示，明确：公路建设项目法人可以收费公路的收费权质押方式向国内银行申请抵押贷款。

5月1日，云南楚雄至大理高速公路九顶山隧道左洞试通车。该隧道左洞长3200m，右洞长3209m，是云南高速公路第一座长度超过3km的隧道。

5月15日，全国人大常委会委员长李鹏视察了正在建设中的济南绕城高速公路北线、西线和济南黄河第二公路大桥，并题写了“济南黄河第二公路大桥”桥名。

6月16日，全国公路工作会议在重庆召开，交通部副部长李居昌到会并讲话。

6月23日，中共中央总书记江泽民视察了济南黄河第二公路大桥。

6月26日，全长144.99km的浙江省杭（州）甬（宁波）高速公路通过了交通部组织的竣工验收。

7月6日，济南黄河第二公路大桥、潍坊至莱阳高速公路、济南至德州高速公路齐济段建成通车。山东省高速公路通车里程率先在全国突破1000km，达到1085km。

7月13日，全长2592m的安徽省铜陵长江公路大桥通过了交通部组织的竣工验收，工程质量优良。

7月16日，全长2580.08m的湖北省黄石长江公路大桥通过了交通部组织的竣工验收，工程质量优良。

8月6日，全国交通基本建设质量监督工作经验交流会在甘肃兰州召开。会上，20个先进质量监督站、155名优秀监督工程师和35名优秀监督员受到交通部表彰。

8月19日，交通部发布《公路工程行业标准管理办法》。

8月26日，三峡库区主干道公路——渝（重庆）长（寿）高速公路双线平均长2712m、开挖断面15m、高10m、双向六车道的铁山坪隧道实现双线贯通。

9月上旬开始，交通部组织了1999年第二次公路建设质量大检查，分成四个检查组对中、西、北部地区的13个省（自治区、直辖市）的37个公路重点建设项目进行了检查。

9月16日，中央精神文明建设指导委员会作出《关于表彰全国精神文明创建工作先进单位的决定》，全国交通系统有34个单位荣获全国创建文明行业先进单位称号，有28个单位荣获全国精神文明建设先进单位称号。

9月19日至21日，交通部和中国公路运输工会在乌鲁木齐联合召开“全国公路养护‘双百佳’经验交流会”，表彰100名优秀养路工和100个文明道班。“双百佳”的表彰，在全国公路系统引起强烈反响。

9月25日，全长40km的京沈高速公路北京段建成通车，北京市委书记贾庆林、交通部部长黄镇东出席通车典礼。

9月25日，全长154.4km的福建省福（州）泉（州）高速公路、全长170km的京沈高速公路辽宁山海关至锦州段、全长193km的海南省环岛高速公路（西线）洋浦至九所段三段高速公路建成通车。

9 月 28 日，全长 2888m、主跨 1385m 的江阴长江公路大桥建成通车，中共中央总书记江泽民为大桥通车剪彩。这是当时中国大陆地区跨径最大的悬索桥，世界排名第四。同日，济南绕城公路一期工程化马湾至临沂高速公路、博山至莱芜高速公路，全长 109.8km 的安徽省高河埠至界子墩高速公路，全长 37km 的京沈高速公路天津段等高速公路工程也建成通车。

9 月，为迎接建国五十周年，交通部组织编辑的《中国交通 50 年成就》大型系列画册丛书和《中国公路水运交通五十年》专集出版。中国公路杂志社参与了《中国公路水运交通五十年》第一篇"公路交通"大部分章节的编撰工作。

10 月 1 日，全长 78km 的陕西省渭南至潼关高速公路建成通车。

10 月 7 日，全长 132.86km 的黑龙江省哈尔滨至大庆段高速公路扩建工程通过了交通部组织的竣工验收，工程质量等级合格。

10 月 8 日，全长 83.56km 的吉林省长春至吉林高速公路通过了交通部组织的竣工验收，工程质量优良。

10 月 20 日，交通部在北京召开全国加快公路建设执行情况电话会议，通报 1 月至 9 月份全国加快公路建设执行情况。交通部副部长李居昌出席并讲话。

10 月 26 日，中纪委书记、中华全国总工会主席尉健行视察了济南绕城高速公路和济南黄河第二公路大桥。

10 月 26 日至 28 日，全国交通系统创建文明行业经验交流会在山东青岛召开。交通部部长黄镇东到会讲话。

10 月 31 日，第九届全国人大常委会第十二次会议通过了《关于修改〈中华人民共和国公路法〉的决定》，我国"燃油费改税"的改革在法律上取得了突破性进展。

10 月 31 日，京沪高速公路济南至泰安段建成通车，标志着全国高速公路突破 1 万 km。山东省委书记吴官正、交通部部长黄镇东出席了通车仪式。本年底，全国高速公路里程达到 11650km，跃居世界第四。

11 月 3 日，交通部印发《关于清理整顿有偿转让公路收费权工作的实施方案（试行）》。

11 月 6 日，全长 55km 的宁夏石（嘴山）中（宁）高速公路银川段建成通车，标志着宁夏回族自治区高速公路实现了里程零的突破。

11 月 8 日，山东寿光至哈尔滨蔬菜运输绿色通道开通工作会议在哈尔滨召开。这是继寿光至北京、海南至北京、海南至上海三条绿色通道后全国开通的第四条绿色通道。至此，全国绿色通道总里程已达 1.1 万 km，途经 18 个省（自治区、直辖市）。

11 月 10 日，全长 21.5km 的京沈高速公路廊坊段通车，京沈高速公路北京至锦州段通车。京沈高速公路是“两纵两横三个重要路段”的重要路段之一，分北京、廊坊、天津、宝坻至山海关、山海关至沈阳五段建设，全长659km。其中，北京段40km，于1999年9月25日通车；廊坊段西接北京，东连天津；天津段西接廊坊，东连河北唐山，全长37.18km，于1999年9月25日通车；宝坻至山海关段，全长199.31km，于1999年8月1日通车；山海关至锦州段长170km，于1999年9月26日通车。

11月19日，全国加快公路建设执行情况电话会议在北京召开。会议通报1999年1月至10月份全国加快公路建设的情况。交通部副部长李居昌出席并讲话。

11月22日，加快西部地区交通建设与发展座谈会在京召开。交通部部长黄镇东出席并讲话。

12月6日，全长57km的京珠高速公路广珠段建成通车。

12月10日，中纪委书记、中华全国总工会主席尉健行视察正在建设中的西安绕城高速公路(北段)。

12月11日，全长77km的湖南省益阳至常德高速公路建成通车。

12月28日，全长245km的成都至雅安高速公路、全长88km的成都至乐山高速公路建成通车。

12月30日，中国首座三跨全漂浮悬索桥——福建厦门海沧大桥建成通车。中共中央总书记江泽民为该桥题写了桥名。

2000年

1月11日，交通部发布《公路、水路交通法规体系框架和实施意见》。

1月23日至27日，2000年交通工作会议在云南昆明召开。国务院副总理吴邦国向大会致信祝贺。会议主要任务是：贯彻落实中共十五届四中全会和中央经济工作会议精神，回顾1999年交通工作，安排部署2000年各项工作任务。会上，交通部部长黄镇东作了《面向新世纪，开创新局面》的工作报告。

2月13日，交通部令2000年第2号发布《超限运输车辆行驶公路管理规定》。

2月17日，青海省首条高速公路——全长34.8km的国道主干线丹(东)拉(萨)公路平安至西宁段高速公路开工建设。

4月15日，西藏有史以来最高等级的公路——青藏公路羊八井至拉萨段二级公路改建工程破土动工。该路段长66km，平均海拔在4000m左右。

4月17日，朱镕基总理视察南京长江二桥建设工地时强调：要以对国家、对人民、对历史极端负责的精神和一丝不苟的认真态度，扎扎实实地把工程建设质量提高到一个新水平。

4月18日，长2949m、开挖宽度17m、净高8.25m、单向三车道的京珠高速公路广东翁源靠椅山隧道右洞贯通;1999 年 12 月 22 日,该隧道长 2981m 的左洞贯通。

4 月 28 日,全长 85.5km 的重庆至长寿高速公路建成通车,成为重庆直辖后建成的第一条高速公路。该路的铁山坪隧道,双线平均长 2712m、开挖断面 15m、高 10m、双向六车道,于 1999 年 12 月底实现双线贯通。

5 月 19 日,全长 140.5km 的同江至三亚国道主干线福建漳州至诏安高速公路主线开工建设。

5 月 30 日,国务院副总理吴邦国视察南京长江第二大桥。

6 月 30 日,全长 83km 的宁夏回族自治区石(嘴山)中(宁)高速公路姚伏至叶盛段建成通车。

7 月 20 日至 21 日,“西部开发交通建设工作会议”在成都召开,国务院副总理吴邦国出席会议并讲话,黄镇东部长主持会议并作工作报告。会议确定了《加快西部地区公路交通发展规划纲要》。

8 月 28 日,交通部令 2000 年第 6、第 7、第 8 号分别发布《公路建设市场准入规定》《公路建设四项制度实施办法》和《公路建设监督管理办法》。

9 月 10 日,全国政协主席李瑞环视察了济南绕城高速公路和济南黄河第二公路大桥。

9 月 15 日,沈阳至锦州高速公路建成通车,标志着全长 659km 的北京至沈阳高速公路全线贯通。国务院副总理吴邦国做了重要批示,全国人大常委会副委员长邹家华为通车剪彩。京沈高速公路是“两纵两横三个重要路段”中的“三个重要路段”之一,是我国第一条全程双向六车道的高速公路。

9 月 21 日,全长 58.8km 的北京至大同高速公路山西段建成通车。该路段是中国第一条高荷载、超重型水泥混凝土路面高速公路。

9 月 22 日,云南省人大常委会发布《云南省收费公路管理条例》。

9 月 25 日,福建罗宁高速公路飞鸾岭隧道长 3155m 的左洞通车,实现双洞通车。该隧道长 3180m 的右洞于 1998 年 4 月建成通车,一举将福州至宁德间的公路里程缩短 24km。

9 月 28 日,全长 79km 的黑龙江哈尔滨至绥化高速公路建成通车。

10 月 14 日,国务院副总理李岚清视察润扬长江公路大桥现场。

10 月 18 日,山东聊城至河北馆陶高速公路竣工通车仪式在聊城市举行。全国人大常委会副委员长铁木尔·达瓦买提和全国政协副主席张克辉出席了通车仪式并为通车剪彩。

10 月 20 日,润扬长江公路大桥举行开工典礼。中共中央总书记江泽民参加典礼并题写桥名。

10月22日，国务院批准了财政部、国家发展计划委、国家经贸委、交通部等12个部门制定的《交通和车辆税费改革实施方案》，决定自2001年1月1日起先行实施车辆购置税。同日，国务院令2000年第294号发布《中华人民共和国车辆购置税暂行条例》。已征收15年的车辆购置附加费被车辆购置税替代。

10月26日，山东省人大常委会发布《山东省高速公路管理条例》。

10月28日，全长56km的青岛至银川国道主干线山西省夏汾高速公路、全长33.9km的连霍国道主干线西安绕城高速公路北段建成通车。

10月29日，全长112.1km的云南玉溪至元江高速公路建成通车。

11月3日，全长265.5km的新疆乌鲁木齐至奎屯高速公路建成通车。

11月5日，全长185.4km的湖南衡阳至枣木铺高速公路开工建设。

11月18日，全长133.6km的江西九江至景德镇高速公路建成通车。

11月22日，全长145km的山东曲阜至张山子高速公路建成通车，标志着山东省高速公路总里程突破2000km。

11月28日，全长88km的四川隆昌至纳溪高速公路建成通车。

12月5日至7日，交通部在湖南长沙召开全国公路行业管理工作会议，交通部部长黄镇东讲话。会议进一步明确了“统一规划，分级管理”的公路管理方针以及“一省一厅一局”的机构设置模式。

12月12日，全长126km的河北宣化至大同高速公路建成通车。

12月14日，京沪高速公路全长107km的江苏新沂至淮阴段、全长153km的淮阴至江都段建成通车。至此，江苏省高速公路总里程突破1000km，达到1106km。

12月18日，全长1262km的京沪高速公路全线建成通车，这是“两纵两横三个重要路段”中的“三个重要路段”之一。到2000年底，我国高速公路突破1.6万km，跃居世界第三位。其中山东高速公路里程突破了2000km，河北、辽宁、广东、江苏、四川等省突破1000km。

12月19日，交通部组织了“京沪高速公路千里行活动”，交通部部长黄镇东主持出发仪式，副部长胡希捷参加了活动。

12月26日，全长45km的四川广安至邻水高速公路建成通车，标志着四川省高速公路通车总里程达到1000km。该路上的华蓥山隧道，左洞长4706m，右洞长4704m，是20世纪内我国修建的地质最复杂、最长的公路隧道。

12月28日，安徽省人大常委会发布《安徽省公路路政管理条例》。

12月30日，全长112.7km的广西宜州至柳州高速公路建成通车。

2001年

1月1日，征收了15年的车辆购置附加费即日起为车辆购置税取代，但征收标准不变。

1月8日至9日,2001年全国交通厅局长会议在郑州召开。国务院副总理吴邦国对2001年交通工作做了重要批示。会上,交通部部长黄镇东作了题为《承前启后,开拓进取,推进交通改革发展再上新台阶》的工作报告。会议的主要任务是:贯彻落实中共十五届五中全会和中央经济工作会议精神,回顾总结"九五"交通工作,研究部署"十五"及2001年工作任务。在交通厅局长会议召开的同时,召开全国交通系统纪检监察工作会议,会后紧接着召开全国交通安全工作会议和"十五"交通建设前期工作会议。

1月8日,长度国内第一、世界第二的公路隧道——双洞平均长18.02km的秦岭终南山隧道开工建设。

1月12日,全长约8.6km的川藏公路二郎山隧道全面通车。该工程包括二郎山隧道、别托山隧道、和平沟大桥及山岭重丘区三级公路接线等。其中二郎山隧道全长4176m,海拔2200m,是国家"九五"公路重点建设项目,于1999年12月7日建成试通车。

1月12日,吉林省人大常委会发布《吉林省公路管理条例》。

2月27日,江苏省和交通部在江苏镇江联合召开润扬长江公路大桥省部现场办公会。江苏省省长季允石,交通部部长黄镇东、副部长胡希捷出席了会议。黄镇东部长做了题为《质量,润扬长江公路大桥建设的根本》的讲话。

3月15日,改版后的交通部政府网站对外开通。

3月19日,全国公路普查培训会在京召开,标志着第二次全国公路普查工作全面展开。

3月22日至24日,江阴长江公路大桥通过了交通部组织的竣工验收。该桥为主跨1385m钢箱梁悬索桥,是此前国内已建成的同类桥型跨径最大的,列世界第四位。

3月26日,南京长江二桥建成通车,国务院副总理吴邦国出席仪式并剪彩。该桥是国家"九五"重点基础设施建设项目,全长21.20km,双向六车道高速公路标准,由三段引线和南、北汊两座大桥组成,其中南汊大桥为钢箱梁斜拉桥,桥长2938m,主跨628m,其跨径在同类桥型中居国内第一、世界第三。

4月2日至3日,西部交通建设座谈会在贵阳召开,交通部副部长张春贤出席会议并讲话。会议明确了"十五"和2001年西部地区交通建设目标。

4月11日至26日,交通部分别在浙江杭州、江西南昌和新疆乌鲁木齐召开了三个片区公路建设工作座谈会。会议总结了两年来开展"公路建设质量年"活动的经验,研究落实公路建设的各项工作,对开展整顿和规范公路建设市场秩序工作做了具体布置。

5月28日至30日,全国公路养护管理工作会议在南昌召开。交通部副部长胡希捷出席会议并作了题为《面向新世纪,树立新观念,推动公路养护管理工作再上新台阶》的讲话。

5 月 30 日，福建省人大常委会发布《福建省公路路政管理条例》。

6 月 5 日，国务院副总理李岚清在江苏省委书记回良玉、省长季允石等的陪同下，视察了润扬大桥建设工地。这是李岚清副总理 2000 年 10 月以来第二次视察润扬大桥工地。

6 月 22 日，交通部印发《公路养护工程管理办法》及《公路养护与管理发展纲要(2001 至 2010 年)》。

7 月 1 日，青海省首条高速公路——全长 34.78km 的平安至西宁段建成通车，实现了青海省高速公路建设里程零的突破。

7 月 6 日，交通部印发《公路、水路交通“十五”发展计划》。

7 月 28 日，长 496m、开挖高度 18m、全宽 22m、双向四车道的贵州凯里大阁山隧道贯通。

8 月 21 日，交通部令 2001 年第 6 号发布《公路工程勘察设计招标投标管理办法》。

8 月 29 日，交通部批复润扬长江公路大桥(主桥 4700m，接线工程 18.95km)主体工程开工报告。

8 月 29 日，国务院原则同意交通部提出的西部开发 8 条省际公路通道建设规划方案，并简化建设项目前期工作程序。

9 月 19 日，湖北宜昌长江公路大桥试营运。这是沪蓉国道主干线跨越长江的一座特大型桥梁，桥长 1206m，主跨 960m，为双塔单跨钢箱梁悬索桥。

9 月 23 日，贵州省人大常委会发布《贵州省公路路政管理条例》。

9 月 25 日，陕西省人大常委会发布《陕西省公路路政管理条例》。

9 月 26 日，山东利津黄河公路特大桥通车。该桥长 1350m，主桥为 630m 五跨连续双塔斜拉桥，其 310m 主跨和 115m 桩基均创当时全国黄河桥梁之最。

9 月 29 日，交通部发布《公路工程勘察设计招标评标办法》。

10 月 16 日至 19 日，全国交通系统精神文明建设会议在南京召开。会议的主要任务是：总结“九五”交通系统“三学一创”活动情况，表彰两个文明建设先进典型，部署“十五”交通系统创建文明行业“三学四建一创”的工作任务。交通部部长黄镇东出席会议并讲话。

10 月 20 日，双洞平均长 3372.5m 的福建福州至宁德高速公路赤岭隧道贯通。

12 月 4 日，西南公路出海通道(辅助通道)全线贯通。4 日至 7 日，交通部部长黄镇东带队组织了“西南公路出海通道千里行”活动，中央主要新闻单位参加。该线途经川、黔、桂三省区，全长 1709km，由二级以上高等级公路构成，是“两纵两横三个重要路段”的组成部分，也是国家西部大开发战略实施以后率先完成的大型基本建设项目，总投资 255 亿元。

12 月 15 日,武汉军山长江公路大桥通车。该桥是京珠、沪蓉两条国道主干线跨越长江的共用特大桥梁,位于武汉市西南郊、武汉关上游 28km 处,全长 4881m,为 460m 五跨连续双塔双索面钢箱梁斜拉桥,主桥长 964m,全宽 38.8m,设计行车时速 120km。

12 月 18 日,2002 年全国交通厅局长会议在西安召开。交通部部长黄镇东做了《把握形势,抓住机遇,扎扎实实做好 2002 年交通工作》的工作报告。会议的主要任务是:贯彻落实党的十五届六中全会和中央经济工作会议精神,回顾总结 2001 年交通工作,研究部署 2002 年工作任务。在交通厅局长会议召开后,还召开了交通科技创新工作会议、交通质量工作会议、交通安全工作会议和中国入世后交通行业面临的形势和任务专题会议。

12 月 27 日,交通部印发《国家重点公路建设规划》。

12 月 31 日,全国高速公路总里程突破 1.9 万 km,达到 19331km,世界排名由第三位升至第二位。

2002 年

1 月 18 日,湖北省人大常委会发布《湖北省交通建设管理条例》。

2 月 11 日,国务院总理朱镕基在重庆视察外环高速公路。

3 月 2 日,长 1262m 的宁波东外环常洪越江(甬江)隧道通车。

3 月 27 日,重庆市人大常委会发布《重庆市公路路政管理条例》。

5 月 10 日至 12 日,全国交通基础设施建设前期工作会议在太原召开。交通部部长黄镇东,副部长张春贤、胡希捷等部领导出席会议。

6 月 6 日,交通部令 2002 年第 2 号发布《公路工程施工招标投标管理办法》。

6 月 21 日,南京长江二桥通过交通部组织的竣工验收。

6 月 28 日,双洞平均长 4010m 的 212 国道重庆至合川高速公路北碚隧道(曾称尖山子隧道)通车,同时通车的还有该高速公路双洞平均长 2498m 的西山坪隧道。

7 月 31 日,湖南省人大常委会发布《湖南省实施〈中华人民共和国公路法〉办法》。

9 月 25 日至 26 日,全国高速公路管理体制座谈会在重庆召开,交通部副部长胡希捷出席并讲话。

9 月 30 日,中共中央决定,任命张春贤为交通部党组书记;同时免去黄镇东的交通部党组书记职务。

10 月 23 日,国务院总理办公会讨论通过苏通大桥工程可行性研究报告。

10 月 28 日,全国人大常委会决定:任命张春贤为交通部部长,同时免去黄镇东的交通部部长职务。

11 月 15 日,反映中华民族桥梁建设历程的鸿篇巨制——《中国桥谱》出版发行。中共中央总书记江泽民为该书题写了书名。

11 月 16 日,交通部令 2002 年第 6 号发布《公路监督检查专用车辆管理办法》。

12 月 4 日,交通部发布《高速公路养护质量检评方法(试行)》《交通统计工作管理规定》。

2003 年

1 月 13 日,云南昆玉高速公路荣获中国建筑工程最高奖——鲁班奖,该公路是 213 国道的一段,全长 85.7km。

1 月 27 日,交通部令 2003 年第 2 号发布《路政管理规定》。

2 月 12 日至 13 日,全国交通厅局长会议、交通安全工作会议在杭州召开。交通部部长张春贤做了《认真贯彻党的十六大精神,努力实现交通新的跨越式发展》的工作报告。会议分别部署了 2003 年交通工作任务和交通安全工作目标。

3 月 8 日,国家计委、建设部、铁道部、交通部、信息产业部、水利部、中国民航总局联合发布了《工程建设项目施工招标投标办法》,自 2003 年 5 月 1 日起施行。

3 月 19 日,交通部上报国务院《关于公路国道主干线建设问题的报告》和《关于加强农村公路建设问题的报告》。国务院总理温家宝,副总理黄菊、曾培炎分别作出批示。

3 月 21 日,交通部印发《公路养护工程市场准入暂行规定》和《公路养护工程施工招标投标管理暂行规定》。

3 月 25 日,云南省元江至磨憨口岸公路双洞平均长 3363.5m 的大风垭口隧道贯通。

4 月 3 日,京珠高速公路粤境北段公路正式通车。该段公路全长 109.93km,是施工难度最大的山区高速公路之一。

4 月 18 日,连接河北和内蒙古承赤公路全长 2370m 的茅荆坝隧道贯通,这是内蒙古的第一长隧。

4 月 28 日,长 2880m、双向八车道的上海外环线越江隧道通车。这是上海第一次用沉管技术施工的越江隧道,也是当时亚洲第一、世界第三的沉管隧道工程。

5 月 13 日,交通部令 2003 年第 5 号发布《交通建设项目环境保护管理办法》。

5 月 16 日,交通部发布《公路隧道养护技术规范》(JTG H12—2003)行业标准,于 2003 年 10 月 1 日起实施(第 7 号公告)。

5 月 30 日,交通部发布《交通基础设施建设重点工程实施纪检星宿人员派驻制度的暂行办法》。

6 月 11 日,交通部发布《关于加强公路数据库建设与管理工作的若干意见》《交通基础设施建设廉政合同考核暂行办法》。

6 月 27 日,世界上最大跨径的斜拉桥——苏通长江大桥主桥正式开工建设。该桥路线全长32.4km,是中国建桥史上工程规模最大、技术与施工条件最复杂、建设标准和科技含量最高的一项现代化特大型桥梁工程,其中跨江大桥(包括主桥、辅桥和南北引桥)长约8200m,主桥为双塔斜拉桥。江苏省省长梁保华、交通部副部长胡希捷共同为主桥基础开钻打桩启动钻机按钮。

6月28日,上海卢浦大桥建成通车。大桥全长3900m,主跨为550m钢结构拱桥,双向六车道。

8月22日,中国第一条沙漠高速公路——全长116km的陕西榆林至靖边高速公路正式通车。

9月1日零时,京沈高速公路全线使用统一的纸质通行券,采用手工和计算机系统并行的通行费拆分与结算模式,实现高速公路联网收费系统正式切换。

9月20日,青海省人民政府令2003年第33号发布《青海省高等级公路管理办法》。

9月23日,全长31.7km的陕西省延安至安塞高速公路建成通车。该公路是西部大开发省际通道阿荣旗至北海线的重要组成部分,也是革命圣地延安建成的第一条高速公路。

9月24日,山西省人民政府令2003年第166号发布《山西省高速公路管理暂行办法》。

9月28日,双洞平均长5179m、净宽10.5m的山西省大同至运城高速公路雁门关隧道通车。

9月29日,长2500m的上海大连路隧道通车。这是我国第一条江底隧道,首次采用两台超大型盾构设备同时掘进,并首次设置了江底联络通道、路下紧急逃生通道,隧道的运营安全性大大提升。2002年12月16日,大连路隧道东线贯通。

10月20日,京沈高速公路联网收费工程正式开通运行,这是国内第一条跨省(市)联网收费的高速公路。交通部部长张春贤、副部长冯正霖出席开通仪式并讲话。

11月7日,北京至福州高速公路三明段双洞平均长3407.5m的罗盘基隧道贯通。

11月10日,全长132km的陕西靖边至王圈梁高速公路西段实现主线贯通。该公路是国家规划的“五纵七横国道主干线”中青岛至银川高速公路的一段,也是中国公路主骨架网中唯一经过陕北地区的高速公路。

11月12日,地处福建闽清与尤溪两县交界处、双洞平均长5568.8m的北京至福州高速公路美菰林隧道通车。

11月16日,全长78km的云南昆明至石林高速公路正式建成通车。该公路是云南通向贵州、广西和中国通向越南等东南亚国家国际大通道的重要路段。

11月17日,交通部和江苏省人民政府举行隆重仪式,聘请35位中外桥梁专家为苏通大桥建设的技术顾问、技术专家。江苏省省长梁保华、交通部副部长胡希捷向专家们颁发顾问聘书和专家聘书。

11 月 24 日，全长 4300m 的重庆城口通渝隧道通车，“八小时重庆”最后一道难关被攻克。

12 月 9 日，杭州湾跨海大桥技术专家组正式成立，交通部副部长胡希捷任组长，技术专家组成员由 25 名国内资深公路桥梁专家组成。

12 月 26 日，同三国道主干线山东莱西至汾水、206 国道烟台至新河、乳山至海阳高速公路建成通车，标志着山东省高速公路通车里程突破 3000km。

12 月 26 日，双洞平均长 4070m 的甘肃兰州至临洮高速公路新七道梁隧道通车。

2004 年

1 月 4 日，交通部印发《公路水路交通“十一五”发展规划纲要》。

1 月 8 日，交通部印发《西部地区公路建设主要技术政策建议》。

1 月 11 日，2004 年全国交通工作会议在北京召开。张春贤部长做了《坚持科学的发展观，为促进经济社会全面发展提供交通运输保障》的工作报告。会议提出，坚持在交通改革发展中贯彻落实“五个坚持”“五个统筹”的要求，坚持全面、协调和可持续的新发展观。

1 月 16 日，全长 253km、总投资 88.6 亿元的江西省赣粤高速公路泰和经赣州至定南段建成通车。

1 月 29 日，交通部发布《公路工程技术标准》(JTG B01—2003)。

1 月 31 日，交通部发布《公路安全保障工程实施方案》。

3 月 31 日，交通部令 2004 年第 3 号发布《公路工程竣(交)工验收办法》。

4 月 6 日，交通部印发《关于在公路建设中实行最严格的耕地保护制度的若干意见的通知》(交公路发〔2004〕164 号)。

4 月 30 日，经国务院同意，交通部、公安部、发改委、质监总局、安全监督局、工商总局、法制办联合印发《关于在全国开展车辆超限超载治理工作的实施方案》，决定于 6 月 20 日 9 时起在全国启动车辆超限超载集中治理工作。

6 月 10 日，双洞平均长 4309m 的福州至银川高速公路福建邵武至三明段雪峰山隧道贯通。

6 月 20 日，全长 69.7km、总投资 20.45 亿元的四川广安至南充高速公路与达州至重庆高速公路正式建成通车。该路是国道主干线上海至成都高速公路的重要路段。

6 月 29 日，双洞平均长 3585m 的贵州崇溪河至遵义高速公路青杠哨隧道贯通。

6 月 30 日，交通部令 2004 年第 5 号发布《公路水运工程监理企业资质管理规定》。

7 月 2 日，湖北巴东大桥通车。该桥是 209 国道湖北境内跨越长江的第一座钢筋混凝土特大型双塔斜拉桥梁，全长908m。

7月16日，双洞平均长2004m、号称江西第一隧的泰和至井冈山津洞隧道贯通。

7月18日，山东省滨州黄河公路大桥建成通车，总投资6.96亿元。

7月31日，号称贵州第一隧、双洞平均长4085m的崇溪河至遵义高速公路凉风垭隧道贯通。这条高速公路全长118km，全线海拔高差达1030m，有各类隧道19处，桥隧比达到38%。

8月16日，青海省最长的公路隧道——青沙山隧道顺利贯通。隧道全长3340m，平均海拔3000m以上，是平（安）阿（化隆回族自治县阿岱）高速公路的控制性工程。

8月20日，安徽省人大常委会发布《安徽省高速公路管理条例（修订）》。

8月25日，西藏第一条公路隧道、全长2447m的拉萨至贡嘎公路嘎拉山隧道贯通。

8月28日，第十届全国人大常委会第十一次会议通过了《关于修改〈中华人民共和国公路法〉的决定》，明确了公路交通部门在日常公路管理中的主体地位。

8月29日，沈大高速公路改扩建工程全线竣工通车。改造后，沈大高速全路段为八车道，设计行车时速120km，昼夜通行能力跃升至13万至15万辆次。全国人大常委会委员长吴邦国出席通车仪式并亲切慰问沈大高速公路建设者。其中，长520m、开挖宽度22.48m、高度15.52m、单洞四车道的金州隧道，取代大阁山隧道成为我国宽度最大的公路隧道。

9月13日，国务院令第417号发布《收费公路管理条例》。

9月16日，交通部发布《公路建设项目工程绝算编制办法》。

9月25日，青海省人大常委会发布《青海省公路路政管理条例》。

9月26日，江西省全长169km、总投资44亿元的昌傅至金鱼石高速公路，全长177km、总投资47亿元的温家圳至沙塘隘高速公路建成通车。

9月28日，全长123km、工程总投资27.5亿元的内蒙古呼和浩特至集宁高速公路试通车。该公路是内蒙古通往京津、东南沿海的主要交通干线。

9月29日，全长2785m、越江段长1214m、单向三车道的国内第一条双管双层六车道越江隧道——上海复兴东路隧道正式通车；该隧道于2003年10月28日实现双线贯通。

9月30日，河南省新乡至郑州高速公路建成通车，标志着“五纵七横国道主干线”的重要一纵——北京至珠海国道主干线全线贯通。

9月30日，全长37km、总投资21.9亿元的黑龙江省哈尔滨绕城公路西段建成通车。

9月，川、青、藏三省（自治区）举行庆祝活动，隆重纪念青藏、川藏公路建成通车50周年。

9月，长4448m、海拔3300m的317国道鹧鸪山隧道完工，成为当时海拔最高的最长公路隧道。

10 月 1 日，郑州第二黄河大桥通车。该桥全长 9.85km，双向八车道，行车道宽 42m，刷新了湖北军山长江公路大桥的宽度纪录。

10 月 8 日，连云港至霍尔果斯国道主干线全线建成高等级公路。连霍国道主干线横贯中国东中西部，全长 4395km，经过苏、皖、豫、陕、甘、新六省（自治区），沿线地区约有 4 亿人口。

10 月 14 日，交通部在沈阳召开“全国交通基本建设质量监督工作会议”。

10 月 27 日，我国高速公路里程突破 3 万 km，当年末里程达 3.42 万 km，居世界第二位。

11 月 4 日，皖西北首条高速公路——全长 187km、总投资 35.5 亿元的界（首）阜（阳）蚌（埠）高速公路全线贯通。

11 月 29 日，河南省人大常委会发布《河南省高速公路条例》。

12 月 12 日，全长 162.80km、总投资 38.78 亿元的河南许（昌）平（顶山）南（阳）高速公路全线通车。该路是国家规划的重点干线公路——日照至南阳公路的重要组成部分。

12 月 13 日，甘肃省兰州至海石湾、兰州至临洮、山丹至临泽等 6 条高等级公路建成通车。6 条高等级公路总长 528.23km，总投资 112.57 亿元。

12 月 17 日，国务院常务会议原则通过《国家高速公路网规划》。

12 月 21 日，交通部令 2004 年第 14 号发布《公路建设市场管理办法》，同时废止 1996 年 7 月版的《公路建设市场管理办法》。

12 月 24 日，全长 183km、总投资 50.9 亿元的湖南临湘至长沙高速公路项目通过部省联合验收。

12 月 26 日，2005 年全国交通工作会议在北京召开。国务院副总理黄菊到会并讲话，交通部部长张春贤作了《以科学发展观为统领，加强行政能力建设，促进交通运输全面协调可持续发展》的工作报告。

12 月 26 日，总投资 13.2 亿元的安徽省安庆长江公路大桥建成通车。

12 月 28 日，福建三（明）福（州）、漳（州）龙（岩）高速公路正式通车。三福高速公路是（北）京福（州）国道主干线的重要组成部分，全长 260km；漳龙高速公路是国家重点公路厦（门）昆（明）线的重要组成部分，全长 117km。

12 月 29 日，全长 48km、总投资 27.1 亿元的重庆雷神店至崇溪河高速公路建成通车；同日，全长 93km、总投资 38 亿元的武汉绕城公路东北段建成通车。

2005 年

1 月 4 日，交通部印发《公路水路交通“十一五”发展规划纲要》。

1 月 13 日，交通部部长张春贤在国务院新闻办公室举行的新闻发布会上宣布，《国家高速公路网规划》正式出台。国家高速公路是中国公路网中最高层次的公路通道，全长8.5万km，由7条首都放射线、9条南北纵向线和18条东西横向线组成，简称为“7918网”，将联结我国人口超过20万的城市，覆盖10亿人口。

1月13日，浙江省人大常委会发布《浙江省公路路政管理条例》。

1月21日，交通部发布《公路水路交通科技发展战略》。

2月2日，交通部印发《关于深入开展公路勘察设计典型示范工程活动的通知》，新增18个公路典型示范工程。

3月1日，交通部印发《长江三角洲地区现代化公路水路交通规划纲要》《振兴东北老工业基地公路水路交通发展规划纲要》。

3月4日，交通部发布《振兴东北老工业基地公路水路交通发展规划纲要》《长江三角洲地区现代化公路水路交通规划纲要》，规划期均为2004年至2020年。

3月31日，吉林省人大常委会发布《吉林省高速公路路政管理条例》。

4月11日，双洞各长18.02km的陕西秦岭终南山公路隧道贯通，总投资27.93亿元。该隧道是世界上最长的双洞高速公路隧道。

4月16日，交通部党组授予润扬长江公路大桥“交通建设项目典型”荣誉称号。

4月25日，交通部、共青团中央授予张立维等114人“全国交通系统青年岗位能手”荣誉称号；命名北京首都公路发展有限责任公司八达岭高速公路清河收费站等96个青年集体；认定北京市门头沟区交通局稽查大队等212个青年集体为“2004年度全国青年文明号”。

4月27日，全长5068m的广东省双和(鹤山共和至高明人和)公路彩虹岭隧道贯通，这是广东省第一长隧。

4月30日，江苏润扬长江大桥建成通车。大桥全长35.66km，由北汊斜拉桥、南汊悬索桥等组成。其中南汊悬索桥主跨1490m，是当时中国第一、世界第三的特大跨径悬索桥。

4月30日，我国大陆第一条大断面海底隧道——厦门翔安海底隧道正式动工。翔安隧道全长约9km，其中海底隧道5.95km，隧道连同两端连接线工程，总投资约39.5亿元。

5月2日，陕西西安至汉中高速双洞平均长17.22km、由三处特长隧道组成的秦岭特长隧道群贯通。

5月8日，交通部令2005年第4号发布《公路工程质量监督规定》。

5月9日，交通部令2005年第5号发布《公路工程设计变更管理办法》。

5月25日，全长32.5km的东海大桥贯通，为满足上海港洋山深水港口年吞吐220万标准集装箱疏运需要提供了有力的支撑。

6月1日，国务院办公厅发布《关于加强车辆超限超载治理工作的通知》。

6月7日,双洞平均长1805m、双向六车道的江苏第一隧——宁淮(南京至淮安)高速公路老山隧道贯通。

7月7日,浙江省人民政府令第193号发布《浙江省高速公路运行管理办法》。

7月22日,双洞平均长3032.5m的安徽省铜陵至黄山高速公路石头岭隧道双线贯通,这是安徽省高速公路第一条特长隧道。

7月29日,中共中央总书记胡锦涛视察山西太长高速公路(太原至长治)和农村公路。

8月23日,《公路水路交通基础设施"十一五"建设规划》经第27次部党组会议审议并原则通过。

9月21日,交通部发布《公路水路交通中长期科技发展规划纲要(2006至2020年)》。

9月至11月,交通部开展全国干线公路养护与管理大检查。此次检查的对象为全国所有公路(国、省、县、乡道),以及省、市、县各级交通主管部门和公路管理部门。

9月,双线平均长6015m的重庆万州至开县高速公路铁峰山二号隧道左线贯通,此前的8月25日,该隧道右线实现贯通,这是当时西南地区建成的最长公路隧道,使两地车程由3个小时缩短至40分钟。

10月7日,南京长江第三大桥建成通车。该桥全长15.6km,主桥采用主跨648m的双钢塔钢箱梁斜拉桥,为国内第一座钢塔斜拉桥,也是当时中国最大跨径的斜拉桥。

10月10日,双洞平均长3745m的湖南常德至吉首高速公路岩门界隧道贯通。

10月17日,交通部党组审议并原则通过《泛珠江三角洲区域合作公路水路交通规划纲要》。

10月18日,双线平均长6900m的云南个旧至蒙自大屯公路明珠隧道贯通,成为云南最长公路隧道。

10月27日,交通部印发《关于收费公路试行计重收费的指导意见的通知》。

11月27日,全长176km的陕西禹门口至阎良高速公路建成通车。

12月1日,交通部编制完成《京津冀暨环渤海地区现代化公路水路交通规划纲要》《中部地区崛起公路水路交通规划纲要》。

12月16日,全国交通行业精神文明建设工作座谈会在北京召开。

12月29日,全国人大常委会决定:免去张春贤交通部部长职务,同时任命李盛霖为交通部部长。

12月30日,交通部发布《促进中部地区崛起公路水路交通发展规划纲要》。《规划纲要》包括我国中部地区的山西、安徽、江西、河南、湖北、湖南六省。同日,交通部发布《泛珠江三角洲区域合作公路水路交通基础设施规划纲要》,纳入包括广东、福建、江西、湖南、广西、海南、四川、贵州、云南九省区，并考虑与香港、澳门两特别行政区的衔接。

2006 年

1 月 15 日，2006 年全国交通工作会议在北京召开。国务院副总理黄菊出席会议并讲话，交通部部长李盛霖做了《站在新的历史起点上，推进"十一五"交通事业又快又好发展》的工作报告。

1 月 15 日，"五纵七横"国道主干线北京至福州公路福建段通车，至此国道主干线北京至福州公路全线贯通。

2 月 20 日，国家发改委批复同意建设宁波象山港大桥及其接线工程。同年 9 月 24 日，象山港大桥举行奠基典礼，中共浙江省委书记习近平出席。

2 月 22 日，交通部印发《公路水路交通"十一五"科技发展规划》《"十一五"交通教育与培训发展规划》。

2 月 28 日，双洞平均长 244m、净宽 18.0m、净高 5m、双向八车道的深圳南坪快速路雅宝隧道贯通，被誉为"华南第一洞"，其扁平率达 0.45，跨度之大、高宽比之小在同类隧道中属国内首创。

4 月 6 日，国家西部开发八条通道之一的兰州至磨憨公路云南省思茅至小勐养段高速公路通车。

5 月 11 日至 13 日，交通部在山东济南召开全国公路养护管理工作会议，提出以服务公众为核心，实现公路畅通、安全、和谐、高效。同时，会议透露，过去 5 年，全国交通系统共撤销公路收费站点 1000 多个，全国 31 个省（自治区、直辖市）全部实现所有公路无"三乱"的目标。

5 月 18 日，交通部印发《公路水路交通信息化"十一五"发展规划》。

5 月 24 日，川藏公路列衣隧道贯通，标志着我国密度最大的高原公路隧道群——川藏公路海子山至竹巴笼隧道群全线贯通；该群共有 7 处隧道，总长 11.36km，海拔 4200m 以上。

5 月 25 日，交通部令 2006 年第 5 号发布《公路工程施工监理招标投标管理办法》。

5 月 30 日，双洞平均长 7530m 的浙江台州至金华高速公路苍岭隧道贯通，这是华东地区最长的公路隧道。

5 月 31 日，交通部编制完成《海峡西岸公路水路交通发展规划纲要》。

6 月 8 日，交通部令 2006 年第 6 号发布《公路建设监督管理办法》。

6 月 23 日，交通部令 2006 年第 7 号发布《公路工程施工招标投标管理办法》。

6 月 26 日，交通部在湖北武汉召开全国交通行业精神文明建设工作会议，提出要在全国交通行业开展“学先进、树新风、创一流”活动，扎实推进行业精神文明建设再上新台阶。

7月14日，交通部印发《全国交通行业“十一五”时期精神文明建设工作指导意见》和《交通文化建设实施纲要》。

7月18日，交通部印发《建设创新型交通行业指导意见》。7月21日，建设创新型交通行业工作会议在北京召开。交通部部长李盛霖提出了建设创新型行业的思路。

8月3日，交通部发布《公路路网结构改造工程项目管理办法（试行）》。

8月28日，全长1.1km、宽19m、单向四车道的重庆石板坡长江大桥复线桥竣工通车。该桥于2003年12月开工，总投资4.28亿元，其桥墩主跨度达到330m，为当时世界第一跨径的梁桥。

8月31日，双洞平均长7039m、双向四车道的沪瑞高速公路湖南邵阳至怀化段雪峰山隧道贯通。该隧道贯通横向误差0mm（规范误差为300mm）、高程误差7mm（规范误差为70mm），创造了特长隧道贯通误差的世界最小纪录。

9月5日，交通部印发《更好地为公众服务——“十一五”公路养护管理事业发展纲要》。

9月24日，中国公路“零公里”标志正式落成于北京天安门广场正阳门前。

9月26日，中国公路“零公里”标志设置工作新闻发布会在北京举行。

9月27日，中国公路“零公里”标志正式向社会公众开放。

9月30日，陕西黄陵至延安高速公路建成通车。该路全长143.2km，是包茂高速公路陕西境的重要组成部分，全线有隧道22处、长27.36km。

10月29日，“五纵七横”国道主干线上海至瑞丽公路贵州玉屏至凯里段高速公路通车。

10月，双洞平均长542.5m的黑龙江第一条公路隧道——尚志至海林改扩建工程雾凇岭隧道贯通。

11月20日，国家高速公路网规划的大庆至广州高速公路河南省濮阳至周口段通车。

11月26日，国家高速公路网上海至西安高速公路河南信阳至南阳段通车。

11月28日，交通部印发《关于进一步规范收费公路管理工作的通知》。

11月28日，G45大庆至广州高速公路跨黄河的河南开封黄河公路特大桥通车。该桥于2004年9月开工建设，总投资约20亿元，全长7.8km，主桥长1010m，桥宽37.4m。

11月底，新疆伊犁州伊犁河特大桥试通车。该桥于2004年4月开工，全长1.82km，总投资3.3亿元。

12月5日，交通部发布《关于建立公路建设市场信用体系的指导意见》。

12月5日，双洞平均长7690m的西南最长公路隧道——重庆忠县至石柱高速方斗山隧道贯通。

12 月 6 日,交通部发布《环渤海地区现代化公路水路交通基础设施规划纲要》。

12 月 26 日,湖南益阳茅草街大桥竣工通车。该桥全长 2.85km,主桥为(80 + 368 + 80)m 三跨连续自锚中承式钢管混凝土拱桥,于 2000 年 10 月奠基开工,总投资 5 亿元。

12 月 27 日,隧道长 7.8km、海底部分长 3950m、双向六车道的青岛胶州湾海底隧道开工。该隧道又称青岛胶州湾隧道,是我国最长的海底隧道。

12 月 28 日至 29 日,2007 年全国交通工作会议在北京召开。交通部部长李盛霖作了《努力做好“三个服务”,推进交通事业又好又快发展》的工作报告。

12 月 30 日,广东湛江海湾大桥工程竣工通车。该工程于 2003 年 7 月 30 日开工,包括全长 3981m 的湛江海湾大桥和约 21km 长的四车道一级公路接线。大桥主桥为双塔双索面混合梁斜拉桥,斜拉桥主跨为 480m,是广东继虎门大桥后最大规模的桥梁工程,被称为“广东省第一跨海大桥”。

2007 年

1 月 20 日,我国自行设计、施工、监理和管理的世界最长双洞单向公路隧道——西(安)柞(水)高速公路秦岭终南山公路隧道正式竣工通车。该隧道单洞长 18.02km,双洞长 36.04km,为世界最长的双洞公路隧道,而按单洞里程计算,仅次于挪威单洞双向行车的莱尔多公路隧道。秦岭隧道的通车,将西柞高速公路穿越秦岭路段里程缩短了约 60km。

3 月 17 日,全长 7528.47m、桥长 2520m、总投资 10 亿元的福建厦门同安大桥工程通车。该工程按主车道双向六车道、辅道双向四车道城市快速路标准建设,将同安至翔安间的行程从 30min 缩短为 5min。

4 月 9 日,交通部印发《关于开展京津冀三角区与高速公路联网不停车收费示范工程建设的通知》。

5 月,双线平均长 6664m 的重庆忠石高速公路吕家梁隧道贯通。

6 月 18 日,主跨径 1088m、世界最大跨径的斜拉桥——苏通长江公路大桥主桥顺利合龙。

6 月 26 日,全长 36km、世界最长的跨海大桥——杭州湾大桥全线贯通。

6 月 29 日,交通部发布《公路桥梁养护管理工作制度》。

7 月 1 日,连接深圳和香港两地的深圳湾大桥(即深港西部通道)建成通车,中共中央总书记胡锦涛出席通车仪式。全长 5545m,其中深圳侧桥长 2040m,香港段长 3505m,桥面宽 38.6m,全桥的桩柱共 457 支,共 12 对斜拉索,呈不对称布置,为独塔单索面钢箱梁斜拉桥。

7月1日，双洞平均长5547m、宽10.25m、高5m的青海省第一条高海拔超长隧道——西久省道拉脊山隧道开工。该隧道位于青海省东部拉脊山区，海拔在3200～4041m之间。

7月3日，交通部发布《国家高速公路网命名和编号规则》(JTG A03—2007)，并以京沪高速公路(编号G2)作为示范工程。

7月24日，“国家高速公路路线命名和编号实施工作电视电话会议”在北京召开，交通部副部长冯正霖出席会议并讲话。

7月27日，北京市人大常委会发布《北京市公路条例》。

8月20日，全长6.98km的山东滨州黄河公铁两用桥公路桥正式通车。该桥跨越黄河主河槽的主桥长781.5m，南北两跨各为120m，中间三跨各为180m，5孔一联。主桥分为上下两层，上层为宽19m、双向四车道的一级公路桥，总投资12.08亿元。这是黄河上第一座公铁两用大桥。

8月28日，交通部印发《关于学习推广河北省高速公路建设十公开等廉政建设典型经验的意见》。

9月26日，交通部发布《国家高速公路网相关标志更换工作实施技术指南》。

9月30日，陕西西安至汉中高速公路通车。该路全长255km，其中含隧道136处，单洞总长达97.41km。其中秦岭一号、二号、三号隧道双洞平均长分别为6144m、6125m和4930m。

10月16日，交通部令2007年第8号发布《经营性公路建设项目投资人招标投标管理规定》。

10月19日，交通部发布《收费公路联网收费技术要求》。

10月31日，总长189km的陕西吴堡至靖边高速公路建成通车，“五纵七横”国道主干线青岛至银川高速公路陕西段全线贯通。

11月14日，“全国公路建设座谈会”在云南召开，交通部副部长冯正霖主持会议并讲话。

12月18日，国务院新闻办举行“‘五纵七横’国道主干线基本贯通新闻发布会”。交通部副部长翁孟勇宣布，全长3.5万多公里的“五纵七横”国道主干线于2007年底基本贯通，其中高速公路里程达到76%，实现了本届政府的建设目标。

12月22日，济南至青岛南线高速公路建成通车。该路全长307.8km，双向六车道，设计行车时速120km。

12月26日，江苏泰州长江大桥开工。跨江主桥及夹江桥全长9.73km，桥面宽33m，主桥采用主跨2×1080m的三塔双跨钢箱梁悬索桥，计划于2011年建成。

12月26日，全长10km、总投资20亿元的武汉阳逻长江大桥通车。该桥也称武汉长江五桥,是京珠、沪蓉等国道主干线武汉绕城公路的控制性工程,桥宽33m,双向六车道,设计行车时速120km,为一跨过江双塔单跨悬索桥,于2003年11月开工。

12月29日,交通部印发《关于加快发展现代交通业的若干意见》。

2008年

1月5日,全国交通工作会议在北京召开。国务院副总理曾培炎致信祝贺,交通部部长李盛霖作了《认真贯彻党的十七大精神,努力提高交通“三个服务”的能力和水平》的工作报告。

1月19日,交通部成立应对低温冰冻雨雪天气应急处置临时工作机构,印发《关于积极应对雪雾等恶劣天气切实加强公路保畅工作的紧急通知》。

1月22日,双线平均长7104.5m的渝湘高速公路(重庆—长沙)白云隧道贯通。

2月1日,国务院总理温家宝再次到湖南长沙指导抗雨雪冰冻灾害救灾工作,同行国务院有关部门及湖南省委、省政府领导分成“通路、保电、安民”三个小组讨论,交通部部长李盛霖牵头“通路”小组商讨具体应对措施。同日,交通部召开交通电煤运输应急保障工作座谈会。2月2日,交通部部长李盛霖与中共中央政治局委员、广东省委书记汪洋、广东省省长黄华华以及公安部、解放军、武警总队的有关领导一起召开会议,决定打通韶关段,确保京珠高速公路畅通。2月3日,胡锦涛总书记主持召开中共中央政治局常委会议,进一步研究部署当前抗雨雪冰冻灾害救灾工作,强调要千方百计保交通,交通部副部长翁孟勇参加会议。当日,京珠高速公路全线基本恢复正常交通,湖南、广东境内路段的抢通工作全面完成。

3月19日,交通运输部正式成立。根据十一届全国人大一次会议通过的国务院机构改革方案,新组建的交通运输部整合了原交通部、原中国民用航空总局的职责以及原建设部的指导城市客运职责,并负责管理国家邮政局和新组建的国家民用航空局。同日,召开了交通部、民航局、邮政局司局级领导干部大会,中组部副部长王尔乘宣读交通运输部党组成员任命决定:经中央批准,李盛霖任交通运输部党组书记、部长;李家祥、翁孟勇任党组副书记、副部长;高宏峰、冯正霖、徐祖远任党组成员、副部长;杨利民任党组成员、驻交通部纪检组组长;马军胜任党组成员。3月23日,“中华人民共和国交通运输部”在北京建国门大街11号原交通部大楼前正式挂牌。

3月21日,昆明至磨憨高等级公路建成通车,标志着云南昆明至泰国曼谷国际大通道中国路段全线贯通。

4月27日,总长141.1km的云南富宁至砚山高速公路建成通车,标志着五纵七横国道主干线衡阳至昆明公路全线贯通。

5月1日,总长36km、世界最长的跨海湾大桥——杭州湾跨海大桥建成通车。该桥总投资118亿元，是同三国道主干线跨越杭州湾的便捷通道，双向六车道，设计行车时速100km，于2003年11月14日开工。

5月12日14时28分，四川汶川发生8级特大地震，四川、甘肃、陕西等省份的公路基础设施遭受严重破坏。交通运输部立即启动公路交通运输突发事件一级响应，并于当日印发《关于紧急应对并做好四川汶川地震抗灾救灾工作的紧急通知》，启动国家公路交通运输突发事件应急一级预案，对全国交通系统抗震救灾工作进行全面部署。交通运输部副部长翁孟勇陪同国务院总理温家宝紧急前往四川灾区。

5月12日至7月7日，在“5·12”汶川地震抗震救灾运输保障工作中，交通运输部组织四川等省交通运输主管部门投入应急保障客车18102辆、货车41748辆（其中重庆、云南、贵州、陕西、甘肃5省市客车225辆、货车768辆），运送人员101万人次、物资39.4万吨。

此次地震中，陕西、甘肃、重庆入川以及四川的高速公路基本保持完好，对救援人员、物资入川起到了良好的保障作用。

5月18日，国务院副总理张德江到交通运输部视察工作并就四川汶川抗震救灾工作做出重要指示，强调一切为了抗震救灾，全力以赴保障交通运输。

5月19日，交通运输部召开会议，研究部署下一阶段交通运输系统抗震救灾工作，确定“全力保通干线，努力抢通支线，力保运输畅通，启动灾后重建”的指导原则。

5月20日，交通运输部印发《关于组织全国各地交通部门对口支援四川灾区开展公路抢通保通工作的紧急通知》，动员并组织全国交通运输系统对口支援四川灾区的公路抢通保通工作。

5月29日，甘肃省人大常委会发布《甘肃省高速公路管理条例》。

5月31日，交通运输部副部长翁孟勇陪同国务院副总理张德江视察213国道都江堰至映秀公路抢通保通工作，慰问了积极参与抗震救灾、抢通保通的一线职工。

6月4日，交通运输部印发《关于严格落实公路工程质量责任制的若干意见》。

6月30日，主跨1088m、全长34.2km的苏通长江公路大桥通车。工程于2003年6月27日开工，总投资64.5亿元。苏通大桥在国际上首创了静力限位与动力阻尼组合的新型桥梁结构体系及关键装置与设计方法；开发了内置式钢锚箱组合索塔锚固结构和大型群桩基础结构及设计方法；在国际上首创了大型深水群桩基础施工控制技术；并且在国际上首次提出了千米级斜拉桥的施工控制目标、总体方法、过程与内容以及控制精度标准。

7月1日，福建厦门集美大桥通车。该工程于2006年12月20日开工，主线全长10.06km，其中跨海大桥3.82km，下穿隧道长1.36km。主线道路为双向六车道，桥梁总宽36m，项目概算总投资29.55亿元。

7月3日，交通运输部印发《国家高速公路网里程桩号传递方案》。

7月12日，全长2.7km、宽30余米、双向六车道的云南首条水底隧道——昆明滇池草海隧道开工。

7月13日，总长167.2km的同三国道主干线黑龙江方正至哈尔滨段扩建工程通过交通运输部组织的竣工验收。

7月22日，河北廊坊至涿州、北京至化稍营高速公路一期工程建成通车，河北省高速公路通车总里程突破3000km。

8月1日，江西省人大常委会发布《江西省公路路政管理条例》。

8月20日，交通运输部、国家发改委、财政部以交通运输部令2008年第11号联合发布《收费公路权益转让办法》。

8月25日，交通运输部印发《高速公路区域联网不停车收费示范工程暂行技术要求》。

9月1日至3日，国务院总理温家宝、国务委员兼国务院秘书长马凯，在交通运输部部长李盛霖、四川省委书记刘奇葆、省长蒋巨峰等陪同下，考察213国道都(江堰)汶(川)路映秀至彻底关路段。并在回答记者的提问时指出，交通部门的干部职工以顽强拼搏的精神创造了修复、修建公路史上的奇迹，他们的业绩是史无前例的，他们的精神也是史无前例的。

10月28日，陕西西安至商洛、商洛至陕豫界高速公路建成通车，沪陕高速公路陕西段实现全线贯通。

10月30日，交通运输部部长李盛霖率队赴安徽就完善收费公路发展政策和推进高速公路“断头路”建设等问题进行调研。

11月27日，双洞平均长6556.5m的福建最长的高速公路隧道——沈海高速公路第四联络线福建宁德至武夷山段洞宫山特长隧道开工。

11月27日，贵州镇(宁)胜(境关)高速公路北盘江大桥通车。该桥位于贵州省关岭县与晴隆县交界的北盘江大峡谷，主桥为单跨636m的简支钢桁梁悬索桥，全桥长964m，桥面宽28m，桥面至水面的高度为320m，项目总投资为4.3亿元，是我国目前已建成跨度最大的钢桁梁悬索桥。

12月7日，双洞平均长8646m的湖北省第一长隧——沪蓉西高速公路龙潭隧道双线贯通。

12月16日，广东广州珠江黄浦大桥竣工通车。该桥南汊桥全长1748m，主跨为1108m的单跨钢箱梁悬索桥，桥宽34.5m；北汊桥主桥全长2467.5m，主桥为独塔双索面四孔连续钢箱梁斜拉桥，桥宽34.5m。

12月18日，中央政治局常委会听取国务院关于成品油价格和税费改革有关情况汇报，同意出台改革方案，交通运输部部长李盛霖列席了会议。同日，国务院印发《国务院关于实施成品油价格和税费改革的通知》。

12 月 24 日,总长 244.4km 的福建浦城至南平高速公路建成通车,京台高速公路浙江衢州至福建南平段实现贯通。

12 月 27 日,国务院以国务院令第 543 号发布《关于修改〈中华人民共和国公路管理条例〉的决定》,并于 2009 年 1 月 1 日起施行。

2009 年

1 月 15 日至 16 日,2009 年全国交通运输工作会议在北京召开,中央政治局委员、国务院副总理张德江出席会议并讲话。交通运输部部长李盛霖做了题为《应对挑战,科学发展,为保持经济平稳较快发展做好交通运输保障》的工作报告。

1 月 21 日,双洞平均长 11.20km 的陕西小河至安康高速公路包家山隧道贯通。这是我国长度第三的公路隧道,仅次于长 18.02km 的秦岭终南山隧道和 12.29km 的宝鸡至天水高速公路麦积山隧道(原名大坪里隧道)。

2 月 26 日,交通运输部发布《资源节约型、环境友好型公路水路交通发展政策》。

3 月 26 日,湖北省人大常委会发布《湖北省高速公路管理条例》。

4 月 29 日,主跨 552m 的世界第一拱桥——重庆朝天门大桥通车。该桥全长 1721m,主桥为 190m + 552m + 190m 三跨连续中承式钢桁系杆拱桥。上层为双向六车道行车道 + 两条人行道,下层为双向地铁车道 + 两行车道,大桥于 2004 年底开工。

5 月 7 日,交通运输部发布《交通基础设施建设领域领导干部八项规定》。

6 月 13 日,交通运输部令 2009 年第 8 号发布《关于修改〈中华人民共和国公路管理条例实施细则〉的决定》。

7 月 9 日,中共中央办公厅、国务院办公厅联合发布《关于开展工程建设领域突出问题专项治理工作的意见的通知》。

7 月,交通运输部委托中国公路杂志社编撰《中国路谱》,由人民交通出版社出版。该书收录 300 多条不同时期、不同特色、具有代表性的公路,是一部具有权威性、科学性、知识性的历史文献和科普专著。《中国路谱》的出版,使公路、水路交通领域的船、桥、路、港四大谱志全部出齐。

9 月 25 日,湖北武汉东荆河大桥通车。该桥全长 6.3km,其中主桥全长 4.4km,总投资 4.7 亿元,为湖北最长公路桥梁。

9 月 28 日,全国首座双层公路大桥——广东东莞东江大桥建成通车。该桥于 2006 年 8 月 8 日开工,主桥为重达 1.56 万 t 的整体钢桁梁,总长 1.50km,采用了有曲线加劲弦的全新结构,兼有悬索桥的建筑景观。上层的莞深高速公路为双向六车道,下层的北五环路为双向八车道,全桥共 14 个车道,桥宽 36m,设计行车时速 100km。

10月21日，交通运输部印发《关于推动公路水路交通运输行业IC卡和RFID技术应用的指导意见》。

10月31日，上海长江隧桥工程通车。该工程采用南隧北桥方案，隧道长8.95km，桥梁长16.65km，为双向六车道高速公路标准，总投资123亿元。

12月15日，港珠澳大桥开工。交通运输部部长李盛霖陪同中央政治局常委、国务院副总理李克强到广东参加港珠澳大桥开工仪式。

12月23日，沪瑞高速公路贵州关岭与黄果树瀑布交界的坝陵河大桥通车。大桥全长2.24km，为主跨1088m钢桁加劲梁悬索桥，距河面垂直高度370m，概算总投资为14.5亿元。

12月26日，武汉天兴洲公铁两用大桥通车。该桥于2004年9月28日开工，其南汊主桥为双塔三索面三片主桁双层桥面钢桁梁斜拉桥，正桥长4.66km，主跨504m，是最大跨度的公铁两用斜拉桥，总投资110亿元。其公路桥为六车道，设计行车时速80km。

12月29日，浙江舟山连岛工程西堠门大桥竣工通车，也标志着这项巨型跨海工程全线通车。舟山跨海工程，是国家高速公路网联络线之一——甬舟高速公路（G9211）的重要组成部分。该工程于1999年9月26日开工，总长48.16km、总投资130亿元，包括金塘、西堠门、桃夭门、响礁门和岑港5座跨海大桥，总长25km，均按四车道高速公路标准建设。其中金塘大桥全长18.5km；西堠门大桥为主跨1650m的悬索桥，主跨居国内第一、世界第二。

2010年

1月1日，交通运输部公路工程评标专家管理系统正式运行。

1月22日，山东省人民政府发布《山东省治理超限和超载运输办法》。

1月27日，交通运输部发布《公路工程竣（交）工验收办法实施细则》。

2月28日，全长5.35km、双向四车道钱塘江首条过江隧道——杭州庆春路隧道西线贯通。

3月1日，交通运输部发布《公路网规划编制办法》。

4月8日，交通运输部印发《关于在初步设计阶段实行公路桥梁和隧道工程安全风险评估制度的通知》。

4月12日，交通运输部发布《公路建设项目可行性研究报告编制办法》。

4月20日，下层桥面宽28m、双向六车道的上海闵浦大桥全面通车。该桥全长3982.7m，一跨过江的主跨达708m，设计时将地方道路与高速公路在跨越黄浦江时形成双层共线。上层为桥面宽43.8m、双向八车道、设计时速为120km的高速公路，于2009年12月31日率先开通。

4 月 26 日，全长 8.69km、双向六车道、其中海底隧道长 6.05km、最深位于海下 70m 的我国大陆首条海底隧道——厦门翔安隧道通车，标志着我国自行设计、施工海底隧道的能力迈入世界先进行列。

4 月 28 日，交通运输部印发《关于严格执行标准进一步加强高速公路建设项目管理工作的通知》。

5 月 7 日，交通运输部发布公路工程行业标准《公路环境保护设计规范》（JTG B04—2010）。

5 月 17 日，福建福州鼓山大桥建成通车。该桥全长 4812m，主桥全长 1520m，总投资 14.26 亿元。

5 月 28 日，全长 5.85km、双向六车道的南京市首条过江隧道——纬七路过江隧道通车。

6 月 26 日，河北省政府发布《河北省治理车辆超限超载规定》。

7 月 7 日，交通运输部发布《2010 年全国干线公路养护管理检查方案》，正式启动“十二五”公路养护管理检查。

7 月 15 日，吉林省政府发布《吉林省高速公路管理办法》。

7 月 29 日，双洞平均长 6555m 的山西太原至佳县高速公路西凌井特长隧道贯通。

7 月底，历时 3 年多的国家高速公路网命名编号实施工作全面完成。

8 月 8 日，双洞平均长 3804m 的安徽最长公路隧道——佛岭绩溪至黄山高速公路佛岭隧道双线贯通。

8 月 9 日，交通运输部印发《关于加快公路建设市场信用体系建设的通知》。

8 月 17 日至 19 日，全国公路建设座谈会在福建省厦门市召开，交通运输部副部长冯正霖出席会议并讲话。交通运输部有关司局，各省级交通运输主管部门分管领导、建设处长、质监站长，部分公路建设项目法人、设计、施工、监理单位及行业协会的代表参加会议。会议系统总结了“十一五”公路建设成就，部署了公路建设重点工作，提出“加强推行现代工程管理，全面提高公路建设管理水平”的总体要求，以及“发展理念人本化，项目管理专业化，工程施工标准化，管理手段信息化，日常管理精细化”的“五化”管理要求。

9 月 17 日至 18 日，全国交通运输行业精神文明建设工作会议在合肥召开。会议确定了交通运输行业核心价值体系内容，交通运输部部长李盛霖，副部长翁孟勇、高宏峰及驻部纪检组组长杨利民出席会议。

9 月 28 日，湖北鄂东长江公路大桥通车。该桥又称黄石长江二桥，是沪渝高速公路和大广高速公路湖北段的共用过江通道，工程全长 15.15km，大桥全长 6.3km，主桥主跨为 926m 的组合梁斜拉桥，设计为双向六车道，总投资近 30 亿元，于 2006 年 8 月开工。

9 月 30 日，河北省张石高速公路石家庄北出口支线的控制性工程——滹沱河特大桥工程通车。这座特大桥位于南水北调中线工程干渠滹沱河倒吸虹工程之上,为三跨中承式提篮系杆拱桥,全长2577m,总宽34.5m,双向六车道高速公路标准。

10月28日,五年一届的全国交通运输科技大会在浙江杭州召开。大会回顾总结了"十一五"交通运输科技工作,表彰了科技创新团队和先进个人,全面部署了"十二五"科技工作。交通运输部部长李盛霖和副部长高宏峰出席大会并分别做了大会主报告和大会总结。李盛霖部长在主报告中明确提出"科技强交"战略,并对"十二五"交通运输科技创新提出了"五个面向"的具体要求,全面部署了"十二五"交通运输科技工作的重点任务。

11月30日,福建平潭海峡大桥试通车。该桥总长4976m,主桥长3510m,采用双向二车道二级公路标准,设计行车时速80km,总投资达11亿多元。同时通车的福清市渔溪镇至平潭高速公路,全长41km,总投资45.75亿元,与海峡大桥一起构建起福建第一大岛——平潭岛的陆路便捷通道。

11月30日,工程全长13km、长4378m的特长公路隧道——317国道雀儿山隧道工程启动。该隧道净宽9m、净高5m,二级公路标准,设计行车时速40km,是世界上第一座海拔超过4300m的公路隧道。

12月9日,湖北省荆岳长江公路大桥通车。该桥采用双向六车道高速公路标准,建设总里程5.42km,其中跨长江大桥长4302.5m,主桥为主跨816m的双塔混合梁斜拉桥,于2006年11月开工。

12月28日,"2011年全国交通运输工作会议"在北京召开,李盛霖部长做了《加快转变交通运输发展方式,开创"十二五"交通运输科学发展新局面》的工作报告。

2011年

2月21日,交通运输部印发《关于印发〈建设低碳交通运输体系指导意见〉和〈建设低碳交通运输体系试点工作方案〉的通知》,选择确定天津、重庆、深圳、厦门、杭州、南昌、贵阳、保定、武汉、无锡10个城市开展低碳交通运输体系建设城市试点。

2月23日,交通运输部印发《关于开展高速公路施工标准化活动的通知》。

3月7日,国务院令第593号发布《公路安全保护条例》,自2011年7月1日起施行。1987年10月13日国务院发布的《公路管理条例》同时废止。

3月9日,交通运输部印发《关于国家高速公路网命名编号工作实施情况的通报》。

3月31日,贵州省水口至榕江格龙、榕江格龙至都匀和都匀至贵阳高速公路建成通车。

4月至6月,"十一五"全国干线公路养护管理工作检查进入现场检查阶段。检查结果表明:"十一五"是全国公路发展史上养护投资规模最大、路况水平最高、管理规范程度最好、经济社会效益最佳、人民群众受益最多的历史时期。

4 月 18 日，交通运输部印发《公路水路交通运输“十二五”教育与培训发展规划》。

4 月 21 日，交通运输部印发《公路路网结构改造工程管理办法》。

4 月 27 日，交通运输部印发《公路水路交通运输信息化“十二五”发展规划》。

5 月 1 日，全长 300km 的新疆维吾尔自治区库尔勒至库车高速公路建成通车。

5 月 11 日，交通运输部印发《关于开展长大隧道和钢管拱桥安全隐患排查整治的通知》。

5 月 12 日，李盛霖部长出席宁夏银川贯彻实施西部大开发战略工作会议并讲话，翁孟勇副部长主持会议并做总结讲话。会议宣传贯彻《深入实施西部大开发战略公路水路交通运输发展规划纲要(2011—2020 年)》，总结西部大开发十年交通运输发展成就及经验，研究部署未来十年西部地区交通运输发展工作。

5 月 27 日，湖南省人大常委会发布《湖南省高速公路条例》。

6 月 7 日，交通运输部印发《公路水路交通运输“十二五”科技发展规划》。

6 月 10 日，交通运输部、国家发展改革委、财政部、监察部和国务院纠风办联合印发《关于开展收费公路专项清理工作的通知》。

6 月 14 日，交通运输部印发《交通运输安全生产和应急体系十二五发展规划》。

6 月 16 日至 17 日，武汉阳逻长江公路大桥通过交通运输部竣工验收，工程质量评定为优良。

6 月 24 日，交通运输部令 2011 年第 7 号发布《公路超限检测站管理办法》，于 8 月 1 日起施行。

6 月 28 日，交通运输部与公安部、安监总局联合印发《关于进一步深化和拓展道路客运隐患整治专项行动的通知》。

6 月 30 日，湖北杭瑞高速公路全线建成通车。

6 月，完成杭州跨海大桥建设项目质量鉴定工作，鉴定结果为优良。

7 月 16 日至 17 日，杭州湾跨海大桥通过交通运输部竣工验收。

8 月 16 日，交通运输部印发《关于进一步加强公路项目建设单位管理的若干意见》，原交通部 2001 年 9 月 30 日公布的《公路建设项目法人资格标准(试行)》同时废止。

8 月 22 日，国家发展改革委、交通运输部联合向国务院报送《关于完善收费公路政策，促进公路可持续发展的报告》。

8 月 26 日，交通运输部印发《关于建立全国收费公路专项清理部际协调工作机制的函》及《关于开展卧铺客车隐患集中整治工作的通知》。

9 月 9 日，安徽省人民政府令第 235 号发布《安徽省治理货物运输车辆超限超载办法》。

9 月 15 日，交通运输部印发《关于进一步加强公路勘察设计工作的若干意见》。

9 月 21 日，交通运输部印发《关于印发"十二五"公路养护管理发展纲要的通知》。

9 月 26 日，国家标准化管理委员会批复成立全国道路运输标准化技术委员会（SAC/TC521）；同日，中央编办印发《关于设立交通运输部路网监测与应急处置中心的批复》。

9 月 30 日，交通运输部与中国海员建设工会全国委员会联合印发《关于表彰 100 个全国模范道班和 100 名全国模范养路工的决定》。

10 月 19 日至 21 日，交通运输部在南京市召开全国公路养护管理工作会议，李盛霖部长、冯正霖副部长出席并讲话。

11 月 9 日，交通运输部印发《关于公路水路交通运输行业落实国务院"十二五"节能减排综合性工作方案的实施意见》。

11 月 23 日，吉林省人大常委会发布《吉林省公路条例》。

11 月 28 日，交通运输部印发《国道建设项目计划管理规定（试行）》；同日，交通运输部印发《公路建设项目后评价工作管理办法》和《公路建设项目后评价报告编制办法》。

11 月 30 日，交通运输部令 2011 年第 11 号印发《关于修改〈公路建设市场管理办法〉的决定》。

12 月 3 日，连霍高速公路河南郑州至洛阳段改扩建工程新建路段建成通车。该项目全线按照双向八车道高速公路标准改扩建，通车后日通行能力可达到 8 万～10 万辆，将有效缓解连霍高速公路通行压力。

12 月 21 日，上海崇明越江通道工程通过交通运输部竣工验收，工程质量评定为优良。

12 月 27 日，交通运输部印发《关于开展省道网规划调整工作指导意见的通知》。

12 月 30 日，"2012 年全国交通运输工作会议"在北京召开。李盛霖部长做了《牢牢把握稳中求进总基调，努力推进交通运输科学发展安全发展》的工作报告。

2012 年

1 月 11 日，交通运输部印发《关于公布〈高速公路监控技术要求〉〈高速公路通信技术要求〉〈公路网运行监测与服务暂行技术要求〉的公告》。

1 月 13 日，交通运输部印发《关于印发公路水路交通运输环境保护"十二五"发展规划的通知》。

2 月 24 日，交通运输部印发《关于进一步做好收费公路专项清理自查自纠工作的紧急通知》。

2 月 28 日，交通运输部印发《关于公布国家公路建设项目评标专家库监理类专家名单的通知》。

3 月 23 日，交通运输部印发《关于印发交通运输系统继续深入扎实开展"安全生产年”活动方案的通知》。

3月30日,贵州省人大常委会发布《贵州省高速公路管理条例》。

3月31日,浙江省人大常委会发布《浙江省道路运输条例》。

4月5日,交通运输部、国家发展改革委、财政部、监察部、国务院纠风办联合印发《关于禁止将政府还贷公路违规转让或划转成经营性公路的通知》。

4月13日,交通运输部印发《关于鼓励和引导民间资本投资公路水路交通运输领域的实施意见》。

4月23日,交通运输部、国土资源部联合印发《关于高速公路项目用地未批先用问题整改查处的通知》。

5月11日,交通运输部印发《公路建设市场督查工作规则》;同日,交通运输部发布国家强制性标准《危险货物分类和品名编号》(GB 6944—2012)和《危险货物品名表》(GB 12268—2012)。

5月23日,交通运输部在哈尔滨市召开全国“十二五”公路建设前期工作座谈会,交通运输部副部长翁孟勇出席会议并讲话。

6月26日,交通运输部和中央人民广播电台联合推进的中国高速公路交通广播(FM99.6)正式开播,交通运输部副部长冯正霖、国家广电总局局长田进副、中央人民广播电台台长王求出席开播仪式并讲话。

6月28日,全国高速公路施工标准化活动现场会在西安召开,交通运输部副部长冯正霖出席会议并讲话。

7月18日,交通运输部路网监测与应急处置中心正式挂牌成立,交通运输部副部长冯正霖、徐祖远为路网中心揭牌。

7月24日,国务院印发《国务院关于批转交通运输部等部门重大节假日免收小型客车通行费实施方案的通知》。按照国务院要求,8月8日,交通运输部印发《交通运输部关于切实做好重大节假日免收小型客车通行费有关工作的通知》,部署做好重大节假日小型客车免费通行工作。

7月31日,中共中央决定:杨传堂任交通运输部党组书记,同时免去李盛霖交通运输部党组书记职务。

8月31日,全国人大常委会决定:杨传堂任交通运输部部长,同时免去李盛霖交通运输部部长职务。

9月12日,江西省景德镇至鹰潭高速公路通过交通运输部竣工验收,工程质量评定为优良。

9月27日,交通运输部印发《关于加快推进公路路面材料循环利用工作的指导意见》《关于做好“十二五”全国干线公路养护管理检查准备工作的通知》《关于贯彻落实〈国务院关于加强道路交通安全工作的意见〉的通知》。

9 月 29 日,交通运输部印发《2012 年度国家干线公路网监测实施方案的通知》。

10 月 1 日,全国公路建设市场信用信息管理系统实现互联互通。31 个省级交通运输主管部门及新疆生产建设兵团交通主管部门运行的省级平台,与部级平台形成涵盖企业基本信息、业绩信息、信用信息及重大项目信息的数据系统。

10 月 26 日,交通运输部印发《关于加快推进交通运输行业科技创新能力建设的若干意见》。

11 月 12 日,交通运输部印发《多年冻土地区公路设计与施工技术细则》(JTG/T D31-04—2012)。

11 月 20 日,交通运输部印发《关于加强冬季公路养护管理保通工作的通知》。

11 月 25 日,江苏泰州长江大桥建成通车。交通运输部党组书记、部长杨传堂,中共江苏省委书记罗志军、江苏省省长李学勇、江苏省政协主席张连珍等领导出席通车仪式。

11 月 29 日,由中国自主设计、施工、监理,全长 18.02km、建设规模世界第一的秦岭终南山公路隧道通过交通运输部竣工验收,工程质量评定为优良。交通运输部副部长冯正霖出席竣工验收会议。

12 月 5 日,湖北省人民政府令第 357 号发布《湖北省公路超限运输管理办法》。

12 月 25 日,交通运输部、中国气象局联合印发《交通运输部中国气象局关于印发〈公路交通气象观测站网建设暂行技术要求〉的通知》。

12 月 29 日,“2013 年全国交通运输工作会议”在北京召开。杨传堂部长在会上做工作报告时强调,深入学习贯彻落实党的十八大精神,以科学发展观为指导,紧紧围绕主题主线,稳中求进,改革创新,坚定不移加快发展现代交通运输业,继续夯实交通基础设施有效供给,继续提高交通运输发展质量和效益,继续提升交通运输基本公共服务能力和水平,继续加强城镇化和集中连片特困地区的交通建设,全面推进交通运输安全发展、高效发展、协调发展、创新发展,为全面建成小康社会提供可靠的交通运输服务保障。

12 月 29 日,广东省人民政府令第 178 号发布《广东省治理货运车辆超限超载工作责任追究办法》。

2013 年

1 月 22 日,公安部、交通运输部、中国气象局联合印发《关于加强恶劣天气公路交通应急管理工作的通知》。

3 月 14 日,十二届全国人大一次会议第四次全体会议经过表决,批准《国务院机构改革和职能转变方案》。根据《方案》,将铁道部拟订铁路发展规划和政策的行政职责划入交通运输部。交通运输部统筹规划铁路、公路、水路、民航发展,加快推进综合交通运输体系建设。组建国家铁路局,由交通运输部管理,承担铁道部的其他行政职责,负责拟订铁路技术标准,监督管理铁路安全生产、运输服务质量和铁路工程质量等。

3 月 16 日,十二届全国人大一次会议第六次全体会议决定,任命杨传堂为交通运输部部长。

5 月 16 日,交通运输部印发《关于开展高速公路和大型水运工程“防坍塌、防坠落、反三违”专项整治活动的通知》。

5 月 22 日,交通运输部印发《加快推进绿色循环低碳交通运输发展指导意见》《关于进一步加强公路桥梁养护管理的若干意见》。

6 月 18 日,交通运输部召开中国高速公路应急服务广播项目示范工程启动会,决定在京、津、冀、湘、渝地区组织开展高速公路应急服务广播项目示范工程建设。

6 月 20 日,国务院发布《国家公路网规划(2013—2030 年)》,其中国家高速公路规划调整为“71118 +6”共 13.6 万 km。

8 月 1 日,交通运输部开展“2013 年感动交通十大年度人物”评选活动。

8 月 1 日,山东省人大常委会发布《山东省公路路政条例》。

8 月 6 日,交通运输部、国家发展改革委联合印发《关于加快推进国家高速公路“断头路”和普通国道“瓶颈路段”建设的通知》。

9 月 9 日,交通运输部印发《关于科技创新推动交通运输转型升级的指导意见》。

9 月 17 日,交通运输部印发《关于进一步加强隧道工程质量和安全监管工作的若干意见》。

9 月 25 日,交通运输部印发《交通运输行业协同创新平台管理办法(暂行)》《关于推进交通运输信息化智能化发展的指导意见》。

11 月 29 日,福建省人大常委会发布《福建省道路运输条例》。

12 月 27 日,“2014 年全国交通运输工作会议”在北京召开。会上传达国务院副总理马凯对交通运输工作的重要批示精神。杨传堂部长以《深化改革,务实创新,加快推进“四个交通”发展》为题作工作报告。

2014 年

1 月 3 日,习近平总书记就云南省贡山县独龙江乡高黎贡山独龙江公路隧道即将贯通作出批示。

1 月 4 日,交通运输部评选的“十大最美养路工”揭晓。

3 月 14 日,交通运输部印发《关于开展全国高速公路电子不停车收费联网工作的通知》。

3 月 27 日,陕西省人大常委会发布《陕西省公路条例》。

4月22日,"2013年感动交通十大年度人物"事迹展揭幕。

5月21日,交通运输部印发《关于加强公路路政执法规范化建设的若干意见》。

6月4日,交通运输部印发《关于实施〈全国高速公路电子不停车收费联网总体技术方案〉和〈全国高速公路电子不停车收费联网联合测试方案〉的通知》。

6月9日,全国高速公路电子不停车收费联网工作推进会在北京召开。

7月15日,全国ETC联网管理委员会成立。

7月26日,西藏自治区在西藏拉萨召开"纪念川青藏公路通车60周年座谈会"。交通运输部副部长翁孟勇出席并讲话;交通运输部副部长冯正霖出席会议。

7月30日,交通运输部发布《公路电子不停车收费联网运营和服务规范》。

8月1日,浙江省政府参事黄书孟向省委、省政府提交建议书:高速公路沿线广告牌众多,严重影响交通安全,建议进行拆除。经过3年(2014—2016年)的集中整治,该省共拆除高速公路沿线广告牌9198块,在全国率先实现省域高速公路沿线"零广告",塑造了"浙江样板"。

8月6日,习近平总书记就川藏、青藏公路通车60周年暨弘扬"两路"精神作出重要批示。

8月11日,交通运输部印发《公路水路交通运输主要技术政策》。

9月25日,全国公路建设管理体制改革座谈会在新疆召开。

10月10日,国家安全监管总局、交通运输部、国务院国资委、国家铁路局联合印发《隧道施工安全九条规定》。

11月29日,《中国高速公路建设实录》编纂工作启动会议在北京召开,冯正霖副部长讲话。

12月23日,交通运输部向全社会发布《2013年全国收费公路统计公报》。

12月26日,北京、天津、河北、山西、辽宁、上海、江苏、浙江、安徽、福建、江西、山东、湖南、陕西14个省市ETC联网正式开通。

12月28日,"2015年全国交通运输工作会议"在交通运输部党校召开。杨传堂部长作题为《全面深化改革,加强法治建设,在新常态下推进交通运输科学发展》的工作报告。

12月31日,交通运输部印发《关于全面深化交通运输改革的意见》。

2015年

1月27日,由交通运输部、中央人民广播电台联合打造的国家级交通广播——中国高速公路交通广播湖南采编播中心(FM90.5)开始试播。

2月3日,2015年全国高速公路电子不停车收费(ETC)联网工作推进会在北京召开。

2月17日,交通运输部、国家质检总局联合发布《关于提升交通运输行业卫星导航产品及服务质量的意见》。

2 月 28 日，交通运输部印发《全国高速公路服务区服务质量等级评定办法（试行）》。

4 月 1 日，重庆市人大常委会发布《重庆市公路管理条例》。

4 月 1 日，广东省政府令第 211 号发布《广东省高速公路联网收费管理办法》。

4 月 13 日，交通运输部印发《关于深化公路建设管理体制改革的若干意见》。

4 月 16 日，交通运输部、财政部印发《关于在收费公路领域推广运用政府和社会资本合作模式的实施意见》。

4 月 20 日，交通运输部印发《公路建设市场督查工作规则》。

4 月 29 日，交通运输部、中华全国总工会印发《关于公布"2014 年度感动交通十大年度人物"等获奖名单的通知》。

5 月 4 日，交通运输部印发《关于深化交通运输基础设施投融资改革的指导意见》。

5 月 7 日，交通运输部令 2015 年第 3 号发布《公路项目代建管理办法》。

5 月 12 日，交通运输部令 2015 年第 4 号发布《关于修改〈公路水运工程监理企业资质管理规定〉的决定》。

5 月 12 日，交通运输部印发《关于加强交通运输行业信用体系建设的若干意见》。

6 月 14 日，交通运输部印发《关于以"四个全面"战略布局为统领当好经济社会发展先行官的指导意见》。

6 月 24 日，交通运输部令 2015 年第 12 号发布《关于修改〈交通建设项目委托审计管理办法〉的决定》；交通运输部令 2015 年第 13 号发布《关于修改〈经营性公路建设项目投资人招标投标管理规定〉的决定》。

6 月 26 日，交通运输部令 2015 年第 10 号发布《公路工程设计施工总承包管理办法》；交通运输部令 2015 年第 11 号发布《关于修改〈公路建设市场管理办法〉的决定》。

7 月 21 日，《收费公路管理条例》修订稿向社会征求意见。

9 月 24 日，江西省人大常委会发布《江西省公路条例》。

9 月 28 日，全国 ETC 联网目标成功实现。29 省区市的高速公路实现 ETC 联网，这是在全国路网运行管理职责范围内第一个实现全国联网运行的业务系统，标志着我国路网的监管、运行迈上了新的台阶。至此，全国 ETC 用户超过 2200 万。

12 月 8 日，交通运输部令 2015 年第 24 号发布《公路工程建设项目招标投标管理办法》。

12 月 11 日，交通运输部发布全国高速公路服务区服务质量等级评定结果，共选出全国百佳示范服务区 100 对，优秀服务区 400 对，达标服务区 1072 对，达标停车区 293 对。

12 月 28 日，"2016 年全国交通运输工作会议"在北京召开，杨传堂部长以《坚持五大发展理念，推进结构性改革，为全面建成小康社会当好先行》为题作工作报告。

2016 年

1 月 13 日,京津冀交通一体化领导小组第四次会议在北京召开。

1 月 26 日,2016 年交通运输部党风廉政建设工作会议在北京召开。

2 月 25 日,交通运输部公布 2016 年交通运输更贴近民生十三件实事。

3 月 7 日,交通运输部令 2016 年第 9 号发布《交通运输部关于修改〈公路水运工程安全生产监督管理办法〉的决定》。

3 月 16 日,交通运输部发布《交通运输科技“十三五”发展规划》。

3 月 28 日,交通运输部综合应急指挥中心投入试运行。

4 月 6 日,交通运输部发布《交通运输(公路水路)基本建设中央投资管理办法(试行)》。

4 月 7 日,交通运输部发布《交通运输支持系统“十三五”建设规划》。

4 月 25 日,交通运输部发布《交通运输信息化“十三五”发展规划》。

5 月 11 日,国家发改委、交通运输部联合发布《交通基础设施重大工程建设三年行动计划》。

5 月 18 日,交通运输部发布《交通运输标准化“十三五”发展规划》。

6 月 2 日,交通运输部发布《“十三五”公路养护管理发展纲要》。

6 月 13 日,交通运输部发布《交通运输节能环保“十三五”发展规划》。

7 月 1 日,交通运输部发布《公路“十三五”发展规划》。

7 月 20 日,交通运输部发布《关于实施绿色公路建设的指导意见》。

7 月 27 日,交通运输部发布《综合运输服务“十三五”发展规划》。

8 月 18 日,交通运输部、工业和信息化部、公安部、工商总局、质检总局联合印发《关于进一步做好货车非法改装和超限超载治理工作的意见》。

8 月 19 日,交通运输部令 2016 年第 62 号发布《超限运输车辆行驶公路管理规定》。

9 月 3 日,全国人大常委会决定任命李小鹏为交通运输部部长,同时免去杨传堂交通运输部部长职务。

9 月 20 日,交通运输部汇总全国各省(区、市)已公布的收费公路统计数据,发布《2015 年全国收费公路统计公报》。

10 月 18 日,国际道路联合会(IRF)在马来西亚吉隆坡举行 2016 年国际路联杰出工程奖(GRAA)颁奖典礼。由中交公路规划设计院有限公司设计的嘉绍大桥荣获 2016 年国际路联设计类杰出工程奖(GRAA),这是中国桥梁设计首获此奖。此前的 6 月 7 日至 11 日,在美国华盛顿召开的“第 33 届国际桥梁大会”上,嘉绍大桥正式获颁“古斯塔夫·林德恩斯奖”;同时,由安徽省交通控股集团主持设计并投资建设的马鞍山长江大桥项目获颁“乔治·理查德森奖”。

11 月 14 日，交通运输部发布《关于完善综合交通运输法规体系的实施意见》。

12 月 10 日，交通运输部令 2016 年第 81 号发布《关于修改〈路政管理规定〉的决定》。

12 月 12 日，交通运输部发布《关于打造公路水运品质工程的指导意见》。

12 月 19 日，交通运输部印发《关于成立部推进“一带一路”建设工作领导小组及其办公室的通知》。

12 月 26 日至 27 日，“2017 年全国交通运输工作会议”在交通运输部党校召开。李小鹏部长在讲话中指出，2016 年，全国交通运输供给侧结构性改革实现新突破。其中，2016 年公路建设完成投资 1.65 万亿元，全国新增高速公路里程 6000 多公里，总里程突破了 13 万 km。“十三五”期间，我国综合运输基础设施将不断完善、加速成网。会议指出，按照习近平总书记的指示，“十三五”是交通运输基础设施发展、服务水平提高和转型发展的黄金时期，要抓住这一时期，加快发展，不辱使命，为实现中华民族伟大复兴的中国梦发挥更大的作用。会议强调，习近平总书记对交通运输发展阶段的定位，饱含着党中央对交通运输发展的亲切关怀和殷切希望。总的来看，黄金时期，既是机遇，更是责任，要在适应经济发展新常态的经济政策框架下，准确把握黄金时期的深刻内涵，既要在稳的前提下有所进取，又要在把握好度的前提下奋发有为，为我国由交通运输大国迈向交通运输强国奠定坚实的基础。

12 月 30 日，国家发改委、交通运输部联合发布《关于进一步贯彻落实“三大战略”发挥高速公路支撑引领作用的实施意见》。

本附录编写人员：刘文杰　徐德谦　付国民
本附录编写单位：中国公路学会

规范　务实　创新　发展

——中国公路建设行业协会

中国公路建设行业协会，英文名称：China Highway Construction Association（缩写：CHCA），由全国公路建设行业及相关行业的企事业单位和团体自愿组成、经民政部批准、依法登记注册，于2001年4月成立的全国性、行业性和非营利性的法人社会团体。

协会自成立特别是近10年来，在交通运输部、民政部的正确领导下，在全体会员单位的大力支持下，坚持以邓小平理论、"三个代表"重要思想、科学发展观为指导，深入贯彻习近平总书记系列重要讲话精神和治国理政新理念新思想新战略，牢牢把握"提供服务，反映诉求，规范行为"的宗旨，以建章立制建会、优质服务办会、务实创新兴会为着力点，开拓进取，务实创新，不断开创工作新局面，积极为政府、行业和会员提供优质服务，为推进公路交通行业持续健康发展、发展现代交通运输业不断做出新的贡献，成为业内知名度较高、影响力较大的行业协会。继2011年，2016年协会再次被民政部评估为4A级社会组织。2015年，被民政部评选为"全国先进社会组织"。

一、协会基本情况

（一）基础工作稳健

协会把抓好基础工作放在重要位置，建立健全规章制度，加强组织机构建设与管理，推动协会工作的正常开展。

制度建设"全"。按照国家关于社会组织的法规和主管部门的要求，把握形势发展变化，结合协会实际，制定《中国公路建设行业协会章程》《中国公路建设行业协会会员管理办法》及《中国公路建设行业协会秘书处工作人员考核办法》等近30个制度规定，为开展协会工作、加强协会建设提供了制度保证。

机构设置"精"。根据工作需要，协会及时调整和新增协会负责人、副秘书长、常务理事和理事。其中，副秘书长以上27家会员单位，都是公路建设领域中具有良好声誉和较大影响的大型国有、合资、民营公路工程施工企业兼职主要领导，在领导和开展协会工作中发挥了重要作用。

协会秘书处下设综合部、培训部、行业事务部、联络信息部4个业务部门；另设1个专家委员会。现有工作人员20人，平均年龄43岁，40岁以下11人；本科及以上学历18人，占总人数90%。对工作人员的选拔和聘用,立足于协会工作的有效开展和优质高效服务,从会员单位中交流、调整年轻的专业技术人员,使协会工作机构具有专业优势、人员精干、结构合理、充满朝气的特点,显示出工作富有活力。

履行职责"实"。依照协会章程规定,召开第一、二、三届会员代表大会,以及每年理事长办公会、常务理事会、理事会,行使各自职责,对审议或决定的议题做出相应决议,从组织上保证了协会工作的顺利开展。协会秘书处是协会常设办事机构,负责处理协会日常事务,落实理事长办公会、常务理事会、理事会决定的事项,创造性地开展工作。

(二)行业力量凸显

协会会员为单位会员。会员队伍规模持续增长,至2016年底,会员总数为837家。会员遍布全国各行业参与公路建设施工、设计等企业和单位,以及高等院校;拥有公路、市政工程施工总承包,以及公路桥梁、隧道、路基、路面、交通工程专业承包一级以上资质,占会员总数80%以上,为推进公路交通建设的主力军。

(三)自身建设扎实

协会积极组织全体人员学习贯彻国家大政方针、行业政策和工作部署,学习业务知识和技能,参加业务培训,经常征求会员单位最关注的问题、对协会工作的意见,不断增强服务意识、责任意识、创新意识,提高服务能力和水平,呈现新作为,展示新面貌。加强协会党的建设和内部管理,2015年协会党支部被交通运输部直属机关党委评为"先进基层党组织"。

二、协会主要功能

在主管部门的领导下,协会紧密围绕公路建设行业发展及公路施工企业的需求,确定和充实工作业务范围,内容涵盖公路建设行业的各个方面。目前,协会主要业务如下:

(一)探讨研究公路建设行业改革和发展的政策,提出行业发展的政策建议,向政府及有关部门反映行业呼声和会员单位的诉求。

(二)协助主管部门研究制定和实施公路建设行业发展的政策和法规,推进行业管理;组织制定行规、行约,规范行业行为,维护行业公平竞争,维护会员的合法权益;承担主管部门和会员委托的其他工作。

(三)组织开展公路工程项目技术咨询、科技创新成果鉴定、企业安全生产标准化评价;接受主管部门委托,参与或组织制定标准规范;组织开展中国公路建设行业协会标准的编制工作。

(四)建立健全公路建设行业自律机制,引导企业加强诚信建设,规范从业行为;开展有利于行业发展、举办为会员服务的多种活动，扩大社会影响，提高社会公信力。

（五）组织开展创先争优活动，评选、表彰"李春奖""诚信百佳"等。接受委托，承担企业资质初审服务、组织开展公路工程工法、行业企业和人员信用评价、从业人员执（职）业管理工作。

（六）举办有利于行业发展的各种交流和展览活动，积极推广应用新工艺、新技术、新材料、新设备，促进行业节约能源、保护环境、管理创新和技术进步，帮助和协调会员单位之间加强经济联系与合作，推动企业提高经营管理水平。

（七）组织开展行业法律法规、产业政策、行业标准等的宣贯培训；组织编写行业书籍和培训教材，开展各类职业、岗位培训等服务工作，提高行业整体素质。

（八）收集、整理、分析行业信息资料，为政府决策提供依据；编辑出版会刊，加强信息建设，发布市场信息，为会员提供服务，为推进公路建设行业服务。

（九）发展与国内外相关行业组织的联系，开展国际业务技术合作与交流活动，为推动企业实施"走出去"战略提供服务。

三、协会突出作用

中国公路建设协会作为全国公路建设行业唯一一家行业协会，伴随我国改革开放的不断深化、公路交通建设的快速发展而成长壮大，显示出工作定位明确、服务水平优质、功能作用突出，具有较强的凝聚力和影响力。

（一）注重问题导向，组织调研交流，充分发挥桥梁纽带作用

协会始终抓住行业建设、会员企业面临的突出问题，深入开展调研，组织研讨交流，反映企业诉求，提出意见建议，起到了服务政府、服务行业、服务企业的桥梁纽带作用。

完善行业法规政策，积极建言献策。积极配合主管部门，围绕落实公路工程施工企业资质标准、《收费公路管理条例》、《公路水运工程安全生产监督管理办法》、《公路水运工程"平安工地"建设管理办法及评价标准》等行业政策标准，以及"绿色通道""节假日"免费通行国家政策给企业经营带来的损失问题和交通运输行业施工企业工伤保险等，深入开展调研，收集会员企业意见，提出完善政策措施的建议，形成调研报告报送主管部门，得到国家有关部局和交通运输部有关司局的认可和好评。

抓住行业热点问题，提出意见建议。组织开展工程款拖欠、公路施工企业减负与增负、公路建设项目保证金专项清理、公路施工企业应收账款、公路工程项目竣工验收滞后问题等多项调研，倾听企业意见，摸清存在问题，提出意见建议，形成调研报告，得到主管部门高度重视和采纳。其中，配合部公路局组织开展公路施工企业负担调研，形成《公路施工企业负担情况调研报告》，获得交通运输部调研一等奖，并为2012年交通运输部制定

《关于减轻公路施工企业负担的若干意见》提供了基础性依据。

围绕企业难点问题,开展交流研讨。以公路建设“企业减负及调结构转方式科学发展”、把握“PPP模式”、适应“营改增”税制、“把握政策导向、推动企业发展”等为主题,分别组织国有、民营及交工企业交流研讨,聚焦实施国家“一带一路”“大众创业、万众创新”战略,正视和把握“互联网+”“PPP项目”等模式,以及企业经营风险防控、商业模式调整、体制机制创新和应收账款管控等方面的问题,共商发展大计,形成调结构、转方式、稳增长的共识,进一步增强了企业发展的信心,创新体制机制和经营管理,坚定走规模化集约化发展的路子;同时,积极反映企业存在的困难和问题,提出意见建议,引起了有关部门的关注和重视。

(二)注重创新驱动,加强引导管理,着力推进行业科技进步

协会坚持把实施创新驱动战略作为服务行业发展的重中之重,积极引导企业依靠创新驱动、打造企业发展新引擎、新模式,开辟行业发展新业态、新空间,在推动行业科技进步、支撑行业发展中发挥了重要的组织引领作用。

开展科技成果鉴定,促进行业科技创新。致力于增强公路建设行业技术创新能力,积极推动和鼓励企业自主创新与成果应用,形成了以技术进步提高工程质量和企业转型增效的良好氛围。2012年以来,组织专家评选全国公路建设科技创新成果奖341项。同时,推广应用公路建设的新技术、新工艺、新材料、新设备,进一步推动了行业科技进步与繁荣。

加强公路工法管理,推进新技术应用。始终注重公路工程工法质量,加强工法的管理与评审。2008年至2016年,组织资深专家评审申报工法3224项,通过评审1704项,评为优秀工法231项;向住建部推荐优秀公路工程工法125项,其中39项获评国家级工法。加强工法应用,促进公路工程建设的质量和效益进一步提升。

组织制定协会标准,推动行业技术进步。着眼于补充完善公路工程建设技术标准体系、促进公路行业科技进步和技术标准体系的建设和发展,以2015年国务院《深化标准化工作改革方案》和标准体系建设的要求为指导,积极开展协会标准制定与管理,得到了主管部门和企业的认可。至2016年底,接收标准申请19项,其中3项完成大纲审查,3项正在立项审查,6项开展可行性研究,7项进行符合性条件认可,显示了协会标准制定在公路工程建设技术标准体系中的发展前景和活力。

提供技术咨询服务,解决工程技术难题。组织行业知名专家,对重大复杂的公路建设工程、特大桥施工等进行技术咨询与指导,帮助解决技术难题,提出加强项目管理创新、创建优质工程的意见和建议,赢得工程施工企业的称赞。

（三）注重企业需求，强化培训服务，切实提高从业人员才干

协会坚持谋行业之所需，想企业之所急，按照主管部门的要求，高质量地做好从业人员的培训、考核等服务，提高从业人员的素质和能力，以满足企业发展、行业建设的需要。

参与建造师资格管理，培养高等级技术人才。接收和完成公路工程专业一级建造师注册材料近6万份初审工作，到2016年底，全国已注册公路工程专业一级建造师约5.5万人。组织行业内资深专家教授修编一、二级建造师考试用书《公路工程管理与实务》，适时优化命题专家，以确保建造师考试的质量，提高注册建造师执业技能和管理水平。

参与安管人员管理，提高企业安全生产能力。自2004年至2015年，组织做好公路工程施工企业安管人员考核培训服务，审查申请材料17余万份，办理证书制发、变更、延期等工作。参与编制安管人员考核大纲和模拟题库，组织编写安管人员培训教材，适应新形势下安管人员考核工作的需要，推动企业安全生产管理能力进一步提升。

开展施工员、造价员培训，满足企业生产经营需要。遵循"规范性、合理性、系统性"的原则，制定管理制度，编制培训教材，认定培训机构，选拔授课老师，组织实施培训考核，开发培训考核管理系统并与省厅资质管理等平台对接，充实信息查询功能，使用二维码创新管理，不断提高培训和管理的质量，为加强企业人才队伍建设、推动企业经营发展起到了较好作用。

（四）注重安全质量，开展评优评价，增强企业健康发展活力

协会紧紧抓住公路工程质量、安全生产这两个关键点，大力弘扬工匠精神，着力推动"品质工程"建设，创造安全生产环境，推动企业健康持续发展。

强化"李春奖"评选，引导企业积极创先争优。公路交通优质工程"李春奖"由交通部于1997年设立、2010年经国务院批复保留的公路工程"三优"奖（优秀勘察、优秀设计、优质工程），是我国公路建设的最高质量奖和公路建设者的最高荣誉。协会坚持以弘扬"工匠精神"为主旨、以打造品质工程为核心，强化李春奖的宣传、评选与管理，着力把李春奖打造成行业第一品牌，以推动公路工程质量的提高。完成注册李春奖商标。举办"弘扬工匠精神、铸就品质工程"论坛，多方位、多角度、多途径宣传和提高李春奖的知名度。组织行业知名专家评选表彰李春奖57项，积极推广成果应用，进一步增强了李春奖作为公路工程建设质量最高奖的影响力和感召力，对提升公路工程建设的质量和推动科技创新产生了重要影响。

开展安全生产标准化评价，提升企业安全管理水平。2014年以来，协会作为交通运输部备案的交通运输工程建设类一级评价机构之一，按照《交通运输企业安全生产标准化建设评价管理办法》和评价标准的要求，认真开展公路施工企业安全生产标准化培训、

预评价、正式评价和取证等工作，做到"评价有标准、扣分有依据、整改有措施、确认有签字"，并取得较好成效。几年来，组织专题培训149场次，完成评价100多家，有力促进了企业安全生产管理水平的提高和"平安交通"建设。

（五）注重诚信建设，参与监管治理，促进市场秩序良性发展

协会认真贯彻落实交通运输部关于加强公路建设行业信用体系建设的部署和要求，积极参与和主动开展行业诚信建设，推动公路建设市场秩序良性发展，着力打造行业建设升级版。

协助开展公路建设市场专项治理。2015年至2016年，协助部公路局主动与各省厅主管部门联系，完成收集、整理32个省份公路建设市场整治行动方案；协助对浙江、重庆等14个省市公路建设市场秩序专项整治行动的落实情况，以及28个项目70个标段进行督查，发现和治理存在的问题，推动公路建设市场秩序转好；参与督查反映公路建设市场问题，对个别省份群众信访反映的隧道质量安全、设计指标不合理等问题进行核查，澄清事实，提出整改意见；组织公路建设项目法人、招标代理机构、市场从业企业等单位，深入了解和探讨公路建设市场工程围标串标等违法违规行为的形式、原因及改进措施，进一步促进了公路建设市场秩序建设。

积极开展行业信用体系建设。采取多种方式，认真做好信用信息系统账号申领及相关服务，及时将信息反馈给各省交通运输主管部门审核，保证从业单位信息录入的正常进行。组织评选、表彰公路施工企业"诚信百佳"425家，激励和引导公路施工企业诚信经营，促进公路建设市场规范发展。举办"诚致道远，信则共赢"论坛，积极倡导和落实自律公约，提高企业守法诚信意识，打造企业良好形象，使企业依法诚信经营的意识明显提高、经营行为更加规范，有力推动了公路建设市场秩序良性发展。

协助做好公路施工企业申报资质服务。配合部公路局对公路施工企业申报资质进行初审，做好资质评审会务工作，协助对提出复议资料进行复审，为公路施工企业的发展创造条件，进一步加强了市场主体建设。

（六）注重政策引领，加强信息服务，展现高速公路建设成就

把握行业建设、企业发展的需要，协会及时做好政策指导，优化信息宣传，展现公路建设成就，增强行业建设、企业发展软实力。

加强政策宣贯，加快落地见效。坚持以国家和部门新颁发的行业法规、政策及标准为主要内容，举办宣贯培训班，邀请行业主管领导和专家解读、现场答疑，引导企业充分认识新法规、新政策和新标准的重要性，增强对新法规、新政策、新标准的理解和掌握，企业经营开展、规范建设市场、加强行业建设进一步提升，加快了法规政策落地见效。

优化交流平台，做好信息服务。贴近行业建设和会员需求，充分利用协会网站、《简讯》等平台，宣传行业法规政策，传递工作部署，彰显行业正能量，展示会员风采，交流先进经验，推广新技术，为会员无偿提供信息宣传服务。

加强组织协调，收集编撰《实录》。《中国高速公路建设实录》(以下简称《实录》)是总结和彰显我国高速公路建设的发展历程和成就、服务和推动高速公路建设的一部巨著丛书，被国家新闻出版广电总局列入"十三五"重点出版图书。自2014年11月以来，在原交通部部长、《实录》编委会主任黄镇东的带领下，协会积极参与，启动和开展《实录》编撰。按照交通运输部的要求，明确工作分工，加强组织协调，保证编撰工作有效进行。目前，编撰《实录》综合卷、《中国高速公路建设U阅通》《中国高速公路发展全舆图》《中国公路峡谷大桥》进展如期；《实录》地方卷编撰，已有19个省份完成初稿。

四、协会发展远景

坚持以马克思列宁主义、毛泽东思想、邓小平理论和"三个代表"重要思想、科学发展观为指导，深入学习贯彻习近平总书记系列重要讲话精神，把握国家关于行业协会管理的法规和政策，牢固树立发展新理念，主动适应经济发展新常态，精准发力，务实创新，努力把协会建设成为全国一流的行业协会，为推进公路交通建设、发展现代交通运输业做出新的更大贡献！

(一)服务优质高效

更加注重强化服务意识，着力提高服务能力和服务水平，把优质高效服务贯穿于协会各项工作开展的始终，增强工作的生机与活力，见成效、促发展，赢得主管部门、会员的认同和信赖。

(二)功能作用突显

立足当前、着眼长远，充分发挥功能作用，优化和拓展工作领域，助力行业发展。围绕行业建设、会员反映的突出问题，开展深入调研，组织交流研讨，反映会员诉求和呼声，充分发挥协会桥梁纽带作用。适时组织行业政策标准的宣贯培训，指导和加强企业经营管理。大力弘扬工匠精神，注重"品质工程"建设，提升"李春奖"的影响力和效应力，引导公路施工企业走质量、效益型发展之路。强化行业科技创新与成果应用，加强工法管理和协会标准制订，增强企业发展动能和核心竞争力。强化安全生产标准化评价，提升企业安全生产管理水平。着力加强行业诚信、企业自律守信和职业道德建设，维护行业形象，提高企业声誉。开展国际交流与合作，推进行业发展。

(三)谱写发展新篇

深入贯彻稳中求进工作总基调,全面加强协会建设。按照协会《章程》办事,健全和落实内部规章制度。秉持规范、务实、创新、发展的原则,构建学习型、服务型、创新型、和谐型团队。加强协会党的建设,充分发挥党支部的战斗堡垒作用、党员的先锋模范作用和工作人员的聪明才智,不断开创协会工作新局面。

勇担发展使命　不负时代重托 打造“走出去”和“一带一路”的建设先锋

——中国路桥工程有限责任公司

中国路桥工程有限责任公司(以下简称“中国路桥”)是我国最早进入国际承包市场的四家大型国有企业之一,是中央企业中国交通建设股份有限公司海外业务的重要载体、窗口和平台。近六十年来,中国路桥紧跟国家战略和企业发展需求,在国际工程领域砥砺奋进,开拓创新,在激烈的国际市场竞争中实现跨越发展,在多变的国际政治经济形势下确保国有资产保值增值,在复杂的国际舆论生态中为树立国企形象助力护航,力求打造中国企业“走出去”领军示范单位。

一、企业历史沿革

中国路桥的前身是交通部援外办公室,从 1958 年到 1979 年的 20 多年间,承建中国政府经援项目,在也门、毛里塔尼亚、卢旺达、赤道几内亚、尼泊尔、苏丹等国共援建项目 80 多个,通过项目实施建立和加强了中国与受援国之间的友好关系,对巩固和发展中国与发展中国家的政治、外交和经济领域的合作起到了十分重要的作用。援外项目的实施,为之后通过公司化运作开展国际工程承包业务积累了较为丰富的经验,培养了一批熟悉海外工程承包项目运作和管理的优秀人才,为中国路桥长远发展奠定了基础。

1979 年,经国务院批示,在交通部援外办公室的基础上成立了中国公路桥梁工程公司。自此,中国路桥在工程建设领域正式开始进行市场化运作。继 1979 年在北也门开展业务后,公司在 1989 年之前,以西亚、中东和非洲为重点市场,将业务发展到 13 个国家。1989 年,中国路桥更名为中国公路桥梁建设总公司,并将交通部第一、第二公路勘察设计院划归其管理,之后将业务拓展到南亚、东南亚等区域的 23 个国家,合作领域也更加广泛,同时在国内实施了一批包括首都机场高速公路、京津塘高速公路、沪宁高速公路、广东虎门大桥等大型重点项目。中国路桥的市场开拓能力、项目实施能力大幅增强,知名度显著提升。

1997 年,在国有企业改革的浪潮中,经交通部批复,在重组交通部第一公路工程总公司、交通部第二公路工程局、西安筑路机械厂、新津筑路机械厂、郴州筑路机械厂和北京中交建筑安装工程公司的基础上,成立了中国路桥(集团)总公司,成为一家集设计、施工、采购、咨询于一体的工程承包企业，项目的综合实施能力进一步增强，并在当年跃居全国最大50家外经公司第四位，在美国ENR（工程新闻纪录）杂志评选的年度全球225家最大承包公司排名中名列第83位，这是我国企业首次进入该排名前100位。1997—2005年近十年的时间，中国路桥业务领域从公路、桥梁、房建等扩展到了港口、机场、码头等多个领域，工程承包方式也由过去的单纯施工承包为主逐步向总承包或“交钥匙”项目发展，项目的规模和层次不断提升。

2005年12月，根据国务院国资委文件精神，原中国路桥（集团）总公司与原中国港湾建设（集团）总公司重组为中国交通建设集团有限公司（简称“中国交建”），并新成立了中国路桥工程有限责任公司作为中国交建子公司，承继原路桥集团的资质和业绩。

重组后的中国路桥围绕国家“走出去”外交、能源战略，充分发挥50多年来海外发展积累起来的经营网络优势、独特的商务和技术能力，依托中国交建的全产业链资源，以政府间框架合作项目的蓬勃开展为契机，实现了公司发展的历史性跨越。在此期间，公司的经营规模从重组前的二、三亿美元增长到2013年的近30亿美元；业务范围不断拓宽，目前涉及公路、桥梁、港口、隧道、铁路、市政、疏浚、机场、投资、贸易等多个领域；产业链持续延伸，已成长为集设计、咨询、采购、施工、运营于一体的产业链完备的大型工程承包企业；市场空间稳步扩展，在亚、非、欧、美近60个国家设立了分支机构；承接的技术水平高、规模大的项目数量明显增多，肯尼亚蒙内铁路项目合同额高达38亿美元。经过重组以后的快速发展，中国路桥在营销网络、项目实施水平、资源整合能力、资金实力等方面得到了显著增强，为公司向国际一流工程承包商迈进奠定了坚实基础。

二、主要经营业绩

（一）锻造践行国家战略的先锋军

中国路桥把贯彻落实党和国家要求作为干事创业的行动指南，以打造践行国家战略的实施平台和中国产业走出去资源整合平台为己任，为我国开放型经济建设作出了突出贡献。

搭建“走出去”平台。创立了享誉国际市场的CRBC品牌，在世界各地擦亮了“中国桥”“中国路”“中国港”的金字招牌。形成了连接近百个国家的市场网络，覆盖“一带一路”沿线54个国家，为服务我国产业、装备、人才、标准“走出去”打造了可寄予重托的可靠平台。发挥国际化经营优势，对中交集团保持亚洲最大和全球第三大国际承包商市场地位形成战略支撑。

争当“一带一路”建设先锋。承建了一大批起点高、影响深、规模大的境外重点工程，许多已经成为“一带一路”互联互通建设的标杆项目。勇于扛起打通中巴经济走廊陆路大通道核心路段的大旗，承建了占全走廊全长15%的公路，为瓜达尔港充分发挥战略作用提供了必要条件。在贯通陆丝重要连接带的中亚、欧亚和中东欧地区，承建了塔中公路、塔乌公路等亚欧大陆互联互通枢纽项目，累计里程约2400km。2017年将建成和开始试运营的蒙内铁路把“海上丝绸之路”延伸到非洲大陆，使“郑和下西洋”的美好史话续展成新时代的绮丽篇章。习近平主席在塞尔维亚媒体发表署名文章提到的贝尔格莱德跨多瑙河大桥（塞尔维亚泽蒙—博尔察大桥），是中东欧“16＋1”合作重点项目，被李克强总理誉为“中国土木行业向欧洲递交的”第一张名片。这座被塞尔维亚武威奇总理称为“中塞友谊之桥”的项目建成通车时，数以万计的塞尔维亚民众和中方项目建设者涌上大桥，挥舞中塞两国国旗，共同欢庆这一美好时刻，当地人称“中国企业改变了我们的生活”。积极推进国际产能合作，印尼比通经济特区、蒙巴萨自贸区等多个境外产业园区的开发建设为我国产业集群“走出去”和帮助当地发展工业体系创造了承载条件，近年来通过对外承包工程带动工程机械、铁路机车、港机设备、机电设备和建材等物资出口总额达30多亿美元，为贯彻落实“中国制造2025”和促外贸保增长作出了长期贡献。

创造多个“第一”和“之最”。中国公路“走出去”市场份额长期第一；在习近平主席首次提出“21世纪海上丝绸之路”倡议的印度尼西亚修建的泗水—马都拉大桥，率先实现了在国际上完全采用中国标准进行大型桥梁设计和施工的突破；李克强总理见证签约的蒙内铁路项目是海外首条全产业链中国标准一级铁路；被誉为“世界第八大奇迹”的巴基斯坦喀喇昆仑公路是世界海拔最高、地质条件最复杂的跨境公路项目。在创造这些“第一”和“之最”的过程中，中国路桥人自觉坚定“四个自信”，把坚定理想信念作为砥砺前行的源源动力，以产业报国的情怀担当和诚信共赢的价值坚守适应了国际规则的严苛，攻克了技术标准的难关，克服了高温高寒、自然灾害和疟疾、埃博拉疫情等困难，战胜了恐怖袭击、战乱动荡、社会突发事件等造成的恐惧，矢志艰苦奋斗，以实际行动在更大范围弘扬了社会主义核心价值观。

（二）当好振兴实体经济的排头兵

中国路桥按照习近平总书记关于国有企业“六个力量”的目标要求和中央企业改革发展要求，勇于创业创新创优，在不断提升企业市场主体价值中为振兴实体经济作出了突出贡献。

保增长，提质效。主要业务指标连续十年保持两位数的高增长，尤其是“十二五”以来，公司新签合同额、完成营业额、实现利润额年均增长率分别为21%、11%和17%，累计实现经济增加值（EVA）83.8亿元人民币，年均增长率为24%，以贡献率第一的成绩连续八年获评集团公司内经济效益最优奖，当前人均产值、人均利润和全员劳动生产率等经济指标已居国内外同业先进水平。

促改革，激活力。贯彻落实供给侧结构性改革和深化国企国资改革要求，坚持市场化改革方向，成功探索出"联合出海""产融建一体化""区域联动""路港联动"等新的商业模式，成功培育了塞尔维亚中国工业园、毛塔海洋综合产业园、黑角临港经济特区等新业态新领域项目，与产业链上下游伙伴形成共赢生态系统，参与全球价值链竞争能力发展提升，抵御产业风险能力日益提高，企业活力大幅提升，影响力日益彰显，近年来签署的上百个高端综合项目总合同额逾三百亿美元。

求创新，激活力。财务共享中心、设备物资集中采购、海外风险控制、项目招标管理等一系列管理创新成果为中国企业"走出去"提供了可复制可推广的成功管理模式，其中，"工程公司海外项目的绿色施工管理"课题荣获国家级管理创新成果一等奖。自主研发申报的科技成果"滨海地区粉细砂路基修筑与长期性能保障技术"获评国家科技进步二等奖，主持或参与了多项国家标准的编写，完成我国公路工程行业48本外文版标准规范编译审核，助推中国标准"走出去"，提高国际市场制度性话语权。

（三）塑造企业"公共外交"金名片

中国路桥始终把服务国家总体外交方针摆在企业融入国际经济体系的重要位置，在展现全球公民价值、合理承担和履行企业公共外交责任方面做出了应有贡献。

坚持正确价值引领。拓宽全球视野，坚持以习近平总书记提出的"构建人类命运共同体"精神为指引，积极践行正确义利观，行大道、谋共赢，利他为先，舍得为上，秉持"交融天下，建者无疆"的企业精神，打造"魂在中华、根在中交、行在海外"的海外特色企业文化，在对外经济合作中开展人文交流，弘扬中华优秀传统文化，推进中外文化融合。

助推国与国间务实合作。发挥中央企业的表率模范作用，主动思考、主动担当、主动作为、主动发声，积极配合国家经济外交战略谋篇布局。自"一带一路"倡议提出以来，中国路桥牵头开发实施的项目，荣获习近平总书记等党和国家领导人见证签约或参加开、竣工仪式12次，承建的项目迎接了所在国元首级领导莅临现场参加开、竣工典礼或视察近200次。

践行共同发展。中国路桥以做经济社会发展的责任分担者、区域经济协调发展的深度参与者、政府购买公共服务的优质提供者为使命，既致力于实现基础设施的"硬联通"，建造了一个个惠及驻在国人民民生的"致富路""连心桥""友谊港"，也重视于驻在国人民民心的"软联通"，积极履行社会责任，合规经营，融入当地，造福当地。交付了一批又一批质量优良、符合环保标准的"绿色工程"，实现经济效益和环境保护的双丰收，达到人与自然的和谐发展。积极开展社会公益与慈善活动，在灾情和险情发生的第一时间，向驻在国政府和人民提供无私帮助，在一些地区形成了"有困难，找路桥"的当地共识。

三、履行社会责任

（一）打造精品工程

多年来，中国路桥在国际工程市场致力于筑造优质精品工程，承建了巴基斯坦喀喇昆仑公路、毛里塔尼亚友谊港、塞尔维亚泽蒙—博尔察大桥、肯尼亚蒙内铁路等具国际影响力的标志性工程。公司对于工程品质的追求和执着获得了当地政府和人民的高度认可，肯尼亚人民将中国路桥承建的贯通内罗毕和东非第一大港口蒙巴萨的A109国道称为“中国路”，肯尼亚政府为此发行了“中国路”的主题邮票，以此向中肯友谊致敬。中国路桥承建的毛里塔尼亚“友谊港”被当地政府誉为“国家独立象征”和“南南合作典范”。通过一系列标志性的精品工程，有力地展现了中国企业的实力，树立了负责任的大国企业形象。

（二）强化绿色施工

中国路桥大力发展绿色技术，与长沙理工大学、清华大学、大连理工大学、同济大学、东南大学、长安大学、中国科学院等院校和研究机构建立了产学研合作关系，开展了“高海拔地区冻土研究”“环境保护与地质灾害防治关键技术研究”等课题研究，并成功运用到建设工程项目之中，有效地保护了项目所在地的生态环境。

公司首创了目前世界最前沿的敲击式桥梁检测仪，减少了桥梁维护过程中对桥梁的损害；先后负责了《非承重混凝土空心砖》《装饰混凝土砖》等国家标准起草，将节能、环保等因素融入行业标准之中，引导和推动了相关行业对环境保护的重视和关注；在施工中积极选用具有可持续发展性的环保、低能耗的建筑材料，注重资源的有效利用，比如中国路桥香港办事处为降低公路养护中对生态环境的破坏，通过对机械设备市场的反复调研分析，选用了沥青路面热再生养护设备，实现对原路面石料的100%再生利用，大大减少了养护中对石料的巨大需求，节省了石料运费，减轻了堆填区负荷，降低了施工环境污染；中国路桥入主刚果水泥新公司之初就对原有设备进行了升级改造，使沉寂数年的电收尘设备实现了稳定运转，水泥生产的废气与粉尘的回收利用率提高到96%以上。通过技术创新实现了窑灰100%回收，使单位油耗降低了9%，日产量提高了8%。极大改善了鲁特特镇当地的空气质量，提高了生活环境水平。小镇居民由衷地说“中国路桥接手水泥厂后，我们再也不用担心孩子们在外面玩会变成小泥人了”。

（三）保护当地生态

中国路桥在项目国坚持“热爱、尊重、顺应、保护”的环境理念，严格遵守当地环保法规,将环保理念融入项目设计、管理和施工的各个环节。

中国路桥承建的巴基斯坦喀喇昆仑公路改扩建项目,项目沿线的生态环境特别脆弱,植被稀少,对当地环境和植被的保护成为了项目建设的重点和难点。为此,中国路桥与环保科研机构开展了专题研究,对该项目沿线的自然灾害和环境进行了多次调查、取样试验与研究,共同承担了西部交通建设项目"中巴喀喇昆仑公路环境保护与地质灾害防治关键技术研究",有针对性地制订了处理和应对的策略与方案。如在施工过程中,对土路肩及低缓边坡占地范围内的植物采取积极的保留措施,尽量按照乔木 > 灌木 > 草本 > 树桩的优先保护顺序进行合理保护利用,对于路基坡脚处对压埋较浅(30cm 以下)的灌丛尽量保留,填方路基坡脚处遇到胸径大于 8cm 的乔木且填方后压埋较深(30cm 以上)的,用砖、石砌筑树池予以保护,路基坡脚以外的所有植物资源(包括乔木、灌丛等)原则上全部保留,禁止人为扰动破坏,并通过采用浅碟形生态边沟、排水沟的形式,尽量对道路沿线的部分植被进行保护。在承建吉尔吉斯斯坦南北公路项目建设过程中,中国路桥通过"伐一栽十"的补偿机制对树木加以保护,有效地维护了项目沿线的植被和当地的生态环境。

为保护动物正常迁徙,中国路桥在蒙内铁路项目设计阶段,就设置了各种动物穿越通道,以保证动物的正常迁徙,确保其正常的活动规律不受影响。为保障长颈鹿等大型动物的安全通过,在征得业主同意的情况下,中国路桥在有些地区架设的桥梁高达 7m,远高于其他地区同类型项目桥梁的高度。王毅外长曾感叹说:"长颈鹿穿过(铁路)可以不低头、不弯腰,那是一副多么美妙的人与自然和谐相处的景象。"

(四)保障员工权益

人力资源属地化,是中国路桥国际化发展的重要举措。在项目国坚持"以人为本",遵循尊重、沟通、培养的理念,保障员工权益。

中国路桥设立了当地雇员应急保障基金,为员工排忧解难。当一些当地员工在生活中遇到各种难以预料的困难,如疾病、意外或家人离世,公司将通过无息借款、工资清算的方式帮助他们渡过难关。此外,公司还在部分驻外机构中实施了困难家庭补助计划,展现公司对当地员工至诚至真的人文关怀。同时中国路桥还努力增强当地员工对企业的认同感,比如在肯尼亚、卢旺达、吉尔吉斯等国为当地员工颁发"资深员工奖",表彰和激励为公司服务 10 年以上的优秀当地员工。目前已有数百人获得此奖,其中司龄最长的超过了 28 年。此举,在驻在国当地员工中,引起了强烈反响,极大增进了员工对企业价值的认同,为中国路桥在人才市场树立了良好的口碑,赢得了无形的竞争优势。

(五)热心社会公益

秉承"全力配合、积极服务、回馈社会"的理念,中国路桥积极开展社会公益与慈善活动,在灾情和险情发生的第一时间,向驻在国政府和人民提供无私帮助。

公司发挥工程技术专业优势,积极支持当地社区交通、饮水、卫生等公共基础设施建设,拉动地区经济产业,支持文化和教育发展,回馈当地社会和居民。刚果新水泥公司营运十年来,通过水泥生产、销售和运输等工作拉动了水泥公司所在地鲁特特镇的交通运输、汽油、餐饮住宿等相关行业的迅速发展,明显促进了当地居民就业和经济发展,如今,鲁特特镇已成为刚果(布)著名的经济强镇。中国路桥在巴基斯坦主动承担了疏通河道、修建水渠、增加灌溉涵洞、参与水电站建设、修建板球场等大量社区工作;积极开展社会公益与慈善活动,在灾情和险情发生的第一时间,向驻在国政府和人民提供无私帮助。

(六)支持文化教育

中国路桥始终关注驻在国的教育发展,重视对于当地教育产业的回馈。通过资助驻在国留学生来华学习、与国内重点高校设立路桥奖学金,以及项目实施过程中的专业培训,积极做好当地雇员培训与技术转移。

积极践行习近平总书记提出的中非"十大合作计划",先后为来自安哥拉、赤道几内亚、刚果(布)、多哥、加蓬、肯尼亚等国家的251名留学生、工程技术人员提供来华深造的机会。将"师带徒"传统推广到驻在国当地,为当地国家长远的经济发展"掘井种树"。以国际节假日为契机,举办丰富多彩的文体活动和庆祝会。通过中外青年交流,推进中国梦和当地梦、世界梦联通,汇聚共同筑梦的青春力量,将和平发展的事业薪火相传。

四、未来发展展望

"十三五"期间,中国路桥将以打造遵从商业伦理、卓越运营、社会尊重、员工自豪、受资本市场青睐的全球化五色集团企业为目标,适应和把握我国经济发展新常态和世界经济新变化,牢固树立和坚持五大发展理念,不断调整业务结构,优化市场布局,厚植基础设施工程承包优势,创新性开拓铁路全价值链业务、基础设施投资及产业投资运营业务、城市及园区综合投资开发运营业务、海外特色房地产业务,发展优势巩固提升。

通畅带来改变,改变创造价值。未来,中国路桥将继续砥砺奋进,将深化国企改革的责任扛在肩上,将实践国家发展战略落实到足下,以国际化的视野、高度的社会责任感和前所未有的胆识与勇气,为客户带来更加优质的产品和服务体验,以"乱云飞渡仍从容"的战略定力和"不到长城非好汉"的进取精神,为我国经济更加从容融入世界经济体系打造实施"走出去"战略的企业新标杆,在实现"两个一百年"奋斗目标和中华民族伟大复兴的中国梦进程中再立新功。

(一)重点项目介绍

1. 公路

(1)巴基斯坦喀喇昆仑公路改扩建项目(图1)

巴基斯坦喀喇昆仑公路改扩建项目是对“中巴友谊路”——喀喇昆仑公路(雷科特桥—红其拉普口岸路段)进行扩建和改造,全长335km,是世界上海拔最高的跨边境公路,被称为世界第八大奇迹。

图1　巴基斯坦喀喇昆仑公路改扩建项目

(2)黑山南北高速公路项目(图2)

黑山南北高速公路是该国第一条高速公路,中国路桥承建的斯摩柯维克—马特塞沃段,全长41km,是技术和施工难度最大的一段,桥隧比达60%。

图2　黑山南北高速公路项目

(3)柬埔寨76号路项目(图3)

该项目位于柬埔寨东北部,始于桔井省斯努区,终点在森莫诺隆市。全长127km。

2008 年 1 月开工,2011 年 3 月竣工。

图 3 柬埔寨 76 号路项目

(4)厄瓜多尔 PIFO-PAPALLACTA 道路扩建项目(图 4)

PIFO-PAPALLACTA 道路扩建项目总长 36.34km,设计为双向 4 车道加单侧自行车道,连接厄瓜多尔 Pichincha、Napo、Sucumbíos、Orellana 等中东部多个省区。

图 4 厄瓜多尔 PIFO-PAPALLACTA 道路扩建项目

2. 桥梁

(1)塞尔维亚泽蒙—博尔察大桥及附属连接线工程项目(图 5)

项目全长约 21.26km,双向 6 车道,其中泽蒙博尔察大桥被誉为"中塞友谊桥"。该项目成功向中东欧建筑市场递出了第一张"名片",起到了很好的辐射效应。

(2)印度尼西亚泗水—马都拉海峡大桥(图 6)

位于印度尼西亚爪哇岛东部,跨越马都拉海峡。项目全长 2.1km,主桥为跨径 434m 斜拉桥,主塔高 140m。获得 2010 年度"中国建设工程鲁班奖"(境外工程)。

图5　塞尔维亚泽蒙—博尔察大桥及附属连接线工程项目

图6　印度尼西亚泗水—马都拉海峡大桥

(3)莫桑比克马普托大桥(图7)

马普托—卡滕贝大桥全长约3km的悬索桥,主跨680m,为非洲大陆跨度最大的悬索桥。

图7　莫桑比克马普托大桥

(4)青岛海湾大桥(图8)

大桥全长41.58km,主线全长26.707km,是建成时世界上已建的最长跨海大桥。2007年5月开工建设,2011年7月正式通车。

图8　青岛海湾大桥

3.港口

(1)毛里塔尼亚友谊港(图9)

毛里塔尼亚友谊港位于努瓦克肖特大西洋码头岸线,全长585.1m,建有3个万吨级泊位。1979年4月开工,1986年7月竣工。

图9　毛里塔尼亚友谊港

(2)赤道几内亚巴塔港改扩建工程(图10)

赤道几内亚巴塔港改扩建工程项目,于2008年8月开工。项目内容包括旧码头修复、新建2万~5万吨级件杂货码头及防波堤,港机配备和安装,港区现代化规划等。

图10　赤道几内亚巴塔港改扩建工程

(3)澳门氹仔新码头及临时客运码头建造工程(图11)

2005年9月开工,2007年10月完工并投入使用。该工程主要包括海上和陆地打PHC桩,海上钻孔灌注桩,砌石海堤,开挖和回填,钢筋混凝土结构和金属结构,建筑设计和装修,机电设备安装等。

图11　澳门氹仔新码头及临时客运码头建造工程

4.铁路

(1)肯尼亚蒙巴萨—内罗毕铁路(图12)

中肯建立全面合作伙伴关系的标志性项目;中非"三网一化"合作的开局之作。主线全长472km,是首条采用中国标准、中国技术、中国装备并由中国企业建造、管理的东非干线铁路。

(2)肯尼亚内罗毕—马拉巴铁路(图13)

正线全长489.57km,建成后将与蒙内铁路和乌干达境内铁路接轨,并逐步与坦桑尼亚、卢旺达、布隆迪、南苏丹等国家的铁路实现联网,进一步推动东非次区域互联互通和一体化进程。

图 12　肯尼亚蒙巴萨—内罗毕铁路

图 13　肯尼亚内罗毕—马拉巴铁路

(3)匈塞铁路(塞尔维亚段)(图 14)

项目线路全长 350km,平均速度为 160km/h,部分路段峰速将超过 200km/h,为客货混运双线电气化铁路,将使用中国标准建设,采用中国技术和装备,并符合欧洲铁路互联互通标准。匈塞铁路是中国企业进入欧洲基建市场实施的第一条铁路项目。

图 14　匈塞铁路(塞尔维亚段)

(4)京沪高速铁路(JHTJ-6 标段)(图 15)

京沪高速铁路全长 1318km,基础设施设计速度 380km/h。2011 年 6 月 30 日通车。我司承建的 JHTJ-6 标段,从常州东特大桥到上海虹桥站,正线长度 153.745km。

图 15 京沪高速铁路(JHTJ-6 标段)

5. 其他

(1)塔乌公路沙赫里斯坦隧道(图 16)

全长 5253m,地处海拔近 3000m,建成当时为中亚地区最长的公路隧道。2006 年 7 月开工,2012 年 10 月通车。

图 16 塔乌公路沙赫里斯坦隧道

(2)刚果(布)鲁特特水泥厂(图 17)

刚果(布)最大的水泥生产企业,年产水泥 30 万 t。2003 年开工,2014 年完成技术升级改造投产运营。

(3)孟加拉卡纳普里河底隧道(图 18)

卡纳普里河底隧道全长 9092m,是孟加拉国第一座水下隧道。卡纳普里河底隧道的修建对完善亚洲公路网、促进孟加拉国与周边国家的互联互通具有重要意义。

图 17 刚果(布)鲁特特水泥厂

图 18 孟加拉卡纳普里河底隧道

(4)香港莲塘—香园围口岸 6 标段项目(图 19)

莲塘—香园围口岸是港深之间的第七个陆路口岸,预计 2018 年落成,对促进大珠三角区域合作、强化粤港澳经济贸易联系具有重要意义。

图 19 香港莲塘—香园围口岸 6 标段项目

（二）社会责任

1. 支持文化教育

2016 年 7 月，中国路桥与长安大学联合培养第一届刚果（布）毕业典礼现场照，见图 20。

图 20

2. 打造精品工程

2016 年 3 月 25 日蒙内铁路项目社会责任报告发布仪式，见图 21。

图 21

3. 强化绿色施工

刚果（布）新水泥公司采用最先进的水泥技术与管理运输做到绿色施工，见图 22。

4. 保护当地生态

调用机械设备援救受困大象，见图 23。

图　22

图　23

5. 热心社会公益

安哥拉办事处为当地村民解决用水问题，见图24。

图　24

6. 保障员工权益

关爱员工，配备个人防护用品的员工合照，见图25。

图 25

重诺守信筑精品　厚积薄发创未来

——中交第三公路工程局有限公司

中交第三公路工程局有限公司(以下简称“公司”)创建于2004年3月8日,是隶属于世界500强企业——中国交通建设股份有限公司的大型国有独资施工企业。公司总部位于北京,注册资本15.09亿元,业务涵盖公路、铁路、房建、桥梁、隧道、市政公用工程、机场航站楼及其他土木工程项目的设计、施工、咨询等。目前,公司下辖5个子公司,4个分公司,2个事业部,拥有员工5640人,其中教授级高级工程师24人,高级职称员工550余人,中级职称员工近1120人。

公司拥有公路工程施工总承包特级资质,建筑工程总承包一级资质,公路行业甲级(设计)资质、市政公用总承包一级资质,公路路基、路面、桥梁、隧道工程专业承包一级资质,并通过了质量、环境和职业健康安全一体化管理体系认证;且连续多年被国内金融机构审定为AAA级信用企业,多次获国家级的“全国优秀施工企业”“公路行业优秀施工企业”等荣誉称号。公司参建工程先后荣获国家优质工程金奖和银奖11项,中国建筑工程鲁班奖3项,中国土木工程詹天佑奖1项,省部级优质工程奖20余项。

荣誉代表华章,品质铸就辉煌,一系列的殿堂荣誉见证了公司在岁月淬炼中的发展历程。面对荣誉,公司不骄不躁,努力沿着以人为本,全面发展的方式稳步挺进,为实现企业的全新飞跃铸造新的辉煌。

一、建设品质工程,用心浇注业主满意

锐意进取,成就企业发展蓝图。多年来,公司年生产能力逾200亿元,施工足迹遍及全国30多个省、自治区、直辖市,并获得了全国多个省市的AA级评价,留下的是坚实的品质,收获的是赞扬的口碑。

“明者因时而变,知者随事而制。”一带一路”倡议从历史中汲取灵感,并寻求通过新的贸易合作连接更为宽广的世界。随着“一带一路”倡议的加速实施,公司对非洲的支持力度不断提高,为破解非洲经济发展过程中的基础设施瓶颈做出重要贡献。除非洲外,公司还不断调整发展战略规划,不间断地在亚洲、南美洲、欧洲等五大洲十多个国家开辟市场,海外市场规模迅速扩大。

(一)创新发展飞跃新起点,特色领域展辉煌

通过不断的积累、创新和发展,公司在巩固传统公路市场优势的基础上,坚持差异化

发展之路，不断打造特色品牌，在长大隧道、海外高层建筑、场站建设等多个领域取得了令人瞩目的成就。

长大隧道：公司具有在各种复杂地质条件下进行隧道施工的实力，累计施工隧道达600余公里，其中，贵州崇遵高速公路青杠哨特长隧道为高速公路特长隧道，丹东拉萨国道主干线西宁过境公路大有山隧道为湿陷性黄土隧道，青海花久高速公路久治1号隧道为高原高寒地区隧道等。此外，多座隧道长度超过10km。

海外高层建筑：高达193.8m斯里兰卡香格里拉二期公寓项目（图1），是中国交建在海外承建的第一个超高层建筑，该建筑由裙楼和塔楼两部分组成，包括两座51层公寓，总建筑面积约16.3万m^2。该项目建设在斯里兰卡创造了五天一层的"施工新速度"，被当地主流媒体评论为"中国速度"，并且该项目建成后将成为斯里兰卡"第一"超高层建筑。

图1 斯里兰卡香格里拉二期公寓项目

场站建设（图2）：在"一带一路"非洲支点的肯尼亚，首条采用中国标准、中国技术、中国装备制造和中国管理建造的东非干线铁路——蒙内标轨铁路，公司参建沿线内罗毕终点站、蒙巴萨西站、蒙巴萨赖茨港站三座最大的枢纽站，建筑面积近15万m^2，是整条铁路的地标性建筑；孟加拉库尔纳水处理厂和蓄水池项目是中国交建在海外参与施工的第一个水厂项目，建成后将有效解决当地90%的居民安全饮水问题；斯里兰卡科伦坡港南集装箱码头项目包括办公楼、闸口、维修车间、水泵房、保安室、冷藏箱构件、围墙等23个单体建筑，荣获中国施工企业管理协会颁发的"2016—2017年度国家优质工程奖"；斯里兰卡汉班托塔国际机场项目有效带动斯里兰卡南部省份的经济、旅游事业的发展，荣获中国建设工程"鲁班奖"。

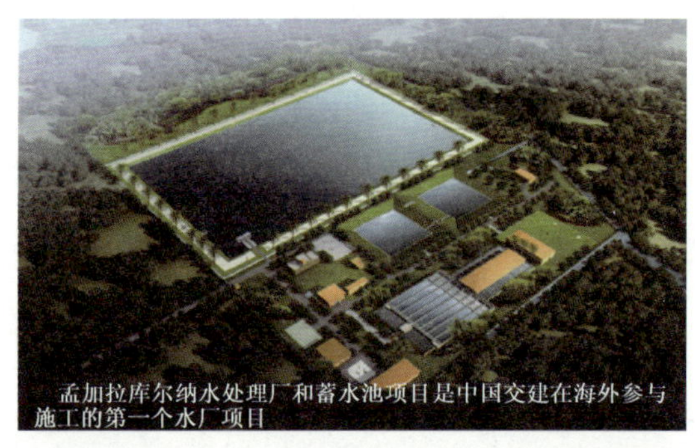

孟加拉库尔纳水处理厂和蓄水池项目是中国交建在海外参与施工的第一个水厂项目

内罗毕南站

斯里兰卡汉班托塔国际机场项目荣获“鲁班奖”

蒙巴萨西站

首条采用中国标准、中国技术、中国装备制造和中国管理建造的东非干线铁路—蒙内标轨铁路

图2 海外场站建设代表工程

(二)保持传统业务优势,匠心铸就品质工程

桥梁施工:山东滨州黄河公铁两用特大桥为黄河上第一座公路铁路两用大桥,大桥主跨采用五跨一联的平弦连续钢桁结构,单跨跨度达180m,刷新了亚洲同类桥型的最大跨度纪录;安徽徐明淮河特大桥在国内首创采用独塔同向回转斜拉索锚固体系的创新性设计,具有世界领先水平;内蒙古集丰项目的黑沟特大桥,在桥梁施工控制中应用的灰-神经网络模型的预测技术达到国际先进水平,被评为建设部推广应用新技术示范工程;江西南昌艾溪湖大桥主桥为蝴蝶形钢管拱桥,是国内首创外倾式钢箱蝶拱,其跨度、拱高均名列国内同类型桥梁前茅,被评为中国交建优质工程;赤道几内亚全长1087m的独塔双索面预应力混凝土斜拉桥,是该国第一座斜拉大桥,被中国施工企业管理协会评为“2014—2015年度国家优质工程奖”。

铁路及城市轨道交通(图3):公司累计参建铁路里程数达154.155km,包括:在我国最北端的严寒地区,设计建设标准最高的一条高速铁路——哈尔滨至大连客运专线;中国第一条建设里程最长、标准最高的高速铁路——京沪高铁;并且成功进军福州、佛山、哈尔滨、乌鲁木齐四个城市的轨道交通项目;2017年,公司又一举中标重庆首条铁路环线项目。

图3　铁路及城市轨道交通代表工程

特色沥青摊铺：公司承建的杭州湾跨海大桥桥面铺装工程（图4）长36km，双层沥青玛蹄脂碎石混合料（简称SMA）的铺装面积达到103万m^2，创下国内桥梁施工史上桥面沥青层面铺装数量最大、距离最长、时间最短的新纪录，大桥纵坡、小半径钢桥面铺装方案研究及水泥混凝土桥双层SMA铺装体系研究达到国际领先水平，荣获中国建设工程“鲁班奖”。承建了内蒙古准（格尔）兴（托）重载高速公路，11km长寿命沥青混凝土摊铺率先在全线交验开通，工法“水泥稳定碎石基层节水保湿养生膜养护”获评为省部级工法。

图4　杭州湾跨海大桥桥面铺装工程

桥梁维修加固：旧桥维修加固作为公司成立以来的主要特色之一，市场分布在广西、四川、北京、天津等地，所拥有的施工技术、施工能力和业绩资源位居同行业前列。

二、坚持科技兴企，打造企业核心竞争力

"好风凭借力，扬帆正当时。"为进一步加快企业发展，公司始终坚持"科技兴企"战略，以习近平总书记提出的"创新是引领发展"的第一动力为指导，不断加大科技投入和科技创新力度，以科技创新引领企业全面改革创新，为促进公司持续健康快速发展提供强有力的智力支持和技术保障。

"十二五"以来，公司科研经费每年保持10% ~15%的增长，当前已累计投入14.79亿元。公司聚力培育关键技术和重点领域的自主知识产品和品牌，在面向未来的基础研究和创新上持续加大投入，且在ICT的热点前沿领域取得了众多研究成果。公司通过高新技术企业认定、省级技术中心认定，荣获多项中国公路学会科技进步奖、中国施工企业管理协会科技创新成果奖、交通运输部企业协会科技创新成果奖等。

功以才成，业由才广。随着公司科技体系的扩大发展与科研战略的深入实施，公司专业技术人才队伍迅速发展壮大。其中，有5人享受国务院特殊津贴，2人荣获"'十二五'全国建筑业企业优秀总工程师"称号，3人荣获中国施工企业管理协会"科技创新先进个人"称号，1人荣获中交"优秀技术专家"称号。在实施"科技兴企"战略中，公司高层次人才发挥了重要的引领支撑作用，提高了公司原始创新、集成创新和引进消化吸收再创新能力，为公司现代化发展进程取得的累累硕果做出了巨大的贡献。

公司主持参与了国家行业标准《公路路基施工技术规范》和中国公路建设行业协会团体标准《泡沫轻质土设计与施工技术规程》的编制工作；参编了《公路工程安全技术规范》《乳化沥青稳定性试验管》《冷拌用沥青再生剂》《城市地铁工程远程监控系统技术规范》《混凝土灌注桩用高强钢塑声测管》5项行业标准，出版专著《公路工程施工探索与总结》；共取得国家专利授权131项，其中发明专利13项，实用新型专利118项，这些专利技术有力地提升了核心技术水平，提高了公司劳动生产率。"热喷聚合物改性沥青防水黏结层施工工法"等5项工法获评为国家级工法，"桥梁支座更换计算机同步顶升工法"等28项工法获评为省部级工法，此外还有122项工法获评为局级工法。

科技兴则民族兴，科技强则国家强。如今，站在新的起点，公司始终践行科技是第一生产力，人才是第一资源的发展理念，不断转变观念，转变作风，使企业科技创新文化生生不息。

三、实施精益管理，促进企业长足发展

道不可坐论，事不能空谈。在建设科技强企的征程上，公司坚持以国家统筹兼顾方针

为指引，以“五商中交”战略为统领，坚持目标和问题导向，把握经济发展脉搏，厚植企业的发展优势，大力提升综合竞争能力，不断优化企业发展质量和管理水平。

公司为加强管理，进一步深化精益管理内涵，从实际出发，归纳总结出一套行之有效的核心管理方式，以规范化为基础，以标准化为支撑，以信息化为手段推进精细化管理的“四化建设”（图5），以提质增效为重点，切实提高风险防控能力，实现企业的持续健康发展。通过全力推行“四化建设”的精益管理，公司规范化、标准化、精细化、信息化建设得到大幅提升，规范化、标准化让企业发展有章可循、有规可依，精细化和信息化有效提高企业的创效能力。

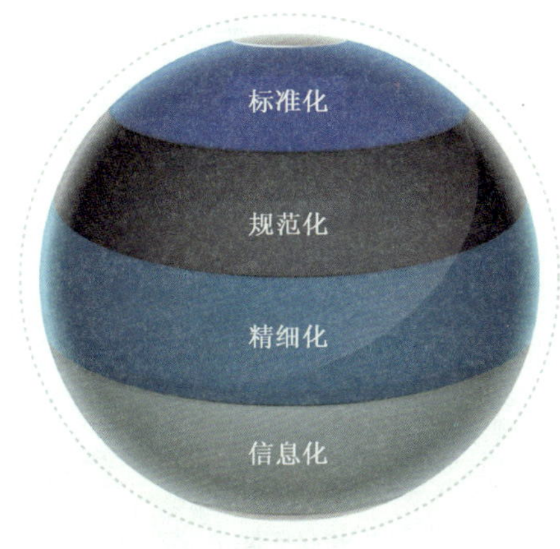

图5 “四化建设”示意图

从量的积累，到质的飞跃；从点的突破，到系统能力的提升，公司紧抓机遇，乘势而上。经过多年改革创新发展，公司先后提出了推动“一个平台，两个中心”建设，强化“三项公开招标”，坚持“四快四到位”原则，推行“五落实、五禁止”等系列经营理念和管理制度，在卓有成效的实践中逐步总结提炼出了“一二三四五”系列经营理念，内容涉及市场开发、财务管理、资金管控、劳务队伍管理、生产管控、经营管理等企业管理关键环节，为企业精益管理、科学化运营提供了强大的理论支撑。

管理是企业永恒的主题，管理的好与坏直接决定企业的成败。强大的理论支撑、先进的经营理念与行之有效的精益管理，使公司实现了质的飞跃，实现了从粗放式管理向集约化、精细化管理的转变，从传统企业向现代企业的转变。

四、加速战略升级，激活跨越发展新引擎

肩负公司使命，回答时代课题，领航发展理念。“五商中交”战略布局，大大提升了公司的专业整合能力、产业链整合能力、融资能力、战略联盟能力，激活了跨越发展新引擎，完美打造了公司上下游的完整产业链，增强了企业的内在活力和创造力，实现产业优化升级，推动了公司向集投资、设计和施工为一体的综合型企业转变历程。

凡贵通者,贵其能用之也。公司内部结构优化及多样化商业模式直接关系到企业的长足发展。目前,公司致力于突出管理特色和产品特色,强调体制机制、商业模式、金融模式和科技模式创新,坚持以市场为导向,不断调整企业的组织和产品结构,建立了海外、建筑、总承包分公司等一批专业化公司。进一步优化了资源配置,搭乘“三驾马车”体系和“一体两翼”平台,实现了由“工”到“商”的转变。把握PPP项目的机遇和挑战,积极与政府、金融机构和有实力的社会财团合作,寻找产融结合点、风险平衡点,通过运作形式多样的商业模式项目,以投资带动主业。

公司通过整合市场信息、施工力量、金融、技术服务、物资设备等资源,用创新的思维推动企业改革发展,深化体制机制改革,创建合理的组织架构和管理制度,提升对内外部资源的整合配置能力。建立“五大”资源整合平台(图6),实现企业内外部资源和产业链上下游的优化配置,以应对复杂多变的市场,大大提升了专业领域的竞争优势。

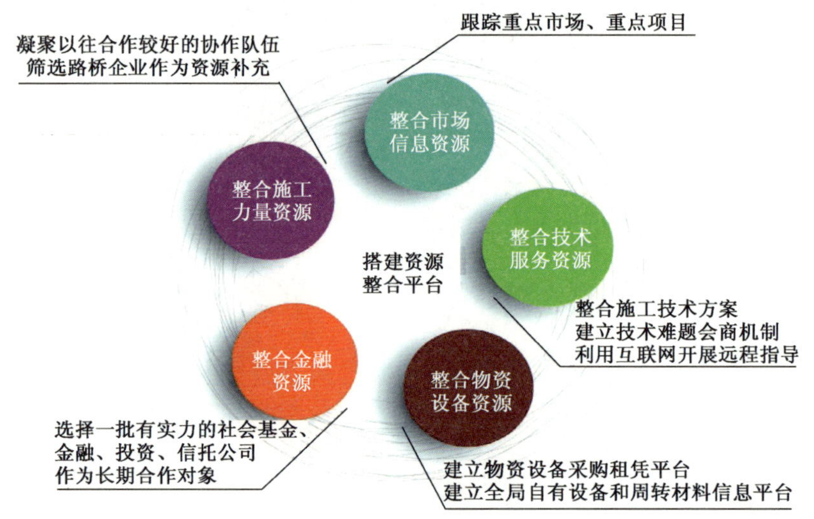

图6　“五大平台”建设

公司依托中国交建“一体两翼”平台,“一带一路一廊”、洲际区域互联互通等基础设置项目的开展,不断加强海外属地化建设,成立了秘鲁、南亚等海外经营性区域分公司,海外市场经营业绩和经营领域取得重大突破。

随着企业的发展壮大,公司组织结构、产品结构不断优化,全产业链一体化配置优势不断增强。公司在经营过程中形成了多个方面的独特优势和比较优势,实现了向资本经营、中高端项目、多元化产业转变的业务布局。

五、履行社会责任,彰显央企使命担当

成为党和国家最可信赖的依靠力量,成为壮大综合国力、促进经济社会发展、保障和改善民生的重要力(图7)。

汶川地震中，公司抢险队快速赶到聚源中学，抢救出34名学生

青海省循隆项目坚持用生态环保施工引领项目建设

广西三柳高速公路项目做到“施工不流土，完工不露土”

建设在内蒙八标的中肯友谊街解决了当地劳工的就餐问题

图7　公司积极履行社会责任，彰显央企使命担当

心有大我、至诚报国。日益壮大的中交三公局，不仅为社会创造了极大的财富，还主动、自觉地承担社会责任，反哺社会，充分表现出了报效祖国、情系路桥、关爱社会的奉献精神，体现了高度的政治责任感和崇高的主人翁精神。公司抢险队在汶川地震、玉树地震和雅安地震现场抢险中发挥了重要作用。其中，在汶川地震中抢险队半小时内到达受灾现场，一天抢救出34名学生，先后抢修桥梁10余座，灾后积极承担重建工作，建设项目10余个，获得中华全国总工会、国资委、交通运输部“抗震救灾重建家园工人先锋号”等6项荣誉称号。在玉树地震后，24小时内将自群果桥纠偏扶正，保证了救灾物资顺利运往灾区，获得青海地方政府的高度赞扬。

绿色发展方式是贯彻新发展理念的必然要求。公司始终将生态文明建设摆在全局工作的突出地位，坚持节约资源和保护环境的基本国策，秉承中国交建“诚信经营，用心浇注您的满意”的服务理念，将企业社会责任融入日常管理当中，努力实现经济社会发展和生态环境保护协同共进。在青海省循隆项目，以“像爱护眼睛一样爱护生态环境”为宗旨，坚持用生态环保施工引领项目建设，在水库区域施工过程中采用“零开挖”，水路运输替代施工便道，使项目建设与生态环境保护同步实施，得到了《中国交通报》等行业媒体的广泛好评。在广西三柳高速公路项目，根据沿线边坡的坡级、坡率、绿化面积等，对各段路基边坡、隔离带、隧道门洞、互通等重要区域进行自然式绿化和景观刻画。在施工全过程中实施环保型施工，采取有效措施预防和消除因施工造成的环境污染，做到“施工不流土，完工不露土”。在全年长达215天的雨季中，三柳项目与时间赛跑，按期完成了施工任务，彰显了央企“重诺守信”的担当。

随着中国企业全球化的推进以及“一带一路”倡议的落实，在面向海外的快速发展过程中，跨国企业能否妥善处理好与不同宗教信仰、不同生活习惯、不同文化背景、不同思维方式、不同地域员工队伍的文化融合，将直接决定企业发展的成败。公司在参与建设蒙内铁路的同时，不仅采用“汉语桥”语言班的形式让中国员工与肯方员工加强文化交流融合，还积极打造“中肯友谊街”，专门建立了一片区域引进当地小吃，使得在标段中工作的非洲工人能够以低廉的价格获得方便的美食，大大提升了当地工人的生活质量。在孟加拉，公司参建的库尔纳水处理厂和蓄水池项目通过驻地共建、捐助学校等方式，打消了施工地原住民的顾虑，从阻碍施工到主动帮忙，以真诚、友善的大爱精神，跨越藩篱，实现民心相通。在丰富海外文化内涵的实践中，公司将赤道几内亚莫比尼斜拉桥项目上建设者与赤几小男孩CIDY为原型的故事，创作了微电影《CIDY》荣获“中国梦·劳动美”第三届全国职工微影视大赛金奖、百部“中国梦”网络微电影“大国工匠单元最佳影片奖”，促进了“一带一路”上跨越年龄、种族和国界的足球友谊故事的传播。

长风破浪会有时，直挂云帆济沧海。未来，公司将秉承“固基修道，履方致远”的企业使命，坚守“交融天下，建者无疆”的企业精神，以中国交建“五商中交”战略为引领，诚信守约，规范经营，主动适应市场新形势，厚植跨越发展新优势，不断推进企业做强做优做大，谋求社会、自然、资源和谐发展，以“四个全面”战略布局为统领，坚持“创新、协调、绿色、开放、共享”五大发展理念，筑梦世界、共享未来，向着迈向世界一流现代化企业的目标不断前进，与社会各界同仁共同谱写辉煌发展的崭新篇章！